collection omnibus

JEAN ANGLADE

Gens d'Auvergne

Une pomme oubliée
Le tilleul du soir
Le tour du doigt
Les ventres jaunes
La bonne rosée
Les permissions de mai
Les Bons Dieux

Préface de l'auteur

PRESSES DE LA CITÉ

ISBN 2-258-03603-8 N° Editeur 6019
Dépôt légal : avril 1992

SOMMAIRE

Préface

par Jean Anglade

La notion d'« écrivain régionaliste » est une invention récente de certains critiques parisiens. Avant eux, personne n'eut l'idée d'affubler de cette épithète infamante les auteurs qui racontaient la région où ils étaient nés, où ils avaient passé leur enfance, celle qu'ils connaissaient le mieux. Il faut vraiment être né à l'ombre du Panthéon pour oser dire : *ce mot hideux de province* (André Malraux). Les étrangers ont sans doute une meilleure vue : *On ne peut atteindre l'homme de toutes les races qu'en prenant son essor dans l'homme de sa race* (Nikos Kazantzakis). *Sans ses provinciaux, une littérature n'a pas de nerf* (Cesare Pavese). Ces jugements m'inspirèrent jadis une fable que je veux épingler à la porte de ce volume.

L'ENFANT, LE GRAND-PÈRE ET LE MOUTON

Se tenant par la main,
Un petit-fils et son grand-père
Se promenaient sur les chemins.
En vacances parmi les pins et les bruyères,
Prêtant l'oreille aux vents et aux ruisseaux,
Au doux flageolet des oiseaux,
Examinant le labeur des bestioles.
Il n'y a pas de plus charmante école
Que celle des prairies, des forêts et des blés.
Tandis qu'ils longeaient une lande
Où paissaient des troupeaux, nos promeneurs entendent
Les voix de moutons rassemblés.
« Écoute celui-ci, s'écrie le coquelet
Qui sur maintes questions avait maintes lumières.
« Il souffre, c'est certain, d'un défaut de palais !
« Car ce n'est pas ainsi qu'un mouton doit bêler !
« — Mon cher enfant, répliqua le grand-père,
« Toi, tu seras un jour critique littéraire.
« Quant au mouton si mal loti
« (Ceux de Paris, Dieu sait, ont un autre registre !)
« On peut jurer sans contredit
« Qu'il s'agit d'un pauvre mouton régionaliste. »

(*Fables omnibus,* Julliard 1981).

Je veux bien qu'on me qualifie d'« écrivain régionaliste » si le mot ne me classe pas, comme écrivait Alexandre Vialatte à propos d'Henri Pourrat, parmi les adorateurs de la seule soupe aux choux et de la *cabrette*. (Il est vrai qu'il ajoutait aussitôt après : « Pourrat, c'est Virgile... » Je n'en demande pas tant. *Non omnia possumus omnes.* A chaque berger son pipeau.) Régionaliste donc, tant que vous voudrez, puisque je suis attaché à ma région, l'Auvergne, comme le serf de jadis l'était à sa glèbe. Puisque je n'en démords pas. Puisque je ne réussis pas à prononcer les *s* de *chauchiche.* Puisque, s'il m'arrive de la quitter, ce n'est pas pour le plaisir d'aller ailleurs, mais pour le bonheur d'y revenir.

Et pourtant, les Auvergnats ont renom d'aventuriers, au noble sens du terme. Beaucoup ont obtenu gloire et fortune dans l'aventure parisienne de la politique, de la finance, de l'industrie, du commerce, des lettres, de la religion. Regardez du côté de Pascal, de La Fayette, de Pierre Teilhard de Chardin, de Georges Bataille. Et aussi des grands ministères. Voire de l'Élysée. C'est devenu parole d'Évangile : « L'Auvergne produit des ministres, des fromages et des volcans. » Ce qui prouve chez elle une belle cohérence. Car les ministres ressemblent à des fromages : il en est de doux, de forts, de coulants, de piquants, de nauséabonds. Et tel fromage — notre gaperon — a la forme du puy de Dôme. Regardez aussi du côté de la Régie Renault, sauvée de la faillite par Georges Besse, au prix de sa vie. Et de M. Bouygues, pharaon du bâtiment, qui parsème la terre de tours, de viaducs et de tunnels.

Mais l'Auvergne, qui perd chaque année un peu de sa substance, a besoin de garder ses enfants. A ceux qu'habite un peu d'ambition, partir s'installer dans la capitale est la solution facile. La véritable aventure, aujourd'hui, consiste à rester au pays. Ayant eu moi-même à choisir un jour entre la tour Eiffel et ledit puy de Dôme, j'ai pris ce dernier. Je sais bien ce que j'y ai perdu ; mais je sais aussi ce que j'y gagne. Chaque matin, je vois notre montagne sacrée, au pied de laquelle j'ai bâti ma cabane, sereine ou encombrée de nuages ; je l'interroge des yeux et du cœur sur le temps qu'il va faire, sur mes projets, sur l'avenir du monde, elle qui a assisté à tant de triomphes et tant de désolations. Je ne conçois pas sans sa tête mon horizon quotidien, sauf pour de courtes périodes.

Après tout, si je consulte les bibliothèques, je ne suis pas le seul écrivain de ma catégorie. Je constate qu'il n'y a guère de romancier qui ne puise la sève de ses récits dans le sol de ses racines. Même si, par la suite, il a osé se déraciner pour sucer ailleurs sa nourriture. Que seraient Balzac sans la Touraine, Flaubert et La Varende sans la Normandie, George Sand sans le Berry, Mauriac sans l'Aquitaine, Giono et Pagnol sans la Provence ? Qui peut être plus régionaliste que Clément Lépidis, enfant grec né à Belleville ? Sa province s'étend « de la place Parmentier au métro Couronnes ».

A vrai dire, je me suis aperçu tardivement de mon auvergnacité. De même que tel peintre a eu sa période bleue, j'eus ma période pré-auvergnate. Les yeux tournés vers des rives lointaines, je publiai des romans cosmopolites. Leur action se déroulait en Allemagne (*L'Immeuble Taub,* N.R.F. ; *Des chiens vivants,* Julliard) ; en Italie (*Les Convoités,* N.R.F. ; *Les Mauvais Pauvres,* Plon ; *La Combinazione,* Julliard) ; en Irlande (*Le Point de suspension,* N.R.F.) ; aux Philippines (*La Foi et la Montagne,* R. Laffont) ; en Algérie (*La Garance,* R. Laffont). Ils me valurent même des récompenses flatteuses : le Populiste, le prix des Libraires, le Scarron, le prix de l'Humour noir, le prix Eugène Le Roy, une double sélection au Goncourt. Mais mes ventes demeuraient modestes. Ça payait... ça payait l'encre et le papier. L'Auvergne me connaissait peu, ayant son chantre officiel, Henri Pourrat.

Un jour, celui-ci, qui m'avait souvent exprimé en revanche son estime, vint à mourir. Laissant un grand vide. Alors seulement, j'osai penser, écrire, publier chez Julliard une œuvre ayant l'Auvergne pour toile de fond : *Une pomme oubliée* (1969). Une histoire toute simple. Si simple qu'il n'y avait pas réellement d'histoire. Écrite en vingt-huit jours. Je lui donnai une suite : *Le Tilleul du soir.* Leur succès, tant local que national, fut si marqué que je le pris pour une remontrance. Jean-Paul Carrère et Jean Cosmos en tirèrent une dramatique télévisuelle qui remporta un grand prix au festival de Prague. Dès lors, désireux de réparer mon ingratitude, je me jurai de ne parler que de l'Auvergne. Ou de l'introduire même dans les livres où, a priori, elle ne s'imposait pas. Semblable à ces pâtissiers qui ne peuvent se passer d'angélique et en mettent partout. Elle fut donc présente, à part entière ou partielle, dans la trentaine d'ouvrages qui suivirent. Romans, essais, divertissements, théâtre. Et même dans une bande dessinée dont j'écrivis le scénario : *L'Auvergnat et son histoire*.

Car je m'étais aperçu que, pour la majorité des francophones, ma province était une *terra incognita*. Pareille à ces zones blanches que montraient les anciennes mappemondes. Pour la faire connaître aux autres, je résolus de la découvrir. Et j'allai de surprise en surprise.

Je m'aperçus d'abord que cette province a trois dimensions : une petite, une moyenne, une grande. La première, l'ancienne Auvergne, a engendré deux départements et demi : Puy-de-Dôme, Cantal et une partie de la Haute-Loire. La deuxième forme la région Auvergne, qui a absorbé le reste de la Haute-Loire et l'Allier. La troisième, *Alvernia Magna*, telle que la voient les Parisiens, se confond à peu près avec l'ensemble du Massif Central, recouvrant une quinzaine de départements, de Limoges à Alès, de Cahors à Roanne. Plus d'une fois, j'ai entendu telle ou telle radio nationale, parlant d'Alain Prost, natif de la région stéphanoise, souligner son « âpreté bien auvergnate ». Les lecteurs de *L'Auvergnat de Paris*, hebdomadaire présent dans chacun des quinze mille bistrots tenus par des Massifcentraliens, finissent par se persuader, même s'ils viennent de la Lozère ou du Lot, qu'ils sont des Auvergnats pure laine. Trois Auvergnes donc : une historique, une administrative, une morale. Pour moi, j'embrasse volontiers la vision de Paris, car tous ces originaires des montagnes du Centre ont des qualités et des goûts communs. Ils viennent d'un pays escarpé par le sol et par le climat ; où il faut se battre pour survivre ; où la tirelire est un autel, l'économie une religion. Ils ont l'estomac fait pour des nourritures un peu lourdes, le cœur pour des sentiments simples et forts. Le prestige de ces Auvergnes concentriques est tel qu'il existe une zone d'influence auvergnate, comme il y en eut longtemps une soviétique.

Quand je rencontre sur les rives de la Seine ou d'autres fleuves un de ces originaires, gévaudannais, vellave, bourbonnais, limousin, rouergat, quercinois, nous échangeons nos dialectes, nos clins d'œil, nos rires, nos silences. Nous dansons ensemble la bourrée, aux nasillements de la cabrette, nous mangeons la soupe aux choux ! Les revoici ! Régionalistes en diable.

Je fis bien d'autres découvertes. Qu'il y eut jadis, principalement concentrées dans l'arrondissement de Thiers, des communautés agricoles comparables aux kolkhozes soviétiques, aux kibboutzim israéliens, selon le rêve de Jean-Jacques Rousseau, où la terre n'appartenait à personne, où ses fruits appartenaient à tout le monde. En somme, bien avant Karl Marx, des communistes parfaits, mais des communistes qui se rendaient à la messe le dimanche, du même pas, derrière leur maître élu *(Les Bons Dieux)*.

Que d'anciens élèves de l'école normale d'instituteurs de Clermont, mobilisés en 14-18, revenus décorés, parfois mutilés sur leurs bancs pour terminer leurs études, étaient privés de sortie le dimanche pour des infractions légères au règlement ; et qu'ils eurent l'intelligence de jeter le directeur dans le bassin aux poissons rouges *(Le Tour du doigt)*.

Que certains couteliers perdaient la vue sur leurs meules, mais que le curé du Moutier avait ès qualités le pouvoir miraculeux de les guérir ; qu'il abandonnait ce don en changeant de poste, comme on oublie un parapluie dans un ancien domicile *(Les Ventres jaunes)*.

Qu'un paysan de Vollore-Montagne qui souffrait de rhumatismes, ayant entendu dire qu'il lui fallait du chaud, entra dans le four après la cuisson du pain ; qu'on le retrouva le lendemain à jamais guéri de ses douleurs, bien grillé sur le dessus, mais encore bleu par-dessous *(La Bonne Rosée)*.

Et mille et mille autres choses. Sept de mes romans ont été rassemblés dans ce volume, pour leur communauté de cadre, de sujets, de style. Tous situés dans cette région coutelière où j'ai vu le jour. Je raconte une ville et des campagnes qui ont beaucoup changé. Je suis la lanterne magique qui projette en noir et blanc d'anciennes images.

Certains malintentionnés profiteront de l'occasion pour me traiter de « passéiste ». Définition du Robert : qui a le goût *exclusif* du passé, de ses institutions, de ses coutumes, de ses arts. Dieu sait si j'ai montré dans ces ouvrages les abominations du passé, la difficulté de vivre, l'enchaînement des malheurs : ignorance, chômage sans recours, accidents sans assurances, maladies sans Sécu, misère, guerres, occupation. Je raconte le passé honnêtement, tel que je l'ai vécu ou recueilli. Je fais œuvre d'historien, non de passéiste.

Cela dit, qu'on ne s'y trompe pas. Mes personnages ont l'accent auvergnat, mais leurs têtes et leurs cœurs, à peu de chose près, sont ce qu'ils seraient si mes gens vivaient en Bretagne, en Lorraine, en Poitou. A conditions égales. M'est avis que rien ne ressemble plus à un chevrier des Dômes qu'un chevrier des Aurès ou qu'un berger du Turkestan. Je sais cela d'instinct, sans avoir couru le monde. De sorte que ma région, tout bien pesé, n'est pas vraiment l'Auvergne. Ma région véritable est l'homme.

Jean Anglade

UNE POMME OUBLIÉE

A vous toutes
qui fûtes la pauvre Mathilde.

... cette terre que Dieu t'a donnée
comme la pomme dans le paradis
pour que tu la prennes entre tes doigts,
c'est cela qui est ton père
et ta mère.

Paul Claudel

1

Il portait un nom honnête, ce vieux-là, comme tous les chrétiens de la terre. Mathilde était une des rares personnes qui s'en souvenaient encore : Joannès Plandieu. Mais tout le monde lui disait Vatelequerre. Drôle de sobriquet, Vatelequerre. Un jour qu'elle l'interrogeait là-dessus, pourquoi qu'on vous appelle comme ça, il répondit :

« Dans le temps, avant mon service, je répétais ça cinquante fois du jour : va-te-le querre, va-te-le querre, va-te-le querre...

— Qu'est-ce que ça veut dire ?

— Va-t'en le chercher. Une manière de dire : tu me racontes des croqueberles, j'en avale pas une miette.

— Jamais entendu ce mot dans votre bouche.

— Non, après, l'habitude m'a passé, quand j'ai vu qu'on me marquait avec, comme on fait aux moutons. N'empêche qu'il m'est resté.

— Il vous chagrine ou il vous fait plaisir ?

— Je m'en fous. Un sobriquet, c'est moins lourd à porter qu'une jambe de bois. »

Trente ans, trente-cinq ans qu'ils voisinaient et ils n'avaient jamais pu se tutoyer. Lui était né au Peyroux, elle venait d'ailleurs, de l'autre côté du département, du pays des « mange-chèvres ». Son mariage l'avait conduite au château de Barante. Cuisinière et femme de chambre, son homme jardinier, chauffeur et un peu tout. La baronne et le baron les traitaient comme leurs enfants et ils avaient pleuré à la mort du pauvre Pierre, elle l'avait vu de ses yeux. Ensuite, pour élever son fils, elle avait trouvé au Peyroux cette bicoquette, avec le jardin et toute l'herbe gratuite au bord des chemins et sur les communaux ; un peu sa pension et un peu son travail, ils n'avaient jamais eu faim.

« Avec vous, Mathilde, disait Vatelequerre, ce qui m'embête, c'est que je dois parler français. Vous êtes une mange-chèvre et votre patois, je l'entends que d'une oreille. »

Il se rattrapait avec le cheptel de sa voisine. La rue les séparait, mais la volaille venait le narguer jusque devant sa marche, alors qu'il fumait sa pipe. Y avait toujours ce grand dépenaillé de coq.

« Coqueléqué ! lui criait-il sous les moustaches.

— Je t'en foutrai du Vatelequerre », répondait l'autre entre ses dents.

Son surnom, dans le bec de cet oiseau, ça l'horripilait. Mais il se gardait de faire de grands gestes de menace qui auraient effrayé et mis en fuite le volatile ; il préférait l'insulter en patois, tout son saoul.

« Coqueléqué ! disait le coq.

— Vatelequerre ! Vatelequerre ! Qu'est-ce que tu lui veux, à Vatelequerre ?

— Coqueléqué !

— Est-ce que je te donne des noms, moi, saloperie ? Est-ce que je t'appelle Trente-Centimes, depuis qu'on t'a mis sur un timbre-poste ? Est-ce que je t'appelle Plume-au-Cul, maintenant qu'il t'en reste à peu près rien qu'une ?

— Coqueléqué !

— Vatelequerre ! Dis toujours ! Ah ! tu en as de jolis mollets ! Tu peux en être fier ! Tes poules t'arrachent tout ce qui te reste, parce que tu les contentes point. Bientôt, elles te foutront à poil : un peu de lard autour et tu seras prêt pour la casserole... »

Ils s'injuriaient ainsi de longs moments, face à face, sans gestes inutiles. Depuis des années, Vatelequerre n'avait plus l'occasion de s'engueuler avec qui que ce fût. C'est une chose qui lui manquait. Il avait le tort de lire chaque jour le journal que le facteur lui apportait : à cause de toutes ces choses qui vont mal dans le monde, à cause de sa solitude, de sa vieillesse, des rhumatismes qui lui tordaient les doigts, il avait un alambic intérieur distillant jour et nuit les jurons et les gros mots. Alors, depuis que le Peyroux ne comptait plus que deux habitants, Mathilde et lui, ça le soulageait d'en déverser une partie sur les bestiaux de la « mange-chèvre ».

C'est comme pour l'oie. Avec elle, il avait des manières encore plus humiliantes. Primo, il l'avait baptisée Margarette, ce qui ne plaisait pas du tout à Mathilde, parce que c'est là un nom de princesse à ne pas donner à une oie. Ensuite, il lui cassait les palmes vingt-quatre heures sur vingt-quatre. Et voici comment il procédait. Sitôt qu'il la voyait se balancer dans la cour, il l'aguichait de loin avec quelque chose de verdâtre, un trognon de chou, une poignée d'herbe et quelquefois une boîte à sardines ou un tesson de bouteille. Et elle, andouillette comme elle était, se précipitait en ouvrant son bec jaune. Quand c'était un détritus inconsommable qu'il lui avait tendu, elle le regardait longtemps de ses petits yeux fixes et ronds, semblant se demander comment un homme de cet âge pouvait commettre de pareilles bévues. Ça le faisait rigoler, l'homme de cet âge. Ensuite, il commençait de l'appeler, d'une voix toute douce, toute fluette :

« Margarette... Margarette... »

Et elle : « Ha-ha... » qu'elle cacardait sur le même ton.

Ensuite, il mettait un peu de gaz : « Margarette ! Margarette ! »

« Ha-ha ! Ha-ha ! » qu'elle lui répondait en forçant un peu de son côté.

Et ainsi, de crescendo en crescendo, il montait jusqu'à des cris de fauve : « Margarette, nom de Dieu !!! Margarette, sacré bon Dieu !!! » tandis que la malheureuse, pour rester au même diapason, s'arrachait du ventre d'épouvantables « Ha-ha !!! Ha-ha !!! Ha-ha !!! » qui faisaient accourir une Mathilde tout échevelée :

« Qu'est-ce que vous avez à tourmenter mon oie, vieux couillon que vous êtes ! Vous êtes plus jars qu'elle et on devrait vous enfermer dans le poulailler ! »

Elle s'emparait de la blanche innocente et l'emportait dans ses bras comme un petit enfant.

A cinq heures, les poules ronflaient sur leur perchoir. Mais Margarette souffrait d'insomnies ; c'est un point qu'elle partageait avec Vatelequerre. Vers le milieu de la nuit, il sortait sur le pas de sa porte pour fumer une dernière pipe en plein air, pour consommer en même temps que son tabac la senteur lointaine des foins coupés ; alors, fréquemment, il distinguait la pâle rondeur de Margarette dans la cour de sa voisine. Et leur dialogue s'établissait, comme ça, sans considération du lieu ni du moment :

« Margarette !

— Ha-ha !

— Margarette !!

— Ha-ha ! !

— Margarette !!!

— Ha-ha !!! »

Ils pouvaient bien s'en dire dans ce genre toute la nuit : Mathilde avait le sommeil profond, la Grosse Bertha ne l'aurait pas réveillée ; quant aux autres maisons du village, elles ne comptaient pour locataires que leurs souris, leurs puces, leurs araignées. Il avait beau tourner la tête, partout il ne voyait que des vitres noires, luisant faiblement sous la lune.

Des voitures s'étaient remisées dans tous les coins, dans les cours envahies de chiendent, sous les escaliers de pierre, à l'entrée des granges. Des gens venus pour l'occasion en profitaient pour ouvrir des portes et des fenêtres et constater les dégâts de la moisissure, des pluies, de la vermine.

« Putain, si ça sent le caveau, là-dedans !

— Chaque coup, je trouve de nouvelles gouttières... »

Ils visitaient les remises, les celliers, sortaient au soleil des outils, du matériel qui pouvait encore servir et qu'ils venaient de découvrir. C'était leur héritage, personne n'avait rien à dire à ça. Antoine Maibert, tout content, exhibait une sulfateuse de cuivre qui avait répandu trente ans le vitriol bleu sur les vignes de son père :

« Vingt dieux, on en fait plus des comme ça... Pas de raison que je la laisse pourrir ici : je l'attache sur ma bécane et je l'emporte. »

Les autres approuvaient du front ou des moustaches : on sait ce que valent ces étartuelles, le quincaillier ne les donne pas pour rien, hé là !

Ils étaient arrivés largement avant la cérémonie, vu qu'ils avaient tous un peu de bien au Peyroux, qui leur venait d'un père, d'un beau-père, d'un ancêtre. Ils grattouillaient de droite et de gauche, redressant un volet, arrachant des poignées d'orties avec leurs mains insensibles ; certains, en bras de chemise, étaient grimpés sur des toits, d'autres inspectaient les jardins où fleurissaient encore les panaches blancs des rhubarbes. Avec regret, ils contemplaient cette terre inactive, qui avait jadis produit des choux comme ça ; des melons comme ça, des tomates comme ça ; et maintenant, sous les herbes sauvages, le sol des allées ne s'y distinguait même plus de la surface légumière, on pouvait y envoyer paître les moutons. Le dernier potager survivant était celui de Vatelequerre ; la veille, sa fille et sa bru y avaient cueilli trois paniers de haricots qu'elles se partageaient équitablement, comme tout le reste. Dans la justice. Dans l'amitié. Elles ne s'étaient jamais fait de misère l'une à l'autre, ni à personne. Elles n'allaient pas commencer le jour où elles enterraient le pauvre vieux. Elles ramasseraient peut-être encore deux ou trois bricoles, les choux-fleurs, quelques salades (il avait un secret pour les conduire à des grosseurs pareilles, les salades ; mais jamais personne n'avait pu le lui arracher ; ceux qui l'interrogeaient sur ce point s'attiraient invariablement cette réponse : « C'est bien simple, tous les matins je leur pisse dessus ! ») ; le reste, qui n'était pas mûr, elles l'abandonneraient à quelqu'un, afin que ça ne soit pas perdu. Par exemple à la Mathilde. Il est vrai qu'elle resterait seule, de tout ce monde qu'il y eut jadis. On n'avait pas le choix. Mais autant elle qu'une autre. Ils étaient en bons termes, la Mathilde et le vieux Vatelequerre, tout le monde savait ça. Ils auraient même pu finir leurs vies ensemble, les enfants n'y étaient pas opposés, au contraire ; ils se seraient soutenus l'un l'autre, au lieu de vivre seuls comme des hiboux, chacun de son côté. Mais ils n'avaient pas pu se mettre d'accord là-dessus : elle voulait rester directrice de ses poules, de ses lapins, de ses oies ; lui rester maître de sa *boutique*, où il montait des couteaux, l'hiver, de sa cave où il descendait se saouler, quand ça le prenait, assis par terre, le dos contre un baril, comme dans la chanson. Pas question de déménager pour aller chez l'autre, en invité, en domestique. Ils n'avaient pu s'entendre. Dommage, grand dommage. Il y aurait gagné dix ans de vie, au lieu de s'abrutir avec son *pouzin*, son *direct* et son *gamay*.

Quant aux secrets, il les emportait avec lui. Pas seulement celui des salades : il en possédait bien d'autres. Par exemple, il coupait le feu. Si quelqu'un s'était brûlé, avec de l'huile, de l'eau, un fer rouge ou autrement, il venait apporter son membre à Vatelequerre ; celui-ci promenait sa main droite sur la partie atteinte, sans y toucher, et aussitôt la douleur s'en allait : il ne soignait point les plaies, ça c'était l'affaire de plus savant que lui, mais il arrêtait la souffrance, on pouvait ensuite patienter, attendre la guérison. De tous les coins du département, et même de l'Allier et de la Loire, des brûlés venaient se faire couper le feu ; il aurait pu gagner une fortune avec ça. Sa fille lui disait : « Tu devrais établir un tarif : tant pour un doigt, tant pour une main, tant pour un bras, tant pour une jambe... » Mais il se contentait de ce qu'on lui donnait, même quand ça n'était que des bénédictions. Jamais il n'avait voulu entendre parler du tarif.

Il connaissait aussi toutes sortes d'herbes : celles qui suppriment le cours de ventre ; celles qui font pousser les moustaches aux jeunes mâles ; celles qui éclaircissent le teint des noiraudes ; celles qui rendent le sang aux filles qui l'ont perdu par accident, pourvu qu'elles n'attendent pas trop ; celles qui donnent de l'esprit et celles qui l'enlèvent ; celles qui coupent le lait et celles qui le renforcent.

Quand son fils et sa fille lui demandaient :

« Alors, ces secrets, quand donc que tu nous les dis ?

— J'ai le temps, j'ai le temps, qu'il répondait. Est-ce que vous croyez que j'ai idée de mourir demain ?

— C'est bien ça qui te ferait mourir !

— Je vous promets d'y penser au bon moment. Ça sera votre héritage. Vous ferez fortune avec, vous. Moi j'ai pas su. Vous appliquerez le tarif. »

Et voilà qu'il était parti sans rien dire à personne, ce vieux cornichon. Un matin, il s'était levé comme les autres jours, et la mort était là, dans sa cuisine, qui l'attendait. Dans sa longue chemise flottante, il était passé tout près d'elle sans la voir. Avant d'enfiler son pantalon, il avait eu envie de fumer sa pipe. Il l'avait remplie soigneusement de tabac et, pour l'allumer avec plus de commodité, il avait voulu s'asseoir. La mort avait tiré la chaise sous lui, vicieusement, comme elle seule sait le faire. Il s'était étalé sur le plancher. C'est Mathilde qui l'avait trouvé dans cette position, lorsqu'elle était venue lui rendre visite, l'après-midi du même jour, la chemise relevée sur le ventre, comme s'il avait voulu lui faire une vilaine farce. La pipe et le briquet avaient roulé loin de lui. Son premier geste avait été de lui rabattre sa chemise ; et, comme il continuait de la regarder en silence, de ses yeux fixes et troubles, elle lui avait baissé aussi les paupières. C'est un homme qui ne fermait jamais sa porte à clé ; tous ceux qui le voulaient pouvaient entrer chez lui, de nuit comme de jour. Mais l'eût-il fermée qu'il ne se fût point protégé de cette visite.

Depuis longtemps elle était prête. Elle avait fermé ses volets comme si le mort avait attendu chez elle ces messieurs. Elle examinait entre les fentes à quel point en était la cérémonie. Quand elle vit arriver le fourgon des Pompes funèbres, elle sortit, tourna la clé, la glissa derrière le bout de tuile qui était censé la dissimuler et se dirigea vers le groupe des noir-vêtus. Ceux qui avaient raclé, vissé ou charpenté se lavaient les mains dans le lavoir et renfilaient leur veste.

Ils se tournèrent vers elle et la regardèrent venir comme si elle avait marché sur les eaux. Un moment elle se demanda ce qu'ils lui voulaient. Puis, il lui sembla voir dans les yeux de plusieurs comme une excuse, une sorte de honte. Elle distingua très bien ce que cela voulait dire : nous sommes d'ici, nés au Peyroux, et vous êtes d'ailleurs, du pays des « mange-chèvres » ; notre place devrait être dans ces maisons, que chaque hiver grignote un peu plus ; que voulez-vous, nous sommes partis pour mieux vivre ; tâchez de nous comprendre.

Oui, voilà ce qu'elle portait sur elle d'extraordinaire : elle était seule désormais au Peyroux ; personne devant, personne derrière, personne à droite, personne à gauche. Fallait bien croire que ça se voyait sur sa figure. Quand elle fut tout près, bonjour Mathilde, bonjour Mathilde, qu'ils lui dirent tous. Même deux ou trois gamins qu'elle n'avait jamais vus et qui répétèrent, bonjour Mathilde, après leurs parents. Le fils et la fille de Joannès tinrent à lui dire quelques mots :

« Merci de vous être dérangée... de nous avoir prévenus. »

Elle fit un geste de la main, pour signifier que c'était la moindre des choses. C'était une femme qui n'aimait pas gaspiller ses paroles.

« Croyez-vous qu'il ait souffert ? » demanda la bru.

Elle haussa les épaules : qu'est-ce qu'elle en savait, s'il avait souffert ou non ? Peut-on le dire ? Qui a jamais raconté le mal que donne la mort lorsqu'elle tire la chaise sous vos fesses, lorsqu'elle vous entre brusquement dans le cœur ? La bru, d'ailleurs, s'en foutait complètement ; l'instant d'après, elle expliquait à sa voisine que les brusques nouvelles — bonnes ou mauvaises — lui donnaient des palpitations ; elle avait cru mourir elle-même en apprenant le décès de son beau-père ; c'était un jour où elle faisait sa lessive ; son mari lui criait quelque chose d'en haut et elle n'entendait rien à cause du ronron de sa machine ; quand elle avait compris, elle était presque tombée dans le baquet ; le docteur lui faisait prendre des gouttes de *décasserpine*, c'est très bon pour la tension ; mais faut pas dépasser la dose ; elle savait bien qu'un jour ça lui jouerait un tour.

Ernest, le fils, qui travaillait à Thiers dans une entreprise de plâtrerie, demanda, d'un ton hésitant :

« Est-ce que... est-ce qu'il a pu parler ? Est-ce qu'il vous a dit quelque chose ? »

Il pensait aux secrets : son vieux aurait pu les confier à la voisine, avant d'avaler sa langue. Mais elle secoua la tête : non, il n'avait pas pipé mot, il ne lui restait plus de souffle lorsqu'elle avait poussé la porte et l'avait trouvé tout vautré sur le plancher, la chemise retroussée jusqu'au menton. Elle n'avait pas eu besoin de l'interroger pour comprendre que personne ne pouvait plus rien pour lui, sauf le parer, l'empaqueter en vue de la livraison. Ernest eut un haussement d'épaules agacé : voilà ce que c'est que de ne pas prendre ses précautions au bon moment, qu'est-ce que ça pouvait lui faire, à ce vieil entêté, de parler un peu plus tôt ou un peu plus tard ? Ils ne lui auraient pas fait concurrence. Maintenant, adieu l'héritage ! Tout ce qui leur revenait, c'était cette baraque qui déjà menaçait ruine et que personne ne voudrait jamais acheter, la vigne, le jardin et un ou deux tonneaux remplis d'un vin violet comme l'encre de l'école.

Les croque-morts descendirent le cercueil. Antoinette, la fille, commença de pleurer. Les hommes se découvrirent, Mathilde regardait fixement cette boîte vernie, la croix d'aluminium poli qui brillait dessus ; elle s'imaginait à l'intérieur Joannès Plandieu, les mains maladroitement jointes sur la poitrine (il avait fallu lui forcer les doigts déjà tout raides), dans son habit noir, acheté en 1925 pour le jour de ses noces, à Thiers, rue Conchette, chez Bourdillon, marchand d'habits et de chapeaux.

Plusieurs fois, Vatelequerre lui avait dit :

« Savez-vous, Mathilde, vous êtes seule et je suis seul. Nous devrions nous marier ensemble.

— Pourquoi donc qu'on se marierait ?

— Nous sommes veufs tous les deux.

— Ça me paraît pas un motif suffisant.

— Vous me plaisez bien, Mathilde. Je pourrais vous donner du bon temps encore, vous m'en donneriez aussi. On habiterait la même maison, ça ferait des économies de chauffage, d'assurances, de nourriture. Je produis mon vin et mes légumes...

— Quelle maison ?

— La mienne, pardi. C'est la plus grande... »

Ils n'avaient pas pu se mettre d'accord là-dessus. Et même s'ils étaient tombés d'accord, elle ne se serait pas remariée. Elle n'avait jamais eu l'idée de donner un successeur au pauvre Pierre. Alors, pour la tenter, il lui faisait visiter sa cambuse. Il exhibait les saucissons et les jambons dans le saloir, son carnet de caisse d'épargne et même — ça la faisait bien rire — ses médailles gagnées en 14-18, sa Croix de guerre, sa décoration des poilus d'Orient, avec un diplôme écrit dans une langue incompréhensible qu'il disait être du serbe. Je vous demande un peu quelle tentation c'était pour elle, la pauvre Mathilde, d'épouser un homme si bien breloqué !

Une autre fois, il lui ouvrit ses armoires pour lui montrer son linge : des draps qui n'avaient plus vu l'eau depuis la mort de sa pauvre femme et qui avaient pris la couleur du tabac, des caleçons, des chemises et trois costumes saupoudrés de naphtaline.

« Celui-ci pour quand je me mets propre, si je veux aller à la ville, par exemple au moment des élections... Celui-là pour les cérémonies, quand on m'invite au baptême de mes petits-enfants... Et cet autre, oh ! cet autre, c'est celui de mes noces. Je l'ai enfilé qu'une seule fois. Si jamais vous vous décidez à m'accepter, Mathilde, je le prendrai encore. Vous verrez qu'il m'ira toujours, j'ai pas gonflé d'un centimètre depuis 1925. Mais si c'est non, alors je l'userai autrement ; je veux qu'on me le mette sur le dos quand j'irai chez les taupes. »

Elle avait rapporté ce désir à Antoinette, il avait eu satisfaction, il arriverait à destination, tout puant de naphtaline, dans l'habit que lui avait vendu Bourdillon de la rue Conchette.

C'est alors que l'on vit le curé de Puy-Guillaume descendre de sa deux-chevaux, tout équipé, avec son aide et ses outils. Il s'avança d'autorité vers le corbillard, longues enjambées d'arpenteur. Mathilde regarda avec stupeur autour d'elle :

« Qui l'a appelé ? Vous savez bien que Joannès ne croyait ni Dieu ni diable ! Il serait pas content, s'il savait ça ! Pour sûr !

— C'est moi, dit la bru, à travers ses voiles. Est-ce qu'il fallait l'emporter directement au cimetière, le jeter dans un trou comme un tombereau de betteraves ?

— Ernest, voyons, tu connaissais ton père ! Tu savais ses idées ! On respecte la volonté des morts.

— Oh ! vous savez, Mathilde, où qu'il aille à présent, ça l'empêchera pas d'arriver ! »

Elle fit pfu ! de la bouche et cessa de discuter.

Le fourgon se mit doucement en route, le curé et son enfant de chœur remontèrent dans leur petite Citron.

Elle s'approcha de Jolivet qui travaillait à la verrerie de Puy-Guillaume :

« Est-ce que vous auriez une place pour moi ? J'ai pas d'automobile, moi.

— Mais bien sûr, Mathilde. Et je vous ramènerai aussi, si vous voulez.

— Vous me faites grand plaisir. »

Ils rattrapèrent le vélo de Maibert, qui trimbalait sa sulfateuse sur le porte-bagages. Et juste comme ils allaient le dépasser, la sulfateuse se cassa la gueule et roula sur la route, la bicyclette fit un écart et il s'en fallut d'un demi-poil que la voiture ne leur passât sur le ventre à tous les trois.

« Hé ! cria Jolivet, qui avait quand même pu freiner à temps, t'as donc envie d'aller tenir compagnie à Vatelequerre ?

— C'est c'te garce de sulfateuse, s'excusa l'autre, et la putain de ficelle et le fumier de porte-bagages.

— Ben, je te conseille... » fit le verrier.

Il calcula un moment, pour savoir au juste ce qu'il lui conseillait.

« Qu'est-ce tu me conseilles ?

— T'as qu'une chose à faire : tu te la colles sur le dos, carrément. Comme ça t'es tranquille. T'es sûr qu'elle se foutra plus en l'air. »

Maibert pensa à son tour ; puis il jugea que l'avis était bon. Il ramassa son gadget, enfila les bretelles et remonta sur la bécane.

« Bon voyage ! » fit Jolivet.

Mathilde songeait à Joannès Plandieu ; le cœur lui pinçait un peu. Elle aurait peut-être dû l'épouser, puisque cette idée semblait lui faire tant plaisir. Après quarante ans de fidélité, le pauvre Pierre n'aurait pu lui en vouloir. Mais l'avait-elle refusé par fidélité vraiment ? L'aurait-elle accepté si, quittant sa baraque à lui, il était venu habiter sa bicoque à elle ? Maîtresse de son bien, de ses chèvres, de sa volaille, de son lit, de son toit, oui, pour sûr, elle avait voulu le rester. Mais elle voulait aussi rester maîtresse de son corps, de ses habitudes, de son sommeil, de sa façon de travailler, de manger et de boire. Introduire un homme dans sa maison, autant y introduire le diable, se disait-elle. Elle n'avait pas voulu changer large comme l'ongle de ce qu'elle était, de ce qu'elle faisait. Elle l'avait laissé mourir sans connaître cette joie qu'il espérait malgré tout. Peut-être bien que c'est de ça qu'il était crevé.

Elle ruminait ces choses en roulant. Pourtant, elle dut bientôt renoncer à sa tristesse, le mouvement de la voiture l'incommodait, les tournants particulièrement lui chaviraient l'estomac. Elle sortit son mouchoir et se le mit sous le nez. Du Peyroux à Puy-Guillaume, il n'y avait que cinq kilomètres ; pourrait-elle résister jusque-là sans vomir ?

« Oh ! Francis, gémit-elle, s'il vous plaît, allez doucement !

— D'accord, Mathilde, je ralentis. Tournez cette poignée, ouvrez un peu la vitre, ça vous donnera de l'air. »

Elle ferma les yeux pour ne pas percevoir le défilé des arbres et des poteaux télégraphiques. Tu ne vas pas te faire remarquer, se morigénait-elle intérieurement, tu ne vas pas salir son automobile, prends patience un moment.

« On arrive ! » l'encourageait Francis Jolivet. « Nous y voici. »

Mais on roulait toujours. Enfin, les freins couinèrent, la voiture s'immobilisa. Elle put descendre. La terre tanguait sous ses pieds. T'aurais dû apporter tes pastilles de Vichy, qu'elle se dit encore.

Le fourgon s'était arrêté à l'entrée du bourg et attendait le rassemblement des accompagnateurs. C'était la tradition : fallait se grouper derrière lui et faire un brin de conduite au défunt.

On vit sortir la casquette du chauffeur :

« Tout le monde est là ? »

Les noir-vêtus se regardèrent, perplexes.

« Manque Antoine Maibert, cria Jolivet. Il est en bécane. »

On surveilla l'horizon. On le vit arriver, bien à l'aise sur sa machine, roulant en roue libre entre deux coups de pédale pour ne pas forcer plus qu'il ne fallait. Le cortège commença de se former, la famille devant, les autres derrière, en petite pagaye. Maibert mit pied à terre, chercha un coin propice pour appuyer son vélo, bloqua une roue avec l'antivol. Le fourgon avait démarré, des nouveaux venus s'ajoutaient au cortège, le porte-drapeau des anciens combattants, six pompiers en tenue, des vieux et des vieilles qui venaient dire au revoir, à bientôt, à Vatelequerre. Maibert eut un moment de désarroi : s'il abandonnait sa sulfateuse à côté de la bicyclette, il était sûr de ne pas la retrouver en revenant, avec tous les ganguesters qui peuplent Puy-Guillaume ; elle n'était pas pourvue d'un antivol, elle. Il l'aurait bien confiée à quelqu'un de connaissance, pour qu'il la loge dans le coffre de sa bagnole. Mais ils étaient tous là-bas, ces charognes-là, derrière la saloperie de corbillard, pas un qui l'avait attendu. Il essaya de soulever un ou deux couvercles de malle : rien à faire, verrouillés comme la prison. Et le cortège prenait de plus en plus d'avance. Alors, merde, tant pis, il laissait la sulfateuse là où elle était, sur son échine ; personne ne viendrait l'y prendre. Il s'élança au petit trot pour rejoindre le troupeau qui atteignait déjà le Pont-des-Feignants.

Les volées des cloches coururent à leur rencontre. Le curé attendait devant l'église, la tête penchée sur l'épaule droite, à cause de ce torticolis chronique qu'il avait. Le cercueil grinça sur les ferrures du fourgon, les croque-morts eux-mêmes ôtèrent leur casquette. Antoinette pleura un autre coup, Ernest serra les mâchoires, tout le monde s'engouffra sous le porche. L'église était fraîche, ça vous ravigotait après la longue attente du matin et la chaleur de la route.

Dehors, Antoine Maibert hésitait : pouvait-il entrer avec son ustensile ? Devait-il rester dehors parmi les libres penseurs, ceux qui refusaient farouchement de se salir les semelles sur les dalles d'une église ?

« Où que tu vas ? demanda l'un d'eux. Hé ! Tu vas sulfater ? »

Tous les libres penseurs crevèrent de rire.

« Vous pourriez pas me la garder ? qu'il proposa.

— Te la garder ? Et si on nous la barbote ? C'est une responsabilité, ça ! Est-ce que tu peux pas te passer d'eau bénite ?

— Entre donc, suggéra un autre. Tu leur souffleras au cul pendant qu'ils seront agenouillés. »

Il préféra ne pas répondre à ces dérisions qui faisaient insulte au défunt et resta sur le seuil des portes grandes ouvertes, solennel, avec son réservoir dans le dos, comme ces hommes-grenouilles qu'on voit à la télévision.

« Mon Dieu, ayez pitié du pauvre Joannès qui est là-dedans, sous ce drap noir. Il avait pas l'intention de vous rendre visite, mais ça pouvait pas être par méchanceté, c'était parce qu'il savait pas. Ses péchés, il les a jamais confessés à personne, probablement, et il doit en avoir un joli paquet sur la conscience ; mais vous les savez aussi bien que s'il les avait racontés en détail, puisque rien vous échappe de ce que nous faisons et même de ce qui nous court par la tête. Et vos balances à vous sont justes, pas comme les nôtres qui penchent toujours d'un côté, et vous savez mesurer le léger et le lourd à son poids véritable. Sans vous commander, mon Dieu, n'accablez pas trop le pauvre Joannès Plandieu qui vient de finir ses peines sur cette terre et il en a eu sa grande part aussi. Cette guerre qu'il a faite contre les Serbes, ces coups de baïonnette qu'il a attrapés, cette petite qu'il a perdue à l'âge de trois ans, elle était sa préférée — et pourtant il aimait bien les autres aussi, personne peut prétendre le contraire — sans doute parce qu'elle était la plus gringalette et qu'il savait qu'il la garderait pas longtemps, trente ans après, si on venait à lui en parler, il en avait encore les larmes aux yeux, ma brebis, qu'il l'appelait, mon agnelette. Et puis sa femme, malade si longtemps, faut voir comme il l'a soignée, je peux le dire, moi qui l'ai vu de mes yeux, mais vous y étiez aussi, bien sûr, vous êtes au courant. Et ses dernières années, seul comme un loup, il serait parti bien volontiers chez son fils ou chez sa fille s'ils le lui avaient proposé sérieusement, s'ils avaient insisté un peu. Mais ils disaient : le vieux, il se plaît mieux dans sa baraque, ça se comprend, à son âge, ça serait dur de s'habituer à la ville ; et lui, il faisait semblant de dire comme eux : à mon âge, ça serait dur de m'habituer à la ville, je me plais mieux dans ma baraque. Seulement, moi, je savais bien le fond de sa pensée, bien qu'il me l'ait jamais fait connaître clairement. Alors eux, les jeunes, ils essayaient de me le coller dans les pattes : Mathilde, vous devriez épouser Vatelequerre, ça vous ferait une compagnie, cétéra. S'il s'est mis à boire, le pauvre homme, c'est point par gourmandise, je vous le jure ; c'est pour mettre un peu de brouillard dans sa vie : voilà ce qu'il disait, lorsqu'il avait bu, Mathilde, je suis dans le brouillard, ça lui permettait de plus voir les choses tristes. Je sais pas pourquoi, mon Dieu, je vous raconte toutes ces histoires que vous connaissez mieux que moi, bien sûr. Peut-être j'aurais pas dû le refuser, je sais bien ce que j'aurais dû faire. Y a douze ou treize ans, après qu'il m'eut fait sa première demande — parce qu'il y en a eu beaucoup d'autres par la suite — j'ai consulté le curé de Puy-Guillaume — pas celui-ci, l'autre, le vieux qui y était avant — et il m'a dit : Mais Madame, interrogez vos sentiments. Et mes sentiments étaient encore trop pleins de la pensée du pauvre Pierre, il aurait pas été honnête, qu'il m'a semblé, d'épouser quelqu'un et d'avoir un autre homme dans le cœur. Alors, je crois pas réellement que vous puissiez me faire de reproches. Pourtant, si je me trompe, que votre volonté soit faite.

« A cause de tout ça, puisqu'il est là, le pauvre Joannès Plandieu, puisqu'il est entré quand même dans votre église, essayez de pas trop lui en vouloir. Bien sûr, toutes ces choses, il aurait mieux valu qu'il les dise lui-même, moi, ça peut pas vous faire le même effet, je le comprends. Il s'était mis dans la tête que vous existiez pas, que vous pouviez pas exister à cause que vous lui aviez pris sa fille, son agnelette. C'est une raison bête, je le sais, le vieux curé avait bien essayé de le lui faire comprendre, mais il avait pas réussi. Ou bien votre Dieu est une invention des prêtres, qu'il répondait, pour escroquer l'argent des imbéciles ; ou bien, s'il existe, c'est un fameux... Et là il employait un mot que j'oserais pas répéter. C'est un fameux... de m'avoir pris mon agnelette. Mais puisque c'est pour son bien, que répondait le curé, puisqu'elle est heureuse au Paradis ! Et moi, alors, qu'il disait, je compte pour des prunes ? J'en avais besoin pour vivre, moi, de mon agnelette, et je l'aurais pas rendue malheureuse, vous pouvez croire... Ça discutait comme ça pendant des heures. Le pauvre Vatelequerre, il tapait sur la table et il pleurait toutes les larmes de son corps.

« C'est pourquoi, Seigneur, vous devriez essayer de pas trop lui en vouloir. Envoyez-le dans votre Purgatoire, bien sûr, à cause de ses fautes et de ses erreurs. Mais l'y laissez pas trop longtemps, pour qu'il puisse retrouver, si vous voulez bien, sa pauvre femme et sa pauvre brebis... »

On se dirigea vers le cimetière, à toute petite allure. C'est un coin ombragé de beaux arbres noirs, en été, on y viendrait presque par plaisir. La terre y est sablonneuse et saine, la bêche des fossoyeurs s'y enfonce comme dans du beurre. Sur certaines tombes fraîches, de la doucette avait poussé, les plants étaient d'une taille phénoménale ; visiblement, le sol leur convenait ; ils faisaient loucher d'envie les noir-vêtus qui se les montraient du doigt :

« Vingt dieux, les belles pipes ! »

Car *pipes* est le terme local qui les désigne.

On arriva au trou. Avec une curiosité trouble, plus d'un se pencha pour en distinguer le fond. Ils y virent le couvercle d'un autre cercueil, quelque peu raboté par la pioche : celui de Maria, la femme à Vatelequerre, décédée en 1950.

« Vous voilà réunis pour l'éternité, dit le curé en français, puisque à présent ils ont renoncé au latin, Maria Provenchère et Joannès Plandieu, réunis pour des noces éternelles dans le sein du Tout-Puissant, et si Dieu veut, plus rien ne vous séparera désormais... »

Antoinette pleura son troisième coup et Ernest serra les mâchoires. Mathilde se dit que c'était bien mieux ainsi, que si elle avait épousé son voisin il y aurait eu quelqu'un de trop dans la fosse.

Chacun jeta sa poignée de terre. Même Antoine Maibert qui vint à la fin, toujours traînant sa sulfateuse ; les autres détournaient la figure afin de rire en cachette. Ensuite, beaucoup s'égaillèrent vers d'autres tombes, profitant de leur venue pour stationner un moment devant, tête basse, un peu honteux de vivre, songeant déjà au repas qu'ils allaient faire à l'*Hôtel des Voyageurs*.

Mathilde n'avait aucune tombe à qui rendre visite. Son père et sa mère, enterrés à Escoutoux, avaient depuis longtemps été relevés et jetés au dépotoir. Les os de son mari : perdus quelque part, dans le département de la Somme, du côté de Cléry, peut-être dans un cimetière inconnu, peut-être mêlés à la terre des champs. Nul mort ne l'attendait.

« Vous viendrez bien prendre un bouillon avec nous, dit Ernest Plandieu. Vos enfants ne pleurent pas.

— Tout de même. »

Dans la grand-salle de l'hôtel, une longue table attendait les noir-vêtus avec des litres, au milieu, en sentinelles. On prit un bol de bouillon gras, rafraîchi d'un peu de vin. Puis il y eut les pommes de terre, le ragoût de mouton et le fromage. C'était le menu décent qu'on sert, après l'enterrement, à ceux qui sont venus de loin. On parla des fauchaisons, de la T.V.A. qui allait prochainement frapper le pays et qui signifiait *Tout-va-augmenter*, des routes pourries du département. Vatelequerre était vraiment sorti des esprits.

Comme il l'avait promis, Francis Jolivet ramena Mathilde au Peyroux, il la déposa devant sa porte. Et quand elle eut mis pied à terre, il hésitait à repartir, il avait l'impression qu'il l'abandonnait, toute vieille, toute menue dans sa robe noire.

« Alors, vous allez rester seule, comme ça ?

— Faut bien, mon pauvre Francis, puisqu'y a personne d'autre.

— Et vous aurez pas peur ?

— Peur de quoi ? Peur de qui ?

— Je sais pas : les voleurs, les ganguesters...

— S'ils viennent me voler, ils feront pas un gros coup, pour sûr. Et s'ils viennent m'assassiner, ils me prendront pas beaucoup de vie non plus.

— Vous croyez pas que vous seriez mieux dans quelque maison, à Puy-Guillaume, à Thiers ou ailleurs ?

— Tant que je pourrai me suffire, j'aime mieux rester dans la mienne. L'hospice, j'irai juste pour y crever.

— Alors, bien vrai, je vous laisse ?

— Mais oui, laissez-moi, mon pauvre Francis. Vous avez bien assez à faire vous aussi... »

Quand elle eut remis ses vêtements quotidiens, elle alla ouvrir à la volaille qui s'impatientait et qui s'élança, le bec ouvert.

« Coqueléqué ! » cria ce putain de coq.

Et Mathilde demeura toute songeuse.

2

C'étaient les meilleurs jours de l'année. Chaque après-dîner, elle emmenait ses deux chèvres vers les chemins tout bordés de ronces et de robiniers. Les chèvres se remplissaient le ventre de feuilles et d'épines, en égrenant de temps en temps leurs crottes noires rondelettes. Mathilde se rappelait une devinette que lui posait sa mère :

« Quelle différence vois-tu entre le curé et nos chèvres ?... Lui, il dit son chapelet par-devant et elles par-derrière. »

Sa mère était gardeuse de chèvres comme elle, et gardeuse d'un porc ou deux dans les saisons d'opulence. Elle avait élevé une fille, trois garçons qui vivaient encore et un quatrième mort en Allemagne on ne sait pas trop de quoi, pendant sa captivité, en 1918. Celui-ci, le pauvre Maurice, leur avait causé bien du tourment à tous, spécialement à celle qui l'avait mis au monde, et nourri, et éduqué comme elle avait su, elle qui ne savait pas grand-chose. A peine si elle connaissait sa langue, qu'elle employait en y mélangeant une moitié de patois. Quand on avait appris que son fils cadet était prisonnier des Prussiens, tous ceux de la commune qui étaient restés là à cultiver leurs patates, à traire leurs vaches, à caresser leur femme et celle des autres, tous s'étaient mis à répéter : « Il s'est rendu !... Il s'est rendu à l'ennemi !... » Et elle en avait éprouvé une honte comme si on lui avait dit que son fils n'était qu'un bâtard. Et l'année d'après, au déshonneur s'était ajouté le chagrin de le perdre, là-bas, dans une terre inconnue, d'où il ne reviendra jamais pour se justifier.

Que d'histoires, que d'histoires il y a par le monde, songeait Mathilde en gardant les chèvres à son tour. Les enfants naissent, ils grandissent, ils se cabossent mille fois le front, ils s'arrachent les genoux, les mères leur donnent leur lait, leur pain, leurs jours et leurs nuits. Ensuite, ils s'en vont on ne sait où, emportés par les guerres ou par leur ambition. C'était exactement ce qui lui était arrivé à elle aussi. Son fils était quelque part, à la surface de la terre. Sa dernière lettre datait de six mois ; mais il ne donnait pas son adresse. Le cachet de la poste disait : *Carnaval de Nice : 16-26 février !*

Elle restait de longues heures assise sur son pliant au bord du chemin. Elle tricotait des bas avec de la laine obtenue en détricotant d'autres bas plus anciens. Quand ce travail la fatiguait, elle regardait les fourmis courir sur la route en de longues files noires. Ou bien elle se levait. C'était pour couper un fagot de genêts secs qui lui serviraient à allumer son feu, une brassée de jeunes pousses de robinier dont les lapins sont si friands. A ses chèvres, elle parlait comme à des personnes :

« Vous feriez mieux de manger quand c'est le moment, au lieu de vous battre, galapiasses... Et n'allez pas dans la luzerne à Baliveau, y a bien assez de ce côté. Vous savez bien que la luzerne vous donne la chiasse... Qu'as-tu à me regarder, toi, Bourrette, nom de gueux ? Ton cabri ? Hé ! Tu en feras d'autres ! Ton ventre en est plein, de cabris ! Je te conduirai au bouc un de ces jours.

— Mêêêê... » répondaient les chèvres qui étaient les seules par ici à comprendre son patois.

Quand elle était en colère ou faisait semblant, Mathilde disait « nom de gueux » ; ce qui était une façon de jurer sans offenser personne.

Les chèvres la considéraient de leurs yeux jaunes et secouaient leur barbe en parlant. Les fourmis continuaient leur procession sur la route. Mathilde se demandait si les fourmis, comme le monde, ont des curés et une religion et quelqu'un qui les commande et des gendarmes pour assurer la police, car il y a sans doute des voleurs et des criminels chez les fourmis, pareil que chez les hommes.

Le soleil se faisait rouge et glissait vers l'horizon. Elle attendait qu'il fût descendu derrière le puy de Dôme qu'on voyait là-bas, plus gros que ses collègues, comme un chapelet de taupinières bien alignées. Elle se demandait quelles taupes avaient réellement pu les faire sortir de terre, pourquoi il y avait des montagnes et pourquoi il y avait des plaines. C'est une question à laquelle elle ne savait pas répondre. Elle souriait intérieurement à son ignorance. « Y en a-t-il, nom de gueux, des questions auxquelles je sais pas répondre ! Quels gros livres on pourrait écrire avec tout ce qui me manque ! » Mais elle était contente d'être ainsi. « J'ai remarqué, qu'elle se disait, que les gens instruits sont jamais contents de ce qu'ils ont. Ils forment des syndicats, ils lancent des grèves, des révolutions. Si c'était aujourd'hui, j'enverrais pas mon garçon à l'école ; peut-être qu'il me serait resté. Moi, je me contente, je me contente. Faut bien que je me contente. Qu'est-ce que je pourrais faire d'autre ? »

Elle appelait ses chèvres et redescendait lentement vers le village silencieux, d'où aucune fumée ne montait. Plus triste qu'un cimetière, où il y a toujours du monde, sur la terre et dessous, et les premiers s'occupent des seconds, et leur parlent, leur racontent leurs misères et leurs plaisirs. Tandis qu'ici, nom de gueux, c'était le vide, le vide complet, le vide irremplissable.

Les poules étaient déjà couchées. Seule Margarette arpentait la cour, en lorgnant vainement la maison d'en face et ses volets clos. Mathilde distribuait le robinier aux lapins qui se jetaient dessus comme des bêtes fauves ; ils s'enfonçaient dans les profondeurs des feuilles verdelettes, dans leur désir de tout manger à la fois.

Ensuite, elle allait traire les chèvres. Ses mains pétrissaient les tétines pleines et tendues comme du caoutchouc. Elle remplissait un bol de leur lait avec son écume pétillante. Elle y émiettait du pain et c'était là tout son souper, à part un peu de fruitage qu'elle mangeait derrière, quand elle en avait, fraises, cerises, pomme, poire, ou une poignée de noix. Le reste de la traite, elle le versait dans un pot de grès et y ajoutait une cuillerée de présure pour en faire du fromage.

Comme on était en juillet, elle profitait de la transparence du soir pour aller marcher un peu avant de se coucher : elle trouvait que ça lui faisait du bien au corps. Sur ses épaules, elle plaçait son fichu de dentelle et partait doucement, en s'appuyant à son bâton. Des chauves-souris tournoyaient autour d'elle et, suivant une superstition de son pays, elle croyait que chacune était l'âme d'un mort qui lui rendait visite. « Tiens, qu'elle se disait, c'est peut-être Vatelequerre qui vient voir comment je me débrouille sans lui... Ou ma pauvre mère... Ou le pauvre Pierre. Ou quelqu'un que je connais pas... » Elle ne s'attardait pas à cette pensée qui l'effrayait, craignant de recevoir de cette façon l'âme de son fils Louis, car la mort aurait expliqué un si long silence. Mon Dieu, faites que ça ne soit pas, protégez mon garçon Louis. Elle prononçait Lou-is et donnait deux syllabes à ce nom.

Elle errait comme une ombre entre des ombres plus épaisses, dans le village abandonné : celles des maisons vides. Elle faisait ce qu'elle appelait « la tournée des fantômes ».

En 1922, quand elle était venue s'établir au Peyroux avec son gars, âgé de cinq ans, douze familles vivaient dans le village. Elle avait oublié quelques noms ; mais les figures de tout ce monde, elle les voyait encore et elle aurait pu parler longtemps sur chacun, si on l'avait interrogée. Les Maibert, les Jolivet, les Colombin, les Baudiment, les Plandieu, les Dozolme, les Dassaud. Et les sobriquets qu'on leur donnait, plus ou moins inexplicables : les Tourons, les Évêques, les Sabots, les Cheveux-Rouges, les Tricots. Certaines familles n'en avaient pas collectivement ; mais tel ou tel de leurs membres en portait un à titre personnel, comme Pinasse, qui était Joseph Jolivet ou Vatelequerre, qui était Joannès Plandieu. Tous les vieux étaient morts. Les jeunes avaient quitté cette terre difficile ; ils étaient allés s'installer dans les villes afin de profiter des Assurances sociales et des Congés payés. Alors, tout doucement, les maisons s'écroulaient, la terre redevenait garenne, broussailles, ronciers, ce qui était sa façon à elle de mourir aussi.

A petits pas, Mathilde suivait la rue Horizontale. C'est elle qui avait baptisé comme ça les trois rues du village : la rue Horizontale, la rue Qui-Monte et la rue Qui-Descend. Elle regardait les portes et les fenêtres, comme si elle avait été chargée d'en passer l'inspection. En vérité, maintenant qu'elle était la seule survivante des douze familles, elle avait réellement l'impression que toutes ces pierres lui étaient confiées. Elle prenait note des lézardes nouvelles qui apparaissaient, des toits qui menaçaient écroulement ; et elle les signalait à l'occasion aux héritiers, quand il leur arrivait de revenir au Peyroux pour une courte visite. En général, ils levaient les bras au ciel :

« Qu'est-ce que vous croyez que je vais faire, ma pauvre Mathilde ? Vendre ma chemise pour sauver cette baraque qui intéresse personne ?

— Et pourquoi qu'elle intéresse personne ? Elle pourrait bien t'intéresser, toi ! C'est bien la maison de ton père et de ton grand-père !

— Parce que je suis pas assez fou pour revenir habiter dans ce village de crève-la-faim. Et les autres sont comme moi.

— Les autres sont pas comme toi : ils y sont pas nés. Ils y ont pas leurs souvenirs.

— Les souvenirs, ça remplit peut-être la tête. Mais le ventre — hé là ! — ça le remplit guère !... »

Rien à faire. Ce coin maudit (il portait dans son nom même la preuve de sa malédiction, puisque Peyroux veut dire pierreux), ils le vomissaient tous. Bon. D'accord. Qu'ils aillent tous à leurs foutus cinémas, à leurs foutus bistrots, à leurs foutues Assurances sociales, elle, elle restait. Elle qui n'était qu'une « mange-chèvre ». Transplantée ici en 1922, elle y avait pris racine, dans ce sol pierreux, plus profond qu'eux tous qui y étaient nés. Non, ils n'y étaient pas nés. Ils y étaient tombés du ciel comme des grêlons, ils avaient roulé le long de la rue Qui-Descend. Ils n'étaient pas du Peyroux : ils étaient des Congés-Payés.

En partant de chez elle, par la rue Horizontale, la première maison qu'elle trouvait à droite était celle des Maibert. Le vieux Maibert et sa femme vivaient déjà seuls lorsqu'il avait eu cette idée imbécile de grimper sur un poirier où il y avait des poires qui seraient bien tombées toutes seules. Mathilde, qui était baissée dans son jardin, avait entendu un craquement et un grand cri :

« *Djeü !* »

C'était une branche qui avait cassé et Maibert qui tombait à la renverse. On l'avait ramassé, emporté, mais il était mort dans son lit deux jours après, les reins brisés. Ainsi, le dernier mot qu'il avait prononcé avant de quitter ce monde avait été pour jurer le nom du Seigneur. Car ce grand cri : « Dieu ! », elle l'avait bien compris à son ton, il ne le poussait point pour appeler à son aide, mais pour injurier le Ciel.

Mathilde cognait de son bâton contre la porte du cellier, en criant :

« Ho ! Maibert !... Ho ! Maibert !... Si tu voyais dans quel état est ta maison, tu en dirais des *Djeü !* ... »

Ces mots, elle ne les prononçait pas dans sa tête ; elle les disait réellement, d'une voix forte, au milieu du village qui l'écoutait. Sous son bâton, la porte grondait comme un tonneau vide.

« Ton faignant de fils, Antoine, ne vient ici que pour emporter. Même le jour où on a enterré Vatelequerre, il a trouvé moyen d'emporter ta sulfateuse. Même que tout le monde le regardait à l'église et au cimetière et que j'avais honte pour lui. Un jour, il viendra avec un tombereau et il emportera le bois, les poutres, les portes, les volets, car il est pire qu'un rat... »

Ensuite, y avait la maison des Jolivet. Eugène Jolivet était le plus grand putassier de la commune, et on pouvait aller loin pour en trouver le pareil. Pas pour rien qu'on l'avait baptisé Pinasse, un mot qui dit bien ce qu'il veut dire. Il courait derrière toutes les femmes, comme un chien derrière les chiennes en chaleur. Un jour que Mathilde moissonnait avec lui et d'autres chez quelqu'un, Pinasse était en train de porter à boire aux moissonneurs. Tout par un coup, le voilà qui pose par terre le bousset et s'élance vers le chemin en courant comme un mamelouk. Il y avait vu passer un cotillon. Et on pouvait l'imaginer de loin en train de faire son boniment et de débiter ses mensonges pour essayer de séduire la particulière si elle voulait bien.

Sa maison n'avait plus de toit. A travers les fenêtres, on pouvait compter les étoiles. Dans la grange, il restait une vis de pressoir et une cuve. La cuve. La fameuse cuve. Un jour que les circonstances s'y prêtaient, Pinasse avait attiré chez lui la Colombine, la femme de Jean Colombin. Et pour ne pas être dérangé, avec une échelle, il l'avait fait descendre dans la cuve et c'est là-dedans qu'ils avaient fait leurs manigances. Pensez si ça devait être confortable ! Les conséquences, tout le monde les savait, excepté probablement Jean Colombin lui-même : sa fille Hortense, qui travaille à présent à Puy-Guillaume à l'*Hôtel Beau-Rivage*, était le portrait de Pinasse tout craché. Lui, ça ne l'avait pas empêché d'aller sous terre, et sa femme non plus, et la Colombine avec. Mathilde se disait que les pécheurs s'en vont, mais les péchés ne meurent pas. Ils sont expiés dans le Purgatoire ou dans l'Enfer. Francis Jolivet avait une sœur non reconnue. Mais il devait être au courant de l'affaire, car il n'avait jamais voulu emporter la cuve salopiaude. De toutes les maisons du Peyroux, celle de Pinasse était la plus délabrée, la plus honteuse.

« Ho ! Pinasse ! Ho ! Pinasse ! demandait Mathilde en cognant contre la porte de la grange. Là où tu es, est-ce qu'il y a des cuves et des échelles ? »

Un peu plus loin, se trouvait le four communal. Pendant plus d'un siècle, tout le pain du village en était sorti. Les jours de cuisson, les hommes y faisaient brûler dix fagots de genêts bien secs ; c'était une dose établie par l'expérience. Puis, quand ils en avaient balayé la cendre et la braise, les femmes accouraient. Chacune portait trois paillons remplis de pâte l'un sur la tête, les deux autres appuyés aux hanches. On y mettait aussi des pâtisseries rustiques, des tourtes au raisin, des fouaces, des galettes aux pommes de terre. Nom de gueux ! quelle fête c'était ! Plus encensée par le bois brûlé et la pâte cuite qu'aucune messe musquée !... A présent, le four est éteint depuis si longtemps qu'il ne se rappelle plus sa dernière fournée. Les boulangers de Puy-Guillaume et de

Chateldon apportent à domicile leurs pains qui ressemblent à des clarinettes. Mathilde a perdu le goût du bon pain, comme elle a perdu le goût des bavardages, et celui des chansons, et celui du rire. On a rempli l'ancien fournil d'un tas de saloperies qu'on ne savait où caser : un rouleau du tuyau à incendie, des roues de charrette, des pelles, des pioches, des balais qui ont perdu leurs propriétaires.

Ah ! Victor Dassaud ne voulait pas déserter, lui ! Et pourtant, il a fini par prendre le même chemin que les autres.

Il avait quatre vaches, dont deux de timon. Il produisait ses patates, son blé, son vin, ses châtaignes, son fruitage. Il vivait avec son père qui était si vieux qu'il avait oublié son âge. Quand on le lui demandait, il se tournait vers son fils :

« Quel âge que j'ai Victor ? »

Et le fils répondait, sans sourire, avec une belle indulgence, parce qu'il savait qu'il était à présent la mémoire de son père. Il était aussi un peu la mère de son père : il lui préparait ses soupes, lui cousait ses boutons et soignait ses maladies. Il le faisait sans peine, le vieux bonhomme n'était pas une charge pour lui, au contraire, Victor ne demandait qu'à le garder longtemps. D'ailleurs, le père Dassaud gagnait bien le pain qu'il mangeait, même s'il avait renoncé à travailler sur les terres : il montait dans sa boutique des douzaines et des douzaines de couteaux ; c'est un travail qui paye peu, mais quand on en fait beaucoup, il finit quand même par rapporter. Et le vieux ne perdait pas une minute de jour. Deux fois par mois, Victor enfilait son complet marron, chaussait ses pantoufles les plus neuves et il descendait prendre l'autobus qui le transportait jusqu'à Thiers. A la fabrique, on lui prenait ses couteaux montés et on lui donnait un paquet de pièces nouvelles. Sur l'argent du montage, il prélevait de quoi acheter du sucre, de l'huile, deux biftecks et un paquet de tabac à priser, qui mettrait son vieux en joie.

Un jour que Mathilde leur rendait visite, elle trouva Victor occupé à sagouiller des nippes dans un baquet.

« Qu'est-ce que tu fais ?

— Ben... la lessive. Faut bien qu'on se tienne un peu propre.

— Mon pauvre petit, c'est pas le travail d'un homme, ça ! »

Elle retroussa ses manches et prit sa place. En passant entre ses mains ces pauvres hardes d'Arlequin, maladroitement rapetassées avec des pièces de toutes les couleurs, des points qui se couraient derrière sans arriver à se joindre, elle en eut le cœur serré. Ce jour-là, elle lava, racommoda jusqu'à la nuit. Les Dassaud ne savaient comment la remercier.

« Dommage que vous soyez un peu vieille pour moi, dit Victor en riant autant qu'il en avait envie, sinon, je vous épouserais.

— Tu as raison, mille fois raison, fit-elle : il te faut une femme. Pas moi, bien sûr : une femme de ton âge. Ou à peu près.

— Ah ! Mathilde ! appuya le vieux. Vous parlez comme un ange. Faites-le-lui comprendre, à ce grand barnaud, qu'il lui faut une femme. Y a quinze ans que je le répète. Tant que je serai là, il se tiendra encore. Tous les deux, on se fait compagnie. Mais quand je serai sous terre, qu'est-ce qu'il deviendra ? Dites, quand il sera tout seul, qu'est-ce qu'il deviendra ? »

Et ce vieux, qui avait soixante-quinze ans ou peut-être plus, se mit à pleurer comme une fillette. C'était vraiment une chose terrible, de voir les larmes déborder de ses paupières rouges, lui couler le long du nez et s'enfoncer dans sa barbe.

« Trouve-moi-z'en une, toi, de femme, cré bon Dieu ! protesta le fils. Y a bien assez le temps que j'en cherche !

— Y avait la fille à Colombin, tu l'as laissée partir.

— Hé, la fille à Colombin avait envie d'aller remuer son derrière à la ville. Ça l'intéressait pas de traire les vaches.

— Y en avait une aussi au Grand-Bois, tu l'as laissé prendre par un autre, cet arcandier de Chambriard.

— Cet arcandier de Chambriard a une auto et tout ce qu'il faut avec. Moi, j'ai que ma brouette. Ça l'aurait pas contentée.

— Quel malheur, quel malheur ! gémissait le vieux en se trempant la barbe. Vous, Mathilde, est-ce que vous pourriez pas lui trouver une femme ?

— Moi ? Une femme ?

— Vous avez bien quelque parente, quelque connaissance...

— J'ai personne, mon pauvre Adrien.

— Quel malheur, quel malheur ! »

Et ils vécurent encore plusieurs années comme ça, tous les deux, le père à ses couteaux, le fils à ses vaches et à ses terres. Mathilde les aidait de son mieux, ils la payaient en beurre, en châtaignes, en menus services. Victor sciait son bois, ramonait son fourneau.

Un soir, il vint la chercher, souriant de toute sa figure :

« Ça y est, qu'il dit : j'ai une femme.

— Hé là !

— Une femme, je vous jure : venez la voir !

— Attends que je me peigne...

— Non, non, venez comme vous êtes. Vous lui ferez pas peur ! »

Dans la cuisine, sous la cheminée, ils trouvèrent le vieux à genoux devant une boîte brillante : une machine à laver. Adrien s'était accroupi pour mieux la voir.

« C'est ma femme, fit Victor en rigolant. Est-ce qu'elle vous plaît ? »

Mathilde prit le temps de penser.

« Et qui la mettra en marche ?

— Moi. On appuie sur ce bouton et elle fait la besogne sans qu'on s'occupe d'elle.

— Sa femme, sa femme, dit le vieux. Et elle lui fera pas porter les cornes ! » Il y avait mis le temps, mais il avait trouvé celle-là tout seul. Et ça lui faisait tellement plaisir qu'il en pissait dans ses culottes.

« Une vraie femme ferait mieux ton affaire », dit la Mathilde.

Les hommes redevinrent sérieux.

« Et vous croyez, demanda le père, qu'une vraie femme serait malheureuse avec lui ? Est-ce que c'est pas un bon ménager ?

— Il lui ferait pas de tort, pour sûr. Brave comme il est, pas buveur, et tout.

— S'il pouvait en trouver une, je crèverais content. Mais je sais bien... je sais bien que je la verrai pas... que j'aurai pas d'autre gendresse qu'une gendresse en fer-blanc... »

La paralysie le frappa l'automne qui suivit, juste après les vendanges. Plus question de monter des couteaux. Il restait dans sa chaise, aussi immobile que le puy de Dôme ; fallait le nourrir à la cuiller comme une nouveau-né et, toutes les heures, lui déboutonner la braguette et faire tremper sa zizette dans un bocal. Mais ses yeux parlaient ! Nom de gueux, que de choses ils racontaient à Mathilde, ses yeux rouges, toujours suintants ! Et elle comprenait bien leur langage : trouvez-lui une femme, pauvre Mathilde ! Une vraie femme avant que je crève ! Une parente ou une connaissance ! Faites ça pour que je crève tranquille !

Elle y pensa toute une nuit.

Et au matin, elle dit à Victor :

« Est-ce que tu peux emprunter un cheval ? Un cheval et une charrette ?

— Un cheval et une charrette ? Pour quoi faire ?

— Procure-toi une charrette et un cheval et moi j'essaierai de te procurer une femme. »

Il alla les emprunter dans un village voisin.

« Rase-toi, mets-toi propre et on s'en va. »

Il enfila son complet marron et ses pantoufles neuves. Le père Dassaud fut confié à sa voisine, l'Ernestine Maibert, qui avait du temps de reste depuis que son homme s'était cassé le cou. Mathilde pansa son cheptel et lui dit au revoir pour la journée. Elle craignait l'auto, mais point la voiture à cheval qui roule sans violence et que la bête parfume avec la bonne odeur de sa sueur et de son crottin. Victor tenait les guides, mais il ne pipait pas mot, car il broyait des idées noires comme la suie. Mathilde regardait avec tendresse sa tête grise, sous la casquette de cuir.

« Quand tu leur parleras, recommandait-elle, garde donc ta casquette. Elles ont pas besoin de savoir que sur la cime il te reste pas beaucoup de cheveux. Et puis tiens-toi droit, t'as comme une tendance à te courber ; si tu continues, dans dix ans, tu seras plus crochu que ton père. »

Elle l'examinait tout de long et cherchait ce qui pourrait le mettre en valeur :

« Si tu fais risette, présente plutôt le côté gauche, vu qu'à droite tu as une dent noire.

— J'ai guère envie de faire risette, ma pauvre Mathilde ! »

Visiblement, il n'avait pas confiance en l'issue du voyage. Et puis, ça l'embêtait d'avoir à déguiser de la sorte les défauts de la bête, comme lorsqu'on mène à la foire une vache tarée.

Il ne valait pas la peine de s'arrêter dans les hameaux les plus proches : Victor y connaissait tout le monde, il aimait mieux aller plus loin. C'est ainsi qu'à dix heures ils arrivèrent au village de Chautard, où peut-être il y avait de la ressource. Ils arrêtèrent le cheval près de la fontaine.

« Reste ici, dit Mathilde, fais semblant de le bouchonner. »

Elle se dirigea vers la première maison qui lui parut habitée. Un vieux cassait du bois devant la porte, tout pareil au père Dassaud.

« Eh bonjour, dit Mathilde.

— Eh bonjour, répondit le vieux en la regardant, mais toujours courbé sur son billot.

— Je vais vous faire une question qui va bien vous surprendre. Est-ce que vous avez une fille à marier ? »

Cette fois, le vieux se redressa :

« Une fille à marier ? qu'il répéta, les yeux ronds sous la bordure de son chapeau.

— Oui, une fille à marier. Vous comprenez ce que ça veut dire ?

— Je comprends bien, mon argue, je comprends bien.

— Si vous en avez une, même si elle a passé fleur, j'ai un gars à lui proposer et vous en trouverez pas de meilleur au monde.

— J'en ai pas. C'est tout le contraire.

— Qu'est-ce que vous voulez dire, c'est tout le contraire ?

— Au lieu d'une fille, j'ai deux garçons, moi aussi, qui trouvent pas de femme. Un de quarante-deux ans et un de quarante-cinq. C'est vous dire...

— Je vois que je suis pas venue à la bonne porte... Et... est-ce que vous en savez pas une, dans ce village, qui voudrait se marier ?

— Y en a pas, y en a plus. Elles sont toutes parties. Vous pensez bien que s'il en restait une, elle serait pour un de mes drôles, mon argue ! »

Elle revint vers la fontaine. Victor frottait toujours le ventre du cheval avec une poignée d'herbe.

« Allons plus loin », dit-elle.

Ils marchèrent encore. Chaque fois qu'ils rencontraient un village, un hameau ou même une maison isolée, Mathilde descendait de voiture et répétait sa question :

« Vous auriez pas par hasard une fille à marier ? »

Certains lui riaient au nez, d'autres l'insultaient et la traitaient de bourrique, quelques-uns lui parlaient sérieusement. Les filles à marier qu'elle rencontrait étaient des tendrelettes qu'elle n'envisageait pas de présenter à son fiancé à cheveux gris.

Au village de Gautichard, on lui signala enfin une gaillarde qui habitait derrière l'école et qui ferait peut-être son affaire. Elle gagnait sa vie en tenant le ménage de l'institutrice.

« Comment ça se fait qu'elle ait point trouvé d'homme ? demanda-t-elle, prudente.

— Ah bien, répondirent les gens, pas eu d'occasion.

— Est-ce qu'elle est vilaine ?

— Non, non. Elle est tout à fait buvable. Y a mieux, pour sûr, mais y a aussi plus mal.

— Peut-être qu'elle voulait pas quitter sa maison ?

— Non, non, c'est pas ça. »

Les gens se consultèrent : on lui dit ? oui, faut lui dire.

« On va vous dire, firent les gens. Elle a commis un péché de jeunesse, y a... combien qu'y a ?... y a dix ans.

— Un péché de jeunesse ?

— Oui. Elle est pas tout à fait seule. Elle vit avec son drôlet. C'est sans doute pour ça qu'elle a pas trouvé d'occasion. Vous pouvez bien aller la voir. »

Elle y alla. Pendant ce temps, Victor frottait le ventre du cheval. Derrière l'école, elle vit une femme devant sa porte occupée à plumer une poule. Trente trente-cinq ans, grande, un peu osseuse, mais quand même supportable à la vue. Mathilde la regarda longtemps plumer sa poule, la fille finit par s'en apercevoir et elle se demanda qui était cette particulière et ce qu'elle voulait à la regarder plumer sa poule de cette façon.

« Eh bonjour, dit Mathilde. Est-ce que je pourrais vous parler un moment ?

— Qu'est-ce que vous me voulez ? demanda l'autre. Vous êtes une bohémienne ?

— Mais non, je suis pas une bohémienne. N'ayez pas peur. Je veux juste vous parler.

— Si vous voulez me vendre quelque chose, j'ai pas d'argent.

— Je veux rien vous vendre. Écoutez un moment. »

Elle finit par se lever, posa sa volaille sur la chaise et s'avança jusqu'au portillon. Mathilde lui expliqua qu'elle était du Peyroux, qu'elle venait lui faire une proposition qui allait lui sembler drôle mais que, de toute manière, il ne s'agissait pas de répondre oui ou non tout de suite, fallait voir, fallait discuter, on verrait si ça pourrait se faire. Quand elle eut enfin découvert le pot aux roses, la fille se mit à rire, avec des dents bien plantées, ma foi, quoique un peu jaunes.

« On vous a dit sûrement que j'avais un drôlet ?

— Oh ! vous savez, je crois pas que ça retienne mon garçon. Il est pas bien jeune, ni bien beau, ni bien riche. Faut bien qu'il y ait quelque compensation. Pourquoi vous avez pas épousé le père ?

— Parce qu'il m'a abandonnée, une fois qu'il a eu ce qu'il voulait. C'était pas un joli merle. Mais si votre garçon me prend, il peut être sûr de mon honnêteté. »

Elle alla répéter ces paroles à Victor Dassaud. Il hocha la tête :

« Non, le petit me retient pas. Au contraire. Ça sera une compagnie de plus dans ma maison. Allons les voir. »

La fille avait eu le temps de faire disparaître la poule et les plumes, d'enlever son tablier, de s'arranger les cheveux. Victor la regardait fixement et elle devint rouge comme une carotte.

« Entrez donc, dit-elle quand même, en désignant le portillon.

— Eh bonjour, fit-il.

— Eh bonjour », répondit-elle.

Ils restaient là, dans la cour, à se dévisager. Mathilde lisait sur leurs figures que ce mariage n'était pas si mal emmanché.

« Je m'appelle Augusta, dit-elle.

— Et moi Victor. »

Il sourit, leva sa casquette :

« J'ai plus beaucoup de cheveux, dit-il en baissant le front en avant, comme pour donner un coup de corne, afin qu'elle vît bien sa tonsure.

— Oh ! Il vous en reste encore. Et ça compte guère. Seulement... »

Elle se tut et son visage changea d'expression. Il comprit ce qui la troublait :

« Vous voulez parler du petit ? Vous voyez : ça m'a pas empêché de venir. Quel âge qu'il a ?

— Dix ans.

— On peut le voir ? Il est ici ?

— Oui, oui, il est ici. »

Pourtant elle ne bougeait point et continuait de serrer les lèvres. Sans doute n'osait-elle pas leur montrer la pauvreté de sa maison.

« Allez donc le chercher, suggéra Mathilde, qu'on l'embrasse. »

La fille se décida : « Entrez, vous allez le voir. »

Ils entrèrent derrière elle. Ils ne regardèrent point les murs, ni les meubles, ni le plancher. Car ce qu'ils eurent tout de suite devant les yeux leur suffit. Attaché dans une chaise roulante, un horrible petit singe, chauve et baveur, la bouche tordue, les regardait par-dessous des paupières bridées, à peine entrouvertes.

« Merde ! » cria Victor.

Et il se sauva, courant comme un forcené, en perdant sa casquette derrière lui.

Tout le long du trajet de retour, Mathilde ne cessa de pleurer dans son mouchoir. Et Victor de répéter, sans qu'on sût au juste ce qu'il se reprochait :

« Je suis le roi des cons ! Je suis le roi des cons !... »

Quelques jours plus tard, le vieux Dassaud mourut, sans avoir la consolation d'une gendresse.

L'hiver arriva, Victor crevait d'ennui dans sa maison déserte. Au printemps, il vendit ses vaches : Bouche, le chevillard de Puy-Guillaume, vint les charger toutes quatre dans sa bétaillère.

« Elles iront nourrir les Parisiens ! » fit-il, comme si c'était une consolation. Il y a des gens qui ont le sens de ce qu'il faut dire.

Victor mangea ses poules et ses lapins. Quand il eut tout liquidé :

« Je m'en vais moi aussi, dit-il un jour à la Mathilde.

— Et où tu vas ?

— A Clermont. Je trouverai bien une place chez Michelin. J'ai pas peur du travail. »

Et il alla prendre l'autobus, avec sa valise de bois, son complet marron et ses meilleures pantoufles.

Et voilà. En passant devant la maison vide des Dassaud, Mathilde à présent cognait de son bâton.

« Alors, Adrien, qu'elle criait, toujours pas de gendresse ? Est-ce que ça te gêne pour dormir ? »

Au bout de la rue Horizontale, elle s'arrêtait. Elle regardait par-dessus la haie vers la plaine parsemée de points lumineux, vers Clermont qui formait là-bas, au pied du puy de Dôme, comme une brume rousse. Des hommes et des filles du Peyroux s'étaient établis dans cette ville, qui ne les rendait pas. Ils disaient qu'il y vivaient mieux. Mais comment pouvait-on vivre mieux qu'au Peyroux ? Y avait-il à Clermont des coins soleilleux où les violettes annonçaient la fin de l'hiver ? Un peu plus tard, tous ces cerisiers en fleur, les sauvages et les greffés, et les pêchers, et les amandiers qui faisaient sentir bon la colline pire qu'une boutique de coiffeur ? Et toutes ces bestioles qui y peuplaient le ciel et la terre, les hirondelles, les picverts, les hannetons, les cancailles bleues, les processions de fourmis, les bêtes à bon Dieu, les écureuils, les belettes, les musaraignes, les hiboux qui vous tiennent compagnie la nuit quand vous ne dormez pas ? Sans parler de ses chèvres, de son oie, de ses poules, de ses lapins : ah ! elle pouvait le remercier, son petit cheptel, elle lui parlait, il lui répondait, grâce à lui elle ne se sentait pas tout à fait seule. Y avait quelque chose qui ne marchait pas, car personne ne lui ferait croire qu'on pouvait vivre plus doucement, plus tranquillement qu'au Peyroux. Et pourtant, ils étaient tous partis.

Ça s'était fait en plusieurs fois. Les premiers à disparaître avaient été les enfants. Et c'est ceux qui lui manquaient le plus. Nom de gueux que c'est triste, un village sans cris d'enfants, sans rires d'enfants ! Comment qu'ils disparaissaient ? Tout simplement en grandissant, en se faisant hommes. Personne derrière pour les remplacer. Alors, depuis plus de dix ans, aucun enfant ne vivait plus au Peyroux. Quand par hasard il en passait un, le dimanche, en promenade, accompagné de ses parents, Mathilde se précipitait vers la rue pour voir comment c'était fait.

Pendant dix ans, le Peyroux avait donc vieilli sans se renouveler. Ensuite, les jeunes étaient partis, de vingt à quarante ans. En commençant par les filles. Elles allaient se placer en ville comme bonniches, commises de magasin ; elles finissaient par y épouser un ouvrier ; elles portaient des toilettes, des souliers à talons hauts, elles se faisaient friser. Quand il leur arrivait de revenir pour la journée, on ne les reconnaissait plus. Les garçons suivaient s'ils ne voulaient pas rester célibataires toute leur vie. Et aussi parce que la terre est basse. Parce qu'elle est trop exiguë, trop sèche, trop caillouteuse. Sur leurs six ou huit hectares de colline, ils prétendaient ne pouvoir vivre. Ils prétendaient ne pouvoir circuler sur leurs chemins défoncés. Parce que le lait et la viande qu'ils produisaient ne servaient qu'à enrichir les ramasseurs, les laitiers, les bouchers, leurs cochons ne payaient pas la farine qu'ils avaient mangée. Parce qu'ils étaient liés à la glèbe comme au temps des seigneurs : le dimanche était pour eux un jour comme les autres. Parce qu'ils s'ennuyaient. Et si leur vieux avait l'idée d'acheter un poste de radio, ils s'ennuyaient davantage, en apprenant tout ce qu'on peut faire ailleurs qui leur était interdit. Parce qu'ils avaient beau se débarbouiller, ils sentaient quand même le purin lorsqu'ils allaient en ville ; les gens s'écartaient d'eux ou fronçaient le nez. Parce que, dans ce pays où nous vivons, le mot de *paysan* est une injure ; nul n'aurait idée de vous traiter d'*ouvrier* ni de *cantonnier* ; mais on vous traite de *paysan* comme ailleurs on doit vous traiter de brute, de bâtard ou de malappris, et ils finissaient par avoir honte d'être paysans.

Le troisième départ était celui des vieux. Le seul départ qui fût naturel. Personne ne pouvait les retenir, et eux-mêmes ne cherchaient pas. Ils savaient s'en aller sans histoire. Comme le Peyroux est trop petit pour avoir son propre cimetière, fallait les transporter à Puy-Guillaume, ou à Paslières, ou à Chateldon, suivant leur désir.

Au temps des corbillards à chevaux, c'était un long voyage pour leur carcasse ; les gens suivaient à pied et ils arrivaient fourbus au champ du repos ; si bien qu'ils en voulaient un peu au défunt lorsqu'il avait mal choisi son temps pour passer, au plus chaud de l'été, par exemple, ou au plus froid de l'hiver. Maintenant, avec le fourgon automobile et les taxis, les choses sont bien plus agréables. Le progrès est une bonne chose.

Après eux, il ne restait que quelques demi-vieux, de cinquante, soixante ans. Seuls, dans la maison désertée, ils ne se sentaient plus bons à rien. Les uns se vouaient au gamay ; ils gonflaient comme des bibendums, ça les conduisait à leur fin en quelques années ; alors, ils se dégonflaient et devenaient maigres comme un cent de clous. D'autres allaient vivre chez un frère ou une sœur établis dans un village étranger.

Voici comment le Peyroux, le Pierreux avait perdu tout son monde et n'avait gardé que ses pierres. Elle-même, Mathilde, n'avait pas su retenir son garçon : il avait été un des premiers à partir, il avait donné le mauvais exemple aux autres et elle se tenait pour un peu responsable de toutes ces désertions. C'est pourquoi, elle ne s'en irait que lorsque le bon Dieu la rappellerait dans son royaume.

Ayant suffisamment contemplé la plaine et ses feux, elle faisait demi-tour. En revenant vers sa bicoquette, elle cognait du bâton aux portes des Colombin, des Baudiment, des Dozolme... et elle avait pour chacune un mot de salutation :

« Alors, Colombine, planteuse de cornes, là où tu es, je pense que le derrière doit te cuire joliment... Et toi, Alexis, qui as tant souffert de l'estomac pour mourir, si bien que pendant six mois tu t'es presque nourri de l'air du temps, tu dois être à présent richement servi et tu l'as bien mérité, pauvre Alexis... Et toi, Joannès Plandieu, je suis sûre que tu te trouves maintenant en compagnie de ton agnelette et que tu regrettes pas le Peyroux ni la pauvre Mathilde... »

C'est ainsi qu'elle terminait la tournée des fantômes.

Elle rentrait chez elle, l'estomac bien dégagé, les jambes lasses. La fraîcheur de la nuit la faisait frissonner. Elle montait lourdement l'escalier de sa chambre, tournait le bouton, fermait les volets. Tout en se déshabillant, elle essayait de marmonner sa prière : Mon Dieu, j'ai un très grand regret de vous avoir offensé... Elle ne se demandait pas quelles offenses elle avait commises ; elle était sûre d'en avoir commis des tas. Ne fût-ce que cette manie qu'elle avait de répéter toujours : Nom de gueux, nom de gueux...

Elle nouait sa coiffe de nuit sous son menton. Enfoncée douillettement sous ses couvertures, elle continuait de prier : Mon

Dieu, faites que mon garçon m'écrive... Faites qu'il vienne me voir avant que je m'en aille... Et pour se faire plus persuasive, elle récitait des tas de *Notre Père* et de *Je vous salue*.

Alors, souvent, le diable lui rendait visite. Il se penchait sur elle pour dire :

« Voilà une prière bien confortable, Mathilde. Une prière qui te fait pas mal aux genoux. Mathilde, ta prière est chaude ! ta prière est chaude !

— Eh bien ! qu'elle répliquait, si elle est chaude, souffle-la ! »

3

Le lundi qui suivit l'enterrement de Vatelequerre, Mathilde entendit des pas dans sa cour. C'était Clémençon, le facteur, avec ses jambières qui le protégeaient des chiens. Elle en eut un coup au cœur. Peut-être lui apportait-il une lettre... Elle n'avait l'habitude de le voir qu'aux échéances de sa pension. Autrement, personne ne lui écrivait. Car elle ne comptait pas pour lettres ces billets de Jour de l'An qu'elle recevait de ses lointains neveux et nièces, avec des nouvelles de toute l'année écoulée et des vœux de cérémonie.

Elle regarda ses mains, pour deviner ce qu'il apportait.

« Eh bonjour ! » fit-il.

Elle sentait sa gorge sèche et n'eut pas même assez de salive pour répondre.

« Y a un cas, qu'il dit.

— Un cas ?

— Oui. Votre voisin, Joannès Plandieu, était abonné au journal. Ça veut dire qu'il recevait *La Montagne* tous les jours. Et même, il venait juste de renouveler l'abonnement, c'est moi que j'avais expédié le mandat. Vous voyez ? »

Il lui montra le journal, enveloppé de sa bande, avec le nom imprimé du destinataire : *Monsieur Joannès Plandieu, Le Peyroux, par Puy-Guillaume*.

« Alors, continua le facteur, qu'est-ce que j'en fais ?

— C'est pas moi qui vais vous le dire, mon pauvre Clémençon.

— Théoriquement, je devrais le renvoyer à l'expéditeur, avec la mention *décédé*. Mais ça me paraît grand dommage. Voilà un abonnement qui a été payé par Joannès Plandieu, et son argent sera un cadeau aux messieurs de *La Montagne*. Qu'est-ce que vous en pensez ?

— J'en pense ce que vous voulez.

— Et si je vous le laissais, à vous, ce journal ?

— A moi ? Et qu'est-ce que j'en ferai ?

— Vous le lirez. Ça vous passera un moment. Et puis, ça vous fournira du papier.

— Tous les jours ?

— Oui, tous les jours.

— Ça fera beaucoup à lire. Je sais pas si j'aurai le temps.

— Oh ! Vous vous habituerez. Moi qui vous cause, je lis plusieurs journaux chaque jour. Ceux de mes clients. J'enlève la bande, délicatement, et je les lis en marchant par les chemins. Ça vous renseigne sur ce qui se passe dans le monde et ça développe votre instruction.

— Je crois bien que j'ai assez d'instruction pour aller jusqu'à la fin de mon rouleau.

— Écoutez : faisons un essai. Je vous les apporte cette semaine. Si ça vous plaît, je continue. Sinon, je les retourne à l'expéditeur.

— Vous êtes sûr que ça me causera pas d'ennuis ?

— Si quelqu'un devait être ennuyé, c'est Clémençon, pas vous, hé là ! Alors, c'est dit : commencez par celui-ci. »

Il lui remit le journal. Ça valait bien un verre de vin. Elle mit la bouteille devant lui :

« Servez-vous. »

Il se servit généreusement.

« C'est Vatelequerre qui me le fournissait, justement, qu'elle dit avec regret.

— A sa santé ! » dit Clémençon.

Il s'en alla. Elle ouvrit le journal et trouva qu'il puait : il sentait le goudron ou le hareng saur. Ce devait être l'encre.

Elle n'avait pas appris à lire à l'école, n'y étant jamais allée. L'école la plus proche du village où elle était née se trouvait au couvent d'Escoutoux, à cinq kilomètres, ce qui représentait une bien longue marche pour de courtes jambes. Alors, le dimanche, quand elles avaient fait toutes deux le déplacement pour entendre la messe, sa mère l'envoyait chez les bonnes sœurs. Pendant une heure, elle y avalait tout ce qu'on lui donnait à ingurgiter, acte de contrition, qu'est-ce que Dieu, trois fois quatre, b a ba. Elle en sortait avec la tête comme un potiron. Elle retrouvait sa mère à l'église, souvent endormie dans ses prières, et devait lui taper sur l'épaule pour la réveiller. A ce régime, elle ne retint pas grand-chose. Elle filait la laine et gardait les moutons comme sainte Jeanne d'Arc.

Il fallut la guerre pour qu'elle sortît de son ignorance. Le pauvre Pierre était parti dès le premier jour, le 2 août, qui était un dimanche, pour les chasseurs alpins de Grenoble. Il lui écrivait des lettres et des actes militaires, avec les petits drapeaux croisés et pas de timbre. Elle était en service chez le baron de Barante. Alors, pour lui permettre de les lire et de leur répondre, Madame la Baronne lui avait appris l'écriture manuscrite et imprimée. Elle disait qu'elle devait bien ça à ce pauvre Pierre qui l'avait si bien servie et qui, à présent, servait la France. En se rappelant ce passé, Mathilde pensait avec fierté que bien peu de personnes au monde peuvent se vanter d'avoir eu pour institutrice une baronne.

Elle se mit donc à lire le journal de Joannès Plandieu. Elle sut ainsi qu'il y avait plusieurs guerres de par le monde, dans des pays aux noms bizarres, mais sans comprendre pourquoi ces guerres s'étaient déclenchées. Les deux guerres qu'elle avait vécues, elle en comprenait la raison : celle de 14 contre les Prussiens, celle de 39 contre les Allemands, et toutes deux pour l'Alsace-Lorraine. Fallait croire que ces provinces étaient bien précieuses et qu'elles devaient bien nous aimer, après tant et tant d'hommes qui les avaient rachetées avec leur vie. Pour sa part, elle y avait perdu son mari, un frère, un beau-frère et un neveu. Mais ces guerres lointaines d'aujourd'hui, elle ne les comprenait pas. En ouvrant le journal, elle avait l'impression d'écouter une histoire dont elle avait manqué le commencement.

Elle s'intéressa davantage aux petites nouvelles, à celles de gendarmes et de voleurs, aux accidents, aux noyades, aux mariages et aux naissances. Les petites annonces et la publicité la remplirent de surprise. Elle y vit qu'on y faisait de la réclame pour les hémorroïdes, pour la constipation, pour les varices, pour les ulcères d'estomac. Des gens cherchaient des poupées d'avant 1900, avec tête en porcelaine et bouche fermée ; d'autres proposaient de vendre un taureau hollandais, des timbres-poste, du fumier de cheval ; des messieurs de cinquante-sept ans désiraient une compagne de quarante au maximum pour sorties. On imprimait donc n'importe quoi, dans les journaux ?

Au fond d'une des pages, il y avait une histoire intitulée *Raz de marée*. Mathilde comprit que là aussi elle avait manqué le commencement, car le texte débutait par ce sous-titre : Chapitre V. Elle s'y enfonça comme dans un bois inconnu. Les personnages portaient des noms étrangers. Il y était question d'une femme qui avait eu cinq enfants de cinq pères différents. On y parlait de passion sensuelle. Elle se demanda ce que ça voulait dire.

Clémençon lui apporta le numéro suivant :

« Je le renvoie, ou vous le prenez ?

— Tout de même. »

Elle le mit sous son bras en allant garder ses chèvres. Bien assise sur son pliant, il lui sembla qu'elle comprenait mieux ces histoires sans tête, les guerres, les feuilletons. Les pages sportives étaient du chinois pour elle. On y employait le même langage qu'en première page, victoire, défaite, offensive, bombardiers, troupes, capitaines...

Mais les ennemis s'appelaient Thiers, Pont-du-Château, Cournon, Toulouse, Perpignan et même Lourdes, le pays de Bernadette. Elle voyait bien que ça ne pouvait pas être sérieux.

Le journal devint une douce habitude. Elle le lisait au bord des chemins et elle le reprenait le soir un moment dans son lit, avant de tourner le bouton et de réciter son *Notre Père*. Le diable avait beau jeu de lui dire : « Mathilde, ta prière est chaude ! »

Ce qui provoquait sa plus grande stupeur, ce n'étaient pas les crimes, les accidents, les batailles ; c'était cet amour infernal que décrivaient les feuilletons et qui conduisait les hommes et les femmes aux pires infamies. Elle essaya de se rappeler ce qu'avaient été ses sentiments pour le pauvre Pierre. Jamais il ne l'avait appelée mon amour, ma bien-aimée, ma vie, comme se disaient les personnages. Ni même ma chérie. A vrai dire, il ne lui donnait aucun nom. A part ce diminutif de Mathilde qu'il employait quelquefois : Thildoune. Ça ne lui paraissait pas bien joli, à elle, en ce temps-là ; mais elle l'acceptait comme un témoignage de son amitié. De son côté, elle ne l'appelait jamais autrement que Pierre. Elle ne comprenait pas non plus tout ce cancan que faisait le journal sur l'accouplement des hommes et des femmes. Y a du monde, nom de gueux, qui ne semble vivre que pour ça. Et elle se représentait les héros du feuilleton comme ces chattes et ces chats qui hurlent la nuit sur les toits et font savoir à tout l'univers qu'ils ont le feu au cul :

« Miaouououououououououou !

— Viens faire l'amouououououououour !... »

Quant à elle, ces choses-là s'étaient faites dans le calme et la rapidité, elle n'en gardait pas un souvenir extraordinaire. Elle avait passé tout son veuvage sans connaître d'autre homme, et n'avait point souffert de cette privation. Elle n'avait donc nul mérite d'être restée vertueuse.

Tous les fantômes n'étaient pas dans les rues du Peyroux. Mathilde avait les siens, qu'elle appelait à volonté.

Sa boîte à malices était un coffret métallique qui avait jadis contenu des gâteaux secs ; on pouvait encore en lire la marque sur les flancs : *Biscuiterie Caïffa* ; sur le couvercle, un joueur de galoubet charmait un serpent à lunettes. Quand on l'ouvrait, il s'en dégageait une odeur fadasse qui était celle du papier confiné, mêlé au relent de l'antique sucrerie. C'est là que Mathilde conservait les lettres personnelles qu'elle avait reçues de son mari, de ses frères et belles-sœurs, de ses neveux, de son fils. Cinquante ans de correspondance, qui ne faisaient pas dix centimètres d'épaisseur. Encore le plus gros était-il fait ce cartes de vœux, *Bonne année,*

Joyeuses Pâques, avec au derrière quelques mots qui se contentaient de répéter le devant : *Nous te souhaitons une bonne année, nous te souhaitons de joyeuses Pâques...* Y avait aussi cette carte venue d'Afrique, expédiée par un missionnaire à qui elle avait donné cinq francs ; elle représentait un homme noir presque nu, le cou percé d'une flèche ; il avait l'air de supporter très bien ça, car il souriait en regardant le ciel ; son nom était au-dessous : Bienheureux Denis Sebugwau, martyr de l'Ouganda. Mais au milieu de tous ces fantômes, deux seuls comptaient.

Le pauvre Pierre avait une très jolie écriture. Il écrivait parfois au dos d'une carte postale où l'on voyait des chefs militaires en train d'inspecter les troupes, des villes dévastées, des soldats occupés à casser la croûte. L'explication était donnée dessous : *Le président Poincaré et le général Joffre sur le front* ; et pour les Anglais qui ne comprennent pas notre langue, on avait également imprimé : *President Poincaré and general Joffre on the front*. Mais le plus souvent il écrivait au crayon sur les cartes en franchise, modèle A' pour les troupes en opération. Elles avertissaient d'abord, en caractères gras : *Cette carte doit être remise au vaguemestre. Elle ne doit porter aucune indication sur les opérations militaires passées ou futures. S'il en était autrement, elle ne serait pas transmise.*

Que de fois elle avait relu ces lignes à demi effacées ! Particulièrement la dernière, reçue le 10 octobre 1916. Elle en connaissait les termes par cœur, comme son *Je crois en Dieu*.

Mardi, le 26 septembre 1916. Ma bien chère femme, je fais réponse à ta lettre qui m'a bien fait plaisir de savoir que tu es en bonne santé soigne-toi bien et nourris-toi bien à présent que tu dois manger pour deux à la naissance de l'enfant j'aurai peut-être quelques jours de permission je suis aux tranchées depuis avant-hier tout se passe bien pour le moment dans quelques jours je te ferai une lettre plus détaillée quand je serai au repos je te quitte ma bien chère épouse en t'embrassant des mille de fois sur ton joli cœur que j'aime et que je n'oublierai jamais de ma vie. Pierre Dutheil.

Il avait souligné *jamais* et *vie*. C'était la relique des reliques.

Le 12 octobre, elle cueillait des pommes au verger de Barante quand le baron était venu l'appeler lui-même :

« Mathilde, mon enfant, Madame veut vous parler. »

Ce « mon enfant » l'inquiéta ; jamais il ne l'appelait « mon enfant », d'habitude, bien qu'il fût doux avec elle. Elle était enceinte, depuis la dernière permission de son mari (deux permissions de huit jours en deux ans de guerre, ce n'était pas trop !), mais ça ne se connaissait pas beaucoup encore, elle marchait d'un bon pas. La baronne l'attendait sur le perron ; et tout de suite ce fut :

« Oh ! Mathilde ! Mathilde ! »

Et elle fondit en larmes. Et elle la prit dans ses bras, elle lui mouilla les joues. Elle, il lui semblait bien qu'elle comprenait, qu'elle avait compris tout de suite ; mais la baronne pleurait tellement qu'elle se demandait si elle avait bien compris, et si ça n'était pas elle, pauvre servante, qui devait la consoler. Et elle restait dans cet état, paralysée par la peur, espérant contre toute espérance que ce n'était pas ce qu'elle avait cru comprendre, et ne demandant aucune explication de crainte d'en avoir.

« Oh ! Mathilde ! Mathilde ! » répétait la baronne, tout échevelée. On ne l'avait jamais vue dans cet état.

« Venez, dit-elle à la fin. Venez vous asseoir. »

Elle l'entraîna dans le petit salon. Elle ouvrit un placard, sortit une bouteille, en remplit un verre d'une main grelottante.

« Tenez, buvez, buvez, ça vous soutiendra.

— Non, merci Madame. J'ai pas soif. »

Alors, c'est elle qui le but. C'était fort, ça faillit l'étouffer, elle toussa dix minutes dans son mouchoir avant de pouvoir ajouter un mot, Mathilde lui tapait dans l'échine. La baronne se remit enfin, elle se moucha, s'essuya les yeux. Elle s'expliqua, avec de longs arrêts :

« J'ai reçu... il y a un instant... la visite d'un gendarme... un retraité rappelé au service... les jeunes sont sur le front eux aussi... ils font leur devoir comme les autres... Un vieux gendarme donc... un papier à la main... pour vous... le voici... »

Elle tendait une feuille.

« Non, Madame, cria Mathilde, je le prendrai pas, j'en veux pas, de son papier, je le prendrai pas ! »

A présent, elle était sûre d'avoir bien compris. Elle savait que plus personne, jamais plus personne ne l'appellerait Thildoune. Thildoune. Ce nom lui semblait maintenant infiniment précieux. Elle ne l'aimait qu'à moitié dans la bouche vivante de Pierre Dutheil ; mais à présent que cette bouche était morte, elle trouvait qu'il n'y avait rien de plus doux.

« ... caporal au 54e bataillon de Chasseurs à pied... le jeudi vingt-huit septembre 1916, à trois heures de l'après-midi... au sud-est du village de Cléry, Somme... Nous, capitaine Jonas, faisant fonction d'officier d'état civil... »

La baronne lisait à voix haute le papier du vieux gendarme, Mathilde avait ailleurs sa pensée, mais elle en entendait suffisamment pour comprendre.

« Mais non ! qu'elle cria tout d'un coup. C'est pas possible ! C'est tout des mensonges ! »

Elle grimpa en courant jusqu'à sa chambre, qui était juste sous le toit, éclairée par un œil-de-bœuf. Elle redescendit hors de souffle, tendit à la baronne la carte au crayon :

... en t'embrassant des mille de fois sur ton joli cœur que j'aime et que je n'oublierai jamais *de ma* vie...

La baronne l'étudia soigneusement.

« Regardez les dates, ma pauvre Mathilde. La carte est du 26 ; il a été tué deux jours plus tard... Il n'y a aucun espoir, malheureusement... Mais nous ne vous abandonnerons pas, mon enfant... Nous vous aiderons à élever votre petit... Ce sera le fils d'un glorieux martyr... »

Au Peyroux, la Mathilde évoquait à volonté le fantôme du pauvre Pierre. Elle fermait les yeux et elle le voyait tel qu'il était en 1913, avec ses moustaches pointues, son habit noir et sa casquette de chauffeur. Il conduisait la voiture du baron et de la baronne, mais il grimpait sur les toits, rajustait le paratonnerre, revissait dans la chapelle le bras de la Sainte Vierge ; c'était un homme qui savait tout faire. Elle, elle était devenue une vieille guenon toute ratatinée, avec des pieds toujours froids qui l'obligeaient à porter même au mois d'août des bas de laine. Lui était resté jeune, sans une ride, sans un poil blanc, avec ses yeux bleus et sa fossette au menton. Elle revoyait le geste des doigts dont il roulait le bout de ses moustaches pour les effiler. Une autre chose de lui qu'elle portait en elle : sa voix. Malgré tant d'années, elle ne s'était jamais éteinte. Pourtant, à présent, elle l'entendait de loin, de très loin, quand il lui disait Thildoune.

L'autre fantôme était celui de son fils Lou-is. Elle l'avait élevé seule, aussi bien qu'elle avait pu. Chaque matin, il partait pour l'école à Paslières, deux musettes dans le dos : une avec les cahiers et les livres, l'autre avec le casse-croûte. Il avait fait sa première communion et obtenu son certificat.

Et voilà comment les choses se passent. Le gouvernement un beau jour convoque tous les hommes du pays et les envoie combattre les Prussiens ; mais il prend soin de leur accorder de temps en temps une permission de huit jours. De cette façon, les soldats retournent chez eux, ils voient leur femme et en profitent pour lui mettre un gosse dans le ventre. Le gouvernement a compté là-dessus, parce qu'il aura besoin de ce gosse à la guerre suivante. Tout est parfaitement organisé.

Lou-is, le fils du martyr glorieux, était donc, le jour venu, parti combattre les Allemands. Résultats, les Allemands l'avaient capturé et gardé dans leur pays cinq années de suite. Et pendant qu'il était chez eux, ils l'avaient transformé entièrement. Lorsqu'il était rentré, il disait *chaïze*, et *fertiche*, et *doubiste*, et un tas de mots auxquels elle ne comprenait rien. Mais le plus grave c'est que lui, autrefois si tranquille, était revenu avec le derrière qui lui démangeait, il ne tenait pas en place, il disait qu'il ne pouvait plus vivre au Peyroux, que de monter les côtes ça lui fatiguait le cœur, qu'il ne voulait pas rester un crève-la-faim jusqu'au bout de ses jours, qu'il ne pouvait plus supporter l'odeur du purin.

Et c'est ainsi qu'il était parti, en disant : j'écrirai. Deux paires de bœufs ne l'auraient pas retenu. Et ça, c'était dix ans en arrière. Il était revenu deux ou trois fois, avec une cravate et des lunettes noires. Elle lui demanda avec inquiétude s'il souffrait des yeux.

« C'est à cause du soleil, qu'il avait répondu. Merde ! Ce qu'on peut être con dans ce pays ! »

Pour ce qui est des écritures, il avait envoyé — elle pouvait les compter dans la boîte de biscuits Caïffa — six lettres ou cartes postales en dix ans. Et dire qu'il avait obtenu son certificat !

Lui aussi elle l'évoquait à volonté. Non comme il était devenu à la fin, fier de sa cravate et de ses lunettes d'aveugle, mais comme il était à deux ans, à trois ans, à cinq ans, à dix ans. Elle le revoyait avec ses deux musettes croisées sur le dos.

« Hé ! lui criait Vatelequerre. Tu vas faire tes vingt-huit jours ? »

Il marchait bravement ses six kilomètres, aller et retour, jusqu'à l'école de Paslières. L'instituteur était content de lui, le curé le citait en exemple, s'il avait habité plus près de l'église, il en faisait un enfant de chœur. Comment peut-on, nom de gueux, changer de cette façon ?

Y a des gens qui gagnent les guerres et y en a qui les perdent. Elle, elle les avait perdues toutes deux. Elle se rappelait la fin de la première comme si c'eût été la veille. Le château en fête, le baron qui distribuait à boire à tout le monde, les cloches qui sonnaient, les drapeaux, les *Marseillaise*, les officiers américains qu'on avait invités et qui s'étaient saoulés comme des porcs ; et elle dans la chambre à l'œil-de-bœuf, à plat ventre sur son lit, épuisée de larmes, gémissant dans l'oreiller : Thildoune, Thildoune, Thildoune... La seconde lui avait pris son fils, un gentil garçon qui avait failli être enfant de chœur, et elle lui avait rendu un vaurien.

Ma chère mère, disait sa dernière lettre, *je te souhaite une bonne et heureuse année, la santé et la prospérité. Je ne me fais pas de mouron pour toi, parce que je sais que tu as une bonne pension et que s'il t'arrivait de tomber malade tu as de quoi te faire soigner. Et puis tu as tes frères, tes neveux et tes nièces qui n'habitent pas bien loin, et je suis sûr qu'ils ne refuseraient pas de te soigner, ou même de te prendre chez eux si nécessaire. Une vieille avec une bonne pension, c'est toujours intéressant, et quand on les a on tâche de les faire durer. Pour moi, je te demande rien, je me débrouille comme je peux, c'est pas l'initiative qui me manque.*

J'aurais aimé t'envoyer des étrennes, mais je suis un peu juste en ce moment. Ce sera pour l'année prochaine si les affaires vont mieux. Je ne t'envoie pas mon adresse, car je pense ne pas rester longtemps où je suis. Mais dès que je serai quelque peu fixé, je ne manquerai pas de te le faire savoir.

Porte-toi bien. Je t'embrasse affectueusement, Louis.

Elle se disait que les enfants conçus pendant les périodes de méchanceté sont peut-être condamnés à être plus méchants que les autres.

4

Pendant quelque temps, elle eut l'impression de n'être pas encore tout à fait seule au Peyroux : Vatelequerre vivait toujours un peu. D'abord, elle recevait quotidiennement son journal et lisait son nom sur la bande : *Monsieur Joannès Plandieu, le Peyroux...* Exactement comme s'il eût été encore là pour le recevoir et qu'il se fût contenté de le lui prêter, comme il faisait jadis, de loin en loin, à l'occasion de quelque fait divers qui devait, pensait-il, l'intéresser :

« Tenez, qu'il disait, je vous ai apporté *La Montagne*. On y parle de mon fils qui a eu un accident d'auto, mais rien de grave... Y a eu un incendie à Puy-Guillaume... On a cambriolé le château de Barante... »

Ensuite, elle buvait son vin. Un demi-verre à chaque repas, dosé comme une médecine. Mais la provision tirait à sa fin. Le tonneau ne lui parlerait plus bien longtemps de celui qui l'avait rempli.

Et puis, y avait les légumes du jardin. Antoinette et la bru lui avaient recommandé :

« Profitez-en. Les laissez pas pourrir, ça serait un péché. Nous, on habite trop loin pour faire le déplacement, ça payerait pas l'essence. »

Alors, elle en profitait. Mais chaque fois qu'elle entrait dans l'enclos, c'était pour elle une chose bien triste. Elle ne pouvait s'empêcher de penser aux mains qui avaient semé ces haricots, planté ces tomates, repiqué ces salades. Toutes ces végétations poussaient imperturbablement, sans se soucier de celui à qui elles devaient la vie. Elle châtra les deux lignes de vigne, débordantes de feuilles ; des grappes se formaient ; il aurait fallu les soufrer, les sulfater ; mais elle n'entendait rien aux travaux de vigneron, et le regretta.

Elle arrosait les plants, binait et désherbait ; elle en était venue à négliger son propre potager en faveur de celui de Plandieu. Il lui sembla qu'ainsi elle le prolongerait un peu en faisant durer les fruits de son travail. « J'aurai bien le temps, qu'elle se dit, de retourner au mien quand tout ici sera sec. »

Il y avait aussi le chat de Vatelequerre. Un chat couleur de suie, avec des yeux qui la nuit brillaient comme des braises vertes. Les héritiers ne s'étaient pas souciés de lui. Le jour de l'enterrement, y avait d'ailleurs bien trop de monde pour qu'il montre seulement le bout de queue qui lui restait. Le reste, c'est Joannès lui-même qui l'avait retranché. Il prétendait que la queue est le point faible des chats, ils la laissent traîner dans les pires ordures, c'est un ramasse-microbes ; souvent, ils se la font coincer dans des pièges à renard ; même sans le vouloir on pose le pied dessus et ils poussent des bramées qui vous font sauter au plafond et jurer le sacré nom de Dieu. Une opinion à lui. Le chat ne lui en voulait pas de cette mutilation. Il restait de longues heures sur les genoux de son maître qui le caressait sous le menton, dans le bon sens des poils ; la bestiole allongeait le cou et fermait les yeux pour montrer le plaisir qu'on lui faisait.

Après les obsèques, elle resta deux jours absente. Puis, un matin, Mathilde la vit qui flairait sous la porte de son voisin.

« Courtaud ! Courtaud ! » qu'elle appela.

Le chat ne daigna pas même tourner la tête vers cette voix étrangère. Il se coucha sur le seuil chaud, que les Plandieu avaient creusé de leurs pieds et de leurs fesses.

Elle traversa la rue en lui tenant des discours gentils : « Tu me reconnais pas, petit couillon ? Courtaud, Courtaud, nous sommes plus que tous les deux au Peyroux, nous avons intérêt à nous entendre... » Il la regardait venir, avec insolence, l'air de dire : « Me casse pas les pantoufles. Tu m'intéresses pas... » Quand elle fut trop près, il se leva et s'écarta autant qu'il convenait pour garder ses distances. Puis, il s'assit sur sa queue guillotinée et de nouveau tourna vers la vieille ses prunelles éloquentes : « Me casse pas les pantoufles... Me casse pas les pantoufles... »

Alors, elle tenta une autre expérience. De loin, elle lui montra une soucoupe et la casserole de lait froid. « C'est du lait de chèvre », qu'elle précisa. Elle déposa la soucoupe près du seuil, la remplit jusqu'au bord. « Courtaud ! Courtaud ! » Mais le type faisait semblant d'être sourd.

Elle revint sur ses pas, toute tristouillette. Le chat la vit s'éloigner avec satisfaction. Après avoir attendu un bon moment pour être sûr qu'elle ne recommencerait pas ses avances, il se dirigea de nouveau vers le seuil des Plandieu, avec l'espoir de retrouver les bons pantalons chauds, sur les genoux de Vatelequerre. Le lait fut une surprise complète. Il y trempa une langue prudente, il le trouva crémeux et frais. Mathilde, de loin, le regardait boire. Elle se disait que ce chat avait perdu son maître, mais qu'une soucoupe de lait l'avait consolé. Que ce serait bien commode si quelqu'un — un médecin par exemple, ou un pharmacien — inventait pour les hommes un breuvage qui les consolerait lorsqu'ils auraient perdu un ami ou un parent. Qu'elle en achèterait bien un litre.

Par la suite, elle apporta à cette bestiole des croûtes de fromage, des soupes de pain, des purées. Il acceptait ses offrandes, mais il refusait toujours le contact de sa main.

« C'est bien, qu'elle lui disait. Tu es une bête fidèle. Moi pareillement, j'ai été une bête fidèle. Je sais pas si j'ai bien fait. »

Elle était satisfaite quand même de leurs distantes relations. Elle ne se sentait plus tout à fait seule au Peyroux, elle avait un voisin.

Puis, le chat disparut. Elle eut beau l'appeler à tous les vents, pas de Courtaud. Elle le chercha dans les maisons vides, ouvrit toutes les portes qui se laissaient pousser, battit les chemins et la campagne. Le soir, elle disposa de la nourriture à l'endroit coutumier, pour le cas où il serait revenu pendant la nuit ; mais au matin, les soucoupes étaient entières. La nuit venue, elle fit une longue tournée des fantômes, cherchant à distinguer dans le noir les prunelles émeraude. Et, le jour suivant, il en fut de même. « Voilà comment je suis, qu'elle se dit avec chagrin. Je suis faite pour être quittée. Je dois avoir un secret pour que tout le monde me quitte comme ça. » Cette fois, elle se trouvait vraiment seule, dans ce putain de village.

Or, le troisième jour, Courtaud ressuscita des morts. Mathilde n'en croyait pas ses yeux quand elle le vit faire les cent pas devant la maison des Plandieu, plus froissé, plus dégoûtant que la serpillière du four communal. Et il regarda la Mathilde avec une tranquillité formidable, comme si ç'avait été la chose la plus naturelle du monde de se trouver à cet endroit-là, à cette heure-là, dans cet état-là. Bien sûr, elle ne fit semblant de rien et lui apporta à manger et à boire. Il s'écarta un peu, suivant son habitude, mais il revint tout de suite et se jeta sur la nourriture. Ça l'avait creusé. Profitant des circonstances favorables, Mathilde allongea le bras et posa la main sur son échine répugnante. Il continua son goulp-goulp-goulp sans se déranger. « Tu t'appelles Courtaud Vatelequerre, qu'elle dit. Et moi Mathilde Dutheil. »

Dans le jardin de Joannès, y avait un prunier de reines-claudes que Mathilde tenait à l'œil. Il ne portait pas beaucoup de fruits, mais tous beaux, bien ronds et qui promettaient une agréable saveur. Ça ferait peut-être une petite panerée. Elle y allait souvent et les tâtait entre le pouce et l'index pour savoir s'ils s'amollissaient. Mais y avait des gaillardes qui avaient le même goût qu'elle pour les reines-claudes : les grives, et Mathilde n'était pas sûre de pouvoir défendre ses prunes jusqu'au bout. Chaque fois qu'elle y retournait, elle en trouvait une nouvelle, percée jusqu'au noyau, toute saccagée par ces salopardes. Il ne lui restait plus qu'à décrocher le fruit commencé, et à manger leurs restes si ça lui disait.

« Si vous attendiez au moins qu'elles soient mûres, grandes voraces ! » qu'elle leur criait. Les grives en rigolaient jusqu'au milieu du ciel.

Rien n'est plus joli qu'une reine-claude bien à point, avec ses taches de rousseur qui lui couvrent la moitié de la figure. Rien n'est plus vilain que la même éventrée par le bec des vendangettes. Alors, Mathilde décida de ramasser les dernières prunes qui lui restaient avant leur parfaite maturation. Et elle en mangea. Elles étaient quand même bien douces. On les aurait crues remplies de miel, d'un miel à peine, à peine acidulé. Et après en avoir mangé dix, elle en mangea vingt. Si bien qu'en deux jours elle vint à bout de sa petite panerée.

Naturellement, elle attrapa le cours de ventre. Et elle fut très en rogne contre elle-même. Elle s'en dit de toutes les couleurs. « Si c'est Dieu permis d'être encore une pareille gourmande, à ton âge ! Tu devrais avoir honte, grande fadasse que tu es ! Ah ! les prunes étaient bonnes ? Eh bien, cours, à présent ! Je voudrais qu'une fois le temps te manque et que tu t'embrennes les cotillons ! Ça t'apprendrait à modérer tes appétits. Heureusement que tu as tout ce papier que Joannès t'a laissé en héritage ; sinon comme que tu ferais ? Tu en as le trou de balle plus enflammé qu'une allumette !... » A chaque instant, en effet, elle devait abandonner son travail pour filer au fond du jardin, vers la guérite-commodité. « Vatelequerre me voit, qu'elle se dit, il doit se payer sur mon dos un joli jeu de rire ! »

Puis, les coliques s'atténuèrent. Elle put vaquer à ses besognes sans devoir s'interrompre quinze fois du jour. Mais elle gardait le ventre douloureux, rempli de contractions, comme s'il eût été habité de serpents qui se nouaient et se dénouaient. Elle se faisait des tisanes de mélisse et de bourdaine.

Ça ne la brouilla pas avec les prunes. Pendant que ses chèvres mordaient les feuilles, Mathilde cueillait les prunes sauvages qui parsemaient les haies de leurs petits œufs noirs ; elle avait l'intention d'en remplir un baril où elles fermenteraient une partie de l'hiver ; quand l'alambic s'installerait au carrefour de l'Abbaye, elle y ferait descendre son tonneau, qui lui donnerait plusieurs litres d'eau-de-vie dont elle trouverait bien l'usage.

Des gens de la Grande-Goutte passèrent sur le chemin et ils échangèrent quelques mots aimables.

« Alors, vous montez ?

— Oh bien », qu'ils répondirent.

Et ils donnèrent ce minimum d'explications qui convenait :

« On est allé voir ma sœur qui a eu ses couches la semaine dernière.

— Tout s'est passé comme il faut ?

— Faut pas se plaindre, on est bien content. »

Et comme elle voyait qu'ils n'avaient pas envie de s'attarder, elle conclut :

« Bonne continuation ! » et retourna à ses prunes.

Puis, c'en fut d'autres de Moussanges qui allaient en sens inverse :

« Alors, vous descendez ?

— Oh bien. On va attendre la fille qui prend ses vacances, pour lui porter sa valise... »

Le Peyroux était un lieu de transit : les gens passaient mais ne s'arrêtaient point.

Quand elle fut fatiguée, Mathilde s'assit sur son pliant et ouvrit le journal de Vatelequerre. Il ne racontait que des histoires abominables : les Américains et les Vietnamiens s'entre-tuaient en Asie ; on se fusillait en Afrique ; deux familles de nomades s'étaient attaquées au couteau ; un fils avait tué son père pendant son sommeil... « La guerre partout, qu'elle se dit. Toujours la guerre. Les hommes peuvent pas s'entendre, même quand ils sont du même sang. » Puis elle pensa aux convulsions de ses intestins. « Ça m'étonne pas, conclut-elle, qu'il y ait partout des batailles : mes boyaux même se battent dans mon ventre ! »

Le mois d'août se termina et Clémençon lui apporta son trimestre de pension. Elle lui laissa la menue monnaie et lui offrit un peu d'eau de coing : une liqueur qu'elle faisait elle-même chaque automne. Vous râpez les coings, vous placez cette purée dans un vieux bas de coton pour qu'elle s'écoule ; vous mélangez le jus recueilli avec du sucre et de l'eau-de-vie. Clémençon aurait préféré une goutte d'eau-de-vie toute pure ; mais Mathilde ne lui en proposait point ; c'était contraire à ses principes ; elle estimait que l'eau-de-vie pure est un médicament ; on s'en frotte l'estomac en cas de fluxion de poitrine, ou les coups qu'on se donne sur le corps ; elle est bonne aussi contre le mal de dents, et dans de l'eau chaude, en hiver, contre la grippe, et contre les croûtes de lait des nouveau-nés ; mais la boire sans raison est un péché qu'elle n'avait pas l'intention d'encourager. Alors, le facteur se contentait du pus jaunâtre qu'elle lui servait.

En même temps, il lui faisait la conversation :

« Vous devez être contente d'avoir quelqu'un, de temps en temps, pour bavarder avec vous ?

— Oh, qu'elle répondait, ça me déplaît point, pour sûr, mais vous savez, j'ai jamais été bien causante. »

Il est curieux comme les gens supposent tous les autres pareils à eux-mêmes ; les cancaniers vous plaignent si vous manquez de cancans ; les ivrognes, si vous manquez de vin ; les fumeurs si vous manquez de tabac. Elle avait vécu si longtemps seule, au cours de sa longue existence, qu'elle avait perdu depuis longtemps l'habitude de raconter ses ennuis. Elle était un peu comme ce charbonnier de la Muratte ; il vivait avec les loups et les écureuils, coupait ses branches, liait ses fagots, cuisait son charbon de bois, le mettait en sacs, les empilait au bord du chemin ; un transporteur venait les prendre et lui tendait l'argent dans une bourse, sans desserrer les dents. Tout le monde le croyait muet. Et voilà qu'un jour, le marchand, après la bourse, lui tend un flacon :

« Goûte-moi ça, qu'il lui dit, j'ai fait de l'hydromel avec le miel de mes abeilles. Tu m'en donneras des nouvelles. »

Le charbonnier porte la chopine à ses lèvres, en avale une goulée ; puis il la recrache en hurlant :

« Mais sacré bon Dieu, c'est de la pisse ! »

Et en effet, le marchand apportait l'urine de sa femme au pharmacien pour la faire analyser, et il s'était trompé de bouteille.

« Dis donc, qu'il fit au charbonnier, je croyais que tu parlais pas ?

— Beuh, fait l'autre, j'avais rien à dire. »

La Mathilde lui ressemblait donc un peu. Mais la conversation des autres ne lui manquait guère. Ça ne l'empêchait pas de parler. Elle se parlait à elle-même, d'abord ; se complimentait, s'injuriait, se donnait des noms suivant les circonstances, vieille crapaude, vieille calamastre, vieille renarde, vieille endormie, vieille ramasseuse ; elle se consultait dans les situations embarrassantes et ne se marchandait pas les conseils. Tu devrais faire comme ça, mais en seras-tu capable ? Faut que tu passes une nuit là-dessus, tu y réfléchiras sur l'oreiller. Elle parlait à ses lapins : Petitous, voyez ce que je vous apporte, tâchez de pas le gaspiller. A son oie Margarette : Ça te plairait que je te fasse chanter comme le pauvre Vatelequerre, mais j'ai autre chose en train. A ses poules qui venaient, lorsqu'elle bêchait au jardin, picorer les asticots tout tortillants jusque sous la bêche : Otez-vous de là, gourmandasses, si vous voulez pas que je vous décapite.

Elle parlait encore aux objets qui l'entouraient. Au fourneau qui ne tirait pas et l'enfumait comme un hareng : Saloperie, tu aimes ça, qu'on te souffle au cul ! Au lit qu'elle retrouvait le soir comme elle l'avait laissé le matin : Tu t'es pas fait tout seul ! Elle parlait à la porte, à ses sabots, à son ombre, à la lune, au puy de Dôme.

Par-là, elle était donc différente du charbonnier de la Muratte : les occasions de parler ne lui manquaient point. Avant de s'endormir, elle parlait longuement à Dieu dans ses prières. Elle lui demandait toujours la même chose. « Faites, mon Dieu, que je revoie mon fils Lou-is avant de mourir. Y a huit mois qu'il m'a plus écrit et deux ans que j'ai plus vu sa figure. Si c'est pas possible tout de suite, faites qu'il m'envoie au moins sa photographie, ça me permettra de patienter. » Et elle priait la Sainte Vierge et sainte Mathilde sa patronne d'appuyer sa demande auprès de Qui-de-Droit. Et, pour ne négliger aucun soutien, elle invoquait aussi sa mère et son père, morts depuis si longtemps qu'elle avait presque oublié leur figure, et son mari le pauvre Pierre, et elle leur demandait leur aide à tous trois, si toutefois ils pouvaient faire quelque chose pour elle.

Dès le matin, elle vit ce jour-là qu'avant la nuit il y aurait du nouveau : là-bas, du côté des montagnes, le ciel était garni de nuages noirs tout écharpillés indiquant que ça devait souffler sacrément, au-dessus. Et, en effet, le rassemblement se poursuivit, la lumière s'affaiblit comme s'il y avait eu une panne de soleil. Puis, vers onze heures, tout à coup, le vent descendit sur la terre. Affolement général. Courtaud disparut de la circulation, la volaille rentra au poulailler, les volets claquèrent. Les arbres s'arrachaient les cheveux. Ça promettait une fameuse dégelée.

Quand elle sentit l'orage dans ses membres, Mathilde se hâta de barricader portes et fenêtres. Ensuite, elle courut passer l'inspection du village. Tout ce qui lui semblait branler, elle s'efforça de le caler, de le fixer avec des bouts de fil de fer, elle enfonça de vieux sacs dans les vitres éborgnées. Nom de gueux de nom de gueux. Elle se sentait comme qui dirait responsable des dégâts qu'allaient causer la pluie et le vent. En elle-même, elle tempêtait contre la négligence des héritiers qui, malgré ses avertissements, ne faisaient rien pour préserver ces vieilles maisons, qui étaient cependant les membres du Peyroux, comme ses bras et ses jambes les membres de son corps à elle. Elle ne pouvait pas s'en laver les mains, à la façon de Ponce Pilate, et regarder ces portes, ces volets, ces murailles souffrir seuls sans un geste pour les secourir. Alors, elle étayait de son mieux, elle colmatait les fissures avec des poignées de foin, elle obstruait les chatières. Elle n'abandonna que lorsqu'elle sentit les premières gouttes l'atteindre, mêlées de grêlons qui la piquaient comme des coups d'aiguillon. Elle courut jusque chez elle.

Comme elle avait fermé ses volets, elle resta dans l'obscurité, écoutant le bombardement de l'orage sur le pauvre Peyroux. Les pétées du tonnerre secouaient la maison, l'averse mitraillait sauvagement le toit. Elle songea qu'il manquait un tas de tuiles chez les Maibert, les Jolivet, les Dassaud, mais qu'elle n'était plus assez leste, elle, pour grimper là-haut et réparer tout ça.

Alors, de se sentir le seul ange gardien du village abandonné, de se sentir si petite, si faible et si vieille contre les méchancetés du ciel, elle pleura. Ce qui ne lui était pas arrivé depuis bien longtemps.

5

Au début du mois de septembre, elle reçut une autre visite. Elle battait sa lessive au lavoir. Ce lavoir avait été autrefois un sujet de querelle entre les femmes du village qui se bousculaient un peu pour s'en servir, particulièrement les jours où il avait été vidangé et rempli d'eau fraîche ; car au Peyroux, l'eau était rare, mais la crasse des hommes abondante ; à présent, Mathilde se trouvait seule à en disposer et elle regrettait bien les bisbilles d'autrefois :

« Mais tu étais là avant-hier ; est-ce que tu l'as acheté, ce lavoir ?

— Tais-toi donc, grande blangande ! Ça fait une semaine que je suis plus venue, sauf pour rincer une peille qui vaut pas même la peine d'en parler.

— Chez nous, on est six et chez vous, deux. Ça me ressemble qu'on a droit à plus de temps que vous sur le lavoir, non ?... »

Ah ! il était bien calme, bien silencieux, le lavoir, à présent ! Elle était donc en train d'y rincer ses quatres guenilles, quand elle vit monter une espèce de fantôme blanc qui se balançait et s'arrêtait de temps en temps à cause de la raideur de la côte. « Tiens, qu'elle se dit, voilà le Charolais ! » Elle l'avait vu plusieurs fois dans les rues de Paslières, mais c'était bien la première qu'il transportait ici sa soutane blanche et ses gros souliers.

La paroisse de Paslières était desservie par un moine dominicain, enfant du pays, qui, vu son grand âge, avait quitté le couvent pour passer ses dernières années dans son village natal. A cause de la couleur de sa robe, à cause aussi sans doute qu'il n'avait pas bien su gagner leur sympathie, les paysans lui avaient collé le nom de cette race bovine. A la messe, il avait coutume d'engueuler tout le monde : les enfants qui manquaient le catéchisme sous prétexte du foin à râteler ; les filles qui se mettaient du rouge ; les femmes qui arrivaient en retard ; les hommes qui étaient plus assidus au *Relais*

Fleuri qu'à l'église ; et toute l'assistance parce que les offrandes étaient trop maigriottes. Le Charolais, ça lui allait bien.

Mathilde le reconnut donc dans sa robe blanche, mais elle continua de battre sa lessive. Elle n'allait pas se déranger pour un homme qui passait, même s'il logeait dans une soutane. « Peut-être, se dit-elle, qu'il va porter les sacrements à un malade, à la Pique ou à la Grande-Goutte. » Quand il fut tout près d'elle, elle leva les yeux. Il soufflait et s'essuyait les joues de son mouchoir ; il n'avait pas l'air de quelqu'un qui porte le Christ.

« Eh bonsoir, qu'il dit.

— Eh bonsoir, Monsieur le curé. »

Qui sait, se demanda-t-elle, s'il est au courant qu'on l'appelle le Charolais ?

« Je ne vous remets pas, vous ne venez pas souvent à la messe. Mais peut-être que vous allez à Puy-Guillaume ?

— Oh ! Je vais pas plus à un endroit qu'à l'autre. Je suis vieille, les kilomètres me portent peine.

— Vous n'êtes quand même pas une païenne ? Vous croyez au bon Dieu ?

— Pour sûr que j'y crois, Monsieur le curé. Seulement, il connaît mes jambes patraques. Alors, c'est lui qui fait le déplacement.

— Le déplacement ? Que voulez-vous dire ?

— Je peux pas aller prier dans sa maison ; alors, je le prie dans la mienne.

— Si vous croyez que mes jambes sont bonnes, à moi ! Et voyez : je marche quand même. Et si un mourant m'appelle, il faut que j'y aille, même si c'est au milieu de la nuit.

— Vous avez raison. Peut-être que je suis un peu paresseuse.

— J'ai plaisir à vous l'entendre dire. Aimeriez-vous que je vous entende en confession ?

— En confession ? A Paslières ?

— Non, ici, chez vous. Dans la cuisine, dans le jardin, où vous voudrez. Vous avez lessivé votre linge. C'est bien. Mais votre conscience, vous y pensez à la lessiver aussi ? Peut-être croyez-vous que vous ne commettez pas de péchés ?

— Oh si, que j'en commets ! Je le sais bien ! Et des gros !

— Alors ! Voilà une bonne occasion ! Puisque le bon Dieu se rend à votre domicile ! »

Elle le fit entrer et lui proposa, avant de commencer, un peu d'eau de coing.

« J'aimerais mieux un café, qu'il dit. La marche m'a fatigué, ça me reposerait. Mais peut-être que vous n'en avez pas ?

— Oh ! Il sera bien vite fait ! Mon feu est allumé ! »

Pendant qu'elle tournait la manivelle du moulin, il s'informait de sa situation : comment vous appelez-vous ? avez-vous des enfants ? de quoi vivez-vous ? ah ! vous avez une retraite ! elle est de combien ? par mois ou par trimestre ? ça fait quand même une jolie somme ; j'espère que vous ne gardez pas tout cet argent chez vous ? oui, la Caisse d'Épargne est une bonne invention ; et puis, ça rapporte trois du cent ; et que faites-vous comme travail ? en somme, vous faites venir assez de produits pour vous nourrir, vos chèvres, votre volaille, vos lapins, vos légumes ; oui, il y a l'huile, le sucre et le café, bien sûr ; vous devez quand même avoir un joli magot, à la Caisse d'Épargne ; oh ! ce n'est pas pour vous interroger, ça ne me regarde pas... Elle avait l'impression qu'il la déshabillait.

Quand il eut bu son café et refusé la goutte de gnole qu'elle lui proposait :

« Alors, cette confession ? qu'il dit.

— Je sais pas où nous allons nous installer.

— Là, là, ça ira très bien. Mettez un petit coussin par terre pour vous agenouiller, si vous en avez un. »

Elle s'était confessée plus d'une fois dans sa vie ; mais de se sentir regardée, comme ça, en pleine figure, par ce moine blanc à figure rouge, ça la rendait toute honteuse. Si bien qu'elle ne trouvait plus les mots des prières et qu'il devait les lui souffler :

« ... par pensée, par paroles, par actions... c'est ma faute, c'est ma faute, c'est ma très grande faute... »

« Depuis quand ne vous êtes-vous plus confessée ?

— Ça fait deux ans aux dernières Pâques.

— Bon. Y a de quoi faire. Voyons les Commandements de Dieu. Avez-vous juré le nom du Seigneur ?

— Oui et non.

— Comment ça, oui et non ? On jure ou on ne jure pas.

— Je dis souvent : nom de gueux.

— Je sais. Les gens se croient malins. Ils jouent avec le feu. Le feu de l'enfer. Nom de gueux, ça n'est pas réellement un juron, mais ça y ressemble un peu trop. Combien de fois par jour le dites-vous ?

— Au moins cinquante fois. Des jours, peut-être cent.

— Est-ce que vous ne pourriez pas dire autre chose ? Nom du diable, par exemple ? C'est permis, nom du diable.

— J'essaierai.

— Combien de fois par an allez-vous à la messe ?

— Cinq ou six fois : à Pâques, à Noël...

— Donc, déficit : quarante-six fois au moins. Je suppose que vous n'avez point tué ni commis d'impureté depuis votre dernière confession. A votre âge, ça me surprendrait. Si je me trompe, arrêtez-moi. Avez-vous pris des choses qui ne vous appartenaient pas ?

— Je prends des prunes dans les haies, des champignons dans les bois, des pissenlits dans les prés. Mais je crois pas que je vole, puisque personne en veut, sauf les oiseaux.

— Ne me faites pas perdre mon temps sur de la gnognotte. Avez-vous été envieuse ?

— Je crois pas, je me contente.

— Coléreuse ?

— Oh oui, bien souvent.

— Contre qui, puisque vous m'avez dit que vous restiez seule au Peyroux ?

— Contre mes poules, mes chèvres, mes outils…

— C'est encore de la gnognotte. Avez-vous été avare ?

— Ça se pourrait bien. Je suis contente d'avoir de l'argent à la Caisse d'Épargne. Je suis pas si donnante que ça.

— Êtes-vous gourmande ?

— Comme une chèvre blanche. Quelquefois j'en suis punie, comme le jour des reines-claudes.

— Et paresseuse ?

— De temps en temps. Je ferai un effort pour aller à la messe plus souvent.

— Vous ferez bien. Vous savez ce qu'il leur fait, Satan, aux paresseux dans son enfer ? Courir à coups de fouet, comme les chevaux dans un cirque. Est-ce que vous avez envie de ça ?

— Oh non, bien sûr.

— Voyons les Commandements de l'Église… »

Quand elle eut tout dit, il lui donna une pénitence et lui recommanda, puisqu'elle avait une tendance à l'avarice, de faire la charité dès qu'elle en aurait l'occasion. Et il termina par *Ego absolvo te…*

Ils se levèrent tous les deux, elle en se frottant les genoux.

« Je suis contente que vous soyez venu me voir, Monsieur le curé…

— C'est mon habitude de me rendre comme ça par les villages, pour faire la connaissance de ceux qui ne mettent jamais les pieds dans mon église. Alors vous vivez seule ici ? Et vous n'avez pas peur ? »

Encore un qui trouvait qu'elle aurait dû avoir peur.

Il sortit son mouchoir de sa manche et s'en frotta de nouveau la figure. On voyait qu'il se préparait à partir. Il se renseigna sur les hameaux voisins, sur les gens qui les habitaient.

« On ne pratique pas beaucoup par ici, soupira-t-il. Tous des païens.

— Que voulez-vous, Monsieur le curé, l'église est comme les autres bonnes choses : elle est si loin !

— Il y en a bien qui ont des autos, des bicyclettes, des chevaux !

N'essayez pas de les excuser ! Leurs jambes, ils aiment mieux les user pour aller à la chasse ou à la fête ! Quand Satan les aura au bout de son fouet, vous verrez comme il les fera danser ! »

Il soupira encore, renfonça son mouchoir dans sa manche et rouvrit la bouche :

« Pendant que je suis ici, est-ce que vous n'avez pas envie de faire dire un certain nombre de messes ? C'est quinze francs la messe, tarif fixé par Monseigneur l'évêque de Clermont. Quinze nouveaux francs, bien sûr. »

Il la regardait en coin, d'un certain air qui voulait dire : « Voilà une bonne occasion de faire pénitence. Inutile de me raconter des boniments. »

Elle approuva.

« Combien en voulez-vous ? »

Elle fit le compte dans sa tête : sa mère, son père, son frère Maurice, le pauvre Pierre ; et elle pensa à son fils, se demanda si une ou deux messes pourraient le faire revenir.

« Quatre pour mes défunts, qu'elle dit. Et deux autres dans une intention particulière.

— A la bonne heure, s'écria-t-il. Que voilà une bonne chrétienne ! Ça fait quatre-vingt-dix francs. Nouveaux, naturellement. »

Elle avait touché sa pension quelques jours auparavant. On aurait dit que le Charolais s'était renseigné. Par-dessus le marché, il lui donna une dernière bénédiction et s'en alla en promettant de revenir.

Elle l'accompagna jusqu'au portillon. Courtaud, qui faisait la sieste devant la maison d'en face, prit une grande peur en le voyant, et s'enfuit au triple galop.

En revenant vers sa maison, Mathilde se demandait ce que pouvait bien être toute cette gnognotte qu'elle avait commise sans le savoir.

Les jours qui suivirent, en faisant son traintrain, il lui arriva souvent de dire ou de penser des Nom de gueux. Et chaque fois elle se mordait la langue et se corrigeait en disant : Nom du diable... Mais c'est seulement avec un effort de l'esprit qu'elle arrivait à prononcer cette parole. Elle ne lui venait pas toute seule sur les lèvres, tant s'en faut, comme ses Nom de gueux. Alors, non seulement ça ne lui procurait aucun soulagement, aucune détente des nerfs, mais ça la crispait davantage. Brusquement, sa cervelle s'interrompait dans son fonctionnement naturel pour se concentrer sur ce Nom du diable qui ne voulait pas sortir. C'était comme son moulin à café quand il rencontre un grain de sable.

Les bêtes — qui ne sont pas si bêtes que le nom qu'elles

portent — y trouvaient aussi du changement. Lorsqu'elle s'élançait, les bras ouverts, derrière Margarette, ou les poules, ou le coq qui se préparaient à becqueter sa salade, en commençant un « Nom de... », pour finir par un « ... du diable », tout honteux, tout péteux, son cheptel la regardait avec surprise : il s'apercevait qu'il y avait quelque chose qui ne marchait plus.

On ne change pas une habitude de cinquante ans en une semaine. Quand elle en eut assez de ses corrections et de ses bafouillages, elle se remit à parler et à jurer comme elle l'avait toujours fait. « Ça me fera des péchés à lui dire la prochaine fois. Faut bien que j'aie quelque chose à me faire pardonner. »

Georges Frompy, de chez Chautard, descendait avec sa camionnette. Il s'arrêta et vint crier au portillon :

« Hé ! Mathilde ! Je vais à Puy-Guillaume, j'emmène mon veau à Bouche. Est-ce que vous avez besoin de quelque chose ? »

Tous ceux des environs savaient qu'elle restait seule au Peyroux, sans voiture, sans téléphone, sans radio, sans télévision, seule avec son ombre et son bétail. Et quand quelqu'un passait devant sa maison, il lui faisait fréquemment la même proposition.

Frompy était une espèce d'homme des bois qui vivait là-haut, avec son père, un autre sauvage comme lui, et une gaillarde qui leur servait à tous deux de servante et de maîtresse. Allez donc voir ce qui se passait dans cette maison qui sentait le bouc et les choses sales. Mais à part ça, le Georges n'était pas plus mauvais qu'un autre et il rendait des services. C'est lui qui fournissait Mathilde en bois de chauffage ; il le lui déversait tout scié dans sa cour. Il ne voulait pas de paiement. Elle allait lui donner un coup de main au temps des battages et des cochonnailles. Ça ne lui plaisait guère, ces jours-là, d'avoir à fréquenter cette bougresse, qui avait des yeux effrontés, plus de plis sur la figure qu'une chaise de paille et qui trouvait quand même le moyen de contenter plusieurs hommes ; mais elle se bornait à regarder le moins souvent possible de son côté et à faire le travail qu'on lui confiait. Frompy venait la prendre et la ramenait dans sa voiture.

« C'est vous, Georges ? qu'elle répondit. Je vous accompagnerais bien, si vous pouviez attendre que je me change.

— Je peux bien. »

Elle se lava les mains, se frotta un peu le museau à l'eau de Cologne, renoua son chignon qui s'effilochait, changea de robe et de bas. Elle n'avait pas le temps de faire mieux. Si elle avait été avertie, elle aurait pris du linge de corps tout propre. Elle n'aimait pas voyager en se sentant sur le dos une camisole défraîchie ; elle pensait toujours à l'accident, au malaise qui aurait pu la surprendre en route ; elle se voyait ramassée par des inconnus, on la transportait à l'hôpital, on la déshabillait, on remarquait ses dessous crasseux ; elle imaginait sa honte et la moquerie des gens. Mais elle ne pouvait faire mieux, pour ne pas garder trop longtemps Frompy en attente.

Elle n'oublia pas ses pastilles de Vichy et le mouchoir qu'elle se tiendrait sous le nez tout le temps du voyage. Elle emportait un sac de moleskine qu'elle ne prenait qu'à des occasions exceptionnelles : un des rares cadeaux de son fils, et qui avait bien quinze ans d'ancienneté.

Ils partirent. Chaque tournant renversait le pauvre veau dans sa cage de bois ; la terreur lui avait fait lâcher toute son urine ; quand il essayait de se relever, il glissait dessus et tombait encore. Et tout ça sans un grognement. Y a des races, se disait Mathilde, qui savent souffrir en silence.

A Puy-Guillaume, elle se dirigea tout droit vers le bureau de la Caisse d'Épargne, son sac bien serré sous son aisselle. Elle présenta son livret et dit qu'elle voulait déposer cent mille francs.

« Anciens ?

— Oui, bien sûr. Je m'habituerai jamais aux nouveaux. »

C'était le plus clair de ce que lui avait apporté Clémençon. Elle n'aimait pas garder chez elle l'argent dont elle n'avait pas besoin. Non seulement pour ne pas tenter les voleurs, mais pour ne pas se tenter elle-même. Une fois l'argent inscrit dans les registres, transformé en signes noirs sur papier blanc, elle savait qu'il lui en coûterait de le ressusciter, d'en faire de nouveau des billets et des pièces : fallait faire une nouvelle toilette, entreprendre un nouveau déplacement, remplir un formulaire, montrer un livret de famille : tout un bataclan qui lui portait peine, et qui préservait l'argent soigneusement engrangé à la Caisse d'Épargne. Elle ne se croyait, au fond, pas tellement avare ; mais elle vivait de peu et elle accumulait de cette façon pour se soigner, quand elle serait malade. Car la maladie n'est pas une chose incertaine, comme la grêle, qui peut tomber sur vous ou sur le voisin ; elle finit toujours par vous tomber dessus, si ce n'est pas aujourd'hui, c'est demain. C'était sa chance d'avoir encore une bonne santé. Elle connaissait parfaitement son corps, elle savait ce qui lui faisait du bien et ce qui lui faisait du mal et le soignait elle-même. Elle employait des herbes pour toutes les maladies. Une chose aussi la gênait : l'idée d'avoir à se déshabiller devant un médecin. On sait comment ils sont ; la première chose qu'ils vous commandent, c'est de vous mettre à poil. Et elle, ça ne lui plaisait guère d'avoir à montrer sa vieille peau, toute jaune, toute ridée, toute tavelée. Alors, elle aurait recours à eux le plus tard possible ; mais faudrait quand même, un jour, sûrement en passer par là.

« Hé hé ! lui dit l'employé de la Caisse d'Épargne. Votre livret est presque plein !

— Combien donc que j'ai ?

— Quatorze mille. C'est-à-dire un million et quatre cent mille anciens. Encore un versement comme aujourd'hui et il sera complet ! »

Elle partit contente. « Un million et quatre cent mille anciens ! Me voilà donc millionnaire, qu'elle se dit. Qui aurait jamais cru ça, que je serais millionnaire un jour, nom de gueux ? Il est vrai que ça fait que quatorze mille, en francs nouveaux. Mais pour moi, y a que les anciens francs qui comptent ; les autres, je veux pas les connaître. C'est pas étonnant, après tout, que j'aie toute cette somme, depuis le temps que je fais des versements et que je retire rien. Et les intérêts ? Savoir si les intérêts sont compris là-dedans, ou si c'est en plus ? » Elle fut tentée de faire demi-tour pour aller se renseigner. Puis, elle se dit qu'elle le demanderait la prochaine fois.

Dans une épicerie, elle fit quelques emplettes : du café, du sucre, du chocolat, des pastilles de Vichy. Et chez un charcutier un morceau de cervelas qui lui avait fait très envie à travers la vitrine. Oh ! gourmandasse ! qu'elle se disait intérieurement ; mais elle achetait quand même.

Frompy lui avait donné rendez-vous à onze heures pour le retour ; elle avait une heure encore devant elle, elle décida de se rendre au cimetière, rendre une petite visite au pauvre Joannès Plandieu.

Il dormait sous un arbre noir. Il avait encore sur le ventre les fleurs de son enterrement, à présent toutes fanées. Le fossoyeur avait remis en place l'entourage précédent, celui de sa femme ; mais ce fer était passablement rouillé et aurait été bien content d'un coup de peinture. La prochaine fois, se dit Mathilde, j'apporterai un pot de couleur et un pinceau ; les héritiers sont aussi négligents pour la tombe de leurs parents que pour leur maison. Elle arracha des chardons qui avaient poussé.

« Voilà que tu te reposes, pauvre Joannès. Tu es bien comme moi : tu dois pas recevoir souvent des visites. Il est vrai que là où tu te trouves maintenant, ça manque pas de monde. Je te regrette bien. Tu étais un bon voisin, même si tu buvais trop souvent un peu plus que ta soif. Tu te rappelles comme tu pleurais, quand t'étais saoul ? Mathilde, que tu me disais dans ces moments-là, pourquoi que vous voulez pas de moi comme mari ? J'ai de l'amitié pour vous, Mathilde, autant que j'en avais pour ma pauvre femme. Épousez-moi, s'il vous plaît, vous verrez comme on sera heureux ensemble... Moi, j'y prêtais pas attention, parce que je savais qu'alors c'était le vin qui parlait. Je sais pas pourquoi je te tutoie, à présent que tu es mort, quand j'ai jamais osé le faire durant ta vie. Peut-être que ça te fait plaisir. Peut-être que tu t'en fous. Ça fait rien, je te regrette bien. Tu sais, je m'occupe de ton Courtaud. Avec moi, il est pas malheureux. Et il serait plus gras s'il courait pas tant les chattes. Y en a une à la Pique, une autre à la Grande-Goutte, il fait des kilomètres pour aller les voir. Ah ! c'est une belle canaille ! Tout comme toi, tiens, d'après ce que tu me racontais... »

Elle se surprit à rire, en pensant aux gaudrioles que lui débitait Vatelequerre. Puis elle regarda autour d'elle et vit toutes ces autres tombes. Qui sait où on m'enterrera ? Elle aurait aimé aller à Escoutoux, dans la terre où avaient dormi ses parents. Mais à qui le dire ? Les neveux et nièces se moquaient bien de ce qu'elle pouvait désirer ou non. Alors, elle se résigna : ils me mettront où ils voudront, au fond, ça n'a aucune importance ; s'ils ont peur des frais et d'attaquer mon héritage, ils me jetteront dans l'Allier, je nourrirai les poissons.

Et de nouveau sa pensée revint au pauvre Pierre. Après 18, beaucoup de familles avaient fait revenir leurs morts. Un beau jour, ils recevaient un cercueil avec quelque chose de lourd dedans. Ils n'osaient pas regarder, par peur d'y trouver seulement un peu de terre, ou des restes qu'ils ne reconnaîtraient pas. Elle aussi avait fait sa demande ; mais à elle, le gouvernement avait refusé cette charité. La « dépouille », comme ils disaient, du caporal Dutheil n'avait pas été retrouvée, à cause des combats qui avaient suivi son décès. Le sol était dans cet endroit-là tellement remué qu'on y distinguait à peine les cailloux des ossements.

Elle ressentit amèrement l'injustice dont souffrait la dépouille de son mari. Pourquoi les uns dormaient-ils tranquillement dans un cimetière, sous les fleurs et les couronnes, tandis que d'autres se trouvaient dispersés dans une campagne, et nourrissaient de leur sève les pommes de terre et les betteraves ? Et ceux-ci c'étaient justement les plus glorieux, ceux qui avaient donné à la patrie leur vie et leur cadavre, et que la guerre, en somme, avait tués deux fois ! Et elle, qui restait vivante, elle se trouvait obligée d'aller se recueillir sur la tombe d'un étranger ; alors que Pierre Dutheil, là-haut, dans le Nord, au sud de Cléry, ne pouvait converser qu'avec les taupes et les courtilières.

Elle repartit en s'essuyant les yeux, oubliant même de dire au revoir au pauvre Vatelequerre.

6

Le Peyroux demeurait vide des jours et des jours, des semaines et des semaines ; et puis voici que tout à coup il se remplissait d'un monde tapageur qui se répandait dans ses trois rues. C'étaient des héritiers qui profitaient d'un dimanche de soleil pour venir, avec leur marmaille, passer la journée à la campagne. Ils ouvraient portes et fenêtres pour faire aérer les vieux intérieurs. En revoyant ces sombres masures, ces rues sans pavés ni goudron, la fontaine pleurarde, l'unique lampe chargée d'éclairer la nuit tout le village, le chiendent qui poussait partout, le salpêtre qui grimpait le long des murs, la moisissure, les papiers décollés, ils se rappelaient leur H.L.M., la cuisine à gaz, la télé, le bistrot du coin où ils allaient chaque samedi composer leur tiercé, les pétanqueurs sur la place publique, le stade avec les matches de foot ; et ils soupiraient de satisfaction en retrouvant la galère dont ils avaient eu la bonne idée de s'enfuir. Comment avaient-ils pu, comment pouvait-on vivre dans un bled pareil, dans un coin aussi visiblement sous-développé ! Ils étaient sortis de leur ancienne peau, comme font les couleuvres au printemps, et de la retrouver à présent, au milieu des pierres, un frisson leur traversait le corps : créputain ! dire que leur père, leur mère et d'autres avant eux avaient usé ici toute leur existence ; sans rien connaître d'autre que la rue Horizontale, la rue Qui-Monte et la rue Qui-Descend ; sans distinguer le week-end du reste de la semaine et pas beaucoup la nuit du jour : fallait souvent veiller pour aider la vache à faire son veau, ou empêcher la truie de dévorer ses porcelets, ou pour promener le cheval qui avait des coliques, les hommes étaient les serviteurs des bêtes. Ah ! Ils pouvaient dire, eux, les jeunes, qu'ils l'avaient échappé belle !

Les femmes se dispersaient dans les jardins ensauvagés, ramassant, cueillant ce qui avait bien voulu pousser tout seul et qui était encore bon à manger : raisins, noix, rhubarbe, pêches de vigne.

Les gosses jouaient à cache-cache dans ce décor inhabituel, qui leur offrait de formidables encoignures, des soupentes inouïes, des souterrains inexpugnables. Ou bien, pour le simple plaisir, ils faisaient l'ascension des ruines, malgré les vaines semonces des maternelles :

« Descends de là-haut, salopard ! Tu vas voir si j'y monte ! »

Mathilde se réjouissait de tout ce remue-ménage. La présence des enfants surtout la comblait d'aise. Elle se disait que si les jeunes ne l'avaient pas déserté, s'ils l'avaient rempli de cette joyeuse gaminaille, le Peyroux aurait pu durer lui aussi, se moderniser, goudronner ses rues, planter des antennes de télévision, installer l'eau sur les éviers et les égouts, des cabinets à chasse, recrépir ses façades, s'astiquer dedans et dehors. Elle sortait de chez elle et bavardait avec l'un avec l'autre. On lui donnait des nouvelles : Ernest Plandieu avait commandé un autre rejeton ; Francis Jolivet avait acheté une 403, une bonne occasion ; Hortense Colombin, la fille de la cuve, avait enfin trouvé à Puy-Guillaume chaussure à son pied, à trente-cinq ans, c'était bien le moment ; Marie-Louise Baudiment, qui avait épousé un Dumousset de Saint-Victor, avait un cancer et se préparait à mourir... Tous ces événements, bons et mauvais, s'étaient passés loin du Peyroux, et ils auraient pu se passer dedans, alors qu'il ne s'y passait maintenant plus rien du tout. Car pouvait-on compter pour quelque chose ce qui lui arrivait à elle, pauvre Mathilde, qui ne faisait pas plus de bruit à vivoter dans un coin qu'une ortie blanche ?

Et puis, à un moment donné, ils en venaient toujours à lui poser les mêmes questions : Est-ce que vous vous ennuyez pas ? Bien sûr que je m'ennuie... puisque j'ai pas les moyens de me payer une dame de compagnie. Est-ce que vous avez pas peur des ganguesters ? Quand ils me verront, si vieille et si vilaine, c'est eux qui auront peur de moi. Est-ce que vous aimeriez pas mieux... ? Non, j'aimerais pas mieux.

Elle aussi, quelquefois, histoire de voir ce qu'ils répondraient, elle leur posait sa question : Et vous, est-ce que vous aimeriez pas mieux revenir ici, respirer le bon air et boire le lait de mes chèvres ? Alors là, ça les faisait éclater de rire, péter de rire, mourir de rire. Valait mieux ne pas insister.

Le soir venait vite. Ils remplissaient la malle de la voiture du produit de leurs razzias.

« Faut qu'on se dépêche, disait le chauffeur ; j'aime pas conduire la nuit ; et puis, c'est une nouvelle bagnole, j'ai pas encore l'habitude. »

Changer de bagnole semblait pour tous un événement de première grandeur ; leur vie devait être jalonnée comme ça par les bagnoles qu'ils avaient changées.

Ils partaient en criant :

« Au revoir, Mathilde ! Portez-vous bien ! Écrivez-nous s'y a quelque chose de travers ! »

Dans un petit calepin aux couvertures de toile noire, elle avait toutes les adresses des héritiers. Sauf celle de Victor Dassaud, parti pour travailler chez Michelin, et qui n'était plus jamais revenu, n'avait plus jamais écrit. Comme s'il gardait rancune à ce putain de village, et à elle qui en était un peu l'âme, de n'avoir pas su le retenir, lui qui voulait tant rester. Elle se rappelait la tournée qu'ils avaient faite ensemble pour lui dénicher une femme, allant de porte en porte se proposer comme ces commis voyageurs qui proposent leurs appareils. Bien sûr, ces démarches étaient pénibles et la déception avait été forte ; mais ils auraient pu repartir, chercher ailleurs et plus loin ; il n'y avait pas consenti. Alors, que pouvait-elle de plus, elle, la pauvre vieille ? Elle ne pouvait pas, comme le Dieu du catéchisme, lui enlever une côtelette pour lui fabriquer une femme sur mesure. Elle était bien chagrinée de ce qui était arrivé.

Les héritiers s'en allaient donc en criant : « A une autre fois ! » Le dimanche d'après, il ne venait personne. Et le dimanche suivant non plus. Et ça durait comme ça plusieurs dimanches. Et puis, tout par un coup, il arrivait trois, quatre familles en même temps. Tous contents de se retrouver. Ça riait, ça vidait des litres, les gosses faisaient les cent coups, on aurait dit un 14 Juillet.

Tous ces gens de passage rendaient encore plus tristes les jours de solitude. On était maintenant en automne. Chaque jour, Mathilde regardait vers le bas de la rue Qui-Descend avec l'espérance de voir quelqu'un, à pied ou en voiture. Mais les jours de semaine, y avait pratiquement jamais personne. Elle ne pouvait attendre que Clémençon, le facteur. Encore, lunatique comme il était, n'était-il pas toujours disposé à commencer une conversation. Quand ça ne lui chantait pas, il coinçait le journal entre les baguettes du portillon et repartait sans s'arrêter.

Le dimanche, pas de facteur. Elle entendait au loin sonner les cloches de Paslières. Elle aurait bien aimé aller à la messe, écouter le sermon du Charolais, rencontrer des gens. Mais y avait ces quatre kilomètres qui d'avance lui faisaient mal aux genoux. Elle s'habillait quand même, hésitait jusqu'au dernier moment. Si quelqu'un passe, qu'elle se disait, tu feras signe, ils te prendront bien dans leur auto. Et quand effectivement se présentait un transporteur :

« Hop ! Hop ! Mathilde ! Dépêchez-vous ! On est déjà pas en avance ! »

Elle ne discutait pas sur la destination. Puy-Guillaume, Paslières, Chateldon, elle n'avait pas de préférence, une messe est une messe, un curé est un curé, et il n'y a qu'un seul Dieu créateur du ciel et de la terre. Et même si elle arrivait au milieu de l'office, c'était mieux que rien : elle restait debout, au fond, derrière le bénitier, pour ne déranger personne. En sortant, elle se promenait un peu, regardait les boutiques et entrait toujours chez le pâtissier — en se traitant de vieille goulue, de gourmandasse, de chèvre blanche — acheter son gâteau de prédilection : deux allumettes, qu'elle rapportait avec mille précautions dans leur papier de soie, et qu'elle se distribuait ensuite par petites portions pour en sucrer une partie de la semaine.

Mais le plus souvent il ne passait personne. Alors quand elle avait suffisamment surveillé l'horizon d'en haut et l'horizon d'en bas, elle renonçait aux cloches et à tout ; elle remettait sa robe noire dans l'armoire et reprenait ses vêtements de tous les jours.

Les héritiers avaient vendangé dans les vignes ce qu'ils avaient voulu. Elle y alla grappiller, non sans une certaine inquiétude de conscience, se rappelant que ce qu'elle faisait là, c'était de la « gnognotte ». Elle suspendit les belles grappes dans son grenier, deux par deux, à des ficelles, afin de les conserver aussi longtemps que possible. Elle cueillit des mûres afin d'en composer un sirop noir, qui est bon contre la toux. Elle continua de ramasser les prunes et les prunelles, et de les entasser dans son tonneau. Elle alla chercher dans les ronces et les orties les noix égarées, celles dont personne ne s'était soucié.

Puis vint la période des châtaignes. Elles pleuvaient sur les chemins et c'était pour elle une tentation quotidienne de les voir bien pleines, bien astiquées, luire devant elle, sous ses pieds. Elle devait faire des écarts pour ne pas marcher dessus. Pourtant, elle ne les ramassait point, car elles appartenaient aux héritiers par droit naturel ; elle s'était toujours contentée, dans ses glanes, de ce que les propriétaires dédaignaient. Or un jour, il arriva une voiture pleine de monde, le père, la mère, les enfants et ils entreprirent de rafler toutes les châtaignes qu'elle avait si bien respectées.

« Qui vous a donné la permission ? qu'elle leur demanda.

— La permission de quoi ?

— De ramasser ces châtaignes qui vous appartiennent point.

— Ces châtaignes sont sur la route. Elles sont tombées toutes seules. Alors, on n'a pas besoin de permission pour les ramasser, elles sont à celui qui les veut.

— Et si je perdais mon portefeuille sur la route, est-ce qu'il serait à vous ?

— Vous avez bien une tête à perdre un portefeuille ! »

Et ils éclatèrent de rire et se moquèrent d'elle. Elle comprit qu'elle ne pouvait pas discuter avec des gens qui raisonnaient si bien. Ceux de la ville se croient tout permis, puisque ça pousse tout seul ! Et merde pour les péquenots qui ne sont pas contents ! Elle s'éloigna à petits pas et, quand elle fut un peu loin, sûre qu'ils ne pouvaient réagir avec violence, elle leur cria furieusement :

« C'est de la gnognotte ! C'est de la gnognotte ! »

Après tout, qu'elle se dit, les héritiers n'ont qu'à venir les ramasser quand c'est le moment, leurs châtaignes ; j'ai pas envie de me faire battre pour les défendre. Elle cessa donc de jouer au chien de garde. Cependant, elle attendit, pour faire sa provision à elle, que le premier frimas eût blanchi la terre. Gnognotte ou pas gnognotte, sa conscience ne pouvait désormais plus rien lui reprocher : à la gelée suivante, toutes les châtaignes seraient cuites, les asticots eux-mêmes n'en voudraient plus.

Elle arracha ses pommes de terre, sans se presser. Elle avait la chance de ne pas être grosse, comme sont beaucoup de vieilles femmes, et de pouvoir encore se courber sans trop de peine. Les rhumatismes logeaient principalement dans les genoux. Certains jours, en marchant, elle entendait le gauche faire cric cric cric, comme une charnière mal huilée. Elle transporta sa récolte dans la cave, près du puisard, à un endroit frais l'été et chaud l'hiver.

Des carottes et des betteraves à lapins, elle fit deux beaux silos au milieu de son jardin, qu'elle recouvrit de paille, de fougères et de terre ; elle ménagea une petite cheminée pour la respiration. Là-dessous, les carottes seraient au chaud comme des cailles, quels que soient les gels et la neige, tout en conservant leur peau fraîche et tendue.

Naturellement, fallait pas oublier les chèvres. Elle fit des fagots de frêne, de chêne et d'ormeau, avec des branchettes riches de feuilles et pauvres de bois et les empila proprement dans son hangar ; mais elle savait que ces grandes voraces engloutiraient aussi bien le dur que le tendre.

Elle aimait aussi partir le long des chemins en poussant sa brouette. Avec sa serpette, elle fauchait les orties dont le pays était si prodigue ; elle râtelait les feuilles mortes, les fruits pourris ; si l'occasion se présentait, elle recueillait précieusement le crottin que les chevaux de passage répandaient derrière eux, et même les dragées noires de ses chèvres. Tout ça, elle l'entassait au fond de son jardin ; c'était l'aliment dont elle nourrirait au printemps sa terre épuisée par six mois de maigre et d'abstinence.

Alors, quand elle eut pris toutes ses précautions, elle attendit l'hiver avec sérénité.

Elle sortait encore ses chèvres pour qu'elles profitent des derniers rayons de soleil : il leur faudrait ensuite toute la mauvaise saison se contenter de l'ombre et des feuilles sèches. Mais voici qu'un matin Mathilde s'aperçut qu'elles sentaient fort ; puis elles commencèrent à se taquiner, à se chevaucher, fallait les séparer comme des gamins batailleurs. « Je sais ce qu'il vous faut. C'est une chance que ça vous prenne ensemble, ça m'économisera un voyage. Demain, je vous emmène chez Jouquet. »

Jouquet habitait la Pique avec sa femme. Ils étaient encore plus vieux que Mathilde Dutheil, ce qui est difficile à croire. Et leur gagne-pain était leur bouc. Celui-là ne manquait pas de clientèle : on lui amenait des demoiselles de plusieurs lieues à la ronde. C'était une bête courtaude, avec des poils épais qui lui pendaient sous le ventre presque jusqu'à terre, des poils si longs qu'on aurait dit des cheveux. De figure, il avait des yeux tristes, une barbe touffue, accrochée au menton ; avec des lunettes, on aurait juré Chadeyras, le notaire de Puy-Guillaume. Plus d'un l'avait remarqué et s'amusait à l'appeler : « Maître... » Le bouc tournait vers eux ses yeux tristes, il ne comprenait pas la plaisanterie. Quand Mathilde approcha de la Pique, traînant derrière elle ses chèvres par leurs cordes, elle commença par renifler l'odeur. « Y a pas de doute, qu'elle se dit, il est bien là. » Plus un bouc pue, paraît-il, plus il est fort pour la reproduction. Celui-ci était un champion toutes catégories. Le Jouquet et sa femme la Jouquette y étaient accoutumés ; ils vivaient avec le parfum de leur bouc comme d'autres vivent avec leur méchanceté, sans s'en rendre compte. Mathilde les trouva devant leur porte.

« Vous arrivez, fit la Jouquette.

— Hé ! commença de protester Jouquet. Y en a deux !

— Et alors ? dit Mathilde. Est-ce que votre bouc est pas capable... ?

— Ces femmes, elles se rendent pas compte ! Vous croyez peut-être que mon bouc, c'est une machine ? Que c'est une seringue ? Qu'y a qu'à appuyer sur le piston pour que la mayonnaise sorte ?

— J'aurais jamais cru, avec la barbe qu'il a, que deux chèvres lui feraient peur !

— S'agit pas de lui faire peur ! Vous vous ramenez à trois heures de l'après-midi. Et vous savez combien qu'il a eu de visites aujourd'hui ? Deux ce matin, et encore y a une heure. Est-ce que vous croyez que c'est une seringue mon bouc ? Quand votre homme vous faisait ses politesses, est-ce que vous aviez qu'à appuyer sur le piston...

— Taisez-vous, vieux verrat que vous êtes ! Vous en dites des si grosses, qu'elles passeraient pas sous le pont de Limons !

— Combien de fois qu'il faudra que je vous répète la même chose ! C'est pourtant pas difficile, surtout quand on habite pas loin, comme vous. Vous faites un voyage le jour avant, et vous prenez un rendez-vous.

— Un rendez-vous pour votre bouc ! Mais pour qui que vous le prenez, votre bouc ? Pour un député ?

— Et vous, pour qui vous le prenez, pour une seringue ?

— Finissez-en avec votre seringue !

— S'il arrive pas à faire sa façon, vous serez bien obligée de vous taper un second voyage. »

La Jouquette écoutait toute cette discussion sans intervenir, occupée qu'elle était à écharpiller la laine d'un vieux matelas. Bourrette et Blandine, attachées à des piquets placés ici en prévision, tiraient sur leur corde sans savoir qu'on s'occupait d'elles et de leur problème. Le bouc était encore invisible, mais non pas inodore. Jouquet regardait la Mathilde par-dessus les verres de ses lunettes. C'était un homme habitué aux longues négociations, à cause de tout le monde qu'il recevait ; avec son bagou, il vous aurait bien vendu un âne dans un sac.

« Allez le chercher, ce monsieur, et on verra bien s'il arrive ou non. Si c'est un vrai bouc ou si c'est une couille de bois.

— Couille de bois, mon bouc ? qu'il répliqua, piqué au vif dans son amour-propre. Vous pouvez courir loin pour en trouver le pareil. Si j'avais voulu l'emmener dans les concours agricoles, on y aurait donné toutes les médailles.

— Le vantez pas tant, Jouquet. Mettez-le à l'œuvre. »

Il poussa le vantail de l'abri où le bouc distillait son odeur. Il l'amena au bout de sa corde, lui tapotant l'échine de l'autre main, affectueusement. Mathilde le regarda : c'était vraiment le notaire Chadeyras tout craché. Mais en plus sérieux, en plus réfléchi. Le vieux le tira doucement vers les chèvres. Elles le sentirent et commencèrent à faire des manières, à se tortiller, à s'accroupir pour mettre leur arrière-train à sa portée.

« Fais ton choix, et démerde-toi », conseilla Jouquet en abandonnant la laisse et en s'écartant.

Mathilde se sentit un peu nerveuse. Elle n'aimait pas assister à ce genre d'opération. Non que sa pudeur en fût offensée : sa vie était depuis trop longtemps mêlée à celle des animaux pour qu'elle en éprouvât la moindre gêne. Mais elle était témoin, une fois encore, du piège que la nature tend à tout ce qui vit et dont elle, Mathilde, se faisait ici la complice. La Jouquette écharpillait sa laine avec indifférence.

Le vieux monsieur barbu rôda un moment autour des deux fiancées consentantes, dans la plus parfaite dignité. Jouquet secouait la tête de loin, d'un air sceptique, l'air de dire : « Ça sera pas pour aujourd'hui. Faut le comprendre, ce gars. » Mathilde lui répondait, d'un haussement d'épaules : « Foutez-lui la paix, donnez-lui le temps de réfléchir. » Et tout par un coup, voilà le bouc qui saute sur Blandine et qui lui fait son affaire sans lui laisser le temps de respirer.

« Oh ! *Djeü !* crie de loin le Jouquet avec admiration. Vous croyez pas que ça vaudrait une médaille, ça ? Vous avez vu si c'est une couille de bois ? Trouvez-en le pareil dans tout le département ! »

Et il s'élance vers sa bête qui, pendant ce temps, a déjà remis tranquillement les pieds par terre. Et il l'embrasse sur le front, à la racine des cornes, pour exprimer son orgueil.

« Vous êtes sûr que ça y est ? demande la Mathilde, un peu abasourdie par tant de rapidité.

— Qu'est-ce que vous croyez ? s'indigne Jouquet. Qu'il fait semblant ? Ou si vous cherchez une excuse pour pas payer la façon ?

— Je cherche pas d'excuse, je me méfie, voilà tout.

— Vous en faites pas, elle en a eu pour son argent. Au printemps, vous m'en direz des nouvelles. »

Faut dire que la Mathilde n'avait jamais eu à se plaindre des services du bouc ; en mars-avril, les cabris arrivaient aussi sûrement que les hirondelles. Pendant ce temps, sans se soucier de la pauvre Bourrette qui restait bredouille, maître Chadeyras s'éloignait et retournait tranquillement vers son abri, pour se reposer de ses travaux.

« Arrêtez-le ! qu'elle cria. Y a l'autre. Il peut bien se forcer, puisqu'il est si fort ! Quand y en a pour quatre, y en a pour cinq.

— Est-ce que vous le prenez pour...

— La plus belle seringue, c'est bien vous !

— Vous me manquez de respect, pétard de Dieu ! »

A cause de tout le vacarme qu'ils faisaient, la Jouquette se décida à intervenir :

« Écoutez pas ses fouteries, à ce vieil essargaillé, pauvre Mathilde. Et venez vous asseoir un peu. Le bouc, laissez-le faire un moment, attendez que l'appétit lui revienne. »

Elles bavardèrent toutes deux, tandis que Jouquet s'en allait bouder du côté des chèvres. Blandine, qui avait eu son compte, s'était couchée dans l'herbe et mastiquait de petites choses. L'autre continuait de bêler plaintivement, de se tortiller, de danser le rigodon. « Les femelles, marmonna le vieux, c'est tout des bougresses. »

Mathilde, pour ne pas laisser ses mains oisives, s'était mise à écharpiller aussi. « Faut bien attendre une heure », dit la Jouquette. Elles parlèrent du matelas, qui avait quinze années d'usage ; de la toile d'à présent et de la toile d'autrefois ; des lits de plume ; des paillasses remplies de feuilles de hêtre ; du sommeil d'avant-guerre et du sommeil d'aujourd'hui. De loin, le vieux les regardait et les insultait entre ses dents.

Ensuite, il pénétra dans l'abri et ramena le notaire au bout de sa corde.

« C'est trop tôt, dit la Jouquette. Laisse-lui le temps. »

Sans vouloir l'entendre, il tira le mâle vers la chèvre affolée. Le bouc se laissa traîner, mais ne manifesta pas le moindre intérêt pour elle. « Allons, l'encourageait l'homme, allons, fais ton travail, montre-lui, à cette langue de peille, montre-lui si tu es une couille de bois ! » Rien à faire, maître Chadeyras faisait le sourd. Les tortillements de Bourrette ne lui produisaient aucun effet.

« Finissez d'agacer ma chèvre, cria la Mathilde, puisque votre bouc veut rien lui faire.

— Vous savez ce qui l'échaufferait ? ricana le vieux. C'est que vous veniez lui secouer vos cotillons sous le nez, je suis sûr que ça l'exciterait. Essayez donc !

— Vous êtes un vieux verrat ! »

A force de patience, cependant, à force de le promener autour de la pauvre torturée, le barbu finit par remarquer sa présence. Il fit quelques pas vers elle, les deux femmes cessèrent d'écharpiller et, au moment où elles allaient ouvrir la bouche pour dire quelque chose, hop ! le bouc accomplit sa cabriole, en moins de temps qu'il n'en faut pour dire amen. Et comme ça, en l'espace d'une heure, il avait fait, peut-on dire, six contents : les deux chèvres, les deux femmes, l'homme et lui-même.

« Combien que je vous dois ? demanda la Mathilde.

— C'est mille francs la façon. Donc, deux mille pour les deux.

— Je trouve que vous avez bien augmenté, depuis l'année dernière.

— Hé ! Vous vous rendez compte, nous avons des frais.

— Des frais ? Quels frais ? Le foin que vous lui donnez ? Est-ce que vous le payez plus cher ?

— Et l'épicerie, est-ce qu'elle a pas augmenté ? Et le pinard ? Et le tabac ?

— Vous lui faites consommer de l'épicerie, du pinard et du tabac, à votre bouc ?

— Non, mais nous, on en consomme. »

Elle sortit quand même les deux billets de son boursicot.

« Enfin, voilà deux mille francs qui vous auront pas coûté beaucoup de peine à gagner ! qu'elle dit en soupirant. Est-ce que vous me garantissez, au moins, le travail de votre bouc ?

— Écoutez. Si vous vous apercevez que vos chèvres ont pas pris, c'est bien simple, vous les ramenez et je leur fais la façon moi-même. »

Elle dénoua les cordes de ses bêtes et les emmena, toutes sages à présent. « Les cabris seront pour le début d'avril », calculait-elle en chemin.

Pour la première fois depuis qu'il était Peyroux, le Peyroux avait passé un automne sans vraies vendanges. Personne, cette année-là, n'avait apporté à Mathilde la traditionnelle bouteille de vin doux. Le tonneau de Vatelequerre en était arrivé à sa dernière goutte et elle devait boire de l'eau. Ça lui punissait moins le ventre que les yeux. Elle trouvait que de l'eau claire dans un verre est une chose bien triste ; elle avait toujours aimé boire coloré. Y avait un épicier de Chateldon qui faisait la tournée des villages avec sa camionnette ; mais comme il savait qu'elle restait seule au Peyroux et qu'elle n'était pas bonne cliente, il ne montait guère jusqu'à elle qu'une fois par mois ; le reste du temps, elle devait descendre jusqu'au carrefour de l'Abbaye si elle voulait de sa marchandise. Alors, quand il passa, elle lui prit trois bouteilles, ça durerait ce que ça durerait.

Puis le froid vint, la terre dure sonnait sous les sabots comme une cloche. Et ce fut un hiver sans cochonnailles. Naguère, chaque famille élevait et sacrifiait, le temps venu, son habillé de soie. Les gosses accouraient aux couinements des assassinés et faisaient cercle autour de la victime et de l'officiant. Les entrailles chaudes et luisantes fumaient. Vatelequerre était souvent requis pour cette besogne : c'était un champion du coutelas et du tranchoir. Venaient ensuite les cadeaux de voisinage, rond de boudin, tranche de grillade sous un pudique voile de crépine. En même temps que ces charcuteries, Mathilde avait l'impression de manger l'amitié de ceux qui les lui avaient offertes. La viande qu'on achète ne peut avoir la même saveur. Elle devait donc oublier désormais les grillades, aussi bien que le vin doux. Que les châtaignes rôties et consommées en compagnie. Que la veillée de Noël et le voyage à Paslières pour la messe de minuit, tous serrés les uns contre les autres, garçons, filles, jeunes, vieux, dans la même voiture, et au retour les saucisses chaudes et le vin blanc sucré, qui descendait comme du sirop. Que les embrassades du jour de l'an, accompagnées d'un verre de goutte et de grands rires joyeux.

Un matin, elle trouva la neige devant sa porte. Les trois rues couvertes de la même blancheur. Une blancheur intacte, dans laquelle la première elle enfonçait le pied. Pendant la nuit, les fils électriques s'étaient transformés en gros câbles d'un chanvre éclatant. Les poules, l'oie, le coq renoncèrent à sortir et demeurèrent frileusement pelotonnés dans le poulailler. Les bicoques avaient pris une apparence confortable et douillette, sous l'épaisseur de ce chaume. Le Peyroux ressemblait à un village de carte postale, ces cartes pailletées qu'on reçoit au temps des étrennes. Sauf qu'aucune fumée ne s'élevait dans le ciel.

Mathilde s'ouvrit un passage à la pelle pour aller commodément jusqu'à la fontaine. Puis elle vint allumer son feu. La neige avait dû obstruer quelque peu la cheminée, car le fourneau ne tirait pas. Elle resta un long moment agenouillée devant lui, à lui souffler au derrière et à l'injurier de tout son répertoire :

« Prendras-tu, saleté de vieillerie de ferraille !... Est-ce que tu vas m'obliger à t'adorer comme ça toute la matinée ? Si j'avais un marteau, je te mettrais en pièces... »

Enfin, le foyer se décida à avaler sa flamme. Ensuite, elle mit chauffer sa soupe, faite de la veille. Par habitude, elle allait de temps en temps jeter un coup d'œil à la fenêtre. C'est ainsi qu'elle s'aperçut qu'il neigeait de nouveau. Et il en tomba toute la journée, à peu près sans entracte. Sa tranchée du matin fut rapidement comblée.

Elle attendit vainement ce jour-là la tournée du facteur. Et elle se trouva toute désemparée de ne pas recevoir son journal comme à l'accoutumée. Elle en avait pris l'habitude, comme d'autres personnes de leur chopine ou de leur tabac à priser, et sa feuille lui manquait.

Les menues besognes habituelles l'occupèrent tant bien que mal : les bêtes, la vaisselle, son peu de cuisine. L'après-midi, elle prit le porte-plume pour écrire à sa belle-sœur et à sa nièce et les remercier de leurs vœux. Elle hésitait longtemps avant chaque mot, se disant qu'elle devait commettre des fautes abominables. Ce jour-là, les heures lui semblèrent bien longues.

Avant la nuit, elle alla traire ses chèvres et leur fit un moment la conversation. Au sortir de la bergerie, elle fut surprise par cette lumière qui venait du sol et de toutes les surfaces planes. Il ne neigeait plus, mais le ciel restait bouché, sans une étoile.

Elle soupa de deux pommes de terre qu'elle avait mises à cuire au four et qu'elle mangea dans leur peau, en se brûlant la langue. Puis elle remplit d'eau chaude sa bouillotte de grès et monta se coucher.

La neige résista plus de deux semaines. Quand un habitant des hameaux environnants traversait le Peyroux, il ne manquait guère de venir cogner à la porte de Mathilde Dutheil, pour s'informer si elle était morte ou vivante. Visiblement, ça les impressionnait de la savoir ensevelie, toute seule, sous ce grand tas de neige. Certains lui offraient même de la recevoir chez eux jusqu'au printemps, elle et toute sa ménagerie.

« Et Courtaud ? qu'elle répondait.

— Vous l'amènerez aussi.

— Non, non, il s'habituerait jamais. Ou alors faudrait également emporter la maison Plandieu. »

Mais ils n'avaient pas à se faire du mauvais sang pour elle. Elle avait pris ses précautions, elle était une bonne fourmi. Seulement, elle ne refusait sa porte à personne ; elle était contente quand on venait lui dire bonjour. Et elle leur faisait avaler une goutte de son eau de coing.

Tout de même, lorsque la neige se mit à fondre et qu'elle put revoir la terre, elle en eut une belle satisfaction. Ça lui fit grand plaisir d'émerger de sa bicoquette et de marcher un peu dans le village et ses alentours. Le soleil reparut, sécha les rues et les maisons. Il lui semblait que sa chaleur pénétrait en elle et la rajeunissait, comme la Quintonine.

On était cependant bien loin encore des hirondelles. Le Peyroux connut une Chandeleur sans bugnes ni crêpes.

Elle leva les yeux et vit dans le ciel une traînée blanche qui s'allongeait, s'allongeait, s'allongeait. On aurait dit un fil de laine étiré là-haut par un fuseau invisible. Et au bout de ce fil, une minuscule croix brillante, beaucoup plus petite que celle de son chapelet. Elle devina qu'il s'agissait d'un avion. Et elle trouva que les avions d'aujourd'hui savent faire de bien jolies choses. Puis elle baissa la tête de nouveau pour revenir à son travail qui était d'étendre sa lessive sur le fil de fer.

Comme elle retournait chez elle, sa bassine sous le bras, il y eut une explosion terrible qui la fit tomber sur le derrière. « Mon Dieu ! qu'elle se dit. Le monde a éclaté ! »

Et l'instant d'après, il y eut derrière elle un autre fracas, dans le milieu du village. Elle demeura par terre toute palpitante, se demandant si le Jour du Jugement dernier était venu. Puis, peu à peu, elle se remit de son émotion et constata que tout était à la même place autour d'elle, sa maison, son poulailler, son hangar, le tilleul de la cour... Une fumée pourtant s'élevait au-dessus de la rue Horizontale. Elle y courut. Et que vit-elle ?

« Mon Dieu, mon Dieu, mon Dieu, mon Dieu... »

La maison des Dassaud était par terre ! Pas tout entière, à vrai dire : une seule muraille s'était écroulée, laissant des planchers suspendus, et aussi le toit, là-haut, qui tenait encore par trois côtés. Un tas de tuiles, des meubles s'étaient écrasés en méli-mélo au milieu des décombres, d'où montait ce nuage de poussière. Mathilde reconnut la chambre où le pauvre Adrien était mort ; son lit pliant émergeait des gravats au rez-de-chaussée.

« Mon Dieu, mon Dieu, mon Dieu !... »

Alors elle se rappela dans le ciel la petite croix brillante qui étirait son fil de laine. Elle avait lu dans *La Montagne* que les avions modernes étaient responsables de ces explosions qu'on entendait quelquefois, mais jamais aussi violentes que celle d'aujourd'hui.

« Que faire à présent ? »

Allez donc rattraper le responsable qui vole là-haut et lui dire : Venez voir ce que vous avez fait ! On ne pouvait cependant laisser ce péché impuni, renoncer à demander des réparations. Elle eut la présence d'esprit d'aller voir l'heure de l'accident : trois heures de l'après-midi. Mais elle n'était pas très sûre de l'exactitude de son réveil.

La malchance poursuivait donc les pauvres Dassaud même au-delà de la mort et de l'exil. Encore une méchanceté du ciel.

Elle écrivit.

Mon cher Victor, tu vas être surpris de recevoir cette lettre de ton ancienne voisine et la surprise ne sera pas agréable quand tu sauras que c'est pour te dire qu'un avion est passé hier après-midi 14 février au-dessus du Peyroux il a fait une pétée comme tu peux pas croire et une grande partie de ta pauvre maison s'est effondrée c'est à cause de cette pétée il y a aucun doute j'ai lu dans La Montagne *qu'on peut obtenir une indemnité faut s'adresser aux autorités militaires compétentes mais il me semble que la première chose à faire est de venir voir les dégâts toi-même en même temps tu passeras me dire bonjour depuis le temps que tu es parti sans plus donner de tes nouvelles je serai bien contente de te revoir n'attends pas trop longtemps car je me fais vieille et on sait jamais ce qui peut arriver autre chose j'ai regardé l'heure au moment de l'accident tu pourras le mettre dans ta réclamation il était juste quinze heures mais mon réveil n'est jamais très juste peut-être bien qu'il était un peu plus ou un peu moins en attendant de te revoir je t'envoie mon affectueux souvenir Mathilde Dutheil.*

Elle n'avait aucune adresse de Victor. Elle écrivit sur son enveloppe : *Monsieur Victor Dassaud, employé chez Michelin Clermont-Ferrand Puy-de-Dôme.*

Quand vint Clémençon le facteur, elle lui confia sa lettre. Elle avait l'impression de jeter une bouteille à la mer.

7

Il y avait plus d'un an qu'elle était sans nouvelles de son fils. Ses nièces, ses neveux avaient envoyé leurs vœux de bonne année. Et lui rien. Était-elle donc pour lui moins qu'une tante, qu'une tante lointaine dont on convoite vaguement l'héritage ? Ou fallait-il supposer qu'il lui était arrivé malheur ?

Sur la carte de France qui se trouve derrière le calendrier des postes, elle cherchait la ville de Nice et vit toute cette distance, ces rivières, ces montagnes qui les séparaient. Si elle avait été moins vieille, si elle avait moins craint d'être secouée dans les voitures et les trains, elle n'aurait pas hésité : elle aurait transporté son cheptel chez les Terrasse de la Pique ou les Dumousset de la Grande-Goutte, et elle serait partie à sa recherche. Mais avec l'estomac qu'elle se connaissait, elle savait qu'avant Vichy elle aurait vomi tripes et boyaux, qu'elle arriverait à Nice juste à temps pour être enterrée. Alors, elle se contentait de ruminer sa douleur qui, certains soirs, lui servait de seul aliment : elle allait se coucher sans avaler une miette, toute gonflée qu'elle était. Dans son lit, elle se tournait d'un côté, puis de l'autre. Elle se représentait le Lou-is à l'hôpital ou en prison, ou crevant de misère, sans même avoir de quoi acheter un timbre-poste pour lui écrire. Sa peine refusait de descendre ; la peine, c'est terriblement indigeste, au matin elle se la sentait encore sur la poitrine, elle était contente de voir poindre le matin, de pouvoir en travaillant penser à autre chose.

Et voici qu'un jour, en lisant les petites annonces de *La Montagne*, elle fut frappée par de grosses majuscules : POLICE PRIVÉE, *ttes enqu., rech., const. adult. Bureau agréé Conseil nat., 21, av. Albert-Élisabeth, Clermont-Fd.* Elle avait maintenant suffisamment l'habitude des abréviations pour comprendre que ces gens-là s'offraient à effectuer « toutes enquêtes et recherches ». Elle ne put cependant déchiffrer « const. adult. », mais se persuada que cela ne la concernait point. « Eh bien ! qu'elle se dit, voilà le monde qu'il me faut : eux, ils ne vomissent sûrement pas dans les trains ou les voitures ; ils doivent pouvoir retrouver mon Lou-is ; Nice est sûrement plus grand que Puy-Guillaume mais doit pas y avoir là-bas des tas de gens qui s'appellent Louis Dutheil. » Elle se posa une question : ces policiers travaillaient-ils gratuitement ou fallait-il les payer ? Personne ne paye les gendarmes, les policiers des villes, les gardes champêtres, qui sont des fonctionnaires. De toute façon, elle accepta le risque.

Elle avait un million et demi d'anciens francs sur son livret de Caisse d'Épargne ; elle n'hésiterait pas à prendre dedans ce qu'il faudrait et elle le donnerait joyeusement si on pouvait lui ramener son fils.

Monsieur, écrivit-elle, *je sais pas s'il serait dans votre pouvoir de retrouver mon fils Louis qui doit habiter Nice mais je n'ai pas son adresse il ne m'écrit plus et j'ai bien peur qu'il lui soit arrivé malheur vous pouvez pas croire ce que je vous serais reconnaissante si vous pouviez me rendre ce grand service je vous adresse mes salutations distinguées Mathilde Dutheil Le Peyroux par Puy-Guillaume P. de D.*

Exprès, elle avait passé sous silence la question du paiement, pour le cas où les policiers auraient été des fonctionnaires que le gouvernement entretient et à qui il fait des pensions. Payer et mourir, on a toujours le temps, comme dit l'autre. Mais cela ne voulait pas dire qu'elle n'était pas disposée à le faire, en cas de nécessité.

La réponse ne se fit pas attendre. Quatre jours plus tard, elle était là, entre les doigts de Clémençon, qui avait lu l'en-tête de l'enveloppe et demanda d'une façon soupçonneuse :

« Alors, Mathilde, vous entretenez des relations avec la police, à présent ?

— Oh ! j'ai répondu à une annonce. Mais peut-être que nous ferons pas affaire.

— Rien de grave, j'espère ?

— Faudra voir, faudra voir. »

Il repartit en fronçant les sourcils, mécontent d'avoir obtenu si peu de renseignements.

Madame, disait la lettre, *en réponse à votre honorée du 12 courant, nous vous informons que nous sommes tout disposés à nous occuper de votre affaire avec notre célérité et notre sérieux habituels. Auriez-vous la possibilité de nous rendre visite à nos bureaux ? Sinon, veuillez nous fixer un rendez-vous : un de nos inspecteurs se rendra à votre domicile au jour et à l'heure de votre choix...*

Monsieur, qu'elle répondit, *en réponse à votre honorée du 15 courant, je vous informe que je suis trop vieille pour me déplacer je crains l'autobus et le train qui me font vomir tripes et boyaux je peux vous recevoir le jour qui vous plaira car je bouge pas de chez moi sauf pour aller garder mes chèvres mais n'importe comment je vais jamais bien loin puisque vous voulez quand même que je vous dise une date tâchez moyen de venir samedi prochain après-midi à partir de deux heures je sortirai pas de chez moi tant que vous serez pas arrivé je vous adresse mes salutations distinguées Mathilde Dutheil.*

Elle donna cette lettre à Georges Frompy qui se trouva, par un coup de chance, à passer ce jour-là.

« Oublie pas de la mettre à Puy-Guillaume ! » qu'elle lui recommanda.

De cette manière, elle coupait court à la curiosité de Clémençon, à ses questions, à ses haussements d'épaules. Ce qu'elle faisait ne regardait qu'elle-même. Ce facteur fourrait vraiment un peu trop son nez rouge dans la correspondance de ses clients, hé là !

Le jour convenu, elle dîna un peu plus tôt que d'habitude, pour se préserver de tout retard. Quand elle eut lavé son peu de vaisselle et rangé sa maison, elle ôta son tablier, mit une robe propre et refit son chignon. Y avait plus qu'à attendre l'arrivée de l'inspecteur. Pour dissimuler sa hâte, elle installa devant sa porte un billot et entreprit de fendre quelques bûchettes qui n'en avaient guère besoin. De temps en temps, elle allait vers le lavoir jeter un regard jusqu'au fond de la rue Qui-Descend. Lorsqu'elle entendit un moteur de voiture, puis un coup de klaxon, elle se dit : les voici. Et elle se précipita vers son billot et ses bûchettes. Ils s'arrêtèrent juste devant sa porte, comme s'ils avaient habité le Peyroux toute leur vie. En fait, y en avait qu'un dans l'automobile. Assez jeune, bien habillé, une serviette sous le bras.

« Est-ce que vous êtes madame Dutheil ? qu'il demanda du portillon.

— Oui, oui, c'est bien moi. Mais je vous attendais pas si tôt. »

Faut bien montrer aux gens qu'ils ne sont pas indispensables. Elle s'avança quand même vers l'inspecteur :

« Finissez d'entrer. »

Il la suivit dans sa cuisine ; elle y avait reçu le Charolais, un prêtre, elle pouvait bien y recevoir un policier. Sans faire semblant de rien, elle l'observait : il était brun de poil et de peau, avec une figure ronde qui inspirait confiance. Tout de suite, il commença son enquête : avec qui vivez-vous, quel âge avez-vous... Il faisait des remarques agréables à entendre : on ne vous donnerait pas votre âge, votre ménage est bien tenu, vous êtes sûrement une femme active et économe... Elle lui offrit un verre d'eau de coing qu'il but en manifestant du plaisir.

De son côté, elle se permit quelques questions, pour savoir à qui elle avait affaire : est-ce que vous êtes marié ? et avez-vous des enfants ? Ça la contenta qu'il eût une famille, il la comprendrait, il savait ce que sont les sentiments familiaux, elle pourrait lui confier son problème en toute tranquillité. Elle lui fit avaler un second verre d'eau de coing.

Ils en arrivèrent enfin au but de leur rencontre.

« Je vous ai écrit, dit-elle, parce que j'ai un cas... »

Et elle lui raconta toute la vie de son fils, sa naissance pendant la première guerre, son école, ses deux musettes, l'enfant de chœur qu'il avait failli être, l'autre guerre, la captivité en Allemagne, son retour, et *chaïze* et *doubiste*, les côtes qui lui fatiguaient le cœur, son départ enfin. Et aussi son silence, les deux ou trois fois qu'il était venu en dix ans, et maintenant plus rien depuis cette dernière carte qu'elle lui montra, avec le cachet de la poste, *Carnaval de Nice*, 16-26 *février*.

L'inspecteur écouta ce discours sans l'interrompre, se contentant lorsqu'elle reprenait son souffle de dire :

« Et après ? »

Quand elle eut fini, il réfléchit un moment, examina la carte de bonne année par-devant et par-derrière, et demanda :

« Alors, qu'est-ce que vous voudriez au juste ?

— Que vous le retrouviez, d'abord.

— Ça doit pas être impossible. Ensuite ?

— Ensuite... »

Elle eut un moment de faiblesse. Elle se prit la tête dans les mains, elle sentit des larmes sourdre de son corps, lui piquer les yeux, lui couler le long du nez. L'homme attendit patiemment que ça lui passe. Elle chercha son mouchoir dans la poche de son tablier, s'aperçut qu'elle avait quitté le tablier pour être plus présentable, se leva pour aller le prendre dans le couloir où il se trouvait suspendu.

« Excusez-moi, dit-elle en revenant, je suis une vieille bête. Mais c'est une chose tellement triste de penser que depuis quinze mois il n'a pas envoyé deux lignes d'écriture. Vous lui expliquerez, monsieur, que je vis toute seule dans ce village, tous les autres sont partis, à la ville ou au cimetière. Qu'il y a quatre ans qu'il est plus venu me voir. Que je peux mourir demain, à l'âge que j'ai, et qu'il doit revenir le plus tôt possible. Oh ! Je chercherai pas à le retenir. Je sais qu'il a des fourmis dans les jambes. Il restera juste le temps qu'il voudra. Mais dites-lui, monsieur, qu'il faut qu'il vienne.

— Je le lui dirai, madame, je le lui dirai.

— Maintenant, il se pourrait qu'il soit empêché.

— Empêché de quoi ?

— Je sais pas, moi, la maladie, le travail, peut-être autre chose. Dans ce cas, naturellement, il pourrait pas venir... Vous me le diriez. Mais faites votre possible pour qu'il vienne me voir. Et demain sera mieux qu'après-demain.

— Comptez sur moi, madame Dutheil. Avez-vous quelque photo de votre fils ? »

Elle alla chercher ce qu'elle possédait, c'est-à-dire pas grand-chose. Il élimina tout de suite les photos de groupes faites à l'école de Paslières, quand Louis avait neuf ou dix ans. Et c'était dommage, car il se trouvait placé au premier rang, juste à côté de l'instituteur, M. Cussac, qui avait posé une main sur son épaule, comme pour dire : « Voilà ma gloire. » Il s'intéressa davantage au portrait en pied qu'avait tiré de lui Marcel Gauvin, photographe à Montluçon ; on l'y voyait dans son uniforme kaki, son calot à deux pointes enfoncé sur une oreille, une cigarette entre les doigts, l'air dégourdi comme pas un. Et aussi à ce cliché d'amateur fait en Allemagne : il se trouvait dans une vigne avec deux lettres noires sur l'estomac, KG, et à côté d'une fille qu'il tenait par la taille et qui riait de toutes ses dents.

« Vous n'avez rien de plus récent ?

— Non, c'est la dernière.

— Est-ce qu'il a bien changé depuis ?

— Pas tellement. Sauf que, la dernière fois que je l'ai vu, je l'ai trouvé engraissé et il portait des lunettes noires. A cause du soleil, qu'il disait.

— Je peux garder ces deux ?

— Oui, oui. Vous me les rendrez quand vous l'aurez retrouvé. »

Il n'avait pas encore parlé du paiement. Elle espérait de plus en plus qu'il était fonctionnaire. Mais il y vint tout de suite après :

« Vous imaginez, naturellement, que pour faire toutes ces recherches, nous aurons de grands frais : voyage à Nice, séjour à l'hôtel, enquêtes, pourboires et tout ce qui s'ensuit. Nice, c'est sur la côte d'Azur, et là-bas, tout est cher.

— Que voulez-vous... » fit-elle simplement. Ce n'était pas une question, ça n'était qu'un soupir.

« Alors, poursuivit l'inspecteur, je dois vous dire à peu près ce que ça vous coûtera.

— Je croyais que vous étiez fonctionnaire.

— Non, non. Nous sommes une police privée, ce sont les clients qui nous payent. La police officielle ne s'occupe pas de ce genre de recherches. Du moins, pas sérieusement.

— Dites votre chiffre.

— Je ne sais pas si vous serez en mesure de faire face...

— Dites toujours.

— Voilà comment nous procédons. A la signature de notre accord, vous me versez une provision de deux mille francs. Deux cent mille anciens.

— Ça fait beaucoup, en effet.

— Attendez, cette somme vous donne droit à une semaine de recherches. Si au bout de ces sept jours notre mission est accomplie, vous ne nous devez plus rien. Mais si nous n'avons pas encore abouti, vous nous versez une nouvelle provision de mille francs, cent mille anciens, par nouvelle semaine. Je dois dire qu'en général une semaine nous suffit.

— Vous êtes gourmand, ne put-elle s'empêcher de remarquer.

— Ah ! Vous n'imaginez pas, madame, les dépenses que nous avons ! Par exemple, tout l'argent que nous devons glisser aux gens pour les faire parler... Mais faites vos comptes vous-même. Si vos moyens ne vous permettent pas de signer, tant pis. Nous nous disons au revoir, amis comme avant.

— Laissez-moi réfléchir. »

Elle se rappela le million et demi de son carnet ; elle calcula ce qui resterait si elle enlevait deux cent mille francs, et encore cent mille, et peut-être encore cent mille, et peut-être encore cent mille. Cet argent était destiné à protéger ses derniers jours, ceux du médecin, de la maladie, de l'hôpital. Mais s'il lui permettait de ramener son Lou-is au bercail, elle était prête à le dépenser jusqu'au dernier centime. Elle, la vieille avare, qui économisait sur son vin et ses allumettes. Oui, oui, jusqu'au dernier liard. S'il le fallait, elle agoniserait toute seule comme elle avait vécu le plus clair de sa vie, sans médecin, sans remèdes, sans hôpital ; elle ne laisserait rien aux héritiers pour payer son enterrement ; ils pourraient la jeter dans l'Allier.

Le policier sourit et sortit de sa serviette des feuilles en plusieurs exemplaires. Elle essaya de lire... *je m'engage à payer... je renonce à tout recours...* Elle ne comprenait rien à ces lettres que lui brouillaient ses larmes. Elle signa.

« Seulement, avertit-elle, je peux pas vous payer tout de suite. Je garde pas l'argent à la maison, à cause des ganguesters.

— Vous l'avez à la banque, sans doute ?

— Pas confiance dans les banques. A la Caisse d'Épargne.

— Alors, vous nous expédiez un mandat de la somme convenue. De toute manière, les recherches ne commenceront que du jour où nous aurons reçu l'argent, et nous vous en avertirons par lettre. »

Il remit les papiers dans sa serviette et repartit. Elle le raccompagna jusqu'à la barrière et lui recommanda encore :

« Surtout, dites-lui que je demande pas son argent. Je peux me suffire toute seule. J'ai besoin seulement de le revoir avant de mourir. Vous lui rappellerez que j'ai soixante-quatorze ans. »

Elle passa la veillée toute contente au coin de son fourneau. Cette maison de police était vraiment bien organisée, tout était prévu, on voyait qu'elle n'en était pas à sa première affaire de ce genre, Mathilde fut certaine qu'elle retrouverait son fils. Elle imagina le retour de l'enfant prodigue, comme disent les curés ; elle ne tuerait pas le veau gras, bien sûr, qui est une bête trop grosse pour deux personnes ; mais une de ses poules y passerait, la Roussette, par exemple, qui n'avait pas encore repris sa ponte ; et aussi un lapin, deux lapins, trois lapins ; elle lui préparerait de ce fromage de chèvre tout frais, dont il se régalait jadis ; elle lui ferait des bugnes, qu'on appelle dans la région des *guenilles*, et qu'il aimait manger brûlantes au sortir de la poêle, enneigées de sucre-semoule. Elle le soignerait si bien qu'il prolongerait son séjour plus qu'il ne l'avait prévu. Qui sait même si... Mais non, il ne fallait pas espérer le retenir éternellement. Trois ou quatre semaines, peut-être. Les jeunes n'ont pas une longue patience.

Le lendemain, une voiture descendit. Elle accepta le voyage qu'on lui offrait et se rendit à Puy-Guillaume, où elle entendit la messe et remercia le Seigneur de lui avoir envoyé ces gens de la police. Mais elle ne put entrer à la Caisse d'Épargne qui est fermée le dimanche.

« Vous n'avez pas l'occasion de revenir, demain ou un de ces jours ? demanda-t-elle à ses transporteurs.

— La semaine prochaine.

— Oh ! je trouverai bien quelqu'un d'autre. »

Mais le lundi il ne passa personne. Elle s'impatienta. L'enquête dépendait du mandat qu'elle devait envoyer, elle n'allait pas attendre cent sept ans. Personne non plus le mardi. Alors, l'après-midi, elle enfila sa robe noire, prit son sac de moleskine et la voilà partie, malgré ses rhumatismes. Elle ne voulait pas perdre davantage de temps. « Peut-être que quelqu'un te ramassera en chemin, qu'ils auront pitié d'une pauvre vieille couraude. » Cinq kilomètres, ça n'est pas la mer à boire pour ceux qui ont encore de bonnes jambes ; mais pour elle ça l'était. En poussant un pied devant l'autre, elle s'appuyait sur sa canne. Et aussi sur l'idée que chaque pas la rapprochait de son fils. Il passa plusieurs voitures, mais aucune n'eut l'idée de s'arrêter pour la prendre. « Si j'étais une de ces jeunes qui montrent leurs jambes, ils s'arrêteraient bien, pour sûr. Allons, te plains pas. Tu l'as voulu. Marche ou crève. » A mesure qu'elle avançait, ses pieds se faisaient aussi lourds que si elle avait traîné des boulets de galérien.

A chaque borne kilométrique rencontrée, elle s'arrêtait un moment et s'asseyait sur la pierre. « Contente-toi, qu'elle se disait encore, y aura pas de retour. Quand tu seras là-bas, tu prendras un taxi. » C'est du moins une idée qu'elle essayait de faire croire à son corps. Car elle n'avait pas réellement l'intention de gaspiller son argent à se payer un chauffeur. Elle espérait bien trouver un transporteur de connaissance ; même s'il était de la Chauprillade ou de Paslières, elle lui ferait tellement de baratin qu'il n'oserait pas lui refuser de faire un détour par le Peyroux. « Bon, qu'elle pensait, je lui vanterai mon eau de coing. Ça le décidera. »

Enfin, elle vit les premières maisons de Puy-Guillaume. Ça lui rendit un peu de nerf. Si elle trébuchait sur un caillou : « Lève donc les pieds, bourrique ! » se conseillait-elle. Elle traversa le Pont-des-Feignants, comme une somnambule ; si aucune auto ne l'écrasa, c'est qu'il n'en passait point en ce moment ; elle ne comprenait rien à leurs lumières vertes et rouges. Elle eut à peine assez de force pour grimper les quatre marches et pousser la porte : elle se laissa tomber sur le banc ; mais enfin, elle était arrivée, elle se trouvait dans le bureau de la Caisse d'Épargne.

Elle laissa passer plusieurs fois son tour. Les gens lui disaient :

« C'est à vous, madame.

— Non, non, j'ai pas de presse », qu'elle répondait.

Enfin, elle put se lever, signer le papier que lui présentait l'encaisseur.

« Comptez-les bien, recommanda-t-elle. Je vous fais confiance. »

Elle enfonça les deux liasses dans son sac de moleskine et dit au revoir. Ses deux pieds lui cuisaient comme s'ils avaient été enveloppés de braises. Il lui fallut pourtant marcher encore jusqu'à la poste, remplir un autre imprimé, expédier son mandat. Elle tendit les deux liasses à la postière. Le compte y était bien, l'encaisseur avait été honnête. A présent, y avait plus qu'à laisser les choses suivre leur chemin. Le mécanisme était déclenché : les deux mille francs voyageaient jusqu'à la maison de police, l'inspecteur se mettait aussitôt en route, il retrouverait son drôle. Tout ça valait bien la peine qu'elle s'était donnée.

Cependant, elle ne se sentait pas encore d'aplomb pour repartir tout de suite. Elle poussa la porte du café Larivaud, s'installa commodément sur la banquette rembourrée, qui était bien douce à ses fesses et à son échine. Une jeune femme vint lui demander ce qu'elle désirait :

« Est-ce que vous pourriez me donner une tisane ?

— Une tisane ? Quel genre de tisane ?

— Oh ! N'importe. Je suis pas difficile. Une camomille, un tilleul, une menthe, une mélisse. »

On lui apporta un tilleul et elle dit :

« Merci, ma mignonne. Ça me fera du bien. Si j'avais une allumette, je serais heureuse comme une reine.

— Une allumette ? Vous voulez une allumette ?

— Je parle d'une allumette de pâtissier. Par hasard, vous auriez pas ça ?

— Non. Mais il y a une pâtisserie pas bien loin. Si vous vouliez, je peux aller vous en chercher une.

— Vous feriez ça ? »

Et quand elle l'eut entre les mains, avec sa croûte fragile, elle se répandit en bénédictions :

« Vous êtes un ange, ma mignonne, un ange du ciel. »

Elle se trouvait dans un coin de la salle chaude. Les glaces multipliaient à l'infini le nombre des occupants. Dans sa bouche aux trois quarts édentée la pâte de l'allumette cédait facilement et fondait ; elle avait soin de recueillir les miettes, parce qu'elle ne voulait pas laisser un mauvais souvenir de son passage et parce qu'elles étaient bonnes. Sa fatigue montait des pieds à travers son corps comme une sève. Elle logea sa tête dans l'encoignure, là où les deux murs se soudaient, et ferma les yeux, pour mieux sentir en elle la douceur du sucre, de la farine, de la meringue. Le brouhaha des voix l'atteignait à peine, elle ne comprenait rien de ce qui se disait, le bruit restait à sa surface à elle au lieu de pénétrer à l'intérieur. Dieu sait combien de temps elle demeura ainsi.

Tout par un coup, elle eut un sursaut. Nom de gueux de nom de gueux, je me demande bien... Elle retrouva les glaces, plus éblouissantes encore, car toutes les lampes avaient été allumées. La jeune mignonne vint à son secours :

« Eh bien, grand-mère, vous avez fait un bon somme !

— Pourquoi vous m'avez pas réveillée ?

— Vous aviez l'air tellement fatiguée, et vous dormiez si bien !

— Quelle heure qu'il est ?

— Huit heures et demie.

— Huit heures et demie, et je me trouve à cette heure-ci à Puy-Guillaume ! Et comment que je vais rentrer au Peyroux, moi ? Je suis sûre qu'il fait noir comme le putois.

— Vous prendrez un taxi, tiens ! »

Et c'est comme ça qu'elle revint en effet. Elle avait raconté cette attrape pour le faire croire à son corps qui n'en avait pas envie, et c'est elle à présent qui se trouvait attrapée.

8

En mars, vinrent des pluies abondantes. Elles ravinèrent un peu plus la rue Qui-Monte et la rue Qui-Descend. La municipalité de Puy-Guillaume ne s'intéressait pas à ces chemins qui ne voyaient passer quasiment personne. « Bientôt, se disait Mathilde, y aura des trous si profonds qu'on pourra y enterrer un âne la queue levée. » La rue Horizontale, elle, se transformait plutôt en marécage. De toute façon, la terre s'en allait aussi, comme si ça n'eût pas été assez des hommes, irrémédiablement. Les orages la lavaient et l'entraînaient vers les fonds, vers les flots de la rivière qui à leur tour l'emporteraient, pour enrichir des plaines lointaines qui n'en avaient aucun besoin. Car, comme disent les proverbes, il pleut toujours sur ceux qui sont déjà mouillés, si tu es riche on te donnera, et si tu es misérable on t'enlèvera.

Elle allait voir la pluie tomber sur les pauvres affaires que l'écroulement du mur avait découvertes chez les Dassaud. Ce sommier, ce matelas crevé qui recevaient l'eau du ciel, y avait-il une chose plus triste au monde ? Elle en avait le cœur tout serré. Victor n'avait pas répondu à sa lettre ; peut-être ne l'avait-il pas reçue ; ou peut-être que toutes ces vieilles étartuelles lui étaient aussi indifférentes à présent que ses dents de lait. Elle aurait aimé pouvoir retirer ces reliques des décombres, les loger dans quelque abri ; mais elle craignait qu'un pan de mur ne lui dégringolât sur le croupion ; elle ne se sentait plus ni assez forte ni assez leste pour entreprendre le sauvetage.

Puis le ciel s'éclaircit, la terre sécha et Mathilde pensa à d'autres choses.

Elle reçut de la maison de police une courte lettre disant :

Madame, nous vous accusons réception de votre mandat de 2 000 F représentant la provision prévue par notre contrat du 28 février écoulé. Nous vous informons que nous commençons ce jour même l'enquête qui en fait l'objet. Veuillez croire, Madame, à nos sentiments très dévoués...

« Dévoués, nom de gueux, ils peuvent l'être, qu'elle se dit, après avoir touché un mandat de deux cent mille francs ! » Mais elle ne regrettait rien de ce qu'elle avait fait. Excepté de s'être endormie au café Larivaud, ce qui l'avait obligée à payer un chauffeur pour la ramener au Peyroux. De toute manière, ce reçu était la preuve que les policiers avaient bien touché l'argent ; faudrait bien qu'ils lui donnent quelque chose en échange. C'est ainsi que se traitent les affaires. Sinon, il n'y aurait pas de commerce possible. En plus, cette maison était agréée par le Bureau national ; preuve qu'il s'agissait d'une entreprise sérieuse. Elle attendit avec confiance les événements.

Et le premier qui se produisit fut qu'un soir, alors qu'elle avait déjà fermé ses volets pour la nuit, boum, boum, boum, quelqu'un vint cogner à sa porte. Elle sauta sur sa chaise comme une folle. Qui ça pouvait-il être, à une heure aussi tardive ? Aussitôt, sa tête fit une supposition, une seule, une seule, qu'elle osa à peine considérer en face, qu'elle s'efforça de repousser aussi fort qu'elle put : est-ce que l'enquête des policiers avait déjà abouti ? Est-ce que... est-ce que... Non, faut pas croire trop vite aux joies, ça les fait fuir, non, non, ça ne pouvait pas être lui.

« Mathilde ! » cria dehors une voix d'homme.

Ça n'était pas lui. Il ne l'aurait pas appelée Mathilde. Il ne l'avait jamais appelée Mathilde. Depuis son retour d'Allemagne, il disait : Eh ! la vieille ! Elle trouvait ça gentil. Elle non plus ne l'appelait jamais par son prénom. Elle lui disait *m'ami*. Ou simplement *mi*, qui était un tout petit mot très tendre.

« Qui est-ce ? » demanda-t-elle, haletante, derrière la porte.

« Est-ce que vous reconnaissez pas ma voix ?

— Je reconnais rien du tout. Vous avez bien un nom comme tout le monde !

— Victor ! Victor Dassaud ! »

C'était ce brave Victor qui revenait ; il avait reçu sa lettre ; il venait sauver ce qui pouvait l'être encore et faire sa réclamation aux autorités ; elle fut bien déçue, mais un peu contente quand même. Elle ouvrit sa porte toute grande et reconnut sa bonne figure, ses cheveux gris, son sourire large comme un parapluie.

« En voilà une heure pour arriver de voyage !

— Qu'est-ce que vous voulez ! Je suis parti après ma journée, faut le temps.

— Alors, tu as reçu ma lettre ?

— Oui... »

Il lui raconta en long et en large comment la chose s'était faite.

Bien qu'il ne travaillât plus chez Michelin, la missive l'avait atteint quand même, grâce au flair des postiers, qui sont pires que des chiens de chasse. Il lui apportait des souvenirs de Clermont : des pâtes de fruits (« Ah ! tu le savais, que je suis une grande goulue ! »), un pâté en croûte, des oranges, une bouteille de vin vieux.

« On va bouffer tout ça, qu'il dit joyeusement.

— Mais j'ai déjà soupé ! Je t'ai pas attendu !

— Ça fait rien, vous vous remettrez à table. Juste pour me tenir compagnie. J'ai plus rien dans le coco depuis midi, moi. Mais, avant, faut que je rentre ma Mobylette.

— Tu es venu en bobinette ? » (Elle déformait souvent les mots d'aujourd'hui, avec lesquels elle n'était point familière.)

« A présent, c'est comme ça que je me déplace », qu'il expliqua, non sans une certaine fierté.

On rangea la bobinette sous le hangar ; le guidon s'enfonça dans un fagot de feuilles, comme si elle avait voulu goûter à cette nourriture nouvelle.

« Sacrée Mathilde ! qu'il disait à tout bout de champ, pour exprimer sa satisfaction. Sacrée Mathilde ! »

Et ces paroles leur suffisaient ; le contentement qu'ils éprouvaient d'être ensemble de nouveau après une si longue séparation, ils n'avaient pas besoin de le dire. C'était une chose évidente.

Ils retournèrent dans la cuisine, il étala les provisions sur la table, elle ne sortit qu'une assiette.

« Et vous ? Si vous mangez pas avec moi, je remets tout ça dans la musette. »

Pour lui faire ce plaisir, elle en sortit une seconde. Il se servit bien et la servit de même, malgré ses protestations. Tout d'abord, elle voulait juste goûter, voire grignoter. Ensuite, le voyant travailler si gaillardement des mâchoires, elle retrouva de l'appétit et ne fut pas bien en retard derrière lui.

« Ça va te rendre malade, pour sûr ! qu'elle s'avertissait de temps en temps. Ça va te rendre malade ! »

Mais elle trouva le moyen de sortir encore autre chose : du fromage de ses chèvres, de la confiture de ses fraises. Et Victor essayait de lui faire avaler des rasades de son vin vieux ; mais son verre restait plein, elle y trempait les lèvres de temps en temps, juste pour une courte bénédiction.

Quand ils se furent rassasiés, elle enleva la vaisselle sale. Il raconta sa vie à Clermont. Chez Michelin, il n'avait travaillé que six mois. On l'avait mis aux presses. Ça gagnait bien, mais c'était trop dur. A présent, il était avec les maçons, ça lui plaisait davantage, du moins, il avait de l'air, il pouvait respirer tout son saoul. Les jours de gel, on se repose, y a une assurance qui vous paye votre journée.

« Et tu regrettes pas le Peyroux ?

— Qu'est-ce que vous voulez ? Ici, tout le temps que j'ai eu mon père, je me plaisais bien. Mais ensuite, après sa mort, de me voir tout seul, avec cette femme en fer-blanc, de ne pas pouvoir en trouver une vraie, je me suis senti malheureux à pas le dire. Malheureux comme un crapaud sous une herse. Si j'étais resté, je crois bien que je me serais pendu. »

Elle eut envie de répliquer : « Et moi alors, est-ce qu'il faut aussi que je me pende ? Je suis bien plus seule que tu l'étais, et tu vois : je résiste. » Mais elle se tut pour ne pas l'attrister.

« Ça m'a fait quand même quelque chose, ajouta-t-il, quand vous m'avez parlé de cet avion et du mur qui s'est écroulé. La mère partie, le père parti, le fils parti, et voilà que c'est le tour de la maison. Oui, ça m'a fait quelque chose.

— Est-ce que tu es allé la voir ?

— Non, non. Demain, il fera soleil. »

Elle hésita un bon moment avant de lui poser une question. Mais elle finit par se décider :

« A Clermont, est-ce que tu en as trouvé une, de femme ?

— Non. Pas encore.

— C'était pas la peine de partir, alors, puisque tu es pareil qu'avant !

— Si, si, c'était la peine. Là-bas, je vois du monde, beaucoup de monde. On a jamais le temps d'avoir le cafard. Tandis qu'au Peyroux... »

C'était toujours l'habituelle chanson. Ils étaient tous les mêmes. Tous à accuser le Peyroux. Le Peyroux, c'était leur père et leur mère, et ils aimaient mieux vivre dans des endroits où personne ne portait leur nom. Pour le faire rire quand même, elle fit une réflexion :

« Peut-être que les femmes, au fond... tu y as pas tellement le goût !

— Sacrée Mathilde ! Sacrée Mathilde !

— Je me demande même...

— Qu'est-ce que vous vous demandez ?

— Je me demande si tu y as jamais goûté. »

Elle avait bien réussi son coup : quel jeu de rire elle lui fit passer ! Elle crut qu'il s'étouffait.

« Sacré Mathilde ! Vous vous rendez compte de ce que vous dites ? A mon âge ? Et quand j'étais au régiment, donc, au 92, à quoi que vous croyez qu'on passait le temps, les jours de sortie ? Vous pouvez croire que nous allions plus souvent dans la rue des Trois-Raisins qu'à la messe ! Et même à présent, si le cœur m'en disait, les dames manquent pas. Suffit de passer le soir rue du Cheval-Blanc ou rue des Minimes. On a que l'embarras du choix.

— Bon, bon, ça me regarde pas », ajouta-t-elle, un peu confuse de tous ces détails.

Mais ils continuèrent ainsi leurs bavardages. Et tout à coup, elle regarda son réveil. Et elle s'aperçut qu'il marquait midi moins dix. « Il s'est encore arrêté, cette saloperie », qu'elle pensa. Elle avança la main pour le remonter ; alors, elle s'aperçut qu'il marchait bel et bien et qu'en réalité il indiquait minuit moins dix. Elle en fut presque effrayée. Jamais elle ne se couchait aussi tard, elle était convaincue que si les gens des villes se portent plus mal que ceux des campagnes, c'est à cause de leurs couchers tardifs.

« Où c'est que je vais te mettre ? qu'elle demanda.

— Si vous avez pas d'autre place, mettez-moi avec vos chèvres.

— Voilà. J'ai qu'une chambre et j'ai qu'un lit. Mais y a deux matelas l'un sur l'autre. Je peux en mettre un par terre, si tu veux t'en contenter.

— Que demande le peuple ?

— Comment ?

— Je dis d'accord : que demande le peuple ? »

Il avait comme ça tout un troupeau d'expressions qu'il avait attrapées à la ville, mais qu'elle n'avait jamais entendues au Peyroux ni à Puy-Guillaume. Il disait : « Je m'en balance... Faut se le farcir... Déconnons pas... » Ça lui rappelait Lou-is, au retour de sa captivité en Allemagne : et *chaïze* et *doubiste*. Elle ne comprenait que la moitié de ce qu'il lui racontait.

Tout de même, cette obligation qu'ils avaient de dormir dans la même chambre, elle et lui, lui paraissait singulière. Mais quand elle fit une réflexion là-dessus, il éclata encore de rire et répéta :

« Sacrée Mathilde ! Sacrée Mathilde !

— Il est vrai que je pourrais être ta mère, se rassura-t-elle. Largement. Si tu avais besoin d'une femme, je pense que tu en choisirais plutôt une qui aurait encore toutes ses dents ! »

Elle finit par rire aussi de ses scrupules. Elle alla préparer la literie. Il entendait sur sa tête son pas lourd, les meubles qu'elle déplaçait. Il finit la bouteille de vin vieux. Ensuite, elle redescendit lentement l'escalier de bois.

« Voilà, qu'elle dit. Tout est prêt. Si tu veux monte le premier. Tu te coucheras et moi je viendrai après.

— C'est pas de refus, j'en ai plein les bottes, qu'il dit dans son langage mystérieux.

— Bonne nuit, Victor.

— Bonne nuit, Mathilde. »

Un moment après, quand elle remonta, elle le trouva déjà endormi et ronflant, la tête renversée dans l'oreiller trop plat, la bouche ouverte, ses grosses, ses dures mains de maçon posées devant lui, sur le drap blanc, mais tout arrondies, comme si elles tenaient encore le manche de la pelle ou du marteau. Sa poitrine velue se soulevait régulièrement. Elle éteignit la lumière et se déshabilla dans l'obscurité. Ses pieds froids furent heureux de rencontrer dans le lit la chaleur de la bouillotte qu'elle y avait déposée à l'avance. Elle avait oublié d'en offrir une à Victor. Mais lui était encore jeune, quarante-cinq ans, les jeunes ont le sang chaud.

Dans l'ombre, elle resta longtemps les yeux ouverts. Elle se sentait encore sur l'estomac le souper un peu trop lourd qu'elle avait fait. Et puis, le bruit de cette respiration bruyante, près d'elle, dérangeait ses habitudes. Elle se dit qu'il y avait bien cinquante ans, un demi-siècle, qu'elle n'avait plus partagé le sommeil d'un homme. Depuis la seconde et dernière permission du pauvre Pierre. Cinquante ans de nuits solitaires. Et, pourtant, elle avait toujours bien dormi. De ce côté-là, son corps n'avait jamais eu la moindre exigence, à l'opposé de certaines femmes. « Et voilà que Victor Dassaud vient te rendre visite, et ça t'empêche de fermer les yeux, grande bourrique. Qu'est-ce que tu as à ruminer comme ça ? Dors donc, et fous-nous la paix. » Devant des témoins, elle disait *je*. Mais dès qu'elle n'avait en face d'elle qu'elle-même, elle reprenait le tutoiement familier et les engueulades à répétition. « Heureusement, qu'elle se fit encore remarquer, que t'as pas accepté le mariage que te proposait Joannès Plandieu ; parce que alors t'avais plus qu'à te nourrir de somifer. » Le ronflement de son voisin changea de registre ; de grave qu'il était, il devint plus flûté. « Il a dû, qu'elle s'expliqua, prendre une autre position. »

Entre deux envolées de ronflement, elle percevait tous les bruits de la maison : le craquement des planchers et des meubles, le trottinement des souris au grenier, le chuchotement du vent sous les tuiles. Et même, quand elle plaçait sa tête d'une certaine façon sur le traversin, le battement du sang dans ses artères. Elle avait beau se tourner et se retourner, le sommeil ne venait pas. « T'étais vraiment faite pour vivre seule, ma pauvre Mathilde », conclut-elle.

Le lendemain matin, ils traînèrent dans la cuisine, à souffler sur leur soupe, à séparer les cuillerées par de longs bavardages. On aurait dit que Victor n'avait aucune hâte d'aller voir ce qui restait de sa maison, et même qu'il en reculait le plus possible le moment. Elle avait ouvert la fenêtre, car le temps était doux ; on entendait piailler déjà des ribambelles d'oiseaux. Au loin, des cloches sonnèrent.

« C'est la première messe à Paslières, dit Mathilde. Est-ce que tu vas quelquefois à la messe à Clermont ?

— Moi ? Pour quoi faire ? Le bon Dieu s'occupe pas de moi ; alors je m'occupe pas de lui. »

Elle sentit qu'il y avait dans ce qu'il disait un gros blasphème ; mais elle ne sut ni ne voulut lui répondre. « Ainsi, se fit-elle remarquer, eux qui ont les églises devant leur porte, ils y entrent pas ; et moi qui voudrais y entrer, me faut courir aux cinq cents diables. » Et elle se rappela encore ce proverbe qu'employait sa mère : celui qui a des dents n'a pas de pain, et celui qui a du pain n'a pas de dents. Les choses sont bien mal faites en ce monde.

Il l'accompagna dans ses fonctions de fermière : elle lui présenta ses poules, son coq dépenaillé, son oie Margarette, ses lapins, ses deux chèvres, Bourrette et Blandine. « J'ai aussi un chat dont je m'occupe. Tu te rappelles, le Courtaud de Vatelequerre. Mais il sent que j'ai du monde. Il reviendra pas tant que tu seras pas parti. Il aime pas les étrangers.

— Alors, dit Victor, il est xénophone.

— Quoi ?

— Celui qui aime pas les étrangers, c'est un xénophone. Vous avez pas lu ça dans votre journal ?

— Non. Il est xénophone ?

— Oui. Comme beaucoup de Français. Les Français sont xénophones. Ils aiment pas les étrangers. Et ça c'est bien vrai, je l'ai constaté souvent sur les chantiers. Ils les traitent de bougnouls, de bicots, de ratons, de macaronis, de youpins, de merlocs, de je ne sais pas quoi. »

Elle soupira : « Je comprends pas de quoi tu parles. »

Ça l'affligeait d'avoir un chat xénophone. Mais chacun a le caractère que le ciel lui a donné, les hommes comme les bêtes. On ne peut pas plus le changer qu'on ne peut changer son nez ou ses oreilles. Voilà ce qu'elle pensait.

Elle lui montra aussi son jardin, qui commençait à peine à sortir de son engourdissement hivernal.

« J'ai pas encore touché la bêche, qu'elle dit. Faudra bien que je m'y mette. Cette année je suis en retard.

— Vingt dieux, qu'il s'écria, donnez-la-moi, cette bêche.

— Tu veux bêcher maintenant ? Allons voir d'abord ta maison...

— Non, non, après. Y a pas de presse. On a toute la journée. »

Elle le contenta. Il enleva sa veste, retroussa ses manches, se cracha dans les mains, et hardi que je te fourgonne ! Son fer s'enfonçait dans la terre fraîche et sablonneuse comme dans du beurre. Visiblement, il faisait ce travail avec grand plaisir, car c'était une chose à laquelle il n'était plus habitué. Derrière lui, il rejetait les racines, les herbes tenaces, et aussi, dans un coin, les pierres dures qui n'ont aucune chance de se dissoudre avant cinq cent mille ans ; si bien que le carré ainsi retourné se trouvait aussi propre, aussi moelleux que le lit de la Mathilde. Elle le laissa et partit s'occuper de son dîner.

Au bout d'un moment, elle revint avec une bouteille de vin et un verre.

« Tu as soif. »

Elle fut émerveillée de constater la grande surface qu'il avait déjà produite. Avant de boire, il garda un moment le verre dans sa main arrondie qui le protégeait comme une chose précieuse. Il parla du temps qu'il ferait, de ce que serait sans doute la saison prochaine. Puis il avala son vin en renversant son visage vers le ciel ; et il secoua vers la terre les dernières gouttes du fond ; on aurait dit un rite religieux. Et il reprit sa bêche. Elle se dit qu'un homme dans la maison, ça n'est pas seulement ce ronflement, la nuit, à côté de vous, qui vous empêche de dormir ; mais c'est aussi une force près de votre faiblesse, une assurance près de votre incertitude, une voix qui vous répond, un rire qui provoque le vôtre, un appétit qui donne du goût à votre pain. Pour le simple plaisir, sans penser au service qu'il lui rendait, elle le regarda travailler, enfoncer la lame du talon, retourner la motte devant lui, la briser, l'éparpiller, recommencer sans fin, comme une belle et intelligente mécanique. Elle laissa la bouteille à sa portée, pour qu'il y puise selon sa soif.

Victor Dassaud bêchait, écartait les racines et les cailloux stériles, s'épongeait le front, se redressait de temps en temps pour soulager ses reins et s'appuyait sur le manche de son outil ; son regard alors dépassait la cime de la haie et filait là-bas vers l'horizon gibbeux, puis revenait à la terre que sa peine avait régénérée, il ne pensait pas beaucoup plus que les choux et les pissenlits. Il avait tout naturellement retrouvé les gestes anciens, il se sentait d'ici, ce sol et lui avaient été créés l'un pour l'autre. S'il était parti — en s'arrachant le cœur — c'est que le ciel lui avait témoigné une aversion assidue, allant jusqu'à démolir sa maison derrière lui, pour être sûr qu'il ne reviendrait pas. Fallait pas chercher à contrarier le ciel.

« T'en as bien assez fait, dit la Mathilde. A la soupe ! »

Il alla se laver les mains à la fontaine, sans tourner la tête vers la rue Horizontale.

« Tu te décides pas à aller voir les dégâts ?

— Tout à l'heure, tout à l'heure. Y a pas de presse. »

Son obstination à vouloir fermer les yeux était singulière. Mathilde finit par se demander s'il était réellement venu pour la baraque. Elle le fit asseoir au bout de la table, là où autrefois elle plaçait le Lou-is. Elle mit l'omelette aux pommes de terre au milieu, moulée comme un fromage.

« Sacrée Mathilde ! Sacrée Mathilde ! »

Ils mangèrent ensemble.

« Heureusement, qu'elle dit, j'avais renouvelé ma provision de vin juste ces derniers jours, je sentais dans mes membres que je recevrais une visite. »

A la fin, elle versa le café dans son verre, il le remua avec le manche de sa fourchette, refusant d'un geste la petite cuiller qu'elle lui tendait :

« Bois-le bien chaud, recommanda-t-elle, ça te reposera. »

Ensuite, il appuya sa tête au mur, croisa les doigts sur son ventre et fit un petit somme. Elle se déplaçait autour de lui en évitant de cogner les objets, en posant les pieds doucement sur le plancher. Elle eut le temps de laver sa vaisselle et de tricoter un peu. Quand il se réveilla, il se frotta les yeux et regarda autour de lui avec surprise.

« Est-ce que tu couches aussi ce soir ? qu'elle demanda.

— Hé non. Faut que je parte avant la nuit. Demain matin, y a le patron qui m'attend.

— Alors, va voir ta maison, pendant que je sortirai un moment mes chèvres.

— Venez avec moi.

— Comme tu veux. »

Il se leva lentement, étira ses grands bras qui touchèrent presque les poutres, bâilla en rugissant comme un lion :

« Hââââââ ! »

Elle admirait la vigueur qu'il mettait jusque dans les choses les plus insignifiantes. Il sortit lentement, en se grattant le crâne. Ils traversèrent la cour, franchirent la barrière, enfilèrent la rue Horizontale, elle devant et lui derrière, comme si elle craignait qu'il eût oublié le chemin. Quand ils furent devant la maison des Dassaud, ils la regardèrent longtemps, sans rien dire. On aurait cru qu'ils se trouvaient au cimetière devant une tombe. Elle tourna la tête vers lui : son visage immobile n'exprimait rien. Sans doute que le désastre était trop grand, ça lui coupait à la fois le sentiment et la parole.

« Peut-être, qu'elle osa suggérer, on pourrait y récupérer des bricoles... »

Et lui, aussi muet qu'une saucisse. Un moment après :

« Est-ce que tu crois qu'on pourrait la reconstruire ? »

Même réponse. Et elle, sans se décourager :

« De toute manière, l'État doit te verser une indemnité, puisqu'il est responsable. J'ai été témoin de la catastrophe. »

Et plus tard encore :

« Heureusement que tu avais liquidé ta machine à laver avant de partir, sans ça, elle aurait été écrasée avec le reste. »

Et comme il ne se décidait pas à desserrer les dents, elle ne put s'empêcher de s'adresser à elle-même : « Parle à mon derrière, ma tête est malade. » Quand ils revinrent, il se contenta de proposer :

« Allons garder les chèvres, à présent. »

Il ne fut plus question de réclamation, de témoignage, de rien du tout.

Les chèvres étaient toutes contentes de se dégourdir les pattes. Mathilde les poussa, par la rue Qui-Descend, vers les ruines du Chiffonnier. C'était un amas de pierres et de décombres que Mathilde ni personne de vivant n'avaient jamais connu debout ; les ronces, les buissons, les arbres sauvages y poussaient dans l'abondance, elle pouvait y lâcher ses deux voraces sans scrupule. Elle attendait que Victor dît un mot sur ce qu'il comptait faire ; mais il n'en fut pas même question. C'est d'autre chose qu'ils parlèrent.

« Que devient votre fils Lou-is ? demanda-t-il.

— Il vit à Nice, sur la Côte d'Azur. Oh ! il a la vie belle ! Je porte pas peine pour lui. C'est un garçon plein d'initiative, il saura toujours se débrouiller, là où les autres crèveront de faim.

— Bien sûr, bien sûr, qu'il fit.

— Il m'écrit pas très souvent, mais régulièrement. Un de ces jours, je vais le voir arriver, et ça sera une belle surprise ! Tiens, tu veux savoir ? Quand tu as cogné à ma porte, hier soir, eh bien, j'ai cru que c'était lui !

— En me voyant, vous avez dû être bien camuse !

— Oh ! non. J'étais contente quand même. Lui, ça sera pour une autre fois. Je sens dans mes membres que j'aurai bientôt de ses nouvelles. »

Ses membres lui parlaient beaucoup et ne la trompaient guère. Elle avait grande confiance en ses membres. Mais elle ne fit aucune allusion à la maison de police.

Vers quatre heures, il commença de s'agiter :

« Faudra que je me prépare. Clermont, c'est pas Puy-Guillaume.

— Attends, on va rentrer, tu mangeras un morceau avant de partir ; en arrivant, tu pourras aller te coucher directement. »

Ils terminèrent le pâté en croûte, et le râble du lapin, et les patates en salade. Elle lui apporta sa musette qu'elle avait garnie de fromages et d'une boîte à sucre remplie d'œufs frais soigneusement empaquetés. Et puis elle lui mit entre les mains un petit papier sur lequel elle avait griffonné quelque chose :

« Voilà, si tu te décides à faire ta réclamation aux autorités, je t'ai écrit ici la date et l'heure de l'accident, 14 février, à quinze heures. Ils pourront vérifier dans leurs registres que juste à ce moment un avion est passé sur le Peyroux et a produit cette affreuse pétée qui a démoli ta maison. Ne leur fais pas ce cadeau, car eux ils ont pas l'habitude d'en faire aux autres. »

Il la regarda sans répondre, et elle vit que son menton tremblait un peu ; et elle se dit qu'il était peut-être moins fort que ce qu'elle avait cru ; ou du moins que lui aussi avait sa faiblesse. Il lui serra les mains, il l'embrassa et partit sans souffler mot.

« Et reviens aussi souvent que tu voudras, cria-t-elle. Tu me feras grand plaisir. »

Il lui dit au revoir du bras.

Puis il s'en alla sur sa bobinette.

9

Une lettre arriva de Nice. Et ça lui aurait fait une émotion nouvelle si l'adresse n'avait été écrite à la machine. Le cachet de la poste disait : *Nice-aérodrome de la Côte d'Azur.* Et y avait un joli petit dessin montrant la mer, le soleil derrière des montagnes, des plantes de là-bas. Tandis qu'elle courait vers sa cuisine pour y prendre un couteau, l'émotion la saisit quand même, à retardement : après tout, pourquoi son gars n'aurait-il pas écrit à la machine maintenant ? Il en était bien capable.

Mais à l'intérieur, elle reconnut le papier de la maison de police.

Chère Madame. Comme vous voyez par la présente, je suis sur place pour assurer l'enquête dont vous avez chargé notre maison. Et j'ai le plaisir de vous faire connaître que mes recherches sont en bonne voie et que je pense les voir aboutir prochainement suivant vos désirs. Toutefois, je ne pense pas pouvoir en terminer avant la fin de la semaine prochaine. Vous devez vous rendre compte que nous sommes à peu près partis de zéro puisque le seul renseignement que vous nous ayez fourni était le nom de la personne recherchée.

Nous nous trouvons donc dans la nécessité de vous demander la seconde provision prévue par notre contrat si vous désirez que notre enquête soit conduite jusqu'à son terme. Nous touchons au but, et il serait grand dommage, à mon avis, que vous renonciez à faire l'effort nécessaire qui nous permettra de vous satisfaire complètement.

Si vous partagez cet avis, veuillez donc faire parvenir la somme de 1 000 (Mille) francs à nos services de Clermont-Ferrand dès réception de cette lettre ; faute de quoi, nous devrons interrompre nos travaux.

Espérant que nous n'en serons pas réduits à cette extrémité, nous vous prions de croire, chère Madame, à nos sentiments dévoués...

« Nom de gueux de nom de gueux, qu'elle se dit, il me reviendra cher, leur dévouement. » Mais elle avait accepté d'avance tous les sacrifices. Il ne restait plus qu'à les contenter. Et comme ils voulaient leur argent sans délai, elle ne pouvait se permettre d'attendre un transporteur occasionnel. Alors, elle descendit jusqu'au carrefour de l'Abbaye et se rendit au café Cisternes où il y a un téléphone à la disposition du public.

« Demandez donc, qu'elle dit à la Philomène, à Garmy de venir me prendre cet après-dîner à deux heures, avec son taxi. »

La Philomène fit la commission et à deux heures le taxi était devant sa porte.

« J'ai juste deux courses à faire à Puy-Guillaume, vous me ramènerez ensuite », expliqua-t-elle.

Garmy ne demandait pas mieux. Les gens se laissent volontiers commander, pourvu qu'on les paye. A la Caisse d'Épargne, elle retira donc ses mille francs et les transporta au bureau de poste. A présent, elle savait remplir toute seule les formulaires. Ce que c'est que l'habitude. Avant quatre heures elle était de retour au Peyroux, assez tôt pour pouvoir encore sortir ses chèvres et leur faire profiter du soleil. Elles avaient à présent le ventre rond, car elles approchaient de leur terme. Ça les retenait de gambader selon leur nature. Elles n'avaient encore tari ni l'une ni l'autre, voyez quelles bonnes laitières c'étaient.

L'alambic s'installa au carrefour de l'Abbaye. Quand le vent soufflait du bon côté, on sentait jusqu'au Peyroux l'odeur de sa distillation. Les vignerons lui apportaient leur marc dont il tirait la transparente eau-de-vie, plus limpide que l'eau des sources, mais plus brûlante que les tisons.

Un jour que Georges Frompy passait, Mathilde l'arrêta :

« J'ai là un tonneau plein de prunelles. Faudra bien que tu me le descendes. Seulement, vous vous mettrez à deux pour le charger, il doit être lourd. »

Frompy alla chercher de l'aide au carrefour. Il ramena un des fils Castaldi, du domaine de Souriau. Quand ils eurent hissé péniblement le baril dans le tombereau :

« Cré vingt dieux, qu'ils dirent, vous allez en faire au moins quinze litres !

— Il m'en reste encore deux de la dernière fois, qu'elle précisa.

— Vous pourrez vous chauffer sacrément les boyaux ! »

Mathilde Dutheil se servait de son eau-de-vie surtout en usage externe, comme révulsif. Mais c'était aussi pour elle une monnaie d'échange, plus convaincante que celle du gouvernement, dans certaines situations difficiles. C'est en eau-de-vie qu'elle avait, deux hivers plus tôt, payé le maçon qui était venu rafistoler son toit. Autrement, ou bien cet arcandier de Mourillat ne se serait pas dérangé, ou bien il se serait fait verser la valeur d'une couverture neuve. Son eau-de-vie lui permettait de récompenser ceux qui lui rendaient service et refusaient, au contraire, tout payement ; elle, sa *blanche*, personne ne la refusait.

Le tracteur de Frompy était parti depuis un bon moment lorsqu'à son tour elle se mit en route. « Secoue-toi un peu, qu'elle s'encourageait, profites-en pendant qu'y a de la pente, tu prendras mieux ton temps au retour. » Elle voulait contrôler la distillation. Elle n'avait pas envie qu'on lui livre de l'alcool de pommes de terre ou de n'importe quelle saloperie, et que sa belle liqueur de prunelle aille régaler des ventres qui ne l'avaient point méritée. C'est qu'elle le connaissait, Rambouille, le distillateur, et ses copains toujours à rôder autour de l'alambic, du matin avant le jour jusque tard dans la nuit, à l'heure choisie pour rouler la clientèle innocente et les représentants des Indirectes. Elle avait bien recommandé à Frompy :

« Dis à Rambouille qu'il commence pas avant que j'arrive ! »

Alors, elle se dépêchait de faire fonctionner ses vieilles pattes. A mesure qu'elle descendait, l'émanaison du marc se faisait plus insistante. « Ça pue la saoulerie, qu'elle se disait. J'aime pas ça. Dire qu'y en a qui l'aiment tant ! »

Et, en effet, la viande saoule ne manquait pas autour de la grande machine noire et rouge, pareille aux locomotives de l'ancien temps. Et on entendait de loin gicler au ciel les éclats de rire, et les vingt dieux, les cent dieux, les mille dieux, les pétards de dieux. Au milieu de tous ces ivrognes, seul Rambouille restait sérieux, avec le tablier de cuir sur son ventre de vache ; peut-être qu'il se préservait de boire, ou peut-être qu'il supportait mieux l'alcool que les autres.

« Tiens, qu'il dit, voilà Madame Mathilde. Comment ça va, Madame Mathilde ? Vous changez pas. Vous êtes pareille au clocher de Paslières. Vous durerez autant que lui. »

Elle n'aimait pas ce genre de flatteries ; elle savait bien, hé là ! qu'elle changeait comme tout le monde et que le clocher de Paslières l'enterrerait et bien d'autres après elle, et Rambouille le premier. C'était sa manière de faire avec sa clientèle, pour inspirer confiance et essayer, ensuite, de la mettre dans sa poche si la chose se pouvait. Quant aux gourles qui l'entouraient ils ne la saluèrent pas ; imbibés de gnole chaude jusqu'aux yeux, ils n'étaient plus même capables de distinguer leurs genoux de leurs oreilles. De temps en temps, y en avait un qui criait :

« Fais-moi tâter de la dernière coulée. Putain de Rambouille, t'es bien avare de notre *blanche* ! »

Le gros ne se faisait pas prier, prenait un verre et laissait descendre du serpentin une jolie pissée de liquide.

« Trinque avec nous, putain de Rambouille, sinon je croirai que tu m'as donné de l'empoison. »

Alors, Mathilde comprit sa manœuvre. Rambouille se servait également à l'alambic, mais tandis que l'autre papillotait des yeux et reniflait la dernière coulée, lui, discrètement, échangeait son verre contre un autre qu'il tenait en réserve, à l'écart, rempli, elle en était sûre comme si elle y avait goûté, de simple eau innocente. Et eux ne se rendaient compte de rien, les pauvres gourles. Seuls les derniers arrivés voyaient encore clair. A cause d'eux, le distillateur ne faisait pas ce qu'il voulait. Elle se rendait compte de toutes ces choses ; mais elle n'en faisait part qu'à son chignon. Ce qui l'intéressait, c'était d'avoir l'honnête produit de ses prunes. Tant de jours et tant de fois elle s'était piqué les doigts pour les ramasser ! Elle n'allait pas se laisser duper par un de Paslières ! Elle l'observait qui buvait à petits coups sa liqueur à grenouilles, qui se léchait les moustaches le plus sérieusement du monde.

« Goûtez-nous ça vous aussi, Madame Mathilde ! » qu'il offrit en lui tendant un verre propre.

Elle eut l'idée de dire : « Non, je boirai seulement de l'autre, celle que vous tétez en ce moment ! » Ça aurait fait une drôle de complication. Mais elle se contenta de refuser :

« Rien que l'odeur, dit-elle, ça me saoule assez. »

Georges Frompy commençait lui aussi à prendre la crête rouge.

« Après cette coulée, qu'il expliqua, c'est la vôtre qui commence. »

Bientôt, le robinet de sortie ne produisit plus qu'un suintement de rien du tout. Un pipi d'araignée. « Des volontaires pour enlever le marc ! » appela le gros moustachu.

Il s'en présenta cinq ou six, tous plus ou moins intoxiqués. Rambouille choisit les moins branlants, les munit de fourches à manche court, et ils se mirent à vidanger la chaudière. D'autres allaient déverser le marc fumant sur le tas violet, où les poules de la Philomène grattouillaient à la recherche des pépins. A bout de bras, on éleva le tonneau de Mathilde, on le vida dans la cucurbite. Le moustachu ne se fatiguait pas trop ; il se contentait d'entretenir le feu, de donner des ordres, d'écrire sur son petit calepin le chiffre de ses livraisons, de faire payer aux saoulards le travail de son alambic. C'était un peu comme Jouquet avec son bouc. « Ils ont de la chance, qu'elle se dit, ceux qui peuvent faire travailler les autres et encaisser le prix de leur façon. »

« Si vous voulez, dit Rambouille à Mathilde, votre eau-de-vie, je l'achète.

— Vous avez pas assez d'argent ! qu'elle répondit.

— Pas assez d'argent ? Vous en voulez donc si cher ?

— J'en veux rien du tout. Elle est pas à vendre.

— Vendez-moi-z'en seulement quelques litres, quatre ou cinq.

— Pas une goutte. Elle est toute promise. »

S'il avait insisté, ce gros Paslièrois, elle serait devenue malhonnête. Mais il n'insista point. Il vit qu'il avait affaire à une entêtée.

Quand le serpentin commença de pisser, elle n'empêcha pas d'y goûter ceux qui en avaient envie ; elle se contenta de renifler la vapeur du liquide chaud. On y sentait un tout petit peu les prunes, et beaucoup la saoulographie.

« Cré bon Dieu, cré putain ! » s'exclamaient les ivrognes.

Ils ne pouvaient pas aller au-delà de ces paroles admiratives. A mesure que le seau gradué se remplissait, elle le faisait vider dans sa bonbonne, dans ses bouteilles.

« Treize litres ! fit encore le distillateur. C'est un mauvais nombre. Vendez-m'en un, sinon, ça vous portera malchance.

— J'aurais pensé que ça rendait un peu plus, fit-elle, sans répondre à sa proposition.

— Les femmes sont jamais contentes. »

Elle paya ce qu'elle devait. Frompy les logea tous dans son tombereau, elle, ses récipients et le tonneau vide.

« Va doucement, qu'elle recommanda. Tu transportes des marchandises précieuses ! »

Elle aimait bien se moquer d'elle-même.

Elle reprit la bêche abandonnée par Victor et retourna un peu plus de terre. Puis elle sema des radis, des ails, des carottes et de la salade. « A présent, petites, qu'elle conseilla à ces semences, priez le bon Dieu qu'il vous envoie de l'eau ; car si vous comptez sur la Mathilde, vous avez pas fini de tirer la langue. » Elle ne se sentait plus la force de transporter les arrosoirs. C'est pourquoi beaucoup de graines qu'elle confiait au sol refusaient de germer, elle devait recommencer les semis deux ou trois fois.

Pendant que ses bras, ses jambes, son échine s'occupaient ainsi, sa tête était ailleurs. Elle voyageait, là-bas, sur la Côte d'Azur, là où poussent ces plantes aux feuilles ébréchées comme des lames de scie. Elle voyait un homme porteur d'une serviette, un policier, frapper de porte en porte et demander : « Vous ne connaîtriez pas, par hasard, un homme fait comme ci et comme ça, nommé Louis Dutheil ? Et il sortait les photographies anciennes, le militaire avec le calot à cornes, il les plaçait sous les yeux des gens. Eux se grattaient le coucourle, ils se parlaient un moment entre eux, puis ils finissaient par dire : « Allez donc questionner l'épicière du coin, ou le bistrot d'en face ; ils voient beaucoup plus de monde que nous, ils pourront peut-être vous renseigner. » Et le policier allait au bistrot ou à l'épicerie. Et comme ça du matin au soir. Que de portes, mais que de portes doit y avoir dans une ville comme Nice ! Jamais il n'arriverait à les faire toutes en quinze jours ni en trente. D'ailleurs, était-il bien certain que Louis Dutheil fût encore au même endroit ? Le dégoût de cette ville l'avait peut-être pris depuis longtemps ; à présent, il se trouvait à Lyon, ou à Marseille, ou à Paris, le diable sait où. Pourtant, le policier écrivait que ses recherches étaient en bonne voie ; est-ce qu'il écrivait ça uniquement pour lui soutirer cent mille francs de plus ? Allez donc savoir, avec le monde ! Comment savoir ce qui se cache derrière leur figure ? Dans *La Montagne*, quelquefois, elle trouvait des portraits à faire peur. « Celui-là, qu'elle se disait, j'aimerais pas le rencontrer la nuit au coin de ma grange ! » Et voilà que dessous on avait imprimé : *M. Untel Ministre de Ceci ou de Cela*... Et pour d'autres c'était tout le contraire ; ils avaient des visages d'anges et ils venaient d'étrangler leur grand-mère pour lui voler ses économies. A présent, elle ne savait plus si elle devait ou non se fier à cette maison de police. « Supposons qu'ils le découvrent, ruminait-elle... Non, ça serait trop beau... Bon, mais supposons quand même. Qu'ils le ramènent ici. Est-ce qu'il aurait pas pitié de toi, mon Lou-is, de te voir semer comme ça des légumes que peut-être tu récolteras pas ? Toute seule, au milieu de ce village abandonné de tous ? S'il a pas pitié de toi, alors, il a jamais pitié de personne. Mais qui c'est qui lui aurait fait un cœur pareil ? Où qu'il l'aurait pris ? Pas chez toi, pour sûr, ni chez son père. Faudrait qu'il descende d'une race de tigres, d'une race d'assassins, tu peux plus rester comme ça dans le désert. Je reste avec toi. Ou bien : je t'emmène à Nice, tu feras ma popote, tu coudras mes boutons, et on habitera ensemble... »

Les idées qui lui trottaient sous le chignon étaient si jolies que quelquefois elle en riait à voix haute. Pendant ce temps, la besogne se faisait sans qu'elle eût besoin d'y porter sa pensée, tellement elle avait bien dressé ses mains à remplir d'elles-mêmes les tâches nécessaires, comme de bonnes servantes qu'elles étaient. Les fines semences tombaient dans les raies justement espacées, les gousses s'enfonçaient à la profondeur favorable, un voile de terre les recouvrait, exactement dosé.

Clémençon apporta une seconde enveloppe tamponnée de Nice. « C'est la bonne ou c'est la mauvaise ? S'ils me demandent encore des sous, je prends ma plume et je leur écris : *Messieurs, en réponse à votre honorée, je vous informe que je vous dis merde et que je vais m'adresser à du monde plus sérieux que vous... J'ai pas l'intention de me laisser plumer pour des promesses de polichinelle.* » Cependant, la lettre lui semblait plus lourde que la précédente, ce qui lui sembla de bon augure. Ses doigts tremblaient lorsqu'elle poussa la lame du couteau pour l'ouvrir. Elle eut quelque peine à en extraire le contenu. Il y avait une feuille et deux photographies. C'est celles-ci qu'elle examina d'abord.

Sur l'une, on voyait deux hommes attablés à la terrasse d'un café, l'un était demi-chauve, l'autre l'était entièrement. Ils se parlaient entre eux et ne semblaient guère regarder vers celui qui les prenait dans son appareil. Mathilde tourna longtemps entre ses doigts ces deux gaillards en train de boire, se demandant pourquoi la maison de police lui envoyait une telle carte postale.

Sur la seconde, un homme marchait dans un endroit où se trouvait beaucoup de monde. C'était le milieu d'une rue, ou peut-être un trottoir. Il portait un chapeau et des lunettes noires. « C'est lui ! qu'elle s'écria, folle de bonheur. C'est mon fils ! c'est mon Lou-is ! » Elle avait très bien reconnu le chapeau, les lunettes d'aveugle, la mâchoire carrée, la fossette du menton, et ce sourire un peu tordu qu'il avait déjà dans son enfance. « Ils l'ont retrouvé ! Oh ! les braves personnes ! Les braves personnes ! » Elle couvrit de baisers le visage de carton.

Chère Madame. Nos recherches se poursuivent activement et nous croyons être sur la bonne piste. Veuillez examiner les clichés ci-joints, qui ont été pris à l'insu de ceux qu'ils représentent, et nous dire si vous reconnaissez votre fils sur l'un et sur l'autre : je veux dire l'homme au chapeau et aux lunettes noires d'une part, de l'autre le buveur de droite, sans chapeau, qui tient un verre dans la main gauche. Nous avons de fortes raisons de penser que cet homme est bien M. Louis Dutheil...

Mathilde reprit la carte postale et concentra ses regards sur le buveur de droite. « Nom de gueux, qu'elle se dit après l'avoir dévisagé un long moment, après tout, c'est peut-être bien lui aussi. Mon argue, je l'avais pas reconnu la première fois. Mais oui, c'est lui, pour sûr. Mais qu'est-ce qu'il a fait de ses cheveux ? Lui qui en avait tant et qui en était si fier ! Celle-là, elle est forte ! Plus forte que de jouer au bouchon ! Plus de cheveux, mon Lou-is ! Mais qu'est-ce qu'il a bien pu en faire ? Baste pour ça. Avec ou sans cheveux, c'est toujours lui. Pourvu qu'il vienne vite, je lui demanderai pas de se mettre une fausse perruque. »

... Comme vous voyez, nous n'avons pas perdu notre temps et

vous estimerez, nous en sommes sûrs, que jusqu'à ce jour, nous avons bien rempli les termes de notre contrat. Veuillez nous dire, par retour du courrier, si le personnage en question est oui ou non votre fils...

« Mais, nom de gueux, qu'elle se dit encore, pourquoi donc qu'ils le lui ont pas demandé à lui, s'il était ou non mon fils, s'il s'appelait ou non Lou-is Dutheil ? Ils ont bien une langue, comme tout le monde ! A moins qu'ils craignent... Qu'est-ce qu'ils peuvent craindre, au juste ? Une ressemblance ? Ça empêche pas de causer ! »

... *Au terme de cette deuxième semaine d'enquête, nous nous voyons obligés de vous demander une nouvelle provision, de valeur égale à la précédente. Nous vous garantissons toutefois que ce sera la dernière, étant donné l'état avancé de nos recherches. Je n'ai pas besoin de vous dire qu'il nous paraîtrait bien absurde de devoir arrêter nos travaux, alors que nous sommes certains de toucher au port.*

Dans l'espoir que vous partagerez ce point de vue et nous adresserez sans retard la somme en question par le moyen habituel, nous vous prions de croire, chère Madame, à notre plus entier dévouement...

« Que le diable les encorne par-devant et par-derrière, eux et leur dévouement ! Oh ! les saletés de voleurs ! Et dire qu'ils font partie de la police ! Mais alors, les policiers sont plus canailles que les brigands !... » Quand elle les eut injuriés tout son saoul, elle enfila une fois de plus sa robe noire pour retourner comme elle pourrait à la Caisse d'Épargne et à la poste de Puy-Guillaume.

« Et si je portais plainte ? qu'elle se demandait dans le taxi de Garmy. Mais non !... Les gendarmes aussi, c'est des policiers ! Les loups attaquent pas les loups. Ça servirait de rien. Faut que j'y passe. »

Elle expédia son troisième mandat. Du moins, elle avait la satisfaction de posséder à présent deux visages de son fils, même s'il avait perdu ses cheveux, et même si c'était miniature. Dix fois par jour, elle les couvrait de baisers.

« Ils m'ont promis qu'y aurait pas d'autre provision. Ce qui m'embête, c'est pas de verser l'argent, c'est de pas être certaine qu'il est bien employé, qu'il est bien nécessaire, que c'est pas du vol de grand chemin. Allons, prends patience, vieille énervée ! Encore quelques jours, encore une semaine, et tout s'arrangera. »

La semaine fut longue à passer. Chaque fois qu'elle entendait un ronflement, elle se précipitait vers la barrière ; mais ce n'était le plus souvent que ses oreilles qui bourdonnaient. Tous les matins, elle voyait Clémençon monter la pente, occupé quelquefois à lire le journal d'un de ses clients, s'arrêtant en chemin quand le texte lui semblait obscur ou plus absorbant, les jambes ouvertes au milieu de la rue, puis repartant à petits pas, point pressés. Arrivé au portillon, il lui tendait *La Montagne* toujours adressée à *M. Joannès Plandieu...*

« Aujourd'hui, qu'il commentait, vous pourrez voir l'arrestation du chauffard de Saint-Galmier.

— Ah ! on l'a trouvé ?

— Oui. Et c'est tant mieux.

— Pas de lettre ?

— Pas encore. Peut-être demain. »

Demain venait mais pas la lettre espérée. D'une façon ou d'une autre, fallait pourtant bien que quelqu'un lui écrive, ou son fils, ou la maison de police. Lundi, mardi, mercredi, jeudi... Elle continuait de suivre, dans le journal, l'évolution des guerres, des discussions diplomatiques, des grèves, des affaires mystérieuses ; elle ne manquait aucun feuilleton ; mais elle devait lire et relire les mêmes paragraphes, car sa tête était ailleurs. « Au fond, tous ces gens, les Américains, les Chinois, le Viêt-nam, de Gaulle et compagnie, tu t'en fous bien. Qu'est-ce que leurs histoires changent à la tienne ? Et même si une guerre éclatait, est-ce qu'elle te rendrait plus malheureuse que ce que tu es ? La jeunesse, la jeunesse, toujours la jeunesse. Y a que ça qui compte, pour eux. Et la vieillesse, alors, qui c'est qui y pense ? » Ces réflexions imbéciles écartaient sa pensée des problèmes de l'heure, des situations tragiques et tout ce qui s'ensuit.

Vendredi... « Si demain y a encore pas de lettre, te faudra attendre deux jours avant de revoir Clémençon. » Et le samedi, elle n'eut toujours que cette maudite feuille imprimée.

Le dimanche, elle accepta l'invitation d'un transporteur, Dumousset de la Grande-Goutte, et s'en alla entendre la messe à Paslières. Le Charolais prêcha sur l'éternité. « Ceux d'entre vous, mes frères, s'il y en a, qui iront en enfer, connaîtront une éternité de souffrance. Et ceux d'entre vous, s'il y en a, qui iront au Paradis, connaîtront une éternité de bonheur. Mais savez-vous ce que c'est que l'éternité ? En avez-vous une pâle notion ? Imaginez une sphère de bronze immense, une sphère aussi grosse que notre globe. Et imaginez aussi une hirondelle, une bestiole microscopique à côté de cette masse formidable. Et l'hirondelle chaque printemps vient frôler la sphère de bronze et lui donne un seul coup d'aile. Un seul, mes frères. Et cherchez à imaginer le temps qu'il faudra pour que cette sphère soit usée, complètement usée par l'unique coup d'aile que lui donne cet oiseau chaque année. Eh bien, ce temps immense qui aura été nécessaire n'est qu'une seconde auprès de l'éternité... »

Mathilde essayait de se représenter en quel état serait son âme après un quart d'éternité de bonheur ou de souffrance ; après une demi-éternité ; après une éternité entière, qui d'ailleurs n'est jamais entière, sinon ça ne serait pas l'éternité. Une âme qui aurait vu tant de choses se dérouler sur la terre et ailleurs, car faut bien que les âmes soient au courant de ce qui se passe, puisque nous les prions, leur demandons de nous aider, d'intercéder auprès de l'administration céleste ; à moins que certaines choses leur soient cachées, qu'il y ait un mur entre elles et les vivants. Non, elle n'arrivait pas à entendre ces choses compliquées, elle était la dernière des bourriques.

Après la messe, elle resta un moment dans l'église. Elle fit brûler un cierge devant la statue de la Sainte Vierge. Elle aurait aimé s'agenouiller, mais son genou lui faisait si mal, lorsqu'elle le pliait, qu'elle dut y renoncer et demeurer debout.

« Vous savez ce que c'est, vous, Sainte Mère, que d'avoir un seul garçon et de le perdre ; c'est pas à vous qu'on l'apprendra. Rappelez-vous si vous étiez contente quand il vous a été rendu, le troisième jour, même si c'était pour qu'il parte de nouveau, puisque, en fin de compte, les enfants on les a jamais que pour les perdre. Alors, Sainte Mère, essayez voir de parler pour moi à votre fils, afin que lui il essaye de me rendre le mien avant qu'on m'emporte au cimetière... »

Quand Dumousset la ramena au Peyroux, elle se sentait plus vaillante ; son voyage à Paslières lui avait donné l'occasion de parler et d'entendre parler.

Une autre semaine commença. « Y a quinze jours que tu leur as envoyé la troisième provision. Qu'est-ce qu'ils attendent, ces saletés de policiers, pour te donner des nouvelles ? A moins qu'ils estiment que ça vaut pas la peine, qu'il arrivera avant la lettre ? Tout de même, un timbre coûte pas bien cher. Et quatre lignes d'écriture sont bien vite tracées, surtout quand on a tout le dévouement qu'ils promettent ! »

Lundi, rien. Mardi, rien. Mercredi, rien.

Le jeudi, enfin, il y eut quelque chose. Un ronflement, une voiture, et l'inspecteur, le même, celui qui était si foncé de peau et de poil qu'on aurait dit un Africain. Il sortit du véhicule avec sa serviette, poussa le portillon, traversa la cour et marcha tout droit vers Mathilde qui l'attendait devant sa porte. Il avait aussi les yeux noirs et noire l'expression du visage.

« Bonjour, Madame Dutheil, qu'il dit, me voilà.

— C'est pas trop tôt, qu'elle répondit sèchement. J'ai bien cru que je reverrais plus votre figure.

— Il y a des fois qu'il vaut mieux ne pas être trop pressé.

— Qu'est-ce que ça veut dire, ça ? Est-ce que vous m'apportez de mauvaises nouvelles ?

— Pas réellement mauvaises, mais pas de bonnes non plus.

— Mon fils, vous l'avez retrouvé ? Il est vivant ?

— Nous l'avons trouvé et il est vivant. »

Elle poussa un soupir et s'apaisa.

« C'est le principal. Entrez donc, vous vous expliquerez. »

Ils reprirent leur place du premier jour. Et aussitôt, il commença d'ouvrir sa serviette et poussa vers elle des photos :

« Regardez. Est-ce bien lui ? »

Elle n'eut pas besoin de les examiner longtemps :

« Oui, oui, c'est lui, c'est bien lui. Y a pas de doute. »

Et elle baisait chaque cliché qu'il lui tendait. Et aussitôt, elle se perdit dans les détails :

« Il a engraissé, et vieilli un peu. Mais c'est bien mon fils tout de même. Mais qu'est-ce qu'il a donc fait de ses cheveux ?

— Ma foi, il a dû les perdre en route. Il y a longtemps que vous ne l'aviez plus vu ?

— Quatre ans, cinq ans, je me rappelle plus au juste. Et en si peu de temps il est devenu comme ça ! Probable qu'il réfléchit trop, qu'il travaille trop de sa tête.

— C'est bien possible. »

L'inspecteur eut un sourire étroit dont elle ne comprit pas le sens.

« Et bien habillé, en tout cas ! s'extasia-t-elle. Quels beaux costumes, mon argue ! Il doit occuper une bonne position.

— Sans doute, il fait de bonnes affaires.

— Il est commerçant ?

— Commerçant n'est pas le mot. Disons qu'il est *dans* les affaires.

— Mais... les affaires, c'est le commerce ?

— Oh ! Il n'y a pas que le commerce ! » Et lui toujours avec son sourire étroit.

« Expliquez-vous, nom de gueux ! Est-ce qu'on joue aux devinettes ?

— Voyez-vous, Madame, nous ne sommes pas la police officielle et personne ne nous avait chargés de savoir exactement à quel genre d'affaires s'adonne votre fils. C'est pourquoi nous n'avons pas cherché à approfondir ce chapitre. Il nous est apparu cependant que le commerce de M. Louis Dutheil est trop vague, trop imprécis pour ne pas être du côté de l'illégalité. Autrement dit... »

Il s'interrompit pour observer sur elle l'effet de ses paroles. Et cet effet lui parut moins foudroyant que ce qu'il avait redouté. Un peu comme si elle s'était attendue à ce genre de révélation.

« Autrement dit, il nous a semblé qu'il se livre à la contrebande.

— La contrebande ? Il est contrebandier ? De quoi ?

— Que sais-je ? La drogue, les cigarettes, les devises, l'or. Je suppose qu'il n'a pas de spécialité. Semblable en cela à tant de personnes qui vivent à proximité des frontières. Sur la Côte d'Azur, ils sont des milliers comme lui. »

C'était un homme très habile : il essayait de diminuer la faute en la montrant répandue. Mais il ne diminua point la honte de Mathilde qui se mit à pleurer.

« Je m'en doutais... je m'en doutais... gémit-elle, d'une voix qui était devenue soudain très vieille, toute chevrotante. Le pauvre petit ! C'est en Allemagne qu'il a appris la paresse. C'est les Allemands qui lui ont enseigné à mal faire... Et maintenant, il est sur le chemin de l'échafaud ; c'est sûr : sur le chemin de l'échafaud.

— N'exagérons pas, protestait-il mollement. Il ne m'a pas semblé qu'il en était déjà là...

— Vous lui avez dit, n'est-ce pas, de venir ? Moi je le ramènerai dans le droit chemin. Y a pas de frontière ici, je le sauverai.

— Oui, oui, je le lui ai dit. » Il toussa et se tut.

« Et qu'est-ce qu'il a répondu, quand vous le lui avez dit ?

— Il a répondu non.

— Qui ?

— Votre fils, Louis Dutheil.

— Il a répondu non ? Quoi non ?

— Qu'il ne voulait pas venir.

— Ça alors... ça alors, c'est fort... »

Elle répétait mécaniquement en regardant du côté de la porte, comme pour éviter les yeux de l'homme qui lui apportait cette nouvelle : « Ça alors, c'est fort... c'est fort... c'est plus fort que de jouer au bouchon... il a répondu non ! Il veut pas venir ! Pas venir voir sa mère ! C'est plus fort que de jouer au bouchon. Quatre cent mille francs pour m'entendre répondre ça : il veut pas venir me voir. C'est un peu fort, ça !... C'est plus fort que tout !... »

Puis elle se tourna de nouveau vers l'inspecteur et questionna furieusement :

« Mais il a bien dû vous donner des raisons, pour dire non ! Quelles raisons il vous a données ?

— Madame, voulez-vous que je vous dise le fond de ma pensée ? Et je le fais avec grand regret, croyez-moi. Votre fils est un mauvais sujet, un égoïste qui...

— Je vous demande pas si c'est un mauvais sujet ou un bon. Je vous demande quelles raisons il vous a données ?

— Quelles raisons voulez-vous qu'il me donne ? Il m'a dit à peu près : "C'est la vieille qui vous a lancé à mes trousses ? Ah ! la vieille taupe ! Et combien elle vous a payé pour ça ?'' (J'ai pas voulu lui donner de chiffre, vous pensez bien ! Ça n'aurait servi qu'à l'exciter davantage contre vous.) ''Aller la voir, moi ? Elle ferait des pieds et des mains pour que je reste. Pour que je m'enterre de nouveau dans ce patelin de merde. Dites-lui que je me porte bien, si ça l'intéresse de le savoir, et qu'elle me casse plus les pompons, c'est tout ce que je lui demande. Et si elle a envie de crever, c'est pas ma présence qui l'empêchera. Et si je vous retrouve de nouveau dans mes pattes, je vous préviens que je serai pas gentil.'' Pardonnez ce langage grossier, Madame, mais c'est le sien. »

Cette fois, elle ne pleura pas. Mais elle sentit ses joues devenir froides comme glace.

« Vous... ces photos... balbutia-t-elle... Il a quand même accepté que vous les fassiez... pour que je les voie ?

— Mais non, Madame. Je les ai faites à son insu, avec un appareil secret. »

Il lui montra cet appareil : un faux porte-plume à réservoir comme en ont les espions. Tous ces détails, et ceux de la drogue, des cigarettes, des devises, elle les comprenait, pour les avoir lus dans *La Montagne*.

« Je suis désolé, poursuivait l'inspecteur, je sais combien tout cela est cruel, mais je devais vous rendre compte de tout, j'aurais préféré vous apporter d'autres nouvelles... »

Elle ne posait plus de questions. Elle avait tout avalé. Elle croyait tout. Elle se leva, il comprit qu'il pouvait s'en aller et se mit à ranger ses feuilles.

« Je vous laisse les photos, si vous voulez, et je vous rends celles que vous m'aviez confiées... »

Elle approuva de la tête. Elle lui montra la porte avec un pauvre geste de la main, qui voulait dire : excusez-moi si je vous accompagne pas, vous savez bien le chemin.

Le froid de ses joues l'avait gagnée tout entière. « Tu vas tomber, qu'elle se dit. Faut pas que tu tombes. Monte te coucher. Non, ferme pas ta porte à clé, si quelqu'un vient te voir, il pourra entrer. Monte te coucher. Cramponne-toi. C'est rien, c'est rien, cramponne-toi. Ce qui compte, c'est que tu puisses atteindre ton lit. Faut pas que tu tombes... »

10

Elle avait dix ans, elle cueillait des cerises. C'était à Escoutoux, dans le grand pré qui s'étendait derrière la maison de sa mère et de son père. Les cerises étaient à portée de ses doigts. Elle tendait les mains et désirait ces cerises comme elle n'avait jamais rien désiré d'autre. Et voilà que les cerises fuyaient. Elles fuyaient. Aussitôt que ses mains s'approchaient d'elles, les cerises s'écartaient et les mains ne serraient que le vide. Mon Dieu ! comme elle avait envie de ces cerises si près de ses mains ! De leur rougeur, de leur peau tendue, de leur jus noir, de leur noyau qu'elle lancerait au loin avec l'air de ses joues ! A-t-on idée de fuir comme ça, lorsqu'on est qu'une cerise ! Qu'une chose ronde et sans volonté. Sa mère Mariette lui avait recommandé : « Mange pas trop de cerises, et surtout avale pas les noyaux. Sinon, après, ils te bouchent le pétard. » Pas de danger : elle n'arrivait pas à en saisir une seule.

En juillet, son cousin Vincent était venu en vacances. Il habitait Thiers et allait à l'école régulièrement. A l'école, on l'avait vacciné au bras. Et ça formait une belle croûte. Et il était sacrément orgueilleux de son vaccin. Alors, elle avait pris une grosse aiguille à tricoter de sa mère Mariette. Elle l'avait enfoncée dans la croûte de son cousin. Ensuite, elle s'était piquée elle-même au bras. Et ça avait fait une magnifique croûte. Elle s'était vaccinée elle-même. « Tu vois, qu'elle lui disait, tu peux plus mourir, mais je mourirai pas non plus. Je me suis vaccinée avec ta croûte. Tu seras plus le seul vacciné de la famille. » Son cousin la regardait, pis il s'en allait en rigolant. D'après lui, sans doute, un vaccin fait comme ça, ça ne pouvait pas compter. Et il s'en allait sans répondre. Elle l'appelait : « Vincent ! Vincent ! » Mais plus elle l'appelait, plus il s'éloignait d'elle. « Vincent ! Vincent ! » qu'elle criait.

Le Charolais se penchait sur elle et disait : « Mathilde, vous avez commis de bien vilains péchés. Finissez de dire Nom de gueux à tout instant. Dites Nom du diable. Vous avez été coléreuse, paresseuse, avaricieuse, gourmande, blagande, léchante, saoulante, couraude, ribaude. Vous irez en enfer, Mathilde Dutheil, aussi vrai que je m'appelle le Charolais. Et le diable vous fera galoper à grands coups de fouet dans les jarrets, comme jamais vous n'avez galopé de votre vie terrestre. » Elle le suppliait de lui donner l'absolution. Mais le Charolais ne voulait rien entendre. Et c'est lui qui courait en se sauvant. Qu'elle lui voyait ses culottes noires sous sa soutane blanche.

Et toujours ces cerises revenaient à portée de sa main et de sa bouche. Un grand feu brûlait en elle. A croire qu'elle avait mangé le soleil. Ses doigts et ses lèvres se tendaient vers les cerises gonflées de suc. Mais elle ne saisissait que le vide. Et son feu intérieur la rongeait jusqu'à l'extrémité de ses membres. D'ailleurs que lui importaient quelques grappes de cerises. Ce qu'il lui fallait, pour étancher sa soif, c'était l'Allier tout entière passant dans son ventre. Mais l'Allier non plus n'était pas consentante. Ses eaux coulaient, coulaient. Aucune goutte n'était pour elle.

Sa mère avait coutume de lui dire : « Pauvre Mathilde ! O pauvre Mathilde ! Tu es bien comme moi. Tu es née pour en voir. Et quand moi j'aurai fini depuis longtemps tu en verras encore, ma pauvre Mathilde. J'ai eu tort, grand tort de te mettre au monde. Quel vilain cadeau on fait aux enfants en leur donnant la vie dont ils ont pas besoin. Si on les aimait, on les laisserait où ils étaient. Leurs petites âmes connaîtraient que les pâquerettes du Paradis. Pauvre Mathilde ! O ma pauvre Mathilde ! »

Qui donc lui parlait ? Par moments, il lui semblait que des voix venaient jusqu'à elle. Des voix du ciel, peut-être. De toute manière, leur langage n'était pas le sien. Ce petit bruit des mots tournait autour de sa tête comme des guêpes parties en chasse et qui, à leur retour, trouvent obstruée la porte de leur nid. Quelqu'un a bouché l'orifice. Et les guêpes tournent et tournent pour entrer quand même. Mais elles ne trouvent aucun passage, elles poussent de leur front têtu l'obstacle qui les arrête. Elles voudraient bien passer mais y a plus de passage. Ainsi, les mots tournaient et bourdonnaient. Mais pas un, pas un seul ne trouvait l'entrée qui les aurait conduits jusqu'à sa comprenotte.

Après la messe, elle allait à l'école des sœurs. Elles étaient douze ou quinze dans cette salle blanche et nue qu'habitait seul, au fond, un crucifix noir. Toutes plus avancées, plus intelligentes, plus savantes que la pauvre Mathilde. Elle était la plus bête de toutes, pour sûr. Les autres savaient lire, écrire et compter, et elle ne savait rien. La sœur lui demandait : « Mathilde, combien as-tu de doigts ? » Et elle ne savait pas même combien elle avait de doigts. Il lui semblait bien qu'elle en avait dix, cinq de chaque côté ; mais elle n'osait pas le dire ; elle n'en était pas sûre. Alors, elle se taisait, et toutes les autres rigolaient, y compris la sœur. Elle ne savait pas distinguer un triangle d'un rectangle, ni le a du b, ni le diable du démon. Elle était bête à ne pas croire. Alors, elle n'aimait guère fréquenter la classe des sœurs, où toutes les autres étaient si savantes. Aurait fallu avec elle tout lui expliquer du commencement. On lui racontait l'histoire du petit garçon qui s'était perdu et ne savait pas déchiffrer les écriteaux ; et du paysan qui lui avait dit :

« Suis donc mon âne, il te ramènera dans ton chemin. » Ça la faisait mourir de honte.

Son père jouait du violon dans sa boutique. Le câble de son archet s'enroulait autour d'une bobine que traversait une mèche d'acier. Il appuyait le talon de la mèche contre une plaque de fer qu'il portait sur le ventre, et manœuvrait son archet. La mèche tournait très vite. Elle perçait les côtes de corne et de bois qui lui servaient à monter ses couteaux. Il avait des mains toujours noires, une figure piquante comme un hérisson, des cheveux gris qui lui tombaient dans les yeux, une moustache raide comme un peigne. Il sentait la corne, la limaille, l'huile rance. Il marchait avec ses pieds nus sur les clous et les débris pointus, parce qu'il avait la peau plus épaisse qu'une semelle. Pour la faire rire, il se cognait la tête contre les portes en criant : « Cent dieux ! Cent dieux ! » Et de vraies grimaces de singe. Et elle riait, riait, à en avoir la colique. Il n'essayait pas de l'embrasser, car il savait qu'il puait et qu'il piquait. Mais il lui posait parfois une main sur sa tête, doucement.

C'était un homme qui buvait. Quand il avait gagné quatre sous avec ses couteaux, il allait jusqu'au village et passait l'après-midi au café. Ensuite, il rentrait à quatre pattes. Lorsqu'il était revenu dans cet état-là, tout le monde, femme, enfants, le fuyait comme une bête fauve. Il les injuriait et les menaçait avec son archet. « Surtout, lui répondez pas ! » recommandait la mère. Le lendemain, il avait honte de ce qu'il avait fait la veille et leur demandait pardon à tous. Une fois, il se cogna en route et revint la figure toute meurtrie. Une fois dessoulé, quand il vit dans une glace ses joues et ses yeux noirs, il dit à sa femme : « Donne-moi un peu de farine. » Et trois semaines de suite, il se poudra ainsi, comme font les jolies dames, pour dissimuler les traces de sa débauche. Sa tête de boulanger était si bouffonne que les gamins allaient se cacher dans la grange pour pouvoir rigoler à leur aise.

Son frère Maurice l'avait entraînée dans le ruisseau. S'agissait d'attraper les poissons qu'on voit se faufiler entre les pierres. Lui, il y parvenait facilement, il en pêcha plusieurs en rien de temps. On les mit dans un vieux panier, sur un peu d'herbe. Mais elle n'attrapait rien du tout. Les poissons étaient plus lestes que ses mains. Pourquoi était-il, lui, si adroit, et elle si malhabile ? Il surprenait les oisillons au nid, empoignait les écureuils par la queue, capturait des vipères avec une branchette fourchue, sentait en automne la poussée des champignons sous les feuilles, au printemps celle des artichauts sauvages. La nature le comblait de ses dons, il n'avait qu'à tendre le bras, comme si elle avait voulu le rassasier dans le peu de temps qu'elle lui avait imparti. Une seule chose le décevait : la lenteur que mettait sa moustache à pousser. Pour l'aider, il se tartinait la lèvre supérieure avec de la fiente de poule, qui est le meilleur des engrais.

A elle, tout lui échappait. Les poissons, les cerises, l'eau, son cousin Vincent, la lecture et l'écriture, les mots qui bourdonnent comme des guêpes. Elle était de celles qui ne peuvent rien atteindre, ou, quand elles atteignent, qui ne peuvent rien garder. Son mari et son fils.

Elle l'allaitait, dans sa chambre du château de Barante. Près de l'œil-de-bœuf. Elle sentait le fleuve du lait se former en elle, des gouttes naître dans les parties de son corps les plus éloignées, puis se rassembler en fines rigoles, qui à leur tour se joignaient et se gonflaient. Ainsi, sa substance à elle passait dans sa substance à lui. Elle fut une bonne laitière. A quatorze mois, il la tétait encore. La baronne décida qu'elle devait le sevrer. Et pour faciliter la rupture, on emmena Mathilde dans une ferme où elle demeura quatre jours, le temps nécessaire pour qu'elle se tarît. Lorsqu'elle revint, sèche comme un caillou, il tendit vers elle en même temps ses mains et sa bouche goulues en faisant *hian... hian... hian...* Alors, la source du lait qu'elle croyait définitivement coupée rejaillit de toutes ses fibres. Et elle l'abreuva. Et elle le nourrit plusieurs mois encore.

Qui l'abreuverait, elle, maintenant, lorsqu'elle aurait soif ? Et elle *avait* soif. Elle se sentait capable d'avaler toute la pluie du ciel, toutes les vagues de la mer et des lacs. Il existe des terres que l'eau n'atteint que tous les deux ou trois ans. Elle était un désert. Une région maudite grouillante de scorpions et de serpents. Des nuages la balayaient de leur ombre ; mais ils allaient porter plus loin leur charge de fraîcheur et de vie ; les nuages lui échappaient avec le reste. Elle se consumait comme une bûche au feu. Bientôt, elle ne serait plus que cendre.

Ensuite, la pluie vint, inattendue. Elle put boire. Une pluie qui avait une saveur déplaisante. Mais fallait pas faire la difficile : c'était ça ou rien. Elle but donc. L'eau ne lui manqua point, elle put se satisfaire. Les serpents et les scorpions s'enterrèrent pour fuir le déluge. Elle crut qu'elle allait arriver à la fin de ses peines. Elle le croyait encore en buvant. Seulement, lorsqu'elle eut avalé tout ce liquide, les vagues de la mer et des lacs, elle s'aperçut qu'elle n'était point rassasiée. Point du tout. Et qu'elle portait en elle une autre soif.

Elle n'était jamais sortie du département. Escoutoux et Puy-Guillaume étaient les deux pôles de son monde. Une seule fois elle était allée à Clermont, en voyage de noces avec le pauvre Pierre. Ils avaient pris le train à Courty, où le baron avait consenti à les transporter dans sa limousine, en prenant la place qu'occupait habituellement son chauffeur. A chaque gare, elle s'inquiétait :

« Est-ce là qu'on doit descendre ? » Elle avait tellement peur que ce train les emportât plus loin qu'elle ne voulait. Ils arrivèrent à la nuit et restèrent un peu éberlués devant la ville tout éclairée qui s'offrait à eux. Elle n'en demandait pas tant. Un homme barbu sortit de l'ombre et leur demanda : « Vous cherchez un bon hôtel, pas trop cher ? Je peux vous conduire. » Il voulut porter leur sac de voyage, malgré les protestations de Mathilde. « Laisse faire, chuchota le pauvre Pierre, j'ai de bonnes jambes et de bons poings. » Elle se sentit protégée. Quand ils furent dans l'hôtel, il demanda au barbu ce qu'il lui devait. « Donnez ce que vous voudrez. » Pierre lui tendit une pièce d'argent de dix sous. « Ah ! non ! protesta le barbu. M'en faut au moins deux comme ça ! »

Et la voilà maintenant qui se mettait en route pour un autre voyage. Il n'était pas juste, non, il n'était pas juste que les os du pauvre Pierre soient enfouis dans une terre étrangère. Elle possédait toujours ce sac de voyage qui avait si peu servi. Lui n'avait pas voulu l'emporter le 2 août 1914 : « Une musette fera bien. » Et son fils n'en avait jamais voulu, parce qu'il le trouvait trop moche. Elle le remplissait de nourritures, de mouchoirs, de serviettes et de pastilles de Vichy. Et elle allait prendre le train à Puy-Guillaume. Et le train lui faisait traverser la France, où les Auvergnats ont le droit de voyager sans passeport, même si tout le monde se moque d'eux parce qu'ils sont avares, parce qu'ils dansent la bourrée avec leurs sabots et parce qu'ils abîment le français en parlant. Mais tout le monde accepte leur argent quand ils en ont, aussi bien que s'ils étaient des Parisiens. Le train l'emportait à travers la France et lui montrait un tas de villes dont elle ignorait le nom et l'industrie, et qui ne l'intéressaient pas. Et elle voyageait ainsi des jours et des jours. Peut-être des semaines. Peut-être même qu'il lui fallait changer de train. Elle portait sur un petit papier le nom de sa destination : *Cléry, Somme.*

Elle y arrivait après avoir vomi plusieurs fois tripes et boyaux. C'est incroyable ce qu'elle pouvait avoir comme tripes et comme boyaux à vomir. Elle se trouvait à Cléry, Somme. Un village tout neuf, puisqu'il avait été détruit et reconstruit. Les toits étaient encore aussi rouges que si on les avait refaits la veille. Son idée était de retrouver les os du pauvre Pierre, et de les ramener, de les transporter au cimetière de Puy-Guillaume, en Auvergne, où elle pourrait aller lui rendre visite aussi souvent qu'elle le voudrait. Que le lui permettraient ses jambes. Elle s'installait dans un hôtel où les gens souriaient en voyant débarquer une voyageuse solitaire de son âge. On l'appelait *grand-mère*, ce qui ne lui faisait point plaisir.

Et elle entreprenait de visiter les cimetières. Cléry qui est un village tout petit a un nombre formidable de cimetières, tous pleins à ras bord. Rien que des croix blanches, scrupuleusement pareilles, avec le nom du soldat qui dort dessous, son âge, la date de sa mort. Elle cherchait le caporal Pierre Dutheil, trente-deux ans. Elle interrogeait le gardien du cimetière qui consultait de gros registres. Pas trace nulle part du caporal Dutheil. « Vous êtes sûre... ? — Oui, oui, à Cléry, Somme. — Il n'est pas chez nous. » Elle allait voir ailleurs. Elle les suivait tous, les uns après les autres. « Vous n'auriez pas un mort comme ci et comme ça ? — Nous allons voir. » Ils prenaient leur gros registre. Personne ne l'avait.

Quand elle les eut tous faits, elle comprit qu'elle avait voyagé pour rien. Qu'elle avait répandu pour rien, à travers la France, ses tripes et ses boyaux. Les os du caporal Dutheil, comme elle le craignait, se trouvaient dispersés dans la campagne. Alors, elle se mettait à chercher dans la campagne. On distinguait encore le creux des anciennes tranchées, recouvertes d'herbes, de débris de fer et de bois à travers les champs. Allez donc trouver au milieu de tout ça les os du caporal Dutheil ! Elle se mit à chercher des os : elle prendrait n'importe lesquels, ce serait toujours des os abandonnés qu'elle aurait recueillis. Elle ne trouvait pas même d'os. A croire qu'ils avaient fondu comme du sucre. Depuis tant d'années qu'ils étaient là.

Il lui fallait revenir bredouille. Elle avait rempli son sac de voyage avec d'autres provisions et d'autres mouchoirs. Il lui restait encore des pastilles de Vichy. Des jours encore il lui fallait traverser la France. Et tout le monde reconnaissait qu'elle était auvergnate et se moquait d'elle, parce qu'elle abîmait le français. Et elle rentrait au Peyroux, où elle retrouvait ses fantômes. Mais fatiguée, fatiguée... Et seule, seule...

Autour de son lit, elle sentait leurs présences à tous. Maurice qui se tartinait la lèvre avec la fiente de poule. Vincent qui avait une si belle croûte de vaccin. Sa mère qui riait sous son petit chapeau de paille ronde ; et son visage se plissait de mille rides. Son père qui se cognait la tête contre les portes : « Cent dieux ! Cent dieux ! » Ou qui jouait du violon dans sa boutique. La sœur qui lui apprenait *qu'est-ce que Dieu* et lui cognait sur le front de sa baguette : « Mais qu'est-ce que tu as donc là ? Ce n'est pas une tête, ma pauvre Mathilde, c'est une calebasse ! » Elle n'avait jamais su ce qu'était une calebasse. Le pauvre Pierre, venu pour sa dernière permission, et qui sur le quai de la gare n'arrivait pas à se détacher d'elle ; et le train qui l'emportait, et son bras à la portière, jusqu'à ce qu'il disparaisse au tournant de la voie. Et la baronne en pleurs : « Oh ! Mathilde ! Mathilde ! » Et Lou-is avec ses deux musettes sur le dos, lorsqu'il partait pour l'école à Paslières, chez M. Cussac. Et Joannès Plandieu qui la demandait en mariage et qu'elle refusait, et qui se vengeait en insultant son coq et son oie. Et le vieux Dassaud qui répétait : « Trouvez-lui une femme ! Trouvez-lui une femme ! » en s'inondant la barbe. Et Victor qui s'en allait sur sa bobinette. Tout ce monde parlait autour de son lit. Et leurs voix faisaient comme des bourdonnements de guêpes qui ont trouvé bouché le trou de leur arbre.

Un autre cas étrange qui lui arrivait. En gardant ses chèvres, sa mère allumait un feu de branches, et mettait cuire dans la cendre des pommes de terre. Et toutes deux les mangeaient. Et Mathilde apportait d'autres branches pour alimenter le feu. Et à force de tourner autour, et de sautiller sur une seule jambe, elle tombait dans le feu, le derrière dans les tisons. Et les tisons lui mordaient âprement le derrière. « Ça t'apprendra à marcher sur une seule jambe, disait sa mère. On dirait que tu cherches à défaire ce que le bon Dieu a fait. Ça t'apprendra à vouloir en savoir plus long que lui. » Et les tisons lui aiguillonnaient les fesses. « Si les fesses te cuisent, va les tremper dans la serve. »

« Où allez-vous ?

— A la serve.

— Pour quoi faire, à la serve ?

— Pour m'y tremper les fesses. Les fesses me cuisent.

— C'est rien, ça va passer. Restez tranquille, c'est la piqûre.

— C'est les tisons, nom de gueux. Faut que je me trempe le derrière dans l'eau de la serve. Ça éteindra le feu.

— Y a pas le feu. Ça va s'éteindre tout seul. »

Et ce furent les premiers mots qui réussirent à traverser l'écorce de sa tête. Mathilde était au terme d'un long, long voyage. Et la première image que ses yeux lui donnèrent fut celle d'une femme échevelée qui l'écrasait de son ombre et qui ne sentait pas très bon.

« Qu'est-ce qui pue comme ça ? demanda Mathilde.

— Y a quelque chose qui pue ? s'étonna l'autre. Probable que c'est les remèdes.

— Quels remèdes ?

— Ceux que je vous fourre dans tous les trous, jusque dans le trou de balle. Et sous la peau avec ma seringue. Je suis l'Annette du Grand-Bois, la servante de chez Frompy. J'ai appris à faire des piqûres. C'est moi qui pique toutes les fesses de là-haut.

— L'Annette de chez Frompy ?

— Oui. Vous me connaissez bien. Vous m'y avez bien vue, quand vous veniez pour les cochonnailles.

— Ah ! vous êtes cette gaillarde qui...

— Qui quoi ?

— ... Qui couche avec le fils et avec le père ?

— Je vois que votre tête va mieux, puisque vous avez retrouvé la médisance.

— Je répète seulement ce que j'ai entendu dire.

— Ceux qui le disent ne sont pas venus tenir la chandelle. »

L'ombre s'écarta du lit, et Mathilde Dutheil regarda autour d'elle. Les volets étaient clos à demi ; mais elle reconnut les grappes de bois qui entouraient la porte de son armoire. Puis, accroché au mur, le visage du pauvre Pierre avec ses moustaches si fines et si pointues : une photo de lui qu'elle avait fait agrandir en 1928. Puis son édredon rouge, gonflé comme un ballon, et bien à sa place sur ses pieds, au fond du lit. Elle tourna la tête de droite et de gauche. Elle reconnut les taches du plafond, les pierres des murs, les dessins des rideaux. Elle était dans sa chambre.

« Pourquoi que vous êtes ici ? » demanda-t-elle.

Mais personne ne répondit. La gaillarde du Grand-Bois n'avait peut-être été aussi qu'un fantôme.

Mathilde entreprit de se reconnaître elle-même. Elle fit fonctionner d'abord ses doigts de la main gauche, puis ceux de la droite. Les doigts obéirent à ses injonctions. Puis elle joignit les mains sur son ventre, ce qui lui demanda un certain effort ; elle finit quand même par obtenir ce qu'elle voulait. Ce ventre, elle le palpa doucement à travers sa grosse chemise de finette, et le trouva bien creux. Puis, elle chercha ses cuisses, qui avant n'étaient déjà pas volumineuses ; elles lui semblèrent grosses comme des cierges. Elle éleva lentement ses genoux vers le plafond, et eux aussi obéirent ; le gauche produisit même une craquée, qui lui fit penser : « Aïe ! c'est bien toujours le même ! » Mais au fond cette douleur lui causa un peu de plaisir. Ensuite, elle chercha son visage. Ses mains le parcoururent soigneusement sur toute sa surface. Et lui aussi elle le reconnut avec satisfaction, malgré cette peau sèche et tous ces plis qui le recouvraient comme un vêtement qui n'est pas à votre forme.

De nouveau, une ombre lui cacha le soleil.

« Buvez ça ! »

C'était l'odeur de la gaillarde. Elle lui tendait un verre à demi plein d'un liquide laiteux.

« Pourquoi que je dois le boire ? gémit Mathilde.

— Parce que vous êtes malade, et que ça vous fera du bien.

— Je suis malade ? Qu'est-ce que j'ai ?

— Le médecin a dit : une fièvre cérébrale.

— Et c'est vous qui me soignez ?

— Faut croire. Pas tant de langue. Buvez ça. »

Elle l'avala, avec beaucoup de grimaces et de pauses. Elle devait tenir le verre à deux mains, pour l'empêcher de trembler. Quand il fut vide, Annette le reprit d'un geste brusque, en grommelant :

« Vieille blagande !

— Pourquoi que vous m'appelez blagande ?

— Oui, c'est moi qui vous soigne depuis trois semaines, je vous démerde, je lave votre linge, je vous pique les fesses. Et votre première récompense, c'est de m'insolentir ! Vieille malapprise !

— Pardonnez-moi, ma mignonne, j'étais encore un peu dans le coma.

— Le coma ! Vieille renarde ! Un joli coma ! Et maintenant, je suis votre mignonne !

— Mais... même si c'est vrai...

— Qu'est-ce qui est vrai ?

— Ce qu'on raconte de vous et des Frompy, même si c'est vrai, ça diminue pas du tout votre mérite, quand vous me soignez.

— Si y avait pas eu l'Annette du Grand-Bois, vous seriez à l'hôpital, et sans doute morte à l'heure qu'il est.

— Vous pouvez être sûre que je vous récompenserai de mon mieux...

— J'ai pas fait ça pour la récompense. Je suis payée. Les Frompy me payent. » Et elle ajouta avec un ricanement triste : « En nature ! »

« Nom de gueux de nom de gueux, gémit la malade, qu'est-ce que j'ai dit ! J'avais pas du tout idée de vous insolentir ! Et je vous en demande encore pardon comme au bon Dieu...

— Oh ! pas de bon Dieu entre nous ! coupa cette bougresse. Parce qu'au bon Dieu, moi, j'y crois autant qu'à la poule noire ! »

L'Annette du Grand-Bois était une païenne du même calibre que Vatelequerre. Lui non plus n'y croyait pas, à la poule noire. Et pourtant, un jour, il l'avait vue. Il pouvait avoir quinze ans et il était allé attendre avec une lanterne, sur la route de Paslières, le curé qui devait venir aider son grand-père à passer la frontière des morts. Ce n'était pas le Charolais, naturellement, mais un autre avant lui, car l'histoire est ancienne. Et tandis qu'ils marchaient côte à côte en direction du Peyroux, et de l'ancêtre Plandieu qui se préparait à avaler sa langue, ils avaient remarqué derrière eux une chose ronde et foncée qui les suivait en sautillant. Et aussi en poussant des sortes de petits rires qui les glaçaient tous deux jusqu'aux moelles. Aussitôt, Joannès avait compris qu'il s'agissait de la poule noire qui cherchait à les égarer ou à les rendre mabouls. Et le curé avait plus peur encore que le gamin. Et le voilà qui marche en tournant la tête à chaque pas vers la boule foncée et ricanante, pour lui jeter des exorcismes. Et *dominus* par-ci, et *satanas* par-là, *seculorum* et *pronobis* et *ave Maria*. Mais la bestiole continuait de les suivre, et buvait tout ce latin comme du sirop. Alors, quand le drôle en eut assez, il s'arrêta brusquement au milieu du chemin. Il fait face à la poule noire et se met à battre des mains trois fois en criant de toutes ses forces :

« Bra !... Bra !... Bra !... »

Et la poule noire s'envole dans les haies sans demander la suite. Quand Vatelequerre racontait ça, il ne manquait pas d'ajouter :

« Un seul de mes *bra-bra-bra* avait eu plus d'effet que tous les *dominus* ! »

Tout ça provient de ce que les païens ne croient pas à la poule noire.

« Faut croire à la poule noire, dit Mathilde.

— Ben, moi, j'y crois pas », dit Annette.

Petit à petit, elle fut mise au courant de toutes les choses. Un lundi matin, Clémençon avait trouvé accroché au portillon le journal du samedi précédent. Alors, il avait compris que quelque chose n'allait pas chez Mathilde Dutheil. Il était entré et l'avait trouvée agonisante dans son lit. Elle avait quand même eu la force de s'y mettre. Un peu plus haut, en poursuivant sa tournée, il avait rencontré Georges Frompy et lui avait raconté sa découverte. Georges avait fait le reste : le médecin, les remèdes, sa servante et tout.

Elle eut soudain une angoisse :

« Et mes chèvres ? Et mes poules ? Et mes lapins ?

— Je me suis occupée d'eux aussi. Qu'est-ce que vous croyez ? Que j'allais les laisser crever ? Les bêtes valent bien le monde.

— Mais vous êtes un ange du bon Dieu !

— Je vous ai dit que le bon Dieu... »

Elle arrangea les oreillers dans le dos de la malade.

« Y a d'ailleurs du nouveau, qu'elle ajouta ensuite. Vos chèvres ont chevreté.

— C'est vrai, bonnes gens ? Et elles ont fait ça sans moi ?

— Elles ont pas voulu attendre ! dit cette gaillarde qui avait aussi la langue coupante. Et vous avez deux beaux cabris, un noir et un bigarré.

— Deux chevreaux ! Oh ! bonnes gens ! Un noir et un bigarré ! Oh ! bonnes gens !... »

Annette de chez Frompy était une grande bougresse échevelée, avec des yeux qui vous regardaient en face, charpentée comme un gendarme. Elle sentait la chèvre, le fromage, la bouse, le purin, la paille, ce qui formait avec son émanation personnelle une odeur sauvage, une odeur qui devait plaire à certains hommes. Elle y tenait sans doute beaucoup, car elle ne se lavait pas souvent. Elle n'avait que deux parties de sa personne à peu près propres, se disait Mathilde en la regardant, les dents et les yeux. Encore les dents n'étaient-elles pas, comme elles auraient pu, d'une blancheur irréprochable.

Georges Frompy lui avait descendu un petit lit pliant qu'elle avait installé comme elle avait pu dans la cuisine de sa malade.

Quand celle-ci commença de manger, rien ne lui fut ménagé : ni le lait, ni les œufs, ni les farines pour convalescents, ni la viande hachée. Pendant quelques semaines encore, Mathilde se crut en paradis. Elle se leva pour essayer ses jambes. Et petit à petit, elle retrouva l'usage de son corps engourdi. Le printemps était venu, pour faciliter les choses. Le soir, des hannetons lourdauds tournaient autour de la lampe et s'y cassaient le nez.

Georges Frompy passait quelquefois prendre des nouvelles.

« Tu as été un fils pour moi, mon mignon ! » gémissait Mathilde, tout humide de reconnaissance.

Lui, ça le gênait un peu, qu'on l'appelle mon mignon, avec ce gros ventre et ce gros derrière qui toujours le précédait et le suivait.

« Est-ce que je pourrai jamais te rendre ce que je te dois ? » qu'elle poursuivait.

Et lui : « Pourquoi pas ? Quand vous irez tout à fait bien, nous ferons nos comptes. Jusque-là, rien ne presse. »

Le dévouement, la solidarité sont une chose ; les additions en sont une autre. Les médecins font payer leurs soins, les curés leurs messes. Georges Frompy savait que Mathilde avait de l'argent à la Caisse d'Épargne, il n'avait pas l'intention de lui faire cadeau de tout ce qu'il avait avancé pour elle. Est-ce qu'on lui faisait des cadeaux, à lui ? Est-ce qu'il touchait une pension, lui ? Le gouvernement ne le connaissait que pour lui arracher de l'argent : celui de la Familiale, celui des Assurances, de la cotisation à la Sécurité qu'il devait verser pour Annette, celui de la T.V.A., des droits par-ci, des taxes par-là, sans parler du remembrement dont ces fumiers-là le menaçaient ; ni de tout ce qu'il casquait sans même s'en rendre compte, sur l'essence, le tabac, le permis de chasse, les allumettes, le sucre, l'huile, la farine et les supports-chaussettes.

Mathilde put mettre les pieds dehors. L'Annette la soutenait d'un côté, et de l'autre sa canne. Qu'elle fut contente, nom de gueux, de revoir sa cour, son tilleul, son cheptel ! La campagne était devenue toute verte, les pêchers, les cerisiers avaient fleuri. Elle fit la connaissance des deux chevreaux, qui lui parurent bien vigoureux. Ses chèvres la reconnurent et bêlèrent de contentement. Les poules, l'oie, le coq ne firent aucun cas d'elle, ce qui la chagrina un peu.

« La feuille est à peu près finie, avertit l'Annette. Les chèvres, fait grand besoin qu'on les sorte.

— Eh bien ! Cet après-dîner, on les sortira ! »

Elle se sentait toutes les audaces. Et elles sortirent toutes quatre en effet, les deux bêtes devant, les deux femmes derrière. Elles suivirent la rue Horizontale, dépassèrent à peine les dernières maisons : tout était bon à manger à ces voraces. Elles avaient apporté une vieille couverture et s'assirent au revers d'un talus.

« Laissez-moi vous regarder, ma mignonne, dit la vieille.

— Me regarder ? Pourquoi faire ? Je suis tellement laide !

— Vous êtes pas laide. Vous êtes sale et ébourrée. Si vous vous ajustiez un peu, vous en vaudriez bien une autre.

— M'ajuster ? A quoi ça me servirait ? Vous croyez que, telle que je suis, je suffis pas pour les Frompy ?

— Qui vous parle des Frompy ?

— Personne d'autre me regarde. Et si par hasard ça m'arrive, c'est pour me rire au nez.

— Chacun a ses misères, ma pauvre mignonne, allez. Ainsi moi… »

Et elle lui raconta doucement tout le mal que la vie lui avait fait. Des choses qu'elle avait soigneusement cachées, et qu'elle lui déballait maintenant sous les yeux, pour lui exprimer sa gratitude.

« C'est peut-être ça qui vous a donné votre fièvre cérébrale ! conclut la gaillarde.

— C'est sûrement ça. »

Quelques jours plus tard, Georges Frompy revint ; il trouva la Mathilde occupée à fricoter sur son fourneau comme si elle n'avait jamais été malade.

« Ça me fait sacrément plaisir de vous voir si bien remise, qu'il dit.

— Tu es un brave drôle.

— Surtout qu'à présent je vais avoir besoin de l'Annette. Y a les patates à semer et une montagne de linge sale qui l'attend, là-haut. »

Elle emballa les quatre étartuelles qu'elle avait apportées.

« Si ça vous reprend, qu'elle précisa, faites-le-moi savoir, je tâcherai de revenir.

— Espérons que ça me reprendra pas de si tôt », dit Mathilde en souriant pauvrement.

Frompy apporta sa facture. Il y avait mis les trois visites du médecin, les remèdes, la nourriture qu'il avait achetée ou fournie directement, et un mois et demi de gages pour l'Annette.

« Total, qu'il dit, 196 700 francs. Disons 195 000. Vous recompterez.

— Faudra que tu attendes que j'aille chercher l'argent à Puy-Guillaume, mon pauvre. Mais sois tranquille, je te payerai.

— Je suis pas inquiet. »

Avant qu'ils se séparent, Mathilde voulut faire encore un cadeau à sa garde-malade :

« Prenez un des deux cabris, celui que vous voulez, en souvenir de la vieille renarde que vous avez si bien soignée.

— Non, non, protesta l'autre. Si vous me donnez un cabri, je l'élèverai pas, je sais ce qui lui arrivera : on le bouffera. Les Frompy et moi. »

Elle finit quand même par l'emporter. Le chevreau bêlait de terreur dans ses bras, comme s'il avait su ce qui l'attendait.

11

Pendant des semaines, elle eut un grand souci d'elle-même. « Faut, se disait-elle, que je me reconstruise. » Sa carcasse était pareille à une de ces baraques croulantes dont le Peyroux était composé ; si elle ne colmatait point les premières fissures, bientôt tout partirait en ruine. Alors, elle colmatait, elle colmatait. Elle se savait gourmande ; mais depuis longtemps la solitude lui coupait l'appétit ; elle ne le retrouvait un peu que lorsqu'elle se rendait à la ville et voyait du monde ; elle se plaisait à entrer avec les autres dans les pâtisseries, dans les charcuteries. Maintenant, s'agissait d'utiliser cette gourmandise au mieux de son intérêt. Elle se préparait des potages à la semoule qu'elle laissait mijoter à feu très doux au coin de son fourneau ; des laits de poule ; des flans ; des crèmes pâtissières ; des gâteaux de Savoie.

Quand passaient le boucher ou l'épicier avec leur fourgonnette, elle faisait provision de viandes, de sucreries, de conserves, sans oublier quelques bouteilles de bon vin. A la Caisse d'Épargne, elle possédait encore près d'un million. « Je le laisserai pas à mes héritiers, pour sûr. Je veux l'employer à me faire du bien. Suffira que je leur lègue pas de dettes. » Toutes ces nourritures l'épaissirent en effet et lui rendirent des forces.

Elle s'employait aussi à éloigner d'elle les pensées qui naguère la consumaient. Aussitôt que lui revenait une image du passé, son fils, son mari, sa mère, mais surtout son fils, c'était l'image la plus têtue, aussitôt elle se levait, se mettait à marcher, à commencer un travail, à chantonner s'il le fallait, de sa voix fluette et grelottante. Elle se serinait la *Complainte du Juif errant* :

... Le Dernier Jugement
Finira ton tourment...

Pendant sa maladie, Clémençon avait continué de lui apporter chaque jour *La Montagne*. A présent, elle en avait trois panerées, pleines jusqu'à l'anse. Tout ce papier lui était d'un grand secours pour éloigner d'elle-même son esprit. Quand l'abonnement vint à échéance, elle le renouvela à son nom. Et elle fut toute contente de lire sur la bande, en jolies lettres d'imprimerie, *Madame Mathilde Dutheil, Le Peyroux, par Puy-Guillaume...* Cette inscription confirmait son existence à ses propres yeux : elle prouvait que quelqu'un s'occupait d'elle, là-bas, à Clermont, chaque matin.

Elle vendit son second cabri au boucher de Chateldon. C'était une cruelle nécessité qu'elle avait, de donner à ses chèvres un petit et de leur reprendre ensuite, pour qu'elles pussent la fournir en lait. Mais les chèvres ne sont pas comme les femmes ; elles oublient très vite l'enfant qu'on leur a enlevé ; ça ne les empêche pas de brouter, de sauter, de se battre à coups de cornes. « Je crois, se disait-elle, que ça m'aurait bien plu d'être une chèvre. »

Un dimanche de mai, il y eut un débarquement d'héritiers : c'était Ernest Plandieu, sa femme et ses moutards. Mathilde ne les avait plus vus depuis les obsèques de Joannès.

« Comment ça va Mathilde ? fit Ernest. Vous avez bonne mine. »

Elle ne prit pas la peine de lui raconter sa maladie, qui ne le regardait ni ne l'intéressait.

« C'est parce que j'habite la campagne, qu'elle expliqua. Et si vous l'habitiez, vous auriez aussi bonne mine que moi. »

Il comprit la musique qu'elle était en train de lui jouer, et se contenta d'en sourire.

« Envoie-moi donc tes gamins, ajouta-t-elle. Ils viendront garder les chèvres avec moi, ça leur fera du bien. »

Et, en effet, à l'heure convenue, les deux petits étaient là, le garçon et la fille, ravis de pouvoir caresser le dos effilé des deux bêtes et de leur empoigner les cornes. Ils couraient dans les friches et les haies, désignaient à Bourrette et à Blandine des touffes qui leur semblaient spécialement bonnes à manger. Les chèvres secouaient les oreilles, l'air de dire : « A Thiers, vous nous montreriez peut-être le chemin ; mais ici, mes drôles, nous en savons plus long que vous. »

Mathilde fit manger à ses invités du chèvreton et de la confiture de pommes qu'elle avait faite elle-même.

« Est-ce que vous aimez ça, drôlets ?

— Pour sûr, Mathilde.

— Si vous habitiez ici, vous pourriez en manger tous les jours. Et aussi des fraises, des cerises, des poires, des pommes, des pêches, des mûres, des prunes, des châtaignes, des noix, des noisettes.

— A Thiers, on en mange aussi, qu'on achète.

— Ici, on les a pour rien. Et tous les jours. »

Le petit et la petite se regardaient avec ébahissement. L'eau leur en montait à la bouche.

« Et puis, ajouta la fillette, ici y a pas d'école.

— C'est vrai, confirma la vieille, y a pas d'école ici. »

Dans sa propagande, elle agissait comme tous les propagandistes : elle disait la vérité, mais non toute la vérité. Elle ne disait pas que l'école se trouvait à Paslières ; qu'il fallait faire quatre kilomètres pour y aller et quatre pour en revenir ; elle laissait croire que les enfants du Peyroux se trouvaient dispensés d'école par l'éloignement. Voilà comment on construit de faux paradis.

« Alors, qu'elle poursuivait, quand vous serez à Thiers de nouveau, essayez donc de faire comprendre à vos parents qu'ils seraient mieux ici que dans leur ville de couteliers où toutes les rues sont pires que des échelles. Dites-leur chaque matin : on veut aller s'installer au Peyroux, on veut aller au Peyroux. Peut-être qu'à la fin ils vous obéiront. »

Le soir, les Plandieu repartirent. Pendant quinze jours, Mathilde ne vit pas d'autre figure humaine que celle de Clémençon, le facteur. Depuis qu'il avait touché son argent, Frompy ne se montrait plus. Il avait assez à faire sur ses terres et dans sa maison ; sans doute estimait-il aussi avoir bien rempli son devoir envers la solitaire du Peyroux ; il appartenait aux autres d'en faire autant. Puis vint un dimanche qui amena de nouveaux héritiers. Et tout l'été il en fut de même : une fois ils débarquaient dans une maison, la fois suivante dans une autre.

La Mathilde attirait les enfants avec des bonbons, du chocolat, ou tout simplement la séduction de ses chèvres, de ses poules, de ses lapins. Et à tous elle répétait son éternelle tirade :

« Pourquoi vous venez pas vous établir ici où vous avez une jolie maison ? Vous devriez en parler à vos parents chaque matin, jusqu'à ce qu'ils reviennent. Et rappelez-vous, drôlets, qu'ici y a pas d'école ni d'instituteur ! Est-ce que vous vous rendez compte ? »

Elle allait même jusqu'à leur faire des promesses que ni elle ni personne ne pourraient jamais tenir : des pêches toute l'année, des fraises pour tout le monde, du lait de chèvre aussi abondant que l'eau de la fontaine, l'ignorance gratuite et obligatoire. Les drôlets, eux, s'enthousiasmaient tout de suite. Et eux aussi faisaient des promesses qu'ils ne pourraient tenir : oui, ils persuaderaient leurs parents ; oui, oui, ils reviendraient occuper la maison des ancêtres, manger le fromage de chèvre, les fraises, les pêches, l'ignorance.

Mais rien ne changeait. Sauf la face de la terre qui, autour du village, se faisait de plus en plus sauvage. Et celle de Mathilde de plus en plus plissée.

Et ainsi, après le printemps passa l'été. Et après l'été vint l'automne, suivant une ancienne habitude qui noircit les raisins et rougit les feuilles. Elle reconstitua ses provisions pour l'hiver inéluctable. Beaucoup de signes annonçaient qu'il serait rude et précoce : les grues qui traversaient le ciel avant la date coutumière, la peau des oignons particulièrement épaisse, les mulots qui se réfugiaient dans les maisons.

Avec la fin des beaux jours, les héritiers renoncèrent à leurs courtes visites. De nouveau et pour longtemps, Mathilde Dutheil se trouva seule au milieu du Peyroux. Chaque jour, le matin ou l'après-midi, elle ne manquait pas de répéter sa tournée des fantômes. Ça lui faisait du bien aux jambes. Et puis, elle avait l'impression en se promenant dans les rues vides, en cognant aux portes, en parlant aux absents, que le village n'était pas, à une habitante près, un désert absolu. En somme, elle se multipliait. Elle agissait comme ce bandit enfermé dans son repaire qui avait disposé des fusils à toutes les fenêtres, et qui courait de l'une à l'autre, montant et descendant les étages, pour faire croire aux gendarmes à une douzaine d'assiégés. Elle aussi essayait de faire croire au ciel, aux pierres, à elle-même qu'il restait dans le Peyroux une douzaine de survivants. A quoi servait ce simulacre, elle n'aurait su l'expliquer ; mais ça lui paraissait une chose indispensable.

Un matin, en ouvrant sa fenêtre, elle reçut deux surprises en même temps. La première n'était pas bien forte : pendant la nuit, un voile de neige très léger s'était posé sur la terre, bien qu'on ne fût qu'aux derniers jours d'octobre. Mais la seconde lui coupa le souffle : au-dessus du village, vers le milieu de la rue Horizontale, une cheminée fumait. A cette heure du jour et ce moment de l'année, une fumée à cet endroit était aussi incroyable que si elle avait entendu son oie Margarette lui parler anglais. « Ça y est, nom de gueux, qu'elle se dit. J'ai tellement monté le coup à la gaminaille que quelques-uns auront gagné la partie. » Elle se précipita pour savoir quelle famille avait eu le courage de revenir. S'agissait de la maison des Dozolme, qui poussait gentiment son filet de fumée ; mais portes et fenêtres demeuraient closes. « Ils doivent dormir encore, faut pas les réveiller. » Elle craignait de les effrayer par son indiscrétion et de leur couper l'envie de rester.

Elle revint sur ses pas et regretta sa démarche, car elle avait laissé des traces dans la couche de neige. « Grande curieuse, qu'elle se dit, tu pouvais pas attendre un peu ? Tu es comme cet homme du catéchisme qui se retourna et fut changé en statue de sel. Tu mériterais bien qu'il t'arrive la même chose. »

Elle ne sortit plus de sa cour ; mais cent fois durant la journée, pour reconnaître ses nouveaux voisins, elle s'avança jusqu'à la fontaine ou regarda derrière ses carreaux. Elle connaissait bien les héritiers des Dozolme : Albert était agent de police à Clermont, métier aussi honorable qu'un autre ; Marie-Louise avait épousé à

Thiers un mécanicien dont elle avait trois enfants ; Henri, le plus jeune, travaillait dans un manège de chevaux de bois, ce qui le faisait voyager à travers toute la France. Lequel des trois avait bien pu revenir ? Mais après tout, ils pouvaient bien avoir loué leur maison à quelqu'un d'autre. Des étrangers au pays, c'était quand même du monde, et mieux que personne.

Vers dix heures, il tomba quelques autres flocons de neige qui dissimulèrent ses pas du matin ; elle en fut toute satisfaite.

Elle eut beau se crever les yeux à guetter, à midi encore elle n'avait vu âme qui vive. De sa barrière, elle constata que rien n'avait été ouvert chez les Dozolme. Clémençon passa et lui remit son journal.

« Vous n'avez rien d'autre ? qu'elle demanda.

— Si j'avais quelque chose d'autre, vous croyez que je le garderais pour moi ? répondit-il vexé.

— Je veux dire : pour d'autres personnes du village ? »

Il la considéra avec inquiétude :

« Hé là ! Est-ce que ça vous reprend, votre fièvre cérébrale ?

— Peut-être bien », qu'elle fit. Mais elle n'en dit pas davantage. Et le facteur s'en alla vexé comme une poule qui a trouvé un couteau.

La fumée cependant sortait toujours de la cheminée. S'il y avait de la fumée, c'est qu'il y avait du feu. Et s'il y avait du feu, c'est qu'il y avait des mains pour l'alimenter. En continuant son raisonnement, elle se dit encore que si les gens qui se trouvaient chez les Dozolme n'avaient encore ni mis le nez dehors ni ouvert leurs volets, c'est qu'ils ne tenaient pas à être vus.

Au fur et à mesure que les heures passaient, Mathilde sentit naître en elle une angoisse qui lui tordit les entrailles d'une manière de plus en plus douloureuse. Si bien qu'elle se rendit au fond du jardin, dans la cabine-commodité, avec l'espérance que ça la soulagerait. Elle avait réellement une colique de tous les diables, comme lui en donnaient les émotions trop vives. Elle en sortit les boyaux vides, mais pareillement torturés. « De quoi as-tu peur, grande trouillarde ? Que ça soit des ganguesters ? qu'ils t'assassinent ? Faut vraiment qu'ils soient dans le besoin pour s'attaquer à une vieille misérable de ton espèce ! Ils sont pas censés savoir que tu es encore quasi millionnaire ! Et les sous de ton carnet, personne d'autre que toi peut les toucher. Alors... »

Alors, elle tremblait quand même. La journée s'acheva, et la cheminée des Dozolme fumait toujours.

Elle attendit que la nuit fût bien noire ; cette ombre qui l'enveloppait lui parut une protection suffisante : elle osa sortir de sa cour et s'approcher de la maison. A travers les volets, elle distingua nettement de la lumière qui remplissait les fentes. Elle revint épouvantée. Tandis qu'elle essayait dans son fauteuil en rotin de reprendre son souffle, une autre idée la traversa, qui la fit rire : « Mais... au lieu de bandits, si c'était... des amoureux ? Les amoureux aussi ont besoin quelquefois de se cacher. Surtout quand ils sont pas en règle avec la loi. Suppose un peu, vieille bourrique, que quelqu'un des Dozolme se soit enfermé là-dedans avec une bougresse qui lui appartient pas. Hein ? Ça serait-y pas une bonne raison ça, de laisser les volets fermés ? On verra bien ce que durera leur manège. »

Le lendemain était un samedi. Quand Clémençon repassa, Mathilde sentit sa langue lui démanger si fort qu'elle dut la mordre pour l'empêcher de parler. « On peut pas alerter les gendarmes pour des amoureux qui sont pas en règle. Quand ils seront rassasiés, ils finiront bien par s'en aller. » Elle ne chargea donc le facteur d'aucune commission. Tout de même, le soir, étant donné que la situation durait sans le moindre changement, elle verrouilla sa porte plus soigneusement que d'habitude, et l'étaya par une chaise dont elle coinça le dossier sous la serrure.

Elle ne pouvait s'endormir. Plusieurs fois, elle se leva et regarda à travers les fissures des volets : elle apercevait la rue Horizontale déserte et blanche, l'escalier des Dozolme bordé de sa grille ; puis elle se recouchait, le cœur aussi glacé que les pieds.

Et voici qu'à la deuxième ou troisième séance de guet, elle vit le palier des Dozolme éclairé ! La porte devait être grande ouverte et toute la lumière en sortait ! Mathilde sentit son cœur danser sous ses côtes comme un écureuil. Une forme sortit de la porte, noire par-devant et blanche par-derrière. Une forme d'homme. Il était tête nue. Il resta un moment immobile sur le palier sans se soucier de l'éclairage, sûr qu'il se croyait de n'être vu de personne. Puis, tout à coup, il porta la main à sa braguette et se mit à pisser, tranquillement, sur la neige de la rue. Quand il eut terminé, il se reboutonna, écarta les bras vers le ciel pour les étirer, puis fit demi-tour et rentra chez les Dozolme ; la porte se referma, la lumière disparut.

Mathilde affolée sauta dans son lit, enfonça la tête sous les couvertures. Ça n'était pas des amoureux, ça ne pouvait pas en être, l'homme ne se serait pas comporté de cette façon. Visiblement, il se trouvait seul dans la baraque. Donc, c'était un bandit. Il fallait avertir les gendarmes de Puy-Guillaume. Ah ! elle faisait la brave quand elle ne croyait pas à la venue des ganguesters ! Mais à présent qu'il y en avait un à deux pas de chez elle, toute sa vieille peau grelottait de frayeur. Elle passa le reste de la nuit à ruminer et à prier le bon Dieu et la Sainte Vierge.

Seulement, le lendemain était dimanche, Clémençon ne passa point. Et elle se trouva si faible, après sa nuit blanche et tant d'inquiétudes, qu'elle ne se sentit pas le courage de sortir. D'un autre côté, lorsque le malfaiteur verrait arriver les porteurs de képi, il comprendrait tout de suite qui l'avait dénoncé, puisqu'elle était la seule habitante du Peyroux ; alors, il n'aurait qu'une idée, en sortant de prison, se venger de la vieille blagande. C'est ainsi que pratiquent ce genre de gaillards, elle l'avait lu maintes fois dans son journal. « Ah ! mon Dieu, mon Dieu ! Dites-moi ce que je dois faire ! »

Elle espéra que du monde passerait, Frompy, ou Dumousset, ou quelqu'un d'autre ; elle leur raconterait l'affaire, elle suivrait leur conseil. Mais, comme par un fait exprès, il n'y eut ni allée ni venue ce dimanche-là. Seule la neige revint sur le Peyroux.

Elle sortit à peine, juste pour aller chercher de l'eau à la fontaine et rentra aussi vite qu'elle pouvait. A la tombée de la nuit seulement elle entreprit de nourrir son bétail. Elle dut transporter pour ses chèvres un fagot de feuilles qu'elle alla prendre dans le hangar. Comme elle traversait sa cour, le dos courbé sous son faix, elle entendit derrière elle grincer les charnières du portillon. Elle voulut courir, elle trébucha et tomba dans la neige, son fagot lui griffa la figure comme avec des ongles. Puis elle sentit qu'une main l'aidait à se relever :

« J'espère que vous vous êtes pas fait mal, Mathilde ! »

Le ganguester était là, derrière elle, elle reconnaissait sa tête frisée. Et il l'appelait par son nom !

Il empoigna le fagot et le porta à sa place.

« C'est pour vos chèvres ? »

Il savait même qu'elle avait des chèvres ! Dans l'ombre elle distinguait mal sa figure couverte de poils, mais suffisamment pour être certaine qu'elle ne l'avait jamais vue.

« Qui... qui que vous êtes ? balbutia-t-elle, toute secouée par son tremblement.

— Est-ce que vous me reconnaissez pas ?... Non ?... Tant mieux. »

Il sourit avec satisfaction.

« Entrons chez vous, à la lumière, je suis bien sûr que vous me reconnaîtrez. »

Elle n'avait guère envie de se trouver en tête à tête avec lui dans sa maison ; mais il la prit par le bras, sous prétexte de la soutenir, et il la tira vers la porte de sa cuisine.

« Avant d'allumer, qu'il ordonna, poussez le verrou et fermez les volets. »

Elle ne pouvait qu'obéir. Ses mains étaient si maladroites qu'elles n'arrivaient pas à tourner l'espagnolette. Derrière elle, il abaissa lui-même le bouton. Il s'assit dans le fauteuil en rotin où elle se plaisait, allongea ses longues pattes devant lui.

« Asseyez-vous donc ! qu'il fit comme s'il eût été le maître de la maison. Ça coûte pas plus cher. »

Elle se laissa tomber sur une chaise, sans le quitter des yeux. Avec toute cette barbe noire et frisée, on aurait dit un nègre. Non, jamais elle n'avait précédemment rencontré une figure pareille.

Et lui : « Alors, est-ce que vous me donnez un nom, cette fois ? »

Elle secoua la tête. Il rit et se montra de face et de profil. Cette devinette avait l'air de son goût, il la faisait durer. Elle secouait toujours la tête sans répondre. Le fait qu'il la connût ne la rassurait point, la terreur lui agitait les lèvres comme si elle avait prié tout bas. Alors, l'intrus se nomma :

« Henri.

— Quel Henri ?

— Henri Dozolme.

— Tu es... celui qui travaille dans les chevaux de bois ?

— C'était des autos tamponneuses. Oui, c'est bien moi.

— Avec toute cette barbe que tu t'es laissé pousser, je risquais pas de te reconnaître ! Et... et tu es revenu au Peyroux ? »

Il eut dans sa barbe un ricanement rapide :

« Ouais, pour quelque temps. Si les gendarmes viennent pas m'en déloger.

— Les gendarmes ! Qu'est-ce que tu as fait ? demanda-t-elle, retrouvant toute la terreur qui l'avait quittée un moment.

— Qu'est-ce que j'ai fait selon vous ? Voyons de quoi vous me croyez capable ? »

Ses yeux ironiques la fouillaient. Est-ce qu'elle savait, elle, pauvre recluse, de quoi les gens sont capables ? Ce gamin, elle l'avait vu en culottes courtes, violent et innocent comme tous les garçons de cet âge ; mais ensuite ? Elle était payée pour savoir à quel point les âmes changent.

« Escroquerie ? qu'il lui suggérait méchamment. Cambriolage ? Vol d'auto ? Assassinat ? Ou peut-être un assortiment de tout ça, non ? »

Elle haussa les épaules : « Ça m'intéresse pas, ce que font les autres. Dis-le si ça te plaît, sinon garde-le sous ton gilet. »

Pour bien lui montrer que ses histoires lui cassaient les pantoufles, elle se leva, étala sur la table une feuille de journal et se mit à éplucher des pommes de terre. Il la regarda faire un moment en se curant le nez. Il vit qu'elle s'efforçait de lui cacher sa peur, que ses mains trébuchaient sur les choses. Soudain, il lâcha son paquet :

« J'ai déserté. Quand j'ai reçu ma feuille d'appel sous les drapeaux, j'ai pris le maquis. J'aime pas qu'on me demande sans qu'on me paye. »

Et comme s'il avait craint qu'elle n'eût pas compris sa profession de foi, il la répéta autrement :

« Je veux bien obéir, mais alors faut qu'on me paye. Sinon, macache. »

Elle se sentit rassurée : déserter en temps de paix ne lui parut pas un si grand crime.

« Est-ce que tes parents sont au courant ?

— De ma désertion, oui, sûrement. Mais ils savent pas où je me planque.

— Tu leur as pas écrit pour les rassurer ?

— Hé !... qu'il fit avec un geste insouciant de la main.

— Veux-tu que je le fasse pour toi ?

— Plus tard. Y a pas presse. Faudra que je me cache des années.

— Et... tu comptes rester comme ça des années au Peyroux ?

— Ça... » Il ne dit ni oui ni non.

Mathilde sentit de nouveau son cœur sursauter, mais cette fois d'espérance. Ainsi, le village pouvait compter un autre habitant qu'elle ! Un gars plein de force et de sang. Oui, bien sûr, y aurait la clandestinité ; mais ça ne devait pas l'empêcher de sortir, en prenant quelques précautions. Il se couperait la plus grande partie de cette barbe qui attirait trop les yeux ; il s'habillerait de vieilles nippes ; si quelqu'un s'étonnait, elle raconterait qu'il s'agissait d'un journalier qu'elle payait pour travailler son jardin et fendre son bois ; ce sont des choses qui se font ; une vieille comme elle n'avait rien à craindre de personne. Voilà ce qu'elle voyait en pelant ses pommes de terre.

Mais il fallait pas précipiter les choses. Fallait engluer la mouche dans du miel.

« Tu dois avoir faim. Tu veux pas partager mon souper ?

— Si vous m'invitez ! »

Une présence masculine dans cette bicoquette solitaire, c'était un sacré meuble ! Pendant qu'ils mangeaient, elle évoquait des souvenirs de son enfance à lui, pour lui prouver qu'ils étaient de vieilles connaissances, qu'elle aurait pu être sa grand-mère. Tu te rappelles ci... ? Tu te rappelles ça... ? Lui avait plus souvent la bouche pleine que vide, se contentant de grogner pour prouver qu'il écoutait. Et quand il avait soif, il demandait :

« On peut avoir un autre canon ? » Ou encore : « Vous buvez pas, Mathilde ? » Ce qui était une façon de s'étonner qu'elle eût laissé son verre à lui vide si longtemps.

Quand il se fut bien rempli, il prononça une espèce d'excuse : « Je bouffe pas tant que ça, d'habitude ; mais y avait pratiquement vingt-quatre heures que je m'étais rien mis dans le kiki. »

Elle voulut l'accompagner chez lui. Il avait dormi tout habillé dans un lit sans draps, sous des couvertures mitées. Elle retourna en prendre une paire dans son armoire.

« Laisse ta fenêtre ouverte, qu'elle conseilla, pour aérer la chambre. Et demain, on mettra le matelas au soleil. Qu'est-ce que tu risques, ici, dans ce désert ? T'occupe pas de ceux qui passent, ils y feront pas attention. Et puis...

— Et puis quoi ?

— Si tu veux me croire, tu te couperas cette barbe de Victor Hugo.

— Ma barbe de Victor Hugo, j'y tiens autant qu'à mes yoyos.

— Tu raisonnes comme mes chèvres. »

Elle le quitta, mécontente. D'une certaine façon, Henri lui rappelait son fils Lou-is lorsqu'il était rentré d'Allemagne.

Le lendemain, il dut faire la grasse matinée, car il n'ouvrit sa porte que vers onze heures. Il sortit et vint cogner à celle de Mathilde.

« Eh bonjour, qu'il dit.

— Eh bonjour. Tu veux déjeuner ?

— Je dis pas non. »

Elle versa le café chaud qu'elle avait préparé spécialement pour lui et mit sur la table un pichet rempli de lait. Il émietta du pain dans son bol et versa le lait dessus.

« Excuse-moi, dit-elle. Faut que j'aille donner à manger à mes lapins. »

Elle sortit. C'était une preuve : elle avait laissé exprès sur le buffet son boursicot qui contenait quatre billets de mille et un peu de ferraille. C'est un truc que lui avait fait, jadis, la baronne de Barante. En débitant les tranches des betteraves, elle se disait : « Jamais tu pourras t'habituer à cette barbe de Victor Hugo. »

Quand elle revint :

« Hé ! lui dit l'autre, si j'ai besoin d'argent, je vous en demanderai, inutile d'en mettre à ma portée, comme du lard sur une ratière. »

Elle protesta de son innocence, mais elle s'était sentie rougir jusque dans les cheveux. Aussitôt qu'elle put, elle détourna la conversation :

« J'ai quelque chose à te proposer. Des fois que tu aurais envie de te remuer un peu, de te dégourdir les membres...

— Du boulot ?

— Ça m'aiderait. Si tu dois rester ici longtemps, et que je doive te nourrir comme ça...

— Vous avez raison. Faut que je paye mon avoine. C'est normal. »

Elle l'emmena dans le jardin et lui fit arracher les carottes qui, en terre, avaient déjà essuyé les premières gelées.

« Tu les grattes un peu entre tes doigts, tu coupes la racine et le collet, sans gaspiller les fanes qui iront aux lapins. Ensuite, on les mettra en silo... »

Il acceptait d'obéir pourvu qu'on le payât.

« Te montre pas avant que je vienne te chercher, recommanda-t-elle, parce que le facteur va pas tarder à passer. »

Un peu plus tard, elle lui apporta un vieux chapeau et un pantalon rapetassé de son fils.

« Qu'est-ce que c'est que ça ?

— Un déguisement. Tu l'enfileras. Et si jamais quelqu'un te voit et te demande quelque chose, tu réponds que tu es un journalier qui travaille pour moi.

— Et c'est la vérité, non ?

— Crois-tu que je peux te nourrir sans rien faire ?

— Vous avez l'air de faire la charité, mais votre charité, faut qu'on vous la paye, hein ?

— Si tu veux pas de ma charité, qu'elle répondit en haussant les épaules, reste chez toi. Je viendrai pas te chercher. »

Cependant, à la suite de cette explication, il n'y eut pas d'autre bruit entre eux. Après chaque repas pris chez elle, il demandait sans grâce :

« Qu'est-ce que je dois faire ? »

Et elle lui commandait doucement : « Ceci » ou « Cela ». Mais jamais elle ne venait dans son dos jouer à la contrôleuse ; il travaillait doux, il travaillait dur, elle était toujours contente. C'est ainsi qu'agissait autrefois la baronne.

Certains jours, il préférait rester enfermé chez lui et, par la même occasion, il boudait son ventre. « Un peu de carême, de temps en temps, se disait-elle, ça fait du bien au corps. » Le lendemain, il revenait, il mangeait et turbinait comme quatre.

Pendant la journée, il fréquentait le moins possible les rues du village. Le mois de novembre fut assez sec et il en profita pour retourner une partie du jardin. Il vida et nettoya les cages des lapins, cura l'abri des chèvres, décrotta le poulailler, ramona la cheminée et le fourneau, ajouta un siège dans l'abri-commodité, si haut qu'on aurait dit un trône. De temps en temps, il se permettait une remarque ironique :

« Alors, patronne, vous êtes contente de votre ouvrier ?

— Bien sûr, que j'en suis contente, qu'elle répondait, l'innocente.

— Les gages sont pas trop forts ! Et pas besoin de cotiser à la Sécurité Sociale ! »

Non, elle ne lui donnait pas d'argent. Mais elle s'efforçait de le gâter de son mieux. Elle ne lui ménageait ni la nourriture ni la boisson. L'épicier ambulant la considérait d'un drôle d'air, quand elle lui prenait une caisse de douze litres de vin ; mais elle payait, et il se gardait bien de la moindre réflexion.

Le dimanche était dangereux, car il risquait d'amener des héritiers. Alors, Henri choisissait une de ces deux solutions : ou bien il restait enfermé chez lui tout le jour ; ou bien il partait à l'aube, un casse-croûte dans la poche, avec sa figure de Victor Hugo, et s'en allait à travers la campagne, évitant les villages et les routes, pour rentrer seulement quand les chouettes hululaient. Mathilde guettait son retour derrière les fentes de ses volets, et elle était contente lorsqu'elle le voyait monter l'escalier des Dozolme et entrer dans la maison froide.

A partir de la fin novembre, elle n'eut plus beaucoup de travail à lui donner.

« Sois tranquille, qu'elle lui dit, je te laisserai pas mourir de faim. Mais en attendant le printemps, tu devrais arranger chez toi, je suis certaine qu'il y a des réparations à faire. »

Il y bricola un peu, pour lui faire plaisir. Mathilde imaginait déjà la maison Dozolme remise à neuf, l'envie qu'aurait Henri d'y rester. Les gendarmes ne le poursuivraient pas toute sa vie. Il pourrait peut-être amener ici une femme, fonder une famille, avoir des drôlets. Et crac ! le Peyroux repartirait pour une nouvelle existence ! Et c'est elle, Mathilde Dutheil, une femme d'ailleurs, qui l'aurait ressuscité !

Un jour, elle eut une émotion qui faillit l'asseoir par terre : de loin, elle vit ce grand blagand de Clémençon en train de parler avec Henri ; celui-ci sciait une planche, devant la porte de sa baraque, et le facteur, debout à côté, lui tenait le crachoir. Clémençon n'avait rien à faire dans la rue Horizontale où plus personne n'habitait, officiellement, depuis des années ; mais, fouineur comme un putois, il avait dû remarquer quelque chose d'anormal, avait fallu qu'il aille se rendre compte. Tout par un coup, elle le vit repartir brusquement, en secouant son sac sur son derrière.

« Qu'est-ce que vous vous êtes dit ? demanda-t-elle à Henri.

— Je lui ai raconté que j'étais un menuisier de Saint-Victor. Que j'avais reçu commande de réparer la maison.

— Est-ce qu'il t'a posé des questions ?

— Un troupeau de questions. Comment que vous vous appelez ? Où que vous restez à Saint-Victor ? Est-ce que vous êtes marié ?

— Qu'est-ce que tu répondais ?

— J'ai répondu oui. Ça fait plus sérieux. Est-ce que vous avez des enfants ? — Non. — Vous avez le temps, vous en aurez plus tard. — Sûrement pas, que je lui ai fait. — Pourquoi donc ? — Parce que vous m'avez cassé les yoyos. »

Henri Dozolme parlait aussi souvent, aussi simplement de ses yoyos que d'autres parlent de leur cousine germaine.

Mathilde redouta surtout les conséquences de cet entretien. Le facteur était un homme à s'informer, à demander à qui il fallait si, oui ou non, y avait à Saint-Victor un menuisier comme ci et comme ça, avec une barbe de Victor Hugo, et s'il s'appelait bien comme on lui avait dit. Clémençon était un véritable bureau de renseignements. Avec tous les journaux qu'il lisait gratis au cours de ses tournées et tout le monde qu'il voyait, vous pouviez lui poser des questions sur la Chine et le Portugal, sur l'O.N.U. et la T.V.A., sur Michel Debré et Jean Gabin, jamais il ne restait sec. C'est lui le premier qui avait découvert l'assassin de la rue de Turenne à Paris, rien que par le raisonnement, sans y avoir jamais porté ses godillots, il le fit remarquer soigneusement à Mathilde quand les enquêteurs eurent confirmé sa solution. C'était un homme redoutable. Aussi craignait-elle qu'il ne mît son point d'honneur à éclaircir l'histoire du menuisier. D'autant plus que celui-ci l'avait vexé sûrement en lui donnant sans nécessité des nouvelles de ses yoyos.

Elle mit en garde Henri Dozolme contre les curiosités de Clémençon. Elle lui en dit tant qu'il finit à son tour par prendre peur : les volets de sa baraque demeurèrent fermés dorénavant tout le jour, ne s'ouvrant que la nuit pour laisser entrer un peu d'air. Mathilde s'arrangea aussi pour se trouver dans sa cour au moment où passait le facteur ; se sentant regardé, il n'osait s'écarter de sa route pour aller renifler les traces dans le village.

« Ce qu'il te faudrait, disait Mathilde, c'est de faux papiers. Comme ça, tu pourrais vivre ici tranquillement, sans te soucier ni de Clémençon ni de Clémentine. Tu ouvrirais ta porte et tes fenêtres quand tu en aurais envie. Tu travaillerais ton jardin, tu cultiverais tes champs, tu pourrais même te marier et tout ce qui s'ensuit. Les gendarmes, ici, on les voit jamais. Y a des années qu'on a plus vu leurs bottes. Pourquoi qu'ils viendraient te chercher des chicanes ?

— Oui, oui, de faux papiers, qu'il approuvait en secouant sa barbe de haut en bas. Trouvez-les, vous !

— Ça doit bien se trouver quelque part ! »

Elle se mit à réfléchir longtemps, se demandant où l'on fabrique, où l'on achète ce genre de marchandise.

Elle continuait de le nourrir chaque fois qu'il se présentait chez elle. Il cognait à la porte, entrait et s'asseyait simplement à la table où l'on mange. Non seulement Mathilde le servait, mais elle éprouvait une étrange satisfaction à remplir son assiette et son verre, au point qu'elle en oubliait souvent de manger elle-même pour contempler le lent travail de ses mâchoires, sous les broussailles de la barbe. Cette joie lui rappelait la joie qu'elle éprouvait jadis en allaitant le petit Lou-is. Cette fonction nourricière était peut-être, sans qu'elle le sût, l'emploi essentiel de sa destinée. De temps en temps, sans cesser de mastiquer, il levait vers elle ses yeux sombres, l'air de dire : « Si tu renonces à bouffer pour me couper l'appétit, tu te trompes ; j'ai pas besoin qu'on m'accompagne. » Elle souriait un peu pour l'encourager. Il haussait les épaules, renonçant à comprendre cette vieille lunatique, et se taillait une autre tranche de chèvreton.

Mais certains jours, il renonçait à sortir de chez lui. Elle, ça ne l'étonnait plus. Les héritiers avaient cessé leurs visites. Le Peyroux se trouvait tranquille jusqu'au printemps.

Un matin, Henri se présenta comme d'habitude, et elle dit :

« Assis-toi, je vas te donner ta soupe.

— Non, qu'il répondit, j'ai pas faim. Aujourd'hui, je sens que j'aurai pas faim.

— Tant d'économisé.

— C'est autre chose, que je veux.

— Quoi donc ?

— De la gnole. Je sais que vous en avez, j'ai vu la bonbonne. Donnez-m'en chopine. C'est tout ce que je demande. J'ai assez bossé pour vous sans payement. Je pense que j'ai gagné chopine de gnole. Vous pouvez pas me refuser ça. J'aurais pu me servir tout seul, remarquez. Mais c'est pas ma manière.

— J'ai pas dit que je la refusais. Qu'est-ce que tu veux en faire ?

— La boire, pardi !

— La gnole est un médicament pour se frotter le corps quand on a pris froid, ou reçu un coup, ou que le sang se refroidit. Mais si on le boit, c'est un véritable poison.

— Pourquoi alors, qu'on l'appelle eau-de-vie, si elle vous fait mourir ?

— Parce que c'est son nom. Pourquoi que tu t'appelles Dozolme, toi ? C'est un nom qui en dit pas plus que le tien. »

Après une longue discussion, elle finit quand même par lui servir sa chopine, comme il l'exigeait, car elle voyait bien qu'autrement il en aurait fait une tour Eiffel. Il l'emporta en la cachant sous sa veste pour la protéger du froid, qu'on aurait dit.

« Et la bois pas tout d'un coup, qu'elle lui cria de loin, ça te tuerait ! »

Elle ne le revit pas de la journée. A midi, elle avait préparé du riz au lait et une fricassée de pommes de terre. Quand elle se trouva seule devant tant de nourriture, ça lui serra le kiki et elle en goûta à peine trois bouchées. Elle comprenait bien pourquoi Henri avait voulu *sa blanche* : ce n'est pas lui qu'il comptait tuer, mais son ennui, cet ennui qui le rongeait comme un ver solitaire. Il lui semblait que, par instants, il regrettait d'avoir déserté :

« En ce moment, vous savez ce qu'ils font à la caserne ? qu'il demandait. Ils sont au réfectoire, ils bouffent en commun, ensuite ils iront à la cantine, paraît qu'ils ont des postes de télé. »

Sa nourriture à lui, dans la seule compagnie de la pauvre Mathilde, lui paraissait amère, pour sûr. « Au printemps, qu'elle se disait, il pourra sortir davantage, les gendarmes l'auront oublié, suffira qu'il se fasse pas remarquer. En attendant, faut passer l'hiver. Ah ! si je pouvais lui procurer de faux papiers ! »

Elle eut envie d'aller lui rendre visite ; mais elle craignit d'être mal reçue, comme cela lui était arrivé une fois ou deux. « Et puis, je dois pas lui montrer trop d'intérêt, sinon il se croira tous les droits. Après la gnole, il exigera autre chose, hé là ! » Elle resta donc chez elle, à brûler son bois, à raccommoder ses vieilles nippes, à se chauffer les pieds dans le four de son fourneau.

Tout par un coup, voilà que la porte du dehors s'ouvre et il paraît devant elle, dans la cuisine. Précipitamment, elle remit ses pieds dans ses pantoufles. Il se tenait debout, les yeux injectés de sang, la lèvre pendante, et quelque peu baveuse, les bras écartés du corps, les mains ouvertes.

« Qu'est-ce que tu veux, mon drôle ? demanda-t-elle en cachant sa frayeur sous des paroles douces.

— Une femme.

— Quoi ?

— J'ai besoin d'une femme. »

Elle s'efforça de rire :

« Hé ! si t'as besoin d'une femme à tes caprices, faut aller à Thiers ou à Vichy ou à Clermont. A Puy-Guillaume, je crois que tu en trouveras difficilement ! »

Avec ses bras écartés et ses mains ouvertes, on aurait dit un singe de cirque, un vrai gorille.

« Maintenant, qu'elle ajouta, si ça presse et si t'es pas trop difficile, y a mes chèvres ! »

Et elle rit comme elle put. Il se balançait sur ses jambes ouvertes et la regardait, aussi haletant que s'il avait couru. Il empestait la gnole.

« Je parie que tu as fini la chopine ? Je t'avais bien recommandé, pourtant, de ne pas la boire toute le même jour ! Ça en a tué plus d'un avant toi. Tu le vois, à présent, si c'est du poison ! »

Il fit un pas en avant, puis un autre, les yeux toujours fixés sur elle.

« Une femme ! répéta-t-il d'une voix rauque. Y a six mois que j'ai plus touché une femme ! »

D'un coup, toutes ses veines se glacèrent. Elle ne pouvait reculer, coincée comme elle était entre le fourneau et le mur. Il allongea des mains rapaces.

« Tu es fou, Henri ! qu'elle cria. Tu es fou !

— Je veux une femme.

— Je pourrais être... ta grand-mère ! J'ai soixante-seize ans ! Y en a bien des jeunes ! Y a l'Annette... Si tu me l'avais dit plus tôt... Me touche pas, c'est un péché ! Un trop gros péché ! A mon âge ! J'irai te chercher l'Annette du Grand-Bois... Je suis certaine qu'elle voudra... »

Elle sentit sa grosse patte se poser sur sa bouche, puis un bras qui la soulevait de terre. Un gorille. Elle était enlevée par un gorille de cirque.

Elle ne sut plus, ensuite, ce qui se passait.

Longtemps après, elle se rendit compte qu'elle se trouvait plongée dans le noir et qu'elle pleurait. Elle devait pleurer depuis des heures car ses joues étaient ruisselantes et même son cou. Jamais elle n'aurait cru qu'elle avait tant de larmes dans le corps. Elle se rendit compte également qu'elle avait froid, qu'elle grelottait. Dans le foyer du fourneau, il restait à peine quelques points rougeoyants au milieu des cendres. Elle se leva pour ajouter du bois. Alors, elle s'aperçut qu'elle se trouvait par terre, couchée comme une chienne sur les planches de sa cuisine, la table avait été renversée, son linge piétiné. Elle se sentit des douleurs dans tout le corps. A tâtons, elle chercha le bouton électrique. Et quand elle vit en pleine lumière tout ce désastre, la honte brusquement l'inonda, et elle se remit à pleurer, avec des gémissements de fillette.

Elle se mit à tourner autour de la table, ne sachant plus exactement ce qu'elle faisait : les larmes s'écoulaient d'elle comme d'un robinet. Sans savoir pourquoi, elle ouvrit son placard et vit les restes du dîner qu'elle avait préparé pour Henri plus que pour elle, le riz au lait, les pommes de terre desséchées dans une assiette.

Elle travailla longtemps à remettre la table sur ses quatre pieds, car c'était un poids trop fort pour ses bras. Elle y parvint pourtant. Ses aiguilles éparpillées luisaient dans les fentes des planches. Elle ne se sentit pas assez d'énergie pour leur donner la chasse. « Demain », qu'elle pensa. Son linge couvert de boue, marqué de larges pieds d'homme, resta également là où il était. Elle s'assit sur une chaise et continua de pleurer. On aurait dit qu'elle n'avait réellement aucune autre besogne à faire que celle-là, que rien n'était plus nécessaire.

Au milieu de cette intarissable occupation, elle trouva le moyen de se faire une réflexion à elle-même. Elle ne comprenait pas pourquoi elle s'était retrouvée comme ça dans le noir. Sans vouloir y penser vraiment, car elle préférait ne penser à rien, elle y avait pensé quand même. « Il était pas si saoul que ça, se dit-elle. Il a éteint pour pas se voir en train de violer une vieille guenon comme moi. Il a essayé de se faire croire qu'il en couchait une jeune. » Elle rit un moment. Puis elle se remit à pleurer.

Et elle continua de pleurer à peu près toute la nuit. Au petit matin, elle s'endormit sur sa chaise. De temps en temps, elle sortait de son sommeil pour gémir et pleurer.

Le froid la réveilla. Elle fut bien surprise de se trouver sur une chaise, au milieu de tout ce désordre. A travers le mur, elle entendait ses chèvres qui bêlaient de famine. Elle se leva et sortit pour aller les servir. Tout son corps lui faisait mal comme si on l'avait rouée.

Ses membres travaillaient tout seuls sans qu'elle eût à les commander. Ils portaient le foin, les branches feuillues, découpaient les betteraves, distribuaient le grain. Elle les avait dressés longuement et patiemment, c'étaient de bons et fidèles serviteurs. Par contre, sa tête refusait toute participation. Vide mais vide, à ne pas croire. Heureusement, ses jambes la ramenèrent chez elle, le feu fut allumé, la soupe d'oignon entreprit de mijoter et de sentir bon.

Plus tard, beaucoup plus tard, ses pensées reprirent leur doux fonctionnement. Elle s'efforça, suivant une ancienne coutume, de les trier, d'écarter celles qui lui déplaisaient, de n'accepter que les autres. Faut pas toujours se laisser guider par les pensées. Quelquefois, les membres ont plus de sagesse que la tête.

Comme elle traversait sa cour, elle entendit un bruit derrière elle. Elle se retourna, elle n'avait plus peur de rien ni de personne. Elle vit que son voisin fermait soigneusement sa porte. Il descendit l'escalier des Dozolme. A présent, il avait dû digérer sa chopine et tout le reste. Il tenait à la main un cabas bourré de choses. Il avait coiffé ses cheveux de nègre d'une casquette. Il suivit la rue Horizontale en direction de la fontaine et, donc, de la maison de Mathilde. Elle resta immobile, devant sa porte, tournée vers lui. Il fut bien obligé de la voir. Mais il ne dit rien. Il se contenta de baisser la tête et enfila la rue Qui-Descend. Et il s'en alla comme ça avec sa casquette et son cabas. Et sa barbe de Victor Hugo. Mathilde rentra chez elle, elle retrouva sa chaise du matin et se remit encore à pleurer.

Vers midi, elle s'essuya les yeux et la figure. Son repas était tout préparé : pommes de terre et riz au lait. Elle n'eut qu'à le faire réchauffer doucement au coin de son fourneau. Et l'appétit qu'elle se trouva ensuite la surprit elle-même.

Le soleil avait essuyé la neige. Mathilde profita de la tiédeur pour faire quelques pas dehors. « Si je comprends bien, qu'elle se dit en marchant, me voici de nouveau seule dans le Peyroux. Ça fera bien comme ça. Ça durera ce que ça durera. » Non, elle n'avait plus rien à craindre des hommes ni des choses.

Elle gravit à petits pas la rue Qui-Monte pour voir de quelle couleur était le puy de Dôme. Elle le distingua nettement, tout enveloppé de blanc, comme une communiante. Elle fut contente d'avoir encore si bonne vue.

Sur le plateau, elle fit son petit tour, tranquillement. Les arbres avaient déjà perdu toutes leurs feuilles, qui gisaient en tas, à leur pied, attendant que des vents les dispersent. A droite, y avait un pommier appartenant aux Dumousset. Ceux-ci ne manquaient pas de le dépouiller soigneusement pour son cidre. Et voici qu'au milieu, au beau milieu de l'arbre nu, était restée une pomme. Une seule pomme oubliée par les Dumousset, mais qui avait déjà pris la couleur fauve de la décomposition, qui n'allait pas tarder à tomber et pourrir. Mathilde, toute pensive, regarda longtemps cette pomme oubliée.

LE TILLEUL DU SOIR

Tircis, il faut penser à faire la retraite...
Nous avons assez vu sur la mer de ce monde
Errer au gré des flots notre nef vagabonde :
Il est temps de jouir des délices du port.

Racan

1

Elle se levait, tranquille, comme les autres jours, dans sa longue chemise de toile. Tout à coup, elle se trouva le derrière par terre, sur la descente de lit, et tout ébranlée.

« Oh ! nom de gueux ! »

La chambre tournait la valse autour d'elle : les murs, le plafond, les meubles, la fenêtre. En même temps, Mathilde entendit sonner toutes les cloches du canton. Elle ferma les yeux. Quelque chose la soulevait et l'emportait, une vague de la mer qu'elle n'avait jamais vue, mais qu'elle se représentait fort bien : vaste à occuper l'horizon entier, se gonflant et se dégonflant telle une personne qui respire. La mer était donc venue jusqu'au Peyroux ?

« C'est la fin du monde, ma pauvre ! »

Toujours ce tocsin, qui lui remplissait la tête : balin-balan, balin-balan ! Elle se disait « ma pauvre » comme si, dans cette éventualité, elle eût été seule à en pâtir, seule à devoir périr noyée, avec ses poules, ses chèvres, son oie, ses lapins. Et en vérité elle n'avait pas la force de plaindre les autres. Pour plaindre les autres, faut se sentir les boyaux à l'aise et les pieds au sec.

Elle rouvrit les yeux : la baraque valsait toujours. Ensuite, peu à peu, la musique des cloches parut s'éloigner, s'enfoncer sous terre, les objets cessèrent leur tournoiement, retrouvèrent leur place. Elle constata sa drôle de position, au pied du lit, les jambes en avant, les dix orteils dressés vers le ciel. Elle n'avait pas souvent l'occasion de les regarder, ses orteils. Eux, d'ordinaire, accomplissaient leur petite besogne sans s'occuper de personne ni de rien, sans demander de compliment, sans mériter de reproche ; en sorte qu'elle ne pensait pas à leur existence. Elle fut surprise de les trouver si visibles à cet endroit, et de si bonne mine. Quand elle pensait à tout ce qui fonctionnait mal en elle ! Ses varices, la faiblesse des genoux, les douleurs des épaules, des coudes, des poignets, ces croûtes de rouvieux qui lui poussaient sur les joues, comme les lichens sur les arbres ! Eh bien ! Voilà que du moins les orteils lui donnaient de la satisfaction !

Elle comprit enfin ce qui lui arrivait :

« Tu auras eu quelque vertige. Ça vient peut-être de l'estomac. Ou du foie. Ou de la tension. »

Elle se parlait non point en pensée, mais réellement avec les lèvres, en prononçant les mots d'une voix bien audible, comme si elle avait eu quelqu'un près d'elle, dans la maison, dans le Peyroux. C'était une façon de remplir ce vide où elle habitait, d'être deux et non pas une. Et en vérité, il y avait bien deux personnes en elle : une gourmande, une coquine, une bavarde, une cancanière ; et puis sa sœur, une fausse jumelle, née le même jour, mais combien différente ! Remplie de bons principes, de bons proverbes, elle la regardait agir, la jugeait, la houspillait, riait de ses sottises, l'abreuvait de conseils pas toujours suivis, se moquait d'elle, l'injuriait quelquefois. Le jour où Mathilde dégagea du bois cette grosse branche de châtaignier brisée par la tempête, l'autre était là pour l'encourager :

« Tire ma vieille ! Tire donc !... Tire aussi fort que tu es bête ! »

Et Mathilde, en effet, tirait de toutes ses forces. Le jour où, confondant les bouteilles, elle se versa, au lieu de vin, un verre de vinaigre et en but une gorgée, la jumelle en avala sa part, s'étouffa et cracha dans l'évier :

« Mais tu vois bien que tu es la dernière des bourriques !... Tu n'en fais qu'une par an, mais elle dure trois cent soixante-cinq jours ! »

Le fait est qu'en vieillissant elle se trompait de plus en plus et tombait d'une bêtise dans l'autre.

« C'est la faute du temps, s'expliquait-elle. Y a plus de saisons... Ou peut-être de la bombe atomique... Ou de ces machines qui vont dans la lune.

— C'est la faute surtout des années, répliquait l'autre. Ta cervelle — qui a jamais été bien ferme — est en train de se ramollir comme le pain par temps de pluie. Soixante-dix-neuf ans ! Quatre-vingts au prochain jour de l'été ! Est-ce que tu n'as pas honte ? Tu devrais être morte depuis longtemps ! Pense un peu à tous ces jeunes qui se massacrent en voiture ou à motocyclette ! Quelquefois c'est leur faute, oui, je te le laisse dire ; mais pas toujours. Pense à ces pères et mères de famille, emportés par le cancer ou la fluxion de poitrine ! Et te voilà toujours debout, les pieds dans tes galoches ! A qui sers-tu, en ce monde ? A qui fais-tu faute ?

— A personne, bien sûr.

— Y a bien longtemps que tu aurais dû rejoindre le pauvre Pierre.

— Je peux quand même pas me passer la corde au cou ? Ça sera quand le bon Dieu voudra. »

Ainsi, sur le plancher, les pieds en avant, elle pensait à la mort :

« Si ce vertige t'avait prise une seconde plus tard, tu pouvais tomber à la renverse de toute ta hauteur, te fracasser la tête ou la barre de l'échine. Te tuer, ce n'est rien. Mais suppose que tu te sois estropiée pour le restant de tes jours ! »

Le derrière d'abord, le reste du corps ensuite, elle parvint à se redresser, en se retenant fermement au lit. Elle s'habilla, prenant soin de garder la tête bien droite, s'interrompant quelquefois, fermant les yeux sur un nouveau tournis.

D'ordinaire, elle soignait son cheptel avant que de penser à elle-même. Ce matin-là, pourtant, elle trouva froide sa cuisine, frissonna et s'employa tout de suite à allumer le fourneau. Le feu y prit sans rechigner ; les genêts secs se mirent à pétiller, à encenser la pièce de leur odeur amère et douce, comme le jus de la réglisse. Mathilde posa sur les ronds une casserolette d'eau pour se faire une infusion. Elle se fiait aux vertus des herbes, des racines, des fleurs, des feuilles, des écorces, des pépins. Elle choisit dans son placard un sachet de reine-des-prés pour s'éclaircir le sang.

Assise sur une chaise, elle attendit le chantonnement de l'eau en songeant à ses misères. Ses mains reposaient sur son tablier, la gauche dessus, où luisait la large alliance d'or rouge ; les veines y formaient des ramures bleues et noueuses ; la peau était marquée de plaques brunes, comme des taches de café. Depuis sa fièvre cérébrale, trois années plus tôt, le médecin avait pris l'habitude de la maison. Sa jumelle lui reprochait fréquemment de faire la douillette ; mais elle ne pouvait plus s'en empêcher, maintenant ; en sortant du coma, elle avait eu trop peur au récit de son mal : de ses sueurs, de ses délires, des remèdes qu'on lui avait fourrés dans tous les trous :

« Je vous ai soignée, pas comme une voisine, mais comme une fille ! racontait l'Annette du Grand-Bois. Trouvez-en une autre qui accepte de faire ce que j'ai fait ! »

Puis la fille était remontée avec son baluchon, emportant le cadeau de Mathilde : un chevreau de quinze jours qu'ils avaient mangé aussitôt, tels des loups affamés, elle et ses deux maîtres, les Frompy, père et fils. Deux ans après, le vieux était mort. Alors, on ne sait comment se l'expliquer, une ambition soudaine avait saisi Annette. A Georges Frompy, elle avait un matin présenté cet ultimatum :

« Ou bien tu m'épouses, ou bien je m'en vais.

— Té ! En voilà une autre ! Et pourquoi que je t'épouserais ?

Ensemble, toi et moi, on vit bien comme ça. Alors ? Qu'est-ce que ça me rapporterait que je t'épouse ?

— A toi, rien. A moi, si. Je veux la communauté.

— La communauté ?

— Oui. Par contrat, tu m'assures la moitié de tes biens. Voilà.

— C'est donc ça ! Tu désires ma mort ! Oh ! grande salope ! Ensuite, tu me feras boire le bouillon de onze heures ! Compte pas sur moi pour le mariage !

— Dans ces conditions, je pars demain matin, si tu changes pas d'avis en dormant.

— Je trouverai une autre bonne !

— Une comme moi ? Laisse-moi rire.

— Tu dois me donner huit jours. C'est la loi.

— M'en fous, de la loi.

— Je t'attaquerai ! Je t'attaquerai !... »

Elle fit comme elle avait dit et s'en alla sans laisser d'adresse. Quelle mouche l'avait piquée ? Avoir supporté quinze ans le père et le fils ensemble, et ne pas pouvoir endurer le fils seul un jour de plus ! Georges Frompy n'attaqua personne : ce sont des choses qu'on se lance à la figure, mais que font les imbéciles seulement, la justice est bien trop chère. La maison avait mauvaise réputation : aucune femme ne voulut prendre la suite d'Annette. A présent, il vivait seul comme un hibou, ne se lavait plus, puait comme un bouc, se nourrissait de pain, de lard, de fromage, de patates bouillies volées à la marmite des cochons. Bref ! En cas de rechute, Mathilde Dutheil savait qu'elle ne pourrait plus compter sur personne pour la soigner ; les femmes qui restaient dans les hameaux environnants avaient bien trop à faire chez elles. Voilà pourquoi elle se faisait souvent examiner par le médecin de Puy-Guillaume. A côté des sachets d'herbes qu'elle remplissait elle-même, son buffet contenait toute une pharmacie : gouttes, cachets, pilules, suppositoires, pour le cœur, le foie, l'urée, la tension. Elle les prenait de son mieux, les oubliant souvent, parce qu'elle souffrait maintenant de distractions, à cause de sa cervelle ramollie.

Elle songeait à ces choses, assise près du fourneau, les mains sur les genoux. Tout par un coup, elle s'aperçut que l'eau de l'infusion ne chantait pas encore. Elle se leva, ajouta du bois au feu.

« Ta casserole a le derrière bougrement froid, ce matin ! » dit la jumelle.

Quand elle eut bu sa tisane de reine-des-prés, elle s'emmitoufla dans son châle noir et sortit pour appâturer ses bêtes. Le jour naissait à peine, à travers le brouillard épais et suintant qui couvrait comme un cataplasme le village abandonné.

Malgré son nom, le docteur Lenoir avait la tête toute blanche. Mathilde lui avait recommandé, chaque fois qu'il se trouverait à passer au voisinage du Peyroux, de monter jusque chez elle voir si elle avait besoin de ses services. Une sorte d'abonnement, en somme, comme avec le journal. Il arrêtait sa voiture devant la bicoquette, poussait le portillon, criait :

« Mathilde ! »

Si elle apparaissait, elle répondait :

« Oui bien !... Pas la peine aujourd'hui, je me sens comme il faut. Merci tout de même. »

Ou, au contraire, elle faisait signe, derrière ses carreaux, d'entrer tout à fait.

Elle lui raconta son vertige, sa chute sur la descente de lit qui s'était trouvée là bien à point, toutes ces cloches qui sonnaient : elle avait cru à la fin du monde.

« La fin du monde, bougonna l'autre en secouant sa tête de poireau, c'est quand on casse sa pipe. Elle vient pour chacun de nous, tôt ou tard. »

Elle eut une curiosité soudaine : pour une fois qu'elle se trouvait en compagnie d'un homme très savant, un spécialiste de la vie et de la mort, qui avait dû au cours de sa carrière en voir de toutes les couleurs, elle se mit à l'interroger sur ce qui se passe *après*.

« Après ? Après quoi ?

— Eh bien !... Après qu'on vous a fermé les yeux, pardi !

— On vous fout dans une boîte, et la boîte dans le trou.

— Ça, je le sais. Mais après ?

— Faut-il que j'insiste ? Votre corps...

— Je sais bien ce qui arrive au corps. Mais... Le reste ?

— Le reste ?

— Oui, le reste... l'âme.

— L'âme ! Des histoires de curés ! Y a pas d'âme à part. L'âme fait partie du corps. Elle est en lui, accrochée à lui ; sans lui, elle n'existe pas. Tenez, je vais me servir d'une comparaison. Le corps et l'âme, c'est la même chose qu'un livre et son contenu. Il vous est arrivé de lire un livre ? D'ouvrir un livre ? »

Elle chercha dans ses souvenirs, remonta jusqu'au temps de son école à Escoutoux, chez les sœurs qui lui apprenaient *qu'est-ce que Dieu ?* et lui disaient : « Ma pauvre Mathilde ! Ce n'est pas une tête que tu as sur les épaules, mais une calebasse ! » Qu'est-ce qu'une calebasse ? Le monde est plein de mystères et de complications.

« Oui, finit-elle par reconnaître. Je lis mon livre de messe.

— Bon, mettons un livre de messe. Il vous dit quelque chose, n'est-ce pas, ce livre de messe ? De quoi parle-t-il ?

— Il parle de Dieu, et des prières, et de l'âme.

— Tous ces trucs ont un sens, en principe. C'est des idées, des sentiments, une histoire qu'il raconte. L'histoire, voilà l'âme du livre. Le papier, la reliure, voilà son corps. Si vous le jetez au feu, tout disparaît, le papier et l'histoire. Le corps et l'âme. Pour nous, hommes, c'est la même chose. »

Elle fut consternée de ce qu'il lui révélait : cela ne s'accordait guère en effet avec ses croyances profondes. Voyant son affliction, l'autre retrouva son instinct professionnel et voulut la remonter un peu :

« La différence avec le livre brûlé, c'est que, après, nous ne sommes pas entièrement perdus. Nos molécules... je veux dire les petites parties qui nous composent se dissolvent... se mélangent à la terre. Nous revivons ensuite, sans doute, sous la forme végétale. J'imagine que notre âme donne alors aux fleurs leurs couleurs et leur parfum, aux fruits leur saveur. Les bleuets, les coquelicots, les violettes empruntent peut-être l'âme de quelqu'un que nous avons connu. Ça vous chagrinerait de devenir un coquelicot... après ?

— Un coquelicot, moi ? Peuh !

— Enfin, je vous dis ce que je crois être la vérité. Je le crois profondément. Mais il est possible aussi que je me trompe.

— Ah ?... Vraiment ?... Ça se peut ? »

Cette éventualité la consola. Elle aurait eu vraiment trop de peine si son âme avait dû s'évaporer comme l'histoire d'un livre brûlé ; si elle avait dû renoncer à l'espérance de retrouver un jour les chères âmes de ses défunts : Pierre, son mari de quelques mois ; Maurice, son frère ; son père et sa mère ; Vatelequerre, le dernier voisin... Ce grand-père Membrun dont elle avait presque oublié la figure, depuis soixante-dix ans qu'il avait quitté ce monde, mais qu'elle revoyait encore sur son lit de mort, adossé à deux oreillers. Tandis que ses enfants inondaient ses mains de larmes, il avait pris sa dernière colère, autant que le lui permettait son agonie :

« Arrêtez de pleurer, imbéciles !... Vous finiriez par me mettre dans l'inquiétude... Où croyez-vous donc que je serai, demain ?... Au cimetière d'Escoutoux ?... En enfer ?... Non, demain... je serai en Paradis... Y a-t-il de quoi pleurer ? Ou au moins au Purgatoire, qui en est le commencement... si le bon Dieu veut... J'ai jamais commis de péché assez gros pour descendre chez le diable. Alors... arrêtez vos larmes ! »

En gardant ses chèvres, les jours de soleil, Mathilde rêvait de ces futures retrouvailles. Ils seraient tous là-haut à l'attendre, dans leur longue chemise de nuit, les bras grands ouverts. Pierre et Maurice avec leur figure de vingt-cinq ans, tandis qu'elle arriverait, elle, plus plissée qu'un porte-monnaie. Plus vieille, même, que son père et sa mère ! A cause de la pénicilline et des remèdes d'aujourd'hui qui te gardent en vie malgré toi, alors que tu as fait ton temps !

Le docteur Lenoir l'examina, la fit tousser, écouta son cœur, mesura sa tension : 22 !

« C'est beaucoup trop, chère Mathilde. Vous ne devriez pas rester seule dans cette maison.

— Si vous voulez me payer une dame de compagnie !

— L'été, passe encore. Mais l'hiver ! A chaque instant, une congestion peut vous terrasser. Qui s'occupera de vous ? Savez-vous ce que vous devriez faire ? Vous avez de bonnes pensions, n'est-ce pas ?

— Oh ! bonnes !

— Suffisantes, je crois savoir, pour que vous vous retiriez dans une de ces maisons où l'on reçoit les vieilles personnes. Elles y sont bien nourries, bien logées, bien chauffées, bien soignées. Libres de sortir à leur fantaisie. Jamais seules, toujours en compagnie de gens de leur âge. La télévision, un jardin, des bancs à l'ombre. Que peut-on désirer de plus ?

— L'hospice ! Vous voulez m'envoyer à l'hospice ?

— Il ne s'agit pas d'hospice ! Ça n'existe plus, les hospices ! Je vous parle d'une maison de repos, d'une maison de retraite, d'une résidence pour le troisième âge. Des sortes d'hôtels.

— Le troisième âge ? Qu'est-ce que c'est, le troisième âge ?

— Celui que vous avez. On trouve de ces hôtels un peu partout dans la région : à Maringues, à Lezoux, à Aigueperse, à Thiers, à Billom, à Pont-du-Château... Voulez-vous que je m'en occupe ? Que je vous cherche une place ?

— Non, non... Pas encore. Il me semble que je peux tenir cet hiver... Quitter ma maison, est-ce que vous vous rendez compte ? Et qui s'occupera du Peyroux quand je serai partie ? Quand il y restera plus que les rats et les araignées ?

— Hé ! Ne vous souciez pas du Peyroux ! Si abandonné qu'il soit, il durera plus longtemps que vous !

— On verra, on verra. Pas tout de suite.

— Comme vous voudrez ! Vous voilà prévenue ! »

Elle reçut d'autres avertissements : les oignons de son potager avaient la pelure épaisse ; les hirondelles s'en allèrent de très bonne heure ; le jour de la Saint-Michel, le vent souffla du nord. Et le plus terrible, le plus solennel de tous : les escargots ! Dès la fin septembre, les escargots s'enfoncèrent sous terre de façon incroyable, et se murèrent sous leur couvercle. En arrachant ses carottes, elle en découvrit à une profondeur de bêche ! Tous ces signes signifiaient la même chose : l'hiver serait précoce et rude. Elle fit mine de ne pas comprendre.

Il fut rude en effet. Elle l'attendait de pied ferme, sa cave bien garnie de charbon, son bûcher rempli jusqu'au goulot du bois tout scié que lui apportait Frompy avec son tracteur. Vers la mi-octobre, il y vint un grand froid, mais qui ne dura guère. Juste assez pour plumer les arbres de leurs dernières feuilles. Elle les ramassait à brouettées, les portait au fond de son jardin, sur le tas des ordures ; avec le fumier de ses lapins et de ses biques, cela deviendrait l'aliment dont elle engraisserait, au printemps, sa terre épuisée par six mois de jeûne et d'abstinence. Puis, saint Martin nous fit cadeau d'un été de trois jours, comme à l'accoutumée.

Décembre et janvier furent des mois neigeux. Chaque matin, elle balayait devant sa porte, s'ouvrait un passage jusqu'à l'abri des bêtes. Elle ne sortait jamais sans ses châles, les mains dans ses mitaines, enveloppée comme une momie. Certains jours, quand le vent soufflait de Puy-Guillaume, aussi affilé qu'une lame de rasoir, elle aurait voulu s'enfoncer sous terre, à la façon des escargots. Les lapins se pelotonnaient l'un contre l'autre au fond de leurs cages ; les poules n'osaient descendre de leur juchoir ; Margarette, son oie, souffrait de neurasthénie ; ses trois chèvres se cotisaient pour lui fournir une bolée de lait. Une fois ses devoirs accomplis, Mathilde rentrait chez elle, frissonnante. Elle se frottait les mains pour les dégourdir, s'installait devant son fourneau, les pieds dans le four. C'est le moment que choisissait Courtaud pour lui sauter sur les genoux. Elle le caressait longuement de la tête jusqu'à sa queue coupée ; elle, ça la réchauffait, et lui, ça lui faisait plaisir. Sous sa main, le poil pétillait.

Le médecin venait de temps en temps constater si elle était vive ou morte. Il apportait quelque échantillon pharmaceutique :

« Prenez ça en cas de rhume... en cas de fièvre... en cas de vertige... »

Puis il repartait en grommelant :

« Ah ! ces vieilles carcasses ! »

Au crayon, elle inscrivait sur les boîtes : *rhume... fièvre... vertige... ;* puis elle les rangeait dans son placard et les y oubliait. Elle préférait ses tisanes dans lesquelles, parfois, elle versait une goutte de *blanche*. Le soir, elle plaçait au milieu de son lit une brique chaude enveloppée d'un vieux bas de laine.

A force de précautions, elle traversa l'hiver presque sans dommage. Seul janvier lui causa du tort, par une toux qui la déchirait et ne l'abandonnait qu'épuisée ; rien n'y faisait, ni le sirop, ni les frictions à l'eau-de-vie, ni les encouragements ironiques dont elle se fouettait :

« Tousse donc, vieille poussive !... Oh ! tousse donc !... Encore un coup !... Une autre fois !... Que le diable te crève ! »

Venue sans invitation, la toux s'en alla seulement quand il lui plut.

Février fut doux et pluvieux ; les premières violettes montrèrent leur nez. Encore un petit mois, se prédit Mathilde, et tu entendras chanter le coucou. Or voici qu'au moment où tout risque semblait écarté, un autre mal la frappa : un terrible lumbago. Elle ne pouvait faire un pas sans gémir, pliée sur sa canne, en chien de fusil.

« Vous devriez être couchée ! s'emporta le docteur. Les reins enveloppés ! Ça ne peut plus durer comme ça ! Je vous emmène ! Je vous fais hospitaliser à Thiers !

— Et mes bêtes, qui les soigne ? Vous les faites hospitaliser aussi ?

— Vous voyez bien que vous ne pouvez plus rester seule ! Liquidez-les, vos bêtes ! Et qu'on n'en parle plus ! Ou alors cherchez-vous un autre médecin ! Est-ce que les bêtes vont passer avant le monde ? »

De la poche de son tablier, elle sortit son mouchoir à carreaux et se mit à pleurer dedans.

« Essayez pas de m'avoir avec vos larmes ! Je marche pas ! »

Recroquevillée dans son fauteuil de rotin, elle continua quand même.

« Je vous répète que vous devez partir ! partir ! partir !

— Ayayaye !

— Quoi, ayayaye ?

— Vous me faites mal, avec ce mot.

— Si vous voulez que je revienne, promettez-moi absolument de les vendre ! Promettez !

— Hé ! Ça se fait pas du jour au lendemain ! Faut que je cherche quelqu'un de convenable, qui leur fera pas de misères !

— Vous connaissez tous les gens de la commune. C'est pas difficile.

— Faut que j'en parle, quand j'aurai l'occasion.

— Promis ?

— Promis. Mais je peux pas fixer une date. »

Ses larmes s'étaient arrêtées. Et, soudain, elles rejaillirent, se dispersèrent dans les rides de son visage.

« Ça vous reprend ? Qu'est-ce qu'il y a ?

— C'est... encore... à cause de mes bêtes. Elles ont rien mangé... depuis hier. J'ai pas pu... m'en occuper. Puisque vous êtes là, si vous vouliez... me rendre ce service...

— Quel service ?

— D'aller leur donner quelque chose. Y a tout ce qui faut dans le hangar. Des betteraves pour les lapins. Vous les coupez en tranches. Y a un couteau. Du genêt vert pour les chèvres. De l'orge pour les poules. »

La stupeur lui fit tomber les bras :

« Vous me demandez... ?

— Puisque vous êtes là ! »

Ensuite, la drôlerie de la chose le fit éclater de rire. Les lapins le reçurent bien ; mais les poules, terrorisées, s'envolèrent jusqu'au toit en criant à l'assassin ! Il découpa les betteraves en tranches, jeta quatre poignées d'orge au milieu des fientes, répartit le genêt vert. Comme les chèvres tournaient vers lui d'un air dédaigneux leur regard égyptien :

« Excusez, dit-il, vexé jusqu'aux oreilles, si je n'ai pas les compétences de la Mathilde ! »

Quand il revint dans la cuisine, il suggéra :

« Vous n'avez pas un parent, une parente, qui pourrait venir passer quelques jours avec vous ?

— Si. Plusieurs neveux et nièces. Je parle pas de mes belles-sœurs, aussi mal fichues que moi. Tous mes frères sont morts.

— Eh bien ! Écrivez-leur. »

Elle réfléchit ; puis : « Je vais écrire à ma belle-sœur de Randan. C'est la seule qui m'envoie une carte, de temps en temps. Elle a une fille et deux garçons.

— N'y manquez pas. »

La semaine suivante, quand il revint, il trouva sa cliente à peu près dans le même état.

« Ça n'a pas l'air d'aller bien mieux. Je vous ai ordonné la chaleur du lit et des frictions.

— Oh ! je me frictionne ! je me frictionne !

— Vous avez écrit à votre parente ?

— Oui. Pas encore de réponse.

— Et ce bétail, liquidé ?

— Je m'en occupe. Faut le temps, tout de même !

— Comment vous en occupez-vous, alors que vous ne pouvez pas mettre un pied devant l'autre ?

— J'en ai parlé à Clémençon, le facteur. C'est un homme de bonne volonté, et qui me débarrasse bien. Il me fait beaucoup de commissions, en m'apportant le journal. Alors, comme il entre dans toutes les maisons, il lui est facile de dire : Y a la Mathilde du Peyroux qui vend ses chèvres, ses poules, ses lapins, vu que le docteur Lenoir veut l'enfermer à l'hospice...

— Sacrée tête de mule ! Je vous ai dit que l'hospice, ça n'existe plus !

— Peut-être que je me suis mal expliquée. Ce qui compte, c'est que mon cheptel s'en aille, pas vrai ? Et quand Clémençon s'occupe d'une affaire... »

Il haussa les épaules, se prépara à partir, la saluant avec un sarcastique :

« Portez-vous bien ! A la prochaine fois.

— Attendez !

— Qu'est-ce qu'il y a encore ?

— Sans vous commander... puisque vous êtes là... si vous vouliez bien comme l'autre jour...

— Vous vous foutez de moi, Mathilde ? Est-ce que vous me prenez pour votre garçon d'écurie ?

— Clémençon accepte bien, lui, de leur donner à manger, aux pauvres bêtes. Il a même curé la cage des lapins !

— Ah ! non ! Ne me demandez pas ça ! Les betteraves, passe encore ! Mais pas le fumier ! Surtout le fumier de lapins ! Le pire qui soit ! Quand mon père voulait insulter quelqu'un, il criait : Fumier de lapins blancs !

— Il était guère poli, votre père. Mais j'aurais bien dû penser qu'un docteur est moins charitable qu'un facteur des P.T.T.

— Alors là... si vous me prenez par les sentiments... Je vais être obligé de rivaliser avec Clémençon.

— Le bon Dieu vous récompensera.

— M'en fous, du bon Dieu. »

Il laissa sur une chaise sa boîte à outils, et s'en alla vers la remise, amusé au fond de ce qu'on lui faisait faire. Les poules ne l'accueillirent pas mieux que la première fois : elles en avaient ras le bol de voir entrer chez elles cette tête qu'elles ne connaissaient ni d'Ève ni d'Adam.

La belle-sœur de Randan finit par répondre :

Bien chère belle-sœur, je suit bien fachée de ce qui vous arrive si je pouvait venir moi même vous soigné je ne manquerait pas de le faire mais comment vouler vous à mon age et avec toutes les douleurs que j'ai toute la misère et pas chez les mêmes vous me parlais aussi de mes garçons et de ma fille on diret que vous avais oublier leur situassion Jean-Claude l'ainé est marié il a un enfant il travail à la briquetterie de Billom il ne lui et pas possible de quitté son travail et de risqué de se faire mètre à la porte Jeanne la seconde et mariée aussi postière à Saint-Germain-des-Fossés ces la même chose il reste le troisième Gaston qui a 32 ans toujours célibatère il et avec moi il exploite la ferme mais s'il va soigné vos bêtes à vous qui va soigné les notres ça serai comme on dit déculoter saint Jean pour culoter saint Pierre je suis bien fachée de votre lombagot mais ces quant même pas si terrible il me semble que vous vous écouter un peu trop dans ce genre de maladie veau mieux se remué un peut enfin espéront que ma lettre vous trouvera mieux je prirer la Sainte Vierge pour qu'elle vous donne son appuit votre belle-sœur qui pense à vous

Joséphine Membrun

Quand elle eut déchiffré cette feuille, Mathilde la lut une seconde fois ; puis elle entra dans une grande fureur et la déchira en mille morceaux :

« La Sainte Vierge ! Oh ! Nom de gueux de nom de gueux ! La Sainte Vierge ! Votre belle-sœur qui pense à vous !... »

Elle tapa sur la table, s'arracha de son fauteuil, jeta les débris dans le feu. Alors, elle s'aperçut que sa colère lui avait fait du bien ; son échine lui parut un peu moins douloureuse.

Ensuite, le printemps vint et le coucou chanta.

2

Son lumbago évanoui, Mathilde n'avait plus de raison de quitter immédiatement le Peyroux. Elle fit savoir au voisinage, par le haut-parleur de Clémençon, qu'elle n'était plus vendeuse du bétail, que le marché pouvait attendre. Néanmoins, elle savait que ce n'était que reculer pour mieux sauter. Le médecin ne lui laissa aucune illusion :

« Vous avez réussi, par je ne sais quel miracle, à traverser l'hiver sans trop de dégâts...

— C'est la Sainte Vierge, et les prières de ma belle-sœur de Randan.

— Ne vous avisez pas de tenter l'épreuve une autre fois l'hiver prochain. Vous n'y coupez pas pour la pneumonie double, la pleurésie purulente ou la grippe infectieuse. Pour vous, c'est alors l'hôpital d'urgence ; pour vos bêtes, la crevaison dans les plus courts délais. D'autre part, ne croyez pas qu'il soit facile d'obtenir une place dans les hôtels de retraite au dernier moment : ils sont très demandés. Tout le monde aujourd'hui veut aller finir ses jours dans ces établissements. Alors, voici ce que je vous conseille. Passez ici la saison chaude. Mais dès le mois de septembre, vendez tout, cheptel et maison...

— Oh ! non ! Pas ma maison ! Ma maison, je la garde !

— Une fois installée là-bas, dans le confort, vous n'en aurez plus l'usage. Il vaudra mieux en tirer quelques sous qui, plus qu'elle, vous rendront service.

— Si elle ne sert pas à moi, elle pourra servir à quelqu'un d'autre, un jour.

— Quelqu'un d'autre ?

— Oui, on ne sait jamais. »

Il s'aperçut qu'elle rougissait, comme prise en faute, et comprit qu'elle pensait encore à ce mauvais sujet : Louis, son fils, occupé à « faire des affaires » sur la Côte d'Azur, et qui ne voulait plus entendre parler d'elle. Elle avait payé assez cher pour en être sûre. Et voilà qu'elle espérait encore contre toute espérance ! Elle se l'imaginait revenant un jour au Peyroux, dans ce « bled pourri », ce « patelin de cons », pour y passer des vacances, en compagnie d'une de ses nombreuses fiancées ! Ou pour y écouler, beaucoup plus tard, les jours d'une retraite heureuse parmi les pâquerettes et les boutons-d'or ! L'espérance est une flamme difficile à éteindre. Le médecin lut tout cela dans la rougeur de Mathilde. Il haussa les épaules et se contenta de dire :

« Comme vous voudrez. En tout cas, vos bêtes, hein ? je n'en veux plus avant la fin de l'été. Je m'occuperai de vous chercher une place. Avez-vous une préférence ? Lezoux ? Maringues ? Thiers ?

— Non, non. De toute manière, dans votre hôtel, je connaîtrai personne. Alors, ici ou ailleurs... »

Elle vécut donc son dernier été au Peyroux. Au lieu d'emmener ses chèvres au plus proche pâtis, comme les autres années, elle marchait aussi loin que le lui permettaient ses genoux. Elle revoyait ainsi des coins de terre, des chemins, des arbres depuis longtemps perdus de vue et quasiment oubliés. Ceux qui passaient s'étonnaient de la rencontrer si loin de sa bicoque :

« Ohé ! Mathilde ! Qu'est-ce que vous faites par ici ? Du camping sauvage ? Vous allez vous perdre !

— Pas de risque ! »

Elle avait naguère connu chaque pierre, chaque pouce de terrain, chaque repli de la montagne. Pas de risque qu'elle s'égarât dans la région ! Certains endroits, elle les aurait devinés les yeux fermés, à l'odeur : sur tel versant, les châtaigniers, avec leurs fleurs fades qui pendent de partout, comme des queues de rat ; ailleurs, les aubépines amères ; l'âcre senteur des orties foulées ; la résine des troncs d'arbres entassés ; les eaux croupissantes ; les fumures épandues. En se vidant de ses hommes, la campagne perdait à présent aussi un peu de ses odeurs. N'importe ! Telle quelle, nom de gueux, elle valait la peine d'être respirée ! Mathilde se remplissait de tout ce que bientôt elle allait perdre.

Elle regardait avidement les maisons du village. Celle de Victor Dassaud : maintenant, tas de ruines envahies par les ronces ; un frêne était en train de grandir tranquillement au milieu. Le toit des Maibert commençait à s'enfoncer. Celle des Jolivet avait déjà perdu le sien ; la nuit, à travers les fenêtres, tu pouvais compter les étoiles. Celle des Plandieu, celle des Dozolme restaient encore bravement debout ; elle vit des lézardes à traiter, des volets à repeindre, des lucarnes à boucher, et les signala aux héritiers, dès qu'elle en eut l'occasion. Qu'allait devenir le Peyroux sans elle ?

Qui donc, pour le garder en vie, y entretiendrait la fumée quotidienne ? Qui soignerait ses blessures ?

Chaque soleil levant la rapprochait de son départ. Le combien sommes-nous ? Mon Dieu ! Déjà le 24 ! Plus qu'une semaine avant la fin du mois ! Clémençon lui envoya des acheteurs. Elle les avertit fermement :

« D'accord, je veux bien vendre mon cheptel. Mais je le garde jusqu'au dernier jour ! Alors, ne venez pas le chercher avant que je vous le fasse dire par le facteur des P.T.T. »

Un matin, le médecin débarqua, rayonnant :

« Ça y est, Mathilde ! Après je ne sais combien de démarches, j'ai enfin ce qu'il vous faut. A vingt kilomètres d'ici : Entraygues. J'espère que vous êtes contente ?

— Vingt ou quatre, qu'est-ce que ça me fait ? Quand je serai partie...

— Qui vous empêchera de temps en temps, à la belle saison, de venir jeter un coup d'œil au Peyroux ? En taxi, ça ne coûte pas une fortune ! Ça vous fera une sortie. Vous aurez plaisir à revoir votre bicoque. J'ai réservé votre place pour le 1er octobre.

— Vous êtes bien pressé de perdre ma clientèle ! Je pourrais tenir jusqu'à la Toussaint. Je ramasserais des châtaignes, je les emporterais...

— Vous aurez là-bas tout le nécessaire. Inutile d'emporter de la nourriture. Quant à la date, on ne m'a pas laissé le choix : c'est le 1er octobre ou rien du tout. »

Elle baissa la tête, résignée désormais à ne plus faire que la volonté des autres. Depuis cinquante ans, elle n'avait d'autre maître que la volonté du ciel ; et voici qu'elle allait devoir apprendre à obéir, comme lorsqu'elle était petite fille, ou en service à Barante. Le docteur lui exposait tous les avantages dont elle jouirait à la maison d'Entraygues : logée, nourrie, blanchie, chauffée, soignée gratuitement en cas de maladie. Aucun souci à se faire ! Il la prit par les épaules pour qu'elle le regardât en face, pour qu'elle se laissât éclairer par sa joie à lui :

« Savez-vous, Mathilde, savez-vous comment s'appelle ce palace ?

— Comment que je le saurais ?

— Écoutez bien. Il s'appelle : *Le Doux Repos !*

— *Le Doux Repos ?*

— Oui, *Le Doux Repos*. Qu'est-ce que vous en dites ?... C'est un programme, ça, non ?

— Ben oui. C'est pas trop mal. »

Elle dut en convenir, avec mauvaise humeur. Elle demanda ce qu'il faudrait emporter.

« Votre linge de corps, simplement ; tout le reste, draps, serviettes, sera fourni par la Maison. N'est-ce pas merveilleux ?

— Et comment serai-je logée ?

— Là se pose un problème. Il existe des chambres communes, pour huit ou dix personnes ; des chambres à deux ; des chambres individuelles. Naturellement, moins l'on est, plus c'est cher. D'autre part, les chambres individuelles sont très peu nombreuses. Moi, je vous conseille la chambre à deux. De cette façon, vous aurez de la compagnie. Chaque personne rend de petits services à l'autre. On bavarde, on ne voit pas le temps passer. »

Elle hocha la tête, consentante, puis tout à coup la redressa :

« Je plains celle qui couchera à côté de moi ! Sauf si elle est sourde. En dormant, je ronfle plus fort qu'une batteuse ! »

Ils évoquèrent le prix de pension. Tant par jour. Multiplié par trente, ça mangerait à peu près entièrement ses deux retraites cumulées, celle de veuve de guerre et le Fonds de Solidarité. Mais lui :

« Qu'est-ce que cela fait ? Puisque tous vos besoins seront couverts ! Vous n'aurez pratiquement rien à acheter. Pour les dépenses imprévues, il vous reste vos économies. J'espère que vous ne les gardez pas pour... vos héritiers ?

— Non, non.

— Vous retirerez de la Caisse d'Épargne une certaine somme. Mettons par exemple 100 000 francs. Anciens, bien sûr. Vous les confierez à l'économat de la Maison qui vous les gardera dans son coffre. Quand vous aurez besoin d'un peu d'argent, vous le demanderez à l'économe. Vous voyez : c'est sûr et simple. De cette façon, vous n'aurez jamais sur vous que de petites sommes, et vous ne craindrez pas les voleurs.

— Il y a donc des voleurs ?

— Ma chère Mathilde, des voleurs, il y en a partout. Même au gouvernement. Même à Rome, chez le pape, puisqu'il dispose d'une prison. Alors, il vaut mieux se prémunir. »

Elle entra dans le mois de septembre, qui fut très beau cette année-là ; on aurait dit que la campagne voulait lui donner de plus grands regrets. Dans les jardins abandonnés, les pommiers, les poiriers, les cognassiers étaient chargés de fruits ; les grappes commençaient à rosir. Elle contempla le sien, le cœur serré. Il y restait des légumes que les lièvres seuls mangeraient : des choux, des carottes, des haricots, des salades ; et un potiron qui faisait quasiment un mètre cube ! Jamais elle n'avait produit de potiron aussi gros. Comme pour se moquer d'elle, chaque jour il enflait davantage. L'oie Margarette déambulait dans la cour tristement, sans rien dire. Depuis la mort de Vatelequerre, plus personne ne se souciait de lui donner la réplique, de lui dire : « Margarette ! Ha !

Ha ! » pour l'inciter à répondre. Alors, elle se taisait. Elle n'aimait pas les monologues.

Le 22, jour de la Saint-Maurice (elle avait chaque année ce jour-là une pensée spéciale pour son pauvre frère, celui qu'elle avait préféré), Francis Jolivet descendit de Chautard avec son tracteur et son tombereau à fumier, de bon matin. L'acheteur, c'était lui ; il venait prendre livraison. Elle s'indigna :

« Tu vas mettre tout le monde là-dedans ? Mes chèvres, mes poules, mon oie, mes lapins ?

— Et alors ! Ils ont bien l'habitude de vivre ensemble, non ?

— Ils vont se battre, dans ton tombereau ! Tu aurais pu faire deux voyages !

— Deux voyages ? Et le gas-oil, vous croyez qu'on me le donne à l'œil ? »

Il était venu très tôt pour surprendre la volaille au nid :

« La laissez pas sortir, qu'il recommanda. Je vais charger les lapins d'abord, dans une caisse ; ensuite les chèvres ; les poules en dernier ! »

Les lapins n'opposèrent qu'une résistance symbolique. Il n'en fut pas de même des biquettes. D'abord, elles s'affolèrent dans leur chèvrerie, à la vue et à l'odeur de ce gaillard inconnu, vêtu de bleu, avec une drôle de casquette.

« C'est ta casquette, expliqua Mathilde, qui les rend nerveuses.

— Qu'est-ce qu'elle a, ma casquette ?

— Un pompon. Une casquette avec un pompon. Comme le béret des marins.

— Eh ben quoi ! C'est la mode !

— Oui, mais elles, elles ont jamais vu ça. Moi-même, ça me donne quasiment la berlue. Je veux regarder ailleurs ; et mes yeux, malgré moi, reviennent toujours vers ton pompon. Alors, excuse-les.

— Eh ! mon pompon !... »

Il ne trouva rien d'autre à dire. Quant aux chèvres, elles ne succombèrent qu'avec la complicité et la traîtrise de leur maîtresse. Mathilde les emmena une à une jusqu'au pied du tombereau ; là, Jolivet les saisit à bras-le-corps, malgré leurs contorsions et leurs ruades, et les jeta dedans.

« Doucement ! recommandait la vieille. Doucement, Francis ! Ne leur fais pas de mal ! »

Quand elles furent toutes trois dans la voiture, elles se mirent à bêler, d'une voix désespérée. Mathilde fondit en larmes, ce qui rendit l'acheteur furieux :

« Je crois bien que la plus chèvre des quatre, c'est encore vous ! Allez vous cacher ! Laissez-moi finir tout seul le chargement ! »

C'est ce qu'elle fit. Dans sa cuisine, elle se boucha les oreilles pour ne pas entendre les piaillements de sa volaille pourchassée. Margarette ressortit sa voix des meilleurs jours, lança de grands coups de trompette. Jolivet eut quand même le dernier mot : bientôt, tout le cheptel se trouva en vrac dans le tombereau à fumier, piétinant, caquetant, chevrotant. Afin d'empêcher les évasions, il le recouvrit d'une bâche qu'il ficela par-dessous. Il revint satisfait, en s'époussetant les mains.

Mathilde l'attendait sur sa chaise, les mains abandonnées, les joues humides, la figure en grand deuil.

« Remettez-vous, ma pauvre ! Remettez-vous ! Vaut mieux perdre ses bêtes que perdre ses enfants.

— L'un n'empêche pas l'autre. »

Il se mordit la langue, de la bêtise qu'il avait lâchée. Puis, comme une consolation, il déposa devant elle, sur la table, les billets du prix convenu :

« Rubis sur l'ongle ! Moi, je paye toujours rubis sur l'ongle ! »

C'était une expression luxueuse, qui visiblement lui plaisait. Il insista :

« Vous pouvez compter. »

Elle eut un geste de la main pour signifier : je vous fais confiance. Elle aurait dû alors, selon les bons usages, se lever, offrir une goutte de quelque chose, de *blanche* ou de son eau de coing. Mais elle semblait avoir perdu le sens des convenances. Elle restait là, les yeux dans le vide, sans parole ni mouvement.

« Je comprends, fit Jolivet, gêné de ce silence, qu'un déménagement... à votre âge... ça vous foute un coup. Mais vous en faites pas, Mathilde ! Là-bas, vous serez gâtée... comme un coq en pâte... Et puis, on ira vous voir ! Comme un coq en pâte, vous serez, là-bas ! »

Il avait ainsi des expressions, *comme un coq en pâte, rubis sur l'ongle*, des friandises de bouche en quelque sorte, qu'il roulait sur sa langue. La vieille, elle, semblait aussi devenue sourde. Dans ces conditions...

« Bon. Eh bien ! je m'en vas. Vous restez encore quelques jours ?... J'aurai sûrement l'occasion de repasser par ici. Ménagez-vous, Mathilde. Nous autres, dans la région, on vous oubliera pas, soyez sûre !... Au revoir. Ménagez-vous. »

Elle ne répondit point. Quand il fut sur la porte, il se retourna, répéta :

« Ménagez-vous ! »

Puis il traversa la cour à grandes enjambées, vers le tombereau à fumier où c'était toujours la révolution.

Elle perdit également le manger et le dormir. Le jour, une

question lui traversait souvent l'esprit : Est-ce que tu as soigné ton cheptel ? Elle ne pouvait retenir ses jambes de la porter malgré elle vers la remise où, naguère, sa venue provoquait toujours un ébrouement joyeux. Une fois à l'intérieur, elle revoyait les places vides, tout son corps se mettait à trembler. Elle ne pleurait plus, ayant fini sa provision de larmes ; il ne lui restait que des sanglots, une sorte de petit hoquet qui la secouait de la tête aux pieds : hup ! hup ! hup !...

Elle errait dans la maison en gémissant. Nom de gueux de nom de gueux de nom de gueux. Elle fit un petit tas des affaires à emporter : camisoles, chemises de nuit, bas, bonnets... Elle les enveloppa d'un vieux drap retenu par des épingles de nourrice. Là-bas, auras-tu la place d'installer tout ça ? Nom de gueux de nom de gueux de nom de gueux. Elle passa de même en revue tous les souvenirs de ses tiroirs : vieilles ordonnances, livret de la Caisse d'Épargne, livret de famille, lettres, titres de propriété ; elle entassa ce qu'elle voulait garder dans sa boîte à malices : le coffret du *Caïffa*, avec, sur le couvercle, le joueur de galoubet en train de charmer un serpent à lunettes. A propos de lunettes, n'oublie pas les tiennes ; ni ton fil, tes aiguilles, tes ciseaux ; mais comment feras-tu pour tout installer ?

En fin de journée, elle s'apercevait que son fourneau était resté froid, et qu'elle n'avait rien mangé, hors son chagrin. Par devoir, elle y fourrait quelques bûchettes, se préparait une soupe à l'oignon. Quand elle l'avait trempée dans son écuelle, selon l'habitude, elle se rendait compte qu'elle n'avait pas de lait. Ah ! tu aimes pas la soupe noire ! Faudra pourtant bien t'y habituer. Tu crois qu'au *Doux Repos* on te donnera la soupe blanche ? Elle avalait quelques cuillerées, pires qu'une purge ; elle laissait le reste dans le bol.

Avant de se coucher, par une ancienne habitude, elle se préparait une infusion de tilleul. Elle allait chaque été cueillir la fleur dans les arbres bruissants d'abeilles. Et il n'était guère de malaise, guère de chagrin qui résistât en elle à cette tisane du soir. Si bien qu'ensuite elle se glissait entre ses draps, l'estomac et la conscience soulagés.

La nuit, elle demeurait pourtant les yeux ouverts, songeant à toutes les années vécues dans cette maison. Elle en faisait le compte, depuis 1921, depuis le jour où elle avait signé l'acte d'achat à Puy-Guillaume, chez Me Chadeyrat. Que de monde, alors, au Peyroux ! Des vieux, des jeunes, des enfants. Son fils Louis allait à l'école à Paslières et en rapportait des images et des bons points. Puis, avait éclaté une seconde guerre. Et nous l'avions perdue ! Ce qui fait que tous les pauvres soldats de la précédente qui avaient laissé leurs os sur le front étaient morts pour rien. En commençant par Pierre Dutheil, son mari, et Maurice Membrun, son frère. Voilà ce que c'est, d'être mal gouverné. Un jour, comble de l'horreur, un groupe d'Allemands était monté jusqu'au Peyroux. Ils cherchaient, qu'ils disaient, des terroristes. *Terroristen !* Ils n'en avaient pas trouvé. Alors, pour se consoler, ils avaient raflé tous les œufs et tout le beurre du village. Pire encore ! Trois ou quatre s'étaient éparpillés, s'étaient déboutonnés, et avaient pissé contre les maisons. Leur sale pisse de Boches avait ruisselé le long des murs et été bue par la terre ! Voilà une des choses, qui, à l'époque, l'humiliait le plus : l'idée de tous ces ennemis foulant notre pays et pissant dessus à chaque instant. Ensuite, heureusement, on les avait chassés. Toutes les nuits, les avions anglais rasaient les toits pour venir lâcher du matériel sur les maquis des environs. Un jour, les *Terroristen* étaient sortis des bois, et avaient raccompagné les envahisseurs à grands coups de pied dans leurs gros derrières jusque chez eux, où les survivants pourraient pisser tout leur soûl. Son fils Louis était rentré de sa captivité, avec ces mauvaises manières apprises là-bas, ces mots qu'il leur avait empruntés, *doubiste, chaïze, fertiche*, et ainsi de suite. Il avait vécu quelques mois en sa compagnie ; puis, comme si leur séparation n'avait pas été assez longue, il était reparti. Vers la Côte d'Azur. Vers le Carnaval de Nice.

Petit à petit, le Peyroux s'était vidé de ses habitants ; elle restait la dernière ; et voici qu'elle allait partir à son tour, pour obéir à ces gens qui ne voulaient que son bien : le docteur Lenoir, Jolivet, Clémençon, Frompy, et tous les héritiers. Ils n'auraient pas aimé la trouver morte un matin, dans son lit, ou bien par terre, devant la cage des lapins. Ils craignaient les critiques des uns ou des autres : Vous l'avez laissée mourir toute seule, comme un chien ! En Auvergne, le plus grand malheur qui puisse t'arriver est de mourir tout seul, comme un chien. Alors, la famille, les voisins s'arrangent toujours pour te fournir une compagnie, dans tes derniers moments. Quelqu'un qui pourra les raconter : « Elle a fait *hâââââ !...* Et puis ç'a été fini. » Ou bien : « Elle a dit : *Bouno Viedjo ! Adjudo me !* » En Auvergne, on aime les derniers soupirs édifiants. Alors, elle, on la poussait hors de chez elle : Allez mourir ailleurs, ma pauvre Mathilde ; nous, on est vraiment trop occupés pour s'occuper de vous et de votre cheptel.

Au milieu de la nuit, elle écoutait craquer les jointures de la vieille baraque, pleine de rhumatismes. Quand le vent soufflait, elle chantait pourtant comme un violon.

Le dernier jour du mois, le médecin arrêta sa voiture devant la porte et descendit en courant :

« Soyez prête demain à 2 heures. J'ai demandé à Gardette de venir vous prendre, avec vos bagages. N'en emportez pas trop : juste des vêtements et du linge de corps, comme je vous ai dit. A 2 heures ! »

Puis il l'embrassa : « Au revoir, Mathilde. Portez-vous bien. Et donnez-moi de vos nouvelles de temps en temps.

— Vous... ne m'accompagnerez pas ?

— Non, non. Mais soyez sans crainte : vous êtes attendue ! Vous verrez que vous serez reçue à bras ouverts, je vous ai recommandée. Et s'il y a quelque chose qui ne va pas, vous connaissez mon adresse et mon numéro de téléphone. Au revoir. Que le bon Dieu auquel vous croyez vous conserve longtemps.

— Au revoir. Pareillement. »

Elle se laissa embrasser, étourdie de ce qui lui arrivait. Il entra dans sa voiture, puis démarra brusquement ; les pneus labourèrent le sol de la Rue-qui-Monte. Elle vit son bras à la portière.

Dans ce bizarre sac de voyage qui ne lui avait servi qu'une ou deux fois — il était rond comme un boudin et se fermait par le haut en claquant, à la manière d'un porte-monnaie — elle mit ses mouchoirs, la boîte de ses médicaments, ses pastilles de Vichy, le coffret du *Caïffa*, la boîte de sucre entamée, un paquet de café et un autre de biscuits non ouverts. Tu en feras cadeau à quelqu'un, tu trouveras bien une occasion. La dernière nuit, elle entendit des souris gratter au grenier. Faudra que tu mettes les pièges. Puis il se mit à pleuvoir. La nuit tombait doucement sur la toiture, produisait un gargouillis dans les gouttières ; on aurait dit que la maison s'était mise à pleurer aussi. Elles pleurèrent ensemble jusqu'à l'aube.

Ce furent ses dernières larmes. Au petit jour, elle se leva résolument, balaya toutes les pièces, vida les cendres du fourneau, épousseta les meubles, lava sa toile cirée, astiqua la lampe de cuivre qui, sur le manteau de la cheminée, n'éclairait plus que les soirs de panne électrique. A midi, elle mangea du pain et du fromage qui restaient : l'ultime chèvreton de ses biques. Elle mit le nez dehors : le ciel riait bleu sur la terre encore mouillée. Faut que tu t'en ailles courageusement. Va pas te faire remarquer. Si tu pars, c'est bien que tu l'as voulu, on t'a pas forcée. Le monde a autre chose à faire qu'à consoler une vieille pleurarde.

A l'heure dite, Gardette arriva, dans son taxi. Quand il eut chargé son baluchon et le sac de voyage :

« C'est tout ? qu'il demanda.

— Eh oui. Là où que je vais, on me fournira toutes mes nécessités. Est-ce que vous avez des carottes ? Des choux ? Des salades ?

— Ben, on en a quand on en achète. »

Elle l'emmena vers son jardin :

« Tenez, servez-vous. Autant vaut que vous en profitiez. Prenez ce qui vous fera plaisir.

— Bien vrai ?

— Oui, oui, allez-y ! »

Pendant qu'il se servait, elle fermait soigneusement volets et fenêtres. Voilà. Quelle main les rouvrira maintenant ? Sûrement pas la tienne. Vint le tour de la porte. Mathilde tourna deux fois la clé. Elle se demanda si elle devait la glisser sous la tuile qui, lorsqu'elle s'absentait, lui servait de cachette, ou bien l'emporter. Elle se moquait des neiges et des pluies à venir, des vagabonds, des souris, des araignées, des pies, des hirondelles ; mais — sans employer jamais ce mot — elle croyait aux symboles : le drapeau, la croix, les alliances d'or. En emportant la clé, elle emportait le signe de sa propriété : un jour, peut-être, elle la remettrait à quelqu'un.

Gardette revint avec une brassée de légumes. Elle s'étonna :

« Et le potiron ? Vous laissez le potiron ?

— Ben... chez nous, on aime pas ça. »

Est-ce qu'on pouvait, nom de gueux, abandonner un potiron de cette taille ? Elle retourna au jardin : tu trouveras bien quelqu'un à qui le donner. A-t-on idée de pas aimer la soupe au potiron ? la purée de potiron ? la confiture de potiron ? la tarte au potiron ? Elle revint, essoufflée, clopinante, portant le potiron prisonnier dans un sac de jute qui lui battait les jambes ; ils l'installèrent entre les poireaux et le baluchon.

« Ce que je vous recommande, monsieur Gardette, c'est d'aller doucement, si vous voulez pas que je vomisse tripes et boyaux dans votre automobile.

— Comptez sur moi. »

Elle employait des mots qui depuis longtemps, comme ses robes, n'étaient plus à la mode. Les estropiant un peu quelquefois. Elle disait : une automobile, un aéroplane, une bobinette, de l'eau oxygénée.

Par prudence, elle se mit à sucer une pastille de Vichy. Puis le taxi démarra. Et ils s'en allèrent sans qu'elle tournât la tête.

3

Entraygues s'appelle ainsi à cause de sa situation presque au confluent de deux rivières, une petite et une pas bien grosse, la Seyche et le Litrou, qui se jette dans l'Allier, qui se jette dans la Loire, qui va porter vers le nord et jusqu'à la mer toute cette eau avec laquelle l'Auvergne s'est lavé les pieds. Entre Seyche et Litrou, les gens de l'endroit cultivent la betterave, le maïs, le blé, les patates. Et aussi l'angélique que la pâtisserie utilise confite. Ils ont des vignes sur les coteaux, des noyers le long de leurs routes et chemins, récoltent les noix que les pies et les promeneurs leur abandonnent.

La blanche bâtisse montrait son nom en écriture fleurie sur une plaque de marbre : *Le Doux Repos*. Gardette sonna à la porte et dit au concierge :

« Je vous amène une nouvelle pensionnaire, qui a retenu sa place.

— Ici, c'est l'entrée d'honneur, expliqua l'autre. Faut passer par-derrière, le portail est ouvert en permanence. Vous traversez la cour, jusqu'au bâtiment en face, où qu'y a écrit *Réception*. Vu ?

— Vu. »

Le garagiste revint à Mathilde :

« On doit faire le tour. Y a un portail ouvert. Ici, c'est l'entrée d'honneur. »

Et elle : « J'ai pas besoin d'honneur. »

Cette cour était en réalité, comme l'avait promis le docteur Lenoir, un jardin, avec des bancs, des bouquets d'arbustes, des pelouses bien tondues entre lesquelles couraient des allées rouges. Le tout encadré par les bâtiments neufs aux innombrables fenêtres, et par les anciens, plus réservés, avec leurs toits de tuiles rondes, surmontés d'une croix. Gardette siffla d'admiration :

« Vous allez mener là-dedans la vie de château ! »

Des vieux, des vieilles, silencieux comme des ombres, erraient à pas traînants sur l'asphalte pourpre ; d'autres étaient répandus sur les bancs, les pieds dans de grosses pantoufles. Tous regardaient la voiture de leurs yeux ronds, sans un sourire, sans un signe, sans un mot.

Il la débarqua devant la *Réception*, elle et sa balle de linge, son sac, son potiron. Mathilde sortit difficilement de la voiture, les entrailles encore remuées par le voyage. Appuyée sur sa canne, elle se dirigea vers la porte vitrée, de cette démarche dandinante qu'elle avait prise depuis quelques années. Elle frappa au carreau, se tint respectueusement devant la porte, attendant que l'on criât : « Entrez ! » Comme rien ne venait, elle frappa un peu plus fort. Gardette, en sentinelle près des bagages, la surveillait de loin.

« Ça répond pas ! qu'elle expliqua.

— Peut-être qu'on vous entend pas. Essayez d'ouvrir. »

Elle tourna la poignée, passa la tête, appela :

« Y a quelqu'un ?... Y a-t-il quelqu'un ? »

Non, il n'y avait personne. Étrange bureau de réception, où l'on ne recevait pas. Ils vont sûrement revenir. Entre quand même. Tu vas pas rester là cent sept ans. Faudra bien que quelqu'un s'occupe de toi. Une chaise du moins l'attendait devant un comptoir vide, pareil à celui de la Poste ou de la Caisse d'Épargne. Elle s'y installa, arrangeant ses cotillons autour d'elle. Elle fit bien : au bout d'un moment, une porte s'ouvrit derrière le comptoir, laissa paraître une jeune fille en blouse blanche.

« Bonjour, ma mignonne, dit Mathilde, qui était rusée comme un marchand de toile et connaissait les mots qui attrapent les gens. Je viens sur le conseil du docteur Lenoir, de Puy-Guillaume. Il m'a retenu une place dans votre hôtel.

— Bonjour, madame. Vous vous appelez ?

— Veuve Dutheil, Mathilde, née Membrun. »

La mignonne chercha dans ses papiers, dit : « En effet, on va vous conduire », appela dans son téléphone une certaine Françoise, « Voulez-vous venir s'il vous plaît », puis précisa :

« On vous a mise dans une chambre à deux lits, à Saint-Paul. Ça vous va ?

— Ça m'ira sûrement. »

Arrive Françoise, une grande femme, jeune encore, rieuse, musclée, avec de beaux estomacs, comme disait Vatelequerre, c'est-à-dire le corsage bien meublé. (Il chantait une étrange chanson franco-auvergnate :

On l'appelait Javotte,
La youchka !
C'était une boulotte,
La youchka !
Qu'avait des echtomacs,
Youchka de la digue digon gouya,
d'la machtanguouine tanga youchka !)

Françoise commence par embrasser Mathilde sur les deux joues, et annonce :

« Je vous emmène à Saint-Paul.

— Oh ! moi ! Saint Paul ou saint Pierre ! »

Au passage, Gardette s'accroche au convoi et suit, la marchandise dans les bras.

« Qu'est-ce que c'est que ça ? » demande Françoise, désignant le potiron.

Et Mathilde, lui parlant quasiment à l'oreille :

« Une coucourle de mon jardin. Elle allait se perdre. Je vous en fais cadeau, si elle vous plaît.

— Cadeau ?

— Oui, ma mignonne. Parce que je suis sûre que vous serez gentille pour moi. Ça se voit sur votre figure.

— C'est-à-dire... que je prends mes repas ici. Mais, si vous voulez, je la donnerai à ma mère. Je sais qu'elle aime la coucourle.

— Naturellement, que je veux ! »

Françoise prend le potiron, le dépose dans un coin et dit :

« En vous remerciant. »

Ils se dirigent vers une aile ancienne. Les voici chez saint Paul. Trois marches à monter. Un couloir qui sent l'urine : à gauche, la porte des lavabos-cabinets est plus qu'entrouverte : on voit une vieille en train de se recotillonner. Françoise tire le battant sans rien dire. Sur les côtés, à trois endroits, des rideaux verts. Elle écarte celui du fond, à droite :

« Voici votre chambre... madame Sauvagnat, je vous amène de la compagnie. »

Mathilde suit, se dandinant comme une cane ; puis Gardette et le matériel. Quand tout est entré, les gens et les choses, on ne sait plus comment se tourner, la chambre déborde. Le mobilier comprend deux lits, deux chaises, une armoire, deux tables de nuit et un crucifix en bois blanc. Mme Sauvagnat est une femme mince, assez distinguée, le visage marqué de rides profondes. Elle se tient au garde-à-vous, à la tête de son lit, les pieds à l'équerre, couronnée de cheveux étrangement noirs qui la font paraître moins vieille, assurément, que son âge.

« Eh bien ! ma pauvre ! dit Mathilde. Nous voilà comme qui dirait mariées ensemble ! »

Elle tend la main ; mais l'autre ne lui rend pas la politesse et demeure raide dans son coin. En voilà une méprisante ! En voilà une manière de recevoir le monde ! Quelqu'un qui doit partager votre chambre jour et nuit ! Mais Françoise explique :

« Excusez Mme Sauvagnat. Elle est aveugle.

— Aveugle ? Oh ! ma pauvre ! Une bien triste infirmité ! Pourtant, on le dirait pas : vous avez les yeux tout à fait comme tout le monde !

— C'est le glaucome, dit la vieille aux cheveux noirs.

— Ah ! le glaucome !

— Je me débrouille très bien ! Pour me diriger, je n'ai besoin de personne, sauf s'il faut aller loin, ce qui n'arrive pas souvent ! »

Gardette dépose la valise sur le plancher, le ballot sur le lit, reçoit le montant de sa course et s'en va, laissant une carte avec son numéro de téléphone, pour le cas où... L'armoire étant commune aux deux pensionnaires, chacune dispose d'une moitié et d'un battant. Françoise recommande à sa nouvelle cliente d'y installer ses affaires, sans se presser ; elle reviendra un peu plus tard la débarrasser de la valise vide, qui sera entreposée dans un local spécial avec quelques centaines d'autres.

« La soupe est à 5 heures. Mme Sauvagnat vous conduira jusqu'au réfectoire. »

Puis elle leur sourit à toutes deux, fait un signe de la main et s'en va aussi, en récupérant au passage la coucourle qu'elle presse contre ses estomacs.

La première chose que Mathilde sort de son sac est la petite photo du pauvre Pierre, son jeune mari, tombé à la bataille de la Marne, en septembre 14. Coincée entre deux feuilles de verre, debout sur son pied de métal, elle le représente en tenue de chauffeur, au service du baron de Barante, sa casquette blanche sur les genoux. Depuis près de soixante ans qu'ils ne sont plus ensemble, Mathilde ne s'est pas couchée un soir sans lui adresser un regard et une pensée. Elle le place sur sa table de nuit. La fenêtre de la chambre l'éclaire bien. Ah ! mon cher ami ! Toi, tu ne vieillis point ! Regarde ce que ta femme est devenue ! Ses mains, sa figure, ses jambes, toute sa personne dont le peilleraud ne donnerait pas trois sous en comptant ses doublures ! Elle appelle « doublures » les cotillons, camisoles, robes, tricots dont elle recouvre ses infirmités. Quand elle se déshabille, elle est pareille à ces clowns de cirque qui s'enlèvent un pantalon, puis un second, puis un troisième et en ont toujours un autre en dessous.

Ensuite, elle dispose son linge dans sa moitié d'armoire, qu'elle remplit bien. Les objets précieux, médicaments, cartes postales, papiers, carnets, s'entassent dans la table de nuit. En même temps que ses mains, sa langue travaille ; elle répond aux questions de la voisine, explique qui elle est, comment elle s'appelle, d'où elle vient, pourquoi elle va résider ici. A chaque instant, l'autre, qui a l'air d'écouter, mais qui n'écoute rien du tout, interrompt ses confidences pour placer les siennes :

« Nous étions mariés depuis à peine dix-huit mois, ma pauvre, quand la guerre me l'a pris et me l'a tué...

— C'est comme moi. Je suis veuve aussi. Mon homme touchait sa retraite de cantonnier. Nous n'étions pas malheureux. Il est mort y a cinq ans. J'ai deux fils et une fille. Tous bien placés.

— Moi, j'en ai qu'un. Il a une bonne situation aussi, sur la Côte d'Azur, dans le commerce.

— C'est comme moi. Antoine est comptable principal aux chemins de fer, à la gare de Clermont.

— Qui est Antoine ?

— Mon fils aîné. Marie-Louise, elle, est coiffeuse rue des Salins.

— C'est votre fille ?

— Non. Ma première gendresse. Ma fille travaille dans l'Enregistrement. La plus heureuse du lot ! Voyez-vous, fonctionnaire, c'est la meilleure des situations. Comme je disais à Gaston...

— C'est votre gendre ?

— Non. Mon second fils. Lui, il aimait l'aventure, comme il disait. Alors, devinez ce qu'il fait !... Vous le devineriez jamais ! Marin !

— Marin... sur l'eau ?

— Sur la mer !

— Oh ! ma pauvre ! Rien qu'en traversant l'Allier tout à l'heure, sur le pont de Limons, ça m'a donné envie de rendre. Si fallait que j'aille sur la mer ! Nos maîtres avaient une résidence à Nice. Et la baronne me disait : "Mathilde, l'été prochain, nous partirons là-bas et vous verrez la mer." Seulement, l'été d'après, mobilisation ! Et la mer, je l'ai jamais vue. Et je m'en passe bien, ma foi !

— C'est comme moi, en 14... »

Leurs récits se croisent et s'entrecroisent, comme dans un bois font les plantes, cherchant à s'étouffer l'une l'autre. Les deux vieilles tâtonnent dans cet enchevêtrement. Chacune apprend pourtant, malgré elle, quelque chose de sa compagne. A la fin, Mathilde s'adresse mentalement — elle n'ose pas ici se parler à voix haute — une sévère réprimande. Arrête un peu, blagande ! Gardes-en pour les autres jours ! Tu en as plus débité aujourd'hui qu'en trois mois au Peyroux ! La langue va te peler, si tu continues !

Mais voici que d'autres voix prennent le relais. Les voisines. Levant les yeux, Mathilde s'aperçoit que deux murs sur quatre ne montent pas jusqu'au plafond. Ce sont des demi-cloisons ; elles se contentent d'isoler pour l'œil, non pour l'oreille, avec le complément du rideau vert, en guise de porte. Saint Paul ne les gâte pas trop : il leur offre un ancien dortoir partagé en quarts par ces galandages : trois chambres, plus les lavabos-cabinets. A deux pensionnaires par pièce, elles sont six à respirer le même air, à s'entendre raconter leurs histoires ou échanger des aigreurs.

« Ils ont pas laissé refroidir le lit ! fait une voix grave et trombonnante, presque une voix d'homme. Je crois bien qu'il y a une nouvelle.

— Qu'est-ce que vous dites ?

— Je dis qu'il est arrivé une nouvelle, à côté.

— Ah bon. Vous avez l'oreille fine. Moi, j'ai rien entendu.

— Bientôt, ça sera notre tour de déménager. De partir pour la casse.

— Qu'est-ce que vous dites ?

— Je dis qu'on est toutes bonnes pour la casse, comme les vieilles bagnoles.

— Ah oui ?

— Faut dire qu'on est des modèles anciens. Quel âge vous avez ?

— Qu'est-ce que vous dites ?

— Je vous demande votre âge, vieille sourdignole !

— Mon âge ?

— Oui, votre âge.

— Oh ! je me rappelle plus ! Au bureau, ils le savent. Demandez-leur. C'est écrit dans les papiers. »

Mathilde écoute malgré elle cet autre dialogue. C'est donc ça, la chambre à deux places, tranquille et tout, avec juste ce qu'il faut de compagnie pour ne pas s'ennuyer ? Mme Sauvagnat cependant n'en a pas l'air incommodée.

« Qu'est-ce que c'est donc, questionne Mathilde, baissant la voix, cette histoire de lit refroidi ?

— Ah ! vous avez entendu aussi ?... Faudra vous habituer. Moi, quand je veux me sentir seule, je me fourre du coton dans les oreilles.

— Le lit dont elle parle, c'est le mien, pas vrai ?

— Sûr. Mais il est bien froid quand même, soyez tranquille.

— Qu'est-ce que ça veut dire ?

— Celle qui l'occupait avant vous est défuntée y a trois jours.

— Défuntée ?... Dedans ?

— Oh ! elle a fait une fin bien propre ! Un matin, on l'a trouvée comme ça, la bouche ouverte, elle avait passé pendant la nuit. On l'a emportée, on a secoué le matelas, changé les draps et les couvertures. Pour l'hygiène, ici, ils ne craignent personne. »

Avec frayeur, Mathilde regarde ce meuble dans lequel elle devra dormir à son tour. Et mourir à son tour. Car on a beau dire « une défuntée », ça n'est rien d'autre qu'une morte.

« Elle a eu de la chance, la Pitelet, reprend à côté la voix trombonnante.

— De qui que vous causez ?

— De la Pitelet. De celle qui était là avant.

— La Sauvagnat ?

— Non. L'autre. La Sauvagnat est pas morte encore. Je parle de la Pitelet.

— Ah ! bon.

— C'est une grande chance de mourir en dormant. On s'aperçoit de rien, on passe comme une lettre à la poste.

— Qu'est-ce que vous dites ?

— Je voudrais bien qu'il m'arrive la pareille.

— Hé ! On peut pas tout avoir !

— Tout avoir ? Qu'est-ce que vous racontez, vieille sourdignole ? »

Françoise revient, la fille aux beaux estomacs. Mathilde est soudain heureuse de voir une figure jeune et fraîche, avec des dents blanches qui brillent au milieu :

« Madame Dutheil, quand vous aurez un moment, vous passerez au bureau pour les formalités.

— Tout de suite, si vous voulez, fait Mathilde en se levant.

— Eh bien ! Je vous accompagne. Prenez vos papiers, vos titres de pension, vos livrets. »

Elles quittent Saint-Paul. Comme l'air sent bon dehors, nom de gueux, tandis qu'elles suivent à petits pas une allée rouge ! Mathilde s'excuse de marcher si lentement, Françoise répond qu'elle n'est pas pressée. Elle explique en même temps la disposition des lieux : à droite, l'administration, la bibliothèque, le salon d'honneur, la chapelle ; à gauche, le bâtiment des hommes.

« La chapelle ? On y dit la messe ?

— Bien sûr. Tous les dimanches.

— Oh ! je suis contente ! Au Peyroux, je pouvais plus aller à l'église, vu la distance. Ici, je n'y manquerai pas. Faut pas m'en vouloir, je suis dévote ; c'est sans doute pas vos idées ?

— Oh ! je n'ai pas beaucoup d'idées ! »

Elle secoue la tête en riant. Elle a beaucoup de cheveux, beaucoup de dents, mais pas beaucoup d'idées. On peut pas tout avoir, comme dit la sourdignole.

Les personnes du *Secrétariat* aussi reçoivent Mathilde avec beaucoup de grâces. Elles examinent ses papiers, remplissent des fiches, lui demandent l'adresse de quelqu'un à prévenir en cas de difficultés.

« De difficultés ?

— Oui, si vous étiez malade, par exemple.

— Ah ! là là ! Je me demande bien qui ça pourrait intéresser !

— Alors, on n'inscrit personne ?

— Attendez, si... Heu... Qui donc qu'on pourrait mettre ?... Inscrivez ma belle-sœur, Mme veuve Membrun, Joséphine, Les Étivaux, par Randan. »

Les secrétaires lui font signer plusieurs feuilles. Une destinée au percepteur d'Entraygues. Ainsi, c'est lui dorénavant qui touchera directement les deux pensions et acquittera le montant du doux repos ; les miettes restantes, il les tiendra à sa disposition. On cherche vraiment à la débarrasser de tous soucis.

Le repas du soir est à 5 heures. Mathilde arrive au réfectoire avec dix minutes d'avance ; pourtant, elle constate qu'elle est bonne dernière : toutes les autres occupent déjà leur place. Cent cinquante têtes se trouvent là, pressées les unes contre les autres : décrépites, chauves, borgnes, édentées, échevelées, boursouflées, larmoyantes, grelottantes, baveuses, pustuleuses. Un immense jeu de massacre. Mon Dieu ! Suis-je comme ça, également ? Aussi rouge que celle-ci ? Aussi plissée que celle-là ? Dans son miroir, on triche : on se tire les cheveux en arrière, on lève le menton pour que le cou paraisse plus lisse, on se fait des coquetteries. Mais voici réellement à quoi tu ressembles ! Et une des plus vieilles, encore ! Quelques-unes, cependant, ne sont pas désagréables à regarder, parmi lesquelles Mme Sauvagnat, avec ses cheveux curieusement noirs. Une autre, le front large, la bouche passée au rouge, un collier de perles sombres, pareilles à des grains de chapelet. Les tables sont pour dix, couvertes d'un formica blanc qui donne l'illusion d'une nappe.

Françoise est là — Françoise est partout ! — avec deux de ses collègues. Elle s'avance vers Mathilde, sourit, la prend par le bras qui ne tient pas la canne :

« Je vous ai réservé une place. »

Elle la précède, comme l'institutrice conduisant à son banc une nouvelle écolière, la fourre parmi neuf autres vieilles :

« Je vous présente Mme Dutheil, qui nous vient du Peyroux, près de Puy-Guillaume.

— Non, non. Appelez-moi Mathilde. Je suis pas madame ! »

Les neuf la regardent sans rien dire. Elle s'assoit sur la chaise de fer. Elle attend qu'on lui adresse quelques paroles. Personne ne desserre les dents. Pourtant, alentour, des voix bourdonnent ; elle distingue des mots qui passent : ... je me plaindrai au directeur... l'infirmière lui a fait une piqûre... j'ai pas fermé l'œil de la nuit... ah ! la salope !... des tombolas... donnerai mon fromage... pas besoin de ses services... A sa table à elle, silence complet. Sans doute qu'en s'asseyant, elle leur a gelé la langue. Finalement, sa voisine de gauche se penche vers elle. Son visage est plus poilu que celui d'un chien ; sa bouche souffle une affreuse odeur d'entrailles :

« Vous auriez pas un peu de sucre ?

— De sucre ?

— Oui. Un ou deux morceaux. La nuit, j'ai des douleurs d'estomac ; alors, je me fais un peu d'eau sucrée, dans un verre. Y a que ça qui me calme. Seulement, j'ai pas un sou pour en acheter. Alors, si vous pouviez me faire cette charité.

— Ma foi ! j'en ai pas sur moi. Dans ma chambre, j'ai une boîte de pastilles de Vichy. Je pourrai vous en donner quelques-unes, si ça vous fait plaisir.

— C'est pas de refus. Mais ça fait moins d'effet que le sucre.

— Quand j'aurai l'occasion de sortir, j'en achèterai une boîte, et je...

— L'écoutez pas ! intervient âprement la voisine de droite, à qui l'on ne demandait rien. L'écoutez pas ! Elle en mendie à tout le monde ! C'est une gourmandasse ! Et avec ça, même pas française ! Une Italienne ! Faut que notre gouvernement la loge et la nourrisse !... »

Et les voilà qui s'injurient par-dessus la tête de la nouvelle, se traitent de *macaroni* et de *bougnate*, de ceci et de cela, et s'arracheraient la figure si Mathilde ne les écartait des coudes, disant :

« Arrêtez donc ! Mais arrêtez donc votre catéchisme !... Vous m'essourdez ! »

Heureusement, la soupe vient interrompre la chicane. Une

soupière en métal est placée à une extrémité de chaque table ; les pensionnaires se servent, à tour de rôle, de leurs mains tremblantes ; et celles qui tremblent trop se font aider par les plus fermes. Alors toutes se mettent à souffler sur les cuillers, à laper le bouillon avec de grands bruits de babines. Les conversations se sont tues ; on n'entend plus que ce gargouillis, et le tintement des cuillers au fond des assiettes.

Vient ensuite un plat de légumes bouillis, carottes, pommes de terre et navets, sans assaisonnement. Celles qui n'ont plus leurs dents les écrasent de la fourchette. Au milieu du repas, soudain paraît un homme vêtu de gris, la figure ronde et rose, portant lunettes ; il lance :

« Bon appétit, mesdames ! »

Mathilde le regarde un moment aller et venir, se pencher vers certaines, leur chuchoter à l'oreille. Elle interroge une de ses commensales :

« Qui est-ce ?

— Notre aumônier. Enfin, le curé d'Entraygues, qui vient prêcher ici pour celles que ça intéresse. »

Elle hausse les épaules d'un air sceptique. Mathilde n'approuve pas cette manière qu'ont les curés d'à présent de s'habiller en civil ; tu dirais qu'ils ont honte d'eux-mêmes, qu'ils se déguisent pour ne pas être reconnus. Enfin, c'est comme ça, le monde d'aujourd'hui, avec toutes ses révolutions : les écoliers qui mettent le feu à leurs écoles, les ganguesters qui attaquent les gens dans la rue, les poulets qu'on engraisse avec des piqûres, la bombe atomique, les soldats qui veulent plus obéir et réclament d'être payés comme des travailleurs pour jouer à la belote ! Le pauvre Pierre et son frère Maurice touchaient cinq sous par jour, et ils ont donné leur peau à ce prix-là, avec combien d'autres ! Elle soupire à l'idée de tant de folies.

On en vient au dessert : une banane. Les édentées la découpent en rondelles. Alors, l'homme en gris prend la parole :

« Je vous rappelle, mesdames, que nous nous réunissons deux fois par semaine, le mardi et le vendredi, de 6 à 7, à la chapelle. Nous y parlons de la vie chrétienne, et nous implorons la protection du Seigneur par une prière en commun. Je donne donc rendez-vous dans un quart d'heure à celles qui me feront l'amitié de venir, particulièrement aux nouvelles arrivées, à qui nous souhaiterons ensemble la bienvenue. A tout de suite ! »

Le repas est terminé. Les filles de salle commencent à débarrasser les tables, tandis que les vieilles les plus lentes mâchouillent encore leurs carottes. Emportez votre banane. Vous la mangerez dehors ou dans votre chambre tranquillement. Mais jetez bien la peau dans les boîtes à ordures. La pendule marque 6 heures moins le quart. A cette heure-ci, au Peyroux, tu rentrais à peine des pâtis, en compagnie de tes chèvres. Tu avais encore à les traire, à t'occuper des lapins et de la volaille, à cailler le lait, à allumer ton fourneau, éplucher tes légumes, préparer ta soupe, laver tes étartuelles, faire ta tournée des fantômes dans le village. A 9 heures seulement, tu allais faire téter les puces de ton lit. Tandis qu'ici, il est pas encore 6 heures, et voilà que ta journée est déjà finie !

Elle regarde ce que font les autres. Quelques-unes, les plus alertes, se risquent hors des murs, pour une petite promenade ; elles se donnent le bras deux à deux, afin de se soutenir mutuellement et peut-être de ne pas se perdre. D'autres traînent la savate dans le jardin, puis se laissent choir sur les bancs, essoufflées. D'autres encore le traversent d'un pas plus décidé :

« Où que vous allez ? s'informe Mathilde. A la chapelle ?

— Non. Au salon d'honneur, regarder la télévision. On vous emmène.

— Moi, je voudrais aller à la chapelle.

— C'est du même côté, on vous montrera. »

Les hommes sortent de leur réfectoire. Ils portent des casquettes trop grandes, des pantalons trop longs et trop larges, dans lesquels ils marchent les genoux mi-fléchis. On a l'impression que si ces culottes ne les soutenaient pas un peu, ils s'écrouleraient. Aux pieds, d'impressionnantes pantoufles. Tous les pensionnaires ici sont en pantoufles. Cela fait partie du doux repos. Un univers en pantoufles. C'est la seule chaussure que puissent traîner encore ces pieds martyrisés. Voilà pourquoi ils ne font pas plus de bruit, en se déplaçant sur l'asphalte rouge, que les âmes du Purgatoire.

« La chapelle, c'est là-bas, cette porte. »

Une porte grande ouverte. Mathilde s'y dirige, avec quelques autres. Voilà une bonne manière de finir ta journée. Drôle de local ! Il ressemble autant à une chapelle que toi à un évêque. Une pièce carrée, des fenêtres ordinaires, une simple ampoule électrique au plafond. Sûrement qu'on la destinait à autre chose. Peut-être à des bureaux, une infirmerie, un réfectoire. Des chaises éparpillées çà et là. On a quand même installé au milieu un petit autel cubique : tu dirais une caisse d'emballage recouverte d'une nappe, surmontée d'un crucifix. Toujours dans son costume gris, l'aumônier bavarde avec les paroissiennes assises en désordre ; il serre les mains ; il sourit ; il dit bonsoir madame Untel, comment va votre jambe ? Peut-être qu'il va nous offrir le café ou la goutte. Drôle de chapelle et drôle de curé ! Et toi, nom de gueux, qui as oublié ton chapelet à Saint-Paul, dans ton placard !

Les choses continuent longtemps ainsi. Des cancans. Nous avons un bel automne, vraiment. Le froid vient toujours assez tôt. Le vin sera bon cette année. Vous portez une bien jolie broche. Et patati, et patata. Est-ce qu'on est ici pour entendre ces sornettes ? Attend-il davantage de clients ? Plus personne ne viendra ; il peut fermer ses portes. Il raconte des histoires amusantes, mais qui ne font rire que lui, vu que tous ces vieux sont à demi sourds et aux trois quarts idiots. En fait de vieux : il y en a un seul. Tout le reste, c'est des vieilles. Celui-là, isolé parmi le beau sexe, branle la tête continuellement, de droite à gauche, comme s'il n'était pas d'accord. D'accord sur rien : non, non, non, non, non, non... Il la branle même quand personne ne parle. Sa bouche toujours ouverte laisse descendre un fil de bave qui dessine des S mobiles et brillants, sous l'effet du branlement perpétuel. Mathilde aime les beaux sermons qui lui font oublier les misères terrestres, la rendent indulgente aux erreurs d'autrui et plus dure envers les siennes, l'aident à croire à la vie éternelle. Elle a tellement peur que rien n'existe après le dernier instant, comme le lui affirmait ce bougre de docteur Lenoir chaque fois qu'ils abordaient le sujet ! Tellement peur que Dieu, diable, paradis, enfer ne soient rien que des inventions, au même titre que le Père Noël, la poule grise, le Bois enchanté ! « Tout va bien pour vous ! Pas de problèmes, puisque vous êtes une croyante ! » disait Lenoir, se moquant d'elle. Oh ! que non ! Elle n'est point une croyante ! Seulement une espérante.

Quand ce binoclard d'abbé en a son plein de parler du temps et des biscuits à la cuiller, il déclare :

« Mes frères, mes sœurs, avant de nous séparer, si vous voulez bien, nous allons réciter ensemble une petite prière pour remercier le Seigneur des grâces qu'il nous accorde — à chacun la sienne, je suis sûr qu'aucun de nous n'en a manqué aujourd'hui — et lui demander de pardonner nos péchés : je suis sûr qu'aujourd'hui aucun de nous n'en a manqué non plus. »

Là-dessus il commence : *Notre Père qui es aux Cieux, que ton nom soit sanctifié, que ton règne vienne, que ta volonté soit faite...* Encore une chose qui exaspère Mathilde : les habitudes nouvelles, cette façon de tutoyer Dieu comme si l'on parlait à un enfant, à un jeune voisin, à un chat. Elle disait *vous* à son père et à sa mère, de leur vivant ; et voici qu'il lui faudrait dire *tu* au Père de tous ! Alors elle laisse dire les autres comme ils l'entendent, et récite ses prières à l'ancienne.

L'abbé se tient debout. Quelques paroissiennes l'ont imité ; mais la plupart sont restées tranquillement assises. Vous vous croyez peut-être au cinéma ? Vous pourriez quand même faire un effort, bande de limaces ! Est-ce qu'on parle au bon Dieu dans cette position ? Y en a même deux qui se sont endormies ! Faut que ce soit moi, la plus vieille de toutes, qui vous donne l'exemple !

Au moment où l'aumônier reprend son souffle avant de passer à l'oraison suivante, voici que du fond de la salle, près de la porte, arrive un craquement. Suivi de trois autres, plus petits. Mathilde se demande ce que cela signifie ; puis, lorsqu'elle entend rigoler derrière elle, elle comprend. En voici une autre ! Est-il possible de lâcher des choses pareilles dans une chapelle ! Le curé, lui, fait mine d'être sourd et continue la récitation : *Je crois en Dieu, le Père tout-puissant...*

Elle retourne vers Saint-Paul. La nuit est venue. Elle lève les yeux pour compter les étoiles qui, à cette heure-ci, brillent aussi sur le Peyroux abandonné, sur les cheminées éteintes, les volets clos, les trois rues vides. Puis elle brandit son bâton pour écarter ce souci qui frelonne autour d'elle.

Elle aimerait bien, comme au Peyroux, trouver quelque part, en un coin chaud, sa casserolette de tilleul. La découvrir, verser l'infusion bouillante dans une tasse, la humer, la sucrer, la boire lentement. Sentir sa chaleur lui remplir l'estomac d'une douce distillation. Mais personne ne lui en a offert et elle n'ose demander. Ne va pas déranger le monde. Tant pis pour ta gourmandise.

Elle trouve sa compagne de chambre assise, l'oreille collée à une boîte parlante :

« J'écoutais les nouvelles dans mon transistor. C'est un cadeau de ma fille, celle de l'Enregistrement.

— Et elles sont bonnes, les nouvelles ?

— Oh ! ma pauvre ! Je les écoute, comme ça, pour me distraire ; mais j'y prête pas grande attention. Ça entre par une oreille, ça sort par l'autre. Il m'a semblé qu'ils disaient qu'on va avoir de nouvelles élections. A moins que ce soit chez les Anglais ; je ne me rappelle plus.

— Eh bien ! moi, je suis allée à la chapelle...

— C'est comme moi. Le dimanche, je suis la messe dans le transistor, quelquefois.

— Dans cette boîte ?

— Oui. Sans avoir besoin de me déplacer. A quoi ça servirait que je me déplace, puisque je peux rien voir ? Je n'en profiterais pas davantage.

— C'est un beau cadeau qu'elle vous a fait, votre fille.

— Oh ! je ne me plains pas de mes enfants ! Ils ne viennent pas souvent me voir ; mais ils ne me laissent manquer de rien. L'aîné est comptable principal aux chemins de fer.

— Vous me l'avez dit.

— Pour l'instant, il ne peut pas me prendre chez lui. Vous comprenez : ils travaillent tous les deux, lui et sa femme. Ils ont bien trop à faire. Seulement, il m'a dit : "Aussitôt que j'aurai pris ma retraite, je viens te chercher, et tu vivras avec nous." Et il compte la prendre dans six mois, à cinquante-cinq ans. Alors, vous voyez, je ne vous embêterai pas longtemps. Quant à la pauvre Agnès...

— Qui c'est, la pauvre Agnès ? L'enregistreuse ?

— Qu'est-ce que vous appelez une enregistreuse ?

— Vous m'avez bien dit que vous avez une fille qui enregistre ?

— Oui, Agnès. Elle a deux ans de moins qu'Antoine. Elle est en poste à l'Enregistrement de Moulins, dans l'Allier. Avec trois enfants. Et des rhumatismes. Alors, comment voulez-vous qu'elle s'échappe, la pauvre ? Elle voudrait bien venir me voir ; mais elle ne peut pas. Je la comprends et je l'excuse. Seulement, elle ne m'oublie pas quand même : elle m'écrit, elle m'envoie des cadeaux. La preuve ! »

Elle brandit le transistor irréfutable. Elle parle ensuite de son second fils, le marin, qui lui expédie des cartes postales de tous les coins du monde.

Tout à coup, elle pose une question inattendue :

« J'espère que vous n'allez pas venir me tirer les cheveux pendant que je dormirai ? »

Mathilde en est si surprise qu'elle ne sait que répondre. L'autre s'explique :

« Mes cheveux, vous les avez remarqués ?

— Qu'est-ce qu'ils ont, vos cheveux ?

— Ils sont noirs. On me l'a assez dit.

— Ils sont noirs, c'est vrai. Et alors ?

— Ça vous paraît normal que j'aie des cheveux noirs comme ça, à soixante-quinze ans ? Pas un cheveu blanc !

— Pas un cheveu blanc, vous exagérez. Il me semble que j'en vois tout de même quelques-uns. Peut-être que vous vous passez de la teinture ?

— Ah ! vous aussi ! Vous aussi vous croyez que ça n'est pas mes cheveux naturels !

— Qu'est-ce que j'en sais, moi ? Je crois ce que vous me dites !

— Pourtant, je n'y fais rien du tout, vous savez ! Ce sont mes vrais cheveux. Je vous le jure !

— J'en suis bien contente pour vous. Et après ?

— Celle qui était là avant vous, Mme Pitelet, n'arrivait pas à le croire non plus. Elle disait que je portais une fausse perruque.

— Quelle idée ! A votre âge !

— N'est-ce pas ?... Alors, la nuit, quelquefois, elle se levait. Elle venait me tirer les cheveux pour voir s'ils tenaient sur ma tête. Si vous voulez vous rendre compte, j'aime mieux que vous le fassiez avant que je dorme. Je vous donne la permission.

— Avec moi, vous pouvez dormir tranquille, ma pauvre. Que vous portiez vos cheveux naturels ou une fausse perruque, que vous y passiez de la teinture ou non, je m'en fous comme de l'arcaran. Je peux pas mieux dire ?

— Vous ne voulez pas essayer un petit coup ? Juste pour voir ?

— Bonne nuit. Je suis fatiguée, je me couche.

— Comme vous voudrez. »

Mme Sauvagnat semble vexée d'un tel manque d'intérêt. Sa voisine commence de se déshabiller, en lui jetant des regards gênés. Une chance qu'elle soit aveugle ! Qu'elle puisse pas examiner tes doublures ! Toi qui couches seule depuis soixante ans, à quatre-vingts passés, voilà que tu te mets à dormir de compagnie ! Elle dénoue ses jarretières, fait tomber ses gros bas de laine, regarde avec consternation ses jambes blanches et épaisses, enferme ses cheveux sous une coiffe de nuit dont elle se noue les liens sous le menton, se glisse laborieusement entre les draps. Nom de gueux, tu as oublié d'éteindre ! Elle se relève, tourne le bouton.

« Qu'est-ce qui se passe ? glapit Mme Sauvagnat. Qui c'est qui a éteint ?

— Moi. Je croyais que vous n'y voyiez pas ?

— Je ne vois ni les formes ni les couleurs ; mais je vois la lumière. C'est la seule chose que je voie encore. Laissez allumé ! Je ne me couche pas tout de suite, moi !

— Comme vous voudrez. Alors, vous éteindrez vous-même, quand vous serez disposée.

— Parfaitement !

— Et je vous préviens que je ronfle pire qu'une batteuse ! Vous feriez bien de vous mettre vos tampons dans les oreilles ! »

Elle regagne son lit, contrariée. Pour échapper à la lumière, elle s'enfonce sous les couvertures, tire sa coiffe sur ses yeux. Ça ne l'empêche pas d'entendre les grommellements de l'aveugle : Pour qui qu'elle se prend, celle-là ? Jamais vu ça. Comme si tout lui appartenait ! Me plaindrai à la direction. Elle est jalouse, voilà, jalouse, je l'ai compris tout de suite. Heureusement que je n'aurai pas longtemps à la supporter : dans six mois, au revoir !... Enfonce-toi, Mathilde. Écoute pas cette blagande. De quoi peux-tu bien être jalouse ? Enfonce-toi, je te dis. Cherche le sommeil, Mathilde. Cherche le doux repos.

4

Elle se réveilla au milieu de la nuit parce que son lit tremblait. Des ombres et des lumières blanches tourbillonnaient au plafond. Tu ouvres les yeux, qu'elle se dit, mais en fait tu dors encore. Tu es en plein cauchemar, ma pauvre. Tu te trouves au fond d'un puits, et tu regardes en haut, vers le jour, si personne vient te chercher. Mais qu'est-ce qui gronde comme ça ?... Ah ! mais non ! Ah ! mais non ! Entraygues ! L'hospice ! S'agit bien de rêve ! Et de puits ! Et ce qui fait trembler ton lit, c'est les ronflements des voisines ! Toi qui te prenais pour une maîtresse ronfleuse !

Ils montaient des chambres contiguës, passaient par-dessus les demi-cloisons, se croisaient sur sa tête comme des tirs de barrage antagonistes. Ronflements rauques, profonds, qui semblaient jaillir du ventre des dormeuses, entrecoupés de hoquets et de gémissements. Elle écouta leurs modulations différentes pour essayer de les compter, et en trouva quatre. Elle se connaissait : chez elle, le sommeil interrompu ne se recollait pas ; elle ne se rendormirait point. Quelle heure pouvait-il bien être ? Sans ces diaboliques ronflements, elle aurait sans doute pu entendre dehors sonner quelque clocher. Impossible. Elle se trouvait condamnée à la patience. De temps en temps, elle la perdait pourtant, et commandait tout haut :

« Arrêtez donc votre musique, nom de gueux ! »

Cela n'avait aucun effet. Sans plus de résultat, elle tapait du poing contre le galandage, derrière sa tête. Elle se rappela qu'elle aussi était capable de bien tenir sa partie dans ce concert ; les autres auraient pu se trouver à sa place, elle à la leur ; elle finit par accepter la situation et attendit le jour.

Levée la première, elle se dirigea vers le réduit pour se débarbouiller. Un seul robinet, sur une seule cuvette, devait suffire à six personnes. Mieux valait s'en servir de bonne heure pour éviter les chicanes. En revanche, elles disposaient de deux cabinets à siège ; certaines s'y oubliaient si longtemps, qu'il fallait les rappeler à l'ordre. A son retour, elle constata que l'aveugle était également réveillée et qu'elle aussi, assise sur son lit, procédait à sa toilette. C'est-à-dire qu'elle se frottait légèrement le museau et les oreilles avec un coin de serviette mouillée d'eau de Cologne : le parfum dissimulait la fétidité de la chambre. Une toilette royale, comme elle expliqua :

« Moi, je ne me sers jamais du lavabo, sauf pour les mains. J'ai toujours craint l'eau sur le corps, même quand j'étais jeune. Alors, je me nettoie à l'alcool. C'est aussi propre. Dans les temps, les rois de France ne faisaient pas autrement. C'est vous dire !... Je ne suis d'ailleurs pas la seule. Par exemple, ici, il y a des douches ; eh bien ! personne n'y va. »

Et Mathilde : « Le lavabo, d'accord. Mais la douche, j'aimerais pas ça non plus. Je croyais que c'était réservé aux fous ?

— Non, non. Il y en a même pour les pas-fous. Des chaudes,

des froides, des tièdes. Faut tourner des robinets, mélanger les températures. Comment voulez-vous que je fasse, sans mes yeux ?

— Moi, je les ai bien, mes yeux, mais j'irai pas, pour sûr ! Sauf si on m'y traîne de force ! Me mettre toute nue ! Merci bien ! Vous m'imaginez, toute nue, à mon âge ? Moi, si je me voyais comme ça, vrai, ça me flanquerait une de ces peurs ! Ça me tournerait les sangs. J'aime mieux pas tenter l'expérience. »

A 7 heures et demie, les cent cinquante vieillardes se trouvent en place dans le réfectoire pour le petit déjeuner. Il y flotte une odeur aigre de fond de gamelle, de vaisselle sale abandonnée. Tout est propre cependant en apparence ; il faudrait gratter encore dans les petits coins, curer les rainures. On pense à une personne parée, mais qui a gardé du noir sous les ongles. Bientôt arrivent des brocs de café au lait présucré, des corbeilles de pain. On a le choix de l'émietter dans son bol, ou de faire trempette : tartines sans beurre ni confiture qui les préservent du cholestérol. Celles qui aiment mieux la soupe sont servies à une table spéciale.

Ensuite, les voilà libres jusqu'à 11 heures, pour le repas de midi. Puisque midi sonne ici à 11 heures. Mathilde regagne Saint-Paul de sa démarche dandinante. Ses colocataires pas encore revenues, les lieux se trouvent inoccupés. Profites-en pour aérer un peu, Mathilde ; ça sent rudement le fort, là-dedans ! Elle voudrait bien ouvrir la fenêtre ; mais sa voisine de lit a disposé devant, sur l'appui, un alignement d'objets divers, boîtes de réglisse, bobines de fil, fioles de sirop, flacon d'eau de Cologne, et même une statuette de la Vierge du Puy, incassable, emmanchée dans un socle de plomb ; Mathilde la reconnaît à son Enfant sur le bras droit ; on dit que le sculpteur se précipita du haut de la couronne en s'apercevant de sa bévue ; ce qui était une grande bêtise assurément : est-il obligé qu'une mère porte son bébé sur le bras gauche ? Faudra que tu lui demandes d'enlever toutes ces étartuelles ; en attendant, essaie au moins d'entrebâiller. L'espagnolette tourne, mais le battant ne vient pas, scellé par des mois d'immobilité. Une fenêtre condamnée, pratiquement. La seule aération possible ne peut s'obtenir qu'en laissant la porte d'entrée ouverte, au bout du couloir que parfument les cabinets.

Comme Mathilde s'y emploie, voici qu'elle voit venir à elle un ange blanc, sautillant, battant des ailes, volant en rase-mottes, se posant à peine, bondissant par-dessus les pelouses. Il s'avance vers elle en chantonnant. Il va s'élever vers les nuages ! Disparaître dans le ciel ! Mais non ! Quand il se trouve tout près de Saint-Paul, l'ange aux beaux estomacs fait semblant de lancer une balle contre le mur, et chantonne :

Mathilde, t'as bonn' mine,
Agnès-se, t'as des fraises,
Véronique, t'as des figues,
Eugénie, du pain bénit,
Béatrice, des saucisses,
Marie-Louise, des cerises,
Fernande, des amandes,
Bernadette, des noisettes,
Natacha, t'as du nougat,
Et Charlotte, t'as des crottes !

A chaque prénom, l'ange blanc rattrape l'invisible balle, très haut, très bas, à droite, à gauche, pirouette, bondit, claquant des mains, se baisse, se relève.

« Et Françoise ?

— Françoise, c'est facile :

Françoise, t'as des framboises...

— Eh bien ! Vous alors ! Vous alors ! fait Mathilde éberluée.

— Et maintenant, allez vous promener un peu, grand-mère, pendant que je balaie les chambres.

— J'y vais. Mais m'appelez pas grand-mère.

— Pourquoi donc ?

— Parce que j'ai pas de petits-enfants. »

Elle part, toute frétillante quand même.

Elle marche à pas menus dans le jardin rouge et vert. Surprise de n'avoir rien d'autre à faire de ses quatre membres qu'à les promener çà et là. Rentière ! Te voilà rentière ! Au *Doux Repos*, tout le monde est rentier, sauf les employés, le directeur, les infirmières, les secrétaires, le cuisinier, Françoise et ses collègues. Autrefois, chez le baron de Barante, tu servais les maîtres, y compris leurs chiens, leurs chats, leurs oiseaux, leurs poules, leurs lapins. Maintenant, voici qu'on te sert à ton tour ! Si ta pauvre mère te voyait, traitée pire qu'une princesse ! Qui aurait jamais cru une chose pareille ?

Elle peut sortir quand il lui plaît, visiter le village, les alentours. Elle le fera sûrement, demain, après-demain. Lorsqu'elle aura terminé la connaissance de la maison et de ses habitants. En attendant, elle va comme son idée la pousse, admire les fleurs et les arbustes, la blancheur des bâtiments, le scintillement des fenêtres. Autour d'elle, les personnes de service vont et viennent d'un pas précis ; les pantouflards baladent leurs vieux os. Tout ce mouvement, c'est quand même plus gai que le Peyroux !

En marchant, elle passe près d'un petit groupe de rentiers, assis devant la maison des hommes. Quand des gens se réunissent, d'ordinaire, c'est pour parler ensemble. Or, ceux-ci ne disent rien. Faut-il supposer qu'ils ont épuisé leur répertoire ? Ou bien qu'ils se sont rassemblés pour se taire ensemble ? Le passage de Mathilde ne les fait ni ciller ni frémir. Ils restent immobiles, disposés dans tous les sens sur leurs sièges, parfois se tournant le dos, comme s'ils ne se voyaient pas les uns les autres. Certains, appuyés sur leur canne, penchent la tête à la façon des coqs saignés. Ils n'en finissent point de regarder par terre. On dirait des hommes de bois. Elle les dépasse. Beaucoup plus loin, elle se retourne, et constate qu'aucun d'eux n'a bougé l'auriculaire.

Les bancs sont formés d'une grande feuille, verte ou jaune, en matière plastique, adroitement galbée pour les recevoir. Mathilde se laisse choir sur l'un d'eux. C'est un peu froid, un peu glissant. Faut apprendre à s'en servir. A peine est-elle installée qu'une particulière s'avance vers elle, la considère avec des yeux de feu et s'installe à son flanc gauche. Un moment, elles s'examinent en silence. La particulière n'a rien de particulier — les mains jointes au creux de l'estomac, maigre dans sa robe de veuve, toutes les femmes ici sont des veuves — si ce n'est ce regard brûlant.

« Je vous connais pas, commence-t-elle.

— Je suis arrivée d'hier après-midi.

— Alors, ça peut pas être vous.

— Moi qui quoi ?

— Qui m'avez volé mes vingt mille francs.

— On vous a volé vingt mille francs ?

— Oui. Le soir du 14 Juillet. J'étais sortie voir le feu d'artifice. Je suis sûre que c'est à ce moment-là. Mais c'est seulement le lendemain que je m'en suis aperçue. Je les avais pourtant bien cachés, en un endroit que j'étais seule à connaître. Faut-il qu'y ait du monde canaille tout de même !

— Et depuis trois mois, vous les avez pas retrouvés ?

— Pensez-vous ! Remarquez bien, j'ai mes soupçons. Cependant, je peux pas les dire. Vous comprenez, on n'accuse pas les gens comme ça. Faudrait des preuves. Faudrait être sûre. »

Là-dessus, elle tourne la tête et chuchote dans l'oreille de Mathilde :

« La Mondannel... Ma voisine de chambre... Vous pensez bien que je l'observe la première ! Tout cet été, je l'ai vue manger quelque chose en cachette. Du chocolat ! Oui, ma chère ! Au moins une tablette par semaine ! Et avec quel argent qu'elle s'achète ce chocolat ? Hein ? Avec quel argent ?

— C'est pas moi qui vous le dirai !

— Et du chocolat aux noisettes, encore ! Ça faisait crac, crac, sous ses dents. Vu qu'elle porte un dentier. Je voulais déposer une plainte. Mais la direction m'a dit : « Madame Escalier, ne faites pas de scandale. Nous allons mener une enquête nous-mêmes. »

— Et ils ont pas trouvé votre voleuse ?

— Probable qu'ils ont pas bien cherché. »

Ensuite, plus confidentielle encore :

« D'ailleurs, savoir si c'est pas quelqu'un du personnel ? Hein ? Savoir ?

— Oh ! Vous croyez ?

— J'ai mes soupçons, je vous dis. Mais je peux nommer personne. »

Ses lèvres s'immobilisent, se scellent sur le secret ; mais un index crochu émerge des mains nouées, prend l'air, désigne au loin une forme blanche. Mathilde sursaute :

« Heu ?

— Oui, celle-là.

— Celle-là ?... Françoise ?

— Parfaitement ! Françoise !

— Une personne si gaie ! Si gentille ! Si attentionnée ! Je lui ai donné une coucourle ; et savez-vous ce qu'elle m'a dit ? Je la porterai à ma mère ! Quelqu'un qui a de telles pensées peut pas être mauvais.

— Vous la connaissez pas. Une rien du tout ! Vous savez donc pas qu'elle a un enfant ? Et qu'elle est pas mariée ? Alors, elle a de gros besoins. Voilà pourquoi je la suspecte ! »

Mathilde secoua la tête, incrédule. Puis elle se lève, s'éloigne sans dire au revoir. Elle a un petit ! Tiens, Tiens ! Tu lui demanderas de te l'amener. Ça, c'est une bonne nouvelle, par exemple ! Une bonne nouvelle !

Les nouvelles, c'est-à-dire les cancans, forment ici la principale occupation des rentiers et des rentières. Chacun finit par tout savoir sur les autres, le vrai et le faux. Après n'avoir parlé quotidiennement, durant des siècles, qu'à ses chèvres et à son fourneau, Mathilde tombe dans des excès de bavardage. Ainsi le naufragé repêché après un jeûne interminable se jette-t-il sur les nourritures.

Les femmes et les hommes, cependant, ne s'adressent guère la parole. On dirait deux races ennemies. Pour tout dire — maintenant qu'est passée depuis belle lurette la saison des complicités charnelles — ils s'évitent. Comme si chacun avait divorcé de chacune. Quand par extraordinaire il leur arrive de se trouver face à face, ils échangent des regards chargés d'anciennes rancunes. Te souviens-tu de ce que tu m'as fait ? Si ce n'est toi, c'est donc ta sœur. Et toi-même, lorsque tu me revenais plein comme une outre, et prétendais encore que je te fasse des gentillesses. Si tu avais mieux tenu la maison, j'y serais demeuré plus volontiers. Et ce fils que tu m'avais promis, et qui n'est jamais venu. Il me suffisait d'un seul enfant d'ivrogne, sans avoir à en procréer d'autres. Et l'argent de ton père... Et les injures de ta mère... Et ton frère... Et ta sœur... Elle bat le beurre...

Entre eux, les hommes se sentent sur un terrain plus ferme. Ils évoquent leurs gloires passées : le service militaire, leurs campagnes, leur ancien métier, leurs bonnes amies, leurs tours de force, leurs voyages, les bons coups qu'ils ont réussis, flanqués, bus ou tirés. Quand ils les ont racontés à l'un, ils les racontent à l'autre. Ils parlent rarement de leur famille. Ils n'ont ni présent ni avenir ; seul le passé existe encore. Un peu moins chaque jour. De leur mémoire pareille à un tonneau qui fuit, les souvenirs s'échappent goutte à goutte. Vient un temps où ces hommes se taisent, lorsqu'ils ont rabâché deux ans, trois ans, cinq ans les mêmes histoires. Alors, ils penchent la tête et contemplent l'asphalte, sondant ses profondeurs.

La plupart n'ouvrent jamais un journal. Que leur chantent ces problèmes d'étalement, de circulation, de pétrole, de socialisme, de capitalisme, d'inflation, dont certains faibles échos atteignent cependant leurs oreilles, portés par les lamentations du personnel ? Est-ce qu'ils prennent des congés payés, eux ? Est-ce qu'ils roulent voiture ? Est-ce qu'ils doivent défendre leur pouvoir d'achat ? Est-ce qu'on les appelle jamais à manifester dans la rue ?

Berthomieux n'est pas de ceux-là. Il se force à sortir au moins une fois par semaine. Il traverse la petite place encombrée de camions et de tracteurs, se dirige vers l'épicerie-tabac-buvette de Mme Ladoux, et demande un journal hebdomadaire : *la Gazette de Thiers* ou *la Montagne-Dimanche*.

« Bonjour, monsieur Berthomieux ! s'écrie-t-elle. On vient chercher sa petite feuille ?

— Hm.

— Alors, ces vacances, ça se passe bien ?

— Quelles vacances ?

— Les vôtres ! M'est avis que vous êtes en vacances, non ? Veinard !

— Vous avez raison. Vacances à perpète. Donnez-moi la *Gazette*, s'il vous plaît.

— Voilà... A propos de perpète, vous avez vu ?

— Quoi donc ?

— Ces malfaiteurs, qui se révoltent dans leurs prisons. Ça devient vraiment une mode !

— Hm. »

Il emporte son journal sous le bras ; il lira dans la solitude, en suisse.

Moi, je me tiens au courant de l'actualité. Sinon, à quoi je ressemblerais ? A un escargot, dans sa coquille : bouffer, baver, dormir. Pour ce qui est de la captivité, je connais. Pas le même genre de prison, certes ! Cinq ans dans un stalag de Westphalie. A manger du boudin de cheval et de la soupe au rutabaga. De toute manière, les prisons — les vraies — finissent par s'ouvrir un jour. Les locataires y vivent dans l'espérance de leur libération. Même les « perpètes », en se tenant sages, pour faire croire qu'ils se sont amendés : on les relâche au bout de dix ans... N'exagère pas, Berthomieux. Qu'est-ce que c'est que ces comparaisons ?... *Le Doux Repos* n'a ni barreaux ni geôliers : Tu veux sortir ? Tu sors. Tu veux rentrer ? Tu rentres. De quoi te plains-tu, Berthomieux ? Est-il raisonnable d'espérer quand on a TOUT ? De souhaiter une délivrance quand on est LIBRE ? Tu ferais mieux de travailler les mots croisés.

C'est ce que lui répète sans cesse chaque lettre de son fils, le docteur Berthomieux, spécialiste des maladies du tube digestif, installé à Vichy, où il se nourrit, lui et les siens, de foies, de rates, de tripes, de pancréas : ... *N'as-tu pas, en vérité, dans cette belle résidence du* Doux Repos, TOUT *ce qui t'est nécessaire ?... Cite-moi une seule chose qui te manque !... Chauffé en hiver, aéré en toutes saisons, blanchi, éclairé, logé, une nourriture saine, abondante, variée, de l'argent de poche à ta suffisance : que te faut-il de plus ? Sans parler de la compagnie. Celle qui te convient : des personnes de ton âge, celles avec qui tu t'entendras le mieux. Pas de conflits de générations entre vous, puisque,* grosso modo, *vous appartenez tous à la même... Et avec ça,* LIBRE ! *Totalement libre ! Tu veux sortir ? Tu sors. Tu veux rentrer ? Tu rentres. Tu as envie de boire un canon ? Le bistrot d'Entraygues est à ton service... Allons, cherche bien ! S'il te manque quoi que ce soit, je te le procurerai...*

Berthomieux se creuse la tête. Non, vraiment, il ne lui manque rien.

Lulu est d'une autre espèce. Le genre optimiste, envers et contre tout. Il raconte à qui veut l'entendre :

« Que voulez-vous, il y a des gens nés pour travailler, et d'autres pour ne rien fiche. J'appartenais à la seconde catégorie. Ma spécialité à moi, c'était de dépenser. Les restaurants, les théâtres, les cinémas, les boîtes de nuit, les casinos. Je ne sais pas si vous voyez ce que je veux dire. Ah ! si l'on me rendait les millions que j'ai croqués, je pourrais acheter tout Entraygues. Y compris le maire, Chazel, et ses quatorze vaches. »

On ignore s'il dit vrai ou s'il brode, avec cette sacrée langue qu'il a dans la bouche :

« Parbleu ! explique-t-il. Savez-vous que j'ai fait jadis des études d'avocat ?... *Article douze. Tout condamné à mort aura la tête tranchée. L'exécution aura lieu au moyen d'une guillotine. Article 14. Les corps des suppliciés seront délivrés à leurs familles si elles les réclament, à la charge pour elles de les faire inhumer sans aucun appareil. Article 17. Si une femme condamnée à mort se déclare et s'il est vérifié qu'elle est enceinte, elle ne subira la peine qu'après sa délivrance.* Ainsi de suite. Malgré toute cette science, je n'ai jamais plaidé. Ni pour la veuve ni pour l'orphelin. Aux veuves, j'offrais d'autres consolations, pourvu qu'elles fussent jeunes et caressantes. Il y a des personnes, je m'en rends compte, qui souffrent de se sentir inutiles. Eh bien ! Je me place parmi les plus inutiles qui aient jamais vécu sur cette terre. Pourtant, je n'en ai jamais souffert : je lève la main droite, et je dis je le jure ! »

Il fait ainsi, et crache par terre. Quand on lui demande d'où lui venait tout cet argent, il répond :

« D'héritages. Mon père, se privant de pain et de sommeil, avait amassé une grosse fortune dans la ferraille, les chiffons, les vieux papiers. Occupé à battre la campagne de jour et de nuit, il eut le tort de ne faire qu'un seul enfant : vous l'avez devant vous ! Or, savez-vous combien je pesais à ma naissance ?... Deux livres moins le quart !

— Deux livres moins le quart ? Par exemple !

— Comme je vous le dis !

— Ça ne fait pas beaucoup ! Eh bien ! Depuis, vous vous êtes rattrapé ! Vous en avez pris, des livres et des kilos !

— D'accord. Mais en ce temps-là, je pesais deux livres moins le quart. Guère plus gros qu'une pomme. Alors, pour ma santé, on prenait des précautions extraordinaires. Toujours les nourritures les plus fines. Pas d'effort, surtout, pas d'effort ! Ménagez-le, ce petit ! Il pesait deux livres moins le quart à sa naissance ! Pas de service militaire : vous pensez bien, quand on a pesé deux livres moins le quart ! Et voilà comment j'ai pris certaines habitudes. En mourant, mon vieux m'a laissé une douzaine de maisons de rapport. Elles auraient pu assurer mes vieux jours : j'ai préféré les consommer pendant les jeunes, encore en possession de toutes mes facultés de jouissance. »

Et maintenant, comment vit-il ? Du Fonds de Solidarité nationale.

« J'ai toujours été favorable à la solidarité. Quand j'avais de l'argent et que je le répandais autour de moi, beaucoup de Français en profitaient, n'est-ce pas ? Commerçants, hôteliers, garçons de café, croupiers, chauffeurs de taxi, ramasseurs de mégots, que sais-je ? Maintenant que je suis dans le besoin, il est normal que la Solidarité nationale joue en ma faveur. »

Comme il est un des plus jeunes, des plus valides parmi les pensionnaires du *Doux Repos*, il rend de menus services aux uns et aux autres, soutient les éclopées, conduit les aveugles, écrit les lettres des grelottantes, pousse la voiturette des culs-de-jatte, porte les valises d'un poids raisonnable. Il n'oublie pas les deux livres moins le quart de sa naissance. Lorsqu'un rentier vient à avaler sa langue, il veille le corps dans la chapelle, en attendant que la famille en prenne livraison ; il tient à le remettre en main propre :

« Ah ! Madame ! murmure-t-il à la fille éplorée, d'une voix modérément basse, désignant du menton le cercueil en bois blanc, il était mon meilleur ami. Que dis-je ! Nous nous aimions comme deux frères. Castor et Pollux. S'il avait besoin de quoi que ce fût, j'accourais pour le servir. Très souvent de ma poche, avec ce goût dispendieux qu'il avait pris pour les petits gâteaux. Il lui fallait son éclair chaque dimanche ! Au chocolat ! Ah ! je peux dire que j'ai adouci ses derniers instants. Toujours il vous réclamait : ma fille par-ci, ma fille par-là ! Je lui expliquais que, de votre côté, vous aviez votre ménage, vos enfants, votre mari, tous les soucis de la vie moderne. Je le raisonnais, quoi. Les vieillards, c'est égoïste. Si on les croyait, on s'occuperait d'eux tous les jours, d'une façon ou d'une autre !

— Je vous ai bien de la reconnaissance. Vraiment, je suis confuse... Je ne savais pas...

— Tenez. La dernière fois que vous êtes venue... C'était quand ? »

Elle cherche elle-même. Elle demande à son mari. Je ne me rappelle plus au juste. C'était quand ?... Ben... ça devait être... le jour où qu'on est passés par ici pour aller à Châteldon, voir ces meubles. Y a trois mois. Tu crois que c'est si vieux que ça ?... Ben... il me semble.

« Bref, reprend Lulu. Le soir de votre dernière visite, il pleurait comme je sais pas quoi. Inconsolable ! Alors, je l'ai sorti, je l'ai promené dans Entraygues, je lui ai payé un verre au café. De ma poche, naturellement. »

La fille commence à comprendre et lance un regard furtif vers son mari. Celui-ci tâte dans quelle poche il a placé son porte-monnaie. Lulu écrase du pouce une larme au coin de sa paupière gauche. Il complète :

« Et puis, je le tenais propre. Les derniers temps, il me donnait beaucoup de mal, avec cette infirmité de faire pipi dans ses culottes.

— Vraiment ?... Il faisait... ?

— Et quelquefois, pire que ça !... Vous m'avez compris ! »

Elle se met sous les narines le mouchoir dont elle se frottait les yeux l'instant plus tôt. Le gendre fronce le nez, et croit s'apercevoir qu'en effet le cadavre du beau-père sent la merde.

« Que voulez-vous ! soupire Lulu. Avec les malades, il ne faut pas être délicat ! »

Il écrase une seconde larme du côté droit. Il en a fini : le grain est jeté ; que le vent le porte ; que le sol l'accueille et lui fasse produire ses fruits. Le gendre s'exécute, tire un billet, l'insinue de force dans une main plus que réticente :

« Non, non !... Il me le reprocherait s'il vivait encore !

— Pour vous dédommager de vos frais. Vous ne devez pas rouler sur l'or.

— Je l'accepte en souvenir de lui ! Uniquement en souvenir de lui !

— Bien sûr. Uniquement. »

La plupart des familles ne songent point à récupérer froid un particulier dont elles ne se souciaient guère au temps de sa chaleur. Les transports coûtent à présent les yeux de la tête. Surtout ceux des Pompes Funèbres ! Les descendants se résignent donc à confier leur cher défunt à la terre locale, dont les tarifs au mètre carré n'ont rien de comparable avec ceux des villes : on peut encore s'y offrir un petit trou pas cher. Le cimetière d'Entraygues, ainsi approvisionné par *Le Doux Repos*, couvre une superficie disproportionnée avec la population permanente de la commune. Il a fallu l'agrandir deux fois en dix ans.

Jusqu'au dernier instant, Lulu soutient les endeuillés de sa présence fraternelle. Si nécessaire, il donne un coup de main au curé, en répondant *Et avec votre esprit* ; au cocher du corbillard, pour charger et décharger la caisse ; au fossoyeur qui la reçoit. Solidarité, solidarité ! Il est bien rare que ces divers auxiliariats ne soient récompensés de quelques pourboires supplémentaires. En espèces ou en nature. *Le Doux Repos* a coutume, en effet, pour un prix avantageux, d'offrir table d'hôte aux parents venus de loin. Dans une pièce spéciale, loin des réfectoires, on leur sert un menu réconfortant. Et ces braves gens ont souvent la délicatesse d'inviter M. Lulu qu'ils voient aussi abattu qu'eux-mêmes. Il y consent pour ne pas les désobliger.

Voilà par quels moyens il arrondit les prestations du Fonds de Solidarité nationale. Les décès surviennent dans la maison à intervalles réguliers. Il lui suffit d'en être averti à temps : il se renseigne sur le nom, le prénom, la dernière maladie du client, afin de ne pas commettre d'impair. Ainsi, l'argent de poche ne lui manque jamais. Il profite bien des portes ouvertes et se promène dans Entraygues, la mine fleurie, les mains dans les poches, largement précédé de son ventre et suivi de son derrière. Les gens du village le connaissent, le saluent avec une familiarité mêlée de respect :

« Bonjour, Lulu ! Toujours en pleine forme ? »

Il leur lance quelque craque pesante : de celles qu'on jette aux inférieurs. Les mains posées sur sa panse :

« Comme vous voyez !... J'attends un heureux événement.

— Ha ! ha ! ha !... Sacré Lulu !

— Ce sera bien le premier que *Le Doux Repos* aura jamais connu ! »

Il boit un cognac chez Mme Ladoux. S'il y rencontre un autre pantouflard, il n'hésite pas à trinquer avec lui. Après quoi, il ouvre les journaux exposés, les butine çà et là, les replie soigneusement, les remet en place sans les acheter. La tenancière ne proteste point, pour ne pas risquer de perdre sa pratique.

Certains soirs, après un bel enterrement, si les parents du défunt se sont montrés généreux, il force un peu sur les petits verres. Il s'accroche au premier rentier accessible comme à un bec de gaz :

« Ah ! mon frère de purgatoire !... Si tu avais dans ta poche le quart du dixième de la moitié de l'argent que j'ai flambé, tu pourrais aller loger à l'hôtel *Métropole*, à Royat !

— Pisque c'est comme ça, rétorque le bec de gaz — ancien porteur durant quarante-cinq ans à la gare de Clermont, à trente sous le paquet — pisque c'est comme ça, paye-moi un autre casse-pattes.

— D'accord. Je te le dois bien. Peut-être seras-tu mon prochain client ! Mon prochain Castor !

— Quel client ? Quel castor ?

— Cherche pas à comprendre. Buvons à notre fraternité. »

Les femmes ont d'autres manières. Certaines, par une ancienne habitude, tricotent des bas, des cache-nez, des pull-overs. Très exigeantes sur la qualité de leur travail, elles n'hésitent pas à le défaire encore. Quand on demande à ces Pénélopes pour qui elles aiguillettent avec tant d'ardeur :

« Pour mon petit-fils, qu'elles répondent. Le plus jeune, qui a douze ans.

— Mais puisqu'il ne vient jamais vous voir !

— Oh ! si, qu'il vient ! Il est venu à Pâques. Et s'il ne vient pas plus souvent, c'est qu'il est trop petit : il ne peut pas prendre le chemin tout seul. Il viendra davantage quand il sera plus vieux... Il me sortira... Je lui donnerai le bras... On fera le tour du patelin... »

Comme le petit-fils grandit lentement, elles ont tout le temps de perfectionner leur tricot. Elles tiennent à donner entière satisfaction au destinataire. Elles sont heureuses que Mathilde soit nouvelle dans la maison ; elles lui montrent sa photo :

« Vous ne trouvez pas qu'il me ressemble ?... Le nez, surtout. »

Elles racontent ses prouesses, ses farces, ses bons mots, ses accidents, ses maladies. Elles le connaissent comme si elles l'avaient élevé.

« Quand je sais qu'il doit venir, ce gamin me détraque. Savez-vous que j'en rêve la nuit ? Tout pareil que dans les temps, lorsque j'étais amoureuse de mon bon ami ! Faut dire ce qui est : je crois bien que je suis amoureuse de mon petit-fils ! »

Elles rient de leurs gencives roses.

« Alors, concluent-elles, vaut mieux qu'il ne vienne pas trop souvent. »

Au milieu de toutes ces veuves, Mauricette, restée célibataire, forme une exception. On ne sait si elle a trente-cinq ou soixante-cinq ans. Elle ne le sait pas elle-même. La première fois que Mathilde l'a rencontrée, elle n'en a pas cru ses yeux : l'autre poussait un landau d'enfant. Avec des précautions, une tendresse à ne pas croire. Elle est allée s'asseoir à l'ombre du gros robinier, a tendu un voile de gaze sur la bouche de la capote, s'est mise à secouer doucement la voiture. Il y avait mille ans que Mathilde n'avait vu un bébé de près. Sans parler d'en toucher un. Elle s'approche de la gaillarde, demande aimablement :

« A qui est ce petitou ? »

Et Mauricette, offensée d'une telle question :

« A qui que vous voulez qu'il soye ? A moi, pardi !

— A vous ?

— A moi, oui. Ça vous convient pas ?

— Ça me convient. Vous le dites, je vous crois.

— Écartez-vous un peu. J'ai pas envie que vous lui colliez vos microbes.

— Excusez-moi. »

Mathilde se lève, s'en va en se dandinant, confuse et tristouillette. Elle s'assied sur un autre banc. Elle regarde voler les hirondelles. Puis, elle baisse les yeux, et voit sur l'asphalte trois fourmis avancer en direction de ses pieds. Elle a l'idée automatique de les écraser, comme elle a toujours fait au Peyroux : on ne va pas se laisser envahir par cette vermine. Puis, elle se rappelle cet article qu'elle a lu dans un journal : l'équilibre naturel, chaque être vivant utile et nécessaire, même les tigres, même les crapauds, même les scorpions. Eux, les pensionnaires du *Doux Repos*, sont-ils vraiment nécessaires à l'équilibre de la nature ? Est-ce qu'elle serait troublée dans son fonctionnement, la nature, si un pied les écrasait ? Les fourmis sont encore à sa portée, sans méfiance. Deux grosses et une toute petite. Sans doute le père, la mère et la fille. Alors, Mathilde éloigne ses pantoufles et leur fait grâce.

Comme une récompense pour cette bonne action, un moment après elle voit Mauricette, là-bas, se lever et marcher dans sa direction, en poussant le landau. Une fois devant elle :

« Il est réveillé ! qu'elle explique. Maintenant, si vous voulez toujours le voir, je vous le montre.

— Bien sûr. »

Mauricette écarte la gaze, plonge les mains sous la capote en roucoulant : « Viens, mon gros... mon gros patapouf... » Elle en tire un paquet de linges blancs d'où émerge la tête rose d'un baigneur en celluloïd. Mathilde a un choc au cœur. Encore une toc-toc. Tu es vraiment au pays des toc-toc, ma pauvre. Prends garde de ne pas le devenir toi-même.

« Est-il pas beau ? demande la gaillarde.

— Si, si, bien beau. Quel âge il a ?

— Huit mois... Non, treize mois... Non : sept mois dimanche prochain. J'en ai tellement, vous comprenez, je m'embrouille.

— Ah ! oui ? Vous en avez beaucoup comme ça ?

— Comme ça et autrement. Des petits, des grands, des qui miaulent, des qui font pipi, des qui disent *maman*. Et même deux noirs. Des négrillons.

— Ça vous fait une belle famille !

— M'en parlez pas ! J'ai de quoi tricoter ! Celui-là, c'est le numéro soixante-quinze.

— Soixante-quinze ? Nom de gueux !

— Il est pas encore baptisé. Si vous voulez, vous serez sa marraine.

— Marraine, moi ? Oh ! je suis bien trop vieille ! Pour les quatre matins qu'il me reste à vivre ! Faut en choisir une plus jeune que moi ; comme ça, quand il sera grand, il pourra profiter d'elle. Elle lui fera des cadeaux. Les marraines, c'est bon d'abord pour les cadeaux.

— Vous savez comment je veux l'appeler ?

— Dites voir.

— Georges.

— C'est un nom tout à fait convenable. Saint Georges est un saint très puissant. Il a terrassé le dragon.

— M'en fous de saint Georges. J'ai choisi ce prénom à cause du parrain. Et devinez un peu qui ça sera, le parrain ? Devinez un peu !

— Ma foi !... Je connais pas bien la maison encore... »

Mauricette rit dans sa barbe. Ce qui n'est pas une façon de parler. Mathilde cherche :

« Qui donc qui s'appelle Georges, par ici ?... Je vois pas. »

Mauricette rit plus fort. Son visage enfin se transforme, passe de l'hilare au sérieux, du sérieux au grave, du grave au tragique. Pareil aux figures peintes sur un ballon de baudruche, quand le ballon se dégonfle. Alors, elle révèle :

« Georges !... Le Président !

— Quel président ?

— Tompidou.

— Pompidou ?

— Oui, Tompidou. J'ai voté pour lui, la dernière fois.

— Eh bien ! vous !... Vous avez pas peur ! Et il a accepté ?

— J'attends sa réponse. Je lui ai fait écrire, par Lulu. Mais il acceptera sûrement. On m'a dit qu'il aimait bien être parrain, dans une famille nombreuse.

— Pour ce qui est d'être nombreuse... la vôtre...

— Alors, vous voyez que vous pouvez être marraine !

— On verra, on verra. »

Mme Issartier et Mme Valade sont à Saint-Paul les deux dernières voisines de Mathilde. A longueur de journée et quelquefois la nuit, elles s'entretiennent de leurs diverses maladies et se livrent un duel permanent : aucune ne veut laisser à sa rivale la gloire d'être plus accablée. Quand, par extraordinaire, il leur arrive momentanément de parler d'autre chose, bientôt elles retournent à leur combat. Toutes les conversations y mènent, comme tous les chemins mènent à Rome.

« Maintenant, dit Mme Issartier, dès que je suis couchée, figurez-vous qu'il me vient des fourmis qui me dévorent tout du long dans les jambes. Je me gratte, je me gratte. Impossible de les chasser. Si bien qu'il faut que je me lève pour marcher quelques pas. Alors, elles s'arrêtent un peu. Mais sitôt que je me rallonge, les revoilà qui me renvahissent ! Et gratte que je te gratte !

— Ah ! ma pauvre ! Vous avez de la chance d'en avoir dans les jambes seulement, des fourmis ! Moi, c'est aussi dans les bras ! Sans parler des autres douleurs. Ces frictions que vous m'avez faites, hier soir, je dois vous l'avouer, ça m'a pas soulagée du tout. »

Et l'autre, humiliée de n'avoir que quatre membres :

« Dans ces conditions, c'est pas la peine que je recommence. Les frictions, vous vous les ferez vous-même, si ça vous chante !

— Remarquez bien que je vous accuse pas ! Le responsable, bien sûr, c'est le produit du pharmacien. Mais quelle chose terrible, d'avoir mal partout comme ça !

— Partout, partout ! Vous me faites rire ! Tenez, je suis sûre que je souffre d'un endroit où que vous souffrez pas !

— Dites voir. Ça m'étonnerait.

— D'après le docteur Baraban, je suis atteinte dans le coqueci.

— Le coqueci ? Où c'est donc, le coqueci ?

— Vous voyez bien que vous y avez pas mal ! Si vous y aviez mal, vous sauriez où ça se trouve !

— On peut avoir mal quelque part sans connaître le nom.

— Vous seriez bien trop contente que je vous le dise, pour pouvoir ensuite vous en vanter ! Mais je vous le dirai pas.

— Comme vous voudrez. Si je comprends bien, le coqueci, c'est un endroit que vous vous réservez. Vous voulez être la seule à y avoir mal.

— Ça se pourrait bien. »

C'est comme pour la température. Chacune a son thermomètre médical particulier. Elles se mesurent tous les soirs. Ensuite, elles chaussent leurs bésicles, se placent au jour de la fenêtre pour compter les fines graduations. Mais aucune n'annonce le chiffre, craignant la performance de l'autre. Elles se contentent de secouer la tête, de lever les yeux au ciel :

« Encore plus haut qu'hier !... Ça alors !... Jusqu'où je vais monter comme ça ?... »

Il existe un petit nombre de pensionnaires privilégiés : les couples. Ils logent dans le bâtiment neuf où les tarifs sont plus élevés à cause de l'ascenseur, des couloirs carrelés, des petits réfectoires (un par étage) avec tables pour deux ou pour quatre, des chambres plus vastes et plus confortables. Des chambres véritables, entourées de murs complets.

M. et Mme Murat ont quatre-vingts ans chacun, et vivent de la pension du gouvernement depuis un quart de siècle. Avec tous ces pauvres diables qui émigrent chez les taupes, à peine leur retraite commencée, il est juste que, de temps en temps, d'anciens serviteurs de l'État lui fassent cracher ce qu'il économise sur les morts prématurés. M. et Mme Murat sont entrés ensemble aux écoles normales de Clermont ; ils se sont mariés, ont été instituteurs de campagne, pour terminer leur carrière à la ville. Une carrière tranquille, troublée seulement par deux guerres, illuminée par la naissance de trois enfants, couronnée par les palmes académiques.

Selon leurs calculs, ils ont formé ensemble deux mille élèves, parmi lesquels de brillants sujets : professeurs, médecins, avocats, notaires, ingénieurs, officiers, commerçants, hommes politiques. Leur métier était d'enseigner la lecture, l'écriture, le français, le calcul, la gymnastique, le dessin, le travail manuel, l'histoire, la géographie, la musique, la morale. Ils prêchaient la tolérance, la haine du mensonge et de la violence, l'amour de la liberté, de la patrie, des autres hommes, le respect et l'assistance aux parents. Ils ont exercé avec conscience leur profession ; l'État les payait pour cela ; leurs anciens élèves ne leur doivent donc rien ; aucun ne vient jamais leur rendre une simple visite de politesse, ne leur envoie jamais une carte postale. Si l'on devait manifester sa reconnaissance à tous ceux qui vous ont rendu service contre paiement, on passerait la vie à ça.

A cinquante-cinq ans, donc, M. et Mme Murat cédèrent la place aux jeunes. Ils se retirèrent à Bellerive, sur les bords de l'Allier, occupant leurs loisirs au tricot, au jardinage, à la pêche, à la lecture, à la poésie. Mme Murat écrivait des sonnets parnassiens, dans la manière de Heredia. Leurs enfants aussi sont de brillants sujets : un de leurs fils enseigne la linguistique à Rennes ; un autre étudie les antiquités en Égypte ; le troisième court le monde pour un journal parisien. Ils n'oubliaient pas leurs père et mère, leur écrivaient régulièrement, envoyaient des cadeaux, passaient parfois huit jours en leur compagnie. Eux vieillissaient doucement dans la paix bourbonnaise.

Avec le temps, tout se transforme, tout s'use : les corps, les ressorts, les querelles, les semelles, les lames, les âmes. Les anciens maîtres d'école atteignirent un grand âge ; si bien que ce chagrin ne leur fut pas épargné : de voir leurs enfants vieillir à leur tour, grisonner, bedonner, prendre des rides et de la couperose. Écrasés d'importance et de responsabilités, les trois fils tombèrent d'accord un jour sur un certain arrangement :

« Nous ne pouvons plus laisser nos vieux seuls à Bellerive. Comme aucun de nous n'a l'appartement nécessaire ni le temps de les prendre chez soi, plaçons-les dans quelque honnête maison de retraite, où ils seront bien soignés, et partageons-nous les frais éventuels, dit le linguiste.

— Oh ! il n'y aura guère d'éventualité ! Chacun d'eux jouit d'une pension qui doit largement couvrir leur hébergement, dit l'égyptologue.

— Nous serons là seulement pour leur servir de paratonnerre, en cas de coup dur, opération, soins coûteux », dit le journaliste.

C'est ainsi que M. et Mme Murat ont été transférés un certain jour à Entraygues, dans la partie la plus luxueuse du *Doux Repos*. Ils s'y trouvent, assurent-ils, les plus heureux du monde. L'ancienne institutrice continue de parnassiser. Ce sera mon héritage personnel à mes enfants ou petits-enfants. S'ils les jugent bons, ils publieront mes vers après moi. Peut-être un jour figurerai-je dans les anthologies scolaires aux côtés de Marceline Desbordes-Valmore, de la comtesse de Noailles, d'Amélie Murat, mon homonyme. Ils reçoivent du courrier ; et même, de loin en loin, la courte visite d'un de leurs descendants. Paul et Virginie, les deux petits-enfants de Rennes, viennent de leur écrire : *Pendant les prochaines vacances de Noël, nous comptons aller skier à Courchevel. Nous en profiterons pour faire un détour par Entraygues et venir vous embrasser*... Alors, chaque matin, M. Murat consulte un calendrier de poche et dit :

« Encore soixante-cinq jours... Encore soixante-quatre... »

Toutefois, il nourrit maintenant des idées bien différentes de celles qu'il enseignait jadis. L'assistance aux parents, *qu'es aco ?* Dans une société évoluée comme la nôtre, devons-nous élever des enfants pour qu'un jour ils nous servent d'abord de valets de charrue, d'ouvriers gratuits, plus tard de gardes-malades ? Non, monsieur ! Non, madame ! Des père et mère conscients de leurs responsabilités ne peuvent tenir leur progéniture pour un investissement dont ils accumulent le capital pendant la jeunesse afin d'en toucher les intérêts dans la décrépitude. Ils doivent l'élever pour l'amour d'elle-même, pour qu'elle s'accomplisse, s'épanouisse, n'affronte pas ces duretés dont ils ont souffert dans leur enfance à eux. Fort de ces idées, M. Murat — qui, à quatre-vingts ans, a gardé toute sa tête — ne se plaint jamais de son sort.

Accrochés l'un à l'autre, ils marchent à tout petits pas dans le jardin ensoleillé. Ils en connaissent chaque fleur, chaque brin d'herbe. Quand leurs jambes sont lasses, ils ne s'installent pas, comme les autres, sur les bancs de plastique dont le contact glissant leur déplaît. Ils ouvrent une petite chaise pliante à dossier, et se disposent où il leur agrée. M. Murat aime avoir l'échine à la chaleur. Il s'arrange donc pour tourner constamment le dos au soleil, le suivant dans sa course comme fait la fleur de l'héliotrope. Alors, bien soutenu par ces rayons, il tire un livre de sa poche ; il lit les philosophes anciens, Épictète, Marc Aurèle, Sénèque. *Notre salut et notre perte sont en dedans de nous-mêmes. Rien n'arrive à personne que la nature ne l'ait fait capable de supporter. Nous descendons et ne descendons pas deux fois le même fleuve.*

Mme Murat chausse ses lunettes, essaye de griffonner un nouveau sonnet sur un calepin. Cela n'avance guère. Elle se plaint de ses mauvais yeux. Prétexte. En réalité, l'inspiration lui manque.

Le courrier leur apporte des cartes postales.

On ne vous oublie pas. Grosses bises de Byzance. Le haut Nil ressemble à l'Allier. Je vous envoie à part un colis de dattes. Jacot vient d'être reçu au bac avec mention BIEN.

Ils se chauffent aussi aux pâles rayons de ces affections lointaines.

Les repas sont les seuls événements des journées. Les vieillardes ont si peu d'emploi pour leurs quatre membres qu'elles les traînent au réfectoire une heure à l'avance. Dès 10 heures, il se trouve quasi plein. Ainsi, le matin, à midi, le soir, elles goûtent un moment d'attente. Heureux, trois fois heureux celui qui a quelque chose à attendre !

Mathilde, cependant, continue d'arriver parmi les dernières. L'appétit ne la pousse point. Elle reconnaît là les cheveux noirs de Mme Sauvagnat, ses autres colocataires de Saint-Paul dont elle ne retient pas le nom, celle qui aime le sucre, celle à qui l'on a volé vingt mille francs, celle qui a un goitre, celle qui en a deux, celle qui se peint la bouche et montre un collier de perles noires. On prétend qu'il s'agit d'une comtesse. Elle a dans le port tant de fierté que la chose n'est pas impossible. Nom de gueux ! Que de beau monde on trouve ici !

Pour ce qui est des menus, personne ne devrait se plaindre : hors-d'œuvre, viande, légumes, dessert. Comme boisson : un litre par table de huit d'un liquide rosâtre que l'administration appelle *vin coupé*. Et pourtant, les plaintes, les chamailleries ne manquent point : les pensionnaires se chipent mutuellement leurs parts ou se disputent les meilleures, comme une troupe de chiennes lapant à la même auge. Les femmes de service doivent souvent intervenir pour les séparer.

5

Toutes les nuits, c'est la même histoire : dès 3 heures, Mathilde se trouve réveillée comme en plein jour. Que d'images alors lui trottent par la tête ! Elle a beau se morigéner, se dire : Endors-toi ! Compte les moutons ! Un lit, c'est fait pour dormir, pas pour battre la campagne ! Et si tu arrives pas à dormir, t'énerve pas, laisse tes membres en repos ! Rien n'arrête le vagabondage de ses pensées. Ah ! si elle avait bu son tilleul, comme au Peyroux !

Les pluies d'automne sont venues. Il pleut aussi sur le Peyroux, à vingt kilomètres d'ici. Sur les tuiles de Saint-Paul, l'eau du ciel fait un doux clapotis : celui d'un chat qui lape son lait. Mais là-bas, elle s'infiltre par les tuiles fendues, par les lézardes des murs, par les vitres crevées. Maintenant que plus personne ne les défend, elle entre dans les maisons comme chez elle. Elle fait ploc, ploc, ploc sur le plancher des galetas, forme des flaques, traverse les plafonds, tombe sur les lits, les chaises, les fourneaux, inonde les placards.

Elle pense à son cheptel, à ses chèvres, à Margarette, qui à présent, sans aucun doute, sont dans le ventre de Jolivet, de sa femme la Jolivette, de leurs trois Jolivetous. Faut bien être de son pays comme elle l'a toujours été pour élever une oie jusqu'à l'âge de la première communion ! Une oie qui n'avait pas d'autre production que ses crottes !

Et ainsi de suite, jusqu'à ce que viennent les bruits du petit matin : portes qui battent, bidons entrechoqués, grincement des poubelles. Alors, Mathilde s'arrache du lit chaud. Ses articulations craquent comme le bois sec. Mme Sauvagnat ouvre ses yeux qui ne voient rien et soupire :

« Encore une nuit blanche !

— Une nuit blanche, vous ? Je vous entendais ronfler y a pas cinq minutes !

— Ce qu'il y a, c'est que vous et moi nous ne dormons pas ensemble. Moi, je suis du matin, vous du soir. Je reste des trois, quatre heures à attendre le sommeil ; mais ensuite, je le garde jusqu'au jour. C'est quand même une nuit à moitié blanche.

— Une nuit grise !

— Vous savez ce que je fais pour m'endormir ?... Je me récite des fables de La Fontaine. Celles que j'ai apprises dans le temps, à l'école :

Maîtrecorbeausurunarbreperché
Tenaitdanssonbecunfromage,
Maîtrerenardparlodeuralléché...

Ou bien :

Unegrenouillevitunbœuf
Quiluisembladebelletaille,
Ellequin'étaitpasgrosseentoutcommeunœuf...

Vous voyez ?

— Moi, je sais pas de fables. Quelquefois, je me récite des prières.

— Chacune a sa méthode. Je suis contente de la mienne. »

A côté, on tousse, on se racle la gorge, on se ramone les bronches, on crache dans des mouchoirs. La maison commence une autre journée de doux repos.

Françoise est une bonne fille. Elle traite ses vieilles gentiment, les aide à faire leur lit, prend soin de ne pas déranger leurs babioles, écoute leurs plaintes et leurs confidences, apaise leurs chamailleries, répare leurs bêtises. Un jour, Mathilde la prend à part :

« Est-il vrai, ma mignonne, que vous avez un petit ? »

Et elle, jouant la sourde, mais rouge comme une cerise :

« Qu'est-ce que vous dites ?

— Il paraît que vous avez un petitou. Mais soyez pas offensée si je vous en parle, c'est seulement un bruit qui court. Peut-être je me trompe. De toute manière, je condamnerai jamais une pauvre fille dans cette situation. Croyez pas non plus que je vous demande ça uniquement par curiosité. Non. Seulement, si par hasard c'était vrai, j'aimerais bien le connaître, bonnes gens. »

Dans l'arrondissement, *bonnes gens* exprime une tendre pitié. Comme ailleurs *peuchère*, ou *pécaïre*. Françoise, qui baissait la tête, la relève à cette goutte de rosée, examine le visage de la vieille femme où s'étale un sourire aussi large qu'un parapluie.

« Vous ne vous trompez pas, avoue-t-elle.

— Quel âge a-t-il, cet ange ?

— Oh ! ça n'est pas un ange ! Un petit diable, plutôt !

— Comment l'appelez-vous ?

— Guillaume.

— Non !

— Si, Guillaume. Ça ne vous plaît pas ? »

Mathilde a beau déguiser, elle ne peut s'empêcher de montrer sa déception :

« Ma foi non, ça me plaît guère.

— Qu'est-ce que vous lui reprochez, à Guillaume ?

— Comment, qu'est-ce que je lui reproche ? Après tous les pauvres garçons qu'il nous a tués !

— Guillaume ?

— Oui, Guillaume ! Avec ses moustaches comme des paratonnerres. Le kaiser.

— Le quésaire ? Qui c'est, ça, le quésaire ?

— On voit, ma pauvre, que vous êtes bien jeune ! Vous pouvez pas vous rappeler la guerre de 14. Guillaume, l'empereur de la Bochie ! Tous ces noms que vous lisez sur nos monuments aux Morts, c'est lui qui les a gravés. »

Françoise rit. Elle explique que tout ça, ce sont de vieilles histoires. Archi-oubliées. Elle ne savait pas que l'empereur de la... comment vous dites ? La Bochie. Qu'est-ce que c'est, la Bochie ? L'Allemagne. Elle ne savait pas que cet empereur-là s'appelait Guillaume. Pour elle, Guillaume est un petit microbe qui mouille encore ses culottes. Mais pourquoi vous avez choisi Guillaume ? A cause de Guillaume Roméo. Qui est Guillaume Roméo ? Un acteur de cinéma. C'est son parrain ? Oh ! non ! Pas du tout ! Seulement, les vedettes, comme qui dirait, lancent la mode des prénoms. En tout cas, il n'est pas question d'introduire l'enfant au *Doux Repos*, à cause du scandale que ce serait. Une fille-mère, pensez donc !

« Si vous voulez, propose Françoise, venez chez moi dimanche prochain. Je vous le présenterai ! »

Elle rit encore. Elle secoue ses cheveux. Elle part en sautillant et ses estomacs sautent aussi dans son corsage.

Le dimanche, arrivent quelques visiteurs. Il n'y en a pas pour tout le monde. Ils apportent un paquet de gâteaux secs, ou une livre de raisin, ou deux tablettes de chocolat, du sucre, des cigarettes, du tabac à priser. Si la température le permet, ils entraînent dehors leur pantouflard, s'installent avec lui sur les bancs de plastique. Sinon, il faut rester dans les chambres. Comme les chaises manquent, ils s'assoient sur le lit. Ils se penchent vers le vieux ou la vieille et lui chuchotent de tout près ce qu'ils ont à dire, afin que les voisins ne profitent pas trop de la conversation ; leurs nez se touchent quasiment.

C'est ainsi que Mme Sauvagnat a reçu son fils, comptable principal à la S.N.C.F. Malgré ses efforts pour faire la sourde, Mathilde a tout entendu de ce qu'ils se sont envoyé dans les narines :

« Je te trouve bonne mine, disait le Clermontois. Vraiment bonne mine.

— Oh ! la mine ! Ça ne signifie pas grand-chose !

— Je te demande pardon ! Une bonne mine vaut mieux qu'une mauvaise. Et toi, tu en as une vraiment bonne. Il est visible qu'ici on vous traite bien.

— Question traitement, je ne me plains pas. Ta retraite, c'est pour quand ?

— Pour le 1er avril de l'an prochain. Rien de changé.

— Rien de changé non plus... à mon sujet ?

— Qu'est-ce que tu entends par là ?

— Eh bien ! M'as-tu pas dit que tu voulais me prendre chez toi ? »

Et le comptable, d'un ton mou : « Non, non. Rien de changé. »

Puis il a déposé un paquet sur sa table de nuit. L'aveugle le palpait, en répétant fallait pas, fallait pas. Et lui, toujours comme au confessionnal :

« Tu la tremperas dans ton café au lait.

— Fallait pas ! Fallait pas !... Mais je veux que tu y goûtes un peu. Pour moi, ça fait trop.

— Mais non ! Ça se conserve !... Elle est au beurre !

— J'y tiens absolument ! Absolument ! »

Ses mains titubantes ont ouvert le papier, cherché un couteau dans le tiroir, tiré la lame, coupé une large tranche de la brioche. Même si Mathilde avait été aveugle aussi, elle aurait reconnu l'odeur. Honteusement, le comptable s'est mis à bâfrer, en tournant un dos rond et opaque à la voisine. Pas besoin de prendre tant de précautions, allez, nom de gueux ! Votre brioche, vous pouvez vous la mettre quelque part, si la bouche ne suffit pas ! Est-ce que je vous demande quelque chose ? Est-ce que j'ai l'air de la mendier ? Quand j'en voudrai, de la brioche, j'irai chez le boulanger d'Entraygues. Les deux Sauvagnat se sont donc bourrés sans rien lui offrir. Probablement pour lui faire entendre qu'elle était de trop, qu'ils ne l'avaient pas invitée. Ensuite, le fils s'est levé, s'est essuyé la bouche, a frotté ses joues contre celles de sa mère en faisant pch, pch, lui laissant croire ainsi qu'il l'embrassait ; et il est reparti. Elle a tenu à l'accompagner jusqu'au portail, accrochée à son bras.

Un autre dimanche, Mathilde est allée chez Françoise, comme convenu. Celle-ci habite derrière le bureau de poste — *Agence postale* — au fond d'un long corridor, dans une chambre, une cuisine et deux placards. Le lit de Guillaume est en fer et se plie comme un accordéon. On transporte ce meuble le lundi matin chez la grand-mère (celle qui a mangé la coucourle) ; il revient ici le samedi soir. On tire dessus, il s'allonge. Plus tu tires, plus il s'allonge. Guillaume est condamné à coucher dedans jusqu'à son service militaire.

Devant le drôlet, tout de suite Mathilde entre en extase comme si elle voyait l'Enfant Jésus :

« Oh ! le beau bébé ! Qu'il est mignon ! Quelle merveille du Ciel ! »

Françoise, rouge cette fois de plaisir, pousse le petit kaiser vers la vieille femme :

« Dis : Bonjour, Mathilde ! Et embrasse-la !

— Non, non ! proteste-t-elle, effrayée. Lui dites pas ça ! Il va se piquer !

— Se piquer ?

— Dans les temps, j'avais les joues douces comme des pommes. A présent, avec ma barbe, elles sont pareilles que du fil de fer barbelé. Mais moi, je vais l'embrasser, si vous voulez bien. »

Elle se penche, prend la tête de Guillaume entre ses bonnes mains un peu tremblantes, et le baise longuement sur les cheveux. Tout de suite, elle sait ce qu'il faut faire pour l'apprivoiser :

« Tu veux que je te raconte une histoire ?... Alors, viens sur mes genoux ! »

Et la voilà partie : tu dirais que de sa vie elle n'a fait autre chose. Le visage tourné vers elle, la bouche ouverte, l'enfant boit sa parole comme du sirop :

Pimperlou gardait ses biquettes,
Pimperlou était pastrassou.

« Mais ce berger était si minuscule que les jours de pluie il s'abritait sous une feuille de rave. Or voici qu'une fois une vache gourmande mange la feuille et, d'un coup de langue, avale Pimperlou en même temps. On le cherche partout, derrière les balais, au fond des sabots du dimanche, sous les armoires et le buffet :

« — Pimperlou ! Où es-tu ? Où te caches-tu ?

« Pas trace de Pimperlou. A force de fouiller, on entend venir de l'étable une voix pas plus grosse qu'un fil à coudre :

« — Je suis là, dans le ventre de la Clermonte !

« On ouvre la vache — sans trop lui faire de mal, juste comme on ouvre un tablier sur le devant — on va laver les boyaux à la rivière. Soudain, passe un tourbillon qui entraîne le pauvre petit. Qu'est-ce que c'est, un tourbillon ? De l'eau qui tourne. Un peu plus tard, le loup vient boire et lape Pimperlou à son tour. Alors, quand la méchante bête s'approche des troupeaux avec l'idée d'attaquer une brebis, Pimperlou hurle de toutes ses forces :

« — Prends garde, pastrassou ! Le loup en veut à tes moutons !

« Les chiens accourent, et le loup doit se sauver, toujours emportant son ennemi dans son ventre :

« — Qu'as-tu à crier comme ça, bougre d'enragé ?

« — Hé ! Si tu n'es pas content, fais-moi sortir !

« C'est ce qui arrive au bout d'un moment. Le loup se coince entre deux arbres rapprochés, il force, il force et réussit à chasser son locataire. Comment ? Comme toi, pardi ! quand tu as avalé un noyau de cerise ! Pimperlou se débarbouille dans la rosée. Les jours suivants, il voyage encore sur l'échine d'un lièvre, puis sur celle d'un âne qui le ramène chez ses parents... Et après ? Après, c'est fini. Alors, sais-tu ce que je te conseille ? De jamais te cacher sous une feuille de rave quand il pleut. »

Françoise sort des tasses. Elles boivent le thé — comme les madames ! — en grignotant des petits fours et bavardant. Elles parlent de leurs familles. Mathilde raconte qu'elle n'a qu'un grand fils ; très occupé par ses affaires, dans le Midi ; elle ne s'attend pas à recevoir sa visite souvent. Françoise étale des photos sur la table :

« Moi, le jour de ma première communion... Mon frère Alexandre... Ça, c'est un bon ami, pendant qu'il faisait son service militaire... Ma sœur Antoinette... Guillaume, à quatre pattes... Ça, c'est son père : il m'avait promis le mariage. Et voilà... Ici, un autre bon ami.

— Vous avez eu beaucoup de bons amis ?

— Oui. Je ne vaux pas cher !

— Ayayaye ! Qu'est-ce que vous allez dire ?

— La vérité !

— Je sais bien comment sont les hommes. Le meilleur vaut pas la corde pour le pendre ! »

Ensuite, elles passent en revue les autres pensionnaires du *Doux*

Repos. Et patati et patata. Comme ça pendant deux heures d'horloge.

Quand elle se décide à partir, Mathilde met la main à la poche de son tablier, en sort un boursicot.

« Je suis venue les mains vides, explique-t-elle. Vous m'avez fait un grand plaisir de me recevoir chez vous et de me montrer votre petit. Je vous en ai bien de la reconnaissance. Alors, maintenant, si vous voulez me faire un autre plaisir, vous allez accepter ça... »

Et elle veut placer dans la main de Françoise deux billets de mille, tellement pliés en quatre et en huit qu'ils ne semblent pas plus larges que des timbres-poste. Françoise pousse un cri :

« Vous voulez rire, Mathilde !

— Non, non ! Faut absolument que vous les preniez !

— Jamais de la vie ! Gardez-les pour vous ! Vous en avez plus besoin que moi !

— Qu'est-ce que vous en savez ? Est-ce que vous connaissez le compte de ma fortune ? Peut-être que je suis millionnaire !

— Et moi, peut-être que je suis Mireille Mathieu !

— D'ailleurs, cet argent n'est pas pour vous, mais pour votre fils. Vous le placerez sur son livret de Caisse d'Épargne.

— Il en a pas.

— Bonne occasion de lui en offrir un. Vous avez pas le droit de le refuser !

— Dans ces conditions... »

Elles s'embrassent. Malgré les barbelés. Puis Mathilde s'en va, frétillante comme un gardon. Jamais de sa vie elle n'a usé en deux heures tant de salive. Quand elle rentre à Saint-Paul, elle file tout droit devant la glace du lavabo, et se tire la langue, pour constater si elle pèle ou non.

6

Tous les mardis et tous les vendredis soir, Mathilde retourne à la chapelle. Elle le fait pour le plaisir d'être en la compagnie du bon Dieu, beaucoup plus que pour l'amour des sermons. Car l'abbé continue de les entretenir de la pluie et du beau temps. On dirait qu'il a peur d'impressionner ces vieillards en traitant le seul sujet qui devrait à présent les intéresser : la mort et la vie éternelle. Heureusement, après une heure de cancans divers, on récite des prières. Encore sont-elles gâtées par cette sale qui s'assoit au fond, près de la porte, et choisit toujours ces minutes pour lâcher des pets de jument. On se demande le plaisir qu'elle trouve à venir à la chapelle dans cette intention. Mathilde croit l'avoir identifiée : une grande maigre, qui ricane tout le temps, avec des yeux noirs comme le péché. L'aumônier fait le sourd ; mais quelques paroissiennes poussent des rires pointus ; ce qui encourage l'artiste à répéter ses exercices. Faut croire qu'elle met tout son esprit là, et qu'elle n'a rien d'autre à dire.

Pour varier les plaisirs, Mathilde s'est aussi laissé inviter à une séance de télévision par sa voisine, Mme Valade. Celle-ci distrait par ce moyen ses innombrables douleurs.

« Dépêchons-nous, fait-elle dès la sortie du réfectoire, si nous voulons avoir une bonne place. »

La salle se tient au rez-de-chaussée, non loin de la chapelle ; elle attire beaucoup plus de monde. Le tabac y est interdit ; mais il y a toujours quelque vieux pipeur qui ne peut se retenir d'allumer une cigarette.

« Éteignez ! Éteignez ! lui crie-t-on. La fumée empêche de voir. »

Il accepte difficilement ce sacrifice, faut lui corner dans les oreilles.

Mme Valade fait asseoir Mathilde près d'elle. Depuis le temps que j'entends parler de cette télévision, je vais voir enfin à quoi ça ressemble. Pour le moment, l'écran montre un ours et une poule en grande conversation. Seulement, on ne comprend rien à ce qu'ils se racontent, parce que, dans la salle, tout le monde jacasse à la fois. De temps en temps, l'ours secoue son gros ventre et fait : « Ho, ho, ho, ho, ho !... » Ce qui doit être sa manière de rire. Ensuite, viennent les informations, le temps qu'il fera demain. Derrière la personne qui cause, on aperçoit le puy de Dôme en peinture. Facile à reconnaître, avec ce crayon qu'il tient en équilibre sur la tête.

« Maintenant, dit la Valade, ça va-t-être le feuilleton. Faut que je vous raconte un peu le début, pour que vous compreniez. C'est une fille de la haute. Elle en pince pour un garçon qu'elle a failli tamponner en voiture, et elle veut l'épouser. Mais les parents d'elle s'y opposent vu que lui est jockey sur un champ de courses, et que c'est une profession qu'ils considèrent pas des tas. Le frère de Jacqueline intervient. Il voudrait bien la voir disparaître de la circulation, à cause de l'héritage. Il envoie des lettres anonymes au maire. Sa bonne amie achète un fusil, on se demande pour quoi faire. Et tout par un coup voilà qu'on trouve le jockey estourbi. Mort, si vous préférez. Son patron, qui est un planteur de café je sais pas où, paye un policier pour chercher l'assassin. Ou l'assassine. Et puis voilà que quelqu'un s'amuse à tuer ses chevaux, malgré la surveillance d'un vieux boiteux qui a d'ailleurs qu'un œil, l'autre est en verre... »

A mesure que se déroule ce résumé, Mathilde sent sa tête qui enfle. Où prennent-ils toutes ces histoires ? Est-ce qu'y en a pas assez dans le monde sans qu'il soit besoin d'en inventer d'autres ?

« Taisez-vous, bande de blagandes ! crie Mme Valade. Voilà le feuilleton ! »

Rentiers et rentières mettent une sourdine à leurs conversations. Le téléviseur reprend la parole. Mathilde écarquille les yeux, essaye de reconnaître les personnages. Pour l'aider, sa voisine les lui présente au fur et à mesure :

« Ça, c'est le patron. Ça, c'est Jacqueline à cheval. Ça, c'est l'assassin...

— Mais non, proteste une autre pantouflarde, c'est l'inspecteur.

— L'inspecteur, ça ? Allons donc ! Moi, je vous dis que c'est l'assassin. Vous avez pas vu la tête qu'il a ? Le petit qui court en boitant, c'est le boiteux.

— Taisez-vous donc !

— Ma voisine est nouvelle ! Faut bien que j'y explique ! »

Mais Mathilde n'a plus besoin d'explications. Ces gens qui se pressent là-bas, derrière la vitre bleutée, qui marchent, se poursuivent, s'embrassent, montent des escaliers, tous lui donnent le tournis. Les yeux lui picotent comme dans la fumée. La télévision... Oui, oui, ces antennes qui étrillent les nuages. Et le crayon au sommet du puy de Dôme. Maintenant, elle sait en quoi cela consiste. Pour cette invention-là, elle ne fera jamais de folie. Ce qu'il y a de bien, c'est qu'on est ensemble, qu'on a chaud, comme les vaches dans l'étable. Avec les jacassements en plus : et barbouilli, et barbouilla.

« Hé ! crie la Valade, en la piquant du coude. Réveillez-vous ! Maintenant, va y avoir Guy Lux !

— Non ! Mettez la troisième ! Y a Jean Gabin !

— Vous nous les cassez ! On a la première ! Et la première restera !

— Écoutez cette commandante ! Le poste vous appartient, peut-être ? Y a jamais moyen de faire entendre sa voix !

— Vous vous en privez bien ! »

Franchement, j'aime mieux les vaches. Elles, du moins, se supportent. Il y en avait quatre chez mon père, comme chez Pimperlou. Et une s'appelait réellement Clermonte. On avait pris la capitale du département pour en faire un nom de bête. Et de même certaines s'appelaient Parise, Lyonne, Romaine. Beaux noms qui allaient bien à ces vaches aussi fières que des reines.

« Réveillez-vous, bon sang ! Vous êtes encore partie ? Quand on est dans le lit, on dort. Quand on est à la télé, on regarde.

— Pouèèèèèh !

— Quoi, pouèh ?

— Tous ces barbus !

— Vous craignez les barbus ?

— Ils font peur. Je suis sûre qu'ils ont des poux.

— Faudra vous y habituer : c'est la mode.

— Les poux ?

— Savoir si vous allez la fermer, là derrière ?

— On la fermera si on veut, grande malhonnête !

— C'est pas la peine d'avoir une télévision pour rien entendre !

— Ma foi, madame Valade, je crois bien que ça me suffit pour aujourd'hui. Je reviendrai une autre fois.

— Comme vous voudrez ! »

Ces barbus ! Ces chevelus ! Des Juifs Errants ! Pourvu qu'ils te flanquent pas des cauchemars, cette nuit ! Ah ! Vous n'êtes pas près de me reprendre, madame Valade !... Ouf ! L'air sans fumée ! Ouf ! La chambre de Saint-Paul ! Le bon visage du pauvre Pierre, dans son cadre métallique. Tel qu'elle le porte aussi dans son cœur. Le lit qui s'affaisse sous sa charge. La couverture jusqu'au nez. Que le diable emporte les barbus !

Dans le hall d'honneur, un grand meuble vitré s'offre à la vue des visiteurs : la bibliothèque. Elle contient au moins deux cents volumes : des jaunes, des rouges, des blancs, des noirs, des gros, des petits. Un écriteau manuscrit précise : *Pour l'emprunt des ouvrages, s'adresser à Mme Spagnoli au secrétariat*. Mme Spagnoli est une personne constamment plongée dans les calculs. Si par hasard quelqu'un lui adresse la parole, elle secoue la tête en remuant les lèvres ; et s'il insiste :

« Laissez-moi finir mon addition, tout de même ! »

Alors, il va de soi que, pour ce qui est des livres, personne n'a le courage de la déranger. En fait, ils ne sont pas destinés à l'usage des pantouflards, mais aux regards des familles.

Pour sa part, Mathilde Dutheil ne manque pas de lecture. Françoise la comble de journaux et de revues. Même s'ils ne sont pas de la dernière fraîcheur, ils apportent des nouvelles du monde : ce qui se dit, ce qui se fait, ce qui se porte, ce qui se mange. Quand elle les a épuisés, à son tour elle en fait don à quelque autre pensionnaire encore capable de lire. Cependant, elle doit reconnaître une chose : le monde l'intéresse de moins en moins. Elle a l'impression qu'il s'éloigne d'elle, un peu chaque jour, emporté sur un grand bateau, vers un horizon inconnu. Tandis qu'elle reste sur la rive. Et là-bas, aucun mouchoir ne s'agite pour elle.

Or voici qu'un jour, à la troisième semaine de sa vie au *Doux Repos*, elle s'aperçoit de son erreur.

Françoise arriva tout excitée :

« Quelqu'un vous demande, Mathilde !

— Moi ? Quelqu'un ? C'est sûrement une erreur.

— Oui, vous ! Un homme, avec un petit garçon.

— Un homme ?... Un petit garçon ?... Pas possible ! Mon Dieu ! Si c'était...

— Je vous les amène ici ?

— Naturellement. »

Ton fils ? Se serait-il marié sans t'avertir ? Aurait-il eu un enfant ? Mais non ! Mais non ! Tu te le figures ! Ne va pas te monter la tête. Pourquoi reviendrait-il après tant d'années de silence ? Mathilde, méfie-toi de la figuration !

Et la jumelle avait raison de lui donner d'aussi sages avertissements. Car, lorsque les deux visiteurs se trouvèrent devant elle, rougeauds, embarrassés, leur casquette à la main, elle ne reconnut ni l'un ni l'autre.

« Bonjour, tante, fit le plus grand.

— Vraiment, je ne... vous remets pas. »

Et lui, avec un sourire niais :

— Faut dire qu'on s'est pas vu bien souvent... Jean-Claude... Jean-Claude Membrun. Le fils de votre frère Benoît, de Randan. »

Elle leva les bras au ciel, puis les lui jeta autour du cou :

« Mon neveu Membrun ! Jean-Claude ! Qui est venu me voir ! Eh bien ! Eh bien ! Ça, c'est une belle surprise ! Si je m'attendais à celle-là ! Et ce petit garçon est ton fils ?

— Oui. Il s'appelle Jeannot. Embrasse la vieille tata Mathilde, Jeannot.

— Et ta femme, tu l'as pas amenée ! Tu en as bien une, je suppose ?

— Elle a pas osé.

— Pas osé ? Elle a donc peur de moi ?

— Ben, elle vous connaît pas. Mais elle viendra un autre jour... Tenez, je vous ai apporté un petit quèque chose. »

Il tira de sa poche un paquet de biscuits. Le cadeau traditionnel.

« Fallait pas te déranger. Ici, j'ai ce qu'il faut.

— Oui. Vous avez l'air bien installée. »

Il désignait de la main le lit étroit, la table de nuit, le crucifix épinglé au mur. Elle leur avança les deux chaises disponibles, la sienne et celle de Mme Sauvagnat :

« Asseyez-vous donc.

— Et puis, ajouta-t-il de même que tous les visiteurs (ça leur faisait vraiment chaud au cœur de constater que leurs chers vieillards jouissaient de toutes les commodités possibles, qu'il n'y avait aucun souci à se faire pour eux), je vous trouve bonne mine. Vous devez être bien nourrie.

— Je me plains pas.

— Bien chauffée aussi ?

— Oui, oui. Le chauffage central, s'il te plaît ! Dès les premiers froids, crac ! on l'allume.

— Beaucoup voudraient être à votre place.

— Sûrement, sûrement. Parle-moi un peu de toi, et de ta famille. Comment va ma belle-sœur Joséphine, à Randan ?

— Elle se fait vieille, elle aussi. Et puis, dévorée par les douleurs. Huit mois de l'an, elle quitte pas le coin du feu. Y a quatre ans, elle s'est cassé une patte en descendant l'escalier. Lui a fallu six mois pour se remettre. Et depuis, elle boite.

— Pauvre Joséphine ! Quel âge ça lui fait, à présent ?

— Heu... ben... Je sais pas trop. Dans les soixante-dix, soixante-quinze.

— Attends. C'est simple : elle a cinq ans de moins que moi. Donc, soixante-seize.

— C'est bien ce que je disais.

— Et toi, maintenant ?

— Trente-cinq. Je travaille à la briqueterie de Billom. Ma mère m'a appris que vous étiez à Entraygues. Alors, je suis venu vous voir. C'est pas très loin de chez moi : vingt kilomètres, à peu près. J'ai une voiture. Une deux-chevaux.

— Une voiture, nom de gueux ! Tu dois gagner de bons mois !

— Pas trop. Il en faut tellement pour vivre !

— Tu gagnes pas trop et tu as une voiture ?

— Aujourd'hui, tout le monde a la sienne. Même les plus misérables. Je l'ai achetée d'occasion.

— Qu'est-ce que tu fais, au juste, à Billom ?

— Ben, je vous l'ai dit : des briques.

— Et tu aimes ce travail ?

— Je surveille la cuisson. On chauffe les fours au mazout, comme les boulangers, en somme.

— Et ça te plaît ?

— Ça me plairait mieux si je gagnais davantage.

— Alors, si je comprends bien, tu fais un travail que tu aimes pas beaucoup, et qui te rapporte guère. Mais alors, pourquoi es-tu parti de Randan ? »

Et lui, avec une grimace expressive : « Oh ! vous savez ! La terre !

— La terre, la terre ! Et tes briques, elles sont pas en terre ?

— Pas le même genre de terre. Et puis, là-bas, y avait mon frère Gaston qui a toujours eu du goût pour la culture. Alors, je lui ai cédé la place. On pouvait pas tous vivre dans le même trou, comme des rats. »

Tout cela se débitait en présence de Mme Sauvagnat, qui restait muette au bord de son lit, mais écoutait attentivement, en ayant l'air de compter ses doigts. Sans parler des autres voisines, derrière les cloisons : elles devaient aussi en prendre leur part. C'était ainsi, on n'y pouvait rien. Les six de Saint-Paul se trouvaient condamnées à tout faire ensemble. Mathilde posa des questions sur le petit. Allait-il à l'école ? Réussissait-il bien ? Et pendant qu'ils parlaient, elle examinait ce neveu et cet arrière-neveu qui lui tombaient des nuages, au bon moment, pour diminuer un peu sa solitude. Faut-il que la Sainte Vierge soit bonne pour toi ! Ce qui se décide là-haut, les orages, les maladies, les guerres, les accidents de toutes sortes, il est bien sûr qu'elle n'y est pour rien. Ce n'est pas elle qui décide. Les hommes ont toujours porté les pantalons, même dans le Ciel. Mais ensuite, elle intervient pour soigner les plaies, raccommoder les pots cassés, secourir les victimes. Ainsi, au moment de ton veuvage, rappelle-toi, Mathilde : elle t'a donné la compagnie du Peyroux, et de tout ce brave monde du voisinage. Quand ton fils est parti pour ne plus revenir, elle t'a donné l'amitié de Vatelequerre et de Victor Dassaud. Quand tu as eu ta fièvre cérébrale, elle t'a envoyé en guise d'infirmière l'Annette de chez Frompy. Sans elle, y a bien longtemps que tu examinerais les pâquerettes par-dessous. A présent, elle te regarde, elle se dit : « Y a cette pauvre couraude de Mathilde Dutheil qui peut plus courir, justement, comme elle avait l'habitude. Et qui, au milieu de tous ces rentiers et rentières, se sent aussi malheureuse qu'un crapaud sous une herse. » Et elle t'expédie ces beaux neveux que tu te connaissais pas, pour ainsi dire. Ce soir, tu pourras la remercier !

En attendant, elle les écoutait de toutes ses oreilles, elle les mangeait des yeux. Jean-Claude était un homme robuste, les cheveux solidement plantés sur la tête, le nez rouge et brillant, les dents larges, un peu jaunes, le menton partagé d'une fossette. A qui ressemble-t-il ? A ton pauvre frère ? Non : à la Joséphine, plutôt. Ce menton, principalement. Et ces yeux ronds comme deux lunes. Le nez m'inquiète : je me demande s'il a pas un peu de goût pour la bouteille. A moins que ce soit l'habitude du four ; la chaleur qui cuit les briques peut bien lui avoir cuit le nez ; il devrait moins l'approcher, ça lui donnera un jour mauvaise façon.

Jeannot avait également hérité du menton fendu. Chaque fois qu'on le regardait, il souriait, mais d'un sourire mécanique, un peu niais, qui n'exprimait pas la joie. Au bout d'un moment, Mathilde s'en trouva gênée. Qu'est-ce qu'il a, ce petit, à sourire tout le temps comme ça ? C'est pas normal devant une vieille guenon de ton espèce. Il devrait plutôt se sentir gêné. Faut croire que tu lui plais.

Mais non, il sourit même à la Sauvagnat. Est-ce qu'elle lui plaît aussi ? Il sourit aux mouches. Ça doit être une sorte de tic. Vlan ! Il sourit encore ! En somme, il n'a qu'un sourire, mais qui dure tout le temps. Faudrait sans doute le faire voir à un médecin. On en reparlera plus tard. En revanche, quand on l'interrogeait, il n'ouvrait guère la bouche. Il se contentait de secouer la tête pour dire oui ou non. Mathilde se fit des reproches : tu n'as pas même un bonbon à lui offrir ! Sauf des pastilles de Vichy. Dorénavant, arrange-toi pour ne jamais en manquer, en cas de besoin.

La visite dura ainsi presque deux heures. Quand les Membrun manifestèrent l'intention de partir :

« Quel bon après-midi vous m'avez fait passer ! s'écria la vieille tante. J'espère que vous reviendrez de temps en temps, puisque vous avez une automobile.

— Oui, oui, soyez tranquille, on reviendra.

— Embrasse bien ta femme pour moi, en attendant que je fasse un jour sa connaissance. Et aussi ma belle-sœur Joséphine. Et ton frère Gaston. Et ta sœur Jeanne. N'oublie personne.

— J'y manquerai pas.

— Et maintenant, je vous accompagne un bout de chemin. »

Elle marcha, toute dandinante, à leur côté. Ils traversèrent la place, remplie de voitures.

« Voici la mienne, fit le briquetier, la désignant du doigt.

— Attends ! Je veux vous amener quelque part. Suivez-moi. »

Ils obéirent. Jeannot souriait. Ils allèrent jusqu'à la boulangerie-pâtisserie, derrière l'église.

« Donnez un beau gâteau à cet enfant, commanda-t-elle. Choisis-le toi-même, mon mignon... Et aussi un sachet de bonbons. Et un second pour moi, que j'emporterai. »

Puis, s'adressant au père :

« Prends quelque chose, toi aussi.

— Oh ! moi ! Les gâteaux !... J'aimerais mieux un canon. »

Quand ils furent revenus à la deux-chevaux, elle prit un billet dans son boursicot, et l'avança vers la main de Jean-Claude :

« C'est pour boire ce canon dont tu as envie. Pardonne-moi de pas t'accompagner au café. »

Il feignit des scrupules :

« Vous croyez que je dois accepter ?

— Bien sûr, puisque je te le donne de bon cœur !

— Alors, je dis pas non. Il en faut tellement pour vivre !

— Seulement, attention ! T'approche pas tant du four, quand tu cuis tes briques. Je trouve qu'il te rougit le nez.

— D'accord, j'y prendrai garde. »

Ils s'embrassèrent. Puis, les deux Membrun s'installèrent dans la voiture et démarrèrent en agitant les bras. Mathilde resta sur place jusqu'à ce qu'ils eussent disparu.

Elle s'en revenait vers *Le Doux Repos*, le sachet de caramels dans sa poche, quand elle se crut suivie par un troupeau de canards. Elle se retourne, et qu'est-ce qu'elle voit ? Trois gamins d'Entraygues, un clair, un brun, un fauve. Comme trois marrons inégalement mûrs. Alignés en procession, ils avancent en tanguant sur leurs hanches, la regardent d'un air effronté et poussent à pleine gorge des « coin ! coin ! coin ! ». Pour mieux se faire comprendre, le rouquin s'appuie sur une baguette. Et tous ensemble :

« Coin ! Coin ! Coin ! »

Nom de gueux ! Dirait-on pas qu'ils sont en train de te copier ? Elle lève son bâton :

« Allez-vous-en, petits mauvais sujets ! A-t-on idée de copier le monde comme ça ? Vous avez-t-y envie que j'aille vous dénoncer aux gendarmes ? »

Ils s'écartent légèrement, mais vont se remettre en file un peu plus loin, toujours imitant sans vergogne la pauvre vieille cane qui a osé sortir de sa basse-cour :

« Coin ! Coin ! Coin !

— Vous en foutrai, moi, du coin-coin-coin ! Bande de malappris ! Galapiats ! Vauriens ! »

Ça les fait crever de rire. Et cancaner de plus belle. Et même, se faufilant entre les voitures, ils osent se rapprocher, tandis que Mathilde reprend sa marche dandinante. Bientôt, elle les sent de nouveau sur ses talons. Alors, elle change de tactique. La voilà qui soudain leur fait face, sans un mot. Eux s'arrêtent pareillement, interdits, prêts à détaler. Un long moment, ils s'examinent. Puis, doucement, la vieille cane porte la main à sa poche, en tire le sachet de caramels (elle les destinait au petit kaiser), le déchire de ses mains cahotantes, le tend vers eux :

« Tenez, drôlets ! Prenez quand même un bonbon ! »

Pas si bêtes ! Ils flairent un piège grossier. Le coup du lard dans la souricière ! Mais eux ne se laisseront pas pincer comme des souris. Tout de même, ces bonbons, c'est bien tentant. Ils les aperçoivent par transparence, dans leurs papillotes multicolores. Sans dire oui ni non, ils demeurent immobiles. Elle devine leurs craintes :

« Vous avez peur que je vous attrape, hein ? »

Alors, elle puise dans le sac de cellophane, leur jette à la figure les caramels enveloppés. Tout d'abord, ils reculent, comme si elle lançait des cailloux. Ensuite, le plus audacieux se baisse, puis les deux autres.

« Y en a deux chacun ! » qu'elle crie.

Déjà, ils mastiquent en la regardant. Sans chercher à comprendre les raisons de cette générosité. Avec l'espoir visible qu'il en pleuvra d'autres.

« Surtout, vous écorchez pas la langue à dire merci ! »

Cela n'entre pas dans leurs intentions. Ils ont la bouche pleine. Alors, elle hausse les épaules et se remet en route vers sa basse-cour. Au bout de quelques pas, elle entend les « coin ! coin ! coin ! » qui recommencent.

7

Depuis des semaines, Mauricette bassinait l'aumônier Crépin :

« Quand est-ce qu'on baptise mon dernier, monsieur le curé ? »

Et lui, qui connaissait la paroissienne :

« Pourquoi voulez-vous, Mauricette, qu'on baptise celui-là plus que les autres ?

— Justement, les autres, vous me disiez : Attendons qu'on soit à cinquante, et on les baptisera tous ensemble. Y a joliment longtemps que les cinquante sont dépassés ! Et toujours pas de baptême. Faut croire qu'elle vous coûte cher, votre eau bénite !

— A combien donc en êtes-vous ?

— D'après mes calculs, Georges a le numéro soixante-quinze. Alors, qu'est-ce que vous attendez ?

— Peut-être on pourrait aller jusqu'à vingt mille, comme pour Clovis et ses guerriers. Je ferais mon petit saint Remi !

— Vingt mille. Vous voulez rire ! Où c'est-y que je les mettrais ?

— Bien sûr, ça poserait un problème de logement. Mais soixante-quinze parrains, soixante-quinze marraines, ça sera aussi difficile à trouver.

— J'ai écrit à Tompidou. Il m'a pas répondu. Il doit pas répondre aux filles-mères.

— Et les dragées ? Avez-vous pensé aux dragées, Mauricette ? »

Ainsi, subtilement, sans qu'elle le sentît, il se moquait d'elle. Sans doute parce qu'il n'osait pas lui dire non. La fois d'après, elle revenait à la charge :

« Alors, ce baptême de Georges, c'est pour quand ?... Si vous me baptisez celui-là, les autres, j'y renonce, monsieur le curé... Mais si vous refusez, je penserai que vous êtes pas un bon chrétien. Vous pouvez croire que je vous ferai pas de réclame ! »

A la fin, ne sachant plus quelles raisons avancer, pris de

remords, sans doute aussi, pour cette comédie qu'il jouait depuis si longtemps :

« Amenez-moi, lui dit-il, un parrain et une marraine consentants, et je vous le baptise dans toutes les règles de l'art. »

Voilà donc Mauricette en quête du compère et de la commère, implorant l'un, implorant l'autre. Tous trouvaient de bonnes raisons pour refuser :

« Je suis trop vieille... Je suis sourd... J'ai pas d'argent à jeter par la fenêtre... J'ai des douleurs dans les genoux, ça m'empêche de m'agenouiller... »

Seul Lulu accepta le titre et les responsabilités, après avoir précisé ses exigences :

« Parrain ? Je ne dis pas non. Qu'est-ce qu'on gagne ?

— Y aura à boire, à manger et à fumer.

— Je marche. »

Mauricette pouvait se permettre de telles promesses. Elle était la sœur d'un gros marchand de bois de Chabreloche, qui l'avait jetée au *Doux Repos* comme on jette à la poubelle une patate tarée ; tirant profit d'un héritage commun, il prenait en charge ses frais d'hébergement, y ajoutait quelque menue monnaie pour l'achat et l'entretien de ses poupées, à la condition expresse de n'entendre jamais parler d'elle, de ne recevoir de ses nouvelles que sous la forme de factures et de quittances.

Une pantouflarde, enfin — l'éternelle quémandeuse de sucre ; on lui en promit six morceaux — voulut bien servir de marraine. Un lieu, une date, une heure furent choisis : la chapelle, le premier mardi de décembre, l'après-midi.

Durant les semaines d'attente, l'heureuse maman lança ses invitations aux rentiers et rentières. Beaucoup l'accueillirent avec faveur, se promettant pour ce jour-là une belle partie de rigolade. L'économat ne refusa pas son concours : un réfectoire serait mis à la disposition de l'arrosage traditionnel ; il fournirait, à des prix avantageux, le vin, la limonade, les gâteaux secs, payables sur le dépôt du marchand de bois. Mathilde se trouva invitée comme les autres :

« Dans la chapelle, tel jour, telle heure, précisa Mauricette. Et y aura l'aumônier. Il me l'a promis.

— Oui, oui, sûrement, fit Mathilde en riant sous cape. Peut-être aussi le président de la République ?

— Celui-là, non, il m'a pas répondu. J'ai choisi un autre parrain.

— Comptez sur moi, j'y serai ! »

Lorsqu'elle revit l'abbé Crépin, elle ne put s'empêcher de lui rapporter les paroles et les projets de la gaillarde :

« Ce qu'il y a de drôle, monsieur le curé, c'est qu'elle raconte partout que vous la recevrez à la chapelle avec son mannequin, et que vous avez promis de venir !

— Elle a raison, pour une fois : je veux lui faire ce plaisir. »

Et elle, indignée : « Vous n'allez pas me dire que vous avez l'intention de jouer la comédie dans la maison du bon Dieu, et de baptiser à l'eau sainte sa marotte ?

— Pas tout à fait, pas tout à fait, ma bonne madame Dutheil. Il ne s'agira pas en effet d'un véritable baptême. Je me contenterai de le bénir.

— De le bénir ? Son guignol ?

— Pourquoi pas ? J'ai béni toutes sortes de choses dans ma vie : des maisons, des outils, des champs, des médailles, des bonbons (je parle de ces branches de buis, ornées par les enfants, qu'ils me présentent le dimanche des Rameaux). Pourquoi ne bénirais-je pas une poupée ? Si cela peut apporter un peu de joie à une malade !

— Tout de même, tout de même ! »

Elle s'en alla mécontente. Quand elle fut sur le chemin, toutefois, la jumelle lui reprocha son intransigeance. De quoi tu te mêles ? Voilà qu'à présent tu veux donner des leçons au curé, vieille blagande ? Tu veux lui apprendre son métier ? Ah ! là là ! Tu deviens de plus en plus insupportable, ma pauvre ! Tu sais bien que tout change, de nos jours. Que la messe se chante en français, que les curés portent des pantalons, que les fidèles tripotent l'hostie avec leurs doigts. Alors, pourquoi te tracasses-tu si l'on bénit un guignol ? Occupe-toi de tes guenilles.

Le premier mardi de décembre, dès l'aube, Mauricette endossa toutes ses fanfreluches.

« C'est un peu tôt ! lui disaient ses intimes. Le baptême est prévu pour l'après-midi seulement.

— Moi, je veux être de fête toute la journée. C'est pas de trop. Et encore, j'ai pas mis ma bijouterie ! »

Un vent d'allégresse soufflait dans toute la maison : depuis que ses murailles étaient sorties de terre (dix ans plus tôt les récentes, deux ou trois cents ans les anciennes), c'était sans doute la première fois qu'on se préparait à célébrer un baptême parmi ses locataires. On aurait aimé un carillon de cloches ; mais la chapelle n'en comportait pas.

« Un baptême sans cloches, se lamenta le parrain, ça fait vraiment trop triste. La Bistouille, va chercher ton clairon ! »

La Bistouille avait dû tellement souffler dedans, au cours de sa vie, que les yeux lui sortaient de la tête, prêts à tomber. Une tête avec un nez de canard qui lui donnait, au sommet de son cou immense, la silhouette d'un parapluie fermé. Il s'ouvrit, se précipita vers le pavillon des hommes, revint avec l'instrument rutilant.

« Joue-nous quelque chose de religieux, demanda Lulu.

— De religieux ? Je connais rien de religieux.

— Alors, joue-nous ce que tu sais. »

Il empoigna le clairon par le corps, fit voltiger les pompons, serra les lèvres en fente de tirelire, les lubrifia de la langue, gonfla la poitrine, devint tout rouge, puis exécuta *L'as-tu vue, la casquette, la casquette* ? A ces notes glorieuses, les pantouflards accoururent de tous côtés. La plupart avaient chaussé des souliers et revêtu leurs meilleurs habits. L'un d'eux, cependant, appelé Lipovitch, descendit en pyjama : il ne voulait rien changer à ses habitudes. On applaudit La Bistouille, qui joua un autre morceau dont les anciens militaires, autour de lui, fredonnaient les paroles :

La France est notre mère,
C'est elle qui nous nourrit,
Avec des pomm'de terre
Et des fayots pourris.

Nouvelles ovations. Alors, parut l'heureuse maman, Mauricette, adornée comme une madone, cliquetante de pendeloques, de broches, de bracelets, de boucles d'oreilles, de médailles, de colliers de bois. Elle portait dans le creux du bras gauche le dénommé Georges, noyé sous les dentelles. Les cantinières se penchèrent sur lui, poussèrent des exclamations, tandis que, pour saluer la mère et l'enfant, La Bistouille exécutait *la cantinière a du poil aux genoux*.

Tout ce monde se pressait devant la chapelle dont les portes demeuraient fermées ; il ne manquait plus que l'abbé Crépin. Les invités sains d'esprit faisaient marcher Mauricette, poussant des gloussements à ses réponses :

« J'espère que ce mignon ne vous empêche pas de dormir la nuit ?

— Oh ! Pas du tout ! Il se réveille une seule fois, pour sa tétée de 11 heures, et aussi sec, il roupille.

— Vous n'avez pas amené ses frères et sœurs ?

— Non, pasqu'on les a vaccinés, et qu'ils ont de la température.

— Et que comptez-vous faire de ce gros garçon, plus tard ?

— Je sais pas bien encore. Mais sûrement un inteltuel.

— Un intellectuel ?

— Oui, un inteltuel. Ça gagne davantage et ça se fatigue moins. Peut-être un curé, pareil que notre aumônier. Comme inteltuel, y a pas au-dessus. En attendant, l'abbé est en retard. Il avait dit : 3 heures. Quelle heure qu'il est ?

— 3 heures moins 10.

— Vous voyez bien ! Déjà dix minutes de retard ! »

Lulu, le parrain, disposa les invités par paires et, pour les empêcher de se refroidir, les fit processionner autour du jardin, derrière La Bistouille qui continuait sa fanfare. Après ce premier circuit, il y en eut un second, puis un troisième. Du seuil de Saint-Paul, Mathilde assistait à ce cirque. Aux fenêtres, d'autres pensionnaires regardaient de même. En queue du cortège roulait dans sa voiturette Charvillat, qui avait les deux jambes coupées aux genoux, et se moquait lui-même de son infirmité chaque fois qu'on lui demandait son nom :

« Comment vous appelez-vous ?

— Icharvalha. (*C'est-à-dire : Abîmé.*)

— Icharvalha ?

— Non, pardon, je me trompe. Je veux dire : Charvillat. »

Si bien que, comme il semblait le souhaiter, personne ne le désignait autrement que par ce sobriquet.

Après le troisième tour, on prit un moment de repos.

« Je boirais bien un coup », fit La Bistouille.

Et Lulu : « Après ! Après la cérémonie. »

Pour faire patienter son monde, il tira de sa poche un paquet de dragées en vrac, achetées au nom de la famille, et se mit à les distribuer parcimonieusement.

« Une par tête ! Formez le cercle ! Et pas de resquille ! »

Obéissants, les rentiers tendirent une main. Dans chacune, le parrain déposait une dragée blanche ou bleue, que le vieux recevait avec autant de dévotion que la sainte hostie, dont il régalait longtemps ses yeux, qu'il élevait ensuite en douceur vers sa bouche, déposait sur sa langue pointue.

A 3 heures et demie, toujours pas d'aumônier. Alors, Mauricette s'écroula sur un banc et se paya une crise de nerfs. Les larmes jaillissaient de sa figure et atterrissaient sur ses genoux, rondes, lourdes, serrées comme des petits pois.

« Il viendra pas ! Il viendra pas ! Il s'est moqué de nous !

— Vous savez, intervint le cul-de-jatte, on peut très bien faire un baptême sans curé ! Suffit de dire : je te baptise au nom du Père, du Fils et du Saint-Esprit. N'importe qui. Je me propose, si vous voulez.

— Non, non, non ! Un baptême sans curé est un baptême de chien !

— Elle a raison, clama le chœur des processionnaires. Qu'est-ce que c'est que ce curé qui promet, et qui ne tient pas ?

— Est-ce qu'on ira boire quand même ? s'enquit La Bistouille.

— Le voilà !... Le voilà ! »

En effet, l'abbé Crépin arrivait, tout courant, tout suant, tout soufflant. Excusez-moi ! Des ennuis mécaniques ! Il était temps ! On allait venir vous chercher, dans votre église, et vous sonner les cloches ! Bon, qu'est-ce que j'ai fait de la clé, maintenant ? Je crois bien que je l'ai laissée dans ma voiture. Ah ! la voici ! Quelles émotions vous nous donnez ! Vous voulez notre mort, ou quoi ?

Les portes furent enfin ouvertes. On se bouscula pour entrer. Mathilde vint aussi, quoique se disant : Grande curieuse ! Crois-tu qu'ils ne joueront pas sans toi leur guignolerie ? Justement, je veux voir ce qu'ils oseront faire. La Bistouille se tenait au garde-à-vous près de cet autel qui ressemblait à une caisse à savon, son clairon à la main, prêt à jouer le *Salut au drapeau*. Le chœur échangeait des chuchotements. Vous avez remarqué ? Pas de fonts baptismaux ! On ne les a pas prévus. Comment qu'il va faire ? Peut-être sur le bénitier. Pas de bénitier non plus. N'allez pas le signaler à Mauricette, elle piquerait une autre crise. La marraine réclamait :

« Et mon sucre, quand c'est donc qu'on me le donne ?

— Chut ! Un peu plus tard ! Vous êtes dans une église. Tenez-vous comme il faut. »

L'abbé endossa un surplis ; ses pantalons dépassaient par-dessous. Assise au bord d'une chaise, Mathilde tournait vers lui de gros yeux réprobateurs qu'il ne sembla pas apercevoir. Je parie qu'il va encore nous parler de la pluie et du beau temps.

« Voilà, commença-t-il, une bien belle journée... »

Qu'est-ce que je disais ? Ça, c'est pas un curé : c'est un baromètre.

« ... Une bien belle journée en vérité. Car je sais pourquoi, mes chers frères et mes chères sœurs du *Doux Repos*, vous vous êtes rassemblés en cette chapelle autour de notre amie Mauricette... »

J'aurai-t-y du sucre, oui ou non ? répéta la marraine. Foutez-nous la paix ; je vous ai dit : quand tout sera terminé ! Putain que j'ai soif ! soupirait La Bistouille. Je me demande s'il y aura vraiment « à fumer », s'interrogeait Lulu l'Avocat. Ma voleuse est sûrement au milieu de ce monde, supputait la vieille aux vingt mille francs ; et savoir si ça serait pas Mauricette elle-même, avec toutes ces dépenses en poupées et fourniments ?

« ... notre amie Mauricette. Non point pour participer à une farce grotesque, comme le voudraient certains mauvais esprits ; mais pour exprimer à votre sœur la chaleur de votre affection. Oui, vous avez voulu lui prouver — et son cas est aussi celui de beaucoup d'entre vous, je le sais — qu'entre la mer de la solitude et elle-même, vous étiez capables d'édifier une digue. Une digue de cœurs ! Une digue de mains jointes ! J'ai longtemps différé cette petite fête, car je redoutais l'influence des mauvais esprits. Je les entendais déjà : "Ah ! Notre aumônier se prête à une jolie mascarade !" Mais à présent que je vous vois autour d'elle, partageant sa joie, je ne regrette rien, si ce n'est mes atermoiements. Merci donc de votre présence. Pardonnez mes hésitations. Et pour que la digue soit plus épaisse, je vous prie de recevoir mon cœur et mes mains parmi les vôtres. »

Il fit le geste de le saisir au fond de sa poitrine et de le leur jeter. Du premier rang, Mauricette radieuse lui tendit son guignol. Sans que personne l'en sollicitât, La Bistouille remboucha son clairon, en tira un barrissement terrible ; mais Lulu, d'une bourrade dans les côtes, lui coupa le souffle. L'aumônier reçut donc le poupon et ses dentelles, le coucha à son tour sur son bras gauche, le bénit en latin, le rendit à la mère qui l'arrosa d'une autre averse de pois chiches.

« Vive la mariée ! » cria de l'entrée Lipovitch, toujours en pyjama.

On sortit alors de la chapelle, en grande bousculade : chacun craignait de ne pas trouver de place assise au réfectoire des hommes. Les serveuses canalisèrent le troupeau tumultueux :

« Patientez ! Patientez devant la porte ! On fera un second service ! »

Des bouteilles, des assiettées de gâteaux secs attendaient les processionnaires, réparties sur les tables de formica. Ils se jetèrent dessus comme des chiens affamés. Tout de suite, les mâles accaparèrent le vin, laissant l'eau gazeuse aux femmes, malgré leurs protestations et leurs insultes :

« Gourles ! Ivrognes ! Argauds ! Charognes ! Malappris ! »

Pour venger son sexe, une rentière se leva même, fit sauter un bouchon automatique et arrosa les rentiers qu'elle put atteindre. Ce qui fit bien rire tout le monde.

Lulu se dressa à son tour, remplit un verre de limonade et dit :

« Je lève cette coupe de champagne à la santé de Mauricette et à la longue vie du petit Georges !... Mais où est-elle donc ?... Mauricette ! Mauricette ! »

Au-delà de l'affluence qui obstruait la porte, on entendit une voix aiguë :

« Je suis ici !... Je peux pas entrer ! »

Et Lulu, avec indignation :

« Laissez passer la reine de la fête, voyons !... Venez, Mauricette ! Venez, Majesté ! »

A l'exhortation de l'avocat, la masse grommelante et insatisfaite refusait de s'entrouvrir. Jouant des coudes, Mauricette pourtant réussit à se faufiler jusqu'à la place d'honneur.

« Longue vie à la mère et à son enfant ! » répéta le parrain.

Puis, se penchant vers elle :

« Et les cigarettes ?

— Demain.

— Et mon sucre ? dit la marraine.

— Demain. »

Plusieurs fois de suite, elle répéta : demain, demain, demain. Le baigneur toujours serré contre sa poitrine plate, les yeux brillants, elle souriait à une longue file de jours à venir, débordants d'amitié et de limonade.

8

Pour les commerçants d'Entraygues, les rentiers du *Doux Repos* sont une bénédiction. Même si l'économe achète aux grossistes éloignés ses conserves, ses légumes secs, son épicerie, eux l'avitaillent en fruits de saison, légumes frais, lait, vin, viande, pain, pâtisserie. Car chaque dimanche, au repas de midi, les pensionnaires ont droit à une tranche de tarte ou une allumette. Les corps de métier locaux y trouvent également leur profit. Le coiffeur qui les tond à domicile un jour par semaine. Le cordonnier qui leur vend des pantoufles et recoud les chaussures crevées. Le pharmacien, le médecin. Les maçons, plâtriers, électriciens, plombiers-zingueurs qui entretiennent les bâtiments. Le menuisier qui cloue les cercueils. Le fossoyeur et ses aides. Le curé qui chante ses messes pour eux et leurs intentions particulières.

Mais celle qui profite le mieux de leur pratique est sans conteste Mme Ladoux, propriétaire de l'épicerie-tabac-buvette. Dès 7 heures du matin, elle a déjà du monde. Lulu commande un canon de blanc :

« A jeun, ça me donne des vitamines. C'est mon huile de foie de morue. »

D'autres préfèrent le petit verre de gnôle. Pour mieux le savourer, ils l'absorbent à coups minuscules, avec une lenteur de papier buvard. D'autres se fournissent en cigarettes, tabac de chique ou de prise. D'autres encore viennent pour les journaux. Certains, impécunieux, se contentent de humer l'odeur des boissons, avec l'espoir que quelqu'un leur offrira une goutte ; ils rôdent de çà et là, feuillettent les revues, entament des conversations. Une demi-heure plus tard, tous se replient en masse vers la Maison, pour le petit déjeuner obligatoire.

C'est en fin de matinée ou au cours de l'après-midi qu'arrivent les vieilles. Celles qui ont des moyens et l'envie de s'offrir de modestes douceurs : un paquet de Petit Lu, un kilo de sucre, un sachet de pastilles vertes à la menthe, qui ressemblent aux Valda, n'en sont point, mais coûtent beaucoup moins cher, un flacon d'eau de Cologne, une tablette de chocolat, trois grappes de raisin. Elles achètent aussi des timbres-poste, par paires ou à l'unité.

Après le repas du soir, les amateurs de gros rouge s'installent aux tables disponibles, se serrant, se chauffant à la même chopine. Ils parlent ; ils ont l'air de converser ; en fait, ils entrecroisent des monologues. Chacun pour soi évoque le passé, sans entendre les autres, jusqu'à l'instant où l'avenir s'impose et les rapproche :

« Quand j'étais porteur à la gare de Clermont...

— Moi, quand je préparais les matrices d'estampage, pour les marteaux-pilons...

— Ma spécialité, à moi, c'était de ferrer les chevaux. Et les vaches à l'occasion...

— ... je tombais quelquefois sur une de ces filles qui sentent bon et qui pètent dans la soie. Elle me refilait de bons pourboires...

— ... je sais pas si tu te rends compte de ce que c'est qu'une matrice. Comme qui dirait, le moule qui sert à découper l'acier. T'as vu une bonne femme quand elle fait des guenilles ? Avec son verre, dans la pâte, hein ? Eh bien ! une matrice, c'est kif-kif...

— ... Heureusement que me voilà à la retraite ! Maintenant qu'y a plus de canassons, censément, comment je ferais pour gagner ma croûte ?

— Moi, je vais te dire une bonne chose. Tu m'écoutes ?

— Oui, oui, je t'écoute. Une bonne matrice, c'est ouvrageux ! Finement limé et ciselé. Faut quelquefois une semaine de boulot.

— Madame Ladoux ! Portez une autre chopine !

— Et toi, tu m'écoutes ?

— Sûr !... Et un fer à cheval, tu crois que ça se fait tout seul ? Que ça se tord comme du chin-chin-gomme ?

— Oh ! le chin-chin-gomme ! J'en ai mâché ma part, quand j'étais gosse !

— Mais non, tu m'écoutes pas !

— Mais si que je t'écoute, sacré bon Dieu ! Alors, parle donc ! Qu'est-ce tu veux dire ? Faut toujours que tu coupes la parole !

— Ben... je me rappelle plus.

— Oh ! face de pet !

— Pourquoi tu me dis face de pet ?

— Pasque t'es une face de pet. A ta santé !

— A la tienne !

— A la vôtre !

— Qui c'est donc qu'on a enterré hier ?

— Un nommé Gouttequillet. Celui qui marchait toujours la tête sur le côté. T'aurais dit un dépendu.

— Un dépendu ?

— Oui. Les pendus ont la tête sur le côté... comme ça.

— J'ai jamais vu de pendu.

— Moi, ça m'embêterait d'être enterré à Entraygues.

— Pourquoi donc ?

— T'as vu comment qu'ils les mettent, les ceusses du *Doux Repos* ? Ils font une tranchée. Une sorte de silo à betteraves. Ils les couchent au fond, les uns à côté des autres. Ils les recouvrent à peine, en attendant le suivant. Ça leur économise de la place et de la peine. Un numéro par-dessus, sur un bout de planche, et te voilà catalogué. Je trouve que de dormir comme ça, c'est pas marrant.

— Qu'est ça peut te fout', quand t'auras les pieds froids, la façon que tu seras couché ? Moi, y peuvent bien me balancer aux ordures, s'ils veulent. Je m'en tape l'œil.

— Moi, je suis comme lui. J'aimerais pas le silo. Alors, j'ai pris mes précautions.

— Quelles précautions ?

— J'ai acheté une concession, au cimetière de Combronde, vu que je suis de là-bas. Pour dix ans. Alors, me voilà tranquille.

— Et au bout de dix ans ?

— Ah ! ben... au bout de dix ans, ils feront de moi ce qu'ils voudront. De toute manière, je serai plus bien gros.

— Et combien que t'as payé ça ?

— Trente mille.

— Trente mille francs ?... T'as payé trente mille balles pour remiser tes os ?

— Oh ! C'est pas encore entièrement réglé ! Il me reste trois versements.

— T'aurais mieux fait de nous payer pour trente mille balles de champagne !

— Moi, je le comprends. Si j'avais les moyens, je m'achèterais aussi une concession. Mais à Thiers, elles sont hors de prix... »

Dans les conversations pantouflardes, les histoires de cimetière occupent une grande place.

Mme Ladoux va de table en table, selon les ordres : « Portez chopine !... Portez pinte !... » Elle frôle les vieux de ses hanches ; d'un geste maternel, elle caresse les nuques lineuses et chenues. Pas émoustillés pour un liard, ils lèvent vers elle leurs yeux noyés, où nage une étincelle de reconnaissance. Autour d'eux, les marchands de vaches, les courtiers en grains parlent de leurs commerces. Peu à peu, l'atmosphère s'épaissit, devient savoureuse, nourricière comme la mayonnaise. Les rentiers se sentent soulevés : bientôt, ils ne touchent plus le sol. A leur âge, un verre de vin suffit à les rendre aussi légers que des plumes ; que dire alors d'une chopine ? De deux ? De trois ? Car chacun tient honnêtement à payer la sienne. Parfois, quand ils ont avec peine rassemblé leur monnaie, ils s'aperçoivent que quelques centimes manquent au compte :

« Ça fait rien ! dit Mme Ladoux. Ce sera pour la prochaine fois ! »

Les voici accrochés au plafond, comme des mouches. De là-haut, ils embrassent un univers scintillant, tournoyant, tonitruant. Un manège de chevaux de bois. Ils montent et descendent, accrochés à la barre de nickel, tandis que Mme Ladoux perçoit le prix des parties et que l'orgue moud sa musique :

Sous les ponts de Paris, tagadagada,
Lorsque descend la nuit, tagadagada...

Dieu ! que la vie est belle, contemplée de cette altitude ! Qui donc prétendait qu'ils étaient vieux ? Ils ont huit ans, neuf ans, dix ans. Les poches remplies de billes. Quarante sous dans leur boursicot. La permission de descendre à la Foire du Pré qui attire à Thiers toute la population du département. Où le vin de Dallet coule comme la proche rivière. Où les balançoires emportent dans le ciel les filles et leurs cris d'alouettes. Où Bamboula se fait, pour cinquante centimes, bombarder la figure à coups de tomates pourries. Où la voyante, pour moins encore, te prédit tout le bonheur de la terre et de la lune. Où les enfants pleurent d'avoir lâché leurs ballons rouges. Où les pétards font aboyer les chiens et braire les ânes.

Une voix émerge de la cohue :

« Il va être 10 heures. Il est temps que vous partiez. Mais c'est pas que je vous chasse !

— Quoi ?

— Les portes du *Doux Repos* ferment à 10 heures, vous le savez bien. Alors, si vous voulez pas coucher dans la rue...

— 10 heures ? *Le... Doux... Repos* ?

— Allez ! un peu d'énergie ! »

Mme Ladoux les tire par les pieds : ils redescendent du plafond. Elle les aide à se mettre debout, les accroche l'un à l'autre trois par trois, comme font les alpinistes : ou bien ils s'empêcheront mutuellement de tomber, ou bien ils se casseront la gueule ensemble.

« Accompagne-les ! » ordonne-t-elle à son homme, qui est grand, large et voûté comme un ours.

« C'est pas difficile, qu'il explique : je me mets au milieu, vous vous retenez à moi. »

Il avance ainsi doucement, une grappe de pantouflards agrippée à ses grègues. Quand ils ont réussi à atteindre la porte, il les pousse à l'intérieur :

« Maintenant, démerdez-vous ! J'en ai d'autres à m'occuper. »

Ils dégringolent telles des quilles, roulent sur l'asphalte. Alors, Casse-Noisette, le concierge, s'occupe d'eux. On l'appelle ainsi à cause de ce bruit bizarre qu'il produit, avec les dents. Il claque du bec, comme une cigogne. Casse-Noisette, donc, les relève l'un après l'autre, les pousse vers leurs dortoirs à grands coups de pompe et de gueule :

« A la niche ! Couchés ! Chiens d'ivrogne ! »

Ladoux accomplit autant de voyages que nécessaire, et lui amène le reste du contingent. Lulu rentre dans les derniers. Il s'arrange toujours pour sauvegarder un reste d'équilibre et pousse des glapissements de putois si on ose l'effleurer d'un index :

« Bas les pattes !... Je suis avocat ! Maître Larivaille !... Défense de toucher à la justice française !... Tout condamné à mort aura la tête tranchée... au moyen d'une guillotine ! »

En dépit de son assurance, il lui arrive parfois de s'étaler. Ce n'est pas une mince affaire, alors, que de remettre debout son énorme masse. Ladoux et Casse-Noisette, ensemble, ne sont pas de trop pour tenir dans le droit chemin cette boiteuse de justice française.

Le dimanche matin, le bar-tabac-épicerie se permet un peu de grasse matinée. C'est-à-dire qu'il ouvre une heure plus tard. Mais les licheurs du *Doux Repos* ont un réveil dans l'estomac qui les arrache du lit sans souci de dimanche ni de semaine. Dès 7 heures, comme à l'accoutumée, ils stationnent devant la porte. Ils tambourinent aux volets :

« Ho ! Ladoux !... Lève-toi, grand feignant !... Y a du monde qui te demande ! Du monde qu'a soif !... Ladoux ! Ho ! Ladoux !... »

Un moment, le mastroquet fait la sourde oreille ; les coups redoublent. Descends, sinon ils vont tout casser. Quelle colique, ce monde-là ! Quand il est en bas, il doit bien ouvrir :

« Et alors ! Vous pouvez pas laisser roupiller un peu ceux qui travaillent, non ?

— De qui que tu causes ? Ici, on voit personne qui travaille.

— Je me suis couché à 2 heures, cette nuit !

— Qui donc t'a obligé ? Nous, on paie : on a le droit d'être servis !

— On veut des nouvelles fraîches, dit Lulu. Donne-moi *la Montagne-Dimanche.*

— *La Montagne-Dimanche*, elle arrive seulement à 9 heures, tu devrais le savoir, depuis le temps !

— Eh bien ! On patientera. En attendant, verse-moi un concentré de vitamines. C'est les vitamines qui m'ont sauvé. En naissant, je pesais deux livres moins le quart ! »

Avec les pensionnaires de la Maison, les commerçants, les paysans, les artisans font de bonnes affaires. Les fonctionnaires ne se plaignent pas non plus : les postiers et postières qui s'occupent de leur courrier ; le percepteur qui touche les pensions à leur place, règle les frais d'hébergement, administre les résidus ; le secrétaire de mairie, qui délivre des attestations et comptabilise les décès.

En somme, la population d'Entraygues ne lâcherait pas sa maison de retraite pour un boulet de canon.

Le maire Chazel la dorlote particulièrement. Grâce à lui, grâce aux crédits votés par son Conseil, Mathilde Dutheil a pu participer au premier arbre de Noël de sa vie. On l'avait planté dans la salle de télévision, débarrassée de ses chaises : orné de bougies, d'étoiles en papier d'aluminium, de fils de la Vierge en strass, poudré de neige en naphtaline. Le directeur en personne est descendu du Ciel, avec un manteau rouge et une barbe blanche. Il a tiré de sa hotte un sachet pour chaque client : orange, papillotes, pâtes de fruits. Casse-Noisette, qui est électricien sur les bords, a mis en marche un piqueupe ; on a entendu Tino Rossi susurrer *Petit Papa Noël*, bientôt couvert par les pantouflards qui la connaissaient mieux que lui. C'était à qui braillerait le plus faux. Les uns chantaient le premier couplet pendant que d'autres entamaient le second. A la suite de quoi, Casse-Noisette a annoncé :

« Et voici les Petits Chanteurs à la Croix de Bois. Mais je vous conseille de la boucler un peu, si vous voulez entendre quelque chose. »

Ils ont suivi le conseil : personne ne tenait à se mettre mal avec le concierge. Dans le disque, il y avait au moins cent gamins :

Douce nuit,
Sainte nuit
Tout repose, rien ne luit...

Et un miracle s'est produit, inattendu comme tous les miracles. Ces voix fraîches d'enfants ont transpercé les vieux. Chacun s'est senti le besoin de les voir, ces petits anges ; tu les cherchais du regard sans les trouver : ils étaient là, et ils n'étaient pas là. Tu ne découvrais autour de toi, comme dans une salle aux miroirs, que ta propre figure multipliée, hideuse, plissée, poilue, avec des jointures qui lui sortaient de partout. Des femmes se sont mises à pleurer. Les hommes restaient la bouche ouverte, comme s'ils avaient avalé une balle de ping-pong. Puis, tous se sont senti une grande lassitude. Ils ont commencé de se disperser.

« Ne partez pas ! criait Casse-Noisette. La fête est pas finie ! On va danser ! Je mets de l'accordéon ! »

Danser ? Leurs genoux n'étaient pas d'accord. Sans parler de l'envie qui leur manquait. Mathilde s'est dirigée vers Saint-Paul en serrant le sachet sur son cœur. Tu en feras cadeau au petit kaiser. Ou au drôlet de Jean-Claude. C'était quand même une jolie cérémonie.

Elle s'est déroulée dans l'après-midi du 24 décembre. Le soir, les portes du *Doux Repos* sont restées ouvertes jusqu'à 1 heure du matin, pour permettre aux pensionnaires qui le désiraient d'aller entendre la messe de minuit dans l'église d'Entraygues. Bien peu ont profité de la permission. Ils n'ont plus la force de veiller si tard. En compensation, l'abbé Crépin est venu le 25 au matin dire une messe rapide dans la chapelle, précédée d'une confession collective, à l'intention de ceux et celles qui voulaient communier.

« C'est un procédé permis en cas d'urgence, a-t-il expliqué. Je suis seul, je ne peux me partager en huit. Si quelqu'un d'entre vous tient absolument à une confession en privé, je l'entendrai demain, qu'il ne communie pas aujourd'hui. Qui se trouve dans ce cas ? Qui refuse la confession collective ? »

Ils étaient une soixantaine de pénitents et pénitentes. Ils se sont regardés mutuellement : Voyons, lequel d'entre nous a commis des péchés si monstrueux qu'il n'ose les avouer devant ses frères en Jésus-Christ ? Lequel ? Laquelle ? Personne n'a levé le doigt. Alors, la lessive communautaire a commencé :

« Répétez tous après moi : *Bénissez-moi, mon Père, parce que j'ai péché.*

— *Bénissez-moi, mon Père, parce que j'ai péché.*

— Récitons ensemble le *Confiteor : Je confesse à Dieu tout-puissant, à la bienheureuse Marie toujours Vierge, à saint Michel-Archange, à saint Jean-Baptiste, aux saints Apôtres Pierre et Paul...* »

La plupart de ces vieux avaient depuis longtemps oublié les termes de la longue prière et se contentaient de grommeler *me, ne, me, ne, me, ne*, pour faire croire à leur participation. De loin en loin, cependant, un mot, une expression sautait hors de leur mémoire, comme une carpe de la vase. Ils l'articulaient ostensiblement : *... c'est ma faute, c'est ma faute, c'est ma très grande faute... saint Michel-Archange...* Puis ils retournaient au *me, ne, me, ne, me, ne.*

L'abbé Crépin a paru satisfait du bredouillage.

« Et maintenant, voici comment nous allons procéder. Je passerai en revue la liste des commandements de Dieu et de l'Église. Et chaque fois, ceux qui auront commis le péché correspondant lèveront le doigt. Pour faciliter les choses et ménager la pudeur de tous, je vais éteindre les lumières. Ainsi, enveloppé d'ombre, le pécheur n'aura pas à affronter les regards du voisin, mais seulement le regard de Dieu, infiniment bon et indulgent. »

Il a donc coupé l'électricité. Dans le jour cendreux que tamisait la fenêtre, la masse des pensionnaires agenouillés formait un troupeau grommelant, d'où montait souvent une quinte de toux.

« Êtes-vous prêts ?... Examinons les commandements de Dieu,

et passons tout de suite le premier : il n'est pas en cause, puisque vous voilà dans sa maison. Le deuxième : avez-vous, d'une manière ou d'une autre, juré le nom du Seigneur ? Qui l'a fait ? Qui a blasphémé depuis sa dernière confession ? »

Beaucoup d'index se sont levés.

« Vous voyez comme les vieilles habitudes, les mauvaises, sont difficiles à perdre ! A votre âge, jurer encore le nom du Seigneur, quelle imprudence ! Alors que bientôt, demain, ce soir peut-être, vous allez comparaître devant Lui ! C'est comme si, sonnant la nuit à la porte d'une auberge, vous commenciez par insulter copieusement l'hôtelier qui va vous recevoir ! Croyez-vous que ce soit le bon moyen de gagner sa faveur ?... Venons-en au troisième. Qui parmi vous a manqué exprès la messe du dimanche ? »

Et ainsi de suite. Qui a souhaité la mort de son prochain ? Qui a l'habitude de trop boire ? Qui a nourri des pensées impures à l'égard de l'autre sexe ? L'âge, oui, je sais bien ; mais l'âge n'empêche pas d'avoir des idées... Bon. Maintenant, qui a volé ? Je parle d'une chose importante, naturellement. Pas d'une pomme, pas d'un morceau de sucre.

« On m'a volé vingt mille francs ! crie une voix.

— C'est donc que le vol se trouve bien parmi nous. Allons ! Un peu de courage : qui a volé une fois ou l'autre ? »

Deux doigts ont émergé, inidentifiables, à peine visibles : deux cornes d'escargot. Rendez ce que vous avez pris, le Seigneur l'exige. Pour finir, il leur a fait répéter une dernière prière, bien commode : *Je m'accuse aussi de tous les péchés dont je n'ai pas gardé souvenance. Mon Dieu, j'ai un très grand regret*... Vient enfin la distribution des pénitences :

« A ce sujet, mes frères, un problème se pose à moi. Vous comprenez qu'il m'était impossible de demander à chacun le nombre de fois qu'il a commis les péchés dont il s'accuse. Qu'il mesure donc lui-même, toujours devant Dieu qui ne le quitte pas du regard, la longueur de sa peine : combien de jours de suite il devra réciter une dizaine de chapelet. Qu'il fasse plutôt bonne mesure. Et maintenant, je vous donne l'absolution. »

Pour sa part, Mathilde Dutheil s'est infligé deux semaines de prières. Pendant que tu t'occuperas à ça, tu penseras pas du mal de tes voisines.

M. et Mme Murat attendent leurs petits-enfants de Rennes, Paul et Virginie, qui doivent aller faire du ski à Courchevel. Excellentes activités physiques pour les étudiants. Ah ! l'oxygène des cimes ! *Mens sana in corpore sano*. Entre eux, cependant, ils ne parlent guère de ce voyage, si ce n'est par allusions. La tiédeur de la saison les inquiète. De temps en temps, ils examinent le ciel, et l'un d'eux lâche :

« Pourvu que revienne le froid ! Que nous ayons un hiver enneigé ! Comme dit le proverbe :

Sous la neige, il y a le pain ;
Sous la pluie, il y a la faim. »

En réalité, ils se moquent bien des semailles, des gels et de la germination. Quant au pain, ils en consomment si peu ! Et si la France vient par hasard à en manquer, elle mangera des biscottes. Mais la France ne manque de rien ; il suffit de se promener le samedi, jour de marché, sur la place de l'église pour s'en rendre compte. Elle a au contraire des problèmes de surproduction. Si les Murat souhaitent la neige, c'est qu'ils se tiennent le raisonnement suivant : sans neige, pas de sports d'hiver, pas de voyage à Courchevel, pas de Paul et Virginie. Dans leur transistor, ils écoutent les prévisions météorologiques et les nouvelles des stations. Aussi leur joie est-elle grande quand, le lendemain de Noël, ils découvrent qu'Entraygues a blanchi durant la nuit. A présent, ils osent se découvrir mutuellement leurs pensées :

« Les skieurs seront contents ! Même s'ils ont perdu un jour ou deux. Les nôtres, par exemple, doivent avoir hâte de se trouver dans les Alpes. Alors, ils ne vont pas attendre une minute de plus, et risquer de la voir s'évaporer. Ils iront à Courchevel directement. Et c'est au retour qu'ils passeront par ici.

— Certainement, certainement.

— Sans doute vont-ils confirmer leur venue.

— C'est très probable. »

Chaque matin, ils attendent la confirmation. Qui n'arrive pas. Mais qu'importe ! Ces enfants savent bien que nous sommes liés au *Doux Repos* comme les serfs à la glèbe. Qu'ils ne peuvent nous manquer. Ils préféreront débarquer à l'improviste et nous faire la surprise.

La neige tombe encore. Les pistes de ski seront confortables. Paul et Virginie voudront en profiter jusqu'à la dernière minute. Quoi de plus normal ? L'aube du 31 décembre en est tout embellie. Une année de plus, une année de moins. *Le Doux Repos* s'agite : certaines familles viennent emprunter leur vieillard pour le réveillon. Soyez tranquilles, on vous le rendra demain ! Ceux qui restent fêteront aussi la Saint-Sylvestre. Le repas du soir sera corsé d'un plat de volaille, d'un double dessert, d'une bouteille de mousseux pour huit ; on pourra danser dans la salle de télévision et à minuit s'embrasser sous le lustre empendouillé. En fait, les participants sont clairsemés. Après 11 heures du soir, il ne reste guère que des intrépides, comme Mauricette, Lulu, La Bistouille, quelques membres du personnel. Les autres passent d'une année à l'autre sans s'en apercevoir : entre leurs draps. A minuit, Mme Sauvagnat travaille encore à réciter :

Sansmentirsivotreramage
Serapporteàvotreplumage
VousêtesleFélixdeshôtesdecesbois...

Ce qui lui donne l'avantage d'entendre les douze coups s'envoler du clocher, les braillements des fêtards, l'orchestre des klaxons, le rugissement des voitures. En même temps qu'elle, tous les pensionnaires insomniaques se posent une seule question : « Cette année qui commence, est-ce que tu en verras le bout ? »

Au petit matin, M. et Mme Murat se réveillent dans leurs lits jumeaux. Lui se lève, va embrasser sa femme et ils se souhaitent :

« Bonne année !... Bonne santé !... »

Comme ils l'ont dit plus de soixante fois au cours de leur vie commune. Ah ! les jolis Jours de l'An de jadis, dans la petite école de montagne, dont ils composaient à eux deux l'équipage ! La visite des élèves : leurs joues roses et froides comme de la glace aux fraises, leurs bras chargés de cadeaux agricoles, aussitôt rendus en cadeaux éducatifs : crayons, plumiers, albums à colorier, livres à lire. L'apéritif à la mairie. Les embrassades permises, fleurant un soupçon d'adultère : à la pharmacienne savamment maquillée, au brigadier de gendarmerie revêtu de son uniforme. Les invitations à dîner, pleuvant de partout. Ce que c'est que d'avoir de l'importance ! Ce que c'est que de l'avoir perdue !

Ce Jour de l'An nouvelle manière s'écoule comme les autres jours. Afin de faciliter sa fuite, M. Murat ouvre son Marc Aurèle, Mme Murat compose un sonnet de plus, que personne sans doute ne lira jamais, excepté son mari.

Le lendemain, le surlendemain, aucune nouvelle. Maintenant, les vacances universitaires sont terminées. Paul et Virginie ne passeront point. Mon Dieu ! Pourvu qu'ils ne soient pas malades ! Seigneur, protégez ces enfants ! Que rien de grave ne leur arrive, nous vivants ! Les jeunes sont tellement exposés au malheur, de nos jours ! Les mauvaises fréquentations, les mauvaises lectures, l'anarchie, la drogue, la violence, les accidents de voiture. Quel monde diabolique ! Pauvres petits ! Comment passeront-ils au travers de tous ces dangers ? S'ils sont allés à Courchevel, ma foi, ils ont bien eu raison de profiter de leurs vacances jusqu'au dernier instant ; de quel droit les aurions-nous privés d'une journée d'oxygène ? Ils en ont tant besoin, avec ce qu'exigent d'eux leurs professeurs !

Rien non plus le 4 ni le 5. La poste en ce moment ne sait où donner de la tête. Pas étonnant si les plis ont du retard. Le 6 arrivent les vœux de l'égyptologue, par télégramme : *Vous souhaitons à tous deux bonne et heureuse année. Paquet suit. Jean, Renée, les enfants*. Le 7, en même temps, ceux du linguiste rennais et du journaliste. Aucune allusion à Paul et Virginie ; mais si quelque malheur avait eu lieu, ils en parleraient, non ? Le 10, par avion, une boîte bardée de timbres égyptiens ; à l'intérieur, une très jolie statuette d'ivoire représentant Néfertiti. Une copie, naturellement, mais exécutée avec beaucoup d'art. Le 12, enfin, une carte postale espagnole. *Tarjeta postal. Correos espagnoles. Reproduccion prohibida*. Signée *Paul et Virginie*. Elle explique qu'au dernier moment les projets de neige sont tombés à l'eau ; que le frère et la sœur ont accompagné deux copains en voiture « pour une longue virée » qui les a conduits jusqu'à Séville ; grâce à cet arrangement, les frais de transport se sont trouvés « coupés en quatre » ; quant à la visite à Entraygues, « ce sera pour une autre fois, à la première occasion ».

Comme on fait en Angleterre, les Murat ont exposé ostensiblement dans leur chambre le télégramme, les enveloppes, les cartes, la statuette d'Egypte. Quand une femme de service ou une voisine passe la porte, ils désignent la petite exposition et disent en souriant, l'air heureux :

« Vous voyez ! Nos enfants ne nous oublient pas ! »

9

Mathilde n'est pas oubliée non plus. Le neveu du miracle, Jean-Claude Membrun, briquetier à Billom, lui rend des visites régulières, toutes les trois ou quatre semaines, en compagnie de l'enfant aux sourires. Elle s'est acheté un pliant pour lui permettre de s'asseoir sans avoir à emprunter la chaise de la voisine. Il lui fournit de précieuses informations sur la cuisson des briques, l'emploi des briques, le commerce des briques. Elle l'écoute au moins d'une oreille, pour lui faire plaisir. De l'autre, avec émotion, elle reconnaît dans sa bouche le timbre d'une voix jadis familière. Non pas celle du père ou de la mère, ce qui serait une chose banale, mais celle de Maurice. Du pauvre Maurice décédé en Allemagne. Son frère à elle, son frère préféré ; son oncle à lui. Quelle chose extraordinaire, cette voix perdue depuis soixante ans et qui lui revient à présent d'au-delà de l'espace, d'au-delà du temps, d'au-delà de la mort ! Aussi fraîche qu'autrefois. Passée au pouvoir de ce neveu inconnu comme un objet abandonné sur un rayon : une montre d'argent, un rasoir qui coupe encore. Enfant de mon frère, je te donne ma voix ; fais-en bon usage. De qui l'ai-je reçue moi-même ? De quel autre oncle lointain, de quel aïeul ? Tu la transmettras à ton tour. Une voix Membrun. Ainsi, la vieille Mathilde écoute lui parler ce jeune frère dont la poussière, mêlée à la terre allemande, produit depuis longtemps des patates ou des betteraves allemandes. Jadis, elle le tenait par la main ; elle le protégeait de tout : de la pluie, des chèvres, des serpents. Elle n'avait pu le protéger de la guerre. Il l'appelait *Milde*. Milde, descendons jusqu'au moulin. Milde, j'ai déchiré mes brayes ; s'il te plaît, raccommode-les. Milde par-ci, Milde par-là.

Et maintenant, cette voix lui parle de briques. Jeannot tout le temps a ce sourire en celluloïd qu'elle n'apprécie pas. Quand ils se lèvent, elle glisse un billet entre les mains du père, des bonbons entre les mains du fils. Ils se quittent satisfaits les uns des autres.

En février, la grippe asiatique tombe sur Entraygues. On se demande comment une épidémie a pu venir de si loin, franchir mers, océans, montagnes, douanes pour s'intéresser à une capitale de cette importance ! Bientôt, à la maison de retraite, l'infirmerie est pleine à craquer : les lits se touchent ; c'est à peine si les aides-soignantes ont l'espace de se faufiler. Le bacille insatiable, sans souci des places disponibles, attaque chaque jour d'autres rentiers. Le directeur aimerait bien évacuer son stock de tousseux vers les hôpitaux du voisinage : ceux de Thiers, de Maringues, de Lezoux. Impossible, répondent ceux-ci : nous en avons nous-mêmes à revendre ; on pourrait plutôt vous en passer quelques-uns. Il faut donc les garder ; on laisse les derniers atteints dans leurs chambres, où ils contaminent le reste. En fin de compte, tout l'asile est au lit, grelottant, suant, graillonnant, le thermomètre au bon endroit.

Atteinte parmi les premières, Mathilde a dû déménager, s'envelopper d'une couverture, se traîner jusqu'à la salle des femmes. Pendant quinze jours, elle y vit au milieu des agonisantes. Chaque matin, on en évacue une ou deux qui ont craché leur âme pendant la nuit. Ici, la mort a ses habitudes : elle vient de préférence après l'extinction des lumières. Comme un voleur de poules. Plusieurs jours de suite, elle choisit les numéros pairs ; en sorte que les grippées en instance prévoient leur tour pour le surlendemain, ou le samedi d'après. Mais, soudain, voici qu'elle change de tactique, retourne en arrière saisir quelqu'une qui se croyait oubliée et se réjouissait déjà. Évidemment, elle cherche à dérouter le monde ; désormais chaque malade tremble pour sa vieille peau.

Certaines se révoltent :

« Qu'est-ce que j'ai ? demandent-elles au médecin, le docteur Baraban.

— Je vous l'ai dit : une grippe.

— Une grippe ! Une grippe ! Je vous crois pas. Est-ce que la grippe fait mourir tant de personnes ? Encore une hier, et une ce matin ! Avouez que c'est le choléra ! Ou la peste ! Ou le béri-béri !

— Les grippes sont mauvaises, cette année, pour les vieillards.

— Vous dites ça pour ne pas me soigner comme il faut ! Ah ! si j'étais une jeune, de celles qui sentent bon, vous y mettriez davantage d'énergie ! Vieux cochon ! Vieux putassier ! »

D'autres se résignent :

« Avertissez ma famille... Appelez mon fils : je veux le voir une dernière fois avant de mourir... Envoyez-moi le curé... »

L'abbé Crépin a fort à faire, lui aussi, pour administrer les mourantes ou seulement les inquiètes, pour bénir celles qui n'ont pas eu le temps de prendre les ultimes précautions. Dans les enterrements, préservé par sa robuste nature, Lulu se partage en quatre :

« Ah ! Madame ! Ah ! Monsieur ! Vous pouvez pleurer votre sainte mère ! Quelques jours avant d'être atteinte par le mal, elle me répétait son affection pour vous. Je n'étais pas auprès d'elle dans ses derniers instants ; mais je sais par une infirmière qu'elle est morte en prononçant votre nom. Nous étions les meilleurs amis du monde. C'est pourquoi je la réconfortais, je lui rendais de petits et de grands services... »

La grippe asiatique est son bouillon de culture : il y prospère et s'y arrondit. Il aimerait bien qu'elle dure jusqu'au printemps, voire au-delà. En fait, elle s'éteint au bout de quatre semaines. Celles-ci auront du moins suffi à résorber nombre de vieillards en souffrance que plus personne ne réclamait depuis des années. La mort a aussi du discernement : entre un malade abandonné, sans ressources, et un malade encore reconnu par les siens, presque toujours elle choisit d'abord le premier.

Un grand coup de balai purifie donc les maisons de retraite. La clientèle s'en trouve renouvelée. Beaucoup de candidats attendaient avec impatience, souvent depuis des mois, qu'on voulût bien prendre en considération leur demande d'admission. La grippe asiatique leur ouvre des portes jusque-là obstinément fermées. Aussitôt accomplies les désinfections, on les voit accourir, entourés de leur descendance réjouie.

Quant à elle, Mathilde Dutheil regagne Saint-Paul aux approches du printemps. Amaigrie, vacillante, mais la tête encore claire. Qui aurait cru ça ! Tu en as vu partir qui avaient dix, quinze ans de moins que toi, et te voilà toujours vivante ! Les marmites fêlées durent plus longtemps que les neuves. Elle retrouve avec satisfaction son lit de fer, son crucifix de quatre sous, sa demi-armoire. Et aussi sa coéquipière, Mme Sauvagnat.

« Oh ! je suis contente de vous revoir, ma pauvre ! avoue-t-elle franchement. Je me demandais si vous n'auriez pas levé les pieds, comme tant d'autres.

— Levé les pieds ?

— Ben, avec cette grippe asiatique... le massacre qu'il y a eu.

— Vous pensiez que je serais défuntée ?

— Je le craignais. Je vois que vous avez tenu le coup aussi. On s'entend pas toujours, toutes deux. Il arrive qu'on se chamaille. N'importe. J'aurais pas aimé changer de voisine. On sait ce qu'on perd, on sait pas ce qu'on gagne.

— Vous avez bien raison. »

Il ne faudrait pas les pousser beaucoup pour qu'elles s'embrassent. Dans toute la maison, ce sont des retrouvailles émouvantes. Ainsi, après une guerre sanglante, les soldats épargnés retournent au pays ; rentrent dans leurs anciennes habitudes ; reconnaissent avec joie dans la rue d'autres survivants, même s'ils n'avaient ensemble pas été dans les meilleurs termes avant la mobilisation ; pleurent les absents avec eux.

« Toutes n'ont pas eu notre chance, dit l'aveugle. Par exemple, la pauvre Mme Roddier, notre voisine.

— La sourdignole ?

— Oui. Elle répétera plus : Qu'est-ce que vous dites ?

— C'est comme ça, ma pauvre. Est-ce qu'on l'a déjà remplacée ?

— Pas encore.

— Pourvu qu'on nous mette quelqu'un de pas trop embêtant ! »

Le remplacement a lieu trois jours après. La nouvelle protégée de saint Paul est une petite vieille au teint de bougie que ses enfants amènent un dimanche matin. Par-dessus la demi-cloison, on assiste à son installation :

« Comment que vous vous appelez ? demande l'autre occupante, avec sa voix de gendarme.

— Elle s'appelle Amélie Tournadre, répond la fille, craignant sans doute que sa mère n'ait pas assez de souffle. Y a longtemps qu'elle attendait une place. Elle vient de Riom.

— Je connais.

— Tu vois : la dame connaît Riom. Tu te sentiras moins dépaysée, vous pourrez parler ensemble du pays.

— Oui. Mon défunt était greffier à la cour d'appel.

— Greffier à la cour d'appel ? Quelle coïncidence ! Ma mère a servi trente ans aussi dans la magistrature !

— Dans la magistrature ?

— Oui. Bonne à tout faire. Rien que chez des magistrats. Comme qui dirait, vous faites partie de la même famille.

— Pas tout à fait. Et vous aussi, vous êtes... dans la magistrature ?

— Oh ! non ! Mon homme et moi, simples ouvriers chez Michelin. On aurait bien aimé la prendre avec nous. Mais on habite en ville un tout petit appartement, de location, bien sûr, avec deux gosses. Alors, vous comprenez ! »

La femme-gendarme explique qu'elle est demi-paralysée, qu'elle a tout juste assez de force pour se traîner aux cabinets, qu'on lui sert ses repas dans la chambre.

« Seulement, précise-t-elle, j'ai besoin d'aide, à chaque instant. Pour prendre mes lunettes, pour les reposer, pour ouvrir le journal. Alors, si vous voulez m'aider, je ne manquerai pas de vous récompenser. Dans mon malheur, j'ai du moins la chance de posséder quelques ressources. »

Et la fille-interprète :

« Mais naturellement, qu'elle vous aidera ! Vous pensez si elle a l'habitude de servir ! Ça l'occupera un peu, de se rendre utile. N'est-ce pas que ça te distraira ?... Tu ne dis pas non ? »

Elle ne dit pas non. Elle ne dit pas oui davantage. Ce doit être une muette ! Mais au fond, mieux vaut une qui ne parle guère qu'une trop bavarde.

Sa voix, on l'entend quand même les jours suivants, lorsqu'elle n'a plus personne pour répondre à sa place. Si sa voisine lui commande quelque chose : « Allez me chercher ci... Allez me chercher ça... Et tâchez de faire vite ! », elle murmure : « Oui, madame... Tout de suite, madame... » Tu croirais qu'elle se trouve encore devant la magistrature. Sans doute a-t-elle grand besoin de ces quatre liards que l'autre lui octroie de temps en temps, selon son bon plaisir.

La greffière est une gaillarde dure et exigeante. Dans sa vie ancienne, elle dut commander à des domestiques ; mais elle traite Amélie plutôt en esclave. Toute la force qui a quitté ses membres a tourné en méchanceté. Les injures, les cris étaient sans effet sur la sourdignole. A présent qu'elle dispose de quelqu'un qui entend et qui accepte, elle se rattrape :

« Emportez cette vaisselle... Mettez-moi le bassin... Qu'est-ce que vous attendez pour m'essuyer ? »

Jamais un s'il vous plaît, jamais un merci.

Un jour, elle ordonne :

« Allez m'acheter *Tricots d'aujourd'hui*. Chez le marchand de journaux. Voici l'argent. »

Amélie trottine au bureau de tabac. Plus de *Tricots d'aujourd'hui*.

Faudra attendre la semaine prochaine. Mon Dieu ! qu'est-ce que je fais ? Que va-t-elle dire si je reviens les mains vides ? Croyez-vous que je peux le trouver ailleurs ? Ailleurs ? Pas question. A moins que vous ne vouliez aller jusqu'à Puy-Guillaume. Comment vais-je lui annoncer ça ? Savez-vous ce que je vous propose ? Vous prenez *Mon tricot*, c'est kif-kif. Kif-kif ? Oui, le même genre de périodique. Vous croyez ? J'en suis sûre. Est-ce que c'est également le même prix ? Exactement. Vous verrez qu'elle sera satisfaite. Amélie rentre au *Doux Repos* :

« Mme Ladoux avait épuisé votre journal. A la place, elle vous envoie celui-ci. Elle dit que c'est le même genre. Que vous serez contente pareil : *Mon tricot*.

— *Mon tricot* ? Êtes-vous idiote ? Croyez-vous que je veux tricoter, dans l'état où je suis ? Êtes-vous aussi sourde que la Roddier ?

— Je pensais...

— Chaque semaine, je lis l'horoscope de *Tricots d'aujourd'hui*. L'horoscope ! Voilà ce qui m'intéresse. C'est comme si je vous commandais du beurre, et que vous m'apportiez des clous à vache ! Que voulez-vous que j'en foute, de vos clous à vache, hein ? Vous ai-je demandé des clous à vache ?

— Mais madame... s'agit pas de clous à vache...

— Et ne répliquez pas ! Rapportez-les où vous les avez pris.

— Jamais je n'oserai !

— Très bien ! Dans ce cas, j'en retiendrai l'argent sur ce que je vous donne.

— Oui, madame. »

Quand elle en a assez entendu, Mathilde Dutheil cogne du poing contre la cloison :

« Arrêtez un peu votre catéchisme ; nom de gueux ! Vous avez pas honte ? »

La greffière suffoque d'indignation :

« Comment ? Comment ?... A qui que vous croyez que vous causez, vous ? Vieille malapprise ! »

L'instant d'après, tout Saint-Paul devient un enfer :

« Mais c'est vrai, ça ! Quand aura-t-elle fini, celle-là, avec ses clous à vache ? Où donc qu'elle se croit ? Elle se rend donc pas compte qu'elle dérange les voisins ?

— C'est comme moi quand j'habitais Maringues, où mon homme était cantonnier. A côté de chez nous, vivait une enragée toute pareille.

— Enragée vous-même ! Allez vous faire vacciner !

— Écoutez-la ! Mais écoutez-la ! Cette vipère !

— Je vous souhaite à toutes la même paralysie qu'à moi !

— La langue n'est pas paralysée !

— Je vous enterrerai toutes, vieilles pourries que vous êtes ! Je veux vous voir pisser dans votre cercueil !

— Oh ! la grande malhonnête ! Le bon Dieu la punira, pour sûr ! Est-il possible d'entendre des choses pareilles ?

— Faudrait avertir la direction !

— Avertir le curé, plutôt, qu'il vienne lui chasser le diable au corps !

— Foutez-moi la paix !

— Foutons-lui la paix, comme elle dit. Elle mérite pas qu'on lui adresse la parole.

— C'est comme moi quand j'étais à Maringues...

— Vieilles bourriques ! Cessez de me casser les pompons !

— Vieille galapiasse !

— Vieilles péquenaudes !

— Vieille calamastre !

— Vieilles charognes !

— Vieille arcandière !

— Vieilles mendiantes !

— Vieille essargaillée ! »

Peu à peu, elles arrivent cependant au bout de leur répertoire, et finissent par se taire, essoufflées. Quand le silence est à peu près revenu chez Saint-Paul, on distingue encore de petits hoquets répétés : les sanglots d'Amélie Tournadre. On dirait des couinements de souris.

10

Une nouvelle calamité s'abattit sur Entraygues.

Les semailles d'automne et de printemps avaient eu lieu comme à l'accoutumée. Les froments, les orges, les avoines naissaient bien ; les maïs se faisaient grandelets. Quand il leur arrivait de passer en bordure des champs, le derrière calé sur le tracteur, les Entraygois arrêtaient un moment leur machine et regardaient ces milliers de têtes vertes qui seraient les blés enfants, les blés adolescents, les blés adultes. Puisque, à la différence des hommes, le blé ne connaît point la décrépitude. Ensuite, ils repartaient avec, dans les entrailles, une douce chaleur paternelle. Vingt dieux ! C't' année, y aura d' la récolte ! Pourvu qu' les cours ils s'effondrent pas ! Avec tout's les trait's qu'on a à payer, et qui s'effondrent jamais, elles, les garces ! Si t'oublies d'en payer une, les intérêts s'ajoutent, et c'est tout l' contraire qu'arrive ! L' gouvernement, il devrait faire quèqu' chose pour empêcher ça. Mais va t' faire voir ! Il est l' promier à compter les majorations, la saleté d' gouvernement ! Et y a bien des assurances cont' la grêle, cont' les incendies, cont' les inondations ; mais y en a point cont' la chute des cours. C' qui fait que le pauv' cul-terreux, s'il a la foi catholique — et il a intérêt à l'avoir ! — il lui reste plus qu'à r'commander ses récoltes à la Providence, créputain de bon Dieu !

Or, vers la fin d'avril, plusieurs agriculteurs découvrirent avec consternation leurs emblavures pillées, comme si une troupe de Huns avait campé dessus. On ne tarda pas à identifier les coupables : les corbeaux. Depuis des siècles, Entraygois et corbeaux vivaient en bonne intelligence. Carnassiers par nature, grands amateurs de charognes diverses, nettoyeurs de nids, de gîtes, de terriers, ces volatiles acceptaient, faute de mieux, les nourritures végétariennes qu'ils trouvaient encore sur les arbres après la récolte, sur les composts et les fumiers, dans les vignes vendangées. Ils restaient des mois entiers invisibles, pendant la belle saison, mais reparaissaient aux premières gelées, fruits noirs de l'hiver. Ils nichaient aux sommets des arbres les plus hauts de la paroisse, en des nids volumineux, que de loin tu pouvais prendre pour des boules de gui. Certains, particulièrement familiers, n'hésitaient pas à s'approcher des maisons ; les fermiers les reconnaissaient et leur donnaient des noms : Jules, Charlot, Fernand, Bibendum. La plupart atteignaient la taille d'une poule bien nourrie. Un corbeau, racontait-on, peut devenir centenaire.

Soudain, leur nombre se multiplia. On en vit des moyens et des petits, pas plus gros qu'un boulet d'anthracite, ce qui ne s'était jamais remarqué auparavant. Ils prirent d'étranges habitudes. Celle, par exemple, de se rassembler sur le même champ d'avoine jeunette, qui disparaissait entièrement sous leur couche noire et palpitante. Les cultivateurs horrifiés empoignèrent leurs fusils, tirèrent dans le tas, en tuèrent quelques-uns, suspendirent les cadavres à une perche. Le lendemain, la troupe revenait, compacte, achevait ce qui restait de vert et de sec, et, pour compléter ce festin sans viande, brifait les pendus à leurs balançoires.

Les paysans coururent se plaindre à la mairie :

« Je peux recommencer toutes mes semailles ! Reste plus rien ! Et qui qu' c'est-y qui va m' rembourser ma semence ?

— Moi, ils m'ont attaqué trois agneaux petitous, trois agnelets de quinze jours, au milieu du troupeau ! Y z'ont bouffé les yeux et tout' la figure ! De vrais cannibales ! Jamais vu une chose pareille !

— Mais d'où que c'est-y qu'y sortent, tous ces corbaques de malheur ? D'où que c'est-y, créputain ?

— Pour moi, c' qui les a multipliés comme ça, c'est les désherbants. Ces drogues aux hormones qu'on fout un peu partout. Les hormones, hein ? Vous voyez-t-y ce que j' veux dire ? Ça leur produit en somme l'effet contraire de la pilule qu'on donne aux femmes !

— Moi, je croirais plutôt que ça vient d' la bombe atomique, de leurs expériences dans l'atmosphère.

— Moi, j'ai n'autre idée.

— Qu'est-ce que t'as, comme idée ?

— Laiss'-moi causer. J'ai idée qu' tous ces corbaques, y proviennent du r'membrement.

— Du r'membrement ?

— Laiss'-moi causer. Oui, du r'membrement. Avec leurs bulldozers, y z'ont abattu les arbres, détruit les haies, comblé les fossés. Tout chamboulé, quoi, censément. Alors, où qu'ous voulez-t-y qu'y nichent, les corbaques, vu qu'on a supprimé leurs nids ? Y z'habitent pus en l'air, y z'habitent par terre. C'est pourquoi qu'y s' multiplient comme les doryphores, à présent. Tout ça, c'est la faut' au r'membrement. Moi, j'ai toujours été contre. Sans parler qu'y en a qui s' sont bien sucrés, su' l' dos des pauv' couillons qu'ont accepté la manœuvre. M' faites pas causer là-dessus, j'aurais trop de choses à dire ! »

Chazel, le maire, qui ne se sentait pas à l'aise dès qu'il était question de sucre et de remembrement, intervint avec énergie :

« Qu'est-ce que tu veux dire par là ? Cause donc si t'en as envie !

— J' nomme personne. Mais j'ai mon idée.

— Sors-la donc, ton idée !

— Mon idée, c'est que les corbeaux, y viennent du r'membrement. Point final.

— J'en souffre aussi, moi, des corbeaux, pisque je suis cultivateur comme vous autres. Vous croyez-t-y qu'ils m'ont épargné ? Ce qui compte, à présent, c'est de prendre des mesures. Qu'est-ce que vous proposez ?

— Première chose, faut demander une subvention au gouvernement.

— A quel titre ?

— Faut qu' le préfet, y déclare l' département sinistré. Pour cause de corbeaux.

— Je suis pas sûr qu'il y ait ailleurs autant de corbeaux que chez nous.

— Eh bien ! Qu'il déclare sinistrée au moins not' commune. Les autres, on s'en fout.

— Faut démolir le remembrement, et r'venir comme avant.

— Dis donc pas de bêtises ! Est-ce qu'on va replanter les arbres, supprimer les chemins, recreuser les fossés ?

— Exactement ! C'est c' qui faut faire ! Et enlever l' sucre à ceux qu'en avaient trop reçu ! J' nomme personne !

— Faut alerter la Fennesséa.

— La Fennesséa, d'accord. Mais c'est encore un peu tôt. On verra plus tard. Y a sûrement des mesures plus urgentes.

— Moi, j' tue les corbaques à coups de fusil !

— T'as pas le droit ! La chasse est pas ouverte !

— M'en balance, d' l'ouverture ! J' vas pas laisser détruire toutes mes brebis, créputain !

— T'en tues deux, t'en tues trois, et il en vient cinq cents ! Y a qu'une chose qui peut vraiment les zigouiller : l'empoison.

— L'empoison ? Quelle empoison ?

— Faudrait demander au vétérinel, pour pas risquer d'empoisonner en même temps les betteraves, les maïs et tout l' reste. Y a sûrement une empoison appropriée.

— Et qui c'est qui va payer son empoison, au vétérinel ? Crois-tu qu'y va t' la donner pour des prunes ?

— D'autant plus qu' c'est pas guère la saison des prunes non plus !

— Faut qu'on nous vote des crédits ! Sinon, moi, je mets la clé sous la porte et j' vas travailler chez Bibendum ! Et je serai pas l' seul ! »

Très sensible aux menaces de désertion, Chazel consulta un vétérinaire de Maringues. Celui-ci exposa les armes diverses dont il disposait : le *D.D.T.*, le *T.T.X.*, le *H 230*, le *ZX 21*, le *K.L.K.*, le *K.K.O.*

« Le *H 230* vous permet une destruction définitive des prédateurs. Il a la particularité de donner un goût de saucisse aux grains que vous trempez dedans, ce qui attire beaucoup les corbeaux. Naturellement, vous risquez aussi d'empoisonner par la même occasion vos chiens, vos chats, votre volaille... Au contraire, le *ZX 21* se contente d'endormir ses victimes. Elles se réveillent au bout de vingt-quatre heures. A vous de profiter de ce délai pour les ramasser à pleins tombereaux, les jeter au feu ou à la rivière... Le *K.L.K.* les rend stériles. Mais c'est une opération dont les effets ne peuvent se faire sentir qu'à la longue ; en attendant, les corbeaux restent là, aussi nombreux, aussi gloutons. Ceux qui échappent au produit continuent de procréer, naturellement... Le *K.K.O.* les rend enragés : ils se jettent les uns sur les autres en bavant... Le *T.T.X.* les rend idiots... »

Le maire demanda un devis détaillé des frais prévisibles à l'hectare, afin d'en parler à son Conseil municipal.

11

Vint le joli mois de mai que garçons et filles chantaient jadis sous les fenêtres, avant l'aube, en présentant leurs paniers aux offrandes :

Jouez pipeaux, jouez musettes ;
Voici le joli mois de mai !
Oh ! qu'il est beau ! Oh ! qu'il est gai !
Il est rempli de vïolettes !
Oh ! qu'il est beau ! Oh ! qu'il est gai !
Il est rempli de vïolets !

Dans les gazons du *Doux Repos*, les violettes furent présentes au rendez-vous. Une rentière découvrit la première, la montra aux autres du doigt :

« Regardez ! Regardez !

— Quoi donc ?

— Là... derrière cette racine... une violette !

— Une violette ? C'est-y Dieu possible ! »

Les pensionnaires accoururent, firent cercle autour d'elle, n'en croyant pas leurs yeux, qu'une violette eût accepté de pousser chez elles, spontanément, au royaume des pantouflardes !

« Quelqu'un a dû la semer, dit l'une, en secouant la tête.

— Semer ? Est-ce que ça se sème ? J'ai jamais vu graine de violette. Non, non ! Elle est venue toute seule, croyez-moi. Toute seule ! »

C'était réellement inconcevable. Dire que — apportée par le vent — elle aurait pu choisir un des nombreux jardins d'Entraygues : celui du curé, celui du directeur d'école, celui du maire, et qu'elle était tombée chez elles ! Et celle-ci ne fut pas unique ! Les jours suivants, beaucoup d'autres ouvrirent dans l'herbe leurs cornettes.

« J'en ai compté cinquante !

— Et moi, soixante-sept ! »

Un bonheur non plus ne vient jamais seul : le 15 mai, l'asile fêta sa centenaire. Et avec lui, tout Entraygues, l'arrondissement et presque le département. La dernière à être informée de l'événement fut l'intéressée elle-même, Mme Escorias, logée à Saint-Benoît. Une petite vieille encore valide, capable de s'habiller et de se déshabiller toute seule, de subvenir à ses nécessités, de marcher jusqu'au réfectoire et même plus loin, sans autre appui que ses deux bâtons. La nouvelle lui fut apportée par Françoise, dès 7 heures du matin :

« Réveillez-vous, madame Escorias !

— Oh ! je suis réveillée depuis un bon bout de temps !

— Vous savez ce qui vous arrive ?

— A moi ? Il m'arrive quelque chose ?

— Oui ! Le 15 mai, ça ne vous dit rien ?

— Le 15 mai ? Qu'est-ce que c'est, le 15 mai ?

— C'est aujourd'hui !

— Et alors ?

— Votre anniversaire ! Vous avez cent ans aujourd'hui, madame Escorias !

— Cent ans ? Aujourd'hui ?... Ah !

— C'est tout ce que ça vous fait ?

— Vous êtes sûre, que j'ai cent ans ?

— Pardi ! Vous êtes bien née le 15 mai 1872 ?

— Ça se pourrait.

— Et qu'est-ce que vous en dites ?

— Ce que je dis de quoi ?

— D'avoir cent ans.

— Je dis que j'aimerais mieux en avoir vingt-cinq. »

La nouvelle se répandit dans l'établissement : nous avons une centenaire, Mme Escorias, va y avoir une fête en son honneur. Les consignes circulèrent aussi :

« Mesdames, messieurs, prenez vos vêtements du dimanche, chaussez des souliers, rasez-vous, peignez-vous, faites-vous aussi beaux que possible. Nous comptons recevoir la radio, la télévision. Et aussi la visite du conseiller général, du sous-préfet qui viendront saluer notre glorieuse centenaire. A midi, repas de gala, sous la présidence du maire d'Entraygues, M. Chazel. »

Tous les vieux obtempérèrent. Ceux et celles, du moins, qui possédaient une tenue numéro Un. Seul, malgré insistances et menaces, Lipovitch refusa de quitter son pyjama :

« Vous n'allez pas vous présenter devant le sous-préfet en pyjama, voyons !

— M'en fous, du sous-préfet. S'il est pas content, il se tournera de l'autre côté.

— Puisque c'est comme ça, on ne vous admettra pas au réfectoire ! Vous mangerez dans votre chambre !

— M'en fous, du réfectoire ! »

Vers 11 heures, une voiture bleue entra dans la cour. Les pensionnaires accoururent, croyant qu'il s'agissait du sous-préfet. Mais il en sortit trois ou quatre Landrus, avec des barbes à faire peur aux enfants. J'ai compris, se dit Mathilde, c'est la télévision.

Pendant qu'ils déballaient leur matériel, on alerta le directeur qui accourut tout essoufflé :

« Attendez ! Ne vous pressez pas ! Ne gâchez pas de la pellicule ! Je vais vous guider, vous montrer ce qu'il y a de plus intéressant dans la Maison. »

Les rentiers se pressaient autour d'eux, comme des poux sur une croûte de lait. Les Landrus voulurent les braquer avec leurs bazookas ; mais le directeur s'interposa, les bras levés :

« Une minute ! Il n'est pas souhaitable de tout montrer ! »

Il choisit un certain nombre de baveux et de baveuses particulièrement repoussants, les confia aux aides-soignantes : emmenez-les, s'il vous plaît, donnez-leur des bonbons, éloignez-les autant que possible. Les hommes de la télé filmèrent le reste, s'attardant sur Lulu qui faisait plaisir à voir, avec sa figure et son ventre. Ensuite, le directeur les orienta vers les bâtiments neufs.

Les pompiers entrèrent à leur tour, s'alignèrent en une double haie, le clairon sur la hanche, prêts à accueillir les autorités. Elles arrivèrent à l'heure prévue, en un petit paquet, le sous-préfet au milieu, entouré de Mazel et de Champrodon, marchand de vins à Puy-Guillaume et conseiller général. Les pompiers lancèrent aussi vers les nuages *la France est notre mère, c'est elle qui nous nourrit* ; mais ça sonnait autrement juste que par la bouche de La Bistouille ! On voyait que les joueurs étaient comme qui dirait des spécialistes.

Le directeur revint avec les barbus qui projetèrent leur phare dans les yeux des visiteurs. Le sous-préfet salua de la main et du sourire ; Chazel et Champrodon se bousculèrent un peu, pour se disputer le premier plan. Toute la troupe ensuite se dirigea vers Saint-Benoît d'où sortit bientôt, sous les applaudissements, Mme Escorias, pomponnée, bichonnée, enrubannée, mais toujours en pantoufles ; elle prétendait ne pas savoir marcher en d'autres chaussures. Le directeur lui offrit son coude, qu'elle ne put accepter : elle avait besoin de l'appui de ses deux cannes ; c'est donc lui qui la saisit légèrement par l'anse, tandis qu'elle clopinait sur ses quatre pieds. Ils avancèrent ainsi dans les éclairs de la presse et de la télévision. Tu aurais dit la rosière de Montferrand quand elle débarque place de la Rodade.

« Vive la mariée ! » cria de loin Lipovitch.

On progressait vers le grand réfectoire. A mi-distance, la centenaire exprima le désir de s'asseoir un instant. On avait prévu cela : Casse-Noisette, le concierge, n'était pas loin derrière, avec un fauteuil sur la tête. Elle se reposa ; puis l'on repartit.

En vue de la réception officielle, le réfectoire avait été vidé de tous ses meubles, remplacés par la longue table du vin d'honneur. Les pensionnaires qui ne pouvaient rester debout se replièrent vers leurs chambres, vers les bancs du jardin. Seule l'héroïne de la fête avait droit, naturellement, à son siège, près du micro qui répandrait les discours. Chazel parla le premier :

« Monsieur le Représentant du Gouvernement, monsieur le Conseiller général, monsieur le Directeur, mesdames et messieurs, chers Amis,

« En la personne de Mme Escorias, ce sont tous les pensionnaires de cette maison que la Municipalité veut honorer par ma bouche ici présente. Nous sommes une petite commune rurale aux ressources modestes, qui doit faire face à des dépenses et des difficultés considérables : adductions d'eau, remembrement, chemins vicinaux et tout le saint-frusquin. Et maintenant les corbeaux ! Pourtant, voyez un peu ce que nous faisons pour nos vieillards et ceux des communes environnantes ! Voyez comment ils sont traités ici, puisqu'ils y deviennent centenaires ! Et je vous déclare que nous ferons davantage encore, et qu'ils deviendront encore plus vieux si, aux prochaines élections — qui auront lieu dans un mois, comme vous savez —, nous obtenons les suffrages de nos concitoyens et de tous les électeurs d'Entraygues ! A bon entendeur, salut !... Maintenant, je dis simplement à Mme Escorias, qui pourrait être ma grand-mère : madame Escorias, joyeux et heureux anniversaire ! »

Là-dessus, il s'approcha du fauteuil et embrassa la vieille ; elle se laissa faire sans protester, mais demanda ensuite autour d'elle :

« Qui c'est, çui-là ? Qui c'est, ce pèlerin ?

— Le maire, voyons ! Le maire d'Entraygues !

— Ah ! bien ! »

Champrodon, qui appartenait au même parti que Chazel, fit un grand éloge de celui-ci. Fils de paysan et paysan lui-même. Enfant du peuple jusqu'aux moelles. D'un dévouement à toute épreuve. Organisateur remarquable. Avare des deniers publics, mais généreux envers les plus modestes de ses électeurs. C'est grâce à lui que l'ancien hospice d'Entraygues, agrandi, embelli, modernisé, était devenu ce *Doux Repos* qu'enviaient tant de communes plus importantes.

Pour finir, le sous-préfet exalta l'action du Gouvernement en faveur du troisième âge, promit des retraites plus confortables, des actions diversifiées, une sollicitude accrue, des soins médicaux entièrement gratuits. Il leva son verre à la prospérité de la centenaire, imité par les autres Puissances. Tout cela fut vigoureusement applaudi.

Les Landrus s'approchèrent alors de la vieille rentière, afin de lui poser des questions.

« Qui sont ces autres pèlerins ? demanda-t-elle.

— Ceux de la télévision et de la radio. Soyez gentille, répondez-leur.

— Qu'est-ce que je dois répondre ?

— Vos impressions, madame Escorias ? Qu'est-ce que ça fait, d'avoir cent ans ? »

Elle branla la tête un moment, chacun suspendu à ses lèvres.

« Qu'est-ce que ça fait ? qu'elle répéta.

— Oui. D'avoir cent ans, qu'est-ce que ça vous fait ?

— Ça fait... ça fait que j'ai cent ans.

— Et alors ? Qu'est-ce que vous ressentez ?

— Cent ans, c'est un siècle, n'est-ce pas ?

— C'est un siècle, y a pas d'erreur.

— Je viens de finir mon premier siècle, donc. Alors, je commence aujourd'hui le second. »

Ce fut un bel éclat de rire. Chazel reprit possession du micro :

« Ben vous... ben vous... »

D'avance, le bon mot qu'il allait faire lui coupait le souffle, il n'arrivait pas à le placer :

« Ben vous, madame Escorias... on peut dire... hi ! hi ! hi !... on peut dire que vous êtes... une coriace ! »

Il se plia en deux, suffoqué ; les rentiers l'imitèrent avec la meilleure volonté du monde.

Mais elle : « Qui est encore ce pèlerin ?

— Le maire d'Entraygues, on vous l'a déjà dit ! »

Les barbus n'en avaient point fini avec leur questionnaire.

« A quoi attribuez-vous votre longévité ?

— De quoi ?

— Ils vous demandent comment vous avez fait pour devenir aussi vieille. Si vous avez un secret.

— Un secret ?

— Oui, un secret de longue vie. »

Elle branla encore la tête, grommelant : « Ma foi... ma foi... » Puis elle parut avoir trouvé :

« Vous voulez savoir mon secret ?... J'étais épicière à Luzillat. J'avais succédé à ma mère. Pendant cinquante ans... je vendais... qu'est-ce que je vendais ?

— Du sucre ? Du café ?

— Oui, c'est ça. Du sucre, du café, des bougies, du chocolat... Bon... Et maintenant... Qu'est-ce que je voulais dire ?

— On vous demande votre secret, pour devenir centenaire.

— Ah ! oui !... Eh bien ! mon secret... Je crois bien... c'est que je suis jamais sortie de mes pantoufles. Sauf pour entrer dans mes sabots. »

Les barbus se regardèrent avec stupeur :

« Vos pantoufles ? Vos sabots ?

— Oui, c'est comme ça.

— Vous voulez dire... que vous n'êtes jamais sortie de votre maison, sauf pour aller, sans doute, jusqu'à votre jardin ?

— Vous avez compris. Mon plus grand voyage, je l'ai fait à Maringues. J'ai pas d'autre secret. »

Et elle rit toute seule, en secouant ses rubans. Les Landrus parurent ravis de cette réponse. Les pensionnaires, considérant leurs pieds, regrettèrent qu'on les eût contraints, eux, à quitter leurs pantoufles quotidiennes.

Appelé ailleurs par d'autres obligations, le sous-préfet serra des mains, s'excusant de ne pouvoir rester davantage. Dès lors, la foule fut admise à la sainte table, où elle liquida les boissons. Il n'y en eut pas pour tout le monde. La santé des vieillards était trop chère à l'administration pour qu'elle la compromît par des excès. Sobriété, sécurité.

On évacua le réfectoire des hommes et, tandis que serveurs et serveuses le rendaient à sa destination première, les vieilles se dirigèrent vers le leur, salivant déjà à la pensée du repas de gala qu'on leur avait promis. Comme à l'aller, Casse-Noisette suivit la centenaire en portant le fauteuil à bout de bras. Les Landrus remontèrent dans leur voiture bleue.

Des fleurs sur les tables attendaient les rentières : elles n'en croyaient pas leurs yeux. On servit trois hors-d'œuvre au lieu d'un seul : saucisson, tomates, œufs mimosa. Ensuite : vol-au-vent, rôti de bœuf, pommes boulangères, salade, fromage. Les quantités furent telles qu'il en resta. En dessert : un large triangle de tarte à la bouillie. Gâteau préféré des édentés. Café. Une bouteille de vin par table. Eau à discrétion. Toutes firent honneur au festin, Mme Escorias la première. Chazel la complimenta de son appétit :

« C'est vrai, qu'elle reconnut. Ça descend encore bien, faut pas que je me plaigne de ce côté-là. J'ai pas de bonnes dents, mais j'ai un bon trou ! »

On rit. Chazel ajouta qu'elle avait aussi une bonne langue ! Puis il se leva :

« Et maintenant, au nom de la municipalité d'Entraygues dont j'ai l'honneur d'être le représentant ici présent, chère madame Escorias, j'ai le plaisir et la joie de vous offrir un cadeau en souvenir de votre premier siècle. Pour le second, nous avons encore le temps d'y penser. Envoyez le paquet ! »

A cet ordre, les deux battants de l'entrée s'écartèrent sur un équipage formé de Casse-Noisette, d'un serveur anonyme et d'un volumineux carton. Celui-ci fut déposé sur une table.

« Ouvrez le paquet ! »

Après un long déballage, le cadeau apparut dans sa magnificence : un téléviseur !

« Avec les deux chaînes ! précisa Chazel. C'est pour vous, madame Escorias !

— Vouah ! Vouah ! firent les vieilles, suffoquées d'admiration.

— Qu'est-ce qu'il raconte ? demanda la centenaire.

— Que cette télévision est pour vous ! Un cadeau de la mairie !

— Une télévision ? Pour moi ?

— Oui, oui ! Pour vous !

— Et qu'est-ce qu'il veut que j'en fasse ? Je suis quasiment sourde et aveugle !

— Vous exagérez, madame Escorias ! Vous exagérez !

— Qu'il la garde, sa télévision ! J'en veux pas. »

Le maire sembla prendre très vite son parti de ce refus. Il se tourna vers le directeur :

« Qu'est-ce que je fais, monsieur le directeur ? Je la retourne au marchand ? »

Et l'autre, non moins préparé :

« Il y a une solution, si Mme Escorias est d'accord. Ce téléviseur, on pourrait l'installer ici, sur une console adéquate. De cette façon, toutes les amies de Mme Escorias, celles qui ont encore bonne vue et bonne ouïe, pourront en profiter. On évitera ainsi les chamailleries continuelles qui se produisent dans le salon, lorsque les unes veulent suivre le premier programme, et les autres le second. Que pensez-vous de cette idée ?

— Merveilleuse ! fit Chazel.

— Et vous, madame Escorias ?

— Qu'est-ce qu'il dit ?

— Il demande, votre cadeau, si vous voulez en faire cadeau à la communauté ?

— La télévision ? Qu'il en fasse des choux ou des raves, ça m'est égal.

— Bravo, madame Escorias ! Merci de votre générosité ! C'est un geste que les pensionnaires du *Doux Repos* apprécieront, j'en suis sûr !

— Pour Mme Escorias, cria le maire, un triple ban ! Un, deux, trois, quatre, cinq ! Un, deux, trois, quatre cinq ! Un, deux trois, quatre cinq ! Un, deux, trois !... »

La salle se vida peu à peu, les rentières retournèrent vers leurs pantoufles. Eh bien ! grommelait Mathilde. Y avait pas assez d'une armoire à barbus, en voici une seconde ! Mais moi, ils ne m'attraperont pas, nom de gueux !

12

De temps en temps, Mathilde retournait chez Françoise, la fille aux beaux estomacs. Elle y buvait du tilleul en mangeant de ces biscuits qu'on trempe dans l'infusion et qui fondent ensuite dans la bouche. Elle y goûtait surtout la joie de rencontrer le petit Guillaume, avec ses yeux bleus, son rire explosif, sa bouche aussi pleine de dents qu'une grenade de ses grains. (Pardi, si elle connaissait les grenades ! La baronne de Barante en recevait une caisse, d'Espagne, chaque hiver.) Avec aussi ses cheveux blonds bien peignés, partagés d'une raie, dans lesquels elle enfonçait ses lèvres, pour ne pas lui piquer les joues.

« Mathilde, raconte-moi une histoire ! Une très longue et que je connais pas ! »

Or, il se produisit une chose incroyable : en même temps, Françoise et le petit kaiser disparurent soudain de sa vie. Comme ça, du jour au lendemain. Sans laisser de trace. Tout d'abord, Mathilde crut à une maladie. Elle alla se renseigner auprès des secrétaires.

« Non, non, lui fut-il répondu. Elle n'est pas malade. Simplement, elle ne fait plus partie de la Maison. Elle nous a donné ses huit jours, et à la fin du mois elle est partie.

— Partie ? Où ça ?

— A Clermont. Nous avons là une adresse.

— Et pourquoi elle est partie ?

— Elle ne nous a donné aucune raison.

— Pas de raison ?... Ça par exemple ! Ça par exemple !... Sans m'avertir ! Sans me dire un mot ! »

Elle eut l'impression que les secrétaires souriaient, et trouva qu'il n'y avait pas de quoi, en vérité. Mais à Entraygues, tout finit par se savoir. La remplaçante de Françoise se chargea de la renseigner : une certaine Mme Dosgilbert, raide, maigre, tranchante comme la guillotine.

« Comment, s'étonna-t-elle, vous n'êtes pas au courant ? Vous ne connaissez donc pas cette fille ?

— Il lui est arrivé quelque chose de grave ?

— Il lui est arrivé qu'elle est partie avec un homme. Ah ! c'était une belle coureuse, on peut le dire !

— Elle s'est... mariée ?

— Mariée, oui ! Derrière l'église !

— Pauvre Françoise !

— Vous la plaignez ?

— Je dis pauvre Françoise, parce que je prévois qu'il lui arrivera d'autres malheurs. Et elle a emmené son petit ?

— A ce qu'il paraît. Drôle d'exemple, qu'elle lui donne ! Ça fera une belle espèce, lui aussi ! Ah ! la jeunesse d'aujourd'hui ! Quelle chiennerie ! »

Mathilde baisse le front, comme si elle était responsable de la jeunesse d'aujourd'hui. Mme Dosgilbert est une personne de grande vertu, sûrement. Pas une tache sur la conscience. On comprend son indignation. Avec elle, il faut filer doux. Dans les chambres, au réfectoire. Quelle est la cochonne qui a encore sali ce cabinet ? Est-ce que vous me prenez pour une vidangeuse ? Et ouvrez-moi cette fenêtre ! De l'hygiène, s'il vous plaît, de l'hygiène ! Qu'est-ce que vous faites ici, une heure à l'avance ? Vous me gênez pour mettre les couverts ; allez vous promener... où vous voudrez... allez faire le tour du pays, ça vous fera circuler le sang. Secouez-vous ! Bande de mollasses !

Pendant trois jours, le petit kaiser occupe toutes les pensées de Mathilde. Pourquoi elle ne t'a pas avertie de ce qu'elle mijotait ? Pourquoi ce départ si brusque ? Elle craignait, sans doute, que tu la retiennes, que tu l'empêches de commettre une nouvelle folie. Pauvre malheureuse ! Pauvre petit Guillaume ! Mon Dieu, faites qu'il ne leur arrive rien de mal ! Même si, en paiement, vous exigez que je ne les revoie jamais. Ainsi, elle divague, elle pleure, elle gémit sous ses couvertures. Un matin, Mme Sauvagnat le lui reproche :

« Qu'est-ce que vous aviez, cette nuit ? Je venais juste de m'assoupir, et tout par un coup vous m'avez réveillée en cerceau.

— Moi, je vous ai réveillée en cerceau ? Comment ça ?

— Vous faisiez : ha !... ha !...

— Je me rappelle ! J'ai eu des coliques. Ça m'a prise brusquement. Mais ensuite, ça m'a passé. Excusez-moi, ma pauvre. »

L'autre hausse les épaules, mal convaincue. L'aveugle n'a pas non plus les satisfactions qu'elle espérait. Son fils, le premier comptable de la S.N.C.F., a bien pris sa retraite à la date prévue ; mais il ne se presse pas de venir la délivrer. Tu comprends, faut qu'on déménage. Notre appartement actuel est trop petit ; on a besoin d'une chambre de plus pour te recevoir. Dès qu'on aura trouvé quelque chose de convenable, tu viendras nous rejoindre. C'est entendu. Après Pâques, vient la Trinité. M. Murat, l'ancien instituteur, explique que le monde présent est en état de guerre permanente : ouvriers contre patrons, fonctionnaires contre État, petits commerçants contre gros, jeunes contre vieux, femmes contre maris, piétons contre automobilistes, citadins contre paysans, Europe contre Amérique, Paris contre province, et ainsi de suite.

Alors, à ces hommes qui doivent se battre sur tous les fronts, comme fonctionnaires, comme provinciaux, comme administrés, comme automobilistes, comme piétons, comme citadins, comme consommateurs, comme contribuables, il ne faut pas demander des soucis de paix. Quand je commandais ma compagnie sur la ligne Maginot, pouvait-on me reprocher de ne pas penser suffisamment à mes vieux ?

Berthomieux est une autre victime de la situation. Il a donné pratiquement tout ce qu'il possédait, économies, maison, terrains, à son fils au moment où celui-ci s'est installé à Vichy dans les tubes digestifs. Il fallait payer l'appartement, le cabinet, les appareils de radio. Ça tombait à pic : Mme Berthomieux venait de mourir, et lui ne pouvait plus supporter la vue de ces lieux où ils avaient vécu ensemble tant d'années. Seul lui est resté l'indonnable : sa petite retraite de « travailleur indépendant », d'ancien chauffeur de taxi. En revanche, le Vichyssois lui a prodigué ses garanties :

« Pour ce qui concerne tes nécessités matérielles, tu n'as aucun souci à te faire. Je ne souffrirais pas que mon père unique manquât d'une allumette seulement ! Veux-tu que nous signions un papier à ce sujet ? Comme quoi je m'engage solennellement à subvenir, jusqu'à ton décès...

— Un papier entre nous ? Tu plaisantes ?

— Si, si ! Ça me fera plaisir !

— N'insiste pas ! Ou je t'envoie mon pied dans le derrière, tout diplômé que tu es ! »

Et le fils tient parole. Pour lui entretenir aussi le moral, de Vichy arrive de temps en temps une feuille d'ordonnance sur laquelle le spécialiste a griffonné, avec cette écriture particulière qu'ont les médecins, une page d'encouragements. C'est peu ; mais elle vaut un texte bien plus long si l'on tient compte des heures que met le destinataire à la déchiffrer. *Tâche d'écrire plus lisiblement*, répond-il. *Ou bien tape ta lettre à la machine. Sinon, je serai bientôt obligé de la porter au pharmacien pour qu'il me la traduise. Ce n'est pas la peine d'avoir reçu tant d'instruction pour écrire si mal.* Puis il ajoute en *post-scriptum*, comme un détail sans importance, qu'il a failli oublier, qui lui est revenu au dernier moment : *Pour ce qui est de l'estomac, des intestins, ça va. Rien à dire là-dessus. Mais le moral est à zéro, malgré tes ordonnances. Est-ce que je vais rester toute ma vie dans cette maison ? Ne pourriez-vous pas me prendre avec vous de temps en temps ? Huit jours par-ci, huit jours par-là ? Je ne demande pas la lune. Et si ce n'est pas possible, venez au moins me voir.*

Le Dr Berthomieux est trop pris par sa clientèle, la permanente et la saisonnière. *Tu ne te rends pas compte*, gribouille-t-il, *de ce qu'est l'existence d'un médecin. Constamment au service des autres, de jour et de nuit. Pas un repas régulier. Aucune vie de famille normale. Et le meilleur moment de l'année pour les autres, l'été, est celui où je travaille le plus. Les ouvriers ont bien de la chance, avec leur semaine de quarante heures ! Songe que j'en fais presque le double ! Quand je pense que tu oses te plaindre, alors que tu as le loisir d'occuper chacune de tes heures comme tu l'entends ! J'ai presque envie d'employer le mot d'ingratitude !... Enfin, nous tâcherons de faire un saut jusqu'à Entraygues pour Pentecôte, profitant du week-end prolongé...*

Quand elle voit ce qui se passe autour d'elle, Mathilde se sent privilégiée et en éprouve quelque honte. Après avoir gagné et perdu l'amitié de Françoise, il lui reste encore la satisfaction de recevoir la visite de son neveu Jean-Claude, accompagné ou non de sa femme et de leur fils. Avec une bonne nourriture, un bon chauffage, des voisines qui, si elles ne sont pas toutes bonnes, ne sont pas non plus toutes mauvaises, elle se sentirait presque heureuse, par moments, si elle avait seulement son tilleul du soir.

Docilement, le petit du briquetier embrasse la « vieille tata » quand on le lui commande ; il lui présente les menus cadeaux, raconte ce qu'il apprend à l'école : la règle de trois, le périmètre, l'imparfait et le futur. Et voici qu'un jour il lui récite une étrange leçon.

Assise au bord de son lit, Mathilde s'apercevait qu'ils ne l'écoutaient ni l'un ni l'autre. Tu vois bien que tu les ennuies, avec tes balivernes d'il y a cent ans ! Laisse-lui plutôt débiter ses histoires de briques. De temps en temps, le père enfonçait le coude dans les côtes de son rejeton. Une fois ou deux, Jeannot ouvrit la bouche, la referma, toussota. Voilà qui était assez clair. Mathilde finit donc par arrêter son prône, et attendit ce qui allait suivre. L'enfant cessa de sourire, toussota encore, sourit de nouveau.

« Vieille tata...

— Oh ! Tu peux m'appeler tata, simplement.

— Vieille tata...

— Bon, comme tu voudras.

— ... j'ai une commission à te faire.

— Ah oui ? De la part de qui ?

— De... de lui. »

Et son index désigna le briquetier qui, en ce moment, faisait mine de se chercher des épines dans les doigts. Drôle d'idée, de prendre son gamin pour interprète ! Est-ce qu'il pourrait pas s'expliquer lui-même ?

« Vas-y. Je t'écoute.
— Il voudrait que tu lui donnes ta maison.
— Ma maison ? Quelle maison ?
— Tu as bien une maison... où que t'étais avant ?
— Au Peyroux ?... Oui, oui, j'avais une maison.
— Il voudrait que tu la lui donnes, pour y passer ses vieux jours.
— Tiens donc ! Ses vieux jours ! Il y pense bien tôt ! Que je la lui donne, comme ça ? De la main à la main ?
— Puisque tu t'en sers pas ! Puisque tu habites ici, maintenant ! »

Sourd à ce qui se dit à un mètre de lui, mais rouge comme une saucisse, Jean-Claude se presse toujours les paumes pour en tirer des épines. Les briques, c'est plein d'épines. Mathilde sent dans son estomac toutes sortes de sentiments qui remuent.

« Tu comprends, poursuit l'enfant en reprenant son curieux sourire, lui... il est pas riche. Il gagne pas beaucoup d'argent, à la briqueterie. Alors, jamais on pourra avoir une maison à nous, si tu nous donnes pas la tienne.
— Ah ! mais alors ! C'est pas seulement pour ses vieux jours ? C'est pour tout de suite ?
— Ben... peut-être qu'on l'arrangerait, qu'on la réparerait, en attendant. Qu'on irait l'habiter le dimanche, et pendant les vacances.
— Je comprends. »

Elle regarde vers le neveu du miracle. Rien à faire : il demeure obstinément plongé dans ses écritures. Et en elle, toujours cette vinaigrette de sentiments, si bien qu'elle se sent un peu envie de rendre. Alors, elle pose une main sur la tête du drôlet. Une tête rase, doucement râpeuse : celle d'un ourson en peluche.

« Je te félicite. Tu es très bon commissionnaire... Oui, oui, très bon. »

A son tour, elle toussote. Il sourit.

« Et maintenant, moi aussi je vais te charger d'une commission. Tu lui diras simplement qu'il faut que je réfléchisse. La vieille tata, faut qu'elle réfléchisse, rapport à la maison. Et je te donne des bonbons. »

Elle sort la petite réserve ; il puise dedans. Qu'est-ce qu'on dit ? Merci, vieille tata. A la bonne heure. Ils s'embrassent comme si de rien n'était. Puis les deux Membrun s'en vont, le père baissant le nez, le fils mastiquant ses caramels.

Elle y réfléchit toute la nuit, pendant que Mme Sauvagnat récite ses fables. Voilà donc pourquoi il t'est tombé du ciel, ce neveu que tu ne connaissais point ! Comme le corbeau, il t'a vu dans le bec un fromage, et il attend que tu le lâches. Ah ! c'est bien le fils de sa mère Joséphine, qui a toujours eu les yeux plus grands que le ventre ! Rappelle-toi : le jour où l'on enterrait ton pauvre père, elle pleurait le drap neuf : on n'a pas idée d'envelopper un mort avec un drap tout neuf ! pour pourrir dans la terre, un usagé ferait aussi bien, même avec des trous ! Elle est comme ça, la Joséphine ! Et lui tout pareil. Il te savait cette maison. Peut-être même, avec sa deux-chevaux, qu'il est allé la voir en cachette. Alors, le voilà qui se lance dans les sacrifices : les bananes, les biscuits, les oranges, les visites deux fois par mois. Tout ça, avec l'espoir de te dépouiller.

Un moment, la colère l'étouffait et lui remplissait les yeux de larmes, comme une moutarde extra-forte. Par la fenêtre, elle voyait briller la lune au-dessus des toits. Ensuite, des sentiments moins aigres recouvrirent les premiers. Il est bien vrai, pourtant, qu'il ne gagne pas gros à la briqueterie, si ce qu'il dit est exact. Pauvre bougre ! Il a pas osé te présenter la demande lui-même, trop timide, au fond, avec ses grosses mains et sa figure cuite. Il a pensé que tu écouterais mieux le petit. Je sais ce que tu espères, Mathilde : que Louis reviendra un jour de sa Côte d'Azur, de ton vivant ou après toi, qu'il s'installera au Peyroux avec sa femme, qu'il habitera ta maison et y élèvera des chèvres. Permets-moi de te dire, ma pauvre, que tu raisonnes aussi bien de la tête que du derrière. Tu le vois, lui, élevant des chèvres ?... Oui, d'accord, on peut changer de goûts et d'opinions ; mais quand on a mené trente ans des commerces sur la Côte d'Azur, on ne va pas choisir le cimetière de Puy-Guillaume pour s'y faire enterrer. Là-bas, ils ont des cimetières grand luxe. Et puis, en somme, qu'est-ce qu'il a fait, ce Louis, pour mériter ton héritage ? A part naître de tes entrailles. Est-ce qu'il t'offre le moindre secours ? Tandis que ce pauvre Jean-Claude prend quand même la peine de venir t'apporter des Petit Lu. Depuis plus de six mois, tu lui fais perdre son temps et user ses pneus ; pourquoi n'aurait-il pas droit à une récompense ?

Pour finir, sa jumelle lui donna un conseil : Réfléchis bien, ma chère, avant de dire non. Réfléchis bien.

Depuis longtemps, la lune avait quitté le champ de la fenêtre. Mathilde s'assoupit au petit matin, tandis que les étoiles commençaient de s'effacer.

13

Le Conseil municipal se réunit sous la présidence de Chazel pour trouver une solution au problème des corbeaux.

« T'as-t-y l' devis du vétérinel ?

— Oui, je l'ai. Le voilà... Il demande 650 000 francs anciens pour empoisonner toute la commune, en faisant le travail lui-même, sous sa seule responsabilité. Il propose le *H 230*, qui assure une destruction totale et définitive.

— Il a pas besoin de faire le travail. Et nous, alors, à quoi qu'on est bon ? 650 000 francs ! On va pas accepter ce prix-là ! Votez-moi des crédits. Et moi, pour 650 000 francs, je me charge d'empoisonner tout le département !

— Et si tu fais périr aussi les bêtes ? Les vaches, les poules, les cochons, les chevaux ? T'en prends-t-y aussi toute la responsabilité ?

— Pisqu'on connaît le nom du produit... *H*... comment tu dis ?

— *H 230*.

— Bon. Pisqu'on connaît l'empoison, y a qu'à l'acheter chez un droguiste. Et chacun s'arrange pour la placer lui-même sur ses terres, là où ce qu'y a pas de risque pour son bétail. Ensuite, il se fait rembourser la facture par la mairie. Et le vétérinel aura son devis dans le baba ! »

Certains conseillers proposèrent d'organiser simplement des battues aux corbeaux, bien que la chasse fût hermétiquement fermée : à situation exceptionnelle, mesures exceptionnelles. D'autres parlèrent de disposer sur les arbres les plus fréquentés par ces oiseaux des charges d'explosif : la déflagration leur ferait péter les poumons, et ils tomberaient raides morts. D'autres suggérèrent des pièges, cent mille pièges éparpillés. En attendant, les corbaques poursuivaient leurs ravages.

Ils devinrent bientôt une affaire publique qui divisa l'opinion. Naturellement, tous les agriculteurs se montrèrent favorables à la destruction. Chez les autres, se forma un courant contraire pour protéger les volatiles. M. Robinet, l'instituteur, en prit la tête :

« De même que la nature a créé l'âne, la vache, le cochon, elle a créé le corbeau. Si nous permettons que les nôtres soient supprimés, nous rompons l'équilibre naturel. »

Et il racontait à ses élèves l'histoire de ce roi de Prusse irrité contre les étourneaux qui viennent manger les cerises de son jardin. Il charge un jour ses serviteurs de les détruire. L'année suivante, les cerisiers envahis par la vermine ne donnent plus de fruits.

« Croyez-moi, si les corbeaux sont parmi nous, c'est qu'ils ont leur utilité. Il faut, mes enfants, que vous preniez leur défense. Montrez à vos parents qu'ils se trompent. Empêchez-les de massacrer ces oiseaux. Préservez l'environnement d'Entraygues et nos récoltes futures. »

Les écoliers s'élancèrent dans toutes les directions pour répandre la bonne parole.

En juin, eut lieu le renouvellement des assemblées municipales. Deux équipes se disputaient les suffrages entraygois : une *Liste de*

Défense des Intérêts Communaux, dont Chazel portait la bannière ; et une *Liste Républicaine et Sociale*, animée par l'horloger Méravil.

Le dimanche matin, les pensionnaires du *Doux Repos* eurent la surprise de trouver dans la cour le car du ramassage scolaire, mis ce jour-là à leur disposition.

« Tous aux urnes ! vociférait Gidon, le chauffeur, beau-frère d'un conseiller sortant. Le transport est gratuit ! Profitez-en ! Tous aux urnes ! C'est votre droit et votre devoir ! »

Beaucoup de pantouflards ne comprenaient rien à cette nouveauté, et se demandaient les uns aux autres ce que vendait ce camelot. Ils finirent par lui poser la question :

« En somme, qu'est-ce que vous vendez ?

— Rien du tout ! Je donne ! »

Et il distribua des bulletins où figurait la *Liste de Défense des Intérêts Communaux*. Vous n'êtes pas obligés de la mettre dans l'urne. Vous en trouverez une concurrente dans la salle de vote. Mais vous devez savoir si vous voulez oui ou non le maintien d'un maire et d'un Conseil qui se donnent tant de mal pour vous faire plaisir. Rappelez-vous l'arbre de Noël, la centenaire et tout le reste. Alors, vous montez ou vous ne montez pas ? Je vous ai déjà dit que le voyage est à l'œil, aller et retour. Ça vous fera toujours une petite sortie. En voiture ! En voiture ! N'oubliez pas votre carte d'électeur.

Eux finissaient par se laisser convaincre. Il acceptait les boiteux, les unijambistes, les paralytiques sur le dos des valides. A regret, il devait renoncer aux agonisants. Il alla chercher lui-même Charvillat, le cul-de-jatte, quand il sut que sa voiturette était en panne ; il le saisit et l'apporta entre ses bras, comme un vase de géraniums.

Devant la mairie, galamment, Gidon tendait la main aux rentières, les aidait à descendre, les poussait vers la salle de vote. Perdez pas le bulletin. A moins que vous ne vouliez changer. Changer ? Pourquoi changer ? Autant Chazel qu'un autre.

Un cas se présenta pour Mme Sauvagnat, aveugle. Gidon la prit à part et insista :

« Les aveugles ont le droit de vote comme les autres.

— Comment je voterais, sans voir clair ?

— Suffit que vous vous fassiez assister par une personne de confiance.

— J'en ai pas, de personne de confiance.

— Qu'à cela ne tienne : la mairie peut vous en fournir.

— Me fournir une personne de confiance ?

— Certainement. Nous en avons plusieurs. Assermentées et tout. Par exemple, vous demandez Marchepoil, le garde champêtre. Il se fera un plaisir de vous aider.

— Vous croyez ?

— J'en suis sûr. »

Tout se passa très bien. Dans la salle de vote, Marchepoil se donnait un mal fou pour accueillir les pantouflards. Il prenait sous une aile les plus impotents, les faisait passer devant les deux piles de bulletin :

« La première, expliquait-il doucement, est celle de M. Chazel. La seconde, celle des autres. Servez-vous... Mais peut-être vous êtes déjà servi ?... Dans ce cas, prenez seulement une enveloppe. »

Il les accompagnait jusqu'aux isoloirs, les récupérait à la sortie, les pilotait vers l'urne :

« Présentez d'abord votre carte.

— *Ernestine Valade*, lisait l'assesseur.

— Maintenant, fourrez l'enveloppe dans la fente. Non, pas la carte, l'enveloppe.

— A voté !

— Vous pouvez retourner vers le car. »

C'est avec beaucoup de tact qu'il prit en charge Mme Sauvagnat.

« Je sais pas pour qui je dois voter, avoua-t-elle. On m'a dit que vous étiez une personne de confiance. Alors, qu'est-ce que vous me conseillez ?

— Ah ! Madame ! Vous êtes entièrement libre !

— Je le sais bien, que je suis libre. Mais ça ne vous empêche pas de me donner votre avis.

— Vous désirez savoir ce que je ferais, à votre place ? Voilà une question délicate !

— Je ne voudrais pas commettre une erreur, qui ensuite me porterait tort.

— Je vous comprends. Êtes-vous satisfaite du *Doux Repos* ? Bien logée ? Bien nourrie ? Bien chauffée en hiver ? Bien soignée ?

— Ma foi...

— Dans ce cas, puisque vous êtes satisfaite, gardez donc M. Chazel. Vous avez déjà son bulletin entre les doigts. »

La liste de *Défense des Intérêts Communaux* fut entièrement réélue. Quoique son nom eût été rayé de très nombreuses fois par les partisans de son équipe, Chazel conserva son fauteuil de maire. Malgré sa faible vue, la centenaire, Mme Escorias, avait voté aussi. Ce fut son dernier scrutin : elle s'éteignit quelques jours plus tard. Brisée par toutes ces émotions, prétendirent les mauvaises langues.

« Ben, constata-t-on généralement, elle n'aura pas profité longtemps de sa télévision ! »

Quant à Mathilde Dutheil, elle n'eut pas à se poser de questions. Ce début de juin se montrait exceptionnellement froid : on se serait cru en février. Le vendredi matin, quand elle voulut se lever, une faiblesse la prit, elle tomba sur les genoux. Mme Sauvagnat, entendant le bruit, demanda :

« Qu'est-ce qui se passe ?... Vous avez renversé quelque chose ? »

Mathilde ne trouvait pas le souffle de répondre, si bien que la voisine ne s'occupa plus d'elle. C'est l'aide-soignante, Mme Dosgilbert, qui la ramassa et la remit dans son lit. Elle haletait de fièvre.

Quelques heures plus tard, le docteur Baraban passa l'examiner. C'était un homme rapide, habitué aux consultations de masse. Il lui posa une main sur le front, lui scruta le fond de la gorge, lui tâta le pouls, lui fit tirer la langue. Tout cela sans même la découvrir.

« Un coup de froid. Pénicilline. Restez au chaud. Dans trois jours, ce sera fini. »

Lui, il eut fini en trois minutes.

Elle réclama une couverture supplémentaire. En fait, on lui apporta un édredon rouge sous lequel elle se pelotonna, bien décidée à guérir. Elle n'avait guère la force de parler ; mais ses pensées fonctionnaient encore. La peste asiatique t'a ratée, et maintenant, voilà autre chose ! Tiens bon : faut que tu règles tes affaires. Un testament. Voilà la solution, pour cette maison que le neveu t'a demandée. Sitôt que tu pourras mettre un pied devant l'autre, tu écriras ton testament. Tu feras appeler Me Chadeyras, de Puy-Guillaume. T'as pas le droit de partir avant. Alors, cramponne-toi.

Les vieilles marmites ! Le dimanche, elle retrouva la parole. Dans la maison, on allait, on venait, comme si tous les rentiers jouaient aux quatre coins.

« C'est les élections, expliqua Mme Dosgilbert. Tout Entraygues est sens dessus dessous. »

Mathilde se réjouit d'échapper à la cérémonie. Pour qui tu voterais ? Hein ? Dis-moi donc un peu pour qui tu voterais, vieille bête, qui as jamais rien compris à la politique ! Elle avala du potage et un peu de compote. Puis, elle se plaignit de l'édredon :

« Qu'est-ce qu'il a, cet édredon ? Il est trop lourd ?

— Non. Il m'empêche de voir clair.

— De voir clair ? Et que diable voulez-vous voir ?

— Les choses. Ce qu'il y a. Tant que j'aurai des yeux, je veux m'en servir.

— Quelles choses ?

— La lune, par exemple.

— La lune ?

— Oui. La nuit, quand je dors pas, nous nous regardons à travers la fenêtre, elle et moi. »

Mme Dosgilbert s'en alla en haussant les épaules, mais sans emporter l'édredon. Celle-là, avec toute sa vertu, se dit Mathilde, ne vaut pas la pauvre Françoise.

La *Liste Républicaine et Sociale* de l'horloger Méravil comptait parmi ses membres l'instituteur Robinet et parmi son programme la « préservation de l'environnement et de l'équilibre naturel ». Une fois Chazel et les siens réélus, les corbeaux s'attendirent au pire. On les vit se rassembler en congrès, couvrant une surface de plusieurs hectares afin, sans doute, d'envisager une tactique de résistance ; après quoi — coâââ ! coâââ ! coâââ ! — ils décidèrent, pour commencer, de prendre des forces en se jetant sur les récoltes dépendant de la *Liste de Défense des Intérêts Communaux*. Il se trouvait en effet que l'équipe au pouvoir se composait presque exclusivement d'agriculteurs, l'équipe battue uniquement de Jean-sans-Terre.

La guerre corvine se développa, ardente et noire, opposant les voisins aux voisins, les familles aux familles, le frère au frère, le père à ses fils. C'est alors que Robinet décréta la mobilisation générale des forces dont il disposait : les enfants. Pendant des semaines, il les intoxiqua de propagande :

« Le sol de notre petite Patrie est en danger ! Les conseillers municipaux ont décidé d'empoisonner la faune et la flore, sous prétexte de détruire quelques corbeaux en excès ! Qui retiendra les autres animaux de goûter aux appâts ainsi répandus ? D'ici peu, non seulement la commune n'aura plus de corbeaux, mais elle verra disparaître tous les oiseaux, merles, pies, bouvreuils, rouges-gorges, moineaux, mille espèces qui enchantaient nos jours et nos nuits. Disparaître les insectes : abeilles, papillons, hannetons, cerfs-volants, fourmis, cigales, sauterelles, criquets, perce-oreilles. Disparaître aussi, naturellement, escargots, limaçons, lézards, taupes, rats des champs... »

Beaucoup de ces bestioles étaient le gibier des enfants. Ou des compagnons de jeu. D'autres peuplaient les poésies, les fables, les chansons dont le maître les bourrait : *Monsieur le Merle à son réveil... Maître Corbeau sur un arbre perché... Limaçon, limaçon, sors de ta coquille... La cigale ayant chanté... Saute, saute, sauterelle...* Après leur disparition, tout cela n'aurait plus aucun sens. Les élèves de M. Robinet pleurèrent, se mouchèrent, s'essuyèrent les yeux, jurèrent de combattre pour empêcher le génocide. Mot d'origine grecque signifiant massacre d'une race. Insecticide, massacre des insectes.

Fils de terriens ou fils de fonctionnaires, conscients de leur rôle historique, ces jeunes partisans se répandirent dans les campagnes, relevant les appâts et les enfermant dans des sacs, désarmant les pièges, affrontant les tueurs de Chazel :

« Assassins ! Génocides ! Corbicides ! Insecticides ! Escarguicides !

— De quoi je me mêle ? répliquaient les empoisonneurs. Toi,

là-bas, Maurice, je te reconnais ! Je le dirai à ton père ! Les fesses te cuiront !

— Merlicides ! Raticides ! Lézaricides ! Taupicides !... »

Des paroles, les enfants passaient aux actes : ils ramassaient des pierres, les jetaient à la tête de l'ennemi qui fuyait en criant :

« Je porterai plainte ! Je vous dénoncerai à la gendarmerie ! A la mairie ! A la préfecture !

— Cigalicides ! Moinicides ! Papillonicides ! Abeillicides !... »

Ainsi, peu à peu, toute la population d'Entraygues et de l'arrondissement, pour ou contre, s'intéressa au sort et au bonheur de l'espèce en question.

Ses défenseurs formèrent une association régie par la loi de 1901 : l'A.D.C. (les Amis des Corbeaux.)

Elle distribua des affichettes autocollantes destinées aux vitres des voitures :

DÉFENDEZ NOS CORBEAUX !!!

Au-dessous, un dessin représentait tous les gars du monde se donnant la main et formant un cercle protecteur autour d'une famille corbaque, tandis que des horizons s'avançaient des péquenots armés de fourches et de fusils.

On fit des quêtes dans la rue :

« Pour nos chers corbeaux, s'il vous plaît ! »

Des manifestants promenèrent des pancartes :

NOS CORBEAUX AUSSI,
LAISSEZ-LES VIVRE !!!

Tandis que des jeunes gens — probablement gauchistes — scandaient un slogan, sur l'air habituel :

« Nous sommes tous... des corbeaux !... Nous sommes tous... des corbeaux !... Nous sommes tous... des corbeaux !... »

14

Parmi tous les idiots, grands ou petits, qui pantouflaient à la Maison d'Entraygues, Lalouette était certainement un des mieux servis. On ne savait rien de lui, car il ne parlait pas, sans cependant être sourd. Certains prétendaient que sa mère avait coutume de l'emporter aux champs, dans ses langes, de le déposer sur un tas d'herbe fraîche, à l'ombre d'un arbre, tandis qu'elle piochait autant qu'un homme. Et un matin qu'il dormait ainsi, la bouche ouverte, une buse était tombée du ciel et lui avait mangé la langue.

C'était un garçon doux, l'œil tendre et humide. Quand elle passait près de lui, Françoise avait coutume d'effleurer sa nuque en chantonnant :

Lalouette, gentil Lalouette,
Lalouette, je te plumerai...

Il répondait par un grognement, en ouvrant son four vide et noir : sa manière de sourire. Il se serait laissé plumer sans résistance, car une de ses folies consistait à donner le peu de bien qu'il possédait. Les profiteurs de sa prodigalité ne manquaient point :

« Lalouette, tu me refiles ton morceau de viande ?... Lalouette, tu me passes tes cigarettes ? »

Il aurait donné ses chaussures, sa chemise, ses culottes si elles avaient tenté qui que ce fût. Pour donner ainsi, il faut vraiment être idiot. Savez-vous ce qu'on devrait faire ? suggéraient les malicieux. Le marier avec Mauricette ! A eux deux, quelle belle race ils engendreraient ! Pressentie, Mauricette ne se montra pas favorable : elle s'accommodait d'un célibat que remplissaient assez soixante-quinze poupons.

Lalouette était un des souffre-douleur préférés de la gaminaille entraygoise. Des petits paladins de la corbaquerie. Sitôt qu'il s'aventurait hors de l'asile, avec sa canne sinueuse, sa démarche flottante, sa casquette de travers, ses pieds en dedans, comme si l'un surveillait l'autre, les morveux jaillissaient de leurs tanières, l'entouraient en chantant :

Lalouette a pas de femme !
On lui en f'ra une en paille,
Et en carton pour la tête :
C'est la femme à Lalouette.

A tour de rôle, ils s'élançaient vers lui, s'efforçaient de lui tirer la veste par-devant ou par-derrière, de lui botter le train, de faire voler sa coiffure, de lui crocheter les pattes. Il baissait le front, faisait mine de foncer vers eux, comme s'il avait eu des cornes. Tu aurais cru une de ces vaches fleuries qu'on enferme par jeu entre des palissades : pour montrer leur audace, les jeunes gens la taquinent et lui chipent ses rubans. Quelques badauds se mettaient aux fenêtres ; ils regardaient la corrida avec un sourire amusé.

Vint le temps des premiers fruits. Les rentiers roublards suggéraient à Lalouette :

« Ho, Lalouette ! Tu nous paies des cerises ? »

On lui savait un peu d'argent de poche, rente parcimonieuse de son héritage. Comme on ne tenait pas à ce qu'il se fît dépouiller par les vauriens, un garde du corps l'accompagnait : Lulu, de préférence, toujours volontaire pour ce genre de missions. Devant l'étalage de Mme Ladoux, le muet tendait l'index vers les plus rouges :

« Hou.

— Des cerises ? A quatre francs ?

— Hou.

— Combien ? Une livre ?

— Hou.

— Il dit : un kilo, traduisait Lulu.

— Un kilo ?

— Hou. »

Protégé et protecteur revenaient tranquilles vers *Le Doux Repos*, les paladins n'osant les attaquer. Comme ils arrivaient dans la cour, les clients habituels de Lalouette accouraient de toutes parts. Alors commençait la distribution : deux cerises à chacun. Très vite, les bénéficiaires se les fourraient dans la bouche. Elles se trouvaient ainsi à l'abri des mains maraudeuses. Les queues sortaient. Ils les gardaient au chaud un long moment, pour les faire durer, sachant qu'après elles il n'en viendrait pas d'autres. Lalouette se contentait des deux dernières : lui les balançait en riant devant ses yeux, ne se décidant pas à les engouffrer.

Plusieurs semaines s'écoulèrent avant que Mathilde ne revît son neveu briquetier. Peut-être qu'il n'osera plus se montrer, après la réponse que tu lui as faite, vieille calamastre. Et maintenant, plains-toi de ne jamais recevoir de visites ! Plains-toi, je te le conseille ! Comme elle n'avait cependant pas dit non, elle espérait qu'il reviendrait quand même. L'odeur du lard attire les rats. Elle avait honte pour lui d'un retour qui n'aurait que ce motif, et pour elle qui accepterait quand même de le recevoir. Satisfaite de son avidité. Plutôt un neveu avide qu'aucun neveu du tout.

Il revint en effet, son paquet de « Petit Lu » sous le bras. Seul, sans le commissionnaire, comme s'il avait voulu montrer qu'il pouvait se passer d'interprète. Elle ne souligna point cette absence. Quand il eut parlé du temps, donné des nouvelles de sa famille et du commerce des briques, il se racla la gorge et commença :

« Hm... tante Mathilde, faites pas attention à ce qu'on a dit la dernière fois.

— Qu'est-ce qu'on a dit ?

— A propos de votre maison. L'idée m'était venue, comme ça.

Mais c'était pas une bonne idée. Vous avez un fils ; c'est à lui qu'elle revient, quand vous aurez disparu.

— T'occupe pas de mon fils. Il est trop riche pour avoir besoin d'héritage. Mon bien, je peux en disposer à mon plaisir.

— Si c'est comme ça que vous voyez les choses...

— Vivante, je me dépouille de rien. Mais je ferai mon testament ! Et ceux qui se seront montrés gentils pour moi auront pas à le regretter ! Voilà ce que je dis !

— Ma foi... ma foi... »

Visiblement, il hésitait entre le contentement et la déception. Si la vieille tata lui parlait de la sorte, c'est qu'elle pensait le payer de ses visites et de ses gâteaux secs. Mais il comprenait en même temps que le paiement se ferait attendre. Pour mieux ferrer la carpe, il jugea bon de protester :

« Croyez surtout pas que je viens vous voir pour que... vous me comprenez ?... C'est par amitié, uniquement...

— Te tracasse pas non plus là-dessus : je sais ce que je dois croire.

— Pardi !

— D'ailleurs, un testament, c'est comme une chaussette : ça se fait, ça se défait. »

Image qui le plongea dans la perplexité. Qu'est-ce qu'elle raconte, avec sa chaussette ? Ça a pas de sens. Elle devient rabuseuse. Elle sait plus ce qu'elle dit. Il espéra qu'elle préciserait sa pensée ; mais elle n'en fit rien, se contentant de l'épier du coin de l'œil, d'un air malicieux. Quand il décida de partir, une heure plus tard, elle le vit si tourmenté qu'elle l'accompagna jusqu'à la porte :

« Rappelle-toi ce que je t'ai dit !

— Qu'est-ce que vous m'avez dit ?

— A propos de ceux qui seront gentils pour moi.

— Oui, oui, je me rappellerai.

— A bientôt ?

— A bientôt. »

Elle le regarda s'en aller vers sa deux-chevaux. D'habitude, il marchait sans se retourner, puis, là-bas, allumait une cigarette avant de s'installer dans sa voiture. Ce jour-là, il la gratifia d'un salut du bras supplémentaire.

Elle tint à se mettre en paix avec elle-même.

« Est-ce que vous pourriez, ma mignonne, demanda-t-elle au secrétariat, téléphoner à Me Chadeyras, de Puy-Guillaume, pour qu'il vienne me voir ? Je payerai la taxe, naturellement. »

Le notaire débarqua donc un matin au *Doux Repos*, avec sa pipe et sa serviette. La rencontre eut lieu dans le salon d'honneur.

« Bonjour, madame Dutheil ! Il y a bien longtemps que nous ne nous sommes vus !

— Vous devez me trouver bien changée ?

— Je vous trouve surtout bonne mine. »

Tous les mêmes, ceux de l'extérieur, avec leur bonne mine ! Toi, par contre, mon bonhomme, qu'elle se disait, tu es bien toujours pareil ! Avec ton menton en galoche et ta barbiche, tu ressembles de plus en plus au bouc de Jouquet, à qui j'amenais mes chèvres quand j'habitais le Peyroux. Et tu pues quasiment autant, à cause de ta bougresse de pipe !

« La fumée ne vous dérange pas ? s'enquit-il, pour la forme.

— Alors, comme ça, vous avez pris la peine de venir ? fit-elle, évitant de répondre. Je vous suis bien obligée.

— Le métier commande, madame Dutheil. En quoi puis-je vous servir ?

— Question testament.

— Sage précaution, madame Dutheil. Sage précaution ! Je vous reconnais bien là !

— Expliquez-moi ce que je peux faire. »

Avant de l'appeler, elle avait sa petite opinion à elle. Quand il eut parlé — dix minutes d'horloge ! — moitié français, moitié latin, et un peu turc de temps en temps, le cujusse, le légataire universel, la quotité disponible, l'indivision, le réservataire, et encore le cujusse, la représentation, l'olographe, et toujours le cujusse, elle se sentit aussi abasourdie que s'il avait passé ce temps à jouer du tambour. Il appelait ça « expliquer » ! Si bien qu'à la fin elle sortit son grand mouchoir à carreaux et se moucha dedans avec un bruit de trompette, plusieurs fois de suite, avec l'espoir que ça l'arrêterait. Il s'interrompit en effet. Dès qu'il voulut repartir, elle se moucha encore.

« Excusez-moi, fit-elle. Ces jours-ci, j'ai les tuyaux de la tête bouchés. Je crois que je vous comprends pas bien.

— En somme, que souhaitez-vous, madame Dutheil ?

— J'ai un neveu, à qui je voudrais laisser ma maison. C'est-y possible ?

— Vous avez aussi un fils vivant, n'est-ce pas ?

— Oui... vivant... je l'espère, si le bon Dieu veut.

— Eh bien, vous pouvez disposer librement de la moitié de vos biens. Si la maison ne représente pas plus de la moitié de ce que vous possédez, vous pouvez la léguer à ce neveu. Avez-vous d'autres biens, mobiliers ou immobiliers ?

— Ben... y a les meubles. Mais j'aimerais qu'ils restent dans la baraque. J'ai aussi quelques économies, à la Caisse d'Épargne, si je les dépense pas avant de mourir. Et enfin, deux terres, sur la colline du Peyroux, entre la Pique et la Grand-Goutte, où doivent en ce moment pousser les genêts.

— Croyez-vous que l'ensemble de tout ça vaille autant que la maison ?

— Je sais pas. Je me rends pas compte.

— Pas de dettes ? »

Elle se sentit rougir, comme s'il lui demandait : avez-vous les pieds sales ?

« Non, non, pas de dettes. J'ai jamais su ce que c'est qu'une dette.

— De toute manière, rien ne vous empêche de faire ce legs par testament. Au décès du *de cujus*...

— Qu'est-ce que c'est, le cujusse ?

— Vous.

— Moi, le cujusse ?

— Donc... quand vous en viendrez... à quitter ce monde, vos deux héritiers, le neveu et le fils, se débrouilleront entre eux. Si le fils se trouve lésé, il demandera, à l'amiable ou en justice, une indemnité compensatoire.

— Oh ! Je le connais ! Il est tellement riche, maintenant, qu'il ne demandera rien du tout ! Ma bicoque ne l'intéresse pas.

— Vous avez sans doute raison. »

Elle lui remit ses titres de propriété, il promit de revenir prochainement avec un texte qu'elle recopierait de sa main et signerait.

Une belle page d'écriture, nom de gueux !... *Je soussignée, Mathilde Dutheil, née Membrun, veuve de Pierre Dutheil mort pour la France... saine de corps et d'esprit... déclare par-devant Maître Chadeyras Simon, notaire à Puy-Guillaume... vouloir léguer à mon neveu Jean-Claude Membrun...*

« Ces dispositions, confirma-t-il, vous pourrez à tout moment les annuler ou les modifier. »

Quand tout fut écrit, signé, paraphé, tamponné, elle en fit la révélation à son neveu de la briqueterie :

« Ces jours-ci, j'ai rédigé mon testament, par-devant notaire.

— Ah oui ?

— Ainsi, j'ai rempli mon devoir. Il reste aux autres à remplir le leur. »

Il la considéra fixement, de ses yeux éberlués :

« Qu'est-ce que ça veut dire, ça ?

— Ça veut dire ce que j'ai dit.

— C'est-y par hasard que vous m'auriez fait donation de votre maison ?

— Pas impossible. Qui vivra verra. Qui donnera recevra. Comme on fait son lit on se couche. »

Il glissa une main sous sa casquette et se gratta le crâne.

« J'aimerais mieux savoir, insista-t-il. Au moins pour vous remercier.

— Me remercie pas. Tu sauras, quand je serai morte. »

Le lundi de Pentecôte, fidèle à sa promesse, le docteur Berthomieux descend de sa voiture au milieu d'Entraygues. Une DS dernier modèle ; mais il a pris soin de conserver la boue et la poussière qui l'enrobent, pour en atténuer le lustre. En certaines circonstances, il vaut mieux ne pas trop briller. Les badauds du voisinage se posent quand même des questions. Le caducée, 03 : un médecin de l'Allier. Qui ça peut-il être ? Quelque spécialiste appelé en consultation ? Tout de même pas le fils d'un pensionnaire, avec le pognon qu'il gagne ! Sait-on jamais ? On trouve de tout monde au *Doux Repos* : une comtesse dédorée, un avocat, un ancien ténor du Châtelet, des instituteurs, une garde-barrière, des commerçants, un retraité du chômage.

On avertit Berthomieux que quelqu'un le demande au salon d'honneur. Les cloches sonnaient ce matin : Pentecôte ! Pentecôte ! Alléluia ! Alléluia ! Quel grand jour ! Quel heureux jour ! Sa mère, paysanne des Combrailles, prétendait que les pivoines choisissent la Pentecôte pour s'ouvrir ! Il descend précipitamment de son étage, sûr de trouver au rez-de-chaussée tout un parterre de Berthomieux, grands et petits. Son cœur en lui s'étale comme une pivoine ouverte. Du dernier palier, il reconnait son fils, carré dans un fauteuil, avec ce visage plein sans replétude, ces lunettes sévères, ce début de calvitie qui inspirent confiance à la clientèle. Il s'élance, prend possession de lui, le serre dans ses bras convulsifs. Le docteur lui tapote le dos, faisant là, là, là ! Le geste professionnel dont il calme les patients trop nerveux. Le vieux a honte de son émotion, et reste un moment la tête cachée contre la joue de son fils.

Enfin, ils se séparent.

« Le beau groupe que nous formions ! dit le Vichyssois, avec un petit rire. Ça méritait une photo !

— Les autres... sont restés dehors ?

— Quels autres ?

— Ta femme, tes enfants ?

— C'est-à-dire, je... j'ai voulu venir d'abord tout seul.

— Tout seul !

— Comprends-moi, je vais t'expliquer. Je connais ce milieu : les asiles... les maisons de retraite. Tu penses bien, ce n'est pas la première fois que j'ai l'occasion de me mêler à leur population. Tous ces pauvres vieux, ces tordus, ces monstres, ces demi-fous, ces fous complets, drôle de spectacle à mettre sous les yeux de deux gosses qui n'ont encore que trois et cinq ans ! Bref : j'ai craint de les traumatiser. Je sais de quoi je parle : n'oublie pas que j'ai fait une année de pédiatrie ! Alors, je préfère attendre encore un peu, avant de les amener ici.

— Mais... je pouvais les rencontrer dehors ! Au café ! Dans le jardin public !

— On voit bien que tu connais mal mes petits diables ! Curieux comme des furets ! Ils auraient voulu visiter ta maison, ta chambre, et tout le toutim. Non, sincèrement, je crois plus raisonnable, pour leur santé morale et physique, de leur épargner le plus longtemps possible la vue de certaines horreurs. Les impressions du premier âge ont une importance énorme sur l'évolution de la personnalité. Toi, le grand-père, tu dois avoir souci autant que moi de leur équilibre, non ?

— Bien sûr... Bien sûr... »

Il dodeline de la tête et répète mécaniquement :

« Bien sûr... Bien sûr... »

Puis, sans se fâcher, sans devenir pourpre, il dit doucement :

« Et le mien ?

— Le tien quoi ?

— Mon équilibre, qui s'en occupe ?

— Ton équilibre !... Tu ne vas pas... tu ne vas pas comparer... ! »

Le Vichyssois ne précise pas sa pensée davantage : il reste le souffle coupé, la bouche ouverte, les yeux béants d'indignation. De sorte que sa pensée s'y lit comme dans un livre. Tu ne vas pas comparer ta vie et la leur ! Ton importance à toi, homme fini, usé, vidé, et leur importance à eux, boutons de rose, sourires du matin, herbes d'avril ! On ne peut être et avoir été. Tu as eu ta part du festin : laisse la table aux autres. Deuxième service ! Troisième service ! Combien de fois naguère je t'ai entendu répéter : les parents doivent se sacrifier pour leurs enfants ! As-tu oublié tes principes ? Moi aussi je me sacrifie pour les miens : toujours à turbiner comme un bagnard, en pensant à eux, à leur bien-être, à leur avenir dans ce monde difficile où je les lâcherai.

« Alors, dit Berthomieux, il reste une solution.

— Oh ! toi ! Tu as des solutions pour tout ! Des solutions simplistes !

— Tu ne vas pas, des années encore, me priver de la vue de mes petits-enfants ? Est-ce que tu crois que j'ai tant à vivre ?... Puisque tu refuses de les amener ici, emmène-moi. Prends-moi chez toi quelques jours. A Vichy, y a pas de vieux, pas de débris, pas d'horreurs... Et si tu peux pas m'accepter dans ta maison, paie-moi l'hôtel. Ils ne manquent pas, les hôtels, à Vichy ! Juste une petite semaine !

— Tu plaisantes ? D'abord, en cette période, ils sont déjà pleins ou réservés du grenier à la cave, les hôtels. Ensuite, que dirait-on de moi, lorsqu'on apprendrait que je reçois mon père de cette façon ? Là-bas, je suis connu comme le loup blanc. Puisque tu insistes, une fois achevée la saison thermale, tu viendras chez nous, voilà. »

Et le vieux, n'osant y croire :

« C'est vrai, ça ?... Pour de bon ? Chez vous ?

— Promis. Une semaine, selon tes désirs.

— Une semaine en votre compagnie ?

— Mais oui ! N'insiste pas, voyons ! »

Pentecôte ! Pentecôte ! Alléluia ! Alléluia ! Quel jour heureux ! Comme elles avaient raison de s'ouvrir cette journée-là, les pivoines de la Combraille !

15

Mme Issartier et Mme Valade, les deux voisines de Mathilde, menaient bon train leur championnat de maladies. Il fallait bien qu'en fin de compte l'une d'elles l'emportât. Et la palme est revenue à celle qu'on croyait la moins douée. Une nuit, les insomniaques de Saint-Paul entendent une sorte de gémissement :

« Non, non !... Pas toi !... Pas toi !... Pas... toi ! »

Et au matin, on trouve Mme Valade déjà raide, dans son lit, les yeux béants, la bouche ouverte, les mains écarquillées, comme si elle voulait repousser l'embrassade de quelque audacieux.

« Encore une qu'est passée comme une lettre à la poste ! conclut la greffière de l'autre compartiment. C'est pas moi qui aurai cette chance ! »

Deux hommes en tablier blanc pénètrent dans les lieux, s'emparent de la particulière, la roulent dans son drap comme un poisson dans la farine. Ah ! On peut dire qu'ils ont le tour de main ! Poussant leur chariot, ils traversent la cour fleurie en direction du dépositoire, et bavardent tranquillement comme s'ils revenaient de la pêche :

« ... J'ai vu le match à la télé. Minables ! Minables !... Si nos gars sont pas capables de taper dans un ballon, pourquoi qu'ils jouent pas au ping-pong ?

— Non. Pasque le ping-pong est un jeu trop correct : il donne pas l'occasion d'envoyer des coups de pied en vache !

— Ah ! j' te jure ! Ça m' fait mal aux tripes, de voir ça ! »

Cependant, les tripes de Mme Valade tressautent doucement sous le drap, aux légers cahots de la charrette. Les pantouflards qui la voient rouler devinent la nature du chargement :

« Encore un — ou une — qui n'a plus mal aux dents. Lulu va y gagner des pourboires. »

En ouvrant les yeux, Mathilde constate de l'agitation. Mme Dosgilbert vient et va, emporte des brassées de vêtements et de linge. Privée de sa partenaire, Issartier sanglote à petits hoquets.

« Qu'est-ce qui se passe, donc ?

— Notre voisine, Mme Valade, est défuntée, explique la Sauvagnat. On l'a déjà enlevée.

— Par exemple ! Dire que je me suis aperçue de rien ! Pour une fois que j'ai dormi un peu tard !... J'irai lui jeter de l'eau bénite.

— Vous lui en jetterez pour moi. »

Le dépositoire est un sous-sol tout en longueur, qu'éclairent aussi mal que possible deux soupiraux. Pénombre et fraîcheur. Une porte latérale doit donner accès aux caves où l'on conserve le vin, les pommes de terre, les fromages. Une légère odeur de saint-nectaire se mêle au formol prépotent. Cinq lits alignés : on a prévu largement. Les besoins cependant devaient dépasser les prévisions à l'époque de la grippe asiatique. Mme Valade occupe le premier, les mains réunies sur la poitrine, la mâchoire calée par une boîte d'allumettes vide, plus discrète que ce mouchoir noué sur le crâne, qui donne aux défuntés l'air de revenir de chez le dentiste. Sur une tablette, un verre où trempe un rameau de buis. Mathilde le secoue légèrement sur le corps. Elle récite mentalement un *Notre-Père* et un *Je vous salue*. Puis elle secoue une deuxième fois le rameau mouillé, au nom de Mme Sauvagnat.

Personne n'est là pour faire à la morte un peu de compagnie. Sur trois cents pensionnaires, sans compter le personnel ! Pas même Issartier. Toi seule, ma pauvre. Voilà ce qui t'attend aussi, quand le bon Dieu voudra. Comme elle a l'air triste, de se voir abandonnée dans cette cave ! J'espère qu'au moins y a pas de rats ! Manquerait plus que ça : qu'ils viennent lui ronger les oreilles !

Mais elle se trompe. Au moment où elle se lève de sa chaise pour partir, la porte s'ouvre, et entre un gros homme. Lulu !

« Je viens veiller cette chère Mme Valade, en attendant l'arrivée de la famille. »

Il s'est muni de journaux, Mathilde ne répond pas ; mais elle ne peut s'empêcher de regarder la figure de ce particulier, bourgeonnante comme un chou-fleur. Son tour venu, c'est lui qui sans doute la veillera, en lisant le journal. Et il déclarera au neveu Membrun, aux deux ou trois pelés qui voudront bien suivre son enterrement :

« Cette chère Mme Dutheil ! Nous l'aimions bien, tous ! Si aimable ! Toujours de si belle humeur ! Ah ! Je lui ai rendu de grands services ! Naturel ! Pour moi, elle était une seconde mère !... »

La Valade est partie. Tout Saint-Paul attend avec inquiétude l'arrivée de sa remplaçante, qui ne saurait tarder : on ne va pas laisser ce lit sans occupante, alors que les candidates font la queue. Pourvu que ce ne soit pas une mauvaise femme ! Ni une folle ! Ni une sale ! Ni une orgueilleuse !

Mme Issartier combat ses douleurs en silence, humiliée, au fond, de devoir reconnaître que sa rivale avait plus qu'elle raison de se plaindre ; la greffière continue de houspiller la Tournadre, son esclave ; la Sauvagnat attend que son fils, l'ex-premier comptable, ait découvert l'appartement qui lui permettra de la prendre ; Mathilde s'étonne de se trouver la plus vieille de la compagnie, de constater qu'une fois encore la Mort a frappé à la porte à côté, comme si elle l'oubliait. Puis elle se reproche ces pensées. Qu'est-ce que tu as à critiquer le bon Dieu, qui n'a besoin ni de tes étonnements ni de tes conseils ? Jusqu'au dernier instant, tu resteras la même grincheuse !

Le 14 Juillet arrive à point pour leur changer les idées. Entraygues pavoise. Le ciel pavoise aussi. Les pantouflards valides se répandent dans le bourg pour assister au défilé. Ils regardent de tous leurs yeux. Adossés aux murailles. Assis au bord des trottoirs. Pliés sur leurs cannes. Les pompiers marchent en tête, avec leur drapeau, le fracas de leurs tambours et de leurs clairons. Derrière, les Puissances : Chazel et son Conseil. Enfin, les majorettes. Car Entraygues a maintenant ses majorettes, coiffées de shakos en carton. Une douzaine de gamines qui lèvent la jambe en cadence et manœuvrent une canne enrubannée. Les vieux bavent en regardant ces cuisses roses.

Tout à coup, une chose terrible se produit : Mauricette passe à l'action. On ne sait comment elle a accepté ce jour d'abandonner sa progéniture. Voici qu'elle s'élance derrière les hussardes entraygoises, retrousse à pleines mains ses cotillons, aussi haut que possible, se met à défiler à leur suite en s'efforçant de lever la jambe de la même façon : un, deux, trois, quatre... un, deux, trois, quatre... Des spectateurs applaudissent, d'autres se tordent de rire. Les pantouflardes crient avec indignation :

« Veux-tu te cacher, vieille sale !... Tu as oublié de prendre des culottes ! »

Les mères de famille mettent la main sur les yeux de leurs enfants. Appelez le garde ! Le garde champêtre ! C'est inadmissible ! Attentat à la pudeur ! Drôle de 14 Juillet ! On n'a jamais vu une chose pareille ! Oh ! mais si ! On l'a vue bien souvent ! De quoi parlez-vous, espèce de cochon ? Ben, ma pauvre dame, vaut mieux voir ça que d'être aveugle.

Mais le garde marche en tête du défilé, parmi les Puissances. Il n'entend rien que les clairons et les tambours. Il ne veut rien entendre d'autre. Derrière lui, les majorettes imperturbables poursuivent leurs mouvements d'ensemble : un, deux, trois, quatre... un, deux, trois, quatre...

Entraygues est un pays plat, mais calme, verdoyant, riche de deux rivières pas encore polluées, la Seyche et le Litrou. Aussi reçoit-il en été un assez grand nombre de touristes, amateurs de pêche à la ligne, de fenaisons, de cuisine à l'ancienne, de vins aigrelets. Les paysans mettent à leur disposition des logis neufs en de vieilles maisons, avec eau froide et chaude, douche, chambres, cuisine : les gîtes ruraux. Le samedi, jour de marché, les étrangers refluent sur le bourg où s'offrent à leurs marchandages les richesses de Messidor : pêches, poires, melons ; carottes, tomates, salades ; œufs, beurre, fromages ; poulets aux pattes liées ; canards ébahis ; lapins aplatis dans leurs paniers, les oreilles coites, avec l'espoir qu'on ne les remarquera point.

Ici comme partout, le garde champêtre, la gendarmerie ont reçu des consignes sévères : défense de toucher au touriste. Il peut, si tel est son bon plaisir, pétarader de jour et de nuit, entrer dans les églises sans se signer, piétiner les blés mûrissants, fouler en voiture prairies et plantations, marauder les fruits verts, piller les jardins, sauter les barrières, souiller les forêts, les rivières, les lacs, faire razzia sur les jonquilles, les pissenlits, les escargots. Le touriste est la vache sacrée des campagnes françaises.

Ceux d'Entraygues jouissent d'une particulière vénération, à cause de leur nombre encore modeste. La municipalité se livre à des contorsions budgétaires pour en attirer chaque année davantage. Or, un samedi matin, tandis que le marché met la place en effervescence, les touristes sont frappés par un spectacle qui les fait reculer d'épouvante. Il faut dire qu'au *Doux Repos* les deux larges fenêtres du réfectoire féminin s'ouvrent au ras du sol ; si bien que de la rue chacun peut embrasser du regard l'intérieur de la pièce. Longtemps avant 11 heures, comme à l'accoutumée, cent cinquante rentières s'y trouvaient réunies ; les unes sagement assises, tricotant, attendant les hors-d'œuvre ; les autres, le nez collé à la vitre. Cent cinquante vieilles grelottantes, ricanantes, tordues, poilues, étiques ou hydropiques, exhibant sans pudeur leur décrépitude, leurs difformités, leurs gencives nues. Cent cinquante fées Carabosse. Un musée des horreurs !

Et les tics ! Chacune a le sien, parasite pervers logé dans un sourcil, une paupière, le nez, une pommette, la joue, le menton, la langue, le goitre. Certaines en possèdent deux. Ainsi réunies, ces figures échangent leurs grimaces, leurs rictus, leurs clignements, comme pour jouer une farce muette.

Les touristes ont reflué en désordre vers leurs voitures, oubliant d'acheter pêches, poireaux, salades. Ensuite, une délégation a marché sur la mairie où Chazel s'est empressé de la recevoir. Ils ont fait part de leur émotion, dépeint le choc subi par leurs enfants :

« Mais quel est ce rassemblement obscène ?... Tous ces monstres en un même lieu, on aurait dit, je vous jure, une séquence de Fellini !... Mes gamins en ont eu des cauchemars !... Est-ce ainsi, monsieur le maire, que vous cherchez à appâter les touristes ?... Alors, sachez que nous ne voulons plus voir cela ! Choisissez : ce sont elles ou nous ! »

Et lui, bien embarrassé :

« Mesdames, messieurs, personne ne vous comprend mieux à Entraygues que son maire ici présent. Ces vieilles sont pensionnaires à la maison de retraite *Le Doux Repos*. Nous ne pouvons quand même pas les tuer ! Les jeter au dépotoir ! Que voulez-vous que j'en fasse ? »

Les touristes se sont consultés ; ensuite leur réponse est venue :

« Les tuer, non, la loi ne le permet pas. Alors, cachez-les !

— Les cacher ? De quelle façon ?

— En disposant des rideaux. En leur interdisant de sortir, sinon toute la saison d'été, du moins le samedi. »

Chazel pousse un grand soupir : il s'attendait à des suggestions plus exorbitantes. D'accord, on va installer les rideaux. Bien épais, bien opaques, ne craignez rien. On laissera juste entrer un peu de jour par le haut, ça ne gênera plus les passants. Pour ce qui est de l'interdiction de sortir, on ne peut aller jusque-là. Mais on fera des *recommandations*. Des recommandations pressantes !... *Il est recommandé aux pensionnaires d'éviter de sortir les jours de marché, à cause de la cohue et du trafic intense susceptible de provoquer des accidents... La Direction décline toute responsabilité...*

« Vous le voyez, mesdames et messieurs, la municipalité d'Entraygues fait tous ses efforts pour donner satisfaction aux touristes et améliorer chaque année la qualité de l'accueil. Ne manquez pas de le signaler à vos amis et connaissances. »

Puis l'été passe, les touristes s'en vont. Les enfants retournent à l'école où M. Robinet les prépare à d'autres luttes, pour le bonheur des grenouilles, des lézards, des perce-oreilles. Sans parler des petits Biafrais à qui l'on envoie des sous et des pensées émues.

Le bonheur des pantouflards n'intéresse personne. Du moins, peuvent-ils sortir librement, désormais, chaque jour de la semaine, jusqu'à l'heure du couvre-feu. Après le grand tohu-bohu estival, ceux qui ont les jambes encore marchantes retrouvent avec plaisir leurs petites promenades, dans le bourg et la campagne. Même si, comme les chats, ils ne s'éloignent guère de leur chatière. Parfois, il arrive cependant que l'un d'eux s'écarte un peu trop et s'égare. Les gens du voisinage ont l'habitude de ces rencontres :

« Où que vous allez comme ça, grand-père ?

— Au *Doux Repos.*

— Vous êtes pas dans la bonne direction, vous lui tournez le dos !

— Ah oui ?... Aussi, je me reconnaissais plus... »

On ramène en voiture, ou dans le tombereau du tracteur, ces brebis égarées.

Il y a aussi les fugueurs systématiques, qui prennent n'importe quelle route et marchent droit devant eux, sans souci de la destination, pourvu qu'ils s'éloignent de l'asile. On les connaît bien. Toute porte ouverte les attire : ils foncent vers elle tête basse, comme le bourdon vers la vitre. Solution : on les retient de force dans une pièce appropriée. C'est-à-dire vide de tout meuble, excepté de chaises en fer, incassables. Ils ne sont pas sous clé, non ; mais on leur défend de sortir. Pas surveillés non plus ; mais une aide-soignante vient souvent leur répéter les consignes. On ne sort pas ! Mais je veux aller aux cabinets ! Hé ! Toujours vos cabinets ! Vous passez votre temps à aller aux cabinets ! C'est la quatrième fois depuis ce matin !

Octobre vient. Les Entraygois vendangent leurs raisins violets, dont les grains semblent givrés ; ils arrachent leurs betteraves et leurs patates ; ils dépanouillent leur maïs. Berthomieux se dit que là-bas, à Vichy, la saison thermale s'achève, que son fils va pouvoir le prendre enfin avec lui. Il écrit, pour lui rappeler sa promesse... *D'accord*, répond le docteur sur une feuille d'ordonnance. *J'aimerais venir te chercher ; mais j'ai vraiment trop à faire. Les transports en commun n'ont pas été inventés pour les chiens, et tu n'es pas invalide. Prends donc le train ou le car, nous t'attendons. Nous serons heureux de t'avoir avec nous un certain temps. Envoie seulement un mot pour nous prévenir de ton arrivée.*

Berthomieux délire de joie. Oui, oui, je prendrai le car Citroën ! Je viendrai à pied s'il le faut ! Ah ! monsieur Murat ! Ah ! madame Murat ! Savez-vous ce qui m'arrive ? Je quitte *Le Doux Repos* ! Pour toujours ? Sûrement pas, ce serait trop beau ! A moins que mes petits-enfants n'insistent pour me retenir !... Mais du moins, pour... un certain temps. Je ne sais pas combien. Deux semaines, trois semaines, peut-être davantage. On verra. Enfin, je vais pouvoir jouer avec mes petits-enfants ! Heureux grand-père !

Et le voilà qui part réellement, le 28 octobre, avec sa valise et sa casquette noire de chauffeur de taxi, comme s'il était encore en service. Ses amis l'accompagnent au car de Vichy, l'aident à s'installer, le recommandent au chauffeur. Ayez bien soin de lui ! C'est le père du docteur Berthomieux, spécialiste des tubes digestifs ! Une des sommités de la science française ! Et il va voir ses petits-enfants ! Tâchez d'arriver à l'heure, et de ne pas avoir d'accident ! Ne versez pas ! Ils disent « verser » au chauffeur du car, comme s'il menait un char de foin ! La voiture s'en va, emportant Berthomieux qui, derrière la vitre, les larmes aux yeux, leur jette des baisers à pleines mains. Envoyez-nous des cartes postales !... Brave Berthomieux ! Comme il est heureux de retrouver les siens ! Ah ! On aimerait bien être à sa place. Peut-être l'avons-nous perdu pour toujours.

A la Toussaint, rentiers et rentières pensent à leurs morts, dispersés dans des cimetières inaccessibles. Mathilde comme les autres : son père et sa mère, à Escoutoux ; son frère Benoît, à Randan ; Jacques, à Clermont ; Maurice, en Allemagne ; son mari, le pauvre Pierre, à Cléry, dans la Somme, s'il est resté quelque chose de lui. Baste ! Prends un peu patience, cher ami : prochainement, où que tu sois, je saurai bien te retrouver.

Mme Issartel, au contraire, est une privilégiée. Originaire d'Entraygues même, elle possède sur place une concession en terre où dorment déjà ses deux parents, son mari et un enfant emporté en bas âge par la fièvre typhoïde. Tous dans le même lopin. L'avantage de ces sépultures, c'est qu'au bout de quelques années corps et boîtes se dissolvent dans la terre, puis se mêlent intimement, brassés par la bêche des fossoyeurs. C'est alors, peut-on dire, qu'on forme une famille unie ! Mme Issartel ira elle-même les rejoindre un jour, et ils se pousseront gentiment afin de lui laisser une petite place. Voilà pourquoi, le matin du 1er novembre, elle tire de son demi-placard une ancienne cuiller aplatie au marteau et s'en va, malgré ses maux infinis, rendre ses devoirs à ses défunts. Toute la matinée, elle bine, sarcle, désherbe, ratisse. Un peu avant 11 heures, elle rentre à Saint-Paul, les mains boueuses, le cœur satisfait :

« Je suis très contente, dit-elle, parce que j'ai mis ma tombe bien propre. »

Le lendemain, à la surprise de tous, Berthomieux rentre de Vichy, par le même car. Tel qu'il était quatre jours plus tôt, la valise, la casquette, mais la joie en moins sur la figure.

« Ça par exemple ! Si on s'attendait à vous voir revenir si vite ! Vous aviez dit : un certain temps...

— Alors, quatre jours, c'est pas un certain temps ?
— On pensait...
— Pensez ce que vous voulez.
— Est-ce que vous n'avez pas été... bien reçu ?
— Fichez-moi la paix. »

Il regagne sa chambre. Il rechausse ses pantoufles. Le soir, au réfectoire, il touche à peine à la soupe et pas du tout aux nouilles. Qu'est-ce qu'il y a, Berthomieux ? Pas d'appétit ? Le voyage m'a fatigué, ça passera : Et puis, là-bas, ils m'ont tellement bourré... Ça passera.

Les jours suivants, il ne mange pas davantage. Une rumeur se répand dans la maison : Berthomieux fait la grève de la faim. La Directrice n'aime pas ça du tout. Pourvu que l'histoire n'atteigne pas les oreilles des journalistes ! Le directeur se dérange, monte jusqu'à la chambre que Berthomieux occupe seul. Il le trouve assis près du lit.

« Qu'est-ce qu'il y a, monsieur Berthomieux ? Ça ne va pas ?

— Mais si, ça va. Qui a dit que ça n'allait pas ? Ça va très bien. J'ai mal nulle part.

— Vous savez ce qu'on raconte ?... Que vous faites la grève de la faim !

— Moi, la grève de la faim ? Allons donc ! Je mange peu, mais je mange.

— Bien peu, en effet, à ce que me rapportent les femmes de service. Peut-être n'appréciez-vous pas nos menus ? Désirez-vous quelque chose de spécial ? Du jambon blanc ? Des asperges ?

— Rien du tout. Ça va comme ça.

— Avez-vous quelque chose à nous reprocher ? Vous n'aimez pas cette maison ?

— Rien à dire contre la maison. Elle fait ce qu'elle peut. Rien à dire.

— Alors ?... Pourquoi refusez-vous la nourriture ?

— Je la refuse pas. C'est seulement qu'il ne m'en faut guère en ce moment. Ça passera.

— Vous devriez vous remuer. Rencontrer des amis. Sortir.

— Vous avez raison. Je vais aller acheter le journal.

— A la bonne heure ! Excellente idée ! »

Mme Ladoux n'en revient pas non plus, lorsque Berthomieux se présente devant elle :

« Monsieur Berthomieux !... Je vous croyais à Vichy !... »

Mais il lui lance un tel regard qu'elle n'insiste point.

« Enfin, c'est comme ça... Que désirez-vous ? »

Il baisse les yeux, il réfléchit :

« Un billet pour la mort.

— Pardon ?

— Un billet pour la mort. »

Elle s'efforce de rire :

« Nous avons pas cette marchandise. Prenez plutôt *la Montagne*. Ou *la Gazette*. »

Elle lui fourre un journal entre les mains. Il paie, machinalement. Il s'en va sans saluer.

Cela devient un rite. Chaque fois qu'il reparaît, il demande :

« *La Montagne*... *La Gazette*... Et aussi un billet pour la mort. »

Au bout de quinze jours, le docteur Baraban ordonne son transfert à l'hôpital de Thiers. Là-bas, on le nourrira à coups de perfusions. On l'empêchera bien de mourir d'inanition ! Soyez tranquilles : nous le reverrons. L'appétit lui reviendra !

16

Beaucoup de saisons ont passé. Des chaudes et des froides, des mouillées et des sèches.

On n'a pas revu Berthomieux. Son appétit s'était enfui ; personne n'est parvenu à le rattraper.

17

Le neveu briquetier s'était longtemps astreint à des visites fréquentes et régulières. A la longue, il se lassa de cette assiduité et ne vint plus que de loin en loin. De deux choses l'une : ou bien elle t'a légué sa maison dans son testament, ou bien pas. Si c'est non, je vois pas pourquoi tu t'esquinterais le corps et la bourse à lui apporter des biscuits tous les quinze jours. Si c'est oui, suffit que tu viennes par-ci par-là, juste assez pour lui montrer ton affection. A la longue, avec l'essence, le temps perdu, les gâteries, cette baraque finirait par te coûter plus qu'elle ne vaut. D'autant plus que la vieille a la vie dure. L'avantage du système, c'est que chacune de ces irrégulières visites causait maintenant à la « vieille tata » une surprise heureuse. Depuis longtemps elle avait cessé de demander quoi que ce fût au Ciel ; elle prenait les choses qui lui venaient, bonnes et mauvaises, sans applaudir ni protester.

Elle eut très peur cependant la nuit où elle perdit le souvenir des figures. Ne pouvant dormir, elle occupait les heures, selon une ancienne habitude, à revoir en esprit les personnes qu'elle avait connues et aimées, ses parents, son mari, ses voisins, ses bonnes relations. Une sorte de lanterne magique qu'elle allumait à sa fantaisie. Or, cette fois-là, tout à coup, la lampe de la lanterne s'éteignit. Plus d'images ! Mathilde se rappelait exactement qu'elle avait eu jadis un père, une mère, des frères, ainsi de suite ; mais elle ne parvenait plus à retrouver les contours de leur visage. Mon Dieu ! Est-ce que vous voulez me les prendre une seconde fois ? Même le pauvre Pierre avait disparu. Comment était son front ? Comment étaient ses yeux ? Comment était sa bouche ? Comment était sa voix ? Car elle n'entendait pas davantage ces voix qui depuis quarante ou cinquante ans, hier encore, continuaient de parler en elle à son commandement. Vous me quittez ? leur cria-t-elle. Pourquoi ? Qu'est-ce que je vous ai fait ?

Soudain, elle se trouva seule au monde, telle une enfant perdue au milieu d'une ville étrangère. Afin de ne pas déranger le voisinage, elle enfonça ses pleurs et ses gémissements sous les couvertures. Tu es trop vieille ! Beaucoup trop vieille ! Bientôt quatre-vingt-cinq ans ! Tu devrais avoir honte ! Ton père, rappelle-toi, est parti à soixante, ta mère à soixante-douze, tes frères à soixante-six, soixante-quatre et vingt-cinq, ton mari à vingt-huit. Pourquoi t'accrocher à une vie inutile et qui ne fait plaisir à personne ? Et toi, quels plaisirs trouves-tu dans cette maison ? Ah ! tu n'as pas l'air pressé de les rejoindre ! Regarde autour de toi : les autres s'en vont, et tu restes ! Peut-être souhaites-tu devenir centenaire aussi, comme Mme Escorias, et recevoir une télévision ?... Est-ce ma faute si je deviens vieille ? Est-ce ma faute ?

Sitôt qu'un peu de jour fut entré dans la chambre, elle se précipita sur la photographie du chauffeur Pierre Dutheil, de faction sur la table de nuit. Elle fut heureuse de retrouver ses traits, son front, ses yeux, sa bouche. Elle fouilla aussi dans ses papiers, exhuma des portraits jaunis : Maurice en 1913, sa mère en 1920. Les autres manquaient.

Ils lui revinrent la nuit suivante ; mais après, ils disparurent de nouveau. Désormais, ils jouèrent en elle un interminable cache-cache, tout en lui jetant leurs réprimandes : Honte à toi, qui es si vieille !... Faudra-t-il que ton joli neveu t'apporte des biscuits empoisonnés ? De la mort-aux-rats ? De l'ersénique ! Le temps doit bien lui durer de te voir partir, à présent que tu lui as laissé comprendre que tu l'avais couché sur ton testament !

Le jour revenu, l'idée lui resta dans la tête : des biscuits empoisonnés ! Elle attendit impatiemment la venue de Jean-Claude, pour essayer de comprendre s'il était capable d'une chose pareille.

Trois semaines plus tard, le briquetier, assis sur la chaise pliante, posait des questions au lieu de fournir des réponses :

« Vous croyez pas que votre maison, au Peyroux, doit être en train de pourrir, abandonnée comme elle est ?

— Ça se pourrait bien.

— Supposez que quelqu'un aille lui rendre visite, ouvre les portes et les fenêtres, pour l'aérer un peu, vous pensez pas que ça lui ferait du bien ?

— Ça lui ferait pas de mal. Quelqu'un ? Qui ça, quelqu'un ?

— Ben... vous, si vous voulez. Je pourrais vous y transporter dans ma deux-chevaux.

— Moi ? Ah ! mon pauvre Jean-Claude ! Je serais morte en arrivant là-bas. A mon âge, un voyage en voiture ? Voilà le vrai moyen de me tuer ! »

Elle le considéra d'un air soupçonneux. Il se tortillait sur la chaise. Puis il reprit, en rougissant :

« A moins que...

— A moins que quoi ?

— Que vous me chargiez, par exemple, d'y aller à votre place.

— Te tracasse pas pour la maison, va. Celui qui en héritera fera les réparations nécessaires. Il a plus beaucoup de temps à attendre.

— Si vous croyez... »

Il baissa le front. Puis, machinalement, comme si les deux idées avaient un lien entre elles, il tira de sa poche l'habituel paquet de gâteaux secs, le lui tendit.

« Oh ! Pourquoi ! protesta-t-elle. Faut pas te croire obligé ! Tu fais des frais inutiles ! »

Elle prit quand même l'étui, remercia, le tourna un moment entre ses mains. C'est facile de savoir, qu'elle se dit. Elle l'ouvrit, le lui présenta :

« Tiens, prends-en un, tu me feras plaisir.

— Non, non ! Je les ai apportés pour vous !

— Je sais. Mais tu peux bien y goûter.

— Moi, les sucreries ! J'aimerais mieux un canon.

— J'ai pas de canon à t'offrir. Allons, tu vas pas me refuser ! »

Il se décida, avec répugnance, tira un seul biscuit, le garda entre ses doigts, en parlant d'autre chose. La pluie, le beau temps, la chasse qui allait bientôt ouvrir, le travail des briques, sa femme, son fils. Au bout d'un moment, elle lui fit remarquer :

« Alors, tu le manges pas, ce biscuit ?... Peut-être qu'il est empoisonné ? à l'ersénique ? »

Il rigola : « Oui, oui, à l'ersénique ! »

Et il se le fourra dans la bouche. Du moins, il fit le geste. Elle se demanda si, par quelque tour de passe-passe, il ne l'avait pas glissé dans sa manche. Elle tendit l'oreille, et l'entendit craquer entre ses dents. Il refusa absolument le second.

Après son départ, elle offrit des biscuits à ses voisines, surprises d'une telle largesse. Il n'est pas d'usage, dans la maison, de partager les chagrins ni les cadeaux. Chacun les garde tout entiers. Seul Lalouette se répand en prodigalités, car c'est là sa folie particulière. Par exception, les autres rentières de Saint-Paul mangèrent donc des biscuits de Mathilde. Aucune n'en mourut. Alors seulement elle se sentit rassurée. Quelles idées imbéciles tu vas te mettre en tête ! Un malheureux que tu amuses depuis si longtemps ! Faudra lui donner cette permission qu'il te demande. Qu'il te demande avec la voix du pauvre Maurice !

Entre Mme Sauvagnat et l'ex-premier comptable, il y eut une scène affreuse, à laquelle Mathilde dut assister malgré elle. L'aveugle avait fini par y voir clair :

« Cet appartement, quand est-ce donc que tu le trouves ?

— Quand je pourrai.

— Tu ne me feras pas croire que, dans une ville grande comme Clermont, pleine de maisons neuves qui ont jusqu'à dix étages, y a pas d'appartement à ta convenance !

— Il y en a. Seulement, sais-tu le loyer qu'on me demande ? Cinquante, soixante, soixante-dix mille ! Et moi, je n'ai pas les moyens de payer des sommes pareilles avec ma petite retraite.

— Eh bien ! Va habiter la campagne ! Les loyers y sont moins chers. Pourquoi Clermont ?

— Parce que ma femme y a son travail, tu le sais. Tu la vois faisant la coiffeuse à Nébouzat ?

— Pourquoi pas ! Les filles de la campagne se coiffent comme les autres !

— Y en a plus, de filles, à la campagne ! Tu es vraiment au courant de rien ! C'était pas la peine que je t'achète un transistor ! »

Jusque-là, la discussion s'était menée à voix basse, si bien qu'on pouvait alentour faire semblant de ne rien entendre. Tout à coup, la cantonnière haussa le ton :

« Tout ça, c'est des prétextes ! Tantôt tu me dis une chose et tantôt une autre ! Quand tu m'as amenée ici, c'était du provisoire. Et voilà un provisoire qui dure depuis sept ans ! J'en veux plus de cette maison ! J'en veux plus ! Fallait pas me promettre que tu me retirerais ! »

Et lui, effrayé :

« Calme-toi, voyons ! Crie pas comme ça ! A quoi ça sert ? Je suis pas sourd ! Tout le monde va t'entendre, et on te chassera !

— C'est ce que je veux, qu'on me chasse !

— Et où iras-tu ?

— D'ailleurs, c'est bien simple. Je te donne encore un mois pour trouver un appartement et m'enlever d'ici. Dans un mois, si rien n'est changé, je me jette par la fenêtre ! »

Moment de silence et de stupeur. Toutes les oreilles de Saint-Paul attendent la suite. Le premier comptable a un gros rire bête, pour laisser croire qu'il prend la chose à la plaisanterie :

« Par la fenêtre ?... Ha ! ha ! ha ! Elle est bien bonne ! Tu habites au rez-de-chaussée ! »

Et elle, stridente : « Je monterai au dernier étage de la baraque ! Sois tranquille : je trouverai une fenêtre assez haute !

— Ne dis pas de bêtises ! Je vais chercher encore... Faire l'impossible. Calme-toi... Pour aujourd'hui, vaut mieux que je te laisse. Je reviendrai la semaine prochaine... Au revoir... Calme-toi. »

Il s'est sauvé, minable, sans saluer personne, pour échapper à la crise de nerfs dont il entendait derrière lui les éclats.

Il y eut encore de longs jours et de longues nuits.

Mathilde s'intéressait de moins en moins à ces gens qui passaient autour d'elle : pantouflards et pantouflardes, femmes de service, curé, médecin, infirmières, visiteurs. En les côtoyant chaque jour, c'est à peine si elle les voyait. Ta vue baisse, ma pauvre, ta vue baisse. En fait, non, il ne s'agissait pas de cela. Elle avait l'impression qu'ils perdaient de leur épaisseur, qu'ils devenaient des formes de brouillard. D'elle-même, elle ne parlait plus à personne ; et quand on lui adressait la parole, on devait répéter, et c'est à peine si elle répondait. Elle oubliait de se rendre au réfectoire ; Mme Dosgilbert la prenait par le bras, l'emmenait de force. Elle oubliait même de se lever, se faisait secouer les puces :

« Encore couchée ?... Voulez-vous sortir, grande paresseuse !

— J'ai rien qui presse !

— Vous avez à faire votre lit ! Et moi à balayer la chambre. Allez, raouss !

— Qu'est-ce que ça veut dire, raouss ?

— Ça veut dire de vider les lieux. »

Une fois sur sa chaise, elle enfilait un bas, laborieusement ; puis, elle demeurait rêveuse, jusqu'à ce que l'aide-soignante vînt la malmener de nouveau. Peu à peu, elle perdait cette précieuse habitude, gardée toute sa vie solitaire, de se parler à elle-même, de se conseiller, de se gourmander. Cette sœur jumelle qui habitait en elle et lui avait toujours tenu compagnie devint muette, puis déserta. Quel vide ce fut, de ne plus s'entendre traiter de blagande, couraude, gourmandasse, calamastre, vieille cane, et ainsi de suite ! Elle s'habitua aussi à ce silence. Elle était moins sensible maintenant au froid et au chaud, au sucré et à l'amer, au lourd et au léger. Petit à petit, le monde lui échappait.

Les seules heures encore belles, de temps en temps, étaient celles de la nuit. Même si elle ne dormait pas. Surtout si elle ne dormait pas. Elle convoquait tous ses fantômes, à tour de rôle. Ils venaient généralement, vagues peut-être dans leurs lignes, aisés quand même à reconnaître selon ce que lui disait son cœur. Comme on devine derrière une porte une présence aimée. En leur compagnie, elle revivait tout à coup des événements oubliés depuis un siècle. La cruche cassée. La pipe du grand-père. Le vagabond secouru. Le déménagement de Néronde à Escoutoux : dix-huit kilomètres, tout le monde à marcher sur la route, veaux, vaches, cochons, couvées. Les devinettes de sa mère :

« Quel est ce portefeuille plein de porte-plumes ?

— ...

— Un arbre plein d'oiseaux. Qu'est-ce qui sort d'un four pour entrer dans un autre ?

— ...

— Le pain. Qu'est-ce qui va à la fontaine en criant et revient en pleurant ?

— ...

— Le seau. »

Ainsi, le présent perdait de sa substance, mais le passé en gagnait chaque nuit.

Quand il lui arrivait de dormir, ses fantômes n'en profitaient pas pour s'éclipser : ils peuplaient ses rêves. Tous merveilleusement rajeunis. Son frère Maurice avait douze ans et elle dix. Il l'entraînait dans toutes ses escapades. Il surprenait les oisillons au nid, empoignait les écureuils par la queue, capturait les vipères avec une branchette fourchue, retournait les salamandres en leur soufflant sur l'échine, sentait en automne la poussée des champignons sous les feuilles, en juin celle des artichauts sauvages. Sachant qu'il n'en profiterait pas longtemps et voulant sans doute le rassasier, la nature l'avait comblé de ses dons. A présent, son nom, *Maurice MEMBRUN*, figurait à Escoutoux sur la plaque de marbre du monument aux Morts. Leur mère lui disait avec tristesse :

« Toi, tu es trop fin. Tu ne deviendras pas vieux. »

Les voix, toutes les voix de l'ombre chuchotaient maintenant autour d'elle. Mathilde, pauvre Mathilde, tu es née pour en voir ! J'ai eu grand tort de te mettre au monde... Mais non, ne courons pas ! A quoi sert de courir ? Nous allons tous derrière l'église, sous les arbres noirs. Certains ventre à terre ; d'autres gentiment, sans se presser... Voici que je vous présente Mathilde Membrun, pour qu'elle devienne ma femme et votre fille... Merci, madame la Baronne... Nous ne vous oublierons pas. Nous vous aiderons à élever votre enfant, fils d'un glorieux martyr !... Savez-vous, Mathilde, je suis seul et vous êtes seule ; nous devrions nous marier ensemble... Madame, votre fils est un mauvais sujet... Notre âme devient un coquelicot... Je vous demande votre âge, vieille sourdignole !... Raouss !...

Une certaine nuit, elle entendit une plainte : *Mathilde, Mathilde, pourquoi m'as-tu abandonné* ? Quel choc lui donnèrent ces mots, pareils à ceux de N.S. Jésus-Christ sur la croix ! Dormait-elle ? Veillait-elle ? Elle n'aurait su le dire. Il lui arrivait souvent, de jour aussi bien que de nuit, de flotter entre la veille et le sommeil. *Mathilde, Mathilde, pourquoi m'as-tu abandonné ? Pourquoi m'as-tu fait malédiction* ? Elle n'en parla à personne. A quoi bon ? Dans cet étrange magasin où trois cents vieux se trouvaient entreposés, chacun ne s'intéressait qu'à ses propres misères, totalement indifférent à celles d'autrui. S'en réjouissant plutôt, comme si elles avaient diminué les siennes.

Et toutes les nuits, désormais, le même reproche : *Mathilde, Mathilde*... Elle consulta ses fantômes. Qu'est-ce donc qui m'appelle comme ça ? nom de gueux ? Comment, qu'est-ce donc ! Es-tu devenue sourde ? Sourde et oublieuse ? Ben, aidez-moi un peu ; faites comme si je l'étais devenue. Rappelle-toi ce que tu as abandonné : ta maison où les vents se réfugient ; ton jardin qu'envahissent les ronces ; le Peyroux tout entier que plus personne ne protège. Mais, vous le savez, je ne pouvais plus vivre là-bas ; je me suis ramassée sur la descente de lit ; je donnais de l'embêtement à tout le monde. C'est vrai, tu ne pouvais plus y vivre ; du moins pouvais-tu y mourir. Tu le peux encore : cela ferait réfléchir un peu les autres lâcheurs. Qu'est-ce que ça veut dire, y mourir ? Penses-y, Mathilde, penses-y dans ta tête, avant qu'il ne soit trop tard. Sur les épaules, disait la sœur d'Escoutoux, je n'ai pas une tête, mais une calebasse. Penses-y dans ta calebasse.

Elle y pensa longtemps. Puis, elle prit sa résolution.

Ses promenades ne l'avaient jamais conduite très loin du *Doux Repos*. Elle connaissait pourtant fort bien la position d'Entraygues, entre la Seyche et le Litrou. Celui-ci, on l'a devant soi en tournant le dos au soleil couchant. On suit sa pente, et il vous amène nécessairement à l'Allier. On suit alors l'Allier qui vous amène jusqu'au pont de Limons. De là, on n'a que quatre pas à faire pour atteindre Puy-Guillaume. Une fois à Puy-Guillaume, on est presque au Peyroux. L'itinéraire était simple. Toujours suivre la pente des eaux, jusqu'à Limons. Mais d'abord, partir au soleil couchant. Quand on s'apercevrait de son absence, elle serait impossible à rejoindre.

Ce soir-là, elle fit bien honneur à la soupe, aux lentilles, au fromage. Elle but son verre de vin coupé. Puis, à Saint-Paul, elle chaussa ses souliers à tige, se couvrit les épaules de sa pèlerine, prit son cabas de cuir où elle glissa la clé de sa maison, son boursicot, ses papiers et la photo du pauvre Pierre. Elle disposait encore d'une heure de jour.

« Je sors un moment, expliqua-t-elle à Mme Sauvagnat.

— Vous avez bien de la chance de pouvoir sortir. »

Avec sa démarche de vieille cane, elle passa devant l'église, longea le cimetière, prit le chemin du Litrou, emprunté plusieurs fois aux mois chauds pour aller se mettre au frais sur ses rives. Les choses s'arrangeaient bien, car elle ne rencontra personne. dans son dos, le ciel flamboyait comme un feu de Bengale. Il avait plu les jours précédents ; des flaques luisaient dans les creux qu'elle ne voyait pas toujours à temps, et où elle jetait ses brodequins. Au loin, des vaches meuglaient leur veau.

Enfin, elle atteignit ce sentier de pêcheurs qui suivait le ruisseau. Litrou : drôle de nom de baptême ! Comme si, en certaines saisons, il contenait à peine un litre ! Du moins, n'était-ce pas le cas pour l'heure présente : il coulait gonflé à ras bords. Elle n'eut aucune peine à reconnaître le sens du courant.

Le sentier montait et descendait, toujours glissant et penché du côté de la rivière. Ce qui la fatiguait beaucoup. Elle chercha un bâton, une branche sèche pour s'appuyer. De temps en temps, elle s'asseyait sur une souche, une pierre, le revers d'un talus, afin de reprendre haleine. Puis elle remettait en marche sa mécanique, trébuchant sur les racines, griffée par les ronces, giflée par les feuilles. N'importe. Elle irait jusqu'au bout, à l'appel de son village crucifié : *Mathilde, Mathilde, pourquoi m'as-tu abandonné* ?

La fraîcheur de la nuit tomba très vite. Elle se réjouit d'avoir pris sa pèlerine. Une vapeur se forma sur les eaux, comme celle d'une lessive qui se prépare à bouillir, monta, s'épaissit, déborda sur les rivages. Mathilde avançait maintenant en plein brouillard. Si tu suis bien la rivière, aucun risque que tu te trompes. Marche donc sans te soucier. En arrivant, tu allumeras le feu, et tu te feras un bon tilleul. Un tilleul bouillant ! Et plein de parfum ! Mon Dieu ! Donnez-moi seulement la force de marcher. Et toi, mon pauvre Pierre, si tu peux faire quelque chose pour moi, interviens auprès des Puissances du Ciel. Et vous aussi, ma mère. Et vous, mon père. Et toi, Maurice. Vous tous qui m'avez connue, soutenez-moi, pour que mes jambes et mes genoux me portent jusque là-bas. *Mathilde, Mathilde…*

Quelque chose fila entre ses jambes, la secoua d'une grande frayeur. Un lièvre, sans doute, débusqué du gîte. Ou quelque autre bête sauvage. Plusieurs fois, elle glissa dans la boue visqueuse, tomba, s'embrenna les cotillons, puis se redressa, repartit, accrochée à son sac et à sa canne. Des grenouilles se mirent à chanter alentour. Souvent aussi, elle devait faire un détour, parce que des barrières, des fils de fer barbelés coupaient son chemin. Elle s'enfonçait dans des sables, arrachait ses pieds comme des carottes. *Mathilde, Mathilde, pourquoi m'as-tu abandonné* ?

Le brouillard, moins épais que large et que long, n'empêcha pas la lune de se lever. Elle parut là-haut pour lui tenir compagnie. Bien coupée en son milieu, telle une tranche d'orange. Les chouettes s'interpellaient : hou-hou-hou-hououououou... Le Litrou ruisselait sans hâte, mais obstiné, contournant ses rochers et ses îlots, avec des gargouillements brusques et profonds. D'étranges épaves y flottaient, pareilles à des échines de crocodiles. *Mathilde, Mathilde...*

La fraîcheur devint froid. Elle sentit mille lames de glace la transpercer. Les arbres se tordirent comme des fumées folles. Toutes les grenouilles en même temps embouchèrent leur flûteau. La lune rouge se boursoufla, se fit énorme, puis creva dans le ciel, répandant son contenu sanglant jusqu'aux limites invisibles des horizons. Sous ses pas, la terre se gonflait et se dégonflait traîtreusement... Mon Dieu ! Donnez-moi suffisamment de chaleur !... Un tilleul, peut-être... Je vous avertis que je ne sens plus mes jambes... Combien de jours faudra-t-il que je marche ?... Un peu de chaleur, s'il vous plaît... *Mathilde, Mathilde, pourquoi m'as-tu abandonné* ?... Je reviens, je reviens... Prends patience... Me voilà.

LE TOUR DU DOIGT

Aux canaques qui survivent,
à leurs compagnons de Craonne
et autres lieux,
à la grenouille du lieutenant Luco.

C'est ainsi que je vais vieillir :
Mélangeant mémoire et prière...
Jean Loisy

Les canaques

Rouquette cligna de l'œil, cracha sa chique et sortit de sa poche un couteau de *nettoyeur*. Il prétendait s'en être servi dix-huit mois. A cause de ses compétences particulières.

« Quelles compétences ? Puisque tu commandais une section !

— Oui. Mais fils et petits-fils de boucher ! L'hérédité, les lois de Mendel, tu connais ?... Et aussi pour le plaisir. »

La lame était blanche, finement astiquée, avec une gorge longitudinale. Entre elle et le manche de pur sapin, à virole de fer, une large rondelle servait de garde. Dessous, dans la rainure, restait une crème brune, comme la crasse sous un ongle. Rouquette aurait pu la gratter avec une allumette, mais il la conservait précieusement, ça c'est du beurre de Boche, pendant dix-huit mois je l'ai mangé en tartines sur mon biscuit. Il réunissait devant sa bouche les cinq doigts d'une main, imitait le bruit d'un baiser, un baiser de gourmet :

« Extra ! »

D'autres fois, il jouait à d'Artagnan, pointait son couteau vers le ciel, arrondissait le bras gauche sur sa tête, faisait mine de nous embrocher. Il le remisait dans la poche intérieure de sa veste, à la place normale du portefeuille.

« Et ton portefeuille ?

— Sur mon cœur, en permanence sur mon cœur, avec les photos de famille. »

Et il posait la main sur la fesse droite. Rouquette avait toujours eu des façons singulières, mais quel que fût son cynisme, je suis certain que cet emplacement datait de la paix, photos de famille ou pas, chacun de nous avait au front grand soin de garder son portefeuille sur son cœur afin de le protéger. Les journaux racontaient des histoires mirobolantes de cœurs sauvés par des portefeuilles ; dans les bazars tu trouvais aussi le protège-cœur en acier à l'épreuve des balles ; tu te l'accrochais au cou sous la chemise, tel un scapulaire, retenu par une sangle. Les femmes, les fiancées, les marraines, en envoyaient dans les colis. Certains affectaient eux-mêmes la forme d'un cœur, ou d'une main, ou d'une rose, ou d'un écu. Moi, je n'en ai jamais porté, nul n'ayant pensé à me l'offrir, je trouvais ridicule de me l'offrir moi-même, sans doute que mon cœur de chair n'importait à personne.

Nous nous tenions donc réunis dans l'allée administrative — celle qui longeait le bâtiment de la direction et de l'économat — et nous étions ce qu'il y a de plus disparate. D'abord en taille et en âge. Depuis Rouquette qui avait coiffé Sainte-Catherine, jusqu'à des bleus comme Armilhon encore en pleine croissance. Ensuite par le vêtement. Nous arrivions dans des costumes pathétiques évoquant des modes assassinées : vestons d'alpaga à six boutons, pantalons exigus, amples costumes de coutil. Nous sentions le coing, le camphre, la naphtaline. Suspendues trois ou quatre années dans les placards, ces défroques en étaient restées à leurs dimensions originelles. Nous, cependant, avions poussé en tous sens. Nos mères avaient dû déployer des efforts surhumains pour nous faire tenir dedans, sortant les ourlets, tirant sur les manches, supprimant les pinces, descendant les culottes au plus bas, ce qui nous mettait le derrière au niveau des genoux. Deux ou trois, qui avaient trop forci pour s'accommoder de ces ajustements, combinaient la tenue bourgeoise et la militaire, la casquette et le ceinturon, le pantalon et la vareuse désécussonnée.

Nous vivions un des grands moments de notre existence. Les valises, les malles arrivaient des quatre points cardinaux, en charrette à âne, sur des brouettes, à dos d'homme. En notre honneur, Laroye, le concierge, avait repeint l'enseigne de la boutique, au-dessus du portail : *Honneur et Patrie* ; épandu sur les allées du sable neuf ; remis en marche le jet d'eau qui pissotait dans sa mare de purin vert ; l'horloge du fronton fonctionnait et sonnait ; on avait installé l'éclairage électrique dans toutes les pièces. Le repas du soir fut joyeux et substantiel, jusqu'au moment où l'économe, M. Pamaret, dit le Zig, apparut en supplément, un peu blanchi, un peu plissé, mais la moustache toujours agressive, le regard aussi dominateur. Il avait d'abord fait les cent pas, les mains dans le dos, cambrant sa courte taille sous les voûtes conventuelles. Le réfectoire comprenait deux salles. Celle du fond contenait les trente-cinq élèves de première année, les *chiens*, recrutés au dernier concours, effectif copieux, destiné à combler les vides. La première nous revenait. Nous : ce qui restait de deux promotions interrompues : la 13-16 et les survivants démobilisés de la 14-17, car le service de trois ans en retenait sous les drapeaux. Les élèves de troisième, les *chapeaux*, et beaucoup de seconde, les *ex*, se trouvaient provisoirement occupés à occuper la rive gauche du Rhin. Une dizaine d'Alsaciens, éparpillés çà et là et fort silencieux, essayaient de pénétrer les subtilités du participe passé conjugué avec avoir et de l'imparfait du subjonctif, avant d'aller en faire profiter leurs compatriotes récemment rendus à la culture française.

Ayant un long moment promené de long en large son masque

sourcilleux, l'économe ouvrit enfin la bouche, beaucoup trop tôt à mon sens :

« J'ai été mobilisé pendant cinq ans dans cette maison au service de la Patrie... »

Il avait en fait prononcé *cint ans*, M. Pamaret souffrait d'un défaut de langue qui l'obligeait à remplacer les C, les Q, les K par un T, au lieu de *casquette*, il disait *tastette*, on devait pour le comprendre être fort attentif, à cause des transpositions. Il avait eu pour ce dîner inaugural l'idée saugrenue de nous faire servir des noix en dessert. Il existe plusieurs manières de casser les noix : on les ouvre comme des huîtres avec la pointe d'un couteau, on les brise avec les dents, on les écrase sur la table du poing ou de la cuiller, on les jette par terre avec violence, certaines maisons raffinées usent même de casse-noix. En 1919, l'École normale d'instituteurs de Clermont-Ferrand n'en possédait point. Aussitôt que le Zig eut d'emblée laissé entendre qu'il avait cinq ans servi la Patrie comme embusqué, les noix se mirent à craquer de toutes parts.

« Mobilisé pendant cint ans au service de la Patrie, répéta-t-il avec force et s'adressant spécialement à nous, j'ai accompli mon devoir ici comme vous le vôtre en d'autres lieux... Transformée en hôpital militaire, cette maison a reçu et soigné des centaines de blessés et de malades, et je peux dire... Un peu de silence, s'il vous plaît ! »

Malheureusement, la méthode la plus efficace pour casser les noix est aussi la plus bruyante. Stupéfiés d'abord par notre tapage, les *chiens* entreprirent vaillamment de nous imiter, Rouquette employait comme marteau le talon d'un de ses souliers, si bien que M. Pamaret dut renoncer à sa belle allocution :

« Vous êtes... vous êtes une bande de tanates ! »

Et il s'enfuit, noir de fureur. Des *tanates* en son patois ne pouvant signifier que des *canaques*, nous nous mîmes à scander en chœur, battant la mesure sur les tables :

« Des tanates ! Des tanates ! Des tanates !... »

Atterrés, les garçons de service contemplaient du couloir l'éparpillement des coquilles. Chaque fois aujourd'hui que je mange des noix — ce qui ne m'arrive plus guère à cause de mes mauvaises dents —, je revis ce 30 septembre 1919 et notre première victoire sur l'administration, beaucoup d'autres devaient suivre. Nous acceptions difficilement la nécessité après une longue rupture pédagogique, cinq années d'absence, dont plusieurs de godillots, de revenir nous mettre au garde-à-vous comme des enfants peureux devant l'économe, le directeur, les profs, les pions, le concierge ; de recopier les *plansos* de Berlieux ; de reprendre *Britannicus* et *Andromaque* à l'acte interrompu ; de désosser d'autres larves et d'autres vers crevés. Je vois encore Rouquette penché sur son lombric, lui fouillant les intestins avec sa lame de *nettoyeur*. Cette situation était cependant hautement souhaitable, expliquait la note de l'Inspection académique que chacun de nous avait reçue : notre carrière en dépendait, sans parler d'un certain nombre de valeurs morales :

La Nation... la Patrie... l'enfance qui vous sera confiée...
Afin de relever au plus vite ses ruines matérielles et spirituelles... de lourdes responsabilités entre vos mains... des maîtres compétents et qualifiés... accomplir dignement leurs devoirs professionnels...
En conséquence...
... le mardi 30 septembre avant seize heures...
Les élèves-maîtres recevront un enseignement général et pédagogique accéléré... Au terme de ces douze mois... les épreuves écrites et orales du Brevet Supérieur... si la note moyenne de l'ensemble des épreuves était inférieure à 10 sur 20... délégation provisoire... subir les épreuves écrites et pratiques du Certificat d'Aptitude Pédagogique... Faute de quoi...
Je suis sûr que vous comprendrez... occasion unique...
La Nation... la Patrie... votre intérêt... circonstances exceptionnelles... belote, rebelote et dix de der.
Rataplan... rataplan... rataplan...

L'INSPECTEUR D'ACADÉMIE,
Chevalier de la Légion d'honneur,
Officier d'Académie.
J. Rossignol.

Après l'esclandre des noix, nous nous égaillâmes dans le jardin, nous avions énormément de choses à dire et à entendre, rien ne pressait cependant, l'année tout entière n'y pouvait suffire. En définitive, chacun se sentit bientôt rempli de choses à taire, à quelques détails près, n'avions-nous pas vécu les mêmes événements ? Sué les mêmes sueurs, les mêmes angoisses, les mêmes agonies ? Souffert les mêmes froids, les mêmes faims, les mêmes déceptions, les mêmes douleurs ?

Nous avons regardé les étoiles, notre agitation est tombée, les voix mêmes perdaient de leur véhémence, bientôt nous n'avons plus été que des ombres silencieuses. Il était bon de marcher sur le gravier frais, de humer les senteurs végétales, d'effleurer au passage des branches vivantes et de vraies feuilles. J'allais à tout petits pas pour complaire à mon pied gauche qui craignait les mouvements brusques, parmi les braises rouges des cigarettes et sous les étoiles imperturbables.

« Ça ne fait rien, fit une voix de la nuit avec l'accent de Thiers, il nous manque du monde ! Treize rescapés sur vingt-cinq ! La moitié de notre effectif ! Crois-tu qu'il peut en rentrer encore ? »

Beyssac était un spécialiste des questions sans réponse possible. Nous avons compté ensemble les manquants, en additionnant nos informations. Martinet, de Saint-Éloy, tombé dès le début, en 15, je l'ai su par Maisonneuve, qui lui-même a disparu dans la Somme, il y a deux ans... Aubreton et Tardif : ils étaient tous deux dans les chasseurs alpins, zigouillés à Verdun, je crois... Dumas, notre cacique, de Brassac, disparu à Craonne... Craonne ? J'y étais en avril et mai ! J'aurais pu le rencontrer !... Rivet, Chaussière, Garachon, Bertrandias, on ne sait rien d'eux... Le triste défilé des absents continue, nous les sentons dans l'ombre autour de nous, leur voix, leur rire revivent un moment.

« Un jour, dit quelqu'un, j'ai rencontré Chaussière en gare de Saint-Germain-des-Fossés. J'arrivais en permission, lui repartait. On a bavardé ensemble, en buvant le pinard que distribuaient les poules de la Croix-Rouge. Puis, nous nous sommes serré la main, et j'ai conclu, fataliste : "Qu'ils fassent de nous ce qu'ils voudront. — Sauf des morts !" qu'il a répondu. »

Nous émergeons avec stupeur de cette énorme écrabouillade de chair fraîche, par quel miracle survivons-nous ? Par quelle injustice sommes-nous dans un jardin, parmi les rosiers, les buis, les dahlias, alors que nos douze absents s'ennuient au fond de leur triste sépulture ? Là-bas, les charrois de cercueils arrivaient quotidiennement avec la même régularité que les munitions, les macaronis, les lentilles. Merveilles de la logistique. On empilait les caisses dans les cantonnements, elles sentaient bon le sapin frais, les menuisiers de l'arrière travaillaient jour et nuit afin de satisfaire à la demande, et ils gagnaient gros. Parfois, nous en disposions quatre ensemble pour qu'elles nous servent de table, il a dû arriver plus d'une fois que l'un d'entre nous occupe le lundi la boîte sur laquelle il avait cassé la croûte le dimanche. Mais à la plupart toute pompe funèbre était refusée, un trou provisoire, une croix de bois faisaient leur affaire, ou bien les artilleurs se chargeaient de l'ensevelissement.

Au bout de l'allée principale, le portail enchaîné et cadenassé. La clé se trouve dans la poche de Laroye, et Laroye dans sa loge, nous surveillant à travers ses carreaux. En 13 et 14, Laroye avait une jolie fille de vingt ans qui se plaçait à la fenêtre du premier étage pour peigner et rouler ses cheveux, Laroye la gardait au moyen d'un fusil à deux coups, dont il se vantait avec ostentation :

« J'ai mon fusil à deux coups, je ne crains personne, ni bête, ni homme, ni diable ! »

Maintenant, la fille dépend d'un autre gardien, elle a quitté la loge paternelle, elle est partie se marier et faire des petits sans notre consentement.

Le dortoir a gardé une certaine odeur pharmaceutique. Cela me rappelle l'hôpital de Dinan, Côtes-du-Nord, où j'étais encore en avril dernier. Ville natale de Du Guesclin, dont la statue orne la place principale. Beaux remparts, belles vieilles maisons, beau jardin public. Et jolies Bretonnes sous ces coiffes de dentelle amidonnées qui ont l'air en porcelaine. L'hôpital est le rêve du soldat en campagne. Pour l'atteindre, il te faut une bonne blessure, pas trop grave, mais suffisante. Certains levaient un bras en l'air, par-dessus le parapet, mais ce genre de blessure était très mal vu des gradés : tu risquais d'être accusé de mutilation volontaire, de passer au tourniquet. L'idéal était la maladie contagieuse. Et bénie entre toutes, celle des oreillons, parce qu'elle te met à l'âge adulte les testicules gros comme des oranges et menace de te rendre stérile, tu passes ton temps à les soutenir à pleines mains, et n'as plus rien de disponible pour tenir ton lebel. Les généraux n'ont que faire de tous ces orangers. De plus, la France a besoin de mâles reproducteurs, pour assurer la relève des bataillons décimés. Conclusion, plus que sur la prunelle de leurs yeux, les chefs doivent veiller sur les testicules de leurs hommes, sitôt qu'un cas d'oreillons se manifeste, on expédie le bénéficiaire vers le plus proche hôpital de l'arrière, douillet, à l'abri de son parc, rempli d'infirmières lisses et blanches comme des dragées qui te peignent, te lavent, prennent ta température, dorlotent tes mandarines, pyjama molletonné, trois repas chauds par jour, et dans des assiettes ! Pendant ce temps, les pauvres bougres restés à l'avant font la queue pour se rouler dans la paille encore chaude de l'évacué, pour essayer de recueillir quelque microbe.

J'ai connu un Parisien, sur qui les oreillons naturels n'avaient pas mordu, qui avait décidé de s'en procurer d'artificiels. Une nuit entière il a soufflé dans un bidon vide, soufflé de tous ses poumons, à se faire péter les joues. Au matin, il avait en effet les parotides tuméfiées, mon lieutenant, je crois bien que j'ai les oreillons. On l'a évacué provisoirement. Mais, séparé de son bidon, il n'a pu entretenir l'enflure, il s'est dégonflé comme un soufflé au fromage. Quatre jours après, il était de retour, juste à temps pour participer au festival du 16 avril 1917.

Nous revoici donc dans un hôpital, ou quasiment. Chacun trouve sur son lit une paire de draps, des couvertures. J'aurai pour voisins Beyssac et Jolivet. Nous faisons nos lits deux à deux, au moment du déshabillage, je deviens un objet de curiosité, tout le monde vient voir ma jambe de bois. Je fournis des renseignements complets sur les circonstances, le calibre, la façon de s'en servir.

« En somme, conclut Rouquette, pour toi, la guerre n'a pas été longue.

— Du 1er septembre 1916 au 4 juillet 1917. Un an moins huit semaines.
— Sacré veinard ! Tu as été une espèce d'embusqué, quoi !
— En quelque sorte. »
Ils examinent le moignon de ma cuisse gauche, le cuissard de toile et ses trois sangles, la ceinture de soutien, le pilon et sa talonnette, au bout de sa tige, le cuissard ressemble à une tulipe épanouie, tout ça est merveilleusement agencé. Je t'assure que ça se connaît à peine quand tu marches si on ne regarde pas le pied. Sauf le tchonc-tchonc-tchonc.
Vaut mieux perdre une jambe que la tête. Ou que les mandarines. Et puis, tu vas toucher une jolie pension ! Sacré veinard ! L'ennui, c'est le pied qui continue de me faire mal. Comment ça, le pied ? Puisque tu n'as plus qu'une rondelle en caoutchouc ? Je le sens quand même, il me fait mal exactement comme s'il était en place, dans des souliers trop justes. Que dis-je : dans un étau. Avec ça, une paire de pantoufles te durera deux fois plus longtemps qu'à nous. Et le marchand de chaussures te fera une belle réduction ! Peut-être même que tu pourrais dénicher un unijambiste du côté opposé, et te mettre en cheville avec lui pour vos achats de godasses. Sacré veinard !
En attendant, j'ai besoin d'une chaise supplémentaire pour installer ma tulipe et ma canne. Je m'enfonce dans la fraîcheur des draps de chanvre. Ils font partie du patrimoine de Pamaret, en même temps que les châlits, les matelas, les couvertures. En revanche, le couvre-pied est notre bien propre, comme la chemise de nuit, marqués à notre chiffre. De même, le papier nous viendra de l'école, mais les livres seront à notre charge. La nourriture est gouvernementale, mais nous sommes autorisés à acheter des fruits. Toutes les rubriques de la maison sont ainsi sous le régime de la copropriété.
Certains s'endorment et ronflent tout de suite, comme si, depuis leur retour, ils ne s'étaient pas encore rassasiés de sommeil. Les autres marmonnent de voisin à voisin, évitant le passé au profit de l'avenir. J'aurais pu plaquer la pédagogie ; j'avais déjà une sardine d'argent, on m'offrait de rester dans l'armée d'occupation ; d'ici quinze ou vingt ans, j'aurais été colonel ; mais en fait, l'uniforme, j'en ai soupé. Moi, j'ai enseigné en bleu horizon dès le mois de janvier, en Lorraine, on rassemblait les gosses dans les granges et les locaux disponibles, pour leur apprendre le français et les lettres latines. Maintenant, j'aimerais y retourner parce que j'ai connu là-bas une bonne amie. Oui, une de celles qui le dimanche se mettent un ruban-papillon sur la tête... L'horloge, après un raclement de rouages comme si elle allait tousser, sonne dix heures.
« Cent fois merde ! crie une voix. On va pas s'endormir au

couvre-feu, tout bonnement ! Nous, des poilus ! Nous, sauveurs de la France et vainqueurs de la Bochie ! Pour commencer, j'en grille une autre ! »

Les lampes se rallument. Chacun imite Laval, originaire de Maringues. *Il est formellement interdit de fumer dans la maison. Spécialement dans les dortoirs. Plus spécialement la nuit. Toute infraction...* On cherche tabac, pipe, allumettes, briquets. Seul Rouquette ne fume pas : il préfère chiquer, il a pris au front cette habitude. La chique est dispose par tous les temps, neige, vent, pluie diluvienne, elle n'attire pas l'attention de l'ennemi. Discrète aussi : tu peux chiquer sous tes draps, à l'église, derrière un enterrement, en répondant au général ou au sous-préfet, à condition d'avaler ton jus. Elle ne laisse ni feu ni fumée, ni cendres ni mauvaise odeur. Économique enfin : tandis que la cigarette s'envole en un instant, une chique bien traitée peut te durer une semaine.

« Faut qu'on arrose nos retrouvailles ! décide Rouquette. Je vais chercher le nécessaire. Deux volontaires, camarades, pour m'accompagner ! Y aura peut-être de la casse ! »

Dix doigts se lèvent.

« Sergent Laval ! Caporal-chef Fabre ! »

Tous trois enfilent leur culotte, y tassent les pans de la liquette, fendent le brouillard tabagique, plongent dans les ténèbres de l'escalier. Nous nous livrons à des conjectures sur le lieu et le résultat du coup de main, sur les pertes éventuelles. Par une ancienne habitude, je tire ma montre : 10 h 13. Avec tendresse, je la garde au chaud comme naguère dans ma paume repliée, elle occupe juste l'espace du creux, elle et mon poing s'accordent aussi bien que la cerise et son noyau. Depuis que nous sommes ensemble, fidèlement, elle m'a suivi partout où je l'ai menée. Par prudence, j'avais gravé avec la pointe d'un couteau mon nom dans son boîtier, *Jules Vendange*. Grâce à Dieu, la précaution s'est révélée inutile. Je sens simultanément mon pouls et son tic-tac, ils marchent de conserve, mais non du même pas, l'un rapide et menu, l'autre tranquille et lourd, tu dirais un enfant qui veut suivre une grande personne. Bien souvent, il m'est arrivé de voir un chargement de morts, jetés en vrac dans un camion militaire, l'un sur l'autre, telles des betteraves. Une fois passé le temps de l'horreur et de la pitié, je les considérais avec une curiosité aiguë, cherchant à savoir comment ils avaient avalé cette pilule qui peut-être me serait présentée le lendemain. La plupart (excepté ceux qui avaient été frappés au visage) montraient une expression paisible et rassurante, le regard de leurs yeux entrouverts n'exprimait aucune terreur. T'en fais pas ! Tu y arriveras aussi bien que nous ! C'est pas la mer à boire. Ainsi, fraternellement, ils m'encourageaient. Or, chaque fois, je remarquais dans le tas bleuâtre, noirâtre, merdâtre, un certain nombre de montres. Au poignet des uns, ou pendues par leur chaîne à des boutonnières, elles continuaient leur petite existence mécanique, elles usaient l'ultime résidu de force que le défunt avait mise dans leur ressort, et leur mouvement soulignait son immobilité. Alors, je remontais la mienne jusqu'au dernier tour de molette, et je l'enfermais dans ma main. Je venais de préserver une parcelle de ma vie.

La patrouille remonte à 10 h 28, chargée de bouteilles. Où ils les ont prises ? Dans la cave du dépensier, tout simplement, en forçant un peu la porte. Du pinard ! C'est de la vinasse, ça réchauffe là où ce que ça passe. Vas-y bidasse remplis mon quart ! Les litres vont de main en main, de bouche en bouche.

« Ce qu'il faut, dit Beyssac, c'est que le pinard descende bien. Sinon, il se bloque dans l'œsophage, il t'étouffe. Ou il remonte. »

Il m'envoie dans l'échine de puissantes claques pour le faire descendre, et je le sens en effet qui m'irrigue les intérieurs, jusqu'aux extrémités de mon pied gauche.

Au milieu de ce bastringue, il y en a un qui ne participe pas : Lhirondelle. Endormi dès le premier instant, il continue de ronfler comme un trombone.

Alors, Laval se penche sur lui et entame une berceuse, reprise par le chœur des canaques :

Ferme tes jolis yeux !
Car les heures sont brè-èves,
Au pays merveilleux,
Au doux pays du rê-êve !

Rien à faire.

« Je connais une autre méthode ! » dit Rouquette.

Il glisse la main gauche sous la tête du dormeur et de la droite lui introduit entre les lèvres le goulot d'une bouteille. A ce baiser de la princesse charmante, le bel endormi se réveille, tousse, s'étouffe, éternue, ouvre des yeux hagards, ne comprend rien, puis comprend, veut crier : « Bande de fumiers ! », mais sa voix s'étrangle et se noie, tandis que les canaques autour de lui rigolent comme des crocodiles.

« Encore un petit coup, ça te remettra ! »

Lhirondelle ne refuse pas, il saisit le flacon à demi plein, le tète jusqu'à épuisement, cela l'élève à notre diapason. Il braille avec nous le répertoire qui ne nous vient pas de l'école primaire : *Tout le long de la Tamise, Je connais une blonde, Tu l'reverras Paname, Pour faire un soldat de marine, C'est le 8e qui défile devant vous.* De temps en temps, Rispal, notre spécialiste de musique, s'écrie :

« Vendange ! Ne fais pas la tierce ! A l'unisson !

— Je fais pas la tierce ! Je chante faux. »

Dans nos chemises blanches, nous brandissons les bouteilles séchées, les choquons, les portons à nos lèvres. Nous nous étreignons en une embrassade collective, comme des frères que nous sommes, et il arrive que nos pieds nus, de leur côté, se chevauchent et se congratulent.

Au fond de la chambrée, là où elle s'ouvre sur les lavabos communs, apparaissent quelques visages de jeunes recrues : elles jouissent de notre music-hall avec stupeur et admiration. Mais Linder, un pion réformé pour faiblesse de poitrine, surgit de sa niche, toutes dents dehors, leur jappe aux mollets :

« Rentrez dans votre dortoir ! Immédiatement ! Sinon, gare aux sanctions ! »

Les pauvres *chiens* battent en retraite, sont enfermés à double tour, Linder feint de nous ignorer et nous laisse le champ libre.

Et puis, tout à coup, il y a je ne sais quel enfoiré qui attaque *C'est à Craonne* :

Adieu la vie, adieu l'amour !
Adieu toutes les femmes !
C'en est fini et pour toujours,
De cette guerre infâme.
C'est à Craonne, sur le plateau,
Qu'on va laisser sa peau.
Car nous sommes tous condamnés :
Nous sommes les sacrifiés !

A Craonne, sur le plateau, j'y étais ! J'y ai laissé un peu de moi-même, comme on dit dans les discours commémoratifs : dix livres de viande et d'os, c'est à Craonne, sur le plateau de Californie, le 4 juillet 1917, aux toutes premières lueurs de l'aube, que j'ai perdu ma patte gauche. Une patte qui me donnait entière satisfaction. Alors, plus qu'aucune autre, cette chanson-là me remue jusqu'aux orteils. Et si je la chante, juste ou faux, avec le quarteron d'ivrognes qui m'entourent, c'est le visage ruisselant de larmes. Ils me comprennent et me soutiennent. Beyssac m'envoie des claques dans le dos pour faire descendre mon chagrin, pour l'empêcher de me rester dans l'œsophage ou de remonter. Je chante et pleure mon joli pied, ma cheville fine, mon mollet charnu, ma cuisse fleurie. A dix-sept ans, je montais les escaliers quatre à quatre, je grimpais aux arbres comme un écureuil, je sautais les ruisseaux comme un lièvre... C'est à Craonne, sur le plateau, que j'ai encaissé le plus beau marmitage de la saison, accroupi avec six autres dans une sape qui sentait les excréments. A chaque explosion, la terre frémissait sous nous, et palpitait comme un ventre de femme où bouge un enfant. Ensuite, nous sommes sortis : Aux créneaux ! Aux créneaux ! Les Boches arrivaient, crachant des flammes. On en a éteint tant qu'on a pu... Enfin, cet éclatement, tout près de moi, un éclair rouge entouré de dentelles safran d'un très joli effet. Je me suis retrouvé par terre. Je ne sais qui m'a garrotté la jambe, tandis que je regardais tranquillement la Grande Ourse. Toutes les étoiles me sont comme qui dirait entrées dans la tête. Elles n'en sont ressorties réellement qu'à Dinan, quatre jours après... Et il m'a fallu encore quatre autres jours, pour comprendre que... A Craonne, sur le plateau... Je ne danserai plus jamais, je ne foulerai plus le raisin dans les bacholles et dans les cuves, je ne cueillerai plus de violettes, je n'irai plus au bois poser des lapins aux lacets... Je veux dire : poser des lacets aux lapins... Ne reste-t-il pas un fond de bouteille, camarades ?... J'ai tant de choses à pleurer... Par exemple, mes copains du 121ᵉ... Luco... Cher Roger Luco, qui me disait : « Moi, je comprends bien ces paysans bretons, auvergnats, pyrénéens, savoyards. Ils se battent tête baissée, avec fureur, pour leurs champs, pour leurs pâturages, pour leurs bois, pour leur mare aux canards. Mais moi qui n'ai rien ? Moi, Parisien du 13ᵉ, pourquoi faut-il que je me batte ?... Mon gosse m'écrit qu'il élève une grenouille dans un bocal, qu'il lui rendra la liberté dès que la guerre sera finie et moi revenu. Alors je me bats pour la grenouille de mon gosse... » Luco ne reviendra jamais, la grenouille restera prisonnière... Luco est mort à Craonne, sur le plateau... Les canaques n'en finissent pas de me consoler, de m'essuyer la figure, de me soutenir au-dessus du plancher pour me faire oublier ma jambe de bois. Me laisser croire que j'ai des ailes. Et, à la fin, ce qu'ils trouvent de mieux à faire, c'est de pleurer avec moi comme vingt-quatre veaux. Car chacun a son Craonne et son Luco et quelque chose de perdu.

Ainsi finit de façon très lamentable cette soirée commencée dans la joie en l'honneur de nos retrouvailles.

Enfantines

J'ai été amené à l'enseignement par une circonstance particulière qui a fait de moi longtemps la honte de ma famille et le déshonneur de l'Auvergne : je n'aimais pas le fromage. On peut chez nous ne pas aimer la politique, la lecture, le poisson, ne pas aimer les curés, les médecins, les gendarmes, les rats-de-cave, rien de tout cela ne tire à conséquence, mais ne pas aimer le fromage, c'est faire insulte à un héritage millénaire de la province, à une de ses gloires et de ses raisons de vivre. Quand mon père parlait de moi, afin de me distinguer de ses autres enfants parfaitement normaux, il disait avec consternation :

« Vous savez bien !... Jules, c'est celui qui n'aime pas le fromage ! »

On avait essayé de m'en faire avaler par surprise d'infimes quantités dans la soupe, dans les omelettes, dans les patates, dans nos rustiques pâtisseries, mais rien ne pouvait tromper mon estomac qui, par une révolte immédiate, renvoyait à l'expéditeur les aliments adultérés. Mon aversion était si forte qu'un couteau à part m'était réservé exclusivement, je refusais tout pain, tout accompagnement qui n'avaient pas été coupés de sa lame. Au cours de nos entretiens de famille, mon père ne cachait pas ses inquiétudes :

« Je me demande ce qu'on va faire de toi ! »

L'agriculture, l'élevage m'étaient évidemment fermés. Je suggérais timidement :

« Peut-être... je pourrais entrer dans la carrière... quand nos aînés n'y seront plus.

— Qu'est-ce que tu me racontes avec tes aînés ? Pisque c'est toi l'aîné, barbouillis !

— Je veux dire : pour prendre ta suite, plus tard...

— Et qu'est-ce que tu mangeras au casse-croûte, barbouillas ?

— Ben... du lard, du saucisson...

— Tu penses peut-être que tu gagneras assez suffisamment pour t'acheter deux cochons par an ? Nous autres, si on n'avait pas notre peu de bien en propre, tu crois sans doute que mes dix-neuf francs par mois suffiraient à nourrir et habiller notre ménage ?

— Eh bien ! Ma femme fera comme ma mère. Elle en élèvera deux, et même trois s'il faut. »

Il s'énervait, tapait du poing sur la table :

« Mais... bougre de jean-foutre de barbouillis-barbouillas... tu crois qu'on peut élever comme ça des cochons sans patates, sans topines, sans petit-lait ? Y a que le paysan qui peut élever des porcs ! Et pour être paysan, faut avoir de la terre, et des vaches pour la travailler. Et comment que tu ferais pour tenir des vaches, pisque t'aimes pas le fromage ! »

On butait toujours sur le même obstacle têtu.

« Sans parler, ajoutait-il en se passant une main sur le front pour effacer ce cauchemar, sans parler du bel exemple que tu donneras à tes drôles ! »

Les fromages que faisait ma mère cependant n'étaient pas spécialement nauséabonds, comme elle employait la crème du lait pour le beurre, ils devenaient très vite durs. Si durs quelquefois qu'on aurait pu en paver la cour.

« Ne dis pas, protestait-elle, que mes fromages puent !

— Non, non, ils puent pas. Mais ils sentent.

— Qu'est-ce qu'ils sentent ?
— Le fromage.
— Et ma main sur ta figure, est-ce qu'elle sentirait le fromage ?
— Oui, elle le sentirait aussi. »

Elle se reniflait la main, me fusillait des yeux, puis empoignait son sabot, le brandissait sur ma tête, les dents serrées, en s'écriant :

« Ah ! si je ne... »

Heureusement, elle se... C'était une comédienne de première force.

La nuit, je demandais dans mes prières au petit Jésus de me faire aimer ce fromage de tous les diables.

Pourtant, il m'aurait plu de travailler dans la carrière où le père Vendange, avec quelques autres petits hommes en casquette ou chapeau de feutre blanchi attaquaient l'énorme muraille de granit, la perçaient de toutes parts, comme les vers percent le bois des solives. Il leur fallait une longue patience et le cliquetis des marteaux sur les barres à mine et sur les burins qui ressemblait le soir au chant des grillons. Quand les barres et les fleurets y avaient creusé des trous assez nombreux et assez profonds, les carriers les lardaient de cartouches dont ils nouaient ensemble, à l'extérieur, les mèches soufrées. Alors, toute la compagnie en courant prenait ses distances. Deux ouvriers soufflaient dans des cors de chasse pour avertir du danger les passants éventuels. Mon père demeurait le dernier, comme le capitaine sur son navire évacué, allumait de son briquet le nœud des mèches, puis s'éloignait d'un pas dont j'admirais de loin la tranquillité. Il rejoignait notre abri, disait avec calme encore six ; je comptais, et immanquablement la sixième seconde faisait exploser la montagne, tressaillir le sol sous nos pieds, pleuvoir une grêle de roches, de blocs, de cailloutis. Quand on revenait, la carrière fumait encore, aussitôt, les compagnons s'élançaient vers la pierre dégagée pour compléter au pic le travail de la poudre. Tout Vollore-Montagne avec son église, toutes les fermes, tous les ponts, les croix, les bornes des environs sortaient de ce trou.

« Non, disait mon père, tu ne seras pas carrier. T'as pas la constitution, et tu l'auras jamais. Impossible. »

Il en faisait, me semble-t-il, une question de principe, pour me punir de mon aversion scandaleuse. Je reconnais que ma corpulence n'avait rien de la sienne. Fort de ventre, large d'épaules, le cou taurin, la figure boucanée — mais percée d'autant de trous que notre pelote à épingles —, il inspirait plus de frayeur que de pitié. Toute sa force, assurait-il, lui venait du fromage, devant lui, notre mère filait doux, bien qu'il n'eût jamais levé sur elle le petit doigt. Il nous enseignait de la sorte, à mes deux frères, à ma sœur Antonine et à moi-même, l'aîné, un des fondements de la société auvergnate : l'obéissance des femmes et l'autorité des hommes. Le dimanche après-midi, une fois mangés notre *patcha* et notre lard, une fois bu par les grands le café d'orge grillée, le père Vendange s'assoupissait à table, le menton sur la poitrine, le nez plongeant dans sa moustache. Alors, sa femme profitait de la situation pour lui faire dans le dos des mines assassines, elle menaçait de l'assommer en brandissant la louche, le pique-feu ou une casserole, ou son poing dont elle faisait saillir la jointure du médius. Un moment contenus, nos rires finissaient par le tirer de son sommeil :

« Hein ? Quoi ! Qu'est-ce qu'il y a ? »

Les regards involontaires que nous tournions vers la mère Vendange la dénonçaient assez.

« C'est encore toi qui... ? »

Et elle, un peu confuse, mais jamais prise au dépourvu :

« Je mesurais ce cou que tu as. »

Elle nous prenait à témoin : « *Dèvejè què coppë !* Regardez cette nuque !

— Qu'est-ce qu'elle a, ma nuque ?

— Je me demandais si... comment elle ferait... en cas de besoin... pour passer par le trou de la guillotine. Faudrait agrandir la lunette ! »

Ainsi nous apprenait-elle qu'en Auvergne, si l'homme dispose de la force, la femme a pour elle la malice.

Puisque les métiers de la terre et de la pierre m'étaient inaccessibles, j'envisageai des professions qui exigeaient moins de muscle, deux se présentèrent à mon esprit parce que j'avais avec elles une fréquentation quotidienne : celle de curé et celle d'instituteur. Car j'étais à la fois enfant de chœur au service de l'abbé Goigoux, et écolier au service de M. Chevalérias. A force de répétitions, le premier m'avait fait entrer dans le crâne les prières françaises auxquelles je ne comprenais rien, et les latines auxquelles j'entendais quelque chose, mais à ma façon. Ainsi le *De profundis* :

Des profondisses que la Marie attelle : dominez ! dominez !
Fiente ou reste ; où est cette indentesse ?
Il vaut cent des précautionisses, mais...
Signe et quitte ta caisse au servavérisse : dominez ! dominez !...

Étrange récit plein de personnages aux noms surprenants, Triblouitet, Annoc, Animaméa, introuvables sur le calendrier des postes. L'abbé Goigoux m'avait aussi appris les répons de la messe et l'art de manœuvrer les burettes, l'encensoir, l'éteignoir, se réservant l'usage de la corbeille à offrandes qu'il promenait personnellement sous le nez des paroissiens tout en chantant le *Credo*. D'autres acolytes partageaient mes attributions et nous avions ordre d'arriver dans l'église un quart d'heure avant l'office afin de préparer les lieux. Les enterrements de première classe étaient les plus attendus, car en ces occasions le curé employait cinq enfants de chœur qui recevaient de ses mains deux sous par tête. Les secondes classes ne faisaient que trois heureux. Les troisièmes qu'un seul. Les gages qui nous étaient attribués ne satisfaisaient pas mon copain Moignoux : il osait critiquer la Sainte Église Catholique et affirmait fortement : « On nous exploite ! Je veux implanter le socialisme ! » On se demande comment lui étaient venues des idées aussi impies, à Vollore-Montagne. Le jeudi matin, il me prenait au passage et, quand je traînais un peu, m'interpellait en termes énergiques :

« Alors, Julot ! Viens-tu au catéchisme, bon Dieu de bon Dieu ? »

Au grand scandale de ma mère qui le traitait de païen et de franc-maçon. C'est qu'il me poussait à arriver dans l'église avant l'heure afin que nous puissions nous livrer tranquillement à certaines rapines : on puisait dans la réserve à hosties non consacrées et l'on buvait du vin de messe. En regagnant l'assemblée des catéchumènes, nous nous essuyions les badigoinces d'un index faussement discret pour les informer que nous avions pris un supplément à nos honoraires d'enfants de chœur.

L'abbé Goigoux commettait lui-même le péché de gourmandise, non par la bouche, mais par le nez, c'était un enragé priseur. Je l'ai vu plus d'une fois, juste avant de revêtir les ornements sacrés, ouvrir sa tabatière et se garnir les narines. Je me demande ce que devaient ensuite éprouver le corps et le sang du Christ en arrivant dans un réceptacle ainsi parfumé. Lorsqu'il montait en chaire, il tirait de sa manche un grand mouchoir à carreaux et le secouait sur ses paroissiens, laissant tomber une pluie de poussière, puis se mouchait à deux ou trois reprises, bruyamment, comme s'il sonnait du cor. Les chaises du dessous étaient régulièrement vides.

Maraudeurs de sacristie, nous ne l'étions pas moins à l'école laïque, au service de notre vieil instituteur, M. Chevalérias. Celui-ci pleurait chaque fois qu'il prononçait le nom de l'Alsace-Lorraine, pour nous préparer à la reconquête il nous exerçait au maniement d'armes avec un bâton : « Arme sur l'épaule... droite ! Reposez... arme ! Baïonnette... on ! » En même temps que maître d'école, il était marchand de fournitures, livres, ardoises, plumes, crayons ; la couverture de chaque cahier illustrait en couleurs un grand moment de notre histoire militaire : *La prise de la smala d'Abd el-Kader par le duc d'Aumale, La capitulation de la reine Ranavalona, La charge héroïque de Reichshoffen, La victoire de Villersexel, La garnison de Belfort reçoit les honneurs de la guerre...* Les seules chansons que M. Chevalérias nous enseignait étaient des chants patriotiques : *le Chœur des girondins, le Chant du départ, la Marseillaise*. Sans oublier un seul couplet. Celui des enfants me remplissait d'orgueil, il avait de toute évidence été composé pour un fils de carrier, rare privilège puisque l'auteur n'avait rien prévu pour les autres corporations :

Nous entrerons dans la carrière
Quand nos aînés n'y seront plus.
Nous y trouverons leur poussière,
Et la trace de leurs vertus...

Cette « trace de leurs vertus » me laissait cependant perplexe. S'il m'arrivait, le dimanche après-midi, de rendre visite à la carrière au repos, j'y trouvais certes une poussière abondante ; mais la « trace de leurs vertus » ne m'apparaissait pas clairement.

Nous chantions aussi les six couplets du *Clairon* de Déroulède :

... A la première décharge,
Le clairon sonnant la charge
Tombe, frappé sans recours ;
Mais par un effort suprême,
Menant le combat quand même,
Le clairon sonne toujours.

Nous savions qu'il n'y a pas de guerre sans clairon, pas d'attaque sans musique. Sur la carte de la France mutilée, le maître cernait de sa baguette les provinces roses qu'il nous faudrait délivrer un jour. Dix ans plus tard, je pouvais dire voilà qui est fait, nous les avons libérées, le zouave de Déroulède n'est pas mort pour des prunes.

M. Chevalérias complétait enfin notre préparation physique en nous faisant travailler son jardin. Non pas tous les jours, certes, mais aussi souvent que l'exigeait la végétation. Avant de nous faire quitter nos bancs, il écrivait au tableau en grosses lettres blanches ce message destiné à l'inspecteur éventuel : *Nous sommes en classe-jardinage.*

Il avait divisé ses ouailles en trois groupes : les forts qui avaient la charge du bêchage et des transports ; les moyens qui semaient et récoltaient ; les faibles qui grattaient les allées, ratissaient, épuceronnaient. Ainsi, chacun y trouvait son compte : la pédagogie et le pédagogue. Pour ce qui est des récompenses, nous n'avions rien à espérer du printemps ; en revanche, les derniers jours de juin et tous ceux de juillet nous offraient des cerises, des fraises, des groseilles, des prunes reine-claude, qu'il fallait prendre sans se faire prendre ; en octobre, M. Chevalérias nous engageait royalement à recueillir des pommes et des poires tombées : elles représentaient officiellement notre salaire des quatre saisons.

J'hésitais donc entre ces deux professions également respectées, lucratives et reposantes. L'été, le curé, aussi bien que le maître d'école, se tenait à l'ombre et buvait frais, tandis que mon vieux dans sa carrière transpirait comme une poire cuite. Toutefois, ma préférence allait à la seconde pour beaucoup de raisons. Alors que j'achevais ma dixième année, je fus gardé en retenue dans la classe un soir d'hiver afin de mieux apprendre les tables de onze et de douze. En ce temps-là, on faisait bonne mesure. Douze fois 7 : 84. Douze fois 8 : 96. Douze fois 9 : 108. Douze fois 10 : 120. Douze fois 11 : 132. Une table indispensable pour vendre les œufs. Les noix et les pommes s'achetaient au quarteron, les clous à la centaine, les couteaux se montaient à la grosse. Près du poêle, ce soir-là, M. Chevalérias ressemelait sur un pied de fer ses souliers et ceux de sa famille, tout en surveillant d'un œil ses punis, les coups de marteau s'arrêtaient seulement quand nous devions réciter. C'était un homme habile ; il construisait aussi de petits meubles, des cages à lapins et à merles, il rempaillait les chaises, modelait des figures en terre. L'une d'elles représentait Gambetta avec tous les poils de sa barbe comme s'il les avait comptés un à un, il ne lui manquait que la parole. Et je ne doutais pas que notre maître eût acquis tous ces talents dans les études qu'il avait faites pour devenir instituteur.

Mon tour venu, je m'approchai du poêle, tous les autres avaient déjà recouvré la liberté.

M. Chevalérias leva les yeux de son savetage, la bouche pleine de caboches, émit des sons étouffés dont je devinai le sens, plutôt que je ne le compris :

« Vas-y. Je t'écoute. »

Mon corps entra d'abord en mouvement. Car il était de tradition dans notre école que la récitation d'une table s'accompagnât d'un balancement du buste et du derrière, très comparable à celui qu'exercent les juifs de Jérusalem pour rythmer leurs prières devant le Mur des Lamentations. Cette gymnastique était fort spectaculaire en cas de récitation collective, à cinq ou six, sur l'estrade de la classe, au pied du tableau noir. Au signal du maître, les six postérieurs se mettaient en branle en même temps que la psalmodie :

Trois fois un, trois.
Trois fois deux, six.
Trois fois trois, neuf.
Trois fois quatre, douze...

M. Chevalérias marquait la cadence en battant la main droite sur le dos de la gauche. Le groupe comprenait toujours un ténor qui donnait aux autres le ton et les paroles ; les figurants se bornaient à être sa caisse de résonance. Quand par hasard le ténor avait un trou de mémoire, il s'immobilisait tout confus, alors que les cinq autres derrières poursuivaient quelques secondes encore leur ondulation ; puis, ils s'arrêtaient à leur tour ; le mécanisme se trouvait alors bloqué :

« Sept fois huit... Sept fois huit... »

Combien peut bien faire sept fois huit, sacré bon sang ? Est-ce cinquante-huit ? Cinquante-six ? Cinquante-sept ? M. Chevalérias foudroyait ses lévites du regard, lançait la réponse d'une voix tonnante :

« Cinquante-six !!! »

Et illico le mouvement perpétuel recommençait.

Ce soir-là, me balançant selon les règles, je récitai sans une erreur les deux tables mal sues dans la journée, l'instituteur cracha dans sa main gauche les clous qui lui encombraient les lèvres, pour me féliciter :

« A la bonne heure ! Tu vois que tu fais bien, quand tu veux ! Pourquoi m'obliges-tu à te punir ? On a besoin dans la vie de connaître ses tables par cœur, quel que soit le métier qu'on fasse. Sinon, les autres te roulent comme un tonneau. Et tu n'aimerais pas être roulé, bien sûr ? »

Je secouai la tête. Il me frotta les cheveux de sa main droite, ce qui était une façon de me congédier. Je le compris, je me mis à ranger mes livres, mes cahiers dans la musette qui me servait de cartable, et la boîte en fer qui me servait de plumier, souvenir d'une ancienne folie de ma mère : elle sentait le cacao. Or voici que le tête-à-tête inattendu me donne soudain des idées, et ces idées de l'audace :

« M'sieu... s'il vous plaît... »

Lui a déjà les lèvres rechargées de clous, il lève les yeux avec surprise.

« Je voudrais savoir...

— Heu... heu ?

— C'est-y très difficile de faire instituteur, comme vous ? »

Du coup, il recrache ses caboches :

« D'abord, il ne faut pas dire *c'est-y*, mais *est-ce* : Est-ce très difficile... Ou encore : Est-ce que c'est très difficile... Ensuite, on ne dit pas *faire instituteur*, mais *devenir instituteur*.

— Est-ce que c'est-y très difficile ?

— Tu aimerais ?... Vraiment ?

— Si je peux. Je crois que j'aimerais.

— Oui, naturellement, c'est difficile. Il faut d'abord que tu sois reçu au certificat d'études dans de bonnes conditions. Nous en reparlerons d'ici deux ans. D'accord ? »

Mais il me reste un dernier poids sur l'estomac :

« S'il vous plaît, M'sieu... pour devenir instituteur... est-ce qu'il faut aimer le fromage ? »

J'explique que le fromage m'empêche d'être paysan et d'être

carrier. M. Chevalérias me rassure : il ne m'empêchera point de devenir maître d'école comme lui. Ce jour-là, s'est décidé mon avenir.

L'année fatidique venue — qui fut 1909 si je compte bien — Vollore-Montagne présenta cinq candidats au certificat d'études. Une terrible épreuve. D'abord, dès le chant du coq, la charrette de Gouttebarge, dont le père était marchand de bois à Sugier, vint nous prendre avec notre instituteur pour nous transporter jusqu'à Courpière, le chef-lieu de canton. Deux heures et demie de voyage le long d'une route sinueuse et défoncée par les pluies, abrutis de sommeil et de cahots, nous nous accrochions les uns aux autres pour ne pas tomber. Tout le long du chemin, le maître nous harcela de son côté de questions-pièges, afin de nous tenir alertes, sur les matières du programme : orthographe, analyse, système métrique, histoire, géographie, sciences, calcul mental, nous arrivâmes avec une tête grosse comme une coucourle. A part cela, nous avions pour tout bagage nos outils d'écriture et de dessin, plus un cahier contenant six récitations. M. Chevalérias emportait son parapluie dans un fourreau de toile cirée.

A huit heures, appel, immédiatement suivi de la dictée et des questions. Calcul, composition française, chant, récitation. A cinq heures de l'après-midi, nous avons reçu nos diplômes, M. Chevalérias nous a embrassés, les yeux humides, nous sommes remontés dans la charrette, ivres de joie et de fierté. Ce retour a été un long triomphe. Avant même d'être sortis de Courpière, d'avoir franchi le pont sur la Dore, notre maître a déboutonné le fourreau de son parapluie, en a tiré un objet rouge, a déployé soudain le drapeau tricolore au bout de son manche, tel un faiseur de tours :

« Je m'étais promis de ne le sortir que si vous étiez tous reçus ! »

Nous avons désormais traversé chaque village, passé devant chaque maison isolée en criant vive la France, vive la République, et en chantant les sept couplets de *la Marseillaise*. La jument nous a hissés jusqu'à Vollore-Ville où elle est arrivée toute fumante, à ce moment, Gouttebarge père lui a pincé les fesses de son fouet pour ranimer sa pétulance, tandis qu'il nous encourageait :

« Allez-y, mes drôles ! Donnez de la voix ! Faut qu'on montre aux brûle-morts ce que les Chapelats sont capables de faire ! »

Ici sont nécessaires deux explications. Primo, les Vollorois se sont mérité ce sobriquet du jour où ils voulurent transformer le cimetière de leur église en place publique et en foirail ; pour éviter que les os de leurs aïeux ne fussent piétinés par les sabots des hommes et des vaches, ils en firent simplement un feu de joie, couvrant d'une ignominie perpétuelle eux-mêmes et leurs descendants. Secundo, Vollore-Montagne ne s'appelle ainsi que depuis un siècle, auparavant, notre bourg faisait partie de la paroisse de

Vollore sous le nom de La Chapelle-Trinquard, à cause d'une chapelle dont il subsiste encore quelques ruines, et du Trinquard qui continue de couler en sautillant sur ses cailloux. Le divorce eut lieu parce que nos ancêtres voulaient leur indépendance, leur mairie, leur église, leur école à eux, cela se fit par référendum, au grand dépit des brûle-morts. D'où cette distinction entre Vollore-Ville et Vollore-Montagne. Mais les habitants de l'ancienne Chapelle-Trinquard, pour eux-mêmes et pour leurs voisins, sont toujours des Chapelats.

Voilà pourquoi nous avons traversé la commune-mère braillant et caracolant, fiers comme le pharaon au retour de ses victoires. Les Vollorois n'en croyaient pas leurs yeux. Même fanfare à Chossières et tout le long du parcours. Enfin, à la tombée du jour, nous sommes entrés dans Vollore-Montagne-la-Chapelle en tourbillon, couverts de gloire et de poussière, diplômes et couleurs flottant au vent, tandis que la jument pétait de partout. En ce temps-là, obtenir le certificat d'études primaires élémentaires était une grande chose.

Je me rappelle encore les noms de mes quatre colistiers. Georges Gouttebarge, fils de notre transporteur ; il sera tué dans l'Argonne en 1918. Maurice Magne, dont le père tenait un hôtel près de l'église et portait une peau de bique pour montrer sa fortune : il tombera en Champagne la même année. Maurice Vachias : lui en réchappera, sera paysan sur la ferme de ses vieux ; il est mort voici deux ans d'un coup de pied de vache dans l'estomac, faute d'avoir appliqué une recette très ancienne que chacun connaît pourtant bien dans la région thiernoise : celle du remède contre les coups de pied de vache. On prend un litre d'eau bénite et un verre d'huile de rave, on met tout ça dans un flacon et l'on agite vigoureusement jusqu'à ce que l'huile et l'eau se mélangent ; ensuite, avec un tampon d'ouate on enduit l'endroit, juste avant de recevoir le coup de pied. Moignoux, le socialiste, est mort aussi, je ne sais plus comment, sans avoir rien implanté du tout. Moi, le cinquième, Jules Vendange, je suis donc seul à survivre bêtement, tout honteux de ma longévité, malgré tant d'occasions qui m'ont été fournies.

Au mois d'octobre 1909, je quittai mes bois tapissés d'airelles et me trouvai étroitement enfermé au cours complémentaire de Thiers, il fonctionnait au dernier étage de l'école dite *Cloîtras*, parce qu'elle avait été construite à l'emplacement d'un ancien cloître démoli par la Révolution. Des pierres, des linteaux de l'ancien établissement se trouvaient noyés dans les bâtiments laïques, bien que marqués de signes chrétiens : la croix, les poissons, l'alpha et l'oméga. Les enfants de l'école l'appelaient simplement la « classe supérieure » ; mais elle possédait deux maîtres : M. Maurière, qui enseignait les matières scientifiques et dirigeait l'ensemble de la maison ; M. Tournebize, spécialiste des choses littéraires. A la demie de onze et de six heures, un coup de sifflet, long et roulant, traverse la maison pour appeler les internes dans la salle à manger. Mme Maurière les nourrit d'aliments bon marché : pommes de terre, morue, boudin, cervelas, fraise de veau, fressures diverses. Son plat favori est le mou de bœuf en civet ; on a l'impression de manger des morceaux d'éponge. Les repas sont communautaires : pris à une table d'hôte aux bouts arrondis où président, côté est M. Maurière, côté ouest M. Tournebize. Entre eux, une douzaine de grimauds, âgés de douze à dix-sept ans. Mme Maurière, en long tablier bleu, le buste imposant, installe le plat ou la soupière au centre de symétrie de cette ellipse, et remplit personnellement les assiettes en commençant par celle de son mari qui a droit, de même que son adjoint, à une louchée supplémentaire. Il n'y a jamais de second service. Elle-même ne se nourrit pas. Ou si elle le fait, c'est dans sa cuisine, à l'abri de nos regards. M. Tournebize doit s'offrir des suppléments clandestins car, à l'heure du sifflet à roulette, on le voit paraître fréquemment avec des miettes dans la barbe. La sienne est noire et carrée ; celle du maître de sciences courte et grisonnante, ce qui lui donne quelque ressemblance avec Louis Pasteur. Les repas se déroulent dans un silence monastique, on entend seulement le tintement des fourchettes et des cuillers, M. Maurière fait la chasse aux bruyantes aspirations de bouillon, en s'écriant :

« Pas de machines pneumatiques ici, s'il vous plaît ! »

Injonction parfaitement comprise de garçons qui ont étudié la pression des gaz et tous les instruments qui en dérivent. De même, M. Maurière nous interdit de nous moucher, il nous autorise seulement à exercer sur nos narines une pression des doigts absolument silencieuse, comparable à celle des mains sur le pis d'une vache laitière. Et si malgré ses ordres l'un d'entre nous se mouche avec fracas :

« Écoutez, s'écrie-t-il, les trompettes de Jéricho ! »

Après trois ou quatre années d'études sous sa direction, nous maîtrisons les principes scientifiques dont les effets sont démontrés entièrement au tableau, blanc sur noir, en dessinant à la craie les tubes, les ballons, les éprouvettes, les pistils, les étamines. Jamais un seul court-circuit. Jamais une seule goutte d'acide sulfurique ne nous gicle dans l'œil. C'est que le contenu de notre armoire aux instruments est maigre, et squelettique notre budget, s'il nous arrivait par malheur de casser une pipette, avec quel argent la remplacerions-nous ? Alors, on laisse tout cela dormir sous la poussière laïque et obligatoire. De loin en loin seulement, environ deux fois chaque année, M. Maurière ose en tirer quelque pièce physico-chimique : une loupe, un miroir concave, un bâton de soufre. Un frisson de plaisir parcourt nos cinquante échines : il va faire une EXPÉRIENCE ! Le plus souvent, il s'agit d'une expérience d'optique, réalisée pendant les heures sombres de l'étude. Éteignez les lumières ! On allume une bougie placée au centre focal sur le bureau du maître, celui-ci promène une feuille blanche dans l'atmosphère traversée de rayons et, après quelques recherches, ô merveille ! il fixe sur son papier l'image renversée de la flamme, comme un chasseur de papillons capture une noctuelle. L'objet le plus étonnant de l'armoire est une machine de Ramsden, nous nous réunissons devant elle en formant une chaîne, le premier et le dernier posent leur main libre sur une manette de l'appareil, alors M. Maurière met en mouvement un certain disque au moyen d'une manivelle. Aussitôt, Ramsden nous envoie jusqu'aux coudes une décharge qui se transmet de proche en proche, les éléments se convulsent, poussent des cris de surprise. C'est d'ailleurs la seule électricité dont nous disposions, car les classes sont encore éclairées au gaz.

M. Tournebize, lui, préposé aux matières littéraires, n'a besoin de rien d'autre que de livres et de mots, je vois encore sa tête laineuse : la barbe lui montait jusqu'aux yeux, tout en haut sa chevelure crépue s'élevait prodigieusement ; entre ces deux masses symétriques, des îlots poilus, cils, sourcils, trous des narines ; si bien que la peau nue n'occupait qu'une surface réduite. De tout cela venaient des regards bleus et une voix d'une douceur surprenante, quasi féminine. Nous disposions d'un manuel où se trouvaient rassemblés les principaux auteurs de la littérature française. Mais M. Tournebize avait un faible pour la poésie, il nous faisait apprendre par cœur Villon, La Fontaine, Lamartine, Leconte de Lisle, et aussi les productions d'un mystérieux Hector Casteloux dont jamais plus je n'ai entendu parler.

Je suis sûr à présent que M. Tournebize était l'auteur de ces épanchements romantiques, et que nous formions son seul public, il usait et abusait de nous :

Pâle convalescente aux longues mains, qu'on porte
Dans le jardin rempli de parfums, pour t'offrir
Au soleil, tu te crois déjà guérie et forte,
Et la fête te plaît. Souris : tu vas mourir...

Après le dernier vers, M. Tournebize ne manquait pas de nous faire préciser :

« Le nom de l'auteur ?

— Hector Casteloux. »

Ce qu'il recevait avec un sourire satisfait.

Au troisième rang de la hiérarchie : Mme Maurière, forte, un chignon roux en équilibre sur sa tête comme une boule de levain.

Un soupçon de moustache. Par un zèle inopportun, elle surveillait nos écarts dans la cour et signalait à son mari nos manquements, nous l'appelions « la mouche bleue » ; chaque fois qu'au cours de nos leçons le mot « mouche » venait à être prononcé, c'étaient aussitôt des rires étouffés, des bourdonnements que le directeur faisait mine de ne pas entendre. S'il était question de « mouche bleue », notre amusement devenait si visible qu'il lui fallait bien réagir :

« Attention ! Les rieurs seront les payeurs ! Beyssac, pourquoi ris-tu ?

— C'est Douris qui me chatouille, M'sieu.

— Et toi, Néron, pourquoi ris-tu ?

— C'est de voir rire Beyssac, M'sieu.

— Donc, Douris, tu es la cause, et eux l'effet.

— Mais, M'sieu...

— Silence ! Pain sec pour demain midi ! Tu préviendras ta famille qu'elle ne t'attende pas pour dîner ! »

Nous nous vengions de la « mouche bleue » en barbouillant les murs de graffiti à son encontre. A tel point que le directeur dut demander à sa femme de ne plus exercer sa surveillance que sur ses casseroles.

Cela dit, le travail — quoique essentiellement livresque — était intense dans notre cours complémentaire qui chaque année obtenait des succès éclatants à l'École normale de Clermont. Les internes pouvaient sortir le jeudi et le dimanche après-midi, sous la responsabilité de correspondants, les miens étaient une tante et un oncle de Beyssac. Nous nous promenions par les rues de cette ville singulière où les montées sont deux fois plus nombreuses en été que les descentes, où les descentes l'emportent en hiver.

Les Thiernois sont des gens de bonne humeur, toujours prêts à rire de tout. Et spécialement les uns des autres. Rien ne les met plus en joie que de voir en décembre un de leurs concitoyens glisser sur une de ces pentes verglacées, partir les quatre fers en l'air, retomber sur le fondement. Quitte à se précipiter ensuite pour relever le malencontreux, lui tapoter les vêtements, lui rajuster les moustaches, le réconforter d'un bon conseil :

« *Torna pa fouére ! ...* Ne recommencez pas ! »

A la belle saison, ils prenaient leur repas du soir dans la rue même. Une de ces rues aux noms étranges : rue des Groslières, rue Malaurie, rue du Phénail, rue des Barres, rue du Piquet, rue Conchette, place de la Chabre, rue Grenette, rue de Piaure, rue du Jardin-des-Cœurs, rue des Patières. Devant leur porte, dis-je, assis sur la première marche de l'escalier, ou sur une chaise, ou sur un banc de pierre. Ce souper, il est vrai, n'était rien d'autre qu'une soupe bien épaisse. Chaque participant arrivait avec son écuelle à oreilles, remplie de pain coupé. En attendant le liquide, c'étaient de joyeuses parleries tout le long de la rue et d'une rive à l'autre. On interpellait les passants, on se moquait du Bon Dieu et de ses saints. Puis venait un énorme fait-tout dans lequel une femme puisait des louchées de bouillon brûlant, sentant le chou et la rave, elle allait d'écuelle en écuelle et trempait toutes les soupes. Chaque ménagère à tour de rôle était de service pour un soir, ainsi toute la rue partageait la même soupe et la même amitié. Beaucoup les parfumaient en y ajoutant une giclée de leur vin, la plupart de ces couteliers possédaient un lopin de vigne qu'ils soignaient avec amour, où ils allaient en villégiature le dimanche et les soirs d'été.

Moins heureux que les écoliers, les travailleurs d'alors ignoraient les vacances qui existent aujourd'hui, toutefois, les maîtres-couteliers donnaient congé deux fois l'an à leur monde pour les fêtes de saint Éloy leur patron : la *sint Elho de la moufa* (la Saint-Éloy des fraises) le 25 juin ; et la *sint Elho de lo gogo* (la Saint-Éloy du boudin) le 1er décembre. Un congé sans salaire, mais au cours duquel les ouvriers mangeaient et buvaient du moins à la charge des patrons.

Beyssac et moi participions à ces réjouissances tout à fait inconnues à Vollore-Montagne-la-Chapelle. La tante me bourrait de *pompe* aux pommes ; de *guenilles* qui sont des *bugnes* lyonnaises plus fermes ; de *flacogogno* qui est une tarte à la bouillie.

L'oncle Beyssac était charbonnier rue Conchette. Même lavé de frais, il gardait autour des yeux des cercles foncés qui lui faisaient un regard de chat-huant. Pour ses livraisons en ville, il disposait d'un cheval et d'un âne appelé Mironton, qu'il nous confiait quelquefois. Mon copain restait derrière la charrette pour ouvrir et fermer la mécanique suivant la pente du terrain, je me tenais devant, la bride de Mironton dans la main. Une bête assez impétueuse, avec des caprices brusques qu'il fallait contenir. Il lui arrivait de s'arrêter tout soudain, malgré mes efforts, les quatre pattes écartées, et de pousser vers le ciel un braiment tonitruant qui nous couvrait de honte. Des ménagères affolées paraissaient aux fenêtres :

« Mais qu'est-ce qui se passe ?... Oh ! Sainte Vierge ! Arrêtez-le ! Toutes mes casseroles tremblent ! »

Beyssac lui tannait la croupe avec le manche de son fouet, on repartait sous une pluie d'invectives. Un jour que nous descendions sans méfiance la rue des Grammonts, nous nous trouvons soudain au niveau d'une voiture de laitière, que tire une jolie ânesse grise. Aiguillonné brusquement par le démon de la chair, notre âne s'élance, traverse la rue, se cabre, renverse sur la chaussée nos sacs de boulets, tandis que la laitière furibonde distribue les coups de canne à l'aveuglette en vociférant dans son patois :

« Approchez-vous, et vous en aurez ! Voulez-vous laisser mon ânesse tranquille ! »

Des bidons de lait vont finir sur la chaussée et se répandent sur notre charbon. Tous les Thiernois à leurs fenêtres et sur les trottoirs rigolent comme des canes, mais pas un pour nous secourir. Seul, le gardien du Crédit Lyonnais, qui n'est pas du pays, ose s'approcher, il commence par recevoir lui aussi un coup de bâton sur le crâne, puis, s'étant expliqué avec l'infernale laitière, il parvient à éloigner l'une de l'autre les deux charrettes, les deux bourriques, à ramasser les bidons vides, à sauver ce qui reste des pleins, tandis que mon copain et moi pourchassons nos boulets dans les caniveaux et remettons à pleines mains dans les sacs cet étrange charbon blanc. Il a fallu ensuite consoler la bonne femme qui pleurait son lait renversé et réclamait une indemnisation, lui expliquer que si elle poussait si loin les choses elle nous réduirait au chômage. Elle a fini par renoncer à toute poursuite, mais nous devions une fière chandelle au gardien du Crédit Lyonnais, il est rentré dans la banque en se tamponnant le front de son mouchoir.

Heureusement, Thiers nous offrait d'autres plaisirs. Ses échoppes d'artisans, où des couteliers hirsutes travaillaient à la vue des passants, les uns debout, les autres assis, ou accroupis, ou couchés sur le ventre. Ses maréchaux-ferrants, dans leur antre puant la corne brûlée. Ses encaisseurs à bicornes. Ses poids-publics et ses lavoirs. Et puis, Beyssac et moi profitions certains dimanches de notre tenue numéro un pour aller voir les filles, celles de l'école supérieure. Leur cour en terrasse dominait la terrible descente de la rue Prosper-Marilhat d'où nos regards pouvaient aisément les atteindre. Elles se promenaient bras dessus, bras dessous, ou sautaient à la corde, jouaient à la balle ou au bilboquet, elles portaient des sarraux noirs, de longs cheveux, elles nous regardaient à travers les barreaux de leur grille, riaient, nous faisaient des signes effrontés. Parvenus en bas de la pente, nous remontions, à notre second passage, elles nous reconnaissaient, nous lançaient des appels moqueurs : « Jojo... Lulu !... », nous tiraient la langue, nous lançaient des morceaux de craie ou des boulettes de papier. Séparés ainsi par une grille, nous ne savions trop qui avait l'air de singes ou de singesses, et qui de spectateurs. De toute manière, ces marques d'intérêt suffisaient à nous donner des palpitations, à nous sécher la gorge. Nous en tirions même des vanteries, une fois rentrés dans notre dortoir rempli de lits étroits, sans sommier ni ressorts. Nos matelas reposaient sur des planches nues. C'est très bon pour la colonne vertébrale.

Les grands jours de l'année précédaient les vacances de Noël, de Pâques et de l'été : nous attendions la visite de nos normaliens, lâchés à Clermont au début de l'après-midi et arrivés en gare de

Thiers par le « léger » de 15 h 12. Une heure à l'avance, nous guettions leurs pas dans l'escalier, la plume suspendue, l'esprit ailleurs. Ils s'annonçaient enfin, frappaient avec la vigueur qui convient aux personnes arrivées. M. Maurière se levait pour les accueillir, nous poussions un ah ! de plaisir. Ils entraient rayonnants dans leur costume bleu nuit, n'enlevaient leur casquette marquée des palmes qu'une fois au milieu de nous, nous les trouvions forcis, nous les admirions baveusement, sur toutes les coutures, des souliers à leur moustache adolescente, le directeur lui-même semblait impressionné de leur assurance. Il questionnait :

« Comment vont vos études ? Avez-vous des difficultés ? »

Eux employaient dans leurs réponses des expressions inouïes, qui nous laissaient bouche bée, ceci compense cela, autre chose est la théorie autre chose la pratique, c'est un principe auquel chacun doit se plier, il y a loin de la coupe aux lèvres. M. Maurière approuvait de la tête, fier du langage châtié de ses anciens élèves, cependant que des rêves de gloire germaient sous nos fronts boutonneux, voilà peut-être ce que je serai moi-même dans un an, dans deux ans, si j'arrive à me fourrer dans le ciboulot la géographie des Alpes, j'ai toujours eu en horreur la géographie des Alpes, je suis sûr qu'au concours je serai interrogé sur la géographie des Alpes, ô sainte Mère de Dieu, protégez-moi de la géographie des Alpes. Quand venait l'heure de sortir, nous nous pressions autour de nos glorieux prédécesseurs, pour les interroger, pour toucher leurs habits, pour essayer leur casquette. Je sus très tôt qu'à l'École normale on servait quelquefois du fromage, mais qu'il n'y avait aucune obligation de le consommer.

Quoique élève d'une école laïque et gratuite (sauf en ce qui concernait les fournitures), je croyais en la sainte Mère de Dieu depuis mon enfance. La *Bouno Vierdjo* qu'invoquait ma mère lorsqu'elle avait mal au ventre. Car elle souffrait souvent de coliques, elle se mettait des briques chaudes pour les atténuer, elle appelait la *Bouno Vierdjo* à son secours ; un peu la brique, un peu la *Bouno Vierdjo*, le mal finissait par s'évaporer. Chaque pièce de notre maison était ornée d'une de ses photographies clouée au mur, pointillée de chiures de mouche, on l'y voyait seule, la tête penchée, ou en compagnie de son Enfant, et ses yeux me suivaient dès que j'avais passé une porte, sans me lâcher un instant, à droite, à gauche, en haut, en bas. Ce qui fait que lorsque l'un de nous quatre commettait une canaillerie, menaçait d'un coup de pied le frère ou la sœur, commençait une colère, notre mère tendait le doigt vers l'image :

« Vois la Bonne Vierge qui te surveille ! »

Il n'y avait aucun portrait d'elle dans la sacristie de Vollore-Montagne quand j'y pillais le vin de messe et les hosties profanes ;

autrement, je n'aurais jamais osé affronter son regard. Bref, lorsque je fus à mon tour candidat en 1913, je comptais très fort sur son appui pour entrer à l'École normale. D'autant plus qu'au cours complémentaire j'étais un élève moyen, peu doué pour les matières scientifiques, fort embarrassé des dates, des points culminants, de la longueur des fleuves. Que me restait-il ? Le français, l'orthographe, les analyses, les récitations, tous ces vers dont M. Tournebize nous avait farci les méninges, Lamartine, Leconte de Lisle, Hector Casteloux. « N'ayez pas peur d'en placer dans vos compositions françaises. Rien ne fait plus d'effet qu'une belle citation, pourvu qu'elle vienne à propos et soit exacte. » C'est avec ce bagage que je me préparais à subir en culottes courtes et en casquette à oreilles le concours qui déciderait de mon avenir.

Nous savions que chaque épreuve devait durer un temps précis : tant pour la dictée, tant pour la rédaction, tant pour les sciences. La première précaution était donc de se munir d'une montre. A la maison, nous recevions l'heure d'une horloge à balancier, encore ne possédait-elle que la petite aiguille, la longue s'étant perdue au cours de ses voyages, ce qui pour nous n'était pas de grand inconvénient. Le père Vendange dans sa carrière lisait l'heure directement au soleil. La seule montre qui existât chez nous appartenait à ma mère, elle l'avait reçue en cadeau de mariage d'une parente lyonnaise : une petite chose bien ronde qui devait, en principe, se porter au cou attachée à une chaînette, en fait elle dormait sur un lit d'ouate rose, dans sa boîte d'origine, elle-même enfermée dans l'armoire familiale. Ma mère la tira de l'ombre, tourna le remontoir avec précaution, et la petite montre se réveilla de son long sommeil, prête à rendre service. Ma mère la baisa sur son cadran, en souvenir de la tante lyonnaise ou d'autre chose, et me la remit :

« C'est la première fois qu'elle va servir, quasiment. En somme, je la gardais pour toi ! Et elle est en argent pur ! »

Il n'était pas question de me la suspendre au cou, on la glissa dans la poche extérieure gauche de ma veste, retenue par un cordon à la boutonnière du revers. M. Tournebize accompagnait les six candidats du cours complémentaire thiernois, après leur avoir réservé des chambres dans un hôtel de Clermont pour deux nuits, et acheté un billet aller et retour de troisième classe. C'était mon premier voyage en chemin de fer et ma première visite au chef-lieu du département, tout me captivait : le paysage, les gares traversées, le signal d'alarme, le système de fermeture des portières, la sangle à œillets qui permettait d'abaisser et de remonter la vitre. A Pont-de-Dore, long arrêt pour assurer la correspondance avec le train d'Ambert. On descend la vitre, nous respirons un peu, des gens montent, dont le patois nous fait rire, parce qu'il ne prononce pas les mots comme nous. Au moment où le convoi redémarre, je me penche à la portière afin de jeter un dernier coup d'œil à la montagne thiernoise qui s'éloigne derrière nous, au-delà des premiers plans j'imagine Vollore-Montagne blotti dans son creux, tous les Vendange agenouillés devant la sainte image et appelant sur ma tête la protection de la Bonne Vierge. La locomotive prend de la vitesse. Et soudain je pousse une bramée, mes compagnons me voient rentrer la tête, livide, une main sur le cœur :

« Ma montre !... Elle est tombée de ma poche ! »

Je tiens entre mes doigts le cordon au bout duquel pend une agrafe inutile. La belle montre d'argent de ma mère ! Comment pourrai-je passer mon concours sans montre ? Le signal d'alarme ! Voilà une occasion de s'en servir. M. Tournebize arrête mon bras *in extremis* :

« Malheureux ! On ne tire pas le signal d'alarme pour une montre perdue ! Lis ce qui est écrit : *En cas de danger*... Une montre qu'on perd, ce n'est pas un danger ! Je te prêterai la mienne... »

Il porte la main à son gousset : « Mer d'Azov ! »

Nous le regardons tous avec surprise, fouillant ses poches l'une après l'autre. Nous savons que la mer d'Azov est une mer triangulaire, quelque part au sud de la Russie, M. Tournebize est poète, mais aussi professeur de géographie, et nous nous demandons ce que cette mer triangulaire vient faire au milieu de sa conversation :

« Mer d'Azov !... Je l'ai oubliée dans mon autre gilet ! Voilà qui est embêtant ! »

En attendant, le train court comme un perdu, chaque tour de roue nous éloigne davantage de Pont-de-Dore et de ma pauvre montre, tombée quelque part sur le ballast, ou dans le fossé, ou dans le persil de la garde-barrière, malgré mes quinze ans et demi, je fonds en larmes.

« On la retrouvera, dit M. Tournebize. Sitôt arrivés à Clermont, on ira faire une déclaration au chef de gare. Tu demanderas l'heure à ton voisin, pendant les épreuves, ou bien à quelque surveillant... »

Il cherche à me consoler, mais je suis inconsolable, mes yeux ne cessent leur suintement qu'après Vertaizon lorsqu'il a l'idée de nous nommer les collines et les pitons disposés sur la plaine comme les pièces d'un jeu d'échecs :

« Vous voyez là-bas Beauregard, où l'évêque autrefois passait l'été en villégiature, bêchant et cultivant son jardin... De l'autre côté, Moissat, où vint, dit-on, Charlemagne... Au fond, le puy de Dôme, au sommet duquel un aviateur s'est posé il y a deux ans... En dessous, Clermont, avec les deux flèches de sa cathédrale... »

Nous arrivons enfin, nous cherchons le chef de gare qui accepte de prendre mon nom et mon adresse, on va faire des recherches, on vous écrira. L'esplanade est encombrée de fiacres hôteliers descendus de Royat recevoir leur chargement quotidien de cardiaques. Notre hôtel à nous n'est qu'à deux pas, il suffit de traverser la place : *Hôtel du P.L.M.* Pour ses candidats et lui-même, M. Tournebize a retenu quatre lits distribués en deux chambres ; il nous répartit comme il l'entend ; Beyssac et moi aurons l'honneur de partager la sienne.

« Débarbouille-toi un peu, tu ressembles à un clown. »

Je me regarde dans la glace, les larmes et les escarbilles m'ont peint les joues d'une aquarelle noire. C'est aussi la première fois que j'entre dans un hôtel, tout y est prévu pour notre confort : un miroir incliné, une table, deux chaises et un fauteuil, deux lits, deux cuvettes, un broc plein d'eau fraîche, deux serviettes, les élèves se partageront la première, le maître de poésie aura la seconde. Et surtout, l'éclairage électrique !

On tourne une sorte de petit robinet blanc, le courant se précipite le long du fil jusqu'à l'ampoule où un fil en forme de tire-bouchon devient aussitôt éblouissant. Nous sommes éblouis.

Le soir, au restaurant, on nous sert des artichauts, légume qui n'a pas cours à Vollore-Montagne, et que je ne connais que de nom, je me prépare à le découper menu comme une pomme de terre. M. Tournebize sourit et me montre la façon de le dépouiller, les cinq autres ricanent franchement, il ne faudrait pas me pousser beaucoup pour que je me remette à pleurer. Mais lui coupe court :

« Nous nous coucherons tôt, demain nous avons de grandes choses à faire, Beyssac et Vendange, qui êtes mes compagnons de chambre, allez tout de suite vous mettre au lit, j'arrive dans un instant. »

Exécution. Dans nos chemises de jour, nous nous enfonçons entre les draps après avoir tiré à la courte-paille pour savoir qui dormirait côté mur. Je n'aime pas dormir près du mur : à la Chapelle, c'est toujours par là que montent les punaises, il y en a une provision sous le galandage où elles se tapissent le jour, car la punaise est un animal nocturne, forcément, elle ne va pas grimper dans le lit quand il est vide. Heureusement, Beyssac est désigné, il accepte le verdict de la courte-paille à condition de changer de place la nuit suivante. Alors, vient M. Tournebize. Il se déshabille discrètement ; mais, tout en faisant semblant de dormir, nous ne le perdons pas de vue entre nos cils, quand il traverse la chambre pour aller tourner le robinet de la lumière, nous sommes éberlués par son immense chemise de nuit blanche sur laquelle descend sa barbe noire. Il ressemble à un bourgeois de Calais.

Je dors très mal parce que Beyssac me gêne, et surtout parce que je pense à la montre de mariage de ma mère, qui ne s'en était jamais séparée et que j'ai traitée indignement.

Le lendemain, nous traversons la ville à pied pour nous rendre à l'École normale. J'admire cette grande et belle usine où l'on fabrique les maîtres d'école. Le texte d'orthographe nous est dicté par un homme aux cheveux ras, portant les moustaches basses et la mouche ; il a le ton cassant, les gestes brusques d'un militaire défroqué. Il dicte ensuite les questions, et précise :

« Vous avez quarante-cinq minutes pour répondre. Pas quarante-six ! »

Il marche de long en large en mordillant les poils de sa moustache nerveusement. Ses souliers semblent inaugurés de frais, car ils craquent à chacun de ses pas. On raconte dans ma famille que mon grand-père maternel, à quelque importante occasion, était descendu en sabots à Noirétable pour se commander une paire de brodequins sur mesure et il avait exigé du cordonnier :

« Surtout, n'oublie pas d'y mettre un *zigoui !* »

Le *zigoui* est la petite musique que font les souliers neufs, elle attire l'attention du monde, car il n'est pas suffisant d'avoir sur soi de bonnes et belles choses, encore faut-il qu'on les remarque. Et des *zigouis*, le cordonnier en avait mis deux, un à chaque pied. Comme j'ai dit : en ce temps-là on faisait toujours bonne mesure. Or voilà que les chaussures de mon surveillant moustachu ont aussi un *zigoui*. Ce qui est une chose proprement ridicule : s'il convient à un pauvre paysan de faire remarquer qu'il s'est mis dans ses beaux souliers afin de vous faire honneur, en est-il de même pour un professeur d'École normale ? En quoi cela l'élève-t-il ?

Ayant lu et relu maintes fois ma dictée pour y débusquer les fautes possibles, j'ai répondu à deux des questions posées quand une angoisse m'étreint tout à coup : et si le temps venait à me manquer ? O la montre de ma mère...

Je me penche vers mon voisin de droite, je demande : quelle heure est-il ? Mais, dur d'oreille ou trop occupé par sa composition, il ne me répond pas. Je me tourne vers celui de gauche : quelle heure est-il ? A ce moment une voix forte tombe du plafond :

« Dites donc, vous, là-bas, la veste à carreaux ! »

L'homme aux cheveux ras s'approche de ma table, faisant *zigoui, zigoui, zigoui* :

« Comment vous appelez-vous ?

— Moi ?

— Oui, vous.

— Vendange... Jules.

— Tiens ! tiens ! Vendange !... Eh bien ! Vendange Jules, ne savez-vous pas qu'il est interdit de communiquer ?

— Je... je demandais l'heure, M'sieu.

— Je sais. Dans ces cas, on demande toujours l'heure. »

Il sort de sa poche un crayon de charpentier, marque d'un signe l'angle supérieur de ma copie et s'éloigne sans plus d'explications.

Je considère avec horreur ce hiéroglyphe bleu, cette marque d'infamie, un moment je songe à l'effacer, à arracher le coin de la feuille, mais je comprends que je ne ferai qu'aggraver mon cas. Mon nom, Vendange, n'est pas de ceux qu'on oublie. Je me dis que tout est perdu, même l'honneur ; que l'usine à maîtres d'école ne peut admettre un tricheur de mon espèce ; que je n'ai plus qu'à retourner à Vollore-Montagne me faire sonneur de cloches ou m'adonner à la mendicité. Ma poitrine se glace, mon cœur cesse de battre. C'est alors que je reçois dans le pied gauche une certaine douleur qui suffit, me semble-t-il, à remettre le système en mouvement. Une voix me chuchote :

« Réveille-toi !... Continue ! Va jusqu'au bout ! »

Il s'agit de mon second voisin, un nommé Valette, placé juste avant moi dans l'ordre alphabétique, et qui m'a fait la charité d'un coup de soulier dans la cheville. D'une main tremblante, je reprends ma plume, la trempe dans l'encrier, et m'emploie comme je peux à répondre aux dernières questions. Par la suite, je marcherai à chaque nouvelle épreuve comme le condamné marche au supplice.

Le lendemain soir, nous regagnons notre cours complémentaire. Huit jours plus tard, arrivent les résultats de l'écrit : nous sommes admissibles tous les six, en ce qui me concerne, c'est une heureuse surprise qui me rend un peu de courage. Second départ pour Clermont, où cette fois nous entrons en loge, c'est-à-dire qu'il n'est plus besoin d'hôtel, nous coucherons dans un dortoir de l'usine. La première nuit, je tiens à la Mère de Dieu ce raisonnement : « Bonne Vierge, merci de m'avoir protégé dans mon écrit. Encore que, dans l'accident de la montre, il y aurait bien de quoi dire. Mais je me rends compte que vous avez beaucoup à faire et qu'il est difficile d'avoir les yeux partout. Passons. Vous m'avez donc, comme qui dirait, fait un très joli cadeau en m'accordant le succès aux premières épreuves. A présent, si vous entendez me laisser échouer aux secondes, je considérerai que vous m'aurez donné le manche d'un couteau sans me donner la lame. Que voulez-vous que je foute du manche d'un couteau ? Ce serait vraiment vous moquer de ma figure. Alors je vous en prie, Bonne Vierge, faites que je sois également reçu à l'oral. Sinon je ne vous parle plus de ma vie ! » Sans doute ne l'aurais-je pas fait, mais la Mère de Dieu dut être impressionnée par ma menace. L'après-midi du troisième jour, les résultats furent proclamés par le directeur lui-même, sur le perron administratif :

« Voici la liste par ordre de mérite des candidats reçus en 1913 au concours d'entrée à l'École normale de Clermont-Ferrand :

1er, Dumas Alphonse ;
2e, Martinet Louis ;

3e, Jolivet Maurice ;
4e, Laval Jean-Marie ;
5e, Beyssac Jacques... »

Mon cœur sauta au nom de mon copain de Thiers. Puis, vers le milieu de la liste, sortit celui d'un autre Thiernois, Douris Vincent... Puis, rien que des noms inconnus. A mesure qu'on approchait de la fin, il me venait des éblouissements. Après le 24e, *Rouquette Pierre*, le directeur prononça :

« Et... »

Cette conjonction de coordination signifiait qu'il ne restait plus qu'un élu. Tous les non-appelés, les entrailles tordues par l'angoisse, se dressèrent sur la pointe des pieds afin de mieux entendre :

« Et... *25e, Vendange Jules.* »

Vint ensuite une liste supplémentaire de deux ou trois noms à qui restait le mince espoir de remplacer un reçu frappé par la foudre ou l'embolie. Trois admissibles thiernois gisaient sur le carreau. Et aussi le brave Valette, mon voisin de gauche à l'écrit, dont le coup de talon m'avait sauvé. On me félicita, non sans quelque ironie, de ma place de lanterne rouge, me combla des consolations habituelles, il faut bien un dernier aussi, tu es sûr ainsi de ne pouvoir reculer au prochain classement, mieux vaut se trouver juste devant la porte que juste derrière.

Comme un bonheur n'arrive jamais seul, quelques jours plus tard, je reçus un avis de la gare de Thiers m'invitant à aller reconnaître et retirer ma montre qui avait été retrouvée le long de la voie ferrée, saine et sauve, sans même une bosse.

J'eus à préparer mon trousseau, ma mère cousit tout l'été mes caleçons, mes chemises de jour et de nuit, tricota mes maillots et mes chaussettes. Le gros morceau échappait à sa compétence, le costume bleu nuit, les revers brodés de palmes d'or, elle dut s'adresser au tailleur de Noirétable, il l'informa qu'il lui en coûterait dix-huit francs.

Et elle, horrifiée : « Dix-huit francs pour un complet ?

— Oui, ma chère. Un costume de ratine. Votre garçon ne l'usera pas. Vous le payeriez vingt francs à Thiers, vingt-cinq à Vichy, trente à Clermont.

— Ça représente un mois de travail pour mon homme, dans sa carrière de Vollore-Montagne ! Et vous, vous prétendez les gagner en dix jours ?

— Et l'étoffe ? Et la doublure ? Et le fil ? Et les boutons ? Et les broderies ?

— A lui seul, ce complet me coûtera donc plus cher que tout le reste du trousseau !... »

Moi, déjà mesuré en long, en large, en travers, j'assistais avec confusion à ce marchandage, me demandant si un habit aussi dispendieux convenait bien à ma modeste personne et si, mis en vente moi-même, je produirais dix-huit francs de liquide. Enfin, ma mère obtint vingt sous de remise, satisfaite, elle s'engagea à régler rubis sur l'ongle au jour de la livraison. En réalité, mon père gagnait dix-neuf francs chaque mois, on n'est pas obligé de tout dire, dix-neuf francs à arracher de la montagne, au pic, aux coins, à la poudre noire et à la barre à mine, les blocs de granit à maçonnerie, la caillasse, le gravillon pour les routes. Il avait accumulé dans le corps une quantité incroyable de poussière, il expectorait des crachats au poivre. Le jour de la paye, il emportait une pièce blanche de vingt sous, avec la semeuse, ajoutée à son salaire, elle lui permettait de recevoir du patron un louis entier, une rondelle d'or, brillante comme un soleil. On l'enfermait avec quelques autres dans un boursicot dont le lacet de cuir fermait la bouche, à la façon d'un sphincter. Ma mère s'efforçait de ne pas toucher à ces pièces, qui devaient protéger la famille en cas de grande calamité : mariage, maladie, famine, incendie, accident. Elle n'y portait la main qu'à la toute dernière extrémité, elles étaient notre Sécurité sociale. Le peu de bien que nous possédions, nos quatre vaches, nos poules, nos lapins suffisaient à nous nourrir, il était permis pour les emplettes de dépenser les pièces d'argent ou de bronze, mais point les jaunets. C'est ainsi que ma mère paya mon costume bleu nuit avec des pièces de vingt-cinq centimes.

« Vous avez cassé sa tirelire ? » fit le tailleur, ironique.

De toute façon, le costume n'était destiné qu'aux dimanches, avec la casquette palmée et la cravate lavallière. Les jours de semaine je continuerais d'user mes anciennes braies courtes. C'est ainsi que j'entrai en qualité d'élève-maître à l'École normale, un des plus jeunes de la promotion, timide, rougissant jusqu'aux rotules. Cela se passait en septembre 1913, un nombre qui ne m'a pas porté bonheur.

Ceux de la 13

J'ai oublié cent mille choses de ma vie, principalement celles de l'an passé, ou d'avant-hier, ou de ce matin, j'ai oublié les neuf dixièmes des élèves que j'ai formés, en trente-cinq ans de pédagogie militante, s'il m'arrive d'en rencontrer un qui me dit : Je suis un de vos anciens élèves, vous savez bien, à tel moment, en tel endroit (car je suis passé par plusieurs endroits), je suis heureux qu'il se rappelle encore mon enseignement et en garde un bon souvenir ; mais moi, presque toujours, j'ai oublié ce garçon. C'est comme ça. En revanche, les images du temps le plus lointain me sont restées dans l'esprit, nettes, colorées, sans une flétrissure. Il suffit que je ferme les yeux, allongé près de mes ruches, et toute mon adolescence me remonte aux dents comme le poisson mal digéré. Exemple précis : l'École normale en octobre 1913. J'ai même gardé dans les narines ses odeurs fortement pédagogiques. Autour des cuisines et des réfectoires, celle de la morue aigre. Elle s'élevait jusqu'à l'entresol où elle rencontrait la fragrance des fromages, car là, se trouvaient entreposées nos « boîtes à fruits » : seul complément alimentaire admis par M. Pamaret. En fait, chacune était pleine de chèvretons, de bleu de Laqueuille, de gaperons, de fourme d'Ambert, notre économe passant par ce secteur devait non seulement fermer les yeux mais se boucher les narines. Au premier étage, des salles de classe et d'étude, arrivait l'effluve moite de nos respirations, des cigarettes clandestines, de l'encre et du papier. Plus haut, à l'étage des dortoirs et des lavabos, le parfum de la savonnette luttait contre celui du Crésyl. Au dernier, occupé par les vestiaires, l'horloge, les combles, triomphait le musc des chaussettes et de nos sueurs en conserve. Je ne sais pourquoi, nous appelions ces dépendances « chez le Comte », bien qu'aucun comte n'y eût jamais fréquenté. Les surveillants ne nous y poursuivaient pas trop, c'était un endroit plein de cloisons, de poutres, d'anfractuosités, l'on s'y rencontrait pour échanger des confidences, pour jouer aux cartes, on pouvait aussi, à l'inverse, s'isoler pour y écrire des vers ou des lettres d'amour. Au-dessus, des vasistas permettaient de grimper sur les toitures d'où l'on jouissait d'une vue panoramique sur la ville, ses clochers, ses cheminées d'usine, sa demi-enceinte de collines vineuses, la tour de guet de l'asile Sainte-Marie, plus communément appelé Bois-de-Cros, l'École normale entretenait de bons rapports de voisinage avec la maison des fous. Par les nuits chaudes de juin-juillet, nous allions parfois nous établir ainsi au sommet de la nôtre, les locataires des étages environnants nous voyaient courir sur les tuiles comme des chats.

J'entrai donc dans cet établissement le 30 septembre 1913, avec ma veste à carreaux et mes premières braies longues. L'habit bleu était couché dans ma malle ainsi que le reste du trousseau : chemises diurnes et nocturnes, caleçons de laine pour l'hiver, de toile pour l'été, mouchoirs, cravates, chaussettes, manteau, cache-nez, parapluie. L'indispensable parapluie. Un élève-maître ne pouvait espérer, au cours de ses métamorphoses, devenir pédagogue parfait sans le secours de son parapluie. L'enseignement était imparti par le directeur lui-même, aidé de cinq professeurs d'État et de deux municipaux, le maître de musique et le maître de gymnastique.

Gens graves, coiffés de chapeaux melon, vêtus de deuil, même aux plus fortes chaleurs. Tout ce qu'ils se permettaient alors était de descendre dans la cour pendant les interclasses afin de s'aérer un peu, le gilet ouvert, le couvre-chef se balançant derrière leur dos entre leurs mains réunies. Nous nous écartions avec déférence afin de ne pas gêner ces allées et venues. Parfois, il arrivait cependant à certains bouts de craie de s'envoler pour retomber adroitement dans la coiffe des chapeaux.

Au cours complémentaire de Thiers, les pensionnaires marchaient au sifflet. A l'École normale, notre vie fut réglée par le clairon. L'exécutant était M. Laroye, le concierge, moustache gauloise, la joue gauche balafrée, ancien militaire du Tonkin et de Madagascar, gardien vigilant de nos entrées et sorties, ordonnateur de notre travail et de notre repos. A cinq heures du matin, il nous tirait du lit, nous marchions comme des somnambules vers nos lavabos de zinc, en forme d'abreuvoir, les robinets y dispensaient une eau glaciale. Toujours titubants, nous descendions ensuite à nos salles d'étude où nous restions jusqu'à sept heures. Après quoi, trente minutes étaient consacrées à nos divers services et corvées. Petit déjeuner au réfectoire. A huit heures moins cinq, le concierge ressortait de sa niche, s'avançait d'un pas noble, comme au défilé, le pavillon de son instrument posé sur la hanche, il se léchait les lèvres, les étirait, baisait l'embouchure. Ses *taratata* nous dirigeaient vers nos salles de cours, qui communiquaient entre elles, nous pouvions les atteindre par l'escalier intérieur ou par un balcon courant le long de la façade. J'avais été émerveillé des meubles mis à notre disposition : tables individuelles à pupitres mobiles, chaises de bois, casiers fermants, poêles à charbon.

La première heure nous fait connaître dans ses fonctions enseignantes le directeur de l'école, dit le *Khâgne* : M. Langlais, professeur de philosophie, sociologie, pédagogie. Courtaud, pansu, il porte pour se grandir un chapeau melon tout spécial, dont la calotte surélevée, dessinée sur commande, fait un chapeau pastèque. Bien qu'il sache par cœur les meilleurs théoriciens, Montaigne, Fénelon, Rousseau, Pestalozzi, Fröbel, c'est un pédagogue détestable. Dans nos divers cours complémentaires, nous ne connaissions d'autre façon de fixer par écrit les choses à retenir que sous la dictée. Il nous met en demeure de renoncer à cette méthode enfantine de l'*in extenso* et de prendre désormais des *notes*, c'est-à-dire des résumés, des repères, une sélection des grandes idées. Faute d'entraînement, le procédé nous désoriente, nous nous contentons de pêcher à la ligne, d'attraper au hasard un mot par-ci, un mot par-là, il en résulte des salmigondis effroyables. La pensée de M. Langlais est elle-même fort confuse pour nos cervelles paysannes. (Que dire de ma cervelle à moi, celle du vingt-cinquième sur vingt-cinq !) De loin en loin, pour éclairer ses propos, il s'efforce d'y introduire des divisions qui, au contraire, nous confondent davantage. C'est ainsi qu'au beau milieu de cette vase il jette comme une pierre un : *Troisièmement*... Ou un : *Petit b*... Sans avoir fourni jamais ni *premièrement*, ni *secondement*, ni *petit a*. Un jour, il lui arrivera même de commencer ainsi sa leçon :« Point-virgule... »

Quand il s'adresse nommément à l'un de nous, il ne peut s'empêcher de nous abreuver de *crétin, idiot, abruti, tête de pingouin*. Il a la plus désastreuse opinion sur l'intelligence des pingouins. C'est un homme sanguin, violent, qui n'hésitera pas même à exercer sur nous des voies de fait, quitte à les regretter et à s'en excuser la minute qui suivra. Et, cependant, il nous enseigne la psychologie ! Au cours de cette leçon inaugurale, je le vois encore posant sur la table le chapeau pastèque, et tournant vers moi un index interrogateur :

« Vous, là, le Thiernois... »

Je ne suis pas thiernois, mais chapelat, originaire de Vollore-Montagne-la-Chapelle-Trinquard ; toutefois, pour ne pas le désobliger, j'accepte sans protester cette appellation :

« ...que voyez-vous au milieu de cette table ? »

Ce que je vois ? L'évidence en est telle que j'hésite à répondre. Je tourne alternativement des yeux ronds vers le directeur et le chapeau pastèque, quel piège me tend-il ? Mais il s'impatiente de mon silence, tape du pied :

« Alors quoi ? Êtes-vous sourd ? Que voyez-vous ?

— Je vois...

— Quoi ? quoi ? quoi ?

— ... votre chapeau.

— Eh non ! Tête de pingouin ! Eh non ! »

Que le feu du ciel me brûle si je ne vois pas son chapeau au centre de la table ! Est-ce que j'ai la berlue ? Aurait-il caché quelque chose, dessous, derrière ? Éperdu, j'écarquille les yeux, je ne vois rien d'autre.

« Que voyez-vous *ré-el-le-ment* ? Répondez ! »

Ben, réellement, je vois un chapeau. Point final. Un chapeau, un chapeau, un chapeau. Le chapeau de notre directeur. Le chapeau pastèque.

« Incroyable ! Vous ne voyez même pas ce que vous voyez !

— Je vois... je vois votre chapeau melon.

— Vous n'êtes qu'un abruti de Thiernois ! Je vais vous le dire, moi, ce que vous voyez. Écoutez bien ! Et tâchez de comprendre. Vous voyez une tache.

— Une tache ? »

Je cherche des yeux cette tache. Après tout, c'est bien possible, la calotte est sans doute tachée, je n'ai pas la vue assez fine pour m'en apercevoir. Mais aussi, à cette distance...

« Oui, une tache !... Une tache de couleur anthracite, avec une partie ronde et une partie plate. Et vous vous dites... Qu'est-ce que vous vous dites ? »

Moi ? Je ne me dis rien du tout. Du diable si je me dis quelque chose. Il hausse les épaules avec mépris.

« Vous vous dites : cette tache anthracite, c'est un chapeau. C'est le chapeau du directeur. Par ce raisonnement, vous passez de la sensation à la perception. Comprenez-vous, tête de pingouin ? »

Pardi ! Si je dis non, je sens qu'il va me battre. Alors, je hoche la tête d'un air convaincu : le chapeau, la tache, la perception, la sensation, c'est assez clair. Il continue, toujours me fixant de ses yeux aigus, comme si la démonstration s'adressait à moi seul :

« Il en est de même chaque fois que vous regardez un objet. Une carotte, c'est une tache rouge et allongée. Une assiette, une tache blanche. Un caillou, une tache grise. Vous voyez ces taches et, sans avoir besoin de toucher l'objet lui-même, vous vous dites : c'est un caillou, c'est une assiette, c'est une carotte. Comprenez-vous ça, espèce d'ahuri ? »

Je crois, en toute humilité, que je commence à comprendre.

« Passons maintenant à un autre phénomène... »

Où ça ? Où y a-t-il un phénomène ? Le mot ne m'est pas inconnu, quoique dernier de la classe. J'ai entendu, au cours de mes études et conversations, parler de veau-phénomène, de potiron-phénomène, d'oiseau-phénomène, comme l'autruche, qui mange des réveille-matin. Mais autour de moi, je n'aperçois ni autruche ni potiron. M. Langlais distingue quelque trouble sur ma figure. Il s'interrompt et me demande :

« Au juste, expliquez-moi ce que c'est qu'un phénomène. »

J'aimerais bien qu'il s'adresse à d'autres. Je ne suis pas le seul *chien* de cette classe. Je n'en suis même que le vingt-cinquième.

« Un phénomène ?... Ben... par exemple... un animal qui... »

Son éclat de rire me foudroie :

« Je m'en doutais ! Pour lui, un phénomène, c'est un veau à cinq pattes ! Mais nous ne sommes pas à la foire, ici, pauvre malheureux !... »

Plaise à Dieu que nous y soyons ! A la foire du Pré, par exemple, *lo feiro do Pra*, le plus grand événement annuel de la région thiernoise. Depuis des siècles, il a lieu le 14 septembre dans un pré dépendant jadis des moines de la basse ville, le Moutier. Les moines ont disparu, le pré et sa foire persistent. Un moment, face à ce gros bonhomme écarlate, je m'abandonne à rêver d'elle, je ne suis plus un petit garçon tremblant et prisonnier mais un moineau libre qui s'envole, la vraie liberté est celle que l'on se donne. C'est à la foire du Pré qu'on en peut voir des phénomènes, et mille sortes de bestiaux ! On participe au piétinement de la foule dans l'herbe spongieuse, à cette date, c'est la règle, il pleut ou il vient de pleuvoir, ce qui n'empêche pas la bonne humeur, les plaisanteries traditionnelles :

« Alors, vous ne descendez pas à la foire du Pré ?

— Je ne peux pas cette année. Mais ça ne fait rien, j'y suis allé plus de cent fois ! »

A cette occasion, la ville et les environs cessent de travailler, les juges de juger, les malades de mourir. Les Thiernois invitent leurs parents expatriés, frères et sœurs, oncles et neveux, cousinage jusqu'au douzième degré. A leur intention, ils ont dédoublé les lits, les femmes ont cuit des montagnes de *pompes* et de *guenilles*. Les paysans arrivent des extrémités les plus reculées du canton, on les voit marcher en files noires le long des routes, des chemins de crête, des sentiers, pareils à des fourmis. Ils vendent ou ils achètent, ils se font tirer le portrait, ils mangent du boudin rôti, ils se saoulent comme des grives, ils se payent leur folie annuelle. Dans mon pays, on a besoin d'un jour de folie chaque année pour vivre moins déraisonnable le reste du temps.

Plaise au ciel que je vive un 14 septembre. Mais le Khâgne tape du pied, il me ramène à la leçon de psychologie et aux phénomènes.

« Quatrièmement ! » lance-t-il dans la consternation générale.

A l'heure suivante, paraît dans notre classe celui dont j'attendais la venue avec le plus d'appréhension, M. Berlieux, professeur de français, d'histoire et de géographie, l'homme aux cheveux ras et aux façons militaires qui, le jour du concours, a distingué ma feuille entre toutes d'un hiéroglyphe bleu. Nous avons trois ans à vivre ensemble, quels vont être nos rapports ? Je me dissimule derrière l'échine qui me précède afin qu'il me voie le plus tard possible. Il accroche sa canne à une patère, s'assoit, allonge devant lui ses jambes héronnières, il a remplacé les souliers à *zigoui* par des chaussures montantes, d'où émergent des chaussettes de laine blanche. Sans un mot, dans le silence respectueux de la classe, il tire un dossier de sa serviette, l'étale devant lui, sort un lorgnon dont il se pince le nez, nous regarde par-dessus, nous examine longuement comme si nous étions je ne sais quoi, des poissons rouges dans un bocal, une préparation anatomique. De part et d'autre, c'est toujours un silence surprenant. Et voici qu'il lâche tout à coup :

« Bonjour messieurs ! »

Nous recevons cette salutation au creux de l'estomac, elle nous coupe le souffle, personne ne sait comment réagir.

« Voyons, continue-t-il, faisons connaissance. Chacun de vous va se lever, dans l'ordre de son classement au concours d'entrée. »

Notre cacique, Dumas Alphonse, de Brassac, inaugure. Il est blondâtre, les cheveux broussailleux, l'œil protubérant, avec un air de faux benêt qui est une de ses forces. Berlieux le félicite chaleureusement... le travail toujours récompensé... des maîtres de grande valeur... la France et la République... je vous prédis un brillant avenir. Dumas Alphonse sera estourbi à Soupir en 1917, pas très loin de l'endroit où je perdrai ma jambe bien-aimée. Après lui, se lève Martinet Louis, de Saint-Éloy. Un fils de mineur, et le plus âgé de la promotion. Comment s'explique ce retard ? Ah ! oui ! La scarlatine... parfait, parfait. Mes compliments quand même pour cette place brillante... conditions difficiles. Au suivant. Jolivet Maurice, du cours complémentaire de Riom... Excellent établissement, habitué aux succès... Gardien de prison ? Pas possible ? Il est vrai qu'à Riom... Mieux vaut fils de gardien que fils de gardé, n'est-ce pas ?... A mesure que se poursuit la présentation dans l'ordre descendant, les félicitations se raccourcissent, se refroidissent, finissent par s'éteindre complètement. A partir du vingtième, elles sont remplacées par des commentaires ironiques... queue du convoi... fourgon à bagages... Les derniers rentrent la tête dans les épaules, les premiers sourient avec condescendance. Excepté le cacique qui garde son impénétrable masque de benêt. Arrive enfin mon tour, je me lève, les jambes molles. Par-dessus le pince-nez, les yeux de Berlieux me percent comme des tire-bouchons :

« Eh bien ! Avez-vous oublié votre nom ?

— Vendange... Jules.

— Vendange Jules... Un nom poétique, et qui convient bien à la saison... Adieu paniers, vendanges sont faites... Et vous êtes entré ! Le vingt-cinquième ! La lanterne rouge ! »

Oui, je suis entré malgré son hiéroglyphe. Je sens ce qu'il y a eu dans ce résultat de choquant et d'insultant pour lui, je comprends l'hostilité de son regard. Mais j'en comprends aussi l'injustice. L'envie de me disculper me vient tout à coup, une envie folle qui a raison de ma frayeur :

« Monsieur, je... je demandais réellement l'heure à mon voisin. »

Et lui, furibond :

« Que me chantez-vous là ? Vous ai-je posé une question ? Assis ! On ne parle pas, dans cette maison, sans être interrogé ! »

Excepté Beyssac qui est dans la confidence, les autres n'ont rien compris à cet échange de répliques, ils nous considèrent avec stupeur. Aux trimestres suivants, après un effort intense, je quitterai l'arrière-garde, me hisserai jusqu'au douzième rang, gagnant ainsi treize places. A l'inverse, Dumas dégringolera de son point culminant. Mais jusqu'au terme de notre présence dans l'école, il restera le cacique aux yeux de l'homme aux chaussettes blanches, et moi la lanterne rouge.

Le clairon sonne et fait entrer M. Pamaret, dit le Zig, notre économe. Il cumule les fonctions : professeur de sciences naturelles, docteur en médecine, auteur d'un manuel de zoologie-botanique qui figure sur la liste des livres obligatoires, il nous fournit le vivre et le couvert, surveille notre santé, nous fait disséquer des sangsues, s'enrichit des droits d'auteur que nous lui procurons. En outre, pendant la saison, il soigne à Royat une clientèle privée. Peut-être fait-il des briques à ses moments perdus. Avec tant de talents et de ressources, il n'est pas surprenant qu'il ait une haute considération pour lui-même, un profond mépris pour les petits croquants à quatre quartiers de bouse que nous sommes presque tous, excepté les fils de mineurs et du geôlier riomois dont la bouse remonte à la génération précédente. Le docteur Pamaret porte des moustaches-paratonnerres, il cherche à compenser par sa cambrure le désavantage que lui inflige son défaut de prononciation. Il nous fera étudier les *fontsions* naturelles, la digestion, la respiration, la *cirtulation*, la *taséine* du lait, le *tarbone*, l'*otsygène*, l'hydrogène, les *fétulents*, les *sutres*. Des anecdotes courent sur son compte. On raconte qu'un jour il a interrogé une jeune candidate au concours d'entrée à l'École normale ; sa question portait sur la baleine. Il demande à la demoiselle à quoi servent les fanons. Elle, intimidée, ne sait que répondre. Il essaye de la guider :

« T'est-ce te vous avez dans votre torset ? »

Elle croit avoir mal entendu, le prie de répéter.

« Dans votre torset, t'est-ce te vous avez ? »

Comme il a promené ses mains sur son propre buste par raison démonstrative, cette fois elle est bien obligée de comprendre. En ces temps-là, les jeunes filles, même avant d'être en âge, s'efforçaient de suivre la mode vulgarisée par les cartes postales. Ce que j'appelle la mode-sablier : volumineuses par le haut et par le bas, étranglées par le milieu. Quand elles manquaient un peu de substance, elles y remédiaient au moyen de rembourrages. Voici donc la jeune candidate qui rougit jusqu'aux cheveux, et avoue en baissant les paupières :

« Du coton. »

Lui, au lieu de rire du quiproquo, comme aurait fait tout homme d'une taille et d'une importance ordinaires, s'en irrite :

« Du toton ! Du toton ! Je ne vous parle pas du tontenu mais du tontenant ! »

La malheureuse ne savait pas qu'à cet endroit-là elle avait des fanons de baleine. Le mot fut publié. Peu à peu, nous apprenions de la sorte le passé et le folklore de nos maîtres, ce qui les réduisait à des dimensions plus humaines. Je ne parlerai pas des autres. Ce furent de braves gens sans éclat mais sans reproche, ils faisaient ce qu'ils pouvaient pour nous décroûter. Ils devaient d'ailleurs, après un an, disparaître de notre horizon, et n'y plus revenir.

La discipline intérieure et extérieure est rigoureuse. Au cours de nos « services », sous la surveillance et la responsabilité d'un *chapeau*, chaque *chien* doit assurer la propreté et le bon fonctionnement d'une partie de la maison. Pour moi, j'ai la charge de la salle de sciences naturelles ; je suis le protecteur des vitrines, l'ange gardien des oiseaux empaillés, l'ami attentionné de Paul et Virginie, nos deux squelettes, mâle et femelle. Collectivement, nous bêchons le jardin, curons le bassin, épluchons les pommes de terre. Ainsi se trouvent réduits à presque rien le nombre et le rôle des « serviteurs à gages » prévus par les règlements. Il faut dire que l'économe dispose pour notre hébergement, notre entretien, notre nourriture, d'un crédit de quatre-vingt-quinze centimes par tête et par jour ; dans le même temps, les intendants militaires reçoivent un franc cinquante par cheval. Nos repas sont donc légers, arrosés d'eau rougie, à raison d'un litre par tablée de six. Le vendredi, laïquement mais assidûment, nous faisons maigre par le hareng ou la morue. Je préfère cependant cette cuisine à celle du cours complémentaire de Cloîtras : au lieu de la fraise et du mou, on nous sert ici de la vraie viande, du vrai bœuf bouilli, de vraies saucisses, de vraies côtes de porc. Le tabac nous est interdit, les surveillants le tolèrent néanmoins à l'extérieur des bâtiments. Il va de soi que les professeurs et le Khâgne se permettent ce qu'ils nous défendent : chaque fois qu'il nous arrive d'entrer sur convocation dans leur salle réservée ou le bureau directorial, nous les trouvons empestés de fumées et de cendres. Je m'essaye à la cigarette, au cigare, à la pipe, je n'y trouve aucun plaisir ; l'habitude ne m'en viendra que plus tard, par pure mesure hygiénique, au fond des tranchées, où il vaudra mieux respirer le tabac que les excréments dont elles seront remplies. Ce qui est péché véniel à l'intérieur de notre enceinte devient faute inexpiable en ville, seuls les voyous et les prostituées fument dans la rue. Notre promenade favorite est formée par la demi-circonférence rue de l'Écu, rue Saint-Louis, rue Neuve ; les après-midi du jeudi et du dimanche, nous y tournons de longues heures, comme les écureuils dans leur roue. Si à ce moment-là un de nos maîtres suit le même chemin, il est sûr de nous rencontrer, nous le saluons en soulevant notre casquette palmée, il répond de son chapeau rond, tout est dans les règles, l'ordre règne à Clermont-Ferrand. Il arrive que le Khâgne emprunte aussi notre parcours ; il nous surveille de loin, ou, nous tournant le dos, espionne notre reflet dans les vitrines.

Pour une cigarette, un drame en trois actes se produisit un jour. Aubreton était fils d'un paysan d'Ambert qui s'était saigné aux quatre veines pour le garder dans les écoles. Il n'avait pas les moyens d'acheter du tabac, mais l'acceptait volontiers si on lui en offrait. Ce jeudi-là, Jolivet, fils d'un fonctionnaire pénitentiaire, vient de s'offrir un paquet de vertes, il manifeste l'intention d'en fumer une illico, en dépit des prohibitions, nous proposant de l'imiter si nous sommes des hommes. Nous n'en sommes point. Seul Aubreton relève le défi. Maigrelet, en proie à une croissance ingrate, il a sans doute plus que nous besoin de cette affirmation. Les voilà donc tous deux en train de flamber leur verte. Jolivet, conscient de ses réserves, arrive très vite au bout de la sienne, tandis qu'au contraire Aubreton économise et prolonge. Ils en sont à ce point quand tout à coup, second acte : M. Langlais jaillit d'une rue latérale, se rue sur l'Ambertois, lui arrache sa cigarette des lèvres, le soufflette en vociférant :

« Brute ! Brute épaisse ! Rôdeur de barrières ! Dans mon bureau ce soir à huit heures ! »

Il s'éloigne sous les yeux des passants admiratifs. A notre costume bleu nuit, notre lavallière, notre casquette, nos palmes, ils ont compris que nous sommes des normaliens, de futurs éducateurs auxquels n'est permis aucun écart de conduite. Que le porteur du chapeau pastèque ne peut qu'être un de nos professeurs. Qu'il a lui-même une haute conception de la moralité et le sens de la pédagogie active. Que, nous châtiant bien, il ne peut au fond que bien nous aimer. Qu'il est un de ces maîtres admirables chargés de former la génération de la Revanche. Ils l'approuvent donc entièrement, si Aubreton a reçu deux torgnoles en public, il n'a qu'à s'essuyer les babines. Le Khâgne donne une suite à l'événement en écrivant au père Aubreton : il ne doit pas laisser des sommes inconsidérées à son fils, puisque celui-ci les gaspille en achetant des cigarettes, qu'en outre il ose fumer dans la rue.

Troisième acte. Le père Aubreton descend d'Ambert on ne sait comment, fumant de colère. Il se trouve justement que son fils a été mal classé au précédent trimestre, qu'il a perdu un certain nombre de places. Pardi ! On ne peut tout faire, travailler et fumer la cigarette ! Et où a-t-il pris l'argent ? Faut-il qu'il l'ait volé ? Vous feriez mieux d'élever des cochons que des enfants pareils, quand ils seraient gros, vous pourriez du moins les manger. Et durant toutes les heures du voyage, le père Aubreton bretonne de la sorte contre son fils indigne, se jurant de lui tanner le cuir comme il faut pour le remettre dans le droit chemin. La rencontre a lieu dans le bureau directorial, en présence du Khâgne, sous les yeux de Montaigne dont le portrait fait face à celui de Poincaré, notre nouveau président. Montaigne qui rêvait de pédagogues musiciens, peintres et poètes. Il dit quelque chose là-dessus, sur la joie dans les écoles, je ne me rappelle plus les termes avec exactitude : *j'y voudrais voir pourtraire l'allégresse, et Flora, et les grâces...* Le premier coup du père Aubreton atteint son fils à l'oreille droite et le couche sur le parquet. Il le relève de son gros poing habitué à gouverner les bœufs de son seigneur, mais c'est pour l'atteindre sur la tempe gauche et le renvoyer au tapis. Il l'empoigne par les cheveux, le travaille du pied et du poing, ne l'abandonne que lorsqu'il l'a estourbi aux quatre cinquièmes. En 1913, le paysan ambertois a droit de vie et de mort sur sa progéniture mineure ou majeure. M. Langlais n'intervient point pour modérer la fureur du bouvier. Il a ses raisons à lui, dans l'intérêt de la France, de l'école, de la discipline et de la morale, du coupable lui-même. Et les mois suivants, tant qu'il aura le jeune Aubreton sous sa coupe, il le rappellera à l'ordre, ou au travail, ou au sens du devoir dans les mêmes termes :

« Prenez garde ! Si votre conduite ne me satisfait pas, j'écris à votre père, il descend d'Ambert et il vous réduit en paillasson ! »

Là-dessus, ses moustaches se soulèveront, et découvriront ses dents noircies par le tabac. C'est un homme qui deviendra très vieux, profitera d'une longue et paisible retraite, terminera sa vie dans un fauteuil, les pieds au chaud dans ses pantoufles. Il mourra par inadvertance, m'a-t-on dit, d'un éternuement un peu trop vif qui lui brisera le cœur. Quelle belle et digne fin : mourir d'un éternuement ! Quant à Aubreton, qui avait un an de plus que moi, il fut mobilisé dès 1915 au 14e BCA de Grenoble ; l'année suivante, un jour que les deux artilleries s'en donnaient à cœur joie, il eut la malchance de se trouver au milieu. C'était, paraît-il, sous le fort de Souville et il fut proprement écrabouillé. Ce qui s'appelle écrabouillé. Il avait juste vingt ans, on l'avait pris malgré son manque de poids qui le faisait paraître plus jeune que son âge. Ce qui resta de lui, dit-on, n'aurait pas suffi à nourrir un chat une journée.

Le mercredi après-midi, nous recevions. Une classe de l'école d'application nous rendait visite, conduite par un maître titulaire. Pour être nommé dans ces classes-là, il fallait d'exceptionnelles compétences pédagogiques, puisqu'on y enseignait aux futurs enseignants la façon d'enseigner. Cette école modèle se tenait au-dessus du théâtre municipal. On la sentait dès le fond de l'escalier, à l'odeur d'urine. Une fois dans leur classe, les enfants entendaient sous leurs pieds les flonflons des répétitions pendant les silences du maître, prêtant plus volontiers l'oreille aux premiers qu'au second. Durant les récréations, ils ne disposaient pour s'ébattre que du palier de leur étage et des WC. Aussi attendaient-ils avec impatience le mercredi qui, par roulement, les faisaient marcher jusqu'à l'École normale. Là, dans le grand amphithéâtre, en présence des trois promotions dispersées sur les gradins, du professeur spécialiste, du directeur, du maître en titre, ils se prêtaient à la leçon impartie par un élève de troisième année. Nous assistions ainsi à la défense et illustration du *nombre sept*, de la *betterave*, du *passé composé*, de la *pâquerette*. Ensuite, les élèves regagnaient leur théâtre, tandis que le *chapeau* passait en jugement devant ses pairs et ses supérieurs.

Les exercices physiques n'étaient point négligés. Plus encore qu'à Thiers et qu'à Vollore, nous faisions de la préparation militaire et du maniement d'armes. Non point avec des bâtons, mais avec de vraies armes à feu. Des fusils Gras, modèle 1895, à balles de plomb. Une fois par mois, en uniforme, au pas cadencé, nous traversions la ville sous le martial commandement de notre maître de gymnastique pour aller nous exercer au tir réel sur le stand du 92e RI. Nous nous y mêlions avec orgueil aux soldats en treillis ou en pantalons rouges, pris en main par un authentique sous-off'qui nous bourrait le moral jusqu'à l'éclatement.

Tir couché, tir debout à 250 mètres sur cibles fixes et cibles mobiles représentant un Prussien en casque à pointe. Les meilleurs tireurs étaient récompensés par un cor de chasse en laine jaune que nous avions le droit de faire coudre sur notre manche. Nous n'y manquions pas.

Une chose cependant nous troublait : cette loi de trois ans que le Parlement avait récemment votée, contre laquelle s'élevaient si fort la CGT, Jean Jaurès et la classe ouvrière parisienne. A quoi bon trois années de service militaire ? Fallait-il trois ans pour nous préparer à manier le fusil et la baïonnette ? Nous faisions le compte qu'au sortir de l'École normale, nous ne retrouverions la vie civile qu'en 1919, ce qui nous paraissait effroyablement éloigné. Ainsi, du cours complémentaire à la caserne, j'aurais personnellement purgé dix années d'emprisonnement.

Il y eut une erreur de calcul.

L'affaire du hanneton

Nous terminâmes l'année dans une pagaille innommable : assassinat de Jaurès, mobilisation, union sacrée. Les commerçants fermaient leur boutique et clouaient sur les volets des écriteaux : *Fermé pour cause de Revanche*. Ou : *M. Ross est allé rosser les Prussiens*. Ou : *M. Prugne est parti pour Berlin. Il sera de retour avant la Noël. Préparez les commandes*. C'était dans toutes les villes une débauche de fleurs et d'enthousiasme, les régiments défilaient avec leurs tambours et leurs clairons avant de prendre le « train de l'offensive ». Les campagnes se montraient plus lugubres, avec ces tocsins qui se répondaient d'un clocher à l'autre et les blés penchants qui demandaient à être coupés. La presse annonçait que des déserteurs sortaient de leur cachette : trois mille, venant de Suisse, d'Angleterre, d'Amérique, avaient repassé la frontière pour s'engager. Les usines sans ouvriers avaient fermé leurs portes, le commerce et l'agriculture continuaient cahin-caha avec l'aide des femmes et des vieillards.

Tous les instituteurs en mesure de porter les armes étaient partis. On rappela des retraités pour prendre leur place, on eut recours aux normaliens de première et de seconde année. A cause de son jardin, de sa situation aérée, de ses vastes dortoirs, notre école se vit transformée en hôpital, marquée au front par l'emblème de la Croix-Rouge. Blaise Pascal lui-même fut mobilisé, comme il se devait, il accueillit dans son lycée — ancien collège de ses ennemis jésuites — ce qui restait de l'École normale, élèves, professeurs, bouquins, squelettes, dossiers, tableaux muraux. Quant à moi, je fus dès octobre, à l'âge de dix-sept ans, nommé dans un village appelé Aulhat, à quelques kilomètres d'Issoire, sur la rive droite de l'Allier. J'y arrivai par la patache à deux chevaux qui assurait la liaison quotidienne Issoire-Sugères, ma valise trouva sans peine une place sur l'impériale, mais lorsque je voulus entrer, je m'aperçus que les deux banquettes étaient remplies de voyageurs bien tassés.

« Bah ! fit le cocher, en toute innocence. Une de ces dames vous cédera bien sa place, et vous la prendrez sur vos genoux. »

Il me calibra de l'œil, ne me trouva pas trop épais et désigna la plus légère. C'était aussi la plus maigre, avec des fesses dures et pointues qui me bleuirent les cuisses. Après trois heures de cahots et d'arrêts devant les divers bistrots, nous descendîmes dans le petit bassin d'Aulhat. Alentour, un paysage de collines crevées çà et là par des cornes basaltiques, surmontées jadis de châteaux dont il ne reste que le souvenir et quelques pierres : Ybois, Usson, Nonette, Vichel. Les eaux s'écoulent vers l'Allier par l'Ailloux, qui en est le diminutif, et une rivière au nom prétentieux, l'Eau-Mère. La population y vivait d'élevage, de vignes et de cultures, et logeait dans de vieilles maisons en pierre noire, à tuiles roses. On se trouvait ici en pays fortement républicain et anticlérical, comme le proclamait sur la place principale une fontaine à obélisque portant fièrement la date de son érection : *l'an 114*, ce qui veut dire *1906* pour les enragés chrétiens. Le nom du maire responsable de ce monument y sonnait comme un juron : *Jean-Baptiste Bordel*, à la face de l'église biscornue et de son clocher dont l'ombre offusquait en contrebas la maison d'école, marquée au front de deux majuscules pourpres : *RF*. Elle comprenait le préau et la cour supérieure, la classe unique, l'habitation du maître et de sa famille, la cour inférieure, le jardin chaud et le jardin frais. Un garde-corps séparait les deux cours, l'une destinée aux garçons, l'autre aux filles, ombragées par quatre tilleuls et deux acacias. De temps en temps, il arrivait qu'un petit réussît à passer la tête entre les barreaux et y demeurât coincé, retenu par les oreilles, poussant des cris de putois, houin, houin, jusqu'à ce que le maître et deux ou trois grands élèves accourussent le délivrer.

L'un des deux cafés du pays, tenu par la veuve Augier, accepta de me loger et de me nourrir, les vignerons promirent qu'ils ne me laisseraient pas souffrir de soif, mes besoins en ce domaine étaient encore très modestes, ils deviendront plus grands par la suite. Quant au logement de l'école, il se trouvait occupé par Mme Gagneraud, épouse de l'instituteur précédent actuellement sous les drapeaux, et leurs deux enfants en bas âge. C'était une femme jeune et belle, quoique un peu grasse, qui m'accueillit avec un sourire tremblant et me montra en s'essuyant les yeux la classe où je devrais exercer mes fonctions. Au tableau noir était restée une ligne d'une splendide écriture, aux majuscules impeccablement dessinées, comme je n'en avais vu — et rarement ! — qu'autour des billets de la Banque de France. Tracée dans les derniers jours de la paix par la main de M. Gagneraud :

Rentrée le vendredi 2 octobre 1914

Tout était parfaitement à sa place : le registre d'appel enveloppé de papier bleu dans le tiroir du bureau ; la carte de France et la carte du monde suspendues à leurs clous ; les livres de bibliothèque dans leur chemise grise, numérotée ; la vipère dans son bocal d'alcool ; les fleurs et les feuilles séchées entre les pages de l'herbier communautaire ; les encriers des tables dans leur trou ; les craies dans leur boîte.

« Comme vous êtes jeune ! dit Mme Gagneraud.

— J'ai dix-sept ans.

— Vous aurez des élèves qui en ont quinze. Il faudra bien les occuper afin qu'ils n'aient pas le temps de songer à faire des bêtises. »

Quoique non enseignante elle-même, elle me donna toutes sortes de conseils pédagogiques, elle était comme ces épouses de médecins qui, sans diplôme, savent presque autant de médecine que leur mari. J'aurais des élèves de tous âges et de tous niveaux, les uns ignorant encore la lecture et l'écriture, les autres déjà certifiés. Peu de leçons étaient susceptibles de s'adresser à tous en même temps : la morale, l'histoire, le chant, la gymnastique. Le plus souvent, je devrais parler aux uns quand les autres écriraient ou dessineraient : tel était le principe de base, la clé de l'enseignement dans une classe unique. Mais il y a ceux qui ont fini leur travail avant les autres, plus rapides, ou plus intelligents, ou moins appliqués. Ils ouvrent le bec, ils réclament de la nourriture. « M'sieu, qu'est-ce que je fais ? — Relis ton travail. — J'ai déjà relu. — Relis encore, tu as certainement laissé des fautes. — Ça y est, j'ai relu encore, qu'est-ce que je fais ? »... Pendant ce temps, vous, vous êtes en train d'expliquer la Révolution ou le Bassin parisien. L'autre, ça ne l'intéresse pas, il est trop petit pour vous suivre. Alors : fais un dessin. Quel dessin ? Une poupée, une maison. Quelle maison ? La tienne. Le dessin est un merveilleux bouche-trou. Vous n'aurez pas une seconde de répit. Ils seront accrochés à vous comme des teignes. Alors, préparez avec beaucoup de soin, sur un cahier, les exercices que vous prévoyez, lecture, écriture, dictée, vocabulaire, élocution, grammaire, leçon de choses, instruction civique... Tout ça ? Oui, tout ça... Pauvre petit ! Je vous plains. Espérons que l'an prochain vous retournerez dans votre école à vous. Quand vous n'en pourrez plus, quand vous serez à bout de nerfs, faites-les chanter, *Au clair de la lune*, n'importe quoi... Je chante très mal, ils ne reconnaîtront pas l'air... Allons bon, voilà autre chose. Si vous voulez, je viendrai chanter à votre place, appelez-moi, envoyez-moi un élève, par exemple Jeanne Gaillard, elle offre toutes les garanties... Vous feriez ça ?... Il faut bien qu'on s'aide, c'est la guerre. Cette femme-là est extraordinaire, elle devrait être inspectrice de l'Enseignement primaire. Que dis-je ! Inspectrice d'Académie ! Inspectrice générale !

N'empêche que le vendredi matin, je me sens terriblement ému. Ma première classe ! J'ai 48 élèves, 26 garçons et 22 filles, y compris trois réfugiés venant des régions envahies. Tous en tablier noir, la plupart en sabots, les gars coiffés de larges bérets alpins, avec des braies mi-longues qui leur couvrent les genoux ; les filles en tresse double ou simple, parfois un châle sur les épaules. J'ai lu quelque part que la nature a le pressentiment des grandes hécatombes, guerres, épidémies, invasions barbares ; elle s'arrange pour favoriser le sexe qui doit en souffrir le plus. La preuve m'est apportée que beaucoup d'hommes, beaucoup plus sans doute qu'on n'imagine, périront dans la guerre à peine commencée. Après deux mois de batailles, les hôpitaux sont pleins de blessés. La presse est discrète sur nos pertes, mais des chiffres effroyables sont prononcés de bouche à oreille : 100 000 morts aux frontières, 150 000 sur la Marne. A cette vitesse-là... Voilà pourquoi j'ai plus de filles que de garçons. Non, c'est le contraire. Ma tête est pleine de confusion, qui va me garder de faire et de dire des bêtises trop énormes ?

J'examine la division des petits. Car j'ai moi aussi des divisions à mener, à manœuvrer, à servir, comme nos généraux. Je dispose donc sur mon flanc gauche les huit nouveaux et nouvelles, dont deux pleurent encore et trois sont probablement en train de faire pipi dans leurs culottes. Au milieu, la division des anciens, les plus nombreux. A droite, les territoriaux. Les longues tables dures, noueuses, incommodes avec leurs bancs étroits et sans dossier, sont prévues pour six occupants, huit en les tassant un peu. Ils s'adossent en principe à la table de derrière ; si bien que ceux du fond n'ont aucun appui, il ne leur reste qu'à devenir bossus. Elles sont d'une taille unique. Seuls les moyens donc s'y logent à leur aise ; les grands se contorsionnent pour y entrer ; la tête des petits dépasse à peine le pupitre, je dois les hausser en leur glissant sous les fesses des piles de vieux cahiers conservés à cet usage par mon prédécesseur.

Mme Gagneraud ne m'a pas dit comment je devais commencer.

« Écoutez, dis-je, vous ne me connaissez pas. Je remplace M. Gagneraud qui est en train de faire la guerre contre nos ennemis, et qui reviendra bientôt. Sans doute aux vacances de Noël. Ou un tout petit peu après. Vous ne me trouverez pas aussi habile que lui pour faire la classe. C'est que, moi-même, j'étais élève comme vous, pour apprendre à devenir un bon maître d'école. A cause de la guerre, j'ai dû... et cætera et cætera. Et maintenant, je vous écris mon nom au tableau. »

Je prends le bâton de craie parallélépipédique, je l'appuie trop fort contre le bois, il se brise en plusieurs morceaux que je ramasse à quatre pattes. Avec plus de précautions, j'arrive à tracer, en lettres malhabiles et « en montant au grenier », comme disait à Vollore M. Chevalérias : *Jules Vendange.* « Qu'as-tu toujours à monter au grenier ? Efface et recommence... Bon, voilà maintenant que tu descends à la cave. Efface encore... » Au troisième essai seulement ma ligne conservait un semblant d'horizontale. Je me retourne, ma quarantaine de grimauds a déchiffré les syllabes de mon nom. Ils n'en reviennent pas, le relisent, me regardent avec effarement, se demandent si je suis sérieux. Je confirme que je m'appelle bien Jules Vendange. C'est vrai, j'avais oublié... Ils se ferment la bouche d'une main, mais des rires latéraux s'échappent malgré leurs efforts.

« D'accord, c'est un nom rigolo, Vendange. Moi, j'y suis habitué, je n'y fais plus attention. Alors, je vous autorise à rire un bon coup, tant qu'il vous plaira. Et ensuite, ça sera terminé, on n'en parlera plus. »

Ils ne se le font pas dire deux fois. Ils se tiennent les côtes, ils se plient en deux, ils se mordent les chaussures. Voilà, Montaigne, je suis ton conseil, *j'y voudrais voir pourtraire la joie et l'allégresse.* Les petits, les tout-petits, qui ne comprennent rien à rien, rient plus fort que les autres et se fendent la pipe jusqu'aux oreilles. Et quand ils me voient rire avec eux, c'est du délire, des convulsions. Maintenant, j'aimerais bien que ça s'arrête. Comment faut-il faire pour stopper le mécanisme ? Mon changement de visage les refroidit cependant peu à peu. Le plus terrible est déjà passé. Leur hilarité s'atténue, puis cesse comme un orage qui s'éloigne. Nous en sommes aux dernières gouttes. Plus qu'un : ha... C'est fini. Le travail commence.

A mon aile droite : « Sortez votre cahier-brouillon. Racontez quelque chose que vous avez fait durant les vacances. N'importe quoi : une promenade, un jouet, un outil, un travail... »

A mon centre : « Prenez votre livre de calcul. Et faites-moi tel problème, à telle page. *Votre maman a acheté au marché une livre de beurre, 1 franc 25, un fromage de chèvre, 60 centimes, une douzaine d'œufs, 80 centimes. On demande...* »

C'est ridicule : je suis certain que leur maman n'achète jamais ni beurre, ni œufs, ni fromage... Du fromage, pouah !... Elle en vend plutôt. Ça ne fait rien. Raisonnons juste sur des figures fausses. A moi maintenant le flanc gauche, les tout-petits. Leurs yeux ronds sont tournés vers moi comme des héliotropes, et suivent chacun de mes mouvements. Je suis leur soleil. Les deux qui pleuraient ne pleurent plus ; les larmes séchées ont laissé des traces verticales sur leurs joues ; ainsi, la bave des escargots qui ont voulu grimper sur un mur. On me les a présentés spécialement : ce sont deux frères, Louis, presque sept ans, et Claude, cinq ans. L'aîné a attendu son cadet pour qu'ils fassent le voyage ensemble. Ils habitent une ferme isolée à trois kilomètres du bourg, au milieu des bois ; à deux, ils se défendront mieux contre la marche et contre les loups.

Et me voici devant eux, les mains vides et les poches crevées. Sans matériel, sans principes, sans expérience. Je dois leur donner ma première leçon. Pour en retarder l'instant, je les apprivoise, je leur parle gentiment, votre papa n'est pas à la maison en ce moment, il est parti faire un voyage, quand il reviendra il sera bien content de constater que vous avez appris à lire pendant son absence.

« D'accord ? Tu veux bien, Claude ? »

Leurs yeux s'élargissent davantage encore s'il est possible. Personne ne répond. J'insiste : dis-moi quelque chose, Claude. Il pousse un soupir, secoue la tête, et finit par lâcher, s'adressant plutôt à son frère aîné qu'à moi-même :

« *Comprègne re do to.* »

Il ne comprend rien du tout ! Plusieurs ne connaissent pas un mot de la langue officielle et seule autorisée. J'ai prêché pour les merles. Voilà qui va simplifier ma tâche ! Je devrai m'exprimer avec les mains, avec la figure, avec la craie. Et si nous ne nous entendons pas complètement, je recourrai de temps en temps, en dépit des prohibitions, au patois auvergnat, à mon véritable parler maternel. Pour l'instant, mes ambitions sont modestes. Je dis O, je montre ma bouche comme le maître de philosophie à M. Jourdain. Je crois bien que pendant des siècles l'apprentissage de la lecture et de l'écriture en pays latins a commencé par le O. Tout le savoir que contiendront les livres, la littérature, les sciences, la philosophie sont en germe dans ce petit rond. Je le trace au tableau, je demande à la division des minuscules de faire de même sur l'ardoise. Avez-vous compris ? *Abez comprengu ?* N'oubliez pas la queue du O, surtout, c'est très important, on s'en servira pour l'attacher aux autres lettres, les lettres sont attachées ensemble comme les saucisses qu'on fait sécher au plafond, par la queue, voilà pourquoi elle est si importante, mettez-la bien en place, en haut, sur le bord, à la façon d'une queue de cerise. Allez-y, dessinez-en une pleine ardoise.

Ouf !... Voyons où en est ce problème de beurre, d'œufs et de fromages. Quelle opération faut-il faire ? Une addition, parfaitement. Seulement, attention, il ne faut pas additionner les francs et les centimes... Je sors mon boursicot, je montre les pièces blanches, avec la semeuse, et les brunes. Lisons ce qui est écrit dessus : *Cinq centimes... Dix centimes... Liberté, Égalité, Fraternité...* Les unes sont en argent : un métal rare et précieux, on en fabrique des bijoux, des vases, des montres. Les autres sont en bronze, qui vaut beaucoup moins cher, on en fait les statues, les cloches, les poignées de porte. Voilà pourquoi les centimes sont en bronze, les francs sont en argent... Pendant que je m'évertue dans ces explications, je vois soudain le cadet de mes deux sauvages, Claude, sortir de sa longue table et se diriger tranquillement vers la porte.

« Hep ! Où vas-tu comme ça ? »

Il s'arrête, interdit, me regarde, pas très sûr de ce que je lui demande. Alors, l'aîné prend la parole pour me fournir l'explication, en toute simplicité, dans les termes reçus de ses père et mère :

« *Vé tcha no gordjado* [1]. »

Voilà qui ne manque pas d'une certaine poésie. Mais ce n'est pas ainsi qu'il faut dire, cela s'appelle aller au cabinet, et il faut demander la permission, Monsieur, est-ce que je peux aller au cabinet, s'il vous plaît ? Répète un peu : Monsieur... est-ce que... Mais je vois que les choses pressent, va vite au cabinet, nous terminerons tout à l'heure, tu sauras te débrouiller seul, au moins ? Et tu sauras revenir ici ? *Souras fouère to sou ? E souras torna ?* Bon ! tant mieux, ne tombe pas dans le trou. Pour plus de prudence, je laisse la porte ouverte afin de surveiller les parages, je crois que j'ai frôlé la catastrophe. Ah ! mon père et ma mère ! Pourquoi ne m'avez-vous donné qu'une tête et qu'une paire de bras ? Comment voulez-vous que j'affronte tant d'obligations en

1. Il va ch... une bouchée.

même temps ? Retournons aux œufs et aux fromages. Je disais donc...

Un œil à la cour et un œil à la classe. Un œil sur les progrès de la composition française, un œil sur la fabrication des O. Intensifiez la production ! Surtout, n'oubliez pas la queue ! Tu as rempli ton ardoise ? Bon, efface et recommence. Fais des O plus petits, les tiens ressemblent à des pommes de terre... Comme je disais, il n'est pas question d'additionner des francs d'argent et des centimes de bronze, de même qu'on ne met pas dans la même boîte les clous et les allumettes. Si donc je veux savoir ce qu'a dépensé maman au marché... Mais que fabrique mon enfant des bois ? Pourquoi ne revient-il point ? Je vais être obligé d'envoyer son frère... Peut-être est-il réellement tombé dans le trou. Et toi, tu restes le bec ouvert ? Tu n'as donc rien fait du tout pendant les vacances, tu n'as rien à raconter ? Sans doute faut-il que je te tienne la main, comme aux petits ?... Bon. Avec un franc, combien puis-je avoir de centimes ? Et avec un franc vingt-cinq ? Bravo. Donc, d'un côté, pour payer la livre de beurre...

« *Le vetchë*[1] *!* m'avertit l'aîné à haute voix. Il n'a pas su rattacher ses braies ! »

L'autre revient en effet, traînant des pieds, entravé par les culottes tombées sur ses chevilles. C'était bien la peine de dire que tu saurais te débrouiller tout seul. Jeanne, aide-le un peu.

Ce qu'il y aura de merveilleux dans cette classe unique, c'est l'aide. L'aide constante que nous nous apporterons les uns aux autres. Le matin, les premiers arrivés m'aideront à balayer la classe, à allumer le poêle, à vider les cendres. A midi, je les aiderai dans leur repas, je ferai chauffer leur gamelle, je couperai les gros morceaux. Je mangerai la mienne à côté de la leur, grâce à Mme Augier qui me l'enverra par sa servante, car je n'ai pas le droit de m'absenter une minute ; tant qu'ils sont dans la maison, il m'est interdit de les quitter des yeux. De temps en temps, un grand ou une grande prendra ma place pour faire lire les minuscules. Jeanne Gaillard me sera particulièrement précieuse. Elle a douze ans quand elle devient mon élève. Moi, dix-sept. Dans trois ou quatre ans, je pourrais l'épouser. Elle a le front large et lisse, le teint un peu pâle, des yeux de velours qui m'emplissent d'une étrange douceur chaque fois qu'elle les tourne vers moi. On ne voit pas le reste du visage. Tout de suite, j'ai l'impression de l'avoir rencontrée précédemment. Où ai-je déjà reçu ce regard-là ? Parfois, quand mes élèves sont particulièrement insupportables, ou trop bêtes, ou trop somnolents, il me vient envie de leur crier une de ces épithètes dont on a souvent usé à mon égard : « Bande de...

1. Le voici !

Espèces de... Têtes de... » Ou de taper du pied comme faisait le Khâgne. A ce moment je tourne la tête vers mon aile droite, je quête une approbation, une excuse du moins. Non, je ne l'aurai pas, les yeux graves et doux de Jeanne m'observent et me retiennent, impossible de me laisser aller sous leur regard à la moindre incongruité.

Et puis, je reçois l'aide, dans mes leçons de chant, de Mme Gagneraud, à condition que je l'aide à garder ses enfants à elle. J'écris d'abord au tableau et explique les paroles un rien cucu de notre chansonnette :

Une noce guillerette, maluron-lurette,
Par les prés s'en va joyeusement.
La gentille pâquerette, maluron-lurette,
La regarde, et dit « Que c'est charmant ! »...

Chacun de mes grimauds recopie le texte, sans oublier une virgule, un guillemet. Alors, je fais signe à Jeanne Gaillard : « Va ! » Dans l'instant qui suit, Mme Gagneraud paraît, accompagnée de Lolo et Lala, peignée, ajustée comme si elle n'attendait que ma messagère. Elle porte une mandoline suspendue à son cou par un ruban.

La classe frémit d'allégresse, les occupants de chaque table de six se serrent pour recevoir l'un ou l'autre des deux petits, ils se le disputent : c'est à nous ! non, c'est à nous ! vous l'avez déjà eu ! vous aussi ! Jeanne elle-même, Jeanne la sérieuse, Jeanne la toujours grave, sourit de la compétition.

Mme Gagneraud passe derrière mon bureau, je vais m'asseoir au fond derrière les nouveaux, comme si j'étais le dernier de la classe. Très droite sur ma chaise, elle tourne un moment les clés de la mandoline pour l'accorder, puis elle joue l'air que nous devons apprendre et que les territoriaux connaissent déjà. Nous béons d'admiration tandis que ses doigts fins sautillent sur les cordes métalliques.

« Je rejoue ! Écoutez bien ! »

Et elle rejoue. Puis elle découpe la mélodie en tranches minces, faciles à avaler, dont elle nous abecque patiemment, s'y reprenant à dix fois s'il le faut, jusqu'à ce que nous répétions juste. En fait, je n'en suis pas. Mon estomac refuse la musique avec plus d'aversion encore que le fromage. Je fais semblant, je remue les lèvres, je mâchouille, je m'applique à ne point susciter de scandale. De temps en temps, l'un des deux Gagneraud échappe à ses adorateurs, se sauve à quatre pattes au milieu de la classe, provoquant une explosion de rire. Je regarde ces enfants autour de moi, dont les pères sont en train de mourir dans ces sillons du Nord et de l'Est, insatiables de sang versé. Qui a dit qu'on ne meurt qu'une fois et en un instant ? On peut mourir pendant des années par la mort des autres ou en attendant sa propre mort. On se dit : « Dans trois minutes j'y aurai passé. » On regarde autour de soi, et l'on se dit qu'un tiers, ou la moitié, ou les trois quarts des autres y auront passé aussi, ça c'est une chose sûre. On est en état de mort chronique et si, par miracle, un rayon de soleil, un papillon, une cétoine verte vient se poser sur ta manche, un instant où il a perdu la boussole, tu n'y crois pas, tu te dis ce n'est pas possible, il n'y a plus de papillons, il n'y a plus de cétoines vertes, il n'y a plus de soleil, je suis donc déjà mort, j'ai été bousillé sans m'en apercevoir. Tout cela, je ne le sais pas encore, mais je le pressens, dans la classe de M. Gagneraud. Plusieurs de ces enfants sont sans doute orphelins déjà, il ne manque plus que l'avis officiel de la mairie. Peut-être Lolo et Lala eux-mêmes. Par la fenêtre, je vois les douces collines de la Comté et du Livradois, et la Limagne où coulent seulement des fleuves d'eau. Et j'ai honte de notre paix, de nos petits bonheurs, d'avoir oublié un instant ceux qui tombent ou vont tomber. Mon cœur se serre, j'ai envie de crier : « Assez ! Assez ! Ne chantez plus ! Ne savez-vous pas ? » Jeanne tourne la tête, me regarde, et elle sourit encore, faiblement, la lumière noire de ses yeux m'enveloppe. D'accord, j'ai compris... Chantons encore tandis que nous le pouvons. Nous pleurerons demain.

Et les avis officiels arrivent. Le fils Baubet, le fils Couriol, le fils Favard... Trois morts déjà pour une commune de quatre cents habitants ! Au café Augier, les vieux ne parlent que de ça, on commente le communiqué du jour paru dans *le Moniteur*. Le père Tournade, dit Garde-à-Vous, a fait la campagne de Crimée.

« Le plus dur est fait. Les Prussiens croyaient prendre Paris, à présent, ils sont foutus. Encore quelques semaines, et ça sera l'armistice.

— Y a plus de Prussiens, père Tournade. Rien que des Boches.

— Appelle-les comme tu voudras. Moi, j'étais à Sébastopol, attention ! Garde-à-vous ! Ce qui arrive maintenant ne peut pas être plus terrible que ce qu'on a eu à Sébastopol. On recevait de ces boulets de canon ! On en rotait !

— Ben, il paraît qu'à présent ils n'en rotent pas, mais qu'ils en crèvent. »

Mme Gagneraud reçoit des cartes-lettres de son mari, sous-lieutenant de dragons, écrites au crayon-encre. Elle m'en lit des passages.

Cette guerre des tranchées est un cauchemar. Pendant deux mois, je suis resté à peu près continuellement en selle, comme les Huns d'Attila. Le dos de mon cheval n'était plus qu'une plaie. Du moins, on était à l'air, on bougeait. Puis, toutes les bêtes ont été tuées. Et maintenant, je mène une vie de rat d'égout. C'est sans doute ce qu'a voulu dire le Grand Chef : je les grignote...

Plusieurs lignes étaient couvertes d'un large trait noir : censure. Ensuite, Mme Gagneraud pleure ; moi, je me sens coupable d'être là, jeune, vivant, les pieds au sec dans mes chaussettes de laine, protégé par ma date de naissance. En mettant les choses au pire, je ne partirai pas avant trois ans. D'ici là, la guerre sera finie depuis longtemps, l'Alsace-Lorraine reconquise. Lala a déjà complètement oublié son père, et Lolo est en bonne voie, le soir, nous jouons ensemble dans l'appartement, la petite s'accroche à moi quand vient l'heure de nous quitter :

« Reste ! Pourquoi tu s'en vas ?

— Il faut que j'aille travailler dans la classe, corriger les cahiers, tout préparer pour demain.

— Non. Pas s'en vas. »

Alors, je reste encore. Heureusement, la nuit tombe, l'heure du coucher se met entre nous, bonsoir, à demain. Je me retrouve seul en face des huit longues tables vides. Sur les cahiers des petits, en tirant la langue, je dessine les modèles d'écriture à l'encre rouge, les petites phrases ineptes : *lolo a lu le livre de lala... maman a mis dédé au dodo... paul a pris la pipe de papa...* Au-dessus de ma tête, j'entends des voix, des cris, des rires, des pleurs, il y a du grabuge chez les Gagneraud. Tout à coup, une porte s'ouvre, on m'appelle dans l'escalier :

« Monsieur Vendange ! Si vous ne venez pas un moment à mon secours, je n'arriverai pas à les mettre au lit. Ils ne tiennent pas en place ! »

Me voilà. Toujours prêt. En ma présence, les deux petits acceptent un compromis :

« On se couche, exige Lolo, mais tu nous racontes une bêtise que tu faisais quand tu étais petit. »

Car j'ai eu le malheur de leur avouer que, moi aussi, autrefois, il y a très longtemps, j'avais fait des tas de bêtises. Ça les intéresse et ça les réconforte. Une fois, je m'étais enfoncé dans le nez un épi de seigle, pas un gros, un petit, mais il était monté si haut que je ne pouvais pas le faire redescendre. Il avait fallu appeler le médecin qui m'avait soigné de son mieux, au milieu de mes éternuements ; car je lui éternuais dans les doigts toutes les cinq secondes, c'est-à-dire le temps de compter jusqu'à cinq. Pchoum !... Un, deux, trois, quatre, cinq, pchoum !... Un, deux, trois, quatre, cinq, pchoum !... Je raconte le jour où je suis tombé dans le ruisseau et j'ai failli me noyer... Le jour où je m'étais déguisé en diable pour le carnaval et où je me suis fait peur moi-même en me regardant dans un miroir...

Vous allez leur donner des idées, dit Muguette Gagneraud. A la fin, ils consentent à fermer les yeux, pourvu que je les tienne par la main. En fait, je n'ai pas quarante-huit élèves, j'en ai cinquante, dont deux en heures supplémentaires. Quand ces deux-là sont endormis, tenez-moi compagnie aussi un moment, s'il vous plaît, dit la mère. Cinquante et un. Je serais contente si vous acceptiez de souper avec moi. Pourquoi pas ? Mais il faudrait que j'avertisse Mme Augier. Mme Augier ? Avez-vous des comptes à lui rendre ? Je ne voudrais pas qu'elle m'attende. Vous lui paierez sa pension intégrale, le reste ne la regarde pas.

A vrai dire, ça m'ennuie un peu de devoir rester seul auprès d'elle, suppose, Jules, que le sous-lieutenant Gagneraud arrive en permission, crac ! juste au moment où tu te trouves en tête à tête avec sa femme, que penserait-il de la situation ? Maintenant que les maris sont mobilisés, les souris dansent, pas toutes, mais quelques-unes, qui ne font pas dire du bien de leur conduite. A l'arrière, il n'y a plus d'hommes, excepté les vieux et les tout jeunes. J'ignore si je suis un homme ou encore un enfant, je penche pour la première hypothèse, car je me rase. Une fois par semaine. Et je sais aussi que Muguette Gagneraud est une vieille femme, vingt-six ans, deux fois mère de famille, et qui pleure quand elle lit les cartes-lettres de son mari absent. Mais justement, lorsqu'on pleure devant témoin, c'est peut-être pour chercher des consolations. Les larmes lui vont bien, elles colorent ses joues, lui font briller les yeux, et j'ai réellement envie de la prendre alors dans mes bras, de lui tapoter les mains, comme je fais à mes minuscules éplorés. Point final. Pas envie d'autre chose. En temps de paix, il faudrait voir ; mais nous sommes en temps de guerre... l'ennemi sur notre territoire... le sol sacré de la Patrie... le sacrifice sublime des combattants... Seulement, il ne faut pas approcher le feu de la paille. Et enfin... Enfin quoi, Jules ?... S'il se passait entre elle et moi quelque chose d'inavouable... Eh bien, Jules ?... Jamais plus je n'oserais affronter le regard de Jeanne.

Cependant, Muguette marche dans sa cuisine d'un pas feutré, va du fourneau au buffet, balaye dans sa main les miettes de la table, les jette par la fenêtre, pour les oiseaux. C'est une vieille, d'accord, mais elle a l'air en état de parfaite conservation, sa silhouette suit exactement la mode sablier. Ti sait si elle a mis du toton dans son torset ? Au cours de ses préparatifs, il lui arrive de me frôler, elle sent la crème Tokalon. Pour qui donc se met-elle de la crème, puisque son mari patauge dans la boue à six cents kilomètres d'Aulhat ? Peut-être pour son propre plaisir, la crème lui est sans doute aussi nécessaire que le tabac à certains hommes, je ne connais rien aux femmes. Je ne crois pas qu'elle cherche à me troubler, n'empêche qu'elle me trouble. Alors je pose des questions sur le sous-lieutenant, je le place entre elle et moi, elle me répond avec plaisir, me raconte ses goûts, ses idées :

« Il ne souhaitait pas la guerre. Mais il disait que si l'Europe monarchiste et impériale avait l'intention de réduire en esclavage la France républicaine, il suivrait l'exemple des patriotes de 1793. Il détestait cette littérature parisienne, Psichari, Péguy, Barrès, qui exaltait le sacrifice, le massacre rédempteur, glorifiait le canon, confondait la fin nécessaire et les tristes moyens. Il n'est pas parti dans l'enthousiasme, mais calmement, sereinement... Vous aimez les haricots en salade ?

— J'aime tout, sauf le fromage. »

Nous mangeons face à face, je garde autant que je puis le nez sur mon assiette.

« Du vin ?

— Un peu. »

Nous buvons à la Victoire-aux-grandes-ailes, on termine par des pommes. Au lieu de peler la sienne, elle y enfonce ses dents, qu'elle a blanches et larges. Elle m'interroge à son tour, veut savoir d'où je viens. De très loin, d'un misérable ouvrier carrier à dix-neuf francs par mois, et d'une pauvre paysanne. D'un village perdu dans la montagne, un pays de bois sombres et de vaches maigres. Mes lectures ?... Heu... vous savez, à l'École normale, la littérature française s'arrêtait en 1885, à la mort de Victor Hugo.

« Je vous prêterai des livres. Anatole France, Romain Rolland, vous connaissez ?

— De nom. Mais je connais André Theuriet, Jean Aicard, Alphonse Daudet : ils figuraient dans notre livre de textes, au cours complémentaire de Thiers. Et des poètes. Jean Angellier :

Le jardin n'a plus que des chrysanthèmes,
Et nos cœurs aussi.

« Et encore, Hector Casteloux.

— Qui est-ce, Hector Casteloux ?

— Je ne sais pas. Ou peut-être, je sais. Je ne sais pas si je sais. A Thiers, M. Tournebize... je soupçonne... pseudonyme...

— Aimez-vous la photographie ?... Oui, Marcel est photographe amateur. Je vais vous montrer quelques-uns de ses travaux. »

Les albums n'ont pas cours encore. Elle va chercher une boîte, s'assied près de moi, étale les photos sur la table. Ici, sa mère et son père, dans leur jardin. Le chien de la maison, Tobie. Tobie *or not* Tobie, comme disait mon grand-père. Moi, à dix-huit ans, quand nous étions fiancés. Lolo dans son moïse, âgé de quelques semaines. Lolo sur mes genoux. Lolo dans son baquet. Lolo à cheval sur Tobie... Nos visages sont si rapprochés que ses cheveux me chatouillent la joue. L'odeur Tokalon me monte à la tête. Cette femme est folle ou inconsciente. La paille et le feu. Heureusement, je suis un grand patriote ! Elle va, elle va, pas émue du tout, semble-t-il, comme un enfant marche en paix au bord d'un précipice. Sait-elle que je me rase une fois la semaine ?... Ici, c'est Lala, son frère se penche sur elle et la regarde dormir. Lala rit et montre sa première dent. Lala et Lolo. Lolo et Lala. Lala est en train de humer les feuilles de la verveine.

« A propos, il faut que je vous fasse goûter quelque chose. »

Elle se lève encore, va au placard, en tire une bouteille quasi pleine d'un liquide trouble et verdâtre, pose deux petits verres devant nous.

« Qu'est-ce c'est ?

— De la liqueur de verveine, selon une recette à moi. Vous me direz si vous l'aimez. »

Question stupide. Comment lui dirais-je que je ne l'aime pas ? Elle remplit mon verre. C'est fort ?... Non, non. En réalité, c'est plutôt fort. Nous trinquons à la Paix-couronnée-d'olivier.

« Votre opinion ?

— Elle a réellement le goût de verveine.

— Il n'y a pas de doute. A la République-victorieuse !

— A la République ! »

J'ai compris la manœuvre, elle espère m'enivrer pour m'avoir ensuite à sa merci. Ainsi procèdent les infâmes suborneurs envers les malheureuses qu'ils convoitent. Mais je ne suis pas homme à succomber après deux petits verres. D'ailleurs, je ne fais que tremper mes lèvres dans le second. Mon devoir de Français et d'enseignant est de préserver l'honneur du sous-lieutenant de réserve Marcel Gagneraud. Elle a remis toutes les photos dans leur boîte.

« Allons ! Finissez votre liqueur ! Il faut que je profite un peu de vous. Depuis cinq mois, je n'ai pratiquement reçu aucune visite, on dirait que les gens me fuient. Je vis comme une fille-mère. Nous allons faire une partie. D'accord ?

— Une partie de quoi ?

— De belote. Vous ne connaissez pas la belote ? »

Oh ! que si ! J'ai fréquenté naguère assidûment les combles de l'école, chez notre comte sans comté. Cela change notre ordonnance : nous voici maintenant disposés en triangle, elle, la lampe et moi. L'odeur du pétrole éloigne le parfum Tokalon et attire les mites. Mon imagination s'apaise. Le bois pétille dans le fourneau, le réveil tictaque, nos voix sont calmes et réfléchies, avec des éclats pour rire :

« Cinquante.

— Cinquante majeur !

— Quelle atrocité ! Me faire ça à moi ! »

Entre nous, aucune machination, si ce n'est celle du valet Lancelot contre le roi Charlemagne, dans la pièce voisine Lolo et Lala dorment en suçant leur pouce, Muguette me sourit pour se faire pardonner chaque fois qu'elle me saisit une carte importante, demain, je pourrai affronter tête haute le regard de Jeanne. Après le troisième mille, nous arrêtons les frais. Mme Gagneraud, la lampe à la main, éclaire pour moi l'escalier, car l'école ne bénéficie pas encore des inventions pluricentenaires de Volta, de Joule, d'Ampère, de Coulomb et du trop fameux Ramsden. « A demain ! » Sa voix est sourde, complice pourrait-on croire, mais c'est pour ne pas réveiller les enfants.

Au café-auberge, tout est éteint, excepté une lueur qui filtre de l'arrière-cuisine. Quelqu'un m'attend, je devrais présenter des explications et des excuses. Quand je pousse la porte, la lumière se fait, brutale, aveuglante, Mme Augier paraît devant moi, le visage féroce, elle est à peu près de l'âge de ma mère et lui ressemble vaguement, sauf qu'elle louche.

« Vous avez soupé ?

— Oui, oui. Pardonnez-moi, je n'ai pu vous avertir, j'ai été retenu...

— Retenu ? Retenu par qui ? »

Je devrais l'envoyer au diable ; mais elle m'a fait une faveur en me prenant chez elle, et pourrait m'y envoyer elle-même.

« Par... des amis. Nous avons joué aux cartes, nous n'avons pas vu passer les heures...

— C'est mauvais pour votre santé, les cartes... si tard... »

Ces yeux bigles ! Est-ce qu'on ne pourrait pas leur rectifier le parallélisme ? Je ne sais où donner de la vue. Et qu'a-t-elle à me dévisager de la sorte, et à se taire si longtemps ? « Méfiez-vous ! » lance-t-elle enfin. Son gros index désigne l'affiche de la salle où l'on voit un imprudent confier des secrets à un gros bonhomme dont l'ombre s'effile et se termine par une silhouette à casque pointu : *Des oreilles ennemies vous écoutent*. Qu'ai-je à voir avec ces personnes ? Quels secrets ai-je à perdre ?

« J'ai gardé au chaud votre souper au coin du feu. Vous n'allez pas me le laisser tout de même !

— C'est que j'ai déjà soupé, et je ne peux pas...

— A votre âge ? Allons donc ! Quand on se ramasse à plus de onze heures de la nuit, la faim est sûrement revenue. Surtout après une longue partie de cartes ! »

Bon, d'accord, je mangerai un petit quelque chose, j'aurai une digestion longue et laborieuse, comme celle de Kaa le python de la jungle.

Le lendemain, quand je me lève, je trouve la terre gelée, sous les sabots des paysans, elle sonne comme une cloche. Je me hâte d'aller regarnir mon poêle, puis je me lave dans la cuvette émaillée. Un peu avant huit heures, mes mammifères arrivent, se répartissent entre les deux cours, ainsi l'a voulu mon prédécesseur qui était un homme sage : les gars d'un côté, les filles de l'autre. Non point qu'il craignît les mélanges, comme le curé dans son église, mais parce que chaque sexe a sa façon de jouer, violente chez les uns, tranquille chez les autres. Puis, je tire la chaîne de la cloche, ils s'alignent, ils entrent en passant devant moi :

« Pardon M'sieu, pardon M'sieu, pardon M'sieu, pardon M'sieu... »

Le premier quart d'heure est consacré à la leçon de morale. Je prends pour thème de mon homélie : la propreté. Montrez-moi vos mains, dessous, dessus, revue d'ongles, revue d'oreilles, revue de cou. J'en ai le droit : me voici devant vous, le cœur aussi net que les mains. Jeanne me présente les siennes, courbe docilement la nuque comme Marie Stuart devant son bourreau, puis se redresse, m'enveloppe de son regard profond. Je ne baisse pas les paupières.

Je savais bien que j'avais déjà vu quelque part ces yeux hiératiques : à Vollore-Montagne-la-Chapelle, tout simplement. Dans la maison de mon père et de ma mère, sous les chiures de mouche. C'est ceux de l'image sainte clouée au mur, dont on me menaçait enfant :

« *Mifio te ! La Bono Vierdjo te pimo !* Prends garde ! La Bonne Vierge te surveille ! »

Comment ne l'ai-je pas découvert plus tôt ? Jeanne Gaillard, c'est la Sainte Vierge dans ma classe, ne me perdant pas une seconde de vue. Voilà. Tout s'explique à présent. Une Sainte Vierge qui sait traire les vaches, s'occupe de ses frères et sœurs, porte mes messages, est toujours volontaire lorsque, un de mes nouveaux s'étant oublié dans ses culottes, je demande :

« Qui veut passer l'éponge ? »

Elle est la servante du seigneur.

Tant crie-t-on Noël qu'il vient. Il vient, mais la paix promise et espérée manque au rendez-vous. Elle est blottie quelque part, là-haut, dans un trou d'obus, grelottante, déplumée, n'osant mettre le bec dehors. Les journaux nous informent que les soldats du front ont été joliment gâtés : chacun a touché une tranche de jambon, une orange, une pomme, des noix, un quart de vin mousseux, un cigarillo ; tout cela en plus du rata ordinaire ! Pour rendre visite aux miens, j'entreprends un voyage lent, glacial, malaisé, les trains sont rares et bondés, la gare de Clermont encombrée de pantalons rouges, de faisceaux, de blessés sur leurs brancards, de dames de la Croix-Rouge, de gendarmes casqués, mousqueton à la bretelle. Quand j'arrive à Noirétable, à six heures du soir, le courrier est parti depuis longtemps ; je dois faire à pied les dix kilomètres qui me séparent de Vollore, par monts et par vaux, à travers des bois effroyables, dans la nuit qu'éclaire la blancheur de la neige, avec la crainte de perdre mon chemin. Heureusement, de hautes pierres le signalent, plantées à intervalles réguliers. Enfin, la lumière des premières maisons, celles de Fafournoux, me guide et me rassure, me voici dans notre cour, les chiens annoncent ma présence.

« Qui est-ce ? » crie la voix de mon père.

Je donne le mot de passe. On m'ouvre, on ne reconnaît pas cette statue de sel qui souffle de la vapeur par les naseaux, on me dégèle au coin du feu, on me gave de soupe brûlante. Je retrouve mon lit, sa paillasse remplie de feuilles de frêne qui craquent à chacun de mes mouvements, ses draps de chanvre, les fidèles punaises qui montent, qui montent, qui montent du côté de la muraille. Chacun chez nous y est habitué, elles font partie de la famille. Je passe ainsi, malgré le malheur du monde, huit jours heureux dans l'affection des Vendanges et Vendangettes, des vaches, des chiens, du cochon, des lapins, de la volaille. Parce que j'enseigne à Aulhat — un poste de choix, en pays limagner — même sans brevet supérieur, ma mère me témoigne une certaine déférence. Un peu comme celle de je ne sais plus quel père italien qui, du jour de l'ordination de son fils, ne l'appela plus que « mon Père ». Chacun se met en quatre pour me faire plaisir. Elle me prépare du *flacogogno* ; le carrier m'emmène au bois poser des collets ; ma sœur Antonine m'apporte mon café au lit ; mes frères me donnent des nouvelles de tout ce que j'ai dû quitter : l'école, mes anciens condisciples, le Trinquard, les truites, les écrevisses ; le chat me chauffe les genoux ; les poules s'écorchent le derrière pour me pondre un œuf frais tous les matins. En revenant de la collecte, ma mère me le fait remarquer, depuis que tu es là je ramasse le double, tu es bien vu, pour sûr !

La maison sent bon la bouse, l'oignon sec, le vieux bois, la pomme et le coing. Le soir, nous entourons la cheminée, au coude à coude, nous nous sentons menacés de toutes parts, nos propres chaleurs nous réconfortent, personne ne parle des morts, mais chacun y pense, même Antonine. Un matin, elle m'apporte le café d'orge grillée, recette maison, dans lequel, pour lui donner de la noirceur, ma mère a coutume de placer un charbon. Les colorants ne sont pas une invention de notre époque : les Limagners jadis avaient aussi coutume de teindre leur vin en y écrasant des baies de sureau. Ainsi, Antonine me demande :

« Tu ne vas pas partir à la guerre, toi ? »

Je ris : « Bien sûr que non ! Je suis bien trop jeune ! »

Le 1er janvier, nous nous embrassons tous, nous nous souhaitons la bonne année. La bonne année 1915. Le lendemain, je rejoins mon poste, en emportant une musette pleine de saucissons et une provision de puces.

Les journaux rapportent des nouvelles surprenantes. Le 25 décembre, presque sur toute la ligne du front, les armes se sont tues, on a entendu des cantiques monter des tranchées allemandes, auxquels ont fait écho des cantiques venus des lignes françaises, *jouez hautbois, résonnez musettes*. L'artillerie a mis fin à cette courte trêve de Dieu.

Maurice Barrès, en chapeau melon et jaquette, est allé rendre visite à nos soldats, et *l'Écho de Paris* a recueilli cet article tout chaud pondu :

Qu'ils sont beaux, nos défenseurs, dans ces carrières, dans ces trous, derrière leurs talus, leurs fils de fer barbelés, creusant leurs redoutes dans la glaise, couverts de boue, embrassant la terre natale... Ce soldat semble une figure sans âge, éternelle, chargée de tout le passé et de qui dépend l'avenir, une jeune divinité.

Un élève m'apporte un petit livre vendu dix centimes par un colporteur, « à l'usage des familles et des écoles », paraissant toutes les quinzaines, orné de charmantes gravures. Un inspecteur d'académie honoraire y complète la description des tranchées faite sommairement par l'illustre écrivain susnommé :

On n'y est pas mal. Il y a des chambrettes-abris, aménagées de distance en distance. C'est là qu'on place les vivres et les munitions. Elles servent aussi de dortoirs, de salons de conversation et de lecture... Chaque homme s'arrange selon ses goûts et ses besoins. Nos poilus ne s'ennuient pas dans les tranchées ; celles-ci sont loin d'être moroses. Les gramophones les égaient.

Et dire que certaines femmes, certaines mères se rongent le foie et le cœur d'angoisse à leur sujet, tandis qu'eux jouent du gramophone ! On se demande, dans ces conditions, comment ils peuvent mourir si nombreux ! Deux Aulhatois sont encore tombés, dont le père d'une de mes fillettes. Elle a manqué trois jours, puis elle est revenue ; déjà vêtue de deuil, comme toutes, elle porte à présent des rubans noirs au bout de ses tresses. A Clermont, on célèbre tant de services funèbres dans les églises que les messes sont dites pour plusieurs défunts en même temps.

Une autre lettre du sous-lieutenant Gagneraud nous arrive, écrite le 26 décembre. Il a eu un Noël sec :

... *Le Bon Dieu a fermé les robinets de la flotte, la terre est dure, mais il souffle une bise sibérienne. Plutôt que le vin mousseux, on aimerait mieux une couverture pour se protéger les oreilles.*

Puis le printemps annonce sa prochaine venue : les premières violettes lèvent un doigt parmi l'herbe : M'sieu, s'il vous plaît, est-ce que je peux sortir ? J'empoigne la bêche de mon prédécesseur, je retourne les deux jardins. Muguette proteste un peu :

« Pour qui donc travaillez-vous ?

— Pour la Patrie !

— Allez-vous utiliser ce qui poussera ?

— Les légumes seront pour vous, pour moi, pour qui en aura besoin. Tandis que toute la France se mobilise, on ne va pas laisser cette bonne terre embusquée. »

Nous finissons par établir un accord de métayage : je mangerai à sa table sans scrupule chaque fois qu'elle m'y invitera. Malheureusement, la mobilisation de 1914 l'a empêchée de recueillir les semences. Je lance un appel à mes ouailles :

« Si vos mères peuvent me vendre de la graine de salade, de persil, d'oignon, de petits pois, de poireau, j'en achèterai volontiers. »

Dix doigts se lèvent pour dire :

« Nous, M'sieu, on en a... Nous aussi... Nous aussi... »

Et quelques autres pour dire :

« Nous, M'sieu, on n'en a pas. »

Le lendemain, mon bureau est couvert de sacs et de sachets, mais personne ne veut de mon argent. Alors, j'achète des pastilles à l'épicerie, je les distribue à mes généreux donateurs et même aux autres, nous les suçons ensemble, nous nous léchons les doigts. J'ensemence le jardin et les pluies viennent, qui semblaient n'attendre que ça. Mme Gagneraud me reçoit donc souvent à sa table, en présence de Lolo et Lala. Pour elle, je n'éprouve, me semble-t-il, que des sentiments fraternels, les deux petits nous protègent de toute autre pensée. Ils me rendent la politesse en se mêlant parfois aux enfants de ma classe, où ils sont un élément d'indiscipline et d'hilarité. Lala en est à l'âge où l'on attrape toutes les phrases qui volent, pour les resservir avec plus ou moins d'à-propos. Un matin que je suis en train de remplir, de table en table, les encriers de porcelaine, elle me dit la langue entre les dents :

« A ta santé ! »

Une autre fois que sa mère lui présente une tartine de beurre, elle secoue la tête doucement :

« Ze veux pas vous faire de la dépense ! »

Ainsi s'apprennent les bonnes manières. Nous sommes une communauté de cinquante enfants, deux adultes et une mandoline ; nous vivons, nous vibrons, nous chantons ensemble ; nous aimerions bien être heureux, si c'était permis. Ça ne l'est pas, la guerre est en train de piler les hommes comme je voyais ma mère piler le gros sel dans le mortier. La classe 15, qui aurait dû partir en 16, a bel et bien été appelée ce printemps, on est en train de la mignoter dans les casernes avant de la jeter sous le pilon. Si la Victoire n'arrive pas très vite, je calcule que mon tour viendra l'année prochaine. De nouveaux morts aulhatois sont annoncés. Muguette reçoit des cartes-lettres, elle me les lit, nous sommes vraiment frère et sœur. Alors, se produit l'incident du hanneton.

Il s'agit d'un soir encore. Un soir de mai, tandis que les colombes blanches comme le Saint-Esprit s'attardent à faire la roue sur le toit de l'église, s'envolent brusquement, puis reviennent sans qu'on sache pourquoi. Il est doux de vivre. Chez les Gagneraud, nous avons dîné de soupe, d'œufs et de pissenlits, en buvant de l'eau de réglisse. Ensuite, quand les enfants sont couchés, leur mère et moi restons assis de chaque côté de la table, tournée vers la fenêtre ouverte d'où viennent les bruits paisibles de la campagne : abois des chiens, mugissements des vaches qui réclament leurs veaux ; cahots des chars sur les chemins pierreux. Et aussi ce reste de jour dont on s'éclaire... Puis, l'ombre s'épaissit, Muguette allume la lampe de cuivre. Nous bavardons de ces choses qu'on dit sans importance et qui sont le tissu de la vie. Un bourdonnement léger nous interrompt : un hanneton s'est jeté dans la pièce, frais sorti de sa chrysalide avec les premières chaleurs ; il se cogne à l'abat-jour, zigzague autour de nos têtes. Tout à coup, Muguette se dresse, pousse un cri, se contorsionne :

« Sale bête !... Là ! Là !... Il m'est tombé dans le cou ! Aïe, aïe ! s'il vous plaît ! Au secours ! Aidez-moi ! »

Je n'ai pas peur des hannetons. A Vollore-Montagne, nous leur enfoncions une paille dans le trou qui ne sert pas à respirer, leur attachions un fil à la patte et nous amusions à les faire voler de longues heures, jusqu'à ce qu'ils tombent d'épuisement. Nous les appelions des cancailles. Je me précipite donc :

« Où est-il ?

— Entre mes épaules... vite ! »

J'enfonce ma main par l'encolure du corsage dans cette tiédeur veloutée, je cherche, tandis qu'on me guide :

« Plus bas... à droite... non, à gauche... »

J'atteins la bestiole crochue, l'immobilise, la retire enfin, et à regret.

« Elle m'a piquée ! Je suis sûre qu'elle m'a piquée !

— Mais non, les hannetons, ça ne pique pas.

— Je le sens bien !... Voulez-vous regarder, s'il vous plaît ? »

Je regarde, j'écarte l'étoffe, je ne vois rien. Si ce n'est, sous les cheveux relevés, la peau blanche de la nuque, prolongée par un doux sillon. Mon cœur se met à battre, le sang me monte aux tempes, me fait oublier tout sentiment de fraternité, je couvre de baisers impétueux tout ce qui se présente à mes lèvres, le cou, le corsage, les épaules. Muguette ne se défend pas ; elle reçoit cet orage toute frissonnante, un de ses bras relevé me serre contre elle. Et puis, soudain, elle me repousse, se sauve, court dans la pièce voisine se placer sous la protection de ses enfants. Je reste seul, avec entre mes doigts le hanneton mort, cause de ce désastre. Machinalement, je vais le jeter par la fenêtre, je n'ai plus qu'à partir, avec mes remords et ma turpitude. De la chambre me parvient par la porte ouverte un bruit de reniflements et de petits sanglots. Mme Gagneraud pleure sur mon outrage, sur notre amitié brisée. Comment mon sens civique, mon patriotisme ont-ils pu ?... L'épouse d'un valeureux défenseur du pays ! Un officier de dragons, au surplus, alors que je ne suis pas même caporal ! Enfin, une femme qui a neuf ans de plus que moi, qui pourrait presque être ma mère ! Dois-je présenter des excuses, ou m'enfuir comme un malpropre ? Paralysé de honte, j'attends la suite des événements, la décision de l'offensée, prêt à faire n'importe quoi, à remettre ma démission à l'inspecteur d'académie, à m'engager dans l'infanterie de marine. Enfin, elle reparaît, s'essuyant les yeux, le nez rouge, échevelée, l'air abattu. Mon cœur déborde de repentir. Je bredouille :

« Pardonnez-moi... pardonnez-moi... je vous ai manqué de respect... je comprends votre déception... sur mon compte. »

Elle relève la tête, avec brusquerie :

« Manqué de respect, ma déception... Qu'est-ce que vous allez croire ?

— Ma conduite indigne... votre confiance...

— Cessez de dire des bêtises. Si j'ai pleuré, vous vous figurez donc que c'est, comme vous dites, parce que vous m'avez manqué de respect ! »

Et elle sourit, malgré ses paupières gonflées, me caresse les cheveux, me tapote une joue, enfant, vous êtes bien un enfant... Alors quoi ? Si je ne l'ai pas offensée, si je n'ai pas commis un attentat contre son honneur, pourquoi ces larmes ?

« Mais non, il n'est pas question d'honneur ! Je pleure sur moi, pas sur vous. Je pleure sur ma faiblesse, car j'ai senti tout de suite que j'étais prête à succomber, et avec une folle joie encore ! »

Ayayaye ! Voilà qui se complique, nous sommes en plein Racine, en plein Corneille, la passion et le devoir, percé jusques au fond du cœur.

« Vous comprenez qu'il ne s'agit pas d'offense !

— Mais alors...

— Non, non, il n'y a pas de mais alors. Restons-en là. Je n'ai pas envie de me jeter dans une tempête, je ne sais pas nager, et il ne faut pas que je me noie.

— Comment allons-nous faire ? Qui donnera des leçons de chant à mes gosses ?

— Nous ferons comme avant. Sauf, que, sans doute, je vous recevrai moins souvent chez moi. Par prudence, à présent que je me connais.

— Je n'oserai plus vous regarder en face, plus vous sourire.

— Vous avez décidé de les dire toutes ! »

Elle s'approche, c'est elle qui me sourit, elle saisit mon visage entre ses mains, me pose sur les lèvres un baiser appuyé mais court. Pour la première et la dernière fois.

L'année scolaire se termine. Au début de juillet, arrivent les premiers permissionnaires. Ils ne portent plus ni guêtres ni pantalons rouges, mais des culottes bleues et des bandes molletières ; les parents s'en trouvent bien rassurés ; ils attireront moins les balles ennemies, maintenant qu'ils ont pris la couleur de l'horizon. Les soldats reprennent leurs habits de paysans, fauchent les prés du matin au soir, remuent le foin, ébranchent les vignes, se tuent au travail ; au bout de six jours ils rendossent l'uniforme, et repartent se faire tuer par d'autres moyens. Vers le 25 juillet, à la veille des vacances scolaires, de grands cris sortent de la boulangerie Fournier. Comme leur nom l'atteste, les Fournier ont chauffé le four et cuit le pain d'Aulhat pendant des générations. Jean Fournier, l'ancêtre, a repris du service au départ de son fils et de son petit-fils sous les drapeaux. Louis Fournier, le fils, a eu le malencontreux destin de se faire écrabouiller par un 210 en même temps que sa cuisine roulante, on ne sait trop où. Il reste, pour assurer la continuation du nom et de la boulangerie, Maurice Fournier, venu en permission après le 14 Juillet. Il a vingt-deux ans, il connaît le métier, il a mis la main à la pâte pour soulager son grand-père. Quand vient le moment de repartir, sa mère, déjà veuve de Louis Fournier, pousse des hurlements, s'accroche à lui des bras, des mains, des ongles :

« Non, non ! Ne repars pas ! Ils te tueront, comme ils ont tué ton père ! Je ne te reverrai plus ! »

Il la décroche, doucement mais fermement, le vieux la retient. Maurice s'éloigne. Mais elle se dégage, rattrape son fils dans la rue :

« Pour l'amour de Dieu ! N'y retourne pas !

— Aimes-tu mieux qu'on me fusille comme déserteur ? »

Elle ne comprend rien à la guerre ni aux règlements, au droit des gens ni à l'Alsace-Lorraine, elle ne veut rien entendre que le droit naturel qu'elle a de garder son fils vivant. Alors, il la soulève de terre, légère comme elle est, et la rapporte à la boulangerie, la confie au grand-père qui gémit de son côté et se mouille la barbe. Retenez-la, voyons ! Maurice se sauve de nouveau à grands pas. Et de nouveau, elle le poursuit, le rattrape, s'agrippe à lui comme une tique, une seconde fois, il doit la rapporter à bras-le-corps. On réussit à l'enfermer au verrou, tandis que lui retourne achever son destin.

Il arrive qu'on entende par les bois et par les champs des femmes hurler à la mort lorsqu'elles se croient dans la seule compagnie de leurs vaches et de leurs chèvres, elles évitent de se livrer chez elles à leur douleur pour ne pas déranger le voisinage, le chagrin des uns ne peut qu'augmenter le chagrin des autres. On en est maintenant à six morts et deux disparus. La mère Courtine ne veut pas croire à la disparition du sien, pour sûr, il se sera échappé à quelque bonne occasion chez les Allemands ou les Suisses, et il a bien fait. Un soldat de plus ou de moins, est-ce que ça compte dans le total ? Il reviendra après la paix. Et pendant des années, m'a-t-on dit, elle ira l'attendre le soir sur la route d'Orbeil, pensant qu'il ne reviendra qu'à l'ombre tombée, en se dissimulant. Elle laissera nuit et jour sa porte ouverte afin qu'il puisse entrer à toute heure. Puis elle se dira qu'il n'ose sortir de sa cachette, par crainte de la loi et des gendarmes. Elle mourra enfin, toute triste, persuadée qu'il s'est fait une autre vie, en un certain endroit du monde, et qu'il a oublié l'Auvergne et sa mère.

A la fin du mois d'août, la batteuse ronronne à la ferme de la Plagne, une des plus grosses du pays, où plusieurs femmes sont engagées afin de préparer la pitance de tout ce monde, une quarantaine de personnes. Marie Pomerol doit laver la vaisselle, alimenter le feu, éplucher les légumes. Vers la fin du repas de midi, alors que chacun a bien mangé et bien bu, bien rigolé, bien médit du curé de la paroisse, voici qu'arrive en estafette un enfant d'Aulhat, envoyé par le maire. Il apporte une nouvelle : Augustin Pomerol a été tué. Il la donne au maître de la Plagne, selon les recommandations.

« Excusez, dit le gosse, j'aurais dû venir hier soir, et puis j'ai oublié.

— Qu'est-ce que tu as oublié ?

— De venir vous dire ça, d'Augustin Pomerol.

— Depuis hier soir tu le savais ?

— Ça m'était sorti de la tête. J'y ai repensé ce matin.

— Merci bien, dit le maître. Tiens, voici une tranche de pompe. »

Et le gamin s'en retourne en mangeant sa pompe. Maintenant, il faut informer la mère d'Augustin, au fond de la salle où elle rince les plats. La maîtresse s'en charge :

« Ma pauvre Marie... »

Et l'autre, levant sa tête grise : « Qu'est-ce qu'il y a ?

— Il y a qu'on nous a apporté une bien triste nouvelle... à propos de votre garçon.

— On l'a tué ?

— Oui, ma pauvre. Que le Bon Dieu ait pitié de lui. »

Marie Pomerol s'assoit sur une chaise et pleure tout son saoul dans son tablier, tandis que les autres femmes lui murmurent des consolations : vous avez une gendresse gentille pour vous, et vos petits-enfants, il est maintenant au ciel, il a fini de souffrir, ne pleurez plus ma pauvre, à quoi ça sert. Ce qui les préoccupe dans l'immédiat, c'est aussi d'arrêter ces larmes qui retardent le travail. Il y a encore le repas du soir à préparer, le ragoût de mouton, les pommes de terre, et tous ces hommes qui dévorent pire que des loups. Eux, quand ils ont appris le message de l'estafette, ils ont vidé le fond de leur verre de gnole et sont repartis au battage sans plus rien dire. Mais ils reviendront en fin de journée avec tout leur appétit, et il ne faudra pas leur en promettre. Et cette montagne d'assiettes sales ! Alors, Marie Pomerol se remet à honorer son engagement, les hommes peuvent mourir, il faut que les battages se fassent, elle épluche les patates de ses mains qui tremblent, elle porte les débris aux poules, elle lave les assiettes. Mais elle ne peut arrêter pour autant le cours de son chagrin, l'eau de ses yeux tombe dans son eau de vaisselle. Elle reste ainsi à son poste jusqu'à la fin de la besogne, sans cesser de pleurer. Quand le maître de la Plagne lui verse son gage, elle n'a pas volé cet argent.

En septembre, le sous-lieutenant Gagneraud vient passer à Aulhat ses six jours réglementaires, je n'ai pas l'occasion de le rencontrer. Quand je reviendrai, on me laissera entendre qu'il y a eu du bruit dans quelques familles, que certains permissionnaires, mécontents de la conduite de leur femme, lui ont fait des yeux au beurre noir, l'ont mise à la porte, ont cassé le mobilier. Les permissions, c'est comme toutes les inventions humaines, cela présente un bon et un mauvais côté.

La journée des bleuets

La situation à Vollore-Montagne n'est pas plus réjouissante.

Le 23 septembre, jour de la Saint-Constant, j'accomplis ma dix-huitième année. Je la célèbre dans la plus stricte intimité, en tête à tête avec moi-même car je suis le seul à m'en être aperçu. Il n'est pas d'usage dans ma famille de fêter quoi que ce soit à qui que ce soit, on n'en finirait point. Mon père, d'ailleurs, n'a jamais su les dates de naissance exactes de ses enfants. Ma mère a meilleure mémoire, mais trop de soucis par la tête. Les seuls jours de réjouissance de l'année sont les fêtes publiques : Noël, 1er janvier, Pâques, 14 juillet, Assomption. Encore n'ont-elles jamais empêché, en cas d'urgence, de rentrer un char de foin ou de gerbes.

Au début d'octobre, je suis présent à Aulhat. Face à moi, de nouveaux tabliers noirs. Ceux de l'Assistance publique se reconnaissent aisément à leurs fronces particulières sur la poitrine. Jeanne Gaillard m'a quitté, reçue au certificat d'études à Issoire. Non pas première du canton, c'eût été de l'orgueil, mais en très bon rang. Que vais-je devenir sans toi, sans ton regard, ta vigilance, ton dévouement ? Suis-je à jamais privé de la nuit de tes yeux et du petit matin de ton sourire ? J'ai perdu toute confiance en moi-même. Contre chaque pierre je trébucherai, je le sens, et s'il n'est qu'un seul endroit bourbeux sur mon chemin, c'est là que mon pied, inexorablement, se posera. Qui lèvera le doigt désormais pour me laisser entendre, les jours de glace, que le feu est près de s'éteindre :

« Monsieur, puis-je ajouter une bûche ? »

Il faut donc que tu grandisses et vieillisses, que tu deviennes pareille aux autres, que tu entres dans le groupe des impurs, un garçon de quatorze, quinze ou seize ans est en train quelque part de traire des vaches, de charger du fumier, ou de raboter des planches, qui osera lever les yeux vers toi, ô ma Vierge, et dire : je la veux. Et pour peu qu'il ait du bien, quelques cartonnées de terre à culture, des économies à la Caisse d'épargne, ton père te donnera à lui en disant merci, et tu auras des enfants par l'opération de ce vacher. A quoi te réduira-t-on, ô mon Immaculée ?

Maintenant que je me retrouve dans les lieux où je l'ai connue, le souvenir de ses traits perdus me dérange l'esprit. Pas une seconde je n'envisage cependant de la rencontrer dans la ferme paternelle, de déclarer aux parents : Je pars bientôt pour la guerre et je reviens sans retard, gardez-la-moi les trois ans qui vont suivre, je me la réserve. Car je ne pense pas à elle comme un garçon fait habituellement d'une fille. Il est difficile d'expliquer cela. Je l'aime comme j'aimerais la Dame à la Licorne.

Les amoureux désespérés ont encore une chance s'il leur reste de l'appétit : j'en avais. Pour m'en donner davantage encore, je prêtais mes bras disponibles aux jardins de Mme Gagneraud et aux paysans des alentours, je vendangeais, j'arrachais les pommes de terre, je sciais les troncs au passe-partout, je participais à la *bouée* du boulanger. Celle-ci consistait en un immense charroi formé de quinze ou vingt attelages, on allait jusqu'aux forêts de la Comté chercher tout le bois nécessaire pendant un an à la cuisson du pain, bûches, bûchettes, fagots. Le vieux Fournier payait la marchandise, mais non le transport ni la main-d'œuvre, si ce n'est d'un repas où ne manquaient ni le principal ni l'accessoire. Ainsi, le pain qui sortirait de son four durant une année serait un peu l'œuvre de tous, en le mangeant chacun se sentirait en dette envers les autres.

Lolo faisait maintenant officiellement partie de mon effectif. Mes relations avec Muguette demeuraient excellentes, et il lui arrivait encore de m'inviter de loin en loin à sa table, mais jamais aucune autre cancaille maquerelle ne s'avisa de voleter entre nous.

La guerre marquait beaucoup moins les enfants que les adultes. A vrai dire, elle ne les marquait pas du tout. Ils buvaient leur saoul de lait, mangeaient leur saoul de saucisson, respiraient leur saoul d'oxygène, se passaient leur saoul de farces et de cabrioles. Les garçons poursuivaient la patache, essayaient de sauter sur le marchepied extérieur, le manquaient parfois et roulaient dans la poussière. Ils capturaient des lézards gris dans des boîtes d'allumettes et tâchaient, en classe, de les envoyer sous les jupes des filles qui poussaient des cris aigus, se dressaient sur le banc, secouaient leurs cotillons. Et moi, naïf comme un enfant de Marie :

« Qui a fait ça ? Qu'il se dénonce tout de suite s'il est un homme ! »

Ils baissaient tous la tête, sournoisement, c'était leur politique, en sorte qu'au lieu d'un seul coupable j'en avais douze à guillotiner. Mais la victime aussitôt le *vendait* :

« C'est Martin Chavarot ! »

Cramoisi d'indignation, Chavarot s'écriait avec cet accent de l'innocence outragée qui ne trompe point, malgré ses poches pleines de *grisolles* :

« Pas vrai, M'sieu... C'est une langue de peille ! »

Les filles venaient à l'école avec des crottes de brebis enrobées de farine, elles les offraient à leurs ennemis héréditaires :

« Tiens une croustille ! Toute fraîche ! »

Le pire de tout était les jours de pluie qui rassemblaient mes deux quarterons sous le préau exigu, piaffant, piétinant la poussière, se bousculant, se tirant les tresses et les oreilles, faisant les quatre cents coups des quatre cents diables. On rentrait dès que possible, et pour les calmer un peu j'envoyais chercher Mme Gagneraud et sa mandoline. Non, les massacres lointains ne les empêchaient pas de rigoler, ils n'avaient une pensée pour les absents que lorsque je les y contraignais par mes leçons de morale.

C'est alors que la presse apporta enfin une bonne nouvelle : la solde des hommes de troupe venait d'être quintuplée par la Chambre, passant de cinq à vingt-cinq centimes. Pour compenser cette largesse, on rognerait la solde des officiers.

Au mois de mai, dans la salle de la mairie d'Issoire, en même temps qu'une centaine d'autres de la classe 17, je me mets tout nu devant des majors habillés, qui me toisent, me pèsent, me découvrent les dents, me retroussent la paupière, me tâtent le garrot, font des remarques sur ma viande et mon ossature et me déclarent bon pour l'abattage. Au milieu de cette foire, soudain un des conscrits se roule sur le parquet, avec des glapissements, des coups de talon, la bave aux lèvres, les yeux révulsés : il veut laisser entendre par là qu'il est atteint du haut mal et se trouve inapte ; son numéro semble parfaitement au point. Les maquignons se penchent sur son cas, l'examinent attentivement, parlent de simulation, de conseil de guerre. Les besoins du marché sont tels qu'on ne peut se permettre de négliger une tête, convulsionnaire ou non. Service auxiliaire, provisoirement. On vous reverra à la caserne.

Depuis des mois, on entend parler de Verdun où se livre une bataille comme il n'y en a jamais eu dans l'Histoire, comme il n'y en aura plus jamais, les généraux des deux camps y lancent à pleines mains leurs régiments, ainsi que des confettis sur le carnaval. Ils ont recours aux hommes les plus savants de leur pays, aux ingénieurs pourvus des plus hauts diplômes afin de construire, perfectionner, élargir cette admirable machine à tuer. Cela ressemble aux hachoirs géants de Chicago, en moins propre, on y peut débiter une moyenne de 200 000 bêtes par mois. Car en fait il n'est pas question d'avancer ni de reculer, de prendre ou de perdre tel fort, telle crête, tel observatoire, mais de saigner à blanc l'adversaire, celui à qui restera un seul combattant debout sur les deux armées mortes pourra se proclamer le vainqueur. Chaque jour, des noms champêtres truffent les communiqués, tu croirais qu'il s'agit d'une partie de campagne : ferme des Chabrettes, ferme de Thiaumont, ravin des Vignes, ruisseau des Forges, bois Chauffour, bois Bourru. De tout cela émerge une figure effroyable, une sorte d'ogre impossible à rassasier, dont on ose à peine prononcer le nom barbare : le Cromprinze, le Croquemitaine des temps nouveaux. Le long du mur du cimetière, une inscription au charbon dit : *A mort le Kronprinz*. Seul *le Petit Parisien* garde un moral de fer... *La bataille de Verdun suit son cours sans nouvelles modifications sensibles, la décision peut être encore très longue à venir, et c'est tant mieux, car le temps travaille pour nous.*

En juillet, les gendarmes m'apportent, contre décharge écrite, mon fascicule de mobilisation me donnant droit *au transport en 3e classe sur les lignes du réseau ferré pour un seul voyage à destination du lieu indiqué et sans délivrance préalable du billet*. Je dois prendre le train à la gare la plus proche de mon domicile afin de me présenter le 1er septembre 1916 à la caserne du 121e RI à Montluçon (Allier).

L'avant-dernier jour du mois, c'est la fête de l'école. Mes mammifères m'apportent des fleurs, des serpentins, des pâtisseries, des fruits, du sirop de grenadine. Nous nous vautrons dans une horrible orgie. Le lendemain, la classe a lieu normalement : morale (*Nous devons tenir nos engagements... parole d'honnête homme... chose promise...*), écriture, lecture, problème, leçon de choses : autopsie d'un roseau, racines, feuilles en lame de sabre, tige, moelle, panache. La dernière heure seulement échappe à l'emploi du temps officiel. Mme Gagneraud se joint à nous, on récite des poésies, on chante *la Marseillaise*. J'écris au tableau la consigne d'usage :

Rentrée lundi 2 octobre 1916

Puis, je serre toutes les mains, nous nous quittons virilement, ils s'égaillent vers les horizons, je regarde s'éloigner leurs petites taches noires. Le lendemain, je pars à mon tour, avec mes cliques et mes claques et je rejoins Vollore-Montagne pour y passer mes dernières semaines de vie civilisée. Naguère, quand je marchais dans la maison, je n'avais sur moi qu'une paire d'yeux : ceux de la Vierge aux mouches. A présent, j'en sens deux paires. Que je m'asseye ou me lève, que je mange ou me rase, que je me mouche ou éternue, ma mère n'a plus qu'une occupation : me regarder. Elle ne se nourrit plus, ses mains restent oisives l'une dans l'autre : elle me regarde. Chacun me comble de mamours, de mots doucereux, d'attentions irritantes. Il est clair que je suis un condamné à la peine capitale, ils veulent que j'emporte d'eux une bonne image quand je sauterai le pas, ils adoucissent mes derniers instants. Je suis tenté d'écrire mon testament, mais j'y renonce, n'ayant rien à léguer d'autre que ma montre. Un article en nickel, acheté dans une horlogerie d'Issoire avec l'argent de mon premier salaire. Or, je l'emporte avec moi, nous vivrons ou mourrons ensemble.

Je me donne deux jours pour rejoindre mon corps à la date imposée. Le 30 août, je monte dans la berline de Noirétable en même temps que Gouttebarge, mon collègue de certificat d'études, qui part pour Besançon. Il emporte dans sa musette un litre de *blanche* et, quand nous atteignons le terminus, je crois bien qu'à nous deux nous l'avons bu à moitié. Heureusement, le chef de gare me pousse dans le train approprié sur présentation de mon ordre de route. Et il se trouvera toujours, jusqu'à mon arrivée à Montluçon, un employé des chemins de fer du réseau français pour m'installer obligeamment dans la bonne voiture. Mêlés d'abord aux civils, nous nous trouvons dès la moitié du parcours exclusivement entre nous, ceux de la 17. Nous partageons nos vivres, vidons nos bouteilles, notre moral est au zénith, la guerre comme la peste a de bons côté. Nous finissons par nous endormir, les uns appuyés aux autres.

A la caserne Richemond, nous sommes confiés à des caporaux précédemment blessés, bardés de brisques, qui emploient leur convalescence à nous instruire. Ils ont huit, dix, douze ans de plus que nous. De braves pères de famille qui nous racontent leurs souffrances, les massacres de 1915, quand on les envoyait en terrain découvert, dans leurs pantalons rouges, prendre d'assaut à la baïonnette les mitrailleuses boches. A présent, nos généraux sont un tout petit peu moins dépensiers, ils ont calculé qu'à cette cadence la guerre ne pourrait pas durer, ils s'efforcent de nous économiser. Ces caporaux me semblent plutôt miteux dans leur propagande. Pour moi, je dois dire que l'idée de monter au front me cause une frayeur normale, elle pique en même temps ma curiosité. Nous nous faisons photographier en groupes, envoyons des clichés à nos familles, les assurant de notre excellente santé et de nos bonnes dispositions. Je me fais l'effet de cet individu dont parle Voltaire et qui, tombant du haut d'une tour élevée, se disait à mi-chemin : tout va bien pour l'instant. Quand nous avons quartier libre, nous nous promenons dans Montluçon et sur les bords du Cher. C'est une ville très active, la plupart des femmes sont employées dans les usines à fabriquer des munitions, on voit le long de certaines rues des stères et des stères d'obus empilés, des 220 et autres gros calibres, qui attendent aussi leur départ. Quand nous entrons dans un bistrot, le patron nous tutoie, nous appelle « l'ancien » pour nous faire plaisir, qu'est-ce que tu bois, l'ancien, et il refuse notre argent. A ce prix, on lui pardonne d'être embusqué.

Habituellement, les instituteurs sont destinés au peloton d'élèves-officiers, mais je ne suis pas instituteur en titre, je ne possède pas le diplôme du brevet supérieur, pas eu le temps de le préparer, je ne suis guère plus qu'un péquenot sachant lire et écrire, alors mon sort sera celui des autres péquenots. Je n'en suis pas mécontent, je ne fais qu'obéir à une recommandation de ma mère : « Surtout, ne te fais pas remarquer. » Fin octobre, on nous embarque, après nous avoir coiffés du nouveau képi bleu horizon qui s'harmonise avec l'uniforme. Nous atteignons Paris, grouillant de civils et de militaires, je vois des Anglais pour la première fois, dans leur étrange costume caca d'oie, mais nous ne sommes que de passage, impossible d'aller à Montmartre, on reviendra après l'armistice. Au pas cadencé, arme sur l'épaule, nous défilons de la gare de Lyon à la gare du Nord. Il tombe une pluie froide qui nous prive à peu près complètement de spectateurs. Sur les quais, nous installons nos faisceaux et notre barda, certains achètent des journaux pour avoir, si possible, des nouvelles de la guerre. *L'Humanité, le Petit Parisien, l'Écho de Paris*. Des colonnes en blanc plus ou moins vastes y marquent les ravages de la censure. Maurice Barrès, intouchable, y parle précisément de nous :

Un élan magnifique soulève nos recrues. Elles sont l'étoile de notre destin, le signe du salut national. Le voilà, le bel astre que nous appelions, avec la certitude qu'il apparaît sur le bord du ciel nocturne. De ses doigts de rose, la jeunesse, comme jadis chez les Hellènes, écarte les ténèbres et dit en souriant : « Tout nous est facile, joyeux, lumineux... » C'est une jeunesse héritière en même temps que novatrice. Et nul, l'ayant rencontrée qui part à la bataille avec des cris de joie, ne peut mettre en doute l'immortalité de la race.

Ça sonne autrement que les jérémiades de nos vieux caporaux !

En fin de journée, nouvel embarquement, moins confortable en wagons de marchandises, *quarante hommes ou huit chevaux en long*. C'est ici comme à l'École normale : la République a plus de sollicitude pour ses chevaux que pour ses citoyens. On s'allonge sur les planchers nus, sans un brin de paille, on mange le pain biscuit, on tète le pinard des bidons, tenus par nos doigts de rose. Avec beaucoup d'hésitation, des arrêts prolongés, le convoi s'enfonce dans la nuit, vers un étrange horizon qui s'illumine souvent de brusques clartés, pareilles aux éclairs de chaleur, accompagnées d'un grommellement sourd. Au petit jour, arrêt définitif, terminus, tout le monde descend, nous sautons sur le ballast et sur les quais. Soissons, victoire de Clovis, 486. Le centre est très endommagé, autour de la cathédrale aux façades crevées. Ce qui n'empêche pas le commerce : le marché se tient au milieu des ruines. Beaucoup plus près maintenant, le canon mène son récital wagnérien de grosses caisses. Au sud de la ville, un cimetière improvisé réunit un millier de tombes fraîches, chacune avec sa croix de sapin et son inscription gravée au pique-feu : nom, prénom, régiment du propriétaire, date à laquelle il a cessé toute activité. Des camions nous ramassent et nous emportent vers nos cantonnements, leurs bandages font un clappement continu dans la boue des routes, parfois ils s'enlisent, refusent d'aller plus loin, il faut descendre, s'enliser soi-même, les pousser au derrière. Enfin, nous arrivons dans un autre tas de ruines appelé Révillon, comme le chocolat. Il est situé au fond d'une cuvette entourée de plateaux, protégée au nord, semble-t-il, par un canal et le cours de l'Aisne, vers laquelle descend un ruisseau sinueux.

Nous couchons sous la tente, sur un lit de paille humide, car ça tonne dur au nord-ouest, en direction de Condé. Une dizaine de buvettes de planches se sont établies dans le secteur, où l'on vend à boire et à manger. Nous nous sentirions heureux comme des poissons dans l'eau si les mastroquets ne pratiquaient pas des prix si exorbitants : 38 sous le litre de vin ordinaire et 3 francs le vin bouché, 7 sous un œuf, 10 sous une salade, 32 sous un camembert. Certains jours, le vin ordinaire fait complètement défaut, il ne reste au négociant que du bouché à 3 francs, qui en fait est le même liquide mis secrètement en bouteille et cacheté. Nos cinq sous de solde quotidienne ne vont pas loin. Un certain Grimard et sa femme se montrent particulièrement rapaces. Nous les traitons de vieux salauds, vieux grigous, vieux ceci, vieux cela, nous les menaçons de foutre le feu à leur cambuse et de les faire griller comme de vieux poux qu'ils sont, ils font semblant de rire et rétorquent :

« Vous serez bien avancés après ! Qui vous donnera à boire ? Qui se procurera le ravitaillement nécessaire et vous l'apportera à quatre pas des lignes ? Est-ce que ce risque ne vaut pas un peu d'argent ?

— Et nous, le risque, est-ce qu'on nous le paye, vieilles sangsues du Soissonnais ? »

Alors, certains consommateurs se vengent sur les maisons abandonnées. Il s'en trouve dans la campagne quelques-unes encore épargnées par les marmitages, on les défonce, on les retourne, on fouille les caves et les meubles, on propose le butin aux Grimard et à leurs pareils, cuillers d'argent, gobelets, pendulettes, tout cela part ensuite vers l'arrière, dissimulé dans des tonneaux vides. Drôles de Madelons que nous avons là. Leur cas n'est pas isolé : de la mer du Nord aux Vosges, cette espèce de charognards prospère à l'abri du front, dans les bourgs et les villages, pour le repos et le plaisir du militaire.

Au nord de notre secteur, là où descendent vers l'Oise les eaux limoneuses de l'Aisne, c'est le feu de Dieu, le martèlement des artilleries, le grésillement des mitrailleuses. Mais il semble que, pour l'instant du moins, le commandement nous tienne en réserve, nous les *biquets* de la 17 qui, depuis notre incorporation, n'avons pas grillé deux douzaines de cartouches. Pendant une semaine, on nous fait construire des baraques avec du bois récupéré. Le sous-lieutenant qui nous commande me dit un jour : « Vous, vous êtes un intellectuel. » Il semble que je porte sur ma figure ce stigmate. Je ne sais pas, ça dépend de ce qu'on entend par intellectuel... Votre raisonnement prouve que vous en êtes un. Il ne méprise pas les jeunes paysans qui forment le gros de notre effectif, mais il est content de pouvoir causer avec quelqu'un de son espèce. Il s'appelle Roger Luco, il est parisien, libraire, marié et père d'un enfant. Durant les pauses, qu'il prolonge et multiplie, il s'assied près de moi, m'interroge sur mes études, mes lectures, me parle des siennes. Cependant qu'à dix kilomètres de cette conversation mondaine, des dizaines d'hommes sont passés à la moulinette. Une telle familiarité entre un officier et un deuxième pompe indispose le bidasse moyen qui me regarde de travers et siffle entre ses dents : « suçon, fayot, lèche-bottes ». Un jour où le ciel est dégagé et que les canonniers semblent en grève, Luco nous fait grimper à titre de manœuvre sur le plateau de Beauregard d'où l'on a, comme ce nom l'indique, une vue sur tous les horizons. A nos pieds, l'Aisne enroule et déroule ses anneaux, paisiblement.

« Pourquoi, ai-je demandé un matin à mes ouailles d'Aulhat, les cours d'eau dessinent-ils des méandres dans les plaines ?

— Parce que, a répondu quelqu'un, ils sont trop longs pour leur lit. C'est comme nous quand nous dormons en chien de fusil. »

Du plateau de Beauregard, on distingue aussi, au septentrion, une longue crête grise, Luco l'examine de ses jumelles, nous la décrit scientifiquement :

« Je la connais, je l'aie vue de près en septembre 1914. Il s'agit d'une sorte de rempart de calcaire construit par la nature pour arrêter les vagues de l'envahisseur. Tantôt large et tantôt étroit. Creusé de grottes plus ou moins profondes, d'anciennes carrières, certaines traversent de part en part, les paysans y logeaient leurs moutons, on les appelle ici, suivant leur capacité, des *creutes*, des *boves*, des *bovettes*. Malheureusement, nous l'avons mal défendu, il est aux mains des Boches. De l'autre côté, imaginez nos compatriotes réduits en esclavage. Un jour, nous reprendrons cette falaise, nous irons les délivrer. »

Il allume une cigarette, ajoute un dernier détail :

« Le long du plateau court une route presque droite, de Condé à Craonne. Dans le passé, elle a été empruntée par plusieurs princesses royales qui venaient en villégiature dans les châteaux de la région. C'est pourquoi elle porte ce joli nom : le Chemin des Dames. »

Nous redescendons vers nos cantonnements en nous laissant glisser sur nos derrières bleu horizon. Nous sommes en plein tourisme.

Ces vacances ne durent guère. A la mi-novembre, nous quittons Révillon avant le jour, protégés par un brouillard à manger en tartines, et marchons vers la grande falaise. Nous franchissons l'Aisne et son canal près d'une ancienne sucrerie dont on pourrait à présent mettre les morceaux dans le café. Nous marchons durant trois heures, tantôt à découvert, tantôt au milieu des arbres ou de ce qu'il en reste. Le cœur me bat, parce que je vais toucher du doigt le front, le fameux front de la guerre. Pour l'instant il n'a pas trop de température : les Boches doivent dormir dans leurs creutes aménagées, si l'on en croit les révélations des prisonniers, en hôtels de première catégorie, avec poêles, tables, chaises, paillasses, couchettes, infirmeries et même — luxe des luxes — cimetières souterrains. Nous atteignons le centre d'une cuvette appelée Vallée-Foulon parce que les paysans y venaient jadis puiser des tombereaux d'argile afin de blanchir la laine de leurs brebis. Des pentes abruptes l'entourent : celles de gauche nous appartiennent ; devant, se dresse l'étranglement de Hurtebise. Voici enfin les premières tranchées françaises. Des hommes y grouillent comme des asticots dans une charogne. Ils considèrent avec surprise nos faces imberbes et virginales. C'est la relève ?... Non, pas encore, on fait pas le poids. En attendant de le faire, nous crachons dans nos mains, nous empoignons la pelle et la pioche, nous creusons de nouvelles tranchées, plantons des réseaux de fils barbelés ou téléphoniques, posons des caillebotis pour assécher les boyaux. De temps en temps, désireux de se rappeler à notre bon souvenir, ceux d'en face nous expédient franco de port un gros paquet-cadeau, au moyen de ces canons courts qu'ils appellent *Minenwerfer* et nous *crapouillots*. Ils disposent de fins pointeurs qui calculent exactement la parabole et l'hyperbole. On entend la torpille monter avec un froufrou d'oiseau prisonnier, elle dessine une courbe, elle bascule en hurlant, c'est un engin diabolique en forme de seau à charbon, elle reste en l'air, elle réfléchit et fonce là où elle voit du monde. Tu t'aplatis, tu t'efforces de disparaître sous ton sac, d'entrer dans ton casque, l'explosion te secoue jusqu'aux entrailles, te couvre de terre et de débris. Longtemps, tu n'oses bouger pied ni patte, te rendre compte si tout fonctionne, si rien ne manque en toi. Des hurlements montent de tous côtés. Brancardiers ! Brancardiers ! Par ici ! Je vais mourir ! Brancardiers ! Mais les brancardiers ne peuvent suffire à la demande, s'ils se font trop visibles, les tireurs de la falaise les fusillent comme des renards. Des paquets bleu horizon ont été projetés loin des tranchées et gisent à découvert, on ne sait si c'est du mort ou du vif. Après une heure ou deux d'attente, c'est nécessairement du mort. On essaye quand même de les récupérer la nuit. Dans les cas les plus difficiles, on recourt à des spécialistes qui s'efforcent de les crocheter avec des grappins, qui les tirent à eux comme les pêcheurs bretons leurs filets. On ne peut les abandonner, cela fait mauvais effet et mine le moral de la troupe. Quand, après trois jours passés dans la Vallée-Foulon, nous sommes ramenés à Révillon, nous ne sommes plus les mêmes.

Cependant, l'hiver se passe de manière assez tranquille dans notre secteur où arrivent même au repos des troupes durement éprouvées à Verdun ou dans la Somme. On joue aux cartes, on écrit aux familles, on échange des confidences, on sculpte des cannes et des pipes, on mange chaud grâce à la proximité des cuisines roulantes, on boit frais : le picrate de l'intendance, le pinard des buvettes privées. C'est à ce moment-là que j'ai pris des habitudes d'intempérance qui devaient durer longtemps. Beaucoup de Soissonnais sont revenus habiter leurs anciennes maisons, à quelques kilomètres des lignes, même s'ils les ont retrouvées pillées ou crevassées. Le dimanche, les curés disent la messe dans ce qui reste de leurs églises, et des paroissiens y paraissent, en manteaux bordés de fourrure. Luco me montre des photos de sa femme, qui continue de vendre des livres dans le 13e, et de son gosse. Il tient au crayon-encre un journal de guerre qu'il publiera après la démobilisation. Je trouve à emprunter une vieille bicyclette civile, qui me permet de rôdailler aux environs. Je pousse jusqu'à Craonnelle, défoncée par des tranchées et défrisée par des chevaux de frise en travers des rues. De là, on voit très bien Craonne démoli, occupé par les Allemands, la tour carrée de son église, pareille à celle d'Aulhat.

Des patrouilles maintiennent le contact avec l'ennemi, elles ont mission de capturer des prisonniers, par eux l'on apprend qu'en face c'est aussi zone de calme et de silence, on y envoie au repos des régiments fatigués. La vie est belle. Ils nous surveillent cependant, des saucisses se balancent au-dessus de leurs lignes, des avions à croix noires tournoient comme des éperviers au-dessus des nôtres. Le seul inconvénient de notre existence est le surnombre. Des unités nouvelles arrivent chaque jour : zouaves, cavaliers, artilleurs, chasseurs et même Sénégalais. Ceux-ci sont établis sur notre gauche, à Longueval, et souffrent terriblement du froid. Leurs officiers les font courir sur les routes comme des dératés afin de leur réchauffer le sang et d'améliorer leurs gelures. Le matériel arrive aussi : toiles de tente, caissons, munitions, ça finit par devenir inquiétant. A partir de la fin décembre, plus aucun doute ne subsiste, l'état-major est en train de monter une grande offensive, il le fait avec une insolence qui enthousiasme : en plein jour, canons et fantassins défilent des deux côtés de l'Aisne, de l'est à l'ouest, du sud au nord, passent sans interruption le canal et la rivière. A la sortie de Bourg-et-Comin, obus, bombes à ailettes, caisses de cartouches et de grenades s'empilent en un énorme dépôt, pour essayer les lance-flammes on brûle des broussailles et des fourrés, ce qui produit des fumées épaisses. L'importance des préparatifs apparaît bientôt si considérable qu'il ne peut s'agir que de l'offensive décisive, celle qui chassera sans appel l'envahisseur du sol sacré de la Patrie. Tout le monde en parle autour des roulantes, dans les cantines. Les mastroquets expriment même leur inquiétude commerciale, le bon temps de la bibine en bouteille cachetée va finir. On l'évoque dans les lettres et la censure laisse passer. Cependant que d'innombrables affiches continuent leurs recommandations : *Taisez-vous ! Méfiez-vous ! Silence ! Motus ! Bouche cousue !*

Vers la fin du mois de février, je suis de guet un matin au pied du plateau de Cerny, à trois cents mètres des lignes adverses, lorsque j'entends tomber et rouler quelque chose devant moi, j'écarquille les yeux, je distingue dans la brume une tache rouge et blanche et je m'enfonce dans la tranchée, craignant une explosion. Ils ont des inventions infernales. Comme au bout d'un quart d'heure rien ne s'est produit, je regarde encore : l'objet est toujours là. Je le regarde toute la matinée. Deux camarades se joignent à moi, et nous le regardons ensemble. A la fin, ils se procurent des lattes, les lient bout à bout, fixent une gamelle à l'extrémité et réussissent à en coiffer la chose. Ils la ramènent avec prudence. Il s'agit d'une sorte de balle à trois épaisseurs, formée d'un caillou, d'une feuille de papier et d'une enveloppe de toile aux couleurs de la Bochie impériale : rouge, noir, blanc. Le message est écrit en français, sans une faute d'orthographe :

... *Nous savons que vous préparez contre nous une grande offensive. Nous allons vous casser les reins. Dans l'attente, nous passons du bon temps avec vos femmes. Gardez le drapeau, il vous sera utile : vous emploierez le rouge pour mettre une pièce à vos culottes ; le noir marquera le deuil de vos illusions ; le blanc, la virginité de notre sol qui jamais ne sera foulé par vos godillots.*

Je porte la lettre au lieutenant Luco, qui sourit : « Ils sont quand même moins bien informés que ce qu'ils prétendent. Depuis longtemps, nous ne portons plus de pantalons rouges. » Puis il lui fait suivre la voie hiérarchique. Conséquence ou non de mon caillou tricolore, le commandant décide de camoufler ses intentions. Il fait aussi camoufler les batteries, les chemins, les dépôts de munitions. Dieu est avec nous, car une neige épaisse nous apporte un camouflage de complément. Cela n'arrête pas les commentaires. « Alors, nous demande le petit commerce, c'est pour quand votre offensive ? » Un jour tombent du ciel des tracts lâchés par un avion boche, qui nous posent la même question : *Quand venez-vous nous voir ? Nous sommes prêts à vous accueillir.*

Et le matériel arrive toujours, les bombes de même, la logistique est sur les dents. On a l'impression que toute l'armée française s'est rassemblée ici, au coude à coude, au pied à pied. L'espace nous manque aussi à cause des débordements de l'Aisne, il a fallu évacuer des tranchées où l'on risquait la noyade, la plupart de nos livrets militaires portent cette mention : *Ne sait pas nager.*

Nous ne savons pas non plus que l'affaire se cuisine en gare de Compiègne, laborieusement mais minutieusement. Local : le wagon-salon du président de la République. Grand Patron : Poincaré. Conseillers gastronomiques : Ribot et Painlevé. Maître queux : Nivelle. Petits-maîtres : Castelnau, Franchet d'Esperey, Pétain, Micheler. Marmitons : Mangin, Mazel, Duchêne, Fayolle.

« Deux facteurs essentiels, dit Poincaré, vont influencer nécessairement les opérations sur le front de l'Ouest : l'arrivée prochaine des troupes américaines, et la prochaine paralysie de notre allié russe en proie aux affres de la révolution. En conséquence de quoi, je passe la parole à Painlevé.

— Attendons, conseille Painlevé, l'arrivée des soldats d'outre-Atlantique. Jusque-là, contentons-nous d'entretenir le feu sous la marmite, sans rien incendier. D'ailleurs, nos effectifs se trouvent trop réduits pour que nous puissions entreprendre actuellement une vaste offensive. »

Telle n'est pas l'opinion de son compère Ribot qui saute sur le dernier mot prononcé :

« L'offensive ! L'offensive ! L'offensive !... La défensive conduit toujours à la défaite. Le caractère particulier du soldat français... l'épée qui se rouille dans le fourreau...

— Je suis aux ordres de Vos Seigneuries, dit avec prudence le maître queux Nivelle. Simplement, si elles me donnent des consignes qui me paraissent inacceptables... honneur militaire... démission.

— Ne vous offensez pas ! Conscients de votre valeur et de votre fortune... vous soutiendrons toujours...

— Je crois pouvoir dire qu'en effet la chance a été avec moi dans tout ce que j'ai cuisiné jusqu'ici. Ce que je vous ai servi à Mulhouse, sur l'Ourcq, à Douaumont m'a paru être assez de votre goût.

— D'accord, mais : l'attaque ! l'attaque ! l'attaque ! insiste Ribot.

— Peut-on connaître exactement votre recette ? demande Poincaré.

— La percée est possible pourvu qu'une artillerie puissante écrase d'abord les tranchées et les canons ennemis. Alors nos fantassins, dans un élan brutal et irrésistible, franchiront toutes les lignes adverses. Nous devons donc avoir trois armes dans notre poing : le feu, la rapidité, la surprise.

— Justement, cette surprise, parlons-en ! Tout le monde semble déjà informé de la prochaine offensive Nivelle : les députés, les journalistes, les cantinières, les matelassiers.

— Il me reste bien des éléments de surprise : notre méthode, nos moyens, le jour, l'heure, le lieu. Voyez-vous, nos hommes en ont assez de cette guerre de taupes. Il faut qu'ils réapprennent à marcher ; que leurs officiers les guident à la boussole. L'avance sera réglée comme un mouvement d'horlogerie, à l'allure de cent mètres par minute, soit deux kilomètres à l'heure et vingt kilomètres par journée. »

Micheler ose alors intervenir :

« Si je peux me permettre... Peut-être serait-il bon de marquer un temps d'arrêt. Laissons à l'artillerie la possibilité de suivre.

— L'attaque ! L'attaque ! L'attaque ! rabâche Ribot.

— Au jour J + 1, poursuit Nivelle, la cavalerie devra atteindre la plaine de Laon. A J + 2, une ligne Nouvion-Castillon-La Fère. A J + 3, l'Oise. A J + 4, la Somme. A J + 5... N'oubliez pas ce qu'a dit Napoléon le jour d'Austerlitz... Violence, brutalité, rapidité, secret... Nous savons que le moral de l'ennemi est au plus bas : il ne tiendra pas devant notre fureur.

— Ha, ha, ha, ricanent les petits-maîtres.

— La seule chose que je redoute, c'est que l'ennemi fasse le vide devant nous, comme à Royce-Coucy. Plus il sera nombreux, plus notre victoire sera éclatante. Nous ramasserons au moins 100 000 prisonniers.

— Ha, ha, ha.

— Permettez-vous, cher maître, demande Poincaré, que nous entendions l'avis de vos adjoints ?... La parole est à Castelnau.

— Je ne suis pas au courant, reconnaît Castelnau en mordant sa mouche. Personne ne m'a rien confié avant que je n'arrive à Compiègne... Secret bien gardé... Pas eu le temps de réfléchir... Quoi qu'il en soit, toujours d'accord !

— Moi, dit Franchet d'Esperey, je connais bien l'adversaire... très sérieuses capacités de résistance... mais me conformerai aux ordres reçus. »

Micheler exprime son opinion en ces termes :

« Heu... heu... heu... »

Ce qui fait bondir Franchet :

« Je proteste avec la plus vive indignation contre cet avis de Micheler. Aujourd'hui, il nous dit en effet exactement le contraire de ce qu'il m'a déclaré hier matin. »

Alors, Micheler précise sa pensée :

« Pour le jour J, je dis oui. Pour J + 1, heu... heu... Pour J + 2, je me réserve.

— Voilà qui est clair et net ! »

Sollicité à son tour, Pétain parle de puissance de feu française inférieure à ce qu'elle a été, de difficulté du terrain, manifeste des doutes sérieux sur le succès de l'opération. Poincaré tire alors la conclusion de l'entretien : vu... attendu... entendu... gouvernement estime que la bataille offensive doit être conduite avec prudence et immédiatement arrêtée au cas où le front ennemi ne serait pas largement rompu après les efforts initiaux. Nivelle se dresse, pâle comme un linge, et présente sa démission de maître queux.

« Allons donc ! Allons donc ! s'écrient les trois compères. Plaisanterie !... Paroles ont dépassé notre pensée... sentiment du devoir... simple échange d'informations dans une intimité confiante... seul souci est de réaliser une entente complète des divers artisans... sol sacré de la Patrie... » Le Grand Patron refuse tout net d'accepter ladite démission, vous avez toute la confiance du gouvernement, nous reparlerons de tout cela après déjeuner. Après quoi, il pousse ses invités vers le wagon-restaurant.

Pendant ce temps, derrière les sacs de sable, dans nos granges, sous nos tentes, nous grelottons. On a tellement froid qu'on en pleure. Les officiers essaient de nous réchauffer en nous frictionnant avec des espérances. Mettons les choses au pire : le premier jour, on avancera de cinq à six kilomètres. Le soir, on mangera la soupe des Boches. Le colonel exige que les musiciens emportent leurs instruments : en arrivant à Martigny, ils joueront *la Marseillaise*... Des postes de secours, major ? Vous tracassez pas. Tout ce que vous aurez à soigner, au plus, c'est des entorses. Encore un coup de collier, les gars, et la guerre est finie ! La seule chose à craindre est que l'ennemi ne s'enfuie trop vite, que nous n'ayons pas le temps de le rattraper.

Cela dit, l'offensive Nivelle est fin prête, il ne lui manque pas un bouton de guêtre. Le 11 avril, une explosion terrifiante fait trembler la terre, un souffle formidable couche les arbres, renverse les hommes, puis, durant un quart d'heure, des détonations moins fortes se succèdent en chapelets : le dépôt de munitions établi près de Bourg-et-Comin vient de sauter, détruisant le village, faisant des centaines de victimes... Ça commence mal, mon lieutenant... D'accord, mais vous en faites pas, il en reste... On se déplace pour aller admirer l'énorme cratère, ce ne peut être tout de même le fait du hasard. Au fond du trou, parmi toutes sortes d'autres débris, on peut distinguer un objet étrange : une bottine de femme, là-dessus, les esprits carburent : le coup est l'œuvre d'une espionne, voilà tout ce qui reste d'elle.

Depuis une semaine, notre artillerie procédait à de modestes tirs de réglage, de même qu'un chanteur toussote pour s'éclaircir la voix avant d'entamer son grand air. Et voici qu'elle l'entame précisément le jour de l'explosion, comme pour rassurer les pessimistes. Allez, les artilleurs ! Nous comptons sur vous, vieux frères, pour nous frayer le chemin : aplatissez les barbelés, écrabouillez les casemates, faites taire ces chiennes de mitrailleuses. Le tintamarre de nos canons est pour nous la plus douce musique. Faites-leur voir, à ceux d'en face, ce que vaut cette belle marchandise fabriquée en France qui leur arrive sur le coin de la gueule. A certains moments, on ne peut plus parler ; alors, on se regarde les uns les autres, et l'on rigole dans nos capotes mouillées. Le 13 — un vendredi : je me dis que Nivelle est superstitieux et qu'il pense à notre bonheur — grande distribution de pinard, deux litres par bidon, et une chopine d'eau-de-vie, repas chaud : le dernier sans doute avant longtemps. Défense de toucher au remontant jusqu'à ce que nous soyons dans les tranchées. Tenez-vous prêts. Cette fois, les *biquets* n'ont plus droit aux égards. La veille, il est rentré des permissionnaires, tu les repères à l'odeur. Eux ne sentent rien, les femmes ont lavé leurs frusques, tandis que nous, nous puons comme des boucs. Et je dois dire ce qui est : ils semblent contents d'arriver assez tôt pour participer à la poursuite finale. Il fait un temps affreux : froid, brouillard, pluie ou neige. Depuis trois nuits, pratiquement, impossible de fermer l'œil avec ce vacarme. Alors, qu'on en finisse ! Qu'on en finisse !

L'ordre vient. Nous marchons vers le Chemin des Dames. Nous dépassons les batteries de tous calibres — il y a même des pièces de marine — que nous saluons frénétiquement du bras ou de la gueule, elles sont si serrées que les servants se gênent les uns les autres, ça sent tellement la mélinite et les gaz brûlés qu'on se demande comment ils respirent. Nous rencontrons des Sénégalais, le sac dans le dos les gêne et ils le portent sur la tête en psalmodiant des mélopées de leur tribu, beaucoup, à cause de leurs gelures, ont les mains enveloppées de pansements, manier le fusil avec ça, c'est comme vouloir coudre avec des gants de boxe. Cette fois, nous ne sommes pas dirigés vers la Vallée-Foulon mais plus à l'ouest, sous le plateau de Cerny, devant les ruines d'un village appelé Troyon. On s'installe dans les boyaux, on regarde en l'air, des aéroplanes à croix noires se promènent insolemment sur nos têtes sans rencontrer d'opposition, nous leur lâchons quelques pruneaux qui passent à côté de la cible, ils répondent en nous envoyant des tracts, toujours la même littérature. Après quarante-huit heures passées dans la tranchée, certains ont déjà vidé tout leur bidon et se sont souillés comme des porcs. Le chiche rata qui nous arrive est gelé, nous grignotons les biscuits de réserve. Ceux qui ne sont pas de guet s'efforcent de somnoler. Ou vont à la chasse aux poux sous leurs hardes. Ou écrivent une dernière lettre qu'ils confieront au porte-soupe. Ou bavardent entre eux, échangent des adresses de leur famille pour le cas où. Plus aucune excitation ne me soutient, ma curiosité est totalement satisfaite, j'aimerais bien retourner à Vollore-Montagne, à Aulhat ou à Clermont. Qu'est-ce que tu faisais dans le civil ? Toutes les professions sont ici représentées : pédago, charcutier, ouvrier, cordonnier ; mais surtout : paysan, paysan, paysan. Les tranchées sont remplies de paysans, notre guerre est une guerre de paysans, d'ouvriers agricoles, de métayers, de betteraviers, de vignerons, de hacheurs de paille, d'écaleurs de noix. Les aumôniers circulent comme ils peuvent, avec leur boîte à hosties. O les bonnes hosties sèches que je chipais dans la sacristie de la Chapelle-Trinquard ! Elles collaient au palais comme des timbres-poste. Celles-ci ont beaucoup d'amateurs, une précaution qui ne coûte rien, les confessions sont ultra-rapides : *Je confesse à Dieu*, baste, je n'ai pas le temps d'écouter votre prétintaille. La communion est aussi facilitée par le fait que nous sommes souvent à jeun depuis des heures. Amen, merci mon père, au suivant. J'ai l'impression qu'on nous a fait venir trop tôt, à quoi ont servi ces deux jours de patauge ?

Le dimanche 15, le matin est assez ensoleillé, mais la pluie revient dans l'après-midi. Le soir, des feuilles blanches sont mises en circulation, faites passer, faites passer. On y lit, en gros caractères : *Aux officiers, sous-officiers et soldats des Armées françaises. L'heure est venue. Confiance et courage. VIVE LA FRANCE ! Général R. Nivelle.* Ça y est donc. Les sergents nous préviennent : réveil demain à trois heures et demie. On dort ou on ne dort pas, adossés aux parois grasses et glissantes comme des mottes de beurre. Toute la nuit, notre artillerie continue de marmiter, ce qui m'inquiète, c'est que les Boches ripostent, ils ne sont donc pas entièrement anéantis. En fait, le branle-bas commence plus tôt que prévu, et débute par une distribution de café froid, ceux qui n'ont pas vidé complètement leur topette y ajoutent un peu de gnole. Chocolat, biscuits, boîtes de singe : voilà comment on nourrit les héros. Au dessert : grenades. Six par homme dans la musette arrière ; et les ultimes recommandations : « Il n'y aura ni fusée ni clairon. Pas de cris non plus. Vous arriverez sur le Boche tels des fantômes. Neige et brouillard : le temps idéal pour le surprendre. » On serre les mains de ses voisins, connus ou inconnus, comme on fait à des amis qui partent pour un long voyage. Malgré l'optimisme officiel, je me demande si nous nous en tirerons uniquement avec des entorses.

Encore un petit quart d'heure. Baïonnette au canon ! Cliquetis des armes. Le Boche ne nous voit pas, il est mort ou enterré. Enterré au fond de ses tranchées et de ses creutes, après une semaine de pilonnage ininterrompu. Je ne repasse point ma vie comme une leçon. Je songe à ce que je dois faire : monter cette sacrée pente en courant aussi vite que possible, cent mètres par minute en moyenne, selon les ordres du généralissime, qui sort de Polytechnique. Davantage si j'ai assez de souffle. Deux grenades par ligne, six pour trois lignes, le compte y est. Sauter dedans, supprimer ce qui bouge encore. A partir de là, gueuler comme les quatre cents diables. Ressortir, passer à la seconde, et ainsi de suite. C'est tout simple. Demain on est à Martigny, défilé, croix de guerre, fourragère, permissions, ya-hoû ! ! ! Luco me regarde et me sourit. Je veux me battre aussi pour la grenouille de son gosse.

Plus qu'une minute.

En avant !

Nous bondissons. Et la pente ? Avions-nous songé à la pente ? Elle est pareille à l'escarpe d'une route, boueuse, neigeuse, merdeuse, tu crois faire un pas et tu t'agenouilles. Pourquoi Nivelle n'a-t-il pas choisi un temps de forte gelée, de terre dure et portante ? Péniblement, ces cent premiers mètres, on les fait quand même, on tient à peu près le rythme. Encore quelques secondes et on arrive à la première tranchée. Alors brusquement, le versant grisâtre de la falaise au-dessus de nos têtes s'allume et crépite d'un bout à l'autre. Luco crie : « Couchez-vous ! » Les balles sifflent comme un essaim de guêpes furibondes, tintent sur les casques, les gamelles, les fusils. Quelque chose n'a pas fonctionné dans notre balistique, et je vois quoi en un éclair : les creutes crachent le feu à pleines gueules, elles sont protégées par trente mètres de terre et de rocher, la falaise est truffée de nids de mitrailleuse que nos gros calibres n'ont pas su trouver. Une semaine de pilonnage, quatre millions d'obus pour rien si la situation est la même tout le long du plateau. Même les crêtes pètent le feu. Malgré les consignes de silence, des hurlements jaillissent de tous côtés. Au secours ! Je suis foutu ! Mon lieutenant ! Au secours !... On voulait de la surprise, on en a. Je rampe quand même, éberlué d'être toujours en vie. Ça ne durera pas. Quelques fantômes bleus se relèvent, font demi-tour, essayant de retourner à leur point de départ.

« Avancez ! Salauds ! Lâches ! »

Je vois un officier qui lève son revolver, tire dans le plus proche fuyard. Les autres corrigent leur direction, ou bien se jettent par terre et font semblant d'être morts. Peut-être le sont-ils. La première ligne boche est encore à cinquante mètres, beaucoup de barbelés ont été épargnés ou relevés la nuit dernière. Je plonge dans un cratère d'obus où deux autres m'ont précédé. Mes pieds et mes jambes restent dehors. A force de contorsions, je réussis à les ramener, car j'y tiens énormément. A peine suis-je tout entier à l'abri qu'un de mes compagnons de trou explose et part en morceaux. C'est un coup des grenades de sa musette, je ne sais comment il s'est arrangé pour accomplir cet exploit. Pas eu le temps de lui demander une explication, son nom ni son adresse. Par la même occasion, son voisin reçoit des éclats dans je ne sais quels organes essentiels, il se tient la poitrine, gémit et vomit rouge. Et moi, toujours intact ! Réservé sans doute par les puissances célestes pour pouvoir raconter ces choses.

« Attends, dis-je, je vais te donner à boire. »

Je vide de mon café carabiné dans mon quart, je le lui présente, il me regarde, crache rouge encore une fois et crache son âme en même temps. Je bois le café pour que tout ne soit pas perdu. Me voilà seul avec deux morts. A l'étage au-dessus, c'est toujours le tonnerre des artilleries, les triples croches des mitrailleuses, interrompues de temps en temps par un soupir pour changer de chargeur, les hurlements des vivants et des blessés, l'éclatement sec des grenades. Je pense aux miennes et à celles qui restent en dépôt dans la musette du second copain. Un dépôt extrêmement dangereux. Un moment, je songe à les balancer à l'aveuglette de mon cratère en direction de la tranchée allemande, mais je crains d'atteindre des nôtres. Pour me rendre compte où en est leur progression, je sors mon casque au bout de mon lebel, il est reçu par une giclée. A ce moment, j'entends gémir en bordure de l'entonnoir, ayayaye, je peux plus bouger, je vais crever ici. Je reconnais la voix d'un *biquet* de ma classe dont j'ai tout à l'heure serré la main.

« Attends !... Je vais te tendre mon flingue, tu t'accrocheras, je te tirerai jusqu'ici. »

La tête enfoncée dans les épaules, je pousse le fusil, tournant vers moi le côté qui pique.

« Attrape-le ! Tiens bon !

— D'accord ! »

Tagadagadagadagada !... Tu m'écoutes ? Tu es prêt ? Le *biquet* n'a plus besoin de mes secours. Je regarde ma montre : six heures dix.

Des heures, je reste cloué au fond du trou, en compagnie de mes deux muets. Un et demi, plutôt, mais les têtes sont intactes. Tandis que je m'impatiente et me martyrise, eux se foutent bien de la République, ils regardent tranquillement les nuages, pour eux la guerre est terminée. J'envie leur calme définitif. Parfois un 77 tombe dans nos environs et nous saupoudre. Alors, pour m'occuper les mains et l'esprit, m'empêcher de ne penser qu'à moi-même, je rampe vers eux, je me redresse avec prudence, j'essuie les figures de mes compagnons, à présent lisses et reposées. Elles étaient encore colorées ce matin, au court moment de notre rencontre, les voici maintenant jaunâtres, vieil ivoire, elles ne deviendront pas blanches, de ce blanc marmoréen auquel n'atteignent pas les morts de la paysannerie. Car ils étaient, eux aussi, des coupeurs de paille. De même que le *biquet* resté dehors, il me reste le souvenir de sa main épaisse, aux bourrelets intérieurs rugueux. J'aurai sans doute été le dernier à le toucher vivant. Avec des précautions de Sioux, je risque un œil autour de l'entonnoir. Les pentes du plateau qui à l'aube étaient grises sont maintenant toutes bleues. Bleu horizon. Une jonchée de bleuets, comme pour la fête-Dieu. Parfaitement immobiles. Si au contraire je répète l'expérience du casque au bout du fusil, immanquablement j'attire une volée de triples croches. J'ignore ce que sont devenus les autres, s'ils sont tous morts, s'ils ont battu en retraite, s'ils jouent comme moi au grillon au fond d'un terrier.

A partir de midi, nos artilleurs semblent rectifier le tir. J'ai l'impression que leurs zébrures volent plus bas. Moi aussi, je me suis mis à regarder le ciel sombre sur lequel je distingue nettement la traînée brillante des projectiles. Surtout quand il s'agit d'un envoi groupé. Ou bien je me ratatine, les mains sur les oreilles, l'esprit occupé par un perpétuel étonnement, celui de vivre encore, impossible de penser à rien d'intellectuel avec ce vacarme, le mugissement des torpilles, les explosions qui secouent la terre, le crépitement des mitrailleuses, les appels, les gémissements, les malédictions. Et ainsi des heures encore. J'attendrai que le jour tombe pour essayer de sortir. Je ne vais pas tout seul, avec mes six grenades, attaquer la première ligne boche. Et soudain, vers cinq heures et demie, d'autres cris éclatent : En avant ! En avant ! Et d'étranges glapissements, des appels inconnus, incompréhensibles, quelque chose comme *acoula, acoula, acoula !* Une deuxième vague déborde de nos tranchées, les triples croches recommencent de pleuvoir. Dernier essai avec mon casque au bout du fusil. Cette fois, il ne suscite aucune réaction particulière. Je lève la tête, et ce que je vois me remplit de stupeur : un régiment de Sénégalais, hagards, vociférants, trébuchants, s'aidant de leurs mains et de leurs pieds gelés, charge à la baïonnette. Il en tombe, il en tombe, les autres enjambent et avancent, *acoula, acoula*. O sang du Christ ! Vais-je rester à attendre l'armistice dans mon trou ? La présence de mes compatriotes africains me donne soudainement un courage dont je ne me croyais pas capable, je bondis de mon entonnoir, je balance mes grenades dans la tranchée boche, les Sénégalais me rattrapent, nous sautons dedans, ils embrochent tout ce qu'ils trouvent, au milieu des cris de terreur : *Die Schwarzen ! Die Schwarzen !* Les Noirs ! Les Noirs ! La première ligne est prise. Selon les instructions de Nivelle, nous devions l'enlever en quelques minutes. Il a fallu la journée et le massacre de trois cents compagnies parties dans l'enthousiasme, 20 000 morts dans la journée.

Les jours suivants, sur toute la ligne du front, nous constaterons d'autres erreurs de calcul de nos polytechniciens. Nous trouverons des réseaux de barbelés pratiquement intacts, des mitrailleuses bien à l'abri dans des caches bétonnées et qu'on ne pourra faire taire que de tout près, à la grenade. Plusieurs régiments d'infanterie coloniale réussiront à franchir le balcon de la ferme Hurtebise, et à dévaler vers la forêt de Vauclerc. Alors, des Allemands jailliront du sol, de puits, de grottes, de taupinières, les fusilleront de dos et de profil tandis que leurs secondes lignes les recevront de face. Toute la falaise a été transformée en un énorme bastion. Leur artillerie est aussi dense que la nôtre, mais elle a su, elle, garder le secret de ses emplacements et de son nombre. Pour la première fois, des chars d'assaut auront été employés, à l'est de Craonne, la moitié mise hors de combat. Nous aurons quand même réussi à enlever sur la gauche Chavonne, la Cour-Soupir, le mont Sapin, c'est-à-dire à progresser d'un kilomètre en moyenne. On se raconte l'histoire des Sénégalais dont le fusil est tellement terreux qu'ils n'en ont pas l'usage, alors, ils nettoient les tranchées au coupe-coupe. Dans une certaine creute, ils tombent sur un groupe de Fritz occupés tranquillement à faire chauffer des saucisses sur un poêle. *Acoula, acoula*. Les Sénégalais les réduisent en pâté, et mangent les saucisses. On craignait le pire. Mais d'autres Noirs se sont enfuis vers l'arrière, malgré leurs bergers blancs qui les poursuivaient, revolver au poing, en fin de journée, ils sont arrivés à Courlandon, à quinze kilomètres au sud des lignes, ont pris d'assaut un train sanitaire, obligé médecins et infirmiers à soigner en priorité leurs gelures.

Dans la tranchée ennemie bouleversée par nos 75, en attendant mieux, nous cherchons si un peu de nourriture n'aurait pas été oubliée par les précédents locataires. Tout à coup, dans cette terre labourée, couleur de chocolat, je distingue une boule de pain, je me baisse et j'empoigne la tête rousse d'un Fritz, incomestible. Il faudra se contenter des provisions de la musette. Les trois jours suivants, la bataille continue, avec moins d'ambition et plus de prudence, les consignes des officiers sont : « Consolidons ! Consolidons ! » On consolide, au prix de nouvelles pertes. Le 19, enfin, je peux dormir dans une *bovette* évacuée par les Allemands, sauf trois coiffés de leur casque grotesque pareil à un chaudron. Accroupis, ils s'étreignent, s'arc-boutent l'un à l'autre comme pour tirer on ne sait quel énorme poids. Mais leur effort est inutile, car c'est la mort qui les tient liés ensemble. On les délie, on les fout à la porte, ils roulent la pente, s'arrêtent en bas les jambes en l'air. Et nous couchons sur leur paille, grouillante d'énormes poux boches marqués sur le dos de l'aigle impériale.

On n'avance plus, mais il faut se défendre, l'ennemi ne nous laisse pas une minute de répit. Le ravitaillement est dérisoire, moins de pain, moins de viande, moins de pinard, la soupe nous arrive mélangée à la terre, on finit par n'avoir plus que de l'eau comme boisson. Malgré ça, on s'accroche au peu de terrain qu'on a repris et qui nous a coûté si cher. C'est seulement au début du mois de mai que vient la relève. A l'arrière du front, les chemins creux sont encombrés de postes de secours sous la tente, entourés de blessés, d'agonisants, de morts, les uns sur des brancards, d'autres à même le sol. Tout ça hurle, gémit, pleure, ou se tait lugubrement. On ne sait ce qui se passe sous la tente, mais quand un médecin ou un infirmier paraît, on le voit couvert de sang jusqu'aux oreilles, comme aucun boucher ne l'a jamais été. Des ambulances souvent conduites par des femmes viennent de temps en temps prendre un chargement. Ceux qui restent tendent les mains, réclament d'une voix lamentable : « Et moi !... Et moi !... S'il vous plaît, prenez-moi, madame ! »

A Fismes, nous pouvons goûter un peu de repos, on nous distribue des frusques propres, l'intendance a des disponibilités, la moitié de nos effectifs est passée à la moulinette. Le lieutenant Luco est du nombre. Il me reste de lui quelques lignes d'écriture sur un calepin : l'adresse de sa librairie et deux vers, que je crois de Péguy :

Mère, voici tes fils faibles et saugrenus ;
Qu'ils ne soient pas jugés sur leur basse fatigue.

C'était un garçon promis à de grands honneurs.

Nous retrouverons ici les petits charognards, les mastroquets rapaces, le pinard à trente ou quarante sous, mais il existe une coopérative qui vend le sien seize sous la bouteille, elle ne suffit pas à la demande. Les flacons circulent dans les cantonnements et les idées aussi. La chaleur du vin délie les langues et décolle les paupières. Les héros savaient déjà que les armées françaises étaient menées par des généraux incapables : l'un n'a jamais cru aux mitrailleuses, l'autre jamais cru aux chars d'assaut, l'autre jamais cru aux avions, l'autre jamais cru à la victoire ; en revanche, ils croyaient aux pantalons rouges, à la baïonnette, aux canassons, à la *furia francese*, au casoar, aux gants blancs, aux boutons astiqués, aux marques extérieures de respect, au communiqué, aux promotions. Les héros savaient déjà que ces nullités s'étaient foutues de leur gueule depuis le début, avant et après le 2 août 1914. Les héros savaient déjà qu'elles avaient autant de souci d'eux, de leur vie, de leurs souffrances que l'âne attaché à sa roue de moulin a souci des crottes qu'il foule [1]. Tout cela, ils le savaient, mais n'osaient point le dire. A peine osaient-ils le penser. Et voici que le vin leur donne ce courage, comme il leur donnait hier celui de sauter le parapet et de se jeter en avant. Des groupes se forment en criant : « A bas la guerre, on ne remontera plus à l'attaque, permissions, permissions, on en a marre, marre, marre, marre », il en est même qui chantent *l'Internationale*. Les témoins impartiaux remarqueront que presque tous sont éméchés, parfois même saouls comme des vaches. Faut-il être saoul pour brailler des choses aussi insensées ! Les gars du 109ᵉ semblent particulièrement cuits, ils entrent dans les cantonnements, le fusil braqué :

« Tout le monde avec nous ! On fait la révolution, comme en Russie !... A bas la guerre ! Ceux qui ne marchent pas, on les flingue ! »

Quelques-uns marchent, d'autres essayent de discuter. Mais les gars du 109ᵉ ne veulent rien entendre, depuis qu'ils voient clair. « A Paris ! A Paris ! » répondent-ils. Ils sortent du village, prennent

1. Proportionnellement aux effectifs mobilisés de 14 à 18, les tués de l'armée française ont été de 40% plus nombreux que ceux de l'armée allemande.

ce qu'ils croient être la route de la capitale, ils veulent aller secouer les puces aux députés, aux ministres, aux embusqués. De gré ou de force, ils entraînent les isolés qu'ils rencontrent. Bientôt, ils sont deux ou trois cents, la crosse en l'air, un bout d'étoffe rouge au bout d'une baïonnette. Des camions remontent en sens inverse, leurs occupants regardent, héberlués, cet étrange troupeau. A Paris ! A Paris ! Des enrôlés involontaires s'échappent dans les champs, les autres leur tirent dessus. Après plusieurs heures de ce grabuge, épuisés, ils s'assoient dans l'herbe. L'ivresse leur passe, la résignation leur revient, ils disent : « On n'a pas assez de munitions, pas assez de ravitaillement. » Quelques-uns s'enfoncent les poings dans les yeux et pleurent. Ils rebroussent chemin, tout péteux, sans drapeau rouge et sans *Internationale.* Trois jours plus tard, ils remontent en ligne.

Il faut reformer les régiments détruits, regrouper les restes, combler les vides. Pour cette raison ou pour d'autres, pour nous éviter peut-être des contacts pernicieux, nous nous trouvons expédiés plus au sud. C'est une direction que j'aime bien. On nous établit dans une région appelée le Tardenois, près des sources de l'Ourcq. Par la presse ou le bouche à oreille, des nouvelles déprimantes arrivent de la capitale où des ouvrières se sont mises en grève pour obtenir la semaine anglaise. Des troupes annamites les ont bousculées, dispersées, canardées, disent certains. Tout cela écœure, de quelque côté qu'on le regarde. Des permissions nous sont attribuées par tranches décroissantes, selon des calculs compliqués. Moi, je suis incorporé de trop fraîche date pour pouvoir en espérer une. Le printemps est venu, plein de violettes, de pâquerettes, de muguet, un printemps incroyable après l'enfer dont nous émergeons. On se déshabille au bord de l'Ourcq, on entre dans l'eau peu profonde, on se purifie d'âme et de corps comme si c'était dans le Jourdain, les chemises sont lessivées, étendues sur les rives. Ensuite, il faut reprendre nos hardes dont nous avons secoué la vermine, mais non la puanteur, l'odeur nauséeuse de la guerre. Alentour, des femmes piochent la terre, vieilles, vêtues de noir, les yeux caves, avec des gestes lents et crochus. La rive de l'Ourcq est parsemée de pierres blanches qui luisent comme des ossements. L'artillerie martèle l'horizon, mais nous ne l'entendons plus, de même que les familles des cheminots n'entendent plus passer les trains. Du courrier arrive, des photos, des chaussettes, des mandats, de l'argent. Les bistrots ne désemplissent pas malgré les prix élevés, jusqu'au moment où le clairon sonne le rassemblement autour des roulantes.

La propagande contre la guerre se répand de plus en plus, à la manière d'une épidémie. Des meetings se tiennent où des orateurs exposent un programme de revendications : paix immédiate, amélioration de la nourriture, permissions plus nombreuses, on acceptera de combattre, mais uniquement pour repousser les Boches, refus de toute attaque ; on en a marre de se faire bousiller tandis qu'à l'arrière les affectés spéciaux gagnent de l'argent et mènent la belle vie. Les officiers interviennent, ils comprennent les mécontents, ils réussissent à calmer le tumulte ; et tout le monde va se coucher, les uns sur la paille pourrie, les autres entre des draps. Un jour, le chahut est poussé beaucoup plus loin par des gars du 23e, des Jurassiens et des Lyonnais, en attente de leurs perms. Après avoir combattu sans interruption sur la Somme, ils ont comme nous savouré l'offensive du cuisinier Nivelle, tout spécialement au nord de Reims, dans le secteur de Courcy et du fort Brimont. Or, au lieu des vacances formellement promises, ils reçoivent à présent l'ordre de remonter en ligne. Ça les rend fous de rage. Ils se mettent à brailler comme les quatre cents diables, voilà ce que vaut la parole des gradés, de ces buveurs de sang qui commandent par téléphone : « Attaquez ! Attaquez ! Quel qu'en soit le prix ! » Et qui vont ensuite se mettre les pieds sous la table. « Baptiste, servez chaud. » Alors, les hommes du 23e chantent eux aussi *l'Internationale*, brandissent leur clarinette et jurent qu'ils vont s'en servir sans compter les galons ni les étoiles. Ils forment un cortège, se dirigent vers Ville-en-Tardenois en scandant : « A mort les assassins ! » Beaucoup d'entre nous les suivent, par curiosité ou sympathie, et je suis du nombre, gueulant aussi fort qu'eux, bien que je me sente indigne avec mes six mois de présence sur le front, et malgré la recommandation de ma mère : « Surtout, ne te fais pas remarquer ! » Car je pense à tous ces bleuets répandus et hachés sur les pentes qui montent au Chemin des Dames.

Deux limousines roulent à notre rencontre et nous barrent la route. Il en descend un groupe d'officiers, rien que des cinq galons, et au milieu un général de brigade, la poitrine tapissée de décorations, court, bedonnant, rougeaud, les yeux hors de la tête. Il ressemble au Khâgne qui souffletait ses élèves dans la rue. Toute ma vie, je trouverai ainsi sur mon chemin des hommes courts, rougeauds, bedonnants, étouffés par le sang et la vanité, et qui me voudront du mal. Celui-là, entouré de ses colonels, marche vers le troupeau vociférant, hurle des ordres : « Halte ! Halte ! A mon commandement ! Je suis le général Mulot ! — On s'en fout ! Mort aux vaches ! — Conseil de guerre, insoumission, fusillés ! — Tu y passeras d'abord !... » Un caporal sort des rangs, porte la main sur sa vareuse, lui arrache ses médailles, sa fourragère, le soufflette. Le coup est si rude que le général tombe par terre, où des godillots prennent la relève. Les colonels se précipitent, le ramassent, le poussent vers la limousine entourée de rebelles. Elle aussi reçoit son compte de coups de pied, le fanion étoilé finit sous les semelles.

« Laissez-moi manœuvrer, nom de Dieu ! crie le chauffeur. Moi, je suis pour rien dans la stratégie ! » Il recule, parvient à faire demi-tour, emporte son chargement de galonnés. Le général a été sauvé par son chauffeur. Le départ des deux voitures est salué par nos applaudissements, nos rires, nos huées. Comme la nuit tombe, les mutins se contentent de ce succès, renoncent à leur marche sur Ville-en-Tardenois et regagnent leurs granges.

Le lendemain, la rébellion repart, après s'être largement abreuvée dans les bistrots du Tardenois.

« Camarades ! proclame un orateur, je vous annonce que pratiquement toute la 41ᵉ division a mis la crosse en l'air, et que nous allons recevoir des renforts ! »

Et toute la journée, ce sont les mêmes refrains, les mêmes imprécations contre les responsables, civils et militaires. Le soir, il y a énormément de viande saoule. Alors que la nuit est déjà venue, voilà que nous dégringole dessus, non point les renforts espérés, mais la gendarmerie montée, sabre au clair. Ils sautent de cheval. Une lanterne à la main, ils parcourent les rues du village, visitent les granges et les cafés, lisent les écussons, empoignent au hasard une vingtaine de caporaux et de soldats du 23ᵉ, à la lueur de leurs lanternes. Jamais la Justice n'a eu la vue plus basse. Le jour suivant, le 23ᵉ est muté de cantonnement. Nous serons informés par la suite que cinq « meneurs » ont été condamnés à mort et exécutés, six autres déportés en Afrique. Nous saurons aussi — ce qui mettra un peu d'huile sur notre amertume — que plusieurs officiers supérieurs ou subalternes ont été privés de leur commandement.

Pétain, le successeur de Nivelle, fera de son mieux pour améliorer les conditions de vie des soldats, mettra plus de paille dans nos cantonnements, plus de vin dans notre eau, plus de viande dans nos lentilles, distribuera plus de médailles aux sans grades et moins aux galonnés d'état-major, nous assurera des permissions plus régulières. Pour moi, je ne profiterai pas de ces améliorations, car je vais prochainement partir en congé libérable.

La nuit du 3 au 4 juillet — en fait, il s'agit du 4, puisque les choses se sont déroulées à trois heures du matin — je me trouvais devant Craonne repris depuis un mois par les Béarnais et les Basques du 18ᵉ. Nous occupions une ancienne tranchée allemande dans un secteur appelé Californie. La nuit était douce, belle et puante à cause des charognes répandues un peu partout. Tu entendais les rats couiner et se battre entre eux comme des forcenés pour en jouir. Avec cinq ou six autres, je m'étais assoupi au fond d'une sape à demi comble d'excréments français et germaniques. Dans ces circonstances, avant de fermer les yeux, je pensais une courte prière adressée à la Bonne Vierge de Vollore : j'aimerais mieux pas ; mais si vous pensez que ma mort est indispensable à cette guerre, faites, Bonne Vierge, que je meure pendant mon sommeil. Inutile d'insister sur le gros avantage qu'il y a à mourir en dormant : ta métamorphose passe comme une lettre à la poste. Tout à coup, nous sommes réveillés par un brusque pilonnage de 210. Aussitôt, je me dis que ma requête est repoussée ou que je ne dois pas mourir. Nous savons ce que veut dire cette préparation. Dès qu'elle ralentit, ce n'est qu'un cri tout le long de la tranchée : Aux parapets ! Nous y courons, prêts à recevoir l'assaut des fantassins adverses.

Ils arrivent en poussant des hurlements de sauvages. Certains sont précédés de lance-flammes, la plupart seulement de cette baïonnette terrifique qui ressemble au rostre du poisson-scie. Les premiers ont commis l'erreur d'allumer trop tôt leur chalumeau oxhydrique, nous les soignons spécialement, les chalumeaux font long feu. Nous tiraillons à volonté dans tout ce qui brille et tout ce qui bouge. Il en tombe beaucoup. Quelques-uns cependant réussissent à s'approcher, en nous expédiant leurs grenades à manche. Et tout à coup, l'une d'elles pète à cinq mètres de moi, ça y est, tu y passes, adieu la vie, adieu l'amour, adieu toutes les femmes. Un choc, un arrachement au genou. D'abord, je me tiens sur une patte, comme la grue, et quand je veux bouger, le côté gauche fléchit, je m'affaisse doucement dans le boyau, cherchant à quoi me raccrocher. Je vois là-haut les étoiles, la Grande et la Petite Ourse, tête-bêche, et l'étoile Polaire... Christophe Colomb... l'Amérique... les perroquets des Antilles... Merci, Bonne Vierge, je sens que je vais mourir doucement. Jeanne, Jeanne, petite sœur...

J'ai imaginé la suite comme j'ai pu. En juillet, le soleil se lève tôt : ç'a été ma chance. On m'a d'abord piétiné pendant une heure, on avait autre chose à faire qu'à s'occuper de mon cadavre. Ensuite, quand les Boches ont été complètement dissuadés, quelqu'un s'est aperçu que mon cadavre bougeait un peu, qu'il poussait même de petits gémissements. C'est un biquet de la 17, il a un sale trou à la patte. On me garrotte la cuisse, on me tire de la mouscaille, un moment après, je suis sur un brancard au plus proche poste de secours, au milieu des ruines de Craonne. « Tiens ! dit le docteur, en v'là un qu'a le bénéfice d'une anesthésie naturelle ! Genou complètement escagassé. Je coupe ou je coupe pas ? Qu'est-ce que *je* risque ? Ou bien il lui reste encore assez de sang, et il ne sera que mieux réparti. Ou bien non, et je ne peux pas le tuer, puisqu'il est déjà mort. Tension 6. Je coupe. Peut-être que plus tard il me dira merci. »

Voilà comment j'ai été séparé le 4 juillet 1917 de ma jambe et de ma cuisse gauche, qui, bien ménagées, pouvaient encore me faire un long usage. Et jamais je n'ai su qui je devais remercier. C'est à Craonne, sur le plateau.

Premiers refus

Le matin du mercredi 1er octobre 1919, revue de paquetage. Je veux dire, revue de trousseau. Par-devant Mme Malleret, qui est lingère-infirmière, également apte à enfoncer des aiguilles dans nos draps officiels et dans nos fesses privées. Ni jeune, ni vieille, ni laide, ni jolie. Elle compte et contrôle nos mouchoirs, nos chemises de jour et de nuit, nos caleçons de toile et de molleton.

« Vraiment, dit-elle à Rouquette, votre peignoir n'est pas beau.

— Ah ! Madame Malleret, j'ai des compensations, dit Rouquette.

— Quelles compensations ?

— Vous voulez que je vous montre, madame Malleret, ce que j'ai de plus beau en moi ? Le voulez-vous, madame Malleret ? »

Elle le regarde, puis rougit, puis éclate de rire :

« Vous savez, j'en ai tellement vu pendant quatre ans que ça ne m'impressionnerait pas !

— Vraiment, madame Malleret ? Vous avez passé quatre ans à regarder ce genre de chose ?

— Je veux dire que je soignais les blessés et les malades, ici même.

— Dites chiche, madame Malleret ! Dites chiche, vous ne le regretterez pas !

— Je ne dis pas chiche ! Vous m'embêtez, allez-vous-en ! »

Le défilé continue. Tout par un coup, arrive M. Pamaret, dit le Zig. L'œil du maître. Un moment, il assiste aux opérations, le sourcil terriblement froncé :

« Et le parapluie ! s'écrie-t-il. Nous n'avons pas tontrôlé le parapluie !

— Le parapluie ?

— Oui. Il fait partie du trousseau tomme le reste. Te chatun aille chercher le sien et l'apporte ici. Je veux le voir. »

M. Pamaret se venge du scandale des noix. Mal remis de nos fatigues de la nuit précédente, nous montons aux vestiaires, redescendons en serrant le parapluie réglementaire sur notre cœur. Ceux du moins qui en sont pourvus. Et les autres ? Eh bien ! On s'arrangera. L'économe nous appelle par ordre alphabétique :

« Armilhon ?

— Voilà, monsieur.

— J'enregistre. Bertrand ?

— Oui, monsieur.
— Votre parapluie ?
— Je n'en ai pas, monsieur. Je compte m'abriter sous le parapluie d'Armilhon, monsieur.
— Sous le parapluie d'Armilhon ? Vraiment ?
— Oui, monsieur. Armilhon possède un grand parapluie. Il m'en a offert une partie en cas de besoin, monsieur.
— J'enregistre. Bertrand sous le parapluie d'Armilhon. Beyssac ?
— Présent, monsieur.
— Votre parapluie ?
— Je compte partager celui de Vendange, monsieur.
— Vous êtes d'attord, Vendange, pour partager votre parapluie ?
— Oui, monsieur.
— Je note : Vendange sous celui de Beyssac.
— C'est le contraire, monsieur.
— Le tontraire. Bon. Je torrige. Fabre ? Je vois te vous avez un parapluie. Avet ti le partagez-vous ?
— Je ne le partage pas, monsieur.
— Pourtoi dont ?
— Parce que je suis une exception, monsieur.
— Je note. Fabre, tout seul, etception. Lhirondel ?... »

Ainsi a été réglée au mieux, à la satisfaction de tous, l'affaire des parapluies.

Nous retrouvons les salles de classe, notre chaise de bois, nos pupitres à couvercle, entreposés chez le Comte depuis 1914. L'intérieur est tapissé d'exclamations : *Vive la DKL ! Au bagne le Khâgne !* D'anciennes confidences : *Lucie, je t'aime*. D'initiales, de dates, de formules algébriques, de dessins grivois. A quatorze heures, nous attendons le premier cours de M. Langlais. Parce que je suis le plus spectaculaire avec ma jambe de bois, les canaques unanimes ont exigé que je me place au premier rang : tu avances ton pilon juste sur son passage, avec un peu d'adresse tu lui fais faire la culbute. Il arrive enfin, précédé de son ventre, suivi de son derrière. Rien dans les mains, sauf un feutre à larges bords par lequel il a remplacé le chapeau pastèque, il le dépose sur son bureau d'un geste léger. Va-t-il me reposer sa question :

« Vous, là, le Thiernois, que voyez-vous au milieu de cette table ? »

Sa calvitie brille comme la pleine lune. Nous l'accueillons debout, il nous rassoit de la main. Mon pilon est en place, mais lui se tient près de la fenêtre, hors de portée, il nous débite un compliment : soldats de la République... jeunes et vaillants poilus... heureux de vous revoir... pense avec émotion à vos valeureux camarades... ici la liste de vos deux promotions martyres... Il tire de sa poche une feuille et commence à faire l'appel des cinquante noms confondus. Chaque absent bénéficie d'une courte oraison funèbre en langage télégraphique, qui sonne comme une citation à titre posthume :

« Excellent élève. Plein de finesse. Pouvait s'élever dans la fonction enseignante jusqu'aux plus hautes cimes.

« Garçon sérieux. Famille particulièrement modeste. Beaucoup de mérite. Ne laisse que des regrets.

« Jeune homme sympathique, toujours de belle humeur. Parfait camarade. *De profundis...* »

Quand vient son tour, chaque vivant se lève, il a droit à un style plus déployé : je suis content de vous revoir... vous aviez des dons pour la musique jadis, il faudra les cultiver... le chant, particulièrement le chant choral, précieuse discipline... j'ai appris votre brillante conduite au front... beaucoup de regrets d'être né trop tôt pour pouvoir participer moi-même... Nous l'attendons à quelques-uns qu'il a naguère spécialement maltraités : Courtines, Aubreton. Celui-ci surtout, qu'il menaçait de faire réduire en paillasson. Mais ils reçoivent comme les autres les formules honorifiques :

« Beaucoup de sérieux. Aurait fait un maître d'une grande conscience professionnelle. Gros travailleur. Regrets éternels. »

Alors sort de la liste un nom qui m'est familier :

« Vendange Jules. »

Je me lève, laborieusement, il ne me l'interdit pas. Marques extérieures du respect. Mon pied gauche m'élance chaque fois que je change de position. Lui, notre directeur, ne peut le savoir. Je le lui dirai un jour : mal dans le pied gauche, la sensation et la perception. Il me félicite de m'être fait couper une patte, ça n'empêche pas de devenir très vieux, il a connu plusieurs anciens de 1870 qui avaient eu la même idée que moi, je suis l'image même du combattant français marqué dans sa chair, modestie, sacrifice, laïcité. Asseyez-vous.

« Maintenant, si vous voulez bien, travaillons un peu. »

Après cinq années de séparation, nous sommes sûrs qu'il va commencer par : « Troisièmement... » Ou encore : « Point-virgule... » Nous ne nous trompons guère :

« Je disais donc... »

Quand disait-il cela ? Pardi ! Le 15 juin 1914 ! Professeur tout à fait remarquable, mémoire exceptionnelle, immense culture, Rabelais, Montaigne, Fénelon, Pestalozzi, a toujours conduit ses troupes... élite de l'enseignement. Tout à coup, il interrompt son exposé, nous enveloppe d'un regard réprobateur bien qu'encore respectueux, dit d'un ton affligé :

« Vous ne prenez pas de notes ? »

Nous répondons par des sourires amusés, voire par de petits rires impertinents. Nous secouons la tête. Eh bien ! Non ! Nous ne sommes plus des croque-notes. Trop de choses nous sont advenues.

« Mais comment retiendrez-vous... ? »

Qu'avons-nous à retenir ? Nous savons déjà tout, nous avons tout appris. Comment nous partager en quatre, nous distribuer aux différentes divisions, chacun en a sa part et tous l'ont en entier. Victor Hugo. Les bûchettes à calcul. L'alphabet de carton. Les petits à démouscailler quand ils oublient de lever le doigt. Les grands à embaucher comme moniteurs. Les dessins sur l'ardoise. Les graines de haricots dans le coton humide. Et mille autres choses accessoires : comment allumer un feu de bois sous la pluie ; comment ouvrir une boîte de sardines sans clé ; comment désinfecter une blessure sans eau oxygénée ; comment laver son linge sans savon ; comment rester trois jours sans manger ni boire ; comment parcourir deux cents mètres sur le ventre.

« Peut-être bien. Mais les notions théoriques ! Le décalogue ! Le credo ! Les principes indispensables au pédagogue pratiquant !

— Nous nous fierons à notre instinct.

— Comme vous voudrez. A vos risques et périls. Petit *b*. »

Après le Khâgne, vient le prof de musique, M. Gatignol. C'est un ancien combattant comme nous, tout de suite nous fraternisons, il nous appelle *camarades*, nous raconte ses exploits dans l'aviation. Vous étiez volant ? Oui, mitrailleur. Guynemer, non, je n'ai pas connu, mais j'en ai connu d'autres : Fonck, Gilbert, Sardier, Chaput, Delorme, Nungesser. Celui-ci avait peint sur son zinc un grand cœur, et dedans, un cercueil entre deux cierges, une tête de mort, des tibias croisés, il portait le même emblème sur sa vareuse. Chaque victoire nous valait une permission. A Paris, les femmes raffolaient des bandes blanches de nos culottes, de notre képi bleu ciel, nous avions tous une canne avec laquelle on écrasait les chapeaux melon, on mangeait des perdreaux truffés. Napoléon disait que l'infanterie est la reine des batailles, il ne connaissait pas l'aviation, naturellement. Notre uniforme nous donnait tous les droits. Un jour, j'ai vu Navarre, importuné par les sergents de ville dans son cabriolet, sous prétexte qu'il allait trop vite, faire la chasse aux flics, en coincer quatre sur un trottoir, quand ils ont su à qui ils avaient affaire, ils lui ont présenté des excuses. Les lois et règlements inventés pour les ânes ne conviennent pas aux aigles. Ainsi parle M. Gatignol. Après quoi, il écarte ce passé récent d'un geste de la main, saisit son violon, penche la tête sur sa table, ferme les yeux, se jette dans une improvisation échevelée, remue orages, cascades, tourbillons, nous arrache des larmes et des applaudissements.

Or, cet archange descendu du ciel est aujourd'hui premier violon dans l'orchestre municipal de Clermont qui se produit de loin en loin au théâtre, il porte des culottes râpées et des chaussettes trouées :

« En ce moment, nous répétons un concert spirituel, César Franck et Florent Schmitt. Quand nous serons prêts, je vous inviterai, je vous obtiendrai des réductions. »

Il enseigne sans diplôme d'enseignement, il a obtenu cette place de la mairie de Clermont grâce à un adjoint qui le pistonne. Chaque fois qu'il évoque le piston, il manœuvre un bras à l'horizontale, poing fermé, en avant et en arrière, et imite avec la bouche le bruit de la vapeur : *tchouf-tchouf*. Donc, par l'intervention du tchouf-tchouf, il possède un modeste gagne-pain et voudrait bien le conserver. Il donne chaque semaine dix heures de musique — il n'ose dire dix leçons — en diverses écoles de la ville. Ce n'est pas le Pérou : le concierge de l'École normale gagne plus que lui avec son clairon.

« Je vous serais très reconnaissant, camarades, conclut-il, si vous pouviez m'aider un peu.

— Vous aider ? En quoi ?

— Ben voilà. Certains d'entre vous ont déjà enseigné, n'est-ce pas ? Et tous vous avez reçu un enseignement, forcément, autrefois à l'école primaire. Faites un effort pour vous rappeler, camarades. Vous avez des idées sur le chant, sur la musique, le pipeau, le galoubet, le cor de chasse. Je ne sais pas quoi, *Au clair de la lune, J'ai du bon tabac*, sur la manière de proposer ces choses aux enfants. J'en ai aussi quelques-unes. Alors, vous apportez les vôtres, j'apporte les miennes, on met tout ça ensemble et on partage, comme au front. D'accord ? »

Nous acceptons avec enthousiasme. Qu'est-ce au fond que la pédagogie ? Deux ou trois principes généraux, complétés par un attirail de trucs, de ruses, de ficelles, de bricolages. La grande terreur de M. Gatignol, c'est la venue de l'inspecteur général de l'enseignement musical. Un nommé Chaunet, une lumière parisienne, responsable de plusieurs solfèges, manuels progressifs, traités d'harmonie et autres atrocités.

« S'il tombe dans une de mes classes, il me saque, c'est sûr, pour incompétence pédagogique. Radié des cadres ! Soupe populaire ! Le concert spirituel n'a jamais nourri son homme.

— Vous en faites pas, monsieur Gatignol, nous vous formerons !

— Je vous en serai bien reconnaissant, camarades. »

Rispal, notre clarinettiste, accepte de se faire le maître-d'œuvre de l'opération. Si besoin est, il donnera des leçons particulières, au bistrot d'en face. Presque gratuites. Il a découvert tout seul la pédagogie musicale comme Pascal enfant la géométrie d'Euclide. A Égliseneuve-des-Liards, non seulement il enseignait le solfège et le chant à ses élèves, mais il avait formé une chorale d'adultes et un corps de ballet capable de danser la *Mousmé*.

« La *Mousmé* ?

— Comme je vous le dis !

— Vous êtes l'homme qu'il me faut ! »

Gatignol se frotte les mains, le voilà sûr de son avenir, grâce à notre tchouf-tchouf. Pour nous récompenser, il ferme les yeux, pose la joue sur son instrument et improvise. L'âme de l'un vibre avec l'âme de l'autre. Elles parlent de plaines barbares, de neiges océaniques hérissées de sapins et de bouleaux, et d'un grand feu tranquille auquel des bûcherons se chauffent les paumes. Soudain, une horde de filles bottées de rouge jaillit des flammes, forme une couronne et danse, bondit et rebondit. Les chevelures ondoient, les dents scintillent, les rires sont comme du cristal qu'on pile. Alors, les hommes tendent des mains avides, veulent happer ces filles-étincelles qui les emportent dans leur sarabande de plus en plus acharnée. Et c'est eux qui sont happés. Non ! Non ! Lâchez-nous ! Nous ne sommes que de pauvres moujiks, de misérables casseurs de bois ! Trop tard. Ils sont noués à elles, la ronde s'élève au-dessus du sol, reste un moment suspendue, puis disparaît dans le brasier où les moujiks grésillent en hurlant. Comme on a eu raison de faire de M. Gatignol notre maître de musique, même s'il ne connaît pas la méthode !

Berlieux, l'homme aux longues quilles dans des chaussettes blanches, lui, la connaît et la pratique. Nous gardons le souvenir des condensés qu'après son cours magistral il nous imposait de recopier et d'apprendre par cœur. L'un d'entre nous, à tour de rôle, devait, de sa plus belle main, fournir au prof une copie supplémentaire destinée à remplacer l'exemplaire en circulation. Le texte s'en transmettait de la sorte de promotion en promotion, sans qu'y fût jamais changée une virgule, depuis les aurores de la carrière berlieusienne. Il présentait cette bizarrerie d'être souligné à la règle du premier mot jusqu'au dernier, et comme il fallait distinguer l'important de l'importantissime, certaines lignes avaient deux traits, ou trois traits bleus, ou deux bleus et un rouge, le dessus du dessus ne comportant pas moins de trois traits rouges. De tout cela résultait une pièce d'art curieuse et colorée, plus jolie de loin que de près, dite *planso*, abréviation de *plan sommaire*.

« S'il cherche à nous refaire le coup des *plansos*, proclame d'emblée Rouquette, notre maître à penser, moi, je vois rouge ! »

Dès qu'apparaît la haute silhouette du bonhomme, nous nous levons, car nous sommes des gens polis. Je suis le dernier à me rasseoir, il me faut plus de temps qu'aux autres pour mettre ma prothèse en bonne place, le pilon en avant. Sans espoir cependant de faire trébucher Berlieux qui reste collé à sa chaise tout le temps de son cours. Ses yeux pourtant descendent vers moi. Il demande avec, me semble-t-il, quelque chose dans la voix qui ressemble à de la déférence :

« Vous êtes ?... Pardonnez-moi, ma mémoire des noms est très mauvaise.

— Vendange, Jules.

— Ah ! oui ! Jules Vendange ! Je vous remets. Parfaitement. »

Son regard me perce, s'adoucit, me reperce, s'adoucit encore. J'imagine un serpent et une alouette.

« Eh ! bien ! mon cher Vendange, mieux vaut revenir aux trois quarts que pas du tout, n'est-ce pas ? »

Pendant des années, sous des formes diverses, j'entendrai ce compliment dans la bouche des uns et des autres : je ne suis plus que trois quarts d'homme. Les filles me regarderont, puis détourneront leur regard sitôt qu'elles s'apercevront du quart manquant. Sans doute même se poseront-elles une question : jusqu'où va ce quart ? Et elles riront entre elles en prenant bien soin de regarder ailleurs pour ne pas me laisser voir qu'elles rient de moi. Ma sœur Antonine dira :

« Pauvre Jules ! Quelle chance tu as d'être instituteur et non pas tailleur de pierre ! Tu serais bien embarrassé pour gagner ta vie !

— Je toucherai bientôt une pension du gouvernement, je ne peux plus mourir de faim.

— Tout de même, tout de même... »

Mes mouvements sont lents et circonspects, je fais tourner ma jambe morte autour de moi en demi-cercle, comme la branche d'un compas, me penchant un peu du côté opposé. Il me faut du temps et de l'espace, des portes appropriées à mon encombrement. Lorsque, venant de Dinan, je suis revenu à Vollore-Montagne, ma mère est entrée un matin dans ma chambre et m'a demandé, humblement :

« Est-ce que tu voudrais... me montrer ta jambe ?

— Quelle jambe ?

— Tu sais bien laquelle.

— A quoi bon ?

— S'il te plaît. »

Je ne peux refuser, elle m'a mis au monde complet de la tête aux pieds, avec deux jambes entières et qui fonctionnaient bien, j'étais à l'école de M. Chevalérias le champion de saut en hauteur, un mètre quarante-cinq sans faire frémir l'élastique. Alors, j'écarte les couvertures, je dévoile mon triste moignon, pâle et couturé comme le bout d'une andouille. J'explique que le chirurgien doit couper beaucoup plus haut que le mal lui-même, en préservant la peau, afin de pouvoir ensuite la rabattre et en recouvrir la blessure.

Ma mère l'effleure d'abord d'une main légère ; puis elle baise ma jambe sacrifiée dans la fleur de l'âge, en la mouillant de ses larmes et bégayant des protestations inutiles, jusqu'au moment où je réussis à l'éloigner un peu de mes ruines.

Depuis notre séparation, Berlieux n'a rien appris, rien oublié, nous allons nous en apercevoir dès qu'il a, du bout des lèvres, débité condoléances et félicitations. Pendant quarante-cinq minutes, il nous promène dans les conflits religieux de l'Auvergne :

« ... En 1575, messieurs, le terrible capitaine Merle vient du Limousin à la tête de soldats protestants. Il s'empare d'Issoire, fait écorcher vifs trois religieux, supplicie les autres prêtres, brûle...

— Et la peau, monsieur ? demande Rouquette.

— La peau de quoi, monsieur Rouquette ?

— Que fait-il de la peau des trois religieux écorchés ?

— L'histoire ne le dit pas, monsieur Rouquette. L'histoire ne sait pas tout, il faut lui pardonner. Il brûle les meubles des églises, impose aux habitants un tribut de vingt-deux mille livres. Il s'empare ensuite de Champeix, Saint-Sandoux, Saint-Saturnin, essaie de surprendre Montferrand qui le tient en respect avec son artillerie. D'où le sobriquet que la ville donne ensuite à sa grande couleuvrine : *Chasse-Merle*.

— Ha, ha ha.

— Cette grande couleuvrine, messieurs, fut d'un grand mérite, comme il apparut l'année suivante... »

Au terme de sa conférence, le professeur nous dicte une liste impressionnante d'ouvrages dont la lecture lui paraît absolument indispensable si nous souhaitons approfondir l'histoire de la grande couleuvrine de Montferrand. Avec quelque plaisir — car cela nous rajeunit de cinq années — nous retrouvons des noms naguère familiers à nos oreilles, érudits locaux et nationaux, chroniqueurs, épouilleurs d'archives : Jacqueton, Imberdis, Biélawsky, Gomot, Teilhard de Chardin. Nous faisons mine de noter tout cela. Maintenant, M. Berlieux ouvre plus grande sa serviette, nous nous poussons du coude, nous clignons de l'œil en direction de Rouquette, ex-nettoyeur de tranchée, sûrs qu'il va nettoyer la classe de ce cadavre. Le maître tire enfin d'une chemise la précieuse pièce bleu-blanc-rouge :

« Voici, messieurs, un plan sommaire qui résume la leçon d'aujourd'hui. Je vous prie de le faire circuler parmi vous et de le recopier à la lettre sur un cahier approprié. De plus, le premier par ordre alphabétique... vous par conséquent, monsieur Armilhon, aura la charge d'exécuter une copie supplémentaire et séparée, qu'il me remettra la semaine prochaine afin de remplacer l'exemplaire en circulation. D'accord ? »

Armilhon se lève, coupant l'herbe sous le pied de Rouquette, et dit :

« Pas d'accord. »

N'importe quel couard est capable d'avoir en sa vie une minute d'héroïsme. Je l'ai constaté souvent sur le front, quand les seaux à charbon allemands nous descendaient sur la cafetière en hurlant, nous avions la trouille au ventre et beaucoup, littéralement, faisaient dans leurs culottes. Ensuite, lorsque venait l'heure de sortir de la tranchée, que les sous-offs t'aboyaient aux fesses, il ne venait à personne l'idée de ne pas faire comme les copains en sorte que cette bande de lâches et de culs-merdeux se comportait très honorablement, se faisait crever la paillasse au même titre que les paladins professionnels en casoar et gants blancs. Le tournesol violet vire au rouge, le vin au vinaigre, le lièvre vire au lion, tout est affaire de circonstances. Armilhon, venu de Lezoux, était muni d'un nez long et pernicieux auquel, depuis sa naissance, il devait d'épouvantables complexes et une voix de clarinette. Il essayait d'en rire : « Quand je me mouche, j'ai l'impression de serrer la main d'un copain. » Mais la présence de cette péninsule l'amenait plus généralement à s'effacer, à disparaître derrière le dos des autres, à ne jamais ouvrir la bouche. Or ce jour-là, oubliant sa disgrâce originelle, Armilhon venait de recevoir sa minute :

« Pas d'accord, dit-il posément.

— Comment cela, monsieur Armilhon ? Pas d'accord sur quoi ?

— Pas d'accord sur tout. Je n'ai pas l'intention de recopier ce *planso* ni aucun autre, ni à deux, ni à un seul exemplaire.

— Et pourquoi donc, je vous prie ?

— Parce que je le trouve ridicule.

— Ridicule ?

— Ridicule. Je ne veux pas faire une chose que je juge ridicule. Et la grande couleuvrine également.

— Que voulez-vous dire, monsieur Armilhon, avec votre grande couleuvrine ?

— Ce n'est pas la mienne. C'est la vôtre ! »

Les vingt-trois autres canaques éclatent de rire. Face à cette unanimité, M. Berlieux se sent seul avec son titre de professeur titulaire sorti de Saint-Cloud, ses lorgnons, sa serviette, ses chaussettes blanches, ses méthodes éprouvées. Nous pourrions encore nous entendre, sans doute, s'il manifestait un rien de faiblesse, s'il en appelait à nos sentiments d'humanité, de compréhension, de gentillesse et tagada-tsouin-tsouin. Mais non. Il se raidit, porte en avant son menton et sa mouche et demande, moins parce qu'il a de l'esprit que parce qu'il a de la mémoire :

« Est-ce une révolte ? »

Sans attendre la réplique corrélative, il ajoute :

« Quand les brebis se révoltent contre le berger, le loup les mange. Messieurs, nous nous retrouverons. »

Là-dessus, il remise son plan sommaire vilipendé, range son lorgnon, se retire en faisant claquer ses semelles. Nous nous précipitons sur Armilhon pour le congratuler, il sourit et rougit, se mouche pour cacher son nez et sa confusion, n'en revient pas de sa propre audace, Rouquette le fait caporal d'honneur.

Satisfaits de notre première journée, nous éprouvons le désir bien légitime pour d'anciens combattants de célébrer nos victoires au bistrot d'en face. Jadis, deux lignes émaillées disaient sur la vitre le nom du propriétaire : *chez Quiquandon*. Par on ne sait quelle calamité assidue, toutes les lettres se sont décollées, sauf l'initiale, si bien qu'il reste cette étrange enseigne :

chez
Q

Mais le portail enchaîné s'oppose à notre sortie, nous prions M. Laroye de bien vouloir enlever le cadenas. Il refuse grossièrement, menace même si nous insistons de recourir à son fusil à deux coups, ce qui nous fait bien rire. Et nous insistons réellement :

« Monsieur Laroye, soyez aimable, nous ne sommes plus des enfants, mais des adultes, mûris dans les tranchées, décorés, mutilés, cités à l'ordre du régiment. Allez-vous refuser à des poilus le pauvre plaisir de trinquer ensemble chez le père Q ? Ils vous promettent de rentrer bien sagement, bien verticalement, sans esclandre.

— Moi aussi je suis un ancien combattant, j'ai fait Madagascar, l'Indochine et Ouala-Ouala dans le Pacifique. Reçu un coup de sagaie dans la joue ! Discipline... Dois obéir aux ordres... Demander autorisation à M. le directeur... M'étonnerait qu'il vous l'accorde... anarchie, révolution, anthropophagie...

— Monsieur Laroye, vous ne mettez aucune bonne volonté à nous comprendre, vous êtes de mauvaise foi, et d'abord qu'avez-vous fait de votre fille ? Elle avait promis sa main à une douzaine d'entre nous, elle peignait ses cheveux tous les matins à sa fenêtre, en notre présence, et nous empêchait de dormir la nuit. Qu'est-elle devenue ?

— Ma fille est mariée et elle vous enquiquine.

— Ainsi, vous êtes vraiment résolu à nous empêcher de sortir ?

— Vous me passerez plutôt sur le corps. »

Rouquette est d'avis de tenter l'expérience, mais la masse se refuse à tout épanchement de sang, nous renonçons à la sortie chez Q et revenons bredouilles, notre célébration est remise au jeudi suivant. Après le repas du soir, nous nous consolons en organisant un grand bal dans notre salle de classe. Les tables sont repoussées dans les coins, Rispal ajuste les divers tronçons de sa clarinette, en suce le bec, lui arrache deux ou trois couinements, obtient d'elle enfin ce qu'il souhaitait. Installé sur la chaire magistrale, il nous inonde de matchiches, de polkas, de mazurkas, de valses-hésitation. Très peu d'entre nous savent danser, pas eu l'occasion, trop petits avant la guerre, trop péquenots dans nos différents cantons. Ensuite, les circonstances ne s'y sont pas prêtées. N'importe. Nous nous empoignons deux par deux et faisons de notre mieux pour gambiller en mesure. Des *chiens*, des *ex* se mêlent à nous et nous servent de professeurs, l'un deux, au courant des dernières nouveautés, nous enseigne même une danse un peu lourdaude, mais facile à exécuter, le *fox-trot*, ce qui veut dire le « pas du renard ». Jamais vu un renard marcher de cette façon. Je dis *nous*, en fait, à cause de ma patte folle, je ne puis prendre part à ces mouvements, mais je suis de cœur avec mes frères-canaques, je danse en esprit avec eux, je chantonne, aussi faux que possible, je frappe dans mes mains, je bats la mesure de ma canne. Ainsi, la clarinette de Rispal mène un grand tin-tin jusqu'au moment où le clairon de Laroye nous intime l'ordre de renoncer à nos ébats pour regagner les dortoirs. Ses notes de cuivre nous transportent soudainement dans les casernes et les cantonnements, la paille pourrie, les corvées comme en pleine paix, le briquage des boutons, la revue de paquetage à douze cents mètres des lignes. En fait, excusez-nous, monsieur Laroye, nous ne pouvons plus supporter le cuivre, surtout à neuf heures du soir et quand nous sommes en train de nous initier au pas du renard. Nous accueillons le concierge par des huées, Rouquette passe sur le balcon, l'invective à la seconde personne :

« Arrête tes sonneries, Laroye ! Tes sonneries, on en a soupé ! »

Les *chiens* et les *ex* s'esquivent discrètement, marqués par une longue hérédité de soumission filiale, scolaire, religieuse, paysanne, militaire, fiscale. Au contraire, les canaques décident de faire la sourde oreille aux commandements du clairon. Ils veulent bien arrêter la fête, mais pas avant d'avoir exécuté une dernière danse. Celle-ci tarde à venir. Car après la dernière vient la toute dernière. Puis la der des ders. Puis la dernière sans rémission. Et quand celle-ci a été exécutée, des Auvergnats ne peuvent aller se mettre au lit sans avoir dansé une bourrée, bravement, une bourrée à l'ancienne, avec ce qu'il faut de *ya-hou !* et de coups de talon. On se résigne enfin. Comme les mouvements et la poussière nous ont altérés, il ne nous reste plus qu'à aller aux robinets boire de l'eau, au risque d'attraper du mal.

Au cours des journées suivantes, nous faisons de grands efforts pour nous installer dans une existence étroite et mesquine, qui n'a pas été organisée pour nous, comme nous chercherions à endosser des vêtements trop justes. Certains professeurs nous aident, les nouveaux, nous pourrions les tutoyer parce qu'ils étaient hier nos camarades de combat, même s'ils ont huit ou dix ans de plus que nous, au premier rang, M. Gatignol. Prenez patience, un an sera vite écoulé, que diable ! Vous êtes ici pour compléter vos connaissances générales et pédagogiques, c'est un cadeau de l'administration qui aurait pu tout de suite vous coller au turbin. Nous ne l'entendons pas ainsi. Surtout pas Rouquette qui a coiffé Sainte-Catherine. Cette année s'ajoute aux trois, aux quatre, aux cinq que la République nous a déjà prises. Sans parler de mes dix livres de chair, de mes amis, de mes frères perdus. Des milliers et des milliers de frères que je ne me soupçonnais pas. Si l'on nous laissait entrer dans cette maison et en sortir à notre gré, comme les étudiants dans une faculté, peut-être l'accepterions-nous plus aisément. Au lieu de cela, on nous impose le clairon, le parapluie, le portail cadenassé, Laroye et son fusil à deux coups. Et le Brevet Supérieur comme chantage : soyez dignes, sages, silencieux, travailleurs, obéissants, et vous aurez votre béhesse. Sinon, peau de zébi. Imaginez-vous ce que serait plus tard votre situation d'instituteurs sans béhesse ? Méprisés de vos collègues et de vos inspecteurs, jamais de promotion au choix, condamnés aux postes subalternes, sous-offs de la profession, incapables de dominer votre enseignement ! Car il est acquis en France qu'on ne peut rien faire d'estimable sans une consécration officielle. En l'occurrence, le béhesse. La vénérable et inexorable saloperie de Brevet Supérieur. Il en est de même dans toutes les branches, la licence, l'agrégation, le doctorat, le diplôme des grandes et des moyennes écoles. Comment Pascal put-il être Pascal, sans même posséder le certificat d'études ? Parce que cela se passait en des temps de désordre, aujourd'hui il ne le serait pas.

Chaque matin, avant le premier cours, comme en 1913, trois quarts d'heure sont consacrés à nos différents « services », je dois dire que le *chien* et l'*ex* qui nous sont adjoints se partagent en quatre, nous arrachent le plumeau des mains, se font spontanément nos serfs taillables et corvéables. A huit heures, debout, dans un silence respectueux, nous recevons le professeur qui vient nous instruire, nous gribouillons des feuilles pour laisser croire que nous prenons des notes, la plupart de ces braves gens évitent de nous interroger, de vérifier si la bonne graine qu'ils ont déposée en nous germe et fructifie. M. Berlieux n'a pas cette discrétion. De temps en temps, après nous avoir dévisagés par-dessus ses lorgnons, il désigne trois victimes au hasard, avec le même index que les gendarmes de Ville-en-Tardenois à la lueur de leurs lanternes :

« Vous... vous... et vous. »

Il les colle au mur. Préalablement, de deux traits rageurs, il a procédé au « lotissement », c'est-à-dire partagé le tableau en trois rectangles d'égale surface ; chacun des trois désignés a le devoir d'en remplir un à la craie, d'y traiter en cinq minutes une question déterminée, la culture de la pomme en Auvergne, la bataille de Cognat, la peste des rizières. Pendant qu'ils s'évertuent, lui, d'une voix forte, expose et commente la leçon du jour :

« Ainsi donc, Messieurs... »

Chaque supplicié doit faire abstraction de ce discours et de nos encouragements intempestifs, se concentrer sur son sujet, effacer, recommencer, jusqu'au terme du délai imparti. Alors, M. Berlieux dégringole de son estrade, prend du champ, lit des yeux les trois pages d'écriture, commente d'un ton consterné :

« Vous n'avez donc pas lu Imberdis ? Ni Jacqueton ?

— Ils étaient empruntés, monsieur. »

Là-dessus, il remonte sur sa chaire cathédrale, dévisse son stylographe, inscrit sur un calepin trois notes que nous essayons de déchiffrer au mouvement de la plume, les interrogés regagnent leur place avec des mains de plâtrier. A tour de rôle, chacun de nous est envoyé de la sorte au lotissement, puis couché sur son livre de comptes. Il ne m'épargne pas malgré ma canne et ma prothèse, après m'en avoir, il est vrai, demandé l'autorisation :

« Pouvez-vous, monsieur Vendange, subir debout cette épreuve ? Ou faut-il que vous restiez assis ?

— Je peux faire, monsieur, ce que font les autres. »

Il nous a avertis qu'il procéderait à l'addition de tous ces chiffres à la fin de l'année, « au jour du Jugement. »

Un nouveau conflit éclate la première fois que les portes nous sont ouvertes : le concierge nous barre le passage parce que nous prétendons sortir en vêtements anonymes, sans casquette, sans veste bleu nuit, sans palmes d'or.

« Allez trouver M. Langlais, obtenez l'autorisation, moi je ne suis qu'un pauvre deuxième classe, je dois obéir aux ordres. Comprenez ma position. Vous ne voudriez pas me faire saquer ? »

Ce ton nouveau nous émeut aux larmes. Une délégation va donc frapper à la porte du Khâgne, j'en suis. Je retrouve le bureau claquemuré puant la cendre froide, le téléphone à manivelle, le buste de Montaigne, la photo de Raymond Poincaré. A Révillon, j'ai failli voir en personne ce président, venu avec Nivelle passer nos lignes de départ en revue, juste avant la journée des bleuets, tout était préparé pour le recevoir, les godillots graissés, les boutons astiqués, la soupe améliorée, au dernier moment, il a pris une autre direction, ça nous a quand même rapporté un quart de vin supplémentaire. Par la suite, les journaux l'ont montré avec son faux costume militaire, sa petite casquette noire et ses bottes, tu aurais dit plutôt le chauffeur de Madame la Marquise.

Ici, entre le directeur et nous, s'engage un marchandage farouche :

« Comment saura-t-on que vous êtes des normaliens, si vous n'endossez pas l'uniforme ?

— Justement, nous ne tenons pas à le faire savoir.

— Vous croyez sans doute que ce costume est seulement un moyen de contrôler vos faits et gestes, de retenir vos éventuels débordements ? Mais c'est aussi une manière de propagande pour l'école de Jules Ferry. Voyez les élèves des curés, comme ils s'affichent en grande tenue ! Allez-vous leur laisser le champ libre ? Vous devriez être fiers de porter cet uniforme, vous, les futurs hussards de la République !

— Ne croyez-vous pas, monsieur le directeur, que nous l'avons porté suffisamment, l'uniforme, ces dernières années ?

— Ce n'était pas le même. Écoutez, pour vous faire plaisir, pour l'alléger, en quelque sorte, je vous fais grâce du pantalon, vous garderez seulement la veste et la casquette. »

Nous secouons la tête avec obstination, alors il se dégage de son fauteuil, découvrant au milieu du siège une dépression obscène, arpente l'espace, tire furieusement sur sa cigarette, nous souffle des bouffées au visage, cherche visiblement à nous enfumer tels des renards, c'est quand même moins âcre que le chlore. Notre résistance muette l'amène à un nouveau retrait :

« Bon, d'accord. Vous ne porterez pas la veste non plus. Mais c'est là ma dernière concession, sur la casquette je serai intraitable ! Vous devez bien comprendre... cas isolé... règlements nationaux... déférer à l'inspection académique... »

Nous continuons de branler la tête. Lui fume par tous les orifices. Placidement, Rouquette tire une pincée de sa blague à tabac et se met à chiquer, nous feignons d'ignorer M. Langlais, nous bavardons entre nous comme si nous étions dans le jardin, belle journée n'est-ce pas, belle arrière-saison, ça favorise les haricots, et les carottes aussi, c'est autant de gagné sur l'hiver, pour sûr on serait mieux à la campagne, les forêts doivent regorger de champignons. Alors il éclate comme une châtaigne :

« Vous vous foutez de moi ? Vous êtes venus ici pour parler des champignons ?

— Monsieur, puisque nous ne pouvons nous entendre sur la question de l'uniforme, autant vaut...

— Je vous ai déjà enlevé le pantalon, enlevé la veste, qu'est-ce que vous voulez de plus ? Sortir à poil ? Eh bien ! Allez-y ! Sortez à poil ! Vous ferez sûrement sensation ! De futurs éducateurs... Jules Ferry... la laïcité... l'exemple que vous donnerez à nos enfants... »

Voilà que ça repart.

« Ce que nous voulons, monsieur le directeur, c'est sortir habillés comme tout le monde, simplement.

— Vous refusez même la casquette ? Elle est pourtant jolie, cette casquette, têtes de pingouins !

— Même la casquette. »

Il marche encore de long en large, hausse les épaules, secoue sa cigarette dans le cendrier, s'arrête enfin :

« Aidez-moi, sauvons du moins la face. Cette casquette, je vous demande de la garder seulement pour franchir la porte de l'école. N'est-ce pas une petite chose ? Après quoi, faites-en ce que vous voudrez, je ne veux pas le savoir, fourrez-la dans votre poche, jetez-la dans une bouche d'égout, dans une poubelle. Ce qui compte à mes yeux, c'est que vous en ayez une autre à la sortie suivante, du moins jusqu'à ce que le règlement soit modifié, s'il doit l'être. Est-ce encore trop exiger ? »

La proposition nous semble acceptable. Il donnera au concierge des ordres appropriés.

Bonne volonté des canaques

En cette fin de l'année 1919, Clermont-Ferrand est un chef-lieu départemental aux pavés ronds, encombré de becs de gaz, parcouru de tramways, de fiacres, de quelques voitures automobiles sur pneus Michelin, de camions ferraillants à bandages et à chaînes, de tombereaux et de fardiers, de chars à ânes et à vaches. Ces derniers apportent le combustible, fagots, sacs de charbon cuit, bois de corde, le déversent en vrac place Fontgiève. D'autres font de porte en porte la tournée des laveuses, ramassent les ballots de linge sale et distribuent le propre. Des troupeaux bêlants ou mugissants traversent parfois la ville, ils vont prendre le train pour nourrir les Parisiens ou les Lyonnais. A certains carrefours, des alambics distillent le marc violet, cela sent la vinasse et l'eau-de-vie chaude. Les paysans des environs partent en sabots à cinq heures du matin pour assurer la rentrée de l'aube dans les usines et remontent le soir par le même véhicule. Les rues grouillent de soldats multicolores, bien portants ou éclopés. Non seulement des bleu horizon, mais des kaki anglo-saxons, des gris olive italiens, des vert bouteille serbes, des bigarrés portugais, des tirailleurs chocolat. Ils sont de passage, en manœuvres, en instance de démobilisation ou de guérison, en marche vers la Rhénanie, beaucoup logent dans les hôpitaux du centre et de Montferrand, les hôtels de Royat. Leurs blessures et la grippe espagnole en ont estourbi des troupeaux, il a fallu aménager des cimetières neufs aux portes de la ville pour les recevoir. On a l'impression qu'ils prolongent leur convalescence un peu plus que nécessaire, ils goûtent le repos du guerrier, boivent notre vin, chantent nos chansons, caressent nos femmes. Les Américains surtout ont du succès à cause de leurs chapeaux de boy-scouts, de leurs tenues bien ajustées, de leurs chaussures fines, de leurs poches remplies de sin-sin-gomme et de dollars d'argent. Au cours de nos sorties, nous les rencontrons dans les bistrots et autres lieux de perdition, qui nous attirent plus volontiers que les églises. Quand ils savent que nous sommes d'anciens poilus, j'en porte le témoignage dans ma tulipe, ils nous offrent à boire, nous le leur rendons, ainsi l'exige la politesse française, ils nous tapent dans le dos, nous appellent *Frenchy, Frogy, Gaston*, ils ont cette idée que la plupart des Français sont prénommés Gaston, nous ne cherchons pas à les détromper afin de ne pas compliquer les relations interalliées. Ils montrent un goût prononcé pour l'eau-de-vie auvergnate que nous ne détestons pas non plus. La plupart baragouinent quelques mots de notre langue : *mademoiselle, chérie, promenade, pinard, voulez-vous*. Et aussi merde, qu'ils prononcent *meurde*. De notre côté, nous nous efforçons d'utiliser les rudiments d'anglais appris à l'école.

Le plus étrange, c'est qu'on trouve aussi parmi cette soldatesque un grand nombre d'Allemands, reconnaissables à leur calot rond marqué sur le devant d'une cocarde rouge et noire, et aux grosses lettres PG qu'ils portent dans l'échine. La *Deutsch Vaterland* les réclame, mais il n'est pas question de les renvoyer tant qu'elle n'aura pas commencé à payer en nature les réparations. Expédié par exemple les wagons promis. A ce moment-là on fera l'échange, à raison d'un wagon contre deux prisonniers. En attendant, ils travaillent dans nos villes et nos campagnes. Un certain nombre sont aussi en instance de guérison, on les rencontre aux abords de l'Hôtel-Dieu, avec un bras en écharpe ou une jambe raccourcie. Ces derniers me sont tout spécialement sympathiques. Je les aborde, leur montre mon pilon. Leur figure s'éclaire, visiblement ils sont contents de m'avoir fait ça, je les console de leur infirmité.

« *Woher ?* demandent-ils, désignant ma prothèse.

— Chemin des Dames. Craonne.

— Arr ! Kraonneu ! Terrrribleu !

— *Und du, woher ?*

— Fertun.

— Verdun, oui, oui, terrible ! »

Après cet instant de fétides satisfactions, nous nous sentons unis par le malheur, je propose : *Trinken ?* L'ex-ennemi ne dit pas non, mais me fait entendre qu'il n'a pas d'argent. Oh ! nous en trouverons. Nous partons bras dessus bras dessous. Les Auvergnats de 1919 n'aiment pas la Bochie, mais ils ne montrent aucune haine contre le Boche estropié. Portez à boire, mademoiselle, à notre frère combattant, même s'il est né au-delà du Rhin. Kaiser kaputt ! Buvons à la paix et au bonheur des hommes !

Dans le petit caboulot installé tout exprès face à l'Hôtel-Dieu pour que les convalescents viennent y parfaire leur convalescence, le *PG*, au centre de notre cercle, se sent heureux pour la première fois sans doute depuis que quelqu'un lui a pris sa jambe, il enfonce une main sous sa vareuse verdâtre, marmonne des mots qui nous dépassent, sourit, sort un portefeuille, l'ouvre, en tire des photos, les fait circuler : *Mein Frau !* Et nous, après un regard à la blonde Bochesse, de nous exclamer enthousiastement, avec un très fort accent germanique pour qu'il nous entende mieux :

« Cholie ! Peaux chefeux ! Cholis syeux ! »

Puis viennent les portraits des *Kindern* :

« Cholis ! Très cholis senfants ! *Du, glücklich !* Feinard ! »

On le fait boire : *Trinken !* S'il a le bras droit empêché et se sent encore malhabile du gauche, on l'aide à porter son verre à ses lèvres, on le raccompagne ensuite jusqu'au porche de l'hôpital, on le recommande aux internes de garde, aux infirmières. Ses *Kinden* reviendront dans vingt ans, en chair et en os cette fois et en acier aussi, pour tuer nos enfants à nous. Que fallait-il faire ? Au lieu de lui verser du vin, devions-nous lui faire boire du vitriol ? Et aller tuer les *Kinden* en Allemagne tant qu'ils étaient petits ? Qui peut imaginer des choses pareilles ?

Nous ne tenions pas absolument à passer nos quatre heures de sortie bi-hebdomadaire dans les seuls cafés. Mais le jeudi ne nous offrait rien d'autre, si ce n'est des promenades sempiternelles entre les maisons noires. Beaucoup de négoces n'avaient pas rouvert leurs volets, les anciens propriétaires ayant oublié de revenir du front. Les quatre cinémas, *Idéal Ciné*, rue Blatin, *Novelty*, rue Fontgiève, *Familia*, place Chapelle-de-Jaude et *Pathé*, boulevard Gergovia, ne fonctionnaient qu'en soirée, sauf le dimanche où ils proposaient aussi une matinée, réservée de préférence aux familles et aux enfants accompagnés. Ils exploitaient les chagrins d'amour, les chansons filmées, les fantaisies comiques de Charlot ou de Max Linder, les voyages et l'action : ainsi, *Bras d'acier*, « grand drame d'aventures ultrasensationnelles et de toute beauté », aux dires de l'affiche. Après la première partie, le programme comportait généralement une *attraction* : un jongleur, un acrobate, un illusionniste, un hercule qui passait ensuite dans la salle pour vendre des cartes postales. Le prix des entrées oscillait entre un franc cinquante et trois francs, ce qui n'était pas pour nous retenir, car chacun avait en poche sa prime de démobilisation familièrement appelée

« pécule », de mille à treize cents francs, selon le grade et le temps passé au combat. Trois mois de salaire de l'ouvrier moyen. Les ascendants et descendants du million et demi de zigouillés espéraient bien le toucher aussi, à titre de *pretium doloris*, mais Clemenceau n'avait pas pris d'engagement sur ce point.

Le jardin Lecoq nous offrait ses parterres fleuris, ses pelouses interdites, son bassin où l'on pouvait contre paiement pratiquer le canotage. L'orchestre municipal y donnait des concerts d'après-midi, nous avions plaisir à nous y rendre, moins pour la musique — *Poète et paysan, le Beau Danube bleu, la Dame Blanche, Pot-Pourri de chansons françaises* — que pour apercevoir M. Gatignol derrière son pupitre, et lui faire des signes d'amitié. Nous errions par les allées sablées, nous regardions les demoiselles que la guerre avait embellies, en raccourcissant leurs robes et leurs cheveux. Leurs mères songeaient à les imiter. La bouche se portait cette année-là minuscule et en forme de cœur, les hanches moins garnies, la taille plus substantielle, ce qui n'était pas pour nous déplaire, j'ai toujours été contre la femme sablier.

Les tramways mettaient à notre portée les plaisirs suburbains. La campagne à Montferrand, gros village de vignerons et de fermiers, à Aubière, à Royat. Les guinguettes de Beaumont, Boisséjour, Ceyrat où des pianos mécaniques faisaient transpirer le populaire. Privé de bals pendant quatre années et demie, il se rattrapait avec fureur, les salles n'y suffisaient pas, on dansait en plein air, sur les planches ou la terre battue. Les joueurs d'accordéon, de piston, de clarinette amassaient des fortunes. Pour la raison que l'on devine, je n'entrais point dans ces établissements, mais j'acceptais de participer aux proches jeux de quilles d'où l'on entendait les sautillements de la musique et les applaudissements des danseurs. Je ne manquais jamais de ramasseurs pour se baisser à ma place et m'approcher les boules. Ni de soupirs apitoyés venus de femmes qui auraient pu être ma mère, pauvre jeune homme, c'est-y Dieu permis d'être abîmé comme ça. Les jeunes, comme je l'ai dit, se détournaient plutôt pour faire des suppositions désobligeantes et rire en secret. S'il m'arrivait de lever les yeux vers elles, prises en faute, elles rougissaient ou faisaient semblant de se moucher. Tandis que mes copains, sous la surveillance vigilante mais complice de la parenté, les intoxiquaient de propagande, à Verdun, j'ai zigouillé trente-six mille Boches, sans parler des prisonniers ; les pressaient contre eux dans la valse ; ondulaient avec elles dans le tango ; humaient leurs chevelures ; prenaient des rendez-vous pour le dimanche suivant, moi, je me contentais de la compagnie des pignoufs, des joueurs de quilles dépoitraillés qui postillonnaient sur la boule afin de l'exorciser, et lançaient à Dieu, à la Vierge et aux Saints les injures les plus grossières chaque fois qu'elle déviait de la trajectoire espérée. Ils usaient très vite à mon égard de familiarités déplaisantes, m'appelaient Julot, Toto, Ernest, m'offraient à boire dans leurs gobelets comme si nous avions gardé les cochons ensemble, m'envoyaient des claques dans l'échine. Je ne sais pourquoi, j'ai une échine qui attire les claques comme le sucre attire les mouches.

D'autres fois, nous allions voir les lavandières de Nohanent : prononcez Nonan. Là coule une source d'une limpidité exceptionnelle, fraîche l'été, douce l'hiver. Une municipalité plus avisée n'eût pas hésité à la mettre en bouteilles et à la proclamer miraculeuse, comme tant de ses sœurs auvergnates ; on lui demandait seulement de décrasser le linge de la bourgeoisie de Clermont. Le tram nous déposait à Durtol ; nous devions marcher encore quelque peu, ce que nous faisions en cueillant des noisettes comme le petit Chaperon rouge. Bien avant le bourg, le claquement des battoirs venait à notre rencontre, on trouvait les femmes agenouillées autour des bassins de lave blanchis par le savon, les bras nus, le corsage ouvert, les cheveux retenus par une coiffe. Il y en avait souvent une centaine, des jeunes et des mûres, et même des fillettes de douze ans. La rumeur de leurs bavardages rappelait celle d'un marché. Nous pouvions les contempler de loin, mais elles n'aimaient pas les curieux, surtout les godelureaux de notre sorte, si nous osions les regarder de trop près, elles nous lançaient leurs battoirs dans les jambes. N'empêche que ces compagnies de femmes décolletées était un spectacle qui valait le déplacement. Elles auraient été bien surprises si elles m'avaient laissé leur dire que cette besogne ne m'était pas étrangère, que je l'avais pratiquée moi-même dans les ruisseaux du Soissonnais, sans soude ni savon ni battoir, peut-être alors m'auraient-elles admis dans leur corporation.

Dans nos vagabondages, il nous arrivait de rencontrer une troupe de jeunes personnes en robe noire, bas noirs, chapeau noir, encadrées d'une ou deux caporales à peine moins endeuillées, auxquelles étaient permis une ceinture blanche ou un corsage violet : la couleur du vendredi saint. Il s'agissait de normaliennes en promenade. Plus jeunes que nous de deux ou trois ans, à cause de notre canaquerie. Nous nous coiffions précipitamment de la casquette à palmes d'or pour être reconnus, nous leur lancions des baisers, elles levaient les yeux et souriaient, ou détournaient la tête avec pruderie. Chacun de nous faisait son choix. Laquelle sera ma femme et la mère de mes enfants ? Toi... j'en suis sûr, mon cœur me le dit, tu m'en donneras quatre, trois garçons et une fille, nous vieillirons ensemble. Puis elles passaient, nous n'osions bouger, nous remettions la casquette dans notre poche.

L'ensemble de ces modestes joies était gâté par le retour obligatoire avant cinq heures. Un peu comme dans l'opéra de Bizet, alors qu'il se répandait en ronds de jambes au dancing des Tilleuls, le canaque éprouvait tout à coup un pincement au diaphragme, sa montre le lui confirmait, il ne lui restait plus qu'un quart d'heure de liberté :

« Ça y est, murmurait-il avec consternation, je dois m'en aller.

— Comment cela ? faisait la demoiselle. Vous sentez-vous fatigué ?

— Tu ne m'as pas compris, Carmen. C'est la retraite. Il faut qu' je rentre au quartier pour l'appel.

— Au quartier ? Pour l'appel ? Ah ! j'étais vraiment trop bête ! »

Nous nous arrachions aux pianos mécaniques, aux lavoirs de Nohanent, au canotage, au quillodrome. La bande s'enfuyait ventre à terre, poursuivie par les gosses qui croyaient à un exercice militaire, huée par les chiens qui croyaient à une course de facteurs, applaudie par les passants ironiques :

« Vas-y Blumet !... Vas-y Marchidial ! »

Blumet et Marchidial étaient alors des champions locaux. Hors d'haleine, les canaques arrivaient devant le portail de l'école, dont M. Laroye avait déjà poussé un battant, pour souligner l'imminence de la fermeture. Il va de soi que, pauvre tortue, j'étais parti une demi-heure avant ces lièvres. Les retardataires devaient tirer la sonnette, le concierge inscrivait leur nom sur un registre, deux retards donnaient droit à une privation de sortie. Voilà comment étaient accueillis en 1919, dans une maison appartenant à la République française, ceux qui avaient tenu tête aux Allemands dans les tourbières de la Somme et les forêts vosgiennes, au Chemin des Dames, à Cambrai, à Saint-Quentin.

Nous disposions d'une demi-heure pour changer de tenue, pour reprendre nos blouses grises et nos savates, à cinq heures trente, nous retournions dans nos salles de classe converties en salles d'étude, nous nous y plongions théoriquement dans la lecture de Jacqueton, Imberdis, Teilhard de Chardin[1], Durkheim, Auguste Comte sous la surveillance d'un pion qui dépassait les plus vieux d'entre nous d'une courte année. Il suivait les conférences de la faculté des lettres, logée rue Pascal dans l'ancienne résidence du comte de Chazerat, dernier intendant de la Monarchie en Auvergne. Il préparait une licence et un professorat, il avait droit au noble titre d'« étudiant », alors que nous n'étions rien que des créatures hybrides, ni chair ni poisson, à peine nommables, élèves-maîtres, *chiens, ex, chapeaux, canaques*, normaliens, normalos, normaliches, ni esclaves ni affranchis. Étant donné sa situation, ses espérances, sa haute stature, M. Pinaud, ledit surveillant, nous traitait avec un

1. Érudit local, le père du Père.

royal mépris. Il feignait d'ignorer nos noms patronymiques. Il nous dominait non seulement d'une tête, mais de sa brillante culture, matait notre indiscipline et nos bavardages à coups de citations :

« Vous, là-bas, près du poêle, le petit rouquin qui passez votre temps à ne rien faire, savez-vous ce que dit la Bible du paresseux ? Il ressemble à une bouse de vache : quiconque la ramasse secoue sa main. Et vous, l'homme aux lunettes, à la troisième table ? Rappelez-vous combien les jours nous sont mesurés ! La vie passe comme le saut d'un poulain blanc, écrivait il y a vingt-deux siècles le mandarin Tchouang-Tseu... »

Tiens ! Le mandarin en question se rencontrait avec ma grand-mère chapelate, qui avait vu Napoléon — celui des pièces de deux sous — et sa femme Eugénie en visite à Thiers, dans un carrosse à six chevaux blancs, comme celui de Cendrillon. Tout le monde s'écriait *lo gento fenno !* quelle jolie femme ! Tandis que l'empereur distribuait aux enfants des pincées de louis d'or, parbleu ! ils ne lui coûtaient pas cher, puisqu'il les fabriquait lui-même ! Ma grand-mère Marie-Louise soupirait sous sa coiffe blanche à double tuyautage : il ne faut pas plus de temps pour arriver du premier au dernier de nos jours que pour faire le tour du doigt. En même temps, elle faisait le tour de son index avec celui de l'autre main. Et pourtant, ma grand-mère n'avait point fréquenté la faculté des lettres, ni même l'école communale, elle ne savait ni *a* ni *b*. M. Pinaud, en revanche, avait appris sa belle sagesse dans les livres, il était rempli jusqu'au goulot de citations grecques, latines, anglaises, malgaches, il t'assenait Shakespeare ou François Coppée sur le sommet de la coucourle. Dans ses entretiens avec les autres surveillants, c'était la même chose. Ils mangeaient à une table à part, juste sur la ligne de démarcation entre les deux réfectoires. Quand il nous arrivait de prêter l'oreille à la conversation, c'était toujours pour entendre dans la bouche de Pinaud : « Rappelez-vous ce qu'a dit Schopenhauer... ce qu'a dit Platon... ce qu'a dit Isidore Chapuzade... » Il employait cette formule sadique : rappelez-vous, sachant fort bien que les autres ne se rappelaient rien du tout, que nécessairement ils allaient passer à ses yeux pour les plus stupides animaux de la création, juste avant l'onagre de Mésopotamie. Aussi le redoutaient-ils comme la peste et n'osaient-ils, en sa présence, aborder que les sujets les plus anodins : la pluie, le beau temps, le cours des pommes de terre. Le bruit courait que M. Pinaud serait certainement un jour inspecteur général, emploi réservé dans l'enseignement public français aux gens de son espèce, les terroristes culturels.

M. Gatignol attendait le sien, le célèbre Chaunet — Chaunet comme les solfèges, comme le traité d'harmonie. Mais nous l'avions assuré de notre appui sans réserve.

« J'ai appris par certains collègues, nous confiait-il, que la marotte de l'inspecteur général Chaunet est la dictée musicale. Il tient absolument à ce qu'on en fasse une sous ses yeux, afin de contrôler la méthode du prof et les aptitudes des élèves.

— C'est très simple, avions-nous proposé : on en prépare une, on la rabâche jusqu'à la savoir par cœur.

— Trop simple, camarades ! Le texte de la dictée, il le tire de sa poche juste avant l'exécution ! Impossible de préparer quoi que ce soit ! »

Inutile de dire combien cet exercice me préoccupait, à cause de mes oreilles cachetées à la cire. Nous en parlons ensemble, nous finissons par élaborer une tactique minutieuse susceptible d'infliger un camouflet au terrorisme musical : M. Gatignol accompagnera les notes à transcrire sur nos portées d'une mimique de la main droite assez semblable au langage des sourds-muets ; mais elle exige pour être comprise un long entraînement préalable. Dans ce but, il trace à la craie sur son veston boutonné, de la cravate à la braguette, quatre lignes parallèles et équidistantes. Elles représentent les hauteurs de l'accord parfait : *do-mi-sol-do*. La main horizontale sur la plus basse signifie *do*, mais *ré* si elle présente une inclinaison montante ; *si*, une inclinaison descendante. Lorsque, en même temps, elle lève l'index (in*d*ex comme *d*ièse), la note doit être diésée ; si c'est l'auriculaire porteur d'une bague de cuivre (*b*ague comme *b*émol), bémolisée. Grâce à ce jeu de main, selon son étage et sa disposition, même un sourd de mon espèce doit être en mesure de lire la gamme chromatique sur le veston du professeur. De même une horloge égrène les heures pour les oreilles en même temps qu'elle les montre aux yeux. Voici maintenant comment on procédera en présence de l'ennemi. Aussitôt en possession de la mélodie inspectorale, le professeur l'exécutera d'abord tout entière sur son violon. Ensuite il déposera l'instrument et nous *chantera* le morceau mesure par mesure, en tenant la feuille dans la main gauche, la droite ainsi libérée se livrera à sa gymnastique. Il aura soin de la dissimuler à l'inspecteur en lui tournant le dos. Pour plus de sûreté, nous prierons le ciel afin que cet homme soit affligé d'une puissante myopie.

Les premiers essais se déroulent avec lenteur, et donnent des résultats encourageants. Mais ensuite, M. Gatignol efface les traits blancs, son veston devient pareil à une carte muette... Nous nous y égarons, le *sol* à hauteur de l'œsophage est souvent confondu avec le *mi* ombilical. Les élèves d'oreille sensible prétendent que ces gestes les embrouillent, ils préfèrent recevoir la mélodie les yeux fermés. Les visuels comme moi ont des réactions inverses, c'est plutôt le chant qui les gêne et ils s'en passeraient volontiers. Après quatre semaines d'efforts, j'arrive à identifier environ une note sur deux, ce n'est qu'au bout de deux mois que je suis en mesure de solfier à livre ouvert sur le ventre de mon professeur. Tant d'art, tant d'ingéniosité, tant d'application ne serviront à rien, M. l'inspecteur général Chaunet ne nous honorera point de sa visite. La pédagogie de M. Gatignol se trouvera cependant marquée à jamais par notre méthode audiovisuelle, et nos successeurs à l'école en tireront profit. On ne saurait trop louer cet étonnant violoniste, ce maître exceptionnel qui a, pendant nous et après nous, formé de si nombreux instituteurs, leur donnant le goût de la musique et de toutes les valeurs culturelles, comme il convient à des gens qui... à des gens que... grands principes... Victor Duruy... Jules Ferry... Auguste Chaunet... Isidore Chapuzade... Tchouang-Tseu... Le travail accompli par M. Gatignol pendant quarante ans de dictées musicales sera publiquement et officiellement reconnu le jour de sa mise à la retraite, quand le nouveau Khâgne épinglera la croix de la Légion d'honneur sur sa poitrine, à hauteur de la ligne de *sol*. Alors, M. Gatignol aura un geste bien digne de lui, il dépendra la médaille et l'accrochera à son violon. On ne fait pas plus sublime.

En attendant, il nous arrive de le rencontrer en ville lors de nos courtes sorties, il nous accompagne dans les caboulots, nous peaufinons notre amitié et la tactique antiterroriste, en évoquant nos souvenirs de combat. Nous, les rampants, avons tous une fois ou l'autre assisté avec passion à un duel aérien au-dessus de nos lignes, entre un Spad tricolore et un Taube à croix noire. Quelquefois entre deux escadrilles. Applaudi aux succès des premiers, gémi à leurs défaites.

« Est-ce que vous en étiez, monsieur Gatignol ? »

Et lui, modeste : « C'est possible. Vous savez, je n'étais pas pilote, mais observateur-mitrailleur-bombardier, sur Voisin 89. Au début, je tirais avec un fusil. Ensuite, on a eu une mitrailleuse qui crachait à travers l'hélice. Les bombes, on les jetait à la main. Ce qu'il y avait de dur dans le métier, c'étaient les débuts, les acrobaties, tu avais l'impression de marcher sur le ciel, le sang te descendait à la tête. Il y avait toutes sortes de choses qui te descendaient à la tête dans les commencements, si tu ne prenais pas tes précautions. On te conseillait de partir à jeun et de bien te libérer le ventre avant de monter dans le zinc. La toute première fois, mon pilote m'a recommandé : « Mets-toi un foulard, un mouchoir, ce que tu as, sous le menton. » J'ai demandé : « C'est pour me protéger le cou ? — Non, c'est pour te protéger la bouche au moment des loupingues. »

M. Gatignol est un joyeux farceur.

De temps en temps, le père Q vient prendre part à notre

conversation, il nous connaît, il sait que nous sommes des normalos d'une espèce particulière :

« Alors, les poilus, qu'est-ce que vous pensez de la situation ?

— Quelle situation, père Q ?

— Ben, ces élections, le bolchevisme.

— On s'en fout. »

Nous ne lisons guère la presse, trop affligeante. Toujours des avis d'obsèques retardées, elles concernent des cercueils ramenés du front pleins d'on ne sait quoi, peut-être de cailloux ou de choux-raves. Et les jugements des conseils de guerre, publiés pour que nul n'en ignore. Chaque semaine, une dizaine d'anciens poilus passent devant les tribunaux militaires, accusés de désertion, refus d'obéissance, rébellion, pillage. Les gars reviennent de leur captivité en Allemagne, ils se font cravater par les gendarmes :

« Toi, prouve-nous que tu ne t'es pas rendu volontairement à l'ennemi.

— Ben... prouvez le contraire vous-mêmes.

— Là n'est pas la question. Tes preuves !

— J'ai pas de preuves, brigadier ! Quelles preuves voulez-vous que j'aie ? En face de moi, j'avais trois *Feldgrau* avec leur mitrailleuse pleine de bandes. Que vouliez-vous que je fasse contre ces trois ?

— Que tu mourusses ! T'as donc pas lu *Horace*, nom de Dieu ? Tes preuves ! Je compte jusqu'à trois. Un... deux...

— Allez vous faire...

— ... trois ! Dix ans de travaux publics ! Au suivant ! »

La presse parle de la vie chère, du tabac rare, du sucre rationné, du lait réservé aux enfants, du pain qu'on gaspille. Des trafiquants, des accapareurs, de ceux qui font le faux poids, les fausses factures, les faux billets. Exemple : la Chambre de Commerce, qui imprime des coupures d'un franc cinquante, et qu'elle fait circuler comme des vraies. Le fisc s'intéresse à votre pécule, il prétend l'imposer sous prétexte qu'il fait partie de nos revenus pour l'année 1918 avec nos treize cents francs, nous sommes d'affreux profiteurs de guerre : faut qu'on rembourse. Contre ces calamités, le père Q nous apporte des consolations liquides. Même s'il a fait la guerre aux Granvanches, à charger les obus sur les wagons. Fallait bien, comme il dit, que quelqu'un le fasse.

« Vous croyez, demande-t-il, que l'Allemagne paiera ?

— Elle paiera si on l'oblige à payer. En attendant, père Q, qu'est-ce que vous nous payez vous-même ?

— Je peux remplir votre bouteille, si vous insistez.

— On insiste... Appelez la mère Q, on l'invite à trinquer avec nous.

— Ah ! non ! La mère Q doit s'occuper de l'épicerie. »

Car son commerce a deux entrées : l'une côté face pour le manger, l'autre côté pile pour le boire, c'est la Providence qui l'a placé là, tout près de notre usine, il suffit de traverser la rue. Les jeudis et les dimanches pluvieux, il est notre refuge, nous nous y acagnardons, l'atmosphère chaude, épaisse, substantielle nous enveloppe et nous nourrit, nous avons l'impression d'être rentrés dans la coquille maternelle, d'y savourer des béatitudes prénatales. Le père Q nous allaite à bon compte :

« J'aime mieux vendre bon marché et vendre davantage. Et puis, soyez tranquilles, mon vin vous fera pas de mal : il est naturel. Je l'achète directement aux vignerons d'Aubière. »

Je me rappelle les vampires du Soissonnais, leur vin bouché à trois francs le litre, mis en bouteille la nuit précédente, entre deux et quatre heures du matin, à la lueur d'un rat-de-cave. M. Quiquandon, au contraire, ménage notre argent de poche, veille sur notre santé, par conséquent sur notre avenir. Par conséquent sur celui de la jeunesse qui nous sera confiée prochainement.

« Ah ! père Q, vous êtes un grand Français !

— Parbleu ! Le patriotisme, moi, je connais que ça ! »

Nous nous arrachons enfin les uns aux autres. Presque toujours c'est M. Gatignol, notre prof de musique, qui en éprouve le plus de peine, deux canaques se dévouent pour le raccompagner jusqu'à sa porte, en le soutenant aux aisselles. Il habite rue Saint-Dominique au troisième étage d'un immeuble historique mais minable, un trou à souris dans lequel il tient à peine avec son lit, sa table et son violon :

« Voilà où je dois habiter, gémit-il, avec mon salaire municipal ! Moi qui ai, y a pas longtemps, mangé à Paris de la maxime chez Langouste, invité par des dames à particule !... Ah ! camarades, les dames à particule ! Vous ne saurez jamais combien c'est doux au toucher, on dirait de la soie... »

Il y a bien d'autres choses que nous ne saurons jamais. Moi tout spécialement qui ne suis plus que trois quarts d'homme. Encore un exemple : le plaisir de disputer un combat de boxe. Lhirondelle est un fanatique de ce sport. Ses dieux s'appellent Eugène Criqui, champion de France poids mouche, et surtout Georges Carpentier, champion d'Europe poids lourds. Il les possède en cartes postales et peut réciter la liste de tous leurs combats. Quelquefois, au lieu du bal d'après-souper, Lhirondelle nous enseigne, buste nu, les rudiments du « noble art », qu'il prononce à l'anglaise *nobeularte*, les divers coups autorisés, crochet, direct, swing, uppercut ; les coups interdits ; les parades, le jeu de jambes, il en sait autant qu'un professionnel. Puis il demande :

« Y a-t-il un amateur ? »

Vingt bras se lèvent. On fait la queue pour recevoir des marrons dans la tronche, car Lhirondelle atteint son adversaire sans se laisser jamais atteindre. Quand le coup t'est arrivé en plein dans l'œil ou sur le nez :

« Pare ! crie-t-il. Pourquoi ne pares-tu pas comme je t'ai enseigné ?... Allez, on recommence. »

Il y a de nombreux abandons. Quelquefois, le challenger va au tapis, et toute la bande des spectateurs de brailler comme un seul : « Un... deux... trois... quatre... cinq... » Le vacarme, en général, réveille l'allongé, il réveillerait un mort. Il arrive aussi que soudain la moutarde lui monte au nez, à cause d'un certain crochet qui l'a atteint de façon irrégulière, estime-t-il, alors il se précipite avec des moulinets sauvages sur le professeur dont toute la science n'est pas de trop pour le contenir :

« Tu cognes comme un bûcheron ! Jamais tu ne sauras le *nobeularte* ! »

La chose la plus sympathique est le combat entre deux apprentis, c'est-à-dire deux égales inexpériences, sous l'arbitrage du maître. Il veille à apparier les poids, élimine ceux d'entre nous — et j'en suis — qui présentent un défaut de la bête, les myopes, les bilieux, les boiteux, les fragiles. Ses décisions sont sans appel, le *nobeularte* n'admet que de nobles constitutions. Tout cela nous passionne si fort que nous n'entendons pas le clairon de Laroye. Ou que nous refusons de l'entendre. Les *chiens* eux-mêmes, devenus enragés, restent sourds à l'appel de leurs gardiens. Un soir, se produit ce que je redoutais sans vraiment croire que les autorités iraient jusque-là : la lumière s'éteint, nous plongeant dans une nuit complète. Le point faible de l'éclairage électrique est que, si on l'établit instantanément, on peut le couper aussi vite. Et cela, juste au milieu d'un K.-O., sans nous laisser le temps de compter jusqu'à dix. A tâtons, nous bousculant, nous écrasant, nous quittons les lieux, gagnons nos dortoirs, pour nous apercevoir que nous avons oublié le knockouté sur le ring. On va le récupérer, on ramasse quelque chose de lourd et de mou, on craque une allumette pour s'assurer qu'il s'agit bien de ses restes, foulés par trente-six paires de godillots, sa figure mettra huit jours à retrouver des traits vaguement humains.

Le Chemin des Dames

M. Canrobert, qui portait le nom d'un maréchal d'Empire, était pour nous un spécialiste de la *circumduction du tronc*. Nous le lui pardonnions volontiers. Sur le plancher du gymnase, il disposait en quinconce son monde vêtu de caleçons courts et de maillots de corps, et commandait :

« Fente à gauche ! Mains aux hanches ! La tête droite ! Circumduction du tronc de droite à gauche : un... deux... trois... quatre... Et maintenant, circumduction du tronc de gauche à droite : un... deux... trois... quatre... »

Il donnait de la sorte à chaque mouvement son appellation scientifique : élongation latérale de la jambe gauche, supination du buste et élévation des épaules, abduction du bras gauche, pivotement, rotation, révolution, pirouette, frétillement, avec lui on apprenait du vocabulaire. C'était un homme tout en os et en muscle, capable de tourner autour de la barre fixe comme un virolet, de rester crucifié un quart d'heure entre les anneaux, de marcher sur les métacarpes avec autant d'aisance que sur les métatarses, tout cela était bel et bon, nul ne discutait ses compétences gymniques. Mais voilà qu'un jour il émit une idée fort saugrenue :

« Le tir au fusil n'a pas été supprimé du programme. Jeudi prochain, nous reprendrons donc cet entraînement. »

Les canaques n'en crurent pas leurs oreilles :

« Le tir à quoi ?

— Au fusil. Fusil Gras, modèle 1874, modifié 1890. Nous ne disposons pas d'autre chose, hélas !

— Vous plaisantez, monsieur Canrobert ?

— Est-ce qu'on plaisante de telles choses ? Le règlement... préparation militaire... défendre la Patrie.

— Nous venons de la défendre, la Patrie ! Pendant deux ans complets, nous nous sommes entraînés journellement à tirer au fusil ! Avec des balles pointues, encore ! Certains d'entre nous savent même tirer du canon !

— Justement... ne pas perdre la main.

— Vous vous trompez, monsieur Canrobert : la main, nous voulons la perdre. A jamais. Nous en avons assez pour nous, nos enfants et nos petits-enfants. A bas la guerre ! Vive la Paix universelle ! Vivent les moissons et les vendanges ! Vivent les cheminées qui fument et le poulain blanc qui saute ! Vive Tchouang-Tseu ! Vive le grillon noir dans la cheminée et la soupe qui mitonne au coin du feu ! Vive l'alouette qui suspend son tirelo au-dessus des meules de blé que dore le premier rayon du soleil ! Vivent les arbres avec leurs feuilles et leurs nids ! A bas l'armée, monsieur Canrobert !

— Sacrilège ! Sacrilège ! Vous, des poilus d'hier !

— Justement ! Nous ne voulons plus être les poilus de demain ! Nous avons fait la dernière des guerres, on nous l'a dit et répété, et nous y avons œuvré avec conscience. Que nos hommes politiques fassent de même. Dorénavant, l'armée est condamnée à disparaître, du moins dans ses formes anciennes, si nos élus font leur travail. Voilà pourquoi, monsieur Canrobert, nous crions à bas l'armée, de toute notre âme de combattants.

— Vous prenez vos rêves pour des réalités !

— Les plus belles réalités d'aujourd'hui, la France, la Liberté, la République, ont été d'abord des rêves. La Fraternité, la Justice, la Paix universelle le sont encore. Rêvez avec nous, monsieur Canrobert !

— Mais des réalités très redoutables existent ! L'Allemagne... le bolchevisme... nos compatriotes torturés en Russie... les mutins de la mer Noire...

— Restons-en là, monsieur Canrobert. Nous n'avons rien contre la circumduction du tronc ni l'abduction latérale du bras gauche. Mais ne nous parlez plus de tir au fusil.

— ... référer à M. le directeur.

— Cela va de soi. »

Chose extraordinaire, pour une fois, M. Langlais nous donna raison. Encouragés par ce premier succès antimilitariste, nous présentâmes une seconde revendication inspirée des mêmes principes.

« Voyez-vous, monsieur le directeur, nous ne savons comment cela se fait, mais nous avons pris en horreur tout ce qui est cuivre. Notamment les sonneries de clairon qui scandent les divers moments de notre journée. Nous vous demandons de les remplacer par autre chose.

— Autre chose ? Mais quoi ? »

Mes yeux s'étaient portés sur le buste de Montaigne, je proposai les sons de la harpe et de la lyre. Rispal avança que si l'on voulait recourir à sa clarinette, il serait peut-être disposé... Tout cela étant peu réaliste, nous finîmes par accepter une banale cloche, malgré le cuivre qui entrerait nécessairement dans la composition de son bronze, pourvu que le son en fût argentin, comme celui des clochettes que les vaches auvergnates balancent à leur cou. Ses appels seraient d'ailleurs réduits à trois par jour et annonceraient seulement les repas ; la manœuvre en serait donc confiée au cuisinier. Nous promîmes en compensation de respecter scrupuleusement les heures du coucher et du lever, suivant les injonctions de nos surveillants. M. Pamaret fut chargé de faire au plus vite l'acquisition du nouvel instrument. Quinze jours plus tard, il était en place au-dessus de la porte principale. Ses notes joyeuses furent accueillies par d'enthousiastes applaudissements, certains parlèrent de baptiser la cloche au champagne, leur suggestion ne fut pas retenue.

Chez le Comte, les poutres, les voliges étaient couvertes de graffiti au couteau et au crayon-encre, noms, initiales, numéros de régiments. Pendant quatre ans, des hommes avaient souffert et espéré entre ces murs, percés, amputés, émasculés, la figure ravagée par les lance-flammes, les poumons brûlés par l'ypérite. Cela me rappelait mon séjour à Dinan. Un brouillard dont j'avais mis longtemps à émerger. L'immense salle commune, puante de chloroforme et d'éther, pleine de gémissements, de délires, de râles, de fureurs. Les vieux médecins barbus et hautement galonnés, indifférents et sourds. Mais je n'ai que vingt ans ! Comment avez-vous pu me couper la jambe pour une simple rotule qui manquait ? L'urgence, mon ami, l'urgence. Tu es vivant, pour toi la guerre est finie, de quoi te plains-tu, biquet ? On te fera cadeau d'une médaille en bronze. Et aussi d'une superbe prothèse toute neuve, en bois de châtaignier, celui qui résiste le mieux aux vermoulures, avec rondelle en caoutchouc et changement de vitesse. Comme tu seras admiré, quand tu circuleras dans les rues de Clermont, exhibant cette preuve de ton héroïsme ! Les prêtres te béniront. Les sergents de ville te feront le salut militaire. Les civils te tireront leur chapeau. Les enfants te demanderont des autographes. Les femmes se disputeront l'honneur de te consoler. Prends patience, biquet, résigne-toi à ton raccourcissement, et vive la France éternelle. Après trois mois de vie horizontale, de bassin sous les fesses et d'escarres, viennent la joie de mettre un pied par terre — le droit —, la surprise de retrouver des sensations dans un pied gauche fantôme, même si elles sont douloureuses, les promenades dans le jardin, au balancement des béquilles. Félicitations ! Vous faites des progrès à vue d'œil, ça ira vite maintenant. Odeur amère et sourde des buis, piaulement des mouettes. Et ces autres oiseaux marins qui marchent : les religieuses en robes blanches et en cornettes. Pendant ce temps, la grippe espagnole remplit les cimetières de vieux, d'enfants, de femmes. Les plus jeunes, les plus belles, celles qui précisément attendaient ton retour pour te consoler. A quoi bon revenir s'il ne reste plus personne ? Il en restera, biquet. Apprécie cette autre chance de vivre en un milieu désinfecté, la grippe espagnole s'y montre un peu moins vorace qu'ailleurs.

Six mois encore, le moignon se cicatrise. Essayage de la tulipe rembourrée de coton hydrophile. Oui, au commencement, ça fait mal ; mais ensuite tu ne sentiras plus rien. Sauf dans le pied fantôme, bien sûr, en certaines circonstances. Apprends aussi à gravir et descendre un escalier avec une seule jambe, sans béquille, c'est le plus difficile, mais on y arrive. Avant de quitter Dinan, ses pavés, son donjon, ses remparts, ses bateaux de pêche et ses mouettes, j'ai monté à titre d'exercice toutes les marches intérieures de l'hôpital. Arrivé au grenier, j'ai gravé sur un chevron mon nom et mon nouveau titre : *Jules Vendange, classe 17, unijambiste.*

Par l'action énergique et assidue des canaques, la vieille maison commençait à changer. Nous pouvions espérer que l'œuvre entreprise continuerait après nous et que le nom des réformateurs serait prononcé avec reconnaissance par les générations à venir. Un point nous semblait encore insupportable : la clôture — au sens conventuel du terme — dans laquelle nous étions retenus, hors les dérisoires après-midi du jeudi et du dimanche. Après l'avoir soufferte deux mois, nous décidons de lui livrer bataille. L'occasion en est les spectacles donnés au théâtre par des compagnies de passage ou des acteurs locaux. Fin novembre, une opérette en trois actes est à l'affiche : *Boccace*, livret d'on ne sait qui, musique de Franz von Suppe interprétée par la troupe de M. Jauffret. Le rôle de Boccace sera chanté par Mme Jane Alstein qui l'a précédemment tenu avec grand succès à la Gaîté Lyrique de Paris. Nous demandons l'avis de M. Gatignol :

« La musique de Suppe est mélodique, pleine de couleur et de relief. Je suis sûr, camarades, qu'elle vous plaira, et je vous donne ma bénédiction.

— Nous aurions préféré, avouons-nous, votre concert si spirituel !

— Je vous comprends. Mais il n'est pas au point, nous répétons encore, ce sera pour une autre fois. »

Forts de cette approbation, six canaques délégués se présentent devant le Khâgne et traduisent nos désirs :

— assister à la représentation de l'opérette *Boccace*, ouvrage éminemment culturel et formateur selon l'avis du maître Fernand Gatignol, professeur de musique en l'École normale et divers autres établissements scolaires, premier violon dans l'orchestre municipal ;

— obtenir par conséquent une autorisation de sortie jusqu'à minuit trente, le spectacle n'ayant lieu qu'en soirée ;

— il sera établi une liste des ayants droit, lesquels s'engagent la main sur la conscience à regagner leur dortoir dans les temps impartis ;

— ils supplient leur vénéré directeur d'agréer les sentiments de respectueuse soumission avec lesquels ils sont, et cætera.

« Boccace ? dit M. Langlais. Une opérette ? Franz von Suppe ? Le rôle est tenu par Mme Jane Je-ne-sais-plus-comment ?

— Exactement, monsieur le directeur. Jane Alstein.

— Est-ce que vous vous foutez de moi ? D'abord, ce Franz von... c'est un Boche, bien sûr ? Est-ce que vous pensez, têtes de pingouins, que le moment est bien choisi... traité de Versailles pas encore ratifié... ?

— Renseignements pris, von Suppe était autrichien, d'origine belge. Et puis, l'art n'a pas de patrie, nous avez-vous dit à votre petit *b*, il y a trois semaines.

— Admettons. Mais un sujet pareil ! Boccace ! *Le Décaméron !*

La Mandragore ! Devant de futurs éducateurs ! A onze heures du soir ! Vous rêvez, je pense ?

— Connaissez-vous le sujet ?

— Je ne le connais pas. Mais je connais Boccace ! Votre opérette est... disons beaucoup trop légère pour que je vous permette de la voir. Revenez avec un ouvrage plus sérieux. Et maintenant, laissez-moi travailler. »

Trop légère pour nos yeux et nos oreilles, l'opérette de Suppe ? Sans doute devrions-nous rappeler au Khâgne que nous avons entre vingt-deux et vingt-cinq ans ; que nous sommes informés de bien des choses ; que certains d'entre nous sont probablement pères naturels ; que notre camarade Fabre, prisonnier vingt-six mois en Poméranie, en a passé vingt à prodiguer ses consolations à la jeune veuve qui l'employait. La modestie retient la langue des délégués. Ils risquent seulement :

« Pouvons-nous nous permettre d'insister ? D'évoquer les conséquences...

— Allez préparer votre Brevet Supérieur. Il n'y aura pas de conséquences. »

Il y en aura. Jamais couvre-feu ne fut mieux observé que ce soir-là. Dès neuf heures cinq, les vingt-huit canaques en chaussettes descendent l'escalier, passent devant la réserve à fruits, se rechaussent dans la cour arrière. Il ne faut pas compter sur la complicité du portail, aux serrures inviolables. La toiture des cabinets montre plus d'obligeance. J'ai accompagné mes copains jusqu'au pied du mur, afin de partager leurs risques, mais je n'espère pas aller plus loin, partez sans moi, camarades, on ne fait pas le mur avec une jambe de bois. Comment ? Crois-tu qu'on va t'abandonner ici ? Un rescapé de Craonne ? Tu nous as mal regardés ! Ils m'empoignent par les membres qui me restent, m'arriment sous les bras au moyen d'un ceinturon, me hissent sur le toit des W. C. que notre poids menace de rompre. Faites attention, je suis fragile, n'allez pas m'escagasser l'autre patte. D'autres me grippent de la crête, me tendent à ceux qui ont atteint la rue, j'arrive en morceaux, l'imperméable déchiré, on me répare avec des épingles à nourrice, on attend les derniers venus et l'on file. Il y a long à marcher jusqu'à la place de Jaude, quand nous arrivons le spectacle est commencé depuis une heure, la caissière cependant tricote encore derrière le trou de son guichet qui ressemble à une chatière :

« Je ne vais pas vous vendre des billets pour une moitié d'opérette ! Qui êtes-vous donc ?

— Des échappés du bagne, des canaques. Ça ne fait rien, on paye, on a dévalisé le Crédit Lyonnais en passant, on veut voir *Boccace.* »

Elle se baisse pour regarder notre mine. Ne nous lanternez pas davantage, madame, nous avons une jambe de bois. Elle sourit :

« Dans cinq minutes, c'est l'entracte. Je vous distribue des contremarques, vous entrerez gratuitement. D'accord ? »

De ses mains effilées, elle pousse vers nous des bons points bleus, en échange nous lui envoyons des baisers par la chatière, je parie qu'il s'agit d'une femme à particule.

« Avant de vous asseoir, recommande-t-elle, attendez que les autres aient repris leur place. »

On patiente en fumant des « caporal » qu'on allume avec un briquet à amadou. Un marchand de châtaignes grillées crie : « Chauds les marrons chauds, dépêchez-vous la jeune classe, sinon y en aura pas pour vous.

— Combien ?

— Dix sous le sachet. »

Chacun veut le sien. Quand le théâtre dégorge son monde, nous nous mêlons à la foule et rentrons avec elle, je tiens sur le bras mon imperméable dépenaillé, les contrôleurs semblent surpris devant ma prothèse qu'ils ne reconnaissent point. On passe quand même. On se distribue un peu partout, en quête de fauteuils inoccupés, qui monte vers les galeries, qui se faufile au parterre. Nos voisins nous regardent avec le même étonnement que les contrôleurs, et chuchotent entre eux, mais ma jambe de bois nous protège. Quand le rideau se lève, un jouvenceau chante son amour à une jouvencelle qu'il appelle alternativement *Maria* et *Princesse*. Ce ne peut être que Boccace, nous le reconnaissons aux formes féminines de Mme Jane Alstein dans des culottes de soie. Le dialogue nous échappe, bien que certaines paroles semblent appartenir à la langue française : ... *douleur... Florence... souvenir...* Heureusement, de temps en temps la musique s'interrompt, les acteurs s'expriment alors en prose commune, nous comprenons que Maria est la fille du roi de Naples, qu'elle a cessé d'aimer Boccace, lequel se vengera littérairement en écrivant du mal des femmes. Tandis que le spectacle se déroule, une agitation se manifeste au milieu du parterre, des têtes se lèvent vers les étages supérieurs, des signes d'indignation courent de bouche en bouche, de chignon en chignon. Mais ce sont des peaux de châtaignes ! Oh ! les sagouins ! A-t-on jamais vu ça ? Quels sont ces croquants ? Il faut prévenir la police... Je me fais tout petit dans mon siège, j'écrase contre ma hanche mon sachet de marrons froids. Pas l'intention de laisser savoir que j'appartiens à la même race que ces sagouins. Futurs éducateurs de nos écoles laïques, gratuites et obligatoires. La pluie d'épluchures sur les messieurs-dames du rez-de-chaussée ralentit, puis reprend, le scandale enfle et se propage, est-il normal de payer huit francs une place où l'on a droit à ce genre de saloperies ? Les galeries inférieures, épargnées, protestent contre les protestataires, chut ! silence ! si vous avez des querelles de ménage, allez les vider dans la rue. Sur la scène, Boccace et Maria d'Aquino lancent des regards furtifs vers les hauteurs, se demandent s'ils doivent ou non interrompre la pièce et faire baisser le rideau. L'orchestre, à l'abri dans sa fosse, continue imperturbable de moudre des triples croches.

Oh ! les triples croches du 16 avril 1917 ! Leur rage autour de mon casque chaque fois que je lui faisais prendre l'air au-dessus de mon trou d'obus ! Les deux paysans qui m'y tenaient compagnie n'avaient guère de conversation. L'un, couché sur le flanc, semblait chercher des vers de terre. L'autre regardait passer les canards sauvages qui viennent en cette saison des régions chaudes vers les pays froids. Dix heures nous sommes restés ensemble. J'ai bu mon café tout seul, en suisse, et terminé ma topette d'eau-de-vie. Puis les Sénégalais sont venus me secourir. Comment ai-je pu passer à travers une telle musique et me retrouver ici vivant, quoique diminué, plein de sang rouge, de sang bleu, de sécrétions internes, d'humeurs reproductrices, mon pécule en poche, calé dans un fauteuil à huit francs que je n'ai même pas payé, tandis que tombent du ciel seulement des peaux de marrons grillés ?

Autour de moi, cependant, le calme se rétablit peu à peu, Boccace et sa princesse se rassérènent, Franz von Suppe sautille à cœur joie sur les nerfs de l'assistance. Cela dure jusqu'au moment où plusieurs détonations sourdes secouent le théâtre. Profitant lâchement de l'obscurité, les sagouins du quatrième ont gonflé leurs sacs vides et les font claquer entre leurs mains, avant de les jeter sur le chemin des épluchures. Cent personnes à huit francs la place, outragées, debout, le poing tendu, lancent vers le poulailler des injures. D'autres spectateurs ricanent ou applaudissent. Brusquement, le grand lustre se rallume, l'orchestre s'arrête, le roi de Naples surgit des coulisses et décrète :

« La représentation est terminée ! »

Le rideau tombe, les spectateurs se bousculent vers la sortie, la confusion est extrême. Mais les canaques sont déjà dans la rue, très dignes, époussetant sur leurs paletots les dernières traces de peaux grillées, enfonçant dans leurs poches leurs mains noires. J'arrive au milieu du tumulte.

« Que se passe-t-il ? demandons-nous d'un air innocent.

— Des perturbateurs. Des voyous. Des anarchos. Des bolcheviques. La police a été au-dessous de tout. Ne parlons pas des pompiers. Il me le copiera, M. Jauffret ! Je me plaindrai au nouveau maire... Ah ! elle est jolie, la municipalité radicale !... »

Il veut dire celle du docteur Philippe Marcombes. Effectivement, deux sergents de ville et le capitaine des pompiers seront révoqués dans les semaines qui suivront, par la faute de ce marchand de marrons grillés qui n'était même pas du pays, il avait l'accent de la Corrèze. *La Montagne*, quotidien socialiste récemment créé, émettra l'hypothèse qu'il avait été posté là et soudoyé par les partisans de l'ancien maire, le docteur Vigenaud.

Il est à peine onze heures.

« On ne va pas, dit Rouquette, regagner la Norme à une heure aussi ridicule. Profitons un peu de notre liberté chèrement acquise.

— Comment en profiterons-nous ?

— Allons voir les dames. »

Il n'y a que quelques pas à faire. Elles nous attendent dans leurs corolles blanches qu'il suffit d'aller cueillir et effeuiller non loin de la cathédrale, au sein du quartier le plus noir de cette ville d'encre. Nous nous y transportons processionnellement, moi toujours boitant par-derrière, Rouquette y est accueilli par une certaine Mme Églantine :

« Tiens v'la Momo ! Comment vas-tu Momo ? Sacré Momo ! »

Il s'est toujours vanté d'avoir des relations que nous n'avions pas, nous sommes bien obligés maintenant d'en croire nos yeux et nos oreilles. L'atmosphère est tout de suite plus chaleureuse que celle du théâtre. Rouquette nous obtient des prix de gros. Vers une heure du matin, Mme Églantine nous a conseillé affectueusement de rejoindre notre domicile, il est temps de rentrer, mes petits, si vous ne voulez pas être grondés. Nous traversons la triste place Saint-Pierre où errent des papiers gras, les yeux des chats luisent au ras des murs comme des escarboucles vertes, des sidis sortent de l'ombre avec l'intention évidente de nous couper la gorge, mais nous voyant en force ils n'insistent pas. Nous arrivons au pied de notre muraille, toujours aussi escarpée ; à force de courtes échelles, tiré et poussé, je réussis à la franchir, à retomber sur le toit des cabinets, je me retrouve par terre avec deux imperméables au lieu d'un, comme saint Martin.

« Savez-vous, suggéré-je aux autres canaques en me ramassant, savez-vous comment il nous faut appeler ce mur ?

— Quel mur ?

— Eh bien ! Celui que nous venons de franchir, pardi ! Appelons-le le Chemin des Dames. »

Ma proposition est retenue, et le nom se transmettra de promotion en promotion. C'est le seul souvenir de moi, ex-lanterne rouge, qui soit resté à l'École normale de Clermont-Ferrand en Auvergne.

La révolte des canaques

Le mois de décembre a passé cahin-caha. Avant d'aller, pour les vacances de Noël, m'ensevelir sous les neiges de Vollore-Montagne, je fais une escapade jusqu'à Aulhat où j'ai laissé une partie de mon cœur, l'oreillette gauche. J'y revois avec émotion la Dame de l'église, mutilée comme moi ; la façade de l'école marquée des deux majuscules républicaines, les cours et leurs arbres dépouillés. Après avoir hésité à me reconnaître par suite de mes transformations, Mme Gagneraud m'accueille avec une chaleur un peu forcée :

« Mon mari est parti pour Issoire à bicyclette. Il ne tardera guère, j'espère que vous allez l'attendre. »

Pour Lolo et Lala, je suis franchement un inconnu. Un animal curieux. Lolo tâte mon pilon comme il toucherait la trompe d'un éléphant, je donne de vagues explications, à quoi ça sert, comment je l'ai obtenue, ses avantages et ses inconvénients. Autour de moi, la cuisine n'a pas changé où se produisit l'incident du hanneton, ma main garde le souvenir du tunnel chaud dans lequel elle s'enfonça. Muguette sort un paquet de petits-beurre, la bouteille de verveine qui n'a pas changé non plus. Rien n'a changé sauf nous.

« Savez-vous, dis-je, ce qu'est devenue Jeanne ?

— Quelle Jeanne ? »

Comment quelle Jeanne ! Y a-t-il jamais eu deux Jeanne au monde ? Je revois les yeux profonds et sombres, le front large et lisse de mon Immaculée.

« Jeanne Gaillard, mon ancienne élève, celle qui portait deux tresses énormes. Elle doit avoir dans les dix-sept ans.

— Oh ! cette pauvre Jeanne !

— Quoi donc ?

— Vous ne savez pas ?

— Je ne suis plus revenu depuis 1916.

— Elle est morte. De la grippe espagnole. Cette affreuse épidémie. On dit qu'en réalité il s'agissait du choléra sec, mais il ne fallait pas prononcer ce mot. Prenez donc un autre biscuit. »

Tout s'explique, ma Jeanne, mon enfant, ma petite sœur, ma Vierge sainte, tu nous avais été prêtée, tu étais seulement de passage parmi nous, entre tes diverses missions, tu avais celle de décrotter mes débutants et de veiller sur moi. Je suis sûr que le jour où il y eut sur ma gauche, dans le secteur appelé Californie, cet énorme éclair rond, jaune, filamenteux et plein de graines comme une citrouille, je suis sûr que tu as avancé la main pour détourner sa flamme, et je n'ai eu droit qu'à un seul pépin. Tu avais ce pouvoir, car tu avais déjà regagné ton vrai domicile.

« Allez-vous me laisser tous mes biscuits sur les bras ?... Toujours aussi timide ! »

Je trouve dans la démarche de Muguette une certaine lourdeur, je l'examine mieux, ça y est, j'ai compris :

« L'appellerez-vous Lili ou Lulu ?

— De qui parlez-vous ?

— Eh bien ! De l'enfant que vous attendez !

— Vous vous êtes aperçu de cela ?

— Ce n'est pas très difficile. »

Oui, nous avons tous deux bien changé, vous un enfant de plus, moi une jambe de moins. Vous rappelez-vous le hanneton que vous m'avez fait chercher un soir dans votre corsage ? Mais à quoi bon dire des choses importantes ! Faisons semblant de parler :

« Jouez-vous toujours de la mandoline ?

— Chantez-vous toujours aussi mal ?

— Je pense que M. Gagneraud s'est réadapté facilement à sa nouvelle existence ?

— Vos parents sont-ils en bonne santé ?

— Votre jardin produit-il d'aussi jolis légumes qu'autrefois ?

— C'est bien une sœur et deux frères que vous avez ?

— Avez-vous gardé votre ancienne municipalité aux récentes élections ?

— Croyez-vous que nous aurons bientôt de la neige ? »

Je trempe mes lèvres dans la liqueur verte, je grignote un petit Lu. Puis M. Gagneraud arrive d'Issoire, le porte-bagages chargé de paquets. Il me serre la main, me félicite de ma jambe de bois et de ma bonne mine, vous ne l'avez pas mauvaise non plus. Ainsi, on vous a renvoyés à l'école après deux années de guerre ? Voilà qui est drôle !... Oui, très drôle. Je fournis des détails. Vous boirez bien une petite goutte, ma femme distille elle-même une excellente verveine. C'est déjà fait. Un second petit verre, ça vous réchauffera, le fond de l'air est frais aujourd'hui. Nous trinquons.

« Et quels sont vos projets ?

— Le béhesse.

— Ah ! oui, le béhesse. Indispensable, naturellement, pour une carrière pédagogique sérieuse. Et ensuite ?

— Beuh...

— Il ne faut pas prendre les choses ainsi, camarade. Votre avenir commence demain. Et c'est celui de notre pays qui... ruines matérielles et morales... perspectives lumineuses... fonder une famille.

— Certainement.

— Avez-vous déjà une fiancée ? demande Muguette, avec de la coquinerie dans l'œil.

— Oui... en quelque sorte. »

Son sourire devient radieux :

« Ah ! les fiançailles ! Quelle période merveilleuse ! »

Je demande à revoir la classe de mes débuts, j'y retrouve les tables longues comme des wagons, la lampe à pétrole, le poêle de fonte. Accrochées à leurs clous, la France muette et la France parlante. La bouteille à l'encre, avec son bouchon percé de deux tubes de verre, l'un pour verser, l'autre pour respirer. La frise de dessins épinglés aux murs. Rien n'est changé ici non plus. Nous nous séparons dans la cour inférieure, je vais reprendre la diligence de Sugères, elle passe dans trente minutes, mais j'ai d'autres personnes à saluer. Au revoir ! Revenez quand il vous plaira, nous aurons toujours grand plaisir à bavarder avec vous. Donnez-nous de vos nouvelles de temps en temps. Je remonte les six degrés qui accèdent à la cour haute. Le cimetière est juste en face. Ainsi, leur voisinage forme ce triangle symbolique : l'église, l'école, le cimetière. Là dort celle qui était peut-être ma fiancée. Même si elle ne s'en douta jamais. Oui, oui, le temps de nos fiançailles fut une chose merveilleuse, ma Jeannette. Mais je n'irai pas me recueillir sur ta tombe plate, couverte de galets de l'Allier. Je n'irai pas, puisque je t'emporte.

1920. Le temps change de dizaine, espérons que celle-ci sera plus heureuse que la précédente. Sur les rares lettres que j'expédie, ce 2 après le 9 est difficile à former, la main renâcle par manque d'habitude. Les femmes portent des robes-fuseaux, serrées à mi-jambe, avec ceinture de cuir et col marin, des paletots en cheviotte noire ou bleu sombre, munis d'un rabat formant pèlerine. Suivant l'exemple des jupes, les pantalons masculins se raccourcissent, s'arrêtent au-dessus de la cheville sur des guêtres blanches à boutons de buis, comme des grains de chapelet. Les chapeaux melon cèdent de plus en plus la place à des feutres mous, l'ouvrier porte des casquettes aussi larges que des poêles à frire. Les culottes des enfants remontent aussi, mais par temps froid, leurs genoux sont protégés de bas de laine retenus par des jarretières. Les automobiles sont des torpédos à capote pliante, à pare-brise orientable, à roues amovibles, éclairées par des phares à acétylène.

Après dix jours de liberté nous rentrons dans la Norme. Le début de janvier est neigeux, nous nous serrons autour des poêles. Le charbon manque, M. Pamaret nous le rationne à raison de deux seaux par jour et par poêle, il faut les allumer tard et ils s'éteignent tôt.

« Vous avez tonnu pire n'est-ce pas, dans les tranchées ? Te voulez-vous ! Les Allemands ont détruit les mines du Nord et de l'Est...

— Pas celles du Centre.

— Non. Mais elles doivent ravitailler toutes les régions françaises. Et les usines en priorité. Alors, tand vous avez froid, au lieu de vous ratatiner tomme des poules mouillées, faites de la gymnastite. Battez la semelle.

— On aimerait mieux casser du bois.

— Tasser du bois ! Moi aussi, j'aimerais mieux te vous ayez du bois à tasser ! »

Chaque matin les vitres de nos dortoirs sont givrées de dentelles au point de Venise. Heureusement, pour la Saint-Raymond, le temps s'adoucit, nos carreaux redeviennent transparents, des pluies abondantes succèdent à la neige. La plupart des cours d'eau français sortent de leur lit. C'est le moment que choisit notre camarade Bertrand pour rester dans le sien, retenu par sa crise. Il appartient à la classe 15, son grand âge l'a contraint de passer trois hivers extrêmement rigoureux dans la Woëvre et en Champagne, il en est revenu avec six orteils seulement, des souliers orthopédiques et des oreilles grignotées par les gelures. Depuis, chaque année, il fait une crise hivernale, les rhumatismes le saisissent à la nuque et ne le lâchent qu'aux doigts de pied qui lui restent. L'ayant examiné à l'infirmerie, M. Pamaret entre dans une grande colère :

« Tel te je vous vois, vous en avez pour deux mois de lit, avet des bouillottes et des tataplasmes. T'est-ce te vous voulez te je fasse de vous ?

— Ne vous faites surtout pas de souci, monsieur. L'infirmerie est bien chauffée, mes camarades viendront de temps en temps me tenir compagnie et m'informer des cours. Je peux patienter ici jusqu'au printemps.

— Il n'en est pas testion ! Pas testion ! Cette maison a été un hôpital pendant la guerre, elle est redevenue une étole, vous allez rentrer chez vous, tout simplement. Vous reviendrez tand vous serez guéri. Allez, ouste ! Sortez de ces draps, faites votre malle, vous partirez demain.

— Et les cours ? Et mon béhesse ?

— Emportez vos livres, vous les potasserez tout seul. Vous n'aurez t'a guérir plus vite ! »

L'inhumanité de M. Pamaret nous remplit d'indignation : voilà comment il traite un ancien poilu qui a donné à la Patrie quatre orteils complets et la moitié de ses orillons, sans compter quatre ans et demi de jeunesse ! Rouquette veut faire la révolution tout de suite, mais nous le prions de patienter jusqu'au lendemain, la nuit porte conseil, il se pourrait que sur le traversin notre Zig se ravise, qu'il décide, tous comptes faits, de garder le vieux Bertrand au chaud de l'infirmerie. Nous n'agirons que s'il y a forfait accompli. L'aube paraît cependant sans avoir rien changé à la sentence. Avant de passer aux actes, nous décidons d'en appeler à l'instance supérieure, laquelle s'exclame dès le premier instant :

« Je commence à vous avoir assez vus, têtes de pingouins ! Eh ! quoi ! Vous êtes revenus ici volontairement, profitant de la liberté administrative et rien ne vous plaît dans cette maison ! Ni les professeurs, ni la nourriture, ni le vêtement, ni la discipline, ni le chauffage, ni les horaires ! Pourquoi donc versez-vous des larmes si l'un des vôtres est provisoirement renvoyé dans ses foyers ? Soyez sûrs pourtant que la décision du docteur Pamaret a été prise pour son bien, uniquement pour son bien ! »

Nous nous permettons de secouer nos têtes de pingouins avec scepticisme, nous plaidons aussi humblement que possible la cause du vieux Bertrand, de ses oreilles, de ses doigts de pied. L'instance supérieure ne veut rien entendre, tout ce qu'elle accepte de faire, c'est d'en référer à l'inspection académique. Chiche ! Le Khâgne tourne la manivelle de son téléphone, demande M. Rossignol de la part de M. Langlais, finit par l'obtenir. Il s'explique en un langage sibyllin qui nous laisse comprendre que nous, canaques, avons fait l'objet de plusieurs entretiens antérieurs. C'est encore eux... rhumatismes paralysants... deux mois d'immobilité... compétence du docteur Pamaret... oui... oui... certainement... mes hommages à Mme Rossignol... comptez sur moi, monsieur l'inspecteur d'académie... Avant qu'il n'ait raccroché, nous comprenons que tout est perdu. D'un geste sec, l'instance supérieure nous congédie.

Dès que nous sommes sortis :

« On y va ? fait Rouquette avec sa mentalité de nettoyeur. On casse tout ?

— Il faut d'abord en débattre, dit Rispal, clarinettiste et subrogé-cacique. Mais, d'abord, nous devons remplir une pieuse tâche : accompagner le malheureux Bertrand jusqu'à la gare. Ensuite, réunion au gymnase. »

Coutarel, de Pont-du-Château, offre son dos, Pastre et Mouly leurs bras, on installe Bertrand, qui gémit à chaque geste qu'on lui impose, sur l'échine confortable du Castelpontain, les deux autres portent les valises. Seulement, il pleut à verse. Armilhon se sent alors en devoir de remplir le contrat, dûment écrit et enregistré, par lequel il s'est engagé à faire profiter Bertrand de la protection de son parapluie. Il court le prendre chez le Comte, l'ouvre et le tient sur les têtes réunies du porteur et du porté, leur cortège ressemble à celui d'un roi nègre, il franchit le portail sous les yeux éberlués de Laroye. *HONNEUR ET PATRIE.* Ceux qui restent nous saluent de la main ou agitent leur mouchoir. Nous arrivons place Lamartine pour prendre le tram, qu'il faut attendre sous la flotte. Malgré ses larges épaules, Coutarel aimerait bien poser sa charge quelques minutes. Ayayaye, fait Bertrand. Qu'est-ce qu'il fabrique, ce putain de tramway ? Au bout d'un moment, nous sommes tous imbibés jusqu'aux chaussettes, seules les têtes sont encore un peu sèches sous le riflard d'Armilhon. Mais qu'est-ce qu'il fout ? Ayayaye. Les valises commencent à se ramollir, ce qui est à craindre, c'est que les poignées ne se détachent. Enfin, le voilà. Toutes les places assises sont occupées. Qui veut, demande Coutarel, céder son siège à un ancien poilu infirme ? Les volontaires ne manquent pas, on peut l'installer, tandis que Pastre, Mouly, Armilhon, moi-même et le parapluie restons sur la plate-forme. Place Delille, correspondance, il faut redescendre, refaire le pied de grue, se remouiller.

« Vous ne croyez pas, demande Armilhon avec sa voix de clarinette, qu'on aurait mieux fait... je sais pas...

— Qu'est-ce que tu veux dire ?

— Par exemple, de prendre un fiacre ou un taxi ? »

Peut-être, peut-être. Mais s'en aller ainsi commodément n'a aucun sens, on est persécuté ou on ne l'est pas, ce qu'il faut, c'est fuir l'échine courbe, scandaleusement, honteusement, échevelés-livides-au-milieu-des-tempêtes, et non point sur des sièges capitonnés. Nous entretenons l'indignation de nos entrailles, comme jadis on protégeait sous un manteau des braises portées d'une maison à une autre. C'est donc humiliés, fourbus, courbatus que nous atteignons la gare.

« Est-ce que tu seras attendu à Brioude ? demandons-nous.

— Non. Je ferai prévenir mon père par le facteur. Il viendra me prendre avec ses vaches et son tombereau. Je passerai sans doute la nuit dans la salle d'attente. Merci, camarades, de ce que vous avez fait pour moi. »

Quand nous lui serrons la main, il gémit encore ayayaye. Trois quarts d'heure après, nous sommes de retour à notre usine, le concierge a reçu des consignes, il nous ouvre sans prononcer une voyelle, nous ne la tolérerions pas. Au gymnase, nous trouvons l'enfer des quatre cents diables, chacun s'y prend pour Camille Desmoulins, d'instinct nous avons choisi pour lieu de réunion la salle de gymnastique parce que c'est dans l'établissement ce qui ressemble le plus à un jeu de paume. Le premier danger de l'Histoire, c'est qu'elle enseigne la liste des Révolutions, ce qui périodiquement inspire l'envie d'en provoquer une nouvelle. Ainsi, les frères Gracques s'excitaient souvent au souvenir de Spartacus, à moins que ce ne soit l'inverse, je n'ai pas vérifié les dates. Comment donc et pourquoi la première est-elle née ? Faut-il remonter jusqu'au père Adam ? C'est le même problème que celui de l'œuf et de la poule. Notre retour échauffe encore les esprits, nous montrons nos pieds mouillés, nous racontons le calvaire du vieux Bertrand, son inébranlable stoïcisme.

Maintenant, que faire ? Certains décrochent déjà du râtelier les fusils Gras modèle 1874, modifié 1890, nous n'avons pas de cartouches, d'accord, mais y a-t-il jamais eu révolution moderne sans fusils ? Rédigeons, propose Rispal, un cahier de doléances. Foutons le feu à la maison, suggère Rouquette. Formons un comité de défense... un syndicat... déclenchons la grève des cours... proclamons... exigeons... revendiquons... Ce qu'il faut d'abord, c'est porter une pétition au Khâgne et au Zig... Pourquoi pas à l'inspecteur d'académie ?... dans laquelle nous réclamerons le statut d'étudiants... Oui, oui ! Le statut d'étudiants ! Entrée libre, sortie libre, de jour et de nuit, pas de casquettes, pas de lavallières... Bravo, bravo !... Alors, on ne fout pas le feu ? dit Rouquette avec regret. Non, non, pas de violences... futurs éducateurs...

Dans un ordre relatif, nous sortons du jeu de Paume, nous parcourons en monôme les allées du jardin, puis nous rassemblons dans la cour sous la fenêtre directoriale, en scandant *le statut... d'étudiants ! le statut... d'étudiants !* Tassés sur le balcon, les *chiens*, les *ex*, des Alsaciens nous contemplent avec stupeur, nous applaudissent. La pluie a cessé, ce qui prouve que le ciel est avec nous. Les professeurs restent au fond de leurs classes, honteusement dissimulés ou secrètement complices. *Le statut... d'étudiants ! Le statut... d'étudiants !* Enfin, la fenêtre s'ouvre, la tête écarlate de M. Langlais paraît dans l'encadrement, ainsi tronqué de ses jambes, il ressemble à Gnafron. Il brandit le poing, mais nos voix couvrent la sienne, on distingue seulement... tout de suite... police... crétins, abrutis... Puis la fenêtre se referme. Des cailloux volent, des vitres font *dzim*, les éclats de verre tombent en chantant.

Alors, l'économe prend le relais de son directeur. Avec un cran auquel je me plais à rendre un hommage tardif. Il sort de son bureau, le chapeau sur sa tête, se plante au sommet des marches du palier administratif et nous invective :

« Bande de tanates !

« Vous allez immédiatement regagner vos salles de tours. Si vous avez des observations à me présenter, envoyez-moi deux délégués. Obéissez à l'instant faute de toi... expulsion de cette étole... indignes du privilège... rayés des tadres... »

Nous ne lui permettons pas d'achever, par une inspiration subite et presque unanime, nos bras s'emparent de M. Pamaret, lui enfoncent le chapeau jusqu'au nez, l'arrachent de son piédestal :

« Au bassin ! Au bassin ! »

L'hilarité des spectateurs jaillit du balcon, monte jusqu'aux nues. Le Zig, lui, tombe au milieu des nénuphars et des scrofulaires, essaye de se relever, bouh... bouh..., glisse sur le fond vaseux, retombe, bande de... bande de...

« Ça suffit, ordonne Rispal. Maintenant, en route pour l'Académie ! Et ne partons pas les mains vides ! »

Les râteliers du gymnase sont immédiatement mis à sac, d'instinct nous nous alignons, certains même dans l'attitude de l'arme sur l'épaule.

« Pas question ! dit Rouquette. La crosse en l'air ! »

La crosse en l'air ! Un frisson me court dans le dos. Je me rappelle les gars du 109e qui marchaient en direction de la capitale la crosse en l'air, avec leur drapeau rouge, criant à bas la guerre, on va débusquer les embusqués. Mais nous ne sommes que des révoltés de *petas* (parlant d'un homme sans muscle ni énergie, ma mère disait : c'est un homme de *petas*, c'est-à-dire un homme de chiffon), nous n'avons ni cartouches ni bannière, nos revendications sont à mourir de rire. Je ne vois donc pas d'inconvénient à mettre crosse en l'air et à brailler comme les autres. Pour que les observateurs nous prennent au sérieux, suggère quelqu'un, accrochons-nous nos médailles sur le plastron, ceux qui en possèdent, naturellement, et toi, Vendange, marche en tête à cause de ta patte folle. Ainsi fais-je. Elle a été à la peine, c'est bien raison qu'elle soit à l'honneur. Je m'épingle ma croix de guerre aussi, reçue à Dinan sur mon lit de souffrance, des mains du médecin-chef, avec baisers des infirmières. Ces préparatifs demandent un peu de temps, le Zig a pu dans l'intervalle sortir de son bassin couvert d'herbes aquatiques, se sauver en sautillant comme une rainette, sa femme en ce moment le frictionne tout nu devant le poêle au vinaigre des Quatre-Voleurs pour l'empêcher de prendre le mal de la mort.

Nous partons enfin, en rang par trois, scandant nos mots d'ordre dont la liste n'est pas petite :

« A bas l'armée ! Assez de préparation militaire ! Laissez-nous vivre en paix ! Plus de casquettes ! Plus de palmes d'or ! Plus de parapluie obligatoire ! Plus de plans sommaires ! Plus de grandes couleuvrines ! Plus de lotissements ! Plus de chaînes ni de cadenas ! Le statut d'étudiants !... »

Nous défilons au beau milieu de la rue Blatin et ne dévions pas d'une ligne quand le tram de Royat nous fait drinn-drinn aux fesses, il patientera, nous défendons une fois encore la liberté, la civilisation, la justice, le tagada-tsouin-tsouin. Les observateurs impartiaux regardent, les yeux hors de la tête, ces décorés militaires qui crient à bas l'armée et tiennent leur fusil par le canon. Toutefois, ignorant ce qu'il y a dedans, les passants, les fiacres, les torpédos, les sergents de ville s'écartent devant nous, pareils aux flots de la mer Rouge devant les Hébreux. Moi, en tête, je me sens le cœur de Moïse.

Court arrêt aux pieds de Vercingétorix afin de lui présenter les armes et de le gagner à notre cause, il sourit, nous montre de son index gauche la préfecture en cours de réparations et agrandissements, vous y trouverez les services de l'inspection académique, que vous appelez simplement, en votre langage impur, l'Académie. Nous le remercions et reprenons notre marche victorieuse. A H + 15, comme dirait Nivelle, nous arrivons parmi les échafaudages que nous emportons et dépassons d'un seul élan, nous enjambons les gravats, les échelles, les chopines, les brouettes, les pierres de taille, toujours proclamant en cadence notre volonté farouche de... etc. Mes compagnons m'aident à gravir les marches préfectorales, à H + 18 nous sommes devant les bureaux de l'inspection.

« Les portes doivent être verrouillées et barricadées de l'intérieur, suppose notre subrogé-cacique. Le Khâgne a certainement téléphoné pour alerter son supérieur hiérarchique. Il va falloir les enfoncer. Ici, un peu de violence sera indispensable. Concentrez-vous. »

Cette nécessité nous intimide, nous répugnons à employer notre force et considérons avec désarroi les deux battants de chêne. Sans compter qu'ils doivent être rudement durs. Machinalement, pour vérifier les suppositions de Rispal, je tourne la poignée, la porte s'ouvre sans cérémonie, nous nous ruons à l'intérieur en brandissant nos clarinettes. Par une erreur stratégique nivellesque, ou n'imaginant pas notre audace, ou préférant tenir cachée notre rébellion, M. Langlais n'a pas téléphoné. Les deux secrétaires en manches de lustrine, épouvantés, font tout de suite Kamarades, nous supplient de ne pas les tuer, ils sont pères de famille, ils désignent du menton une porte intérieure derrière laquelle gîte le responsable départemental de toute pédagogie, M. Rossignol, chevalier de la Légion d'honneur, officier d'Académie. Nous les épargnons et entrons sans frapper chez le palmipède. Celui-ci s'est déjà réfugié derrière la grande table ovale qui occupe le centre de son vaste bureau, les mains accrochées au bois, debout et blême, frénétique et grelottant, le lorgnon relié à son oreille droite se balance grotesquement à chacun de ses gestes. Voilà donc le *Deus ex machina*. Le grand arbre d'où tombe chaque saison, comme des fruits mûrs ou aigres, une pluie d'arrêtés, de nominations, de déplacements d'office, de promotions au choix, de faveurs et de défaveurs. Il courbe vers nous sa haute taille, s'efforce de sourire, de nous faire croire que nous sommes gentils, que nous sommes entrés uniquement pour jouer aux quatre coins avec lui :

« Qu'est-ce... qu'est-ce que c'est que ça ?... En armes ? Vous êtes venus en armes ?... Voyons, mes petits... Mes petits ! Mes petits !... »

Laissez-moi faire, dit Rouquette. Pas de blague, dit Rispal. Non, non. Les Hébreux restent immobiles, tandis que Rouquette s'élance vers la table, le palmipède passant immédiatement sur la rive opposée.

« Voyons, mon petit... Que vous ai-je fait ?... Que me voulez-vous ? »

Un long moment, ils se poursuivent de la sorte, chat et souris, n'arrivant pas à se joindre malgré leurs efforts.

« Laissez-moi tranquille, mon petit... Je pourrais être votre père... »

C'est vrai, il pourrait être notre père, nous apercevons soudain sa tête dégarnie, l'étroite moustache grise qui lui pend du nez comme de la morve. Nous faisons cesser ce jeu, Rouquette rentre dans le rang, nous reprenons notre déférence :

« Asseyez-vous, monsieur l'inspecteur d'académie, dit Rispal. Nous ne vous ferons aucun mal, nous ne sommes pas des canaques ! »

M. Rossignol ne comprend rien à notre hilarité, mais il rit plus fort que nous. Des canaques, quelle idée ! Il n'a jamais pensé une minute...

« A qui ai-je l'honneur ? »

Nous nous présentons collectivement. Nous exposons nos griefs, nous tirons notre raison, le statut d'étudiants, notre cahier de doléances. Il promet, il va réfléchir, étudier la question, nous pouvons compter sur son appui et son indulgence, non, la situation ne peut durer, cela va de soi... solution rapide... les prochains jours. Avant de prendre congé, nous tenons à lui montrer que nos armes étaient vides, le cliquetis des culasses le fait sursauter comme s'il pensait que, réflexion faite, nous allons le fusiller quand même. Il sourit encore, mais quelle déplaisante moustache, on a envie de lui dire mouchez-vous, monsieur l'inspecteur d'académie. Enfin, il nous serre la main, nous nous quittons les meilleurs amis du monde, nous regagnons satisfaits nos cantonnements par des ruelles discrètes.

Ai-je besoin de dire avec quels enthousiasmes nous sommes accueillis par nos jeunes camarades, quelles exclamations, quelles larmes d'émotion et de joie ? Tout est réglé, le droit a triomphé de l'injustice, l'esprit de la lettre, de ce jour commence à l'École normale une ère nouvelle véritablement libre, heureuse et républicaine, on y verra enfin pourtraire sur ses murs et Flora, et les muses et les Grâces. Une semaine de temps, MM. Langlais et Pamaret restent invisibles. Sans doute leur raideur, leur incompréhension, leur inhumanité ont-elles attiré sur leurs têtes des sanctions exemplaires, ils n'osent se montrer, nous craignons pour eux le pire : déplacement, révocation, mise à la retraite anticipée, nous n'avons pas voulu cela, nous interviendrons en leur faveur s'ils nous le demandent.

Au début de février arrive à chaque canaque une lettre nominative de l'inspection académique :

Par un privilège administratif sans précédent... circonstances exceptionnelles... conditions difficiles de l'accueil... établissement surpeuplé... bonne volonté et dévouement du personnel d'enseignement, de surveillance et d'administration.

A ces bonnes dispositions, les élèves des promotions 13-16 et 14-17 ainsi admis par générosité ont répondu par une indiscipline permanente... mauvais esprit scandaleux allant jusqu'aux outrages et à la rébellion organisée... passibles des tribunaux.

En conséquence...

... renvoyés dans leurs familles en attendant qu'une affectation provisoire leur soit attribuée. Ils en seront avisés individuellement par mes services avant la rentrée des vacances de Pâques... devront régulariser leur situation en soutenant les épreuves écrites et orales du brevet supérieur qui auront lieu à l'École normale... perdront le bénéfice de l'assistance pédagogique qu'ils y recevaient et devront se préparer à cet examen par leurs seules ressources.

Je suis sûr qu'ils comprendront... corriger leurs erreurs... responsabilités futures... éducation de nos enfants... belote, rebelote et dix de der.

Rataplan... rataplan... rataplan...

L'INSPECTEUR D'ACADÉMIE,
Chevalier de la Légion d'honneur,
Officier d'Académie
J. ROSSIGNOL.

Le directeur complète cet ordre d'expulsion en nous informant que nous devrons avoir quitté l'établissement dont il a la charge avant le samedi suivant, dix-huit heures. Juste le temps de faire nos adieux. A M. Gatignol qui serre les mâchoires et nous secoue le bras virilement. A M. Berlieux qui prophétise, menaçant : « Nous nous reverrons dans quelques mois. » Aux Alsaciens, aux *ex*, aux *chiens* consternés. Au père Q qui nous offre le dernier verre, la mère Q étant comme toujours absorbée dans son épicerie, vous lui direz au revoir pour nous. A M. Canrobert, qui trouve cette situation « excessive, réellement excessive ». A Mme Malleret qui s'essuie les yeux et nous embrasse un à un. Au cuisinier qui rigole, cligne de l'œil et dit avec admiration : « Vous alors ! Vous alors ! », on sent que sa pensée dépasse ses mots. A la fontaine, à la cloche toute neuve, au Chemin des Dames, à Paul et Virginie, le couple de squelettes. Armilhon salue même M. Langlais au nom des deux promotions récupérées. C'est un garçon timide, il ne se vante jamais à cause de son nez encombrant qui le pousse plutôt à chercher l'ombre, le récit qu'il nous fera ne peut donc être mis en doute. Cela s'est déroulé précisément dans le couloir obscur qui sépare le bureau directorial de la salle où coexistent, naturalisés, le loup et l'agneau, la poule et le renard, la belette et le lapin. Armilhon empruntait ce raccourci lorsqu'il distingue dans la pénombre un dôme inattendu, il s'agit du Khâgne occupé à renouer le lacet de sa chaussure, environné de son odeur *sui generis*, tabac anglais, cachou, eau de lavande. Il va de soi que le nez de notre camarade est plus sensible, plus sagace qu'aucun autre. La tentation de cette rondeur offerte comme une cible est trop forte. Tandis que M. Langlais soupire dans son effort, Armilhon s'avance doucement et shoote du pied droit en plein dans le ballon, le Khâgne part en avant. Ha ! tête de pingouin ! Mais l'autre s'est déjà éclipsé, dans son réflexe d'éternelle modestie. « J'ai vraiment eu, dira-t-il simplement plus tard, la conscience d'être alors votre porte-parole, et dans ce coup de pied, j'ai mis toute mon âme. »

Il est des gestes qui valent un long discours.

Le béhesse

A quelques kilomètres au nord de Thiers (mais c'est peut-être bien à l'ouest, je n'ai jamais eu le sens de l'orientation), il existe une maison d'école isolée au carrefour de plusieurs chemins, perdue parmi les vignes, les jardins, les cultures. Aussi solitaire que cette petite station de ravitaillement dans le Sahara qu'on appellera Bidon 5, gardée par une ou deux sentinelles régulièrement destinées à la folie. Le plus proche hameau, qui lui donne son nom — le Faux —, est à un quart d'heure de marche. C'est là que je fus envoyé en disgrâce au printemps de 1920. J'y trouvai une institutrice retraitée complètement sourde, rappelée en 1914 et maintenue depuis lors sous les armes, elle apprenait surtout à ses élèves le tricot, y compris au sexe masculin qui maniait les aiguilles avec autant de dextérité que le féminin. Au cours des années noires, la classe avait pu de la sorte expédier vers le front des aunes de cache-nez, de chaussettes, de mitaines, de passe-montagnes.

« Pauvre garçon ! dit la vieille dame devant ma jambe de bois. C'est donc vous qui venez me remplacer ? Je n'en suis pas fâchée, remarquez bien, je vous attendais avec impatience. Il est grand temps pour moi que je me repose un peu avant le repos éternel. Je sais que rien n'est sûr ici-bas et que bien des jeunes mourront avant moi, mais nous devons respecter les préséances établies par la nature, et elles veulent que les anciens partent d'abord. C'est pourquoi... »

Sa tactique était de parler, parler, si possible sans reprendre haleine, elle se préservait ainsi de répondre à l'interlocuteur, cachait sa surdité et faisait illusion cinq minutes.

« Je vous laisse mes papiers, mes préparations, mes livres, je n'en aurai plus jamais l'usage. S'ils ne vous servent de rien, brûlez-les dans le poêle. Et je peux vous laisser de même, éventuellement, les quelques meubles, la vaisselle et les casseroles. Êtes-vous preneur ? »

Je secouai affirmativement la tête.

« Vous m'enverrez un mandat à la fin de l'année scolaire, ce que vous voudrez, je me fie à votre honnêteté. »

Quand j'entreprends d'examiner les connaissances de mes élèves, hors les travaux d'aiguille, je m'attends à un bilan catastrophique. Je ne serai pas déçu. Les plus grands sont en mesure, après une longue préparation, de déchiffrer un texte simple dont ils suivent les lignes de l'index, comme font les aveugles sur le braille. Les moyens en sont aux premiers ânonnements. Les petits savent en tout et pour tout quatre consonnes, P, T, M, L, qu'ils prononcent *petemele*. Je me sens écrasé par l'énormité de la succession.

Toutefois, j'ai de grands avantages sur ma devancière : je suis homme, je suis jeune, je peux envoyer sur la table des claques épouvantables, j'ai l'ouïe fine et je suis boiteux. Car ce qui captive le plus mes mammifères, c'est ma jambe de châtaignier, ils n'en reviennent pas d'avoir ainsi pour maître une créature mi-naturelle, mi-artificielle. Qui fait tchonc-tchonc-tchonc quand elle marche. Un peu le même bruit que la pompe du puits en cours d'amorçage. La guerre ? Ils n'en ont qu'une idée très vague et voient mal le lien entre elle et mon pilon. Quand je suis assis, je l'allonge parfois sur une chaise, la position horizontale efface cette douleur sourde qui toujours me vient de mon pied fantôme, alors, ils l'examinent avec tant de curiosité qu'ils en oublient tout le reste, ils se penchent pour le voir monter dans le pantalon, ils aimeraient y enfoncer la main et savoir par quelle étrange soudure, à une certaine hauteur, le bois se fait chair.

Les fermiers et métayers des hameaux environnants veulent bien me vendre les produits nécessaires à ma subsistance, choux, œufs, beurre, vin, pommes de terre, mais refusent absolument de me recevoir à leur table, la plus proche auberge est à une lieue, dans un pays montant, sablonneux, malaisé et qui ne convient guère aux unijambistes. Je n'ai pas les moyens de m'offrir une femme de ménage, il ne me reste donc qu'à préparer ma nourriture moi-même, la chose en soi ne m'effraie point, après deux ans et demi de godillots, Robinson dans son île était moins bien approvisionné.

Mais à midi les règlements ne m'accordent pas une seconde de liberté : je dois surveiller mes enfants à la gamelle. Ils sont venus des lointains hameaux environnants, du Pont-de-l'Hélion, de chez Podime, de Lamirand, de Pinon, des Catharins, de Chanteraine, et ne repartiront qu'après quatre heures, alors, je mange à leur manière : je saucissonne, je jambonne, je lardonne. Le soir, toutefois, je me nourris mieux, c'est le moment de l'omelette, des patates à l'eau, des grandes marmites de soupe que je prolonge jusqu'aux limites de la putréfaction. Mon estomac satisfait, je songe à me remplir l'esprit, à préparer le béhesse qui doit « régulariser ma situation », puisque je suis un irrégulier, une sorte de franc-tireur qui n'obéit pas tout à fait aux lois de l'enseignement officiel. J'ai en main le catalogue de la bibliothèque circulante, grâce à cet ingénieux système, le facteur m'apporte des paquets de livres enveloppés de toile noire, dont je me nourris sous la lampe. Je lis principalement les pédagogues et les philosophes, et *je prends des notes !* Avec des *Grand A, Grand B, Petit a, Petit b !* C'est dire si les principes inculqués par M. Langlais m'ont été profitables.

Je me compose également un répertoire de citations utiles en toutes circonstances, le parfait devoir philosophico-pédagogique doit être truffé de citations comme la brioche limagnaise de fruits confits. Le consommateur, c'est-à-dire le juge souverain, doit les deviner sous une certaine enflure du paragraphe, sentir l'eau lui en monter à la bouche, miam, miam ! les découvrir enfin, enrobées de guillemets, savoureuses, colorées, inédites si possible. Il n'est pas nécessaire que le mitron dispose d'une réserve considérable, tout le monde n'a pas les magasins de Pinaud, rappelez-vous ce qu'a dit Schopenhauer. Non : une douzaine doit te suffire, l'astuce consiste seulement à les placer au bon endroit, à justifier leur présence, à les imposer irréfutablement quel que soit le sujet à traiter. Exemple : *C'est dans le moule de l'action que notre intelligence a été coulée* (Bergson). Faut-il que je disserte sur la cacahuète ? Je prouve par Grand A et Grand B que ce fut d'abord un cadeau du ciel et de la terre, mais que l'homme africain sut ensuite développer cet arbrisseau, en faire une culture rémunératrice, ce qui lui permit d'acheter une ardoise à ses enfants et de les envoyer à l'école. Comme a dit Bergson : *C'est dans le moule de l'action que l'intelligence a été coulée.* Si je parviens à accrocher Bergson à la cacahuète, produit d'exception, il me sera infiniment plus commode de l'accrocher à nos thèmes habituels, la liberté, la mémoire, l'habitude, la science, la technique, le langage, le dessin, le travail manuel et autres colifichets. Comme a dit le grand philosophe Bergson : *C'est dans le moule de l'action que l'intelligence...* Qu'on se rappelle le célèbre mot d'Henri Bergson : *C'est dans le moule...* Bergson ne disait pas autre chose en affirmant, cra... cra... cra... Je ne manque pas de familiarité non plus avec un autre procédé, mais qu'il faut utiliser avec prudence. Il consiste à dire n'importe quoi : *C'est dans le moule de l'intelligence*... Ou : *C'est par l'action de la cacahuète*... En attribuant cette maxime à un auteur peu connu, ou franchement mythique : Tchouang Tseu, Isidore Chapuzade, le poète Hector Casteloux. A de telles friandises, le dégustateur unique ne peut que se lécher les doigts. Ce qui se traduit au bas mot par un 14 sur 20. L'École normale nous a rompus à ces exercices d'acrobatie pâtissière. Nous nous répartissions à l'avance un certain nombre de citations, à la façon des joueurs de manille se distribuant les cartes, en jurant de les incorporer coûte que coûte à notre gâteau. Quelques-uns se plaisaient, par provocation, à les y introduire au hasard, comme des fèves d'Épiphanie, sans se soucier des dents du consommateur. « L'arachide, vulgairement appelée cacahuète, pousse à l'état brut dans le sol africain. Ce qui prouve bien, selon le mot d'Henri Bergson, que c'est dans le moule de l'action que notre intelligence... » Ainsi présentée, la citation provoquait inévitablement des haut-le-cœur, la fève ne passait pas. Mais désormais le temps de la provocation est pour nous révolu, nous n'aspirons qu'à la sainte orthodoxie et à la rémission de nos péchés. Voilà pourquoi, dispersés aux vingt-cinq coins du département, les canaques s'usent les yeux chaque soir sous l'abat-jour municipal et préparent consciencieusement leur béhesse.

Thiers est à cinq kilomètres de mon école, pratiquement inaccessible pour un unijambiste. Je dois cependant m'y transporter à la fin du mois afin d'y toucher mon premier traitement d'instituteur stagiaire. A la recette des finances, le receveur, gras et velu, se tient à l'écart comme le faux bourdon dans la ruche, sous ses regards les petites ouvrières laborieuses amassent le miel fiscal dans des alvéoles. J'entre avec ma grosse pipe, je les enfume, elles se résignent à m'en accorder un rayon : 541 francs et 60 centimes, réduits à 10 par le timbre de quittance. Les petites ouvrières lèvent les yeux vers moi, j'ai l'impression qu'elles me trouvent intéressant, derrière leur comptoir, elles ne voient pas ma moitié inférieure. Comment, se demandent-elles, vais-je employer une somme pareille ? Et comment un homme si jeune fume-t-il déjà la pipe ? Je dissimule ma canne tant que je peux, je dissimule ma prothèse, je sors tout raide, avec un hochement de tête condescendant.

Un peu plus loin, sur le même trottoir, je passe devant le négoce des frères Graffin. *Armes et cycles*. Voilà le salut de ma vie : la bicyclette. Avec elle, je cesserai d'être le damné boiteux qui encombre la circulation, je retrouverai ma mobilité.

« Croyez-vous qu'on puisse aller à bicyclette avec une seule jambe ?

— Pardi ! répond Graffin aîné. Suffit d'enlever la pédale inutile et d'ajouter à l'autre un cale-pied. Maintenant, naturellement, je ne garantis pas que vous irez aussi vite que Girardengo. On fait un essai ?

— On le fait. »

Il me prépare une machine ancienne, parfaitement rodée, m'aide à l'enfourcher, retient ma canne en gage. Allez doucement d'abord, ne fourrez pas votre pilon dans les roues, tenez-le légèrement écarté, pas trop. Il court après moi à une certaine distance. Ça va ?... Ça va. Il m'abandonne. Me voilà seul, mal assuré, comme à mes premiers pas hors des mains de ma mère, mon pied droit pousse et tire alternativement, se repose dans les descentes, la selle m'informe de chaque ornière, de chaque caillou. Mais j'avance ! j'avance ! Après un moment, je freine, je fais volte-face en décrivant un large demi-cercle. Le redémarrage est laborieux, la côte m'essouffle, je reviens à mon point de départ le sang aux joues.

« Oui, dit Graffin, y a la question des grimpées. Surtout à Thiers ! Vous aurez toujours la ressource de la vieille plaisanterie : quand ça monte, je descends ; quand ça descend, je monte. Ou alors, vous achetez une motocyclette.

— Cela dépasse mes moyens.

— Dans ce cas... Je vous conseille une Peugeot, avec guidon relevé, freins à tiges et articulations, garde-boue galvanisés, sacoche à outils, pompe et raccord. Le tout, 186 francs. En qualité d'ancien combattant comme moi je vous la laisse pour 180.

— Vous ne faites pas une réduction pour la pédale supprimée ?

— Non. Elle compense le cale-pied, l'écrou de serrage et la préparation. »

C'est la même histoire que pour les chaussures : je dois régler la paire, alors que je n'ai besoin que du soulier droit. Pendant des années, j'ai rempli ma maison de souliers gauches inutiles, je suis sûr qu'ils auraient fait le bonheur d'un unijambiste gaucher. Il y en a peut-être mille en France, mais où les prendre ? Comment les joindre ? J'ai inséré des annonces dans *le Petit Thiernois*, dans *la Montagne*, ça m'a coûté les yeux de la tête : *unijambiste droit cherche unijambiste gauche, pointure 41, s'adresser*... L'obstacle était cette pointure : j'ai le pied trop petit pour mon âge. Ça c'est une pointure de femme ! me disent les marchands. L'homme adulte à deux pattes chaussant du 41 est déjà rarissime, s'il faut encore qu'il soit unijambiste ! J'ai obtenu cependant quelques réponses. Très souvent, leur auteur se trompait de jambe. Parfois, j'envoyais par la poste un soulier excédentaire, je ne recevais pas même un remerciement, j'en étais pour mes frais de timbres. Quand par hasard je rencontrais un unijambiste gauche, je lui courais derrière : hep ! hep ! camarade ! quelle est votre pointure ? Ça ne correspondait jamais. J'en ai conclu qu'il est aussi difficile d'accorder les unijambistes que de marier harmonieusement les hommes et les femmes.

Ce jour-là, j'ai donc prélevé les 180 francs sur mon salaire et suis parti avec ma bicyclette monopédale.

« N'oubliez pas, m'a crié Graffin, d'acheter votre plaque dans un bureau de tabac ! »

Le gouvernement de la République était en 1920 un gagne-petit, il taxait les vélos, les chiens, les briquets, les paniers, les bonnets de coton. Celui dont nous jouissons à l'heure présente est d'une autre largeur de vues, si tu possèdes un yacht ou un avion, tu ne payes pas, il t'impose seulement si tu en possèdes deux. Je suis entré dans un débit, j'ai versé quatre francs pour une plaque de laiton avec le profil de Marianne. Ainsi muni d'un véhicule et de ses accessoires, j'ai pu faire des projets, en premier lieu celui de rencontrer certains canaques des environs. Par exemple Beyssac en exil dans un village montagnard appelé Sainte-Agathe et qui semble emprunté au *Grand Meaulnes*, deux faits cependant attestent sa réalité, sa présence sur la carte Michelin, et son nom patois de *Sint-Ago* dont Sainte-Agathe n'est que la traduction approximative. Il n'y existait alors que trois maisons habitables, l'école, l'église et le bistrot, mais c'était beaucoup mieux qu'à Bidon 5. Beaucoup moins bien qu'à Thiers, le chef-lieu sous-préfectoral.

Nous nous donnons rendez-vous un jeudi au *Café de Bordeaux* derrière une chopine de rouge, le premier arrivé attend l'autre. Lui aussi vient à bicyclette. Nous nous embrassons. Pendant deux heures d'horloge, nous interrompant seulement pour nous mouiller la luette, nous nous faisons subir réciproquement un examen sévère sur les principaux points du programme, sans jamais nous accorder plus de trente secondes de préparation :

« Monsieur, parlez-moi du dessin dans les petites classes, de son importance, de ses procédés.

— L'enfant éprouve le besoin naturel d'extérioriser ce qu'il pense, ce qu'il ressent, ce qu'il craint, ce qu'il souhaite. Bien avant l'alphabet, le dessin est sa première écriture et il prend n'importe quel support : mur, terre, ardoise, bois, papier. Ce ne sont d'abord que des gribouillages informes que lui seul est capable d'interpréter et qui représentent dans son graphisme personnel des objets familiers : un chien, un chat, papa, maman, la maison, le facteur. Puis les modèles s'éloignent et assument une représentation plus stylisée : le soleil, la lune, un nuage, un oiseau. Les phantasmes de la nuit... patati... patata... L'éclosion, l'épanouissement... il faut tout faire pour encourager ce mode d'expression prérationnel en fournissant à l'enfant les outils, les matériaux, les occasions. Car, comme dit le grand philosophe Bergson, *c'est dans le moule de l'action que notre intelligence a été coulée.*

— Très bien. Parlez-moi de ces matériaux.

— Le plus simple d'abord, le plus souple et le moins cher : le sable. On dit : écrire sur le sable, bâtir sur le sable, pour souligner la fugacité d'une création. Mais cette création fugace est celle, précisément, qui convient le mieux à une activité enfantine. D'autre part, l'émulation est indispensable en tout groupe social. Ainsi s'exprime Paparazzi.

— Qui est Paparazzi ?

— Un grand philosophe suisse.

— Ne confondez-vous pas avec Pestalozzi ?

— C'est bien ce que je disais : Pestalozzi.

— Je croyais avoir entendu Paparazzi. C'est bon. Continuez.

— Donc, Pestalozzi affirme à juste titre que l'émulation... »

De temps en temps, le garçon fait mine d'essuyer une table voisine pour essayer de comprendre l'objet de notre conversation. Ce qu'il entend le sidère : un chapelet de mots inconnus, aux consonances vaguement françaises : expérience sensorielle et motrice... activité picturale... investi, recréé, enrichi... une démarche d'étonnement... L'incident Pestalozzi l'éclaire cependant, il va trouver la patronne derrière son comptoir :

« Vous avez vu ces deux citoyens, là-bas, sous la pendule ?

— Eh bien ?

— C'est pas des Français, c'est des Suisses.

— Qu'est-ce qui vous fait penser ça ?

— J'ai entendu qu'ils le disaient. Et puis, on comprend rien à ce qu'ils racontent, ils parlent suisse.

— Ils ont consommé beaucoup ?

— Deux fois une chopine et deux morceaux de pompe. Ils se refusent rien !

— Écoutez : n'attendez pas trop pour les faire payer. Et vérifiez bien que leurs pièces sont bonnes : qu'ils ne vous donnent surtout pas des francs suisses en guise de francs français ! »

Le garçon vient à nous juste comme je suis en train de citer le grand sociologue Durkheim, il demande, mine de rien, si nous désirons autre chose. Peut-être, on ne sait pas, on verra. Et lui, brutalement :

« Ça fait huit francs tout ronds.

— Qu'est-ce qui fait huit francs ?

— Les deux chopines et la pompe.

— Ah ! vous voulez qu'on paye tout de suite ?

— Si ça ne vous ennuie pas. »

Chacun tire son porte-monnaie, nous alignons des pièces blanches. Lui examine sur les deux faces, minutieusement, il sourit rassuré :

« Je vous avais pris pour des Suisses. »

Après un silence : « Mais nous *sommes* des Suisses ! affirme vigoureusement Beyssac.

— Oh ! ça m'est égal. Du moment que votre argent est français ! »

Un grand patriote, ce garçon, comme le père Q. Nous retournons à nos moutons. Mais le béhesse nous fatigue : allons saluer les Beyssac de la rue Conchette. Le premier à nous accueillir est l'âne Mironton, notre vieux camarade de travail, en stationnement devant la porte, entre les bras de sa charrette. Je lui saute au cou, je le baise entre les oreilles, je caresse le fil aigu de son échine et la pelote hirsute de son menton. A ce moment, le charbonnier sort en personne de son dépôt, il commence par nous couvrir des injures les plus grossières parce que nous l'avons négligé, il n'a rien reçu de son neveu qu'une carte postale en trois mois, quant à l'autre face de rat de béquillard, mieux vaut ne pas en parler. C'est sa manière à lui de nous exprimer sa tendresse. Après quoi, il nous emmène au deuxième étage au-dessous de zéro et nous abreuve dans sa tasse de bois. Tante Beyssac nous accueille avec la même sympathie, les insultes en moins. Nous racontons nos déconvenues, nos difficultés. Ils nous assurent que si l'instruction publique refuse un jour nos services, nous trouverons toujours une place dans la charbonnerie, à leurs côtés.

« Que feriez-vous, dis-je, d'une face de rat de béquillard de mon espèce ? Je ne pourrais plus porter les sacs comme jadis. »

Et elle : « Tu tiendrais la comptabilité, les factures et tout ça. Ces choses dépassent de plus en plus notre intelligence. Sais-tu ce qu'exige le gouvernement pour pouvoir mieux nous contrôler ? Que je fasse de la décalcomanie ! »

Elle me montre l'encre à recopier, le papier pelure, la presse à vis : ce matériel est destiné à produire un double de tout ce qu'elle écrit.

« De la décalcomanie, à mon âge ! »

Pour préciser sa pensée, M. Beyssac décharge une bordée d'injures gros calibre à l'adresse du gouvernement, mais sans que frémisse un trait de sa figure, comme un tambour de ville lance ses proclamations. Ce soir-là, nous prenons ensemble un vrai repas.

« Il vous faudra maintenant une femme, dit la charbonnière.

— On y pensera », dit mon copain.

Nous repartons les poches pleines de *guenilles*, « pour manger en route ». Je dois dire qu'au Faux je me nourris de plus en plus mal. Préparer la soupe de légumes me demande trop de temps, je la remplace par de la soupe au lait chaud ou de la soupe au vin froid. Voici, pour ceux qui l'ignorent, la dernière recette, très rafraîchissante : coupez dans un bol des tranches plates de pain, bien empilées, saupoudrez de sucre, arrosez le tout jusqu'à remplir le bol de vin légèrement coupé d'eau.

Vous pouvez aussi, simplement, avec des mouillettes, faire comme la Marie de la chanson :

Marie tremp' ton pain, Marie tremp' ton pain,
Marie tremp' ton pain dans la soupe ;
Marie tremp' ton pain, Marie tremp' ton pain,
Marie tremp' ton pain dans le vin.

C'est encore plus expéditif et cela vous permet de préparer le béhesse dans de bonnes dispositions.

Chaque fin de mois, je retourne à la Recette des finances toucher mes 541 francs et 10 centimes. Mon entrée suscite toujours le même intérêt parmi les jeunes abeilles. Sans doute ces fines et industrieuses créatures sont-elles capables de faire abstraction de ma prothèse en faveur de mes 541 francs 10, auxquels s'ajoute chaque trimestre ma pension de mutilé. Aussi m'honorent-elles de regards appuyés, d'ébauches de sourires qui vont s'élargissant de visite en visite. Je crois les reconnaître, en 1912, elles jouaient au cerceau, sautaient à la corde, échangeaient des confidences dans la cour de l'école supérieure quand Beyssac et moi-même nous descendions lentement la rue Prosper-Marilhat toujours ravinée par les orages, elles se moquaient de nos rougeurs, nous interpellaient ironiquement : « Jojo !... Lulu... » Oui, oui, ce sont bien les mêmes. L'une d'elles — la caissière — en me tendant mon argent, se permet dès ma seconde venue cette familiarité :

« Voilà, monsieur Vendange. »

Dans ma thébaïde, tandis que je trempe mon pain dans le vin, il m'arrive de penser à ces regards papillotants, à ces dents blanches à peine entrevues. Un soir, sitôt mes ouailles dispersées, je change de mise, cire mon soulier unique, tire mes cheveux en arrière à l'embusqué, loin du front, selon la mode du jour, enfourche ma bécane. La Recette ferme ses guichets à cinq heures, je veux y arriver à temps pour assister à la sortie de ces dames. Elles me verront passer pédalant, sauront que je ne suis pas aussi invalide qu'il semble, peut-être recueillerai-je un sourire complet. A l'instant que je me suis fixé, je suis en place, à califourchon, sur ma monture négligemment arrêtée au bord du trottoir, faisant mine de réfléchir. Des charretiers passent en claquant du fouet et jurant comme il convient à leur corporation. Les minutes passent aussi et personne ne sort. J'ignorais un détail : après cinq heures la ruche continue de fonctionner hors la présence du public, mes supputations m'amènent à penser qu'elle ne se videra pas avant une autre heure. Mais je me méfie de mes supputations. Alors, j'appuie sur ma pédale, je vais et viens de la gendarmerie à la Porte Neuve, en avant, en arrière, en avant, en arrière, comme jadis dans la cour de la caserne. Ah ! si mes élèves me voyaient ! Voilà une phrase que je me répéterai toute ma vie chaque fois qu'il m'arrivera de commettre une action ridicule ou honteuse. Ah ! si mes élèves me voyaient ! J'imagine les regards de Jacques, de Pierre, de Jean-Marie, de Marie-Jeanne, de Marie-Louise, leurs rires, leurs moqueries. Cela rejoint la pensée de Kant ou de je ne sais plus quel autre moraliste pour Brevet Supérieur : « Agis comme si tes actions pouvaient être vues et connues du monde entier et devenir une loi universelle. » Hélas ! la pensée de mes élèves ne me retient point, elle me donne seulement un frisson.

A 18 heures, les ouvrières du fisc sortent enfin, avec des papotages, de petits rires, seul le gros bourdon reste à l'intérieur, dont je n'ai que faire. Elles portent des robes claires, des chapeaux de paille où luisent les premières cerises de la saison. Elles me voient sur ma machine, l'air profondément pensif, reconnaissent ma jambe de châtaignier, me dépassent avec des regards en coin, l'effrontée caissière me lance même :

« Bonsoir, monsieur Vendange ! »

Je réponds par un hochement de tête distrait. Une seule passe son chemin sans se retourner. Elle est vêtue de noir et porte les cheveux noués en catogan par un ruban de velours.

Comme dit le grand philosophe limousin, Isidore Chapuzade, l'homme éprouve plus d'appétit pour le pain refusé que pour le pain offert.

Au cours du mois de mai, d'excellents prétextes me permettent de retourner sans honte à la Recette de la rue de la Gare : l'échéance de ma pension, l'emprunt de consolidation 4 % sur lequel je désire des renseignements précis, l'éventualité ignominieuse d'une imposition de notre pécule. Je ne suis pas toujours le seul client, il me faut patienter et faire la queue, c'est pour moi l'occasion d'examiner les avettes financières, les jolies et les fades, les gracieuses et les piquantes, les jeunes et les expérimentées, les laborieuses et les distraites. J'épie leurs actions les plus menues, la minutie avec laquelle l'une trempe dans l'encrier sa plume sergent-major à l'exacte profondeur où elle puise l'exacte quantité d'encre, ni trop pour ne pas se mouiller les doigts, ni trop peu pour ne pas interrompre la ligne commencée. Le grain de poussière sur la manche, qui n'est peut-être qu'un grain de soleil, chassé d'une chiquenaude, pour la beauté du geste. La main gauche promenée doucement sur la coiffure, de la tempe au chignon, avec le double dessein de montrer la pureté de ses lignes et de ramener dans le rang tout cheveu franc-tireur. La dextérité de la caissière à compter les liasses de billets d'un doigt humide, aussi véloce que la trieuse de lentilles. La volonté farouche de la femme au catogan de ne pas tourner la tête, de ne pas éloigner les yeux un seul instant de ses chiffres. C'est sur elle que les miens s'attardent le plus volontiers, sur le profil qu'elle oppose à mon enquête. J'y vois d'abord le nez un peu long et busqué comme celui de Marie-Antoinette, les lèvres épaisses, le front bombé, volontaire, l'oreille fine, et au-dessus, taillée dans le basalte, la masse dense et noire des cheveux. Mais la chose la plus étrange dans ce visage est la carnation. Je crois d'abord à un effet de lumière et d'ombre, je toussote avec l'espoir qu'elle regardera de mon côté, j'espère le passage d'un nuage sur le soleil. Il me faut bien comprendre enfin que cette femme est une métisse. Moins que cela, sans doute : ce qu'on appelle aux Antilles une octavonne, elle a une goutte de sang noir pour sept gouttes de sang blanc. Mais l'expression est absurde : il n'existe ni sang blanc ni sang noir. Seulement du sang rouge. J'ai vu mourir des Sénégalais, *acoula, acoula*, sur le plateau du Chemin des Dames, et ce sang qui leur couvrait la capote ou leur jaillissait du cou comme une fontaine, je te jure qu'il était pareil au sang des Auvergnats et des Bretons. Loin d'ailleurs de me soulever le cœur comme fait immanquablement une mouche dans le lait que je bois, la goutte de mythique sang noir dans le sang blanc commence de me rendre fanatique de cette fille. Je produis des hum ! hum ! je me racle la gorge jusqu'au pylore, les autres scribouillardes me regardent d'un air effaré, qu'est-ce que c'est que ce gars-là, non seulement il lui manque une patte, mais il est complètement tubard. Tandis qu'elle, rien. Elle ne bouge pas un cil. Toujours à compter ses colonnes de chiffres, à écrire Monsieur, j'ai l'honneur de vous informer que votre réclamation ne me semble pas fondée, parce que bour et bour et ratatam. Ça te donne envie de faire, pour voir, péter une bombe, d'enfoncer le comptoir à coups de godillot. En fait, ma colère reste tout intérieure, quelle que soit sa violence.

La convocation aux épreuves écrites du Brevet Supérieur me touche dans la seconde moitié de juin. Ma soupe au vin dans l'estomac, je veille chaque soir sous la lampe jusqu'à ce que le sommeil ait raison de moi. Le 24 et le 25, j'avale *Représentations individuelles et représentations sociales*. Le 26, la *Lettre au marquis de Newcastle*. Le 27, le livre VIII des *Confessions*. Le 28, le livre VII : j'ai décidé de les lire à rebours pour leur donner quelque agrément. Le 29, les *Institutions républicaines*. Le 30, le livre VI. Le 1er juillet, un malaise me frappe en classe au cours de la leçon de géographie. Je me suis fourré dans la tête tant de choses monumentales que les choses minuscules qui y logeaient depuis Vollore-Montagne en ont été expulsées. Le 1er, donc, je me mets à ne plus savoir si l'étoile polaire conduit vers l'ouest, vers l'est ou vers le sud. Les enfants croient que je leur tends un piège éducatif et lèvent le doigt pour rectifier, comme je le leur ai appris, en même temps, je distingue nettement un certain nombre de planètes rougeâtres qui volettent de-ci de-là. Heureusement, à cause de la chaleur, les fenêtres sont ouvertes et elles en profitent pour s'échapper en direction de Courty. Je retrouve le nord. Ces symptômes me font comprendre toutefois que je dois considérer ma préparation comme terminée.

J'ai donné rendez-vous à mon ami Beyssac pour le 4 au soir. Troisième anniversaire de mon amputation. Ainsi, depuis trois ans, une partie de moi-même a déjà été mise au tombeau. Nous célébrons cet événement avec gravité au restaurant de l'*Aigle d'Or* en mangeant des escalopes à la crème.

« Où étais-tu, dis-je, le 4 juillet 1917, pendant qu'on me coupait la jambe ? »

Et lui, après un moment de réflexion : « A l'est de Reims, dans le secteur d'Auberive. Depuis un mois, on se faisait zigouiller pour gagner quelques centaines de mètres. Et puis, le front s'est de nouveau stabilisé. Les Boches étaient enterrés à trente pas de nous, on les entendait rire et jargonner. Et c'est environ ce temps qu'il m'est arrivé une affaire, je ne garantirais pas absolument que ce soit le 4, ou le 3, ou le 5, mais c'était dans les tout premiers jours de juillet. Je n'ai pas participé au commencement de l'affaire. Une nuit, quelque chose tombe dans notre tranchée, un paquet de deux ou trois journaux allemands, le *Berliner Zeitung* ou je ne sais quoi. On se demande quel traquenard il y a là-dessous, on coupe la ficelle avec précaution, mais rien ne se passe, nos voisins nous envoient seulement de la lecture pour distraire nos soirées. Moi, ça ne m'intéresse pas, vu ma faiblesse en langues étrangères, il n'en est pas de même pour nos officiers. Ensuite, on entend une voix : "S'il fous plaît, chournaux ! Chournaux français !" Ils demandent la réciproque, afin d'avoir des nouvelles de nous. Et on leur expédie par retour du courrier *l'Écho de Paris* et *le Petit Parisien*. L'échange dure ainsi deux ou trois jours. J'en viens à ma participation du 4 juillet. J'étais de garde aux créneaux. A quelque distance à ma droite, un copain lance de même par-dessus les barbelés un canard qui s'ouvre un peu, ce qui freine sa trajectoire, et tombe à deux mètres du parapet boche. Il y reste un moment, étalé dans la rosée du matin qu'on voyait briller et fumer partout. Alors, un bras est sorti de la tranchée d'en face, puis un casque, puis une tête, le gars s'est allongé au maximum pour atteindre le journal. A ce moment, j'ai pressé sur la détente : j'ai vu sa figure pour ainsi dire éclater et s'affaisser sous le chaudron, il est demeuré là, le bras tendu. Plus tard, il est parti en marche arrière, toujours dans la même attitude, quelqu'un le tirait par les pieds. »

Beyssac parlait les yeux fixes, les lèvres sèches, le front moite, il revivait chaque détail de la scène :

« Tu sais comment se passaient les choses. Chacun canardait à l'aveuglette, ou lançait ses grenades, ou mitraillait des ombres lointaines, les artilleurs expédiaient leurs obus dans le ciel, mais tu ne voyais jamais les destinataires de près. Quand tu arrivais chez eux, si tu avais cette chance, ils étaient déjà silencieux, morts d'une action anonyme. Mais celui-là, *je l'ai vu*. J'ai vu sa grimace. Sa figure s'est littéralement enfoncée, comme si tu envoyais un coup de poing dans une tête en saindoux, et le casque, par pudeur, l'a recouverte. C'est le seul homme que j'ai tué pleinement.

— Si tu ne l'avais pas tué, lui, à la première occasion...

— Sans doute. Je me dis cela aussi pour me réconforter.

— Qu'as-tu ressenti sur le moment ?

— Rien. Ni regret ni plaisir. Comme si j'avais écrasé une chenille. C'est ce qu'il y a de terrible, avec la guerre. Qu'elle t'apprenne à tuer passe encore ; mais elle étouffe en toi tout sentiment humain. Même celui de la peur. De la peur animale qui devrait te retenir, par exemple, au moment de sauter la tranchée, t'empêcher de courir à la rencontre des balles. Eh ! bien ! non : tu es tellement abruti que tu sautes et cours quand même. C'est seulement au repos que la peur te revient. Ou alors, si tu es blessé... Voilà ce que j'ai fait, me semble-t-il, le 4 juillet 1917. »

Il a rempli nos verres, nous les avons choqués en disant doucement :

« A bas la guerre.

— A bas la guerre. »

Le vin était frais et pacifique.

Le 8 juillet, les canaques se retrouvent provisoirement à l'École normale pour y subir les épreuves du Brevet Supérieur, en même temps que d'autres candidats venus de divers horizons. On nous rassemble une fois de plus dans la salle du gymnase qui est la cathédrale pédagogique du département : là sont admis ou refusés les novices, prononcés les vœux, conférées les ordinations. La dissertation française doit apprécier et illustrer le fameux diptyque des frères Goncourt : *L'histoire est un roman qui a été, le roman est de l'histoire qui aurait pu être.* Pas de surprise. Bon gros sujet conforme à la tradition de notre enseignement littéraire. Construction classique en trois parties : thèse, antithèse, synthèse. Avec ce préambule : qu'était-ce qu'un roman, selon les frères Goncourt ? Exemple : *Germinie Lacerteux*. Une intrigue, un milieu, des personnages, des passions, un dénouement. Y a-t-il eu dans l'Histoire des romans de cette sorte ? Plutôt cent mille qu'un seul : intrigues politiques, intrigues d'amour, Mme Pompadour, aventures, grands mystères, le masque de fer, cra... cra... cra... Deuxième volet : vraisemblance historique du roman. Tout roman ne contient-il pas des accessoires historiques ? Waterloo dans *les Misérables*, Bonaparte dans *le Rouge et le Noir*, le romantisme dans *Madame Bovary*... Personnages communs et personnages exceptionnels, cra... cra... cra... Une réserve : et le roman hors de toute réalité ? *Les Voyages de Gulliver, L'Histoire comique des empires de la Lune*... Synthèse : la conception des frères Goncourt nous semble un peu étroite... visages du roman incompatibles avec l'Histoire... fantastique : *La Peau de chagrin*... Et demain ? Cra... cra... cra... Point final.

En philosophie, on nous propose d'apprécier cette opinion de Kant : *Une volonté libre et une volonté soumise à des lois morales sont une seule et même chose*. Méthode identique... Introduire deux ou trois des citations du répertoire, les plus proches de la question... Finir si possible par l'une d'elles.

Dictée musicale de M. Gatignol, interprétée d'abord sur le violon, puis chantée mesure par mesure avec jeux de mains. Nous saurons plus tard que les notes se sont échelonnées entre 14 et 20 sur 20.

Épreuve de mathématiques. Épreuve d'agriculture : *Le blé en Auvergne*.

Nous devons attendre trois jours les résultats de l'écrit. Le 11 au soir, nous apprenons que sur vingt-cinq canaques, malgré les brillantes dictées musicales, six seulement sont admis à subir les épreuves orales et pratiques. J'en suis. Elles comprennent, au laboratoire de chimie, sous la direction de M. Pamaret, une analyse de terre : déterminer la proportion de carbonate de chaux, de fer, de phosphore et autres ingrédients. Des interrogations d'anglais, de lecture expliquée, d'histoire et géographie.

Résultat final : deux candidats se trouvent brevetés supérieurement. Les autres retourneront vers leur exil. Ça leur apprendra à discuter les règles de la discipline laïque et républicaine, à ne pas apprécier à leur juste prix le libéralisme, la générosité et le tagada-tsouin-tsouin de l'administration française. Au cours de l'année à venir, ils devront subir l'épreuve écrite et l'épreuve pratique du Certificat d'Aptitude Pédagogique. Faute duquel, indignes de la titularisation, ils croupiront dans leur stagiariat comme le bouc dans son urine.

Automne

Les vacances de cet été-là me rendirent à ma famille chapelate, mais non à la sérénité. Mon échec à cette ordure de béhesse, malgré des mois de préparation intense aussi bien dans mon appartement solitaire qu'au *Café de Bordeaux*, malgré tant de volumes engloutis, tant de citations irrécusables, m'avait rempli de douleur. C'était un peu comme si l'on m'avait coupé la seconde jambe. Ma mère vit mon abattement, elle entreprit de le soigner au lait de poule, c'est par ce moyen, affirmait-elle, qu'elle m'avait guéri à l'âge de sept ans de mes ganglions.

« Qu'est-ce que c'était que ces ganglions ?

— Il faudrait le demander aux médecins. Mais tu en étais pourri. De la tête aux pieds. »

On n'a jamais su d'où ils me venaient. Extérieurement, ils n'apparaissaient pas, je semblais normal, quoique un peu léger. On ne les sentait pas non plus au toucher, il fallait m'examiner par transparence, devant une vitre, comme une assiette de porcelaine qu'on soupçonne d'être en faïence. A sept ans, j'avais la translucidité du meilleur limoges. Dans cette posture, on distinguait très nettement ces grappes de ganglions, ces treilles de ganglions qui me tapissaient par-devant et par-derrière.

« Chaque matin et chaque soir, un lait de poule bien sucré. Après six mois de ce régime, tu n'avais plus de ganglions. »

Elle espère dissoudre pareillement les ganglions de mon chagrin. Mon père continue sa besogne de carrier et de tailleur de pierre ; il crache de plus en plus poivré. Le reste de la famille mène la ferme ; mais déjà Antonine, qui n'a que seize ans, parle de s'éloigner ; elle, c'est l'ambition qui la dévore : elle veut aller travailler dans quelque usine, chez Conchon-Quinette, ou devenir servante chez un notaire, à Thiers ou à Noirétable. J'ai donné le mauvais exemple. On ne me laisse guère prendre un outil ; que puis-je faire d'ailleurs avec mon pilon qui s'enfonce dans la terre grasse des prés et mes poumons qui s'essoufflent ? Je dis à mes frères :

« Quand vous voudrez repiquer des choux, des salades ou des blettes, appelez-moi : je viendrai faire les trous. »

Une seule besogne me reste possible : garder les bêtes, chèvres et vaches, en compagnie d'un des deux chiens de l'hacienda. Elles connaissent les chemins mieux que moi-même, il me suffit de les suivre, dans les côtes, je m'accroche d'une main à la queue de l'une d'elles. Nous n'avons guère de prairies et les préservons pour la fauche. Alors, les bêtes et moi montons aux pâtures communales, il y pousse une herbe rude, la « bourre », qui sert indifféremment à l'alimentation et à la litière, nourries et traitées à la dure, nos ferrandaises s'en contentent. La bourre est à celui qui la prend, et les troupeaux y viennent de toutes parts. Ils n'auraient guère nécessité de gardiens sans les tourbières, les « sagnes » environnantes, ces terres spongieuses et gorgées d'eau où l'on risque de s'enliser comme dans les sables mouvants. Si tu laisses tes vaches s'y égarer, les grasses s'y enfoncent jusqu'au ventre, retenues par leur énorme bedaine ; les maigres — les plus nombreuses — disparaissent jusqu'au cou et sont en grand danger d'être perdues. Le vacher doit alors appeler ses collègues à son secours, les enfants filent chercher des hommes et des câbles. Prenant grand soin de ne pas s'enfoncer soi-même, on ficelle par les cornes la vache qui beugle et se débat, on tire, on hisse, on s'efforce de l'arracher à l'engloutissement, on prie le ciel pour que les cornes ne se brisent point, si cela arrive, adieu la bête ! Elle cesse de lutter et de se plaindre, seuls ses yeux fous disent son épouvante. Il ne reste plus qu'à la voir s'enfoncer peu à peu, qu'à regarder disparaître ses superstructures, comme celles d'un navire qui fait naufrage. Voilà pourquoi nos vaches avaient besoin de ma surveillance.

Cela ne m'empêchait pas, affalé dans un endroit sec, de ruminer autant qu'elles. Je revoyais chaque étape de ce maudit examen, j'avais beau relire en pensée le texte de mes dissertations, repasser mes réponses verbales, je ne trouvais rien qui ne fût de la plus parfaite orthodoxie. L'échec des canaques était si massif qu'il dépassait l'hypothèse d'une mesquine vengeance exercée contre nous par les examinateurs importants. Nous devions être, comme nous l'avait toujours dit clairement M. Langlais, un ramassis d'idiots, de têtes de pingouins, abrutis davantage encore par plusieurs années de sévices militaires. De temps en temps, je relevais la tête pour crier à mon chien :

« *Tè, tè, tè, tè ! Pico lo ! Lo Clermonto ! Passo dalaï ! O pè lo Clermonto ! O pè ! Pico lo !* »

Langage convenu entre lui et moi, par lequel je lui enjoignais d'aller mordre au pied, en passant par-devant, une certaine vache baptisée Clermonte, en danger de s'égarer vers les sagnes. Il comprenait fort bien mes ordres, de même qu'il se gardait de confondre la Clermonte, la Parise, la Lyonne. Les ruminants portent souvent chez nous des noms de villes féminisés ; mais leur nombre en est réduit, à cause de nos pauvres connaissances géographiques. Après cet appel, je reprenais mes rêveries. J'y recevais souvent la visite d'un certain profil légèrement bistre. Ce visage se tournait vers moi, me disait gravement :

« N'insistez pas, monsieur Vendange. Vous voyez bien que je

suis vêtue de noir ! Contentez-vous de votre douleur, laissez-moi dans la mienne. »

Il ne prononçait pas les *r*, disait *noih, vothe douleuhe*. Mais que signifiait ce deuil ? Une couleur extrêmement portée dans les années 1920. Aux approches de la fin août, je reçus la feuille blanche habituelle m'informant que je venais de gagner la somme de 541 francs et 60 centimes, sauf déduction pour timbre de quittance, et que je pouvais les toucher dans n'importe quel bureau du Trésor, sur un point quelconque du territoire français. Noirétable, possesseur d'une brillante perception, n'était éloigné que de dix kilomètres, mais je prétendis que le mandat m'obligeait à retourner à Thiers. On me crut sur parole. En fait, j'éprouvais le besoin de revoir la ligne de ce nez busqué. Au sortir de la gare, je me dirigeai tout droit vers la Recette des finances, où mes yeux coururent à la place de l'octavonne. Elle était vide. Mon cœur me bondit dans la gorge. Avec cela, ces demoiselles ne semblaient avoir remarqué que très médiocrement mon entrée, sans doute avaient-elles été informées de mon échec au putain de béhesse, ou dirigeaient-elles vers d'autres maris possibles leurs visées du moment. La caissière me salua de son habituelle politesse :

« Bonjour, monsieur Vendange.

— Ah ! ah ! dis-je, en retenant le tremblement de ma voix, vous êtes donc une de moins ?

— Une de moins ? Oh ! seulement pour quelques jours, Automne va revenir.

— Pardon ?

— Je dis qu'Automne va revenir.

— Moi, je vous parlais de votre effectif. Il me semblait qu'il vous manquait quelqu'un.

— Justement, il nous manque Automne, elle s'appelle comme ça.

— La personne qui était là... s'appelle Automne ?

— Comme vous Jules, comme moi Eugénie. A la Martinique, ils ont de drôles de noms.

— Oh ! c'est un joli nom... Et Eugénie n'est pas mal non plus.

— Merci bien, monsieur Vendange. »

On est au plus chaud de l'été, mon pilon sent le caoutchouc, les dalles du trottoir cuisent sa talonnette, à la terrasse du *Globe* il se fait une énorme consommation de canettes, de quarts, de demis, les buveurs se sucent les moustaches et s'épongent le front. Et moi, je pense à l'automne. Ébloui. A la plus belle des saisons. Ruisselante d'ors et de pluies, d'espérances défuntes ou comblées. Automne des brumes et automne vendémiaire. Automne ambigu qui rit d'un œil et pleure de l'autre. *Un* automne et *une* automne. Et toi, négresse ou métisse lointaine qui donnas le jour en des circonstances que j'ignore à une enfant au teint à peine bronzé, quel merveilleux instinct poétique te préserva de l'appeler Printemps, de lui coller cette étiquette banale et qui devient nécessairement tôt ou tard insupportable ? La première chose donc que je ferai, à la rentrée d'octobre, sera de chercher des poésies sur l'automne et de les faire apprendre à mes mammifères :

Automne, automne, adieux de l'adieu !
La tisane bout, noyant mon feu...

Moi aussi j'entre au *Globe*, toutes les places extérieures sont prises, je dois m'asseoir sur la moleskine, il fait une soif, comme on dit en Auvergne, à boire au cul d'un âne. Le garçon semble fort occupé. Garçon, ne m'oubliez pas s'il vous plaît ! Qu'est-ce que ce sera pour monsieur ? Apportez-moi une automne bien fraîche. Ah ! Monsieur, l'automne n'est pas arrivée, nous l'attendons, je ne peux offrir à monsieur qu'un été. C'est bon, servez les autres clients, je prendrai patience, et revenez dès que vous aurez reçu l'automne. Certainement, monsieur, comme il plaira à monsieur.

« Garçon !

— Oui monsieur ?

— Réflexion faite, en attendant, je prendrai un demi.

— Tout de suite, monsieur. »

Les mouches volent bas, signe de beau temps. Nous sommes à l'intérieur du café treize clients : signe de bonheur. Quel bonheur ? Nous l'attendons, monsieur. Je prendrai patience. Il fait chaud, la France est en nage, je me sens adhérer à la banquette comme une rustine. Je paye, je me décolle, j'emporte ma bière au creux de mon estomac. La ville sent le crottin, la poussière, la corne brûlée. Tandis que j'approche du jardin public j'éprouve une sorte d'étourdissement : là... devant moi... sur le trottoir... elle ! La robe noire, le catogan ! Elle tient par la main un petit garçon coiffé d'un béret marin, qui tient de même un seau et une pelle. Ils entrent dans le square des Grammonts, je clopine derrière eux, indifférent au qu'en dira-t-elle. Au pied de la haute muraille de soutènement, le long de laquelle un étroit escalier permet de grimper jusqu'à la place aux Arbres, des maçons édifient quelque chose de compliqué avec des blocs de pierre blanche. Mais je n'ai pas le temps de me renseigner, il faut que je regarde ailleurs. Dépassant le chantier, l'octavonne se dirige vers une esplanade sablonneuse entourée de bancs et de fusains. J'attends qu'elle ait fait choix d'un siège et, après un moment, je sors des coulisses, je vais m'asseoir délibérément vis-à-vis d'elle et j'entreprends de bourrer ma pipe avec un air de concentration.

« Joue, dit Automne. Remplis ton seau de sable et fais des pâtés. »

Pour la première fois, je peux voir de face son beau visage. Mais qui est ce bambin ? Lui aussi a le teint légèrement enfumé, il ne peut être que son enfant. Dès lors, je lis leur histoire dans ce bistre comme une devineresse dans le marc de café. Fille d'une jolie métisse et d'un planteur d'ananas, épousée très jeune par un fonctionnaire colonial, ou un commerçant, ou un aventurier, Automne l'a suivi en France quand il a plu au mari d'y revenir. Celui-ci a été tué pendant la guerre, laissant une veuve et un orphelin. Je pense à mon ami Luco, à sa femme, à son petit garçon : « Je me battrai pour la grenouille de mon fils. » Pourquoi Automne ne serait-elle pas la veuve de Luco ? Incapable de diriger seule une librairie parisienne (qui d'ailleurs ne lui appartenait pas, Luco en était seulement le gérant, il versait chaque mois un écrasant loyer), elle a réussi, grâce à des protections — tchouf ! tchouf ! comme disait M. Gatignol —, à entrer dans l'administration des Finances, s'est trouvée bombardée à cent lieues de Paris avec un traitement mensuel de 385 francs et 40 centimes, timbre de quittance déduit, qui s'ajoute à sa pension de veuve. Elle parvient de la sorte à vivre modestement, à nourrir le petit garçon et la grenouille. Du haut de son observatoire céleste, Luco ne les quitte pas des yeux, il s'arrange pour les placer un jour sur mon chemin, se disant : « Je connais Jules Vendange, c'est un brave type, je lui lègue ma famille. Ohé ! Julot ! Épouse-les tous les trois, mon vieux, fais cela en souvenir de notre amitié. — Ben... j'aurais préféré du neuf à de l'occasion. — Ne sois pas ridicule, Julot. Ne dis pas des imbécillités indignes d'un éducateur qui... d'un éducateur que... — Bon, d'accord mon lieutenant, je veux bien vous faire ce plaisir. Encore faudrait-il que l'on m'acceptât ! — Sois tranquille, je m'en occupe. » Ainsi prévenu, je regarde Automne Luco avec plus d'optimisme, elle a sorti un livre de son sac, elle est en train de lire, cependant que le marmot grattouille dans le sable. Je lui fais des signes, je lui souris, il lève la tête, me considère fixement, et bientôt me rend mon sourire. Le ruban du béret porte le nom de son navire : *Croiseur Jean-Bart*. Je n'ai guère fréquenté la marine, mais aujourd'hui la marine m'attire. Tandis qu'Automne est plongée dans sa lecture, j'envoie de l'index un message au matelot pour qu'il vienne à moi. Il hésite, reste un moment les bras ouverts, puis doucement se met en marche.

C'est bien le fils de Luco : je reconnais la fossette de son menton. Plus tard, quand nous serons mariés tous les quatre, je lui raconterai. Tu sais, j'ai bien connu ton papa, ton vrai papa Luco, nous étions ensemble dans un endroit qui s'appelait Craonne, il me disait des récitations comme font dans les écoles les petits enfants : *J'ai cueilli ce brin de bruyère, L'Automne est morte souviens-t'en, Nous ne nous verrons plus sur terre. Et souviens-toi que je t'attends.*

Nous nous sourions toujours, si j'avais su j'aurais apporté n'importe quel appât, une sucette, une toupie, un polichinelle. Or, me voilà les mains vides. Il avance toujours, viens à moi, petit Luco ! D'ordinaire, on attire les enfants avec des sourires, comme on attire les pigeons avec du blé. Aidez-moi, mon lieutenant, je n'ai rien d'autre. Mais si, voyons : ta jambe de bois. C'est vrai, ma jambe de bois fascine les gosses. Quand il est tout près :

« Regarde ! dis-je, le doigt tendu vers mon pilon. Regarde ce que j'ai là ! »

Je relève légèrement le pantalon pour qu'il voie mieux. Il suit ma suggestion, il regarde. Il s'accroupit, touche du doigt la rondelle et le manche, je le manœuvre de droite à gauche, de gauche à droite, de haut en bas. Une vraie leçon de choses. Soudain, un cri :

« Raoul ! Qu'est-ce que tu fais ! »

En un instant, Automne est sur nous pour m'arracher son fils des mains.

« Laissez-nous jouer, madame, s'il vous plaît, nous ne faisons rien de mal... »

Mon regard de chien battu doit la toucher, elle se dit qu'après tout je ne suis peut-être pas un ravisseur d'enfants, qu'avec ma patte folle je ne courrais pas assez vite. Son regard un moment s'attarde sur ma personne, comme sur une image déjà vue. La femme, comme le *leptorus unilaxis*, a deux yeux tout autour de la tête, elle peut très bien vous examiner dans une Recette des finances alors que vous la croyez uniquement absorbée par ses chiffres. Vas-y, me souffle Luco, profite de cet instant de grâce. Que dois-je dire ? Mais que nous nous connaissons ! N'êtes-vous pas une avette financière ? Ne butinez-vous pas dans cette ruche où je viens mensuellement prélever un rayon de votre miel ? Je sais même votre prénom : Automne. Vous venez de la Martinique où vous fûtes séduite par un aventurier bourré de poésies nommé Luco, et ainsi de suite. Rien ne presse, mon lieutenant, ne me bousculez pas, jamais elle n'a été si près de moi, mon cœur bat trop fort. Ses yeux ! Je vois ses yeux, mon lieutenant !

« Sois sage, Raoul, dit-elle de sa voix un peu rauque. N'ennuie pas le monsieur, Tu vois bien... »

Elle s'arrête à temps. Tu vois qu'il est infirme. Ou : tu vois bien qu'il n'a qu'une jambe. Ou : tu vois bien que c'est une face de rat de béquillard. Je la sauve de son embarras :

« Oh ! il ne m'ennuie pas du tout. Au contraire ! »

Elle retourne à son livre.

Une jambe de bois bien employée est aussi un jouet de premier ordre. Le petit marin m'en fait la démonstration, l'employant tantôt comme chaloupe, tantôt comme monture. Il suspend à l'extrémité son seau de sable et rit aux éclats des balancements que je lui imprime. Sa gaieté est pareille à un arbre chargé de fruits, des sortes de cerises scintillantes, pleines à craquer, tout à coup je me mets à secouer le cerisier et son rire pleut, c'est une averse drue à n'en plus finir de cerises qui explosent en touchant terre, je suis couvert de jus, j'en ai partout, sur la figure, sur les mains. A l'arc opposé de la piste, Mme Luco lève des yeux effarés vers notre jeu, jamais elle n'a vu chose pareille, ni à Paris ni à la Martinique, comment son fils ose-t-il traiter ainsi un pauvre garçon mutilé pour la France, pays de nos ancêtres les Gaulois ? Ayant un sens aigu du sacrilège, elle s'écrie d'un ton scandalisé :

« Voyons, Raoul ! Tu n'y penses pas !

— Laissez, madame, laissez. Nous nous amusons bien. »

Parfois, une culbute de Raoul finit dans le sable, mais il se relève, s'ébroue, lance un nouveau rire :

« Encore ! Encore ! »

Dans ces circonstances, je comprends que la lecture devient difficile. Automne manifeste une agitation croissante. Elle finit par remettre le livre dans son sac, se lève, marche vers nous d'un air décidé :

« On s'en va, Raoul ! C'est assez. Dis au revoir au monsieur, on rentre à la maison.

— Pas encore !

— Si, si, il faut partir. »

Lui s'accroche à ma prothèse, pleure, trépigne. Je crois habile d'intervenir en faveur de la loi : il faut obéir à maman, Raoul, nous nous retrouverons demain peut-être, je viens souvent dans ce jardin l'après-midi. Il ne comprend pas mon brusque lâchage, je le vois bien, nous nous quittons fâchés. Je les suis des yeux avec regret, jusqu'à ce qu'ils aient disparu. Me voici seul dans le grand cercle vide, avec le cliquetis lointain que font les ciseaux des tailleurs de pierre. « Alors ! me dit Luco. Vas-tu rester là comme une sardine ? — Et que faut-il que je fasse ? Vous ne m'avez pas beaucoup aidé ! Le matelot, ça va, je crois l'avoir dans ma poche, sans compter qu'il est mignon ; la grenouille, j'espère que ça ira aussi ; mais la mère !... Je ne me vois pas au bout de mes peines ! — Ne crois-tu pas que tu devrais t'inquiéter un peu de son adresse ? Cela rend des services, de connaître l'adresse d'une bien-aimée. — Oh ! bien-aimée, n'exagérons rien ! Vous allez vite en besogne. — Ne cherche pas à me duper, je lis dans ton cœur mieux que toi-même. Donc, remue-toi. Ils ne sont pas encore trop loin : file-les à distance et découvre où ils habitent. » Le conseil me paraît bon, je sors du jardin aussi vite que le permet ma dignité, juste à temps pour apercevoir à l'horizon le couple mère et fils s'enfoncer dans le sol, cachés par la courbure de la terre. Quand j'arrive au même endroit, ils se sont évanouis. Me voilà frais ! Alors, mon lieutenant, que dites-vous de celle-là ? Pas de réponse. Ohé ? La communication semble interrompue. Rien au loin sous le ciel encore torride, si ce n'est la chaussée abrupte qui poudroie, un chien assoiffé qui traîne douloureusement son ombre, un pot de géranium rose à une fenêtre, un cheval et son tombereau à l'arrêt devant le *Nouvel et Grand Hôtel*. Nul renseignement utile n'est à attendre d'eux. Par bonheur : une boulangerie.

« Je cherche une dame, une métisse, avec un petit garçon, je dois lui transmettre un message.

— Oui, dit la boulangère, elle prend son pain chez nous. Je la vois très bien. Je crois qu'elle s'appelle Mme Nadaud et demeure rue de Barante, dans le milieu, par là.

— Nadaud ? Je croyais que c'était Luco ?

— Je ne sais pas. Il me semble avoir entendu dire bonjour madame Nadaud. Mais peut-être ai-je mal compris. Les voisins vous renseigneront sûrement. Vous pensez bien ! A Thiers, une négresse, ça se remarque ! »

Suivant ces indications, je poursuis mon enquête. Vous ne connaîtriez pas... Ah ! la négresse ? Oui, oui, un peu plus bas, au 22 ou au 24... Mme Nadaud ? La négresse ? C'est au 30... Un couloir étroit, des boîtes aux lettres, sur l'une, ce nom : *Mme Nadaud*. Au-dessus de ma tête, dans les étages, un enfant pleure. Vous n'aviez rien à voir dans cette histoire, mon lieutenant, je regrette. Cela signifie que je me trouve maintenant réduit à mes seules forces qui ne sont pas grandes, à ma seule astuce qui ne m'a pas permis de décrocher le béhesse, à mon tagada-tsouin-tsouin. Avant que le bureau de poste ne ferme, j'envoie une dépêche à Vollore-Montagne : *Retenu ici affaires urgentes lettre suit à bientôt Jules*.

A cette époque antérieure aux congés payés, même au mois d'août les marteaux-pilons des usines d'estampage ébranlaient la ville comme de perpétuelles secousses sismiques, les boutiques restaient ouvertes, les facteurs distribuaient le courrier même le dimanche, les camionneurs assuraient leurs livraisons, les gosses en rupture de banc grouillaient dans les ruelles ombreuses, se fourraient dans les chatières, s'usaient le nombril sur les rampes des escaliers publics. Seuls quelques privilégiés, les pensionnaires, les poitrinaires, les membres de l'enseignement pouvaient se permettre un jour de semaine de jouer aux boules sur la place aux Arbres ou de somnoler sur les bancs publics. Aussi, quand les maçons qui y édifiaient une affaire compliquée me virent le lendemain revenir dès trois heures de l'après-midi, ils se demandèrent à laquelle de ces corporations j'appartenais, ne se doutant point que j'étais un peu des trois. Et moi :

« Qu'est-ce que vous bâtissez donc ?

— Un monument aux morts.

— A quels morts ?

— A ceux de la guerre.

— Naturellement, c'est la grande mode. Il cachera au moins ce mur, qui est bien décrépi. »

Sous leurs yeux envieux, je poursuivis ma promenade vers l'enceinte ombragée où, la veille, Automne m'était apparue de face. Afin de me prémunir contre une longue attente, j'avais apporté du tabac, un journal et un livre. Deux heures après, j'avais lu le journal, renoncé au livre, fumé la moitié du tabac et je me trouvais toujours seul. Pendant un long moment, une vieille Thiernoise, qui semblait affligée de grands maux, m'avait tenu compagnie en me posant un tas de questions sans me permettre d'y répondre :

« Je vais chez le docteur Pourreyron, est-ce que vous savez où c'est ? Paraît que c'est pas bien loin de par ici ? Remarquez que je ne suis pas tellement pressée. J'aime pas les médecins, faut leur montrer votre peau, ils vous tâtent partout, à mon âge, vous vous rendez compte ? Qu'est-ce qu'il va me trouver d'après vous ?... Le foie, d'accord. Mais c'est-y un cancer ou c'en est-y pas ? Est-ce que j'ai pour de bon une figure de cancéreuse ? Y a des moments où ce que je me sens pourrie comme une vieille coucourle, en dedans. Enfin, il vous arrive rien que ce qui doit vous arriver. Il me donnerait sûrement un régime à suivre. Supprimez ci, supprimez ça. Mais moi, je me connais : je le suivrai pas, je suis aussi gourmande qu'une chatte blanche. Alors, c'est pas la peine que j'aille y donner mes sous à cet homme, puisqu'y peut rien faire pour moi. J'ai-t-y pas raison ? »

Forte de mon approbation, elle part satisfaite, elle m'abandonne à mon cancer à moi : je le sens aussi qui me ronge les entrailles. Qu'est-ce que je fiche sur ce banc depuis trois heures de l'après-midi, à espérer contre toute espérance ? Hors ma mère et ma sœur, quelle femme s'intéressera jamais pour autre chose que son traitement de fonctionnaire à une face de rat, qui a échoué au béhesse, et imite en marchant le bruit d'une pompe aspirante et foulante ? Je me lève, piétine en rond l'enceinte sableuse, ma prothèse fait tchonc-tchonc. Lorsque je me rassois, je constate que la talonnette en est imprimée mille fois dans le sol, que ces traces attestent mon impatience et ma longue attente, que n'importe qui peut comprendre d'un coup d'œil que j'ai tourné ainsi comme un ours dans sa fosse. Alors, je m'emploie à les faire disparaître, à les ratisser de mon pied droit, à reculons. Vers sept heures, quand mugissent les sirènes des fabriques, je m'en vais la tête basse.

Ce soir-là, pour ne pas retourner coucher au Faux et m'y retrouver seul parmi mes tristes meubles, je prends une chambre à l'*Hôtel de Paris et de l'Aigle d'Or*. D'abord, je me mets à mon aise, dépose ma tulipe, aère mon moignon échauffé par la sueur et la marche. Avec une boîte de talc qui ne quitte jamais ma poche, je l'enfarine. Je sautille à cloche-pied çà et là, m'appuyant aux meubles, de la fenêtre au lit, du lit au fauteuil. Le nécessaire pour écrire mis à ma disposition me donne une idée, après plusieurs brouillons je compose à peu près la lettre suivante :

Madame Automne Nadaud,
30, rue de Barante.

Madame,

Celui qui prend l'audace de vous envoyer ces lignes est le pauvre unijambiste qui, avant-hier, a joué avec votre petit garçon Raoul dans le jardin public des Grammonts. Je ne m'y trouvais point par hasard, mais parce que j'avais cherché à vous rencontrer, ayant été fort ému[1] *par votre beauté, le sérieux de votre attitude et votre application au travail chaque fois qu'il m'est arrivé d'entrer à la Recette des finances où je viens toucher mon traitement de fonctionnaire de l'instruction publique et les arrérages de ma pension militaire. Il est vrai que je suis amputé d'une jambe, mais la seconde est en parfait état de fonctionnement comme tout le reste de ma personne. Je suis même en mesure de rouler à bicyclette et puis vous en faire la démonstration quand il vous plaira. Mes parents sont de petits cultivateurs de la montagne forézienne, propriétaires de leur ferme, laquelle se trouve assurée contre l'incendie par la réputée compagnie* Le Soleil . *Après les études que j'ai faites à l'École normale d'instituteurs de Clermont-Ferrand, la direction d'une école rurale m'a été confiée au printemps dernier, et je dispose d'un logement de fonction gratuit pouvant recevoir aisément trois ou quatre personnes, sans doute davantage, selon leur volume. L'avancement normal attaché à mon emploi me laisse d'ailleurs espérer une nomination ultérieure à un poste urbain lorsque j'en ferai la demande.*

Je sais, madame, peu de chose sur vous, hors votre origine, vos nom et prénom : celui-ci me semble particulièrement ravissant et j'apprécie le bon goût et le sens poétique avec lesquels madame votre mère et monsieur votre père l'ont choisi. Je devine que des malheurs vous ont frappée, vous laissant veuve avec un petit garçon adorable que j'aurais bien aimé embrasser avant-hier si je l'eusse[2]

1. Première rédaction : ... *fortement impressionné.*
2. Première rédaction : ... *si je l'avais...*

osé. C'est que j'aime beaucoup les enfants : comment me serais-je dirigé vers la noble fonction enseignante s'il n'en eût pas été[1] *ainsi ?*

Dans un dessein honnête et que vous pouvez imaginer, je serais infiniment honoré, madame, si vous vouliez bien m'accorder un moment d'entretien qui nous permettrait de faire connaissance et déterminerait si je dois ou non nourrir[2] *plus longtemps des espoirs dont la réalisation ferait le bonheur de ma vie. Vous pouvez, si vous le désirez, me répondre à l'*Hôtel de Paris et de l'Aigle d'Or réunis *où j'ai fixé ma résidence pour la durée de mon séjour en cette ville, le logement de fonction dont je dispose se trouvant trop éloigné. Plus simplement, vous pouvez aussi vous rendre dimanche prochain au jardin public où nous nous sommes déjà vus une fois, avec ou sans le petit Raoul. De préférence avec, afin que nous jouions encore ensemble. J'y serai à partir de 15 heures. D'avance, je vous remercie très vivement.*

Veuillez croire, madame, en l'expression des sentiments très respectueux avec lesquels j'ai l'honneur d'être votre très humble serviteur.

Jules VENDANGE,
Hôtel de Paris et de l'Aigle d'Or réunis,
Rue de Lyon, Thiers.

Je n'ai pas le temps de confier ma lettre à la poste. Le lendemain matin, un samedi, je marche donc jusqu'à la rue de Barante et la glisse moi-même dans la boîte d'Automne, il ne me reste plus qu'à en attendre les effets. J'écris aussi à ma mère pour la faire patienter, invoquant certains événements imprécis qui peuvent changer le cours de mon existence. Le dimanche à midi, le bureau de l'hôtel m'informe qu'aucun message n'a été disposé à mon nom. Les rues sont pleines de toilettes estivales, pantalons blancs, robes fleuries, et de casquettes à lyre, d'instruments de cuivre, pistons, clairons, saxophones, tubas, ophicléides. Tout cela se dirige vers la place aux Arbres où s'amassent les signes avant-coureurs d'un imminent concert. Si j'avais pris garde aux affiches, un peu moins à mes seules pensées, je serais au courant. Quelques promeneurs errent aussi dans le jardin public, tous les bancs à l'ombre sont occupés, il ne reste que ceux du soleil, mais cette fois je n'ai guère à attendre, bientôt paraît la belle Automne, toujours vêtue de noir, une fleur de géranium dans les cheveux. Elle vient s'asseoir sans ambages près de moi, posant seulement son sac entre nous, comme Iseut et Tristan se séparaient d'une épée. Je la regarde, je n'ose parler

1. Première rédaction : *... s'il n'en avait pas été...*
2. Première rédaction : *... caresser...*

encore, elle sourit aimablement, me tend ses doigts que j'aimerais baiser. Les ongles en sont bruns comme les dernières avelines de la saison. Je ne savais pas si vous viendriez. Pourquoi ne serais-je pas venue ? Votre lettre était très flatteuse. Vous n'avez pas amené le petit Raoul ? Je l'ai confié à une voisine qui a des enfants, ils aiment jouer ensemble. Elle ne dit pas *sehais-je, vothe letthe*, j'en suis un peu déçu : un accent exotique dans une jolie bouche est un charme supplémentaire. Je me résigne donc à la féliciter d'une prononciation si parfaite.

« C'est que j'ai été élevée en France, pratiquement, où je suis venue en 1902, à l'âge de sept ans. Après l'éruption de la montagne Pelée et la destruction de Saint-Pierre, qui fit 17 000 morts. Des gamins sans parents erraient dans les ruines ou couraient la campagne. Plusieurs centaines ont été transportés en France, confiés à de nouvelles familles. Voilà dans quelles conditions j'ai quitté l'île. De ma mère, je n'ai gardé que de faibles souvenirs. C'était une métisse, elle avait le teint presque aussi clair que le mien, elle servait un négociant de la ville, M. Mauricet, elle s'occupait des gosses, des animaux, de la cuisine. Elle préparait le pudding aux bananes, la confiture de pommes d'acajou. Je la vois un peu, mais je ne l'entends plus, j'ai oublié le son de sa voix.

— Elle vous a donné un prénom très poétique.

— C'est un pur hasard. Là-bas, l'usage populaire veut qu'on mette les enfants sous la protection du saint dont c'est la fête le jour de leur naissance. On regarde sur le calendrier des postes : 24 juin, Jean ou Jeanne ; 7 juillet, Raoul ; 11 novembre, Martin ou Martine. Moi, je suis née le 21 septembre. Ma mère, qui ne savait pas lire, a demandé à une amie plus instruite : "Regarde ce qui est écrit sur le calendrier au 21 septembre. — *Automne.*" Voilà comment je suis devenue Automne. Si j'étais née le 21 décembre, elle m'aurait appelée *Hiver*. Il y a des gens qui, de cette façon, s'appellent *Mardigras*. Et ceux qui naissent le 14 juillet sont baptisés *Fêtnat*. »

Seconde déception. Je m'attends à la troisième.

« Ainsi vous avez été adoptée par ce riche commerçant ?

— Il l'aurait peut-être fait, il m'aimait bien, à sa façon. Mais à peine rentré en France, il s'est remarié avec une femme beaucoup plus jeune que lui. Elle l'a accepté sous la condition que je n'entrerais jamais officiellement dans la famille. Elle protégeait l'héritage de ses enfants futurs, je ne la blâme pas. Alors, il m'a laissé tomber. Je veux dire comme fille adoptive. Il m'a quand même fait donner un peu d'instruction.

— A Paris ?

— Non, à Nantes, chez les religieuses. »

La suite, c'est moi qui la lui raconte. Et un jour vous vous êtes mariée. Oui. Avec un jeune homme qui avait une fossette au menton. Oui. Il s'appelait Nadaud. Oui. Un libraire. Non. Un officier de carrière. Non plus.

« Il était simplement ouvrier dans une teinturerie. Un soir il rentrait avec les mains jaunes, un soir avec les mains violettes, ça ne partait jamais complètement. Quand on lui faisait remarquer — il ne s'en était jamais réellement aperçu — qu'il avait épousé une personne de couleur, il répondait : « Et elle donc ! » Il riait de tout, du soleil, de la pluie, de son métier, de la boue, de la poussière, du curé qui traversait la rue. C'est ce qui m'a plu tout de suite chez lui, ces éclats de rire qui semblaient en mesure d'abattre les montagnes. Son fils rit comme lui.

— Et la fossette au menton.

— Oui, la fossette aussi, bien sûr. Et surtout sa grande générosité. J'étais très maladroite, je cassais les verres, les assiettes, mais toujours il me pardonnait. En riant, encore ! Et il avait aussi cette autre qualité... »

Ce salaud-là avait toutes les qualités de la terre et du ciel. Il était fort, il était doux, il était droit comme une règle de fer, il avait du poil sur les orteils. Des gens pareils ne devraient pas exister, ils font sentir aux autres leur misère. Aux béquillards un peu ivrognes qui se saoulent pour oublier leur agilité et leurs amis perdus, aux lanternes rouges, aux ratés du béhesse, ni beaux, ni costauds, ni amusants. De temps en temps, si je pense qu'elle a eu l'intention de dire une chose drôle, je fais ha ! ha ! ha ! pour montrer que je sais rire aussi, mais mon rire sonne faux comme un écu de plomb. Avec tant de mérites comment se fait-il que ce saint Michel travaillât dans la teinturerie, une occupation honorable, mais sans prestige spécial ? Je pose la question. La réponse est conforme à ce que j'attendais : à cause de ses vertus, naturellement ! Parce qu'il aimait cette modeste profession, parce qu'il nourrissait envers son patron des sentiments familiaux, parce que, ayant épousé une négresse, il tenait à rester un homme de couleur, parce que... parce que... Un monstre. Les Allemands ont bien fait de le zigouiller. J'ai du moins sur lui cette supériorité : je vis, ha ! ha ! ha ! Indiscutablement ! Je vois le bleu du ciel, j'entends les moineaux qui discutent quelque part derrière nous, je respire l'odeur amère des lauriers-cerises, je palpe le bois râpeux de notre banc ! Sans doute n'a-t-elle pas pris garde à cet avantage, je le lui fais remarquer :

« Il a été tué, n'est-ce pas ?

— Non... Je ne sais pas. Je ne crois pas. Je ne veux pas le croire. Porté disparu seulement. Au début de 1917, il est venu en permission. Et au mois de juillet, j'ai reçu l'avis de sa disparition. Raoul est né en novembre.

— Dans quel secteur a-t-il disparu ?

— Je ne comprends rien à ces choses. Depuis plus de trois ans, je suis sans nouvelles. Il n'a pas connu son fils.

— Mais... vous êtes habillée de noir ? Vous portez son deuil ?

— Oh ! je le porte seulement... »

Elle s'arrête, secoue le front, elle craint de s'expliquer, il faut que j'insiste. Eh ! bien ! elle porte des habits noirs pour se protéger. De quoi ? De qui ? Des gens de mon espèce qui cherchent à la séduire, à lui faire oublier son grand homme, à lui faire croire que le printemps existe encore. Le triple salaud ! Il m'arrache ma dernière supériorité. Il n'est pas mort : seulement disparu. Il y a eu tant de façons de disparaître au cours de ces années aventureuses ! Une boule de feu tombant du ciel choisissait pour entrer en contact avec la terre le point précis où tu te tenais acagnardé, on ne retrouvait de toi que des boutons de capote anonymes. Tu étais enterré proprement par une éruption artificielle, elle ne te laissait pas même le temps de prendre du souffle de réserve. Tu recevais sur le front un coup pas assez fort pour t'estourbir, mais qui te faisait perdre entièrement le souvenir de toi-même, pour peu que ta plaque d'identité se fût décrochée en route, tu traînais depuis les hôpitaux, à la recherche de ton adresse et de ta date de naissance. Les gens d'en face t'emmenaient contre ta volonté, ou bien tu levais les bras et faisais Kamarade ; bref, tu te trouvais si bien chez eux qu'à présent il ne t'intéressait plus de revenir, tu y avais de nouvelles habitudes, une nouvelle maison, une nouvelle femme, de nouveaux enfants. Ou encore, tu avais choisi un pays neutre, la Suisse, la Hollande, l'Espagne, tu ne t'appelais plus Dupont mais Delpuente et ne demandais qu'à te faire oublier. Quelle disparition a choisie le soldat Nadaud ? Je ne vais pas jusqu'à poser la question à la belle Automne, mais je rumine en moi-même des réponses. Et à présent jusques à quand nous jouera-t-elle son rôle de veuve inconsolable ? Va-t-elle se laisser flétrir et dessécher ? Pour peu qu'elle y consente, nous pourrions, elle et moi, mettre en commun nos malheurs, elle son veuvage, moi mon amputation. Accommoder les restes. J'apporterais mon traitement de maître d'école, des vacances à Vollore-Montagne, je corrigerais dans ses lettres les fautes d'orthographe, elle en commet sûrement. De son côté, elle veillerait sur le troupeau de petits enfants que nous produirions ensemble, tous munis de deux jambes et de deux bras, les uns auraient le teint blanc tacheté de rose qu'ont en octobre les champignons dits colombettes, avec des ongles bruns, les autres le teint fumé avec des ongles roses. Au moment où je vais entreprendre mon plaidoyer, le concert qui menaçait depuis l'après-dîner éclate brusquement au-dessus de nos têtes et couvre nos voix. Il nous faut attendre les derniers soubresauts de l'ouverture, puis la fin des applaudissements pour reprendre une conversation suivie. Très vite, elle me dit qu'elle espère encore le retour de Pierre, qu'elle n'a pas la tête en ce moment à un second mariage. Plus tard... on ne sait pas... tout est possible.

« Est-ce que, de loin en loin, je pourrais vous voir tout de même ?

— Vous me reverrez à la Recette des finances.

— Ai-je mérité que vous vous moquiez de moi ?

— Pardonnez-moi. Que dirait-on, si l'on me voyait avec un homme ?

— Mais puisque vous êtes veuve aux yeux de tous ! Donc libre !

— Non. Je ne peux pas.

— Comme vous êtes dure !

— Écrivez-moi, si vous voulez.

— Vous répondrez ?

— Peut-être. »

Elle se lève. Avant qu'elle ne s'éloigne, je tire de ma poche un petit paquet :

« Pour Raoul. Je pensais que vous l'auriez amené. »

C'est une grenouille mécanique, je l'ai achetée hier au Grand Bazar en songeant à Luco. Toutes ces choses s'embrouillent dans mon esprit : Luco, Nadaud, le Chemin des Dames, la grenouille, la teinturerie, la librairie, et mon cœur dont personne ne veut. Automne me regarde, et j'ai l'impression que c'est vraiment la première fois, jusqu'ici ses yeux ne fixaient que des ombres.

« Vous êtes gentil. Si un jour je me remarie, ce sera sûrement... »

Je n'entends pas les derniers mots, la tempête des trombones et des grosses caisses déferle de la place aux Arbres sur le jardin, nous roule dans ses vagues furibondes. Étourdi, suffocant, je veux crier :

« Comment ? »

Mais elle est déjà loin, elle se retourne, brandit un instant la grenouille dans sa main droite et me sourit. On dirait la Liberté éclairant le monde.

Automne

Lorsque j'avais six ans, je reçus en cadeau de Noël le seul jouet de ma vie. A vrai dire, des jouets, je n'en ai jamais manqué au cours de mon enfance chapelate, cailloux, bobines, bouts de bois et ficelle faisaient mon affaire. Et aussi, comme j'ai dit, les bestioles capturées, hannetons, cricris, sauterelles, vers de terre, escargots, deux grillons attelés à une boîte d'allumettes vide devenaient une paire de vaches et son tombereau. Or, un certain Noël, je reçus un bonhomme en pantalons rouges et bonnet assorti, un zouave de carton-pâte. Je ne sais par quels marchandages, quels incroyables arguments le colporteur réussit à le vendre à ma mère. Ou quel vent de folie emporta cette femme jusqu'à dépenser deux sous pour me procurer un plaisir superflu. Il faut qu'il le lui ait donné en prime après l'achat de quelque important nécessaire. Toujours est-il que le petit Jésus le plaça dans mes sabots, sous la cheminée fuligineuse. Je le pris pour une friandise et me mis à le lécher, puis à le ronger en commençant par le bas, il avait une saveur tantôt fade et tantôt rude qui me surprit d'abord, mais que je finis par accepter. Fin janvier, il se trouvait déjà sans brodequins et sans guêtres. Alors, je m'aperçus qu'il était creux, une paille glissée à l'intérieur me le confirma. J'en vins donc à penser que les hommes sont creux et que j'étais creux moi-même. A la saison des cerises, j'avalais les noyaux et je tendais l'oreille vers mon ventre avec l'espoir d'entendre le *floc* qu'ils devaient produire en tombant au fond.

Or, au cours de l'année scolaire 1920-1921, le mépris que j'éprouvais pour moi-même était si fort qu'il me rendit cette lointaine impression de mon enfance : je me sentais creux. Autant que mon zouave de carton. La seule différence était que je me rongeais maintenant sans plaisir. Cette période fut la plus désastreuse de ma carrière.

Les distractions ne me manquaient pourtant pas. Au début d'octobre, il y eut la conférence pédagogique. Elle avait lieu un jour ouvrable, ce qui nous gratifiait d'un congé supplémentaire, et elle rassemblait au chef-lieu le ban et l'arrière-ban de la pédagogie cantonale. Réunis dans la plus grande classe de l'école centrale de filles, installés tant bien que mal dans les longues tables à six encriers, instituteurs et institutrices redevinrent élèves, la chaire magistrale se trouvant remplie par M. l'inspecteur de l'Enseignement primaire, familièrement appelé « le chef » comme dans les tribus indiennes. Le nôtre, M. Delachambre en un seul mot, était un homme au visage rectangulaire et glacial, grisâtre de peau et de toison, d'une extrême distinction de gestes et de langage, d'une élégance un peu archaïque : chapeau melon taupé, bottines vernies, complet à rayures, pochette blanche, col cassé à la Gladstone, vulgairement appelé « col à manger de la tarte ». Obsédé par son patronyme, soucieux de se faire passer pour un aristocrate déchu, il soutenait manifestement un train au-dessus de sa condition officielle. Le sujet de la conférence, cette année-là, portait sur l'enseignement de la grammaire. Chaque maître était invité à communiquer préalablement et sous la forme d'une dissertation écrite le résultat de son expérience en la matière et de ses méditations.

M. Delachambre commença par nous morigéner, cela faisait partie de ses rites :

« Je m'étonne, mesdames et messieurs, du petit nombre de devoirs reçus. Ou de leur maigreur : quelques-uns n'ont qu'une dizaine de lignes. Dois-je en conclure que vous considérez l'enseignement de la grammaire comme accessoire ? ou routinier ? ou d'une facilité telle qu'il n'est pas même besoin d'y réfléchir ? »

Vagues murmures de protestation, bouches fermées.

« Je comprends que les jeunes de ma circonscription, messieurs Beyssac, Courtines, Vendange, mesdemoiselles Livardon, Germain, manquent un peu d'aliment. Mais les anciens ! Qu'en pensez-vous, monsieur Tournebize, monsieur Sannajust, et vous-même, madame la directrice ? »

Rougissants, les interpellés se défendent de mépriser la grammaire qui... la grammaire que... base de tout enseignement linguistique... le pluriel des noms composés... l'analyse logique... Ils se coupent la parole l'un l'autre, ou parlent tous à la fois. M. Delachambre sourit ironiquement de cette confusion, puis il tranche :

« Mettons cela au point. »

Esprit brillant, il nous ouvre des horizons inattendus sur la manière de rendre affriolante la pudibonde et roide et insipide grammaire, pétillantes les conjugaisons, savoureuse la syntaxe. Il nous exhorte à briser les vieux moules, à faire des gammes, des exercices de dégourdissement spirituels, nous abreuve de métaphores empruntées à la musique, à la gymnastique, à la pâtisserie, termine par une citation, selon les grands principes. Il abrège d'une main dédaigneuse les applaudissements qui saluent sa péroraison. Alors s'ouvre un débat, où un certain nombre de pédagogues s'efforcent de démontrer qu'ils avaient depuis longtemps pressenti tout cela ; qu'ils appliquaient déjà ces méthodes dans leurs classes ; qu'ils étaient bien aise de les voir à présent préconisées et sanctifiées. D'autres se taisent, le sourcil froncé, ils sont l'opposition, ils n'apprécient pas les nouveautés, ils s'accrochent fermement à une tradition qui a formé toutes les générations présentes, y compris M. Delachambre lui-même, avec des résultats plutôt estimables comme il vient de le démontrer. Ils bougonnent entre eux, mais préfèrent ne pas tirer à haute voix leur raison, craignant que leur note ne s'en ressente lors de la prochaine inspection et qu'ils n'y perdent une promotion de choix.

A midi trente, le chef déclare la séance levée. Alors commence le meilleur moment de la conférence pédagogique. La tribu affamée se dirige joyeusement vers le grand wigwam préparé par les soins de Mme la directrice au restaurant Ossedat, rue Durolle. Nous prenons le temps de nous serrer la main, de nous féliciter, il y a toujours un motif de félicitations, mariage, naissance, avancement, distinction honorifique, toilette nouvelle, bonne mine. MM. Tournebize et Maurière, nos anciens maître au cours complémentaire, manifestent leur joie de nous retrouver comme collègues, Beyssac et moi, nous félicitent de notre conduite sur le front, rappellent quels brillants sujets nous fûmes sous leur compétente autorité. Ils racontent au voisinage certains faits de notre biographie que nous ignorions complètement. Après quoi, chacun rôde autour de la table pour chercher son étiquette. L'usage veut que l'organisatrice se soit comportée en entremetteuse, plaçant les instituteurs célibataires près des filles à marier. Comme celles-ci sont plus nombreuses que ceux-là, vu les classes creuses, nous nous trouvons, Beyssac et moi, séparés par un grand espace rempli de perruches babillardes, si nous désirons correspondre il nous faut recourir au télégraphe de marine. A ma gauche, Mlle Livardon, une gaillarde aux yeux effrontés, la seule qui ait l'audace de porter les cheveux courts comme cherchent à les imposer à l'Europe les femmes américaines ; elle s'arrangera pendant le repas pour frôler mon bras à plusieurs reprises. A ma droite, Mlle Pointu, qui est plutôt ronde, me laissera savoir, pour le cas où cela m'intéresserait, que son père est un gros marchand de bois de Courpière, qu'il possède deux camions Peerless et, dans sa salle à manger, un tableau représentant la lune sur un moulin à vent, signé Vandenpeerboom, probablement authentique *selon elle*. En face, Mlle Germain se tait et sourit, ce qui n'est pas si mal. Mlle Mirafior, qui porte un nom d'écuyère de cirque, est remarquable par la longueur et le volume de sa chevelure, ruissellement de boucles et de bouclettes que sépare sur le sommet une ligne de partage des eaux, assez semblable à ce qu'on appelait au Grand Siècle coiffure à la hurluberlu. Mlle Cathonet, qui a un œil sur moi, un œil sur le pâté en croûte, s'agite beaucoup, sans doute préfère-t-elle l'action à la parole, à certains chatouillements, je la soupçonne de faire du pied à ma jambe droite. La foule m'intimide, j'écoute beaucoup, je ris quand il faut, je parle peu, et seulement si l'on me pousse dans mes derniers retranchements. Aucune de ces femmes, dont certaines sont jolies et plusieurs spirituelles, aucune, dis-je, n'a le nez busqué, des cheveux de basalte et des marguerites noires à la place des yeux. Pourquoi faut-il que j'aie un jour regardé cette saleté de négresse qui hante à présent ma semaine et mes dimanches ? Pourquoi m'obstiné-je contre toute raison à convoiter une femme qui est l'épouse éperdument fidèle d'un fantôme ? Depuis notre explication du jardin public, je lui ai envoyé trois lettres, elle a répondu à la seconde :

... Vous savez mieux que moi écrire de jolies phrases qui d'ailleurs sont peut-être sincères. Je ne suis qu'une pauvre fille simple. S'il n'y avait eu la nuée ardente de la montagne Pelée, je serais

maintenant à la Martinique, servante comme ma mère chez M. Mauricet ou tout autre notable. Je ne connaîtrais pas même l'alphabet et serais heureuse de manger les restes de la cuisine. Je ne sais si je serais plus ou moins heureuse, le bonheur ne réside pas forcément dans ce qu'on mange pourvu que l'on n'ait pas faim. En définitive, je suis cependant ici chez moi autant et plus qu'aux Antilles, car j'ai dans les veines beaucoup de sang français : ma mère est née d'un Blanc et d'une Noire, je suis donc fille d'une demi-Blanche ; et d'un père entièrement blanc, quoique je ne l'aie jamais connu, elle refusait de me parler de lui. Je soupçonne que c'était M. Mauricet ou quelqu'un de sa famille asphyxié en 1902. Là-bas, ces histoires de sang ont une importance extrême et je vous suis reconnaissante d'avoir sur ce point des idées plus larges que les nôtres...

Pardi ! Ne suis-je pas moi-même fils de nègre ? D'un nègre blanc ? J'ai vu mon père se battre contre la poudre et la montagne, tailler les plus beaux moellons du pays, ceux qui servent à construire les maisons des riches, aussi parfaitement équarris que des morceaux de sucre ; je l'ai vu cracher la poussière qu'il avale chaque jour depuis quarante ans, il en a dans les poumons une telle réserve qu'il la crachera quarante ans encore s'il vit assez vieux. Tout cela pour dix-neuf francs par mois avant la guerre. La somme est plus grosse, à présent que le franc n'est plus fait d'argent ni d'or, mais de sin-sin-gomme. Et la France est pleine de nègres de son espèce : dans les mines, dans les usines, dans les coutelleries, dans les ports de pêche, sur les chantiers de construction et même dans les campagnes. Pourquoi devrais-je me soucier de savoir si Automne est fille de négresse ? Ce qui me soucie, c'est qu'elle existe.

« Vous ne mangez pas votre dessert, monsieur Vendange ? demande Mlle Livardon, ma voisine aux cheveux courts. Peut-être n'aimez-vous pas la Forêt-Noire ?

— Si, si, dis-je. Beaucoup.

— Vous me rassurez ! »

Elle rit, d'un air équivoque et provocant.

Voici venu le moment des chansons et des gaudrioles. Les convives ont entièrement oublié la présence rectangulaire de M. Delachambre qui ne sourit que pour signifier : Monsieur, vous êtes un imbécile, Monsieur, vous venez de dire une grosse bêtise, Monsieur, vous êtes la honte de la corporation. Les dégourdis se lancent dans le répertoire de Mayol, Dranem, Bach, Mistinguett, Bérard. Les sentimentales exploitent Aristide Bruant, Paulette Darty, René de Buxeuil. Ceux qu'animent des pensées de révolte se donnent le genre Montéhus, en surveillant d'un œil le chef pour voir s'il sourcillera :

... Et vous, dormez en paix, les riches,
Dans vos villas et vos châteaux,
Tant que les gueux auront des miches
Pour y planter leurs grands couteaux !

Ceux qui n'ont pas de voix débitent un monologue de circonstance : *La puce de la mariée, Le curé et sa servante*. M. Tournebize récite un poème d'Hector Casteloux. Tout le monde doit y passer. La foule insiste : une chanson ! une chanson ! pour obliger les récalcitrants à sortir de leur réserve. Je renâcle, mais à la fin il me faut céder, sous peine des plus graves sanctions. Je leur expédie *le Temps des cerises*. Mon interprétation les met en joie, ils reconnaissent bien les paroles, mais non la mélodie. Par solidarité de canaque, Beyssac vient à mon secours :

« Croyez-moi, chers collègues, mon camarade Vendange a une voix extrêmement juste. Mais il fait exprès de chanter un autre air que celui qu'on a l'habitude d'entendre, voilà tout. »

On nous applaudit, au suivant. Cela continue de la sorte jusque vers cinq heures. A ce moment, sur l'exemple de M. Delachambre, chacun rendosse son sérieux et reprend le chemin de son école, à pied, à bicyclette ou par la voiture à crottin et les guimbardes à essence des commissionnaires. On appelle ainsi les pataches qui arrivent le matin des communes avoisinantes et y retournent le soir. En attendant, elles patientent le long du square ou à la Porte-Neuve, les chevaux ont à la portée des babines l'avoine d'une musette retenue à leurs oreilles. Elles peuvent transporter huit ou dix personnes ; mais leur cargaison principale est faite de colis, de sacs, de rouleaux, de caisses, de cartons, et surtout de paquets enveloppés de toile bise : ils contiennent les couteaux assemblés par les monteurs des campagnes. Les gens des fabriques viennent en prendre livraison et les échangent contre des paquets de pièces détachées, lames, côtes, platines, ressorts, poinçons, tire-bouchons. Ces aller et retour fonctionnent aussi bien que le flux et le reflux des marées. Les seules anicroches proviennent des moteurs qui parfois refusent de partir. Le chauffeur s'escrime et jure sur la manivelle, des clients prennent sa place, on soulève le capot, on pousse l'avance ou on la réduit, on ouvre et ferme les purgeurs, on souffle dedans, ou bien l'on y verse un peu d'eau-de-vie de marc. Et si le mécanisme démarre par ce moyen, le chauffeur consolé s'éponge le front et l'injurie avec cordialité :

« Ah ! grand gourmand ! Grande gourle ! Tu es bien pareil à ton maître ! Tu ne bouges pas sans le coup de l'étrier ! »

Les chevaux, eux, démarrent au claquement de langue, laissant sur la chaussée une jonchée de nourriture pour les petits oiseaux.

Voilà comment Beyssac remonte à Sainte-Agathe, Mlle Cathonet redescend à Courty et Jules Vendange au Faux. Je ne rapporte de ces saturnales pédagogiques que des souvenirs amers : l'impudence de mes voisines, la niaiserie des monologues, l'exagération des rires, l'hypocrisie des flatteurs, la vanité des opposants, le mépris du chef pour les uns et les autres. Sans doute n'ai-je pas choisi le métier qui me convenait. Je serais plus heureux paysan, bûcheron, peut-être même carrier, sans mon aversion pour le fromage et ma jambe de bois.

Heureusement, mes enfants sont gentils, nous nous entendons bien, à une exception près dont je reparlerai. Tout le jour, je me partage donc en trois, je me distribue aux petits, aux moyens et aux territoriaux, lecture à gauche, dessin au centre, problème à droite, et pour tout le bataillon : morale, leçon de choses, histoire, géographie. Les minuscules entendent passer sur leur tête le vol de grands noms comme des aigles d'altitude dont ils distinguent mal les formes : Vercingétorix, Jeanne d'Arc, la Poule-au-Pot, Colbert, Napoléon. Plus que toutes les surprennent ces figures qui s'appellent par un nombre : Premier, Quatre, Seize, Dix-huit, Trois. Nous nous dépatouillons dans les conjugaisons. Malgré les précieux conseils de M. Delachambre, le subjonctif reste notre cauchemar, le participe notre terreur, les noms composés nous donnent des sueurs froides : *des gardes-chasse, des garde-boue ; un perce-oreille, une perce-neige ; un porte-plume, un portefeuille.*

Autre difficulté insurmontable pour moi : le chant. Et pourtant, une classe sans chant serait aussi triste qu'une campagne sans oiseaux. Je songe d'abord à exploiter le répertoire acquis les années précédentes. Seulement voilà : il n'y a aucun acquis, à cause de ma devancière sourdissime. Alors, je puise à pleines mains dans mon traitement mensuel et j'achète un phonographe avec sa manivelle, son immense pavillon en forme de trompe d'Eustache et plusieurs disques de chansons populaires enregistrés par Mlle Arlette d'Oisy, de l'*Opéra-comique* de Paris. Une fois démontée, cette encombrante machine prend place au rayon inférieur dans le placard qui rassemble également les trente volumes de notre bibliothèque et les pièces de notre musée : timbres-poste, minéraux, herbier, éclats d'obus, balle de lebel, nid d'hirondelle, pattes de poule, plumes d'oie, fer à cheval, peau de serpent recueillie après la mue. Instrument éducatif, le phonographe se révèle aussi instrument de discipline. Si mes mammifères se montrent agités, il suffit que je les menace de les priver de phonographe pour que tombe aussitôt un silence sépulcral. La demi-heure de musique est en principe la dernière de la journée, elle est le bain d'huile de palme où se retrempent nos esprits las. Deux costauds de l'effectif, Chassaigne et Piérounet, se lèvent, vont au placard, apportent et déposent sur ma table le corps et le pavillon, procèdent à l'assemblage. Je me réserve la manivelle, le disque, le bras articulé. La voix minuscule de Mlle d'Oisy entre dans l'aiguille, fait vibrer le diaphragme, suit le tunnel du bras articulé, monte, enfle dans le pavillon, jaillit, éclate enfin comme un soleil sonore dans nos oreilles éblouies. Nous essayons de chanter en même temps qu'elle. Au commencement, c'est plutôt cafouilleux, cela ressemble aux glapissements d'une ménagerie. Ensuite, les choses s'arrangent. Insensible à la hauteur exacte des sons, j'ai du moins le sens du rythme, je bats la mesure, c'est le même principe que pour réciter la table de multiplication. Le rythme est partout dans le monde, tic-tac du réveil, mouvement de mon cœur, retour sans erreur des saisons. Mlle d'Oisy et nous, on finit par s'accorder. Encore un effort, et nous n'avons plus besoin d'elle :

« Et maintenant, chantons sans phonographe ! Y êtes-vous ? On part à trois : un, deux, trois ! »

J'ai l'impression que ce n'est pas si mal.

Pour contraindre mes ouailles à l'obéissance, je dispose aussi d'un autre moyen, tout simplet, mais fort efficace : un jeu de baguettes de coudrier, des courtes, des moyennes, des longues. En cela, je suis l'exemple de mon maître de Vollore-Montagne, M. Chevalérias. Elles sont toujours près du bureau et de ma main. Sans que j'aie besoin de faire un pas, elles me permettent de rappeler à l'ordre, d'un coup sec sur le crâne, la plupart des indisciplinés. Seuls ceux du fond restent hors de mon atteinte. Les élèves ne manquent pas de me ravitailler eux-mêmes en baguettes, non point parce qu'ils ont conscience de la nécessité de lois et de sanctions en tout groupe social, animal ou humain, mais simplement pour me faire plaisir. Ils croient, j'en suis certain, comme je le croyais moi-même à Vollore-Montagne, que j'éprouve un plaisir extrême à leur taper sur la coucourle, chaque profession a ses petits agréments. Celui du métier d'instituteur est d'abord de pouvoir battre les enfants. Alors, ils m'apportent les bâtons indispensables à mon bonheur, de même que de loin en loin une mère m'apporte six œufs ou un panier de pommes.

Celle de Chassaigne vient un jour, justement, dans ces dispositions. Quand elle m'a remis ses œufs et que j'ai protesté, remercié, elle s'écrie toute pleurante :

« Ah ! monsieur l'instituteur, je ne peux rien faire de mon gars ! Ce bougre-là me répond, me fait jurer : si je lui commande quelque chose, je parle au mur. Voyez-vous, je crois que je l'ai un peu gâté quand il était petit, à cause que c'est un pauvre orphelin de guerre. Et maintenant, il a pris de mauvaises habitudes. Alors, je voudrais que vous le corrigiez sérieusement, voilà. »

Chassaigne marche sur ses douze ans, il a le front noueux, l'œil sombre, les poings carrés. Son père a été tué en 1914 et c'est par amitié pour le mort que je charge son fils de transporter le phonographe. L'an dernier, déjà, j'avais remarqué son tempérament querelleur et sournois. Or voici qu'il devient franchement imbuvable : brutal, insolent, peut-être obscène. Il accueille mes observations en redressant la tête d'un air de bravade et marmonne entre ses dents.

« Je pense, dis-je, qu'étant petit il a manqué de coups de pied au derrière.

— Justement. Ça doit pouvoir se rattraper. Faites ce qu'il faut.

— Vous m'y autorisez ?

— Je vous y autorise. Pour son bien, naturellement.

— Naturellement. »

Dès lors, je change de tactique à l'égard de Chassaigne, je ne ferme plus les yeux sur ses gestes déplacés, plus les oreilles sur ses grommellements. Et un jour, ma baguette tombe sur son crâne par surprise. Il se lève avec indignation :

« Vous n'avez pas le droit ! Pas le droit de nous frapper ! Je me plaindrai ! »

Stupeur. Énorme stupeur dans la classe. Tous les autres le considèrent, plus indignés que lui. Non seulement il se permet de *répondre* à l'instituteur, et en quels termes ! Mais encore il prétend le priver du seul plaisir sans doute qui lui reste, avec sa jambe coupée : celui de leur taper dessus ! Et puis, que veut-il dire avec son droit ? Le maître d'école dans sa classe comme le père dans sa maison a tous les droits, puisqu'il est le maître. Voilà ce que pensaient, ce que sentaient les enfants de 1920, les choses ont bien changé depuis. En fait, les miens avaient tort de s'indigner, car Chassaigne ne se révoltait pas, il ne rejetait pas l'autorité légale, il ne la poursuivait pas autour d'une table ovale, il ne la jetait pas dans un bassin rempli de nénuphars. Simplement, il se levait, il protestait à la face du monde contre ce qu'il croyait être une iniquité : il n'était pas Couthon, mais Mirabeau. C'est pourquoi je n'ai pas crié : tais-toi quand je parle, malappris ! Je lui ai expliqué son erreur :

« Tu te trompes, j'ai le droit de te corriger. Ta mère me l'a donné. »

Il se rassoit, rageant plus que confus. Le soir, quand vient l'heure de chant, je désigne un autre que lui pour porter le phonographe. Il ricane et se tape le menton pour me laisser entendre combien il s'en moque. Quand son rival sort du placard, serrant le sacré meuble contre sa poitrine, il allonge le pied avec l'intention de lui faire un croc-en-jambe, ce qui lui vaut un autre coup sur la coucourle. Depuis, nous sommes fâchés.

Après la Toussaint, on m'amène le petit Camille Dubost. Il est pareil à un oisillon tombé du nid, quelqu'un l'a ramassé par terre et me l'a apporté pour que je le garde au chaud sous mon gilet. Cent fois par jour, mes yeux vont vers lui sans autre nécessité que de le voir et de le boire. Il ressemble à Raoul Nadaud, en plus rose, en plus blond, en plus blanc. Il est l'enfant que je n'ai pas, que je n'aurai sans doute jamais et dont je rêve. En son honneur, je m'arrache à mon siège, et je marche dans l'allée, tchonc-tchonc-tchonc, et quand je passe près de lui, je caresse sa tête bouclée, j'effleure de la main sa joue de soie. Afin de tromper la foule et d'empêcher les jalousies, je gratifie de même quelques autres. Je dois maintenant avouer une infamie abominable. Voici donc mon comportement : je ne lui passe rien, je n'excuse aucune distraction, aucun papotage ; mais au lieu de le gronder, de lui faire simplement les gros yeux, j'ordonne :

« Camille, au piquet ! Ici, près de moi ! »

Il se lève tout penaud, rougissant, au bord des larmes, se demandant les raisons d'une aussi révoltante rigueur, et vient se mettre en pénitence où j'ai dit, le nez bas. Alors, je m'offre le plaisir sadique de le consoler, de lui chuchoter dans l'oreille :

« Ne pleure pas, petit nigaud, je ne veux pas te manger ! »

De lui faire sentir que je suis prêt à le défendre contre toute injustice, qu'il peut compter sur moi. Je le caresse encore, comme un petit chat. Une fois ou deux, il m'arrive même de l'embrasser au vu et au su de tout le monde. Aujourd'hui, il me vient bien des regrets, petit Camille que j'appelais *Camomille* par plaisanterie, de t'avoir puni si souvent, à cette époque de ta vie qui n'aurait dû être que fleurs, que miel, que papillons. Comme tu appartenais à la classe 1935, tu es à présent un monsieur aux cheveux gris, probablement retraité des Chemins de fer ou en passe de quitter l'Enregistrement. Tu n'as aucun souvenir de ta tête blonde, et n'en as pas beaucoup plus du boiteux qui t'apprit le b, a, ba et te mettait au piquet pour une peccadille. Seul Chassaigne ne se laissait point tromper par ma feinte sévérité, chaque fois que mon index t'appelait près de moi, je l'entendais marmonner et ricaner chouchou, sale chouchou.

Les fins de mois m'autorisent à revoir Automne dans son bureau. Maintenant, elle ne reste plus les yeux rivés à ses chiffres ; quand elle entend le bruit de ma béquille, elle lève les yeux, me regarde, me salue d'un clignement des paupières, parfois d'une ombre de sourire. Je continue de lui envoyer des épîtres. De loin en loin elle répond en me donnant d'étranges rendez-vous : *Dimanche prochain, j'entendrai la messe de onze heures à Saint-Genès... Demain (vous ne travaillez pas le jeudi, n'est-ce pas ?) je suivrai les obsèques civiles de M. Limagne, mon voisin de palier, lever du corps à dix heures*... J'assiste à la messe comme elle me le suggère, je l'attends près du bénitier afin de lui offrir de l'eau bénite suivant l'usage de ma montagne, elle ne peut me refuser cela, le bout de mes doigts frôle le bout des siens. Ses cheveux sont dissimulés sous un voile de dentelle. Elle ne peut non plus m'empêcher de m'asseoir à sa gauche, elle regarde le prêtre ou reste abîmée dans ses méditations, elle communie. Moi je la regarde. A l'*Ite missa est*, elle me salue du front et s'éloigne sans m'avoir dit un mot. La foule et ma jambe de bois me freinent, très vite elle a pris de l'avance, en arrivant sur le parvis je ne vois que des dos anonymes. J'assiste aussi à l'enterrement de cet inconnu en me plaçant près d'elle. Tandis que nous marchons, Automne accepte de me parler, mais uniquement du mort, c'était un homme très bon, sa femme ne l'était pas moins, ils gardaient Raoul quand j'avais besoin d'aller seule en ville, ils m'ont beaucoup aidée dans les débuts. Très bien, j'en suis ravi, mais qu'est-ce que je fais, moi, derrière ce corbillard ? Vous n'étiez pas obligé de venir, vous pouvez encore vous échapper quand il vous plaira. Je me tape la marche jusqu'au cimetière des Limandons, un second éloge funèbre par le représentant de la société gymnique *La Thiernoise* dont M. Limagne était le président actif, ce sportif éminent, ancien champion du Puy-de-Dôme, sélectionné aux championnats de France, les vertus civiques que développent les barres parallèles, la Patrie, le Progrès, l'Avenir. Je me tape les pleurs et les gémissements, les condoléances à sa famille qui ne me remet pas, mais le pauvre défunt avait tant d'amis ! Finalement, nous pouvons sortir et revenir ensemble.

« J'ai reçu des nouvelles de Pierre », me dit-elle tout de go.

Pierre Nadaud, son mari, le teinturier, l'homme-miracle, le disparu. Mon cœur s'arrête, mes jambes aussi. Elle m'observe, juge d'un œil froid l'effet de cette annonce sur ma physionomie. Puis, sans doute satisfaite de mon trouble, elle esquisse un trente-deuxième de sourire :

« ... Enfin pas de lui-même. Du gouvernement, à son sujet. Au terme de la quatrième année de sa disparition — en juillet prochain, donc — j'aurai le droit d'être considérée officiellement comme veuve de guerre et je pourrai présenter une demande de pension. Si, après enquête, elle est agréée, je toucherai quatre ans d'arrérages. Une fortune ! »

Mon sang s'est remis un peu en circulation, nous reprenons notre marche.

« Pourquoi me dites-vous cela ?

— Pour vous informer, simplement.

— Ainsi, dans quelques mois, vous serez une veuve reconnue par la loi. Vous pourrez vous remarier ?

— Sans doute. Mais pas une veuve reconnue par moi-même, cela ne changera rien à mon attitude.

— Jusqu'à cent ans ?

— Peut-être.

— Alors vous ne devez pas présenter la demande en question. C'est de la duplicité. Une sorte d'escroquerie.

— Je vais réfléchir. »

Ces rencontres occasionnelles ruinent ma santé. Une fois rentré à Bidon 5, je cherche du réconfort dans le vin violet que me vendent les vignerons des alentours. Ou dans le rhum *Negrita*, j'ai choisi cette marque à cause de la négresse sur l'étiquette. Mes nuits sont pleines de fantômes. En pleurant, je prie la Bonne Vierge de me rendre la paix, d'animer Automne de sentiments plus humains à mon égard, ou d'extirper de mon cœur, de ma mémoire l'image de l'infernale Martiniquaise. J'appelle à la rescousse les disparus qui m'ont été chers, qui sont désormais à l'abri des intempéries et des passions et n'ont rien d'autre à faire qu'à protéger les pauvres vivants. Luco et mes camarades perdus. Ma grand-mère Marie-Louise, mes oncles Vendange, ma tante Rigaudie, ma petite sœur Jeannette, morte à trois ans d'un cours de ventre. Les maladies d'alors n'avaient pas la complication des présentes. On disait : « Elle a été emportée par une colique, un cours de ventre, une douleur, un crachement de sang. » C'étaient des maladies analphabètes qui ne savaient pas seulement dire leur nom. Dans mes divagations d'ivrogne, il m'arrive même, une nuit, de prier et supplier la jambe que j'ai perdue au Chemin des Dames, enterrée quelque part dans l'ancien jardin public de Craonne, sous la falaise de craie, et dont l'âme est sans nul doute à présent au Paradis, vu son innocence et le martyre qu'elle a souffert ici-bas. Je lui demande son intercession, pauvrette, tu ne peux sans doute rien faire par toi-même, mais va-t'en trouver Qui-de-Droit, essaie de me pistonner un peu, tchouf-tchouf, et implore ma délivrance.

En novembre, j'adresse à M. l'inspecteur d'académie une demande rédigée de ma plus belle main, *J'ai l'honneur de solliciter de votre haute bienveillance l'autorisation de subir les épreuves écrites et pratiques du certificat d'aptitude pédagogique*... Le C.A.P. est indispensable à ma titularisation. En principe, c'est un examen auquel on n'échoue pas, on s'en tire seulement avec des notes plus ou moins brillantes. Le jury est composé de l'inspecteur de l'Enseignement primaire sous les ordres de qui j'exerce habituellement mes fonctions et de deux pédagogues expérimentés dont, habituellement, un directeur d'école. Il se trouve qu'en l'occurrence celui-ci sera M. Maurière qui m'enseigna jadis à faire des expériences sans appareils et à me moucher sans souffler. Les stagiaires munis du béhesse étant exemptés de l'écrit, seuls une douzaine de candidats, dont quatre ou cinq canaques, se trouvent réunis le 8 décembre dans une salle de la mairie de Thiers qui prend jour sur la rue des Barres. Sous la surveillance de deux titulaires, nous devons commenter ce passage de la célèbre lettre de Jules Ferry aux instituteurs : *Ce qui importe, ce n'est pas l'action du livre, c'est la vôtre. Il ne faudrait pas que le livre vînt en quelque sorte s'interposer entre vos élèves et vous, refroidir votre parole, en émousser l'impression sur l'âme de vos élèves, vous réduire au simple rôle de répétiteur. Le livre est fait pour vous et non vous pour le livre. Il est votre conseiller et votre guide, mais c'est vous qui devez rester le guide et le conseiller par excellence de vos élèves.* Dites comment vous tiendrez compte... illustrez... les diverses disciplines... formation livresque et formation humaine...

Au *Café de Bordeaux*, nous nous sommes, Beyssac et moi, mis en garde mutuellement : attention, tu ne seras pas corrigé par le Khâgne, mais par des praticiens, ne cherche pas le brillant (pour le profit que tu en as tiré !), mais le raisonnable, tiré de ton expérience quotidienne. Donc, pas de Bergson, pas de Fénelon : des faits, des faits, des faits. Pendant que nous composons, les deux surveillants bavardent, nous adressent des encouragements : alors ça va ? le moral est bon ? le sujet vous inspire ? prenez garde à l'orthographe, surtout ! A la fin des trois heures, nous remettons nos feuilles et regagnons nos résidences. Quelques jours après, une lettre m'informe que je suis admissible aux épreuves pratiques et orales, elles se dérouleront au Faux tel jour de huit à onze heures, une leçon de chant et une leçon de gymnastique sont en principe obligatoires, mais vu mon amputation pour faits de guerre, je serai dispensé de la seconde. La veille, je préviens mes élèves que le lendemain nous recevrons des visiteurs importants. Tout de suite, ils croient deviner : l'inspecteur ? Pas un, trois ! Trois inspecteurs ? En même temps ? Pour nous seuls ? Comme je vous le dis. Vouaaaah ! Sur les cahiers des petits je dessine avec soin et en rouge les modèles d'écriture. Je passe une nuit plus mauvaise encore qu'à l'accoutumée. Avant le jour, je suis debout. Je balaye, j'époussette, je descends trois chaises de l'appartement, je me rase de près, je prends ma chemise à faux col, j'ajuste ma cravate à système.

A l'heure convenue, le jury arrive dans le tilbury inspectoral, à roues caoutchoutées et silencieuses, spécialement équipé pour surprendre la clientèle. Mes mammifères aussi ont soigné leur mise : ils arborent des tabliers neufs, des cols blancs, des raies au milieu. Seul Chassaigne a ostensiblement gardé son tablier sale, ses chaussettes sur les chevilles.

Morale : l'économie, vertu éminemment auvergnate, histoire du jeune Laffitte qui, pour avoir ramassé dans la rue une épingle, devint baron et banquier, c'est-à-dire très riche et très important. Je suppose qu'à la suite de cette lecture mes grimauds aspireront tous à devenir importants et riches, ils ne manqueront pas de se lancer à la chasse aux épingles, il faut tout de même que je les mette en garde. Résumé : *Ne gaspillons rien, les petits sous font les gros francs, mais n'espérons pas tous devenir banquiers et barons, sinon qui ferait pousser les pommes de terre* ?

A partir de là, je me découpe en tranches, comme le melon. A gauche, *dessin*. Au milieu et à droite, *dictée* commune qui se prolonge pour les territoriaux du cours supérieur. *Questions* : deux pour les moyens, quatre pour les grands. Retour à gauche : *lecture*, ta, te, ti, to, tu, tata, toto, tartine. *Écriture* : toto a tâté la tomate. Retour au centre tandis que la droite repasse sa leçon d'histoire. *Calcul* : le périmètre. On mesure le périmètre de la table, de la porte, d'une table, de la classe tout entière. Vous, occupez-vous de votre écriture !!! Et vous de votre histoire !!! Excusez-nous, monsieur l'inspecteur, laissez passer le périmètre s'il vous plaît. On additionne les quatre côtés, conclusion... Maintenant, je dessine la classe au tableau noir, deux longueurs, deux largeurs, additionnons... Dessinez à votre tour sur votre cahier... Passons à l'*histoire* : qui voyez-vous sur cette pièce de deux sous ? Qui était Napoléon ? Pourquoi s'appelait-il Trois ?... Vous, n'écoutez pas, dessinez votre périmètre !!! Et toi, Camille, ne suce pas ton crayon. Manaranche, tiens-toi droit, sinon tu deviendras bossu. Donc, ce Napoléon III...

J'ai l'impression d'être un mousquetaire, Porthos, Athos ou Aramis, seul contre plusieurs ennemis, harcelé de tous côtés, par-devant, par-derrière, je fais front, je feinte, je me fends, je recule. La récréation me donne dix minutes de répit, pendant lesquels mes juges examinent mes cahiers, cahier du jour, cahier du soir, cahier de compositions, cahier mensuel, cahier de roulement. Et l'on repart.

Leçon de choses. J'ai choisi un objet insolite : la main. Chacun examine la sienne, à l'œil nu. Un univers ! Le dos, les veines, les nerfs, les doigts, phalange, phalangine, phalangette, les poils, les ongles, le pouce opposable aux autres doigts. On compare avec les doigts de pied. Camille Dubost, viens ici, monte sur la table, quitte ta chaussette. Rires du public. Sourires du tribunal. Retourne à ta place, voici un bon point. Dessinez le contour de votre main sur votre cahier du jour...

Dix heures trente : *chant* obligatoire. Sortez votre cahier de chants. On copie d'abord tous ensemble le premier couplet de *Il était une bergère*. J'explique que le ron-ron-petit-patapon n'a aucun sens, qu'il n'est mis là que pour faire joli, comme des fleurs sur un meuble.

« Et maintenant, Thuel, apporte la boîte, Martinet le pavillon ! »

La sensation parmi les jurés est énorme. Principalement à l'apparition de l'entonnoir que Martinet transporte l'embouchure en bas, comme une corne d'abondance. On installe cette machinerie au milieu de la table, on visse, je tourne la manivelle, place le disque sur le plateau et Mlle d'Oisy, de l'*Opéra-comique* de Paris, nous détaille la triste aventure du chaton et du fromage. Quand elle a chanté les huit couplets, nous reprenons le premier avec elle. Encore une fois. Parfait. Et maintenant, sans le phonographe ! Un, deux, trois ! Nous verrons les autres vendredi prochain. Rangez vos affaires en silence. Ils sortent, moins ceux qui ne retournent pas chez eux à midi, dont la gamelle chauffe sur le poêle et qui ont droit à une demi-heure de récréation. Le tribunal en profite pour m'interroger, me complimenter, m'abreuver néanmoins de conseils et d'observations, m'attribuer enfin la note de 14. Ce qui, combiné à l'écrit, me donne une moyenne de 13 sur 20.

« C'est un beau résultat, félicitations ! » conclut l'inspecteur rectangulaire en me serrant la main.

Les deux titulaires l'imitent en souriant. Je les accompagne avec reconnaissance jusqu'au tilbury. Me voici donc, sans gloire ni déshonneur, engagé dans la voie royale. Dès le 1er janvier suivant, je serai promu instituteur titulaire de huitième classe.

Cela n'apaise point les élancements de mon cancer.

Automne

Un dimanche, Automne accepte de venir jusqu'au Faux « en promenade », accompagnée de Raoul. Elle me sourit, me tend sa main gantée. J'ai mis en ordre mon logement, je lui montre les splendeurs : la cuisine et son évier, la chambre et son lit de fer, le salon-salle à manger, sa table, son buffet, ses six chaises de paille. Je les promène dans le potager, que je ne cultive pas, mais dont je récolte les fruits, mirabelles, cerises, groseilles, il y a de quoi faire de la confiture. J'aimerais cueillir les violettes, ma jambe de bois me l'interdit, je charge Raoul de se baisser à ma place. Vous les emporterez en souvenir de ce jardin abandonné. Puis j'introduis les visiteurs dans mon sanctuaire : la classe. Raoul admire les dessins exposés, les cartes de Vidal de la Blache :

« Qu'est-ce que c'est ?

— La France.

— La France ? Qu'est-ce que c'est, la France ? »

Je le lui explique grosso modo. Nous palpons chaque pièce du musée, il pousse des cris de joie, il applaudit aux surprises, le phonographe l'enthousiasme :

« Oh ! maman ! C'est ici que je veux venir à l'école !

— Vous voyez bien ! » dis-je, ravi de ce secours inattendu.

Elle répond sèchement qu'on a le temps d'en reparler, qu'il n'a pas encore l'âge de la grande école, qu'il en existe à Thiers de plus proches de leur maison. De temps en temps, elle porte le bouquet à son nez. Je deviens audacieux :

« Qu'y sentez-vous ?

— Le parfum des violettes, pardi !

— Seulement ?

— Que voulez-vous que j'y sente d'autre ? »

Je secoue la tête avec tristesse. Faut-il dire que j'ai caché dedans mon... tagada-tsouin-tsouin ? Mais non, elle ne veut pas le remarquer, même s'il embaume aussi fort que tous les cèdres du Liban. Lorsque vient le moment du goûter, je leur offre des raretés qui m'ont coûté les yeux de la tête à l'épicerie de la rue du Bourg : des bananes sèches, des pamplemousses et surtout un ananas que je sors pompeusement, à la dernière minute, avec son plumet de mamamouchi. Quoique fils d'octavonne, Raoul n'a jamais vu d'ananas, il ne le trouve d'ailleurs pas à son goût, il me demande si j'ai du chocolat, heureusement j'en ai une tablette. Automne le gronde :

« Il faut toujours aimer ce qu'on t'offre.

— Laissez, dis-je, c'est un enfant, il n'a pas appris à déguiser. »

Elle apprécie les fruits de son île et m'en complimente. Mais tout cela sur le ton de la plus fade mondanité. Elle m'autorise à les raccompagner un bout de chemin. La lenteur de mon pas la gêne. Sans doute ne sommes-nous pas faits pour marcher ensemble. Nous allons ainsi jusqu'aux Catharins, clopin-clopant, là elle me demande de la quitter. Au moment où elle veut me tendre la main encore, elle laisse tomber un de ses gants. Par un effort de flexion inouï, je le ramasse, je le porte à mes lèvres. Elle me le reprend d'un geste rageur :

« Il n'y a donc pas moyen que nous soyons amis ? Simplement amis ? »

Je fais semblant de ne pas entendre, moi je sais déguiser. Je les regarde partir en agitant la main. Quand elle a pris un peu d'avance, elle se retourne et crie :

« Merci pour l'ananas ! »

A partir de cette époque, mon intempérance s'accentue. J'ai fait la connaissance de Gauthier, un jardinier qui habite le village voisin de Lamirand. Il m'a ramassé un jour que je finissais mon voyage à pied, pour motif de crevaison, en tenant mon vélo par l'oreille :

« Alors, monsieur Vendange, vous avez donc crevé ? »

A une lieue à la ronde, tout le monde connaît ma prothèse. Gauthier et moi ne faisons pas le même métier, ne pratiquons ni la même religion ni la même politique, mais nous nous sommes découvert un lien de première importance : nous avons l'un et l'autre fréquenté le Chemin des Dames. Il m'invite chez lui, me présente à sa mère, à sa sœur, aux voisins. Ceux-ci paraissent flattés de serrer la main d'un maître d'école. Pas fier, et bien à plaindre à cause de sa patte folle. Ils m'entraînent dans leur cave, me font goûter du vin de leurs tonneaux, me demandent mon avis. Vous qui êtes un fin connaisseur, disent-ils. En fait, je ne le suis pas plus que quiconque, mais leur ambition visible est de m'enivrer. Un instituteur saoul, un curé saoul, un médecin saoul ne sont plus ni médecin, ni curé, ni instituteur, mais trois hommes saouls, de la viande saoule, pareille à la leur quand ils ont chargé, comme ils disent, « à en faire péter l'essieu ». Par ce moyen, ils suppriment les distances et l'injustice sociales. Ne pouvant s'élever, ils rêvent de m'abaisser.

Pour ne pas les désobliger, je les suis dans cette voie, mais jusqu'à une certaine limite. Je garde toujours assez d'équilibre pour rentrer à Bidon 5 sans accompagnement.

Je profite alors de la nuit et des espaces solitaires que je traverse pour crier à la face du ciel, seul à m'entendre, le bien que je pense des femmes en général, des négresses en particulier, et tout spécialement de la dénommée Automne, native de la Martinique. Ces épanchements me procurent une telle consolation qu'il arrive à ma complainte de finir sur l'air de Mayol :

A la Martinique, Martinique, Martinique,
C'est ça qu'est chic ! C'est ça qu'est chic !...

Quand je reste enfermé dans mes appartements, j'ai moins de retenue. Je me réveille alors au petit matin en des endroits qui chaque fois me sont une surprise : sur mon lit, sur le parquet, affaissé sur le bureau de ma classe. La fraîcheur de l'aube, un peu d'eau froide, un bol de café me rendent ma lucidité. Je me rase, je prépare le scénario de mon travail, je trace mes modèles d'écriture d'une main dont je domine les tremblements. A huit heures moins le quart, lorsque je mets en branle ma cloche, je me sens dispos comme un merle.

Si j'en crois ses confidences, Beyssac mène au sommet de sa montagne parmi les bois et les pâturages une existence comparable à la mienne. Au temps du bleu horizon, la République française nous a trop longtemps abreuvés de pinard, trop longtemps réconfortés d'eau-de-vie pour que nous oubliions le pouvoir de ces médicaments contre les maux du corps et de l'âme. Une seule différence entre lui et moi : il rassemble ses ouailles à l'olifant :

« Tu comprends, la chaîne s'est cassée trois fois de suite. J'en ai eu marre. Alors, j'ai employé la trompette de chasseur, comme M. Seguin. Ça donne d'excellents résultats. Le son porte très loin. Dès que je souffle, je vois la gaminaille dévaler les pentes, tu dirais des rats. Il m'en vient même que je n'ai jamais vus. »

Au début de juillet, tous les Français entre sept et quatre-vingt-dix-sept ans se mettent soudain à sucrer les fraises, à voir passer des mouches volantes, à claquer des dents et des genoux : ils attendent le résultat du combat de boxe Carpentier-Dempsey au Madison-Square qui n'est pas un jardin public, comme le square des Grammonts, mais une sorte de grand marché couvert new-yorkais. Un affrontement disproportionné, David contre Goliath, vu que Dempsey a la tête de plus que notre champion et pèse quasiment le double. Personne chez nous cependant ne doute de la victoire du svelte et élégant Georges sur la brute épaisse américaine. Les Parisiens attendaient la fusée rouge, et ils voient jaillir une bleue. A moins que ce ne soit l'inverse. Ce qu'il y a de clair, c'est que Carpentier a été battu à la quatrième reprise. Deuil national. Des femmes se suicident au gaz. Des feuilles imprimées circulent dans le pays, on y voit la silhouette des deux boxeurs, le buste recouvert de petits cercles pareils à des ventouses. Chaque cercle porte un numéro et représente un coup reçu. Dans la cour de mon école, sous l'arbitrage de Martinet, Chassaigne et Thuel jouent le rôle de deux pugilistes et font mine, au ralenti, de s'appliquer les marrons numérotés. A la quatrième reprise, Thuel-Dempsey s'effondre, Martinet compte jusqu'à dix : Quenocoute ! Carpentier vainqueur !

Personnellement, je ne suis pas un amateur du *nobeularte*, la boxe m'excite peu, je me vois mal sur un ring dans l'état où je me trouve réduit. Le soir du 4 juillet, je célèbre l'anniversaire de mon amputation, le rite est devenu traditionnel. J'y invite aussi le camarade Gauthier, de Lamirand, et son cheval qui nous ramènera, Beyssac couchera chez le tonton charbonnier. Lorsqu'il entre dans *l'Aigle d'Or* avec sa casquette et sa veste de velours à côtes, Gauthier subit le choc des glaces parallèles. Il s'y voit répété à l'infini, investi par une armée de Gauthier en veste de velours. Et tous lèvent le bras quand il le lève, se grattent le nez quand il se le gratte. Il se frotte les yeux, saisi de berlue. Mais nous rions, il se rassure, il rit aussi, dès lors la soirée se déroule dans la plus parfaite allégresse. Bien qu'il préfère le vin de Lamirand, Gauthier veut bien reconnaître quelque vertu à ceux qu'on nous sert et il leur fait honneur. Quand nous nous levons, un peu avant minuit, nous nous sentons les oreilles brûlantes.

« Camarades, dit Beyssac, nous avons bien fêté ce 4 juillet, nous en remercions le camarade Jules Vendange, du 121e. Mais nous avons complètement oublié les autres.

— Quels autres ?

— Nos autres camarades. Ceux, par exemple, qui sont inscrits sur le monument aux morts. Je vous propose, camarades, que nous allions les saluer pour leur montrer qu'on ne les oublie point.

— Pas d'objection. »

Dans le square des Grammonts, en effet, au pied de la muraille de soutènement, les maçons ont dressé un émouvant groupe de pierre blanche. Deux figures debout et embrassées : un bel Arverne, en braies, en casque, en sayon, soutient avec dignité un poilu dont la tête s'abandonne sur son épaule fraternelle. Depuis des mois, les sculpteurs ajustent et fignolent les blocs. On doit inaugurer la chose au prochain 11 Novembre, en présence de toutes les autorités civiles, militaires, religieuses, laïques et coutelières. De chaque côté et au-dessous, des plaques de marbre portent en creux 554 noms dorés. Malheureusement, quand nous nous avançons dans le jardin, bras dessus, bras dessous pour nous protéger réciproquement des chausse-trapes, ce soir du 4 juillet 1921, à la seule lueur des lointains becs de gaz, les listes sont totalement illisibles. On ne va pas saluer des anonymes !

« Attendez ! fait Gauthier. J'ai mon briquet. »

Il s'accroupit au pied de chaque table et déchiffre non sans peine et en remontant, à l'inverse de l'alphabet, les noms glorieux. Beyssac et moi, appuyés l'un à l'autre comme le Gaulois et le fantassin dans un garde-à-vous approximatif, saluons chacune d'une exclamation répétée :

« Boudal Auguste.

— Mort pour la France !

— Boisson, ou Bosson Jean.

— Mort pour la France !

— Barnéras, ou Barnérias, je peux pas lire.

— Ça ne fait rien. Mort pour la France !

— Avignat Antoine.

— Mort pour la France... »

Gauthier continue de la sorte en pratiquant l'élongation et la circumduction du tronc ; mais malgré ses efforts, il n'arrive pas à lire les noms du haut. Peu à peu, la flamme du briquet s'étiole, elle finit par s'éteindre faute de carburant. L'appel des morts se trouve ainsi interrompu, nous le reprendrons l'année prochaine, on apportera un flacon d'essence. Nous retournons à l'hôtel où le canasson et son picotin, l'un mangeant l'autre, nous attendent dans la remise. Nous les poussons dans les brancards, et fouette cocher ! Au passage, le camarade Beyssac est déchargé en haut de la rue Conchette, il n'a plus qu'à se laisser glisser jusqu'au dépôt de Grosménil, tata charbonnière l'y attend avec patience en surveillant le *millar* aux cerises qu'en son honneur elle a mis à cuire dans le four. Le brave cheval nous ramène aux Faux et à Lamirand, il connaît le chemin.

Dans les délais prescrits par les règlements et en suivant la voie hiérarchique, j'avais présenté une demande en bonne et due forme afin d'être muté dans une école à plusieurs classes, Puy-Guillaume, Courpière, Lezoux, Maringues, Châteldon, où je n'aurais qu'un cours à enseigner au lieu de quatre. C'était aussi une héroïque tentative pour m'arracher au voisinage d'Automne puisque je n'avais pas inclus Thiers dans ma liste. La presse départementale publia au mois d'août le tableau des « Mouvements dans l'enseignement primaire » : je n'y figurais point. Il ne me restait plus qu'à retourner à Bidon 5, poste de débutant qui convenait bien à un pédagogue certifié, mais dépourvu de béhesse.

Lors de la conférence d'octobre, Beyssac m'apprit qu'il avait enfin trouvé l'âme sœur, elle logeait chez le plus riche fermier de la commune de Sainte-Agathe, possédait trente vaches, dix cochons et cent hectares de terres et bois. Il devrait dorénavant surveiller sa conduite et employer ses loisirs différemment, le futur beau-père, qui manquait de main-d'œuvre, ayant des idées précises là-dessus.

Ces chagrins successifs me poussèrent à boire davantage encore. La soif me prenait à tout moment, même aux heures de classe, si bien que j'installai un nécessaire dans le placard du fond. Au début, je prenais la peine de m'y rendre. Mais à cause des douleurs qui en naissaient dans mon pied gauche, je me mis à commander aux deux qui me servaient habituellement de commissionnaires : « Thuel, apporte-moi la bouteille. Martinet, apporte-moi le verre. »

C'était quand même moins lourd que le phonographe. Martinet posait le verre sur mon bureau, Thuel le remplissait jusqu'à mon signal d'arrêter, je buvais le vin, je me suçais les babines, ils allaient reposer les objets dans leur remise. Chassaigne et un ou deux autres qu'il avait contaminés de son mauvais esprit ricanaient de ces manœuvres, mais aux yeux de la majorité, seul maître dans ma classe après Dieu, j'avais bien le droit de m'abreuver en cas de soif urgente. Je n'abusais point d'ailleurs de cette faculté et ne recourais à mes porteurs jamais plus d'une fois par demi-journée. Ils y trouvaient leur compte, je les récompensais avec des bons points de carton, contre dix on gagnait une image, cela leur inculquait le goût de l'épargne.

A ce régime-là, je savais qu'il m'arriverait des malheurs, qu'à l'âge de vingt-quatre ans je suivais la plus désastreuse des routes. Une main secourable aurait suffi à me tirer de là, et je ne trouvais partout que trahison et dédain. Sur la terre comme au ciel. Là-haut, personne ne se dérangeait en ma faveur, ni la Bonne Vierge, ni ma grand-mère, ni mes oncles et tantes, ni ma petite sœur, ni Jeanne Gaillard, ni l'âme de ma jambe défunte. En bas, certaines filles me manifestaient bien quelque intérêt, le mari était rare sur le marché, mais c'est à mon traitement et à ma pension militaire qu'allaient leurs sourires, j'en étais convaincu. Même Gauthier essayait de me bazarder sa sœur Philomène, une bonne grosse à qui il manquait des dents et qui renversait quelque chose chaque fois que je paraissais dans la maison : tantôt le sel, tantôt une chaise, tantôt une casserole d'eau. Un vrai danger public. On me faisait admirer ses ouvrages de couture, ses broderies, les cagettes à fleurs qu'elle avait construites de ses mains. « Celui qui l'épousera ne fera pas une mauvaise affaire ! » disait le jardinier en clignant de l'œil. Mais justement, j'avais le romantisme de ne pas concevoir le mariage comme une affaire. J'étais pourtant bien reçu chez ces gens, je trouvais ma chaise au coin du feu, nous mangions ensemble des châtaignes en buvant du vin nouveau, la chienne qui m'avait pris en amitié sincère se couchait près de moi et posait la tête sur mon soulier. Néanmoins, trop de regards m'enveloppaient, si la lumière s'était tout à coup éteinte, je suis sûr que je les aurais vus luire dans l'ombre comme ceux des loups. Un jour, la mère me posa carrément la question :

« Est-ce que vous n'avez pas l'intention de vous marier, monsieur Vendange ? Vous êtes bien en âge. Et je pense que votre mère en serait contente.

— Oh ! que si ! Je me marierai sûrement un jour. Quand j'aurai trouvé une femme qui voudra de moi et de mon infirmité.

— Je suis sûre qu'il y en a plus d'une qui voudrait de vous. Et que vous n'auriez pas à chercher bien loin !

— Il faudra aussi que je veuille d'elle, naturellement. »

Ça y est, me dis-je, la prochaine fois que je remets les pieds dans cette maison, elle me lance sa fille à la figure. Aussi évitai-je de revenir durant plusieurs semaines. Il y eut ensuite les vacances de Noël et du Jour de l'An, je reçus d'Automne une carte de vœux où elle me souhaitait « la réalisation de mes plus chers désirs » ! C'était un peu fort de lire des choses pareilles ! Le Faux disparut sous une de ces neiges profondes et durables, comme elles avaient cours en ce temps-là, je ne sortais pas de mon ermitage, j'avais du bois, du charbon, des allumettes, des pommes de terre, un tonneau de vin, je pouvais y attendre le printemps avec sérénité. Les élèves se raréfiaient. Seuls venaient encore quelques garçons intrépides : les plus longues jambes, qui osaient braver les congères. En tout, quatre ou cinq grimauds, au lieu de la trentaine habituelle. L'emploi du temps se trouvait entièrement désorganisé. Je descendais des chaises, comme le jour du C.A.P., nous nous serrions autour du poêle, je leur lisais des fables et des contes, nous nous posions des devinettes. Puis, la neige fondit un peu. Puis arriva la première hirondelle : le *Planteur de Caïffa*, avec sa trompette, sa brouette à couvercle, sa cargaison d'épices, de sucre, de chocolat, de confitures, de conserves. Les autres ne tardèrent point, un couple avait nidifié sous la toiture de l'école, nous observions ses faits et gestes et les notions sur le « cahier de roulement » : celui qu'un élève nouveau tenait chaque semaine. Il m'arriva de rencontrer Gauthier au-dessus de sa charrette pleine de salades et de céleris, il fit claquer son fouet et me dépassa en feignant de ne pas reconnaître ma jambe de bois. Dès lors, malgré nos souvenirs de Craonne, nous fûmes brouillés. A tout prendre, j'aimais mieux boire seul un vin sans arrière-goût ni traîtrise, payé de ma solde, que d'avaler le *pouzin* gratuit mais perfide qu'on me tendait à Lamirand. Déjà, dans ce village d'ivrognes, les hommes m'appelaient Jules tout court, me tutoyaient, me tapaient sur l'épaule, leur fréquentation risquait non seulement de me faire perdre toute dignité, mais de déshonorer en moi et à jamais l'auguste fonction enseignante.

L'attitude d'Automne restait cependant toujours aussi déroutante à mon égard. Il m'arriva de lui envoyer un poème qu'elle m'avait inspiré, en l'adressant ostensiblement à *Madame veuve A. Nadaud, 32, rue de Barante...* Elle me le retourna accompagné d'un billet furibond, elle n'était pas veuve, je prenais mes désirs pour des réalités, elle ne m'encourageait pas à poursuivre cette correspondance et ces rencontres stériles, elle n'avait besoin de personne pour gagner son pain, elle annulait la rencontre qu'elle avait acceptée pour le dimanche suivant. Alors, je la suppliai de n'en rien faire, je demandai pardon, je la priai seulement de lire mon poème, et puis de le jeter au feu. Elle en accusa réception, m'assura qu'elle avait pris un vif plaisir à sa lecture, promit de me rencontrer puisque je me montrais raisonnable, m'assura que si elle devait se remarier un jour c'est moi qu'elle épouserait. Les mots *teinture, teinturier, teinturerie* me donnaient des éblouissements, en ville je faisais de longs détours pour éviter de passer devant ce genre de commerce. Ses lettres m'infligeaient la torture la plus inhumaine, me plongeant successivement dans le bain tiède de l'espérance et dans la glace du désespoir. Ainsi, dit-on, les Esquimaux préparent-ils la viande de caribou, avant de la manger crue ou assaisonnée d'huile rance. Elle me traitait comme la viande de caribou. A cause de ce tourment qui sans cesse, de jour comme de nuit, me tenaillait le cœur, j'en venais à regarder avec envie les pauvres diables que je rencontrais dans la rue : les mendiants à la porte de Saint-Genès, les *sidis* en guenilles, les aveugles, les goitreux, les culs-de-jatte, je me disais qu'ils pensaient au froid, à la faim, à un travail, à une infirmité, à un mal avouable, concret, et presque toujours susceptible de guérison ou de soulagement, tandis que moi, en apparence sain de corps et d'esprit, muni d'un honnête gagne-pain, je souffrais d'un mal invisible, ridicule, avilissant.

Un certain jour du mois de mai 1922, ayant lu et relu plusieurs de ces désastreuses missives, je me consumais ainsi dans le marasme, n'ayant pas même le recours de ma classe pour m'en arracher puisqu'il s'agissait d'un jeudi. Je méditai diverses formes de suicide, les termes du billet d'adieu que je déposerais sur ma table de cuisine, les obsèques qui suivraient, les larmes que l'octavonne verserait enfin sur mon tombeau. Automne ! Cruelle Automne ! Par bonheur, il faisait un soleil merveilleux qui donnait soif, mais non point l'envie de mourir. Ce jour-là, je n'absorbai aucune autre nourriture que mon chagrin et un vin noir. Pour plus de commodité, je m'étais étendu sur une chaise longue héritée de ma devancière, à l'ombre du préau, à mes pieds, dans la poussière, deux moineaux se passaient une frottée pour quelque rivalité mystérieuse. Mes paupières s'alourdirent, je m'enlisai dans un sommeil épais. Afin d'être plus à mon aise et de soulager le moignon, j'avais déboutonné les bretelles de ma tulipe. Je dormis longtemps et sans rêve. Lorsque je rouvris les yeux, je fus très surpris de me trouver en ce lieu, sous une charpente que d'abord je ne reconnus pas, tourné vers le soleil couchant. Près de moi, gisaient deux flacons vides. Je me sentais la langue sèche et dure comme une pierre ponce, le crâne douloureux. Machinalement, je me passai une main sur les joues, qui crissèrent d'une barbe de trois jours. Tu vas te lever, tu iras te raser, te débarbouiller, ça te remettra d'aplomb. Quand je veux poser les pieds par terre, m'arrive la surprise de ma vie : ma prothèse n'est plus dans le pantalon. Sans doute a-t-elle glissé au cours de mon sommeil. A trois pattes, je cherche autour de moi et sous le fauteuil. Mon étonnement se mue soudain en horreur : je n'ai plus mon pilon ! ma bonne patte d'excellent châtaignier ! ma chère tulipe si bien faite à mes mesures ! Pour la seconde fois de ma vie, il m'arrive de perdre une jambe, quelle est cette malédiction ? Et comment a-t-elle pu disparaître de la sorte, sans laisser d'autre trace que mes sangles déboutonnées ? Qui a osé me jouer cette farce ignominieuse ? Se moque-t-on d'un pauvre infirme comme moi, d'un invalide de guerre, de quelqu'un qui a donné dix livres de chair à la Patrie ? Quel est l'enfant de salaud et de putain qui m'a volé ma jambe de bois ? A cloche-pied, ma soutenant d'un manche de bêche, trébuchant, m'écroulant, me relevant comme je peux, je me mets à sa recherche. Le pantalon vide ballotte de-ci, de-là. Mon Dieu ! Si mes élèves me voyaient ! Après tout, pourquoi le coupable ne serait-il pas tel ou tel d'entre eux ? Chassaigne, par exemple, qui va nous quitter dans trois mois et veut emporter ce souvenir d'un instituteur qu'il exècre à cause de ses pleins pouvoirs. Tout seul ou avec l'aide de complices. Je les vois très bien passer par hasard devant l'école, lorgner à travers la grille, m'apercevoir dans le fauteuil où je dors recru de solitude et d'abêtissement, près de mes bouteilles vides.

« Une idée, les gars ! On va rigoler un bon coup ! »

Ils entrent sur la pointe des pieds, s'avancent vers moi, constatent que je leur ai mâché la besogne, qu'ils n'ont guère qu'à tirer sur le pilon avec délicatesse. Ils l'emportent en étouffant leurs rires. Qu'en font-ils ? A partir de là, mon imagination se tarit.

Ou bien le voleur est un adulte. Un des soiffards de Lamirand qui cherchent, par jalousie, à déshonorer le maître d'école. Ils emportent ma jambe comme un trophée, elle circule de cave en cave, ils boivent dedans, elle arrive chez les Gauthier, Philomène la reconnaît et casse un bol. Ils finiront par me la rapporter dans un jour ou deux, au pire dans une semaine, quand elle n'amusera plus personne.

En attendant, je continue à cloche-pied mes investigations. Ayant fouillé chaque recoin de la cour, du jardin, de la classe, du couloir, je décroche mon vélo monopédale et me prépare à visiter les alentours. Où tourner ? Où ne pas tourner ? Je sillonne chemins et sentiers, ruminant ma colère, n'osant adresser la parole à qui que ce soit. Je m'arrête seulement pour reprendre mon souffle. Encore une heure de jour, et la nuit tombera, arrêtera mes efforts, consacrera ma honte, demain, je devrai affronter mes enfants avec une seule jambe, leur avouer :

« Quelqu'un a volé ma jambe de bois pendant que je dormais. Si c'est l'un d'entre vous, je le prie de me la rendre et lui promets de ne pas le punir. Si c'est une grande personne que vous connaissez, je compte sur vous, je n'ai que vous sur qui compter, pour qu'elle me soit rendue, contre récompense. Dix pour cent de sa valeur. »

On en profitera pour faire des problèmes sur les pourcentages.

C'est fait : la nuit tombe. En arrivant au carrefour dit La Croix du Branle, je jette les yeux vers la croix rustique, rafistolée par des cercles et des crochets. Une infirme de mon espèce. D'abord, je n'en crois pas mes yeux, j'avance la main, je touche, je palpe : ma tulipe est liée par une corde à la croisée des fûts, là où devrait se trouver le Christ s'il y en avait un. Tremblant de la tête aux pieds, je la délie, c'est bien elle, je l'enfile, je la fixe à mes sangles. Je rentre à Bidon 5 réhabilité. Et songeur. Il est possible que mon larron ait eu l'idée d'augmenter le scandale et la moquerie en crucifiant de la sorte ma jambe de bois. Mais une autre chose est également possible. Qui sait si, dans sa disposition, puis son retour, il ne faut pas voir la main du ciel ? Dois-je me plaindre d'une farce ou me réjouir d'un miracle ? Je ne le saurai jamais. Cette nuit-là, pour la première fois depuis longtemps, la pensée d'Automne ne me visite point. Quand, le lendemain, rasé de frais, nourri, reposé, je retrouve mes écoliers, je n'ai devant moi que des figures innocentes. La plus angélique est sans conteste celle de Chassaigne.

Le salut définitif, cependant, ne me vint pas de là, plusieurs semaines encore, je continuai de me faire servir à boire dans la classe par Thuel et Martinet. Un soir que je marchais dans la campagne pour favoriser ma circulation, je sentis que quelqu'un me suivait, je me retournai et vis un chien maigre et crotteux. Il s'arrêta comme moi, ne recula point, se contentant de me regarder, la tête plus basse que les épaules, comme pour me prier de pardonner sa hardiesse. Je fis un geste brusque pour le chasser, il eut un écart, mais me suivit encore dès que je repris ma route. Alors, je me baissai, feignis de ramasser une pierre et de la lui jeter. Cette fois, il s'enfuit en gémissant. L'instant d'après, il était encore sur mes talons. La scène se répéta trois ou quatre fois de suite. Je finis par lancer une pierre pour de bon, en même temps que des injures, galvaudeux, vagabond, cul-terreux, fils de chien, tête à claques. Mon caillou l'atteignit entre les pattes, mais ne l'empêcha pas de revenir. Alors, je sentis entre cette bête inconnue et moi-même une parenté. Tu appartiens à cette race qu'on peut battre, tu gémis peut-être, mais reviens lécher la main qui a lancé la pierre. Qu'ai-je fait pour toi ? Quand donc ai-je mérité ton attention ? Est-ce que je vaux plus qu'un autre ? Sais-tu même à qui tu as affaire ? Il entra dans la cour de l'école derrière moi, je pris un bâton et le lui jetai de toutes mes forces :

« Va-t'en ! Tu vois bien que je ne te veux pas ! »

Le lendemain matin, je le trouvai couché sous le préau, à peu près à l'endroit où l'on m'avait subtilisé ma prothèse. A ma vue, il se leva, non sans effort, remua la queue, baissa le nez jusqu'au sol pour signifier qu'il baiserait les traces de ma semelle. Alors, mon cœur s'ouvrit, je lui donnai de la nourriture, sachant que ce geste nous engageait, nous liait l'un à l'autre comme un sacrement. Et je l'appelai Vendredi. Nous fûmes deux désormais sur mon île déserte. Ma conduite s'en trouva bouleversée. Vendredi n'aimait pas la soupe au vin, je dus préparer des soupes aux légumes et toutes sortes de plats raffinés dont il prenait sa part : pommes de terre à l'étouffée, nouilles au beurre, farinades, *patchas*. Je bus moins et mangeai davantage. J'eus quelqu'un à qui confier mes peines, qui pleurait sur mes départs, accueillait joyeusement mes retours. Si ceux-ci se faisaient trop attendre, il lui venait sous le ventre des croûtes qui le faisaient se gratter jusqu'au sang.

« C'est de l'eczéma psychique, me révéla le pharmacien.
— Psychique ?
— Oui. Le cas existe chez les personnes et chez certains animaux particulièrement sensibles. Enduisez-le avec cette pommade. Mais il vaudra mieux que vous lui épargniez toute émotion désagréable. »
Il ne m'arriva donc plus de découcher, de fêter la nuit entière le 4 juillet ou toute autre célébration :
« Excusez-moi, je dois rentrer, mon chien m'attend. L'inquiétude lui donne de l'eczéma. »
Vendredi m'apporta ce sentiment précieux entre tous et que je n'avais jusque-là éprouvé qu'à Vollore-Montagne, de me sentir nécessaire au bonheur de quelqu'un.

Éphémérides

Le 8 juillet, Chassaigne et Thuel sont glorieusement reçus au certificat d'études.
Le 30, garçons et filles ornent la classe de guirlandes et de fleurs. Le 31 se passe en danses, chants, goûters, lectures, allégresses. L'ensemble de l'effectif s'est cotisé pour m'offrir un cadeau de fin d'année : une glace ovale avec pompons et cadre en faux argent. Tout le monde participe, y compris les disques et le chien. Cette fête nous offre une découverte mirifique : Vendredi sait chanter. Moins bien que Paulette Darty, mais beaucoup mieux que moi. La chose apparaît de façon manifeste à l'intervention de la trompette dans *Ne doutez pas de mon amour*, juste avant le refrain :

> *Ne doutez pas de mon amour...*
> *Tralala-la-la-la,*

Il reproduit le *Tralala-la-la-la* avec une justesse miraculeuse. Les enfants s'amusent à le lui faire répéter et rient aux éclats de ses talents. Sa voix a la nuance soprano coloratur. Une fois cultivée, je suis certain qu'un jour elle pourra remplacer celle du phonographe.
Au début d'août, Vendredi et moi nous rendons à Vollore-Montagne, lui à pattes, moi à bicyclette. C'est aussi un excellent sportif. Je le présente à ma famille, elle l'accueille bien, sauf les deux chiens qui essayent aussitôt de l'étrangler. Je lui mets un collier à pointes, mais il fait une terrible poussée d'eczéma psychique. Je dois lui fabriquer une niche avec porte coulissante pour le protéger de ses confrères chapelats.
Le 29, la presse locale publie les « Mouvements dans l'enseigne-

ment primaire ». J'ai renouvelé ma demande de mutation, repoussée par les autorités compétentes pour barème insuffisant. Toujours à cause du béhesse. M. Delachambre, à qui je me plains par écrit, me répond que l'école à classe unique de Bidon 5 est un « poste de choix qui réunit les avantages de la ville par la proximité du chef-lieu cantonal, et ceux de la campagne » ; que je dois m'estimer heureux d'y avoir été nommé dès ma sortie de l'École normale, par suite de mes « mérites militaires ».

Le 14 septembre, Foire du Pré. J'y rencontre Automne et Raoul au milieu de trente-cinq mille autres personnes. Devant une baraque, je cède avec bonheur au mouvement de la foule qui me presse contre elle. Alors, profitant de son attention captivée par les jongleurs, j'ose effleurer sa main. Elle me regarde, sourit, ne se dégage pas. Le cœur battant, je vais plus loin, j'emprisonne doucement cette main dans la mienne, puis je la caresse du pouce, enfin nos doigts s'emmêlent. Nous restons ainsi immobiles tout le temps du numéro, je suffoque de joie : sans qu'un mot ait été dit, Automne vient de m'accorder sa main. Du moins est-ce ainsi que je veux comprendre sa passivité.

Le 21, jour de sa naissance, de sa fête et de l'équinoxe, je lui offre un coq-baromètre. Fait de je ne sais quel minéral, il vire au bleu pour annoncer la pluie, au rouge pour prédire le soleil.

Le 23, anniversaire de la mienne, je reçois d'Automne les poésies complètes de la comtesse de Noailles.

La 1er octobre, une autre année commence. Raoul Nadaud entre à la « grande école » que dirige M. Maurière.

Je ne m'étais pas trompé : en m'abandonnant sa main, Automne se livrait tout entière. Le reste n'était plus qu'une affaire de points et de virgules :

« Nous nous marierons seulement au printemps, en avril ou mai.

— Plutôt en avril, si j'ai le choix... »

Je suis sûr que par ce délai elle entendait laisser au teinturier une chance ultime.

« Je garderai mon ancienne alliance au même doigt que la nouvelle.

— Comme il vous plaira.

— Je continuerai de travailler.

— Je n'y vois que des avantages.

— Pour que je sois proche de mon bureau, nous habiterons mon logement de la rue de Barante, tant pis pour celui du Faux.

— Tant pis !

— Nous demanderons le consentement de Raoul.

— Naturellement !

— Et vous vous engagerez à l'aimer comme s'il était votre propre fils.

— C'est déjà fait. »

Quand je lui posai la question : « Veux-tu que j'habite avec vous tout le temps, comme si j'étais ton papa ? », Raoul me sauta au cou. Comment m'appelleras-tu ? Papa ! Non, non, ce n'est pas convenable. Appelle-moi « parrain ». Le mariage eut lieu fin avril à Vollore-Montagne, Raoul s'y passionna pour les vaches et les cochons. Ma mère voulut bien le garder pendant nos trois jours de congé exceptionnel, ce qui nous permit, en voyage de noces, d'aller voir la tour Eiffel et le Trocadéro.

Dès notre retour, la vie prend une organisation qui durera des années. D'abord, je compterai un élève de plus : Raoul veut absolument avoir parrain pour instituteur.

« Mais non ! proteste Automne. Ton école est à deux pas, tu y vas à pied, tranquillement, tu n'as pas besoin de cette fatigue jusqu'au Faux ! A quelle heure devrez-vous partir ? »

Et moi : « Je le transporterai sur le cadre de ma bicyclette.

— Quelle horreur ! Vous allez vous casser la figure au moins une fois par semaine !

— On se ramassera.

— Oui ! Oui ! applaudit Raoul, enthousiaste. On se ramassera !

— Tu prendras froid l'hiver.

— On le couvrira de gants et de lainages.

— Et à midi, que mangerez-vous ?

— Je ferai la popote, j'ai l'habitude. Quand il y en a pour deux, il y en a pour trois. »

La navette a donc commencé : un aller le matin, un retour le soir, par rues, chemins et raccourcis. Confiés aux lois de l'équilibre instable, quand le centre de gravité se trouve au-dessus du point de sustentation. Entre mes bras, une main au milieu du guidon, l'enfant, lui, se sent en parfaite sécurité. Dans les côtes, nous mettons pied à terre et je souffle un peu, tandis qu'il trottine devant ou derrière en compagnie de Vendredi. Mais nos voyages ne sont pas de simples trajets : en cours de route, j'explique l'univers à mon petit passager, comme dans une permanente classe-promenade. Tout m'est prétexte à leçon : les fleurs, les fruits, les feuilles, les racines, les cailloux, les nuages, le soleil ; les animaux sauvages : oiseaux, hérissons, belettes, hannetons, papillons, chenilles ; et les civilisés : chiens, chats, chevaux, bourriques ; les tas de sable, les tas de bois, les tas de fumier, les tas de foin. Je lui montre au loin le puy de Dôme et les autres volcans rassemblés sous sa présidence, nous parlons de la montagne Pelée et de la Martinique où sa maman était petite fille. Et de la France. Et des autres pays où l'on n'emploie pas le français. Au Pontel, nous passons par-dessus la voie ferrée : arrêt obligatoire, avec l'espérance d'un train, parfois satisfaite, il défile sous nos pieds, à grand fracas, nous enveloppe d'un nuage chaud, épais, plein d'épices, d'étincelles, d'escarbilles, c'est l'odeur des lointains pays d'où il arrive, vers lesquels un jour il te transportera, quand tu seras un homme, avec des moustaches comme les miennes et un portefeuille plein d'argent. Plus tard, nous repasserons sur notre bécane la table de multiplication, le conditionnel et le subjonctif, la leçon d'histoire, *La cigale ayant chanté*.

De temps en temps, de graves sujets se présentent. Par exemple, le jour où nous devons côtoyer aux Catharins un rassemblement autour d'une étrange charrette, noir et argent.

« Tu as vu ? Il y a des gens qui pleurent. Qu'est-ce que c'est ?

— Un enterrement. »

J'ai répondu sans ambages, avec honnêteté ; mais voilà que je dois aborder la plus embarrassante des leçons de choses. Il a déjà une certaine idée de la mort.

« Quand on est mort, je sais ce que c'est : on ne bouge pas, on dort.

— Oui. Mais on ne se réveille jamais.

— Jamais ?

— Jamais.

— Même si on te secoue ?

— Même si on te secoue. »

Je lui épargne les plus affreux détails : « Alors, puisque tu ne sers à rien, que tu n'as aucune conversation, que tu embarrasses l'appartement, on te place dans une boîte appelée *cercueil* et on te porte dans un endroit appelé *cimetière*. Tes amis et tes parents t'accompagnent, et tout ça forme un *enterrement*.

— Et pourquoi pleurent-ils ?

— Parce qu'ensuite ils ne te verront plus. »

Un long silence. Il réfléchit. Puis :

« Toi aussi tu mouriras un jour ?

— Il faut dire : tu mourras. Oui, moi aussi, je mourrai un jour.

— Oh ! c'est dommage ! Et... maman ?

— Et maman aussi, puisque tout le monde meurt. Non seulement les personnes, mais les animaux et les plantes. »

Peut-être aurais-je dû l'envelopper dans le coton des mensonges, lui laisser croire en un monde meilleur qu'il n'est, comme on fit, paraît-il, au Bouddha enfant. Mais ma mission de maître d'école est d'enseigner la vérité, en toutes circonstances, ce que je crois être la vérité, rien que la vérité, sinon toute la vérité, avec les réserves nécessaires en cas de doute. Je suis prêtre de la Vérité. Je crois en la Vérité toute-puissante. Je vous salue, Vérité pleine de grâces. Que Votre nom soit sanctifié, que Votre règne arrive sur la terre comme au ciel. Ainsi soit-il.

« Et moi, est-ce que je mourrai ? demande le petit Raoul.

— Oui, toi aussi, mon fils. Toi aussi, comme les autres. Mais seulement quand tu seras très, très vieux.

— Pour l'instant, je suis jeune, n'est-ce pas ?

— Oui, tu es très, très jeune. »

Ma jambe droite pédale. Lui s'appuie à mon ventre et au moignon de ma cuisse gauche. Je le porte littéralement dans mon moignon et il naît de moi chaque jour. Il en sera de même pendant six années. Je lui ferai franchir toutes les étapes, du b a ba jusqu'à la dictée de Mérimée, des chiffres dessinés laborieusement sur l'ardoise jusqu'aux problèmes de trains qui se poursuivent entre Strasbourg et Paris, à quarante minutes d'intervalle mais à des vitesses différentes, on demande si le second rattrapera le premier et, dans l'affirmative, à quelle heure ; la dernière question laisse entendre la réponse à la précédente ; il est bon de supposer aussi qu'ils ne courent pas sur la même voie, sinon imaginez la catastrophe ! Avec de telles bases, on peut entreprendre n'importe quelles études. Qui osera prétendre ensuite, après une si longue gestation, que je ne suis pour Raoul qu'une façon de parrain ?

Il accepte sa jeunesse avec une satisfaction moins grande que la mienne. Durant les trois quarts de siècle qui au bas mot lui restent à vivre, Dieu sait ce que les savants auront inventé pour prolonger notre existence ! Je suis sûr qu'on verra se multiplier les centenaires comme on verra se multiplier les bacheliers. Personnellement, je serai venu au monde trop tôt pour assister à ces merveilles ; du moins aurai-je travaillé à leur avènement.

Au Faux, il n'est plus question de verre ni de bouteille dans le placard du fond. Une seule difficulté me préoccupe quotidiennement : celle de faire accepter la supériorité manifeste de Raoul sur ses camarades de division. Elle tient à son intelligence, certes, mais aussi au dopage que je lui administre sur le cadre de mon vélo. Les élèves, eux, expliquent cela simplement par notre parenté : comment le fils de l'instituteur (même s'il ne porte pas son nom, seuls les grands et les grandes comprennent cette bizarrerie) ne serait-il pas classé avant les autres ? Moi Dieu le Père, et lui Jésus-Christ. A ce niveau-là, le chouchoutage disparaît pour faire place à la légitimité. C'est l'usage, c'est la loi, toute protestation ne sert de rien. Nadaud peut réciter 7 fois 8 = 52, il aura quand même 10 sur 10. Voilà ce que pensent mes mammifères. J'en suis humilié pour Raoul et pour moi. Alors, désireux de combattre ce préjugé, je me montre à son endroit d'une sévérité extrême, je l'interpelle d'une voix tonnante :

« Nadaud ! Tu n'écoutes pas ! Tu donnes le mauvais exemple ! »

Car entre tous mes élèves il est le seul qui *doive* donner le bon exemple. Et j'éprouve un plaisir presque sadique lorsque, sans injustice trop évidente, je peux attribuer à un autre des notes égales ou supérieures aux siennes. Ces rigueurs l'affligent, mais nous arrangeons cela sur le cadre du vélo : tu comprends bien, mon fils...

Après quatre heures, il apprend ses leçons et fait ses devoirs dans la classe, tandis que je note et annote mes cahiers. Dans le proche bûcher, Vendredi mange sa soupe ou les restes abandonnés par mes « pensionnaires » de midi. Quand nous partons, le chien ne nous donne aucun souci de transport : il galope derrière la bicyclette, à moins qu'il ne la précède pour nous montrer le chemin. En hiver, lorsque la lumière est courte, nous rentrons aux chandelles. J'attache par prudence deux lampions de papier huilé à ma bécane, l'un au porte-bagages antérieur, l'autre au postérieur. Ils se plient et se déplient en accordéon, j'allume les bougies, ils se balancent pendant la marche, ça n'éclaire pas beaucoup, mais c'est très poétique, nous avons l'air d'une jonque chinoise. Ils sont conçus de telle sorte qu'il résistent même à la pluie et à la neige. Si le temps est trop mauvais, il nous arrive de coucher dans l'appartement de fonction. Automne me pousse chaque année à demander ma mutation à un poste moins déshérité, mais il se trouve toujours quelqu'un de plus digne que moi, plus âgé, plus prolifique, muni du béhesse. Je finis par renoncer. « Un de ces soirs, prophétise Automne, on vous rapportera rue de Barante écrabouillés comme des noix. »

A Bidon 5, mon ménage se compose de trois personnes : Raoul, Vendredi et moi. A Thiers, il faut en ajouter deux autres : Automne et Pierre Nadaud. Car celui-ci a beaucoup moins disparu que je ne pouvais l'espérer, chaque jour il est question de lui dans la maison : Pierre disait ceci, Pierre disait cela, Pierre avait l'intention de... c'est Pierre qui m'a appris à... De temps en temps, par une effroyable confusion, il arrive même à ma femme de dire : « Pierre, veux-tu me faire plaisir ?... » Je la regarde d'un air douloureux, elle s'aperçoit de son lapsus :

« C'est ta faute ! A-t-on idée de s'appeler Jules ? De porter un prénom si ridicule ? Jamais je ne m'y habituerai.

— Il y a de grands hommes qui se sont appelés Jules : Jules César, Jules Michelet, Jules Ferry, Jules Claretie...

— Ça n'arrange rien. »

Un jour, en revenant du Faux, je trouve une photo de Pierre sur le buffet du salon. Je proteste vivement :

« Que fait ce monsieur dans ma maison ?

— Eh bien ! C'est le père de Raoul !

— Raoul se soucie autant de lui que d'une guigne. Je l'ai entendu parler de moi à ses copains, dans la cour de l'école. Il m'appelait son "père". Car je le suis devenu, que tu le veuilles ou non.

— Mais je le veux, j'en suis très heureuse. N'empêche que, théoriquement... »

Je hausse les épaules. Théoriquement ! Bon d'accord, je veux bien tolérer le portrait de M. Nadaud à condition qu'il soit accompagné du mien. Automne éclate de rire :

« Le tien ? Pour quoi faire ? On met la photo des absents, mais toi tu es présent et tu vis, grâce au ciel ! es-tu jaloux de ce bout de papier ?

— Du papier, non. Mais du mort, oui.

— Comme c'est absurde ! Pourquoi serais-tu jaloux ?

— Parce que... parce que...

— Parce que quoi ?

— Parce qu'il t'a tenue dans ses bras pendant des années, de nuit et de jour. Parce que tu penses à lui beaucoup plus qu'il n'est convenable à une femme mariée. Parce que j'ai l'impression que tu m'es infidèle à chaque instant, à mon nez et à ma barbe. »

Elle secoue la tête, elle m'embrasse, elle explique doucement :

« Il ne faut pas être jaloux de Pierre. A présent, ce garçon est devenu pour moi un grand frère, il habite un pays très lointain d'où il ne reviendra pas, mais il m'écrit quelquefois.

— Il t'écrit ?

— Oui. Je le revois en rêve. Il me prodigue toujours de bons conseils. Je dois même te révéler une chose : s'il ne m'en avait pas donné la permission, je ne t'aurais pas épousé. L'an dernier, il m'a dit : "Ma chère Automne, je suis réellement mort. Alors, accepte l'amour de Jules Vendange, tu en auras besoin." Voilà pourquoi, lorsque tu as pris ma main au milieu de cette foule, je ne l'ai pas retirée. Il faut que tu lui en aies de la reconnaissance.

— Ben... je ferai de mon mieux.

— D'autres fois, il m'apparaît tout sanglant. C'était un de tes compagnons d'armes. Peux-tu être jaloux d'un de tes compagnons mort au combat ?

— Si tu vois les choses ainsi...

— Il n'a pas même reçu de sépulture. Les autres en ont une, avec une jolie croix de bois, ou de fer, ou de ciment. Leurs parents apportent des fleurs et des prières, cela les console un peu d'être en un endroit si humide. Et lui, rien. Comme une bête crevée. Comme ce personnage de la tragédie grecque qui a causé tant de taraboum. Mais lui est discret. Cela dit, si tu l'exiges, j'enlèverai sa photo et je la jetterai au feu. »

Non, je n'exige plus rien. Pierre Nadaud serait en droit, lui aussi, de m'adresser des reproches, à moi qui ai la vie, le mouvement, toutes les saisons et tous les fruits, les pieds au sec, la tête au chaud. Et je ne suis pas encore satisfait ? Il me faut jusqu'aux plus fugitives pensées de sa femme ?... Pardonne-moi, vieux frère, je ne le ferai plus.

Ce qui bientôt arrange les choses, c'est l'annonce d'une prochaine naissance. Par je ne sais quel message ultra-terrestre, Automne sait qu'il s'agira d'une fille, j'en accepte l'augure, nous l'appellerons Philippine en souvenir de sa mère martiniquaise morte en 1902. Pendant des mois, nous nageons dans le ravissement, Raoul consulté n'est pas le moins heureux de cette petite sœur que nous allons lui acheter, il nous presse chaque matin de faire les démarches nécessaires, il nous apporte l'argent de sa tirelire pour compléter nos fonds. Et puis, au printemps 1925, catastrophe : Automne fait une très mauvaise chute dans l'escalier. Raoul comprend en nous voyant pleurer que la petite sœur est décommandée, il pleure avec nous, Vendredi ne sait où donner de la tête pour consoler tout le monde.

Par la suite, aucune autre espérance de cet ordre ne viendra plus jamais. Je n'aurai jamais un enfant de moi à qui transmettre mon nom, mon hérédité chapelate, ma détestation du fromage, la fraise que je porte sur le sein gauche. Cet enfant de moi dont j'ai rêvé longtemps à travers quelques-uns de mes élèves. Qui eût été aussi l'enfant d'Automne, eût réuni nos sangs et définitivement effacé les traces de la teinturerie. Je n'entendrai jamais les premiers vagissements de l'aube, je ne recevrai jamais le premier sourire du matin, l'ensoleillement de midi pour réchauffer mon crépuscule. Je garderai pour moi mon héritage et mon tagada-tsouin-tsouin. Ou bien je les placerai sur une tête étrangère. C'est ce que je fais. J'avais prévu un agrandissement et certaines transformations dans mon cœur, Raoul désormais y dispose de toute la surface locative.

J'ai déjà parlé des dons exceptionnels de mon chien. Son répertoire s'enrichit par la fréquentation d'Automne. Outre *Ne doutez pas de mon amour*, il exécute maintenant avec très peu d'erreurs *Alouette gentille alouette, Je suis l'époux de la reine* et le second motif de la *Danse macabre* de Saint-Saëns :

Houhou ! houhou ! houhou ! houhou !
Hou, hou, hou, hou, hou, hou, hou, hou — houhou !
Houhou ! houhou ! houhou ! houhou !
Hou, hou, hou, hou, hou, hou, hou, hou — houhou !

Je dois dire que c'est là son morceau de bravoure. Lorsque nous recevons du monde, quelque collègue d'Automne avec sa famille, Vendredi s'approche discrètement près de ma chaise, émet une légère plainte dont je connais la signification :

« Ah ! dis-je. Vendredi me propose de vous interpréter quelque chose.

— Vendredi ? Vraiment ? Votre chien ? » font les visiteurs souriants et sceptiques. Moi, je souris de leur scepticisme : « Allons, Vendredi ! Fais-nous entendre la *Danse macabre* de Saint-Saëns. »

Notre numéro est parfaitement au point. Pour amener sa phrase, j'exécute d'abord moi-même les huit premières mesures au moyen de deux cuillers en guise de xylophone, là où il faut imiter le bruit des os qui s'entrechoquent : *Tapatatapata, tapatapatapa, Tapatapata, tapatapata*... Et sur un signe de mon index, il fait une entrée impeccable :

Houhou ! houhou ! houhou ! houhou !
Hou, hou, hou, hou, hou, hou, hou, hou — hou-hou !...

Les visiteurs n'en reviennent pas :

« Mais c'est une bête terrible que vous avez là ! Quel artiste ! Vous devriez l'engager dans un cirque ! Elle vous rapporterait une fortune ! Jamais je n'ai entendu un chien chanter aussi juste !

— Et du classique, encore ! La *Danse macabre* de Saint-Saëns ! »

Je comprends leur enthousiasme, mais je ne retiens pas leur suggestion, Vendredi chante en simple amateur, il n'est pas question d'en faire un professionnel avec tous les risques que cela comporte. Quand nous sommes conviés à un mariage, un baptême, une première communion, les gens recommandent : surtout, n'oubliez pas votre chien, j'ai l'impression que le vrai invité c'est lui, on nous retient par simple politesse. Au dessert, il interprète la *Danse macabre* de Saint-Saëns pour le plaisir de la société, elle le rétribue avec des os de poulets. Il n'a pas le mauvais esprit de mon copain Moignoux, enfant de chœur à Vollore-Montagne, il ne s'estime pas exploité, il ne cherche pas à implanter le socialisme.

Pédagogies

Quand je me retourne pour revoir le chemin parcouru, toutes ces années me semblent aussi lointaines que les Croisades. Et cependant, chacune m'apportait sa charretée de peines et sa brassée de plaisirs, les uns et les autres se sont fanés, quand j'ouvre le vieil herbier de ma mémoire il n'en tombe qu'un peu de poudre. Qu'est devenue cette légion d'enfants que j'ai reçus et formés, à qui j'apprenais, autant que je le pouvais, les choses essentielles ? Hommes et femmes maintenant et quelques-uns, mes territoriaux d'Aulhat par exemple, presque aussi vieux que moi, parlent-ils de M. Vendange à leur descendance, disant j'ai eu un maître comme ci et comme ça, racontant mes défauts et mes qualités, ma méthode et mes résultats, me faisant sans doute plus sévère, plus savant, plus maniaque que je n'étais réellement, il avait une jambe de bois, et aussi toutes sortes de baguettes, des longues et des courtes, suivant notre distance, et une terrible règle qu'il appelait Rosalie, avec laquelle, lorsque nous le méritions, mais uniquement si nous le méritions, il nous passait des fessées. « Toi, viens un peu ici, Rosalie a quelque chose à te dire ! » Il nous coinçait la tête entre ses genoux, le naturel et l'artificiel, et pan-pan-pan ! Ça cuisait horriblement, mais ça ne laissait pas de séquelle. Certains mauvais sujets profitaient de cette position arc-boutée pour pousser des épaules, comme le font les talonneurs de rugby dans une mêlée, et tenter de le fiche en l'air avec sa patte folle, mais il tenait bon et avait toujours le dessus. Ah ! c'était un maître exceptionnel !

En ce temps-là, les pédagogues n'avaient pas encore inventé les méthodes dites « actives », la classe-capharnaüm, le travail de groupe : une équipe d'archivistes, une d'imprimeurs, une de potiers, une de plâtriers-peintres, une de menuisiers-charrons. Mes ambitions étaient plus modestes. J'enseignais comme j'avais été enseigné moi-même à Vollore-Montagne par M. Chevalérias, sauf que je ne faisais pas travailler le jardin par mes élèves. Ainsi, notre pédagogie nous arrivait, à peine modifiée, de la nuit des temps, telle que l'avaient conçue Jules Ferry, Rousseau, Fénelon, Montaigne, Rabelais, Isidore Chapuzade. Efficace, stricte, sans bavures avec l'aide de Rosalie, du coup de pied au derrière et du théorème à copier cent fois. Cela n'empêchait ni la réflexion ni l'activité. On réfléchissait à longueur de jour et sur tous les sujets. On tripatouillait le carton, la glaise, le bois, la paille, le fer, la laine, les ficelles. Mais accessoirement, pendant les heures de travail manuel, ou à la maison, sur commande. On semait des graines dans des pots, on élevait des scarabées et des cochons d'Inde, on protégeait les hirondelles, les coccinelles, les écureuils, les taupes, les couleuvres. Si l'un de mes élèves possédait un talent particulier, s'il savait par exemple rempailler les chaises, il en faisait la démonstration devant ses camarades, mais je ne cherchais pas à faire d'eux des rempailleurs. Je ne confondais pas mes attributions et celles des parents, des oncles, des voisins : à moi les participes passés, les dates d'histoire, la liste des départements, à eux les travaux des champs ou de la ville. Je ne cherchais pas leur *épanouissement*, à cette époque aucun d'eux n'aspirait à s'épanouir. Il se pelotonnait dans le temps privilégié de son enfance comme le bombyx dans son cocon, ne le trouvant que trop bref, s'il avait pu il aurait repoussé l'âge de la majorité officielle. Mon collègue Beyssac me racontait qu'il recevait en 1920 des élèves de vingt-cinq ans, de jeunes paysans qui avaient fait une partie de la guerre et venaient le soir, après leur journée, réapprendre la lecture, l'écriture, la rédaction, sans le moindre complexe. C'est pourquoi je me méfie des trouvailles modernes, la méthode globale, la linguistique, le défoulement, le bavardage sans retenue, l'imprégnation, l'enseignement sans récompense ni sanction, bref : l'épanouissement. Chez les plantes, il y a un temps pour la graine, un temps pour la fleur, un temps pour le fruit, et si un pêcher voit ses fleurs s'épanouir trop tôt, avant les dernières gelées, tu peux être sûr qu'il ne produira quasiment aucun fruit. Il ne faut pas traiter les enfants comme des hommes, ni les hommes comme des enfants.

Et moi, est-ce que je me souviens de mes élèves ? Ils m'arrivaient le lait du sein encore sur les lèvres, et je les gardais jusqu'au certificat d'études. Six, sept, huit, neuf ans nous vivions ensemble. Fils et filles de vignerons, de jardiniers, d'artisans, de paysans-couteliers, de paysans tout court. Pour des raisons diverses, certains me sont restés mieux que les autres dans la mémoire : Camille Dubost, Chassaigne, Thuel, Martinet, dont j'ai parlé. Joffrette Dumas, qui était un petit diable en jupons et qui, dix ans après notre séparation, est entrée au couvent pour des raisons que je n'ai jamais sues. Beaucoup restaient à la ferme ou à l'atelier paternels ; d'autres préféraient quitter l'agriculture et devenaient ouvriers à Thiers ou à Clermont ; quelques-uns ont suivi une brillante carrière dans les postes, l'enseignement, l'armée, les finances, le commerce ou l'industrie. Tel fut le cas de Raymond Panazol, que dans mon esprit j'appelle « Raymond le Paon ». Sa mère était une pauvre bougresse qui, par les œuvres de je ne sais quel goujat, l'avait mis au monde hors du mariage. Afin d'échapper à l'opprobre dont on la couvrait chez elle, elle avait quitté son Limousin natal, était venue se réfugier en Auvergne et vivait tant bien que mal au village des Catharins, tricoteuse, ravaudeuse, nourrice sèche, cueilleuse de champignons et de mûres. Elle participait aux réjouissances familiales des autres comme femme de peine, lavait les entrailles des cochons, faisait la vaisselle, lessivait la maison et le linge. Forte et vaillante à l'ouvrage, elle ne manquait ni d'embauche ni d'estime, on lui pardonnait son bâtard. Elle m'amena celui-ci la figure pleine de tics, les yeux papillotants à la lumière comme si on l'avait tenu jusque-là caché dans quelque trou de souris, et affligé d'un défaut de langue : il n'arrivait pas à prononcer le *L* comme une autre consonne, et disait : « Le drapeau français est beu-banc-rouge. » Je le gardais le soir après la classe pour d'interminables séances de rééducation :

« Dis après moi : ba-la.

— Ba-la.

— Bo-lo.

— Bo-lo.

— Be-le.
— Be-le.
— Et à présent : be-le-eu.
— Be-le-eu.
— En accélérant : bele-eu, bele-eu, bele-eu.
— Bele-eu, bele-eu, bele-eu.
— De plus en plus vite : bele-eu, bele-eu, bele-eu !
— Bele-eu, beleu-eu, beleu-eu.
— Beleu, beleu... Bleu ! Bleu !
— Bleu, beleu... Beu ! Beu ! »

Sang du Christ ! Quelles tonnes de patience j'ai usées ! Des mois de cette gymnastique ! Mais quelle récompense enfin, le jour où j'ai pu lui faire dire comme tout le monde : *blond, plein, clou, fleur* ! Une fois cet obstacle franchi, ses progrès furent très rapides. Il perdit la plupart de ses tics, il fit même preuve d'une assez belle intelligence. Je le présentai au concours des bourses 2e série, il s'en alla poursuivre ses études au cours complémentaire de Thiers. La mère se limait les mains sur les draps des maîtres-couteliers pour lui fournir le nécessaire, nourriture, vêtements, argent de poche. Son rêve eût été qu'il devînt instituteur comme moi, tu seras logé dans une belle maison, tu trouveras bien un petit coin pour m'installer, je serai ta bonne, j'élèverai tes enfants, je cultiverai ton jardin, je ne demande aucun salaire, sauf ma nourriture, ta présence, celle de ta famille. Tout cela était parfaitement réalisable, j'avais inculqué à mon élève de bons principes, les mêmes à peu près que ceux du catéchisme : ta mère honoreras, tu ne voleras ni l'âne ni les brebis de ton voisin, tu ne commettras point l'homicide, tu détesteras l'orgueil et le mensonge, tu gagneras ton pain à la sueur de ton front et tout le tagada. Malheureusement, Raymond Panazol les retint mal, j'aurais dû les lui faire copier cinq cents fois. Il regardait plus haut que la pauvre bougresse de Limousine, la fonction enseignante ne l'intéressait point. A force de bûcher, de se démener, de saigner sa mère aux quatre veines, il prépara et obtint une licence en droit à la faculté de Clermont. Elle et moi fûmes presque effrayés des succès obtenus par un tel prodige, sorti de nos mains ignorantes. Quand je la rencontrais aux Catharins, je ne manquais pas de la féliciter :

« Eh ! bien ! madame Panazol ! Votre fils licencié ! Qui aurait cru cela du petit Raymond qui venait en classe avec des sabots aussi ferrés que ceux d'un âne ! »

Et elle, tout riante : « Ah ! monsieur Vendange ! Vous rappelez-vous quand il disait "le drapeau beu-banc-rouge" ? Quelle reconnaissance il vous doit !

— Il ne me doit rien du tout, chère madame Panazol. Je n'ai fait que mon devoir, je suis payé pour ça par le gouvernement.

— Tout de même, tout de même ! »

Le licencié s'éleva davantage encore : il épousa la fille d'un gros notaire lyonnais. Une famille où il y avait non seulement de l'argent, mais de la religion. Quand les beaux-parents pressentis connurent sa naissance illégitime, ils mirent une condition expresse à leur consentement : vous réduirez vos relations avec votre mère au strict minimum, elles seront de préférence uniquement épistolaires, vous vous abstiendrez de la présenter à votre femme et à vos futurs enfants. Il accepta le marché, devint gendre notarial.

« Que voulez-vous, m'expliquait la Limousine en s'essuyant les yeux, ce garçon-là, je ne l'ai pas voulu, il est né d'une mauvaise action. Il fallait bien qu'il ait quelque chose de moins que les autres, ce n'est pas sa faute mais la mienne. Je n'avais qu'à me tenir comme il faut. »

Même dans ces conditions, elle trouvait le moyen de le défendre. Voilà pourquoi, ce Raymond Panazol, je l'appelle Raymond le Paon. Une certaine année, ma mère avait reçu en cadeau de voisinage un œuf de paonne, elle l'avait confié à notre poule rouge qui s'était mise à le couver sans méfiance, parmi d'autres plus petits, comme la cane d'Andersen. Au bout de trois semaines, tous les œufs ordinaires déjà éclos, lui seul s'obstinait à demeurer fermé. Alors, un grand souci vint à notre poule rouge pour cet œuf retardataire, il lui en resta plus tard le complexe de Jocaste. Après dix autres jours d'incubation forcenée, finit par naître un poussin grisâtre et peureux que tout effrayait, les chiens, les chats, l'ombre des pigeons : il courait vers notre poule rouge qui levait une aile pour le recevoir et le protéger. Il commença de grandir, fut une sorte de poulet à petit tête et jabot enflé qui toujours, à la moindre alerte, se précipitait sous l'aile maternelle. Il grossit encore, son croupion s'orna d'un plumage multicolore dont il faisait orgueilleusement parade. Chaque sujet de la basse-cour comprit qu'il ne s'agissait pas là d'une volaille commune et le traita avec admiration et déférence. Mais lui ne se contentait pas de ce tribut, sa vanité devint bientôt tyrannie, sa tyrannie cruauté. Abusant de sa taille, de son prestige, de sa voix claironnante il exigea une soumission sans bornes et se mit à frapper ceux qu'il jugeait trop indépendants. Il n'hésita pas à s'en prendre à sa mère dont il picorait le crâne rageusement, avec ou sans prétexte, pour affirmer sa suprématie. Et elle, notre poule rouge, tandis que les coups lui pleuvaient sur la tête, au lieu de les rendre abondamment et de le plumer comme il le méritait, continuait par une longue et tendre habitude de lever une aile pour le protéger. Voilà, chère Mme Panazol, ce qu'il en coûte de trop gâter les enfants.

Personnellement, comme j'ai dit, je n'ai jamais eu cette faiblesse, ni envers Raoul ni envers mes élèves. Eux-mêmes ne craignaient pas quelque bonne taloche, ils ne s'en plaignaient point à la maison, sachant bien qu'ils s'attireraient cette réponse du père :

« Vraiment ? Le maître d'école t'a flanqué une calotte ? C'est que tu l'avais méritée. Tiens, en voici une seconde pour faire bonne mesure. »

En ce temps-là, les pères étaient des pères, les fils étaient des fils, ils ne s'étonnaient pas de recevoir des coups de pied au derrière jusqu'au jour de leur mariage. Parfois au-delà. Cela n'empêchait ni l'amour ni le respect. Au contraire. Ayayaye ! Je suis vraiment de la très vieille école !

J'eus par exemple un autre mauvais sujet appelé Vidal Joseph, fils d'un maçon mort d'accident, méchant comme une fourmi rouge, qui battait ses camarades, me répondait avec insolence, essayait de me soulever de terre quand je lui infligeais le supplice de Rosalie, me tendait le poing si je le mettais au piquet, en vociférant :

« Vous me cognez parce que je n'ai pas de père ! Si mon père était là, il vous tuerait !

— Si ton père était là, il te fermerait le bec comme je veux faire, parce que j'ai le devoir de le remplacer ! »

J'avais essayé de le garder après la classe pour le raisonner, lui expliquer la folie de sa conduite, la nécessité de changer de route. Mais il restait insensible à mes sermons, aussi fermé qu'une huître. Comme il n'était pas stupide, je réussis cependant à lui faire avoir son certificat d'études, il me quitta sans me remercier. Or, quinze ans plus tard, tandis que j'étais de passage à Clermont, je vois s'avancer vers moi un beau gendarme bleu qui me salue en souriant :

« Me reconnaissez-vous ? Je suis Joseph Vidal, votre ancien élève du Faux.

— Pas possible ! Toi, Vidal ! Dans la maréchaussée !

— Vous vous attendiez plutôt à me voir finir en prison, n'est-ce pas ?... Ah ! monsieur Vendange ! Quelle gratitude je vous ai de vos calottes et de vos punitions ! Sans vous, en effet, je serais devenu un voyou. »

Et il me serre les mains, et nous nous embrassons, les larmes aux yeux. « Vous saluerez Rosalie pour moi ! » me dit-il quand nous nous quittons. Je suis heureux de ce résultat de ma virile pédagogie, pour lui et pour son père.

Quand je fais le bilan de ma carrière enseignante, la conscience ne me chatouille qu'une seule fois. A propos du petit Manaranche Frédéric qui me fut confié un jour d'octobre tempétueux et plein de mauvais présages. C'était une pauvre créature pâle et malingre, enveloppée d'un très long tablier noir qui lui donnait l'air d'un minuscule séminariste. Il commença d'apprendre à lire et à écrire normalement, il se tenait plié sur son ardoise, le nez presque à hauteur du crayon. Cent fois par jour, je lui répétais : « Manaranche, tiens-toi droit ! Tiens-toi droit, Manaranche ! Si tu ne te tiens pas droit, tu deviendras tout pareil à la fée Carabosse ! » Les autres riaient servilement, lui levait vers moi des regards tristes, faisait un effort pour se redresser, s'affaissait de nouveau dès que je n'avais pas les yeux sur lui. Comme il venait de loin et apportait chaque jour sa gamelle, je surveillais à midi sa façon de manger, j'exigeais qu'il fît largement honneur à ses provisions, mais il les entamait à peine. Ce corps sans fibre, cette âme de roseau m'irritaient. Je sais bien que l'homme est un roseau pensant, le plus faible de la nature, mais l'Auvergnat est plutôt un topinambour pensant, vivace en diable, lourd de richesses cachées, envoyant en tous sens des racines si longues et si ramifiées qu'il faut le tuer douze fois avant qu'il ne meure. Ce petit morveux-là déshonorait la race, je le sentais marqué au front d'une étoile noire et me désespérais du désir de l'effacer. Je m'étais enfoncé comme un clou cette idée dans la cervelle : si tu parviens à lui rectifier l'échine, ses poumons se développeront, son estomac s'ouvrira, on en fera un homme. Alors, je le torturais, je l'interpellais d'un bout à l'autre de la classe :

« Manaranche, vas-tu te tenir droit, tête de barbignac ! »

Il me regardait effaré, il ne sut jamais ce qu'était un barbignac et moi non plus, mais ça lui faisait de l'effet pour un certain temps. Et un jour, j'eus cette idée saugrenue : je lui glissai Rosalie dans le col de la chemise, par-devant, jusqu'à la poitrine, de façon qu'elle retînt le menton, comme on tuteure une plante de haricot Saint-Fiacre. Inutile de dire les éclats de rire autour de nous, c'est ce que je voulais, le toucher par le ridicule, lui faire honte de sa courbure. Je crus avoir trouvé la solution, il demeura longtemps tout raide, comme empalé, puis je le vis insensiblement fléchir de nouveau, enfoncer la règle dans les profondeurs, écrire enfin avec son nez. Jusqu'au mois de juillet, je livrai ainsi ma guerre à la scoliose et au rachitisme, en même temps, naturellement, qu'une foule de combats latéraux. Vinrent les grandes vacances. A la rentrée, le petit Manaranche ne prit pas place parmi nous, on m'apprit qu'il était mort deux semaines auparavant d'un « chaud et froid ». Comme le Grand Ferré de nos livres d'histoire. Ainsi, pendant que les autres transpiraient aux travaux des champs, à vendanger, à arracher les patates, à faucher les regains, à gauler les noix, à cueillir les poires et les pommes, lui avait trouvé moyen de boire glacé et de mourir. Aussi discrètement qu'il avait vécu, juste à la fin du mois de septembre, après la foire du Pré pour ne déranger personne. Sa petite figure sérieuse, sa tête rase, ses lèvres serrées hantèrent mes nuits, je me reprochais sévèrement ma conduite à son égard, j'en avais fait trop ou pas assez : pas assez pour le sauver, trop s'il ne s'agissait que de brimades. Comment avais-je pu ? Comment avais-je osé le tourmenter de la sorte avec son étoile noire ? Un demi-siècle plus tard, je garde encore en moi le remords de la règle et des moqueries.

Deux ou trois de mes élèves, à ma connaissance, sont morts ainsi en bas âge. Je n'ai garde d'oublier Jeanne Gaillard, d'Aulhat, dont la pureté préserva mes dix-sept ans. C'est évidemment la plus triste chose qui puisse t'arriver dans cette profession, des mois tu regardes la place de l'absent, son nom te vient sur les lèvres, tu regrettes de ne l'avoir pas chaque jour de sa courte vie couvert de fleurs, de louanges, de caresses, de bons points, de 10 sur 10.

Quant à mon fils Raoul, il ne m'a donné que des sujets de satisfaction. A force de vivre en Auvergne, délavé par nos pluies, fouetté par nos vents, raboté par nos neiges, il a échangé le teint légèrement fumeux de ses débuts contre une carnation blanche et rose très proche de celle qui se porte chez nous, personne ne se doute qu'il est né d'une négresse, il m'arrive même souvent d'entendre dire qu'il est mon portrait tout craché. Je ne souris pas, je ne proteste pas, après tant de transports et de leçons sur le cadre de mon vélo, rien d'étonnant que je l'aie formé à mon image, par le corps et par l'esprit. Je l'ai conduit de la sorte jusqu'au certificat d'études, en 1929, après quoi il m'a échappé. Automne, qui avait des ambitions de bourgeoisie, voulait le mettre au collège Audembron, lui faire apprendre le latin, l'espagnol, la philosophie, que sais-je ! J'ai dit n'exagérons pas, si tu suis mon conseil nous le placerons au cours complémentaire comme moi-même, il entrera à l'École normale comme moi-même, rien ne l'empêchera par la suite de faire une quatrième année, d'aller à Saint-Cloud, de devenir professeur ou inspecteur. Elle m'a dit tu crois, naturellement que je crois, je pourrai l'aider encore dans ses études, tandis qu'en philosophie, en espagnol, en latin, je suis une nullité absolue. La philosophie est une science des plus trompeuses, elle ne consiste pas, comme son nom l'indique, à être un « ami de la sagesse », car l'ami de la sagesse se chauffe les pieds en silence dans sa maison, ou bien il boit le vin de sa cave en compagnie de ses amis. Il ne casse les pantoufles à personne ; tandis que le philosophe universitaire est capable de disséquer un pet de lapin, d'écrire trente mille mots là-dessus ou sur n'importe quel autre sujet aussi passionnant, l'essence et l'existence, l'apparence et la réalité, la machtangouine et le tagada, il faut être un grand spécialiste pour fournir ce genre de prestations, pour démontrer à la fin que le monde est absurde, que son fabricant n'était qu'une pauvre cloche. Elle m'a dit tu crois, j'ai dit j'en suis sûr. Un vieil instinct me guidait, celui du boulanger qui garde son fils aîné dans la boulange, du boucher qui garde le sien dans la boucherie. Les choses se sont déroulées comme je le souhaitais, Raoul a fait une carrière enseignante, je l'ai mis en garde contre les écueils du métier, le voilà professeur à l'École normale du Puy, sous la protection de la Vierge rouge. L'exemple de Raymond Panazol m'a montré par la suite les risques que l'on courait à vouloir échapper au milieu héréditaire.

Lorsque Raoul n'a plus eu besoin du cadre de ma bécane, rien ne m'empêchait de quitter le Faux pour un poste à Thiers plus proche de mon domicile, mon ancienneté compensait dans le barème l'absence du foutu béhesse. Seulement voilà : je m'étais attaché aussi à mes nourrissons, pendant des années ils suçaient le lait de mes mamelles, ils me devaient tout, je traversais les intempéries et les frimas pour leur apporter la règle des participes, je m'en retournais le soir avec au derrière mon lampion de ver luisant, ce sont des choses que la clientèle apprécie. A partir de 1930, je dispensai Vendredi de m'accompagner, il souffrait de rhumatismes qui le faisaient gémir et ne pouvait plus se permettre ces courses biquotidiennes quand il faisait un temps à ne pas mettre un chien dehors. Vingt-sept ans je suis donc resté à la tête de cette classe unique. Après les pères et les mères, j'ai formé les fils et les filles, j'étais pour ainsi dire l'instituteur de la famille. D'anciens élèves m'amenaient leur garçon :

« Ah ! monsieur Vendange ! Vous m'avez bien dressé autrefois. Tâchez de dresser celui-là à son tour, c'est un caillou, une tête de barbignac, dressez-le à son tour !

— Je ferai de mon mieux, sois tranquille. »

Non, je n'ai jamais fait de dressage, mais je comprenais ce qu'il voulait dire : faites-en un homme. De m'entendre tutoyer son père et recevoir le *vous*, ça impressionnait terriblement le morveux, il découvrait avec stupeur que quelqu'un se tenait au-dessus de lui dans la hiérarchie du monde.

Ma carrière se serait ainsi déroulée sans bavure s'il n'y avait eu les années détestables. En 1939, ma jambe de bois m'épargna une nouvelle mobilisation, il y eut un afflux de réfugiés, mon effectif scolaire s'accrut de plusieurs unités, elles s'appelaient Dreyfus ou Blumberg, mais je les inscrivis sous les noms de Troisvilles ou de Fleury. En 1942, des détachements allemands s'installèrent un peu partout à Thiers et aux environs, leur état-major occupait l'hôtel de l'*Aile d'Or*. Au cours de mes voyages cyclistes, je fus souvent arrêté par leurs patrouilles, *Papieren !* Mais mes cartes étaient en règle. Ils regardaient ma jambe de bois :

« *Wo ?*

— Chemin des Dames.

— *Mein Gott !* Chemin tes Tames ! *Schrecklich !* »

Ils me saluaient avec respect, en faisant claquer les talons. Ils n'avaient pas besoin de savoir qu'à partir de 1943, s'ils l'avaient fouillée, ils auraient trouvé plus d'une fois dans ma tulipe certains documents, certains messages qui les auraient fort intéressés. Elle était pour moi le meilleur des sauf-conduits. le 25 août 1944, il y eut à Thiers ces combats de rue où j'oubliai un peu mes qualités de boiteux et de fonctionnaire de l'État français.

En 1946, je me décide enfin à demander ma mutation pour la capitale de la coutellerie et suis nommé dans la ville haute, au groupe scolaire de Turelet. Tous les villages environnant Bidon 5 décrètent un deuil national d'une semaine, les habitants organisent une cérémonie d'adieu dans la classe même, parée de fleurs, de feuilles et de fruits. On m'embrasse, on me couvre de compliments. Charles Thuel, mon ancien élève, ex-préposé à la bouteille de vin rouge, prononce un discours en trois points où il évoque ma carrière militaire, les difficultés de mes débuts, le courage, la solitude (je me demande s'il fut de ceux qui volèrent ma prothèse et la crucifièrent à la croix du Branle)... il a suivi mon évolution... mon dévouement indéfectible... une race particulière de maître d'école... les hussards de la République... rataplan, rataplan, rataplan...

« Ah ! monsieur ! proclame-t-il au nom de tous, si le Faux avait une place, elle serait immédiatement baptisée place Jules-Vendange ! »

Applaudissements. Moi je regarde la salle où j'ai eu mes erreurs de jeunesse, mais tant sué, tant ri, tant pleuré, tant répété, tant crié, tant menacé, tant boité — tchonc, tchonc —, tant balayé, allumé tant de feux, surveillé tant de fricots, pansé tant de genoux, essuyé tant de larmes, usé tant de blouses et de patience. Elle brille aujourd'hui de mille bougies, cette classe, au milieu de son désert, avec les quatre points cardinaux marqués à la craie sur les quatre murs : *E, O, N, S*, en attendant une autre sentinelle qui viendra demain me remplacer. Peut-être une frêle jeune fille frais émoulue de son École normale, et que les bédouins dévoreront dans les trois mois. Je veux dire que, terrorisée par sa solitude, elle épousera le premier croquant qui lui offrira un bouquet de violettes.

A Turelet, je perds énormément de mon importance, ma jambe de bois n'intéresse personne, mes collègues la trouvent archaïque et dépassée ; pendant la récréation certains élèves imitent mon marcher en faisant tchonc-tchonc, d'autres chantent dans les coins où je ne suis pas :

Il avait un' jamb' de bois
Pas plus gross' que mon p'tit doigt,

Et il mettait par-dessous
Un'rondelle en caoutchouc...

Alors, je décide de me moderniser, j'abandonne mon vieux pilon pour une jambe articulée qui me donne la satisfaction d'user deux souliers à la fois, au lieu de gaspiller le gauche. Cela fonctionne à merveille : en vertu de la pesanteur, la partie basse se déplie toute seule ; tu marches sans effort, sans nécessité de décrire des demi-cercles ; sous le pantalon, tu jurerais une patte naturelle. Elle a un *zigoui* comme les brodequins de mon grand-père. Mes collègues me félicitent, mais Automne se montre un peu déçue :

« Avec ton ancienne jambe, je te trouvais plus...

— Plus quoi ?

— Plus émouvant. J'ai l'impression que je t'ai aimé un peu à cause d'elle.

— Tu m'as aimé ? Vraiment ? »

Elle sourit, avec quelque tristesse :

« Il me semble... je crois... c'est si vieux. »

Je me demande — mais je ne lui demande pas — si ses sentiments de 1923 à mon égard étaient, selon l'expression de mon copain Beyssac, de l'amour-beurre ou de l'amour-saindoux.

« D'accord, m'expliquait-il quelque temps après nos noces, tu as épousé ta femme pour son profil, j'ai pris la mienne pour ses hectares de terre et ses vertus paysannes. Toi par amour, moi par amitié. Mais tu verras que d'ici un certain nombre d'années, vingt ou trente peut-être, la différence n'y paraîtra point. Les sentiments rancissent comme le beurre et le saindoux, quand tu renifles un saindoux et un beurre très vieux et très rances, tu ne peux plus les distinguer l'un de l'autre. »

Quoi qu'il en soit du contenu de son cœur, Automne et moi vieillissons ensemble sans histoires, nous sommes un couple heureux, même si nous n'avons pas beaucoup d'enfants. Le souvenir de Pierre Nadaud, mon prédécesseur, a dû s'effacer complètement de sa mémoire, jamais je ne le lui ai entendu prononcer durant son sommeil. Pas même durant son délire, l'année où elle eut, pour avoir mangé des huîtres un mois sans *r*, cette infection intestinale qui lui donna 41° de température. Même si le nom du teinturier est encore lâché de loin en loin, je n'en éprouve plus aucun élancement douloureux, je considère Pierre désormais comme un simple ami de la famille.

En 1949, nouvelle modernisation ; déjà quinquagénaire, après un laborieux apprentissage de la conduite, j'achète notre première automobile : une 4 CV Renault. Tout est sensationnel dans cet objet : les dimensions, la forme, la couleur (au début on se demande s'il s'agit réellement d'un véhicule ou de quelque gros légume), la place du moteur et celle du coffre, l'absence de marchepied et de manivelle, la consommation, la vitesse, les sièges, les vitres, les bouchons. Elle nous permet de monter voir plus souvent mes frères et ma sœur, mais nous n'en abusons pas, une telle merveille doit durer jusqu'à la fin de nos jours, nous l'économisons. Automne pour la protéger lui tricote des couvertures, des housses, des tapis, tu dirais une marraine de guerre. Quand je prends ma retraite, en 1955, le compteur n'indique encore que 32 000 km, elle est pratiquement à l'état neuf : pas une tache de goudron sur sa peinture, de boue sous ses ailes, d'huile sous son capot.

J'ai cinquante-huit ans et ma femme soixante quand nous cessons notre service, nous nous retirons à Vollore-Montagne où j'ai acquis depuis longtemps une ancienne ferme, restaurée, aménagée, eau courante chaude et froide, salle de bains, chauffage central, car j'ai toujours eu le désir de mourir dans mon pays natal.

Dialogues

Peu avant mon départ de Turelet, il arriva dans ma classe un accident qui fut pour moi de grande conséquence. J'avais un élève nommé Durbosky, ou Dorbusky, ou Bordusky, je ne sais plus bien, une espèce de grand escogriffe, maigre comme une bicyclette, et constamment agité à sa place comme s'il était assis sur une fourmilière. Un jour, je l'entends qui pousse un ha ! je le vois la bouche béante, les yeux hors de la tête et un bras écarté du corps :

« Qu'est-ce qu'il y a, Burdosky ?

— Mon épaule !

— Quoi, ton épaule ?

— Mon épaule ! »

Sa mécanique avait du jeu dans les rouages. Chahutant avec son voisin de derrière, il s'était démis une épaule et restait là, le bras droit crispé en portemanteau, sans oser faire un geste. Je lui dis : « Sors un peu de ta table, viens ici. » Je tâte l'articulation qui a l'air bien coincée, je saisis la main, j'appuie sur le déboîtement et soudain, crac ! les diverses pièces se trouvent remises à leur juste place sans que je sache comment je m'y suis pris : je l'ai *rhabillé*. Lui me regarde avec surprise, puis il bouge le bras : tout fonctionne. Dans les semaines qui suivront, lorsqu'il m'ennuiera, je menacerai Dubrosky de lui déglinguer une épaule ou deux.

Cet heureux hasard me laissa supposer que je possédais peut-être des dons de rebouteux, je me mis à les cultiver, j'achetai des ouvrages d'anatomie, pendant des heures je me tâtais le corps, du crâne aux doigts de pied. Bientôt je connus de nom et de forme chacun des 208 os et osselets qui composent notre squelette, je vérifiais aussi mes connaissances sur Automne quand elle voulait bien s'y prêter. Puis, je fis des voyages jusqu'à Bulhon, dans la Limagne, où exerçait une célèbre rhabilleuse nommée Mme Faraby, elle voulut bien me reconnaître certaines aptitudes et accepta de me donner quelques leçons :

« En principe, je ne devrais pas, vu que le don ne devrait pas sortir de la famille, mais je suis sûre que vous ne faites pas ça pour l'argent.

— C'est la vérité.

— Voyez-vous, la différence principale entre les médecins et nous, c'est que nous devons toujours reconnaître dans certains cas : je ne sais pas, je ne peux pas, ce n'est pas de ma compétence. Eux ne disent jamais des choses pareilles. Voilà pourquoi ils tuent du monde qui ne demandait qu'à vivre, même en souffrant. »

Elle m'apprit les diverses luxations et les points sur lesquels il fallait presser pour les réduire. D'abord, contentez-vous de ça, ne soyez pas trop ambitieux, laissez aux docteurs tout le reste. Dans trois ou quatre ans, revenez me voir si je ne suis pas morte, je vous apprendrai les fractures. Quand nous fûmes installés à Vollore-Montagne, je continuai mes études. La première fois qu'on m'amena une personne à rhabiller — c'était une fillette — j'éprouvai les mêmes tourments que Pasteur en face de Joseph Meister. Heureusement, le cas était simple : une trochlée de l'humérus sortie de la cavité sigmoïde, je pus la remettre en place d'un coup de pouce. Mon aisance impressionna. J'eus d'autres clients dont je soulageai de même les entorses, les fêlures, les luxations. Je refusais les fractures caractérisées et à plus forte raison tout ce qui ne concernait point la charpente osseuse, car on prétendait me faire soigner n'importe quel mal, de l'eczéma au cancer. Parfois, les malades insistaient en pleurant : « Vous pourriez bien si vous vouliez, ayez pitié de moi. — Mais j'ai pitié de vous, ma pauvre femme, c'est pourquoi je vous renvoie aux médecins. — J'en viens. — Alors, adressez-vous à la Bonne Vierge, elle ne m'a pas choisi pour faire ses miracles, elle se passe d'intermédiaire. » En principe, je n'acceptais pas qu'on me récompensât en argent, sauf si l'on n'avait vraiment rien d'autre à me proposer, les billets gagnés de la sorte ne me faisaient pas plaisir :

« Prends-les donc, recommandait ma femme. Tu en auras peut-être besoin un jour quand il faudra qu'on te soigne toi-même. »

Mais ce qui consternait le plus la reconnaissance de mes patients, c'est mon refus de leurs fromages. Hé oui, que voulez-vous ! Il n'y en a pas beaucoup de mon espèce, mais je suis un Auvergnat qui n'aime pas le fromage !... Pas possible ?... C'est comme je vous le dis. Alors, ma maison fut bientôt pleine de saucissons, de jambons, de pâtés, de bouteilles d'eau-de-vie, de mottes de beurre, de bonbonnes de vin, d'épiceries en tous genres. Quand ça débordait, je remplissais la 4 CV de tout ce qui menaçait perdition, et je l'emportais aux hospices de Noirétable, de Thiers ou de Courpière.

Les premières années de ma retraite furent ainsi très occupées par ce commerce, je poursuivais mes études livresques, Mme Faraby voulut bien se rappeler sa promesse et compléter mes connaissances pratiques. Mais, comme dit Montaigne, il faut se prêter aux autres et ne se donner qu'à soi-même. Je me réservais de longues heures de loisir que je consacrais à ma famille, à mes amis, à la pêche, à la cueillette des champignons, des framboises, des airelles, des pissenlits. En ce temps-là, malgré ma patte folle, j'étais capable de parcourir la campagne en tous sens. Avec le nouveau curé, j'aimais les longues parties de cartes au bistrot, nous parlions des écrevisses, des truites, j'évoquais aussi mes souvenirs, je lui demandais si ses enfants de chœur lui chipaient les hosties non consacrées et buvaient son vin de messe comme je faisais autrefois, en compagnie de Moignoux et d'autres mauvais chrétiens.

« Aujourd'hui, me révéla-t-il, le corps du Christ est protégé par le chewing-gum, dont les gamins ont toujours plein la bouche. Ils n'ont pas envie d'autre gourmandise. »

Parfois, Automne venait nous interrompre, disant : « Viens vite, j'ai un bras cassé », ou : « J'ai trois côtes enfoncées. » Ce qui signifiait qu'un client attendait mon intervention. On couchait les cartes sur la table, la figure en bas, je recommandais au prêtre de ne pas profiter de mon absence pour tricher en examinant les miennes, et j'allais, comme disent les journaux, « prodiguer mes soins ». A mon retour, mon partenaire précisait :

« C'est atout trèfle. J'ai fait une tournée avec mon valet, c'est à moi de jouer. »

Et la partie reprenait.

J'avais aussi pour ami Batcholle, son fossoyeur-sonneur de cloches, avec qui je parlais de choses profondes, comme il convenait à sa profession. La mort ne le troublait pas plus que le printemps, il s'en félicitait.

« Y a deux métiers qui doivent pas se laisser impressionner par elle : le mien et celui du médecin. Un jour, je me suis trouvé en chamaille avec un de ces hommes qui croient tout connaître sous prétexte qu'ils sont docteurs. C'est le jour — je te parle d'il y a trente ans — où Jacques Lavet est tombé du toit de sa grange. Il se trouvait justement de passage un médecin de Noirétable avec sa voiture Ford, on va le chercher, il examine Lavet, je l'examine aussi, puis il dit comme ça : "Faites-le transporter à l'hôpital de

Thiers, il est encore vivant.'' Et moi, je fais : ''Pas la peine, il est déjà mort. — Moi je vous dis qu'il est vivant, et je suis médecin à Noirétable. — Et moi, je vous dis qu'il est mort, et je suis croque-mort à la Chapelle-Trinquard.'' Les parents n'ont pas voulu m'écouter, s'ils l'avaient fait, ils auraient économisé un transport et d'autres frais. Le lendemain ils l'ont remonté et je l'ai fourré dans le trou. Que veux-tu : à chacun sa spécialité. »

Batcholle se plaignait du manque de clientèle, on n'enterrait plus beaucoup à Vollore-Montagne, la commune se dépeuplait par suite de cette manie qu'avaient les jeunes d'aller s'établir ailleurs. Même les vieux partaient mourir dans les hospices et se faisaient inhumer là-bas, en terre étrangère. Il secouait la tête et soupirait :

« S'ils s'en vont, peut-être qu'il y a aussi un peu de ma faute.

— Un peu de ta faute ? Comment ça ?

— A cause de cette sale habitude que j'avais de menacer les gens de mon calepin. Si quelqu'un m'embêtait, s'il refusait de me payer à boire ou me manquait de respect, je prenais mon crayon rouge et j'inscrivais son nom sur mon calepin. Des fois, même, je le soulignais. ''Toi, mon petit ami, que je lui disais, t'en fais pas ! Quand tu crèveras, je te soignerai !'' Au début, ça les faisait rigoler : ''Et qu'est-ce que tu me feras ? Tu m'enterreras plus profond ou moins profond que les autres ?'' Moi, je précisais pas ma pensée, je secouais seulement la tête et je répétais : ''Te tracasse pas ! Je te soignerai comme il faut ! Tu seras sucré !'' J'en avais comme ça toute une liste en rouge sur mon carnet, dont plusieurs soulignés, je la montrais, je faisais lire les noms. Tellement que les clients ont fini par prendre des inquiétudes, se demandant bien ce que je pourrais leur faire. Alors, je dois pas me plaindre à présent s'ils sont allés porter leurs os ailleurs.

— Et moi, dis-je, est-ce que tu m'as couché sur ton calepin ?

— Pas encore. Mais ça viendra peut-être. »

Je lui ai offert du vin de mon tonneau pour échapper à ce désastre. Un jour, je lui ai demandé comment il voyait ses propres funérailles :

« Ça se passera très bien. Viens avec moi, je te montrerai quelque chose. »

Il m'emmène au cimetière et là, dans un coin abrité de la bise et de la traverse, il me présente sa fosse toute creusée, il tire de sa poche un double mètre pour m'en faire remarquer les dimensions : quatre-vingts centimètres de large, deux mètres de long et de profond. En fait, sur ce dernier point les règlements n'exigent qu'un mètre cinquante, mais il a voulu descendre plus bas, il s'est sucré. Le terrain est bien sec, d'ici, chaque matin, il verra se lever le soleil :

« Et tu crois que je serai mal ? Dans le fond, j'ai ménagé une pente, pour que l'eau s'écoule. Comme ça, je me garderai propre mille ans, jusqu'au jour de la résurrection. En attendant, j'entretiens le trou : de temps en temps, il se produit de petits éboulements, alors je descends dedans pour nettoyer. On peut pas dire que je suis pas prêt. »

Il rallume sa pipe et lance dans sa tombe l'allumette à demi consumée.

Ainsi, toutes ces années qui passent nous poussent vers le royaume de Batcholle. Mais ce qu'il y a de plus triste, dans la vieillesse, c'est de voir changer ce qu'on aime. Antonine, la petite sœur qui se blottissait sur mes genoux pour que je lui raconte des histoires, est à présent une paysanne grise, efflanquée, les mains rouges et noueuses, accablée d'enfants, de lapins, de rhumatismes. Au moment où j'écris ces lignes, Raoul, que j'ai tant traîné jadis sur ma bicyclette, approche à son tour de la retraite ; il a déjà le ruban bleu, il a pris beaucoup d'avancement, même du côté du ventre ; par lui, je suis arrière-grand-père. Automne surtout, ma très chère Automne, a gardé sa belle voix rauque qui me troublait jadis de la tête aux pieds ; le reste, il vaut mieux par charité que je n'en parle pas. L'hiver rude de Vollore-Montagne la fait souffrir, elle qui naquit aux Iles fortunées ; elle passe cinq mois l'an enfermée à tisonner son feu ; mais sa grande affliction lui vient des yeux, les médecins parlent de cataracte et d'opération, elle s'y refuse, elle dit le peu de vue qui me reste suffit maintenant pour me conduire là où je dois aller.

Je lui lis le journal. Autrefois, nous nous intéressions aux problèmes de l'humanité tout entière. Puis, notre intérêt s'est rapetissée : l'Auvergne nous a suffi. Nous suivions la carrière de nos collègues et de nos anciens élèves, nous dépouillions attentivement les « Mouvements dans l'enseignement primaire », les résultats des examens et des concours, les succès scolaires et universitaires. A présent, sitôt les gros titres lus, je cours aux avis d'obsèques. Les efforts des gouvernements successifs pour se renouveler et changer de politique ressemblent à ceux d'un malade condamné au lit, qui se met tantôt sur le flanc gauche et tantôt sur le droit, tantôt sur le ventre et tantôt sur l'échine, et croit ainsi tromper son mal. Notre indifférence croissante envers le monde, le monde nous la rend bien. Il n'est question partout que des problèmes de la jeunesse, de la crise de la jeunesse, de la promotion de la jeunesse ; qui a souci des problèmes de la vieillesse ? Radotez, et fichez-nous la paix. Mes petits-enfants me demandent, avec une ironie que je ne perçois pas toujours : « Grand-parrain, raconte-nous ta guerre. » Comme on dirait à un perroquet : « Chante-nous *la Paimpolaise*, Coco ! »

Je leur fais mon numéro d'ancien combattant, ils me donnent un sucre. Je radote.

Je radote, et je reboute. On m'apporte encore de temps en temps des membres, des côtes, des colonnes vertébrales à requinquer. Les succès que j'obtiens me valent plus de considération que mes autres titres réunis. Le 4 Juillet, je célèbre toujours l'anniversaire de mon amputation ; cela se passe dans l'intimité, en compagnie d'un ou deux autres Chapelats, anciens du Chemin des Dames. Nous buvons une bouteille et chantons *C'est à Craonne sur le plateau.* La serveuse sourit et secoue la tête avec indulgence à nos gamineries. Nous radotons.

Beyssac est mort. Des canaques de 1919 qui jetèrent le Zig dans le bassin de l'École normale et enlevèrent *manu militari* l'inspection académique, nous survivons à cinq ou six. A présent si usés que nous avons renoncé à nous rencontrer, à nous écrire. Les seules nouvelles que nous ayons les uns des autres nous parviennent par les avis d'obsèques. Encore certains disparaissent-ils mystérieusement : ils étaient allés s'établir je ne sais où, sur la Côte d'Azur, en Roussillon, en Corse, avec l'espoir de se prolonger.

Ma jeunesse fut guerrière, elle devint ensuite pacifiste pour les raisons que j'ai racontées, mais sans rougir de ses anciennes espérances, et assez fière de ce qu'elle avait subi et accompli. Clemenceau nous fit croire que nous avions des droits sur les autres, et il leur recommandait : « Si vous rencontrez un de ces hommes qui ont combattu et souffert pour nous, ne le saluez pas, mais allez l'embrasser. » Personne ne m'a jamais offert ce genre d'embrassade. La jeunesse d'aujourd'hui se prétend pacifiste, et elle revendique des droits sur nous. Il m'est arrivé d'avoir avec elle une étrange chamaille, comme disait Batcholle. Cela s'est passé l'année dernière. Il faut dire que je suis abonné à une revue destinée aux anciens combattants, mutilés et victimes de guerre, *La Charte.* On y lit des échos réjouissants, comme celui-ci :

A Rome, jadis, les jours d'émotion populaire, les vétérans venaient sur le forum, arrachaient leur tunique et montraient orgueilleusement leurs cicatrices pour se faire entendre et rappeler leurs droits...

Ou celui-là :

Le secrétariat d'État aux Anciens combattants va disparaître, M. André Bord aura été le dernier titulaire de ce poste...

On nous y appelle facétieusement des *veaux d'or*, parce que nous sommes toujours debout. Ou encore des *octogêneurs.* Le journal rapporte le résultat d'une enquête impromptu faite parmi les passants d'une rue parisienne : trente pour cent ignorent complètement ce que signifie la date du 11 Novembre. Un nombre infime cependant réclame la suppression de cette fête, car elle représente un jour de congé bon à prendre, comme le lundi de Pâques et la fête de l'Assomption.

L'année dernière donc, *La Charte* nous invita à faire un grand effort à l'occasion du prochain 11 Novembre. A sortir de nos retraites, de nos fauteuils, de nos pantoufles, à bien nous couvrir, à emporter si nécessaire une topette de rhum dans la poche du paletot, et à participer visiblement aux célébrations, de préférence au chef-lieu de canton le plus proche. Un ou deux veaux d'or à Vollore-Montagne, cela ne se remarque pas ; mais trente ou quarante veaux d'or à Thiers, cela doit se voir. C'est pourquoi, avec deux autres Chapelats, je me suis fait transporter en taxi jusqu'à la capitale du couteau. Encadrés par des anciens combattants moins vieux que nous, mais déjà passablement délabrés, ceux de la Seconde, de la Résistance, d'Indochine, d'Algérie, nous nous sommes rassemblés dans le square des Grammonts, devant le monument aux Morts, avec nos échines rondes, nos têtes chauves, chenues, branlantes, nos yeux larmoyants, nos moustaches affligées, nos cannes, nos petites voitures. Il y avait aussi, bien sûr, tous ceux qui viennent au commandement : quelques enfants des écoles, des pompiers, des gendarmes, la *Philharmonique*, la municipalité, le sous-préfet, plusieurs prêtres de diverses religions, beaucoup de drapeaux, de médailles, de clarinettes. En revanche, très peu de civils volontaires, les 11 Novembre ça ne les intéresse plus, ils sont ailleurs, ils font le pont. Quelqu'un a déposé une gerbe de fleurs, on a eu du clairon, *la Marseillaise*, la minute de silence. C'est alors, avant qu'elle ne soit écoulée, dans le magnifique recueillement de l'assistance, que nous est tombé du ciel un charivari sans pareil en ce genre de manifestation. Des jeunes gens, garçons et filles, s'étaient faufilés derrière le monument par l'escalier double qui descend de la place Duchasseint, en enjambant la grille. Et les voilà qui se mettent à vociférer :

« A bas la guerre ! A bas l'armée ! Guerre égale profit ! On en a ras le bol des anciens combattants ! De ces vieux jetons qui toute leur vie se sont laissé mener à coups de pied dans les fesses ! Et qui entretiennent le culte du massacre collectif ! Ancien combattant égale ancien mouton ! *Go home !* Rentrez vos pèndeloques ! Complices du capitalisme et des marchands d'armes, nous ferons l'amour, nous ne ferons pas la guerre !... »

En même temps, ils nous bombardaient de tomates avariées et jetaient à la tête du Poilu et de son copain l'Arverne des flacons d'encre noire et d'encre rouge. Tout cela n'a duré que quelques secondes. Puis ils ont reflué vers leur base de départ, avant que les gendarmes et les pompiers ne se soient décidés à réagir, empêtrés dans leur minute de silence, leur costume du dimanche, leur protocole et leurs trombones. Un moment les tomates et les encriers ont plu encore. Nous, les vieux de la vieille, nous nous sommes regardés avec consternation, certains complètement sourds n'avaient rien compris et demandaient : « Qu'est-ce qui se passe ? Qu'est-ce qui se passe ? » Muets, nous frottant les yeux, abasourdis, nous ne croyions pas encore à ce que nous venions de voir et d'entendre. Puis un ou deux, de leur voix cassée, ou chevrotante, ou aiguë comme celle des castrats, se sont mis à glapir :

« Vive l'Armée ! Vive la France ! Vive la France ! Vive l'Armée ! »

Et les autres ont suivi. Même les sourds qui braillaient plus fort que tous : « Qu'est-ce que c'est, qu'est-ce que c'est, sacré bon Dieu ? » Je me suis égosillé tout mon saoul, en essuyant sur ma figure une tomate écrasée.

Voilà ma chamaille avec les jeunes classes. A chaque génération, les jeunes ont toujours inventé la liberté, la fraternité, la contestation.

La municipalité nous a offert un vin d'honneur, elle a enlevé avec des serviettes en papier les derniers pépins qui nous restaient collés aux moustaches.

Avant de remonter à Vollore-Montagne, j'ai voulu revoir, non l'école de Turelet, mais celle du Faux et la montrer à mes compatriotes chapelats. Nous nous sommes engagés dans les travaux de l'autoroute et avons failli nous perdre, il a fallu que je demande mon chemin. Je n'y retournerai plus.

Certains jours, je ne sais plus bien où j'en suis. Automne me parle et je ne la comprends pas, comme si elle usait d'une langue étrangère. Je vais dans mon jardin, je tourne autour de mes ruches, je prête l'oreille à ce fin bourdonnement intérieur qui est la rumeur de leur industrie ; et il me semble, contrairement à ce qu'il advient avec ma femme, que j'entends très bien leur langage. Elles parlent de moi en termes amicaux, jamais on ne distingue chez les abeilles un souffle de haine, de dépit, de jalousie ou de tout autre sentiment désagréable, contrairement à ce qui existe dans la conversation des hommes.

L'hiver dernier, par l'effet d'une mauvaise pneumonie, j'ai failli rendre mon âme à celui qui l'a créée. Le docteur Dumas, de Vollore-Ville, m'a bien soigné ; connaissant mes activités annexes, mais n'y voyant qu'une inoffensive manie de retraité, il m'appelle son « cher collègue », il sait bien que je me garde de piétiner ses plates-bandes. D'ailleurs, ma clientèle se raréfie, elle semble même avoir profité de ma maladie pour me déserter à peu près complètement, depuis un mois personne n'est venu sonner à ma porte. Avec la Sécurité sociale pour tout le monde, les éclopés ne craignent plus désormais les soins coûteux des spécialistes, les radiographies, les hospitalisations. Il y a une crise du reboutage.

Il faut dire que la médecine a fait des progrès quasi miraculeux, voici qu'elle pratique journellement des transplantations d'organes. En toute modestie, je lègue aux hôpitaux ma jambe articulée que j'ai huilée et entretenue avec constance, elle peut faire la consolation d'un unijambiste peu fortuné. La faiblesse de la chirurgie est qu'en greffant un cœur, elle ne greffe point les sentiments qu'il est supposé sécréter, si l'on met le cœur d'un brave homme dans la poitrine d'un gredin, celui-ci demeure un gredin, ce qu'il faudrait, c'est qu'on parvienne un jour à pratiquer les transplantations d'âmes. Raoul est loin, mes petits-enfants et arrière-petits-enfants plus loin encore. Aucun de mes anciens élèves ne se soucie du vieux Vendange ni ne lui envoie de temps en temps quelque bout de lettre. Ainsi va le monde. Petit *b*, nous disait M. Langlais, « la mémoire de l'homme est faite de plus d'oubli que de souvenirs ».

Quand il fait doux, ma femme et moi risquons de petites promenades, à pas de souris, dans les chemins de faible pente, nous donnant le bras plus étroitement que jamais, chacun a besoin de l'autre pour l'empêcher de trébucher, comme l'aveugle et le paralytique. Il ne nous arrive désormais rien d'heureux ni de malheureux, je dois mettre au compte de mes plaisirs une bonne digestion, une sieste reposante, une carte postale inattendue, une violette prématurée, une mouche bleue que j'écrase d'un coup de journal. Nous trouvons de grands réconforts dans la compagnie des animaux, de notre chatte Musette, de notre chien Lundi : ses prédécesseurs Vendredi, Samedi et Dimanche séjournent depuis longtemps au Jardin des Délices, mais nous ne finirons sûrement pas la semaine. L'hiver, je m'enveloppe de plusieurs cache-nez et vais répandre des miettes de nourriture devant ma porte à l'usage des moineaux et des merles. Et si j'en trouve un tout paralysé de froid dans la neige ou le givre, je place le pain devant son bec, disant : « Allons, ne te laisse pas abattre », quand il a mangé je fais brou-brou pour qu'il s'envole et résiste à l'engourdissement. Des hommes, nous n'avons plus rien à espérer. Du ciel, nous attendons seulement un départ en douceur quand nous en aurons terminé avec notre tour du doigt.

LES VENTRES JAUNES

*A Fernand Planche qui le premier raconta bien les émouleurs,
et demeura fidèle à l'*Idée *jusqu'au Pacifique.*

Le temps perdu se rattrape toujours.
Proverbe coutelier.

1883

Pitelet Maurice, dit Tchoucossa, se mit sur le pas de la porte, là où descendaient une huitaine de marches donnant accès au bief et à la roue, il leva le poing et commença d'injurier la rivière :

« *Velho solopo ! Velho chorogno ! Velho putasso de foumarey !* »

La Durolle ne s'offusqua point de ces insolences, elle était pratiquement absente depuis trois semaines, il restait à peine d'elle çà et là quelques flaques entre les cailloux ronds comme des œufs d'autruche. Ils n'apparaissaient qu'aux jours d'extrême étiage ; si bien que les couteliers avaient coutume de dire, parlant de leur corporation, la seule au monde qui les intéressât :

Qui voit ses veines voit ses peines ;
qui voit les pierres voit ses misères.

Encore quelques jours de sécheresse, et les pierres il faudrait les retourner pour trouver dessous le souvenir de la rivière évaporée. Les sauts construits par les ancêtres afin de provoquer ces belles marches d'eau, chacune avec sa chute bouillonnante, s'exhibaient à présent dans leur nudité triste, simples alignements de blocs empilés sans ciment, pareils à ceux du pont du Gard, et aussi éternels. Depuis longtemps, les truites, les gardons, les chevaines, la poissonnaille qui en temps normal grouillait dans le torrent avaient fui en aval, vers la Dore jamais entièrement dépourvue, vers l'Allier lointain. Beaucoup étaient morts de soif et ne reviendraient jamais.

Toute la vallée, cœur et âme de la cité coutelière, se trouvait frappée de silence. Les maillets des papeteries demeuraient immobiles, de même que les meules des rouets, les martinets des forges. Seules fonctionnaient encore, plus haut, le long du Cordon, c'est-à-dire de la route 89 qui va de Clermont à Lyon, les machines à vapeur de deux grosses entreprises : on entendait le cognement redoublé des moutons d'estampe et de découpage. Et aussi, çà et là, le marteau de quelque forgeron, battant les lames sur son enclume pour occuper quelques heures du jour. Mais le cœur n'y était guère. Émouleurs et polisseurs se réjouissaient de ce tapage qui préparait leur besogne à venir, car, avant d'atteindre la poche ou la table du client, le couteau passe par trente-six mains ou davantage, chacune lui apporte un *rang*, un complément de forme ; ainsi, pour ne considérer que la seule lame, le découpeur fait vivre le forgeron, qui fait vivre le trempeur, qui fait vivre le marqueur, qui fait vivre l'émouleur, qui fait vivre le polisseur, qui fait vivre la finisseuse, qui fait vivre la plieuse. Avec eux, il y a les ouvriers du manche, dégraisseurs et blanchisseurs d'os, façonneurs, presseurs, mouleurs, spécialistes de la virole — une douzaine de rangs pour elle seule ! —, des platines, des ressorts, des mitres, des rosettes. Et les monteurs ! Et les gainiers ! Et les transporteurs ! Tous font vivre les patrons, riches et gras. Mais il est bon qu'ils soient riches et gras, qu'ils portent les jours de fête ou de réception à la sous-préfecture souliers vernis, chapeau gibus, chaîne d'or sur le ventre, même si le reste du temps ils ne se distinguent guère de leur personnel, en tablier de cuir et en sabots, les mains noires, ne craignant pas d'écarter un apprenti pour prendre sa place et lui montrer le travail. Nul n'a le droit de les maudire : ils sont aussi nécessaires à l'ouvrier que le soleil aux graines enterrées, sans soleil pas de récolte.

En ce mois d'août 1883, par une solidarité de fait et d'instinct, la quasi-totalité de la population se trouvait donc en grève pour essayer de convaincre le ciel de changer de politique. Les femmes faisaient la queue aux fontaines presque taries afin d'y remplir leur cruche. Les hommes tenaient conciliabule sous les marronniers de la place aux Arbres, de la Commune, du Foirail, ou buvaient pinte dans les caboulots, ou désertaient carrément la ville, à la recherche d'un peu de fraîcheur dans les bois des Bergerettes ou sur les rives de la Dore. Les gamins pillaient les pêches, les poires, les prunes dans les jardins de la bourgeoisie. Les chiens de toutes sortes, mais spécialement les chiens d'émouleurs, traversaient les rues torrides, la langue pendante, honteux de leur inutilité, du dédain où on les tenait, un coup de pied sous la queue les eût remplis de joie. D'autres tâchaient de dormir sous les tables des cabarets, entre les sabots de leurs maîtres, affligés de mouches et de cauchemars.

« *Velho goro !* cria Tchoucossa. *Velho gnignorlo ! Te voli nou fouére crevé de fan !* »

Elle voulait donc les faire tous mourir de faim ! Et de soif ! L'homme regarda le ciel impitoyable, entre Margeride et Pierre-Plate, si bleu qu'il en devenait blanc, le soleil en avait effacé la teinte comme il fait aux rideaux des fenêtres. Pas une goutte de pluie n'en était tombée depuis dix semaines. La Durolle avait cependant ses réserves bien cachées sous les montagnes et les forêts, ses sources fournisseuses, ses affluents des deux bords, elle avait résisté longtemps à la canicule ; mais depuis N.-D. de l'Assomption elle aussi se trouvait à sec. Un ingénieur de Clermont avait eu dans le passé l'idée de faire établir en amont un barrage-réservoir susceptible de régulariser son cours. Mais le projet avait soulevé l'opposition de tout le monde. Des riverains qui redoutaient une rupture de la muraille et le cataclysme qui s'ensuivrait. Des patrons qui devraient couvrir une partie des frais de construction. Des ouvriers et artisans qui ne supportaient pas qu'un Clermontois vînt se mêler de leurs affaires. Au fond, pourvu qu'il ne durât pas trop longtemps, ils ne détestaient point ce chômage d'été qui leur procurait des vacances comme aux professeurs.

Tchoucossa se racla la gorge, se suça le dedans des joues et expédia vers le lit vide de la Durolle, en y plaçant tout le mépris dont il disposait, un crachat solennel. Puis il rentra dans le rouet. Trois autres émouleurs s'y trouvaient : Desgouttes, Issard et Bitton. Il en manquait deux, ainsi que les polisseurs du premier étage. Ceux-là, les absents, ne croyaient pas au retour des eaux, pour eux la pluie ni les nuages n'existaient plus, ils avaient à jamais disparu de ce monde. Avec tristesse, Pitelet considéra l'atelier oisif, ses six meules immobiles, ses six planches horizontales recouvertes de peaux de mouton. Sur deux d'entre elles, Issard et Bitton s'étaient couchés, mais à l'envers de l'usage, à plat dos, les pieds en avant, les mains calées sous la tête. Ils fermaient les yeux et faisaient semblant de dormir. Comme chaque matin depuis la grève des eaux, Desgouttes dit Mange-Fourme avait apporté Clovis dans sa cage. Il ne s'agissait pas d'une cage ordinaire, mais d'une construction d'art reproduisant en miniature l'Opéra de Paris, tel qu'il l'avait copié sur une carte postale, avec ses seize colonnes, ses loggias, ses frontons, sa coupole. Et l'Opéra en personne n'était pas de trop pour honorer un chanteur de la classe de Clovis, son ramage, sans parler de son plumage. Il trônait au centre de la meule désaffectée qui leur servait de table. Agenouillé devant elle, Desgouttes sifflait et gazouillait pour encourager l'oiseau à commencer son récital, ses lèvres allongées soulevaient sa grosse moustache, mais Clovis ce matin-là ne semblait pas dispos, il participait à la grève générale. Tchoucossa glissa une main sous son tablier de cuir, atteignit dans ses profondeurs son moulin à tabac et se mit à râper, tournant le piston du *quinlaire* dans son cylindre de corne. Il renversa un peu de pétun sur le dos de sa main droite, le huma d'une narine, puis de l'autre, avec gourmandise.

« Donne-lui une prise, suggéra-t-il à son compagnon. Peut-être ça le fera chanter.

— Tu crois ?

— J'ai entendu dire que c'était immanquable. »

On plaça un peu de poudre sur une lame, on la glissa entre les barreaux. Coutumier de ces abecquements, le chardonneret descendit de son perchoir, hésita un moment, puis se mit à la picorer comme du sucre. Les deux émouleurs épièrent ses réactions, tout en l'encourageant à bien faire :

« Allons, allons ! Petitou ! Petitou ! Mon mignon ! Mon belou ! Chante un peu, mon oiselet ! Ma perle fine ! »

Desgouttes dit Mange-Fourme perdit tout à coup la patience, il n'avait pas l'habitude de si longues supplications, et vociféra :

« Chanteras-tu, bourrique, ou je te calotte ! Tête de mule ! Raclure d'écurie ! »

En fait, Clovis leur tourna le dos, s'éloigna en titubant, s'installa sur son lit de foin, s'affaissa lamentablement, abaissa ses paupières mauves.

« *Djeü !* s'écria l'homme avec désespoir. Tu l'as tué ! Ton tabac, c'était pour lui de l'empoison !

— Le tabac n'a jamais tué personne ! Comment pourrait-il lui faire du mal alors qu'il me fait tant de bien ?

— Mais toi, tu es pas un chardonneret !

— Peut-être que ça l'a un peu endormi, mais tu verras qu'il va se réveiller.

— Une bête de concours ! Le champion du monde des chardonnerets !

— N'exagère pas.

— Au moins, le champion d'Auvergne ! Rappelle-toi, l'an dernier, à l'exposition de Pierre-Plate, il m'a rapporté un calice qui vaut peut-être cent francs, le curé de Saint-Genès en a pas le pareil. Et maintenant, quand je vais rentrer avec ce cadavre, tu t'imagines le théâtre qu'il y aura à la maison ? »

Aux cris de l'émouleur, Issard et Bitton se retournent sur leur planche, grognent qu'il n'y a plus moyen de se reposer en paix, que la charpente du ciel vous tombe sur la tête, s'écrie Bitton. Il vient d'un village de la montagne appelé chez Pion, de l'autre côté du Montoncel, rempli de sauvages, de charbonniers, de malappris qui ne peuvent ouvrir la bouche sans dire que la charpente du ciel. C'est le plus jeune de l'équipe, mais il les dépasse tous quasiment de la tête, car les charbonniers de chez Pion se nourrissent bien, on raconte que quatre d'entre eux gagnèrent leur pari de manger en une semaine un cochon de huit quintaux auvergnats, tout en buvant une pièce de vin de deux cent cinquante litres. (Le quintal auvergnat vaut la moitié du quintal français, soit dit en passant pour ceux qui l'ignorent.) Bitton est bien de cette espèce. Il porte les moustaches relevées et une barbe touffue, souvenir d'Algérie où il a servi dans les zouaves, et qui ne convient guère à la profession. La *molado* (la « moulée »), ce mélange de poudre de grès et de limaille d'acier qui jaillit des meules, s'engage dans la barbe à Bitton, il se croit obligé de la peigner cinquante fois le jour pour la tenir propre.

Dans le métier d'émouleur, se tenir propre ne sert de rien, même si le mardi matin tu entres dans le rouet lisse comme une dragée, après une heure d'émouture tu te trouves dans le même état que le lundi soir. Alors, mieux vaut renoncer, tu économises ta peine, ton temps et ta lessive. « Pourquoi l'émouleur ne quitte-t-il pas ses sabots quand il se couche ? » demande une devinette passablement menteuse. Réponse : « Afin de ne pas salir les draps. » Et leur chanson — car chaque corporation a la sienne — les présente ainsi :

Crasseux comme verrats,
Ils retroussent leurs manches,
S'allongent sur les planches
Sans faire d'embarras.

Au diable soit la Prusse,
Son sabre et son tambour.
Mais vive la chopine,
Le courage et l'amour.

Ils ne peuvent qu'être à la ressemblance du lieu où ils passent normalement l'essentiel de leurs jours, de cinq heures du matin à neuf heures de la nuit. Le sol de terre battue est recouvert d'une épaisse couche de moulée dans laquelle leurs sabots ferrés s'enfoncent délicieusement, moelleuse comme un tapis, jamais balayée depuis que le rouet existe. Elle s'accumule davantage encore dans la fosse où tournent les meules, arrosées perpétuellement d'un filet d'eau, mais il s'agit alors d'une moulée pâteuse qu'on doit enlever de loin en loin, à pleines brouettes, sous peine de voir la fosse s'en remplir. Cela s'opère à chaque changement de meule, une fois tous les cinq ans. Les vieux racontent que jadis les paysans des alentours venaient alors l'acheter, ils s'en servaient comme emplâtre pour envelopper leurs membres cassés et ceux de leurs bêtes. Au prix d'une andouille ou d'un saucisson, ils emportaient de quoi remancher toutes les pattes de leur famille. Plus redoutable est la moulée sèche qui marque le visage des couteliers, les colore en jaune sur le devant, de la tête aux pieds, incruste le front, les joues, les paupières, attaque les yeux. Quant aux doigts, ils impriment leur trace dans le pain. Après quarante ou cinquante ans d'usage, une carapace se forme à l'intérieur des mains, de plus en plus épaisse, et les empêche de se replier, l'émouleur ne dort jamais à poings fermés. Tu reconnais l'âge des ruminants à la longueur de leurs molaires ou de leurs cornes, celui des émouleurs à l'épaisseur de ladite carapace. De temps en temps, un vieux sort son couteau et taille dedans à pleine lame, comme on écorce un arbre.

Le rouet s'éclaire à travers un châssis, pareil à ceux dont les jardiniers protègent leurs semis à la saison froide. Mais les vitres y sont remplacées par des feuilles de papier huilé. Non point de ce papier journal, fait de paille ou de bois dans les moulins mécaniques, sur lequel on imprime *l'Indépendant* ou l'*Album de Thiers* : il ne résiste pas au soleil, et tombe en poussière après quelques mois d'usage. Mais de vigoureux papier de chiffon parcheminé, destiné aux huissiers, aux gens de chicane, les papeteries du pont de Seychal et des Charbonniers fournissent pour quelques centimes des feuilles avariées qui échappent ainsi à leur destin maudit, elles laisseront désormais passer la lumière au lieu de plonger des malheureux dans le noir. Par temps de chaleur, on soulève les châssis, l'air et le jour entrent librement, font frissonner au plafond, entre les solives, les araignées frileuses dans leurs toiles, elles n'ont guère l'habitude, bonnegent, de ces désordres de l'atmosphère : rien n'est plus tranquille, moins dérangé qu'une existence d'araignée dans un rouet de couteliers, et elles ne craignent pas non plus la solitude, elles croissent et se multiplient.

Issard, dit le Grand Zac — pour le distinguer de ses frères le Petit Zac et le Gros Zac —, est le plus vieux de l'équipe. Hiver comme été, ses pieds sont nus dans des sabots ferrés, fendus plusieurs fois, mais raccommodés par des liens d'archal, c'est-à-dire de laiton, de ce fil qui sert aux monteurs à mettre ensemble lames, côtes, platines et ressorts. Après tant d'années passées dans ses sabots, la peau morte chez lui s'est accumulée non seulement sur les paumes, mais sous la plante des pieds. Il est capable, pareil à un fakir sur les tessons de bouteille, de marcher déchaux dans la couche qui recouvre le sol et ne paraît douce qu'aux semelles épaisses, truffée comme elle est de débris métalliques de toutes sortes, tortillés, pointus et coupants. Lui ne sent rien, il foule la moulée de ses pieds énormes, bossués un peu partout d'excroissances grosses comme des noix qui leur ôtent toute figure humaine, tu dirais ces champignons d'amadou qui poussent au tronc des chênes.

« Ne craignez-vous pas de vous piquer, père Issard ? lui demandent les autres.

— Moi, craindre de me piquer ? Je crains seulement de ne pas me piquer !

— Ah bah !

— Une fois piqué, forcément, on m'enverra à l'hôpital, je resterai couché le dimanche et la semaine. Si c'est nécessaire, on me coupera le pied, je veux bien. Ensuite, forcément, on me versera une pension, comme invalide !

— Qui vous la versera ?

— Les patrons qui nous emploient. Ils sont responsables de leurs ouvriers, c'est la loi.

— Nous sommes pas des ouvriers, père Issard, mais des travailleurs indépendants. Des artisans. Les patrons nous passent commande, mais ils ne nous doivent rien d'autre que le paiement de notre travail.

— Alors, le gouvernement paiera. Faudra bien que quelqu'un paye, foutre !

— Le gouvernement non plus. Vous êtes pas fonctionnaire. Y a seulement le Secours mutuel qui pourrait payer. Mais vous en faites point partie.

— J'en fais point partie à cause de la cotisation !

— Alors, faut rien espérer. »

Il espère quand même, parce que l'homme est né pour espérer, comme le chien pour mordre le monde. L'accident approprié, ni trop bénin ni trop grave, le repos à l'hôpital, les sœurs aux mains douces, le pied de bois, la petite pension mensuelle, le pain assuré, un peu de repos terrestre avant le repos éternel. Mais aucun émouleur ne connaîtra jamais ce paradis, à cause de son indépendance. Si une meule éclate et l'envoie au plafond, ce qui arrive assez souvent, personne n'a de responsabilité, ni le fabricant de meules, ni le maître-coutelier, ni la Durolle, ni le bon Dieu, ni le diable : le blessé doit compter sur lui seul et se débrouiller comme il peut pour survivre ou pour mourir.

Il n'en est pas de même, évidemment, pour Clovis, le chardonneret de Mange-Fourme, s'il avale sa langue, chacun connaît le coupable : Tchoucossa et son tabac à priser.

Le rouet est installé dans la gorge de la rivière, à l'extrémité d'un chemin étroit mais encore carrossable, lieu appelé le Bout-du-Monde : au-delà, le chemin se fait sentier, on ne peut le suivre qu'à pied ou à dos d'âne. La propriétaire, la veuve Jarsaillon, habite le village de Boulay qui prolonge la ville en direction du Forez et où se tient une maison d'octroi avec son receveur. En période ouvrable, elle descend dans la vallée tous les samedis soir toucher sa location, à raison de quarante sous la semaine pour une meule et de vingt sous pour une frotte ou une polissoire. Ainsi, chaque mois, soixante-douze francs tombent dans sa bourse sans autre fatigue pour elle que de descendre et de remonter ; sans risque d'aucune sorte. Quant à l'émouleur, il doit payer en outre l'usure de sa meule, la remplacer lorsqu'elle se trouve réduite à son noyau. Et une meule de grès coûte cent vingt francs : le salaire d'un mois. Il entretient les courroies, l'arbre de couche, la roue à aubes ou la turbine. Il verse l'impôt de son chien. Mme Jarsaillon est une rentière, elle gagne autant qu'un instituteur, elle qui ne connaît ni *a* ni *b*. Il va de soi cependant qu'elle ne peut rien exiger quand la Durolle se met en chômage ; mais elle a des sous à la Caisse d'épargne, elle attendra sans inquiétude le retour des eaux.

Personne n'a de montre dans l'atelier, les hommes savent qu'il est environ neuf heures quand leur estomac crie famine, ils commencent à regarder du côté de la porte. Bientôt arrivent les soupes toutes fumantes dans les *biches*, pots de terre munis d'une anse en ficelle de chanvre, tenues à bout de bras par une épouse, une mère, un enfant. Les célibataires comme Bitton payent tant par mois pour que la femme d'un compagnon apporte deux soupes au lieu d'une seule. Ces dames disent quelques mots, puis s'en retournent les mains vides, les émouleurs suivent des yeux les plus jeunes, avec leurs longues jupes, leurs sabots ouverts à bride de cuir ornés de fleurettes gravées dans le bois, leurs cheveux rassemblés en chignon au sommet de la tête, les corsets qu'on ne voit pas, mais qui affinent la taille et donnent de l'abondance à la poitrine. Certaines ont gardé la coiffe blanche de la campagne, tuyautée à double rang. Après leur départ, les hommes prennent une cuillère de fer dans un placard commun, chacune marquée de signes ou d'encoches pour être reconnue, l'essuient de leurs doigts noirs et attaquent la soupe épaisse avec des lapements animaux.

Parfois, ils emportent leur biche dehors, remontent le lit de la rivière afin de contrôler si par hasard elle n'aurait pas changé de route, ne serait point partie en vagabondage dans un val de traverse. Ils marchent ainsi cinq pas, avalent une cuillerée de soupe, font cinq autres pas, avalent une autre cuillerée, et ainsi de suite. S'ils tombent sur quelque vieille ramasseuse de pissenlits, elle demande :

« Vous êtes donc par ici ? »

Ils confirment, puis expliquent :

« On va voir si on trouve de l'eau.

— Hé ! mes pauvres petits ! De l'eau, y en a plus ! Mais soyez tranquilles : nous l'aurons pour la foire du Pré ! »

Il est en effet de tradition qu'il pleuve le 14 septembre. A moins qu'il n'ait plu les jours précédents. En attendant, sans hâte, ils avalent leur soupe et leur chemin. Quand les pots sont vides, ils s'assoient sur la berge, ils contemplent le ciel ou comptent leurs doigts de pied.

D'autres processionnent en jouant du flageolet, leur musiquette arrive de loin, elle les dépasse, puis s'enfonce parmi les vergnes, ainsi font en Asie les charmeurs de serpents. Eux sont des charmeurs de Durolle.

Lorsqu'ils rentrèrent ce jour-là, ils trouvèrent Clovis quasiment ressuscité dans la main de Desgouttes qui lui lissait les plumes de l'index et lui soufflait dans le bec pour lui donner de l'air. Puis l'oiseau souleva légèrement ses ailes, Mange-Fourme le remit dans sa cage de luxe, le chardonneret finit non sans peine, grâce à sa robuste constitution, par sortir du coma. Tchoucossa, son assassin, en fut quitte pour la frayeur.

Le 28 parurent enfin des nuages, par touffes blanches comme un troupeau de moutons. Ils se rassemblèrent sur le coup de midi, noircirent, s'élargirent, deux ou trois éclairs les transpercèrent à grand fracas, puis un vent violent se leva et les poussa brutalement en direction de Noirétable. On ne sut jamais ce qu'ils étaient devenus.

Le 29, l'averse si longtemps espérée tomba vers une heure de relevée, abondante mais courte. On vit les émouleurs accourir de partout, se précipiter dans les rouets échelonnés le long de la Durolle et de ses affluents. Mais les vieux hochaient la tête :

« Elle est pas là encore ! Et y en aura pas pour tout le monde ! »

Pendant ce temps, la pluie reçue s'infiltrait dans le sol assoiffé, atteignait les veines souterraines, gagnait les rigoles, les sources, les ruisseaux, la Durolle commençait à se mouiller la gorge. Mais chaque barrage l'arrêtait, elle devait remplir la réserve avant de faire le saut et de poursuivre sa descente. Les couteliers la remontaient pour voir où en était sa crue, ils prévoyaient son avance : à six heures elle atteindra Chabreloche, à sept Château-Gaillard, à huit nous l'aurons s'il en reste. Dans le rouet de Mme Jarsaillon, au Bout-du-Monde, même les polisseuses et les deux gamins affectés à la frotte se tenaient à pied d'œuvre. Tchoucossa avait déjà embrayé les courroies sur les roues maîtresses, il ne restait plus à la rivière qu'à faire son devoir.

La nuit vint. Fallait-il vraiment allumer les lampes et brûler de l'huile peut-être sans profit ? Fallait-il attendre l'eau jusqu'à l'aube suivante ? Un orage lointain grommelait sur la Limagne.

Tout à coup, une galopade, Bitton entre, essoufflé :

« Elle arrive ! Je l'ai vue ! A cinq minutes d'ici ! »

Un cri se répand le long de la vallée, répercuté de rouet en rouet, de moulin en moulin :

« *L'égo !... L'égo !... L'égo !... Lo rubo*[1] *!...* »

Ils se pressent à la porte, ils distinguent dans l'ombre son scintillement, son hésitation entre les pierres, comme si elle cherchait sa route. Oh ! bienheureuse ! Que la Sainte Vierge te bénisse mille

1. L'eau ! L'eau ! L'eau... Elle arrive !

et mille fois ! Ils s'allongent sur leur planche, saisissent le *tenaillon*, une sorte d'étui évidé par le milieu dans lequel ils logent la lame à émoudre, ce qui leur permettra de l'appliquer à deux mains contre la meule sans craindre de trop s'affiler les doigts. Ils attendent encore. L'eau arrive d'abord dans la *pissarotte*, tombe en filet mince sur le grès :

« La voici ! »

L'arbre de couche frémit, puis se met en branle, l'atelier vibre de la tête aux pieds, il est neuf heures du soir, on commence la journée quand elle devrait finir. N'importe : les émouleurs travailleront toute la nuit si la Durolle le veut bien, si sa grève est réellement terminée.

Ces hommes, avec leur ventre jaune, représentent la noblesse de la profession coutelière, ils confèrent aux lames le *rang* décisif, puisqu'un couteau, des ciseaux, un rasoir sont faits pour couper, puisque ce sont eux qui leur donnent le fil. L'acheteur lointain, à Paris, à Genève, à Madrid, à Buenos Aires ou en Chine, se laissera peut-être tromper par la séduction du manche ou la courbe de la lame dans une autre fabrication ; mais il finira par reconnaître : j'ai eu tort de me fier à l'apparence, Solingen, Sheffield, Nogent, Albacète, je ne dis pas non, mais pour le tranchant, il n'y a que Thiers, donnez-moi du couteau, du rasoir, des ciseaux, des saladeros, des navajas de Thiers soir et matin. Même raisonnement chez les Corses qui liront sur leur poignard la devise damasquinée *Che la mia ferita sia mortale*, chez les Mexicains qui déchiffreront sur leur machette *Quien mal anda mal acaba*, chez les Suisses qui trouveront leur croix blanche sur écu rouge imprimée dans les côtes. C'est pourquoi la région peut se passer de médecins, de notaires, de curés, de professeurs, d'avocats, mais non point d'émouleurs, ils y font la pluie et le beau temps, la gaieté et la tristesse, la misère et la fortune. Tout allait donc bien cette soirée du 29 août 1883, puisque dans les rouets thiernois les émouleurs se retrouvaient allongés sur leur planche.

Malheureusement, leur joie fut courte. Après un quart d'heure de mouvement, les meules ralentirent, puis s'arrêtèrent. Plus d'eau. Tchoucossa fut refermer la vanne, il fallait attendre que le bief se remplît. Ce qui exigea une interminable patience. Ensuite, nouveau quart d'heure d'ouvrage, nouvelle interruption, plus longue encore que la précédente. Et de la sorte toute la nuit. Au petit jour, ils constatèrent que la Durolle se trouvait réduite à un filet guère plus gros que celui d'une pissarotte, et ils se remirent à regarder le ciel.

C'est à une sécheresse comparable que Maurice Pitelet devait son surnom de Tchoucossa. Cela eut lieu neuf ans plus tôt, après la guerre contre la Prusse. Déjà marié, père de trois garçons, sans parler de deux filles mortes en bas âge d'un cours de ventre, Pitelet ne pouvait se permettre de chômer. Aussi avait-il cet été-là renoncé provisoirement à sa meule paralysée pour s'embaucher parmi ceux qui construisaient la ligne de chemin de fer Thiers-Saint-Étienne. On avait besoin de bras nombreux, pour traverser ces montagnes dures et raboteuses, à force de tunnels, de ponts, de remblais. Les travailleurs étaient de toutes origines, maçons du Limousin, scieurs de long du Cantal, manœuvres italiens ou suisses, ils gagnaient de trois à quatre francs pour douze heures quotidiennes, ce qui n'était pas inespéré en temps normal pour un émouleur. Eux, au contraire, tous ces étrangers venus de contrées sauvages, qui se nourrissaient de pain, de fromage et d'oignons crus, avaient l'impression de commencer leur fortune. Le vin sur les chantiers étant formellement interdit, sous peine de renvoi, ils buvaient de l'eau vinaigrée. Maurice maniait alternativement la pioche, le pic, la pelle, la masse, la barre à mine.

Le plus dur était le percement des tunnels, on avançait au coude à coude, à raison d'un mètre par jour, le tendre s'enlevait au pic, mais il fallait pour briser le dur recourir à la poudre noire. Dans les galeries commencées par les deux bouts, la poussière, la fumée, les gaz de la poudre s'accumulaient, formant une nuée si épaisse que la lumière des lampes à huile ne s'apercevait plus à quatre pas. Prenez patience, criaient les contremaîtres, bientôt vous aurez de l'air tant que vous en voudrez, en attendant économisez votre respiration. Dans cet enfer, les hommes travaillaient avec un mouchoir sur la figure noué derrière les oreilles, tels les bandits de grand chemin. Quand l'atmosphère devenait dense au point qu'on eût pu la manger en tartine sur le pain comme du beurre, on forait dans la montagne un trou d'aération, on installait sur son flanc un ventilateur formé d'une roue à palettes enfermée dans un tambour, actionnée par un ou deux manœuvres, comme un moulin à café. Au moyen de troncs de sapin creux, il communiquait avec le tunnel et y aspirait un peu de fumée, cela donnait aux ouvriers l'impression qu'on faisait tout le possible pour leur bien-être.

Pitelet Maurice prenait patience mieux que les autres, sachant que pour lui cette galère n'était que provisoire, dès les pluies revenues il retournerait à sa meule. En rentrant chez lui, rue des Barres[1], au centre de la ville, il retrouvait sa femme occupée à repriser ou repasser le linge de ses pratiques. Il avait songé à faire d'elle, tout naturellement, une polisseuse ou une frotteuse, à la mener dans son rouet, à la coucher sur la planche comme tant d'autres épouses d'émouleur. Mais Hortense était une fille de la campagne, elle ne put s'habituer. Il lui fallut ensuite élever sa

1. Actuellement, rue Alexandre-Dumas.

gaminaille. Elle gagnait donc son pain comme lavandière-lingère-repasseuse. Quand elle eut trois enfants en âge de marcher, elle descendit au pont de Seychal rincer dans la rivière, poussant la brouette avec sa corbeille de linge mouillé, les trois gosses retenus à sa taille par des cordes. Une fois en bas, elle les attachait à un anneau de fer qui se trouvait opportunément scellé dans un rocher du bord — souvenir peut-être de l'ancienne batellerie —, s'arrangeant pour donner à chacun son champ proportionnel à son âge. Et ils restaient là comme des chèvres à leur piquet tout le temps qu'elle secouait et battait sa lessive, sûre de n'en perdre aucun, même si tel ou tel s'avisait de tomber à l'eau : elle était en mesure de le repêcher avant son dernier glouglou.

Les mains secourables n'auraient d'ailleurs point manqué, d'autres laveuses — ou plutôt *lessiveuses*, selon le terme de l'époque — agenouillées comme elle sur la rive, suitées ou non de marmaille, trempaient dans la Durolle le linge de leur famille ou de leurs clientes. Les langues fonctionnaient autant que les bras, les nouvelles circulaient avec les médisances. Face à elles, se dressait la vaste bâtisse d'une papeterie où l'on fabriquait mécaniquement depuis 1870 les billets de la Banque de France. Ce bel argent carré, ces coupures violettes de 10, 20 ou 50 francs qui ne passaient jamais entre leurs mains crevassées par la soude et râpées par les toiles de chanvre ; leur gain d'une journée ne dépassait guère trente sous, elles ne recevaient que de l'argent rond. Or, aux fenêtres de la fabrique paraissaient fréquemment les figures de jeunes papetiers, ils regardaient les lavandières, leur lançaient des plaisanteries, des déclarations, des insolences. Elles faisaient les sourdes. Quelque vieille malgracieuse se levait parfois, tournait vers eux sa croupe en s'envoyant à cet endroit une claque bien assenée. Alors, inévitablement, ces galopins entonnaient une chanson abominable qu'ils avaient composée en leur déshonneur.

Car c'est une maladie héréditaire chez les Thiernois que d'inventer et chanter contre le monde des couplets de moquerie. S'ils voyaient un jour passer devant leur porte Jésus-Christ portant sa croix, pour sûr ils trouveraient moyen de rire encore de lui, de sa barbe ou de sa couronne. Quitte ensuite à le relever après sa chute, à lui rectifier les moustaches, à le soutenir dans sa marche au supplice. Et quel air avaient choisi les papetiers pour chansonner les lavandières de la Durolle ? Le plus saint, le plus noble, le plus sacré, le plus glorieux de toute notre musique, celui de *la Marseillaise* ! La première strophe semblait encore supportable :

Che volé no bravo bujado
Devola o pon de Sichà.

Troporé en troupè de fenna
Chi genta que n'en viré pu quià[1] *!...*

Mais le refrain était une horreur pure et simple, qu'il fallait être anarchiste et thiernois pour avoir osé imaginer :

Pan, pan, lou batadou !
La flacon lou pelhou
Pissou, merdou e to bosou.
Pan, pan, lou batadou[2] *!*

Voilà ce que ces galapiats avaient l'audace de chanter sur la musique de Rouget de l'Isle ! Sans respect pour rien, ni pour les lessiveuses, ni pour les personnes qui les payaient, ni pour la marchandise, ni pour les enfants, et pas même pour les oreilles de la Sainte Vierge logeant au fond de la rue Durolle, dans une moitié de tour, peut-être ancien bureau d'octroi devenu chapelle. Une grille formée de lances jointes la gardait, en sorte qu'on l'appelait communément Notre-Dame-des-Piques. Aucune femme ne manquait de se signer en passant devant son autel et sa veilleuse. Les papetiers, les couteliers avaient cependant grand besoin de sa protection, cette viergerette ayant été ramenée d'Espagne par des colporteurs, disait-on, et installée là pour favoriser le commerce et l'exportation.

Quand Hortense avait terminé son rinçage, elle replaçait la corbeille dans la brouette et y attelait cette fois ses enfants, de chèvres devenus ânes ; ainsi, ils remontaient la pente terriblement escarpée jusqu'à la rue des Barres où elle étendait le linge dans le galetas.

Elle le ravaudait, le repassait avec un fer creux comme un soulier et garni de braises, la maison sentait le coton chaud. Elle en faisait pour finir des baluchons dont elle remplissait une hotte et qu'elle allait livrer à domicile, les trois petits Pitelet toujours liés à sa ceinture.

Jacques, Vincent, Émile : six ans l'aîné, cinq le cadet, trois le benjamin. Ma femme fait tout bien, disait leur père, sauf les filles. Il lui en voulait d'en avoir laissé mourir deux à peu près au même âge, entre dix-huit et vingt mois, et du même mal. Et elle se le reprochait aussi, si je leur avais donné des lavements au moment voulu, je les aurais sauvées, mais pourquoi ne m'a-t-on pas dit assez tôt qu'il leur fallait des lavements ? Elle s'était fixé cette idée

1. Si vous voulez une bonne lessive, / Descendez au pont de Seychal. / On y trouve un troupeau de femmes / Si belles qu'on en a la berlue !...

2. Pan, pan, font leurs battoirs ! / Elles battent les penailles / Pisseuses, merdeuses, toutes bouseuses. / Pan, pan, font leurs battoirs !

dans l'esprit et n'en démordait point. Les garçons, eux, semblaient inattaquables du côté des intestins. Selon l'usage de l'époque, ils avaient longtemps porté des robes comme les filles, sans culottes par-dessous, ce qui était bien avantageux en certaines circonstances.

Hortense nourrissait son monde de soupes épaisses, tous les deux jours elle préparait une chaudronnée de bouillon, pauvre d'yeux mais riche de pissenlits et autres verdures gratuites qu'elle cueillait au bord des vignes et des chemins. A midi, elle plaçait dans son lit, sous l'édredon matrimonial, la vaste soupière du soir ; en revenant de ses lessives, elle la trouvait chaude comme une caille au nid. Elle ne permettait à ses drôles de sortir seuls qu'à la condition qu'ils restassent encordés. C'était un étrange spectacle que de voir attachées ensemble ces trois créatures dont on ne savait encore si elles étaient mâles ou femelles. Ainsi, se disait leur mère, ils se protégeaient et s'interdisaient mutuellement de se fourrer dans des trous dangereux, assez grands pour un, mais trop petits pour trois. Les cordes ne les empêchaient pas de courir, il leur suffisait d'y mettre un certain ensemble : ils se roulaient dans la poussière, perdaient leurs sabots, grimpaient aux arbres du champ de foire, râpaient leurs fesses nues sur les pavés municipaux, notamment ceux d'une rue en pente vertigineuse spécialement propre à cet exercice, baptisée rue de l'Écorche.

Jacques, le premier de cordée, fut enfin muni de culottes. Il aurait pu être envoyé à l'école, mais on avait besoin de lui pour tenir ses frères en laisse. Le père n'avait d'autre ambition pour ses fils que de les mettre à la meule, l'âge venu. Les riches Thiernois envoyaient leurs garçons chez les frères de la Doctrine chrétienne, rue de Lyon, ou au collège de la rue des Treilles, proche de la sous-préfecture ; leurs filles, à l'institution tenue par les Dames de Nevers. Restait l'école communale *laïque* et gratuite pour les pauvres : les petits indigents y étaient admis sur demande de la famille et après enquête des services municipaux constatant sa misère. Si celle-ci n'était pas établie de façon nette, les enfants devaient payer trois francs mensuels, outre la fourniture du papier, des livres, de la craie. La plupart des parents préféraient garder chez eux leurs rejetons et acheter pour trois francs de fromage. Les patrons couteliers trouvaient que les choses allaient très bien ainsi : ils avaient besoin de forgerons, de *cacheurs* de manches, d'émouleurs, de polisseurs, non point de commis aux écritures, et ils encourageaient cette abstention.

Pour sa part, Pitelet ne savait ni lecture ni écriture, et il ne s'en portait pas plus mal. Or il changea un jour d'opinion, sur le chantier du chemin de fer où il employait ses bras. Il était aux environs de midi, à l'heure de la pause, le soleil chauffait très fort au-dessus de Margeride. Assis sur des rochers à l'entrée du tunnel, les hommes tiraient de leur musette le pain, le lard, le flacon de vin, groupés par nationalité, Suisses, Italiens, Cantalous ; Pitelet en compagnie des autres Thiernois ; chaque groupe parlant sa langue. Ils ne trouvaient d'ailleurs pas grand-chose à se dire, excepté des remarques sur la chaleur, la nourriture, la soif. A ce moment passèrent parmi eux deux ingénieurs de la compagnie. Ils allaient et venaient, coiffés d'un élégant chapeau de paille, vêtus de toile légère, chaussés de bottines, parmi les manuels accroupis, tout décourniolés, dépoitraillés jusqu'au ventre, la barbe hirsute sous leur feutre raidi de poudre et de ciment, en bras de chemise et en sabots. Les ingénieurs marchaient finement de long en large au milieu des débris, tandis que les ouvriers mastiquaient et les suivaient de leurs yeux ronds, cernés de poussière, qui les faisaient ressembler à des chats-huants. Et tout le temps du casse-croûte, ces deux hommes ne firent autre chose que converser, employant des paroles aussi incompréhensibles à Pitelet que le latin des curés..., *ces régions déshéritées... le désenclavement... le gradient... la machetangouine... putirette, radimette... couipapoloubarno...* Il écoutait ces mots de miel couler de leurs lèvres, alors que les imbéciles de son espèce ne lâchaient que des mots puants. Il se dit que les ingénieurs, s'il leur chantait, étaient en mesure de bavarder de la sorte jusqu'à la nuit.

L'instant d'après, l'un d'eux s'approche des Suisses, s'adresse à eux en allemand, comme un vrai Prussien, *nein, ja-ja...* Et le second fait de même avec les Italiens, *perchè si, perchè no, maccheroni...*

Alors, l'esprit de Tchoucossa s'éclaire, il comprend tout à coup le pouvoir et le bonheur que confère l'instruction. Pour lui, la partie est perdue sans remède, mais il se jure d'envoyer un jour ses garçons à l'école afin de les entendre dire *nein*, *maccheroni*, *le désenclavement* ; afin de les voir porter cravate et bottines ; pourvu qu'ils aient les compétences nécessaires.

En attendant, il creusait des trous dans la montagne. Le sachant mêlé à des étrangers, Hortense s'efforçait de le tenir propre pour l'honneur de la France et de l'Auvergne, allant même jusqu'à laver ses vêtements de fatigue chaque dimanche soir, ce qui ne se pratiquait point pour les travailleurs des rouets. Ne reculant devant rien, elle les raccommodait, y ajoutait des pièces qui bientôt se chevauchèrent, bleues, vertes, noires, en carré, en rectangle, en losange. Ainsi rapiécé, multicolore telles ces Vierges de Lourdes qu'on voit en fermant un œil dans le manche d'un porte-plume, Maurice faisait l'orgueil de sa femme et l'admiration de la rue des Barres lorsqu'il remontait vers son chantier.

La pluie revint, les meules se remirent à tourner. Pitelet avertit ses chefs qu'il quitterait le chemin de fer le 8 septembre. Or, le 7, eut lieu, comme j'ai dit, l'accident qui devait lui valoir le sobriquet de Tchoucossa. On achevait le second tunnel au-dessus de Boulay. Long d'environ cinq cents enjambées. Les maçons travaillaient au revêtement intérieur de la galerie, Maurice les servait en mortier et en pierre de taille. Ceux du haut, coincés entre voûte et échafaudage, devaient se tenir couchés ou accroupis. Dehors, quelques mines explosaient encore de loin en loin pour dégager les passages, la montagne mille fois ébranlée précédemment en tressaillait toujours, n'arrivant pas à s'habituer à ces façons des hommes. Un chef souffla dans sa trompette au moment où il ne fallait point : à ce surcroît d'épreuve — il avait peut-être la force d'une hirondelle lorsqu'elle se cogne contre une vitre —, la montagne s'écroula. Telle fut du moins l'impression de Pitelet quand il vit la moitié du tunnel s'effondrer devant lui. Il courut vers la lumière, mais dans le mauvais sens, l'effondrement le rattrapa, le saisit aux jambes ; il tomba face contre terre, croisa d'instinct les mains sur sa tête. Cris, poussière, coups de sifflet, *attenzione ! gemach, nein, nein !...* Suis-je mort ou vivant ?... Il prit conscience de son corps tout entier, quoiqu'il fût retenu sous un amas de rochers et de terre, donc il vivait, mais dans quel état ? On vint le secourir, on le dégagea, on l'étendit loin du tunnel sur la terre nue, il conservait toute sa lucidité. Il vit le ciel strié de lignes parallèles, tel un champ labouré. Des visages s'interposèrent :

« Comment te sens-tu ?

— Je crois que ça ira.

— Essaye de bouger.

— Aïe !... Aïe !... »

Il avait sûrement au milieu du corps quelque chose de rompu. Peu après, on coucha près de lui un autre accidenté tout sanglant. Tenez-vous tranquilles, recommanda quelqu'un, on va vous transporter à l'hôpital. Ils se tinrent tranquilles. Il eût fallu des civières, mais l'article n'était point prévu dans le matériel. Alors, on prit une échelle, on les installa dessus, l'un à la suite de l'autre, les barreaux leur meurtrissaient l'échine, et quatre hommes se saisirent des extrémités. L'équipage sortit du chantier, atteignit le Cordon, se fraya un chemin parmi les curieux accourus au bruit et à la fumée. De temps en temps, les porteurs déposaient leur fardeau sur le pavé pour se reposer les bras, ils changeaient de place, se crachaient dans les mains, et l'échelle repartait avec cette oscillation dans le milieu que produisait le poids des deux blessés.

Bientôt, une foule les accompagna, gémissante et apitoyée, oh bonnegent ! oh bonnegent ! permettez qu'on vous remplace, suppliaient les hommes, les brancardiers ne demandaient pas mieux. Ainsi, cahin-caha, balin-balan, on passa devant la mairie, on descendit la rue des Barres que Pitelet ne reconnut pas, occupé qu'il était à examiner les sillons du ciel, on enfila la rue des

Groslières, on entra dans l'hôpital. Le havre de grâce. Les accidentés furent reçus par les mains des sœurs, déshabillés, décroûtés, vêtus de longues chemises blanches comme en portent au paradis les âmes bienheureuses, couchés dans des draps frais, réconfortés au bouillon de poule. Pitelet n'appréciait pas complètement ces délices à cause de douleurs très vives qu'il éprouvait au milieu du corps. Le médecin découvrit à cet endroit je ne sais quel écrabouillis, il l'entoura d'une carapace de plâtre et décréta qu'il devait rester immobile sur un lit de planches. Le supplice se prolongea huit semaines. Hortense et les trois petits venaient de temps en temps le consoler, il regardait ses fils avec un orgueil anticipé, se disant ils seront instruits un jour, ils diront *désenclavement*, ils parleront prussien.

Au début de novembre, les religieuses le munirent de deux bâtons et lui rendirent la liberté :

« Rentrez chez vous maintenant. Et habituez-vous à marcher, sans faire d'effort.

— Merci beaucoup, mes sœurs. Combien vous dois-je ?

— Vous réglerez cela avec le bon Dieu si vous voulez, en prières. »

Il s'en alla, soutenu par sa femme et ses deux cannes, à petites enjambées. Un peu plus tard, il se contenta d'une seule. Mais plus jamais il ne retrouva son allure dégagée de jadis : à chaque pas, il démenait à présent le derrière et fléchissait sur la jambe gauche comme s'il se préparait à faire une génuflexion. Si bien que lorsqu'il reprit l'émouture, ses collègues se mirent à le saluer par ces mots :

« Tiens ! Voici Tchoucossa ! »

C'est-à-dire Cul-Cassé. Ce fut la seule marque de compassion qu'il reçut d'eux. Maurice ne s'offensa point du sobriquet, chacun portait le sien, tant valait celui-ci qu'un autre. Voilà donc ce qu'il gagna pour avoir quelques semaines été infidèle à la Durolle et à sa meule qui avaient fourni besogne et pain à des générations de couteliers. Si le loup me donne à manger, je suis prêt à l'appeler maman, disaient les Italiens, un émouleur ne devrait pas raisonner ainsi.

La voie ferrée s'acheva donc sans Pitelet. Le plus étrange de l'affaire fut la disparition de Renard, un jeune charpentier. Après l'écroulement, on avait constaté son absence, on en conclut qu'il s'était aussi laissé prendre sous les décombres. La galerie fut vidée avec mille précautions, afin de préserver ce qui pouvait rester de lui. Quand la dernière pierre eut été remuée, les sauveteurs se regardèrent avec étonnement : mais où diable était-il passé ? S'il avait été détruit par la montagne, il fallait bien qu'il en demeurât quelque chose ! Nul ne l'avait vu s'enfuir. Au contraire : il était là, sous la voûte, affirmaient certains, en train de construire un échafaud, je l'ai vu de mes yeux une scie à la main, sa casquette bleue sur la tête ! Par acquit de conscience, on chercha aux environs, on cria dans la vallée :

« Renard ! Ho ! Renard ! »

Pas de réponse. Pas trace du charpentier. Il fallut aviser sa famille. Un matin, débarqua une petite femme aux cheveux noirs et aux joues rouges :

« Je suis, dit-elle, Marie Renard. Nous étions mariés depuis à peine six mois. On m'a écrit que mon homme avait eu un accident, je viens le chercher. »

Le chercher. Comme ça, elle dit : je viens le chercher. Comme on vient chercher une valise laissée en consigne. Elle arrivait d'Herment, de l'autre côté du puy de Dôme, son châle sur les épaules, son boursicot niché dans l'épaisseur de ses jupes, un panier noir à couvercle au bras. Autour d'elle, Marie Renard ne vit que des yeux ronds la considérant.

« On ne sait pas, fit le contremaître, ce qu'il est devenu. On l'a pas retrouvé. »

Elle secoua la tête, incrédule :

« Montrez-moi l'endroit.

— Quel endroit ?

— Où vous l'avez perdu. »

Ils la conduisirent au tunnel, lui désignèrent le tas de débris sous lequel, en bonne logique, il aurait dû se trouver. Elle l'examina de près, les sourcils froncés, espérant quelque indice. Puis elle entra dans le tunnel déblayé, avertissant ceux qui tentaient de l'arrêter — ce n'est pas ici un endroit pour vous, madame — qu'elle était l'épouse de Renard. Elle sonda les parois pouce à pouce avec une pierre pour entendre si elles chantaient creux ou plein. Parfois, elle sortait de la galerie, regardait fixement les ouvriers dans la figure, comme si elle pensait que son mari avait pu changer d'apparence, se déguiser en quelqu'un d'autre, en Suisse, en Italien, en Cantalou. Ou encore elle escaladait les pentes, son panier noir toujours au bras, se tordant les chevilles, s'engluant dans l'argile grasse.

A midi, les hommes lui offrirent un peu de leur pitance, elle secoua la tête, mais resta comme eux assise sur une souche.

Un ingénieur vint, s'effara de trouver cette femme sur le chantier, qu'est-ce que vous faites ici ? Elle haussa les épaules, s'éloigna sans répondre. « Elle cherche son mari, Renard, le charpentier », expliquèrent les autres. Ils la surnommèrent la Renarde.

En fin de journée, chacun regagna son gîte. Certains couchaient aux Barbarins, aux Allumettes, ou chez les Thiernois qui voulaient bien leur louer un lit ou une grange. Sur la paille ou sur la plume.

« Où allez-vous dormir ? s'inquiéta l'ingénieur.

— Ne vous en faites point souci, j'aurai bien ce qu'il me faut. »

Le lendemain matin, ils la trouvèrent sous le tunnel, grelottante, pelotonnée contre la pierre.

Bientôt, elle fut pitoyable, les cheveux défaits, crottée jusqu'aux sourcils, égratignée, déguenillée. Certains mauvais drôles nourrissaient à son encontre des pensées particulières, mais nul n'osa jamais la toucher du doigt, à cause d'une flamme qui dansait au fond de ses yeux. Elle acceptait maintenant le pain, le fromage qu'on lui tendait. La Renarde. Ils l'avaient baptisée ainsi.

« Tiens, Renarde ! Bois un coup ! » disaient-ils en lui présentant la bouteille de vin.

Elle tétait le goulot aussi savamment qu'un homme.

Elle fut pareille à ces chiens qui refusent de croire à la mort de leur maître et se couchent près de sa tombe, attendant qu'il en ressorte. Jusqu'à ce que la mélancolie les enlève à leur tour. On essayait de la consoler :

« Tu as tort, Renarde, de rester là. Voici en fait comment les choses se sont passées : ton homme avait assez de toi, il a saisi cette occasion pour disparaître, et il mène à présent quelque part joyeuse vie avec une autre gaillarde. Retourne donc chez tes parents ! »

Elle secouait le front, plus têtue que trente-six mules, elle savait que le tunnel retenait son mari et qu'il devrait tôt ou tard le relâcher. Elle sondait les murs avec un caillou.

Quand le chantier fut à son terme, les rails vissés sur leurs traverses, la ligne prête à fonctionner — il n'y manquait plus que l'inauguration —, les hommes construisirent avec les bois qui restaient une cabane et quelques meubles pour la Renarde, dans un creux de la montagne. Puis ils l'abandonnèrent à son destin. Le dimanche après-midi, les Thiernois de repos — Tchoucossa comme les autres — venaient la voir en famille. Échevelée, terreuse, vêtue de loques, elle se laissait difficilement approcher, mais ne griffait point, ne mordait point, ne crachait point. Elle élevait des lapins et faisait cuire en plein air dans un chaudron des choses mystérieuses. On en menaçait la gaminaille, si tu ne manges pas, je te donnerai à la Renarde. Ou bien, lorsqu'on prétendait les retenir de cueillir les fruits sauvages, mûres, prunelles : laisse ça tranquille, c'est le bien de la Renarde, elle te fera bouillir dans sa marmite. Elle ne manqua d'aucune nécessité, on déposait devant sa porte vêtements, morceaux de pain, panerées de pommes de terre, parfois à la saison des tueries une coudée de boudin entre deux feuilles de chou. Elle vécut longtemps ainsi, ne faisant de tort à personne.

L'école des petits pauvres fonctionnait rue de la Chabre [1], proche de l'église Saint-Genès, et rue Bartasse [2] l'école des petites pauvresses. Quand Émile Pitelet, le plus jeune des trois frères, eut accompli sa sixième année, leur père les conduisit à l'instituteur, M. Grangeversagne. Jacques, l'aîné, en avait neuf et huit le second, ils avaient attendu le dernier à cause de leur habitude de faire les choses ensemble.

Chaque matin, ils se mirent donc en route, non plus encordés, mais se tenant par la main, un cartable de bois leur battant les fesses, le grand au milieu, les petits de chaque côté, réunis aussi par leur ombre triple qui formait par terre des festons, ils ne s'en séparaient jamais, sauf par temps humide, la pluie emportait alors leur ombre. Sur ordre de leur mère, ils devaient emprunter un itinéraire rigoureux : vous descendrez la rue des Barres, remonterez à main droite, suivrez la rue des Groslières, enfilerez le trou de Mme Hormey, traverserez le cimetière, longerez l'église Saint-Genès, arriverez enfin rue de la Chabre.

Le trou en question était un passage assez bas de plafond qui, par quelques degrés, faisait communiquer la rue des Groslières [3] et le parvis : ancienne poterne creusée dans la première enceinte de la ville, alors que celle-ci se composait seulement de son église, de son château et de quelques masures en torchis. Qui avait été cette Mme Hormey, c'est-à-dire Mme Armoire ? La volumineuse épouse, sans doute, de quelque procureur royal d'avant 89, célébrée par une de ces chansons ignominieuses dont Thiers a la spécialité :

En passan vé le Piró,
Lo veguè in oùseló
Sobre no iocanho :
Lo le tchouè mo re do to,
Re ma d'ino bofado.

En venhi de lo benedicchou,
En gran bru me faguè pou :
Crejò c'oco tonavo.
Co ero Madamo Hormey
Que se dicoflavo [4]*...*

1. Actuellement, rue du Palais.
2. Actuellement, rue de Barante.
3. Actuellement, rue Mancel-Chabot.
4. En passant place du Pirou, / Elle vit un oisillon / Sur une lucarne : / Elle le tua comme rien du tout / D'une simple bouffée.
En venant de la bénédiction, / Un grand bruit me fit peur : / Je crus que c'était le tonnerre. / C'était seulement Mme Hormey / Qui se dégonflait...

Ainsi, tandis qu'à l'ordinaire, en donnant leurs noms à des passages, les autres villes honorent les mérites d'esprit ou de cœur de tel ou tel de leurs enfants, Thiers illustre les siens en vertu de leurs révolutions intestinales.

Les trois petits Pitelet enfilaient donc le trou de Mme Armoire pour arriver au vieux cimetière dont un entourage ruiné retenait mal les débordements, en sorte que les promeneurs, peu soucieux de le contourner, le traversaient en tous sens. Le dimanche, jour de marché, les jardiniers vendaient leurs salades entre les sépultures, les paysannes leurs chèvretons et leurs poules. On y voyait même des joueurs de bonneteau installer leur commerce sur l'une ou l'autre des rares dalles tombales, en ce temps-là le monde n'avait guère souci de faire construire des monuments pour y loger sa poussière. Le jeu consistait à montrer au public trois cartes remarquables, par exemple trois as, ou trois rois, ou trois dix, à les faire glisser subtilement l'une sur l'autre, l'une sous l'autre, hop, hip, hap, à les étaler enfin sur la dalle.

« Lequel des trois est l'as de trèfle ? demandait le bonneteur. Un écu pour vous si vous le désignez ! Et il ne vous en coûtera que dix sous ! »

Dix sous contre cinq francs, une chance sur trois de gagner, le jeu valait la chandelle. Le bonneteur, pour mieux convaincre la clientèle, enfonçait une main dans sa poche, en ramenait une bourse étranglée par un cordonnet, y puisait un écu qu'il élevait cérémonieusement entre le pouce et l'index à la vue de tous, comme une hostie, le couchait enfin près des cartes étalées :

« Où est l'as de trèfle ? Qui veut répondre et gagner ?... Mais qu'il sorte d'abord ses dix sous ! »

Un homme s'y risquait, un compère sans doute, il déposait une piécette blanche, désignait la bonne carte, empochait l'enjeu. Le bonneteur se souffletait avec dépit :

« Je commence mal ma journée ! Les *Thiersois* ont trop bonne vue ! Je ferais mieux de plier boutique avant la ruine ! »

Il disait les *Thiersois*, ce qui prouvait bien qu'il n'était pas de la région, on devait pouvoir le rouler sans beaucoup de peine. Un autre amateur sortait sa pièce, la plaçait près du second écu.

« Ouvrez bien les yeux, camarade ! » avertissait le bonneteur.

L'autre, qui voulait gagner, mettait à surveiller ses gestes une telle ardeur que les paupières lui cuisaient.

Et de nouveau, les trois as de glisser, de se mêler, de se séparer, hop, hip, hap, de se coucher enfin ventre en bas sur la dalle funéraire :

« Montrez-moi l'as de trèfle, camarade, et l'écu est à vous ! »

Le badaud tendait l'index, l'étranger retournait la carte :

« As de cœur ! Pas de chance pour cette fois. Une autre partie ? »

Depuis un siècle, les curés de Saint-Genès protestaient contre le scandale permanent qu'était devenu leur cimetière et réclamaient son transport vers un endroit plus digne. En attendant, les enfants des pauvres, ne disposant pas d'autre cour de récréation, y jouaient à chat perché sur les caveaux, aux gendarmes et aux voleurs dans les allées.

Jacques, Émile et Vincent Pitelet apprenaient la lettre écrite et la lettre imprimée, les nombres, les prières principales dans une classe remplie de bancs-omnibus, à six ou huit places selon la grosseur des passagers, face à un tableau noir et un crucifix, sous l'autorité de M. Grangeversagne. Car malgré son titre de « laïque », l'école de la rue de la Chabre donnait un enseignement religieux, toute sa laïcité résidait dans le vêtement de l'instituteur, un pantalon et une jaquette, au lieu d'une soutane congréganiste. Un homme vieux comme le monde, si myope qu'il ne lisait qu'à travers une grosse loupe. Il ne distinguait pas un visage d'un autre, mais prétendait reconnaître chacun de ses élèves à la voix :

« Ma vue est faible, admettait-il modestement. Mais j'ai une oreille magique — il se la tapotait de l'index avec orgueil — qui vous met tous dans le sac ! »

Peu habitués à *franciser*, à employer ces expressions d'une langue étrangère, ils comprenaient assez mal cette histoire de sac et d'oreille magique. L'effectif se trouvait fort disparate : une cinquantaine de grimauds entre six et treize ans, la plupart tondus comme des œufs à cause des poux qui fréquentaient aussi l'école avec une belle assiduité. Des enfants conçus à la sauvette et pas trop bien charpentés, spécialement des fils d'émouleuses. Leurs mères besognaient sur la planche aussi bien que les hommes, même en situation intéressante, comprimant de la sorte leur futur drôle ou drôlette jusqu'à deux mois de l'éclosion. Si bien que M. Grangeversagne parvenait à identifier aussi ses élèves rien qu'à leur taille. Leur voix faisait le reste. Lorsqu'il voulait un complément d'information, il les considérait à travers sa loupe qui le magnifiait lui-même ; les petits se voyant examinés par cet œil effroyable, plus gros qu'un œil de vache, en éprouvaient de terribles frayeurs.

De sa calotte en forme de fromage s'échappaient de longues mèches tortueuses et ramifiées, pareilles à des racines, il ne se découvrait jamais, sauf devant les dames et les ecclésiastiques. Dehors, en toute saison, il portait un pardessus couleur amadou qui avait sans doute été le luxe de ses années de collège ; devenue ensuite spongieuse, gâtée par le vent, la pluie, le soleil, cette défroque trouvait encore le biais de le servir dans sa vieillesse. Il enseignait donc les rudiments du catéchisme et tenait le dimanche l'harmonium à la grand-messe dans l'église toute proche. Au clavier, M. Grangeversagne avait des mouvements de bras inspirés, il fermait ses yeux inutiles mais ouvrait la bouche toute vaste pour chanter à plein organe *Gloria in excelsis Deo* et *Domine fac salvam Rempublicam nostram* avec la même ferveur que, quelques années plus tôt, *Domine fac salvum Imperatorem nostrum Napoleonem*. Sa voix s'élevait et planait sous les voûtes de granit, si majestueuse que l'assistance retenait la sienne pour mieux en admirer le vol. Dans beaucoup de petites paroisses à cette époque, l'instituteur communal devait aussi sonner les cloches, balayer l'église, épousseter les boiseries. Mais, grâce à Dieu, Saint-Genès était assez riche pour entretenir un sacristain, le maître laïque se trouvait ainsi dispensé de ces pieuses servitudes.

Inversement, le chanoine-curé rendait de fréquentes visites à la proche école sur laquelle il avait droit d'inspection, il contrôlait le savoir et les bonnes mœurs de l'enseignant, censurait livres et cahiers jusque dans les cartables, interrogeait les enfants :

« Pourquoi Ève et Adam furent-ils chassés du paradis terrestre ?... Qu'arriva-t-il à Daniel dans la fosse aux lions ?... Récitez le *Notre Père*... »

Le vieux pédagogue recevait toujours des compliments, auxquels, avant de se retirer, le prêtre ajoutait une dernière recommandation :

« Plutôt que de leur bourrer l'esprit de connaissances inutiles, enseignez surtout à vos élèves leurs devoirs. »

Les Ventres Jaunes n'entraient guère dans l'église, sauf après leur mort quand on les y transportait les pieds devant. Le dimanche, les enclumes tintaient, les meules bourdonnaient comme les autres jours, les négociants continuaient leur commerce. Seules les dames de la rue de Lyon ou de Paris, de la rue Nationale, se rendaient à la messe afin de montrer leurs toilettes. Il n'en était pas de même dans les villages environnants, Escoutoux, Vollore, Courpière, Saint-Rémy, Palladuc, où les hommes et les femmes jamais sortis de leurs étables croyaient au diable et à l'enfer, et s'en préservaient en obéissant à l'appel des cloches dominicales, en tenant un crucifix sur leur lit, comme de l'incendie en clouant contre leur façade la plaque de la société d'assurances. Ceux qui sortaient, les monteurs, les forgerons éparpillés dans ces campagnes, perdaient au contraire peu à peu leur dévotion, sous l'influence des ouvriers thiernois qu'ils rencontraient le lundi, lorsqu'ils allaient « tourner les lames ». C'est-à-dire que ce jour-là ils descendaient à pied vers la ville, leur besace blanche sur l'épaule : ils y avaient réparti devant et derrière les produits de leur besogne hebdomadaire, tant de grosses de lames ou tant de douzaines de couteaux montés. Certains employaient carrément une hotte. Les plus fortunés disposaient d'un âne et d'un charreton. Affaire de rendement. Affaire de spécialité. Affaire de main-d'œuvre aussi : dans certaines fermes, le grand-père, la femme, les plus âgés des enfants perçaient et rivaient les côtes dans la même *boutique*. Mais seul le chef de famille, responsable du total, faisait le voyage. Parti avant le jour, le besacier ou l'ânier arrivait à l'usine du fabricant dont la façade portait le nom et la marque : BROUSSE FILS, *le Marteau* ; PIRONON FRÈRES, *la Hallebarde* ; GOUTTEQUILLET, *le Parapluie* ; GUILLEMIN, *le Sabot*.

Le paysan-coutelier déballait sa marchandise sur le comptoir du patron. Alors, commençait une étrange arithmétique :

« Combien de grosses ? demandait Brousse fils.

— Six complètes », répondait le forgeron.

Théoriquement, une grosse, c'est douze douzaines. Mais les douzaines coutelières sont de treize unités, douze fois treize font 156, qu'on arrondit à 160. Car il est admis que chaque ouvrier peut gâter une pièce — ce qui arrive quelquefois en effet. Cette pièce ratée porte le nom de *treizain* quand on la déniche au milieu du lot. Et on donne le même nom à l'enfant ou à l'homme adulte qui présente aussi tel ou tel défaut de fabrication, Tchoucossa en était le modèle déposé, et avec lui combien d'autres ! Pas d'estampeur, de découpeur, de scieur de manches à qui ne manquât quelque doigt ou bout de main. Pas d'émouleur sans poitrine creuse, rhumatismes déformants et, en fin de vie, inflammation des yeux provoquée par les limailles volantes. Telle était peut-être l'origine de ce sobriquet de *Bitors* que portait la communauté thiernoise, où les deux fois tordus se trouvaient plus nombreux que les droits. Un *Bitor*, une *Bitorse*. Et aussi *Mange-Chèvres*, à cause de leur goût pour cet animal, surtout pour les chèvres réformées qu'ils achetaient à bas prix, consommaient fraîches ou salées ou réduites en saucissons.

Brousse fils, le fabricant, examinait les lames une à une, impitoyable à la moindre imperfection, et trouvait le moyen d'en écarter un joli nombre qu'il ne payerait pas. Le forgeron grommelait :

« Avec vous, monsieur Brousse, c'est plus des douzaines de treize qu'il vous faut, mais des douzaines de quatorze ou quinze !

— Est-ce ma faute si ta vue est basse ? Je dois défendre la qualité de notre production. Où irions-nous si elle perdait sa renommée ? »

Une fois son compte établi, bien ou mal, le besacier recevait un autre approvisionnement de pièces à monter ou de billettes découpées, c'est-à-dire de segments d'acier de la taille d'un crayon que son marteau devait transformer sur l'enclume en lames de rasoir, de ciseaux ou de couteau. Toujours selon le principe de treize à la douzaine. Avant de remonter vers ses vaches et ses poules, il rencontrait d'autres couteliers dans les cabarets de la rue du Lac[1], de la rue Lavaure[1], de la rue Malaurie[1] : ils échangeaient des nouvelles, les instruits informaient les ignorants, ils se plaignaient des patrons, cherchaient le moyen de les amener à plus de complaisance :

« Faudrait qu'on s'entende entre nous pour imposer nos prix d'émouture, ou de polissage, ou de forge. Et on refuserait de servir les patrons qui nous paieraient mal.

— Ça s'appelle la ''coalition'', c'est interdit par les lois, on nous fourrera en prison !

— La prison sera trop petite pour nous contenir tous ! »

La bouche et les yeux ronds, les couteliers descendus de la montagne écoutaient le cliquetis de ces idées redoutables.

« Combien gagnez-vous par jour ? demandaient les Ventres Jaunes aux monteurs.

Ceux-ci faisaient leurs calculs, divisaient les gains par six :

« Entre trente et quarante sous, risquaient-ils. Des fois, trois francs, en brûlant beaucoup d'huile.

— Vous n'avez pas honte d'accepter des gains pareils ? Un émouleur arrive au triple !

— Oui, mais nous, on a la ferme, le fromage, le lait, les œufs. Les couteaux viennent en supplément.

— Les patrons le savent bien, que vous avez la ferme : ils vous exploitent. Défendez-vous ! Formez une coalition. »

Ils parlaient aussi des prêtres qui recevaient de l'État mille francs par an pour éparpiller leur eau bénite ; qui faisaient cependant payer les messes de mariage, d'enterrement, et trouvaient le moyen d'ajouter à chaque office plusieurs quêtes : une pour les pauvres, une pour les chaises, une pour les chandelles ; qui avaient la mine fleurie, les épaules larges et remplissaient bien leur soutane ; qu'on voyait toujours en ville dans la compagnie des riches dont ils élevaient les enfants.

Mais discourir donne soif. Écouter aussi. De temps en temps, un Ventre Jaune criait à la cantonade :

« Portez pinte ! »

La pinte d'un litre se vendait dix sous, juste une piécette blanche de cinquante centimes, un compte rond.

Et le vin noir de la Limagne coulait dans les verres cannelés qu'ils choquaient en disant : *Trinquen !* et se versaient dans la courniole, dans la gorge, filtré par les moustaches épaisses.

A force de se désaltérer, la soif leur passait, non l'envie de boire.

« Portez bouteille ! » criait chacun à tour de rôle.

Alors, un des émouleurs finissait par entonner une de ces chansons

1. Actuellement, rues de la Poste, de la Coutellerie, Gambetta.

du lundi soir qu'il ne fallait pas entendre à la lettre, c'est le vin qui chantait, non le coutelier, personne n'eût osé la servir à jeun :

Noùtri mouitri son mo le pouò :
Fason de be cant i son mo.
En jou, lou pendren, co i sura,
Bi lou budjó de lou cura[1]...

Vers quatre ou cinq heures, suivant la saison, les besaciers songeaient à quitter leurs collègues, ils reprenaient leur faix et repartaient vers la montagne, lourds de pensées subversives et de limagnon mal digéré. Ceux qui voyageaient en voiture pouvaient s'assoupir sur leur siège et le cuver sans plus attendre, se fiant à leur âne : il connaissait la route et les ramenait immanquablement. Les piétons, au contraire, devaient compter sur leur tête et leurs jambes, ils s'arrêtaient encore dans les auberges que la Providence avait échelonnées le long du chemin, y prenaient un remontant complémentaire et n'atteignaient souvent leur domicile qu'au milieu de la nuit, on venait à leur rencontre avec des lanternes. Il arrivait même, de loin en loin, quand la nuit était belle, qu'un besacier succombât à la fatigue, s'assît au pied d'un arbre et s'endormît, la tête sur ses pièces détachées. Le petit jour le réveillait, il se trouvait couvert de rosée et de limaces, achevait le voyage en remuant dans sa tête de bonnes explications à son retard :

« C'est que j'ai trouvé en route une bête qui me barrait le passage.

— Une bête ? Quel genre de bête ?

— Une bête.

— Un loup ? Un renard ?

— Une bête avec des cornes.

— Une vache ? Une chèvre ? Un taureau ?

— Est-ce que je me serais laissé arrêter par un taureau ?... Elle crachait le feu de tous les côtés, ses dents et ses yeux brillaient comme des braises, elle grattait la terre de ses griffes...

— Ça serait-il... ?

— Oui ! Ça l'était ! La BÊTE PHARAMINE ! »

Après cela, il n'y avait plus rien à demander, la bête pharamine était irrécusable. Avec plus d'admiration que jamais, les petits enfants contemplaient ce père merveilleux qui avait eu le rare privilège de voir la mystérieuse, l'effroyable bête pharamine et en avait réchappé.

Lui reprenait sa vêture de travail, son devantier de cuir, rallumait

1. Nos maîtres sont comme le porc, / Ils font du bien quand ils sont morts. / Un jour, nous les pendrons, c'est assuré, / Avec les tripes des curés.

la forge et se mettait à modeler, à évider, à ciseler ses lames, tout en pensant aux propos recueillis rue du Lac. Il se surprenait à chantonner *Noùtri mouitri son mo le pouò...*

Voilà comment la ville gâtait la campagne. Une ville de mécréants, de soiffards, de grandes gueules, de traîne-savates, de mal rasés, de mal lavés, de malappris. Les gens instruits s'interrogeaient sur la signification exacte du mot *Bitor*, en fournissaient des explications alambiquées, peu satisfaisantes. On ne savait pas au juste ce qu'était un Bitor. Mais assurément rien de bon à fréquenter.

Comme la plupart des émouleurs, Tchoucossa était hostile à la religion, à ses pompes et à ses œuvres. Le paradis, affirmait-il, c'est quand, le soir, assis devant ma porte, je mange ma soupe, bavardant avec mes voisins occupés à la leur. L'enfer, c'est quand je n'ai plus un liard dans ma bourse. Il avait cependant assez de tolérance pour ne pas retenir sa femme de pratiquer à son goût, pour s'être marié religieusement puisqu'elle y tenait, pour accompagner à l'église les cercueils de ses amis, s'y lever, s'y asseoir durant la cérémonie en même temps que les autres. Il n'allait pas jusqu'à se signer ni remuer les lèvres. Il pensait au mort dans sa boîte. Quand venait le moment d'aller baiser la patène en lâchant une pièce dans le bassinet tenu à proximité par un enfant de chœur, lui restait à sa place. Alors, le sacristain se déplaçait pour les podagres de son espèce ; armé d'une corbeille à long manche, tu aurais dit une poêle à châtaignes, il l'enfilait dans les rangs, la passait sous le nez du public, côté femmes, côté hommes, afin qu'ils remissent la main à leur bourse. Ce sacristain était un grand flandrin au long nez courbe et fendeur de bise, il manœuvrait sa poêle avec une extrême habileté et murmurait régulièrement :

« Grand merci... Grand merci... »

Tchoucossa calculait que la messe du mort se trouvait ainsi payée trois fois : par le gouvernement, par la famille, par l'assistance. Attends, se disait-il, je vais bien te servir.

En ce temps-là, chacun vivait avec ses misères, les acceptant sans révolte, excepté le lundi autour des pintes de limagnon. Les poux allaient à l'école sur la tête des enfants, mais ils ne fuyaient pas l'église, chacun nourrissait les siens, on faisait des échanges entre parents et amis. Quand tu te trouvais à table, il arrivait qu'un de tes poux tombât dans ta soupe, tu le repêchais de la cuillère, l'aplatissais à côté de ton assiette avec l'ongle du gros doigt. Si l'auriculaire est conçu pour s'introduire dans l'oreille, l'annulaire pour porter l'anneau, il est fort possible que le pouce s'appelle ainsi parce qu'il a été prévu par la nature pour écraser les poux. A l'approche de la corbeille emmanchée, Tchoucossa avait coutume de fourrager par avance dans sa chevelure broussailleuse, bientôt il trouvait son gibier, une bestiole grasse à souhait qu'il retenait captive jusqu'au moment opportun, il en sentait le remuement entre le pouce et l'index. Alors, il plaçait cette offrande au milieu de la collecte en y enfonçant les doigts pour laisser croire à une grosse pièce.

« Grand merci ! » disait le sacristain.

Les petits Pitelet ne profitèrent pas longtemps des jeux du cimetière : la municipalité décida enfin son transport en un lieu-dit les Limandons, terroir jusque-là renommé pour ses vignes, qu'on atteignait par un étroit sentier aboutissant aux Chemins-Neufs. Sans doute les pauvres défunts trouveraient-ils quelque consolation à nourrir de leur poussière un sol qui les avait si bien abreuvés de leur vivant. Devant l'église Saint-Genès, on démolit ce qui subsistait de l'enceinte ruinée, on emporta les pierres tombales au grand dépit des bonneteurs, on exhuma le contenu de quelques concessions à perpétuité. Les écoliers pauvres eurent une distraction de choix : ils allaient voir déterrer les morts. Cela consistait à récolter à la pioche comme des patates certains ossements jaunes que les fossoyeurs retiraient des couches supérieures du terrain où ils avaient mûri pendant des siècles. Il était bien recommandé de ne pas creuser profond. On entassait le butin dans des caisses de bois blanc et on allait enfouir le tout aux Limandons. Après quoi, on damait les anciennes sépultures, on les recouvrait de gravier, on plantait çà et là des arbustes d'ombrage. Ainsi, le cimetière devint une belle place. Dans le remue-ménage, de nombreux restes s'égaraient, les collectionneurs en recueillaient quelques-uns. Pour sa part, Jacques Pitelet, l'aîné des trois frères, ramassa un crâne intact, état neuf, et l'emporta rue des Barres. Sa mère Hortense poussa des cris d'épouvante, jurant que la tête de cet inconnu n'habiterait point sous son toit, ordonnant à son fils de la rapporter où il l'avait prise. Mais Tchoucossa ne raisonna pas de même :

« Laisse donc, dit-il avec une profonde sagesse. C'était peut-être, dans les temps, un coutelier comme moi. Il sera mieux ici que devant l'église, sous les sabots des ânes. Chez nous, du moins, personne jamais ne le piétinera. »

Il le brossa finement, le vernit à la cire pour le protéger des insectes et installa son ancien collègue dans le buffet, en lui remplissant les orbites d'allumettes, car il fumait la pipe de temps en temps.

Pitelet Maurice, qui ne craignait aucun rival en matière d'émouture, fut toujours médiocre jardinier dans le lopin qu'il cultivait un peu hors la ville, sur les pentes de Borbe : entre autres, il y ratait généralement ses greffes. N'importe quel scion ne prend pas sur n'importe quel sujet. Or il en fut de même pour ses fils : deux sur trois rejetèrent l'instruction qu'il entendait leur greffer, pour incompatibilité de sèves.

Jacques avait la tête pleine de grillons, les mains pleines de fourmis, il aimait assembler le bois, le fer, les brins de jonc, construire des moulins, tresser des paniers et des cages, démolir et remonter l'horloge, fabriquer des arbalètes, des alambics, des pantins articulés, des engrenages, des virolets. Bref, il possédait déjà cette adresse et cette impatience qui devaient un peu plus tard lui valoir le surnom de Pitelet l'Artiste. Il quitta l'école en 77. Faute de mieux, son père l'installa au premier étage de son rouet, en compagnie des femmes. Elles lui apprirent d'abord à polir les couteaux de table avec une frotte en bois munie de deux manches. Et frotte que je te frotte. La lame finissait par briller autant qu'un miroir. Elles l'installèrent ensuite devant une polissoire rotative à l'usage des pièces plus biscornues, ciseaux, canifs, couteaux fermants. C'était une meule en feutre composée de rondelles découpées dans des chapeaux hors d'usage, fortement serrées ensemble par des points de cuivre. Ses doigts enveloppés de chiffons s'enfonçaient dedans avec l'objet à lustrer, il en éprouvait un certain plaisir affectueux pareil à celui du bouvier qui enfonce le poing dans la toison de ses bêtes. Les femmes le traitaient gentiment, lui ébouriffaient les cheveux de la main, lui tapotaient les joues, lui apportaient parfois un berlingot qu'elles peinaient à décoller de leurs doigts sombres. Il goûtait peu ces privautés. Il aspirait au jour où il descendrait à l'étage inférieur, aurait lui aussi sa meule de grès, apprendrait à donner aux lames le vrai coupant et plus seulement l'apparence.

Quand vint ce jour, aucune meule ne se trouvait disponible. Tchoucossa dut le placer en aval du rouet Jarsaillon, dans l'usine Barrier qui dominait la chute la plus effroyable de la Durolle : celle du Creux de l'Enfer. Une entreprise moderne groupant sous la même toiture soixante salariés et huit ou dix spécialités diverses. Un peu sur le modèle de ce qui se faisait en Allemagne à Solingen, ou en Angleterre à Sheffield. Les salaires y étaient modestes, mais nets de charges. Les apprentis gagnaient seulement dix sous par jour, mais y apprenaient un métier. Et même plusieurs s'il leur chantait.

Près du Creux de l'Enfer, l'usine Barrier se trouvait à sa juste place car le tintamarre y était infernal aussi. Au rez-de-chaussée, les découpeurs devant leur machine débitaient les billes d'acier en tirant à eux un bras horizontal qui abaissait une lame tranchante : les segments tombaient en arrière dans une corbeille, cloc, cloc, cloc, comme des têtes guillotinées. Ils passaient ensuite aux mains des forgerons, plus noirs que des diables, qui les saisissaient de leurs pinces, les plongeaient dans un brasier, les en éloignaient à la teinte appropriée, rouge cerise, vermillon, jaune paille, les portaient sur l'enclume, les brossaient pour en chasser la calamine, les malaxaient, les aplatissaient, les ramenaient au feu, les étiraient encore. D'autres formaient la soie des lames de table sous les martinets, petits marteaux rageurs et assourdissants frappant deux cents coups à la minute. En un clin d'œil, la tige s'allongeait, s'effilait, devenait propre à s'enfoncer dans le manche creux.

Au premier étage, d'autres découpeurs complétaient l'ouvrage des ciseliers en donnant son œil à chaque branche de ciseaux, de leur machine pleuvait une sorte de monnaie ovale qu'ils déversaient à panerées dans la cour, sur la montagne aux déchets. Dans l'atelier voisin, séparé d'eux par une simple cloison de bois, douze émouleurs à l'horizontale rongeaient leurs meules. C'est là que le jeune Pitelet fut installé. M. Barrier en personne passait de fréquentes inspections, vérifiait si chacun gagnait bien son salaire. Jacques enviait le sort des travailleurs indépendants qui ne sentent jamais le brûlant regard du maître leur repasser l'échine.

Dans ce bastringue, chaque instrument avait sa musique propre, triangle, petite flûte, trombone ou grosse caisse. Les enclumes sonnaient matines, les découpoirs cliquetaient, les soufflets de forge mugissaient, les martinets battaient la chamade, les bains d'huile rissolaient, les courroies clapotaient, les meules miaulaient, crissaient, gémissaient. Parfois éclataient.

M. Barrier remarqua les mains ingénieuses de Jacques Pitelet, le retira de la meule et fit de lui son plus habile *martinaire*.

Son frère Émile manquait de santé et quelque peu de raisonnement. Il quitta l'école à onze ans, sachant à peu près lire et écrire, sans plus. Mais il comptait bien, n'employant ni papier ni crayon. Tchoucossa l'examina de la tête aux pieds, observa ses membres grêles, son teint fade, se demanda s'il était vraiment fait pour la coutellerie. Il n'imaginait pas que ce gamin deviendrait plus tard, avec l'aide du ciel, un des plus âpres négociants de la ville et se mériterait l'appellation de Pitelet le Gros. C'est-à-dire le Riche. En attendant, il lui obtint à la papeterie des Charbonniers un travail convenant à son insuffisance. Elle employait nombre d'enfants à des besognes délicates, mais peu fatigantes : Émile triait les chiffons ramassés dans les campagnes, les villages, les villes, par les *peillaros* : vieilles chemises de chanvre, vieux draps de lin ou de coton, linges souillés et pleins de puces. Il enlevait les boutons, boucles, crochets, décousait les ourlets, apportait cette matière aux femmes qui la découpaient au moyen de hachoirs mécaniques.

L'usine produisait des qualités diverses, mais elle était spécialiste du papier timbré, dont le gouvernement lui renouvelait la concession de trois ans en trois ans. Fabriqué non à la machine, mais à la main, suivant les vieux procédés chinois. Un papier qui devait durer presque autant que le parchemin, car il porte une écriture qui vaut de l'or. A moins qu'elle ne vaille du sang et des larmes.

Émile entra donc dans le domaine de l'humide, de la blancheur, du nauséeux. La puanteur provenait des cuves où les *salerauds* « montaient la colle » : mettant à bouillir quarante-huit heures dans de vastes chaudrons des rognures de boucherie, tripes, oreilles, pieds, peaux, jarrets, tendons, cartilages divers, le tout saupoudré d'alun. Les feuilles fraîches étaient plongées par liasses dans cette gélatine qui leur donnait la résistance nécessaire pour supporter l'écriture manuscrite.

Une fois séché sur les cordes d'aloès des galetas, on expédiait le papier vers tous les coins de France à l'usage des notaires, huissiers, juges, avocats, commissaires et autres gens de loi. Mais les règlements exigeaient qu'on en gardât une importante réserve à toutes fins utiles : rien ne doit arrêter la chicane dans son légitime exercice, ni guerres, ni famines, ni épidémies, ni révolutions. Émile Pitelet eut souvent l'occasion d'entrer dans le magasin où régnait une horrible fétidité : celle des charniers, de l'hôpital, des pourrissoirs.

Restait Vincent, le fils du milieu. Le seul sur qui la greffe tentée par Maurice réussît pleinement. L'instituteur de la Chabre reconnut en lui des dons exceptionnels d'intelligence et de mémoire. A treize ans, il connaissait l'écriture, la lecture, l'orthographe, les règles de grammaire avec leurs exceptions, les quatre opérations de l'arithmétique ; était capable de calculer le temps que mettraient pour se rencontrer deux diligences parties de deux villes différentes et filant en sens inverse, sachant que l'une parcourait 12 km en une heure et l'autre 14, étant donné qu'elles changeaient de chevaux à tel et tel relais de poste et y perdaient une heure chaque fois. Il s'était fourré dans la tête les principaux fleuves et rivières de France et pouvait citer sur nos côtes une centaine de golfes, baies, havres, anses, caps, promontoires, îles, îlettes et pertuis qui en faisaient l'ornement. On n'en finirait point de faire l'inventaire de son savoir, qu'il se plaisait à déballer le soir au moindre prétexte devant ses parents éblouis, lançant les noms de grands hommes et de grandes femmes dont ils n'avaient jamais entendu parler, La Fontaine, La Bruyère, Victor Hugo, Lamartine.

« Pas possible ! se dit Tchoucossa avec perplexité. Ce drôle-là en sait plus que son instituteur ! Avec lui, M. Grangeversagne n'est plus de force ! »

Une autre chose inquiétante : Vincent avait la manie de lire. De lire n'importe quoi. Tout ce qui lui tombait sous les yeux. Non seulement ses livres scolaires — et on les payait assez cher, foutre !

pour qu'il les lût ! —, mais les affiches collées çà et là aux murailles de la ville, le *Journal de Thiers* exposé chaque semaine dans la vitrine de son imprimeur, place de la Mairie, les inscriptions des bornes et des croix, les bouts de papier qui couraient la rue les jours de vent : il les poursuivait, les rattrapait, les lisait en tous sens avant de les relâcher. On avait l'impression qu'il ne lisait pas à sa faim.

Un lundi de l'année 1879, Maurice Pitelet se lava la figure et les mains, revêtit l'habit de son mariage et s'en fut, tortillant du derrière, trouver M. Grangeversagne :

« J'aurais idée de pousser mon fils Vincent dans les études. Ça vous paraît-il faisable ? »

L'autre l'examina à la loupe, puis répondit :

« C'est une question d'argent. Vincent est un de mes meilleurs élèves. Je le crois capable de décrocher une bourse d'État et de devenir instituteur breveté. Pour cela, il faut que vous le mettiez dans une autre école : chez les frères ou au collège.

— On lui apprendra-t-y le prussien ?

— Sans doute.

— Et l'italien ?

— Peut-être. Et la géométrie, l'algèbre, le dessin linéaire, l'arpentage, les sciences physiques et naturelles, le chant...

— Oh ! le chant ! Pas besoin de lui apprendre, il sait déjà.

— Il y a chant et chant, monsieur Pitelet. Et aussi des compléments d'histoire, de géographie, de rédaction, de théologie.

— Et combien que ça va-t-y me coûter ?

— A peu près soixante francs annuels. Mais il y a la bourse.

— De toute façon, je me débrouillerai. Je brûlerai un peu plus d'huile. »

C'est ainsi que Tchoucossa vit son fils du milieu entrer chez les frères de la Doctrine chrétienne, y préparer le concours, être admis à l'École normale de Clermont-Ferrand, l'année même où les lois inspirées par Jules Ferry, Jean Macé, Paul Bert, René Goblet, Ferdinand Buisson imposaient la véritable laïcité à tout l'enseignement français, sa gratuité, son obligation. Les débats à la Chambre, les réticences du Sénat, les fureurs de la presse étaient suivis avidement par ces jeunes hommes, fils de paysans ou de manouvriers, mais presque tous modelés par les mains fermes des pédagogues ignorantins. D'entre les murs épais de leur nouvelle école, ils avaient entendu les déclarations de haine d'Adolphe Thiers : « J'ai une aversion passionnée contre les instituteurs primaires, ces trente-cinq mille socialistes ou communistes... Les écoles normales sont des clubs silencieux, des foyers de mauvais sentiments. On dit qu'il y en a de bonnes. Mais que m'importe ? Leur suppression est le seul remède efficace. » Ils n'étaient pas près d'oublier l'exclamation de George Sand : « L'instruction gratuite et obligatoire ? Une absurdité ! » Celle de Gustave Flaubert : « L'instruction gratuite et obligatoire ne fera qu'augmenter le nombre des imbéciles. » L'indignation de Mgr Dupanloup, académicien, à l'idée que des jeunes filles pussent accéder à l'enseignement supérieur et passer « des genoux de l'Église dans les bras de l'Université ». Tant d'exécrations gonflaient d'orgueil ces jeunes gens : il fallait que leur mission à venir fût de première importance.

Ladite École normale venait de quitter, cependant, le quartier le plus mal famé du chef-lieu [1] pour s'installer avenue de l'Observatoire entre un asile de fous et une fabrique de pâtes alimentaires [2]. Or, elle occupait maintenant des locaux d'origine ecclésiastique, anciennes dépendances de l'abbaye Saint-André : les réfectoires voûtés, les salles austères, l'épaisseur conventuelle des murailles, l'alpha et l'oméga gravés dans certains moellons en témoignaient. Malgré les directives officielles et la suppression du catéchisme, mainte école communale conservait sur son faîte l'ancienne croix, mi-girouette, mi-paratonnerre. Nul ne songeait à s'en offusquer. Contre Flaubert, Thiers, George Sand, Mgr Dupanloup, Dieu prenait obligeamment l'école laïque sous sa protection.

En 1883, Vincent accomplissait sa seconde année et se préparait à assumer le surnom distinctif que la renommée publique allait lui attribuer dans sa ville natale : celui de Pitelet le Fin.

Ce qui, contre toute apparence, n'est pas une marque d'estime exceptionnelle en un pays où ce proverbe court :

Si tous les bêtes étaient des fins,
les fins mourraient de faim.

1884

L'hiver fut aussi froid que la belle saison avait été torride. La rivière se trouva prise par les glaces, tous les matins les ouvriers allaient les marteler pour dégager les roues à aubes et libérer un peu d'eau. Il fallait y retourner souvent.

Dans les rouets indépendants, on allumait des poêles qui produisaient un peu de chaleur et beaucoup de fumée. Heureusement,

1. Extrémité de la rue Jolie, dans le « fond de Jaude », quartier alors fréquenté par les prostituées, dites *rouleuses*, et leurs « protecteurs », généralement sous-officiers dans les divers régiments de la ville. M. Chopinet, qui dirigea l'École normale de 1831 à 1880, venait de céder la place à M. Jean Roux.

2. Les pâtes Drelon.

chaque Ventre Jaune a sa bouillotte particulière. Il s'agit d'un chien sans race, résultat de trente-six mille croisements, et dressé à ce manège : dès que le maître est allongé, hop ! la bête fait un saut et se couche sur ses mollets. De temps en temps, l'homme glisse un bras derrière lui et à l'aveuglette caresse la longue fourrure tiède et crasseuse qui le protège de l'engourdissement. A une simple pression, elle change de place, chauffe tantôt cet endroit et tantôt cet autre. Au rouet Jarsaillon, chacun a son chien, sauf Bitton qui est de sang assez vif, dit-il, pour pouvoir s'en passer, les gens de chez Pion ne craignent point le froid, ils ont peur seulement que la charpente du ciel ne leur dégringole sur la tête. Un chien, c'est plus aimable qu'un poêle, ça ne fume pas, ça mange, ça dort, ça te connaît, ça pleure quand tu le quittes, ça rit à ton retour, la nourriture n'en coûte guère. Il s'est tellement frotté à toi, à ta planche, à ta meule que lui aussi a le ventre jaune. Tu peux lui confier tes ennuis, il ne répète rien. Un chien d'émouleur, c'est comme un petit frère.

Son seul inconvénient est d'ordre fiscal. Car la mairie prélève un impôt, Darteyre, le garde champêtre, le collecte dans les rouets. Il arrive un matin de janvier avec ses bottes et sa longue pèlerine, et demande :

« Qui c'est-y là-dedans qu'a pas encore payé la taxe sur les chiens ? »

Question inutile : personne n'a payé. On l'attendait.

« Alors, sortez la monnaie, je vous remplis une quittance. »

Chaque fois, la discussion est la même :

« Combien qu'on te doit ?

— Catégorie "chien d'agrément" : dix francs.

— Chien d'agrément ? Tu te fous de nous, Darteyre ?

— J'ai trois tarifs : chien de garde, trente sous ; chien de chasse, quarante sous ; chien d'agrément, dix francs. Les vôtres, ils chassent pas, ils gardent rien, ils vous chauffent les fesses. Les fesses au chaud, c'est de l'agrément : dix francs.

— C'est un chien de travail !

— Le travail est pas prévu pour les chiens. Dix francs. C'est la loi. »

La loi ! La loi ! Ils espèrent toujours qu'elle aura changé depuis l'année dernière, mais la loi est têtue comme un âne rouge, impossible d'obtenir la moindre réduction.

« On se demande, dit Tchoucossa, quelle raison est la vôtre de taxer ainsi ces bêtes qui font comme qui dirait partie de la famille. Pourquoi pas un impôt sur la femme, sur les enfants, sur la belle-mère ? Voilà une idée que tu transmettras de ma part à la mairie, Darteyre !

— Fais tes commissions toi-même. Moi, je suis seulement chargé de percevoir la taxe et de délivrer un reçu. Dix francs.

— Et si qu'on paye pas ?

— Contravention : vingt francs. »

Ils cherchent du moins à renvoyer, ils n'ont pas assez d'argent sur eux, dix francs, c'est une somme, repasse demain, Darteyre.

« D'accord, je repasse demain. Mais alors, vous paierez mes pas : qu'il y ait ici à boire et à manger ! »

Ce garde champêtre est une canaille de première classe, la loi est bien munie avec un ruffian de son espèce, toujours à escroquer un canon par-ci, un casse-croûte par-là, à rançonner les paysannes qui viennent au marché d'une botte de radis, d'un fromage, d'un saucisson. Mais sa spécialité est le menu braconnage. Au-delà de l'abattoir, après le Moutier, les gamins de la ville se plaisent à pêcher dans la Durolle par procédés interdits, à l'épuisette, à la main, à la fourchette. Darteyre connaît leurs jours et leurs figures, il les surveille de loin, les laisse opérer tranquillement. Puis il s'approche par des sentiers invisibles, surgit brusquement dans leur dos, juste comme ils allaient décamper :

« Je vous y prends, petits gredins ! Petits emplènes ! C'est votre famille qui va être contente quand elle recevra la contravention ! »

Ils ne s'effrayent pas trop, ils connaissent ses habitudes, ils ont mis sa part de côté :

« Ah ! monsieur Darteyre ! Nous vous avons pas oublié ! Regardez ces belles pièces qui sont pour vous ! »

Il hérisse sa moustache, roule des yeux farouches :

« Tentative de corruption de fonctionnaire municipal assermenté ! »

Il palpe néanmoins les truites, soupèse les brèmes, tire une musette qu'il porte en toutes saisons sous le couvert de sa pèlerine, commence d'y coucher sur une poignée d'herbe les poissons pantelants, c'est bon, pour cette fois je veux bien oublier ce que j'ai vu, mais n'y revenez pas, petits emplènes, ou je vous apprendrai à respecter les lois. L'arrangement satisfait tout le monde. Quand les Thiernois rencontrent le garde champêtre aux alentours de l'abattoir, la pèlerine tuméfiée :

« Tiens ! disent-ils. Voilà Darteyre qui a gagné sa friture ! »

Néanmoins, une certaine année, il éprouve le besoin de se plaindre à la commune pour insuffisance de traitement. Le maire réfléchit, consulte ses adjoints et finit par répliquer :

« D'accord, monsieur Darteyre. On vous vote l'augmentation. Mais en échange, on exige que vous ne portiez plus votre pèlerine.

— Et s'il pleut ?

— Vous prendrez un parapluie.

— Et s'il fait froid ?

— Vous enfilerez des tricots et des caleçons épais.

— Dans ces conditions, voyez-vous, monsieur le Maire, soyons arrangeants et laissons les choses en état : vous gardez votre augmentation et, moi, je garde ma pèlerine. »

Depuis cinq ans, Tchoucossa frotte des lames à sa meule qui, à force d'usure, a perdu la moitié du diamètre. Un système de crémaillère et de chevilles permet à la planche de descendre à mesure qu'elle se réduit. En ce début de l'année 84, il devient évident toutefois qu'elle aspire à la retraite. Selon le pacte conclu avec la veuve Jarsaillon, propriétaire du rouet, il en commande une neuve à Chaize et Gonon, rue Barbarot [1], dépositaires de tous matériels à l'usage de la coutellerie. La livraison ne se fait pas à domicile, comme une lettre de facteur, l'objet pèse six quintaux d'Auvergne et le chemin qui mène au Bout-du-Monde ne permet point le passage du fardier et des chevaux. Chaize et Gonon l'abandonnent donc à la verticale de l'atelier, au bord du Cordon, près du sentier abrupt qu'empruntent les apprentis de la vallée quand ils montent chercher à boire pour les émouleurs.

Tout changement de meule s'opère un lundi, il mobilise l'ensemble des compagnons pour une journée de peine et de plaisir. On commence par enlever l'ancienne et par curer la fosse de sa moulée quinquennale : une douzaine de brouettées qu'on répand sur le chemin, toutes les voies qui conduisent aux rouets sont tartinées de ce chocolat, poudre de grès et limaille agglomérées, mais ce n'est rien d'autre qu'un produit de la terre qui retourne à la terre comme nous tous ferons un jour.

Premier repos. Tchoucossa a apporté deux boussets de cinq litres, le vin coule dans la gorge des couteliers et les prépare au rude effort à venir.

On grimpe ensuite, chargés de cordes, de chaînes, d'outils, jusqu'à la route où la meule vierge couleur sable les attend, appuyée au talus. Le fabricant la livre pleine comme une lune, laissant aux émouleurs le soin d'en déterminer le centre. Ils le cherchent au moyen d'une ficelle et d'un clou, traçant des repères, suivant une géométrie à eux, rudimentaire mais efficace, ils finissent par le trouver. Et là ils la transpercent avec une mèche d'acier. On enfile alors dans le trou une chaîne de fer retenue par des cordes et tous, s'arc-boutant pour la freiner, laissent glisser la meule à plat le long de la sente des apprentis jusqu'à ce qu'elle arrive au fond.

Second entracte. On reprend souffle, le bousset circule à nouveau de bouche en bouche.

« Finissons-en », dit Pitelet.

1. Actuellement, rue Patural-Puy.

Ils crachent dans leurs paumes et ces mains réunies la font rouler tel un cerceau, elle arrive à la porte du rouet, descend les marches sur un plateau de chêne. Tchoucossa lui passe au travers du corps l'axe et sa poulie. Alors vient le sommet de l'affaire, la terrifiante manœuvre qu'aucun peintre n'a jamais représentée, aucun poète jamais chantée. Il s'agit, sans palan, sans levier, d'introduire la meule dans sa loge, l'axe dans ses alvéoles. Le plus vigoureux des Ventres Jaunes — en l'occurrence Bitton — descend dans la fosse, fait face à l'arrivante que ses compagnons laissent lentement descendre vers lui ; il tend les bras, saisit l'axe à pleines mains et reçoit sans broncher sur la poitrine les trois cents kilos de grès, les garde ainsi dans l'étreinte de ses poings et de ses genoux jusqu'à ce que l'axe ait trouvé sa juste position.

Bitton ressort de la fosse, aussi frais que s'il venait de cueillir des prunes, Pitelet lui serre la main. Bitton ne sourit pas. Les gens de chez Pion ne savent pas sourire. Ils gardent sur la figure le souvenir d'une antique calamité qui frappa leur race et dont on parle encore aux veillées, autour du feu qui crépite comme les mousquets du roi. Les hommes de ce village refusèrent d'abord de payer la taille, puis ils refusèrent de servir sous la bannière blanche, la guerre ne les intéressait point, leur patrie n'allait pas plus loin que le Montoncel, leurs ambitions ne dépassaient pas leur champ de topinambours. Ce sont des choses qu'un prince soucieux de sa gloire ne peut admettre, il ordonna une expédition contre ces sauvages. Les insoumis furent soumis, envoyés aux galères ou décapités à Moulins.

Les complaintes rappelaient leur supplice :

Sur la place d'Allier
Huit pauvres particuliers
Montèrent sur l'échafaud.

Voilà pourquoi Bitton a des airs farouches, quelquefois inquiétants, à cause peut-être de ces malheurs invengés. Il aime à jouer à bras de fer contre deux adversaires à la fois et c'est lui qui cependant les couche. Mais il n'y a pas grand mérite, face à ces pauvres Ventres Jaunes tordus par des siècles d'usure, lui qui descend tout neuf de sa montagne et de ses forêts.

A ce moment venait le troisième repos, le plus long, on tapait dans les provisions de Pitelet, pain, fromage, lard froid ; les femmes, les gamins du premier étage participaient à la frairie. A neuf heures, les soupes dans leur biche arrivaient comme d'habitude, et l'on trouvait encore un coin de panse pour les recevoir. On s'abreuvait largement. Issard, dit le Grand Zac, chantait malgré son âge les filles de la Vidalie qui sont si peu amoureuses, s'habillent comme des guignols, se gonflent de rondeurs exagérées :

La filha de lo Vidolhò
Son pas guére omorousa.
La se bilhon mo de morò,
Se coflon mo de vantousa.

Pour finir, le maître de la nouvelle meule entreprenait la besogne la plus fastidieuse : il fallait la *rufer*, c'est-à-dire l'équilibrer, la rendre apte à tourner sans boiterie à trois cents tours-minute, avec la même aisance qu'un virolet d'enfant. Au moyen d'un marteau à panne tranchante, patiemment, minutieusement, l'homme rognait le faux rond, les excès de substance, produisant ainsi une poussière râpeuse qui l'aveuglait, lui envahissait les intérieurs par le nez, la bouche, les oreilles, ajoutait ses effets pernicieux à ceux de l'émouture quotidienne, de la mauvaise posture, de l'humidité permanente, du froid et du chaud, procurant aux émouleurs des maladies aux noms compliqués dont ils se seraient, dans leur crasse ignorance, sentis fort indignes si quelqu'un avait pris la peine de les leur réciter : kératite, silicose, coxalgie, emphysème vésiculaire. C'était une profession où l'on ne faisait pas de vieux os. Et cependant aucun d'eux n'aurait voulu l'échanger contre une autre.

D'abord parce que celui de coutelier, quoi que disent là-dessus les gens qui n'y entendent rien, est le plus vieux métier du monde : le premier outil d'Adam, ou de l'homme-singe, ou de n'importe quel jean-foutre qui fut au commencement de notre lignée, a été le couteau, non la massue, puisqu'il avait besoin du couteau pour fabriquer la massue, non de la massue pour fabriquer le couteau. Il prit un silex déjà tranchant et le perfectionna grâce à d'autres silex. Les Thiernois sont sûrs de cela comme du nez qu'ils ont, en principe, au milieu de la figure.

Une autre raison d'amour et de fierté était la fameuse indépendance. Dans leur rouet battu par les flots de la rivière, ils se sentaient membres d'une communauté fraternelle, d'une cellule de douce anarchie, sans livres, sans théoriciens, sans machines infernales, elle n'avait d'autres lois que celle de l'amitié, d'autre maître que la Durolle, encore pouvaient-ils au besoin l'insolentir, y a-t-il maître au monde qui supporte pareil traitement ? Et de même leur amitié ne les empêchait pas de se moquer les uns des autres, de se donner des sobriquets, des claques dans le dos, des coups de pied aux fesses, de se jouer des tours. Une anarchie à la fois moelleuse et piquante comme l'ouate rousse qui recouvrait le sol, accumulée par trois générations. S'il leur chantait de travailler, ils restaient là seize, dix-sept et dix-huit heures par jour ; de s'amuser, ils invitaient les compagnons des autres rouets et ensemble passaient du bon temps ; certains jouaient au reversi, à l'impériale, au garbuge, à la brusquembille ; ou soufflaient dans un flageolet, leurs gros doigts modelés par le tenaillon bouchaient bien les orifices ; d'autres chantaient ou, comme Desgouttes, dit Mange-Fourme, faisaient chanter des chardonnerets ; s'il leur plaisait de fêter saint Éloy, patron des couteliers, ou saint Vincent, patron des vignerons, ou saint Joseph, patron des cocus, ils buvaient jusqu'à plus soif, et même au-delà, de toute façon la soif des émouleurs a des limites imprécises ; s'ils éprouvaient le besoin de cuver ces excès, ils se couchaient sur les peaux de leur planche, un sabot sous la tête en guise d'oreiller, les moins malades veillant les autres. Ils s'arrachaient réciproquement leurs échardes, leurs dents cariées, partageaient leurs peines et leurs plaisirs ; si l'un d'eux venait à mourir, c'était deuil national dans tous les rouets de la Durolle et de ses affluents : les émouleurs en toilette enterraient le compagnon, puis allaient se consoler ensemble dans quelque auberge, buvaient à la santé du défunt, faisaient une collecte pour sa veuve et ses orphelins. On aurait pu justement écrire sur la porte de chaque atelier *RÉPUBLIQUE DES VENTRES JAUNES*, elle comportait la liberté, l'égalité, la fraternité qui manquent si souvent à d'autres.

Au contraire, les usines n'offraient aux émouleurs salariés rien d'anarchique ni de républicain, c'était la monarchie absolue qu'aucune chanson ne tempérait, le tintamarre ne le permettait point, sous le règne de M. Barrier, troisième du nom. Des révolutions se faisaient peut-être à Paris, qui obligeaient la France à changer de régime, mais les patrons thiernois demeuraient aussi inébranlables que le puy de Dôme, Barrier III traitait de son monde comme l'avaient fait avant lui Barrier II et Barrier Ier. Il n'avait qu'un souci : celui du rendement ; qu'une crainte : qu'un ouvrier lui volât cinq minutes. S'il en surprenait un les mains oisives, oublieux de son enclume, de son découpoir ou de sa meule, à perdre un regard dans l'ouverture du châssis :

« Tu écoutes, lui demandait-il, si les vêpres sonnent à Saint-Genès ? »

Pourquoi n'auraient-ils pas tendu l'oreille à ces vêpres de la semaine, puisqu'ils ne pouvaient les entendre le dimanche ? En principe, ce jour-là, le travail n'était pas une obligation absolue depuis la loi de 1880, mais comment un salarié l'aurait-il refusé ? Devait-il renoncer à un jour de son pauvre salaire sous prétexte de religion ou de fatigue ?

« Quelle fatigue ? répondait le patron aux doléances des émouleurs. Tu travailles couché ! »

Et aux découpeurs : « Tu travailles assis ! »

Et aux trempeurs : « Montre-moi les ampoules de tes mains ! »

Et à tous : « Quelle religion ? Est-ce que l'hostie et l'eau bénite suffiraient à ta soif et à ta faim ? J'ai des commandes urgentes : le bon Dieu peut attendre, il ne s'adressera pas à Solingen ! »

Solingen signifiait la concurrence redoutable, les vastes usines prussiennes, le machinisme, la méthode, la discipline, l'acier et le charbon peu coûteux. Solingen était le loup-garou. Si des ouvriers osaient, de loin en loin, réclamer une augmentation de quelques centimes :

« Je vous augmenterais bien volontiers, mes pauvres petits, répondaient les maîtres, s'il n'y avait pas Solingen ! »

Alors, on travaillait le dimanche à cause de Solingen. Les monteurs gagnaient trente sous par jour pour quinze heures de travail à cause de Solingen. Les douzaines de lames comptaient treize, quatorze ou quinze unités à cause de Solingen. Les émouleurs salariés ne pouvaient se permettre, à cause de Solingen, de prêter l'oreille au chant des cloches. Solingen était une belle invention.

Voilà pourquoi Jacques Pitelet, âgé de dix-neuf ans, rongeait son frein devant son martinet au service de Barrier III, et attendait avec impatience le jour où il trouverait une place dans un rouet indépendant, si possible chez la veuve Jarsaillon afin d'avoir en plus la compagnie de son père.

Vers midi, on débrayait l'arbre de couche, en quelques secondes l'atelier tombait dans un silence surprenant, du dehors arrivaient le ruissellement de la Durolle, les doux bruits de la campagne, gémissements des chars, tirelis d'un merle. Les Ventres Jaunes descendaient de planche comme un cavalier à l'étape descend de cheval, ils prenaient d'une main la ficelle de leur biche à soupe, de l'autre la corde du chien et se dirigeaient vers leur domicile, lentement, le dos courbe, les vieux s'aidant d'une canne. Ils marchaient longtemps par des chemins raboteux vers Boulay, la Vidalie, les Belins, la Paillette ou le centre de la ville.

Or ce jour-là était tiède et lumineux, les primevères, les violettes fleurissaient les pentes, les lilas sauvages avaient mis déjà toutes leurs feuilles et se préparaient à faire mieux. Pitelet Maurice allait vers la rue des Barres tantôt suivi, tantôt précédé de Larbi, son compagnon poilu, qui n'avait aucun besoin de la laisse. Il longea une haie de *ripipi*, c'est-à-dire d'aubépine, dont l'odeur amère et tendre soudain l'immobilisa. Dieu que ce truc-là sentait bon ! Puis il se rendit compte d'une chose : l'arbuste avait poussé en ce point intentionnellement, les fleurettes blanches s'étaient ouvertes exprès pour lui, Tchoucossa. Bref : le ripipi l'attendait. Comme il cherchait les motifs de cette préméditation, l'homme sentit monter en lui le souvenir d'un autre buisson, non moins parfumé. Hortense... le village de Pont-Haut... leur rencontre au pied de l'aubépin... les yeux d'Hortense, les mains d'Hortense, les lèvres d'Hortense plus douces que le miel...

« Qu'avez-vous à me dire ? demanda-t-elle lorsqu'elle eut repris son souffle.

— Que j'ai pour vous beaucoup, beaucoup d'amitié.

— Et ensuite ?

— Que nous nous marierons, si vous me donnez votre consentement, et je vous le demande. »

C'était l'année 64, au mois de juillet suivant Napoléon vint rendre visite aux couteliers de Thiers qui avaient paré leurs façades d'hortensias en souvenir de sa mère la reine Hortense. L'empereur en fut très touché.

« Vous portez un nom de reine ! » dit Maurice à sa fiancée.

Elle n'en conçut aucun orgueil. Que d'eau la Durolle avait depuis roulée sous les arches ! En faisant le calcul, Maurice s'aperçut que son mariage durait depuis vingt ans tout ronds. On n'en parlait jamais dans la famille, on n'en célébrait point l'anniversaire, ce n'était pas l'usage. Ni cadeaux ni félicitations. Mais ce jour d'avril 1884, ému par l'odeur amandine de l'aubépin, Tchoucossa sortit de sa poche son couteau à lame unique, l'ouvrit et coupa la branche la plus fleurie en se piquant les mains et les poignets. Il repartit, la tenant écartée de son corps. Il eût préféré une branche d'hortensia.

Après quelques pas, il chercha son chien des yeux, se retourna et vit avec stupeur qu'il levait la patte précisément contre l'arbuste blanc.

« Ho-oussi ! cria-t-il avec un grand geste des bras. En voilà des façons ! Tu pourrais pas pisser ailleurs, espèce d'illettré ? »

L'autre, surpris en pleine besogne, baissa la patte et vint en rampant se faire pardonner, c'était la première fois qu'on l'outrageait d'une telle injure, il ne soupçonnait pas qu'il portait tort à qui que ce soit, s'il avait su... on aurait dû lui dire avant...

Tandis qu'il marchait le long des rues, suivi de Larbi tout penaud, Pitelet se sentait épié par la population, visiblement elle cherchait une occasion de rire aux dépens de ce Ventre Jaune qui tenait d'une main l'anse de sa biche et de l'autre un rameau de ripipi. Lui-même ne se sentait pas très fier et il allongeait la jambe autant que le lui permettait son cul cassé.

Rue des Barres, il trouva ses fils arrivés avant lui, Jacques le martinaire et Émile le papetier, assis sur leur banc, derrière la table, l'échine au mur, l'un déjà moustachu, l'autre en passe de le devenir. Ils le regardèrent, éberlués. Maurice contempla cette pièce exiguë qui sentait le chou ; le calendrier des postes, le bénitier, la lampe à pétrole suspendue, le fourneau noir enfoncé dans la cheminée, le buffet de noyer un peu mangé aux vers qui avait constitué la dot de sa femme, la table massive et son tiroir à pain. Pas la moindre coquetterie nulle part.

« Tenez, dit-il négligemment à sa femme, tenez : je vous ai apporté une branche de ripipi. »

Elle aussi le considéra les yeux ronds, n'en revenant pas d'un tel présent, d'une attention si insolite :

« Du ripipi ? Pour quoi faire ? En quel honneur ?

— J'en ai rencontré un buisson en chemin. Comme ça. J'ai trouvé qu'il sentait bon. Alors, je vous en ai coupé une branche. »

C'étaient sans doute les premières fleurs jamais entrées dans cette cuisine depuis qu'elle était cuisine. Hortense se tenait droite devant lui, dans son sarrau noir serré à la taille, et elle secouait la tête, peu convaincue.

« Et puis... ajouta-t-il.

— Et puis quoi ? »

Comment lui expliquer cette correspondance des odeurs, le souvenir qu'il avait gardé tout au fond de lui d'une autre haie d'aubépine, derrière laquelle ils s'étaient dissimulés, le temps de quelques baisers et d'une demande en mariage, l'année de l'empereur Napoléon III ?

« Et puis quoi, ce ripipi ? insista Hortense.

— Et puis, tout par un coup, je me suis rappelé... »

Mais il avait honte de dire des choses pareilles, surtout en présence de ses fils qui écoutaient et regardaient.

« Mais qu'est-ce que vous vous êtes rappelé, bonne Sainte Vierge ?

— Y a vingt ans, juste vingt ans, ça ne vous dit rien ?

— Vingt ans ? Qu'est-ce qu'il faut que ça me dise ?

— L'année de l'empereur ? En 64 ?

— Eh ! bien quoi ! l'année de l'empereur ? »

Soudain la mémoire lui revint, elle rougit jusque dans sa coiffe blanche à double ruche, elle sourit à son pauvre homme estropié par le chemin de fer et l'émouture, elle le revit courant comme un lièvre lorsqu'il montait en se dissimulant vers Pont-Haut et la rejoignait, occupée à garder ses vaches. D'abord, elle l'avait repoussé, trouvant qu'il allait un peu vite en besogne, mais ensuite elle s'était montrée plus humaine. Oui, oui, ce fut l'année impériale.

« Est-ce que vous voulez dire... l'année de notre mariage ? »

Il haussa les épaules, tant la réponse lui semblait inutile.

« Alors, fit-elle le cœur battant, cette branche de ripipi, ça serait comme qui dirait un cadeau pour notre anniversaire ?

— Comme qui dirait.

— Grand merci. Grand merci. »

Elle ne savait pas dire mieux. Elle lui prit la branche des mains, qu'allait-on en faire ? La suspendre au mur comme une branche de buis bénit ? Jacques vint à son secours :

« Mettez-la dans un verre d'eau. Ça la conservera fraîche plusieurs jours.

— Vous croyez ?

— J'en suis sûr. »

Elle suivit le conseil. Elle plaça le rameau et son verre au seul endroit possible, sur l'étroite bordure du buffet, où ils eurent grande allure, recommandant de ne pas les trébucher. Bientôt, la cuisine sentit moins fort le chou.

« Et maintenant, coupa court Tchoucossa, servez-nous la soupe. »

Il n'y eut pas d'autre phrase, pas de vœux, pas d'images remuées. N'empêche qu'une fois seule, ses trois hommes retournés à l'ouvrage, elle se planta devant la branche fleurie, le pauvre buffet en devenait radieux comme un autel. Hortense Pitelet, la lessiveuse-repasseuse, se sentait remplie d'une joie insupportable. Alors, avec de grandes précautions, elle ôta le ripipi de son verre et s'en alla de ménage en ménage, tout orgueilleuse, la communiquer à ses voisines :

« Qu'est-ce que c'est que ça ?

— Une branche de ripipi que m'a apportée Maurice pour l'anniversaire de notre mariage !

— Pour l'anniversaire de votre mariage ? Une branche de ripipi ? Eh bien ! Vous en avez-t-y, de la chance ! Mon homme à moi, quand on en parle, dit toujours : "Ce jour-là, j'aurais mieux fait de me casser une jambe ! A présent je serais guéri !" Jolis compliments !

— Oh ! ma pauvre ! Faut pas écouter ce que racontent les hommes ! Bien souvent ils disent tout le contraire de leur pensée !

— C'est pas le cas du vôtre, pour sûr ! Y a qu'à voir ! »

Hortense fit tant d'envieuses qu'elle renonça très vite à sa tournée, elle rentra chez elle un peu triste, replaça l'aubépine sur le buffet et se contenta désormais de savourer secrètement son bonheur.

Elle ne voulut pas cependant être en reste sur son mari et décida de régaler son monde. Elle s'en fut rue du Bourg à la crémerie-épicerie, une boutique riche des marchandises les plus précieuses, des odeurs les plus émouvantes, café, fromages, cannelle, vanille, chicorée, poivre, gingembre. La gloire en était deux pains de sucre marmoréens, érigés au milieu du comptoir, à demi dépouillés de leur chemise, M. Brivady, le commerçant, les cassait minutieusement au moyen d'un marteau, leur arrachait des blocs qu'il enveloppait ensuite dans du papier gris qui en accentuait la blancheur, les posait sur un plateau de sa balance. Hortense se contenta de demander trois œufs et cent grammes de sucre :

« Je veux, expliqua-t-elle, préparer des soupes dorées. »

Revenue chez elle, elle découpa dans le chanteau des tranches égales, les plongea dans une dorure composée de lait et des trois œufs battus, les fit frire à la poêle où elles prirent une jolie couleur d'omelette, les empila sur une assiette, écrasa ses débris de sucre avec une bouteille, les saupoudra, les garda au chaud dans le four jusqu'au moment de servir. Quelle joyeuse surprise ce fut ce soir-là lorsque, après le chèvreton, elle plaça sur la table sa montagne de soupes dorées ! Même Larbi reçut sa part.

Voilà comment Maurice et Hortense Pitelet célébrèrent leurs noces de ripipi.

La saison de l'aubépine était aussi, naturellement, celle du temps pascal. Les récentes lois scolaires sur la laïcité n'empêchaient pas les enfants de recevoir, si leur famille le désirait, un enseignement religieux ; elles avaient même à cette fin coupé la semaine en deux, institué le repos du jeudi qu'elles abandonnaient à l'église. Merveilleuse innovation dont profitèrent tous les enfants d'une manière ou d'une autre, les petits dévots au catéchisme des prêtres, les petits athées au catéchisme des lézards sur les murailles de la ville. Mais en dépit de leur faible piété, les couteliers ne s'opposaient point aux sacrements ni à leur préparation, moins par fidélité envers Jésus-Christ que par fidélité envers leurs mères, grands-mères, arrière-grand-mères qui, elles, croyaient en tout ce qu'il est permis de croire. Même chez les plus éclatants païens on trouvait sans faute un bénitier dans lequel, chaque soir avant de s'endormir, les femmes et les gamins de la maison trempaient l'index. A cet usage, le matin des Rameaux, chaque famille allait faire provision d'eau bénite à Saint-Genès ou à Saint-Jean : sur le parvis, le curé en avait installé deux bacholles, c'est-à-dire deux comportes à vendange, pleines rasibus, où l'on venait puiser. Naturellement, près d'elles se trouvait en sentinelle ce grand dépendeur d'andouilles de sacristain avec son plateau, chargé de dire à chaque offrande :

« Grand merci. Grand merci. »

La consommation annuelle moyenne d'eau bénite, selon les calculs les plus autorisés, était d'environ une pinte par famille de cinq personnes. Lorsque la bouteille se trouvait à demi bue, on pouvait d'ailleurs la remplir avec de l'eau profane, la bénédiction s'étendait immédiatement à celle-ci sans perdre aucunement de sa force. Par le biais de plusieurs coupages successifs, on arrivait ainsi à faire la soudure, à atteindre les Pâques de l'année suivante.

C'était donc l'époque des premières communions. « Faire Pâques » voulait dire accéder à l'initiation décisive qui marquait à peu près le terme de l'enfance. Quand ils avaient fait Pâques, la fillette devenait jeune fille, le garçon devait pouvoir gagner sa vie.

« Attends que tu aies fait Pâques ! » en menaçait-on ceux qui perdaient leur temps à l'école. Et tant pis si après la cérémonie il leur manquait encore un an ou deux avant d'atteindre la fin théorique de la scolarité, les papeteries les embauchaient dès l'âge de dix ans.

Mais faire Pâques coûtait les yeux de la tête. D'abord, les enfants ne pouvaient se présenter que vêtus de neuf de pied en cap, un cierge à la main. Si les gars avaient ensuite la possibilité d'user leur costume, les filles portaient une robe blanche inutilisable hors cette occasion. Les parents inauguraient également quelque accessoire, souliers, veste, chapeau, et tout cela obligeait à un grand gaspillage. La famille emportait à la messe une brioche vaste comme une roue de brouette et toute hérissée de cornes, au sortir de l'église elle se trouvait transmuée en pain bénit, et lorsque le père rencontrait une connaissance :

« Pincez ! conseillait-il. N'ayez pas peur ! Pincez-en ! »

L'autre pinçait une de ces cornes, s'en faisait le signe de croix, la mastiquait dévotieusement.

Mais surtout on invitait la parenté à une immense mangerie, pour elle gratuite et obligatoire comme la laïcité, elle en profitait bien et se bourrait jusqu'aux yeux. A la fin, on achevait ce qui restait de pain bénit. Les curés ont beau parler de la pauvreté rédemptrice, la pratique de la religion est un luxe pour les besogneux. Aussi, malgré certains avantages qu'ils lui reconnaissaient, les maîtres-couteliers n'en avaient-ils jamais encouragé la pratique parmi leur personnel. On en a la preuve écrite dans une lettre de 1744 envoyée par les notables thiernois à l'évêque de Clermont qui leur proposait des missionnaires, *ladite mission pourroit causer un dommage considérable dans les manufactures par la perte du temps des ouvriers, qu'ils ne pourroient pas employer à leur travail pour plusieurs heures du jour pendant lesquelles les missionnaires ont accoutumé de prescher, en sorte que Monseigneur l'Évêque rendroit un bon office aux habitants en les dispensant de cette mission.*

En mai courut une nouvelle de rouet en rouet, de planche en planche : les députés avaient voté une loi qui permettait aux ouvriers et artisans de se grouper en chambres syndicales sans craindre désormais aucune poursuite, tous les Ventres Jaunes étaient conviés à se réunir tel lundi au café de l'Univers, rue des Grammonts. Il y eut ce jour-là tant de monde en ce local que Castellane, le propriétaire, dut en installer sur la terrasse, malgré le temps frisquet : il débita plus de pintes en ce seul lundi qu'il n'en vendait en huit ordinaires. C'était un homme florissant, dédaigneux et têtu, on n'allait pas chez lui à plaisir, mais son café, le plus vaste de la ville, se tenait tout près de la Porte-Neuve et du marché au bois ; en sorte que la commodité rendait sa fréquentation nécessaire.

Entre les émouleurs, il y eut de longs débats, les vieux ne voulaient pas entendre raison, ils avaient toute leur vie travaillé sans syndicat, pourquoi fallait-il changer les habitudes ? Une fois associés comme le proposait le gouvernement, ils ne seraient plus libres de leur temps, plus libres de fixer eux-mêmes, en accord avec les patrons, les prix de leur ouvrage : ils devraient suivre le tarif syndical qui ne tiendrait aucun compte du tour de main propre à chaque artisan.

« Vous avez peur de gagner trop ? s'écriaient les jeunes.

— On a peur que certains veuillent gagner davantage en travaillant moins, sans rien considérer. Ça ne nous semble pas bon.

— Considérer quoi ?

— La qualité. »

Accoutumés à faire leurs seize heures journalières, mariés à leur planche beaucoup plus qu'à leur femme, et sans amertume et sans envie de divorcer, à tout prendre ils ne venaient pas au rouet d'abord pour gagner de l'argent, mais d'abord pour la joie d'émoudre, en compagnie d'autres émouleurs, sur la meule moulant sa moulée. Alors, ils se sentaient chagrins de trouver chez leurs successeurs moins d'affection pour le noble métier de Ventre Jaune, encore un peu et ils demanderaient à être fonctionnaires comme les facteurs et les cantonniers. Et quels mérites spéciaux avaient-ils, ces jeunes, à vouloir travailler moins et gagner plus ?

Cependant, la plupart étaient sur le point de se laisser convaincre, lorsqu'on sut que les noms des dirigeants du syndicat éventuel — président, secrétaire, trésorier — devraient être envoyés à la préfecture de Clermont ! Ils crièrent à la trahison et à l'espionnage :

« En cas de grève, les dirigeants seront mis en prison les premiers ! »

On ne trouva donc aucun volontaire pour constituer ce bureau, il fallut tirer à la courte paille. Le sort tomba pour la présidence sur un nommé Lombardy, demeurant rue Conchette, qui se dit prêt à accepter le martyre. On fit de même pour ses adjoints. Ainsi, la chambre syndicale des émouleurs et polisseurs de la région thiernoise fut fondée dans l'enthousiasme. Chaque syndiqué verserait vingt-cinq centimes par semaine, payables par trimestre. Une permanence se tiendrait le lundi au café de l'Univers où les nouveaux membres pourraient venir s'inscrire. Trois semaines plus tard, il n'y avait encore que quarante-deux adhérents, parmi lesquels Maurice et Jacques Pitelet. Ils se multiplièrent au fur et à mesure que le temps s'écoulait sans provoquer de représailles policières. A la fin de l'année, l'effectif devait s'élever à sept cent vingt-deux membres, c'est-à-dire environ la moitié de tous les Ventres Jaunes existants.

Juin amena la fête des *fougars*. En l'honneur de saint Jean-Baptiste, tous les drôles de la ville consacraient leurs loisirs à raser les broussailles, ronces, épines et autres végétations superflues, ils les accumulaient à certains carrefours autour d'un mât dont la cime s'ornait d'une couronne de fleurs et d'herbes tressées. Chaque quartier avait à cœur de construire le plus haut bûcher. Le soir du 24, un couple de nouveaux mariés boutait le feu au fougar, tandis que les chasseurs tiraient en l'air des coups de fusil pour faire un peu de musique. Au moment où le brasier crachait fumées et flammes, les mères lui présentaient leurs petits enfants pour que saint Jean les préservât des maladies de leur âge, les vieillards leurs échines percluses. Par-dessus, jeunes gens et jeunes filles se lançaient des bouquets porte-bonheur ; puis ils se donnaient la main et commençaient une ronde effrénée. Quand la chaleur était moins forte, que la perche demi-consumée s'était abattue, tous les présents sautaient par-dessus les braises. Avant de se retirer, quelques-uns emportaient un tison avec lequel ils traçaient des croix sur la porte de leur demeure, si ça ne lui faisait pas de bien, ça ne lui faisait aucun mal.

A cette occasion, les maisons se remplissaient de *guenilles*, chaque ménagère en cuisinait une montagne, la délicieuse odeur courait les rues, les chiens affolés galopaient en tous sens, ne sachant où donner de la narine. Les guenilles étaient la spécialité d'Hortense Pitelet. Après avoir sur la table enfarinée étendu sa pâte à la bouteille — ses fils lui en volaient des lambeaux qu'ils avalaient tout crus —, elle la découpait en cercles avec un verre, en rectangles, en losanges, en cœurs, en cordes avec la pointe d'un couteau, et les jetait dans l'huile bouillante. Tout le secret résidait dans la cuisson. Il n'est pas suffisant que votre guenille se dore d'un côté et de l'autre, encore faut-il qu'elle fasse le *picoperey*. Autrement dit, qu'elle plante le poirier.

Quiconque a été enfant connaît le jeu qui consiste à se tenir sans appui ou contre un mur la tête en bas, les pieds en l'air. Malheur à celui qui n'a planté le poirier à aucun moment de sa vie, jamais il ne soupçonnera la figure qu'offre le monde à l'envers, le ciel à la place de la terre, l'herbe à la place des nuages, les adultes examinés par-dessous, selon leur face cachée, comme on regarde le verso d'une étoffe, d'une tapisserie, avec ses nœuds, ses ratages, ses subterfuges. Il aura beau par la suite devenir avocat, évêque ou président de la République, il lui manquera toujours une connaissance essentielle.

Donc, Hortense attendait que dans sa poêle les guenilles se retroussassent à la cuisson et fissent le *picoperey*. A ce moment seulement elle les retirait à la fourchette, les plus gourmands les mangeaient brûlantes, les autres attendaient qu'elles eussent tiédi. Mais on pouvait aussi les consommer froides le lendemain et les jours suivants si elles duraient jusque-là.

Les fêtes pullulaient. La République était encore trop jeunette pour qu'on ne célébrât point ses anniversaires dans l'enthousiasme. Le 14 juillet 1884 couvrit la ville d'arcs de triomphe simples ou compliqués, celui de la Porte-Neuve était surmonté de tours comme un château fort. A Brousse, les couteliers dressèrent une colonne de fer avec l'intention de surpasser celle qui, à Paris, marque l'emplacement de l'ancienne Bastille. Haute de dix-sept mètres, la colonne thiernoise comportait un escalier intérieur dans lequel le sous-préfet, M. Masclet, osa s'aventurer d'un pied tremblant, mais sans dommage, afin de planter au sommet un drapeau tricolore. Les fonctionnaires municipaux et nationaux avaient, comme l'imposaient leur statut et la simple gratitude, pavoisé les façades de leurs maisons avec des bannières et des feuillages. Même les indigents participèrent à la joie officielle : le maire, M. Étienne Guillemin, présida au rez-de-chaussée de sa mairie à une distribution de pain gratuit, la plupart des bénéficiaires n'étaient d'ailleurs que des bons à rien, des emplènes qui ne méritaient aucun secours ; mais on ne pouvait les ignorer vu qu'ils disposaient d'un bulletin de vote comme les personnes respectables.

Fin juillet, Vincent Pitelet, dit Pitelet le Fin, quitta l'École normale, son temps achevé, son diplôme en poche, et regagna sa ville natale, en attendant une nomination. Il retrouva la chambre du second étage où il dormait avec ses frères. Émile sentait la gélatine de sa papeterie. Jacques avait beau se laver à fond chaque dimanche, il conservait sur soi une odeur coutelière, celle de l'huile cuite, de la moulée, de la limaille, de la crasse, de l'ignorance. Vincent fleurait la savonnette et l'instruction. Ses frères ne le jalousaient point, son destin était d'aller vers les livres, de courir derrière les papiers volants, de se reposer le jeudi au lieu du lundi, faut de tout monde pour faire un monde. En argent, un bon émouleur gagnait deux fois plus qu'un maître d'école, c'est plutôt Vincent qui aurait dû les envier.

Sa mère le regardait avec orgueil, toujours astiqué, les mains blanches, ses cheveux abondants divisés par une raie impeccable, une légère barbiche blonde au menton. Il ressemblait à un Christ heureux. Elle aimait bien aussi ses deux autres fils, mais ceux-ci avaient grandi sans surprise, pour devenir ouvriers comme leur père et leur grand-père, tandis que Vincent échappait à l'hérédité : il entrait dans un monde où l'on porte du linge fin, où l'on se nettoie les ongles et les dents, où l'on *francise* la semaine et le dimanche. Avec elle, naturellement, il continuait d'employer le patois, puisqu'elle connaissait très mal l'autre langage, quand elle s'y essayait il riait de ses fautes et la corrigeait. Le seul bon français qu'elle eût à sa disposition était celui des trois prières principales, *Notre Père,*

Je vous salue, Je crois en Dieu, ça n'aidait guère à soutenir une conversation.

Ils faisaient donc ensemble des projets d'avenir en patois :

« Encore trois mois à votre charge, maman, et puis je ne vous coûterai plus rien.

— Est-ce que tu m'as jamais coûté quelque chose ? Je ne me souviens pas !

— Ce sera mon tour de vous acheter des affaires avec mes économies.

— Non, non ! Pas de cadeaux qui s'achètent ! Garde tes sous pour monter ton ménage.

— Dans quelques années, je serai presque riche. Alors, j'aurai un cheval avec une voiture. Et je viendrai vous chercher, je vous promènerai, vous et mon père, pour vous faire voir le monde.

— Oh ! lui, le monde, il l'a déjà vu ! Il est allé à beaucoup d'endroits pendant la guerre contre les Prussiens. Mais moi, je n'ai jamais dépassé Pont-de-Dore. »

Elle aurait aimé, en effet, examiner de près ces montagnes qu'on distinguait à l'horizon, à une distance infinie, avec le puy de Dôme au milieu.

« De l'autre côté de ces montagnes, est-ce que ça continue ?

— Quoi donc ?

— Notre pays, la France ?

— Oh oui ! Mais nous n'irons pas jusqu'au bout !

— J'ai pas envie de me perdre ! »

Il profita bien de son dernier été de liberté complète. Amoureux de l'eau, il fréquentait les rives de la Dore en compagnie de jeunes bourgeois élèves du collège, comme il convenait désormais à son rang ; ils nageaient, ils canotaient, ils mouillaient du fil. De temps en temps, un train de planches descendait la rivière sur des radeaux attachés les uns aux autres par des cordes d'osier, ils venaient d'un village appelé précisément Chez Planche à cause de sa spécialité. Les mariniers levaient le bras et leur criaient quelque chose d'incompréhensible, ils flottaient en direction de Ris, Vichy, Moulins, vendant leur marchandise à qui la voulait. Les riverains regardaient passer avec une vague envie ces voyageurs de l'eau, comme ils regardaient dans le ciel la migration des canards sauvages.

Vincent fréquentait les fêtes villageoises où l'on dansait dans les granges au son aigre de la *niargue*[1], non seulement les bourrées locales, mais les quadrilles venus de Paris, tandis qu'un meneur de jeu commandait :

« Pastourelle !... Boulangère !... Galop !... »

Les paysans ne connaissaient pas grand-chose aux figures, ce qui

1. Vielle.

leur importait était de prouver à leurs bonnes amies la gaillardise de leurs membres, leur agilité, leur dureté au mal : ils s'envoyaient en passant des claques dans l'échine qui faisaient bong, ou les recevaient sans sourciller. Ces cabrioles en sabots, en galoches, en brodequins, ce tam-tam sur les planchers mal balayés de leur paille, la poussière qui s'en élevait, les jappements aigus — ya-hou ! — du vielleux secouant les grelotières de ses chevilles, tout cela laissait croire, plus qu'à une danse de cour, à un trépignement barbare, à une étape de Huns descendus de cheval pour se dégourdir les jambes.

L'année 84 fut aussi celle de la grande exposition, un coup monté contre Solingen, Sheffield et compagnie : l'univers entier allait accourir, constater sur place la valeur des artisans thiernois, spécialistes en tout ce qui coupe, ce qui perce, ce qui tranche, ce qui tond, ce qui rase, ce qui étripe, ce qui saisit, et leur passer commande. Pour ne faire de peine à aucun électeur, le maire Guillemin et le député Duchasseint avaient prévu aussi une section agricole et une section artistique. La chose dura une semaine, du 7 au 14 septembre, se soudant ainsi à la traditionnelle foire du Pré, mais ne fut point, malheureusement, favorisée par le ciel qui resta renfrogné.

L'agriculture se déployait au champ de foire. Veaux, vaches, cochons, couvées. L'horticulture occupait la place des Grammonts, auparavant simple terrasse herbeuse, transformée pour la circonstance en superbe jardin public, avec pelouses, parterres de fleurs, bassin et poissons rouges. L'industrie remplissait un pavillon dans la cour du collège [1], au pied du Marché Couvert en voie de construction. C'était là le cœur de l'affaire. Les fabricants y avaient exposé les milliers d'articles dont ils étaient capables à l'usage de toutes les nations. Y compris des *rasoirs pour les contrées sauvages* : une lame ordinaire, dans un manche de bois blanc. Car en principe le sauvage dispose de maigres revenus ; il nous expédie ses palissandres, ses acajous, ses amourettes, qui chez lui ne valent presque rien, et nous lui envoyons notre bois de sapin revalorisé par l'industrie. L'exposition montrait également un certain nombre de chefs-d'œuvre hors commerce, allant de l'infiniment grand à l'infiniment petit : couteau de cent pièces ; coquille de noix contenant une grosse de couteaux minuscules, chacun susceptible de s'ouvrir et de se fermer ; yatagan damasquiné avec verset du Coran en écriture mauresque et sa traduction : *Il n'y a de paix qu'après la guerre* ; pelle à tarte pantagruélique ; couteau-canne, couteau-pipe, couteau-peigne, couteau-seringue, couteau-clarinette.

1. Plus tard, École centrale de filles.

S'adressant aux négociants de Paris et d'ailleurs, Thiers se faisait fort, enfin, de fabriquer n'importe quel article de sa spécialité, sous n'importe quelle marque française ou étrangère, y compris Sheffield et Solingen si on le lui demandait. C'était là un droit imprescriptible que ses artisans avaient conquis par la révolte, quand les Jacobins de Paris voulurent les obliger à graver le nom de leur ville sur chaque lame sortie de leurs mains, sous prétexte de combattre les fraudes et les contrefaçons, témoignant par là une méconnaissance totale de la coutellerie thiernoise et de sa vocation universelle. Ce qui ne pouvait surprendre chez des Parisiens. On le leur fit bien voir.

Dans la même cour, un second pavillon hébergeait les artistes locaux défunts : Pierre Guérin, disciple de David, Prosper Marilhat, peintre orientaliste ; et les vivants : Arnaud, Lavelle, Retru, paysagistes et portraitistes. La pièce maîtresse était une peinture quelque peu dépenaillée, rapiécée, restaurée, sur laquelle une notice jointe fournissait les détails suivants :

Ce tableau est une œuvre authentique du grand maître italien Rafaël. *Voir la signature. Il représente la* Résurrection des morts *et le cadre en est remarquable. Prix : 1 000 francs.*

Dans le coin inférieur droit, on distinguait en effet une nette signature : *Rafaël*, dont l'orthographe, intermédiaire entre l'italien *Raffaello* et le français *Raphaël*, prouvait que l'auteur avait fait un effort louable d'adaptation au public local. Certains visiteurs posaient des questions intéressées :

« Mille francs, c'est pour le cadre seul ?

— Non pas. La toile va avec.

— Ah bon. »

Mais même ainsi, la somme parut excessive, la *Résurrection* ne trouva point preneur.

L'apogée de la fête fut atteint le jeudi 11 lorsque, à trois heures de l'après-midi, un ballon gonflé au gaz d'éclairage et aussi haut qu'une citadelle fut lâché place de la Porte-Neuve. Il emportait deux intrépides, MM. Giraud et Charbonnier, l'un avocat, l'autre comptable, au milieu des acclamations de la foule et des larmes de leurs familles. Ils disparurent dans les nuages et ne donnèrent de leurs nouvelles que deux jours après, de la ville de Roanne où ils se remettaient de leur aventure. Mais entre-temps, les deux aérostiers avaient semé la terreur dans la région par une farce de leur cru.

Ce même jeudi 11, la jeune Marceline Dosjoub gardait ses vaches sur les hauteurs de Viscomtat lorsqu'elle vit un gendarme descendre du ciel. Un gendarme. Du ciel. Avec ses bottes noires, son sabre à la ceinture, ses moustaches, son bicorne. Je dis bien : descendre, car il ne tombait pas comme aurait normalement dû faire un gendarme plus lourd que l'air, mais descendait sans se presser, se dandinant un peu à la façon des hommes qui reviennent de foire avec du plomb dans l'aile. Épouvantée, la fillette courut se cacher dans le bois le plus proche en perdant ses sabots. Cependant, le gendarme continuait sa descente. Quand il atteignit le sol, il rebondit deux ou trois fois, se coucha sur le flanc, se releva au prix d'un grand effort, finit par retomber à plat ventre et ne bougea plus, hormis certains soubresauts qui parfois le secouaient encore.

Des apparitions semblables se produisirent en d'autres lieux : les bigarrés pleuvaient des nues, les uns brandissant un sabre, les autres ouvrant les bras comme des anges, ou faisant le salut militaire. On vit des bûcherons jeter leur cognée et grimper aux arbres ; des cueilleurs de pommes dégringoler du leur ; des braconniers plonger dans les rivières et s'enfuir à la nage.

Mais enfin, tout se sut. Les deux aérostiers racontèrent qu'ils avaient emporté dans leur nacelle des gendarmes de baudruche et les avaient largués sur la campagne afin d'y semer un peu de terreur.

L'insolence thiernoise, comme j'ai dit, ne respecte rien : ni Dieu, ni diable, ni maréchaussée.

Sans laisser au monde le temps de souffler, la grande exposition se prolongea par la foire du 14. Dès le Xe siècle, les moines de Saint-Symphorien prirent coutume de vendre les produits de leur domaine dans un grand pré jouxtant l'abbaye. Ils y accueillirent ensuite d'autres marchands ; le simple marché devint une foire considérable qui s'est maintenue à travers guerres et révolutions. Cette année-là comme les autres, il s'y mangea des quintaux de saucisse et de boudin grillé, s'y but des hectolitres de limagnon, s'y suça des aunes de sucre d'orge, de guimauve, de réglisse. La seule nouveauté fut une baraque portant une banderole :

Ici, NACA, l'enseveli de MONT-ROGNON.

L'accident avait fait grand bruit dans le département, la rumeur publique, les journaux, les colporteurs, les vents d'ouest l'avaient relaté même aux oreilles des Ventres Jaunes. Au printemps, deux chercheurs de trésor, Joseph Gony, dit Naca, et Auguste Vignon, se laissent surprendre par un éboulement au fond d'un puits de dix-sept mètres qu'ils ont creusé dans les ruines du château de Mont-Rognon ; Vignon en meurt tout de suite. Naca survit, mais reste huit jours prisonnier, sans manger ni boire, respirant à peine. Il faut recourir aux artilleurs du 36e, aux chasseurs du 30e, aux fantassins du 92e de ligne pour le tirer de là. Après bien des efforts et des remuements, on y parvient, on le brancarde jusqu'à l'hôtel-Dieu, on le guérit. Et voilà le trésor trouvé : non point sous terre, mais à la surface. Naca vit et s'enrichit de son aventure en la racontant dans les auberges, dans les foires, en s'exhibant à Clermont moyennant une juste redevance dans un magasin d'antiquités. Il transporte ses planches sur une charrette et se sert d'un bonimenteur en guise de faire-valoir.

Tchoucossa se rappela que lui aussi avait été enseveli, il tint à voir ce collègue et paya l'entrée à sa femme et à ses trois fils, il en coûtait cinquante centimes par tête, mais le 14 septembre est jour d'allégresse et de profusion. A l'intérieur, assis sur une estrade, Naca se laissait toucher, bougeait, était bien vivant. Près de lui, des pièces à conviction : les vêtements qu'il portait au fond du puits, une pioche, une pelle, une photographie le montrant sur son lit d'hôpital.

Alors, le bonimenteur intervient, d'une baguette il détaille l'homme, ses bras, ses jambes, les objets environnants, déroule sa biographie, bon père de famille, quatre enfants, épouse malade. Naca, les mains sur le ventre, se laisse expliquer sereinement par ce compère qui semble le connaître mieux que lui-même. Puis un dialogue s'engage :

« Y avait-il longtemps, monsieur Gony, que vous creusiez le puits en question avec votre ami Auguste Vignon ?

— Depuis trois ans.

— Qu'espériez-vous trouver ?

— Le veau d'or. Tout le monde disait qu'y avait un veau d'or sous les ruines de Mont-Rognon. On a voulu y aller voir.

— Que vous a demandé le curé de Ceyrat lorsqu'il s'est penché sur le trou ?

— Il m'a dit comme ça : "Gony, désirez-vous que je vous envoie l'absolution ?"

— Et que lui avez-vous répondu ?

— J'y ai répondu comme ça : "J'aimerais mieux que vous m'envoyiez une soupe !" »

Les Bitors se tiennent les côtes, ce Naca leur plaît, avec son nez rouge et sa tête de truand, l'absolution, je vous demande un peu, quand on n'a rien mangé depuis huit jours !

« Et de quoi vous êtes-vous plaint ?

— De la faim, de la soif. Alors, par un tuyau de plomb, on m'a fait couler de l'eau sucrée, du café, du lait, du bouillon. C'était mieux que rien.

— De quoi vous êtes-vous plaint encore ?

— De pas pouvoir remuer. D'être obligé de pisser dans mes culottes.

— Ensuite, on vous a retiré du puits. Par quel moyen ?

— Par le moyen d'une corde que j'ai réussi à m'attacher autour du corps.

— Et qu'avez-vous dit en sortant ?

— J'ai réclamé mes sabots, vu qu'ils étaient quasiment neufs. »
Décidément, ce Gony mériterait d'être thiernois.

1885

Jacques Pitelet, dit Pitelet l'Artiste, entra dans sa vingtième année. C'était un garçon timide, quelque peu ratatiné de corps et de caractère, merveilleusement habile de ses doigts dans les travaux les plus divers. Chez Barrier III, on recourait à lui pour réparer les pannes des turbines, les avaries des transmissions, surveiller l'installation des machines nouvelles. Rue des Barres, il avait transformé le galetas en atelier où il construisait des engins surprenants. Un battoir hydraulique fonctionnant sur le principe du martinet, afin de soulager sa mère dans son travail de lessiveuse. Un masque-filtre qui devait permettre à son père et à tous les Ventres Jaunes de rufer leurs meules sans avaler la poussière de grès, et avec elle une mort prématurée.

« Tout irait bien, disaient des émouleurs sur la cinquantaine lorsqu'ils grimpaient en suffoquant les rues thiernoises, tout irait bien si le soufflet fonctionnait mieux. »

Le soufflet : les poumons. Un effet de la silicose. Tchoucossa n'en était pas encore incommodé, et Jacques rêvait de le prémunir. Mais le vieux protestait en riant, tu me vois travaillant avec un masque sur la figure comme un carnaval ?

L'Artiste cherchait aussi le moyen de récupérer la moulée pour fabriquer des meules artificielles qui eussent allié les vertus du métal et celles de la pierre, le problème était de trouver un ciment capable d'assurer ce mariage de raison.

Comme lui, les couteliers avaient une activité accessoire qu'ils exerçaient le dimanche, le lundi ou les soirs des longs jours. Beaucoup cultivaient un jardin plein de carottes — qu'ils appelaient *pastonades* —, de choux, de poireaux, de laitues. Ces légumes atteignaient des dimensions fabuleuses grâce à un engrais mirifique, sous-produit des usines où l'on taillait les côtes et les manches. L'os et la corne arrivaient de pays lointains, Argentine, Australie, Laponie. Mais les gens de Saint-Rémy, à trois lieues de là, étaient accusés par les chansons de se ravitailler au cimetière sans payement :

Lou Sanromiou, cou lamparou,
Co i de gran voleu de marco...

Lou où de lou mouó
Lhi fason pa to[1].

Quelle qu'en fût l'origine, les scies découpaient donc cornes et tibias aux dimensions convenables, produisant une quantité de fine poussière dont une part s'en allait, selon l'habitude du pays, tapisser les alvéoles pulmonaires des travailleurs ; le reste était vendu aux jardiniers. Un peu de cette poudre de perlimpinpin suffisait à assurer des récoltes miraculeuses.

Beaucoup de couteliers donnaient aussi leurs soins à un lopin de vigne, avec quelques pêchers, quelques pruniers, des fraises, des noisettes. Ils y construisaient une cabane de planches afin de remiser leurs outils, mais elle abritait souvent une table et des tabourets, le dimanche ils y venaient faire quatre heures, savourer le pain bis, le saucisson, l'andouille froide, cette vigne était leur villégiature.

Ceux qui préféraient une occupation artistique se consacraient au flageolet ou à l'élevage des oiseaux chanteurs. Ils disposaient des gluaux sur les arbres fréquentés par les chardonnerets à la saison des amours, il y fallait de longues patiences nocturnes, beaucoup de ruse et d'adresse, et aussi l'aide inconsciemment perfide de leurs prisonniers déjà en cage qu'ils faisaient chanter au moyen de certains titillements, pour attirer leurs collègues. Mais, ensuite, les captifs faisaient totalement partie de la famille du coutelier, il avait pour eux les plus tendres sollicitudes, veillait lui-même à leur alimentation, à leurs commodités, à leur moral. S'il lui arrivait de déléguer ses pouvoirs à l'un de ses enfants, c'était après un examen sévère ; il choisissait le plus habile et décrétait enfin, solennellement, comme s'il l'armait chevalier :

« *Co i te que sugnorà le chardë !...* C'est toi qui veilleras sur le chardonneret ! »

Quand la famille en question se permettait quelques heures de promenade, de visite à la vigne ou au jardin, le chardonneret n'était point laissé de côté : on emportait sa cage, il participait à la réjouissance.

Il participait aussi bien à l'ouvrage, du moins dans les ateliers indépendants. Chez la veuve Jarsaillon, Desgouttes, dit Mange-Fourme, apportait Clovis et son Opéra, et beaucoup d'ouvriers faisaient de même. L'oiseau s'habituait au vacarme, à l'odeur, à l'air rare, après quelques jours d'adaptation il se mettait à chanter comme un vrai Ventre Jaune. Tout ce qu'il demandait était une attention occasionnelle, un mot aimable, une queue de chènevis. Mange-Fourme mâchouillait personnellement les graines de son

1. Les Saint-Rémois, ces grands gosiers, /Sont des canailles patentées... /Les os de leurs morts/Ne leur font pas tort.

pensionnaire, puis il s'approchait de la cage, collait aux barreaux ses lèvres tendues, chargées de provende, et Clovis, tout rengorgé de plaisir, venait y prendre la becquée, on eût dit le baiser de deux amoureux.

Le premier lundi de mai avait lieu le grand championnat de Pierre-Plate. Les chardonnerets montaient de partout au sommet de la ville, se rassemblaient sur le terrain d'un jeu de quilles, gazouillaient à vous assourdir. Les paysans accouraient des villages. On désignait un jury de personnes connaisseuses et impartiales. Il allait de cage en cage — chacune marquée d'un numéro —, écoutait les musiciens, leur attribuait une note. Parfois, il arrivait qu'un oiseau refusât de chanter, malgré les cajoleries.

« Ça ne fait rien, disaient les juges. *Tornoren quand o chirò mey tchounà*. Nous repasserons quand il sera mieux disposé. »

Mey tchounà. Il est typique de cette région que le langage populaire donne pour résidence à l'humeur des gens, non point la tête ni le cœur, mais le siège. Ainsi, dès le matin, la femme reconnaît si son mari est *bien tchounà*, ou *mo tchounà*, bien ou mal luné. Les Thiernois se méfient des gens de tête.

On sélectionnait donc les meilleurs ténors, il y avait parfois de furieuses protestations chez les propriétaires éliminés, voire des empoignades, il fallait calmer les échauffés, revenir sur certaines décisions, en appeler à des arbitres. Laborieusement, tout rentrait dans l'ordre. On entendait de nouveau les finalistes, on proclamait un vainqueur « champion d'Auvergne ». D'Auvergne. Son maître n'avait qu'une vague idée de l'Auvergne, de son étendue, de ses limites, de sa variété. Il savait néanmoins qu'il la portait dans le sang, qu'il en parlait la langue, en usitait le vêtement, les coutumes, les souvenirs. Pour lui et ses pareils, l'Auvergne était seulement ce qui leur entrait dans l'œil et dans l'oreille, cette montagne abracadabrante sur laquelle des faiseurs de couteaux parlaient de s'étriper pour une chanson de chardonneret.

Ensuite, venait le commerce : les offres pleuvaient sur la tête du nouveau champion, il n'était pas question de l'acheter pour de l'argent, mais on proposait des trocs :

« Je t'en donne un jambon !... Une dinde !... Une paire de souliers neufs !... Un fourneau !... »

Mange-Fourme racontait qu'un paysan de Granetias lui avait offert, en échange de Clovis, l'année où il reçut sa médaille, un cochon de quatre cents livres !

« J'ai refusé, disait-il modestement. Clovis n'a pas de prix.

— Tout de même ! faisait Bitton. La viande en a ! Quatre cents livres !

— Il y a viande et viande.

— Moi, dit le vieil Issard, j'en ai eu un jour cent soixante livres pour vingt-huit sous.

— Cent soixante livres de viande ?

— Et de la bonne ! De la fine ! Du moins, elle l'était à ce moment-là. Depuis, elle s'est passablement gâtée.

— De quelle viande parlez-vous ?

— Quand je me suis marié, j'ai payé vingt-huit sous pour la déclaration en mairie. Et ma femme pesait quatre-vingts kilos : faites le compte ! »

Voilà. Femme, chardonneret, cochon : dans les rouets de la Durolle, on ne craignait pas ce genre de pâté.

La place de la Mairie était l'agora, là se donnaient rendez-vous les ouvre-bec, les oisifs du lundi, les enfants du jeudi, les marchands d'oublies et de coco, mais aussi tous les emplènes de la ville, les bons à rien, les éternels indigents, mangeurs de pain gagné, fatigués de naissance, qui n'avaient pas d'autre mouvement que de *viré lo couo do pouò*, de tourner la queue du cochon, c'est-à-dire de se rouler les pouces. Là couraient les nouvelles graves ou futiles, les médisances, les cancans ; là se publiaient les intrigues, les coquineries, les infamies, à l'ombre des marronniers et à la fraîcheur de la fontaine. Le maître des débats était un nommé Pausin, mi-jongleur, mi-troubadour. Un petit homme barbu jusqu'aux yeux, coiffé d'un chapeau de très haute forme, avec des poches innombrables répandues sur toute sa personne, il en tirait des provisions de bouche, des flacons, des papiers, des livres. Malgré les apparences, c'était une personne instruite, il composait à la demande des chansons et des pasquinades rétribuées, en français ou en patois, sur des airs connus, laissant à ses commanditaires le soin d'en faire ensuite tel usage qu'il leur plaisait. Une autre de ses spécialités consistait à interpeller le joli monde de passage, à le surprendre par des exclamations incongrues, à jouir ensuite de sa surprise ou de son scandale. Ainsi, quand une belle dame traversait la place :

« Oh ! Ma dent ! Ma dent ! » s'écriait-il.

Elle comprenait *Madame*, se retournait avec surprise, tandis qu'il répétait, se tenant la mâchoire : « Ma dent ! Ma dent ! » Et les emplènes de rire ! Ils riaient de peu de chose. Pausin avait ainsi des appels à double sens, des mimiques irrévérencieuses destinés aux ecclésiastiques, aux bourgeois, aux militaires. Mais eux, après avoir compris la farce, reprenaient leur chemin en haussant les épaules, ce qui venait de Pausin ne pouvait offenser : un paillasse, un vagabond, le prince des emplènes. Après tout, nul n'obligeait les honnêtes gens à se fourvoyer dans cette place tenue par tous comme son domaine, puisqu'on l'appelait communément le *café Pausin*.

En cette fin de siècle, la matière ne manque point aux commentateurs de l'agora, les mœurs auvergnates gardent quelque chose de la sauvagerie primitive, il n'est guère de semaine qui n'apporte la nouvelle d'un crime, d'un viol ou d'un suicide commis dans la région. A Dégoulat, un beau-père et son gendre en viennent aux mains après boire : il reste un mort sur le plancher. Au Moutier, un mari jaloux poignarde sa femme, qui s'enfuit, tombe dans la rue, à peine a le temps de gémir :

« Il m'a saignée !... »

A Maringues, afin de profiter de la loi militaire qui permet à certains jeunes gens de ne passer qu'un an sous les drapeaux au lieu de trois, un fils aîné assassine son père et devient de la sorte soutien de famille. Les filles séduites et abandonnées jettent un bol de vitriol au visage de leur suborneur. Quelques chômeurs à bout de ressources choisissent de mettre fin à leur misère par la corde ou le brasero. Mais peu de nouvelles atteignent l'horreur de celle qu'apporta le mois de mai 1885.

Près du pont de Seychal vivait la famille Mercier, lui façonneur de manches, elle monteuse de couteaux, avec leurs quatre enfants. Ils en élevaient trois de manière normale, mais martyrisaient le plus jeune, âgé de six ans, dont Mercier ne reconnaissait point la paternité. La mère, consciente peut-être de sa faute ou terrorisée, laissait faire, ne craignant pas d'ajouter quelques calottes aux coups qui pleuvaient sur le pauvre Camille afin d'obtenir par ces pénitences le pardon de son mari. Les voisins entendaient les cris de l'enfant, protestaient auprès du façonneur qui répondait :

« Balayez donc devant votre porte ! Si je corrige mon fils, c'est pour son bien ! »

La correction fut un jour si rude que le petit Camille en mourut. L'indignation secoua la ville : tuer son fiancé, son beau-père, son père, son patron, se tuer soi-même, passe encore, chaque Thiernois s'en sentait capable, les circonstances aidant, pour rire ou pour sérieux ; mais tuer une innocente créature qui n'avait commis d'autre crime que de naître était faute inexpiable.

Les époux Mercier devaient passer en jugement le 10 juin. Ce jour-là, les rouets s'arrêtèrent, les couteliers désiraient assister à l'audience, et, si le tribunal ne pouvait les contenir tous, ils se presseraient sur le parcours des criminels afin de clamer leur mépris. Quand les époux Mercier arrivèrent par le trou de Mme Hormey, ils se trouvèrent face à une meute hurlante et reculèrent de terreur. Hortense Pitelet, tardivement venue, se tenait au milieu des autres sur la place de l'ancien cimetière, au bras de Maurice. Autour d'eux, la foule vociférait, ne pouvant s'empêcher de rire dans son courroux, car c'est un autre trait thiernois que de rire en toute occasion, en maudissant, en souffrant, en poussant le dernier soupir :

« *Oh ! la genta gogna ! Ipoutchinga lou ! Fasa nen de burico !...* Oh ! les jolies trognes ! Écrabouillez-les ! Faites-en du babeurre ! »

Les gendarmes, péniblement, durent s'ouvrir un couloir, protéger les assassins, leur faire gravir l'escalier jusqu'au premier étage, les introduire dans la salle archicomble. Accusés seulement de « coups ayant entraîné la mort sans intention de la donner », ils comparaissaient devant le tribunal correctionnel, échappant aux assises. De nombreux assistants connaissaient bien ces lieux où ils avaient comparu pour délit de pêche, de chasse, de vendanges, tapage nocturne, outrage à agent de la force publique, violences, maraudage et autres bagatelles. Ils violaient des lois inventées par les gros pour se protéger des petits qui avaient le nombre, mais non point le savoir. Le visage du président Calmier encadré de rouflaquettes étroites, pareilles à des pattes de lapin, leur était familier, de même que ses sentences :

« Huit jours de prison. Dix francs d'amende. Affaire suivante. »

Ils se sentaient donc mal à l'aise devant l'appareil judiciaire et eussent de loin préféré rendre eux-mêmes leur justice expéditive : le babeurre.

Calmier agita cependant sa sonnette, obtint non sans peine quelque silence, et l'interrogatoire commença. La femme Mercier, en bonnet blanc, pleurait dans son mouchoir à carreaux, tandis que l'homme dressait crânement la tête et regardait la foule d'un air de défi.

Noms, prénoms, dates de naissance, domicile, professions.

On en est à ces détails quand se produit la fin du monde. La fin du monde. Un craquement inouï, des bramées, un nuage de poussière, Feu de Dieu, la charpente du ciel nous est tombée sur la tête, *ô Bouno Vierjo*, et je suis en état de péché mortel, périr par la faute de ces deux fidegarces. Le monde n'en finit pas de s'écrouler, pourtant le tribunal et son plancher demeurent suspendus, mais la muraille du fond s'est évaporée. Hurlements infinis, au secours, aidez-moi, maman, maman, salauds de Mercier, si j'en réchappe je promets de, ayayaye, que personne ne bouge, restez à vos places, pourquoi suis-je venu, Jeanne je t'aime, ma dernière pensée aura été pour toi, ayayaye, quel désastre, qui m'eût dit ce matin que je devais mourir aujourd'hui, c'est nous qui allons être réduits en babeurre.

Surchargé par l'affluence, l'escalier vient de s'effondrer. A sa place, un vide énorme, au fond duquel grouillent les vivants et les morts, un horrible mélange de gravats, de poutres rompues, de lourdes dalles en pierre de Volvic. Les badauds qui se pressaient sur la place accourent, saisissent des bras et des jambes à travers le brouillard, étendent les blessés et les cadavres sur la terre nue, oh bonnegent, oh bonnegent ! Mais, profitant de la confusion, le sieur Mercier échappe à ses gardes, court vers l'emplacement de l'ancienne cloison, se laisse tomber sur les victimes pantelantes.

« Arrêtez-le ! Arrêtez-le ! C'est Mercier qui se sauve ! » crient ceux d'en haut sans oser bouger.

Les sauveteurs d'en bas le reconnaissent, l'empoignent, le cabossent, le maudissent. D'autres courent chercher des échelles, on fait descendre les gendarmes par une fenêtre, on leur remet l'assassin avec les recommandations qui conviennent, il saigne du nez et des oreilles.

Bilan : trente morts et cent vingt blessés. Le plus grand malheur qui eût frappé la ville depuis la peste des rizières en 1741.

Vinrent ensuite les funérailles. Grandioses. Fleuries. Préfectorales. Les survivants se frappaient la poitrine : les Mercier ne sont pas les seuls coupables ; le président Calmier, d'accord ; les gendarmes, d'accord ; mais nous aussi, les centaines d'ouvre-bec qui voulions entrer dans ce tribunal comme dans un théâtre. Il y a des curiosités qui déshonorent l'homme. Et spécialement le coutelier. Le Ventre Jaune. Ça nous apprendra à venir salir nos semelles sur le parquet des procureurs.

L'année 1885, il n'y eut pas de 14 juillet.

Quant à l'affreux Mercier, il eût fallu le guillotiner trente et une fois, ce n'était pas tout à fait impossible, en commençant par les pieds, en le débitant en rondelles. Néanmoins, chacun préféra le chasser de son souvenir. Mercier est un patronyme répandu, quatre ou cinq autres Mercier habitaient la cité coutelière ; quoique sans lien de parenté avec le criminel, ils demandèrent à changer de nom.

Émile, le benjamin des Pitelet, avait obtenu de la promotion à la papeterie des Charbonniers, on l'y employait, non plus à trier les peilles, mais à l'emballage des produits finis, à l'écriture des adresses, au transport des ballots jusqu'à la gare et à leur expédition. Il se faisait remarquer par le sérieux de son esprit, son aisance à compter, classer, organiser.

« Prends un peu d'âge, l'exhortait son patron, et peut-être un jour ferais-je de toi quelque chose d'autre. »

Quoi donc ? Un comptable ? Un contremaître ? Un voyageur commercial ? Émile sentait lever en lui de vastes espérances. Il était déjà bien encourageant que M. Maillet l'eût distingué parmi les quatre cent dix membres de son personnel au point de lui confier l'expédition de ses paquets.

Cet été-là fut chargé d'orages. Contrairement à ses habitudes, la Durolle fit bravement fonctionner les rouets et les usines. Pitelet l'Artiste en profita pour imaginer une invention extrêmement artistique.

Dans son enfance, il avait pratiqué le braconnage de rivière, moins pour l'amour du poisson que par goût thiernois de la désobéissance. Autant qu'il pouvait remonter vers ses sources, il trouvait des rebelles parmi ses ancêtres : son oncle, Pitelet Alphonse, compagnon d'Auguste Chomette en 1871, quand Thiers avait voulu imiter la Commune de Paris, sans fusiller personne, mais au risque de se faire fusiller par la troupe accourue de Clermont ; son grand-père Pitelet la Trique, protestataire vingt ans auparavant contre le coup d'État, il avait dû ensuite se cacher trois mois dans les meules de paille et se nourrir de topinambours crus. Son information n'allait pas plus haut. Mais il savait d'instinct qu'il continuait une chaîne d'indisciplinés, pêcheurs en eau trouble, chasseurs de la nuit, mandrins, faux sauniers, déserteurs, réfractaires, tireurs de carottes.

En narguant Darteyre et sa pèlerine, en fréquentant poissons et grenouilles, Jacques reçut de la rivière un enseignement complet : il connut les pièges de la terre amphibie, des sables mouvants, des racines ; il découvrit les faiblesses, les gourmandises, les ruses de la truite, ses réactions à l'ombre, à la lumière et au bruit ; il apprit surtout à nager, science sans laquelle le métier présentait trop de risque. Et même, allant plus loin, il y gagna un certain goût de l'eau assez peu répandu en Auvergne. A la saison chaude, il profitait de l'intervalle qui suivait midi pour se dépouiller de ses vêtements de travail, enfiler un vieux pantalon dont il avait coupé les jambes et sauter dans la Durolle, aux endroits les plus profonds, le Creux de Salien ou le Creux de l'Enfer. Il fit des adeptes, d'autres martinaires, d'autres émouleurs barbotèrent autour de lui, notamment un certain Londiche, un certain Guyonin, un certain Magnol, tous usiniers de Barrier III. Leur baignade durait une demi-heure, puis ils sortaient de l'eau, se séchaient, se rhabillaient et se dirigeaient vers leurs mangeoires respectives.

Ces exercices attirèrent des curieux qui se pressaient le long du chemin de la Vallée. Ils imaginèrent des fantaisies : tantôt ils nageaient dans le bief supérieur, pour ainsi dire en terrain plat, tantôt ils se laissaient emporter par la chute, rouler dans le gouffre bouillonnant, leurs têtes disparaissaient un moment sous l'écume, les spectateurs poussaient des *oh*, des *ah*, des *foutre*. Puis ils refaisaient surface. C'était aussi émotionnant que le cirque quand l'écuyère et son cheval traversent un cerceau de feu. Le bruit du spectacle se répandit par la ville, les ouvre-bec devinrent de plus en plus nombreux, ils attendaient bien avant l'heure la sortie des artistes, les applaudissaient après leur numéro. Alors, Pitelet eut sa grande idée.

Une chose jamais vue jusque-là, depuis que le monde est monde.

Le centre de l'affaire était un plateau de bois épais, d'un mètre environ au carré. Jacques le préparait sur la rive, posant dessus quatre verres vides, une bouteille de vin et un jeu de cartes. Ensuite, il le mettait à l'eau et le poussait devant lui doucement, sans rien renverser, nageant des jambes et d'un seul bras, suivi de ses trois partenaires. Une fois en place, au milieu du bief, ils commençaient par se servir un verre de rouge et le sifflaient bravement. Après quoi, ils entreprenaient une partie de manille, à grand renfort de sauts de carpe pour tenir leur jeu hors de l'eau et jeter leurs cartes sur la table flottante. Qu'on imagine l'ébahissement, l'admiration, les bravos des *badabè* : une manille au milieu de la Durolle, à deux brasses de la chute, du Creux de l'Enfer, il fallait que le diable fût avec ces insolents ! La partie se prolongeait suivant les désirs de la foule qui criait encore ! encore ! A la fin, les joueurs abandonnaient le jeu, trinquaient une dernière fois et rentraient au port en poussant le plateau comme à l'aller. Sans doute auraient-ils pu s'enrichir de cette prouesse en plaçant sur le parapet un chapeau où les spectateurs auraient déposé leurs offrandes. Mais ils n'avaient pas l'intention de risquer leur vie pour quatre sous, ils ne visaient que la gloire : leurs noms couraient à présent sur toutes les lèvres, Pitelet, Guyonin, Londiche, Magnol.

Un journaliste vint les voir de Clermont, expédié par *le Moniteur* : il parla de cette ville étonnante qui n'était qu'à une heure et demie de train du chef-lieu, mais qui semblait appartenir à un autre monde, par l'étrangeté de ses mœurs et de ses habitants qui, *sans être méridionaux, s'exprimaient avec un curieux accent du Midi ; amoureux des plaisirs et de la fainéantise, étaient capables de se tuer à l'ouvrage et de trimer d'une aube à l'aube suivante ; ennemis de la loi, des gendarmes et des juges, s'entassaient un jour dans un tribunal au point de le faire s'effondrer ; couteliers capables d'imiter n'importe quelle fabrication, restaient inimitables dans la leur ; crasseux comme il n'est point permis, aimaient les jeux aquatiques...*

Vinrent enfin les Anglais. Leur troupe disciplinée arrivait de Vichy par le « train de plaisir » qui les débarquait à 10 h 30 en gare de Thiers, les femmes avec leurs tournures embarrassantes et leurs derrières à ressorts, les hommes coiffés d'étranges casquettes à visière double, une sur le front, une sur la nuque. Des fiacres les promenaient par la ville. Ils admiraient n'importe quoi avec la meilleure volonté du monde : les toitures en escaliers, les forgerons dans leurs boutiques, les émouleurs sur leur planche, les enfants guenilleux, les cochons et les poules qui assuraient la voirie, les façades dépenaillées sur lesquelles des treilles étalaient pudiquement leurs pampres, comme une voilette sur un visage ravagé, les monstres grimaçants de certaines consoles. Ils souriaient de leurs longues dents, disaient *lhess, lhess, nayss, nayss*, distribuaient des bakchiches, se croyaient dans une de leurs colonies, aux Indes, au Transvaal, sauf que les indigènes d'ici étaient des nègres blancs.

Ils se mêlèrent à la foule de la Vallée, assistèrent à la manille nautique, n'en crurent pas leurs yeux malgré les choses extraordinaires qu'ils avaient déjà vues en Afrique et en Asie. Tout de suite, ils eurent des gestes inconvenants, des gestes bien anglais, dignes de boutiquiers qui s'imaginent que tout se paye ici-bas, qu'un seul penny de bronze vaut mieux que dix mercis d'argent : ils lancèrent du parapet des piécettes en visant la table flottante, toutes tombaient dans l'eau sans que les manilleurs fissent un geste pour les repêcher. Les donateurs en paraissaient fort déçus, ils auraient bien aimé voir l'un ou l'autre des quatre hommes plonger dans la rivière et ramener la monnaie entre ses dents comme font les naturels dans le port de Calcutta. Quant à Pitelet, Guyonin, Londiche et Magnol, ils ne faisaient rien non plus pour arrêter cette pluie métallique, ils se disaient que c'était autant de gagné par la Durolle sur la concurrence de Sheffield.

Depuis les lois scolaires de 1880-82, les écoles se multipliaient, Pitelet le Fin eut la chance d'être nommé dans celle qui venait de s'ouvrir au Moutier, le quartier bas, peuplé de misérables artisans, de jardiniers, de peillaros. Elle se trouvait établie au fond des Chemins-Neufs dans un vieil immeuble à trois étages, à raison d'une classe par niveau, le directeur logeant dans les combles. Par-derrière, un jardin avait été aménagé en cour de récréation. L'enthousiasme était grand dans la population éparse autour du Pont-aux-Choux, parente pauvre de la ville haute, bien qu'elle eût sur celle-ci des droits d'aînesse. Pendant des siècles, tout le nécessaire et l'agréable s'était établi en haut, la mairie, la sous-préfecture, le théâtre, la halle, le foirail, le Marché Couvert, les magasins, les hôtels, la gare, les collèges ; le bas pour tout potage avait reçu l'abattoir et l'usine à gaz. Et voici que désormais les enfants du Moutier auraient leurs écoles à eux, où ils pourraient s'instruire en toute gratuité, sans être obligés de monter solliciter à la mairie un billet d'admission, le bonnet à la main.

Il fut décidé que Vincent garderait le vivre et le couvert chez ses parents, il contribuerait simplement aux dépenses comme faisaient ses frères déjà salariés. Hortense lui acheta une blouse grise dans laquelle il eut l'air d'un droguiste, et une serviette de cuir à œillets rouges :

« Si tu la ménages bien, elle pourra durer toute ta carrière.

— Je la ménagerai. Je la ferai durer en souvenir de vous. »

Le matin du 1er octobre 1885, il se leva de bonne heure, déjeuna d'un grand bol de soupe. Vers sept heures et demie, il se trouva seul avec sa mère qui se tenait assise à contre-jour, intimidée devant sa haute taille, ses moustaches et son menton fleuri, sa serviette bourrée de documents, ses souliers à tige, son grand savoir. Alors, il oublia soudain son âge, redevint petit garçon, s'agenouilla devant elle, posant sa tête dans son giron, ainsi faisait-il, enfant, lorsqu'elle se préparait à l'épouiller. Il sentit sur ses cheveux les mains douces, comme pour une bénédiction non formulée.

« Va, dit-elle seulement. Tâche de faire honneur aux Pitelet. »

Au Moutier, il reçut en charge le rez-de-chaussée et son Cours préparatoire, la salle de classe qu'il devrait balayer chaque soir, épousseter chaque jeudi, le poêle de fonte qu'il devrait allumer lui-même chaque matin de la saison froide, et trente petits drôles dont certains pleuraient toutes les larmes de leur corps. Il demeura un moment effrayé au milieu d'eux, il aurait dû venir les poches pleines de bonbons et il n'avait apporté que les instructions officielles, les conseils pédagogiques, les encycliques de Jules Ferry. A ce moment, le directeur, M. Tardif, frappa d'un doigt léger et poussa la porte, tenant dans ses bras une pile de fournitures, livres, ardoises, crayons, qu'il se mit à distribuer d'office à la clientèle. Quand chacun eut ses trois articles en main, il fit cette recommandation solennelle :

« Vous direz à vos parents qu'ils me doivent vingt-quatre sous pour payer le livre, l'ardoise et le crayon. Ces vingt-quatre sous, ils devront vous les donner, et vous me les apporterez ce soir. Avez-vous compris ? »

La majorité n'avait rien compris du tout, car il s'était exprimé en idiome officiel. Vincent Pitelet traduisit en patois de Thiers. M. Tardif vérifia, fit des sondages, pointa l'index vers un client :

« Combien devras-tu m'apporter ce soir pour payer le livre, le crayon et l'ardoise ?

— Et l'ardoise... répéta l'autre, éberlué.

— Combien ?

— Combien...

— Vingt-quatre sous, allons, souffla M. Pitelet.

— Vingt-quatre sous, allons.

— Dis seulement : vingt-quatre sous.

— Vingt-quatre sous.

— Et toi, combien m'apporteras-tu ?

— Teratu...

— Ça va être difficile », prédit M. Tardif.

L'urgent était d'apprendre le français, cette langue étrangère que la plupart n'avaient jamais entendue chez eux. Vincent se mit à énumérer les objets autour de lui, les enfants découvraient avec stupeur qu'il y avait deux façons de les nommer : *lo tolo* et la table ; *lo selo* et la chaise ; *le lhubre* et le livre ; *le mouitre* et le maître. Ils comprenaient mal cette duplication, mais l'acceptaient comme un des mystères infinis dont l'univers autour d'eux était composé.

Un peu avant onze heures, le directeur reparut, il venait faire répéter leur leçon :

« Pour payer le livre, le crayon et l'ardoise, combien demanderas-tu à ton papa ?

— Quatre sous.

— Pas quatre sous ! Vingt-quatre sous ! Répète !

— Pas quatre sous ! Vingt-quatre sous.

— Répétez tous après moi : vingt-quatre sous ! vingt-quatre sous ! »

Et l'unanimité, docile :

« Vingt-quatre sous ! Vingt-quatre sous !

— Maintenant, vous allez sortir, retourner chez vous, et tout le long du chemin vous répéterez : vingt-quatre sous ! vingt-quatre sous ! »

Ainsi firent-ils. Ou crurent-ils faire. A une heure, certains revinrent avec quatre sous, d'autres avec vingt sous, quelques-uns avec vingt-quatre sous, le plus grand nombre sans un centime. A force de billets, de comptabilité, de patience, M. Tardif mit trois semaines à rentrer dans ses débours.

Ils apportaient des crânes à l'épreuve des coups de baguette, endurcis par les coups d'archet paternels. C'est qu'ils étaient fils d'étranges violonistes : les monteurs de couteaux, qui pullulaient au Moutier et dans les campagnes environnantes. Ceux-ci disposaient d'une enclume, d'un étau, d'un jeu de limes, de scies, de brunissoirs, d'une frotte à main ; mais l'outil principal était un archet métallique avec son cordon en boyau de chat, non point tendu comme celui des musiciens, mais assez flottant pour pouvoir s'enrouler autour d'une bobine que traversait un foret en langue d'aspic, perceur dans les deux sens de rotation. Le talon du foret s'appuyait à une sorte de pectoral de fer que l'ouvrier portait sur le ventre, retenu par une ceinture, et curieusement nommé *lo counchenso*, la conscience. Ainsi armé, manœuvrant l'archet de droite à gauche et de gauche à droite, poussant du ventre le foret, l'homme perçait des trous innombrables dans les côtes et les platines. Il ajustait ensuite les diverses pièces au fil d'archal, les rivait sur son enclume. Le bruissement de la mèche n'avait pas plus de volume que le frou-frou d'un hanneton. Le coutelier chantait en clavetant, parce qu'il aimait son ingrate besogne, mais si l'un de ses drôles commettait quelque dégât, l'archet fendait l'air et trouvait jusque dans les coins les plus sombres la tête du malavisé.

Durant l'hiver, le travail était intense. Aux premières notes du coucou, le monteur se partageait entre son établi et ses terres. L'été, il déposait pour deux mois sa conscience, les patrons désespérés envoyaient des racoleurs dans les campagnes, promettaient de meilleurs prix, qui duraient le temps des foins et des moissons. Les pluies revenues, les gains retombaient au plus bas.

Sans doute les monteurs auraient-ils été bien inspirés en fondant une chambre syndicale sur le modèle des émouleurs-polisseurs, et certains en faisaient la proposition. Mais ils ne rencontraient qu'une faible audience : leurs collègues craignaient en adhérant de voir les fabricants se passer à jamais de leurs services. Ceux des campagnes, les paysans-couteliers, se montraient spécialement capitulards sur ce point. Manger à deux râteliers n'assure pas toujours le sens de l'indépendance et de la dignité, ces gens-là portaient la conscience un peu basse, au-dessous du nombril.

Tout en haut de la ville, prospérait l'auberge du Point-du-Jour, tenue par un certain Charrier et sa femme Mélie, une jolie personne, distinguée et avenante. Chacun de leurs clients connaissait le saint-esprit qu'elle portait au cou, une colombe d'or aux ailes déployées, ornées de pierres fines. Il montait et descendait sur le corsage de dentelle suivant la respiration de la belle aubergiste, se balançait quand elle se penchait vers les buveurs pour demander :

« Qu'est-ce que ce sera pour votre service ? »

Plus d'un recevait et emportait ce balancement dans son cœur. Les mains de la jeune femme étaient blanches et potelées comme des mains de pâtissière, ses yeux brillants, ses dents éclatantes, ses hanches bien chantournées. L'auberge ne désemplissait pas le dimanche et le lundi, la chère y était abondante, le vin coloré, la compagnie joyeuse.

Un certain jour d'octobre, des monteurs de Gosson qui s'en venaient à pied, besace sur l'épaule, pour tourner leurs lames, voulurent en passant s'arrêter à l'auberge du Point-du-Jour. Malgré l'heure peu matinale, ils eurent la surprise de trouver les volets clos. Ils appelèrent :

« Charrier ! Ho, Charrier ! Te lèveras-tu, gros feignant ? On a besoin d'un canon ! »

Pas de réponse. Ils durent repartir, déçus, et portèrent leur pratique chez Castellane, rue des Grammonts.

Le soir, en remontant, ils trouvèrent la maison dans le même état. C'est le lendemain seulement que des voisins poussèrent plus loin la curiosité, examinèrent les portes, en trouvèrent une non verrouillée, pénétrèrent à l'intérieur. La salle et la cuisine ne présentaient aucun désordre. Mais à l'étage, dans la chambre des époux, ils découvrirent Charrier et sa femme égorgés d'une oreille à l'autre, leur sang avait imprégné les draps et les couvertures, formant une espèce de gâteau brunâtre. L'armoire et les tiroirs avaient été visités, l'assassin s'étant satisfait, semblait-il, de l'argent et des bijoux.

Les gendarmes commencèrent leur enquête. Ils reconstituèrent sans difficulté la chaîne des événements : le criminel avait sans doute consommé le dimanche soir parmi les clients honnêtes ; la nuit venue, faisant mine de sortir, il s'était dissimulé dans un des repaires innombrables de la maison, cave, grenier ou dessous de lit, s'y était tenu coi jusqu'au départ du dernier buveur. L'hôte et l'hôtesse avaient compté leurs sous, puis étaient montés se coucher. Tandis qu'ils dormaient profondément, le malfaiteur était sorti de sa cachette et les avait saignés comme des poulets. Il avait essuyé sa lame au drap, était reparti les poches pleines avant le jour. Qui était-il ? Un habitué, ou un visiteur de passage ? Seuls pouvaient apporter quelque information les consommateurs du dimanche, mais ils ne se pressaient guère pour sortir de l'ombre et renseigner la police. Des commissaires en tenue bourgeoise venus de Clermont fréquentaient les cafés, interrogeaient les cabaretiers pour savoir si tel ou tel de leur clients ne se livrait pas à des dépenses insolites, mais non, ils n'avaient rien remarqué. Rue du Lac et rue de la Tour [1] fonctionnaient des maisons de prostitution qui n'apprirent rien non plus aux enquêteurs.

Dans les usines et les ateliers, on commentait le double crime.

« Celui qui a fait ça, dit Bitton, est un malin. Il ne va pas dépenser l'argent tout de suite, ce qui vaudrait une dénonciation. Il va attendre qu'on oublie l'affaire. Ensuite, par petits coups et tranquillement, il pourra profiter des économies des Charrier.

— Pour moi, dit Mange-Fourme, c'est quelqu'un du pays. Un étranger aurait eu peur qu'on le reconnaisse au milieu des autres. Et puis, fallait qu'il soit au courant des habitudes de l'auberge.

— Moi, je crois au contraire à un étranger, dit Tchoucossa. Ces Charrier, on les aimait bien. Comment croire que, pour un peu d'or, un Thiernois leur ait coupé le cou ? Surtout à elle, qui l'avait si blanc !

— Alors, dit le Grand Zac pour mettre tout le monde d'accord, c'est sans doute un étranger qui vit dans le pays !

— Peut-être, dit un autre, qu'au fond il était amoureux de Mélie. Et que par jalousie, puisqu'elle ne pouvait lui appartenir... Y a des pauvres d'esprit qui raisonnent ainsi : je l'aimais tellement que je l'ai tuée !

— Et pourquoi qu'ensuite il aurait pris les bijoux ?

— Comme souvenir... »

A présent, l'auberge du Point-du-Jour demeurait tristement close, chaque porte scellée d'un ruban et de deux cachets de cire rouge,

1. Actuellement, rue Traversière.

seuls rôdaillaient alentour trois chats maigres auxquels le voisinage apportait un peu de pitance. En passant devant, les femmes se signaient, les hommes détournaient les yeux et avaient un regret pour la belle Mélie. Cette année 85 avait produit de grands malheurs.

La foire de la Saint-Genès apporta des consolations opportunes, les rues débordèrent de tréteaux et de négoces en plein vent pour acheter et pour vendre, sous l'œil vigilant des sergents de ville. Ils faisaient la chasse aux bonneteurs et réussirent à en gripper un qu'ils poussèrent jusqu'au poste de police pour l'interroger : quand on vend de l'as de cœur malgré les interdictions, n'est-on pas capable du pire ? Connaissait-il par hasard l'auberge du Point-du-Jour ? Mais il n'avait rien à avouer, si ce n'est le coup de hop, hip, hap, qui n'est pas réellement un crime. On le relâcha en fin de journée, faute de preuves.

Au fond de la rue Conchette, certaines jeunes personnes de la campagne, filles ou femmes mariées, venaient vendre leurs cheveux. Elles les dénouaient d'abord, les faisaient ruisseler sur leurs épaules, blonds, bruns, châtains. On ne les payait point en argent. Avant le sacrifice, elles désignaient sur l'étal de l'acheteur telle pièce de calicot, tel coupon de drap qu'elles exigeaient ; d'accord ou pas d'accord, répondait l'homme suivant la longueur et l'épaisseur de la toison. Il la caressait d'une main, puis la saisissait dans son poing gauche comme une queue de cheval, levait ses ciseaux, cra, cra, cra, elle tombait toute, il la nouait d'un fil, la jetait dans un sac de toile. Cependant, la femme dépouillée enfonçait dans sa coiffe auvergnate ce qui lui restait de parure et se sauvait très vite, rougissante comme si elle se sentait nue, en emportant ses trente sous de calicot.

En fin de foire, Tchoucossa et ses collègues du rouet Jarsaillon se trouvaient réunis au café du Gymnase, rue Nationale, personne n'avait soif, saint Genès, patron de la ville, se sentait honoré qu'on eût si abondamment célébré sa fête. Ce jour-là, on oublie les chicanes, les prérogatives, la hiérarchie coutelière, dans un bel esprit de fraternité. On accepte de boire même avec les gainiers qui se trouvent au bas de l'échelle, parias de la profession, car aucune matière noble ne passe entre leurs mains, corne ni os, écaille ni ivoire, cuivre ni laiton, acier ni bois, mais seulement le papier, le carton, les vieux journaux qu'ils vont grappiller dans les galetas pour confectionner leurs enveloppages. Ils ont une curieuse coutume, parlant l'un de l'autre, ils se désignent ainsi : « Monsieur Lévigne, Monsieur Faydit, Monsieur Bosson... », et non point par un sobriquet selon la règle générale. Ce ton cérémonieux résulte du mépris séculaire dont les accablent les autres corporations. On ricane autour d'eux, on les couvre de sarcasmes, de dictons malsonnants :

Guéney, papetey,
To de fatey[1]...

Alors, un jour, l'un d'eux s'est levé pour faire cette proclamation :

« Puisqu'il en est ainsi, mes chers collègues, appelons-nous *Monsieur* entre nous, disons-nous *vous* et tirons-nous le chapeau ! »

Depuis, ils n'y manquent point, et l'on admire leur français de gala :

« Peux-je m'asseoir près de vous, Monsieur ?

— Faites que, Monsieur, faites que. »

Baste. Le soir de la Saint-Genès, il s'en trouve donc au café du Gymnase à dire leur mot, à chanter, à trinquer, à « noyer dans le vin les germes du chagrin », comme le veut un de leurs hymnes. A la table de Tchoucossa, Bitton braille et s'abreuve plus que tout autre. Quand vient son tour de payer pinte, il porte la main à sa poche pour y prendre sa bourse, la tire non sans difficulté — un petit sac rouge que ferme le sphincter d'un lacet de cuir —, elle lui échappe et roule sous la table.

« Laisse, fait Tchoucossa qui est le plus court de la compagnie, je m'en charge. Verse à boire. »

Bitton remplit les verres d'un geste vacillant.

« N'oublie pas Monsieur Bosson... Monsieur Faydit... » recommandent les gainiers.

Un long moment après, Maurice émerge de son accroupissement, pose la bourse sur la table :

« Elle s'était ouverte, j'ai dû ramasser les pièces. J'espère que rien n'y manque. »

Son visage est livide. Encore debout, la bouteille à la main, Bitton le regarde, puis se rassoit soudain, comme dégrisé. Il saisit le sac rouge, y plonge deux doigts, jette une pièce au milieu du vin répandu :

« Bonne nuit, compagnons. J'ai besoin d'aller dormir. »

Puis, tourné vers Pitelet :

« Merci, Tchoucossa, d'avoir ramassé ma bourse. Mais j'aurais pu le faire moi-même. Nous nous reverrons.

— Bien sûr. Nous nous reverrons. »

Maurice rentra rue des Barres avec une tête à faire peur. Hortense l'attendait pour crier, mais elle dit seulement :

« Qu'est-ce que vous avez ? Vous êtes malade ?

— Couchons-nous. Je vous expliquerai. »

---

1. Gainiers, papetiers, /Tous des grossiers.

Quand ils furent au lit, sous l'édredon rouge, il grelottait si fort qu'elle le prit dans ses bras pour l'apaiser, comme son enfant :

« Là... là... m'ami... m'ami... Dites-moi ce qu'il y a. »

Il raconta la scène au café du Gymnase, la maladresse de Bitton, la bourse sous la table.

« Et alors ?

— Je me suis baissé. Elle avait lâché son contenu, des pièces de bronze, des pièces d'argent, des pièces d'or. Passe. Mais aussi autre chose.

— Quoi donc ?

— Un collier de femme. Une chaînette. Et au bout, un pigeon d'argent avec des pierres qui brillent. Un saint-esprit. Je l'ai reconnu : le saint-esprit de Mélie Charrier, l'aubergiste du Point-du-Jour. J'en suis certain.

— Jésus Marie ! »

Hortense aussi se mit à trembler. Ce Bitton, elle l'avait nourri plus d'un an de ses soupes à trois sous l'écuellée, sans jamais concevoir pour lui la moindre sympathie. Elle n'aimait pas sa barbe sombre, ses yeux farouches, son absence de sourire, sa stature de cuirassier. Pourquoi fallait-il qu'il fût descendu de chez Pion, ce village de loups-garous et d'hommes tristes, pour se mêler aux joyeux, aux innocents Ventres Jaunes ?

« Qu'est-ce que vous allez faire ?

— Que voulez-vous que je fasse ? Que je le dénonce ?

— Il le mérite bien ! Un assassin de son espèce ! Qui a tué deux personnes pour de l'argent ! Ne pas le dénoncer, c'est vous faire son complice !

— Non, m'amie, je ne dénoncerai point. Je n'oserais plus, ensuite, me considérer dans une glace. D'ailleurs...

— D'ailleurs quoi ?

— Ce pigeon, ce saint-esprit, suis-je bien sûr que ce soit le vrai ? Il n'y a pas qu'un âne au monde qui s'appelle Martin !

— On pourrait s'en ouvrir à quelqu'un, sans nommer personne.

— A qui donc ?

— Au curé. Il nous donnerait conseil.

— Je me conseillerai moi-même. Et je vous défends d'en parler à qui que ce soit ! »

Ils ne purent dormir cette nuit-là ni l'un ni l'autre. Maurice revoyait le saint-esprit de Mme Charrier, suspendu à sa chaînette. Tous les clients du Point-du-Jour l'avaient remarqué au cou de la belle hôtesse, il était placé là pour ça, pour qu'en admirant l'un on admirât l'autre. Ce genre de parure s'accompagne ordinairement de pendeloques en forme de poire, le tout serti de topazes ou d'améthystes selon la richesse et la générosité du mari. Le collier de Mélie, au contraire, ne comportait rien d'autre que la colombe éployée, il ne pouvait exister deux saint-esprit pareils dans toute la région.

Le lendemain matin, avant l'aube, Tchoucossa précédé de Larbi prit le chemin du Bout-du-Monde où il arriva le premier de toute la coterie. Il alluma sa lampe, ouvrit la vanne du bief, se coucha sur sa planche, se cala des deux pieds au rebord en saillie qui la terminait, à un geste Larbi s'installa sur ses jambes. Il se mit à émoudre de longues lames que lui avait confiées M. Rousselon, spécialiste du couteau de boucherie. A deux bras, il les frottait contre les meules de grès, bien logées dans le tenaillon, sur une face, puis sur l'autre, les disposait luisantes dans une corbeille, prêtes à recevoir le manche de bois. Peut-être une de ces lames, sortie de ses mains, avait-elle tranché la gorge des deux aubergistes.

Après lui, vint le père Issard, dit le Grand Zac, qui s'essuya les paupières de son mouchoir un quart d'heure avant de se décider à glisser le bâton dans la courroie de sa meule.

« Je crois bien, dit-il, que je perds la vue. »

Il le croyait ainsi tous les matins. Ce qui ne l'empêchait pas d'émoudre les yeux fermés, se fiant à l'adresse de ses mains, au chant de la pierre sous la lame. Et il donnait satisfaction autant qu'un autre.

Puis, vinrent ensemble Desgouttes, dit Mange-Fourme, et Furetou, dit Galoche, chargés de ciseaux ; enfilés par la boucle, ils formaient à leurs bras d'énormes hérissons.

Puis vint Bitton. Tranquillement. Aussi tranquillement qu'un mardi ordinaire.

« Bonjour tout le monde. — Bonjour tout seul. » Il se coucha, caressa d'une main sa barbe d'ogre, se mit à émoudre des couteaux de table à bout rond, parfaitement inoffensifs. Sa planche jouxtait celle de Tchoucossa. De temps en temps, sans cesser de travailler, celui-ci glissait un regard oblique vers son voisin, vers ses poings noueux et velus. Une fois qu'il avait regardé plus haut, Bitton tourna vers lui son visage d'ombre et planta ses yeux dans les siens. Après quoi, sans un mot, chacun reprit la besogne un instant interrompue.

A neuf heures, les femmes apportèrent les soupes, l'homme de chez Pion reçut la sienne des mains d'Hortense, il se mit à laper avec le meilleur appétit du monde. Une chose extraordinaire eut même lieu : plusieurs fois on l'entendit rire. Mal. Il riait mal. Comme on parle mal une langue étrangère qu'on sait mal.

Et il en fut ainsi tous les jours qui suivirent. Pitelet ne souffla mot à personne de sa découverte sous la table du café.

1886

Les gens se plaignaient des allumettes de la Régie, du nombre et de la qualité. Une boîte de deux cents n'en comptait jamais plus de cent cinquante, sur lesquelles vingt ou trente refusaient de s'enflammer. L'État s'était réservé le monopole, d'accord, mais le monopole de la camelote. Heureusement, il trouvait la concurrence des contrebandiers. A la sortie de Thiers, un hameau s'était spécialisé dans cette fabrication clandestine, à tel point qu'on l'appelait le village des Allumettes.

Pierre Gonin y vivait de ce petit métier dans la considération générale. Et aussi d'un bout de jardin accroché au versant de la montagne et du lait de ses chèvres. Veuf depuis longtemps, il avait la compagnie de sa fille Clotilde, une sauvageonne aux pieds nus, aux yeux de charbon, aux longs cheveux éplorés, qu'on voyait de loin sauter parmi ses bêtes d'une roche à l'autre, mais qui ne se laissait point regarder de près. Le père et la fille ne manquaient pas de clientèle, les couteliers en promenade faisaient volontiers un détour afin de se ravitailler chez eux. Ils vendaient leurs allumettes non pas en boîtes ni en paquets, mais en touffes assez pareilles à un blaireau à raser fort épanoui, il suffisait d'en détacher une, les hommes levaient la jambe comme pour esquisser un pas de bourrée, la frottaient sur la longueur de la cuisse et elle flambait sans façon. A chaque touffe, tu gagnais quelques centimes, et surtout le fin plaisir de voler l'État voleur.

Les gendarmes n'ignoraient point ce trafic, faute d'arrêter les assassins des aubergistes, ils auraient bien aimé prendre revanche sur quelque allumettier. Mais, lorsqu'ils arrivaient sur leurs grands chevaux, qu'ils s'étaient donné la peine d'en descendre, de les attacher, de s'avancer avec leurs bottes, leurs épaulettes, leur bicorne, leur tête de hareng sec, les contrefacteurs avaient eu le loisir de faire disparaître la marchandise. Gonin vendait aussi d'innocents fromages.

« C'est-y que vous auriez envie de chèvretons, brigadier ? demandait-il. J'en ai des mûrs et des tout frais. »

Le gradé fouillait des yeux la masure, humait l'atmosphère, se tournait vers son subordonné :

« Ne sentez-vous rien, Baduel ?... Une certaine odeur ?... Comme qui dirait une odeur de soufre ?

— Ah ! brigadier ! Vous avez le nez fin ! s'écriait Gonin. J'ai justement fait brûler du soufre ici pour tuer nos punaises.

— Des punaises, vraiment ? Vous avez des punaises ?

— Oh ! J'ai tout ce qu'il me faut ! »

Très vite, il entamait une conversation innocente, quelle magnifique journée, vous avez bien de la chance dans la gendarmerie de vous promener du matin au soir, moi je ne peux plus sortir à cause de mes douleurs aux jambes, c'est Clotilde qui garde nos chèvres, on a tort de se laisser vieillir, on devrait rester toujours jeune. La fille paraissait au milieu de ces propos, avec ses yeux immenses qui lui faisaient presque le tour de la tête, son corps nerveux dissimulé sous des guenilles, le brigadier se frisait la moustache.

« Ces messieurs, disait Gonin, sont venus acheter des chèvretons.

— Mais non, mais non, protestait le gradé.

— Excusez-moi, je croyais. C'était donc seulement une visite d'amitié ?... Donne-leur quand même un fromage à chacun, Clotilde. Vous l'accepterez bien en souvenir de nous, n'est-ce pas ? »

C'est elle qu'ils mangeaient du regard avec sa taille si fine qu'on l'eût tranchée d'un coup de fouet ; ils ne refusaient point cependant le cadeau, enveloppé dans des feuilles de chou. On n'en était pas encore à la civilisation du papier qui devait sévir un siècle plus tard, le papier n'entrait que dans de rares familles et dans ce cas pour des occasions solennelles, jamais pour des usages vils. La feuille de chou servait d'emballage universel. Les militaires remerciaient donc, glissaient les paquets dans les fontes de leur selle, puis remontaient à cheval.

« Que dites-vous de cette jeune personne, Baduel ? questionnait le gendarme supérieur.

— Je dis : hé, hé ! répondait le gendarme inférieur.

— N'est-ce pas ? »

Ils souriaient et repartaient avec, sous leurs buffleteries, un chatouillement dans tout le corps. Quand ils avaient disparu au tournant du Cordon, Gonin ressortait de sa masure et, le poing tendu, leur lançait un geste obscène :

« La maréchaussée ? Tiens ! Comme ça ! »

Très en amont du Bout-du-Monde, Pitelet l'Artiste pêchait dans la Durolle. Seul. Seul avec les truites dont il observait les jeux dans les trous d'eau. Ce qui est trou pour toi est clairière pour le poisson, plaine herbue entre les roches et les frondaisons des racines. Ce qui est miroir pour toi, reflet du ciel, est reflet du fond pour elle, la sombre habitante des ruisseaux, au-delà existe un monde où il lui arrive aussi de plonger avec l'intention de happer une larve qui flotte, elle a mal calculé son coup de reins, hop, la voici un court instant truite volante, puis elle retombe effrayée de son audace, palpitante, s'apaise peu à peu, le nez face au courant, battant de la queue pour maintenir sa position. Parfois, Jacques entrait dans le torrent jusqu'aux genoux, il guettait sa proie, le cœur ému, chasseur plus que pêcheur. Il choisissait le moment où elle se croyait en sûreté à l'abri d'une pierre, enfonçait la main lentement, lentement, empoignait d'une détente la bête à plein corps. Il sentait entre ses doigts la contraction affolée des muscles, sa joie se muait alors en pitié : il se hâtait de ressortir et assommait sa victime, l'œil devenait terne, la gueule béait, la peau brillante perdait peu à peu de son éclat. Il la couchait délicatement au fond de son panier sur un lit de fougères d'or, pour des funérailles aussi douces que possible.

Mais sans cesse il revenait vers un certain point d'eau très profonde, à couvert d'un rocher en surplomb, d'où pleuvaient des scolopendres : le royaume de Bigarrée. Il appelait de ce nom une truite monstrueuse, la reine des truites, qui lui paraissait avoir deux couleurs, bleu clair marqué de rose sur le flanc droit, bleu sombre sur le flanc gauche. Comme les feuilles, comme les étoffes, elle semblait posséder envers et endroit. La nuit, il rêvait d'elle, d'une poursuite farouche qui l'entraînait vers des grottes tapissées d'algues, Bigarrée fuyait, acharnée à le perdre, il se déchirait aux rocs, finissait cependant par avoir le dessus, émergeait sanglant et meurtri, mais brandissant l'énorme poisson. L'allégresse le réveillait, il se retrouvait les mains vides dans le lit exigu, près du corps encombrant de son frère papetier.

Or, ce jour-là...

Tandis qu'il demeurait penché sur le repaire de la truite insaisissable, il entend des appels, des exclamations véhémentes, cela tombe du ciel, ou du moins de la pente abrupte au-dessus de lui, dont il ne voit rien qu'un éperon grenu. Un silence. Nouveaux cris plus proches de lui : quelque bergère maudissant ses biques. Rien d'inquiétant, son regard retourne vers l'eau profonde, où des herbes effilées comme des doigts semblent lui faire des signes de connivence.

Et soudain, une longue hurlée ; quelque chose de noir passe devant ses yeux et plonge dans le royaume de Bigarrée, s'y débat follement. Jacques se jette dans le trou, suffoque entre les bras de glace de la rivière, soutient quand même la malvenue, la tire sur la berge. Eh bien voilà : depuis des semaines il rêvait de pêcher la reine des truites, et il vient de pêcher la reine des filles de garce, une sorcière, une diablesse, on ne sait quoi. Elle poursuivait ses chèvres, aussi chèvre qu'elles, sans examiner où elle sautait, sans se soucier de la forme et des risques que pouvait offrir le monde en dessous. Il l'étend, pâle et ruisselante, sur l'herbe foulée, puis, tout en s'égouttant lui-même, regarde à quoi cela ressemble. Une grande fille. Les jambes nues et griffées. Vêtue de loques. Elle reste un moment les yeux clos, comme morte, ses cheveux emmêlés forment une résille sur son visage, on pense à une belle tête de statue blanche ramenée des fonds marins par le filet d'un pêcheur.

Jacques lui tapote les joues pour la ranimer, mais seulement du bout des doigts, jamais il n'a vu de si près un corps féminin, il n'ose y toucher.

Elle soupire, ouvre les yeux, s'assoit brusquement.

« Mes chèvres ! crie-t-elle. Où sont mes chèvres ?

— Là où tu les as laissées.

— Il faut que je les retrouve, que je les ramène chez nous.

— Si elles sautent aussi bien que toi, tu n'es pas près !... Qui es-tu ? »

Elle le considère avec méfiance, elle a dix-sept ans et lui vingt, mais elle semble rassurée par sa jeunesse :

« Clotilde Gonin. J'habite aux Allumettes. »

Tout à coup, elle se dresse sur ses pieds nus, soulève un peu sa jupe guenilleuse et traverse la Durolle en sautant de pierre en pierre, avec la légèreté d'une libellule.

« Hé, bougresse ! Tu pourrais me dire au moins merci de t'avoir tirée de l'eau !

— Mes chèvres ! » répond-elle, en manière d'excuse.

Elle disparaît entre les noisetiers.

Il revint.

Il fouilla les pentes de Margeride jusqu'au village de Maubrun. Pas trace de Clotilde ni de son troupeau. Peut-être avait-il subi l'effet d'une magie. Peut-être la sauvageonne était-elle une incarnation de Bigarrée, la reine des truites, échappée à la rivière, il n'avait pas su la retenir, et maintenant elle courait le monde, perdue à jamais. On racontait aux veillées de telles transformations.

... Alors que son époux guerroyait aux Croisades, la dame de Montguerlhe aima un troubadour de passage et donna le jour à une fille d'une grande beauté, sur laquelle la mère deux fois abandonnée versa des torrents de larmes. « Mon Dieu ! Que va-t-il nous arriver quand mon mari rentrera de Babylone ? Comment expliquerai-je l'existence de cette enfant ? » Elle supplia sa marraine, qui possédait des pouvoirs magiques, de la secourir.

« Je vais, dit celle-ci, lui trouver une cachette insoupçonnable. »

Et, touchant la fillette de son bâton, elle la changea en biche. Le plus gracieux animal qui eût jamais gambadé dans les forêts du château.

« Prenez garde seulement, recommanda la fée, de la protéger des hommes. »

La dame de Montguerlhe lui attacha au cou une croix d'argent et publia par ses hérauts qu'il était interdit sous peine du gibet à tout chasseur ou braconnier d'attenter à la vie de la chevrette portant une croix d'argent au cou. Elle-même se rendait dans les bois chaque matin, munie de quelques friandises, biscuit au miel, brindille de serpolet ou d'ail sauvage, elle appelait d'une voix douce la biche qui venait brouter dans sa main. Le seigneur de Montguerlhe n'y voyait que du feu. Les choses durèrent ainsi jusqu'au jour où...

Jacques parcourut en tous sens l'autre versant. Un après-midi, des chèvres enfin ! Elles le conduisirent jusqu'à Clotilde, il la reconnut bien dans ses haillons noirs, le dos à un rocher, occupée à tricoter à trois aiguilles. Au bruit qu'il fait, elle lève les yeux, le voit montant vers elle comme s'il se dissimulait : les chèvres s'interrompent de brouter et le surveillent aussi. Soudain, elle lâche son tricot, l'instant d'après une volée de cailloux grêle autour de Jacques Pitelet.

« Arrête ! crie-t-il. Es-tu folle ?... Tu ne me reconnais pas ? Je t'ai sauvée de la rivière ! »

Elle cesse le feu, sans déposer les armes, même lorsqu'elle ne peut plus ne pas le reconnaître. Il avance prudemment. Elle le regarde venir, les mains pleines de pierres.

« Tu me sembles, dit-il, un drôle de numéro !

— Pourquoi me tutoyez-vous ?

— Ben, parce que tu es une gamine.

— Une gamine ? J'ai dix-sept ans passés ! »

Il l'observe mieux, s'aperçoit en effet de son erreur :

« Vous avez raison. Je ne recommencerai pas.

— Excusez-moi pour les cailloux. Mais je n'ai pas de chien, alors je me défends toute seule. Il y a tant de mauvais monde.

— Si je vous avais reçue de même, l'autre jour, vous vous seriez noyée.

— Noyée, je ne crois pas. Vous m'avez seulement aidée à sortir de l'eau.

— Je peux m'asseoir ?

— Si vous voulez. »

Il se met à une certaine distance. Ils s'épient un long moment, gênés et muets. Elle demande :

« Pourquoi me regardez-vous tant ?

— Faut-il que je regarde vos chèvres ?

— Je ne sais même pas qui vous êtes.

— Je m'appelle Pitelet Jacques, je suis martinaire, j'ai vingt ans. Voilà.

— Et comment se fait-il que vous soyez en ce lieu ?

— Je passais par hasard. Il m'a semblé vous reconnaître. J'ai voulu vous dire bonjour.

— Si ce n'est pas vrai, le menteur n'est pas loin.
— En quoi ai-je menti ?
— Vous ne passiez pas par hasard, vous êtes venu par esqueprès.
— Par esqueprès ?
— Par esqueprès.
— Et pourquoi donc, selon vous, serais-je venu par esqueprès ?
— C'est à vous de me l'expliquer.
— Posez vos pierres, et je l'explique.
— Expliquez d'abord, je les poserai ensuite. »

Le vent de mars qui soufflait par accès brusques faisait danser les mèches de ses cheveux autour de son visage comme des flammes noires. Elle le considérait de ses yeux immenses et hostiles. Jacques se sentait la bouche sèche, il fit un gros effort, avoua qu'elle avait raison, qu'il était bien venu par esqueprès, qu'il la cherchait depuis des jours et des jours, mais qu'il ne lui voulait aucun mal, tout au contraire.

« Et pourquoi me cherchiez-vous ?
— Pour... je... pasque.
— Pasque quoi ?
— Pasque.
— Les *pasque* ne se vendent pas à la foire, personne n'en veut.
— Pour garder les chèvres un moment avec vous.
— Je les garde toute seule.
— C'est bon, je m'en vais. »

Il se leva, en même temps elle ouvrit les mains, ses cailloux tombèrent. Armistice. Elle lui permit de se rasseoir, pourvu qu'il ne l'empêchât point de tricoter. Non, elle ne tricotait pas pour elle, puisqu'elle allait sans bas, hiver comme été, mais pour son père qui souffrait des douleurs. Non, elle n'avait pas de mère, ni de frère, ni de sœur, ni de grands-parents, ni d'oncles, ni de cousins, ils vivaient seuls, elle et lui, depuis sa naissance. Non, elle n'était jamais allée à l'école. Ni à l'église.

Oui, le bon Dieu, elle en avait entendu parler par un vicaire de Saint-Genès, qui parcourait les campagnes, il était monté aux Allumettes un soir d'hiver, avait frappé à leur porte, Gonin avait ouvert, il ouvrait à tous ceux qui frappaient, même aux gendarmes. Elle n'était encore qu'une petite fille. Elle regardait avec étonnement cette étrange créature vêtue de noir, elle l'avait appelée *Madame*. Son père l'avait fait asseoir devant la table encombrée d'al..., elle voulait dire encombrée par les choses de son travail, il avait posé entre eux une bouteille et des verres, ils avaient trinqué ensemble. Elle entendait dans la bouche de l'inconnu des noms pas tout à fait nouveaux, mais prononcés d'un ton nouveau, le bon Dieu, Jésus-Christ, la Sainte Vierge. D'ordinaire, Gonin, les gens du village s'écriaient bon Dieu de bon Dieu, oh ! Jésus-Christ ! oh !

Sainte Vierge ! quand ils étaient en rage, mais le sombre visiteur parlait d'une voix douce et bien élevée, elle comprenait que ces mots avaient une autre signification. Elle se tenait assise sur une chaise basse et apercevait sous la table ses souliers à forte semelle, à haute tige, à liens et à crochets. Elle qui toujours allait déchaussée ressentait pour les pieds de cet homme une grande compassion, comme un oiseau libre souffre lorsqu'il regarde un confrère encagé. Le vicaire n'en finissait pas de sermonner, vous êtes veuf, vous avez donc aussi la responsabilité de la mère, or le premier devoir maternel est d'instruire ses enfants dans l'amour du Seigneur, votre femme vous voit et vous juge du haut du ciel, songez à l'âme de cette petite. Pierre Gonin écoutait avec patience, se contentant de remplir les verres :

« Buvez un peu, monsieur le curé, vous devez avoir soif de causer comme ça. »

L'autre trempait ses lèvres dans le vin et repartait : le bon Dieu, la Sainte Vierge, Jésus-Christ. Il finit quand même par s'arrêter, hors de souffle. Ou peut-être n'avait-il plus rien à dire. La nuit était tombée, l'allumettier se leva :

« Merci d'être venu me faire votre théorie. Je sens que je vais calculer là-dessus toute la semaine. »

Il l'accompagna dans l'ombre jusqu'à la route, suivi de Clotilde. Une fois sur le Cordon, il s'inquiéta :

« Vous ne vous perdrez pas, au moins ? Vous retrouverez votre chemin ?

— Oui, oui, soyez tranquille. Que le bon Dieu vous bénisse.

— Pareillement. »

L'homme noir s'éloigna, on entendit ses gros souliers battre la terre, enfin leur bruit même s'éteignit.

« Qui c'était ? demanda Clotilde.

— Un curé. Un colporteur.

— Un colporteur ?

— Oui, il vend le bon Dieu, comme d'autres colporteurs vendent du fil. »

Elle connaissait les petits négociants qui allaient de maison en maison, leur boîte suspendue à l'épaule, ils en tiraient des bobines, des aiguilles, de la dentelle, des almanachs. Ensuite, Gonin plaça son pouce entre l'index et le doigt du milieu et brandit le poing vers les étoiles :

« Le bon Dieu ? Tiens ! Comme ça ! »

Le même geste qu'il faisait dans le dos des gendarmes.

Voilà pourquoi elle n'avait pas de religion, elle n'était pas acheteuse de bon Dieu, mais elle savait tout de même qui il était. Ou qui il devait être.

Jacques Pitelet s'étonna qu'elle lui fît des confidences, qu'elle se montrât si parleuse après tant de sauvagerie.

« Moi ? Mais je parle tout le temps !

— Tout le temps ? Avec qui donc ? Votre père ?

— Oui. D'abord. Il m'explique les choses.

— Quelles choses ?

— Les animaux. Les plantes. Les nuages. Et puis, les hommes. Les riches qui s'engraissent du sang des pauvres. Les pauvres qui veulent devenir riches. Les sous, les sous, les sous. Les policiers, les juges, les avocats, les curés, les professeurs. Il m'explique tout ça. Mais je parle aussi à mes chèvres. Je parle à mes mains, à mes pieds. Les voisins croient que je suis folle. Je me moque bien de ce qu'ils pensent. »

Lui, elle ne l'interroge pas, elle ne s'intéresse pas aux autres, il ne raconte donc quasi rien de lui-même. Néanmoins, elle ne refuse pas de le revoir s'il veut se tenir tranquille à côté d'elle. Promis ? Promis. Non, elle ne sait pas où il pourra la trouver, ni demain, ni les jours à venir. C'est à lui de la chercher. Quand ils se quittent, elle accepte de lui serrer la main. Il ne l'a jamais vue sourire.

Ce qui manque au jeune Pitelet, ce sont les heures de liberté, Barrier III ne permet guère à ses usiniers de courir la pastourelle. Mais Jacques va bientôt, après plusieurs années d'attente, trouver dans un rouet indépendant une meule disponible, il pourra s'il lui chante battre la campagne le jour et émoudre le soir.

Le 1er avril, les Ventres Jaunes se jouaient des farces entre eux. Et ils en jouaient aux autres. Toutes fort distinguées et de bon goût. Au cours de la nuit précédente, certains farceurs parcouraient les environs avec la complicité de la lune, s'ils rencontraient quelque araire, quelque charrue, quelque herse abandonnée au milieu des sillons, ils la hissaient jusqu'au sommet d'un arbre, poirier, peuplier, où le paysan n'avait plus qu'à la reprendre comme il pouvait le matin venu. Inversement, ils descendaient les tombereaux dans la rivière ou dans les mares. Dans les rouets, ils décrochaient les meules, suspendaient des rats crevés aux pissarotes, mélangeaient les lames. Le père Issard avait coutume, par coquetterie, de venir en sabots fins, à bride de cuir, et de chausser dans l'atelier des sabots de fatigue, tout en bois, plusieurs fois fendus et raccommodés. S'il ne prenait point garde à la date du jour, il était sûr d'y trouver des surprises : un crapaud, de la glu, des braises ardentes. Il ne fallait jamais accepter le vin que vous offrait un camarade, sauf à lui dire :

« Bois d'abord ! »

Si l'on ne voulait savoir quel goût avait son urine, même coupée de limagnon.

Dans les pensions de famille où mangeaient à midi les célibataires, la patronne faisait le tour de la table d'hôte, remplissait les écuelles de bouillon gras. Et quand celui-ci se trouvait être bien brûlant, le premier à y goûter s'écriait :

« Mais ce bouillon est quasiment tiède ! Qu'est-ce qui vous prend, mère Néron, de nous servir la soupe froide ? »

Sans méfiance, les autres l'avalaient à pleine cuillère. La joie était ensuite proportionnelle au nombre des échaudés.

C'était aussi la journée des gageures : l'un pariait de siffler une pinte de vin rouge sans éloigner le nez du goulot ; l'autre d'avaler sans boire une aune de boudin froid ; un troisième de traverser la rampe de fer du pont Saint-Roch en marchant sur les mains ; un quatrième de tenir dans sa bouche close une cuillère à soupe rougie au feu. Ces prodiges s'accomplissaient généralement sans dommages, tant il est vrai que cette journée-là, qu'on appelle le jour des fous, une protection divine s'étend sur eux, le ciel bénit les déraisonnables, rien de très grand, rien de très beau ne s'est fait en ce monde depuis son commencement que par des hommes qui déraisonnaient.

Bref, c'étaient des réjouissances infinies, comme le voulait le proverbe :

Le promey do mi d'obri
Le moué ponnou ri de plasi[1].

Dans le rouet de la veuve Jarsaillon, ce 1er avril 86, Bitton causa la plus grande des surprises : il ne vint pas. Sa meule demeura oisive, ce qui ne déplut point à Tchoucossa, il aimait son voisinage comme la fumée dans les yeux. Son absence se prolongea les jours suivants, si bien qu'au bout de deux semaines Maurice Pitelet s'en fut trouver la veuve : sans aucune nouvelle de l'émouleur qui n'avait pas jugé bon de l'avertir de son départ ni de payer le fermage de la meule pour les mois à venir, elle consentit à la louer à Pitelet au nom de son fils Jacques. Celui-ci n'avait plus qu'à donner son va-t'en à Barrier III.

« Comment, s'écria le fabricant, tu me quittes ? Toi, mon meilleur martinaire ? Et si je t'augmentais ? Ai-je été un mauvais maître pour toi ?

— Je ne m'en vais pas pour gagner davantage. Et pardonnez-moi de le dire, monsieur Barrier : il n'y a pas de bons maîtres, parce qu'il n'est jamais bon de recevoir des ordres toute sa vie. Je veux être indépendant.

— Tu oses me dire ça en face ?

1. Au premier jour du mois d'avril, / Le plus boudeur rit à plaisir.

— Je vous le dis parce que vous me le demandez. Je peux, si vous préférez, vous le dire de dos.

— Indépendant ! Indépendant ! Mais l'indépendance ne se mange pas en salade ! Est-ce que je suis indépendant, moi ? Chacun n'a-t-il pas des supérieurs auxquels il doit des comptes, d'une façon ou d'une autre ? Quand je regarde le monde, je ne vois personne d'indépendant. Pas même le président de la République, qui fait la volonté de ses ministres. Pas même le bon Dieu, qui doit tenir compte de la concurrence, le diable a plus de clientèle que lui. Et toi, pauvre barnaud, tu veux être indépendant !

— J'aurai le plaisir aussi d'émoudre à côté de mon père. Mais n'en parlons plus, monsieur Barrier, c'est une chose décidée, quittons-nous bons amis. »

Ce fut une fête au rouet Jarsaillon, nul ne regrettait l'homme de chez Pion : avec sa barbe noire et ses dents longues, il faisait peur pis que la bête du Gévaudan. Les compagnons avaient conscience de gagner au change. A neuf heures, outre les deux biches de soupe, Hortense Pitelet apporta une brioche aux grattons, de la saucisse et un bousset de cinq litres, on but, on mangea, on chanta, on cria vive les émouleurs, vive Tchoucossa, vive Pitelet l'Artiste, on embrassa les femmes, on dansa avec elles quelques pas de bourrée. Le printemps commençait heureusement. Jacques se coucha sur la planche abandonnée, Larbi qui le connaissait bien lui sauta sur les mollets et le rouet se mit en branle.

Maintenant, Maurice ne craignait plus de regarder à sa droite, il voyait les mains habiles de son fils fermement serrées sur le porte-lame, ils ne pouvaient se parler à cause du vacarme, mais ils échangeaient des clins d'œil et des sourires. Comme son père, Jacques n'était pas d'une très forte constitution, mais il avait l'adresse, l'agilité, l'intelligence. Pour se protéger les yeux des projections, il se confectionna tout de suite une paire de grosses lunettes, monture de fer et verre à vitre, un peu lourdes, solidement retenues derrière les oreilles. Il proposa à ses collègues de leur en fabriquer de semblables, mais eux, après l'essai des siennes, déclarèrent qu'elles leur troublaient la vue et leur creusaient le nez, ils avaient toujours travaillé sans carreaux, ils continueraient de même, il ne fallait pas confondre Ventre Jaune et horloger.

Un matin, tandis que les hommes besognaient, les trois chiens en fonction dans l'atelier se mirent à japper. On cogna très fort à la porte, les chiens se précipitèrent, à coucher, saloperies ! crièrent les maîtres. Ils obéirent à contrecœur, flairant bien que ces coups n'annonçaient rien de bon. Galoche, qui se tenait à proximité, descendit de sa planche, alla ouvrir. Deux gendarmes entrèrent, un grand et un petit qui avait l'air d'un frère cadet : ils durent se baisser pour introduire leur bicorne. Ils apportaient une odeur de cuir et de sueur chevaline. Les émouleurs retinrent leur bête par le poil.

« Arrêtez vos meules ! » cria l'aîné des militaires.

Galoche fit sauter la courroie de la roue maîtresse, les meules tournèrent encore sur leur élan, leur chanson se fit de plus en plus sourde, puis s'éteignit. Tchoucossa, l'Artiste, Mange-Fourme, le Grand Zac s'assirent sur la planche, les jambes ballantes, et attendirent la suite des événements.

« Est-ce bien ici qu'a travaillé le sieur Bitton Jean-Marie, originaire du village de chez Pion, commune de Lavoine, dans l'Allier ? »

Il s'adressait à tous en général, ils secouèrent une tête affirmative.

« Longtemps ? »

A cause de cette question commune, aucun d'eux en particulier ne se sentit tenu de répondre de la voix. Le gendarme comprit cette difficulté de procédure.

« Qui est le plus âgé d'entre vous ?

— Moi, dit le père Issard.

— Votre nom ?

— Issard Benoît.

— Combien de temps le dénommé Bitton est-il resté ici ?

— Environ quatre années.

— C'était un bon travailleur ?

— Il en valait un autre.

— Avez-vous remarqué quelque chose dans son comportement ?

— Rien de spécial. Est-ce qu'il lui est arrivé un ennui ?

— Si l'on peut dire. Il est accusé de tentative d'assassinat. »

Ce fut comme si la charpente du ciel leur était dégringolée sur la tête. Mais elle causa plus de consternation que de stupeur, ils devaient s'attendre à tout d'un homme aussi effroyable par la taille, par la force de ses pattes, qui roulait les yeux, grinçait des dents, se taisait quand il fallait rire, riait quand il fallait se taire.

« Ça ne m'étonne pas, reconnut Mange-Fourme. Moi, je le sentais dans mes culottes qu'un jour ou l'autre il aurait quelque sale affaire.

— Tais-toi donc, dit Tchoucossa sévèrement. Tu ne sentais rien du tout. Quand il t'offrait à boire, tu buvais de son vin comme n'importe qui.

— Je n'avais rien contre son vin.

— Est-ce qu'il se montrait généreux ? demanda le gendarme.

— Il payait à son tour.

— Il a donc assassiné quelqu'un ? fit le Grand Zac.

— Censément. L'aubergiste de Piboulet.

— Tiens donc ! »

Entre Courpière et Olliergues, en bordure de la route qui monte vers Ambert et la Chaise-Dieu, l'auberge de Piboulet recevait beaucoup de rouliers et autres gens de passage, colporteurs, vagabonds, marchands de vaches. Elle était tenue par deux vieilles personnes, M. et Mme Ménager, et Félistine leur servante. On y trouvait le vivre et le couvert, tant bien que mal. Le père Ménager raconta plus tard aux gendarmes comment les choses s'étaient passées, au cours de la nuit du 23 mars.

« Ma femme était partie avec le chien tenir compagnie à notre fille Louise installée à Olliergues, vu qu'elle devait accoucher d'un moment à l'autre. Louise est mariée à Joseph Domaison, le facteur, ils avaient déjà trois enfants, ils attendaient le quatrième. Dans ces circonstances, une femme est contente d'avoir près d'elle sa mère pour s'occuper du ménage et de tout, les chèvres, les lapins, le cochon, le mari. Domaison est bon à rien, qu'à porter les lettres et faire des gosses à sa femme, il ne remuerait pas une paille, il n'irait pas tirer au puits un seau d'eau, les fonctionnaires c'est comme ça. Pour vous en revenir, j'étais donc seul à l'auberge avec Félistine qui couche au grenier, est un peu sourde et dort comme une pierre. Voilà-t-y pas que vers la minuit j'entends cogner en bas et appeler :

« — Ho ! Ménager ! Réveillez-vous !

« Je me lève, je regarde par la fenêtre, je vois la terre blanche de neige, et un homme dans la cour.

« — C'est-y qu'y aurait le feu ? je demande.

« — Non, mais vous pouvez pas me laisser dehors avec le temps qu'il fait.

« Je me dis, il connaît mon nom, c'est quelqu'un de par ici, un client habituel, faut que je le reçoive. J'enfile donc mes braies, je descends sur mes chaussettes, en bonnet de coton, j'allume la chandelle. Ensuite, j'entre dans mes sabots, j'ouvre la porte et le volet, je reçois le particulier : un grand gaillard, vous auriez dit Barbe-Bleue, sauf que la sienne était noire.

« — Il vous en a fallu, du temps ! Que la charpente du ciel vous tombe sur la tête ! qu'il me fait. Et maintenant, allumez le feu, et apportez-moi de quoi boire et de quoi manger. Après, vous me donnerez de quoi dormir.

« Comme ça. Il a dit, vous me donnerez de quoi dormir. Je vais donc à la cheminée, j'ajoute des genêts, des branches, je souffle dans le bofadou, ça fume, ça pétille, ça prend. Ensuite, j'apporte sur la table une pinte de courpiérois, du pain, du fromage, de l'andouille, est-ce que je pouvais mieux faire ? Pas question de discuter ses ordres. Je sentais les yeux de cet individu fixés sur chacun de mes gestes, brûlants comme des fers rouges, et mon sang au contraire se glaçait dans mes veines. En même temps, je pensais à un pistolet que je tiens dans ma chambre toujours chargé, sous le lit. Mais il fallait monter à l'étage et j'étais sûr qu'il l'aurait pas permis. Je pensais à Félistine, me demandant si elle ronflait encore ou si elle s'était aperçue de quelque chose. Je pensais au chien que ma femme avait emmené et qui n'était pas là pour me défendre. Voilà comment s'arrangent les affaires, il avait fallu cette neige, et notre fille Domaison dans ses couches pour me mettre entre les griffes de ce mandrin.

« De temps en temps, j'ajoutais du bois au feu. Tout par un coup, je me sens venir par-derrière, sur mon bonnet de coton, un coup terrible, bûche, marteau ou je ne sais pas quoi. Je pousse un grand cri, ha ! je suis mort ! et je tombe devant la cheminée. Mort. Réellement mort. Ou du moins faisant semblant de l'être. Pour vérifier, l'autre m'envoie de toutes ses forces son soulier dans l'échine, je ne tressaille pas. Je sais que si je bouge seulement une paupière je n'aurai plus besoin de feindre.

« Alors, je l'entends qui fouille les meubles, renverse les tiroirs sur le plancher, brise la vaisselle en jurant, parce qu'il ne trouve pas ce qu'il veut. Il finit quand même par dénicher une écuelle où je place notre recette de la semaine avec la monnaie de bronze pour rendre à la clientèle. Il s'en remplit les poches. Puis il se remet à table et reprend de la nourriture, tout ce travail lui a donné de l'appétit, j'entends ses mâchoires qui font *tchonque tchonque*. Et il boit. Une rasade derrière l'autre. Il a mis la main sur un flacon d'eau-de-vie et il s'en verse. Je peux pas savoir la quantité, mais je devine qu'il se sert bien. Il grogne, que vous croiriez un porc.

« Devant la cheminée, le temps me paraît long, je me dis, à présent, il va monter dans les chambres, mais avant il t'allongera quelque autre coup de trique qui t'assommera pour de sérieux. Dans mon cœur, je récite une prière, Jésus-Christ protégez-moi. Et voilà le miracle. Au lieu de ça, mon gaillard tranquillement s'endort sur la table. J'ose tourner la tête, ouvrir un œil, je le vois le front sur les bras au milieu du manger. Y a un bon Dieu. Je me lève avec précaution, prenant bien garde de pas me cogner aux meubles, je monte jusqu'au premier étage, j'empoigne sous mon lit le pistolet chargé, je redescends, je m'assois commodément à deux pas du bandit qui ronfle comme un bienheureux, et j'attends... »

Il attend. Des heures. L'arme braquée. Il ne peut compter sur personne avant l'arrivée d'un client d'occasion : Félistine est vieille, sourde, peureuse, inutile, mieux vaut qu'elle dorme et n'intervienne point. La pendule fait son tic-tac et sonne sans manquer deux heures, trois heures, quatre heures, cinq heures. Barbe-Bleue ne sort pas de son sommeil et de sa digestion. Deux fois, l'aubergiste renouvelle la chandelle, puis regagne sa place. A cause de la neige, une aube précoce entre dans la salle, éclaire le désastre des objets répandus. Ménager pourrait à son tour se munir d'un marteau, d'une bouteille vide, taper sur cette tête sans défense, mais il craint que son bras ne manque de force ou de courage, il préfère attendre du secours.

Vient un moment où le bandit se met à bouger, il tousse, éternue, se racle la gorge, se frotte les yeux. Il regarde devant lui, il n'est pas sûr de voir ce qu'il voit, il se frictionne encore : le mort, sa victime, est là, assis sur une chaise, muni d'un pistolet, les chiens levés.

« Hein ? fait Bitton. Qu'est-ce que c'est ?

— Ne bouge pas de ta place, dit Ménager, ou je te décharge ça dans les trous de nez. Deux balles grosses comme le pouce.

— Que la charpente du ciel...

— Pose tes mains sur la table, à plat.

— Mes mains ? A plat ?

— Oui. Et pas un geste, ou je tire.

— Jusqu'à quand ?

— Jusqu'à ce qu'il vienne quelqu'un.

— Tu te fous de moi ?

— Pas du tout. On attendra autant que nécessaire. »

Ils restent ainsi face à face, séparés par la table, aussi immobiles l'un que l'autre.

« Assassin ! dit l'aubergiste, pour passer le temps.

— Ceux que j'ai assassinés se portent bien.

— Si je suis pas mort, c'est pas ta faute.

— Faut m'excuser. Hier soir, j'avais bu, je savais plus ce que je faisais.

— Tu le savais ! Tu le savais ! »

Un silence. Il fait plein jour maintenant. On entend un pas dans l'escalier, c'est Félistine qui descend, Ménager se garde bien de détourner les yeux, il les tient sur le brigand, sa vie et celle de la servante à présent sont en équilibre sur la ligne de son regard. La femme pousse une bramée, moins à cause de leur étrange posture que pour la vaisselle répandue.

« Vous vous êtes battus ?

— Non, crie l'aubergiste. Il a voulu me tuer, pour me voler ensuite !

— Sainte Vierge ! Sainte Vierge ! C'est-y possible ! Qu'est-ce qu'on va faire ?

— Écoute, dit Bitton avec calme. Laisse-moi partir. Et je jure que tu ne me reverras plus jamais, que je ne mettrai plus les pieds dans ta sale auberge.

— Partir ? Tu partiras, oui, entre deux gendarmes, le moment venu.

— Sainte Vierge ! Sainte Vierge ! gémit Félistine.

— Félistine ! crie Ménager. Approche-toi, et écoute bien ce que je te commande. »

Elle obéit en tremblant, il parle très fort, sans la regarder.

« Sors. Va jusqu'à la route. Tu arrêtes le premier voiturier qui passe, dans un sens ou dans l'autre. Tu lui expliques la situation, tu le pries d'avertir au plus vite la gendarmerie d'Olliergues ou de Courpière. Couvre-toi, il ne fait pas chaud. As-tu compris ? Je répète... »

Il répète. Félistine ne demande pas mieux que de sortir.

« Ne faites pas ça, Félistine ! » ordonne Bitton.

Car il n'implore pas, il ne supplie point, même dans les circonstances où il se trouve, il ordonne :

« Ne faites pas ça ! Je vous donnerai... une récompense.

— De l'argent volé ! dit l'aubergiste. Et tu seras complice ! Receleuse ! Tu iras en prison comme lui ! »

Elle se couvre les épaules d'un châle, s'enveloppe la tête d'un fichu et s'en va. Ils demeurent face à face de nouveau.

« Est-ce que je peux bouger une main ? Faut que je me gratte.

— Non. Ni main, ni pied, ni rien du tout. Sinon je tire. Et je te jure que je te manquerai pas. »

Alors, le brigand change de tactique, il se met à gémir, à pleurer, il fait toutes les grimaces qu'il sait, et il a tellement pitié de lui-même que des larmes, de vraies larmes finissent par lui sortir des yeux, une à droite, une à gauche, elles roulent sur les joues, elles s'enfoncent dans sa barbe.

« Pauvre mère ! sanglote-t-il. Je suis innocent. Mais quand ma mère saura qu'on m'a jeté en prison, sous menace de me couper le cou, pour une faute que je n'ai pas commise, elle périra de chagrin, pour sûr ! Elle qui n'a eu que des malheurs depuis qu'elle est au monde... »

Et patati et patata.

Le vieil homme assiste à ce spectacle. Après tout, est-il si sûr que l'autre ait voulu le tuer ? Va-t'en savoir ce qui se passe dans le cœur des gens. La misère est cause de bien des méfaits, et tel a fini au bagne parce qu'il avait dans son enfance manqué du nécessaire qui aurait pu devenir curé dans une autre condition. Les pleurs, les grimaces de Barbe-Bleue ne sont pas sans effet sur les entrailles de Ménager. Et il se trouve au bord de l'attendrissement lorsqu'il remarque que la main droite du bandit, par un mouvement quasi insensible, glisse vers le couteau à longue lame qu'il a tiré de sa poche en arrivant pour couper le pain et laissé sur la table. Un moment, l'aubergiste observe le manège, puis, sûr de son fait, il bondit soudain en arrière, en renversant la chaise :

« Halte ! » crie-t-il.

L'autre s'immobilise, les bras écartés.

« Lève-toi doucement, sans toucher à rien ! Et regarde bien les trous de ce pistolet si tu ne veux pas voir ta mort !... Recule de deux pas ! Bon. Maintenant, fais deux pas à ta droite, par côté ! Et ne te trompe point ! A droite ! »

Bitton obéit, comme une mécanique, cependant que le vieux garde ses distances.

« Avance à présent de deux autres pas. Je dis bien : avance... Et couche-toi par terre, à plat ventre.

— A plat ventre ? Sur les pierres ?

— Fais ce que je dis.

— Ça ne te portera pas bonheur, Ménager ! Le ciel voit mon innocence ! »

Il se remet à geindre et pleurnicher sur les énormes dalles, parmi les débris de verre et de faïence, tandis que son gardien relève la chaise et se rassoit. L'aubergiste contemple le dos immense de son ennemi, sa nuque de taureau, il s'imagine la force et le poids qu'il y a là-dedans et son cœur bat d'orgueil à la pensée qu'il a su réduire cette bête à sa merci, malgré son grand âge. Félistine ne revient pas, l'horloge va toujours son train.

Enfin, vers les neuf heures, il entend galocher la servante. Elle est bien surprise de les trouver dans cette nouvelle posture, les plaintes de Bitton l'émeuvent :

« Tout de même, monsieur Ménager ! Tout de même !

— Occupe-toi de tes casseroles ! Je sais ce que je fais. Et si tu as de la pitié de reste, examine un peu la bosse que j'ai derrière la tête !

— Ayayaye ! Ayayaye ! couine le brigand par terre.

— As-tu rencontré quelqu'un sur la route ?

— Oui. La commission sera faite. »

Elle disparaît, elle remonte dans son galetas, elle ne peut plus voir des choses pareilles.

Et il faut attendre deux heures encore.

Enfin, les gendarmes arrivent, ils comprennent la situation, l'aubergiste fournit tous les détails. Ils ramassent Bitton à demi mort de froid et d'engourdissement, ils l'emmènent : il doit aller à pied jusqu'à Olliergues, entre leurs deux chevaux, ce qui lui ranime le sang.

Les gendarmes de Thiers en savent plus qu'ils n'en disent. Tentative d'assassinat, prétendent-ils. En fait, le sieur Bitton est à présent à leur disposition dans la prison de la rue des Groslières. Ils ont perquisitionné à son domicile et y ont fait de surprenantes découvertes. Des pièces d'or, qui ne signifieraient pas grand-chose — l'argent est rond, il est fait pour rouler de main en main — s'il n'y en avait un peu trop chez un simple émouleur de ciseaux. Mais aussi des bijoux, des bagues, des boucles d'oreilles, un collier soutenant un saint-esprit. Sommé de s'expliquer sur la provenance de ce trésor, le bandit a répondu :

« Je le tiens en héritage de ma mère, morte depuis deux ans.

— Es-tu le seul enfant ?

— Non, j'ai deux frères et une sœur.

— Où habitent-ils ?

— Au village de chez Pion.

— Il nous sera donc facile de les rencontrer. Nous leur montrerons ces objets, ils ne manqueront pas de les reconnaître, n'est-ce pas ? »

Bitton a baissé la tête, réfléchi un moment, fini par dire :

« Je vous ai passé un mensonge. Ces bijoux, pour de vrai, je les ai trouvés.

— Voyez-vous ça ! Qui donc s'est avisé de perdre des objets aussi précieux ?

— En bêchant notre jardin, chez Pion, je suis tombé sur une boîte en fer : ils étaient dedans. Je ne sais pas qui les avait enterrés là, dans les temps anciens. J'en ai parlé à personne, c'est la pure vérité, je vous le jure sur la tête de ma pauvre mère ! »

Contrairement à ce que pensent les gendarmes, le serment est sincère : il n'en a parlé à personne. Mais les gendarmes ont la méfiance dans le corps : ils séquestrent argent et bijoux, et ramènent leur homme dans sa cellule. Le saint-esprit les a éclairés suffisamment. Ils savent que la pauvre Mme Charrier, à l'auberge du Point-du-Jour, en portait un habituellement qui a disparu à son assassinat. Ils sont sûrs qu'ils tiennent le triple criminel, spécialiste des aubergistes pour son malheur, tant va la chatte au lard... Plusieurs habitués du Point-du-Jour ont reconnu le collier de la belle Mélie. Affaire réglée.

« Mais, mais, mais ! a dit le brigadier. Sommes-nous certains que ce gaillard ait mené seul son entreprise ? N'avait-il pas des complices ? »

On a interrogé Bitton une autre fois, il n'a rien voulu admettre, s'en tenant à la version de la boîte de fer. Pas question donc de complicités.

« Tu as tort, l'a-t-on averti, de t'obstiner dans cette attitude. Il y a des assassins qui n'avaient rien avoué à qui l'on a coupé la tête bel et bien. Si au contraire tu confessais tout, si tu exprimais le regret de tes fautes, si tu demandais pardon, le jury serait favorablement impressionné, il t'accorderait les circonstances atténuantes.

— Que la charpente du ciel vous tombe sur la tête ! »

Voyant qu'ils ne pouvaient rien tirer de lui, les gendarmes ont songé aux alliés naturels du brigand, ses compagnons de rouet, ils sont venus interroger les émouleurs chez la veuve Jarsaillon.

« Je voudrais vous montrer une chose bien curieuse, dit le plus grand des deux. Je suis sûr que... »

Il fouille dans sa sacoche, y prend un sac de toile, enfonce deux doigts, en tire un objet brillant qu'il tient en l'air suspendu.

« Oh ! font les Ventres Jaunes rassemblés autour de lui.

— Vous reconnaissez ?

— Ben...

— Il me semble...

— On dirait...

— On dirait quoi ? Précisez !

— Que c'est un collier de femme, fait le Grand Zac.

— L'avez-vous déjà vu quelque part ?

— Moi, jamais, dit Mange-Fourme.

— Après tout, moi non plus, dit Galoche en se grattant le genou.

— J'en ai bien déjà vu un dans ce genre, mais je me rappelle plus où, avoue le père Issard.

— Cherchez bien !

— Je cherche, je cherche... »

Le brigadier se tourne vers Pitelet Maurice, qui demeure les lèvres scellées :

« Et vous, qu'est-ce que vous en pensez ?

— J'en pense rien du tout.

— Vous ne l'auriez pas déjà vu, par hasard, à l'auberge du Point-du-Jour, au cou d'une certaine personne ? Vous n'y alliez jamais, au Point-du-Jour ?

— Si, de temps en temps, comme tout le monde. Pour trinquer. Pas pour regarder les femmes.

— Et toi ? demande-t-il à l'Artiste.

— Lui ne sait rien du tout, intervient vivement Tchoucossa. Il travaille ici seulement depuis quelques jours, à la meule de Bitton.

— Laissez-le parler... »

En définitive, les militaires ne tirent des émouleurs rien qui vaille. Ils prennent note de cela sur leur calepin et s'en vont en secouant la tête.

Les Ventres Jaunes se regardent et se taisent. Puis Tchoucossa empoigne le bâton et remet les meules en mouvement. A chacun son travail. Aux policiers de mettre la main sur les criminels, à eux d'émoudre les couteaux.

Jacques entra chez le sabotier de la rue Conchette et dit :

« Bonjour.

— Jour.

— Je voudrais acheter un morceau de bois. »

A son établi, l'autre travaillait au paroir un sabot qui déjà sortait de la matière. Il regarda le jeune émouleur par-dessus ses lunettes rafistolées. C'était l'homme des réponses courtes, il économisait son vent.

« Pour ?

— Je voudrais tailler dedans un coffret de dame. A mettre les aiguilles, les ciseaux, le fil.

— En quoi ?

— En peuplier. Ou en noyer. Qu'est-ce qui est meilleur, selon vous ? »

Le sabotier haussa l'épaule pour signifier que l'un et l'autre se valaient, il abandonna sa lame et se prit à fouiller parmi le tas de bûches, en choisit une, la tourna entre ses mains, la reposa, saisit une seconde qui parut lui convenir :

« Ça ? »

Elle plut tout de suite à Pitelet, avec sa chair ambrée parcourue de veines rosâtres, sa bonne et saine et âpre odeur de noyer qui évoquait les liqueurs rustiques qu'on tire de sa feuille ou du brou de noix, et l'ombre épaisse sous laquelle il vaut mieux ne pas dormir, elle donne de mortels refroidissements.

« Je crois qu'elle ira très bien. Grand merci. Combien vous dois-je ?

— Hi, hi. »

L'homme avait produit un bizarre petit hennissement. Jacques crut avoir été mal entendu :

« Dites-moi maintenant ce que je vous dois.

— Hi, hi.

— Pardon ? »

Le sabotier se fâcha enfin, et haussa le ton :

« Rien du tout, je vous dis !

— Mais je veux payer ce que je demande !

— Foutez-moi la paix ! »

Et il reprit son paroir, il n'avait pas davantage de temps à perdre. L'Artiste demeura confus, puis il fit une courbette, grommela un autre remerciement, et s'en alla, sa bûche sous l'aisselle.

Dans le galetas de la rue des Barres, il travailla des jours et des jours, manœuvrant la seule lame de son couteau. Il y pensait la nuit, cette boîte l'empêchait de dormir. Sur le couvercle, il représenta la gorge de la Durolle, ses chutes, ses bouillons, et un rouet avec la grande roue à aubes sur laquelle les truites font des sauts périlleux ; assis au pied d'un mur, les émouleurs mangent la soupe dans leur biche d'un litre, tandis que les chiens tournent en rond à la poursuite de leur queue, heureux de se dégourdir les pattes, on reconnaît Larbi à son oreille fendue ; la femme d'un Ventre Jaune — elle ressemble singulièrement à Hortense Pitelet — s'éloigne en faisant de la main un geste d'adieu, elle crie, parlant de toute cette soupe dans les biches :

« Qu'elle vous fasse bon profit ! »

Sur les pentes opposées fleurissent les coucous, les pâquerettes, les renoncules et le ripipi, des chèvres gambadent sous la surveillance d'une bergère aux jambes nues en qui il n'est pas difficile de reconnaître Clotilde Gonin. Un jeune garçon en casquette à soufflet gravit un sentier qui monte vers elle, il élève dans ses mains le coffret de noyer et le présente à la demoiselle, comme on voit sur les vitraux d'une église le donateur offrant la même église à la Vierge Marie. Le visage de Clotilde exprime l'étonnement, ses doigts s'ouvrent, la pelote de laine roule dans l'herbe fleurie, les chèvres cessent de brouter et considèrent le nouveau venu en se posant des questions, jamais de leur vie de chèvre elles n'ont vu travail aussi joli tiré d'un simple bout de bois, ce garçon posséderait-il un couteau magique ?

Les quatre côtés de la boîte représentent le Cordon avant et après Thiers, parcouru de chevaux, de mulets, d'ânes avec leurs voitures ou leurs cavaliers ; des carrioles apportent le vin de la Limagne en fûts accumulés, les charretiers se tiennent assis sur la limonière, jambes ballantes et fouet à l'épaule, des enfants essaient de s'accrocher par-derrière au risque de se rompre le cou, cependant qu'à l'inverse des oies effarées s'enfuient en cacardant, ailes ouvertes. Les charrois disparaissent dans la ville dont, par une vue cavalière, on aperçoit les rues, les places et leur contenu : Pausin pérorant sous les marronniers au milieu des autres emplènes, l'agent Darteyre et sa pèlerine ballonnée, des filles faisant le pied de grue à l'entrée de la rue du Lac. Plus haut, les monteurs besaciers regagnent pedibus leurs fermes et leurs boutiques ; le train traverse un passage à niveau, il apporte l'acier de Firminy, le charbon de Saint-Étienne, la corne d'Argentine, l'ivoire d'Afrique, les bois précieux des Iles. On voit enfin, dans le creux de son tournant, le hameau des Allumettes ; à gauche, une maison censée être la demeure de Clotilde, flanquée du réduit aux chèvres, avec une colombe sur les tuiles. Que signifie cet oiseau blanc ? Il appartient à la destinataire de l'interpréter à son goût. L'intérieur du coffret n'est pas nu, mais doublé de satin rose.

Ainsi muni, Pitelet l'Artiste osa se mettre un jour à la recherche de la sauvageonne, elle le reconnut et ne lui jeta point de pierres. Il lui tendit la boîte, disant je l'ai faite pour vous, elle la reçut très exactement dans l'attitude que d'avance il avait représentée. Longtemps elle la tourna entre ses mains, déchiffrant chaque figure. Lui se tenait devant elle, immobile, rouge jusque dans les cheveux, attendant les premiers mots qu'elle prononcerait. Elle n'en dit qu'un seul :

« Pourquoi ?

— Devinez. »

Sans doute le coffret avait-il son langage, car elle parut comprendre. Pour la première fois elle sourit, puis lui présenta sa main, brune en dehors, rose en dedans, qu'il garda longtemps entre les siennes. Voilà comment une bûche de noyer tira Clotilde Gonin de sa sauvagerie. Dès lors, Jacques confectionna pour elle tout le possible avec les matières à sa disposition, joncs, branches de coudrier, tiges de ronce : des cages, des grelots, des virolets, des pipeaux, des sifflets, des cannes, des seringues, des moulins, des charrettes, des églises.

Un jour, il demanda :

« Accepteriez-vous d'être ma femme ?

— Votre femme pour de sérieux ? Devant le curé ? Même si je n'y crois pas ?

— Naturellement : devant le soleil, devant la lune, devant tout l'univers.

— Vous m'emmèneriez ?

— Il faudrait bien. »

Elle secoua la tête avec tristesse :

« Ce n'est pas possible. Et mes chèvres, qui les garderait ? Et mon père, qui s'occuperait de lui ? Qui lui donnerait à manger ? »

Il réfléchit, puis proposa :

« Nous pourrions habiter chez vous, si vous avez un peu de place pour me recevoir. Ainsi, vous continueriez de vivre comme avant, ou à peu près. »

Il fut ainsi décidé. Rien ne pressait de toute manière : ils n'étaient pas dans l'huile. Elle sembla inquiète d'une autre chose, qu'elle finit par confier :

« Je dois vous dire que, mon père et moi, nous sommes des brigands.

— Des brigands ?

— Oui, nous fabriquons en secret des allumettes, et c'est défendu.

— Parbleu ! Aux Allumettes ! Est-ce que tout le monde n'en fait pas ?

— Ça ne vous gêne pas d'épouser une brigande ?

— En rien du tout. »

Il couvrit de baisers ses mains contrebandières.

Gonin le reçut un dimanche, mine de rien, en ami de passage, comme s'ils s'étaient toujours connus, mais il décida de le mettre aussitôt à l'épreuve. Ainsi font les rois des contes lorsqu'un prétendant ose demander la main de la princesse afin d'éprouver sa finesse ou sa vaillance, apportez-moi du feu qui ne brûle point, une pierre de bois et la clé des Sept Turlurons, faute de quoi vous ne serez jamais mon gendre. Ils avaient mangé ensemble la soupe aux haricots et le rapoutet, le talon du jambon sec dans sa couenne hirsute, longuement bouilli. Tout à coup, Gonin vida son verre, se suça les moustaches et dit à son invité d'un air grave :

« Toi qui viens des villes et qui as fréquenté les écoles, j'aimerais que tu m'expliques trois choses. D'abord, pourquoi la poule qui boit ne fait-elle pas d'eau ? Ensuite, pourquoi le lapin qui ne boit pas en fait-il ? Enfin, pourquoi la brebis qui a le cul rond fait-elle des crottes carrées ? »

Pitelet l'Artiste comprit l'importance de ces questions, l'allumettier allait le juger sur ses réponses : son bonheur ou son malheur à venir dépendait de ce qu'il allait prononcer. Près de la cheminée, les yeux rieurs de Clotilde brillaient à travers ses cheveux.

« Ma foi, dit-il, faut que j'examine. Est-ce que je peux vous répondre la prochaine fois ?

— Non, non, réponds-moi tout de suite, comme ça te traverse la tête. Car voilà une chose que je veux savoir sans tarder. »

Jacques ferma les yeux, fit un examen profond, de même qu'il prenait une respiration profonde avant de se jeter dans la Durolle, et commença :

« Si la poule ne produit pas d'eau alors qu'elle en boit, c'est qu'on ne lui a pas appris. Elle fait tout juste comme son père et sa mère. Essayez donc de lui donner la leçon. Je suis sûr qu'avec un peu de patience elle réussira aussi bien que vous.

— J'essayerai. Et le lapin ?

— D'abord, êtes-vous certain qu'il ne boit pas ? Le lapin de garenne boit la rosée. Quant au lapin de cage, ma grand-mère m'a toujours dit qu'il buvait les rayons de lune. Croyez-vous que je puisse en savoir plus long qu'elle ?

— Et les nuits sans lune ni étoiles ?

— C'est bien simple : il tète le lait des mouches.

— Je te le laisse dire. A présent, parle-moi donc de la brebis.

— Là, le problème est plus malin. Permettez-moi d'examiner encore un peu. »

Il se gratta la tête, sous le regard ironique de l'allumettier qui, pour lui venir en aide, lui versa un autre verre de vin. Jacques l'entoura de sa main, sans le porter à ses lèvres.

« Il paraît qu'autrefois, dit-il après réflexion, les agneaux, les brebis, les béliers faisaient des crottes rondes. C'était avant la naissance de Jésus-Christ...

— J'ai entendu parler de ces sornettes.

— En ce temps-là, les âmes des avares s'en allaient dans les écuries du diable où elles entraient dans des corps de moutons. De même, celles des gourmands devenaient des porcs, celles des paresseux des couleuvres et ainsi de suite. Le diable gardait ses brebis non pour la laine, mais pour leurs crottes rondes, avec lesquelles il fabriquait des sous, des écus, des pistoles, des louis : bref, toute cette monnaie qui lui servait à tromper le monde et à mener son sale commerce, achetant les âmes et les consciences.

— Il a dû, dit Gonin, faire beaucoup d'achats dans notre région.

— Plus tard, comme vous savez sûrement, Jésus est venu combattre le diable en disant *Je suis l'agneau de Dieu*. D'accord ?

— D'accord, fit Gonin en haussant une épaule.

— A partir de ce jour, pour montrer le changement des choses, les brebis ont refusé de faire des crottes rondes et se sont mises à la fabrication des carrées. Seules les brebis noires, paraît-il, continuent les rondes. C'est pourquoi il vaut mieux éviter de les fréquenter. »

L'allumettier hocha la tête plusieurs fois pour montrer que les explications de Jacques lui convenaient. Mais les épreuves n'étaient point finies.

Un autre soir, il se laissa surprendre en train de bêcher le terrain accroché à la pente, derrière le hameau, où il cultivait ses légumes. Comme par hasard, une bêche disponible se trouvait là, piquée en terre de toutes ses dents :

« Si le cœur t'en dit ! »

Pitelet empoigna l'outil sans rechigner et deux heures durant ils retournèrent le sol caillouteux, enlevant avec soin chaque brin de liseron, déterrant à grande profondeur chaque racine de rhue, de ronce ou de chardon. Voulant mesurer la résistance de ce possible gendre un peu trop fluet à son goût, Gonin n'entendait pas faiblir le premier, et il soufflait à chaque motte arrachée, s'épongeait le front, crachait dans ses paumes. Comme on dit, rien de tel qu'un feignant quand il s'y met. L'autre au contraire, sec et nerveux, semblait infatigable et ne prenait le temps de respirer qu'après le futur beau-père.

« Suffit pour ce soir ! dit enfin celui-ci. Je vois que tu sais te servir d'une bêche. Je commence à te croire capable de faire quelque chose de bon. A moins... à moins que le vent ne t'emporte. »

A table, il le poussait à manger et à boire, voulant savoir aussi, sans doute, jusqu'où il pouvait aller dans cette voie, mais l'Artiste n'eut aucune peine à repousser la tentation, il n'était pas de ces émouleurs qui font passer tout ce qu'ils gagnent entre leur nez et leur menton.

L'affaire terminée, Gonin fit claquer la lame de son couteau et dit :

« Maintenant, aux allumettes ! Restes-tu des nôtres ? »

Pas question de reculer. Le vieux sortit tout le matériel, le disposa sur la table : les serpettes, les pierres à aiguiser ; ou sur le plancher : les seilles demi-pleines d'eau où trempaient des bûchettes de sapin déjà sciées à leur juste longueur. Alors, sous la lampe à pétrole pendue à une solive, commença le travail de découpage, Clotilde en fit la démonstration. Elle affila d'abord une serpette, pêcha dans le seau une bûche et, l'appuyant à l'établi, entreprit de la fendre par le milieu en s'arrêtant à deux doigts du pied. Elle pratiqua ensuite une seconde entaille perpendiculaire à la première, qu'elle arrêta à la même hauteur. Le bout de bois se trouva ainsi divisé en quatre parts. Chacune fut à son tour fendue dans le sens de la longueur en un grand nombre de segments : les futures allumettes. Comme ils restaient tous attachés à leurs deux centimètres de souche commune, peu à peu la bûchette initiale commença de s'ouvrir, de s'épanouir, de prendre la forme définitive d'un blaireau à barbe. Besogne dangereuse pour les mains, à cause de la serpette dont on entretenait sans cesse le tranchant. Jacques frémissait pour la chair tendre de sa bonne amie, mais il devint bientôt aussi adroit à la besogne que ses deux maîtres. L'épanouissement ne serait complet qu'au bout de deux ou trois jours, le bois parfaitement sec. Alors, il ne resterait plus à Gonin qu'à tremper les pointes de chaque touffe dans le soufre et le phosphore fondus. La clientèle viendrait se servir à domicile, on ne recevait que les figures connues, ou les amis des amis.

Jacques se révéla bon allumettier, il avait surmonté de belle façon les trois épreuves de Pierre Gonin, plus rien ne s'opposait à ce qu'il fréquentât suivant les règles sa gardeuse de chèvres.

1887

Le 22 janvier fut jour chômé pour beaucoup de Thiernois, il servait à honorer le patron des vignerons. La plupart des couteliers, comme j'ai dit, possédaient un bout de vigne, une treille sur leur façade, trois bordures de ceps dans leur jardin : c'en était assez, ils se considéraient comme les administrés de saint Vincent. La seule administration qu'on reconnût volontiers dans la ville était celle du ciel, encore fallait-il qu'elle se laissât fléchir par les prières, les offrandes ou les menaces. Avec saint Vincent, la chose était facile : il devait affronter la concurrence de saint Verny, protecteur des autres vignerons de la province. Saint Verny était son Solingen. On se rappelait encore l'année 1856 où la grêle avait ravagé la plus grande partie de la récolte autour de Châteldon. Furieux, les Châteldonnais avaient pénétré dans leur église sans la permission du curé, s'étaient emparés du saint, l'avaient transporté au milieu des vignes :

« Regarde ! Regarde ta honte, saint Vincent ! »

Ils n'avaient point mâché leurs mots :

« Sais-tu que tu n'es pas le seul préposé à la garde des vignes ? Nous pourrions bien, si tu nous abandonnes, t'abandonner toi-même au profit de ton confrère ! »

Quelques exaltés parlèrent de le jeter dans le Vauziron, qui gazouille au pied des remparts.

Les Thiernois, quant à eux, n'en étaient encore jamais venus aux voies de fait, Vincent faisait de son mieux pour les contenter. Les années trop humides, ils allumaient un petit fougar devant l'église ; ensuite, ils décrochaient le saint de son pilier, avec son tricorne, ses bas de soie, son bousset, sa serpette, et le promenaient en procession autour du feu. en suppliant :

« Saint Vincent, arrête cette pluie ! »

Pour finir, ils lui séchaient les pieds aux tisons.

Inversement, les années trop chaudes, ils procédaient à son immersion. Cela consistait à installer au même lieu une bacholle remplie d'eau, à y plonger le saint par les pieds, afin qu'il intervînt auprès de Qui-de-Droit et leur obtînt les averses désirées. Les vieux vignerons cependant se méfiaient, il ne s'agissait pas de tomber d'un excès de sec dans un excès de mouillé, ils connaissaient la sensibilité de la vigne et craignaient la moisissure, la pourriture noire et la rouge. Aussi surveillaient-ils de très près l'immersion.

« *Douçomen ! Douçomen, pori petchi !* criaient-ils aux responsables du bain. *Pa pu no que le tchou*[1] *!* »

Depuis quelques années, les vignobles languedociens subissaient les atrocités d'un insecte venu de l'Amérique, gros comme un puceron, mais aussi vorace qu'une vache, le *filosséra.* Par bonheur, les ceps de la région thiernoise, eux, semblaient inattaquables au puceron américain, on devait sans aucun doute ce privilège à la protection de saint Vincent, et il fallait l'en remercier.

Le 22 janvier 1887, donc, comme les autres années, la fête commença par une messe à Saint-Genès, le parvis de l'église se trouvait encombré de matériel agricole, paniers, bacholles, boussets, hottes, serpes, pioches, robinets, pique-échalas, que le prêtre, à la fin de l'office, bénit abondamment. Après quoi, le protecteur fit le tour de la place, sur les épaules de quatre vignerons, suivi par le reste de l'assemblée :

Bon saint Vincent, bon saint Vincent,
Protège du mal nos sarments !

On se dirigea enfin vers les auberges où, le reste du jour, on communia par le sang de la vigne. Jusqu'à minuit, la fête se déroula

1. « Doucement ! Doucement, pauvres enfants ! Pas plus haut que le cul ! »

dans la bonne humeur, ensuite le climat devint orageux, les femmes commencèrent la tournée des bistrots pour essayer d'en arracher leurs hommes, qui les accueillaient avec une extrême vivacité :

« Laisse-moi tranquille et retourne-t'en chez nous, *filosséra* ! »

L'année débuta mal pour Bitton, le meurtrier des aubergistes : il fut jugé à Riom devant la cour d'assises et condamné à la guillotine. A Thiers, on suivit de loin mais avec passion le déroulement du procès relaté par la presse cantonale. Pitelet l'Artiste achetait le journal à peine imprimé et en faisait lecture à voix haute à ses compagnons, parmi les meules immobiles. Face au tribunal, Bitton avait répété les explications précédemment fournies aux gendarmes, je n'ai pas tué les époux Charrier, j'ai seulement un peu assommé le propriétaire de Piboulet afin de l'endormir, si j'avais voulu le tuer pour de sérieux rien n'aurait été plus facile ; quant aux pièces d'or et au saint-esprit, je les ai trouvés dans la terre en bêchant notre jardin. Nul ne put le faire démordre de cette thèse. Plusieurs témoins — parents des malheureux assassinés — affirmèrent qu'ils reconnaissaient formellement les bijoux de Mélie. En fin de compte, quand le président demanda aux jurés :

« Jean-Marie Bitton est-il coupable d'avoir donné la mort aux époux Charrier ?

— Oui, à l'unanimité ! répondit le jury.

— Y a-t-il eu préméditation ?

— Oui, à l'unanimité !

— Peine de mort, toc ! »

Malheur, disent les habitants de Thiers, aux pays qui n'ont qu'une voix ! Les Bitors ont toujours eu horreur de l'unanimité ; elle ne se fit pas même au rouet Jarsaillon sur la culpabilité de leur ancien collègue. Les témoins pouvaient se tromper. De circonstances atténuantes, Bitton n'en manquait point : descendu d'un village de révoltés, envoyé en Afrique pour tuer les paysans de là-bas qui avaient le tort de vouloir garder leurs terres, le vin lui montait très vite au cerveau et faisait de lui une bête féroce. Et puis, les émouleurs regrettaient sa force prodigieuse, spécialement utile lors des changements de meule. Il aurait dû rester dans sa montagne à abattre les arbres et cuire le charbon de bois, tel était son destin, on risque toujours gros quand on dévie de sa vraie route.

On savait comment il vivait en prison ses jours moroses. La presse racontait que l'administration pénitentiaire le logeait dans une cellule en compagnie de deux autres captifs, condamnés à une peine limitée, lesquels s'efforçaient d'adoucir ses derniers moments : ils faisaient ensemble de longues parties de cartes et de dominos. L'un de ces assistants avait travaillé comme comptable dans une banque de Clermont, où il avait détourné des fonds aux dépens de la clientèle. L'autre était un tire-laine de foire et de marché, il ne craignait même pas d'opérer dans les églises les jours d'affluence, funérailles ou fêtes carillonnées : il s'emparait des bourses, des portefeuilles, des montres, des broches, d'une main si légère qu'on ne la sentait pas plus qu'une aile de papillon ; il avait fallu des circonstances très malheureuses pour qu'il se fît prendre : un maquignon d'Herbet avait coutume de retenir à lui son portefeuille par une chaînette de fer ; à une certaine impression de tirage, il n'avait eu qu'à remonter la chaîne pour atteindre la main.

Les trois prisonniers vivaient en bonne entente. Mais un soir éclate une dispute.

« Moi, prétend Bitton, s'obstinant à nier les meurtres du Point-du-Jour, moi, je n'ai fait de tort qu'à une seule personne. Tandis que vous deux, vous avez nui à beaucoup. Et c'est pourtant à Jean-Marie qu'on va bientôt couper la tête.

— Sans doute. Mais nous ne sommes que des voleurs, plaie d'argent n'est point mortelle. Et tu es un assassin !

— Qui vous l'a dit ?

— C'est imprimé dans tous les journaux.

— Les journaux sont des menteurs, que la charpente du ciel leur tombe sur la tête ! Et à vous pareillement, bougres d'arcandiers de profession !

— Oh ! oh ! Pour qui te prends-tu ? Y a pas de raison qu'on se laisse traiter d'arcandier par un pelaud de ton espèce !

— Pelaud, moi ? Répétez-le !

— Pelaud, pelaudasse, repelaud et archipelaud ! »

Là-dessus, Bitton se jette en hurlant, la bave aux lèvres, sur les deux âmes de bonne volonté chargées d'adoucir sa fin finale. Lesquelles répliquent en empoignant les tabourets. Au vacarme, les gardiens accourent, séparent comme ils peuvent les antagonistes, reçoivent au passage quelques coups dans les tibias décochés par inadvertance. Bitton est emmené vers une autre geôle où il attendra seul désormais son ultime matin.

Ces horreurs n'empêchaient point Pitelet l'Artiste et sa sauvageonne de s'aimer. Après les rencontres et les pourparlers nécessaires, leur mariage eut lieu les derniers jours d'avril, chaque maison des Allumettes s'en trouva pavoisée et fleurie comme si Jacques eût épousé tout le village. Dans ce pays d'anarchistes, les choses importantes de la vie s'accomplissaient suivant les anciennes coutumes, bien peu osaient braver, par exemple, l'opprobre qui s'attachait aux noces sans cérémonie religieuse, les quolibets des vieilles femmes dans le dos des mal mariés :

« Noces de chiens ! Noces de chiens ! Noces de chiens ! »

Le vieux Gonin consentit donc à tout. Il endossa son meilleur habit et chaussa une paire de brodequins jaunes tout neufs dans lesquels il ne put marcher plus de dix minutes, il fallut l'installer, gémissant, sur une voiture à âne et le transporter jusqu'à Saint-Genès comme un ministre. Clotilde, la *novlho*, revêtit une robe noire reçue en héritage de sa pauvre mère ; en l'exhumant d'un carton, l'allumettier avait pleuré dessus toutes les larmes de son corps, on n'imaginait pas qu'il en eût une telle réserve. Un voile blanc lui couvrait les épaules. Au-dessus, pour la première fois de sa vie, elle avait noué ses longs cheveux en un chignon. Le plus extraordinaire étaient les bottines à boutons de nacre, cette petite va-nu-pieds y semblait aussi bien à son aise que si elle n'était jamais allée autrement. Jacques, le *novlhe*, portait aussi un costume sombre, excepté par le gilet aux broderies rutilantes.

Le cortège s'ébranla, précédé d'un joueur de niargue ; immédiatement derrière la vielle marchaient le *contre-novlhe* et la *contre-novlho*, garçon et fille d'honneur, chargés de paniers et de boussets : ils avaient pour mission de disposer le monde, de régler le cérémonial, donnant l'exemple de la bonne humeur, distribuant çà et là dragées et tabac à priser, surveillant les toilettes, commandant les départs et les arrêts. Après une heure de route et de musique, le défilé arriva tout poussiéreux aux portes de la mairie. Le maire, M. Guillemin, leur lut le code, puis embrassa la mariée. On partit vers Saint-Genès. En descendant la rue des Barres, on reçut les applaudissements du voisinage. La charrette à âne, avec pour cargaison Gonin et deux autres estropiés, fermait le cortège.

Une fois dans l'église, l'allumettier se comporta très correctement, pour quelqu'un qui avait l'habitude, chaque soir, de faire la figue aux étoiles. Clotilde, au contraire, eut à un moment donné une réaction surprenante, qui prit le novlhe au dépourvu. Ils venaient d'échanger leurs consentements et le curé de bénir les alliances, avant de commander à Jacques :

« Veuillez passer l'anneau au doigt de votre épouse. »

Ainsi voulait le rituel : le mari poussait la bague d'or rouge jusqu'à la racine de l'annulaire, puis enfilait tout seul la sienne propre. A moins qu'il ne la fourrât dans son gousset ou dans sa bourse : c'était un ornement inutile et dangereux à la main d'un coutelier. Certains d'ailleurs en achetaient une seule, puisque l'autre ne devait point servir, les femmes acceptaient cette situation disparate.

Au moment donc où le novlhe se préparait à baguer sa jeune épouse, celle-ci plia le doigt après la seconde phalange, l'alliance ne pouvait s'enfoncer davantage. Jacques leva les yeux, Clotilde souriait, mais dans ses yeux brillait cette flamme sauvage qu'il lui avait vue lorsqu'elle le bombardait de ses pierres. Le prêtre mécontent demanda :

« Que faites-vous ? »

Alors, elle redressa l'annulaire, mais acheva la besogne elle-même. Quelques témoins avaient remarqué le manège et chuchotaient entre eux :

« Elle a plié le doigt !... Elle a plié le doigt !... »

Peu de femmes en ce temps-là avaient l'audace de pratiquer ce rite, car il avait un sens : je te suivrai, je t'obéirai, mais jusqu'à un certain point, pour le reste je veux demeurer maîtresse de mes décisions, je serai ta compagne, non ton esclave. Les curés n'aimaient guère une telle attitude ; la femme, estimaient-ils, est née d'une côte d'Adam, elle doit servir son homme à table, dans son ménage et au lit, sans songer à ses propres convenances ; elle lui appartient au même titre que son âne, sa vache ou sa mule ; on n'a jamais vu de vache réclamer sa part d'autonomie. Le curé de Saint-Genès bougonna donc la fin de sa messe dans la mauvaise humeur, puis emmena la troupe vers la sacristie pour la signature des registres, Clotilde traça une simple croix.

Au sortir de l'église, les cloches sonnaient quand même joyeusement, le contre-novlhe lança des poignées de dragées à la gaminaille qui se rua dessus avec férocité. La fille d'honneur enleva le voile de l'épousée, le remplaça par un châle d'Espagne aux couleurs vives qu'elle croisa sur sa poitrine. Le voile fut soigneusement plié : il servirait au baptême des enfants à venir, placé au-dessus d'eux comme un dais pour les protéger des mouches et de tout le mal du monde. Les participants furent alors dirigés vers les cafés de la place du Pirou, de la rue Lavaure, de la rue des Écoles [1], les paniers y furent découverts, on en tira des saucissons, des chèvretons, des côtelettes, des tranches de lard, l'aubergiste fournissait le pain et le vin, ce fut une fameuse eucharistie.

Vers onze heures, on reprit le chemin des Allumettes, derrière la niargue qui jouait des airs de circonstance. Bien qu'on fût seulement en avril, un chaud soleil s'était invité et leur cuisait le chignon, la poussière de la route leur séchait la gorge : il fallut s'arrêter à la dernière auberge disponible. On repartit.

Devant la maison des Gonin qui allait devenir aussi celle des nouveaux époux, un autre rite les attendait : en travers de la porte, les ordonnateurs avaient placé un balai et une cruche vide. En principe, la mariée devait aller la remplir à la fontaine, car elle serait elle-même la vraie source de vie de cette maisonnée ; puis il lui fallait balayer l'entrée pour montrer qu'elle avait de l'ordre.

Clotilde éclata de rire :

« Je veux bien balayer, dit-elle à son mari, mais c'est vous

1. Actuellement, rue Grenette.

qui allez remplir la cruche : elle est lourde, voilà une besogne d'homme. »

Il s'exécuta sans autre prière, et tout le monde applaudit ces nouvelles façons qui convenaient à des anarchistes. Seule Hortense se demandait, un peu effrayée, entre quelles mains elle plaçait son rêveur de fils. Le festin eut lieu en plein air sur des tréteaux, l'on mangea jusqu'à la nuit noire.

Le père Issard, dit le Grand Zac, perdait la vue de jour en jour, la moulée n'a pas que des effets bénéfiques, si elle est bonne au soin des rhumatismes et autres douleurs de membres, elle est très mauvaise pour les yeux, beaucoup de Ventres Jaunes devaient renoncer à leur profession à cause d'elle, c'était pitié de voir ces hommes dans la force de leur soixantaine errer par les rues, demi-aveugles, avec des espèces d'oignons rouges au fond des orbites. Ce mal que les médecins d'aujourd'hui appellent kératite portait le nom de *maille* chez les émouleurs.

Grâce au ciel, la Providence avait prévu la parade : il suffisait de s'adresser au curé du Moutier, de par ses fonctions paroissiales il possédait le don de guérir la maille. A peine installé dans la ville basse, le don lui venait. Et il le perdait automatiquement s'il acceptait une mutation, comme il aurait laissé un parapluie dans un ancien domicile. Il recevait cette vertu en héritage de saint Symphorien, patron de l'ancien moustier, qui avait vécu au IIe siècle après Jésus-Christ, et qui rendait, dit-on, la vue aux mal voyants. Les archives de la paroisse attestent ces miracles, fournissent les noms des bénéficiaires, leur domicile, la date de l'intervention.

Un lundi, dans ses sabots de cérémonie, le Grand Zac descendit donc le chemin de la Vallée, en compagnie du plus gros coq de la basse-cour de sa femme, et s'en fut tirer le cordon du presbytère. Une personne vint ouvrir dont il distingua mal le visage, mais qui, à la voix, lui parut âgée.

« Qu'est-ce que c'est ?

— Je viens pour la maille.

— Vous dites ?

— La maille. J'ai la maille. Et je voudrais me faire soigner. »

Il y eut un long silence plein de stupeur. Puis la vieille reprit :

« Je crois que vous vous trompez. Ici, c'est la maison du curé du Moutier, pas celle d'un médecin.

— Pardi ! »

Il se tut, il savait que ledit curé n'aimait guère qu'on vînt le trouver pour ce motif de sorcellerie, il faisait semblant d'ignorer son pouvoir, allez donc comprendre quelque chose à la religion ! Ses amis avaient prévenu Issard de cette étrange attitude : il te faudra le prier, le supplier, et lui apporter aussi quelque cadeau, mais prends patience, ne te décourage pas, il finira bien par te faire son tour de physique. Voilà pourquoi il arrivait dans les meilleures dispositions et un coq sous le bras, tout saigné, tout plumé, tout paré, enveloppé dans une serviette blanche. Après un autre silence, la vieille demanda :

« Alors, que faites-vous ? Il existe plusieurs médecins dans la ville, j'en suis certaine.

— Vous savez, dit-il, j'ai pas l'intention de lui prendre son temps pour rien, j'apporte quelque chose. Une volaille de cinq livres.

— Ah oui ? fit-elle, intéressée. En échange de quoi ?

— Laissez-moi voir votre patron, voilà tout ce que je demande.

— Ce n'est pas mon patron, c'est mon fils. Nous sommes installés ici seulement depuis une semaine.

— Pas d'importance.

— Je vous débarrasse du paquet ? Je vais vous laver la serviette.

— Laissez, laissez, ma bourgeoise s'en occupera. »

Le coq changea de mains. Le Grand Zac fut introduit dans un jardin plein de plantes pieuses, buis, lauriers, rosiers. Au seuil de la maison, il exigea, malgré les molles protestations de la femme, d'abandonner ses sabots devant la porte, je ne veux pas salir vos planchers, je sais ce que c'est, et il entra sur ses chaussettes. Elle l'installa dans une pièce remplie de livres, asseyez-vous un moment, monsieur le Curé va venir. Elle dit monsieur le Curé, et non point mon fils. Il patienta, la casquette sur les genoux. Quel effet ça doit faire, se demandait-il, d'être la mère, d'être le père d'un curé ? Pas moyen de lui parler comme à des garçons ordinaires, comme je parle aux miens, de lui dire grand couillon, espèce de sacaraud, bougre de racassou ; y a plus d'intimité possible. Et si ensuite il prend du galon, s'il devient chanoine, je sais pas quoi, évêque, moins question encore ! Ah ! j'aimerais pas avoir un drôle dans l'église. Sauf quelque chose comme bedeau, sacristain, il se contente de balayer, d'allumer le poêle, de ramasser les sous dans son plateau en disant grand merci, ce genre-là on doit pouvoir encore le traiter de racassou et de couillon. Cependant qu'il examinait en lui ces graves problèmes, une porte s'ouvrit et une forme noire entra. Le Grand Zac se mit debout sur ses chaussettes et regarda dans cette direction avec ses énormes yeux rouges qui ne voyaient que le quart de sa vie.

« Je suis l'abbé Prulhière, nouveau curé du Moutier, fit l'autre. Et vous ?

— Moi ?

— Comment vous appelez-vous ?

— Issard, émouleur, soixante-six ans.

— Restez assis, monsieur Issard. Que voulez-vous de moi ?

— Je viens pour la maille.

— La maille ?
— Oui, j'ai la maille.
— Qu'est-ce que c'est que ça ?
— Regardez mes yeux. »
L'abbé s'approcha :
« Ils ne sont pas jolis à voir.
— C'est un effet de la poussière de la meule. Comme on travaille couché sur elle du matin au soir, ça vous saute dans la figure. Alors, voilà ce que ça donne.
— Et alors ?
— Alors, je voudrais que vous me fassiez votre tour de physique. Pour me guérir.
— Moi, un tour de physique ? Je ne sais pas de quoi vous parlez.
— Allons, allons, monsieur le Curé, pas la peine de faire des cachotteries ! Tous les Thiernois savent que le curé du Moutier guérit la maille, rien qu'en la touchant de ses doigts. Les choses se sont passées ainsi depuis des siècles !
— Mes prédécesseurs, peut-être... Mais je viens à peine d'arriver, je ne suis pas au courant...
— Il suffit que vous soyez nommé curé de cette paroisse, et sitôt installé, pof ! ça y est ! Vous avez le tour de physique à votre disposition !
— Comprenez-moi : je n'ai jamais pratiqué ce genre de besogne...
— Y a un commencement à tout. Votre maman vous a montré le coq que j'ai apporté ?
— Oui, oui, je vous en remercie infiniment. Mais je crains de ne pas obtenir l'effet souhaité.
— Essayez, on verra bien. Qu'est-ce qu'il vous en coûte ? Si vous ne réussissez pas du premier coup, je reviendrai vous voir, avec votre permission.
— Bien sûr, bien sûr. Tout de même, j'ai scrupule... je ne suis pas digne...
— Marchez donc, marchez donc.
— Expliquez-moi au moins ce que je dois faire.
— Vous mettez vos mains sur mes yeux, voilà tout. Vous les laissez un bon bout de temps. »
L'abbé Prulhière s'exécuta. De ses mains blanches et fines, habituées à élever l'hostie diaphane, il recouvrit les pauvres yeux du Ventre Jaune, comme lorsqu'on joue à devine-qui-est-là. Le Grand Zac avait clos ses paupières enflées et elles se sentaient bien dans cette douce chaleur, ça y est, pensait-il, la maille s'en va, voilà le commencement de la guérison. Il entendait le jeune prêtre devant lui haleter un peu d'émotion.
« Vous me direz quand ce sera suffisant.

— Marchez, marchez. »

L'expérience se poursuivit longtemps encore, l'abbé s'était mis à chuchoter tout bas une prière dont Issard distinguait quelques mots, Seigneur infiniment bon, pitié de ce pauvre homme, pardonnez cette entreprise...

« On va voir le résultat. »

Le curé s'éloigna, le retour brusque de la lumière éblouit l'émouleur comme un hibou, ses paupières épaisses clignotèrent.

« Est-ce qu'il y a du mieux ?

— Il me semble... il me semble... J'ai moins mal.

— J'en suis très content. Revenez quand il vous plaira.

— J'y manquerai point. »

A ce moment, la vieille Mme Prulhière revint, portant un plateau avec une bouteille et des verres.

« Vous accepterez bien de trinquer avec moi ?

— Pour sûr. »

C'était du vin d'Escoutoux, léger comme une plume, ils le savourèrent à petites gorgées. Puis l'émouleur prit congé en remerciant, le prêtre le raccompagna jusqu'à ses sabots, jusqu'à la porte du jardin :

« Voilà, conclut-il en riant. Si je ne vous ai pas fait du bien avec mon tour de physique, vous aurez toujours pris un canon qui, lui, ne vous aura pas fait de mal. »

D'autres douleurs accablaient les Ventres Jaunes : dans les entrailles, dans les poumons, dans l'échine, dans la bouche. Leurs dents étaient noires de tabac. La position couchée ne permettait ni pipe, ni cigarette, mais ils prisaient et ils chiquaient ; ils se mouchaient avec les doigts, crachaient dans la fosse leur jus et leurs carottes épuisées qui allaient se combiner à la molado. Beaucoup de ces dents étaient pourries jusqu'à la racine, de temps en temps l'un demandait à l'autre un petit service :

« J'ai une dent qui m'embarrasse. Je voudrais que tu me la fasses sauter.

— Bien facile. »

C'était généralement à la suite d'un abcès qui lui gonflait la joue, le compagnon se munissait d'un clou, d'un couteau, d'un poinçon, d'une paire de tenailles, d'une ficelle, bref, de l'outillage nécessaire. Le patient s'asseyait sur une chaise, retenu aux épaules par deux collègues, la bouche béante comme une porte de grange. L'opérateur besognait de son mieux, coinçait, enfonçait, secouait, ébranlait, tirait, finissait par arracher le chicot avec un grand cri de plaisir :

« Ha ! Saloperie ! »

Là-dessus, pour l'hygiène, une goulée de vin ou d'eau-de-vie, et il n'y paraissait plus.

Mais avec les progrès de la science et de la démocratie, les émouleurs recoururent à des méthodes un peu moins rudes : ils se confièrent à l'expert-dentiste. Celui-ci faisait chaque semaine dans le *Journal de Thiers* une publicité enragée que l'Artiste lisait à haute voix :

M. BARGE
expert-dentiste

Seul dans l'arrondissement. Membre collaborateur de la Revue universelle des sciences, lettres et industries, avec diplôme et médaille de mérite. Propriétaire à Thiers, 19 rue du Château, près de l'église. Prévient sa nombreuse clientèle qu'il exerce toujours avec succès sa profession de dentiste. Il fait les opérations les plus difficiles et opère la pose des dents en tous genres, sur or, sur argent, sur caoutchouc, etc. Il guérit les hémorragies, quelles qu'elles soient, fait fondre et enlève les loupes charnues de la tête sans effusion de sang, et toute autre tumeur externe. Les opérations sont faites théoriquement par un praticien habile. On peut lui soumettre toute confiance.

M. Barge recommande de ne pas confondre son talent avec celui des charlatans.

Les opérations sont gratuites pour les indigents.

Avec M. Barge, ce qu'il y avait d'avantageux, c'est que le patient n'avait pas besoin de se rendre en son cabinet, comme chez le médecin : obligé de se débarbouiller, de faire toilette, de s'ennuyer des heures dans la salle d'attente. Par beau temps, les jours de foire, il opérait en plein air près du tribunal où s'était produite la catastrophe du 10 juin 85. Et si ce n'était pas lui, c'étaient quelques-uns de ses praticiens habiles. Le spectacle valait le déplacement, même si tu n'avais pas l'intention de leur confier ta bouche. L'expert-dentiste avait aménagé une ancienne diligence ornée de cuivres, de pompons, de plumets, de rubans, d'oriflammes et d'un écriteau :

SOINS DENTAIRES
Succursale de M. BARGE

Elle se tenait en bordure de l'esplanade, l'impériale occupée par des joueurs de piston et de trombone en uniforme, galonnés jusqu'aux oreilles, qui produisaient le plus de vacarme possible afin d'attirer le monde. De temps en temps, ils s'arrêtaient et déclamaient un petit boniment pour expliquer que, dans l'intérieur de la voiture, on soignait les dents sans douleur. Ils insistaient : *sans douleur*. Les prix étaient à la portée de toutes les bourses : 5 francs pour une extraction simple, 9 francs pour une double, 12 francs pour une triple, gratuité pour les indigents sur présentation d'un certificat municipal. A l'étage au-dessous, les amateurs étaient reçus par le praticien habile ; au moment des extractions, la musique redoublait de rage, en sorte qu'aucune manifestation de douleur ne transpirait, le boniment se trouvait confirmé.

Il va de soi que la diligence se limitait aux pratiques élémentaires, ceux qui désiraient des soins plus compliqués et plus coûteux, pose de dents sur or, argent ou caoutchouc, etc., devaient se rendre au cabinet où M. Barge les traitait en personne. Ces clients-là se recrutaient dans la riche bourgeoisie de robe ou de comptoir, les émouleurs n'y faisaient jamais voir la couleur de leurs pécunes.

Le guérisseur de Jean-Marie Bitton fut d'une autre sorte, mais il prétendait agir de façon non moins indolore. Les misères de l'ancien émouleur prirent fin au mois d'octobre, alors que la première neige blanchissait le Montoncel et les villages éparpillés alentour, les forêts de sapins et leurs charbonnières.

Un jour, trois voyageurs descendent à Riom du train de Paris avec leurs bagages et prennent résidence à l'hôtel du Bourbonnais. L'aîné est un petit homme d'allure fort respectable, à chapeau melon, costume rayé, souliers vernis, les cheveux partagés par une raie médiane, la barbe grise : il ressemble à un général Boulanger vieillissant.

« L'Auvergne ! dit-il à l'hôtelier, M. Dauphant. Je n'ai pas l'honneur de la connaître. Il paraît qu'elle est remplie de curiosités surprenantes.

— Ce n'est pas moi qui vous en dirai du mal, monsieur Deibler.

— J'ai entendu parler de Royat, où l'on asphyxie des chiens, dans une grotte.

— On pourrait les asphyxier à cause du gaz méphitique, mais on ne le fait pas. Elle porte seulement le nom de ''grotte du chien''.

— Ah ! soupire le petit homme distingué, d'un air rêveur. Faire mourir au moyen de l'asphyxie par le gaz méphitique, voilà qui renouvellerait les méthodes anciennes ! Il y a de l'avenir là-dedans. Dans ce domaine, les Américains font des recherches bien curieuses. Ils aiment la mort propre, hygiénique, sans effusion de sang. Savez-vous en ce moment à quoi ils travaillent ?

— Heu...

— A construire un fauteuil électrique. L'idée est la suivante : on y assoit le condamné, sur un coussin confortable, on lui attache des fils un peu partout, à la tête, aux poignets, aux chevilles, et on lui envoie un courant extrêmement puissant. Ils l'ont essayé sur des bœufs : l'animal tombe foudroyé en quelques instants. Mais tout de même, quelques instants, cela me paraît bien long !

— Hm, hm, fait l'aubergiste atterré, pour prendre part à la conversation.

— Notre système à nous, si archaïque qu'il soit, est infiniment plus rapide : la chose dure à peine un dixième de seconde.

— Oui, mais... le choc... la douleur doit être terrible.

— Ne croyez pas cela, monsieur Dauphant. On s'imagine, on s'imagine... Pas du tout ! Le docteur Guillotin, ce bienfaiteur de l'humanité qui défendit et imposa l'usage de la louisette... Vous savez que c'est là son nom véritable, n'est-ce pas ? La louisette à cause d'un chirurgien, Antoine Louis, qui le premier en étudia les effets. Mes amis et moi ne l'appelons jamais autrement entre nous : la louisette.

— Un bien joli nom, ma foi.

— Je disais donc que l'illustre docteur Guillotin eut la gloire de proposer, pour remplacer les barbares supplices d'autrefois, un système d'exécution capitale *sans souffrance*.

— Sans souffrance ! Vous exagérez !

— Pas le moins du monde. Il étudia l'affaire de très près et put affirmer devant ses collègues de la Constituante : "L'acte est si bref que le supplicié ne peut éprouver qu'une courte impression de froideur." »

L'hôtelier sort son mouchoir et s'éponge le front. Puis le cou. Le petit homme sourit :

« Changeons de sujet, monsieur Dauphant. J'ai aussi entendu nommer Thiers, où l'on fabrique les couteaux de boucher, toutes les lames, tout ce qui tranche. J'aimerais bien voir cela.

— Oui, vous êtes un spécialiste du tranchant.

— Quelque peu, quelque peu, répond-il avec modestie. Malheureusement, mon temps est fort limité. Qu'y a-t-il à Riom qui vaille la peine d'être vu ?

— Nos églises : Saint-Amable, le Marthuret, Marsat, Mozac.

— J'aime bien. J'aime bien certaines églises. Ma préférée est la basilique de nos rois, au nord de Paris, à cause de saint Denis qui porte sa tête dans ses mains. On le voit aussi au portail de Notre-Dame, mais trop petit à mon goût... »

Le lendemain, arrivent à la gare deux caisses de matériel que les trois voyageurs vont réceptionner, ils en délivrent reçu à l'employé des chemins de fer et les entreposent dans une pièce de la maison d'arrêt. Au cours de la journée, M. Deibler demande au directeur l'autorisation de voir son client. Le gardien-chef l'amène devant la cellule de Bitton : un mouchard est ménagé dans la porte, au travers duquel ils peuvent l'un et l'autre épier tout à leur aise l'ancien émouleur. Il est en train de marcher dans la pièce exiguë, de long en large. Parfois il s'arrête, lève les yeux vers l'étroite lucarne à barreaux, reste ainsi longtemps immobile, puis reprend son piétinement.

« On se demande, chuchote le gardien-chef, à quoi il pense dans cette position. Peut-être à s'évader ?

— Soyez sans crainte. J'ai l'habitude de ces personnes : elles ne pensent à rien. A force de rester seules, elles ne savent plus penser.

— Vous croyez ?

— J'en suis sûr.

— J'aime autant. »

Ils observent encore le sujet, puis s'éloignent.

« C'est un bel homme, fait Deibler. Un beau garçon.

— Il a vingt-huit ans.

— J'ai fait beaucoup de beaux garçons dans ma carrière. Mais celui-ci sera sûrement le plus beau de tous ceux que j'ai faits.

— Et vos assassins de la rue Roquette, à Paris, que deviennent-ils ?

— Les autorités n'ont pas encore décidé de la date. Mais je suis sûr que je les ferai très prochainement. »

Le soir du même jour, ses aides sortent les bois de justice de leur emballage et les assemblent ; ils tirent le tranchoir d'une musette, l'installent, vérifient — clic, cloc, clic, cloc — si tout fonctionne. M. Deibler se déclare satisfait.

Cependant, une rumeur se lève dans Riom, se répand aux alentours et jusqu'aux limites du département : on va couper le cou à Bitton, l'émouleur assassin des aubergistes, l'exécution est fixée à tel jour, elle aura lieu devant le Pré-Madame. Les curieux accourent de toutes parts, à pied, à cheval, en voiture, en chemin de fer, ils campent sur les places et aux carrefours, les auberges refusent des clients.

Le 28 octobre, un peu avant cinq heures du matin, on réveille Bitton effaré : du courage, votre pourvoi est rejeté, repentez-vous, songez au salut de votre âme, demandez pardon à Dieu. Il accepte un verre de cognac et une cigarette. Les aides de M. Deibler procèdent alors à sa toilette : ils lui raccourcissent la barbe et les cheveux, échancrent le col de sa chemise. Il sent tout à coup le froid des ciseaux sur sa nuque, pousse un cri :

« Ha !... Qu'est-ce que c'est ? Qu'est-ce que vous me faites ?

— Rassurez-vous, mon ami, répond un aide avec bonté. Nous ne voulons pas vous faire de mal. »

Dehors, un vent aigre fait frissonner la place noire de monde : trois mille personnes intéressées se pressent aux fenêtres, sur les balcons et les toits, passionnément suspendues aux arbres, frénétiquement accrochées aux réverbères, à l'obélisque de la fontaine Desaix. Mais seules les mieux situées pourront distinguer la suite des événements : la culbute, le jet rouge, la récupération dans une malle d'osier du corps secoué de soubresauts.

Quant au chef, on saura par la suite qu'il fut transporté jusqu'à l'infirmerie de la prison par un médecin somnambule et alcoolique qui tenait à le soumettre à des expériences particulières. Il le plaça sur une table dans une assiette, comme une tête de veau, et lui hurla aux oreilles :

« Bitton ! Bitton ! M'entends-tu ?... Si oui, remue seulement les paupières ! »

Ledit praticien écrivit là-dessus un mémoire circonstancié qu'il présenta à l'Académie de médecine... *Pendant plusieurs secondes, le visage est demeuré inerte et livide. J'ai répété ma question d'une voix forte. Les paupières n'ont point cillé. Mais j'ai vu la bouche s'entrouvrir pour prononcer nettement des mots inattendus : « Que la charpente du ciel te tombe sur la tête ! »*

1888-1890

Le 15 février 1888, un garçon naquit aux Allumettes chez les Pitelet-Gonin. En compagnie de sa mère, il avait gardé les chèvres jusqu'au dernier instant, elle décida de rester couchée seulement la veille de sa venue. Beaucoup de femmes pauvres renonçaient alors à tout repos prénatal, si bien que l'enfant naissait parfois dans les champs, au milieu des pommes de terre, des noix gaulées ou de la vendange. Telle ou telle s'enorgueillissait de s'être délivrée ainsi sans le moindre secours, à la six-quatre-deux.

« Mon cinquième, racontait paraît-il la vieille Mariette, mère d'Hortense, est arrivé pendant la moisson. Je liais le seigle et j'avais peine à me doubler. (Elle voulait dire : à me baisser.) Bon. Il est donc né. Je suis allée le laver à la serve, je l'ai couché à l'ombre entre trois gerbes, et puis j'ai continué la besogne qui ne pouvait pas attendre, jusqu'à ce que tout le champ fût moissonné. Voilà comment se passaient les choses. Ça ne m'a pas empêchée, après celui-là, d'en avoir quatre autres. »

Jusqu'à ce que le champ fût moissonné, disait-elle. *Fuguesse missonà*. En son langage d'illettrée, elle maniait l'imparfait du subjonctif sans en savoir le nom et sans erreur.

Clotilde ne poussa pas aussi loin la rigueur grammaticale, son gamin vint au monde dans un lit de plume, en présence de la grand-mère Hortense, si petite, bonnegent — elle aurait tenu dans un dé à coudre —, mais si dévouée. Elle avertit sa gendresse :

« Ne vous gênez pas, ma fille, pour crier quand le moment sera venu. Faut pas se retenir, ça porterait tort à l'enfant. Moi, pour les miens, j'ai braillé comme trente-six ânesses, qu'on m'entendait de Bellevue !

— Non, protesta l'autre, farouche. Je ne crierai pas.

— Pourquoi donc ?

— J'aurais honte.

— Honte de quoi, Sainte Vierge ?

— C'est comme ça : je ne veux pas crier.

— Et si le petit en souffre ?

— Il ne peut pas en souffrir.

— On verra bien. »

Les choses se déroulèrent comme elle les avait voulues : elle gémit, se mordit les doigts jusqu'au sang, mais ne cria point. A l'étage inférieur, Gonin et l'Artiste chapuisaient leurs allumettes, mais sans entrain, l'oreille tendue à ce qui se passait dans la chambre.

Hortense avait fait le nécessaire, allumé un grand feu, mis de l'eau à chauffer. Elle fit le nécessaire lorsque l'enfant parut, il semblait ne pas vouloir respirer, elle le tint par les pieds, la tête en bas, comme un lapin à assommer, lui gifla les fesses, l'obligea de prendre sa première goulée d'air.

« C'est un drôle ! cria-t-elle aux tailleurs d'allumettes. Mais ne montez pas encore. »

Elle le débarbouilla, l'emmaillota étroitement, le coucha dans son berceau de coudrier.

Elle fit le nécessaire quand elle s'aperçut que sa gendresse saignait exagérément, prononça la formule connue de toutes les femmes d'expérience :

> « Par Jésus-Christ, né en Bethléem,
> qui souffrit à Jérusalem,
> par la puissance de Dieu et de saint Fiacre,
> je te commande, sang, que tu t'arrêtes,
> tout ainsi que le Jourdain s'est arrêté
> dans lequel Notre-Seigneur fut baptisé. »

Elle posa sa main persuasive sur le ventre de la parturiente, et bientôt le sang, convaincu, cessa de couler. Clotilde, si blanche sur son oreiller qu'on ne l'aurait pas vue sans l'encre de ses cheveux, demanda des nouvelles de son fils. Hortense secoua la tête :

« Ma pauvre, je dois vous dire qu'il n'a pas bonne façon.

— Pas bonne façon ?

— Tout maigrichon, l'estomac serré. Il respire oui et non, à peine. Je me demande si ce n'est pas un petit ange que le bon Dieu réclame dans son paradis.

— Il va mourir ?

— Rien n'est certain. Mais on ferait bien d'aller quérir un prêtre pour qu'il l'assure. »

Assurer un nouveau-né signifiait lui donner l'ondoiement, le baptême sans cérémonie. L'accouchée protesta, à quoi bon, pourquoi l'embêter, s'il doit mourir qu'on le laisse tranquille, quels péchés a-t-il commis, lui qui vient de naître ?

« Mais, mais... balbutia la grand-mère affolée — les yeux lui sortaient de la tête —, il a commis le péché d'être le fils d'Adam et d'Ève !

— Il est le fils de Jacques et de Clotilde.

— Si les vieux ont fait une dette et n'ont pu la payer, les enfants, les petits-enfants doivent payer à leur place, ma pauvre.

— Jusqu'à la fin des temps ?

— Aimez-vous mieux que la porte du ciel lui soit fermée ? »

Sur ce chapitre, Hortense Pitelet se sentait imbattable, elle fréquentait l'église, les réponses lui montaient aux lèvres. Devant cette belle-mère qui prêchait comme un curé, la jeune femme eut un geste de lassitude. Que savait-elle d'Ève et d'Adam et de toute la tribu, elle qui ne connaissait ni *a* ni *b* et n'avait guère entendu d'autres prônes que ceux de son père ?

« Faites comme il vous plaira.

— Quel nom lui donnez-vous ?

— Auguste. »

C'était une chose convenue avant la naissance. Auguste comme Auguste Chomette, le communard thiernois. Mais Auguste est quand même un prénom tout ce qu'il y a de chrétien. Hortense n'y fit pas objection.

Alors seulement les hommes furent admis, ils montèrent l'escalier, Jacques embrassa sa femme exsangue et son fils sans respiration.

« Doucement, dit Hortense. Il va peut-être mourir. Faut aller chercher un prêtre tout de suite.

— Un prêtre ? fit Gonin. Pour quoi faire ? Un médecin, plutôt ! »

Un médecin ? Elle n'y avait pas songé. Sans doute pouvait-on appeler les deux guérisseurs à la fois. Mais le salut de la petite âme en péril était plus urgent que celui de son corps qui ne devait guère dépasser les quatre livres. Jacques prit sa casquette, chaussa ses brodequins et partit en courant.

Il redescendit dans la nuit ce Cordon que le cortège nuptial avait si allègrement suivi au printemps de l'année précédente, derrière la musique et les chansons. La venue d'un fils l'avait rempli de bonheur, et voici qu'à peine donné il allait lui être repris, que pouvait-il faire pour protéger cette vie minuscule, se soumettre ou se révolter ? Prier Dieu ou l'injurier ? Dans l'incertitude, il s'adressa aux morts qu'il connaissait. Il en avait bien peu à sa disposition :

ses grands-pères, deux sœurs aînées trépassées avant sa venue au monde ; ils n'étaient que des parents par ouï-dire ; mais surtout cette aïeule Mariette qui semblait tant l'aimer, chaque fois qu'elle descendait de Pont-Haut, il dévalait l'escalier de la maison, fou de joie, et volait à sa rencontre. Si bien qu'un jour il partit la tête en avant et se perça le front sur une pierre du ruisseau, elle le ramassa, le lava, le rapetassa. Ô vieille grand-mère de Pont-Haut, protège ce petit enfant, si tu te souviens de moi et de notre grande amitié, conserve-le-moi, je t'en prie.

Un brouillard épais enveloppait la ville, déjoué de loin en loin par le nimbe des becs de gaz, dans les cafés on jetait les cartes, on chantait, on disait du mal de la République. Il descendit la rue du Pirou, longea la masse sombre de l'église, chercha la porte du presbytère signalée par une plaque de cuivre, tira la chaîne, une sonnette grelotta dans les lointains de la demeure. Après d'interminables minutes, une fenêtre s'ouvrit :

« Vous désirez ? » cria une voix d'homme.

Jacques leva la tête, distingua dans l'ombre une tête blanche, un rabat blanc :

« C'est pour mon fils qui vient de naître et semble vouloir mourir. La famille vous demande de venir l'assurer.

— Où demeurez-vous ?

— Aux Allumettes.

— Vous avez une voiture ? Un cheval ?

— Non. Je suis descendu à pied.

— Et vous voulez qu'à cette heure je marche jusqu'aux Allumettes, pour ça ?

— Pour ça ? Vous ai-je pas dit qu'il allait peut-être mourir ?

— N'importe qui peut l'assurer. Suffit de lui faire sur la tête un signe de croix en prononçant, je te baptise au nom du Père, du Fils et du Saint-Esprit. C'est pas bien compliqué !

— Alors, vous ne voulez pas venir ?... Je paierai ce qu'il faudra. »

Il y eut un silence méditatif, la tête blanche oscilla de droite et de gauche. Puis :

« Attendez. Je vais vous envoyer quelqu'un. »

Nouvelle patience. Ô mère de ma mère, conserve-nous ce petit enfant, si tu te rappelles le jour où je suis tombé sur le front, que le trou m'en est resté, on y enfonce le doigt. Conserve-le-nous si c'est en ton pouvoir. La porte s'ouvrit enfin, un jeune abbé parut, chaudement couvert de sa mante brune.

« En route, dit-il.

— Pardonnez-moi, fit Jacques. Je dois aussi appeler un médecin, on me l'a bien recommandé. Est-ce qu'il y en a un par ici ?

— Plus haut. Rue du Piquet. Je vous montrerai. »

Ils s'enfoncèrent dans le brouillard, précédés par le nuage de leur respiration. Tout en marchant, le prêtre posait des questions, qui êtes-vous, que faites-vous, les Gonin, oui, je connais deux espèces de sauvages, le père et la fille, ah ! cette fille est à présent votre femme ? Quand est né cet enfant ? Pitelet pensa, c'est le colporteur de Dieu dont elle m'a parlé.

Rue du Piquet, l'épouse du docteur Giraud prit note par écrit de ses désirs, de ses nom et adresse, mon mari est en tournée, sitôt qu'il sera revenu je lui ferai votre commission et il montera vous voir. Ils repartirent.

« Pensez-vous, demanda l'Artiste à l'abbé, que je doive aller chez un autre ?

— Je ne crois pas. A cette heure, nécessairement, les médecins rendent visite à leurs malades. Vous ne pouvez pas en convoquer plusieurs. Et maintenant, dépêchons-nous. »

A partir de Boulay, ils allèrent au jugé dans les ténèbres suintantes, impénétrables, se fiant pour ne pas perdre le droit chemin au claquement de leurs semelles sur la route. On approche, on approche, disait Jacques de temps en temps pour réconforter son compagnon. On approche. On arrive. Nous y voici.

Gonin les attendait sur le pas de la porte, à la vue de la soutane il demanda, d'un ton irrité :

« Et le médecin ?

— Il était en visite. Il viendra dès que possible.

— Bonsoir », fit l'abbé.

Pour montrer sa réprobation, l'allumettier ne répondit point, n'enleva point sa casquette. Hortense s'avançait :

« Vous êtes sans doute la grand-mère ? Apportez-moi un peu d'eau claire, je vous prie, dans un bol. »

Ils montèrent dans la chambre, elle prit l'enfant inerte dans son berceau.

« Mais il est mort ! s'écria le curé avec désolation.

— Pas complètement. »

Il trempa deux doigts dans l'eau de fontaine, mouilla le front d'Auguste et l'assura contre la mort de l'âme, à présent laissez faire le bon Dieu, ayez confiance en son immense bonté. Une fois réglés le spirituel et le temporel, il accepta un verre de vin chaud qu'elle avait pensé à mettre au coin du feu.

En repartant, il croisa Giraud qui s'en venait à cheval, une lanterne à la main. Ils se connaissaient, ayant souvent l'occasion de se rencontrer au chevet des moribonds.

« Je crois, docteur, lui cria-t-il, que vous arrivez trop tard. »

Comme s'il l'avait battu de justesse.

« Vilain temps ! » répondit l'autre, feignant de n'avoir pas entendu.

Le médecin examina le petit Pitelet, écouta au moyen d'un entonnoir ce qui se passait dans sa poitrine, lui palpa le ventre et la gorge, lui souleva les paupières. A la fin, il demanda s'ils disposaient d'un peu d'eau-de-vie, Gonin en apporta une bouteille. Avec un peu de charpie, il en frictionna le drôlet sur toute sa surface, longuement, doucement. Puis il tira de sa trousse une potion, vous lui en ferez prendre six fois le jour, par demi-cuillerées à la fois, et continuez les frictions soir et matin.

Dans sa tête, Hortense récitait la formule des petits agonisants, *Par la Vierge et le Saint-Esprit, Mère et Père de Jésus-Christ, Rendez le souffle à cet enfant martyrisé, Afin qu'il vous honore sa vie durant...*

Sur son lit de souffrance, Clotilde suppliait mentalement *Que la fade de vie étouffe la fade de mort, Que le drac galafrant avale son mauvais sort...*

Gonin vint aussi en secret se pencher sur le berceau, et murmura la prière des flammaçons, *Ratapi, ratapo, ratapa, Que le fil, le marteau, le compas Chassent de ces lieux le trépas...*

« Ô mère de ma mère ! suppliait l'Artiste, si vous pouvez m'entendre, faites en sorte que ce garçon ne me soit pas enlevé... »

Auguste le condamné survécut, pour traverser des joies et des peines infinies. Informé plus tard de ses débuts difficiles, il ne sut jamais en revanche quel intercesseur avait obtenu sa grâce, du médecin, de la grand-mère Mariette, de la Vierge, du Saint-Esprit, de la fade de vie, du fil, du marteau ou du compas.

Reconnu d'une complexion trop faible pour porter les armes, Pitelet l'Artiste avait été ajourné deux fois, puis exempté par le conseil de révision.

Pitelet le Fin, le fils du milieu, s'en trouvait dispensé en qualité de membre de l'instruction publique. L'étaient de même les ecclésiastiques, les élèves des grandes écoles, les soutiens de famille, les frères d'un mobilisé, les artistes titulaires d'un grand prix de l'Institut, les jeunes gens recommandés par un évêque.

Restait le troisième Pitelet, Émile — pas encore dit le Gros —, ouvrier à la papeterie des Charbonniers ; il eut vingt ans l'année 88 et fut tenu de participer au tirage au sort comme lui en faisaient obligation les lois de 1872 et 1875. Le service militaire était une calamité, mais qui frappait les uns et épargnait les autres. Question de chance ou de richesse. Les mauvais numéros devaient en principe cinq ans, alors que les bons étaient renvoyés chez eux au bout de dix mois. Une disposition permettait aux fils de famille, titulaires du baccalauréat ou d'un brevet de capacité, d'échapper au pire en contractant, avant le tirage, un engagement « conditionnel » d'une année ; mais alors ils devaient verser au ministre de la Guerre la somme de 1 500 francs destinée à couvrir leurs frais d'habillement, d'équipement et d'entretien ; faute de diplôme, ils subissaient un examen peu sévère. Il va de soi qu'aucun fils de pauvre ne pouvait affronter ces deux exigences.

Le 21 mars, jour du printemps, une soixantaine de conscrits se pressaient donc dans la salle du tirage au sort en la mairie de Thiers. Venus de la ville ou de la campagne. Ventres Jaunes ou culs-terreux. Imberbes ou moustachus. Aux murs, des drapeaux tricolores. Derrière une table, deux personnes : un secrétaire et M. le sous-préfet en redingote. Devant eux, un sac de toile, pareil à ceux dans lesquels les banquiers enferment leurs écus. Le scribe procéda à l'appel, depuis Amouroux Jean jusqu'à Vodable Lucien : exactement cinquante-huit inscrits dont deux absents, représentés par leur père légitime.

« Maintenant, dit le sous-préfet, je vais placer cinquante-huit fiches dans l'urne, correspondant à vos cinquante-huit noms. »

Il tira d'une boîte cinquante-huit palettes de bois numérotées et les glissa dans l'urne, c'est-à-dire dans le sac à écus, les intéressés pouvaient vérifier de leurs yeux la régularité de la procédure.

« Le tirage commence !... Amouroux Jean ! »

Le garçon s'avança, les yeux ronds, effaré, n'ayant aucune idée de ce qu'il devait faire.

« Enfoncez la main, expliqua le sous-préfet, et tirez une fiche. Une seule ! »

Il obéit. 42. Veinard ! Ses compagnons le félicitèrent, lui tapèrent dans le dos, tandis que le secrétaire inscrivait ce nombre en face de son nom. Il était assuré de ne pas rester plus d'un an sous les drapeaux.

Pour qu'une larve-recrue devienne soldat-parfait, estimaient les députés, la métamorphose doit durer au moins cinq années. Malheureusement, le budget national ne pouvait couvrir les énormes dépenses correspondantes. On avait donc imaginé de diviser le contingent en deux tranches : la première — environ les trois cinquièmes de l'effectif, mais le pourcentage variait selon les besoins — bénéficierait d'une formation complète ; la seconde serait sacrifiée, quitte à recevoir en cas de guerre un complément d'instruction. Il s'ensuivait que les trois cinquièmes des palettes seulement — en l'occurrence à peu près du 1 jusqu'au 35 — signifiaient cinq ans de caserne. Entre le 30 et le 40 flottait une certaine indécision. Aussi tous les conscrits aspiraient-ils à figurer dans la queue du numérotage.

L'opération se poursuivit, chaque fiche nouvelle suscitait des exclamations de joie ou de dépit. Les pères des absents tirèrent à la place de leur fils. Quand vint son tour, Émile Pitelet palpa au fond du sac les palettes restantes, essaya de lire du pouce les chiffres peints et sortit le 8, numéro qui ne lui laissait aucune espérance. Excepté celle de ne pas être retenu par le conseil de révision.

Celui-ci se réunit la semaine suivante. Émile fut déclaré « bon pour le service armé ». Il calcula, lui qui comptait bien, qu'il partirait à l'âge de vingt et un ans et reviendrait à vingt-six. Dès lors, il se jura que ses fils à venir échapperaient par l'argent au service maximum. Il se jura de faire fortune.

Cette année 88, une autre commodité fut offerte aux jeunes bourgeois de la ville. Le collège quitta les très anciens bâtiments conventuels qu'il occupait rue des Treilles pour s'installer dans un édifice neuf, en terrain plat, rue de la Gare. Un certain Audembron, enrichi par le commerce, avait légué un jardin et une vieille bâtisse à la commune, elle y fit construire le nouvel établissement.

« Comment allons-nous l'appeler ? » se demanda le Conseil municipal.

A la différence de Riom et de Clermont, Thiers manquait d'hommes illustres dont elle eût pu prendre le nom. Faute de mieux, on immortalisa le donateur, ce fut le collège Audembron.

Dans les classes aérées, d'audacieux pédagogues enseignaient à ces fils de maîtres-couteliers les principes de la physique expérimentale, de la chimie organique, la concordance des temps, la poésie parnassienne :

Bleus ou noirs, tous aimés, tous beaux,
Des yeux sans nombre ont vu l'aurore ;
Ils dorment au fond des tombeaux,
Et le soleil se lève encore...

Les fils de Ventres Jaunes, Ventres Jaunes eux-mêmes, cependant, n'étaient point dépourvus de verve poétique. L'affaire Desgouttes-Fradin en apporta une preuve manifeste.

L'émouleur Desgouttes, dit Mange-Fourme, habitait rue de la Malaurie une de ces maisons typiquement thiernoises dans lesquelles on pénètre par le nombril et d'où l'on sort par les talons. Je veux dire qu'elles possèdent deux accès : un supérieur côté face, donnant de plain-pied dans la rue haute, un inférieur, côté pile, ouvrant sur la rue basse. Desgouttes occupait le bas étage où il partageait en toute innocence son temps libre entre le jardinage et le soin de ses bestioles domestiques, chardonnerets, cochons d'Inde, hérissons, tortues, salamandres, souris blanches, poissons rouges. A l'étage au-dessus vivait un nommé Fradin, surnommé *Pulhomono* Épouille-Singe comme l'étaient ses aïeux paternels depuis douze générations. Tailleur d'habits de son métier. Affligé d'une femme laide et d'enfants dégénérés.

Un jour, Fradin se plaint à Desgouttes, l'accusant de lui faire perdre sa clientèle :

« Sais-tu pourquoi ? Parce que les clients, lorsqu'ils passent la porte, ont l'impression d'entrer dans une ménagerie. A cause de l'odeur.

— L'odeur ? Quelle odeur ?

— Celle de la vermine qui remplit ton appartement.

— Ma vermine, comme tu dis, n'a aucune odeur. Je vis avec elle tous les jours, je m'en serais aperçu !

— Et moi, je te dis qu'elle en a une ! L'odeur monte, et fait fuir le monde !

— Et la tienne, d'odeur, crois-tu qu'elle ne descende pas ?

— Moi, une odeur ? Quelle odeur ?

— Une odeur de singe. C'est de famille. On t'appelle pas Pulhomono pour rien !

— Autrement dit, je pue ? Nous puons ?

— Vous puez. Ils puent.

— Plus que ton bétail, sans doute ?

— Beaucoup plus. Je vous supporte. Supportez-moi.

— Eh bien ! On va voir qui des deux pue davantage ! Je t'envoie l'huissier ! »

L'huissier vint. Me Calvet. Avec sa serviette de moleskine, ses lorgnons, sa barbiche. Fradin l'introduisit dans la maison, lui exposa le conflit :

« Voilà. S'agit pas de confondre le bas-étage et le haut-étage. Franchement, sentez-vous quelque chose qui vient du haut ? »

Me Calvet leva son nez courbe, huma longuement l'atmosphère, fermant les yeux pour mieux identifier.

« Il me semble, reconnut-il.

— Vraiment ? Qu'est-ce que ça sent donc ?

— Comme qui dirait... la crotte de chat.

— Impossible ! Nous n'en avons point.

— Alors... je ne sais pas... peut-être les vieux souliers.

— Reniflez plutôt vers le bas. »

L'huissier prit le vent des profondeurs.

« Alors là, fit-il avec un certain enthousiasme, aucun doute ! Ça sent fort !

— Quoi, selon vous ?

— Le fromage ! La fourme ! »

La discussion fut ténébreuse, Pulhomono expliqua que ladite puanteur provenait en réalité des cages où le voisin tenait ses bêtes prisonnières, ce qu'il avait pris pour une odeur de fourme en fait était une odeur de fauve, peut-être bien, concéda l'huissier. Après quoi, il rédigea un constat qui donnait pleine satisfaction à son mandant. Une sommation enjoignit à Desgouttes de déménager sa ménagerie.

« Je la déménagerai si Fradin déménage la sienne, répliqua Mange-Fourme.

— La sienne ? Il en a donc une aussi ?

— Je veux dire sa famille.

— Je note les termes de votre réponse. »

Quelques semaines plus tard, le sieur Desgouttes fut cité à comparoir devant le tribunal de première instance et condamné *à procéder par tous moyens hygiéniques appropriés à faire disparaître les odeurs animales qui incommodaient le voisinage, et notamment le sieur Fradin, colocataire de la maison*. Ainsi, Mange-Fourme, les souris blanches, les poissons rouges, les salamandres perdirent leur procès.

L'affaire ne pouvait finir que par une chanson. L'auteur en est resté anonyme, mais l'Histoire a retenu les noms des interprètes : Pausin et quelques-uns de ses emplènes. Ils vinrent la chanter plusieurs nuits de suite sous les fenêtres du tailleur d'habits, à la grande joie du quartier :

Obitan de quito vialo,
Possan po lo Moloriò,
Entra don ché Pulhomono :
Viré no moueynajoriò.

Lé troporé ino lhèno,
Tri moni bi en nobò.
Se, co i le crocodile,
So filho, in icorgò[1]*...*

Quant au jugement du tribunal, il demeura lettre morte, la force publique n'ayant pas été requise pour le faire appliquer, une fois encore la poésie eut raison contre le droit.

Le droit souvent ne méritait d'ailleurs guère son nom, aux usagers il semblait plutôt biscornu. Ainsi, chaque automne était publié le ban des vendanges, avant lequel les vignerons ne pouvaient commencer leur cueillette. Il avait pour but réel, non point de garantir la parfaite maturité du raisin et par conséquent la qualité de son jus, mais de faciliter la perception des taxes d'octroi aux différentes entrées de la ville. Les vendangeurs devaient donc employer des

1. Habitants de cette ville, / En passant rue de la Malaurie, / Entrez donc chez Épouille-Singe : / Vous verrez une ménagerie. / Vous y trouverez une hyène, / Trois singes et un nabot. / Lui, c'est le crocodile, / Sa fille, un escargot...

bacholles d'une capacité déterminée, dûment estampillée par un mesureur municipal. Le ban précisait en effet :

Art. II — Les droits seront ainsi perçus sur la quantité réelle, conformément à la loi du 28 avril 1816.

Art. III — Il est défendu à toutes personnes de tout sexe et de tout âge connues sous le nom de « grappilleurs » d'entrer dans les vignes avant ou après l'enlèvement de la récolte, et à quiconque d'acheter ou receler du raisin desdits grappilleurs, sous peine d'être arrêtés les uns et les autres comme voleurs publics...

Cela n'empêchait point les fraudes. Pour échapper aux taxes, les couteliers-vignerons, qui ne produisaient qu'une modeste récolte, la transportaient de nuit dans les hottes de fer, par des chemins difficiles, jusqu'en leur cellier, c'était une procession de pénitents muets mais point manchots : Darteyre, les gardes champêtres ni aucun préposé n'osaient, pour défendre l'octroi, s'aventurer dans ces ténèbres où ils auraient risqué de recevoir quelque coup de pioche anonyme.

Quant aux vendanges importantes, elles ne franchissaient pas les barrières, puisqu'elles s'opéraient hors la ville, dans les villages environnants, sans ban ni arrière-ban : elles n'y connaissaient d'autre gouvernement que celui du soleil et de la lune, comme au temps où les hommes vivaient nus, libres et égaux.

Les Thiernois n'arrivaient pas à se consoler de ce paradis perdu.

A l'occasion du centenaire de la Révolution, une grande exposition se préparait dans la capitale où la France, jalouse de l'exposition thiernoise de 1884, voulait faire à son tour admirer les travaux de ses enfants, industriels, artisans, ouvriers, agriculteurs, artistes, savants, explorateurs. Sous les marronniers de la Commune, Pausin suggérait d'envoyer aux Parisiens des gendarmes en baudruche et le *Rafaël* qui n'avait pas trouvé preneur.

Les arts, les sciences accomplissaient en effet des progrès étonnants. Ainsi, certaines villes avaient renoncé à l'éclairage au gaz en faveur de l'éclairage électrique. Thiers conservait ses réverbères, visités chaque soir par un allumeur en chapeau gibus. Muni d'une longue perche, il allait de l'un à l'autre, ouvrait certain robinet dissimulé dans le fût de la lampe, introduisait sa flamme dans la cage de verre, et le bec soudain rayonnait. La cité s'éclairait non toute d'un coup, mais peu à peu, les quartiers excentriques restant dans les ténèbres. Au petit matin, l'allumeur mué en éteigneur refermait les robinets. Porteur du feu sacré, dispensateur du jour et de la nuit, il jouissait d'un prestige quasi religieux. Car le reste du temps, on ne le voyait jamais, il ne paraissait point dans les rues, c'était une figure crépusculaire, comme la rate-volage. La chauve-souris. Sans doute, la compagnie qui le payait, consciente de sa signification, la préservait-elle en employant cet homme à des besognes d'intérieur. Jusqu'à l'instant où il se coiffait du haut-de-forme et saisissait sa perche lance-flammes.

La ville coutelière gardait donc sa fidélité au gaz d'éclairage. Mais déjà une propagande au profit de l'électricité se répandait dans la presse, les conversations, les discours publics. Une entreprise belge proposait de construire à ses frais un barrage en travers de la Durolle supérieure et de transporter par câbles jusqu'à Thiers, à des conditions avantageuses, le courant qu'elle produirait. Les patrons soulignaient les bienfaits qu'amènerait la nouvelle force motrice :

« Nos émouleurs, polisseurs, martinaires ne dépendront plus de la pluie et du beau temps. Même en période de sécheresse, leurs ateliers pourront fonctionner. D'autres s'installeront loin de la rivière, la production augmentera, nous lutterons plus efficacement contre Sheffield et Solingen qui, depuis longtemps, emploient l'électricité dans leurs usines ! »

Ces perspectives ne suscitaient guère néanmoins l'enthousiasme des travailleurs indépendants.

« Primo, répliquaient-ils, cette force motrice nouvelle, nous devrons la payer. Tant par... je sais pas quoi.

— Par kilowatt.

— Tant par kilowatt, comme vous dites. Alors que la rivière nous donne la sienne sans qu'il nous en coûte un liard. Secundo, certaines années, la sécheresse nous coupe les bras, c'est entendu. Mais au fond nous ne craignons pas de nous reposer un peu, de prendre chaque été quelques jours de vacances pour toucher du flageolet, taper une manille ou danser la polka. Avec votre électricité, nous n'aurons plus motif à le faire. Ensuite... qu'est-ce qu'on dit ?

— Tertio.

— Tertio, vous savez comme nous que, quand l'eau diminue, les rouets qui en reçoivent encore une goutte en profitent pour augmenter leurs tarifs. C'est la loi du commerce. Un peu comme le beurre qui vaut cher en décembre, bon marché en juillet. Avec le courant de vos Belges, finie l'émouture avantageuse ! Ce sera le même tarif toute l'année. Après... ?

— Quarto.

— Quarto, nous ne sommes pas d'accord non plus sur les nouveaux ateliers loin de la Durolle. On a suffisamment de rouets dans la région, inutile d'en créer d'autres.

— Quinto.

— Y a pas de quinto. »

Si les gros patrons s'efforçaient de moderniser leurs fabriques, le menu fretin coutelier s'était toujours farouchement opposé à tout changement, les forgerons travaillaient encore au marteau et à l'enclume comme aux siècles des cathédrales.

Les petits acceptaient plus volontiers en revanche l'amélioration des transports. Ils s'étaient habitués au chemin de fer, grâce à quoi ils connaissaient maintenant les villes environnantes autrement que par ouï-dire : un tel avait vu Clermont, un tel Ambert, un tel Vichy, un tel Saint-Étienne. Certains monteurs du pays haut l'empruntaient pour venir tourner leurs lames, si bien que le train qui descendait très tôt le dimanche et le lundi matin de Noirétable, Chabreloche, Celles, la Monnerie, portait à présent le nom de « train des besaces ».

En avril de cette année-là, on découvrit soudain un autre véhicule. Certes, on avait déjà vu quelques acrobates se tenir par prodige sur *le grand bi* ou *l'araignée* : un engin ridicule à deux roues, une petite et une immense. Celui-ci en était le descendant équilibré : il comportait des roues d'égales dimensions, un pédalier à chaîne, des jantes de fer protégées par une bande de caoutchouc creux appelée *pneumatique*. Toute une escouade de ces pèlerins nouveaux fit étape au café Pausin, aussitôt environnée de curieux, les uns regardaient, les autres palpaient, tous interrogeaient.

« Nous arrivons de Paris, expliquèrent les voyageurs. Et nous allons à Lyon.

— De Paris ? Mais quand donc avez-vous pris le départ ?

— Il y a quatre jours. Nous roulons en moyenne à 15 km à l'heure. A bien davantage dans les descentes.

— Comment s'appelle votre machine ?

— Un *véloce*. Et son cavalier un *véloceman*. Pluriel : *vélocemen*.

— Un vélocemane, des vélocemènes ? Voilà un nom bien compliqué !

— Il vient de l'anglais.

— Vous êtes anglais ?

— Non, parisiens.

— Alors, pourquoi portez-vous des noms anglais ? »

Il n'y avait que des illettrés de Ventres Jaunes pour poser des questions aussi naïves.

Cela ne les empêcha point de célébrer eux aussi le centenaire de la Révolution française. D'abord en réélisant leur député Félix Duchasseint, antiboulangiste, antimonarchiste, antibonapartiste : un petit homme digne, au regard sérieux, à la moustache triste, bon défenseur, disait-on, de la République ; il eût été parfait avec quelques gouttes d'anarchie dans le tempérament. Ensuite, à l'occasion du 14 Juillet, en pavoisant la ville, en allumant des bûchers de joie, en donnant des concerts, en plantant des arbres de la Liberté, en mangeant gras, en buvant sec. Sans oublier les indigents, bénéficiaires, comme chaque année, d'une distribution municipale de pain gratuit.

Voulant participer à la fête, l'été fut tout feu tout flamme. L'entrepôt cantonal des tabacs en profita pour s'incendier et brûler avec son contenu, des fumigations à la nicotine pénétrèrent dans les demeures dont des millions de puces, punaises et cancrelats furent les victimes innocentes.

On attendait la foire du Pré : elle vint sans faillir le 14 septembre. Annoncée par une exhibition exceptionnelle, qui parut dès le 12 sur la place de la Mairie : celle de l'ARTISTE-TRONC. Le bonimenteur l'annonçait dans les termes suivants :

« L'ARTISTE-TRONC, Mesdames et Messieurs, âgé de trente-huit ans, né sans bras ni jambes, est la plus grande merveille du XIXᵉ siècle. Ce phénomène unique et naturel a déjà obtenu six médailles d'or ou d'argent, sans parler des récompenses à venir ! Son apparition ne peut effaroucher personne, tant sa seule présence produit une joyeuse admiration. Sa famille espère être honorée de votre visite et se flatte que ce merveilleux artiste obtiendra ici son succès habituel. L'ARTISTE-TRONC répondra à toutes les questions qu'on voudra bien lui poser : il parle le français, le russe, l'allemand et la langue tartare ! »

Curieux comme des fouines, les Thiernois firent la queue pour pénétrer sous la tente. Ils désiraient connaître quel art pratiquait l'ARTISTE-TRONC. Celui-ci était peintre-dessinateur, il manœuvrait très adroitement avec la bouche les pinceaux et les crayons. Mais il savait aussi, au moyen d'instruments et de supports appropriés, modeler l'argile, écrire, fouetter une mayonnaise, jouer du xylophone et de l'harmonica, sonner du cor, égrener un chapelet. Accomplir en somme une foule d'opérations dont la plupart des Bitors se sentaient incapables, même avec leurs deux mains et leurs deux pieds.

C'était vraiment la plus grande merveille du XIXᵉ siècle.

Un congrès ouvrier international s'était tenu à Paris en juillet 89 pour inventer une fête nouvelle : celle du Travail. Elle devait s'accompagner d'une grève générale, revendiquer la journée de huit heures, et aurait lieu pour la première fois le 1ᵉʳ mai 1890. Les couteliers libres étaient friands de festivités, mais celle-ci ne les intéressait point, ils voulaient suer seize et dix-huit heures quotidiennes, ou bien rester oisifs trois jours de suite s'il leur convenait. Les salariés des usines ne raisonnaient pas de même, huit heures de trime, huit d'amusement, huit de sommeil auraient fait leur compte, toutefois ils se trouvaient en nombre trop réduit pour se lancer dans une grève. Chacun d'eux d'ailleurs ambitionnait secrètement de devenir travailleur indépendant et, pourquoi pas, patron, il suffisait de posséder en même temps trois choses, la volonté, l'esprit et la chance ; beaucoup en avaient déjà deux, ils attendaient la troisième.

Le 1er mai 1890 fut donc dans la région thiernoise une journée ordinaire ; comme par le passé, les jeunes gens s'en allèrent frapper aux portes, quêtant des œufs ou des piécettes. Dans la ville même, les Ventres Jaunes étaient à leur meule, les forgerons à leur enclume. Place de la Mairie seulement — au café Pausin — on vit une poignée d'emplènes vociférer, la journée de huit heures ! la journée de huit heures ! Eux qui ne faisaient jamais rien de leurs dix doigts !

Dans les grosses cités industrielles, Lille, Paris, Saint-Étienne, les choses se passèrent moins gentiment, des ouvriers défilèrent sous le drapeau rouge en chantant *l'Internationale*, ce qui leur valut une distribution officielle de coups de trique.

Deux jours après, les Thiernois remarquèrent bien davantage la Sainte-Croix, fête corporative des papetiers. On dit que, inventé en Chine, le papier passa ensuite au Moyen-Orient ; que de là il fut porté par trois croisés en Europe, principalement à Thiers et autour d'Ambert, où il trouva des eaux vives à sa convenance et des gens tout prêts à l'accueillir. D'où l'hommage à la Croix du Christ, en souvenir des lieux saints.

Journée de liesse, donc, ce 3 mai. Dès le matin, procession dans les rues de tout le personnel endimanché, hommes, femmes, enfants ; chantant, non point l'hymne révolutionnaire, mais les couplets de leur profession qui engageaient les garçons de la Vallée à épouser une papetière :

Garçou de lo Voleyo
Que volé vou maridé,
Sen tardé,
Prenià no popeteyro :
So pèço de vin so,
Aco i be coqui cho[1] *!...*

Vingt sous par jour était en effet le salaire moyen de ces ouvrières ; les enfants gagnaient moins. Ajoutés aux gains du père ou du mari, c'était bien quelque chose, comme disait la chanson, même si ce n'était guère. Les maîtres n'ignoraient pas cette addition

1. Garçons de la Vallée / Qui voulez vous marier, / Sans tarder / Prenez une papetière : / Sa pièce de vingt sous, / C'est bien quelque chose !...

familiale, ils savaient que les payes trop fortes conduisent fatalement le manuel à des excès de nourriture et de boisson, au goût du luxe et de la paresse, à l'insatisfaction perpétuelle. Ils avaient donc grand souci de sa santé physique et morale.

Sous leurs bannières brodées de faux ors, les gens du papier ne défilaient pas les mains vides : ils portaient des bouquets et des pâtisseries confectionnées par les travailleuses à vingt sous, échaudés, guenilles, pompes aux pommes ou à la bouillie, qu'ils allaient offrir aux notables, sous-préfet, maire, conseillers, ingénieurs de la maison. Ceux-ci prenaient les cadeaux, embrassaient les donatrices, prononçaient parfois un petit discours dans lequel ils exaltaient les devoirs et les vertus, soulignaient le privilège et l'honneur, remerciaient le gouvernement et la Sainte-Croix. Tout cela se termina par une bénédiction devant l'église, puis un repas collectif dans l'usine des Charbonniers. Les patrons ce jour-là partagèrent le menu du personnel : boudin, pommes de terre au four, morue, fromage, salade, brioche aux grattons, café, un litre de vin pour quatre.

La direction de la manufacture se plaignait pourtant de sa situation difficile : les inspecteurs de l'État lui cherchaient des noises, elle avait dû payer des dizaines d'amendes sous prétexte qu'elle ne respectait pas les lois de 1874 ; que certains de ses jeunes travailleurs n'avaient pas encore accompli leur douzième année ; qu'ils étaient employés plus de dix heures par jour. M. Maillet avait tenté de leur expliquer que la fabrication manuelle du papier timbré exigeait une main-d'œuvre nombreuse et bon marché, faute de quoi il devrait renoncer au privilège. Les inspecteurs n'avaient rien voulu entendre. Dans la région ambertoise, la plupart des moulins à papier avaient cessé de fonctionner, ruinés par la mécanisation. Aussi, papetiers et papetières se tenaient-ils cois, nul ne parlait jamais de revendication syndicale.

Les rouets n'échappaient point à l'évolution technique. La plupart des Ventres Jaunes travaillaient encore sur les meules de grès. Assez tendres de nature, elles devaient tourner très vite — au moins à 600 tours-minute — pour en restreindre l'érosion. Mais d'autres employaient déjà des meules artificielles faites d'émeri aggloméré à la gomme laque ou au caoutchouc, le vieux rêve de Pitelet l'Artiste réalisé par plus savant que lui : si elles coûtaient le double des anciennes, elles duraient davantage et risquaient moins d'éclater. Tchoucossa songeait à remplacer la sienne, en service depuis cinq ans, et il se demandait s'il devait essayer le *corindon* pour suivre le progrès et damer le pion à Solingen.

Il marchait ce jour-là vers le Bout-du-Monde de son pas tordu, Larbi sur ses talons, bien que sa présence en la saison chaude fût plutôt importune. Mais peut-on dire à un ami fidèle, va-t'en, tu ne me sers de rien, tu reviendras en hiver quand j'y aurai mon utilité ? Ses sabots foulaient des herbes lourdes de rosée, une alouette grisollait dans le ciel au-dessus de sa tête, bi-tuit, bi-tuit ; quelque part, comme si elle avait accouché d'une montagne, une poule clamait au monde qu'elle venait de pondre un œuf.

Puis il foula une poussière rougeâtre : la moulée répandue, dont l'odeur rance et chaude annonçait l'approche du rouet. Le chien aboya contre un mulot, le poursuivit, se mit à creuser la terre de ses pattes frénétiques. Maurice voyait, entendait, humait plus intensément qu'à l'ordinaire, il avait l'impression de traverser le monde avec des sens multipliés. Il passa devant la touffe de ripipi dont il avait un jour cueilli une branche en souvenir de ses fiançailles lointaines, l'arbuste avait passé fleur, déjà commençaient de s'y former les grappillons pourpres des poires à bon Dieu.

Quand il ouvre la vanne, l'eau s'engouffre dans la turbine avec un bruit de gargarisme. Il revient dans le rouet, fait craquer les jointures de ses poings, regarde le panier plein de lames — 2 000 poignards ! — livré la veille par le commissionnaire de M. Garret. A toutes, une par une, il doit donner le tranchant et le blanchi avant qu'elle ne passe à l'étage au-dessus, entre les mains des polisseuses. Il embraye la meule et se couche sur la planche, les sabots fermement appuyés au *cramporet*, les bras à la traverse. Sitôt qu'il se trouve en position, son chien lui saute sur les cuisses, il ne le repousse pas. De temps en temps, une lame lui échappe des mains et tombe dans la fosse : sans descendre de sa monture, Tchoucossa la récupère au moyen d'une pince longue d'une toise appelée le *voleur*.

Jacques est venu près de lui, ils ont échangé quelques mots dans le vacarme des meules :

« Comment va le petit ?

— Il court comme un lapin.

— Et Clotilde ?

— Très bien, très bien. »

L'Artiste a entrepris de piquer sa meule, elle ne tourne plus rond et vibre dans ses coussinets de granit. Au moyen d'une craie bleue de charpentier, il marque les zones excessives qu'il attaque ensuite au marteau coupant, il n'enlève pas toute la matière, mais se contente de la strier profondément, la première émouture réduira en poudre ce qui reste. Un irritant brouillard siliceux vole autour de lui, il le respire et tousse.

« *Techuni, poùchi* ! Tu tousses, poussif ! » constate son père.

Il ne s'en inquiète pas outre mesure, chaque émouleur passe par là quotidiennement, tousser, cracher, se ramoner les bronches sont pour lui pain quotidien. Les lames défilent entre ses mains sous le suintement de la pissarote. Il se demande à qui elles seront vendues, qui donc a besoin de tant de poignards, pour tuer qui. Mais il ne se sent aucune responsabilité de l'usage qui en sera fait, lui se contente d'émoudre, il émoud ce qu'on lui confie, il se sent capable d'émoudre n'importe quoi, des baïonnettes, des sabres, des canons. Donnez-lui un canon, et il vous émoud un canon.

C'est alors que...

La meule tournait sans à-coup, rien ne laissait soupçonner...

Un homme marche dans la rue, il regarde passer les femmes, il sourit aux enfants, il se dit demain je ferai ceci et cela, et tout à coup son cœur se brise...

Il pensait au canon lorsqu'il se produit justement une affreuse craquée. Un fracas de toutes parts. En même temps, Pitelet ressent un coup à la gorge, ses mains lâchent le tenaillon qui tombe dans la fosse avec sa lame. Il a encore le temps de voir que sa meule n'existe plus, il en reste seulement une moitié qui tourbillonne en imprimant des secousses folles aux supports. Hurlements. Éclairs, tonnerre, orage. Chaleur de Larbi sur ses jarrets. La pissarote se met à couler rouge. Un nuage noir monte de la fosse et l'enveloppe.

Sa meule vient d'éclater.

Desgouttes a couru débrayer l'arbre de couche. Jacques et les autres se précipitent sur Tchoucossa maintenant immobile, les bras ballants, la tête pendante. Ils le retournent, l'étendent sur le plancher moelleux. Un morceau de grès lui a emporté la face antérieure du cou, on en retrouvera des traces au plafond, en un clin d'œil il s'est vidé de tout son sang.

Ses compagnons comprirent tout de suite qu'il était inutile d'appeler médecin ni curé. Ils lui confectionnèrent un brancard au moyen de branches et de feuillages accumulés, pour lui donner du moelleux. Tchoucossa sur ce véhicule, recouvert de vestes et de sacs, suivi de Larbi qui ne réalisait pas la situation, emprunta une dernière fois le sentier du ripipi et regagna son domicile. A son passage, les femmes se signaient, les hommes ne s'étonnaient point et questionnaient simplement :

« Encore un d'assommé. Qui est-ce ?

— Maurice Pitelet, du rouet Jarsaillon. »

Hortense se mit à hululer, les voisines la calmèrent, lui firent avaler du tilleul, la consolèrent au mieux : il n'a pas souffert, ma pauvre, c'est une belle fin, quel brave homme c'était, à présent, il est en paradis. En paradis ? Elle en doutait : pendant la messe, il mettait ses poux dans le plateau des offrandes et s'en vantait ensuite, riant tout ce qu'il savait. Mais brave homme, oui, bon travailleur, bon mari, bon père de famille. Il était donc dit qu'il devait périr de malemort, l'écroulement du tunnel avait commencé l'ouvrage, terminé par la meule.

Le jour de l'enterrement, les rouets débrayèrent, tous les Ventres Jaunes de la Vallée suivirent le corbillard jusqu'aux Limandons où l'on enfouit Tchoucossa dans le carré des pauvres, à l'écart des sombres tombeaux de lave où résidaient les fabricants et leurs familles. Après quoi, le travail reprit son cours.

La planche abandonnée ne resta pas longtemps vide, le malheur de l'un fait le bonheur de l'autre : un nommé Cathonnet Henri, dit Marmolle, domicilié à Turelet, prit la place du défunt. Son premier soin fut de remplacer la meule démantelée par une meule de corindon. Quant à Larbi, il passa définitivement sur les jambes de Pitelet l'Artiste, chez qui il retrouvait l'odeur de son maître.

1891-1894

Ce Cathonnet-Marmolle était un fin émouleur, mais aussi un soiffard de première classe. Il arrivait le matin pourvu d'un bousset de quatre litres et le vidait dans sa journée. Sans effort. A la saison chaude, les quatre litres ne suffirent plus, il dressa son chien Hardi à porter le bousset vide, attaché au cou, à grimper jusqu'à l'auberge Thiailler du Grand-Tournant, à redescendre avec le bousset plein. Marmolle avait un compte ouvert là-haut en permanence : cela avait la forme d'un bâton le long duquel le cafetier traçait des coches, une par pinte ; le client réglait le total chaque quinzaine. Si par hasard la quinzaine s'allongeait un peu trop, le chien revenait à sec, un billet accroché au baril : *24 litres à régler*. Cathonnet devait alors faire lui-même l'ascension. Presque toujours éclatait une dispute :

« Je suis pas d'accord sur la quantité. Moi, je trouve seulement 16 pintes. »

Thiailler tirait le bâton témoin, marqué en effet de 24 coches, mais qui n'en disait pas davantage. A quels jours correspondaient-elles ?

« C'est facile, protestait l'émouleur, de creuser des traits ! Le mardi après la Pentecôte, j'ai envoyé Hardi. Ensuite, il est resté deux jours sans monter. Puis il est venu le vendredi. Et ensuite le mardi de nouveau. Et encore le samedi d'après. Je compte : mardi, vendredi, mardi, samedi, ça fait quatre fois, quatre fois quatre, seize. Je te dois 16 pintes, et non pas 24.

— Et moi, je vois 24 coches. Tu me dois donc 24 francs.

— Thiailler, tu es un voleur. Je t'en dois 16.

— Répète un peu ça, j'ai mal entendu. Qu'est-ce que tu dis que je suis ?

— Je te dois seulement 16 litres.

— Tu m'en dois 24. Tu me les payes, ou bien tu vas ouvrir un compte ailleurs. Ou alors, tu monteras toi-même, et je te ferai signer sur un calepin. »

Marmolle finissait toujours par céder, une signature lui coûtait trop de peine, il n'en avait concédé que deux ou trois dans toute son existence ; par ailleurs, il ne possédait aucune mémoire et discutait seulement pour le plaisir du marchandage. Thiailler tolérait ce genre de débat, sachant bien qu'il aurait le dernier mot ; et aussi qu'il avait sans doute ajouté quelques coches par inadvertance.

Pour Cathonnet, la journée de travail s'achevait pratiquement vers trois heures, mais non sa journée de boisson : il continuait de pinter jusqu'à épuisement du bousset. Ses compagnons devaient le ramener chez lui certains soirs ivre mort. Sa femme Juliette vint se plaindre :

« Ne pourriez-vous le retenir un peu ? La nuit dernière, il s'est sali comme un porc, et j'ai dû nettoyer ses ordures. Quelque jour, il aura une attaque, et je vous tiendrai pour responsables de son malheur. »

Et eux, indignés :

« Responsables ? D'un homme à tête grise ? »

Puisqu'il en était ainsi, elle décida de s'établir provisoirement dans le rouet et de monter la garde sur son ivrogne. L'entreprise parut drôle aux Ventres Jaunes, ils tolérèrent cette femme au milieu d'eux pour en voir le résultat. D'ailleurs, Juliette ne demandait pas l'amendement immédiat du pécheur : elle lui accorda un litre de vin par jour qu'il pourrait se répartir entre les neuf heures et les quatre heures, commencer avec la soupe du matin, finir avec le pain et le fromage de l'après-midi. Assise sur un tabouret, elle regardait son homme travailler, manger, boire, ne quittant pas ses mains des yeux, tricotant des chaussettes pour ne pas perdre tout à fait son temps. Marmolle parut se contenter de ces deux chopinettes mais il prit ses précautions, dissimula hors du rouet dans les trous des murailles, sous les ronces, des réserves qu'il sifflait chaque fois qu'il faisait mine d'aller tomber de l'eau. Si bien qu'en fin de journée, il eut sa cocarde aussi complète qu'à l'ordinaire. Juliette ne pouvait en croire ses yeux :

« Mais tu ne tiens plus debout ! Mais comment as-tu fait pour te soûler avec un seul litre ?

— Femme, tu te trompes, c'est pas de la soûlerie... C'est de la fatigue... uniquement de la fatigue ! »

Les émouleurs riaient sous leurs moustaches, parce qu'ils n'approuvaient point ce genre de surveillance, la femme doit obéir à son mari, le servir, le soigner, se nourrir de ses restes, accepter ses humeurs, les choses allaient ainsi depuis le commencement du monde, pourquoi auraient-elles dû changer ? Naturellement, il fallut aider une fois encore Cathonnet à regagner le domicile conjugal.

Le lendemain, même précaution inutile. Juliette s'arrachait les cheveux :

« Il est incroyable que deux chopines en mangeant l'aient mis dans un état pareil ! »

Ensuite, elle s'aperçut qu'il sortait tomber de l'eau bien souvent. Ce qui d'abord ne s'expliquait guère après si peu de boisson. Elle finit par l'accompagner même à cet endroit et découvrit les réserves clandestines. Ce fut un joli concert :

« Ah ! Grande gourle ! Ah ! Vieux turlaire ! Voilà donc comment tu t'es joué de moi ! Mais porte pas peine ! Je te serrerai encore de plus près ! »

Il dut inventer une stratégie nouvelle. Après trois jours de sécheresse, il trouva la parade. Il ne s'éloigna point du rouet, ne descendit guère de sa planche que pour ramasser un tenaillon ou quelque autre outil qui lui avait échappé des doigts ; et cependant, le soir du quatrième jour, il se trouva dans le même état qu'au pire de sa liberté.

Et elle, désespérée : « Mais comment fait-il ? Il faut que le diable soit avec lui ! »

Après quoi, il demeura sobre une semaine de suite. Puis il récidiva. Juliette finit par renoncer.

Son secret ? Il avait installé plusieurs bouteilles dans la fosse à moulée, et s'y abreuvait chaque fois qu'il y laissait tomber son tenaillon. Restait le problème de l'eau en excès, il l'avait résolu en creusant un trou dans sa planche, à l'endroit convenable.

La saison cependant n'était pas au gaspillage, les affaires tournaient mollement, les patrons — qui s'étaient de leur côté organisés en une Chambre syndicale des Fabricants de Coutellerie — cherchaient à réduire les tarifs d'émouture ; le pain était monté de 28 à 30 centimes le kilo ; la viande, le beurre, les œufs, le lait suivaient la même ascension. Des voleurs pillaient les poulaillers et les greniers, s'introduisaient nuitamment dans les boutiques, attaquaient les voyageurs isolés, un notaire fut assassiné et dépouillé sur la route de Maringues, on retrouva son corps parmi les vignes. Les commerçants réclamaient un renforcement de la police.

M. Gironde, établi près du foirail, vivait de la piété de ses compatriotes auxquels il vendait des chandelles de suif et des cierges de cire. Ce qui ne l'empêchait pas non plus de fabriquer des bougies d'appartement, des rats-de-cave pour les vignerons. Son magasin sentait le miel et la résine. C'était un homme de belle carrure, les joues prolongées par des touffes de barbe à la Jules Ferry, il ne manquait point la messe principale du dimanche où il faisait entendre sa voix forte durant les cantiques ; il invitait le curé à sa table et accordait à son personnel deux journées de repos exceptionnel et non payé, le 21 janvier et le 25 juin, jours de la Sainte-Agnès et de la Saint-Prosper, afin qu'il pût célébrer dignement les patrons du patron et de la patronne. Ouvriers et ouvrières se cotisaient pour apporter des cadeaux et des fleurs. Saint Prosper payait ces honneurs en déversant sur M. Gironde toutes sortes de prospérités.

Or, en faisant ses comptes, le dévot fabricant s'aperçut d'une consommation de cire inhabituelle. Il surveilla plus étroitement ses employés, ne trouva rien d'anormal dans leur conduite ni leur tournure aux heures de sortie. Il parla de la chose à son comptable, aboutit à cette conclusion : quelqu'un pénétrait chez lui pour le voler. Par petites quantités : deux ou trois kilos à la fois. C'est-à-dire cinq ou six de ces belles briques dorées qui se trouvaient empilées dans l'entrepôt. Un méprisable maraudeur. Un gagne-petit. Que pouvait-il faire de cette cire ? De l'encaustique, des moulages, du ciment, des enduits ? De la bricole. Comment, se demandait M. Gironde, pouvait-on s'établir voleur pour si peu de profit ?

De toute évidence, le malfaiteur possédait une clé, car il pénétrait sans effraction. Le fabricant aurait donc pu se mettre à l'abri en changeant les serrures, mais cela ne lui suffisait pas, il voulait la punition du coupable. Il se dit qu'installer une sentinelle nocturne qu'il devrait payer lui coûterait plus cher que le larcin. Il n'était pas question qu'il prît le risque de monter la garde lui-même dans ce magasin isolé, loin de tout secours. Il décida de recourir à la ruse. Le local s'ouvrait par deux portes : une seule serait piégée, il pourrait par la seconde sortir chaque soir, rentrer le matin et désamorcer le piège s'il n'avait pas fonctionné.

Restait à trouver le genre de traquenard qu'il allait tendre. Alors qu'il y réfléchissait dans son appartement privé, ses yeux se portèrent sur une panoplie de pistolets accrochés au mur du salon. Voilà ce qu'il me faut. Il choisit une arme de gros calibre, fond de ses mains une balle de plomb sur un de ses fourneaux, la charge, place l'amorce, lève le chien. Il doit à présent l'installer au bon endroit, sur un chevalet, braquée contre l'entrée, le canon bas afin de viser aux jambes. Un cordon assez lâche relie la détente à la porte, il convient que l'intrus pénètre suffisamment avant que le coup ne se déclenche. Tout est en place. Le commerçant se frotte les mains et s'en va par la seconde porte, laissant agir la mécanique auxiliaire de la morale.

Ce soir-là, tout en bavardant avec les siens, en aspirant son vermicelle, il se montre distrait et répond à côté, il ne peut s'empêcher de songer à son attrape, d'imaginer le chapardeur, la porte ouverte, la détonation, la balle qui lui file dans les jambes, sa fuite éperdue : il ne se risquera plus chez M. Prosper Gironde ! Le pieux marchand de cierges sourit entre les deux buissons de sa barbe poivre et sel.

« Encore un peu de potage ? » propose Mme Agnès.

Le lendemain, avant l'arrivée du personnel, il va se rendre compte si la machine a fonctionné. Non. Et il en est de même plusieurs autres nuits. Sans doute le visiteur nocturne a-t-il renoncé, par prudence ou par repentir. Chaque soir, sans se lasser, minutieusement, M. Gironde remet en place l'arme à feu, règle l'angle de tir, la longueur de la ficelle. Enfin, sa patience est un jour récompensée.

Lorsqu'il arriva devant l'entrepôt, tout de suite il comprit : la première porte était béante. Le pistolet avait craché son noyau. Et l'avait placé dans le mille. Une ligne de sang noir partait de là, contournait le bâtiment, s'éloignait vers le champ de foire, le marchand de cierges n'eut qu'à la suivre, pour arriver à son voleur étendu au milieu de l'herbe souillée. En fait, une voleuse. Oui, oui, une femme. Il la reconnut : Marie-Anne Thiolas, une ancienne employée de la maison, veuve d'un Ventre Jaune. Elle avait quitté la fabrique en se mariant, le coutelier était mort d'accident quelques années plus tard. Elle gagnait sa vie, bien ou mal, comme couturière. Elle avait nécessairement conservé une clé : il y avait donc une très ancienne préméditation. Mais quelle idée l'avait prise de venir chiper un peu de cire dans une maison qu'elle connaissait parfaitement, où elle aurait pu s'emparer de marchandises plus précieuses, cierges, bougies, chandeliers ? Était-ce simple manie ? Afin d'accumuler chez elle quelques-uns de ces pains dont elle aimait la couleur et l'odeur ?

Nul ne put jamais répondre à ces questions : Marie-Anne Thiolas, déchirée à la cuisse par la balle de plomb, s'était enfuie sans rien prendre cette nuit-là, était tombée un peu plus loin, n'avait pas osé crier au secours, s'était enfin vidée de tout son sang, aussitôt bu par l'herbe et la terre. Plus jamais elle ne volerait de cire.

Ce fut un grand remue-ménage, ouvriers et ouvrières suivirent aussi le chemin sanglant, se rassemblèrent autour de la coupable, la reconnurent sans peine, commentèrent son infortune. Les gendarmes appelés examinèrent les lieux, recueillirent les témoignages, M. Gironde ne cacha rien du traquenard qu'il avait tendu et de ses détails.

« Que voulez-vous ! dit-il fort ennuyé. Je ne pouvais pas prévoir que la balle atteindrait mon cambrioleur et couperait une artère. Je pensais surtout lui faire peur, lui tirer dans les pieds, afin qu'il n'oublie pas la leçon. Et voilà que ! Si d'autre part j'avais entendu le coup de feu, si j'avais soupçonné que cette femme se trouvait en danger de se saigner, je serais venu à son secours. Mais vous le savez, messieurs, j'habite trop loin du magasin pour rien entendre. Et ce pistolet, avais-je le droit de le détenir ? Rassurez-moi sur ce point. »

Ayant bien considéré les circonstances, les gendarmes dirent ce que le malheureux commerçant espérait :

« Ne vous mettez point martel en tête, monsieur Gironde. D'abord, ce pistolet étant une arme de panoplie, aucune autorisation ne vous était nécessaire. Ensuite, la malandrine n'avait qu'à rester chez elle, au lieu d'entrer chez vous au moyen d'une clé dérobée. Nous estimons sa mort purement accidentelle, vous n'y avez aucune responsabilité. En foi de quoi, nous allons simplement rédiger procès-verbal des circonstances. »

L'affaire fut enterrée. Marie-Anne Thiolas également. Le marchand de cierges reprit ses prospères activités, avec la satisfaction de constater que les lois sont faites pour protéger les honnêtes gens, et non les canailles.

Émile faisait son service militaire à Besançon. Depuis son veuvage, Hortense Pitelet n'avait plus rue des Barres que la compagnie de son fils Vincent, instituteur à l'école du Moutier. Il approchait de sa vingt-septième année et semblait ne point songer aux femmes, lorsqu'elle l'entreprenait sur ce chapitre, il répondait :

« Je n'ai pas encore trouvé l'épouse de mes rêves. Rien ne presse d'ailleurs, tant que je t'ai près de moi. Quant aux enfants, j'en ai à revendre ! »

Il semblait ne vivre que pour sa profession. Cependant, le savoir qu'il possédait ne lui suffisait pas, toujours cette manie de dévorer les livres, les journaux, les papiers volants. Le jeudi, il prenait le train de Clermont et restait absent jusqu'à la nuit noire : il passait la journée là-bas dans les bibliothèques et les facultés. Son ambition était de s'élever dans la hiérarchie, de devenir inspecteur de l'Enseignement primaire, ce qui est le plus joli métier du monde. On est toujours à courir par monts et par vaux, en chemin de fer, à cheval ou à bicyclette. Chaque matin, votre famille interroge :

« Où vas-tu aujourd'hui ?

— Chut ! répondez-vous, un doigt sur la bouche. Secret professionnel ! »

Il est interdit en effet à tout inspecteur pédagogique de révéler à qui que ce soit ses déplacements. A cause d'un tel silence, un certain nombre de ces importants fonctionnaires, partis joyeux pour des courses lointaines, se sont évanouis dans des trappes ouvertes sur leur passage par des administrés sans scrupule. « Faire disparaître un inspecteur primaire, affirment les cyniques, c'est vraiment du beurre ! » Méprisant le risque, vous partez quand même au petit jour pour une destination mystérieuse, sous votre chapeau melon, cravaté, boutonné, en compagnie de votre serviette. Vous arrivez sans crier gare devant une école de hameau bourdonnante d'ânonnements, classe unique, tous les sexes, tous les âges. Tenue par une jeune institutrice rougissante. Elle se précipite :

« Nos respects, monsieur l'Inspecteur !... Mes enfants, levez-vous et dites : Bonjour, monsieur l'Inspecteur !

— Bonjour, monsieur l'Inspecteur ! »

Vous honorez ce salut collectif d'un demi-hochement de tête, d'un quart de sourire, et très vite rendossez votre visage sérieux, votre maintien austère, vous représentez l'Administration, les Règlements, l'Expérience, le Savoir, la Promotion au Choix ou la triste promotion à l'ancienneté. Vous vous asseyez sur la chaise de mademoiselle et dites :

« Vos registres, vos préparations, vos cahiers de roulement. Continuez la leçon, je vous prie ! »

Et elle se démène, la pauvrette, et vous lance des regards angoissés et arrange furtivement sa coiffure, et fait de son mieux pour administrer les saintes opérations, le décalitre, le subjonctif, les départements. Ses écoliers vous considèrent avec inquiétude, s'imaginant que vous êtes venu pour eux, que va-t-il nous faire, ce pèlerin ? Vous demandez à les entendre, la maîtresse choisit les meilleurs, vous régale d'un récital de chansonnettes et de poèmelets, Jean Aicard, Victor de Laprade, François Coppée. Vous manifestez une *certaine* satisfaction, tout en gardant un œil sur les paperasses. Deux heures s'écoulent de la sorte. Vient ensuite le meilleur moment, vous restez seul avec l'institutrice plus émue que jamais, vous exprimez *quelques* réserves sur sa méthode pédagogique :

« Je ne suis pas contre la mémorisation complète, mais voyez-vous... Passer du concret à l'abstrait est un principe essentiel ; or, il me semble... Éveiller la curiosité, plutôt que fournir une science précuite... »

Elle rougit plus encore s'il est possible, elle est au bord des larmes, vous vous dites, quelle jolie personne, qu'il serait doux de la consoler, mais vous n'avez pas le droit d'aller si loin, cela n'entre point dans vos attributions, vous représentez aussi la Morale, l'Incorruptibilité hiérarchique. Vous concluez de manière *encourageante* :

« Somme toute, mon impression n'est pas mauvaise du tout, mademoiselle. Certes, il vous reste des progrès à accomplir, et c'est bien juste, sinon à quoi serviraient les inspecteurs de l'Enseignement ? »

Vous riez large cette fois, car vous vous savez les dents belles.

Vous acceptez la tasse de café qu'on vous offre, vous papotez, vous vous montrez homme du monde, vous repartez en disant à bientôt, ce qui remplit votre administrée de sentiments contradictoires.

Si, au lieu d'une célibataire, c'est une dame que vous inspectez, elle vous offre à dîner, son mari vous reconduit ensuite en cabriolet jusqu'à votre port d'attache, avec l'espoir que la note de sa femme s'en trouvera rehaussée d'un demi-point. Vous pouvez aussi inspecter plusieurs personnes dans la journée, elles se disputent l'honneur de vous nourrir, de vous abreuver, de vous transporter, vous vous sentez grisé par les vapeurs de la Puissance.

Certes, ce métier présente aussi des inconvénients, beaucoup de circulaires, avis, notes de service, beaucoup de correspondance, conflits de mauvais voisinage, gémissements des parents d'élèves, doléances des maires. Mais les vacances sont longues, vous les consacrez à vos études personnelles, d'un haut intérêt littéraire ou scientifique, *La Révolution dans la commune de Médeyrolles, Les pierres à cupules du Livradois, Les graffiti du donjon de Châteaugay*. Il arrive qu'un de vos articles soit publié par le *Bulletin de la Société d'études locales de la basse Auvergne*, vous voyez imprimés noir sur blanc votre pensée et votre nom, sûrs d'une modeste immortalité.

Cependant, avant d'en arriver là, Vincent Pitelet devait franchir de rudes barrières. Les règlements officiels interdisaient aux instituteurs, brevetés supérieurement mais non bacheliers, encore moins licenciés, non titulaires du Professorat des Écoles normales, d'affronter les épreuves du Certificat d'aptitude à l'Inspection. Toutefois, ils étaient admis à cet examen après dix années d'enseignement, l'expérience pouvant dans une certaine mesure suppléer au savoir théorique. Ce n'était donc pas avant l'année 95 que Pitelet le Fin pourrait poser sa candidature. En attendant, il cultivait avec conscience le terrain de son esprit, moyennant de pénibles navettes entre Thiers et Clermont, se mêlait sous le portique de la faculté aux étudiants presque exclusivement du sexe masculin, un peu méprisé d'eux à cause de son pauvre B.S., tenu pour un primaire, quelquefois même pour un primate. Un seul lui témoignait de la sympathie, Marcel Raynal, parce qu'il était lui-même fils d'un maître d'école en poste dans les montagnes de la haute Auvergne, ce qui expliquait sans doute qu'il ne se sentait aucune vocation pédagogique.

« Je serai ministre ou rien ! » affirmait-il en souriant un peu.

Comme le défunt Tchoucossa, il était convaincu que le savoir est un arbre fruitier beaucoup plus qu'un arbre d'ornement. Il finit par gagner Vincent à ses idées, celui-ci avait une revanche à prendre sur la pauvreté et l'injustice. Face au désordre établi, à l'outrageante inégalité des citoyens devant les lois et la fortune, il ne pouvait choisir qu'entre deux attitudes : le refus ou l'acceptation. Essayer de démolir l'édifice par tous moyens, y compris la violence, l'« océan de feu et de sang » qu'appelait Bakounine. Ou bien s'y installer aussi confortablement que possible, comme le ver dans le fumier, pour en tirer le maximum de profit. Pacifique de tempérament, il choisit la seconde.

Le 1er mai 1892, selon la règle, passa inaperçu dans la région, tandis qu'ailleurs, il provoquait des affrontements brutaux. A Fourmies, il y avait eu l'année précédente douze morts, dont sept enfants. Georges Clemenceau avait prononcé un discours indigné devant la Chambre :

« Quelle disproportion épouvantable entre les actes qui ont précédé la fusillade et la fusillade elle-même, entre l'attaque et la répression ! »

A Clichy, une autre fusillade avait éclaté entre police et manifestants sans provoquer mort d'homme ; trois anarchistes étaient passés en jugement : le procureur Bulot avait requis contre eux la peine capitale, mais n'avait obtenu que cinq ans de prison.

« La propriété, c'est le vol ! » proclamait le vieux Gonin aux Allumettes, comme s'il avait fréquenté Proudhon. Comme s'il n'était pas lui-même propriétaire d'une maison, d'un peu de terre et de ses chèvres : il les exploitait abominablement, prenant non seulement leur lait, mais leurs chevreaux en bas âge, or, la chèvre est comme l'homme une créature de la Providence, capable de douleur et de joie ; au nom de quel droit se permet-il de la sacrifier à ses besoins ? Si quelqu'un demandait à l'allumettier quelle était au juste sa profession, il répondait donc « anarchiste », ce qui était prendre ses rêves pour des réalités. Anarchiste, il l'était de la même façon que les Ventres Jaunes et beaucoup d'autres couteliers, dans son travail, dans son vêtement, dans sa nourriture, dans son économie, dans sa morale. A l'intérieur de la société officielle, Gonin faisait partie de ce monde différent qui s'était instauré sur les rives de la Durolle — troisième solution que refusait maintenant Pitelet le Fin —, sans lois, sans organisation, sans gouvernement, sans violence. L'Utopie réalisée. L'Anarchie du bon-plaisir, du jemenfoutisme, de la chanson, du bousset, de la courte-vue. Mais ses principes demeuraient fumeux, tout instinctifs, sans fondement dialectique, sans théoriciens.

Dans le reste du pays, cependant, l'anarchie ne jouissait pas d'une bonne presse. Un anarcho de Saint-Chamond, quasi auvergnat par conséquent, nommé Ravachol — nom emprunté à sa mère, il s'appelait réellement Koenigstein, fils d'un Hollandais et d'une Forézienne —, plaçait des bombes en divers immeubles, notamment chez le procureur Bulot qui avait requis la mort contre les accusés de Clichy. Ravachol finit par se faire cueillir dans un café, à cause d'un réflexe bourgeois inconsidéré ; reconnaissant les policiers qui approchaient :

« Mon addition, vite ! cria-t-il.

— Quarante-trois sous. »

S'il était parti sans payer, il se sauvait. On le condamna à la guillotine. Pendant ce temps, son journal, *la Dynamite*, annonçait ainsi le programme officiel des explosions du 1er mai à Paris :

A la pointe du jour : salves de dynamite tirées au commissariat de Clichy. Formation du cortège.

A 10 h 35 : on minera l'Obélisque pour châtier le concierge qui l'accapare.

A 10 h 45 : après l'évacuation de ses habitants, explosion de l'Obélisque.

A midi : explosion du soleil. Nuit complète.

A 6 heures : mise en liberté solennelle de Ravachol et Simon. Réconciliation des classes laborieuses et des classes feignantes...

Tout le monde n'avait pas l'esprit thiernois pour rire de ces badinages. Après avoir tenté vainement de gagner à l'anarchie ses gardiens et ses juges, Ravachol fut bel et bien guillotiné à Montbrison, il monta à l'échafaud en chantant :

Si tu veux vivre heureux,
Nom de Dieu,
Pends ton propriétaire,
Coupe les curés en deux,
Nom de Dieu,
Comme des pommes de terre...

Ses exploits remplirent les Thiernois d'horreur et d'admiration. Dans la bouche de certains, son nom devint une atroce injure. « Ravachol ! » criaient à leurs maris les épouses maltraitées. « Ravachol ! » lançaient les instituteurs à leurs mauvais sujets.

On avait tué un homme. Mais non point l'Idée.

Elle se fit entendre de nouveau quatre mois plus tard, lorsqu'une marmite explosa au commissariat parisien de la rue des Bons-Enfants, déchiquetant trois agents et un garçon de bureau. On accusa un jeune chimiste nommé Émile Henry, qui, lui, ne se laissa pas prendre.

Une fois démobilisé, Pitelet Émile renonça, par on ne sait quelle inspiration céleste, à ses fonctions dans la papeterie et trouva un emploi de voyageur chez ROUSSEL & FRADIN, fabricants de ciseaux.

« C'est le marasme, lui confia M. Roussel. Je n'ai aucun besoin de toi ni de personne. Cependant, je t'embauche en souvenir de ton pauvre père qui a travaillé longtemps pour nous, et je te confie les régions où nous ne vendons rien. »

Il l'amena devant une carte de France, marquée de rubéole, chaque point rouge indiquant un client de la maison, mais de grandes surfaces y restaient blanches, comme ces *terrae incognitae* qui recouvraient les déserts sur les anciennes mappemondes. Il le munit de deux marmottes en cuir remplies d'échantillons : ciseaux fins, ciseaux lourds, en bec de cigogne, à trois anneaux, à broder, à dégorger, à échardes, à moucher les chandelles, à couper les cartouches, d'enfant, de couturière, de coupeur, de pêcheur, de gantier, de chirurgien...

Émile n'avait signé aucun contrat d'exclusivité avec ses nouveaux patrons. Afin d'avoir à son arc deux cordes plutôt qu'une, il compléta la représentation de la cisellerie par celle du café de gland doux. Celui-ci était l'invention d'un herboriste local, M. Linossier, qui obtenait le produit par torréfaction des glands du chêne vert de Provence, y ajoutant certains ingrédients aromatiques dont il gardait le secret. Il le présentait ainsi dans son prospectus : *Efficace contre les migraines, les maux d'estomac, la constipation, fortifiant pour les enfants, fluidifiant pour les femmes, apéritif avant les repas et digestif après, il détruit les effets irritants et excitants du café des îles et ne coûte que 1 franc 20 la livre.* Comme il était impossible d'avoir du vrai café à moins de trente sous, le porte-monnaie des clients y trouvait son compte aussi bien que leur santé. Certes, la saveur, l'arôme présentaient quelque différence, mais facile à dissimuler en ajoutant à la décoction un peu de lait, de rhum ou d'eau-de-vie. Émile emportait donc une réserve de glands doux torréfiés et concassés qui lui conféraient une étrange odeur de recuit.

Il était rare qu'il pût proposer aux mêmes détaillants ses deux articles, il devait visiter séparément épiceries, merceries, coutelleries. Certains bazars, certains magasins multiples, certaines boutiques à tout vendre de campagne s'y prêtaient cependant. Lorsqu'il avait présenté le contenu divers de ses marmottes, par une riche transition, il passait d'une marchandise à l'autre :

« Cher monsieur, je vous ai montré des instruments capables de couper n'importe quoi. Et maintenant, je voudrais vous faire apprécier un breuvage qui coupera la plupart de vos malaises, migraines, aigreurs et lourdeurs d'estomac, fatigue, constipation, insomnie. Pouvons-nous passer dans votre cuisine ? »

Il préparait de ses mains le café de gland, le sucrait, goûtez-moi ça, en avalait lui-même quelques gorgées en poussant des soupirs d'aise persuasifs, réussissait à placer quelques kilos à titre d'essai :

« Quand vos clients auront fait sa connaissance, ils n'en voudront point d'autre ! »

Il visita les terres inconnues de la Guyenne, des Pyrénées, de la Bretagne ; poussa jusqu'en Espagne, en Belgique, en Suisse, en Italie, convainquit les uns, ébranla les autres, tantôt misant sur les ciseaux et tantôt sur le gland torréfié. Il empruntait le train et les pataches encore en service. Ses carnets de commande se remplissaient. La satisfaction de ses employeurs fut touchante à voir, ils lui accordèrent des commissions plus élevées, parlèrent de lui rembourser une partie de ses frais de déplacement. S'ils ne le firent pas après réflexion, du moins en eurent-ils la pensée.

C'est ainsi que Pitelet Émile fit ses premiers pas sur le chemin qui devait le conduire à la fortune qu'il s'était juré d'atteindre.

En 93 viennent à expiration les mandats parlementaires. La Chambre voit avec consternation arriver pour la première fois sur ses bancs un contingent de socialistes — quarante-huit ! —, parmi lesquels un certain Christophe Thivrier, député de Montluçon, ancien mineur, qui se présente en blouse d'ouvrier, sous les quolibets de ses collègues. Sommé d'avoir à changer de tenue, il répond fièrement :

« Je poserai ma blouse quand le général Galliffet quittera son uniforme et l'abbé Lemire sa soutane ! »

Les Thiernois renouvelèrent leur confiance à l'éternel Duchasseint qui se signalait aussi peu que possible au Palais-Bourbon. Élu par routine, par pure formalité, il n'avait rien à dire : ses électeurs n'attendaient rien d'ailleurs du gouvernement empêtré dans le scandale de Panama. Or, un jour, Duchasseint faillit néanmoins risquer sa vie pour la République, une bombe remplie de clous, lancée de la tribune, explosa au milieu des représentants du peuple, provoquant quatre-vingts blessés et un mot historique du président :

« Messieurs, la séance continue ! »

L'Illustration, le Petit Journal le montrèrent dans une pose magnifique, au milieu de la mitraille qui volait.

« Racontez-nous ça ! demandèrent les Bitors à leur député. Où étiez-vous exactement ?

— Ben... à la vérité... ce jour-là je me trouvais absent de la capitale, je présidais le comice agricole de Lezoux.

— Alors, à quoi servez-vous ? Ah ! c'est pas vous qui auriez prononcé une phrase historique ! Pour une fois que vous aviez l'occasion, par exemple, de faire parler de notre coutellerie !

— Écoutez. D'après mes renseignements, il n'y a pas eu de phrase historique du tout. Notre président, M. Burdeau, est sorti de l'hémicycle aussitôt après l'attentat, comme tout le monde. Il est allé aux toilettes, s'est lavé les mains et la figure. Et c'est seulement en revenant, au bout de vingt minutes, qu'il a dit : *La séance continue.* Mais que voulez-vous qu'il dise dans ces circonstances, *Comment ça va chez vous ?* »

N'empêche que les couteliers gardèrent contre leur député une rancune tenace, il devait en mourir de chagrin deux ans plus tard.

On avait arrêté le lanceur de bombe : Auguste Vaillant ; natif de Mézières ; manœuvre dans une sucrerie. Il déclara, je n'ai pas voulu tuer, mais donner un avertissement, je ne demande qu'une chose, c'est qu'à la désagrégation de mon corps tous ses atomes se répandent dans l'univers en y transmettant le virus anarchiste. La région thiernoise se trouvait déjà fortement contaminée.

L'occasion perdue en 93 par la coutellerie se présente, plus belle encore, l'année suivante.

Le marasme continue, les Ventres Jaunes ne croient plus au syndicalisme, des 722 émouleurs-polisseurs qui cotisaient en 1884, il n'en reste qu'une centaine en 1894, les accords se débattent de gré à gré et beaucoup d'artisans cassent les prix pour obtenir un peu d'ouvrage. Thiers a grand besoin de propagande. Il ne faut pas l'espérer de son silencieux représentant. Le Parlement épouvanté n'a qu'un souci, combattre les « compagnons » (c'est ainsi que les anarchos s'appellent entre eux), il vote les « lois scélérates », il entrave la liberté de la presse et de réunion.

Cependant, Auguste Vaillant comparaît devant ses juges qui le condamnent à mort, bien qu'il n'ait tué personne, tous les députés atteints sont remis de leurs blessures. Une centaine de parlementaires (Duchasseint n'en est point) adressent à Sadi Carnot une pétition demandant la grâce du condamné. Le président de la République reçoit son avocat, écoute ses arguments, mais s'en tient aux recommandations de ses ministres, cette tête doit tomber. Pour l'exemple.

Elle tombe le 5 février, on transporte les restes, selon l'usage, au cimetière d'Ivry, dans le carré des suppliciés. Vingt-quatre heures plus tard, le gardien découvre sur la tombe de Vaillant une petite pyramide portant une inscription latine : *Labor improbus omnia vincit.* Telle quelle. « Un travail acharné a raison de tous les obstacles. » Or, il se trouve que cette même inscription est précisément *la devise de Thiers*, elle figure sur la façade de l'hôtel de ville, juste au-dessous de l'horloge, en compagnie d'une caravelle. Les journaux du département répandent la chose, soulignent la coïncidence, posent l'interrogation : faut-il voir dans la petite pyramide l'hommage de quelque Bitor à l'anarchiste Vaillant ? Ou est-ce un pur hasard ? Duchasseint, déjà souvent absent, n'ose plus paraître à la Chambre des députés.

Une semaine après, nouveau crime au café Terminus de la gare Saint-Lazare : un lustre dégringole du plafond, une bombe explose, chargée de cent vingt balles de plomb *mâchées*, afin de produire plus de dégâts. Quelques blessés seulement. On rattrape le coupable, il s'agit du chimiste Émile Henry. Guillotine.

C'est un printemps de terreur. Si un enfant souffle dans un sac de papier et le fait éclater entre ses mains, tous les présents se jettent à plat ventre, croyant à un attentat. Le bruit court que les églises ont été minées, que du poison a été répandu dans les réservoirs d'eau des villes. Mais Thiers reste d'un calme impressionnant, quelles que soient ses sympathies et ses antipathies. *Labor improbus*. Les émouleurs continuent de travailler seize heures par jour. Les ouvriers des mines ont obtenu la journée de dix heures. Les femmes celle de douze ; toutefois, elles se révoltent pour soutenir leur patron persécuté par les inspecteurs de l'État sous prétexte qu'il leur imposait deux ou trois heures supplémentaires, mais payées ; de quoi je me mêle, et s'il nous plaît d'être battues ?

On arrive de la sorte au 24 juin. A neuf heures du soir, dans sa calèche encadrée d'officiers à cheval, Sadi Carnot inaugure à Lyon l'Exposition universelle. Applaudissements, vivats, jets de fleurs. Un jeune homme s'approche de la voiture, tenant un bouquet dans un journal roulé en cornet. Au dernier instant, il en tire une arme blanche et la plonge dans le ventre de celui qui avait refusé la grâce de Ravachol, de Vaillant et d'Henry, en criant :

« Vive la Révolution ! »

Avec un fort accent italien. Le président meurt trois heures plus tard. On arrête le meurtrier, un Milanais nommé Geronimo Caserio. Dans son jeune âge, il a été enfant de chœur, a figuré saint Jean-Baptiste dans les représentations sacrées. Mais voici que les enquêteurs découvrent un détail extraordinaire : le poignard du crime, acheté au Bazar de l'Hôtel de Ville, provient d'une usine thiernoise ! On déniche le fabricant, des photos de l'un et de l'autre paraissent dans les quotidiens. « C'est une spécialité de la maison, prétend cet honnête patron. Un ancêtre à moi forgea le couteau de Ravaillac. » Quelle publicité merveilleuse ! Il faut dire que l'objet n'est pas un article ordinaire, mais une dague à manche guilloché et ciselé, à lame damasquinée, ah ! on peut dire que cet assassin italien est un homme de goût. Les commandes affluent de toutes parts, des milliers de collectionneurs veulent posséder, sinon le poignard authentique qui a percé le flanc présidentiel, du moins son frère jumeau. Les couteliers le débitent aussi en coupe-papier, en ouvre-boîtes, en breloque, en agrandissement pour figurer dans les panoplies murales.

De leur côté, les Lyonnais tirent le meilleur profit de l'attentat. Certains cortèges se forment, vociférant à bas l'Italie. D'autres saisissent l'occasion pour saccager les boutiques italiennes qui concurrençaient déloyalement le commerce local. Le procès attire beaucoup de monde, pour le plus grand bénéfice de la cuisine lyonnaise. Le soir, aux tables d'hôte, on se rapporte les bons mots du Milanais devant ses juges :

« Vous fréquentiez un coiffeur anarchiste ?

— Je ne pouvais tout de même pas me faire couper les cheveux chez un boulanger !

— Vous avez dit, paraît-il, que, si vous retourniez en Italie, vous tueriez le pape et le roi.

— Oui, mais pas le même jour. Ils ne sortent jamais ensemble. »

Les magistrats ne tiennent aucun gré à Caserio d'avoir employé le fer intelligent et non point la bombe stupide ; d'avoir épargné toute victime innocente ; d'avoir frappé exactement qui il voulait, là où il voulait. D'avoir en somme occis son client d'une façon aussi chrétienne que possible. Lui aussi passera sous le couperet, ça devient légèrement monotone.

Puis les effets publicitaires de l'événement s'estomperont.

« Des affaires comme celle-là, concluront les Ventres Jaunes, il en faudrait une ou deux chaque année. Malheureusement, on se rend bien compte que c'est trop demander à la Providence. »

1895-1899

Comme j'ai dit, le député Duchasseint mourut du dépit d'avoir perdu l'indifférence de ses électeurs, compliqué de troubles rénaux qui depuis longtemps lui gâtaient le sang. Des élections partielles envoyèrent occuper son siège M. Chamerlat, conseiller général et maire de Courpière, lequel se recommandait de la mémoire et du programme de son prédécesseur républicain. Ce qui l'engageait assez peu, maintenant qu'on avait coupé le cou aux anarchos démolisseurs de la République.

Et c'est pourtant cette année-là qu'un anarchiste officiel, patenté, reconnu, osa s'exhiber dans la ville et tenir au Marché Couvert une réunion au profit des verriers grévistes de Carmaux : ceux-ci avaient besoin de secours et de compréhension, victimes des pires avanies, un ouvrier y avait été condamné à la prison « pour avoir regardé un gendarme » ; un sourd-muet pour cris séditieux et tapage nocturne ; ce sont des choses qui vous retournent le sang. Le conférencier s'appelait Maurice Tournadre et débarqua du train de

Clermont, une délégation de Ventres Jaunes monta jusqu'à la gare pour le recevoir et l'honorer. Il portait ce qu'il fallait de barbe et de cheveux, une casquette à oreilles, un costume de ratine sombre, un soulier blanc et un noir. On voulut l'installer dans un fiacre, mais il refusa « par égard pour le cheval » et gagna à pied l'hôtel de la Paix, place de la Mairie. Satisfait du service, il distribua aux garçons et femmes de chambre, en guise de pourboires, des billets écrits de sa main sur lesquels on pouvait lire : *Bon de 20 francs à payer par la République sociale.* Il disposait ainsi de coupures de 50 francs, de 100 francs, de 200 francs. Les bénéficiaires tournaient et retournaient ces bouts de papier, ne sachant s'ils devaient se fâcher ou sourire, et finissaient par les fourrer poliment dans leur poche, la moindre piécette de bronze eût mieux fait leur affaire.

Au Marché Couvert, quatre à cinq cents personnes reçurent Maurice Tournadre par une ovation et des rires lorsqu'il répondit à leur salut en se déchaussant et frappant l'un contre l'autre ses souliers bicolores. Puis il commença d'une voix forte l'exposé de ses théories :

« Compagnons, les journaux veulent faire croire qu'anarchie signifie désordre, attentats perpétuels, attaques de banques et ainsi de suite. Ils espèrent de la sorte que le public nous confondra avec l'action de quelques hommes, pas nécessairement issus de nos rangs, mais sûrement étrangers à nos principes, accablés de misère, de malheur ou de désespoir. Vous savez, compagnons, que la presse abuse ses lecteurs. Car les voici, nos principes essentiels. Le premier est que nous sommes PACIFIQUES ! »

Les Thiernois en étaient déjà convaincus, ils ne se reconnaissaient ni en Ravachol, ni en Vaillant, ni en Caserio, même s'ils ne pouvaient s'empêcher de les admirer ou de les plaindre. Ils applaudirent de leurs mains noires.

« Ensuite, poursuivit Tournadre, j'affirme que L'ANARCHIE EST LA PLUS HAUTE FORME DE L'ORDRE ! Nous sommes l'ORDRE idéal, celui qui rendra justice à chaque individu selon ses besoins, éliminera les riches et les misérables, les propriétaires et les locataires, les exploiteurs et les exploités. C'est la société bourgeoise qui est le désordre ! »

Parbleu ! Ils s'en doutaient bien ! Mais personne ne le leur avait expliqué aussi clairement ; grâce aux paroles de Maurice Tournadre, ils se découvrirent, ils virent avec enthousiasme ce qu'ils étaient : les citoyens d'une République d'égaux véritables, travailleurs indépendants mais associés, maîtres de leur temps, joueurs de flageolet, éleveurs de chardonnerets, libres de croire en Dieu ou en la bête pharamine.

L'orateur continua longtemps son catéchisme, répondant à des questions précises sur le paradis à venir :

« Que mangerons-nous ?

— Des légumes et des fruits. Nous respectons la vie, même chez les animaux.

— Qui fera la cuisine ?

— Chacun, homme ou femme, préparera à tour de rôle les aliments de la famille. Nous respectons aussi trop la femme pour la réduire au rôle de servante. Elle sera l'égale de son mari, sa consolatrice, son inspiratrice.

— Il y aura donc des mariages ?

— Oui, mais sans église, sans officier d'état civil. Sur une simple déclaration publique des époux, en présence de leurs parents et amis. Par voie de conséquence, le divorce se trouvera aussi très simplifié.

— Supprimerez-vous l'argent ?

— Certes. Et nous supprimerons du même coup les escrocs, les banquiers, les notaires, les avocats et la plupart des voleurs.

— Comment se feront les échanges ?

— Par troc, dans des magasins coopératifs où le travailleur apportera ses produits et trouvera ce qui lui manque.

— Et les médecins ? Et les écoles ? Et les belles-mères ? Et les maisons de tolérance ? »

A chaque demande, il fournissait une réponse satisfaisante. Il conclut en criant :

« Vive l'anarchie !

— Vive l'anarchie ! » répondit le chœur des Bitors.

Après quoi, ils l'emmenèrent dans un café de la rue du Lac dit « chez la Dame de Carreau », parce que la patronne y ressemblait à cette figure du jeu de cartes. Il tint à payer sa tournée en s'acquittant, contrairement à ses principes monétaires, au moyen d'un bon à payer par la République sociale ; la Dame de Carreau l'accepta parce que Tournadre avait les yeux bleus et la barbe élégante. Avant de partir, il tint à l'embrasser et la nomma son Inspiratrice d'honneur, lui chuchotant dans l'oreille certaines choses qui la firent bien rire.

A l'issue de la réunion, une quête avait produit la somme de 142 francs et 14 centimes, qui fut expédiée scrupuleusement aux grévistes de Carmaux. Au terme de la grève, les ouvriers licenciés créèrent là-bas une verrerie fédérative, autrement dit coopérative, ce qui donna à penser à un certain nombre d'émouleurs-polisseurs.

Dans le même temps se fondait à Limoges une organisation nouvelle, la Confédération Générale du Travail, dont les dirigeants affirmaient vouloir rester à l'écart « de toutes écoles politiques », mais les principaux, Émile Pouget, Fernand Pelloutier, Yvetot, étaient d'authentiques libertaires. L'Idée faisait son chemin.

Après ses dix années de purgatoire pédagogique, Pitelet le Fin fut autorisé à subir les épreuves du Certificat d'aptitude à l'Inspection de l'enseignement primaire. L'écrit eut lieu au mois de mai 96, dans une salle de la faculté des lettres de Clermont, près de la fontaine et de l'obélisque consacrés au cœur de Desaix, le vainqueur de Marengo. Les oraux se déroulèrent à l'École normale supérieure de Saint-Cloud, Vincent fut inscrit sur la liste des admis avec le numéro 3. Sa mère se réjouit de son succès et s'affligea de son départ : le règlement imposait qu'il fût nommé hors de son département d'origine.

« Quand tu seras là-bas, je ne sais où, au diable, qui veillera sur toi ? Qui te tiendra propre ? Qui raccommodera ton linge ?

— Si tu veux, je t'enverrai par la poste mes chaussettes trouées !

— Oui, oui, n'y manque pas. Et tes chemises aussi. Et tout ce qu'il faut. »

En août, il apprit sa désignation au poste d'Embrun, dans les Hautes-Alpes, il le lui montra sur une carte, mais c'est au bout du monde ! s'écria-t-elle, effrayée.

Il partit aussitôt après Notre-Dame-des-Moissons, la Durolle était à sec, selon son habitude estivale. Hortense accompagna jusqu'à la gare son fils du milieu, traînant la jambe à cause d'une sciatique qui la tourmentait ; il devait la haler un peu.

« Te rappelles-tu, demandait-elle, quand vous tiriez ma brouette, toi et tes frères, attachés ensemble ? »

En attendant le train, ils s'assirent dans la salle sur un même banc, tout près l'un de l'autre, leurs chaleurs et leurs mains confondues.

« Jamais tu n'étais parti si loin ! reprocha-t-elle, les yeux humides.

— C'est que je n'ai point fait de service militaire. Mais nous nous reverrons. Je monterai encore en grade, tu verras, je reviendrai avec des éperons d'or !

— Oui, tu es ambitieux. Mais moi, je me moque bien de l'or et des éperons !

— Mes deux frères te restent, ta gendresse, ton petit-fils Auguste. Je ne te laisse point seule. »

Elle secouait la tête, pour exprimer des choses qu'elle ne savait pas dire. Puis le train arriva, enrobé de fumées et de vapeurs. Vincent embrassa très fort sa mère, quel âge a-t-elle, qui sait si je la reverrai, il gravit le marchepied du wagon et demeura derrière la vitre, lui envoyant encore des baisers du bout des doigts, elle répondait de même.

« Suffit comme ça ! dit l'employé du P.L.M., facétieux. Le reste, vous vous l'écrirez. »

Et il fit claquer la portière.

Le convoi démarra, s'éloigna, s'enfonça dans le tunnel, Hortense resta sur le quai, secouant son mouchoir jusqu'à ce qu'il eût disparu, la ville dansait devant ses yeux à travers le voile de ses larmes.

Elle redescendit comme elle était montée, en traînant la patte.

La coutellerie faisait de même à cause des concurrences étrangères. Le phylloxéra avait atteint les vignes de la région, proclamée officiellement « territoire phylloxéré ». Le pain venait de passer à 32 centimes, tandis que les salaires souffraient d'une tendance à la baisse. Chaque jour, des discussions éclataient dans les boulangeries, si bien que le Conseil municipal s'émut et taxa le pain bis à 30 centimes, laissant au blanc toute liberté ; l'arrêté parut dans le *Journal de Thiers, l'Album de Thiers* et fut placardé devant la mairie. Les boulangers ripostèrent en publiant leurs comptes, proclamant qu'à 30 centimes ils se ruinaient. Un certain nombre d'entre eux, cependant, obéirent à l'arrêté et l'hebdomadaire imprima, suivant une enquête effectuée par ses services, une liste des « boulangers honnêtes » qui vendaient leur pain à trois sous la livre :

M. Mondière, rue de Lyon,
Mme Vve Bernichon, rue de Lyon,
M. Boudal, rue du Point-du-Jour,
M. Thuelchassagne à Turelet,
M. Sarry, rue de la Gare,
M. Dulac, rue du Piquet,
M. Granval, rue des Groslières,
M. Massacret, place de la Croix-de-la-Pierre,
M. Gouttefangeas, rue Mallorie.

Bon gré, mal gré, le reste de la corporation dut suivre et débiter son pain bis à perte.

En revanche, le gland doux connaissait une merveilleuse prospérité. Au cours de ses tournées, Émile Pitelet avait fait la connaissance d'une jeune Bordelaise, fille de riches négociants. Cela finit par un mariage, l'automne de cette année-là. Avec des fonds beau-paternels, Émile acheta un modeste magasin de coutellerie, rue du Bourg, qu'il confia aux soins de sa femme tandis que lui-même continuait de battre la France et le monde occidental en compagnie de ses marmottes. Julie se plaignait de ces longues absences, mais il l'exhortait à patienter, quand j'aurai rassemblé un magot suffisant, adieu le gland doux, je deviendrai fabricant moi-même, j'aurai ma propre maison, couteaux de table et couverts. Il en voyait déjà la marque déposée, *le Cygne*, l'image s'était imposée à lui à Genève, devant les cygnes du lac Léman. Elle ne figurait pas encore au catalogue des marques thiernoises — non plus comme autrefois gravées dans une table d'argent et une table de plomb, protégées par six cadenas entre les mains des consuls de la *quincaillerie*, mais dessinées dans un simple registre municipal —, il l'avait vérifié ; et il en gardait jalousement le secret, recommandant à Julie de ne le divulguer à personne, comme un écrivain le titre de son prochain roman, avec la crainte qu'on ne le lui volât.

Aux Allumettes, le petit Auguste Pitelet, presque mort le jour de son baptême, grandissait chétivement, il souffrait entre autres maux d'une faiblesse des jambes qui lui interdisait la course et les escalades parmi les rochers. Un jour même, à l'âge de huit ans, il trébucha dans l'escalier et roula jusqu'au fond, sa mère le releva le visage ensanglanté, et toute sa vie il garda au menton une cicatrice.

« *Co i pa de bono louey !* Ce n'est pas de la bonne race ! » grognait son grand-père allumettier.

Pour confirmer cette appréciation, Pitelet l'Artiste, père de l'enfant, devait souvent abandonner la meule, secoué par une toux à répétition. Sa femme le gardait au lit et le remplissait de tisanes comme une bonbonne. Quand on parlait d'appeler le médecin :

« Pas la peine, protestait-il. On ne va pas déranger cet homme pour une simple toux ! Elle passera bien avant les cerises ! »

Mais les cerises étaient encore lointaines et la toux persistait.

La société de Secours mutuel versait quelques centimes. Pour remplacer un peu les gains du mari, Clotilde s'était mise à monter des couteaux à la veillée, la *conscience* liée sur l'estomac, manœuvrant son archet comme un homme, en avant, en arrière. Gonin, lui, refusait par idéologie cette besogne d'esclave et demeurait spécialisé dans l'allumette. Auguste apprenait les deux métiers.

L'hiver fut rude et enneigé. Dans son lit, Jacques Pitelet grelottait de fièvre. Gonin secouait la tête : *Co i pa de bono louey*. Clotilde finit par envoyer à Thiers un voisin de bonne volonté qui appela le docteur Giraud, celui-là même qui l'avait assistée à la naissance d'Auguste.

« Oui, oui, dit-il, je vous reconnais. Je suis déjà venu chez vous il y a huit ou neuf ans. Vous êtes du monde fidèle. »

Elle comprit la moquerie et se sentit honteuse d'être malade si peu souvent. Le médecin ausculta son homme, examina les crachats.

« Pneumonie, prononça-t-il. Savez-vous faire les ventouses scarifiées ?

— Non.

— Je vais vous apprendre. Apportez-moi des verres propres, une bougie, un paquet d'ouate. »

Pas d'ouate dans la maison. Il dut en sortir de sa trousse, forma des tampons de la grosseur d'une noix. Puis il découvrit le dos maigre de l'émouleur, avec ses étages de côtes pareils à des festons de saucisses. Il enflammait chaque tampon, le jetait dans un verre, l'y roulait comme un dé dans un gobelet, l'appliquait sur la peau livide qui montait dans la ventouse et devenait vineuse, tandis que le coton s'éteignait sous une fumée blanche. Clotilde apporta tous les verres disponibles, ils s'entrechoquèrent bientôt sur l'échine de Pitelet, à sa respiration oppressée.

« Et maintenant, regardez bien ! »

Il dégagea chaque ventouse, floup, floup, floup, saisit un bistouri, vous ferez de même avec la pointe d'un couteau bien affilé. D'une main ferme, il traça sur les meurtrissures des croisillons comme ceux d'une galette d'Épiphanie. Il ralluma les flocons d'ouate, replaça les verres sur les cercles bleus, un sang noir commença d'y sourdre. Clotilde le considérait avec une horreur mêlée de satisfaction, voici le mal qui lui empoisonnait la poitrine, maintenant qu'il en sera débarrassé, il va guérir. A plat ventre, Jacques geignait doucement. En bas, Gonin et son petit-fils découpaient des allumettes.

Après un moment, le médecin détacha de nouveau les ventouses sanglantes.

« Lavez-les avec soin. Vous les remettrez chaque soir, devant et derrière. »

Avec un peu d'eau-de-vie, il débarbouilla l'échine martyrisée, la recouvrit d'une serviette propre et tira dessus la rude chemise de chanvre.

Avant de partir, il rédigea une ordonnance, prescrivit une potion dont il aligna longuement les substances, Clotilde observait ses gestes avec recueillement, comme les rites magiques qui devaient étouffer la pneumonie.

« Je reviendrai dans deux jours, si vous n'y voyez pas d'inconvénient.

— Pour sûr, monsieur le docteur.

— Allez à la pharmacie dès que possible. »

Il repartit en emportant ses cent sous.

Le nez dans l'oreiller, Pitelet se sentait fondre comme une chandelle, il avait envie d'appeler de l'eau, de crier jetez sur ce feu qui me brûle toute l'eau du puits, emportez-moi dans la Durolle. Il se souvenait des saisons passées où il jouait à la manille au Creux de l'Enfer, autour d'un plateau flottant, en compagnie de ses copains Londiche, Guyonin et Magnol, pendant que les Anglais accourus de Vichy criaient de la route hourrah ! hourrah ! et leur jetaient des pièces. La chasse aux truites, bras enfoncés jusqu'aux épaules dans la rivière chuchotante. Les baignades à Pont-de-Dore tandis que descendaient les convois flottants de planches. En hiver, les glaces qu'il brisait à coups de marteau pour dégager la roue à aubes, les cierges de verre suspendus aux toitures, la neige profonde et soyeuse. Tout cela ne lui semblait pas de trop pour éteindre l'incendie qui le consumait.

Clotilde resta à son chevet l'entière nuit suivante, assise sur une chaise, tenant une de ses mains dans les siennes, l'empêchant de se découvrir, lui essuyant le front, écoutant les voix de son délire. Pendant le jour, Auguste et son grand-père montaient des couteaux.

Le surlendemain, le docteur Giraud reparut, pour dire continuez, et il emporta une autre pièce de cent sous.

La pneumonie dura une dizaine de jours, après quoi la fièvre tomba un peu, mais Jacques restait atteint d'un mal profond. Il n'était pas question qu'il reprît l'émouture. Pendant des mois, il se traîna du lit au fauteuil de rotin, enveloppé de couvertures, une tasse près de lui dans laquelle il crachait à tout moment. Les yeux brillants, il regardait avec une sorte de détachement sa femme, son fils, son beau-père aller et venir autour de lui, comme on regarde les choses inaccessibles, les nuages, les oiseaux en vol, les fumées, les étoiles. Le médecin venait toujours, Clotilde lui avoua qu'elle ne pouvait plus le payer, ou alors elle devrait renoncer aux remèdes.

« Ça ne fait rien. Vous me réglerez plus tard, à votre convenance. »

N'empêche qu'il prenait soigneusement note sur un carnet des dates de ses visites. Un peu comme l'aubergiste du Grand-Tournant avec ses bâtons et ses coches. Auguste était chargé de descendre à Thiers quérir les médicaments, sirops, cachets, pommades adoucissantes, sinapismes, révulsifs, fortifiants. Bientôt, il dit de même au pharmacien de la rue de Lyon :

« Ma maman vous demande d'inscrire tout ça sur votre livre, elle viendra vous payer en personne. »

Il gardait un peu d'argent pour acheter de la viande rouge, malgré le faible appétit du malade. Hortense obligeait aussi son fils à avaler des laits de poule qu'elle lui préparait, elle croyait fortement aux vertus du lait de poule.

Gap est une ville de basse altitude dans un département escarpé, le soleil y brille en toutes saisons, par la vertu de la bise qui disperse les brouillards hivernaux de la Luye. Les rues appartenaient aux joueurs de boules, en sorte que les enterrements et les processions faisaient, pour les éviter, des détours infinis. Vincent Pitelet trouva un logement à sa convenance dans un proche village appelé Romette, qu'égayaient les cris d'hirondelles et le chant des cloches. Une chambre, une cuisine, un salon, le tout carrelé de brique, plus une remise où il pourrait loger à son gré un cheval ou une voiture. De sa fenêtre, il voyait les jardins innombrables, chacun avec sa citerne où les eaux filtrantes s'accumulaient ; le soir, en ce pays de rares pluies, jardiniers et jardinières venaient à l'arrosage ; au moyen d'une poêle à très long manche, ils projetaient l'eau de la citerne sur leurs semis.

Le nouvel inspecteur visitait sa circonscription par tous les moyens, train, diligence, bicyclette. C'est-à-dire qu'il s'enfonçait dans les farouches vallées du Champsaur, du Dévoluy, du Val Gaudemar où le soleil ne pénétrait que quatre heures par jour à la meilleure saison, il empruntait des sentiers muletiers, autour de lui les faucheurs s'attachaient à des piquets comme des chèvres pour tondre les pentes escarpées et emportaient le foin sec sur leur tête, enveloppé de grandes toiles. Il atteignait une école isolée, pareille à une chapelle au milieu des narcisses, confiée à une jeune fille éperdue de solitude qui le suppliait de la nommer ailleurs, quelque part dans le bas pays ou plus près d'une ville, faute de quoi elle allait se suicider, ou épouser le premier croquant qui la demanderait en mariage. Les enfants portaient d'immenses bérets qui les faisaient ressembler à des mousserons. Les adultes se trouvaient affligés de goitre et d'érysipèle congénital. Au bord des torrents, la terre, sapée par les crues et les orages, se crevassait, menaçant de s'écrouler avec les villages qu'elle portait. On apprenait de temps en temps que, dans ce monde d'angoisse, un instituteur enragé avait bu l'encre et mangé la craie scolaires. Au retour de ses tournées, Vincent Pitelet goûtait avec mauvaise conscience la tranquillité du bassin gapençais, la paix de son village, le gazouillis des rigoles d'irrigation.

L'inspecteur d'Académie, M. Mairey, aimait les mondanités. Chaque mois, un jeudi, il recevait dans son salon des inspecteurs primaires et quelques notabilités, Mme Girometta Mairey leur servait elle-même de ses blanches mains des pets-de-nonne, des craquelins, des violettes confites, et leur versait porto ou trappistine suivant qu'ils préféraient le doux ou le raide. L'inspecteur d'Académie était un homme très long, très sec, le teint jaune comme l'arnica ; il avait épousé sur le tard Girometta qui, par l'âge, eût pu être sa fille. Une personne ravissante aux yeux violets, au teint de camélia, deux grains de beauté sur la joue gauche dont un au ras de la paupière, la bouche fine et tracée en cœur comme elle se portait en cette fin de siècle.

« Girometta, lui dit-il, je vous recommande M. Pitelet qui nous arrive de son Auvergne natale et semble farouche comme un chien perdu. Essayez donc de l'apprivoiser un peu.

— Auvergnat ? répéta-t-elle avec un accent d'ailleurs. Vous êtes vraiment auvergnat ?... Mon Dieu ! Je croyais que les Auvergnats étaient tous rémouleurs, avec autour de la figure une barbe de loup de mer !

— Il est bien vrai, madame, qu'il en existe de cette sorte. Et sans être rémouleur moi-même, je suis du moins fils d'*émouleur*, ce qui n'est pas la même chose. »

Elle se fit expliquer la différence.

Malgré sa blancheur et sa blondeur, elle était d'origine sicilienne — vandale, affirmait-elle, il subsiste dans notre île de nombreux descendants de cette peuplade germanique —, les *r* faisaient sur sa langue un bruit de galets roulés. Elle écoutait attentive ses propos, levant vers lui un regard indigo au fond duquel il croyait percevoir des palpitations marines. A son tour, elle expliqua que son mari l'avait demandée en mariage à Palerme au sortir du couvent, après un mois de cour et de cadeaux, et ramenée en France si vite que ce fut presque un enlèvement.

« Je connaissais à peine le français. »

Elle commettait des fautes vénielles de syntaxe ou de vocabulaire que Pitelet non seulement ne songeait pas à reprendre, mais qui lui semblaient parer son langage, comme ses grains de beauté paraient sa joue. Elle s'en étonna :

« N'entendez-vous pas mes erreurs ?

— Quelles erreurs ?

— Ceux dans lesquels je tombe en parlant.

— Je n'ai rien remarqué.

— Allons donc ! Mon mari, qui n'est pas inspecteur académique pour rien, passe ses jours à me dire : Faut pas parler comme ça, ma chère. Faut pas dire ceci, faut dire cela. Alors, je n'ose plus ouvrir la bouche. Par fortune, il existe des gens comme vous, qui m'usent la charité de ne pas s'apercevoir de mes bourdes, pauvre de moi ! »

Il sourit.

« Nous y sommes ! s'écria-t-elle. Je viens d'en lâcher une grosse ! Laquelle ?

— Eh bien... ces gens qui vous usent la charité.

— Ah ! ah ! Vous ne m'avez pas comprise ?

— Si, si. Ne changez rien. Continuez de dire qu'ils vous usent la charité ! C'est une expression charmante. »

Pendant que Pitelet le Fin commençait ainsi une nouvelle et prometteuse carrière inspectorale, son frère Pitelet l'Artiste entrait doucement en agonie. Malgré les soins de sa famille et du docteur Giraud, malgré les ventouses scarifiées, les sirops, les fortifiants. Il s'éteignit le 21 mars après avoir été confessé et absous, seul à espérer au Seigneur dans cette maison de mécréants. Il resta trente-six heures étendu sur le lit, dans le costume de ses noces, une bougie allumée à son chevet. Et trente-six heures, Clotilde demeura près de lui, tenant ses mains froides dans les siennes comme pour les réchauffer, lui baisant les joues et le front, lui remodelant parfois le visage avec le bout d'un doigt afin d'effacer un pli, d'adoucir un trait, de lui rendre sa perfection et sa sérénité. Puis vinrent les menuisiers, leur caisse, leurs outils.

Les hommes du hameau le transportèrent sur leurs épaules, se relayant en cours de route, jusqu'au cimetière des Limandons où il fut inhumé non loin de son père Tchoucossa. Les assistants s'indignaient de voir les yeux secs de la veuve, du beau-père, de l'orphelin, ce qui était tout à fait contraire aux usages, mais il ne fallait s'étonner de rien chez ces illettrés.

Quelques jours plus tard, le petit Auguste Pitelet, dans sa dixième année, refit un chemin qu'il connaissait par cœur et s'en fut trouver le docteur Giraud, rue du Piquet. Celui-ci se renfrogna, croyant qu'il venait l'appeler de nouveau.

« Je suis, dit l'enfant, le petit Pitelet des Allumettes.

— Pardi ! Je te reconnais bien. Je suis venu chez toi assez souvent soigner ton pauvre père.

— Justement, c'est de lui que je veux vous parler. Pour savoir la somme qu'il vous doit.

— Ah ! ah ! » dit l'autre, agréablement surpris.

Il tira son calepin, fit son compte, déclara :

« 88 francs, avec les fournitures. Disons 80.

— 80 francs, répéta Auguste en fronçant les sourcils pour se graver le chiffre derrière le front. Ces 80 francs, je vous les payerai.

— Toi ?

— Oui. Un jour ou l'autre. Soyez tranquille. Par petits coups. Je vous le promets.

— Je m'en souviendrai. Mais prends ton temps. Et viens quand même me chercher en cas de besoin. »

Il lui serra la main, comme à un homme.

De là, Auguste se rendit chez le pharmacien de la rue de Lyon, demanda le compte de son père, et répéta solennellement la promesse de s'acquitter par petits coups.

« Comment feras-tu ?

— Je travaillerai. Je sais monter les couteaux. »

Aux Allumettes, il ne fallait guère compter sur l'ouvrage de Clotilde, elle passait les jours en adoration près du lit conjugal et mortuaire, à baiser et caresser les rares souvenirs que Jacques avait laissés de son passage terrestre. Incapable de remuer une paille. L'enfant dut s'occuper des chèvres en attendant qu'elle eût avalé son chagrin, il était lourd et indigeste. Après plusieurs semaines cependant, elle reprit peu à peu son train coutumier, ce qui permit à Auguste de retourner à la boutique. Le vieux Gonin et lui se partagèrent la besogne, le gamin perçait les côtes et les platines, le grand-père les clavetait, brunissait le dos des lames, guillochait les ressorts. Ils étaient spécialisés dans le « laguiole », couteau à tout faire, avec lequel on fend les branches de noisetier pour la vannerie, on sculpte des cannes d'alisier, on fabrique des râteaux, des fourches et autres ustensiles agricoles. Arme aussi bien qu'outil, avec sa lame forte et cambrée, marquée d'un parapluie ouvert, son manche de corne ou d'os paré de faux rivets, son alène, son tire-bouchon, son talon en pied de vache. Le laguiole tient bien dans la main et pèse lourd dans la poche. Le montagnard du Cantal, de l'Aveyron, ne veut pas d'autre couteau. Sitôt à table, il le tire de sa veste, l'ouvre, le place près de son assiette. A la fin du repas, le maître est le premier à refermer le sien, la lame claque sec, il n'est plus question que personne coupe une bouchée après ce rite, son laguiole a parlé. Il doit durer une vie, même si la lame, à force d'aiguisage, se trouve réduite à un fil.

Comme le grand-père avait plus d'avance que le petit-fils, il s'écriait de temps en temps, avec un ton de contremaître :

« Accélérez la production ! »

Auguste faisait de son mieux, juché sur un tabouret-girafe qui l'élevait à la hauteur de l'établi.

Thiers s'est toujours tenu à l'écart des manœuvres parisiennes, mais en 97 la municipalité de M. Étienne Guillemin décida de jeter tout son poids dans la politique étrangère de la France, en faveur de l'alliance franco-russe. Le marché russe intéressait les couteliers, ils se sentaient tout disposés à des fabrications nouvelles, et envoyèrent une délégation le faire savoir à qui de droit. En 96, le tsar Nicolas II et la tsarine étaient venus chez nous, accueillis avec enthousiasme par les autorités et la population. En 97, ce fut le tour du président Félix Faure de se rendre à Moscou. A leur façon, les Thiernois participèrent aux accordailles. D'abord en se disputant les titres de l'emprunt russe garanti par l'État impérial et rapportant un intérêt de 3 % : ils donnaient leurs bons napoléons d'or, leurs bons écus d'argent et recevaient en échange un carré de papier couvert d'une écriture incompréhensible. Ensuite, par des réjouissances publiques, avec retraite aux flambeaux, feux de Bengale, hymnes nationaux, défilés des sociétés gymniques et musicales, *les Patriotes de la Revanche*, *les Enfants de la Vallée*, *la Cécilienne*.

« Vive la Russie ! criait-on. Vive le tsar ! A bas l'Allemagne ! A bas Solingen ! A bas Sheffield ! »

Cette fin de siècle apportait de grandes espérances patriotiques, commerciales et financières. On savait que l'argent prêté aux Russes se trouvait là-bas bien employé : à construire des voies de chemin de fer, par lesquelles arriverait un flot de marchandises françaises. Donc, de coutellerie.

Place de la Mairie était dressé une sorte de pavillon de toile et de bois, avec une inscription en façade :

CINÉMATOGRAPHE
Grandes projections animées et vivantes.

L'entrée coûtait 1 franc aux places assises, 50 centimes aux places debout, demi-tarif pour les enfants, chaque séance durait un quart d'heure. Le spectacle fonctionnait à la lumière électrique, ce qui obligeait l'entreprise à apporter son courant avec elle, car la ville s'éclairait encore au gaz ; on examinait toujours l'idée d'un barrage dans la vallée supérieure de la Dore, mais rien ne se décidait. Derrière la baraque ronflait un moteur à pétrole producteur d'énergie, il envoyait au moyen de fils adéquats son électricité sous la tente. Au fond, un trépied soutenait un genre de moulin à poivre avec manivelle, près duquel l'organisateur donnait des explications presque entièrement couvertes par la pétarade du générateur.

« Éteignez les lampes ! » criait l'homme.

Alors, une clarté jaillissait de la boîte, se projetait sur un drap de lit tendu à l'opposite. On ne distinguait d'abord rien qu'un carré lumineux, puis on distinguait quelque chose, puis on reconnaissait des figures humaines, devant une mer immobile.

« Vous voyez ici, hurlait le présentateur, des baigneurs sur une plage. Maintenant, vous allez les voir vivre ! »

Il tournait la manivelle du moulin, et, tout à coup, les dames, les messieurs en maillot se mettaient à marcher, à sautiller, à lancer un ballon, la mer enflait et se désenflait, projetait des vagues, crachait des écumes. En tournant plus vite, il accélérait le mouvement des hommes et de la mer, on les voyait se ruer en avant, bondir, s'envoler dans une folle sarabande. En la tournant à rebours, il faisait courir ses gens à reculons, un sauteur remontait à la crête d'une dune, les mouettes volaient en marche arrière. Tout à coup, il figeait les personnages, un bras en l'air, la bouche ouverte, la jambe levée, comme les habitants du château dans *la Belle au bois dormant*.

Après les baigneurs, vinrent des enfants jouant dans une cour d'école. Puis une fermière lançant le grain à sa volaille. Puis un défilé de troupes ; le plus prodigieux, c'étaient les fourgons dont les roues tournaient dans le sens inverse de la marche.

« Rallumez ! criait enfin l'opérateur. C'est fini. »

La lumière revenait, les spectateurs frottaient leurs yeux éberlués, ils considéraient avec stupeur le moulin à poivre qui renfermait tant de merveilles.

Un prodige d'une autre sorte se produisit à Gap où Vincent Pitelet se trouvait expatrié pour des raisons pédagogiques. Au lieu de partir en tournée dès le matin, il lui arrivait de quitter à bicyclette l'après-midi son village de Romette, sa petite Rome, comme il l'appelait ; de pédaler en direction du chef-lieu où il n'avait rien à faire. A mi-chemin, il rencontrait un autre *véloceman*, qui en fait se trouvait être une *vélocewoman* au visage voilé, tous deux pédalaient un moment de conserve, s'écartant de la grand-route. Arrivés en un lieu discret, ils descendaient de machine, se dissimulaient sous les vergnes et les noisetiers, il ôtait son canotier, la dame sa voilette et son chapeau, elle lui tendait les bras et les lèvres, disant *Buon giorno, amore*. Il couvrait de baisers éperdus ses mains, son cou, ses épaules, sa nuque, ses deux grains de beauté, tout son visage. Ou bien il le retenait entre ses mains, plongeait à en perdre le souffle dans les profondeurs violettes de ses yeux.

« Non, soupirait-elle, ne me regarde pas de si près.

— Pourquoi ?

— Mes imperfections... je ne sais pas... mes rides...

— Tu n'en as aucune.

— Elles viendront un jour.

— Alors, je les bénirai. »

Elle enfonçait dans ses cheveux, dans sa barbe ses longs doigts et l'appelait *pecora mia*, mon mouton.

Voilà. Les choses étaient ainsi. Ignominieuses. Scandaleuses. Imprudentes. Vincent Pitelet, inspecteur primaire débutant, avait séduit Girometta, l'épouse de M. Mairey, inspecteur d'Académie, son supérieur hiérarchique, de qui pouvait dépendre son avenir, une carrière qui s'annonçait brillante !

« Je ne peux plus vivre avec cet homme et son académisme, gémissait la Sicilienne. Il m'ennuie comme un caillou dans mon soulier. En outre, il sent mauvais.

— Vraiment ? Que sent-il ? »

Elle éclatait de rire : « Le *becco*, pardi !... Le mâle de la chèvre. Comment appelez-vous ça ?

— Le bouc.

— Oui, le bouc. Chez nous, *becco* veut dire en même temps "mâle de la chèvre" et "mari trahi". A cause des cornes. Mais je te jure que cet homme-là sent le *becco* sur le sérieux, malgré son élégance et ses décorations. C'est absolument insupportable. Je crois que ses subordonnés, ses secrétaires, ont aussi noté l'odeur. Il me semble qu'ils se bouchent le nez derrière ses épaules. »

Il la laissait dire, ne reprenait ni son langage ni ses affirmations. Néanmoins, lorsqu'il eut l'occasion de se trouver en présence du mari, il eut beau l'approcher, le flairer au plus près, il ne remarqua aucun fumet caractérisé. La puanteur de M. l'inspecteur d'Académie était toute psychique.

Les choses durèrent ainsi quelques mois encore. Puis, un jour de juin, rentrant d'un voyage à Paris où il avait été convoqué par le ministre, M. Mairey trouva son logis vide et, sur la table du salon, un billet rempli d'italianismes et de fautes d'orthographe :

Cher Fernand,

Notre mariage a été un erreur, soit à cause de notre différence d'âges que parce que nos goûts, nos tempéraments sont tout affait divers. En bref, je dois vous donner nouvelle que j'ai trouvé un autre homme lequel possède toutes les qualités et touts les défauts qui vous manquent. Car vous êtes un homme parfait, cher Fernand, ce qui est la chose plus insoutenable que je connaisse, aussi je ne me sens plus capable de la soutenir. Nous divorcerons à votre convenance, puisque en France par fortune le divorce existe. J'acceptte touts les torts, vu que j'abbandone le domicile conjugale. Nos avvocats verront cela ensemble. Cherchez de ne pas trop m'en vouloir malgré le mal que je vous fait. Merçi beaucoup du bien que j'ai reçu de vous. Votre très affectionée,

Girometta Gualtieri.

Comment ! s'écria intérieurement M. Mairey. Voici une fille que je tire du néant — sans moi, elle serait à présent l'épouse de quelque hiérarque de la *maffia* palermitaine, condamnée à la dévotion, à l'esclavage, au sérail, à une innombrable progéniture —, une fille à qui j'octroie l'affranchissement, la civilisation, la culture, le confort ; qui pouvait à son gré sortir dans la ville sans chaperon, lire les livres de son choix, fréquenter le théâtre, le jardin public, la bibliothèque ; et elle me récompense en me plantant là pour je ne sais quel voyou qui bientôt la battra, la trompera, la prostituera ! Ah ! je suis un homme parfait ! Eh bien ! qu'elle ne compte plus sur ma perfection ! Mais d'abord, qui est le godelureau ?

Il convoqua son secrétaire général, M. Pelletier, spécialement chargé des relations avec le personnel. Un homme qui, pour les besoins du service, possédait sur chaque membre enseignant des Hautes-Alpes les informations les plus intimes. Il le fit asseoir en face de son bureau sur une des chaises de bois fournies par l'administration. L'inspecteur déploya sa haute stature, appuya les mains sur la table, cligna les yeux comme lorsqu'on veut voir loin et sortit de son académisme :

« Vous le saviez, n'est-ce pas, vous le saviez, monsieur le secrétaire général ?

— Quoi donc, monsieur l'inspecteur d'Académie ?

— Vous qui connaissez tout sur les instituteurs, les inspecteurs, les professeurs, les pions de ce département, sur moi-même, nos manigances, nos vices cachés, nos relations licites ou illicites, nos dettes de jeu, nos adultères, nos fripouilleries, nos complots, nos ambitions, nos concussions. Rien ne vous échappe ! Vous recevez pour cela assez de lettres signées ou anonymes, n'est-ce pas ?

— Il est vrai que j'en reçois beaucoup, monsieur l'inspecteur d'Académie.

— Alors, ne me dites pas que vous n'étiez pas au courant, Pelletier. Je ne vous croirais pas !

— De quoi parlez-vous, monsieur l'inspecteur d'Académie ? Je ne vois pas...

— Allons donc ! Allons donc ! Vous êtes le Fouché de mon administration ! Votre œil traîne partout : sous les tables, dans les alcôves, dans les poubelles, dans les trous de serrure. Et vous ne m'avez informé de rien ! J'ai été le dernier à l'apprendre ! Voilà une grave faute professionnelle, Pelletier, et qui vous coûtera votre avancement !

— Mais que devais-je savoir enfin ?

— Que j'étais cocu ! »

Il y eut un silence immense. De cathédrale. Ensuite, Pelletier baissa la tête sans répondre, le lorgnon tomba de son nez, resta suspendu par un fil à son oreille.

« Votre attitude est un aveu !

— Je n'étais pas sûr. J'avais entendu des rumeurs qui circulaient... Reconnaissez qu'il s'agit là d'une matière délicate.

— Un nom ! Je veux un nom ! Celui de mon rival !

— Permettez. Je reviens. »

Pelletier disparaît un instant, laissant l'inspecteur d'Académie mariner dans les bouillons de sa fureur. Puis le revoici tenant à la main une feuille double de papier, format protocolaire, qu'il pose sur le bureau.

« Voici une demande officielle de mutation, reçue ce matin, de M. Vincent Pitelet qui désire nous quitter.

— Et alors ? Que vient faire Pitelet là-dedans ?

— Le bruit court... je ne puis mettre cela qu'au conditionnel... que M. Pitelet serait... la personne en question.

— Quoi ?... Cet Auvergnat ?

— Comment expliquer en effet son brusque départ ?

— Ce bougnat ? Cet Auverpin ? Ce rémouleur ? »

Lui aussi confond « émouleur » et « rémouleur ». Il parcourt des yeux l'écriture serrée, cette prose hypocrite et flagorneuse... *des raisons familiales impérieuses et urgentes m'obligent à quitter ce département où j'avais cependant été accueilli avec chaleur tant par le personnel enseignant de ma circonscription que par mes supérieurs hiérarchiques...* Il apprécie tout spécialement les *raisons familiales impérieuses et urgentes* ! Son premier mouvement est de déchirer la requête en confetti mais d'un geste Pelletier le retient :

« Attention, monsieur l'inspecteur d'Académie ! Il ne servirait à rien de la détruire. M. Pitelet la renouvellera, enverra un double au ministère qui s'étonnera de ne pas recevoir l'original par la voie hiérarchique. Et nous aurons des ennuis. Puis-je oser une suggestion ?

— Osez, osez ! Au point où nous en sommes !

— Je serais d'avis, au contraire, que vous lui accordiez tout votre appui. Ainsi, vous seriez débarrassé de cet homme gênant qui viderait les lieux.

— Avec ma femme !

— Nous ne pouvons rien à cela, monsieur l'inspecteur d'Académie. Si Mme Mairey a décidé de vivre avec lui, elle le suivra au bout du monde. Du moins le scandale quotidien de leur concubinage à Romette, sous nos yeux, nous sera-t-il épargné. »

Mairey regarde autrement le visage de son secrétaire, il ne lit dans ses yeux tristes aucune ironie, mais une sympathie sincère, il est touché par ce *nous* de participation, et persuadé par le raisonnement. Éviter du moins le scandale qui, à travers lui, risque d'éclabousser toute la fonction enseignante du département. Une citation classique lui revient à l'esprit et l'aide à dominer son chagrin : *... il faut que le cœur se brise ou se bronze.* Il tire son mouchoir, s'essuie le front, se sèche les mains, puis s'assied à son bureau et ajoute cette apostille à la demande de son rival :

M. Pitelet est un jeune inspecteur fort dévoué dont nous regretterons le départ. Eu égard cependant aux raisons familiales qu'il invoque, je donne un avis très favorable. Adolphe Mairey.

C'est ainsi que Vincent Pitelet fut nommé, à partir de la rentrée 1898, au poste de Montargis dans le Loiret. Ce qui représentait pour lui un indubitable avancement.

L'année 99 fut pour Émile Pitelet l'an I de sa fortune. Il investit les bénéfices que lui procurait depuis 93 la représentation des ciseaux et du gland doux, complétés par une subvention de son beau-père bordelais, dans l'achat d'une maison de quatre étages, assez étriquée, sise entre la rue de la Gare et les jardins qui dominaient la rue Bartasse. Au-dessus de la porte, il fit sceller une plaque de marbre, portant une inscription parée de clinquant :

PITELET ÉMILE, fabricant.
Couteaux de table et couverts.
Marque Le Cygne.

Chaque matin, les poings sur les hanches, Émile régalait ses yeux de cette vision dorée. L'essentiel était en place.

L'accessoire comprenait huit pièces superposées. Vides. Totalement vides. En bas, j'installerai mes cuves à nickelage. Au cours de ses tournées commerciales, il avait eu l'occasion de voir à Paris des ateliers électrochimiques où, utilisant la galvanoplastie importée d'Amérique, on recouvrait d'une mince couche de nickel des instruments chirurgicaux pour les rendre inoxydables. Voilà, s'était-il écrié, mon Pérou, ma pierre philosophale ! Je prends des cuillères, des fourchettes, des louches en métal ordinaire, fer, bronze, laiton, et, grâce au nickelage, leur donne l'éclat de l'argent. Je fabriquerai l'argenterie du pauvre. Dans la clientèle pauvre se trouve l'avenir du commerce et de l'industrie.

Au premier étage, je placerai mes monteurs. Le montage d'un couteau de table est une opération fort simple : on verse dans le creux du manche une colle spéciale, fondue dans une casserolette comme le saindoux ; on y introduit la soie de la lame ; on laisse refroidir ; on enlève la colle en excès ; le tour est joué.

Au second, je mettrai mes finisseuses, mes plieuses. Au troisième travailleront mes découpeurs. Au quatrième, tout en haut, je dirigerai le navire, je tiendrai les comptes, je recevrai les clients, les forgerons de la campagne me livreront les lames, les manches tout métal, les couverts.

Alors, Émile Pitelet prit une de ces belles feuilles blanches qu'il avait naguère si longuement fréquentées, y dessina sa marque, *Le Cygne*, et la porta chez Massoptier, matricier-poinçonnier rue Chanel, afin qu'il sculptât finement les poinçons nécessaires. Lorsqu'il eut entre les mains le premier instrument de sa signature, avec sa caboche épaisse destinée à recevoir des milliers de coups, il vit déjà le flot de lames, de cuillères, de fourchettes qu'elle allait marquer, qui se répandrait dans l'univers civilisé, partout où les hommes ont renoncé à manger avec les doigts. Dès cet instant, il sut que *Le Cygne* aurait longue navigation.

La nouvelle fabrique démarra petitement, avec quelques bottes d'acier, un découpoir, une seule cuve et trois ouvriers. Émile montait et descendait ses quatre étages, servait les nickeleurs, remplaçait les finisseuses et les plieuses, inscrivait les comptes sur un calepin. Il attendait avec impatience le jour où sa femme pourrait l'aider dans l'entreprise ; mais elle se trouvait provisoirement empêchée, ayant mis en train la confection d'un nouveau Pitelet ou d'une petite Pitelette.

En attendant, la France est frappée d'un nouveau malheur, le 16 février elle perd Félix Faure, à peine âgé de cinquante-huit ans. La IIIe République n'a jamais eu de chance avec ses présidents : quatre démissionnaires dont un pour trafic de décorations, un assassiné. Le dernier en date plaisait au peuple, à cause de ses origines modestes, fils de tonnelier, il avait manié l'herminette dans son adolescence. Or voici qu'il meurt subitement, en des circonstances graveleuses, dont le détail ne sera connu que bien plus tard. Officiellement, on l'a retrouvé frappé d'une attaque d'apoplexie dans une chambre de repos de son palais de l'Élysée. Si l'on ignore la cause du coup de sang, l'on sait du moins que le médecin présidentiel, le docteur Lannelongue, appelé à son chevet, lui a immédiatement appliqué des sangsues derrière les oreilles et des sinapismes Rigollot sur la poitrine. Le sinapisme Rigollot est le dernier mot de la science contre l'apoplexie. Il s'est, hélas, révélé sans effet. Après le Rigollot, il ne reste que le miracle. Vers cinq heures de l'après-midi, Félix Faure a poussé l'ultime soupir entre les bras de sa femme, de sa fille et du président du Conseil, Charles Dupuy.

Dans les cabarets de la ville, on commente le funeste événement.

« Hé ! s'écrie rue du Lac la Dame de Carreau. A mon avis, le président n'a pas assez bu d'absinthe oxygénée ! Voilà pourquoi il a manqué de respiration quand il ne fallait pas. »

Et elle désigne, pour appuyer ses dires, une affiche publicitaire placardée dans son établissement. On y voit un gros réjoui en train de préparer sa boisson verte, selon les rites minutieux qu'elle exige, avec cette légende :

L'absinthe Cusenier oxygénée,
c'est ma santé !

Là-dessus, les Ventres Jaunes commandent une « oxygénée » avec l'espoir d'améliorer leur souffle.

En mars, Mme Émile Pitelet donne le jour à un garçon qui est prénommé Armand. L'âge venu, il succédera à son père Pitelet le Gros, entrera dans l'aristocratie des maîtres-couteliers héréditaires et sera connu sous le nom de Pitelet le Cygne, portant ainsi la marque de la maison.

Loiret, chef-lieu Orléans, sous-préfectures Gien, Pithiviers, Montargis. Appréciée pour ses pralines et ses industries métallurgiques, fière de son canal, de ses rivières, de ses étangs, Montargis — douze mille habitants — ne craint point de se faire appeler la Venise du Gâtinais. Les conversations y commentent la récolte du miel, le cours des marteaux, du beurre, des veaux et du poisson d'eau douce, les faits et gestes des autres Montargois. La venue de Vincent Pitelet a suscité la réprobation générale, car sa situation est un défi aux bonnes mœurs. On n'a pas mis longtemps à savoir que cet inspecteur de l'enseignement primaire vit en concubinage avec une femme d'origine étrangère, encore unie par les saintes chaînes du mariage à un autre homme. Et à qui donc ? Au propre supérieur dudit Pitelet, à l'inspecteur d'Académie des Hautes-Alpes ! Un tel outrage à la hiérarchie administrative est sans précédent historique.

Pitelet porte une cravate lavallière et des pantalons étroits aux chevilles, éléments caractérisés de la tenue anarchiste. Mais que fait un tel individu dans une corporation qui a la tâche de former la jeunesse française, de lui apprendre l'honneur, la morale, le respect des valeurs sociales ? Les institutrices titulaires le reçoivent en pinçant les lèvres, ne lui tendent pas la main, détournent la tête pour ne pas avoir à le regarder, bien qu'il soit plutôt bel homme. Les instituteurs s'étonnent qu'une situation aussi scandaleuse se prolonge :

« Qu'attend-il pour régulariser ? »

Quelques-uns l'admirent ou le jalousent : la femme de son inspecteur d'Académie ! Quelle dose de toupet et quelle passion il leur a fallu pour les amener à un si grand mépris des conventions ! Mais à Gap, le mari légitime s'oppose absolument au divorce pour la seule satisfaction de contrarier l'infidèle, pour l'obliger à vivre au milieu de l'opprobre et des difficultés.

N'empêche qu'un matin de farce, le 1er avril, naît dans ce ménage de fantaisie un petit garçon qui doit, par nécessité légale, porter le nom de sa mère. Au moment où le père naturel vient déclarer sa naissance à la mairie, il s'aperçoit que l'employé chargé de l'état civil souffre de surdité partielle :

« Quel est le nom du père ?

— Mettez : père inconnu.

— Pardon ?

— Je dis : père inconnu. Provisoirement.

— Et la mère ?

— Gualtieri Girometta.

— Oh là là ! Comment écrivez-vous cela ?

— Gualtieri, c'est la forme italienne de Gautier. Souvenir de l'occupation normande en Sicile.

— Gautier ? Vous dites Gautier ?

— Oui, un Gautier méditerranéen. »

Ainsi, le petit bâtard sera enregistré sous le nom de Gautier Raymond. Il a un teint de rose et des yeux de violette.

1900-1905

Dernière année du XIXe siècle. Une année de souffrances à travers le monde. La famine frappe l'Italie du Sud, les paysans s'y révoltent, encadrés par des prêtres, occupent les terres, brûlent les registres fiscaux, saccagent les mairies. Un individu nommé Bresci, après avoir pieusement entendu la messe dans une église de Monza, assassine le roi Humbert Ier à coups de revolver, on aura vraiment tout vu, c'est Jésus-Christ qui se fait Ravachol. En Afrique australe, les Anglais poursuivent une guerre féroce contre les Boers dans une région qui s'appelle le Transvaal. Les Thiernois ne savent pas trop les motifs de ce conflit, mais il leur vient des lumières lorsque est jouée au théâtre une pièce intitulée *les Boers*, drame d'actualité en 5 actes et 7 tableaux, de MM. Meynet et Fernoux, avec plusieurs artistes de l'*Ambigu*. Ils apprennent ainsi que ces Boers sont des Hollandais africains, étonnamment barbus et chevelus, ils doivent avoir grand besoin d'importer des ciseaux et des rasoirs. Thiers applaudit au combat de ce vaillant petit peuple contre un grand, d'autant plus que la ville coutelière est toujours d'instinct hostile aux Anglais, à cause de Sheffield.

Pour ses habitants, 1900 serait une année comme les autres sans la catastrophe du 5 juin. Ce jour-là, un épouvantable orage de pluie et de grêle s'abat sur la région, pendant une heure toutes les cataractes du ciel se déversent sans raison sur ce coin du monde qui ne faisait de mal à personne, c'est le déluge ! C'est l'Apocalypse ! hurlent les femmes, des adultères se jettent à genoux et demandent pardon de leurs fautes, des anarchistes font le signe de croix, des ivrognes promettent de ne plus boire, des maîtres-couteliers se frappent la poitrine en jurant que, si le cyclone les épargne, eux et leurs biens, ils paieront mieux désormais leurs monteurs et leurs ouvriers. Plusieurs personnes sont entraînées par les eaux en fureur, des maisons abattues, des arbres centenaires déracinés ; dans les rues les plus abruptes, s'ouvrent des tranchées profondes d'un mètre ; la Durolle envahit les quartiers bas. Puis l'ouragan s'éloigne, laissant les populations stupéfaites de leur survie. Dès le lendemain, elles entreprennent de réparer ; chacun, homme, femme, enfant, manie la pelle, la pioche, la scie, pousse la brouette, transporte des pierres. Pendant deux mois, la ville sera en reconstruction. Puis, les ivrognes retourneront à leur bouteille, les adultères à leur péché, les anarchistes à leurs chansons, les maîtres-couteliers à leurs anciens tarifs.

Il fallait tout de même que quelqu'un payât pour tant de ravages : cette année-là, il n'y eut pas à Thiers de 14 Juillet, pas d'arcs de triomphe, de drapeaux, de retraite, de feu d'artifice. On en punit la République.

On en punit aussi l'ancienne municipalité : aux élections qui suivirent l'orage, M. Guillemin tomba de son trône, sur lequel s'assit M. Duvert.

Auguste montait des couteaux et découpait des allumettes en compagnie de son grand-père paralysé des jambes : mais les mains, la tête et la langue fonctionnaient parfaitement. La jeune veuve gardait ses chèvres, faisait des fromages, travaillait le jardin. Selon la promesse donnée, le jeune Pitelet avait payé par petits coups les dettes de son père, une fois ces trous comblés il commençait même à mettre de côté un peu d'argent. Tout cela s'était accompli au détriment de ses études, dès l'âge de neuf ans il avait cessé de fréquenter l'école, en dépit de Jules Ferry et de son obligation. Le vieux Gonin le consolait :

« Lire, oui, faut le savoir un peu. Au moins les nombres, dix, vingt, cinquante, cent. Pour comprendre ce qu'il y a d'imprimé sur les pièces de monnaie. Et sur les bornes kilométriques quand tu voyages. Mais écrire, à du pauvre monde comme nous, ça ne sert de rien. Moi, j'ai jamais eu l'occasion une seule fois d'écrire dans ma putain de vie. Et je m'en suis bien passé. »

L'instruction, c'est comme Dieu : sur ce sujet, les opinions divergent. Les uns pensent que c'est une bonne chose, d'autres croient que c'est mauvais.

Et l'on repartit pour un nouveau siècle. Chacun, prolétaire, artisan, patron, se sentit sur les épaules une grande responsabilité, comme s'il lui incombait d'établir une société nouvelle. Au prix de trois révolutions, de deux monarchies, d'un empire, de deux républiques, de trois guerres en France et d'une demi-douzaine à l'extérieur, le siècle précédent avait apporté l'instruction gratuite, les lois syndicales, les chemins de fer, une certaine liberté de la presse, la vaccination contre la variole. Il restait beaucoup à faire. Les couteliers pauvres espéraient que le XXe ne s'achèverait pas sans la venue de la Sociale, ils attendaient l'avènement de la Sociale comme les juifs attendent l'arrivée du Messie. Avec patience, sans rien bousculer.

Mais certaines idées flottent dans l'air, elles te contaminent, pareilles aux germes invisibles d'une maladie. Ainsi, celle de la grève. Depuis des années, on en parlait à Thiers, comme du choléra de Marseille, en se disant c'est pour les autres, pas pour nous.

Grève à Anzin, Decazeville, Firminy, grève des terrassiers parisiens, grève à Carmaux, grève au Creusot. C'est que, arrêter collectivement les meules, les polissoires, les découpoirs, éteindre les forges sans nécessité absolue — celle du lundi, celle de la sécheresse —, contre la volonté des fabricants, semblait à tous un acte d'une gravité extrême. Un peu comme vouloir arrêter le cours du soleil. Jusque-là, personne ne s'y était résolu. Un certain nombre d'excités s'en plaignaient :

« Nous avons bonne mine, nous, les émouleurs ! Pas prolétaires, sans doute, mais soumis tout de même aux commandements des patrons ! Quand ils veulent baisser les prix, ils le font sans nous demander si le nez nous branle. Allons-nous toujours accepter cette situation ? Serons-nous les derniers syndiqués de France à nous mettre en grève ? Ah ! Ce n'est pas pour rien qu'on nous appelle des Ventres Jaunes ! Jaunes nous convient parfaitement ! »

Les anciens hésitaient encore, les réunions de la chambre syndicale n'attirait jamais beaucoup de monde ; il fallut, pour entraîner les indécis, que le prix du pain ordinaire grimpât d'un coup jusqu'à 35 centimes.

Au rouet Jarsaillon, Cathonnet, dit Marmolle, avait dressé comme j'ai dit son chien-chaufferette à monter jusqu'à l'auberge Thiailler du Grand-Tournant, un bousset attaché au cou. Le service fonctionnait bien, mais un triste jour la pauvre bête était morte d'on ne sait quoi, son maître dut désormais faire la navette lui-même. Ce matin-là précisément il avait débrayé, était parti faire provision sur ses jambes flasques. Les autres travaillaient sans lui depuis un bon moment quand la porte s'ouvrit soudain. Les émouleurs ne s'en aperçurent pas tout de suite, puis l'un d'eux sentit une présence, se retourna, reconnut Combescure, dit la Paille, secrétaire du syndicat. Il leva le bras, fit signe d'arrêter les meules, il devait parler. Une à une les meules se turent. On entendit le ruissellement de la Durolle.

« Voilà, fit le secrétaire, je suis venu vous avertir d'une chose. La grève est décidée. »

Il y eut un silence stupéfait. A peu près comme s'il avait dit, la guerre est déclarée.

« Qui l'a décidée ? demande Desgouttes.

— Le bureau de notre chambre syndicale. Les patrons refusent d'augmenter leurs prix, ne serait-ce que d'un centime la grosse. Alors, y a pas d'autre solution.

— A partir de quand ?

— De tout de suite. Nous allons de rouet en rouet et tout doit s'arrêter.

— Bravo, fait l'autre sans conviction. Je finis ma douzaine, et je rentre chez moi.

— Tu ne finis rien du tout. Sinon, t'es un jaune. Pas d'exception au mot d'ordre : tout s'arrête immédiatement.

— Et combien de temps elle va durer, cette grève ? demande Galoche.

— Jusqu'à ce que les patrons cèdent. »

Les émouleurs se regardèrent avec inquiétude, leurs collègues étaient-ils tous décidés à suivre la consigne ? Alors qu'ils se faisaient ainsi des réflexions, on entendit un cri, des appels, au secours, au secours ! Ils coururent vers le bief, virent d'abord un chapeau noir filant vers l'aval, puis en amont des bras et des jambes dans les écumes. Henri Mignot, le remplaçant de Pitelet l'Artiste, un jeune qui nageait bien, se jeta dans la rivière, ramena l'homme jusqu'au bord. Il s'agissait ni plus ni moins que de Marmolle, il n'avait pas lâché l'anse du bousset, on le coucha sur l'herbe, je suis mort, gémissait-il.

« Mais comment que t'as fait, bougre de ?

— Hé ! Comment que j'ai fait ! Je suis tombé dans l'eau, pardi !

— Mais qu'est-ce tu foutais, si près de l'eau, bougre de ?

— Le pied m'a glissé. »

On le frictionna un peu, on le consola. Il vida ses souliers, se déshabilla, étendit ses dépouilles au soleil. Voilà comment cet ivrogne de Cathonnet dut la vie à la grève syndicale. Si Combescure n'était pas venu l'annoncer aux gens des rouets, ils n'auraient pas entendu ses appels dans le vacarme des meules, Marmolle se serait noyé comme un rat. Triste fin pour quelqu'un qui avait l'eau en dégoût.

La grève commença donc le 24 juin, fête de la Saint-Jean, et obtint un succès qui étonna les dirigeants eux-mêmes. Aux réunions à la Bourse du Travail, des centaines d'émouleurs se pressaient, dont beaucoup, ayant omis de payer leur cotisation depuis des années, avaient été rayés des listes. L'enthousiasme était grand : pour la première fois, les Ventres Jaunes quittaient la position horizontale et parlaient face à face, d'égal à égal, aux fabricants. Ces derniers ne se manifestaient d'ailleurs qu'à titre individuel, en aparté, essayant de convaincre tel ou tel besogneux de travailler quand même, quitte à lui concéder un rien d'augmentation.

Cette politique amena quelques lâchages. Alors, les grévistes eurent une audace inouïe :

« Une chambre syndicale ne suffit point. Organisons-nous en coopérative de production. Si chaque émouleur adhère, nous serons en mesure d'imposer nos conditions aux maîtres. Nous frapperons d'*interdit* les plus récalcitrants et ceux qui auront embauché des non-grévistes. Trente, soixante ou quatre-vingt-dix jours d'interdit selon la gravité des cas. Quant aux traîtres à la profession, nous nous occuperons d'eux ! »

Ils s'en occupèrent. On les connaissait. Des équipes nocturnes sabotèrent les vannes, les turbines, les meules.

On publia donc dans la presse un communiqué qui annonçait la fondation d'une « Coopérative d'émouture et de polissage », siège social à tel rouet, laquelle prenait immédiatement commande des travaux qu'on voudrait bien lui confier. Aucun fabricant ne se présenta. Les boulangers s'impatientaient de creuser des coches dans leurs bâtons et réclamaient du liquide. Les épouses des grévistes firent la queue devant les guichets de la Caisse d'épargne pour retirer leurs rares économies. Car le coutelier n'est guère économe, il sait que la vie est trop courte, les accidents mortels trop fréquents pour songer à ses vieux jours. Ses vieux jours, il les passera, si la chance le favorise, sur sa planche, devant son étau ou son enclume, jusqu'à ce que l'outil lui tombe des mains, jusqu'à ce que la maille lui touche la vue malgré le curé du Moutier. Tout ce qu'il gagne, il le mange et le boit en compagnie des siens et de ses amis. L'épargne lui est aussi étrangère que le violoncelle. Seules ses femmes s'acharnent à mettre quelques sous de côté, souvent en cachette.

Après la sixième semaine, l'enthousiasme tomba, la coopérative souffrait de langueur. Les fabricants, eux, résistaient gaillardement dans leurs maisons blanches, buvant des oxygénées sur leur terrasse fraîche.

A la huitième, ils prirent soudain la mouche. Ils se réunirent aussi dans leur chambre syndicale afin de déclencher la contre-attaque. Œil pour œil, dent pour dent, interdit pour interdit. Ils lancèrent par l'intermédiaire du journal un ultimatum :

« Si des négociations ne sont pas immédiatement entamées en terrain neutre, à la sous-préfecture, entre le syndicat des Ventres Jaunes et nous-mêmes, nous fermerons à partir du 31 août nos boutiques, fabriques et magasins. Toute la ville de Thiers sera réduite au chômage. »

Ce fut l'affolement. Les représentants des émouleurs se présentèrent à la porte sous-préfectorale en chemise, la corde au cou.

« Sauvez, suppliaient-ils, sauvez du moins les apparences ! Accordez-nous un p'tit kèkchose ! Sinon, de quoi aurons-nous l'air devant les cotisants qui nous ont élus ?

— Des nèfles ! répondirent les maîtres-couteliers.

— Un sou ! Rien qu'un sou à la douzaine !

— Bernique !

— Un sou à la grosse !

— Peau de zébi ! »

Commencées sur cette base, les négociations furent menées rondement. Plus question de coopérative. Les délégués syndicaux promirent que le travail reprendrait dès le 1er septembre, et rédigèrent pour la presse un communiqué de victoire :

... Nous avons rencontré les représentants de la Chambre syndicale des fabricants de coutellerie, cisellerie et orfèvrerie, avec lesquels nous avons eu un échange de vues franc, ouvert et fructueux. Ils nous ont promis d'examiner la situation difficile dans laquelle se trouvent la plupart des émouleurs après dix semaines de grève et de sacrifices, et de revoir promptement et positivement les tarifs anciens, en vue de les adapter aux nouvelles conditions économiques. A la suite de quoi, nous avons décidé de mettre un terme à notre mouvement et de conseiller à nos camarades la reprise immédiate du travail et des bons rapports que nous avons toujours eus avec les fabricants thiernois.

Au cours de ce combat inégal, Pitelet le Gros, oubliant qu'il était fils d'émouleur, s'était montré un des plus féroces défenseurs de la cause patronale.

Un jour d'octobre, Clotilde dit à son fils :

« Garde les chèvres, je dois descendre à Thiers prendre un paquet. »

Auguste suivit le troupeau sur les pentes de la montagne. Six mères et deux biquettes d'un an. Elles erraient entre les rocs, quêtant leurs plantes favorites, joubarbe, bois-joli, mélisse, sauge, chélidoine, tussilage, saponaire, genêt, genévrier, anis, angélique, dont elles composaient de savants mélanges. Les filles, encore inexpertes, se montraient assez méfiantes, elles ne se satisfaisaient pas de l'odeur des herbes, et préféraient consulter qui était née avant elles : aussi, avant d'attaquer une plante inconnue, flairaient-elles d'abord les babines maternelles occupées ou non à la mâcher.

De son côté, Auguste se faisait la bouche bonne avec un brin de serpolet. D'autres fois, il se couchait sur le dos et regardait flotter les nuages. Ou se mettait à penser à son père, qu'il avait si peu connu, et dont il époussetait les souvenirs pour les garder en lui nets et brillants. Il le revoyait avec sa haute taille, ses épaules pointues, son visage long, ses yeux doux, ses mains noueuses, ses ongles cassés, toujours en train d'ajuster quelque mécanisme de bois, de fer ou de ficelle. Pitelet l'Artiste. Il le voyait à table, après la rude ascension qui le hissait deux fois par jour jusqu'aux Allumettes, trempant sans appétit la cuillère dans sa soupe.

« Mange donc, foutre de foutre ! l'encourageait son beau-père. Tu ne sais pas ce qui te mangera ! »

Il le voyait malade, toujours un mouchoir à sa portée, dans lequel il crachait rouge.

Il le voyait lorsque les menuisiers l'avaient soulevé du lit, aussi raide qu'une planche, et installé dans leur caisse. Il avait voulu assister à l'opération, malgré les grognements des hommes, cet enfant est trop jeune pour voir ça, il ne voulait pas perdre une seule image de Jacques. Il était donc resté debout près de sa mère devant l'armoire, comme deux cierges, sans un mot, sans une larme.

Et ainsi de suite. Chaque fois qu'il disposait d'un temps sans travail, il le remplissait en songeant à son père.

Ses chèvres l'emmenèrent fort haut, et le retinrent jusqu'à la tombée du jour.

Lorsqu'ils se décidèrent à revenir, Auguste fut surpris par une puanteur de soufre, par une fumée insolite, le feu, se dit-il, y a le feu quelque part. Le feu, c'est-à-dire l'incendie. Et tout de suite après, il en fut certain, cela montait du village des Allumettes. Des cris, des appels, des craquements. Pourvu que... Il dévala sur l'échine, sur le ventre, les chèvres suivirent comme elles purent.

« Pauvre petit, n'approche pas ! N'approche pas ! Retenez-le ! crièrent les femmes. Oh ! bonnegent ! »

C'est ainsi qu'il découvrit sa maison en cendres, sur laquelle les hommes jetaient quelques seaux d'eau désabusés. Tout avait flambé en un clin d'œil : la chèvrerie, la boutique, la salle, les deux chambres. Les réserves de combustibles expliquaient la rapidité.

« Ma mère ! Où est ma mère ? Où est mon grand-père ?

— Oh ! bonnegent ! Oh ! bonnegent ! »

Clotilde était descendue prendre livraison d'un paquet de phosphore qu'un voiturier lui avait apporté secrètement de Clermont. Elle l'avait, selon son habitude, dissimulé sous ses longues jupes, retenu à la taille par des liens. Puis elle était remontée vers son village de contrefacteurs. Que s'était-il passé ensuite exactement ? On ne le sut jamais. Une chose sûre cependant : alors qu'elle était déjà rentrée chez elle, le phosphore s'était enflammé. Clotilde et son père paralysé des jambes avaient brûlé au milieu de leurs allumettes.

C'est ainsi qu'Auguste Pitelet, déjà orphelin de père, devint orphelin de mère et de grand-père.

Auguste fut recueilli par sa grand-mère Hortense, une grand-mère-sarigue, elle le mit dans sa poche ventrale et l'emporta. On vendit les chèvres.

Elle lui trouva une place d'apprenti émouleur dans un rouet du pont de Seychal, non loin de l'usine Barrier où Pitelet l'Artiste avait longtemps travaillé comme martinaire. On se rappelait aussi son grand-père Tchoucossa. C'étaient deux bonnes recommandations.

Il restait la question de la soupe du matin, Hortense en fit le service quelques semaines, puis avoua que ses jambes ne lui permettaient plus ce voyage quotidien.

« Va-t'en, lui conseilla-t-elle, à l'auberge des Murailles. Elle est tenue par des parents à nous, les Mignot-Zapatez. Parents lointains, mais de bonne espèce. Pour dire la vérité, elle, une Zapatez, est plutôt un peu espagnole. Sa famille est venue se réfugier chez nous dans les temps, à cause de certaines disputes en Espagne où beaucoup de monde avait péri. Son père se faisait appeler *don* Zapatez, ce qui est la même chose qu'en France M. le Comte ou M. le Marquis.

— Alors, cette Zapatez est une comtesse ?

— Savoir ! Une comtesse en tout cas qui n'a pas peur de se salir les mains. Les Zapatez s'étaient installés au village des Étiveaux, près de Saint-Victor, ils élevaient des volailles et des cochons. C'est Mignot qui est de notre parenté. Ils se sont mariés ensemble et tiennent cette auberge, le long du chemin des Murailles qui conduit à Saint-Jean. Demande-leur s'ils peuvent t'apporter une soupe chaque matin. »

Ainsi fit-il. Mme Mignot était une belle femme brune, peut-être espagnole de traits, mais bien thiernoise de cœur et de langage, avec toutes ces jolies expressions qui avaient cours dans le pays :

« Oh ! bonnegent ! Oh ! pauvre m'ami ! Mais bien sûr que je te préparerai une soupe chaque jour ! Et je t'en apporterai une pleine biche, car tu n'es pas gras, soit dit sans t'offenser : tu embrasserais une chèvre entre les cornes ! Je veux qu'en un mois tu deviennes un homme ! »

L'auberge comprenait trois pièces : dans l'une on débitait les pintes ; dans l'autre Mme Mignot vendait de l'épicerie et des chandelles ; la troisième servait de forge à son mari, façonneur de manches. En sorte que des odeurs multiples passaient d'un local à l'autre, celle de la corne cuite, celle du café grillé, celle de la vinasse. Mignot était un grand gaillard, aux moustaches lourdes d'histoire, ancien cuirassier de Reichshoffen : une photo encadrée le représentait dans la salle publique avec son casque à crinière et sa cuirasse, à laquelle certains vieux buveurs faisaient le salut militaire.

A midi, Auguste remontait la rue Durolle, la rue des Barres et s'en allait dîner chez grand-mère Hortense, elle le régalait de plats fins et nourrissants, pommes de terre cuites au four du boulanger, haricots blancs au rapoutet, pousses de chou en vinaigrette, purée de châtaignes. Quelquefois, Mme Mignot l'invitait à sa table sans le faire payer, pour le plaisir, et en l'honneur de leur cousinage. Il allait voir dans sa forge le travail de Mignot, qui le recevait bien, lui montrait la besogne du *cacheur*. Comment il saisit avec de longues pinces un morceau de corne préalablement découpé aux dimensions requises. Comment il le promène sur la flamme, le retournant sans cesse, afin qu'il s'amollisse sans brûler. Comment il le glisse sous la presse, pousse le levier de droite à gauche, une fois doit suffire. Comment il le retire, ébarbe l'excédent de corne : le voilà devenu côte de couteau.

« Pourquoi, demandait l'ancien cuirassier, ne te ferais-tu pas toi aussi cacheur plutôt qu'émouleur ? C'est beaucoup moins dur, même si ça gagne moins, tu fais l'ouvrage à ta convenance, près de chez toi. Et peut-être qu'un jour tu pourrais prendre ici ma place, puisque je n'ai pas d'enfant ? »

Auguste remerciait, mais il répondait non. Il tenait à devenir émouleur, comme son père et son grand-père. Et puis, quand on appartient à la noblesse, peut-on accepter de retourner à la roture ?

De grands changements se préparaient dans la coutellerie et dans la ville, après des années de controverses et de travaux, un barrage fut inauguré au lieu-dit Sauviat : il traversait le cours du Miodet, affluent de la Dore en amont de Courpière, et allait répandre l'électricité sur tout l'arrondissement, éclairer les rues et les maisons, faire tourner les meules et pétarader les martinets. Encore un peu, et la Durolle serait inutile. On parla d'établir un *tramway*, c'est-à-dire un petit train électrique entre Pont-de-Dore, Thiers et Saint-Rémy. Les autorités annoncèrent une prospérité sans précédent, Sheffield et Solingen n'avaient qu'à bien se tenir. *Viren bë, viren bë*, disaient les Ventres Jaunes, sceptiques : nous verrons bien, nous verrons bien.

Ils eurent beaucoup de choses à voir cette année 1902. En juin, une fête de bienfaisance au Marché Couvert, au profit des sinistrés de la Martinique, sous la présidence effective de MM. Charmerlat, député ; Duvert, maire ; Brun, sous-préfet. On vendit et on acheta toutes sortes d'étartuelles ; on but, on mangea, on dansa deux jours et deux veillées, l'éclairage était fourni gratuitement par M. Billouez, patron de l'usine à gaz.

En juillet, fête nationale.

En août, le cirque américain *Barnum & Bailey*. Précédé d'une publicité formidable dans la presse et sur les murailles. *Le plus grand show du monde*, lisait-on partout. Si grand que le foirail ne pouvait le contenir, on dut lui louer le champ des moines où se tenait la foire du Pré. Pour éviter la cohue aux guichets, plusieurs magasins de la ville furent chargés de vendre les billets d'entrée, il en coûtait 1 franc 50 aux mauvaises places et 8 francs aux meilleures : il s'en débita 8 000. Cela signifiait que la moitié de la ville entendait voir *le plus grand show du monde*. « Dire qu'il y a si peu de gens dans nos églises ! gémissaient les curés. Jésus-Christ a moins de succès que les paillasses ! » Mais les paillasses n'étaient pas seuls ;

il y avait aussi les animaux, sauvages ou domestiqués, les machineries diverses ; et il y avait essentiellement l'*homme*. A croire le menu, l'*homme* était servi à toutes les sauces : l'homme-chien, l'homme-télescope, l'homme-squelette, l'homme et la femme sans bras, l'homme à la tête incassable, la femme-serpent, l'homme expansionniste, la femme magnétique, l'homme à peau de caoutchouc ; sans parler d'une série plus banale de nains, de géants, de tatoués, d'avaleurs de sabre, de mangeurs de feu.

Barnum arrivait de Clermont. Le vendredi 31 juillet, dès trois heures du matin, son immense caravane de chevaux, de chariots, d'éléphants, de dromadaires, s'étira sur la route de Pont-de-Dore, on eût dit le peuple juif au sortir de l'Égypte. Des centaines de curieux allèrent à leur rencontre, les applaudirent, les conduisirent jusqu'au champ des moines, assistèrent à leur installation, offrant pour les aider leurs bras, leurs jambes, leur échine.

Le 1er août, tout ce qui, dans la ville, pouvait marcher, voir et payer, dévala vers le quartier bas. Un torrent de badauds. On n'avait assisté à rien de tel depuis le cyclone de 1900. La représentation dura presque quatre heures, au bout desquelles les Thiernois rentrèrent chez eux éblouis de lumières, de musiques, de paillettes, de flammes, de fumées. Stupéfiés par les infinies métamorphoses de l'*homme*. Et cependant insatisfaits. Dans la bouche de tous c'était la même plainte :

« On a vu beaucoup de choses, d'accord. Mais pourquoi qu'ils n'ont pas tenu entièrement leur promesse ? Car lui, on l'a pas vu comme il était écrit sur les affiches : le plus grand chauve du monde. Les Américains, c'est pas des gens de parole. »

Après les Martiniquais, vient le tour des Bretons affamés par des pêches désastreuses, la morue fuit vers des eaux plus tranquilles, le maquereau s'expatrie, la sardine déserte. Nouvelle kermesse au Marché Couvert, nouvelle vente d'étartuelles. Cela signifie qu'on fouille les greniers pour y dénicher des objets inutiles, vieux chandeliers, assiettes fendues, sabres impériaux, gourdes de pèlerins, on les époussette, on en fait cadeau à l'organisation qui en fixe le prix et les bazarde aux âmes généreuses. Celles-ci les emportent dans leur grenier, disant :

« Je les donnerai à la prochaine kermesse. »

Ainsi, à chaque calamité, les étartuelles permutent d'un grenier à un autre.

On n'oublie pas les Boers et leur lutte contre Sheffield. Comme ils ne réclament point de secours dans un pays où pullulent les diamants, la municipalité décide de débaptiser la rue du Pénail, qui devient la rue du Transvaal. Ils ne pourront pas dire que Thiers n'a rien fait pour eux.

A l'auberge des Murailles, Auguste se sentait comme chez lui, Mme Mignot l'appelait *m'ami*, le cacheur lui enseignait le pressage des manches, mais le plus beau lui vint un jour de mai. A la saison du ripipi. Un matin que sa cousine d'Espagne lui livrait son litre de soupe, elle entra dans le rouet en compagnie d'une jolie fillette d'environ douze ans :

« Une nièce à moi, Antoinette Zapatez. Elle arrive de Vollore-Ville où vit mon frère charpentier-charron, qui me l'a confiée pour que je la dégourdisse. Désormais, c'est elle qui t'apportera ta biche. Vous n'êtes qu'à peine cousins, mais je te demande de la traiter un peu comme ta petite sœur. »

Auguste regarda cette sœur qui lui tombait du ciel et la trouva bien à sa convenance, avec ses yeux bruns dont il découvrait la profondeur chaque fois qu'elle osait lever les paupières, ses joues fraîches et sa bouche d'enfant, remplie de dents si fines qu'on eût cru qu'elle avait gardé ses dents de lait. Sa chevelure, sinueuse et touffue, était réunie en une tresse qui lui tombait dans le dos pareille à une longue couleuvre noire.

Avant de l'emmener, Mme Mignot exigea :

« Eh bien ! Embrassez-vous, puisque vous êtes sœur et frère ! »

Il se baissa un peu, approcha d'elle ses joues mâchurées, baisota trois fois les siennes, tandis que les autres émouleurs applaudissaient en riant. Toinette s'en alla rouge comme une braise.

Le lendemain, elle revint seule, bien droite dans le sarrau noir des servantes et des ouvrières, mais un col blanc autour du cou. Elle leva les yeux et lui sourit un peu en tendant le pot de grès.

« Grand merci », dit-il.

Il eût aimé répéter les bises de la veille, mais comme elle demeurait distante, il n'osa point.

Dès lors, il attendit chaque matin l'arrivée de sa soupe. Avec curiosité. Ensuite, avec impatience. Puis avec fièvre. A midi, les jours d'invitation, il retrouvait la porteuse à l'auberge où elle enlevait les verres sales et les bouteilles vides, essuyait les tables, balayait les planchers, tout en restant propre comme une chatte. Il observait ses allées et venues, agiles et silencieuses, ses mains jamais oisives, le balancement de sa tresse. Parfois, on employait Auguste à gratter les carottes, à peler les pommes de terre, fais-toi aider par ton frère, recommandait Mme Mignot. Ni elle ni lui ne croyaient à cette fraternité, mais il acceptait avec joie de s'asseoir près de Toinette, de se plier à ces besognes de femme qui déshonorent un homme. Ils demeuraient côte à côte, heureux de leur voisinage, n'échangeant que de rares syllabes :

« Celle-ci... Laissez, je m'en charge... Je vais plus vite que vous... »

De temps en temps, au milieu des épluchures, leurs mains se

frôlaient. Un jour, s'enhardissant, il osa même couvrir la sienne, elle le regarda presque effrayée ; alors, pour donner le change :

« Connaissez-vous ce jeu ? »

De leurs quatre mains empilées, ils construisirent un mur fictif, celle du fond se retirant sans cesse pour se poser au sommet. D'abord sans se presser. Puis en accélérant, quittant la table, battant l'air, prenant de la hauteur, montant jusqu'au plafond, avec de grands éclats de rire. La tante les surprit dans cette posture :

« Eh bien ! Vous avez un drôle de biais pour gratter les pastonades ! »

Le samedi soir, Toinette rentrait chez elle : deux bonnes heures de marche jusqu'à Vollore, en empruntant les raccourcis. Auguste demanda l'autorisation de l'accompagner, laquelle fut transmise à l'autorité compétente, qui répondit : « D'accord pour l'accompagnement. Mais pas plus loin que l'entrée d'Escoutoux ! »

Ainsi commença un voyage hebdomadaire, plein de surprises et de délices. Ils allaient sagement côte à côte, se laissaient arrêter par une procession de fourmis, le cri d'une ajasse, l'escapade ondulante d'une fouine, le coup de sifflet d'un merle, les percussions d'un pivert-médecin en train d'ausculter un chêne. Il lui demandait le nom des plantes, lui, pauvre citadin capable de confondre l'ortie blanche et l'ortie brûlante, et elle lui enseignait toute sa botanique patoise, *l'erbo barado*, l'herbe bigarrée, l'herbe poilue, l'herbe aux chats, l'herbe aux puces, l'herbe au lait, l'herbe au sang, l'herbe au cours de ventre, l'herbe aux femmes battues. Une telle science le confondait :

« Mais qui vous a appris tout ça ? »

Elle riait encore : « Hé ! Je ne me rappelle pas ! Je l'ai toujours su ! »

La route serpentait au pied de la montagne boisée, entre les champs de seigle et les vignes, ils montaient vers l'échine pointue du Grün de Chignore. Tout à coup, sans même s'en apercevoir, ils se trouvaient à la croix de pierre, au-dessus du village blotti dans sa cuvette, ils baissaient les yeux vers le coq de l'église : c'est là qu'ils devaient se quitter, aux termes du règlement imposé par le charron-charpentier. Le voyage leur avait semblé bien court.

« Au revoir, Toinette. A mardi.

— Au revoir, Auguste. »

Il cueillait une fleur d'*erbo barado* et la lui remettait pour viatique. Trois fois ils s'embrassaient sur les joues, légèrement, comme frère et sœur. Puis, chacun partait de son côté, ils se retournaient tous les cent pas, s'envoyaient des saluts de la main.

Les choses allèrent bien ainsi tout l'été.

Or, un samedi d'automne, elles se gâtèrent soudain. Ce jour-là, je ne sais quelle envie le prit de prolonger un peu l'accompagnement, elle voulut le retenir :

« Non, non, Auguste. Vous avez promis de ne pas dépasser la croix !

— Qu'est-ce que cela fait ? Personne ne le saura !

— Moi, je le saurai. Il ne faut pas.

— Pour quelle raison, exactement ?

— A cause des gens d'Escoutoux qui nous verraient ensemble. Ces Escoutelas ont des langues de peille !

— Mais, Toinette, vous n'avez que douze ans, et moi que quinze !

— C'est suffisant pour qu'on dise du mal de nous.

— Je ne crains pas ce qu'ils peuvent dire. »

Prouvant aussitôt sa bravoure, il lui saisit une main, la serra très fort, descendit le raccourci escarpé et traversa tout le village en la tenant de la sorte, malgré les yeux qu'il devinait derrière chaque rideau de filet. Ils passèrent devant l'église, devant la mairie, devant les deux cafés pleins de buveurs, devant l'école, devant l'épicerie-boulangerie : elle se laissait tirer en baissant le front, telle une bête qu'on mène à la foire. Lorsqu'ils eurent dépassé la dernière grange, il ouvrit les doigts, elle s'en alla toute confuse, sans se retourner.

Le mardi matin, comme à l'ordinaire, elle apporta au rouet la soupe longuement mitonnée de Mme Mignot. Son visage était pâle et triste, ses yeux un peu rouges. En lui remettant sa biche, elle s'arrangea pour lui glisser une feuille de papier pliée en quatre, puis très vite s'esquiva. Pendant qu'elle s'éloignait, il prit le temps d'avaler sa soupe. Après quoi il sortit et, se dissimulant, déchiffra le billet de son amie. *Cher Auguste, vous n'avez pas respecté votre promesse. En me faisant traverser Escoutoux alors que vous me teniez par la main, vous m'avez déshonorée. Nous ne pouvons donc plus nous parler comme avant, vous ne pourrez plus m'accompagner sur la route de Vollore. J'en suis bien malheureuse. Votre sœur dévouée. Antoinette Zapatez.*

Ainsi ne finirent pas les amours d'Auguste et d'Antoinette. Car, les jours qui suivirent, il implora et obtint un pardon qu'elle ne demandait qu'à accorder. Le voyage du samedi recommença, sous la surveillance des merles et des fourmis, mais plus jamais il ne dépassa la croix de pierre.

La voiture automobile n'en était encore qu'à ses premiers hoquets, les populations ouvrières et paysannes considéraient avec horreur ces monstres pétaradants et convulsifs, écraseurs de poules, de chats, de chiens, de porcelets. De temps en temps, l'une d'elles s'aventurait dans les rues les plus plates de la ville avec ses étranges passagers : les hommes en grosses lunettes noires, casquette à oreilles ; les femmes la tête enveloppée d'un voile comme si elles venaient de démieller une ruche. Un arrêté municipal leur interdisait la traversée à plus de 10 km à l'heure, tandis que la municipalité clermontoise, plus sévère, n'en permettait que 8. Les employés de l'octroi, outre leur fonction publicaine, devaient retenir les automobilistes aux barrières, leur expliquer par le menu le règlement, les peines encourues, les dangers mortels de la vitesse. Ils obéissaient de bon ou de mauvais gré. Mais, sitôt hors les portes, ils s'élançaient de nouveau à de folles allures, soulevant sur leur passage autant d'indignation que de poussière. Parfois, un accident se produisait, la voiture tombait dans un fossé le nez en avant, le conducteur volait par-dessus le capot, les journaux écrivaient que le véhicule avait « fait panache ».

Or, c'est dans un de ces engins diaboliques qu'environ ce temps une jeune Thiernoise acquit une gloire européenne. Mais quelle idée eut Mlle Anna Betant, lorsqu'elle prit un pseudonyme artistique, de se faire appeler Mauricia de Tiers, enlevant ainsi une lettre au nom de sa ville natale ? Elle perdait de la sorte une occasion de lui faire devant ses spectateurs des *Folies-Bergère* une publicité dont les pauvres couteliers lui auraient eu grande reconnaissance. Avec ce *h* en moins, les Parisiens ne voyaient pas le rapport, et ils se moquaient du tiers autant que du quart. C'était grand dommage, car son numéro, d'une incroyable audace, attirait les foules. Elle conduisait une voiture en forme d'obus sur des rails relevés à leur terminaison. Le bolide prenait d'abord de la vitesse, puis s'élançait vers le ciel, dessinait une boucle parfaite et retombait sur une piste sablée. Mauricia sortait de ses flancs dans un costume collant pailleté d'or, comme de sa chrysalide un insecte éblouissant. Une pluie de fleurs, des acclamations en toutes les langues s'abattaient sur elle, des princes ou des rois l'invitaient à leur table, mais on n'était pas même certain qu'elle y exigeât de la coutellerie thiernoise, peut-être coupait-elle ses escalopes avec des lames de Sheffield.

Mais les Ventres Jaunes eurent en 1904 un plus grave motif d'amertume. L'un des leurs, nommé Garmy-Guelpa, inventa une machine à émoudre composée de deux petites meules mues par le même axe, contre lesquelles des chariots mobiles appliquaient deux lames selon une pression réglable ; la première meule blanchissait la face gauche, la seconde la droite ; à bout de course, il fallait permuter les lames ; elles s'enfonçaient ainsi automatiquement, comme dans du beurre, entre meules et chariots, sous les yeux de l'ouvrier qui avait le choix de se tenir assis ou debout, sans s'inonder les bras, sans produire d'autre effort que d'alimenter en pièces la machine. Le rendement se trouvait pour le moins doublé. Une fois les réglages opérés, un enfant de dix ans pouvait par ce système émoudre aussi bien qu'un artisan d'expérience. En outre, il était possible d'employer deux hommes à une même machine, donc de quadrupler la production.

Les émouleurs virent tout de suite les dangers de cette concurrence mécanique. Par bonheur, la machine ne savait œuvrer que les lames plates des couteaux de table ; encore fallait-il leur ajouter le fil manuellement sur une meule ordinaire. Les fabricants, cependant, rêvaient. Ils voyaient des ateliers sans Ventres Jaunes, pleins de machines à émoudre, devant lesquelles dix enfants abattaient autant d'ouvrage que vingt hommes. Ils ne craignaient plus ni syndicats, ni grèves, ni interdits. Plus tard, des machines perfectionnées n'emploieraient qu'un seul enfant. Enfin, plus d'enfant du tout : le patron entrerait chaque matin dans le rouet, appuierait sur un bouton, et les machines débiteraient leurs lames toutes seules comme une brebis débite ses crottes. Par bonheur, on n'en était pas encore à ce point.

Ce nouveau siècle commençait mal pour tout le monde. En octobre, un nommé Malet, déserteur des bataillons d'Afrique, qui prenait pension chez la Dame de Carreau, arrêté pour ivresse et tapage nocturne, est emmené au poste de police. Là, il tire de sa poche un revolver et abat froidement trois agents en uniforme : deux sont blessés, le troisième en meurt. Un nommé Lévigne, âgé de soixante-dix ans, qui, l'année précédente, a reçu des mains du maire la médaille des bons serviteurs, suppliant à cette occasion qu'on ne le mette pas à la retraite :

« J'aurai bientôt soixante-dix ans, je le sais. Mais j'ai encore bon pied, bon œil, et je peux encore rester au service de mes concitoyens. »

Émouvantes paroles. Admirable dévouement à la cause publique. Le maire a fini par céder, le condamnant ainsi, sans le vouloir, à une horrible fin. De mémoire d'homme, jamais aucun individu isolé n'a jamais osé lever la main à Thiers sur un représentant de la force publique. Que dire de trois ! Dont un septuagénaire !

Pis encore : le 4 décembre, de nouvelles élections changent la municipalité et placent à la tête de la commune un socialiste ! Le nouveau maire, M. Cotillon, reçoit de ses amis une écharpe d'honneur sur laquelle, symboliquement, le rouge couvre autant de large que le bleu et le blanc réunis !

On avait appris cela à l'école, on avait entendu parler de la Saint-Barthélemy, des huguenots, de Ravaillac, mais nul n'aurait jamais pensé revivre ces horreurs.

Et pourtant, au cours des années 4, 5, 6, on retomba en pleines guerres de religion. Par la volonté d'un ancien séminariste, presque ancien carmélite, devenu férocement anticlérical, Émile Combes. Les hostilités commencèrent par l'interdiction d'enseigner faite aux congrégations ; se poursuivirent par la rupture avec le Vatican et le rappel de notre ambassadeur ; la séparation des Églises et de l'État ; la confiscation de leurs biens mobiliers et immobiliers ; l'inventaire de ces biens ; la condamnation pontificale de toutes ces mesures par l'encyclique *Vehementer nos* ; la résistance des populations catholiques ; l'envoi de troupes chargées de disperser les rassemblements et d'ouvrir les portes des édifices du culte.

On vit dans les campagnes les fourches se lever comme au temps de la Chouannerie.

A Thiers, des groupes d'emplènes se rassemblaient le dimanche devant Saint-Genès à la sortie de la messe pour chanter des cantiques francs-maçons :

Il n'eut ni feu ni lieu
Et dut gagner son pain :
Jésus-Christ, fils de Dieu,
Était républicain...

Une certaine nuit, quelques-uns de ces voyous habitant le Moutier défilent par les rues en braillant leurs convictions philosophico-politiques, vive le bloc des gauches, vive le père Combes, vive Briand, vive Ravachol, à bas la calotte. Puis ils se dirigent vers l'église Saint-Symphorien confiée à l'abbé Prulhière, guérisseur de la maille. A cette heure ténébreuse, il dort paisiblement au fond de son presbytère.

« Vive la libre pensée ! A mort le fanatisme ! A bas la curaille ! » vocifèrent les emplènes.

Dans les maisons voisines, on commence à pousser les meubles contre les portes en vue d'arrêter une éventuelle invasion de la gauche, les enfants pleurent sous leurs couvertures sans comprendre ce qui se passe. Tout à coup, les manifestants passent aux actes, ils ramassent des pierres, des bouteilles vides, les lancent contre les fenêtres de l'abbé qui n'a pas même pris la précaution de fermer ses volets, les carreaux font *dzim*, des projectiles tombent dans sa chambre et jusque sur son lit, un miracle seul le préserve. Ensuite, la tempête s'éloigne et va porter ailleurs ses ravages.

L'action du maire socialiste est moins violente, mais plus efficace. Conformément à la loi du 7 juillet 1904, les établissements scolaires congréganistes ont été fermés. Ceint de son écharpe inégalement tricolore, entouré de ses adjoints et d'un huissier de justice, M. Cotillon se présente devant la mère supérieure des sœurs de la Charité :

« Madame, je viens, au nom de la municipalité, prendre possession de votre école.

— Monsieur, nous ne pouvons qu'obéir à la force des baïonnettes. Les locaux sont à vous. Nous y avons formé des générations de jeunes filles appartenant à la meilleure société thiernoise. Pouvez-vous seulement me dire ce que vont devenir ces enfants, celles du moins qui n'ont pas terminé leurs études ?

— Elles les termineront, madame, car nous n'entendons pas installer dans votre maison une poudrière ou je ne sais quoi. A l'école congréganiste succédera simplement une école primaire supérieure laïque et gratuite. Ouverte non seulement aux filles de la bourgeoisie, mais à celles de toutes nos classes sociales. »

Là-dessus, la religieuse devient pourpre de colère :

« Placez-y vos filles d'ouvrier si bon vous semble, monsieur : je doute que vous en recrutiez beaucoup, car elles préfèrent travailler dans les ateliers dès que possible plutôt que de s'embarrasser d'un savoir inutile. Quant à nos anciennes élèves, je suis sûre, entendez-vous, sûre que vous n'en recevrez pas une seule ! Aucune ne voudra cautionner cette dépossession que nous inflige une loi inique ! Aucune !

— On verra bien. »

En attendant, il ordonne à l'huissier de placer les scellés sur chaque porte. Lorsqu'il se prépare à prendre congé, la religieuse le régale d'un sarcasme :

« Je constate, monsieur, que votre loi nous laisse cependant des consolations. Elle ne nous interdit pas les œuvres de charité, l'administration de notre bureau de bienfaisance, de notre pharmacie gratuite. Seriez-vous preneur également ?

— Tant que vous ne vous occuperez, madame, que de soigner les pauvres et les malades, vous aurez notre bénédiction socialiste ! »

Au mois d'octobre suivant, après les aménagements et les désinfections nécessaires, l'E.P.S. s'ouvrira et accueillera une quarantaine d'élèves, lesquelles se multiplieront avec les années. La mère supérieure des sœurs de Nevers aura le chagrin de constater l'erreur de sa prophétie : après un temps de bouderie, les bonnes familles thiernoises ne craindront pas d'y inscrire leurs enfants, bravant ainsi les germes de la laïcité.

1906-1911

Pitelet le Fin sut bientôt qu'il ne chausserait point des éperons d'or, comme il avait promis à sa mère ; qu'il devrait se contenter d'éperons de bronze. Pour l'amour de Girometta — dont il prononçait le nom Jérômette —, il renonça, brebis galeuse du corps inspectoral, à toute ambition professionnelle. La Hiérarchie le tenait à l'œil, guettant la moindre défaillance pour lui casser les reins. Il se savait condamné à la stagnation et au marasme.

Grâce au terrain plat, il parcourait sa circonscription à bicyclette, poursuivi par les chiens beaucerons, arrivait poussiéreux ou crotté dans les petites écoles tuilées de rouge vif, où on le recevait avec le minimum de déférence, sans vin chaud, sans tarte à la confiture. On le savait en équilibre sur une lame de couteau, on souriait de ses recommandations. A Montargis même, il n'était invité à aucune cérémonie privée ou officielle ; on l'eût placé par ordre de préséance après le garde champêtre.

Il ne regrettait rien. En rentrant à son domicile, il retrouvait son monde à lui composé d'une petite maison, d'une petite femme, d'un petit jardin, d'un petit enfant, d'un chat, d'un chien, d'une tortue, d'un tilleul, d'un pavot rouge. Il s'asseyait devant sa blonde Sicilienne et lui baisait les pieds.

« Non, non, protestait-elle. Ne me plaît pas de te voir en attitude d'esclave. J'ai d'ailleurs jardiné tout le jour et ne suis pas sûre que mes pieds soient très propres.

— Il ne s'agit pas d'esclave. A Gap, dans la belle société où tu fréquentais, on pratiquait m'as-tu dit le baise-main. Dans notre société à nous, un chat, un chien, une tortue, et caetera, on pratique le baise-pied. »

Comme le furet, l'ambition courait d'un Pitelet à l'autre. Chassée par Vincent, elle entra chez Auguste du jour où il remarqua les yeux sombres et les dents éclatantes d'Antoinette Zapatez. Ventre Jaune, ce n'est pas mal, mais je veux lui offrir mieux. Il informa sa grand-mère de ses intentions, obtint un accord qu'elle lui donna de mauvais gré, puis sollicita de M. Sauzedde, le propriétaire du rouet, l'autorisation de dresser un lit de camp dans un coin de l'atelier. En se levant, il le couvrait d'une toile pour le garder de la moulée. Le mardi, il apportait un ragoût de lapin qu'il réchauffait à midi sur le poêle et dont il se nourrissait cinq jours. Avec un peu de fromage, il ne voulait rien d'autre.

« Ce garçon va se tuer ! » gémissait Hortense.

Du moins lui préparait-elle la seule chose qui pût le sauver, le civet hebdomadaire, elle assomma tout son clapier, puis recourut aux lapins de la campagne. A neuf heures, Toinette lui apportait deux biches de soupe au lieu d'une seule, la seconde servait à son repas du soir. Grâce à ces dispositions, Auguste put travailler dix-sept heures par jour, gagner jusqu'à 400 francs mensuels. « Dans cinq ans, calculait-il, je proposerai au vieux Sauzedde de lui acheter son rouet, et j'épouserai Antoinette. Dans dix ans, j'achèterai des machines, je monterai une usine d'émouture automatique. Dans quinze ans... »

Pendant ce temps, les manifestants du 1er mai réclament la journée de huit heures. Les patrons crient comme des écorchés : huit heures de travail quotidien ne suffisent pas à couvrir l'amortissement et l'entretien du matériel, ces huit heures signifient la ruine de l'industrie, l'arrêt de nos exportations, la famine et la banqueroute, à tout hasard les familles bourgeoises font des provisions de sucre, d'huile et de farine.

Peu après ont lieu de nouvelles élections parlementaires. Elles sont un grand succès pour les partis de gauche qui disposent de la majorité dans les deux Chambres. Pour la première fois, le département du Puy-de-Dôme envoie au Palais-Bourbon un député socialiste, Alexandre Varenne, avocat, journaliste, ami de Jaurès, représentant de Riom-montagne, alors que Thiers conserve son Chamerlat. Une des premières mesures de la nouvelle assemblée est d'imposer le repos hebdomadaire. Une très ancienne tradition — remontant, dit-on, à la Genèse — semblait pourtant l'avoir établi. En fait la règle souffre de très nombreuses dérogations dans l'industrie et le commerce. Les fabriques, les boutiques thiernoises fonctionnent généralement le dimanche matin, parfois toute la journée. Les facteurs assurent une tournée dominicale. Alors, se pose une question : va pour un jour de repos par semaine ; mais lequel choisir ? Non, non, la question n'est point réglée devant un Parlement à majorité radicale et socialiste, laïque par conséquent jusqu'aux moelles. Après de longs examens, la Chambre finit cependant par reconnaître que le dimanche lui semble le jour de repos le plus approprié.

Le dimanche ainsi laïcisé contribue à éteindre les querelles religieuses, les prêtres se trouvent rendus à leur primitive pauvreté, ce qui n'est mauvais ni pour la foi ni pour les finances communales : grâce à la séparation des Églises et de l'État, à la suppression du chapitre des cultes, les dépenses de la municipalité thiernoise se trouvent allégées d'une somme de 4 151 francs et 11 centimes. De fort longtemps son budget n'a connu pareille aubaine. Il lui en tombe une seconde lorsqu'une certaine Mme Tixier-Frachon, récemment décédée, propose par testament un don de 5 000 francs à l'hospice, pourvu que la ville s'engage à faire dire quatre messes annuelles pour le repos de son âme, *en présence d'un de ses représentants*. Le traité vient en discussion devant le Conseil.

« Les cinq mille francs valent bien quatre messes, s'écrie le maire. Mais je ne me vois pas, élu laïque et socialiste, assistant à ces cérémonies du fanatisme ! Y a-t-il parmi vous quelque volontaire ? »

Alors un index se lève, celui du citoyen Bechon, seul élu de la liste adverse et seul opposant.

« Peut-être pourrais-je l'être. Mais d'abord, j'aimerais savoir s'il s'agit de messes de première qualité.

— A quoi reconnaît-on la qualité d'une messe ?

— A son prix.

— Je me suis renseigné auprès du curé de Saint-Genès. Elles nous coûteraient 3 francs 50 la bête. Foutre ! A ce prix-là, ce doit être de la qualité extra !

— Vous vous trompez. Je m'y connais. Elles sont de deuxième qualité. A une messe de première qualité, j'assiste. A une de seconde, je n'assiste pas. Les meilleures coûtent 6 francs. »

M. Cotillon calcule que même à ce prix la municipalité est largement gagnante, la proposition de Mme Tixier-Frachon est acceptée, le conseiller Bechon désigné comme représentant perpétuel aux messes posthumes.

On ne peut dire que ces gens de gauche comptent moins bien que ceux de droite, au Palais-Bourbon c'est par un vote presque unanime que l'indemnité parlementaire est portée de 9 000 à 15 000 francs par an. Outre tous les avantages accessoires que l'on connaît ou ne connaît pas. Craignant que cette potion ne soit un peu raide à avaler par l'opinion publique, les députés en adoucissent l'amertume avec un grain de sucre : le prix du timbre-poste tombera en compensation de 15 à 10 centimes.

Tous comptes faits, l'année 6 serait assez heureuse pour les Thiernois sans une mauvaise nouvelle qui leur vient un jour du Portugal : invitée par le roi Carlos, la belle Mauricia a donné son numéro de bolide à Lisbonne, où elle a bouclé le *looping* deux fois de suite, recueillant une pluie de bouquets, de bijoux, de chapeaux, de confetti. Malheureusement, la troisième démonstration s'est terminée en désastre, la machine est sortie des rails, s'écrasant contre un mur du théâtre, Mauricia a été transportée à l'hôpital. *Presque tous ses os sont cassés*, écrit le *Journal de Thiers*, soulignant la volonté maléfique et minutieuse du destin.

En fait, elle survivra. A l'examen de ses fractures, on s'apercevra même qu'elle n'en compte qu'une seule, à une clavicule. Les Ventres Jaunes souriront :

« *Tan de fun, chi po de ròutchi !* Tant de fumet, si peu de rôti ! »

Quand une simple meule éclate chez eux, les dégâts sont beaucoup plus graves.

Au sortir des guerres religieuses, le pays tombe dans la guerre sociale. Les syndicats ont dit nettement au congrès d'Amiens qu'ils ne croyaient plus, pour améliorer la condition ouvrière, à l'action des partis politiques dans le cadre parlementaire : elle leur procurait au mieux un changement de maîtres ; ils n'ont de foi désormais qu'en l'action directe, qu'en la grève jusqu'au-boutiste. Ils rêvent d'une société syndicale et libertaire dans laquelle les entreprises seront gérées par les travailleurs, les produits vendus par les travailleurs, les bénéfices répartis entre les travailleurs. Ils sont proudhoniens sans le savoir et Ventres Jaunes sans le soupçonner.

Le coup de grisou de Courrières, qui a fait douze cents victimes, déclenche les hostilités contre l'État et les patrons exploiteurs. D'abord dans le Nord et le Pas-de-Calais, puis dans le reste de la France. Désormais, un millier de grèves éclateront chaque année. Elles réclament les huit heures, des conditions de travail moins dangereuses, une augmentation des salaires, limitée le plus souvent à quarante sous par semaine. Les députés devraient comprendre cette revendication, eux qui, d'un coup, viennent de s'octroyer un supplément de cinq cents francs mensuels.

A Paris, la C.G.T. décide une grève totale des électriciens. Il faut dire, cependant que Thiers s'éclaire encore au gaz, au pétrole, à la bougie, que la capitale est déjà une ville électrique, avec son métropolitain, ses usines, ses lampadaires. Tout à coup, la voilà deux jours et deux nuits plongée dans l'immobilité et les ténèbres : les ateliers s'arrêtent, les théâtres et les beaux restaurants s'éteignent, les pompes cessent de pomper, l'eau de la Seine envahit le métro, dans les rues sans lumière les apaches s'en donnent à cœur joie. Stupéfiés de leur pouvoir, les grévistes n'en abusent pas.

Dans la région thiernoise, les salariés de Saint-Rémy-sur-Durolle coupent aussi le courant et se mettent à chanter *la Carmagnole* et *l'Internationale* en un canton qui n'avait jamais entendu que des hymnes à la Vierge et à saint Loup. Les maîtres-couteliers font la sourde oreille, recrutent des jaunes parmi leurs parents, amis, domestiques, connaissances, et se mettent à produire beaucoup d'étincelles pour laisser croire qu'ils produisent beaucoup d'ouvrage. Alors, les grévistes s'énervent, ils empoignent les scies, les cognées et abattent les poteaux qui amenaient les kilowatts.

« Malheureux ! crient les gendarmes accourus. Vous rendez-vous compte du danger ? Un poteau n'est pas un arbre ! Vous risquez de vous électrocuter comme les condamnés à mort américains ! »

Afin de les protéger, ils en jettent quelques-uns en prison. Les autres reprennent le travail sans avoir rien obtenu.

Si l'on en croit les journalistes, une grève sur quatre s'achève par une victoire des travailleurs, dont un sur dix seulement est syndiqué.

La revendication atteint même l'agriculture. Les viticulteurs du Midi n'arrivent pas à vendre leur vin, à un sou le litre ils préfèrent le jeter au ruisseau. « Sacrilège ! » s'écrie à Thiers Marmolle informé, qui le paye dix sous au mastroquet du Grand-Tournant. Là-bas, on manifeste un peu partout. « Nous irons à Paris ! » crie-t-on dans l'Aude, dans l'Hérault, dans le Gard, en brandissant des pancartes. Puis ils se donnent un Rédempteur, un nommé Marcellin Albert qui les sermonne et les exhorte au sacrifice suprême. En mai, ils sont 150 000 à Béziers ; en juin, 500 000 à Montpellier et à Narbonne où éclatent des bagarres contre la gendarmerie, faisant des blessés et des morts, le sang des hommes se mêle au sang de la vigne.

Clemenceau, président du Conseil, qui a promis en atteignant le pouvoir d'introduire la démocratie dans le gouvernement et de satisfaire les justes revendications des travailleurs, Clemenceau, l'ancien extrémiste radical qui s'était indigné naguère du massacre de Fourmies, envoie la troupe contre ces hommes désespérés ; or, les jeunes recrues du 17ᵉ de ligne, en garnison à Béziers, refusent de tirer et mettent crosse en l'air. Une croisade des Albigeois à rebours va-t-elle monter contre le Nord ? En fait, les vignerons se contentent d'envoyer Marcellin Albert à Clemenceau qui accepte de recevoir ce Christ à barbe grise, mal à l'aise dans ses bottines et son chapeau gibus. Il le laisse s'épancher, lui fait toutes les promesses qu'il espérait et lui paye un billet de train pour qu'il retourne au plus vite dans ses garrigues.

Par bonheur, la récolte suivante sera déficitaire, les cours du vin remonteront, il ne restera de ces bagarres que des souvenirs amers et la chanson de Montéhus :

Salut ! Salut à vous ! Braves soldats du 17ᵉ !
Salut ! Salut à vous ! On vous admire et l'on vous aime !

Mais qui paiera les conséquences de ces troubles ? Les Ventres Jaunes et leurs pareils ! Avant 1907, le vin se vendait à la bouteille d'un litre, dix sous la pinte, c'est-à-dire juste la valeur d'une piécette blanche de cinquante centimes. Après les événements, la pinte montera à douze sous, la piécette n'y suffira plus, il faudra casser une pièce de vingt sous et recevoir quarante centimes de menue monnaie, on y regarde à deux fois avant de casser une pièce d'argent. Les buveurs se contenteront donc, en se privant, de commander une chopine, pour laquelle ils paieront six sous. C'est toujours le malheureux qui trinque.

Et ça continue.

A Draveil, Seine-et-Oise, les ouvriers des sablières se mettent en grève et occupent leurs chantiers. Clemenceau envoie les dragons : ils en tuent sept et en blessent cinquante, tous leurs dirigeants sont arrêtés. Les parlementaires socialistes, anciens alliés du président, poussent des clameurs, la C.G.T. le baptise Clemenceau le Tueur, la Bête rouge, le premier flic de France.

A Thiers, les revendications se sont au contraire éteintes d'elles-mêmes, faute d'aliment, les affaires souffrent de dépression, on ne va pas ajouter un chômage artificiel au naturel. On boira un peu plus de vin à six sous la chopine pour oublier.

Cela n'empêche pas de mourir de la coutellerie, dans des conditions qui lui sont particulières, comme en témoigne le curieux accident d'Anselme Couturier, façonneur de manches. Un matin, dans sa boutique, une infime parcelle de corne jaillit de sa presse et le pique près de la tempe gauche. Il essuie l'endroit du revers de la main et poursuit sa tâche sans plus y penser. Rentré le soir chez lui, il ne se débarbouille pas la figure, ce n'est pas l'usage dans la corporation. Le lendemain, il remarque qu'une boulaque lui a poussé au front, comme s'il allait de ce côté-là lui sortir une corne, il la gratte un peu parce qu'elle le chatouille et retourne à sa forge. Dans la matinée, la boulaque grossit, il la montre à sa femme quand elle lui apporte sa soupe.

« Pardi ! fait-elle. Tu auras été mordu par quelque sale bête, peut-être une araignée. Je vois un point noir au milieu. Attends, je vais le sortir. »

Elle le presse entre ses doigts, et fait si bien qu'elle l'enlève, maintenant, te voilà débarrassé, au revoir, ménage-toi. Malgré ces soins, Anselme se gratte, se gratte, la tête commence à lui enfler. Alors il recourt au remède souverain, à celui des bergers, mais que tout homme porte sur soi en permanence : il tire son vaste mouchoir à carreaux, l'imbibe d'urine et s'applique cette compresse sur l'enflure. En même temps, laissant la biche à l'intérieur, il sort devant sa porte, s'assied sur le banc de pierre où il mange sa soupe à la belle saison et reste là, le dos appuyé au mur, à regarder le ciel, la montagne de Margeride, les villages accrochés à ses flancs, la chapelle Saint-Roch, le profil de Napoléon, toutes ces choses qu'il a vues des centaines de fois dans la limpide lumière du matin et qui semblent, à leur tour, le considérer gravement. Faudrait que tu avales ta soupe, sinon elle va refroidir. Mais il se sent l'estomac en révolution, tout à coup il doit se lever, courir jusqu'à l'angle de la maison et là, une main toujours sur la tempe, l'autre appuyée au mur, il rend tripes et boyaux, ce qu'il a mangé la veille, et pour finir une bile verte à faire peur. Épuisé, il retombe sur le siège, ses dents se mettent à jouer des castagnettes, des éclairs rouges traversent le paysage chaque fois qu'il essaie de lever les yeux. C'est-y que tu vas crever ici ? Avec un grand effort, il se redresse, tire la porte et se dirige vers la rue Grenette où est son domicile. Dix fois il doit s'arrêter en chemin pour reprendre haleine.

« Ça ne va pas, père Couturier ? lui demande-t-on.

— Si, si, ça va. Sauf que je crois bien que j'ai attrapé le mal de la crève.

— Voulez-vous que je vous accompagne ?

— Pas la peine. Laissez-moi que. J'arriverai tout seul, c'est pas pour tout de suite. »

Il repart, finit en effet par arriver.

« Cette affaire, dit-il à sa femme, que tu... tu... tu m'as ti... ti... tirée du front, c'était le mal de... de... la crève. J'ai laissé ma bi... biche de soupe à la forge, tu... tu... tu iras la chercher si tu veux. »

Elle le met au lit, grelottant de la tête aux pieds.

« Hêêêêê... Hêêêêê... » fait-il pour se moquer de lui-même, car il ne s'est jamais vu dans un pareil état.

Son front est à présent couleur de suie. Mme Couturier envoie une connaissance appeler le médecin qui promet de venir au plus tôt. Le visage d'Anselme enfle horriblement, si bien que ses paupières sont à peine séparées par un fil de blanc.

« Est-ce que tu me vois ? demande-t-elle en se baissant pour se mettre à la portée de ce qu'il lui reste de regard.

— Hêêêêê. »

Trois heures plus tard, entre le docteur Giraud. Il examine le malade, l'ausculte, prend sa température : 40°8.

« C'est une sale bête, sans doute une araignée qui l'a mordu à la tempe, explique la femme.

— Vous êtes sûre ?

— Que voulez-vous que ça soit ?

— Mille autres choses. »

A son tour, il presse le bubon, en fait suinter une eau rougeâtre. Enfin, il ordonne un lavage au sublimé, suivi d'un badigeon à la teinture d'iode ; diète ; tisane de belladone.

« Je reviendrai ce soir. »

Il revient à onze heures de la nuit, Anselme respire difficilement, plongé dans un sommeil équivoque. A une injection d'huile camphrée pour soutenir le cœur, il grogne mais ne se réveille pas.

Le lendemain l'enflure et le noir gagnent le reste de sa personne, dont il émane une puanteur insupportable. Les lavages n'ont produit aucun effet.

Le surlendemain, il meurt sans avoir rouvert les yeux.

C'est alors seulement que le docteur Giraud réussit à mettre un nom sur ce mal étrange : le charbon. Le microbe, venu de l'Argentine, a traversé les mers dans la corne d'une vache charbonneuse, dont un minuscule éclat s'est logé accidentellement dans le front du presseur de manches. Une maladie bovine ou ovine. Rien d'étonnant si le médecin n'a pas su la déceler, il aurait fallu appeler le vétérinaire.

Après l'industrie et l'agriculture, l'agitation sociale gagne les fonctionnaires, corps cependant privilégié, à l'abri du chômage, assuré d'un avancement régulier et d'une retraite en fin de parcours. Contaminés par le virus revendicateur, voici donc que les postiers cessent le travail : Clemenceau n'a qu'une riposte, il emprisonne les chefs, prononce cinq cent quarante et une révocations et casse la grève.

Il semble que cet homme ait décidé de se faire haïr de la France entière. Car, bête rouge du prolétariat, il est aussi la bête noire des possédants. N'a-t-il pas imaginé d'ajouter aux contributions directes ou indirectes inventées par les Républiques, basées sur la consommation, les successions, les signes extérieurs de la fortune, mais cependant assez discrètes sur l'entité de cette fortune elle-même, d'ajouter, dis-je, un « impôt progressif sur le revenu », par lequel chaque citoyen serait contraint de déclarer à un centime près ce qu'il gagne annuellement ? Son ministre des Finances, Joseph Caillaux, a essuyé un camouflet devant la Chambre en 1907, mais il ne renonce point à ce projet néfaste qui soulève l'indignation générale.

A Thiers, se fonde une « Ligue contre l'impôt sur le revenu et l'inquisition fiscale », à laquelle s'inscrivent tous ceux, gros ou moyens, qui se sentent menacés par Caillaux. Des réunions se tiennent au domicile du président, l'avocat Pironin, qui prononce des paroles émouvantes :

« Que signifierait, mes chers concitoyens, l'adoption par la Chambre d'un tel projet ? La délation des employés, écrivant aux services financiers : *M. X., mon patron, a vendu cette année mille grosses de ciseaux, qui lui ont rapporté tant de bénéfice... J'ai entendu le docteur Y., mon patron, se vanter d'avoir gagné l'année dernière telle somme, que j'ai l'avantage de vous signaler...* Elle signifierait aussi la création d'un corps d'inspecteurs ou contrôleurs fiscaux chargés d'enquêter sur la véracité des déclarations de revenus faites par les contribuables. Autrement dit, la suspicion officialisée, l'inquisition économique, si contraires à notre esprit national de liberté, de tolérance, de fraternité. C'est pourquoi, mes chers concitoyens, la Ligue se permet de faire appel à votre patriotisme, à votre sens de l'honneur, à votre... »

Tant d'oppositions, venant de la gauche, du centre, de la droite, ont enfin raison de Clemenceau qui, se voyant assailli de toutes parts, donne en juillet sa démission. Ainsi le scorpion entouré de flammes se pique la tête et meurt.

A la même époque, contre le socialiste Cotillon, les élections municipales ramènent à la mairie Étienne Guillemin qui ajoute maintenant à son nom celui de sa femme, comme une queue de pie, et se fait appeler Étienne Guillemin-Betant. Le trait d'union remplace la particule dans les familles bourgeoises et leur fait prendre place parmi la noblesse de comptoir.

En octobre 1909, il y a grand monde sur les quais de la gare : les conscrits partent pour la caserne, entourés de parents et d'amis, on mouille beaucoup de mouchoirs, les garçons font les bravaches et rient de l'émotion de leurs mères, de leurs sœurs, de leurs promises.

« Écris-moi de temps en temps, implore Hortense Pitelet en levant la tête vers Auguste.

— Mais puisque tu ne sais pas lire !

— Porte pas peine ! Je me ferai lire tes lettres par quelqu'un qui saura !

— Et à moi, vous écrirez ? demande Toinette.

— Toutes les semaines. »

On ne peut exiger davantage.

A dix-huit ans, Toinette Zapatez est devenue belle et épanouie, elle sert toujours à l'auberge des Murailles, mais Auguste et elle ont déjà établi leurs accords : il a placé à la caisse d'Épargne ses économies, où elles feront des petits durant son absence ; au terme de ses deux ans, ils se marieront ; puis, joignant leurs deux fortunes, ils achèteront le rouet du pont de Seychal. Dès lors, toutes les espérances seront permises.

« Qu'est-ce qu'on mange au régiment ? interroge la grand-mère.

— Des haricots, des lentilles, des saucisses.

— Est-ce que tu aimeras ça ?

— Bien sûr, ça changera du lapin !

— Ne te laisse manquer de rien ! Si tu as besoin de quelque chose, dis-le-moi, je te l'enverrai si je peux. Modane, où c'est ?

— Très loin, presque en Italie ! Très haut, presque au ciel !

— Mon Dieu ! Ce petit ! »

Il la domine de la tête, il l'embrasse sur ses joues rondes et encore lisses. Avant que le train ne l'emporte, elle lui glisse dans la main une petite enveloppe, disant :

« Place-la sur ton cœur et garde-la toujours, elle te protégera. »

Hortense Pitelet a toujours rêvé de monter un 8 septembre à N.-D. de L'Hermitage, qui est en grande dévotion dans les familles thiernoises, du moins auprès des femmes, même chez les Ventres Jaunes, même chez les pires moqueurs de curés. Les circonstances ne s'y sont point prêtées bien qu'il soit facile à présent d'aller jusqu'à Noirétable par le train des besaces, toujours quelque chose ou quelqu'un la retenait rue des Barres, elle n'espère plus guère maintenant réaliser son rêve avant de mourir. Mais en 99, une voisine plus heureuse qu'elle, ayant accompli ce pèlerinage désiré, lui a fait présent d'un portrait de la Vierge et de son Enfant entouré de dentelle, rapporté de là-haut et bénit par les pères. Et c'est lui qu'elle a placé dans une enveloppe et donné à son petit-fils Auguste, afin qu'il ne se sente pas seul dans sa forteresse alpine, au milieu des nuages.

L'indemnité parlementaire portée à 15 000 francs suscita de nombreuses vocations politiques ; aux élections d'avril 1910, les candidatures s'en trouvèrent multipliées. Mais celles-ci étaient toujours le fait d'hommes déjà bien pourvus, avocats, médecins, propriétaires, négociants, on ne voyait guère un Ventre Jaune se lever de sa planche, chômer cinq à six semaines pour mener sa campagne, entouré d'amis, de propagandistes, de compères qu'il devait entretenir et transporter. Les députés sortants du Puy-de-Dôme remontèrent sur leur siège, excepté le socialiste Alexandre Varenne qui se fit battre à Riom-montagne par un certain Maison. Ainsi, l'ensemble du département retrouva une représentation incolore et insipide, se disant républicaine ou radicale, fidèle reflet d'une population qui ne souffrait ni faim ni soif, trop ignorante pour se rendre compte de ce qui lui manquait, trop sage pour souhaiter des changements fondamentaux. Faute d'opposants sérieux, Noël Chamerlat fut réélu dans l'arrondissement de Thiers : digne successeur de Félix Duchasseint, cet honorable parlementaire réussit à fréquenter trois lustres le Palais-Bourbon sans jamais y faire entendre le son de sa voix.

Une bonne occasion de parler ou d'intervenir dans les ministères en faveur de ses compatriotes se présenta bientôt cependant. Depuis vingt-huit ans, la papeterie des Charbonniers exploitait le privilège de fabriquer le papier timbré, à la satisfaction de tous les usagers, notaires, huissiers, avocats, gens de justice ou d'injustice. Or cette année-là, par suite d'intrigues ou par un coup du destin, le privilège fut enlevé à Thiers et conféré à Vidalon-lès-Annonay. L'usine

Maillet dut fermer ses portes, jetant plus de deux cents travailleurs sur le pavé. Ainsi, l'industrie du papier disparut d'une région où elle florissait depuis cinq siècles. En 1581, revenant d'Italie, Montaigne avait traversé la ville, qu'il trouva *fort marchande, bien bâtie et peuplée*. Ses habitants y faisaient *trafiq de papier, renomés d'ouvrages de couteaus et cartes à jouer, qui ne se vandent qu'un sol les comunes et les fines deux*. Plus jamais la papeterie n'y reviendrait, elle ne laisserait d'elle dans la vie locale d'autre trace qu'un petit air chanté par le clairon des pompiers annonçant un incendie et appelant aux pompes :

Papetey, papetey,
Y o le fió, y o le fió
So ton ley, so ton ley[1] *!*

Noël Chamerlat eut alors l'heureuse inspiration de tomber malade, ce qui justifia suffisamment son silence et son inertie.

Le chômage général s'en trouva augmenté ; la mairie distribua des secours, on vit de jeunes papetiers s'engager dans les troupes coloniales, d'anciennes papetières entrer en religion ou se faire casseuses de noix.

Cependant, la coutellerie allait son petit train. Une nouvelle matière première y amena une modeste révolution, il s'agissait de la *fibre américaine*, espèce de carton rougeâtre très fortement comprimé, plus dur que le bois, se délitant à la lame, facile à œuvrer. Par simple découpage, on en fit des côtes beaucoup moins chères que la corne, l'os ou le bois des îles pour les couteaux de poche de qualité commune. Le foret des monteurs le perçait en produisant une poudre couleur minium qui bientôt tapissa dans leurs boutiques les gens et les choses. Ainsi, à côté des Ventres Jaunes, parurent les Gorges Rouges. Les patrons les payèrent un peu moins qu'auparavant sous prétexte que la fibre américaine se travaillait plus vite. Mais les couteliers de la région allaient bientôt trouver aussi leur Rédempteur ; de même que les vignerons du Languedoc avaient eu leur Marcellin Albert, ils eurent leur Joseph Claussat.

Le nom, à défaut du visage, était connu de beaucoup. Originaire de Pont-du-Château, médecin de campagne, cet homme s'était installé à Châteldon qui l'avait élu maire et conseiller général socialiste. A ce dernier titre, il avait osé, devant l'assemblée départementale, élever la voix pour s'opposer à certaines prétentions territoriales de la puissante industrie caoutchoutière établie au chef-

1. Papetier, papetier, /Y a le feu, y a le feu, /Sous ton lit, sous ton lit.

lieu ; on ne l'avait pas suivi, mais on l'avait admiré. Sa compétence, sa générosité, son dévouement lui avaient acquis dans le canton une popularité quasi légendaire, il n'était pas de maladie qu'il ne pût guérir, de problème embrouillé qu'il ne pût résoudre, de misère qu'il ne pût soulager.

Sa première apparition publique devant les Thiernois eut lieu le 23 septembre au théâtre de la ville à l'occasion d'un métingue socialiste. Sous le lustre à gaz de la grande salle, se pressaient des centaines de couteliers, assis, debout, accroupis, fumant, chiquant, marmonnant, regardant la scène et ses chaises encore inoccupées. Puis deux hommes sortirent des coulisses ; le plus âgé, un avocat nommé Nadi, présenta son compagnon, bel homme aux moustaches noires et aux yeux francs, en ces termes :

« Et voici le docteur Joseph Claussat ! Le camarade Joseph Claussat ! Le médecin des pauvres ! »

On l'applaudit, de confiance. Claussat prit la parole et expliqua pourquoi il n'avait pas été candidat aux récentes élections législatives :

« Deux raisons à cela. D'abord, comme médecin, comme maire de Châteldon et conseiller général, j'avais plus de bien à faire, me semble-t-il, en restant chez moi, en défendant la santé et les intérêts de mes concitoyens, qu'en passant le plus clair de mon existence à Paris ou dans les trains. Et puis, après la généreuse augmentation de traitement que se sont votée nos parlementaires en 1906, j'aurais étouffé de honte si quelqu'un m'avait accusé de vouloir être député pour cette manne. Pour tout cet argent. Si un jour je suis candidat et élu, ma première proposition sera de ramener l'indemnité à son ancien taux de neuf mille francs par an, je vous en fais ici la promesse solennelle ! »

Acclamations, enthousiasme. L'orateur se moqua ensuite de la politique intérieure des ministères Waldeck-Rousseau, Combes, Clemenceau :

« Depuis des années, les radicaux nous font manger du curé, de la sœur, du moine, du moinillon. C'est une nourriture trop coriace. Changeons de régime ! A présent, il nous faut des réformes économiques et sociales. Une reconnaissance officielle du droit de grève pour tous les travailleurs fonctionnaires ou non. La journée de huit heures aux salariés. Une retraite décente afin que les ouvriers et les paysans puissent terminer leur vie comme des hommes, non comme des chiens. Une protection efficace contre les maladies et les accidents. Une rémunération plus juste des artisans et des prolétaires. L'hygiène et la sécurité... »

Les couteliers écoutaient avec ravissement tomber des lèvres de Joseph Claussat l'énoncé de leurs prochaines béatitudes. Longtemps de la sorte, le front ceint de rayons, il débita son sermon sur la montagne : heureux les pauvres monteurs car on augmentera leurs tarifs ; heureux les illettrés car leurs enfants sauront lire ; heureux les sales car ils seront débarbouillés ; heureux les mal logés, les obscurs, car on leur fournira l'éclairage ; heureux les chômeurs, heureux les estropiés, heureux les orphelins...

« Allons donc ! cria soudain une voix tonnante. N'en croyez pas un mot ! »

Le diable était au rendez-vous. Sous les traits d'un étranger à l'accent stéphanois. Venu on ne sait quand ni comment, il s'était faufilé dans l'assistance et il entreprit de ruiner les effets oratoires du Châteldonnais.

« Silence, l'ami ! réplique Me Nadi. Laissez finir le camarade Claussat, vous aurez ensuite la parole.

— Il y a déjà une heure et demie qu'il parle et nous fait avaler des couleuvres. Ça suffit bien. Permettez que j'apporte un peu de contradiction !

— Non, non, non !

— Si, si, si ! » approuvent les Thiernois qui se promettent une bonne partie de rire, déjà tout prêts à dévorer leur Jésus.

« D'accord, dit Claussat, je lui cède la parole, je la reprendrai ensuite pour lui répondre. »

L'étranger se hisse sur les planches, encouragé par les uns, conspué par les autres.

« Laissez-le s'exprimer, fait Claussat magnanime.

— Encore un avocat ! Encore un médecin ! s'écrie le Stéphanois. Y a-t-il des pêcheurs dans cette assistance ? »

Des bras se lèvent.

« Allez au Palais-Bourbon, montez dans les tribunes, et jetez en bas votre ligne ! Neuf fois sur dix, je suis sûr que vous ramènerez un médecin ou un avocat ! Praticiens sans clientèle.

— Ce n'est pas notre cas ! vocifère Nadi.

— Vous vous prétendez en outre socialistes ? Mais qu'avons-nous vu ces derniers temps ? D'anciens socialistes, Briand, Viviani, Millerand, se comporter, une fois au gouvernement, comme les pires réactionnaires. Car ce ne sont pas des hommes qui transforment le pouvoir, mais des hommes que le pouvoir transforme ! »

Ovations, huées. C'est vrai ! c'est vrai ! sortez-le ! tais-toi donc, tu ne sais pas ce que tu dis ! sale provocateur ! il est des nôtres ! il est de la police ! on en a plein les galoches des avocats ! fermez un peu vos grandes gueules ! mais c'est la foire du Pré, ici ! Sur la scène, Nadi et l'étranger se traitent de Ravachol, de Caserio, de planche pourrie, de guignol, de faux jeton ; puis ils s'empoignent par le collet, s'envoient des claques, tandis qu'à l'écart, les bras croisés, Joseph Claussat médite sur l'inconstance de la faveur populaire. Comme théâtre, c'est assez réussi. Dans la salle, une majorité se tord de rire, une minorité se tord de fureur, on échange aussi des horions.

Tout à coup, le concierge coupe le gaz, les lampes s'éteignent, la mêlée se prolonge un moment dans l'horreur d'une profonde nuit, malgré les flammes de quelques briquets qui çà et là jettent une faible lumière sur cette confusion. Mais bientôt, s'apercevant qu'ils cognaient un peu au hasard, les combattants gagnent la sortie, descendent l'escalier à tâtons et poursuivent leur corps à corps dans la rue où l'on y voit tout de même davantage. Cet étranger qui critique les avocats et les médecins ne peut qu'être un anarchiste, et les Thiernois lui donnent toute leur sympathie. Mais au fond, ils savent bien qu'une société sans lois — donc sans faiseurs de lois — ne pourrait fonctionner qu'en de petites communautés indépendantes comme celle des Ventres Jaunes ; qu'à tous les autres, fabricants, marchands, salariés, fonctionnaires, voleurs, emplènes, il faut des lois capables d'empêcher les abus ; que par conséquent les députés sont aussi nécessaires que les croque-morts et que mieux vaut en choisir un bon, genre Joseph Claussat, qu'un incapable. Toutefois, même si c'est aux dépens de leur champion, ils ne vont pas manquer une occasion de rire !

Une semaine plus tard, éclate la grève des chemins de fer, le mouvement parti du Nord gagne tous les réseaux en quarante-huit heures. Dans la région thiernoise, le train des besaces ne circule plus, les monteurs restent chez eux, la coutellerie retient son souffle. Puis, le président du Conseil, Aristide Briand, ex-socialiste, ex-champion frénétique de la grève générale, recourt aux dragonnades de son prédécesseur : il fait occuper les gares par la troupe, mobilise les cheminots au nom des nécessités de la Défense nationale, emprisonne les dirigeants. Plusieurs sont pris au collet dans les bureaux de *l'Humanité* par le préfet Lépine. L'un d'eux s'appelle Challex. Or le mandat d'arrêt vise un certain *Chalex* avec un seul *l*.

« Ce n'est pas moi, proteste-t-il. Mon nom s'écrit avec deux *l*.

— Un *l* ou deux *l*, c'est la même chose, voyons !

— Pas du tout, monsieur le Préfet de police. Laissez-moi me défendre avec les armes qui me restent. »

Lépine doit renoncer. Ainsi, l'orthographe met en échec la répression. N'empêche que la grève sera brisée en quelques jours. A la Chambre, Briand essuiera les furieuses interpellations de ses anciens amis ; Jaurès, lui rappelant ses anciennes outrances, le qualifiera d'« ilote dégrisé ». La ligne des besaces reprendra son petit train-train, sans que les monteurs, les forgerons, les Ventres Jaunes de la montagne aient compris grand-chose à cette colère nationale des cheminots ni ce que c'est au juste qu'un ilote dégrisé. Encore un mot d'avocat à l'usage d'autres avocats.

A Montargis, le petit Gautier Raymond depuis longtemps s'est habitué au fait qu'il porte le nom de sa mère ; quand il interroge là-dessus, Pitelet répond sans varier :

« Il y a un empêchement à ce que tu t'appelles comme moi. Tu comprendras cela plus tard. Mais tu es réellement mon fils. »

Il n'en a jamais douté une seconde, tant d'histoires racontées, de jeux et de secrets partagés, tant de taloches pertinentes sont des signes qui ne trompent pas : Vincent est réellement son père.

A treize ans, il ne connaît de l'Auvergne que son été jaune et sec, la Limagne bruissante de froments lorsqu'il la traverse en août pour aller passer quelques semaines chez grand-mère Hortense, l'ombre rare des rues escarpées, l'odeur de friture rance des huiles à tremper cuites et recuites, les faces hirsutes et noires des couteliers, le va-et-vient des ânes et des chevaux, les treilles bleues de vitriol sur les façades des maisons inégales. Il ne se sent réellement ni auvergnat, ni gâtinais, ni sicilien, ni quelque plante que ce soit poussée dans un sol gras de traditions. Il se devine né du hasard, de l'exil, de la clandestinité. Et de l'amour. Car la pauvre maison que baignent chaque année les débordements du Loing est riche d'amour. Sa patrie est l'amour. Jérômette chante agenouillée devant les meubles, odorante de cire ; elle chante les bras trempés dans les baquets, en cueillant les petits pois du jardin, en binant, en repassant, en cuisinant, elle qui fut élevée par les religieuses de Monreale comme une fille de roi, à qui furent enseignés seulement les arts nobles de la peinture, de la harpe, de la tapisserie. Elle n'a plus revu les vagues de la mer Tyrrhénienne, dont ses yeux ont gardé la couleur violette, elle n'est jamais retournée à Palerme, reniée à jamais par sa famille.

Dès le matin, dans sa tenue cycliste, jambières de cuir, casquette, imperméable, serviette ficelée au porte-bagages, M. Pitelet part en tournée sur les routes poudreuses. Quand il rentre le soir, les vêtements et la barbe enfarinés, plus meunier qu'inspecteur de l'enseignement primaire, il ne manque pas de rapporter un bouquet cueilli en route, un genêt fleuri, une poignée d'anémones, une brassée de lilas, il les présente à sa compagne qui rougit de telles opulences. A ses anniversaires, il la couvre d'autres fleurs, de livres, de poèmes.

« C'est trop, dit-elle émue, pour une pécheresse de ma sorte que les siens mettent désormais plus bas que terre.

— Qu'importe ! Moi je te place plus haut que le ciel. »

A Thiers, le jeune Gautier rend visite à la parenté Pitelette,

Hortense l'empiffre de guenilles et l'appelle *mon belou*, qui est le masculin de *ma belette*. L'oncle Émile le reçoit dans son bureau, l'entretien est constamment interrompu par les ouvriers, les clients, les empaqueteuses qui entrent, sortent, demandent des ordres, apportent des commandes.

« Excuse-moi de te parler si peu, finit par dire Pitelet le Gros, mais vois comme je suis occupé ! Ne manque pas d'aller rendre visite à ta tante Julie. Elle t'écoutera mieux que moi, elle a le temps. Donne bien le bonjour pour nous à mon frère. »

La tante bordelaise ferme en son honneur la porte du magasin et admet l'enfant dans son appartement ciré de la rue du Bourg. Plus curieuse qu'affectueuse, elle le questionne, examine ses vêtements et ses chaussures, veut savoir ce qu'il mange, ce qu'il boit, ce qu'il dort, ce qu'il étudie à l'école, ce qu'il entend chez lui, ce que pense le voisinage. Elle n'oublie pas qu'elle a devant elle un petit bâtard, elle évite de le montrer à ses filles et à son fils. Au terme de leur entretien :

« Il faut, dit-elle, que je te donne quelque chose.

— Non, non.

— Veux-tu un couteau ?

— Heu... »

Elle ouvre un tiroir plein de *treizains*, chacun présente quelque défaut de fabrication qui le rend impropre à la vente, mais non pas à l'usage. Elle choisit un canif, fait claquer la lame :

« Pour tailler tes crayons. Mais prends garde de ne pas te blesser ! As-tu un sou en payement ?

— Un sou ?

— Oui, c'est l'usage. On donne un sou afin de ne pas couper l'amitié. Si tu ne l'as pas, ça ne fait rien, notre amitié ne court point de risque. »

Le 11 avril 1911, après une longue maladie, Noël Chamerlat, conseiller général et maire de Courpière, député de Thiers, mourut aussi discrètement qu'il avait vécu, quittant sur la pointe des pieds sa circonscription pour un monde meilleur. Son départ avait cependant été remarqué de certains, puisque quatre candidats à sa succession se firent connaître les jours suivants : Étienne Guillemin-Betant, radical, fabricant de coutellerie, maire de Thiers ; Jean-Jacques Cotillon, socialiste, distillateur, ancien maire ; Joseph Claussat, socialiste unifié, conseiller général et maire de Châteldon ; Léon Nugère, indépendant, ouvrier coutelier.

Ce fut un printemps pourri de giboulées et de bourrasques. Une seconde guerre vineuse choisit ce temps pour abreuver nos sillons. Elle éclata cette fois dans les départements nordiques de l'Aube et de la Marne qui revendiquaient le droit exclusif de fabriquer le champagne. Des conflits de terroirs et d'appellations opposaient les communes, l'administration intervint, se fit accuser d'arbitraire. Grève de l'impôt. Démission des municipalités. On en vint alors à la violence, à une Saint-Barthélemy des cuves et des bouteilles : des vignerons se ruèrent sur les dépôts de leurs concurrents, défonçant, dévastant, saccageant. Un torrent de champagne dévala les rues en bouillonnant, des maisons furent incendiées, il fallut envoyer les dragons et la gendarmerie.

Tout ce vacarme arrivait aux oreilles des Thiernois par la voix des journaux, mais les laissait assez indifférents car la plupart ne buvaient jamais de champagne, les viticulteurs de l'Aube et de la Marne pouvaient donc s'étriper tant qu'ils voulaient, le tapage de la campagne électorale des quatre candidats députés couvrait celui de la jacquerie champenoise.

Le 25 avril, Étienne Guillemin-Betant réunit ses partisans en un métingue au Marché Couvert. C'est-à-dire tout ce que la commune comptait de blancs, monarchistes, bonapartos, calotins, conservateurs, réactionnaires. Ils vinrent en chapeaux melons, brandissant le drapeau tricolore et chantant *la Marseillaise.* A quoi un groupe adverse opposa l'abominable Marseillaise des lavandières :

Pan, pan, lou batadou !
La flacon lou pelhou
Pissou, merdou e to bosou.
Pan, pan, lou batadou !

Une heure durant, les deux hymnes se mêlèrent, se confondirent, l'un cherchant à couvrir l'autre, le patois et le français se colletant comme des charretiers, seul Guillemin ne put faire entendre sa voix.

Quelques jours plus tard, un autre scandale lui enleva les restes de son prestige. Voici les faits. Au parlement de Paris, un certain ministre appelé garde des Sceaux, ce qui est un drôle de nom même pour un ministre, dépose un projet de loi par lequel il veut interdire l'usage, la vente et la fabrication des couteaux à cran d'arrêt, genre laguiole et autres. Et pour quelle raison ? Sous prétexte que le couteau à cran d'arrêt est « une arme dangereuse » ! Qu'on imagine le remue-ménage suscité par ce projet imbécile en pays coutelier ! On veut donc ôter le pain de la bouche à tant de pauvres travailleurs !

Quant à l'accusation du ministre, voyons ce qu'elle vaut. Première réponse : « Une arme est forcément dangereuse, sinon ce n'est plus une arme. » Seconde réponse : « N'importe quoi peut servir d'arme. Avec un bout de ficelle, une cravate, un bas de femme, on étrangle son prochain. On l'assomme avec une bouteille ou un pique-feu.

On l'éventre avec une fourche. Faut-il donc interdire la fabrication des fourches, des bouteilles, des cravates ? »

Objection : « On n'emporte pas une fourche dans sa poche, tandis que le laguiole...

— Le laguiole est un outil de confiance avec lequel on peut couper ce qui résiste ; et il y a des circonstances où la lame ne doit pas se refermer d'elle-même ; d'où la nécessité du cran d'arrêt. D'ailleurs, si vous l'interdisez, les assassins achèteront des laguioles fabriqués à Sheffield ou à Solingen. »

Voilà ce qu'il fallait faire entendre aux oreilles de M. Garde des Sceaux. Provisoirement démunis de député, les Thiernois envoyèrent une délégation de fabricants rencontrer les autres élus du Puy-de-Dôme, MM. Clémentel, Marrou, Python, Chassaing, afin de les gagner à leur cause ; tous promirent de se faire, lorsque le néfaste projet viendrait en discussion, les défenseurs convaincus du couteau à cran d'arrêt.

Le débat s'ouvrit au Palais-Bourbon quelques jours plus tard, il y eut du pour, il y eut du contre, le ministre parut hésitant, on retourna le texte à la commission adéquate en vue d'un nouvel examen. Rien n'était encore gagné, mais rien n'était perdu. C'est alors que le *Journal de Thiers*, qui menait campagne contre la candidature de Guillemin-Betant, révéla un surprenant détail : tandis que le sort de la coutellerie se jouait à la Chambre, le maire de Thiers se trouvait à Paris « pour affaires » ; or — il en avait fait l'aveu par inadvertance dans une conversation privée —, trop absorbé par ses propres intérêts, il avait négligé à cette occasion d'intervenir auprès de qui que ce fût pour sauvegarder ceux de sa ville. Des caricatures le représentèrent, chauve et barbu, en galante compagnie et répondant au téléphone :

« Fichez-moi la paix avec votre laguiole ! J'ai d'autres chats à fouetter ! »

Une telle incurie suscita l'indignation des électeurs, laquelle, battue journellement par ses adversaires politiques, monta comme une mayonnaise. Claussat, Cotillon, Nugère promirent à qui mieux mieux de se mettre au service du couteau à cran d'arrêt et des autres spécialités thiernoises ; le *Journal de Thiers* et *le Petit Thiernois* se couvrirent de boue ; le maire en exercice essaya de reprendre son aveu, de se justifier, si je ne suis pas intervenu en personne mes amis l'ont fait à ma place. Vainement. N'avouez jamais.

Le 28 mai, le premier tour des élections donne les résultats suivants :

Joseph Claussat	9 466 voix.
Jean-Jacques Cotillon	2 824 voix.

Étienne Guillemin-Betant 7 413 voix.
Léon Nugère 3 voix.

On plaignit le pauvre Nugère qui n'avait pas même obtenu les voix de sa famille, ses frères ayant voté contre lui. Mais un délire d'allégresse se répandit chez les petites gens de la ville et de la campagne : pour la première fois de leur histoire, les paysans-couteliers, les émouleurs, les polisseurs, les forgerons, les cacheurs, les trempeurs, les monteurs, les salariés de l'arrondissement allaient envoyer à Paris un représentant socialiste. Le seul du département depuis qu'Alexandre Varenne était retourné planter ses choux. Un homme dont ils connaissaient la générosité et le courage. Qui avait su tenir tête à Bibendum. Cotillon se désista en sa faveur. Claussat fit des promesses nouvelles :

« Si je suis élu, mes chers compatriotes, non seulement je me ferai couper le cou plutôt que de lâcher le laguiole, mais je veux que chaque soldat de notre armée, chaque matelot de notre marine ait dans sa poche un couteau de Thiers, bon à tous usages, aux frais du ministère de la Guerre. Nous construirons une école professionnelle de Coutellerie. Un musée de la Coutellerie. Je ferai interdire dans nos colonies les produits de Sheffield et de Solingen... »

Transportés d'enthousiasme, ils applaudirent à s'en bleuir les mains, oui, oui, un couteau dans le fourniment de chaque militaire, voilà ce qu'il fallait pour les sauver du chômage et de la concurrence étrangère. On fit des calculs, combien y avait-il d'hommes sous les drapeaux, 300 000, 400 000 ? En comptant les pertes et les réserves, cela irait chercher dans les 500 000 unités !

Le 11 juin enfin se leva, dès l'ouverture on fit la queue aux bureaux de vote, des vieillards furent arrachés du lit où ils agonisaient, transportés sur une chaise jusqu'à l'urne : remplis d'abord ton devoir, vote pour Claussat, tu feras ensuite tes fantaisies. Au dépouillement, on s'aperçut que les électeurs d'Étienne Guillemin-Betant s'étaient littéralement évaporés, moins d'un millier lui restaient. Quant aux voix de Cotillon, elles s'étaient loyalement reportées sur Joseph qui de la sorte en totalisait plus de 12 000.

La population se répandit dans les rues, agitant des drapeaux rouges, criant vive Claussat, vive la Sociale. On dépouilla le Grand Bazar de ses pétards et feux de Bengale. Dans les villages environnants, on empila des gerbes de paille et des fagots pour allumer des fougars sitôt la nuit venue.

Puis un cri courut de bouche en bouche :

« Il arrive ! Il arrive ! »

Une acclamation lointaine descendait de la Porte-Neuve, annonçant la venue du Rédempteur. Bien avant de Le voir, on sut qu'Il approchait, au volume des acclamations. Enfin Il parut, debout dans Son automobile découverte au volant de laquelle se tenait un jeune homme brun, olivâtre, aux yeux légèrement bridés.

« Vive Claussat ! Vive Joseph Claussat ! Vive notre Sauveur ! » hurlait la multitude.

Souriant, debout près du conducteur, se tenant d'une main au pare-brise, le nouveau député envoyait de l'autre des saluts et des baisers. Le flot humain s'ouvrait lentement devant lui. La voiture s'arrêta au pied de la sous-préfecture où il prit connaissance des résultats officiels de l'élection. Tandis que la nuit tombait, les feux de Bengale s'allumèrent de toutes parts, les pétards crépitèrent, les fougars flambèrent sur Margeride. Quelques instants plus tard, on vit le Rédempteur ressortir, traverser à pied la place de la Mairie sous une pluie de fleurs et d'étincelles, mille mains se tendant vers Lui pour essayer de serrer les Siennes ou de toucher Ses vêtements. Hosannah, hosannah, paix et gloire au plus haut des cieux. Il se dirigea vers le café Cotte, parut à la fenêtre du premier étage, face à l'hôtel de ville où régnait encore Son adversaire, leva le bras pour faire entendre qu'Il désirait parler. Peu à peu, un silence suffisant s'établit.

« A vous tous qui êtes là ce soir pour me dire votre amitié, votre joie, votre espérance en un avenir plus beau que le présent, merci ! Merci également à ceux que je ne peux voir et qui m'ont fait confiance ! Merci aux montagnards de Montoncel et de Chignore ! Merci aux paysans de Maringues et de Lezoux ! Merci aux Gueules Noires, aux Ventres Jaunes de la Durolle et aux Gorges Rouges d'Augerolles, d'Olmet et de la Renaudie ! Vive la République sociale ! »

Un tel fracas d'applaudissements s'éleva de la place que la ville parut s'écrouler, les gens riaient, pleuraient, s'embrassaient, cabriolaient. Tous les cafés étaient déjà pleins, on courut chercher à boire dans les caves profondes, les boussets, les gourdes, les flacons circulèrent, ce fut une nuit de folie, une Pâque de Résurrection. De ce jour, un autre âge commençait pour la Coutellerie, Claussat allait corriger toutes les injustices, donner du travail aux chômeurs, du pain aux affamés, la liberté aux esclaves, le savoir aux ignorants, la parole aux muets, le mouvement aux paralytiques. Vers onze heures, il remonta dans sa voiture, disant continuez la fête sans moi, chers amis, je reste de cœur avec vous, et il partit en direction de Clermont, toujours piloté par son chauffeur olivâtre. Des jeunes gens coururent derrière la torpédo et l'encadrèrent, coudes au corps, jusqu'aux premiers tournants de la route de la Russie.

Nul ne songeait à dormir. A la lumière des becs de gaz, on dansa des bourrées, des gigues, des rondes, des fricassées, des chibrelis, on improvisa des concours de chant et de flageolet.

De temps en temps, un feu de joie s'allumait encore sur les hauteurs. Nombre de vaillants décidèrent d'aller s'échauffer à ces flammes et prirent les sentiers qui conduisaient aux Bergerettes. Ils marchèrent longtemps, sans hâte, se reposant quand il leur plaisait, acceptant le saucisson et les verres de vin qu'on leur offrait à certains bivouacs. Quand ils arrivèrent sur l'échine de la montagne, les brasiers n'étaient plus qu'un amas de tisons fumants. Mais alors ils s'aperçurent que le ciel blanchissait derrière eux, qu'une aube neuve allait éclairer le monde. Ils s'assirent sur des souches et des rochers ; puis, les yeux tournés vers l'orient, ils virent émerveillés sortir des brumes le premier soleil de la Sociale.

LA BONNE ROSÉE

Un certain enrichissement... peut être considéré comme un don du ciel, au même titre que la bonne rosée qu'il répand sur nos semis pour les rendre prospères.

Abbé Jean Brugerette

1912

Au printemps éclata une grève implacable parmi les chapeletières de la région ambertoise. Sans discours, sans organisation, sans C.G.T., ces pauvres bergères donnèrent aux polisseuses et émouleuses — grandes pâtissières en pain bénit et mangeuses d'hosties saintes — et même à leurs hommes, camarades syndiqués, une belle leçon de combativité et de socialisme.

Chrétien ou musulman, le chapelet avait coutume d'apporter là-haut un peu d'aisance dans les fermes et les jasseries. Ou d'éloigner un peu de misère. Ainsi faisait le montage des couteaux autour de Thiers. Avant même de savoir le réciter, les fillettes apprenaient à monter le chapelet. A lier ensemble, au moyen de pinces fines et coupantes, les grains de jais, de verre, d'ambre, d'os, d'ivoire, de bois d'olivier, de noyaux d'azedarach : un arbre cultivé spécialement pour ses noyaux, si bien qu'on le nomme en son pays « arbre à chapelets ». Tous ces articles portaient de jolies appellations : *rocailles de Venise, larmes de Job, perles de la Nuit*. Même si, à cause de leur axe trop fin dans lequel le fil pénétrait mal, on désignait les perles menues sous le nom vulgaire de *tyou-boutsa.*

« Ahi ! se lamentaient les grand-mères. Aujourd'hui, je n'ai pu faire que six douzaines de *culs-bouchés* ! »

Quelquefois, les grains précieux étaient assemblés au fil d'argent : il fallait avec le plus grand soin en recueillir les débris, car le ramasseur pesait ses fournitures avant montage et après, il devait y retrouver son compte tout juste. Faute de quoi il soustrayait la valeur des pertes.

Au début, pour composer maille à maille les chaînettes de métal qui reliaient les soixante grains, le cœur et la croix, il fallait aux apprenties temps et patience ; mais ensuite, elles atteignaient une rapidité prodigieuse : les chapelets sortaient de leurs mains comme le saint Vincent des églises répand ses grappes. Chaque demeure en regorgeait : ils traînaient sur les tables, sur les chaises, dans les tiroirs, dans les corbeilles. Chapelets profanes qui n'avaient pas encore reçu la bénédiction. Leur montage convenait spécialement aux veuves sans ressources, aux gardeuses de vaches ou de chèvres. Il n'était guère de femme aux champs qui n'eût son rouleau de fil d'archal au bras. Les soirs d'hiver, elles tricotaient leurs chapelets au coin du feu, tandis que dehors le vent fouettait ses loups. Chaque douzaine terminée, on la plaçait dans un sac de toile demi-plein de sciure, et l'on secouait bien, afin que la sciure absorbât toute trace de doigts et rendît aux perles leur brillant.

Cette pieuse besogne aurait dû attirer sur les pauvres monteuses les dons du Dieu catholique, d'Allah, de Vishnu, de Civa et de plusieurs divinités africaines. Car les chapeletières travaillaient pour tous les habitants du Ciel. Elles confectionnaient à l'usage des mahométans les chapelets à quatre-vingt-dix-neuf grains, représentant les quatre-vingt-dix-neuf attributs de l'Être divin. Pour les hindous, les chapelets brahmaniques. Pour les fétichistes, des colliers avec mains de fatma ou amulettes. Et cependant, les monteuses d'Ambert, d'Olmet, de Saint-Amant-Roche-Savine, de Cunlhat ne se sentaient pas comblées. Car, malgré la hausse du pain, du sucre, du café, le chapelet chrétien ordinaire continuait de leur être payé 2 francs la grosse. Pour gagner ces 40 sous, l'équivalent de trois kilos de pain bis, il leur fallait enchaîner 144 chapelets, c'est-à-dire près de 9 000 grains ou croix, ce qui leur prenait deux jours pleins. A la saison froide, les mains gourdes perdaient beaucoup de leur célérité. Les choses duraient ainsi depuis l'installation à Ambert des fabricants de chapelets, à la fin du siècle précédent.

Cependant, comme j'ai dit, l'épicerie, le pain ne montraient pas la même stabilité. Les ramasseurs avaient recueilli des protestations d'abord isolées :

« *Cresé pa, Moussu, què méritolhò tan pòu d'òumentochë ?* Ne croyez-vous pas, Monsieur, que je mériterais un peu d'augmentation ?

— Ah ! Ma pauvre ! On voit bien que vous ne connaissez pas la situation nationale du chapelet ! »

En vérité, la chapeletière ne connaît rien du tout. L'homme doit lui expliquer qu'Ambert livre ses chapelets, mais que les règles du commerce viennent d'ailleurs : de Saumur, de Paris où sont installés les grossistes en articles de piété. Ce sont eux qui fixent les prix, on ne peut rien sans leur accord. Et ils s'opposent farouchement à toute hausse.

« Saumur et Paris ?

— Saumur et Paris, oui, ma pauvre.

— Est-ce loin ?

— Très loin. »

La nouvelle se répand de jasserie en jasserie : il nous faut faire la grève, pas contre nos patrons d'Ambert, qui sont du brave monde, bonnes gens, et nous paieraient davantage s'ils le pouvaient, mais contre Saumur et Paris. Le mot d'ordre court parmi les genêts comme une flamme : la grève ! la grève ! Les chapeletières cessent de tordre leur fil : elles se rassemblent et vont crier devant les mairies, les gendarmeries, les églises. Elles sont cinq cents à Cunlhat, deux cents à Saint-Amant, six cents dans les rues d'Ambert, jamais on n'a vu tant de femmes réunies. Celles d'Olmet brandissent même — ô comble de l'abomination — un drapeau rouge ! Comme on en use à Thiers, à Saint-Étienne, à Carmeaux, en pays mécréants ! Il y a une espèce de grande girafe qui le secoue en l'air, sans un mot, effrayée de sa hardiesse, comme s'il parlait suffisamment tout seul. Et il parle en effet ! Il annonce la révolution appelée par ces fillettes, ces veuves, ces grand-mères, fine fleur de la vieille Auvergne catholique et conservatrice. Est-ce la fin des temps ?

« Ça ne durera pas, se rassurent Saumur et Paris. De toute façon, nous avons des réserves : nous pouvons tenir. »

Mais ça dure. Des semaines. Des mois. En pleine saison des grands pèlerinages. Lourdes, Le Puy, Lyon, Paray-le-Monial, les Saintes-Maries, Chartres, l'Armorique lancent des appels angoissés. L'exportation s'arrête vers l'Afrique et l'Asie. Pendant six mois, la France bigote se trouve privée de chapelets et en appelle au ciel. Mais les monteuses ne lâchent pas pied, quoique réduites à leur pain sec.

A la fin des fins, le gouvernement s'émeut. Un délégué du ministère du Travail arrive de la capitale. Dans la mairie ronde d'Ambert, il reçoit les patrons locaux, les représentants saumurois et parisiens, les meilleures parleuses de la corporation chapeletière. Les grossistes se montrent d'abord intraitables : s'ils sont venus, c'est par pure politesse, pour ne point refuser l'invitation du ministre ; mais ils ne concéderont pas un liard ! Une augmentation des salaires serait immorale : un encouragement à la révolte. Et injuste dans les circonstances présentes : les gains des monteuses sont nets de tous frais ; tandis qu'eux doivent verser l'impôt sur le revenu. Le délégué fait comprendre aux chapeletières leurs erreurs : on ne peut servir Dieu et son contraire :

« Allez-y, mesdames ! Chantez donc *l'Internationale*, pendant que vous y êtes ! *Ni Dieu, ni César, ni tribun*... Et quand vous vous serez persuadées, quand vous aurez convaincu autour de vous que Dieu n'existe pas, qui donc achètera vos chapelets ? »

Après une semaine de discussions, les patrons finissent néanmoins par faire un geste de générosité : ils octroient vingt centimes sur les *larmes de Job* et quatre-vingts sur les *culs-bouchés*. Vingt centimes à la douzaine ? Non point : à la grosse. Celle-ci sera donc payée quarante-quatre sous au lieu de quarante. Chaque journée de douze heures, la chapeletière y gagnera de quoi affranchir une carte postale.

Le gain est infime pour un si long combat. Voilà ce qu'il en coûte, pensent les chapeletières rouges, de se compromettre avec l'Église. Hors du socialisme athée, point de salut.

A Modane, Auguste Pitelet, fils unique du défunt Pitelet l'Artiste, montait en uniforme bleu turquin la garde sur la frontière alpine. Il cueillait des edelweiss et les envoyait à sa grand-mère Hortense et à Toinette Zapatez, sa bonne amie, accompagnés de quelques mots d'affection : *Je languis de toi... Je languis de vous...* Comme il n'avait aucune idée de l'orthographe, il écrivait alternativement *je languit, je langis, je langit*, ce qui lui donnait une chance de tomber juste ; mais il se demandait avec honte ce qu'Antoinette penserait de son ignorance, elle qui avait fréquenté l'école des sœurs jusqu'à l'âge de dix ans, pendant que lui frottait ses lames aux meules. Aussi, durant ces années de sentinelle, l'idée lui vint de chercher à s'instruire. Le bataillon recrutait des musiciens, Auguste avait appris jadis à toucher du flageolet comme n'importe quel émouleur, il espéra que cet art lui faciliterait les choses et donna son nom. C'est ainsi qu'à lui, qui connaissait à peine l'alphabet, on enseigna les diverses sortes de notes, les noires, les blanches, les bigarrées, le dièse et le bémol qui sont le contraire l'un de l'autre, le *crescendo*, le *decrescendo*, le *fortissimo*. Un peu le solfège, un peu la fréquentation des cabaretiers, s'il était resté un an de plus à Modane, il aurait parlé italien aussi bien que le pape.

Un jour eut lieu la répartition des instruments. Après une épreuve de lecture à vue, les meilleurs solfieurs choisirent pistons, clarinettes, saxophones.

Auguste, tard venu à la musique et mal classé, dut accepter un hélicon, dont il reçut consigne d'astiquer le pavillon et les entrailles jaunes, une fois la semaine. Rien de commun avec le flageolet thiernois. Cette énorme machine suspendue à son cou comme la pierre de quelqu'un qui va se noyer, il marchait dans les parades, produisant de ses joues gonflées sur chaque temps fort des explosions de cuivre qui l'ébranlaient de la tête aux orteils. Les yeux rivés à un carton que serrait une pince en forme de lyre. On jouait *les Allobroges*, qui est l'hymne national des chasseurs alpins, *Sambre et Meuse, le Rêve passe* et une fantaisie sur la marche de *Carmen* intitulée *Toréador*.

« Pitelet, lui dit son chef, tu as le sens du rythme. Une fois redevenu civil, ne laisse pas rouiller tes doigts. Je te conseille d'acheter un cornet à pistons, qui appartient à la même famille que la contrebasse, et de te perfectionner. Tu verras que tu y prendras grand plaisir.

— C'est ce que je ferai, chef. »

Hors les répétitions et les défilés, il redevenait chasseur comme les autres, participait aux escalades, poussait au cul les 75 de montagne tirés par des mulets, formait les faisceaux et campait à des 3 000 mètres d'altitude, parmi les gentianes bleues. De là-haut, on voyait le soleil sortir le matin des brumes piémontaises, vers où dévalaient certains torrents coléreux qui lui rappelaient la Durolle. Mais ici tout était vaches, sapinières, rochers. A leur approche, les troupeaux cessaient un moment de brouter et regardaient passer cette étincelante forêt de baïonnettes.

L'hiver, Auguste enfilait un uniforme blanc, chaussait des skis et marchait sur la neige profonde. C'est ainsi qu'il compléta sa pauvre instruction d'émouleur.

On lui permit de rendosser enfin ses vêtements civils mis en conserve deux ans dans la naphtaline, de recoiffer sa large casquette, de reprendre les souliers à tige que le cordonnier Paparil de la rue Grenette avait confectionnés à sa mesure en 1909. Tout cela s'était un peu rétréci ; il eut quelque peine à s'y introduire. Devant la gare de Modane où ils allaient prendre le train de nuit, un certain nombre de démobilisés comme lui entouraient le halo d'une lampe à acétylène. Dessous, une charrette à bras chargée d'un monceau d'oranges. Le marchand portait un long bonnet de nuit noir dont la pointe terminée par un pompon lui retombait sur l'oreille. Il criait :

« *Oranges sitchilians ! Sangouinels ! Mèdze franque cadaoun !* »

Cinquante centimes représentaient la solde de deux journées. Mais la plupart quittaient la caserne avec des deux, trois francs dans leur boursicot, ils n'hésitaient pas à s'offrir qui une, qui deux oranges. Un fruit rare et précieux qu'on ne trouvait guère en Auvergne qu'au temps de Noël, venu de rivages lointains et ensoleillés. Le marchand au bonnet noir les avait-il ramenées de Sicile ? Avait-il sur ses pieds nus franchi détroits, monts et vallées en poussant la charrette ? Rien d'étonnant qu'il vendît chacune un demi-franc. Auguste fit son compte et en acheta quatre. Il les enveloppa de mouchoirs, les enfouit au milieu du linge sale dans sa musette.

Au cours du voyage en wagon de troisième classe, tandis que ses copains ronflaient, la bouche ouverte, il eut soif et se dit qu'il avait là, dans le filet, de quoi se désaltérer. Il revit en pensée les énormes sangouinels, gorgés de sève sicilienne sous leur écorce rugueuse. Mais il fit patienter sa soif, se rendormit, la tête appuyée au dossier de bois. A Grenoble, il se réveilla encore et descendit sur le quai boire à une fontaine ferroviaire. Il but de même à Lyon où il dut changer de train.

Avant de partir pour le service, Auguste Pitelet avait économisé 860 francs, soigneusement placés à la caisse d'épargne où silencieusement ils faisaient des petits. Il s'était juré de n'y rien prélever jusqu'à son retour. De vivre avec les cinq sous quotidiens que lui verserait la République, destinés en principe à l'achat du savon et du tabac de troupe. Le magot lui servirait à acheter le rouet de M. Sauzedde, à devenir son propre maître. Il revenait content de n'avoir rien gagné, rien perdu. Rien coûté à sa grand-mère Hortense. Fier de sa pauvreté. Riche de ses seules quatre oranges.

Rue des Barres, elle l'embrassa en pleurant, comme s'il rentrait de guerre.

« As-tu prié Notre-Dame de l'Hermitage, comme tu me l'avais promis ?

— Heu... oui... quelquefois. »

A vrai dire, l'image pieuse n'était guère sortie de son portefeuille, mais, se disait-il, la force de la Sainte Vierge doit être comme celle des rayons X, ce n'est pas une enveloppe de cuir qui peut l'arrêter.

Il déballa ses quatre fruits, deux sont pour toi, dit-il. Elle s'extasia :

« Bonne Vierge ! Des pommes d'oranges ! En cette saison ! »

Elle les installa sur le buffet et se mit à les considérer, de loin, en souriant, pour admirer leur bel effet, comme elle eût regardé deux assiettes peintes, deux bénitiers.

« Hé ! prévint-il. Je veux que tu les manges !

— Moi ? Je suis bien trop vieille pour manger ça. C'est une nourriture pour les bouches délicates : les enfants, les demoiselles.

— Pour toutes les bouches, je t'assure !

— Alors, une seule. Et pas tout de suite. Demain. Ou dimanche. Une fois mangée, je ne la verrai plus ! »

Elle sourit : « Tu sauras bien que faire de la seconde. »

Il dut accepter cet arrangement. Les trois restantes, il les porta dans sa musette à l'Auberge des Murailles. Toinette Zapatez était devenue aussi belle que le jour, il en crut à peine ses yeux. Elle poussa un petit cri en le revoyant et rougit comme une braise. Puis elle se laissa embrasser sur les joues, le remercia de ses cartes postales et de ses edelweiss. Comme s'il lui eût envoyé des pâquerettes. Elle ne s'était rendu compte aucunement que l'edelweiss pousse toujours au flanc de rochers presque inaccessibles ; que lui, Auguste, avait failli pour les cueillir douze fois se rompre le cou ; mais il jugea inutile de révéler ces détails.

« Excusez-moi, fit-elle, il faut que je serve le monde. »

C'était un lundi matin, la salle était remplie de monteurs, de pelauds de la montagne qui sentaient à la fois la bouse de leurs vaches et la fibre vulcanisée de leurs côtes. Ils venaient tourner leurs lames, c'est-à-dire rendre le travail fait, et prendre un autre chargement de pièces. Ils avaient déposé leur besace à leurs pieds, sous la table, sorti le pain, le fromage, le lard, les œufs durs. Ils parlaient la bouche pleine, le couteau dans le poing, et commandaient en patois chopine sur chopine pour faire descendre leur manger. S'adressant à Antoinette, ils l'appelaient *drolo*, drôlette, *petitoune*, bien qu'elle fût de dimension moyenne, mais épanouie en tout point de sa personne, la taille haussée d'un chignon de beau calibre : ainsi avait fini la longue tresse qui naguère se balançait dans son dos. Auguste sentait la rondeur des trois oranges lui battre les reins, mais il attendait pour les offrir un moment favorable, il ne pouvait les exposer aux regards de ces ivrognes.

La patronne, Mme Mignot, née Zapatez, descendante d'aristocrates carlistes installés en Auvergne vers 1860, grattait des carottes dans sa cuisine. La tête penchée, les paupières clignées, elle fumait une cigarette. Par son volume, par cette habitude du tabac en ce temps-là purement masculine, elle était une sorte de curiosité foraine : les clients l'appelaient « la grosse », et ils l'observaient à la dérobée s'adonnant en cachette à son vice, au fond de son arrière-boutique. Eux prisaient plutôt en travaillant. Ou chiquaient. Ou rien du tout. La poudre de corne, l'huile de trempe, la limaille leur desséchaient suffisamment la gorge ; ils recherchaient l'humide de préférence au sec. Les pelauds, les croquants de la montagne désapprouvaient cette cigarette aux lèvres d'une femme, comme ils auraient désapprouvé ces maris des villes qui, paraît-il, acceptaient sans dignité d'aider leur conjointe à plier les draps ou à faire la vaisselle. Avait-on idée de choses pareilles ? La femme commence par t'ôter le tabac de la bouche ; si tu la laisses faire, elle t'enlèvera un jour le service militaire, le bulletin de vote, le nom de la famille. Et pour finir, elle chantera la messe à la place du curé. A la Muratte, aucune femme n'avait jamais fumé et ne fumerait jamais.

En revoyant Auguste, Mme Mignot laissa tomber son mégot dans ses épluchures :

« Mais c'est notre chasseur alpin ! Comme je suis contente, m'ami, de te revoir ! »

Elle le pressa sur ses énormes estomacs, le fit asseoir, lui remplit un verre, apporta des biscuits à la cuiller en recommandant, trempe-les dans ton vin. Ses yeux à lui filaient vers la salle où ils voyaient Toinette aller et venir de table en table. « Quand est-ce donc, se demandait-il, que je vais pouvoir lui offrir mes oranges ? » Un moment après, Mignot arriva de sa forge pour manger la soupe. Ses épaisses moustaches formaient à présent deux touffes grises et longues, effilées en queues par les bouts, en sorte qu'il semblait transporter en permanence deux souris suspendues à ses narines. Il serra la main d'Auguste, lui tapa sur l'épaule, l'invita à partager sa soupe. Le jeune homme retrouva la bonne épaisse pâtée de jadis, les feuilles de chou couchées sur le pain, il reconnut réellement le contenu de la *biche* que lui apportait sa petite sœur Antoinette au rouet Sauzedde, bien droite dans son sarrau noir, un col blanc autour du cou.

Il avait jusque-là vécu pour les autres ; pour sa mère allumettière ; pour son père défunt dont il devait payer les dettes ; pour la grand-mère-sarigue qui l'avait recueilli et dont il était la lumière et le pain ; pour la République. Il eût bien aimé vivre un peu désormais pour lui-même. Mais le temps n'était pas encore mûr. Il fit passer sa musette devant lui, en tira les trois oranges, les posa sur la table :

« Voilà, j'ai acheté ça à Modane. A un marchand italien. Il y en a deux pour vous et une pour Toinette.

— Vraiment ? s'écria la tante. Tu as pris cette peine de les apporter de si loin ?

— Je te remercie beaucoup, fit le *cacheur* de manches. Mais moi, le fruitage, j'aime pas. Tu donneras la mienne à Toinette. »

Mme Mignot hésita ; reconnut qu'elle n'avait, elle, aucun dégoût pour les oranges ; se passa un bout de langue sur les lèvres ; soupira ; finit par dire qu'il valait mieux... tout bien pesé... qu'elle abandonnât la sienne également... On marchanda, on trouva un compromis. Par bonheur, l'orange, comme le melon, a été prévue par la nature pour être mangée en famille. L'une des trois fut pelée, dépecée, partagée ; Mignot en accepta deux tranches qu'il mâchouilla longtemps sous ses moustaches aux queues frémissantes. La peau fut mise de côté pour parfumer les riz au lait.

Antoinette et Auguste consommèrent ensemble les deux autres, solennellement, le soir du même jour. Les tourneurs de lames continuaient de chopiner, de brailler, de chanter dans la salle de l'auberge, mais Mme Mignot avait permis à ses deux neveux d'aller un moment s'asseoir sur le banc du jardinet, de l'autre côté du chemin. Ce jardin comprenait trois étages, trois balcons fort étroits, accrochés à la pente qui surplombait la Durolle, au-delà de l'ancien rempart. Juste de quoi cultiver un carré de salade, un carré de petits pois, un carré de haricots, une ligne de persil. Et tout en haut, le banc de pierre auquel le mur même servait de dossier. Ils restèrent un long moment muets, côte à côte, leurs deux mains proches réunies, la seconde tenait le fruit d'or comme on voit Charlemagne tenant le globe du monde.

« Savez-vous peler une orange comme il faut ? » questionna-t-elle.

Il tira son couteau, elle lui en fit la démonstration, découpant dans l'écorce des parts égales qui à la fin s'épanouirent en rosace.

Ainsi, en toutes choses, elle connaissait des finesses dont il n'avait pas idée. Elle expliquait que ce savoir lui venait du château de Vollore où avait vécu jadis un grand général appelé La Fayette. Marguerite, sa sœur aînée, y travaillait ; par elle, elle apprenait l'élégance du parler, du manger, du boire, du dormir, du vêtir, du marcher.

« Devinez, demanda-t-elle, si l'on doit se sucer les moustaches quand on a bu, comme fait mon oncle Mignot ?

— Je suppose que non.

— Bravo ! Vous avez deviné ! »

Elle raconta qu'au château de Vollore chaque buveur disposait d'une serviette — un carré de toile un peu plus grand qu'un mouchoir — dont il se frottait les moustaches après boire ; et même les dames s'en essuyaient au lieu de se pourlécher jusque dans les narines comme le chien Batchol qui a lapé sa soupe.

Auguste baissait la tête, confus de se sentir si rustre, si proche du chien Batchol.

« Quand nous serons mariés, vous aurez beaucoup de mal à m'enseigner toutes ces belles manières. »

Elle éclata de rire et employa pour les oranges une méthode audacieuse qui n'avait sûrement pas cours au château des La Fayette : elle plaçait chaque tranche entre ses lèvres de manière à en offrir une moitié à son ami, il s'approchait goulûment, ils la pressaient ensemble, se barbouillaient de son jus, insoucieux des belles manières, ivres de plaisir et d'amour ; mais suffisamment gardés par la dureté de leur siège, par le gouffre profond qui s'ouvrait à leurs pieds et d'où montait le chuintement de la rivière, par le regard des sombres maisons accrochées à la pente opposée, dans les vitres desquelles passaient quelquefois d'étranges lueurs : les étincelles des polissoires. Des guêpes vinrent, les dernières de la saison, attirées par le sucre. Ils savaient qu'ils n'oublieraient jamais, jamais cette heure de paradis.

Elle tenait quelque chose au creux de son petit poing.

« Je voudrais, dit-elle, en souvenir de ce jour...

— Eh bien ? »

Elle ouvrit la main : il y vit briller cinq ou six pépins d'orange.

« ... que vous semiez ces graines. Où vous voudrez. Peut-être donneront-elles des plantes. »

Il rit : des orangers à Thiers, cela ne s'était jamais vu.

« Cela pourrait se voir. Semez-les, je vous prie. »

Il se leva, chercha un coin de terre aussi abrité que possible par le roc, creusa des trous de ses mains nues, y laissa tomber les graines, les recouvrit soigneusement. Il n'y avait plus qu'à attendre le miracle.

Rue des Barres, l'orange de grand-mère Hortense rayonnait toujours sur le buffet.

« Qu'attends-tu pour la manger ? Qu'elle pourrisse ?

— Sois tranquille : j'y tiens l'œil. »

Chaque jour en effet, elle la tournait et retournait, tâtait d'un doigt léger la consistance de l'écorce, concluait : « Elle patientera. J'ai pas presse. »

Au rouet Sauzedde, sa meule avait changé de titulaire. Le propriétaire expliqua :

« Si tu m'achètes le rouet, comme convenu, tu en disposes à ta façon. Mais moi, je pouvais pas attendre deux ans ton retour sans louer ta place. Les meules, c'est fait pour tourner, et j'ai de la demande. Alors, achète, ou cherche une place ailleurs. »

Il exigeait 6 000 francs de tout l'atelier avec les six meules à émoudre et au premier étage les six polissoires. Payables au comptant, je suis trop vieux pour faire crédit. Auguste n'en disposait que de 860, il n'était question ni d'emprunter, ni de traiter. L'ensemble de la coutellerie se portait d'ailleurs mal, à cause de Sheffield et de Solingen ; l'émouture fonctionnait au ralenti ; cependant, chaque Ventre Jaune restait farouchement lié à sa meule, payant la location sans rechigner, même si sa journée était courte. En attendant des jours plus prospères.

Pitelet visita tous les rouets, du Moutier jusqu'à la Monnerie, sans trouver une meule disponible. Il dut se résigner à entrer chez Barrier, au Creux de l'Enfer, où son père avait travaillé autrefois.

« Je l'ai bien connu, fit son voisin de meule. Pitelet l'Artiste. C'était aussi un fin martinaire. »

Ce voisin souffrait d'une étrange incommodité. Un jour qu'il bricolait dans la fosse, sous sa meule non débrayée, un éclat de métal lui avait sauté à la figure. Il aurait pu y perdre la vue ou davantage. Par bonheur, le morceau de lame avait seulement labouré les deux paupières et la racine du nez. Après guérison, il se trouva que lesdites paupières ne pouvaient plus se replier en accordéon suivant leur ancienne habitude, l'homme dut se contenter de leur entrebâillement. Cela ne le gênait point dans sa besogne d'émouleur, couché sur le ventre, le regard en bas. En revanche, s'il avait dans la posture verticale à considérer quelqu'un en face de lui, il devait renverser la tête, à cause de ce rideau de chair qui aux trois quarts lui couvrait les yeux. A la façon du chasseur qui tire un vol de bécasses.

« Moi, précisa-t-il, je suis Londiche. Mais ici, tout le monde m'appelle Vise-en-l'air. »

Le surnom, estimait-il, lui convenait parfaitement, il n'en recevait ni honte ni fierté.

La honte fut le lot d'Auguste qui, après avoir été artisan libre tant d'années, tombait sous le commandement d'un maître. « Ce n'est que provisoire, l'encourageait Toinette. Vous finirez bien par trouver une autre meule. Les choses s'arrangeront avec l'électricité qui permettra de construire des rouets loin de la Durolle. » Mais les choses ne s'arrangeaient guère. Joseph Claussat, élu l'année précédente, se démenait à la Chambre, assiégeait les ministères sans beaucoup de profit. Le grand soleil de la Sociale, espéré par ses électeurs, n'avait été qu'un feu de bengale.

Grand-mère Hortense constatait que, sur le buffet de sa cuisine, l'orange sicilienne avait un étrange comportement : au lieu de pourrir comme elle aurait dû, elle se desséchait. L'écorce prit une apparence de cuir, se ratatina, se momifia.

Il eût été sage de la peler, de consommer ce qui pouvait lui rester de suc. Mais, se disait la vieille femme, à quoi bon ? Cela te passera entre le nez et le menton, et après, que t'en restera-t-il ? Jusqu'à présent, tu as bien réussi à vivre sans consommer des fruits si luxueux. Laisse donc celui-ci en paix, puisqu'il a décidé de durer. Il te rappellera que tu as un bon petit-fils, qui a voulu te faire un plaisir.

Ainsi, l'orange demeura intacte. Chaque fois qu'une connaissance venait en visite rue des Barres, la personne considérait avec stupeur cette étrange chose brune :

« Qu'est-ce que c'est ? Une balle ? Une patate ? Un boulet de canon ? »

Les noces d'Auguste et d'Antoinette eurent lieu à la saison où s'ouvre le ripipi [1]. Ce fut l'occasion d'un rassemblement de tous les Pitelet descendants du défunt Tchoucossa et de sa veuve Hortense. Émile Pitelet, le benjamin, dit Pitelet le Gros à cause de sa fortune, vint avec sa femme Julie, native de Bordeaux, ses deux filles et son fils Armand, appelé à hériter du *Cygne* qui naviguait depuis 1899 sur ses couteaux de table et ses couverts. Il offrit à son neveu une douzaine de cuillers à soupe, une autre de cuillers à dessert, une autre de cuillers à café ; plus les trois douzaines de fourchettes et de couteaux assortis ; plus deux louches ; le tout nickelé dans ses propres cuves et contenu dans un écrin doublé de satin marqué à son emblème. Au cours de leurs entretiens, il informa Auguste, discrètement, que cet ensemble de cent dix pièces lui revenait à 86 francs, mais que les magasins de Paris le revendaient communément 180 ou 200 ; qu'il devait donc considérer que la valeur exacte de ce cadeau s'élevait au bas mot à 180 francs, sans compter l'écrin.

1. L'aubépine.

Vincent Pitelet, dit Pitelet le Fin, inspecteur de l'enseignement primaire, vint de Montargis avec Jérômette, sa blonde concubine, elle prononçait parfois les mots de bizarre façon, on la savait italienne, on ne pouvait lui en vouloir de ne pas s'exprimer avec la même correction que les Thiernoises ; en compagnie de Raymond Gautier, leur garçon de treize ans, qui avait hérité les yeux violets et les cheveux blonds de sa mère ; il ne portait pas le nom de son père à cause de cette histoire de divorce toujours retardé, mais la grand-mère-sarigue l'avait reconnu pour sien, elle l'appelait *belou* et *bonnes gens* plus que tout autre, car il en avait rudement besoin avec ce père pécheur et cette mère pécheresse, tout innocent qu'il fût.

Mme On-Ne-Sait-Comment (selon l'expression de la Bordelaise) offrit à la fiancée une couverture de lit faite au crochet et composée de cinq cent vingt petits carrés de dentelle sicilienne cousus ensemble : elle y travaillait depuis deux années sans savoir exactement qui elle en régalerait. Elle espérait un peu que ce présent de bon augure l'aiderait à être reçue chez les Pitelet. Rien ne fut prononcé. Mais Toinette, qui avait dans son petit doigt plus de finesse que beaucoup n'en ont dans toute leur personne, accepta le cadeau et ses charges, et se mit à appeler cette étrangère « tante Jérômette » gros comme une montagne, que l'autre en avait les larmes aux yeux.

Quant à Hortense, elle choisit un moment pour la prendre à part :

« Je voudrais... pauvre m'amie... vous dire quelque chose, que je sais pas comment m'y prendre.

— A moi ? » fit Jérômette, déjà toute craintive.

La vieille femme secouait sa tête grise, sous les tuyaux blancs de la coiffe, et se tordait les doigts, et n'osait lever les yeux vers la tremblante étrangère.

« Voilà... Je voudrais... quand nous irons à l'église... que vous vous teniez tout près de Toinette... juste derrière. Ou juste derrière Auguste, si vous préférez. Et Vincent à côté de vous. Est-ce que vous comprenez ce que je veux dire ?

— Vincent et moi juste derrière Auguste et Antoinette ? C'est bien ça ?

— Oui, m'amie. De cette façon, quand le curé les bénira, vous deux, derrière, vous en attraperez peut-être quelques gouttes. »

Il vint aussi des émouleurs, compagnons du marié, de son père ou même de son grand-père : Vise-en-l'air, Galoche, Matafe, Serpolet, Courniole, Zoby, Saton, le vieux Mange-Fourme.

Du côté de la fille, on vit descendre un troupeau de Vollorois plus ou moins mâtinés d'espagnol, des Zapatez, des Oliver, des Dosjoub, des Cognet. Tous munis de longues jambes, habitués à courir les bois, à mener leurs bêtes aux foires. Dans le lot, tranchaient Gilbert Zapatez, le charpentier-forgeron-charron, père d'Antoinette, avec sa haute taille et sa maigre figure creusée de lignes profondes ; Mélanie sa femme, par sa mère petite-cousine de grand-mère Hortense, si bien que les deux familles se trouvaient déjà quelque peu liées ; et Jeanne, sœur de ladite Mélanie ; Marguerite, sœur aînée d'Antoinette, et Firmin leur frère cadet. Sans oublier M. et Mme Mignot Zapatez chez qui se feraient les mangeries : on avait trouvé commode, puisqu'une auberge faisait partie de la famille, de l'utiliser en la circonstance, plutôt que d'obliger au transport jusqu'à Vollore-Ville tant de gens qui n'avaient pour voyager que l'âne de saint François.

Au total, vingt-deux Pitelet ou émouleurs, quatorze Zapatez ou montagnards.

Le maire, M. Guillemin, les accueillit joyeusement, il venait d'être réélu :

« Vous êtes, avoua-t-il, le premier couple que je marie depuis ma réélection. Notre ville a grand besoin de mariages et de naissances. Alors, ne vous gênez pas, jeunes gens : croissez et multipliez. Thiers compte sur vous pour tenir tête à Solingen ! »

Solingen, toujours Solingen. Le fait est que les femmes thiernoises n'étaient guère connues pour leur fécondité. Spécialement les émouleuses, les polisseuses, les frotteuses que le gros ventre gênait dans leur besogne. Les patrons voyaient d'un mauvais œil leurs ouvrières affligées de grossesses trop fréquentes :

« *Te vouèdi enqué botchiné ?* Tu te prépares encore à chevreter ? Il faut choisir entre faire des couteaux et faire des cabris. »

Et quand les cabris naissaient, il s'en perdait beaucoup en route dans ces logis noirs, puants et vermineux dont certains avaient cinq siècles d'âge ; où ils mangeaient et dormaient, confondus avec parents, grands-parents, chiens, chats, souris, punaises et fantômes. Ils périssaient du sang, des os, de la poitrine, du cours de ventre. La nature préservait juste le nombre indispensable à la prolongation de la race et du commerce.

« Je suis sûr, conclut le maire, que vous serez pour moi de bonne étrenne ! »

Après quoi, il embrassa la mariée.

A l'Auberge des Murailles, on fit une station suffisante pour reprendre des forces ; puis le cortège se dirigea vers l'église Saint-Jean. Agrippée à l'extrême bord du ravin, elle semblait retenir de tout son corps, comme une louve ses petits, les tombes du cimetière pour les garder de la pente. Peine perdue. De temps en temps, l'orage en emportait une qui dégringolait dans le torrent, les restes de l'homme nourrissaient les poissons, c'était bien son tour. La noce fut reçue dans la nef qu'illuminaient des brassées de lilas.

Vincent et Jérômette se placèrent dans la situation qu'Hortense avait souhaitée, malgré certains regards désapprobateurs qui semblaient dire : que font ces deux mécréants près de la sainte table ? leur place ne serait-elle pas au fond, dans l'ombre des piliers ?

Le curé titulaire, l'abbé Brugerette, exprima sa joie d'unir devant Dieu les destins de deux pauvres, d'un ouvrier émouleur, orphelin de père et de mère, et d'une servante. Il ne manqua pas de souligner combien les pauvres étaient chers au cœur de Jésus, lui qui toute sa vie terrestre gagna son pain par le labeur de ses mains.

« Cela ne signifie pas, conclut-il en souriant, que l'Évangile désire que nous demeurions dans une misère éternelle. Ce qu'on appelle communément « le progrès », c'est-à-dire l'amélioration de nos conditions de vie, l'invention de nouvelles machines aptes à soulager notre peine et à multiplier le produit de nos efforts, la capitalisation de notre épargne en vue de nous protéger de la vieillesse et de ses maux, tout cela est autorisé par Dieu et par l'Église. Un certain enrichissement qui ne nuit à personne, qui ne résulte de l'exploitation de personne peut être considéré comme un don du ciel, au même titre que la bonne rosée qu'il répand sur nos semis pour les rendre prospères. Prenez donc sans scrupules cette bonne rosée si elle vous atteint un jour, et c'est ce que je vous souhaite. Mais faites-en profiter autour de vous ceux qui n'auront pas eu votre chance. Car ce que Jésus exalte, c'est seulement la pauvreté de l'esprit : *Heureux les pauvres en esprit, car le royaume des cieux leur appartient...* »

Pitelet le Gros était le seul riche aux noces d'Auguste et d'Antoinette. Il n'avait d'ailleurs jusque-là guère eu scrupule de sa richesse, quoiqu'elle suscitât autour de lui bien des envies et des accusations. Les paroles de l'abbé Brugerette lui firent comprendre ce qu'il avait toujours senti confusément : qu'il existe deux sortes de richesses, une sainte et une maudite. A cette révélation, son cœur frémit de joie, il n'eut plus aucun doute sur la sainteté de la sienne.

1913

Chacun pressentait l'approche d'immenses malheurs, que d'étranges événements annonçaient. Une source ordinairement pratiquée par les bestiaux s'était mise tout à coup à pisser rouge du côté de Noirétable, comme si une veine de sang avait crevé sous la terre pour augurer quelque immense hémorragie. Un oiseau extraordinaire, mesurant un mètre cinquante d'envergure, était venu mourir d'épuisement au Moutier, dans la ville basse, sur les rives de la

Durolle. Des curieux s'étaient rassemblés autour du volatile en proie aux ultimes palpitations, se demandant ce qu'ils pouvaient faire pour lui et qui il était. C'est une sarcelle, disaient les uns. Non, une cigogne. Un pélican. Le directeur d'école, M. Méliodon, vint à son tour :

« C'est une mouette. Un oiseau qui vit sur la mer, se pose au sommet des vagues comme un canard et se nourrit de poisson. »

Quelle idée avait eue cette bête d'arriver de si loin, de remonter la Loire, l'Allier, la Dore, la Durolle pour venir agoniser près du pont aux Choux ? Quel message apportait-elle ? Quel malheur voulait-elle fuir ?

Quand elle eut produit son dernier soubresaut, l'instituteur l'emporta, disant :

« Je l'empaillerai pour notre musée scolaire. »

Dans un wagon de troisième classe, entre Thiers et Courty, voici bien un autre cadavre : celui d'un jeune soldat aux larges culottes garance. On saura qu'il s'agit d'un pauvre chômeur engagé pour cinq ans dans les zouaves d'Algérie. A sa première permission, l'idée de requitter les riantes collines thiernoises, et la boutique de son père, et le tintamarre des enclumes, pour retourner en Afrique, au fond de ravins peuplés de singes, le point d'une telle douleur qu'il tire de sa poche son laguiole et se le plante dans l'estomac. On le retrouve vidé de son sang comme un coq. Celui-là, on peut dire qu'il a été tué par le chômage.

« Savez-vous ce qu'il nous faudrait ? chuchotent entre eux certains maîtres couteliers, un peu honteux d'une telle pensée, mais conscients des dures nécessités de l'heure. Le savez-vous ? Des commandes d'armement afin de préparer la guerre à venir. Car cette guerre viendra, qu'on le veuille ou non, depuis le temps qu'on en parle ! Alors, autant vaut se tenir prêts ! »

Tout le monde en parle en effet : la presse, les députés, les militaires, les maîtres d'école. On la chante en comptine dans les cours de récréation :

As-tu vu Bismarck
A cheval sur un canon ?
Le canon éclate :
Bismarck est foutu.
Il a r'çu une balle
Dans le trou du cul.

Rien n'empêchera les autres nations d'y participer, qui pour les colonies, qui pour la concurrence, qui pour ci, qui pour ça. Mais ce sera essentiellement une guerre franco-allemande, à cause de l'Alsace-Lorraine qui depuis trois quarts de siècle attend la délivrance. Un général nommé Friedrich von Bernhardi, la plus haute sommité stratégique de l'Allemagne impériale, a proclamé à Berlin : *Ce serait une guerre au couteau que nous aurions à livrer contre la France*. Il a bien dit : au couteau ! Les entrailles des fabricants thiernois frémissent donc d'espérance, ils imaginent ces bataillons nombreux qui plaisent à *Deus Sabaoth*, chaque homme muni de son laguiole, face à l'ennemi armé par Solingen. Lames contre lames ! Quelles perspectives pour l'industrie durollienne ! Quels prolongements internationaux après la Victoire, la paix revenue !

Objection : « La guerre prendra vos ouvriers, vos forgerons, vos émouleurs. Qui donc les fabriquera, ces couteaux ?

— Nous mobiliserons les femmes, les enfants, les vieillards. Il est facile de transformer une polisseuse en émouleuse. Chacun ici a la coutellerie dans le sang. »

Naturellement, cette guerre mi-crainte, mi-espérée suscite des oppositions. Quelquefois surprenantes. Ainsi, un général français nommé Percin s'élève contre le service militaire de trois ans, destiné à compenser notre faiblesse numérique, face à une Allemagne forte de ses soixante millions de sujets.

« Eh bien non ! s'écrie-t-il. Nous ne gagnerons jamais cette bataille des effectifs puisque nous ne sommes que quarante millions. Nous jouons la politique de la grenouille qui veut se faire aussi grosse que le bœuf.

— Alors quoi ? Sommes-nous battus d'avance, faute de combattants ?

— Cherchons des alliés : la Russie, l'Italie, l'Angleterre... »

Plus étonnante encore l'attitude du parlement d'Alsace-Lorraine. Cette ancienne province française est restée française de cœur comme le prouvent les dessins de Hansi, les articles de Maurice Barrès, les romans de René Bazin, les chansons de Déroulède, l'affaire de Saverne : un sous-lieutenant prussien y a traité de voyous toutes les recrues venues d'Alsace, ce qui a suscité autant d'émotion en France qu'en Allemagne : manifestations, injures, arrestations, coups de sabre, articles de presse, interpellations au Reichstag, sanctions disciplinaires, le Kaiser lui-même sacquant son fils le Kronprinz pour avoir pris publiquement le parti des officiers contre la *populace*. Or, le parlement de Strasbourg vient de *condamner* formellement toute guerre et toute reconquête par les armes : « Nous nous trouvons bien comme ça. Laissez-nous en paix. Au fond, nous sommes des Alsaciens-Lorrains et rien d'autre. » Un député a même eu l'audace de proclamer : « Les Alsaciens-Allemands sont heureux d'être Allemands et veulent le rester. » A quoi Maurice Barrès réplique que ce représentant n'est pas, ne peut pas être l'élu de populations authentiquement alsaciennes : son cœur de Lorrain le lui dit.

Mais l'antimilitarisme le plus acerbe vient des socialistes. Ils se sont débattus comme des diables pour empêcher le vote des trois ans, et maintenant que la loi est passée malgré eux, ils se démènent encore afin qu'on la rapporte, maudissant tout ce qui peut favoriser nos armes. Brizon, député de l'Allier, s'est écrié à la Chambre :

« Je vous engage, Messieurs, à développer l'avion militaire. Ces appareils sont en effet les ennemis les plus efficaces de l'armée et du militarisme qui puissent exister, à cause du grand nombre d'officiers qui se tuent dans les accidents. »

A Puy-Guillaume, bourg de verriers et de forgerons, ils avaient annoncé pour ce dimanche matin une réunion publique, place de l'Église, contre « l'absurde loi ». L'heure et le lieu convenaient aux ouvriers-paysans ; mais ils durent constater la défaveur du ciel : averses et coups de tonnerre se succédaient outrageusement. On ouvrit les parapluies. Debout sur un banc au revers de l'église, bravant les ondées qui leur ruisselaient sur les moustaches, deux orateurs haranguaient à tour de rôle ; quand le premier parlait, le second le protégeait d'un riflard rouge emblématique. On reconnut le député Joseph Claussat et son jeune beau-frère, Pierre Laval, fils d'un aubergiste de Châteldon, dont l'auberge était si modeste qu'elle ne portait ni nom ni enseigne. Devenu avocat à la force du poignet, ce Laval prétendait mettre la jurisprudence au service des pauvres comme Joseph mettait la médecine : il s'était fait le défenseur des ouvriers grévistes, de la C.G.T., des fonctionnaires révoqués par Clemenceau pour avoir réclamé leur droit à l'organisation syndicale.

« Il paraît, s'écria le député de Thiers, que nous n'avons pas assez d'hommes sous les drapeaux. Mais on vient d'en trouver cent mille qu'on envoie conquérir le Maroc ! En fait, le service de trois ans est une véritable course à la guerre. Un moyen de rendre inévitable une confrontation ardemment voulue par notre état-major, nos industriels, nos capitalistes. Elle supprimera le chômage, pensent-ils, en supprimant les chômeurs et en activant les affaires ; elle étouffera la voix du peuple en révolte. En déclarant la guerre à l'Allemagne, c'est le socialisme français qu'ils espèrent vaincre ! »

Il prit le parapluie des mains de son beau-frère, et celui-ci, du plus haut de sa voix, exhorta la foule dégoulinante :

« La guerre est le plus grand malheur qui puisse frapper un peuple. C'est un remède pire que tous les maux qu'elle prétend guérir. Toute ma vie je la combattrai. Le danger est encore plus grand sur nos têtes à nous, Français, parce que nous ne sommes pas prêts. Il nous manque l'artillerie lourde, les mitrailleuses, que sais-je ? N'écoutez pas les revanchards : ce n'est pas avec des chansons qu'on se prépare à la guerre. Travailleurs, le jour où vous entendrez parler de mobilisation, au lieu de courir à vos casernes comme des moutons à l'abattoir, croisez-vous simplement les bras ! Ignorez vos fascicules ! Déclenchez la grève générale contre le massacre général ! »

Longtemps encore, les deux orateurs continuèrent ce petit jeu du passe-moi-la-parole-et-je-te-passe-le-parapluie.

Et puis soudain le ciel leur tombe sur la tête, les cloches se mettent à sonner, la claire d'abord, puis la grave, puis le bourdon. Toutes ensemble donnent de la voix. Un tintamarre compact, assourdissant, que Laval essaie de couvrir :

« Voilà bien... cléricalisme... empêcher... peuple... s'étonnera... abattre les clochers...

— Allons ailleurs ! crie quelqu'un.

— Jamais ! réplique Claussat... sera pas dit... son des cloches... mis en fuite... socialistes... comme un vol de corneilles...

— Eh bien ! Patientons !... curé se fatiguera avant nous... »

On se bouche les oreilles. On patiente. Certains tentent de pénétrer dans l'église, mais les portes en sont verrouillées. Il faudra bien qu'elles s'ouvrent pour la messe de dix heures et demie. D'autres s'écartent, très vite les bistrots se trouvent remplis de socialistes fumants qui réclament à boire et à manger.

« Vous savez, répondent les cafetiers qui ont intérêt à retenir la clientèle, si le curé, son vicaire et le sacristain se relayent, ils peuvent sonner un long moment ! Prenez donc le temps de vous asseoir. »

Chacun imagine les trois fanatiques pendus à leurs cordes comme des damnés, la sueur au front, soutanes volent, surplis volent, galoches volent ; les cloches furieuses semblent annoncer l'orage, l'incendie, l'arrivée des Normands, la fin du monde ; et il ne s'agit que de troubler un métingue de parapluies !

Le vicaire monte aux fenêtres, jette un coup d'œil sur la place, constate que l'ennemi s'est passablement dispersé. Une à une, les cloches arrêtent leur branle. Pour encourager la paix, le ciel cesse de pleuvoir. On déverrouille les battants, les premiers fidèles commencent d'entrer.

Mais les socialistes ne renoncent point ; dès que le vacarme s'est tu, ils sortent des auberges et se rallient au riflard rouge.

« Rien ne fera jamais taire les représentants du peuple, clame Joseph Claussat : ni l'eau, ni le feu, ni le fer, ni le bronze, ni le plomb ! Nous crierons sous les balles, nous protesterons dans nos tombes, nous hanterons les nuits de nos adversaires, nous inspirerons nos successeurs !

— Reparlons de cette loi des trois ans », enchaîne le beau-frère.

Il a le teint jaunâtre, les yeux bridés, la lèvre grosse, le poil corvin, les dents fortes et éclatantes, quelque chose en lui d'asiatique, Hun ou Mongol. Les *r* qu'il prononce font un bruit de tonneaux roulés. On sait qu'il conduisait naguère la voiture paternelle lorsqu'il allait attendre les voyageurs à la gare de Ris ; qu'il les servait dans la salle à manger, en tablier blanc, une serviette sur le bras gauche ; qu'à quinze ans il gravait au couteau sur les tables du lycée *Vive le socialisme !* ; que lorsqu'il rencontrait une croix dans la campagne, au carrefour de deux chemins, il lui jetait une pierre. On le sait, ou on le dit. Le voici candidat à la députation à Aubervilliers ; c'est par solidarité socialiste et beau-fraternelle qu'il est venu épauler Joseph Claussat. Les verriers hochent la tête, se disent qu'ils ont besoin d'hommes instruits pour les défendre, et non pas d'ignorants. Mais peuvent-ils faire toute confiance à l'instruction ? Les membres de la classe instruite, quelles que soient leurs opinions politiques, n'ont-ils pas entre eux plus de points communs et de raisons de s'entendre que des verriers et un avocat ?

Alors, celui-ci fait de son mieux pour qu'on lui pardonne ses diplômes et sa cravate blanche, il n'hésite pas de temps en temps à recourir au langage des illettrés. Parlant de Louis Barthou, responsable de la fameuse loi militaire, il s'écrie :

« On dit en français que cet homme-là est têtu comme une mule de ses Pyrénées. Mais dans les montagnes de Châteldon, on dirait plutôt qu'*ol i beytcho mo en martè dë dalho* ! »

Les ouvriers-paysans éclatent de rire. Oui, oui, ce Barthou-là est bête et entêté comme un marteau à battre les faux. Ils ne le connaissent pas, c'est la première fois qu'ils entendent son nom, mais ils sont sûrs que Pierre Laval l'a bien qualifié. La réunion reprend son cours heureux, les orateurs s'essuient le front et les tempes, les bigots entrent dans l'église, le cléricalisme s'avoue battu.

Pas encore ! Brusquement, les portes s'ouvrent béantes, tout le contenu de l'église se déverse dans la rue en procession, le sacristain en tête, portant la croix. On va bien voir quelle liberté va faire reculer l'autre, la liberté des cultes ou celle des réunions. A tour de bras, les enfants de chœur encensent tout ce qui se présente ; les femmes et les filles chantent *Nous voulons Dieu, c'est notre Père*, entraînées par la voix creuse du vicaire Genestoux ; le curé Champrodon ferme le cortège en compagnie du Saint Sacrement. Les deux beaux-frères lancent leurs anathèmes :

« Nous sommes les combattants de la paix : honte à ceux qui préparent nos enfants à une guerre sans raison et sans issue !

— *Nous voulons Dieu dans nos écoles*
Afin qu'on enseigne à nos fils
Sa loi, ses divines paroles
Sous le regard du Crucifix !

— Honte aux prêtres qui devraient leur apprendre les paroles du Christ : « Celui qui combat par l'épée périra par l'épée ! »

— *Nous voulons Dieu dans notre armée*
Afin que nos jeunes soldats
En défendant la France aimée
Soient des héros dans les combats... »

Le dialogue chanté-parlé se poursuit pendant que la procession contourne l'église. Revenant vers son point de départ, elle se heurte aux poitrines socialistes. Un moment, elle marque le pas. Les verriers se taisent, ils écoutent les cantiques, applaudissent ironiquement. Alors, le curé Champrodon fend la foule, s'avance jusqu'au premier rang, brandit à deux poings l'ostensoir comme une massue, s'écrie d'une voix de prophète :

« Vous arrêtez nos fillettes et nos femmes, ô démocrates ! Et Celui-Là, Lui interdirez-vous aussi le passage ? »

Quelques opposants s'écartent, impressionnés ; trois ou quatre, même, pas très sûrs de leurs doctrines, esquissent un signe de croix.

« Vous êtes, n'est-ce pas, reprend le prêtre, des disciples de Jean Jaurès ?

— Oui ! Oui ! Vive Jaurès !

— Eh bien ! Savez-vous, ô socialistes ennemis de l'Église ! savez-vous que votre Jaurès... »

Un silence se fait, tous les verriers restent bouche bée. Que va dire ce corbeau du diable ? Quelle calomnie va-t-il jeter ?

« ... savez-vous que Jean Jaurès, aux dernières Pâques, a fait faire à son fils sa première communion ? »

Quoi ? Le fils de Jaurès en communiant ? Allons donc ! Elle est bien bonne ! Laissez-nous rire, abbé Champrodon !

« Riez tant qu'il vous plaira. Mais regardez vos deux meneurs ! Eux ne rient point ! Eux ne rient point ! Eux le savaient que Jaurès fréquente l'église et avale Gaspard, comme vous dites par blasphème ! Mais ils ne vous l'ont pas révélé ! Leur journal, *l'Ami du Peuple*, ne vous en a pas soufflé mot ! »

En effet, Laval et Claussat baissent le front : tout cela est vrai, Champrodon ne ment point. La presse bourgeoise s'est assez gaussée de cette histoire de communion. Comment expliquer à ces simples, paysans, verriers, forgerons, que les sentiments chrétiens et les sentiments socialistes ne sont pas incompatibles ? Que Jésus-Christ fut une manière de socialiste lorsqu'il fouettait les riches et consolait les pauvres ? Que ses disciples actuels trahissent sa doctrine ? Tout cela est difficile à dire et à entendre. Le trouble des deux orateurs parle suffisamment, la foule de leurs partisans s'ouvre comme la mer Rouge devant Moïse, le cléricalisme passe, triomphant.

Auguste et Antoinette avaient trouvé un domicile au 15 de

l'ancienne *rue Chanelle*, rebaptisée *rue Edgar-Quinet*. Une sorte de canyon obscur, étroit, escarpé, entre deux falaises de maisons hautes de quatre étages. Il y flottait cette odeur coutelière dont le passant profitait dans tous les quartiers industrieux, venue des huiles rances, de la corne cuite, des ciments mijotés, auxquels s'ajoutaient le crottin et les sueurs chevalines. Dans la partie basse de la rue, le ciel prenait un peu de largeur grâce à des jardins où certains résidents privilégiés cultivaient des légumes engraissés à la poudre de corne, et cueillaient ces fameuses prunes à pruneaux, dites aussi prunes noires qui sont rouges quand elles sont vertes. Après être descendue très bas, jusqu'à une placette où suintait une fontaine permanente mais peu fournie, dont la vasque moussue frémissait de grenouilles et de têtards, la rue remontait au milieu des vignes, devenait un village grouillant de poules, de canards, de gorets ; elle prétendait s'y appeler *rue Edgar-Quinet prolongée* ; mais, pour désigner l'endroit, personne ne disait autrement que *chez les Cochons*. Elle s'effilait enfin en une sente rocailleuse qui aboutissait à l'ex-*chemin des Charbonniers*, devenu *rue de l'Industrie*.

La porte du 15, percée d'un cœur, donnait sur un rez-de-chaussée-boutique déserté par un ancien monteur qui avait porté ses os au cimetière des Limandons ; la partie postérieure s'enfonçait en cave dans le rocher. Un escalier de pierre abrupt montait à la cuisine du premier étage, aux chambres du second et du troisième ; celle-ci complétée par un cabinet à la turque. Tout de suite au-dessus venait la toiture. Mais l'escalier, poursuivant son ascension, s'écartait de quelques marches et pénétrait dans le rez-de-chaussée d'un autre immeuble dont l'entrée principale s'ouvrait rue de Lyon. Accrochée à la montagne, face à la plaine et au couchant, toute la ville était construite ainsi de maisons entassées et superposées, chaque habitant pouvant voir et entendre roucouler des pigeons sur le toit des voisins du dessous. Les couteliers du rez-de-chaussée-boutique supérieur fréquentaient volontiers le cabinet à la turque du 15 rue Edgar-Quinet ; en sorte qu'Auguste ou Antoinette, lorsqu'ils désiraient l'employer, le trouvaient souvent occupé par un inconnu qui, à leurs efforts pour ouvrir, répondait d'une voix forte et cordiale :

« Complet ! »

Après un moment d'attente, l'homme ressortait en rajustant ses bretelles, s'excusant d'avoir été un peu long.

Ils durent prendre leur parti de cette incommodité. Peu à peu, par l'intermédiaire du cabinet à la turque, ils firent la connaissance de ces couteliers qui les remerciaient en sourires et en petits cadeaux ; treizains aux défauts quasi imperceptibles, bottes de radis, portions de boudin, branches de lilas.

Ils garnirent ces pièces vides de meubles disparates sortis des divers galetas familiaux : un lit de fer, une armoire de noyer, une table de chêne, un buffet de sapin, des chaises sans parenté ni ressemblance. Leur seul achat important : une horloge murale en forme de losange, à incrustations de nacre, qu'il fallait remonter tous les samedis soir au moyen d'une petite manivelle. Les couteliers indépendants n'avaient pas nécessité de savoir l'heure exacte, assez d'indices les renseignaient : le chant des coqs, les angélus de Saint-Genès, la hauteur du soleil, le passage du facteur, la faim de leur ventre. Mais il n'en était pas ainsi des ouvriers salariés, des servantes d'auberge qui devaient se rendre au travail à heure fixe. De plus, cette horloge incrustée au milieu du mur était le luxe du logis. Antoinette la frottait chaque dimanche, et à tout instant s'en réjouissait les yeux.

Elle continuait de servir à l'Auberge des Murailles. En revanche, Auguste supportait mal sa condition de prolétaire, il aspirait à retrouver sa liberté de jadis. Puisque les rouets anciens n'offraient aucune place disponible, pourquoi ne pas installer dans son rez-de-chaussée inutile un rouet nouveau fonctionnant au courant électrique ? Le local ne comportait d'autre éclairage que le soleil ; il fallait donc en premier lieu poser les fils. Il s'entretint de cela avec M. Bosson, le propriétaire ; celui-ci ne s'opposait pas aux transformations pourvu qu'il ne lui en coûtât pas un liard :

« Pourquoi veux-tu que je paye quelque chose qui t'arrange, toi, et à moi ne rapportera rien ? Alors, vas-y : installe ce que tu voudras, l'électricité, le gaz, l'eau, le téléphone, le saint-frusquin, mais à tes frais. De plus, je connais la loi : quand tu quitteras les lieux, tu devras laisser sur place toutes les améliorations qui ne pourront être enlevées sans dégrader l'immeuble. Alors, examine bien tout. »

C'est ce qu'il fit. Il aligna dans sa tête les additions : branchement, pose des fils et des lampes, moteur, meule, consommation des kilowatts. En face, le positif : travail sans déplacements, absence de patron, nique à la Durolle et à ses caprices, possibilité ultérieure d'installer d'autres meules qu'il donnerait en location. Au terme de ses examens, Auguste consulta sa femme qui, voyant le bonheur qu'il en aurait, l'encouragea dans son entreprise :

« Même si tu dépenses toutes tes économies, il me restera mes gages de servante pour t'empêcher de mourir de faim en attendant que viennent les profits. »

Les travaux furent menés en quelques semaines. Les 860 francs y fondirent. Mais quelle joie, quelles espérances lorsqu'il eut sa boutique à lui, sa planche à lui, sa meule artificielle en corindon, qui est une sorte d'émeri de Madagascar aggloméré, moins lourde et moins dangereuse que l'ancienne meule de grès qui avait assassiné son grand-père Tchoucossa ; son moteur à lui : il suffisait d'abaisser une manette et les poulies se mettaient en mouvement, la meule ronflait comme une perdue, prête à ronger tout l'acier du monde. En outre — chose encore rare dans la ville — trois pièces de la maison se trouvèrent éclairées électriquement : on tournait une sorte de petit robinet en os, et une ampoule de verre s'illuminait au plafond, chassant l'ombre même des recoins les plus dissimulés. Pour le plaisir, Toinette s'amusa quelque temps à allumer, éteindre, allumer, éteindre ; mais ensuite elle eut grand soin de ne s'en servir qu'à la nuit noire, à cause de ces coûteux kilowatts qui couraient dans les fils.

Quant aux autres commodités, eau, gaz, téléphone, il ne s'agissait que d'une moquerie de M. Bosson : il fallait aller remplir les cruches à la borne-fontaine qui coulait gratuitement ; porteurs et porteuses de tout âge se croisaient constamment dans la rue, échangeaient des salutations et des nouvelles.

Auguste fit la tournée des fabricants, on le reçut avec estime car on se souvenait de son ouvrage, autant toi qu'un autre, les patrons le tutoyaient comme au temps où il couchait dans le rouet Sauzedde, au pont de Seychal, et se nourrissait une semaine avec un demi-lapin. L'un lui confia une grosse de ciseaux, l'autre une grosse de lames, un troisième une grosse de couteaux de table. Enfin, la grosse, comme toujours, non pas de 12 fois 12, mais de 13 fois 13, arrondis à 180. Lorsqu'il eut sa provision, il remercia son patron, M. Barrier, qui répondit sans colère :

« Bien sûr, j'ai l'habitude. Ton père a fait de même dans les temps, et beaucoup d'autres. Pour vous, Ventres Jaunes, les fabriques c'est comme l'hôpital : vous êtes bien contents d'y entrer et plus contents d'en sortir. »

Pitelet retourna chez lui, prit son tablier de cuir, contempla dans la corbeille de gauche les lames accumulées, sans coupant, noircies par la trempe et le recuit, bonnes à rien ; il se dit qu'elles passeraient bientôt, par l'œuvre de ses mains, dans la corbeille de droite, blanches et utiles. Alors, il abaissa la manette : les courroies se mirent en danse, la meule à chanter. Il se coucha sur les sacs de jute dont il avait matelassé sa planche, appuya ses sabots au *cramporet*, et commença d'émoudre pour son compte.

Sa famille reçut une augmentation. Alors que Toinette rentrait un soir, elle trouva un chat gris en sentinelle devant la porte du 15, lequel se mit, non pas à fuir en la voyant, mais à marcher de long en large, sans presse, l'échine arrondie, la queue au présentez-armes. Elle le regarda, surprise, puis passa son chemin.

Or, plusieurs fois de suite, elle fit la même rencontre et reçut le même cérémonial. Passant la tête par la fenêtre, elle vit le chat pelotonné sur les pierres froides du ruisseau, en fit la remarque à Auguste.

« C'est, dit-il, un chat qui a perdu sa maison. Il a choisi la nôtre. »

Elle ne croyait pas aux chats noirs maléfiques, comme sa mère volloroise qui se signait chaque fois qu'elle en croisait un. Mais brusquement, elle se mit à croire de toutes ses forces que ce chat gris leur porterait chance ; que leur local avait besoin de lui.

« Tu as raison, dit-elle. Adoptons-le, s'il veut de nous. Il te tiendra compagnie pendant que tu seras seul. »

Auguste fut tout de suite d'accord : « Nous n'avons pas de chien, l'hiver il me tiendra les mollets au chaud, à la place. »

Ainsi le chat s'introduisit dans leur tête-à-tête. Ayant fait plus précise connaissance, ils s'aperçurent que c'était une chatte. Ils l'appelèrent Grisette, allez savoir pourquoi.

L'été fut brûlant comme il se doit de l'être, les rouets anciens cessèrent de tourner par la défaillance de la Durolle. Mais les rouets nouveaux ne souffrirent aucunement de la sécheresse, au grand plaisir des fabricants. Alors, certains émouleurs du bas se mirent à détester les émouleurs du haut. D'autres les méprisaient :

« Laissez-les que faire, avec leur électricité et leur corindon ! C'est de l'ouvrage de savetier ! Les clients de Paris sauront bien distinguer leurs lames des nôtres ! »

D'autres encore les plaignaient :

« Pendant que nous jouons aux quilles, ces pauvres diables fondent en eau ! »

Auguste prenait cependant ses moments de plaisir. Le dimanche. Et aussi le soir des longues journées : assis devant sa porte, il mangeait sa soupe en bavardant avec le voisinage, sa chatte sur les genoux, jusqu'à la nuit complète, quand les étoiles filantes tombaient du ciel comme des confetti. D'autres fois, il interrompait son ouvrage en plein milieu pour se prouver son libre arbitre, se disant, tu vas aller attendre la Toinette. Il se lavait les mains et la figure, s'habillait de propre et descendait jusqu'à l'Auberge des Murailles. Un jour, ils retournèrent dans le jardinet où ils avaient mangé les deux oranges.

« Qui sait, demanda-t-elle, ce que sont devenus les pépins que tu avais semés ? »

Il cherche l'endroit et découvre, ô prodige ! deux plantules aux feuilles lancéolées, comme celles du laurier-sauce. Antoinette n'y reconnaît aucune herbe de la région, elle qui les sait toutes : les pépins ont bien donné naissance à des orangers.

Ils virent dans ces arbrisselets fragiles une image de leur amitié ; ils devaient la protéger des frimas pour qu'elle devînt une plante vigoureuse qui remplirait leur existence de racines, de feuillage, de fruits. La région thiernoise avait, racontait-on, produit autrefois du riz et des mûriers, dans des magnaneries on élevait le ver à soie ; il n'était peut-être pas si impossible d'y faire pousser des orangers.

« Avant l'hiver, dit Auguste, je les envelopperai de paille afin qu'ils ne gèlent pas. »

En attendant, ils vinrent souvent les voir grandir, ils leur apportaient de l'eau et de la poudre de corne.

Alors eut lieu l'accident de Grisette. Un matin, on entendit sa voix minuscule qui venait on ne sait d'où. On l'appela : « Grisette ! Grisette ! » Et elle répondait, assurément, mais si lointaine, si étouffée, qu'on eût dit Plampougnis dans le ventre de la vache : vous savez, l'histoire de ce drôlet pas plus haut que mon pouce, qui s'était abrité un jour sous une feuille de rave, et que la Barrade avait avalé en même temps que la rave, d'une seule lippée ; même qu'il avait fallu ensuite, pour le libérer, découdre la pauvre ruminante et sortir tout le fourbi, propre et sale, et aller le débarbouiller au ruisseau ; d'où il s'était ensuivi de longues aventures pour Plampougnis que grand-mère Hortense se plaisait à raconter à ses petits-enfants. Voici donc ce qui était arrivé à la chatte. Elle s'était introduite dans ce cabinet communautaire, que les Pitelet partageaient malgré eux avec leurs voisins d'en haut, et elle était tombée dans le trou à la turque. Deux étages plus bas, elle avait réussi à s'agripper à une saillie de l'égout. A présent, elle s'y trouvait prisonnière et appelait à son secours.

Il était vain de lui tendre une perche, une corde qu'elle n'eût pas saisie. Dans ces conditions, plus d'un chrétien se serait contenté de lui expédier par le trou un coup de fusil à grenaille qui eût abrégé ses souffrances. Mais Auguste avait été formé aux fables de sa grand-mère, il n'en fut pas question. Il se rappela donc Plampougnis, se munit d'une pioche et perça la muraille à la juste hauteur, épaisse à cet endroit d'une coudée et demie. Puis il passa par la fenêtre une pelle à long manche, et réussit à ramener ainsi comme une crêpe l'imprudente Grisette toute merdeuse. On la savonna, on lui recommanda solennellement de ne pas y revenir.

1914

Émile Pitelet, dit Pitelet le Gros, croit fortement au Progrès, à la rédemption de l'humanité par la Mécanique et la Chimie. Il est un des premiers fabricants à avoir adopté la machine à émoudre inventée en 1904 par Garmy-Guelpa, grâce à laquelle le rendement se trouve quadruplé. Malheureusement, les meules n'en travaillent que les parties planes et accessibles, elles exigent l'intervention d'un émouleur vivant pour atteindre les coins, les dos, les biseaux, l'intérieur et le tour des mitres, pour rectifier les éventuels défauts d'attaque. On n'en est pas encore à la complète mécanisation.

« Un jour, affirme Émile, tout se fera à la machine : la coutellerie, les souliers, les maisons, le pain, les œufs de poule, le crottin de cheval. »

Il pousse à la roue pour que plus vite son règne vienne. Lors d'une récente souscription organisée par le conseil municipal de Thiers en faveur de l'aviation, il n'a pas hésité à s'inscrire pour dix francs. Grâce aux fonds recueillis, une fête aéronautique s'est déroulée dans le pré des Moines où le biplan d'un jeune audacieux nommé Maïcon, âgé de dix-neuf ans, a soulevé dans ses décollages autant d'enthousiasmes que de chapeaux, cependant que la société de musique l'Écho du Moutier choisissait chaque fois ces moments-là pour jouer *le Chant du départ*.

« Si j'avais vingt années de moins, confie Pitelet le Gros qui n'en a pourtant que quarante-six, je voudrais moi aussi m'envoler dans un aéroplane. »

A défaut, il caresse depuis longtemps l'idée d'acheter une voiture automobile, il a écrit à plusieurs maisons de Saint-Étienne, de Lyon, de Clermont dont il a reçu des prospectus. Ses filles, son fils Armand applaudissent, comme il convient à leur jeunesse. Sa femme Julie se montre plus réservée :

« Qui donc conduira cette voiture ? Toi ?

— N... on. A mon âge... Mais nous aurons un chauffeur.

— Tu payeras quelqu'un pour t'emmener en promenade ?

— Mes sorties seront surtout des voyages d'affaires, pour visiter la clientèle. Mais sois tranquille : en dehors de ces déplacements et de l'entretien de la voiture, j'emploierai le chauffeur à d'autres travaux, dans la fabrique. Selon ses capacités. »

Un représentant de la maison stéphanoise arrive un beau matin dans le modèle choisi : un coupé Renault, trois places sur le siège avant, à découvert, trois places à l'intérieur. L'architecture générale du véhicule est exactement celle d'un coupé hippomobile avec ses marchepieds, ses lanternes latérales qu'on remplit d'huile de tripe, ses moleskines à boutons ; il n'y manque que le fouet et les chevaux. En supplément, par compensation, le volant, les trois pédales, un avertisseur à frottement qui rugit quand on tourne une manivelle pareille à celle des moulins à poivre.

Le Stéphanois soulève le capot, explique le fonctionnement de chaque organe intérieur : l'essence de pétrole arrive par ici, elle suit ce tuyau, entre dans ce petit récipient, des gouttelettes giclent dans les cylindres, la magnéto produit un courant électrique à très haut voltage qui, au moyen de la bougie, envoie une étincelle dans le mélange gazeux. Ainsi, la force du poignet se transforme en électricité, qui se transforme en étincelle, qui se transforme en explosion productrice d'énergie. Émile comprend tout cela : le moteur à quatre temps est le triomphe de la Mécanique et de la Chimie conjuguées.

« La conduite, monsieur, est d'une grande facilité. Je suis sûr qu'après quelques essais vous y parviendrez vous-même sans le recours d'aucun chauffeur. Le plus compliqué est la mise en route. »

Elle comprend les quinze opérations ci-dessous décrites :

1° Ouvrir les purgeurs des quatre cylindres ;

2° Au moyen de la manivelle, imprimer au vilebrequin deux ou trois rotations complètes afin que les pistons évacuent des chambres à explosion les gaz demi-consumés et la vapeur d'eau ;

3° Verser à l'aide d'un flacon dans les entonnoirs des quatre purgeurs une petite quantité d'essence pure ou de benzol ;

4° Fermer les robinets des purgeurs ;

5° Ouvrir celui de l'exhausteur à essence ;

6° Au moyen de la pompe annexe, comprimer de l'air dans le réservoir à essence ;

7° Remplir le carburateur en appuyant sur le pointeau ;

8° Donner de l'avance à l'allumage en plaçant la manette située sous le volant sur la position *D* (*démarrage*) ;

9° Mettre la manette des gaz sur la position *M* (*moyenne*) ;

10° Appuyer sur le contact de la magnéto, situé sur le tableau de bord ;

11° Vérifier que le levier des vitesses se trouve au « point mort » ;

12° Se placer devant le radiateur, les jambes légèrement écartées ; saisir la poignée de la manivelle, l'enfoncer en comprimant le ressort de retour de façon à engrener ses crans dans ceux du vilebrequin ;

13° En tournant si possible d'une seule main, amener le moteur à sa compression maxima, faire en sorte que le bras horizontal de la manivelle se trouve en haut ;

14° Appuyer de tout son corps sur la manivelle, lui faire faire un tour complet tout en se rejetant en arrière et en décrochant les crans ; répéter cette opération plusieurs fois si nécessaire, jusqu'à ce que le moteur soit lancé ;

15° Dès qu'il tourne régulièrement, réduire l'avance en ramenant la manette sur la position *R (route).*

« Les choses doivent se dérouler ainsi pendant la belle saison. En hiver, quand les températures sont basses, n'oubliez pas, pour l'empêcher de geler, de vidanger complètement le radiateur lorsque vous aurez remisé votre voiture. Au démarrage, remplissez-le d'abord d'eau chaude. Ne chauffez jamais les cylindres avec une lampe à souder comme font certains imprudents : vous risqueriez d'incendier la voiture et la maison. »

Les quinze manœuvres sont donc exécutées dans leur ordre rigoureux, sous les regards extasiés d'Armand et de ses sœurs. Après quoi, le représentant coupe le contact, et l'on recommence : Émile tourne la manivelle du moteur qui tousse, retousse, s'ébroue, gronde enfin.

« Maintenant, nous allons partir. »

Les conditions météorologiques sont favorables : temps sec et frais. Les enfants veulent accompagner leur père :

« Il n'en est pas question pour cette fois ! C'est trop risqué. Laissez-moi m'habituer un peu à cette machine. »

Le moniteur lui prête une paire de grosses lunettes, indispensable aux places de devant, à cause du vent de la course. On descend la route de la Russie et ses dangereux virages, on traverse la Durolle, on court vers Pont-de-Dore en soulevant un nuage de poussière, la Renault tressaute sur les cailloux. Le conducteur explicite chacun de ses gestes : ici, je freine ; ici, je passe à la vitesse inférieure ; ici, j'accélère. Émile Pitelet comprend les raisons de tout cela, il brûle de prendre à son tour les commandes. On franchit la Dore et ses radeaux de planches attachés les uns aux autres comme des wagons ; l'avertisseur lance aux carrefours des *rrrûûû* effroyables ; les rouliers, assis sur leur limonière, répondent par des coups de fouet et des malédictions ; dans les champs voisins, les piocheurs se redressent et tendent le poing.

La route monte et s'engage dans les bois de la Malegoutte, jadis redoutés des voyageurs parce que des brigands y trouvaient refuge. On en sort enfin, les tournants s'atténuent.

« Laissez-moi conduire un peu », demande le fabricant.

Ils s'arrêtent le long d'un fossé, changent de place ; le moniteur répète ses instructions, vous débrayez, vous poussez en avant le levier des vitesses en serrant le cliquet, vous embrayez progressivement. Émile sent dans sa poitrine les pistons de son cœur cogner à grands coups, ses mains tremblent sur le volant, mais il domine son émotion : la Renault repart sous ses ordres, timidement d'abord, puis plus sûre. Il ose enclencher la seconde :

« Le cliquet ! Le cliquet ! »

Ils viennent de passer la Maison Blanche lorsque devant eux se présente un troupeau de bovins encadré de ses vachers : ils mènent à la foire de Lezoux ces vaches et ces bœufs dont ils sont les serviteurs plus que les gardiens. Les bêtes appartiennent à un châtelain des environs. Ils emportent leurs provisions de bouche et du foin dans un char dont les côtes sont faites de bâtons pointus qu'ils nomment *prépeaux*. Dans une heure, ils seront arrivés sur le foirail, ils attacheront chaque animal aux longues rampes de fer en attendant le régisseur qui traitera avec les bouchers. Ce soir, ils rentreront, lui gonflé de pistoles, eux gonflés de vin. Ils ramèneront les invendues et marcheront encore une partie de la nuit pour regagner les étables où ils dorment ensemble.

« Attention ! crie le Stéphanois, voyant l'encombrement. Ralentissez ! »

Pitelet lâche l'accélérateur et cherche à se faufiler, mais vaches et vachers occupent toute la route, ces rustres n'ont pas l'habitude, ils ne savent pas rester maîtres de leur largeur.

« Freinez, bon Dieu ! Freinez ! »

Les pieds d'Émile s'affolent, se trompent de pédale, la Renault bondit, heurte de flanc une des bêtes qui tombe lourdement. Le reste du troupeau prend la mouche, galope dans tous les sens. La voiture s'arrête enfin, moteur calé. Les bouviers marchent sur elle, avec leurs sabots pleins de fumier, la fureur dans les yeux :

« Salauds de bourgeois ! »

En un éclair, Pitelet le Gros comprend que les forces de la Mécanique sont totalement dépourvues d'intelligence ; qu'elles ne tolèrent pas la moindre défaillance du mécanicien, sous peine de provoquer les plus effroyables catastrophes. Quant aux vachers, eux, ils ne voient dans la Renault que l'instrument du Capital industriel cherchant à écraser la paysannerie. Ils arrachent les bâtons de leurs chars :

« Descendez donc, qu'on s'explique ! Guenilles de riches ! »

Le terme de *guenilles*, qui désigne les douces pâtisseries du carnaval, des brandons, de la foire au Pré, est aussi en d'autres circonstances la plus abominable injure :

« Guenilles de riches ! Guenilles de patrons ! »

En même temps, ils aiguillonnent les deux automobilistes prisonniers de leur voiture, ils les assomment de leurs prépeaux, ils sont les offensés, ils ont le choix des armes. Ils les arrachent enfin de leur siège, les jettent à terre, les lardent, les foulent aux pieds, les laissent pour morts. Ensuite, ils rejoignent en courant leurs bovins dispersés.

Une heure plus tard, passe la carriole d'un roulier qui s'en va prendre à Dallet un chargement de *limagnon*. Il trouve la Renault en travers du chemin ; à côté, deux hommes quasi estourbis fouissent et ensanglantent la poussière. Il les ramasse, les installe comme il peut entre ses tonneaux vides, les transporte à Lezoux, les confie aux bonnes sœurs de l'hospice. On les débarbouille, on les couche, on les bande : une semaine après, Pitelet le Gros mourra de péritonite. Le Stéphanois racontera qu'ils ont été attaqués par des vaches, il ne sait plus très bien où ni comment, piétinés, encornés. Un régiment de vaches. Blanc et marron : il est sûr de la couleur.

« Comment vous appelez-vous ? »

Il ne se rappelle plus son nom. On le découvrira grâce au *permis de conduire les véhicules à pétrole* trouvé dans son portefeuille.

Quant aux coupables, les gendarmes supposent qu'il s'est agi d'un troupeau errant, destiné à la boucherie : les animaux ont un instinct qui les renseigne, ils sentent l'abattoir ; un rien alors les affole, par exemple la pétarade d'une automobile. Ils ont échappé à leurs gardiens, ils renversent les deux automobilistes qui par malchance ont mis pied à terre un moment hors de leur voiture ; ils les écrabouillent. Qui faut-il poursuivre ? Les gardiens ne sont pour rien dans l'accident. Les prisons ne reçoivent point les vaches. D'ailleurs, la plupart ont été depuis condamnées à mort et exécutées.

Quelques semaines plus tard, court la nouvelle d'un autre crime contre un riche propriétaire nommé Grimond ; on a trouvé son cadavre dans l'étang de Matheix, près de Vollore-Montagne. Dépouillé, assommé et noyé : le ou les assassins ont fait bonne mesure. La rumeur publique accuse d'abord Dousson, surnommé Guerlhopouò, un peillereau louche et de mine inquiétante. Il pratique la lève des chiffons et des peaux de lapin, importunant quelquefois les femmes seules ; si on n'a rien à lui vendre, il oblige à lui verser un verre de vin, le monde est trop heureux de se débarrasser de lui à si bon compte. La maréchaussée le retrouve et le questionne :

« Où étais-tu les journées des 4 et 5 avril ? »

Il n'a pas de peine à prouver qu'il chinait à ce moment-là aux environs de Montbrison, il a fait affaire dans telle et telle ferme du Forez, on pourra interroger les paysans qui ne manqueront pas de confirmer ses dires. On les interroge, ils confirment en effet ; il faut relâcher Dousson qui s'en va loucher dans d'autres paroisses.

« Mais prends garde ! menacent les gendarmes. Nous te surveillons !

— Moi aussi, je vous surveille ! » ricane-t-il.

Ses yeux lui donnent même sur eux cet avantage qu'il peut en surveiller deux à la fois.

Comme écrit la presse locale, *le mystère de l'étang de Matheix s'épaissit*. Quelques jours plus tard, elle parle des *déclarations fracassantes d'un sourd-muet* ! Ce qui est bien la plus étonnante nouvelle jamais imprimée. En fait, le nommé Gouttetoquet, âgé de vingt-huit ans, n'est ni totalement sourd ni totalement muet : il arrive à comprendre — même si c'est cul pour tête — certaines choses qu'on lui hurle aux oreilles comme à un âne en cours de baptême. Et pareillement il est en mesure de pousser des grognements — *hou, hon, hahin* — que ses proches savent interpréter. Un jour que les gendarmes se promenaient dans le coin, questionnant l'un, questionnant l'autre, il s'est approché et, s'aidant de la tête, des pieds, des mains, a laissé entendre qu'il avait quelque chose à dire.

« Quelque chose ? ont fait les militaires.

— Hou, hou.

— A propos de Grimond ?

— Hou, hou.

— Tu sais le nom de l'assassin ?

— Hou, hou.

— Et qui est-ce, selon toi ? »

Là-dessus, Gouttetoquet désigne l'auberge tenue par Joseph Prugne.

« Tu veux parler de Prugne, l'aubergiste ?

— Hou, hou.

— Ce que tu nous dis là est grave. Le répéterais-tu devant Prugne lui-même ?

— Hou, hou. »

Ils se transportent à l'auberge. La conversation est malaisée sans le secours d'un interprète : on mande le père Gouttetoquet qui arrive avec sa barbe grise, son chapeau percé, et commence par flanquer une paire de calottes au sourd-muet.

« Doucement ! dit le brigadier.

— Faites pas attention à ce que raconte ce simple, fait le paysan : c'est un barbouillis.

— Qu'appelez-vous un barbouillis ?

— Quelqu'un qui barbouille, dans son genre. Qui parle sans savoir. Aussi bien à sa perte qu'à son profit.

— Il ne s'agit pas de profit ni de perte, mais d'une grave accusation que porte votre fils...

— Voyez-vous, brigadier, j'ai trois enfants, deux garçons et une fille. L'aîné a été réformé pour motif d'idiotie. La fille est pareillement simple. Simple à mettre en cabane. Le dernier, celui-ci, a pas fait de service non plus à cause qu'il est sourd-muet et moitié fou. Alors, je vous demande de ne pas l'assimplir complètement avec vos questions. De le laisser en paix. »

Il baisse la tête, honteux d'une telle descendance. Les gendarmes n'insistent pas. On ne saura jamais qui a noyé Grimond, le riche propriétaire.

Ces crimes contre les possédants fournirent un argument électoral de poids à Ernest Thave, un jeune avocat de Ris, adversaire de Joseph Claussat aux élections législatives du 26 avril :

« Il me paraît juste, proclamait-il dans ses comices, d'imputer aux socialistes une part de responsabilité dans ces horribles méfaits. Mais pourquoi la propriété serait-elle maudite, alors que chaque Français aspire à devenir propriétaire : de son outil de travail, de quelques murs, de quelques arpents, ne serait-ce que du terrain auquel il confiera ses os en concession à perpétuité ? Vous tous qui possédez quelque chose, n'écoutez pas ces partageux ! Et vous qui ne possédez guère encore que vos bras, je vous aiderai dans votre élévation future, en protégeant votre travail et votre épargne. »

Ses homélies rappelaient celle de l'abbé Brugerette aux noces d'Auguste et d'Antoinette. S'il n'y parlait point de bonne rosée, il y racontait l'histoire édifiante de ce jagot d'Olliergues appelé Tourlonias — un nom aussi répandu là-haut qu'à Thiers les Pitelet. Il ramassait les cuivres cabossés, les cuillères d'étain fendues, la vaisselle cassée ; il recousait tout cela et le revendait aux pauvres à demi-prix du neuf, se servant d'une charrette et d'un âne pelé qui ensemble ne valaient pas trois pistoles. A force de quête, d'économie, se nourrissant de pain et de brouillard, il achète un cheval. Il n'hésite pas à s'éloigner de l'Auvergne pour trouver mieux ce qu'il cherche ; si bien qu'un jour il passe la frontière et se trouve en Italie. Il y continue son industrie, y gagne beaucoup d'argent, épouse une fille de l'endroit. Son fils Giovanni agit de même et s'enrichit de telle sorte que de la brocante il passe à la banque. Un jour, il prête de l'argent à Sa Sainteté. Et une autre fois à Napoléon. En reconnaissance, le pape l'anoblit. Si bien que ces Tourlonias partis d'Olliergues perdent leur nom et deviennent la famille des *Torlonia*, marquis, ducs et princes, qui est de nos jours une des plus puissantes de la Péninsule, et possède des domaines grands comme notre département.

« Le travail et l'épargne, concluait Ernest Thave, voilà le secret des belles fortunes, sous la protection d'un gouvernement fort et juste. »

Les Ventres Jaunes qui l'écoutaient haussaient les épaules : l'épargne était incompatible avec leur nature. Quand ils avaient quatre sous devant eux, ils voulaient les boire et les manger sans penser à devenir princes. Ce qui était bon pour Olliergues et l'arrondissement d'Ambert où les gens sont menets, buveurs d'eau bénite et faiseurs de chapelets, ne convenait pas aux faiseurs de couteaux. Ce Thave ne pouvait donc leur convenir non plus.

Dans ce duel, le Dr Claussat enfourchait ses chevaux habituels : sa lutte contre les trois ans ; sa défense du couteau à cran d'arrêt et à lame pointue, encore menacé d'interdit. Il en montait depuis peu un troisième au service des pêcheurs d'alose que les gardes des eaux et forêts s'étaient mis soudainement à persécuter pour des raisons obscures. Les trois ans, le laguiole, l'alose gagnaient en pays coutelier plus de voix au socialisme que l'épargne.

Ernest Thave ripostait en offrant à boire à ses possibles électeurs, en distribuant à leurs gamins des pièces de vingt sous. Procédés qui confirmaient l'accusation de la partie adverse : cet homme-là est plusieurs fois millionnaire, en argent mal gagné.

Le clou de la campagne fut une réunion contradictoire tenue à Escoutoux dans une salle de classe. Des paysans avaient introduit leurs grandes jambes et leurs gros sabots sous les pupitres à six places. D'autres s'étaient assis dessus. Et d'autres se tenaient adossés aux murs. L'avocat fit face à cette salle hostile, avec courage et maladresse. Debout sur l'estrade, devant le tableau noir, il paraissait vouloir réciter la table de multiplication. Les Escoutelats rigolaient, se tapaient dans l'échine, prisaient, crachaient par terre, faisaient circuler des bouteilles. Tout au fond, Joseph considérait son adversaire avec des yeux étincelants.

« Il y a, commença Ernest Thave quand on lui permit de parler, une accusation qui se répète sans cesse contre moi et de laquelle je veux me laver. On raconte partout que je suis plusieurs fois millionnaire. Plût au ciel ! Je vous en ferais profiter ! La réalité est plus modeste. J'ai apporté des preuves que je puis mettre sous les yeux des incrédules. »

Il agita comme un étendard un dossier à chemise pourpre. Il en sortit des feuilles épaisses :

« Ceci est mon contrat de mariage. Je demande un volontaire qui sache lire afin de contrôler mes chiffres et mes affirmations. »

L'instituteur, M. Lévigne, se proposa et vint s'asseoir dans sa propre chaire.

« Voici donc, reprit l'avocat, attesté par des documents notariaux, le total de nos possessions. Du côté de ma femme : 232 500 francs en biens meubles et immeubles. De mon côté : 285 800. Les deux sommes additionnées donnent 518 300 francs. A peine plus d'un demi-million. Nous sommes loin du compte, n'est-ce pas, mes chers compatriotes ? »

Après un instant de stupeur, un énorme éclat de rire ébranla l'école, secouant Claussat lui-même. Et aussi l'instituteur à son bureau, lui qui jouissait probablement du plus gros revenu de la paroisse et gagnait 90 francs par mois. A l'énoncé d'une telle fortune publiquement avouée, il n'était pas besoin de vérificateur : M. Lévigne rejoignit la salle pour se tenir les côtes avec elle.

« Et le jus de fruit ? cria un Escoutelat.

— Quel jus de fruit ? fit Thave, interloqué.

— Ceci de votre argent, à trois du cent comme à la caisse d'épargne, ou à quinze comme chez les notaires...

— Sans doute veut-il dire, expliqua le maître d'école, l'*usufruit*. L'intérêt de vos capitaux. Ce qu'ils peuvent vous rapporter annuellement.

— Moins que vous ne pensez ! Avez-vous songé à l'entretien des bâtiments, aux réparations, aux impôts ? Bien souvent, ils coûtent plus qu'ils ne produisent. Mais laissons ces chiffres et parlons d'autre chose... »

Comprenant son erreur tactique, il appela à son aide le fameux Tourlonias d'Olliergues et sa belle aventure. Les paysans écoutaient tout cela, peinant à comprendre, parce qu'il parlait vite et employait des mots de quatre syllabes.

Après lui, Joseph Claussat monta sur l'estrade. Il n'eut pas la cruauté, en un temps où le pain coûtait trois sous la livre, d'énumérer ce qu'on pouvait acquérir avec un demi-million : par exemple un château comme celui de la Gageyre et cent hectares de bonne terre autour. Il prit les choses avec bonhomie :

« Cher Maître Thave, nos deux noms sont destinés à s'affronter, et les Thave à céder devant les Claussat. Votre père, candidat boulangiste en 1889, fut battu par le mien aux élections cantonales. Demain, je vais vous battre à mon tour aux élections législatives. Cela semble une fatalité. C'est simplement une logique. Vous ne ferez jamais croire au peuple qu'un député riche saura défendre les pauvres... »

Le Dr Claussat Joseph savait qu'en certaines circonstances il y a grande gloire à être de la pauvreté ; qu'on est sûr en sa compagnie de jouer le beau rôle, disant : Je ne suis qu'un pauvre médecin de campagne, je ne suis qu'un pauvre homme, qu'un pauvre paysan, qu'un pauvre imbécile. Pendant deux heures encore, les deux candidats se jetèrent à la face leur pauvreté et leur richesse, leur présent et leur passé. C'est à peine si l'on eut le temps de parler des trois ans, du laguiole et de l'alose.

Il arrivait toujours du monde des villages environnants, la commune entière semblait vouloir tenir dans la salle de classe. Si bien qu'à la fin il y eut une terrible craquée, le plancher s'effondra, l'assistance passa au travers. Sans grand dommage, puisqu'il s'agissait d'un rez-de-chaussée. Les pelauds sortirent des décombres en jurant le saint nom de Dieu, se frottant les genoux et les tibias, cherchant leurs sabots perdus. Ainsi finit l'historique métingue d'Escoutoux.

Peu de jours restaient avant le scrutin : Thave en profita pour accentuer sa distribution de pièces blanches, tandis que Joseph Claussat répandait son portrait et sa devise : *Médecin des pauvres.* Le 26 avril vit un curieux partage de voix entre le socialiste unifié Claussat et le socialiste tout court Jean-Jacques Cotillon, distillateur, ancien maire de Thiers. Ballottage. Le 10 mai, enfin, le député sortant se trouva réélu. Les couteliers en furent contents. Toutefois, il n'y eut pas comme en 1911 des feux de bengale, des *fougars* aux Bergerettes, parce qu'on avait de graves soucis.

On s'efforçait de les oublier, chacun à sa manière. A la campagne, on labourait, on sulfatait la vigne, on montait des couteaux comme si rien n'était capable de changer le cours des choses. A Thiers, on buvait des pintes. Dans les autres villes, on dansait la matchiche et la polka piquée. Une danse nouvelle se répandait de plus en plus : le *tango*. Elle obligeait à des postures embrassées, des mouvements langoureux, des oscillations suggestives. Les autorités ecclésiastiques la qualifiaient d'« indécente », « pernicieuse », « contraire aux bonnes mœurs », et menaçaient ses pratiquants d'excommunication. Dans son journal *Les Annales religieuses*, l'évêque d'Orléans fit même une révélation surprenante : *Le* tango, *c'est la* gognade, *nom vulgaire d'une danse de mauvais aloi qui vit le jour en Auvergne comme le raconte Fléchier dans ses* Mémoires sur les Grands Jours d'Auvergne, *fut interdite par le clergé, vint à Paris, y fut également censurée et reparaît à présent sous le nom de* tango d'Argentine.

Les Auvergnats avisés n'en furent pas tellement surpris : ils savaient que leur province s'était toujours placée à la pointe du progrès ; qu'elle avait déjà inventé les horloges à sonnerie de Gerbert, le baromètre et les fiacres de Pascal, le moteur à explosion de Fernand Forest, le pneu démontable de Bibendum, le couteau à cent pièces, la guenille, le coq au vin : pourquoi pas le tango ? L'ancienne *gognade* n'était rien d'autre en effet qu'une bourrée à deux — un homme et une femme — dansée de très près, en sorte que les deux *gognes*, c'est-à-dire les deux visages, semblaient se frotter l'une à l'autre. A cause des persécutions religieuses, elle s'était par la suite réformée ; le couple mixte était devenu un couple d'hommes, la gognade avait perdu son nom. Ou bien elle était partie en exil. Mais voici qu'elle revenait chez nous après un séjour en Argentine. Dans la capitale, les professeurs de tango amassaient des fortunes. Une fois encore se confirmait cette constatation de Legrand d'Aussy, un des premiers explorateurs parisiens à avoir osé, dès le XVIIIe siècle, s'aventurer en Auvergne : *Cette province semble avoir été inventée par la nature pour faire le bonheur de ses voisins.*

A Paris, sur la scène de l'*Alhambra*, un fantaisiste hilare nommé Bach, déguisé en troupier de 1900, avec un shako à boule comme on n'en portait plus, lançait une chanson nouvelle aux couplets tendres et coquins, *la Madelon*. Elle obtenait moins de succès que ceux d'Esther Lekain :

Tout ça n'vaut pas l'amour !
La belle amour ! La vraie amour !...

En juillet, le Tour de France fit de son mieux pour apporter, lui aussi, son grain d'opium. Il fut gagné par le Belge Thys, tandis qu'au parc des Princes le Français Pélissier enlevait la dernière étape « à l'emballage ». A Thiers arrivait un autre Alhambra, l'*Alhambra-Circus*, direction Bazola : *Le plus luxueux du genre voyageant en France, remorqué par une locomobile routière de 90 HP*. A la fois cirque, théâtre, music-hall. Il installait ses roulottes sur le champ de foire.

« Chantez ! criaient les prophètes de malheur. Vous allez danser maintenant ! »

Les historiens révéleront plus tard qu'aucun monarque, empereur, roi, tsar, kaiser ni président ne voulait de cette guerre. Et cependant elle vint. Personne ne sait pourquoi ni comment. Pour des raisons futiles. Comme une bluette suffit à incendier un tas de paille. Il n'y aurait pas eu de guerre si Mme Caillaux n'avait mené une vie dissolue et assassiné Calmette du *Figaro* qui menaçait de tout révéler ; si, par voie de conséquence, son mari, pacifiste convaincu, était resté au pouvoir. Pas de guerre si le Premier ministre russe Stolypine n'eût tant aimé le théâtre et ne s'était fait revolvériser à une représentation du *Tsar Saltane*. Pas de guerre si le comte autrichien d'Alrenthal n'eût souffert de coliques néphrétiques. Pas de guerre si, à Berlin, Kiderlen Waechter, victime de sa gloutonnerie, n'avait dû céder la place à Bethmann-Hollweg. Pas de guerre si les Anglais n'avaient eu un goût immodéré pour une tisane indienne, ce qui les obligeait à s'assurer la liberté des mers ; si von Tirpitz n'avait menacé de leur couper la route du thé. Toutes ces futilités se trouvant réunies, la guerre fut inévitable.

Mme Julie Pitelet, née Dubourdieu, avait eu la chance d'obtenir le terrain nécessaire aux Limandons juste à l'extrémité de l'allée centrale, côté droit, c'est-à-dire dans le quartier le plus distingué du cimetière. Elle y fit construire un caveau en lave de Volvic, noir à souhait, surmonté d'une croix qu'entourait une couronne de fleurs sculptées. Pendant ce temps, le pauvre Émile attendait au dépositoire en compagnie de défunts de passage. Une fois terminée sa résidence éternelle, il y fut solennellement transporté, suivi de sa veuve, de ses orphelins, de sa mère, de son frère revenu de Montargis, de ses neveux et nièces. Ce qui fait qu'il eut deux enterrements, un pour rire et un pour de sérieux.

Les filles n'avaient aucune vocation coutelière : l'une songeait à la peinture, l'autre à la musique. Seul Armand s'intéressait au nickelage. Mme Veuve Pitelet assura donc la régence, tout en associant son garçon dans la mesure du possible à la conduite des affaires. Elle tint cependant à ce qu'il vécût dans sa chair la naissance et la croissance du couteau, et le fit d'abord apprenti polisseur.

Assis à califourchon, la poitrine protégée par une planche, il affronta la meule de bois entourée d'une couronne faite de tranches de cuir collées et pressées l'une contre l'autre. Cuir de buffle africain. Après chaque lame, il enduisait le périmètre frottant d'une pâte d'émeri et de stéarine que les ouvriers nommaient *crotte*. La besogne était simple, jolie, enluminée d'étincelles. Les ouvrières appelaient Armand *petitou* et le tutoyaient. Quand il sut le polissage, il apprit l'émouture. Puis le montage. Et ainsi de suite. La moustache lui poussait en même temps que l'expérience.

Peu de temps après les doubles funérailles de Pitelet le Gros, naissait chez Auguste Pitelet une petite fille qui fut prénommée Gilberte en l'honneur de son parrain et grand-père maternel Gilbert Zapatez. L'heureux papa s'en fut à l'état civil, au premier étage de la mairie.

« C'est pour quoi ? demanda le secrétaire.

— Pour une naissance. Une fille. Je suis le père. Du moins, je le crois, fit Auguste en riant. A moins que ça ne soye le facteur. »

Le secrétaire le regardait de toute sa bonne face ronde. Il ouvrit un registre, prit un porte-plume.

« C'est votre premier enfant ?

— Oui. Mais y en aura d'autres !

— Attendez : ça mérite quelque chose. »

De ses gros doigts, il arracha la plume ancienne, en choisit dans une boîte une neuve toute brillante, l'ajusta au bout du porte-plume.

« Vous voyez, fit-il gravement. Je vais enregistrer cette naissance avec une plume neuve ! »

Auguste ressentit la solennité d'une telle inauguration. Ainsi inscrite au registre des vivants, la petite Gilberte ne pourrait connaître que de grands bonheurs. Il dicta les noms, prénoms, domicile. Quand tout fut couché noir sur blanc :

« Combien que je vous dois ? demanda-t-il.

— Rien du tout. C'est gratuit. »

Pitelet chercha quand même dans sa poche, en tira une pièce de quarante sous :

« C'est pour la plume neuve. Vous boirez une pinte à notre santé.

— Grand merci. »

Ils se serrèrent la main. Une fois seul, le secrétaire arracha la plume à peine inaugurée, l'essuya soigneusement, la remit dans sa boîte pour la fois suivante.

Les choses se passèrent moins glorieusement à l'église Saint-Jean où Gilberte devait être baptisée par l'abbé Jean Brugerette qui avait marié les parents. Elle prit une telle rage et cria si fort que la cérémonie s'en trouva perturbée :

« Calmez-la ! Consolez-la ! recommandait le prêtre éperdu.

— Ça sera une fameuse calamastre[1] ! prophétisa le parrain de Vollore. Son homme n'aura pas besoin d'aller dehors pour avoir du mauvais temps ! »

Afin de l'élever, Toinette dut renoncer à servir les Mignot à l'Auberge des Murailles. Au rez-de-chaussée de la rue Edgar-Quinet ronflait la meule d'Auguste, l'émouture est un travail tapageux, il ne percevait rien des bruits de la rue et ne se rendait compte des visites qu'en se sentant toucher l'épaule. Alors, digne fils de Pitelet l'Artiste, il inventa un système avertisseur. Lorsqu'une personne ouvrait la porte de la rue, une ficelle courait sur des poulies jusque dans le rouet ; elle se terminait par une boîte remplie de terre qui pendait comme un fil à plomb ; sitôt que la boîte s'élevait, Auguste savait sans rien entendre qu'il recevait du monde. Hortense le surprenait ainsi quelquefois, il tournait la tête, ne la reconnaissait qu'au dernier moment, avec son bonnet *bergère*, son tablier noir, ses sabots de noyer.

« Bonjour, pauvre grand-mère.

— Bonjour, pauvre garçon. »

Ils s'embrassaient. Elle secouait la tête, s'essuyait les yeux :

« Quand je te vois comme ça sur ta planche, je ne sais qui tu me rappelles le plus, de ton pauvre père ou de ton pauvre grand-père. »

Parfois, elle arrivait à l'heure de la soupe, il avait gardé l'habitude des grandes écuellées, bien épaisses, comme au temps où Toinette lui apportait sa *biche* au pont de Seychal. Elle eût préféré qu'il exerçât une autre profession, un métier où les meules ne vous

1. Un caractère difficile.

éclatent pas à la tête. Mais doit-on déranger l'ordre voulu par la Providence ? Un fils de marin peut-il être autre chose que marin ? S'il lui arrivait de s'en ouvrir à lui et d'en soupirer :

« Sois tranquille, la rassurait-il. Je ne ferai pas toujours l'émouleur. Et un jour, au lieu de soupe, je mangerai des choses fines.

— Quelles choses fines ?

— Je sais pas : des ortolans, des perdrix aux choux, du pâté de lièvre. »

Il souriait, puis corrigeait : « Après tout, je crois que je me passerai jamais de soupe. »

Le dimanche, les trois Pitelet se transportaient chez les Mignot, la petite dans un de ces landaus à roues immenses qui circulaient alors. Auguste et Toinette n'oubliaient pas d'aller voir leurs deux orangers qui avaient traversé l'hiver sans dommage.

Le concierge Rossignol sortit de la mairie avec son tambour sur le ventre. Il fit quelques pas, s'installa sur la place au milieu des marronniers, et se mit à sonner. Sourdement, comme il ne l'avait jamais fait. Après chaque roulement, il donnait encore trois coups de baguette isolés — *fla, fla, fla* — et repartait pour un roulement nouveau. Les gosses se rassemblèrent autour de lui. Un peu plus loin, des hommes attendirent, debout sous leur canotier. Des laitières interrompirent leur tournée, le bidon sur la hanche, la mesure dans la main gauche. Les chiens cessèrent d'aboyer. Toute la ville parut attendre l'*Avis à la population* ! qui commençait sans variante les annonces de Rossignol. Mais lui renfila ses baguettes dans son baudrier et repartit sans proférer une syllabe. Au carrefour des Grammonts, même musique, même silence. Il devait en principe répéter douze fois sa lecture pour gagner son argent : deux francs la tournée. Mais ce jour-là personne ne le payait, il avait pris sous sa barrette de rameuter de la sorte les habitants, et de les laisser ensuite le bec ouvert.

Enfin, quelqu'un s'impatienta :

« Qu'est-ce que ça signifie, Rossignol ?

— Comment, qu'est-ce que ça signifie ? Vous ne comprenez pas ?

— Qu'est-ce qu'il faut comprendre ?

— Qu'il y a la guerre ! »

Les gens s'en doutaient un peu, le bruit en courait depuis des mois. Dès lors, on en fut certain : Rossignol, concierge à la mairie et tambour de ville, se trouvait bien placé pour savoir les nouvelles. Il allait ainsi de place en place, noir messager, répandant la guerre sans oser prononcer son nom.

Ce fut le lendemain seulement que parurent les affiches blanches à drapeaux tricolores. Quelle fête, Seigneur Dieu ! Pire que la foire au Pré ! Les hommes se rassemblaient et montaient vers la gare en chantant, bras dessus, bras dessous. Ils rompaient des branches aux tilleuls et aux marronniers afin d'en parer les wagons. C'était à qui rigolerait le plus fort, lancerait les adieux les plus optimistes : « A bientôt !... Je t'enverrai des cartes postales de Berlin !... Je veux te rapporter les moustaches de Guillaume !... »

De son côté, la presse exultait et célébrait d'avance la prochaine victoire. Seul *l'Ami du Peuple*, le journal socialiste, manifestait des doutes. *Et nous*, y demandait Claussat dans le numéro du 2 août, *sommes-nous prêts ? Oui, nous sommes prêts à mourir*. Après quoi, il cessa de paraître.

Le même jour, cependant, un groupe de Ventres Jaunes et d'ouvriers en tenue de travail se mit à parcourir les rues, criant : « Vive la paix ! A bas la guerre ! Grève générale ! » Il reprenait les consignes de Pierre Laval et autres socialistes, complètement oubliées dans l'enthousiasme belliqueux même par ceux qui avaient voté rouge. La plupart des manifestants n'étaient d'ailleurs pas mobilisables, ou trop vieux, ou trop jeunes, ou éclopés : ils ne pouvaient espérer l'honneur d'aller couper les moustaches du Kaiser. Et qui les menait ? Une femme ! Une émouleuse connue pour ses gros bras et sa grande gueule, surnommée la Bazaine. Elle marchait en tête, échevelée, braillant plus fort que les autres. La bande s'en vint mener tapage sous les fenêtres de la sous-préfecture. On la laissa faire. Quand elle se fut égosillée, constatant son peu de succès, comprenant qu'elle n'arrêterait pas la marée en cours, elle se dispersa.

Les boulangeries, les épiceries, les marchands de vin, les bonneteries faisaient des affaires d'or. Chaque mobilisé emportait dans sa musette des provisions de bouche, des chaussettes, des gants, des tricots. Dans la vitrine de Francis Gibert, le photographe de la rue du Bourg, on lisait cet appel : *Les réservistes qui désirent se faire photographier sont priés de le faire au plus vite. Livraison dans les ures*. Par pur patriotisme, laitiers et laitières baissèrent d'un sou le prix du litre de lait. Ainsi, chacun à sa manière participait à la grande entreprise.

Le 3 août, mourut le premier Thiernois pour motif de guerre : un nommé Barge Amédée, instituteur à Prondines, qui rejoignait à Lyon son régiment ; en changeant de train à Saint-Germain-des-Fossés, il s'y prit de telle façon qu'il dégringola sur le quai, se fendit le crâne ; on le transporta dans la salle d'attente où il rendit le dernier soupir, sans gloire ni utilité. *Bêtement*, nota le rapport de la gendarmerie. Mais, grâce au ciel, il y eut par la suite beaucoup de morts intelligentes.

Auguste Pitelet partit ce même lundi pour Modane, après avoir embrassé sa grand-mère, sa femme, sa fille. Toinette pleurait :

« Sois tranquille, la rassura-t-il. Je reviendrai. » Du wagon qui l'emportait, il cria : « N'oublie pas nos orangers ! »

Après la fièvre des premiers jours, une grande tristesse s'abattit sur la ville. Tant d'hommes étaient partis que les usines, les ateliers, les rouets se trouvaient en chômage total. La municipalité organisa des chantiers communaux qui employaient les sans-travail à remuer de la terre sous prétexte de réparer les rues. D'autres s'engagèrent dans les campagnes : ils fauchaient, fanaient, moissonnaient à la place des paysans mobilisés. D'autres encore, après plusieurs semaines d'inactivité, prirent le train pour Tulle, Roanne ou Saint-Étienne avec l'espoir de se faire embaucher dans les fabriques d'armes.

A tous les oisifs restants, un spectacle gratuit fut offert le vendredi 7 et les jours suivants. A l'aube, débarqua du train de Lyon une foule de huit cents personnes, si disparates, si insolites que les témoins crurent avoir la berlue. Encadrée par des soldats du 92, elle se dirigea lentement vers le centre de la ville. En tête, pressaient le pas de leurs courtes jambes une demi-douzaine de nains de tous sexes, aux têtes énormes coiffées de chapeaux gibus. Ils étaient suivis de musiciens chamarrés porteurs de leurs instruments ; d'acrobates en habits d'Arlequin ; de clowns grimés, dans leurs pantalons burlesques ; d'un clown blanc ; d'une géante rousse chargée de chaînes ; de deux écuyères en tutu ; d'un Chinois muni de sa cadenette ; d'un Hindou hiératique avec turban approprié. Un groupe de personnes plus ordinaires terminait la parade : grandes dames en toilette accompagnées de femmes de chambre et de serviteurs à favoris coltinant valises, paquets, candélabres ; bourgeois en tenue ; enfants de tous âges. Huit cents figures de cauchemar. On les entendait parler un langage incompréhensible ; mais certains soufflaient dans leur trompette ou chantaient *la Marseillaise*. Des jongleurs lançaient au ciel des massues. La tête de la géante dominait le lot avec ses longs cheveux épars.

On sut qu'il s'agissait de civils allemands capturés à Lyon pendant la foire, et notamment d'un cirque surpris en pleine représentation. On les emmenait vers l'internement, sous bonne garde. En fait, les chanteurs de *Marseillaise* n'étaient pas des Allemands bon teint, mais des Tchèques ou des Alsaciens-Lorrains. D'autres essayaient par leurs tours d'adresse ou leurs pitreries de gagner les faveurs de la foule qui hésitait entre les huées et les applaudissements. On les enferma dans le collège Audembron où ils campèrent dans les salles de classe, bivouaquèrent dans les cours.

Le soir du 9, le sous-préfet appela Rossignol pour qu'il vînt sonner du tambour sous ses fenêtres. Quand un groupe se fut amassé, le fonctionnaire parut, la mine rouge, et fit d'un ton excité une proclamation :

« Thiernoises ! Thiernois ! J'ai la grande joie de vous communiquer une nouvelle que je viens d'apprendre par télégramme. Hier soir, notre 14e division d'infanterie, après avoir franchi la frontière allemande, est entrée en Alsace et a délivré la ville de Mulhouse, acclamée par l'entière population ! Vive la France ! »

Deux jours après, Mulhouse retombait aux mains de l'ennemi ; le sous-préfet renonça aux proclamations.

Cependant, au collège Audembron, un couple de nains qui vivait depuis des années en concubinage voulut régulariser sa situation. Comme on ne pouvait permettre à ces ennemis de sortir de leur résidence forcée, le maire, M. Guillemin-Betant, vint en écharpe les unir, accompagné d'un pasteur protestant. Ce fut l'occasion d'une fête modeste où l'on dansa et chanta malgré les circonstances. Le principal du collège, qui était germaniste et musicien et que son âge avancé préservait de la mobilisation, joua du violon parmi les autres artistes. Une quête rapporta 8 francs, 14 centimes, 6 marks, et 12 pfennigs ; elle fut partagée entre le maire et le pasteur, pour leurs bonnes œuvres. Le clown blanc prononça une allocution en excellent français.

Quelques jours plus tard, le bruit courut qu'un Autrichien interné avait lacéré et piétiné un drapeau tricolore. Une cohue furieuse se porta vers le collège, réclamant la vie du coupable. Les gendarmes accoururent, sous la conduite du lieutenant Gérardin. On s'expliqua. Il apparut que le vrai profanateur était le vent qui avait jeté bas les drapeaux pavoisant la façade de l'établissement ; l'Autrichien n'avait eu le tort que d'en ramasser les débris. Telle fut du moins la version qui apaisa la foule. La semaine suivante, les huit cents captifs — moins quelques-uns qui s'étaient engagés dans l'armée française — évacuèrent les lieux et furent dirigés vers le camp militaire de la Fontaine du Berger, au pied du puy de Dôme.

Le 25 août arrivèrent les premiers blessés, ils furent dirigés sur l'École primaire supérieure de jeunes filles transformée en hôpital. Parmi eux, un Sénégalais. On appelait ainsi tout soldat noir, quel que fût son lieu de naissance. Quand les infirmières l'eurent bien installé, bien bordé dans son lit blanc, elles découvrirent avec horreur qu'il portait autour du cou un collier d'oreilles humaines. Il laissa entendre qu'il avait fait cette cueillette sur le champ de bataille, aux dépens de cadavres ennemis. Il fallut le lui ôter par surprise, tandis qu'il dormait. Afin de calmer sa colère, on lui donna en échange un collier de chèvre, agrémenté de petits grelots, qu'il reçut avec ravissement.

Alors parurent sur la façade de la mairie des affiches nouvelles.

Les unes donnaient les noms des Thiernois tombés pour la Patrie, précisant la date, mais non le lieu. Les autres informaient du déroulement des opérations militaires. Presque toujours, on y faisait mention de *l'aile droite*, de *l'aile gauche*. La guerre était comme un grand vautour noir éployé sur la ville, chaque famille sentait la menace de son ombre.

L'enthousiasme d'août tomba avec l'annonce des premières retraites. La foire au Pré n'eut pas lieu. Pour soutenir du moins le moral des troupes, Jean-Baptiste Marrou, député de Clermont, écrivit au ministre de la Guerre afin qu'un quart de vin supplémentaire fût chaque jour distribué aux soldats ; c'était en outre un moyen de résorber les stocks du Midi où le vin se vendait 10 centimes le litre, faute de moyens de transport. Il eut grand soin de publier dans la presse son intervention. Les dames de la ville fondèrent une ligue, l'Œuvre du Paquet du Soldat : elles y recueillaient de l'argent et des dons en nature pour composer des colis qu'elles expédiaient aux combattants. Chacun contenait une ceinture de flanelle avec quatre épingles de nourrice ; un gilet de laine ; une chemise de flanelle ; deux mouchoirs ; une paire de chaussettes de laine ; un caleçon de coton ; une serviette ; un savon ; une pipe et un couteau. Les curés prodiguaient leurs secours spirituels en réunissant les nouveaux mobilisés avant leur départ. Ils célébraient une messe pour appeler sur leurs têtes la protection du Ciel. Peu de Thiernois refusaient de se rendre à la cérémonie, même les anarchos se disaient que le piston fait fonctionner la machine, qu'il ne faut négliger aucune chance d'être éventuellement pistonné. Après l'office, le prêtre offrait un vin d'honneur dans la sacristie et distribuait à chacun un Sacré Cœur de Jésus.

Auguste n'était pas resté longtemps à Modane. Dès la mi-août, il annonçait son départ pour le front. Fin septembre, une carte postale militaire informa que son bataillon se trouvait sur « des montagnes rondes avec beaucoup de sapins ». Antoinette supposa qu'il s'agissait des Vosges.

1915-1917

Enfin, les maîtres couteliers reçurent du gouvernement un certain nombre de commandes. Les usines reconverties se mirent à fabriquer pour la cavalerie des éperons, des mors, des étriers, des sabres ; pour l'infanterie, des boucles de ceinturon, des baïonnettes, des couteaux de nettoyeurs de tranchée dont la lame s'ornait d'une gravure à l'acide : *Combattez pour la France* ; pour l'artillerie, des obus. Après quelques semaines d'apprentissage, les femmes tournaient la douille aussi bien que les hommes. On vit, empilés le long des rues, les obus de tous calibres comme des stères de bois, en attendant leur départ pour l'atelier de chargement des Gravanches. Venue de Clermont, une succursale de la fabrique de vêtements Conchon s'établit dans la ville pour confectionner des uniformes, ce qui inspira dans son bulletin paroissial à l'abbé Brugerette cette réflexion spirituelle : *Paris avait ses midinettes, Thiers a désormais ses conchonnettes.*

Le commerce civil se mit à concurrencer l'Intendance en vendant des articles militaires d'une qualité supérieure. Ainsi, le magasin *Au Bien Vêtu* proposa des bandes molletières *élastiques*, des capotes *doublées*, des caleçons *molletonnés*, des chaussettes *renforcées* ; et aussi ce qu'il nommait *le parapluie du soldat* : une pèlerine avec capuchon en tissu imperméable. A la librairie-papeterie Figuet, on trouva des cartes de correspondance ornées de petits drapeaux alliés et de devises patriotiques. Deux couteliers, Bonant et Chaput, imaginèrent l'*œil des tranchées*, autrement dit l'*hyperscope* : un appareil qui, au moyen de miroirs ingénieusement disposés aux extrémités d'un tube, permettait de voir par-dessus le parapet sans risquer sa tête. Léger, démontable, l'hyperscope était vendu au domicile des inventeurs, 37 rue de Lyon, au prix de faveur de 5 francs pour le grand modèle, de 3,50 pour le petit.

La France grouillait d'idées salvatrices, l'intelligence et la foi se mettaient au service des combattants, ce qui n'empêchait pas les petits profits. M. Veyssière-Dandrieux, place du Pirou, vendait le *chapelet du militaire*, moins encombrant que le classique ambertois. Ce n'était à vrai dire qu'un dizainier : il permettait de réciter dix *Je vous salue* et un *Gloire au Père*. Il avait la forme d'une petite couronne entourée de dix fleurons et d'une croix. Épaisseur : un demi-millimètre. Diamètre ; celui d'une pièce de deux francs. Poids : guère plus d'un gramme. On pouvait facilement l'expédier dans une lettre. Le destinataire le portait en breloque ou en médaillon. Il existait en métal blanc à 5 centimes et en cuivre à 10 centimes l'unité. Ou encore à 4 et 6 francs la centaine.

Ainsi, la guerre s'était remise à faire marcher l'industrie, l'agriculture, le commerce, elle arrivait comme marée en carême. Plus de chômage. Le jeudi, jour de marché, avait repris son ancienne animation : volaille, légumes, beurre, œufs, fromages, linge, vêtements s'y trouvaient en abondance. Seulement un peu plus chers.

Pendant ce temps, les Allemands se nourrissaient d'un pain abominable que la presse appelait le pain KK. Les *poilus* écrivaient du front qu'ils avaient découvert que certains ennemis tués ne portaient pas de chemise ! Un Thiernois nommé Gustave Treille envoya même à sa famille le texte d'une *prière superstitieuse* prise sur le corps du Poméranien Gustav Kastner, percé d'un coup de baïonnette. Le principal du collège en traduisit les termes et la publia. L'origine de ladite prière remontait au XVIIe siècle : le margrave Philippe von Flanderen avait condamné un criminel à la décapitation. Le jour de l'exécution venue, le bourreau habituel se présente avec son sabre. Mais à peine est-il mis en présence du condamné que le sabre lui échappe des mains et que lui-même s'évanouit. On le ranime. Second essai, second échec. On le remplace : chaque fois, sabre et bourreau tombent en défaillance. Alors, le margrave s'adresse à son criminel :

« Peux-tu m'expliquer ce mystère ? Si tu le fais, je te laisserai la vie sauve.

— Je suis gardé par une prière toute-puissante.

— Quelle prière ?

— La voici : Sang de Jésus-Christ qui est Dieu et nous gouverne, protège-moi contre toutes les armes, canons, fusils longs et courts, sabres et couteaux de tout métal, fer, plomb ou bois. A l'heure du danger, rends ces armes molles comme les gouttes de sang que Jésus-Christ a versées au jardin des Oliviers. Défends-moi contre les mauvaises nouvelles. Messire Jésus-Christ, reste près de moi jusqu'à mon dernier soupir et préserve-moi de mourir en terre étrangère. »

Voilà pourquoi le Poméranien portait dans ses vêtements cette prière et son mode d'emploi. Il y était précisé qu'elle protégeait aussi contre l'injustice, la foudre, les saignements de nez et les accouchements difficiles. En dépit de ces pouvoirs, le soldat Gustav Kastner avait fini embroché.

Tout cela prouvait surabondamment que l'Allemagne se trouvait aux abois, et que la guerre approchait de son terme.

Le moral des civils thiernois, au contraire, était au plus haut. Soutenu par les intellectuels de toutes sortes. Un jeune poète d'Ambert nommé Henri Pourrat publiait dans l'*Ami du soldat* cette courte fable :

Avant de lui donner carrière,
Un père, homme de sens, disait à son enfant :
— Fils, on doit se méfier du taureau par-devant
Et de la mule par-derrière.
Ce sont là bonnes vérités.
Mais la plus sûre encore à mettre en ta caboche,
C'est qu'on doit, ô mon fils, lorsqu'on rencontre un Boche,
Se méfier de tous les côtés.

Un nommé Calmy, habitant la rue de Coagne, chantait plusieurs fois par semaine au carrefour de la Croix de la Pierre des chansons patriotiques de sa composition. Après quoi, il faisait la quête en faveur de la Croix-Rouge. Sur l'air de l'hymne bonapartiste *le Rêve passe*, le patriote Calmy avait donc écrit des couplets nouveaux :

Des sables du Maroc à la grande frontière
Se jettent en riant aux gouffres de la Mort
Les vaillants petits bleus, dignes fils de leur père,
Chantant des vers sacrés en saluant leur sort...
Les voyez-vous ?
Les conscrits, les Thiernois, la classe !
Fiers héritiers
Du grand Aigle d'Or qui passe !
Regardez-les :
Les Bitors, ces soldats, l'Armée !
Ils mourront tous
Pour leur France bien-aimée !

Quelles larmes il faisait couler en évoquant les conscrits qui se jetaient *en riant* dans les gouffres de la Mort ! Et quelles recettes il récoltait !

Il y eut la *journée du 75* : des jeunes filles secouèrent leurs tirelires sous le nez des passants au profit de ce glorieux canon.

Au temps de Noël, le patronage religieux organisa une grande kermesse dont le clou fut la représentation d'un mystère patriotique joué par les élèves des Frères : *Noël de l'Au-delà*. La scène représentait l'entrée du Paradis, gardée par saint-Pierre. Tout à coup, sortant des coulisses, paraît l'âme d'un *petit bleu* tombé au champ d'honneur. Elle demande bien poliment la permission d'entrer.

Dialogue :

SAINT PIERRE
L'héroïsme est une vertu.
Pour quel pays t'es-tu battu ?
LE PETIT BLEU
Je viens de mourir pour la France.
SAINT PIERRE
Entre, petit. Je te dispense
D'en dire plus long. Par ici.

Paraît ensuite une âme belge, reconnaissable à son pompon : elle est reçue avec la même chaleur catholique. Il ne vient aucun soldat anglais, car l'auteur ne veut pas laisser croire qu'un protestant peut entrer au Paradis, même s'il est mort pour la Civilisation. Mais, ô stupeur ! voici qu'un Allemand ose se présenter ! Saint Pierre éclate en vitupérations :

> *Toi, tu peux filer chez Satan !*
> *Menteur, voleur, pillard, forban !*
> *Être sans pudeur, sans morale !*
> *Démolisseur de cathédrales !...*

L'automne amena les premiers permissionnaires. Selon la couleur et la boue de leurs capotes, on savait s'ils venaient du front ou d'un secteur tranquille. Les épouses mettaient à chauffer de grandes lessiveuses d'eau et faisaient bouillir chemises et uniformes pour en cuire la vermine.

Ceux qui ne venaient pas envoyaient de leurs nouvelles. Des lettres circulaient dans les cercles patriotiques. Ainsi, celle du capitaine Lucien Grasset expédiée à sa mère de l'hôpital d'Amiens : *Cette blessure me coûte bien trois ou quatre cents grammes de viande. Mais la plaie est jolie. Elle ne fait pas regret*[1]. *On dirait de ce bœuf que vous achetiez pour le pot-au-feu à la boucherie Désormière.*

La rareté des hommes exerçait une influence bénéfique sur les mœurs. Beaucoup de bistrots restaient fermés ; ceux qui ouvraient n'avaient guère de clientèle, excepté le jeudi et le dimanche, jours de marché ; la vente de l'absinthe y était désormais interdite ; on ne buvait plus dans les rouets et les usines où les travailleuses remplaçaient les travailleurs. Seuls quelques vieux, quelques réformés se saoulaient encore, en cachette, honteusement, pour se consoler de leurs infirmités. Plus de débauches dans les campagnes, de polissonneries derrière les genêts. Toutefois, cette pureté provisoire présentait un grave inconvénient : la chute verticale de la natalité. Ce qui aurait pour conséquence les maigres effectifs des bataillons futurs. Les autorités civiles, militaires et religieuses s'en affligeaient : chaque semaine, le nombre des décès enregistrés était le double, le triple du nombre des naissances. Encore les décès militaires ne comptaient-ils pas dans la statistique : la mairie les ignorait officiellement. Une consolation toutefois : presque tous ces morts en surnombre étaient des vieux. Des bouches inutiles.

Tout à coup, un afflux de sang frais revigora la population thiernoise. Enfin... de sang relativement frais : douze cents territoriaux, entre trente-huit et quarante-cinq ans d'âge, appartenant au 16e de Montbrison, vinrent tenir garnison chez les couteliers. On leur donna pour résidence l'ancienne papeterie de la Charbonnière où Émile Pitelet, pas encore Pitelet le Gros, avait gagné son premier

1. Elle n'est pas dégoûtante.

argent. En attendant leur départ éventuel pour la zone des combats, ils passaient le temps à faire des exercices, à creuser des tranchées dans la campagne environnante, à mimer attaques et contre-attaques, à tirer au fusil dans les carrières de Borbe. Beaucoup de femmes se trouvèrent bien de leur venue. Les cafés aussi. La courbe démographique reprit un peu d'altitude.

Au cours de l'année 1916, la prospérité revient franchement. Non seulement la fabrication des obus et accessoires militaires donne de l'ouvrage aux usines, mais la coutellerie elle-même repart : guerre ou paix, l'univers a besoin de couteaux, de rasoirs, de bistouris, de cuillers, de fourchettes. Les salaires font un bond : ils atteignent 3, puis 5 francs par jour. On cite le cas d'émouleurs dégourdis, à peine âgés de quatorze-quinze ans, qui en gagnent jusqu'à 9. Le vin du Midi a repris son flux. Les pâtisseries débitent comme avant-guerre croustilles, guenilles, pompes aux pommes, milhards aux cerises, brioches aux gratons. La guerre continue à bien se vendre, en gros et en détail. Mlle Fabre, le professeur de chant si connu et apprécié de la ville, a composé, paroles et musique, un *Chant de Gloire aux Morts pour la Patrie*, recommandé tout spécialement à « ceux qui pleurent » : ils y trouveront des motifs d'élever leur cœur et leur pensée vers le salut de la France et l'apothéose de leurs héros. Prix de l'exemplaire : 2 francs. Les pharmacies proposent plusieurs produits à joindre aux colis des combattants : alcool de menthe, pastilles de Vichy pour la digestion, pommade contre les cors aux pieds.

Le 14 septembre, la foire au Pré, nulle en 14, très médiocre en 15, retrouvera sa gloire ancienne. Jamais il ne s'y sera vendu autant de cochons : à croire que les hommes qui restent mettent les bouchées doubles.

Les jeunes femmes ont raccourci leurs robes et découvrent leurs chevilles. Une coquetterie s'est répandue : celle des mèches blanches postiches, au milieu des cheveux blonds ou bruns : elles laissent croire à une grande douleur, au deuil d'un combattant bien-aimé ; et par la même occasion, elles attirent les regards. Certaines célibataires intransigeantes ont fondé une Ligue contre les embusqués, prenant pour devise : *Mieux vaut un homme sans bras qu'un homme sans cœur*. Elles font serment de n'épouser jamais aucune espèce de réfractaire à l'impôt du sang, quitte à terminer leurs jours vieilles filles.

Le goût des festivités revient aussi. Le *Ciné Magic*, avenue Pierre-Guérin, projette *Cœur de Française* ; le *Cinéma Palace*, direction Bazola, *les Oberlé*, grand film écrit par Edmond Haraucourt d'après le roman de René Bazin. Le *Journal de Thiers* recommande cette « œuvre hautement littéraire et patriotique où vibre toute l'âme de l'Alsace ». Il met en manchette les dernières paroles d'Ulrich quittant sa province après 1871 pour aller mourir en terre française : « Ce pays-ci, voyez-vous, il faut en être parti pour savoir comme c'est bon d'y rentrer. » O douceur du repos éternel dans l'argile de la Patrie ! L'œuvre d'Haraucourt est complétée en deuxième partie par un film comique : *Poireau statufié par amour*.

En juin, grande soirée au Marché Couvert au profit des mutilés. Concert, chorales, monologues, exercices gymniques. Avec la participation de l'aviateur thiernois Georges de Grandsaigne qui a déjà abattu deux avions boches et un zeppelin. A l'heure prévue, il arrive de Clermont en automobile avec son mécanicien-mitrailleur Lavarrec, un Breton de Saint-Nazaire. Il paraît sur le podium devant ses compatriotes qui l'applaudissent avec délire.

La prospérité est si encourageante que les industriels couteliers redoutent la fin de cette guerre qui les protège de Solingen et de Sheffield. Ils pensent déjà aux réformes à introduire pour affronter les concurrences revenues. On en discute à la Chambre syndicale de la Coutellerie. On lance des projets d'association, de mécanisation, de répartition des articles à fabriquer. On tombe d'accord sur la nécessité impérieuse qu'il y aura de supprimer le chômage du lundi : cette habitude ancienne qu'ont les travailleurs indépendants de manger et boire en deux journées une large part de ce qu'ils gagnent les cinq autres est néfaste à la famille, à la morale, à la religion, à l'économie. Acceptable sans doute au Moyen Age, elle ne l'est plus dans une société moderne. Relisez la Bible, mille dieux ! Le Père Éternel a institué un jour de repos par semaine, et non pas deux !

Cela dit, les patrons souffrent toujours de courte vue. Un jour, s'annonce une mission d'achat américaine : elle fait le tour de France et s'intéresse aux fabrications encore mal représentées aux États-Unis : c'est le cas des produits thiernois. Elle entre donc en contact avec la Chambre syndicale, on prend date pour le mercredi 20 septembre. Or voici qu'au dernier moment, par suite d'un changement d'itinéraire indépendant de sa volonté, ladite mission demande que la rencontre soit avancée de cinq jours. Le président de la Chambre en informe ses collègues :

« Ces américains veulent que nous les recevions le 15 septembre au lieu du 20.

— Mais... le 15, c'est le lendemain du 14 ! Le lendemain de la foire au Pré !

— Justement !

— Leur as-tu expliqué, aux Américains, ce qu'est pour nous la foire au Pré ? Notre fête nationale ?

— J'ai essayé. Mais ils s'en foutent.

— Alors, réponds que nous nous foutons de leurs commandes. Nous avons assez de débouchés sans eux. »

Ce qui manque pour l'heure aux patrons, ce sont plutôt les fournitures en acier. Ils écrivent au ministre de l'Armement, suggérant qu'on leur réserve les déchets d'obus. Le ministre réplique qu'avec les déchets d'obus, il préfère fabriquer d'autres obus, plutôt que des tire-bouchons. Où donc trouver le métal nécessaire ?

Et voici que vient une suggestion, apportée par un fonctionnaire suisse. D'où ça ? D'Allemagne ! De l'ennemi abhorré ! *Chers industriels de Thiers et des environs, nous entretenions avant la guerre de bonnes relations commerciales et avons eu plusieurs fois l'occasion de vous rencontrer cordialement autour d'un rapoutet aux haricots. Je suis sûr que nous reprendrons nos rapports une fois la paix rétablie. En attendant, comme nous avons su que l'acier fait cruellement défaut à vos fabrications, nous vous proposons de vous en vendre par l'intermédiaire d'un pays neutre, la Suisse ou la Hollande.* Voilà ce qu'osent leur écrire les maîtres de forge de Bochie !

« Que dois-je répondre ? demande à ses collègues le président de la Chambre syndicale.

— Réponds : Les industriels de la coutellerie thiernoise repoussent indignement votre proposition !

— Indignement ?

— Indignement ! »

Le gouvernement de la République manque d'un autre métal : de l'or qui permet d'acquérir à l'étranger les matières premières, l'armement, tout ce que la France ne produit plus. Il demande à chaque Français d'apporter son or à la poste ou à la banque ; en échange de quoi, il recevra des titres de papier, et un certificat de civisme : *Monsieur Untel a souscrit à l'emprunt de la Défense nationale. Le ministre des Finances, F. Ribot.* Honte à ceux qui cherchent à embusquer leur or ! L'Académie française se mobilise dans la propagande, *le Figaro* publie les très riches rimes de Jean Aicard :

L'or est une arme et c'est notre arme nécessaire
Pour traquer, pour frapper et chasser l'Allemand.
Le cacher, c'est aider contre nous l'adversaire.
En priver nos soldats, c'est trahir lâchement !

Les banques affichent chaque semaine le total des sommes recueillies. Cependant, la mairie continue d'annoncer les récoltes de la Mort. Paysans, couteliers inconnus et sans gloire. De temps en temps, le représentant d'une grande famille, car les riches meurent aussi.

Par exemple, le commandant Jean Claussat, frère du docteur. Déjà deux fois blessé en 1915, il tombe près de Verdun au bois des

Corbeaux le 11 mars. Le bois des Corbeaux ! Y a-t-il endroit plus sinistre pour mourir ? Il bénéficiera d'obsèques grandioses et parisiennes, où le deuil sera conduit par Joseph et leurs deux beaux-frères, Pierre Laval, élu socialiste d'Aubervilliers-Villemomble, et Téreille, simple soldat au 104e de ligne. La dépouille sera ensuite ramenée à Châteldon.

Au début de 1917, Antoinette dut reprendre du travail chez sa tante Mignot-Zapatez. Elle confia sa petite Gilberte à ses parents vollorois et à sa sœur Marguerite que l'enfant appelait Mélite. Le nom lui resta.

Tante Mélite avait reçu de l'instruction chez les religieuses de la Miséricorde, ce qui lui permettait de faire belle figure en diverses circonstances, et d'être en mesure de voyager : elle lisait les horaires des chemins de fer, la carte de France, le plan de Paris comme son livre de messe. Elle se trouvait en service au château de Vollore où l'on recevait les personnes les plus distinguées. Ses maîtres l'emmenaient aussi dans leurs autres résidences : à Cannes, en Périgord, dans la capitale. A présent, la guerre n'interdisait plus les déplacements des civils ; les compagnies ferroviaires offraient même des billets à prix réduits aux familles désireuses d'aller aux bains de mer. Chaque classe sociale de l'arrière avait ainsi des devoirs patriotiques appropriés : aux paysannes les travaux de la terre ; aux ouvrières le tournage des obus ; aux bourgeoises le soin de ne pas laisser péricliter l'hôtellerie et le commerce saisonniers qui, après l'armistice, contribueraient efficacement à restaurer notre économie. Suivant la recommandation publicitaire *Passez l'hiver sur la Côte d'Azur*, les châtelains de Vollore-Ville quittaient donc plusieurs mois leur montagne neigeuse pour un climat plus doux. Tante Mélite en rapportait des cartes postales où l'on voyait la Méditerranée. Elle profitait bien de ces voyages, car c'était une jeune personne avisée et pleine d'esprit. Souvent, chez les Zapatez, il lui arrivait de prendre sa petite nièce Gilberte sur ses genoux et de lui raconter le monde. Elle évoquait la mer qui change à tout instant d'habit : tantôt brillante, tantôt sombre et verte, tantôt bleue. Elle racontait Paris où il existe des routes souterraines éclairées par l'électricité, certaines passent même sous la Seine sans qu'on se mouille. A ses parents, elle décrivait les invités de marque qu'il lui arrivait de servir à table, généraux, ambassadeurs, princes, actrices.

« Un jour, nous attendions l'évêque de Clermont en personne ! Madame écrivait le menu sur des cartons, de sa belle main. Et figurez-vous que Joséphine, la cuisinière, sans avertir, avait préparé pour le dessert des *pets-de-nonne*. Voilà Madame dans tous ses états : « Vous n'y pensez pas, Joséphine ! Des *pets-de-nonne* à

Monseigneur ! » Comment sortir de cet embarras ? Fallait-il jeter les pets-de-nonne aux chiens ? Alors, j'ai pris sur moi de dire : « Et si nous changions simplement le nom ? — Sans doute ; mais pour quel autre ? » Nous avons cherché ensemble, j'ai proposé : *soupirs de religieuse*. Monseigneur n'y a vu que du feu ! »

A Vollore-Ville, le printemps fleurissait suivant son ancienne habitude, comme s'il n'y avait eu de guerre nulle part. Les femmes et les vieillards assuraient les labours, les semailles, la taille des vignes ; les enfants et les troupeaux se gardaient réciproquement. Gilberte grandissait parmi les chèvres et les cochons dont un s'appelait traditionnellement Charlemagne, qu'elle prononçait Çarmagne. Attentive aux voix de l'univers, au sifflement des merles, au gargouillis des ruisseaux. Elle apprit à comprendre le langage des poules : celle qui a fait l'œuf, celle qui appelle ses poussins. Grand-mère Mélanie la chargeait de distraire les couveuses abusives dont on voulait manger les œufs : elle les chassait du nid en criant *pchaaa* ! Et si la poule ne se laissait pas convaincre, on finissait par lui enfoncer une paille dans les narines : pendant qu'elle songeait à s'en débarrasser, elle ne retournait pas couver.

De temps en temps, le père Mane poussait la porte. C'était un facteur en fin de carrière, remarquable par ses souliers à tige, impeccablement lustrés ; ainsi l'exigeait la receveuse des postes ; il y allait, disait-elle, de la bonne réputation des P.T.T. Et lui de soupirer :

« A mon âge, me trouver aux ordres d'une fumelle ! Et cirer mes godasses tous les matins ! Ah ! Vivement que la guerre soit finie ! »

S'il entrait, c'était pour apporter une lettre avec des drapeaux croisés.

« Gilberte ! criait Mélanie, des nouvelles de papa ! »

L'enfant se mettait à chanter *des-nouvelles-de-papa, des-nouvelles-de-papa, des-nouvelles-de-papa*. Elle voulait déchiffrer elle-même les lignes tracées au crayon-encre par ce papa dont on parlait dans la demeure comme on parlait du bon Dieu, sans jamais le voir. Elle suivait de l'index ces signes légers, tout en émettant un grommellement qui était censé traduire leur message, *bonlon, bonlon, bonlon, bonlon, bonlon, bonlon...* Après quoi, tante Mélite, la meilleure liseuse de la famille, prenait la feuille et la lisait réellement. Il n'y manquait jamais la formule finale : *J'embrasse ma petite Gilberte mille fois*. L'enfant répétait avec orgueil : « Z'embrasse ma petite Zilberte mille fois », et elle s'applaudissait.

« Donne-moi ta forze, disait-elle à Gilbert, son grand-père et parrain.

— Ma forge ? Je te la donnerai quand je serai mort.

— Quand, tu seras mort ?

— Un jour.
— Où on va, quand on est mort ?
— Dans un trou de la terre.
— Un trou trofond ?
— Oui, profond. Mais après, des fois, on monte au Paradis.
— C'est oin, le Caradis ?
— Oui, très loin.
— On en revient ?
— Jamais.
— Pourquoi zamais ?
— Parce qu'on y est bien.
— Pourquoi on y est bien ?
— Parce qu'on voit le bon Dieu.
— Le bon Dieu ? Il est au Caradis ?
— Bien sûr.
— Il y vabite ?
— Oui, il y habite.
— Qu'est-ce qu'il y fait ?
— Il mange sa soupe.
— Tout le temps ?
— Des fois, il joue du tambour.
— Du tambour ? Pourquoi ?
— Quand y a de l'orage : brrroum, brrroum !
— Pourquoi y a de l'orange ?
— Pas de l'orange, de l'orage. »

Elle ramassait un petit caillou et levait le poing :

« Devine si j'ai un caillou jaune ?
— Ma réponse est oui. »

Grand-mère Mélanie montrait moins de patience.

« Quelle heure il est ? demandait l'enfant.
— L'heure qu'hier on t'a fouettée. »

Mélanie lançait la même réponse, chaque fois que Gilberte demandait l'heure, pour lui faire entendre que ce n'était pas une question de petite fille. Et si l'autre répliquait qu'on ne l'avait pas fouettée :

« On aurait dû.
— Pourquoi ?
— Parce que tu es comme ma chèvre : ou bien tu es en train de faire quelque mal, ou bien tu y penses.
— Elle fait sa part, ni plus ni moins, affirmait le grand-père, qu'on surnommait Gilbert le Juste. Mieux vaut bêtise de gamine que bêtise de femme.
— Finissez de la soutenir ! »

Félix Dosjoub vint en permission au mois de mai, tout le monde savait qu'il était le promis de tante Mélite. La guerre avait empêché le mariage. Mais voici que les fiancés décidèrent de ne plus attendre. Depuis longtemps, Mélite investissait ses économies en draps et serviettes qu'elle empilait dans une armoire. Félix déposa donc son uniforme bleu et endossa un costume neuf acheté à Thiers au *Bien Vêtu*. Étranges noces de guerre où ne figuraient que des vieux, des gamins, des filles sans cavaliers. On mangea, on but, on dansa tout de même. A l'aube, on surprit les jeunes mariés au nid, on leur porta la traditionnelle crème au chocolat dans un fond de pot de chambre.

Une nuit encore, ils dormirent ensemble dans un réduit attenant à la salle où couchaient en leurs lits-alcôves d'une part Gilberte et grand-mère Mélanie, de l'autre le charron-forgeron tout seul. Au petit jour, l'enfant réveillée un peu tôt entendit à travers la cloison d'étranges gazouillements, des bruits de baisers :

« Grand-mère, que font-ils ?

— Ils appellent les chats. Dors. »

Le surlendemain, Félix embrassa une dernière fois son épousée, rendossa son uniforme lessivé, rapetassé, et retourna défendre la France. Il emportait dans une poche de sa capote un sac de dragées à l'intention de ses copains. Mélite reprit son service au château.

Ces dragées eurent un destin. L'été 17 fut terriblement orageux. Sitôt arrivé, Félix Dosjoub remonta en ligne et se trouva sous des douches continuelles. En sorte que, le jour où il voulut distribuer ses dragées, il s'aperçut que le sucre avait fondu : il n'en restait que les amandes. Elles furent quand même les bienvenues.

A cette époque, de drôles de permissionnaires erraient dans les campagnes. Sur le front avaient éclaté des mutineries, certains soldats profitèrent de l'occasion pour prendre le large. Ou bien, après leur congé, ils oublièrent de revenir. La gendarmerie traquait ces déserteurs qui se cachaient dans les bois, attaquaient et détroussaient les gens de passage, osaient entrer dans les fermes pour extorquer du ravitaillement. D'autres dissimulaient leur âge, leur identité, changeaient d'apparence et réussissaient, malgré l'interdiction et les menaces de poursuites, à se faire embaucher par les paysans, trop heureux de trouver là une main-d'œuvre peu exigeante.

La ville recevait un afflux de réfugiés venus des régions envahies ; il fallait loger, nourrir, habiller tout ce monde, alors que certains produits alimentaires se raréfiaient. Des cartes rationnèrent le sucre, le riz, le café, le pain ; la confiture disparut des épiceries. Les jeunes filles de l'École primaire supérieure, réfugiées elles-mêmes à l'École centrale, proche le Marché Couvert, cueillaient dans les haies les cynorrhodons, fruits de l'églantier, vulgairement appelés *gratte-culs*, dont elles faisaient une confiture de remplacement.

Quant au pain, il avait tendance à devenir de plus en plus fraternel de l'illustre pain KK consommé en Bochie. Sans parler de sa rareté.

Les derniers jours de décembre, une fois passées les fêtes de Noël, les boulangeries se trouvèrent complètement dépourvues de farine. Des officiers d'intendance battaient les départements céréaliers, réquisitionnant pour l'armée tout ce qui pouvait encore l'être. Alors, on vit ce spectacle étrange : le Dr Joseph Claussat organisa une expédition de voitures dans le Bourbonnais. Zigzaguant sur les routes enneigées, la caravane réussit à ramasser et ramener sur Thiers cinquante quintaux qui firent prendre un moment patience aux affamés.

1918

On n'était plus très sûr de la victoire. Les Italiens avaient été enfoncés à Caporetto, les Anglais repoussés dans les Flandres, les Russes se retiraient de la partie. Les communiqués affichés à la mairie admettaient une avance considérable des Allemands dans la région de Château-Thierry, même si nos états-majors prenaient « toutes dispositions pour contenir cette ruée ». Afin de payer les importations, la France raclait ses fonds de tiroir. Tout métal monnayable avait disparu. Les pièces de cinq et de dix centimes étaient remplacées par des timbres-poste enfermés dans des jetons de celluloïd. Le seul espoir de vaincre reposait sur les soldats américains : jeunes, frais, bien rasés, et surtout nombreux.

Les journaux ne comportaient plus qu'une seule feuille. Encore la censure y découpait-elle des carrés blancs. Une bonne part de ce qui restait se trouvait consacrée aux avis de décès, eux-mêmes censurés :

> *Mme Chaumeton et ses enfants, les familles Chaumeton et Sannajust ont l'immense douleur de vous faire part du décès du*
>
> *sergent Chaumeton Albert*
>
> *du... régiment d'artillerie, mort pour la France le 5 juin 1918 à...*

Les vivants de plus en plus avaient des problèmes de ventre. A Thiers, le 30 juillet, éclate l'émeute. Depuis plusieurs jours, le pain manque dans les boulangeries qui n'arrivent pas même à honorer les cartes de rationnement, si bien que plusieurs ont jugé préférable de fermer leurs volets. Alors, un groupe de femmes se forme devant la mairie, criant :

« Du pain ! Du pain ! »

Quelques soldats permissionnaires, des territoriaux, des oisifs se joignent à elles. Bientôt, la place est une fourmilière, tout le monde hurle :

« Du pain ! Du vrai pain ! Du pain blanc ! »

Comment peut-on gagner la guerre en mangeant un pain qui ressemble à de la crotte ? Le concierge de la mairie a barricadé ses portes, mais les Thiernoises en fureur l'obligent à la rouvrir. Le maire les laisse monter jusqu'à la salle du Conseil, et répond à leurs vociférations :

« Pour faire du pain, il faut avoir du blé. Et où voulez-vous que je le prenne, ce blé ? Depuis longtemps, la commune a fini ses réserves. Le blé doit donc venir d'ailleurs : de Clermont ou des départements voisins. Cela dépasse mes attributions ! Adressez-vous au sous-préfet ! »

La sous-préfecture n'est qu'à deux pas. Les insurgées y refluent :

« Du pain ! Du pain blanc ! »

Le représentant du gouvernement paraît à une fenêtre, essaie de se faire entendre :

« Écoutez-moi !... Le pain manque parce que les sous-marins boches torpillent les bateaux qui nous apportent le blé d'Argentine et du Canada... De plus, la dernière récolte a été inférieure de moitié... »

Sa voix est couverte par les hurlements. Un instant hésitante, la foule enfonce les portes, pénètre dans les bureaux, monte aux appartements, saccage les dossiers, pille les armoires et les placards, soufflette et injurie le sous-préfet, ressort en brandissant des saucissons.

Le lendemain, dans la feuille locale, le Dr Joseph Claussat publie un article incendiaire auquel la censure n'ose rien rogner : il y accuse d'incompétence, d'incurie, de corruption les autorités gouvernementales, départementales, municipales ; prétend que le maire Guillemin se fait ravitailler en farine blanche par ses fermiers de Lezoux ; jure que des réserves de blé et de farine sont en train de moisir sans profit dans les magasins de l'Intendance ; lance un défi : *Si l'on peut prouver que mes affirmations sont inexactes, je m'engage à verser au bureau de Bienfaisance de Thiers la somme de cent francs par mois pendant toute la durée de mon mandat parlementaire !*

Alors, intervient la Providence. Dans la nuit du 1er au 2 août, un convoi de farine arrive de Clermont ; quelques heures après, les boulangeries thiernoises vendent du pain blanc.

Ce même mois, le caporal Auguste Pitelet fut blessé au bras droit par un éclat d'obus charitable qui aurait pu emporter la tête. Soigné d'abord à l'hôpital de Troyes, il fut ensuite renvoyé à Grenoble. A la caserne du 14e bataillon de chasseurs alpins, il devait achever sa convalescence tout en assurant l'instruction des dernières recrues : jeunes de dix-huit ans qui auraient pissé le lait maternel par le nez si on le leur avait pressé. Antoinette fut informée par lettre de cette situation privilégiée : Auguste lui demandait de venir le rejoindre en compagnie de Gilberte.

« J'aimerais bien partir, dit-elle à Mme Mignot. Mais je ne peux vous laisser seule et dans l'embarras.

— Va, pauvre m'amie. Je me débrouillerai bien sans toi. Va t'en retrouver ton homme pendant qu'il est encore vivant. »

Depuis près de quatre ans, Toinette ne cessait de trembler, de prier chaque soir la Bonne Vierge pour qu'Auguste réussît à passer à travers les balles. Tout le monde l'encourageait à partir, y compris Gilberte qui battait des mains à l'idée de retrouver ce papa qu'elle n'avait vu qu'une fois, durant une permission, et avec qui elle avait immédiatement sympathisé. Cependant, Toinette éprouvait moins de joie qu'elle n'aurait dû, elle se le reprochait et fouillait dans son cœur pour comprendre ce qui se passait en elle. Elle acheta deux sacs de voyage en cuir de porc, les remplit de linge pour trois personnes, d'eau de mélisse contre la fatigue. Elle se fit expliquer longuement par sa sœur l'itinéraire à suivre, les gares où il faudrait changer de train, les heures de départ et d'arrivée ; prit l'adresse d'un oncle lyonnais chez qui elle pourrait descendre en cas de nécessité ; écouta d'une oreille attentive les conseils de sa mère :

« Si tu te sens perdue, n'hésite pas : réfugie-toi dans une église. La plus proche. Les églises se voient de loin, avec leur clocher. Et demande au curé de te porter secours au nom du Christ. »

La veille du départ, elle se promena dans la campagne autour de Vollore-Ville, comme pour faire ses adieux à tout ce qu'elle avait connu et aimé : le grün de Chignore et son chapeau qui servaient de baromètre à toute la région, prédisant l'orage et le beau temps ; les hameaux rouges et bruns, égayés de treilles ; les vignes bleuies par le sulfate ; les châtaigniers en fleur où roucoulaient des tourterelles ; les couleuvres enroulées en boudin au bord des ruisseaux. Elle suivit une à une les rues du bourg, se signant devant chaque croix, mouillant ses mains à chaque fontaine. Des femmes la saluaient comme à l'accoutumée, ignorant sa décision :

« Vous êtes donc par là ?

— Oh ! oui bien, tenez. »

Elle entra dans l'église de son baptême et de sa première communion. Elle se revit en robe blanche parmi ses compagnes dont certaines étaient munies de cierges si gros qu'elles devaient recourir à leur père pour les porter. Gilbert Zapatez avait refusé cette ostentation.

« Ce n'est pas le cierge qui compte, mais la conscience. »

Justement ! Parlons-en, de la conscience ! Ce jour-là, par étourderie plus que par gourmandise, pour ne pas désobliger son amie, elle avait accepté de sucer une dragée que lui avait offerte Marinette Sauron. Ou plutôt le diable sous les traits de Marinette. Et elle avait osé se présenter ensuite à la sainte table avec cette dragée dans le corps, et avaler la chair de Notre-Seigneur Jésus-Christ ! Sacrilège ! Il n'était pas possible qu'une première communion accomplie dans ces circonstances fût valable. Dix ans plus tard, elle la gardait encore sur l'estomac.

L'église l'accueillit néanmoins, tandis qu'au-dehors les gousses des genêts pétaient au soleil. Dans sa fraîcheur, dans sa bonne odeur d'encens et de chandelle, dans la lumière rouge et bleue qui tombait des vitraux. Avec précaution, elle avança sur les dalles creusées par des générations de sabots ferrés, caressa d'un doigt le bénitier, le dossier des bancs, le confessionnal où l'abbé Chapelat s'assoupissait tandis que les enfants chuchotaient leurs modestes péchés, se réveillant juste pour leur conférer l'absolution :

« Hein ?... Heu... oui... d'accord. Six *Je vous salue*. Et n'y reviens pas ! »

Elle erra longtemps ainsi, d'un pas de somnambule, plus passée que présente, il lui semblait voleter dans ces demi-ténèbres comme une mite. Avec un feu intérieur qui la retenait de prier. Le sentiment d'une prochaine injustice.

La fenêtre de sa chambre donnait au couchant vers la Dore jalonnée de châteaux et de tours. Elle recevait chaque soir les derniers rayons du soleil qu'on voyait s'enfoncer plus loin derrière le puy de Dôme. La pièce était demeurée dans son état de 1912, lorsqu'elle l'avait définitivement quittée pour épouser Auguste et s'en aller vivre rue Edgar-Quinet. Au plafond, des lignes de pluie formaient toujours une carte géographique pleine de continents, d'îles, de golfes. Elle ouvrit l'armoire, y retrouva ses livres d'écolière, chacun recouvert de toile découpée dans les vêtements hors d'usage, afin qu'il durât une éternité : l'*Histoire Sainte*, ornée de 112 gravures et de cinq cartes, par Théophile Bénard, chevalier de la Légion d'honneur, officier de l'Instruction publique, ancien chef de bureau au ministère de l'Instruction publique ; la *Petite Anthologie des Maîtres de la Musique*, par Léopold Dauphin ; le *Nouveau Dictionnaire classique illustré*, par A. Gazier, docteur ès lettres ; l'*Année préparatoire de Rédaction et d'Élocution*, par MM. Carré et Moy, Inspecteurs généraux de l'enseignement primaire ; les *Morceaux choisis* par M. l'Abbé Étienne Ragon.

Elle en tira un, le feuilleta un peu haletante. A l'âge où tombent les dents de lait, elle avait coutume de dissimuler des images, des dessins, des trèfles, des pétales entre les pages de ses livres et de ses cahiers ; de les y laisser dormir jusqu'à ce qu'elle les eût oubliés, afin de se ménager plus tard les émerveillements de la redécouverte. Qui sait si quelque surprise ne l'attendait point depuis quinze ans ? Elle chercha. Et tout à coup, en plein milieu de l'histoire de Tobie, un billet plié en quatre ! Un message de son enfance ! Elle l'ouvrit avec précaution et lut cette ligne tracée d'une encore violette qui avait viré au mauve :

Marinette est mon amie.

Marinette ! Mais oui, Marinette Sauron ! La fille du docteur Sauron ! Celle de la dragée diabolique ! Antoinette se rappela leur long voisinage, sur le même banc ; la main de Marinette prenant la sienne à la dérobée pour lui dire : tu es mon amie. Leurs échanges : une image contre une perle de verre, un marron d'Inde contre une noix, une pierre brillante contre une fleur. Leurs confidences, les petits noms qu'elles se donnaient, la joie de chacune quand l'autre recevait des félicitations. Marinette faisait déjà des projets grandioses :

« Lorsque je serai grande, je veux être religieuse. Et toi, viendras-tu dans mon couvent ? »

Antoinette savait qu'il en coûtait cher pour prendre le voile, que les Zapatez ne pourraient lui fournir la dot nécessaire ; elle versait des larmes secrètes à l'idée de perdre son amie un jour. La petite demoiselle Sauron s'invitait parfois chez le charron-charpentier, elle arrivait couverte de dentelles et de rubans, tout le monde lui parlait avec considération, y compris Toinette, plus intimidée chez elle que chez les sœurs.

Après deux ans d'amitié, Marinette abandonna Vollore-Ville qui, malgré son nom, n'est qu'un gros village, pour Lyon où le Dr Sauron se transférait. Elle avait promis d'écrire, mais n'envoya jamais de ses nouvelles. Plusieurs jours de suite, Toinette fit deux choses à la fois : elle récitait les prières en pleurant, elle cousait en pleurant, elle jouait en pleurant ; ses larmes tombaient dans sa soupe, sur son livre, sur son ouvrage. Ses compagnes chuchotaient, elle pleure parce qu'elle a perdu son amie ; non sans dépit, elles admiraient ce chagrin dont elles se sentaient exclues. Ensuite, les pleurs se tarirent, l'enfant souffrit d'une langueur qui dura tout un trimestre et lui fit perdre sa bonne mine, les dames de la Miséricorde la bourrèrent de pilules Pink.

Qu'était devenue Marinette Sauron ? Était-elle réellement entrée en religion ? Ou bien avait-elle oublié, en même temps que ses résolutions, le petit bourg auvergnat de son enfance et le cœur de son amie ?

Antoinette sourit et remit le billet dans l'histoire de Tobie, se disant que peut-être elle l'oublierait de nouveau, puis le retrouverait dans quinze autres années.

Gilbert Zapatez emprunta un cheval et une voiture de laitière. L'équipage se mit en route : sa femme devant, à sa droite ; sa fille et sa petite-fille derrière ; les deux sacs de cuir sur le plancher de la charrette. Tante Mélite se trouvait retenue au château. Tous se taisaient, trop occupés par la pensée de ce voyage et de ses suites. On descendit la côte, parmi les vignes rougissantes ; on franchit le pont qui enjambe le ruisseau de Bruni ; on remonta en direction d'Escoutoux.

Alors, Toinette se retourna et vit là-haut, accroché au flanc de la montagne, sous le trapèze de Chignore, Vollore-Ville qui se haussait pour la regarder de toutes ses fenêtres. Les larmes lui montèrent aux yeux ; elle les essuya, se disant qu'elle n'avait pas le droit de pleurer, que ce départ était le commencement d'une grande joie, qu'elle allait retrouver son mari blessé mais vivant, qu'ils allaient être merveilleusement heureux. Elle le retiendrait près d'elle, elle ferait durer sa blessure jusqu'à ce que la guerre finît, quitte à la raviver un peu chaque matin.

Le Grand Cognet. La maison du Garde, Escoutoux : derrière les rideaux de filet, elle sent les mêmes yeux que jadis lorsque Auguste avait osé lui prendre la main, défiant les curiosités et les médisances, la tirant comme une bête qu'on mène à la foire. Ils passent devant la croix où ils avaient coutume de se quitter, se disant à mardi. Le charron pique du fouet les oreilles du cheval qui trotte sur la route ravinée qu'aucun cantonnier n'empierre plus. La petite Gilberte pose des questions importunes : pourquoi l'arbre, pourquoi le rocher, pourquoi la vache, pourquoi le tas de bûches. On finit par lui répondre : tais-toi donc, tu nous essourdes, tu parleras quand les poules pisseront. Chacun regarde en face ses pensées. Gilberte s'applique à remuer les orteils dans ses bottines pour voir si le compte y est : un, deux, quatre, cinq, trois.

La Poudrière. Tarenteix. Le Moutier. On emprunte la route sinueuse qui épouse chaque caprice de la Durolle. Les usines flamboient, où l'on forge à présent l'acier victorieux. En levant les yeux, Toinette aperçoit l'auberge des Murailles et le creux de pente où poussent leurs deux orangers. A mesure qu'on approche de la gare, son cœur bat plus fort.

On trouve deux places dans un wagon de troisième où permissionnaires et civils fraternisent. Le charron et la charronne se raidissent contre leur chagrin. « Embrasse bien Auguste pour nous. Et revenez vite ! » Mais oui, mais oui, ils reviendront, tous les trois, couverts de gloire, la guerre va finir, vive la France et vive la mariée ! A peine parti, le train s'enfonce dans un tunnel ; quand il en ressort, Thiers a disparu.

Par sa disposition, Grenoble était à peu près le contraire de Thiers : une ville plate au fond d'une large vallée, entourée d'un cercle de montagnes. Alors que chez les couteliers tout est en pente et qu'il faut sortir de la ville pour trouver du plat. Ces montagnes avaient des cimes très diverses : en nez de sabot, en dents de scie, en enclume, et elles s'appelaient par exemple le Rachais, le Berluchon, le Saint-Eynard ou Chamechaude, ce qui était des noms difficiles à prononcer parce qu'ils ne voulaient rien dire. Les maisons couvertes de tuiles rondes étaient basses, pressées les unes contre les autres, sauf le long des deux rivières, l'Isère et le Drac. Sauf aussi les casernes, un peu à l'écart, avec leurs grands toits rouges. On les avait construites en prévision d'une guerre contre l'Italie, qui avait signé un pacte d'alliance avec l'Allemagne et l'Autriche ; mais depuis, le roi Victor-Emmanuel avait changé de camp et les casernes se trouvaient quasi dépeuplées.

Pour abriter sa famille, Auguste Pitelet avait loué dans le quartier Saint-Laurent un local de deux pièces meublées, chambre et cuisine, chez une Mme Lapiaz qui exerçait avec ses filles la profession de gantière. Toinette les regardait avec curiosité découper les peaux sur des gabarits de bois ; avant d'être cousu, chaque gant possédait huit doigts et un simple trou pour le pouce ; venait ensuite une besogne d'assemblage et de couture à la machine ou à la main. Tout cela était mené finement, proprement, dans un atelier clair et sans souillure. Rien de commun avec les forges, les boutiques, les rouets thiernois où chaque coutelier mettait sa coquetterie à paraître plus crasseux que le voisin. Quand elle émettait quelque critique là-dessus, à l'auberge des Murailles :

« Tout le monde n'est pas une chatte blanche de ton espèce ! » répliquait Mme Mignot.

Elle s'intéressa si fort à la ganterie que les dames Lapiaz lui firent essayer le travail du dépeçoir, des ciseaux, de l'aiguille. A ses pieds, Gilberte jouait avec les chutes de peau et les cartes vides de boutons-pression. Au bout de huit jours, elles faisaient l'une et l'autre partie de la famille. La gantière les nourrissait de *gaudes* et de *pognes* qui sont respectivement des soupes à la farine de maïs et des tartes à la courge. Un jour, Toinette prépara des guenilles pour donner une idée de ce qui se mange en Auvergne, tous les Lapiaz et Lapiazereaux s'en empiffrèrent comme s'ils avaient été vollorois.

Quant à Auguste, il venait chaque soir en uniforme bleu marine, le large béret sur l'oreille, ses galons de laine rouge bien visibles sur les manches, *en forme de V renversé*, comme les décrivait la Théorie. Par autorisation spéciale de son capitaine, il passait la nuit près de sa femme et de sa fille, il suffisait qu'il fût rentré à la caserne Bayard avant la sonnerie du réveil. Son bras droit était toujours enveloppé d'un pansement spectaculaire, qui assurait leur tranquillité. Le dimanche, ils se promenaient à pied le long de l'Isère, suivant les chemins de pêcheurs bordés de peupliers. Parfois, ils gravissaient les pentes des premières collines, jusqu'à Corenc : derrière se dressait la muraille grise de la Chartreuse, truffée de bastilles et de canons. Auguste les montrait du doigt en souriant :

« Les Italiens ont bien fait de devenir nos amis ! »

La semaine, la mère et la fille allaient au Jardin de Ville rendre visite à chaque rose ; Gilberte entrait en conversation avec de petits Grenoblois.

Oui, ce fut le bonheur merveilleux qu'ils avaient escompté. Ils le goûtaient sans honte tandis que les communiqués parlaient de contre-offensives victorieuses sur l'ensemble des fronts. Une seule inquiétude : le pansement d'Auguste se rétrécissait de semaine en semaine : tiendrait-il jusqu'à l'armistice ? Il osa découvrir enfin sa blessure : l'éclat d'obus avait enlevé les chairs jusqu'à l'os ; elles mettraient encore longtemps à se reconstituer. Toinette voulut baiser les lèvres de la plaie, son mari la repoussa doucement :

« Mais non ! Si tu fais ça, je vais guérir trop vite ! »

Vivants ! Ils étaient vivants ! Et la guerre s'achevait ! Et la Victoire si longtemps espérée, payée de tant de sacrifices, venait enfin avec ses ailes immenses ! L'Alsace-Lorraine allait redevenir française ! La Justice et la Paix régneraient sur le monde éternellement !

C'est alors qu'on se mit à parler sérieusement de la grippe espagnole. L'Espagne ne participait point aux hostilités : quel besoin avait-elle eu d'envoyer ce mal au reste de l'Europe déjà si éprouvée ? Quelle vengeance entendait-elle assouvir ? Les premiers cas étaient apparus dès le mois de mai : étrange grippe qui faisait tousser à la saison chaude. Sa virulence augmenta terriblement avec les fraîcheurs et les brumes de l'automne. Un nombre croissant de malades rendaient l'âme au cours d'une de ces quintes. D'autres mouraient noirs et gonflés par la congestion. Chaque fois qu'en un lieu public une personne se mettait à tousser, même si c'était pour avoir avalé sa salive de travers, l'entourage pensait immédiatement grippe espagnole, un vide instantané se formait autour d'elle. Des arrêtés municipaux interdirent tous rassemblements et fermèrent les salles de spectacle : les pauvres morts s'en allèrent à peu près sans compagnie au cimetière, excepté celle du cocher et d'un ou deux galapiats qui se faisaient payer à prix d'or leurs services funèbres. Certaines âmes pieuses soutenaient qu'en fait de grippe espagnole il s'agissait bel et bien de la peste, comme au Moyen Age, envoyée aux hommes pour les châtier de leurs crimes.

Gilberte avait toujours aimé les enterrements : les sanglots des femmes étouffés sous les crêpes ; les hommes décoiffés, contrits, qui se balancent d'une jambe sur l'autre et tournent leur chapeau entre leurs mains ; la caisse portée par quatre d'entre eux, si lourde et dure qu'elle leur tord le cou ; les fleurs, les couronnes, la croix de l'enfant de chœur, l'encens, les cloches ; les hommages rendus par le curé lorsqu'il tourne autour du mort et s'écrie triomphalement : *In Paradiso !* Aucun spectacle ne la remuait autant ; dès ses premières années elle eut un sens aigu de la tragédie. Elle jouait à enterrer des hannetons dans des boîtes d'allumettes et s'écriait au bon moment : *In Caradiso !*

Les enterrements grenoblois offraient beaucoup plus de pompes que ceux de Vollore : ils se faisaient en corbillards, en fiacres, en chapeaux gibus, en longs voiles sombres. Presque chaque jour il en passait un sous leur fenêtre, en route pour Saint-Laurent, Saint-Louis ou Saint-André. Puis il en passa un tous les jours. Puis un le matin et un l'après-midi. Enfin, elle eut le bonheur d'assister à des obsèques multiples : on empilait les cercueils dans la voiture comme des tonneaux sur un fardier. En revanche, les cortèges raccourcirent, puis disparurent. Ah ! Grenoble était une ville où l'on ne s'ennuyait guère !

Gilberte restait donc de longues heures derrière la vitre et, de temps en temps, s'exclamait avec enthousiasme :

« Oh ! Encore un ! »

Malgré les questions posées à son parrain, l'enfant ne savait de la mort rien d'autre que le splendide cérémonial auquel elle donne lieu, suivi de l'accession éventuelle au Caradis. Séjour riche et mystérieux où rien ne manque de ce qui plaît aux hommes et aux petites filles : fleurs, soleils, étoiles, sucre candi, perles, boutons de nacre. Où l'on joue au *picoperey* avec les anges, ce qui s'appelle sur terre « planter le poirier ». Où le bon Dieu mange sa soupe et joue du tambour. Le temps lui durait quelque peu d'y monter.

Un soir, Auguste trouva sa femme grelottante dans un fauteuil, le rouge aux joues, le front en sueur. Il la coucha, la borda, passa la nuit près d'elle, sur une chaise, pressant une de ses mains dans les siennes. A l'autre bout de l'appartement, Gilberte dormait en paix dans son petit lit.

Avant l'aube, Antoinette se mit à délirer, elle parlait à Mme Mignot, implorait son pardon pour on ne sait quelle faute, disant je payerai, je payerai, retenez-le sur mes gages, pas ma faute. Pitelet s'en fut frapper à la porte de la propriétaire :

« Ma femme est malade. S'il vous plaît, pourriez-vous la garder un peu. Et la petite aussi. Juste le temps que j'aille appeler un médecin et demander une permission à mes chefs. »

Mme Lapiaz ne refusa point, mais elle se tint dans la cuisine, aussi loin que possible de sa locataire, pressant un mouchoir contre sa bouche et son nez.

Auguste courut à la caserne, expliqua son affaire à l'adjudant de semaine, qui remonta au sous-lieutenant, qui remonta au capitaine :

« Caporal Pitelet, répondit celui-ci, vous êtes mobilisé au service de la France, non au service de votre femme. Mais, étant donné les circonstances, votre blessure, votre vaillante conduite au front, je vous autorise à prendre contact avec le major Duverney, et à vous absenter pour la journée. »

Le colonel-médecin Duverney, absent de la caserne, fut difficile à trouver parmi les nombreux hôpitaux militaires. Auguste finit par le dénicher au milieu des blessés et des mourants, dans l'odeur de l'éther et du formol. C'était un homme usé, que la guerre avait tiré de sa retraite, dérisoire dans ses bottes luisantes et sa vareuse à brandebourgs, la tête et la barbe chenues. Quand le caporal se présenta devant lui au garde-à-vous :

« Passez de ce côté ! » fit-il en le tirant vers sa gauche.

Et il approche de sa bouche la seule de ses deux oreilles qui entende encore, une main arrondie autour du pavillon. Le cœur du Thiernois se serre : de quelle aide peut lui être ce débris ? Mais en octobre 1917, les médecins civils sont fort rares à Grenoble et plus qu'occupés. Il décrit donc sa situation, la fièvre d'Antoinette, l'abandon où elle se trouve en compagnie de leur petite fille. Le major écoute tant qu'il peut, se fait répéter certains points :

« Est-ce qu'elle tousse ?

— Non.

— Pas encore. Il est bien à craindre que ce soit la grippe espagnole. Qu'en penses-tu ?

— Moi ? Je n'en pense rien du tout, mon colonel.

— Faisons comme si. Je viendrai la voir dans la journée... ce soir... quand j'aurai un moment. En attendant, qu'elle reste couchée. Je vais te donner de la quinine. Tu lui feras avaler trois comprimés dans un peu d'eau avant chaque repas... Je veux dire : à l'heure normale des repas. Attends-moi ici. »

Il disparaît. Pitelet reste seul en compagnie des éclopés. A tous il manque quelque chose : un pied, une jambe, une main, un bras. Certains ont la tête enveloppée de bandages. Ils ont l'air résignés ou satisfaits : au prix d'un peu de chair, ils ont échappé à la tuerie, tout ce qu'ils demandent à présent c'est d'échapper à la grippe espagnole. Mais à plus d'un la grâce sera refusée. Après quatre années de miracle perpétuel, épargnés par la mort militaire, beaucoup succomberont à un microbe civil, ce qui est vraiment le comble de la poisse. Ils observent de leurs deux yeux, ou d'un seul œil, sans sympathie, ce caporal entier qui se tient là devant eux allongés, et qui, à son âge, devrait se trouver sur le front. Son pansement est invisible sous la vareuse. Quelques-uns grommellent : embusqué.

Le colonel Duverney revient porteur d'une petite boîte de carton qu'il remet à Auguste, trois par jour, répète-t-il. Et il l'éloigne d'un mouvement des doigts comme on chasse une mouche.

Pitelet court jusqu'à la maison des Lapiaz, elle ne tousse pas, se dit-il, elle ne tousse pas, elle ne tousse pas, ce n'est donc pas la grippe espagnole, ce major est un âne, elle va guérir. Mais avant même d'atteindre le premier étage, il entend à travers la porte Antoinette tousser. Dans la cuisine, Mme Lapiaz est assise près de la petite qui essaye d'avaler une soupe jaune. Et chaque fois que la malade tousse, l'enfant tousse aussi, en écho, malgré les injonctions de la propriétaire.

« Heum ! Heum ! fait la première.

— Heum ! heum ! fait la seconde.

— Tais-toi donc ! fait Mme Lapiaz. Tu n'as pas honte de te moquer de ta pauvre maman ? »

Elle ne se moque pas. Elle essaye de prendre une part de la maladie, elle n'a pas l'intention de laisser sa mère souffrir seule de la grippe espagnole, on a dans la famille l'habitude de tout partager. Auguste s'efforce de sourire, de réduire la gravité du mal :

« Eh bien ! dit-il, enjoué. Te voilà un bon rhume ! Le major m'a donné pour toi des cachets, il faut en prendre tout de suite. »

Il se penche sur sa femme, l'embrasse d'abord sur le front.

« Non ! Non ! Tu vas attraper mon rhume ! »

Que lui importe ? Lui aussi veut partager. Et mourir si Antoinette meurt. Mais on n'en est pas là : il la défendra pied à pied.

« Puisque vous êtes revenu, fait Mme Lapiaz, je m'en vais. Gilberte a fini ses gaudes.

— Allez, vous avez raison. Grand merci. »

Elle sort, le mouchoir toujours sur sa bouche. Il verse un peu d'eau dans un verre, comme a prescrit le colonel, le comprimé se délite, ses parcelles se déposent comme un sédiment, il remue le liquide avec une petite cuiller, un moment les parcelles ont l'air de flocons de neige secoués par la tourmente, puis de nouveau ils tombent.

« Tiens, dit-il. Essaye de bien avaler le fond. »

Elle s'accoude, les cheveux collés aux tempes. Ses dents jouent des castagnettes contre le verre. Quand elle en a bu la moitié, au prix d'un gros effort :

« Laisse-moi me reposer un peu », implore-t-elle.

Elle retombe, haletante. La toux revient.

« Vite ! Vite ! crie Toinette. La cuvette ! »

Il se précipite, n'a que le temps d'approcher la cuvette d'émail.

« Huêêê ! Huêêê ! » fait Gilberte pour prendre sa part.

Auguste contemple avec désolation la quinine ressortie, parmi les vomissures vertes. Comment guérir Antoinette si elle ne retient pas les médicaments ? Et voilà qu'elle tousse, qu'elle tousse. Il n'aurait pas dû la faire venir en cette terre étrangère et sans secours. La seule chose qui leur reste à faire désormais est de se tenir très près l'un de l'autre. Le même corbillard emportera leurs trois cercueils. Ils partageront les mêmes *De Profundis*, la même eau bénite, le même trou.

Alors, il s'assied près du lit de la malade et prend la fillette sur ses genoux.

« Raconte-moi, demande-t-elle, l'histoire du Gros Tute.

— Il y avait une fois près de Vertolaye [1] en Auvergne...

— Où c'est, Vertolaye ?

— Entre Courpière et Ambert. Donc, à Vertolaye se trouvait un étang au bord duquel vivaient des *tutes*. C'est-à-dire des crapauds. On les appelle comme ça chez nous à cause qu'ils chantent en faisant *tute, tute, tute*. Et ceux-là chantaient tous les soirs, au clair de lune. Les gens de la campagne les entendaient de leurs lits, et ils étaient heureux parce que ces petites chansons les faisaient dormir, *tute, tute, tute*. Mais dans Vertolaye il y avait aussi un pauvre homme qui ne faisait de mal à personne, sauf qu'il effrayait les enfants parce qu'il avait un gros ventre et un tas de boutons sur les mains et la figure. Si bien qu'on l'appelait aussi le Gros Tute. Un nom qui lui allait bien, pour sa ressemblance avec le crapaud. Les habitants de Vertolaye, qui sont très méchants, se moquaient donc de lui, et les gamins lui jouaient des niches, lui chantaient des chansons, lui remplissaient les poches de gravier, lui lançaient des bâtons dans les jambes pour qu'il trébuche, et tombe, et roule sur les pentes à la façon d'un tonneau. Les uns et les autres lui faisaient ainsi toutes sortes de misères.

— Et alors ? »

Ici, Auguste atténuait la cruauté de la fable. Il ne racontait pas comment deux de ces habitants avaient un jour trouvé le Gros Tute endormi sur un matelas d'herbes sèches ; comment, histoire de rire un bon coup de sa frayeur et de ses grimaces, ils avaient allumé les herbes avec leur briquet ; comment le pauvre Tute avait éclaté au milieu des flammes ainsi qu'une châtaigne. Il se contentait de dire :

« Alors, fatigué de tant de misères, le Gros Tute est parti un matin de Vertolaye.

— Pour aller où ?

— On ne l'a pas su. Dans un pays, sans doute, où tout le monde est gentil. Des pays comme ça, c'est rare, mais il y en a quelques-uns. Il est donc parti, et on ne l'a plus revu.

---

1. Se prononce *Vertolaille*.

— Plus jamais ?

— Plus jamais. Et depuis, sais-tu ce qui s'est passé à Vertolaye ? Il s'est passé que les tutes de l'étang, les petits tutes qui avaient coutume de chanter de tout leur corps au clair de lune, ont perdu la voix. Les gens de la campagne gardaient la nuit les yeux et les oreilles grands ouverts pour essayer d'en entendre un seul. Et ils n'entendaient plus les tutes chanter. Voilà comment, eux, les habitants de Vertolaye, ont perdu le sommeil. C'est pourquoi on dit chez nous quand quelqu'un ne dort pas :

Ol i mo le monde de Vertolalho
que le jou viro e lo nèu bodalho.

Il est comme les gens de Vertolaye qui le jour tournent et la nuit bâillent. »

Ainsi, tandis qu'ils étaient dévorés par le microbe espagnol et se trouvaient sans doute à quelques heures de leur triple fin, se consolèrent-ils en évoquant le sort malheureux du Gros Tute. Auguste décida qu'il ne retournerait pas à la caserne, même s'il devait finir attaché au poteau d'exécution.

Chaque fois qu'il essayait de faire absorber un peu de quinine à sa femme, elle la vomissait dans la cuvette d'émail.

Le colonel vint en fin de journée, il chaussa ses lorgnons, s'enfonça le bout d'un entonnoir dans l'oreille gauche, celle qui entendait, examina la malade, lui frappa sur les genoux avec la tranche de la main, lui retourna les paupières. Puis il voulut ausculter Gilberte qui dormait profondément, trop profondément dans son petit lit de fer, il fallut la secouer. Alors, il saisit ses cheveux blancs et se mit à jurer comme un Turc, Dieu de Dieu, oh ! nom de Dieu de nom de Dieu ! Auguste assistait, tremblant et silencieux, à ce spectacle.

A la fin :

« Vous ne pouvez pas rester ensemble, décrète le major. Je vais chercher une place dans un hôpital pour la mère. La petite aussi, je dois te l'enlever, pour son bien. Pardonne-moi. Tu n'as pas le droit de la garder, tu ne peux rien pour elle. Toi, pour le moment, tu ne sembles pas atteint. »

Il disparaît, le laissant seul face à ses deux malades. Toinette gémit et se débat, il doit lutter pour la maintenir sous les couvertures. La fillette est retombée dans son inquiétante torpeur, ses joues brûlent comme le feu.

Des heures durant, Pitelet va de l'une à l'autre.

Parfois, il tombe agenouillé, se meurtrit à plaisir les rotules, se cogne la tête au plancher pour se punir des fautes qu'il a pu commettre, appelle à son secours la Bonne Vierge, dans les termes mêmes qu'employait sa pieuse grand-mère Hortense :

« Bono Vierjo, juda me ! Vou nen prège, juda me ! »

Et il traduit pour le cas où elle entendrait mal son parler coutelier :

« Aidez-moi, je vous en prie ! »

Il évoque aussi sa mère Clotilde et son père Jacques. De leur vivant, ils ne croyaient guère en Dieu ni en l'Église ; mais ils ont vécu si durement, tant souffert pour mourir et se sont aimés si fort que leurs âmes immortelles ne peuvent résider bien loin du séjour des justes :

« Aidez-moi, je vous en prie ! Gardez-moi ma femme et ma fille ! »

Il fouille dans sa mémoire, s'adresse à toute sa parenté défunte, à ceux qui l'ont connu ou seulement préparé : à son grand-père Gonin, contrebandier en allumettes ; au grand-père Tchoucossa, Ventre Jaune, égorgé par un éclat de meule ; à l'oncle Émile, dit Pitelet le Gros, mort prématurément dans son automobile de plusieurs coups d'aiguillon ; aux Zapatez et aux Mignot ; à ses copains tombés près de lui en Champagne et en Lorraine. Son front cogne furieusement aux lames du plancher : il n'est pas possible que ces âmes disparues restent sourdes. Il imagine leur congrès, leurs démarches auprès de Qui-de-Droit. S'il n'obtient rien de leur intervention, c'est que rien n'existe, ni Père, ni Fils, ni Saint-Esprit. *Demandez et l'on vous donnera*. Moi, Seigneur, je Vous demande de me garder Toinette et Gilberte. Prenez ma vie à la place si ça Vous arrange. Il met le Sauveur au défi : Tu tiens Tes promesses, ou je Te rejette au néant !

Et ainsi toute la nuit.

A l'aube, du tapage dans l'escalier. On frappe. On entre : deux infirmiers militaires, avec un brassard à croix rouge. Ils exhibent un papier tamponné :

« On vient chercher une femme atteinte de grippe espagnole.

— Pour l'emmener où ?

— A l'hosto de la Tronche. Tu pourras aller lui rendre visite aux heures réglementaires.

— Je vais vous aider.

— Non, laisse-nous faire : on a l'habitude. »

Ils introduisent un brancard, puis marchent vers le lit, découvrent la malade, l'enroulent dans leurs couvertures de drap bureau, la déposent sur la civière, crachent dans leurs mains, disent salut, et l'emportent un peu titubants, l'un à la tête, l'autre aux pieds. Auguste reste pétrifié, stupéfait de l'enlèvement. On les entend se parler dans leur manœuvre, attention au tournant, lève plus haut, faut pas qu'elle glisse. Par la fenêtre, il les voit enfourner leur chargement sous la capote du fourgon, et fouette cocher ! Alors, il se jette sur le lit vide, chaud encore de la forme et de l'odeur bien-aimées, et y sanglote comme un perdu.

Deux heures plus tard, on frappe de nouveau. Cette fois, il s'agit d'une religieuse en grande cornette, sœur Madeleine-Marie, elle marche avec un bruit d'osselets et d'étoffes froissées. Elle trouve Auguste en larmes, lui pose une main sur l'épaule :

« Allons donc ! Qu'est-ce que c'est que ce soldat du Christ ? On vous la rendra votre femme, soyez tranquille ! Si Dieu veut. D'où êtes-vous ? »

Son langage roule les *r* comme un torrent ses cailloux, elle prononce *le Que-rrist, te-rranquille*. Lui, c'est à peine s'il a la force de répondre. Quand elle le sait auvergnat :

« Moi, dit-elle, je suis pe-rresque auvergnate aussi : de l'Aveyron. Espalion, sur le Lot. Vous connaissez ?

— Non. Jamais sorti de chez moi. Sauf pour... »

Il désigne son uniforme.

« Eh bien ! cher compate-rriote, vous devez à perrésent me confier votre fillette. Comment s'appelle-t-elle ?

— Gilberte.

— Je l'emmène dans notre maison de Saint-Vincent-de-Paul, et vous vien-de-rrez la repe-rrendre sitôt qu'elle sera guérie. D'accord ? »

La pièce était petite et blanche, meublée de deux lits voisins, d'égale dimension, d'une table, d'une seule chaise. Au mur, un crucifix-bénitier en porcelaine. Une fenêtre sans rideaux où passaient le ciel et les nuages. Mais autour la maison était pleine de chuchotis, de claquements de semelles ; de temps en temps une cloche aiguë carillonnait, et à d'autres moments un chœur d'anges chantait des cantiques. Quand la porte s'ouvrait, des senteurs de camphre et de cire en profitaient pour s'insinuer.

Gilberte jouait à ne pas penser, elle regardait la page blanche du plafond et faisait le même vide en elle. Elle promenait la paume de ses mains contre le drap rude, passait de longues heures à écouter les bruits de son corps, ses quintes de toux, ses raclements de gorge, sa respiration, ce marteau intérieur qui cognait sourdement, tantôt calme et tantôt pressé.

Vingt fois par jour, sœur Madeleine-Marie entrait en coup de vent pour dire : ça va ?, pour l'embrasser sur le front, la border, lui apporter une tisane, une compote, une tasse de lait, un verre de médecine. Gilberte voyait l'énorme cocotte en papier de sa cornette voleter dans la cellule. Elle la distinguait mieux le matin que le soir, car en fin de journée son sang fiévreux lui troublait la vue, les choses s'enveloppaient de flammes, la cornette devenait une affreuse chauve-souris. « Non ! Non ! » criait Gilberte. Une main fraîche se posait sur ses paupières pour la protéger de tout cauchemar.

Des semaines il en fut ainsi. De loin en loin, elle recevait la visite d'un homme bleu qu'elle voyait par-dessous et ne reconnaissait pas, il lui baisait les mains en pleurant, marmonnait, se mouchait, s'essuyait les yeux, puis disparaissait en silence.

Elle n'éprouvait ni besoin, ni peine, ni plaisir, n'avait mémoire de rien. Elle comprenait cependant les paroles de sœur Madeleine-Marie, obéissait sans résistance à ses commandements : bois, avale, tourne-toi, assieds-toi, dors, dis protégez-moi-mon-Dieu. Cette personne était une grande voyageuse, sans cesse elle partait et revenait, disant :

« Je vais à Vêpres... Je vais à Complies... Je vais à Matines... »

Vêpres, Complies, Matines : des pays peu éloignés, car son absence ne durait guère. La nuit tombée, elle regagnait la cellule sans cornette, en simple béguin de laine, se déshabillait dans l'obscurité, avec de longs froufrous de jupons invisibles. Le matin, elle se levait et les remettait de même, avant le jour. Elle repartait coiffée de son béguin, car elle avait besoin d'une de ses sœurs pour installer là-dessus le corps, les ailes, les épingles de sa cocotte compliquée.

Un jour, l'homme bleu s'abat sur le lit de Gilberte, pleurant si fort, avec de tels gémissements qu'elle crie d'épouvante. Sœur Madeleine-Marie l'oblige à s'éloigner, à s'asseoir sur la chaise unique, et juste à ce moment la cloche de la chapelle se met à carillonner, comme pour couvrir ses sanglots. Il amplifie ses lamentations, tandis que la religieuse élève de même le ton pour essayer de l'apaiser, disant *elle* est au Paradis, *elle* a fini de souffrir, *elle* est à présent plus heureuse que nous, ne désespérez pas de la miséricorde divine, reprenez courage pour élever votre enfant. Un peu plus tard, elle lui apporte un verre :

« Buvez, c'est de l'alcool de menthe, cela vous fera du bien. »

Il fait de son mieux pour noyer son chagrin dans l'alcool de menthe.

Après le départ de l'homme bleu, la fillette interroge :

« Qui est au Caradis ?

— Ta maman.

— Elle est morte ?

— Elle vit auprès du petit Jésus.

— Quand est-ce qu'elle revient ?

— Jamais. On est tellement heureux au Paradis que personne n'a l'idée d'en revenir. Mais sois tranquille : elle ne t'oublie point. De là-haut, elle prie pour toi et pour ton papa. »

Gilberte s'aperçoit que ces temps derniers elle n'a guère songé à sa maman. Elle la revoit montant à Vollore par le raccourci, les bras chargés de fleurs et de son panier noir à deux anses ; elle n'est encore qu'un point mobile, mais Gilberte la reconnaît, son cœur bondit, elle dégringole le sentier comme la chèvre qu'une mouche pique. Si bien qu'une fois elle a trébuché, plongé dans les pierres. Il a fallu la ramasser sanglante, la transporter chez le Dr Renaud qui l'a raccommodée comme une chaussette, avec son aiguille. L'os du front en garde un léger enfoncement que plus tard elle se plaira à toucher de l'index, preuve palpable de son amour.

Mais voici que la religieuse lui apprend tout de go qu'Antoinette s'est installée au Caradis sans demander permission à personne, sans prononcer au-revoir-ménagez-vous, sans même avoir l'excuse d'être morte. Elle en éprouve une indignation à ne pas dire. Elle boude ses souvenirs, elle éloigne de toutes ses forces l'image de sa mère : elle pense à grand-mère Mélanie et à son cochon, à tante Mélite, au parrain forgeron qui, lorsque quelqu'un le met en colère, se venge sur son soufflet, tire la chaîne si fort et si brusque que la baraque en tremble, grommelant après celui qui le contrarie une atroce malédiction :

« *Le fiardedjèu te brulhe !* »

Il lui faudra des années pour découvrir que ce terrible *fiardedjèu* est le feu de Dieu qui doit brûler tôt ou tard les impies, les malhonnêtes, les importuns, les fainéants.

On lui révèle qu'elle a été gravement malade, que les médecins la donnaient pour perdue, que le petit Jésus l'a sauvée malgré eux. Elle se nourrit maintenant de bonnes soupes, de riz aux pruneaux, de purée, d'œufs mollets. Puis de viande grillée, de poisson, d'herbes fines. Et un matin :

« Grande nouvelle ! Aujourd'hui, tu vas te lever ! »

On l'oblige à sortir du lit, à poser les pieds sur le plancher froid. Mais quand elle veut tenter les premiers pas, ses jambes plient, elle s'affaisse.

« Hélà ! Hélà ! proteste sœur Madeleine-Marie. En voilà une paresseuse ! Veux-tu bien faire un effort ! »

Oh ! elle veut bien ! Mais on doit se rendre à l'évidence : elle ne sait plus marcher. Au moyen d'une sangle, on la soutient aux aisselles, elle titube, s'emmêle les pieds. Quelquefois, on la laisse debout, les bras écartés, prise de vertige comme au bord d'un précipice. Enfin, après de longues peines, elle réussit presque seule son premier pas, puis son second ; puis elle traverse la cellule. On abandonne les lisières.

Elle descend l'escalier, accrochée aux barreaux de la rampe, le grand jour l'éblouit, elle tombe encore, sur le gravier du jardin. On la relève, de nouveau il faut la soutenir. Elle s'assied sur un banc de pierre, autour d'elle les montagnes font cercle et la regardent, soucieuses ; elle les avait oubliées. Douceur d'un rayon de soleil sur ses paupières et sur ses mains. Odeur sucrée des confitures qui mijotent dans les cuisines. Grelottement mouillé d'une fontaine. Des sœurs en sabots et tabliers bleus poussent la brouette, ratissent, piochent, gaulent les noix. Gestes qu'elle connaît bien, qu'elle a fréquentés à Vollore-Ville, il n'y manque que le cochon Charlemagne. Pour la première fois depuis longtemps, elle trouve plaisir à vivre.

Elle avait reconnu son père difficilement, mais elle reconnut sans peine tante Mélite à son grand chapeau couronné de feuilles et de cerises artificielles. Quand elle l'eut embrassée :

« Je viens te chercher, annonça-t-elle. Je te ramène à Vollore pour que tu finisses de guérir. Là-bas, ce sera bientôt fait, avec le lait de nos chèvres. La guerre est finie, et dans peu de temps ton papa aussi rentrera. »

La guerre ? Quelle guerre ?

« Et nous serons de nouveau tous ensemble. Sauf... »

Elle ne précisa pas, mais se mordit la lèvre et se mit à pleurer. Gilberte comprit alors que Toinette, sa mère, était réellement morte.

« Crois-tu qu'elle ressuscitera ? demanda-t-elle.

— De qui parles-tu ? fit Marguerite effrayée.

— De ma maman.

— Oui... un jour... elle ressuscitera... dans très longtemps... »

Quoique officiellement terminée, la guerre n'en finissait pas de tuer du monde. Les pires malchanceux. Des blessés, des grippés mouraient encore dans les hôpitaux. Un convoi de troupes dérailla en traversant les Alpes, beaucoup de Thiernois y périrent. Le 15 novembre, le seul aviateur de la région qui eût fait parler de lui, Georges Treille de Grandsaigne, perdit la vie en essayant chez Voisin un nouvel appareil. A Courpière, un certain Bouchardy, permissionnaire de la dernière heure, avait rapporté deux grenades avec l'intention d'en obtenir des pêches miraculeuses ; et voici qu'un matin, lui qui avait si souvent manipulé des grenades contre les hommes, s'y prend si maladroitement contre les poissons que l'une d'elles lui explose entre les mains et le déchire.

Mais en dépit de ces bavures, l'année se termina aussi joyeusement que possible : fanfares, illuminations, feux d'artifice, *Te Deum*. Ainsi, le dimanche 1er décembre, la musique d'un régiment italien stationné aux Gravanches, près de Clermont, débarqua en gare de Thiers où elle fut reçue comme il convenait à nos valeureux alliés. En compagnie de sociétés locales, les Italiens se rendirent d'abord au cimetière des Limandons pour y fleurir les tombes des soldats décédés dans les hôpitaux de la ville. A l'heure de la messe, Saint-Genès eut de la peine à recevoir tous les invités : Conseil municipal, dames de la Croix-Rouge, Conseil de la Caisse d'épargne, Chambre patronale de la coutellerie, syndicats ouvriers, militaires convalescents. Dans son homélie, le célébrant remercia les autorités du Ciel et de la terre qui avaient conduit à la victoire la France et ses alliés :

« Nous sommes les premiers à acclamer l'indomptable énergie de l'homme d'État qui n'a pas désespéré un seul instant du salut de notre pays, et à qui l'Histoire impartiale décernera le glorieux surnom d'organisateur de la Victoire ! »

Les syndicalistes présents ne frémirent point ; ils avaient oublié les surnoms moins glorieux que la C.G.T. lui décernait dix ans plus tôt : Clemenceau le Tueur, le Premier flic de France. Le prêtre avait oublié son radicalisme et son anticléricalisme. Le bleu horizon était dans tous les cœurs.

La journée s'acheva par un grand concert héroïque au kiosque de la place Duchasseint. A 19 heures, les Italiens reprirent leur train, criant *Evviva la Francia* !

1919

Il y avait dans la famille Zapatez (dont les Vollorois prononçaient le nom *Sapaté*) une sombre histoire de bijoux détournés : au décès d'une certaine aïeule Buisson, un collier de perles avait disparu. Les cohéritiers accusaient tante Jeanne (sœur de Mélanie Zapatez, née Buisson) de se l'être approprié contre toute justice. Cette Jeanne Buisson, demeurée célibataire, était encore à cinquante ans passés coquette comme il n'est pas permis ; elle passait chaque matin des heures à sa toilette, et ne sortait jamais que fardée, parfumée, étroitement corsetée ; elle dissimulait les flétrissures de son cou de cygne sous un tour de cou en crêpe vert, et celles de son visage sous une voilette ; l'on eût dit une image de mode. Sa seule excuse était qu'elle vivait de la mode, précisément, exerçant le métier de couturière et fréquentant les catalogues. Toutefois, jamais personne ne lui avait vu porter le fameux collier de perles. Justement ! C'était la preuve qu'elle le dissimulait !

De loin en loin, il lui arrivait de se mettre en grand équipage et de partir pour Vichy, au plus chaud de la saison thermo-minérale. Pour atteindre la gare de Thiers, elle montait d'abord un lundi dans le break de Mme Gardette, tiré par la Souris, une jument grise connue de tout Vollore, et conduit par le père Mane, facteur en retraite qui remplaçait son gendre mobilisé. La voiture transportait principalement les sacs des monteurs de couteaux qu'elle ramassait tout le long de la route, à l'abri sous de petites niches ; mais elle acceptait aussi les voyageurs occasionnels. Qu'allait faire Mlle Buisson, ainsi seule, dans un Vichy plein de millionnaires basanés, au visage criblé de petite vérole, colons, gouverneurs, généraux, nababs, pachas, sultans, beys, glaouis, caïds de toute espèce, venus soigner leurs foies et perdre sur les tapis verts une partie de leurs revenus ? A quelles débauches, à quelles ruineuses fantaisies s'y adonnait-elle ? Nul ne le sut jamais. Elle demeurait une semaine absente, puis revenait le lundi suivant, aussi mystérieuse. Si sa sœur Mélanie osait au retour lui poser une vague question :

« Cela s'est bien passé... là-bas ?

— On ne peut mieux ! » répondait-elle, sèchement.

Personne n'était d'ailleurs certain de sa destination : Vichy, sans doute ; mais peut-être Lyon ; et pourquoi pas... Paris ?

Or, avant de prendre place dans le break, tante Jeanne ne manquait jamais d'apporter chez les Zapatez une certaine boîte à biscuits entourée d'une ganse fortement nouée.

« Dans ce coffret, j'ai réuni ce que j'ai de plus précieux. Comme je ne veux absolument pas l'abandonner chez moi, est-ce que je peux vous le confier ?

— Naturellement. Nous en aurons grand soin.

— Je vous en remercie de tout cœur. Mais attention ! Je ne veux pas qu'on l'ouvre !

— Pour qui nous prends-tu ? répliquait Mélanie en levant au plafond des yeux indignés.

— C'est promis ?

— Porte-le à d'autres, si tu n'as pas confiance !

— Si, si, j'ai confiance, pauvre sœur. »

Là-dessus, elle embrassait tout le monde à travers sa voilette et s'en allait place de l'église prendre le courrier de Thiers.

La chose trônait au centre de la table, cernée par les regards de toute la famille. La petite Gilberte n'en perdait point sa part. Même aux murs le portrait de don Zapatez y Alcoral, trisaïeul carliste du charron, et celui de don Carlos, Maria de los Dolores, Juan, Isidro, José, Francisco, Quirino, Antonio, Miguel, Gabriel de Bourbon, *alias* Carlos VII, considéraient passionnément la boîte à biscuits.

« Je suis sûre et certaine, rageait grand-mère Mélanie, que le collier de perles se trouve là-dedans !

— C'est possible, répondait placidement le charron, en tirant sur sa pipe.

— Sans parler de bien d'autres choses ! Dieu sait quoi !

— C'est son métier de tout savoir.

— Elle nous confie son trésor uniquement pour se moquer de nous !

— Et pour nous éprouver. Pour voir si nous résisterons à la

tentation de l'ouvrir. Elle a probablement tendu un cheveu collé à la cire entre la boîte et le couvercle. Elle se rendra compte tout de suite s'il a été violé ou non.

— Elle en est bien capable ! Oh ! la gredine ! »

Elle avançait les mains, Gilberte l'encourageait, oui, oui, ouvre-le. Mais Gilbert s'interposait :

« Tu as promis ! Ce serait un péché mortel !

— Je veux seulement le soupeser, le secouer un peu. Pour essayer de deviner. »

Il haussait les épaules. Vollore l'appelait Gilbert le Juste et l'employait souvent pour régler les litiges à l'amiable, il n'en coûtait rien à personne et ses décrets étaient obéis plus fidèlement que ceux du tribunal. Sa femme secouait donc le coffret : cela produisait des bruits variés, sourds ou clairs, veloutés ou métalliques.

« Je l'entends ! s'écriait-elle. C'est lui ! C'est le collier de ma grand-mère Buisson ! »

Et Gilbert le Juste : « C'est peut-être quelque chapelet.

— Elle n'est pas si pieuse ! »

Au terme de ces tripotages et supputations, l'objet trouvait sa place définitive sur le buffet, devant la série descendante et ripolinée du chocolat Poulain : *Farine, Sel, Cacao, Café, Chicorée, Poivre.*

La journée s'achevait, après la soupe et le fromage, par la longue prière en commun. Chacun, chacune s'agenouillait sur le plancher de gros bois, à l'exception du chef de famille qui disposait d'un prie-Dieu. C'était une représentation en quatre actes parfaitement réglée. *Acte I* : Gilbert Zapatez récitait seul, du haut de son piédestal, la première moitié de chaque oraison, et les autres en marmonnaient ensemble la seconde : *Notre Père, Je vous salue, Je crois en Dieu. Acte II* : le relais passait à Mélite qui lisait dans son paroissien les litanies de la Sainte Vierge, *Miroir de justice, Arche d'alliance, Rose mystique, Porte du ciel, Vase d'élection* ; à quoi le chœur répondait *Priez pour nous* ; excepté Gilberte qui, sans rien comprendre à cette vaisselle et ce mobilier, répondait *Criez pour nous. Acte III* : grand-mère Mélanie intervenait :

« Examinons devant Dieu en quoi nous l'avons offensé aujourd'hui, par pensées, par paroles, par actions, par omissions ! »

Au cours du silence qui suivait, les priants étaient censés curer leur conscience des péchés qui la souillaient, comme on cure un fossé. Gilberte en profitait pour observer en dessous les visages recueillis, les poils crochus qui sortaient du nez de son grand-père ; la nuque de sa grand-mère, maigre et creuse, en forme de poulie ; les longs cils de Marguerite posés sur ses joues. L'examen de conscience aboutissait naturellement à l'acte de contrition : *Mon Dieu j'ai un très grand regret.* A l'*acte IV*, Gilberte et le chœur se partageaient le *De profundis* débité comme le reste en tranches successives. Enfin, sur un ultime signe de croix, le rideau tombait. Ouf ! Les acteurs se relevaient, se frottaient les genoux et se dirigeaient vers leurs couches respectives, souhaitant aux autres la bonne nuit. Gilberte partageait le lit-placard de sa grand-mère ; dans ces circonstances, Mélanie Zapatez perdait le sommeil et la paix du cœur, elle passait les heures nocturnes à soupirer, à se retourner sur la paillasse de feuilles.

Le lendemain matin, dès que le charron était retourné à sa forge, elle empoignait la maudite boîte de biscuits et la replaçait au centre de la table :

« Cette fois, avertissait-elle don Carlos, je l'ouvre ! »

Elle tournait un moment autour d'elle comme une buse autour de sa proie, cherchant le meilleur biais pour fondre dessus. L'enfant assistait à la scène, les yeux écarquillés, avide, et l'encourageant :

« Oui ! Oui ! Ouvre-la ! Ouvre-la ! »

Mais, plus puissant que son envie, elle sentait sur elle le regard absent de Gilbert le Juste. Elle se laissait tomber bientôt sur une chaise, la tête entre les mains, découragée.

La semaine d'après, tante Jeanne rentrait à Vollore, toute frétillante. Elle récupérait le coffret, vérifiait d'un coup d'œil la disposition de la ganse et des nœuds, remerciait sa pauvre sœur. Grand-mère Mélanie mourut sans avoir éclairci l'affaire du collier.

La paix n'est pas la démobilisation : en avril, les combattants valides se trouvent toujours sous les drapeaux. Le gouvernement a encore besoin d'eux pour occuper une partie du sol allemand ; il les envoie faire le coup de feu à Odessa et en Pologne contre les bolcheviques ; ne pas les démobiliser est enfin une manière de lutter contre le chômage qui a suivi l'armistice : les usines d'armements ne tournent plus et les fabrications de paix ont de la peine à redémarrer.

Les femmes esseulées se consolent avec ce qu'elles ont sous la main : territoriaux, convalescents, Américains. Ces derniers arrivent de Clermont dans leurs side-cars, les jeunes Thiernoises ont à cœur de manifester la gratitude de la France à ses vaillants alliés. Ils distribuent autour d'eux une étrange friandise, pratiquement inusable : le *sin-sin-gomme*. Un mélange de caoutchouc et de menthe. La mode s'en est répandue, les pharmaciens le débitent, les médecins le recommandent, *le sin-sin-gomme étanche la soif, évite l'essoufflement, raffermit les nerfs*.

Tout ce qui vient des États-Unis fait d'ailleurs florès. Les Sammies rembarquent peu à peu, mais ils bazardent la majeure partie de leurs équipements aux populations françaises démunies : chaussures, imperméables, chemises, caleçons, conserves de singe, viande de sanglier fumée, sucre en poudre. Des camions à bandages *Peerless* ou *Liberty* ferraillent par la ville de toutes leurs chaînes glorieuses. Des soldats américains fréquentent aussi bals et guinguettes. Ils sortent de leurs poches des flacons de *whisky* auxquels ils s'abreuvent et en font profiter leurs amis français. Une liqueur qui a un terrible goût de traverse de chemin de fer. Quand ils sont bien échauffés, ils s'emparent des clarinettes, ils frappent dans leurs mains, lancent au ciel les bras et les jambes, secouent le derrière. Chez eux, la danse se dit *cake-walk*. Au petit matin, certaines filles imprudentes qui ont goûté à leur liqueur de feu se réveillent en des lieux inattendus. L'une d'elles s'est découvert sur le ventre un dessin à l'encre en forme de serpent, avec le mot : *Souvenir*.

Oui, on s'en souviendra des Américains, de leurs rires aussi étoilés que leurs drapeaux, de leurs peaux roses, de leur caquevalque, de leur sin-sin-gomme.

Les morts ne sont pas oubliés non plus. Chaque père ou mère d'un soldat tombé au champ d'honneur reçoit un diplôme de 34 cm sur 52, du plus bel effet une fois encadré : illustré par *la Marseillaise* de Rude, terminé par la signature du président de la République, *R. Poincaré*. En *fac-similé* naturellement, on ne va pas lui demander d'en signer un million quatre cent mille exemplaires : à raison de cinq secondes par signature, il lui faudrait six mois entiers en travaillant douze heures par jour. Le diplôme est complété par un pécule de 1 000 francs, c'est-à-dire le *pretium doloris*. Une vache médiocre se vend 600 balles à la foire, ce qui fait qu'un homme mort pour la France équivaut à une vache et demie. Il se trouve une particulière du côté de Sermentizon pour refuser le pécule et écrire à M. Poincaré : *J'ai donné mon fils à la Patrie, je ne l'ai pas vendu, j'en aurais voulu plus cher que ça*. Dans les rouets, dans les ateliers, dans les métairies on hoche la tête, on admire le geste, on le trouve quand même idiot.

Charron, forgeron, menuisier, Gilbert le Juste connaissait à fond le travail du bois et le travail du fer. Avec une égale adresse, il construisait des chars, des tombereaux, des armoires, des tables, des lits ; il forgeait des bêches, des pioches, des socs, des lames de faux. A ses moments dérobés, il fabriquait des clous. Clous à vache et à cheval ; clous à sabots et à brodequins, avec des caboches rondes ou en pointe de diamant. Un à un découpés, chauffés, battus sur l'enclume au bout des pincettes. Aussi se rappelait-il chacun d'eux comme s'il l'avait signé. Même usé par le frottement.

Il arrivait à Gilberte de s'ennuyer, malgré les ressources de la ferme, de la basse-cour et de l'atelier. Elle en appelait à sa grand-mère :

« Grand-mère, je m'ennuie ! »

Mais quelles idées avait cette petite ? A la campagne, il n'est pas permis de s'ennuyer, on a trop de choses à faire, à voir, à attendre, les heures sont trop précieuses, la vie trop courte. S'ennuyer est une pure insulte au Créateur et à sa création. On voyait bien que c'était une enfant de la ville !

« Gratte-toi les doigts avec une pierre ! répliquait Mélanie.

— Je m'ennuie quand même.

— Alors, récite ton chapelet !

— Je l'ai déjà récité.

— Alors, bougine !

— Je sais pas bouginer.

— Tu ne sais pas bouginer ?

— Non.

— Alors, va chercher des clous sur les chemins. Tu les mettras dans cette boîte ! »

Elle tendait une boîte d'allumettes vide. Gilberte partait, suivait chaque rue de Vollore, s'écartait un peu hors du bourg. Elle faisait toujours une bonne récolte autour de la fontaine, là où venaient s'abreuver les animaux. Clous rouillés, clous brillants, clous tordus, clous usés. Cela prenait du temps et chassait l'ennui.

Au retour, elle posait la boîte sur la table. Le forgeron venait en trier le contenu ; il mettait de côté ceux qui pouvaient encore servir :

« Ces deux-là, affirmait-il, je les ai vendus au père Cornet. Et ces deux autres, à Mme Prugne. Et celui-là à Vachias, le maçon. Va les leur rapporter. Et ne te trompe pas ! »

Ainsi faisait-elle. Elle y gagnait un *grand-merci*, quelquefois un sucre, toujours une caresse sur la tête : on savait qu'elle était orpheline de mère, à cause de la grippe espagnole.

La guerre avait remué trop d'idées, suscité trop de révoltes pour que le 1er Mai passât inaperçu à Thiers, comme avant 14. Aussi, derrière le Dr Joseph Claussat et les élus syndicaux, quinze cents prolétaires défilèrent-ils ce jour-là depuis les Trois-Bancs jusqu'à la Bourse du Travail, criant « Vive la journée de huit heures ! » et « A bas l'impôt sur les salaires ! » Beaucoup d'ailleurs scandaient le deuxième mot d'ordre pour le simple principe, car ils se trouvaient en chômage et ne recevaient pas de salaire du tout, ce qui les mettait à l'abri de l'oppression fiscale.

Au passage, on conspua le sous-préfet et le maire, par convenance. Ensuite, du perron de la Bourse, le député socialiste harangua les travailleurs en des termes qui les surprirent :

« Vous avez raison, ouvriers de la coutellerie, du bâtiment, des transports, de réclamer la journée de huit heures et des salaires inaliénables. Que l'État fasse payer les riches et laisse en paix les pauvres bougres ! Mais la misère, camarades, n'habite pas seulement vos porte-monnaie, elle est aussi dans votre tête, sans que peut-être vous en ayez conscience. Combien d'années avez-vous fréquenté l'école ? Qui d'entre vous sait lire et écrire convenablement ? Dans vos revendications futures, demandez moins de peine et plus d'argent, d'accord. Mais songez aussi à demander des cours du soir où vous élargirez vos connaissances. Exigez des bibliothèques permanentes : vous y rencontrerez le savoir des meilleurs hommes passés et présents. La sagesse. La beauté. Et, tout compte fait, une forme de bonheur que vous ne soupçonnez pas : celui de l'esprit. Je ne serai pas toujours là pour vous le dire. Pensez à cela, camarades, qui est encore le privilège des riches : au bonheur de l'esprit... »

Les prolétaires thiernois qui entendirent ce discours eurent de la peine à en croire leurs oreilles. Voilà-t-il pas que Claussat voulait les renvoyer à l'école ? Qu'il évoquait le bonheur de leur esprit ? Eux considérèrent que, lorsqu'ils jouaient aux quilles sous les marronniers, ou pêchaient la truite dans la Durolle, ou mangeaient la friture à Pont-de-Dore, ou buvaient chopine chez Cotte ou chez Bonnemoy, ou caressaient leur bonne amie, leur esprit était parfaitement heureux. Qu'il ne demandait rien de plus, leur esprit. Ils eurent envie de répondre : « Joseph, tu parles comme un curé ! Occupe-toi du chômage, du couteau à cran d'arrêt, de nos exportations, de la concurrence de Solingen, de nos salaires, de nos huit heures. Et laisse en paix notre esprit : nous nous en chargeons. » Mais ils ne voulurent lui faire aucune peine, et gardèrent la réponse dans leur gosier. Ils applaudirent même poliment les propos du Rédempteur.

Quelques semaines plus tard, les ouvriers de la sidérurgie virent d'ailleurs satisfaite une de leurs revendications essentielles : la loi des trois *huit* (huit heures de travail, huit heures de loisirs, huit heures de sommeil, on se demande comment cette harmonieuse décomposition de la journée ne s'était pas imposée plus tôt aux gouvernements), applicable dès ce mois de mai. Par la même occasion, les patrons couteliers instaurèrent la « semaine anglaise », supprimant le repos du lundi, admettant celui du samedi après-midi et du dimanche.

Quant aux Ventres Jaunes, ils continuèrent à émoudre dans leurs rouets indépendants comme ils l'avaient toujours fait, selon leurs caprices et ceux de la Durolle. Mais les rouets électriques s'établissaient un peu partout, jusque dans les villages les plus éloignés de la rivière, même s'ils ne comportaient que deux ou trois meules. La *pissarote* en était alimentée par un simple bidon percé d'un trou. Ces rouets secs concurrençaient sévèrement les rouets mouillés, à cause de leur petit nombre de travailleurs, membres en général d'une même famille, père, mère, fils aîné. Il s'y buvait moins de pintes, s'y mangeait moins de saucisse et de boudin rôti à la saison des cochonnades. On n'y entendait ni flageolets, ni oiseaux chanteurs, ni éclats de rire, mais seulement le ronflement des meules et des polissoires. On y avait le souci du rendement. L'émouture devenait triste.

Auguste Pitelet n'avait point prévenu, personne ne l'attendait en gare de Thiers quand il sauta du train avec d'autres démobilisés. Il rapportait de Grenoble les deux sacs de cuir qu'Antoinette lui avait laissés en héritage, avec un manteau, un peu de linge, deux paires de souliers. Elle avait été ensevelie au cimetière Saint-Roch dans la chemise de chanvre de l'hôpital, il fallait faire simple à cause de l'épidémie, l'habilleur des morts s'était démis de ses fonctions. Les deux sacs étaient terriblement légers.

Il n'eut pas le courage d'affronter seul la maison vide de la rue Edgar-Quinet, et descendit rue des Barres, chez mémé Hortense. Elle ne l'entendit point entrer, car elle était devenue sourde. Il la trouva occupée à peler des pommes de terre cuites à l'eau et à se souffler sur les doigts. Quand elle le vit, elle lâcha tout et l'étreignit de ses bras maigres en pleurant contre les boutons à cor de chasse de sa vareuse bleue. Ils pleurèrent ensemble. Elle voulut tout savoir du martyre de la pauvre Antoinette. Il s'assit près d'elle et vida le sac de leurs douleurs, sans rien oublier. Elle l'interrompait de fréquentes exclamations :

« Oh ! Bonnes gens ! Oh ! Bonnes gens !... »

Puis, elle se mit les poings aux tempes et secoua la tête de désespoir :

« Je les verrai donc tous partir avant moi ! Même mes petits-enfants ! »

Quand ils eurent un peu repris haleine, elle demanda :

« Si tu pouvais me donner quelque chose de ta pauvre Toinette, en souvenir... »

Il ouvrit les deux valises, choisis toi-même. Elle prit un simple mouchoir, marqué à leurs deux initiales entrelacées, *PZ*, l'une s'accrochait à l'autre comme la vigne grimpe à un arbre, l'envahit de ses feuilles et de ses grappes. Elle baisa ce mouchoir et dit :

« Je le monte tout de suite dans mon armoire. »

Auguste la suivit au premier étage. Elle ouvrit les battants de merisier, plaça le linge au milieu d'autres reliques, des vêtements de son homme Pitelet Maurice, des chemises de Jacques, du chapeau d'Émile, ses deux fils disparus avant l'âge. Que de morts elle tenait ainsi sous clé dans son armoire !

Elle dit : « Tu vas manger avec moi. »

Et lui : « J'ai pas grand appétit. »

Et elle : « Ça tombe bien : j'ai pas grand-chose. »

Ses pommes de terre, elle se préparait à les réduire en *patcha*. Le patcha est dans cette région la nourriture des plus démunis : on écrase les patates à peine pelées, chaudes encore ; certains même les laissent dans leur peau, pour faire plus d'abonde ; on les assaisonne avec une pincée de sel pilé et quelques gouttes de vinaigre ; on mange cette purée à la fourchette ou à la cuillère. Hortense, veuve sans revenus, *lessiveuse* sans pension — les bourgeoises dont elle avait blanchi le linge sale pendant un demi-siècle ne s'étaient guère souciées de lui en préparer une — vivait donc de patcha. Un de ses frères de Pont-Haut ne la laissait pas manquer de pommes de terre ; chaque fois qu'il descendait tourner ses lames, il lui rendait visite en compagnie d'un fromage ou d'un litre de lait. Elle protestait :

« A quoi penses-tu, pauvre frère ? J'ai besoin de rien.

— Si ça te fait trop, pauvre sœur, tu le donneras à l'hospice. »

Ils s'embrassaient sur leurs vieilles joues, éberlués d'être encore de ce monde, et valides, capables de rendre quelque service. Se demandant chaque fois qu'ils se revoyaient si c'était la dernière.

Elle avait aussi des lapins, trois ou quatre poules, les menus présents qu'elle recevait parfois de sa gendresse Julie, ou le paiement de ses travaux. A soixante-quinze ans, elle tricotait encore sans besicles, ses voisines lui apportaient des bas, des chaussettes à remonter : elle démaillait le pied ancien et le remplaçait par un pied neuf.

« Justement, dit-elle en riant à travers ses larmes, j'ai pas grand-chose à te donner. »

Mais elle trouva des œufs, un chèvreton, une bouteille de vin.

Devant le 15 de la rue Edgar-Quinet, il se rappela que Toinette avait aimé le cœur qui perçait la porte. Mais ce fut ensuite une autre affaire quand il dut entrer dans les pièces vides où chaque objet rappelait l'absente : les pantoufles qui gardaient encore le moulage de ses petits pieds, la glace un peu louche dans laquelle elle se regardait en se peignant, le calepin qui lui servait à inscrire ses comptes : *pain, 15 sous ; beurre, 25 sous ; côtelette, 12 sous ; allumettes, 2 sous*. Il ferma les yeux pour ne plus rien voir, marcha à tâtons, se cognant aux meubles. Dès qu'il le put, il s'enfuit.

En vêtements et chaussures civiles, il prit à pied la route de Vollore.

Clemenceau avait prophétisé : « Nous avons gagné la guerre. Nous avons maintenant à gagner la paix. Ce sera encore plus difficile. » De fait, les vainqueurs s'entendaient comme chiens et chats. Après sa capitulation, l'Allemagne reformait secrètement son armée, refusait de livrer Dantzig aux Polonais, refusait de reconnaître sa culpabilité dans le déclenchement de la guerre, refusait des réparations, refusait... Pouvait-on concevoir chose pareille ? Le plus fort est que, sur plus d'un point, le président Wilson, représentant des États-Unis, lui donnait raison.

En novembre, il y eut une autre sévère empoignade : les nouvelles élections législatives. Elles devaient se faire au scrutin de liste départemental et proportionnel. Le résultat premier fut la multiplication des candidats, on les vit sortir par douzaines, comme chanterelles sous l'orage. Joseph Claussat avait l'appui de *l'Ami du Peuple*, reparu en mai après cinq ans de silence ; de *la Montagne*, un quotidien que venait de fonder son ami et colistier Alexandre Varenne ; et plus modestement du *Journal de Thiers*. En revanche, *l'Avenir* et *le Petit Thiernois* le traitaient communément de surexcité, d'antipatriote, de bolchevique.

Le plus redoutable de ses adversaires — du moins dans la région thiernoise où l'on est toujours prêt à sacrifier père, mère et socialisme pour un éclat de rire — était un certain Jean-Baptiste Marrou, dit familièrement Baptistou, membre de la liste radicale et célèbre pour ses naïvetés. Prié un jour de haranguer la rosière de Montferrand, juste après son couronnement, il s'exclama :

« Vous êtes vierge, Mademoiselle. Du moins je le suppose. C'est là un magnifique exemple que vous donnez aux jeunes générations. Je vous en félicite, vous, votre famille et vos amis. Et par ce baiser qu'à présent je vous donne, je baise aussi tous les Montferrandais et toutes les Montferrandaises ! »

La plus grande gloire de son action de député-marchand de vin était ce quart de pinard supplémentaire qu'il avait réussi à faire servir aux poilus en septembre 1914 pour épuiser les stocks languedociens. Aussi se faisait-il accompagner dans ses réunions par un compère chargé d'intervenir au moment favorable, un doigt levé, fournissant la demande et la réponse :

« Et qui c'est donc qu'est intervenu pour que les poilus aient un quart de pinard en plus ?... C'est Baptistou !

— C'est Baptistou ! C'est Baptistou ! » scandait bientôt le public.

Quant à Joseph Claussat, il se contentait de proclamer sommairement :

« Mon bilan ? Il est fort simple. Depuis huit ans, j'ai fait du bien à tout le monde ! Je n'ai fait de mal à personne ! »

Il fut réélu.

En revanche, son ancien adversaire Étienne Guillemin-Betant se vit chassé de la mairie après quarante années de services presque ininterrompus : les Thiernois ne lui pardonnaient pas la journée du 30 juillet 18. Une complainte en fut composée, sur l'air de *Voulez-vous, mignonne* :

Si tu veux, Guillemin,
Savoir pourquoi demain
Clouvel prendra ta place
Et ton écharpe, tu n'as qu'à
Te souvenir du pain KK.

La famille Pitelet-Zapatez-Mignot a des idées sur l'avenir d'Auguste : on ne peut l'abandonner à sa meule et à sa solitude.

Le *cacheur* l'entretient longuement :

« Tu t'en souviens ? Je t'avais proposé de prendre ma suite. Les manches, ça ne t'intéresse pas, ça pue, ça colle aux doigts, d'accord. Moi-même, avec l'âge, j'en ai mangé mon content. Alors, il m'est venu un autre projet. J'ai un peu de capital, tu as la jeunesse et le courage. On s'arrange ensemble, toi et moi, on signe un papier. Et on monte une fabrique.

— Quel genre ?

— Ce qui en ce moment a le moins de concurrence : les rasoirs. Rasoirs évidés. Rasoirs sonnants. Avec ou sans décorations.

— Mais... je n'ai plus d'argent. A part mon pécule militaire. Et je vais pas m'associer à vous les mains vides.

— Tu en trouveras, si mon idée te plaît. »

Dieu sait si elle lui plaît ! D'abord, ne plus vivre rue Edgar-Quinet, dans ce local où le chagrin est sa seule occupation, sa seule nourriture. Ensuite, avoir du monde autour de lui. La petite fabrique thiernoise n'a besoin ni de personnel ni d'outillage considérables. On peut commencer avec une secrétaire-comptable, un magasinier, un graveur-doreur, un monteur, une finisseuse-empaqueteuse. En tout donc cinq employés. La division du travail est telle que presque tous les *rangs* de fabrication peuvent se faire hors de l'entreprise. L'usine d'estampage et de découpage livre les lames brutes (la guerre a fait disparaître la plupart des forgerons à l'ancienne, le marteau-pilon remplace l'enclume et le marteau). Après un bref séjour dans le magasin du fabricant X..., elles repartent pour l'atelier du marqueur-perceur-trempeur. Au sortir de l'huile, elles reviennent de nouveau chez X..., le temps d'être dressées au piquet une à une, puis s'en vont chez les émouleurs-polisseurs. Pendant ce temps, les façonneurs de manches livrent les châsses de buffle, d'ivoire ou de celluloïd. Lames et châsses se rencontrent, se plaisent et se marient. Il ne reste plus à la finisseuse qu'à les essuyer soigneusement et à les mettre en étuis.

Mais au départ de tout cela : un capital. Pitelet vida ses poches, racla ses fonds de tiroir, rassembla 2 500 francs. L'oncle Mignot avait dit j'en peux mettre 10 000 dans l'affaire. Auguste se trouvait loin du compte. A qui emprunter le complément ? L'emprunteur auvergnat ne s'adresse pas, en principe, à n'importe quel prêteur :

seulement à une personne de confiance. Il lui faut des garanties : celles du sang ou de l'amitié. Il ne va pas demander l'argent d'un étranger qui exigera un taux usuraire et lui fera, en cas de non-remboursement, rendre gorge à n'importe quel prix, chicanes, poursuites, saisie de ses biens. Si les circonstances le font tomber dans l'insolvabilité et qu'il doive se résoudre à ne rendre ni capital ni intérêt, le prêteur doit pouvoir s'y résigner, disant : « Ce pauvre Antoine n'a jamais eu de chance. D'autre part, il est venu me voir trois fois quand j'étais à l'hôpital, m'apportant du vin en cachette des sœurs. Passons l'éponge. » De son côté, Antoine ne manquera pas de se dire que l'oncle Ernest avec tout son argent fut une bien grande charogne, qu'il exploita son personnel, qu'il fit du tort à ses frères et sœurs, que tout pesé il n'est guère à plaindre. Comment penser des choses pareilles d'un prêteur inconnu ?

Auguste fit donc en esprit le tour de ses amis, de sa parenté et trouva une seule personne capable et digne de lui prêter 7 500 francs : sa tante Julie, veuve de Pitelet le Gros.

« Je suis contente de te revoir, dit-elle. Hé ! Tu n'as pas maigri ! Tu as même plutôt bonne mine. On voit que l'armée vous nourrissait mieux que nous, pauvres civils. »

Début prometteur. Elle lui présente tout de même ses condoléances. Cela lui remet en mémoire le souvenir du pauvre oncle Émile, mort si lamentablement sur la route de Lezoux dans une voiture Renault qu'il étrennait. Tout en se tamponnant les yeux, elle rappelle ces détails douloureux avec son accent méridional, lié dans l'esprit d'Auguste aux blagues marseillaises qu'on se raconte à la caserne. Comment croire à la profondeur d'un chagrin qui s'exprime dans le langage de Marius ?

Puis elle parle de sujets moins tristes, demande des nouvelles de Gilberte, en donne de ses enfants. Armand, né en 99, n'a pas encore terminé ses trois ans et il occupe en ce moment même la rive gauche du Rhin. Ses deux filles, Léontine et Jeanne, quoique plus portées vers la musique et la peinture que vers la coutellerie, l'aident à mener la barque sans naufrage : pendant les hostilités, la maison a même fabriqué des baïonnettes ; la paix revenue, elle est retournée aux couverts, qui s'accumulent dans le dépôt ; il est grand temps que la clientèle renonce à manger avec les doigts.

« Maintenant, m'ami, conclut-elle, on va descendre au magasin. Tu embrasseras tes cousines. »

Il se trouve que Léontine, la musicienne, a vingt-quatre ans, et vingt-trois Jeanne l'artiste peintre. Leurs fiancés ont été tués. Vont-elles demeurer vieilles filles ? Les journaux publient périodiquement le chiffre des victimes de la guerre : 650 000 veuves, 800 000 orphelins. Mais jamais on n'y voit figurer le nombre des laissées-pour-compte. En 19, l'homme mariable est rarissime, et Julie

Pitelet, née Dubourdieu, ne peut s'empêcher de lorgner vers Auguste. Lui devine ces intentions. Mais il songe qu'il est venu emprunter 7 500 francs ; que les espérances de sa tante peuvent faciliter les négociations, qu'il convient de n'en flétrir aucune prématurément.

Léontine travaille aux écritures, Jeanne prête la main aux finisseuses. On s'embrasse, Pitelet examine ses cousines. Dans leur sarrau noir, elles ont l'air de deux ouvrières. L'aînée doit bien peser cent cinquante livres qu'elle étrangle dans un corset afin de se donner un buste de carte postale ; sous son nez courbe et vigoureux, un duvet précoce orne sa lèvre supérieure, comme il arrive souvent chez les brunes excessives. Il saura plus tard qu'elle se prive de nourriture afin de maigrir un peu ; il lui arrive de jeûner une journée entière, ce qui lui donne le lendemain un tel appétit qu'elle rattrape le poids perdu. « Ce qu'il me faudrait, rêve-t-elle, c'est une bonne petite maladie, ou une opération de l'appendicite, qui m'interdirait quelque temps de manger. Mais je n'aurai pas cette chance ! » Jeanne ressemble à sa mère, la tête volumineuse, la bouche large, la voix violente, les gestes brusques. Elle éclate de rire à tout propos et se fait rire elle-même.

O Antoinette, ô bien-aimée, mon infiniment douce et tendre et fragile que la peste a séchée en un instant, je devrais me crever les yeux pour les punir de regarder ailleurs, mais mon cœur je n'ai pas besoin de l'arracher, car tu l'habites à jamais.

Les cousines frottent donc leurs joues contre les siennes.

« Contente de te revoir vivant, s'écrie l'aînée.

— Est-ce que tu penses toujours à devenir *inossier* ? » demande la cadette sans préambule.

Inossier ? Oui, oui. Il se souvient de cette histoire humiliante. Dieu sait si elle a amusé à ses dépens du monde autour de lui, dans son enfance. Surtout l'oncle Émile et sa famille. Et peut-être l'anecdote, transmise par leurs soins, divertira-t-elle encore les générations futures.

Il avait une dizaine d'années quand mémé Hortense lui commanda :

« Va-t-en chez Linossier m'acheter cent grammes de soufre en fleur pour arrêter les fourmis. »

Le magasin du droguiste-herboriste Linossier se trouvait rue Nationale, face à la bijouterie Rostagnol. Il entra, demanda cent grammes de soufre en fleur pour les fourmis. Et tandis qu'on le servait, il admira le contenu de cette boutique aux mille odeurs, les casiers pleins de sucre cassé blanc, de cacao roux, de café vert, de cristaux bleus à sulfater les treilles ; les bocaux pleins de tisanes ou de poudres à teindre. M. Linossier puisa une pelletée de soufre jaune, le fit pleuvoir délicatement dans un cornet sur la balance à chaînes et à fléaux, écrasa du pouce la pointe du cornet, on eût dit une de ces surprises que vendait le *Casino*.

Plus tard, accidentellement, il lui arriva de confier à tante Julie :

« Si j'étais pas monteur de couteaux, je voudrais être inossier. »

Et elle : « Inossier ?

— Oui, vendre du soufre, du cacao, du sulfate. »

Voilà comment, histoire d'en rire encore, Jeanne lui rappelle, vingt ans après, son ancienne ambition :

« Est-ce que tu penses toujours à devenir inossier ?

— Non, répond-il. Je veux être capitaliste.

— Capitaliste ? Qu'est-ce que c'est que ça ?

— Le capitaliste est celui qui cherche à avoir un capital. Pour lui faire faire ensuite des petits. Son métier, c'est le capitalisme. »

Les trois femmes se rapprochent. Il fournit des détails, le projet de l'oncle Mignot, l'association, la fabrique de rasoirs, les 7 500 francs nécessaires. Léontine et Jeanne regardent le visage de leur mère où pas un muscle ne bouge. On parle d'autre chose :

« Veux-tu visiter notre maison ? Nous pouvons bien te la montrer, puisqu'il n'y aura pas concurrence entre nous. »

Ils montent et descendent les étages. Les lames des couteaux de table arrivent ici estampées, découpées, ébarbées. On les marque du *Cygne* sous une presse à balancier, on les trempe dans un four à gaz. Avec un frémissement d'amitié, Auguste pénètre dans l'atelier d'émouture et de polissage où deux hommes seulement besognent sur leur planche au lieu des huit d'avant-guerre. Se sentant observés, ils ne lèvent pas la tête, le regard de Mme Julie Pitelet les repasse comme un fer chaud.

Les filles sont retournées à leurs postes de travail. Tante et neveu restent seuls :

« Reviens nous voir à la maison dimanche prochain. Nous parlerons de plusieurs choses. Au revoir, m'ami. Pardonne-moi de te quitter si vite. »

Elle ne lui permet pas de s'expliquer davantage. Lequel des deux a mordu à l'hameçon ? Lequel a ferré l'autre ?

Le salon de la rue du Bourg est un musée à la gloire du *Cygne*. Tous les modèles qu'il a marqués depuis 1899 sont épinglés aux murs sur des cartons épais, comme des papillons : louches, couteaux, fourchettes, cuillers à soupe, petites cuillers. Diplômes des récompenses obtenues : *1ᵉʳ Prix d'Honneur* à Lyon 1902 : *Prix de la Qualité* à Paris 1906 ; *3ᵉ Prix de l'Exportation* à Saint-Étienne 1912. Portrait du fondateur, Émile Pitelet, debout et en panama. Le même assis aux côtés de sa femme au milieu du personnel. Portraits des enfants. Photos d'intérieur : les Ventres Jaunes, la galvanoplastie, le magasin d'expédition. Lettre manuscrite de félicitations envoyée par l'attaché commercial français à Athènes. Articles de presse. Publicités.

Les filles sont aux vêpres, Auguste et Julie peuvent parler tranquillement de ces plusieurs choses prévues au programme.

« Je te plains bien, commence la veuve. Je sais ce que c'est que de vivre solitaire, face à toutes les difficultés qui se présentent. Heureusement que ta belle-famille s'occupe de la petite, comment ferais-tu pour l'élever ? »

Les positions sont claires : lui veut emprunter 7 500 francs ; elle cherche à lui fourguer une de ses deux pucelles. Ils se mesurent comme deux joueurs d'échecs. Puis il secoue la tête tristement, et avance un pion :

« Il faudra que je me remarie, pour sûr. Mais c'est encore un peu tôt.

— Baste, baste. Y penser n'engage à rien. Naturellement qu'il faudra, dans ton intérêt et celui de Gilberte. Ça n'empêche pas de garder le souvenir de la pauvre défunte. »

Il met une main sur ses yeux. O mon aimable amie ! Te rappelles-tu les orangers que nous avons semés ensemble ? Je les ai revus, ils poussent bien, et tu te dissous dans la terre, loin d'eux, comme un morceau de sucre oublié sous la pluie.

« Allons, allons ! » fait Julie en lui posant une main sur l'épaule, ennuyée de cette situation.

Il se reprend, se mouche, reste un peu hébété, comment vivre encore ? L'adversaire prend patience, et soudain se découvre à son tour :

« Tu veux donc t'associer avec Mignot ?

— C'est ce qu'il me propose.

— Et tu as besoin de combien ?

— De 7 500 francs. C'est gros.

— Oui, c'est gros.

— Je sais pas si je les trouverai.

— Pourquoi pas ? On connaît l'honnêteté des Pitelet. Tout gamin, tu as payé le médecin et le pharmacien après le décès de ton père. Ce sont des choses qui ne s'oublient pas. »

Voilà : il vient de déposer sa demande. Il ne peut préciser davantage. Julie dit « on connaît », comme si elle ne comprenait pas qu'il s'adresse à elle précisément. Il songe à son oncle Émile, mort pour avoir été trop riche, et si avare qu'il eût écorché un pou afin d'en avoir la peau. Il songe à ce qu'elle a dû gagner avant la guerre et pendant, aux couverts et aux baïonnettes. Il voit dans sa tête les deux filles laissées pour compte.

Enfin, elle soupire et se décide :

« On va écrire une reconnaissance de dette, n'est-ce pas ? C'est une bonne précaution, même de parent à parent, à cause des héritiers. »

Elle tire d'un secrétaire une feuille, un encrier :

« Tu dis donc 7 500 francs ?... »

1920

Les bals d'avant 14 s'appelaient à présent dancingues, il s'en bâtissait un peu partout, à Pierre-Plate, à la Vidalie, au Breuil, à Pont-de-Dore. Garçons et filles y trépignaient le fox-trot et le caquevalque, y ondulaient le tango qu'aucune censure ecclésiastique ne retenait plus, sous des lumières orange. Les salles qui n'avaient pas les moyens de payer des musiciens recouraient aux services d'orgues mécaniques appelés *brunophones*. Ils se multiplièrent tellement que la mairie institua une « taxe sur les brunophones » au profit de l'hospice. Avec leur aide, les survivants piétinaient avec fureur l'horrible passé, pour l'empêcher à jamais de resurgir de terre. A ce train-là, les millions de morts risquaient l'oubli.

Pour empêcher cette honte, les municipalités prirent des mesures : il fallait leur dresser des monuments. Le Conseil ouvrit donc une souscription, un concours à tous les artistes et un recensement des victimes : la liste en fut placardée à la porte de la mairie, avec prière aux familles de corriger les omissions. On en compta d'abord 420 ; puis 478 ; puis 512 ; puis 566. Une commission de personnalités culturelles, patriotiques, administratives fut établie pour juger les projets qui pleuvaient de toutes parts et qu'on exposait en permanence dans une salle du collège.

Alors éclata la querelle des croix. Beaucoup de ces dessins se trouvaient surmontés d'une croix latine : elle offensa la vue d'un certain nombre d'incroyants qui envoyèrent des protestations aux journaux. Si la religion la plus répandue dans la commune était le catholicisme chez les femmes, l'indifférence vaguement aspergée d'eau bénite chez les hommes, quelques athées affichaient sans retenue leurs opinions. Ainsi, tandis que le vendredi saint la plupart des familles faisaient un peu plus maigre que d'habitude, un groupe de libres penseurs se réunissait au café Sannajust, place du Palais, afin d'y manger en grande pompe l'andouille grillée, arrosée de vin blanc, dont les effluves vigoureux se répandaient aux alentours et jusqu'aux narines du clergé de Saint-Genès. Quand ils voyaient à travers les vitres passer quelque bigot notoire, ils ne manquaient pas de l'interpeller pour le convier à leurs agapes et rire de sa mine horrifiée. Il n'était donc pas question que ces fervents mangeurs d'andouille acceptassent une croix sur le futur monument aux Morts. Ils le proclamèrent bien haut :

« Même si, parmi les 566 noms, ne figurait qu'un seul libre penseur, vous n'auriez pas le droit de le placer sous un emblème clérical !

— Ainsi, répliquaient les autres, pour le bon plaisir d'un seul, vous entendez priver la majorité catholique du signe de sa foi, à laquelle elle a donné son sang aussi bien qu'à la Patrie ? Dans une République, la minorité ne se plie-t-elle pas aux désirs de la majorité ? Est-ce là votre conception de la démocratie ?

— Si vous tenez à planter un emblème spirituel sur votre monument, intervint un tenant du mosaïsme, alors plantez-les tous ! Le chandelier à sept branches, le croissant de l'islam, l'équerre et le compas maçonniques !

— Symbole du christianisme, qu'il soit catholique ou protestant, la croix latine donnera satisfaction aux 99 centièmes des Thiernois. Le centième restant n'a qu'à se taire. »

Voyant que le conflit menaçait de tourner à la croisade, plusieurs notables — dont l'abbé Brugerette — se retirèrent de la commission sélective. Le nouveau Conseil municipal donnait sa langue aux chats. « Si on y plante une croix, grommelaient certains anarchos revenus du front avec une provision de grenades, je crois deviner ce qui lui arrivera... »

« Et si, proposa quelqu'un, au lieu d'une croix latine, on dressait une croix de guerre ? Nul ne pourrait se sentir choqué par ce patronage. » Mais il se trouva un érudit pour démontrer qu'en fait la croix de guerre était une croix de Malte, dont les origines religieuses ne faisaient aucun doute.

Ainsi se prolongeait la guerre des emblèmes. « Qu'est-ce que c'est que ces *emplènes*[1] ? demandaient les vieilles gens.

— Pas *emplènes* ! Emblèmes ! L'emblème, c'est ce qui représente. Exemple : une marque sur un couteau représente le fabricant. Les drapeaux sont des emblèmes. La croix représente la religion. »

On finit par trouver un compromis : le monument officiel ne comporterait aucune croix ; mais les dévots qui tenaient à leur emblème auraient permission de construire au cimetière et à leurs frais un second monument, stèle ou cénotaphe, sur lequel ils pourraient disposer toutes les croix qu'ils voudraient.

Il restait à trouver le lieu de l'érection. On choisit le petit jardin public des Grammonts. Ainsi nommé parce que, avant la Révolution, se trouvait à proximité un couvent de grammonts ou grammontains, ermites tout de noir habillés, dont l'ordre avait été fondé au XIe siècle en Limousin par saint Étienne de Thiers, l'unique

1. Emplène : vaurien, mauvais sujet.

saint thiernois dont l'histoire eût gardé le nom. Parmi les différents projets fut retenu le *Portique triomphal*, œuvre de l'architecte Cabanié. Comme il fallait bien tout de même le couronner de quelque emblème acceptable, on hésita entre un coq, des drapeaux réunis, un paratonnerre. En définitive, c'est la volaille qui l'emporta.

Les rasoirs Mignot-Pitelet avaient trouvé un immeuble de capacité suffisante rue de Châteldon, passage escarpé qui joint l'ancienne rue Bartasse à la route de la Russie. L'ambition d'Auguste était de concentrer sous le même toit toute la fabrication, depuis le découpage des crampons jusqu'à la mise en boîtes. Mais pour l'instant, faute de place et de moyens, les rasoirs ne faisaient qu'entrer et sortir. Le seul rang qu'ils recevaient sur place était la décoration des lames à l'acide nitrique, leur dorure au chlorure d'or par galvanoplastie et le marquage. Elles ressortaient des bains enrichies de motifs floraux autour de la marque l'*Hirondelle*. Ainsi, deux oiseaux étaient entrés dans la famille, l'*Hirondelle* et le *Cygne*, assez proches pour indiquer la parenté des deux fabriques, assez différents pour souligner leur non-concurrence.

Auguste avait quitté la rue Edgar-Quinet pour s'établir rue Terrasse, face au magasin de confections Conchon-Quinette. Il y occupait avec sa fille un appartement du premier étage. Une vieille servante, la Nanine, descendait au petit jour des Belins dans ses sabots cirés, et remontait le soir au bord de nuit. A onze heures, elle allait chercher Gilberte qui fréquentait l'école centrale, dans les bâtiments de l'ancien collège aux voûtes impressionnantes. L'enfant y apprenait à assembler les lettres deux à deux, à grouper des bûchettes par paquets de dix, à composer des phrases parlées sur le modèle de *Alice est ma voisine, MAIS NON mon amie* :

— J'ai mangé mes choux, MAIS NON les raves.

— Nous marcherons dans les allées, MAIS NON sur les fleurs.

Le jeudi, elle faisait la grasse matinée près de son père que Mignot remplaçait à la fabrique ; puis elle l'y suivait et passait la journée en compagnie des doreurs, des magasiniers, du marqueur, du monteur, des transporteurs qui venaient charger et décharger sans cesse la même marchandise, dans cette odeur coutelière qui ne ressemble à aucune autre, fadasse, acide, renfrognée. Comme au temps de ses apprentissages, Auguste lapait son litre de soupe chaque matin. Sauf qu'on ne le lui livrait plus : il l'apportait dans un bidon d'émail rouge qu'il gardait au chaud sur un poêle. A midi et le soir, il mangeait la popote de Nanine.

Sa tenue était celle des ouvriers, galoches, tablier bleu, complétée par la casquette à visière glacée qui dans la coutellerie distinguait les patrons, aucun salarié n'eût osé la mettre. Lorsqu'un acheteur se présentait, émissaire du B.H.V. ou de la Samaritaine, ou de quelque comptoir colonial, il le trouvait les mains dans le bitume de Judée ou le phosphate de soude.

Les jours scolaires, entre onze heures et midi, Gilberte attendait qu'il rentrât. Afin de le voir plus tôt, elle se tenait dans l'escalier de l'immeuble, sur le premier palier. De là, à travers la vitre épaisse et jaune de l'imposte, elle surveillait le mouvement de la rue, déformé et coloré par cette espèce de prisme : charrettes des laitières, tirées par des bourriques ; carrioles des transporteurs ; cyclistes, piétons, bonnes sœurs, gendarmes dont l'uniforme bleu horizon paraissait verdâtre. Enfin, elle reconnaissait le pas de son père, le claquement pressé de ses galoches sur le trottoir, elle se dressait et se mettait à l'applaudir jusqu'à ce qu'il l'eût rejointe et soulevée de terre :

« *Bourdji !* l'appelait-il. Ah ! *Bourdji !* »

On désigne ainsi dans la région un grain de poussière, une escarbille. En principe, Auguste n'aimait pas le bourdji, il lui faisait même une chasse, toujours prêt à l'envoyer promener d'une chiquenaude sur la manche de sa veste ou le dessus d'un meuble. Il étudiait sa soupe avec gravité pour y repêcher de la cuiller la poussière malfaisante, disant y a un bourdji.

« Hé ! s'écriait Nanine vexée. Il vous étouffera pas ! Il est pas assez gros ! »

Mais en haut de la première rampe d'escalier, c'est avec d'autres dispositions qu'il employait ce mot : pour exprimer en même temps la légèreté de sa fille et la force de son amour.

A Montargis, Venise du Gâtinais, M. Pitelet Vincent continuait d'exercer la profession d'inspecteur de l'enseignement primaire, avec les consolations de sa compagne Jérômette. Leur fils adultérin, Raymond Gautier, né un an avant le XXe siècle, avait mené des études brillantes au collège de la ville, puis en Sorbonne où, protégé du service militaire par on ne sait quelle insuffisance cardiaque, il préparait une licence en droit.

C'est alors qu'à l'autre bout du pays M. Fernand-Adolphe Mairey, ci-devant inspecteur d'Académie et légitime époux de Jérômette, se décida à mourir. Après vingt-deux ans de concubinage et d'opprobre, plus rien désormais n'empêchait Vincent et son amie de régulariser leur union. Ils s'y employèrent au cours de l'année 1920, sans faste ni vergogne. Contrairement à l'habitude, blonde encore comme au premier jour, avec deux grains de beauté sur la joue gauche et ses prunelles violettes, la mariée entra dans l'église au bras de son époux grisonnant ; depuis des années, il portait une barbiche à la Poincaré pour se donner l'air respectable. Et si heureuse, bonnes gens, de pouvoir dire bientôt sans pincement au cœur : « Je suis Madame Pitelet ! » Le curé prononça difficilement son nom de jeune fille, Gerometta Gualtieri. Ils reçurent les compliments de leur douzaine d'invités — rien que des Pitelet — parmi lesquels leur fils, donnant le bras à mémé Hortense. Celle-ci versa des larmes enfin douces, à présent que mon Vincent est en règle avec Dieu, je peux mourir tranquille.

Elle avait fait un voyage fatigant pour atteindre Montargis, changeant trois fois de train, patientant dans les salles d'attente. Les Montargois considéraient avec ironie cette Auvergnate en coiffe blanche, châle espagnol et brodequins. Elle apportait dans son panier noir à couvercle une douzaine d'œufs et une croix d'or, retenue par une chaînette, qu'elle avait reçue elle-même lors de son propre mariage et dont elle désirait faire présent à sa tardive gendresse. Après les noces, elle resta trois jours en compagnie de Jérômette et de Vincent. Celui-ci en profita pour lui tailler les ongles des orteils qui avaient une pousse irrégulière et embarrassante. Elle s'en trouva bien aise :

« Il n'y a que toi qui saches les couper comme il faut. Les autres personnes n'ont pas la patience. Peut-être aussi que je leur fais regret. Ah ! quel dommage que tu habites si loin de Thiers ! Pour tes soins, ne serait-ce qu'une fois par mois, je te donnerais bien un bon quelque chose !

— Chiche ! fit-il.

— Quoi, chiche ?

— Que je vienne vous voir une fois par mois !

— Hé ! ça ne serait pas trop ! Mais un si long voyage, tu veux rire ?

— Ne pensez pas au voyage ! »

Il tint promesse. Depuis ce jour, très régulièrement, il fit une fois par mois le trajet Montargis-Thiers pour venir rogner les ongles de sa mère. Ces ongles dont elle parlait toujours au féminin, *elles* sont épaisses, il y en a *une* qui m'entre dans la chair. Il enfourchait son lorgnon et se penchait sur le pied avec un grand sérieux, armé des outils nécessaires, tel un chirurgien. Elle en avait les larmes aux yeux :

« Dire que tu es si instruit, et que je te fais faire cette besogne dégoûtante ! »

Et lui : « O pauvre mère ! Combien de fois vous nous avez torchés, mes frères et moi, quand nous étions petits ! Même que certains jours, j'imagine, vous aviez trois derrières en même temps ! Alors, ne me parlez pas de ce que je fais, j'ai honte que ce soit si peu. »

Le premier dimanche de chaque mois, crac ! il débarquait en gare de Thiers, seul ou en compagnie de sa femme. Aussi réglé que la nouvelle lune. Et les choses durèrent ainsi jusqu'à la fin de mémé Hortense.

La veuve Pitelet menait un siège en règle de son neveu Auguste dont elle était aussi depuis un an la créancière. Il ne manquait pas de lui apporter à terme échu les intérêts de la somme prêtée à trois du cent, le taux même de la caisse d'Épargne, comme elle lui avait fait remarquer. Outre ces visites trimestrielles, elle l'invitait rue du Bourg en compagnie ou non de Gilberte, sous des prétextes divers, fêtes, anniversaires, Saint-Vincent, Saint-Éloy, mardi gras et ainsi de suite, ou sans prétexte aucun. A table, elle l'installait toujours face à ses deux filles, ce qui était une manière de dire, fais ton choix. Léontine et Jeanne jouaient de la prunelle, poussaient des soupirs afin de mettre leur buste en mouvement, caressaient Gilberte du dos de la main. Après le dessert, l'une s'asseyait au piano et chantait *Lakmé ton doux regard se voile*, l'autre tirait des cartons ses pastels et ses aquarelles. Auguste se résignait à ces rencontres pour ne pas être accusé d'ingratitude ; il devait même reconnaître qu'il y trouvait quelque plaisir : l'empressement compétitif des deux sœurs le flattait ; leur parfum, leur nuque blanche, le frôlement de leurs bras le troublaient malgré lui. Le soir, une fois seul dans son appartement de la rue Terrasse, il tirait de l'armoire un coffret de noyer sculpté par les mains de son père Jacques l'Artiste et hérité de sa mère Clotilde[1] ; il y trouvait, parmi d'autres reliques, une photo de sa femme, la seule qui existât au monde : Toinette s'était fait tirer le portrait par Francis Gibert en octobre 18, juste avant de partir pour Grenoble. On l'y voyait debout, accoudée à une tablette, la tempe gauche appuyée à la main, avec cette expression absente et mélancolique qu'ont toujours les visages des morts. Auguste l'embrassait en pleurant et lui demandait pardon d'avoir eu des regards pour d'autres femmes, c'est toi que j'aime, c'est toi que j'aimerai toujours quoi qu'il m'arrive.

Pourtant, la nécessité se présentait d'un remariage dans l'intérêt de Gilberte qui grandissait mal par manque de mère, comme d'autres enfants par manque de calcium. De ces deux cousines, il ne voulait à aucun prix, pour n'avoir pas l'impression d'avoir été acheté comme un bouc à la foire ; et aussi parce qu'à force de les considérer il risquait d'éprouver un certain goût pour l'une ou l'autre et de trahir son amour. Se remarier sans commettre d'infidélité à la mémoire de la disparue : telle était son affaire. Et pour cela il devait épouser une fille jamais vue, jamais rencontrée, faire ce qui ne se fait jamais en Auvergne : acheter un âne dans un sac. Belle ou laide, grasse ou maigre, riche ou pauvre. Pourvu qu'elle aimât les enfants et traitât bien la sienne. Il se mit à écouter les propositions qu'on lui chuchotait. Il posa des questions discrètes. De ces personnes, il ne voulait connaître rien d'autre que le

1. Voir *Les Ventres Jaunes*.

nom, l'âge, la condition, le caractère. Naturellement, les louanges pleuvaient gros comme le bras.

Un matin, pendant que son coiffeur, Rougerie, lui taillait les cheveux et la moustache, l'homme de l'art en vint à parler, inadvertance ou calcul, des usages d'outre-Atlantique :

« Ils ont là-bas de petites lames, guère plus lourdes qu'un timbre-poste, qu'ils fixent au bout d'un manche. Ils les jettent après un usage ou deux, sans chercher à les aiguiser.

— Oui, oui, fait Auguste. J'ai vu ça en 18 entre les mains des soldats américains. Ça doit pas être économique.

— Ils s'en foutent, ils sont riches. »

Pas économique du tout. Le rasoir de Thiers possède une particularité merveilleuse : lorsqu'il a servi, si on le laisse reposer un certain temps, disons trois jours, il retrouve le fil perdu. Voilà pourquoi il vaut mieux en avoir deux ou trois et faire le roulement, afin de donner à chacun le loisir de se reprendre. C'est comme nous pendant le sommeil. La chose a été constatée souvent et personne n'a su l'expliquer au juste. On a évoqué l'élasticité de l'acier qui retourne à sa première forme quand on le traite avec ménagement. Mais cela tient plutôt de la magie. Ou si l'on veut de l'amitié : le rasoir te récompense ainsi de ta considération. Auguste employait encore celui qui l'avait accompagné durant ses cinq années de guerre. Pauvres Américains, sans amitié pour les choses !

« Moi, dit Rougerie, je sais ça par ma nièce Francine qui vit à Boston. Depuis 1913.

— Boston, c'est important ?

— Hou ! C'est la capitale ! Ou presque !

— Et qu'est-ce qu'elle y fait ?

— Elle est au service d'une famille. Bonne d'enfants. Mais elle va rentrer. Elle s'ennuie de la France et de l'Auvergne. »

Auguste eut soudain la certitude qu'il venait de trouver là, chez son coiffeur, la personne qu'il cherchait. Il sut que Francine avait vingt-neuf ans.

« Mais quelle idée, d'aller vivre chez les Américains !

— Histoire, disait-elle, de connaître le monde. Celui qu'est jamais sorti de son trou est bête comme un marteau de faux. Tandis qu'elle, à présent, la voilà fine au possible.

— Pour s'occuper des enfants, faut les aimer, je suppose.

— Elle ? Elle aime tout ! Même les chiens ! »

Des contacts furent pris avec les parents. Ils tinrent à lui montrer des photos, et s'il ne refusa pas d'y jeter un coup d'œil, ce fut par simple politesse, il eût aimé recevoir sa nouvelle femme dans une pochette-surprise. Comme font les Arabes qui ne connaissent la leur qu'au soir de leurs noces. Il la vit donc en Amérique, toute vêtue de blanc, une coiffe sur les cheveux, en compagnie des cinq enfants dont elle avait la garde et, précisément, de deux chiens gros comme des veaux. Son visage poupin, sans expression ni beauté, le contenta. M. et Mme Fonlupt, marchands de bois et charbons, évoquèrent son enfance de fillette modèle :

« J'aurais mieux aimé un garçon, avouait le père, pour porter les sacs. A défaut, je l'ai poussée tant que j'ai pu vers l'étude. Principalement le calcul, l'addition, la multiplication. C'est bien utile dans un commerce. Question cuisine, elle pourrait en apprendre à sa mère. Question couture... Question moralité... Question caractère... »

Ah ! Il ne voulait pas se la garder sur le croupion, sa fille unique !

Brusquement, Pitelet se décida. La chose se fit dans le dépôt même du charbonnier, plein de boulets, de gaillette, de fagots. Le négociant se tenait à l'entrée, avec ses mains noires dont il n'avait pour saluer tendu qu'un seul doigt, avec ses excuses.

« Monsieur Fonlupt, fit Auguste, vous connaissez mon nom, ma fabrique, mon veuvage, ma petite Gilberte : j'ai l'honneur de vous demander la main de votre fille Francine. »

L'autre faillit tomber à la renverse sur le brassac :

« Mais... mais...

— Est-ce que vous refusez ?

— Pas du tout ! Seulement...

— Seulement quoi ?

— Vous ne l'avez jamais rencontrée ! Jamais vue ! Attendez qu'elle revienne ! Et elle non plus ne vous a jamais vu. Je ne peux pas m'engager à sa place, elle est majeure, cette enfant !

— Je comprends bien. Aussi, je vous demande seulement, comme on dit dans le commerce, un accord *sous condition*. Sous condition qu'elle accepte à son tour, naturellement. Moi, ce que je veux, au contraire, c'est la demander *sans l'avoir vue*. Vous me comprenez ? »

Il plongea intensément ses regards dans les gros yeux de Fonlupt, qui papillotèrent.

« Sans l'avoir vue ? Ça me paraît drôle.

— Enfin, j'ai vu les photos.

— Attendez que j'appelle la patronne. »

Il cria : « Louise ! Viens un peu ! » La charbonnière sortit du bureau ; elle reconnut Auguste, le salua amicalement.

« Répétez voir à ma femme ce que vous m'avez dit, demanda Fonlupt, pas très certain qu'on ne lui eût pas joué une farce.

— Madame, répéta Pitelet, j'ai l'honneur de vous demander la main de votre fille Francine. »

Elle n'en crut pas ses oreilles : « La main ?... quelle main ?

— Il nous demande, traduisit son homme, notre fille en mariage.

— Comme ça... en mariage ? A distance ? Sans l'avoir vue ?

— Justement. *Sans l'avoir vue*. C'est exprès. Tu comprends ?

— Non, je comprends pas.

— Que les femmes sont bêtes ! Il la demande seulement *sous condition* ! Il faut que Francine aussi soit d'accord.

— Aussi ? Ça veut donc dire que tu es d'accord déjà ?

— Si je suis d'accord, je dis : d'accord. Si je suis pas d'accord, je dis : pas d'accord. »

Ils se regardèrent. Ils regardèrent Auguste. Auguste les regardait.

« Qu'est-ce qu'on risque ? fit encore le mari, puisque c'est sous condition ? »

Et tout à coup, un sourire blanc s'ouvrit dans sa figure noire, il tendit une paume charbonneuse et s'écria :

« D'accord !

— D'accord ! » répéta Louise en éclatant de rire.

A Boston, deux semaines plus tard, Francine reçut une lettre qui l'informait de cette étrange demande. Elle répondit qu'elle confirmerait ou pas, selon ce que lui dirait son cœur. « Son cœur, son cœur, qu'est-ce que vient foutre le cœur là-dedans ? se demandait le charbonnier, songeant à la pénurie tragique des mâles sur le marché européen. Vous allez voir qu'elle va faire encore la délicate, et consulter son cœur ! »

Elle débarqua du train de Paris-Vichy avec un chapeau pareil à une cloche à fromage et une jupe qui découvrait les mollets. Elle aurait eu d'ailleurs plutôt intérêt à les cacher, vu leur forme bizarre, la rondeur trop haute, en ventre de lapin.

On invita le requérant. A vrai dire, elle ne se dissimula point qu'elle le trouvait plutôt à sa convenance, malgré sa stature modeste, avec ses cheveux frisés, ses moustaches fines, légèrement relevées du bout, son rire franc quand il lui arrivait de rire. Mais elle fut déroutée par son attitude : chaque fois qu'elle désirait le regarder en face, elle s'apercevait que lui-même tournait ses yeux ailleurs. Elle attribua cette fuite à la timidité.

En sept années d'exil aux États-Unis, elle n'avait pas oublié le français, mais elle le parlait avec d'étranges inflexions et des mots surprenants. Elle appelait ses parents *dède* et *mame*, et interrogeait :

« Quelle est la matière ? »

Tu en demeurais tout pantois. Elle avait aussi rapporté des livres, des journaux et, pour montrer son savoir, elle en lisait les titres à voix haute. Auguste fit cette découverte : l'américain ne se prononce pas comme il s'écrit. Par exemple, il imprime « Jesus-Christ », « porcelaine », « sacrifice » ; et il prononce *Djiseus-Chraïst, posseline sècrifaïsse*. Ce qui est une barbarie comme pas une d'estropier des mots que nous lui avons prêtés. Sur le front, Auguste avait déjà constaté ce retard culturel des Américains : au bon pinard des poilus, ils préféraient une espèce de sirop douceâtre dont ils remplissaient leurs bidons et qu'ils appelaient *coque-colle* ; il fallut leur apprendre à manier et démonter chaque instrument de guerre, grenades, mortiers, mitrailleuses, ils s'imaginaient avec leurs *raïfs* venir à la chasse aux canards.

A sa seconde visite, M. Fonlupt profita d'une occasion favorable pour lui révéler un autre heureux trait de caractère de sa fille :

« Vous savez, elle est pas rentrée de Boston les mains vides ! Elle en a rapporté 500 dollars ! Dollars d'or, dollars d'argent, dollars de papier-monnaie. Chacun vaut 15 de nos francs en déconfiture ! Total : 7500 francs ! Ah ! voilà une fille qui a le sens de l'économie ! C'est pas elle qui conduira son ménage à la ruine ! »

Auguste ne put s'empêcher de constater que ces 500 dollars représentaient exactement la somme qu'il devait à tante Julie. Mais il n'entendait se remarier ni par amour ni par fortune. Il eut pitié cependant de ce pauvre homme pour qui les sous comptaient tant ; qui s'était élevé à force de trime dans une profession salissante. Il hocha donc la tête et sourit.

Il revint une troisième fois. Puis une quatrième. Francine virevoltait dans la maison, disant *dède, mame, oh dir* ! Cherchant sans les trouver les yeux de cet étrange prétendant qui refusait de la voir. Mme Fonlupt finit par s'impatienter ; elle prit Auguste dans un coin :

« Eh bien ! Qu'attendez-vous pour présenter votre demande à Francine ? Elle est la première intéressée, non ? »

Il promit de le faire sitôt qu'ils se trouveraient en tête à tête. Cela se produisit en fin de journée, toutes liqueurs bues :

« Francine, dit le charbonnier, accompagne donc Auguste jusqu'en bas. Au revoir, Auguste. A bientôt.

— Prenez une lampe », ajouta Mme Fonlupt en tendant à sa fille une petite lampe à essence.

Ils habitaient une demeure antique de trois siècles, rue des Vieilles-Écoles, derrière le château du Pirou, avec un escalier à vis et une corde grasse fixée au mur par des anneaux en guise de rampe. Il fallait descendre en se tenant aussi loin que possible de l'axe de la spirale si l'on ne voulait pas courir le risque de manquer les marches. L'Américaine allait devant, accrochée de la main gauche à la corde, levant au-dessus de sa tête la lampe dont le verre avait la forme d'une capsule de pavot.

« Vous suivez ? » demandait-elle de temps en temps sans se retourner.

Et lui : « Oui, oui. Marchez que. »

Ainsi éclairée, il voyait sa main fine quasi traversée par la lumière comme une soucoupe de porcelaine. *Posseline*. Et, par transparence, la nuque frêle apparaissait sous le rideau de ses cheveux. En passant devant les portes des voisins, ils entendaient des éclats de voix : rires de gosses, réprimandes paternelles, abois de chiens. Enfin, ils furent au fond.

Ils demeurèrent face à face. Il la sentit un peu haletante.

« Le propriétaire, commença-t-il, devait installer l'éclairage électrique dans cet escalier. »

Et elle : « Quand on revient des États-Unis, on a peine à croire qu'en France des maisons n'ont pas encore l'électricité.

— Mais votre lampe est bien jolie. »

Pour dissimuler son émotion, elle se mit à lire à voix haute les inscriptions gravées dans le corps : *LAMPE-PIGEON, Garantie véritable. Inexplosible à l'essence minérale. Toute lampe véritable PIGEON doit porter sa double marque de fabrique, d'abord en tête LAMPE-PIGEON, puis plus bas un pigeon reposant sur un globe terrestre et portant une lampe à son bec. PIGEON offre 10 000 francs garantis au client qui ferait exploser une lampe PIGEON garnie.*

Ils rirent un peu. Puis, Auguste se racla la gorge et demanda soudain comme il eût demandé l'heure :

« Francine, voulez-vous être ma femme ? »

Elle faillit lâcher la lampe inexplosible. Elle se passa une main sur le front en soupirant, *oh ! dir ! oh ! dir* ! Lui attendait patiemment la réponse. Au troisième étage, là-haut, il imaginait les deux charbonniers penchés sur le vide de l'ombre, épiant leur manège et leurs propos.

« Votre femme ? Mais, Auguste, vous ne m'avez pas dit, gémit-elle, que vous m'aimiez ?

— C'est sûr. J'ai de l'amitié pour vous, Francine.

— De l'amitié seulement ?

— Que voulez-vous d'autre ?

— De l'amour ! »

A présent venaient les complications, cette fille-là arrivait de Boston avec des idées américaines, pendant des siècles les Auvergnats s'étaient mariés sans amour, on épousait des vaches, des hectares de terrain, du mobilier, un apport de capital, une marque de fabrique, l'amour venait ensuite, ou il ne venait pas, on s'arrangeait en famille ; les enfants, le métier, le nom, l'honneur, la paix, l'héritage en tenaient lieu.

Et pourtant, il avait aimé Toinette. A en rendre l'âme. Mais eux étaient une exception, à cause des circonstances. Cette longue tresse qui lui pendait dans le dos comme une couleuvre. Son visage de Sainte Vierge. Ses manières de chatte blanche. Ils s'étaient connus dès l'enfance, quand elle lui apportait sa biche de soupe. Une exception contraire à l'usage. Quoique un peu de sentiment dans le mariage ne nuise pas, comme un peu de moutarde dans la salade, ça lui donne du goût. Il répondit avec sincérité :

« Vous n'ignorez pas que je suis veuf. Ma première femme, Toinette, je l'ai pas oubliée et je l'oublierai jamais, si c'est ce que vous voulez savoir. A part ça, si vous m'acceptez, je vous promets d'être un mari fidèle, affectueux, attentionné. »

Il se racla la gorge une seconde fois et répéta sa question :

« Francine, voulez-vous être ma femme ? »

Elle posa la lampe PIGEON sur une marche et lui tendit les bras :

« Je le veux, Auguste. »

Il embrassa son visage mouillé.

Les noces se firent en octobre. Tante Julie et ses filles refusèrent d'y participer : leurs affaires à ce moment même les appelaient justement dans la capitale. Francine supplia son mari d'utiliser sa dot — les 500 dollars — pour rembourser ce qu'il devait aux Pitelet-Dubourdieu. « Tu me la restitueras à ton gré. Je te fais crédit. »

Il n'y manqua point aux échéances qu'il avait lui-même fixées, déposant scrupuleusement capital et intérêts chez un notaire.

L'année s'acheva pour les couteliers sans un autre événement de chronique. Excepté ce qui arriva à un monteur de la Bessière, commune de La Renaudie, dans la montagne volloroise. Un certain Jean Fafournoux, âgé de soixante-neuf ans. Les douleurs le tourmentaient de jour et de nuit, si bien qu'il ne savait plus dans quelle position se tenir. Après bien des examens et des hésitations, il décide de consulter le médecin qui arrive de Vollore, dans son automobile Ford, noire comme un corbillard.

« Ce qu'il vous faut, décrète-t-il, c'est de la chaleur. Rien de tel pour soulager les rhumatismes. Un seul rayon du soleil de juin ! Ou à la rigueur du soleil de mai, si le temps est propice. Vous m'en donnerez des nouvelles ! »

A cela, bien sûr, il ajoute quelque poudre dans des cachets. Mais seulement pour qu'il prenne patience, en attendant le rayon de mai.

Fafournoux prend patience comme il peut. Les douleurs le tourmentent plus que jamais. La chaleur de l'âtre ne le soulage guère, il lui en faudrait davantage. Il a dû renoncer à monter ses couteaux.

Un jour, son gendre et sa fille allument le four et y mettent cuire leurs six tourtes de seigle. Plus une grande pompe aux pommes. La bonne odeur s'en répand dans la ferme, c'est fête pour chacun. On défourne, on sort la pompe dorée, les tourtes brûlantes. Le gendre laisse ouvert le portillon du four pour qu'il refroidisse. Alors le père Fafournoux se dit dans sa tête, le printemps, je vais pas l'attendre ; le mois de juin, je vais me l'offrir tout de suite ; je vais leur en donner, de la chaleur, à mes rhumatismes. Il introduit une main dans le four, c'est un peu chaud, mais supportable. Il patiente encore un moment. Puis, quittant son chapeau et ses sabots, il se glisse dans le four, tête d'abord, épaules ensuite, chaussettes pour finir.

On ne s'occupe pas de lui, personne ne le cherche. C'est à l'heure de la soupe du soir seulement que la famille s'aperçoit de sa disparition. Le lendemain, on le découvre dans le four. Le dessus est doré à point, le dessous pas trop cuit.

1921-1922

« Mes enfants — dit l'institutrice — je vais vous parler de quelqu'un qui autrefois fut très important : de Charlemagne.

— Madame — dit Gilberte Pitelet, le doigt levé — Charlemagne, je le connais.

— Vraiment ?

— Oui. Charlemagne, c'est le cochon de ma grand-mère Mélanie. »

Elle ne fréquentait plus les Zapatez que durant les vacances scolaires, attendues toujours avec impatience. Des semaines avant, elle demandait, quand est-ce donc que je vais à Vollore, quand est-ce donc que je vais à Vollore ? Une camionnette Vermorel assurait maintenant le courrier. Le jour venu, Auguste plaçait sa fille sur le siège avant et recommandait à Amédée Gardette, le chauffeur :

« Tu la remettras à ma belle-mère. En mains propres. »

Sitôt que, du fond de la route, elle apercevait le bourg au pied de Chignore, elle se mettait à rire. A mesure que le véhicule gravissait la pente, son rire gagnait le chauffeur et les autres passagers. Enfin, elle sautait de la banquette et se jetait dans les bras de mémé Zapatez, se réfugiait dans ses vêtements qui sentaient la pomme et la fumée de genêt. Vollore était le pays de la richesse parce qu'on y trouvait gratis et en abondance tous les biens de la terre qu'à la ville on devait acheter : le lait de chèvre et les chèvretons ; les produits du jardin ; les champignons. Richesse aussi de l'espace illimité, des champs et des bois à perte de vue. Toutes les maisons lui étaient ouvertes, les boutiques des couteliers, les forges, les granges, les poulaillers. « C'est la petite à la pauvre Toinette Sapaté », disait-on.

A Thiers, Francine interdisait de sortir non accompagnée, une fille seule ne roule pas les rues. « C'est bon pour les emplènes », faisait la vieille servante des Belins. Elle ne pouvait apercevoir seule les passants qu'à travers l'imposte jaune. Ses rapports avec la nouvelle Mme Pitelet manquaient aussi de clarté. A l'école, les autres filles parlaient constamment de leur mère, et elle-même désignait Francine, par mimétisme, sous ce nom de « maman ». Personne n'y trouvait à redire. Mais elle n'avait jamais osé l'employer dans la famille. Un jour qu'elle se trouvait seule avec elle, après l'avoir longtemps examinée dans le salon, ravaudant les chaussettes sur un œuf de bois, occupation plus auvergnate sans doute qu'américaine, elle eut l'audace de prononcer le mot :

« Est-ce que tu peux me donner à boire... maman ? »

Francine releva son visage soudain tout rouge.

« Je ne suis pas ta maman. Ta maman est au ciel. Au milieu des anges, sans aucun doute. Alors, appelle-moi... marraine. Il vaut mieux aussi que tu me dises *vous*. Tu dois prendre cette habitude.

— Marraine ? Ma marraine, c'est tante Mélite !

— Toutes les places sont prises, je vois. Eh bien ! appelle-moi Francine, simplement. Comme une amie. »

Elle rebaissa les yeux sur ses pelotes. Après un instant, la fillette redemanda :

« Est-ce que je peux boire ?

— Naturellement. »

Elle se leva, remplit au robinet de la cuisine un verre d'eau fraîche.

« Veux-tu quelque chose avec ?

— J'aimerais bien. »

Francine y versa une goutte de café qui se dilua en formant des nuages foncés. Gilberte détesta ce breuvage amer, qu'elle but pourtant jusqu'à la lie.

En 1868, la fin du monde avait été prédite pour l'année 1921 par l'abbé Latour du diocèse de Toulouse. Le cataclysme devait être annoncé par certains signes qui, malheureusement, semblaient en cours de réalisation :

Les époux ne voudront plus avoir d'enfants.
Des fumées infectes s'élèveront au-dessus des grandes villes.
Les paysans abandonneront les campagnes.
L'humanité tombera dans le gâtisme et les savants commenceront à radoter avant toute autre personne.

Depuis des années, le curé de Saint-Jean criait à la dénatalité qui nous eût fait perdre la guerre sans l'apport des Sénégalais et des Américains. L'air des villes industrielles devenait irrespirable. Les jeunes cultivateurs quittaient leur charrue pour aller travailler chez

Michelin. Quant au quatrième signe, la presse en apportait la triste démonstration : le nommé Edison, inventeur du phonographe et de cent autres mécanismes, travaillait en ce moment même à la mise au point d'un téléphone permettant de communiquer avec les morts ! Depuis longtemps, mémé Hortense communiquait avec les siens sans aucun appareil :

« Cette nuit, j'ai rêvé de ma pauvre mère, et je lui ai parlé. Je l'ai trouvée bien rajeunie, depuis la dernière fois. »

Ainsi, à mesure qu'elle-même se recroquevillait, une lointaine aïeule de la lignée échappait à ses rides, retrouvait peu à peu sa fraîcheur, telle qu'elle lui avait été conférée sous le roi Charles X.

Un autre savant, allemand celui-là, possédait le moyen de voir à travers les murailles, ce qui facilitait grandement l'espionnage. Un troisième changeait l'eau en vin, il se prenait pour Jésus-Christ. Un quatrième voulait construire des maisons au fond de la mer.

On entra donc dans l'année 21 avec la plus grande inquiétude.

Peut-être la fin du monde se produirait-elle seulement par la réouverture des hostilités. Les récents vaincus manifestaient violemment contre le *Diktat* de Versailles, assassinaient ceux des leurs qui parlaient de l'accepter, organisaient révolutions et contre-révolutions, et — comble de l'imprudence ! — accordaient le droit de vote à leurs femmes ! Au lieu de se frapper le front dans la poussière en implorant le pardon universel.

« On a voulu vous faire croire, s'écria Joseph Claussat devant les anciens combattants de Châteldon, que vous aviez livré la der des ders. Mensonge ! On vous fait croire à présent que ce traité est bon. Mensonge ! Que l'Allemagne paiera. Mensonge ! »

Au printemps furent livrées les premières dépouilles de Thiernois morts au champ d'honneur. Celles des soldats Aubert, Ducombat, Fougeron, Geneix, Guyot, Maubert, Nugeyre, Perrin, Sandouly. Pas gratuitement : les familles avaient dû payer le transport à l'avance. Le wagon mortuaire fut détourné sur une voie de garage et se trouva immédiatement paré de fleurs, de couronnes, de drapeaux. Toutes les sociétés musicales, gymniques et philosophiques attendaient, la population entière était venue recevoir ses héros, le convoi s'étira sur plusieurs kilomètres, en sorte que sa tête entra dans le cimetière des Limandons alors que la queue piétinait encore dans la cour de la gare. Marche funèbre, *Marseillaise*, sonnerie *Aux morts*, discours. Une mère se jeta en sanglotant sur le cercueil de son fils, d'autres s'évanouirent. Huit des rapatriés trouvèrent place aux Limandons ; Aubert, le neuvième, qui appartenait à une autre paroisse, fut enseveli à Saint-Jean. Puis chaque vivant rentra chez soi, reprit ses habits de semaine et son travail quotidien.

Cinq jours après, nouvel arrivage de cercueils militaires. Nouveau déplacement de la population, des sociétés musicales, gymniques et philosophiques. Nouveau défilé. Nouveaux discours laïques ou religieux. Nouveaux évanouissements.

Cela devint un rite : tous les cinq ou six jours, les héros débarquaient en gare. A moins qu'ils n'arrivassent par la route, en camion automobile ou en taxi. On ne pouvait faire moins pour les dixièmes que pour les premiers, et c'était chaque fois un grand remuement. Comme il fallait cependant que la besogne se poursuivît dans les ateliers, les rouets, les commerces, des tours furent organisés, à la manière des pharmacies de garde : telle semaine telle société, telle autre semaine telle autre.

Peu à peu, la population se lassait cependant des réceptions. Seules les familles intéressées y assistaient régulièrement. Les défilés se raccourcirent, les discours s'abrégèrent, puis disparurent. La lassitude et le doute affligeaient maintenant les esprits. « Qui sait, se demandaient certains, le genre de marchandise que contiennent ces caisses ? Peut-être seulement de la terre et des cailloux ! » En revanche, les transporteurs croyaient très fort à leur mission. Ainsi, la maison Teyssaire publia cet avis dans le *Journal de Thiers* :

J'ai l'honneur de porter à votre connaissance que j'ai établi un service spécial destiné à ces opérations... Les transports par automobile revenant forcément à un prix assez élevé, je peux, pour les rendre accessibles aux familles disposant de modestes moyens, exécuter soit les transports particuliers, soit les transports collectifs, à plusieurs corps dans la même voiture.

N'empêche qu'on n'était jamais sûr d'en avoir pour son argent.

La guerre, dans ses suites, continuait donc d'être une excellente affaire commerciale. La vente des béquilles, des membres artificiels, des chariots à manivelles prospérait. Au Parlement, le ministre des Pensions, André Maginot, ancien blessé lui-même, fulmina contre les médecins « mercantis des blessures de guerre », ce qui lui valut une réplique du Dr Claussat :

« Comme on dit chez nous, en Auvergne, il ne faut pas, monsieur le Ministre, mettre toutes les herbes dans la même botte ! »

Ces pensions suscitaient aussi beaucoup de scandales. Chaque démobilisé manœuvrait pour recevoir la sienne, ne fût-ce qu'un modeste trente pour cent ; qu'un petit vingt pour cent. Des embusqués y parvenaient. La République pensionnait des hépatiques, des cardiaques, des goutteux qui ne devaient point leur mal aux tranchées. Ceux qui n'avaient rien pu obtenir jalousaient les autres. Spécialement les cent pour cent, invalides reconnus, assurés d'une vieillesse paisible, même s'ils devaient de temps en temps cracher le sang ou pisser rouge. On les regardait passer dans la rue, la canne à la main, emmitouflés dans leur cache-nez, aller s'asseoir précautionneusement au café du Globe ou au Glacier, passer l'après-midi à fumer la cigarette en contemplant au loin la couleur changeante des montagnes. Derrière eux, ils entendaient un chuchotement d'envie, c'est un cent-pour-cent ! un cent-pour-cent !

Les veuves, les ascendants recevaient aussi des pensions, proportionnelles au grade. Le *pretium doloris* n'était pas le même pour un soldat de deuxième classe et pour un capitaine. Mais le dénommé Pierre Roche, cultivateur-coutelier au village de la Poncette, commune de Châteldon, eut la douleur supplémentaire de se voir refuser celle qu'aurait dû lui valoir la mort de son fils Annet. Il fit intervenir le député Claussat. Après enquête, le ministre confirma son refus. En effet, le soldat Roche n'était pas mort au champ d'honneur, mais avait péri d'un coup de baïonnette que lui avait porté, au cours d'une rixe, un camarade ivre. Comme s'ils n'avaient pas assez de se faire estourbir par l'ennemi, quelques poilus avaient trouvé le moyen de se zigouiller à l'amiable.

Elle n'avait pas été très régulière non plus la mort des fusillés de Vingré, pris au hasard pour l'exemple, selon l'antique système de la décimation, exécutés sans jugement en décembre 14, parce que leur régiment n'avait pas fourni l'*effort* nécessaire. Or voici que sept ans plus tard, le ministre de la Guerre Louis Barthou reconnut leur innocence et leur conféra la médaille militaire à titre posthume, *avec pension* aux ayants droit. Tout cela était bien incohérent et prouvait que la Justice est borgne, comme se plaisaient à l'affirmer les Ventres Jaunes, elle ne voit que la moitié de sa vie. Quant à Pierre Roche de la Poncette, il but quelques verres de plus et se consola à sa manière, sans le secours du gouvernement.

Anarchistes ou pas, les Thiernois se sentirent très honorés lorsqu'ils apprirent, cet été-là, que Georges Clemenceau en personne se trouvait en visite dans leur ville. On le reconnut à son échine voûtée, à ses lourdes moustaches, à ses sourcils circonflexes. Il descendit la rue de la Coutellerie et se rendit à *La Cité du Bric-à-Brac*, magasin d'antiquités tenu par M. Brugière. L'ancien président du Conseil était un grand amateur de vieilleries, il savait qu'il trouverait là des pièces rares ou curieuses. Il se fit montrer tout le contenu de la boutique et revint le lendemain. Quand il eut fixé son choix :

« Faisons à présent, dit-il, monsieur Brugière, un marché honnête et chrétien. Bien que ces deux mots jurent parfois ensemble chez certaines personnes. »

Et il repartit avec ses étartuelles.

L'année 1922 apporte dans la coutellerie un changement qui passe d'abord presque inaperçu et qui, cependant, est appelé à bouleverser la production. Sheffield, que la concurrence continentale de Solingen, de Thiers, de Nogent serrait à la gorge, s'est dégagée en inventant un acier nouveau, dans la composition duquel entre une certaine quantité de chrome. Elle l'appelle *stainless*, ce qui, en langage compréhensible, veut dire « inoxydable » : on peut le tremper dans du jus de citron, du vinaigre, de l'esprit de sel sans qu'il se laisse le moins du monde attaquer. Seul le perchlorure de fer lui règle son compte. L'intérêt de ce métal est manifeste dans la fabrication des couteaux de table et des couverts. Il apparaît moins dans celle des couteaux de poche et des rasoirs que l'usager doit tenir propres et secs constamment, par hygiène et par amitié. En revanche, les lames inoxydables prennent mal le tranchant et le gardent plus mal encore ; mais sans doute trouvera-t-on remède à cet inconvénient. En attendant, Sheffield sort du marasme grâce au succès mondial de son invention. A Thiers, la Société générale de Coutellerie et Orfèvrerie, la maison Delaire font leurs premiers essais sur acier *stainless*.

Les rasoirs Mignot-Pitelet vont devenir les rasoirs Pitelet tout court. Mignot, l'ancien cuirassier de Reichshoffen, l'ancien cacheur de manches, s'en va de la tête et devient franc rabuseur. Cela a commencé par une perte complète de la mémoire. Ensuite, le matin, au saut du lit, il essayait d'enfiler ses jambes dans les manches de sa veste et les bras dans ses pantalons. C'est un signe qui ne trompe pas : l'heure est venue pour lui de se retirer des affaires, de garder le peu d'esprit qui lui reste pour peindre les volets, écosser des haricots, et autres besognes sans conséquence.

Avec l'aide de Mme Mignot-Zapatez et de Me Grimaud, notaire rue Gabriel-Marc, l'association est donc contrainte de se défaire au mieux des intérêts de chacun : Auguste dispose de trois années pour racheter le capital de son associé. Le voici désormais seul maître de l'entreprise après Dieu, mais pourri de dettes. Au lieu de renvoyer du monde, il en engage. Lui-même travaille autant qu'à l'époque où, Ventre Jaune débutant, il couchait dans le rouet pour allonger ses journées et se nourrissait une semaine du même civet de lapin. Il arrive deux heures avant le personnel pour avancer la besogne, préparer les bains, vérifier les pièces. Il se fait monteur, affileur, marqueur, doreur, empaqueteur. Il établit ses comptes sur un calepin avec un crayon dont il mouille la mine de la langue avant d'écrire.

Il connaît l'addition, la soustraction, la multiplication, mais non la division, qui lui sert d'ailleurs rarement. Quand cela arrive, il procède par petits paquets. S'il doit par exemple diviser 480 par 12, il dessine douze assiettes auxquelles il attribue une unité, puis deux, puis trois, puis quatre, jusqu'à ce qu'en additionnant le tout il retrouve 480. Ainsi faisaient les voleurs de noix de jadis qui, ayant à s'en partager un plein sac en toute honnêteté, se le distribuaient :

« Une pour toi, une pour lui, une pour moi. Une pour toi, une pour lui, une pour moi... »

Toutefois, quand le diviseur dépasse 15, Auguste renonce à ses assiettes et recourt aux services de sa femme Francine laquelle, en un instant, lui torche n'importe quelle division, si compliquée soit-elle.

Auguste trouve dans la musique une distraction à ses soucis. Il s'est fait inscrire à l'*Union Philharmonique*, les répétitions ont lieu le dimanche matin dans une salle de l'ancien couvent des Ursulines qu'occupe la mairie, sous la direction de M. Jeannolle, ancien chef de musique militaire. Ayant appris à Modane à souffler dans la monstrueuse contrebasse de cuivre, Pitelet choisit à Thiers un instrument de la même famille, mais à visage plus humain : le trombone à pistons.

Gilberte participe aux festivités : elle a pour charge d'astiquer au *Miror* ledit trombone chaque jeudi matin, jour de congé scolaire.

« Il doit briller comme la lune ! recommande son père.

— Quand tu auras fini, ajoute sa belle-mère, tu astiqueras aussi la fontaine du salon. »

Il s'agit d'un réservoir en métal battu d'Aurillac, avec son robinet à coude et la vasque correspondante. En fait, ce réservoir est toujours vide, le robinet ne coule jamais, il s'agit d'une fontaine sèche, sans autre but que d'être astiquée une fois la semaine par la malheureuse Gilberte. Elle frotte l'instrument, elle frotte la fontaine, elle frotte les casseroles, elle frotte la barre du fourneau, ses mains noircissent et sentent mauvais. Si elle était un garçon, elle jouerait aux billes sur la place, elle courrait les venelles et les escaliers de la ville, marauderait dans les jardins, dévalerait les rampes en glissant sur le ventre. Elle éprouve douloureusement sa condition de fille.

Encore, malgré ses efforts et ses sacrifices, ne donne-t-elle satisfaction à personne. Pas à son père qui n'a ni le temps de constater le brillant du trombone, ni le goût de complimenter. Pas à sa belle-mère non plus. Celle-ci exprime son mécontentement, penchée sur l'objet de sa réprobation, en bourdonnant entre ses dents : *zzzz... zzzz...* Quelquefois, elle précise ses motifs, mais le plus souvent, elle se limite à ce petit bruit courroucé qui veut en dire long : *zzzz... zzzz...* Comme elle se trouve en conflit perpétuel, contre Nanine, contre Gilberte, contre son mari, contre le pain, contre le vent, contre le soleil, elle bourdonne soir et matin : *zzzz... zzzz...* Auguste commence à l'appeler « la ruche ».

Viennent ensuite les concerts offerts à la population par la *Philhar* le jour de la Saint-Eloy, le 14 Juillet, ou certains après-midi de printemps, sans autre motif que de se faire voir, entendre et admirer. Les musiciens en tenue se disposent sous le kiosque de la place Duchasseint, M. Jeannolle au milieu d'eux, sur une estrade.

La foule se presse alentour, debout ou assise sur les bancs, les murettes, les chaises pliantes. Gilberte se présente dans une robe d'organdi, amidonnée jusqu'aux oreilles.

« Interdiction de t'asseoir ! » répète Francine.

Elle-même s'installe sur un des sièges réservés aux familles des instrumentistes. Dans ses dentelles figées, Gilberte a l'air d'une fleur artificielle et n'ose faire un mouvement. En levant les yeux, elle voit M. Jeannolle et sa baguette, au-dessus de l'orchestre enfoui. Ce petit homme barbichu la fascine. Car, lorsqu'il a frappé trois ou quatre petits coups sur son pupitre, elle a l'impression qu'il produit lui-même de ses bras étendus et de son bâton les vagues harmonieuses dont il agite l'air environnant. Qu'il pétrit la musique comme le boulanger pétrit la pâte. Tout jaillit de lui : des sons effilés coulent de ses mains ouvertes, sa baguette en fureur soulève la tempête, sa barbiche même entre en danse et secoue d'invisibles grelots. Et c'est lui qu'on applaudit à la fin du morceau, lui qui salue, sourit et remercie. Est-il si nécessaire dans ces conditions d'astiquer au *Miror* le trombone d'Auguste chaque semaine ?

A un certain moment, M. Jeannolle cède sa place au Dr Berger, président d'honneur de la *Philharmonique*. Un homme rond aux moustaches touffues, relevées par les bouts. Presque aussi populaire parmi les couteliers que Joseph Claussat, son confrère et rival, même parmi les anarchos et les socialistes, en dépit de ses attitudes politiques de « modéré ». Quand il vient en visite chez quelque pauvre, il accepte de la main droite le billet de dix francs que lui tend la mère pour prix de ses soins, et glisse discrètement de la main gauche le même billet dans le tablier de la petite en disant, tu mettras ça dans ta tirelire. Ces histoires de gauche et de droite sont bien compliquées.

Le président de la *Philhar* monte donc au pupitre, à son tour il déclenche de sa baguette des sonorités douces ou violentes, les feuilles des arbres en frémissent, les Thiernois crient leur enthousiasme. Aux prochaines élections, ils ne voteront pas pour Berger, mais en tant que chef d'orchestre et que médecin il a toutes leurs voix.

Pour en finir avec la chronique politico-musicale, je dois parler aussi des rapports qu'entretient Mme Berger avec le P.L.M. Politiquement, les cheminots sont rouges comme des écureuils. Cela n'empêche pas de reconnaître les mérites. Mme Berger a coutume de se rendre à Vichy chaque lundi matin, elle y fait ses achats et rentre le soir par le léger. Seulement voilà : le train du matin part à 7 h 26, ce qui est bien tôt pour une personne distinguée. Il lui arrive donc d'avoir trois ou quatre minutes de retard, quelquefois cinq. N'importe. Le chef de gare sait qu'elle ne manquera point, il surveille la cour et les degrés qui y montent, il contient l'impatience du mécanicien :

« Voyons ! On ne peut pas laisser par terre la dame du Dr Berger !

— Et mon horaire ?

— Ton horaire ! Ton horaire ! On voit bien que tu n'es pas du pays, toi ! Tu respecteras ton horaire demain ! »

L'autre appelle la cliente avec de longs coups de sifflet. La voici enfin, rouge, essoufflée :

« Excusez-moi !... Excusez-moi !...

— Prenez votre temps, madame ! Vous cassez pas les jambes ! »

On l'aide à monter dans son wagon, le train démarre enfin. Le chef de gare console son collègue :

« Jusqu'à Courty, ça descend tout le temps : tu auras bien vite rattrapé ton retard. »

La même année 1922 vit donc les rasoirs Mignot-Pitelet perdre la tête de leur raison sociale, et le jeune avocat Raymond Gautier, fils unique de Vincent et de Jérômette, ajouter une queue à la sienne. Ses parents ayant régularisé leur situation, il tint à les imiter, à faire savoir qu'il aurait dorénavant pour père légitime son père naturel. Il introduisit une requête documentée auprès du garde des Sceaux à l'effet de substituer à son nom de famille *Gautier* celui de *Gautier-Pitelet*, et obtint satisfaction. Après quoi, il fit imprimer des cartes de visite ainsi libellées :

Raymond Gautier-Pitelet
licencié en droit
avocat stagiaire
du barreau de Paris

L'encre en était à peine sèche lorsque éclata en pays coutelier l'affaire Bechon-Guionin. Auguste Pitelet, collègue et ami de Paul Bechon, envoya deux lignes d'écrit à son cousin avocat pour lui faire savoir que se présentait une belle occasion de briller en défendant un assassin presque innocent, et lui conseiller de venir sur place examiner la chose.

« Je pars avec toi, dit Pitelet le Fin. J'en profiterai pour rogner les ongles de ma mère.

— Allez-vous me laisser seule à la veille de Noël ? » protesta Jérômette.

Ils firent donc à trois le voyage, arrivèrent par temps neigeux ; les ménagères épandaient sur la chaussée les cendres de leur cuisinière ; les maréchaux-ferrants plantaient des crampons dans les fers des chevaux ; des chandelles de glace pendaient aux toitures.

Les Montargois prirent logement chez mémé Hortense qui les reçut avec bonheur. Au moment des embrassades, Raymond commit une maladresse indigne d'un avocat :

« Aïe ! » fit-il.

Et Hortense : « Quoi, aïe ?

— Tu piques ! Et dire qu'on est ici au pays des rasoirs ! »

Elle rougit, se passa une main sur les joues et le menton : c'est vrai qu'elle piquait. Tandis qu'il éclatait de rire et l'embrassait encore pour se faire pardonner.

La maison avait trois siècles d'âge. Habitée en dernier lieu par deux générations de Pitelet. Et avant eux par des Bourgade, des Fontenille, des Gonon, des Grissolange, des Misson, des Sauzedde, des Ytournel. Tous plus ou moins couteliers jusqu'à l'aube des temps. Ou costeliers, ou clincailliers, comme on les appelait jadis. Appelés à fournir au reste du monde les lames sans lesquelles l'homme se trouverait ravalé au rang du loup qui dépèce sa nourriture des griffes et de la gueule ; sans lesquelles nul ne saurait vivre décent et respectable. Raymond Gautier-Pitelet montait l'escalier étroit, allait d'une chambre à l'autre, fouillait le grenier. Il y trouva des outils abandonnés par les anciens occupants, témoins de leurs sueurs. Une frotte à main en forme de fuseau. Une enclume à deux pointes. Des limes, des pinces, des tenailles. Un lourd marteau de marqueur. A force d'usage, chaque doigt de l'ouvrier s'était imprimé dans le buis du manche, l'avait modelé à sa forme ainsi qu'une argile. Combien de milliers de lames avait-il dû frapper pour arriver à ce résultat ?

Il coucha dans un lit de plume. Au milieu de la nuit, il entendit les vers en vriller le bois avec la même patiente obstination que les anciens couteliers. Il y avait entre eux parenté.

Au matin, levé avant père et mère, il descendit dans la cuisine d'où montait l'arôme du café frais. Il poussa la porte. Hortense Pitelet ne l'avait pas entendu venir. Il la vit de dos. Elle se tenait devant un miroir, une bougie allumée à la main. Avec de petits gémissements, et des esquives, et des sursauts, elle en promenait la flamme sur sa figure, là où poussaient les poils importuns. Il contempla un moment sa grand-mère qui cherchait ainsi à se faire pour lui belle et lisse. Il recula silencieusement sur ses pantoufles, retourna dans l'escalier qu'il descendit cette fois en traînant fort les semelles, toussota devant la porte. Maintenant, la pièce sentait aussi la fumée de cierge. Il embrassa mémé Hortense sur les deux joues : elle sentait, elle, le cochon grillé.

Le même jour, il rendit visite à Auguste qu'il traitait, à cause de la différence d'âge, plus en oncle qu'en cousin. Ils avaient beaucoup de choses à dire. Francine se montra peu, elle se trouvait en situation intéressante et devait rester des heures allongée chaque jour. Alors, commença le récit de la terrible affaire.

Les Bechon-Gironde avaient d'abord été de bons clients chez les Guionin, à qui ils confiaient la gestion de leurs intérêts. Petits couteliers d'une part, petits banquiers de l'autre. Père et fils de chaque côté. La banque Guionin n'était, rue Terrasse, qu'une boutiquette vermoulue avec un seul guichet, pas plus grande qu'un bureau de tabac ; mais on disait qu'en ce faible espace il se brassait beaucoup d'argent. Or, tandis que les Guionin prospéraient, les Bechon-Gironde tiraient le diable par la queue. A tel point qu'ils furent déclarés en faillite en 1912. Soudain, l'ancienne amitié tourna à la haine. Pierre et Paul Bechon accusèrent leurs hommes de confiance de les avoir réduits à la misère, d'avoir usé contre eux de manœuvres frauduleuses, faux en écriture, escroquerie, prévarication. D'avoir par entente fait adjuger 6 500 francs un immeuble vendu sans enchères réelles qu'eux estimaient à 120 000.

La guerre interrompt le conflit. Paul mobilisé se comporte vaillamment sur le front, y gagne une blessure et plusieurs médailles. Quand il revient, il n'a pas oublié les torts d'argent qu'on lui a faits. Une certaine vigne, sise au lieu-dit le Pontel, complique encore les choses : son supposé propriétaire la vend aux Guionin en usant de la clause *à réméré* qui lui permet d'annuler la vente dans un délai déterminé en restituant le prix à l'acheteur. Là-dessus, les Bechon dressent la tête et proclament :

« Cette vigne est à nous ! La vente en est irrégulière ! *A réméré* ! Aucune personne honnête n'a jamais entendu pareille expression : cela suffit à établir déjà la volonté de tromperie. Mais en plus, le réméré prouve la mauvaise conscience du vendeur. »

Les Guionin laissent dire et touchent leur âne. Les jours passent, le vendeur ne se dédit point. Putain de réméré. Alors, Pierre et Paul passent aux actes : ils impriment des affiches où ils répètent leurs accusations, les placardent eux-mêmes sur les murs de Thiers, de Riom, de Clermont, distribuent des tracts dans les cafés, à la porte des églises. Les banquiers portent plainte pour diffamation. Les Bechon comparaissent devant la correctionnelle qui condamne le père à 15 jours de prison avec sursis et 100 francs d'amende, le fils à 100 francs d'amende avec sursis. La sagesse voudrait que les choses en restent là. Les amis leur conseillent le renoncement :

« Cale ! disent-ils à Pierre.

— Non ! Je calerai jamais ! » réplique Paul.

Dans les jours qui suivent, sur la vigne contestée, ils font construire deux petits bâtiments à usage de coutellerie.

Le 11 décembre au matin, tandis qu'ils sont tous deux allongés sur leur planche, ils reçoivent la visite de Me Pintrand, huissier de justice, venu à bicyclette leur apporter l'ordre de déguerpir, sur injonction de MM. Guionin.

Ce même jour, dès cinq heures et demie du soir, Paul Bechon se place de faction rue Terrasse, à quelque distance de la banque. Il attend le passage de ses ennemis. La nuit est froide et brumeuse, il se tient hors du jour d'un réverbère. A six heures, les deux hommes sortent, emportant une grosse serviette bourrée d'argent. Alors, épargnant le père, Paul se jette sur le fils et le poignarde plusieurs fois de son laguiole, visant la poitrine et le cou. Puis il essuie sa lame sur son propre mouchoir, remonte la rue et va se constituer prisonnier au commissariat de police, disant :

« Je viens de tuer le banquier Henri Guionin. »

En fait, on lui apprendra bientôt que sa victime n'est pas morte, que les artères du cou ont été protégées par le col dur, qu'elle se tirera probablement d'affaire.

« Je le regrette bien », dit Paul Bechon.

Une heure après, Mme Bechon, née Gironde, vient le voir au commissariat. Il l'embrasse et dit :

« *Mouére, i é ma que fouè moun devouè*. Mère, je n'ai fait que mon devoir.

— Dommage, réplique-t-elle, que tu l'aies raté. »

Les choses en sont là quand Raymond arrive sur les lieux du drame, reconstitué avec l'aide d'Auguste et du *Journal de Thiers*. Il marche avec exaltation dans le salon un peu exigu pour ses enjambées :

« Je vois, je vois... Les grands thèmes d'une plaidoirie éventuelle. Le travail contre l'argent, les petits couteliers vaincus par la banque. L'obstination contre la ruse. Les Bechon en appellent au peuple, les Guionin en appellent à la chicane. Ce Paul, qui, dans son patois, s'exprime comme un Romain antique : mère, je n'ai fait que mon devoir. Il a pour lui aussi sa blessure de guerre, ses citations. Il nous faudra des témoins favorables. A-t-il des amis ?

— Mais tous les Thiernois sont ses amis !

— Le plus difficile sera de démolir la préméditation. Mais dix ans de patience ne compensent-ils pas quelques instants de fureur ? »

Il va, il va, ses yeux étincellent, tu dirais Rouget de Lisle en train de composer *la Marseillaise*. Auguste se réjouit, il est sûr que Me Gautier-Pitelet sauvera le malheureux coutelier, il y a des choses que seule une âme thiernoise peut sentir, et Raymond a tout de même du sang bitor dans les veines.

Celui-ci se rassied soudain :

« Il reste un détail : que Paul Bechon me choisisse pour défenseur.

— J'en fais mon affaire. J'irai trouver son père et je te recommanderai.

— Garde-t'en bien ! Il y aurait là de quoi me faire radier ! Aucun avocat n'a le droit de proposer ses services.

— Il ne s'agit pas de proposer tes services, puisque c'est moi qui m'en dérange !

— Même par personne interposée. Notre statut l'interdit.

— Alors ? Que faire ?

— Il faut agir en finesse. Sans faire savoir que je serais heureux de prendre cette cause en main, informer simplement la famille de mon existence. En finesse !

— En finesse ! J'ai compris. J'y vais tout de suite. Attends-moi. »

Auguste prend sa casquette à visière glacée, chausse ses souliers à tige et s'en va.

Une porte s'ouvre, une fillette paraît et dit :

« Bonjour.

— Gilberte ! Quel plaisir de te voir ! On s'embrasse ?... Comme tu as grandi ! Quel âge as-tu donc ?

— Huit ans et demi.

— Tu vas à l'école, naturellement ?... Ta maîtresse est contente de toi ?

— Je suis la première de la classe.

— Oh ! alors ! Oh ! alors !... En quoi es-tu la meilleure ?

— En français. En orthographe. En géographie.

— Merveilleux ! Voyons, Toulouse, c'est dans quel département ? »

Elle demeure interdite. Elle ne s'attendait pas à celle-là. Une question posée par traîtrise. Elle voit très bien Toulouse sur la carte de France, en bas, à gauche. Mais le département, allez donc savoir !

« Toulouse ? fait-elle. C'est en bas... à gauche. Y a un fleuve... »

Il rit : « C'est bien, c'est très bien. »

Elle ne rit pas : « En géographie, je suis pas tout à fait la meilleure. La meilleure, c'est Marthe Fayet. Sa mère travaille à la poste.

— Tout s'explique.

— Mais je la bats ailleurs.

— En quoi ?

— Marthe Fayet pèse seulement 25 kilos. Et moi, 28.

— Tu as toutes les supériorités.

— J'ai trouvé le nom du fleuve : la Garonne.

— Bravo ! Encore un effort et tu trouveras le département. Tu t'amuses bien, à part ça ?

— Moi ? Non.

— Comment non ? Tu ne t'amuses pas ?

— Je fais mes devoirs. J'apprends mes leçons. J'astique le trombone de papa et les casseroles de Francine.

— Et après ?

— Après, je m'ennuie. Mais ça va changer. Bientôt, j'aurai un petit frère. Ou une petite sœur. Papa et Francine ne sont pas encore décidés. Alors, on jouera ensemble. Je m'ennuierai moins. »

Ensuite, comme ils ne savent plus que se dire, ils jouent à pigeon vole.

Auguste rentre de sa mission, il chasse la fillette :

« Bourdji, retourne dans ta chambre. »

Les Bechon-Gironde ont déjà choisi un avocat de Clermont, Me Robin.

« On a trop attendu, s'excuse-t-il, consterné. Je t'ai fait venir pour rien.

— Non, pas pour rien, puisque j'ai la joie de vous revoir, et mémé Hortense. D'autre part... il y a autre chose... Tes affaires vont bien ?

— Pas mal. A propos, sais-tu que la marque *l'Hirondelle* m'appartient complètement ? J'ai racheté la part de mon associé. J'exporte une partie de mes rasoirs, en Espagne, en Suisse, en Belgique.

— Tu m'en vois ravi. D'autant plus que je voudrais te demander un service. Un grand service. J'en suis à ma dernière année de stage. Bientôt, il va falloir que j'ouvre un cabinet à mon compte. Cela signifie louer un appartement de trois-quatre pièces : salle d'attente, bureau, secrétariat, archives. Meubler tout ça. Employer un ou une secrétaire. Sans parler de l'habitation pour manger et dormir. Tout cela à Paris, seul barreau qui convienne aux ambitieux de mon espèce.

— J'aime les ambitieux.

— Mon père, le pauvre homme, ne peut pas grand-chose pour moi. Son traitement lui a permis de vivre et de payer mes études, non de faire des économies. Alors, je te demande : cousin Auguste, peux-tu m'aider ?

— T'aider... en argent ?

— Bien sûr, en argent.

— Combien te faudrait-il ?

— Huit mille francs. Que je rembourserai à trois ans. Avec les intérêts. »

Auguste se caressa le menton, il songea à ses propres dettes, au capital qu'il devait rendre à Mme Mignot, aux dollars de Francine pas encore entièrement restitués. Il songea par ailleurs au nom des Pitelet que le jeune avocat avait pris tant de peine à faire ajouter au sien.

« Dans trois jours, dit-il, reviens me voir. Je pense avoir réuni la somme. »

Ces trois jours, il les passa en démarches qu'il n'aurait jamais entreprises pour lui-même. Il alla battre aux portes de ses amis, de ses anciens compagnons de meule, restés Ventres Jaunes ou devenus contremaîtres ; à la porte aussi quelquefois d'un fabricant qui le tenait en estime. Il obtint cinq cents francs par-ci, mille francs par-là, précisant bien :

« C'est pour trois ans. Avec les intérêts. »

Signant des reçus, mais inscrivant les noms, les sommes, les dates sur le calepin qui ne quittait jamais sa poche. Au jour prévu, il eut la satisfaction de remettre en coupures disparates les huit mille francs requis entre les mains de l'avocat.

« Quel intérêt ? demanda celui-ci en rédigeant la reconnaissance de dette.

— Celui de la caisse d'épargne : trois du cent. »

L'année se termina par un beau feu d'artifice.

Le soir de la Saint-Sylvestre, on jouait *Reine de Saba* au cinéma *Fémina*, avenue Pierre-Guérin. Un peu avant minuit, alors qu'on allait entrer dans l'an 1923, voici que des langues de feu jaillissent de la cabine. « Au feu ! Au feu ! » crie l'opérateur. Aussitôt, c'est une affreuse bousculade, chacun veut sortir avant les autres. Heureusement que la salle n'était qu'à demi occupée, que les Thiernois avaient préféré fêter ce passage en famille, en mangeant du boudin aux noix. Au milieu des cris et des appels, les spectateurs réussirent à franchir les portes, à s'éloigner à temps du cinéma qui flambait comme une allumette.

La pompe à incendie n'était pas loin, remisée sous le Marché Couvert. Encore fallait-il l'en tirer, la traîner, dérouler et brancher les tuyaux. Encore fallait-il avertir les pompiers qui, pour la plupart, à cette heure-là, avaient la bouche pleine et les membres fatigués. Le clairon courait les rues enneigées, lançant sa petite rengaine :

Papetey, papetey,
I o le fiò, i o le fiò
So toun ley, so toun ley[1].

Personne n'y crut, c'est un farceur, un 31 décembre à onze heures cinquante ! Bref, quand on se rendit compte que le ciel rougeoyait et que le clairon chantait bien la vérité, quand chaque soldat du feu eut enfilé ses culottes, ses souliers, sa veste, son

1. Papetier, papetier, / Y a le feu, y a le feu, / Sous ton lit, sous ton lit.

casque et se fut rendu au Marché Couvert, l'incendie avait presque cessé faute de combustible.

« Ah ! Si la mairie avait eu sa sirène ! » gémissait Mme Vary, propriétaire du *Fémina*.

Depuis des mois, les conseillers discutaient de ce projet : remplacer le vieux clairon par une sirène installée sur le toit de l'hôtel de ville, capable d'alerter en un instant et sans équivoque chaque pompier. Si rien n'avait été décidé encore, c'est qu'une partie de l'assemblée exprimait des craintes pour la toiture.

En attendant, chaque année, une ou deux maisons brûlaient en toute tranquillité. A la grande joie des enfants. Les incendies thiernois étaient une splendeur, à cause des combustibles accumulés en permanence dans les usines et les rouets, huiles de trempe, réserves de corne, de bois, de galalithe, de celluloïd : les étincelles montaient jusqu'aux nuages. Les moulins produisaient moins de flammes, mais plus de fumées. Les cinémas étaient spectaculaires à souhait. Les entrepôts de tabac les plus riches en odeur. Les fenières brûlaient plus longtemps que le reste et empestaient la région durant trois semaines.

1923-1924

Un groupe d'étrangers est descendu à pied de la gare. Rien que des hommes, coiffés de chapeaux à large bord et calotte pointue, chaussés de brodequins à semelle de bois, avec leurs musettes, leurs besaces ; l'un d'eux porte une caisse en bandoulière. Une fois arrivés au poids public de la Porte Neuve, les voilà qui se rassemblent, s'assoient sur les murets et les rampes de la bascule, tirent de leurs sacs des saucissons, du pain, des oignons et se mettent à mordre dedans.

Très vite, des Thiernois les entourent, ils les regardent manger avec leurs larges dents blanches et leur posent des questions :

« Qui êtes-vous ?... Nous, Thiernois. Nous, Auvergnats. Et vous, qui ? »

Comme les voyageurs n'ont pas l'air de comprendre, certains jeunes gens, élèves du collège, traduisent en des langues étrangères :

« *Who are you ?... Wer sind Sie ?* »

Sans davantage de résultat. Alors, d'autres Bitors recourent à leur patois :

« *Co vi qu'ou sé ?* »

Et voici que le miracle se produit, les mangeurs d'oignons comprennent et répondent :

« *Sem piemontess.*

— Qu'est-ce qu'ils racontent ? *Ce qu'ou disé ?*

— *Piemontess. Sem piemontess. Piemonte. Italia.*

— Il dit qu'ils sont piémontais.

— Piémontais ? Qu'est-ce que c'est que ça ?

— Comme qui dirait, des sortes d'Italiens. »

Les deux groupes se considèrent. D'un côté, des sortes d'Italiens. De l'autre, des sortes de Français. Sans antipathie. Avec curiosité. Ensuite, les Piémontais font un geste merveilleux : eux qui sont venus avec leurs larges dents et leurs poches vides, ils tendent aux badauds un morceau de leur pain. Une tranche coupée dans leur tourte. Ils en offrent un échantillon en signe de paix et d'amitié. La tranche circule de main en main, les Thiernois l'examinent sur ses deux faces, la lisent comme une carte postale ; ils s'étonnent de sa blancheur, de la finesse de son grain. Les étrangers sourient. Elle arrive entre les mains d'un vieil émouleur nommé Planche ; les autres, se rendant compte qu'il n'y en aura pas pour tout le monde, lui suggèrent :

« Goûte-le, toi, et dis-nous ce que tu en penses. »

Il en rompt une bouchée, la mâche avec attention, et déclare :

« C'est du pain. *Co i de pò.* »

Ce qui est un jugement plus profond qu'il ne semble. Les Piémontais l'entendent ainsi. L'un d'eux répète joyeusement :

« *Co i de pò ! Cou è dou pan !* »

Et tous éclatent de rire, et s'applaudissent d'avoir compris une chose si importante, répétant sans se lasser :

« *Co i de pò ! Co i de pò ! Cou è dou pan !* »

Les autres Auvergnats se partagent le pain qui reste et le trouvent aussi à leur goût, ces Piémontais sont des fils de Dieu et des enfants de pute de la même espèce qu'eux, ils n'ont aucune raison de ne pas les accueillir comme des frères. D'autant qu'ils ne viennent pas ici pour faire les couteaux et les concurrencer, mais pour construire les maisons et les caveaux du cimetière, ce qui est une spécialité italienne, faire des terrassements, travailler aux routes, recevoir sur l'échine la neige, la pluie et le soleil à leur place.

Quand les nouveaux venus ont achevé leur casse-croûte, deux d'entre eux pêchent dans leur musette des tuyaux noirs, les ajustent l'un à l'autre, et cela donne deux clarinettes : les voici qui se mettent à téter leurs instruments et en tirent une dégoulinade de notes. Celui qui portait la boîte en soulève le couvercle et découvre un accordéon. Après quelques préparatifs, les trois musiciens partent ensemble, comme ça, là, assis sur les rampes du poids public où l'on vient peser d'ordinaire les tombereaux de charbon et les charretées de foin. Ils jouent des airs qui te mettent des chatouillements dans les genoux, et ces trois-là font du bruit comme trente.

Les autres, qui ne touchent pas, chantent et poussent d'une voix aiguë des *prrrrrrrrrrt !* à te percer les oreilles. Rien de commun avec la *Philharmonique*.

Les clients ont abandonné les cafés, la pharmacie, l'épicerie, la boulangerie, la boucherie, le commerce s'est arrêté aussi loin que vole la musique. Tout ce monde s'agglomère autour des étrangers, la circulation est bloquée, les voitures se dressent sur leur siège pour voir et entendre. Une vraie foire du Pré. Mais les Italiens semblent inquiets de ce rassemblement. Soudain, ils interrompent le concert, rangent leurs instruments, font comprendre qu'ils souhaitent s'en aller. Comment, s'en aller ?

« *Pa partchi* !

— *Si, si, parti. Carabinieri ! Noi, prigione !*

— Ils disent que les gendarmes les mettront en prison. »

Et la quête ? Est-ce qu'ils ne vont pas faire la quête ? Ils ramasseraient une fortune ! Mais non, leur musique, ils l'ont jouée pour le plaisir, pas pour la quête. Ils s'en vont, ils se faufilent, *permesso ! permesso* ! ils descendent la rue Conchette comme un troupeau de chèvres, ils ne savent pas où ils vont, mais ils y vont d'un pied rapide.

Voilà comment sont venus les Piémontais, qui sont des sortes de paysans, des sortes de maçons, des sortes d'artistes.

Au printemps, arriva le compagnon de jeu attendu par Gilberte. Dans le dernier moment, Auguste et Francine s'étaient décidés pour une fille. On ne sut jamais au juste où ils se l'étaient procurée, tantôt l'un laissait entendre que Charlotte provenait de Vichy, tantôt l'autre qu'elle arrivait de Clermont, puisque à Thiers il n'existait aucun magasin à bébés.

La sage-femme, Mme Pallaget, dit :

« C'est une belle enfant. Dommage qu'elle ait les pieds plats.

— Les pieds plats ? s'étonna Auguste. Vous êtes sûre ?

— Tout à fait sûre. Comme sa sœur Gilberte. Si c'étaient des garçons, on dirait : ils ne serviront pas dans l'infanterie.

— Gilberte aussi a les pieds plats ?

— Vous ne l'aviez pas remarqué ?

— Mais alors... Puisqu'elles n'ont pas la même mère... elles tiendraient ça de moi ? »

Mme Pallaget examina les pieds d'Auguste, les trouva parfaitement normaux, expliqua que les deux filles pouvaient avoir hérité d'un ancêtre lointain cette malformation à laquelle lui-même avait échappé. Comme dit le proverbe, il y a toujours une vache noire dans l'étable, même quand les parents sont rouges, blonds ou bigarrés.

Hortense eut la joie de connaître cette nouvelle descendante avant de mourir. Son cœur avait des caprices inattendus, il la laissait quelquefois en panne au milieu de l'escalier, pantelante, la bouche ouverte, elle devait s'asseoir sur une marche, attendre qu'il veuille bien se remettre en mouvement. Francine n'aimait guère qu'on transportât la nouveau-née rue des Barres, au domicile de son arrière-belle-mère, Auguste devait gronder :

« De quoi as-tu peur ? Mémé Hortense souffre du cœur. Crains-tu que ça s'attrape ?

— Non. Mais elle est si vieille ! Pleine de microbes. Forcément, à son âge ! »

Il haussait les épaules. En les voyant paraître, Hortense s'exclamait :

« Ah ! Vous voici ! Je savais bien que je vous verrais aujourd'hui ! Quelque chose me le disait ! »

Quelque chose le lui disait chaque jour. Elle les embrassait avec ses joues qui piquaient ou ne piquaient point, selon les circonstances. Elle s'extasiait sur la bonne mine de Charlotte — le portrait de sa mère en miniature. Elle s'excusait de les mal recevoir, si elle avait su, elle aurait préparé une *pompe*. Et Francine :

« Nous ne sommes pas venus pour manger. »

Sans demander l'avis de Gilberte, qui en aurait bien mangé une part ou deux : elle adorait les pompes aux pommes de mémé Hortense, transportées sur leur planche ronde jusqu'au four du boulanger, cuites pour quatre sous.

« Alors, vous allez prendre un peu de café, avec du lait ?

— Non, non, nous ne voulons rien boire.

— Je sais que mon café est guère fameux : c'est du café d'orge. Mais il vous énervera pas ! Moi, j'en avale trois, quatre tasses du jour ! Je suis une grande cafetière !

— Moi, j'en prendrais volontiers une goutte, disait Auguste, pour ne pas lui infliger un refus général.

— Et moi aussi ! osait ajouter Gilberte.

— A la bonne heure ! Et vous, Francine, laissez-vous faire aussi ! »

L'Américaine répondait d'un petit haussement d'épaules résigné, Hortense se précipitait vers ses casseroles. Elle n'en finissait point de se répandre en excuses, sur la qualité de ses chaises, sur ses tasses ébréchées, sur sa maladresse.

« Vous savez, je suis plus bonne à rien. Ce qui me porte le plus peine, c'est de monter l'escalier. Faut que je me repose toutes les quatre marches ! Je devrais me faire installer un encensoir ! »

Elle voulait dire un ascenseur.

Auguste insista pour qu'elle vît un médecin, je payerai les consultes, les remèdes et tout ce qu'il faudra. Du repos, ordonna le Dr Berger, pas de sel dans votre nourriture. Plus vingt gouttes trois fois par jour d'une certaine eau. On lui procura une chaise longue sur laquelle il lui était recommandé de s'étendre dès qu'elle sentirait une fatigue.

Le jeudi après-midi (le matin étant toujours consacré au trombone), Gilberte obtint la permission de lui tenir compagnie. En son honneur, Hortense cherchait à se lever quand même :

« Je peux pas rester couchée comme une feignasse en présence du monde !

— Si, si, repose-toi ! »

La fillette s'asseyait près d'elle sur une chaise de paille et demandait, raconte-moi quand tu étais petite. Et mémé Hortense se racontait :

« J'étais ce qu'on appelle une enfant abandonnée. Élevée par de pauvres paysans de Pont-Haut. Tout le monde dans le village avait père et mère, et moi rien. Quand je posais la question, on me répondait : Ta mère, c'est la pluie, ton père, c'est le soleil. Drôle de parenté ! Dans la ferme, il y avait deux femmes, un petit garçon, deux hommes adultes et un vieux. Mais alors, un très vieux, et très méchant. Il passait l'hiver au coin du feu et l'été devant la porte, assis sur un banc de pierre. Et pourtant, lui qui ne faisait à peu près rien que tourner la queue du cochon, il mangeait toujours, non seulement sa pitance, mais celle des autres. Il me volait la moitié de ma soupe quand il pouvait. Il rongeait les couennes de lard et ramassait les croûtes de fromage quand nous en faisions. Alors, moi, je lui jouais aussi des farces pour me venger, ce qui n'est pas très joli, mais quand on est une gamine on a des excuses. Je posais des chardons sur sa chaise pour qu'il se pique les fesses. Avec le soufflet, je puisais dans l'âtre un peu de cendre froide, et je la lui envoyais dans la figure. Je valais peu ! Ça le mettait en colère, naturellement, mais je courais plus vite que lui. A la belle saison, près de son banc, il tenait toujours un aiguillon, il m'en donnait des coups dans les jambes si je passais à sa portée. Mais si je me tenais loin, il m'en menaçait, criant : *Torno ma ! L'itombè te pito !* Reviens un peu ! L'aiguillon t'attend ! »

Elle riait, reprenait son souffle. Gilberte disait, encore. Au bout d'un moment, elle reprenait donc sa parlerie.

« Un jour, passa un colporteur, il vendait du fil, des aiguilles, des boutons, des almanachs. Ma patronne lui avait acheté je me rappelle pas quoi. Et comme, par curiosité, je me trouvais près d'elle, il me fit cadeau d'une devinette. Je veux dire d'une image où l'on voit des dessins avec cette question : où est le loup ? où est le gendarme ? où est la charrue ? Tu tournes les dessins en tous sens, tu regardes bien, et tu finis par trouver le gendarme dans un pommier, dans un nuage, dans un buisson. Je me suis longtemps amusée avec ce jeu, je l'emportais dans les champs où je gardais les trois ou quatre vaches de la ferme. Ensuite, il m'est venu une drôle d'idée. Je me suis imaginé que je pourrais de même trouver mon père et ma mère dans les pommiers autour de moi. Faute de pouvoir les tourner et les retourner comme la devinette, je tournais la tête, même sens dessus dessous, et je cherchais dans les arbres, dans les buissons, la figure de ma mère ou de mon père. Fallait-il que je sois bête !

« Heureusement il y avait le petit garçon, il me traitait avec amitié, et je le considérais comme mon frère. Il me donnait en cachette des poignées de noix. Et il continue, maintenant que nous sommes très vieux : il m'apporte des pommes de terre. Il aurait voulu m'épouser, mais ce n'était pas possible, on n'épouse pas sa sœur.

« Ces vaches dont je te parle, on ne se quittait guère non plus, elles et moi. Je couchais à l'étable, dans une caisse pleine de paille. Vues de si près, la nuit, avec leurs gros derrières, elles me faisaient un peu peur, si l'une s'était détachée, elle m'aurait écrabrouillée en reculant. Je fermais les yeux et je me recommandais au petit Jésus. Il arrivait des fois que nous n'avions pas une goutte de lait. Et d'autres fois, le cochon était fini trop tôt, il ne restait pas un bout de lard au charnier. Alors, à midi, sauf la soupe, je n'avais droit qu'à un morceau de pain sec. On me permettait aussi de le jaunir avec un peu de moutarde. A peine. Et comme ça, je mangeais ma tartine à la moutarde. Tu vois, ça ne m'a pas empêchée de grandir, d'avoir des enfants, des petits-enfants, des arrière-petits-enfants. Je regrette rien, sauf mon pauvre Maurice. »

Elle prononçait Maurize, comme cerise.

Soudain, elle se taisait, sanglotait à petits coups, cherchant à se retenir.

Gilberte éprouvait une vive frayeur devant les larmes des grandes personnes.

Elle se levait, se dirigeait vers la porte :

« Je m'en retourne, mémé Hortense.

— Non ! Non ! Attends ! Ne pars pas !... Je vais... »

Elle faisait un immense effort :

« ... Je vais te chanter quelque chose... Assis-toi. »

Elle se raclait la gorge, longuement. Elle essayait deux ou trois fois la chanson, de sa voix menue, menue : *Mo mouére... Mo mouére teniò...* Elle toussotait encore, il fallait tendre l'oreille pour entendre les paroles. Gilberte ne parlait point le patois, mais elle le comprenait :

Mo mouére teniò ma no den
Que tremblavo quan co bofavo.

Moun pouére, fabre do vialage,
Bi soun martè lo tabolavo[1].

C'était son propre cas, il ne lui restait qu'une dent, longue, jaune, impressionnante dans sa bouche désertique. Hortense bâillait largement pour qu'on la vît et, en guise de marteau, elle la tapotait avec l'ongle de son index. Elle continuait ainsi sa mimique jusqu'à ce que Gilberte, complètement rassurée, éclatât de rire. Quand mémé Hortense en prenait la peine, c'était une femme qui aurait fait rire un cheval de bois.

Tous les soirs, Pitelet venait aussi faire un tour chez sa grand-mère.

« Si tu te sens fatiguée, pourquoi ne t'installerais-tu pas à la maison ? Tu nous gênerais guère, et tu me ferais bien plaisir.

— Grand merci. Je dis pas non, le moment venu, quand je pourrai plus me suffire. Mais pour l'instant, je me suffis encore. Amène-moi seulement la petite Charlotte un peu plus souvent, si possible. »

Elle profitait bien des longues visites de Gilberte. Quand la fatigue lui coupait le souffle, elle disait, donne-moi la main. L'enfant y consentait et lui confiait une main que la vieille femme retenait entre les deux siennes. Ta main me guérit, disait-elle.

Puis, un matin, elle n'ouvrit pas ses volets. Une voisine courut en avertir Auguste. Il la trouva froide dans son lit, le visage reposé, comme si elle dormait encore.

Ce qui fait que, cette année-là, les Pitelet se séparèrent d'une très vieille édentée, mais en gagnèrent une autre toute jeunette. La famille n'eut donc ni perte ni bénéfice.

Après d'infinies délibérations, la sirène fut tout de même installée sur la toiture municipale. Aux essais, elle produisit des mugissements qu'on entendait de Pont-de-Dore. A peine se trouva-t-elle en place qu'un incendie éclata aux usines Delaire, il semblait n'attendre qu'elle. Or, ce jour-là, elle n'était pas d'humeur et refusa de fonctionner. Ce qui fait que les choses se déroulèrent selon l'habitude et qu'il ne resta pas grand-chose du bâtiment sinistré. En revanche, le dimanche qui suivit, elle mugit à la perfection, une dizaine de fois et tout le monde depuis n'eut qu'à se louer de ses services.

Ce fut une année chaude. Pour obliger l'Allemagne à payer, trois divisions françaises avaient occupé la Ruhr, provoquant une grève générale des ouvriers et des mineurs, des attentats contre nos

1. Ma mère n'avait qu'une dent / Qui tremblait quand il faisait vent. / Mon père, forgeron du lieu, / La tapait avec son marteau.

troupes, des représailles sanglantes. Des mineurs français et belges, des soldats du génie remplacèrent les grévistes auxquels le gouvernement allemand versait des allocations. Le mark s'écroulait, s'émiettait, se réduisait en poussière, chaque ménagère en avait besoin d'une panerée pour acheter sa subsistance quotidienne. Plus que jamais on parlait de reprendre la guerre là où on l'avait laissée.

En attendant cette reprise, on inaugurait à tour de bras les monuments aux morts de la guerre interrompue. A Thiers, la cérémonie eut lieu le 5 août, sous la présidence de M. Clémentel, sénateur du Puy-de-Dôme. C'est le projet de l'architecte Deroure qui en définitive avait été retenu. La pièce maîtresse en était une sculpture de pierre blanche, œuvre de Johanny Durand, statuaire à Boën-sur-Lignon : elle représentait un Celte de haute taille soutenant un poilu épuisé ; celui-ci abandonnait filialement sa tête casquée sur l'épaule de l'ancêtre. A droite et à gauche, sur des tablettes de marbre, étaient gravés les 566 noms. L'ornementation florale avait été assurée par M. Piédoye, horticulteur. L'*Union Philharmonique* exécuta un morceau lugubre à souhait, mais dont le titre annoncé par le programme remplit maints Thiernois de perplexité : *la Mort d'Ase*. Le mot *ase* signifiant « âne » dans leur parler, ils se demandèrent quel pouvait bien être cet âne qu'on avait mis en musique pour inaugurer leur monument.

Ensuite, un chœur d'enfants chanta une cantate de circonstance composée par M. Jeannolle qui, outre ses fonctions au pupitre de la *Philhar*, enseignait le solfège dans les écoles. S'aidant d'un violon dont il grattait modestement et de sa barbiche-métronome, il s'y était gagné le sobriquet de « père Bouqueton ». Les vers richement rimés de la cantate étaient signés *Henry Franz*, pseudonyme littéraire de Mlle Fontbonne, auteur de plusieurs recueils poétiques couronnés par l'Académie française :

Nous venons nous grouper autour du monument,
Temple offert par l'amour de la cité natale.
Vers vous, libérateurs de l'étreinte brutale,
Notre merci monte ardemment.
Avec nos chants de gloire, avec l'encens des roses,
Nos cœurs sont les autels de vos apothéoses :
Vous renaissez en ce moment.

Aux premiers rangs des petits chanteurs, figuraient les « pupilles de la Nation », institution nouvelle sur qui convergeaient les regards ; conscients de leur importance, ils cherchaient des yeux dans le marbre le nom du père à qui ils devaient ces honneurs.

Le maire, M. Clouvel, commença l'appel des 566 héros, mais ses cordes vocales ne purent résister à l'épreuve, il fallut le remplacer avant la fin.

Après lui, prit la parole le sénateur Clémentel. Craignant que ces pauvres rustres de Bitors n'entendissent rien aux figures et aux symboles et voulant leur épargner d'autres confusions, il fit la lecture expliquée du monument :

« Ce coq tout en haut, qui lance un cocorico de victoire, ce coq, en latin *gallus*, représente le peuple gaulois dont nous sommes les descendants...

« Voici précisément un de ces Gaulois, ou plus exactement un Arverne, un compagnon de Vercingétorix, reconnaissable aux ailes de son casque, à sa poitrine nue, car, contrairement aux Romains cuirassés, les Arvernes combattaient la poitrine offerte aux coups.

« Appuyé à lui, un poilu de la dernière guerre, recru de souffrance et de fatigue. Leur embrassade signifie que le même sang, la même vaillance coulent dans les veines des deux héros. Que le passé est garant du présent et de l'avenir.

« Au-dessus d'eux, cette couronne de palmes signifie... »

Au terme du discours, *la Marseillaise* donna le signal de la débandade. Les notables et les musiciens se dirigèrent vers la mairie où les attendait du vin mousseux. Les autres adultes s'égayèrent dans les bistrots pour y vider des chopines ou consommer la *Minette* à l'anis sortie de la distillerie Cotillon. Quant aux pupilles de la Nation, abreuvés d'honneurs, personne ne se soucia de leur soif ; mais les fontaines coulaient gratuitement.

Un peu partout, cet été-là, il se léchait beaucoup de glaces. Vendues généralement dans la rue par des marchands espagnols ou italiens. Fabriquées aussi par des glaciers régionaux, dont le plus achalandé était M. Dugne de la rue Conchette. Les manches retroussées, il les pétrissait sous les yeux de la clientèle. Dans sa vitrine, un écriteau publicitaire mettait en garde la clientèle :

Mes crèmes sont fabriquées dans des ustensiles spéciaux, et non comme le font d'autres personnes dans des bassines servant à tous les besoins. Spécialité de crèmes napolitaines et américaines sur commande. Plum-pudding, macédoine de fruits, etc.

L'affaire Bechon-Guionin n'était toujours pas jugée. La justice, craignant de perdre dans cette affaire sa sérénité, sentant que la majorité de la population coutelière soutiendrait l'accusé contre la victime, prit deux précautions. Primo, elle confia l'instruction à un juge éloigné de l'Auvergne : Paul Bechon fut transféré à la prison de la Pierre-Levée à Poitiers. Secundo, elle attendit la saison froide, espérant que les basses températures calmeraient l'échauffement des esprits.

Les hirondelles quittèrent la contrée. Les premières brumes

givrèrent les pelouses du square des Grammonts. En novembre, le procès commença enfin. On ne sut pas grand-chose de ce qui se disait devant ce lointain tribunal. Plusieurs témoins à décharge firent le voyage de Poitiers. Parmi eux, l'abbé Jean Brugerette, maître à penser du quartier Saint-Jean par l'intermédiaire de ses chroniques dans le *Journal de Thiers* qu'il signait « Le Rat ». Devant les juges poitevins, il exalta les hautes qualités morales des Bechon, leur sens de l'honneur, leur probité :

« Quand à Paul, c'est un garçon que je connais bien et que j'apprécie ; je lui ai même confié, il y a deux ans, l'entraînement d'une chorale que j'anime.

— En tout cas, s'écria l'accusation, la musique n'a guère adouci ses mœurs ! »

Après délibération, les jurés rapportèrent un verdict d'acquittement.

Le soir du 11 novembre, doux comme sait l'être quand elle veut la Saint-Martin, les rues thiernoises grouillèrent d'une effervescence qui ne devait rien à la célébration de l'armistice. Tout ce monde se dirigeait vers la gare où Paul Bechon était attendu. Auguste Pitelet lui-même fit savoir son intention d'en être.

« Je viens avec toi ! décida Gilberte tout de go.

— Je ne vois pas ce que tu irais faire dans cette cohue ! » dit l'Américaine.

Et Auguste : « Laisse : il n'y aura que du brave monde. Des amis de Paul Bechon. »

Arrivés devant le collège, le père et la fille furent arrêtés par l'épaisseur de la foule. Ils trouvèrent refuge sur trois marches d'un perron, d'où Gilberte essaya de voir en allongeant le cou. De tout ce populo montait une odeur fortement thiernoise : la sueur acide des hommes se confondait avec la fade sudation des machines qu'ils venaient de quitter et dont ils gardaient toujours la senteur sur les mains, la figure, les vêtements, comme le paysan celle de ses vaches.

A l'extrémité de la rue, un remous soudain, qui se propage par ondes jusqu'à eux :

« Le voilà !... C'est lui !... Vive Bechon !... Vive Paul Bechon ! »

Quelque chose avance en tanguant sur la houle des têtes. La multitude entre brusquement en transes : on crie, on applaudit, on se démène. Cependant, les visages n'expriment pas l'allégresse qui conviendrait à ces clameurs victorieuses, mais une âpre satisfaction, qu'on sent dans le feu des regards et la brutalité des voix. Au loin, Gilberte distingue un buste, deux bras, une tête. C'est Paul Bechon porté en triomphe par deux hommes, d'autres leur ouvrant un passage. Et lui, sans un sourire, gravement, envoie à deux mains des baisers autour de lui.

« Vive Bechon ! Bravo Bechon ! A mort les banquiers ! A bas le capitalisme ! Bravo Bechon ! Tu as bien fait !... »

Ces pauvres bougres de Ventres Jaunes, d'estampeurs, de trempeurs, de cacheurs, de mouleurs, de monteurs, ces mal payés, ces mal instruits, ces mal rasés, ces mal lavés, ces malodorants voient en lui leur champion : celui qui a osé lever la main contre un mauvais riche. Qu'importe que ç'ait été pour sa cause à lui, et non pour leur cause à eux : il leur suffit qu'il se soit révolté. Son exemple isolé a la valeur redoutable d'un précédent. L'un d'eux élève sur ses paumes un petit garçon et lui recommande :

« Regarde, mon belou ! Regarde cet homme ! Il a voulu punir un voleur de banquier, un suceur du sang des pauvres ! Regarde bien, mon belou : c'est Bechon ! Et les juges, qui sont pourtant des bourgeois, ont pas osé le condamner. Ils ont eu peur de nous. Vive Bechon !

— Vive Bechon ! » répète le belou de sa voix pointue.

Le triomphateur passe. On ne le voit plus que de dos, ramant toujours à pleins bras. Gilberte, elle, ne comprend rien à tout ce remue-ménage. Auguste se demande s'il a bien fait de l'amener. Si même il a bien fait de venir au milieu de ces fanatiques, cependant que l'assassin innocent s'éloigne dans la tiédeur de cette fausse nuit d'été.

Les statisticiens établirent qu'en 1924 la Terre possédait un milliard et huit cents millions d'habitants. Ils prédirent qu'à sa présente vitesse de reproduction, la population terrestre s'élèverait dans un siècle à cinquante-deux milliards ! Les Responsables tremblèrent à une telle perspective : « Mais où les mettrons-nous ? Comment les nourrirons-nous ? Il faudra en expédier sur les planètes environnantes ! » Les Thiernois, au contraire, s'en réjouirent, songeant à tous les couteaux qu'il faudrait fabriquer pour ces milliards-là.

En attendant, c'est leur ville qui recevait des excès de population. Après les Piémontais arrivèrent les sidis. Ils venaient du Maroc, de l'Algérie, de la Tunisie. La plupart des Bitors considéraient qu'ils appartenaient à une civilisation inférieure parce qu'ils ne buvaient pas de vin, ne mangeaient pas la viande du cochon, se nourrissaient de raves crues, jouaient à des amusements d'enfants comme les dominos et les osselets, ignoraient leur date de naissance et faisaient pipi accroupis à la manière des femmes. Lorsqu'ils riaient, ils plaçaient une main devant leur bouche — comme font chez nous certains bâilleurs raffinés — pour empêcher les diables d'entrer en eux par cette porte. Il était donc normal qu'on les tutoyât. On leur enseignait par ruses les bonnes manières : on leur faisait avaler du vin mousseux en disant que c'était de la limonade ; du saucisson pur porc en prétendant qu'il s'agissait de saucisse de chèvre ; on leur apprit à fumer. Bref, on les civilisa. Certains sidis allèrent même si loin qu'après un an ou deux d'apprentissage seulement ils se comportaient en parfaits Bitors et descendaient leurs deux litres de limagnon quotidiens.

Le malheur est que souvent ils supportaient mal nos usages, une chopinette de trop suffisait parfois à leur faire perdre la vue et l'esprit. Alors, ils tiraient leur couteau et étripaient quiconque osait dire *pouf* quand il eût fallu dire *peuf*. La victime était d'ailleurs presque toujours un frère de race. N'empêche que la population locale craignait les sidis comme le mal noir, et s'écartait de leur chemin chaque fois qu'il n'était pas indispensable de les rencontrer.

En matière de travail, ils acceptaient les besognes les plus basses, les moins rémunérées, pelletant le charbon et le sable, ramassant les ordures, enfourchant la ferraille, curant les fosses d'aisance. Chacun y trouvait son compte : le travailleur local réservé aux tâches nobles ; le patron qui économisait ; l'Algérien qui pouvait s'acheter des raves et envoyer quelques radis à sa famille.

Certains prenaient des sortes de repas dans une cantine, au fond de l'impasse du 29-Juillet. Un Thiernois ne s'y fût pas aventuré pour tout l'or du monde. Mme Thiallier, boulangère rue de la Coutellerie, ravitaillait en pain le cantinier et ses congénères, n'osant lui refuser le crédit, de peur qu'il ne l'égorgeât. Toutefois, elle lui envoyait de temps en temps son apprenti Roro, muni d'une facture en bonne et due forme. « Ils n'oseraient pas toucher à ce gamin, se disait-elle. Tandis que moi... » Roro arrivait dans l'impasse, montait en tremblant l'escalier sans jour, pénétrait terrorisé dans la salle où deux douzaines de sidis mâchaient, buvaient, vociféraient, jouaient aux dominos, le couteau planté dans le bois de la table.

« Ti diras à ton patronne, répondait le cantinier, que moi payi la semaine prochaine. »

Là-dessus, il lui glissait dans la main une pièce de cinq sous percée qui ne faisait point partie du règlement et que Roro allait dilapider en bâtons de réglisse.

La bonne rosée tombait du ciel sur les entreprises d'Auguste : depuis le départ de Mignot, il avait doublé sa production. Les rasoirs *l'Hirondelle* volaient sur plusieurs continents en dépit des lames Gillette répandues par les Américains : celles-ci mordaient mal sur les barbes populaires et convenaient aux seuls désœuvrés qui n'ont rien de mieux à faire qu'à se raser chaque matin. Pour sa part, le Thiernois, Thiernois de Thiers fidèle à ses traditions, Thiernois bitor, qu'il fût patron, monteur, ouvrier, ne se faisait la barbe qu'une fois la semaine ; pendant six jours, le rasoir avait récupéré son tranchant, comme il a été précédemment expliqué ;

on l'affinait au moyen de quelques glissades sur le cuir. La barbe la plus rétive, longuement détrempée par l'eau chaude et le savon, tombait en douceur sous son fil. Que pouvait Gillette sur de tels porcs-épics ?

Vingt mois après son indépendance, Pitelet avait payé ses dettes. Alors, il estima le moment venu de changer le mobilier de son salon. D'avoir enfin une pièce digne de lui où il pût sans rougir recevoir les visiteurs de marque. Il s'adressa, non point à un marchand ordinaire, mais au propre fournisseur de Georges Clemenceau, M. Brugière, gouverneur de la *Cité du Bric-à-Brac*. Celui-ci portait une barbe grise fendue qui rappelait vaguement le profil d'un pis de vache, et dont il trayait alternativement les deux pointes.

« Ce que vous voulez, dit-il, si je comprends bien, c'est du pas commun.

— Voilà : du pas commun.

— Eh bien, ici, vous n'aurez que l'embarras du choix. »

Il conduisit Francine et Auguste de pièce en pièce, d'émerveillement en émerveillement. Elle posait des questions sur le style, l'âge, l'atelier de fabrication ; lui, interrogeait sur la nature et l'épaisseur des bois, la solidité des étoffes, la stabilité des couleurs. Devant un ensemble tapissé de velours cramoisi, Mme Pitelet s'écria :

« Oh ! Voilà ce que nous cherchons ! J'en suis certaine !

— Une copie de Louis XVI, datant de 1860. Hélas, madame, elle est déjà retenue par les Cabannes. »

Cabannes, un des plus riches industriels de la région, avait les moyens de se payer du Louis XVI et tous les Louis du monde s'il lui chantait. Auguste demanda le prix.

« Bougre ! fit-il.

— Rassurez-vous, dit M. Brugière, j'ai du pas commun plus abordable. Dans le cas de ce salon, ce qui fait cher, c'est l'assortiment. Si l'on accepte des pièces moins bien appareillées, on fait de grandes économies. Et l'originalité n'en souffre pas. Au contraire ! »

Après bien des examens, on finit par tomber d'accord sur la commande suivante :

— un canapé-lit style Empire sur pattes de lion en bronze ;

— une table ronde style Régence en acajou, avec dessus retournable, permettant de jouer aux dames sur un damier de marqueterie ;

— quatre chaises à dossier galbé orné de grecques et de cordons dorés ;

— un fauteuil Voltaire tapissé de velours vieux rose ;

— un petit meuble Louis-Philippe en acajou appelé « confiturier » pour loger les bouteilles, les carafes, les verres.

Le tout complété par un certain nombre d'articles à suspendre aux murs : un fusil marocain incrusté de nacre ; un éventail asiatique à longue queue ; un tableau sur toile entièrement peint à la main, figurant une tempête avec un navire en perdition ; une glace ovale à pompons d'argent. Enfin, pour faire beau et pour aller avec la fontaine d'Aurillac, un chauffe-bain en cuivre désaffecté, marque *le Précurseur*, avec pieds de bronze et ce mode d'emploi : *1° ouvrir le robinet ; 2° allumer le feu.*

Le plus difficile ne fut ni la livraison ni la mise en place, mais le voisinage. Le canapé-lit impérial avait grand-peine à supporter la présence du guéridon royaliste ; le fusil marocain s'entendait mal avec la fontaine auvergnate. Mais Auguste était peu sensible à ces incompatibilités d'humeur, même si les visiteurs de marque avaient parfois devant leur assemblage des sourires, des haut-le-corps, des écarquillements d'yeux. A la longue, il en sourit le premier et prit coutume de dire, mon salon, quand on l'a vu une fois, on ne l'oublie plus jamais.

Francine compléta cet ameublement au moyen de garnitures de sa main : doubles rideaux de percale, embrasses en toile de Jouy, carrés de filet disposés sur les chaises et le fauteuil. Ces derniers représentaient des paons affrontés. L'ennui était que chaque visiteur, après avoir couvé le sien tout le temps de la visite, l'emportait inconsciemment collé à son postérieur. Gilberte avait pour mission de les récupérer avant la sortie, ce qui exigeait de la délicatesse.

Quelques jours après l'enlèvement du salon Louis XVI tapissé de cramoisi, Mme Cabannes s'en revint éplorée à la *Cité du Bric-à-Brac.*

« Ah ! Pauvre monsieur Brugière ! Savez-vous ce qui nous arrive ?... Je viens de perdre ma belle-mère !

— Toutes mes condoléances, madame.

— Cela a des conséquences bien fâcheuses. Nous ne pouvons plus supporter chez nous ce salon Louis XVI recouvert de cramoisi. Dans une famille en deuil, ce serait choquant, n'est-ce pas ? Peut-être pourriez-vous en changer la tapisserie, pour quelque chose de plus sombre ?

— Impossible, madame : il s'agit d'une tapisserie d'époque. Naturellement, je peux reprendre ce salon et vous en vendre un autre. Mais ce sera pour vous une bien mauvaise opération financière... Voyons... le plus simple... »

Il se tira la barbe.

« ... le plus simple, dis-je, est que vous gardiez votre ensemble et que vous... Attendez une seconde ! »

Il ouvrit un placard plein de rouleaux et d'accessoires, travailla des ciseaux, revint muni de crêpes noirs.

« Voilà. A chaque pièce, fauteuil, canapé, chaise, vous fixez au moyen d'une punaise ou d'un nœud un morceau de ce crêpe. Ainsi, votre salon lui-même portera le deuil de votre belle-mère. Nul ne pourra plus s'offusquer de sa couleur.

— C'est une idée merveilleuse ! Et combien de temps, selon vous, faudra-t-il laisser les crêpes ?

— Six mois me semblent une durée décente. Vous pourrez aussi, après un trimestre, enlever les rubans noirs et les remplacer par des rubans demi-deuil. »

Mme Cabannes s'en alla dans le ravissement.

Me Gautier-Pitelet avait établi son cabinet dans le XIIe, proche les gares de Lyon et d'Austerlitz, non loin du quai de Bercy où les bougnats venaient assidûment faire le plein de gros rouge. Une grande part de sa clientèle était originaire du Massif central, attirée par sa compétence, son dévouement, ses honoraires modérés. Quelques brillantes réussites l'avaient élargie : le divorce de François Grantain, neveu de Mgr Grantain, archevêque de Bourges ; l'acquittement pour irresponsabilité de Robert Harriol, tortionnaire, puis étrangleur de sa femme ; la condamnation de Jean Filhol, accusé par une municipalité de la banlieue est d'occupation abusive d'une bicoque dont l'existence empêchait la reconstruction du quartier, et s'y cramponnant contre vents et marées, et s'y ouvrant les veines pour finir, dans le but de discréditer ses adversaires.

Avant toute plaidoirie, Raymond consultait son père, Pitelet le Fin, et il tenait grand compte des observations du vieux pédagogue.

« Je ne serais pas fier de telles victoires, dit Vincent.

— Je n'en suis pas fier.

— Pour tout dire, j'en aurais même plutôt honte. Si j'étais toi, je me contenterais de défendre la veuve et l'orphelin. Les causes manifestement justes.

— Sait-on jamais avant de l'étudier à fond — et même alors ! — si une cause est totalement juste ou injuste ?

— Tout de même, ce Filhol qui a passé sa vie entière dans cette maison et qu'on veut obliger à partir sous prétexte qu'il y a de l'argent à gagner en construisant des immeubles neufs ! Où est sa part d'injustice ?

— La municipalité de Chantigny lui proposait soit une indemnité substantielle, soit le relogement. De l'argent à gagner, certes, il y en avait pour les entreprises. Grâce au ciel ! Quand le bâtiment va, tout va. Mais l'enragé têtu n'y perdait rien.

— Rien que son passé, ses souvenirs, ses voisins. A un âge où le moindre changement d'habitudes peut te rapprocher de la mort.

— C'est le conflit éternel de l'intérêt public et du particulier. Parmi les nouvelles constructions, il ne faut pas oublier le projet d'un marché couvert que la population réclamait depuis longtemps.

Où est la plus grande injustice : dans la commodité d'un seul ou dans celle de la majorité ?

— Tu appelles commodité l'instinct de vouloir rester ce qu'on a choisi d'être. Au point de préférer le suicide au changement.

— Le chantage au sang, nous le connaissons bien. N'aie pas trop pitié de Filhol. Fais-moi crédit sur ce point.

— Je te l'accorde. Tu as choisi un métier difficile.

— Il serait trop beau, trop simple, de n'être jamais que le champion des innocents qu'on opprime. Je dois défendre aussi des escrocs, des prévaricateurs, des voyous, des assassins, des brutes sanguinaires. Alors... la honte ou la fierté, connais pas ! »

Un jour, tomba l'invitation de Joseph Rigal :

Aubervilliers, le 16 avril 1924

Cher maître,

Votre nom m'a été donner par un ami qui n'a eut qu'a se loué de vos services. Moi et Mme Rigal mon épouse nous nous trouvont engagé dans un procès d'héritage très compliqué, je serais heureux de vous recevoir afin de vous exposé notre affaire. Natif du Cantal, nous sommes donc un peut vos compatriotes parait-il et je suis sure que vous êtes l'homme qu'il nous faut pour deffendre nos interrèts. En consequence je vous invite a venir me rendre visite des que possible et même à déjeuné, vous nous ferai plaisir.

Je vous attents. Votre bien dévoué

Joseph Rigal.

Le texte manuscrit était précédé d'une en-tête bicolore et illustrée : à gauche, le portrait en pied de l'envoyeur, le ventre plus qu'avantageux sous sa blouse auvergnate ; à droite, une vue de l'entreprise, ses grues, ses amoncellements, ses wagons ; au centre, la raison sociale, en rouge et noir :

JOSEPH RIGAL
Chevalier des Palmes Académiques
Ferrailleur. Récupérateur.
Tous travaux de démolition.

« Vous allez chez Rigal ? Le gros Rigal ? se fit préciser le chauffeur de taxi.

— Je vois qu'il vous est connu.

— Un de mes confrères lui sert de transporteur. Lui n'a ni voiture, ni permis de conduire, à cause de son volume. Il lui faudrait un véhicule sur mesure. Alors, il se déplace en taxi-abonnement. »

La maison, bâtie en lave sombre, couverte d'ardoises surprenantes au milieu des tuiles plates et du fibrociment, ressemblait avec ses nombreuses fenêtres à une auberge de montagne.

A son coup de sonnette, il fut reçu par une grande fille aux cheveux courts, aux yeux de charbon, aux cils immenses. Elle le précéda dans l'escalier. Il avait devant lui la douce ondulation de ses hanches, le mouvement de ses mollets. En arrivant devant la porte du salon, le cœur lui battait comme s'il avait monté cent marches. Dès cet instant, il sut qu'il épouserait cette fille-là ou aucune autre ; il marcha dans son ombre et dans son parfum, elle le conduisit où il devait aller. C'est ainsi qu'il fit la connaissance des Rigal : le père, la mère, les cinq enfants et la ferraille.

Grosso modo, Joseph Rigal avait la forme d'une rave. Il n'avait pas toujours été ainsi et se plaisait à rappeler le temps de sa maigreur, l'humilité de ses origines, moins basses d'ailleurs qu'il n'eût souhaité :

« Je suis né dans une ferme près d'Ytrac, à deux lieues d'Aurillac. A peu de chemin de Vielle où naquit le poète Arsène Vermenouze. Une commune où vivaient déjà deux fois plus de vaches que d'hommes : depuis, la disproportion a dû grandir. J'ai gardé celles de mon père jusqu'à l'âge de seize ans. Chacune portait sa cloche au cou. Quand le battant se perdait, je le remplaçais par un clou ou par une molaire de porc. L'une produisait un bruit de casserole, l'autre chantait comme la sonnette du curé. Ainsi, nos montagnes étaient pleines de musique. Vermenouze avait quinze ans de plus que moi ; mais je l'ai bien connu, avec sa belle barbe et ses longues moustaches. L'hiver, au cours de nos veillées, il récitait des poésies qu'il avait composées en langue d'oc ou en français, et c'est à lui que je dois mon goût pour les choses littéraires, malgré mon manque d'instruction. Un beau jour, c'était vers 1880, j'ai suivi l'exemple de Vermenouze et me suis jeté sur les routes de l'aventure. Mais tandis que lui partait vers le midi, j'ai pris la direction du nord en compagnie d'un groupe de dinandiers. Plus tard, du cuivre je suis passé à d'autres métaux, aux vieux chiffons, aux peaux de lapin, j'étais une sorte de peillereau en gros. J'ai eu, monsieur, des dizaines de leveurs qui battaient les villages et les villes et m'apportaient leurs collectes à pleins sacs. Ils payaient deux sous la peau de lapin blanc que je leur achetais cinq sous et revendais dix aux fourreurs et aux fabricants de feutre. Ensuite la guerre est venue avec ses immenses destructions. Le quart de la France était couvert de ruines, de rails tordus, de trains démolis, de ponts sautés. Je me suis spécialisé dans la récupération et je ne crois pas mentir en disant que je suis devenu le plus gros ferrailleur de France. »

Là-dessus, il levait les bras et virait sur lui-même comme pour esquisser un fandango, afin de mettre en valeur son tour de taille. A l'improviste, sa voix se brisait, son menton faisait la peau d'orange :

« Mais je n'oublie pas que j'ai commencé ma carrière comme petit berger sur les bords de l'Authre. »

Il faut préciser que Joseph Rigal avait toujours été servi par une chance infaillible : ses mains changeaient en or tout ce qu'elles effleuraient. S'il lui arrivait d'acheter un terrain en viager, l'ancien propriétaire mourait dans les six mois. Des actions ? Leur cote grimpait sans attendre. Un billet de tombola ? Il gagnait le gros lot.

Il employait noblement quelques miettes de sa fortune, remplissait sa demeure d'œuvres d'art et de livres *qu'il lisait*, ce qui lui permettait de briller dans les conversations et de citer des auteurs de renom. Lui qui ignorait l'orthographe (du moins s'en vantait-il, mais on le soupçonnait de commettre exprès des fautes), il avait fondé un prix littéraire, le prix *Joseph Rigal*, destiné à couronner un écrivain illustrateur du Massif central en langue d'oc ou en langue française. Il espérait bien que le *Rigal* immortaliserait son nom comme le *Goncourt* celui des frères homonymes, et l'avait à cet effet doté d'une rente perpétuelle. En attendant, son action culturelle lui avait valu le ruban violet.

« La ferraille ! s'écriait-il. Oui, oui, je sais : les beaux esprits se moquent de ma ferraille. Mais cette ferraille-là, voyez-vous, m'a procuré les plus pures joies du monde. »

Mme Rigal, née Vidalenc, lui avait apporté en dot des espérances terriennes considérables et donné cinq enfants qui ne devaient rien à personne, bien que leur mère fût aimable, étourdie et myope. Il lui arrivait de sucrer la soupe et de saler les fraises, de confondre les jours de la semaine et les prénoms de ses intimes. Pour l'heure, elle se trouvait en conflit d'héritage avec une demi-sœur maternelle et un demi-frère paternel, motif pour lequel on avait appelé Me Gautier-Pitelet à la rescousse.

En entrant dans cette famille, Raymond ignorait tout de sa fortune et de ses ambitions. Il n'eut d'yeux que pour les traits de Jeannette, la fille aînée, d'oreilles que pour sa voix et son rire. Elle servait à table avec l'aide de Madelon, sa cadette.

« Ici, expliqua Rigal, tout le monde est au turbin. Les bonnes habitudes ne se prennent jamais trop tôt. »

Le merveilleux de la rencontre fut que Jeannette remarqua les regards ardents du jeune homme, ses rougeurs, ses bévues, ses bégaiements, et qu'elle y trouva plaisir.

Raymond eut besoin de revenir souvent à Aubervilliers. Le procès qui s'ensuivit lui donna l'occasion de ferrailler victorieusement au profit du ferrailleur.

« Je voudrais, dit celui-ci, vous expliquer ma gratitude autrement qu'en honoraires. Nous possédons dans la vallée de la Cère une espèce de baraque ancienne où nous allons chaque été. Venez donc passer quelques jours en notre compagnie. »

La baraque en question se révéla être un manoir à tourelles, chapeauté de lauzes schisteuses. Il faisait partie de l'héritage sauvegardé.

« Je suis un démolisseur, expliqua le propriétaire, qui sait aussi reconstruire et restaurer à l'occasion. La truelle à la main. J'ai trimé six ans à relever ces ruines pour les rendre habitables. Et au dernier moment, elles ont failli se vendre aux enchères ! Sans vous...

— Jeannette, dit Mme Rigal, fais donc visiter la maison à Me Gautier-Pitelet. Tu y verras mieux que moi. »

La fille aux longs cils le guida des caves aux pigeonniers, le tenant par la main dans les couloirs obscurs. Ils fouillèrent longuement les combles où les attendaient des malles cerclées de cuivre, un mannequin d'osier, un divan poudreux.

« Eh bien ! demandait Mme Rigal à leur retour. Vous êtes-vous bien amusés ? »

Sans attendre la réponse, elle proposait : « Aimeriez-vous me donner un coup de main pour effiler mes haricots ? Les yeux m'en pleurent ! »

Ils visitèrent aussi le parc, gravèrent leurs initiales, un *J* et un *R* superposés, dans l'écorce d'un sycomore d'où tombait de temps en temps une hélice désemparée. Madelon, la jeune sœur, les appelait de loin :

« Raymond ! Jeannette ! Où êtes-vous ? »

Ils se cachaient derrière les buis sauvages et Jeannette recommandait :

« Ne réponds pas ! Elle m'ennuie, celle-là ! Qu'elle aille à ses poupées ! »

Ils couchaient dans deux ailes opposées de la vaste demeure, séparés par des hectomètres de corridors, de dallages, de tapisseries, de panoplies, de portemanteaux ; mais le petit jour les surprenait souvent réunis, dans les bras l'un de l'autre. Jeannette réveillait son amant de deux baisers sur les paupières, il s'arrachait à elle et partait, les pieds nus sur les tomettes froides.

Un matin, Mme Rigal se trompa d'heure et s'étonna de ne pas trouver Jeannette dans la cuisine en train de préparer le café, comme il entrait dans ses attributions. Elle s'en alla gratter à la porte de sa chambre, ouvrit, passa la tête :

« Alors quoi ! Et ce café ? »

Les deux innocents n'avaient pas entendu chanter l'alouette et ils dormaient encore ; l'une ouvrit des yeux éberlués, l'autre s'enfonça sous les couvertures d'où seule dépassait sa chevelure noire et crépue.

« Tiens ! s'étonna la mère. Tu couches avec le chat, maintenant ? »

Comme dans toute bonne farce, le quiproquo finit par un mariage.

1925-1926

Une guerre nouvelle venait d'éclater. Dans une région du Maroc appelée le Rif, les populations s'étaient révoltées, ce qui, aux yeux de la plupart des Français, était incompréhensible : comment ces sauvages pouvaient-ils refuser les douceurs de la civilisation française, les cinémas, les routes, les écoles, les hôpitaux, les perceptions, les casernes ? Après l'armée de métier, les soldats du contingent furent envoyés contre les rebelles. Le nom de leur chef, Abd el-Krim, attestait bien ses intentions criminelles. Plus que par la lecture des journaux, les gens de Thiers étaient tenus au courant par les complaintes :

Sous le soleil marocain,
Je pense à toi, à toi ô ma jolie !
Dans les sables sans fin,
Ton amour seul berce ma nostalgie.
Au pays des Rifains,
Ton souvenir me fait aimer la vie...

Au square des Grammonts, sous la rubrique *Guerre du Rif*, il fallut ajouter deux ou trois noms aux 566 qui figuraient sur les tablettes.

Pour financer les opérations militaires, le Parlement rogna les dépenses civiles. C'est ainsi que les sénateurs s'en prirent aux pensions que touchaient les tuberculeux de guerre, gazés ou blessés du poumon : bienheureux Cent-pour-Cent qui faisaient durer leur privilège et s'obstinaient à vivre sans travailler aux dépens de la nation. Alors, des milliers de tousseux, de cracheux, de boiteux se réunirent à Paris, appuyés sur leurs cannes ou leurs épouses, et défilèrent devant le palais du Luxembourg. N'ayant guère de souffle pour crier des mots d'ordre, ils se contentèrent de brandir des pancartes. Ils marchèrent sur le Sénat et, raclant leurs poumons, ramonant leurs bronches au plus profond d'eux-mêmes, expédièrent contre l'auguste bâtisse leurs glaires sanguinolentes. Les agents de police durent reculer devant cette averse.

« Heureux, se disaient les vieux émouleurs thiernois, poitrinaires de profession, heureux ceux qui crachent leur mou en se faisant payer. Nous autres, nous le crachons gratuitement. »

Cependant, la coutellerie semblait enfin sortie de ses peines. Auguste Pitelet décida même d'ajouter à la fabrication des rasoirs celle des couteaux de table et des couverts. En cette sorte d'articles, la concurrence venait moins de Sheffield ou de Solingen que de Nogent-en-Bassigny, dans le pays de Langres, dont les modèles étaient renommés pour leur qualité et la finesse de leur profil. Auguste tint à dessiner les siens lui-même ; s'il ignorait la division, il portait en lui le sens de la ligne, hérité de son père Pitelet l'Artiste. La première dynastie sortit donc un jour de son usine, car chaque pièce, couteau, cuiller, fourchette, louche, avait des traits communs avec les pièces voisines comme en ont les membres d'une même famille. Elles sont conçues pour être vendues ensemble, par douzaines associées dans le même écrin. Pitelet eut un, puis deux représentants.

Par ailleurs, il se jeta à corps perdu dans l'inoxydable, sans abandonner toutefois l'acier ordinaire qu'il réservait aux couteaux de table. « Je sais que certains fabriquent le couteau de table tout inox, lame et manche. Mais moi, je prétends faire encore des lames qui coupent. Quant aux manches de belle corne blonde, ils sont l'orgueil de la maison. Je n'y renoncerai que lorsque toutes les vaches du monde se trouveront écornées. »

L'année 25 fut en somme assez heureuse, excepté pour les tuberculeux et pour ceux qui combattaient Abd el-Krim, les Béni-Zéroual, les Béni-Khaled et les Béni-Oui-Oui. Le nombre des chômeurs secourus dans la France entière tomba à 13 462. Thiers n'en comptait plus qu'une poignée, des irréductibles. Les rouets électriques se multipliaient. Les femmes portaient les cheveux à la garçonne. Les routes elles-mêmes faisaient peau neuve : on avait entrepris de les tartiner d'une épaisse couche de goudron sur laquelle les automobiles filaient comme la foudre. La plus haute vitesse permise pour traverser la ville restait néanmoins limitée à 12 km/h. Quant aux vieux voituriers, ils voyaient avec terreur approcher le jour où les abruptes rues thiernoises seraient à leur tour goudronnées, où leurs chevaux partiraient là-dessus les quatre fers en l'air ; et ils ronchonnaient sous leurs moustaches grises :

« Joli progrès ! Un progrès qui fait regret ! »

Un progrès qui leur soulevait le cœur autant qu'une soupe froide.

Aux élections de mai, les Bitors décidèrent de changer de même leur municipalité, et ils rappelèrent le distillateur Cotillon qui prit la place de M. Clouvel. Il avait dû, pour gagner des voix modérées sans perdre celles des prolétaires, déteindre légèrement son socialisme et se présenter comme « républicain-socialiste ». L'opposition l'accusa d'avoir mis beaucoup d'eau dans sa *Minette*.

On passa l'été à travailler, à pêcher la truite et le gardon, à boire, à jouer aux quilles, à danser le charleston, à braconner, à émoudre de l'aube à la nuit, à manger la pompe aux pommes, le milhar aux cerises, la tarte à la bouillie, à boire le vin d'Escoutoux et des Garniers. Dans cette routine, les sidis apportaient un peu d'animation en se poignardant entre eux par-devant et par-derrière. Tel était l'ordre normal des choses. On en vint de la sorte, sans méfiance, au terrible 8 novembre.

Le Dr Joseph Claussat, député de l'arrondissement, conseiller général du canton, maire de la commune de Châteldon, médecin des pauvres, bête noire des riches, défenseur des couteliers, avait accepté, contre tous ses principes, l'invitation d'un notable de la Ferté-Vidame (Eure-et-Loir), venez donc chasser le lièvre et la perdrix avec nous, on ne sera pas plus de douze ou quinze fusils. La Ferté-Vidame ! Aucun Auvergnat n'avait jamais entendu le nom de cette bourgade. Un patelin inconnu de la chrétienté. Mais que diable avait-il besoin d'aller chasser le lièvre à la Ferté-Vidame ? Comme si le lièvre avait manqué autour de Châteldon !

Le matin du 8 novembre, voici donc les quinze fusils déployés en tirailleurs qui s'enfoncent dans la brume, derrière le jappement des chiens. Et soudain, alors que la pétarade n'a pas encore commencé, Claussat pousse un gémissement, lâche son arme, porte les mains à son front et s'affaisse sur la garenne. Les chasseurs se précipitent à son secours, il se tient toujours la tête et prononce ce qui sera son ultime diagnostic :

« Une hémorragie cérébrale. Je n'en ai que pour quelques instants.

— Que faut-il faire ?

— Rien. »

Son visage est secoué de convulsions. Trois minutes plus tard, il meurt, ses yeux béants tournés vers le ciel incolore de la Ferté-Vidame sous lequel il n'aurait jamais dû venir. On l'emporte, la partie de chasse est finie.

A Thiers, personne ne veut croire à l'étonnante nouvelle : comment peut-on, quand on s'appelle Joseph Claussat et que tout le monde a tant besoin de vous, mourir en pleine force, à cinquante et un ans ? Et à la Ferté-Vidame !

Au Palais-Bourbon, Édouard Herriot, président de la Chambre, prononce le traditionnel éloge du parlementaire disparu : il rappelle ses mérites, ses innombrables interventions, ses discours véhéments en faveur de la paix, de la justice, de l'enseignement populaire, des assurances sociales, du couteau à cran d'arrêt genre laguiole, contre l'impôt sur les salaires :

« Candidat ou élu, il parlait avec une brève fermeté qui parfois tranchait d'un mot comme la lame aiguisée par l'émouleur auvergnat. Pour cette rude franchise, les ouvriers dont il défendit la cause l'aimaient autant que les paysans. »

Quelques jours plus tard, les obsèques attirent à Châteldon une foule immense. Derrière le corbillard des pauvres, marchent la veuve du défunt, sa sœur et son beau-frère, M. et Mme Pierre Laval ; le reste de la famille ; le reste de la commune ; le reste du pays.

Un grand silence tomba sur l'arrondissement. Les Ventres Jaunes hésitaient à remettre les meules en marche. Les chardonnerets dans leurs cages se taisaient à l'unanimité. C'est à peine si la Durolle chuchotait.

Sur les recommandations de son entourage, avec conscience, Marguerite Claussat essaya de vivre. O mon amour, ô tes mains, ô ta voix, ton coup de sonnette différent de tout autre ! O mon amour de la rosée ! Ton ombre, mon cadran solaire ! Que de jours maintenant à traverser sans plus jamais te voir ! Je ne me sens pas la force. Les chemins ne conduisent nulle part. Nulle part : l'endroit où il faut que j'aille. Non point à petits pas tranquilles, mais d'une seule enjambée, vigoureuse comme les tiennes. Et je te rejoindrai encore chaud de mes baisers, ô mon amour, ô mes saisons ! Me voici derrière la porte, je vais entrer. Mon bien-aimé, tu n'attendras guère.

Elle prit une ancienne ordonnance de son mari, écrivit à l'encre bleue : *Ceci est mon testament, je soussignée, Marguerite Claussat, veuve du Dr Claussat Joseph, née à Genève l'an 1883, saine de corps et d'esprit, lègue tous mes biens mobiliers et immobiliers à la commune de Châteldon, à charge pour elle...*

Te rappelles-tu notre première rencontre, en 1905, au bord du Léman tout palpitant de voiles ? Tu me demandas la place où Michel Servet, ton malheureux collègue espagnol, avait été brûlé par les calvinistes, tu voulais y aller en pèlerinage. Je m'embrouillai si bien dans mes explications et mon ignorance que tu oublias ton intention et demeuras longtemps debout et confus devant moi, ton panama à la main, ébouriffé par le vent du lac. O mon amour paladin, prêt à livrer toujours les combats désespérés, je voyais déjà dans tes yeux ce rayonnement qui t'eût jeté en un autre siècle contre le fanatisme religieux... Mais non, dis-je, je suis française, née de parents savoyards, Genève n'est qu'un hasard dans ma vie. Tout de suite, j'ai su que tu m'emmènerais, que j'allais changer de patrie et de foi.

Puis, elle fit sa toilette, endossa la robe de 1905, d'un bleu pâli, pieusement gardée depuis ce jour, ordonna sa coiffure, se poudra et se colora les joues.

De ce moment date ta passion pour le bleu, les yeux bleus, les oiseaux bleus, les fleurs bleues. Tu aimes les bleuets, les campanules, les véroniques, les myosotis, les pieds-d'alouette. Autour de notre maison s'épanouissent en été le lin et l'hortensia. Notre chambre est tendue de bleu. Il y a dans chaque pièce quelque chose de bleu, un vase, un tableau, un bouquet, un coussin, une dentelle.

Elle ouvrit le placard où le docteur rangeait sa pharmacie, chercha parmi les flacons, trouva ce qu'elle voulait : cyanure. Elle entra dans la chambre conjugale, le peignoir de Joseph était resté au dossier d'une chaise, ses pantoufles semblaient l'attendre, les lieux étaient remplis de sa présence. Elle regarda la glace, et s'y vit seule. Elle s'allongea sur le lit et avala le contenu du flacon. On la découvrit le lendemain, froide, inerte, les lèvres bleues.

Depuis longtemps, Maurice Broussegoutte n'employait plus de mouchoir, il se torchait le nez avec ses doigts. Ce jour-là, il se frotta donc les yeux avec le dos de la main pour mieux voir ce qu'il voyait : le clocher pointu de Vollore-Ville, le Bourg ancien, les tourelles du château, les jardins, les vignes, les ruches. On entendait le tip-tap d'un monteur sur son enclume. Une voix d'enfant chanta, celle de Gilberte, la petite-fille de Zapatez :

Do, ré, mi, fa, sol,
do ! — si, la, sol !
Do, ré, mi, fa, sol,
do ! — si, la, sol !

Tel était le résultat de l'enseignement dispensé à Thiers par M. Jeannolle dans les écoles publiques.

Maurice Broussegoutte monta davantage, vint au plus près, redoutant de se faire remarquer. Depuis sept ans il menait une existence de juif errant, craignant les pierres, les insultes, les coups de fusil, volant ou mendiant sa pitance. Vêtu de loques. A force d'errer dans des pays étrangers dont il baragouinait la langue, l'Allemagne, la Hollande, la Suisse alémanique, il en était venu à oublier quasiment la sienne. Quand il ne lui plaisait pas de répondre aux questions, il faisait mine d'être muet, s'exprimant par des grognements et des gestes.

En 1914, un peu avant la mobilisation, il avait eu l'idée de consulter le cantonnier d'Escoutoux qui avait réputation de pratiquer la sorcellerie :

« Dis-moi si je reviendrai de la guerre.

— Non, tu n'en reviendras point, j'aime autant te le dire que te le cacher. Ou alors, si tu en reviens, tu seras condamné à mort.

— A mort ? Pour quel motif ?

— Abandon de poste. Ou désertion. Ou trahison. A toi de comprendre. »

Ainsi, tandis que les autres partaient joyeusement, criant à Berlin, Broussegoutte avait embrassé son père et sa mère en pleurant, sûr qu'il ne les reverrait plus. Il s'était retourné dix fois pour saluer encore les deux pauvres vieux debout devant leur porte.

Sur le front, il avait cependant combattu aussi proprement que les autres. Jusqu'à ce jour de mai 1915 où, blessé aux jambes, il avait été capturé au bois le Prêtre que les Allemands ont baptisé le bois des Veuves. Les majors ennemis l'avaient soigné et remis sur pied. Après quoi, Maurice s'était trouvé domestique dans une ferme du Wurtemberg, content d'être toujours en vie, mais tourmenté par sa situation de prisonnier. Le maître d'école de Vollore-Ville prêchait à ses ouailles :

« Le soldat français doit lutter jusqu'à la mort et ne jamais se rendre à l'ennemi ! »

Maurice Broussegoutte priait le ciel pour que la guerre durât jusqu'à la fin des temps.

Mais enfin, l'armistice avait éclaté. Les vignerons wurtembergeois lui avaient dit :

« Moritz, rentre à présent chez toi. Nous n'avons plus besoin de tes services.

— Gardez-moi un peu. *Ein Wenig*, avait-il supplié. Rien que pour ma nourriture. »

Ils avaient bien voulu y consentir, jusqu'au retour de leurs fils. Après quoi, ils avaient répété :

« Nous n'avons vraiment plus besoin de toi, Moritz. Retourne en France, avec la bénédiction de Dieu. »

Il s'était donc résigné à partir, dans ses vêtements mi-civils, mi-militaires, emportant une musette avec des provisions. Il marchait vers le soleil couchant au-delà duquel, selon les conseils du pasteur, il devait trouver la France. Il allait, il allait, demandant un bout de pain par-ci, un œuf par-là, dormant dans les étables ou les meules de paille. Souvent les chiens aux trousses. Chapardant ce qu'il n'obtenait point par pitié.

De l'Allemagne, il passe en Hollande. Puis il revient sur ses pas, entre en Suisse. Il rêve de la France dans ses cauchemars, il se voit devant le conseil de guerre, condamné au poteau d'exécution. Il retourne en Allemagne. Parfois, les gendarmes l'arrêtent, le condamnent à quelques jours de prison pour vagabondage : c'est le plus grand plaisir qu'on puisse lui faire.

Et sept ans de la sorte. Avec sa longue barbe, ses culottes ouvertes, ses godillots percés, il n'offre plus figure humaine. Les Allemands se décident enfin à l'expulser sans appel, et l'accompagnent à la frontière, va tout droit, ne reviens plus chez nous, on t'a assez vu, *Weg !* Mais il ne sait plus aller tout droit. Il avance en zigzag d'une forêt à une autre, évitant les routes, les voies ferrées, les agglomérations, dormant le jour, marchant la nuit. Il voudrait bien rentrer en Auvergne, mais n'a qu'une idée très imprécise de la géographie. Certains curés lui font l'aumône et redressent son itinéraire. Il marche à s'user les jambes. Un jour, pourtant, il distingue à l'horizon des montagnes dont il reconnaît le profil.

A Vollore, personne ne le remet : sa barbe le protège, on le croit mort. Un mendiant comme il en passe tant. Appuyé sur son bâton, il traverse le bourg. On le considère sans sourciller. Le voici devant le jardin de la mairie où se trouve maintenant couché un dramatique poilu de bronze peinturé en bleu horizon, une main sur le cœur. Plus bas, sur des tablettes de marbre, il lit son nom parmi d'autres : *Maurice Broussegoutte.* Il se dirige vers la maison qui fut celle de ses parents, l'avant-dernière en direction de Noirétable. La murette de pierres sèches autour du jardinet. Une vieille femme cueille des haricots. Il tousse deux ou trois fois. Elle continue sa cueillette. Il tousse plus fort. Elle est devenue sourde. Il pousse le portillon, monte quelques marches, paraît devant elle. Ce barbu dépenaillé lui arrache un cri d'effroi, elle appelle :

« Hippolyte ! Hippolyte ! »

Le vieux Broussegoutte sort de sa boutique, une lime à la main, menaçant, tous deux le regardent comme s'ils voyaient le diable. Une absence de dix années est entre eux, plus l'Allemagne, la Hollande, la Suisse, la malédiction de la France sur ceux qui se sont *rendus* à l'ennemi, la prophétie du cantonnier. Alors, Maurice s'adresse à celle qui l'a porté dans ses flancs :

« Oh ! pauvre mère ! Reconnaissez-vous pas votre garçon ? »

Huit jours ils vécurent dans l'ombre, portes et volets fermés, comme lorsqu'un défunt habite une maison. Après quoi, le père déclara :

« Ça peut pas durer davantage. Demain, je descends chez les gendarmes de Courpière. Me renseigner.

— Vous renseigner sur quoi ?

— Sur ce que tu risques.

— Dites-leur bien que j'ai été pris au bois le Prêtre, blessé aux jambes. »

Ainsi fit-il. Le brigadier le reçut.

« Une supposition, dit le Vollorois, qu'un soldat de la guerre il soit été ramassé par les Prussiens en combattant au bois le Prêtre. Comme qui dirait : fait prisonnier. Et qu'ensuite il revienne par ici. Qu'est-ce que vous allez lui faire ?

— Rien du tout. Il y a longtemps que les anciens prisonniers ne passent plus en jugement : depuis l'amnistie.

— L'amnistie ?

— Ça veut dire : le pardon. La République leur pardonne à tous. Qu'ils se soient rendus ou pas.

— C'est bien vrai ?

— Tout ce qu'il y a de plus vrai. »

Le vieux Broussegoutte reprit le chemin de Vollore, heureux comme un jour de Pâques.

« On te pardonne, expliqua-t-il à son fils. Ton temps de Bochie compte pour des prunes.

— Qui me pardonne ?

— La République. »

Alors, Maurice Broussegoutte rasa sa barbe de juif errant et put enfin regarder sans honte sa figure dans la glace : il était pardonné.

A mesure qu'elle augmentait, la prospérité d'Auguste Pitelet devenait plus exigeante : il lui fallait maintenant une voiture automobile. Tous ses collègues possédaient déjà la leur, c'était à qui monterait la plus grosse, la plus luxueuse. Il opta pour une berline Hotchkiss dont l'emblème — deux canons croisés — lui rappelait l'illustre mitrailleuse du même nom qu'il avait eu l'occasion de servir durant la guerre. Elle offrait cependant un défaut, se trouvant un peu basse de plafond. Chaque fois qu'il se baissait pour y entrer, il se cognait la tête et grognait :

« Saleté de bagnole ! »

C'était une manière de prendre à la légère le cadeau somptueux qu'il s'était offert. Avec ses six cylindres, elle grimpait les côtes en rugissant ; le compteur laissait croire qu'elle pouvait filer à 130 ; mais Francine interdisait à son mari de dépasser le 60. Lorsque les quatre Pitelet se trouvaient installés sur les fauteuils de vrai cuir, l'Américaine ne cessait de harceler le chauffeur de recommandations :

« Auguste, attention au virage !... Tu roules trop à droite, tu vas nous envoyer dans le fossé !... Ralentis, tu me donnes envie de vomir... Auguste, si tu dépasses le soixante, je descends avec ma fille !... Prends garde, il y a une poule qui traverse !... Ne réponds pas, ça te distrait de ta route... As-tu vu le panneau ? *Danger !* ... Méfie-toi de cette descente, freine !... Tu roules à soixante-dix, es-tu fou ?... Auguste, je t'en prie, pense à ta famille !... »

Et de la sorte, tout le long du voyage. Aussi, la voiture ne sortait-elle pas très souvent de sa remise, juste ce qu'il fallait pour rappeler aux populations son existence. Gilberte n'en jouissait pas son content. Il lui arrivait de rendre visite en secret à la belle Hotchkiss au garage dormant. Une housse l'y protégeait de la poussière. La fillette soulevait un pan, réussissait à entrebâiller une portière, se faufilait à l'intérieur. Elle prenait place au volant dans l'obscurité, tripotait les leviers, les manettes, imaginait des fuites à tombeau ouvert, les poules écrabouillées, le 130 à l'heure, le crissement des pneus sur le goudron, l'épouvante de Francine :

« Auguste ! Pour l'amour du ciel !... Ne vois-tu pas cette vache ?... Pense à ta famille ! »

Après un moment, repue de kilomètres, l'estomac légèrement nauséeux à cause des odeurs prisonnières d'essence et de vernis, elle serrait le frein, calait le moteur, un jour, moi aussi j'aurai une auto et je la conduirai de mes mains. Ce qui était prévoir bien loin en 1926 : aucune femme de Thiers n'osait tenir un volant, c'est bien assez, disaient les hommes, qu'elles tiennent leur parapluie, la mécanique n'est point affaire de femme, pas plus que la politique.

Les dimanches d'été, venaient les escapades jusqu'à Vichy, capitale culturelle de la basse Auvergne et du Bourbonnais, avec ses casinos, ses boîtes de nuit et de plaisir, ses confiseries, ses concerts, ses tauromachies, ses courses hippiques, son canotage sur l'Allier. On partait tout de suite après déjeuner. Auguste s'était mis un faux col dans lequel, laborieusement, il avait emmanché une cravate à système ; il chaussait des souliers blancs et coiffait un canotier. Francine s'était parée d'une robe à fleurs et d'une capeline. Les petites allaient en cheveux, en chaussettes et sandales blanches. Une fois tout le monde en place dans la voiture, on démarrait avec de grands coups de trompette, on traversait la ville majestueusement. Il fallait avaler ensuite les dangereux virages de la côte de la Chèvre, les mains d'Auguste se cramponnaient au volant, tandis que l'Américaine s'exclamait avant chaque courbe :

« Corne ! Mais corne donc ! »

Après quoi, la route devenait plus rassurante. A partir du pont de Ris, on avait la compagnie de l'Allier, on entrait dans le royaume des eaux, eaux courantes, eaux jaillissantes, eaux guérisseuses. A l'entrée d'Abrest, la berline se rangeait au bord de la route :

« Tout le monde descend ! »

Informées du cérémonial, les passagères obéissaient sans réplique et se mettaient à l'ombre si possible, ou bien restaient à la rage du soleil. Il n'était pas question pour Auguste Pitelet d'entrer à Vichy dans une voiture poussiéreuse et souillée de goudron. Ayant déposé son canotier, il endossait par-dessus son endimanchement une blouse grise, enfilait des gants de travail, tirait du coffre-malle un plumeau avec lequel il époussetait l'intérieur et l'extérieur, chassant le moindre grain de sable, le moindre *bourdji*. Ce premier nettoyage accompli, il entreprenait de faire disparaître les taches bitumineuses au moyen d'un chiffon et d'un peu de *Simonize*. Tout enfin s'achevait.

« En voiture ! Fermez les portières ! »

On repartait. Triomphalement, la berline entrait dans la capitale de la pastille, saluée par les agents de police, aboyée par les chiens. Elle passait devant la gare, descendait l'avenue de Paris, suivait la rue Lucas, allait se ranger devant l'hôtel Astoria, résidence coutumière de l'élite thiernoise. Là descendaient les Cabannes, les Pradel, les Issard, les Barrier, les Barge, les Bostbarge, les Gouttebarge. Et même le père Chambriard, ancien émouleur devenu un des rois de l'estampage : il débarquait en compagnie de sa tribu qui comprenait sa femme, sa fille, son gendre, ses petits-enfants, son chien et un tonneau de vin. Du vin de sa vigne, un abominable pouzin violet mais qui seul, affirmait-il, convenait à son estomac. Le sommelier le plaçait dans la cave de l'hôtel et y puisait tout le temps que durait le séjour des estampeurs. Chambriard en offrait à la cantonade, essayant de gagner les voisins de table à son pouzin. Ces derniers en avalaient un doigt, par politesse, dissimulant leurs impressions. S'il en restait un peu au fond du tonneau le jour du départ, l'ancien Ventre Jaune le confiait au cuisinier :

« Tu le mettras dans tes sauces, ça leur donnera du nerf.

— Monsieur veut dire : du piquant.

— Comme tu dis. »

Il ne pouvait s'empêcher de tutoyer tout le monde. Il quittait l'hôtel sur un compliment de tradition qu'on attendait avec la même certitude que le 14 Juillet. Quand il avait reçu sa note, il jetait un coup d'œil au total :

« Foutre ! s'écriait-il. Y a pas que moi qui estampe ! »

Ensuite, sur un gros rire, il payait royalement.

Pour aborder l'Astoria, l'Hotchkiss des Pitelet devait parfois caboter longuement, à la recherche d'une place abordable. Car, bien qu'elle fût dûment pourvue d'une marche arrière, Auguste ne pratiquait jamais que la marche avant et refusait absolument de reculer. Par bonheur, les voitures étaient encore rares ; après avoir navigué deux ou trois fois autour du parc des Sources, il finissait par accoster le long d'un trottoir. On transbordait les bagages dans les chambres, on faisait un brin de toilette. Le programme des festivités comprenait ensuite inexorablement six parties. A 16 heures, on pénétrait dans les salons du *Club*. Le Club de qui ? Le Club de quoi ? Gilberte ne le sut jamais exactement. En tout cas, un Club de gens importants, à en juger par les chaînes de montres qui barraient les abdomens, les colliers de perles, les bracelets d'or ; un Club d'hommes cravatés comme son père, de femmes chapeautées comme sa belle-mère, d'enfants silencieux et ennuyés qui devaient rester immobiles sur leur chaise en léchant une glace. Les adultes consommaient des cafés ou des chocolats. Les garçons portaient des faces impassibles où seules les lèvres remuaient ; ils avaient des mouvements secs comme les hommes de bois des manèges à musique. Dans des pièces latérales, d'autres personnes importantes jouaient à des jeux de cartes compliqués, Auguste n'y participait point, ne connaissant que la manille et la belote.

A 16 h 30, on s'enfonçait sous les ombrages du parc des Sources, où erraient des pachas enturbannés. On s'asseyait en s'épongeant le front sur une chaise métallique, il en coûtait quatre sous à chacun. On entendait le concert donné sur le kiosque, *Poète et paysan, la Dame blanche, Petite Suite sur l'Arlésienne*. Premier trombone à pistons de la *Philhar*, Auguste émettait des jugements ironiques sur l'entrée des cuivres, la sortie des clarinettes :

« Si j'avais su, j'aurais apporté mon fusil pour tuer les canards ! »

A 18 heures, on se rendait au Casino des Fleurs, rue Sornin ; on y écoutait une opérette d'une exécution plus relevée tout en sirotant des grenadines, des citrons pressés ; la salle évoquait une palmeraie, les colonnes avaient la forme de troncs de cocotiers dont les feuillages se perdaient dans les plafonds. Certains jours, les garçons étaient travestis en autruches, en gazelles, en dromadaires. Des ventilateurs bourdonnaient en soulevant les plumes des chapeaux. Le public payait en francs, en roupies, en piastres, en cruzeiros. Le spectacle durait environ une heure et demie.

Vers 19 h 30, retour au Club pour le dîner. Faute de trouver au menu ses plats de prédilection, rapoutet aux haricots rouges, fraise de veau vinaigrette, mou en civet, sanguette aux oignons, Auguste se rabattait sur une choucroute strasbourgeoise, car le chou est aussi un aliment auvergnat ; les dames prenaient des carottes Vichy, des cailles sur canapé.

Cinquièmement, on regagnait l'Astoria pour y changer de tenue. Chacun s'habillait de fier, Francine se couvrait de sa bijouterie, se poudrait, se parfumait. Cela prenait de trente à cinquante minutes.

Enfin, on se dirigeait vers le Grand Casino pour y entendre *Carmen* ou *la Tosca*. A l'entracte, Auguste rencontrait d'autres couteliers enrichis, sociétaires ou non de la *Philharmonique*, ils trinquaient au bar à leurs santés réciproques et à celle de leurs affaires. Les fillettes s'endormaient avant la fin du spectacle. Pitelet devait rapporter Charlotte sur son dos.

De même qu'elle employait une partie de ses jeudis matin à frotter le trombone paternel, Gilberte devait à présent l'après-midi des mêmes jours simonizer l'Hotchkiss pour enlever les éclaboussures de goudron.

En septembre 1926, une bonne nouvelle : le rebelle marocain Abd el-Krim s'est soumis aux armes françaises. A Marseille, on l'embarque avec sa famille sur le paquebot *Abda* qui doit le transporter jusqu'à l'île de la Réunion, il y sera interné avec les mêmes honneurs que Napoléon à Sainte-Hélène. Sa smala compte plusieurs douzaines de personnes qu'il faudra nourrir et loger. Mais toute paix est bonne à prendre, même si l'on y doit mettre le prix. C'est pourquoi la France a commencé, sur la proposition d'André Maginot devenu ministre de la Guerre, de construire sur sa frontière septentrionale une ligne de défense qui doit la garder de toute nouvelle agression allemande.

Placée par la nature au centre de l'Hexagone, la ville de Thiers ne redoute personnellement aucune invasion. Jules César lui-même renonça jadis à conquérir l'antique repaire bâti sur son rocher et qui portait le nom celte de *Thiern*. Prononcez : *Tchern*. Abrégé en *Tché* dans l'actuel patois coutelier. Il revenait de Gergovie où ses aigles avaient laissé quelques plumes.

« *Quid ille vicus nominatur ?* Comment s'appelle ce patelin ? demanda-t-il à un de ses informateurs.

— Thiern.

— Que veut dire ce mot ?

— Les Thiernenses prétendent, César, que le nom de leur citadelle signifie l'*Inviolable*.

— Laissons-le-leur croire. Je ne vois pas d'ailleurs l'intérêt que nous aurions à nous emparer de ces pierres ! » ricana l'imperator qui savait de temps en temps parler comme le renard devant les raisins inaccessibles.

Thiers ne gardait donc le souvenir d'aucune occupation étrangère, sarrasine, normande, anglaise ni germanique. Si par hasard quelque cosaque s'était égaré après 1815 en ces lieux amènes, il avait très vite été conquis lui-même, épousé une papetière et appris à jouer du flageolet à six trous. Sur les armoiries communales, une caravelle pouvait flotter orgueilleusement, insoucieuse des pirates. Bien qu'il n'en montrât rien, chaque Thiernois ressentait l'honneur qu'il y avait d'appartenir à cette ville où rien ne se faisait, rien ne se disait comme ailleurs. Capitale de la coutellerie, sans doute ; mais aussi capitale de la moquerie ; de l'insouciance ; du bon boire et du gros manger ; de la liberté de rire ; de la liberté de chanter ; du droit de ne rien faire aussi bien que du droit de se tuer à l'ouvrage ; du droit de s'enrichir. Devenu maître de sa meule, de son rouet, de son atelier, propriétaire de sa marque, fabricant ne fût-ce que de passe-lacets, l'ouvrier promu artisan se contemplait dans la glace avec respect, maintenant, pensait-il, je peux dire merde au président de la République. L'un produisait une abominable camelote qu'il se gardait bien de signer : « Thiers ! proclamaient les villes concurrentes. Capitale de la camelote ! » Mais cette camelote était nécessaire aux civilisateurs français qui l'échangeaient dans les colonies contre l'ivoire et les bois précieux. L'autre travaillait des années à une pièce unique, ciselée, damasquinée, guillochée. Des amateurs lui en offraient une fortune. Il refusait.

« Mais alors, monsieur, pourquoi avez-vous fait ce chef-d'œuvre ?

— Pour l'honneur. »
Il le léguait à ses enfants.

Le concierge de l'hôtel de ville prouva publiquement qu'il avait aussi le sens de l'honneur. Au rez-de-chaussée de l'ancien couvent fonctionnait le commissariat de police. Chaque soir, les agents s'arrangeaient — ce qui n'était guère difficile — pour coffrer quelque ivrogne auteur de tapage nocturne ; ils lui offraient l'hospitalité le reste de la nuit ; le matin, avant de le libérer, ils lui mettaient un balai entre les pattes et l'homme dégrisé devait, sous les regards de la population, nettoyer le trottoir et les abords. Depuis toujours, les autorités policières et municipales faisaient ainsi bon ménage et balayaient devant leur porte.

Or un jour du mois d'octobre l'ordure fut étalée. Alors qu'il n'avait rien à faire si haut, le concierge eut la fâcheuse inspiration de monter jusqu'à l'étage des archives, sous les combles de l'édifice. Il allait pousser la porte qui donne accès aux réserves quand elle s'ouvrit d'elle-même, et que vit-il ? Sa propre femme en sortir, rouge, décoiffée, le corsage en désordre.

« Qu'est-ce que tu fiches ici, toi ? »

Elle lui glisse entre les mains, s'esquive sans répondre. Il s'enfonce parmi les registres, les piles de dossiers, de journaux officiels, voit une ombre, la poursuit, revient sur la porte pour lui couper la retraite, réussit à la saisir. On lui envoie un coup de pied dans les jambes. Ils roulent sur le plancher poudreux, parsemé de crottes de rats. Plus fort et plus lourd, le concierge a le dessus : il s'agenouille sur son adversaire et lui serre le kiki.

« Tiens donc ! Monsieur le commissaire de police !... Quelle bonne surprise !

— Lâche-moi... ou tu le regretteras... le restant de tes jours.

— Que faisiez-vous au milieu des archives ?

— Une enquête... des recherches...

— Jolies recherches ! Saligaud ! »

Une cavalcade dans l'escalier. Deux agents revêtus de leur uniforme, alertés par la femme, montent à la rescousse de leur supérieur. Ils réussissent à le dégager, à l'entraîner, à le mettre à l'abri, tandis que le jaloux se place à une fenêtre pour déverser sur lui des injures et publier par la même occasion ce qu'il eût été préférable de garder secret.

« Mais ça ne se passera pas comme ça ! Je lui apprendrai comment je m'appelle, à ce commissaire ! Je le ferai danser ! »

Prosper Dosgilbert, le tambour de ville, n'eût pas fait mieux.

On en parla tant, on en rit si fort que la presse elle-même commenta les événements. Dans le *Journal de Thiers*, « Le Rat » lui consacra une chronique. Avec la charité chrétienne qui convenait au prêtre dissimulé sous ce pseudonyme, il narra des précédents historiques qui s'étaient bien terminés : *La duchesse de Réville reçut un jour les plaintes de son neveu : « Madame, je crois que ma femme me trompe ! — Ah ! tu crois ! Ah ! tu crois ! Mon garçon, souviens-toi que, lorsqu'il s'agit d'accuser une femme, il ne suffit pas de croire : il faut voir ! Et quand on a vu, bien vu et revu, alors, oh ! alors !... Eh bien ! Alors, ce n'est pas vrai ! »*

Quelques jours plus tard, le concierge fut appelé dans le bureau du maire.

« Qu'est-ce que c'est, lui demanda sévèrement M. Cotillon, que tous ces cancans que tu fais courir sur le compte du commissaire ?

— Il ne s'agit pas de cancans, monsieur le Maire : je les ai surpris ensemble, ma femme et lui, à l'étage des archives.

— Et quelles sont tes intentions ?

— Je le ferai danser !

— Qu'entends-tu par là ?

— Je veux laver mon honneur !

— Voyons, mon ami. A Thiers, tout le monde est au courant. Ce n'est pas la première fois que ta femme te plante des cornes !

— J'ignore si c'est la première fois ou non. Mais ce coup-ci, du moins, je tiens le coupable !

— Et tu as choisi un commissaire de police !

— J'ai rien choisi du tout. C'est lui qui a choisi ma femme !

— Te rends-tu compte de ce qu'est un commissaire de police ? Es-tu sûr de n'avoir jamais besoin de sa protection, une fois ou l'autre ? Je sais pas : la plaque de bicyclette qu'on n'a pas achetée... l'éclairage défectueux... les truites un peu courtes dans le panier... Tu as un garçon de dix-huit ans. A cet âge, on ne respecte pas toujours la loi... Vois-tu ce que je veux dire ?... Moi, je ne veux pas de scandale dans mes services, comprends-tu ? En revanche, si tu te tiens tranquille, je ne manquerai pas de défendre devant mon Conseil ta demande de travaux dans ton appartement. »

L'autre réfléchit :

« Vous changeriez le papier peint de la chambre ?

— Certainement.

— Et l'évier de la cuisine ?

— Ça n'est pas impossible. »

Il soupira, prit une résolution :

« D'accord, monsieur le Maire. Pour laver mon honneur, j'attendrai donc une occasion plus favorable. »

1927-1930

L'année 1927 amena des événements prodigieux.

Ce fut d'abord l'envolée de Nungesser et Coli. Depuis quelques mois, il n'était question dans la presse que de traverser l'Atlantique en avion. Chaque pays civilisé se préparait à cette épreuve, la France espérait bien se placer en tête comme elle avait fait pour la Manche avec Louis Blériot. Deux aviateurs français astiquaient depuis longtemps leur appareil qu'ils avaient baptisé *l'Oiseau blanc* : conçu spécialement pour franchir les mers, il pouvait, comme la mouette, se poser aussi bien sur la terre que sur l'eau ; il suffisait dans ce dernier cas de larguer le train d'atterrissage. Charles Nungesser, ancien as de guerre aux quarante-cinq victoires enregistrées, avait choisi pour compagnon d'équipage un nommé François Coli, riche peut-être d'expérience, mais qui dissimulait une de ses orbites sous un monocle noir, ce qui ne lui permettait de voir que la moitié de sa vie. Erreur sans doute fatale, comme devait le prouver la suite de l'aventure.

L'Oiseau blanc décolla du Bourget le 7 mai avant le jour en direction de New York, où il devait se poser trente ou trente-cinq heures plus tard selon la direction et la force des vents. Des bateaux disséminés dans l'Atlantique signalèrent son passage. Les journaux enfin, de Paris et de province, annoncèrent unanimement la merveilleuse nouvelle : *Victoire ! Nungesser et Coli ont traversé l'Atlantique ! Ils ont atterri à New York à 18 h 32 G.M.T.* Toutes nos cloches carillonnèrent. Comme toujours, la France montrait le chemin aux autres nations ! Après ces deux pionniers, des lignes de navigation aérienne française transporteraient prochainement les hommes et les marchandises de l'Europe vers l'Amérique !

Le lendemain, on déchanta. Lesdits journaux présentèrent leurs excuses : ils avaient été abusés par des farceurs, Nungesser et Coli n'étaient pas encore arrivés à New York où, toutefois, on les attendait d'un instant à l'autre. Ils n'arrivèrent pas non plus ce jour-là. Ni le suivant. S'étaient-ils posés sur un îlot ou sur la crête des vagues ? Il fallait bien qu'une fois ou l'autre on apprît quelque chose d'eux, quand le diable s'en serait mêlé ! En fait, on n'apprit jamais rien.

Ainsi finit *l'Oiseau blanc*, tombé à l'eau comme tant de rêves.

Peu de jours après cette funeste entreprise, un jeune Yankee aux dents longues et au menton fendu, Charles Lindbergh, réussit en sens inverse la difficile traversée. Un autre Charles. Charles est un prénom qui a des ailes. L'avion de Guynemer s'appelait *le Vieux-Charles*, et il y aura dans ces mêmes années une flottille de Charles volants : Charles Voisin, Charles Richu, Charles Hippe.

Le Charlot américain s'envola donc de son pays le vendredi 20 mai au matin, seul dans son avion, et se posa sans escale au Bourget le lendemain soir après trente-trois heures de vol. Il n'était, semble-t-il, pas très certain de l'endroit où il plongeait et se demandait si c'était la France ou les Pays-Bas. Il fut très content de s'entendre acclamer en français, langue dont il ne connaissait d'ailleurs rien, sinon les mots indispensables, *mademoiselle, voulez-vous, promenade, merci beaucoup*. On le porta en triomphe jusqu'à Paris, il fut reçu par le président de la République, couvert de fleurs, de baisers, de décorations.

Les Français se résignèrent mal néanmoins au sort de *l'Oiseau blanc*, une aussi totale disparition, corps et biens, confondait. Durant des mois et des années, on espéra des nouvelles de Nungesser et Coli. Un cadavre, au moins. Une épave. Une chaussure. Deux lignes d'écriture dans une bouteille. Des pêcheurs de morue prétendirent avoir aperçu dans un bouge de Terre-Neuve une sorte de corsaire portant bandeau sur l'œil. Un navigateur crut reconnaître Charles Nungesser dans un port antillais, vêtu d'un pagne et couronné de fleurs ; mais il avait refusé de s'exprimer dans notre langue et ne parlait que l'hispano-néerlandais.

Quant à Mme Nungesser, jusqu'à la fin de sa longue existence, elle attendit le miraculeux retour de son fils, espérant que chaque matin serait celui où il frapperait à la porte, pour dire :

« Me voici. Excusez-moi. J'ai été retardé. »

Mais aussi, quelle idée avait-il eue de prendre au milieu de tant d'embûches un borgne pour navigateur ?

Le troisième événement d'importance fut celui-ci : le 13 juin, sous la présidence de son maire Jean-Jacques Cotillon, le conseil municipal de Thiers vota la construction d'un établissement public de bains-douches.

A cette date, seules quelques maisons bourgeoises récentes possédaient une salle de bains particulière. La majorité des Thiernois n'éprouvaient d'ailleurs que rarement le besoin de se laver : en moyenne une fois par jour les mains, une fois par semaine la figure, une fois par trimestre les pieds. Si quelques-uns se jetaient dans la Durolle ou dans la Dore, ce n'était point amour de l'eau, mais amour du poisson. Peu savaient nager, cela ne les empêchait pas d'en ressortir avec des truites partout, dans les mains, dans la bouche, dans les oreilles. Certains vendangeurs en tenue d'Adam se purifiaient dans la cuve à demi pleine de raisin, dont ils remontaient violets comme des aubergines.

Une émouleuse surnommée la Bazaine fut contrainte en 1925 de se faire examiner par le Dr Berger à cause de brûlures intimes qu'elle éprouvait. Il lui demanda si elle pratiquait régulièrement ses ablutions.

« Quelles ablutions ? »

Il s'exprima en patois pour mieux se faire entendre. A quoi elle répondit avec stupeur, pas très sûre qu'il ne se moquât point :

« *Volé pa rire, Mossieu Berger ? Co se lavo doun ?* Cela se lave donc ? »

Quand il prenait fantaisie à un coutelier de procéder à un débarbouillage étendu, il manquait d'espace aussi bien que d'ustensiles. Le plus souvent, il devait se servir d'un baquet au milieu de sa cuisine. Francine Pitelet avait pris aux États-Unis des habitudes aquatiques. Elle employait une vaste cuvette en zinc galvanisé qu'elle nommait son *teub* ; elle y plaçait ses filles nues et les y arrosait comme des plantes vertes. Auguste, quant à lui, se pelotonnait dans une lessiveuse.

C'est dire si le projet de bains-douches municipaux était susceptible de révolutionner les mœurs.

« Nous voulons, proclama le maire, répandre la propreté, vulgariser la douche, démocratiser la savonnette. Quand notre établissement fonctionnera, on ne pourra plus dans notre ville distinguer les pauvres des riches rien qu'à l'odeur. »

Pendant que s'accomplissait l'ambitieuse réforme, les relations se gâtaient entre l'Amérique et L'Europe. La raison de cette brouillerie ? Deux pauvres immigrés italiens, Sacco et Vanzetti, l'un cordonnier, l'autre revendeur de poisson. Depuis six ans, ils attendaient en prison de s'asseoir sur la chaise électrique, accusés sans preuve d'un double meurtre. Un bandit professionnel nommé Maceiro affirmait connaître les vrais assassins : ils formaient une bande dont lui-même avait fait partie, et avec laquelle les deux Italiens n'avaient jamais eu aucun rapport. Les juges refusaient toute révision du procès, entêtés dans leur orgueil yankee, bourgeois et bien-pensant, insensibles aux protestations bruyantes qui s'élevaient de toutes parts en Europe et même en Amérique, aux bombes qui explosaient devant les ambassades des U.S.A., aux grèves violentes de Boston, Dublin, Milan, Bucarest en faveur des deux innocents. Dans le fond de leur cœur, ils reprochaient surtout à Sacco et Vanzetti leurs idées anarchistes incompatibles avec la divinité du dollar, et leur accent étranger. Des écrivains, des artistes, des philosophes, Mme Curie, Mme Nungesser, des évêques, peut-être même le pape insistaient pour qu'ils fussent graciés. Eux, en prison depuis tant d'années, devenaient peu à peu méconnaissables, blancs, creux et friables comme des macaronis qu'ils étaient.

Les Ventres Jaunes et autres couteliers se passionnèrent pour leur cause comme ils avaient fait pour celle de Paul Bechon.

« Y a qu'une solution ! proclamèrent-ils. Déclarons la guerre à l'Amérique !

— Mais, répliqua l'opposition, l'Amérique a été notre alliée contre les Allemands.

— On s'en moque : l'alliance est finie depuis dix ans.

— Nous sommes trop petits pour la battre.

— Faisons alliance avec les autres Européens qui pensent comme nous. Et puis, il n'est pas nécessaire de les battre. On ne va pas réellement traverser l'Atlantique, c'est bien trop large. Et trop profond. Ce qui compte, c'est de leur montrer notre réprobation. Déclarons-leur une guerre morale. On leur expédie quelques coups de fusil symboliques, même s'ils ne doivent pas toucher leur destination. »

Un peloton grimpa sur Margeride armé de pétoires et tirailla en direction de l'ouest, symboliquement. On défila dans les rues, on cria libérez Sacco et Vanzetti. On rédigea une pétition de plus, un télégramme de douze lignes, dans lequel on exigeait la grâce, avec réponse payée. Les juges répondirent par la voix de la presse :

« Vous voulez savoir nos intentions ? Patientez jusqu'au 22 août. A ce moment-là, nous mettrons Sacco et Vanzetti au courant. »

Les anarchistes thiernois se réjouirent de ce demi-succès. Mais quelqu'un s'avisa que l'expression « Nous mettrons Sacco et Vanzetti au courant » pouvait avoir un double sens. Est-ce que, en plus, les Américains se payaient leurs têtes ?

On attendit donc le 22 août dans l'angoisse. L'Amérique oserait-elle braver l'opinion mondiale ? Beaucoup de Bitors s'étaient rassemblés devant la boutique d'un électricien, rue Pasteur, qui avait coutume en juillet de diffuser par T.S.F. les résultats du Tour de France. Dans l'après-midi, la nouvelle tomba : *Sacco et Vanzetti ont été exécutés ce matin à Boston vers minuit vingt sur la chaise électrique*. Maintenant, on savait ce que signifie en américain « mettre au courant ».

En définitive, il n'y eut pas de guerre, physique ni morale. Vanzetti et Sacco furent placés par le bon peuple dans le martyrologe où figurent, pour avoir menacé les privilèges des riches, les pauvres crucifiés, pendus, roués, guillotinés, électrocutés.

Gautier-Pitelet portait en lui la braise de l'ambition, son beau-père cantalou souffla dessus.

« Mon garçon, instruit comme tu es, beau parleur, bel homme, tu ne vas pas consacrer ta vie à la chicane, à défendre les intérêts de Jules ou de Baptiste. Un seul intérêt mérite tes peines et ton talent : le tien, celui de ta famille. Une seule carrière est digne de tes dons et susceptible de t'offrir une élévation rapide : la politique.

— Quelle politique ?

— Tu ne commenceras pas petitement comme fait le besogneux : conseiller municipal, premier adjoint, maire, conseiller général... Non. Je t'offre, dès les prochaines élections, une place de député.

— Vous me l'offrez ?

— Je te l'offre. Tu n'as qu'à la prendre.

— Puis-je d'abord savoir dans quel parti ? Cela compte, il me semble : j'ai mes opinions !

— J'ignore quelles sont tes opinions et je ne veux pas les connaître. Ce qui compte davantage, c'est de choisir la couleur gagnante. Or, tu sais comme moi que le parti qui mène en ce moment le destin de la France est le parti radical : Herriot, Chautemps, Sarraut, voilà les hommes de demain.

— Radical ? Pouah !

— Quoi, pouah ?

— Je n'aime pas les radis.

— Quels radis ?

— On explique que le terme de *radical* vient de *radis* : parce que rouge en dehors, blanc en dedans, et toujours proche de l'assiette au beurre.

— Tu craches sur le beurre ?

— Peut-être pas.

— Et alors ?

— Ma conscience... »

Rigal éclata de rire, férocement : « Un avocat qui parle de sa conscience ! »

Nul ne croit à la chasteté du prêtre, à la conscience de l'avocat. Quoique intérieurement très irrité, Raymond n'essaya point de détromper Rigal, ce n'était pas d'ailleurs une question de mots. Il se contenta d'interrompre le débat :

« Nous en reparlerons. »

Il en reparla d'abord à sa femme. Jeannette dit simplement :

« Si mon père se met en tête de faire de toi un député, tu peux considérer la chose comme acquise. Il réussit tout ce qu'il entreprend. »

Raymond se mit à rêver. D'abord aux honneurs. A la fierté qu'en ressentiraient ses parents longtemps honnis. Aux tournées à bicyclette de son père. A la clôture quasi monacale de sa mère, enfermée dans sa maison, dans son jardin, dans la réprobation montargoise et administrative. Lui, fils de concubins. Petit-fils d'illettrés. Ensuite, au bien qu'il pourrait faire au Parlement, quelle que fût son étiquette. S'il y a tant d'avocats-députés, n'est-ce point parce que les deux tâches sont jumelles ?

« D'accord sur le principe, dit-il au Cantalou. Puis-je savoir maintenant dans quelle circonscription vous me présenterez ?

— Une des vingt-deux de la Seine. Celle où j'ai, en principe, le plus de clientèle. Le XVIIe ou le XIXe.

— Mais croyez-vous qu'à peine inscrit dans une section radicale, je vais être désigné d'emblée comme candidat à la députation ?

— Tu as raison. Et voici mon conseil : au lieu d'entrer chez les radicaux comme j'avais pensé d'abord, tu te présentes en socialiste indépendant. C'est à peu près la même chose, mais tu as les coudées franches. Mon ami et compatriote Pierre Laval, député d'Aubervilliers, n'a pas agi autrement. Je te promets son appui. »

Gautier-Pitelet accepta les règles du jeu. Il fréquenta les bistrots, offrit à boire, serra des mains, soutint la contradiction, essuya les insultes de ses adversaires, échappa de justesse aux coups de bâton. Il établit son programme, composa ses affiches ; Rigal lui prêta du personnel pour les coller dans la nuit brune. Un jour, il eut la douleur de remarquer dans la rue un vieil homme usé par le travail, rongé par la soude et les acides, qui cherchait ses placards afin de cracher sur chacun, minutieusement. Il eut envie de lui dire : « Brave homme, je vous comprends. Mais peut-être ne suis-je pas ce que vous croyez. Voulez-vous que nous fassions connaissance ? Si vous refusez de trinquer avec moi, sans doute accepteriez-vous que nous nous assoyions côte à côte sur un même banc ? » Il n'en fit rien, faute de temps : il devait courir ailleurs.

A Thiers, Joseph Claussat était déjà sous terre depuis deux années, et l'arrondissement ne se consolait point de l'avoir perdu. Il avait fait tout le possible pour le perpétuer, lui érigeant un buste à Châteldon, donnant son nom à l'ancienne route de la Vallée. Mais cela ne le remplaçait point. Claussat était irremplaçable. Personne n'osait briguer sa succession et Thiers resta trois années sans représentant au Palais-Bourbon. Il faut dire aussi que les élections de 1924, faites au scrutin de liste, n'autorisaient pas une élection partielle. En 1928, on en revint au scrutin uninominal.

Deux candidats s'affrontèrent. L'un, Ernest Laroche, maire de Puy-Guillaume où il avait jadis exercé le métier d'ouvrier verrier à la fabrique de bouteilles, membre de la S.F.I.O., se considérait comme le fils spirituel et le successeur tout désigné de Claussat. L'autre, Jean-Jacques Cotillon, maire de Thiers, inventeur de la *Minette*, avançait les mêmes prétentions, bien que son socialisme eût légèrement pâli. En sorte que leurs deux campagnes tenaient un langage unique :

« Si mon ami Claussat était toujours de ce monde, il vous dirait : Votez pour Jean-Jacques Cotillon qui se désista en ma faveur en 1911 !

— Mais pas du tout, chers compatriotes ! Si mon frère aîné

Joseph Claussat (car je l'ai toujours considéré ainsi) était encore vivant, il vous dirait : Votez pour Ernest Laroche, ancien prolétaire et socialiste pur sang ! »

Il n'est pas vrai que rien ne soit plus silencieux qu'un mort. Spécialement en période électorale. A entendre ces appels contradictoires de leur défunt Rédempteur, les couteliers se sentirent bien embarrassés. Jusqu'au jour où l'un d'eux coupa la parole aux deux adversaires pour dire :

« Mais, bougres d'ânes, si Joseph Claussat n'était pas défunt, il ne nous conseillerait pas de voter pour vous ! Il nous dirait : Votez pour moi ! »

Ce qui fit rire beaucoup de monde. Après quoi, chaque électeur n'en fit qu'à sa tête.

Le 29 avril, Ernest Laroche obtint la majorité. Ce n'était un homme ni beau, ni fin, ni instruit ; mais il avait pour lui sa pauvreté, en laquelle on eut confiance.

De son côté, Me Raymond Gautier-Pitelet cueillit le siège parisien que son beau-père lui présentait sur un plateau.

Sous la direction de Raymond Poincaré, les nouveaux parlementaires s'attellent à une entreprise désespérée : stabiliser le franc. Celui-ci, aussi instable que les gouvernements de la République, sautait comme un cabri sur les cotes boursières. Alors qu'avant 14 la livre sterling valait 25 francs-or, elle est passée à 63 francs-papier en 1922, pour monter successivement à 82, à 117, retomber à 65, regrimper à 250. Conséquence des destructions de la guerre, de la légèreté caprine des Français qui ne voient pas plus loin que le bout de leur nez, du mauvais vouloir de l'Allemagne qui ne paye pas les réparations. Pour retenir le franc dans ses cabrioles, Poincaré lui attache un poids d'or à la patte : 65 milligrammes. C'est bien léger. Le cinquième de ce qu'il traînait avant le conflit. On l'appellera le « franc à quat'sous ». La presse exulte néanmoins : *Le franc est sauvé !* Ça durera ce que ça durera.

Un peu plus tard, Aristide Briand, ministre des Affaires étrangères, sauve la paix en signant avec l'Allemagne et une quinzaine d'autres puissances un pacte de renonciation perpétuelle à la force pour résoudre les disputes internationales.

« Arrière les fusils ! s'écrie-t-il à Genève. Arrière les mitrailleuses ! Place à la conciliation ! A l'arbitrage ! A la paix ! »

Tout le monde en a les larmes aux yeux, excepté ses adversaires de *l'Action française*, partisans de la manière forte, qui le représentent montant un cheval de bois avec cette légende :

A cheval sur mon bidet !
Quand il trotte il fait des paix !
Paix ! Paix ! Paix ! Paix !

Il est facile de ridiculiser l'homme de bonne volonté. En sa modeste mesure, le nouveau député thiernois, Ernest Laroche, en fit la triste expérience.

Ainsi que tous ses collègues du Palais-Bourbon, il reçut d'abord la lettre ci-dessous :

Lyneczi STANTOFF
Président de l'Amicale des
Poldèves en Exil *Paris le 4 avril 1929*

Monsieur le Député,

Au nom d'un groupe de Poldèves condamnés aux souffrances de l'exil par la persécution intérieure, j'ai l'honneur de m'adresser à vous. Nous souhaitons que, par vos interventions parlementaires, vous fassiez pression sur le gouvernement français afin qu'il vienne au secours de nos compatriotes, matériellement et moralement ; afin qu'il défende devant la Société des Nations la cause de la malheureuse Poldévie.

Sûrs de vos sentiments démocratiques et humanitaires, nous vous prions de croire, Monsieur le Député, en notre profonde gratitude et vous adressons nos respectueuses salutations.

Lyneczi Stantoff.

N'écoutant que son grand cœur auvergnat et sa fougue socialiste, Ernest Laroche s'empressa de répondre, brièvement mais fermement :

CHAMBRE DES DÉPUTÉS
Ernest Laroche *Monsieur L. Stantoff*
député du Puy-de-Dôme *Président de l'Amicale*
des Poldèves
en Exil

Monsieur,

Bien reçu votre lettre du 4 avril.

Vous pouvez compter sur moi pour défendre votre cause.

Ernest Laroche.

Une douzaine d'autres élus répondirent avec le même enthousiasme, émus par le sort de la Poldévie. Or il se trouva que *Lyneczi Stantoff* (c'est-à-dire *l'Inexistant-off*) n'était que le pseudonyme d'un certain Alain Mellet, journaliste de profession et farceur de tempérament, qui avait imaginé cette blague à des fins antiparlementaires. Il publia dans son journal, *l'Action française*, les réponses reçues et la France entière se gaussa des pauvres et généreux députés. Les Thiernois apprirent d'abord (car la plupart l'ignoraient autant que Laroche) que la Poldévie n'existait point ; dès lors, ils rigolèrent comme des crocodiles de leur représentant qui s'était laissé rouler dans la farine par ledit Stantoff, sacré Laroche, sacré Ernest, c'est bien de lui de promettre n'importe quoi. Pendant des années, le *Journal de Thiers*, adversaire de l'ancien verrier, ne le désignera jamais dans ses colonnes autrement que sous les titres de « défenseur de la Poldévie » ou « champion des Poldèves ».

Mais toute âme bien née n'a-t-elle pas sa Poldévie ? Y avait-il grande différence entre celle d'Aristide Briand et celle d'Ernest Laroche ? Pendant que d'une main il signait le pacte Briand-Kellogg, le ministre allemand Gustav Stresemann écrivait secrètement de l'autre au Kronprinz : *Parmi les buts de la politique étrangère de l'Allemagne, je vois, pour le proche avenir, la rectification de nos frontières orientales, la reprise de Dantzig et du corridor polonais, la modification du tracé de la frontière de Haute-Silésie. A plus longue échéance, le rattachement de l'Autriche à l'Allemagne. Mais il faut tout d'abord que nos étrangleurs lâchent prise ; c'est pourquoi la politique allemande devra pour commencer suivre la formule de Metternich : finasser et se dérober aux grandes décisions. Je demande à votre Altesse Impériale la permission de ne pas en dire plus long dans cette lettre...*

Tandis que les pensées d'Ernest Laroche s'envolaient de la sorte vers l'infortunée Poldévie, le concret modeste et quotidien occupait ses électeurs. En juin, furent inaugurés les bains-douches municipaux. Il en coûtait à la clientèle 1,25 F pour une douche ; 3 F pour un bain ; 50 centimes pour une savonnette ; 40 centimes pour l'emprunt d'une serviette ordinaire et 2,50 F pour celui d'une serviette-éponge. Comme chacun pouvait apporter son linge et son savon, cela rendait la douche accessible à toutes les crasses. L'établissement ne comportait d'ailleurs que deux baignoires où venaient faire trempette les maîtres couteliers qui ne possédaient pas encore leur baignoire personnelle. Mais très vite ils prirent les dispositions nécessaires et se pourvurent de ce récipient. Même si, durant la saison froide, ils s'en servaient en guise de saloir.

Comme l'avait voulu le nouveau maire, la propreté devint donc démocratique ; puis ce fut une mode ; et toujours un sujet de sarcasmes et de chansons :

Vé le férià sé devolà.
Lé teniò no feyro do Pra !

De jantche monde e d'ipelhà,
Ven doré l'otre que pitavon.

D'imoleu, de potrou. Veguette
Mossieu Duvè, Mossieu Brigaud.
« Que fasé don tche ? demandette.
— Vouèden nou lové lu artchò... [1] »

Cela faisait partie de l'inéluctable progrès, comme l'emploi des meules au corindon, de l'électricité, de l'acier inoxydable, du goudron sur les routes. Les vieux indécrottables ronchonnaient toujours : que n'inventeront-ils pas ?

Alors, précisément, un hebdomadaire local eut l'idée de lancer, parmi ceux qui ne craignaient pas de prophétiser en leur pays, un concours sur le thème : comment voyez-vous Thiers, dans cinquante ans ? En fait, le journal n'offrait rien à gagner, sinon l'honneur de voir publier les meilleures réponses. Il y en eut d'étonnantes. L'une annonçait un aérodrome aux portes de la ville ; l'autre, des maisons de quinze étages et un métropolitain comme à Paris ; une troisième, un système d'ascenseurs et d'escaliers mobiles qui permettraient aux habitants du Moutier de se hisser sans effort jusqu'au Point-du-Jour et d'en redescendre. Mais la palme revint aux prévisions de Mlle Alice Belin :

En 1980, l'ouvrier aura sa petite auto pour aller à son jardin ou promener sa famille. Car on aura certainement inventé une auto démontable, pas plus longue à démonter que de dételer un cheval de sa voiture. Et avec une poulie, on grimpera l'auto au grenier. En ce temps-là, tout sera combiné pour que les ouvriers n'aient à craindre aucun accident. La polisseuse aura des gants exprès pour le travail ; ensuite un petit chapeau métallique en aluminium fait comme des écailles de poisson ; et ces écailles d'aluminium auront un mouvement articulé. Elle aura une combinaison de la même étoffe que le casque-chapeau. Et surtout, elles auront toutes une paire de lunettes. Passons aux émouleurs. Au lieu d'une planche, ils auront un petit sommier métallique garni de coussinets. Une cage entourera l'homme, avec des ressorts tout autour. Ce qui fait que, lorsque la meule éclatera, on en rira au lieu d'en pleurer. Car la secousse fera sauter l'émouleur à son plafond et retomber ensuite. Ça l'étourdira sans doute, mais sans l'estourbir.

En agriculture, on fera usage de gigantesques toitures mobiles que, rien qu'en tournant une manette, ça s'enroulera ou déroulera

1. Vers le foirail je suis descendu. / Il y avait une foire du Pré ! / Du beau monde et du guenilleux, / Qui attendait, l'un derrière l'autre. / Des émouleurs, des patrons. Je vis / Monsieur Duvert, Monsieur Brigaud. / « Que faites-vous donc ici ? demandai-je. / — Nous allons nous laver les orteils... »

à volonté. Ça fait qu'au premier coup de tonnerre, allez, crac ! avec l'aide de madame l'Électricité, on couvrira tous les champs...

En attendant l'avènement de ces progrès, les polisseuses continuaient de travailler sans lunettes ni gants ; tout au plus, parfois, s'entortillaient-elles les doigts dans quelque guenille. Les émouleurs continuaient de se jaunir le ventre sur leur planche dure et, quand une meule s'avisait d'éclater, personne n'y trouvait encore une occasion de rire.

Gilberte Pitelet, élève de l'École primaire supérieure, fut brillamment reçue à l'examen du brevet élémentaire.

« A présent, demanda Auguste, que vais-je faire de toi ? »

Elle y avait réfléchi : « Je voudrais suivre les cours des Beaux-Arts, à Clermont.

— Qu'est-ce que c'est que ça ?

— Une école où l'on apprend à dessiner, à peindre, à modeler.

— Et où cela te mènera-t-il ?

— Je pourrais devenir architecte. Ou professeur de dessin moi-même. En peignant des tableaux pour mon plaisir.

— Architecte, c'est un métier d'homme.

— Pourquoi pas de femme ?

— Est-ce que tu serais autorisée à suivre les cours des garçons ?

— Les cours sont mixtes.

— Mixtes ?

— Garçons et filles travaillent ensemble.

— Sous le même toit ?

— Sous le même toit.

— Et tu crois que je vais permettre à ma fille de se mêler comme ça aux garçons ? Tu as bien le temps d'être mixte ! Pas question, drôlette ! Tu n'iras pas aux Beaux-Arts. Clermont, si tu veux. Mais uniquement dans une école de filles ! »

Sidoine-Apollinaire était une E.P.S. plus que supérieure : on y préparait le même diplôme qu'à l'École normale d'institutrices. Les pensionnaires comme Gilberte y menaient une vie monacale sans l'exaltation des prières, sans les douceurs du silence, sans les plaisirs du jardinage. Seules échappatoires : huit heures de sortie par semaine, trois les après-midi du jeudi et du dimanche, deux le dimanche matin. Celles qui se trouvaient pourvues d'un correspondant dûment accrédité lui étaient confiées à la porte de l'école. Les autres, revêtues d'une robe sombre, chaussées de bas noirs et de souliers plats, n'avaient droit qu'à la promenade collective. Encadrées de leurs surveillantes, telle une troupe d'orphelines, elles suivaient les boulevards extérieurs, faisaient un tour complet de la ville et rentraient pour cinq heures au bercail où les attendaient une tranche de pain bis et une barre de chocolat à cuire. Certaines journées de printemps, renonçant au parcours périphérique, elles s'aventuraient jusqu'aux collines environnantes, allaient voir les laveuses de Royat dans leur grotte, cueillaient des mûres à Beaumont ou à Montaudoux, écoutaient en passant la musique dans les guinguettes de Ceyrat. De même, Rutebeuf humait l'odeur du pain frais aux étals des boulangeries. Elles revenaient ensuite rue Sidoine-Apollinaire, toutes tristouillettes ; elles rentraient dans leur école Sidoine-Apollinaire qui portait, disait-on, le nom d'un évêque mort en odeur de sainteté, que le diable l'emporte, affrontaient de nouveau les regards sévères, le chignon hautain, la voix aigre de la surveillante générale :

« Mesdemoiselles, je veux vous voir d'ici dix minutes dans vos salles d'étude respectives ! »

Bien qu'élèves d'un établissement laïc, presque toutes se faisaient inscrire pour la messe du dimanche matin, ce qui donnait droit aux deux heures de sortie. Toujours étroitement encadrées, elles se rendaient à Saint-Eutrope, l'église la plus proche de l'E.P.S. Elles en aimaient les profondeurs violettes, les vitraux, l'inscription frontale : *Asperges me domine*, qu'elles traduisaient *Vos asperges me dominent*. Elles regardaient audacieusement le jeune sacristain, s'amusant à le faire rougir.

Gilberte trouvait des consolations dans la poésie. Celle des autres et puis la sienne. Elle découvrit Rosemonde Gérard, Anna de Noailles, Paul Géraldy ; à seize ans non accomplis, elle se sentit capable des plus longues passions :

Quand cesseront vos traits de le prendre pour cible,
Ce cœur que vous fîtes sensible
Et dont vous n'avez pas pitié,
Seigneur ? Oh ! sauvez-nous de l'amour impossible
Et de la déserte amitié.

Elle-même écrivait des poèmes d'amour sans aimer personne. Sa spécialité était l'acrostiche. Elle le composait à la demande, sans honoraires, dans le seul but de plaire à ses compagnes de clôture, qui se bornaient à lui fournir le prénom :

Je sais : tu as tout pour être adoré,
Et je t'aime d'une amour éternelle.
Ami, quoi qui puisse nous séparer,
Ne doute jamais de mon cœur fidèle.

Avocat, parlementaire, Raymond Gautier-Pitelet multipliait ses travaux : il vint plusieurs fois à Thiers avec un but précis : établir sa généalogie. Retrouver les racines profondes des Pitelet. Auguste l'avertit :

« Sois tranquille, si haut que tu remontes dans la famille, tu ne tomberas jamais sur personne de glorieux. Rien que des couteliers, des émouleurs, des Ventres Jaunes, des ivrognes. »

Et tout d'abord, quel était le sens du nom ? On sait que la plupart des patronymes furent jadis des sobriquets, justifiés par un trait physique ou moral, une profession, une origine : Lebrun, Leblanc, Lelièvre, Fabre, Charpentier, Dauvergne, Langlois, Lallemand. Que pouvait bien être un *pitelet* ? Il consulta sur ce point un érudit thiernois, M. Alexandre Bigay, dont on reconnaissait le savoir à son large chapeau et à sa lavallière. Après s'être fait répéter plusieurs fois la question, car il était fort sourd, il émit une hypothèse :

« A mon avis, *pitelet* pourrait bien être le diminutif d'une ancienne mesure de billon, la *pite*, qui avait cours sous Louis XI. En sorte que le surnom proviendrait d'un de vos lointains ancêtres qui aurait eu pour toute fortune une seule *pite*, une malheureuse *pite*, un *pitelet*. »

L'abbé Rance, vicaire de Saint-Genès, latiniste distingué, proposa :

« *Pitelet ?* Sans doute le mot dérive-t-il de *Pictavus*. Les *Pictaves* ou *Pictons* étaient un peuple celte habitant le Poitou. Diminutif *Pictavulus*. Ce qui, prononcé par un Gaulois, donne facilement *Pitelet*. Par conséquent, les Pitelet de Thiers — et vous savez qu'ils pullulent comme les rats — descendraient tous d'un certain Poitevin de petite taille. »

Auguste lui-même y alla de son explication :

« *Pitelet*, c'est, à peu de chose près, *pito lé*, expression patoise qui veut dire *attends-y*. Attends où ? Attends quoi ? Va-t'en savoir ! Mais chacun a souvent l'occasion d'attendre quelque chose en un certain lieu. Le chef de la tribu avait sans doute l'habitude de dire *pito lé*. Le nom nous reste. »

Peu satisfait, Raymond entreprit de fouiller l'état civil. Il obtint du maire l'autorisation de pénétrer parmi les archives qui avaient assisté trois ans plus tôt à la sanglante empoignade du concierge et du commissaire. Il consulta les registres des trois paroisses. L'abondante ramure des Pitelet se réduisait, à mesure qu'il remontait le courant des siècles, à quelques maîtresses branches. Auguste s'était trompé : il dénicha au XVe siècle un Pitelet « costelier du duc ». Le duc en question ne pouvant être que Louis II de Bourbon, compagnon de Duguesclin, qui eut sa demeure au château du Pirou. Et même des Pitelait, Pitellet, Pyctelet beaucoup plus reculés qui auraient fait le voyage de Jérusalem pour délivrer le tombeau du Christ.

« Sais-tu, annonça-t-il à son cousin, que des Pitelet sont allés à pied jadis aux Croisades et en sont revenus ?

— A pied ?

— A pied, naturellement.

— Alors, je comprends maintenant pourquoi mes deux filles ont les pieds plats. »

1930-1932

Pitelet le Gros, mort sous l'aiguillon des vachers, avait laissé trois enfants. L'aîné, Armand, continuait d'exploiter la marque qui lui avait valu le surnom de Pitelet le Cygne. Ses sœurs, Léontine et Jeanne, bricolaient dans l'entreprise familiale. Armand était père lui-même d'un garçon unique, Paul, né en 1919, qui témoignait de goûts singuliers. Au lieu de s'intéresser aux couverts et au nickelage, il passait son temps à cuisiner. Cela avait commencé par des dînettes de légumes crus, de feuilles de marronnier en salade, de pétales de rose en hachis ; cela continuait, alors qu'il entamait sa onzième année, par des salmigondis sauce bordelaise, des micmacs en fricassée, des bredi-bréda aux champignons. Il affirmait sa vocation sans faillir :

« Je veux être cuisinier.

— Comment peut-on, protestait sa mère, vouloir dans notre situation être cuisinier, alors que tu auras les moyens de t'en offrir un personnel ? »

Mais lui n'en démordait point et retournait à ses casseroles. Si bien qu'elle se préoccupait pour la succession de son fils.

« Ne pourrais-tu avoir un garçon de plus ? » suggéra-t-elle.

Et lui : « Non. Comment partager une marque entre deux héritiers ?

— Mais puisque Paul ne veut pas entendre parler de coutellerie ?

— Sans doute n'a-t-il pas dit son dernier mot. »

Par une sorte de loi salique en usage dans la région, les filles ne pouvaient prétendre à continuer l'entreprise. Le moment venu de partager, on les dédommageait en argent, en bijoux, en valeurs mobilières. A défaut de descendant mâle, le défunt choisissait, plutôt qu'une fille ou un gendre, un neveu par les hommes. Jeanne et Léontine se trouvaient toutefois admises chez leur frère comme subalternes ; célibataires, elles y auraient à vie leur pain assuré. Or, voici qu'à trente-cinq ans sonnés, une espérance matrimoniale s'offrit à Léontine.

M. Alfred Laïkié possédait un comptoir au Sénégal. Libanais

d'origine, chrétien de religion, il y vendait des produits européens, notamment les couverts *le Cygne* qu'achetaient plus volontiers les Blancs établis en Afrique que les indigènes, puisque ceux-ci mangent avec leurs doigts. Lors d'un voyage en France, il rendit visite cette année-là à quelques-uns de ses fournisseurs. Mme Pitelet-Dubourdieu lui montra sa fabrique. Auguste se trouvait là par hasard, ayant à négocier avec sa tante certaine affaire ; il eut l'occasion de voir cet étranger qui devait avoir sur le destin de trois Pitelettes une influence si considérable, et le décrivit ensuite à sa famille dans les termes suivants :

« C'est un rablassou, qui a sûrement mangé à sa faim toute sa vie, avec des cheveux frisés, une figure jaune et, quand il regardait Léontine, des yeux comme des culs de bol. »

Nul ne sut d'abord — elle moins que personne — ce qui chez l'aînée des deux filles avait plu au Levantin. Il lui apporta des fleurs, des bonbons orientaux, une écharpe en mousseline de soie, des boucles de corail. Elle recevait ces hommages avec ébahissement, n'en croyait ses yeux ni ses oreilles. Chaque fois qu'il venait avec un présent nouveau :

« C'est pour moi ? se faisait-elle confirmer.

— Mais, oui, mademoiselle Léontine. Pour vous !

— Oh ! Monsieur Laïkié ! Pourquoi ces folies ?

— Il n'y a point de folies, chère mademoiselle. Ce sont là des échantillons de fournisseurs ! »

Il souriait de toutes ses dents, un peu trop large, en sorte qu'elle ne savait point s'il parlait pour de rire ou pour de sérieux.

Avec la même incrédulité, elle considérait dans la glace son visage bouffi, son nez bourbonique, la moustache légère qui ombrait sa lèvre supérieure. Elle avait constaté que, parmi la douzaine de miroirs qui ornaient l'appartement, deux ou trois, pour des raisons de jour, de hauteur ou d'exposition, lui offraient une image d'elle-même moins défavorable. Devant ceux-ci, elle s'attardait avec complaisance, alors qu'elle ne faisait que passer devant les autres. Dans le couloir, entre deux portemanteaux, se trouvait sa glace favorite, à cause du clair-obscur, de la lumière reçue de dos qui en ce lieu l'avantageaient spécialement. « En somme, se disait-elle, lucide, moins on me voit, plus je suis belle. »

En mélangeant la poudre et le sucre dans une casserole, Alfred lui apprit à faire le café à la turque, servi avec un peu de marc au fond de la tasse. Ils le savouraient ensemble, assis sur le même sofa. Elle saisit un moment opportun pour lui poser la question qui lui brûlait les lèvres :

« Il y a une chose, monsieur Laïkié, que je voudrais bien savoir. Comment aime-t-on les femmes dans votre pays ?

— Pardon ?

— Je veux dire : quelles sortes de femmes apprécient les hommes ?

— Vous savez, au Liban, les choses ne se passent pas comme en France. Généralement, les mariages sont arrangés par les familles, en dehors des intéressés. Le fiancé ne fait la connaissance de sa future que très peu de temps avant les noces, alors que tout est déjà décidé. C'est donc chaque fois pour lui une surprise. Bonne ou mauvaise.

— Et quand la surprise est-elle bonne ? »

M. Laïkié sembla un peu confus. Il sourit d'abord, rougit ensuite.

« Chez nous, finit-il par avouer, on apprécie plutôt les femmes fortes. Je veux dire : un peu grasses. Avec... »

Il s'interrompit, se voila la face, s'excusa :

« Vous me faites dire des choses très... particulières. »

Léontine insista : « Je tiens beaucoup à les savoir. Terminez, je vous prie. Vous aviez commencé : avec... Avec quoi ?

— Eh bien !... avec des hanches bien marquées, en forme d'amphore, annonciatrices d'une longue fécondité. »

Mais très vite il se corrigea : « C'est là sans doute le goût général. Mais il y a des exceptions. De la variété. Comme partout. Naturellement.

— Naturellement. »

Ainsi, Léontine devait à sa graisse les faveurs du Libanais ! A cette graisse maudite contre quoi elle avait tant lutté, des années durant, avec si peu de résultat qu'elle avait fini par renoncer. Devant lui, elle faillit éclater de rire ; mais elle se contint pour ne pas mettre en péril par une gaieté intempestive sa dernière chance.

La semaine suivante, Alfred Laïkié sollicita de Mme Pitelet une entrevue *personnelle*, et se présenta en gants blancs. Elle avait pris soin elle-même de revêtir une robe de dîner en taffetas caméléon.

« Madame, commença-t-il, je voudrais d'abord vous montrer ceci. »

Il sortit de sa poche une enveloppe dont il tira des cartes postales. Elles représentaient sous des angles différents la devanture d'un magasin en articles divers, qu'on aurait eu tendance à appeler en Europe *bazar*, mais qui en Afrique s'appelait *les Comptoirs Laïkié*. Sur l'une d'elles, le personnel, noir et blanc, se trouvait rassemblé devant les vitrines : une douzaine d'employés hilares munis d'objets divers : balai, balance romaine, régime de bananes, fusil de chasse, marteau de forgeron, autour d'un unique visage sérieux : celui de M. Alfred Laïkié lui-même. Cela formait une sorte de vaste allégorie : l'Agriculture, l'Industrie, le Commerce assurant le Bonheur de l'Homme par l'Action et la Responsabilité d'Alfred. D'autres cartes montraient l'intérieur, les rayons chargés de marchandises, les plafonds pendouillants de fouets, de rouleaux de corde, de saucissons, de gourdes, de calebasses. D'autres encore, les réserves.

Mme Pitelet examina avec respect ces diverses photographies qui parlaient plus que de longs discours. Elle avait reconnu au passage, exposés en bonne place, les couverts de sa maison.

« Je pense, fit le Libanais souriant, que vous avez à présent, chère madame, une idée de mon petit commerce. J'aurais pu de même faire prendre des photos de la maison que j'habite avec mon vieux père. Mais, par modestie, j'y ai renoncé. »

A la pensée de l'importance du client qu'elle avait devant elle, et de ce qui allait inévitablement se produire, la Bordelaise éprouva de la tête aux pieds un frisson d'orgueil. Avec soin, il boutonna ses gants :

« Cette démarche aurait dû être accomplie par mon père. Mais, vu son grand âge, ses infirmités, son éloignement, je me dois de tenir sa place. Madame, j'ai l'honneur de vous demander la main de votre fille Léontine. »

Ça y était donc, l'inespéré arrivait ! Et dire qu'elle avait ambitionné pour gendre son neveu Auguste, cet illettré galochard, on peut dire qu'elle l'avait échappé belle ! Il n'était pas bon toutefois de répondre par un oui trop empressé, elle fit des réserves : le départ pour l'Afrique, un climat si différent, un dépaysement aussi complet, et surtout : la distance qui séparerait Léontine de sa mère, quatre jours de bateau ce n'est pas rien. Il eut réponse à tout :

« Mais, madame, pourquoi ne viendriez-vous pas vivre avec elle ?

— Moi ? Avec elle ? A Dakar ?

— Parfaitement. Et votre seconde fille aussi. Ma maison est assez grande pour vous recevoir. Et si vous désirez vous occuper, il y aura du travail pour vous aux *Comptoirs Laïkié*. Je suis en très bons termes avec le gérant, je vous recommanderai à lui. »

Ils rirent de bon cœur, bien que Julie Pitelet en eût les yeux mouillés.

« Vous feriez cela ? Pour nous ? En Afrique ?

— Mais oui, madame. Et avec joie ! »

Elle quitterait donc la coutellerie, cette ville escarpée à laquelle ses jambes ne s'étaient jamais accoutumées réellement, ces hivers rudes, pour une ville plate, au bord de la mer, sous un climat perpétuellement ensoleillé ! Le Libanais ajouta un dernier argument :

« Et puis, vous aurez autant de serviteurs et servantes que vous voudrez. Là-bas, la main-d'œuvre ne coûte presque rien. »

Tout fut donc réglé. Il ne manquait que l'accord des enfants : il ne faisait aucun doute. Armand depuis toujours n'aspirait qu'à mener seul le destin du *Cygne*, sans contrôle maternel ni sororal.

Léontine bénissait le ciel, le Sénégal et le Liban. Jeanne trouverait peut-être en Afrique, comme son aînée, le mari que l'Europe lui refusait.

Les noces se feraient en automne, ce qui permettrait de profiter une fois encore de la bonne saison auvergnate. Alfred présenta une requête :

« Je vais repartir dans quelques jours. On a besoin là-bas de ma présence. Je prends le bateau le 28. Autorisez-vous ma fiancée à m'accompagner jusqu'à Marseille ? »

Léontine applaudit, oh ! oui maman ! nous irons manger des bouillabaisses ! Mais la mère fronça les sourcils : voilà qui était bien audacieux, même pour une fiancée de trente-cinq ans. Une jeune fille ne doit jamais voyager seule.

« Monsieur Alfred, je connais votre honnêteté et la pureté de vos intentions, répondit-elle. Mais je ne permettrai ce voyage que si Léontine est accompagnée d'un chaperon. »

Il eut l'air un peu contrarié, mais finit par prendre son parti de la chose. Va pour le chaperon. Jeanne se trouvait toute désignée. Elle ne connaissait pas Marseille non plus, elle n'avait jamais voyagé au-delà de Chabreloche.

L'embarquement se fit un jour de mai. Les deux sœurs envoyèrent des cartes postales qui n'atteignirent Thiers qu'après leur retour. Mais que de choses elles eurent à raconter ! Ce qu'elles avaient mangé, ce qu'elles avaient bu, la générosité princière de M. Alfred :

« Figure-toi, maman, qu'il laisse des pourboires — j'ai fait le compte — de quinze et même dix-huit pour cent ! »

Mme Julie Pitelet éclata de rire :

« Ce n'est pas comme votre pauvre père, Pitelet le Gros. A Thiers, dans son jeune temps, s'il lui arrivait d'entrer au café, il ne donnait jamais un centime, le pourboire ne se pratiquait pas. Un jour, nous étions à peine mariés, il m'emmène à Clermont voir *la Veuve joyeuse*, et nous entrons boire quelque chose au Café du Théâtre. Et lui, avec son plus bel accent bitor : « Portez chopine ! » Moi, je demande un café-crème. Au moment de payer, il aligne sur le guéridon juste le compte, à un sou près, au nez et à la barbe du serveur. Je lui faisais des signes et les gros yeux pour qu'il ajoute quelque chose, mais il ne comprenait pas. Alors, le garçon se met à nous saluer avec une politesse exagérée, que c'était pire qu'une engueulade : « Merci beaucoup, Monsieur ! Merci mille fois, Monsieur ! Merci infiniment, Monsieur ! » Je ne savais plus où me mettre. A la sortie, votre père me fait comme ça : « Ce qu'ils sont polis, dans cette maison ! Les garçons thiernois leur arrivent pas à la cheville ! »

Par cette anecdote, Léontine pouvait mesurer les profondeurs d'où elle sortait, et l'élévation à laquelle, en devenant Mme Alfred Laïkié, elle allait atteindre.

D'autres Pitelet montent pourtant. L'année 1930 connaît trois crises ministérielles. A la dernière, Gautier-Pitelet est choisi comme secrétaire d'État à la Marine marchande. C'est d'autant plus méritoire qu'il n'a jamais mis les pieds sur un bateau. Excepté sur le bac qui traverse la Dore à Pont-Astier et sur quelques barques de plaisance à Montargis, à Paris, à Genève. Sous l'aile tutélaire du président du Conseil André Tardieu, il se trouve de la même couvée que son ami Pierre Laval, ministre en titre pour la huitième fois, qui lui a fait cette révélation bien auvergnate un jour qu'il se plaignait des combinaisons nauséabondes qu'il voyait fomenter autour de lui :

« Mon cher Raymond, tu as le nez trop fin. Sache que la politique, c'est comme l'andouille : il y faut toujours un peu de merde, mais point trop. Juste le nécessaire. »

Sous André Tardieu, Pierre Laval est ministre du Travail, et c'est lui qui tire du fait-tout parlementaire une poule au pot qui y mijotait depuis dix ans, sans jamais atteindre son point de cuisson : la loi sur les *Assurances sociales*. Elle entrera en vigueur le 1er juillet : obligatoire pour les salariés des deux sexes dans l'industrie, le commerce et l'agriculture. Même les métayers y ont droit, et les gens de maison, et les étrangers. Seuls les fonctionnaires et les prêtres restent omis. Elle couvre les risques de maladie, d'invalidité prématurée, de vieillesse, de décès, de chômage involontaire et de maternité. Chaque travailleur verse tant, son patron et l'État ajoutent une somme égale. Il va de soi que la poule au pot n'est pas du goût des employeurs :

« Passe encore pour la maladie et l'invalidité, ronchonne Armand le Cygne. Mais si je dois payer aussi pour nourrir et élever les enfants de mes ouvrières, moi je réclame le droit de cuissage. »

Auguste l'accepte de bon gré, se rappelant l'époque où il s'enlevait le pain de la bouche pour payer les dettes médicales de son père.

Il monte aussi, à sa façon. Afin de communiquer plus aisément avec les divers ateliers de sa fabrique, il a fait installer des tuyaux acoustiques. Autrement dit, des téléphones à sifflet. Les cinq branches en convergent à son bureau. De là, il lui suffit d'enlever le bouchon de son choix et de souffler fort dans le tube de caoutchouc : à l'autre extrémité, un sifflet pousse un cri strident qui perce le tapage, la personne responsable s'approche de l'embout, parle dedans, puis tend l'oreille pour recevoir les ordres. Les premiers jours, c'était un jouet merveilleux, Pitelet s'amusait à appeler son monde pour le simple plaisir de faire fonctionner l'acoustique :

« Allô ! C'est toi, Floflo ?

— Oui, oui, patron. C'est bien moi. Quoi qu'y a ?

— Tout va bien ?

— Tout va correct, patron.

— C'est bon. Continue. Oublie pas de renfoncer le sifflet. »

Ce Florentin, dit Floflo, est un polisseur sans famille, il a grandi à la campagne chez un vigneron qui lui a principalement appris à boire. Maintenant, il ne peut plus se contenir. Auguste a essayé de le raisonner :

« Voyons, Floflo. Crois-tu que ce soit bien fin de boire tout ce que tu gagnes ?

— J'ai toujours soif, patron. Mais c'est pas ma faute, le médecin dit que j'ai une éponge dans l'estomac. Peut-être que si je me faisais opérer...

— C'est un mal qui s'opère pas, Floflo. Il y faut seulement de la volonté.

— De la volonté, j'en ai pas, c'est pas ma faute non plus, patron.

— Tu vas en guenilles, que bientôt tu montreras ton derrière. Écoute, ce mois-ci, tu iras t'acheter une paire de bleus chez Bravard. Je veux plus te voir dans cet état, tu me fais honte. Compris ? »

Ils en vinrent à cette convention : Auguste ne verserait à Floflo que la moitié de ses salaires ; le reste irait chaque mois sur un livret de caisse d'épargne.

« Comme ça, petit à petit, tu te feras une belle cagnotte. Et tu seras bien content de l'avoir à ta disposition sur tes vieux jours. Naturellement, si, une fois ou l'autre, t'as besoin d'un peu plus pour une dépense de linge, de chaussures, tu m'avertis, et je te remettrai la somme que tu désires en billets de banque. »

Les choses ainsi arrangées, Florentin réduisit le nombre de ses chopines, sa besogne s'en ressentit, il accrut le rendement, tout le monde y gagna. Auguste lui faisait de temps en temps cadeau d'une vieille veste, d'un pantalon encore portable, je sais ce que c'est que d'être orphelin, je l'ai été moi-même, par chance j'ai eu une grand-mère qu'était une vieille intransigeante, elle m'empêchait de prendre les mauvais vices. Une chose cependant qu'il ne put lui enseigner : l'usage d'un portefeuille ou d'un porte-monnaie. Floflo plaçait directement les sous dans ses poches. Sauf les grosses coupures qu'il cachait dans les tiges de ses godillots. Chez lui, l'argent avait une odeur.

Il apprit à se servir du téléphone à sifflet. Un jour — c'était encore dans les commencements du nouveau système — Auguste eut certaine remarque à lui faire au sujet de son polissage. Or, au moment précis où il débouchait le tube approprié et se préparait à souffler dedans, voici que Floflo pousse la porte du bureau et paraît devant ses yeux.

« Te voilà, toi ?

— Oui, patron.

— T'as quelque chose à me communiquer ?

— Oui, patron.

— Moi de même. J'allais juste t'appeler. Mais c'est pas la peine que j'aie fait poser le téléphone, si on se parle comme avant !

— Attendez, patron. Je redescends, et je vous écoute. »

Ainsi fit-il. Sitôt revenu dans son atelier, il enleva le bouchon de son acoustique. De la sorte, leur entretien se déroula dans les formes du progrès.

Le 27 janvier 1931, à la suite d'une nouvelle démission, Pierre Laval constitue son premier ministère. Le maire de Thiers, Jean-Jacques Cotillon, au nom de sa ville et de l'Auvergne tout entière, lui envoie un télégramme de félicitations dont il publie le texte dans la presse régionale pour bien montrer qu'il *tutoie* le nouveau président du Conseil. Ce dernier se donne pour tâche essentielle de consolider avec l'Allemagne une paix mal assurée par le pacte Briand-Stresemann. Un certain Adolf Hitler y réclame violemment la suppression du traité de Versailles ; il a obtenu aux élections de 1930 six millions et demi de voix et cent sept députés. On l'écoute d'autant plus volontiers que le pays compte quatre millions de chômeurs. Laval se rendra à Berlin avant la fin de l'année ; ce sera la première visite en Allemagne d'un chef de gouvernement français depuis la guerre.

Née aux États-Unis, la crise économique déborde maintenant sur l'Europe : l'Angleterre a trois millions de sans-travail, l'Italie deux, la France trente mille seulement, protégée qu'elle est par ses barrières douanières et la structure familiale de son agriculture. On encourage les travailleurs immigrés à retourner chez eux ; on pousse même un peu les Polonais dans des wagons, pour qu'ils débarrassent nos mines.

En mai, l'Aurillacois Paul Doumer entre au palais de l'Élysée que convoitait Aristide Briand. Cette année 1931 semble ramener la France à l'âge de Vercingétorix, alors que la Gaule et l'Auvergne se superposaient. On trouve en effet :

— un Auvergnat à la présidence de la République : *Paul Doumer* ;

— un Auvergnat à la présidence du Conseil : *Pierre Laval* ;

— un Auvergnat à la présidence du conseil municipal de Paris : *Castellane* ;

— un Auvergnat à l'archevêché de Paris : *Mgr Verdier*.

Sans parler des trois cent mille Auvergnats, bougnats et auverpins qui noyautent tous les milieux de la capitale.

Cette prééminence apporte à l'Auvergne des satisfactions morales et matérielles. C'est ainsi que Laval intervient en faveur de *l'École nationale de Coutellerie* que les Thiernois espèrent depuis quasi un siècle ; il obtient la décision de construire et les crédits : d'accord, vous l'aurez votre *Nationale*, finissez-en de rêver plus gros que vous n'avez la tête, *chaba nen de reybé pu gròu que lo této.*

Il rendrait bien service également si, entre deux voyages à l'étranger, il pouvait faire un saut jusqu'à Thiers pour régler la querelle du pain qui éclate sur ces entrefaites. Un mauvais matin d'avril, M. Dallier, commissaire de police, en achetant son pain de 700 grammes chez son boulanger habituel, le pose machinalement sur la balance automatique et s'écrie :

« Eh ! mais ! Monsieur Chatelain ! Il ne pèse que 675 grammes ! Il lui en manque 25 ! Comment se fait-il ?

— C'est une question de cuisson, explique l'autre. Plus on le laisse au feu, plus l'eau s'évapore. Celui-ci est un peu roussi. Prenez cet autre. »

Il lui en présente un second, tout pâle, qui, posé sur le plateau, accuse 685 grammes. Il lui en manque encore 15. Le commissaire renouvelle l'expérience une vingtaine de fois : aucun des pains pesés n'atteint les 700 grammes prescrits. Déficit moyen : 20 grammes.

« Vous savez, dit encore le boulenc, même s'il manque 20 grammes à un pain, aucun client ne s'en aperçoit. Faut une personne soupçonneuse de votre espèce pour qu'elle s'en rende compte.

— Il est de ma profession d'être soupçonneux. Mais que l'acheteur s'en aperçoive ou non, il y a tromperie. Quant à vous, assurément, vous vous en apercevez. Mettons que vous débitiez 200 pains par jour, cela vous fait 4 kilos économisés. On peut même dire : escroqués. Alors, je suis contraint de relever votre infraction, qui ne manquera pas d'avoir des suites judiciaires. »

Dans la même journée, le commissaire Dallier relève la même infraction chez deux autres boulangers de la ville, M. Girard et Mme Muron.

Quelques semaines plus tard, les trois contrevenants passent en correctionnelle. Les voici penauds sur le banc d'accusation. Or, par suite d'un paradoxe judiciaire inattendu, ils se trouveront disculpés par celui-là même qui était chargé de les poursuivre : l'avocat du gouvernement. En effet, ce dernier a farfouillé dans les règlements de la boulange et retrouvé un arrêté municipal de 1924 stipulant que le pain bateau, pourvu d'une seule fente longitudinale, c'est-à-dire la miche ordinaire, doit bien peser 700 grammes, mais laissant toute liberté de poids au pain fantaisie, plus long, plus mince, fendu de plusieurs traits obliques. A cette précision qu'ils ignoraient, les trois accusés lèvent des faces épanouies, car le commissaire Dallier a pesé chez eux des fantaisies, non des bateaux, il le reconnaît lui-même. On les acquitte, ils repartent le front haut.

Cependant, l'opinion publique, qui soutenait le commissaire, ne se tient pas pour battue :

Fantaisie ou pas fantaisie, on veut connaître exactement le poids du pain qu'on achète.

« A Montluçon, dit quelqu'un, j'ai vu des boulangers le vendre dans la rue sur un chariot. Et tout passe sur la balance. Et si le compte n'y est pas, ils ajoutent une tranchette pour faire le poids juste. Pourquoi nos boulangers à nous n'en font-ils pas autant ? »

La voix populaire accuse aussi le pain thiernois d'être de mauvaise qualité, grisâtre, mou, insipide.

« Vous en avez mangé de pire ! réplique la profession. Rappelez-vous, à la fin de la guerre ! Et maintenant, vous faites les difficiles !

— Justement, le pain KK, c'est cuit. On veut du blanc, et du bon, comme avant 14.

— Si la qualité de notre pain a baissé, c'est que les farines qu'on nous livre ne sont plus celles d'autrefois. »

On interroge les meuniers :

« Est-il vrai que... ?

— Nous le reconnaissons. Mais il n'y a pas de notre faute. Les paysans se sont mis à cultiver du blé à gros rendement, par exemple de l'hybride Vilmorin 23. Quand il y a la quantité, il ne peut y avoir la qualité. Pour obtenir les mêmes farines qu'autrefois, nous devrions importer des blés américains. Mais le gouvernement, avec ses taxes douanières, contrarie tant qu'il peut l'importation. »

On interroge les paysans :

« Qu'est-ce que c'est que cette histoire d'hybride Vilmorin 23 ? s'exclament-ils. Jamais entendu parler. Nous autres, on cultive la variété dite de Bordeaux, ou du Trésor du paysan, comme toujours. Alors, pourquoi voulez-vous qu'on livre aux meuniers l'hybride 23 ? D'ailleurs, si vous voulez manger du bon pain de ménage, venez goûter le nôtre. Nous le faisons pareil que dans le temps.

— Cependant, comment expliquer cette basse qualité et ce gros rendement ?

— Ben... peut-être... faut dire que la saison dernière a été spécialement pluvieuse. Alors, ça pourrait venir de là. »

On interroge la pluie :

« Rappelle-toi la saison 1930...

— C'est bien possible, répond-elle. Chez nous aussi, il y a des hauts et des bas. N'importe comment, rien n'est de ma faute : prenez-vous-en au soleil qui détermine mon abondance ou ma rareté, selon qu'il a ou non des envies sur la figure. »

On interroge le soleil :

« Pauvres Bitors innocents ! Sachez qu'en France, lorsque les prix montent, lorsque la qualité baisse, ce n'est jamais la faute de personne. Surtout pas des commerçants ! C'est la faute à la bête pharamine, voilà tout. Vous n'allez tout de même pas vous en prendre à la bête pharamine ? »

Les Bitors se gardent d'insister, effrayés à ce nom, et s'en retournent à l'ombre sans demander leur reste. Tout est bien, il n'y a pas de coupable qu'on puisse punir.

Et les jours suivants, les boulencs acquittés en profitent pour vendre du pain fantaisie de 650 grammes.

Une rage se répandit soudain sur la France entière : celle du yo-yo. On ne sait d'où vint l'épidémie, mais elle atteignit toutes les couches sociales, pire que la grippe espagnole. Les historiens affirment que le yo-yo était déjà connu des anciens Grecs ; qu'il fut apporté chez nous d'Allemagne après la Révolution sous le nom d'*émigrette* ou de *coblence* ; qu'il disparut ensuite pendant près d'un siècle et demi, pour rejaillir soudain au début de 1932.

Il existait en bois poli, mais ordinaire ; en bois des îles ; en os. Le yo-yo précieux était d'ivoire ou d'ambre. Les couteliers thiernois en fabriquèrent des panerées en galalithe, ébonite, ivoirine, qu'ils distribuaient à leurs amis. Bientôt, toute personne normalement constituée eut dans sa poche un ou deux yo-yo : non seulement les écoliers, mais les adultes de bonne tenue, les fonctionnaires, les policiers, le maire, le sous-préfet. Les enfants en jouaient pendant la récréation et même en classe, sitôt que le maître leur tournait le dos pour faire monter et descendre le sien. Le curé, derrière le parapet de sa chaire, s'en offrait une partie discrète durant le sermon. Des mourants exigèrent cette année-là d'être enterrés avec leurs yo-yo, et plusieurs de ceux qui les accompagnaient à leur ultime demeure se plaçaient en queue de cortège pour yoyoter à l'abri des douleurs indiscrètes.

Aucun événement, aucune situation n'en interrompait la pratique. On en joua beaucoup pendant la campagne électorale. Comme en 28, l'arrondissement vit s'affronter deux socialistes : Ernest Laroche, député sortant, membre de la S.F.I.O., et Claude Pradel, socialiste indépendant. Le premier, ancien verrier ; le second, fils d'émouleur. L'un et l'autre, cela va sans dire, fils spirituels de Joseph Claussat, mais enfants de leurs propres œuvres. Toutefois, Pradel possédait deux attributs qui faisaient défaut à Laroche. Le premier était une paire de moustaches impressionnantes lui pleuvant jusque sur le gilet. Le second, son titre d'*agrégé*. L'ignorante population coutelière comprit que ce terme voulait dire *très instruit*. Et si quelqu'un demandait :

« Il est agrégé en quoi, au juste, ce Pradel ?

— Il est agrégé en tout ! Qu'est-ce que vous croyez ? » répondaient ses partisans.

En revanche, le *Journal de Thiers*, fidèle ennemi de l'ancien verrier, affirma que Laroche bénéficiait de l'appui inconditionnel de la Poldévie, et publia un vibrant appel en sa faveur des Poldèves exilés.

Bref, les deux candidats avaient des chances égales. Aussi ne négligea-t-on aucune voix. Les vieillards et les idiots de l'hospice furent instruits de leurs droits et de leurs devoirs, et se présentèrent en rangs serrés au bureau de vote.

« Pour qui désirez-vous voter ? demandait l'auxiliaire mis à la disposition des illettrés.

— Heu... grandes... oustaches », répondaient ceux qui n'étaient que demi-muets, au nom d'eux-mêmes et de leurs camarades.

Claude Pradel fut élu, mais avec 550 voix seulement de majorité.

Les femmes ne participèrent toujours pas à la consultation. Ce qui n'empêcha point le pharmacien Mallaret d'exposer dans sa vitrine, aussitôt après les résultats, une pancarte publicitaire ainsi rédigée :

LE VOTE DES FEMMES !
A l'unanimité, les femmes proclament que
le DIABLE est le plus prodigieux des coricides.
Il enlève les cors en six jours et pour toujours.
3 F 95 le paquet.

En mai, fais ce qu'il te plaît. Un fou portant un nom affreux, Gorgulov, profita de la permission pour assassiner à coups de revolver le président auvergnat de la République, Paul Doumer. Il n'avait pas même eu l'esprit de se servir d'un couteau. Son remplaçant, Albert Lebrun, fut élu sans concurrence.

A tous ces changements s'en ajouta un autre : l'arrondissement de Thiers s'enrichit d'une nouvelle commune. Cela ne fut le résultat ni d'une conquête ni d'une annexion, mais d'une fissiparité. C'est-à-dire que la commune originelle de Saint-Rémy-sur-Durolle se divisa en deux comme une bactérie, engendrant par la même occasion celle de la Monnerie. Depuis longtemps, les autonomistes monnerinois s'agitaient ; le partage fut enfin autorisé ; ils élurent leur premier maire, M. Claude Dumas. Saint-Rémy en eut grand dépit ; car la nouvelle commune confisquait pour son propre compte la rivière chère aux couteliers ; en sorte que, théoriquement, l'ancien chef-lieu perdit le droit de s'appeler Saint-Rémy-sur-Durolle. La sécession se fit sans guerre ; il n'y eut point de sang versé, mais un grand épanchement de champagne et de discours.

1933-1935

Peu à peu, toute l'Allemagne se convertissait au national-socialisme. Solingen s'était mis au goût du jour et fabriquait pour la jeunesse hitlérienne des poignards dont la lame portait trois mots gravés : *Blut und Ehre*. Sang et Honneur. Bel honneur consistant à piller les boutiques et les maisons, à brûler les livres, à bâtonner à mort des personnes sans défense. Raison de plus pour les Thiernois de détester la ville concurrente.

Eux, cependant, souffraient de la mévente et beaucoup de Ventres Jaunes n'avaient pas une lame à se mettre sur la meule. Ils se trouvaient contraints d'accepter l'émouture de couteaux-primes distribués gratuitement à tout acheteur d'une bouteille d'apéritif. Thiers accentuait ainsi son caractère de capitale de la camelote. Il faut dire aussi que certains fabricants n'étaient pas sans reproche. Têtus comme des ânes rouges, ils bouchaient leurs longues oreilles et refusaient d'entendre les exhortations des économistes : unissez-vous au lieu de vous combattre, sortez de votre routine, élargissez vos fabrications. La concurrence qu'ils ressentaient le plus en effet était moins l'allemande ou l'anglaise que la thiernoise : celle de leur collègue de la rue de Barante ou du chemin des Horts qui s'était payé des machines à émoudre et à polir. C'est donc lui que d'abord on souhaitait voir crever. Chacun entendait rester maître de son travail, de ses méthodes, de son commerce. L'anarchie, même chez les riches ! On le vit bien à propos du dépositaire viennois.

L'Autriche, ouvertement menacée d'annexion par Hitler, avait déclenché une campagne de boycottage contre les produits allemands. C'est ainsi que le principal importateur de Vienne en coutellerie solingenoise pensa la remplacer par des marchandises françaises. Muni de lettres de recommandation signées par notre attaché commercial, il débarque un matin à Thiers afin de mieux connaître les entreprises coutelières et leur production. On lui montre tout ce qu'il veut. Il apprécie. Il repart chargé d'échantillons. Mais plus jamais on n'entendra parler de lui, parce que ces échantillons, on les lui a *vendus* !

Informé de cette erreur monumentale par une lettre de Vienne, Auguste Pitelet — récemment élu président de la Fédération de la Production de la Coutellerie française — s'étonne devant ses collègues et compatriotes d'une telle pingrerie.

« Ça ne me paraît ni franc ni thiernois, juge-t-il.

— Que veux-tu, répond l'un. Ce représentant avait l'accent boche.

— Forcément, puisqu'il était autrichien.

— J'ai cru, répond l'autre, que c'était une manigance avec Solingen pour copier nos articles.

— Et pour soixante francs tu acceptes de les laisser copier ?

— Moi, j'ai cru, fait un troisième, qu'il voulait tout simplement remplir ses valises à nos dépens. J'ai pas marché.

— Si au moins, fait un quatrième, il nous avait apporté en échange quelque chose de son pays, un article de Vienne. Ça nous aurait prouvé ses bonnes intentions.

— Impossible, dit Auguste. A Vienne, on ne produit rien. Sauf des valses. »

Il vint des immigrants nouveaux qui eux aussi s'exprimaient avec l'accent germanique. Munis d'une petite valise remplie d'étartuelles : savonnettes, stylos, calepins, flacons d'eau de Cologne. Un peu celles des anciens colporteurs. Ils disaient :

« Je suis juif allemand. Hitler nous persécute, nous dépouille, nous envoie dans des camps spéciaux d'où l'on ne ressort plus.

— Juif ? s'étonnaient les Bitors. Qu'est-ce que c'est que ça ? »

Ils n'avaient jamais entendu parler de juifs, si ce n'est du Juif errant. Mais celui-là était un personnage inventé comme le petit Poucet ou Plampougnis. Y avait-il eu précédemment à Thiers des juifs réels ? Personne ne le savait, personne ne s'en souciait. Ils examinaient ces exilés et leur trouvaient le même biais qu'à tout le monde. Ils demandaient donc :

« Pourquoi il vous persécute, Hitler ?

— Je vous l'ai dit : parce que nous sommes juifs.

— Mais pourquoi qu'il persécute les juifs, cet homme-là ? »

Eux aussi ouvraient des yeux comme des culs de bol :

« Non, c'est pas possible ! Vous ne savez pas ?

— Qu'est-ce qu'on ne sait pas ?

— Que les juifs sont une race maudite, à faire disparaître par tous les moyens, hommes, femmes et enfants ?

— Ah oui ?

— Comment ! Vous n'avez jamais ouï parler des fils de Sem ? Et la crucifixion du Christ ? Et le peuple déicide ? Et la ploutocratie judaïque ? Et le judéo-bolchevisme ? Et la juiverie internationale ? Et l'affreux youpin au nez moins crochu que les doigts ?

— Ben... vaguement... On n'y a pas prêté attention.

— Mais d'où sortez-vous ? »

Ils finissaient quand même par se faire comprendre et vendaient la plus grande partie de leurs marchandises. Puis ils saluaient, repartaient, mal à l'aise dans cette ville où leur qualité de juifs perdait toute signification.

L'École de Coutellerie, construite hors la ville, au milieu des vignes et des jardins, ouvrit ses portes le 3 novembre. Les Bitors qui l'avaient tant appelée de leurs vœux s'aperçurent alors qu'elle comprenait bien une section coutelière ; mais que celle-ci n'avait attiré qu'un petit nombre d'élèves. Le reste avait choisi des enseignements manuels variés, mécanique, ajustage, chaudronnerie, menuiserie, auxquels s'ajoutait un enseignement général de français, d'anglais et autres embrennes. Son nom officiel n'était d'ailleurs pas *École de Coutellerie*, comme ils s'obstinaient à l'appeler, mais *École nationale professionnelle*. Bref, ils se trouvaient dans la position d'une poule qui a couvé un œuf de cane. L'école en avait la blancheur, et quand on regardait Thiers de loin, en venant de Clermont, cette tache immaculée était la première chose qu'on voyait. Elle ne déparait point le paysage. Afin de les consoler, on leur promit une inauguration dans le dû, par le président de la République lui-même.

« Le président Albert Lebrun ?

— Parfaitement !

— Celui qui a de grands pieds et qui pleure chaque fois qu'il inaugure ?

— En personne ! »

Ils se remirent à rêver.

Ce même mois, Gilberte Pitelet, brevetée supérieurement après trois années d'études à l'E.P.S. Sidoine-Apollinaire, fut nommée à son premier poste de remplacement à La Garandie, commune d'Aydat, où précisément, assurent les historiens, ledit Sidoine Apollinaire vécut dans la villa de son beau-père Avitus au Ve siècle après J.-C., sur les rives du lac homonyme.

Auguste sortit la voiture Hotchkiss, y chargea la malle de sa fille, ses trois femmes, s'installa au volant après s'être cogné la tête — Saleté de bagnole ! — et se dirigea vers les monts Dore, dont on distinguait à l'horizon les cimes blanches. Jusqu'à Ceyrat, ce fut l'automne. Puis brusquement l'hiver, la neige de plus en plus visible, à partir du col de la Ventouse des congères mal retenues par des palissades. On s'engagea en hésitant sur la route de Murol. Un facteur passait, à cheval sur sa bête fumante :

« La Garandie, vous connaissez ?

— Tout droit. Après Fontclairant, vous tournez à droite. »

Ils virent d'abord les fumées, puis les toitures d'ardoise à fortes pentes. Une dizaine de fermes, chacune avec son tas de fumier, pissant un ruisselet de purin. A l'entrée du village, à main droite, une bâtisse plus haute, la cour, les cabinets, le préau. Personne pour les accueillir. Ils frappent à la première porte, sont reçus par un paysan loqueteux, de ceux dont on dit : « Il est dans la soue des cochons. Vous le reconnaîtrez bien, c'est celui qui porte un chapeau. » La clé de la maison d'école ? Faut la demander au maire Savignat, au milieu du village, en face de la croix. Les voici piétinant la neige mêlée de bouses.

« Ah ! fait Savignat. Vous êtes la nouvelle institutrice ? Pas trop tôt ! Y a quinze jours qu'on est sans ! La précédente est partie dans sa famille. Malade de la tête, ou je sais pas quoi. Et vous, vous me paraissez bien jeune !... Enfin, après vous ça sera une autre. On a l'habitude. Les institutrices, ici, résistent pas bien longtemps. »

Il hausse les épaules, décroche la clé, prend les devants. Il montre le bûcher, rempli jusqu'au toit de rondins, de bois mort :

« Y a pourtant de quoi se chauffer ! »

Il les introduit dans la classe qui sent le troupeau humain. Au tableau noir, une date révolue, des modèles d'écriture en rouge et blanc. Sur le bureau, une pile de cahiers. Le maire les désigne :

« Je parie qu'ils sont pas corrigés ! Vous savez ce qu'elle leur faisait faire, la maîtresse d'avant ? Chanter, presque uniquement chanter. *Un éléphant, ça trompe, ça trompe... Deux éléphants...* Moi, j'ai rien contre les chansons ni les éléphants. Mais ils allaient jusqu'à trois cents, quatre cents éléphants ! Il leur fallait bien la journée. A présent, montons à l'appartement. »

Trois pièces glaciales, chichement meublées : un fourneau, une table, un lit, une armoire, quelques chaises.

« C'est du mobilier qui appartient à la commune. Ici, on a si souvent des remplaçantes qu'on a trouvé plus simple de faire comme ça. Vous pouvez donc en disposer. Maintenant, je vous quitte. Si vous avez besoin de quelque chose, vous savez où je suis. Pour ce qui est du ravitaillement, vous trouverez ici tout votre nécessaire, lait, beurre, fromage, patates. On vous laissera pas mourir de faim. Au revoir M'sieu-Dames. »

Dès qu'il est sorti, Gilberte s'assied devant la table de bois blanc, enferme sa tête dans le cercle de ses bras et se met à pleurer comme une perdue. Francine la console :

« Allons, allons, petite ! Croirait-on vraiment que tu as le brevet supérieur ? La première fois que l'on s'éloigne de sa famille, c'est toujours dur. J'ai connu ça, à Boston. La seule différence, c'est que j'étais à cinq mille kilomètres des miens. Nous viendrons te voir de temps en temps. Tu n'es pas ici pour l'éternité. D'ailleurs, je suis sûre qu'au printemps la région est très jolie, avec toutes ces forêts, ces pâturages, ces vaches. »

Charlotte compte les vermoulures dans les lames du plancher. Auguste a entrepris d'allumer le feu. Le fourneau fume, il faut lui souffler longtemps au derrière. Enfin, les flammes dansent, le bois pétille, une bonne odeur de résine remplit la pièce. On transporte la malle, on met en place les vêtements, le linge, les provisions. Gilberte regarde ce remue-ménage comme s'il ne la concernait point.

« Tu verras que tu t'habitueras ! » dit Charlotte, à qui personne ne demande rien, et qui va rentrer ce soir dans sa chambre douillette, retrouver ses livres, ses fanfreluches, ses poupées.

« Si on faisait un peu de fricot ? » suggère Auguste.

Francine consent à retirer son manteau de fourrure.

On a apporté des œufs, des conserves, du saucisson, des pommes. Gilberte pleure sur son omelette. Son père voudrait la réconforter, lui essuyer les yeux, prononcer des mots caressants, mais il ne sait pas. Il maudit l'administration enseignante qui envoie de la sorte d'innocentes agnelles au milieu des loups, des bois, des neiges, des solitudes. Quoi d'étonnant si elles y prennent le tournis et se mettent à compter les éléphants ? Il lui plairait qu'une des deux autres femmes reste quelques jours pour tenir compagnie à sa fille menacée ; mais aucune n'en a envie. L'Américaine regarde par la fenêtre et s'exclame :

« Quel ciel affreux ! J'ai bien peur qu'il neige encore. Il nous faut partir, si nous ne voulons pas rester bloqués. »

C'est un ordre. Pitelet courbe l'échine. Voilà. Francine fait du bout des lèvres *pfu-pfu* sur les joues de Gilberte qui reçoit avec froideur ce vent inutile. Auguste la serre enfin dans ses bras et murmure :

« Au revoir, ma fille. Sois courageuse comme ta mère l'a été toute sa courte vie. »

Il l'a eue ! Il a trouvé les mots irréfutables ! Après cette référence à la douce et intrépide Toinette Zapatez, elle ne peut que se raidir, serrer les dents, claquer les talons, adieu tous, bon voyage, ne vous faites aucun souci pour moi, je tiendrai le coup, je vous enverrai des cartes postales s'il en existe à La Garandie. Elle les accompagne jusqu'à la porte de l'école. Ils partent dans la mauvaise direction, Pitelet n'ayant pas assez d'espace en cet endroit pour tourner sans marche arrière, ils iront jusqu'au prochain carrefour.

1934 : année scandaleuse. Elle débute par le scandale Stavisky. On découvre que cet aventurier de la finance a versé des pots-de-vin à certains députés pour qu'ils soutiennent ses entreprises véreuses. L'affaire se prolonge à Dijon où le conseiller Prince est découvert trucidé sur une voie de chemin de fer. Il surveillait depuis longtemps le dénommé Stavisky et devait déposer, le jour de sa triste fin, un rapport à M. Lescouvé, premier président de la Cour de cassation. Près de son cadavre percé de balles, on découvre un long couteau fabriqué à Thiers mais qui, en fait, n'a point servi au meurtre, la ville coutelière n'en tirera qu'une médiocre publicité.

Scandale au Parlement où le ministre des Colonies Dalimier doit reconnaître sa corruption et démissionner, entraînant dans sa chute celle du cabinet Chautemps.

Énorme scandale du 6 février : à Paris, place de la Concorde, les ligueurs, Camelots du Roi, Jeunesses patriotes, Francistes, Croix de feu, rassemblent cent mille manifestants qui hurlent « A bas les voleurs ! », construisent des barricades, investissent la Chambre, poignardent les chevaux des gardes mobiles. Des fusillades éclatent, faisant vingt morts et quatre-vingts blessés. Les syndicats répliquent par la grève générale du 12 février. Les partis de gauche s'associent pour former le Front populaire.

Scandale de la presse nationaliste qui déverse chaque jour impunément des tombereaux d'ordures sur ses adversaires. Charles Maurras dans *l'Action française* traite le socialiste Léon Blum d'*hircocerf de la dialectique heimatlos, détritus humain à traiter comme tel.*

Scandale à Marseille où, le 9 octobre, le roi de Yougoslavie Alexandre Ier et le ministre français des Affaires étrangères Louis Barthou sont assassinés dans leur carrosse par un oustachi, c'est-à-dire un fasciste croate, Petrus Kemolen. Celui-ci sera lynché à mort par la foule, mais le ministre français de l'Intérieur, Albert Sarraut, déclarera bravement devant ses interpellateurs : « Le service d'ordre mis en place à Marseille n'a rien à se reprocher. »

Thiers ne percevait de ces scandales qu'un écho atténué, la ville avait trop à faire chez elle pour prendre garde aux événements lointains : elle préparait l'inauguration de l'École de Coutellerie. Le président Albert Lebrun avait promis sa visite pour le 22 juillet, et tout le monde s'attendait à le voir, en ce jour de sainte Marie-Madeleine, pleurer avec une abondance particulière. Aucun chef d'État n'avait honoré la cité coutelière depuis l'année 1864, lorsque ses maisons s'étaient couvertes d'hortensias afin de plaire à l'empereur Napoléon, fils de la reine Hortense.

En entrant en Auvergne, Albert Lebrun comptait à son palmarès déjà 2 648 inaugurations, grandes ou petites : musées, hôtels, gares, abattoirs, cimetières, gendarmeries, stades, marchés couverts, ponts, passerelles, guérites, tourniquets. Dans le train spécial qui l'emmenait en compagnie d'un assortiment de fonctionnaires, de parlementaires, de généraux et de son chef du protocole, il demanda à ce dernier :

« Quel est le programme, de Fouquières ?

— Voici, monsieur le Président. Le 22 au matin, inauguration à Aurillac du monument à Paul Doumer, votre prédécesseur.

— Ce pauvre Doumer ! Lui qui était l'honneur, le devoir, l'honnêteté mêmes, il ne méritait pas ce qu'on lui a fait. »

Et Albert Lebrun versa sa première larme en terre auvergnate.

« Ensuite ?

— Le soir du même jour, arrivée à Clermont-Ferrand, et grand banquet au sommet du puy de Dôme, qui a donné son nom au département.

— J'inaugure le puy de Dôme ? Le soir du 22 ? Je croyais qu'il était déjà inauguré ?

— Oui, oui, il l'est, monsieur le Président. Il s'agit seulement d'un repas officiel réunissant les personnalités les plus marquantes de la Haute et de la Basse Auvergne.

— Ah ! bien. Ensuite ?

— Coucher à la préfecture. Le 23 au matin, arrivée en gare de Thiers à 9 h 15. Inauguration de l'École nationale professionnelle. Départ de Thiers vers 10 h 30 et retour à Clermont. A 11 h 30, inauguration des nouvelles facultés avenue Carnot. Déjeuner. Après, départ pour Riom. L'après-midi, inauguration du sanatorium Clémentel.

— C'est tout ?

— Oui, monsieur le Président.

— Trois inaugurations dans la journée, hé ! je suis dans la bonne moyenne. Mais vous vous rappelez, de Fouquières, le 24 juin dernier ? Six le même jour !

— Oui, monsieur le Président, mais c'était le jour le plus long de l'année. »

Les choses se déroulèrent comme prévu. Sauf qu'à Aurillac l'inauguration de Paul Doumer eut lieu sous un déluge. Les grands pieds d'Albert Lebrun ressemblaient à des bateaux-lavoirs.

Le 23 au matin, des centaines de parapluies attendaient devant la gare de Thiers l'arrivée du train présidentiel. Les jours précédents, les employés du P.L.M. avaient pris la peine d'astiquer les rails à la toile émeri deux kilomètres avant la ville et deux kilomètres après, ils brillaient sous les averses comme des anguilles. Les Thiernois se désolaient du temps humide, s'il pleut comme ça pendant le discours d'Albert on ne verra pas ses larmes couler, c'est bien triste. Puis, le ciel s'éclaircit, les voies séchèrent, l'espoir revint. A 9 h 12, un cheminot colla son oreille contre un rail, s'écria dans la jubilation :

« Je l'entends ! Ça bourdonne ! Il arrive ! »

A 9 h 15 tapantes, le train entre effectivement en gare. A 9 h 16, le président met pied à terre ; à 9 h 17, il s'avance, tenant à la main son précieux inauguratoir, c'est-à-dire son chapeau gibus, emblème et instrument de sa fonction. Entouré de ministres, parmi lesquels on reconnaît Pierre Laval, de sous-préfets et autres moindres puissances. *La Marseillaise* éclate, jouée par l'*Union Philharmonique* au grand complet ; la foule applaudit, crie vive le Président, vive Albert Lebrun ! Une automobile découverte reçoit le président et son gibus, les promène en tête d'un long cortège à travers la ville pavoisée, parmi l'enthousiasme populaire. Infatigablement, il bénit la foule de son chapeau. Il passe sous un arc de triomphe aux couleurs et aux armes de la République. Il franchit enfin l'entrée principale de l'École nationale professionnelle.

Aux côtés des autorités municipales figure une délégation de vingt ouvriers couteliers, rassemblés sous leurs bannières corporatives empruntées au musée de la coutellerie. Ils assistent à ce grand remue-ménage, modestes, immobiles, silencieux. Tandis qu'une pluie de canifs, rasoirs, ciseaux, louches, cuillers, fourchettes, pincettes, tire-bouchons nés de leurs mains s'abat sur les petites puissances, un gigantesque couteau est offert au président par son auteur, Nicolas Crocombette, âgé de soixante-quinze ans. On est allé le trouver dans son village de Pigerolles pour lui dire :

« Toi qui sais tout faire dans le couteau, le manche, les lames, à la main, à l'ancienne, ne pourrais-tu en fabriquer un comme on n'en a encore jamais vu, pour le président Albert Lebrun ? On te fournira le nécessaire. »

Et lui : « Pourquoi pas ? »

Il s'est attelé à la tâche, a œuvré des mois à ce qui doit être son tardif chef-d'œuvre : un couteau long de 34 cm dans la position fermée, avec une lame principale toute décorée à l'acide, longue de 32 cm, une lame secondaire, un poinçon, un tire-bouchon de 17 cm. La virole représente la tête de la République en bonnet phrygien. Le manche tout d'ivoire porte des motifs floraux entourant d'un côté les initiales *R.F.*, de l'autre *A.L.* Et pendant qu'il y est, Nicolas Crocombette en fait une copie qu'il destine au musée.

Quand l'ouvrier lui présenta à deux mains cette merveilleuse pièce, lui expliquant chaque détail :

« Eh bien ! s'écria Lebrun en s'épongeant le front, ça, c'est un couteau ! »

C'en était un. On se mit à trois pour l'ouvrir sans risque, pour en déployer toute l'envergure. Alors, l'illustre visiteur crut bon de lancer une plaisanterie d'une égale dimension :

« Ma femme s'en servira pour éplucher les pommes de terre ! »

Le Conseil municipal se désopila, aussi bien majorité qu'opposition. On referma la lame afin d'éviter tout accident. Les discours s'achevèrent, on s'approcha des tables où pétillait déjà le champagne. Le président désigna du doigt une bouteille :

« Elle a une forme étrange. Quelle marque est-ce ?

— Permettez, monsieur le Président, que je vous en offre une coupe », dit Pierre Laval, ministre des Colonies, en roulant les *r*.

Il en remplit deux, ils trinquèrent à la santé de l'Auvergne, de Thiers, de la coutellerie.

« Mais..., fit Lebrun, mais... mais... mais... »

Son ministre éclata de rire : « Excusez-moi, monsieur le Président. Il ne s'agit pas de champagne, mais d'eau minérale. J'ai rendu la vie à une source qui se mourait, du côté de Châteldon, et voici qu'à présent on la débite en bouteilles, sous l'étiquette *Sergental*.

« Excellente, en effet. Excellente. C'est le champagne des eaux minérales !

— Et savez-vous qu'elle a des vertus particulières ?

— Vraiment ? »

Le Châteldonais s'approcha, pour lui chuchoter à l'oreille :

« Des vertus aphrodisiaques et fécondantes. Il suffirait que chaque Français, chaque Française en âge de reproduire en boive une bouteille par jour pour que soit résolu notre problème de natalité.

— Sacré Pierre Laval ! Vous nous ferez toujours rire ! Toujours rire ! »

Et ils rirent ensemble, comme deux bossus.

Quand chacun eut bien bu, bien mangé, le président fit cette remarque :

« Ce couteau, je ne vais pas pouvoir l'emporter, il est trop gros.

— Soyez tranquille, le rassurèrent les Thiernois. On a l'habitude. On va vous faire un joli paquet, avec votre nom. On le transportera ensuite jusqu'à votre train.

— Et maintenant, il faut que je vous quitte.

— Déjà ! protesta le maire Cotillon. Mais vous arrivez que !

— Pardonnez-moi. Mais j'ai encore deux inaugurations avant ce soir : le puy de Dôme...

— Le puy de Dôme, c'était hier soir, souffla M. de Fouquières.

— Non. Pas le puy de Dôme. Mais les nouvelles facultés de Clermont et un... un commissariat.

— Un sanatorium, rectifia le chef du protocole.

— Et un sanatorium. Ah ! vous avez de la chance d'être des hommes libres ! Merci de votre accueil ! Vous êtes tous du brave monde. Du brave monde ! »

On commençait à désespérer, mais à cet instant le miracle se produisit : le président éparpilla quelques larmes alentour. Beaucoup d'assistants s'essuyèrent aussi les yeux. Après quoi, il fallut bien l'accompagner jusqu'à la gare.

Sur le quai, une dernière fois, le maire lui serra la main :

« On aurait bien aimé vous faire connaître davantage notre ville. Mais on voit bien, bonnes gens, que vous avez beaucoup à faire. On veut pas vous bitancer de plus.

— Me quoi ?

— Vous retarder. Vous n'êtes pas d'ici.

— Ce sera pour une autre fois. Quand j'aurai pris ma retraite. Je reviendrai.

— Promis ?

— Promis.

— Eh bien ! au revoir monsieur le Président. Bien le bonjour à madame la Présidente dont nous n'avons pas l'honneur de connaître. Ménagez-vous. »

Il remonta dans son train. Il était resté exactement une heure, quinze minutes et douze secondes.

Autour de lui s'étaient tenus quelques centaines de couteliers — y compris Pitelet — qui se donnaient comme Auguste la fière devise : « A présent, je peux dire merde au président de la République. » Et pas un seul n'avait profité de l'occasion.

En 1935, Pierre Laval est au gouvernement toute l'année, soit comme ministre des Affaires étrangères, soit comme président du Conseil. Il signe des accords avec l'Italie, l'Angleterre, l'U.R.S.S., cherche à traiter aussi avec l'Allemagne. Mais Hitler poursuit, l'œil halluciné, ses ambitions picrocholines ; déchirant les anciens pactes tout en proclamant qu'il est prêt à en signer de nouveaux qui seront valables vingt-cinq ans, assurant la France, l'Autriche, l'Angleterre, la Pologne de ses bonnes intentions, tout en faisant assassiner le chancelier Dolfuss, en réoccupant la Rhénanie, en construisant la ligne Siegfried. Mussolini se prépare à attaquer l'Éthiopie. Aux deux dictateurs, Laval parle le même langage que saint François au loup de Gubbio :

« Frères loups, vous êtes de bonnes bêtes, malgré vos longues dents. Si vous faites du tort à vos voisins, c'est que la faim vous presse, et il n'y a point de votre faute. Sans cela, vous ne feriez pas de mal à une mouche. Signons une entente, frères loups, avec l'accord de sire Dieu. Et si vous y consentez, je vous prie de lever votre patte et de la placer dans ma main. »

A l'intérieur, afin d'arrêter l'inflation, Laval impose une réduction de dix pour cent aux prix et aux salaires. Même l'indemnité parlementaire se trouvera rognée. C'est tout simple, il suffisait d'y penser ; quand le malade a la fièvre, plongez-le dans l'eau froide. Cela s'appelle la déflation. Beaucoup de salariés acceptent l'expérience. D'autres s'y refusent. Les arsenaux de Brest et de Toulon vont jusqu'à l'émeute, qui fait trois morts et quatre-vingts blessés.

A Thiers, les choses se passent plus doucement. Le pain tombe, en se faisant prier, de 1,60 F à 1,50 F, puis à 1,40 F le kilo. On fait la quête dans les cinémas, pendant l'entracte, au profit des chômeurs. Un nouveau maire, socialiste bon teint, homme du peuple authentique, administre depuis mai la commune. Antonin

Chastel, ancien émouleur, n'a guère eu dans son enfance le loisir d'étudier la grammaire, l'orthographe, l'histoire ni la géographie. Ses discours improvisés sont ornés de bévues, de liaisons mal à propos, de barbarismes, qui mettent l'auditoire en joie. Quand il les lit, c'est pis encore, car le secrétaire municipal, M. Tholy, ne manque pas d'y glisser avec malice des expressions difficiles sur lesquelles le pauvre Chastel trébuche, culbute, se casse le nez. Il lit *tambour* à la place de *topinambour*. On commence à rédiger des anthologies qui rassemblent la fleur de ses bourdes, officielles ou apocryphes. Bref, la population coutelière a réussi enfin à se donner un maire à son image, un Ventre Jaune demi-illettré, bon enfant, ami du pauvre monde, défenseur de l'ouvrier comme du fabricant, toujours prêt à rire des autres ou à faire rire de lui-même, celui-là on le gardera jusqu'à complète usure, on n'est pas près de le changer, on n'en retrouvera jamais de pareil.

Sa cervelle sans culture ne manque pas d'idées cependant, il les expose à son Conseil :

« Je crois que nous sommes à la veille de grands désordres *socials*.

— *Ciaux*, corrige M. Tholy.

— Quoi, *ciaux* ?

— Désordres sociaux, pas *socials*.

— Ils m'avaient compris, pas la peine de m'interrompre pour si peu. A Thiers, vous le savez, y a des personnes trop riches et y a des personnes trop pauvres. Les patrons et les prolétaires. Les seconds veulent venir moins pauvres, mais les premiers veulent pas venir moins riches. Et ça, c'est peut-être normal, mais ça peut pas durer éternellement. Moi-même, pauvre, je l'ai-t-été, quand je travaillais à douze ans sur la planche. Alors, un jour, je dirai aux représentants des patrons et à ceux des ouvriers : Réunissons-nous, causons ensemble et cherchons comment on pourrait rendre les malheureux moins malheureux. Je sais bien que c'est un changement de procédés *radicau*.

— *Cal*, souffle M. Tholy.

— Non ! Je calerai jamais !... Je leur dirai, aux patrons : Si vous suivez pas mon conseil, un de ces quatre matins, vous aurez la révolution, aussi vrai que je m'appelle Tonin ! »

La révolution, on crut bien l'avoir le 15 septembre. Ce jour-là devait se tenir près du champ de foire, chez M. Henry, un rassemblement des Croix de feu sous la présidence du colonel de La Roque. Quoique privée, la réunion offense les sentiments républicains et socialistes de la population ouvrière qui organise une contre-manifestation du Front populaire nouveau-né. Derrière ses dirigeants fleuris d'une églantine rouge, une foule considérable quitte la place de la Mairie et se dirige lentement vers le Foirail, scandant : A bas les ligues fascistes, chantant *l'Internationale* et *la Marseillaise*, brandissant des pancartes et quelques bâtons. Un barrage de gendarmes et de gardes mobiles accourus de Clermont l'arrête au bas de la rue Terrasse. Pendant une heure, les contre-manifestants trépignent sur place et vocifèrent vainement, contenus par les mousquetons des militaires. Ils allaient néanmoins enfoncer le barrage lorsqu'une averse soudaine renverse la situation, détrempe les ardeurs, disperse les antifascistes, on ne fait pas de révolution sous la pluie, ce sera pour une autre fois, au lieu de gourdins on aurait dû prendre des pépins. La Roque pourra pérorer au sec et en toute tranquillité, protégé par ces mêmes gardiens que les Croix de feu avaient jetés à terre, sous les sabots de leurs chevaux, le 6 février 34.

1936

Venue pour quelques mois de remplacement à La Garandie, Gilberte y traversa trois hivers. Elle passait les jeudis à marcher au creux des chemins, sous sa mante de laine épaisse à capuchon qui lui donnait l'air d'un facteur. Les paysans la saluaient silencieusement, parce qu'elle les intimidait avec son instruction visible et ses yeux tristes. Trois hivers sans fin de neige et de solitude, de routes impraticables. Elle réclamait désespérément un changement de poste qui était pour elle *une question de vie ou de mort*. Le fonctionnaire académique préposé aux mutations souriait de telles formules dont il avait l'habitude, mais ne manquait pas de répondre par une vague promesse alléguant les nécessités du service, les vacances éventuelles, une prochaine titularisation, l'imminence du printemps.

Et en effet, au moment prévu, le printemps venait, pluvieux et froid, ses jonchées de narcisses et de jonquilles, ses tardives hirondelles, les dernières à s'installer, alors que le moindre hameau d'ailleurs avait déjà reçu les siennes. Le jeudi matin, elle montait dans l'autobus départemental qui, après l'avoir longuement promenée de paroisse en paroisse, la déposait enfin à Clermont, place de Jaude, où elle descendait en même temps que les paysannes, les poules, les canards, la soutane du curé de Saint-Genès-Champanelle. Elle n'y avait rendez-vous qu'avec elle-même. Elle se prenait par la main et s'emmenait dans les musées, les bibliothèques, les librairies, les magasins de nouveautés, au jardin Lecoq, au cinéma. Heureuse de rencontrer des visages nouveaux, de sentir parfois sur elle le regard intéressé d'un inconnu, mais effrayée à l'idée d'encourager ce frôlement. A midi, elle goûtait dans une maison de thé où n'entraient guère que des femmes. Le soir, chargée de livres et de revues, elle reprenait le même autobus où elle retrouvait les mêmes paysannes. Pour ne pas pleurer, elle y fredonnait tout bas *J'irai revoir ma Garandie*, le chauffeur prolongeait chaque arrêt-bistrot, on arrivait avec une heure de retard et c'était autant de pris sur le temps à tuer.

Alexis Grattadeix revint du régiment, il avait servi à Belfort dans les chasseurs et y avait vu toutes sortes de monde. Son père avait la main sur trois autres de ses frères et sœur, sur sa femme et sur un troupeau de vingt-cinq vaches salers ; mais lui, Alexis, qui s'était tourné les pouces dix-huit mois de suite aux frais de la République, s'en revenait avec l'idée qu'il existe bien des façons de vivre et que celle de paysan à La Garandie n'est pas la plus reposante. Il en chercha une autre. Ce qui l'amena à jeter les yeux sur Mlle Pitelet, la jeune institutrice. Il sut par le facteur qu'elle gagnait sept cent quatre-vingt-sept francs par mois, compte tenu des dix pour cent de réduction imposés par Pierre Laval. Sept cent quatre-vingt-sept francs qui tombaient régulièrement dans son escarcelle le 30 ou le 31, quelle que fût la couleur du temps, la qualité de la saison. Alexis Grattadeix se dit que c'était là beaucoup d'argent pour une seule personne.

Il avait rapporté de Belfort un précieux volume intitulé *Cent lettres à écrire pour toutes les circonstances*. On y trouvait en outre, classé dans l'ordre alphabétique des destinataires, un catalogue des formules à employer obligatoirement selon qu'on s'adresse à un avocat, un commerçant, un député, un diplomate, un directeur d'entreprise, un évêque, une femme aimée, un inspecteur des contributions, un médecin, un notaire, un professeur... On y apprenait même à appeler le pape *Très-Saint Père* et à prendre congé de lui : *Je me prosterne aux pieds de Votre Sainteté avec la plus profonde vénération*. Mais la majeure partie des cent lettres était composée de messages d'amour, parmi lesquels Alexis n'eut qu'à choisir. Il acheta chez l'épicier de Theix un cahier de papier ligné et recopia secrètement, en tirant la langue, celle qui s'intitulait : *Déclaration respectueuse à une jeune fille de haute condition*. Elle commençait ainsi : *Mademoiselle, Du jour où mes yeux ont été frappés par la rayonnante beauté de votre visage, toute image du monde a disparu pour eux, de même que le soleil levant efface les étoiles*... Il la glissa dans la boîte et attendit. Par le charme des mots recopiés et celui des sept cent quatre-vingt-sept francs, il finit par se convaincre de son réel amour pour Mlle Pitelet.

Il surveilla de loin l'école et son occupante, comme si quelque chose de visible devait se produire. En ce moment-ci, le facteur frappe à la porte de sa classe, lui remet son courrier, le journal, ma lettre. Elle lit le tampon d'Aydat, ça lui grattouille la curiosité, elle n'attend pas davantage, elle l'ouvre, elle lit : *Mademoiselle, Du jour où mes yeux*... Jusqu'à la signature : *Votre serviteur*.

Le jeudi, l'institutrice continuait de marcher sur les chemins neigeux avec la même tristesse. Et pourtant, elle avait lu ! Elle savait que sur le territoire de la commune d'Aydat quelqu'un souffrait pour elle d'insomnie ! Le soir, après souper, tandis que tout ronflait dans la maison, Alexis se relevait en flaquepan, ses pieds nus sur le plancher froid, et regardait par la lucarne la fenêtre de l'école qui brillait encore, elle relit ta lettre, se disait-il avec émotion.

Il attendit de la sorte une petite quinzaine, puis envoya la seconde : *Répétition de la précédente, en d'autres termes*. Signée : *Votre serviteur fidèle*. Et après celle-ci une troisième, une quatrième. Toujours rien n'en transpirait sur le visage de Gilberte. Mais tant de mots d'amour déversés sur elle ne pouvaient manquer à la longue de pénétrer jusqu'à son cœur, il n'est point de terre aride qui ne se laisse abreuver.

Il en vint pour finir à l'audace conseillée par le manuel épistolaire : *Si vous désirez connaître l'auteur respectueux de ces lignes, portez à votre corsage, lors de vos prochaines sorties, un papillon de papier blanc.*

Au reçu de chaque missive — l'écriture maladroite, le style boursouflé, ne laissaient aucun doute sur leur extraction — Gilberte avait bien ri. Plus même sans doute qu'elle n'en avait le goût. Voilà, pour une fois qu'on m'aime, je tombe sur un attardé mental, j'aurais mieux aimé deux mots sincères écrits de sa tête et de sa main. L'idée du papillon l'amusa plus encore et l'amena à cette conclusion : mon amoureux habite La Garandie ; ou bien il y a un observateur. Après quelques jours de réflexion, elle décida d'accepter l'expérience, histoire d'en rire aux larmes, elle n'allait pas manquer cette occasion. Un jeudi matin, elle le découpa aux ciseaux dans une feuille même du cahier ligné, l'épingla sur sa mante et partit pour sa promenade coutumière. Elle traversa le village dans toute sa longueur, atteignit le carrefour d'où l'on va vers le puy de l'Enfer, revint sur ses pas, regagna son école, un peu déçue : personne ne l'avait arrêtée, aucun signe ne l'avait alertée. Je recommencerai demain.

Elle n'eut pas besoin d'attendre jusque-là. Le soir même, tandis qu'elle traçait sur les cahiers ses modèles d'écriture, on frappa à la porte, elle alla ouvrir. Alexis Grattadeix se tenait devant elle, dans ses habits de travail, la casquette à la main.

« Je suis, dit-il, celui des lettres.

— Entrez. »

Ils restèrent debout près du poêle où crépitaient des bûches. Elle l'avait aperçu deux ou trois fois seulement dans le village.

« C'est une farce ?

— Non, non. C'est du sérieux. »

Elle le regarda, lui fut reconnaissante de ne pas s'être endimanché à la manière de son style. Il avait les yeux clairs, les épaules fortes, la mine plus blanche que ne l'ont d'ordinaire les montagnards, à cause de ses mois de caserne. Il se sentait pesé, fouillé, observé, comme au conseil de révision. Il se tint sur ses gardes.

« Bien sûr, fit-il, ces lettres, je les ai empruntées dans un livre. Je ne suis qu'un pauvre paysan. Pas si pauvre : nous avons vingt-cinq vaches, sans compter les veaux et le taureau, et quarante hectares de prés, de bois, de pâturages. Mais paysan quand même. Je ne peux être un parti pour vous, une institutrice. »

Il ne précisa point qu'ils seraient quatre frères ou sœurs à se partager l'héritage. Il baissa la tête avec une humilité très ressemblante.

« On pourrait s'asseoir, suggéra-t-elle. Mettons-nous près du feu. »

Ils allongèrent leurs jambes vers le poêle scolaire.

« J'ai été élève ici, dit-il, y a pas bien longtemps. Ma place, c'était là, à côté de la porte. L'institutrice m'envoyait chercher le bois, parce que j'étais le plus costaud. »

Elle se mit de même à parler de son enfance à elle, mi-citadine, mi-campagnarde ; puis des vacances volloroises, le seul moment de l'année qui méritât d'être vécu. Vollore était un pays d'enclumes, de forges, de marteaux, de chèvres, de gros vin, de gros rire. Et La Garandie si différente, avec son lait, ses vaches, son silence, ses neiges quasi éternelles. Depuis des mois, c'est le premier soir que quelqu'un m'honore d'une visite, que je ne me trouve pas seule dans cette maison, encore un an comme ça et l'on m'emmène au Bois de Cros comme ma collègue précédente. Elle oublia l'objet de sa visite, il n'était plus qu'une oreille, qu'une grille de confessionnal. Lui ne cherchait plus à placer son mot. De temps en temps, elle s'interrompait :

« Vous disiez ? »

Et lui : « Rien du tout. Je vous écoute. »

Elle parla encore. Des lettres, du papillon blanc, il ne fut pas question. Quand ils se quittèrent :

« Revenez demain si vous voulez, recommanda-t-elle, mais ne m'écrivez plus. »

Il n'y faillit point. Avec un bouquet de fleurettes blanches, des perce-neige, elles poussent au cagnard de la grange, dans un endroit bien chaud, c'est ce qui vous explique. Elle s'exclama, les mit dans un verre, les posa sur son bureau. A la belle saison, ses élèves lui apportaient souvent des fleurs cueillies au passage, en venant de leurs fermes lointaines. Elle n'avoua point que celles-ci étaient les premières offertes par un homme. Il méritait du moins une récompense, elle l'embrassa sur les joues.

« J'ai, dit-il, apporté aussi autre chose.

— Vraiment ?

— Oui. Je l'ai là dans ma poche. Mais je peux pas vous le montrer tout de suite.

— Quand vous voudrez. Je puis voir, du moins ?

— Faudrait d'abord que je sache... que je sois sûr...

— Que vous sachiez quoi ?

— Si vous m'acceptez. Pour mari.

— Mais je ne vous connais pas !

— Nous pouvons faire connaissance. On n'est pas dans l'huile. Venez à la maison, en voisine. Vous verrez la famille. Si ça marche, ça marche. Si ça marche pas, ça marche pas. »

Ce soir-là, au terme de leur conversation, il tira quand même de sa poche le cadeau mystérieux, expliquant qu'il lui en ferait don sitôt qu'elle se considérerait comme sa promise.

« Ma grand-mère en mourant me l'a donné, en me disant : pour ta future femme ; moi, je l'ai jamais porté, je pouvais pas porter une chose pareille. Faut vous dire que j'ai eu un grand-père qu'était fou.

— Fou ? Vraiment fou ?

— Enfin, fou à sa façon. Un jour, l'idée l'a pris de partir pour l'Amérique comme chercheur d'or. Lui, Auvergnat, fils d'Auvergnats, qui n'avait jamais rien fait d'autre que s'occuper des vaches et des cochons, il voulait s'en aller travailler là-bas, dans les mines d'or. Ma grand-mère a refusé de le suivre ; elle n'avait pas, la pauvrichonne, des idées aussi larges. Alors, il est parti tout seul. Il a envoyé quelques cartes postales, d'un endroit appelé le Klondike, elles portent le cachet de 1896, on les a gardées. Et puis, trois ou quatre ans après, il est revenu, complètement bredouille et crachant le sang. Ma grand-mère et ma mère, qu'était sa gendresse, l'ont soigné du mieux qu'elles ont pu et l'ont fait vivre un certain temps encore. Toujours il parlait du Klondike, paraît-il, où il avait pas trouvé fortune, mais où il avait trouvé sa mort. Vous voyez bien qu'il était complètement fou. Et puis un matin, il a avalé sa langue. Dommage. J'aurais bien aimé le connaître. La seule chose de prix qu'il avait rapportée était ce cadeau pour sa femme. »

Il le déballa soigneusement de ses multiples enveloppages, et pour finir de son sachet de cuir, le tint à deux mains ouvert devant lui :

« Un collier fait par les Indiens de là-bas. Avec des dents de baleine, avertit-il.

— Mais les baleines n'ont pas de dents !

— Pas de dents ? Pas de dents, les baleines ?

— Mais non ! Je vous assure !

— Et pourquoi qu'elles auraient pas de dents ? On m'a toujours dit que c'était fabriqué avec des dents de baleine ! »

Baleine ou pas, le collier était curieux, avec ses dents enfilées, pareilles à des gousses d'ail ; au fond de la série pendait une tête d'oiseau en os, munie d'un long bec, figure sans doute totémique.

« Pas mal, dit Gilberte en le rendant. Mais je comprends que votre grand-mère ait refusé de le porter, c'est un peu spécial.

— Il sera vôtre, répéta Alexis, sitôt que vous m'aurez donné votre consentement.

— On en reparlera. Cette grand-mère, comment était-elle ?

— Petite, avec des joues bien rondes que j'aimais embrasser. Timide, mais têtue. Elle aimait la soupe mitonnée. C'était même un motif de dispute permanent avec sa gendresse, parce qu'elle tenait toujours sur le fourneau sa casserolette pleine de soupe qui mitonnait. Sa gendresse l'accusait d'occuper le meilleur rond, elle écartait d'un geste brusque la casserole. Mais la vieille, patiemment, dès que ma mère avait le dos tourné, poussait de nouveau la casserole vers le milieu du fourneau. Vous pensez, avec sa soupe de pain mitonnée, si elle était faite pour aller vivre en Amérique et porter un collier en dents de baleine ! »

Gilberte fut donc admise chez les Grattadeix qu'Alexis avait informés de ses intentions. Chacun se réjouissait en son cœur de ce mariage éventuel, parce qu'il signifiait le départ d'Alexis, un grand feignant qui ne songeait qu'à prendre, et dont personne n'avait besoin. L'institutrice fut bien reçue, on lui montra une photo de l'ancêtre chercheur d'or, prise au Klondike, avec ses moustaches relevées, le chapeau sur la nuque et un grand rire sur la figure, c'est de lui qu'elle tomba amoureuse. Elle se mêla désormais à la vie de la ferme, participa aux veillées, aux cochonnades, aux fenaisons, à la cuisson du pain dans le four communal, à la première communion de Lalie. Chaque soir, Alexis la raccompagnait chez elle. Il huilait les serrures, remplaçait les fusibles grillés, cassait le bois, ramonait le poêle, elle trouvait bien pratique cette présence en sa maison d'un homme de peine. Un certain trente et un du mois qu'elle venait de toucher son traitement, elle prit une pièce de dix francs, et décida : face, je l'épouse ; pile, je le congédie. La pièce tournoya, retomba dans sa main : face.

« Alexis, lui dit-elle le soir même, vous pouvez me donner votre collier en dents de baleine. »

Voici enfin les grands changements sociaux prophétisés par Antonin Chastel. En Espagne, les élections portent au pouvoir le *Frente popular*. Elles font de même chez nous pour le Front populaire, Ernest Laroche retrouve son siège de député. Léon Blum, lynché en février par les Camelots du Roi, se prépare à saisir la queue de la poêle française.

En attendant, on inaugure à Thiers la rue du Dr Zamenhoff, inventeur de l'*esperanto* que parlent bon nombre de Bitors cultivés, en présence de sa fille Lydia, propagatrice dévouée de la langue internationale. Pour honorer le génial Polonais, il a fallu voler un tronçon de sa rue à Victor Hugo, qui lui-même l'avait ravie au Point-du-Jour. Une banderole surmontée d'une étoile verte proclame : *Nous déclarons la paix au reste du monde*. Un ruban de même étoffe barre la voie rebaptisée. Le 10 mai, Lydia s'avance, armée d'une paire de ciseaux thiernois, et coupe le ruban. L'*Union Philharmonique* joue *la Espero*, l'hymne de tous les *samideanoj*. Alors, M. Tholy tend au maire le texte de son discours ; Antonin monte en chaire et commence à lire, de sa voix hésitante :

« Mademoiselle, monsieur le sous-préfet, messieurs les présidents, mes chers compatriotes, c'est un grand honneur pour moi d'avoir à présenter le docteur Louis, Lazare Zamechoff... »

Le secrétaire municipal rectifie doucement : « Zamène-hof ! »

Et lui, sur le même ton : « Pourquoi alors que t'as mis un *che* ?

— Ça se prononce *hof*.

— Tu le fais exprès, pas possible ! »

Il reprend l'éloge interrompu : « ... Le docteur Louis, Lazare Zamène-hof !... » Les rires étouffés ne facilitent pas son élocution. Il prononce tantôt d'un biais et tantôt d'un autre, pas très loin quelquefois de *Ça-me-chauffe*. La blonde Lydia, qui n'entend pas un mot de notre idiome, imagine que la langue française a de ces caprices ; elle ne comprend pas non plus pourquoi la biographie de son père suscite tant d'hilarité. Pour embrouiller davantage les choses, voici qu'aux derniers mots de la péroraison éclate une querelle de chiens. Deux chiens d'émouleurs que personne n'avait invités troublent la fête pour des motifs à eux et offusquent les ultimes effets d'Antonin Chastel. Il n'avait pas besoin de ça. Les assistants se tiennent les côtes.

A son tour, Lydia Zamenhoff gravit les marches du podium étoilé de vert. Traduite phrase à phrase par un espérantiste, elle exprime sa joie d'avoir à inaugurer une rue qui porte le nom de son père et remercie de l'honneur qui lui est fait. Puis, elle développe le contenu du mot *esperanto* lui-même, « celui qui espère », qualificatif que le docteur aimait à se donner. L'épisode de l'altercation canine lui fournit enfin sa conclusion :

« Quand les hommes pourront se comprendre sur toute la surface du globe, ils ne songeront plus à se battre et à se mordre comme le font ces chiens. »

Dans le même temps, la capitale affronte d'autres conflits ; des grèves d'un genre tout nouveau éclatent dans les usines : non seulement les ouvriers se croisent les bras, mais ils refusent de quitter leurs ateliers. Ils campent sur place, ravitaillés par leurs familles. On chante, on danse, on récite des monologues ; mais les machines sont soigneusement entretenues, les locaux balayés, les rondes contre l'incendie assurées. Dans les grands magasins, les vendeuses couchent par terre à côté de canapés neufs qu'il ne faut pas défraîchir. On veille à l'hygiène, à la moralité. Bientôt, la France entière vit un 14 Juillet immense et permanent. La victoire des grévistes est certaine, il n'est que de patienter. On sait d'avance les termes du traité de paix : semaine de 40 heures, augmentation des salaires, congés payés, contrats collectifs.

Et en effet, les accords sont conclus le 8 juin : tout est acquis ! Les pauvres aussi prendront des vacances, ils verront la mer, et le Mont-Saint-Michel, et les flamants roses tremper leurs pattes dans les eaux bleues, ils dormiront sur les volcans chauves, eux aussi expédieront et recevront des cartes postales. Ils s'aperçoivent que la terre fut donnée à tous, pas seulement à quelques-uns ; et que tout est à partager.

A Thiers, les grèves commencent le 10, pour la forme, pour que les patrons ne rechignent pas à appliquer le traité de Matignon. Les maîtres-couteliers se réunissent au cinéma Bazola tandis que les grévistes se concertent au Marché Couvert. Chastel convoque les délégués des uns et des autres à la mairie ; il faut bien discuter un peu, mais on finit par se toper dans la main. La grève n'aura duré que quelques jours.

« Nous ne l'avons suivie que par solidarité, explique le personnel d'Auguste Pitelet, non par mécontentement. En compensation, nous te demandons de nous appliquer le tarif syndical.

— Mais comment donc ! répond Auguste. Et je n'y perdrai pas ! »

Ils s'aperçoivent alors qu'ils touchaient 4 francs et 80 centimes de l'heure, tandis que la grève ne leur consent que 4,50 francs.

« Pardon. Excuse. On ne s'était pas rendu compte. Mais on a droit aussi aux 40 heures ! Et aux congés payés !

— Moi, je m'échine 80 heures. Et des vacances, est-ce que j'en ai jamais pris ?

— Tu en prendras, ça te fera pas de mal. Et tu travailleras un peu moins chaque semaine.

— Je suis pas sûr que je saurai. C'est pas à mon âge qu'on change d'habitudes.

— Nous t'y aiderons. »

L'été qui suit, les campagnes françaises se remplissent de malheureux péquenots des villes qui n'ont jamais vu mûrir une pomme, qui confondent les betteraves et les fougères, qui ont tout à apprendre sur le maïs et les rutabagas. Les prolétaires thiernois, au contraire, ont grandi non loin des champs, ils n'éprouvent pas le besoin de s'expatrier deux semaines ; pour tout dire, beaucoup n'osent pas, craignant de se perdre. Ils prennent leurs congés payés à domicile, se bornant à fréquenter les rives de la Dore et de l'Allier, qui sont leur Côte d'Azur. On verra l'année prochaine, si on réussit à s'acheter un tandem. Aussi, les spectateurs ne manquent-ils pas au Marché Couvert quand les ballets de Loïe Fuller viennent y déployer leurs phosphorescences : *Étincelle. Fleurs de cristal. Le voile fantastique.*

« On avait jamais rien vu de pareil, avoueront les polisseuses. C'est affreux ce que c'était beau. »

Mais les patrons de droit divin ont mal au ventre de ce qui arrive : on leur a enlevé non seulement une part de leurs bénéfices, mais une part de leur autorité. Du respect qui leur était légitimement dû. En Espagne, la guerre civile vient d'éclater, les bolcheviques violent les momies des religieuses, il faut à tout prix défendre en France la civilisation occidentale et chrétienne. Pour commencer, ils exportent en Suisse leur or et leur argent. Ensuite, leur presse éclaire le pays sur la véritable personnalité des politiciens qui le gouvernent : Roger Salengro fut un déserteur de la Grande Guerre, condamné à mort par contumace ; le vrai nom de Léon Blum, un immigré de fraîche date, est Karfunkelstein ; Jean Zay a écrit du drapeau tricolore : *Je hais tes sales couleurs, le rouge de leur sang, le bleu que tu voles au ciel, le blanc livide de tes remords*... Les ligues patriotiques dissoutes se reconstituent sous d'autres noms et crient dans la rue : « La France aux Français ! » Une brochure de Gustave Hervé réclame une dictature de salut public : *C'est Pétain qu'il nous faut*. Mais surtout, le grand patronat refuse d'appliquer les accords de Matignon sur les augmentations de salaire ; il saisit toutes les occasions pour éliminer les chefs syndicaux. « Nous n'avons plus rien à perdre ! proclame-t-il. Ce sera une bataille de la Marne des patrons ! »

Alors, les grèves reprennent ou s'amplifient. Chez les couteliers thiernois, elles durent quatre semaines. Quatre semaines d'espérances, d'angoisses, de disette. Les commerçants nourrissent à crédit la population ouvrière. Au début de novembre, les délégués patronaux et syndicaux signent enfin au ministère du travail une longue convention. Les fabricants jurent de l'appliquer : croix de bois, croix de fer... Désormais, le salaire horaire d'un apprenti de moins de dix-sept ans ne pourra être inférieur à 1,50 F ; celui d'une essuyeuse à 2,50 F. Et ainsi de suite jusqu'au salaire le plus élevé, de 7 F, pour un passeur à eau forte, un chromeur, un estampeur à chaud. En outre, le chromeur, le décapeur d'acier, l'argenteur, le nickeleur, qui travaillent dans les acides, recevront un litre de lait par jour afin de se désintoxiquer le sang.

A la nouvelle des accords, les grévistes se rassemblent au Marché Couvert, ivres de joie. Ce triomphe efface les humiliations passées, les leurs et celles de leurs pères. Guillaumaud, le secrétaire de la C.G.T., lit le catalogue des victoires.

« Nous avions demandé, ajoute-t-il, le paiement des journées de grève. Mais, voyant que notre réclamation paraissait scandaleuse, nous y avons renoncé, par dignité. Il n'y a pas de succès sans sacrifices. »

On chante *l'Internationale*, on danse, on se tape dans l'échine.

Le lendemain, le sous-préfet Delannet invite en ses salons les représentants patronaux, syndicaux, municipaux.

« Il ne faut pas, dit-il à ses administrés, que ce long conflit laisse après lui des germes de haine ou de rancœur.

— Non, non ! s'exclament les fabricants. Nous sommes quasi tous d'anciens ouvriers nous-mêmes, comment pourrions-nous ? Nous vous aimons, chers prolétaires !

— Nous aussi, nous vous aimons ! » s'écrient les prolétaires, émus aux larmes.

Là-dessus, on s'embrasse, on sable le champagne.

« Monsieur le sous-préfet, madame la sous-préfète, dit à son tour Antonin Chastel, merci de votre hospitalité. Au terme de cette bataille sociale, considérons qu'il n'y a eu ni vaincu ni vainqueur. Mais une vainqueuse : la coutellerie thiernoise. La capitale est en train de préparer pour l'an prochain une exposition universelle. Travaillons ensemble pour que nos produits y soient glorieusement représentés. 1937 sera, j'en suis sûr, une heureuse année pour notre ville. Et on ne s'ennuiera pas ! Nous mijotons une fête aussi belle que celle du Dr Zamechoff. Mais de cela, je garde encore le secret. »

LES PERMISSIONS DE MAI

Ne fît-on que des épingles, il faut être enthousiaste de son métier pour y exceller.

DIDEROT
fils d'un coutelier

Ma ora ti ringrazio dell'ironia
che hai messo sul mio labbro,
mite come la tua. Quel sorriso
m'ha salvato da pianti e da dolori.

Salvatore QUASIMODO
(Lettre à sa mère.)

1937

Il y eut entre Charlotte Pitelet et sa demi-sœur Gilberte cette histoire de confiture, qu'elles furent longues à se pardonner. Un soir, au dessert, on servit de la confiture de pêches. Pêches de septembre, fruits tardifs d'un lopin ensoleillé sur les pentes des Salomons qu'Auguste appelait pompeusement « ma vigne », sans doute à cause de trois rangs de merlot amoureusement soufrés et sulfatés, ils fournissaient, les années favorables, un panier ou deux de grappes dédaignées par les merles. Confiture maison, cuite par les soins de Francine.

« Oh ! Regardez ! s'écria soudain la petite, ravie de prendre en faute son aînée. Gilberte mange la confiture avec une fourchette ! C'est dégoûtant ! »

Auguste, lui, trempait des mouillettes dans la sienne. Il détourna les yeux, peu compétent en matière de convenances.

« Prends une petite cuiller, voyons ! ordonna Mme Pitelet. Est-ce qu'à l'E.P.S. on t'apprend à manger la confiture avec une fourchette ? »

Gilberte allait s'expliquer, mais Charlotte renchérit :

« C'est pour en manger davantage ! »

Alors, abandonnant la confiture interrompue, Gilberte se leva, courroucée, et se retira dans ses appartements.

Charlotte éprouvait pour sa sœur admiration et envie. Plus âgée de neuf ans, l'aînée jouissait de mille sortes d'avantages encore interdits à la cadette : elle prenait seule le train et vivait au chef-lieu, loin des chaînes familiales, pensionnaire dans une école pour grandes filles, auréolée déjà de son prochain Brevet Supérieur. Elle y brillait spécialement dans les matières littéraires, écrivait des acrostiches, avait des amies dont elle recevait des cartes postales. A moins que ce ne fussent des amis qui féminisaient leur prénom. Elle était petite mais jolie comme sa mère Antoinette, portait des talons hauts et des chapeaux montants pour se grandir. Même sa condition d'orpheline de mère la rendait intéressante, toujours enveloppée de regards tendres par la parenté et le voisinage, de chuchotements émus, pauvre enfant, pauvre petite, oh bonnegent ! La seconde Mme Pitelet s'offensait de cette pitié, nul ne pouvait lui reprocher la moindre défaillance à ses devoirs de mère adoptive, Gilberte n'avait jamais manqué de nourriture, de soins, de beaux vêtements, de bons exemples. C'est plutôt Charlotte qui se trouvait sacrifiée : à elle d'achever les chaussures demi-usées, les jupes, robes, tabliers de seconde main, cependant que l'aînée se pavanait toujours dans du neuf.

Tout cela explique la querelle des confitures. Quelques semaines après cet incident, Gilberte surprit sa jeune sœur le nez dans un bocal, en train de se gorger clandestinement de marmelade.

« Chipeuse et gourmande ! fit-elle avec dédain. Mais je ne te dénoncerai pas : tu serais trop contente d'avoir de moi mauvaise opinion, de pouvoir me traiter de moucharde ! »

L'autre resta un moment interdite. Puis elle répliqua, le poing brandi :

« D'accord, je l'ai chipée. Mais du moins, moi, je la mange avec une cuiller ! »

Et une grande, encore !

La seule vengeance de Gilberte fut de mettre sa demi-sœur en acrostiche.

Elle glissa le huitain sous la porte qui séparait leurs deux chambres :

CHerchez qui a mangé la confiture
Avec une cuiller d'argent doré.
Regardez par le trou de la serrure,
La réponse aussitôt vous la saurez.
Oh ! que le bocal fut petit, ma mère !
Tu devrais bien les choisir plus profonds.
Trois petits tours les langues font, font, font,
Et les absents vont se faire lanlaire.

Charlotte ne doutait pas qu'un jour sa sœur ne publiât ses œuvres complètes qui, par ce poème abominable, la saliraient devant la postérité. Elle en pleura toute la nuit.

Les saisons passaient, à chacune Gilberte devenait un peu plus demoiselle, tandis que Charlotte demeurait enfant. A l'école, son esprit restait fermé comme un bourgeon tardif. *Trop sec*, écrivait l'institutrice en marge de ses brèves compositions françaises. La feuille blanche qu'elle devait remplir lui inspirait une sorte de vertige. Gilberte avait reçu tous les dons qui brillent, l'imagination, la sensibilité, la facilité verbale ; il ne restait à sa suivante que la terne mémoire, elle y entassait avec fureur l'histoire, la géographie, les règles orthographiques. Elle se regardait dans les glaces et s'y trouvait bête, comme si cela se voyait. « Tu as le nez bête, le menton bête, les joues bêtes, faisait-elle en se tirant la langue. Jamais tu ne deviendras institutrice. » Car, naturellement, elle ambitionnait de suivre les traces de sa sœur. Auguste d'ailleurs l'y encourageait :

« Si vous étiez des garçons, je vous associerais à ma fabrique. Mais il ne convient pas à des femmes de diriger des hommes. Surtout des couteliers. Alors, pensez plutôt à l'enseignement. Ou aux finances. A la rigueur aux P.T.T. »

Toujours la loi salique.

Elles grandirent ainsi côte à côte, se tolérant.

Gilberte un jour annonça que dans ce village de La Garandie, à mille mètres d'altitude entre monts Dore et monts Dôme, elle avait trouvé un candidat à sa main. Un *éleveur*, précisa-t-elle, héritier d'une grosse ferme et d'un important troupeau de vaches rouges.

« Je l'ai accepté, en le jouant à pile ou face. »

A pile ou face ! Le comble de la désinvolture.

« Et si la pièce était tombée de l'autre côté, tu aurais renvoyé ce garçon ?

— Naturellement,

— Alors, tu ne l'aimes pas.

— Il existe des mariages sans amour. J'en connais. Mais Alexis insistait tellement ! Ce mariage semblait lui faire si grand plaisir ! Et moi, je ne pouvais plus supporter la solitude. C'est un garçon tout simple, mais dont je ferai ce que je voudrai. »

Gilberte pouvait tout se permettre. « Ah ! ce n'est pas moi, ruminait Charlotte, qui refuserais un parti à la légère ! Mais personne ne me demandera jamais. Je resterai vieille fille, je partagerai ma vie entre un géranium et un chat noir. »

Les Pitelet de Thiers montèrent faire la connaissance des Grattadeix de La Garandie. Les accordailles furent facilitées par le fait qu'Auguste et le père d'Alexis découvrirent qu'ils avaient servi tous deux dans les chasseurs alpins, l'un à Modane, l'autre à Briançon, et s'étaient trouvés sur les mêmes champs de bataille, ils évoquèrent le Linge, la Somme et tout ce qui s'ensuit. Joseph Grattadeix avait eu l'incroyable chance de passer quasi sans dommage à travers une rafale de mitrailleuse : une balle lui avait creusé la nuque légèrement, tandis que l'autre lui emportait la pointe du nez.

« Ça tombait bien, expliquait-il en riant. Moi, je le trouvais un peu long. De cette manière, elles m'ont rectifié le portrait. »

Il faisait tâter de l'index les deux sillons. On poussa là-dessus des *oh* et des *ah*.

Sur le chapitre des accordailles, Auguste s'expliqua clairement :

« Ma fille est majeure, elle peut donc épouser qui il lui plaît. Mais je ne lui donnerai pas un sou de dot si elle ne se marie pas avec un garçon travailleur, qui ait un bon métier entre les mains.

— Lui ? se récrièrent les Grattadeix. Il sait tout faire de ses doigts ! Suffit qu'il veuille.

— Tant mieux. Seulement, est-ce qu'il voudra ?

— Oh ! fit modestement l'intéressé, dans un ménage, y a tellement de bricoles à faire ! Quand la femme travaille à côté, faut bien que quelqu'un s'occupe du bois à casser, de la cuisine, du jardin, je sais pas, des fusibles qui sautent, des chaises à rempailler...

— Les fusibles ne sautent pas à chaque instant. Les chaises, ça n'occupe pas une vie. Est-ce que par hasard vous choisiriez en guise de profession d'être seulement le *mari de l'institutrice* ? »

Gilberte écoutait cette discussion avec peu d'intérêt. Alexis était le seul garçon présentable de la paroisse, il avait les yeux bleus, les épaules larges, de jolies moustaches, les lèvres chaudes, les mains fines pour un paysan, si nous ne nous accordons pas, on divorcera, voilà tout. Et puis je ne finirai pas mes jours à La Garandie, tôt ou tard je serai nommée en ville, à Thiers, à Issoire, à Clermont, il y trouvera bien un emploi, que diable !

« Je suis cordonnier ! s'écria soudain Alexis, se frappant le front comme si ce détail lui était sorti de la mémoire.

— Parfaitement ! confirma Joseph-au-nez-raccourci. A Belfort, pendant son temps, il a appris ce métier, c'est lui qui réparait les godillots. »

Le visage d'Auguste s'épanouit :

« Eh bien voilà ! Que ne le disiez-vous plus tôt ? Cordonnier, c'est honorable ! Presque autant que coutelier ! »

On entra dans les détails. Alexis aurait sa petite échoppe dans le village, avec une enseigne, peut-être une botte en zinc. Comme il n'existait aucune cordonnerie avant Murols, on lui apporterait des souliers à réparer de quatre lieues à la ronde. Souriant, le futur gendre approuvait de la tête. Joseph s'engagea à payer de sa poche le banc, le pied, le billot, tous les outils nécessaires. La noce se ferait à Thiers, au pays de la fiancée.

Chez les Pitelet, existait l'usage d'une certaine cagnotte alimentée par des économies, des pourcentages, des bénéfices inattendus. Ce casuel devait être partagé entre les filles au jour de leur mariage, pour couvrir leurs frais de parure. Alors, Francine fit une proposition surprenante :

« Que Gilberte utilise toute la somme.

— *Toute ?* s'étonna Auguste.

— Il ne sera pas dit que je n'aurai fait mon devoir qu'à moitié envers la pauvre orpheline.

— Tu es vraiment une femme de devoir.

— J'ai de l'affection pour cette petite, quoi qu'on en pense. Même si je ne parle pas de mon amitié, si je ne fais pas de tintamarre.

— Ce n'est pas la vache qui branle le mieux la queue qui donne le plus de lait.

— Je n'ai rien à me reprocher.

— Certainement. Mais... Charlotte ?

— Elle a neuf ans de moins que sa sœur. Ça représente bien des cotisations, avant le jour de ses noces. Et dorénavant, elle n'aura pas à partager. »

Gilberte eut donc un mariage auquel rien ne manquait. Cela se fit en février, au temps du Carnaval, sous un ciel bleu inespéré. Le repas eut lieu dans une auberge de campagne, à Courty, sur les rives de la Dore. Carrefour ferroviaire dû aux barons de Barante : ils l'avaient obtenu pour desservir leur château. Les invités y affluèrent donc par voie ferrée. Ceux qui descendaient des monts Dore avaient dû partir la veille, prendre l'autobus jusqu'à Clermont, le train jusqu'à Thiers, dormir chez les parents de la promise. Auguste emprunta des matelas à ses ouvriers, les disposa dans sa fabrique, parmi les couteaux. En même temps, il présenta ses excuses à son personnel :

« J'aurais voulu vous inviter tous au mariage de ma fille. Mais ça ferait trop de monde de notre côté. Y aurait pas équilibre. Vous comprenez ? Alors, je vous inviterai à part, dans quelques jours. »

Ils donnèrent leur accord : « Fais que, fais que. » Chacun reçut une gratification exceptionnelle et une boîte de dragées.

Après les cérémonies à la mairie et à l'église, la noce au complet monta dans le train qui la déposa près du *Moulin Bleu*. Le photographe était là, avec sa boîte, son voile noir, son trépied. Comme le marié dépassait de la tête son épouse, l'homme aux images s'efforça de corriger cette différence de taille en les faisant asseoir.

« T'en fais pas, Alexis, l'encouragea un oncle descendu de là-haut. Au lit, vous serez de la même taille. »

Ce fut la première paillardise, que suivirent beaucoup d'autres.

Ils eurent trois jours pour faire à Paris leur voyage de noces, voir la tour Eiffel, l'Arc de Triomphe, le musée Grévin, la Samaritaine et revenir. Gilberte se retrouva dans son école de montagne, étourdie par tant d'événements, à la fois inchangée et différente, avec au doigt le premier anneau d'une chaîne, des enfants qui se trompaient en lui parlant, l'appelaient encore *M'zelle*, se reprenaient l'un l'autre, faut dire *M'dame*. Et surtout chaque soir dans son lit étroit la compagnie de ce particulier qui la coinçait contre le mur. Il ne lui procura pas les joies sensuelles qu'elle avait espérées. Elle garda de leurs premiers contacts le seul souvenir de son poids, des étouffements qu'il lui infligeait par inertie, par maladresse, par égoïsme. Après chacune de ses prestations, il plongeait à la verticale dans le sommeil, sans un mot, sans un balbutiement de reconnaissance ni de tendresse, tandis que sur l'autre bord, caressant de la main la pierre rude et froide, elle pleurait en silence. Mais quelle idée avait-elle eue d'épouser ce rustre ?

Parfois, au milieu de la nuit, il l'arrachait à son assoupissement par des plaintes épouvantables :

« Ouille ! Ouille !... Ou-yaya ! Ou-yaya !

— Qu'est-ce qui se passe ?

— Une crampe... dans le mollet... Excuse-moi, je suis sujet à des crampes... Ou-yaya ! Ou-yaya ! »

Il se tordait, s'empoignait la jambe comme un lutteur l'adversaire, cherchant à se maîtriser, à se renverser. Elle allumait la lampe de chevet, assistait avec stupeur à ce pancrace. A la fin, il retombait épuisé, couvert de sueur.

Deux semaines plus tard eut lieu la réception promise aux ouvriers d'Auguste, dans la salle de classe de La Garandie, débarrassée de ses meubles. *Nous serons seize en tout*, avait-il écrit de Thiers, *plus vous deux. J'apporterai la boisson*. Il frète une camionnette. Tandis que lui-même, sa femme et sa seconde fille prennent place sur le siège avant, le personnel s'empile sous la bâche. Il y a là Tonine et sa sœur Mariette, Galoche, Floflo, Vise-en-l'Air, Pulhe-Moune, Zizin, Ipelhà et toute l'équipe, jusqu'à Mange-Salé. Celui-ci est un soiffard dans la bonne tradition des émouleurs, qui se donne régulièrement cette excuse : « C'est pas ma faute si j'ai soif : hier, j'ai mangé salé. » Ce monde en grands affûtiaux débarque vers onze heures dans le village, le ventre creux et les dents longues. Francine met pied à terre, s'avance vers l'école et trouve Gilberte assise, mélancolique, devant sa porte, les mains sur les genoux. Elle s'ébahit :

« Tu ne nous attendais pas ? »

Et Gilberte, sombrement : « Mais si, je vous attendais.

— Tu ne t'occupes pas de tes fourneaux ? Tout est déjà cuit ?

— Il y a un canard au four.

— Un canard ?

— Oui, un canard.

— Un canard pour dix-huit personnes ?

— Avec des légumes.

— Quels légumes ?

— Des petits pois en conserve. J'en ai trois boîtes. Quatre boîtes. Je ne sais plus. Ils mangeront ce qu'il y aura.

— Et ton mari, où est-il ?

— Par là derrière... au jardin. »

Alors se dresse la Francine des grands jours. Celle qu'on vit une fois éteindre un commencement d'incendie dans la fabrique de la rue de Châteldon en répandant sur les flammes des bassinées de sable humide. Une autre, affronter le brigadier de gendarmerie en pantoufles qui lui rapportait par l'oreille sa fille Charlotte et demandait :

« C'est à vous, ça ?

— Je crois bien.

— Savez-vous que cette petite diablesse m'est entrée dedans sur sa trottinette, alors que je prenais le frais, assis devant la gendarmerie ? On ne peut pas dire qu'elle ait le respect de la maréchaussée ! »

Et elle, les yeux tournés vers le bas : « Il me semble, monsieur, qu'il s'agit plutôt de maré-déchaussée ! »

Cette Francine-là prend donc l'affaire en main. Elle s'élance vers la camionnette, arrête le flot des affamés :

« Auguste, emmène tout ce monde au bistrot. Pas forcément au plus proche. Et ne revenez pas avant une heure trente de l'après-midi ! »

Pitelet comprend la situation et rembarque ses invités. Ils descendent à Aydat, admirent le joli lac où flottent des barques de pêcheurs, question poisson ça vaut sûrement pas la Dore, affirme Floflo qui s'y connaît en eaux courantes et immobiles. On jette des cailloux dessus pour jouer aux ricochets. Ça prend une petite heure. Après quoi, on se dirige vers le premier café.

A La Garandie, Francine écume les fermes. Elle trouve deux oies, exige qu'on les plume, qu'on les rôtisse pour une heure et demie, c'est à prendre ou à laisser. Pour elle, on dépend des saucissons, un jambon, on coupe les tranches nécessaires, on les couche sur des feuilles de chou, seul emballage disponible.

Et les légumes ?... Une odeur parvient à ses narines, elle la suit, arrive à des pommes de terre en train de bouillir dans une chaudière.

« Je suis preneuse ! dit-elle.

— Comment ? Vous voulez servir à vos invités des patates à cochons ?

— Oui, en purée. Avec du beurre, du lait, du jus de volaille. Ils n'y verront que du feu. »

Elle choisit les plus belles, en emporte un plein panier. La voici de retour à l'école, avec ses pommes brûlantes, ses salaisons, trois douzaines d'œufs.

« Peux-tu me trouver un tablier ? »

Mais Francine est un peu forte, elle n'entre pas dans les blouses de Gilberte.

« Écoute, dit-elle. Prête-moi une vieille chemise de ton homme.

— Vous voulez enfiler une chemise d'Alexis ?

— Par-dessus ma robe. Je suis certaine qu'elle m'ira. »

A merveille, en effet, qu'elle lui va, avec ses deux pans inégaux, le court devant, le long derrière, et la langue pendante à hauteur du nombril. C'est très seyant.

« Vous êtes à peindre, dit Gilberte.

— Tu me peindras une autre fois. En attendant, aide-moi à peler ces patates. Et n'oublie pas ton canard, ne le laisse pas brûler. »

Un moment, Gilberte redevient la petite fille de naguère, celle qui obéissait aux commandements, défense de t'asseoir, tu froisserais ta robe, tiens-toi droite, apporte-moi ci, défais-moi ça, silence, une fille bien élevée ne parle pas à table. Amère douceur de ne rien vouloir, de suivre un chemin tracé par d'autres, même si l'on rêve en secret d'escampette, si l'on se dit un jour personne ne te commandera et peut-être c'est toi qui commanderas à d'autres. Minorité, passivité, sécurité. Francine, elle, semble-t-il, n'a jamais été mineure, elle lance ses ordres, rapide, efficace, péremptoire :

« Le presse-purée... Le sel... Le beurre... Le lait... La cuiller de bois... »

Alexis revient, voyant sa belle-mère en *flaquepan* il éprouve le besoin de se tenir les côtes, mais elle l'interrompt :

« Allez plutôt chercher du bois, vous rirez après. »

Il file vers le bûcher, il n'a pas encore commencé sa cordonnerie, il faut qu'il paye en docilité le pain qu'il mange.

Et ça continue : « Mettez le couvert, l'un ou l'autre. Les fourchettes à gauche, les couteaux à droite, les petites cuillers devant. »

Elle a la tête à tout, au four et au moulin, à la cuisine et à la salle de classe.

« Va voir si les oies sont cuites. »

Gilberte s'élance, revient essoufflée, elles le seront dans vingt minutes, juste le temps de manger les hors-d'œuvre.

Vers 13 h 15, les couteliers arrivent, la crête un peu rouge, ils s'installent sur les chaises et les bancs, contemplent avec surprise le tableau noir, la carte de France, les dessins des élèves épinglés aux murs. Ils retrouvent les réflexes de leurs jours d'école, baissent la voix, serrent les fesses. Francine va et vient parmi eux, la seule ici que rien n'intimide. A 13 h 30, les cochonnailles paraissent, conformément au programme.

Le printemps vint en catimini, entre deux giboulées de neige, personne ne le remarqua. Les chanteurs des rues firent néanmoins de bonnes affaires. En pays coutelier, ils vendaient spécialement une chansonnette et une complainte. La première était celle de l'Exposition universelle : décrétée en 36, elle se préparait fébrilement sur les rives de la Seine, les syndicats avaient décidé qu'ils travailleraient sans interruption, dimanches compris, afin de rattraper le temps perdu au cours des joyeuses grèves de l'année précédente et de respecter la date d'inauguration prévue pour le 1er mai.

On chantait donc en attendant :

Viens ma chérie, veux-tu que nous allions
A l'ex, à l'ex, à l'exposition ?
Paraît qu'on voit des choses à sensation,
A l'ex, à l'ex, à l'exposition...

La complainte, imprimée sur papier bleu, se vendait 50 centimes et se chantait sur l'air de *C'est une chanson dans la nuit*. Le texte, à grand renfort de majuscules, d'italiques et en plusieurs couplets, racontait :

L'EFFROYABLE CRIME DE THIERS
Dans sa boutique en flammes une ÉPICIÈRE
est découverte sauvagement ASSASSINÉE
à coups de couteau

Gens de l'Auvergne venez autour de nous
Pour entendre l'histoire
D'un crime affreux commis dans la nuit noire
Dans la ville de Thiers.
Dans ce pays de travail et d'honneur
Un assassin sauvage,
Ivre de sang, a fait un vrai carnage
Et semé la terreur...

Mme Veuve Berger, âgée de quarante-deux ans, tenait au fond de la rue Rouget-de-l'Isle une épicerie-buvette. Or une nuit, la boutique flambe, les pompiers accourent, éteignent le feu, découvrent parmi les charbons le cadavre de la propriétaire. Le médecin légiste constate qu'il y a eu meurtre. On trouve même l'arme assassine que la presse décrit ainsi : *couteau à découper genre yatagan, lame en acier inoxydable, mitre française montée sur virole, manche cuisine en ébène corbin, longueur totale 19 cm, usiné par la Société Générale de Coutellerie et Orfèvrerie.* La pauvre Mme Berger en a reçu plusieurs coups dans l'estomac. Avant même qu'on ait besoin d'enquêter chez les détaillants, une voisine de la défunte, qui gagne sa vie petitement comme jardinière, le reconnaît :

« Mais... ce couteau nous appartient ! Quelqu'un nous l'aura volé ! »

On l'interroge : où était-il ? qui a bien pu le prendre ? On questionne de même son fils, Raymond, âgé de dix-huit ans, également ouvrier jardinier à ses heures. Il a d'ailleurs été remarqué parmi les badauds aux alentours du commissariat, venu aux nouvelles. Les policiers fouillent sa chambre. Et qu'y dénichent-ils ? Une lettre de menace prête à être expédiée : *Monsieur, si vous voulez pas que votre maison brule un de ces quatres matins, rassembler la somme de mille francs que vous aurai a nous remettre suivant instructions qui vous seront adresser ultérieurement. La Main Noire.* Les enquêteurs cuisinent Raymond qui reconnaît avoir envoyé plusieurs messages de cette sorte, histoire de rire, mais en fait ils ne lui ont rien rapporté, car ensuite il n'osait se présenter pour toucher la rançon. Cela n'a rien à voir avec le meurtre. Il avait d'ailleurs trop d'amitié pour la veuve. Mais le couteau est là qui parle, qui parle.

« Explique-nous comment il a pu se transporter dans l'épicerie, alors que la veille ta mère s'en est servie pour découper un lapin... »

A la fin, Raymond capitule : c'est bien lui qui a fait le coup. Bénéfice : 135 francs. Le crime ne paie pas.

Voilà donc *l'assassin sauvage* arrêté. Cela repose le problème de la prison. Thiers a perdu la sienne. Trop coûteuse, paraît-il, vu le petit effectif des malfaiteurs qui y résidaient. Moins nombreux que le personnel. Pour raison d'économie, on les transfère désormais à Riom, chef-lieu judiciaire du département. La maison d'arrêt de la rue des Groslières, avec ses portes à toute épreuve et ses barreaux puissants, est une cage sans oiseaux. Il est quand même triste que la Capitale de la Coutellerie française ne soit pas en mesure de produire un nombre de malfaiteurs suffisant et doive confier à d'autres la garde de son gibier de potence.

Les Thiernois ont cependant été toujours fort attachés à leur prison.

A preuve la curieuse enquête qui se déroula il y a une trentaine d'années sur l'initiative d'une feuille locale. Lui fournissant une liste de dix établissements publics, celle-ci demandait à la population de les classer, selon elle, par rang d'utilité. Le résultat de ce sondage fut le suivant :

1 — la *prison*, avec 35 % des voix ;
2 — l'*hôpital*, avec 24 % des voix ;
3 — la *mairie*, avec 16 % des voix ;
4 — la *gare*, avec 12 % des voix ;
5 — l'*école*, avec 7 % des voix ;
6 — l'*église*, avec 6 % des voix.

Il se trouva donc trois Thiernois et demi sur dix pour affirmer que la prison était l'établissement le plus utile de la commune. C'était l'époque des grandes grèves de 1907. Clemenceau le Tueur, le premier Flic de France, envoyait ses dragons contre les ouvriers en grève, emprisonnait leurs chefs à tour de bras. Voter à 35 pour cent en faveur de la prison était une manière ironique de l'applaudir, de dire : « Nous aussi, un jour, peut-être... à moins que l'*hôpital* ne nous en préserve... » A Thiers, il se trouvait que la prison et l'hôpital résidaient dans la même rue, voisinage significatif, chaque ouvrier pouvant proclamer : dans cette rue, j'ai deux maisons à moi. On considéra que la *mairie* avait aussi son utilité, impossible de naître, de se marier, de mourir sans son intervention, ajoutez-y le secours aux chômeurs, les distributions de bons de repas aux indigents, ça méritait un 16 pour cent. Peu de gens avaient l'occasion de prendre le train, excepté les monteurs qui descendaient de Chabreloche, de Celles par le « train des besaces » chaque lundi ; mais le train apportait aussi l'acier, le charbon, la corne indispensables à l'industrie coutelière ; on vota donc un petit 12 pour cent à la *gare*, principalement à la gare des marchandises. En revanche, la plupart des ouvriers du couteau ne voyaient pas clairement à cette époque l'utilité de savoir lire et écrire, un livre ne tombait pas plus souvent dans leur foyer qu'un boulet de canon, le français officiel leur rappelait de mauvais souvenirs, c'était la langue de l'armée, des affiches blanches, du tambour de ville et de ses règlements, du catéchisme et de ses interdictions ; eux, ils pensaient, chantaient, juraient, aimaient en patois ; quant à l'église, beaucoup n'y entraient qu'à leur corps défendant, trop jeunes pour protester, ou les pieds devant, sans voix au chapitre. L'*école* et l'*église* ne valaient pas plus qu'un 6 ou un 7 pour cent.

Raymond s'en fut donc attaché à deux gendarmes jusqu'à Riom, en attendant de comparaître devant les juges.

A propos de procès, il s'en tenait à Moscou de bien curieux. On y fusillait comme des étourneaux les généraux de l'Armée Rouge, ceux qui l'avaient construite, qui hier encore en étaient la gloire et le soutien. Dans la même journée, huit avaient été jugés, condamnés et passés à la casserole, notamment l'illustre maréchal Toukhatchevski, adjoint de Vorochilov ; il venait justement de représenter son pays à Londres au couronnement de George V ; Staline choisissait curieusement ses ambassadeurs. Le plus extraordinaire est qu'à leur procès ces hauts dignitaires avouaient sans retenue. Chez nous, n'importe quel accusé sain de corps et d'esprit nie jusqu'au dernier moment, il aurait avalé le renard et la queue lui sortirait par la bouche qu'il jurerait que ce n'est pas vrai, le jardinier Raymond lui-même s'était défendu bec et ongles. Eux, au contraire, de proclamer : oui, c'est vrai, nous sommes des traîtres infâmes, nous avons noué des relations criminelles avec l'Allemagne, nous cherchions à vendre notre partie, nous méritons cent fois la mort. Pouvait-on, dans ces conditions, décemment la leur refuser ?

Quelques jours plus tard, un communiste barbu se disant trotskiste vint au cinéma *Variétés* expliquer que les procès de Moscou étaient truqués, que les condamnés avaient avoué sous l'effet de tortures morales ou physiques, qu'ils étaient victimes des ambitions personnelles de Staline. Il n'alla pas plus loin dans sa démonstration, les communistes locaux couvrirent sa voix de leurs huées et de leurs injures, il dut fuir en se protégeant la tête. Les Thiernois apprirent de la sorte qu'il existait deux sortes de communistes, comme deux sortes de champignons : les vrais et les faux. Les bons et les mauvais. Les honnêtes et les truqueurs. Les staliniens et les trotskistes. Les barbus et les moustachus. Ce qui compliquait les choses, c'est qu'on rencontrait des staliniens honnêtes et des truqueurs barbus. C'était à y perdre son patois.

Mais ces exécutions moscovites n'étaient que de la gnognote auprès des immenses massacres qui se perpétraient au-delà des Pyrénées. Avec l'appui de l'Allemagne nazie, de l'Italie fasciste, du Vatican opusdéiste, les troupes de celui que les Thiernois appelaient le *Gaudillo* progressaient sur tous les fronts. La légion *Condor* bombardait les villes encore républicaines, le général Milan Astray, ami personnel de Franco, lançait à ses troupes la devise : *A bas l'intelligence ! Vive la mort !* A la suite de quoi, tant de cadavres jonchaient l'Espagne qu'ils fuyaient d'eux-mêmes cette terre maudite, naviguaient loin d'elle au hasard, la mer en rejetait sur les côtes françaises, certains étaient remontés jusqu'aux rives vendéennes.

Pendant que l'Allemagne aiguisait ainsi ses armes et le moral de ses troupes, la France débordait de pacifisme, de fraternité, de chansons tendres. Les familles ouvrières faisaient des économies pour acheter un *tandem*, à deux ou à trois places assises. Le mot, paraît-il, signifie « enfin ». Enfin le véhicule de leurs rêves ! Jojo et Jeannette, tournant leurs quatre pédales, s'en allaient à la découverte du monde. C'est-à-dire des moutons frisés champenois, des pommiers de Normandie, des betteraves picardes, des vignes angevines. Ils apprenaient en même temps la botanique, la zoologie, la géographie. Les plus vaillants poussaient jusqu'aux Alpes. « Ah, les Alpes ! s'écriait Jojo. Ma femme s'en faisait une montagne ! On les a quand même avalées ! » D'autres préféraient la mer et constataient avec émerveillement qu'elle est encore plus grande que sur les cartes postales. On manquait de mot pour désigner ces hommes et ces femmes en vadrouille ; on les appela les « congés payés ».

La France était une agnelle entourée de loups, gardée par des bergers indignes. D'une ignorance, d'une incapacité crasses. Ils étaient de deux sortes. Ceux qui clamaient : « Nos armes sont si puissantes que nous ne craignons aucun agresseur ! » Et ceux qui affirmaient : « Nous n'avons pas besoin d'armes, nous ne voulons entrer en guerre contre personne ! Désarmons unilatéralement ! Et devant une telle bonne volonté, aucun de nos voisins n'aura l'audace de lever la main sur nous ! Nous serons protégés par notre innocence ! » Le film de Jean Renoir, *la Grande Illusion* — dont le titre aurait dû cependant mettre en garde les foules —, contribuait au contraire à les endormir : un roman d'amour sembla possible entre la France et l'Allemagne, comme entre Jean Gabin et Dita Parlo ; plus jamais il n'y aurait une autre 14-18. Nos députés n'étaient pas les moins aveugles : ils votèrent à Paris une loi qui interdisait *à tous pays* l'envoi d'armes et de volontaires en Espagne. On imagine l'accueil que Hitler et Mussolini réservèrent à cette interdiction.

L'Exposition universelle cherchait à faire oublier ces malheurs et ces menaces. Elle fut ouverte le 24 mai, avec plus de trois semaines de retard, parce que les ouvriers du bâtiment avaient en définitive refusé d'obéir aux consignes syndicales, on ne va pas travailler le samedi et le dimanche alors qu'on s'est tant battu pour les quarante heures. Le président de la République, Albert Lebrun, l'inaugura en marchant dans le plâtre et les gravats. Il s'arrêta longuement devant le stand de la coutellerie thiernoise, reçu par le maire Antonin Chastel en personne. Il lui serra la main, évoqua sa visite de 1934 dans la capitale de tout ce qui coupe, le fabuleux couteau qu'il avait reçu de son prédécesseur.

« Est-ce qu'il a besoin d'aiguiser, monsieur le président ? questionna l'ancien émouleur.

— Ma foi, je pense qu'il a conservé son fil. Vous savez, ma femme ne s'en sert pas tous les jours pour éplucher les légumes ! fit en riant l'ancien polytechnicien.

— Pour sûr, il est pas ce qu'y a de plus pratique, question épluchage. Tenez, monsieur le président, pour vos légumes, prenez plutôt ceci. »

Et il lui fourra dans les mains un épluche-pommes de terre inoxydable.

« Non, non ! C'est trop !

— Ah ! vous avez bien accepté un couteau de mon rival Cotillon ! Vous pouvez pas me refuser cette bricole, ça me vexerait ! D'abord, c'est uniquement pour votre dame. A vous, je réserve autre chose. »

Devant les yeux présidentiels ébahis, il ouvrit les huit pièces d'un magnifique article à côtes de corne, lame, canif, scie, poinçon, tire-bouchon, tournevis-décapsuleur, ouvre-boîtes, flamme à saigner, fit claquer la lame principale, referma le couteau-panoplie et le lui glissa dans une poche, disant :

« Un cadeau de la ville de Thiers.

— Vous êtes trop aimable.

— Entre nous, c'est un peu lourd pour la poche du veston, ça la déforme. Gardez-le plutôt dans celle du pantalon, retenu par une chaînette à la ceinture.

— Je suivrai votre conseil. »

Après quoi, on montra au Président des photographies de la ville et de ses ateliers. Avant qu'il ne s'éloignât, Tonin trouva le biais de lui glisser dans une autre poche une troisième pièce de coutellerie, un coupe-papier dans son écrin :

« Pour ouvrir vos enveloppes. Car vous devez en recevoir, du courrier ! »

Albert Lebrun dut battre en retraite, les poches toutes déformées.

Malgré ses défauts, l'Exposition remporta un beau succès, elle dura six mois et reçut plus de 31 millions de visiteurs payants, presque autant de gratuits, ce qui n'était pas mal pour une entreprise menée par le *Front crapulaire*, comme disaient ses ennemis.

Thiers eut aussi les festivités qu'il s'était promises : elles honorèrent le comédien Montdory, le plus illustre acteur de son temps, qui eut entre autres mérites celui de découvrir et lancer Pierre Corneille. La ville ne soupçonnait pas qu'elle avait donné le jour à un si grand homme, tout le monde le lui avait caché, y compris le dictionnaire Larousse qui faisait naître Montdory à Orléans, elle n'était pas si riche de célébrités qu'elle pût se permettre d'en abandonner aux autres. Le berceau exact de sa famille fut révélé au grand public par Élie Cotier, un ancien maître d'école devenu journaliste au *Moniteur*, le quotidien de Pierre Laval. Originaires du village des Giliberts, paroisse d'Escoutoux — ce qui explique son nom, *Dosgilberts* —, les ancêtres du futur acteur s'installèrent au XVIe siècle à Thiers même, y exerçant la fabrication et le commerce de la coutellerie. Et c'est là que naquit en 1594 le petit Guillaume. Il devait dès l'âge de quinze ans quitter l'Auvergne pour aller étudier le droit à Paris chez un procureur, ami de son père. En fait, il dévia vers le théâtre, choisit le pseudonyme de *Montdory*, empruntant ses syllabes aux faux noms de ses confrères, *Rozidor, Floridor, Montluysant, Montfleury, Rozimont*. Se souvenant peut-être aussi qu'à cette époque le Mont-Dore était la plus haute montagne auvergnate. Il fonda avec Le Noir la troupe du « Marais » qui s'en allait passer l'été à Rouen. D'où la rencontre avec Corneille. Montdory accepta de jouer le rôle d'Éraste dans la comédie *Mélite ou les Fausses Lettres*, créée à Paris en 1630, impasse Beaubourg. L'obscurité de l'auteur était telle qu'on préféra ne pas imprimer son nom sur l'affiche. Le succès fut néanmoins surprenant, il assura à la fois l'avenir de la compagnie et celui de l'écrivain en les faisant connaître à la Cour. Par la suite, le comédien thiernois monte encore *Clitandre, la Veuve ou le Traître puni*, qui valent à Corneille jusqu'aux louanges de ses rivaux :

Le soleil s'est levé, retirez-vous, étoiles ! (Scudéry)

Richelieu s'intéresse au jeune poète si bien défendu par celui que

Mairet appelle le *Roscius auvergnac*. Et il lui propose d'écrire avec quatre de ses collègues une pièce dont il fournit le sujet et qu'il signera de son nom : *la Comédie des Tuileries* ; elle est représentée par Montdory et les siens devant toute la Cour.

A la fin de l'année 1636, alors que les envahisseurs espagnols reculaient, battus à Corbie et à Saint-Jean-de-Losne, on chanta le *Te Deum* dans toutes les églises de France. Louis XIII en personne alla rendre grâce à Notre-Dame-de-Paris. Dans cette atmosphère héroïque, la troupe du Marais joua *le Cid* : avec sa taille bien prise, ses mollets ronds, ses jolies moustaches, sa voix puissante, Montdory était un Rodrigue encore très présentable, à quarante-trois ans. Ce fut le triomphe que l'on sait. Tout Paris pour Rodrigue eut les yeux de Chimène. Le Roscius auvergnac devint le plus recherché des Parisiens. Il fréquentait notamment chez ses compatriotes les Pascal, qui tenaient un salon littéraire et scientifique.

Peu après, il eut l'occasion de rendre un fameux service à Étienne Pascal. Ce digne magistrat, compromis dans une assemblée où des propos outrageants avaient été tenus contre Richelieu, craignant d'être embastillé, s'était réfugié en Auvergne. Il laissait ses enfants Blaise et Jacqueline à la garde de leur sœur aînée Gilberte. Le théâtre fournit un terrain de réconciliation. Sur la suggestion de Montdory et instruite par ses soins, la petite Jacqueline, âgée de treize ans, apprit un rôle dans *l'Amour tyrannique* de Scudéry et joua la pièce devant le Cardinal. Ce même jour, le comédien auvergnat plaida près de lui la cause d'Étienne pendant quatre heures, l'entretint avantageusement de sa vertu, de sa science et de ses autres qualités.

Pour finir, la petite Pascal, qui était jolie comme un cœur, récita un compliment composé de sa main :

Ne vous étonnez point, incomparable Armand,
Si j'ai mal contenté vos yeux et vos oreilles.
Mon esprit, agité de frayeurs sans pareilles,
Interdit à mon corps et voix et mouvement.
Mais pour me rendre ici capable de vous plaire,
Rappelez de l'exil mon misérable père.
C'est le bien que j'attends d'une insigne bonté.
Sauvez cet innocent d'un péril manifeste.
Ainsi, vous me rendrez l'entière liberté
De l'esprit et du corps, de la voix et du geste.

Le ministre souriant écouta cette supplique. Dès le lendemain, Jacqueline en écrivait à son père : *Il m'embrassoit et me baisoit, et pendant que je disois mes vers, il me tenoit toujours entre ses bras et me baisoit à tout moment avec une grande satisfaction, et puis, quand je les eus dits, il me dit : « Allez, je vous accorde tout ce que vous me demanderez, écrivez à votre père qu'il revienne en toute seureté.... » Je m'en ressens extrêmement obligée à M. de Montdory qui a pris un soin estrange. Je vous prie de prendre la peine de lui escrire par le premier ordinaire pour le remercier, car il le mérite bien.*

L'illustre acteur mourut discrètement vers 1653, on ne sait où.

Bien que la coutellerie eût occupé dans sa vie peu de place — il lui dut néanmoins ses études de droit à Paris, payées avec les écus paternels — Thiers tint à lui offrir une grandiose célébration. Elle coïncidait avec le tricentenaire du *Cid* et eut pour maître d'œuvre Élie Cotier, soutenu par la *Société d'Études Locales*, protectrice des Arts, des Sciences et des Lettres. Le ministre de l'Éducation nationale Jean Zay vint inaugurer un bas-relief en pierre jaune du Poitou : il représentait assez gauchement le comédien en hauts-de-chausses à crevés, récitant Corneille, dont le profil surgissait du fond comme un mirage. On le scella au bas de la place Belfort, regardant le poids public, en sorte que les passants voyaient moins sa figure que son derrière.

La matinée fut consacrée aux défilés et aux concerts. Comme à l'accoutumée, la *Société Philharmonique* du docteur Berger et les *Prévoyants de l'Avenir* de l'assureur Durognon se disputèrent le kiosque de la place Duchasseint, dont ils voulaient jouir en même temps. Il fallut les départager par tirage au sort.

A midi, se tint au Marché couvert un banquet de quatre cents assiettes, présidé par Jean Zay. De sa voix rauque, le maire prit la parole pour exprimer sa joie, son honneur et sa haute considération. Il lut ensuite, ses besicles sur le nez, achoppant aux mots difficiles, la biographie de Guillaume Dosgilberts, *alias* Montdory. C'est alors qu'il prononça l'historique bourde que des générations de Thiernois devaient se répéter, qu'ils se transmettront tant que le soleil se lèvera derrière Margeride et que des meules tourneront sur ces rives coutelières :

« Ce fut, mes chers compatriotes, le plus grand acteur de son siècle. Voltaire regrettera de n'avoir pas un interprète de son envergure pour jouer ses tragédies. Et pourtant, Voltaire fut servi par Molé, par Lekain, protégés de Marie-Antoinette et de Louis... »

Tonin eut une hésitation, surpris que quelqu'un pût porter un nom aussi bizarre :

« Louis... Louis... » répéta-t-il.

Puis vaillamment il franchit l'obstacle :

« ... Louis Ixe-Vé-Un... »

D'abord, les gens se regardèrent avec stupeur, n'en croyant pas leurs oreilles, la perle était d'une trop belle eau. Mais non : Chastel poursuivait gravement son discours. Alors, tous les officiels, ministre, sous-préfet, principal du collège, administrateurs de la

Caisse d'épargne, capitaine de gendarmerie, se jetèrent sur leur serviette, firent semblant de s'essuyer la bouche pour pouvoir rire à couvert, tandis que la salle, moins précautionneuse, se convulsait d'hilarité. Le maire se troubla :

« Qu'est-ce que j'ai dit ?

— Mais non, le rassura le secrétaire, ce n'est pas vous. C'est quelqu'un d'autre.

— Ah ! bon. »

Et il reprit sa lecture trébuchante. Elle le conduisit jusqu'aux toasts. Il leva son verre à la santé du ministre, du sous-préfet, d'Élie Cotier, et pour finir à celle de la *Société d'Études Locales* :

« Je bois-t-aux Arts ! Je bois-t-aux Sciences ! Et je bois-t-aux Lettres ! »

En soirée, au Champ de Foire, sous les projecteurs, fut donnée une représentation du *Cid*. Le rôle de Rodrigue était tenu par Robert Vidalin de la Comédie-Française, originaire de Saint-Amant-Tallende, aussi auvergnat que Montdory lui-même. Bien que la pièce fût un peu compliquée, le public démêla qu'il s'agissait d'une histoire d'amour mal emmanchée, parce que les familles des deux jeunes gens n'avaient pas les mêmes idées politiques, ce qui amenait le futur gendre à zigouiller son futur beau-père. Mauvais commencement pour un ménage. Mais à la fin tout s'arrange : une guerre éclate, Robert y remporte de grandes victoires. Si bien que le roi fait celui qui n'a rien vu sur la question du beau-père, et autorise Vidalin à épouser quand même sa promise.

En fait, peu de gens résistèrent jusqu'au dénouement. Il y eut d'abord un entracte au cours duquel le recteur de l'Académie de Clermont, M. Boussagol, expliqua de façon interminable que *le Cid* de Corneille n'était pas tellement de Corneille, mais plutôt d'un certain auteur espagnol, mais de Corneille tout de même. Les Thiernois commencèrent à s'ennuyer, ils n'étaient pas venus entendre ce Boussagol, d'autant moins que soufflait un petit vent hérissé comme un porc-épic. Ils tinrent bon un moment puis, peu soucieux de savoir comment Robert Vidalin se tirerait d'affaire, s'en allèrent tout gelés de froid.

1938

Nouvelles de la famille.

Beaucoup d'événements s'étaient produits en quelques années chez les Pitelet-Dubourdieu, alliés et descendants de Pitelet le Gros.

Depuis qu'Alfred Laïkié, commerçant libanais, était venu de

Dakar, par une inspiration céleste et miraculeuse, pour demander la main de Léontine, celle-ci avait renoncé à perdre du poids. Au printemps de 1931, toujours chaperonnée par sa sœur Jeanne, elle fit le voyage du Sénégal afin d'examiner de ses yeux si les *Comptoirs Laïkié* correspondaient bien aux cartes postales d'Alfred. Par les soins pudiques du fiancé, les deux demoiselles furent installées chez les sœurs blanches du couvent des Oiseaux. Elles revinrent enthousiastes :

« Les *Comptoirs Laïkié*, dit Léontine, sont les plus importants de Dakar. On y trouve absolument de tout, vêtements, chaussures, chapeaux, articles ménagers, outillage. Coutellerie, naturellement, nous sommes bien placés pour le savoir. Il n'est pas un habitant qui ne soit client de la maison. La ville possède un grand port, des palmiers, de belles résidences européennes. Ah ! L'œuvre de la France est là-bas admirable, avec des écoles, un hôpital, un Institut Pasteur, le palais du Gouverneur, des hôtels, des cinémas. Notre civilisation est visible partout.

— Nous avons même, ajouta la cadette, assisté à une exécution capitale tout à fait correcte.

— Une exécution capitale ? s'écria la mère, un peu effrayée.

— Oui. Sur une place publique, devant la prison.

— De qui ?

— D'un Noir, pardi. Il avait mangé son père.

— Quelle horreur ! En entier ?

— Oh ! en plusieurs fois ! L'anthropophagie fait partie des vieilles plaies que nous combattons. C'était donc une exécution civilisatrice. A la guillotine. Le bourreau et ses aides, recrutés sur place, étaient revêtus de blouses blanches, on aurait dit des infirmiers. Et ils ont produit en effet un travail impeccable. Le condamné n'a pas souffert.

— Et vous voulez aller vivre dans un pays d'anthropophages ?

— Oh ! Le condamné venait du fin fond de la brousse. C'était peut-être le dernier de son espèce. »

Le mariage d'Alfred Laïkié et de Léontine eut lieu après la Toussaint. Pressée par le célibat, espérant dénicher en Afrique l'âme sœur, blanche ou noire, qu'elle ne découvrait pas en France, et invitée par Alfred et Léontine, Jeanne la Musicienne s'embarqua à son tour avec son violon au début de 32. Leur mère Julie les rejoignit quelques mois plus tard après avoir signé chez maître Guimoyat en faveur de ses trois enfants une donation-partage de ses biens immobiliers, s'en réservant seulement l'usufruit sous forme d'une rente viagère. Armand, le troisième descendant de Pitelet le Gros, resta donc seul à exploiter la fabrique, n'espérant rien de son fils unique Paul, qui refusait de s'intéresser à la coutellerie et ne montrait de goût que pour la cuisine.

Aux *Comptoirs Laïkié*, Mme Veuve Pitelet assuma bientôt un rôle de surintendante. Tandis que le gendre demeurait dans son bureau, absorbé par ses comptes, elle errait en permanence d'un endroit à l'autre, de la réserve aux magasins, de la quincaillerie aux articles de pêche. Les employés noirs redoutaient l'apparition de sa silhouette maigre qu'achevait un chignon dans lequel ils croyaient, comme dans la couronne d'un roi, voir un emblème d'autorité. Elle avait dû, pour le loger, se faire confectionner un casque colonial de forme particulière. Par souci d'hygiène, par conscience de sa mission civilisatrice, elle se montrait chatouilleuse à l'extrême sur la propreté du personnel. Elle exigeait des blouses grises mais impeccables aux articles de bazar, des blouses « blanches comme le lait » au rayon des comestibles. Ses employés l'appelaient, par un calembour dont ils n'avaient sans doute pas conscience, *Ma'am Pitit-Lait*. Chaque matin, à l'ouverture des bureaux, elle faisait aligner son monde, les mains ouvertes et tendues. Elle se penchait sur ces paumes étrangement roses ou à peine teintées de bistre, formant avec le dos brun le même contraste que certaines feuilles bicolores. Quand elle tombait sur des traces suspectes, elle demandait d'un air de dégoût :

« Qu'est-ce que c'est que ça, Diallo ?

— C'est ma couleu' naturè'e, Ma'am Pitit-Lait.

— Tu me l'as déjà servie la semaine dernière, celle-là ! Tais-toi, malheureux ! File au robinet ! Tu devrais rougir ! »

Il essayait de rougir sans succès. La rougeur des Noirs est tout interne.

A chacun son empire. Léontine régnait sur la belle demeure à colonnes, à fronton, à balcons, à vérandas, établie à Hann, au-dessus de la mer, derrière un village de pauvres pêcheurs. Et aussi sur une escouade de servantes et serviteurs, femmes de chambre, cuisinier, aide-cuisinier, jardiniers, tous gens sobres qui vivaient de peu, mangeaient de peu, s'habillaient de peu, se logeaient de peu dans leurs propres cases, descendant chaque matin du village où ils habitaient, une heure de marche qui n'usait guère leurs semelles puisqu'ils venaient sur leurs immenses pieds nus à plante grise. Seules les femmes, indispensables de jour comme de nuit, recevaient hébergement dans la villa.

Quant à Jeanne la Musicienne, après avoir végété un certain nombre d'années, elle fit la connaissance d'un pharmacien indigène, ancien élève de la faculté de Lyon, établi à Saint-Louis. Elle lui joua la *Romance en fa* de Beethoven et le *Clair de lune* de Werther. Aucun pharmacien sénégalais n'a jamais résisté à la *Romance en fa* : M. Karim Samba demanda sa main.

« Je dois vous di', précisa-t-il honnêtement, que je suis de confession musulmane, que je pou'ais pa' conséquent avoi' plusieu' épouses, selon la loi du P'ophète. Toutefois, je suis aussi de cultu'e f'ançaise et d'idées modè'nes, et je me 'efuse à ent'eteni' un ha'em. Chaque fois que je me 'ema'ie, je divo'ce donc de la p'écédente. Si vous acceptez ma demande, vous se'ez la seule femme de ma maison.

— Vous vous remariez souvent ?

— Ce se'a la t'oisième fois. »

Jeanne refusa de prêter l'oreille aux amis intimes de son prétendant qui lui disaient :

« Ka'im vous a demandée en ma'iage ? Avec lui, le ma'iage, y a bon Banania ! Mais c'est le divo'ce qui est 'edoutable !

— Que voulez-vous dire ?

— Vous savez comment il divo'ce, Ka'im ? Un peu à la maniè' de ce pè'sonnage de vos contes populai'es, *Ba'be Bleue*. Il emmène sa femme à l'intérieu', au bo'd d'un lac plein de c'ocodiles. Et il la fait manger pa' les c'ocodiles. Alo's, on vous met en ga'de : quand vous au'ez cessé de lui plai'e, méfiez-vous des p'omenades au bo'd des lacs ! »

Tout cela accompagné d'éclats de rire où brillaient quatre douzaines de dents éblouissantes, si sonores qu'ils auraient dispersé les nuages. Elle commençait à s'habituer aux plaisanteries africaines. Bref, les choses allèrent pour le mieux. Elle dit oui. Et Jeanne la Musicienne devint en 1938 Jeanne la Pharmacienne. C'est une situation qui mérite bien qu'on prenne quelques risques.

Julie Pitelet recevait de Thiers, en même temps que les échéances de sa pension, des nouvelles réconfortantes. Les couverts *le Cygne* n'avaient jamais été tant demandés. On abandonnait de plus en plus le nickelage au profit du chromage et de l'acier inoxydable ; mais Armand Pitelet réalisait ses meilleurs bénéfices dans les couverts de maillechort argenté ; les grands magasins de Paris les lui commandaient par mille douzaines à la fois ; il les livrait avec le poinçon de garantie, gravés au chiffre du vendeur, *Samaritaine*, *Louvre*, *B.H.V.* D'année en année, la maison augmentait son chiffre d'affaires. Seule ombre à ce bonheur : l'éloignement de son fils Paul. Cette année 38, âgé de dix-neuf ans, il se trouvait en stage, au *Savoy*, un grand hôtel de Londres, pour perfectionner son anglais et apprendre la recette du gigot bouilli. *Il faut absolument, chère mère,* écrivait Armand, *que je te raconte l'histoire de la duchesse de Salisbury. Un dimanche, elle téléphone pour retenir une table et trois couverts. Comme c'est une grande dame de là-bas, parente du roi en personne, on lui réserve une pièce particulière. A l'heure dite, elle arrive. Et sais-tu qui sont ses invités ? Deux chiens qu'elle tire au bout d'une laisse. Mais on connaît ses fantaisies, personne ne s'étonne. Elle s'assoit, les deux toutous en face d'elle avec une serviette au menton comme deux chrétiens. On lui présente la carte, presque toute rédigée dans notre langue, le français est le langage de la cuisine comme l'italien celui de la musique. Elle lit :* Omelette à la française.

« Qu'y a-t-il dedans ? qu'elle demande.

— Nous avons en ce moment, dit le maître d'hôtel, un jeune cuisinier français. Je vais l'envoyer à Votre Grâce : il le lui précisera lui-même. »

On appelle Paul. Le voici qui explique le contenu de l'omelette à la française, jambon, fromage, pointes d'asperges et je ne sais quoi, une affaire très compliquée que jamais personne ne mange en France.

« Bien, répond la duchesse. Préparez-m'en une. Ensuite, si elle me convient, vous en ferez deux autres toutes pareilles, car nous avons l'habitude, mes amis et moi, d'avoir le même menu. »

Ses amis, je te le rappelle, c'étaient les cabots.

« D'accord, Votre Grâce », dit mon garçon.

Il va lui préparer une omelette dans le dû, digne de la cousine d'un roi. Après quoi, il revient, la lui présente.

« Attendez ! » fait la duchesse.

De sa fourchette, elle découpe un bout d'omelette, le goûte, et déclare :

« C'est trop cuit ! Je connais mes amis : ils aiment l'omelette onctueuse. Remportez ça. Préparez-m'en une seconde. »

Paul s'exécute. Il retourne aux cuisines, mijote une autre omelette, la rapporte toute en bave :

« J'espère qu'elle sera du goût de Votre Grâce.

— Bouhêêêêêêê ! fait cette grande dame. Comment voulez-vous que nous mangions une chose aussi répugnante ? Préparez-m'en une troisième, je vous prie. »

Imagine la situation, ses deux omelettes refusées, Paul commençait à se sentir les oreilles en feu. N'importe. Il obéit, revient une fois encore avec une omelette juste à point :

« Voici, Votre Grâce. »

Elle ne lui permet pas même de la poser sur la table, la goûte de nouveau avec le bout de sa fourchette de Sheffield :

« Trop salée ! Beaucoup trop salée ! Qu'est-ce que c'est que ce cuisinier français ? Si la quatrième est aussi ratée que les précédentes, nous quittons les lieux ! »

Il ne lui en laisse pas le temps. Comme il tient encore le plat sur la main droite, il l'écarte doucement et lui colle l'omelette en pleine poire.

Un moment après, le directeur du Savoy *fait appeler Paul dans son bureau :*

« Je comprends votre réaction, lui dit-il. A votre place, j'en

aurais sans doute fait autant. Mais je suis à la mienne. Et je ne peux vous garder davantage dans notre maison, après cette offense que vous avez faite à la duchesse de Salisbury et, à travers elle, à toute la famille royale. Il y a quatre siècles, on vous aurait tranché le cou à la hache. Nous serons moins durs. Votre stage au Savoy *est terminé. Mais je vous aiderai à trouver un autre hôtel londonien pour vous recevoir, avec ma personnelle recommandation.* »

Voici comment Paul est passé du Savoy *au* Claridge. *Ce garçon-là est promis à une brillante carrière, à condition qu'il ne reçoive pas trop de duchesses.*

Dans une autre cuisine, maître Raymond Gautier-Pitelet ne se débrouillait pas mal non plus. De 1930 à 1937, divers présidents du Conseil avaient exploité ses diverses incompétences pour faire de lui un prudent sous-secrétaire d'État, tantôt à la Marine marchande, tantôt au Commerce, tantôt à l'Agriculture, et même un ministre des Colonies : son ministère n'avait duré que quatre matins ; mais il avait suffi à lui conférer le droit perpétuel d'être appelé « Monsieur le Ministre ». Il n'aspirait pas à devenir lui-même chef de gouvernement, trouvant plus confortable d'exercer *sous* Tardieu, *sous* Herriot, *sous* Laval, *sous* Chautemps.

Au cours du mois d'août, il ne manquait point de passer quelques jours à Salvagnac, au-dessus de Vic-sur-Cère, dans le château de Joseph Rigal son beau-père. Là se rassemblaient avec leur famille les Rigal de l'été, ferrailleurs, restaurateurs, bougnats, limonadiers, tous gens prospères de mine, de fortune et de descendance. Parfois se joignait à eux, en invité d'honneur, le dernier lauréat du *Rigal*, « seul prix littéraire au monde fondé par un analphabète », comme le définissait l'empereur de la ferraille.

« Eh bien ! monsieur le ministre, interpellait-il son gendre, qu'attendez-vous pour me donner des petits-enfants ? Les Rigal ont toujours été prolifiques. Il n'y a aucune raison pour que votre femme échappe à la règle. »

Huit années stériles s'écoulèrent en effet. Jeannette et Raymond erraient mélancoliquement dans le parc, se tenant par la main, s'asseyaient sur leur banc de pierre à l'ombre d'un marronnier, dérangés de temps en temps par un Rigalichon ou une Rigalichonne qui leur filaient dans les jambes.

« Il est quand même triste, songeait-il, que me soit refusée la paternité alors que n'importe quel goujat se reproduit abondamment, que n'importe quel chien corniaud remplit la paroisse de sa progéniture. » Mais à voix haute, il exprimait des consolations :

« Si nous n'avons pas d'enfants, nous aurons au moins beaucoup de neveux. »

Il racontait des drames familiaux auxquels il se trouvait mêlé dans sa profession juridique, des histoires de fils indignes, mieux vaut ne pas avoir de descendance qu'en avoir de cette sorte. Puis tous deux se taisaient et regardaient ensemble le sable rouge des allées. Alors, dans ce silence, il leur arrivait de percevoir un froissement de feuilles derrière eux, ils se retournaient.

« C'est curieux, disait Jeannette. Il me semble que quelqu'un nous surveille. Qu'on nous espionne. »

De même, plus d'une fois dans la maison ils crurent voir au détour d'un corridor disparaître une ombre furtive, il y a des fantômes dans ce château, bougonnait-il. Des fantômes qui perdaient leurs peignes : il en ramassa un en celluloïd dont personne ne reconnut la propriété.

« A propos de stérilité, dit un soir Joseph Rigal, connaissez-vous l'histoire de la reine Anne d'Autriche qui, depuis des années, attendait vainement de donner un héritier à son époux ? Des circonstances l'amenèrent dans notre région. A Vic-sur-Cère (qui s'appelait alors Vic-en Carladès), elle but des eaux minérales, et neuf mois plus tard donna naissance au futur Louis XIV. Voilà ce que raconte du moins le syndicat d'initiative. »

Sans tarder, on appliqua la recette, Jeannette but abondamment de ces eaux miraculeuses. L'année d'après n'amena aucun événement. Ni la suivante. Elle s'obstina. La troisième enfin, elle eut le bonheur de constater que Vic la favorisait du même miracle qu'Anne d'Autriche : la naissance aurait lieu au printemps de 1938. Depuis lors, elle crut fermement aux eaux de Vic, de même que certains croient au pouvoir qu'ont les chats d'amener la pluie : le lendemain il ne pleut pas, ni le surlendemain, ni de toute la semaine ; mais un jour il pleut.

La grossesse se déroula heureusement jusqu'au cinquième mois. Or à cette date — l'hiver métropolitain avait été précoce et rigoureux — l'ex-ministre des Colonies accepta une invitation d'un grand seigneur de Marrakech. Au nom de l'indéfectible attachement du Maroc à la France, de l'idéal chrétien défendu par la foi musulmane sur les champs de bataille, Gautier-Pitelet l'avait décoré du ruban rouge et le féodal tenait à lui témoigner sa reconnaissance : *Venez*, lui écrivait-il, *cher et puissant ami, cueillir aux arbres de mes orangeraies les fruits d'or des Hespérides. Et il y aura une surprise*.

Ils furent magnifiquement reçus dans le palais du Sarrasin qui leur rappela l'Alhambra de Grenade, visité au cours de leur voyage de noces, mais vulgarisé ensuite, à leur grand dépit, par une chanson pour chevaux de bois :

Les jolis soirs dans les jardins de l'Alhambra,
tagada, tagada, tagada,

Les soirs d'amour sous les parfums des mimosas,
tagada, tagada, tagada...

Marbres, jets d'eau, arabesques, moucharabiehs, serviteurs noirs (ou esclaves ?), brûleurs d'encens, repas à croupetons sur des tapis, jardins qu'irriguaient en permanence douze chameaux aveugles tournant autour de leur noria comme les douze mois de l'année sur l'axe du temps. La surprise fut le ruban orange clair du Ouissam-Alaouite, obtenu du sultan par l'intervention du féodal.

Ils revinrent comblés, gavés, éblouis, et retrouvèrent sans plaisir les brumes parisiennes. Trois jours après ce retour, Jeannette s'alita, consumée par la fièvre. Un premier médecin prescrivit à tout hasard de la quinine, mais suggéra de consulter un de ses collègues spécialiste des maladies coloniales. Celui-ci, appelé vers deux heures du matin, ordonna un transfert immédiat à l'hôpital Cochin. Raymond véhicula lui-même sa femme délirante, roulée dans des couvertures. Les plus grands professeurs furent appelés à son chevet, y compris son compatriote Henri Mondor, ami des Rigal, deux ou trois fois académicien. Ces sommités mirandoliennes donnèrent cependant leur langue aux chats. Peu de temps après son hospitalisation, le feu qui brûlait Mme Gautier-Pitelet s'éteignit soudain, et elle s'endormit pour jamais, âgée de trente et un ans, victime d'un mal inexpliqué rapporté d'Afrique qui, peut-être, n'était rien d'autre que le colonialisme. Avec elle mourut aussi l'enfant du miracle.

Frappé de ce double deuil, l'avocat montre une force d'âme merveilleuse. Il obtient la faveur de pouvoir emporter au milieu de la nuit la dépouille encore tiède : il la prend dans ses bras, serrée contre sa poitrine, comme au soir où, revenant d'Espagne, il fit franchir à sa bien-aimée le seuil de leur appartement :

« Que ce logis soit le tien pour toujours, avec tout ce qu'il renferme. »

Il l'installe sur le siège arrière de sa voiture, la tête appuyée au dossier, les yeux clos, lui parlant doucement, nous rentrons chez nous, n'aie point de souci, je ne te confierai à personne. Il arrange ses cheveux autour de son visage, l'enveloppe d'une couverture jusqu'aux épaules, puis il roule, à petite vitesse. Intrigués par sa lenteur, deux agents cyclistes l'arrêtent :

« Vos papiers. »

Il exhibe sa carte tricolore, met un doigt sur sa bouche :

« Ne parlez pas trop fort, je vous prie. Ne réveillez pas ma femme.

— Excusez-nous, monsieur le député », chuchotent les deux hirondelles, la main à la visière.

Aidé de sa vieille bonne en larmes, il étend Jeannette sur leur lit, après l'avoir vêtue de sa plus belle robe. Le lendemain, les Rigal arrivèrent, suffoquant de douleur et d'indignation :

« Vous ne pouviez pas nous prévenir plus tôt, pour qu'au moins on la revoie vivante une dernière fois ?

— Pas eu le temps... Tout a été si rapide... Si rapide. »

Ils inondèrent ce visage de marbre blanc. Jamais l'énorme ferrailleur n'était aussi ridicule que lorsqu'il pleurait, ce qui lui arrivait souvent, chaque fois qu'il évoquait les vaches paternelles... quand j'étais petit berger, du côté d'Ytrac... Mais là son gros visage ruisselait de partout, il pleurait des yeux, du nez, de la bouche, des oreilles. « Ma beauté... ma beauté... » gémissait Mme Rigal. De temps en temps, ils se tournaient vers leur gendre d'un air réprobateur parce qu'il ne se mouillait point comme eux et demeurait impassible, se contentant de tirailler sa moustache.

Quand ils eurent un peu cuvé leur peine :

« Et maintenant ? questionna le beau-père. Où allons-nous l'ensevelir ? Je propose Vic-sur-Cère, dans le caveau de famille que j'ai fait construire, elle en sera la première occupante. »

Raymond vit en pensée le somptueux mausolée en granit poli, les lettres en creux dorées à la véritable feuille d'or : *FAMILLE RIGAL-PAULET*, les ornements funéraires, croix, urne, crêpes, couronne, la signature de l'architecte et celle du sculpteur.

« Comment ? dit-il. Vous ne savez pas ?

— Qu'y a-t-il à savoir ?

— Les désirs de Jeannette : je veux que mon corps aille à la science.

— Fantaisie de gamine ! Vous ne comptez pas prendre ça au sérieux ! Nous n'allons pas la perdre deux fois !

— Je l'entends encore dire très sérieusement : à la science. Elle a dû d'ailleurs consigner ce désir dans son testament.

— Qu'est-ce que vous nous chantez ? Elle a rédigé un testament ? A son âge ?

— Qu'importe l'âge !... Je suis bien placé pour savoir... »

Mme Rigal fouilla parmi les papiers, d'une main tremblante ; elle ne découvrit ni journal intime ni secrets honteux, mais dénicha une enveloppe portant la suscription : *Ceci est mon testament*. La défunte faisait don de ses bijoux à sa sœur cadette Madelon, de ses vêtements à sa mère, et à la médecine de son corps, *la seule chose qui m'appartienne en propre, puisque jamais je n'ai exercé aucune activité professionnelle, ce fut un des regrets de ma vie d'avoir toujours mangé mon pain dans la main d'un autre, ce qui, croyait-il, lui donnait des droits*.

« Des droits ? s'étonna le père. De quoi parle-t-elle ?

— Ne cherchons pas, dit le veuf. Respectons seulement ses volontés.

— La médecine ! Pour ce qu'elle lui a été utile, la médecine ! »

Il fallut bien, cependant, se résigner. On informa les services compétents : « Laissez-la-nous du moins, recommanda Rigal, jusqu'à la limite du possible. » A la lueur vacillante des cierges, ils s'établirent autour d'elle, assis, debout, à genoux. Renonçant à manger, à parler, à dormir. Baisant ses mains froides, sa robe, ses cheveux. L'attitude de la jeune sœur fut étrange : on la vit passer des sanglots à une sorte de rire nerveux qui inquiéta fort sa famille, on craignit que l'excès du chagrin ne dérangeât le cerveau de la pauvrette.

Raymond imaginait le sort à venir de ce corps bien-aimé, l'abominable boucherie, les regards impies des étudiants ; mais en définitive cela n'était pas plus répugnant que le pourrissement traditionnel. Que deviendraient ensuite ses débris ? Crémation ou sépulture anonyme ?

Le soir du troisième jour, un fourgon s'arrêta devant la porte. Deux hommes en blouse grise, aux mains puissantes, entrèrent, portant un coffre métallique oblong, à couvercle articulé, mi-malle, mi-cercueil. Ils y couchèrent la jeune morte, sur un fond garni de copeaux.

« Doucement ! » gémit la mère.

Puis on les entendit descendre en ahanant l'escalier un peu étroit. A un certain coude, ils durent pour pouvoir tourner mettre leur coffre debout.

On débarrassa la chambre des iris, des chandelles ; on ouvrit les fenêtres pour dissiper les odeurs. Chaque Rigal repartit vers son commerce. Raymond se retrouva seul dans son appartement de célibataire, d'avocat stagiaire, comme si ses douze années de vie à deux n'avaient été rien d'autre qu'un long rêve. En une semaine, Jeannette était rentrée de Marrakech, la bouche pleine de l'accueil marocain, il n'y a que les féodaux pour savoir recevoir, mais portant dans ses moelles le germe mystérieux ; avait souffert ; était morte ; s'était envolée. Plus personne devant lui désormais, près de lui, derrière lui. Pas d'enterrement à suivre, de condoléances à recevoir, de mains à secouer, pas de cloches, pas de latin. Pas de tombe où se rendre chaque jour, de fleurs à entretenir, de longues stations méditatives. Sa femme avait disparu comme disparaissent en mer les aviateurs, les pêcheurs de morue. « Comment peut-on, se demandait-il éberlué, s'évanouir d'une manière aussi complète ? »

Il allait et venait d'une pièce à l'autre, cherchant des témoignages : un coussin qu'elle avait brodé de ses mains, des tableaux, des meubles qu'elle avait choisis, et surtout son écriture en mille endroits : anciennes lettres, listes de commissions, agendas, annotations en marge de ses livres. « Mais non, je n'ai point rêvé. Je n'ai pas aimé un fantôme. »

Il était de ceux dont les chagrins restent secs, comme il est des orages sans pluie. Après dix jours de veille, il retrouva enfin le sommeil et dormit treize heures de suite. Un matin, la vieille bonne lui apporta une excuse, en même temps que son café au lait :

« Que voulez-vous, mon pauvre Monsieur ! Même si vous versiez un double décalitre de larmes, ça ne ferait pas revenir la pauvre Madame ! De toute façon, là où elle est, elle est plus heureuse que nous ! »

Là où elle était !... Mais où était-elle ?

A Montargis, M. Vincent Pitelet, inspecteur de l'enseignement primaire retraité, père légitime de Gautier-Pitelet, dit naguère Pitelet le Fin, dernier fils survivant de Tchoucossa et de mémé Hortense, souffrait de diabète. Son mal s'aggravant de jour en jour malgré traitements et régimes, il terminait ses jours dans une demi-cécité qui lui permettait encore de bêcher maladroitement son jardin, de se risquer même dans la Venise du Gâtinais sous la sauvegarde de sa canne blanche, lui laissait la perception de la lumière et de l'ombre, mais lui interdisait la lecture. Un jour, se promettait-il, je me mettrai au braille. Mais il n'en faisait rien, à quoi bon, il avait tout lu, tout appris, beaucoup retenu. Parfois, sa femme Jérômette lui lisait à voix haute quelque livre récent, avec dans la voix cette légère musique italienne dont elle ne s'était jamais débarrassée. D'autres fois, elle lui décrivait le temps, les personnes, les choses inaccessibles à ses mains.

« Quel bonheur de voir maintenant le monde uniquement par tes yeux ! Tes yeux de violettes qui ne peuvent pâlir. »

Sa cécité lui apportait une plus grande joie encore : pour lui seul, Jérômette cessait de vieillir. Il en vint même à oublier sa dernière apparence pour lui rendre celle de leur jeunesse, quand ils se rencontraient clandestinement dans la campagne alpine, leurs bicyclettes embrassées sous les coudraies, leurs cœurs affolés d'amour et de révolte, je hais mes chaînes, soupirait-elle, faisons comme si elles n'existaient pas. Que d'eaux vives avaient couru depuis lors parmi les potagers innombrables, sous ce ciel que toujours la bise nettoyait ! Que de rides étaient venues sur leurs deux fronts ! Ils restaient à présent de longues heures sur leur terrasse, les genoux sous une couverture, elle assise tout près de lui, lisant et remuant les pages.

« Le soleil va se coucher », annonçait-elle.

Il se tournait vers l'occident, recevait dans ses prunelles opaques un peu de la rougeur du ciel, disait :

« Je le vois bien. »

Il se plaisait à employer ostensiblement ces expressions dont il n'avait plus l'usage légitime : *je vois que... quand je regarde... tu m'as l'air...* Mais il avait appris des gestes nouveaux : à tremper l'index dans son verre pour pouvoir dire « assez ! » si on lui versait à boire ; à retenir plus longtemps les mains qu'il serrait ; à calculer selon la hauteur de leur tête l'âge des enfants : « Comme tu as grandi ! » Il n'abusait pas de son privilège, il n'allait pas comme ce Joachim d'Estaing, évêque de Clermont, jusqu'à saluer toutes les dames « plus que paternellement ; et mesurant avec sa main leur visage il se rendait compte de ce qu'elles étaient et ne se trompait point sur le jugement de leur beauté, ayant son discernement aux mains comme les autres l'ont aux yeux, et connaissant comme bon pasteur toutes les brebis [1] ».

La place véritable de ses mains à lui était le visage de sa compagne, où elles retrouvaient le front vaste et carré, le nez un peu fort, les deux grains de beauté qu'il appelait son *alpha* et son *oméga*, le parcourant sans se lasser, tu es mon braille véritable, le seul livre que mes doigts acceptent de lire.

En cette année 1938, cependant, il est bien difficile de se sentir heureux : à cause de la guerre d'Espagne, à cause des ambitions forcenées d'Adolf Hitler. En mars, il a pénétré en Autriche comme dans du beurre et atteint *Vienne sans coup férir, l'Anschluss* est accompli. Que le feu de Dieu le brûle ! Pour rire et sourire encore, il faut être aussi doué que les couteliers de Thiers, habitués depuis des siècles à prendre le meilleur des choses et à cracher sur le pire. Même au prix de quelque tricherie. Exemple : les assurances sociales. Bonne chose, en principe, les assurances sociales : elles vous protègent de tous risques, accidents, grossesses, vieillesse, enterrement. L'ennui, c'est ces deux pour cent que doivent verser aussi bien les patrons que les ouvriers, et qui s'ajoutent aux deux pour cent de l'État. D'accord pour sa contribution à lui, l'État est riche ; mais l'ouvrier est pauvre, et le patron écoule mal sa marchandise. Alors, de connivence, employés et employeurs esquivent la cotisation. Il arrive qu'un inspecteur tombe à l'improviste dans l'atelier pour vérifier la comptabilité et l'état du personnel. Aussitôt, les ouvriers irréguliers disparaissent ; restent seuls ceux qui ont accepté le risque de cotiser. Et si l'inspecteur interroge un irrégulier :

« Non, non, répond celui-ci. Moi, je fais pas partie de la maison. Je suis seulement en visite.

— Mais... vos mains noires ?

— Ben, vous savez, le savon coûte cher. »

La comédie est si parfaite que l'inspecteur s'en retourne bredouille.

Même histoire pour la loi des quarante heures, qui est une loi magnifique ; mais il se trouve que la plupart des petits artisans,

1. E. Fléchier : *Mémoires sur les Grands Jours d'Auvergne.*

estampeurs, cacheurs de manches, émouleurs, polisseurs reçoivent de l'ouvrage seulement pour vingt-quatre heures hebdomadaires. Antonin Chastel a écrit une lettre désespérée au nouveau président du Conseil, Édouard Daladier, dit le Taureau du Vaucluse, grand amateur de pernod, décidé à mieux faire que son prédécesseur, Léon Blum, buveur d'eau minérale. Tonin l'a supplié de lui obtenir des commandes de l'État. Ancien ministre de la Guerre dans les gouvernements précédents, Daladier se flatte d'avoir muni nos soldats du meilleur armement européen ; mais il doit bien rester dans les fourniments quelque ustensile qui manque encore. Le Taureau du Vaucluse réfléchit et répond *d'accord, j'ai besoin de 100 000 coupe-coupe pour nos Sénégalais, mais, avant de commencer la fabrication, attendez que je confirme*. Les Sénégalais sont le fer de lance de l'armée française, ils l'ont prouvé à Douaumont, au Chemin des Dames et autres lieux. Thiers les voit brandir 100 000 coupe-coupe thiernois, contre lesquels les forces hitlériennes n'oseront jamais se jeter. En attendant la confirmation, les ouvriers couteliers se curent les ongles les jours pairs et se les salissent les impairs. Quarante heures de travail par semaine ! Un rêve ! Et cependant, une soixantaine de chômeurs seulement reçoivent un secours de la caisse municipale, y compris les irréductibles qui n'ont jamais rien pelé de leur vie. En fait, des centaines devraient venir y tendre la main. Pourquoi cette différence ? Elle tient à deux causes. Primo, à l'organisation du travail dans la coutellerie, à son émiettement. Les ateliers sont solidaires les uns des autres comme les maillons d'une chaîne. Il s'ensuit qu'au lieu de renvoyer du personnel, les patrons préfèrent réduire les heures et répartir le chômage entre tous : il devient ainsi moins insupportable. Secundo, cela tient à la philosophie : en 1938, être chômeur, c'est comme être vérolé. On ne l'avoue pas, on se soigne en secret. Les filles vont faire l'été la saison à Vichy, Châtelguyon, Néris-les-Bains comme plongeuses, serveuses, femmes de chambre. Les hommes cherchent à s'employer dans le bâtiment, le jardinage, l'agriculture, le braconnage ; ils prêtent leurs bras, leurs jambes, leur échine à qui les veut, leur figure aux jeux de massacre le jour de la foire du Pré.

Chômeurs ou non, l'ouverture de la pêche apporte aux Thiernois une merveilleuse consolation. La Société Nationale des Chemins de Fer, récemment créée au lieu et place du vieux P.L.M., leur offre un train spécial qui, par Courty, dessert les rives de la Dore. Ils vont pêcher le goujon, le barbeau, le poisson-chat, le brochet, le gardon et le hotu : celui-ci découvert depuis peu comme ennemi mortel des autres poissons d'eau douce. Et puisqu'il s'agit d'un nuisible, ils ont demandé l'autorisation de le pêcher en toutes saisons. « On vous voit venir, a répondu le Conseil général. La réponse est négative. » Il leur faut donc se contenter grosso modo (ils disent : *au grossi-modo*) des périodes et jours réglementaires. Le dimanche soir, le train des pêcheurs est bondé quand tous ces messieurs-dames regagnent leur domicile avec le produit de leur pêche, l'attirail, les bouteilles vides, l'exubérance.

La locomotive peine à grimper la côte au-dessus de Barante et halète en mesure :

— *Valentine, m'aimes-tu ?*
— *Ah ! voui ! Ah ! voui !*
— *Valentine, m'aimes-tu ?*
— *Ah ! voui ! Ah ! voui !*

Le convoi s'écarte vers le nord, suivant la courbe de niveau, puis revient sur ses pas négocier deux courbes redoutables que compliquent deux tunnels : entre eux, le village des Garniers, peuplé de vignerons, de monteurs de couteaux et d'une garde-barrière. La rampe accentue son gradient. Soudain, le mécanicien lance un coup de sifflet, coupe la vapeur ; la loco s'arrête ; un employé de la S.N.C.F. se transporte au milieu du convoi, décroche les wagons, crie aux personnes qui restent :

« On emmène les voitures de tête ! On revient vous chercher dans un moment ! Gardez le moral ! »

Les pêcheurs ont l'habitude de cette panne, ils gardent le moral, ils ne sont pas abandonnés dans un désert. La première moitié repart lentement, au revoir, au revoir ! Alors, les Garneyrauds accourent vers les voyageurs en détresse, leur apportant de quoi survivre, saucisson, fromages de chèvre, *boussets* de deux litres, bonbonnes de cinq, et quarts militaires pour la répartition, culottés de violet comme des évêques. En échange, les pêcheurs puisent dans leurs paniers, poisson contre gamey, chacun y trouve son compte, la fraternisation est totale. Quand la locomotive émerge en marche arrière du second tunnel, on regrette de devoir repartir si vite, on se quitte les larmes aux yeux.

Antonin Chastel se dit qu'un bon moyen de combattre le marasme coutelier eût été de doter la commune d'un aérodrome : un site s'y prêtait admirablement, dans ce commencement de la Limagne que baignent Durolle et Dore. Clermont et Issoire avaient bien le leur ; pourquoi pas Thiers ? Selon ses directives, le secrétaire de mairie mit noir sur blanc cette idée, l'expédia à la préfecture. Comme la réponse tardait, Tonin prit la décision d'aller lui-même exposer son projet au représentant du gouvernement.

Il part avec sa serviette, et les poches pleines de couteaux. Il pénètre dans le sévère édifice de lave noire, se présente au gardien :

« Je suis, explique-t-il, le maire de Thiers, et je voudrais parler au préfet. »

L'autre décroche son téléphone, tourne une manivelle, s'informe, puis répond :

« M. le préfet est en conférence. Il ne peut vous recevoir et s'en excuse.

— C'est pas là votre dernier mot », insiste Tonin.

En même temps, il glisse dans la main de l'homme un laguiole à ressort guilloché.

« Bon... alors... fait le téléphoniste ébloui, montez au second étage. Frappez à la porte où qu'y a *Monsieur le Secrétaire* ; et tâchez de vous arranger. »

Il monte, il frappe fort et net, une jeune femme vient ouvrir :

« Je suis le maire de Thiers. Je veux voir le préfet.

— M. le préfet est en conférence. Et M. le secrétaire aussi.

— Elle dure jusqu'à quand, leur conférence ?

— Personne n'en sait rien, monsieur.

— C'est bon. Je vais attendre. Vous me donnerez bien une chaise ? »

Et il tire de sa poche un canif à côtes de nacre : « Tenez, ma belle, c'est pour vous.

— Pour moi ?

— Y a dedans une lime et des petits ciseaux avec quoi vous pourrez vous faire vos jolis ongles. »

Comment refuser ? Elle sourit, remercie, lui apporte une chaise, prenez patience. De la patience, il en a à revendre. Le voici installé fermement, sa serviette sur les genoux, les deux mains sur sa serviette, les orteils bien en place dans ses souliers à tige. Il regarde le va-et-vient des bureaucrates, des quémandeurs, il hume le parfum des gracieuses secrétaires du secrétaire, imagine la montagne de secrets accumulés dans ces armoires, contemple au mur le portrait d'Albert Lebrun qu'il a eu l'honneur de recevoir personnellement en 34 dans sa bonne ville et de revoir à Paris.

Le temps passe. Les secrétaires se sont habituées à sa présence immobile, elles le contournent sans plus le remarquer, il est devenu un meuble au même titre que le porte-parapluies. Les autres solliciteurs, rebutés, ont vidé les lieux, tout le monde n'a pas sa tête de mule.

Afin qu'on ne l'oublie pas tout à fait, de temps en temps il tousse, se mouche, ou questionne :

« Cette conférence, où qu'elle en est ?

— Elle dure toujours. On ne peut rien dire d'autre. Vous feriez mieux de revenir demain.

— Non, non, j'attendrai. Vous occupez pas de moi.

— A 5 heures, on doit fermer le bureau.

— Faites que. »

Elles rient : « Faites que ! On ne va pas tout de même vous encager !

— Ça me gêne en rien, mais que je voye le préfet. »

Cinq heures sonnent, il demeure vissé à son siège.

« Monsieur, il vous faut partir.

— N'y comptez pas. Pas avant la fin de cette sacrée conférence.

— Savez-vous que je vais être obligée d'appeler un agent de police ?

— Ma belle, je représente dix-huit mille travailleurs de la coutellerie, sans compter leurs familles ! N'espérez pas me foutre à la porte comme un simple particulier qu'a perdu son portefeuille ! »

Elles finissent par le prendre au sérieux, envoient un message, il y a ici un individu moustachu qui prétend être le maire de Thiers et refuse de déloger avant d'avoir rencontré M. le préfet. Malheur ! se dit le préfet ; il s'agit de Tonin ! Il accorde l'audience.

« Je suis heureux, monsieur le préfet, dit l'ancien Ventre Jaune, de vous revoir. Vous êtes un fameux conférencier ! Mais vous accepterez bien ce petit souvenir de l'industrie thiernoise ! »

Et il lui présente dans son écrin un couteau de chasse dont le manche est fait d'un pied de cerf.

« C'est trop, monsieur Chastel !

— Marchez que, marchez que.

— Quelle admirable pièce ! Je ne sais comment vous remercier !

— Ne me remerciez pas. »

Le haut fonctionnaire se fouille, tire un porte-monnaie de sa poche, y cherche une pièce de cinq centimes, la tend au donateur en souriant :

« Je connais les usages : voici un sou, pour ne pas couper notre amitié.

— C'est moi qui vous remercie. »

Après quoi, Tonin expose l'objet de sa visite, parle de l'aérodrome projeté, indispensable pour combattre le chômage de la coutellerie.

« J'ai bien étudié votre dossier. Il est pour le moment entre les mains des services techniques.

— Est-ce que je peux savoir leur point de vue ?

— On vous le communiquera par écrit.

— Alors, j'aurai fait mon voyage pour des nèfles ?

— Les nèfles, il faut leur donner le temps de mûrir, monsieur Chastel.

— Faites un petit effort, monsieur le préfet, je vous en prie. Prenez votre téléphone, et appelez la personne responsable.

— Vous êtes terrible ! »

En soupirant, il s'exécute quand même, appelez-moi la Base aérienne d'Aulnat, le commandant de Montignac... Allô ! C'est vous, commandant ?... La conversation semble sérieuse et compliquée, l'altitude, le relief, les courants aériens, naturellement, je comprends, envoyez-moi votre rapport.

« Il y a un petit inconvénient, dit le préfet en raccrochant. Dans la zone que vous proposez, les aviateurs d'Aulnat ont constaté une turbulence quasi permanente.

— Une... turbulence ? Quel genre de turbulence ?

— Autrement dit, si vous préférez, il y a des trous d'air. C'est très gênant pour atterrir.

— Des trous d'air ? Et alors ? On peut sûrement arranger ça !

— Je ne vois pas comment.

— S'il y a des trous d'air, on les bouchera, voilà tout. »

Quarante ans après cette rencontre, à l'heure où j'écris ces lignes, malgré les efforts de ses maires successifs, Thiers se trouve encore dépourvu d'aérodrome. Les trous d'air n'ont toujours pas été bouchés. Aucun service n'a voulu l'entreprendre, ni les Ponts et Chaussées, ni les Eaux et Forêts, ni la Météorologie nationale. On ne stigmatisera jamais trop l'incurie de l'administration française.

Gilberte s'aperçut qu'elle était enceinte. La vie supplémentaire qu'elle portait en elle ne lui fut d'abord connue que par le calendrier, elle demeurait autrement imperceptible, mais occupait son esprit. Chaque nuit, elle rêvait de l'enfant à venir. Contrairement à ses père et mère, elle le vit blond, duveteux, pareil à un caneton à peine éclos ; elle le tenait dans son poing, palpitant, remuant ses ailerons, cherchant déjà à s'échapper avant que la plume ne lui fût venue. Très vite, il grandissait, il lui sortait du poing, non, ce n'était pas un canard, mais un petit homme, ses cheveux clairs devenaient foncés, il la considérait d'un air hostile, disant : Je sais que tu ne m'as pas voulu, pourquoi ne m'as-tu laissé où j'étais ? D'autres fois, elle rêvait de lui adulte, facteur à bicyclette, courant les campagnes avec son sac de cuir dans l'échine. Ou encore cantonnier, fendant les cailloux avec une massette. Ou planteur de poteaux télégraphiques avec aux pieds des pinces de homard. Mais toujours cet air de reproche, et elle avait honte pour lui de ces professions honorables mais sans prestige. Bref : son futur fils et elle ne s'aimaient pas. Alexis, lui, considérait sa femme avec une satisfaction orgueilleuse. Malgré leurs écarts d'instruction, il avait accompli en elle les desseins de la nature, il se l'était attachée par un lien plus indissoluble que les bénédictions officielles : il était le mâle qui l'avait fécondée. Les mois passaient, mais les choses ne s'arrangeaient guère. Elle souffrait de nausées. Sa belle-mère Grattadeix lui apporta le remède, dans un flacon :

« Qu'est-ce que c'est ?

— De l'eau de fleur d'oranger. Quand vous vient l'envie de

rendre, vous en prenez quelques gouttes sur un sucre. C'est comme ça que j'ai fait les miens ; à l'eau de fleur d'oranger. Six que j'ai mis au monde, en comptant les deux qui me sont morts de diarrhée verte. »

Elle n'avait rien contre les coups de pied de l'enfant qui la réveillaient en sursaut. Pour la contrarier, il naquit au début de juillet, au moment des plus fortes chaleurs. Enfin, il fallut cesser de l'appeler *il* : ce fut une fille. Elle ne serait ni planteuse de poteaux, ni vraisemblablement facteur des P.T.T.

La délivrance eut lieu à La Garandie même, peu de femmes alors quittaient leur domicile pour aller accoucher en clinique. La nouvelle venue fut prénommée Élise. Elle avait du moins la blondeur prévue, avec un regard laiteux qui ne voyait rien. Quand elle fut couchée dans son berceau près du lit parental, Gilberte se pencha sur cet être informe qui bougeait et bêlait avec une voix de chevreau. Elle murmura c'est ma fille, c'est notre fille, sans éprouver le moindre frémissement d'entrailles. La mère Grattadeix lui apprit, avec ses mains aux ongles noirs, les gestes élémentaires du maternage.

L'amour vint à Gilberte avec le lait. Le sentiment ne fut d'abord qu'une gratitude pour ses seins soulagés. Il se commua peu à peu en plaisir, en une volupté extrême qui avait ses sources jusque dans les cellules les plus éloignées de son corps. Elle fut enfin consciente d'être indispensable à quelqu'un : alambic qui transformait la nourriture quotidienne en une sève dont chaque goutte entretenait cette minuscule vie. A peine repue, Élise se rendormait, la bouche encore mouillée, les lèvres agitées de succions involontaires. Tiédeur contre tiédeur, chair contre chair, palpitations contre palpitations. L'enfant lui enseignait la douceur et la patience qu'elle n'avait guère reçues en partage et le bonheur de vivre pour autrui.

Auguste écrivit : *Venez passer quelques semaines chez nous avant que n'éclate une autre guerre. Comme on dit ici, je sens dans mes culottes qu'elle approche.* Ayant avalé l'Autriche, les nazis s'en prenaient maintenant à la Tchécoslovaquie sous prétexte qu'il y vivait une minorité d'Allemands établis dans les Sudètes, montagnes du pourtour septentrional où avait été précisément construite une ligne fortifiée. Dans ses vociférations, Hitler accusait les Tchèques de persécuter ses frères de race et affirmait sa volonté inébranlable d'aller à leur secours ; en même temps, il proclamait son désir de vivre en paix avec ses autres voisins et de respecter le reste de la Tchécoslovaquie. Les gouvernements anglais et français, engagés depuis 1935 sur le chemin de croix des capitulations, poursuivaient leur ascension vers le calvaire. Pour impressionner l'Allemagne, ils affichaient une entente apparemment cordiale que vinrent illustrer le roi George V et la reine Elizabeth en voyage à Paris. La capitale les reçut avec l'enthousiasme qu'exigeaient les circonstances, même les seize mille clochards y allèrent de leur cadeau : une terre cuite exécutée par un artiste domicilié sous le Pont-Neuf, représentant la corporation tout entière sous la forme d'un couple guenilleux.

Gilberte accepta donc l'invite paternelle.

« C'est embêtant, fit Alexis. J'ai promis à mes parents de les aider pour les fenaisons. En août, y aura la coupe des bois. Et en septembre, la chasse. Je peux pas venir. Amusez-vous bien. Restez le temps que vous voudrez. »

Quoique l'état conjugal lui convînt parfaitement et qu'il y eût pris assurance et embonpoint, il était heureux de rester seul un été, de retrouver ses anciennes habitudes de célibataire, les vadrouilles à bicyclette de foire en marché, de village en village aux jours de fête communale, les parties de quilles ou de belote. De son côté, il ne déplaisait pas non plus à Gilberte de s'éloigner provisoirement de cet homme qu'elle avait pris à pile ou face, introduit dans sa maison sans véritable amour, afin d'échapper à sa solitude, parce qu'elle avait peur dans le noir, parce qu'elle avait besoin de quelqu'un pour casser son bois. Il s'était mis sans entrain à la cordonnerie, juste assez pour sentir la poix, le cuir, la vieille godasse. Mais certaines personnes de la région qui avaient affaire avec lui l'appelaient *l'écolier*, traduisant littéralement leur patois *iscouley* qui signifie « maître d'école ».

« Je voudrais voir l'écolier », demandaient-ils à Gilberte.

Ainsi, en devenant mari de l'institutrice, il se trouvait promu instituteur par la voix du peuple, de la même façon que la boulangère est femme du boulanger, la pharmacienne épouse du pharmacien. Mais ceux qui le connaissaient mieux l'appelaient toujours « l'Alexis ». Ou plus familièrement « le Sisse ». Ils le complimentaient et l'enviaient d'avoir su se placer si richement.

A Thiers, malgré la conjoncture, Gilberte passa un été heureux, errant parmi ces maisons décrépites, ces rues montantes, ces escaliers qui la tutoyaient, ces ânes et ces chevaux déjà anachroniques mais seuls capables, croyait-on, de s'accrocher aux pentes escarpées. Auguste Pitelet employait dans sa fabrique vingt-quatre travailleurs ou travailleuses ; mais le plus travailleur de tous restait lui-même, toujours en train de monter ou de descendre les étages de sa maison (trois d'un côté et six de l'autre). Francine officiait à mi-hauteur, s'occupant des multiplications et des additions. Deux voyageurs parcouraient l'Europe pour répandre les rasoirs, les couverts marqués de *l'Hirondelle* ; mais Auguste se réservait le soin de visiter une fois l'an ses acheteurs principaux à Paris, Bruxelles et Genève. Il songea de même à voir un grand magasin de Milan ; mais au franchissement des Alpes, des pierres tombèrent par deux fois de la montagne devant le nez de sa voiture Hotchkiss, justifiant l'avertissement *Caduta sassi* ; il renonça dès lors à aller plus loin, disant je ne peux avoir confiance en un pays où l'on est si mal accueilli ; il revint profondément antifasciste. Malgré ses goûts personnels, les goûts de la clientèle lui imposaient l'abandon progressif des couteaux de table en acier ordinaire et coupant au profit de l'inoxydable qui ne coupait rien ; les manches eux-mêmes renonçaient à la corne, remplacée de plus en plus par le métal. *L'Hirondelle* devait suivre le mouvement.

Parfois, Gilberte emmenait avec elle la petite Élise dans son landau, elles allaient s'installer sur les pentes de l'ancien puy Guillaume, où la chapelle Saint-Roch leur fournissait son ombre. De cette éminence, elles considéraient la gorge au fond de laquelle écumait et grondait le torrent coutelier, les rouets aux vitres de papier huilé où son père, son grand-père, ses aïeux Ventres Jaunes jusqu'à la septième génération s'étaient couchés sur la planche. Elles avaient sous les yeux la pente pierreuse où les Pitelet avaient enfoncé leurs racines. Comme à dix ans, Gilberte regrettait de n'être pas née garçon, d'avoir dû renoncer à un patronyme chargé d'honneur, couronné de médailles, de présidences, pour le nom ridicule des Grattadeix.

D'autres fois, elle sortait seule entre deux tétées ; chose facile, le biberon la relayant trois fois par jour. En souliers plats, elle retrouvait les chemins de son enfance, grimpait jusqu'au bois des Bergerettes où elle avait chanté et dansé des rondes avec ses compagnes de douze ans, encadrées par les surveillantes de l'E.P.S., et qui était leur bois Chesnu. Elle alla jusqu'à Montguerlhe humer sur les ruines du château fort l'odeur du passé lointain. Elle revint par Celles, empruntant le « train des besaces », rempli de monteurs de couteaux qui allaient « tourner les lames », rapporter l'ouvrage fait en échange d'ouvrage à faire. Pendant ses absences, Francine s'occupait de la petite avec son efficacité habituelle. Comme elle devait en même temps poursuivre sa besogne dans la fabrique, elle emportait l'enfant rue de Châteldon. Une pièce du haut avait été aménagée à toutes fins utiles, on y trouvait un fourneau à gaz, de la vaisselle, une table, des chaises, un divan pour dormir. Elle y installa l'ancien berceau de sa fille Charlotte et y coucha la nourrissonne. Elle remit même en service la corde qui servait à le balancer : celle-ci traversait le plancher par un trou ; traversait entièrement la pièce inférieure où les *plieuses* logeaient les couverts dans leurs écrins ; traversait un second plancher ; aboutissait enfin, terminée par un anneau, dans le bureau de Mme Pitelet. Mode d'emploi : s'il arrivait à l'enfant de se réveiller et de pleurer, les plieuses alertaient la grand-mère en agitant le cordon ; celle-ci empoignait le signal d'alarme, mettait à travers les étages le berceau en mouvement, Élise se rendormait bien vite.

Grâce à cet ingénieux système, Francine pouvait être alternativement grand-mère et facturière.

A propos de trous, Thiers avait aussi le Trou du Rat. Il s'agissait de la *pède* de Saint-Jean, souvenir d'une ancienne poterne autrefois percée dans l'enceinte médiévale, aujourd'hui située en pleine ville, de même que la *pède* du Tribunal (dite encore le Trou de Madame Hormey) et celle du coin des Hasards. On devait passer sous la première pour rendre visite à l'abbé Jean Brugerette qui signait *le Rat* ses articles dans le *Journal de Thiers*. Il avait publié également une étude fort sérieuse sur le comte de Montlosier, deux ou trois romans locaux et une dissertation couronnée par l'Académie française, *le Prêtre et son rôle dans le monde moderne*. C'était le maître à bien penser au milieu d'une population plutôt mécréante. Un peu pythonisse aussi. On allait le trouver pour se faire expliquer la conjoncture.

« Cet Adolf Hitler, lui demandait-on en août 38, qui c'est-y, au juste ? Qu'est-ce qu'il veut ?

— Hitler ? C'est la noix dans le mur.

— Quel mur ? Quelle noix ?

— Il y avait une fois une grande et vieille maison où vivaient plusieurs familles qui ne s'entendaient pas très bien entre elles. Dans la façade courait une fissure ; mais elle s'y trouvait depuis si longtemps que personne ne s'en souciait, la maison n'en souffrait pas. Or un jour, apportée par quelque corneille ou poussée par le vent, une noix tomba du ciel dans la fente. Aussitôt, elle y germa, produisit une plantule qui se mit à pousser de la tige et des racines, devint un arbrisseau. Les habitants s'en aperçurent, mais ne purent se mettre d'accord sur la nécessité ou non de l'arracher. "Il ne me gêne pas, disait l'un. Je le trouve même plutôt joli sur la muraille grise. — Pour moi, disait l'autre, si je me casse le cou à vouloir grimper jusque là-haut, qui donc me le raccommodera ?" Bref : chacun se donna de bonnes raisons pour ne pas intervenir. Le noyer grandit donc sans encombre, devint un arbre moyen, puis un arbre puissant. Ses racines s'enfoncèrent partout en profondeur, firent craquer les murs, et la maison s'écroula. »

En septembre, tout le monde se dit ça y est, on va s'occuper du noyer. Dès les premiers jours, les militaires en permission furent rappelés à leur corps par télégramme. Ensuite parurent les affiches blanches de la mobilisation ; oubliées depuis 14, elles n'avaient pas changé, on les reconnut sans peine avec leurs petits drapeaux croisés. Un million de réservistes prirent le train sans tambours ni trompettes, sans fleurs ni feuillages, sans cris à Berlin, tous avec des têtes d'enterrement. Une fois dans les casernes, ils constatèrent qu'ils ne disposeraient que d'une paire de godillots pour deux, d'un casque pour trois, d'un fusil pour quatre. Ils réapprirent laborieusement à enrouler leurs bandes molletières et retrouvèrent les gestes qui expriment les marques extérieures du respect, indispensables à une redistribution des valeurs, la hiérarchie civile n'étant pas la même que la militaire : tel gros commerçant de la rue du Bourg se trouvait soldat de deuxième pompe au 92, tel manœuvre plâtrier y endossait les galons de sergent.

De l'autre côté du Rhin, Hitler vociféra un discours à tout casser par lequel il annonçait l'entrée imminente de ses troupes en Tchécoslovaquie. On sait comment à Munich Édouard Daladier et Neville Chamberlain sauvèrent provisoirement la paix, au prix du déshonneur. Qui dira jamais si les forces franco-anglaises auraient en 38-39 reçu plus belle ou moins belle correction qu'un an plus tard ? Ou si au contraire, avec l'appui soviétique et celui des fortifications tchèques, elles n'auraient pas obligé Hitler à rendre gorge ?

Quel dommage qu'avant de s'envoler pour Munich le Taureau du Vaucluse ne fût pas venu consulter notre Rat dans son trou ! L'horloge de la mairie exprima du moins son opposition en tombant en panne le jour même où les forces nazies franchirent la frontière tchèque. Aucun horloger local ne s'avéra capable d'effectuer la réparation, il fallut démonter le mécanisme et l'expédier à Besançon ; la cité coutelière resta deux mois sans heure officielle. Tandis qu'à Paris Léon Blum parlait du « honteux soulagement » de la France, que Daladier se trouvait plébiscité dès son atterrissage au Bourget par la foule en délire, des conseillers municipaux thiernois tinrent à lui expédier une adresse de félicitations « pour son courage et son œuvre de paix ». La majorité refusa de s'y associer, en sorte qu'elle ne comporta que dix signatures : *Borie*, *Constans*, *Cotillon*, *Cotte*, *Croze*, *Doupeux*, *Dubost*, *Mailler*, *Prulhière*, *Sauzedde-Berthon*.

Daladier expliquera plus tard que, s'il avait baissé culottes devant Hitler, c'est parce qu'il s'était rendu compte, après ses entretiens avec Chamberlain, que l'Angleterre et la France n'étaient pas suffisamment armées. Il décida donc de faire l'impossible pour que notre retard fût rattrapé : confirmant la commande des 100 000 coupe-coupe, ordonnant à nos usines de fabriquer 200 avions par mois au lieu des 20 qui en sortaient sous son prédécesseur ; avant deux ans, on arriverait ainsi à posséder une flotte aérienne de 2 000 unités. *Nota bene* : pendant ce temps, les Allemands en produisaient un millier chaque mois. Afin de mener à bien cette politique de réarmement tardif, il demanda et obtint du parlement les pleins pouvoirs, augmenta les impôts, abrogea provisoirement la loi des quarante heures, réduisit le nombre des fonctionnaires. « Réarmement mes bottes ! répliquèrent les syndicats. Nous entendons préserver les conquêtes sociales de 36 ! » Et ils déclenchèrent une série de grèves et de violentes manifestations. Le ministre de l'Intérieur, comme toujours, fit donner les gaz lacrymogènes. Mais en même temps, ce radical-socialiste ordonnait à ses services techniques de chercher des procédés plus humanitaires pour calmer les tumultes. Après étude, les spécialistes proposèrent de remplacer les grenades lacrymogènes par des vapeurs hilarantes. On les essaya à Nantes, à Paris, à Saint-Étienne, où l'on assista au prodigieux spectacle de manifestants pliés en deux par un rire artificiel, allant parfois jusqu'à se rouler par terre et se mordre les chaussures dans les excès de leur hilarité.

« Non, non ! répliqua le ministre. Réprimer les désordres par la rigolade, ça ne fait pas sérieux ! Ça n'inspire pas le respect de l'autorité ! Ça risque même d'attirer des manifestants supplémentaires ! »

Aussi en revint-on aux méthodes éprouvées, à la bonne vieille matraque, aux gaz qui font pleurer.

Daladier racontera encore que, tandis qu'il traversait Paris au milieu des applaudissements du populaire, il ne pouvait s'empêcher de grommeler dans sa barbe : « Oh ! Les cons ! Les cons ! » Oubliant que le plus con de tous n'était autre que lui-même qui venait de reculer pour mieux sauter ; qui, en qualité de ministre de la Guerre, n'avait armé la France que de vantardises. Un vent de connerie soufflait sur la population française, de l'extrême droite à l'extrême gauche en passant par le milieu. Sur Gamelin, Weygand, Pétain demeurés accrochés aux conceptions stratégiques de 1918. Sur le Quai d'Orsay où, depuis des années, nos diplomates n'osaient faire pipi sans demander la permission de l'Angleterre. Sur les syndiqués qui refusaient farouchement tout effort non prévu dans leur rôlet de Matignon. Sur les intellectuels, pacifistes, idéalistes, froussards à tout crin, obsédés de l'antibolchevisme : la connerie de Sébastien Faure qui préconisait le désarmement unilatéral de la France (« Hitler n'oserait pas nous attaquer ! ») rejoignait la connerie de Robert Brasillach, admirateur extatique de l'homme fasciste, appuyé sur sa race et sur sa nation, fier de *son corps vigoureux, de son esprit lucide, méprisant les biens épais de ce monde ; le jeune fasciste qui chante, qui marche, qui travaille, qui rêve, qui est tout d'abord un être joyeux*. Léon Blum, si clairvoyant en face de Munich, avait été un beau con en face de l'Espagne républicaine qu'il avait refusé d'aider, excepté par quelques envois clandestins et dérisoires. Les cons incurables et congénitaux de la réaction, choisissant Hitler contre Thorez, étaient prêts à soutenir le national-socialisme, la plus abominable tyrannie qui ait jamais sévi sous le soleil, dont l'horreur même la condamnait à une disparition rapide, entraînant avec elle ses cons de partisans de la première heure. Quant aux communistes, leur connerie devait attendre un an pour éclater splendidement, lorsque *l'Humanité* titrerait, le 25 août 1939 : *LE PACTE GERMANO-RUSSE SAUVERA LA PAIX DU MONDE.* Sauf exception miraculeuse, la France de 1938 était un pays de cons.

Après cet arrangement de cons, les mobilisés de septembre rendirent leur tiers de casque et retournèrent à leurs patates, à leurs vendanges, à leurs porte-plume, contents, compréhensifs et consonants : « Vingt dieux ! Nous venons de l'échapper belle ! » Les usines thiernoises se mirent à forger les coupe-coupe de la victoire.

1939-1940

Raymond Gautier-Pitelet continuait de fréquenter sa belle-famille, tant à Paris que dans le Cantal, nul n'était mieux placé que les Rigal pour évoquer la chère disparue.

« Parlez-moi d'elle. Comment était-elle dans son enfance ? Que disait-elle ? Que faisait-elle ? »

A Salvagnac, cela devint un jeu de vacances, on sortait des photographies, on dénichait d'anciens jouets, un lapin en peluche, un attelage de bœufs rouges, une poupée échevelée ; on tirait des vêtements de leur placard, des cahiers remplis d'une écriture appliquée. Les témoins commentaient ces reliques en s'essuyant les yeux. Les photos montraient une fillette extraordinairement vivante, presque toujours saisie en plein éclat de rire, sur un rocher l'année de Banyuls, tenant le diable en bois par le cou l'année de Jersey, remplissant un flacon au jet du Manneken-Pis l'année de Bruxelles... qui eût cru... qui eût dit...

La personne qui se prêtait le mieux à ces exhumations était Madelon, sœur cadette de la défunte, devenue à présent une belle fille de vingt-six ans qui avait refusé plusieurs partis avantageux sans fournir d'explication satisfaisante, ce garçon ne me plaît pas, cet autre est trop jeune, je ne suis pas mûre pour le mariage.

« Madelon s'en va de la tête ! se désolait Mme Rigal. A son âge, moi, j'avais déjà deux moutards. Nous lui avons présenté un champion de tennis, le fils d'un conseiller général, personne ne lui convient. Attends encore quelques années, ma belle ! Attends d'être entièrement mûre ! »

Mais l'autre secouait le front, obstinée comme une vraie Rigal. « La plus Rigal du lot ! disait avec fierté l'énorme ferrailleur — Point par le tour de taille, grâce à Dieu ! » corrigeait sa femme.

La demoiselle s'asseyait donc près de son beau-frère, éparpillait sur la table les photographies comme un jeu de cartes, ils se penchaient :

« La voici à l'époque où elle portait des chaussettes et des sandales blanches. Et mon père à côté. Vous ne l'aviez pas reconnu, n'est-ce pas ? Sa rondeur commençait à peine... Et ici, Jeannette à dos de mulet, sur la bête d'un voisin *petassaïre*, raccommodeur de tous objets en métal ou en céramique. Celui qui a fait construire depuis cette magnifique résidence au Bruget, avec des lauzes et des tourelles, et cette enseigne *Le Petassaïre du Bruget*. Pour embêter le monde, affirme-t-il, car il ne l'habite presque jamais. Pour étaler sa réussite, uniquement. Il n'est pas le seul Cantalien de cette espèce. Suivez mon regard... »

Installé pour dire et entendre des choses tristes, le veuf inconsolable se sentait très vite chassé de sa mélancolie. Avec étonnement ; il levait alors les yeux des vieilles images sur sa jeune belle-sœur, plus belle que sœur, mate de peau, blanche de dents, noire de prunelles et de cheveux comme le sont tant d'Auvergnates du Haut Pays, cousines lointaines des Espagnoles, descendantes de la race ibère qui occupa ces lieux il y a huit ou dix mille ans ; lorsqu'elle fut repoussée par l'invasion celte au-delà des Pyrénées, il en resta des lambeaux accrochés aux montagnes, comme font les nuées en fuite aux cimes du puy Mary, du Griou, du Chavaroche. Treize ans de suite, Raymond avait rencontré Madeleine sans la voir réellement. Et voici qu'il la découvrait. Qu'il pensait à elle plus souvent que n'eût voulu son récent deuil. C'est qu'il trouvait en elle quelque chose aussi de la morte, ses longs cils, le timbre de sa voix, au téléphone naguère il n'arrivait jamais à distinguer l'une de l'autre, les deux sœurs s'en amusaient follement. Il se mit à calculer la différence d'âge entre Madelon et lui, dix-sept années, s'examina dans les glaces, vit son front dépouillé, rougit de ses méditations.

Elle ne l'évitait point. Il semblait au contraire qu'elle se plût à le frôler, à lui imposer sa tiédeur, son parfum. Et il y prenait un plaisir croissant. Une fois seul dans la chambre où il avait dormi jadis près de Jeannette, il enfouissait son visage dans l'oreiller inemployé, rongé par d'épouvantables remords.

A la Toussaint, les Rigal ne manquaient pas de retourner en Auvergne fleurir les tombes familiales. Eux aussi éprouvaient un terrible sentiment de vide à la pensée de leur fille aînée dont aucun cimetière connu ne recueillait les cendres. « Elle n'a d'autre tombe que notre cœur », disait Mme Rigal, se demandant avec un malaise si cette jolie pensée était d'elle-même ou si elle la citait inconsciemment. Aussi ajoutait-elle quelquefois par précaution : « Comme dit le poète. »

Quant au ferrailleur, il avait remarqué les avantages financiers que présentait cette sorte de sépulture :

« Il n'en coûte pas un centime aux survivants. Au fond, moi aussi je pourrais faire don de mon corps à la science. Mes héritiers trouveraient dans l'entreprise l'emploi de l'argent ainsi économisé. Quant au caveau des Rigal-Paulet, il ne sera pas grand de trop pour recevoir toute notre descendance. Si je renonce à ma place, vu mon volume, je ferai deux heureux.

— Laisse-moi rire ! le rabrouait sa femme. En quoi, je me le demande, ton corps peut-il intéresser la science ? Que veux-tu qu'elle fasse de tes poumons asthmatiques, de ton ventre pourri ?

— Justement ! Justement ! »

Cette Toussaint-là, ils invitèrent Raymond à se joindre à eux, nous ferons un peu de feu dans la cheminée, nous mangerons des châtaignes et des *bourriols*. C'est ainsi que, dans la grande salle commune un peu paysanne, Madeleine et lui se retrouvèrent un soir seuls et attablés devant les éternelles photos, tandis que dans la pièce voisine la belle-mère préparait ses crêpes, le reste de la famille disséminé dans la vaste demeure. Quelques jours plus tôt, parlant de ses petits-enfants, Mme Rigal avait fait cette réflexion :

« Quand je les surveille sans les voir, je n'aime pas leur silence. Car dans ce cas je suis certaine qu'ils sont en train de faire du mal. De dévisser les robinets, de repeindre une porte en rouge. Alors, je les oblige à me parler. »

Eux tripotaient les reliques, les commentant à mi-voix pour bien prouver qu'ils ne faisaient aucun mal. Soudain, la jeune fille dégagea un espace vide sur la table, posa un index, se mit à tracer des lettres invisibles, avec de longues suspensions entre les mots : *Je... vous... aime*. Avant la dernière syllabe, il posa une main sur le doigt qui écrivait. Geste ambigu qui pouvait signifier : « Il ne faut pas. » Mais aussi : « Je le savais. » Ou encore : « Moi aussi. » En même temps, un silence à n'en plus finir les enveloppa, dans lequel chacun entendait le halètement de l'autre.

« Qu'est-ce que vous faites donc ? » demanda Mme Rigal, de son fourneau.

Madeleine toussa ; puis elle dit : « Je tousse.

— Ah ! bien ! » fit sa mère, rassurée.

Il faudra bien en venir aux explications. La chose se fera dans le couloir du wagon qui les ramènera d'Aurillac à Paris. Tous deux debout contre la vitre, sous prétexte de se dégourdir les jambes, leurs quatre mains alignées sur la barre de cuivre. Chacun se baissant ou s'élevant pour chuchoter dans l'oreille de l'autre. La campagne défilera, emmitouflée de brumes, sans qu'ils en voient un arbre, une vache, un cantonnier. Et leur dialogue à quatre mains s'établira à peu près de la façon suivante :

« Oui, je vous aime, je vous aime, je vous aime. Il y a treize ans que je vous aime. Depuis le matin où vous êtes entré chez nous. Mais alors vous n'aviez d'yeux que pour ma sœur.

— Naturellement ! Tu sautais encore à la corde !

— La passion peut habiter un cœur d'enfant aussi bien qu'un cœur de femme. En voyant Jeannette dans vos bras, j'étouffais de jalousie. J'aurais voulu... Mais j'ai honte de ces pensées maintenant qu'elle est morte, et je lui en demande pardon. Chaque fois que je vous savais ensemble, je vous espionnais, je me cachais dans l'ombre des couloirs, dans les feuillages du jardin.

— Le fantôme ! C'était donc toi !

— Je cherchais à déranger vos tête-à-tête. Je vous envoyais aussi des messages.

— Quels messages ?

— Des fleurs que je cueillais pour vous seul ; des primevères qui disent : "Vous êtes mon premier amour" ; des œillets de poète : "Je suis votre esclave."

— Je n'ai pas compris, étant peu doué pour les langues étrangères.

— D'autres fois, je plaçais une fleur isolée, une rose, une pivoine à des endroits où vous deviez vous asseoir.

— Je croyais qu'elles venaient de Jeannette.

— Et n'avez-vous pas remarqué non plus la manière dont... ?

— Eh bien ! Parle !

— Dont je vous embrassais ? Quand vous débarquiez, vous gratifiiez la parenté de trois baisers distraits, à l'auvergnate. Mais moi, par une fausse maladresse, je m'efforçais d'en recevoir au moins un sur la bouche. Vos lèvres sentaient le cachou.

— Tu essayais de me faire commettre l'adultère !

— Je l'aurais accepté, si vous aviez voulu ! J'aurais accepté n'importe quoi ! De fuir en votre compagnie au bout du monde ! A cause de vous, je haïssais ma sœur ! »

Il aura un soupir : « Nous l'avons échappé belle ! Heureusement que la pauvrette ne s'est doutée de rien ! »

Et une terreur : « Tu me jures que tu ne l'as pas empoisonnée, au moins ?

— Vous êtes fou ? Je l'aimais quand même. La haine et l'amour se marient souvent ensemble. Je l'admirais, plus belle, plus fine, plus racée que moi. Faite pour un grand destin. Elle vous méritait bien, vous savez ! »

Ils observeront une minute de silence. Les poteaux télégraphiques défileront. Devant eux, sous sa crinière de fumée, la locomotive se ruera en hennissant sur les voies givrées. Mme Rigal poussera la porte à coulisse :

« Vous n'avez pas froid ? Vous ne voulez pas vous asseoir un moment ?

— Non, non, nous sommes bien. Nous causons de choses importantes.

— Ah ! bien ! »

La moindre explication lui suffit. Elle retournera à son tricot. Raymond demandera :

« Et à présent ? Qu'allons-nous faire ?

— Est-ce que vous ne m'aimez pas ?

— Même si je t'aimais, à quoi cela t'avancerait-il ?

— Ne croyez-vous pas que je saurais vous consoler ?

— As-tu examiné notre différence d'âge ? Sais-tu que je pourrais quasiment être ton père ?

— N'allons-nous pas cesser de nous parler sous la forme interrogative ?

— Pascal dit...

— Je me moque de ce que dit Pascal. Vos pensées à vous, voilà ce que je veux connaître. »

A l'arrêt d'Eygurande, Raymond n'aura encore rien avoué. Aux approches de Bourges, quand ils verront se profiler au loin les tours inachevées de la cathédrale Saint-Étienne, Madelon rappellera qu'elle a déjà refusé une demi-douzaine de partis, dont un champion de tennis et le fils d'un conseiller général ; s'il ne veut d'elle en aucune façon, elle restera vieille fille, elle se fera chaisière à Aubervilliers. A Orléans, elle confirmera qu'elle n'exige point le sacrement de mariage ni aucune sorte de garantie. A Étampes, il capitulera, révélant que depuis des semaines elle lui fait perdre le dormir et le manger. Quand le convoi approchera de Paris, les boggies tressautant sur les aiguillages, il présentera sa demande en bonne et due forme :

« Mademoiselle Rigal Madeleine ici présente...

— Mon prénom officiel est Solange, rectifiera-t-elle. Je ne l'aimais pas. J'ai choisi et imposé le second à ma famille.

— Mademoiselle Rigal Solange ici présente, acceptez-vous d'être ma femme ?... »

L'étonnement des Rigal ne sera pas très bien simulé :

« Oh ! la petite cachottière ! Voici donc l'explication de ce célibat prolongé ! Mais dis-moi, mon enfant, si ta sœur était restée parmi nous... ?

— Mon célibat se serait prolongé davantage encore. Je me l'étais juré à l'âge de quatorze ans.

— Eh bien ! Vous pouvez dire, cher Raymond, que c'est un amour qui vient de loin ! »

Au fond, malgré l'étrangeté de la situation, Joseph Rigal se réjouira que maître Gautier-Pitelet devienne son gendre bis, parce qu'il apprécie ses qualités humaines et politiques, et parce que cette nouvelle alliance simplifiera considérablement les problèmes d'héritage.

Les noces se feront à Aubervilliers au printemps de 39.

Ce printemps-là ne demandait qu'à ressembler aux autres, avec ses giboulées de mars, sa floraison d'avril, ses cerises de mai. Néanmoins, la conjoncture contraignait les gens à penser à des choses inhabituelles, il fallait beaucoup d'optimisme ou beaucoup d'amour pour oser se marier au printemps de 1939. Dès janvier, les Thiernois sentirent dans leurs culottes l'approche d'une nouvelle guerre. Un signe ne trompait pas : on commençait de mobiliser les quadrupèdes. En septembre 38, Daladier s'était contenté de rappeler un million d'hommes sous les drapeaux pour impressionner Hitler. Les chevaux, les mules, les mulets étaient restés dans leurs foyers. Les Allemands, qui nous connaissent bien, en avaient déduit que tout ce remuement de réservistes n'était qu'une mobilisation bidon. Mais au début de l'année suivante, tout ce qui pouvait tirer un fourgon, un canon, une ambulance, une cuisine roulante dut se faire inscrire. On n'oublia pas non plus les pigeons voyageurs, en souvenir du fort de Vaux. Le Führer en conclut que nos préparatifs devenaient sérieux. Il se hâta d'avancer les pions sur sa frontière méridionale en occupant la Tchécoslovaquie tout entière. Les Anglo-Français, qui n'avaient pas terminé leur dispositif, restèrent sans réplique. Mussolini en profita pour enjamber l'Adriatique et envahir l'Albanie.

En Espagne, les rebelles franquistes achèvent de mettre en pièces les forces républicaines : en février, ils entrent à Barcelone ; en mars, Madrid capitule après un siège de mille jours. Les combattants vaincus marchent vers la France, terre du droit et de la liberté. On voit descendre des cols enneigés un troupeau d'hommes, de femmes, d'enfants, éclopés, sanglants, guenilleux, faméliques, traînant des fusils sans munitions. Ils n'oublieront jamais l'accueil que leur réservent nos gardes mobiles :

« Vous l'avez prise, la pile, sales communistes ! Ordures d'anarchistes ! »

On les interne dans des camps de concentration, avec ce qu'il faut de baraques, de barbelés, de miradors, de sentinelles sénégalaises. Comme la frontière est une passoire, beaucoup cependant échappent à l'internement, prennent le train, descendent au hasard dans des villes inconnues. A Thiers, il en arrive plusieurs dizaines, on les loge dans les salles disponibles de l'hôpital. La municipalité organise en leur faveur une collecte d'argent et de vêtements. A mesure que passent les semaines, ils se mêlent à la population. On a toujours connu ici et apprécié les Espagnols, vendeurs de glaces et d'oublies, d'oranges et d'olives, ouvriers du bâtiment. On se serre donc pour leur faire un peu de place.

Ayant essayé ses armes sur le dos des Espagnols, Adolf s'en prend à la Pologne, à Dantzig, au couloir imaginé par le traité de Versailles pour affaiblir l'Allemagne en la coupant en deux. La Prusse-Orientale réclame son rattachement au *Vaterland*, tandis que les minorités restées dans le couloir jurent qu'elles ne peuvent plus supporter les courants d'air. Les pacifistes français proclament que nous n'avons pas plus le droit de mourir pour Dantzig que nous ne l'avons fait pour Prague.

A l'autre bout du monde, les États-Unis pourraient empêcher la guerre en déclarant nettement qu'ils n'abandonneront jamais leurs alliés franco-anglais. Mais les U.S.A. ne sont pas disposés du tout à lancer une telle proclamation : trop de sang américain, trop d'argent américain ont été versés en 17-18 pour secourir l'Angleterre et la France. On ne leur refera plus le coup de La Fayette. Un des plus ardents défenseurs de l'isolationnisme est Charles Lindbergh, le gentil, le timide Charles au menton fendu. Bien la peine de lui avoir collé la Légion d'honneur ! Alors, le président Roosevelt se contente de débiter aux dictateurs bellicistes un sermon en trois points. En France, le parlement prend des mesures de salut public. Il vote une taxe de un pour cent sur les ventes. Le 1er Mai ne sera pas chômé : pour une fois, la fête du Travail se célébrera en travaillant. Les ouvriers des arsenaux devront rester à leur poste soixante heures par semaine.

Arrive le 14 Juillet, occasion d'exhiber notre force devant les observateurs hitlériens. Elle se déploie magnifiquement le long des Champs-Élysées, il ne lui manque pas un bouton de guêtre. Dans le ciel grondent nos bombardiers *Potez 63* et *Léo 45*, nos chasseurs *Dewoitine 520, Morane 406* et *Curtiss P. 36* achetés aux Américains. Le pavé pète le feu sous nos chars *Renault*, avec leur canon court qui a l'air d'un cigare entre les dents. Le peuple se casse les mains à applaudir, il lui tient à cœur de gueuler aussi fort que les foules de Nuremberg, il confond la guerre et le sport, il croit que les compétitions se gagnent sur les gradins plus que sur le terrain, que la victoire récompense immanquablement les plus braillards. Après quoi, il va s'asseoir aux terrasses et commande des demis de bière pour ne pas se déshydrater. Dans le métro, un encaisseur s'évanouit, terrassé par l'émotion et la chaleur ; quand il revient à lui, il s'aperçoit que sa sacoche a fait de même, les voleurs ont profité du 14 Juillet pour le détrousser.

Des négociateurs franco-anglais vont à Moscou étudier le meilleur moyen de secourir la Pologne menacée sans que l'armée soviétique ait besoin de traverser son territoire, ce qui ne semble pas simple. Car le colonel Beck, ministre des Affaires étrangères polonais, s'y refuse absolument : « Avec les Allemands, nous risquons de perdre notre liberté ; avec les Russes, notre âme. » Mais depuis Munich, Staline a compris que Daladier, Chamberlain ne sont pas des alliés sérieux. Alors, nos diplomates et les siens, au lieu de se pencher sur des cartes, jouent à cligne-musette dans un salon du Kremlin : le commissaire du peuple Molotov se cache derrière les paravents, sous les tables, dans les placards, tandis que ses homologues capitalistes s'efforcent de le découvrir à ses souliers qui dépassent, à son ombre, au reflet de ses lorgnons :

« Ah ! ah ! camarade commissaire ! Tu es vu ! Tu es pris ! »

Les Franco-Anglais aimeraient bien une guerre germano-russe dans laquelle nazisme et bolchevisme s'entre-tueraient, tandis qu'eux-mêmes se contenteraient d'exciter les combattants. De leur côté, les Soviétiques trouveraient un plaisir extrême à voir la France, l'Angleterre, la Pologne, qui leur ont fait tant de mal après 1917, en découdre avec l'Allemagne. Alors, dans cette assemblée de tricheurs et de peillerauds, c'est à qui bernera le mieux ses partenaires. Depuis des mois, Molotov mène des pourparlers secrets avec les nazis. L'U.R.S.S. aspire légitimement à récupérer les territoires qui lui ont été arrachés par les traités de 1921. Il n'est pas question que Chamberlain, Daladier ni Beck les lui offrent. Hitler, si. Son intérêt immédiat commande qu'elle accepte les dons que lui présente cette main, pour sanglante et traîtresse qu'elle soit : Finlande, Lituanie, Lettonie, Estonie, Pologne orientale, Bessarabie. De plus, ses frontières se trouveront repoussées de cent kilomètres vers l'ouest, ce qui lui permettra de voir venir, dans le cas probable où le donateur d'aujourd'hui deviendrait demain un agresseur. Le temps et l'espace ainsi gagnés seront employés à renforcer l'armement de la Patrie prolétarienne. Le raisonnement de Staline est exactement le même que celui de Chamberlain-Daladier à Munich. Staline aussi est un con. Lui aussi sacrifie la peau des autres en croyant sauver la sienne : dix millions de Soviétiques payeront sa connerie. Les communistes français avouent n'y rien comprendre. Mais ils ont la foi chevillée au corps. Quand le Taureau du Vaucluse les mobilise de nouveau, après avoir interdit leur opinion et emprisonné leurs dirigeants, presque tous s'en vont vers leur caserne, tête basse. Il n'est pas facile de croire communiste en cette fin d'août 1939.

Au milieu de la confusion des esprits, les troupes hitlériennes entrent en Pologne par l'ouest, les staliniennes par l'est. La presse bourgeoise applaudit bruyamment l'interdiction en France de la presse et du parti communistes. Elle rappelle que Karl Marx s'était réjoui en 1870 en apprenant les victoires des Prussiens : *Les Français ont besoin d'être rossés !*

Septembre, le plus beau mois de l'année, le plus riche de fruits et de douceurs, septembre du miel, de la laine, du meilleur lait, des premières vendanges, septembre de la foire du Pré : septembre 39 n'est plus que celui de la destruction et de la mort. Le député de Thiers, Ernest Laroche, annonce qu'il vient de contracter un engagement pour la durée des hostilités et rejoint ses fils déjà sous les drapeaux. Très peu de parlementaires suivront son exemple : la plupart considèrent que leur devoir est de siéger au Palais-Bourbon, non de faire le coup de feu, *de minimis non curant consules*.

Le Rat se mobilise également. Trop âgé pour participer aux festivités de 14, il ne l'est pas trop en 39 pour reprendre sa plume de polémiste et d'avocat de la bonne cause. Dans le numéro du 10 septembre, le *Journal de Thiers* publie son premier feuilleton intitulé *Je reviens*. Le moral des civils et des mobilisés grimpe aussitôt merveilleusement. De toute manière, personne ne doute de la victoire, ni le *Journal de Thiers*, ni *la Montagne*, ni *le Petit Parisien*, ni *le Temps*, ni *Paris-Soir*. Certaines feuilles commencent même à examiner les clauses du futur traité de paix imposé à l'Allemagne : dans *la Croix*, Pierre L'Hermite suppute qu'après avoir été coupée en deux à Versailles, elle devra l'être en six à l'avenir, on ressuscitera les anciens royaumes de Prusse, de Bavière, de Saxe, de Wurtemberg, on l'occupera militairement jusqu'à Berlin pendant un siècle, on lui interdira d'avoir une infanterie, une aviation, une marine, de fabriquer des armes autres que le parapluie, les chasseurs ne pourront se servir que d'un arc ou d'une arbalète.

En attendant ces heureuses dispositions, les premiers effets de la guerre frappent les civils. Afin de contrecarrer les raids aériens ennemis, l'éclairage nocturne des villes est supprimé, les vitres peintes en bleu et zébrées de papier gommé ; dans les greniers, une couche de sable épaisse d'au moins un centimètre doit être répandue sur les planchers pour étouffer les incendies, et chaque famille est tenue d'avoir en réserve deux seaux d'eau. Par mesure d'économie, l'heure d'été est prolongée jusqu'au 18 novembre, et la Chambre des députés élue en 1936 prolongée jusqu'à 1942.

En octobre, un nouvel afflux de réfugiés s'abat sur la cité coutelière, ils arrivent d'Alsace et de Lorraine où ils vivaient en avant de la ligne Maginot. Le marché couvert, qui a connu dans le passé tant de fêtes et de banquets, devient le restaurant de ces pauvres diables. Au milieu de ses fourneaux officie un certain Vial, surnommé Perchine, parce qu'il a passé une grande partie de sa vie en Amérique au service du général Pershing. Il doit nourrir cinq cents personnes. Mais le budget de la commune n'y suffit point, alors le maire Antonin Chastel se transforme en moine mendiant. Chaque jour, il va frapper aux portes des bouchers, charcutiers, épiciers, boulangers, marchands de légumes ; il obtient une aune de boudin par-ci, un mètre de saucisse par-là, dix kilos de pot-au-feu, une brouettée de pommes de terre, une fournée de pain bis. Quand les commerçants de la ville se fatiguent, il bat villages et bourgs de l'arrondissement, s'adresse aux producteurs, prêche comme un vrai capucin :

« Ce sont des Français chassés de leur pays. Méfiez-vous qu'il vous en arrive pas autant un de ces quatre matins ! Dans ce cas, vous seriez bien contents, pas vrai, que quelqu'un vous offre une bouchée de pain ! »

Et frère Tonin obtient ce qu'il demande.

Au bout de quelques semaines, il arrive aux réfugiés de l'Est la même chose qu'à ceux d'Espagne : ils se dispersent dans la région, la terre auvergnate les absorbe comme une pluie bénéfique, les mêle à ses sources nourricières. La population thiernoise a besoin de temps en temps de ces apports étrangers, car d'elle-même elle ne suffit pas à sa propre survie, le coutelier se reproduit peu ; la coutelière est trop encombrée par les grossesses dans son travail d'émouleuse ou de polisseuse ; les idées anarchistes et pacifistes retiennent les couples de procréer de futurs soldats ; chez les patrons, l'on n'aime pas non plus la progéniture nombreuse qui oblige au partage des entreprises ; il y a enfin tous ces taudis historiques du XVe et du XVIe qui fourmillent de puces, de souris, de microbes et conviennent mal aux enfants. Thiers est sans doute la seule ville industrielle de France qui depuis deux siècles n'ait pas connu d'accroissement démographique, dix-huit mille habitants semblent lui suffire pour l'éternité. Et voilà maintenant qu'en plus il va falloir aller mourir sur le front.

Malgré les efforts du gouvernement pour prolonger l'été par décret, les jours raccourcirent, les nuits allongèrent. On ne se hasardait plus sans nécessité absolue dans les rues noires comme le putois, les non-mobilisés passaient leurs veilles à écouter la radio nationale, étrangère, et même ennemie, afin de savoir ce que Paris ne disait pas. Sur les ondes allemandes discourait le traître de Stuttgart, un drôle de citoyen français qui œuvrait à démoraliser ses compatriotes, à nous dégoûter de nos alliés : *Les Anglaises n'ont pas de poitrine ; les Anglais ont celles des Français*. Il publiait ainsi des informations minutieuses sur ce qui se passait chez nous pour prouver qu'il disposait d'un extraordinaire réseau d'espionnage. Un soir, les Bitords eurent la stupeur de l'entendre s'exprimer dans ces termes :

« Je m'adresse à vous, monsieur Chastel, maire de la ville de Thiers dans le Puy-de-Dôme. Tonin pour vos compatriotes. Vous devez être bien satisfait, n'est-ce pas, d'avoir reçu récemment une commande de deux cent mille couteaux de poche pour l'armée française ! Parbleu ! Voilà qui arrange les affaires de votre petite industrie ridicule qui a toujours cherché — sans succès d'ailleurs

— à concurrencer sur les marchés mondiaux les produits de Solingen. Ne vous pressez pas trop, cher Tonin, de fabriquer votre camelote, c'est là un conseil d'ami, non d'ennemi. Car d'ici peu elle risque de faire partie de notre butin de guerre : nous la trouverons dans la poche de vos soldats quand ils seront tous nos prisonniers. Et, comme on dit en Auvergne, il n'y a pas de petit profit, n'est-ce pas ? »

On vit en conséquence des espions partout. Mêlés par exemple aux soi-disant réfugiés de l'Est. Ils écoutaient les conversations dans les cafés, prenaient note des prix et des quantités, rôdaient sur les marchés aux légumes, autour des usines, de la gare, de la mairie.

Pour répondre à la propagande du docteur Goebbels, patron du traître de Stuttgart, le gouvernement français créa lui aussi un ministère du bourrage de crâne, qu'il appela « Haut-Commissariat à l'Information ». Il fut confié à l'écrivain Jean Giraudoux, ce doux rêveur qui avait voulu nous faire croire que la guerre de Troie n'aurait pas lieu. Mal choisi pour donner la réplique au diable boiteux de Berlin, il répugnait à employer le mensonge qui est le pain quotidien de toutes les propagandes. La preuve : il choisit comme « directeur de la presse » un honnête avocat d'origine thiernoise : maître Raymond Gautier-Pitelet.

Il va de soi que la guerre se faisait aussi en chansons. Les forces britanniques débarquaient sur notre sol aux accents de :

Nous irons pendre not' linge
Sur la ligne Siegfried...

Chez nous, Maurice Chevalier chantait :

Et tout ça, ça fait
D'excellents Français,
D'excellents Français
Qui marchent au pas...

Son compère Georgius se moquait de Hitler :

Un gars qui connaît la peinture,
Principal'ment le rouge sang...

Tous nos amuseurs se rendaient sur le front pour distraire l'armée française à peu près immobile, en train de taper une belote perpétuelle.

De temps en temps, nos corps francs faisaient quand même une incursion en territoire ennemi, en présence des « actualités Pathé-Gaumont ».

Les grands couturiers eux-mêmes se mobilisaient, ils annonçaient qu'au printemps 40 les robes céderaient la place aux pantalons ;

que les chapeaux ressembleraient à des calots, les écharpes à des fourragères, les sacs à des musettes ; que les teintes préférées iraient du kaki au bleu R.A.F. Dieu que la guerre serait jolie !

Une seule note de tristesse : le 24 décembre au soir, il n'y eut pas de messes de minuit, le petit Jésus appliqua la consigne des ténèbres.

Comme il arrive à chaque guerre, la mobilisation fit pourtant maintes heureuses : Gilberte était du nombre. En épousant Alexis, elle avait espéré prendre un homme docile, bon chien de garde, bon jardinier, bon cordonnier, ayant ses utilités de jour et de nuit. S'il apparut à peu près tel dans les débuts, il révéla très vite sa véritable nature de paresseux et de gourmand. L'échoppe et le jardin lui fournissaient une raison d'affirmer hautement, au cours de leurs disputes : « Je n'ai pas besoin de toi pour gagner mon pain ! » En fait, le peu qu'il tirait de ses ressemelages suffisait à peine à couvrir ses frais de buvette, de pêche et de chasse.

Conscient de son infériorité de savoir, il avait accepté, le jour de leurs accordailles, par une adroite humilité, de devenir le premier élève de Gilberte :

« Quand vous aurez le temps de vous occuper de moi... On apprend à tout âge, comme répétait mon grand-père du Klondike, celui qui a rapporté le collier en dents de baleine. »

Il se soumit sans réticence à ces cours post-scolaires. Un peu pour chercher à la rejoindre, un peu pour tirer d'elle cet autre avantage, exploitant sa bourse, son corps, son esprit. Elle lui enseigna l'orthographe et l'almanach, l'histoire de France et l'économie politique. Après la foire aux bestiaux, dans les cafés, devant un public de péquenots éberlués de lui entendre tant de raisonnement, il se mit à discourir, parlant de l'Office du Blé, des futures coopératives, des bouleversements prévus par le Front populaire pour révolutionner les campagnes. Sur ces altitudes auvergnates, on en était encore à couper l'herbe à la faux, tandis qu'Alexis préconisait déjà les tracteurs et les faucheuses communautaires.

« Ta coopérative, répliquaient les autres, ici, ça marchera jamais. Tout le monde voudra se servir des machines en même temps. On se bouffera le nez. Et pis, les tracteurs, ça suce de l'essence. Nos vaches, elles, nous coûtent rien à nourrir.

— Faudra changer vos habitudes. »

En attendant, il n'arrivait pas à changer les siennes. Il avait besoin de dix heures de sommeil et chaque nuit, au cours de ses premières semaines d'existence, la petite Élise le réveillait par des pleurs interminables.

Il s'en plaignait.

« Quand on ne peut supporter sa propre enfant, répliquait Gilberte, on ne la met pas au monde.

— Si tu crois que je l'ai faite exprès ! »

Oh ! que si ! Mais il affirmait le contraire. Ainsi, la nouvelle venue qui aurait dû les rapprocher les éloignait davantage, comme il arrive ordinairement dans les ménages peu unis. Parfois, il empoignait ses cliques et ses claques et s'en allait dormir dans le bûcher, sur des sacs de jute.

Les jours d'école, plutôt que de la lui confier ou de l'abandonner à sa belle-mère, Gilberte emportait le berceau dans sa classe, à la grande joie de ses élèves, garçons et filles, qui aimaient mieux se pencher sur elle que sur l'étude du subjonctif, ils n'avaient que faire d'étudier le subjonctif, ils l'employaient d'instinct et corrigeaient les incompréhensibles fantaisies de la conjugaison officielle, disant *faut que je voye, que je soye, que je m'assoye*. L'institutrice trouvait dix volontaires quand il s'agissait de bercer Élise ou de fredonner pour l'endormir une berceuse montdorienne :

Saro tus eù
Mo petyetouno
Ne ten pu ren
O veyre por aneù
Ten ma lou fiò
Que mitouno, que mitouno
Juco demò
Saro tus eù
Mo petyetouno[1].

« Mon Dieu ! se disait Gilberte dans ces moments-là. Si le chef arrivait ! » Le chef, c'est-à-dire l'inspecteur, M. Guyot.

Et il arriva. A bicyclette. Ce n'était pas un champion cycliste, il installait sa bécane sur l'impériale de l'autobus, débarquait avec elle au col de la Ventouse, achevait le parcours sur le plateau en pédalant. Il l'appuya au portail de l'entrée, déficela sa serviette retenue au porte-bagages, peigna ses cheveux et sa barbe avec coquetterie, traversa la cour sous son chapeau melon. Ces préparatifs permirent à Gilberte de prendre les dispositions nécessaires. La plupart des pédagogues tiennent en réserve, à l'usage de leur inspecteur, une leçon longuement préparée, répétée, peaufinée, avec questions et réponses, incidents de parcours, désignation des intervenants. L'inspecteur n'y voit — ou feint de n'y voir — que

1. Ferme tes yeux / Ma petitoune. / N'y a plus rien / A voir pour aujourd'hui. / N'y a que le feu / Qui mitonne qui mitonne / Jusqu'à demain / Ferme tes yeux / Ma petitoune.

du feu. C'est un peu comme la vaisselle en porcelaine de Limoges que l'on sert aux invités de marque, le reste du temps elle ne sort jamais, on mange dans la faïence commune. Après le départ du chef, maître et élèves font des gorges chaudes de sa naïveté ; les jeunes acteurs sont récompensés de leur complicité par une pluie de bonnes notes ou une amnistie des punitions. L'inspecteur notera dans son rapport : *M. Untel ou Mme Untel prépare ses leçons avec un soin extrême et obtient des résultats dignes d'éloges. Toutefois...* Il y a toujours un *toutefois*, sinon à quoi servirait le corps des inspecteurs de l'enseignement ?

M. Guyot entra donc dans la classe unique de Gilberte, où tout déjà l'attendait : les élèves alertés qui d'un élan unanime se levèrent lorsqu'il parut, comme à la messe les fidèles quand le prêtre passe à droite pour lire l'Évangile ; l'institutrice tout sourire et tout respect ; le tableau noir traversé de ce titre :

Leçon de choses :
Comment langer un bébé.

Pour des besoins cette fois purement pédagogiques, Élise fut tirée de son sommeil par Émilie Lassolas, la doyenne des filles. Elle avait maintenant le réveil gracieux et se prêta volontiers à la démonstration. Dans le cercle des jeunes spectateurs (mais M. Guyot, un peu en arrière, penchait lui-même sa barbe sur la « chose »), elle fut couchée sur le bureau de la maîtresse, débarrassée de ses langes souillés au milieu des rires et des attendrissements, débarbouillée de pied en cap, l'un présentant la cuvette, le second l'éponge, le troisième le drapeau sec. Quand le bébé eut regagné son berceau dans des enveloppages frais, un résumé des observations fut écrit au tableau accompagné d'illustrations, les élèves recopièrent le tout sur le cahier du jour.

Pour la bonne règle, suivirent une leçon de calcul et les récitations de fin de journée.

« Il n'est pas mauvais, reconnut l'inspecteur lors du tête-à-tête qui suivit, que les garçons apprennent un peu en classe leurs futures tâches de pères de famille. Le partage des besognes domestiques en fonction du sexe, si traditionnel qu'il soit, sera complètement périmé, j'en suis sûr, dans les années à venir. Les guerres contribuent toujours à l'égalité des sexes. Puisqu'elles obligent les femmes à accomplir des travaux d'homme, pourquoi, la paix revenue, n'inciteraient-elles point les hommes à partager un peu les besognes féminines ? »

M. Guyot professait des opinions sociales fort audacieuses pour son temps. Alexis Grattadeix, lui, tenait pour la tradition : aux femelles la cuisine, le linge, le soin des gosses, les travaux de patience ; aux mâles les travaux nobles, ceux qui exigent du muscle, le grand air, les assemblées de foire. Il condescendait néanmoins, de très mauvais gré, à s'en aller quérir l'eau du ménage à la fontaine ; il s'y trouvait mêlé aux femmes de La Garandie qui lui demandaient avec malice :

« Alors comme ça, Sisse, tu veux abreuver ton bétail ? »

Il en rougissait jusqu'aux cheveux. La chose eût été différente s'il était venu porteur de deux seilles : faut bien servir à l'étable les bêtes qui, pour telle ou telle raison, ne peuvent marcher jusqu'à l'abreuvoir. Mais les récipients dont il usait — deux brocs de fer à couvercle — disaient trop clairement sa servitude.

En septembre 38, il avait eu la chance d'échapper au premier rappel sous les drapeaux. Un an plus tard, il dut partir comme les autres. Quand il fut prêt, ses deux musettes dans le dos, il regarda Gilberte avec quelque embarras :

« Eh bien, fit-il, j'espère que je reviendrai.

— Sûrement. Tu as toujours eu de la chance.

— Au revoir, donc. Pas la peine de descendre. J'aime mieux m'en aller sans accompagnement.

— Comme tu voudras. Au revoir. Écris-nous souvent. »

Ils s'embrassèrent. Elle se tint derrière la fenêtre, l'enfant dans les bras, pour lui faire des signes ; mais il ne tourna pas la tête. Il s'en alla durement, frappant le sol de ses godillots de chasseur.

Elle commença une vie nouvelle, se tirant d'affaire toute seule, recourant le moins possible à sa belle-famille, acceptant tout au plus l'aide de ses élèves. L'absence des pères mettait de l'initiative dans la caboche des enfants, ils cassaient le bois, allumaient le poêle, bêchaient le jardin, balayaient la classe, cueillaient des mûres pour la confiture. Les leçons de choses étaient là pour couvrir toutes ces activités. Élise grandissait au milieu de ces dix-huit frères et sœurs. « Je suis une fille-mère ! » se disait Gilberte avec ravissement.

De Belfort, Alexis envoyait de courtes lettres rassurantes. On l'employait de nouveau à la cordonnerie ; il se sentait dans la meilleure situation possible au service de la France ; le prêt seul laissait à désirer, il suffisait à peine à payer le tabac. A la fin de chaque mois, Gilberte lui expédiait un mandat pour lui soutenir le moral.

Un événement qui aurait pu avoir pour Thiers des conséquences incalculables se produisit en janvier 40. Le constructeur d'avions Marcel Bloch — ci-après Marcel Dassault — fournisseur de l'Armée de l'Air en *Bloch 200*, sortes d'énormes hannetons aux lourds élytres, moins aptes à voler qu'à tomber, en sorte que nos aviateurs les nommaient « cercueils volants », Marcel Bloch, dis-je, décida d'implanter une usine d'hélices dans la région coutelière. Le site choisi, un terrain de vingt hectares, s'étendait près du hameau de La Chauprillade, à quatre kilomètres de la ville. Les longs bâtiments de brique commencèrent à sortir de terre. Mieux encore : l'industriel transféra chez nous le siège de sa société, elle quitta Saint-Cloud, vint s'installer à Thiers, 2, rue Terrasse. Pour lui-même et sa famille, il fit l'acquisition d'une belle villa avec parc en surplomb de la route de Vichy. Est-il besoin de dire la joie d'Antonin Chastel lorsqu'il vit sa commune engagée dans les fabrications aéronautiques ? Il l'aurait enfin, l'aérodrome désiré !

Par malheur, il y eut des empêchements. On a trop raconté comment la drôle de guerre cessa bientôt d'être drôle. Un grand nombre de Thiernois, sous l'uniforme des chasseurs alpins, prirent la direction du pôle Nord. Gamelin avait conçu le projet de les expédier occuper Mourmansk pour gêner l'action des Soviétiques qui venaient d'attaquer la Finlande. En fait, c'est en Norvège qu'ils débarquèrent afin de couper la route du fer. Leur mission accomplie, ils revinrent par la Grande-Bretagne et la petite, juste à temps pour participer à la débâcle générale. A partir de mai, tout foutait le camp. Les officiers d'active d'abord, dans leur voiture personnelle chargée jusqu'au toit de femmes, de cantines, de valises, roulant avec l'essence de l'armée : « Rendez-vous sur la Loire, avaient-ils dit à leurs troupes. Et si l'on se rate, rendez-vous aux Pyrénées. » Le gouvernement de la République foutit le camp à Bordeaux. La Belgique, le Luxembourg, le nord de la France foutirent le camp sur les routes, sans savoir exactement où ils allaient. Gamelin, le généralissime, qui s'était révélé être une ganachissime, fut remplacé par Weygand-les-mains-vides. A Dunkerque, les Anglais foutirent le camp, tout en demandant aux Français de tenir bon sur leurs arrières, le 92e de Clermont retint plusieurs jours les Allemands aux portes de Lille et quand les Auvergnats furent admis à s'embarquer, un grand nombre périt sur le torpilleur *Sirocco*. L'espérance en la victoire foutit le camp ; on sut plus tard qu'elle s'était embarquée aussi pour se réfugier à Londres.

Un groupe d'étrangers venus en camionnettes, avant-garde du malheur, femmes, enfants, poupées, vieillards, chiens, chats, serins, accordéons, parapluies, encombraient à Thiers la place de l'Hôtel-de-Ville dans une confusion phénoménale, empêchant toute circulation, réclamant de l'essence, de l'essence, de l'essence, brandissant des billets de banque inconnus qui ressemblaient à ceux de la Sainte-Farce. Antonin Chastel sortit alors de sa mairie et s'avança, superbe, au milieu de ce pêle-mêle :

« Où c'est que vous allez comme ça ?

— Le plus loin possible. C'est la deuxième fouès en un quert de siècle que les Boches envahissent notre neutralité. On en a merre, savez-vous.

— Vous êtes ici dans la capitale de la coutellerie. Articles de poche et articles de table. Tire-bouchons, rasoirs, épluche-pommes de terre. Spécialité de couverts en inox. Bon. Si vous voulez vous installer dans la région, nous ferons de notre mieux pour vous recevoir. Nous avons déjà reçu les Espagnols, les Lorrains, les Alsaciens. Nous vous recevrons tout pareil. Mais dégagez les routes, siou plaît ! »

Il fallait laisser le passage aux débris de l'armée française dont quelques éléments, avec ou sans officiers, traversaient aussi la ville. Une fois encore, le marché couvert fut transformé en restaurant populaire. Certains fugitifs, une fois alimentés, préférèrent repartir, emportant leur Belgique vers la Corrèze ou le Lot-et-Garonne.

Le 10 juin, Mussolini déclara la guerre à la France afin d'être présent au partage de nos dépouilles. Pendant que les blindés de Hitler fonçaient sur Paris, 32 divisions italiennes s'élancèrent sans grand enthousiasme à l'assaut des Alpes françaises gardées par 6 divisions de chasseurs alpins, et furent repoussées. Les forts de Briançon commandés par un Thiernois, le lieutenant-colonel Brasset, fils d'un boulanger de la rue Durolle, firent de leur mieux pour les réduire en polenta.

L'exode se poursuivait, à bicyclette, en voiture, à pied, quelquefois en brouette. Le 15, très opportunément, deux wagons de denrées périssables se trouvèrent bloqués en gare de Thiers, l'un rempli de fruits et légumes, l'autre de viande frigorifiée. Informé de la situation, le maire décida aussitôt de prélever sur cette manne céleste de quoi alimenter ses Hébreux. Jamais le tambour de ville n'avait clamé aux carrefours une annonce si joyeuse :

« Cet après-midi, à partir de 15 heures, il sera procédé à une distribution gratuite de cerises, abricots, carottes, pommes de terre nouvelles et viande frigorifiée, à raison d'un kilo de fruits, d'un kilo de légumes et d'un kilo de viande par famille. Qu'on se le dise ! »

Tout était possible en ces temps bouleversés, les officiers en fuite avec leurs bonnes amies, les chasseurs alpins en Norvège, les Allemands à Paris, les Bruxellois à Thiers et les carottes pour rien. On se bouscula donc passablement aux portes du marché où flottait une odeur de soupe froide, les agents de police suaient sang et eau pour canaliser les femmes, les paniers, les cabas. Un fonctionnaire municipal inscrivait sur un registre le nom des bénéficiaires pour un semblant de contrôle, s'embrouillant dans tous ces Dubost, Barnérias, Découzon, Pitelet, Issard, Planche, Cognet, Ytournel. On avait mobilisé pour le service les garçons de l'abattoir et les pompiers disponibles, y compris le célèbre Dosgilbert Prosper, témoin depuis un quart de siècle et aède patoisant des grandes heures de sa ville. Au hasard de la distribution et sans possibilité de choisir, les ménagères recevaient un kilo de plat de côtes ou 700 grammes de bavette. Si ça ne leur convenait pas, « Faites des échanges », répondaient les découpeurs.

Le 17 juin, la radio fait entendre le glorieux chevrotement du maréchal Pétain :

« Je me suis adressé cette nuit à l'adversaire pour lui demander s'il est prêt à rechercher avec nous, entre soldats, après la lutte et dans l'honneur, les moyens de mettre un terme aux hostilités. »

Thiers est déjà déclaré ville ouverte. On attend l'arrivée imminente de l'ennemi. De la troupe française en débandade passe encore, affamée depuis trois jours, pas rasée depuis une semaine, encombrée de lebels sans munitions. On en remplit le collège, et elle n'est pas la dernière à réclamer sa part de frichti.

Le 20, trois de ces gugusses atteignent La Chauprillade. Trois artilleurs de Metz. Ils ont abandonné leurs fourgons hippomobiles, cloués au sol par les *Messerschmitt*. Depuis, ils ont marché, pratiqué le camion-stop, erré parmi les civils, se désaltérant chaque fois que s'en présentait l'occasion. A Moulins, passablement soûls, ils s'égarent dans le parc du matériel à l'abandon, sous la seule garde d'un territorial. Au milieu de l'armement disparate, un canon de 47 autotracté, tout neuf.

Ils s'en emparent. C'est un temps de main basse générale, au cours de ce monstrueux reflux civil et militaire, il faut piller pour vivre, la France n'appartient plus à personne, la France est à qui la ramassera. Mais eux ne volent point : ils rendent simplement le canon à sa destination première, il a été fabriqué à Roanne pour défendre la Patrie. Ils dénichent quelques munitions, un peu d'essence, et les voilà partis vers le sud. Toujours mêlés aux Hébreux.

Ils traversent Varennes-sur-Allier, Saint-Germain-des-Fossés, Cusset, s'égarent dans Vichy, se retrouvent à Saint-Yorre où ils passent la nuit dans leur véhicule. A l'aube, ils déjeunent avec le pain de l'intendance et de l'eau minérale. Il leur faudrait un peu de carburant, mais ils n'en trouvent pas. On repart quand même, ils continuent sur Puy-Guillaume, le ciel est magnifiquement bleu, la journée sera chaude. En arrivant à La Chauprillade, le moteur se met à tousser, le sergent-chef vérifie le réservoir :

« On n'ira pas bien plus loin. »

Tout à coup, ils en ont marre comme lui, ils ont envie de se coucher dans les marguerites, de dormir jusqu'à ce que revienne la Paix couronnée d'olives.

« Les gars, fait le Breton Le Gouguec, si on veut pas être pris par les Fritz, c'est le moment de se disperser. Chacun pour soi et le bon Dieu pour tous.

— Et notre canon ?

— On va le faire sauter.

— C'est pas très intelligent. »

Non, ça n'est pas très intelligent. Un canon vierge. Et qui les a bravement transportés jusqu'ici. Drôle de remerciement.

« Et si on le dépucelait ?

— Sur qui ?

— Sur les Boches, tiens !

— D'accord. On le met en batterie, on vide notre caisson. Ensuite, on se répand dans la nature. »

Ils choisissent un emplacement sur le versant qui monte au Cros-Perdigeon, en face de l'usine Marcel Bloch sans toit, embossent leur 47 sous un pommier, la gueule tournée vers la route : ils la prennent en enfilade jusqu'au tunnel. Pour faciliter leur tir, ils abattent deux peupliers qui les gênaient. Ils ouvrent la culasse, enfournent l'obus, rabattent la poignée ; le sergent pointe lui-même, comme aux manœuvres. Il passe encore des Hébreux, des voitures chargées de matelas, un curé sur une moto, une charrette tirée par un cheval gris, on entend pleurer un gosse. Les artilleurs attendent sous leur pommier, le Breton assis derrière l'arbre, ses copains aplatis dans l'herbe, le cœur palpitant. Des sauterelles atterrissent sur le dos de leurs mains, une coccinelle se balance à un brin de luzerne. Et puis, il s'établit un surprenant silence. L'exode est terminé. Sauf pour un chien, un malheureux cabot qui poursuit ses maîtres depuis Nevers, trotte en tirant la langue après les salauds qui l'ont abandonné, lui laissant croire qu'ils allaient à la messe.

A l'un des artilleurs viennent des scrupules :

« Après tout, chef, vous croyez pas qu'on ferait mieux de se tailler ?

— Ta gueule ! Tu restes à ton poste, ou je t'envoie en Conseil de guerre ! On a un canon, on va pas le lâcher sans s'en être servi, peut-être ?

— Les Fritz vont nous remarquer. Ils nous écrabouilleront.

— M'en fous. J'ai une assurance sur la vie.

— Moi pas.

— T'aurais dû y penser avant. »

Le soldat se tait. Il puise dans sa musette son dernier carré de biscuit, ça a le goût de pain azyme, d'hostie sainte, de cachet pharmaceutique, ça sèche terriblement la bouche, il boirait bien un petit coup, de préférence du rosé bien frais, du saint-pourçain. « Mais qu'est-ce qu'ils foutent ? » s'impatiente le sergent, impatient de mourir. Peut-être s'attardent-ils aux eaux de Vichy ? Peut-être se sont-ils pareillement égarés en route ? Avec tous ces poteaux indicateurs barbouillés de goudron...

Tout à coup, ils sont là. D'abord, une moto avec side-car.

Ensuite, des camions chargés de troupe. Des automitrailleuses. Leurs casques sont couverts de feuillage, afin qu'on les prenne pour un corso fleuri.

« On y va ! »

Le Gouguec tire. L'explosion du départ les étourdit. Il rouvre lui-même la culasse qui dégueule sa fumée au poivre. Ses copains lui approchent les petits obus à douille jaune, on dirait des canettes de bière. Là-bas, le 47 a pété en plein milieu de la monstrueuse chenille vert-de-gris dont la tête est sortie du tunnel, dont la queue dépasse de l'autre côté et se perd à l'horizon. Deux véhicules flambent, les hommes sautent en hurlant de leurs camions, s'éparpillent dans les prés en fleurs, se couchent dans les fossés. Autour des artilleurs, des sifflements hostiles traversent l'air, des balles sonnent contre leurs tôles, les feuilles du pommier pleuvent sur leurs têtes. D'autres voitures boches explosent magnifiquement.

« Encore ! » commande le sergent-chef.

Mais rien ne vient. Plus de canettes. Il se retourne, s'aperçoit que les deux autres gugusses manquent à l'appel : adieu 47, tu as fait ton devoir, nous aussi, et ils ont disparu derrière les haies du côté de Cros-Perdigeon. Alors, à son tour il fait retraite, sous la protection de la reine-des-prés et du ray-grass, tandis que les Allemands s'acharnent contre le pommier.

Deux heures après, emportant ses morts et abandonnant ses engins calcinés, la colonne arrive à Thiers, évolue dans les rues désertes. Un officier se présente à la mairie où reste seul un employé de l'état civil, ancien combattant de 14, sans autre armement que son porte-plume et sa jambe de bois, il s'est dissimulé derrière un rempart de registres au fin fond de son bureau et fait le sourd. Il entend cogner aux portes, mais refuse de paraître. L'envahisseur s'écrie en bon français :

« Il n'y a donc personne dans cette maison ? Faut-il qu'on y mette le feu ? »

A cette menace, l'employé se montre enfin :

« Vous êtes le maire ?

— Non. Rien qu'un petit fonctionnaire municipal.

— Où est le maire ?

— Comment voulez-vous que je le sache ? Chacun s'est sauvé de son côté. Je me trouve seul. Si vous nous aviez avertis, on vous aurait attendus. On aurait organisé une réception. »

Sur le visage de l'Allemand passe un sourire crispé :

« Nous avons eu notre réception. A quelques kilomètres d'ici, sur la nationale 106. Il doit y avoir des soldats français dissimulés dans la ville. Où sont-ils ?

— Si je le savais... »

Les envahisseurs resteront trois jours. Le temps de se ravitailler en pain, en vin, en sucre, en beurre. Goering les en a privés pendant des années au profit des canons ; maintenant, ils se rattrapent. Ils en remplissent leurs gamelles, ils le bâfrent à pleines cuillers. Par la même occasion, ils font le plein d'essence, plusieurs pompistes déversent dans le caniveau le contenu de leur citerne, au risque de faire flamber la ville. Les bidasses du collège se laissent capturer sans résistance, ils s'étaient mal battus jusque-là, ce n'est pas à présent qu'ils vont commencer. La *Wehrmacht* s'empare de leurs lebels et les écrabouille sous ses camions.

Cherchant d'autres adversaires possibles, elle fouille maisons, ateliers, entrepôts. C'est ainsi qu'elle entre chez les Piedoye, jardiniers-fleuristes route de Paris. Une famille composée de trois filles et quatre garçons, tous plus célibataires les uns que les autres. A l'entrée de la ville, ils occupent une vieille demeure et un vaste jardin, prospérant sur les joies et les douleurs des autres, spécialistes en gerbes nuptiales et couronnes mortuaires. Sans autre amour ni descendance que leurs fleurs, ils les regardent croître et embellir, hument leurs parfums, caressent leurs velours. La grande maison remplie de crucifix, de prie-Dieu, de bénitiers, de souvenirs de Lourdes, toute conçue pour l'esprit, offre peu de commodités matérielles. C'est ainsi qu'elle ne comporte point de cabinets. Mais ils ont construit au fond du potager une sorte de guérite en planches, dissimulée derrière un rideau de lilas. C'est encore en termes fleuris qu'ils parlent d'elle :

« Florentin est aux lilas... Il faut que j'aille aux lilas... »

A la manière chinoise, ils utilisent l'engrais humain pour fertiliser leur sol. Et si, de loin en loin, il arrive que quelque invité prenne place à leur table, ils ne manquent pas de lui suggérer à la fin du repas :

« Vous désirez vous rendre aux lilas, sans doute ? »

Ainsi récupèrent-ils sous une autre forme les éléments nutritifs qu'ils lui ont dispensés. La guérite est unique dans son bosquet. Le matin, les voisins occupant des situations dominantes observent de leurs fenêtres, amusés, six Piedoye en galoches faisant la queue devant les lilas où se dissimule le septième.

Le 22 juin, les Allemands tombent donc avec leurs bottes et leurs mitraillettes dans cette famille floréale. Rose, la sœur aînée, en reçoit un tel choc qu'elle se met à trembler de la tête aux pieds ; et plus jamais ce tremblement ne la quittera, elle le gardera jusqu'à son dernier jour, qui ne viendra que quinze ans plus tard.

Pendant qu'ils fouillent la maison, l'officier tient à se faire présenter ses occupants. Et chacun se nomme, avec un petit salut de la tête, y compris l'aînée qui grelotte : Olivier, Florentin, Narcisse, Hyacinthe, Rose, Marguerite, Véronique.

« Quel bouquet !

— Choisis par nos parents, ce sont des noms qui conviennent bien à notre profession.

— Je vois mal vos relations. Qui de vous est le chef de famille ?

— Il n'y a pas de chef de famille. Nous sommes frères et sœurs. Sans hiérarchie.

— Et vos femmes, vos maris, où sont-ils ?

— Nous n'avons ni maris ni femmes. Tous célibataires.

— Célibataires tous les sept ?

— Vous trouvez que nous ne sommes pas assez nombreux sous le même toit ?

— Sans doute. Mais après vous, qui restera sous ce toit ? »

Ils ont un geste d'insouciance.

« Ainsi, vous partirez sans avoir jamais engendré personne ?... Je comprends la dénatalité française ! Rien d'étonnant si vous avez perdu la guerre !

— Pardonnez-moi, fait Olivier. Nous avons engendré des milliers et des milliers de fleurs. »

L'Allemand éclate de rire. Puis son rire s'étrangle, se tarit, devant les visages graves des sept jardiniers. Il regarde aux murs les bénitiers, les crucifix, les chapelets en ivoire, en jais, en noyaux d'olive. Il contemple le jardin, les compagnies de dahlias, les régiments de glaïeuls, les divisions de rosiers. Il répète, troublé :

« Des milliers et des milliers de fleurs... »

Et tout à coup il rougit, porte une main à sa casquette, claque des talons et s'en va.

Trois jours après, l'armistice signé, les Allemands évacuent la ville avec leur butin. A peine ont-ils le dos tourné qu'arrivent des camions transportant des machines *transfer* venues de l'Amérique. Elles ont été commandées là-bas à l'intention de l'usine aéronautique de La Chauprillade, ont débarqué à Bordeaux, suivi à travers monts et vaux un chemin sinueux, traversé l'exode, évité mille embûches. Et les voici à la disposition de M. Marcel Bloch. On essaye de le joindre, mais il n'est nulle part. Le conseil municipal se réunit et décide de soustraire ces mécaniques à l'appétit des envahisseurs. On les dissimule dans des cuves, sous des tas de foin, et même dans un dancing, à Pont-de-Dore, chez la Mère Dépalle, derrière le grand orgue mécanique. En attendant que revienne le temps des valses.

Par un autre discours, le Maréchal a expliqué les motifs de notre défaite : *L'esprit de jouissance l'a emporté sur l'esprit de sacrifice. On a revendiqué plus qu'on n'a servi. On a voulu épargner l'effort ; on rencontre aujourd'hui le malheur.* Beaucoup de fabricants jubilent : « Ah ! Vous avez voulu les quarante heures par semaine ! les congés payés ! les assurances sociales ! les allocations familiales ! Voilà le résultat ! C'est votre faute à vous, bande de goule-pain-gagné, si nous avons perdu la guerre ! Et celle des instituteurs avec leur pacifisme, et leur socialisme, et leur internationalisme ! Qui se fait agneau, les loups le mangent ! » Voilà bien une aveuglante vérité : ils ont eu tort de cultiver des fleurs quand le voisin cultivait des pistolets ; de vouloir se reposer quinze jours de suite chaque année ; de visiter la France en tandem, d'aller regarder la mer et se tremper dedans. Mais grâce au ciel, Pétain nous reste : *Le Gouvernement demeure libre, la France ne sera administrée que par des Français. Ce n'est pas moi qui vous bernerai par des paroles trompeuses. Je hais les mensonges qui vous ont fait tant de mal.* Pétain a ramassé la France abandonnée, saignée, piétinée, et il va la remettre d'aplomb, avec l'aide de Pierre Laval l'Auvergnat. En Auvergne, forcément, on a confiance en lui, on se rappelle ses origines modestes ; son administration d'Aubervilliers ; sa parenté d'opinions et d'alliance avec Joseph Claussat ; on apprécie le raffinement bourgeois de sa cravate immaculée et en même temps ses façons populaires, le patois qu'il parle à Châteldon, la cigarette éternelle qui lui jaunit la moustache, la lueur maquignonne dans son regard et son sourire. Les Thiernois spécialement se souviennent de ce qu'ils lui doivent : les assurances sociales, l'École de Coutellerie, la visite du président Lebrun.

L'Auvergne redevient d'ailleurs le cœur historique de la Gaule, comme au temps de Vercingétorix. Les politiciens dispersés musardent dans nos villes d'eaux, font une cure de jouvence à Royat, La Bourboule, Châtelguyon, Vichy. Au Grand Casino, substitut du Palais-Bourbon, se donnent les derniers spectacles parlementaires : les députés montent sur la scène, débitent leur monologue devant le trou du souffleur. Pour faire aboutir ses projets et sauver le pays, Pierre Laval emploie le même procédé qu'Antonin Chastel avec ses couteaux : il distribue aux élus du peuple les préfectures, les ambassades, les bons d'essence et de logement. Il sait comment on gagne les cœurs. D'autre part, la majorité élue sous les drapeaux du Front populaire et que tout le monde accuse du désastre ne demande qu'à se débarrasser entre les mains d'un chef étoilé d'un pouvoir qui lui brûle les doigts. Ainsi tombe la IIIe République, selon une logique inexorable que souligne Laval : « Il n'est pas d'exemple dans l'histoire contemporaine qu'un régime ait résisté à une défaite. »

Le 14 Juillet est célébré sans retraite aux flambeaux, sans feu d'artifice, sans bannières, aucune maison n'ose offrir à la vue nos couleurs bafouées. De petits groupes se rendent quand même au square de Verdun en désordre, comme à un enterrement. Un clairon sonne *Aux morts*. Ce ne sont partout que sanglots, reniflements. Sans nouvelles des soldats absents, les femmes se disent que cette sonnerie salue peut-être leur fils, leur frère, leur mari ; elles le voient au centre du monument, dans le poilu meurtri qui appuie la tête sur l'épaule paternelle d'un Arverne de pierre. Les anciens de 14 se demandent avec stupeur comment, après une si belle victoire, nos armes ont pu connaître pareille défaite, il faut que les jeunes d'à présent soient d'une autre substance que la leur.

En août, arrivent cependant les premiers démobilisés, ceux qui ont échappé à l'immense rafle. Éberlués d'être vivants et libres. Honteux de leur déroute. Alexis Grattadeix est du nombre. Sa petite fille ne le reconnaît point et pousse des cris de frayeur quand il veut la prendre dans ses bras.

« Je suis content de te revoir, mon garçon, lui dit Auguste, son beau-père. Maintenant, j'aimerais bien que tu m'expliques.

— Que faut-il vous expliquer ?

— De quelle façon vous avez réussi à vous faire battre comme ça en cinq semaines. »

Alexis n'a pas toujours réparé les godillots ; le moment venu, on lui a mis aussi un fusil entre les mains ; il essaye de raconter les combats de son bataillon. Belfort s'est trouvé encerclé dès le 15 juin, bombardé de jour et de nuit. Le 20 est venu l'ordre de repli, ensuite ç'a été la déroute, certains sont passés en Suisse. Pendant quinze jours, il a marché vers le sud, à travers bois, évitant les chemins carrossables. A Lyon, on lui a remis un uniforme teint de marron, on l'a rayé des contrôles, renvoyé dans ses foyers avec dix jours de solde, et voilà. Que sait-il, lui, de la stratégie, des effectifs, du tremblement ? Il a souvent vu des avions nazis ou italiens lui descendre sur la tête, très peu d'avions français, aucun avion anglais. Y a pas besoin d'expliquer longtemps.

« Mais pour moi, conclut-il, tout ça, c'était voulu.

— Voulu ? Que veux-tu dire ?

— Oui, voulu.

— Voulu par qui ?

— Par ceux à qui la défaite profite.

— Je vois pas bien à qui elle profite, excepté aux Boches.

— Elle profite à beaucoup de monde.

— Exemple ?

— Aux patrons, gros et petits.

— C'est pour moi que tu parles ? Alors, c'est moi qui ai voulu la défaite ?

— Je parle en général. Les ennemis du Front populaire. Et puis, elle profite au nouveau gouvernement. Obligé ! A Pétain, à Laval, à Marquet.

— Tais-toi ! Pense ce que tu veux. Mais t'as pas le droit d'insulter Pétain. C'est le seul général que j'aie vu de près pendant l'autre guerre sur le front. Comme je te vois. En 16, au fort de Belleville, devant Verdun. Il s'est fait verser un quart de pinard et a voulu trinquer avec toute la compagnie. Alors, je te permets pas de l'accuser devant moi. »

Et en effet le culte du Maréchal s'organise. Bientôt ses icônes en couleurs tapissent les vitrines, prennent place dans la plupart des foyers ; dès la rentrée scolaire, chaque classe en reçoit une à coller au mur. On l'y voit avec son beau regard bleu, sa moustache blanche finement taillée, ses sept étoiles d'or. Gilberte reçoit l'ordre d'instruire ses élèves des principes fondamentaux de la nouvelle communauté française : TRAVAIL, FAMILLE, PATRIE. *La Marseillaise* est réduite à trois couplets. La laïcité, la neutralité religieuse et philosophique deviennent des principes périmés. Jacques Chevalier, ministre de l'Instruction publique, rétablit dans l'enseignement public la démonstration de l'existence de Dieu, l'exposé de nos devoirs envers Lui, sans préciser toutefois s'il s'agit du Dieu juif, du Dieu catholique ou du Dieu protestant. Mais à Thiers, grâce à Lui, il y a bien longtemps que les Ventres Jaunes ont adapté la preuve ontologique de Sa réalité à leur propre condition : « Dieu existe, affirment-ils, quand nos meules tournent ; et si elles chôment, le diable prend sa place. »

Dieu règne dans les cieux et Pétain règne à Vichy. Installé provisoirement dans les hôtels, son gouvernement a l'impression d'être en vacances. Tel ministre a son téléphone dans le bidet et ses archives dans la baignoire. Mais alentour, ce ne sont que cantiques et alléluias. On reproduit l'illustre vieillard sous la forme de cendriers, de pipes, de broches, de médailles, de presse-papiers. On le débite en cartes postales, en francisques, en timbres-poste. Des milliers d'adorateurs se pressent autour de lui à chacun de ses déplacements, baisent ses vêtements et la trace de ses pas. Les petits enfants mettent sa photo sous leur oreiller et ne peuvent s'endormir sans lui avoir adressé une prière. Chaque catégorie sociale apprend et récite le nouveau catéchisme, même les syndicalistes-jouisseurs, responsables désignés de la défaite, qui se frappent la poitrine dans une ivresse de contrition. La C.G.T. supprime de ses statuts les articles sur la grève et la lutte des classes, affirmant que *l'action syndicale ne doit jamais s'exercer au détriment de l'intérêt général et doit aussi protéger la famille*. La franc-maçonnerie se condamne elle-même par la voix d'un certain nombre de ses hauts dignitaires. Ça ne les préservera ni l'une ni l'autre de la dissolution. Tout ce qui a odeur de marxisme et d'internationalisme sera dissous.

De temps en temps, la voix du Chef entre dans les foyers par l'entremise de la radio. Toute grelottante, toute grand-paternelle en ses débuts, elle devient plus ferme de discours en discours. Le 30 octobre, elle annonce Montoire :

« Français, j'ai rencontré jeudi dernier le chancelier du Reich... C'est librement que je me suis rendu à l'invitation du Führer. »

On saura beaucoup plus tard qu'il s'agit là d'un gros mensonge ; que le Führer ne l'a jamais invité ; que c'est lui qui a fait des pieds et des mains pour obtenir cette entrevue ferroviaire. Mais ce mensonge-là n'a rien de commun avec ceux du Front popu qui nous ont fait tant de mal ; il est, dans l'esprit du menteur, destiné à nous faire grand bien.

« Une collaboration a été envisagée entre nos deux pays. J'en ai accepté les principes. »

Autre mensonge. Il devrait dire « proposé ».

« Cette collaboration doit être sincère. Elle doit être exclusive de toute pensée d'agression. »

C'est la quatrième fois en quelques jours (deux fois déjà dans son homélie du 11 octobre) qu'il prononce le mot de *collaboration*. Et ce vocable, un des plus nobles de la langue française, va prendre désormais et peu à peu une signification maudite.

Mais nous n'en sommes pas encore là. Ce même mois, au conseil municipal de Thiers, la minorité agissante qui avait en 38 envoyé une adresse de félicitations au président Daladier, sauveur de la paix, donne sa démission : elle ne peut plus supporter le voisinage de la majorité. Elle quitte la caravelle qui s'obstine à flotter au fronton de la mairie sur sa devise *Improbus labor omnia vincit*. Quant au reste de l'équipage, il est bientôt licencié par arrêté préfectoral. Antonin Chastel, qui n'a jamais lu de sa vie une seule ligne de Karl Marx, doit lui aussi abandonner la maison commune où il était entré triomphant en 1935. Il arrose son départ au *café de Bordeaux*, entouré de ses fidèles compagnons.

« Eh bien ! dit un farceur pour le consoler. Toi qui disais ''je calerai jamais'', voilà bien à présent que tu cales !

— Je cale, oui. Mais provisoirement. Vous en faites pas, les amis : on me revoira ! Je vous le promets ! On me revoira ! »

C'est aussi émouvant que les adieux de Fontainebleau.

Le 6 novembre, son remplaçant fut désigné par les mêmes voies : il administrerait la commune jusqu'à la fin des hostilités à la tête d'une « Délégation spéciale ». Les Thiernois eurent l'heureuse surprise d'apprendre qu'il s'agissait du colonel Brasset, fils du boulanger de la rue Durolle, le héros de Briançon, mis depuis peu à la retraite par nécessité d'armistice. Ils furent certains que cet homme-là ne pouvait avoir qu'un comportement honorable. Il commença aussitôt à rassembler autour de lui les membres de son équipe. Il obtint l'accord de M. Sigaud, chef de district retraité de la S.N.C.F. ; de M. Malaleuge, président du tribunal de Commerce ; du quincaillier Belin qui, avec sa belle barbe et sa calvitie, ressemblait si fort à Michel de l'Hospital ; chacun savait qu'il avait fait à pied le pèlerinage de Lourdes ; et quand il soulevait son béret basque on s'attendait à voir dessous briller une auréole.

Auguste Pitelet entendit sonner à la porte, sa femme essuyait la vaisselle dans la cuisine, il alla ouvrir lui-même, se trouva devant un petit homme maigre qui se tenait au garde-à-vous, et se présenta :

« Lieutenant-colonel Brasset. Puis-je vous entretenir un moment ? »

Auguste le fit entrer avec empressement dans le salon. Francine accourut, elle avait à peine pris le temps d'ôter son tablier, une courbette cassa le colonel en deux :

« Mes hommages, madame ! »

Il s'empara d'une de ses mains tout juste sorties des eaux grasses et la chatouilla de sa moustache grise. Elle en fut toute remuée, n'ayant point l'habitude de recevoir des hommages. Les couteliers, ignorant les belles manières, lui secouaient la patte comme à un homme, demandant selon la saison :

« *Co s'ichan co, modamo Pitelë ?* Ça se réchauffe-t-y, madame Pitelet ? »

Ou bien : « Ça se rafraîchit-y un peu ? »

Soucieux de sa température.

Elle présenta son meilleur fauteuil au glorieux visiteur, mais il préféra une simple chaise. Et la conversation s'établit sans retard entre les deux hommes.

« Je crois savoir, dit l'officier, que vous avez servi dans les chasseurs alpins ?

— Oui, mon colonel. D'abord à Modane, où j'ai fait mon temps dans la musique. A la déclaration de guerre, j'ai changé d'instrument et été envoyé dans les Vosges. En 15, j'étais au Lingerkopf. Fallait enlever une crête occupée par les Boches. Leurs tranchées étaient construites en ciment, de vraies forteresses. On s'y est repris à six fois. Je me demande comment je m'en suis tiré, avec tout ce qui me tombait autour.

— Nous sommes au moins deux à en être revenus : j'y étais aussi.

— Pas possible ? Vous, mon colonel ?

— Comme sous-lieutenant.

— Par exemple ! Ça alors ! Vous étiez au Lingerkopf ?

— Peu de temps. Très peu de temps. On m'a ramassé en petits morceaux. Après, il a fallu me recoller.

— De là, j'ai fait à peu près tout le front jusqu'à la Somme. Blessé en 18, renvoyé à Grenoble, démobilisé au 14e.

— Quel grade ?

— Caporal, par protection. Faut dire qu'en ce temps-là je savais à peine lire et écrire.

— Eh bien ! Entre anciens chasseurs, je suis certain que nous allons nous entendre. Mais je parle d'abord au président de la Fédération de la Production de la Coutellerie française, juge consulaire au tribunal de Commerce, très estimé de tous ses concitoyens.

— Tous, c'est beaucoup. Disons : estimé de ses amis. »

Là-dessus, le colonel dévoila ses batteries : il avait l'intention d'enrôler Auguste dans la « Délégation spéciale » voulue par le préfet. Pitelet demanda le temps de réfléchir. En pensée, il consulta ses conseillers habituels, son père Pitelet l'Artiste, son grand-père Gonin, son beau-père Gilbert le Juste, les ouvriers de sa fabrique, rien que des hommes, car c'était là une affaire d'hommes. Puis il répondit :

« Mon colonel, je suis très sensible à l'honneur que vous me faites. Cependant, j'avais d'excellents amis parmi l'ancienne municipalité, tant dans la majorité que dans l'opposition. Je crains que ma présence dans la nouvelle leur apparaisse comme une désapprobation de leur conduite passée. Or, je les crois tous honnêtes, et je ne voudrais pas...

— S'agit pas d'honnêteté ! Moi aussi je les crois honnêtes et ce n'est pas moi qui les ai démis de leurs fonctions. L'ordre ancien, comme vous savez, nous a conduits au désastre, la France est en ruine, nous devons la reconstruire. Cela ne peut se faire que grâce à un nouveau régime politique...

— Justement, mon colonel, moi, je n'ai jamais fait de politique. J'ai toujours eu assez de soucis dans mon entreprise : la qualité, les prix, les salaires, les accidents, les débouchés, la concurrence. Alors, la politique, pardonnez-moi, je la laisse à ceux qui ont le temps. »

L'officier se leva avec brusquerie :

« Cessons de discuter ! fit-il sèchement. On ne discute pas l'intérêt du pays ! Caporal Auguste Pitelet, vous allez entrer à mes côtés dans la Délégation spéciale ! Vous allez prendre les responsabilités qui vous incombent ! C'est un ordre ! »

L'autre resta éberlué, assis sur ses fesses, la main droite entourant encore le verre de vin qu'il venait de poser.

« Si c'est un ordre... je comprends... j'obéis...

— A la bonne heure. Je vous remercie. Votre rosé était excellent. »

Il serra la main de Pitelet, se coiffa, fit le salut militaire et s'en alla en jetant cette consigne :

« Demain, première réunion à la mairie. A sept heures.

— Du matin ?

— Du matin, naturellement. »

Il fallait que la rénovation se fît sentir même dans les horaires de travail, plus militaires que civils. Dans la salle des conseils, les délégués spéciaux ensommeillés s'avançaient en traînant la savate sous le portrait du Maréchal. Le colonel, aussi frais qu'une rose, commençait par l'appel des recrues, chacune répondait présent. Il lisait ensuite l'ordre du jour qu'il avait établi et la discussion débutait. A neuf heures, tout était terminé, les délégués pouvaient retourner à leur besogne habituelle.

La première mesure du président fut de se supprimer l'indemnité de 36 000 francs à laquelle avait droit l'ancien maire. Preuve d'un désintéressement fort patriotique. Preuve aussi que sa retraite de lieutenant-colonel lui suffisait pour vivre. Tonin ne jouissait pas comme lui de revenus assurés, il possédait une petite entreprise de distillerie qu'il conduisait de la main gauche en tenant de la droite la barre de la caravelle municipale ; il avait grand soin aussi de se faire rembourser *scrupuleusement* les frais de voyage et de séjour qu'il supportait au service de sa ville ; sans le lui reprocher vraiment, la minorité ironisait sur ce genre de scrupules, elle eût accepté volontiers qu'il en fût de sa poche, disant que pour être socialiste on n'en est pas moins homme.

La seconde fut de débaptiser les rues Zamenhoff (du nom d'un juif polonais gravement affecté d'internationalisme) et Salengro (du nom d'un socialiste ami de Blum, qui s'était suicidé pour des raisons mal éclaircies) et de leur rendre les appellations anciennes de « rue du Point-du-Jour » et « rue Saint-Roch ». On n'osa pas toucher cependant à la rue Joseph-Claussat, pour ne pas déplaire à son beau-frère Pierre Laval, actuellement Premier ministre.

La troisième fut un arrêté sur les patates : ces tubercules devenaient rares et précieux, il fallait à tout prix assurer leur conservation et leur répartition équitable. Il fut décrété que tout détenteur de plus de dix kilos en fît à la mairie la déclaration écrite et signée.

Et ainsi de suite. Chaque jour amène son manque de pain.

Le 14 décembre, lui, amène une étourdissante nouvelle : le Maréchal annonce qu'il s'est séparé de Pierre Laval. Le public ne comprend rien à ce divorce : qu'est-ce qui a bien pu se passer entre les deux hommes, dont l'un semblait le successeur désigné de l'autre ? Seules la radio suisse et l'anglaise fournissent une vague explication. Elles parlent de rivalité personnelle, d'incompatibilité d'humeur, Pétain aurait été informé d'un complot destiné à le découronner. On sait le Châteldonnais ambitieux, sa carrière l'a prouvé, il n'est pas de politicien qui ne le soit. Comme tous les avocats — particulièrement s'ils sont natifs d'Auvergne — il adore nager dans les eaux troubles, c'est là qu'il prend ses plus belles pièces. Dix-sept fois ministre et trois fois président du Conseil sous l'ordre ancien, après avoir jadis prêché l'entente avec l'Allemagne tout en œuvrant sans cesse à son encerclement, ami des Soviétiques mais ennemi des communistes, il a une conception méprisante de la politique qui doit « comme l'andouille sentir un peu la merde, mais point trop ». Il a défendu trop de bonnes causes et de mauvaises, filouté trop de filous, serré la main de trop de canailles dans ses activités juridiques et parlementaires pour qu'on le croie animé seulement d'intentions pures. Un mystère l'enveloppe dans lequel il se complaît. Mais peut-on croire à la pureté d'un politicien ? Pour qui donc Laval travaille-t-il exactement : pour la France ? pour lui seul ? pour les deux ? Est-il sorti des coulisses de la Troisième avec son feutre à bords roulés, sa cravate blanche, son sourire cynique, afin de se nommer lui-même Sauveur de la Patrie ? C'est là une fonction de grand prestige mais de grand risque que très peu osent ambitionner. Ses ennemis font courir sur son compte une charade :

« Mon premier ment. Mon second ment. Mon troisième ment. Mon quatrième ment. Mon tout ment plus que les quatre autres réunis.

— ...

— *Pi* ment. *Erre* ment. *Lav* ment. *Al* ment. *Pierre Laval.* »

Bon, bon. Ses compatriotes et voisins trouvent admissible qu'il cherche en bon Auvergnat, en bon avocat, en bon politique, à berner Hitler, Mussolini, Staline, les Anglais, les Américains, les Poldèves et aussi ses collègues du gouvernement. Mais le Maréchal est là, lui, pour le retenir sur les mauvaises pentes. Le Maréchal ne peut trahir la France, voyons ! Un homme qui, avec ses yeux bleus, son teint rouge et sa moustache blanche porte les couleurs de son pays sur la figure !

1941-1942

A La Garandie, Gilberte et Alexis avaient repris cahin-caha leur vie commune. Un peu plus chaque jour cependant étrangers l'un à l'autre. Entre eux, la petite Élise assistait avec inquiétude à leurs éclats de voix, à leurs bouderies interminables, à leurs brèves réconciliations. Sa manie à lui était maintenant d'avoir des idées. Les malheurs annoncés par la radio et la feuille unique à laquelle les journaux se trouvaient réduits étaient dans son esprit le résultat de manigances entre avocats et journalistes afin d'encourager le crime ; entre capitalistes et communistes ; entre Pétain à Vichy et de Gaulle à Londres : d'ailleurs le second était le fils naturel du premier, ce qui expliquait bien des choses. Ses considérations s'achevaient par la formule :

« Tout ça, c'est voulu. »

Et si on lui demandait de préciser : « Qu'est-ce qui est voulu ? Voulu par qui ? », il se contentait de secouer la tête et de faire un sourire d'apitoiement qui en disait long.

Parfois, après une forte affirmation, il assenait : « Celui qui n'est pas de mon avis est un crétin », ce qui clouait le bec à tout contradicteur.

Craignant d'être méprisé par tels ou tels qui ne songeaient point à lui, il prenait les devants et les méprisait par précaution. C'est ainsi qu'il critiquait ces feignants de fonctionnaires, cantonniers, facteurs, gendarmes, magistrats, maîtres d'école ; les patrons de tous calibres et spécialement les fabricants de coutellerie. Gilberte le laissait pérorer sans l'interrompre ; mais il se lassait de ce silence injurieux, demandait une approbation qu'elle refusait ; alors il s'enfermait à son tour en un mutisme qui durait une semaine. Le plus souvent possible, il se retirait dans son échoppe, indépendante de l'école. Quand le cuir lui manqua, il le remplaça par des semelles de bois ou des bandes de caoutchouc qu'il découpait dans de vieux pneus.

La boule du père Grattadeix apporta une accalmie au milieu de ces orages. Ce mal lui était venu très vite : c'était d'abord comme un œuf, sous le menton, du côté gauche. Ensuite, l'œuf se mit à enfler.

En famille, lui en rigolait, disant :

« *Ven d'ocu maty, o vey ispelhi*. Un de ces matins, il va éclore. »

Tout de même, il le dissimulait sous un foulard, afin que les étrangers n'en eussent point gêne. La mère Grattadeix considérait chaque soir ladite boule. Quand elle la jugea suffisamment grosse, elle s'inquiéta :

« Faudrait peut-être bien voir le médecin. »

Et lui : « Pour quoi faire ? Je sais ce que c'est : j'ai un cancer. Je suis passé à travers les balles. Mais à travers le cancer, j'y passerai pas. Et le médecin peut rien pour moi. En attendant, y me fait point mal. Ça durera ce que ça durera.

— Ah bon », fit-elle, rassurée qu'il considérât sa boule aussi tranquillement. Rien ne prouvait d'ailleurs de façon certaine qu'elle fût cancéreuse. Des grosseurs au cou, elle en connaissait qui duraient depuis vingt ans.

Joseph Grattadeix continuait ses besognes comme si de rien n'était, s'occupant des vaches, des moutons, des chèvres, des cochons ; avec l'aide de son second fils, Lucien, pas encore marié, et de sa fille cadette Eulalie. L'aînée, Raymonde, avait épousé un ouvrier Michelin et vivait à Montferrand. En cas d'urgence, Alexis, mari de l'institutrice, donnait un coup de main. Depuis 40, l'agriculture s'était bureaucratisée : le paysan devait en principe déclarer aux services du Ravitaillement chaque litre de lait, chaque œuf, chaque kilo de beurre qu'il produisait, livrer tant de veaux par an. En fait, il dissimulait la majeure partie de sa production et l'écoulait au marché noir, ce qui rapportait, mais compliquait bien l'existence. Gilberte aussi avait son utilité pour remplir les sacrés déclarations et formulaires.

L'hiver fut rigoureux, avec une épaisseur de neige comme on n'en avait pas vu depuis longtemps, les piles de bois fondaient dans les bûchers.

La boule du père Grattadeix s'était faite grosse et rouge tel un melon ; elle finit par éclore ; ce devint une chose épouvantable et puante qu'il fallait remplir d'ouate, entourer de pansements, camoufler sous l'éternelle écharpe. De temps en temps, on songeait encore à appeler le médecin, mais le malade secouait la tête, inutile, inutile. Ses forces étaient parties, il restait tout le jour sous une couverture, assis dans un fauteuil de noisetier confectionné jadis de ses mains. On l'entretenait de tisanes, de lait caillé, d'œufs mollets. Puis il refusa de s'alimenter. Il gardait assez de vigueur pour bouger les bras, tirer la couverture jusqu'à son menton, donner des ordres d'une voix bêlante mais bien distincte. Un après-midi, tandis que les autres se levaient de table en s'essuyant la bouche avec le dos de leur main, il souleva de l'index sa moustache, comme pour faciliter le passage des mots, et dit :

« Faut aller me chercher le curé.

— Comment ? demanda sa femme en se penchant, faisant celle qui avait mal entendu.

— Faut aller me chercher le curé.

— Le curé ? Pour quoi faire ?

— C'est le moment.

— Allons donc ! »

Le fils et la fille se regardèrent, consternés. Mais on n'allait pas fâcher le malade.

« J'y vais », dit Lucien.

Il enfourcha sa bécane, descendit jusqu'à Aydat entre deux murailles de neige. Une demi-heure après, il était de retour :

« Il va venir. Il monte à pied, il a plus d'essence. Il te fait dire de tenir bon. »

Le vieux ferma les paupières et se concentra pour tenir le temps nécessaire. Dans la pièce silencieuse, les femmes se mouchaient et s'essuyaient les yeux. L'horloge balançait son soleil de cuivre avec un tic-tac impressionnant. Lucien entretenait le feu de la cheminée et à chaque instant regardait par la fenêtre. Puis la mère s'assit, se mit à égrener son chapelet en remuant les lèvres.

« Le voilà ! »

L'homme d'Église entra tout encapuchonné, tapant la neige de ses godillots, saluant la compagnie avec une jovialité excessive :

« Alors, monsieur Grattadeix, vous avez envie de vous mettre en règle avec le bon Dieu ?... Vous avez raison. On ne prend jamais trop de précautions. Et c'est pas ça qui avance le départ. »

Joseph ouvrit les yeux et sourit faiblement, par politesse. Il surveillait chaque geste du curé tandis que celui-ci se dépouillait de sa mante, posait sur la table les vases sacrés, endossait le surplis, baisait le manipule. Les femmes et Lucien s'étaient retirés dans le salon. Tout à coup, le prêtre s'interrompit pour mieux tendre l'oreille vers le mourant. Celui-ci protestait, avec toute l'indignation dont il était encore capable :

« Y a pas de croix ?... Y a pas de cierge ?... Y a pas d'assensoir ?

— Rien de tout cela n'est indispensable, monsieur Grattadeix. Mais le bon Dieu est présent, dans la sainte hostie qui vous sera offerte après votre confession.

— Tout de même !... On fait les affaires comme y faut !... J'ai les moyens de payer, foutre de foutre ! Pour une fois que je vous fais venir ! J'ai vu le curé qu'était avant vous porter le bon Dieu à Jules Tardif, au bout du village. Y avait le cierge et l'assensoir.

— Le bon Dieu ne prend pas garde à ces détails. Pensez plutôt, mon fils, à vous repentir de vos péchés. Il est plus que temps. »

Ensuite, les choses se déroulèrent tant bien que mal, Joseph-au-nez-raccourci reconnut qu'il en avait, sa vie durant, commis de toutes les couleurs, et en demanda pardon. Mais ces aveux, il les faisait par oui et par non, uniquement en réponse aux questions du confesseur, avez-vous menti, avez-vous juré le nom du Seigneur, combien de fois. On sentait qu'il avait la gorge nouée, l'assensoir lui était resté en travers. Quand ce fut terminé, qu'il eut avalé le corps du Christ, il se sentit pourtant un peu mieux. La preuve :

« Offre-lui quand même un canon, recommanda-t-il à sa femme. Et paye-le bien. »

Le prêtre reparti, ils restèrent un moment entre eux. La mère Grattadeix essuyait de temps en temps le visage en sueur de son homme. Et tout par un coup il commanda :

« Allez me chercher le Sisse. Et Gilberte. Et qu'elle apporte du papier et de l'encre.

— Qu'est-ce tu veux faire ?

— Faites ce que je dis. »

Ils vinrent tous les deux, amenant Élise. Le vieux embrassa sa petite-fille sur les cheveux.

« Maintenant, je veux aller à la fenêtre. Aidez-moi. »

On le transporta dans son fauteuil, les vitres avaient un encadrement de givre, on distinguait mal au travers.

« Ouvrez.

— Mais papa, protesta Alexis, tu vas attraper la crève !
— Je l'ai déjà.
— Je permettrai jamais ça.
— Sisse, mon garçon, tu commanderas demain, quand je serai crevé. Ouvre cette fenêtre. »

Il fallut obéir. Le froid bondit à l'intérieur, suffocant, Lalie courut chercher d'autres couvertures. Après quoi, le vieux ordonna de faire défiler devant lui tout le cheptel de la ferme, à la queue leu leu. D'abord, les trente-deux vaches rouges.

« Notez sur votre papier, Gilberte, comment que je les partage. Naturellement, y en a la moitié pour ma femme, on est dans la communauté. »

Il reconnaissait les bêtes au poil rude, les appelait par leurs noms comme si elles avaient été ses filles.

« Ça, c'est la Plantade, je la donne au Sisse... La Bourelle, pour Lucien... La Parise, pour Raymonde... La Marquise, pour Lalie... La Fortune, pour le Sisse... La Marseille, pour Lucien... La Rebique, pour Raymonde... La Plombade, pour Lalie... »

Et quand les seize premières eurent passé, il déclara :

« Les autres appartiennent à ma femme. »

Il fit de même pour les sept chèvres, le bouc, les trois cochons, qui n'étaient pas juste divisibles, les attribuant selon son idée. Personne ne protesta. Pour la cinquantaine de brebis, la répartition fut plus rapide, il se contenta de les voir défiler, caressant chacune des yeux, et de dire :

« Gilberte fera le calcul de ce qui revient à chacun. Je lui fais confiance.

— On peut fermer la fenêtre, maintenant ? demanda la mère Grattadeix.

— Oui, maintenant, on peut. »

Le lendemain, il fut encore de ce monde, mais il cessa de parler, il n'avait plus rien à dire, à présent que tous les comptes étaient réglés. Le surlendemain, il en était encore. Le troisième jour, il le quitta.

Alexis se sentit revalorisé par son héritage. Un bon calcul eût été de garder sa part de cheptel mort et vif, de la laisser prospérer en l'affermant, de préserver ainsi le capital en s'assurant des intérêts. Mais depuis son adolescence il éprouvait le désir physique de tenir entre ses mains du papier-monnaie en liasses, d'en éprouver le volume, le contact doux et gras, de le caresser, de le humer, de le serrer sur sa poitrine, entre peau et chemise. Cette ancienne fringale lui fit commettre l'erreur de vendre. Son frère Lucien fut preneur, il s'arrangea pour trouver l'argent nécessaire chez un notaire de Saint-Amant et devint ainsi le successeur reconnu de Joseph

Grattadeix. Quand vint le moment de payer les 18 432 francs qui revenaient au Sisse :

« Je peux t'avoir dix-huit billets de mille, ou bien des billets de cent. Qu'est-ce tu préfères ? » s'enquit-il.

Et l'autre sans une hésitation : « Des billets de cent. Combien ça m'en fera ?

— Dix-huit paquets de dix, et encore quatre. »

Le cordonnier avala sa salive, comme on fait devant quelque énorme pâtisserie. Puis il se dit que les billets de mille, avec leur grand rectangle rose et les têtes casquées de la République, ça n'est pas désagréable non plus à voir et à palper.

« Réflexion faite, tu m'apporteras deux billets de mille, et le reste en billets de cent. »

Il préleva une liasse pour son portefeuille, enferma les autres dans une boîte à sucre vide, *Say n° 4*, qu'il emporta dans son échoppe.

« Que vas-tu faire de tes sous ? demanda Gilberte.

— Les placer.

— Chez qui ?

— Ça, c'est mon secret. Mais je peux déjà te dire qu'ils me produiront le huit, et même le dix du cent comme une fleur, sans que j'aie besoin de bouger le petit doigt. »

Elle essaya de lui remontrer qu'à une époque où le prix des marchandises augmentait chaque jour, les placements d'argent n'offraient guère de garantie. Il trancha la discussion : cet héritage était à lui en propre, il avait le droit d'en faire des choux ou des raves, et telle était bien son intention sans rendre de comptes à personne.

Après quatre années d'une vie commune sans chaleur ni harmonie, Gilberte songeait à se séparer de ce mari de plus en plus gras, de plus en plus inamovible, qui la contredisait sur toutes choses, méprisait ce qu'elle aimait, aimait ce qu'elle méprisait, supportait de passer des semaines sans remuer une paille. Elle devrait à coup sûr affronter néanmoins la réprobation des deux familles et même celle de l'administration de l'Instruction publique où le divorce est mal accepté, maîtres et maîtresses étant aux yeux de leurs élèves des exemples vivants, modèles de la morale laïque, etc. Elle partirait donc un jour quand elle n'en pourrait plus, tenant sa fille par la main pour tout bagage. Elle rêvait d'une vie errante en compagnie des bohémiens à qui elle apprendrait à lire. Ou des acrobates d'un cirque.

Ce soir-là, il était rentré tard, elles avaient dîné sans lui, maintenant la petite dormait. Gilberte ne posa qu'une question :

« Tu veux manger ?

— C'est fait. »

Sans autre explication, il se colla l'oreille contre le poste de radio et se mit à écouter les Anglais, poussant de temps en temps des grognements de fureur contre les occupants, le brouillage, les collabos. A l'écart, près du fourneau, elle corrigeait les cahiers de ses élèves. Parfois, elle demeurait la plume levée, rêvant d'un monde sans haine, d'une maison isolée où elles ne seraient que deux âmes, sa fille et elle-même. Gardiennes de phare au milieu de la mer. Reliées au continent par un filin d'acier sur lequel courrait à jours dits un panier de victuailles.

Elle demanda :

« Ne crois-tu pas que nous devrions nous séparer ? »

Le plus tranquillement du monde, comme elle eût demandé : Ne crois-tu pas qu'il va pleuvoir.

« Quoi ? fit-il. Qu'est-ce tu racontes ?

— Ne crois-tu pas que nous devrions nous séparer ?

— Nous séparer ?... Comment, nous séparer ?

— Divorcer, si tu préfères ? »

Il en resta tout blanc. La radio continuait de transmettre ses nouvelles et ses ondes brouillées, son *gni-gnan-gnan, gni-gnan-gnan* de moulin à musique.

« Tu veux... divorcer ? » répéta-t-il.

Et elle, toujours aussi douce : « Il me semble que ce serait mieux.

— Qu'est-ce tu me reproches ? »

Elle haussa les épaules : « D'être ce que tu es. Tandis que je suis ce que je suis.

— Voilà qui est clair comme le jus de chique.

— Tu as besoin d'explications ? Vraiment ?

— Un peu !

— C'est bon. Je te les mettrai par écrit un de ces jours. »

La semaine suivante, elle lui présenta ce billet :

Pourquoi t'ai-je épousé ? Parce que tu avais les yeux bleus, la peau claire et pas de graisse. Parce que ta naïveté m'amusait. Parce que j'en avais assez de vivre seule. Parce que j'ai cru que tu m'aimais à ta façon maladroite. Parce que tu te montrais humble. Mais tu as pris de la couleur, du ventre et du culot. Ta naïveté n'est que de la bêtise. Tu es un amant détestable, uniquement soucieux de ton soulagement personnel. Nous ne partageons ni les mêmes goûts, ni les mêmes idées. Tu te soucies de ta fille comme d'un lapin. Tu es paresseux et ivrogne.

Pourquoi m'as-tu épousée ? Parce que je suis institutrice, avec un salaire assuré. Parce que tu avais des espérances du côté de mon père. Pour avoir dans ton lit une femme gratuite et docile.

Conclusion : séparons-nous.

Elle aurait pu le laisser seul en tête à tête avec la feuille. Elle préféra assister de ses yeux à l'expérience, le regarder lire en remuant les lèvres, devenir rose, puis rouge, puis violet, tandis que ses yeux par intervalles quittaient le texte pour lui lancer à elle des éclairs. Et quand il fut au bout, il repartit du commencement, comme s'il n'arrivait pas à croire à ces mots tracés là, noir sur blanc. A la fin, il plia la page en quatre avec soin et l'enferma dans son portefeuille.

« Eh bien ? » fit-elle.

Il leva les poings au-dessus de sa tête, comme s'il allait la frapper. Pourtant, il se contint.

« C'est donc comme ça que tu me vois ?

— J'aimerais mieux te voir autrement.

— Ah ! On peut dire que tu as bien su cacher ton jeu !

— Tiens donc !

— D'accord, on divorcera ! Mais à mon heure ! A mon heure ! En attendant, je garde ton écrit. Il me servira contre toi, le moment venu, pour injures graves ! »

Cependant, il fait bon en ce début de 1941 habiter la campagne où, en dépit des razzias officielles et des clandestines, il reste encore du pain blanc, du lait crémeux, du fromage, du beurre, des œufs, de la volaille. Même si, n'osant servir les amis aux tarifs du marché noir, la paysannerie française prétend généralement que ses vaches ont les flancs taris et ses poules le cul cousu. Autour de Vichy, les voitures ministérielles écument à trente kilomètres à la ronde l'Auvergne et le Bourbonnais, enlevant les produits comestibles à des prix qui défient toute concurrence, si bien que les Thiernois doivent, pour compléter leurs rations alimentaires, élever eux-mêmes dans leur boutique des lapins, des poules, des cochons. Ils se rappellent leurs sobriquets, réunis dans un couplet satirique :

Bitò, tchou-tò
Mouijo-chabro
è pè de pouò...
Bitord, cul-tors,
Mange-chèvre
Et pied de porc...

Et ils redeviennent les « mange-chèvres » d'autrefois. Bien contents quand ils peuvent se procurer quelque vieille bique réformée, la dépecer, la mettre au saloir pour en profiter plusieurs semaines. La France est devenue une immense fourmilière qui fait provision de n'importe quoi. Les trafiquants vous soufflent à l'oreille, une main en paravent :

« Vous savez, je peux vous procurer 200 kilos de caroubes.

— Des caroubes ? Qu'est-ce que c'est que ça ?

— Des gousses africaines, avec dedans une sorte de mélasse. Les nègres en nourrissent leurs zébus.

— D'accord, ça m'intéresse », répondez-vous, bien que vous n'ayez encore aucun zébu.

De la sorte, vous remplissez votre cave de caroubes, de topinambours, de pneus râpés, de vieilles serrures, de pelotes de ficelle, de conduites en plomb : tout peut servir. Car le papier-monnaie ne suffit plus pour acheter : le commerce est retourné au troc. Les paysans troquent leurs produits contre du tabac, du sulfate de cuivre, des clous à vache. Les médecins accourent beaucoup plus vite s'ils savent venir dans une maison où des poules pondent. Les professeurs donnent des leçons de latin contre du saucisson. Les filles de joie accordent leurs faveurs contre de la margarine. Ceux qui se présentent les mains vides, qui n'ont à offrir que leur faim, leur humilité, leurs sous, doivent payer le prix fort ou s'en retourner bredouilles.

Les services du Ravitaillement répartissent la pénurie. Ils ont distribué la population en dix classes mangeantes, suivant l'âge et l'utilité : les enfants (*E*) ont droit à un demi-litre de lait par jour ; les adolescents (*J1, J2, J3*) seulement à un quart, mais à davantage de viande ; les adultes (*A*) reçoivent des parts médiocres, mais qui deviennent substantielles s'ils sont travailleurs de force (*T1*) ou de force renforcés (*T2, T3*) ; quant aux vieillards (*V*), ils touchent des rations d'agonie. Dans les portefeuilles, les cartes de ravitaillement tiennent la place des anciennes cartes d'électeur. Leur distribution, leur renouvellement, leur retrait (les morts n'ont droit à un cercueil que sur présentation du ticket *M*) ont provoqué sur les planchers des mairies une pousse de fonctionnaires nouveaux qui scrutent leurs clients d'un œil soupçonneux :

« Vous êtes travailleur de force ?

— Travailleur par force.

— Par force ou de force ?

— Les deux.

— Quelle spécialité ?

— Émouleur.

— Vous avez un certificat de votre patron ?

— J'ai pas de patron.

— Faites-en faire un par trois de vos voisins ou connaissances. Attesté sur l'honneur. »

L'honneur, l'honneur ! Que vient faire l'honneur quand il s'agit de manger ? Ventre affamé n'a point d'honneur. Alors, les polisseurs qui sont des *T2* se font passer pour émouleurs afin d'être classés *T3* et recevoir un supplément de viande. Les finisseuses, qui sont des *T1*, se font passer pour polisseuses. Les *J1, J2, J3* trichent sur leur date de naissance. Les femmes qui ont droit à des suppléments de grossesse, s'y prenant assez tôt, font durer les leurs dix, onze et même douze mois, leurs médecins de famille authentifiant ces prolongations pathologiques. Les enfants de boulanger, d'épicier, de mercier, qui ont accès aux réserves de tickets paternels, traficotent avec leurs instituteurs et se trouvent en compensation promus en tête de classe. Les curés ne concèdent la sainte eucharistie que contre des tickets de farine, à raison de 50 grammes pour dix communions, il en est même qui trichent sur le poids des hosties et les coupent en quatre, c'est à prendre ou à laisser.

Tout le monde triche et de toutes les façons : les commerçants, les gendarmes, les magistrats, les militaires, les postiers, les enseignants. Pour le meilleur et pour le pire. A Vichy, ministres, sous-ministres, fonctionnaires gros et petits pratiquent le double jeu. Hautement pétainistes et collaborateurs en public, ils se proclament gaullistes devant leur famille, leurs amis intimes ou la glace de leur salle de bains. A Paris, au contraire, à l'abri des oriflammes hitlériennes, de bruyants cons-vaincus ne démordent point de leur fanatisme national-révolutionnaire et aspirent à devenir, sur le dos des juifs, des Anglais, des communistes, des francs-maçons, des cons-vainqueurs.

En fait de tricherie, Thiers possède une longue expérience. Malgré les précautions prises par les Républiques, les rois de France, les jurés et les jurandes, les tables en argent sur lesquelles chaque coutelier devait graver sa marque, enfermées dans un coffre de chêne à sept serrures dont sept maîtres différents gardaient les sept clés, les Thiernois sont devenus princes dans l'art de faire et de contrefaire ; ils ont fabriqué jusqu'ici, non seulement du couteau d'Auvergne, ce qui est la moindre des choses, mais du couteau parisien, du suisse, de l'espagnol, de l'italien, du laguiole, du langrois, du nogentais. Avec marques à l'appui, certifiées et garanties. Ils se sentent maintenant en mesure de fabriquer du Solingen si quelqu'un le leur commande.

Leur gros problème est celui des matières premières. En avril, s'installe un organisme nouveau qui a pour mission de les répartir : le C.O.T.M. *(Comité d'Organisation du Travail des Métaux)*. Sa direction est installée à Paris, contrôlée par l'occupant ; le comité thiernois n'est qu'une modeste succursale ; il double et surveille l'ancienne Chambre syndicale de la Coutellerie, mais s'est assuré la collaboration de certains industriels locaux. Sa philosophie est la suivante. La vocation naturelle de la France est essentiellement agricole ; elle doit produire de la viande, du beurre, du blé, du vin, renoncer presque entièrement à l'industrie qui deviendra l'apanage de l'Allemagne. A Thiers, six cents entreprises de coutellerie ? Ridicule ! Il faudra les regrouper, les réduire à trois ou quatre, éliminer cette poussière d'ateliers dont la plupart emploient moins de dix personnes. En attendant qu'il puisse atteindre ces objectifs, le C.O.T.M. règle la production comme il l'entend, distribue à son gré les bons d'essence, de charbon, de corne, de métaux ferreux et non ferreux. Le cuivre et ses alliages ont entièrement disparu, réservés aux usines d'armement et au sulfate viticole. L'aluminium fait de son mieux pour le remplacer dans les manches, les platines, les fils, les rosettes, les mitres, les viroles. L'acier doux remplace le dur, le fer remplace l'acier doux, le bois remplace la corne et la galalithe. Avec ce genre d'ingrédients, Thiers fabrique une coutellerie qu'il vaut mieux ne pas laisser tomber par terre. Auguste Pitelet prend des rages folles quand on lui livre le nouvel acier :

« Qu'est-ce que je peux faire avec ça ? Des cornes à chaussures, des poignées de porte, mais sûrement pas des lames de couteau ! »

Il laisse entendre à Francine que si les choses durent ainsi, il fermera boutique.

« Et tes ouvrières ?

— Elles tricoteront des bas. Elles fileront la laine. »

Les femmes ont en effet ressorti les quenouilles de leurs grand-mères, se sont remises à écharpiller, à lancer les fuseaux.

La seule chose que l'Allemagne nous envoie est un terme nouveau, difficile à prononcer : *ersatz*. Toute chose rare a son ersatz. Le sucre a la saccharine, le café a le soja, la confiture le raisiné, le charbon a le schlamm, la laine la fibre d'ortie, l'épinard a les fanes de radis, le savon a la pierre ponce, le tabac la feuille de topinambour ou la chaussette sale découpée en rubans. L'ancienne pâtisserie interdite, les pâtissiers, pour travailler encore, proposent des pommes cuites édulcorées, des petits fours à la farine de châtaigne, des bananes séchées, des mokas au beurre de chèvre. La liberté a pour ersatz le libertinage. Mainte épouse de prisonnier oublie son cher guéfangue au profit d'un remplaçant. Dans le *Journal de Thiers*, qui continue de paraître contre vents et marées, l'abbé Jean Brugerette a reçu un ersatz qui signe de quatre majuscules, *MAUM*. Étrange sigle que ses lecteurs essaient en vain de déchiffrer. L'érudit Alexandre Bigay propose dans l'intimité cette traduction : *Memento Audire Urbanum Mutum*, « Rappelle-toi que tu entends la parole d'un muet citoyen de ta ville. »

Il existe même des ersatz fantômes. Ainsi, l'on apprend que, par arrêté préfectoral, les commerçants sont autorisés à débiter des *pissaladiéras* à la place du pain, à raison de 180 grammes de marchandise contre 50 grammes de tickets.

A Thiers, personne n'a jamais mangé de *pissaladiéra* ; les boulangers eux-mêmes, interrogés là-dessus, avouent leur ignorance.

Ils aimeraient bien vendre de la *pissaladiéra*, par tranches de 180 grammes ; mais où la prendre ? Les charcutiers n'en savent pas davantage. Ni les épiciers. Ni les pharmaciens. Mais qui donc fabrique la *pissaladiéra* ? On questionne les personnes instruites, principal du collège, institutrices, ecclésiastiques, Alexandre Bigay : chacun donne sa langue aux chiens. On en arrive à penser que la *pissaladiéra* est un aliment imaginaire inventé par les services du Ravitaillement pour faire croire aux Français qu'ils sont moins démunis qu'ils ne pensent ; pour pouvoir dire commodément à ceux qui se plaignent :

« Vous manquez de pain ? Mangez donc de la *pissaladiéra* ! »

On essaye des cultures de remplacement. Le soja, ersatz universel : rôti, il remplace le café ; bouilli, les haricots et la viande ; réduit en poudre, la farine, la semoule, les insecticides. On ressuscite des cultures anciennes. Le colza, l'œillette, le tournesol fournissent des huiles recherchées par la salade et la S.N.C.F. On est entré peu à peu dans une nouvelle civilisation : celle de l'ersatz. En ce domaine, l'Allemagne va plus loin que nous : elle remplace l'essence de pétrole par l'essence de houille, le savon de coprah par du savon de graisse humaine, la peau de chamois par de la peau de femme ; mais ce n'est que beaucoup plus tard que l'on découvrira ces performances technologiques. L'U.R.S.S. fabrique un caoutchouc avec du lait de pissenlit. Il est vrai que le pissenlit soviétique atteint des dimensions prodigieuses : celles, dit-on, d'un baobab.

Ainsi, tout peut se remplacer, les hommes par d'autres hommes, le savon par un autre savon. Ce renouvellement produit aussi son contre-jour : délits nouveaux et nouveaux malfaiteurs. Marché noir, abattage clandestin, cambriolage des mairies, faussaires en tickets d'alimentation. Ajoutés aux délits traditionnels et aux politiques, ils obligent l'administration pénitentiaire à rouvrir la prison désaffectée de la rue Mancel-Chabot. Un de ses premiers clients est le plâtrier-peintre Étienne Néron, chef de la section communiste thiernoise, ancien rédacteur de *l'Humanité*, qui sera condamné aux travaux forcés perpétuels pour reconstitution de parti dissous. La Révolution nationale ne doute pas un instant qu'elle ne dispose de la perpétuité.

Peu à peu, le Maréchal gagne tout le monde à cette conviction. Dès le premier jour, il a retrouvé ses suiveurs inconditionnels, les anciens combattants de 14-18. Il a su mettre ensuite les paysans dans son sac, en proclamant les bienfaits du retour à la terre. Les vieux et les vieilles, en les gratifiant d'une retraite que la IIIe République avait votée, mais n'avait pas eu le temps d'appliquer : *Pétain tient toutes les promesses, même celles des autres*. Les mères, que personne n'honorait jusqu'alors, et en faveur de qui il fait figurer au calendrier une fête officielle. Les familles des prisonniers : elles comptent sur lui seul pour qu'ils reviennent. Les possédants de tous volumes qu'avait effrayés le Front populaire. Les intellectuels agricolo-chrétiens, poètes-paysans, romanciers régionalistes. Les écrivains à la mode sont Charles Péguy, qui n'en finit point de chanter Notre-Dame, les épis mûrs et les blés moissonnés ; Charles Maurras, qui proclame le droit qu'ont les minorités actives de commander aux majorités passives ; Olivier de Serres, illustrateur de Flore et de Pomone ; Gustave Thibon, le Pascal du nouveau régime, qui, du haut de son échelle de Jacob, flétrit le goût incorrigible des Français pour l'égalité : *Quiconque s'abaisse sera élevé. Mais pour s'abaisser, il faut être en haut ! L'humilité chrétienne présuppose la hiérarchie et les distances. L'égalitarisme au contraire est à base d'orgueil : dès l'instant que tout le monde est en bas, personne n'a plus à s'abaisser ! Psychologiquement, il y a entre l'humilité chrétienne et l'égalitarisme toute la distance qui sépare* l'abaissement *volontaire de la* bassesse *native.* Henri Pourrat se laisse emporter par le courant jusqu'à exalter *Le Chef français* et il verra goncouronner son *Vent de mars.* L'historien Jérôme Carcopino, devenu ministre des Cultes, je veux dire de l'Instruction publique, recommande l'étude de la religion et de la civilisation chrétiennes, par exemple *la vie de Jeanne d'Arc qu'a exaltée Michelet ou celle de saint Vincent de Paul dont la religieuse charité força l'admiration de Voltaire.* La haute hiérarchie ecclésiastique proclame : « La France c'est Pétain, et Pétain, c'est la France » ; les curés ajoutent au Décalogue le commandement de croire en Lui. Pour ne pas être en reste, beaucoup d'instituteurs font chanter à leurs élèves *Maréchal nous voilà.* L'illustre vieillard gagne le cœur des sportifs en tirant la flamme olympique du boisseau sous lequel elle languissait depuis 38 ; le 30 août 41, un flambeau allumé de son briquet partira de Vichy, porté par un membre de la Légion ; transmis de coureur en coureur, ce relais gagnera Marseille où il sera embarqué à destination de l'Empire. Le même jour aura lieu à Clermont un immense rassemblement légionnaire auquel participeront les Thiernois de bonne pensée.

Tout cela dans un débordement de bleu-blanc-rouge, nos trois couleurs flottent dans le ciel, aux façades des maisons, les enfants des écoles les saluent chaque matin. Qu'elle soit libre ou occupée, gaulliste ou pétainiste, la France dégouline de patriotisme.

Floflo gravit précipitamment deux étages, arriva dans l'atelier des polisseuses :

« Auguste… où est Auguste ? » haleta-t-il.

Elles lui désignèrent de la tête le réduit attenant où Francine tenait sa comptabilité.

« Patron… ils sont là.

— Qui ?

— Les Boches. Deux officiers avec des revolvers et des serviettes. »

Auguste fit mentalement son examen de conscience : avait-il quelque infraction à se reprocher, quelque achat d'acier au marché noir trop scandaleux, quelque propos imprudent ? De toute manière, il fallait recevoir ces messieurs. Guidés par Floflo, ils montèrent à leur tour, en uniforme vert cresson, bottes lustrées, casquettes abruptes, leurs talons sonnant sur les marches de granit. Les femmes les regardaient de leurs yeux blancs dans leurs faces noires, puis se hâtaient de tourner la tête. Pitelet se tenait debout à l'entrée du bureau ; derrière lui, Francine, assise, faisait mine d'être plongée, dans ses calculs.

« Voici le pa... patron », dit Floflo comme il put.

Ils saluèrent, avec des gestes mécaniques :

« Nous sommes délégués par le ministère allemand de l'Economie. Nous pouvons vous passer des commandes si vos produits nous intéressent. »

Et ils exhibent leurs lettres de créance tamponnées de croix gammées, rédigées en une langue à laquelle Auguste ne comprend mouche. Ils n'ont pas en vérité le type grand-blond-aux-yeux-bleus du Germain traditionnel, ils sont de taille moyenne, noirs de poil et de regard, on pourrait les prendre pour des Auvergnats déguisés.

« Combien avez-vous d'ouvriers ?

— Une douzaine. Surtout des femmes. En 1939, j'en avais trente.

— Où sont les autres ?

— Chez vous. Prisonniers.

— Oui, oui. Bien, bien. C'est la guerre. »

Ils ont l'air de s'excuser. Ils demandent encore : « Vous avez du travail ?

— Un peu. Pas autant que je le souhaiterais.

— Peut-être nous allons vous en procurer. Montrez-nous la liste de vos fabrications. »

Auguste obéit, sort les catalogues de ses rasoirs, couteaux de table, couverts, louches assorties, les officiers se penchent sur les figures, discutent dans leur charabia. Les rasoirs semblent spécialement leur plaire. La marque aussi.

« *L'Hirondelle !*... Joli ! Très joli !... Poétique !... Pouvez-vous nous montrer cette espèce de rasoir : lame évidée, châsse de corne ?

— Je ne sais s'il m'en reste, dit Auguste. Je vais me rendre compte. »

Pitelet dispose de deux langages, l'un pour les jours, l'autre pour les dimanches. La semaine, devant ses ouvriers, ses amis, sa famille, il dit : « *Crèze bë qu'y é fouè no chimpletà*. Je crois bien que j'ai fait une ânerie. » Mais le jour du Seigneur, ou devant les personnes étrangères, il marque les distances et s'exprime autrement : « Je crains bien que je n'aie commis une bévue. » Il a acquis le second parler en lisant les journaux et quelques œuvres littéraires fondamentales : *les Misérables, Eugénie Grandet, la Ville noire, Germinal, l'Auberge sanglante de Peyrebelhe*, auxquelles il revient sans cesse les dimanches de pluie. Devant l'ennemi, il emploie donc son langage le plus digne :

« Je ne sais s'il m'en reste... »

Il n'ignore pas qu'au moins deux grosses attendent preneur dans son magasin. Mais il détesterait compter les Allemands parmi sa clientèle. Contrairement au colonel Brasset, il n'est pas tout à fait sûr que les nazis aient définitivement gagné la guerre. L'Amérique peut encore intervenir tardivement, comme elle le fit en 1917. Beaucoup de ses collègues ont moins de scrupules et travaillent déjà pour l'ennemi, disant :

« Faut bien qu'on fasse tourner les meules, pour donner à manger au personnel. D'autre part, nous ne contribuons pas à renforcer l'armée allemande, avec nos fourchettes et nos tire-bouchons ! »

Oh ! que si ! Car pendant ce temps Solingen peut se consacrer à fabriquer des baïonnettes, des casques, des grenades, des obus. Gagnons du temps, se dit Auguste. Il laisse les délégués en compagnie de sa femme, s'éloigne vers le magasin aux rayons demi-vides. Les rasoirs à châsse de corne sont là, bien enveloppés dans leur papier suiffé. Il en tire un, puis regarde par la fenêtre. Gagnons du temps.

Il voit devant la fabrique la voiture verte qui a amené les deux officiers. Le chauffeur a quitté son siège, il marche çà et là, ramasse des débris métalliques, des lames brisées, les étudie, les fourre dans sa poche. Souvenir. Puis il s'assoit de nouveau. Puis il redescend. A d'autres fenêtres, Auguste distingue d'autres visages dissimulés qui observent. Les voisins se disent : Pitelet collabore. Non, il ne collabore pas, malgré sa place à la Délégation spéciale. Il gagne du temps.

Il revient enfin vers ses visiteurs :

« Je vous prie de m'excuser. J'ai eu grand mal à en trouver un. C'est le dernier qui nous reste. »

Les délégués l'examinent, en plient la lame sur l'ongle du pouce, la font sonner sur leur paume, s'exclament *sehr gutt, ja ja*, visiblement ce sont des connaisseurs.

« Combien nous vendriez-vous cela, par douzaines ? »

En patois, il consulte Francine, arrondit de façon exorbitante, prononce un chiffre. Les autres traduisent en marks officiels, puis sourient :

« Que diriez-vous d'une commande de 200 grosses ? »

Il ouvre des yeux effarés : 200 grosses, 30 000 rasoirs ! Quatre mois de besogne assurée pour *l'Hirondelle* ! Comment refuser ? Mais comment accepter ? Il cherche des échappatoires :

« De quelle manière serions-nous payés ?

— En argent français, au fur et à mesure des livraisons. Faites un premier envoi, d'importance réduite. Vous verrez bien si notre système fonctionne correctement. »

Ils ont réponse à tout. Il réfléchit encore, longuement, et tout à coup dit non.

« Non ? s'étonnent les Boches, perdant leur sourire.

— Non.

— Pourquoi non ?

— Parce que je n'ai pas l'acier voulu. Pour fabriquer ce modèle, j'employais de l'acier tchèque, marque *Provdi*. Est-ce que c'est trouvable, à présent, l'acier tchèque ?

— Pourquoi pas ? Nous avons nos entrées en Tchécoslovaquie !

— Vous pourriez m'en procurer ? Il m'en faudrait... dix tonnes.

— Nous pensons que oui.

— Sans cet acier, pas de rasoir. Je tiens à ma bonne réputation.

— Nous sommes d'accord.

— Et puis, y a autre chose... »

Auguste croit avoir trouvé l'objection imparable :

« Je n'ai pas le personnel nécessaire. Ce genre d'ouvrage exige des émouleurs hautement qualifiés. »

Il explique l'émouture du rasoir, les différentes étapes de l'évidage, le fil et le morfil. Les connaisseurs opinent de la casquette, ils n'ignorent rien de tout cela.

« Il reste bien à Thiers des ouvriers capables ! » rétorquent-ils.

Auguste secoue les oreilles : « Pas comme les miens ! Les miens sont irremplaçables ! Et en ce moment ils se trouvent chez vous. Ipelhà, Galoche, Zizin, Mange-Salé. »

Les Allemands répètent avec stupeur : « Mange-Salé, Galoche...

— Ce ne sont pas là leurs patronymes officiels. Ici, nous nous servons plutôt de sobriquets. Chacun a le sien.

— Et vous connaissez leurs vrais noms ?

— Naturellement.

— Et leur *Stalag* en Allemagne ?

— Cela peut se trouver.

— Alors, c'est tout simple ! Nous les libérons. Nous vous les renvoyons.

— Vous feriez cela ?

— Nous allons essayer. »

Pitelet, confondu, s'aperçoit qu'ils tiennent bougrement à leurs 30 000 rasoirs. La discussion se poursuit longtemps encore. On finit par signer un contrat, Auguste ajoute de sa main : *Je ne m'engage à exécuter cette commande que si mes quatre émouleurs sont libérés, les nommés...* Quand les Allemands sont partis après un dernier claquement de talons, Francine et Auguste se regardent avec stupeur : les voilà, pour la bonne cause, collaborateurs malgré eux ! Mais il n'est pas possible que les nazis tiennent toutes leurs promesses. De l'eau coulera sous les ponts de la Durolle avant que n'arrivent l'acier et les hommes. Et même si les deux prodiges s'opéraient, il gagnerait encore du temps. Les joues hitlériennes ne sont pas près de goûter la caresse de ses lames.

La fabrique reprend son train-train besogneux. Thiers est retombé dans son état d'il y a deux siècles, jamais les pauvres n'y ont été si maigres, les riches si gras. Du moins y jouit-on d'une tranquillité relative, les occupants se montrent peu, la police est discrète, une foule d'inconnus se dissimulent dans ses taudis à qui personne ne va demander si le nez leur branle. Des sommités prennent aussi résidence dans ses hôtels : le romancier Roger Martin du Gard au *Nouvel et Grand Hôtel* ; Louis Postif, traducteur de nombreux romans américains, à *l'Aigle d'Or*, de même que Mlle Suzanne Penteuil, originaire de Besançon, journaliste à l'hebdomadaire suisse *l'Abeille*. Dans ces établissements, la nourriture ne manque pas encore, et l'on ne te pleure pas la *pompe* si tu peux la payer.

Auguste Pitelet se croyait tranquille pour quelques mois. Or, quatre semaines après le passage des délégués allemands, voici que débarquent à la gare de Thiers dans leur uniforme caca d'oie les surnommés Galoche, Zizin, Ipelhà et Mange-Salé. Ils ne comprennent rien à cette faveur dont ils bénéficient ; leur ancien patron la leur explique.

Quelques jours plus tard, l'acier arrive aussi. Vessière, le négociant en métaux de la rue des Docteurs-Dumas, avise Pitelet qu'il le tient à sa disposition : il lui suffit de se présenter avec les bons du C.O.T.M.

Auguste examine la marchandise, et déclare froidement :

« J'en veux pas. C'est pas du *Provdi*.

— Pas du *Provdi* ? Sans doute. Mais c'est quand même du bon acier tchèque.

— C'est pas celui pour lequel je m'étais engagé. J'en veux pas.

— Tu refuses un wagon d'acier, par les temps qui courent ?

— Je le refuse. J'ai mes raisons. Fais-en ce que tu voudras. Je suis sûr que tu sauras où le placer. »

Et il repart en claquant la porte, droit et fier sous sa casquette de maître coutelier, malgré sa courte taille, les jambes un peu torses qu'il a gagnées dans son enfance en portant les paniers de lames, en travaillant trop dur et trop tôt, déjà polisseur à l'âge où d'autres ne sont encore que polissons.

On n'avait pas intérêt à signer des contrats avec l'Allemagne nazie, les Russes l'apprirent à leurs dépens. Après avoir respecté scrupuleusement les clauses de leur pacte de non-agression et du traité de commerce annexe, livré à la machine de guerre hitlérienne des quantités considérables de pétrole, de minerais, de cuirs et peaux, de caoutchouc de pissenlit, ils furent récompensés par l'agression du 22 juin, sur un front étendu de la Baltique à la mer Noire. Cela retint plusieurs mois les délégués du ministère allemand de l'Économie. Ils reparurent cependant en octobre, en pleine saison des vendanges. Auguste leur offrit à boire, ils acceptèrent son vin avec quelque surprise, burent après lui, par précaution, trouvèrent le breuvage à leur convenance.

« Il vient de ma propre vigne, précisa-t-il. Je n'en donne pas à n'importe qui. »

Ils se montrèrent sensibles au compliment. Quand ils entreprirent Pitelet sur le chapitre des rasoirs et de l'acier tchèque, les choses s'en trouvèrent facilitées.

« Vous vous étiez engagés à me fournir du *Provdi*, argumenta-t-il. Vous n'avez pas tenu votre promesse, je ne puis tenir la mienne.

— Les forges *Provdi* ont d'autres débouchés en ce moment. Mais l'acier que vous avez reçu est de qualité équivalente. »

Sans répondre, il atteignit dans un placard une autre bouteille, remplit les verres qu'ils venaient de déposer au coin du bureau.

« Goûtez-moi de ce vin-là », dit-il.

Ils burent encore.

« Comment le trouvez-vous ?

— Moins bon que le précédent.

— C'est le vin ordinaire que nous fournit le Ravitaillement. L'autre était le vin de ma vigne. Comprenez-vous ?

— Pas très bien.

— Par la couleur, ils se ressemblent. Mais point par le goût. Pour ce qui est des aciers, c'est la même chose : ils se ressemblent. Cependant, seul *Provdi* est *Provdi*. Et mes rasoirs exigent *Provdi*. C'est pour moi une question d'honneur. »

Et il se tint droit et fier, malgré sa courte taille et ses jambes un peu torses.

L'hiver commença dès octobre, une neige précoce saccagea les arbres des places et des avenues, les cantonniers ramassèrent soigneusement les branches rompues, combustible providentiel même s'il fumait un peu et crachait sa bave. Les petites gens bâillaient de faim et grelottaient de froid. En outre les couteliers avaient soif et se trouvaient réduits à boire de l'eau. Certains la coupaient avec de l'eau minérale, parce qu'elle pétille et fait illusion à la vue. Le manque de vin provoquait l'impopularité du nouveau régime autant et plus que le manque de liberté. « Ça peut pas durer longtemps comme ça ! » prophétisaient les classes buveuses. Mais ça durait. Les vieillards, eux, catégorie *V*, la plus dépourvue en aliments solides parce que composée de bouches inutiles, faisaient la queue à la porte des cimetières. Les enfants souffraient de rachitisme, de scoliose, de pâles couleurs. A tel point qu'il se trouva aussi des âmes généreuses qui cherchaient à secourir tant de détresses. Le boulanger-pâtissier Auguste Châtelain — dont le cœur était aussi tendre que ses ex-choux à la crème —, soutenu par le charcutier Michel Bresle, accueillait l'été les gamins affamés dans sa maison du Chêne-Rouge, au pied du Montoncel, les rassasiant de soupes, de légumes, de pâtés aux couennes. Le Secours national faisait flèche de tout bois, rassemblant et distribuant couvertures, vêtements, linge, chaussures. Les intellectuels locaux publièrent des appels pour encourager cette *chine*, Henri Pourrat inventa l'heureuse formule :

Tout ce qu'on garde pourrit.
Tout ce qu'on donne nourrit.

Décembre amena un froid rigoureux et l'élargissement du conflit prévu par Auguste Pitelet : après l'attaque de Pearl Harbor, les États-Unis entrèrent dans la danse. Le malheur devint planétaire.

Au milieu de cette misère générale, il sembla qu'un incroyable besoin de coutellerie se répandît dans ce qui restait de la France. Chaque famille cherchait à renouveler son stock de couteaux, fourchettes, cuillers, louches, pelles à tarte. C'est que la monnaie avait le feu au derrière. Dévaluée de jour en jour, d'heure en heure, cherchant à se fixer sur n'importe quoi qui eût l'apparence du stable, elle courait de main en main, jouant à petit-bonhomme-n'est-pas-mort. On assistait de la sorte à d'incroyables acquisitions : les épiciers achetant les œuvres complètes de Victor Hugo, les ferrailleurs des encyclopédies, les bouchers des tableaux peints à l'huile et à la main, les mastroquets des collections de bénitiers. Les articles de Thiers profitaient de cette fringale. Des fabriques nouvelles naissaient en ville et aux environs. Nombre de fonctionnaires révoqués pour leurs appartenances politiques ou philosophiques y trouvaient refuge : l'instituteur franc-maçon se reconvertissait dans le canif, le postier communiste dans le tire-bouchon. Des camionnettes s'arrêtaient nuitamment devant leurs portes et enlevaient la marchandise, dissimulée sous un lit de betteraves. Parfois se présentaient deux revendeurs en même temps, il y avait alors compétition, c'était à qui offrait le plus, la quincaille se débitait aux enchères.

Tous les matins, le Maréchal sortait de l'*hôtel du Parc* en chapeau gris et paletot droit pour aller se recueillir dans l'église Saint-Louis. Inspiré par ce grand roi de France et ce rusé politique, il y conçut le projet de se faire également justicier. Comme Vichy manquait de chêne à sa mesure, il ordonna de mettre en scène à Riom une superproduction judiciaire devant laquelle comparaîtraient les responsables de la guerre et de la défaite : Daladier, Reynaud, Blum, Mandel, Guy La Chambre, Gamelin. Désignant ainsi *motu proprio* le groupe des coupables, il se mettait par là même au-dessus de l'accusation, et c'est vêtu d'innocence et de lin blanc qu'il s'apprêtait à foudroyer les criminels. Malgré son peu de surface, le *Journal de Thiers* ne cacha aucun détail sur la salle des Assises repeinte à cette occasion en ocre clair imitant la pierre de taille, souligné par un lambris de chêne foncé ; sur les tapisseries de Beauvais et des Flandres, les fauteuils dorés, les six lustres de douze appliques, style Napoléon III, envoyés par le Mobilier national. On sut que les présidents Caous et Maillefaud porteraient une robe rouge avec simarre de soie noire, manches de pourpre, rabat de dentelle ; un manteau de drap rouge bordé d'hermine mouchetée du côté droit et à gauche d'une large bande de petit-gris formant traîne. Face à un tel appareil, que pourraient faire, que pourraient dire les accusés en veston défraîchi ? C'est alors que le Maréchal, avant même l'ouverture des débats, brandit son sceptre royal et proclama que sans plus attendre, lui, Chef de l'État, les condamnait aux peines les plus fortes. A quoi bon dans ces conditions un procès et tant de dorures ? Il n'y vit point contradiction, puisqu'il concentrait tous les pouvoirs entre ses mains, le législatif, l'exécutif, le judiciaire. Mais comme les Français aimaient les spectacles, il leur offrait cette réjouissante comédie.

Toutefois, le texte des répliques n'était pas au point : les accusés se firent accusateurs. On les applaudit. Le bruit de ces ovations atteignit les tympans d'Adolf Hitler qui protesta rudement :

« Ainsi, on leur reproche seulement de ne pas m'avoir battu ? Non d'avoir déclenché la guerre ? De qui se moque-t-on ? »

Il fallut baisser le rideau sans rien conclure. Tapisseries, lustres et fauteuils regagnèrent les réserves du Mobilier national.

Quinze jours plus tard, nouvelle comédie. Pétain, qui avait répudié Pierre Laval comme Premier ministre et comme dauphin après l'avoir accusé de complot, mis en état d'arrestation, lui rend ses titres et sa confiance. L'homme de Châteldon reparle à la radio :

« J'ai connu dans ma vie publique des moments difficiles où le sort de la France était en péril. C'est toujours à ces heures que j'arrive au pouvoir. »

Il exalte la Patrie, la Révolution nationale, la collaboration, laisse espérer un allégement de nos charges, un desserrement de nos entraves, la libération progressive des prisonniers. Il est bien vrai que tout va de mal en pis : les rations de pain sont tombées à 50 grammes par jour, encore se demande-t-on s'il s'agit vraiment de pain ou de bouse de vache. Hors de France, les Allemands arrêtés devant Moscou avancent vers le sud, en direction de la Crimée ; les Japonais menacent l'Australie ; les Anglais perdent Singapour, mais se rattrapent en occupant Madagascar. Les Thiernois y perdent le peu de géographie qu'ils savaient. La guerre s'éternise. Une source près de L'Hermitage, consultée par des personnes compétentes, annonce qu'on en a bien encore pour quatre ans. En gare de La Monnerie, une femme réfugiée de Lorraine se fait couper en deux tronçons par le train, elle ne se sentait pas le courage d'attendre jusque-là.

Or voici que, désireux de relever le moral de la région coutelière, le Maréchal vient lui rendre visite le 1er mai, jour de la Saint-Philippe. On ressort les mêmes drapeaux, les mêmes banderoles, les mêmes émouleurs qui avaient accueilli quelques années plus tôt le président Lebrun. On le régale des mêmes services de table et quasiment des mêmes discours. A la sous-préfecture, il décore de la Légion d'honneur un Ventre Jaune, Jean Suquet, ancien combattant de Verdun. Après quoi, Pétain, ses généraux, ses amiraux regagnent Vichy, laissant les Thiernois mal consolés.

Mais le coup le plus dur, ils le reçoivent le soir du 22 juin.

Ils avaient jusque-là avalé maintes couleuvres. Les radiations administratives. La poignée de main de Montoire. La collaboration. Les cartes alimentaires. Le C.O.T.M. et le marché noir des métaux. Les films allemands, les scies allemandes à la radio, *le Juif Süss, Bei mir bist du schön*. L'intoxication de Philippe Henriot et du traître de Stuttgart. La Légion des Volontaires Français en uniforme boche qui combattent les Soviétiques, sous le parrainage de Pierre Laval.

Ce dernier venait d'en inventer une autre : la Relève. On imaginait en tête à tête l'homme de Châteldon et l'homme de Berchtesgaden :

« Faisons un échange. Je te donne des travailleurs, et tu me rends une quantité égale de prisonniers.

— Aucun intérêt : tes prisonniers sont sur place et ils travaillent.

— Pardon ! Je peux t'envoyer des spécialistes, et tu me renvoies du tout-venant, des agriculteurs, des commis de magasin, des cantonniers.

— D'accord. Je prends les spécialistes, par volontariat, en leur offrant une bonne paye. Mais je te renvoie peau de zébi.

— Tu ne recevras pas grand monde. Rien que des chômeurs. Des gars qui cherchent à plaquer leur femme. Moi, au contraire, je t'offre des collaborateurs garantis, des idéalistes, et de vrais techniciens.

— Si je n'ai pas assez de volontaires, je rafle tout par la force. Je réquisitionne toute la main-d'œuvre de dix-huit à cinquante ans.

— On n'oblige pas à bien travailler des hommes enlevés de force. »

Finalement, Hitler se laisse convaincre. Une fois n'est pas coutume. Naturellement, il trahira cet accord aussi, ne libérera qu'un prisonnier contre cinq volontaires, instituera le *Service du Travail Obligatoire*. Mais Laval veut croire encore en cet arrangement lorsqu'il annonce à la radio, le soir du 22 juin :

... Notre génération ne peut pas se résigner à être une génération de vaincus. Je voudrais que les Français sachent monter assez haut pour se mettre au niveau des événements que nous vivons. C'est peut-être une des heures les plus émouvantes qui se soient inscrites dans l'histoire de notre pays.

On écoute sa voix grave, ses *r* roulants, son accent vigneron. C'est une curiosité que d'aller voir passer sa voiture blindée, entourée de motards, quand il rentre de Vichy à son château, chaque soir, pour rejoindre sa petite famille comme n'importe quel sous-chef de bureau. Avec plus de tapage cependant.

Nous avons eu tort en 1918, au lendemain de la victoire, de ne pas organiser une paix d'entente avec l'Allemagne. Aujourd'hui, nous devons essayer de le faire. Nous devons épuiser tous les moyens pour trouver la base d'une réconciliation définitive. Je ne me résous pas, pour ma part, à voir tous les vingt-cinq ou trente ans la jeunesse de notre pays fauchée sur les champs de bataille. Pour qui et pour quoi ? Qu'avons-nous fait de notre victoire de 1918 ?

Les paysans du coin lui demandent, cérémonieux, quand ils le rencontrent au coin d'une rue :

« Quand donc finira la guerre, monsieur le président ? »

Et lui, avec le placide optimisme de la race :

« *Co chaborò bë ! Co chaborò bë !* Ça finira bien ! »

Certains jours, il lui arrive, dit-on, d'embarquer dans sa voiture, derrière le chauffeur, les deux chevrettes de la ferme et de les accompagner lui-même jusqu'aux pâtures de la montagne. Le soir il les ramène le pis gonflé comme un ballon de rugby. Sans doute, de temps en temps, préfère-t-il la compagnie de ses chèvres à celle des hommes.

Ma présence au gouvernement a une signification qui n'échappe à personne, ni en France ni à l'étranger. J'ai la volonté de rétablir avec l'Allemagne et avec l'Italie des relations normales et confiantes. De cette guerre surgira inévitablement une nouvelle Europe. On parle souvent d'Europe. C'est un mot auquel, en France, on n'est pas encore très habitué. On aime son pays parce qu'on aime son village. Pour moi, Français, je voudrais que demain nous puissions aimer une Europe dans laquelle la France aura une place qui sera digne d'elle. Pour construire cette Europe, l'Allemagne est en train de livrer des combats gigantesques. Elle doit, avec d'autres, consentir d'immenses sacrifices et elle ne ménage pas le sang de sa jeunesse. Pour la jeter dans la bataille, elle va la chercher à l'usine et aux champs.

Un frisson dans l'échine, les auditeurs se représentent l'Europe en question sur laquelle flottera le drapeau à croix gammée, une Europe sans juifs, sans francs-maçons, sans socialistes, sans communistes, sans Polonais, sans Tchèques, sans Autrichiens, avec vingt-cinq millions de Français en sabots grattant la terre, les autres morts ou annexés par les États circonvoisins. Comment aimer, comment respecter une Françouillette ainsi mangée sur les bords et saccagée en son milieu ? L'Europe, on veut bien ; mais pas dans ces conditions. De quelle manière Laval espère-t-il empêcher cela ? C'est un homme aux mille roueries qui sait exploiter aussi bien ses avantages que ses faiblesses. Comme Premier ministre, il est parvenu à faire libérer tous les guéfangues de Châteldon, sans considérer leurs opinions politiques. Un seul a refusé cette faveur : René Verdier, ingénieur aux Ponts et Chaussées, présentement en congé dans un *Oflag* autrichien, parce qu'il ne partage point les idées de collaboration et parce qu'il lui en coûtait d'abandonner ses copains. Libre à lui. Les autres ont retrouvé avec joie leur vigne et leurs topinambours.

Vive Pierre Laval ! Le voici assuré dans son village d'une popularité indéfectible. Sur les bords du Vauziron, à une exception près, on croira en lui jusqu'au bout, par reconnaissance ou conviction. *Loup, je suis prêt à t'appeler maman*, dit un proverbe du pays, *si tu me donnes à manger*.

Mais alors tombe la phrase fatidique :

Je souhaite la victoire de l'Allemagne, parce que sans elle le bolchevisme demain s'installerait partout.

Les Thiernois n'en croient pas leurs oreilles, pas possible, ils ont mal entendu, ils se demandent entre eux :

« Quoi ? Quoi ? Qu'est-ce qu'il a dit ?

— Il a dit : JE SOUHAITE LA VICTOIRE DE L'ALLEMAGNE ! »

Les anciens de 14-18 se dressent horrifiés. Comment un Français, un Auvergnat peut-il souhaiter la victoire de l'Allemagne ? A-t-il vraiment dit ces mots ? Oui, oui, confirment les jeunes, parce que sans elle le bolchevisme s'installerait partout. Les bolcheviques, qu'est-ce que c'est, au juste ? Des sortes de communistes. Comme Étienne Néron ? Non, pas des communistes français, des communistes russes, comme Staline. Mais en attendant, les communistes russes combattent Hitler ? Il semble bien. Ce sont donc nos amis ? Pour le moment. Laissons-les donc faire pour le moment. Une fois Hitler *kaputt*, on s'arrangera bien avec eux.

Pendant ce temps, Laval continue sa théorie :

Je sais l'effort que certains d'entre vous doivent faire pour admettre cette politique. L'éducation que nous avons généralement reçue dans le passé ne nous prépare guère à cette entente indispensable. J'ai toujours trop aimé mon pays pour me soucier d'être populaire.

Populaire ? C'est fini, il ne le sera plus. Ni à Aubervilliers, ni à Thiers, ni nulle part. Excepté à Châteldon. Il aura peut-être encore la faveur de certains notables ; plus jamais celle du peuple.

Après quoi, il annonce sa combine de la Relève :

Ouvriers qui travaillez dans les usines j'adresse un appel à votre solidarité de Français. Le chancelier Hitler, et je l'en remercie, vient de décider la libération d'un nombre important de prisonniers agricoles qui pourront revenir en France dès votre arrivée en Allemagne. Les hommes de nos champs et ceux de nos usines vont sentir leur fraternité. La femme qui verra son mari revenir éprouvera une émotion pleine de reconnaissance pour les inconnus qui, s'en allant là-bas, ont fait revenir un prisonnier...

A Aubervilliers — dont Pierre Laval était maire depuis 1923 — les entrepôts Rigal, avec leurs montagnes de ferraille, de cuivraille, de plombaille, de zincaille, étaient pour les Allemands une proie tentante. Ils se jetèrent dessus comme les mouches sur le sucre. Des wagons entiers partirent pour les fonderies de la Ruhr.

Quelle idée prit un jour le Cantalou de vouloir berner cette clientèle redoutable ? Fut-ce un acte de Résistance ou un acte d'avarice ? Ou les deux à la fois ? Toujours est-il qu'il ordonna à ses ouvriers de débarrasser ses dépôts de divers débris, pierrailles, gravats, charpentes pourries, d'en remplir un wagon, de recouvrir l'ensemble d'une couche de ferraille ordinaire et de l'expédier parmi d'autres, direction Bochum. Et Rigal de rire dans sa barbe, de se frotter les mains en songeant à la mine des maîtres de forge germaniques au reçu de cette marchandise. La guerre, l'occupation de territoires ennemis, les bombardements anglo-saxons autorisaient tous les désordres, toutes les fantaisies ferroviaires. D'autre part, le manque d'imagination des cervelles boches était bien connu : jamais elles ne sauraient expliquer cet envoi d'ordures. Si par miracle elles parvenaient à remonter à sa source, Rigal répondrait qu'il s'agissait d'une erreur de manœuvre. C'était tout simple. Il comptait aussi sur sa chance habituelle pour arranger les choses au mieux.

Le dénouement fut plus simple encore que prévu. Un matin de juin, Joseph Rigal déjeunait dans sa cuisine de soupe et de fromage selon sa vieille habitude cantalienne, lorsqu'on sonna à la porte. Une sonnerie longue et péremptoire. Mme Rigal regardant par la fenêtre vit une voiture noire arrêtée devant l'immeuble. Elle revint les lèvres tremblantes :

« La *Gestapo* ! »

Avec sa circonférence, le ferrailleur n'était pas homme à se cacher dans un placard. C'est ainsi qu'il fut emmené « pour interrogatoire » par deux civils allemands d'allure très militaire.

Sa chance paraissait l'avoir abandonné. Le lendemain, il téléphona brièvement :

« On me garde encore un peu. A bientôt. Je vous embrasse. »

Des jours et des semaines s'écoulèrent sans apporter d'autres nouvelles. La farce des ordures semblait vouloir tourner à la tragédie. Mme Pascaline Rigal se rendit en personne au siège de la police allemande, à l'hôtel *Lutétia*, près du *Bon Marché*. Après des heures d'infructueuse patience, elle dut recourir aux convulsions. Elle avait ce pouvoir bien connu de son entourage d'entrer en convulsions à la demande, elle en avait usé toute sa vie avec discernement. Elle tomba donc par terre, sur le tapis du *Lutétia*, se tordant, la bave aux lèvres. Les Boches l'allongèrent sur une banquette, la déboutonnèrent un peu. Elle revint à elle au moment où ils risquaient d'aller trop loin, soupira :

« Joseph !... Mon cher Joseph ! »

Normalement, quand elle s'adressait à lui, elle l'appelait par son nom de famille, comme un étranger : Rigal, veux-tu m'écouter ? Profitant de son état de faiblesse, elle réussit à savoir des gestapistes que le ferrailleur se trouvait encore à la Santé sous l'inculpation de « sabotage économique », en attendant qu'on statuât définitivement sur son sort. Aucune visite n'était permise.

Il y eut chez les ferrailleurs conseil de famille.

« Je pense, dit Pascaline, qu'un seul homme est en mesure de faire quelque chose pour Rigal : son ami Pierre Laval. Il faut que l'un de nous fasse le voyage de Vichy afin de le rencontrer au plus vite.

— Mais qui ?

— La personne la plus indiquée me semble être Raymond. Il tutoie le Premier ministre, avocat comme lui, même si leurs choix politiques divergent quelque peu. »

Maître Gautier-Pitelet accepta cette mission. Par l'intermédiaire de la « Délégation spéciale » albertivilliarienne, il obtint un laissez-passer, prit le train, franchit à Moulins la ligne de démarcation après avoir subi les fouilles allemandes, entra dans la « zone libre » le cœur battant, descendit en gare de Vichy où il subit les fouilles françaises. Après quoi, il prit place dans le tortillard Vichy-Ambert, parmi les valises, musettes et sacs tyroliens. L'hôtel unique de Châteldon, rue des Petits-Carreaux, accepta de l'accueillir quoiqu'il fût plein jusqu'aux combles de touristes et de réfugiés : il dormirait sur un fauteuil, dans le salon. On voulut bien lui offrir, en échange des tickets correspondants, une demi-douzaine de radis sans beurre, des frites de topinambour, une tranche de cœur grillé à laquelle une copieuse garniture de persil essayait de donner de l'abonde, une salade sans huile et un quignon de pain gris. Au dessert vint une poignée de ces cerises tardives qui ont une joue blanche et une rouge et qu'habitent généralement plusieurs asticots à tête noire. A Châteldon, patrie de Pierre Laval, on ne se nourrissait officiellement pas mieux qu'ailleurs. D'autres voyageurs dormirent comme lui dans le salon qui ressemblait à une salle d'attente de la S.N.C.F. Au matin, il se débarbouilla et se rasa dans les toilettes communes.

Il s'en fut rôder autour du château où résidait le Premier ministre. Une ancienne forteresse du XIIIe siècle gardée et surveillée par un peloton de militaires. Il s'approcha de leur officier, se présenta, expliqua son désir de parler au président pour une affaire de vie ou de mort. L'autre accepta de faire porter sa carte. Les choses allèrent rondement :

« Suivez-moi », dit le gardien en revenant.

Laval l'attendait sur le perron, déjà cravaté de blanc, les bras ouverts, la moustache retroussée par un large sourire qui découvrait ses dents éclatantes, faites pour broyer des noix.

« Mon vieux Raymond !... Quel mauvais vent t'amène ? Car il ne peut être que mauvais pour que tu aies pris la peine de venir de si loin jusqu'en ce repaire de brigand ! »

Avant d'entendre Gautier-Pitelet, il fit l'historique de sa demeure, occupée jadis par le routier espagnol au service de l'Angleterre, Rodrigue de Villalandro, surnommé « l'empereur des pillards » ; ce qui permettait aux antilavalistes de faire là-dessus des gorges chaudes et des rapprochements faciles. Et il éclata de rire, comme s'il en avait dit une bien bonne. Le visiteur rit lui-même, du moins jaune qu'il put. Laval ressentit son embarras :

« Mon luxe suprême est de mépriser les attaques. Un jour, on me rendra justice. Mais il faudra du temps. Beaucoup de temps. »

Puis il l'entraîne dans son cabinet de travail :

« Et maintenant, passons à ton affaire. »

L'avocat narre par le menu la farce que son beau-père a jouée aux Allemands, son arrestation, le danger mortel qui à présent le menace.

« Quels lourdauds ! Quels crétins ! Ces gens-là n'auront jamais le sens de l'humour ! Quand ils veulent faire un calembour, ils se cotisent à quatre ou cinq, et la *finesse* est ratée ! Mais la pesanteur est encore leur moindre défaut. Si je te disais, mon pauvre Raymond... si tu pouvais imaginer... Baste. Il reste Abetz. Otto Abetz, leur ambassadeur en France, qui m'est acquis, autant que je puisse en juger. Je vais lui demander la libération de Rigal. Il ne me refusera pas ça. Il croit en moi, comme je crois en lui. Du moins, chacun de son côté fait semblant.

— Il faudrait intervenir tout de suite, insiste Gautier-Pitelet. Avant qu'il ne soit expédié dans quelque camp en Allemagne. Dieu seul sait ce qui se passe là-bas !

— Dès ce soir. Abetz doit m'appeler vers six heures. Tu as ma parole. »

Le gendre de M. Rigal, ému, serre la main de cet homme maudit qui souhaite la victoire de l'Allemagne et engage les ouvriers français à aller travailler pour elle. Il remercie, parle de se retirer :

« Ton temps est précieux... les affaires de l'État... je ne voudrais pas abuser...

— Laisse, laisse. Tu as bien un moment ?

— Certes.

— J'aimerais savoir... Tu es près du peuple de Paris. Que pense-t-il de moi ? Que dit-il de ma politique ?

— Ma foi... les opinions varient.

— Qu'est-ce que ça veut dire ?

— Depuis... surtout... ce discours... tu sais bien... JE SOUHAITE LA VICTOIRE DE L'ALLEMAGNE. »

Laval secoue la tête, songeur.

« Bien sûr, bien sûr. Ils ne voient que les apparences. Comment expliquer ? Comment faire comprendre aux Français ? Ils ont reçu ces paroles comme l'huître reçoit le jus du citron. Ça les a révulsés, n'est-ce pas ?

— Exactement. Révulsés.

— Et toi ?

— Moi... moi... je suis français, comme les autres. Que veux-tu que je pense ? »

Le Châteldonnais marche sur son visiteur, le saisit par le gilet, le secoue furieusement :

« Toi non plus ! Toi non plus tu n'as rien compris !

— J'ai compris : JE SOUHAITE LA VICTOIRE DE L'ALLEMAGNE. »

Gautier-Pitelet sent qu'il va au désastre. Il est venu de loin, par des voies malaisées, implorer l'assistance de ce politique ; et voilà qu'il tient devant lui, à peine retenus, les propos d'un opposant. Il n'arrive point cependant à parler contre son cœur. Soudain, la colère de Laval tombe :

« Assieds-toi, commande-t-il. Je n'aime point à m'expliquer. Mais devant toi, je vais le faire. »

Il sort un étui de sa poche, en tire une cigarette à papier jaune, en offre une à Raymond qui refuse. Il marche de long en large, tenant la *gitane* entre le pouce et l'index, nichée au creux de sa main, soufflant autour de lui de grosses bouffées.

« Ouvre quand même l'étui », dit-il, le tendant.

Une magnifique pièce de métal blanc, argent ou platine, incrustée d'améthystes.

Raymond lit ces mots gravés sous le couvercle :

A.S.E. Monsieur Pierre Laval
Ministre des Affaires Étrangères
inaugurant l'ère de paix
qui lui sera due.

Anthony Eden *Docteur Benes* *Aloisi*
Genève, le 6 décembre 1934.

« J'avais, poursuit l'Auvergnat, entrepris des négociations avec l'Angleterre, la Tchécoslovaquie, l'Italie, la Pologne, la Russie, afin d'isoler l'Allemagne. De l'isoler et de l'encercler. En faisant ces concessions qu'on m'a tant reprochées, sur le dos de l'Éthiopie. Que veux-tu, je pensais à la France d'abord. Nous savions tous que Hitler voulait incendier l'Europe. Et moi, j'étais le pompier qui d'avance organisait la chaîne. On ne m'a pas suivi. On a brisé l'alliance. Nous nous sommes trouvés réduits à nos seules forces. »

Il se tait, marche encore de la fenêtre à la porte, de la porte à la fenêtre. Soudain, il s'arrête, écrase son mégot dans le cendrier, tourne vers l'avocat le regard de ses yeux bridés :

« Je souhaite, dit-il d'une voix forte, que le soleil se lève demain matin ! »

L'autre le considère avec surprise.

« Que penses-tu de cette affirmation ? demande Laval : je souhaite que le soleil se lève demain matin.

— Ben... elle me paraît un peu... oiseuse.

— Oiseuse, n'est-ce pas ? Pourquoi oiseuse ?

— Parce que le soleil se lèvera demain matin, que tu le souhaites ou non.

— Comme tu raisonnes bien ! Comme tu es intelligent, toi ! Et quand je dis : JE SOUHAITE LA VICTOIRE DE L'ALLEMAGNE, mon affirmation ne te semble-t-elle pas aussi oiseuse ?

— Beaucoup moins. Je ne suis pas sûr du tout que l'Allemagne vaincra. De toute façon, moi, je ne le souhaite aucunement.

— Voilà ce qui nous sépare. Toi, tu n'es pas sûr. Moi, si. Aussi sûr que de voir le soleil se lever demain matin. J'en suis sûr parce que j'ai mesuré ses forces. Bientôt, l'Europe entière saignera sous sa botte. Ils vaincront parce qu'ils sont les plus forts. Dans ces conditions, que m'en coûte-t-il, qu'en coûte-t-il à mon pays de souhaiter la victoire de l'Allemagne ?

— Rien, sans doute. Sauf que tu y perds l'estime des Français.

— De tous ?

— De beaucoup. Ils trouvent déshonorantes ces paroles dans ta bouche.

— Des paroles, voilà : je n'ai que des paroles à ma disposition. Elles sont ma seule arme contre les loups qui encerclent mon troupeau. »

En marchant, il redresse au passage un cadre suspendu, corrige le dos d'un livre qui dépassait sur un rayon.

« Des paroles déshonorantes ! Eh bien, s'il y a déshonneur à vouloir réduire les souffrances de mes brebis, j'accepte le déshonneur. Sans moi, ce serait un carnage illimité. Comme en Hollande. Comme en Pologne. Hitler nous déteste de toutes ses moelles. Sauckel veut nous prendre deux millions de travailleurs supplémentaires. Un jour, je récupérerai l'estime de ces Français, quand ils sauront ce que ma phrase abominable nous aura rapporté. Elle fait partie de ma combine de la Relève et réduira les prétentions de Sauckel. Donc, moins de départs pour l'Allemagne et retour de 200 000 prisonniers. Transformation de 250 000 autres en travailleurs civils qui auront droit à des congés en France. Par mon déshonneur, je deviens précieux à nos maîtres : ils me ménagent, ils prêtent l'oreille à mes réclamations, ils m'accordent quelques libérations exceptionnelles. Comme celle que je vais demander pour ton beau-père. Je sauve ainsi des vies qui seraient condamnées si un autre tenait ma place. Un *gauleiter*. Un Seyss-Inquart, un Heydrich, un Sauckel. Comprends-tu ?

— Et la Légion des Volontaires Français ? Avais-tu besoin de la parrainer ? Tu assistais à son baptême !

— La L.V.F. est une création de Marcel Déat et de Jacques Doriot. Elle aurait existé sans moi. A son baptême, je suis allé chercher son parrainage, non lui donner le mien.

— Subtilité que tu feras difficilement admettre aux spectateurs.

— Et pourtant, avec les occupants, pas d'autre stratégie possible qu'être subtil. Dissimuler mes intentions véritables. Je sais que pour beaucoup de Français tout cela est difficile à comprendre. Ils entendent mieux le langage franc et net de De Gaulle. Mais de Gaulle, à Londres, est libre de ses gestes et de ses mots. Ce n'est pas mon cas. Alors, beaucoup d'apparences m'accusent.

— Peut-être aussi vaudrait-il mieux que tu tiennes moins de

discours. On te jugera sur les mots que tu as prononcés contre les uns ou les autres. Contre les juifs, par exemple.

— Mais puisque je cherche à faire croire aux Allemands que je suis leur allié ! C'est à leur usage, que je parle ! Non à celui des Français !

— Seulement, les Français t'entendent aussi.

— Si l'on doit me juger, je me présenterai avec, dans une main, ce que j'aurai dit *contre* les juifs, et dans l'autre ce que j'aurai fait *pour* les juifs. Hier encore, il y en avait un dans ce bureau, sur la chaise que tu occupes.

— Et si, contre toutes tes prévisions, l'Allemagne est quand même vaincue ?

— Impossible.

— Supposons-le.

— Je vais t'ouvrir le fond de ma pensée. Si je jugeais possible la défaite de l'Allemagne, dans deux ans, dans trois ans, eh bien, je tiendrais exactement en public le même langage, puisqu'il est le seul moyen dont je dispose pour protéger mes compatriotes.

— Tu dirais encore : JE SOUHAITE LA VICTOIRE DE L'ALLEMAGNE ?

— J'accepterais quand même le déshonneur. »

Gautier-Pitelet se tait un moment, examine le visage du Châteldonnais comme il a coutume d'examiner ses clients accusés d'un crime, dans leur cellule. Laval a repris son masque impénétrable, celui qu'il doit montrer à Hitler dans leurs rencontres.

« Comme tout ça, poursuit-il, est difficile à comprendre pour l'homme simple et honnête !

— Je m'en rends compte. En un premier temps, l'homme simple et honnête me condamnera. Je recevrai mes douze balles dans la peau. Je m'en fous, je ne compte pas, je ne suis qu'une âme qui s'allume et qui s'éteint. En un second temps, dans cinquante ans peut-être, l'homme simple et honnête me rendra justice. »

Ils restent silencieux tous deux. Le parquet craque sous les souliers blancs de Pierre Laval. Par la fenêtre ouverte, hachurée d'hirondelles qui annoncent la pluie, entre l'odeur des roses. Un chien aboie dans le jardin. Une paix merveilleuse règne sur ces collines chargées de pampres.

« Il me serait si facile, continue le politique, de renoncer. Chaque jour ma famille me supplie de le faire. Mais je ne puis me dérober à mon devoir. Alors, chef du gouvernement d'un pays occupé, suspecté des uns, incompris des autres, je me sens coincé dans une tenaille dont une branche est allemande et l'autre française. Et ce n'est pas toujours l'allemande qui me fait le plus mal. »

Il achève sa cigarette. Raymond toussote :

« Une dernière chose, dit-il. Une chose qui me heurte, dans tes discours.

— Laquelle ?

— Cette frayeur du bolchevisme. Je me sens trop embourgeoisé pour être communiste. Mais les communistes ne me font pas peur, j'en ai fréquenté beaucoup.

— Moins que moi, à Aubervilliers. Pendant quinze ans, un grand nombre a voté pour moi.

— Il est vrai que, le 22 juin, tu parlais des bolcheviques russes.

— Les bolcheviques russes ? Attends ! Je te demande cinq minutes de patience ! »

Il le laisse seul. Gautier-Pitelet regarde autour de lui sans oser bouger de sa chaise. Les murs sont tapissés de photographies dédicacées, il identifie quelques visages, Caillaux, Briand, Claudel, Mandel, Herriot, Blum, Samuel Hoare, Pie XI. Il s'étonne que le politique affiche encore ces portraits compromettants, corrigés par d'autres, il est vrai, plus conformes aux circonstances : Mussolini, Ciano, Abetz.

Le temps passe. Les affaires de l'État sont en suspens. A Vichy, le Maréchal et ses ministres s'impatientent : « Que fait donc Laval aujourd'hui ? » Devant le château, les motards regardent leur montre.

Enfin, de nouveau, la porte s'ouvre. La stupeur arrondit les yeux de l'avocat : ils voient entrer un moujik ! Un moujik en bonnet d'astrakan, en blouse rose brodée, en ceinture de soie, en culottes bouffantes débordant sur les bottes jaunes. Dans son costume de moujik qui convient merveilleusement à sa figure d'Asiate, le président du Conseil rit comme un bossu. Il croise les bras à l'horizontale, esquisse quelques pas de danse sur le tapis, hop-là, hop-là, hop-là, avec une agilité stupéfiante. Il se laisse à la fin tomber dans un fauteuil, tandis que Raymond applaudit du bout des doigts.

« Sais-tu, demande Laval essoufflé, d'où me vient ce costume russe ? De Staline en personne, qui me l'a offert en 35 quand je suis allé au Kremlin signer notre pacte. Je l'endosse de temps en temps, pour le plaisir, et je me regarde dans la glace. Un jour, mon notaire m'a surpris en cette tenue, il s'est enfui terrorisé. Alors vois si, personnellement, j'ai peur des bolcheviques ! »

Sur l'intervention d'Otto Abetz, Joseph Rigal fut retenu trois semaines au camp de Compiègne, puis relâché. Il avait perdu quinze kilos de bouffissure. Pascaline se contenta de pincer aux bons endroits ses vêtements anciens, disant je suis sûre qu'il se rattrapera sans tarder. En attendant, toute la famille, demi-ruinée, abandonna l'entreprise de ferraille dépourvue d'approvisionnement et se replia en bon ordre sur le Cantal, rassemblée sous les lauzes de Salvagnac. Elle y vécut de ses restes et de petit élevage.

Gilberte et Alexis, au contraire, en vinrent à une séparation de domiciles. Ils l'étaient déjà de cœur, d'esprit et de sommeil. Elle l'avertit au cours du mois de juillet :

« La Garandie, j'en ai soupé. Je demande ma mutation.

— Bravo ! Et pour quel endroit ?

— Pour Thiers, mon pays natal.

— Crois-tu que je vais te suivre ?

— Probablement. De quoi vivrais-tu ?

— J'ai mes deux bras. Et de la fortune personnelle. »

Il faisait allusion aux 18 432 francs de son héritage. Elle sut piquer si adroitement son amour-propre qu'il s'écria :

« Va-t'en au bout du monde ! Avec ma malédiction ! Mais sans divorce : je ne donne pas mon consentement. Tu abandonnes le domicile conjugal, voilà tout. Je m'en souviendrai le moment venu.

— Et Élise ?

— Je serais en droit de la garder. Mais je te la laisse. Je ne te verserai pas un centime pour son entretien. »

Ils se quittèrent ainsi dans le bruit et la fureur.

« Ce qu'il y a d'étrange en votre cas, lui fit observer M. Guyot, son inspecteur, c'est qu'à l'heure où les maîtres des villes demandent plutôt la campagne pour des motifs alimentaires, vous fassiez l'inverse. »

Elle expliqua ses raisons.

Auguste n'approuva ni ne désapprouva la séparation, il s'en affligea seulement.

« J'espère que tu n'empêcheras pas cet homme de voir sa fille ?

— Il pourra venir quand il lui plaira. »

En septembre, elle ne fut pas nommée à Thiers cependant, comme elle l'espérait, mais dans sa lointaine périphérie, à Bulhon, village limagnais entre Dore et Allier, où concouraient en permanence d'innombrables bras démis et jambes cassées chez une célèbre rebouteuse, Mme Barafy. Pitelet emprunta une camionnette à gazogène et monta prendre les meubles et étartuelles dont sa fille avait encombré l'appartement communal de La Garandie. Alexis ne vint saluer personne. Ce fut presque un déménagement à la cloche de bois.

Un mois après la rentrée scolaire, afin de répliquer au débarquement anglo-américain en Afrique du Nord, les Allemands envahissent la zone dite libre. Un détachement s'installe au collège de Thiers, à l'école Saint-Joseph et à l'école du Moutier, tandis que la *Feldkommandantur* prend résidence à l'*hôtel de l'Aigle d'Or*. Des flèches indicatrices illustrent noir sur blanc les principaux carrefours. Au 30 de la rue Conchette, un office de placement cherche des spécialistes volontaires pour les usines allemandes, tandis qu'au 8 de la place du Pirou la L.V.F. recrute : *Pour sauver la France et l'Europe, il faut payer à l'Est.*

La mère Fradin, épouse de Pulhe-Moune, émouleur chez Auguste Pitelet, travaille depuis des années comme blanchisseuse à *l'Aigle d'Or*. Voici qu'à présent la clientèle a changé : elle doit laver le linge des officiers boches. Crasse pour crasse, elle n'y trouve guère de changement. Mais voici qu'un matin se présente à la porte de la buanderie un grand gaillard vêtu de vert, galonné, médaillé, une sorte de loupe coincée dans l'œil droit et un ballot sous le bras gauche. Il claque les talons :

« Colonel Pabst.

— Bonjour, monsieur », répond-elle, timide.

C'est la première fois qu'elle adresse la parole à un de ces militaires. « Vaut mieux les ignorer. Marie, ma fille, fais celle qui les voit pas ! » se conseille-t-elle journellement. La politesse veut, néanmoins...

« Madame, che voudrais... vous... laver mon linche. »

Il ouvre devant elle son paquet de chemises, de caleçons, de mouchoirs. Elle désigne la grande chaudière où elle met cuire les draps, les serviettes, les nappes de l'hôtel. Mais il secoue la tête :

« Non, non ! A part ! Rien que mon linche. Che paierai le nécessaire. Vous... accepter ? »

On ne mélange pas les serviettes et les torchons, ce principe vaut aussi en Allemagne. Quant à ce qui est d'accepter ou non, comment refuserait-elle, pauvrichonne, misérable laveuse à dix francs la demi-journée, la proposition de ce puissant seigneur de la guerre ? Autant dire : « Fusillez-moi. » Elle tend donc les mains, prend le ballot. Mais le colonel Pabst n'en a pas fini :

« Ensuite... vous... comme ça, comme ça... »

Il fait le geste de promener un fer chaud.

« Repasser ?

— Oui, repasser. Che paierai un bon prix. Pour quand ?

— Mardi.

— Mardi ? (Il compte sur ses doigts.) *Dienstag*. Mardi. D'accord. »

Il claque de nouveau les talons, salue et s'en va, la laissant éberluée.

Les jours suivants, à son domicile personnel, rue de Lyon, elle lave consciencieusement cette lingerie fine, l'étend, la repasse. Les voisins ? Les voisins n'y voient que du feu, il n'est pas inscrit en grosses lettres sur ces chemises qu'elles appartiennent à un Boche. Dès le lundi soir, tout est sec, tout est prêt. Elle a même recousu deux boutons qui branlaient. Elle rapportera la marchandise le lendemain après-midi en allant prendre son travail à l'hôtel.

Or, voici le mardi matin. Et qui franchit la porte du 26, qui suit le couloir, qui traverse la courette, qui gravit l'escalier aux quarante-deux marches, aussi raide, aussi étroit qu'une échelle de pompier ? Le colonel Pabst en personne, avec sa coiffure à la relevette, ses culottes bouffantes, ses bottes et sa lentille dans l'œil. Les voisines ne peuvent pas ne pas le voir, et murmurent derrière leurs rideaux, effarées :

« Les Boches montent chez Fradin ! Ils vont le fusiller ! »

En fait, au bout d'un moment, l'officier redescend, portant son paquet de linge propre, bien enveloppé ; elles comprennent leur erreur et s'écrient :

« Voilà aut' chose à présent ! C'est la Marie Pulhe-Moune qui collabore ! »

La semaine d'après, le colonel revint et remonta l'escalier avec un nouveau paquet. Les voisines ricanèrent :

« Savoir si le linge serait pas un prétexte ! Si la Marie collaborerait pas d'une autre façon !

— Tout de même ! Une femme de son âge ! »

Un qui ne fut pas content non plus : le polisseur. Fallut l'entendre !

« Je veux plus voir ce Boche chez nous ! T'as bien compris ? Oh ! saint pétard de Dieu ! Qu'est-ce que vont dire le monde ? Qu'est-ce qu'ils vont dire ?

— T'as qu'à lui en faire toi-même la défense, au Boche, puisque t'es si vaillant !

— Pas du tout ! C'est toi qui l'as pris comme client !

— Je l'ai pris, moi ? Est-ce que j'avais le choix ?

— Si tu lui refuses, qu'est-ce qu'il peut bien te faire ?

— Me fusiller, simplement ! »

La fois suivante — un dimanche matin — le colonel envoya un curieux rablassou, un soldat court et large, avec une bonne figure, porteur d'un mot écrit en français : *Donnez le linge à mon ordonnance qui vous payera comme moi-même*. Pour ne rien commettre d'irréparable, le polisseur courut se cacher dans la chambre voisine, jurant tout bas le saint pétard de Dieu. Devant sa machine, Marie Fradin était en train de coudre des pièces à un pantalon de son homme. L'Allemand salua, tendit le billet qu'elle déchiffra laborieusement à travers ses lunettes. Pendant qu'elle s'y employait, lui examinait son entreprise de couture. Soudain, il s'expliqua, par mimique et par paroles :

« *Ich*... moi... *Schneider*... tique-tique-tique-tique ! »

Elle crut entendre qu'il avait été tailleur dans le civil :

« Tailleur ?... Vous... tailleur ?

— *Ja, ja ! Schneider !* »

Et il fit le geste de tirer le fil avec une aiguille. Il ne s'en tint pas là :

« *Geben...* moi... *Arbeit !* » fit-il, la poussant doucement hors de sa chaise pour prendre sa place.

Elle la lui céda, en élevant une protestation intérieure contre la violence qui lui était faite. L'ennemi s'assit donc, examina les carrés d'épais velours, les rectifia aux ciseaux, tandis qu'elle restait les doigts croisés sur le ventre. Il abaissa le pied de biche, lança le volant, l'aiguille se mit à sautiller, frénétique, à piquer les deux couches d'étoffe : jamais elle n'y avait mis tant d'alacrité. Marie Fradin se sentit même un peu meurtrie par cette trahison de sa machine. L'ordonnance cependant coupait le fil, ajustait la bobine et la navette, poussait et dirigeait le velours avec compétence et célérité. En rien de temps, les trois pièces — fond et genoux — furent en place, vérifiées, fignolées, irréprochables. L'Allemand se leva, sourit devant la stupeur de la bonne femme qui ne put s'empêcher de dire, en personne bien apprise qu'elle était :

« Merci. Grand merci. »

Elle eût aimé avoir le droit de lui offrir une goutte de vin ou une tasse de son mauvais café, mais la présence invisible de son homme la paralysait : elle redoutait son irruption et une bagarre générale. Grâce à Dieu, la porte de la chambre était restée farouchement close. Marie se contenta, ouvrant avec précaution, d'aller y prendre le linge du colonel ; dans l'ombre, Pulhe-Moune lui montra le poing d'un air furieux. L'ordonnance paya, puis s'en fut, après un claquement des talons.

Quelques jours plus tard, la gérante du *Casino*, chez qui Marie achetait des rutabagas, traduisit sous forme interrogative l'opinion générale du quartier :

« Alors, madame Fradin, paraît que vous vous êtes fait de bons amis à *l'Aigle d'Or* ? »

Et elle, avec mépris : « Si quelqu'un vous le demande, madame la Casinote, vous direz que vous n'en savez rien. »

Peu après, le colonel Pabst et son ordonnance quittèrent la ville. La lavandière se trouva délivrée de cette clientèle compromettante. N'empêche que, les hivers qui suivirent, c'est avec confusion et inquiétude que Pulhe-Moune, le polisseur, se sentit le derrière au chaud. En présence des gens, il le tournait autant que possible à l'opposé, pour n'avoir pas à montrer la pièce cousue par le Boche.

1943

Malgré les trois piliers de la Révolution nationale, Travail, Famille, Patrie, la morale vole au plus bas sous le régime pétainiste. Les dénonciations anonymes pleuvent sur le commissariat de police, la gendarmerie, la *Feldkommandantur*, à tel point qu'elles suffisent presque à alimenter leurs calorifères. Il y a quelque chose de pourri au royaume de France. Jamais le vol, l'escroquerie, les trafics illicites, l'enlèvement, l'assassinat n'ont connu telle prospérité. Jusqu'à l'Enfant Jésus qui se fait ravir à Thiers dans la chapelle des sœurs de Nevers, sous prétexte qu'il est en métal non ferreux. On vole les courroies de cuir pour en ressemeler les chaussures. L'adultère, aussi ancien que le mariage, prend des aspects singuliers. Avant 40, en pays coutelier, il se consommait à la bonne franquette. A présent que tant de maris sont retenus en Allemagne, le voici passible des tribunaux. Exemple : la nommée Denise L..., épouse T..., appelée un jour à comparaître :

« A la requête de votre mari, le soldat T... Léon, actuellement prisonnier de guerre, et par l'intermédiaire de maître Passat, avoué, vous êtes accusée de commettre régulièrement l'adultère avec votre voisin, le sieur G... Maurice. Reconnaissez-vous les faits ?

— Oh ! pas si régulièrement que ça, monsieur le juge !

— Là n'est pas la question. Reconnaissez-vous l'adultère ?

— Ben oui... je reconnais.

— Vous êtes passible de six mois de prison. Mais j'ai entre les mains une lettre de votre mari qui sollicite à votre profit l'indulgence du tribunal. »

Et Denise, furieuse : « Ça, c'est bien de lui ! S'il m'aimait, il ne demanderait pas d'indulgence ! Mais je suis sûre que de son côté il a trouvé là-bas quelque salope qui adoucit son temps. Alors que moi, pauvre gourde, je l'ai attendu deux ans... disons dix-huit mois dans la fidélité ! Oh ! Je le vois venir ! Tout ce qu'il désire, c'est une reconnaissance officielle, sur papier timbré, de ses cornes. Pour pouvoir divorcer à son profit. Il a toujours été intéressé.

— Donnons-lui cette satisfaction. Je vous condamne à 200 francs d'amende. Et à 1 franc de dommages et intérêts. C'est bien tout ce que vous valez. »

Bulhon était un village boueux en bordure de la Limagne ; le dimanche, paysans et paysannes s'y rendaient en galoches par les chemins de terre ; ils abandonnaient leurs chaussures crottées à l'auberge Bonnefont ou à la boucherie Moussière, enfilaient leurs souliers et pouvaient ensuite décemment assister à la messe ; au retour, ils faisaient l'échange inverse. Un bourg tout de pisé, à l'exception de l'église, du château de Riberolles, de la maison Allary et de la croix des Quatre-Évangélistes en lave de Volvic, belle œuvre d'art dressée sur la place unique depuis 1866. L'école était la dernière maison à la sortie, en venant de Maringues. Elle comprenait un jardinet avec des cages à lapins, une cour en terrasse, un tilleul en sentinelle, un bâtiment en forme de T renversé, aux fenêtres encadrées de brique : la salle de classe en formait la jambe ; la mairie, le préau, le logement de l'institutrice et l'escalier pour y monter s'en partageaient les bras. Aux alentours poussaient la vigne, les céréales, le tabac, les betteraves.

Dans ce climat plus doux, sans neiges profondes, Gilberte, délivrée de ses chaînes, se sentait revivre. Sa fille Élise avait atteint l'âge scolaire, ce n'était qu'une élève de plus qu'elle traitait avec une sévérité sans faille pour qu'on ne l'accusât point de favoritisme. L'enfant faisait des progrès rapides en lecture et en écriture malgré la « méthode globale » que recommandaient fortement les inspecteurs : elle savait lire ses phrases à l'endroit, à l'envers, et même en leur tournant le dos. Ainsi avançait le Renouveau national. *Le Maréchal c'est l'Avenir. De Gaulle c'est le Passé*, affirmait un slogan de l'époque.

Grâce à l'abattage clandestin, elles ne manquaient pas de viande rouge ; les volailles dont regorgeaient les fermes avoisinantes leur fournissaient la blanche ; Mme Bonnefont, l'aubergiste, qui possédait une cressonnière, les approvisionnait en cresson de garniture ; elles devaient le beurre aux démérites d'Arsène Bourrard. Celui-ci marchait sur ses onze ans et aucune méthode n'avait encore pu lui apprendre ses lettres. Fils unique d'un agriculteur provisoirement occupé à cultiver un coin de Poméranie, il vivait avec sa mère, sa grand-mère et un ouvrier agricole sur une ferme de trente hectares. Mme Bourrard s'était mis dans la tête que son gars devait savoir lire au retour du prisonnier. Pour encourager la nouvelle maîtresse à obtenir ce résultat, Arsène lui apportait chaque quinzaine une livre de beurre.

« Et c'est pas tout ! promettait la mère. Le jour où il saura, je vous apporte la motte tout entière ! »

Arsène cachait sa figure de ses larges mains, riant en dessous.

Outre ses fonctions pédagogiques, Gilberte s'occupait des écritures municipales comme secrétaire de mairie, sous la responsabilité de M. Mondanel, maire délégué par Vichy, agriculteur et ancien de 14, donc bien dans la couleur du temps. Elle recueillait les déclarations de récoltes de la paysannerie environnante, qui était bien aise d'avoir affaire à une personne nouvelle venue, ignorante des surfaces et des rendements, la fraude s'en trouvait facilitée. Elle enregistrait les moissons lamentables, les vendanges dérisoires, les volailles stériles, les veaux mort-nés, les vaches taries ou crevées de maladies mystérieuses.

« De quoi est-elle morte au juste, cette bête ?

— Ben... ch'ais pas.

— Il faut tout de même que j'inscrive quelque chose, puisqu'on me le demande.

— J' croirais qu' c'est d' la gonfle. »

La fermière intervenait :

« Tu déparles, Gustave ! De la gonfle au mois de décembre ! Nos vaches mangent que du sec ! »

Le porte-plume de la secrétaire demeurait suspendu :

« Alors, qu'est-ce que je mets ?

— Mettez... de languison.

— De languison ?

— Oui, ça les attrape, des fois, comme ça, tout par un coup. Elles s'arrêtent de manger et de boire. Ça les emmène. »

Elle ne trouvait rien à redire. Ils la récompensaient.

Quarante-cinq élèves fréquentaient ainsi la classe, garçons et filles, petits, moyens et grands. Eux aussi devaient quitter sous le préau leurs galoches et pénétrer dans la classe en pantoufles. Parmi l'effectif, Jean-Marie Pruvost, âgé de six ans, dont la mère s'appelait Mademoiselle. Elle vivait de couture et de broderie. Encore jeune, vive, intelligente, portant de grandes lunettes qui lui couvraient la moitié de la figure, elle gagna l'amitié de Gilberte. Elles mangeaient souvent ensemble, tantôt chez l'une, tantôt chez l'autre, en vieilles filles, économisant de la sorte sur le chauffage et la lumière. Suzanne Pruvost avait une idée fixe : les cartes. Elle les alignait en réussites interminables, annonçant la fin de la guerre pour 1945, la défaite de l'Axe, le suicide du maréchal Pétain, l'arrivée de De Gaulle à la présidence de la République. A Gilberte, elle prédit un second mariage — mariage d'amour —, deux autres enfants, beaucoup de voyages et une heureuse fin de vie. A elle-même, elle s'annonçait un célibat éternel, mais une passion tardive et sans espoir.

C'est aussi ensemble qu'elles préparèrent, malgré les circonstances, une fête de Noël dans une grange enguirlandée : sur une scène de planches et de tréteaux, les enfants dansèrent un menuet, déguisés en marquis et marquises de papier crépon ; ils jouèrent le *Jeu du merle et de la merlette* dans lequel Arsène Bourrard tenait le rôle muet du « dépendeur d'andouilles » ; ils chantèrent à deux voix *O douce nuit* et, pour finir, à l'unisson, les trois couplets de *la Marseillaise* recommandés par les instructions officielles.

Mettant leurs ressources en commun, Suzanne et Gilberte passèrent un hiver confortable au milieu de la misère du monde. Leurs veillées s'écoulaient paisiblement près du fourneau émaillé sur lequel crachotaient, à même les ronds, des châtaignes fendues. La couturière raconta qu'elle avait dans son adolescence aimé un homme plus vieux qu'elle de quatorze ans ; que ses parents s'étaient opposés à ce mariage à cause de la différence d'âge ; que lui, rebuté, avait fini par disparaître. Elle attendait maintenant sans impatience le grand sentiment promis par les cartes.

« Et Jean-Marie ?

— Oh ! ç'a été un pur accident de 14 Juillet. A Lezoux, il y avait un bal sous le marché couvert. Un danseur venu de Clermont... Je ne sais pas ce qui s'est passé... Il m'aura fait boire... Ensuite, il devait revenir, mais il n'est jamais revenu. »

A cause de ce petit, elle avait refusé déjà deux ou trois partis qu'elle ne trouvait pas à leur convenance. Les paysans se vengeaient en répétant d'elle la phrase de tradition :

« Celui qui la prendrait ferait pourtant une bonne affaire, puisqu'il aurait du même coup la vache et son veau. »

Elle avait bien d'autres avantages. Par elle, Gilberte apprit qu'une femme pouvait parfaitement se débrouiller dans son ménage sans l'aide d'aucune main masculine. Elle savait manœuvrer non seulement l'aiguille, mais la scie, les tenailles, le marteau ; elle grimpait aux échelles, gâchait la chaux et le ciment, remettait en place les tuiles du toit que les tempêtes avaient déchaussées.

« Si je vous avais connue avant, soupirait l'institutrice, jamais je n'aurais encombré ma vie d'un homme. »

Et l'autre, riant et rougissant de ses sous-entendus :

« Attention ! Un homme, ça rend parfois de menus services ! Pour ce genre de besogne, on en trouve toujours un prêt à vous dépanner. Mais faudrait jamais y mettre de sentiment. Le sentiment abîme tout. »

En février, Auguste se trouve pratiquement sans réserve de métal. Le C.O.T.M. répond qu'il n'a aucun bon à lui remettre : son refus antérieur de l'acier tchèque le disqualifie pour tout nouvel approvisionnement.

« A titre d'information, demande-t-il, pouvez-vous me préciser ce que je dois faire de mon personnel ?

— Fournissez-vous par vos propres moyens. »

Cela veut dire : au marché noir. Aucune honte à cela : le marché noir fonctionne partout. Une fois la guerre vraiment terminée, il faudra élever un monument au Marché Noir, au Trafiquant Inconnu, avec sa valise remplie de saucissons, ses poches de tabac à priser, son chapeau de fil à coudre, sa fourgonnette de coutellerie clandestine. Pitelet aura donc recours à Lui. N'empêche qu'au bout de quelques semaines il confie à sa femme :

« Ça peut plus durer. Je mets la clé sous la porte. Je n'ai le droit de travailler que si j'accepte les commandes boches. Mais moi, de ce pain-là, j'en veux point. Je le laisse à ceux qui sont pas regrettifs. »

Le *regrettif* est l'homme délicat dont la bouche n'accepte aucune souillure, elle refuse tout ce qui « fait regret », le verre auquel un autre a porté les lèvres, la cuiller qu'il a sucée. Auguste l'était. Au cours de la première guerre, il avait mangé du rata mêlé de boue, bu l'eau vaseuse des tranchées ; mais avec la paix était revenue sa vraie nature. S'il ne pouvait tolérer le moindre *bourdji*, une poussière dans sa soupe, sur sa table, sur la manche de sa veste — un de ses gestes familiers consistait à envoyer promener d'une chiquenaude tout grain qui offensait sa vue — ce n'était pas pour accepter sur la conscience cette tache : travailler pour l'ennemi.

« Que vas-tu faire ?

— Demander une place.

— Te remettre à émoudre, à polir, comme à vingt ans ? Redevenir salarié ?

— Oui. Si quelqu'un veut de moi. Mais j'ai aussi une autre idée : je pourrais enseigner la coutellerie à l'École Nationale Professionnelle. »

Il téléphone au directeur, M. Jumentier, qui lui conseille de présenter requête au ministère de l'Instruction publique replié à Vichy. Accepté comme professeur technique auxiliaire, il pourrait entrer dans son établissement dès le prochain octobre. Francine rédige une belle lettre sans fautes d'orthographe ; il la recopie de sa main et l'expédie *recommandée*.

« Vendras-tu ta marque ? »

Pour éviter la prolifération des entreprises, il a été fait obligation aux nouveaux fabricants d'acheter une marque ancienne ; il y a donc gros à espérer d'une telle cession.

« Non, dit-il. Attendons des jours meilleurs. Le vrai printemps reviendra, *l'Hirondelle* pourra voler encore. »

Il se mêle journellement de plus en plus à ses ouvriers. Eux le sentent dans leur dos, croient qu'il se tient là pour la surveillance et lui lancent des regards offensés, quelle mouche le pique, Auguste ? Ils ne soupçonnent pas qu'il vient seulement pour l'amitié, il leur donne sur l'épaule des tapes légères. Il sait que bientôt il devra dire séparons-nous, d'avance cette traîtrise lui serre le cœur. Avec les mêmes gestes, il caresse ses rayons, ses meules, ses presses, ses découpoirs.

Le tilleul de la cour commença de verdir, tendrement. Les écoliers avaient adopté une pie : ils alignaient pour elle sur l'appui des fenêtres des poignées d'orge dérobées aux greniers familiaux. Soudain, la pie cessa de venir, elle avait trouvé ailleurs sa nourriture : le blé enfant qui sortait des glèbes et qu'elle allait tirer par les cheveux.

On dessina les premières violettes, on apprit des récitations de circonstance :

Le temps a laissé son manteau
De vent, de froidure et de pluie,
Et s'est vêtu de broderie,
De soleil rayant, clair et beau.

Mais sous le front d'Arsène Bourrard n'entrait ni rondeau, ni voyelle, ni consonne, il retenait autant de la tête que du derrière. A son âge, il aurait dû faire partie de la division des grands. Mais non : il restait chez les petits qu'il dominait en taille, en force et en bêtise. Gilberte l'avait quand même inscrit au « cours élémentaire » pour lui laisser croire à des progrès. Ces gamins jouaient à Bourrard toutes sortes de niches auxquelles il ne savait répondre, trop doux et innocent.

« Appelle-moi con, suggérait l'un.

— Con.

— Oh ! Madame ! Bourrard m'a traité d'un gros mot ! »

Et elle : « Quel gros mot ?

— Un mot qu'y faut pas dire.

— Répète-le quand même, pour que je sache.

— Il m'a dit con.

— C'est vrai, Bourrard ? »

L'autre ne pouvait nier, ne comprenant pas comment la chose avait pu se produire.

« Vous l'avez donc dit tous les deux ? » concluait la Dame, les mettant d'accord avec une paire de calottes.

Les jambes serrées dans son banc exigu, Arsène se déployait seulement à la récréation, galopant au milieu de la cour, hennissant, lançant des ruades, tandis que d'autres faisaient mine de le fouetter.

On abusait de son manque d'esprit. Si quelque polissonnerie venait à se commettre, une pierre dans un carreau, une bourrade trop forte, des fleurs piétinées, il était toujours là pour encaisser la faute, avec ses larges épaules. Cherchait-il par hasard à se défendre ? Ses dénégations n'avaient pas l'accent sincère. Même quand il disait :

« C'est pas moi ! Je le jure !

— Tu le jures comment ? insistaient les accusateurs.

— Je le jure croix de bois, croix de fer.

— Pas vrai, Madame ! Il a levé le genou gauche ! »

En sorte que Gilberte ne savait qui croire. Cela lui rappelait les invectives de la radio, les gens de Vichy accusant de traîtrise les hommes de Londres et réciproquement. « Croix de bois, croix de fer ! » jurait Maurice Schumann au micro de la B.B.C. « Croix de bois, croix de fer ! » rétorquait Philippe Henriot sur les ondes de Radio-Paris.

Ses élèves lui apprirent ainsi qu'il y a trois manières de prêter serment. La première en croisant les index et prononçant la formule :

Croix de bois, croix de fer,
Si je mens, je vais en enfer.

La seconde en levant la main droite et en crachant par terre. La troisième en levant le genou gauche.

Les deux premières s'emploient pour dire la vérité, la troisième pour prononcer un faux serment sans en charger sa conscience : le genou levé annule le reste du cérémonial ; par ce subterfuge, on a le droit de tromper la partie adverse qui, si elle n'est pas avertie, n'y voit que du feu.

La plupart des prêteurs de serments, ministres, juges, policiers, militaires, membres de la Légion juraient par ce dernier moyen fidélité au Maréchal.

A Thiers, à Clermont, dans la plupart des villes françaises, on avait donné son nom à une avenue et l'on jurait pareillement, la main pointée vers la plaque. Les enfants des écoles, les jeunes des « Chantiers », les scouts entonnaient la chanson lancée par André Dassary :

Maréchal, nous voilà
Devant toi, le sauveur de la France.
Nous jurons, nous, tes gars,
De servir et de suivre tes pas.

En levant le genou gauche, de plus en plus haut à mesure que passaient les années.

Parmi tant de genoux levés, il y eut un cas remarquable : celui de Joseph Darnand, chef de la Milice. Cette force de répression avait été imposée par les Allemands pour combattre la Résistance. Afin de la contrôler, Pierre Laval essaya de la garder en main, revendiquant hautement son autorité sur elle :

« Vous serez mes compagnons ! Je veux être votre ami et votre chef ! »

Toujours l'arme des mots, subtile et équivoque. Ses membres se recrutaient parmi les Service d'Ordre de la Légion dont le *Credo* comportait vingt et un articles :

Contre la Démocratie, pour l'Autorité.
Contre la dissidence gaulliste, pour l'Unité française.
Contre la lèpre juive, pour la Pureté française.
Contre la Franc-Maçonnerie, pour la Civilisation chrétienne...

Et aussi parmi les Gribouilles qui trouvaient, en s'engageant dans ses rangs, un biais pour échapper au S.T.O. Enfin parmi la racaille sans cœur ni tripes, heureuse de porter le pistolet à la ceinture, de pouvoir pratiquer impunément toutes les violences. La Milice se souciait en fait de Laval comme de colin-tampon, elle n'obéissait qu'à Joseph Darnand, authentique créature de la Gestapo. Comme membre des *Waffen-S.S.*, il avait, lui, prêté serment à Hitler. « Ce serment ne comptait pas ! prétendra-t-il plus tard devant ses juges. Je l'avais prononcé en levant le genou gauche ! »

Les hirondelles regagnèrent leurs anciens nids, plusieurs les attendaient sous les avancées du toit. Avant d'y installer leurs futures couvées, elles entreprirent de refaire le capitonnage intérieur. Elles avaient pour cela besoin de duvets, flocons, brins de laine, et elles les saisissaient au vol sur les ailes du vent. Pour les écoliers, cela devint un jeu habituel. Paradisiaque. Ils raflaient dans les basses-cours les plumes perdues, s'en remplissaient les poches ; une fois sur le terrain de récréation, chacun lançait la sienne en l'air aussi fort que possible, soufflant par-dessous pour qu'elle montât plus haut. Les hirondelles tournoyaient sur leurs têtes, intimidées d'abord par tant de mains levées, tant de regards anxieux ; puis, la nécessité leur donnant de l'audace, elles fonçaient sur les plumules voltigeantes, les emportaient dans leur bec jusqu'au logis d'argile. Sans dire merci. Tandis que les plumes dédaignées retombaient en dansant. On savait qu'un nid d'hirondelles est un porte-bonheur, et les enfants se sentaient suffisamment récompensés chaque fois qu'elles acceptaient leur don ; il y avait bien ainsi un échange entre eux et les oiseaux, entre la terre et le ciel.

En avril, une fourgonnette Citroën à gazogène s'arrêta devant l'école. Il en descendit un jeune homme qui dit s'appeler M. Galéas, être photographe professionnel et patenté, il produisit une autorisation académique. Il parlait avec l'accent du Midi et se mit à sortir son matériel. Aussitôt, la classe se trouva interrompue, à la grande joie de tous.

« Mes enfants, dit Gilberte, M. Galéas va vous photographier en groupe dans la cour.

— Aaaah !

— Nous sortirons les bancs sans bousculade. M. Galéas vous installera lui-même.

— Aaaah ! »

Il portait une barbe blonde et arrondie, plus sombre au milieu, plus claire sur les bords, comme s'il eût en buvant versé dessus quelque vin noir. Ses prunelles étaient d'un bleu de vitre, ses dents blanches, ses doigts se promenaient en l'air lorsqu'il racontait aux écoliers des histoires pour retenir leur attention :

« Alors, la jeune fille arracha un de ses cheveux d'or et le jeta derrière elle, entre le cheval du géant et celui qui l'emportait... Les petits devant, je vous prie, assis par terre, carrément, les jambes croisées, en tailleur... Aussitôt se creusa un fossé profond que le géant mit très longtemps à franchir... Les moyens au milieu, assis sur les bancs ; les grands derrière... Mais son cheval avait de longues jambes, et de nouveau, il se rapprochait. Alors, la Belle jeta un autre de ses cheveux... Les filles, mettez-vous plutôt au centre. Non, pas sur la chaise ! Personne sur la chaise ! »

Durant ces préparatifs, les enfants éberlués l'écoutaient, le regardaient avec leurs yeux de marguerites. Il disparut sous le capuchon noir de son appareil, émergea de nouveau :

« Vous, madame, à présent, veuillez prendre place sur la chaise.

— Attendez ! Une seconde ! »

Elle courut dans la maison, enleva sa blouse, se peigna devant une vitre. Quand elle revint, M. Galéas la conduisit cérémonieusement jusqu'à son siège de paille. Puis, un index levé, tenant dans l'autre main sa poire à déclic, il continua sa narration :

« Sitôt que le cheveu toucha le sol, une rivière s'ouvrit, barrant la route du méchant. Son cheval dut s'y enfoncer, patauger dans l'eau, traverser le courant... Dans une seconde, je continue, sitôt que j'aurai changé ma plaque... »

Ainsi, cet habile homme opérait en douceur, sans inutiles recommandations, en racontant des histoires aussi savoureuses que le bouillon *Kub*. Il tint à tirer à part le portrait de Mme l'institutrice.

« Si, si ! insista-t-il. Vous ne pouvez me refuser ce plaisir ! »

Elle se laissa faire, de face et de profil sous le tilleul, tandis que, suivant la même méthode, il l'entretenait de son pays, Avignon, où les belles dames font comme ça.

M. Galéas allait de commune en commune, photographiant les maîtres et les élèves. « Je couvre, disait-il avec orgueil, trois départements. » En abandonnant un pourcentage de ses recettes aux caisses des écoles, il avait obtenu les permissions indispensables. Il couchait dans les auberges où les draps étaient rêches et le mobilier rudimentaire, suspendant parfois sa veste au bouton de la porte. A défaut, il dormait dans les granges, les paysans le recevaient d'abord avec méfiance à cause de cet accent qui révélait ses origines étrangères, mais ses photos étaient une bonne recommandation. Il les persuadait de se faire tirer puisque se présentait une occasion honorable, sans oublier le grand-père qui allait bientôt casser sa pipe et dont ils seraient heureux de transmettre les traits à leur descendance. Il pratiquait aussi des agrandissements pour peu qu'on lui fournît n'importe quelle ancienne image ; il la corrigeait, la rajeunissait, la coloriait au pinceau, l'ornait d'un col cassé et d'une cravate. La clientèle n'en revenait pas de ce miracle — c'est lui tout craché ! — même si au fond elle le trouvait un peu plus beau que nature. M. Galéas était une sorte de magicien. Et tout le temps qu'il parlait, les filles ne le quittaient pas du regard, à cause de cette magnifique barbe à nuances, de ses dents éclatantes, de ses yeux couleur de vitre.

Les jours allongeaient considérablement. Surtout le soir, depuis les divers changements d'heure. On avait d'abord maintenu en hiver l'heure avancée de soixante minutes qui ne devait, en principe, avoir cours que l'été. Ce qui n'avait pas empêché par la suite, à l'arrivée du printemps, de pousser les aiguilles d'une heure encore. Enfin, ayant envahi la zone sud, les Allemands imposèrent à l'ensemble du pays l'heure de Berlin qui avançait d'une heure sur la précédente. Le total du décalage était donc de trois heures par rapport à la seule vraie, celle du soleil. Il faisait encore plein jour à dix heures du soir et les paysans, complètement confondus, essayaient de s'y retrouver entre *l'heure vieille, l'heure nouvelle* et *l'heure imbécile*.

Ce fut un de ces soirs interminables que le photographe revint. Les écoliers étaient partis. Gilberte restait seule dans la classe en compagnie d'Élise occupée à dessiner des chats. Le gazogène s'arrête sous les fenêtres, son conducteur en descend, traverse la cour, se présente à l'entrée d'honneur.

« Bonjour, monsieur Galéas... Non, non, vous ne nous dérangez point... Elle dessine des chats. Élise, dis bonjour à M. Galéas, et montre-lui tes dessins.

— Elle aime les chats ? Comme elle a raison ! Moi aussi, je les adore. Mais je ne peux en avoir aucun, avec la vie de Juif errant que je mène.

— Il pourrait vous attendre chez vous ?

— Chez moi ? En Avignon ? J'habite seul, depuis que j'ai perdu ma mère. Mais j'ai les chats de la rue, ils pullulent autour du Palais des papes. De temps en temps, l'un d'eux me rend visite. Nous nous apprivoisons quelque peu réciproquement. Ensuite, je reprends mes courses. Quand je reviens, lui ne revient pas. Il ne pardonne pas mon abandon.

— Il devrait. Né libre, vous lui avez simplement rendu sa liberté.

— Comment tu trouves les miens ? intervient la petite.

— Magnifiques ! Nous en dessinerons ensemble, tout à l'heure. Mais d'abord, voyons les photos. »

Il tire de sa serviette les épreuves sur lesquelles ils se penchent tous trois.

« Oh ! je suis là ! J'ouvre la bouche !... Et Jean-Marie !... Et Arsène !... Et Renée !... Et Jacques !... Et Pierrette !... Et Paul !

— Chacune coûte cinq francs. Huit francs les deux. Dix francs les trois. Avec une ristourne de dix pour cent sur le total pour la caisse de votre école. Mais voici les vôtres, madame, qui sont un petit présent du photographe. »

Elle proteste, il la fait taire, elle remercie, elle rosit en découvrant qu'elle a été prise à son avantage.

« Vous pourrez, ajoute-t-il, en envoyer une à votre mari, sans doute prisonnier en Allemagne.

— Non. Je n'ai pas de mari en Allemagne. Je n'ai même plus de mari du tout, à vrai dire. Nous nous sommes rendu l'un à l'autre notre liberté, comme vous et vos chats.

— Pardonnez mon indiscrétion. »

Ils restent un moment silencieux, face à face, se regardant. Lui grand et elle petite. Lui blond qui vient du Sud, elle brune qui est du Centre. Fils lointain de quelque tribu vandale en marche vers le soleil. Fille lointaine d'un Ligure accroché au terrain malgré l'invasion celte. Dès cet instant, ils se sentent complémentaires et sans doute prédestinés l'un à l'autre. Mais les convenances s'y opposent, pas un mot n'est prononcé, pas un geste esquissé. Élise les sépare :

« Tu m'as dit que tu savais dessiner les chats ?

— Oui, oui. Je vais te montrer. »

Tandis que Gilberte retourne à son bureau magistral, il prend place comme il peut près de la petite, dans son banc exigu, emprunte son crayon, se met à dessiner des chats dans toutes les poses, assis, couchés, cambrés, hérissés, la queue en l'air, dressés sur leurs pattes postérieures, buvant leur lait, se léchant, faisant pipi. Élise pousse des éclats de rire, elle court les montrer à sa mère :

« Quel grand artiste vous êtes, monsieur Galéas !

— Est-ce que tu pourrais aussi dessiner un chien ?

— Capable ! »

Il s'exécute. Avec le même bonheur. Et une vache ? Oui, oui, il sait aussi. Et tout ce qu'on veut, le canard, le cheval, le porte-plume, le balai, le facteur, le pompier, le gendarme à bicyclette.

« Mais, s'étonne l'institutrice, pourquoi n'avez-vous pas exploité ce talent ?

— Il y a en France des milliers de garçons et de filles qui dessinent, qui peignent mieux que moi et qui crèvent de faim. Alors, j'ai choisi la photo. Surtout la photo de groupe : noces, banquets, écoles, premières communions. Ça, c'est d'un rendement sûr. Cinq francs l'unité. Huit francs les deux. Dix francs les trois.

— Et les éléphants ? s'enquiert Élise. Est-ce que tu sais faire les éléphants ?

— Bien sûr... L'éléphant d'Asie... qui porte une maison sur son dos... L'éléphant d'Afrique, qui a de grandes oreilles pour se chasser les mouches. »

Gilberte a elle-même, paraît-il, un joli coup de pinceau, elle représente les feuilles, les fleurs, les fruits, elle rêva jadis de suivre les cours de l'école des Beaux-Arts, mais Auguste Pitelet s'y opposa fermement, à cause de la mixité. Elle s'est rabattue sur la pédagogie, comme M. Galéas sur la photographie. Enfin une similitude entre eux, parmi leurs différences. Elle sourit. Il ne voit pas de motif à ce sourire, mais le lui rend. Il a fini par prendre Élise sur ses genoux, il la tient du bras gauche et dessine de la main droite, à la demande.

Et les choses durent longtemps ainsi.

Ils se sentent bien ensemble.

« A présent, dit M. Galéas, il faut que je m'en aille.

— Reste, dit l'enfant.

— Je suis assez resté.

— Non, non. Tu as bien encore une minute. Fais-moi... Qu'est-ce que tu pourrais bien me faire ?... Une clé. Une belle clé.

— D'accord. Ensuite, tu me laisseras partir ?

— Je promets rien. »

Il dessine une merveilleuse clé, au panneton ouvragé comme une dentelle. Aaaah !

« Comment t'appelles-tu ?

— Galéas. Ferdinand Galéas.

— Fer... nand ?

— Non. Ferdinand.

— Et moi, Élise. Et ma maman, Gilberte.

— Maintenant, je peux partir, Élise ?

— Oui. A une condition.

— Laquelle ?

— Que tu reviennes.

— Vous l'entendez, madame ? Elle m'invite à revenir !

— Revenez chercher votre argent, quand je l'aurai rassemblé.

— D'habitude, on me l'envoie par la poste. Mais c'est entendu. Je reviendrai. »

Il embrasse l'une, serre la main de l'autre. Elles le regardent par la fenêtre, il fait un signe du bras, le gazogène s'éloigne en direction de Lezoux.

Élise avait peur du noir. Jamais elle n'entrait dans une pièce non éclairée. Et même elle en fermait soigneusement la porte pour empêcher les ténèbres de sortir et de se lancer à sa poursuite. Le soir, elle ne pouvait s'endormir que si on laissait allumée une lampe de chevet.

Cette nuit-là, plus qu'à l'accoutumée, elle peinait à trouver le sommeil.

« Maman, demanda-t-elle, tu crois qu'il reviendra ?

— Qui ?

— Fernand.

— Quel Fernand ?

— Le photographe.

— Il reviendra sûrement, pour que je lui donne ses sous.

— Quand ?

— Bientôt.

— C'est quand, bientôt ?

— La semaine prochaine. Ou la suivante.

— Ah ! bon ! »

On entendait la pluie ruisseler sur les tuiles, parfois un coup de tonnerre ébranlait la maison.

« Maman, j'ai peur.

— Viens dans mon lit. »

Gilberte sentit sous le ciel en tempête leur solitude et leur fragilité. Captives de ces quatre murs comme deux souris prises au piège. Allons bon, voici que ça me reprend ; mauvais signe, la crainte de la solitude ; ça ne devrait pas, nous sommes deux, Élise et moi ; il y a aussi Suzanne et son fils ; et mes quarante-cinq lascars.

« Crois-tu qu'il se mouille ?

— Qui donc ?

— M. Goléas.

— Galéas. Sûrement pas. Il ne manque pas de maisons. »

Elle se pelotonna entre ses bras.

« Et papa ? dit-elle soudain.

— Papa aussi a une maison.

— Où ?

— A La Garandie.

— Quand est-ce qu'il vient nous voir ?

— Quand il pourra. Tu sais qu'il a beaucoup de travail, beaucoup de souliers à ressemeler. Dors. »

Et Gilberte rêva. Elle n'avait jamais rêvé d'Alexis Grattadeix. Elle considérait cela comme un signe, elle lui avait un jour lancé au visage :

« Jamais je ne rêve de toi.

— Moi non plus. Ni à toi ni à personne. Je rêve jamais.

— Alors, pourquoi continuons-nous de dormir ensemble ? »

Cette nuit-là, sous les ruissellements de l'orage, elle rêva d'une fourgonnette à gazogène qui fonçait dans l'averse et l'emportait vers le soleil.

Le lendemain, elle commanda soixante-trois photographies à l'adresse suivante :

Monsieur Ferdinand Galéas
Poste restante
ROANNE *(Loire)*

Le jeudi, elle avait coutume de consacrer la matinée à ses tâches de secrétaire de mairie, l'après-dîner à la promenade. Depuis une semaine, le ciel était d'un bleu exquis, la température prouvait que toute douceur n'avait pas disparu du monde.

Ce jeudi-là, qui était le premier du mois, elle se trouva seule à marcher : Élise avait voulu rester en compagnie de Jean-Marie Pruvost et de Suzanne. En souliers plats, elle fit le chemin jusqu'à l'Allier, puis remonta, s'arrêta chez un boucher de Crevant spécialiste de l'abattage clandestin, acheta un kilo de pot-au-feu sans tickets.

« Encore un, fit le boucher, qu'Hitler aura pas. »

Comme elle suivait le bord de la route, elle vit venir à elle une voiture dont la silhouette lui fit sauter le cœur. L'instant d'après, la guimbarde à gazogène s'arrêta, M. Galéas en descendit, avec cette barbe et ces cheveux ensoleillés qui lui conféraient le visage d'Apollon-Aux-Traits-d'Or.

« Je savais bien, s'écria-t-il, que je vous trouverais ! »

Leurs mains se prirent, leurs regards se mêlèrent, Gilberte levait les yeux, lui les baissait, ils se dirent à peine bonjour, comme s'ils manquaient de souffle. Et il y eut entre eux un interminable silence. Enfin, ils se séparèrent.

Et lui : « Je vous ai apporté la marchandise. »

Il atteignit le paquet dans la voiture, le lui montra.

« Mais vous n'allez pas vous charger davantage. Je vous ramène chez vous si vous voulez.

— D'accord. »

Elle monta avec son aide, s'assit sur le siège défoncé, cependant qu'il reprenait place au volant, tripotait les manettes.

« Je dois faire demi-tour. Il me faut un carrefour propice. »

La fourgonnette se met en route, secouant toutes ses tripes de métal. Chaque coup de frein lui arrache un couinement épouvantable.

« Vous n'avez pas besoin de klaxon, dit Gilberte.

— Comment ?

— Je dis que dans les tournants vous n'avez pas besoin de corner !

— Non, on m'entend venir de loin ! C'est très pratique ! Ça économise la batterie !

— Car vous avez aussi une batterie ?

— Naturellement. »

Il vient de trouver un chemin latéral, creusé d'ornières et de pieds de vache. Il s'y engage et, comme par un fait exprès, le moteur cale.

« Je fonctionne au gaz pauvre, explique-t-il. Ça manque de nerf. »

Les voici, avec la complicité du gazogène, seuls en pleine campagne comme deux naufragés sur une île. Entre eux, le paquet des soixante-trois photos, le levier des vitesses, le frein à main.

Elle parle de Thiers et de la Durolle, de la voiture Hotchkiss de son père.

Il parle d'Avignon et du Rhône, de son travail de photographe ambulant.

« En somme, conclut-elle, vous bourlinguez à travers la France. Une fille dans chaque ville, je suppose. »

Il ne dit ni oui ni non : « Heu... ce qui me manque, c'est le port d'attache. J'aimerais bien m'attacher.

— Vous avez votre maison avignonnaise.

— Une maison vide. Avec des chats de passage.

— Pourquoi ne vous mariez-vous pas ?

— J'attends... la seconde moitié de mon âge. Savez-vous lire les lignes de la main ?

— Non.

— Moi si. »

Il lui prend la main gauche. Une main robuste, un peu triangulaire. Il suit du doigt la ligne de vie, la ligne de cœur. Une bifurcation, comme la fourche d'une ramure.

« Il y aura deux hommes dans votre destin. Deux mariages. Ou un mariage et une liaison.

— Et vous ?

— Moi, ligne de chance bien marquée. Avec, ici — observez ce coude —, un changement de direction, comme si je devais suivre une carrière nouvelle. Et longue vie. »

Gilberte examine leurs paumes respectives, elle ne comprend rien à cette géographie. Ce sont pour elle des cartes muettes d'un continent inconnu. Alors, dans celle de Ferdinand, elle joue au petit jeu que pratiquait à Vollore grand-mère Mélanie Zapatez ; de l'index, elle en gratte le centre en fredonnant :

Croù, croù, croù,
Le poleto o fouè le lhoù
Djin què petchë croù.

Ch'i ou sobuguesse,
I portesse lo poreto
I foguesse l'oùmeleto.
Creux, creux, creux,
La poulette a fait son œuf
Dans ce petit creux.
Si je l'avais su, j'aurais
Apporté la ciboulette,
Et j'eusse fait l'omelette.

Il rit et demande à apprendre. Elle rit de la façon dont il prononce son patois.

Jeux de mains.

Le paquet des photos émigre au bout du siège. Les leviers restent. Ferdinand se rapproche néanmoins, il élève la paume de Gilberte à ses lèvres. Chatouillement des moustaches. Il comble le creux, où la poulette a déposé son œuf unique, de baisers ronds et lisses qui tombent à petit bruit. Inlassablement.

« Attention, monsieur Galéas ! gémit-elle. Attention à ce que vous faites ! »

Mais il n'entend pas.

« Je ne suis pas tout à fait libre ! »

Il s'interrompt un instant, répond sans changer de posture :

« Vous vous libérerez. »

Les baisers débordent sur le poignet, remontent le bras, suivent à rebours le chemin du sang dans les veines, contournent l'épaule, envahissent le cou qui ne se dérobe point, s'attardent sur la joue, atteignent la bouche consentante.

« Attention, monsieur Galéas ! gémit-elle encore. Je ne suis pas un virolet qu'on fait tourner un moment en soufflant dessus, et puis qu'on abandonne dans un coin ! »

Il tend le bras par la portière, désigne au loin l'horizon bossué :

« Vous pouvez compter sur moi comme sur le puy de Dôme. »

Le photographe ramena l'institutrice à son point de départ. Ils se quittèrent discrètement, sur une dernière pression des mains. Elle ne se retourna pas. Elle n'était point de ceux qui se retournent. Mais elle monta l'escalier quatre à quatre, s'enferma dans sa chambre, courut à son miroir :

« Enfin ! Enfin ! Enfin ! » cria-t-elle.

Elle leva les bras au ciel, joua de castagnettes imaginaires et se mit à fandanguer.

« Merci ! Merci ! Merci ! »

Merci au ciel d'avoir été si bleu ! Merci à la terre, merci au puy de Dôme, merci à Avignon, merci à la grand-mère Zapatez, merci à Suzanne, merci à Nicéphore Niepce inventeur de la photographie !

Merci à Grattadeix Alexis de ne l'avoir épousée que pour son traitement !

Une seule chose la gênait : *Ferdinand*. Ce nom d'archiduc autrichien. Trois syllabes, c'était trop. Elle raccourcirait. *Ferdi*. Ou *Didi*. Elle trouverait quelque mot très ridicule, très enfantin, très tendre. Juliette Drouet appelait son grand homme *Toto*.

Elle redescendit dans sa classe. Elle éprouvait le besoin d'accomplir un geste solennel. De planter un arbre. De poser la première pierre d'un édifice. Sur le calendrier des postes accroché derrière son bureau, elle souligna d'un trait rouge la date et le jour. Puis elle prit le bâton de craie, traça au tableau noir en belles lettres :

Jeudi 6 mai 1943.

« En mai, fais ce qu'il te plaît ! » Et il lui plut de rire comme une folle.

Profitant des permissions de mai, ils se virent quatorze fois durant ce mois qui pour eux ne comptait plus cependant que vingt-cinq jours. La guimbarde gazogénique de M. Galéas ne passait pas inaperçue, on la remarqua fréquemment en panne près de la croix aux Quatre-Évangélistes, devant le cimetière, avant ou après le village que Ferdinand traversait de ses longues jambes sans se dissimuler. Les habitants se demandèrent pourquoi la *Dame* s'intéressait si vivement à la photographie. Le couvre-feu n'était pas en vigueur à Bulhon où, depuis des siècles, les paysans couvraient d'eux-mêmes leur feu dès la fin du jour. Particulièrement tardive avec cette heure imbécile. S'il leur arrivait de se promener la nuit de l'étable à la grange ou d'une maison à l'autre, ils s'accompagnaient d'une lanterne sourde. Elle leur suffit pour reconnaître à plusieurs reprises le photographe se dirigeant vers l'école et y pénétrant sans effraction à une heure que les personnes honnêtes consacrent à dormir en paix ou à compter leurs écus. Parlant de lui, on commença de l'appeler « le barbu » :

« Le barbu était encore par ici la nuit dernière. J'ai vu sa Citron arrêtée près du four communal. »

Suzanne Pruvost fut des premières informées de ces cancans et ne manqua pas d'en avertir son amie :

« A Bulhon, tout se sait. Nos paysans, qui commettent dans leurs fenières et dans leurs cuves les plus grandes cochonneries, sont très stricts sur la moralité des autres. »

Les bavardages obtinrent un résultat inattendu. On vit en plein jour l'institutrice et le photographe se promener par les chemins, tantôt seuls, bras dessus bras dessous, tantôt accompagnés d'Élise tenue par la main de chaque côté, en trait d'union. S'il leur arrivait de rencontrer quelque père ou mère d'élève, Gilberte les regardait dans les yeux, ne les lâchait plus, jusqu'à ce qu'ils l'eussent saluée avec une déférence machinale. Tant d'audace — certains disaient tant d'effronterie — finit par en imposer. Alors que des plaies infinies accablaient la terre, fallait-il qu'on attachât une importance si grande aux relations de l'institutrice ? Après tout, le curé et sa gouvernante non plus n'étaient pas mariés, ça ne les empêchait pas de vivre sous le même toit, de sortir ensemble quand il leur chantait ; à la messe, au moment de la communion, l'Armande était la première servie, juste après les enfants de chœur, si le bon Dieu ne voyait pas d'inconvénient à de telles situations, pourquoi les hommes devaient-ils trouver à redire ?

Toutefois, il existait dans la paroisse deux ou trois esprits intransigeants, ils ne pouvaient tolérer de voir s'épanouir sous leurs yeux ce bonheur irrégulier.

M. Galéas reprit ses tournées professionnelles. Il restait absent une semaine, puis revenait un jour. Ou une nuit. Il changeait les ampoules blanches de la classe, persiennes fermées, pour des rouges et développait ses clichés dans des bains. Effrayée d'abord par cette lumière infernale, Élise fut ensuite captivée. Les plaques de verre semblaient se dissoudre dans le révélateur, mais des alignements de figures, d'arbres, de nuages fabuleux sortaient de la gélatine, dans lesquels les noirs étaient blancs, les blancs étaient noirs. Rien que des nègres sur lesquels il avait neigé. Des rires d'encre. Ensuite, par une nouvelle magie, tout cela rentrait dans l'ordre : les photos séchaient sur des ficelles comme des mouchoirs.

« J'ai l'honneur, dit un jour Ferdinand à Gilberte, de te demander ta main, si tu veux bien accepter la mienne : une main passablement rongée par l'hyposulfite. »

Et elle : « Je ne suis pas opposée à un second mariage. Mais il faut d'abord que j'obtienne la fin officielle du premier. »

Elle écrivit à Alexis Grattadeix pour lui faire connaître sa résolution et trouver avec lui le meilleur arrangement possible. Sa lettre resta sans réponse.

Un vélomotoriste en béret basque fit un matin une entrée pétaradante dans la cour de l'école, c'était M. Géron, inspecteur de l'enseignement primaire. Comme M. Guyot à La Garandie, il trouva une classe active, des élèves éveillés (l'exception Arsène Bourrard passa inaperçue, ce garçon savait se taire quand les circonstances l'exigeaient), une maîtresse enjouée, une discipline librement consentie, des résultats très satisfaisants.

« Toutefois, ajouta-t-il au cours du tête-à-tête, toutefois... »

M. Géron se moucha dans un grand mouchoir écossais, Gilberte resta suspendue à l'adverbe traditionnel.

« Toutefois, reprit-il, en pelotonnant son mouchoir, il y a autre chose. Je n'irai pas par quatre chemins. Des lettres me sont parvenues. Madame, on se plaint de votre conduite privée. Dans une petite commune comme celle-ci, vous le savez, l'institutrice, l'instituteur est un phare sur lequel tous les regards convergent. Un modèle de vie au même titre que ses modèles d'écriture. Je comprends ce que cela peut avoir de gênant, mais les choses sont ainsi. Pour tout dire, madame, ces lettres vous accusent de concubinage. »

Un moment suffoquée par le mot, Gilberte se reprit très vite :

« Quelle est, monsieur l'inspecteur, la définition précise du concubinage ? »

Ils la cherchèrent dans le *Petit Larousse illustré* pour ne pas commettre d'erreur : *État d'un homme et d'une femme qui vivent maritalement en permanence sans être mariés*. Après quoi, décidée à ne pas y aller par quatre chemins non plus, elle reconnut qu'il y avait bien un homme dans sa vie, qu'il gagnait son pain honorablement, qu'il lui rendait visite quelquefois en effet, ce qui était leur affaire à tous deux, mais ne vivait avec elle ni « maritalement » ni « en permanence » ; elle ne distinguait rien en lui qui fût scandaleux, excepté peut-être sa barbe.

« Est-ce que vous entendez... régulariser ?

— L'épouser ?

— C'est ce que je veux dire.

— Il me semble que cela aussi est notre seule affaire.

— Ah ! Madame, nous vivons une triste époque. Une époque de dénonciations, de lettres anonymes, de lâchetés, d'ignominies. Personnellement, je ne juge nullement vos relations avec ce monsieur. Mais je suis chargé de faire sur vous moins un rapport pédagogique qu'un rapport de moralité. Ne m'obligez pas... Autorisez-moi à écrire que vous entendez régulariser sitôt que vous aurez obtenu le divorce. Je n'en demande pas davantage. »

Elle eut pitié du malheureux honnête homme déchu au rang de brigadier des mœurs. Elle lui donna son autorisation.

Les bicyclettes aussi souffraient de la pénurie. On dérouillait les anciennes pour en faire des neuves, car les vraies neuves ne s'obtenaient que sur recommandation, ou par échange contre le porc et ses sous-multiples, jambons, boudins, saucissons. Les appuie-pied étaient en bois, les patins de freins en liège. Faute de chambres à air, on bourrait les pneus de foin ou de vieux chiffons. Gilberte osa cependant en acheter une d'occasion au curé d'Orléat que les rhumatismes empêchaient de pédaler. Elle le fit par besoin de bouger, de voir du monde au-delà de Crevant et de la Croix-Mozat. Elle s'élança sur les routes défoncées dont aucun cantonnier, depuis la guerre, ne comblait plus les fondrières ; dans certaines, on eût enterré un âne la queue levée. Parfois, elle emmenait Élise sur le porte-bagages, retenue par une sangle.

Ignorant les calamités du moment, les grandes vacances débutèrent comme à l'accoutumée. Mais en juillet, la fête nationale fut plus discrète encore que les trois années précédentes. Les autorités firent de leur mieux pour l'étouffer, déclarant le 14 jour non chômé dans les chemins de fer et l'industrie. A quoi bon célébrer la République, puisque la République n'existait plus ? La véritable fête nationale tombait à présent le 9 mai, jour de sainte Jeanne d'Arc : pucelle, pieuse, pastourelle, patriote, ennemie des Anglais, elle correspondait parfaitement aux idéaux pétainistes.

Dès les premiers jours, Gilberte, Élise et la bécane montèrent rendre leurs devoirs aux Pitelet. Auguste accueillit bien sa fille et sa petite-fille, avec cette joie silencieuse qu'il fallait chercher dans le brillant de son regard, dans la chaleur de son embrassade.

« Tu piques ! protesta Élise.

— Si tu m'avais écrit, je me serais rasé. »

Étrange habitude chez un marchand de rasoirs de ne se faire la barbe que tous les deux ou trois jours. Quand Francine s'en était étonnée :

« Est-ce que tu me prends pour un Anglais ? avait-il répondu. Dans la Somme, ils ne pouvaient pas passer une journée sans se raser ni boire leur tisane. »

Un certain nombre de gros fabricants n'avaient jamais été si gros, par la vertu des commandes boches, alors que d'autres périclitaient. C'était le cas d'Auguste. Il informa Gilberte :

« Le 14 août, je ferme boutique. Mes ouvriers prendront leurs deux semaines de congé. Ensuite, ils chercheront du travail ailleurs. Ou ils partiront pour l'Allemagne. Ou pour le maquis. Ou pour la Milice. En ce moment, on recrute de tous les côtés. »

Il lui montra des placards dans le *Journal de Thiers* :

> *Être marin, c'est avoir un métier.*
> *Engage-toi dans la* KRIEGSMARINE.

Que les vrais nationalistes rejoignent nos rangs ! Qu'ils durcissent leurs corps et leurs âmes et, le cas échéant, n'hésitent pas à mettre en application la loi du talion, seul argument que semblent capables de comprendre les terroristes.

De Clinchamp.

Ce genre d'appels n'obtenait qu'un succès dérisoire, parce que la plupart des Bitords détestaient marcher en rangs et n'avaient pas le pied marin.

« Et toi ? s'enquit Gilberte.

— Le ministère a accepté ma demande. En octobre, j'entrerai à l'E.N.P. Nous allons, toi et moi, devenir collègues. Rigolo, hein ?... Enfin, je pourrai prendre des vacances ! Mes premiers congés payés ! »

Ce qui le consolait d'abandonner *l'Hirondelle* et la coutellerie, c'est qu'à l'École Nationale Professionnelle il enseignerait l'art du coutelier. Les couteaux ne quitteraient point sa vie entièrement. Comme un prêtre, jetant sa robe aux orties, s'établirait marchand de cierges.

En dépit des restrictions, Francine avait préparé un agréable repas. Toute la famille se trouva réunie autour de la poule au pot, de la pompe aux poires. Suivant les traces de son aînée, Charlotte occupait provisoirement au Cours complémentaire de Saint-Dier-d'Auvergne le poste d'un instituteur prisonnier. Ce qui l'autorisait à dire : « Je suis professeur de lettres. » Et Auguste :

« Me voilà en sacrément bonne compagnie, moi, professeur d'émouture, entre une professeuse de *b, a, ba* et une professeuse de français ! »

On s'efforçait de rire. Malgré les efforts de chacun, ce repas de retrouvailles ressemblait plutôt cependant à un repas de funérailles.

Gilberte dormit dans son lit de fille, Élise près d'elle, blottie contre son cœur, ce qui la retenait d'avoir peur de l'ombre.

Pitelet continuait d'avaler chaque matin son écuellée de soupe, rougie d'un peu de vin. Les filles eurent droit au pain gris, au jus noir de faux café, au lait maigre, au raisiné, au miel de caroube. Et au beurre véritable apporté de Bulhon.

« Je pourrais, dit Auguste, remplir moi aussi ma cave au marché noir de jambons, de vrai café, de vrai sucre, de macaroni, comme font certains. Mais j'y aurais pas l'appétit. Alors, on se contente de ce qui se trouve. De ce que je fais pousser au jardin. Pour moi, tant que j'aurai mes soupes... »

Pendant que les filles étendaient le beurre, il se tourna vers l'aînée :

« Quand tu auras fini, dit-il, viens me trouver à la fabrique. J'ai à te parler. Francine gardera la petite. »

Elle l'interrogea des yeux, mais il avait détourné la tête. Il partit en galoches, sous sa casquette de maître coutelier.

L'immeuble de la rue de Châteldon était déjà demi-vide de son personnel. Elle entra le cœur serré dans cette maison quasiment silencieuse, qu'elle avait connue si tapageuse naguère. Au passage, elle salua Florentin, parmi les meules immobiles :

« Alors, Floflo, toujours fidèle au poste ?

— Ben oui, madame Gilberte. Jusqu'au bout. Pas pour longtemps.

— Et après ? Qu'est-ce que vous allez faire ?

— Prendre ma retraite. Rue des Groslières. »

Il voulait dire : à l'hospice.

« Mais non, Floflo ! Après la guerre, tout repartira !

— Après la guerre... moi... »

Il eut en l'air un geste vague de la main.

Elle monta jusqu'au bureau, y trouva son père penché sur des registres.

« Assieds-toi, dit-il. Je t'attendais. »

Il lui parlait comme à une cliente. Sauf que devant une cliente il eût enlevé sa casquette bleue.

« Comment va ton mari ?

— Mon mari ? Quel mari ?

— Tu es toujours mariée, que je sache ?

— Tu n'ignores pas que nous sommes séparés, Grattadeix et moi. Que j'attends le divorce. Il faut du temps. Je n'ai aucune nouvelle de lui. Il ne répond pas à mes lettres.

— Il ne vient pas voir sa fille ?

— Sans doute est-il trop occupé. »

Il se leva, repoussa sa chaise, entreprit de marcher dans la pièce, derrière le bureau, de long en large, suivant un parcours en forme de 8. Gilberte savait qu'il avait besoin de dessiner des 8 chaque fois qu'il affrontait un combat intérieur. Après chacun, elle en faisait le compte : 8 et 8, 16 ; et 8, 24 ; et 8, 32 ; et 8, 40. A 64 il s'arrêta brusquement, regarda sa fille bien en face :

« C'est pas tout.

— Ah ! ah !

— Ne dis pas ah ! ah ! Il s'agit de choses graves. J'ai appris... J'ai des connaissances à Bulhon...

— Est-ce que, par hasard, tu me ferais espionner ? » le coupa-t-elle.

La main d'Auguste tomba sur les registres, soulevant un nuage de poudre coutelière :

« Respecte un peu ton père, je te prie ! Quand ton parrain Zapatez a prophétisé, le jour de ton baptême, que tu serais une fameuse *calamastre* [1], il ne s'est pas trompé ! Mais tu as beau être majeure, tu restes la fille d'Auguste Pitelet. Tout ce que tu fais ou ne fais pas le concerne ! Hier, j'ai pas voulu gâcher la journée, mais à présent faut qu'on s'explique... J'ai donc été informé que tu te conduis mal. Que tu vis avec un homme... un je sais pas quoi... un photographe de foire... une sorte de vagabond. Baste, qu'il soit ce qu'il voudra, ça te regarde, comme on fait son lit on se couche. Mais ce que je ne peux admettre, c'est que ma fille et

1. Voir *la Bonne Rosée.*

ce... ce... vivent à la colle à quelques kilomètres de Thiers. Presque sous mes yeux !

— Toi aussi !

— Quoi, moi aussi ?

— A la colle ! Mon inspecteur, lui, s'exprimait du moins en termes plus distingués. Il parlait de concubinage.

— Et que lui as-tu répondu, à ton inspecteur ?

— Que nous régulariserions. Sitôt que j'aurais obtenu le divorce.

— Je suis content de te l'entendre dire. D'ici là...

— Eh bien ?

— ... je te prie de ne plus mettre les pieds dans ma maison. Je te connaîtrai, je te parlerai de nouveau quand tu seras devenue officiellement Mme Machin-Chose.

— Comme tu voudras. Élise et moi, naturellement, nous partageons ta malédiction ?

— Je ne vous maudis pas. »

Elle se leva. Ils furent debout l'un devant l'autre, se défiant du regard avec la même détermination. Puis, il abaissa le sien et, d'une chiquenaude, chassa un bourdji qui s'était posé sur sa manche.

Elle s'éloigna sans ajouter un mot. Mais quand elle fut à la porte, elle se retourna :

« Encore une petite nouvelle, pour le cas où elle t'intéresserait. J'attends un enfant de M. Machin-Chose. »

Et elle partit, faisant claquer ses talons sur les planchers de la fabrique inanimée.

Elle se fit transporter par Ferdinand jusqu'à La Garandie. La fourgonnette s'arrêta avant l'école et Gilberte s'avança seule vers la maison de lave des Grattadeix. C'était l'époque des fenaisons ; des paquets d'herbe sèche jonchaient la route, parmi les bouses piétinées ; le village semblait désert ; même de ses chiens, pas un seul ne restait pour lui aboyer aux jupes. Elle cogna du poing contre la porte. Personne ne répondit, mais une ombre bougea derrière les rideaux de la fenêtre étroite.

« C'est Gilberte ! » cria-t-elle.

Après un moment, la porte s'entrouvrit, elle reconnut le visage bouffi de sa belle-mère.

« Vous voilà donc, fit la mère Grattadeix. C'est-y que vous revenez ?

— Je voudrais voir le Sisse.

— Y a personne. Ils ont emporté le dîner. Ils rentreront que ce soir. Ils sont tous aux foins.

— A quel endroit ?

— A la Pradal. Sous le puy de l'Enfer. »

Elle connaissait le pré, où elle avait besogné naguère parmi ses beaux-frères et belles-sœurs. Il y avait un quart d'heure de marche. Quand elle en approcha, deux chiens s'élancèrent vers elle, mais ils reconnurent son odeur et lui firent fête sans rancune. Alexis était sur la faucheuse tirée par un cheval, en train de couper l'herbe, tandis que Lucien et Lalie retournaient de la fourche le foin demi-sec. Tous s'interrompirent en voyant la silhouette menue de cette femme des villes et la regardèrent s'avancer. Elle considéra de même ces grands gaillards, cette fille chevaline que la mère Grattadeix avait conçus à l'eau de fleur d'oranger, sans distinguer pourtant la moindre douceur dans leurs visages farouches. Elle leur fit de la main un petit geste auquel ils ne répondirent pas. Eulalie et Lucien acceptèrent seulement de se laisser serrer le bout des doigts, tandis que le Sisse demeurait collé sur son siège.

« Bonjour, Alexis, dit-elle.

— Salut.

— Plusieurs fois je t'ai écrit. Tu ne m'as jamais répondu.

— J'ai pas de timbres à gaspiller.

— Est-ce que nous pourrions calmement parler de notre affaire ?

— Dis ce que t'as à me dire.

— Descends un peu, Alexis. Mettons-nous au moins à l'ombre, dans un coin.

— Ces deux-là peuvent tout entendre. Mon frère et ma sœur. Ils savent.

— Que savent-ils ?

— Que t'es une salope. Une femme qui abandonne le domicile conjugal, qui enlève une fille à l'affection de son père, comment donc que tu l'appelles, toi ? Moi, je l'appelle une salope.

— Et toi, comment appelles-tu un garçon qui épouse une femme pour son salaire ? Qui se fait nourrir par elle ?... Mais ne commençons pas à nous jeter à la tête des injures, Alexis. Est-ce que tu me détestes si fort ?

— Je voudrais que tu sois crevée. »

Elle crut avoir mal compris :

« Qu'est-ce que tu dis ?

— Je voudrais, répéta-t-il, que tu sois crevée. »

C'était la première fois que l'on souhaitait à haute voix sa mort devant elle. Pourtant, elle n'en ressentit pas le choc qu'elle aurait dû ; car Alexis avait proféré ces mots affreux d'une voix forte, mais peu vibrante. Comme une phrase apprise et mal récitée. La déclamation d'un tambour de ville. Elle eut l'impression qu'il jouait la comédie de la haine. Une haine sincère les eût honorés l'un et l'autre ; quelle dégoûtation se cachait sous ce faux-semblant ? Le frère et la sœur ne fanaient plus ; les mains appuyées sur leur manche, ils écoutaient, aussi tranquillement qu'au théâtre.

« Pourquoi que t'es revenue, au juste ? demanda le Sisse.

— Pour m'arranger avec toi, à l'amiable, dans notre divorce.
— Le divorce, tu l'auras pas. Je le refuse.
— Si, je l'aurai. Puisque j'accepte les torts. C'est vrai, j'ai quitté le domicile conjugal. C'est vrai, j'ai emmené notre fille.
— M'en fous. Bon vent.
— Tu m'as dit un jour : à mon heure. Il me semble, Alexis, que cette heure est venue.
— Pourquoi donc ?
— Parce que j'attends un autre enfant. Un enfant qui n'est pas de toi. »

Sous le chapeau en paille de riz, le visage rouge du faucheur enfla comme s'il allait exploser. Puis il se dégonfla aussi soudainement.

« Qu'est-ce t'en sais, ricana-t-il, s'il est pas de moi ?
— Voyons ! Il y a onze mois que je t'ai quitté !
— Et les visites que je t'ai rendues à Bulhon ? Elles comptent pour du beurre ?
— Toi ? Tu m'as rendu des visites ? »

Alexis se tourna vers ses sœur et frère :

« C'est-y pas vrai que vous m'avez vu partir plusieurs fois pour Bulhon, ce printemps ?
— T'es parti, c'est bien sûr, fit Lucien. Pour où ? Ça ! Je t'ai pas suivi !
— Tu vois ! Ils peuvent témoigner ! »

A son tour, elle se prit à l'injurier, sale menteur, hypocrite, ordure, dans quel tas de bouse t'ai-je ramassé ? Au plus aigu de sa fureur, elle le vit éclater de rire. Et les deux autres riaient aussi, pliés en deux.

« Qu'est-ce que tu cherches ? cria-t-elle. Qu'est-ce que tu veux ?
— On en reparlera. On est pas dans l'huile. Et maintenant, dégage. On a autre chose à faire. »

Il cria après son cheval qui secoua les oreilles et se remit à tirer, le long de la muraille herbeuse.

Comment pouvait-on avoir des soucis d'amour en ces mois d'été, alors que chaque nuit le ciel vous tombait sur la tête ? L'aviation alliée bombardait tous les centres industriels importants, les mines, les nœuds ferroviaires, les dépôts de carburant, les ports où les sous-marins allemands pouvaient gîter. Naturellement, la moitié des bombes rataient leurs cibles, s'égaraient sur les fermes isolées, les hôpitaux, les écoles, les cités ouvrières. Il était nécessaire que beaucoup d'enfants mourussent en Allemagne, en Angleterre, en France, en Italie pour que fût extirpé le nazisme. Le docteur Goebbels, coinventeur des camps de concentration, de la torture et de l'extermination scientifique, poussait des cris d'orfraie, en appelait au Vatican, à la conscience universelle.

Thiers était devenu pour Gilberte ville interdite, mais Bulhon convenait bien aux vacances, avec son ruisseau poissonneux, ses chemins tranquilles, ses ressources en bon air, en bon vin, en bon lait. Elle calcula que son second enfant naîtrait aux approches de mars 44, ce qui l'autoriserait à prendre un congé-maternité dès la fin de janvier.

A l'heure où elle reprenait sa classe, le lundi 2 octobre, Auguste Pitelet se présentait à la porte de l'École Nationale Professionnelle, chargé d'une serviette dans laquelle Francine avait glissé une blouse grise, achetée chez Bravard avec les tickets réglementaires. Le concierge, un ancien de 14 comme lui, vint à sa rencontre sur sa jambe de bois, pour lui serrer la main :

« Ça me fait drôle, Auguste, de te voir entrer dans cette maison.

— J'ai l'impression d'y venir comme élève, pas comme professeur. Je me demande ce que penseront mes gamins s'ils me voient faire des fautes d'orthographe.

— Tu seras dans un atelier. T'auras pas beaucoup à écrire. »

La section de coutellerie ne comptait qu'une trentaine de garçons, âgés de quatorze à dix-huit ans, répartis en quatre années différentes, auxquels se trouvaient affectés trois enseignants, dont un prisonnier de guerre : ce qui avait permis à Pitelet d'occuper provisoirement cette place. Il devait enseigner le travail des meules, émouture et polissage, tandis que ses collègues apprenaient la forge, le montage, le chromage. Les élèves se montraient peu empressés, bourrés de disciplines plus nobles, anglais, espagnol, philosophie, mathématiques et même poésie, ils n'aspiraient pas à frotter des lames contre une meule, mais à devenir ingénieurs, voire directeurs d'entreprise. Trois ou quatre seulement y prenaient goût, des nullards dans les études abstraites. Auguste les reconnaissait, ils étaient bien de sa race de Ventre Jaune, avec leurs figures mâchurées, leurs mains bonnes à tout faire, leur plaisir à tripoter le métal, la corne, la fibre américaine. A eux serait confié le soin de fabriquer encore les belles pièces qui avaient établi la renommée thiernoise, quand reviendraient la paix et le bel acier. C'est pour eux qu'il pédalait chaque matin quatre kilomètres dans le brouillard afin de se rendre à l'école.

L'automne vint. Et il fut sans 11 Novembre, de même que l'été sans 14 Juillet.

La Noël fut glaciale de toutes les façons, les messages de Pétain, de Laval, de Philippe Henriot impuissants à la réchauffer. Même cette nuit-là on entendit gronder au ras des arbres les avions ravitailleurs. Ils venaient lâcher sur les maquis des provisions d'armes, de médicaments, de postes de radio, de bœuf en conserve, de chewing-gum, de billets de banque : tout ce qu'il fallait pour vivre et résister. Les montagnes boisées qui s'élèvent aux confins des trois départements, Allier, Puy-de-Dôme, Loire, étaient très favorables à l'implantation des camps secrets. Ceux de La Pourière, près de Châtel-Montagne, et des Étivaux, au pied du puy Snidre, semblaient par leur proximité défier spécialement Vichy et Châteldon. Ouvriers, commerçants, fonctionnaires, réfractaires du S.T.O., francs-maçons, communistes, juifs y retrouvaient les gestes préhistoriques : ceux de la chasse, de la cuisine rudimentaire, du sommeil en commun sous la garde du veilleur, du feu de bois, des étoiles observées d'où descendaient les secours, mais d'où pouvait aussi tomber le malheur.

A ces maquis des champs, s'ajoutaient les maquis des villes. Invisibles. Dispersés dans les caves, greniers, garages, ateliers, arrière-boutiques. Des consignes en clair ou en obscur circulaient sous le manteau, dans les livres de messe, dans les nœuds de cravate, dans les jambes de bois. Des dépôts d'armes se dissimulaient sous les tuiles, sous les cuves, sous les fleurs, attendant le moment de paraître au grand jour.

1944

Gilberte introduisit une requête en divorce. Son avoué l'avertit qu'il lui serait difficile d'obtenir satisfaction sans une certaine coopération du mari. Quoique étant selon toute apparence l'offensé, Grattadeix acceptait son « déshonneur », se vautrait même dedans à plaisir comme un cochon dans le purin, se glorifiait à l'auberge de porter la plus belle paire de cornes de la paroisse. Ses compagnons rigolaient et lui versaient un autre verre de blanche.

Alors, Ferdi résolut d'intervenir en personne. Entre deux murailles de neige, il se hissa difficilement jusqu'au col de la Ventouse — c'est-à-dire de la *Venteuse* — puis jusqu'au village fumant, demi-enseveli sous les congères. Il trouva Grattadeix dans son échoppe, environné des outils de sa profession, alênes, tranchets, marteaux, tire-points. Assis derrière son billot, Alexis considéra ce grand gaillard coiffé d'un bonnet de laine comme en portent les skieurs, la barbe saupoudrée de givre.

« Je suis, dit le photographe, Ferdinand Galéas. Le second mari de Gilberte. »

L'autre se mit à jouer négligemment avec une alêne, longue et dangereuse. La barbe de Ferdi se dégivrait.

« Je savais pas, fit-il, qu'elle était remariée.

— Elle ne l'est pas. Mais elle le sera un jour. Le plus tôt possible.

— Si tu le dis...

— On se tutoie ? D'accord. Comme des copains de régiment.
— Comme des beaux-frères. Tu es de Marseille ?
— D'Avignon. »
La pièce manquait d'air et de jour. A un mur étaient pendus de vieux pneus dans lesquels avaient été prélevés des rectangles. Ferdi saisit un tabouret et s'assit.
« C'est Gilberte qui t'envoie ?
— Non. Je suis venu de moi-même. Elle est pas au courant.
— Comment va ma fille ?
— Tout à fait bien.
— Est-ce qu'elle me réclame ?
— Quelquefois. Tu sais, quand tout sera en ordre, tu pourras venir la voir. Ou la prendre avec toi pendant les vacances.
— C'est pas demain la veille.
— Comme tu voudras.
— Ou alors... faudra que vous y mettiez le prix.
— C'est une question de prix ? interrogea Galéas qui avait peur de mal comprendre. Quel genre de prix ?
— Y a pas trente-six genres de prix ! Une question de prix, voilà tout !
— Tu veux dire qu'avec... une certaine somme... tu serais disposé... ?
— Ça dépend de la somme.
— Dis ton chiffre. On verra bien. »
Semblant ne pas entendre, Alexis se leva, se mit à découper une part du pneu pendu, comme on fait d'un jambon :
« Le cuir me manque. Alors, je ressemelle avec ce que je peux. Saloperie de guerre !
— Tu l'as dit : saloperie de guerre ! »
Sur ce point-là, du moins, ils étaient d'accord. Ils parlèrent métiers, cordonnerie, photos. Galéas donnait du fil, sentant qu'il avait ferré le poisson. S'agissait maintenant de ne point le brusquer, de le tirer à soi sans casse.
« Je comprends, risqua-t-il, qu'un peu d'argent... dans ton commerce... vu le peu de clientèle, sans doute...
— Un peu ? Il en faut beaucoup, pour vivre.
— A qui le dis-tu !
— Qu'est-ce que tu me proposes ?
— Moi ? Je propose rien. J'attends ton chiffre. »
Alexis tâta des yeux les pauvres vêtements du photographe, supputa dans sa tête d'homme habitué aux marchandages de foire, mesura les ressources de l'autre, son propre déshonneur, les espérances perdues avec le départ de Gilberte. Enfin, il se prononça :
« Me faut au moins vingt mille balles pour que je consente. Vingt-cinq ou trente. »

Galéas frémit. Mais il garda son calme :

« Faudrait savoir. Vingt, vingt-cinq ou bien trente ?

— Vu les sacrifices...

— Quels sacrifices ?

— Ceux que je supporte. Ma fille qu'on m'enlève. Les cornes qu'on me plante. Le déshonneur. Jeté sur le pavé tel un malpropre. Alors, trente, ça serait le plus honnête.

— Dix, c'est honnête aussi.

— Mettons vingt. Mais alors, entièrement quittes, hein ? Vous prenez à votre compte les frais d'avoué, de notaire. Et pas un mot aux hommes de loi de cette... indemnité. Elle doit rester entre nous.

— Naturellement. »

Ils entrèrent dans les détails, l'argent ne serait pas versé d'un coup, mais par tranches successives, au fur et à mesure que les démarches avanceraient. De la sorte, chaque partie obtenait une assurance contre toute déloyauté de l'adversaire. Ils réglèrent aussi l'espèce du divorce, aux torts exclusifs de la femme ; en compensation Alexis lui concéderait la garde d'Élise ; il ne verserait aucune pension alimentaire, gagnant à peine de quoi s'alimenter lui-même.

Il ne restait plus qu'à sceller leurs accordailles. Alexis se leva :

« Attends. On va trinquer. »

Il ouvrit un placard, en sortit deux quarts militaires et une bouteille de gnôle dans laquelle un vigneron de bois grimpait à une échelle. Ils choquèrent les quarts. Ferdi avala par petits coups la liqueur brûlante, se disant que l'alcool purifie, comme le feu, de toute souillure.

A Bulhon, Gilberte sanglota comme une perdue sur cet arrangement, il nous a vendues, vendues, vendues. Mais ensuite elle en comprit les avantages. Elle fit le compte de leurs deux salaires mensuels, y ajouta les dépôts à la caisse d'épargne. On y arrivera, conclut-elle en s'essuyant les yeux.

Il vint une suppléante, Mlle Vernet. Elle trouva vivre et couvert à l'auberge Bonnefont. Une jeunette effarée qui en était à ses premières armes. Les quarante-six petits Limagnais de l'école semblèrent la plonger dans la plus grande frayeur. Gilberte la recommanda à ses élèves, vous devrez lui obéir comme à moi-même, et si vous ne vous comportez pas bien, je descendrai de mon appartement pour vous botter quelque chose.

« Vous savez quoi ?

— Oui, M'dame. On le sait !

— Le *tchiou* », dit à voix basse Arsène Bourrard, toujours présent au bataillon, heureux de montrer qu'il avait compris.

Effectivement, elle eut à intervenir le même jour pour ramener l'ordre dans la classe en tumulte, pour consoler Mlle Vernet en larmes.

Elle lui offrit une tasse de tilleul :

« Pourquoi sont-ils si méchants ? gémit la pauvrichonne.

— Ils ne sont pas méchants. Ils sont seulement nombreux. Et vous êtes si jeune ! Ils vous prennent pour leur sœur aînée. Vieillissez-vous un peu. Faites-vous un chignon, à la place de ces cadenettes. Portez des robes plus longues et plus sombres. Donnez-leur beaucoup de travail, qu'ils n'aient pas le temps de souffler. Et puis, prenez ça : mon sifflet à roulette. S'ils commencent à chahuter, soufflez dedans un grand coup. D'abord, ça les calmera. Ensuite, ça me fera descendre de ma cuisine. Alors, par la suite, il suffira que vous le portiez à vos lèvres pour qu'ils se taisent. »

Les choses allèrent ainsi. La suppléante fit de moins en moins usage du sifflet. Après quinze jours, il n'en était plus besoin. La naissance de numéro 2 s'annonçait. Avant d'abandonner Mlle Vernet à ses propres forces, Gilberte interrogea Bourrard :

« Qu'est-ce que tu penses de la nouvelle Dame ?

— Ben... au commencement... elle était gentille, on faisait tout ce qu'on voulait. Mais maintenant, je trouve qu'elle a pris beaucoup de culot !

— Vraiment ?

— Par exemple, j'avais échampelé...

— On dit : éparpillé.

— ... j'avais éparpillé la boîte à craies. Elle m'a obligé à tout ramasser ! Même les petits bouts ! A balayer la poussière ! »

Elle put partir sans inquiétude pour la maternité de Thiers, confiant une fois de plus Élise à Suzanne Pruvost. La fourgonnette à gazogène assura le transport.

« Vous êtes le mari ? demanda la secrétaire à Ferdinand.

— Heu... je suis le père.

— Domicile ?

— Du père ou de la mère ? »

Il fallut entrer dans les explications, parler de leur état civil provisoire, avouer que lui résidait officiellement sur les rives du Rhône, qu'il couchait rarement trois nuits de suite entre les mêmes draps, que son seul domicile fixe était le plancher de sa camionnette. C'est là qu'il dormirait, si nécessaire, en attendant la naissance, n'ayant pas les moyens de s'offrir l'hôtel.

L'administration de la clinique économisait aussi : le chauffage de la chambre fonctionnait au ralenti. De temps en temps, l'infirmière venait promener un radiateur électrique sur le ventre de Gilberte. Ferdinand errait dans le couloir, entrait quelquefois pour l'embrasser sur les cheveux, pour lui essuyer le front, pour remplacer l'infirmière au maniement du radiateur.

La douleur arrive par brusques vagues internes qui la soulèvent de sa couche, elle reste suspendue à la crête de la souffrance, hurlante ; puis, c'est le reflux progressif qui l'abandonne inerte, vidée de ses forces, aussi molle qu'une méduse crevée. Il faut que s'accomplisse l'antique malédiction, tu enfanteras dans les tourments, plus un enfant t'a fait mal plus tu l'aimes, disent les mères, tu ne pourrais t'attacher à un objet que tu aurais craché comme un noyau de cerise.

Un chariot vient la prendre, l'emporte dans la salle d'accouchement. Les murs doivent en être capitonnés : ils ne laissent passer que des gémissements sourds.

Enfin, la sage-femme reparaît, souriante :

« Entrez, monsieur ! Vous avez un fils ! Un beau garçon ! »

La mère et l'enfant sont couchés côte à côte sur la table, grouillant chacun de son côté, gluants, sanglants, peinturlurés de mercuro. Affreux. Ferdi s'agenouille près de Gilberte, lui prend une main qu'il couvre de baisers reconnaissants. Elle le regarde, les yeux humides :

« Tu es son père ! » chuchote-t-elle, comme s'il en doutait.

N'empêche que le nouveau-né sera le lendemain enregistré à la mairie de Thiers sous le patronyme de *Grattadeix*, celui du père légitime.

Ils s'étaient consultés sur le prénom :

« J'aimerais, dit-elle, qu'on choisisse pour sa fête le 6 mai, jour de notre première vraie rencontre. Ainsi, chaque fois que nous la célébrerons, nous célébrerons notre amour. »

Ils découvrirent sur le calendrier que le 6 mai tombait sur *sainte Prudence*. On l'appellerait donc *Prudent*. L'employé à l'état civil, M. Mangematin, s'en étonna :

« Vous dites *Prudent* ?

— Oui, *Prudent*.

— C'est la première fois qu'on me le propose. Je ne sais pas si je peux l'accepter. Le mois dernier, j'en ai refusé deux, dit-il d'un air important. Je dois consulter la liste officielle des prénoms admis par la loi. »

Il la consulta.

« Vous avez de la chance. *Prudent* s'y trouve. Je l'accepte donc. »

La charpente du ciel continuait de dégringoler sur nos têtes. Chaque nuit, l'aviation libératrice venait bombarder les villes françaises. Elles y passeraient toutes, du nord au sud. Excepté Montluçon, le Massif central n'avait pas encore reçu la part qui lui revenait. Mais le 11 mars, Saint-Étienne fut largement servi. Les projectiles visaient la Manufacture d'Armes et Cycles. En fait, tombant de deux mille mètres, ils s'éparpillèrent un peu partout, y compris sur les entrepôts du Casino, dont le chocolat, le sucre, le café grillèrent sans profit pour personne. Un millier de Stéphanois payèrent de leur vie la myopie américaine.

La semaine suivante, Prudent venait de prendre sa tétée du soir quand la terre se mit à trembler comme si elle allait s'ouvrir. Les libérateurs s'en prenaient cette fois à l'industrie caoutchoutière de Clermont, à quarante kilomètres de là. L'usine de Cataroux et sa cité ouvrière furent proprement écrasées, cependant qu'à Bulhon le nouveau-né souriait entre les bras de sa mère, une goutte de lait encore sur les lèvres. Vingt morts retirés des décombres furent le lendemain exposés dans le gymnase du Stade clermontois, tandis que l'Hôtel-Dieu recevait une quarantaine de blessés. Le Maréchal vint de Vichy leur apporter le réconfort de sa présence :

« Je n'ai plus mal, puisque je vous vois ! dit l'un d'eux.

— La France continue quand même, monsieur le Maréchal ! » s'écria un amputé, seul survivant de sa famille anéantie.

Ces propos, fidèlement rapportés par *le Moniteur*, prouvaient le pétainisme indestructible de la France.

Hors de ses père, mère et sœur, le jeune Prudent était encore en ce printemps 44 inconnu de sa parenté.

« Il y a tout de même quelqu'un, dit Gilberte, à qui je dois le présenter sans attendre davantage : grand-mère Mélanie. Elle aura beaucoup de joie, j'en suis certaine, à connaître son arrière-petit-fils. Et elle ne nous chassera pas, elle. »

Gilbert Zapatez, dit Gilbert le Juste, avait quitté ce monde depuis plusieurs années. A l'orée de ses quatre-vingts ans, sa veuve vivait en compagnie de ses souvenirs, de sa fille Marguerite, de son gendre Félix Dosjoub, agriculteur-coutelier, de sa volaille, de ses chèvres, de son cochon Charlemagne, les cochons se succédant, mais le nom demeurant, comme dans les bonnes dynasties. Tout ce monde espérait sans aucun doute leur venue à Vollore-Ville.

Le congé-maternité approchait de son terme, les enfants de Bulhon recommençaient à jeter des plumes aux hirondelles. Un vendredi après-midi, Gilberte et les siens prirent place dans la guimbarde. Les routes étaient peu sûres, fréquemment patrouillées de gendarmes, de miliciens, quelquefois même de maquisards. Ils franchirent la Dore à Courpière sans mauvaise rencontre, prirent la direction de Chignore, par la départementale sinueuse et escarpée. Alors qu'ils distinguaient déjà les tours du château et les toits rouges de Vollore-Ville, ils eurent la surprise de voir devant eux, barrant la route de ses bras ouverts, un soldat allemand. En calot, imberbe et rose, il semblait aussi peu dangereux que possible, malgré le lourd fusil qu'il portait à la bretelle. Il les regarda de ses yeux pâles et dit, d'une voix presque timide, la main tendue :

« *Papiere.* »

Tandis qu'ils cherchaient leurs pièces d'identité, l'Allemand sourit à la fillette faiblement. Galéas sauta du siège, présenta les cartes sur lesquelles l'autre se pencha. « Qu'est-ce que c'est que cette sentinelle perdue ? Je pourrais l'assommer d'un coup de poing, prendre ses armes, jeter son corps dans les buissons. » Il dépassait le jeune gars en taille, en poids, en carrure. Le poing se mit à lui démanger. Le soldat leva les yeux vers lui :

« Photographe ?

— Oui. Photographe. »

L'Allemand désigna l'arrière de la fourgonnette : « *Kontrolle !* » Il enfonça la tête sous la bâche, distingua un chaos de trépieds, cartons, cuvettes, casseroles. Une civière sur laquelle Ferdi couchait parfois, un oreiller, des couvertures. La nuque blonde et maigre du jeune Boche se trouvait devant lui, à sa merci. « Je lui fais le coup du lapin ? » L'homme vert semblait y mettre une certaine complaisance, farfouillant parmi les boîtes, à la recherche d'armes terroristes. Il eut une exclamation, *Ach*, tira un étui rempli d'un objet allongé. Il entreprit d'en défaire les sangles, sous les yeux attentifs du photographe. Les trois segments d'un instrument de musique apparurent.

« Clarinette ! dit Galéas en éclatant de rire.

— *Ja, ja*. Clarinette. » Il rit aussi.

Compagne du voyageur solitaire. Au cours de ses tournées, il lui arrivait de s'arrêter en plein champ, de l'emmancher, d'en sucer l'anche longuement pour lui rendre sa souplesse et de jouer, adossé à quelque talus, pour le plaisir des merles et le sien, des dégoulinades de notes.

L'Allemand la remit dans son étui. Puis il rendit les cartes d'identité, avec un geste clair :

« *Weg !* Partir ! »

Galéas remonta sur son siège avec le regret de n'avoir pas assommé ce jeune Boche. Éventuellement à coups de clarinette. La vieille Citron se remit en route, difficilement. A cent mètres de là, commençait une courbe en épingle à cheveux qui les ramena en sens opposé. Alors, ils virent sur le côté gauche, tapis dans l'herbe, deux autres soldats verts à l'affût. Pendant que se déroulait la visite du véhicule, leur fusil-mitrailleur se tenait prêt à cracher le feu sur ses occupants au premier geste de résistance. La sentinelle perdue avait été placée là comme une gazelle pour attirer les lions. Afin que la tentation fût plus forte, on avait choisi un adolescent chétif et tendre.

Élise, qui n'avait rien compris à toutes ces manœuvres, demandait :

« Qui c'est, Ferdi ? Des gendarmes ?

— Non. Des voleurs.

— Qu'est-ce qu'ils volent ?

— Je t'expliquerai ça quand tu seras plus grande. »

Ils atteignirent le bourg, enfilèrent la rue principale qui le traversait en serpentant. La maison des Zapatez se trouvait à main gauche après l'église, avec sa cour où naguère Gilbert le Juste mettait à cuire les cercles de ses roues ; avec son étable vide, sa forge éteinte : Félix Dosjoub y tapotait maintenant ses couteaux.

Gilberte descendit seule de la voiture, se dirigea vers la porte sur laquelle était cloué un Sacré-Cœur-de-Jésus en fer-blanc. « Entrez ! » entendit-elle à travers le bois. Au centre de la grande pièce, devant la table lustrée, sous les regards concentriques de don Zapatez y Alcoral, de don Carlos, Maria de los Dolores, Juan, Isidro, José, Francisco, Quirino, Antonio, Miguel, Gabriel de Bourbon et de N.-D. de l'Hermitage, Mélanie Zapatez, née Buisson, se tenait bien droite, coiffée de son bonnet *bergère* tuyauté, monumentale, pareille à elle-même, aussi immuable que le grün de Chignore. Gilberte courut à elle, l'aïeule eut à peine le temps de la reconnaître, elles s'étreignirent comme deux perdues, mêlant leurs larmes, leurs exclamations, leur français, leur patois, oh ! grand-mère, Bertine, *i é pa vogu mori dovan de te torné vire*, moi non plus je n'ai pas voulu mourir avant de te revoir. A mémé Mélanie, l'émotion faisait oublier la langue des écoles.

Elles se voyaient peu souvent, quelques jours aux vacances d'été, parfois à Pâques. A chaque séparation, Mélanie Zapatez avait l'impression que c'était la dernière :

« Peut-être qu'on se retrouvera au Ciel seulement. »

Elle avait honte de devenir si vieille quand tant de jeunes mouraient, le bon Dieu m'a oubliée, mais qu'est-ce que je peux y faire, je peux pas m'ouvrir les veines. De loin en loin, elles s'écrivaient. Car elle était une des rares paysannes de son âge qui connussent leurs lettres, même si l'orthographe n'y était point. Les Zapatez avaient toujours su lire et écrire, Gilbert s'était fait l'instituteur de sa femme. Gilberte l'avait tenue au courant de ses difficultés matrimoniales, de son divorce en cours, de la présence de Ferdi à ses côtés, de l'enfant supplémentaire, de la proscription voulue par Auguste.

« Tu es donc venue seule, m'amie ? s'étonna-t-elle.

— Non. Ils sont là, dans la voiture. Tous les trois.

— Cours vite les chercher ! »

Embrassades générales. Mélanie connaissait Élise, pas les deux hommes.

« Comment s'appelle ce petit ?

— Prudent.

— Prudent ? C'est un bien joli nom. Quel âge a-t-il ?

— Quatre semaines.

— Où est-ce que vous l'avez baptisé ?

— Il n'est pas baptisé. Pas encore. Avec notre situation compliquée, tu comprends... Sais-tu qu'on a dû l'inscrire sous le nom de *Grattadeix* ?

— Ah ! vous avez dû... Mais ça n'empêche pas de le baptiser.

— On verra ça plus tard. Quand les choses seront claires.

— Et... en attendant... si... Tout peut arriver !

— Ne te mets pas en peine, grand-mère. C'est un innocent. S'il meurt, il ira au Ciel.

— Non ! Impossible, Bertine ! Pas sans le baptême !

— Un de ces jours. Un de ces jours. Sois tranquille. On t'invitera. »

Elle rit en se forçant un peu. Prudent vagissait sur les bras de son père naturel, étranger à cette controverse. On alla quérir Félix Dosjoub pour qu'il participât aux présentations, il vint avec sa bonne face épanouie, son dos rond, tenant encore à la main la lime qu'il avait oublié de poser, et sur le nombril sa *conscience*[1] de plomb. Un chien entra sur ses talons, encore jeune et sans malice, qui se mit à gambader, heureux de voir tant de monde à la fois, Élise reçut sa langue en pleine figure, et cria de frayeur. Mélanie courait d'un placard à l'autre, cherchant des tasses, des bols, ne sachant plus bien ce qu'elle avait en tête de faire. Prudent éternua. Les carlistes des murs considéraient avec stupéfaction tout ce remue-ménage.

Il manquait tante Mélanie, elle se trouvait au château où elle travaillait trois jours par semaine depuis près de trente années. Il n'était pas question de repartir sans l'avoir vue.

« Vous resterez bien quelques jours ? » proposa Félix.

Gilberte et Ferdinand se consultèrent des yeux.

« Je reprends ma classe lundi, expliqua-t-elle. Nous pourrions rester seulement demain et après-demain. »

C'était peu pour rendre visite à toute la maison, de la cave au grenier, de la grange encore pleine de roues inachevées aux ruches du jardin. A Vollore tout entier, y compris au cimetière où dormaient tante Jeanne avec son secret (on avait placé dans son cercueil le coffret mystérieux sans l'ouvrir), Gilbert Zapatez, des générations confondues de carlistes espagnols et d'Auvergnats sans parti, de Buisson et de Zapatez.

Mélanie fut heureuse qu'on lui confiât de nouveau le rôle

1. Voir *les Ventres Jaunes*.

fondamental de toutes les grand-mères, celui de bercer leurs petits-enfants. A Thiers, Francine Pitelet tirait la corde d'Élise à travers trois étages comme un signal d'alarme. A Vollore, on usait d'autres méthodes. Il fallut remettre à flot le berceau en forme de barque où avaient dormi précédemment tante Mélite, Antoinette, Gilberte, les trois enfants Dosjoub. Pendant la journée, assise près de lui, occupée à son tricot, Mélanie le balançait du bout de la galoche. Pendant la nuit, il devenait nacelle, suspendu au-dessus de sa tête dans le lit-placard ; à la première plainte, elle se réveillait, sortait le bras, le faisait onduler d'avant en arrière, et le petit navigateur se rendormait. Elle avait insisté pour remplir cette fonction, cependant que Gilberte et Ferdinand occupaient la pièce contiguë, où jadis tante Mélite et Félix mariés de frais appelaient les chats.

Un après-midi, elle se trouva seule ainsi avec Prudent, Félix travaillait à ses couteaux, les autres étaient en promenade. Et elle, pauvre vieille, se disait pauvre petit qui as deux pères, un pour te donner un nom, l'autre pour te donner du pain, qu'adviendra-t-il de toi au milieu de tout ce bagage, et les Allemands qui veulent nous tuer, et Auguste, pauvre Auguste, qui refuse de voir sa fille, son *bourdji* comme il l'appelait dans les temps, doit-il avoir assez mal au cœur ! Et toi qui n'es pas même baptisé, le bon Dieu ne te connaît pas, il ne t'ouvrirait pas sa porte s'il venait à t'arriver malheur, oh ! bonnegent ! oh ! bonnegent ! Elle savait qu'il arrive souvent malheur aux enfants de quelques jours, elle-même en avait perdu deux avant l'âge de douze mois. Elle eut conscience que la Sainte Vierge lui demandait de faire quelque chose pour ce pauvre champi. Le père et la mère étaient deux têtus, inutile de chercher à leur mettre dans l'esprit une idée raisonnable, c'était comme vouloir tuer les puces à coups de bonnet. Alors, elle décida d'écouter la voix de la Sainte Vierge.

D'abord, elle jeta un coup d'œil par la fenêtre : la rue était vide. Ensuite, toute tremblante, mais transportée par sa foi, elle tira le petit de ses couvertures, le tint entre ses mains ridées. La tête dodelinante, il continua de dormir, il avait résisté aux bombes de Cataroux, il n'allait pas se réveiller pour un peu de remuement. Elle marcha vers l'évier, viens m'ami, viens, petitounet. A côté, une seille pleine d'eau fraîche. Elle en puisa un peu au creux de sa paume, en mouilla les cheveux blonds et rares :

« Prudent, je te baptise au nom du Père, et du Fils et du Saint-Esprit. »

Elle s'éloigna de l'évier, serra l'enfant contre son cœur et lui parla doucement bien qu'il dormît toujours, que saint Prudent veille sur toi et te protège de tout mal. Elle le remit dans sa barquette. Ainsi s'acheva la cérémonie. Lui ne s'était aperçu de rien. Rassurée enfin sur le sort de cette petite âme, elle s'essuya les yeux.

Le dimanche après dîner, les visiteurs repartirent, emportant toutes sortes de provisions. Pour les saluer, mémé Mélanie, tante Mélite, Félix Dosjoub s'étaient alignés devant la porte. Et Ferdinand de s'écrier :

« Vous êtes trop beaux comme ça ! Attendez un moment ! »

Il sortit son trépied, son vieil appareil à accordéon, son capuchon noir, Gilberte se plaça au milieu des autres avec les petits. Quand les deux vieilles femmes comprirent ses intentions, elles se précipitèrent à l'intérieur pour s'arranger. Dosjoub, au contraire, demeura imperturbable, en devantière de coutelier, comme ça, tu me prendras naturel. Elles n'en finissaient plus. De temps en temps, Félix passait la tête et appelait :

« Alors ! Vous êtes bientôt cuites ?

— Ça vient ! Ça vient ! »

Des passants s'étaient arrêtés, et béaient devant la scène. Elles sortirent enfin dans leurs fanfreluches. L'une avait pris un tablier propre, une coiffe fraîche ; l'autre un corsage à perles ; même le chien voulut en être, aux pieds de Félix. Et Ferdi leur tira le portrait. Les témoins applaudirent. Ensuite, matériel et voyageurs remontèrent dans la guimbarde, qui s'éloigna doucement tandis qu'ils agitaient les mains. Jusqu'au dernier instant, les regards de Mélanie et de Gilberte restèrent pris l'un à l'autre. Et celui de l'aïeule disait, comme aux autres séparations :

« Est-ce que nous nous reverrons avant le Paradis ? »

Auguste continuait d'enseigner à Thiers l'émouture et le polissage à des élèves qui, sauf exception, n'avaient pas réellement l'intention de devenir polisseurs ni émouleurs. Entre la ville et l'école, il faisait le parcours à vélo comme tous ses collègues, un parapluie ficelé à son cadre. Jamais on n'avait vu un corps professoral plus délié, pas une once de graisse, tout en muscle et en charpente. M. Hugonnet, professeur de français, échappait à la règle. Lui et sa femme formaient un couple bien assorti, avec leurs profils de barriques que l'austérité ne réduisait point.

« Ce n'est pas une affaire de nourriture, prétendait-il. Nous ne mangeons pas plus que les autres. La nature nous a construits ainsi, nous n'y pouvons rien. »

Lui aussi venait cependant sur sa bécane à pneus ballons, on aurait dit Bibendum. Il savait rire de leur double volume, si quelqu'un lui demandait par hasard :

« Vous avez des enfants ?

— Est-ce que, répondait-il, vous nous prenez pour des acrobates ? »

Le profil de Pitelet, au contraire, fendait bien le vent. A une période où plusieurs de ses anciens collègues fabricants engraissaient et prospéraient, il était content de sa maigreur.

Une seule chose le tourmentait sans cesse : la pensée de Gilberte. Il n'aurait rien su d'elle sans le dévouement de certains amis ou de sa parenté. Sa belle-sœur Marguerite Dosjoub lui écrivit de Vollore : *Nous avons eu le plaisir de recevoir ces jours-ci la visite de ta fille aînée et de sa famille, y compris le petit Prudent, âgé de quatre semaines. Il a les yeux clairs et les cheveux blonds, mais à part ça, nous trouvons qu'il te ressemble beaucoup. Il ne lui manque qu'une casquette bleue. C'est un bel enfant. La mère va bien, et semble très heureuse.* Heureuse ! Comment pouvait-elle être heureuse dans son ménage de bohémiens, sans nouvelles de son père ni de sa sœur ? Est-ce qu'il était heureux, lui, avec son parapluie ?

A la maison, il avait une fois pour toutes interdit de prononcer le nom de la proscrite. Ça ne l'empêchait pas, quand par hasard il se trouvait seul dans l'appartement de la rue Terrasse, de rendre visite à la chambre qu'elle avait occupée jadis, il y retrouvait ses livres, ses cahiers remplis d'une écriture un peu carrée, quasi masculine, l'énergie de la titulaire s'y lisait sans qu'il fût besoin d'être graphologue. Une photo de groupe la montrait avec sa longue tresse de cheveux, parmi ses compagnes de l'E.P.S., toutes en tabliers noirs d'orphelines, mais rieuses comme on l'est à quatorze ans. Il errait doucement dans la chambre, frôlait du doigt les vêtements suspendus, prenait entre ses mains les pantoufles abandonnées. Puis il repartait soudain, furieux de sa faiblesse, claquait la porte.

Un peu plus tard, il retrouvait sa femme Francine. La bonne ménagère. La bonne fourmi. Toujours soucieuse de menus insolubles, de son combat journalier contre la disette :

« J'ai pu, annonçait-elle, avoir chez le charcutier du pâté de couennes en vente libre. Tu aimeras ça ?

— J'aime tout.

— Et chez Pelletier, des topinambours. Cuits à l'eau, servis en salade, il paraît qu'ils ont le même goût que les cœurs d'artichaut.

— J'en suis sûr. »

Pendant qu'elle s'occupait à ses stratagèmes culinaires, il prenait un livre et lisait. Il profitait de cette période de famine pour se nourrir l'esprit, la bibliothèque de l'école lui fournissant l'aliment nécessaire. Il empruntait maintenant des ouvrages très sérieux, d'économie politique, de sociologie, de technologie. Il fit la connaissance de Malthus, de Karl Marx, de Juglar, de Renouvier. Mais pour se rafraîchir l'esprit, il retournait régulièrement à ses chers *Misérables*, à sa chère *Auberge de Peyrebelhe*.

Il avait renoncé à toutes ses activités sociales et musicales, excepté aux réunions de la Délégation : il y assistait par devoir, pour ne pas être traité de déserteur par le colonel. A temps perdu, il travaillait son jardin et sa vigne des Salomons.

Au terme de chaque journée, Francine et Auguste écoutaient les nouvelles anglaises ou suisses, l'oreille collée au poste. Parfois, sur la table de la cuisine, ils faisaient un rami. Vers onze heures de l'heure imbécile, ils montaient se coucher. Avant de s'enfoncer entre les draps, il effleurait d'une caresse un coffret de noyer illuminé de figures en creux, seul héritage de son père et de sa mère. Pitelet l'Artiste l'avait confectionné jadis pour gagner le cœur de Clotilde Gonin, gardeuse de chèvres et allumetière. En octobre 1901, la boîte avait échappé à l'incendie qui avait détruit leur maison au hameau des Allumettes. Ainsi, l'on raconte que le cœur de certains condamnés au bûcher pour crime de passion et de foi résistait aux flammes et se retrouvait intact au milieu des cendres. Auguste la faisait coucher près de sa tête, sur la table de nuit ; il s'en était excusé le jour où sa seconde femme avait dormi près de lui pour la première fois.

« Qu'est-ce qu'elle contient ?

— Des souvenirs de famille. Ils appartiennent à moi seul et je défends qu'on y touche.

— Même qu'on les voie ?

— Même qu'on les voie. Entre toi et moi, ce sera mon seul secret. »

Elle avait dû s'y résigner, non sans dépit. C'était un peu comme à Vollore la cassette de tante Jeanne. La famille avait la manie des coffrets mystérieux.

Les Russes avançaient sur toute la largeur du front. Chassés d'Afrique du Nord, les Allemands reculaient aussi en Italie. La presse autorisée annonçait que d'immenses concentrations de troupes, de matériel, de bateaux s'opéraient sur les côtes méridionales de l'Angleterre en vue du débarquement décisif, qui ne pouvait tarder. En attendant, les bombardements aériens atteignaient une ampleur, une intensité inouïes, écrabouillant deux mille Français par semaine. Chaque jour, à 13 h 20 et à 19 heures, sur les ondes de *Radio-Paris*, Philippe Henriot flétrissait avec des accents de prophète les « assassins du ciel », invoquait un impossible rapprochement entre pétainistes et gaullistes : « N'apprendrons-nous pas à nous réconcilier avant que les bombes nous aient réunis dans le silence de la mort ? » Il était de plus en plus évident que l'Allemagne ne gagnerait pas la guerre, les idiots de village le comprenaient, les ânes, les cochons le comprenaient.

Pierre Laval semblait ne pas le comprendre. Tandis que la plupart des vichystes autour de lui, secs ambitieux, combinards, trafiquants, paranoïaques, gangsters reconvertis dans la politique, commençaient à amorcer un virage en épingle à cheveux, ou bien à s'éclipser en direction de l'Espagne, de la Suisse, de l'Argentine, du Venezuela, lui et deux ou trois autres aveugles demeuraient inébranlables sous les menaces et les anathèmes. Vissé sur son siège branlant de Premier ministre, il attendait les échéances inéluctables, proclamant :

« Je voudrais, si cela était possible, totaliser sur ma tête le sacrifice de nous tous pour que vive la France.

— Traître ! répondaient les Français de la B.B.C. Tu obtiendras prochainement satisfaction ! »

Autour de lui tombaient déjà d'innombrables magistrats, miliciens, policiers, fonctionnaires, liquidés en ces jours de haine. Philippe Henriot citait le point de vue de Pascal : *Je ne crois que les histoires dont les témoins se feraient égorger.*

Mais en même temps, dans les files adverses, quelques milliers d'autres hommes, « terroristes », « bandits », « malfaiteurs », témoignaient en un sens différent sous les balles nazies ou vichystes, affrontaient la torture et la déportation, sautaient par les fenêtres, s'ouvraient les veines, se pendaient aux barreaux de leurs cellules pour s'empêcher de parler. Parmi eux, grouillaient aussi un certain nombre de cloportes qui ne suffisaient pas à dénaturer ces témoignages. L'ambiguïté régnait ainsi dans les deux camps, quoique sans doute en des proportions inégales.

Entre les premiers et les seconds, tout dialogue restait cependant inimaginable, autrement qu'à la pointe des fusils. Aveuglés de certitudes contraires, ils refusaient farouchement de se voir, de se rencontrer, de s'expliquer, de se comprendre. Seuls les morts, réunis autour d'une table ronde céleste, s'apercevraient sans doute un jour que, par des chemins dissemblables, ils avaient marché vers les mêmes lueurs.

Le 26 avril, Pétain et Laval assistèrent à Notre-Dame de Paris à un service funèbre en l'honneur des écrabouillés. Une foule innombrable se pressa sur leur passage, criant :

« C'est Lui ! C'est bien Lui ! Vive le Maréchal ! »

Quatre mois plus tard, la même foule — pas tout à fait la même en vérité, mais pas très différente — s'écrierait pareillement au passage du Général :

« C'est Lui ! C'est bien Lui ! Vive de Gaulle ! »

Au milieu de ces épouvantables malheurs, Auguste Pitelet souffrit d'une molaire. Il demanda un rendez-vous d'urgence au dentiste de la place Duchasseint :

« Venez demain à 10 heures, lui répondit M. Ducros. Je vous prendrai entre deux clients. »

Lorsqu'il entra dans la salle d'attente, deux personnes s'y

trouvaient déjà, occupées à feuilleter de vieilles revues. Elles levèrent la tête pour le saluer : l'une d'elles était sa fille Gilberte. Sans se concerter, ils souffraient du même mal. Peut-être à la même dent. Les paupières de la jeune femme battirent, sa figure s'empourpra, puis elle redevint attentive à son journal, tandis qu'Auguste s'asseyait aussi loin que possible, sans prononcer un mot. Ils restèrent ainsi figés sur leur chaise, elle faussement plongée dans sa lecture, lui les mains sur les genoux, observant les lames du plancher. De temps en temps, à la dérobée, leurs yeux se levaient, mais se détournaient sitôt qu'ils risquaient de se croiser.

M. Ducros parut sur la porte de son cabinet, appela : « Madame Sannajust. » C'était la troisième personne. Le père et la fille demeurèrent en tête à tête.

Entre eux, il n'y avait désormais que le silence, le faible bruit des pages tournées, le craquement des chaises. La situation devint extrêmement pénible. Auguste ferma les yeux et fit semblant de dormir. Gilberte put l'examiner à son aise. Elle le trouva très amaigri, en eut le cœur serré. Sa moustache grisonnante avait quelque chose de piteux. Elle eut envie d'aller se jeter à ses pieds, d'embrasser ses genoux, de gémir pardonne à ton enfant prodigue, oublie un peu tes principes desséchés, reçois-moi sur ton cœur. Pour cela, elle n'avait besoin que d'un signe ; mais lui restait les yeux et le visage obstinément fermés. Il sentait pourtant se promener sur lui les regards de sa fille, comme un rayon de soleil ; mais c'est tout ce qu'il pouvait accepter. Il pensa à sa molaire, va-t-il me l'arracher ou pourra-t-il en refaire le plombage ?

Enfin, M. Ducros revint : « Madame Grattadeix. » Gilberte s'avança parmi les mille instruments étincelants, s'allongea sur le fauteuil. Le dentiste commença ses investigations :

« Vous avez une carie débutante dans une prémolaire. Et une dent de sagesse complètement gâtée. C'est un vrai nid d'infection que je vous conseille de faire disparaître au plus tôt.

— Faites le nécessaire. »

Il prépara la piqûre anesthésiante. Quand elle l'eut reçue dans la gencive, sa mâchoire devint aussi insensible que si elle avait été de bois. Elle resta la bouche ouverte, les yeux clos pour ne pas voir les instruments de sa torture.

« Allons-y ! » fit l'homme avec détermination.

Peut-être cracha-t-il dans ses mains. Ce fut un très mauvais quart d'heure. La molaire se brisa, il fallut la retirer des chairs esquille par esquille.

« Rincez-vous la bouche. »

Elle vomit des gorgées de sang. Quand elle put de nouveau parler :

« Ouf ! J'aimerais mieux faire un enfant ! » avoua-t-elle.

Et lui : « Moi de même. »

On en vint aux dates futures. Elle expliqua son état civil embrouillé, l'ostracisme qu'elle et les siens subissaient devant le rigoureux attachement d'Auguste Pitelet au code napoléonien.

« Je voudrais, conclut-elle, vous demander une faveur.

— Laquelle ?

— Que vous nous donniez, à lui et à moi, des rendez-vous presque à la même heure, le même jour. Afin que nous puissions encore nous voir dans votre salle d'attente. Même si l'on ne desserre pas les dents. »

Ainsi, plusieurs semaines, Gilberte et Auguste se rencontrèrent en un muet face-à-face. Tel père, telle fille. En bouche close n'entrent point mouches. Dur contre dur fait mauvais mur.

L'accueil des Parisiens avait été si chaleureux que Pétain annonça : « Je m'installe provisoirement dans notre capitale traditionnelle. » Était-ce la fin de la captivité de Babylone ? En fait, le vieux politicien employait son temps à vadrouiller de ville en ville, à apporter aux bombardés la consolation de sa présence, les pâles rayons de son képi.

On espérait toujours le débarquement annoncé. Les Allemands l'attendaient au plus court, sur les côtes du Pas-de-Calais, par temps limpide. Le 5 juin, il faisait un temps d'automne, gris et tempétueux. Rommel, commandant du groupe d'armées du nord-ouest, partit en congé. A l'aube de la nuit suivante, après cinq heures de mal de mer, Britanniques, Canadiens et Américains prirent pied sur la côte normande, sous un feu enragé. Auguste reçut la nouvelle alors qu'il surveillait les épreuves du concours d'entrée à l'E.N.P. Elle vint, apportée par le vent, se répandit de prof en prof, de salle en salle ; les candidats remarquèrent ce chuchotis, cette joyeuse et soudaine agitation, l'un d'eux recueillit au passage le vocable « débarquement », la fièvre gagna de proche en proche, les visages se relevèrent, épanouis, au-dessus des feuilles. Un moment, l'épreuve de mathématiques fut oubliée, les quatre syllabes merveilleuses couraient de bouche en bouche, débarquement, débarquement. Au fond d'une des salles, M. Hugonnet n'avait pas encore reçu le mot libérateur ; voyant ces têtes rapprochées, il frappa dans ses mains et cria :

« Défense de communiquer ! »

Ensuite, les choses vont moins vite qu'on ne voudrait. Certes, les Alliés ont établi une tête de pont au prix de pertes considérables, mais les Allemands contiennent leur avance. Caen rasé au sol appelle Paris à son secours. *Le Moniteur*, journal personnel de Pierre Laval, obstinément, continue de maudire sur format réduit les nouveaux envahisseurs et leurs destructions. En même temps,

Hitler fait pleuvoir sur Londres ses armes secrètes appelées *météores à la dynamite* ou *V1*, avions sans pilote que la chasse anglaise n'arrive guère à intercepter. L'état-major allié demande à la Résistance intérieure de multiplier ses attaques afin de retenir le maximum de troupes ennemies. Laval réplique par une proclamation : *Les Français ne doivent obéir qu'aux ordres du gouvernement français*. Mais quel est le gouvernement français ? Celui de Pétain, en villégiature à l'*hôtel du Parc* ? Ou celui de De Gaulle, qui a pris pied déjà sur notre sol ? En tout cas, la consigne venue de Londres est largement suivie : dix mille maquisards se rassemblent en haute Auvergne, où débutent les combats du mont Mouchet.

Le 28 juin, Philippe Henriot témoigne à son tour : dans son bureau parisien, il tombe sous les balles de trois exécuteurs. Ceux-ci seront capturés. La presse annoncera qu'ils étaient à la solde de l'*Intelligence Service*, qu'ils ont touché plusieurs millions pour accomplir leur besogne.

Est-ce par mesure de représailles que Georges Mandel, ancien ministre du Front populaire, ami de Léon Blum, est assassiné par des miliciens quelques jours plus tard lors d'un transfert ?

L'horreur est partout. A Thiers, le 20 juillet, deux jeunes maquisards, Pierre Rodier, vingt ans, et Roger Conner, vingt-trois ans, capturés près de Boën au cours d'un sabotage par les S.S. en garnison chez les couteliers, arrivent en gare. Les mains liées derrière le dos, déjà copieusement passés à tabac, ils doivent défiler dans la ville, sanglants, encadrés par les soldats vert cresson qui, au moindre faux pas, les revigorent à coups de crosse. Le cortège descend la rue des Grammonts, la rue Nationale, l'avenue Pierre-Guérin. Les S.S. chantent et font sonner sur le pavé le fer de leurs bottes. Les suppliciés titubent, la foule gronde et dévisage les bourreaux afin de bien retenir leurs traits : ce petit rouquin à lunettes, ce gros bouffi, ce grand brun aux pommettes saillantes. Arrivés au Moutier, les deux maquisards sont chargés dans un camion bâché, en compagnie d'un peloton de gardiens. Tout cela se fait sans hâte, ouvertement, afin que la population soit bien informée du sort des « terroristes ». Le camion se dirige vers Escoutoux. Après Tarenteix, il emprunte sur la gauche un chemin de terre qui s'enfonce sous les arbres. Passé un petit pont, le chemin s'élargit. Des témoins dissimulés observent l'événement. Les Boches sautent à terre, poussent leurs prisonniers devant eux. Ils désignent le sol et commandent :

« *Graben ! Hier !* »

Les jeunes gens ont compris : ils doivent creuser leurs propres tombes. Ils font le geste de piocher, montrent leurs mains vides. Les autres répondent en creusant l'air de leurs doigts écartés : ils creuseront à mains nues. Une bourrade complète l'explication.

Alors, ils tombent à genoux, ramassent une pierre et commencent leur besogne. Elle sera très longue. Ils ne se pressent pas, espérant un secours de la dernière minute, une attaque de leurs compagnons, une intervention de l'ange Gabriel. Les soldats s'assoient sur les murets du pont, se mettent à fumer et bavarder, tranquilles comme Baptiste, *ja ja, ach so*, et ainsi de suite. Si cependant ils voient l'un des terroristes s'interrompre, un Allemand se lève et, sans colère, avec conscience, lui allonge un coup de botte dans l'échine.

Pierre Rodier fait signe qu'il a soif. Un S.S. descend jusqu'au ruisseau, parmi les broussailles, remplit son casque. Beau geste d'humanité. Les deux condamnés boivent à même le casque, s'en partagent le contenu.

« Merci bien, dit Pierre Rodier.

— *Bitte schön*. Pas de quoi. »

Puis ils reprennent leur terrassement. Le trou n'a encore qu'une demi-coudée de profondeur, ils se disent qu'à ce tarif leurs mains ne résisteront pas : s'ils doivent descendre jusqu'à, disons un mètre, ce qui est le minimum pour une tombe décente, ils creuseront la dernière couche avec les moignons de leurs poignets. Mais les S.S. n'ont pas besoin d'une tombe décente, à vingt-cinq centimètres, ils les arrêtent, *Genug !* les obligent à se redresser, à se tenir debout, chacun devant sa fosse. Ils prennent du champ, un gradé lève le bras et commande *Feuer !* Les deux jeunes gens tombent à la renverse. Il ne reste qu'à pousser de la botte le déblai sur leurs cadavres, cela forme deux tumuli provisoires. Ils savent bien que les paysans des environs relèveront les corps, leur fourniront des sépultures convenables. S'ils ont contraint les deux terroristes à fouir comme des bêtes, c'était pour le simple plaisir.

Le 25 juillet, par la percée d'Avranches, les Américains brisent les lignes adverses. L'armée Patton s'empare de la Bretagne au début d'août, délivre Tours et Orléans. Délivre Laval. Non pas l'homme enchaîné de Vichy, mais le chef-lieu de la Mayenne. Les Allemands épuisés battent partout en retraite. La 2e D.B. française approche de Paris insurgé.

Aux environs de Thiers, les maquis font le plein de volontaires. Le 18 août, le commandant Serge Renaudin, alias *Victoire*, qui est à la tête des M.U.R.[1] des Étivaux, lance un coup de main contre Châteldon, met en déroute les gardes spéciaux, s'empare de leur matériel et de la Citroën blindée de Pierre Laval. Celui-ci est à Paris, cherchant, avec l'accord et le patronage d'Édouard Herriot, à remettre à l'Assemblée nationale le pouvoir reçu d'elle en juillet

1. Mouvements Unis de Résistance.

40. Toujours ce souci tatillon de la légalité. Avocat jusqu'au dernier moment.

A Vichy, c'est un désarroi général. Les Allemands veulent emmener le Maréchal dans leurs bagages. Lui s'y refuse. Ils menacent de bombarder la ville. L'*hôtel du Parc* est transformé en fortin, on remplit les fenêtres de sacs de sable, on creuse des tranchées dans le jardin, des G.M.R. [1] prennent position sur les toits, on va voir ce qu'on va voir. Un émissaire du commandant *Victoire* réussit cependant à prendre contact avec Pétain, lui offre la protection du maquis : en attendant qu'il soit statué sur son sort, il se retirera parmi les moines au couvent de l'Hermitage. Mais après *Victoire* arrive un ambassadeur de Berlin, porteur de promesses et de menaces. Le Père La Girouette, comme l'appellent ses proches, décide en définitive de se laisser enlever. Sa garde personnelle rejoint alors le maquis des Étivaux, colonel en tête, avec armes et bagages, et vingt mille litres d'essence, cependant que les Allemands occupent l'*hôtel du Parc*, décrochent les portraits du Maréchal et suspendent aux mêmes clous ceux d'Adolf Hitler.

Dès le 21, le 18e bataillon de grenadiers blindé S.S. en garnison à Thiers, aux ordres de l'*Oberst* Krämer, se prépare à évacuer la ville. Il procède à des réquisitions de véhicules, visite les fabriques, les garages, place une sentinelle devant les voitures retenues. Auguste Pitelet n'est pas oublié. Du temps de *l'Hirondelle*, il n'assurait pas lui-même ses transports, excepté au moyen de deux charrettes à bras ; mais voici que la Wehrmacht découvre sous son cache-poussière la berline Hotchkiss aux six cylindres, aux banquettes de cuir véritable. Née en 1925, elle n'a encore que dix-neuf printemps. Sous les yeux atterrés d'Auguste et de Francine, les Allemands l'examinent en tous sens, mettent en route le moteur, soulèvent le capot, auscultent ses cylindres. Pitelet voit déjà sa chère bagnole marquée *WM*, remplie de troupe vert cresson, fuir sous les mitraillages et les bombes, elle qu'il préservait du moindre bourdji, des souillures de goudron, des froidures et des chaleurs. En fin de compte, les Allemands ressortent de la berline, font claquer les portières avec mépris :

« *Nein ! Kaputt !* »

— Comment ? s'écrie Auguste, humilié.

— Finie. *Kaputt.* »

Ils saluent et repartent.

« Tu as entendu ? demande-t-il à sa femme, comme si elle était sourde. *Kaputt*, ma voiture !

— Tant mieux ! C'est très bien comme ça.

---

1. Groupes Mobiles de Réserve.

— Ils y connaissent rien. De pauvres imbéciles. Comment veux-tu que ces gens-là puissent gagner la guerre ? »

Le 22, les S.S. sont en plein déménagement : des camions chargés stationnent devant le collège ; la nuit suivante, ils filent à l'anglaise par la N. 106. *Faites un pont d'or à l'ennemi qui fuit*, recommande un proverbe italien. Mais les braves ne se soucient pas de sagesse : ils ne vont pas permettre que les tortionnaires rentrent chez eux, emportant leur butin et leurs trophées. Aussi, descendus du col du Béal la nuit du 24 au 25, 150 F.T.P.F. investissent la ville par le pied, tandis que des éléments des M.U.R. venus des Étivaux prennent position à l'ouest pour couper la route aux fuyards. Les combats durent toute la journée : autour de la mairie occupée par les maquisards dès neuf heures, autour du marché couvert, du collège, de la rue des Grammonts, de l'école Saint-Joseph que tiennent les nazis. Morts et blessés jonchent les rues. Tandis que des femmes, portant de grands paniers garnis, courent sous la fusillade ravitailler les combattants, le colonel Brasset et le sous-préfet Delannet s'entremettent activement pour amener la *Kommandantur*, qui menace de faire brûler la ville, à négocier avec les forces partisanes, aux ordres du commandant *Victoire* et du commandant *Pigeon* (André Rossignol). Celles-ci ne dépasseront jamais trois cents unités ; mais *Pigeon* fait croire au parlementaire allemand qu'elles sont deux mille. Sans compter les renforts attendus. Vers 16 heures, une trêve est conclue à la sous-préfecture : repoussant toute idée de reddition, le *Leutnant* S.S. s'engage à cesser la lutte, à évacuer les lieux sans y commettre le moindre dommage ; de son côté, *Pigeon* lui assure une trêve d'une heure et demie après le cessez-le-feu, garantit la sécurité de ses hommes jusqu'à ce qu'ils soient hors les murs, c'est-à-dire au faubourg du Pontel ; au-delà, le maquis reprendra sa liberté d'action. Il sait qu'à cet endroit les soldats de *Victoire* attendent la colonne en retraite comme les Vascons à Roncevaux l'arrière-garde de Charlemagne. Le maire trouve un clairon de pompier, et fait sonner le « Cessez-le-feu ! ».

C'est alors qu'entre en scène Benoît Gimel. Il s'intitule modestement « entrepreneur ». En fait, il est l'âme vivante des Limandons. Un peu fossoyeur, un peu bâtisseur de caveaux, un peu tailleur de pierre, un peu organisateur de spectacles funèbres. Après les obsèques, la parenté lui recommande son cher défunt :

« Soyez tranquilles ! répond-il la main levée. Gimel s'en occupe ! »

Il parle de lui-même à la troisième personne : demain, Gimel vous attend. Il facture ses travaux de la manière suivante :

4 heures d'ouvrier à 50 F .... *200 F*

4 heures de Gimel à 100 F .... *400 F*

Le cimetière est son royaume. Les Thiernois disent : « Les Limandons. » Mais aussi : « Chez Gimel... nous irons tous un jour chez Gimel... » Il ne fait pas bon venir l'y concurrencer. Plus d'un ouvrier maçon occupé à construire un caveau pour une entreprise rivale s'est trouvé le soir enfermé sans avertissement, et a dû passer la nuit en compagnie des morts. Gimel habite à quelques pas de son portail, il ne le quitte pas des yeux. Son ambition est de devenir propriétaire de tout le voisinage ; chaque fois qu'une parcelle se trouve libre, il l'achète ; de ses mains, il érige dessus à l'usage des vivants une maison nouvelle, utilisant les déchets de marbre, d'andésite, de granit, de porphyre, de labrador, de balmoral finlandais qui lui restent de ses édifices funéraires. C'est un peu disparate, mais très impressionnant par la perfection parallélépipédique des pierres de taille. Il les empile comme des dominos. Des croix renversées, des dalles de récupération attendent dans un coin un second emploi. Il rêve du jour où tout le quartier lui appartiendra légalement.

Ce vendredi 25 août, Émile Couturier s'en revenait vers quatre heures de relevée de son champ de luzerne, proche les Tavards, avec sur l'échine un faix d'herbe pour ses lapins. C'était un vieil émouleur que la *maille* avait rendu presque aveugle. Ce qui ne l'empêchait pas de se remuer, en prenant son temps, de se promener dans ces rues et chemins qu'il connaissait par cœur. Devant l'atelier de Gimel, il perçut le tic-tac d'un burin et lança un bonjour au hasard :

« Salut, Gimel !

— Salut, Couturier ! »

De temps en temps, des hauteurs de la ville descendait encore le crépitement d'une rafale de F.M.

« Doit y avoir, poursuivit l'ancien Ventre Jaune, doit y avoir quèque fête par là-haut. Quèque feu d'artifice. C'est pourtant pas le 14 Juillet ? T'es au courant ? Quand j'ai traversé les Chemins-Neufs, ça me pétait entre les jambes de tous les côtés. Avec leurs sacrées fusées et leurs feux de Bengale, ils finiront bien par s'éborgner. Heureux celui qui sait garder sa vue. »

Gimel, classe 13, avait combattu toute la guerre précédente, depuis Sarrebourg jusqu'au ravin d'Antrèches. Ayant trop à faire avec sa clientèle spéciale, il ne se mêlait ni de politique ni de Résistance, écoutait rarement la radio. Mais ce jour-là il eut la curiosité de connaître les événements. Il chaussa ses souliers blancs, selon la saison, prit sa veste de coutil, son béret basque, et monta se rendre compte. Devant le *café de Bordeaux*, un rassemblement de F.F.I. discutait le coup. Il sut par eux que la trêve était convenue, que les Allemands devaient évacuer la ville avant 18 heures, qu'ils occupaient encore le marché couvert sans tirer, mais que leurs copains de l'école Saint-Joseph continuaient de canarder la ville, soit parce qu'ils n'avaient pas entendu le clairon, soit parce qu'ils n'en comprenaient pas le sens.

« Eh bien ! fit Gimel. Envoyez un parlementaire avec un drapeau blanc, pour les informer. »

Quand il était en conversation, l'entrepreneur funéraire avait coutume de ponctuer son discours en picorant la poitrine de l'interlocuteur avec les doigts réunis de sa main droite. Il tapait plus ou moins sec, suivant ce qu'il voulait donner de force à ses arguments. Il amenait souvent ainsi la partie adverse à céder du terrain.

« Ils tirent sur tout ce qui bouge ! répondit le maquisard picoré. Et c'est pas le moment de se faire descendre, maintenant que l'armistice est conclu, que la guerre est finie !

— Alors, vous attendez comme ça jusqu'à ce qu'y ait d'autres tués ? Sans rien faire ?

— Vas-y toi-même, papa, si tu t'en sens !

— De Dieu ! Donnez-moi un drapeau blanc ! »

On en cherche un. On n'en trouve qu'un tricolore. Ça fait rien, au contraire, dit Gimel. La hampe est une longue baguette de coudrier, il le porte sur l'épaule et s'en va seul sur ses souliers à trou-trous. Quelques maquisards se décident alors à le suivre, à bonne distance, pour voir si ce maigrichon, avec sa moustache à la Charlot, tiendra le défi jusqu'au bout. Au lieu de raser les murs, il suit le milieu de la chaussée, pour qu'on les voie bien, lui et son drapeau. Arrivé rue de Lyon, à hauteur du garage Goutay, on lui crie que le parcours dans lequel il va s'engager est balayé par le tir de l'école. Aussitôt en vient la démonstration : les balles pleuvent sur le pavé, en tirent des flammes comme de pierres à feu. « De Dieu ! fait Gimel. Personne te demandait rien ! Personne t'obligeait à faire le con ! Maintenant, Gimel, tu peux plus reculer. C'est ici que tu crèves ou que tu gagnes la paix. » Il abandonne le milieu de la chaussée, progresse le long du mur de soutènement. Alors, pour se transformer lui-même en drapeau blanc, il jette sa veste sur le trottoir, avance en bras de chemise.

Au milieu du tournant, s'ouvre à main gauche une de ces ruelles en escalier que les Bitords appellent une *rète* ; par là on monte vers l'école ; par là descend le tir des armes allemandes. Avant de s'y engager lui-même, il prend la précaution d'y engager son drapeau, le tient devant lui comme une canne à pêche, l'agite doucement. Le S.S. à plat ventre au sommet ne peut manquer de le voir.

Il attend l'effet de son signal.

Aucun coup de feu ne répond. Il pousse le drapeau jusqu'à l'extrémité de la baguette. Toujours pas de réaction.

Alors, il se place résolument au milieu de la rète et commence à monter. Comme il s'y attendait, un soldat est en haut, qui le couche en joue. Il ouvre les bras, dans sa chemise blanche, avec ses souliers blancs, les bretelles qui soutiennent son pantalon, aussi dangereux qu'un joueur de quilles. Joue-t-on aux quilles en Allemagne ! Le grenadier S.S. lui fait signe d'avancer. Gimel lui fait signe d'abaisser son fusil. Quand ils sont face à face, le fossoyeur tend sa main ouverte, l'autre l'imite. Entre eux, la poignée de main, geste de paix, vient de retrouver son sens primitif.

« Moi, parler officier ! » demande-t-il.

Il entre dans la cour. A chaque fenêtre de l'école pointe une arme braquée. On le conduit à un gradé à lunettes, étonnamment jeune, de courte taille, sous son casque trop grand, il a l'air d'une fille déguisée. Benoît est sûr qu'ils vont se comprendre, entre petits.

« Officier ? se fait-il confirmer.

— Non. Ici, pas d'officier. Moi, commander ici. *Feldwebel.* Sergent-major. »

Dieu soit loué, ce drôle de S.S. parle le français. Benoît explique que l'armistice a été signé à la sous-préfecture, que ses copains S.S. ont capitulé sans conditions, il en rajoute un peu, que deux mille cinq cents maquisards entourent l'école, il en rajoute beaucoup, que le reste de la ville est délivré, que des renforts sont attendus. Il fait même intervenir l'aviation :

« Si vous ne vous rendez pas, un avion va vous bombarder. Gimel vous donne dix minutes pour accepter son ultimatum.

— Qui est Gimel ?

— Moi. Si c'est non, vous serez tous écrasés ! »

Des deux poings, il les pilonne comme du sel dans un mortier. Le S.S. au teint de pêche rougit. Il confère un moment avec les siens. « *Achtung !* se disent-ils entre eux. Ne confondons pas ! Nous avons devant nous le *Gross Führer* des maquis de la région ! » Quelques minutes s'écoulent.

« Combien êtes-vous ? demande encore l'homme aux bretelles blanches.

— Vingt-deux.

— Vous ne faites pas le poids ! »

Il crache par terre avec mépris.

Certes, mais ils sont armés jusqu'aux dents : fusils Mauser, pistolets-mitrailleurs, mitrailleuses légères, grenades à manche. Sans parler de ce qu'on ne voit pas. Les S.S. impressionnés par le Grand Chef acceptent néanmoins de se rendre.

« Vous serez traités en prisonniers de guerre, conformément aux conventions internationales, précise-t-il. Et à présent, mettez-vous par deux, le fusil à la bretelle, la crosse en l'air. Et descendez derrière moi. »

Il désarme de sa main deux hommes, suspend leurs fusils à ses épaules, se pare d'une bande de cartouches comme d'un collier de fleurs. Et les voici qui, docilement, bien alignés, le suivent dans l'étroit chemin en escalier, avec tout leur attirail, casque, bottes, armement. Au fond de la rète, ils sont accueillis par le groupe des accompagnateurs prudents, civils et militaires, qui se jettent sur eux comme les mouches sur le sucre. Chacun veut le sien, chacun tente de s'emparer d'une arme, Benoît Gimel y perd un de ses fusils et son collier de fleurs, mais il reste farouchement cramponné à son drapeau tricolore et à sa parole donnée :

« De Dieu ! Bas les pattes ! Ces prisonniers sont à moi ! Je les conduis à la sous-préfecture moi-même ! »

Grand rassemblement devant le vieil immeuble, noir comme la suie. M. Delannet n'a aucune instruction à donner : la capture de soldats ennemis n'est pas prévue par les règlements administratifs. Que va-t-on faire d'eux ? Par bonheur, il se trouve que le marché couvert a été, durant l'affaire Saint-Joseph, évacué par sa garnison : c'est là que sont dirigés les vingt-deux captifs. Ils y déposent leur barda, contents d'avoir fini la guerre. Quelques-uns y perdent aussi leurs bottes au profit de maquisards mal chaussés.

Pendant ce temps, la garnison du collège, ignorant le sort de ses camarades, se préparait à quitter la ville. En vérité, les « grenadiers blindés » manquaient plutôt de blindages, ils s'entassaient dans des véhicules disparates, camions, cars, voitures réquisitionnées et conduites de très mauvais gré par leurs propriétaires. Beaucoup feraient à bicyclette ou à pied tous ces kilomètres qui les séparaient de l'Allemagne. Ayant dépassé les tournants du Pontel, ils se trouvèrent bloqués par le détachement des M.U.R. Aux premiers crépitements, la colonne s'arrêta, les S.S. se déployèrent dans les vignes et les jardins. Mais la nuit tombant, ils décidèrent de rester sur place. L'aube les trouva endormis entre les ceps, couverts de rosée et d'escargots. En ouvrant les yeux, ils se virent encerclés et se rendirent sans autre marchandage aux hommes du commandant *Victoire* qui les emmenèrent au camp des Étivaux.

Bilan : trois cent dix S.S. capturés par trois cents maquisards. Plus Gimel. Quarante otages délivrés. Une trentaine de morts, dont treize des nôtres, militaires ou civils. Parmi ces derniers, Florentin Piedoye, un des sept jardiniers de la rue de Paris, qui avait eu la malencontreuse idée de se mettre à la fenêtre quand il ne fallait pas. Une cinquantaine de blessés allemands et français, soignés à l'hôpital et à la gendarmerie.

Ayant récupéré sa veste, le petit fossoyeur quant à lui regagna son cimetière où l'attendaient de grandes tâches. Il conservait à titre de souvenir le drapeau tricolore. Il n'obtint jamais médaille ni ruban, ne songeant à rien réclamer, et personne ne songeant à lui rien offrir.

25, 26 et 27 août : libération, épuration, restauration.

Le samedi, une trentaine de miliciens, collaborateurs notoires ou tenus pour tels furent arrêtés, enfermés dans le gymnase de la *Thiernoise-Alerte*. Des industriels à la conscience trouble assiégeaient par ailleurs la Chambre syndicale, afin de se confesser et de faire pénitence :

« Oui, je le reconnais, j'ai travaillé pour les Boches. Pour assurer le pain quotidien de mon personnel et de ma famille. Pour préserver mes ouvriers du S.T.O. Je désirerais faire un don gracieux aux mouvements de Résistance, envers qui j'ai toujours eu des sentiments de profonde sympathie. Que diriez-vous de 500 000 francs ? »

Mais qui n'avait pas, plus ou moins, fait quelque chose pour les Boches ? Eu envers eux quelque geste de collaboration, ne fût-ce qu'un salut échangé ? Jusqu'au polisseur Pulhe-Moune, qui se sentait des remords dans les genoux et le fond de culotte depuis que l'ordonnance-tailleur du colonel Pabst lui avait rapetassé une paire de braies.

Alors, passa la justice populaire. Place de l'Hôtel-de-Ville, au pied de la mairie criblée de balles, siégeaient sur une estrade une demi-douzaine de magistrats improvisés. Devant eux, le public houleux, mal contenu par un cordon de F.F.I. Au milieu de l'espace libre étaient poussés un à un, une à une, les inculpés. On eut pour hors-d'œuvre trois femmes accusées de collaboration horizontale : de nombreux témoins jurèrent les avoir vues entrer à *l'Aigle d'Or* et en sortir au bras d'officiers nazis. Les deux premières avancèrent de mauvaises raisons, je voulais par ce moyen faire revenir d'Allemagne mon mari, et moi mon frère prisonnier. On les traita de truies patentées, on les condamna à être tondues. Un garçon coiffeur exécuta sur-le-champ la sentence. A mesure que tombaient les cheveux de ces impures et que paraissait leur crâne rond, la foule pure trépignait de joie, leur crachait au visage. Elles s'enfuirent sous les pierres et les huées.

Ensuite fut amenée la veuve Raymonde Fayet, cabaretière au faubourg de la Paillette. La quarantaine encore pulpeuse, elle avait toujours eu réputation d'être portée de bon service. Pour pas cher, elle dépannait les hommes, aussi bien l'émouleur du dimanche que le monteur du lundi, l'Italien que l'Espagnol et même que le Cantalou. Les envieuses disaient qu'elle gagnait moins d'argent avec son auberge qu'avec son Casino. Et elles n'entendaient point par là que Raymonde Fayet tînt commerce d'épicerie. Elle comparut donc devant ses juges brassardés. Ils l'interrogèrent sans ménagement :

« On dit que votre bistrot a été pendant deux ans le déshonneur de la Paillette. Que vous receviez les Boches à toute heure du jour et de la nuit.

— J'ai pas été la seule ! Quand je regarde autour de moi, j'en vois plus d'un qu'a fait de même !

— Citez des noms !

— Je suis pas une dénonceuse.

— Bref : on vous accuse de vous être prostituée à l'ennemi.

— Fallait bien vivre.

— N'avez-vous donc aucun sentiment de dignité ? Aucun patriotisme ?

— Je vais vous dire, messieurs les juges. Mon cœur est français. Aussi français que le vôtre, sans vouloir vous offenser. Mais mon Casino est international. »

Sacrée Raymonde ! Elle croyait s'en tirer par une profession de foi. Elle fut tondue tout de même.

C'en fut fini de rire. Les autres comparants affrontaient des accusations beaucoup plus graves. Il s'agissait de trois jeunes malavisés, appartenant à des familles honorablement connues à Thiers ou dans la région. L'un s'était rendu insupportable par ses propos réactionnaires, ses dénonciations, son uniforme de milicien. Le second avait été vu à Clermont sous l'habit de la L.V.F. Le troisième habitait près de la Halle, une maison d'où étaient partis des coups de feu tirés sur les libérateurs. Il fallait venger quatre années d'humiliations, de famine, de terreur, de lettres anonymes. Il fallait venger les treize morts de la veille. De la foule hurlante jaillissaient des témoignages innombrables :

« Je l'ai vu de mes yeux tirer par la fenêtre !

— Je l'ai entendu se vanter d'avoir combattu les maquis dans le Vercors !

— Et moi, je l'ai senti : il portait sur lui l'odeur de la poudre boche ! »

Eux se défendaient mal, paralysés de peur ou de mauvaise conscience. Nul ne paraît plus coupable qu'un accusé qui se tait. Leur seul avocat était un membre du tribunal qui s'efforçait de trouver des témoins à décharge. Sans grand succès. Il fallait bien que quelqu'un payât pour tant de malheur. Et vite. Battre le fer de leur colère tandis qu'elle était encore chaude. Le premier geste d'un esclave libéré est de réclamer l'esclavage pour son ancien maître. Ou son sang.

« La cause est entendue, dit le président du tribunal, qui connaissait les bonnes formules. Nous prononçons la sentence capitale. »

Applaudissements.

Pendant ce temps, dans le grand salon de *l'Aigle d'Or*, un tribunal de guerre juge cinq prisonniers allemands : ils ont été reconnus parmi ceux qui, le 20 juillet dernier, encadraient et brutalisaient les deux jeunes maquisards de Boën avant de les fusiller près de Tarenteix. Contre eux non plus les témoignages à charge ne manquent point. La foule fiévreuse s'entasse autour de ces assises, comme à un combat de coqs. Des paris s'engagent. Par le truchement d'un interprète, quatre accusés nient leur présence ce jour-là dans le peloton S.S. ; mais le cinquième — beau gaillard blond aux larges épaules, parfait exemplaire de la race des Seigneurs — admet la sienne, et du même coup celle de ses coïnculpés. Ce qui lui vaut d'être par eux traité de *Schwein Lügner*, cochon de menteur. Il sourit avec dédain.

« Prends garde à tes paroles, l'avertit le capitaine-président, scrupuleux. Elles peuvent te valoir à ton tour douze balles dans la peau.

— Égal ! réplique l'Aryen. *Deutschland kaputt.* »

Le mot provoque un silence dans le brouhaha. Sauf parmi ceux qui ont mal entendu.

« Qu'est-ce qu'il dit ?

— Il a dit : ça m'est égal. *Deutschland kaputt.* »

On examine son sourire désespéré. Dieu me damne, on éprouverait presque de la sympathie, de la pitié pour ce garçon, si l'on ne savait qu'il a fusillé deux patriotes. S'il demandait à boire, on lui présenterait, non un casque plein d'eau, mais un verre de vin. *Deutschland kaputt.* Que n'est-il resté chez lui à courtiser les Gretschen aux longues tresses, au lieu de venir torturer chez nous deux pauvres gars qui ne lui avaient rien fait ?

Fouettés par son mépris, les quatre autres — un d'abord, puis deux, puis tous — finissent par reconnaître qu'eux aussi faisaient partie du détachement.

« Mais, ajoutent-ils, nous étions commandés par nos chefs. Nous ne pouvions désobéir. »

L'un d'eux demande, les larmes aux yeux :

« Je regrette ce que j'ai été forcé de faire. Donnez-moi l'occasion de me racheter.

— Aux Limandons, tu te rachèteras ! » lance un des juges.

Lui ne comprend point : les Limandons ? *Was is das ?*

Les civils vont et viennent dans l'hôtel où les officiers de la *Kommandantur*, en se retirant, ont abandonné une quantité de couvertures, de bottes, de vareuses, de caleçons, de casquettes encore chaudes. C'est un plaisir que de piller ces pillards. On s'en va, une couverture sous l'aisselle, jeter un coup d'œil au procès pour voir où en sont les choses.

Le 27, les drapeaux nazis trouvés çà et là sont brûlés en public et une bannière tricolore monte à un mât devant les troupes libératrices, impeccablement alignées. Le commandant *Pigeon*, qui a pris le commandement militaire de la place, restaure le maire déchu, Antonin Chastel, dans ses fonctions civiles, je savais bien, rappelle-t-il, qu'on me revoirait.

On attend le lundi et les jours suivants pour fusiller les condamnés à mort. On commence par les Allemands. Ils sont conduits aux Limandons, dans la partie basse du cimetière. Alignés contre un mur. Benoît Gimel les reconnaît : ils faisaient partie des vingt-deux qu'il a capturés chez les Frères. A qui il a promis la protection des conventions internationales. Voilà comment on respecte sa parole. Mais le peloton d'exécution est déjà en place, le fossoyeur observe ces visages inconnus, étrangers à la ville, durcis par la haine, ce ne sont pas des gens à entendre raison, à se laisser picorer la poitrine. Il s'éloigne parmi les tombes en grommelant, il a coutume de parler aux morts.

Nu-tête, au garde-à-vous, les cinq S.S. s'efforcent de mourir proprement. On leur a laissé les mains libres. Un officier F.F.I. charge lui-même les douze lebels de douze cartouches dont une à blanc afin de ménager les consciences délicates : chaque tireur pourra supposer qu'il n'a rien envoyé à son client que de la poudre aux yeux. A voix basse, il répartit les cibles. Il présente ensuite aux Allemands un bandeau qu'ils repoussent. Le ciel impeccablement bleu contemple leur défaite. Alors, l'Aryen blond ouvre sa chemise, à deux mains se dépoitraille. Ces gens-là ont appris l'art du théâtre à Nuremberg. Son voisin de droite l'imite, le troisième regarde devant lui, le quatrième ferme les yeux, le cinquième pleure doucement.

Quand les fusils ont craché, ils s'affaissent au pied du mur, obliquement, l'un sur l'autre, en pagaille. Les maquisards étrangers s'éloignent, les abandonnant à Gimel et à ses aides.

Après eux, vint le tour des trois *milicos*. Prévoyant des arrivages groupés, les fossoyeurs avaient creusé plusieurs tombes par anticipation. L'officier commandant le peloton eut alors l'idée d'ajouter une fioriture au spectacle en faisant monter chaque condamné sur le talus de déblai, de façon qu'à la renverse il tombât dans le trou. La méthode même employée par les nazis au ruisseau de Tarenteix. L'exécution ne se fit pas en bloc, mais unité par unité. Le premier cria avant de mourir :

« Je n'ai pas tiré ! Je n'ai pas tiré ! Je n'ai pas tiré ! »

Personne ne le crut.

Le second voulut enfiler la veste qu'il tenait sur le bras, mais il tremblait tellement que ses bourreaux durent lui donner un coup de main.

Le troisième réclama une dernière cigarette. On la lui concéda. C'était du tabac anglais, tombé du ciel. Un parfum mielleux couvrit le poivre des cartouches brûlées. Quand il en eut tiré toute la fumée possible, il écrasa le mégot contre le talon de sa chaussure.

Les hommes du peloton s'en retournèrent la conscience en repos, ils avaient accompli leur ouvrage comme de bons ouvriers. Plus jamais on ne les revit au pays.

Benoît Gimel se pencha sur les trous, il s'agissait de fosses réglementaires, profondes de deux mètres, au fond desquelles gisaient les corps recroquevillés. Il se retourna vers les étrangers qui disparaissaient au loin :

« Et qui c'est à présent, cria-t-il, qui va les tirer de là, bande de galvaudeux ? Qui c'est qui va les nettoyer, les mettre en boîte, les enterrer proprement ? C'est Gimel ! »

Il se picora furieusement la poitrine.

Aidé de son fils et d'une échelle, le petit homme descendit dans les trois fosses, en tira les suppliciés, mous, glaiseux, sanglants, qui n'y mettaient aucune bonne volonté. Il les coucha dehors côte à côte, comme il avait fait des Allemands, alla puiser dans son stock de cercueils, traça au crayon sur le couvercle les noms de deux qu'il connaissait, écrivit sur le troisième le mot *inconnu*. Puis, il les transporta dans son dépositoire, en attendant les représentants éventuels des familles. Pendant trois jours, il fut la seule famille du supplicié anonyme.

Il faut que tous les sangs impurs abreuvent nos sillons. Des groupes de justiciers rapides pénètrent dans la prison, dans les chambres fortes de l'hôpital où sont soignés des miliciens cardiaques.

« Vous êtes bien, demandent-ils, cette ordure fasciste de Pipeurt ?

— Je m'appelle Pipeurt, en effet »

Et Pipeurt ne pipe plus.

Quelquefois, ils emmènent leur gibier en camion hors de la ville, dans un endroit où ils pourront lui régler son compte en toute tranquillité. Ainsi, plusieurs de ces condamnés sommaires seront exécutés au pied du puy de Crouelle, une pyramide de lave qui semble avoir été dressée exprès pour ça. Après quoi, les justiciers rapides disparaissent sans laisser leur carte.

Il faudra longtemps pour que la justice soit rendue aux tribunaux officiels.

A peu près partout, les armées hitlériennes ont cependant été boutées hors de France, mais la guerre continue en territoire allemand. Comme Antonin Chastel, Hitler refuse de caler. La liberté revenue écrit son nom sur les feuilles nouvelles : *le Parisien, le Dauphiné libéré, Libération Champagne, la Liberté du Massif central, du Morbihan, de Normandie, du Perche, l'Angérien, la*

Charente, le Maine, le Midi libres. Thiers a aussi sa *Liberté* qui succède au *Journal de Thiers* venu du socialisme pour sombrer dans la basse collaboration payante.

Mais la liberté ne se mange pas en salade, les denrées restent aussi rares et aussi chères, les cartes d'alimentation persistent, le marché noir aussi. Il est dur de renoncer aux mauvaises habitudes. Beaucoup de vaches s'obstinent à retenir leur lait, malgré les objurgations ministérielles. *Liberté* publie une liste de soixante *bons livreurs* établis dans la campagne thiernoise, comme cet Archambaud Francisque, de Chabetout, qui, propriétaire de trois vachettes seulement, a livré en quatre mois cinq cent cinquante-huit litres de lait ; et une liste de vingt *affameurs du peuple*, tel ce Ch... Pierre, de Chassignol, dont les huit bêtes ne lui ont pas permis d'en livrer une seule chopine. Il s'agit manifestement, dans le premier cas de vaches républicaines, dans le second de vaches pétainistes. Quatre de ces dernières seront en conséquence saisies et condamnées à mort.

1945-1947

Au début de 45, les tranches de la rançon ayant été versées régulièrement, le divorce fut enfin prononcé entre Gilberte et Alexis, aux torts exclusifs de la femme.

« Ce n'est que justice, déclara Grattadeix, la main ouverte sur la conscience. Moi, je n'ai rien à me reprocher. Pas le moindre tort. Je me sens blanc comme le lait. »

Leurs deux enfants légaux, Élise et Prudent, avaient été néanmoins confiés par le juge aux soins de la mère. Ils manifestaient l'un pour l'autre, malgré leur demi-parenté, des sentiments complets ; dès qu'ils furent en âge, ils s'aimèrent, se détestèrent, se tirèrent les cheveux, se volèrent le sucre de la bouche le plus fraternellement du monde. Pour ne pas avoir à donner au photographe, leur père et beau-père, des noms discriminatoires, ils furent enseignés à lui dire *Chef*. La chose était venue d'elle-même, par inadvertance. Un jour qu'Élise traînait la patte au cours d'une promenade et cherchait un dos pour la porter :

« Demande au Chef, conseilla la mère, de te prêter le sien.

— Chef, répéta Élise, tu veux bien me porter ? »

Et le Chef, souriant dans sa barbe : « Le Chef est d'accord. »

Le titre lui resta. Par voie de conséquence, les enfants appelaient leur mère seulement *Gilberte ; maman* ne leur venait aux lèvres que pour implorer son aide. Il régnait dans la famille une indiscipline joyeuse et librement consentie, tu te serais cru dans ces camps de maquisards où l'on se disait : « Lieutenant, tu nous les casses... » L'atmosphère était spécialement chaleureuse durant les repas, chacun essayant de se faire entendre en criant plus fort que le voisin.

Désormais, une réconciliation avec Auguste Pitelet parut envisageable. Mais il fallait encore franchir le délai de viduité qui impose à toute femme divorcée trois cents jours de pénitence avant de pouvoir convoler en secondes noces. Le père et la fille continuèrent donc, quand leurs routes se croisaient, à ne pas se voir, à ne point se parler. Même s'il leur arrivait, après s'être frôlés sur le même trottoir, de marcher cinquante pas encore, puis de se retourner, chacun s'apercevait alors que l'autre avait réagi de même, et ramenait très vite ses regards devant lui, avec confusion.

Les nouvelles faisaient un détour par Vollore-Ville pour arriver : *Élise et Gilberte*, écrivait tante Mélite, *se portent bien. Le petit Prudent a des boutons aux fesses. En grandissant, il ressemble de plus en plus à son grand-père Pitelet*... « Je n'ai pas de boutons aux fesses, gongonnait Auguste. Cette Marguerite a la manie de chercher des ressemblances. »

Quoique ancien membre de la Délégation spéciale nommée par le gouvernement de Pétain, il n'avait pas été inquiété après la Libération. Au contraire, le colonel Brasset avait été emprisonné par principe ; mais un certain nombre de Thiernois non suspects de vichysme étaient venus protester en sa faveur, rappelant son désintéressement sans faille, son dévouement, sa conduite digne et courageuse en face des occupants, son intervention auprès de la *Kommandantur* :

« Je suis colonel et maire de cette commune. A moi seul, je vaux dix otages civils. Le sous-préfet en vaut dix autres. Arrêtez-nous, et libérez vingt otages. »

Les Allemands avaient dit *nein*, mais l'avaient salué avec respect.

Ses gardiens le relâchèrent au bout de quelques jours. Et plus jamais il ne se mêla des affaires publiques. Antonin Chastel, ancien émouleur passé dans la distillerie, s'était conduit assez piteusement devant les envahisseurs en juin 40, et jamais il n'aurait proposé pareil échange, il y a des circonstances où il est bon d'être bossu, d'autres où il convient d'avoir l'échine droite.

Sur leur propre territoire, parmi les villes en ruine, les soldats nazis continuaient de se battre comme des enragés, on se demandait quel vaccin Hitler avait pu leur mettre dans le ventre. Pendant ce temps, certains de leurs collègues, capturés les 25 et 26 août, avaient été distribués dans Thiers et sa région, dans les ateliers et les fermes. A Bulhon, il en arriva un chez les Gagnevin. La famille comprenait deux femmes et un homme : Angèle Gagnevin, sa belle-mère

Antonia, son beau-père Marius, dit Boîte-à-Vitesse : chaque fois qu'il lui arrivait de parler, ce qui advenait rarement, ayant peu de chose à dire, il se raclait la gorge en profondeur, *Hrrr...*, et produisait un bruit d'engrenages martyrisés. Il manquait à l'appel les deux fils, Baptiste et Germain, prisonniers en Bochie. L'Allemand avait donc été le bienvenu. A la vérité, les Gagnevin auraient préféré un agriculteur, Horst était plâtrier-peintre de profession, mais il se pliait volontiers aux travaux qu'on lui commandait. La difficulté consistait à se faire entendre : il ne connaissait pas un traître mot de notre langue, excepté le terme *chopine*. Encore l'employait-il de travers : il en faisait un synonyme de « boire » et s'en servait abusivement. C'est ainsi qu'on le voyait rentrer des champs avec ses bottes boueuses et réclamer :

« Chopine ! »

La vieille Tonia allait lui remplir chichement un flacon de pouzin, de ce vin violet si pointu, si acide qu'il faut rire avant de le mettre en bouche, sinon après on ne peut plus. Elle le lui présentait, il le refusait de la main, répétant :

« Chopine ! »

Et elle, irritée : « C'est bien une chopine, ça, bougre d'âne ! Qu'est-ce tu veux d'autre ?

— Chopine ! »

A la fin, il se servait lui-même, prenait un verre et un pichet, buvait l'eau de la seille, tandis qu'elle restait toute camuse, sa chopine entre les doigts.

Le difficile était donc de le commander. Boîte-à-Vitesse expliquait, par gestes et par paroles — toi bêcher, hrrr..., comme ça — qu'il devait aller au couchant défricher une parcelle où il entendait planter des patates. Il lui mettait la bêche-fourche dans les mains, se faisait confirmer :

« Compris ?

— *Ja, ja*. Gompris. Pien gompris. »

Et là-dessus, Horst s'en allait au levant arracher les betteraves. A croire qu'il le faisait exprès. Marius entrait dans des colères noires :

« Saleté de Boche ! J'aimerais mieux avoir affaire à un vrai sourd et muet. Qui me débarrassera de ce nuisible ? »

L'autre s'avançait, content de son ouvrage, et demandait :

« Chopine !

— Je t'en foutrai, de la chopine ! Goule-pain-gagné !... Hrrr... »

En fait, il le gardait tout de même, à cause de toute cette force logée dans ses larges épaules et ses grosses pattes : quand il avait réellement compris ce qu'on voulait de lui, l'Allemand était incomparable aux besognes dures, abattage des arbres, cassage du bois, terrassements, transports des pierres. Avec ça, ne craignant ni froid ni chaud. Il lui arrivait, certains matins d'hiver, de se débarbouiller torse nu devant la pompe, plus d'une femme écartait le rideau de sa fenêtre pour admirer ses pectoraux, ses deltoïdes, ses grands dentelés, et le poil blond qui les capitonnait. Ensuite, elles chuchotaient de lui à la fontaine-abreuvoir, loin de leurs hommes, avec une feinte indifférence :

« Vous avez vu le Boche, encore ce matin, se laver dans un baquet d'eau froide ? Avec la température que nous avons ! Ces gens-là sont pas constitués comme nous, faut croire. Des sortes de sauvages.

— Oui. Mais quand même plutôt beau gars !

— Ah voui ? J'ai pas remarqué. Vous savez, il pourrait se mettre aussi nu que quand sa mère l'a défourné, ça me produirait aucune impression.

— Vous êtes pas comme l'Angèle Gagnevin !

— L'Angèle ? Vous êtes sûre ?

— Comment voulez-vous ? Toujours à vivre sous le même toit, jour et nuit ! Pendant que son homme est prisonnier ! Faut pas mettre la paille et le feu dans la même grange ! »

Ces accusations étaient pures menteries. Horst lorgnait bien du côté de la gendresse, mais il ne rencontrait jamais ses yeux que par hasard. Et toujours pleins de froideur. Orpheline de guerre, l'idée ne lui passait pas même par le devant de la cervelle qu'elle pût honorer d'un regard un descendant de ceux qui avaient tué son père. Le mariage avec Germain Gagnevin, son aîné de quinze ans, avait été une affaire raisonnable et honnête, à laquelle elle n'entendait manquer à aucun prix, malgré sept ans de stérilité et cinq de solitude. Elle espérait encore en l'enfant qu'elle n'avait point reçu et priait chaque soir la Bonne Vierge de lui rendre son homme assez tôt pour que ses flancs ne fussent pas condamnés à une sécheresse sans remède. « C'est une mule ! » disaient avec mépris les paysans d'une femme stérile. Mais elle ne pouvait nourrir l'espérance que si elle se gardait propre. Elle n'avait d'ailleurs aucune peine à le faire, ayant dans la ferme trop à s'occuper, bras, jambes et tête, pour songer à des folies. Horst perdait donc son temps à la regarder.

Pourtant, il ne renonçait point, malgré la tête de cheval qu'elle lui faisait. Il avait même à son égard des sollicitudes irritantes. Tantôt cherchant à lui prendre des mains son fardeau (elle devait le lui disputer, chacun tirait à soi, elle finissait par le lui abandonner en haussant les épaules et sans dire merci), tantôt prévenant ses désirs (elle s'arrangeait pour que ce fût à contresens), tantôt la gratifiant de quelque babiole : une violette, un caillou rose, une flûte qu'il avait taillée dans une branche de coudrier avec son couteau de Solingen. Elle n'osait pas toujours refuser. Alors, un sourire éclairait la grosse face rouge du valet, boucanée par la guerre et la captivité aux champs. Et c'est lui qui disait :

« *Danke. Danke schön. Gedanken.* »

On ne savait rien sur lui, d'où il venait, qui il était, s'il possédait famille ou non. Il ne sacrifiait pas à l'habitude constante des exilés de produire les portraits de leur parenté. « Ce garçon-là est pas franc », concluait Boîte-à-Vitesse.

Un jour, promenant sur les murs enfumés de la cuisine un vieux pinceau découvert parmi les étartuelles familiales, se frappant la poitrine, désignant le plafond, les poutres, les portes, il fit comprendre qu'il proposait de repeindre la maison. Salle, chambres, escalier, souillarde : tout ce qui était repeintible. Angèle comprit son langage la première, le traduisit aux deux vieux :

« Repeindre ? A la peinture ? s'effara la belle-mère Gagnevin.

— Naturellement. A la peinture.

— Pour quoi faire ?

— Pour que ce soit plus propre. Ensuite, la maison serait comme neuve.

— J'aime pas les maisons neuves. Où ce qu'y a jamais eu du monde avant. J'ai toujours habité ici, après mon père et ma mère. Si qu'on repeindrait, j'aurais l'impréciation qu'on veut plus de leur souvenir. Mais toi, Marius, qu'est-ce t'en dis ? »

Il passa une vitesse, deux ou trois fois, *hrrr, hrrr*, mais en définitive resta en panne. Lui, il n'en disait rien du tout. Il n'avait pas d'impréciation. La gendresse, au contraire, paraissait séduite. Horst continuait de se battre l'estomac :

« Moi... faire... comme ça, comme ça... *überall, überall.* »

Tous trois considérèrent le noir vénérable qui protégeait le bois et les pierres, à peine rompu çà et là par le calendrier des postes, un vide-poche débordant de vieilles lettres, un bénitier de porcelaine. Il leur parut sacrilège de vouloir y toucher. Mais Angèle sortit un argument de poids :

« De la couleur partout, ça donnerait de la valeur à la maison. Beaucoup de valeur.

— De la valeur ? Tu crois ?

— J'en suis certaine. »

Elle emporta le morceau. Quand Horst comprit qu'il avait gagné cette bataille, son visage rayonna. Le principe était acquis :

« Repeinturez tant qu'y vous plaira. Mais pour ce qui est de la marchandise, je donne pas un liard ! » déclara nettement la belle-mère.

Lui arracher un sou, c'était pire que lui tirer les boyaux du ventre.

« Je paierai de ma poche », fit la gendresse.

Alors, Marius eut honte pour sa femme, il se racla la gorge, décida qu'on se partagerait les frais, entre les deux ménages. Angèle monta sur sa bécane, s'en fut jusqu'à Lezoux, revint avec des pinceaux, des bidons de peinture. Sans huile de lin ni térébenthine naturellement : des badigeons à l'eau, seules espèces disponibles.

Le bruit se répandit dans Bulhon que l'Allemand des Gagnevin était plâtrier-peintre et qu'il remettait à neuf leur baraque, noire jusque-là comme l'enfer. Les enfants de l'école se rassemblaient autour de lui pour le voir travailler. Avec ébahissement. On leur avait tellement dit que les Boches ne connaissent rien d'autre que l'art de la guerre qu'ils n'en revenaient pas de voir celui-ci pratiquer un art de paix. Vêtu mi en allemand, mi en français, les jambes protégées par un vieux pantalon de Baptiste, ils le regardaient touiller ses poudres et ses liquides. De temps en temps, il brandissait un pinceau et menaçait d'en matriculer ses admirateurs qui reculaient avec effroi, tandis que lui rigolait comme un crocodile. Il découpa dans des cartons des fruits en creux et les peignit au pochoir, à distances régulières, sur les murs qui se trouvèrent ornés de cerises en touffes, si appétissantes que tu tendais la main pour les cueillir. Ailleurs, ce furent des coquelicots, les uns fermés, les autres épanouis. Mais il soigna tout spécialement la chambre d'Angèle, la parant de roses écarlates. Qui eût pu croire qu'un tel lourdaud, avec ses poings de bûcheron et son gros derrière, était capable de faire des choses si fines ?

En Allemagne, une armée de vieillards et d'enfants résistait encore aux avances simultanées des Russes et des Américains. Tonia Gagnevin informait charitablement son Boche de la situation militaire décrite par la radio :

« Dresde, *kaputt !...* Hambourg, *kaputt !...* Berlin, *kaputt !...* Hitler, *kaputt !*

— Hitler *kaputt ?*

— Oui, oui ! *kaputt !* »

Et elle fit le geste de se brûler la cervelle. Il encaissait les nouvelles avec résignation, puis, sans rien dire, s'en allait sortir le fumier de l'étable, il était maintenant bien au courant des diverses besognes qui lui revenaient, les plus dures, les plus malpropres.

Enfin, l'Allemagne capitule, après cinq années, neuf mois et huit jours de guerre et des horreurs infinies perpétrées par les deux camps, par celui qui combattait pour que la Race des Seigneurs imposât ses volontés au monde, comme par celui qui défendait la Liberté et la Civilisation. Le soir du 8 mai, la place de l'Hôtel-de-Ville est noire de Thiernois, il y en a même plus qu'aux jugements populaires. Mais la foule bavarde joyeusement, chacun se sent prêt à embrasser ses voisins et voisines : on attend la proclamation annonçant la fin officielle des hostilités. A 17 heures précises, le maire rétabli, Antonin Chastel, paraît à la fenêtre, souffle dans le micro pour vérifier s'il fonctionne, se racle la gorge, commence de sa voix enrouée :

« Mes chers compatriotes... »

Il s'arrête aussitôt pour recommander derrière lui, insoucieux de la sono qui retransmet ses paroles :

« ... Fermez la porte, nom de foutre ! Y a un courant d'air terrible ! »

Puis il enchaîne, s'interrompant fréquemment pour chercher ses mots ou leur donner du poids, dans le bon style oratoire mis à la mode par les gros de la politique, Herriot, Chéron, Sarraut, Doumergue, ainsi pas une syllabe n'échappe au bon peuple qui a la comprenette lente :

« Mes chers compatriotes... j'ai le plaisir et la joie... de vous faire savoir... que la... que la cessation des hostilités est terminée ! »

Tonnerre d'applaudissements et de rires. Il fait bon, après cinq ans de douleur, de pouvoir rire à nouveau des bourdes de Tonin. Chacun ce soir-là en prend conscience : la République est vraiment restaurée. A Thiers, une République fondée sur la moquerie et les chansons.

Les jours suivants, certains eurent, en revanche, l'occasion de rire jaune. Cherchant à briser les reins aux spéculateurs, profiteurs de guerre, trafiquants du marché noir, le ministre des Finances René Pleven décida que les anciens billets de banque — de 50 à 5000 francs — seraient échangés contre de nouveaux. Chaque échangeur devrait présenter ses papiers d'identité et le coupon n° 19 de sa carte d'alimentation. Ce fut un grand affairement parmi les riches en quête de pauvres pas trop pauvres, honnêtes mais point jusqu'aux scrupules, à qui confier pour un jour une part de leurs économies ; ils les dispersaient ainsi parmi leurs voisins, leurs parents, leurs amis, leurs ouvriers ; le cousin éloigné mais de bonne renommée devenait précieux, on lui promettait une récompense proportionnée, tu n'auras pas affaire à un ingrat. On vit arriver aussi des campagnes des cultivateurs honteux, portant sous le bras des paquets de billets enveloppés de vieux journaux, comme des chèvretons, se demandant bien ce qu'on allait leur faire, ce qu'on allait leur prendre. On ne prit rien que leurs nom et adresse. Les fonctionnaires aux Finances remettaient des billets de banque imprimés en Amérique, aux dimensions insolites, sans aucune figure de la République, du Commerce, de l'Industrie ni du Ramadan, couverts de lignes inextricables. Y compris un étrange billet de 300 francs. On sut qu'ils avaient franchi les mers pour arriver aux banques françaises dans des caisses portant l'étiquette *Champignons*.

D'Amérique ou d'Angleterre arrivaient mille autres choses singulières. Des stylographes à encre sèche, dits « stylobilles », mais l'encre se coinçait souvent dans le tube, fallait lui souffler au derrière pour la réchauffer. Des bas en « nylon », sorte de soie artificielle presque inusable. Un remède-miracle, la « pénicilline », capable de guérir n'importe quelle maladie mieux que la Bonne Vierge de l'Hermitage. Une poudre plus miraculeuse encore se dissolvait dans l'eau chaude et produisait un café instantané, sans filtre ni moulin. La farine de maïs eut des effets moins admirables : débarquée à pleins bateaux, elle servit à faire un pain sans trous, indigeste, plus agréable au goût néanmoins que le pain de jument dont on se contentait depuis des années ; seulement, tout le monde prit le ventre jaune, même ceux qui ne s'étaient jamais allongés sur une planche d'émouleur.

Mais beaucoup de produits de première nécessité manquaient encore. Les étoffes ne se décidaient pas à sortir des réserves où elles se tenaient dissimulées depuis quatre ans, à la grande joie des souris et des mites. Les couteliers se plaignirent de n'avoir plus rien à se mettre, bientôt ils sortiraient aussi dépenaillés que des Sidis. On fit des perquisitions : elles mirent au jour du tissu caché dans une cuve chez le transporteur Piaze, dont ce n'était pas cependant la vocation ; on en trouva un kilomètre aux établissements OSKAR ; et presque autant dans l'entreprise Crachon-Quimotte dont le directeur avait cependant participé avec honneur à la libération de la ville. Quand on lui demanda pourquoi il n'avait pas également libéré ces rouleaux :

« Il s'agit, expliqua-t-il, d'étoffes de trop bonne qualité pour être employées de nos jours en confection. La clientèle en a perdu l'habitude. »

On dénicha de même des stocks de drap chez un fabricant de chaussures d'Augerolles et, à Puy-Guillaume, derrière des piles de bois appartenant au commerçant Zurli :

« Je les tenais en réserve, expliqua ce philanthrope, à l'usage des prisonniers. »

Ceux-ci arrivaient en effet par petits groupes, dans des vêtements de l'armée américaine, ils ne pouvaient rester éternellement déguisés en Dji-Ails. A Bulhon, Germain Gagnevin, le mari d'Angèle, rentra intact de Rhénanie, avec un million de choses à taire ou à raconter : il avait passé la plus grande partie de sa captivité à cultiver les vignes palatines. Son frère Baptiste se trouvait dans la zone allemande tombée au pouvoir des Russes, il rentrerait par des chemins détournés. Germain s'extasia dans la maison rajeunie par les soins du Boche, et il le félicita, lui tapa sur l'épaule, lui dit quelques mots en allemand qui remplirent sa mère d'admiration, Bonne Vierge, notre gars s'est mis à causer les langues étrangères ! Horst accepta tout cela sans sourire, ce retour du fils visiblement le contrariait. N'empêche que ses patrons le fêtèrent dignement, il y eut à boire et à manger autant qu'un jour de noces avant 39. Le prisonnier reçut sa part, mais il ne participa point à la joie générale, il regardait parfois l'Angèle et son Germain se frotter l'un à l'autre, se tenir par la main, et aussitôt détournait les yeux ; il évitait maintenant la compagnie de toute la famille et se réfugiait, dès qu'il le pouvait, parmi les vaches et les cochons.

Le 14 Juillet fut occasion de nouvelles festivités. Jamais il n'avait été aussi tricolore : les filles portaient des cocardes, des rubans dans leurs cheveux, et les couleurs de la France les paraient à merveille. La *Philar* et *les Prévoyants de l'Avenir*, reconstitués et réconciliés, se partagèrent équitablement le kiosque de la place Duchasseint où ils exécutèrent à tour de rôle des morceaux héroïques. On dansa sur les places et au marché couvert.

On dansa même à Bulhon, dans la cour de la mairie-école : des polkas, des valses, des bourrées. En cette circonstance, Ferdinand Galéas, le futur mari de l'institutrice, ajusta les trois morceaux de sa clarinette et ne ménagea point son souffle. Tout le village était venu, hommes et femmes, jeunes et vieux, riches et pauvres, y compris les de Riberolles et M. Allary, magistrat à Riom, qui dansait sans doute pour la première fois de sa vie. Certains avaient apporté des boussets dont le vin circula, même les femmes burent au gobelet commun. Bientôt, tout le monde fut un peu saoul de pouzin et de patriotisme, mais on gardait cependant quelque tenue par respect pour les lieux. L'institutrice, qui ne pouvait valser avec Ferdinand, occupé à sa clarinette, se laissa inviter par Germain : en tant que prisonnier libéré, il était le héros de la fête.

« Vous n'avez pas amené le vôtre de prisonnier ? s'étonna-t-elle, quand elle fut dans ses bras.

— Le Boche ? Manquerait pus qu' ça ! Il a pas droit au 14 Juillet, me semble ! Ses pères y étaient pas, à la Bastille ! On lui a confié la maison, c'est déjà bien de l'honneur qu'on lui fait. »

Le bal dura jusqu'au milieu de la nuit. Ensuite, chacun rentra dans sa chacunière, excepté ceux qui préférèrent aller ailleurs. La famille Gagnevin regagna sa ferme. Avant de se coucher, Boîte-à-Vitesse fit la tournée des dépendances pour vérifier si tout était en ordre, si l'Allemand avait bien accompli ses diverses besognes. Il n'en doutait point, ce gars-là était le sérieux même, il l'aurait bien gardé toute sa vie à son service pour le même salaire, c'est-à-dire la nourriture, plus zéro franc zéro centime de gages, l'armée française lui versant seule le même prêt qu'à ses soldats. Il entra dans l'étable qu'éclairait uniquement un rayon de lune, on n'avait pas les moyens de faire mettre l'électricité partout. Les vaches, étalées sur la paille, respiraient fort et doux. Alors, il remarqua des guenilles, une veste, un pantalon, suspendues au fond, à l'une des poutres rondes. « Tiens, qu'il se dit, le Boche a lessivé ses frusques. » Il avança pour vérifier de la main. Nom de dieu ! Le Boche était dedans ! Encore chaud, pendu par le cou !

Personne ne comprit rien à ce geste funeste. Ni Angèle ni les autres. Heureusement, du moins, que Marius s'en aperçut au terme de la fête : autrement, le 14 Juillet en aurait peut-être été gâché.

Outre les Allemands captifs, avec leur *PG* dans le dos, on rencontrait en ville beaucoup d'étrangers. Des Américains de passage que les gamins assaillaient : « Cigarettes ! Chocolat ! Chouine-gomme ! » S'ils étaient accueillis de même dans les autres villes, ils devaient avoir l'impression que la France était un pays de mendigots. En revanche, quand il leur arrivait de sauter de leurs camions et d'entrer dans un café, tous les Thiernois se disputaient l'honneur de leur offrir à boire, les Dji-Ails repartaient fin saouls, mais ça ne tirait pas à conséquence à présent que la guerre était finie.

Il vint aussi des Indochinois. Ou si l'on veut, des Vietnamiens. Ou des Viets. Les anciens de 14-18 qui avaient combattu à leurs côtés les appelaient des Annamites. Ou des Nyacouets. Démobilisés de l'armée française, ils se trouvaient empêchés de retourner dans leur pays où se produisaient de grandes complications. Théoriquement, ils vivaient aux environs de Châteldon près d'un camp moitié civil, moitié militaire ; mais ils s'en échappaient à volonté, portant sur leur personne trois ou quatre pantalons et quatre ou cinq chemises superposés. Ils se dépouillaient dans les champs et vendaient toutes chaudes les liquettes et les culottes en excédent. Par ce moyen, ils avaient rhabillé à bon compte une partie du canton de Pierre Laval, principalement dans les petites pointures. A Thiers, ils avaient aussi leur clientèle. Ce qui ne les empêchait pas dans les moments de sincérité, aigris par la conjoncture, de traiter de fascistes les Français dans leur ensemble.

« Fassistes ? se demandaient les couteliers entre eux, surpris par ce terme inconnu à leur langage. Qu'est-ce que c'est faire ? Tu te sens fassiste, toi ?

— Ben oui, un peu, comme tout le monde à notre âge. Principalement par temps humide. Et surtout dans le genou gauche. »

De loin en loin, on voyait aussi un Russe. A moins que ce ne fût un Ukrainien. On disait qu'il s'agissait d'anciens prisonniers de la Wehrmacht libérés de leurs chaînes, en instance de rapatriement. Ils ne semblaient pas tellement pressés de rentrer chez eux et prenaient du bon temps dans les prairies françaises. Il n'était pas rare aux pêcheurs, aux chasseurs, aux gendarmes d'en dénicher un au creux des genêts, en compagnie d'une bergère qu'il était en train de convertir au bolchevisme. Quand vinrent les chaleurs, ils se baignaient en troupe et tout nus dans la Dore, au grand scandale des torcols et des pies-grièches. Le curé de Courpière leur rendit visite dans leur campement de Sugères, il fut ébloui par ce qu'ils en avaient fait : chaque baraque se trouvait peinturlurée comme une icône. Admirable ! Admirable ! Il les invita le dimanche suivant à sa messe chantée. Ils n'y manquèrent point et agrémentèrent la cérémonie de chœurs populaires qui résonnèrent magnifiquement sous les voûtes de la vieille église romane. Pour finir, M. le Curé s'adressa à ses paroissiens : « Mes très chers frères, mes très chères sœurs, nos hôtes soviétiques vont à présent exécuter leur hymne national. Levons-nous pour l'entendre. Ce sera notre façon de les remercier de leur alliance et de leur amitié. »

Et c'est debout, mais le poil hérissé, que le clergé de Courpière, et les fidèles, les saints et la Vierge des murailles, et le Christ sur sa croix, écoutèrent *l'Internationale* chantée en russe.

Au *Cinéma-Palace*, les actualités de 1945 montraient l'Allemagne *kaputt* : un amas de ruines que les survivants s'efforçaient d'entasser et d'aligner au cordeau afin de restaurer du moins des apparences de rues. D'Adolf Hitler, écrabouillé dans son abri berlinois, on n'avait identifié en toute certitude que la denture et la boucle de son ceinturon. C'était suffisant pour n'avoir aucun doute sur sa mort. Le territoire du Grand Reich avait perdu des surfaces importantes annexées par l'U.R.S.S, la Pologne ou rendues à l'Autriche, à la Tchécoslovaquie. Le restant avait été divisé en deux : moitié sous la surveillance soviétique, moitié sous celle des Alliés. La France avait reçu sa petite portion.

C'est alors que s'élevèrent, pour faire chorus, les revendications territoriales de la Suisse. Celle-ci réclama l'enclave allemande qui partageait en deux tronçons le canton de Schaffhouse, déjà pas tellement étendu : l'un des plus petits de la Confédération. Les séparant par un véritable couloir de Dantzig en miniature. La presse alémanique s'échauffa. Hitler avait donné le mauvais exemple des annexions arrachées par la force. Bref : on craignit une guerre nouvelle qui, dans la situation présente, ne pouvait que donner sur les grands Germains une victoire écrasante aux petits Suisses. Français, Anglais, Russes et Américains ne demandaient pas mieux que d'assister sans risques à ces hostilités divertissantes. Malheureusement, les Helvétiques se rappelèrent leur fructueuse neutralité et renoncèrent à l'emploi des armes. Le président du gouvernement cantonal schaffhousien prononça des mots d'apaisement :

« Dans un ou deux siècles, l'Allemagne peut retrouver sa puissance économique, politique et militaire. Elle pourrait alors reprocher à ses voisins d'avoir exploité sa situation désespérée. Si annexion il doit y avoir, il faut qu'elle résulte d'un vote des populations intéressées. »

On se résigna. On sourit seulement à l'optimisme manifeste de la conjecture : dans un ou deux siècles ! Les couteliers thiernois, quant à eux, espéraient bien être débarrassés pour un millénaire de la concurrence de Solingen !

En septembre, toute la presse née de la Libération fit curée sur Pierre Laval, l'infâme Pierre Laval, le traître Pierre Laval, le méprisable Pierre Laval, il passait en jugement devant une Haute Cour dont les trois présidents avaient exercé leurs fonctions sous Vichy et prêté serment de fidélité au Maréchal. Seul le procureur général, déjà à la retraite en 1940, se trouvait vierge de toute compromission. Thiers suivit douloureusement les débats, le peu du moins dont il était rendu compte dans les journaux. Une très grande partie de la population coutelière se résignait mal à admettre la félonie de celui qui avait été longtemps son fils le plus cher et le plus glorieux. Le défenseur des syndicats. L'apôtre de la paix. L'encercleur de l'Allemagne. Jusqu'à la guerre, en guise d'images saintes, les émouleurs, les polisseurs avaient coutume d'épingler dans leur *armalhó* — le petit placard où chacun gardait ses reliques personnelles — les portraits de Jules Guesde, de Jean Jaurès, de Joseph Claussat et de Pierre Laval. Et puis, du jour au lendemain, leur grand homme était devenu l'abominable complice de Hitler, le persécuteur des juifs, de la classe ouvrière et des communistes. Il y avait là un retournement qu'ils n'arrivaient pas à comprendre. On avait dû leur cacher quelque chose. Laval le premier. Ils attendaient avidement les explications qu'il ne manquerait pas de fournir devant ses juges. En fait, le procès ne fut — sembla-t-il — qu'une bagarre verbale continuelle entre, d'une part les magistrats et les jurés, de l'autre Laval et ses avocats d'abord, puis Laval tout seul, ses défenseurs renonçant très vite à leur mission impossible au milieu de ce cirque. Chaque fois que Laval essayait de parler, un membre du jury lui fermait la bouche :

« Ta gueule, salaud ! Traître ! Vendu ! Tu gueuleras moins fort dans quinze jours, quand t'auras tes douze balles dans la peau ! »

Le procureur lui-même s'exprima quasiment sur le même ton :

« Des traîtres de votre sorte ne méritent pas un jugement en règle. Je regrette qu'on ne vous ait pas appréhendé au lendemain de la Libération, pour une condamnation rapide, suivie de ce que vous savez. »

Dans ces conditions, Pierre Laval fit ce que tous ces messieurs lui demandaient : il ferma sa gueule. Il n'y eut aucune plaidoirie. Il mourut en emportant dans la tombe le secret de sa conduite. Beaucoup de Thiernois s'appliquèrent dès lors à le chercher.

Pendant ce temps, les criminels de guerre nazis passaient aussi devant leurs juges en Allemagne. Ainsi, ces bourreaux de Belsen qui ne savaient pas exactement combien de millions de personnes ils avaient fait périr : accablés, disaient-ils, par la besogne. On les interrogeait avec dureté, mais correction, au point que l'un d'eux remercia le tribunal, disant, j'ai confiance en sa justice. Alexandre Vialatte en rendait compte dans *les Lettres françaises* : ils recevaient l'assistance de leurs avocats et de témoins à décharge. On les pendit tout de même, mais de façon chrétienne.

Quant au peuple d'Aubervilliers, il se hâta de brûler celui qu'il avait adoré, lui donna un successeur communiste et fit tous ses efforts pour oublier jusqu'à son nom.

Maître Raymond Gautier-Pitelet sortit de l'ombre dans laquelle il s'était confiné pendant les années d'occupation, réfugié dans l'agriculture et l'élevage sur le domaine de son beau-père cantalien. Avant de regagner Paris, il vint rendre visite à son cousin Auguste réfugié dans l'émouture à l'École Nationale Professionnelle. Raymond avait perdu beaucoup de ses cheveux, mais il gardait sa parole fiévreuse. Chaque fois qu'il ouvrait la bouche, ne fût-ce que pour parler de la pluie, il donnait l'impression de défendre une cause.

« Comme ça, dit Auguste, tu retournes à la veuve et à l'orphelin ?

— Accessoirement. Pour rendre au droit la force qu'il avait perdue. Mais la France aussi est veuve et orpheline. Elle sera ma première cliente. Ma première pensée. Elle doit à présent retrouver ses parents naturels : les partis politiques.

— Tu restes radical-socialiste ?

— Plus que jamais. Le parti radical, le centre gauche, est l'assise la plus sûre, la plus raisonnable du pays. Assez à gauche pour réaliser les changements nécessaires, assez au centre pour ne léser les intérêts légitimes de personne. La IVe République sera radicale-socialiste. C'est-à-dire libérale, tolérante, juste et éclairée.

— Et de Gaulle, dans tout ça ?

— De Gaulle a joué le rôle du Messie pendant les années de malheur. Celles-ci achevées, nous n'avons plus besoin de lui. Sauf comme image sainte suspendue aux murs des chaumières. La France est rachetée. Qu'il retourne dans la maison de son père et débarrasse notre plancher. En temps de paix, la politique est une affaire trop sérieuse pour qu'on la laisse aux militaires. »

Ses amis l'appelaient dans la capitale pour qu'il prît la direction d'un nouveau journal, *la République radicale*, ou *le Républicain radical*, ou simplement *le Radical*. Charlotte lui proposa ses services :

« N'avez-vous pas besoin d'une secrétaire ? D'une rédactrice ?

— Toi, Charlotte ? Je te croyais engagée dans l'enseignement ?
— Je peux prendre un congé pour convenances personnelles.
— Quel âge as-tu ?
— Vingt-deux ans. Je pourrais me charger de la page féminine : la mode, la cuisine, l'éducation des enfants, l'horoscope, les mots croisés.
— Tu connais tout ça ?
— Non. Mais j'apprendrai.
— Et tu sais écrire ?
— Je crois avoir appris.
— Et toi, Auguste, tu la laisserais partir ?
— Puisqu'elle est majeure... Et si tu veilles sur elle... »

Voici comment Charlotte Pitelet se trouva engagée. Raymond l'embarqua illico dans sa voiture avec sa valise et son stylo. Elle prit place au côté de Madelon, la jeune épouse de l'avocat. Ils traversèrent Vichy dévichysé, franchirent à Moulins le pont de Règemorte à l'entrée duquel, deux mois plus tôt, les Allemands avaient coutume d'arrêter les voyageurs au passage de la ligne. Tout le long du voyage, maître Gautier-Pitelet parla d'or, évoquant l'ère nouvelle qui allait commencer pour le pays, dans l'éblouissement du bonheur radical et radical-socialiste.

En attendant, la France de 1946 travaillait durement à sortir de ses décombres. Les députés constituants élus le précédent automne besognaient sur un projet de constitution. Francisque Dassaud, socialiste S.F.I.O., élu par l'arrondissement de Thiers, avait pris de mirifiques engagements :

« Nous nationaliserons l'électricité. Pourquoi ? Parce qu'il est scandaleux que les kilowatts distribués par les compagnies capitalistes vous coûtent si cher. Alors que par l'effet des barrages sur les rivières, la nature nous les fournit gracieusement. Je sais bien qu'il faut payer le personnel. Mais une fois nationalisée, l'électricité sera quasiment gratuite. Je vous en fais la promesse solennelle ! Et nous nationaliserons de même le charbon, les banques, les assurances, les fabriques d'armement, les pharmacies, les voitures, le sucre, les cacahuètes... »

Le bonheur S.F.I.O. allait encore plus loin que le radical, puisque tout, presque tout serait donné. Presque donné. En attendant, deux années après la Libération, les denrées alimentaires, les vêtements, les chaussures, l'essence, le charbon demeuraient taxés et rationnés. A qui pouvait payer, le marché noir fournissait le complément. Le ministre du Ravitaillement avouait son impuissance :

« Il serait bon de mettre, dans une large couche sociale, un policier aux fesses de chaque Français. Mais il faudrait ajouter un autre gardien pour garder le garde ! »

Autour de Bulhon, le tabac prospérait clandestinement. Chaque fumeur avait sa recette pour l'accommoder, certains le laissaient longuement sécher à l'ombre, avant de le rouler en carottes ; d'autres, plus pressés, l'étendaient simplement sur le fourneau, la puanteur de sa dessication chassait les mouches et asphyxiait les punaises. Invité un jour au château, le curé, franc pétuneur, se vit offrir par M. de Riberolles du tabac maison :

« Allez-y, monsieur le curé. Remplissez votre pipe. Et votre blague aussi. Ma famille, vous le savez, n'a jamais manqué de tabac. Un de mes ancêtres eut même affaire, en 1754, au célèbre Mandrin qui tint à lui en laisser quelques balles. Et me voici contrebandier à mon tour ! »

L'abbé ne se le fit pas répéter. Et quand il eut bourré l'une et l'autre, il ajouta timidement :

« Si j'osais...

— Quoi donc ?

— ... J'en remplirais bien aussi l'étui de mon bréviaire.

— Mais osez, monsieur le curé ! Osez ! »

L'étui fut rempli à craquer. Il n'y avait point péché, point marché noir, mais seulement charité noire. Demandez et l'on vous donnera.

Les constituants, eux, mirent sept mois à pondre leur œuf. Avec orgueil, enfin, ils le présentèrent au peuple pour accord. Il s'agissait d'un projet confiant sans partage le pouvoir législatif et le contrôle de l'exécutif à une assemblée unique : elle seule élirait le chef de l'État, qui choisirait le président du Conseil, chargé de former le gouvernement et d'obtenir devant elle l'investiture. Défendu par l'ancien Front populaire reconstitué, le projet consacrait la toute-puissance des partis. Le référendum de mai le rejeta par 53 % des votants. Thiers venait d'enterrer un de ses grands hommes politiques : le docteur Camille Joubert. Ayant épousé une Russe blanche, celui-ci était revenu cependant Russe rouge d'un voyage en U.R.S.S. en 1936. Ses opinions lui avaient valu d'être persécuté durant la guerre, plusieurs membres de sa famille étaient morts en déportation. Lui-même n'avait échappé à la Gestapo qu'en s'exilant à Chadeleuf, près d'Issoire, à l'autre bout du département, avec sa femme et son unique poumon qui ne le retenait pas de fumer comme une locomotive. La maladie, le chagrin, le tabac l'y consumèrent. Ni ses amis thiernois ni ses anciens patients ne pouvaient oublier ce petit homme maigre, au visage voltairien, à la voix sourde, aux doigts noircis par la nicotine. En hommage à ses idées et à ses vertus, la ville vota dans sa majorité pour le projet de constitution à chambre unique, seule commune du Puy-de-Dôme à le faire. Puis elle donna son nom à la rue qu'il avait habitée.

Il fallut élire de nouveaux constituants pour élaborer un nouveau texte, la IVe République n'en finissait pas de naître.

Un soir de ce même juin, Gilberte vint sonner à la porte de son père. C'est sa belle-mère qui parut. Un moment, elles se regardèrent en silence, puis Gilberte avança le visage pour montrer qu'elle était prête à échanger le baiser de paix. Leurs joues se frottèrent l'une contre l'autre.

« Bonsoir, Francine.

— Bonsoir, Gilberte.

— Mon père est là ?

— Auguste ?

— Je n'ai qu'un père.

— Entre. Je vais l'appeler. »

Après quatre ans d'absence, elle fut introduite dans le salon inoubliable. Il n'avait pas changé. Elle y retrouva le canapé-lit style Empire sur pattes de lion ; la table ronde Régence en acajou ; les voltaires vieux rose ; le confiturier louis-philippard ; la fontaine aurillacoise et le chauffe-bain en cuivre qu'elle avait pour tâche autrefois d'astiquer tous les quatre jeudis ; le fusil marocain incrusté de nacre ; la tempête et le navire toujours en perdition, entièrement peints à la main ; les chaises à dossier galbé, au siège de velours protégé par des carrés de filet qu'elle devait subrepticement récupérer au derrière des visiteurs. En plus, descendu ce jour-là du grenier, le mannequin d'osier, pudiquement habillé de gris, sur lequel Francine ajustait ses propres confections. Baptisé Valentine pour ses courbes féminines. Sa rivale en patience et immobilité.

« Tiens-moi ça », commandait sa belle-mère.

Tout occupée à sa couture, elle lui plaçait entre les mains un bout de ruban, un morceau de cotonnade, parfois un fil, une épingle. Et elle l'abandonnait, l'oubliait ainsi un quart d'heure durant avec son fil entre les doigts, qu'elle aurait pu aussi bien poser sur la table, une chaise, le canapé. D'autres fois, c'était une coiffe, un chapeau en cours qu'elle mettait sur sa tête pour mieux juger de l'effet. « Et cesse de bouger ! »

Gilberte se voyait transformée en Valentine, tandis que ses amies couraient la prétentaine. Ainsi, dans l'attente de son père, revécut-elle un moment son enfance contristée.

Auguste avait pris le temps de s'arranger, il parut en vêtements de professeur, cravaté, ses cheveux gris bien tirés en arrière. Elle le trouva vieilli, mais toujours fermement assis sur ses principes napoléoniens, aucun tremblement n'agitait son menton carré. Ils gardèrent leurs distances, elle s'était levée à son entrée, il ne l'invita pas à se rasseoir :

« Si tu as voulu me voir, supposa-t-il, c'est que tu as quelque chose d'important à me dire.

— En effet.

— Je t'écoute.

— Tu ne me demandes rien ? Comment je vais ? Comment vont tes petits-enfants ?

— Je te le demanderai après.

— Voici : je vais me marier.

— Ah...

— Redevenir une personne qu'on salue.

— Quand ?

— Le 18 juillet prochain. A la mairie de Bulhon. Tout est déjà réglé.

— Enfin !... Je craignais de mourir avant de voir ça ! »

Il ouvrit les bras. Cette fois, son menton frissonna sans retenue. Il sortit même son mouchoir pour s'essuyer les yeux.

« Quatre ans que j'attendais ce jour !... Comment vas-tu ?... Et ta fille ?... Et ton fils... Et Ferdinand ?... Il faudra rattraper le temps perdu. Amène-les-moi tous dimanche prochain. On tuera le veau gras. Enfin... un lapin, ou une poule. »

Il l'empoigne de nouveau, l'embrasse encore, encore et encore.

« Le 18 juillet, dis-tu ? C'est quel jour de la semaine ?

— Un samedi, naturellement.

— D'ailleurs, je n'ai pas besoin de calculer. Nous serons en vacances. Il y aura beaucoup de monde ? Qui invitez-vous ?

— Personne. »

Son visage se fige, puis rougit. Il espère encore avoir mal entendu :

« Personne ?

— Personne.

— Pas même... moi ? Nous ?

— La cérémonie se fera dans la plus stricte intimité : nous quatre et les deux témoins.

— Je comprends. »

Quatre années de bannissement, d'humiliation, cela se paye. Mais sans le bannissement, sans l'humiliation, pensait-il, sa fille, la fille d'Antoinette Zapatez — oh ! l'infiniment délicate Toinette qui s'était sentie déshonorée parce qu'il lui avait fait traverser Escoutoux en la tenant par la main ! — sa fille Gilberte aurait sans doute continué une existence irrégulière, hors de la Loi, hors de la Morale, hors de la Respectabilité. Elle ne lui pardonne pas sa rigueur. Lui pourtant ne regrette rien. Il le ferait encore s'il avait à le faire. Il n'ira donc pas à la noce.

Il se contente d'ajouter :

« Moi aussi, j'ai une nouvelle importante. Maintenant que la paix et la liberté sont revenues, j'abandonne l'E.N.P. Je vais essayer de remettre en vol *l'Hirondelle.* »

Les choses se firent ainsi. Ces secondes noces n'entraînèrent aucune dépense excessive. Galéas endossa son meilleur habit, Gilberte sa meilleure robe. Le repas sans faste, à l'auberge Bonnefont, ne réunit que quatre adultes et trois enfants : outre les intéressés, un cousin de Ferdinand venu d'Avignon, Suzanne Pruvost et son fils Jean-Marie. Prudent et Élise ne comprirent pas réellement qu'ils assistaient au mariage du Chef et de Gilberte. Il n'y eut ni dragées, ni faire-part, ni chansons au champagne, ni voyage à Venise. Certaines funérailles se déroulent plus joyeusement. Au terme de la cérémonie, elle cloua sur la porte de l'appartement de fonction une carte préparée d'avance : *M. et Mme Ferdinand Galéas-Pitelet.*

Le 18 juillet, Auguste empêcha ses pensées de se tourner vers Bulhon en vérifiant l'outillage qui dormait depuis un lustre dans les locaux de la rue de Châteldon. Il remit en route les polissoires et les meules, constata qu'elles ronflaient aussi allégrement que si rien ne s'était passé, ni la guerre, ni l'Occupation, ni la Libération, ni le second mariage de sa fille aînée.

Et *l'Hirondelle* reprit son essor, gauchement, à petits coups d'aile. Les prisonniers revenus, la main-d'œuvre ne manquait point. Pitelet put rembaucher trois de ses anciens ouvriers, Pulhe-Moune, Floflo et Mange-Salé. Il rembaucha surtout sa femme Francine et se rembaucha lui-même : travailleurs sans horaire, sans vacances, sans salaire. Les fournisseurs d'acier, de corne, de viroles le connaissaient, ils lui firent crédit. L'Europe entière allait se remettre à manger civilement, autrement qu'avec ses doigts, elle réclamait des couteaux, des louches, des cuillers, des fourchettes. Thiers se ferait une joie de les lui fournir.

Rien ne manquait donc aux appétits européens, excepté la nourriture. Du moins la nourriture aux gagne-petit et mange-peu. La guerre terminée laissait derrière elle des séquelles de corruption, de mercantilisme que rien ne semblait pouvoir éteindre. Le vin officiel, algérien ou languedocien, se vendait 25 francs le litre contre tickets, mais les vignerons de Châteldon et de Lezoux débitaient leur atroce pouzin 80 ou 100 francs la pinte : encore fallait-il les en prier le chapeau à la main. Le beurre, les œufs, la viande ne manquaient plus guère ; mais ils s'écoulaient seulement dans les arrière-boutiques, rideaux baissés, voix amorties. Le marché noir était la nouvelle peste, contre laquelle prières, menaces, poursuites s'avéraient inefficaces. Un nouveau ministre du Ravitaillement, Yves Farge, fit cette promesse solennelle :

« Je supprimerai le marché noir avant la Noël ! Et pour cela, s'il le faut, je guillotinerai les spéculateurs ! »

Mais le parlement lui en refusa les moyens. Il eut alors l'idée d'instituer, à côté du marché officiel contingenté, un libre marché

« parallèle ». Grâce à ce génial parallélisme, le marché noir changea de nom, cessa d'être passible de poursuites, se trouva reconnu, donc bel et bien supprimé en tant que ci-devant tel, comme Yves Farge l'avait promis. Sans effusion de sang. Il ne restait qu'un pas à faire : supprimer le marché officiel, restaurer la bonne vieille loi de l'offre et de la demande dans tous ses effets : cela s'opéra progressivement à partir de 1947.

Après le vote d'un second projet de constitution rétablissant le bicamérisme, cette année débuta par un ministère Paul Ramadier, abrité sous le gibus du président Vincent Tauriol. Écoutant à la radio la biographie du nouveau chef de l'État, Fradin, dit Pulhe-Moune, polisseur à *l'Hirondelle*, découvrit qu'il était né en 1884 le même jour que lui. D'une certaine façon, Tauriol et Pulhe-Moune étaient jumeaux, sauf que le premier était natif de Revel près de Toulouse, et le second de Thiers près de La Monnerie. Il en éprouvait un orgueil disproportionné avec l'importance du fait et s'en vantait à tout venant, je suis né le même jour que Vincent Tauriol ; ce qui devint, peu à peu, Vincent Tauriol est né le même jour que moi.

Pour essayer d'arrêter la montée galopante des prix, Paul Ramadier leur demanda gentiment de descendre. De descendre volontairement de 5 %. Les prix ne l'entendaient pas de cette oreille. Ramadier se fit poète, et publia des petits couplets charmeurs :

Commerçants,
Pas de mauvais sang !
Le cinq pour cent,
C'est le bon sens !
Ouvrier,
Cinq pour cent sur la vie chère,
C'est cinq pour cent sur ton salaire !
Exige-le !
Paysan,
Le cinq pour cent est une bonne affaire
Si tout le monde s'en sert !
Fais-le ! Exige-le !

Par un facile tour de passe-passe, les étiquettes firent semblant d'obéir. Vraie ou feinte, la baisse persuasive dura quelques mois. Au bout desquels le gouvernement lui-même donna le signal de la hausse en augmentant le tabac, les allumettes, l'électricité, le billet de chemin de fer, les timbres-poste. Et le mouvement ascensionnel repartit du bon pied.

Les morceaux de la famille Pitelet se raccommodaient peu à peu, chacun ayant fait sa part de pénitence. On finit même par oublier tout à fait l'ancienne brisure. Auguste prit en sympathie non seulement ses deux petits-enfants, mais son nouveau gendre, malgré son accent étranger. Ils avaient un terrain d'entente : la musique. Ils en vinrent à jouer en duo — clarinette et trombone à pistons — le répertoire de la *Philar* dans le salon hétéroclite. Francine reçut sa part de mamours, les enfants l'appelaient *mémé-Thiers* pour la distinguer de *mémé-Vollore*.

Au mois de septembre, tandis que mûrissaient les grappes limagnaises, Gilberte donna le jour à un deuxième garçon qui reçut, cette fois, le patronyme de Galéas et le prénom de Renaud. Le grand-père coutelier s'en offusqua :

« Renaud ? Qu'est-ce que c'est faire ? Un nom de voiture ? Pourquoi pas Citroën ?

— Ça ne s'écrit pas de la même façon. Il y a un *l* en moins.

— Et avec ça il lui manque une aile ?

— Renaud était un paladin. Un chevalier, si tu préfères, qui fit autrefois de grandes choses et fut longtemps amoureux d'une enchanteresse. »

Auguste secoua la tête, grommelant que les enchanteresses sont bien rares dans le monde ordinaire ; puis il se résigna.

Plutôt qu'une famille au sens romain du terme, les Galéas-Pitelet-Grattadeix formaient une communauté unie par les sentiments et la confiture. Gilberte et Ferdi avaient souffert, enfants, d'un excès d'autorité parentale ; aussi s'étaient-ils juré d'accorder aux leurs toutes les libertés prévues par la constitution de la IVe République, auxquelles Élise, Prudent et Renaud en ajoutaient d'autres : liberté de dormir ou de veiller, de manger ou de ne pas manger, de dire « j'arrive » quand on les appelait mais d'attendre qu'on vînt les saisir et les traîner par la peau du cou, de parler durant les repas et même de chanter, de s'y chatouiller, de s'y tordre de rire, de produire à trois du vacarme comme douze. De temps en temps, ils allaient si loin, si fort, si haut que Ferdinand jugeait bon d'intervenir, il frappait sur la table du plat de la main en criant :

« Ça suffa comme ci ! »

Tout le monde s'esclaffait. Impossible dans cette maison de tenir son sérieux plus de cinq minutes. Le titre de *Chef* était pour Ferdi purement honorifique. Il aimait à raconter :

« Mon père, Giovanni Galeas, était un maçon sarde venu gagner sa croûte en France en 1920. J'avais sept ans. Un homme très dur, pour les autres comme pour lui-même. A table, nous n'avions pas le droit de dire ouf. Un jour, nous mangions du pot-au-feu, ce qui était un festin pour nous, misérables macaronis. La viande ne paraissait habituellement dans nos assiettes que sous ses formes diminuées, fraise de bœuf, pieds de porc, mou de veau, tête de chèvre. La mère accommodait ça de son mieux, en ragoût, en vinaigrette. Nous avions donc ce midi-là mangé de la vraie viande, et récuré les os avec le plus grand soin. Or, il s'éleva entre nos parents une discussion plutôt crétine à propos de la vache et du bœuf, pour savoir lequel des deux fournissait la meilleure chair. La dispute s'éternisait et montait de ton. Je me demande même comment notre pauvre mère osait la soutenir. En sorte qu'à la fin, moi qu'on avait toujours dressé à me taire, j'eus l'audace de souffler : « Tais-toi donc, maman. Tu sais bien que papa a toujours raison ! » En entendant ça, le père Galeas prit un os qui restait dans son assiette et à travers la largeur de la table, de toutes ses forces, me le lança à la figure. L'os m'atteignit à la tempe, et je tombai par terre, queneau-coute. »

Il écartait du doigt ses longs cheveux, montrait à sa tempe droite une cicatrice blanche. Voilà pourquoi il pratiquait d'autres méthodes, autorisant tout ce qui ne menaçait pas gravement la santé de la famille et ne faisait pas craindre un écroulement immédiat de la maison. Après quelque vaisselle brisée, quelque mur barbouillé à fresque, quelque citrouille pourfendue, lorsque la mère offusquée semblait vouloir user de représailles :

« Laisse-les donc s'épanouir ! » recommandait-il.

Ils apprenaient à pratiquer la liberté qui se voit et la liberté qui se cache. Un jour que Gilberte venait d'interdire à Élise l'usage d'un mot qui ne figure pas dans le dictionnaire :

« Je le dirai quand même dans ma tête ! » répliqua la petite hardiment.

Le photographe-musicien obtenait aussi des résultats surprenants à force de récompenses promises ou refusées : histoires qu'il racontait, participation à ses travaux éclairés de rouge, solos de clarinette. L'instrument à la vérité ne lui appartenait plus tout à fait, il passait de bouche en bouche, il n'y avait personne, pas même Renaud, qui ne voulût cracher dedans. Heureux de vivre, les enfants se roulaient dans les prés, se battaient comme des chiens, barbotaient comme des canards, grimpaient aux arbres comme des singes, dévoraient tout sec le cresson de Mme Bonnefont comme des lapins. Les paysans brandissaient leurs fusils, faisaient mine de les tirer comme des merles, sans trop oser se plaindre à la maîtresse toute-puissante qui, par le secrétariat de mairie, déterminait leurs déclarations agricoles.

Gilberte bénéficiait d'un curieux dédoublement de la personnalité, à la façon des louves-garelles. Au premier étage et dans les champs, elle favorisait l'épanouissement de sa progéniture, voulu par le Chef. En revanche, l'ordre régnait au rez-de-chaussée. Dans la salle de la mairie, sous le regard bigle de Vincent Tauriol épinglé au mur. Dans la salle de classe, autour du poêle Godin qui brûlait le bois communal, réchauffait les gamelles des élèves éloignés, incinérait chaque soir les punitions écrites de la journée. Élise y redevenait une élève comme les autres, appliquée, obéissante, qui disait « vous » à sa mère et, parlant d'elle, l'appelait la « Dame ».

1948-1958

Triomphante à Bulhon chez les Galéas, la liberté disparaît le 31 janvier 1948 des librairies thiernoises : ce jour-là, l'hebdomadaire né de la Libération se saborde pour des raisons financières. Un périodique nouveau, la *Gazette de Thiers*, en profite pour lui succéder. Moins nouveau qu'il ne semble. Ses lecteurs s'aperçoivent qu'il prolonge en réalité le très pétainiste *Journal de Thiers* disparu le 25 août 1944. Ils y reconnaissent le même papier, les mêmes signes typographiques, les mêmes rubriques, les mêmes signatures, le même siège social. Mais baste ! Philippe Pétain inspire désormais autant de pitié que de haine. Il expie à l'île d'Yeu la gageure de tous les messies, vrais ou faux, qui acceptent de se sacrifier pour sauver les autres. Préservé du peloton d'exécution par son grand âge, il ne lui reste pas même assez de cervelle pour dicter ses Mémoires. Il mange, dort et défèque, tandis que les souvenirs de ses gloires et de ses infamies tourbillonnent vaguement dans sa tête, comme les vents dans une statue de bronze creux. Et dire que la France a été gouvernée quatre ans par ce simulacre !

En février, Gandhi est assassiné. Autre confirmation de la règle. Du moins, lui, a-t-il atteint son objectif : au lieu de crever de faim sous une autorité étrangère, l'Inde à présent crève de faim sous sa propre autorité.

En juin, les mineurs du Massif central défendent par la violence leur liberté de manger : ils réclament une augmentation des salaires et une baisse des prix.

« Vous n'y songez pas ! répondent les ministres socialistes. C'est comme si vous demandiez en même temps le jour et la nuit, le froid et le chaud, l'amer et le sucré ! Augmenter les salaires et baisser les prix sont mathématiquement, économiquement inconciliables ! »

Mais les Polaks de Montceau-les-Mines, les Miladzeus de Saint-Étienne n'entendent mouche à l'économie ni aux mathématiques. On leur envoie des C.R.S. pour les leur expliquer. La grève alors tourne à l'émeute. Les mineurs stéphanois menacent d'inonder les puits. Ceux de Montceau font prisonniers cent trente-deux C.R.S., les désarment, parlent de leur coller une pioche entre les pattes, de les faire descendre au fond, de les mettre au havage pour leur montrer en quoi cela consiste : ce qui serait la pire des atrocités. En définitive, ils relâchent bientôt ces otages aux mains blanches qui leur coûtent trop cher en nourriture.

La vague passe par Thiers où elle ne soulève qu'une grève de solidarité de vingt-quatre heures peu convaincue, le syndicalisme coutelier a toujours souffert de vue courte, il distingue mal les liens qui peuvent l'unir aux mineurs fonctionnarisés, logés, blanchis, chauffés par les Charbonnages de France.

Elle atteint ensuite Clermont où se déclenche dans le caoutchouc la plus terrible grève de son histoire. Les émeutiers dressent des barricades aux abords des usines Bergougnan. La bataille fait rage tout un après-midi, et déborde sur la ville entière investie par les C.R.S. lacrymogènes. De l'autre côté, les grévistes lancent des boulons, des pavés, des bouteilles d'acide sulfurique qui sont des armes très pointues. La fumée, le fracas des explosions mettent en transes les fous de l'asile Sainte-Marie qui menacent de dévorer leurs gardiens. Rue Fontgiève, il y aura cent dix-sept blessés officiels soignés dans les hôpitaux, et beaucoup d'officieux qui regagneront leur domicile le nez en sang, un œil poché, l'échine contuse, sans songer à en remercier personne. Sans compter non plus les fenêtres du quartier qui y perdront la plupart de leurs vitres. Ni le préfet qui y perdra sa place. La presse parisienne imprimera des comptes rendus horrifiques de ces événements. *L'Époque* parlera de l'intervention de soixante blindés. *Assaut du Kominform contre les démocraties occidentales*, titrera *l'Aurore*, évoquant ensuite l'arrivée de commandos arabes venus de Saint-Étienne pour prendre la tête de l'insurrection.

La liberté de manger dépend de la liberté de produire. Or, la France a besoin d'importer une part considérable de sa nourriture et de ses matières premières. Pour ce faire, il lui faut tendre constamment la main vers l'Amérique, lui emprunter un million de dollars par-ci, deux millions de dollars par-là. Les U.S.A. commencent à se lasser de cette tapeuse perpétuelle. Alors, ils inventent le « plan Marshall » qui doit remettre à flot les pays européens détruits par la guerre, y compris les vaincus. Benoît Frachon, secrétaire général de la C.G.T., le repousse énergiquement, affirmant qu'il nous placerait sous une dépendance excessive des États-Unis. Le gouvernement français l'accepte tout de même, avec d'autant plus d'empressement qu'il s'agit de dollars non remboursables. Ainsi seront reconstruites de la façon la plus moderne les usines de Solingen : sous d'immenses toitures en dents de scie seront alignées comme à la parade des machines flambant neuves importées d'Amérique ; les ouvriers entreront et sortiront au coup de sifflet. Imaginez le rendement ! Thiers, qui n'a pas eu la chance d'être détruite par les bombardements, ne touchera pas un kopeck du plan Marshall ; la cité continuera de produire dans ses rouets, ses ateliers, ses boutiques à l'ancienne, à force de patience, de crasse, de sacrifices, d'ingéniosité, avec le secours des monteurs, des forgerons, des cacheurs de manches dispersés dans les campagnes, sans coordination, sans réseau commercial défini, sans aide du gouvernement. Et elle trouvera le moyen de battre Solingen dans le couteau de poche qui exige la chaleur des doigts plus que la froideur des mécanismes ; dans le beau rasoir à manche indispensable aux barbiers et coiffeurs, recherché des pauvres parce qu'il les rasera toute une vie et qu'ils le transmettront à leurs enfants. Dans les belles lames de table aux marques poétiques : *le Cygne, l'Hirondelle, le Sapeur, le Sabot, l'Ombrelle, le Diamant, le Lion, la Raquette, la Sirène, le Nain, l'As de Cœur, l'Éléphant, la Botte couronnée, la Main couronnée, le Q couronné*. Dans des articles aussi que Solingen n'ose fabriquer : la camelote anonyme, le couteau-breloque, le canif-réclame, la cuiller pour pochette-surprise, la fourchette pour bédouin qui mange avec ses doigts, le rasoir pour musulman peu barbu avec une notice imprimée en arabesques lui expliquant que ce rasoir a été copié sur celui-là même dont se servait le Prophète.

La liberté consiste enfin à mener paître son troupeau sur les pacages infréquentés. Même s'ils appartiennent à d'autres, qui les abandonnent aux taupes, aux lapins, aux orties. Tel est le cas de la fille Élise Pireyre demeurant au hameau des Boules, commune de Sermentizon, qui ne possède pas un pouce de terrain à elle, mais commande à dix-huit chèvres et quatre boucs. Ses voisins la traînent régulièrement en justice, sous prétexte qu'elle ne se contente pas des bordures de chemin, des talus de route, et pousse ses animaux sur les terres d'autrui.

« Mais puisque vous ne les faites point pacager ! réplique-t-elle à ses adversaires. Est-ce que je vous porte tort ?

— N'importe, répond le juge de paix. L'herbe d'autrui, c'est sacré. »

Elle écope d'une amende.

Les couteliers thiernois agissent de même. Ils suppléent aux insuffisances de leurs collègues étrangers, fabriquent des laguioles pour Laguiole, des suisses pour la Suisse, des navajas pour Albacete, des savoyards pour Cognin, des couteaux de Guingamp pour les Bretons, des parisiens pour la Samaritaine. Or, voici qu'après avoir pendant des années accepté la bonne et franche contrefaçon bitorde, les Suisses manifestent soudain des susceptibilités. Ils rappellent par voie de presse aux fabricants de Thiers que *la loi française du 4 juillet 1939, prise en application de la convention internationale de Genève, interdit l'emploi par les particuliers ou sociétés des armoiries de la Confédération helvétique, sous peine d'une amende de 50 à 1000 francs et d'un emprisonnement de 15 jours à 6 mois.*

Les Thiernois trouvent un peu fort que les Suisses, qui nous ont pris notre *franc* et même notre français (du moins une partie d'entre eux), nous interdisent d'imiter leur couteau. Néanmoins, pour ne pas encourir les foudres de la loi, ils renoncent à fabriquer le *véritable couteau suisse*, et ne feront plus désormais que du *faux suisse*, avec des lames en faux acier, des côtes en fausse nacre, en faux ivoire, en fausse corne, marquées d'un trèfle blanc au lieu de la croix blanche sur écu rouge. Fausseté reconnue n'est pas tromperie.

A partir de 1949, enfin, l'abondance revint chez ceux qui avaient les moyens de se l'offrir. Plus rien ne manqua dans la chaussure, le vêtement, l'alimentation. On revit même les vieux moulins-grilloirs de café dont l'épicière, devant son magasin, tournait la manivelle d'un geste lent et précieux, trois fois dans un sens, trois fois dans l'autre. Mais des gestes anciens restèrent définitivement perdus. Les soirs d'été, celui des mangeurs de soupe assis sur la première marche de leur escalier, une écuelle sur les genoux, en conversation avec leurs voisins pareillement occupés. Celui des bidons rouges balancés à bout de bras, emportés chaque matin par les ouvriers des usines, réchauffés à 9 heures sur le poêle. Depuis 1940, ces hommes avaient mangé trop de soupes aux rutabagas, il leur fallait à présent des nourritures fines, saucisson, petit salé, andouille, fromage au poivre.

Les figures mêmes des couteliers changeaient de couleur. En principe, la ville acceptait cordialement l'immigré, qu'il fût blanc, noir, jaune ou vert, à condition qu'il ne se mêlât point de faire des couteaux. A lui tout le reste, bâtiments, transports, ordures, ramonages. Mais le couteau, pas touche ! Un jour étaient venus les Annamites de Châteldon. Trop petits de stature, trop fragiles de nature pour être maçons ou livreurs, ils cherchaient à s'introduire dans les professions qui exigeaient de l'habileté manuelle. Certains même avaient eu l'adresse d'épouser de jeunes Bitordes. Ils réussissaient ainsi à entrer dans les fabriques. Les Thiernois de souche acceptaient mal cette colonisation à rebours. D'autant moins qu'en protestant ils se faisaient traiter de sales colonialistes. Les rapports laissaient donc à désirer entre eux et les Nyacouets, entre leurs deux cultures, ce qui provoquait souvent après boire des échanges culturels à coups de trique. Ainsi celui du mois d'août 49 qui ensanglanta le Moutier devant la boulangerie de la *Gerbe* : elle s'en trouva éclaboussée. Fricou, le boulenc, soucieux de n'offenser aucune clientèle, asiatique nieuropéenne, fit paraître dans la *Gazette* du samedi suivant un encadré qui mettait les choses au point :

Les personnes qui ont dit que GROLET Frédéric, boulanger 4 place

Voltaire, dit FRICOU, *a participé à la bagarre du Moutier, sont priées de se faire connaître à la* BOULANGERIE *de la* GERBE, *au Moutier.*

GROLET.

La coutellerie, au contraire, changeait peu. Le Moyen Age régnait toujours dans les ateliers obscurs, pleins de tapage, de fumée, de diables vociférants autour de leurs marteaux-pilons, de leurs découpoirs, de leurs martinets. Dans les rouets, où les émouleurs fonctionnaient toujours à plat ventre. Dans les boutiques exiguës, où des monteurs, des trempeurs hirsutes jouaient du violon sur leur nombril, fialetaient, clavetaient, cimentaient, rectifiaient leur clinquaille. De temps en temps, l'incendie d'une usine, d'une émolandière illuminait encore splendidement les ténèbres de la Vallée ; une meule éclatait encore à la tête de son servant.

L'homme sera toujours victime de ses propres mécaniques. Le baron de Barante le démontra comme un simple émouleur. Un de ses aïeux, nommé Brugière, s'était éloigné de la coutellerie, fortune faite, pour acquérir les terres de Barante et s'y livrer à l'agriculture. Ses descendants, engagés dans la diplomatie, les ambassades, l'administration préfectorale, venaient souvent à Barante se retremper aux sources auvergnates. L'un d'eux, Amable-Guillaume-Prosper fut aimé de Germaine de Staël et entra à l'Académie française sans avoir quasiment rien écrit, ce qui ne représentait que deux minces exploits ; il se rattrapa plus tard en composant de gros volumes historiques. Or, voici que le dernier baron en date, Claude Brugière de Barante, se sent plus paysan que baron. Il met avec amour son domaine en culture. A la saison du labourage, c'est l'homme le plus crotté du canton, quand on ne sait où le prendre on est sûr de le trouver sur son tracteur. Comme il est dans la région le seul exploitant à posséder ce genre de machine, il retourne volontiers la terre de ses voisins, de jour comme de nuit, à la lumière de ses phares. C'est ainsi qu'un soir de novembre, entre 9 et 10 heures, sur le champ d'un autre, son tracteur se renverse et l'écrase. Il avait vingt-huit ans.

Pour Gautier-Pitelet, au contraire, l'agriculture, mère de tous les arts et de toutes les sciences, dispensatrice des plus longs bonheurs, n'avait été qu'un provisoire refuge. Dès qu'il l'avait pu, il était retourné à sa vocation véritable, la Politique, en qui il voyait une championne du Droit, bien qu'elle pût aussi en être le contraire. Réélu député de Paris en 1945, directeur de *la France radicale*, il s'était trouvé sous le règne de la « Troisième Force » deux fois sous-secrétaire d'État en des ministères successifs, et même une fois garde des Sceaux. Alors qu'il occupait ce poste élevé, c'est le moment que choisit Charlotte Pitelet, jusque-là responsable de la page féminine dans son journal, pour quitter Paris et regagner l'Auvergne : elle avait hâte de mettre en pratique ces recettes culinaires qu'elle décrivait à ses lectrices sous le pseudonyme de *Tante Lotte*. Elle aspirait à faire réellement des confitures, des conserves de cornichons, à broder des nappes, à retourner des cols de chemise, à repriser des chaussettes. Bref, elle voulait se marier et n'entendait point laisser passer une occasion qui se présentait. Lors d'un séjour à Thiers, elle avait fait la connaissance d'un garçon enjoué, plutôt porté sur la cuisine bourgeoise, professeur au collège Audembron. Ils s'étaient rencontrés à la bibliothèque de la rue de Barante, ex-couvent des Visitandines, où ne fréquentaient que des gens sérieux, amateurs de vieux papiers et d'antiques poussières. C'est dire qu'il n'y venait quasiment personne. La plupart des Thiernois manifestaient une horreur maladive de la lecture.

« Je sais pas d'où ça vient, disait l'un. Moi, elle me fait pleurer les yeux.

— Et moi, bourdonner les oreilles.

— A moi, elle me met des fourmis dans les jambes, j'en finis pas de me gratter.

— Moi, prétendait un autre, j'adore la lecture. Principalement les grosses lettres. Les titres. Mais je lis jamais, parce que j'ai pas le temps, les journées sont trop courtes, et faut que j'aille à la pêche. »

Charlotte et Jean se trouvaient donc à l'abri des importuns. Tout de suite, elle était tombée amoureuse de son bon visage de bébé à moustache, de sa calvitie naissante et de sa licence ès lettres. Lui-même avait apprécié ses qualités d'institutrice en congé pour convenances personnelles et de journaliste spécialisée dans les arts féminins. De tendres conversations les avaient retenus dans la salle ombreuse, où flottait vaguement le souvenir des nonnes évanouies. Penchés sur un volume qu'ils ne lisaient point, sans autre compagnie qu'un quadruple rempart de livres que nul ne dérangeait jamais. Sous le regard ému de M. Soanen, l'archiviste-bibliothécaire, trop heureux de recevoir deux clients à la fois. Le local n'était ouvert au public que deux après-midi par semaine ; mais il leur avait offert, « si leurs études l'exigeaient », de les recevoir aussi souvent qu'il leur conviendrait :

« Vous n'aurez qu'à tirer très fort le cordon de la sonnette, pour le cas où je ferais la sieste. »

Et ils abusaient de sa permission.

C'est ainsi qu'ils en vinrent à parler de l'avenir. M. Jean Lecoq s'expliqua nettement :

« Je n'épouserai pas une femme absorbée par sa profession,

vivant dans la capitale par surcroît. Je ne serais pas opposé à ce qu'elle exerçât un métier, gage de son indépendance en cas de malheur, mais je la voudrais à mes côtés aux heures normales.

— Quelles heures normales ?

— Eh bien !... celles des repas... et du sommeil. »

A Paris, les hommes ne manquaient point, mais aucun ne lui avait parlé mariage. C'était un peu la faute de ce pseudonyme, *Tante Lotte*, qui la vieillissait terriblement. Quand elle se regardait dans une glace, elle se trouvait, sinon franchement laide, du moins sans charme, avec son nez trop gros, son menton hésitant, ses dents irrégulières. Et pourtant, M. Lecoq... Elle ne pouvait se permettre de refuser ce parti. Elle quitterait donc *la France radicale*, demanderait sa réintégration dans l'enseignement du Puy-de-Dôme, préparerait de bons petits plats à M. Lecoq.

Les noces se firent en juin. Charlotte n'invita que du bout des lèvres sa demi-sœur et son demi-beau-frère, leur rappelant qu'eux-mêmes avaient choisi la stricte intimité. Ils comprirent et s'excusèrent de ne pouvoir accepter, Ferdinand ayant précisément ce jour-là dans la Loire une importante tournée photographique. En revanche, maître Gautier-Pitelet, échappant un moment à ses hautes responsabilités, honora la cérémonie de sa présence ministérielle.

Le cortège pénétra dans la mairie aux façades variolées d'impacts par les combats de la Libération. Antonin Chastel, ceint de son écharpe, les accueillit à l'entrée de la salle du conseil, serra plusieurs mains, en baisa quelques autres, et rendit ses devoirs au garde des Sceaux par une heureuse formule :

« Comment ça va, la Justice, monsieur le ministre ?

— Elle est en marche, monsieur le maire. »

Là-dessus, chacun prit place dans un fauteuil. Quand Tonin eut déclaré Charlotte et Jean unis par les liens du mariage, quand il eut embrassé la mariée, il entama le discours d'usage :

« Monsieur le ministre, mesdames, messieurs,

« C'est un grand honneur pour moi que de recevoir en ces lieux M. le garde des Sceaux en personne venu assister au mariage de sa nièce, Mlle Charlotte Pitelet, devenue à l'instant même Mme Lecoq. (*En fait, Charlotte était petite-cousine de maître Gautier-Pitelet : son père Auguste et Raymond étant issus de deux frères, Pitelet Jacques dit Pitelet l'Artiste et Pitelet Vincent, dit Pitelet le Fin, fils de Pitelet Maurice, dit Tchoucossa.*) La salle où nous nous trouvons est très indigne de cette illustre visite, la tapisserie aurait grand besoin d'être refaite, le plafond reblanchi, les fauteuils rempaillés. La mairie tout entière demanderait un rafraîchissement, et même une reconstruction, en la reprenant par le pied. La sirène n'a plus beaucoup de voix, elle est comme le maire : faut prêter l'oreille pour l'entendre. Malheureusement, nous sommes une petite ville, aux faibles ressources et aux grands besoins. Alors, monsieur le ministre, je profite de l'occasion ici présente pour vous adresser un appel. Je sais bien que vous êtes à la Justice, et que la Justice, question gros sous, c'est pas ce qu'il y a de plus intéressant. Mais vos collègues ne peuvent pas rester sourds si vous leur glissez dans l'oreille que la mairie de Thiers est plutôt démunie. Ils vous refuseront pas une petite subvention en notre faveur. Nous comptons sur vous, monsieur le ministre. N'oubliez pas votre pays d'origine, s'il vous plaît !

« Et maintenant, aux nouveaux époux je souhaite beaucoup de bonheur et beaucoup d'enfants. »

Avec l'année 1950, on atteignit le milieu du XXe siècle. Les Français aiment les dates rondes, les moitiés, les quarts, les trois quarts, les 15, les 20, les 100, les 1 000, les nombres quinaires ou décimaux, comme s'ils avaient une signification spéciale que n'ont pas les 27, les 161, ni les 429. Ce fut l'occasion de bilans. Élise Pireyre, du hameau des Boules, près de Sermentizon, fit le sien en comparaissant de nouveau devant la justice de paix pour pâture abusive : elle en était à 28 chèvres et 14 boucs. La municipalité Antonin Chastel fit de même et rappela ses principales réalisations : la transformation de l'ancien parc des Sports en stade digne de ce nom, avec piste, tribune et vestiaires ; la création d'une ligne d'autobus reliant Pont-de-Dore à Boulay, familièrement appelée « Tonin-bus » ; la modernisation des écoles et des abattoirs ; l'élargissement de la rue Terrasse, belvédère de la ville, et la pose d'une table d'orientation en lave émaillée exécutée par un artiste riomois ; le goudronnage des rues. Maints projets restaient encore dans les dossiers de Tonin, comme ce rêve d'un aérodrome auquel il ne renonçait pas ; en revanche, en bordure de la place de l'Hôtel-de-Ville, il avait installé des W.-C. publics souterrains, qu'il appelait spirituellement « nos cabinets dans-terre ».

Pour célébrer la quinzième année de son règne municipal (il effaçait dans son calcul la parenthèse vichyste), il organisa le 14 Juillet des festivités historiques, musicales et théâtrales. Thiers croula sous les arcs de triomphe, les oriflammes, les pluies de roses et de confetti. A chaque carrefour, on dansa des bourrées et des farandoles. Des chars fleuris défilèrent, précédant le duc Louis II de Bourbon sur son palefroi, entouré de ses hérauts, de ses écuyers, de ses hommes d'armes : ressuscité pour un jour, il parcourut sa bonne ville et descendit saluer le château du Pirou qu'il avait fait construire. De son côté, Tonin se fit plébisciter à sa fenêtre par la foule en délire, lui lançant des baisers à pleines mains.

« Ma parole, ricanait l'opposition, il se prend pour Louis Ixe-Vé-Un ! »

L'après-midi, eut lieu au stade une représentation de *l'Arlésienne* d'Alphonse Daudet : Robert Vidalin, successeur de Montdory, y tint le rôle principal. La journée se termina par une distribution de médailles à tous ceux qui en voulurent, et le traditionnel feu d'artifice au-dessus de Saint-Roch.

Une nuit qu'il peinait à s'endormir, Auguste Pitelet fit aussi le bilan de ses œuvres. Il se revit à neuf ans allumetier de contrebande et monteur de couteaux pour le compte de son grand-père Gonin. Apprenti émouleur au pont de Seychal, nourri du lapin hebdomadaire de mémé Hortense, et des soupes que lui apportait Toinette. Caporal à Grenoble en habit bleu turquin, ses galons jonquille sur la manche et sur la tête son immense béret qui le faisait ressembler à un mousseron. Jeune veuf arrosant de ses larmes les orangers dont Toinette avait semé les pépins. Émouleur indépendant en la maison de la rue Edgar-Quinet, toute pleine encore de la Disparue. Patron débutant grâce aux cinq cents dollars de Francine. Président de la Fédération de la Production de la Coutellerie française. Délégué municipal aux ordres du colonel Brasset. Professeur suppléant de polissage et d'émouture. Patron de nouveau, non le plus puissant, mais l'un des plus respectés : quinze ouvriers, une secrétaire-comptable-facturière, un téléphone à sifflet, un téléphone à sonnette, une voiture Hotchkiss, deux voitures à bras. Et maintenant ?

En ce milieu du siècle, il allait sur sa soixante-deuxième année. Il pouvait encore dix ou douze ans guider le vol de *l'Hirondelle*. Que deviendrait-elle après lui ? Saint Eloy, patron des couteliers, n'avait pas béni ses mariages : il ne lui en était venu que deux filles, engagées l'une et l'autre dans le fonctionnariat. La loi salique, d'ailleurs, interdisait les femmes à la tête d'une coutellerie. Restaient les gendres. L'un d'eux, manifestement, n'avait aucune aptitude commerciale ni manuelle, il aurait, comme on dit, été incapable de faire une cheville pour boucher le cul d'un porc. Strictement bon à rien, sauf à enseigner dans les écoles. Il examina le second. Sur toutes les faces. D'origine modeste comme lui. Fin connaisseur en matière de vache enragée. Habile photographe, n'ayant pas peur de tremper les mains dans les bouillons chimiques. Excellent joueur de clarinette. Artiste en diverses façons. Préparé longuement, ce Galéas pouvait devenir un successeur acceptable.

Il le convoqua et lui découvrit sans ambages la soupe qu'il mitonnait :

« Voudrais-tu me succéder un jour ?

— Je ne connais rien à la coutellerie.

— Je t'apprendrai.

— Je ne dis pas non. Je ne dis pas oui. Prenez-moi à l'essai. »

Un garçon intéressé, un coureur d'héritage aurait sauté sur l'occasion, se serait découvert une vocation subite. Ses réserves firent la meilleure impression sur Auguste.

« A partir de lundi, tu seras mon seizième ouvrier. Tu commenceras comme apprenti polisseur. Floflo sera ton maître. Je te préviens : tu seras nourri et couché, mais non payé.

— Bien entendu. »

Ainsi commença pour Ferdinand Galéas une seconde carrière. Toute une année, il fut aux ordres de Floflo, de Mme Soucille, de Pulhe-Moune, de l'un, de l'autre, avec une modestie, un désir d'apprendre que c'en était un plaisir de lui faire la leçon, de le traiter de couillon rouge et de racassou aussi bien qu'un apprenti véritable. Il sut faire pardonner sa condition de gendre. De gendre ignorant. De gendre respectueux. De gendre que les vieux tutoyaient, alors qu'il leur disait vous. Il passa de meule en meule, de poste en poste, reçut à chacun un *rang* supplémentaire comme un couteau que l'on construit. En fin de journée, avec sa barbe et ses cheveux poudrés, on aurait dit un écouvillon.

« Vois-tu, lui expliquait Auguste, il n'est pas indispensable que tu apprennes chaque finesse de ce métier. Aucun coutelier ne peut prétendre connaître toute la coutellerie, de même qu'aucun médecin ne peut savoir toute la médecine. Mais si tu comptes prendre ma suite et réussir, il te faut deux choses. L'une, c'est que tu aimes le beau travail. Et l'autre, plus importante, c'est que tu aimes les hommes. »

Ferdinand fit des stages complémentaires dans des entreprises amies. Il essaya d'être découpeur chez Pataud, estampeur chez Roddier-Roddier, martinaire chez Wichard, ciselier chez Thiers-Issard, scieur de corne chez Paul Rie, cacheur de manches chez Chambriard-Fontbonne.

Après ce temps probatoire, son beau-père l'interrogea :

« Que penses-tu maintenant de ma proposition ?

— Avant que je réponde, dites-moi vous-même d'abord ce que vous pensez de moi.

— Je crois que tu commences à aimer ce métier. Aimer, ça s'apprend, comme jouer de la clarinette. Pour ce qui est d'aimer les hommes, je les ai interrogés. Ils m'ont dit : "Ton gendre, on le craint pas."

— C'était un gros compliment ?

— Pas un petit. »

Ils ne se dirent rien de plus. Il y a des paroles qu'il vaut mieux ne pas prononcer. Ils restèrent un long moment face à face, se regardant, intimidés l'un par l'autre. Pitelet distingua sur la tempe de son gendre la cicatrice-souvenir dont il savait l'histoire. Et tout à coup, il prit Ferdinand par les épaules et l'embrassa sur les deux joues, thiernoisement, au milieu de la barbe. Puis, s'éloignant :

« Tout ce poil sur la tête et la figure, c'est pas ce que tu as de mieux.

— Faut-il que je les sacrifie ?

— Non, non, si ça te tient chaud. Les raccourcir un peu sans doute. On te verrait davantage. Et maintenant, je vais t'ouvrir mes livres. »

Francine s'inquiéta de ces arrangements.

« Je vois bien ce que tu manigances. Je sais que mes cinq cents dollars n'étaient qu'un emprunt que tu m'as remboursé, et que la fabrique t'appartient en propre. Les trente ans de trime que je lui ai donnés ne comptent pas non plus. Mais je te rappelle, pour le cas où tu l'aurais oublié, que tu as deux filles. Est-ce que tu vas tout donner à l'une et rien à l'autre ?

— La loi ne me le permettrait pas. Mais tu te trompes, je n'ai pas deux filles, j'en ai trois. »

La stupeur lui ouvrit la bouche, elle resta muette et cramoisie, la guenille, pensa-t-elle, il a eu quelque bâtarde sans me le dire ! Lui devina ses pensées, sourit, puis compta sur ses doigts :

« L'une, Gilberte. L'autre, Charlotte. La troisième, *l'Hirondelle*. Et c'est à la troisième que j'ai, moi aussi, donné le plus de mon temps, de mes jours, de mes nuits. Je veux qu'elles vivent toutes trois. Les deux premières ont leur pain quotidien, leur retraite assurée : elles me les doivent. Ça sera la plus grosse part de leur héritage. La dernière est menacée : elle risque de mourir en même temps que moi.

— Tu as l'intention de mourir ?

— Ne pose pas de questions imbéciles. Je veux prendre des dispositions pour sauvegarder la fabrique sans léser les filles. Et toi aussi, tu auras ton compte. Je ne te ferai pas tort. »

La radio parlait souvent de l'*après-Staline*, de l'*après-Franco*. Il dit à maître Tournebize, son notaire de la rue Gabriel-Marc :

« Je veux m'occuper de l'après-Auguste.

— Vous voulez dire : faire un testament ? Je suis à votre disposition. »

Ils évaluèrent l'ensemble de sa fortune de la manière suivante :

Biens appartenant en propre à M. Auguste Pitelet :

1 — un immeuble sis à Thiers rue de Châteldon	*10 500 000 F*
2 — marque industrielle l'Hirondelle	*20 000 000 F*
3 — moitié de l'outillage et des réserves commerciales	*14 330 000 F*

4 — 2 voitures à bras usagées	*800 F*
Total	*44 830 800 F*
Biens en communauté avec Mme Pitelet, née Francine Fonlupt :	
1 — moitié de l'outillage et des réserves, comme ci-dessus	*14 330 000 F*
2 — un jardin-vigne de 8 ares sis au Pontel	*200 000 F*
3 — meubles, linge, bibelots	*3 800 000 F*
4 — une voiture automobile Hotchkiss usagée	*250 000 F*
5 — dépôts en banque et caisses d'épargne	*6 500 000 F*
Total des biens communautaires	*25 080 000 F*
Biens appartenant en propre à Mme Pitelet-Fonlupt :	
1 — dot.........................	*500 $*
2 — intérêts de ladite somme à 3 % pendant 30 ans	*450 $*
3 — bijoux, linge, collections	*1 540 000 F*
Total	*950 $ et 1 540 000 F*

Placée devant ces chiffres, Francine examina, discuta, finit par les juger honnêtes et y souscrire. Il ne restait plus qu'à établir le partage. Auguste légua la « quotité disponible » que lui permettait la loi — un tiers de ses biens personnels — à sa fille aînée, à charge pour elle et son mari de maintenir l'exploitation de *l'Hirondelle* et de participer pour moitié à l'entretien convenable de leur belle-mère, Mme Francine Pitelet, née Fonlupt, jusqu'à la fin de ses jours.

« Et si je pars avant toi ? objecta-t-elle.

— Dieu m'en garde ! »

Ce n'était pas l'usage chez les couteliers. Aussi loin qu'il cherchât autour de lui, dans le passé et le présent, tant chez les maîtres que chez les ouvriers, il ne voyait que des veuves, et point de veufs. Trop de choses abrégeaient la vie des hommes : le mauvais sang, la dureté de la tâche, les accidents et maladies, la chopine. Francine n'insista pas, c'était une remarque de pure forme.

En attendant de mourir, il embaucha officiellement son dauphin Galéas et fit de lui son représentant unique pour le nord de la

France et de l'Europe, avec faculté de monter jusque chez les Esquimaux. Ferdinand était d'humeur vagabonde, la place lui convenait. Ses marmottes au bout des bras, il alla proposer aux Alsaciens, aux Lorrains, aux Belges, aux Hollandais les beaux couverts à manche de corne, d'ivoire, de métal argenté. Et aussi, pour les bourses modestes, les tout-inox auxquels Pitelet avait dû se résigner, on n'arrête pas le progrès, même s'il fait regret, c'était ça ou abandonner aux concurrents le marché démocratique. Car tout se démocratisait : le poulet, l'instruction, les vacances, les couteaux de table. Avant la guerre, seuls les bourgeois disposaient de ces beaux outils à lames rondes ; le peuple tirait de sa culotte le couteau fermant à lame pointue, en coupait son lard et son fromage, s'en curait les dents et, le repas fini, essuyait la lame sur une tranche de pain, le faisait claquer, le remettait dans sa poche. Les femmes se servaient de couteaux de cuisine à manches de bois, bons à tous services.

Au bilan de la démocratie, il fallait ajouter une conquête plus étonnante encore : l'automobile. Depuis 1948, la Régie Renault fabriquait une voiture guère plus grosse qu'une noix, dans laquelle elle réussissait à introduire un moteur, quatre chevaux, quatre vitesses (dont une reculante), quatre personnes, le tout consommant quatre litres d'essence aux cent kilomètres et pouvant rouler à quatre-vingts dans les descentes. Encore trop chère à l'état neuf pour l'ouvrier, on la vit se répandre parmi les fonctionnaires, instituteurs, receveurs des postes, chefs cantonniers, lesquels, après l'avoir usée aux trois quarts, revendaient ses restes au prolétariat. Les patrons furent d'abord très choqués en reconnaissant au volant d'une de ces bagnoles d'occasion tel ou tel de leurs ouvriers :

« Voilà, s'écriaient-ils douloureusement, qu'à présent tu roules carrosse ! »

Ils durent cependant s'y résigner. Après tout, ils y trouvaient indirectement leur compte, car l'ouverture de ce marché nouveau donnait du mouvement aux affaires. Les travailleurs des usines thiernoises n'approchaient pas encore de ce luxe, ils restaient sur l'échelle des salaires les derniers des derniers ; mais à Clermont, à Riom l'on rencontrait tel manœuvre du caoutchouc ou du tabac qui possédait déjà sa voiture. Ainsi, lentement, approchait-on du rêve de Mlle Alice Belin, gagnante du concours « Thiers dans cinquante ans » lancé par le *Journal de Thiers* en 1930 : En 1980, l'ouvrier aura sa petite auto pour aller à son jardin ou promener sa famille. Car on aura certainement inventé une auto démontable, pas plus longue à dévisser que de dételer un cheval de sa voiture. Et avec une poulie on grimpera l'auto au grenier.

Ferdinand Galéas, pour le moment, préférait voyager par chemin de fer. Son beau-père lui avait confié le territoire le plus fidèle à la coutellerie nogentaise, toujours de qualité irréprochable. Au seul nom de Thiers, certains revendeurs lui riaient au nez : « Thiers ? On connaît, on connaît ! Des couteliers qui oublient un peu trop souvent de tremper leurs lames ! Merci bien ! » Et ils lui sortaient quelque saloperie sans marque et sans nom, lui jurant qu'elle venait de Thiers, mais elle aurait pu aussi bien venir de Hong Kong. Exactement pareille, justement, à ce qui trente ans plus tard inondera le marché européen en *Made in Hong Kong*, ou *Singapore*, ou *Taiwan*. Thiers était alors le Hong Kong de la camelote de table. Et lui, furieux :

« Et ça ! »

Il sortait les couverts, les rasoirs de *l'Hirondelle*. « Oui, oui, reconnaissaient les Lorrains ou les Esquimaux, hochant la tête, ça, c'est autre chose. Malheureusement, nous ne pouvons pas acheter, Thiers a mauvaise réputation auprès de notre clientèle. »

Voilà ce que c'est, se disait-il, de ne pas aimer son métier. Il en aurait pleuré. Dans sa chambre d'hôtel, il ne trouvait un peu de consolation qu'en tirant sa clarinette de son étui. Ah ! elle aurait pu en raconter sa clarinette, si elle avait eu la parole !

En août, il y eut précisément à Thiers un débarquement de ces redoutables Nogentais, à l'occasion de fêtes gymniques qui attiraient les sociétés populaires. Les ciseliers du pays de Langres avaient envoyé leur fanfare, *l'Étoile nogentaise*. Les hommes de la *Philharmonique* tendirent l'oreille pour compter ses canards : ils eurent le grand dépit d'en attraper un ou deux seulement ; même au bout de leurs clairons, les Nogentais se montraient irréprochables. On les applaudit du bout des doigts. Pris en particulier, c'étaient des hommes sérieux, qui ne souriaient guère, ne bougeaient guère, ne parlaient guère. A force de les cuisiner, on sut que leur pays était plat comme la main, qu'il n'y chantait aucune rivière, qu'ils pratiquaient l'émouture non pas couchés mais assis ou debout, qu'ils ne buvaient pas en travaillant, qu'ils payaient sans faillir leurs cotisations à la Sécurité Sociale. De vrais énergumènes.

Le soir du 16, un festin devait pourtant les réunir au *Nouvel et Grand Hôtel* avec les sommités de la coutellerie locale. Auguste Pitelet fut chargé de prononcer au dessert le discours de politesse. Il s'y prépara consciencieusement, en écrivit le texte, le fit corriger par Gilberte et taper à la machine par Charlotte. Longtemps à l'avance, il enfila son pantalon à rayures, sa jaquette noire, fit contrôler sa tenue par-devant et par-derrière. Sa fille cadette insista pour qu'il prît la cravate rouge qu'elle lui avait offerte à son anniversaire précédent et qu'elle ne lui avait encore jamais vue. Une cravate rouge ! Est-ce qu'on offre du rouge à un ancien chasseur alpin ? Une couleur que ce corps de montagne abomine et qu'il évite jusque dans son vocabulaire : s'il doit parler rouge absolument, il dit « bleu cerise ».

« Elle n'ira pas avec mon costume sombre, essaya-t-il de protester.

— Le rouge va avec tout, voyons ! »

Il s'y résigna pour ne pas désobliger l'*ex-Tante Lotte*, spécialiste du boire, du manger, du vêtir. Afin d'en restreindre les effets néfastes, il y enfonça une épingle d'or, présent de son jeune cousin, l'éloquent Gautier-Pitelet :

« Elle me retiendra de bafouiller. »

Alors, paré de pied en cap, il s'assit dans un de ses fauteuils, comme s'il se rendait visite à lui-même, n'osant trop remuer pour ne point déranger l'ordonnance de ses plis. Et comme il n'avait rien à faire, il regardait autour de lui ce mobilier qui s'était accumulé au fil des ans et de la réussite, les bibelots mauresques, poufs, tapis, cassolettes, l'alambic et autres étartuelles, photos de ses filles et de ses petits-enfants. Ému spécialement par le cadeau que lui avait offert son personnel à l'occasion de sa soixantième année : une paysanne auvergnate en pierre grise de Volvic, le front ceint par les tuyaux de sa coiffe, un battoir dans la main droite, debout près d'une brouette chargée de linge, avec cette inscription sur le socle : *Laveuse de Nohanent*.

« Mais c'est grand-mère Hortense ! » s'était-il écrié dès le premier instant.

Il reconnaissait bien le drapé vertical de sa robe tombant sur les sabots, la poche-sarigue du tablier où elle l'avait recueilli, pauvre orphelin aux jambes maigres. Depuis deux ans qu'elle se tenait là, sur le confiturier louis-philippard, il avait eu souvent l'occasion de la consulter des yeux ou de la main, et toujours s'en était bien trouvé, elle était de bon conseil. Il ne possédait de sa grand-mère paternelle aucun autre portrait, elle appartenait à une époque où les pauvres, les pauvresses surtout ne se faisaient guère photographier. Vers 1922, à Thiers, la photographie tardait à se démocratiser bien que Daguerre y eût fait ses premières expériences et qu'une rue portât son nom. On ne recourait à elle qu'aux occasions solennelles, baptême, communion, mariage. Trop tard pour mémé Hortense. De son vivant, Auguste aurait pu conduire mémé Hortense chez Gauvin ou chez Gilbert, mais il lui manquait toujours cinq minutes. Sans doute aussi aurait-elle vu dans cette cérémonie un rite préfunéraire, une précaution contre la mort, et il craignait de l'effrayer. Puis, un matin, elle était partie pour de bon, sans avertissement, le laissant stupéfait, pris de court. Voilà pourquoi il avait si bien accueilli la *Laveuse de Nohanent*.

La maison était silencieuse, Charlotte retournée à ses confitures, les enfants à Vollore chez tante Mélite, Gilberte dans sa chambre, Francine à ses fourneaux, Ferdi en tournée au Luxembourg. Auguste consulta la montre de son gousset, il était l'heure. Il jeta un dernier coup d'œil autour de lui.

« Je m'en vais ! cria-t-il à la cantonade. A ce soir !

— A ce soir, répondit Mme Pitelet de sa cuisine.

— Au revoir, Gilberte ! répéta-t-il en direction des chambres.

— Au revoir, papa. »

Elle est, qu'il se dit, en train d'écrire des acrostiches. Il caressa des yeux la *Laveuse*, ferma la porte doucement. La ville grouillait de gymnastes, de trompettes, de tambours, de bade-bec dont certains le reconnurent et le saluèrent familièrement, salut Auguste. Il monta la rue Conchette, passa devant la chapelle des sœurs de Nevers, arriva au *Nouvel et Grand Hôtel*. Pendant des années, au temps de ses galoches plates, il avait tenu cet établissement pour un Palais des Merveilles, éblouissant de lustres et de cristaux, où ne fréquentaient que des artistes parisiens, des hommes d'État, des diplomates, des millionnaires. A peine osait-il en passant glisser un regard dans l'entrebâillement des remises et des écuries. Et voici que ce soir il y entrait par la grande porte afin d'y présider le banquet des Producteurs Fédérés de la Coutellerie française. Les garçons s'inclinèrent devant lui. Il se trouva mêlé aux Nogentais, avec leurs figures rougeaudes, leur langage pesant où ils mettaient des accents circonflexes sur toutes les voyelles.

A peine assis, il examina par habitude les couverts disposés à l'entour de son assiette, constata avec satisfaction qu'ils portaient sa marque, *l'Hirondelle*. Rien de Nogentais ne paraissait sur les tables, sauf les poings des invités. Ceux-ci s'en aperçurent, méditèrent leur revanche :

« J'espère, monsieur le président, lui dit son voisin de droite, que vous viendrez un jour nous vouâr à Nôgent-en-Bâssigny. Faudra ben qu'on vous rende la pôlitesse.

— Quand vous voudrez. »

Après quoi, le manger et le boire mirent d'accord tout le monde. On évita de parler coutellerie, chacun craignant de lâcher un mot de trop qui eût révélé un secret de fabrication, une espérance commerciale. On évoquait plutôt la législation du travail, la Sécurité Sociale, la fiscalité, la concurrence étrangère, Sheffield, Solingen.

Quand les garçons commencent à faire sauter les bouchons du champagne, les regards se tournent vers Pitelet. Il tire de sa poche les feuilles dactylographiées, se lève, toussote, passe une main sur son front, des *chut* courent de table en table.

« Mes chers amis...

— Taisez-vous !

— Mes chers amis...

— Laissez parler le président !

— Mes chers amis... »

Il oscille un peu d'une jambe sur l'autre, comme un écolier qui se prépare à réciter sa fable. Le balancement permet au silence de s'établir de proche en proche.

« Mes chers amis... » dit-il une quatrième fois.

Un petit ricanement, qu'a-t-il à se répéter comme ça, son discours est écrit, qu'il le lise donc. Amis ? Chers amis ? Si l'on veut, parce qu'ils ont tous en commun l'amour des lames. Le fil du rasoir. Le coupant des ciseaux. Le tranchant du bistouri. Continue, Auguste, de nous parler d'amitié nogento-thiernoise. Fais-nous croire.

Mais lui se tait, les yeux tournés vers le fond de la salle. De gros yeux ronds qui lui sortent de la tête. Que voient-ils ? Une figure blanche paraît-elle derrière les vitres, qu'il est seul à distinguer ?

Les feuilles dactylographiées lui tombent des doigts, il porte une main à sa cravate bleu cerise, cherchant à la dénouer. Auguste, que se passe-t-il ? La face rouge que tu as ! Tu ne vas pas nous prendre une attaque de geai ? Mourir, là, devant les Nogentais ? Quelle opinion auraient-ils de la solidité thiernoise ? Tu viens à peine d'accomplir ta soixante-deuxième année, Auguste, *l'Hirondelle* a encore besoin de toi. Son autre main saisit une coupe en tâtonnant, l'élève à hauteur des yeux :

« Je bois à l'amitié des hommes... »

Puis il s'affaisse sans boire et tombe à la renverse, inondé de champagne. Dans un grand cri, toute la salle est debout. On le couche sur un canapé, on appelle un médecin qui prononce : congestion. Le mal qui emporta Joseph Claussat à La Ferté-Vidame. On disait jadis apoplexie, coup de sang. A Thiers, on l'appelle *attaque de geai*, parce qu'elle te fait la tête grosse et pourpre. On se moque d'elle qui ne tue pas toujours, quelquefois elle rend idiot, infirme des membres ou du visage, grimaçant, tordu, ridicule. On conseille aux coléreux : « Prends garde à l'attaque de geai ! » Mais quand elle t'assomme sans bavure, quand elle accomplit les choses proprement, elle est un privilège du ciel. Signe que le bon Dieu t'avait en amitié spéciale et t'épargne les interminables souffrances. Seigneur, le moment venu, emportez-moi d'une parfaite attaque de geai, comme vous fîtes ce 15 août 1951 au *Nouvel et Grand Hôtel* d'Auguste Pitelet qui venait de porter un toast à l'amitié des hommes. Amen.

Plus d'une fois, il avait exprimé le désir de reposer au cimetière de Saint-Jean, près de l'autel où jadis il avait pris Toinette pour épouse. Les Limandons manquent de vie, à Saint-Jean du moins je pourrai voir et entendre la Durolle, elle me racontera les nouvelles. On lui donna satisfaction. Tout ce qui à Thiers touchait de près ou de loin à la coutellerie l'accompagna jusqu'à sa sépulture, patrons et ouvriers, syndicats et artisans, drapeaux, bannières, tambours voilés d'un crêpe, la *Philar* suivant au pas ralenti son ancien trombone à pistons. Raymond Gautier-Pitelet et sa femme née Rigal. Le cousin Armand Pitelet, dit Pitelet le Cygne. Ses sœurs Léontine et Jeanne envoyèrent de Dakar un télégramme de condoléances. Son fils Paul vint de Vichy où il dirigeait un hôtel. Sa mère, née Dubourdieu, ingambe octogénaire, monta de la Côte d'Azur où elle consumait ses rentes à petit feu. Des cousins Zapatez, des neveux Fonlupt qu'on ne voyait jamais que dans les occasions funéraires et qui prirent congé après la cérémonie :

« Au plaisir de nous revoir. Jusqu'au prochain enterrement. »

La veuve et les orphelines regagnèrent la maison encore tout odorante de roses et de formol, pleine d'un silence éberlué :

« Et maintenant ? dit Francine.

— Quoi maintenant ? dit Charlotte.

— Qu'allons-nous faire ?

— Vivre. »

Elles restèrent assises, muettes, à se considérer furtivement, chacune cherchant à mesurer le chagrin des deux autres. Puis Francine se leva :

« Je vais nous faire un peu de camomille. »

Lentement, elles remuèrent le sucre dans l'eau chaude, sentant sur leurs têtes le regard ironique de l'absent, par ce qu'il restait de lui dans cette pièce, aux murs, aux meubles, au lustre du plafond.

« Avec qui, maintenant, demanda la fille cadette, vas-tu habiter ?

— Mais... avec *lui*, comme toujours.

— Seule ici ?

— Je ne serai pas seule. J'aurai son souvenir.

— Et... pour vivre ?

— Il a pris toutes les dispositions nécessaires : pour moi, pour vous. On aurait dit qu'il le sentait. Pauvre Auguste ! Un de ces jours, nous irons chez le notaire, avec vos maris. J'espère qu'il n'y aura pas de disputes. »

Le testament confirma. Maître Tournebize fit préparer l'estimation précise de ce qui reviendrait à chacune des droits et servitudes, expliquant :

« Vous avez en principe six mois pour accepter ou refuser la succession. Mais dans ce cas particulier, *l'Hirondelle* ne peut rester en suspens une si longue période. Il faut que vous décidiez tout de suite. Je vous laisse quarante-huit heures de réflexion. Revenez après-demain. »

Auguste avait si bien percé les désirs de ses gendres, de ses filles, de sa femme, réglé les parts avec tant de justice, que ses volontés furent approuvées sans retouche. Comme dit maître Tournebize, « avec des héritiers comme vous, c'est un plaisir de mourir ».

Francine eut moins d'agrément lorsqu'elle ouvrit le coffret de noyer, sculpté par Pitelet l'Artiste, ce lointain beau-père qu'elle n'avait jamais connu. Elle en trouva la clé suspendue en guise de breloque à la chaîne de montre du défunt. Il livra son contenu. Des billets fanés recouverts d'une écriture sage, aux lignes exactement horizontales, réglées par un léger trait de crayon : ... *Cher Auguste, vous n'avez pas respecté votre promesse. En me faisant traverser Escoutoux alors que vous me teniez par la main, vous m'avez déshonorée...* Le *d* avait la queue enroulée, comme on le traçait avant 14. Rien que des missives de Toinette, la première Mme Pitelet. Un mouchoir de Toinette. Le chapelet de Toinette. Un peigne de Toinette. Une photo de Toinette tenant Gilberte sur ses genoux. Une boucle de cheveux nouée d'un fil. Une image sainte. Un cœur d'argent. Des feuilles d'oranger qui tombèrent en poussière entre ses doigts... Ainsi, pendant trente ans, Auguste avait gardé ce reliquaire près de son lit. Pas un soir il ne s'était endormi sans le caresser, sans adresser une pensée muette à son amour ancien. Trente années d'adultère mental. Francine sentit les serpents d'une jalousie rétrospective la mordre au plus tendre. Elle fut tentée de jeter au feu la boîte, mais se souvint qu'elle était incombustible, des traces de flammes en témoignaient. Alors, avec dépit, elle la remit à sa belle-fille :

« Ceci te revient. Je n'en ai pas l'usage. »

Ferdinand comptait voyager longtemps encore au service de la coutellerie comme il l'avait fait précédemment au service de la photo. Il était de la race des remueurs de jambes, la terre leur brûle les semelles, toujours à fouler leur ombre, à chercher de nouveaux visages, de nouveaux clochers, de nouvelles lunes. « J'aurais dû naître bohémien, plutôt que bohème. » Il lui en coûta de devoir se fixer rue de Châteldon, où il habitait le petit reposoir du dernier étage. A présent, la fabrique le retenait par ses quatre membres. Et pourtant elle fonctionnait toute seule comme les belles mécaniques. Les ouvriers, les finisseuses, les plieuses l'acceptèrent sans réticence, ils l'avaient connu poirier, l'avaient dégrossi, l'avaient tutoyé le cas échéant. Ils ne le craignaient pas. Il promit de les consulter encore et souvent et demanda que l'on continuât de lui dire *tu*, voire, s'ils le jugeaient bon, de le traiter de racassou.

Malgré *l'Hirondelle*, Gilberte n'envisageait point d'abandonner l'enseignement. Tout ce qu'elle consentit fut de demander un poste plus rapproché de Thiers. Elle quitta la petite école de Bulhon, son tilleul, ses quatre Évangélistes et fut nommée au Cours complémentaire féminin de Courpière où elle enseigna, sous l'autorité de Mme Broussegoutte, l'histoire, la géographie, le français et les acrostiches.

Vers cette époque se répandit une affligeante nouvelle : Antonin

Chastel ne pouvait plus pisser. On commença par en rire avec démesure, thiernoisement. Quelqu'un qui, dans le fameux cabinet dans-terre, s'employait un matin à la même besogne — la plus simple en principe, la plus facile qui soit au monde — racontait qu'il avait vu près de lui le pauvre Tonin arc-bouté et poussant des bramées de cerf en rut parce que ça ne voulait pas couler. Ainsi s'exprimait ce médisant : des bramées de cerf en rut. On s'était donc énormément désopilé autour de lui. Après quoi, lorsqu'on avait compris que le maire n'agissait pas ainsi par goût du théâtre mais par souffrance, on l'avait plaint de tout cœur.

L'année 51 avait été bien décevante pour lui. Aux élections législatives de juin, fondées sur le « scrutin de liste », les candidats étaient groupés sept à sept dans un ordre déterminé par le bureau de leur parti : seule la tête avait l'espérance de sortir. Chastel figura parmi les socialistes que conduisait l'avocat Adrien Mabrut, vainqueur préfabriqué. Les électeurs avaient cependant le pouvoir d'exprimer un vote préférentiel en faisant précéder d'une croix leur favori. Le résultat de cette règle compliquée fut que Tonin obtint trois mille croix de plus qu'Adrien. Celui-ci emporta quand même le coquetier. Alors, les Thiernois ulcérés conférèrent au vaincu le titre de « député arithmétique » du Puy-de-Dôme.

A ces déboires électoraux s'ajoutaient des ennuis de santé : le cœur qui battait la breloque, ce goitre plongeant où nichaient, affirmait l'opposition, une mère corbeau et des petits. Et maintenant, pour comble, il ne pouvait plus pisser. « C'est la prostate, expliqua la médecine. Une glande qui a grossi comme une pomme de terre et qui bloque l'écoulement. » On commença à réciter des neuvaines en sa faveur. C'est-à-dire que dans les caboulots on trinqua neuf fois de suite :

« A la santé de notre Tonin ! Que la bonne Vierge le préserve ! »

Des émissaires rôdaient autour de son domicile personnel, interrogeaient les femmes de ménage ou les fournisseurs :

« Est-ce qu'il a pissé, ce matin ?

— Trois gouttiches de souris, bonnegent ! C'est pas de compter ! »

Il fallait le vider à la sonde. Une sorte d'aiguille à tricot qu'on lui enfilait dans la cannelle au prix de douleurs exorbitantes. A la fin, il en eut assez d'être ainsi mis en perce quotidiennement et se résigna à l'opération. Une affaire d'ailleurs de simple routine, cent mille Français chaque année se font enlever la prostate sans accident.

Un certain matin de février 1952, il quitta donc Thiers avec sa petite valise pour une clinique de Clermont. Disant, on me revoira. On ne le revit plus vivant. Deux jours après, les Bitords apprirent avec stupeur que des médecins clermontois avaient estourbi leur maire, à peine âgé de soixante-cinq ans. L'intervention s'était déroulée dans les règles de l'art, mais ensuite on n'avait pas réussi à le réveiller. La seule exception qui existât sur cent mille était tombée sur le malheureux Tonin.

Le cœur de la ville parut s'arrêter, les marteaux-pilons cessèrent de battre, les martinets de crépiter, les meules de cracher leurs étincelles. La dépouille du défunt fut placée dans la salle de répétition de l'*Union Philharmonique*, entourée de cierges, de croix, de drapeaux, et les habitants firent la queue pour venir lui jeter de l'eau bénite ou lui dire un dernier salut. Tu te serais cru à Moscou devant le mausolée de Lénine. Au revoir Tonin, merci Tonin, lui soufflait-on, les larmes aux yeux, on se rappelait son dévouement aux pauvres, aux réfugiés, aux grévistes, aux chômeurs, à la coutellerie, aux écoles, à Zamenhoff, à Montdory, aux Arts, aux Sciences, aux Lettres, à l'Hygiène. On caressait de la main le drap noir larmé d'argent qui le caparaçonnait. Tous ces hommages, dans sa boîte de chêne, lui réchauffaient le cœur et les pieds.

A ses obsèques, il y eut autant de monde qu'aux meilleures foires du Pré : des ministres, des députés, des préfets, des sous-préfets, des officiers supérieurs, la liste en remplit quatre colonnes dans la *Gazette*, sans compter des milliers de sans nom, ceux qu'on range globalement dans les *et caetera*. Et ces *et caetera* n'exprimaient pas l'affliction la moins vive. Le cortège se déroula, stoïque et consterné, sous les rafales de pluie et de neige, le ciel lui-même participait au deuil de la nation. Chastel allait en tête dans un fourgon mortuaire, suivi de deux autres chargés de couronnes, de rubans et de fleurs. Derrière, défilaient les sociétés jouant des marches funèbres. Ah ! il fut plutôt bien servi, lui qui aimait les beaux spectacles ! Benoît Gimel s'avança tête nue pour le recevoir à l'entrée de son cimetière, honneur qu'il réservait aux éminences. Jamais Thiers n'avait vu des funérailles si imposantes accordées à une seule personne. Faut dire que jamais non plus Thiers ne posséda, ni avant ni depuis, un maire d'une telle stature. Si grand qu'on eut besoin de trois corbillards pour l'enterrer.

Au début de ces années cinquante, la mort s'acharna aussi sur l'entourage de Gilberte et de Ferdinand. Pitelet le Fin s'éteignit à Montargis entre les bras de sa femme Jérômette, emporté par le diabète. En 53, un matin de mai ensoleillé, tante Mélite préparait à Vollore une salade de *pipes* sauvages, de doucettes précoces, qu'on cueille au bord des chemins. Dosjoub fialetait ses couteaux suisses. Elle dit à sa mère :

« Je descends au jardin prendre un brin de persil. »

Mélanie Zapatez ne bougeait plus guère de son fauteuil, près de la fenêtre, d'où elle pouvait observer les Vollorois à leurs occupations, les chiens, les chats, les poules, les pigeons. Quelquefois, elle fermait les yeux, on chuchotait autour d'elle, la croyant endormie. En fait, elle se trouvait alors en compagnie de ses défunts ; de la pieuse population de jadis qui s'agenouillait dans la rue au passage du Saint-Sacrement ; de ses père et mère ; de ses amies envolées déjà depuis longtemps ; de Gilbert le forgeron-charron, son époux espagnol ; de la malheureuse Toinette et du non moins malheureux Auguste. Souvent, en prolongeant cette revue, elle s'assoupissait pour de bon ; dans son sommeil, ces ombres lui parlaient des bonheurs du Paradis. Aussi était-ce avec un regret très vif qu'ensuite elle rouvrait les yeux pour s'apercevoir qu'elle avait simplement dormi, qu'elle appartenait encore au monde des vivants et des douleurs.

Tout à coup, elle sentit un mal à l'épaule. C'était son gendre qui la secouait :

« Et Marguerite ?

— Quoi, Marguerite ?

— Où donc qu'elle est ?

— Je... je sais pas.

— Vous avez vu l'horloge ? Il est une heure ! »

Encore était-ce l'heure vieille et non celle d'été. On appela : Marguerite ! Marguerite ! On la chercha partout. Félix finit par la trouver au jardin à plat ventre dans une allée, le nez enfoui dans le persil. Morte. Bienheureuse. Elle avait rejoint sans souffrir sa petite sœur Antoinette et son père Gilbert le Juste.

Tout Vollore vint à son enterrement, sans parler des Galéas, des Lecoq montés de Thiers et de Courpière, des cousins venus de tout l'arrondissement. Elle aussi se trouva bien accompagnée vers sa dernière demeure, quoique le cortège ne fût composé que d'*et caetera*.

Depuis ce jour, Gilberte Galéas, née Pitelet, considéra que la mort subite faisait partie des traditions de la famille. Et elle eut grand soin de faire pousser près de sa porte un carré de persil, à toutes fins utiles.

La guerre d'Indochine dans laquelle nous pataugions depuis dix ans s'acheva en 54 après la bataille de Diên Biên Phu. En vérité, Diên Biên Phu fut une grande victoire de la France civilisée sur la barbarie, sur le scandale des piastres, les lupanars de Saigon, les Tonkiki... les Tonkinoises, les nuits de Chine-nuits câlines, les trafics d'opium, de riz, de caoutchouc naturel, les aspersions au napalm.

Les économistes partisans du système colonial avaient prédit que la perte de l'Indochine française se traduirait immanquablement par une chute d'au moins dix pour cent de notre niveau de vie. C'est le contraire qui arriva. Débarrassé de ce boulet, le pays entra dans une ère de prospérité sans précédent. L'industrie progressait à pleins tubes, la France demandait des voitures, des logements, des aspirateurs, des réfrigérateurs, des appareils de radio, des meubles, des vêtements, de la coutellerie. En quelques années, Ferdinand Galéas engagea une douzaine d'ouvriers supplémentaires et un contremaître. La main-d'œuvre française vint à manquer, retenue en Algérie par une guerre nouvelle. Les Sidis se mirent à commettre chez nous des attentats. A Thiers, on les connaissait depuis longtemps, on les traitait avec une amitié un peu méprisante, on leur jouait dans les usines de bonnes farces, on les faisait rire : ils mettaient alors une main devant leur bouche pour empêcher les djinns d'entrer dedans. On en avait civilisé beaucoup en leur enseignant, comme aux Nyacouets, les vertus de la chopine. Mais voici qu'ils devenaient méchants. Ils ne riaient plus, ne buvaient plus, ne fumaient plus, regardaient les roumis thiernois avec des yeux blancs qui faisaient peur. On ne les renvoya pas néanmoins des usines où ils tenaient la place des ouvriers français occupés à tuer leurs frères. On les priva simplement de conversation, de chatouilles et de cigarettes. *L'Hirondelle* en employait deux, Idriss et Rachid.

Une innovation singulière apparut ces années-là dans le couteau de table. Jusqu'alors, il existait deux sortes de lames, les tranchantes en acier ordinaire sensible au jus de citron, et les peu tranchantes en inox, incapables de couper proprement un morceau de viande épais. Vinrent les crans. Le fil rectiligne fut remplacé par de fines découpes en forme de lunules imprimées dans l'acier au moyen de meules spéciales qui alliaient la tendreté de la magnésie à la dureté du corindon : chaque lunule en creux y correspondait à une ride en relief ; en sorte que leur surface était toute en légères ondulations comme la houle de la mer. Ces dentelures garantissaient un coupant éternel. Elles modifièrent toutefois le geste auguste du découpeur de gigot : au lieu d'y enfoncer sa lame par simple pression, il dut le scier par un mouvement de va-et-vient.

1959-1980

Les préparatifs d'un Marché commun européen semèrent la panique parmi les industriels couteliers. Protectionnistes jusqu'aux moelles, ils exigeaient régulièrement depuis un siècle la fermeture de nos frontières aux articles étrangers, tout en s'efforçant — c'est de bonne guerre — de leur damer le pion sur les cinq continents. Or voici qu'on parlait maintenant de supprimer toute barrière douanière ! De laisser entrer sans contrainte les sheffielderies et les solinguenades produites avec l'aide du plan Marshall ! On voulait donc ruiner la coutellerie française ?

Les protestations écrites s'amoncelèrent à la Chambre de Commerce et d'Industrie, à la mairie, à la sous-préfecture, au chef-lieu du département, à l'évêché, au Palais-Bourbon. Mais Paris avait tant de poules à traire ! Une nouvelle république à organiser, la guerre d'Algérie à poursuivre, le franc à alourdir, la grandeur de la France à restaurer ! Et comme si ces immenses desseins ne suffisaient pas, il entreprenait on ne sait quelle association européenne :

« Grâce à notre traité, proclamait-il, vous irez vendre vos couteaux à Londres, à Rome, à Berlin !

— En concurrence avec Solingen !

— La concurrence vous fera du bien. Elle vous secouera les puces, vous obligera à moderniser vos entreprises et vos produits.

— Grand merci, nous tenons à nos puces. Et nous sommes assez modernes comme ça : vous avez remarqué nos dentelures ? Alors, pas besoin de nous moderniser davantage. »

Et ils retournèrent, offensés, à leurs ateliers poudreux, exigus, désordonnés, où les rats venaient manger dans la main des hommes.

Ferdinand Galéas, lui, raisonnait d'une autre façon : « Et si, au lieu de m'user à combattre sans grands résultats mes rivaux de Thiers, de Nogent, de Solingen, je me lançais dans un produit presque sans concurrence ? » Il consulta sa femme. « Tout dépend, répondit-elle, du produit en question. » Il le lui révéla. Pardieu oui ! L'œuf de Christophe Colomb ! Il suffisait d'y penser ! Il faudrait garder le secret le plus longtemps possible, comme avant toute offensive bien préparée. Il commanda une presse-emboutisseuse italienne, un rouleau d'acier inoxydable d'Ugine. Il fit forger des matrices chez Wichard selon des dessins de sa plume. Tout cela fut mis en place au rez-de-chaussée de sa fabrique, qui servait jusque-là d'entrepôt.

« Mais qu'est-ce que c'est donc que tu nous prépares ? » demandaient ses vieux ouvriers en clignant de l'œil, feignant de ne rien comprendre.

Le jour venu, il appuya sur un bouton, la presse-emboutisseuse se mit à ronronner, puis à avaler le ruban d'acier inox en produisant à chaque bouchée un *tchic-tchonc* goulu ; elle rejetait aussitôt après un plat ovale de dimension moyenne, convenant aussi bien au poisson, qu'à la volaille ou qu'au gigot. Bientôt, la machine laissa tomber ses plats comme une chèvre ses dragées noires. Ferdi en forma des piles sous les regards éberlués du personnel. Il ne restait qu'à les ébarber, les polir, les essuyer, les envelopper, les expédier. La presse en fabriquait ainsi trois mille à l'heure. On but le champagne. Mais les ouvriers s'inquiétèrent :

« Que vas-tu faire de nous ?

— Je vous garde. Je vous recycle. »

Le terme était à la mode. Ils crurent comprendre qu'après les plats il leur ferait fabriquer des bicyclettes. Ils n'avaient rien contre les bécanes. Ils se tinrent prêts.

Ainsi, *l'Hirondelle* s'élança vers des cieux inexplorés. Elle n'abandonna pas tout de suite cependant ses anciennes fabrications ; mais la platerie les remplaça peu à peu. Au bout d'une année, Galéas commanda deux autres presses et renonça aux rasoirs. Encore un an d'efforts, et il renonça à toute espèce de coutellerie. Désormais, il mit les petits plats dans les grands, fabriquant des familles de plats qui s'emmanchaient les uns dans les autres à la manière des *matriochkas*, ces poupées russes qui se coiffent et se superposent.

La municipalité présidée par Fernand Sauzedde voulut chasser des taudis historiques un certain nombre de prolétaires et laissa bâtir à leur intention un pavé de H.L.M. au lieu dit « les Jaiffours », en surplomb de la voie ferrée. Il éclipsa l'amoncellement joyeux et pagailleur des vieux logis : en arrivant de Pont-de-Dore, on ne vit plus que cette masse blanche et impavide. Énorme truie rectangulaire, elle semblait écraser un troupeau de porcelets à la conquête de ses tétines. Il se trouva que l'architecte clermontois responsable de ce monstre avait en même temps reconstruit un garage de la ville. Or un matin une dalle de la reconstruction s'effondra, tuant un ouvrier et en blessant plusieurs autres. Les prolétaires à reloger refusèrent dès lors d'habiter les Jaiffours, prévoyant leur prochain écroulement. Ils préféraient les taudis qui tenaient bon depuis cinq siècles. Les cent quarante appartements neufs restèrent inoccupés.

Il leur vint des habitants inattendus. Inspirée par de Gaulle, la France était en train d'échapper à la colonisation. Elle se débarrassait l'une après l'autre de ces terres lointaines qui lui suçaient le sang, ainsi qu'un chien en s'ébrouant se délivre de ses puces : la Guinée tomba, le Congo tomba, le Sénégal tomba... Beaucoup de Français exilés en Afrique rapportèrent leurs bras et leurs cerveaux à la Mère Patrie au lieu d'en enrichir des populations ingrates. Thiers accueillit à cœur ouvert quelques-uns de ces enfants prodigues et les installa aux Jaiffours :

« Vous voyez, dit le gérant en les introduisant dans les pièces vides, on vous attendait. »

Pour sa part, Gilberte s'obstinait à résider à Courpière, au-delà du pont en direction d'Ambert, dans une vieille demeure en galets de rivière, aux chambres nombreuses où elle pouvait loger commodément ses trois enfants, son mari et une douzaine de pigeons. Ceux-ci réveillaient la maisonnée de leurs roucoulements.

Ils dormaient sous les combles et parfumaient les étages de leur colombine.

Courpière est le bourg où Coco Chanel passa les dix premières années de son existence. Après une ascension pleine de péripéties, comme on sait, elle révolutionna par le vêtement la condition féminine. Rien d'étonnant qu'il se produisît à Courpière vers 1959 des changements d'une audace inouïe : l'air local conférait sans doute de telles dispositions. Dans le Cours complémentaire où Mme Galéas enseignait, on osait faire cohabiter des enfants des deux sexes sous le même plafond. Mais c'est en tremblant que le conseil municipal donna son accord à cette première expérience de mixité en classe de sixième, se réservant de revenir sur sa décision dans le cas où des incidents graves se produiraient. En fait, petits garçons et petites filles se comportèrent correctement. La mixité parut même adoucir les mœurs : les uns retenaient leurs gestes et leur langage ; les autres se nouaient des rubans dans les cheveux. On osa donc mixer une seconde classe. Puis une troisième. Si bien qu'au bout de quatre ans, les deux Cours complémentaires n'en formèrent plus qu'un. Alors, on instaura la mixité au sommet en dotant cet établissement d'une direction mixte et bicéphale.

Tandis que Français et Algériens s'étripaient sur l'autre rive méditerranéenne, le jeune Ahmed ben Idriss, fils d'un ouvrier de M. Galéas, fréquentait l'école du Moutier. Il était venu à Thiers en 1952, âgé de deux ans, dans les bras de sa mère, précédé de quatre autres frères ou sœurs. Tout ce monde s'entassait dans un pauvre rez-de-chaussée de la rue des Patières qu'inondaient les débordements printaniers de la Durolle. Le père chaque fois peignait contre le mur de la cuisine un trait au minium pour indiquer les hauteurs atteintes par les eaux. En mars 56, la famille avait dormi sur la table pendant deux nuits.

Ahmed grandit en même temps que les fils d'émouleurs et de polisseuses. Il acquit le langage et l'accent des Thiernois, disant comme eux « ça me sait bon » et « ça me sait mal ». Il entrait dans leurs jeux, leurs glissades le long des Chemins-Neufs, en hiver sur la neige et sur les fesses, en été dans des chariots qu'ils fabriquaient au moyen de vieilles caisses et de roulettes récupérées. Il partageait leur chouine-gomme, leur offrait parfois des beignets que cuisait sa mère. Quand elle devait sortir pour faire le marché, il l'accompagnait, servant d'interprète et marchandant à sa place.

« Qu'est-ce qu'elle dit ? demandaient les jardinières.

— Elle dit que c'est trop cher. Que vous devez lui tirer quelque chose.

— Dis-y que je lui tirerai pas le lait d'une puce !

— Allons ! Vous lui tirerez bien trois francs ! »

Elles finissaient par lui céder, à cause de ses yeux noirs et de ses joues pleines de fossettes. Il savait ses fossettes irrésistibles auprès des jardinières.

En classe, il obtenait de bons résultats aussi, par d'autres moyens. Les instituteurs citaient en exemple sa mémoire et sa virtuosité en calcul. Rien d'étonnant, puisque les chiffres sont une invention des Arabes. Mais ses copains autochtones goûtaient mal cette supériorité. Ils commencèrent à chuchoter dans son dos : « *Fellagha ! Fellagha !* » Il ne s'en offensa point, expliqua seulement qu'ils devaient l'appeler *fellag*, dont *fellagha* est le pluriel.

« Qu'est-ce que c'est faire, au juste, un *fellag* ?

— Un homme qui arrête les caravanes et les voyageurs sur les routes.

— Donc un bandit ? Comme Mandrin ? »

Il se laissa traiter de *Fellag* tant qu'ils voulurent. Chacun avait d'ailleurs son sobriquet : Sannajust, c'était *Tampon* ; Descombas, c'était *la Quille* ; Chaunier, c'était *Calot*. Il reçut le sien avec tant de patience et de modestie qu'on finit par lui pardonner sa force en calcul et en récitation. Il soufflait d'ailleurs volontiers, derrière sa main, à ceux qui restaient le bec ouvert.

A partir de leur dixième année, les enfants se retrouvaient le jeudi aux cours de catéchisme. Ne s'étant jamais senti rejeté par ses copains, Ahmed les suivit tout naturellement. Lorsque l'abbé Rix, curé de Saint-Symphorien, eut devant lui cette étrange recrue, il se gratta un moment le menton :

« Comment t'appelles-tu ?

— *Fellag*, répondirent les autres à sa place.

— Non, pas *Fellag*. Ahmed.

— As-tu été baptisé ?

— Baptisé ? Qu'est-ce que c'est faire ?

— As-tu reçu le baptême ?

— Oui, oui ! répondirent ses copains. En Afrique.

— Oui, confirma-t-il, arrangeant.

— Au fond, que tu le sois ou non n'a pas grande importance pour le moment. On réglera ça plus tard. »

Il fut donc admis par l'abbé et devint un de ses meilleurs catéchumènes. Car de même qu'il surpassait les autres en récitant *Après la bataille*, d'une mémoire sans défaillance, y mettant le ton juste, les gestes et tout, il brilla dans le *Notre Père*, le *Je vous salue Marie*, les réponses à *Qu'est-ce que Dieu ? Qu'est-ce que l'Incarnation* ? avec la chaleur et la musique qui convenaient.

Le père, Idriss ben Youssef, ne se doutait de rien et continuait paisiblement sa besogne au service de la platerie, pratiquant la religion musulmane de son mieux, observant le jeûne du Ramadan, s'abstenant de boire le vin et de manger la viande du porc, travaillant le moins possible le vendredi. Après deux années de préparation, Ahmed fut prêt à recevoir la communion solennelle et lui apporta une lettre de l'abbé Rix dont il lui expliqua le sens : *Veuillez, monsieur, m'informer si votre enfant a reçu le baptême chrétien et si vous êtes disposé à lui permettre de prononcer sa profession de foi.*

« Oh ! chien galeux ! Oh ! chacal puant ! Oh ! enfant de putains par ta mère, ta grand-mère et ton arrière-grand-mère ! s'écria Idriss. Ne sais-tu pas que tu es le fils d'un fidèle observateur de la Loi du Prophète Mahomet ? Ne sais-tu pas que tu as été éduqué dans les principes parfumés de la religion islamique par ta putain de mère ? Et voilà que tu t'es rempli la cabèche avec les idées qu'y ont mises les roumis sans en rien dire à personne ! Que l'enfer les brûle ! Mais je jure par la Loi que je m'en vais te guérir depuis la tête jusqu'aux orteils ! »

Aussitôt, il se mit à calotter son fils, à lui tanner les épaules, les côtes et le postérieur. En sorte que les principes puants de la religion chrétienne furent expulsés de sa personne comme les mites d'un tapis. Et que plus jamais il ne lui vint envie de réciter le *Je vous salue Marie*, ne fût-ce que pour le plaisir de la musique.

La guerre d'Algérie enfin s'acheva. Une paix agitée s'établit peu à peu, que favorisait le développement de la bagnole. Les jeunes Thiernois quittaient leur vieille cité pour aller fabriquer de la bagnole à Paris, des équipements pour bagnole à Issoire, des pneus pour bagnole à Clermont, de l'essence pour bagnole à Lyon ou à Marseille. Des forges thiernoises sortirent des enjoliveurs, des bielles, des roues, des clés de bagnole. Les banques prêtèrent de l'argent aux acheteurs de bagnoles. Les carrossiers, les assureurs, les chirurgiens faisaient fortune sur leur maladresse. A Paris, à Issoire, à Lyon, les ouvriers travaillaient en gants, en uniformes bleus, dans des ateliers vastes comme des cathédrales, pourvus de cabinets, de douches, de restaurants. Pour un empire on ne les aurait retenus dans les antres où s'affairaient encore leurs pères, leurs oncles, leurs grands-pères. La coutellerie devint progressivement une affaire de vieux. En 1964, l'E.N.P., devenue Lycée technique, supprima sa section coutelière faute de recrues. Les docteurs de l'économie prononcèrent leur diagnostic : « Le couteau thiernois est en train de mourir. Il n'en a plus que pour quelques années. »

Galéas se félicita d'avoir recyclé *l'Hirondelle*. Cette même année, il convoqua ses trois contremaîtres :

« Que pensez-vous de notre entreprise ?

— Elle marche très bien. Elle marcherait beaucoup mieux si nous avions de la place. Si on pouvait agrandir.

— Justement, ma femme m'a signalé à Courpière, sur la rive

droite de la Dore, un hectare de pré à vendre. J'ai l'intention de nous y transférer.

— Voilà une idée excellente.

— Il m'en est venu une seconde. Je ne veux plus mener seul notre barque. Nous devrions fonder une S.A.R.L.

— Une S.A.R.L. ? Qu'est-ce que c'est faire ?

— Une Société Anonyme à Responsabilité Limitée. Chaque associé est responsable du passif de la société dans la limite du capital qu'il apporte. Alors, il fait tout ce qu'il peut pour qu'elle n'ait jamais de déficit, comme si elle était entièrement à lui. Il faut une mise totale de cinquante mille nouveaux francs. »

Les contremaîtres se regardèrent, l'un tira son porte-monnaie, l'autre se gratta la tête, le troisième dit :

« Pour moi, je pourrais aller, en vendant ma deux-chevaux, jusqu'à sept ou huit mille balles. »

Ferdinand leva une main : « Ne calculez pas. Je prête dix mille à chacun de vous, j'apporte le reste. Vous me rembourserez quand vous pourrez. J'ai confiance en vous. J'ai confiance en une entreprise qui ne fait pas ce que les autres font. A propos, il faudra la débaptiser.

— Qui ?

— L'entreprise ancienne. *L'Hirondelle*, ça ne parle pas. Ça peut être aussi bien une marque de fil à coudre, de papier à lettres, de canne à pêche, de bicyclette.

— Tu veux tuer *l'Hirondelle* ?

— Non. Lui faire un enfant qui parle. Je propose de l'appeler *Platinox*.

— Ça évoque les plats.

— Et le platine.

— Et le *Viandox*. »

Gilberte fut plus longue à accepter le débaptême. Elle pleura sur la fin de son bel oiseau. Puis elle se rendit aux raisons commerciales.

Après l'achat du terrain, tout le personnel de l'ex-entreprise cracha dans ses mains et se mit à construire l'usine neuve. Qui creusait la terre, qui coffrait les murs, qui gâchait le mortier dans la bétonnière, qui transportait les charpentes et les parpaings. Ferdinand et ses associés manœuvraient la grue ou poussaient la brouette comme les autres. En marge du chantier, les femmes cuisinaient le fricot, bandaient les blessures, badigeonnaient les bosses à la teinture d'arnica.

Chaque printemps ramenait un 6 mai, date à laquelle Gilberte et Ferdinand célébraient « leur » anniversaire. En vingt années de vie commune, tandis que leurs enfants grandissaient, devenaient adolescents ou adultes, ils avaient vu leurs propres visages jaunir, leurs cheveux grisonner, leurs cous se friper, mais leur amour ne vieillissait point. Chaque 6 mai, quelles que fussent les circonstances, ils trouvaient deux heures au moins pour s'éloigner seuls en voiture, se rendre sur la route de Bulhon à Crevant-Laveine. Ils cherchaient un chemin de terre creusé de sabots de vaches et répétaient les mêmes gestes, les mêmes mots que le premier jour. Elle prenait sa main à lui et grattait d'un doigt la paume en chantonnant :

Croù, croù, croù,
Lo poleto o fouè le lhoù
Djin què petchë croù...

Puis il comblait le creux de sa paume à elle de baisers ronds et lisses qui tombaient à petit bruit. Elle gémissait :

« Attention, monsieur Galéas ! Attention à ce que vous faites ! Je ne suis pas un virolet qu'on fait tourner un moment en soufflant dessus... »

Et il désignait sur l'horizon la montagne témoin :

« Vous pouvez compter sur moi comme sur le puy de Dôme. »

Ils ne fêtaient pas avec nostalgie cette récurrence en souvenir de moments à jamais perdus, mais comme le début du long chemin heureux qu'ils avaient parcouru côte à côte.

Ils avaient aussi coutume d'inaugurer ce jour-là les choses importantes de leur vie. C'est le 6 mai 1960 que Prudent enfourcha sa première motocyclette, tandis que toute la famille réunie l'exhortait :

« Sois prudent ! Sois prudent ! Sois prudent ! »

Le 6 mai 1962, Renaud fut opéré à froid d'une malformation cardiaque, on l'avait fait patienter trois mois. « Tu comprends, expliqua son père, si la chose se déroule un 6 mai, ce sera pour toi, pour nous une promesse de succès. » Tout se déroula selon ses espérances.

Aussi, l'inauguration de l'usine *Platinox, S.A.R.L.* eut-elle lieu le 6 mai 1965. En présence du sous-préfet, du maire, du député, du personnel, des amis, de la parenté, et spécialement de Prudent et Renaud, les successeurs. Dans le bâtiment des machines, les six presses scellées n'occupaient qu'un quart de la surface disponible. Elles pourraient faire des petits.

A la veille des révoltes ambiguës de 1968, Thiers poursuivait son train-train moyenâgeux. En dépit du pronostic de mort émis par les docteurs, la coutellerie ne se décidait pas à rendre son dernier souffle : elle durerait pour le moins tant qu'il subsisterait un émouleur couché, une polisseuse assise, un estampeur debout, et dans la campagne un monteur-éleveur de poules. On approchait cependant de l'échéance : l'âge moyen des couteliers atteignait cinquante-huit ans selon les statistiques. Les Portugais apportèrent un peu de sang neuf, c'étaient des travailleurs habiles, dociles, peu exigeants, ils commencèrent leur apprentissage et rendirent l'espérance aux patrons : le Portugal peut nous sauver !

« Non, affirmait Galéas devant ses collègues de la Chambre Syndicale d'Industrie et de Coutellerie. Ce qui vous sauvera, c'est la machine.

— La machine ? Quelle machine ? Tu prétends monter des couteaux fermants à la machine, sans doute ? On voit bien que tu n'es pas d'ici, avec ton accent de Marseille. Contente-toi de faire tes saladiers à la machine.

— Sans doute pourriez-vous simplifier le couteau de poche, réduire le nombre de ses rangs. Et même ceux-ci seraient mécanisés grâce à l'emploi de perceuses, de riveteuses, d'essuyeuses.

— La main de l'homme est irremplaçable. Surtout quand elle ne coûte pas cher. »

C'était le cas en 1967, avec le SMIG horaire à 180 centimes ; les monteurs à domicile, payés aux pièces, gagnaient moins encore. La belle coutellerie française était l'œuvre de smigards thiernois, escoutelats, vollorois, de manœuvres arabes, turcs, portugais, au service de patrons mal équipés, mal instruits, mal informés. Beaucoup d'artisans, quoique responsables de dix ou douze salariés, ne payaient ni comptable ni secrétaire. La patronne rédigeait elle-même les factures, comme elle pouvait.

Il arriva qu'un article de la région atteignît par hasard un client de l'autre bout du monde. Il s'agissait d'un beau couteau de chasse à lame rainurée, au manche garni de vachette, dans son étui de même métal : il tomba entre les mains d'un négociant d'Addis Abeba, capitale de l'Éthiopie. Celui-ci adressa, sur beau papier de riz, une lettre dactylographiée en un français impeccable à *Messieurs Saint-Joanis-Pironin, couteliers, Marque le Serpent, FRANCE.* Le pli ne mit pas longtemps pour atteindre le destinataire à Saint-Rémy-sur-Durolle, ex-Saint-Rémy-sur-Thiers. Le fabricant Saint-Joanis-Pironin s'essuya les mains à son tablier de cuir et lut ce message en remuant les lèvres :

Messieurs, Principaux importateurs d'articles européens dans ce pays, nous avons été frappés par la bonne qualité de votre couteau de chasse, marque le Serpent, *comme ci et comme ça... Nous vous prions de nous adresser votre catalogue avec le prix courant correspondant, nous précisant les conditions d'emballage et de livraison par importantes quantités. Nous envisageons...*

Ce matin-là, Mme Saint-Joanis, née Pironin, chargée habituellement de la correspondance, se trouvait retenue près de sa fille sur le point d'accoucher. L'artisan prit donc lui-même la peine de répondre. Ne voulant pas toucher aux plumes de sa femme, dont elle était fort jalouse, il écrivit avec un *bic* ces six mots sur une page arrachée à son calepin : *Messieurs, voici mes articles de chasse*, et releva au-dessous le nom de ses trois produits avec leurs prix respectifs, grand modèle, moyen modèle, petit modèle. Puis il signa et recopia l'adresse sur l'enveloppe. Il avait entendu parler de l'Éthiopie, mais ne savait rien de cette contrée lointaine, excepté qu'il s'agissait d'un pays misérable de l'Amérique du Sud. Les postiers, eux, étaient payés pour le savoir.

Au bout de quelques semaines, toujours sur le même beau papier vergé, à l'en-tête imprimé en éthiopien, en anglais et en français, arriva la réponse. Courte et bonne : *Messieurs, vous appartenez à un pays de sous-développés. Nous reprendrons contact avec vous quand vous aurez découvert l'usage de la machine à écrire. Signé comme ci et comme ça.*

Enfin, Cohn-Bendit vint.

Les révoltes de mai éclatèrent comme les fusées d'un feu d'artifice gardé au sec en attendant le prochain 14 Juillet dans la remise aux vieilleries municipales, et enflammées par une cigarette imprudente. Toutes les vieilleries municipales s'en trouvent bousculées : le corbillard, la pompe manuelle à incendie, les meubles scolaires, de Gaulle, Pompidou, Peyreffite, les patrons, la bagnole, la banque, le cinéma. Les étincelles partent dans tous les sens, allument à retardement les syndicats, les casernes, la sainte Église catholique. On envoie les pompiers. Mais on s'aperçoit alors que le village entier fait soleil, tandis que la population, abandonnant ses besognes quotidiennes, est tout entière dans la rue pour admirer l'éblouissant spectacle, oh ! la belle bleue ! En mai, fais ce qu'il te plaît.

A Thiers aussi les ateliers tombent la courroie. Pour convaincre les réticents, des piquets de grève bloquent l'entrée généralement unique de chaque entreprise. Les étudiants parisiens réclamaient de l'imagination et du respect ; les couteliers thiernois réclament plutôt de la *pompe* et du couscous : les accords de Grenelle leur donnent satisfaction en augmentant de 35 pour cent le SMIG horaire qui passe tout soudain de 2 francs et 22 centimes à 3 francs.

Cette révolte va bouleverser la coutellerie thiernoise. Plutôt que d'avoir à payer des salaires aussi exorbitants, les patrons font le calcul, avec leur crayon *bic*, qu'ils peuvent remplacer vingt émouleurs par une seule machine à émoudre ; vingt polisseuses ou lustreuses par une seule machine à polir ou à lustrer ; les acheveuses par des bains aux ultrasons dans lesquels les pièces sont débarrassées du moindre *bourdji* sans intervention manuelle. Les machines n'imposent aucune charge sociale, mais elles sont volumineuses :

afin de les implanter, il faudra reconstruire ailleurs les usines pluricentenaires. Ce sera la fin du Moyen Age.

On verra naître au Breuil, aux Molles, à Felet, en terrain plat ou à peine bossué, des zones industrielles : des bâtiments neufs y pousseront un à un, vastes et clairs, entourés de parkings, desservis par des routes confortables. Le personnel y sera jeune et bien portant. Les patrons qui hésitaient encore à opérer le transfert seront gagnés par l'argument des portes :

« Combien en avez-vous actuellement ?

— Une seule. Comme tout le monde.

— A Felet, vous pourrez en ouvrir autant que vous voudrez : entrée, sortie, issue de secours, fournisseurs, etc. En cas de grève, les piquets auront bien de la peine à les bloquer toutes. »

La multiplication des portes est une garantie de paix sociale.

Ainsi, en transportant *Platinox* à Courpière, Ferdinand Galéas fit œuvre de précurseur : comme il l'avait prévu, les premières machines firent des petits ; il embaucha une centaine de travailleurs, acheta deux autres hectares de terrain. La série des plats bon marché ne lui suffisait plus : il fabriqua des articles plus précieux et plus variés, services à thé, aiguières, seaux à glace, coupes à champagne, à sorbet, à fruits, à fleurs. Il revint aux couverts abandonnés en les marquant d'un style historique : *Louis XV, Régence, Empire* ; ou géographique : *Windsor, Schönbrunn, Prado*. Il engagea un directeur, des secrétaires, une standardiste, un dessinateur d'art, des dessinateurs industriels. Un poète fut chargé de trouver des noms à ses articles, de composer des couplets publicitaires, de rédiger la propagande. C'est ce dernier qui suggéra de dépolir l'acier afin de lui donner le velouté de l'argent ou de l'étain : la poésie est toujours en avance sur la technique. On modela des chandeliers en faux argent, des pichets en faux étain deux fois plus solides et deux fois moins chers que les vrais.

« Je veux, affirma cet homme inspiré, que vous deveniez le Coco Chanel de la vaisselle inoxydable. »

Il lui conseilla de remplacer l'ancienne marque *Platinox*, trop prosaïque, par une signature :

Ferdinand Galéas
orfèvre.

Le 6 mai 1969, les Galéas s'installèrent dans une villa neuve bâtie sur une colline qui domine la Dore au septentrion. Ferdi en avait lui-même dessiné les plans. Toute leur vie, Gilberte et lui avaient habité la maison des autres, ils furent heureux d'avoir enfin quatre murs et un toit bien à eux. Il lui présenta chaque pièce, une à une, les chambres, le salon, la bibliothèque, le laboratoire où il continuerait de développer à temps préservé ses photographies. Et aussi le jardin, le potager. Elle demanda que de toute urgence y fût semée une ligne de persil.

Cette même année, suivant la formule administrative, Mme Galéas fut admise à faire valoir ses droits à la retraite. Elle quitta non sans regrets une fonction enseignante où Mai 68 avait introduit des changements aussi fondamentaux que dans la coutellerie thiernoise. La mixité n'avait été qu'une timide réforme auprès de ce qu'on avait vu par la suite : des élèves et des maîtres se tutoyer, s'appeler par leurs prénoms, se taper mutuellement sur le ventre ; des professeurs mâles se décolorer les cheveux ; les chiffres arabes de la vieille notation remplacés par des lettres de l'alphabet. L'École aussi multipliait ses portes et ses fenêtres et les ouvrait toutes grandes. L'esprit humain entrait dans l'ère de l'Épanouissement. « J'aurais bien aimé voir le bout de tout ça », murmurait Mme Galéas. Mais le progrès n'a pas de bout, si l'homme et la femme en ont un. Elle renonça donc aux vastes pensées et tourna ses anciens dons pédagogiques vers les plantes de son jardin.

De temps en temps, elle était appelée comme tout le monde à mettre un bulletin dans une urne. C'était pour elle l'occasion de procéder à un examen de conscience politique. « Où te places-tu, ma fille ? » Par sa situation sociale, elle se devait de suivre les bannières conservatrices. L'humilité de ses origines la poussait au contraire à mêler son vote à celui des pauvres. Elle sentait sourdre dans son cœur des courants contradictoires qui provenaient de son ancêtre Gonin, allumetier de contrebande, de ses pieuses grand-mères, de son grand-père carliste et monarchiste, de son père nationaliste et napoléonien. Elle additionnait tout cela pour se diagnostiquer finalement : anarchiste réfléchie.

La politique, de toute manière, c'est comme la queue de la vache : ça va et ça vient. Les théoriciens appellent cela l'« alternance ». Au cours de ces dix dernières années, la municipalité de Thiers aussi bien que son représentant au Palais-Bourbon ont appartenu alternativement à l'opposition socialiste et à la majorité pompidolo-giscardienne, passant du graveur Fernand Sauzedde, fils spirituel d'Antonin Chastel, à l'assureur René Barnérias, au professeur Maurice Adevah-Pœuf. Depuis 1944, Thiers n'a plus d'histoire : c'est un peuple heureux. Ses habitants sont trop sceptiques pour s'échauffer la bile aux combats électoraux, ils savent ce que valent promesses de candidat et serments d'ivrogne, ils ne vont pas pour si peu prendre une attaque de geai ; aussi les avatars électoraux suscitent-ils chez eux le minimum d'agitation, le minimum d'insultes, le maximum d'éclats de rire.

Exemple : le scrutin législatif de mars 1978. Comme dans la

plupart des communes françaises, on y vit la droite affronter la gauche désunie. La singularité de la rencontre était la participation d'une franc-tireuse, Arlette Laguiller, employée de bureau et représentante du mouvement gauchiste *Lutte ouvrière*. Candidate aux antérieures élections présidentielles, elle avait à Thiers remporté en 1974 cinq pour cent des suffrages exprimés. Le double de sa moyenne nationale ! En conséquence, son journal décerna à cette petite ville auvergnate, déjà capitale de la coutellerie et capitale du *rapoutet*, le titre de « capitale du gauchisme », et la petite Arlette l'honora de sa candidature personnelle quatre ans plus tard. Elle mena une campagne sans grand tapage, colla elle-même ses affichettes polycopiées, selon les moyens dont elle disposait. Le corps électoral l'écouta galamment, la trouva gentille mais un peu ennuyeuse. Un peu maigrichonne aussi, bonnegent, le Crédit lyonnais n'attache pas ses chiens avec des saucisses. Il lui offrit, pour se garnir un peu, des *guenilles* qu'elle grignota avec effort. A l'entendre, elle semblait vouloir tout avaler, et deux guenilles l'étouffaient ! On lui posa des questions sur sa santé, sa famille, ses intentions matrimoniales. On remplit son sac à main de canifs, de coupe-ongles et de ciseaux à broder.

Le soir du vote, elle obtint presque dix pour cent des voix ! Elle en pleura de bonheur.

« Camarades ! dit-elle. Grâce à vous, la révolution prolétarienne vient aujourd'hui d'accomplir un pas décisif. C'est un peu comme le premier pas de l'homme sur la lune. *Lutte ouvrière* obtient ses dix pour cent ! En les lui accordant, votre cité prouve qu'elle a atteint un remarquable degré de maturité révolutionnaire. Elle sera donnée en exemple aux autres villes travailleuses. La France entière saura qu'il existe ici un noyau de combattants au cœur pur, aux idées intransigeantes », etc.

Pendant qu'elle les haranguait, ses électeurs sortaient un à un leur mouchoir et, faisant mine de se moucher, se cachaient la figure dedans pour pouvoir rigoler sans impolitesse. Pauvre Arlette qui croyait que ces dix pour cent là avaient une signification révolutionnaire ! Ceux qui lui avaient donné leur voix se foutaient bien de la révolution ! Comme ils s'étaient toujours foutus de la république. Ils se sentaient heureux cependant de publier que leur ville était la capitale de l'ironie.

Pour moi, je n'avais pas besoin de tout cet enrichissement. Pendant trente années, je me suis tenue à l'écart de l'agitation qui se menait autour de l'Hirondelle *d'abord, de* Platinox *ensuite. Pauvre maîtresse d'école j'ai continué d'enseigner* le Savetier et le Financier *avec conviction, étonnée seulement que Ferdi eût à mes côtés le sommeil aussi profond. A présent, je vis de ma pension d'institutrice sans lui demander un sou, achetant de mes deniers notre nourriture à tous deux, comme à Bulhon au temps de notre bienheureuse débine. A charge pour lui seulement de payer le chauffage, l'électricité, les gages du jardinier. Je prépare les repas, je fais la lessive, je raccommode. Il rentre le soir et me raconte ses affaires, il n'est question que de chiffres de vente, d'actions, de commandite, que sais-je ? Je n'entends rien à cela : ma vocation était l'acrostiche.*

Je suis contente cependant de cette prospérité, l'Hirondelle *n'est pas morte en vain puisque de ses cendres est née une si belle industrie. Certes, le nom de* Pitelet *a disparu du fronton, mais qu'importe, puisque l'œuvre d'Auguste lui survit. Il serait bien surpris de voir ce que Ferdinand en a fait. Peut-être même secouerait-il le bonnet avec un peu d'inquiétude et demanderait-il :*

« Où prenez-vous dans tout ça le temps de manger de la pompe ? »

Heureusement, la pompe, je n'en ai pas oublié la recette, et je la prépare quand l'envie m'en prend, bien garnie de pommes entre ses bords roulés, bien dorée au jaune d'œuf, avec en son centre un cornet de papier pour laisser échapper la vapeur au moment de la cuisson. Si Ferdinand me casse un peu trop les oreilles avec ses actions et sa commandite :

« Pardonne-moi, lui dis-je. Mais j'ai en tête autre chose de plus important : une pompe à préparer pour midi. »

Auguste Pitelet avait le sens des choses qui comptent et des choses accessoires.

Quant au nom de Pitelet, *il durera quand même. A Thiers, les Pitelet pullulent comme les rats. Parents ou étrangers l'un à l'autre, mais tous descendants sans doute d'un aïeul commun, de ce* Pictavulus *ou de ce* Pito-lé *dont maître Gautier-Pitelet avait jadis supputé l'existence. Pitelet de toutes espèces, balayeurs, fonctionnaires et même évêques, comme ce monseigneur Pitelet qui a gagné au christianisme les habitants de l'île Carrée dans le Pacifique. Mais avant tout couteliers : émouleurs-Ventres Jaunes, monteurs-gorges rouges, estampeurs, trempeurs, et ainsi de suite. Sans oublier Armand Pitelet, dit Pitelet le Cygne. La dynastie n'est pas près de s'éteindre.*

Que vivent aussi les Galéas. Ferdinand, l'ancêtre, aurait bien l'âge, à soixante-douze ans, de se retirer du commerce. Mais il refuse de dételer, malgré sa barbe blanche. Chaque matin, à neuf heures, il entre dans son bureau comme au temps de ses débuts. Il est le seul de la maison qui s'astreigne à un horaire classique, puisque l'ensemble du personnel travaille maintenant « à la carte », entre et sort comme il lui plaît, n'ayant à rendre compte que d'une somme d'ouvrage à accomplir, non du temps qu'il y passe. Encore une idée du poète maison. Rien n'oblige le patron à suivre une telle discipline si ce n'est ses nécessités intérieures, puisqu'il ne joue pratiquement plus aucun rôle : il a délégué ses pouvoirs à un directeur général et à un directeur commercial. Deux hommes diplômés et galonnés jusqu'aux oreilles qui prennent toutes les décisions sans le consulter et l'en informent après coup, par pure politesse. A l'entendre, il ne s'en plaint pas, puisque Platinox *leur doit son envolée internationale.*

Celle-ci a rempli de stupeur, d'admiration et d'envie le monde coutelier. Fréquemment, un journaliste vient interviewer M. Galéas. Il se laisse photographier dans la pose qui convient à l'homme d'affaires : un téléphone muet collé à son oreille. On lui demande :

« Quel est, monsieur Galéas, le secret de votre réussite ?

— Un conseil que me donna jadis mon beau-père, alors qu'il me préparait à prendre sa suite. "Il te faut, me dit-il, d'abord, aimer le beau travail. Et ensuite, chose plus importante encore, aimer les hommes." Voilà mon secret. Voilà pourquoi mes aiguières sont belles. Voilà pourquoi mes trois cents ouvriers reçoivent les meilleurs salaires du département, à qualification égale. »

Ferdinand Galéas, orfèvre, n'a pas cependant ce bonheur du charbonnier d'être seul maître chez soi. Ses directeurs le veulent bien dans son bureau, mais le tolèrent mal dans les ateliers, parce qu'il y sème la perturbation :

« Monsieur, vous dérangez le personnel, bougonnent-ils.

— Qu'est-ce que ça fait, puisqu'il travaille à la carte ?

— Les parlotes ne conviennent pas dans les ateliers. C'est ainsi que naissent les manœuvres syndicales. Et puis, vous est-il indifférent de leur faire perdre un temps qui ne vous appartient pas ? »

Récemment, le président de la République Giscard d'Estaing vient à Chamalières rendre visite à ses anciens administrés. Une réception digne de lui est organisée par son successeur à la mairie chamaliéroise. Et ce dernier envoie un paquet de cinquante invitations à M. Galéas, modèle de l'industriel dynamique, social, participant, etc., sûr qu'elles seront bien placées et gagneront cinquante voix à la bonne cause. Il y aura un buffet auvergnat, tout naturellement, ledit Galéas songe à faire profiter ses ouvriers de la promenade et de la bouffe. Il s'en ouvre à ses directeurs qui poussent les hauts cris :

« Pas question ! Enlever cinquante ouvriers à leur poste de travail, c'est bloquer toute une journée l'ensemble de l'entreprise.

— Mais alors, cet horaire à la carte ?

— Carte ou pas carte, ce serait l'équivalent d'une grève. Et puis, lesquels choisir sans mécontenter les autres ?

— Par exemple, les plus vieux ?

— Nous n'avons que des jeunes. Excepté deux ou trois survivants de l'Hirondelle : *ça ne va pas loin. »*

Ledit Galéas est reparti penaud, avec ses cinquante invitations à la pompe. *Il s'est alors adressé au club. On dit aujourd'hui « le Troisième Age ». Ou « l'Age d'Or ». Pour ne pas laisser connaître aux vieux qu'ils sont vieux. Il s'occupe d'eux, les honore de sa présence, leur offre le champagne le 6 mai, sans qu'ils sachent de quel motif ça leur tombe. Ils l'ont choisi comme président.*

Ses cinquante cartons suscitent l'enthousiasme général. Il frète un car et les voici voguant vers Chamalières, la ville où se fabriquent les billets de banque et les présidents de la République. Certaines de ses vieilles, comme la mère Puissochet, n'avaient jamais voyagé aussi loin de leur vie. Ils se croyaient nombreux, mais en arrivant au château de Montjoly, la foule est si énorme à l'intérieur de la mairie et dans le parc qu'ils se trouvent un peu perdus. Un peu honteux aussi parmi ce beau monde, jeune, fringant, important, le cheveu court et les dents longues. Heureusement, Galéas-Platinox *est là pour les défendre. Le président vient saluer l'industriel qui l'amène tout droit vers ses vieux invités, et il serre la main de chacun.*

Après les discours, on les pousse vers le buffet en plein air. Il y a là de quoi satisfaire deux régiments de fantassins, tant en solide qu'en liquide. Les Courpiérois font honneur au jambon, au saucisson, aux fromages, aux pâtés, aux tartelettes, au champagne. Ferdinand interroge son monde :

« Ça va ? Vous êtes contents ?

— Comment ne pas l'être ?

— Sainte Vierge ! s'écrie la mère Puissochet, riant et pleurant. Dire que j'ai tenu la main du président de la République en chair et en os !

— Il manque tout de même quelque chose, objecte un autre.

— Quoi donc ?

— Le café. Après un bon casse-croûte comme ça, moi, j'ai l'habitude de prendre un café. »

Ferdinand ne veut pas les laisser sur cette réserve. « En route ! fait-il. On va boire le café au casino. » Drôle d'idée, pensent-ils, de nous amener dans un Casino *pour boire le café ! Ils croient qu'il s'agit d'une succursale du* Casino *de Saint-Étienne. Pas du tout : il les dirige vers le casino de Royat. Leur car arrive en pleine saison thermale, traverse la foule des cardiaques et des artériosclérosés, les dépose devant le* Pariou, *ils y font une entrée remarquable, tandis que l'orchestre, pour les honorer, joue des airs qu'il croit convenir à leur âge et qui les vieillissent d'une génération,* Sous les ponts de Paris *et* la Madelon de la Victoire. *Vient ensuite un garçon cérémonieux comme un archevêque qui prend note de leurs commandes. En auront-ils vu, des choses, le même jour ! Et pour lui, pauvre Galéas, quelle fête d'avoir pu durant une journée échapper à la dictature de ses directeurs !*

« J'aurai ma revanche, affirme-t-il. C'est de moi que nos ouvriers garderont le souvenir. Et non pas d'eux. » Il leur prépare en secret un cadeau qu'ils n'attendent guère. L'an dernier, le château des Pignes a été mis en vente. Vu ce que coûte l'entretien de telles bâtisses, les acheteurs ne se sont guère bousculés. Ferdi a fait une offre raisonnable et enlevé le marché. « Ça y est ! se sont dit les envieux. Voilà Galéas qui nourrit à présent des prétentions nobiliaires. Vous allez voir que bientôt il se fera appeler Galéas des Pignes. A moins que ce ne soit Platinox des Pignes. » Moi qui connais le fond de son cœur, je puis assurer qu'il n'en est rien. Son intention véritable est de faire aménager le vieux manoir en maison de retraite à l'usage de son personnel. Mais, comme il est lui-même le plus vieux travailleur de l'affaire, il est à craindre qu'il n'assiste pas de visu *à l'effet de sa surprise.*

Heureusement, d'autres Galéas en jouiront pour lui. Renaud, le plus jeune, dirige la chaudronnerie industrielle I.E.A.I., filiale de Platinox *(Industrie d'Emboutissage de l'Acier Inoxydable), qui jouxte l'orfèvrerie et fabrique prosaïquement des éviers, des plats pour collectivités civiles ou militaires, des bassins pharmaceutiques. Son frère Prudent (qui à la vérité porte toujours un patronyme d'emprunt) est à la tête d'un atelier de polissage qui emploie trente-cinq personnes. Il en a choisi lui-même l'implantation : Vollore-Ville. Affirmant qu'il se sentait avec cette commune, non seulement des liens originels, mais une attirance mystérieuse qu'il ne s'explique point. Peut-être la lui expliquerai-je un jour, lui faisant la même révélation que je reçus à son lit de mort de grand-mère Mélanie. Alors, il saura que Vollore est le lieu de son premier baptême. Mais il se peut que le persil me dispense de cette formalité délicate. Mieux vaut sans doute laisser les ombres s'épaissir sur nos malheurs et nos erreurs passés. Il suffit qu'il aime ce village de ma mère et qu'à travers mille distances il s'oriente vers lui comme l'aiguille aimantée vers le pôle Nord, en ignorant pourquoi. Ferdinand a applaudi à cette initiative : les filles de Prudent vivent là-haut à présent un peu comme moi-même j'y ai vécu, du moins à l'ombre du même clocher et du chapeau de Chignore. Ainsi, le bourg a perdu le caractère exclusivement agricole qu'il avait naguère : les monteurs de couteaux y gardaient un sabot dans l'agriculture. Il s'industrialise ! Il s'européanise aussi. L'ancien chemin sinueux du Moulin Michas a été remodelé, élargi, empierré au cours de trois étés successifs par un groupe d'étudiants étrangers armés de pelles, de pioches, de guitares, et rebaptisé* Chemin de l'Europe. *En sorte que tout voyage vers le centre de l'Europe passe nécessairement par Vollore-Ville. On ne peut s'égarer : son nom est écrit en sept langues à l'entrée de la nouvelle voie.*

A chacun sa voie. La mienne aussi est toute tracée : elle zigzague de ma cuisine aux chambres, de la cave au grenier, de la buanderie au jardin. J'y rencontre à tour de rôle mes six petits-enfants dont aucun, par un curieux hasard, ne s'intéresse au travail de l'inoxydable. Leurs goûts vont ailleurs. Ferdinand accepte cette indifférence d'un front serein : « J'ai ménagé mes arrières. Après moi, Platinox *continuera de vivre, avec ou sans Galéas. » Et là-dessus, il repronone les termes de société par actions, de durée renouvelable.* Ferdinand Galéas orfèvre *est donc sûr de sa vie éternelle.*

Aucune œuvre en revanche ne m'éternisera. Je n'en demande pas tant, ayant déjà obtenu du ciel plus de bonheur que sans doute je n'en méritais. Probablement ai-je reçu la part qui revenait à la pauvre Toinette Zapatez. Le seul vœu que j'ose formuler encore est de quitter ce monde avant Ferdinand, et si possible au soir d'un 6 du mois de mai. Mais puis-je espérer que Dieu entendra la prière d'une institutrice laïque ?

... Seigneur, ne prêtez pas attention à cette plaisanterie thiernoise de mauvais goût...

Cependant que les Galéas conduisaient l'orfèvrerie inoxydable vers son apothéose, Thiers, inspiré par Mai 68, fouetté par la concurrence européenne et asiatique, ne restait pas non plus les deux pieds dans le même sabot. Comme ailleurs de nouveaux philosophes, de nouveaux historiens, de nouveaux cuisiniers, ainsi sont apparus entre Dore et Durolle de nouveaux couteliers. Ils ne fignolent plus longuement, amoureusement des couteaux compliqués, bons à tout faire, mais lancent des articles fabriqués à la grosse et qui n'ont en principe qu'un seul usage : couteau à cake, à pain, à fromage, à steak, à saucisson, à jambon, à tartine, à pamplemousse, à citron, à surgelé. Le couteau à trancher le cake ne vaut pas un clou pour débiter le pain, et celui du saucisson donne sa langue aux chats devant l'andouille. Le couteau à huître est vendu avec un gant unique qui protège la paume de la main teneuse. Tout est neuf dans leur constitution : l'acier inox capable de prendre désormais et de garder le coupant ; le manche en bois ordinaire imprégné de résines qui ne craint ni le feu ni la lessive du lave-vaisselle : finie l'époque où le couteau de table demandait à être lavé, essuyé, séché avec un soin ecclésiastique. Nouvelle aussi leur présentation : attachés en panoplies sur des présentoirs tournants, un pompon au bout de la queue, le pompon faisant vendre le couteau ; ou bien retenus sur des cartons comme des timbres-poste de collection, avec notice rédigée en quatre langues ;

le texte anglais explique aux clients d'outre-Manche que la cuisine anglaise gagne en saveur à être préparée avec des couteaux français ; ainsi Sheffield se trouve battu sur son propre terrain. L'imagination est au pouvoir dans les nouvelles fabriques.

Naturellement, elles exploitent tous les filons nouveaux. Les doubles lames auto-affûtantes pour les couteaux électriques. Le couteau automatique à l'usage des voyous, le petit pour petit voyou, le grand pour grand voyou. Elles ont l'exclusivité de la baïonnette du nouveau fusil de l'armée française, dit, à cause de sa forme contournée, « fusil clairon » : tranchante, piquante, noircie chimiquement afin de ne pas scintiller à cette obscure clarté qui tombe des étoiles. Ainsi Thiers le Neuf renoue-t-il avec sa tradition et trempe-t-il des armes pour la Patrie comme au temps de Sept-Épées, le héros de George Sand (*la Ville noire*).

A côté de ces industriels modernes, les petits artisans et travailleurs à domicile poursuivent sans broncher les fabrications à l'ancienne : ils sont encore huit cents dispersés dans la ville, les bourgs environnants, les fermes isolées. Moitié émouleurs de lames, ou moitié monteurs et moitié n'importe quoi d'autre : vignerons, éleveurs de chèvres, archéologues, collectionneurs, poètes, philosophes. L'un travaille au plan de la ville en 1348. Un second construit un atelier en miniature où tout fonctionne au moyen d'une chute d'eau, les hommes, les meules, les martinets, les chardonnerets dans leur cage. Un troisième a planté trois cents espèces d'arbres et arbustes dans son jardin. Tous artistes à leur manière.

Au total, jamais la modeste nébuleuse industrielle thiernoise n'a produit autant d'articles de table. Et cependant, la coutellerie ne représente plus aujourd'hui que le tiers de ses activités. Les deux autres tiers, dérivés naturellement du premier, sont la mécanique générale et les matières plastiques. Il n'est guère de fabrication qui ne lui doive quelque accessoire : boulons de voiture, manilles pour la navigation de plaisance, scies à chaîne pour tronçonneuses, rouages d'horlogerie, robinets pétroliers. Les matières plastiques, employées autrefois dans le moulage des manches bon marché, se sont tournées vers toutes sortes de confections nouvelles : boîtes et emballages, encadrements de téléviseurs, bouchons et capsules, sandales et bottes, classeurs et attaché-cases. Il y en a pour la tête, il y en a pour la bouche, il y en a pour les pieds.

La ville elle-même a fait peau neuve. Depuis l'émigration des usines vers la périphérie, la vallée de la Durolle autrefois si active, si tapageuse, si étincelante, n'est plus habitée que par des bâtiments vides, temples déserts, fenêtres aux vitres crevées : on se croirait en Égypte dans la Vallée des Rois. Des caravanes de touristes silencieux contemplent et prennent des photos. Seule la rivière continue son grondement et ses bouillons inutiles. Une entreprise survivante, les forges Mondière, noire et crasseuse à souhait, s'y maintient contre vents et marées, pour le plus grand bonheur de la télévision.

Des H.L.M. poussées au milieu des jardins hébergent une partie de la population ouvrière française. Les taudis historiques, un moment abandonnés, se sont remplis peu à peu d'Arabes et de Portugais dont les cultures différentes se côtoient, mais ne se tolèrent qu'à force de sacrifices réciproques, comme l'atteste cet avis cloué sur la porte de M. et Mme Teofilo Riberão :

Prière aux voisins s'ilouplait
de ne pas faire pépi
juste devant notre porte.

Les anciens Vietnamiens, renonçant à retourner dans leur lointain pays, se sont en revanche parfaitement assimilés, par mariage et par éducation. Gagnés aux délices thiernoises, ils aiment à présent autant que les autres les tripes du dimanche matin, le *rapoutet* aux choux, la brioche aux *grattons* et surtout la chopine. Consultez là-dessus les patrons qui les emploient. Ils reconnaîtront :

« Oui, oui. Ils sont devenus aussi *gourles* [1] que les vrais Bitords. »

Ce qui prouve que le vrai Bitord, lui, n'a pas changé fondamentalement, depuis l'époque où il prit l'habitude, pour adoucir sa dure existence d'émouleur, de cultiver trois rangs de vigne à proximité de son *rouet*.

Benoît Gimel, le fossoyeur des Limandons, fait partie de ces immuables. Depuis soixante ans, il règne sur les défunts qui sont sa véritable famille et sa raison de vivre. Avec les débris de leurs caveaux, il continue d'édifier des maisons en forme de parallélépipèdes rigoureux, dont plusieurs sont encore dépourvues de toiture. Ce qui ne les empêche pas de recevoir des locataires : ceux du dessus sont à l'abri sous le plancher supérieur. Ils se plaignent cependant. Quand il a essuyé leurs récriminations, le cœur plein d'amertume, Gimel se réfugie près de ses morts bien-aimés, eux le comprennent et l'apprécient. Il aime sculpter pour leur plaisir de belles croix couronnées, des roses de lave grise, des chrysanthèmes de granit. Il a la passion de la pierre autant que celle des fastes funéraires. Mais un si grand nombre d'entreprises lui chargent les bras qu'il craint de ne pouvoir les mener toutes à bien.

A force de bâtir, il a du moins achevé un tronçon de rue dont l'emplacement et dont chaque maison lui appartiennent. Ce n'est encore qu'une impasse, ouverte à une seule extrémité ; mais il l'a déjà baptisée lui-même, sans cérémonie, en scellant une plaque de marbre gravée par ses soins :

1. Ivrognes.

Rue Benoît-GIMEL
Voie privée.

On vient de loin, de Clermont, de Lyon et même d'*Europe 1* voir l'homme qui, en une vie de patience et d'efforts, a bâti sa propre rue, lui donnant son propre nom. Le facteur Cheval. Le fossoyeur Gimel. On farfouille dans sa biographie : il en confie les épisodes les plus émouvants. Le jour où son jeune frère se trouva piégé au sommet d'un échafaudage en déséquilibre : au moindre geste, tout allait s'écrouler.

« Allez me chercher Benoît ! » cria-t-il.

Il accourut, se plaça au-dessous les bras ouverts, et reçut sur la poitrine les soixante kilos de son cadet. Étourdis l'un et l'autre, mais vivants.

Il raconte la libération de Thiers, comment il captura seul vingt-deux grenadiers blindés S.S., il va chercher le drapeau au fond d'un placard, le déploie : le bleu, le blanc et le rouge ont viré au gris, la hampe est charançonnée.

« Baste, fait-il. Nous aussi, un jour, les charançons nous mangeront, quand nous irons chez Gimel. »

Naturellement, il s'est depuis bien longtemps construit un caveau sur mesure, et tient tout prêt le rectangle en labrador noir que son fils scellera au dossier, après y avoir ajouté la date qui manque :

Ici repose Benoît GIMEL.
2 novembre 1893 — ...
Bien regretté.

Car ce parfait serviteur de la Mort est né le jour qui Lui convient le mieux : un 2 novembre.

Le crâne chauve, les tempes creuses, la peau du visage et des mains parcheminée, il ressemble moins à un vivant qu'à une momie errante lorsqu'il se promène dans les allées de son royaume. Fréquemment, il se penche sur les tombes, relève un vase renversé, corrige un berceau qui penche, caresse du bout des doigts les noms de ses amis horizontaux. Parfois, l'échine un peu nouée, il se redresse, se tourne vers la ville qui le domine de ses étages infinis, ouvre les bras comme s'il voulait la recevoir tout entière sur la poitrine.

Il vient d'entrer dans sa quatre-vingt-huitième année, la soixante et unième de son règne. Mais il garde le pas ferme de ses débuts. Il est éternel. Il nous enterrera tous.

LES BONS DIEUX

CHRONOLOGIE

992 Fondation de la Communauté des BONS DIEUX.
1080-1112 Autorité de maître Blaize.
1220-1246 Autorité de maître Guillot.
1302-1324 Autorité de maître Thomé.
1318 Fondation de la Maladerie.
1312 Charte de Volloùre.
1410-1435 Autorité de maître Adrien.
1437 Duel à la pierre entre Gabriel et Vincent l'Écorcheur.
1550-1570 Autorité de maître Geoffroy.
1568 Les huguenots à Thiers.
1670-1682 Autorité de maître Jantou.
1673 *L'Imitation de Jésus-Christ* chez les Bonnet.
1705-1729 Autorité de maître Léon.
1709 Le Grand Hiver.
1741 La peste des Riz.
1788-1795 Autorité de maître Guillaume.
1793 La pauvre chouannerie volloroise.
1810-1854 Autorité de maître François.
1821 Départ de Francillon.
1895-1915 Autorité de maître Félicien.
1904 Visite de Bonaventure Bonnet-Lavest.
1946 Extinction de la Communauté des BONS DIEUX.

Je me voyais dans le séjour du bonheur et de la vertu. Il me semblait être sous un autre ciel et avec une autre espèce d'hommes.

Legrand d'AUSSY

(*Voyage en Auvergne,* 1788.)

1

Assis devant sa porte sur la pierre grise qui leur servait de banc, Joanis regarda un court instant le soleil, baissa les paupières et remercia le Seigneur. De lui avoir permis d'atteindre un si grand âge : d'après ses calculs, il devait approcher de la septantaine ; en bon état : ses quatre membres valides, le soufflet bien fonctionnant, les boyaux dégourdis, la tête claire. De lui avoir donné quatorze enfants et assez de blé, de fèves, de raves, de choux pour les garder de la faim ; douze vivaient encore, deux seulement étaient retournés dans la maison de Dieu, tandis que ses voisins parvenaient rarement à en sauver un ou deux à la douzaine. De lui avoir fait cadeau par-dessus le compte de vingt-quatre petits-enfants dont treize subsistaient ; ses brus et ses filles avaient eu moins d'adresse que sa femme à leur conservation. Cependant son fils aîné, Peyre, quoique le plus vaillant à l'ouvrage de la famille et de la paroisse, le meilleur laboureur et semeur de blé, d'orge, d'avoine et de toutes choses, n'avait encore engendré rien qui vaille malgré dix années de mariage et de semence ; il avait épousé une femme stérile, une *mule* comme on disait par ici, et s'en rongeait les poings chaque jour. Mais qu'y faire ? Le Seigneur qui l'avait comblé de tant de dons, la vaillance, l'habileté, la douceur envers les plantes, les animaux et les personnes, lui avait refusé celui-là, que Son saint Nom fût béni.

De ces treize neveux (mais combien d'autres s'y ajouteraient ?), Mariette était son enfant préférée. Née le jour de la Saint-Joseph, l'année où la lune se mit devant le soleil et le dissimula tout entier. Beaucoup d'hommes et de femmes, terrorisés, galopaient dans les champs comme des perdus, criant la lune a mangé le soleil, le soleil s'éteint, Bonne Vierge, saint Georges, saint Maurize, saint Peyre, saint Joanis, protégez-nous ! Chacun en redoutait des choses affreuses, de voir les étoiles tomber en pluie, la terre se couvrir de glaces, les sources pisser le sang. Mais rien de mauvais ne se produisit ; au bout de peu, la lune découvrit le soleil, sa lumière revint, ils avaient simplement fait ensemble une partie de cachettes. Alors, un coq se prit à chanter, puis un second, puis un troisième, puis tous, comme ils font coutumièrement à chaque aurore, les poulaillers n'y comprenaient plus rien. Et l'on se mit à rire aussi fort qu'on avait eu peur, les chiens à aboyer, les chèvres, les ânes, les vaches à trépigner dans leurs étables. Voilà de quelle manière chacun salua le retour de son astre quotidien. Joanis remercia le Seigneur de leur avoir rendu le soleil. Cela s'était passé — il compta sur ses doigts — quatre ou cinq années en arrière. En sorte que la petite Mariette avait quatre ans, cinq ans au plus.

Elle vint à lui et dit, comme une grande personne :

« Bonjour, tout le jour. »

Il la prit sur ses genoux et la baisa dans les cheveux. Un moment, blottie dans la niche que formaient ses cuisses et son estomac (l'*estomac* en Auvergne commence à la racine du cou et finit à la racine des jambes), enveloppée de ses longs bras, elle ferma les yeux, ronronna comme une chatte. Cette treizième-là lui donnait autant de bonheur que les douze autres réunis ; mais six seulement vivaient sur la tenure ; les sept restants demeuraient au château de Voulobre avec leurs parents domestiques et descendaient rarement lui faire visite ; c'est à peine s'il les apercevait le dimanche dans l'église. Mariette, au contraire, dormait sous le même chaume que lui, avec cinq frères, sœurs, cousins ou cousines. Ceux-ci ne songeaient qu'à commettre des polissonneries à longueur de jour malgré les taloches qui ne leur manquaient point. Tous pareils à la chèvre : si elle ne fait pas de mal, elle y pense. A se rouler dans la boue, à se mordre, à capturer les hannetons pour leur fourrer une paille au cul, à torturer les mouches, les fourmis, les lézards, les crapauds. Spécialement ces énormes qu'on appelle des *tunles* : ils les remplissaient de braises jusqu'à ce qu'ils éclatent. En un sens, ce n'était que justice, car le *tunle* empoisonne tout ce qu'il regarde, tout ce qu'il touche, tout ce qu'il effleure de son haleine ; c'est pourquoi les sorcières l'emploient dans leurs tisanes ; elles lui arrachent aussi une dent très dure qu'il possède au milieu de la tête, que les dames font enchâsser et qui les protège de la lèpre. Étrange bête capable, comme le fils de l'homme, de faire le mal autant que le bien. Ah ! si l'on pouvait au doigt de chacun mettre une crapaudine ! Le préserver de la lèpre du corps et de la lèpre de l'esprit ! Mariette, elle, était sans tache, pure comme le givre ; elle goûtait le nid chaud que lui offraient les bras, les genoux et la barbe de Joanis.

Comme il avait pris ses menottes à elle, tendres et roses, dans ses grosses pattes à lui, et dures, et épaisses, elle se dégagea bientôt, disant : « Montre-moi tes mains. » Il les ouvrit de son mieux, les étala comme elles ne l'avaient été depuis longtemps, ce n'étaient pas des mains habituées à se tenir sur le dos, oisives, le ventre en l'air. Elle suivit d'un doigt les monticules intérieurs, descendit les vallées, regravit les éminences. Un terrain rocheux, fendillé, semé d'embûches.

« Pourquoi ? dit-elle.

— A cause de toute la besogne que j'ai faite. Des pierres que j'ai remuées. Des arbres que j'ai abattus. De la terre que j'ai fouie. »

Il dit dans son langage *foudjado*, un terme qu'on réserve d'ordinaire aux animaux. En vérité, il a le sentiment d'avoir toute son existence ouvert la terre devant lui du groin et des pattes comme la taupe, le mulot, le cochon, le sanglier ; de l'avoir grattée comme les poules ; de s'en être nourri comme le lombric et le bousier ; d'en avoir construit son gîte comme l'hirondelle. Les murs de sa maison sont composés de bois, de pierres et de terre ; la toiture, de terre et de paille ; le sol, de terre battue. Il boit et mange dans des récipients de terre cuite. La terre entre dans sa nature comme l'a voulu le Créateur en prenant une motte de glaise, en la pétrissant et soufflant dessus. Et terre vivante il redeviendra terre morte un jour, quand il s'en ira dormir au cimetière de Voulobre, sous la gouttière de l'église qui déverse sur les défunts comme une bénédiction les eaux pluviales, en attendant la Résurrection.

« Celle-là, dit Mariette, c'est ta main gauche.

— Eh ! non ! C'est la droite !

— Toujours je me trompe ! Comment faut faire pour pas se tromper ?

— Rien n'est plus simple. La main droite est celle qui fait le signe de croix. »

Et il le trace devant elle, sans se presser : *In nomine Patris...*

« A toi maintenant. »

Elle répète ces syllabes étranges qui forment ensemble le nom du signe de croix, comme elle a coutume de répéter le nom des choses plus ordinaires qu'on lui enseigne : l'ortie, la rhubarbe, le pas-d'âne. Cela ne simplifie pas ses gestes, qui se croisent et se brouillent. Joanis la reprend, retient la petite main gauche dans les siennes, tandis que la petite main droite va du front à l'estomac, puis aux épaules... *Amen*. Joanis prononce cet *amen* avec un grand souffle, *Hâmen*. Presque comme le *han* qu'on pousse quand on se décharge d'un fardeau. Elle l'imite docilement :

« *Hâmen !* »

Elle en rajoute plutôt. Or, voici : dès que le grand-père l'a lâchée,

Mariette se signe aussi précipitamment de la main gauche, de façon très désordonnée, pour faire bonne mesure.

« Non, non et non ! proteste Joanis. Ça, c'est le signe de croix du diable ! Tu n'as pas le droit !

— Pourquoi ?

— Parce que. Allons, signe-toi de l'autre main, pour effacer le mauvais signe. »

Elle se signe, elle efface. Voilà des cérémonies bien compliquées, elle ne s'y retrouve point.

« Tu sais, ajoute-t-elle, je peux faire la même chose avec mon pied.

— Avec ton pied ?... Je voudrais bien voir ça !

— Regarde ! »

Elle descend des genoux, s'assoit par terre, dans la fiente des poules, empoigne un de ses pieds nus.

« Prends le droit, au moins ! L'autre ! » recommande Joanis.

Elle l'élève jusqu'à son front, *In nomine Patris*, redescend, *et Filii*, le tire vers une épaule, *et Spiritus Sancti*, vers la seconde, *Hâmen*. Le vieil homme applaudit de ses paumes épaisses qui ne produisent qu'un *plo-plo-plo* étouffé.

« Je suis sûre, le défie Mariette, que t'es pas capable d'en faire autant.

— Moi ?... Tu me connais mal.

— T'es capable ?

— Comme de manger ma soupe.

— Je t'ai jamais vu sucer tes orteils. Moi, je les suce très souvent.

— Ben je pourrais, si nécessaire.

— Pas vrai. Les vieux ne sucent jamais leurs orteils. Ils ne savent plus.

— Moi, je sais peut-être encore. »

Sans quitter le banc de pierre, il dégage son pied droit du sabot, le hisse à hauteur de son visage, tout cru, noir et boueux comme il est. Mariette n'en croit pas ses yeux, elle a un grand-père-boudin, il courbe le front jusqu'à ce qu'il joigne le gros orteil et gémit : *In nomine Patris*... Il porte de même ce pied pouacre sur son ventre, sur l'épaule gauche, à la gloire du Tout-Puissant, Créateur du ciel, de la terre, des pâquerettes et des cochons ; ses jointures craquent comme celles des arbres de la forêt quand le vent passe. A ce moment, au lieu du *Hâmen* attendu, il lâche un pet qui résonne dans ses braies de laine. Mariette éclate de rire et de triomphe :

« Tu as *bechiné* ! On ne doit pas *bechiner* en faisant le signe de croix ! »

Honteux, il renonce à cette entreprise impie qu'il devra confesser au curé de Voulobre. De nouveau, il capture l'enfant, l'attire à lui, ils se reposent de leurs fatigues. Autour d'eux, une mère cane promène ses canetons, un coq secoue ses plumes, le furet tourne en rond dans sa cage, la truie grogne dans la soue ; au loin, des chiens aboient, d'autres enfants crient, le peù de Synioure dresse vers le ciel ses deux cornes naissantes, pareilles à celles d'un taurillon. Joanis et Mariette sont bien, l'un sur l'autre ; ils aimeraient rester ainsi jusqu'à la fin du monde.

« Est-ce que toi, demande la fillette, tu as eu un grand-père aussi ?

— Bien sûr. Et même deux. Mais je les ai connus peu de temps.

— Pourquoi ?

— Parce que Dieu les a rappelés à lui quand j'étais encore drôlet.

— Rappelés à lui ?

— Ils sont morts, si tu préfères. Quand on meurt, on retourne à Dieu qui est notre père à tous. On rentre dans sa maison.

— Alors on est content ?

— Certes. Seulement... ceux qui restent... en général ne le sont pas trop.

— Pourquoi ?

— Parce qu'on est séparés : le mort va au ciel, les vivants restent sur la terre.

— Qui est-ce qui meurt ?

— Tout le monde. Une fois ou l'autre.

— Toi aussi tu mourras ?

— Sûrement. Un jour. Demain. Ou dans dix ans.

— Tu iras au ciel ?

— Si Dieu veut. Ou bien au purgatoire.

— Et moi, je mourrai aussi ?

— Obligé. C'est le règlement. Mais dans beaucoup, beaucoup d'années.

— Tu sais ce que je veux ?

— Dis.

— Qu'on meure ensemble, toi et moi. On montera au Ciel tous les deux, sans se quitter.

— C'est une très bonne idée, si Dieu veut. »

Elle applaudit. Il rêve un moment de cette éternité paradisiaque qu'il passerait avec sa petite Mariette sur les genoux, j'en aurais un tel bonheur que, Seigneur pardonnez-moi, je pourrais quasiment me passer de voir Votre sainte Figure.

Mais voici que tout à coup elle glisse à terre.

« Qu'est-ce qu'il y a ?

— Faut que j'aille dehors, s'excuse-t-elle.

— Dehors ? Tu y es dehors ! »

Aller dehors a chez eux une certaine signification. Comme il ne semble pas s'en souvenir, elle précise :

« J'ai mal au ventre. J'ai la *fouire*.

— Montre-moi ta langue. »

Elle la tire, toute noire.

« Je m'en doutais : tu as mangé trop de mûres ! Gare au renard, si tu lui manges toutes ses mûres ! »

En attendant, elle doit s'éloigner, va s'accroupir derrière la haie, l'endroit préféré de la famille pour *aller dehors*. Elle songe au renard et à toutes ces mûres qu'elle lui a prises. Mais pourquoi les mûres appartiennent-elles au renard plutôt qu'à elle ? Elle se rattrapera dans le ciel où les animaux ne montent point.

C'était l'après-midi du sixième jour. Hommes et femmes avaient pour règle aux Bonnets de se préparer dès le samedi de la célébration du dimanche en n'accomplissant aucune besogne qui eût besoin d'un outil, pioche, fourche, aiguille, balai, quenouille. Seuls demeuraient autorisés les travaux à mains nues, soin des animaux ou préparation des aliments. Hors ces nécessités, les gens passaient le reste du jour à épouiller leur conscience, en vue de la confession qui précéderait la messe le lendemain. Pratiquement, tout le monde à Voulobre communiait. Les clercs pétrissaient sans relâche et faisaient cuire au four le pain sans levain, dans leurs moules compartimentés, pareils à des rayons d'abeilles. Une fois achevé leur examen du samedi, les villains avaient le droit de se promener parmi leurs cultures, de conduire les porcs à la glandée, les vaches et les chèvres au pâtural. Ils se rencontraient dans ces occupations et devisaient honnêtement du temps à venir, des récoltes, de leurs maladies. Les conversations frivoles étaient déconseillées par les prêtres et nul, sauf les enfants, ne se hasardait à rire ni à faire rire pendant ces heures saintes.

Siméon, second fils de Joanis, dévalait à grands pas le chemin qui menait de Voulobre à Escotal. A son petit chapeau rond retenu sous le menton par une écharpe, à sa tunique plus longue que le bliaud des villains, à ses chaussures de cuir, les paysans le reconnaissaient pour un serviteur de Dieu et pliaient le genou, à quoi il répondait par une rapide bénédiction. Les blés avaient été moissonnés, mais, de chaque côté de la route, les champs de fèves et de raves florissaient. Ces raves au ventre rose et blanc qu'on mettait cuire sur la braise, où elles répandaient une délicieuse odeur de sucre brûlé. S'il surprenait quelqu'un la pioche à la main, Siméon l'interpellait vertement :

« Toi, là ! Sais-tu quel jour nous sommes ? »

Et l'autre humblement de s'excuser : « Je n'y ai pas pris garde, sire prêtre.

— Pose donc ton outil, cesse de nettoyer ton champ et songe à nettoyer ta conscience. Ne manque pas de venir t'en confesser demain matin. »

Les curés y trouveraient leur compte : la pénitence s'accompagnerait d'un chapon à leur livrer ou de trois douzaines d'œufs frais. Le travail du dimanche pouvait coûter un cochon. Mais en d'autres régions c'était le bûcher pour celui qui s'était laissé surprendre deux fois à travailler le jour du Seigneur.

Les grands pieds de Siméon descendirent le chemin raviné par les orages. Traversèrent à gué, sautant de pierre en pierre, le rif du Boisson.

Au-dessus de sa tête, un coucou l'interpella, avec la grossièreté caractéristique de son espèce :

Coucù ! Coucù !
Tchou cosù !
Tchou cosù !

Il prit un caillou, le jeta dans la direction de cet oiseau mécréant qui osait traiter de *cul-cousu* un prêtre tonsuré ! C'est-à-dire — lui qui abandonne à des étrangers le soin d'élever ses petits — de racle-denier, de pleure-misère. Toujours la même histoire : celle de la poêle qui trouve noir le chaudron. Trop d'oiseaux d'ailleurs voletaient sur la campagne, mettant les récoltes au pillage ; les villains les capturaient aux trébuchets et aux gluaux ; mais l'espèce s'en multipliait si fort qu'il fallait garnir les fenêtres de grillages d'osier pour les empêcher d'entrer et te voler le pain de la bouche. Les petits enfants dépourvus d'occupation étaient envoyés vers les emblavures servir d'épouvantails.

Au fond de la descente, nouveau ruisseau, le rif des Roches dont les débordements avaient produit une zone marécageuse pleine de joncs et de plantes aux fleurs blanches larges comme des chapeaux. Siméon quitta la route et prit un sentier de chèvres qui, zigzaguant parmi les broussailles, l'amena jusqu'au village des Bonnets. Ainsi nommé parce que, de tradition, les hommes s'y coiffaient de bonnets de laine par-dessous le capuchon ordinaire. Des gens frileux du sommet. A l'église, on les identifiait par ce bonnet pointu qu'ils posaient sur leurs genoux. Il leur servait aussi de poche, ils y plaçaient selon les circonstances des œufs, des pommes, des champignons. Certains voulaient être enterrés la tête dans leur bonnet.

Le village grouillait d'enfants, de volailles, de cochons, au milieu desquels Siméon s'ouvrit un passage. Les oies battirent des ailes devant lui sans réussir à s'envoler. Il traversa le coudert herbu, longea la mare aux canards, atteignit la maison où il était né, trouva devant la porte son père et sa petite-nièce Mariette. A sa vue, Joanis se leva précipitamment, tira son bonnet et baisa la main de son fils tonsuré.

« Fais comme moi, ordonna-t-il à l'enfant. Salue le père Siméon, serviteur de Dieu. »

Celui-ci présenta le dos de sa main sur lequel elle appliqua les lèvres. Puis, tandis que les deux grandes personnes entamaient une conversation au-dessus de sa comprenette, elle resta immobile, observant sans amitié cet hommasse noir à qui chaque habitant du village manifestait tant de considération. Elle le savait de sa parenté car il entrait dans la maison, ouvrait et fermait les portes, s'asseyait, se versait à boire en puisant dans le seau avec la louche de bois, tout cela sans demander à personne si le nez lui branlait. Chacun l'appelait « mon père », y compris Joanis et sa femme Georgie, mais comment pouvait-il être le père de ces deux vieux à tête blanche ?

Personne ne lui avait dit encore que Georgie, alors qu'elle portait cet enfant dans son sein, avait vu le Seigneur en rêve. Descendre de sa croix et s'avancer vers elle, les bras tendus vers le ventre où dormait le futur Siméon. Or voici qu'en même temps celui-ci remue dans sa bougette et tire la mère de son sommeil. Encore tout émue de cette vision, elle la raconte à son mari, qui en conclut :

« Le Seigneur nous demande cet enfant pour son service. Ce sera un immense honneur dans notre famille. »

Tout se passa ainsi. Deux jours après être venu au monde, le nouveau-né fut emporté vers l'église de Voulobre par ses trois marraines et ses trois parrains. Là-haut, ils eurent conciliabule avec les prêtres à qui ils firent part du rêve de Georgie ; ensemble ils choisirent de baptiser l'enfant *Siméon*, ce qui signifie *Dieu nous a exaucés*. Il entendit son nom pour la première fois quand il fut immergé dans la cuvette de granit. Puis ils revinrent tous vers les Bonnets où la mère à peine relevée les accueillit joyeusement :

« Comment s'appelle mon fils ?

— *Siméon*, ce qui signifie *Dieu nous a exaucés*. »

On lui pendit au cou une petite croix d'argent retenue par un ruban rouge. Dès lors, il fut exempté des travaux salissants ou pénibles, les pourceaux se gardèrent, les épis se glanèrent, les raisins se cueillirent sans son aide. En revanche, les six prêtres de Voulobre le prirent en charge, lui enseignèrent la lecture, l'écriture et le latin. Plus tard, Siméon se joignit à eux et fut le septième de leur communauté. A Voulobre, Dieu était largement servi.

Georgie sortit de la maison, salua son fils comme une étrangère, du baisemain et de la génuflexion. Il la releva avec bonté. Elle lui apporta de l'eau miellée dans un gobelet, il but en haussant très fort le menton. Quand il se fut essuyé la bouche, quand il eut rendu le gobelet vide :

« Mon père, dit Joanis à son fils, je suis en grand souci.

— A quel sujet, mon fils ? dit Siméon à son père.

— A cause de votre frère aîné. Jusqu'ici, Dieu ne lui a point donné d'enfant. Si bien qu'à mon décès la tenure doit lui échapper et être mangée par la main-morte. »

Joanis et sa femme s'entretenaient souvent de cette monstrueuse Main-Morte qui dévorait les héritages. Georgie regardait ses deux mains à elle, bien vivantes, et se demandait à quoi pouvait ressembler cette horrible créature dont disposait le seigneur de Voulobre, comme il disposait de chiens et de faucons.

« Cette Main-Morte, au juste, qu'est-ce que ça serait ? » demanda-t-elle.

Le prêtre essaya d'expliquer qu'il s'agissait d'un droit très ancien qu'avait le seigneur de reprendre les terres de ses villains lorsqu'ils mouraient sans descendance. Ce qui serait peut-être le cas de son frère Peyre.

Et elle : « Comment cela se peut-il, Sainte Vierge, alors que nos terres étaient déjà cultivées par les grands-pères de vos grands-pères ?

— C'est ainsi. La Main-Morte. »

Et Joanis : « N'y a-t-il pas moyen de se protéger de cette diablesse ?

— Prenez garde aux mots que vous dites ! » recommanda Georgie.

Le fils à la soutane fit mine de n'avoir pas entendu celui-là : « Il y en a plusieurs.

— Vraiment ? »

Siméon les compta sur ses doigts :

« Que Peyre ait des enfants... (*Ils levèrent les bras au ciel.*) Qu'il meure avant vous et que le bien aille à un autre... (*Ils les relevèrent.*) Que vous lui ôtiez le soin de la tenure pour la confier à un plus jeune... (*Même jeu.*) »

Il se tut, les vieux attendirent la quatrième solution ; les mouches elles-mêmes retenaient leur vol. Enfin, Siméon rouvrit la bouche, il en sortit un flot de paroles :

« Nous devons tous mourir un jour. Mais notre paroisse, elle, ne mourra jamais parce que ses membres se renouvellent de génération en génération. En sorte que ce qui appartient aux pères — l'église, le coudert, les bois, les prés communaux — appartiendra aux fils. Tous acceptent cette situation héritée des ancêtres qui l'ont voulue. Bon. Imaginez à présent que les habitants des Bonnets — apparentés par le sang, ou seulement par le voisinage et la coiffure — disent : "Formons ensemble une fraternité." Qu'ils se mettent d'accord pour exploiter en commun le sol que chaque famille travaillait précédemment de façon individuelle. Qu'ils déclarent :

“Ces terres reçues par nos grands-pères des seigneurs de Voulobre afin qu'ils les cultivent et qui sont devenues, à force d'usage et de redevances, notre propriété transmissible, ces terres nous les renonçons pour nous-mêmes et les remettons à la fraternité.” De cette façon vivent les abeilles qui butinent toutes les fleurs et produisent le même miel. Les fourmis dans leur fourmilière. Les taupes dans leur taupinière. Imaginez que ses membres proclament : “Nous renonçons notre âne, nos bœufs, nos vaches, nos chèvres, notre cochon, notre cheptel gros et menu. Nous renonçons les fruits de notre travail pour qu'ils profitent à tous. En compensation, la fraternité assurera notre subsistance et tous nos besoins. Elle fournira l'éducation de nos enfants, les soins de nos malades, l'entretien de nos vieillards, le service de nos trépassés. Nous renonçons toute monnaie d'or, d'argent, de cuivre que nous possédons et la versons au trésor commun. Nul ne pourra désormais acquérir parcelle, ni tête de bétail, ni métal monnayable, ni céder ce qu'il possède aux fins d'enrichissement. Ainsi nous passerons vertueusement le cours de notre vie terrestre et gagnerons la vie éternelle.” Voilà le quatrième remède que je vous propose », conclut Siméon en refermant la main.

Les deux vieux restèrent muets d'étonnement. Vivre comme les abeilles ? les fourmis ? les taupes ? Qui accepterait aux Bonnets de renoncer son âne, ses bœufs, ses quatre sous ?

« Répétez-moi, dit Joanis, le nom de cette entente.

— Je l'appelle une fraternité. Cela veut dire que chacun se sent le frère des autres. Même quand il en est seulement le cousin, le neveu ou le voisin.

— Voilà quelque chose de diablement nouveau !

— Prenez garde aux mots que vous dites ! recommanda Georgie pour la seconde fois.

— Non, répondit leur fils. Voilà quelque chose de très ancien. D'aussi vieux que les hommes. Adam et Ève et leurs descendants ne vécurent pas d'autre façon quand la terre leur fut donnée. Il n'existait alors ni seigneurs ni villains, ni redevances, ni héritages, ni main-morte. D'autre part songez aux communautés religieuses : les couvents de Tihart, de Voulobre, de Corpeyre ne meurent jamais quoique les moines soient mortels ; et si ceux-ci s'appellent entre eux frère Joanis, frère Genès, frère Martin, n'est-ce pas pour souligner qu'ils vivent en fraternité ?

— Ainsi, vous voulez faire des Bonnets un couvent ?

— D'une certaine manière. Excepté qu'on y trouvera des femmes et des enfants. Qu'on y chantera beaucoup moins, qu'on y travaillera beaucoup plus. Mais Dieu sera présent dans vos demeures aussi bien que dans nos cellules.

— N'y faudrait-il pas une sorte de prieur pour donner des ordres ?

— Sans doute.

— Le plus vieux ?

— Le plus sage.

— Comment saurons-nous qui est le plus sage ?

— Chacun en jugera lui-même. Je vous conseille de l'élire comme nous faisons. Au moyen de pierres colorées : grises, noires, blanches, jaunes, tachetées, que nous gardons précieusement dans une bourse de cuir, d'une fois à l'autre... »

Derrière Voulobre, la montagne cornue est riche en pierres colorées, une carrière lui perce le flanc où les villains peuvent puiser leur nécessaire quand ils construisent une maison. Mais le maître de Voulobre se réserve les transparentes, les bleues, les vertes et les violettes, auxquelles il donne des noms imprononçables. Voilà pourquoi sans doute les anciens baptisèrent ce sommet le *peù de Synioure*, c'est-à-dire la montagne du Seigneur. En dépit de l'interdiction, il n'est guère de famille paysanne qui ne possède une ou deux pierres précieuses, dans une cache, elles ont des pouvoirs merveilleux, protègent de l'incendie, de la fièvre, de la folie, de la rogne, du bégaiement.

« Expliquez-moi donc, dit le vieux, de quelle manière vous procédez.

— Voici. Au préalable, dans notre chapitre, nous désignons quatre ou cinq candidats qui nous paraissent aptes aux fonctions de prieur. Ensuite vient le vote. Chaque frère reçoit autant de pierres qu'il y a de candidats : les grises valent pour frère Guillaume, les noires pour frère Loÿs, les blanches pour frère Gilbert et ainsi de suite. Il dépose la pierre de son goût dans un premier sac et celles qu'il n'utilise point dans un autre : la bourse de cuir où nous les conservons. Ainsi se trouve préservé le secret de son choix. Il ne reste plus qu'à compter les pierres du premier sac : la couleur qui l'emporte détermine le nom du nouveau prieur. Après quoi, nous allons tous ensemble remercier Dieu. »

Dieu seul pouvait en effet inspirer ses serviteurs. Joanis admira la beauté de cette élection par les pierres colorées, bien serrées dans les deux poings, le gauche dissimulant la pierre votante, le droit les pierres de rebut. Cela rappelait le jeu des enfants qui enferment un caillou dans leur main et se disent entre eux, devine où il est. De cette amusette sortirait donc un jour le prieur de leur fraternité.

« Je crains, objecta-t-il toutefois, qu'il n'y ait quelque empêchement.

— Quel empêchement ?

— Le seigneur de Voulobre est favorable à la main-morte. Obligé.

— Je me charge de le convaincre.

— Faudra que nous réfléchissions à ces choses.

— Oui, réfléchissez-y. »

Mariette s'était écartée d'eux, assourdie par tant de discours. Elle s'approcha seulement quand elle entendit l'hommasse noir prononcer :

« A présent, je dois partir. »

Il tenait ses larges mains posées à plat sur son ventre.

« Toi aussi, fit-elle, tu as mangé des mûres ?

— Des mûres ?

— Les mûres du renard. Toi aussi tu as la *fouire* ? »

Grand-mère Georgie, épouvantée d'une telle supposition, se cacha la tête sous son tablier.

Jambert prenait un bain, et c'est tout nu dans un baquet, au milieu de sa grande salle, qu'il reçut Siméon.

Depuis plusieurs siècles, les seigneurs de Voulobre étaient des *Berts*, c'est-à-dire des *Resplendissants*. Ils se nommaient Arbert, Rotbert, Gilbert, Otbert. Ils épousaient des Blanche, des Alix, des Étiennette. Ils exigeaient qu'on les appelât *Votre Splendeur*. A l'écart du bourg dont les maisons se pressaient autour de l'église comme si elles s'étaient fiées à la protection de la croix plus qu'à celle de la lance, le château des Berts cependant ne resplendissait pas trop : une masse de ruines mal relevées, d'escaliers disjoints, un donjon de bois, le tout encerclé par une palissade de pieux pointus à laquelle, dérisoirement, des ronces vives ou sèches ajoutaient leur couronne d'épines ; des hommes gantés de cuir en favorisaient la croissance. La demeure seigneuriale avait mal résisté au temps, aux incendies, aux assauts. Tout était raccommodé chez ces Splendides : les murs, les meubles, la vaisselle, les pavements, les chausses. Seul le maître, Jambert, se montrait en bon état dans son cuveau, près de la cheminée où fumait un coquemar d'eau chaude. Son corps blanc, débordant de graisse, remplissait le baquet. Les ancêtres de Jambert avaient combattu les hordes franques, guerroyé contre leurs voisins de Méroliac, de Tihart, de Montguerlhe, capturé le bétail et les serfs, chassé le sanglier, le loup, le bœuf sauvage. Lui préférait les plaisirs de la paix à ceux de la guerre, les coups de broche aux coups d'épée ; bien manger, bien boire, bien dormir ; jouir de ses droits de garenne, de gîte, de banalité, de charriage, de dîmes et dîmeries, de manœuvres, tailles, complaintes, lods et ventes, usages, investisons, reconnaissances, vignes et mains-mortes ; et s'offrir de temps en temps, sur le conseil de son médecin, un bain tout odorant de serpolet. Il le faisait durer quatre heures. A mesure qu'il froidissait, un serviteur venait en soutirer le bouillon par la bonde et ajouter de l'eau chaude.

Siméon exposa longuement le dessein qu'avaient les Bonnet de se grouper en une fraternité afin de sortir de leur condition de mainmortables ; mais il y fallait l'accord du seigneur de Voulobre.

« Un moment ! » l'interrompit Sa Splendeur.

Une servante venait vider sur sa tête chauve le contenu d'une aiguière, et il s'ébroua sous ce flot d'eau parfumée, se frotta les yeux, le cou, le trou des oreilles, tandis que la serve lui grattait l'échine avec une étrille de bois, ce qui lui arrachait de petits cris, on ne sait si de plaisir ou de douleur. Le rite achevé, il retourna sa pensée vers les Bonnets.

« Quel profit, moi, Jambert — et il posa une main ouverte sur ses deux seins tombants — quel avantage puis-je tirer d'une pareille association ?

— Plusieurs, Votre Splendeur. Premièrement, ces hommes et ces femmes, sachant que la terre leur appartient définitivement, à eux et à leur descendance, lui prodigueront des soins accrus. Ils disposeront d'un plus grand nombre de bras. Vous pourrez leur demander de plus longues corvées. Ils ne manqueront pas, j'en suis certain, d'assécher les marécages, de mettre les friches en culture, d'accroître leurs troupeaux. Les fruits augmentés augmenteront vos dîmes et vos tailles. Secondement, ils accepteront, si je le leur demande, de racheter les droits de main-morte par une redevance dont le montant reste à convenir. Troisièmement, la fraternité des Bonnets jouira d'une aisance inconnue jusque-là, dont elle pourra faire profiter l'Église et les pauvres de la paroisse. Quatrièmement, plus heureux, plus prospères, ils couvriront leur seigneur de bénédictions, le soutiendront de leurs prières et de leurs secours dans ses besoins exceptionnels. Les hommes d'armes fidèles sont ceux qui combattent pour un maître vénéré, auquel ils sont prêts à donner leur sang. Que Votre Splendeur considère bien toutes ces choses. »

Jambert dans son baquet était en train de considérer ses ongles. Et, comme il les trouvait un peu plus longs que nécessaire, il les mordillait pour les raccourcir.

Siméon eut à plaider maintes fois la cause des Bonnet. A chacune de ses visites, le sire de Voulobre lui opposait une raison nouvelle :

« Et si leur exemple est suivi par mes autres tenanciers ?... Et si leurs descendants cherchent à s'affranchir de leurs obligations envers mes propres descendants ?... Aurai-je droit de regard sur leur manière de faire-valoir ?... Dans quelles conditions pourrai-je les déguerpir ?... »

De son côté, Joanis dut prêcher longuement ses frères, fils, filles, neveux et voisins. Enfin, les uns et les autres se montrèrent convaincus : la fraternité compterait vingt membres adultes, dont neuf têtes mâles, les femmes ne faisant point tête. Les neuf associés revêtirent leurs meilleurs bliauds, chaussèrent leurs souliers de cuir et se présentèrent ensemble devant Sa Splendeur en compagnie de Siméon qui les nomma l'un après l'autre :

« Joanis, environ soixante-dix ans, né aux Bonnets. Peyre, son fils aîné, environ quarante-huit, né aux Bonnets. Joanis le jeune, second fils de Joanis, environ quarante, né aux Bonnets. Morize, environ trente-cinq, gendre de Joanis, né à la Poudrilhe. Georges, troisième fils de Joanis, environ trente-deux, né aux Bonnets. Jacques, environ cinquante-huit, frère de Joanis, né aux Bonnets. Léonce, environ trente, fils de Jacques, né aux Bonnets. Paulus, environ trente-trois, gendre de Jacques, né à Douarier. Anthoyne, environ quarante, non apparenté aux précédents, né aux Bonnets. »

Jambert examina l'une après l'autre ces têtes que les ciseaux des femmes avaient tondues de frais, en sorte qu'un peu de peau blanche bordait les nuques de brique ; ces visages carrés ; ces épaules d'où pendaient de longs bras, des mains demi-fermées par la pratique des manches ; ces jambes un peu torses qui les rapprochaient de la terre ; et il jugea la fraternité des Bonnets viable et bonne à mieux faire valoir ses tenures.

« Je suis prêt, annonça-t-il, à vous accorder la jouissance de trente septerées nouvelles de ma réserve. Elles confinent à votre domaine. Moyennant les cens habituels, naturellement. Il s'agit de mes terres de la Vaure. Les acceptez-vous ? »

Les neuf têtes se rapprochèrent. Les villains connaissaient les septerées en question, tout embarrassées de broussailles à vipères, rudes et drues comme la toison du diable. Que de sueurs en perspective !

« Mon accord à votre entente est à ce prix ! » ajouta le seigneur de Voulobre.

On ne pouvait donc hésiter, ils opinèrent, oui bien, comptez sur nous, nous les défricherons, nous y sèmerons un jour des choux et des raves. Jambert s'en montra satisfait. Il affirma solennellement vouloir leur laisser possession et saisine de toutes les parcelles qu'ils travaillaient déjà, augmentées des surfaces nouvelles, à condition qu'ils promissent, jurassent sur les Évangiles d'être et de rester ses bons, loyaux et obéissants sujets. On procéda sur-le-champ à la cérémonie de l'hommage en présence de Siméon, prêtre de Dieu, et du chapelain ordinaire de la chapelle qui apporta le livre des saintes Écritures. Devant leur seigneur debout, tous s'agenouillent, les paumes jointes, le capuchon tiré en arrière. Le chapelain leur présente l'évangéliaire à couverture d'ivoire, chacun pose la main dessus, touche corporellement l'image du Christ en croix et répète la formule : *Je jure d'être et de rester...* Après quoi, Jambert se penche vers lui et le villain baise le seigneur sur la bouche en signe de fidélité.

Ayant reçu les neuf hommages, Sa Splendeur commande aux hommes de se relever :

« Désormais, quand vous aurez à traiter quelque chose avec moi, ne venez pas à neuf. Envoyez-moi un seul représentant qui parlera au nom de la fraternité tout entière. »

C'est ainsi qu'ils en vinrent à choisir leur prieur, qu'ils appelèrent plus ordinairement leur « maître » : *noùtre mouitre.* L'affaire s'accomplit un samedi soir dans la maison de Joanis l'Ancien, suivant les dispositions que Siméon avait conseillées. Deux bourses de cuir remplies de cailloux colorés attendaient sur la table. D'abord, chacun des neuf prit la parole à son tour, en commençant par Léonce, le plus jeune, afin de proposer un, deux ou trois noms. Et ce furent toujours les mêmes, comme s'ils s'étaient donné le mot : Joanis, Peyre, Anthoyne... Anthoyne, Peyre, Joanis... Joanis, Anthoyne, Peyre... Venu son tour de parler, Anthoyne dit : Joanis, Peyre. Et de même Joanis : Peyre, Anthoyne. Il ne restait plus qu'à régler lequel de ces trois-là serait le bon. Les pierres de couleur furent distribuées : les jaunes pour Joanis l'Ancien, les grises pour Peyre, les blanches pour Anthoyne. Puis chacun vota selon son sentiment, plongeant les deux poings à la fois dans les deux sacs pour préserver le secret de son choix.

A la fin, on compta les pierres : six jaunes, deux grises, une blanche.

Devant la porte, les femmes, les enfants, Siméon, des voisins venus d'autres hameaux, attendaient. Léonce proclama les résultats, disant :

« Nous venons d'élire notre maître. Et c'est mon oncle Joanis l'Ancien ! »

Celui-ci se tenait en arrière, effrayé d'un tel honneur. On le poussa, il parut, les poignets croisés sur le front en manière de salut.

Tous les présents applaudirent, trépignèrent, s'embrassèrent les uns les autres, riant, pleurant, criant que Dieu te protège ! Que Dieu te garde ! Que le bon Dieu te conserve longtemps ! Lorsqu'il eut supporté un moment ces éclats, il tomba sur la terre, agenouillé, les autres l'imitèrent et tous, entraînés par la puissante voix de Siméon, chantèrent dans cette langue qu'ils comprenaient mal, cette langue-devinette qu'ils appelaient le « parler de l'écriture », parce qu'elle était celle des scribes, des notaires, des prêtres, celle qu'on apprenait à l'école paroissiale quand on avait le rare privilège d'y être admis, qu'on gravait au fronton des églises, qu'on peignait et lisait sur les parchemins. Et chacun entendait comme il pouvait les saintes paroles, excepté les petits enfants qui faisaient *bou-bou-bou* :

Te Deum laudamus !
Te Dominum confitemur !
Te aeternum Patrem
omnis terra veneratur !...

Les chiens s'étaient tus, les poules demeuraient en suspens sur une patte, les serpents s'enfonçaient dans leurs trous. Le cantique sonore et beau montait de la terre vers le ciel, se répandait dans la campagne environnante, annonçant partout la bonne nouvelle : une fraternité vient de naître aux Bonnets, d'autres naîtront ailleurs et partout, le monde se couvrira de fraternités parce que tous les hommes sont frères, tous les hommes sont fils de Dieu, Noël ! Noël ! Noël !

Joanis avait accepté ce pouvoir sur les hommes et leurs travaux ; mais il refusa toute autorité sur les femmes et les enfants, le « maître », dit-il, doit avoir près de lui, mais indépendante de lui, une « maîtresse » élue dans les mêmes conditions, par les personnes de son sexe. Elle ne devrait donc avoir aucun lien de parenté directe, n'être ni sa femme, ni sa fille, ni sa mère, ni sa sœur. Le samedi suivant fut choisie la *mouitreço* en la personne de Genèse, trente-quatre ans, épouse d'Anthoyne, née au village du Peù, mère elle-même de cinq enfants.

« Ce sera, l'avertit Siméon, une très longue tâche que la vôtre. Il ne vous sera guère possible de sortir de la maison. Vous n'aurez pas le temps, comme vos sœurs, d'aller semer ni récolter au jardin, étendre le fumier sur les terres à labour, tourner et râteler le foin, glaner les épis après la moisson, vendanger le raisin ni cueillir tous les fruits. Vous ne pourrez vous consacrer à ces travaux qui donnent de l'air et de la chaleur. Non, tout cela, vous le laisserez aux autres. Votre besogne ne sera pas celle de sainte Marguerite qui travaillait la terre pour subsister ; mais celle de sainte Anne, de sainte Marthe, humbles ménagères, absorbées par la préparation des repas, l'entretien du linge, l'économie des nourritures. Vous filerez la laine et le chanvre. Vous aurez seule les clés de la cave et du grenier. A vous le soin des malades et l'accueil des étrangers de passage. Mais plus que tout, à vous l'éducation des enfants, garçons et filles. Vous leur enseignerez le nom de Jésus, le premier signe de croix, la première prière. Vous leur apprendrez à se supporter les uns les autres, à s'aimer vraiment comme des frères, même s'ils sont nés de parents étrangers, et non point à se battre comme des chiens, selon l'habitude de cet âge. Vous apprendrez aux fillettes les travaux d'aiguille et de quenouille qui leur seront nécessaires dans leur famille future. Vous formerez les garçons à être de bons ménagers, à ne mépriser, pour humble qu'il soit, aucun don de la nature, c'est-à-dire de Dieu. Vous leur recommanderez, lorsqu'ils s'écarteront du village, de n'y jamais revenir les mains vides : toujours ils trouveront à rapporter quelque flocon de laine retenu aux buissons, quelque poignée de foin perdue par les chars, quelque fétu de paille, quelque branche morte, quelques mousserons, quelques noisettes, quelque pomme tombée. Même pourrie, une pomme peut servir... »

Siméon continua longtemps de la sorte. Et sa parole était si belle qu'il vous endormait.

Les maisons des Bonnets, aussi disparates que possible, l'une regardant vers le soleil levant, l'autre vers le couchant, l'autre vers la lune, étaient assises sur une table de rocher qu'en Auvergne on appelle un *cheix*. Entre elles, la grande mare où barbotaient les canes et leur famille de safran, où s'abreuvaient les vaches et les ânes ; les canes restaient au bord, mais les vaches y entraient jusqu'aux jarrets pour jouir d'une eau plus claire. Cette mare ne s'était point formée toute seule ; des hommes l'avaient creusée en y prenant l'argile dont ils avaient pétri leurs murailles ; les sources et les pluies avaient fait le reste. Du côté de Synioure, le cheix plongeait brusquement dans un vallon tapissé de prairies qu'entretenaient des serves peuplées de salamandres. A l'opposé, une pente douce, sur laquelle se dressait un arbre foudroyé. Un peuplier vieux d'un siècle que la rapière de l'orage avait fendu de la tête aux racines ; chaque moitié avait ensuite continué de vivre séparément ; les enfants jouaient dans l'entaille. Des treilles grimpaient aux façades, des mousses et des scolopendres fleurissaient les toits de chaume. Les hommes erraient çà et là, leur bonnet bien enfoncé sur la tête.

Alors débuta la grande construction. Les membres de la fraternité pouvaient bien coucher et dormir dans leurs anciennes demeures ; ils devaient du moins se réunir aux repas comme enfants d'une même famille. Il fallut donc bâtir une maison commune apte à recevoir trente ou quarante personnes. Au moyen d'une baguette, Joanis dessina son plan sur la terre nue, l'expliquant au fur et à mesure :

« Ça ne sera rien d'autre qu'une sorte de grange, longue de cinq toises et large de trois, pourvue d'une seule porte en façade et de deux petites fenêtres, avec leurs volets de bois, d'où viendra notre peu de lumière. En dedans, à l'opposé de la façade, deux ouvertures : à gauche, vers la cave extérieure, tournée à la bise et enterrée autant que faire se pourra ; à droite pour monter au grenier. A chaque bout de la salle, une large cheminée. Il n'en faudra pas moins pour nous y tenir au chaud en hiver. L'un des feux sera accompagné d'un four à pain ; le second, d'un cuvier à lessive en pierre, incrusté dans la muraille pour que jamais il ne se renverse. Le soubassement des murs sera fait en belle pierre grise de Synioure. La salle commune se prolongera par la chambre du maître. On y accédera par-devant sans se mouiller les pieds en cas de pluie, grâce à un avancement du toit. Le tout coiffé d'un bon chaume de seigle à trois épaisseurs, solidement agrippé. La meilleure des couvertures, la plus légère, la plus chaude, celle qui convient le mieux au pauvre villain. Elle protégera aussi nos vaches de la faim : si le fourrage un jour venait à leur manquer, à cause de la sécheresse, nous pourrions déchaumer la maison pour en faire manger la paille, en attendant que l'herbe pousse. Cette bonne épaisseur sur nos têtes sera une réserve de dernier recours, nous serons contents de la savoir là, même en espérant n'avoir jamais à nous en servir. »

Ainsi fut-il fait. On creusa le sol jusqu'au rocher inébranlable ; enrochés de la sorte, les murs résisteraient à mille saisons. Les bras de toute la fraternité besognaient au même ouvrage, selon leurs forces. Les hommes véhiculaient les pierres, les équarrissaient, les assemblaient, les liaient au ciment d'argile. Les femmes, deux par deux, emportaient la terre de déblai sur un bayart à quatre manches qu'elles appelaient *chiveyro*[1]. Les enfants approchaient les outils et crachaient dans les mains des maçons s'ils venaient à manquer de salive ; pour les soulager, ils criaient *han ! han !* à la place des fendeurs de roc et des planteurs de piquets. Siméon lui-même voulut participer, il se promenait parmi les travailleurs, donnait des conseils, récitait pour les encourager des pensées de l'Écriture :

« L'Éternel est le rocher des siècles... Le paresseux ressemble à une bouse de vache : quiconque le ramasse secoue sa main... Il y a le moment pour tout et un temps pour tout faire sous le ciel : un temps pour détruire et un temps pour bâtir... La sagesse a bâti sa maison, elle a taillé ses sept colonnes... »

Hommes et femmes se nourrissaient de pain et de noix, de pain et de raves crues, de pain sans companage. Ainsi apanés, ils s'abreuvaient d'eau transparente, d'eau vinaigrée, de petit-lait. Mais grâce à tant de bonnes volontés, les murs montaient rapidement. Certains, usant de la barre et du marteau, s'employèrent à caver un énorme rocher, à l'arrondir, à le percer d'une bonde pour en faire le cuvier à lessive, qui fut roulé, guindé — oh ! hisse ! oh ! hisse ! — sur un lit de cailloux, scellé à sa place définitive, à droite d'une cheminée. L'escalier de pierre fut construit, la charpente posée, le sol devint dur et portant comme celui du chemin. On abattit des arbres, on en tira des ais de deux pouces, longs de trois

1. C'est la *civière* aux pays de langue d'oïl.

toises, qui firent le plancher du grenier ; renforcé par une couche de glaise corroyée épaisse d'une longueur de main.

On atteignit le faîte. Il fallut préparer la paille de seigle, la tremper dans un baquet pour l'assouplir, la tasser et la battre sur le sol, la hisser au moyen d'échelles, la fixer sur un treillage en branches de coudrier. Les liens étaient tressés par les femmes et les enfants : une longue corde de paille qui, brin à brin, s'allongeait, s'allongeait, traversait le village, atteignait l'arbre foudroyé ; alors seulement on l'interrompait ; on revenait en l'enroulant en pelote. Le chaumier, se servant d'un bâton fourchu, cousait le matelas de chaume au treillage. Quand les trois couches furent ainsi superposées, il prit une lame de faux, lui donna du coupant, puis rogna la bordure des pailles qui devint aussi nette que la tranche d'un livre. A la bise, cette couverture dépassait aussi le nu du mur qu'elle protégeait assez pour qu'on y suspendît les échelles, les pioches, les fourches, les râteaux et même les araires.

Les fustiers fabriquèrent des bancs et une table monumentale en chêne épais dont le plateau était creusé de vingt-quatre augettes rondes — dix d'un côté, dix de l'autre, trois au bout d'en bas et une seule au bout d'en haut : l'écuelle du *mouitre* — communiquant entre elles par une rigole. Une seconde table de même façon pour la *mouitreço* et les enfants. Des châlits avec leurs sacs de paille et leurs quatre colonnes auxquelles, le jour, seraient retenus, liés par des rubans, les rideaux enroulés en forme de quenouille. Des portes, des rayons pour les placards, des volets.

Un jour enfin, après quinze mois de sueurs, la maison commune fut achevée. Mais il fallut attendre quelques semaines encore pour procéder à sa bénédiction et à celle du feu nouveau, qui se fait l'après-midi du samedi saint. Tous les Bonnet revêtirent leurs meilleures hardes. Et le curé Siméon descendit en compagnie d'un clergeon porteur d'une lanterne. Il fit le tour de la bâtisse, l'arrosa d'eau bénite, chantant à plein gosier *Asperges me, Domine, hyssopo et mundabor. Lavabis me et super nivem dealbabor*. Quand il avait oublié un endroit, une encoignure, une saillie, l'enfant de chœur les lui désignait :

« Y a encore la souillarde... le four... le fenestron... »

Il y faisait pleuvoir les saintes gouttelettes.

Il entra dans la demeure et bénit pareillement chaque poutre, chaque porte, chaque meuble. Les cheminées recueillirent de plus longues bénédictions. La maîtresse les avait garnies de genêt sec et de branches mortes. Siméon prit des mains de l'enfant de chœur la petite lanterne où brillait, derrière les vitres de corne translucide, la flamme empruntée au saint sacrement de Voulobre. Il s'accroupit, en alluma le genêt sec qui se mit à pétiller, à emplir la salle de son odeur savoureuse. Puis les branches à leur tour flambèrent. Et les deux cheminées illuminèrent la maison des Bonnet dont certains avaient les larmes aux yeux, un peu d'émotion, un peu à cause de la fumée.

« Elles tirent bien », remarqua le *mouitre*, avec quelque mauvaise foi.

Ainsi fut béni et consacré le premier feu de leur entente.

Ils étaient convenus de vivre désormais au même feu et au même pot. On en avait commandé un énorme à un batteur de cuivre de Tihart : si profond, si ventru qu'un goret de trois mois y aurait tenu à l'aise. Le chaudronnier de Tihart avait aussi forgé un cramail spécial, muni d'un bras tournant, qui permettrait aux femmes de poser sans effort le chaudron plein de soupe au milieu de la table.

Ce soir-là, tandis que Siméon remontait vers sa cure, que les hommes et les enfants s'amusaient à travers le village, jouant aux palets avec des cailloux plats, aux gobilles avec des cailloux ronds, Genèse et ses sœurs préparèrent le premier souper. On était au début d'avril, le pire moment de l'année pour les légumes et les herbes, les jardins n'ayant rien à t'offrir, les premières graines issant à peine de terre. La soupe n'était rien d'autre qu'une eau bouillie parfumée d'épices, égayée par les yeux d'un peu d'huile. Le maître s'assit au plus haut de la table, devant le trou solitaire, tandis que les autres adultes prenaient place sur les bancs latéraux, les hommes d'un côté, les épouses de l'autre. Puis il tira le tiroir à hauteur de ses genoux, en sortit une tourte de pain inentamée, traça une croix sur chaque face avec la pointe de son couteau, entreprit d'y tailler des tranches aussi égales que possible dont la bonne odeur de seigle, un rien aigrelette, commença de se répandre.

« Pour la soupe. Découpez-le dans votre écuelle. »

Il servit d'abord Peyre, son fils aîné, assis à sa droite, puis les autres à l'avenant. Les places avaient été attribuées en fonction de l'âge et de la parenté. Chaque convive recevait sa part sans souffler mot, sans murmurer ce *merci* automatique qui deviendrait plus tard indispensable, mais avec une légère inclinaison de tête. Personne ne comparait des yeux l'épaisseur de sa tranche avec celle du voisin. La plupart déjà la réduisaient en taillons qu'ils laissaient tomber dans leur trou. L'art de la chose était de les faire très minces pour faciliter le trempage. Sinon, tu risquais de t'entendre dire ironiquement par la maîtresse :

« Pour toi, ça sera encore une soupe aux orteils de chien ! »

Une fois tout le pain débité, deux femmes poussèrent au milieu de la table l'énorme chaudron, grâce au bras mobile. Tout fumant de vapeur et de romarin. La louche de bois entreprit la distribution. Le bouillon remplit d'abord l'écuelle de Joanis ; le trop-plein suivit la rigole et s'écoula dans celle de Peyre ; puis dans la suivante ; et ainsi de suite. Une pente légère permettait cet écoulement. Mais

Genèse dut ensuite remonter au sommet pour servir les femmes. La seconde tablée — celle des enfants — fut servie de même. Pendant ce temps, les taillons s'imprégnaient et gonflaient dans les augettes. Les mains sous la table, tous les convives attendaient le signal du *mouitre*.

Joanis se signa et dit dans la langue de l'écriture, tandis que les lèvres des autres remuaient et bourdonnaient en guise d'accompagnement : *Benedicete, Domine, nos et hec tua dona que de tua largitate sumsumuri. Per Christe Domine Nostre. Hâmen*. Les prières, Joanis les savait toutes, même si leur latin n'était pas irréprochable ; telles que les lui avait apprises sa grand-mère à lui ; qui les tenait de sa propre Grande ; et ainsi de suite jusqu'à va-t'en savoir où. Sitôt celle-ci débitée, chacun se jeta sur sa cuillère. Les hommes engloutissaient leur soupe avec de grands lapements de chiens affamés ; les femmes soufflaient sur le bouillon, puis l'aspiraient avec délicatesse. A la table voisine, les drôles faisaient de même, sous le commandement de la *mouitreço* qui avait pris le temps de s'asseoir.

La soupe liquidée, on attendit la suite, la *pitance*, tandis que le maître distribuait une seconde tranche. Posée à plat sur le bois de la table, elle aurait reçu en temps normal une portion de lard. Mais le samedi saint l'interdisait. Versées dans deux plats creux, poudrées de sel écrasé au pilon, des *fageoles* prirent place aux deux bouts de la table. Tout le monde y pouvait atteindre, quitte à bien allonger le bras, à décoller un peu le derrière du banc. Les cuillères de bois plongeaient dans les fageoles, y chargeaient leur compte, l'enfournaient dans les goules. Les mâchoires travaillaient longuement à écraser les grains un peu durs. On n'entendait que le bruit des mastications. Seul Joanis lâchait de temps en temps quelque considération sur les travaux des jours et la couleur du soleil à son coucher, ça nous promet de belles Pâques. Approuvé de la tête par tous les Bonnet. Si l'un d'eux se trouvait directement interpellé, il répondait la bouche pleine, embarrassé par ses fèves, avec le moins de mots possible. Sous la table, les enfants — qui ont toujours des fourmis dans les jambes — ne remuaient ni pied ni patte. On se serait cru à la messe.

Quand les deux plats se trouvèrent vides, bien léchés, chacun s'essuya les badigoinces au revers de sa main. Le maître prononça :

« Que le bon Dieu nous en mande. »

Le souper était fini. Quelques-uns ne manquèrent pas de roter pour prouver qu'ils se sentaient repus. Les cuillères furent resserrées côte à côte dans le second tiroir ; leurs propriétaires respectifs les reconnaîtraient sans erreur aux dimensions, à la forme, à quelque tache, quelque veine ou quelque coche. Il ne restait qu'à balayer dans le creux de sa main les miettes, les traces de farine qui poudraient la table, à se les envoyer au fond de la gorge avec un renversement de la tête. Ainsi le prêtre fait-il tomber dans le calice celles de l'hostie sainte. Joanis quitta sa chaire et les autres leur banc.

Alors commence le meilleur moment de la journée. Par souci d'épargne, on a laissé le feu du bas s'éteindre de sa belle mort, les Bonnet se rassemblent autour du feu du haut. Les petits devant, assis sur le sol, entourés des femmes ; les hommes derrière. Tous ont de la sorte sous les yeux les flammes et les braises rutilantes qui seules éclairent la salle. Ils goûtent ce bonheur de se trouver devant une cheminée, avec sa lumière, ses étincelles, ses pétillements, alors que d'autres veillent dans les étables, derrière la queue des vaches, assis sur des bottes de paille, dans une obscurité que n'éclaire d'autre lueur que celle des yeux ou des dents. Sur sa chaire à accoudoirs, Joanis l'Ancien a l'air d'un roi. Qui se douterait, à lui voir cette gravité, qu'il est capable en certaines circonstances de faire un signe de croix avec son pied ?

Sa voix sort de la pénombre. Elle confirme :

« Nous avons bien de la chance d'être ici réunis pour la première fois. Il faudra que le souvenir de ce jour ne se perde pas. Un samedi saint. Bon. Mais de quelle année ?... Quelqu'un peut-il dire en quelle année nous sommes ? »

Ils s'entre-regardent, mais personne, homme ni femme, n'est capable de le préciser. Peyre propose :

« On est sept ans après l'année que le soleil s'évanouit.

— D'accord. Mais le jour que le soleil s'évanouit, c'était quelle année ? »

Nul n'en sait davantage. Au bout d'un autre moment de calculs, Léonce avance que le chiffre de l'année n'a pas d'importance, mais que les années à venir auront pour leur descendance ce commencement : le premier feu allumé dans leur maison commune.

« Non, réplique Joanis, ce serait une grande impiété. Le départ des années reste la naissance du Christ.

— Voilà bien la question : depuis quand le Christ est-il né ?

— Nous le demanderons à Siméon. Il doit le savoir. »

Quelqu'un interroge :

« Y avait-il des années avant la naissance du Christ ? »

Joanis réfléchit profondément à cette question, avant de répondre :

« Y en avait sûrement puisque, avant Jésus, vécurent sa mère Marie et son père Jousè. Marie et Jousè avaient pareillement un père et un grand-père. On remonte de cette façon jusqu'à la première femme et au premier homme, Éva et Andan, directement sortis des mains du Créateur.

— Et comment comptait-on les années, en ce temps-là ?

— Sans doute qu'on ne les comptait pas. Savoir le compte des années qui passent n'a pas beaucoup d'importance. C'est la même chose que savoir le compte des cailloux du chemin. »

Les paroles de Joanis étaient pleines d'une profonde sagesse. Les Bonnet s'entretinrent ainsi longuement de religion et de pensées sérieuses, comme il convenait au soir d'un samedi saint. Chacun, chacune gardait sur les genoux ses mains immobiles. Et ces mains leur démangeaient car elles n'avaient point l'habitude de l'oisiveté. Le feu de la cheminée, que plus personne n'alimentait, s'affaiblit peu à peu. Les ténèbres s'épaissirent. Plusieurs petits enfants dormaient déjà sur le sol, quelques têtes d'adultes sonnaient déjà les cloches : le *mouitre* décida qu'avec le noir complet il était l'heure d'aller faire téter les puces. Mais auparavant les grandes personnes s'agenouillèrent par terre, les coudes appuyés aux bancs, le visage dans les paumes ; elles répondirent par la seconde moitié aux *Avemaria* et *Patenostre* dont Joanis récitait la première. Toute la salle commune vibra de ce pieux bredouillis.

Après quoi, les jeunes mères ramassèrent sur le sol leur pacotille endormie, commettant parfois des confusions dont elles s'apercevaient très vite, faisant des échanges en riant avec leurs sœurs, ceci t'appartient, et ceci est à toi. Tous sortirent dans la rue qu'éclairaient les étoiles, laissant seuls dans la maison commune le maître et sa femme. Titubant sur les immondices, chaque famille se dirigea vers son logis particulier, où l'attendaient, tapies dans les paillasses, les puces et les punaises affamées.

2

La vieille, très vieille Mariette, qui était *mouitreço* depuis deux générations, instruisait les enfants sous le peuplier partagé par la foudre un siècle plus tôt, mais dont les deux moitiés étaient si bien guéries qu'elles avaient produit deux troncs indépendants, quoique unis par le pied. Les drôles se tenaient rassemblés autour d'elle, qui sur l'herbe, qui sur une souche, qui — je parle des petitounets — sur les genoux d'une sœur aînée. Les filles écoutaient en tricotant, dès l'âge de six-sept ans elles apprenaient à faire les chausses. On leur confiait du fil sacrifié, qui avait déjà servi, tiré d'anciennes chausses démaillées. Les garçons grandets écossaient des fageoles, prenant bien garde de ne pas jeter les cosses, les *chabouilles*, qui feraient le régal des chèvres ; les plus jeunes restaient la bouche ouverte, ou se grattaient le nez, ou comptaient leurs orteils pour vérifier si aucun ne manquait. Ainsi les mères pouvaient-elles se consacrer entièrement à leurs besognes, débarrassées de la gaminaille qui se serait accrochée à leurs jupes et les aurait *fait jurer*. Étrange expression dans le langage des Bonnet où toute forme de jurement était proscrite, remplacée par des exclamations inoffensives aux oreilles de Dieu : *Ah ! Croix du Seigneur ! Ah ! Pauvre Sainte Vierge ! Ah ! Pauvre monde ! Ah ! Mon argue ! Ah ! Puissampré ! Ah ! Commerce ! Ah ! Chante-moi !* Bref : *faire jurer* voulait dire seulement faire crier. Les injures qu'on lançait aux enfants étaient *crapaud ! foutraud ! barnaud ! tison d'enfer ! gargaille ! emplène ! vaut-peu ! cherche-ligue ! sale outil ! mauvais sujet ! essargaillé ! galapiat !* Aucun habitant du Ciel ne paraissait jamais dans ces apostrophes.

Mariette gardait donc son troupeau de galapiats et de galapiates. Mais devant elle, tous se tenaient tranquilles, passionnés par son enseignement. Elle leur racontait l'histoire du village et de la région telle qu'elle l'avait vécue. De temps en temps, quand son récit se faisait abominable, elle élevait les mains, ses mains parcourues de veines grosses comme des orvets, et s'en couvrait la figure, semblant ne pas vouloir entendre ce qu'elle récitait aux autres.

« J'ai connu, voyez-vous, des choses bien tristes à dire. Pendant trente années, ou peut-être quarante, ou peut-être cinquante, les seigneurs de Montguerlhe et ceux de Voulobre se sont fait la guerre. Ceux de Montguerlhe étaient placés au-dessous des Berts, comme nous le sommes nous-mêmes, ils leur devaient porter soumission et respect. Seulement voilà : ils s'étaient révoltés. Ils ne cherchaient pas à attaquer le château, bien trop fort pour se laisser prendre. Alors, ils se jetaient sur leurs domaines, sur les pauvres maisons de leurs villains, ils brûlaient les récoltes et les chaumières. Voilà. Un jour, ceux de Montguerlhe sont même entrés, l'épée à la main, dans l'église de Voulobre. Avec l'intention de prendre les calices et autres objets précieux. Et savez-vous ce qui est arrivé ? »

Elle se couvrit la figure.

« Un vieux prêtre qui était là a voulu les empêcher. Voilà. Un de ces soldats blasphémateurs lui a passé son épée au travers du corps. Le prêtre est tombé tout en sang. Il est mort sur les marches de l'autel. Et savez-vous ? Ce vieux prêtre était un parent de notre famille. Il était né ici et s'appelait Siméon. Il dort à présent dans l'église de Voulobre et vous marchez dessus chaque fois que vous allez à la sainte messe. »

Les bouches, les yeux s'arrondirent d'horreur.

« Voilà, poursuivit la très vieille Mariette. En ce temps-là, les hommes armés sortaient de partout, ils appartenaient à on ne sait qui. Ils prenaient le blé et le bétail, crevaient les yeux du monde pour qu'on ne puisse les reconnaître, ensuite ils brûlaient les maisons. Et savez-vous ce que nous fîmes ?... Non, vous ne le savez pas, et je vais vous le dire. Après chaque repas, au lieu de le garder bien coucouné sous la cendre, on éteignait le feu. Parfaitement, on l'éteignait ! Comme ça, les soldats ne pouvaient incendier. Aurait fallu qu'ils apportassent une chandelle avec eux, pas question, vous pensez bien !

— Et ensuite, vous battiez le briquet deux fois par jour ? » osa demander Joaneton, la plus grande de la compagnie.

Mariette rit de toutes ses rides, et de tous ses yeux, et de sa bouche sombre où ne restait qu'une dent qui branlait quand faisait vent.

« Que non pas ! expliqua-t-elle. En vérité, le feu, nous le gardions au secret, à la cave, caché derrière les tonneaux, dans une lanterne, près d'un fenestron qui lui donnait de l'air. Nous le remontions à la cheminée chaque fois qu'il le fallait. Voilà comment nous avons plus d'un coup sauvé notre maison de l'incendie.

— Et ensuite ?

— Ensuite, les choses sont allées un peu mieux. Parce qu'un saint est descendu du ciel. Il s'appelait Oïdon. Ou peut-être Olidon. Ou peut-être bien Odilon. Il avait des ailes de feu, les méchants devant lui étaient frappés d'épouvante. Il commandait : "Cessez de voler le bétail, de violer les églises, de brûler les maisons, de crever les yeux du pauvre monde, bande de galapiats ! Ou bien la colère de Dieu vous réduira en gorets !" Les puissants et méchants seigneurs suivaient son commandement pour ne pas être changés en pourceaux. Voilà. Ah ! Nous lui devons beaucoup, à cet Oïdon-là ! Qui s'appelait peut-être Olidon, je ne sais plus.

— Est-ce qu'il est venu aux Bonnets ?

— Sûrement. Il est venu partout. Les saints ont le pouvoir de se trouver en neuf cent quatre-vingt-dix-neuf endroits en même temps. Le millième, non. Ça facilite bien leur besogne. Moi, si je pouvais être en deux endroits seulement, par exemple à la cuisine et aux enfants, ça m'arrangerait aussi. Un jour que je me trouvais devant la porte de notre maison à deux feux, j'ai vu passer dans les airs un cochon noir. Comme je vous vois. Il venait d'Escotal et se dirigeait vers Voulobre. Et derrière lui, qu'est-ce que j'ai vu ? Voici ce que j'ai vu. Un jeune porcher avec à la main une baguette enflammée et sur la tête un cercle d'or. Et ce porcher fouettait le derrière, et le ventre, et l'échine du cochon, qui grognait de douleur et déguerpissait de toute la vitesse de ses pattes. Comme ça, ils ont traversé le ciel, ont disparu derrière Synioure. Moi, je suis restée plantée devant la porte, je me suis frotté les yeux parce qu'ils me cuisaient d'avoir regardé ce cercle d'or et cette baguette de flammes. Alors, je me suis doutée d'une chose : ce cochon noir, c'était quelque seigneur malfaisant qui n'avait pas voulu se corriger ; et le jeune porcher n'était personne d'autre que saint Oïdon lui-même avec sa rondelle en or sur la tête. C'est le chapeau des saints, vous l'avez vu en peinture sur les murs de notre église.

« Et maintenant, nous allons réciter les prières. Savoir si vous arriverez, oui ou chapre, à vous les faire entrer dans la tête ! »

Elle se signa, et toute la compagnie fit comme elle, puis grommela docilement *Pate nostre que sé in coelis, santificet nometum, fiat volontastua, panenostre danobis hodiè...*

Tant qu'ils récitaient ensemble, la prière allait son train, cahin-caha, telles plusieurs paires de bœufs attelés au même char, si l'une défaille, une autre compense, il n'y paraît point. Mais l'idée lui vint ensuite d'exiger les récitations individuelles, ce fut une autre affaire. Les drôlets n'arrivaient pas à retenir tout entier le *Patenostre.* Aussi, pourquoi fallait-il qu'on s'adressât au bon Dieu dans ce parler biscornu ? Il ressemblait un peu, certes, à leur langage quotidien, mais en différait assez pour qu'on eût mille peines à le comprendre et le retenir. Exactement comme quand un pauvre était de passage : un de ces malheureux qui allaient de maison en maison, mendiant leur pain et leur gîte, sans rien faire pour les gagner. Ils arrivaient d'on ne sait quelle paroisse lointaine, on devinait leurs propos plus qu'on ne les entendait. Le bon Dieu était-il d'une paroisse lointaine ?

La vieille Mariette s'énervait de leur sottise, les traitait de têtes de bois, s'écriait m'écouterez-vous, oui ou chapre ? Le *chapre* était ce fourrage tendre qui semble à la floraison tout couvert de papillons rouges et qui donne du lait aux vaches, on se demande ce qu'il faisait dans la bouche de la maîtresse. Mais rien ne la faisait jurer comme ce maudit *Patenostre.*

La maîtresse se reposait de ses fonctions enseignantes en tenant l'œil aux tâches féminines. Les deux *beurrières* s'occupaient exclusivement du lait, du beurre, du fromage. Toutes les femmes de la fraternité apportaient, soir et matin, la traite entière de leurs chèvres ou de leurs vaches. On la laissait reposer dans de grandes jarres avant de l'écrémer, le lendemain, à la louche. Les *beurrières* se relayaient au maniement de la baratte et, tout le jour, la souillarde était remplie par ce bruit de piston. Le lait maigre, emprésuré, se commuait en fromages ronds qui séchaient sur des lits de paille. Mais celui des biques, versé dans des faisselles rectangulaires, donnait le chèvreton. En forme de brique. Délice dans sa fraîcheur comme dans sa maturité. Démoulé de frais, encore hérissé par les petits bubons qui s'étaient formés aux trous de la faisselle, il avait inspiré cette *devinaille* :

« Qu'est-ce qui porte des tétines sur l'échine ? »

Chaque convive en coupait une tranche qu'il écrasait sur son pain.

Du beurre, on faisait trois parts : l'une servait à la consommation familiale ; la deuxième était apportée au château selon l'entente convenue ; la troisième était vendue dans les bonnes maisons de Voulobre et d'Escotal.

Les *beurrières* avaient aussi le soin des volailles et des cochons qui, sauf aux mois d'hiver, se nourrissaient quasiment seuls, de graines perdues, de vermisseaux, de glands, d'épluchures, de leurs propres excréments. Par temps de neige, on les appâturait de marc de raisin sec, de balle d'avoine, d'eaux grasses, d'orties pilées, de châtaignes véreuses.

Deux autres femmes, les *pitancières*, passaient leurs jours à cuisiner. On ne pelait guère les raves ni les carottes, juste lavées et mangées dans leur peau ; mais il fallait écosser les pois, parer, trancher, effeuiller les choux, éplucher les citrouilles, gratter le lard ; entretenir le feu sous les oules de terre et le pot de cuivre ; fendre les châtaignes et les disposer sur les braises. Elles préparaient des chaudronnées de soupe aux orties, aux poireaux, aux pissenlits ; des poêlées de choux-raves frits dans la graisse douce ; des marmitées d'orge bouillie. Elles étaient aussi chargées du pain, une fois par mois, cuit au four banal, pétri avec la farine du moulin banal, mi-orge, mi-seigle, y compris le son et un peu de la balle. Parfois même un épi entier demeurait enchâssé dans la pâte avec toutes ses barbes ; au point, comme certains disaient, qu'on ne distinguait pas une crotte d'homme d'une crotte de jument. D'une fournée à l'autre, elles gardaient le levain dans un toupinou couvert d'un linge, au plus frais de la cave.

Une autre femme encore, la *teyssière*, s'employait à utiliser au mieux la laine, le chanvre, le lin qu'elles filaient toutes aux veillées en prêtant l'oreille aux narrations. Un métier à tisser fonctionnait au grenier au jour d'un fenestron, avec sa pédale, son tendoir, sa navette, agencé par un Bonnet qui n'appartenait plus à ce monde. La *teyssière* y fabriquait trois sortes de serge : le *droguet*, croisé de fil écru et de laine bise pour les vêtements de tous les jours ; le *petit drap*, employé pendant la saison d'hiver, gris pour les dimanches ordinaires, vert ou bleu pour les fêtes carillonnées ; l'*étamine*, tissu léger réservé aux grandes cérémonies estivales. Avec le chanvre et le lin, elle tissait le linge de corps et les draps de lit.

Le *mouitre*, Blaize, fils d'Anthoyne, administrait le travail des hommes, selon leurs goûts et leurs habiletés particulières. L'un était *fustier*, c'est-à-dire menuisier-charpentier-charron. Il entretenait les portes, les fenêtres, les planchers ; fabriquait les chars, les tombereaux, les civières. Le *charruyer* donnait à la terre toutes les façons qu'elle nécessite, tandis que le *bouvier* avait la charge des bœufs, des vaches, des étables. Le *vigneron* piochait, taillait, binait les vignes. Mais tous ensemble réunissaient leurs bras pour la fauche, les fenaisons, les moissons, les battages, les vendanges. Le maître n'était pas d'ailleurs seulement le regard qui surveille, il prenait sa part de l'ouvrage et du suage. Lorsqu'il devait s'absenter pour se rendre à quelque commerce d'importance, il cédait ses pouvoirs à un remplaçant qu'il appelait son *vigier* et qui serait sans doute aussi son successeur ; mais son choix devait être ratifié par le vote des pierres colorées.

Il comparaissait seul, au nom de la fraternité des Bonnet, devant le seigneur de Voulobre quand surgissait quelque affaire de cens ou de redevance. Il réglait cela avec le Bert du moment sans génuflexions excessives ; il discutait, débattait, marchandait, conscient de parler au nom de quarante « communistes » (ainsi appelait-on les membres de leur entente), de quatre-vingts septerées de terre, vigne, prairie ou bois, de vingt-six bêtes encornées, vaches, bœufs, chèvres et boucs, d'un âne, de six cochons, sans compter la volaille.

Deux enfants naquirent le même jour aux Bonnets, un drôlet chez Michel du Boisson et sa femme Vitaline, une drôlette chez Gabriel du Cognet et son épouse Péronnelle. Cette double naissance ne manqua pas de frapper maître Blaize, qui fit part de ses réflexions aux deux familles :

« En vous gratifiant le même jour de ces petits, le bon Dieu a voulu certainement vous informer d'une chose : qu'ils sont destinés l'un à l'autre. Le moment venu, ils seront mari et femme, pour le plus grand bonheur de notre communauté. Ne le croyez-vous pas ? »

Toute la parenté approuva et s'en réjouit.

« Dans ces conditions, poursuivit le *mouitre*, je vous propose deux choses. L'une, puisqu'ils sont venus au monde le jour de la Saint-Léon, de les baptiser Léon et Léontine. L'autre, de les élever ensemble, dans le même berceau, à la garde de leurs deux mères. Ainsi, dès leurs premiers moments, ils se prépareront à l'alliance future. »

Ne voulant pas laisser ce soin au fustier communautaire, Michel et Gabriel construisirent de leurs mains une berce à deux places, en forme de barque, carénée de planchettes courbes en bois de châtaignier. Léontine et Léon, ficelés comme des andouilles, y furent installés côte à côte. Dès lors, pendant des mois et des années, ils durent dormir ensemble, se réveiller ensemble, crier ensemble, faire pipi ensemble. A tour de rôle, Vitaline et Péronnelle venaient leur présenter le sein. Quand elles furent taries, ils tétèrent la même chèvre, accroupis entre ses pattes écartées, à même le pis.

Une certaine Mélisse, ainsi appelée à cause de son goût pour cette plante qu'elle cherchait dans les bois. Aux syllabes de son nom, elle levait la tête, cessait de mâcher, remuait le nez, son regard disait, que me veux-tu ?

La brave bête se prit pour les quasi-jumeaux d'une affection incroyable. Les adoptant comme s'ils eussent été le fruit de ses entrailles. Elle connaissait leurs voix, accourait à leurs pleurs, jouait avec eux, les suivait dans leurs déplacements, les défendait de toutes ses cornes quand elle les croyait menacés, contre les chiens, les chats ou les personnes. Eux-mêmes s'accrochaient à ses flancs et à sa queue, lui tiraient la barbe et les pendants sans qu'elle se défendît d'autre façon que par un petit bêlement. L'une des deux mères, Vitaline, se sentit jalouse de tant de taquineries d'un côté, de tant de patience de l'autre :

« De cette garce de chèvre !... Mais pour qui donc qu'elle se prend ?... Il ne lui reste plus qu'à coucher avec mon homme ! »

Il faut dire, quand elle sentait un conflit entre un drôlet et sa mère, quand elle voyait celle-ci s'avancer en brandissant un bouquet d'orties, il faut dire que la bique allait jusqu'à prendre le parti du vaut-peu, qu'elle s'interposait, les cornes en avant. Il n'y avait plus d'éducation possible.

A Léon et Léontine, cependant, le lait de la bique réussissait à merveille ; ils grandirent drument. Mais quand elle fut tarie à son tour, il fallut bien les séparer d'elle. L'âge était venu de manger des soupes au pain, longuement mitonnées sur les braises, dans des toupinous. L'âge aussi de passer sous l'autorité de Mariette. Malgré ses protestations, tirée de force au bout d'une corde, la bique rejoignit le troupeau de ses sœurs. Finie, leur intimité à trois. Les mères naturelles recouvrèrent leurs droits imprescriptibles. Elles interdirent tout contact, toutes retrouvailles entre la bête et leurs marmots. Eux se consolèrent très vite dans la compagnie des autres enfants.

Mais que fit Mélisse ? Elle refusa de manger et se laissa dépérir. Même les branches de mélisse, si douces, si parfumées, ne lui disaient plus guère, à peine en broutait-elle deux feuilles du bout des babines. Personne ne pensa qu'elle était en train de mourir de chagrin. Il eût suffi qu'un des deux drôlets criât de loin — Mélisse ! — pour qu'elle bondît folle de joie, échappât au troupeau et au chien, accourût vers son nourrisson. Jamais ne vint cet appel. On essaya de lui envoyer le bouc : elle le reçut avec fureur, peu s'en fallut qu'elle ne l'éventrât. Rien ne pouvait la distraire de sa peine.

« Cette chèvre a quelque mal dans l'estomac qui l'empêche de se nourrir, décida le bouvier. Il faut l'abattre avant qu'elle ne crève. »

Ainsi fit-on. Aussi discrètement que possible afin d'épargner les quasi-jumeaux : le boucher choisit un moment où ils cueillaient des mûres. La chair fut découpée, aspergée de vinaigre, mise à cuire en ragoût avec du serpolet. Chacun en eut sa part. Y compris Léon et Léontine qu'on n'avertit point qu'ils étaient en train de manger leur mère adoptive. De sa fourrure, on tira une peau de bique qui protégea le berger de l'orage. De ses cornes, on fit des manches de couteau.

Vitaline et Péronnelle s'occupaient par roulement de leurs deux petits qui poursuivaient leur croissance. Or voici qu'à la première revint la jalousie, sous une autre forme : non plus contre la chèvre défunte et consommée, mais contre sa commère. Cela lui vint le soir où, rentrant au village de la fenaison, elles furent accueillies par les quasi-jumeaux. Elles tendirent leurs quatre bras. Bien. Mais au lieu de se précipiter chacun vers celle qui lui avait donné la vie, Léontine et Léon coururent ensemble vers Péronnelle. Hasard ou préférence insoupçonnée ? Vitaline prit la chose très mal ; au lieu des caresses qui lui revenaient, Léon reçut une calotte à laquelle il ne s'attendait guère. Puis ce fut entre les deux femmes une chamaillerie qui ameuta tout le hameau. Mariette dut intervenir pour les séparer. Les fiançailles faillirent être rompues.

Depuis plusieurs mois, ils ne dormaient plus dans la même berce, mais ils couchaient encore dans la même maison, tantôt chez Michel, tantôt chez Gabriel. Désormais, Vitaline exigea qu'ils fissent chambre à part, ces allées et venues l'incommodaient, *chaquen co siòu* répétait-elle d'un air têtu : à chacun ça sien ; la terre, les animaux, les récoltes, l'argent gagné sont le bien de tous, mais Jaque n'a aucun droit sur les chausses de Peyre, ni sur sa femme, ni sur son fils, ni sur sa cuillère. A chacun ça sien : valable sans doute chez les autres, ce proverbe n'avait cependant guère cours aux Bonnets. L'ayant répété plusieurs fois, Vitaline se gagna la triste réputation d'être une personne personnelle.

Sait-on comment germe un proverbe ? Le monde se le transmet de père en fils, de mère en fille, sans jamais savoir qui l'a semé. Il faut pourtant bien qu'il sorte de terre un certain jour. Or la vieille Mariette raconta qu'une fois elle avait assisté à ce genre de naissance. L'inventeur dudit était ni plus ni moins que Joanis, son grand-père paternel, fondateur de leur communauté. Un homme en même temps sérieux et plein de farces, que l'on respectait et consultait comme le roi Chelomon, mais qui d'autres fois s'amusait à des calembredaines, qu'un gamin de dix ans n'aurait pas fait mieux.

« Savez-vous ce qu'un coup je l'ai vu imaginer ? Voilà. Il nous réunit un matin, garçons et filles. C'était le début du beau temps. Et il nous explique : ‘‘Écoutez-moi bien. La nuit dernière, j'ai fait un drôle de rêve : j'ai vu saint Givreman. Et saint Givreman m'a dit que, dans le village des Bonnets, il existe un trésor contenu dans un coffret en noyer, avec une églantine gravée sur le couvercle. Un trésor abandonné par un homme très riche qui vivait chez nous dans les temps anciens, qui l'a abandonné en mourant, vu qu'il ne pouvait l'emporter au Paradis. Ce trésor, m'a dit saint Givreman, est composé de pièces d'or et de pièces d'argent qui remplissent le coffret à ras bord. En plus, il est magique : il ne peut être trouvé que par un drôlet ou une drôlette de votre âge ; il demeure invisible aux grandes personnes. En même temps, saint Givreman m'a présenté une petite clé pour l'ouvrir. Quand je me suis réveillé, j'ai trouvé la clé dans mon sabot.'' Et maître Joanis nous montre une petite clé blanche qu'il tient au bout des doigts. Saint Givreman ? Première fois que nous entendions ce nom-là. Mais quand on est gamin on ignore tant de choses ! Alors, nous l'avons cru. Nous voici donc tout excités, tout désireux de chercher le coffret magique. ''Attention ! nous prévient le *mouitre*. Si vous le dénichez, il faudra me l'apporter ! Sans la clé, impossible de l'ouvrir ! Quant à l'or et à l'argent, ils appartiendront, bien sûr, à notre fraternité ; mais il vous en reviendra quelque chose.'' Bon. Après ce discours, les drôles s'élancent dans toutes les directions, fouillent les granges, les étables, les soues des cochons, se mettent à quatre pattes, grimpent aux échelles, fouinent partout. La matinée passe sans résultat. Nous commençons à examiner maître Joanis de travers : son coffret magique existe-t-il, oui ou chapre ? Il nous assure qu'il doit exister, que saint Givreman n'est pas un menteur. ''N'oubliez pas, nous conseille-t-il, de gratter un peu derrière chez Saton, du côté du four.'' Nous avions des voisins qui ne faisaient point partie de la communauté. On les appelait les Saton parce que le grand-père, qui était une sale bête, un vrai rechigne-Jésus, pour un oui pour un non nous menaçait, nous, les petits, de prendre une trique : *Ch'i prègne en sató !* Si je prends un bâton ! Nous avions grand-peur de lui et de son *sató*. Alors voilà : sur le conseil de mon grand-père Joanis nous allons voir derrière le four des voisins. J'enfonce les mains dans un tas de cendres froides, et crac ! je sors le coffret marqué d'une églantine. Quel contentement, pour nous tous ! Il n'était ni trop gros ni trop lourd, juste à la force de mes bras. Suivie de la ribambelle, je me dirige vers la maison commune où je trouve notre Grand assis devant la porte sur son banc. Il nous félicite et dit : ''Vous voyez qu'il fallait croire saint Givreman, qui est un des meilleurs du Paradis !'' Puis il va chercher la petite clé, l'enfonce dans la serrure. Le couvercle se soulève. Et qu'est-ce que nous voyons au milieu de la boîte, là où nous pensions trouver l'or et l'argent ? Une pomme confite. Une pomme ratatinée, sans chair ni jus, rien que la peau sur les pépins ! Voilà le trésor du coffret magique ! »

Elle rit la première à ce récit, à ce souvenir de sa surprise et de son désappointement.

« Par cette farce, le *mouitre* nous apprit deux bonnes choses. La première, que l'or et l'argent ne valent pas plus qu'une pomme pourrie. Qu'ils peuvent, si l'on n'y veille, gâter la belle entente qui règne dans une communauté. Qu'il faut s'en garder comme de la peste. La seconde fut qu'on était au commencement du mois d'avril. Et que dans cette période on a le droit de jouer des tours, de se moquer les uns des autres, de se faire rire un bon coup. Parce que c'est une nécessité de rire de temps en temps. Mais depuis ce jour-là, quand il nous voyait rassemblés autour de lui, nous, les petitous, dans l'attente d'une autre farce, il nous saluait en disant : "Voici les nigauds du mois d'avril qu'on fait courir pour une pomme flétrie."

Lou barnó do mi d'obrí
que fason corre pò en pon cofí.

« Et à chaque mois d'avril, quand moi aussi je vois d'autres nigauds victimes d'attrapes toutes pareilles, je les appelle dans ma tête *lou barnó do mi d'obrí...* Voilà. Et j'ai entendu dire les mêmes mots à beaucoup d'autres personnes également. Et sans doute on répétera ce proverbe inventé par mon grand-père Joanis jusqu'à la fin du soleil. »

Aux Bonnets ne viennent que deux saisons : l'« hiver » et le « beau temps ». Le premier part de la Saint-Martin, un peu plus tôt, un peu plus tard, et s'achève aux environs de la Saint-Georges. L'année civile débute en mars, mais l'année agricole a son commencement dès octobre, qu'on prononce *huitovre* puisqu'il s'agit du huitième mois. Et tout de suite, ce sont les battages sur le plancher des granges.

Les fléaux rebondissent sur les gerbes ouvertes et répandues, en une joute de politesse, bien agencée, chacun à sa place et à son temps, aucun ne portant tort à ses voisins. La paille résonne sourdement, les grains giclent et retombent et pas un homme ne ralentit ni ne s'interrompt, même pour se gratter le nez, avant que le *grand batteur* n'en ait donné le signal en criant :

« *N'y o pro !* C'est assez ! »

Alors tous les fléaux s'arrêtent ensemble et chaque travailleur se purge la gorge et les narines, crache gris sur le lit de paille, se gratte où il lui démange, s'essuie le front de sa manche. Les assoiffés portent à leur bouche une gourde remplie d'eau vinaigrée, car le vin ne paraît qu'à table et le dimanche seulement. Puis la danse des fléaux repart.

De temps en temps, un des batteurs essaie de l'accompagner de la voix :

Si je voulais, je ferais houpe-lère !
Si je voulais, je ferais houpe-là !

Il rythme bien ses paroles et ses mouvements. Mais la poussière lui sèche la gargamelle et très vite il renonce. Seules les gerbes chantent sous les assommoirs :

Pim ! Pom ! Pam ! Pu ! Tègnen rë pu !
Pim ! Pom ! Pam ! Pu ! N'en volen pu[1] *!*

La même époque amène le gaulage des châtaignes, des faines, des noisettes, des noix, des nèfles, des pommes à cidre : besogne des femmes et des enfants, pendant que les hommes se consacrent aux labours dans les terres actives. Mais il faut d'abord les nourrir avec le fumier des étables accumulé pendant l'année précédente. On l'apporte à pleins barots, on l'épand à la fourche et, pour bien l'éparpiller, on passe dessus une herse légère faite de branches d'épine fichées dans un support de bois, une sorte de balai horizontal qu'une bête promène en tous sens. Suit le labour, mené à l'araire, instrument tout entier fait de bois excepté sa *règle* de fer qui, s'enfonçant dans le sol, ouvre le chemin à l'étrave du *dentàu*. L'attelage : une bête unique, vache ou bœuf, sous un jouguet à un seul front.

Après l'araire passe la herse véritable, également tout en bois, y compris ses deux rangées de dents qui brisent les mottes et arrachent le *grame*, cette plante envahissante dont les chiens aiment à mâchouiller les tiges ; le *dentàu* ne morcelle pas sa tignasse souterraine, évite donc de le multiplier, mais l'extirpe tout d'un coup ; il ne reste plus qu'à le rassembler au bigot, à le brûler en limite du champ. Excepté quelques touffes épargnées par les femmes, dont elles feront des tisanes diurétiques. La marge du terrain nécessaire aux manœuvres de l'attelage en bout de raie sera piochée, bêchée, grattée, deviendra aussi nette que le reste. Alors la terre recevra les semences. Une année de seigle, ou d'orge, ou d'avoine, ou d'épeautre ; une année de chapre, ou de fèves, ou de pois ; la troisième année : rien du tout, elle se repose. Quant au blé noir, dont on fera du pain ou des bouillies, il est semé à partir de la Sainte-Catherine, juste avant l'arrivée du « beau temps ». Un autre passage de la herse enfouit les graines. Il n'y a plus qu'à laisser faire la pluie, la neige et l'amour de Dieu. On place le

1. Nous n'avons plus rien… Nous n'en voulons plus.

champ sous sa protection en enterrant des croix de paille à ses extrémités.

Quand il s'agit d'essarter une terre nouvelle — lande à fougère, à genêts, à buissons — il faut d'abord l'écorcher comme un lapin. Dès l'aube, munis de pioches, les essarteurs détachent sa couenne épaisse à petits coups délicats. Sauf quand ils vont chercher en profondeur les racines blanches des chardons, les jaunes des ajoncs nains. Ils la roulent ensuite à l'écart, terre en dehors, la laissent sécher toute la durée du « beau temps ». En septembre, ils brûlent ce qu'il en reste, épandent les cendres sur le sol dépouillé. Il ne manque que de passer sur l'essart l'araire et la herse sans autre fumure.

L'engrais le plus riche, fiente des poules, litière des lapins, colombine, est réservé au jardin communautaire. Aux graines minutieuses : carottes rouges — qu'on appelle *pastonades* —, choux, panais, poireaux. Aux plantes gourmandes : potirons, laitues, ail, échalotes. On y cultive aussi les herbes qui guérissent : la bardane, dont la racine est bonne contre la teigne ; l'armoise utile au sang des femmes ; la bourdaine purgative ; la camomille qui apaise les coliques ; le lys aux fleurs cicatrisantes. Des fraisiers courent le long des allées ; leurs fruits, trop rares, trop précieux pour être mangés seuls, sont cueillis par la maîtresse en personne qui les lave, puis les écrase pour en parfumer le fromage blanc servi en guise de friandise et qu'on mange étalé sur la tranche de pain.

Le « beau temps » amène les travaux les plus rudes. La fauche des prés, commencée à la pique du jour et au chant de l'alouette, quand les lames s'enfoncent dans l'herbe épaisse, toute moite de rosée, et la couchent en douceur sur le dos avec un soupir de surprise ; mais on ne fauche qu'une fois l'an, après la coupe du « premier poil », n'importe qui peut mener ses bêtes à la pâture des prés tondus. La moisson, faite à la faucille dentée, à mi-hauteur de la tige, le reste de la paille appartient pareillement à qui s'en empare : les femmes lient les gerbes au ras des épis ; les enfants les transportent afin d'en bâtir des *plonjons* capables de braver l'orage. Pendant ce temps, les vignerons soignent leurs ceps, arrachent les plants épuisés, enfoncent les nouveaux, arrosent chacun d'un peu de vin pour en assurer la prise, les piochent trois fois au cours de la saison avec leur *fessou* courtaud. Viennent ensuite les vendanges, la cueillette à croupetons, le transport du raisin dans les hottes d'osier jusqu'à la cuve, le soutirage et sa gaieté, le vin bourru dont chacun, homme, femme, enfant, a le droit de se rougir les lèvres. Le plus héroïque est le pressurage du marc, entre les mâchoires de la presse à poids : on empile pierre sur pierre, des hommes, des enfants se juchent même sur les poutres qui abaissent celle d'en haut, le jus suinte dans la rigole, ruisselle dans le seau, est vidé dans les barils cerclés de bois.

Quand toutes les récoltes sont engrangées, encavées, enfenérées, arrive la Saint-Michel. Ce jour-là, chaque famille de villains, manants, masoyers, tenanciers, s'acquitte de ses redevances, tailles, champarts, bordelages, main-morte, envers le seigneur. Ceux des Bonnets empilent sur un char les panerées de fèves, de seigle ou d'orge, les tonneaux de vin, les *buges* d'huile ; sur un autre les fagots ; sur un troisième, le foin ; on hisse dans un barot les gorets qui protestent de toute leur voix et les brebis résignées. Et tout cela prend le chemin de Voulobre. Il en vient de partout, de Lorilhe, de Mont-Bartel, de Roche-Mulet, de Boisson, des deux Besset, des deux Chaize. Dans la cour du château, c'est un énorme remue-ménage d'hommes, d'animaux et d'intendants, tout ça couine, bêle, jappe, cocoricote, jure, personne ne sait où donner de la tête, chacun tire un intendant par la manche, veut être enregistré le premier. Pendant ce temps, le Bert régnant reçoit dans sa grande salle les redevances en argent, vidées et comptées sur la table par son grand financier qui délivre en guise de quittance une tablette cachetée de cire et imprimée au sceau du seigneur de Voulobre et de Montguerlhe. Après quoi, les chars, les barots s'en retournent à vide et le manant, villain, tenancier ou masoyer range dans le trou du mur qui lui sert de placard sa tablette parmi les autres, chacune gravée au dos d'un signe particulier selon l'année : croix, cercle, triangle, coquille, poisson. Par elle, il reçoit témoignage de sa loyauté envers le maître et promesse de la protection des Bert.

Mais les douze mois de l'année offrent aux communistes des présents qu'il leur suffit de cueillir. Les pissenlits des prés, la doucette des talus, le cresson des ruisseaux, le pourpier des murailles se mangent en salade, assaisonnés de vinaigre et d'huile de chènevis. Les enfants disputent aux renards les fruits des haies et ceux des bois : mûres, framboises, fraises, groseilles épineuses, airelles. Les champignons favorisent, dit-on, la fertilité des femmes. Le serpolet, la menthe, le romarin parfument les soupes. Les glands, les sorbes nourrissent les porcs tant bien que mal ; on trouve toujours sous les chênes quelque truie à la glandée, le museau long, l'arête du dos coupante, suivie de ses gorets qui essayent de s'allaiter à ses tétines avares.

Les Bonnet disposent enfin d'un rucher où les avettes, bien à l'abri sous leur toit de chaume pointu, produisent le miel qui adoucit les tisanes, entre dans la composition de l'eau miellée et de l'électuaire réservé aux malades.

Avec ces deux saisons seulement, l'année se trouvait bien remplie.

L'hiver sur le cheix était long et redoutable, les neiges atteignaient fréquemment la paille des couverts. On ouvrait à la pelle une sente jusqu'à l'étang pour que les animaux puissent s'y abreuver, une autre jusqu'à la serve pour l'eau nécessaire au monde. Le grand souci était de combattre le froid. Hommes et femmes portaient sur le corps toutes leurs hardes. Les familles désertaient leur logis particulier et se réfugiaient dans la maison chauffoir. Les enfants et les vieux se pressaient autour du feu d'en-haut et du feu d'en-bas où l'on brûlait de tout : paille, bois, chènevottes, bouses sèches. Entre les deux, les adultes s'employaient les mains, qui filant sa quenouille, qui teillant le chanvre, qui tressant les *paillas* à pain. Comme les bancs ne suffisaient point à tant de derrières, on s'asseyait sur des bottes de paille. Il était permis de bavarder en travaillant et un joli brouhaha remplissait la salle. Ainsi vivaient-ils, selon les conventions passées, au même feu.

Parmi tout ce monde, les chiens se grattaient individuellement et parfois s'épuçaient les uns les autres, en vrais chiens de communistes qu'ils étaient. Chaque famille nourrissait le sien, ils avaient appris dès leur jeune âge non seulement à se supporter, mais à se rendre des services. Tandis que les villains indépendants traitaient leurs bêtes avec rudesse, bâtonnaient leur âne, leur mule, fouaillaient leur cheval, aiguillonnaient leurs vaches et leurs bœufs, caressaient leur chien du sabot dans les flancs, ceux de la fraternité obéissaient à d'autres principes :

« Le Seigneur, leur rappelait maître Blaize en maintes occasions, a créé la poule, l'oie, la chèvre, la vache et tous les animaux qui vivent avec nous pour nous servir et vous tenir compagnie. Nous devons donc les traiter doucement comme n'importe quel autre serviteur. Au jour du Jugement, ils seront, pareils que nous, ressuscités, et auront le pouvoir de la parole pour s'expliquer devant le tribunal de Dieu. Ils nous accuseront ou bien nous remercieront suivant ce qu'ils auront reçu de leurs maîtres. Celui qui n'aime pas les animaux n'aime pas les hommes. »

Ainsi averti, chacun se garde aux Bonnets de maltraiter les siens. Naturellement, cette espèce de respect ne s'applique pas aux bêtes du dehors. On tue les serpents, les salamandres, les crapauds sans retenue, les gamins y prennent même plaisir. On attrape les merles à la glu, les grives au trébuchet : une pierre plate tenue en instable suspens par quatre bâtonnets. Attiré par l'appât, sorbes ou grains de genièvre, l'oiseau s'avance, renverse les bâtons, la pierre tombe et l'aplatit. Cela se pratique en hiver, par temps de neige, quand la nourriture leur manque. Mais si un animal entre dans la maison par hasard, on le considère comme en terre d'asile, nul ne portera la main sur lui. Tout au plus, s'il s'agit d'un nuisible, vipère, fouine, putois, le persuadera-t-on de prendre le large dès que possible. Quitte à le poursuivre, à l'étendre raide mort d'un coup de trique s'il se laisse atteindre hors de la sauveté.

Les neiges et les glaces fondaient. Les averses de mars lavaient les prés qui commençaient à reverdir. Les chaumes des couverts fumaient longtemps encore au soleil. Les chemins n'étaient qu'un bourbier où les hommes sautillaient de pierre en pierre, comme au passage d'un gué. D'autres animaux paraissaient, au fur et à mesure que mûrissait le « beau temps ». Les taupes se remettaient à fouir, à pousser du groin leurs monticules en forme de puy de Doume. Les couleuvres sortaient des mergers — ces monceaux gris qui se forment en bordure des champs par épierrage — et s'en allaient brillantes, tortillonnantes, boire à la serve. Au bord des ruisseaux, les castors travaillaient des dents, des pattes et de la queue pour réparer leurs barrages démolis par les glaces. Les hirondelles réintégraient en criant de plaisir leur résidence d'argile pendue aux poutres des étables. Un jour, c'était le coucou qui te saluait de son appel ironique, *Cocu ! Cocu ! Tout cocu !* Ce sale oiseau avait réputation de condamner ceux ou celles qui entendaient sa note plus de dix fois de suite à souffrir des désordres dans leur ménage présent ou futur. Aussi les mères recommandaient-elles à leurs enfants de se boucher les oreilles dès les premières.

Les hannetons crépusculaires sortaient du sol, voletaient lourdement, se cognaient aux arbres à l'étourdie, tombaient sur le dos, grouillant des pattes jusqu'à ce qu'une poule vînt les éventrer d'un coup de bec. A peu près en même temps fleurissaient les papillons, les blancs, les jaunes, les de-toutes-couleurs, ils allaient de corolle en corolle, hésitant sur l'aubépine, se posant sur le genêt ou la crête-de-coq. Attirés par on ne sait quoi, la nuance, le parfum, le suc.

Ensuite venaient les mouches. Les saletés de mouches. La plaie des mois chauds. D'abord une, puis dix, puis cinquante, puis millante. On ne les persécutait pas non plus puisqu'elles avaient trouvé leur sauveté dans la maison commune. L'air des étables s'en trouvait épaissi. Elles pullulaient sur les fumiers, sur la peau des vaches qui s'efforçaient de les écarter avec de grands frissons. Elles tombaient dans le lait, dans le vin, dans la soupe. Quand les faucheurs tâchaient de prendre un moment de sieste sous les arbres, elles bourdonnaient à leurs oreilles ; impossible de rester la bouche ouverte un moment sans qu'une mouche y entrât ; ils s'en protégeaient en se couvrant la figure de leur chapeau. Elles pondaient sur le fromage qui se trouvait très vite habité d'asticots blancs, longs d'un demi-pouce, pointus aux deux bouts : où était leur tête ? où leur extrémité ? Quand on le posait sur l'écuelle de bois, ils avaient coutume de se tordre si bien que leurs deux pointes se joignaient ; ensuite, ils se détendaient brusquement, ce qui les projetait à quelque distance ; aussi les nommait-on *lu soùtéri*, les sauteurs. Il n'y fallait pas regarder de si près ; les drôles avaient consigne de manger sauteurs et fromage en même temps ; faute de quoi, ils commettaient le péché de délicatesse.

Il fallait bien s'habituer aux mouches. Mais la vieille Mariette, pour faire prendre courage, annonçait leur prochaine disparition :

« La première pluie qui suit Notre-Dame d'août les étouffe. »

On attendait avec impatience cette première pluie. Les hommes n'étaient pas les seuls : la vigne, les prés, les arbres, la terre, les animaux tiraient aussi la langue. Un jeune garçon grimpait au sommet du peuplier fendu et regardait en direction du puy de Doume ; de là venaient ordinairement les orages.

« Est-ce que tu vois quelque chose ? lui criait-on d'en bas.

— Je vois le puy de Doume.

— Et quoi d'autre ? Dans le ciel ?

— Seulement deux ou trois brebis blanches éparpillées. »

De ces nuages-là, on ne pouvait rien espérer. Il restait là-haut jusqu'à ce que le soleil lui-même disparût derrière les taupinières de l'horizon. Le lendemain, il remontait à son poste, s'asseyait entre deux branches, se remettait à surveiller les lointains jusqu'au crépuscule. Et puis, un beau soir, à la question habituelle il répondait :

« Je vois un troupeau d'ânesses noires. *En troupè de soma neyra.*

— Est-ce qu'elles sont beaucoup ?

— Y en a cinquante et millante. Elles se touchent toutes.

— Alors tu peux redescendre. »

Bientôt tout le monde pouvait de ses yeux voir ce troupeau d'ânesses envahir le ciel, encadrées, fouettées par des étrivières de feu. On attendait beaucoup d'elles, mais elles ne lâchaient que des craquées de tonnerre et quelques gouttes. A peine de quoi bénir un escargot. Les mouches, tout excitées, bourdonnaient de plus belle. Le lendemain, ou deux jours après seulement, arrivait une pluie véritable, souvent mêlée de grêlons, de *pierres blanches*. Elle faisait autant de mal que de bien, désaltérait les prés, rendait aux sources leur abondance, hachait les feuilles des arbres, étouffait beaucoup de mouches. Mais il en restait, la graine s'en conservait d'une année à l'autre ; celles des Bonnets étaient particulièrement maigres et scélérates.

Les soucis réveillaient maître Blaize avant tout le monde. Quand il ouvrit les yeux dans le noir de l'alcôve, il entendit ronfler et soupirer autour de lui. Sa femme Brunelle ronflait à sa gauche, le bonnet tiré sur les yeux, il n'avait pas besoin de la voir pour le savoir, les couvertures tirées jusqu'au menton. Elle respirait en produisant deux notes, *ha-pfou ! ha-pfou !* selon que l'air entrait ou sortait. La chienne ronflait sous le lit en gémissant parfois, elle souffrait de cauchemars ou de coliques. Le vent ronflait dans les cheminées, par longues goulées sifflantes, asthmatiques. Dans le lit voisin, ils n'étaient pas moins de six à ronfloter. Trois tournés au soir, trois au matin, tête-bêche, pour pouvoir y tenir. Quatre garçons et deux filles, frères, sœurs, cousins, cousines, tous six ses petits-enfants. Chaque soir éclatait une chicane entre les drôles : c'était à qui coucherait en compagnie des grands-parents, du *mouitre* et de sa femme. Alors, il fallait organiser des tours, séparer ce qui doit l'être, rassembler ce qui peut l'être. Une fois qu'ils se trouvaient entassés dans le lit commun, c'était derrière les rideaux des chuchotements à n'en plus finir, des chatouilles, des pieds dans les visages, des fous rires, le lit tanguait comme une barque surchargée, jusqu'au moment où le grand-père menaçait de se lever et de prendre son sabot. Pendant ce temps, la Grande dure d'oreille dormait déjà comme une marmite, *ha-pfou ! ha-pfou !* Il se trouvait toujours un des drôles pour l'imiter, *ha-pfou ! ha-pfou !* Les rires redoublaient.

« Endormez-vous tous les six, criait maître Blaize, ou bien que le feu de Dieu me brûle si je ne vous émornifle ! »

Naturellement cette menace d'émornifler était si comique que personne n'y croyait. Maître Blaize, qui jouissait d'une immense autorité sur ses dépendants en plein jour, n'en avait aucune sur ses petits-enfants dans les ténèbres. Voilà pourquoi tous se disputaient le bonheur de coucher près des vieux. Et lui de rire aussi dans sa barbe blanche, puisque personne ne le voyait.

Le jour de ce matin dominical n'était pas encore levé. Le *mouitre* tournait dans sa tête les travaux de la semaine à venir, les semailles à poursuivre, l'avoine à battre, le bois à fagoter dans la forêt de Pagnon, le blé à descendre au moulin banal. Il songeait aussi à la confession qu'il ferait avant d'entendre messe et alignait dans sa tête le compte de ses péchés.

« Tu t'es, se disait-il sévèrement, mis en colère contre ta femme qui veut toujours parler quand on ne lui demande rien et qui se tait quand on lui demande. Mais prends garde, Blaizot, de ne pas accuser les autres quand c'est toi qui es en jugement. Tu as commis avant-hier le péché de gourmandise en ramassant une poignée de noix, en les mangeant sur place au lieu de les rapporter à la maison. Le plus grave est que tu as eu des pensées impures lorsque la fille aînée des Saton est passée devant toi, portant sur la tête un panier de châtaignes, avec ses beaux bras levés. Tu l'as regardée comme il ne convient guère à un homme ayant tes responsabilités, ton âge et ta barbe... »

Avec deux doigts, il se comprima les yeux pour effacer de son souvenir l'image qui durait encore d'Émilie, de ses tresses ballantes, de toutes ces jolies choses qui ballaient aussi sous ses vêtements de bure, comme on voit les jours venteux des pommes remuer parmi les feuilles et la main te démange de les cueillir. Blaize savait que le diable envoyait souvent cette fille sur sa route depuis le jour où elle lui avait rendu certain service. Un matin d'août que la poussière, soulevée par une saute de la traverse, l'avait aveuglé au milieu du pré communal. Elle se tenait là, gardant sa chèvre unique. Le voyant dans l'embarras et voulant, comme recommande l'Évangile, lui épargner de tomber dans une fosse, elle s'approche et demande courtoisement :

« Maître, voulez-vous que je vous essuie ? »

Lui ne dit pas non. Elle dénoue cette sorte d'écharpe en étamine dont quelques jeunes femmes se protègent le cou et la lui promène sur le visage, la barbe, le nez, les paupières, le front, qu'on dirait sainte Véronique. Tout de suite il se sent mieux, mais ces soins offrent tant de douceur qu'il en redemande :

« J'ai au moins douze *bourdjis* dans mon œil gauche. »

Et la voilà qui, de la corne de son foulard, essaie de pêcher un à un les minuscules grains, recommandant :

« Regardez au ciel... Regardez par terre... »

De temps en temps, elle lui souffle aux yeux pour les faire s'envoler. Et lui la sent si proche, si odorante, si verte, si herbue, avec son regard liquide et bleu comme l'eau de la serve, qu'il lui semble plonger dans cette source profonde ainsi qu'une salamandre ; et tandis que son vieux corps reste debout au milieu du coudert, son esprit se roule en elle et se déroule et retrouve des chaleurs oubliées.

« Je crois bien que j'ai eu le dernier ! » dit-elle enfin.

Mais alors elle le voit cramoisi sous sa barbe blanche, et ses lèvres violettes toutes frémissantes. Elle recule, effrayée. Brusquement, il se ressaisit, comprend qu'Émilie est une fille de Belzébuth, et lui lance, en guise de remerciement :

« Va-t'en, diablesse ! Va-t'en tout droit chez ton père ! »

Elle appartient aux Saton, à cette famille qui a toujours refusé de s'intégrer aux communistes, même si de loin en loin une fille, un garçon entre par mariage dans leur entente. La drôlette ne s'étonne qu'à moitié de cette recommandation, sachant la bizarrerie des hommes. Sans chercher à comprendre, elle déguerpit vers sa chèvre, ses jambes et ses pieds nus volent sur l'herbe sèche, son écharpe obéissante flotte au bout de son poing.

Voilà pourquoi il était péché de songer à elle. Maître Blaize s'écrasa les yeux de toutes ses forces, au point que la salle sombre lui parut s'emplir de flammes. Celles de l'enfer. Quand il relâcha sa pression, il s'aperçut que son cœur sautait follement sous ses côtes. Il y porta la main, se disant qu'à un tel rythme la vieille mécanique ne pourrait tenir longtemps. Et que, si elle venait à se rompre maintenant, il mourrait en état de péché mortel. Près de lui, sa femme Brunelle continuait de ronfler. Il respira fort et pria, non dans le langage de l'écriture par lequel il n'aurait su exprimer ce qu'il désirait, mais dans son parler quotidien, chuchotant des lèvres, de sorte qu'une oreille fine aurait pu l'entendre, *Bouno Vierdjo, bouéla-me...* Bonne Vierge, donnez-moi le temps de me confesser.

Après un long moment d'angoisse, son cœur retrouva un peu de calme, le pouls cessa de lui tambouriner les tempes, ce ne sera pas encore pour cette fois, se dit-il. Il attendit l'apaisement complet, le jour tardait à se couler sous la porte. Autour de Blaize, personne ne s'était aperçu de son agonie. Avertissement. Nul ne connaît le jour ni l'heure, que ta conscience soit pareille à une besace propre accrochée au mur, toujours prête pour le voyage, ainsi parlaient les curés de Voulobre.

Ensuite, ses membres se mirent à le picoter, son corps devint une fourmilière, cela grouillait spécialement dans ses mollets, ses cuisses, ses épaules. Afin de combattre cette invasion, il se leva, posa les pieds par terre. Alors que dans les autres maisons les gens couchaient tout nus, dans leur communauté personne, homme, femme, enfant, ne dormait sans la *chainse* de jour en serge râpeuse, l'été par pudeur, l'hiver pour se protéger du froid. Et tant pis si elle leur grattait la peau, c'était autant de pris sur les pénitences du purgatoire. Il n'eut donc pas besoin de vêtir sa chemise, mais enfila ses chausses retenues au-dessus du genou par des jarretières de laine ; elles étaient semellées de cuir, ce qui lui permettait de marcher au saut du lit sans autre chaussure. Puis il s'enfonça dans ses braies, serra le braiel qui les fixait à la ceinture. Agenouillé sur la terre battue, il se signa trois fois en l'honneur de la Sainte-Trinité, se baisant après la troisième le dos de la main, afin d'y recueillir la poussière de sainteté dont ces signes l'avaient saupoudrée. Puis il récita un *Avemaria*, un *Patenostre* et un *Credo nounou Deum*.

Ayant ainsi nourri son âme, il se souvint de son corps. Le dimanche, à la différence des autres jours, imposait un brin de toilette ; un débarbouillage de semaine eût été délicatesse excessive, on laissait cela aux dames des châteaux. Pour y procéder tranquillement, il s'isola dans la souillarde où le jour maintenant s'était insinué. A une cruche, il puisa deux louchées qu'il versa dans une seille ; penché sur elle, il se jeta à poignées cette eau à la face, se frotta les mains avec ce qu'il en restait, s'essuya dans une touaille et ses ablutions furent finies. Il alla dehors et tomba une autre sorte d'eau en regardant le ciel et ses nuages, tout roses au-dessus de Synioure. Le hameau se réveillait. Des coqs se répondaient en coqueléqués pour tirer du lit les derniers paresseux. D'autres hommes vaquaient à leurs occupations, qui le saluaient au passage et lui demandaient son portement, lui faisant part de leurs observations :

« Bonjour bien, maître. Comment vous sentez-vous ?

— Tout de même, tout de même. Bonjour à toi tout le jour.

— Bonjour bien, père. Ça a gelé de blanc cette nuit.

— Bonjour bien, m'ami. (Il donnait du *m'ami* à tous ses enfants, même à ceux qui portaient les tempes grises.) Oh ! ça n'est rien qu'une geleyette.

— Bon dimanche, Grand. Aurons-nous bon temps ?

— Peut-être bien, mon petit. Pense à te préparer pour la messe. »

Les femmes sortaient visiter les poules qu'on entendait glousser, caqueter, crételer et levaient les rares œufs de la saison. Les enfants se coucounaient encore dans la chaleur des paillasses. Dans la salle commune, Brunelle, agenouillée, soufflait sur les cendres protectrices des braises rouges, la première poignée de genêt sec commençait à pétiller. Préparé de la veille, le bouillon s'échauffait dans le pot suspendu ; mais seuls les malades, les impotents auraient droit à la soupe matinale ; tous les autres resteraient l'estomac vide afin de pouvoir communier à la messe de Voulobre ; à leur retour seulement la maîtresse remplirait les trous-écuelles ; le dimanche sautait un repas.

Les besognes indispensables achevées, chacun, chacune se préparait donc au voyage, se frottait le museau d'un peu d'eau clairette, revêtait ses meilleures hardes : les hommes enfilaient le surcot à capuchon, les femmes se couvraient les épaules de la *chape à aigue* en laine non dégraissée pour se protéger de la pluie éventuelle, toujours à craindre en novembre. Tous chaussaient leurs sabots de messe, en noyer teint d'airelle, rembourrés de foin, les chausses s'y enfonçaient avec délices. On ne montait pas à Voulobre les mains vides, chaque famille emportait son offrande aux prêtres, qui un poulet plumé, qui des œufs, qui un chèvreton, qui du pain, selon ses possibilités.

Ainsi attifés, hommes, femmes, enfants se rassemblèrent sur le coudert, se disposèrent en cortège, le maître et la maîtresse en tête, et tous les communistes des Bonnets se mirent en route pour la messe. Ils descendirent vers le moulin banal, traversèrent à gué le ruisseau des Roches et, empruntant les raccourcis, se dirigèrent avec leur bagage vers l'église dont la clochette les appelait. Ils traversèrent les hameaux de Laurençon, de la Tiercerie, de la Poudrilhe et gravirent les escarpements qui les menaient aux murailles du bourg. Pour se distraire de la marche, on s'amusait quelquefois à compter ses enjambées ; les hommes en trouvaient dans les six mille ; les enfants, de jambe plus courte, allaient bien au-delà. C'était pour eux une excellente manière d'apprendre les nombres. Ils traînaient bien un peu la patte, s'accrochaient aux cottes de leurs mères comme on voit un laboureur fatigué rentrer le soir accroché à la queue de sa vache. Les plus petits se faisaient même porter, à califourchon sur l'échine de leur père. Aux croix de carrefour, on faisait halte pour réciter un *Avemaria* et souffler un peu.

Quand ils arrivèrent, l'église était déjà pleine, les fidèles venaient de plusieurs lieues à la ronde, certains avaient marché depuis l'aube. La foule débordait du porche ; l'eau bénite, partie du bénitier, circulait de main en main, en sorte qu'au bout de la chaîne on ne touchait plus que des doigts secs. La construction massive, en granit de Synioure, rectangulaire, longue de cent cinquante pieds et large de vingt, prenait jour par six fenêtres assez étroites garnies de grillages. A l'orient, derrière l'autel creusé d'une niche où dormait un pied complet de saint Maurize (on le montrait aux foules le 22 septembre, jour de sa fête), le bâtiment se terminait en une espèce de grotte arrondie. Le chœur, surélevé de quatre marches, partiellement séparé de la nef par la balustrade du cancel recouverte de sa nappe, était réservé aux membres du prieuré et du chapitre, ainsi qu'aux Berts, seigneurs du lieu, dames, damoiselles et damoiseaux. Les villains, encombrés de leurs victuailles, restaient debout, pressés dans la partie basse dont les dalles disparaissaient sous les ordures, terre, crachats, débris végétaux et animaux. Les jours de grande fête, on jonchait tout cela d'herbes, de fleurs, de branchages et l'encens d'Arabie que l'on consumait en toute occasion étouffait les senteurs de fumier. Avant l'office, assis sur les marches du chœur, prêtres et moines confessaient à tour de bras et publiquement ceux et celles, agenouillés devant eux, qui se sentaient la conscience mâchurée. Il leur arrivait d'entendre plusieurs personnes en même temps, mari et femme, mère et filles, frères ou sœurs. Au bout de quoi, la messe se déroulait avec faste. Les religieux chantaient à pleine gorge, se battaient la poitrine, tendaient les mains vers le ciel. Dans la nef, les villains tâchaient de ne pas être en reste, certains demeuraient sur les rotules tout le temps de la fonction, ou se frappaient le front contre les dalles.

Après le *Credo nounou Deum*, ils processionnaient vers le chœur pour la cérémonie des offrandes. Les prêtres, vicaires ou diacres recevaient dans des corbeilles les œufs, les *boussets* de vin, les volailles plumées. En regagnant la nef, les fidèles se donnaient de l'un à l'autre et sur la bouche le baiser de paix. L'Agneau de Dieu se transsubstantiait dans l'hostie sainte. Ils remontaient alors recevoir en communion les espèces du pain et du vin, relevant sous leur menton la nappe du cancel et se passant de main en main le saint calice où ils buvaient le sang du Christ.

Ce jour-là, les assistants étaient particulièrement nombreux, comme s'ils avaient pressenti qu'il y aurait du nouveau. On était une semaine avant la Saint-Martin et la nouveauté se trouva dans le prône du curé Hugon, originaire de la Barge, qui monta en chaire pour leur parler dans le langage de la région :

« Mes bien-aimés frères en Jésus-Christ, lorsque l'apôtre Paul s'en allait d'Antioche à Chypre, de Pisidie à Derbé, de Corinthe à Éphèse, prêchant les gentils, convertissant les Juifs, sa venue attirait des foules innombrables qui voulaient le voir, l'entendre, le toucher. Parce que Dieu lui avait un jour parlé face à face. Eh bien ! mes très chers frères, un événement tout pareil se prépare près de nous : le Ciel nous envoie son ambassadeur sur la terre, le Pontife des pontifes, le protecteur des peuples opprimés, celui devant qui s'agenouillent les rois et les empereurs. Notre Saint-Père le Pape est en route pour l'Auvergne ! Il vient présider un concile, c'est-à-dire une réunion de tous les évêques, abbés et prieurs, afin qu'ils traitent ensemble des affaires de l'Église universelle. Il est parti de Rome, capitale de la chrétienté, sa barque a bravé les flots, les tempêtes, les pirates et les monstres marins qui s'en prennent aux navigateurs ordinaires. Car il brandit la Croix comme une épée de feu ! Il a touché Marseille, a remonté le Rhône impétueux, bientôt il atteindra la Chaise-Dieu, puis Brioude, puis Clermont notre ville épiscopale... »

Il prononçait *La Tsa-Diéou, Brivaùde, Quiarmoun*, la plupart des assistants connaissaient les noms de ces villes lointaines, remplies d'églises et de monastères, toujours chantantes de leurs innombrables cloches, on parlait d'elles le soir au coin du feu, on rêvait d'aller un jour en pèlerinage sur la tombe de saint Robert, de saint Julien ou de saint Alyre, quelques-uns y étaient allés, en étaient revenus ; ils raconteraient ce voyage mirifique jusqu'à la fin de leurs jours et leurs enfants après eux.

« Prions le Seigneur, mes frères bien-aimés, poursuivit Hugon de la Barge, afin que le Saint-Esprit éclaire ces grands prélats pour le bien de notre sainte Église. Et tout spécialement le Pape Urbain, successeur de saint Pierre. Mais cela ne suffit point ! »

Il interrompt son discours, reste un moment silencieux pour mieux retenir l'attention de l'auditoire, levant vers le ciel son index long et puissant, car les doigts des prêtres sont plus longs que les autres, ils peuvent guérir les maladies, chasser les démons, désigner sous la terre une source invisible, foudroyer les pécheurs non repentis. Tous les yeux restent fixés sur ce doigt lumineux.

« Cela ne suffit point ! L'Auvergne entière a le devoir de se mobiliser pour accueillir dignement le représentant de Dieu ! Ce qui ne veut pas dire que nos maisons doivent se vider entièrement pour aller à sa rencontre. Trop d'obligations retiennent ici nos laboureurs. Mais que chaque famille envoie deux, trois, quatre délégués vers la ville de Clermont où le Pape Urbain entrera dans quelques jours. A pied, à cheval, en charreton, hommes, femmes, jeunes gens, peu importe, pourvu qu'ils soient en mesure d'affronter les fatigues d'un voyage de quinze à seize lieues. Et autant pour revenir. Nous marcherons ensemble, vos pasteurs prendront la tête de la colonne, et nous irons nous prosterner devant le Suprême Pontife. Emportez de la nourriture pour une semaine. Si elle ne suffit pas, nous prendrons place à la table de Jésus-Christ. C'est-à-dire que nous mendierons notre pain en route. Et comment Jésus-Christ nous laisserait-il pâtir de la faim, lui qui nourrit les petits oiseaux ?

« A Clermont, nous honorerons le Pape Urbain. Quel privilège ce sera pour nous d'admirer sa sainte face, d'entendre sa sainte voix, de recevoir sa sainte bénédiction ! Mais nous ne nous satisferons point de ces bonheurs : nous irons encore prier saint Alyre qui accomplit de son tombeau une foule de miracles. Nous nous recueillerons en plusieurs autres églises : Saint-Vénérand, Saint-Saturnin, Saint-Léogonce, Sainte-Juliette, Saint-Hilaire, Saint-Jacques et Saint-Austremoine. Ensuite, nous reviendrons comblés de grâces pour nous et notre famille. *Amen.* »

Il y eut aux Bonnets plusieurs assemblées dans la maison commune. Il s'agissait de désigner celui ou ceux qui se rendraient à *Quiarmoun* pour saluer le Pape Urbain. Et de préciser par quel moyen ils voyageraient. Leur absence pourrait durer une semaine, peut-être deux, peut-être trois, lorsqu'on part sait-on jamais quand on revient ? Ce début de novembre, semailles quasi achevées, était propice à des absences. Après de longues discussions, maître Blaize choisit trois cousins, Giraud, âgé d'environ vingt-quatre ans ; Étienne, de vingt-huit et Balthazard son père, de cinquante-neuf ou soixante.

« Comment voyagerez-vous ? demanda le *mouitre* qui craignait d'avoir à concéder trois montures.

— A pied », répondirent-ils unanimement.

Et lui, soulagé : « Je vous approuve. »

Ils partirent au petit jour, chaussés de sabots ou de brodequins, abrités sous leur manteau d'hiver, leurs besaces sur l'épaule, gonflées de pain, de fromage et de poires pour la soif. Un peu confus de tant de provisions, se demandant si saint Paul, si le Christ voyageaient aussi richement pourvus. Mais leurs femmes s'étaient fâchées : te prends-tu pour saint Paul, vous prenez-vous pour le

Christ ? Tout le hameau les regarda s'éloigner, les enfants agitant les mains, des filles s'essuyant les yeux, les vieillards leur jetant des bénédictions. Le chien Fanfan voulait absolument accompagner son maître Balthazard qui dut lui lancer des pierres.

Ils marchèrent une heure le long de la route bordée de vignes que l'automne ensanglantait. Escotal était plein d'une grande cohue, d'hommes, de charrettes, de chevaux. Les uns venaient faire moudre leur seigle au moulin, d'autres s'en allaient rencontrer le Pape. On attendit les Voulobrois qui arrivèrent en colonne, derrière Hugon de la Barge et deux autres prêtres. En définitive, tous venaient à pied, ils avaient renoncé aux montures et aux charrettes, c'est par l'effort des jambes et la peine des poitrines que l'on purge ses péchés, que l'on gagne le Ciel, et non par les sueurs d'une bourrique. Le soleil montrait derrière Synioure juste la courbure de son crâne quand ils se remirent la route entre les jambes, applaudis par ceux qui restaient. Pour rendre leur départ plus joyeux, Hugon lança l'*O salutaris Hostia* que tous reprirent derrière lui. Mais bientôt le chemin montant leur coupa le sifflet. On n'entendit plus que le raclement innombrable des sabots, des brodequins et des sandales.

Guidés par la main de Dieu, les prêtres étaient seuls à connaître la bonne route. Parfois, ils abandonnaient la voie tracée et empruntaient des coursières, le troupeau humain se faufilait entre les arbres d'une forêt, franchissait un ruisseau à gué, s'écharpillait à travers les broussailles. Ils traversèrent le hameau des Giliberts qui leur apporta, lorsqu'ils eurent expliqué le but de leur voyage, un renfort de quatre personnes. Après Malhou, ils atteignirent la Dore. Des bateliers demandèrent :

« Où allez-vous ?

— A Clermont, pour saluer le Pape Urbain.

— Nous pouvons vous traverser. Il vous en coûtera, vu votre nombre, seulement un demi-denier par tête.

— Grand merci, mais nous sommes trop nombreux pour vos batelets, répondit Hugon. Nous voulons prendre le bac de Pichodoueyre.

— Vous en saurez le prix ! »

Ils continuèrent leur progression le long des vergnes. Au milieu de la rivière, des pêcheurs au filet proposaient leurs poissons, les tenant en l'air par la queue ; mais eux levaient leurs besaces, laissant entendre qu'ils avaient le nécessaire.

Après un long piétinement dans le sable et les marécages, ils furent à un endroit nommé Pichodoueyre où était établie une grande pêcherie de saumons. Ils y trouvèrent la grande route de Clermont qui enjambait la Dore à gué par temps de basses eaux et au moyen d'un bac pendant les crues : la *nàu*, un simple plancher de troncs noués entre eux par des liens d'osier. Une corde de chanvre, la *traille*, tendue d'une rive à l'autre, s'appuyait à un mât planté au milieu du radeau, rongé par son frottement. Le péage était d'un denier, mais les prêtres le firent rabattre à un demi. Trente personnes y pouvaient prendre place ; en tirant sur la traille, elles obligeaient leur esquif à gagner l'autre bord. Il fallut deux voyages pour transborder tout le monde.

« Bientôt, annonce alors Hugon, nous verrons le puy de Doume. Clermont se trouve au pied de cette montagne, comme Voulobre au pied de Synioure. Nous ne pourrons plus nous égarer. »

Et en effet, après avoir marché encore une bonne heure, franchi une combe bien creuse qu'on appelle ici une *goutte*, ils arrivent sur un terrain plat et découvert d'où ils aperçoivent à l'horizon, au-delà d'une grande plaine parsemée de collines et d'étangs, un alignement de taupinières bleues. Hugon tend le doigt vers la plus haute, désigne le puy de Doume. Le soleil aussi se dirige vers ce point. Après avoir atteint le sommet de sa course, il commence à décliner.

« Arrêtons-nous un peu. »

Ils s'écartent dans les chaumes environnants, s'assoient sur une pierre, une bûche ou un talus, tirent de la besace un peu de pain et de fromage, une pomme. Certains cherchent une source et vont y boire. Puis la marche reprend. Chacun s'applique à poser bien à plat ses brodequins pour en user régulièrement la semelle et pour que sa lourdeur pèse moins à son pied, et pour cela il doit marcher les genoux légèrement fléchis. D'autres, pour se soulager les orteils, cheminent sur leurs chausses nues ; comme elles ne résistent pas longtemps à cette épreuve, la plante part en lambeaux et ils vont sur leurs pieds calleux, comme aux meilleurs jours du « beau temps », malgré la boue et les ornières.

« Nous n'arriverons pas avant la nuit, dit quelqu'un.

— Non, confirment les prêtres. Mais que nous importe ? Le Seigneur Dieu nous éclairera de ses étoiles et nous conduira jusqu'au port. »

Autour d'eux, des troupeaux de moutons broutent les éteules et s'enfuient à leur approche. De temps en temps, une autre colonne de pèlerins vient s'ajouter à la leur. Ce sont des Limagnais chaussés de bottes jusqu'aux genoux, dont le parler diffère, mais que l'on comprend sans difficulté, même s'ils disent *zé prey moun plazay* au lieu d'*é prengu mon plazí*, j'ai pris mon plaisir. C'est un jeu qui les amuse un long bout de route que de se dire de l'un à l'autre :

« *Zai prey toun plazay ?*

— *Obì ! E të, t'è prengu ton plazí ?* »

Car il n'y a rien de plus divertissant au monde que d'entendre des mots différents pour désigner les mêmes choses.

Ils marchent ensemble. Les jambes leur entrent dans le ventre, leurs pieds sont en feu. Le soleil se couche derrière le puy de Doume, les taupinières de l'horizon se font toutes noires.

A présent, ils n'ont plus la force de chanter, de rire, de plaisanter. Mais ils marchent. Pressés l'un contre l'autre dans la nuit épaisse, rassurés l'un par l'autre, si tu viens à trébucher tes voisins te secourent.

Ils marchent, marche que marcheras-tu. Je veux m'user les pieds jusqu'aux genoux, Seigneur, pourvu que tu pardonnes mes péchés et m'accueilles un jour dans ton Paradis. Pourvu que j'y retrouve mon père et ma mère, ceux que j'ai aimés et qui me manquent. Je veux m'user les pieds pour le mal que j'ai fait, pour le bien que je n'ai pas fait. Conduis-moi dans la nuit vers ton Représentant afin qu'il me bénisse. Je veux marcher, je veux marcher, je veux marcher.

Parfois, Hugon s'arrête, se retourne et crie :

« Êtes-vous tous à me suivre ?... »

Mais ils sont trop fatigués pour répondre, le pasteur traîne derrière lui ses ouailles clopinantes, incomptables, combien, combien manqueront à l'appel au terme du voyage ?

C'est alors qu'ils distinguent au loin des feux qui luisent et qui s'éteignent. Un fourmillement de petits soldats rouges sur un champ noir, pareils à ceux qui parsèment le cul de la marmite pendue à la crémaillère. Voilà où il nous faut aller. Ils marchent en cette direction, reconnaissent bientôt qu'il s'agit d'un bivouac, des hommes sont là autour de feux de branches, qui les regardent sortir de l'ombre comme un troupeau de spectres, mais aucun ne paraît effrayé.

« Qui êtes-vous ?... D'où venez-vous ?... Où allez-vous ?

— Nous venons de Voulobre, des Bonnets, d'Escotal, des Giliberts, de Ludose, de Marengues. Nous allons honorer le Pape Urbain et marchons depuis l'aube. »

Les hommes au bivouac se lèvent et les accueillent à bras ouverts, eux aussi sont des pèlerins, ils offrent leurs feux et leurs victuailles. Ainsi terminent-ils la nuit, pressés les uns contre les autres, les pieds tournés vers les braises qui peu à peu s'éteignent, pareilles aux petits soldats rouges au cul de la marmite.

Le lendemain, ils se réveillent dans le brouillard, pâles comme le jour, grelottants, couverts de rosée et d'escargots. Chacun mange un peu de ce qu'il porte dans sa besace. Ils ne savent plus où ils sont, ne voient ni ciel ni terre. Il faut pourtant repartir. Et d'abord retrouver la route tracée, avec ses ornières rassurantes. Elle n'est pas loin, parcourue déjà d'autres pèlerins emmitouflés dans leur chape, il n'est que de les suivre. Certains cheminent depuis trois jours, ils viennent de très loin, on comprend à peine ce qu'ils disent, mais tous répètent ce mot de reconnaissance : *Pape Urbain, Pape Urbain.*

Après une autre heure de marche, ils entendent des cloches. Et quasi soudainement, distinguent devant eux le puy de Doume fort grandi, et ses montagnes-sœurs, en parfait alignement. A leurs pieds, Clermont, éclairé par le soleil levant comme son nom l'indique, Clermont juché sur sa colline et enclos dans ses murs, Clermont doré de ses pierres et pourpre de ses toits, Clermont l'épiscopal, Clermont le saint aux cinquante-quatre églises les appelle de toutes ses campanes. Les prêtres entonnent, et la foule après eux :

Laudate, laudate Dominum !
Omnes populi, laudate eum !
Alléluia ! Alléluia !

Tous les chemins conduisent à Clermont et tous amènent un flot de pèlerins, à pied, à cheval, à dos d'âne ou de mule, en charrette, en charreton. Villains dans leurs braies et leurs souliers boueux, moines troussés, bourgeois coiffés du chaperon, seigneurs parés de leur manteau fendu comme celui de saint Martin, l'épée au flanc, gantés de cuir, accompagnés de leurs valets. La foule s'est répandue des deux côtés de la route, elle campe dans les éteules, les vignes, les prés, sous des huttes de branches, sous des tentes faites de couvertures et de piquets, elle creuse les meules de foin et s'y enfonce.

Certains pèlerins vivent là depuis huit jours.

« Avez-vous vu le Pape ? leur demande-t-on.

— Oui, oui, nous l'avons vu.

— Et vous ne repartez pas ?

— Nous espérons sa bénédiction qu'il ne nous a pas encore donnée.

— C'est pour quand ?

— On ne sait pas. »

En attendant, ils subsistent comme ils peuvent. Exhortés par l'évêque de Clermont, les seigneuries des alentours, de Mont-Rognon, de Mont-Redon, de Tournoé, de Vigosche, de la Salle, de Camallière, de Rubiac envoient des charretées de pain et de pommes. Rien n'est meilleur qu'une pomme avec un morceau de pain, si ce n'est du pain avec un morceau de pomme. Ricom envoie des poires et des noix, quelques pèlerins sont si affamés qu'ils les pilent entre deux pierres et mangent aussi les coquilles.

Oui, certains ont déjà eu le bonheur d'apercevoir le Pape Urbain, ceux qui ont pu s'insinuer dans Sainte-Marie-Principale lorsqu'il y a célébré la grand-messe. Et ils sont repartis vers leur village, comblés de sa bénédiction. Mais la plupart ne l'ont encore vu ni de face ni de profil, car il préside depuis une semaine son grand concile dans l'église cathédrale que remplissent des centaines d'archevêques, d'évêques ou d'abbés. Les portes en sont interdites au peuple qui se presse dans les ruelles étroites, tortueuses, rarement pavées, mais toujours encombrées d'ordures que ces innombrables étrangers piétinent. Les premiers venus y ont trouvé aussi quantité de pourceaux occupés à leurs nécessités ; les Clermontois se sont hâtés de les enfermer dans leurs soues depuis que plusieurs pèlerins ont saisi par la queue et les oreilles des gorets qui n'y songeaient guère et les ont emportés vers leurs huttes, tout couinants, pour les assassiner et s'en nourrir : ils creusent un trou dans le sol, y allument un feu, posent sur les braises rouges leur gibier, le recouvrent de terre et le font cuire à l'étouffée. A titre de revanche, maint visiteur a laissé le soir son manteau entre les mains des tire-laine de la ville et plus d'un, séduit par des ribaudes, a été entraîné dans les caves de Clermont et n'en est jamais ressorti. Car la cité épiscopale est bâtie sur un lacis de grottes et de couloirs souterrains où les habitants gardent leur vin au frais et se réfugient en cas de péril. Les ribaudes y tiennent aussi boutique. Giraud, Étienne et Balthazard, venus des Bonnets, dont les mœurs sont pures et attentive la prudence, fréquentent plutôt les sanctuaires et en reçoivent de grandes consolations. Chaque soir, ils regagnent le campement de branchages où ils ont passé leur première nuit.

Au troisième jour, le bivouac reçoit la visite d'un moine de saint Benoît qui fait cette annonce surprenante :

« Demain, après l'heure de sixte, le Pape Urbain s'adressera à la foule des romiers venus lui rendre hommage et leur impartira sa bénédiction. Il faut que vous vous trouviez hors les murs de Clermont, côté du jour, devant la porte dite du Port. Là s'étend un immense foirail. Écoutez bien et faites exactement tout ce que dira Sa Sainteté. Et quand il aura fini de parler, criez tous ensemble : *Dieu le veut !*

— Dieu le veut ?

— Oui, Dieu le veut !

— Mais que veut-il ?

— Il veut ce que son Représentant ordonne. Ne vous souciez de rien d'autre. Criez très fort Dieu le veut !

— Nous ferons comme tu dis. Dieu le veut ! »

Et tous, bien avant l'heure, se rendent à l'endroit désigné. Le Champ-Herm (il couvre au moins dix septerées, selon l'estimation de Balthazard) s'étend très loin en pente légère vers les champs, les vergers, les marais de la Limagne. A cent pas des murs de la ville, se dresse un échafaud portant une simple chaire. Des hommes d'armes, dans leur cotte de mailles scintillante, réservent tout autour un espace inhabité, qui s'étire par un couloir jusqu'à la porte dite du Port. Bien avant midi, le foirail grouille de piétons et de cavaliers. L'impatience des hommes et des chevaux fait ondoyer cette mer vivante.

Tout par un coup, les trompettes sonnent, la procession des évêques et des abbés sort de la ville, suit le couloir réservé, encercle l'échafaud sur lequel se hisse un petit moine bénédictin, le capuchon dans le dos, un peu frêle, un peu chauve, la barbe fluviale. On pense qu'il va vérifier la chaire du Pape ou faire on ne sait quel arrangement ; mais comme il reste seul, debout, immobile, la foule comprend peu à peu qu'il s'agit d'Urbain lui-même ; elle se met à battre des mains et des pieds, à crier Noël ! Noël ! Gandrille ! Gandrille ! Vivat ! Vivat ! Bénézit ! Bénézit ! Progressivement, tous s'agenouillent, même ceux qui sont là-bas à cent toises de lui, comme un blé se couche sous l'orage. Toutes ces têtes basses, brunes, blondes, blanches ou pelées implorent sa bénédiction. Trois fois sa main se lève, vers le midi, vers le septentrion, vers l'orient. Dans un silence merveilleux, les paroles si longtemps espérées volent par-dessus les pèlerins jusqu'aux plus lointaines oreilles, comme les colombes du Saint-Esprit :

« *Benedicimus vos in nomine Patris et Filii et Spiritus Sancti. Amen !* »

Quand ceux de devant osent lever le front, ils voient le petit moine immensément grandi, son bras semble puiser au ciel et répandre sur eux les grâces divines :

« *Benedicimus vos...* »

Les cavaliers sont descendus de leurs montures pour mettre genou en terre comme les piétons. Et beaucoup de présents voient, ce qui n'étonne personne, les chevaux eux-mêmes s'agenouiller :

« *Benedicimus vos...* »

Quand tout est fait, la foule se relève et reprend ses acclamations : Noël ! Noël ! Gandrille ! Gandrille !... Mais les trompettes lui ferment la bouche de nouveau. Le Pape ouvre les bras et commence un sermon :

« Peuple des Francs ! Peuple élu et chéri de Dieu comme l'atteste l'éclat de tes œuvres ! Séparé des autres peuples de l'univers tant par la situation de ton territoire que par ta foi catholique ! C'est à toi que s'adressent nos paroles ! Sache donc quelle raison douloureuse nous a amené dans ton pays !... »

Il ne parle point la langue de l'écriture, mais un idiome qui n'est exactement celui de personne. Les assistants commencent à se demander entre eux :

« *Que dice ?... Ce qu'o dji ?... Da que dièze ?... Qu'es ço que pritch ?... Que z'a dhi ?...* »

Mais le Pape s'exprime lentement, avec de longues pauses dans son discours, dont profitent les religieux disséminés parmi la foule pour le traduire aux gens de leurs paroisses. Ainsi Hugon aux Voulobrois :

« De Jérusalem, nous parviennent de pénibles et fréquents récits : les peuples turcs, nation sauvage, nation ignorante de Dieu, nation au cœur perfide, ont envahi là-bas les églises chrétiennes, les ont dévastées par le fer et le feu, détruites jusqu'aux fondements, ou bien y ont installé leur culte barbare ; ont massacré ou bien réduit en esclavage nos prêtres et nos pèlerins. A qui donc appartient-il de venger cela, sinon à vous, à qui Dieu a accordé plus qu'aux autres nations l'insigne gloire des armes, la grandeur de l'âme, l'agilité du corps et la force d'humilier le crâne chevelu d'un adversaire impie ? »

Il lève ses mains écarquillées vers le ciel, les larges manches tombent jusqu'aux coudes, découvrent ses bras maigres et velus. Sa voix est faible, presque inaudible à trente pas, dans le plein air de cet immense espace d'où montent des murmures, des toux, des hennissements. A quarante pas, on distingue seulement quelques paroles éclatantes :

« Rappelez-vous Charlemagne... son fils Louis et vos autres rois... détruit les royaumes païens... Peuples immondes... ils ont souillé le saint sépulcre et déshonoré les lieux saints... »

A cinquante, on ne distingue plus rien du tout que des syllabes incompréhensibles... *ois... agnes... euse... orge...*

« *Da que dièze ?...* Qu'est-ce qu'il raconte ? » demandent les Arvernes, les Vellaves, les Gabales, les Helviens, les Cadurques, les Volques, les Pritocores.

Et leurs curés, qui ont l'oreille plus fine que la belette, rapportent les paroles inaudibles :

« Il dit que nous devons délivrer le tombeau du Christ à Jérusalem. Que rien ne doit nous retenir : ni nos biens ni nos familles, car ce territoire que nous habitons, enfermé de toutes parts entre la mer et de hautes montagnes, contient mal notre nombreuse population. Qu'il nourrit mal ceux qui le cultivent. Qu'au contraire nous trouverons là-bas du miel, du lait et toutes les richesses de la terre. Que Jérusalem est un autre Paradis de délices. Il dit que nous devons sans retard prendre cette route en rémission de nos péchés. Jérusalem est le centre du monde. Nous ne devons plus nous combattre les uns les autres, mais devons aller égorger, éventrer, brûler les Turcs et leurs villes maudites... »

Aux confins du Champ-Herm, même la fine oreille des prêtres ne peut plus rien percevoir. Ce qui ne les empêche pas de répéter :

« Il dit que nous devons aller délivrer le tombeau du Christ à Jérusalem... A Jérusalem !... »

Là-bas, le petit moine sur son estrade lève au ciel, non plus ses mains ouvertes et bénissantes, mais ses poings. La foule entre en délire. Les religieux crient le mot d'ordre : *Dieu le veut !* Repris par les pèlerins venus de toute la chrétienté, encadrés de souffleurs : *Dieu le veut ! Diéou lo volt ! Djeù le vo ! Diou lou quère ! Dios lo vèu !*

Sans attendre la fin de l'innombrable cri, le Pape sur l'échafaud achève son discours :

« Très chers frères, aujourd'hui se manifeste en nous ce que le Seigneur a dit dans son Évangile : *Là où deux ou trois seront assemblés en mon nom*, je serai au milieu d'eux. Si le Seigneur Dieu n'avait pas été dans votre cœur, vous n'auriez pas tous, tous ensemble jeté un même cri ! Qu'il devienne donc dans les combats votre cri de guerre : Dieu le veut !... Entreprenez ce saint pèlerinage. Et pour cela, portez sur votre poitrine le signe de la croix du Christ, comme il le prescrit dans son Évangile : Celui qui ne porte pas sa croix et ne me suit pas n'est pas digne de moi ! Dieu le veut ! Dieu le veut ! »

Et la foule unanime : Dieu le veut ! Gandrille ! Gandrille ! Jérusalem ! Jérusalem ! La clameur se répand de proche en proche au-delà du Champ-Herm, déferle sur la Limagne, franchit les monts, ébranle toute la terre, atteint jusqu'aux îles de l'Océan.

Mais voici qu'un évêque mitré gravit à son tour les marches de l'estrade et présente au Pape d'une main une étoffe rouge, de l'autre une épée. Urbain saisit la seconde et découpe la première en deux bandes qu'il épingle sur l'estomac de l'ecclésiastique. Des rouleaux d'étoffe rouge arrivent de Clermont, les drapiers en vident leurs échoppes, ils passent parmi la foule de main en main, se subdivisent, se distribuent, les croix rouges fleurissent sur les poitrines.

« Et vous, gens de Voulobre, s'écrie Hugon de la Barge, allez-vous tout tranquillement rentrer chez vous pour gauler vos noix ? Personne n'a-t-il envie de partir délivrer le tombeau du Christ ?

— Moi, dit Giraud, des Bonnets.

— Moi aussi, dit son cousin Étienne.

— Jérusalem, demande le vieux Balthazard, est-ce que c'est très loin ?

— Sûrement.

— Plus loin que Tihart ? Plus loin que Voulobre ? Plus que Noirestable ?

— Bien plus loin.

— Il y a donc beaucoup à marcher. Tes souliers, dit-il à son fils Étienne, ne tiendront pas le coup. Tu aurais dû en prendre une autre paire.

— J'en trouverai en route. Ou bien je marcherai pieds nus.

— Que dira ta mère en ne te voyant pas revenir ?
— Vous lui expliquerez. Dieu le veut !
— Vous l'expliquerez aussi à la mienne, dit Giraud.
— Non, je n'expliquerai rien du tout. Car je n'entends pas t'abandonner.
— Mais vous avez soixante ans !
— Je pars avec mon fils. C'est Giraud qui doit retourner aux Bonnets pour expliquer les choses.
— Vous avez raison, dit le prêtre consulté. Balthazard porte le nom d'un roi mage. Il conduira ses compagnons jusqu'à Bethléem. »

Ceux qui ne se croisaient point retournèrent donc chez eux, derrière Hugon de la Barge. Aux Bonnets, Mathilde, la femme de Balthazard, perdit en même temps son mari et son fils aîné. Car on n'entendit plus jamais parler d'eux. On sut seulement que des milliers de pèlerins, après le discours du Pape, s'étaient mis en route pour l'Orient. Qu'ils avaient franchi les montagnes et les mers. Qu'ils avaient combattu les Juifs et les Turcs, mais que Jérusalem n'avait pas été délivrée. Qu'étaient devenus Étienne et Balthazard ? Encore vivants ? Morts ? Esclaves ? Mathilde les attendit jusqu'à la fin de ses jours. Souvent, elle partait à leur devant sur la route d'Escotal. Puis elle revenait seule, appuyée sur son bâton.

C'est vers cette époque que l'on commença de donner un surnom aux habitants des Bonnets : à cause de leur extrême piété et de ces deux hommes qui avaient sacrifié au Christ leur liberté ou leur vie, on les appela *les Bons Dieux*. Ils n'avaient d'ailleurs que ces mots à la bouche : le bon Dieu... le bon Dieu...

3

Pendant dix ans, le bourg de Voulobre n'est qu'un chantier, qu'un remuement de terre, de pierres, d'échelles, de troncs et de charpentes. Même les morts participent : le cimetière se trouve encombré d'artisans, on équarrit les moellons de granit entre les tombes. Par un accord entre les barons et les prêtres, depuis dix ans les corvées domaniales sont toutes mises « au service du Seigneur Dieu ».

Vieille de plusieurs siècles, édifiée sous les auspices de l'évangélisateur saint Maurize, chef de la légion thébéenne, dont un pied venu d'Orient a guéri de la lèpre et converti le sire du lieu nommé

Ermillon, l'ancienne église menaçait ruine. Les Voulobrois œuvrent maintenant à sa reconstruction sur un plan nouveau, ne conservant de la précédente que les matériaux utilisables et une partie des fondements. Au terme de l'immense entreprise, elle se trouvera élargie, riche de trois nefs au lieu d'une, éclairée par des fenêtres plus nombreuses. Au lieu du plafond de bois, une voûte de pierre et une coupole en forme d'écuelle renversée soutenues par de gros piliers rectangulaires ; le tout surmonté d'un clocher octogone haut de quatre-vingt-dix-huit pieds, flanqué d'une tourelle extérieure contenant soixante marches rien que pour accéder à sa base.

De toutes parts, les maillets cognent sur les pieds-droits et les cintres qui soutiennent les voussoirs. Les maçons et les charpentiers montent aux échelles. Les bouviers manœuvrent leurs attelages à grands coups de gueule. Les architectes, qui sont des moines venus d'ailleurs, errent çà et là, déroulant leurs parchemins. Les ciseaux des tailleurs de pierre mordent le granit. Les imagiers sculptent dans les chapiteaux des figures inspirées par l'histoire sainte, Jonas sort de la baleine, Siméon tient l'Enfant Jésus dans ses bras, Madeleine essuie de ses cheveux les pieds du Sauveur. Exemples si merveilleusement représentés qu'on les croirait vivants. Les villains creusent les fondations, charroient les terres et les pierres brutes descendues de Synioure, élèvent dans les airs avec des treuils les blocs façonnés, abattent et transportent les arbres de Plaine-Vèze, en tirent des planches et des madriers, servent les maçons, cuisent la pierre à chaux, vont puiser du sable aux rives de la Dore. Les enfants ramassent les outils échappés aux ouvriers. Les femmes préparent les nourritures et soignent les blessés.

La grosse difficulté est de remodeler la maison de Dieu sans interrompre l'exercice du culte. Aussi l'a-t-on partagée en deux tranches dans le sens de la longueur, séparées par une cloison : l'une comprend le porche et les deux tiers de la triple nef ; l'autre le reste de la nef, le chœur et la future abside. Par ce biais, les fidèles disposent d'une demi-église pendant la durée des travaux. Comme elle est cependant trop exiguë pour les recevoir tous, les prêtres célèbrent quatre messes consécutives au lieu d'une seule.

Un jour enfin tout est fini, on enlève les échafauds et les éclats de pierre, on fleurit l'autel, on astique, on époussette, on balaye le pavement, on le jonche de fleurs et de feuilles. L'évêque de Clermont, mitré, crossé, chasublé vient consacrer l'église rajeunie en présence de tous les paroissiens. Il monte dans le clocher et bénit les deux cloches, le gros bourdon des enterrements, des incendies, du tocsin, et la campanette des baptêmes, des mariages, de la Résurrection pascale. Elles se mettent ensuite à chanter ensemble et si magnifiquement qu'on les entend vibrer d'Escotal, de Corpeyre, de Frissonnet.

Maître Blaize, lui, ne pouvait les entendre car il était devenu sourd. Il lisait la parole sur les lèvres du monde, mais parfois s'y trompait, prenait trompette pour troupeau et cinquante pour cinq cents. Ses petits-enfants lui demandaient quelquefois :

« Quel âge avez-vous, Grand ?

— J'ai dépassé les septante depuis longtemps, c'est bien sûr. Mais de combien ? Allez savoir ! »

Il ne décidait plus grand-chose des affaires de la communauté mais s'en remettait à son *vigier*, Annet, fils de Guillot. Il demeurait cependant le *mouitre*, et le sire de Voulobre ne voulait connaître que lui dans les discussions de redevances ; il se faisait donc accompagner d'Annet qu'il présentait ainsi :

« J'ai amené celui-là, qui est mon oreille droite. »

L'oreille gauche avait réputation de communiquer directement avec le cœur, la droite avec l'escarcelle pendue à la ceinture. Les lèvres d'Annet prononçaient les chiffres et les mots avec une telle perfection que maître Blaize les entendait tous des yeux. Sa femme Brunelle l'ayant quitté pour le cimetière, il couchait seul, mais dormait peu. La nuit trop silencieuse l'effrayait ; il s'imaginait être déjà dans sa fosse et, s'il lui arrivait de toucher ses membres glacés, il se disait, mes jambes sont déjà mortes et ma tête à moitié. Personne n'occupait le lit des enfants. Dans l'obscurité, il refaisait le chemin de sa longue vie aux Bonnets. Pendant ses quatre-vingts années, jamais il n'était allé plus loin que Tihart, cette ville de chaudronniers ; descendu plus bas que Corpeyre, ce village de pêcheurs sur les rives de la Dore ; monté plus haut que Synioure. Tels étaient les confins de son royaume.

Qu'y avait-il au-delà de Synioure et de la Dore ? Quels pays ? Quels peuples ? Quels langages ? De loin en loin passaient des voyageurs poussant un âne chargé de vaisselles, d'étoffes, de merceries ; ils s'exprimaient par gestes et quelques rares mots empruntés. L'un d'eux vint un jour offrir des aiguilles, des épingles, des agrafes de bronze. Il avait un œil bleu et un œil blanc.

« D'où viens-tu ? lui demanda-t-on.

— Du pays des Trois-Fleuves.

— N'a-t-il pas un autre nom ?

— Moi, je dis les Trois-Fleuves. D'autres disent l'Helvétie.

— Répète un peu...

— L'Helvétie. Un pays plein de montagnes. Mais aussi avec une riche plaine couverte de blés.

— Et trois fleuves ?

— Oui. Le Rhodne, le Rhin, l'Arule.

— Est-ce que tous les hommes de chez toi possèdent un œil bleu et un œil blanc ?

— Certains les ont noir et blanc, ou gris et blanc, ou vert et blanc.

— Tous de deux couleurs ?

— Tu l'as dit. »

On le crut. Pourquoi pas ? C'était sans doute sa manière personnelle de faire gober qu'il était parfaitement normal au pays des Trois-Fleuves. Qui eût prouvé le contraire ? On lui acheta des aiguilles. Et plus jamais aucun Helvète ne vint aux Bonnets pour le démentir.

Une autre fois, ce fut un homme tout noir. Il se découvrit la poitrine et les jambes afin de montrer qu'il l'était des pieds à la tête. On réussit à comprendre qu'il se donnait pour fils d'un esclave enlevé jadis par les Latins à son pays natal qu'il appelait la Barbarie. Mais le plus extraordinaire était le compagnon qu'il retenait attaché à lui par une corde : un petit être de la taille et de la forme approximative d'un enfant de deux ans, mais tout couvert de poils et muni d'une longue queue. Le village entier s'était rassemblé autour des deux étrangers. Le petit se jucha sur l'épaule du grand, chercha des poux dans sa crinière laineuse et les écrasa entre ses dents. Ou bien il les tendait au public comme de l'eau bénite. Tout cela avec des grimaces incroyables, des éclats de rire qui découvraient ses dents et ses gencives, des prouesses de queue qui firent se tordre les Bonnet. Certains adressèrent la parole à la créature poilue pour s'aviser s'ils entendaient son langage. Mais le noir expliqua qu'il ne s'agissait en réalité ni d'un enfant ni d'un petit homme, mais d'un animal à forme humaine appelé « singe », qui pouvait répéter tout ce que font les hommes excepté parler et pleurer. Il en apporta aussitôt la démonstration en lui faisant casser des noix entre deux pierres, écosser une gousse de fève, se coiffer et se décoiffer d'un bonnet emprunté à l'assistance, enfiler une navette de tissage. Il était même capable d'accomplir cette dernière opération avec ses pieds, ce qui suscita une vive admiration. Au bout de quoi, les deux étrangers s'éloignèrent, après avoir obtenu un peu de pain.

Maître Blaize ne savait donc presque rien sur le reste du monde, rempli peut-être d'hommes à deux têtes, à quatre bras ou à trois jambes, des blancs, des noirs, des rouges, des violets, des qui-changent-de-couleur comme l'hermine, des poilus comme le singe. Il se disait au cours de ses nuits sans sommeil qu'il aurait aimé franchir les montagnes, descendre les rivières en bateau, s'en aller voir comment les gens sont faits de l'autre côté de Synioure. Cela ne l'aidait guère à s'endormir. En fait, le seul voyage qui lui fût encore promis l'emmènerait au pays des ombres. Il espérait y retrouver sa femme Brunelle, morte aujourd'hui depuis trois ans, et qu'il avait aimée de son vivant sans bien clairement s'en rendre compte.

Leur mariage, soixante ans plus tôt, avait été arrangé par le *mouitre* et la *mouitreço* de l'époque qui avaient persuadé les deux familles de la convenance de cette union, quoique légèrement incestueuse entre cousins issus de frère et sœur, mais le curé de Voulobre avait demandé pour eux et obtenu une licence de l'évêque. Cependant que les autres familles engendraient des douze, quatorze, dix-huit enfants, le Ciel leur en avait octroyé quatre seulement dont deux — un garçon et une fille — avaient survécu. Un effet sans doute des alliances consanguines, rarement favorisées de Dieu. Les petits avaient grandi, s'étaient mariés à leur tour. Blaize et Brunelle étaient restés quarante années encore en tête à tête presque sans s'apercevoir. Tellement ils étaient absorbés par les tâches quotidiennes ; elle à cuisiner, à lessiver, à coudre pour la fraternité ; lui à commander les travaux, à mettre la main aux mancherons, à rencontrer la baronnie ou la communauté des prêtres, à vendre et acheter par les foires ; absorbés aussi par le service de Dieu, à suivre ses commandements, à dire et enseigner les prières, à reconstruire l'église de Voulobre. Les fièvres de la jeunesse éteintes, ils avaient dormi quarante ans côte à côte sous les mêmes couvertures, trop épuisés chaque soir pour vouloir autre chose que le sommeil, sans jamais une embrassade, un serrement de mains, séparés aussi par leurs petits-enfants qui remplissaient la barque contiguë. Le jour, ils se faisaient de fréquentes querelles, car si Blaize était le *mouitre* élu à vie dans la communauté, il n'était point le maître dans son ménage. Plus vieille que lui de huit ou dix ans, Brunelle était une femme d'une telle audace qu'elle aurait mangé un évêque tout habillé. Elle se permettait de critiquer en public sa façon de se tenir, de manger ou de ne pas manger, de boire trop ou trop peu, de donner trop vite à table le signal du départ, de se laisser tirer les grègues par ses petits-enfants ; parfois même ses dispositions professionnelles. Il essayait vainement de lui clore le bec, la traitant de *langue de peille*, langue de drap, elle lui riait au nez et continuait de décocher ses flèches. Jusqu'au jour — qu'avait-elle repris encore qui n'allait point ? — où il se fâcha pour de bon, se leva droit à sa place et lui dit, en présence de la fraternité au complet toutes oreilles béantes, avec un ton furieusement cérémonieux :

« Madame ! Vous n'êtes ni ma mère, ni ma grand-mère, ni ma tante, ni ma sœur aînée. De quel droit donc me reprenez-vous ? Vous et moi, madame, nous ne sommes pas même parents ! »

Éclats de rire, confusion de la femme, triomphe de maître Blaize.

Depuis ce jour, Brunelle avait renoncé à lui faire des observations publiques, se réservant pour l'intimité.

Ainsi s'était déroulée leur double vie, exemplaire dans sa médiocrité, sans joies ni tristesses excessives, celle de deux bœufs attelés aux mêmes timons. En outre, Brunelle souffrait d'une manie fort irritante : celle de se croire à chaque instant gravement malade et à l'article de la mort. Les douleurs l'atteignaient principalement le matin quand elle essayait de se tirer du lit :

« Aïe ! Aïe ! Ma jambe ! Mon bras ! Mon cœur ! »

Elle se levait quand même, le visage marqué par la plus vive souffrance, et gémissant :

« C'est le foie ! C'est le gros boyau ! C'est la *courade* ! [1] »

Mieux que personne elle connaissait les organes de son corps qu'elle avait étudiés en observant ceux des cochons ouverts, car chacun sait qu'il y a grande ressemblance entre l'homme et le pourceau. Ces malaises s'évanouissaient généralement au cours de la matinée, quand elle se trouvait bien prise par ses frichtis ; en sorte que Blaize ne pouvait y croire. D'autres fois, toujours au saut du lit, elle consultait ses drôlets :

« Quelle mine ai-je, ce matin ?

— La mine... ?

— Oui. Quelle couleur de figure ?

— Blanche, disait l'un.

— Plutôt jaune », faisait l'autre.

Et elle, désespérée : « Bonne Vierge ! Donnez-moi la force de mourir sans ennuyer le monde ! »

En attendant, elle les ennuyait tous. Son mari en premier, sa sœur en second et tous les autres derrière, qui lui auraient cependant volontiers acheté sa santé.

Les petits-fils devenaient adultes et s'extasiaient de la voir toujours pareille à elle-même, intouchée par les tempêtes :

« Vous ne changez pas, Grande ! Vous êtes comme Synioure !

— Du dehors, peut-être, acceptait-elle. Mais du dedans ! Ah ! le dedans ! Y a que moi qui sache combien mon dedans change ! »

Nul ne croyait à ses gémissements. On chuchotait même dans son dos le proverbe :

Aquè que fey pi-ou, pi-ou,
pu de ten que lu otri viou.

Celui qui fait *a-hi, a-hi*
plus longtemps que les autres vit.

1. *Lo courado* : le poumon.

C'est dire combien fut générale la surprise lorsqu'un matin Blaize, levé déjà depuis deux heures, vint la secouer dans le lit. Secoue, que secoueras-tu. Et lui, qui commençait à comprendre, de la supplier avec des larmes dans la voix, et ce tutoiement qu'ils n'employaient jamais devant le monde :

« Brunelle, voyons ! M'amie ! Lève-toi vite !... Lève-toi, je t'en prie !... Tu ne vas pas me laisser seul !... Il faut que tu te lèves, m'amie, bonnes gens !... Je te le demande au nom du Ciel !... »

Rien à faire. Elle était morte pendant la nuit sans qu'il s'en aperçût, sans ennuyer personne, exaucée par la Bonne Vierge qui a coutume de prendre son temps et d'agir au moment opportun. On ne sut pas même s'il fallait en accuser le foie, le cœur, la *courade* ou le gros boyau. Morte comme un gratton. Le fustier de la communauté avait toujours deux ou trois cercueils en réserve, de mesures différentes. On empaqueta la défunte et on la porta au cimetière de Voulobre. Depuis, maître Blaize dormait seul et ne cessait de penser à sa pauvre Brunelle, de se reprocher ses propres froideurs et ses railleries. Que n'aurait-il donné pour entendre encore :

« Vous mangez trop vite votre soupe ! Vous vous en êtes mis plein la barbe ! Essuyez-vous les yeux, pauvre chassieux ! »

Chaque objet de la maison lui rappelait l'absente, principalement les hardes qu'elle avait portées. Le soir, en se couchant, il disposait sur l'oreiller le bonnet à brides dans lequel elle avait coutume d'emprisonner pour la nuit sa tête grise ; et il pleurait des heures, le visage enfoui dans cette étoffe qui avait gardé, à peine rancie par le temps, l'odeur personnelle de la défunte. Ses sommes rares et brefs étaient tourmentés de cauchemars. Échevelée, sanglante, vêtue de loques, la morte venait lui reprocher de l'avoir laissée mourir sans confession, maintenant elle se trouvait en enfer, déchirée par les dents de Belzébuth.

Un hiver, il fut lui-même pris par les douleurs, avec du feu dans la poitrine et la tête grosse comme un potiron. Les femmes le tirèrent de son mal en le gardant au lit bien coucouné en compagnie de briques qu'elles faisaient chauffer sur les braises, entouraient de vieilles chiffes et lui disposaient autour du corps ; en l'abreuvant de tisanes et de bouillons ; en l'aspergeant d'eau bénite trois fois par jour. Il mijota de cette façon plusieurs semaines ; les humeurs mauvaises lui sortirent par la bouche, le nez, les oreilles. Quand il posa les pieds par terre pour la première fois, il fallut le soutenir et lui rapprendre à marcher. Alors, on s'aperçut qu'il était devenu sourd. Brunelle avait dû lui obtenir cela dans l'autre monde pour le punir d'avoir un peu trop prêté l'oreille aux moqueries qui se disaient sur son compte à elle.

Il vécut encore petitement plusieurs années. Chaque fois qu'une babiole, une cuillère, un dé d'os, un geste, une feuille qui pleut lui remettait sa femme au cœur, il ne pouvait retenir ses larmes et se mouillait la barbe. On secouait la tête autour de lui avec chagrin, notre *mouitre* n'en a plus pour longtemps. A table, il ne mangeait guère et laissait à son vigier la maîtrise du chanteau, symbole cependant de son autorité sur les membres de l'entente. Sa propre tranche restait intacte devant le trou-écuelle. Et tandis que les autres lapaient leur soupe, lui travaillait à sa sculpture. A Voulobre, il avait vu le travail des imagiers et s'était mis dans l'esprit de creuser de même dans le bois de la table une image qui désignerait sa place et à jamais celle de ses successeurs, les maîtres à venir. Un motif végétal représentant deux feuilles de chêne croisées. Désolée de son inappétence, lui touchant l'épaule et lui faisant lire les paroles sur ses lèvres, Jacotte, la *mouitreço*, insistait pour qu'il interrompît son grattouillage :

« Maître, vous mangerez bien un peu de saucisse ? »

Elle la tirait toute fumante, entortillée comme une couleuvre dans le pot communautaire, longue d'une toise, l'élevait un moment au-dessus des têtes, puis en découpait des segments qu'elle laissait tomber dans les trous de la table. Sa bonne odeur salée dilatait les narines et les estomacs. Mais quand la maîtresse voulait le servir, le vieil homme étendait la main par-dessus son écuelle. Il acceptait seulement quelque nourriture molle, le fromage blanc, la bouillie de farine, ou bien à la saison des cerises le *tartoulhà* qu'on posait devant lui : louchée de pâte fluide et de guignes mélangées que la pâtissière versait dans une feuille de chou bien creuse et mettait cuire au four après la sortie du pain, pour profiter de l'ultime chaleur. Avec compassion, chacun le regardait mâchouiller de sa bouche sans dents, il fallait attendre qu'il eût fini, la feuille de chou spécialement lui posait problème bien qu'elle fût cuite avec le reste, il la tournait et la retournait d'une joue dans l'autre, tu aurais dit une vache qui rumine. A la fin, c'est son vigier, Annet, fils de Guillot, qui prononçait pour lui les paroles rituelles, il le faisait en dissimulant ses lèvres de la main afin de lui épargner cette humiliation d'être remplacé de son vivant :

« Que le bon Dieu nous en mande. »

Chacun s'en allait à ses affaires. Le vieux Blaize restait seul à table. La *mouitreço* lui torchait les babines, l'aidait à se lever, à s'installer sous la cheminée dans sa chaire à haut dossier. Sitôt là, il s'endormait, lui qui n'avait guère fermé l'œil de la nuit précédente, et sommeillait plusieurs heures d'affilée. Comme les enfants nouveau-nés, disait-on, il prenait le jour pour la nuit.

Tous les trois descendirent de Voulobre sur le même cheval : le curé, l'enfant de chœur et Jésus-Christ enfermé dans un porte-bon Dieu d'argent. Couché dans son lit, adossé à une montagne d'oreillers, Blaize se confessa d'abord de ses péchés ordinaires. Étrange dialogue entre un sourd et un quasi-muet, car les mots se formaient silencieusement sur les lèvres de l'homme d'Église.

« Avez-vous tout bien reconnu, mon fils ? demandèrent-elles sans bruit.

— Non, mon père. Pas encore. J'ai gardé pour la fin le plus gros morceau.

— Je vous écoute. »

Les larmes obscurcirent la vue du maître, les sanglots l'étouffèrent.

« Allons, allons ! Ce ne doit pas être bien grave ! Remettez-vous.

— Oh ! si, que c'est grave ! Oh ! que si !

— La miséricorde de Dieu est sans limites. Parlez tranquillement.

— Si vous saviez, mon père !... Si vous saviez !

— Faites que je sache.

— J'ai laissé... j'ai laissé mourir ma femme, ma pauvre Brunelle, sans confession... Pas eu le temps d'appeler un prêtre.

— Voilà qui est très grave, en effet. Est-elle morte sans maladie ? Brusquement ? Sans avertissement de la nature ?

— Oh ! elle a souffert d'un troupeau de maladies... le cœur... le gros boyau... la *courade*... Mais moi j'y croyais pas. Je voulais pas y croire. Si bien qu'elle est morte comme un chien... Et maintenant, elle est en enfer, je le sais.

— Pourquoi l'enfer ? Elle est peut-être au purgatoire.

— Elle ? Après tout ce qu'elle m'a fait supporter ? Non, non, elle est bien en enfer. D'ailleurs, elle me l'a dit, je l'ai vue en rêve. »

Le confesseur croyait aux songes, les saintes Écritures nous enseignent qu'il faut y croire, Jacob, Abraham, Joseph et beaucoup de prophètes en attestant la véracité. Si Brunelle se trouvait réellement chez Belzébuth par la faute de Blaize, le malheur était sans remède. Lui du moins, maître Blaize, pouvait encore être sauvé au prix d'une sévère pénitence.

« Si vous disposiez de la vigueur de vos quatre membres, chuchota l'ecclésiastique, j'exigerais de vous pour ce péché que vous accomplissiez un pèlerinage. Comme vous n'êtes pas en état, je vous impose de trouver quelqu'un à votre place. Un parent, un ami. Qu'il aille supplier Notre-Dame d'Anis d'intervenir en votre faveur. A une telle condition, votre faute vous sera remise. Me le promettez-vous ?

— Je vous le promets. »

Le même soir, les femmes aidèrent le vieux *mouitre* à enfiler sa chainse, ses chausses, ses braies, et le soutinrent jusqu'à la salle commune où il prit place sur sa chaire, près du feu. Après quoi, toute la fraternité fut appelée et se tint autour de lui, hommes, femmes, enfants, serviteurs. Une certaine vigueur semblait lui être revenue, comme fait souvent le feu avant de s'éteindre. Il parla longtemps, d'une voix faible mais ferme, s'interrompant pour reprendre haleine. Et chacun entendit parfaitement ses instructions :

« Dans quelques jours... peut-être demain... peut-être ce soir... je serai mort. Je le sens, il est inutile de chercher à me tromper. Faites bien attention à ce que je veux vous dire.

« Premièrement, il faut que notre entente, qui vient de loin, aille plus loin encore, comme l'ont voulu ceux qui l'ont établie. Pour cela, moi disparu, vous élirez un bon maître. Et je vous conseille Annet, fils de Guillot, qui a été dix ans mon vigier. C'est un garçon honnête, pieux, compétent, plein de vaillance. Sans doute quelqu'un lui reprochera-t-il d'être encore un peu jeune. Moi, je vous dis que vous n'en trouverez pas de meilleur. Cependant, vous êtes libres, naturellement, de vous accorder sur un autre.

« Secondement, si vous souhaitez que le Ciel vous favorise, faites toujours les volontés de Dieu et de Sa sainte Église.

« Troisièmement, je confesse devant vous tous comme je l'ai fait devant le curé de Voulobre que j'ai commis un très grand péché en laissant mourir sans confession ma pauvre femme Brunelle. Je ne peux pas même dire : que Dieu ait son âme, puisque je sais qu'elle est en enfer par ma faute. Pour ma pénitence, le prêtre aurait voulu m'imposer d'aller en pèlerinage à Notre-Dame d'Anis, prier la Bonne Vierge. Comme je ne suis pas en état, il accepte que quelqu'un d'entre vous fasse le voyage à ma place. Lequel veut bien me rendre ce très grand service ? »

Dix bras se levèrent. Mais son fils Maurize, âgé d'environ quarante-cinq ans, s'écria :

« O mon père et mon maître ! Pourrez-vous choisir un autre remplaçant que moi, votre fils unique ?

— Mon fils, c'est bien toi que je choisis. Que le Ciel bénisse ton voyage, comme je vous bénis tous moi-même. »

Les communistes s'agenouillèrent sur la terre nue, et le vieux *mouitre* leur donna sa bénédiction. Puis ils vinrent à tour de rôle lui baiser la main. Personne ne pleurait.

Les vieux meurent généralement à la chute des feuilles, quand la sève se retire de leurs membres fatigués et que déjà ils ne sont plus que bois sec. Quatre jours plus tard, comme il l'avait prévu, Blaize s'éteignit dans la paix du cœur. Bien qu'agrandie, l'église fut trop petite pour contenir tous ceux qui avaient voulu l'honorer, y compris le baron de Voulobre et de Montguerlhe, sa femme et son financier. Après la messe, dans la sacristie, douze personnes éminentes capables d'écrire leur nom signèrent le registre où le curé avait consigné le décès de *Blaize, fils d'Anthoyne, maître de la communauté des Bonnet, âgé d'environ LXXX ans.*

Au bout de quoi, ceux de l'entente regagnèrent leur village et se rassemblèrent dans la salle. Alors commença le meilleur moment des funérailles. Car il était de tradition parmi eux depuis deux siècles que les mariages finissent en tristesse et les enterrements en gaieté. Les femmes avaient préparé un repas de fête, chaque convive but assez de vin pour délayer le chagrin qu'il portait dans son cœur. Mais ces nourritures et ce breuvage n'étaient que l'accessoire de la cérémonie, l'essentiel consistait à redonner vie au disparu pendant quelques heures, à relater ses mérites, ses grandes et petites prouesses, et principalement les joyeuses, ses bons mots, ses drôleries. On devait en rire — quitte à se forcer un peu — à se décrocher la mâchoire, en sorte que si quelque voyageur traversait les Bonnets par hasard et entendait un tel vacarme d'hilarité, il pût se dire sans erreur, tiens, pour sûr, y a un enterrement chez les Bons Dieux ! Annet, le vigier du défunt, donna l'exemple :

« Maître Blaize me racontait que son grand-père était un homme très malincaré, de ceux que saint Acaire guérissait autrefois de leurs rages et de leur tempérament rechigné. Il se mettait en fureur pour un oui, pour un non, ramassait sa canne et en distribuait une tournée générale autour de lui. A sa femme, à ses enfants et petits-enfants, aux chiens, à la table, à l'armoire. En plus, ce vieux calamastre souffrait d'une infirmité de la main droite qui lui faisait lâcher ce qu'elle tenait. Au moment où il se préparait à bâtonner son petit-fils, il arrivait donc de temps en temps une chose : la canne lui tombait des doigts. Le vieux criait alors : "Blaizot ! Ramasse ma canne ! Rapporte-la-moi tout de suite !" Et le pauvre Blaizot, obéissant et respectueux, de ramasser la canne et de la remettre à son Grand pour qu'il lui passe sa tournée. "Voilà, me racontait-il, ce qui me punissait le plus : d'être obligé de donner mon aide à ce vieil estropié pour qu'il me tannât le cul !" »

Tous les présents explosaient, et c'était un jeu de rire interminable. En même temps, l'anecdote fournissait aux enfants une grande leçon, en leur enseignant que rien, pas même la canne, ne doit leur chasser du corps le respect et l'obéissance qu'ils doivent aux vieillards.

Un autre rappelait les chamailleries de maître Blaize et de sa femme Brunelle. Comment il lui avait un jour cloué le bec en public en lui jetant :

« Madame, premièrement, vous n'avez pas le droit de me faire des réprimandes, parce que vous et moi nous ne sommes pas même parents ! »

Et tous de rire encore comme des ânes braient.

Lucie, la seule fille survivante des défunts, intervint pour rectifier les choses :

« Vous pourriez croire tous que mon père et ma mère n'avaient pas l'un pour l'autre une vraie amitié...

— Oh ! que si ! Oh ! que si ! protesta-t-on. Il n'y a qu'à voir le pèlerinage à Notre-Dame d'Anis...

— Laissez-moi dire, parce que, comme il est naturel, je les ai connus mieux que vous. Quand j'étais toute petitoune, mais déjà sortie de mon berceau, je couchais dans le second lit, à côté de celui de mes parents. Mon frère encore nourrisson se balançait dans sa berce accrochée aux poutres. Les matins d'avril ou de mai, notre père se levait avant nous et s'en allait à ses affaires. Il revenait un peu plus tard les bras chargés de fleurs, blanches, jaunes, violettes, coucous, pasquettes, fleurs de genêt. Il versait tout ça sur nos deux lits et dans le berceau de Maurizet, nous en étions couverts. A la fin du beau temps, quand les arbres changent de couleur, il nous rapportait des guirlandes de feuilles rouges ou dorées qu'il nous mettait autour du cou et sur la tête. En hiver, il faisait un peu la même chose avec la première neige, en offrait ses deux mains remplies, disant voyez, voyez comme elle est belle, et sans taches, que le bon Dieu nous garde toujours pareils à elle. Nous la caressions, la léchions, heureux de la sentir si douce, surpris de la trouver si peu froide. Lui, pour l'empêcher de mouiller nos draps, la pressait entre ses mains, en formait une boule qu'il mettait ensuite dans le pot de la communauté où elle se mêlait au bouillon. Ainsi notre fraternité consommait sans le savoir la première neige de la saison, avec sa blancheur et sa pureté. Je voulais vous dire cela pour que vous ne vous trompiez pas sur les sentiments de mon père et de ma mère. »

Tous les assistants accueillirent l'anecdote avec respect, en approuvant de la tête. A la fin de la joyeuse veillée funèbre, ils s'agenouillèrent pour réciter le *Déprofondis*.

Quelques jours plus tard, Annet, fils de Guillot, subit l'épreuve des cailloux de couleur et se trouva officiellement élu maître de la communauté. Son premier acte fut de remettre la somme de dix livres tournois en pièces d'argent et de cuivre à Maurize, fils du défunt Blaize, afin de l'aider à accomplir à Notre-Dame d'Anis le pèlerinage promis. Maurize s'informa auprès des moines de Voulobre de l'itinéraire à suivre :

« Premièrement, tu descends jusqu'à la Dore. Ensuite, tu remontes son cours jusqu'à ce qu'elle devienne étroite, étroite et reçoive à main gauche les eaux de la Dorette, que tu remontes jusqu'à sa source. De là, marchant toujours vers le soleil de midi, tu dois atteindre Ruession, où les moines de saint Benoît t'hébergeront sur présentation de notre signe. Dès lors, tu ne seras plus qu'à une demi-journée d'Anis. »

Ils lui remirent une image de bronze où se trouvait gravée une mitre d'abbé au-dessus du mot *BENEDICTVS* qui devait lui ouvrir bien des portes. Après quoi, il embrassa et bénit sa famille, la confiant pendant son absence à son beau-frère Gabriel et à sa sœur Lucie.

« Si je ne reviens pas, recommanda-t-il, vous apprendrez à mes enfants le nom et la mémoire de leur père. »

Il partit en suivant le ruisseau des Roches qui allait rejoindre la Dore au bac de la Nàu. Ainsi commença-t-il un voyage plein d'embûches afin d'aller demander à la Bonne Vierge d'Anis de prendre en considération le repentir du défunt Blaize et de bien vouloir honorer l'absolution conditionnelle accordée à son âme par le curé de Voulobre.

Le prieur avait prévu une absence de deux semaines. On ne le vit revenir ni après trois, ni après quatre, ni après cinq. On le crut mort, disparu comme ces deux, le père et le fils, qui étaient partis trente ans auparavant délivrer le tombeau du Christ. Ou bien mangé par les loups. Assassiné par les cotereaux, ces brigands dont parlaient avec crainte les marchands de passage, qui attaquaient les voyageurs, les dépouillaient, puis les écorchaient tels des lapins, pour le simple plaisir. Or voici qu'à la sixième semaine Maurize rentre, lui, guilleret comme un merle, un peu maigre seulement dans ses braies rapetassées. On l'embrasse, on l'écartèle, on le presse de questions, il doit répondre à tout le monde à la fois : oui, il a accompli entièrement son pèlerinage ; oui, il a vu le mont Anis et son sanctuaire et la chapelle à saint Michel sur son Aiguille et la ville du Peù pleine de prêtres, de pèlerins, de muletiers. Mais avant de l'atteindre, il est tombé malade en route, une forte fièvre l'a retenu deux semaines dans l'hospice de Ruession. Comme il n'en guérissait point, les moines lui ont dit :

« Nous allons te prêter une mule qui te transportera jusqu'à Anis, que nous appelons plutôt le Peù-Sainte-Marie ; elle connaît le chemin ; tu nous la rendras au retour. Va-t'en tout droit au sanctuaire de Notre-Dame. Tu trouveras devant l'autel une pierre plate de la dimension d'une personne. Tu te coucheras dessus, tu y resteras le temps de réciter une douzaine d'*Avémaria*. Quand tu te relèveras, ta fièvre sera éteinte. »

Voilà. Il lui avait suffi de suivre ces instructions. Mais la foule était grande dans le sanctuaire. Impossible d'approcher la pierre des fièvres. Si bien qu'il avait dû pour se faire respecter distribuer quelques coups de poing de droite et de gauche. Enfin, il s'était allongé dessus. Au troisième *Avémaria*, d'autres pèlerins l'avaient empoigné par les grègues et tiré de toutes leurs forces, sa tête avait pété contre les dalles, il en était resté assommé un long moment, entendant sonner dans sa tête toutes les cloches d'Anis et de Ruession. Au sortir de son étourdissement, il avait une bosse comme un œuf derrière la coucourle, mais la fièvre était bel et bien évanouie. Alors, il avait récité ses prières, demandé à la Bonne Vierge de pardonner à son père défunt pour avoir laissé mourir inconfesse la malheureuse Brunelle. Deux jours après, il était reparti.

« Et la mule ?

— Je l'avais confiée aux moines du cloître. Elle m'a ramené sans fatigue jusqu'à Ruession. »

Ainsi, par l'opération de son fils Maurize, des moines de Voulobre, de leurs collègues de Ruession et du Peù-Sainte-Marie, d'une mule et de la Bonne Vierge, Blaize échappa aux flammes de l'enfer où sa femme était en train de cuire. Sur sa provision de dix livres tournois, Maurize en rapporta quatre qu'il remit fidèlement au nouveau *mouitre*.

Léon et Léontine s'étaient partagé d'abord le même berceau, ensuite le lait de deux mères, puis d'une seule chèvre-nourrice, les conseils de deux pères et même, un certain temps, les seize genoux de huit grands-pères et de huit grand-mères : des ronds, des pointus, des tranquilles, des impétueux, des chauds, des glacés.

Cela n'avait pas empêché les jalousies entre Vitaline et Péronnelle, leurs mères respectives. Mais enfin tout cela s'était apaisé avec le temps, puisque les deux familles étaient condamnées à s'unir. Pour être sûr de l'affaire, le chef de la fraternité décida de les fiancer officiellement dès qu'ils accompliraient leur septième année, âge exigé par les canons de l'Église. La cérémonie eut lieu dans la maison commune, en présence du curé, Hugon de la Barge. On les vêtit de blanc l'un et l'autre, on les couronna d'aubépine ; aux ailes près, ils étaient deux anges plus que deux créatures humaines. Devant tous les membres assemblés, ils se prirent par la main et répétèrent l'un après l'autre les paroles que leur dictait le prêtre :

« Moi, Léon, fils de Michel et de sa femme Vitaline, je fais promesse devant Dieu et ma famille réunie d'épouser le moment venu Léontine ici présente, fille de Gabriel et de sa femme Péronnelle.

— Moi, Léontine, fille de Gabriel et de sa femme Péronnelle, je fais promesse devant Dieu et ma famille réunie d'épouser le moment venu Léon ici présent, fils de Michel et de sa femme Vitaline. »

Puis ils se lâchèrent et prononcèrent ensemble, la main levée sur le crucifix :

« Je te donne ma foi sur le Christ. »

La double promesse de mariage, écrite sur parchemin, fut signée par le curé et les parties prenantes, c'est-à-dire maître Blaize, les parents des fiancés et les fiancés eux-mêmes. Seul le *mouitre* savait, en y mettant le temps nécessaire, dessiner les lettres de son nom ; les autres tracèrent une croix. Ensuite, eut lieu un repas de fête.

Ainsi solennellement promis l'un à l'autre, Léon et Léontine atteignirent le même jour leur quinzième année, leur seizième, leur dix-septième, sans manifester l'intention d'accomplir leur promesse. Lorsque Michel entreprenait son fils là-dessus :

« Alors, ces noces, quand les célébrons-nous ?

— Laissez-nous encore un peu réfléchir, mon père.

— Réfléchir à quoi ?

— Nous sommes encore bien jeunes.

— Notre communauté a besoin de se fortifier de bras. Plus tôt vous vous marierez, plus tôt vous aurez des enfants et plus vite leurs bras nous aideront. »

Confessée par sa mère Péronnelle, Léontine fournit la raison véritable de leurs hésitations :

« Que voulez-vous, ma mère, si je pense à Léon en tant que mari, j'éprouve comme qui dirait une sorte de dégoût.

— De dégoût ? Un beau garçon de son espèce ? Si fort de jambes, de bras, si avenant de figure ?

— Ou si vous préférez, ma mère, je ne ressens pour lui qu'une grande froideur.

— Qu'est-ce que c'est donc, ma fille, que cette froideur ? Moi, quand j'ai épousé ton père, que j'avais vu à peine trois fois avant nos noces puisqu'il demeurait au Cognet, je n'éprouvais pour lui ni froid ni chaud. La chaleur viendra, ma fille, quand Léon te serrera dans ses bras... comme elle m'est venue, s'il est permis de dire des choses pareilles. »

Elle se signa, toute rouge de l'audace de sa langue.

« L'idée qu'il me serre dans ses bras, insista Léontine, me... me... me donne envie de vomir.

— Voilà qui est bien extraordinaire ! Tu n'as donc aucune amitié pour lui ?

— Au contraire, ma mère, il me semble que j'en ai beaucoup. Je ne voudrais pas qu'il fût malheureux.

— Serais-tu contrariée s'il en épousait une autre ?

— Ça me serait complètement égal. Et lui a les mêmes sentiments pour moi, nous en avons parlé ensemble.

— Je ne comprends pas. Vraiment, je ne comprends pas. Vous êtes nés le même jour, vous avez dormi dans la même berce, tété le même lait. Vous vous êtes fait à l'âge de sept ans promesse de mariage. Nul n'a été mieux préparé que vous. Et voici que...

— Justement, ma mère. On nous a trop bien préparés. Pour

moi, Léon est un frère. Pour lui, je suis une sœur. Est-il permis qu'une sœur et qu'un frère s'unissent en mariage ?

— Non... assurément. Mais... mais... mais qu'est-ce donc que cette fantaisie ? Vous n'êtes pas réellement frère et sœur !

— Nous le sommes, nous le sommes ! Que vous le vouliez ou non ! Je ne pourrai pas... je ne pourrai jamais... »

Là-dessus, déluge de larmes. Il fallut en appeler à l'Église. Elle persuada Léontine et Léon que leur amitié prétendument fraternelle était une affection contre nature puisqu'ils n'avaient aucune goutte de sang commun ; qu'ils s'étaient solennellement et librement promis le mariage dès leur âge de raison et qu'une telle promesse ne pouvait être enfreinte sans grave péché ; que l'amour conjugal était dans sa richesse et sa profondeur en mesure de contenir tous les autres sans leur nuire ; qu'un mari pouvait parfaitement aimer sa femme comme un frère sa sœur, comme un père sa fille, comme un fils sa mère, comme un ami son amie, tout cela fondu, élargi, complété par cet élan du cœur, du corps et de l'esprit qui est la source de la parfaite union, telle que l'a souhaitée le Créateur, qu'au surplus en des temps très anciens, comme l'attestent les saintes Écritures — ils n'avaient qu'à s'interroger là-dessus sur la descendance d'Ève et d'Adam d'où est sortie l'humanité tout entière — des mariages furent consommés entre frères et sœurs, ce qui prouve que Dieu n'a pas en complète horreur cette sorte d'alliance dans les cas d'extrême nécessité et que l'Église serait disposée à en donner licence. Bref, ils devaient se marier comme ils l'avaient promis, des sentiments nouveaux ne tarderaient pas à remplacer dans leur cœur les anciens ; ils étaient condamnés à être heureux ensemble et à avoir beaucoup d'enfants.

Le mariage se fit donc. D'abord, durant quarante jours, chaque dimanche à la sortie de la messe, un clerc proclame sous le porche de l'église, d'une voix forte et claire, le ban de l'union projetée : *Il y a promesse de mariage entre Léon, fils de... et Léontine, fille de..., habitant tous deux le village des Bonnets. Avis en est donné à tous afin que chacun fasse connaître sans crainte tout empêchement éventuel de sang, d'honneur ou de droit à cette alliance.* Pendant ce temps, les femmes de la communauté travaillent de fil et d'aiguille afin que les promis fassent belle figure. Le jour venu, ils se parent de vêtements neufs ; lui d'un bliaud violet en toile de lin, serré à la taille par une ceinture de laine à pendants dorés ; elle d'une cotte blanche ornée de broderies et de manches rouges détachables, retenues à l'épaule par un lacet bleu ; les cheveux flottants en signe de virginité, couronnée d'aubépine comme au jour de leurs fiançailles ; tous deux chaussés de souliers d'étoffe passementée à semelle de cuir. Ils vont ainsi, entourés de leurs multiples parrains et marraines, suivis par la fraternité complète dont deux membres portent des gâteaux destinés au seigneur de Voulobre.

La campanette de l'église sonne éperdument, la foule applaudit, criant gandrille ! gandrille ! C'est encore sous le porche, aux yeux, aux oreilles de toute la paroisse, au soleil et au ciel de Dieu, que le curé les interroge :

« Léon, qu'es-tu venu faire aujourd'hui dans ce temple ?

— Prendre à épouse Léontine ici présente et faire serment de la tenir pour telle jusqu'à mon dernier jour.

— Et toi, Léontine, qu'es-tu venue faire en ce temple aujourd'hui ?

— Prendre à époux Léon ici présent...

— *Et ego conjungo vos in matrimonium in nomine Patris et Filii et Spiritus sancti. Amen.* »

Le marié passe au doigt de sa femme un anneau d'argent. A ce signe, tous les assistants, parents ou non, connus ou inconnus, échangent alors de grandes tapes dans l'échine et dans l'estomac. Si les femmes n'en font guère que le simulacre, les hommes ne se ménagent point et s'assènent des bourrades à se couper le souffle : tout cela gravera dans leur mémoire le souvenir de la solennité. « Ce fut, diront-ils plus tard, une glorieuse cérémonie ; j'en eus trois côtes enfoncées. » Pendant que ce joyeux combat se déroule, les époux rentrent dans l'église et s'agenouillent devant l'autel où leurs marraines viennent les couvrir d'un léger tissu de moire blanche, le *poale*, offert par la baronne, dont elles enveloppent les épaules du mari et la tête de la femme, tandis qu'un jeune clerc les emmitonne dans les vapeurs de son encensoir. Au cours de la messe, ils se partagent la même hostie, boivent à la même coupe de vin bénit. Ils portent ensuite un cierge à l'autel de la Bonne Vierge : une quenouille les y attend ; afin de prouver ses qualités de bonne ménagère, Léontine s'en saisit, lance le fuseau et forme un bras de fil sous les yeux attentifs des témoins qui enfin l'applaudissent.

Au sortir de l'église, ils n'ont à faire que quelques pas pour se trouver dans le cimetière. On y entre en passant sous un petit portique dans le linteau duquel est gravée une devise latine dont ils se sont fait traduire le sens : *Nous fûmes comme vous. Vous serez comme nous. Pensez-y.* Ils y pensent. Ils vont prier sur les tombes de leurs défunts, indiquées d'une croix de pierre sans inscription ; elles ne se distinguent qu'à la forme ou à la disposition de ces croix ; ainsi les corps alignés dorment en paix dans leur anonymat, loin des querelles qui les ont tourmentés jadis, en attendant la Résurrection qui leur rendra leur identité devant le Tribunal divin. Léontine et Léon s'agenouillent encore et se recueillent dans le carré où dorment les Bonnet ; ils revoient spécialement, lui le grand-père, elle la sœur naguère tant aimés, qui ne sont plus aujourd'hui que poussière et souvenir. Ainsi dans leurs noces entre la part de tristesse qui convient.

Quand ils ont regagné le village, voilà qu'à son tour le mari doit établir aux yeux de tous sa démonstration, prouver sa vigueur physique en portant tout à trac, en tenue de fête, un araire sur son dos trois fois autour du coudert. Après quoi, les deux époux se présentent devant l'entrée de la maison commune : sur le seuil, ils se partagent comme à l'église un morceau de pain et un gobelet de vin non sanctifiés. Alors le festin commence, avec la participation du baron et de la baronne, du curé et de son clergeon qui rient et boivent et mangent aussi bien que les autres, tandis qu'au contraire les héros de la fête ne goûtent aux pitances que du bout des lèvres.

Un joueur de pipe est de la partie, vers la fin du repas, il entraîne ceux qui ont des fourmis dans les jambes à danser sur l'herbe des *maïades*, des danses de mai, puisque la noce a choisi ce joli mois. Garçons et filles, jeunes et vieux se disposent en cercle, les deux poings en l'air, lèvent la jambe en mesure, tantôt la gauche, tantôt la droite, se déplacent de trois pas et recommencent, entraînés par les notes aiguës de la pipe. A la fin de chaque morceau, le musicien crie :

« Que le mai nous éjouisse, hi-ho !

— Hi-ho ! »

Danseurs et danseuses se saluent cérémonieusement. Entre deux maïades, pour se reposer, les jeunes gens plantent le poirier ou font l'arbre fourchu, la tête en bas, les jambes en l'air. Pendant ce temps, le joueur se nettoie la gorge et les narines, crache par terre et se mouche habilement entre ses doigts ; on lui apporte à boire et la maïade repart.

Cela mène le temps jusqu'au bord de nuit. La troupe retourne à la salle du banquet pour de nouvelles mangeries. Peu après la soupe, les mariés embrassent chaque membre de la compagnie, puis s'éloignent, emportant un chaleil dont le creux d'une main protège la flamme. Ils marchent côte à côte, à pas de souris pour ne pas éteindre leur lampe, Léontine appuyée au coude de Léon, vers le logis qui sera le leur désormais et celui de leurs futurs enfants : une chambre unique ajoutée à la maison de Michel et Vitaline, avec porte indépendante et fenestron. Ainsi chaque demeure ancienne se prolonge en excroissances beiges, pareilles aux amadouviers sur le tronc des fayards. La caisse du lit, en ce bois de vergne qui rosit à l'air, est toute neuve. Et aussi la paillasse. Et les draps de chanvre avec le revire-linceul brodé qui couvre le pan retourné sur les couvertures. Et les oreillers remplis de duvet d'oie. Sur tout cela, des fleurs, des feuilles épandues dont les senteurs amères se confondent avec celles du bois, de la paille, du linge frais.

Au loin, on entend les éclats de rire de la noce. Les deux mariés se tiennent debout et se regardent avec embarras. Léontine essuie sur sa manche ses lèvres grasses encore de tant de bouches baisées, Léon tient toujours le chaleil à bout de bras.

« Suspends-le », dit-elle en désignant une coche ménagée à cet effet dans une poutre.

Ils se connaissent depuis le berceau, toujours ils se sont dit *tu*, il va falloir apprendre à se dire *vous* en public comme il convient à des époux chrétiens. Ils dormaient jusque-là chez les autres : les voici chez eux. Tout change désormais. Autour d'eux, ils considèrent le lit, l'armoire, le coffre-bas qui contiendra leur linge et leur servira de marchepied, le petit banc le long du mur, la cruche d'eau sous l'escalier qui monte à l'étage. Tout leur domaine sur terre. Les autres biens, champs, bois, animaux, récoltes sont la propriété indivise de la communauté. Ils connaissent les merveilleux mérites de cette association. Le sol mieux exploité assure l'aisance de tous ; les Bonnet-Bons Dieux jouissent de la considération générale et les barons eux-mêmes les traitent avec respect. Sans presque jamais toucher à l'argent, chaque membre est assuré pour lui et sa famille de son pain quotidien, de sa maison, de ses vêtements, de soins dévoués en cas de maladie, d'une vieillesse tranquille. Elle met sa conduite à l'abri de quatre péchés capitaux sur sept : de l'envie, puisqu'il possède le nécessaire et ignore le superflu ; de l'avarice, puisqu'il ne peut rien accumuler ; de l'orgueil, puisque chacun ne serait rien sans les autres et que le *mouitre* est l'élu de tous, révocable en cas de manquement ; de la paresse, puisque les tâches sont rigoureusement réparties et liées entre elles. Restent la colère, la gourmandise, la luxure : il faut bien laisser quelques armes au diable et quelques mérites à ceux qui le combattent. En cas de dissolution — que le Ciel les en garde ! — Léon et Léontine auront droit dorénavant à une part ; ils accèdent au titre de « parsonniers ».

Dans leur chambrette, sans toucher à rien, ils attendent le prêtre et ses bénédictions. Il s'annonce enfin par la sonnette que secoue le clergeon. Derrière eux, seuls les quatre parents, les parrains et marraines ; ils peinent à tenir dans la pièce. L'encens fume blanc, le curé bénit le lit nuptial, chacun se signe en remuant les lèvres. Après quoi, il s'adresse aux mariés :

« Tobie et Sara, modèles de l'amour conjugal, consacrèrent leurs trois premières nuits de noce à remercier Dieu. Je vous recommande, à leur imitation, de ne pas consommer le mariage la première nuit seulement, mais de l'employer à prier la Sainte Vierge. Vous en aurez bien d'autres. *Amen*.

— *Amen* », répète l'assemblée.

Tout le monde enfin se retire, le dernier ferme la porte, laissant derrière lui l'odeur de l'encens, des verdures, des respirations. Léontine gémit :

« J'ai envie de rendre.

— Tu as trop mangé ?

— Non. C'est toutes ces senteurs. Tu te croirais dans une église. »

Il ouvre la porte, enlève son bliaud, le secoue à travers la chambre pour en chasser l'encens et le reste, prend les fleurs et les branches, les jette dehors.

« Comment allons-nous faire pour prier toute la nuit ? Debout ou couchés ?

— Je ne sais pas.

— Habillés ou dévêtus ?

— On aurait dû le demander au prêtre.

— La nuit sera longue. J'ai sommeil. Je suis lasse.

— Tu n'en auras que plus de mérites. Essayons. »

Il s'agenouille d'abord sur la terre battue, puis comprend que cela ne peut se faire ainsi, prend les deux oreillers, en dispose un sous ses rotules. Léontine l'imite. Ils commencent les longs remerciements, le long appel au secours vers Celle qui donna son Fils à tous les hommes pour les sauver, non par surprise, mais toujours le sachant, toujours l'acceptant ; vers la Providence des affligés, l'Étoile de la mer, la Lumière des aveugles : *Avemaria gratia plena benedicta inter mulieribus*... Dix fois, vingt fois, trente fois ils fredonnent la musique des mots incompréhensibles mais harmonieux, et lourds du sens qu'ils lui donnent, protégez mon frère Léon et faites que j'aie bientôt pour lui l'amitié d'une épouse, donnez-moi le courage de porter mes travaux aussi bien que le poids de l'araire, veillez sur nos parents et gardez-les près de nous jusqu'à leur huitantaine. Avec des arrêts, des respirations après *plena... ribus... ribus... mortisnostre*... afin que la Bonne Vierge entende bien ce qu'ils lui demandent, et puisse chiffrer le nombre de leurs prières et leur en tenir compte dans sa bienveillance.

Mais peu à peu la parole de Léontine devient bredouilleuse, la jeune épousée s'affaisse, Léon doit la soutenir, l'aiguillonner comme on fait aux vaches somnolentes :

« Ha-lé !... Ha-lé !... »

La lumière du chaleil elle-même paraît falloir. Voici tout par un coup qu'elle s'éteint complètement. Ils se trouvent dans un noir foncé comme le putois. Léontine pousse un cri de frayeur :

« Plus d'huile dans la lampe », explique le marié.

Et après un moment de réflexion, tandis qu'il l'entend claquer des dents et des genoux :

« Tant pis. On continuera les prières dans le lit. »

A tâtons, ils se dépouillent jusqu'à la peau, leurs vêtements tombent par terre. En montant sur le coffre-marchepied, ils s'entrechoquent du coude ou de la hanche, Léontine rit à présent de la situation. Ils se glissent entre les draps tout neufs, raides comme la bruyère, qui ont un peu gardé l'odeur des feuilles vertes, et se rencontrent de nouveau. Léon veut prendre sa femme dans ses bras, mais elle fuit vers l'autre bord, contre le mur :

« Non, dit-elle. Nous devons faire comme Sobie et Tara.

— Tobie et Sara. »

Ils reprennent leurs prières là où ils les ont laissées, sous les yeux de la Bonne Vierge qui du haut du Ciel sourit de les voir si maladroits, si innocents.

4

Malgré leurs sentiments fraternels, Léon et Léontine engendrèrent dix enfants, dont la moitié survécurent : Raynaud, Brunel, Antoine, Marguerite et Odile. Raynaud, le fils aîné, eut à son tour six descendants et l'un d'eux, Guillot, fut élu *mouitre* à l'âge d'environ cinquante-cinq ans. C'était un homme de haute taille et de grande sagesse, respecté de tous ses confrères et honoré pour l'habileté de ses mains jusqu'à la Dore, la Durolle et au-delà du peù de Synioure.

Il avait un jour réparé la Croix de l'Argent mise en pièces par la foudre. Cette croix était plantée à Laurençon, à la rencontre de trois chemins qui s'en vont respectivement vers Voulobre, la Poudrilhe et le Poux ; on l'appelait « de l'Argent » parce qu'elle comportait une tirelire : une logette creusée dans le socle, fermée par un portillon de fer qui laissait un vide dans sa bordure supérieure. Dressée à ce carrefour sur la foi d'une ancienne tradition : saint Odilon, venu rétablir la paix entre les sires d'Auvergne, s'était assis là sur un roc pour se reposer. En souvenir de son passage, les manants avaient construit une croix sur le même caillou. Elle avait réputation de posséder de grands pouvoirs et ne refusait pas grand-chose à qui venait y prier à deux genoux sur la pierre raboteuse et glissait une obole dans la fente du portillon. De temps en temps, un prêtre de Voulobre descendait vider la tirelire. Or un soir le feu du ciel tombe sur la Croix de l'Argent, la brise en cent morceaux. Guillot des Bonnets, qui avait affaire par là, demanda le nécessaire aux villains les plus proches, un burin, un marteau, de la chaux, du sable et fit une si belle réparation premièrement qu'il y paraissait à peine, secondement que la croix se trouva renforcée, plus solide que neuve, et résista depuis aux foudres et aux gels. Guillot fut payé de sa prestation comme seul le Ciel peut le faire : dès lors il reçut le don de remettre les membres démis. De très loin, hommes, femmes, enfants lui apportaient leurs bras, leurs jambes, leurs côtes ; des brebis, des chèvres déhanchées ;

on le venait quérir pour soigner des vaches claudicantes. Il y eut le cas de ces deux maçons qui travaillaient sur une échelle aux murailles du château ; l'échelle se rompit sous leurs charges, les précipita sur des rochers ; l'un se releva sans grand mal, l'autre avec une patte brisée. Guillot vint des Bonnets, il ficela et rajusta merveilleusement la jambe et par la même occasion il répara l'échelle. On avait une telle confiance en lui que certains lui apportaient des cadavres entièrement morts, le crâne fendu, cassés en deux par la chute d'un arbre. Il protestait doucement :

« Pour les miracles, adressez-vous à Jésus-Christ. Moi, je ne suis que le pauvre Guillot. »

On le récompensait en farine, en œufs, en chapons. Tout cela, naturellement, allait dans les réserves communautaires. Plus que les autres membres de la fraternité, on l'appelait Guillot-Bon-Dieu. Mais on disait également Guillot des Bonnets, ou Guillot Bonnet : « Guillot Bonnet arrangera ça. Si Guillot Bonnet n'y peut rien faire, ne cherchez pas ailleurs. » L'usage se répandait de plus en plus en effet de donner deux noms aux personnes : Guillot Bonnet, Antoine Cognet, Joanis Trincart. La paroisse comptait un si grand nombre de Joanis, d'Antoine, de Guillot ou Guillaume, de Peyre, de Maurize qu'il fallait bien les distinguer les uns des autres. La façon la plus claire était de leur attribuer un nom de famille qui fût aussi celui du lieu où ils vivaient : Pamole, Buisson, Foncuberte, Fayette, Chabanys, Bonnet. Ou bien, pour être plus net : Delair, Donaud, Domas, Dopeu, Dotillet, Dopradel, Daiguebonne, Dosgiliberts.

Le changement des noms touchait également les paroisses, dans leurs villes, leurs bourgs, leurs hameaux. Petit à petit, on avait cessé de prononcer Voulobre, Synioure ; on disait Volloùre, Chignore. A force de courir de bouche en bouche, les mots se liment, se déforment comme les monnaies qui passent de main en main ; après deux siècles d'usage, tu ne reconnais plus les figures ni les signes. Quels échanges, quels mâchouillements, que de demi-sourds et de demi-muets il avait fallu pour que Voulobre devînt Volloùre ! Mais les curés, les gens de plume continuaient de l'écrire sur leurs grimoires *Volubrium*, le latin comme le diamant résistent à l'usure. De même aux environs Escotal était devenu Escoutoux, Corpeyre Courpière, Tihart Thiern, Pichodoueyre Peschadoires et ainsi de suite.

Les bourgs changeaient aussi de figure. A une lieue des Bonnets, Escoutoux vivait de ses vignes, de ses chèvres, de ses bois, de son moulin. Un prêtre nommé Gaspard, originaire de l'endroit, obtint de Rotbert, évêque et seigneur de Clermont, que ce village fût transformé en paroisse indépendante. Il n'y manquait qu'une église. Gaspard imposa une dîme sur les moutures de blé, seigle, orge ou sarrasin. Outre le champart ordinaire, il établit un champart provisoire d'un boisseau par septier de seigle ou de froment. Plus un terrage spécial sur les fèves, les choux, les pastonades, le foin et chaque tête de bétail cornu. Plus un droit de charriage exceptionnel sur toute voiture ou monture qui traverserait le bourg dans un sens ou dans l'autre. Enfin, tout usager de la meule fut dans l'obligation d'accompagner chaque boisseau de grain d'une pierre de taille d'au moins dix livres, ou de vingt livres de granit s'il s'agissait de blocs non taillés. La nouvelle paroisse tout entière dut suer sang et eau pour participer à l'édification de son église ; dans chaque ferme, on vit un homme armé de burins et marteaux, assis par terre une pierre entre les genoux, essayant de la façonner en forme de cube.

Certaines personnes mal intentionnées s'efforçaient d'échapper aux impositions. Au terrage sur le bétail cornu en sciant les cornes de leurs chèvres et de leurs boucs ; ce qui se révéla pour ces derniers une très mauvaise opération, leur rendement chut en de telles proportions qu'ils devinrent inutilisables et durent être transformés en saucisse. Au droit de charriage en évitant le passage par Escoutoux, un chemin nouveau le contourna par le couchant, traversant la forêt des Giliberts ; ce qui s'avéra ne pas être un bon calcul non plus, car ce bois était infesté de chenapans, fantômes, galipots et bêtes pharamines, qui attaquaient les voyageurs et les détroussaient.

Après dix ans de sacrifices et de suées, le curé Gaspard, qui y avait mis le dos rond et la tête grise, dit :

« Nous nous arrêterons là. Il manque le clocher. Mais les murs, la voûte, l'autel sont en place. Le clocher, la girouette pour savoir d'où souffle le vent viendront plus tard. Mon successeur y pensera. »

La population des alentours gagna beaucoup à l'implantation de cette nouvelle église, consacrée à saint Sulpice dont une relique, apportée par le seigneur évêque, fut scellée dans l'autel. Un saint dont personne ici n'avait jamais entendu parler et qu'il avait fallu aller chercher au pays des Berrichons, Berrichon tête de cochon, alors que tant de saints locaux se trouvaient sans emploi, saint Joanis, saint Guillot, saint Odilon, saint Bonnet, saint Julien, saint Vincent, saint Raynaud, saint Givreman. Sans parler de saint Gaspard. Mais enfin, l'église Saint-Sulpice était bien avantageuse parce qu'elle épargnait aux Escoutelas de s'user les jambes chaque dimanche pour aller entendre messe à Volloùre, par un chemin des plus montants.

Le cas des Bonnets se distinguait des autres, de même que celui du Petit-Cognet, du Grand-Cognet, de Laurençon, du Mas-Patier, de tous les hameaux se trouvant à mi-distance des deux paroisses. Leurs habitants pouvaient donc fréquenter l'une ou l'autre église. Mais ils continuaient par fidélité d'apporter leur pratique à saint

Maurize plutôt qu'au saint berrichon ; et aussi parce que les cloches de Volloùre les éveillaient à l'angélus de l'aube et leur tenaient compagnie pendant le voyage.

Se rendant compte de son infériorité, le curé Gaspard se procura une cloche. Une clochette, plutôt, selon ses moyens, guère plus grosse que celle que les montagnards foréziens mettent au cou de leurs vaches ; mais dont le son était si argentin, si aigu qu'il perçait les distances et s'entendait de fort loin, pour peu que le vent ne lui fût pas contraire. Ne disposant d'aucun clocher, le curé Gaspard chercha donc où la suspendre. Et ce qu'il trouva de mieux fut un poirier situé sur le plateau qui surplombe le bourg, un peu en dessous de Turgon, à une hauteur telle qu'aucun clocher n'y pourrait jamais atteindre. Il y fallut des échelles, de bonnes cordes et de grands efforts ; mais alors, une fois la clochette bien assujettie, il suffisait de secouer l'arbre pour la mettre en danse. D'un coup, l'église incomplète de saint Sulpice se trouva sur le même pied que celle de saint Maurize. Les villains des alentours, l'entendant tintinnabuler le dimanche matin, s'écriaient tout réjouis :

« *Le curà dé Cotoù branlo son perey, co i l'oro de se priporé po lo sinto meço*. Le curé d'Escoutoux branle son poirier, c'est l'heure de se préparer pour la sainte messe. »

Ils se dépêchaient de s'envoyer un peu d'eau à la figure, d'enfiler leur bliaud propre, de chausser leurs sabots de noyer et se mettaient en chemin, chargés des victuailles de l'offrande. Cette église neuve leur avait coûté trop cher en pierres, grain, pastonades pour qu'ils négligeassent de l'employer.

Un cavalier descend le chemin boueux. Ganté, botté, chaperonné, l'épée pendue au flanc. Ses éperons à broche luisent comme des couteaux. On l'a vu venir de loin ; des jeunes gens, des enfants sortent des maisons et courent à sa rencontre, les poignets croisés sur le front pour affirmer leurs intentions pacifiques. Tout cavalier, tout homme en armes peut être dangereux, il est prudent de gagner ses bonnes grâces.

« Suis-je ici, brave monde, chez les Bonnet ? demande-t-il. Est-ce là leur village ?

— Vous y êtes. »

Le langage révèle ton pays, ta race, ta condition.

Lo grolo coano
e lo gornodo racano.

Le corbeau croasse
et la grenouille coasse.

Lui croassait dans la langue du pays, mais avec cet accent de Thiern qui à chaque *a* — le *canâââ*, le *fougâââ*, le *bitchâââ* — leur fait ouvrir la bouche comme si on leur arrachait une dent, si bien qu'on les surnomme communément *lu badogorjo* : les ouvre-bec.

« Je veux, sur les ordres du sire Étienne de Thiern, parler à Guillot Bonnet.

— Tout de suite. »

Le plus leste des drôles court sur ses pieds nus avertir le *mouitre*. Les autres mènent doucement le cavalier vers la maison commune devant laquelle il met pied à terre. Guillot sort dans sa tenue de laboureur, le bonnet sur la tête, ce qui lui est occasion de le tirer courtoisement devant l'envoyé du sire Étienne de Thiern. Quand ils sont face à face, le *badogorjo* parle en ces termes :

« Mon maître est tombé d'une fenêtre et s'est abîmé les jambes. Le bruit de ton habileté de remancheur est venu jusqu'à Thiern. Penses-tu pouvoir le réparer ?

— Oui, avec l'aide de Dieu.

— Il m'a chargé de t'emmener en croupe jusqu'à lui. Es-tu prêt ?

— Dans un instant. »

Pendant qu'il s'endimanche quelque peu, les Bonnet se rassemblent autour du cheval qui fume.

« Nous sommes venus au triple galop », explique l'envoyé. Ils admirent le harnachement, les deux selles, les étriers, le mors de bronze écumant, les bossettes de cuivre, le troussequeue, osent toucher du doigt telle ou telle pièce.

« Il est châtré », fait observer quelqu'un, le doigt tendu.

Le bidet se pavane cependant, tout fier de ce qui lui reste et de ses vaines enjolivures. Près de lui, le cavalier se donne aussi des airs bravaches, se rengorge sous ses buffleteries, joue avec ses gants, pose la main sur la garde de son épée. Mais le *mouitre* ressort bientôt, il embrasse sa famille, confie à son vigier la direction de la fraternité. Le Thiernois est déjà lestement remonté. Guillot a le plus grand mal au contraire à se hisser en croupe sans l'aide de l'étrier, les parsonniers doivent un peu le pousser au derrière, il atterrit au sommet de la selle postérieure, reste un moment là-haut en équilibre sur le ventre, s'y balance, y gigote des quatre membres, tandis que le cavalier se tord de rire, mais se garde bien de lui venir en aide. Après bien des efforts, il réussit à passer une jambe de l'autre côté et à s'asseoir à califourchon, les mains nouées au troussequin. Alors, l'ouvre-bec ferme la bouche, se raidit sur ses étriers et pique des deux, aussi fier que s'il partait combattre les Turcs mahométans, mais personne ne va-t'en guerre sur un bidet châtré.

Vu de là-haut, le monde change de figure, les fourmis, les

punaises, les bousiers deviennent invisibles, mais tu te trouves plus près des nuages, du vent, des oiseaux, tu dois te baisser quelquefois pour passer sous les branches, tu cueilles les cerises rien qu'en tendant le bras. A son équipage, les manants reconnaissent l'écuyer d'un grand seigneur, lui font des saluts et des courbettes ; Guillot n'en prend point sa part, sachant qu'ils ne lui sont pas destinés. Il goûte du moins le bénéfice de traverser Escoutoux sans payer péage. Les quatre sabots du cheval dévorent la route, dégringolent les pentes, escaladent les côtes, franchissent d'un bond les ruisseaux qu'il a comme piéton tant de peine à traverser. Les deux hommes longent l'enceinte du Moustier dont ils aperçoivent, ainsi juchés, l'intérieur, les jardins pleins de ruches et de moines défroqués, en tenue de travail, coiffés de chapeaux de paille, vêtus simplement d'un cottereau sans manches et de leurs braies de toile, qui bêchant, qui piochant, qui semant les fèves, qui plantant les choux. L'écuyer retient sa bête et s'attarde indiscrètement à ce spectacle. Mais les religieux aperçoivent de loin leurs trois têtes, leur lancent des cailloux et des malédictions. Eux s'écartent au petit trot. Plus loin, ils passent à gué la rivière Durolle, bordée de tanneries, empuantie par les peaux qui y trempent.

Grimpant un chemin tortueux et d'une pente extrême, ils se hissent vers la ville aux trente tours, dont l'enceinte crénelée couronne la colline au-dessus d'eux ; mais la montagne, plus loin et plus haut, dresse derrière elle un versant hérissé de forêts qu'on devine pleines de loups, d'ours, de sangliers. Les parties basses sont au contraire amoureusement cultivées, couvertes de vignes, de jardins, de noyers. Ils franchissent alors l'enceinte de Thiern par la porte Salomon aux tours jumelées et se trouvent aussitôt pris dans un grouillement d'ouvre-bec, tous en train de dire *a*, la bouche ouverte, le *patchâââ* [1], le *bourâââ* [2], le *mouralhâââ* [3], de manger des *guenilles*, de la brioche aux grattons et de se gausser les uns des autres. Car cette population est ainsi faite qu'elle ne peut s'empêcher de se moquer de ce qui lui arrive, la fortune, la misère, la peste, le choléra. Elle rit de ceux qui pleurent, de ceux qui se lamentent, de ceux qui tombent sur les fesses. Elle rirait de la Sainte Vierge si elle la voyait sur son âne, allant vers Bethléem. Elle rigolerait de Jésus s'il passait dans le quartier, la couronne d'épines sur la tête, quitte ensuite à lui offrir un verre de vin, à l'aider à porter sa croix, à répandre de l'huile sur ses plaies. Les bade-bec exercent des professions artisanales diverses, car ils sont fort industrieux, batteurs de cuivre, batteurs de chanvre, batteurs de drap, batteurs

1. *Patchà* : écrabouillis de nourritures diverses.
2. *Bourà* : chiffe.
3. *Mouralhà* : mâchuré.

de laine, batteurs de paille ; ils sont tanneurs, fustiers, corroyeurs, taillandiers ; et quelques-uns sont aussi couteliers, ils forgent leurs lames dans de petits ateliers noirs comme des gîtes de putois et quand ils sortent en exhibent deux ou trois pendues à leur braïel, ce qui est pour eux une façon d'enseigne, de montrer le bel ouvrage dont ils sont capables. La ville est pleine de tavernes où ils vont dépenser à toute occasion les quelques liards qu'ils ont pu gagner, en chantant :

Dingu sa crire mo son conten
can passon ensemble lhou ten
ò bien turlé, ò bien golé
cu badogorjo cotelé.

Nul ne sait comme ils sont contents
quand ils passent ensemble leur temps
à bien boire et à bien gouler,
ces bade-bec de couteliers.

D'autres ouvriers besognent au contraire dans la rue, sur les places, au vu et su de tout le monde. Les curieux se groupent autour d'eux, petits devant et grands derrière, admirent leur adresse, louent leurs tours de main. Les enfants emportent les copeaux, les chutes de cuir ou de bois qui leur serviront de jouets. Les deux cavaliers s'ouvrent donc un passage au milieu de la foule qui s'amuse d'eux et les montre du doigt, se désignant leur nez, leurs oreilles, le chaperon de l'écuyer, le bonnet de Guillot. Devant eux se dresse soudain le superbe château des seigneurs de Thiern, encerclé de sa bretèche, ses toits aigus aux tuiles rouges, sa tour carrée, ses tourelles et leurs oriflammes, son donjon imposant qui domine l'ensemble de même qu'à l'horizon le puy de Doume triomphe sur ses confrères. En face, l'église Saint-Genès dont le fronton s'orne de guirlandes et de pinacles ; son clocher octogone prolongé par une aiguille qui se perd dans le ciel. A sa droite, le cimetière déborde jusqu'à l'enceinte ; de nombreux bade-bec, grands et petits, sont en train d'y batifoler, de jouer parmi les tombes au palet, au tonneau, aux gobilles, à saute-mouton, à chat-perché, à cligne-musette.

L'écuyer conduisit le remancheur, à travers couloirs et escaliers, jusqu'à une salle où flambait un grand feu.

Plusieurs dames s'y tenaient dont une assise près de la cheminée, encore jeune, les cheveux retenus par une résille, les pieds sur un coussin. Elle fit un signe à Guillot qui ôta son bonnet et s'inclina devant elle.

« Qui es-tu ?

— Guillot, du village des Bonnets, maître de la communauté des Bons Dieux, entre Escoutoux et Volloùre.

— Me voilà bien aise de t'accueillir, car je suis volloùroise également. Je m'appelle Alasie, fille du baron de Volloùre. J'ai épousé Étienne de Thiern, en sorte que nos deux terres sont à présents réunies. Tu es donc ici dans ton pays comme si tu n'avais point quitté ton village. »

Elle fit courtoisement apporter à boire à son hôte, lui offrit du pain au miel et des dragées encore chaudes, auxquelles il fit honneur trois fois de suite, c'est-à-dire dans la juste mesure établie par la politesse auvergnate : *qui n'en prend qu'une fois n'a pas aimé ; qui en prend deux le fait par amabilité ; qui en prend trois a véritablement aimé ; qui en prend quatre est goinfre patenté ; qui en prend cinq veut te ruiner*.

S'étant essuyé la bouche avec le dos de la main, il demanda que puis-je pour votre service. Elle lui raconta l'accident qu'avait eu Étienne son mari, tombé d'une fenêtre pas très haute grâce à Dieu en voulant cueillir une pariétaire, dite aussi perce-muraille, dont il appréciait dans ses tisanes les feuilles séchées. Depuis, il ne parvenait plus à tenir sur ses jambes et devait rester allongé. Elle le mena jusqu'à sa chambre où il trouva le sire de Thiern, de Montguerlhe et de Volloùre tout congestionné, tout geignant et demi-nu, entouré de serviteurs qui lui appliquaient des cataplasmes de mie de pain trempée dans du lait de chèvre :

« C'est la pierre de mes deux genoux, hou la la... » gémit-il.

Guillot comprit que six médecins s'étaient déjà succédé à son chevet, aucun n'avait obtenu de faire redescendre les rotules que la chute avait sorties de leurs loges et poussées d'un demi empan dans l'épaisseur de la cuisse. Voilà pourquoi on avait fait appel à ses services. Bonnet retroussa ses manches, demanda de l'huile, s'en oignit les paumes, signifia aux serviteurs :

« Empoignez-le bien par les quatre membres.

— Est-ce que nous pouvons ? s'enquirent-ils auprès de leur maître.

— Faites ce qu'il vous dit. »

Le remancheur fit d'abord un signe de croix, marmonna un *Patenostre*, puis commença d'opérer. Ses longs massages arrachaient d'autres gémissements à l'accidenté, des contorsions à grand-peine maîtrisées par les serviteurs qui, forts de son autorisation, y employaient la rudesse nécessaire. Enfin, après bien des manœuvres, les deux pierres regagnèrent leurs loges habituelles et le sire cessa de se plaindre. Guillot les enveloppa d'une bande de tissu très serré, recommanda au patient de rester couché trois jours encore, de ne se lever que progressivement, d'éviter tout mouvement brusque et de ne plus se pencher aux fenêtres. Étienne le remercia, lui fit cadeau d'une bourse remplie d'écus fleurdelisés et supplia :

« Ne pars pas encore. Il faut que tu surveilles les soins de mes genoux. Reste au moins quelque temps. »

Pendant une semaine, Bonnet fut au château l'hôte d'honneur. Naturellement, maintes personnes, parents du sire, chambrières, cuisiniers, dames de compagnie, lui apportèrent d'autres joints à réparer, coudes, échines, poignets. Il opéra de son mieux, reçut des cadeaux, croix d'argent, cœur de Jésus, quelqu'un lui pendit même au cou une colombe en or ornée de pendeloques figurant le Saint-Esprit. Le dernier soir, il voulut mieux connaître la ville et se promena dans ses rues boueuses, étroites, tordues, toutes montantes excepté les descendantes. Interpellé par les marchands qui voulaient lui vendre leurs colifichets. Une ribaude sous un porche le prit même par un bras, disant :

« Oh ! tu as un saint-esprit !... J'en ai un également, je t'invite à venir le voir ! »

Il fut surpris d'une telle piété chez une personne de cette condition : après tout, une créature de Dieu comme lui.

Lui-même souffrait d'une étrangeté aux oreilles contre laquelle il n'avait jamais rien pu : les deux lobes en étaient, non point plats, mous et pendants, comme chez tout le monde, propres à être tirés entre le pouce et l'index au temps des coquineries enfantines, mais bulbeux, durs et rubiconds. Si quelque personne lui parlait, son regard se fixait aussitôt sur ces oreilles incongrues, il avait l'impression qu'elle ne s'adressait pas à lui, mais à un autre, dans son dos. Vainement il les avait percées d'une aiguille rougie au feu, rien n'en était sorti, si ce n'est un peu de sang. Le curé de Volloùre les avait signées sans résultat. Or il entendit les chambrières du château s'entretenir d'un saint homme capable de réduire les tumeurs. Un reclus qui vivait seul dans sa récluserie, entre Saint-Joanis et le Moustier, au bord de la Durolle.

Il y descendit par un chemin rocheux et difficile, parvint à une bicoque délabrée, bordée d'un jardinet en désordre ; aux murs séchaient des pioches et des bouquets d'oignons ; un chat noir l'observa de ses yeux de braise, puis recula, feulant avec férocité ; une pie sur les tuiles protesta, ka-ka-ka. Il eut le sentiment d'être le mal venu. Comme il ne voyait figure humaine, il cogna du poing. Un grognement répondit de l'intérieur, sans plus. Ayant insisté, second grognement. A sa troisième tentative, une voix répondit enfin :

« Qui es-tu ?

— Je m'appelle Guillot.

— Que veux-tu ?

— Vos soins et vos prières pour une tumeur que j'ai.

— Va-t'en au diable ! Je ne guéris plus personne. Je ne peux rien pour toi.

— On m'avait dit que vous étiez un saint homme.

— C'est fini. Je suis tombé sur la tête et je suis fou. Fou comme un marteau à battre les lames. Que le diable t'emporte, s'il lui plaît.

— Merci quand même. Dieu vous garde. »

Il remonta tristement. Après une longue ascension, il rentra dans la ville. Cherchant à se réconforter, il entra dans la taverne du *Peyrou*, c'est-à-dire du Chaudron, qui en montrait un pour enseigne, pendu à sa potence. La salle était remplie de bade-bec occupés à boire, à jeter les dés ou les osselets. Tous se tournèrent vers lui, éclatèrent de rire en lui voyant cette sorte de coiffure.

« Tiens ! Voilà Joanis Bonnet ! s'écria l'un.

— Vive Joanis Bonnet ! braillèrent les autres. Paye-nous à boire, Joanis Bonnet !

— Volontiers, répondit-il. Mais je vous fais remarquer, Messieurs, que je m'appelle, non pas Joanis, mais Guillot Bonnet. »

Et eux, quand ils l'eurent mieux observé, avec des rires qui leur découvraient la langue et la luette :

« Oh ! le brave Guillot Bonnet ! Il s'est pendu des cerises aux oreilles ! Vive Guillot Cerises ! »

Ils boivent à sa santé, il boit à la leur. Plusieurs Thiernois originaires de Volloûre ou d'Escoutoux se trouvent parmi eux, qui l'embrassent dévotement. Je dois maintenant m'en aller, essaye-t-il de dire. Mais on le retient encore, parce qu'il reste du vin au fond des pots. On lui met trois dés d'ivoire dans les mains, on lui fait entendre le doux cliquetis qu'ils produisent en se heurtant, il les roule entre ses paumes, les cajole, finit par les lâcher : triple six ! gandrille ! victoire ! Il se laisse prendre au jeu et y perd un sol et demi.

Alors se présente un grand flandrin de coutelier, la figure plus mâchurée que le cul d'une poêle, avec, au milieu, des dents de loup. Il porte à la ceinture plusieurs couteaux dans des gaines de cuir. Il en dépend un et propose un jeu nouveau : il s'agit de poser la main gauche bien à plat sur la table, les doigts largement écartés, puis, tenant le couteau de la droite, d'en piquer la pointe entre les doigts, d'abord lentement, puis de plus en plus vite. Une erreur de visée, et le couteau se plante dans les chairs. Lui-même en fait la démonstration. Sa lame sautille par-dessus les doigts, point le chêne de la table. C'est à peine si tu peux la suivre des yeux. Dans un sens, dans l'autre, et encore, et encore, tic, toc, tac, tic, toc, tac...

« Voyez comme c'est facile ! »

Et ses dents luisent. Un bade-bec essaye avec succès. Un second. Un troisième : tic, toc, tac, tic, toc, tac. Le coutelier présente alors, la lame enfouie dans son poing — comme si elle n'existait pas — au maître des Bonnet le manche de son couteau :

« A toi, Guillot Cerises ! »

Comment refuser ? Malgré ses yeux embrumés par le vin bu, Guillot commence lui aussi à picorer la table, tic... toc... tac...

« Plus vite ! ordonne l'autre.

— Je fais ce que je peux. »

Tic... toc... tac...

« Plus vite ! Plus vite ! » vocifère le coutelier.

Tic... toc... tac...

« Tiens, regarde ! Ne bouge pas ! Laisse ta main gauche ouverte ! »

Il lui arrache le couteau et c'est lui qui en guide la pointe entre les doigts de Bonnet, à une vitesse étonnante qui produit sur la table un crépitement, tandis que l'assistance hurle et applaudit : gandrille ! gandrille ! gandrille ! Guillot voudrait bouger, mais il ne peut pas, cette danse d'acier le paralyse. L'autre serre le manche avec fureur dans son poing noir. Soudain, sans que personne comprenne pourquoi... Mais de quelle façon cela s'est-il pu faire ? On riait si bien, on criait si fort gandrille ! Il faut que le diable soit intervenu... Tout par un coup, donc, la lame commet une erreur et plonge dans la main de Bonnet, dont le second doigt se détache, tranché net comme une pastonade. Celui que l'écriture nomme *index*, parce qu'il désigne les choses. Le plus précieux après le doigt gros, le *pouce* qui écrase les poux. Son associé de chaque instant. Celui qu'on trempe dans le fricot pour en goûter la sauce. Celui qui caresse le plus finement. Celui qui dessine : sur un visage, sur la neige, sur le sable mouillé. Celui qu'on lève en parlant pour avertir. Celui qu'on suce pour connaître d'où souffle le vent. Celui qu'on pose sur les lèvres pour dire *chut*. Le voilà sur la table, pitoyable, mêlant son sang au vin répandu. Et au lieu d'en demander pardon-excuse, le grand flandrin de coutelier rit de toutes ses dents de loup, dégage sa lame enfoncée dans le bois et l'essuie tout tranquille sur sa manche.

Tumulte, colère, tempête. D'autres couteaux jaillissent de partout. La main mutilée coule comme une fontaine. Guillot l'arrête de sa main droite, il exerce sur lui-même son art de guérisseur, enveloppe la blessure avec son bonnet. Les originaires d'Escoutoux et de Volloùre veulent le venger en étripant le coutelier, mais celui-ci a également sa clique. Les gueules aboient, les lames brillent, les pieds entrent en danse, visent aux ventres et aux parties. Alors, un commandement aigu les transperce tous :

« Nooooooooon ! »

Dressé sur ses jambes de héron, le remancheur lève au ciel ses deux mains ensanglantées et supplie :

« Noooooooooooon ! Au nom de Jésus-Christ ! Noooooooo-ooon ! »

Jésus-Christ ? Que vient faire Jésus-Christ là-dedans ? Ils ont un compte à régler avec cette guenille de coutelier, voilà tout. Il est bien connu dans le quartier du Peyrou, un cherche-riote, un cherche-ligue, un cherche-chicane, il faut qu'on lui rende la monnaie de sa pièce. Mais Guillot continue de s'opposer :

« Arrêtez, vous dis-je ! Par le baptême que vous avez reçu ! Celui-là m'a coupé un doigt exprès, je l'ai compris, pour le plaisir... Non, ne hurlez pas !... Mais un doigt ne vaut pas la vie d'un homme. Ni la sienne, ni la mienne, ni celle d'aucun de vous. D'autant moins qu'il m'ait pris à la main gauche. Des doigts, il m'en reste encore neuf. C'est moi qui suis cause ici de la riote. Alors, je m'en vais, voilà tout. Faites comme je vous ai dit. »

Là-dessus, il ramasse sur la table son doigt mort et s'en va réellement, les laissant pétrifiés. Il regagne le château du seigneur Étienne qui n'est qu'à deux pas, afin de s'y confectionner un meilleur pansement.

Le lendemain, l'écuyer ramena le remancheur aux Bonnets sur le même cheval. Voilà de quelle façon Guillot retrouva la fraternité avec toujours ses cerises aux oreilles, un sac d'écus en plus et un index en moins : elle y gagna, il y perdit.

Devant son père, en tête à tête, Guillot comparut tête basse. Quoique *mouitre* élu de tous, il restait devant Raynaud craintif et respectueux comme un petit enfant.

« Ton voyage à Thiern n'a pas été une réussite, dit le vieux.

— Il y a eu du bon et du mauvais.

— Il n'y aurait pas eu de mauvais si tu avais su te tenir. Si tu n'étais pas entré dans cette taverne du *Peyrou* en compagnie de gens de peu.

— Je le reconnais.

— Est-ce qu'ils t'ont fait boire ?

— Quelques gobelets.

— Jouer aux dés ?

— Je crois bien.

— Les dés, mon fils, sont un cadeau que le diable fit un jour à un mauvais prêtre. Sur un côté, il avait gravé un point noir : un, pour se moquer du Dieu unique. Sur le second, deux pour se moquer de Jésus et de Marie. Sur le troisième, trois pour se moquer de la Sainte-Trinité. Sur le quatrième, quatre pour se moquer des quatre Évangiles. Sur le cinquième, cinq pour se moquer des cinq portes de Jérusalem. Sur le sixième, six pour se moquer des six jours de la Création. Le mauvais prêtre se passionna si bien pour ces objets qu'il en oublia le service de Dieu et que son âme est en enfer. Alors, je t'en prie, ne touche plus jamais aux dés, mon fils. Il faudra t'en confesser.

— Je n'y manquerai pas. »

Le doigt tranché fut suspendu par un fil à une poutre du plancher, juste au-dessus du lit à rideaux, c'était le premier objet que Guillot voyait chaque matin en ouvrant les yeux, et il disait voilà ce qu'il en coûte de ne pas suivre le droit chemin. Avec le temps, il se ratatina, devint une chose innommable, l'ongle tomba, tu aurais pu croire aussi bien à quelque racine, comme celle de l'herbe aux puces, mise là pour éloigner ces minuscules filles de la nuit que les Auvergnats appelaient *la neyra*, les « noires », compagnes assidues de leur sommeil. A la fin, on ne sut plus de quoi il s'agissait, sauf que c'était une relique qui protégeait leur entente.

Suivant l'exemple des Bonnet, d'autres communautés s'étaient fondées aux environs : les Montbartoux à Montbartoux ; les Tarenteix à Tarenteix ; les Baruptel à Baruptel ; les Thuel à Thuel ; les Courty à Courty ; les Garnier aux Garniers ; les Ferrier aux Ferriers ; les Lamouroux aux Lamouroux ; les Cognet au Grand et au Petit Cognet ; les Dessapt à Sapt. D'autres, sur le modèle des Escoutelas qui peuplaient Escoutoux, prirent le nom de leur lieudit en l'allongeant en *as* : ainsi, les Barnérias de la Barnerie ; les Tourlonias de la Tourlonie ; les Chevalérias de la Chevalerie ; les Rigaudias de la Rigaudie. Elles furent bientôt si nombreuses sur les terres de Volloùre et de Thiern que ces campagnes connurent une grande prospérité, la forêt recula devant la vigne et les cultures ; les vaches et les bœufs se multiplièrent, les brebis furent plus laineuses, les chèvres plus prolifiques, la cuisine devint plus variée. Outre le porc salé, on se mit à manger de la viande fraîche, principalement celle du chevreau. La sainte Bible nous informe que le chevreau est un animal timide et nourrissant ; elle donne même la bonne recette de sa préparation : les anciens Hébreux le faisaient cuire dans du lait. Chez les Bons Dieux, on préféra relever sa chair fade en la piquant de gousses d'ail, en l'arrosant d'une sauce aigrelette et persillée. Mais on ne se permettait cette lippée qu'une fois l'an à l'occasion de la cuisson du mois d'avril qui célébrait l'établissement de leur entente, quatre siècles auparavant. On l'appela *lo féto do boutchì*, la fête du chevreau.

Et ce fut très longtemps chez eux la seule occasion de mieux manger, avec celle des baptêmes, mariages et enterrements. On ne mangeait guère mieux pour la Noël, sauf qu'au retour de la messe de minuit — on s'y rendait à la lumière d'un brandon de paille ; il en fallait une jolie longueur, si l'un s'éteignait, on le rallumait avec un autre ; s'ils s'éteignaient tous, on soufflait sur les braises ; s'ils ne se rallumaient point, on demandait du feu aux maisons rencontrées ; s'il ne s'en trouvait aucune, on se contentait de la lueur des étoiles, du scintillement de la neige ; s'il ne brillait ni neige ni étoile, on se donnait la main pour ne pas se perdre —, sauf qu'au retour, dis-je, de la messe de minuit chacun recevait une écuellée de soupe épaisse ; en plus, les femmes et les enfants une tasse de lait ; les hommes un verre de vin dont ils versaient une partie dans leur bouillon ; les animaux n'étaient pas oubliés, on leur portait une buvée d'eau tiède et sucrée, coupée aussi d'un peu de vin, ils s'en léchaient les badigoinces.

Tandis que Guillot, le *mouitre*, veillait sur le travail des hommes, Séraphine, la *mouitreço*, réglait celui des femmes et des enfants, mais aussi d'une façon plus générale les bonnes mœurs de la communauté. C'est elle qui mesurait à table les parts de saucisse, de lard et d'andouille. C'est à cause d'elle que le dimanche de Pâques n'était, chez les Bonnet, pas plus charneux, pas plus vineux que les dimanches ordinaires ; afin de se décarêmer, on mangeait seulement une soupe au lard et une omelette aux grattons. La joie pascale se tenait toute dans les cœurs, en rien dans les estomacs. Elle commençait la semaine précédente, le *Dimanche-avant-que-Jésus-ne-fût-vendu*, par la bénédiction des rameaux de buis, suspendus ensuite dans chaque maison, chaque pièce, chaque étable, sur chaque ruche. (Il ne fallait surtout pas oublier les mouches à miel qui sont des créatures excessivement susceptibles et veulent être informées de tout ce qui se passe d'important, bonheurs, deuils, maladies, dans la famille pour qui elles butinent. On savait qu'une fois les abeilles des Montbartoux avaient déserté leurs ruches, pour ne pas avoir été mises au courant du décès de leur *mouitre*. Aussi, chez les Bons Dieux, Guillot avait-il la courtoisie de se rendre auprès des siennes et de leur dire, le bonnet à la main : « Un enfant nous est né sous le toit de Georges et Antoinette. » Ou bien : « Nous avons eu la douleur de perdre notre tante Ernestine. Elle a beaucoup souffert. » A ce prix, on pouvait être sûr de leur fidélité.) Le jeudi saint — que les prêtres nommaient *jeudi absolu* — Séraphine en personne lavait les pieds du mendiant de service : pour être sûr d'en avoir un, on l'avait réservé plusieurs nuits à l'avance dans un lit bien chaud, bien moelleux de paille ; et si l'on n'avait personne sous la main, la maîtresse ordonnait que les membres de la communauté lavassent les pieds des serviteurs. Le *vendredi adoré*, jour de jeûne complet, excepté pour les enfants en bas âge ; les chats eux-mêmes participaient à la mortification : Séraphine les enfermait dans des cages pour les empêcher de se nourrir de chair ni de poisson. Le samedi saint, abstinence seulement. Le dimanche de Résurrection, toutes les cloches se remettaient à sonner, le curé d'Escoutoux secouait éperdument la sienne ; mais la table des Bonnet restait aussi frugale, sauf qu'après la messe on s'offrait les uns aux autres des œufs bleus, rouges, violets, cuits dans des teintures. A Pentecôte, les ménagères préparaient des *croustilles*, échaudés en forme de flamme, qu'on jetait dans l'église de la tribune ; les paroissiens qui les ramassaient s'en signaient avant de les manger ; car les croustilles représentaient les langues de feu du Saint-Esprit. On chômait pour la Saint-Jean, la Saint-Pierre, la Saint-Paul, la Saint-Julien, la Saint-Michel, la Saint-Givreman ; on entendait messe, mais on ne mangeait pas mieux. Ainsi l'avaient décrété ensemble saint Guillot et sainte Séraphine.

Hors des Bonnets, les réjouissances religieuses ne montraient pas une telle austérité.

A Thiern, toutes étaient une occasion de se remplir le ventre et de se tenir les côtes. A Noël, on mangeait des toises de boudin aux noix ; le jour de l'An, on trinquait entre voisins en se souhaitant :

Bono nado, bono sandà,
è le Porodji can chiren crevà.

Bonne année, bonne santé,
et le Paradis quand nous serons crevés.

A l'Épiphanie, on mangeait la brioche aux grattons ; aux Petits Rois, le *rapoutet*, talon d'un jambon de l'année précédente ; au Mardi gras, les *guenilles*[1]. Feux de joie et re-*guenilles* pour les Brandons. Au printemps, les filles se couronnaient de fleurs et allaient danser des caroles dans le cimetière. A Pâques, la jubilation était si forte qu'elle poussait à toutes les folies : les sires ordonnaient par précaution que les « folles filles » fussent temporairement expulsées, elles trouvaient quinze jours de refuge dans le plus proche village, appelé la Paillette, composé uniquement de chaumières, où elles passaient joyeusement ce temps d'épreuve en compagnie de leurs rufians. Re-*rapoutet* pour la Saint-Vincent, fête des vignerons, et la Saint-Éloy, fête des couteliers. En mai, les jeunes gens des deux sexes dansaient autour d'un arbre enguirlandé, dressé devant le château, en chantant :

Le mey, le mey torjou
que convë o noùtre age,
i o pa de mi pu jantche,
le mi de lu omou.

---

1. Pâte épaisse, découpée en formes diverses, frites dans l'huile.

Le mai, le mai toujours
qui convient à notre âge,
pas de mois plus aimable,
c'est le mois des amours.

Après quoi, ils allaient débiter un couplet faussement innocent devant la porte des maris qu'ils croyaient trompés :

Le cocu co i z'in oùsel
qu'i o pa cható qu'i tan bel.
Ma che lu cocu treytou
se botesson o bioure d'ego
toririon toto lu riou.

Le coucou z'est est un oiseau,
n'y a pas chat qui soit si beau.
Mais si les coucous ensemble
se mettaient à boir' de l'eau,
tariraient tous les ruisseaux.

Et de rire, les jeunes bade-bec ! Et de s'envoyer des bourrades dans l'échine !

Mais aux Bonnets, de pareils débordements n'avaient pas cours, ni les mœurs ni les maîtres ne les auraient autorisés. Les autres communautés suivaient ces exemples et plus d'une aurait mérité le surnom de « Bons Dieux » s'il n'eût été déjà pris. Sainte Séraphine poussait la piété évangélique jusqu'à se sentir choquée par l'union libre des animaux. Passe encore pour les vaches et les taureaux, les chèvres et les boucs, les brebis et les béliers, qui n'étaient point de sa compétence ; mais elle ne tolérait point cette immoralité parmi la volaille et les lapins qui lui ressortissaient.

Aussi, chaque fois qu'il lui arrivait de transporter une lapine au mâle, ne manquait-elle pas de proférer devant la cage une formulette de rigueur :

« Je vous marie au nom du Père, et du Fils, et du Saint-Esprit. *Amen.* »

Eux la considéraient de leurs petits yeux rouges en remuant le nez. Après quoi, les choses se passaient conformément aux règles de la nature.

On voyait beaucoup de mendiants, car ils savaient trouver dans les communautés de la région leur écuellée de soupe chaude et leur lit de paille dans l'étable. Il arrivait qu'on en reçût deux ou trois en même temps. Si bien que lorsqu'on cuisait douze tourtes de pain, on appelait la treizième « la tourte des pauvres ». Encore souvent ne suffisait-elle point, Guillot constatait avec quelque inquiétude :

« Le pain file vite dans cette maison. »

Certains de ces gueux étaient des figures connues comme le loup blanc, ils revenaient toutes les quatre semaines. Ainsi, la Tonine-qui-Pue. Car en vérité elle puait autant que trente-six pestes. On n'ignorait pas que, originaire de Volloùre, elle avait mené à Thiern une vie de débauche. Au bout de quoi, elle achevait sa misérable existence, aveugle, couverte d'ulcères et d'infirmités. Le jour prévu, elle arrivait appuyée sur sa canne, tenant de l'autre main un panier noir à couvercle et à double anse dans lequel logeait toute sa fortune : son chapelet, son boursicot, son peigne, quelques chiffes et son fuseau, car elle était encore capable de filer, pour peu qu'on lui garnît une quenouille.

Elle disait : « Me voici encore une fois. Vous ne m'attendiez guère ?

— Oh ! que si ! répondait Séraphine.

— Vous reste-t-il une goutte de bouillon ? Parce que je n'ai rien pris depuis avant-hier. Le bon Dieu vous le rendra. »

Elle était fort demandeuse et autoritaire. Elle s'installait dans un coin du feu d'en-haut — « ma place », disait-elle — et n'en bougeait de la journée. Tirant, si on voulait bien lui apporter une quenouille, le fil qu'elle mouillait de salive entre ses doigts, et il sortait à vrai dire aussi régulier, aussi fin que si elle avait eu ses deux yeux. Ou encore marmonnant son chapelet. A cause de l'odeur, chacun se tenait à distance. Mais elle n'avait garde de se laisser oublier :

« Vous ne pourriez pas ajouter un peu de bois au feu ? Mes doigts sont gelés comme des cornes. Le bois ne vous coûte pourtant pas bien cher, il vous suffit de le couper... Je n'arrive pas à me réchauffer. Qui va préparer une chaufferette de braise pour mes pieds ?... Je boirais bien une goutte de bouillon avec une larme de vin... »

Et le matin, au sortir de sa couche de paille :

« J'ai eu froid toute la nuit... Si vous pouviez me donner une autre couverture... Que voulez-vous, à mon âge, on n'a pas beaucoup de chaleur dans le sang... Ne vous étonnez pas si vous me trouvez un matin raide morte dans votre lit... »

Cette idée seule emplissait la *mouitreço* de frayeur. Bref, c'était, comme on dit, une vieille calamastre, jamais satisfaite, jamais assez gâtée, assez suppliée. On lui ramollissait son pain parce qu'elle n'avait plus de dents. On lui donnait une coiffe de nuit parce qu'elle n'avait plus de cheveux. Parce qu'elle n'avait plus d'yeux, un enfant la guidait chaque soir dans l'obscurité jusqu'à son étable, au moyen d'un bâton qu'elle tenait par un bout et lui par l'autre, trop répugnante pour que personne acceptât de toucher sa main.

Un soir cependant, parvenue de la sorte au seuil de l'étable, pour remercier son jeune guide ou par on ne sait quelle honteuse inspiration, elle attira le jeune garçon à elle et voulut l'embrasser. Il se sauva en hurlant. Cette fois, la maîtresse prit une colère :

« Qu'est-ce donc que ces façons, Tonine ? Le vice par hasard vous reviendrait-il ?

— Vous m'offensez, maîtresse, et Dieu vous punira de votre méchanceté ! Moi qui avais en vous si grande confiance ! Comment pouvez-vous croire ? Et quel mal y a-t-il à vouloir remercier un enfant qui vous a rendu service ?

— Pas de cette manière, Tonine, pas de cette manière ! Et ne vous avisez pas de recommencer si vous voulez passer encore la porte de cette maison !

— Puisque c'est ainsi, je m'en vais tout de suite chez les Cognet. Eux du moins sont de vrais chrétiens qui ne m'accuseront pas de choses fausses ! Mais soyez sûre que le bon Dieu vous punira ! »

Là-dessus, elle rassemble sa fortune dans son panier noir. Et Séraphine, honteuse de ses soupçons :

« Quand reviendrez-vous ?

— Quand le Ciel voudra. Peut-être jamais.

— Vous n'êtes pas restée votre semaine.

— Pardi ! Puisque vous me chassez !

— Personne ne vous chasse. »

Mais elle s'entêta. Il fallut encore la guider au bout du bâton jusqu'à la route d'Escoutoux.

Un accord avait été passé entre quatre communautés voisines : les Bonnet, les Cognet, les Lamiraud, les Delaire, chacune s'engageant à recevoir une semaine sur quatre cette calamastre ; elle allait de l'une à l'autre selon ses humeurs et personne ne la refusait. Séraphine fut très contrite de ce départ précipité : chasser un pauvre, c'était comme chasser Jésus-Christ. Elle en parla aux autres femmes et à Guillot. Celui-ci fit une suggestion :

« Pourquoi ne pas lui proposer d'entrer à l'hospice de Thiern, où elle aurait le vivre et le couvert en permanence, sans besoin de courir les routes à l'aveuglette ? Nous pourrions même, nous, les quatre fraternités, verser une dîme spéciale afin d'en être débarrassés. »

Mais la *mouitreço* s'indigna :

« Son intention est de finir ses jours dans le pays de sa naissance, près de Volloûre. Elle mourrait peut-être de chagrin si nous l'obligions à cet exil, et nous serions la cause de sa mort. Ensuite, le bon Dieu qui nous l'envoie veut sans doute montrer à ses enfants jusqu'où l'on peut descendre par une mauvaise conduite. Enfin, nous qui sommes heureux, nous oublierions, si nous ne la recevions plus, qu'il existe sur cette terre des gens bien misérables.

— En fin de compte, peut-être ne reviendra-t-elle pas. »

Mais elle revint.

« Je vous pardonne, dit-elle, votre mauvais accueil de la dernière fois. Tâchez de ne plus recommencer. »

Et Tonine-qui-Pue continua de revenir aussi régulièrement que par le passé, assurant qu'elle ne voulait pas mourir ailleurs que chez ses amis, sa seule famille au monde. La chose lui advint quelques années plus tard alors qu'elle séjournait chez les Lamiraud : ils la transportèrent au cimetière d'Escoutoux, dans un coin que pouvait atteindre sur le soir l'ombre de l'église Saint-Sulpice, toutes les places sous les gouttières se trouvant occupées. Elle y dort toujours en attendant la Résurrection, insoupçonnée parmi tant d'autres poussières, car le champ des morts a été depuis longtemps transformé en place publique où vont s'ébattre les enfants et les joueurs de boules, je connais ces choses, moi qui les répète sept siècles après qu'elles ont eu lieu, telles que je les ai lues, entendu raconter ou vues en songe.

Les mendiants étaient de tous âges. Il en vint un entre quarante et cinquante ans qui parlait un langage difficile à comprendre, il dit être Poitevin, s'appeler Jehan, ce qui est la même chose que Joanis en terre d'Auvergne, et revenir de la croisade où il était allé faire la guerre aux Turcs mahométans.

« Avez-vous délivré le tombeau du Christ ? demandèrent les Bons Dieux qui avaient été informés de cette entreprise ; deux de leurs ancêtres y avaient même perdu la vie.

— Nous n'en avons pas approché. Il fallait d'abord combattre le sultan de Babylone. Au commencement, nous fûmes vainqueurs car nous étions menés par Louis, roi des Francs en personne. Je l'ai vu de mes yeux comme je vous vois.

— Qui ça ?

— Eh bien ! Louis ! Le roi des Francs ! Le plus grand roi qu'il y ait eu au monde depuis Charlemagne ! »

Les Bons Dieux ne savaient rien des Francs ni des rois qui les gouvernaient, leur politique ne dépassait pas les crêtes de Chignore d'un côté, la rivière Dore de l'autre. Mais ils avaient conscience qu'un roi est un homme extraordinaire, appelé par Dieu à commander à beaucoup d'hommes, presque l'équivalent d'un Pape. Ils regardèrent donc avec respect ce croisé dont les yeux avaient reçu l'image du roi des Francs. Qui l'eût cru, à le voir ainsi vêtu de guenilles, chaussé de bottes crevées.

« Comme je vous vois ! insistait-il. A pied et à cheval. A la tête de ses soldats et sous sa tente. N'empêche qu'il a été capturé par les Sarrasins d'Égypte avec beaucoup des nôtres. J'en étais. Pendant trois ans, ils nous ont tenus en esclavage. Nous étions deux attelés à une charrue que nous tirions à la façon de leurs ânes. Ils m'ont fait creuser des canaux, arroser leurs jardins et leurs vergers qui sont splendides ; porter des pierres ; condamné à mille besognes mortelles. Jusqu'au jour où j'ai réussi à m'évader en m'embarquant dans un navire vénigien. Savez-vous qui sont les Vénigiens ?

— Pas du tout.

— Des gens qui ont construit sur la mer une ville qu'ils appellent Vénigi. Une ville qui flotte. Leur profession est de flotter. Aussi fabriquent-ils de grands vaisseaux remplis de marchandises qu'ils vont vendre à tout le monde, même aux Sarrasins. L'un de ces bateaux est entré un jour dans Babylone, j'ai pu monter dedans sous prétexte de décharger les balles, et les Vénigiens m'ont emmené avec eux. Mais ils m'ont obligé à les servir pendant deux autres années, si bien que je suis tombé d'un esclavage dans un autre. Au bout desquelles je me suis enfui de nouveau. Et me voici devant vous. J'espère atteindre le pays des Poitevins qui se trouve au soleil couchant. »

Le croisé raconta mille autres choses curieuses qu'il avait vues au cours de ses voyages. Il parla du chameau, que les Sarrasins appellent *dgiamal*, ce qui veut dire l'« animal qui marche », la tête de bétail la plus répandue dans leur pays. Et c'est la même espèce que notre bœuf, expliqua-t-il, les cornes en moins, le cou beaucoup plus long et très barbu chez les mâles, la queue beaucoup plus courte, les pattes plus grêles et celles de devant quelque peu cagneuses ; avec aussi cette différence que son échine est surmontée de deux bosses entre lesquelles un homme peut s'asseoir comme il fait chez nous sur l'âne ou le cheval. Le chameau marche beaucoup en effet, et court rarement. Il lui arrive de boire cinquante pintes d'eau d'affilée, mais de rester ensuite une semaine sans boire, ce qui le rend très précieux dans ces contrées où manquent les sources. Les Sarrasins le font marcher et travailler pendant vingt ans ; ensuite, ils le pèlent et le mangent. Il parla de l'éléphant qui est la même chose que le sanglier, mais aussi haut qu'une maison, avec un nez plissé qui pend et se balance comme une andouille. Et du crocodile qui est pareil au lézard vert, sauf que ses mâchoires sont assez puissantes pour te mâcher un homme tout entier. Des choses semblables étaient incroyables, il fallait être allé là où le soleil sort de la mer chaque matin et se couche à pied sec pour les rencontrer.

Jehan le Poitevin fit ainsi voyager ses hôtes en paroles, et il en aurait dit bien d'autres s'il n'était tombé malade. On le trouva un matin dans sa paille grelottant de fièvre. Séraphine lui fit apporter un bouillon brûlant, une tisane de guimauve et une autre aux fleurs de sureau. Il voulut dire grand merci, maîtresse, mais ses dents cassaient encore les noix. On sacrifia une colombe blanche qu'on fendit en deux dans le sens de la longueur, qu'on lui appliqua chaude sur la poitrine, toutes ailes écartées, mais il ne guérit point. Alors, la *mouitreço* décida d'employer le révulsif suprême et commanda au serviteur qui lui prêtait ses mains, puisque, femme, elle ne pouvait toucher la peau d'un homme qui ne fût son proche parent :

« Frotte-le à la pisse de vache. »

Le valet courut à l'étable, en rapporta bientôt une demi-seillée, fumante et mousseuse. Là-dedans, il trempa un tampon de laine grossière, et hardi que je te bouchonne le malade, par-derrière et par-devant, au point qu'il en devint rouge comme un cardinal. Plusieurs fois par jour ce traitement.

Lorsque Jehan sortit de son mal, la neige remplissait les chemins, il n'était pas question qu'il mît le nez dehors. Il attendit un mois, au chaud dans sa paille comme un Jésus. Cependant qu'il se requinquait, les femmes avaient lavé, ramendé ses hardes, les hommes ressemelé ses bottes. Les drôles venaient lui rendre visite quelquefois demandant :

« Comment allez-vous, mon père ?

— Aussi bien que Dieu veut, mes enfants. »

Lorsqu'il eut enfin repris des forces, il profita d'un redoux pour reprendre sa route. Mais auparavant, il embrassa chacun et dit au maître :

« En remerciement de vos soins, je veux vous faire un cadeau.

— Aucun cadeau n'est nécessaire.

— Vous pourriez sans doute le refuser pour vous, mais vous n'avez pas le droit, maître, de le refuser pour vos descendants à qui il profitera jusqu'à la fin des temps si vous en prenez soin. »

Il plongea le bras dans une poche de sa besace, fouilla longtemps à l'intérieur, en retira son poing fermé qu'il brandit un moment à hauteur de son visage. Puis il l'ouvrit sous le nez de Guillot.

« Qu'est-ce que c'est ?

— Une fortune. »

Le *mouitre* prit la chose entre ses doigts : à double pointe, bombée en son milieu.

« On dirait, dit-il, une graine de potiron. Mais plus dure. Peut-être un noyau.

— C'est un noyau.

— Un noyau de quoi ?

— D'un fruit qui n'existe pas en Auvergne ni chez les Francs. En terre sarrasine, on le nomme *albercoq*. Mais nous avons pris l'habitude de dire *abricot*. Appelez-le comme il vous plaira.

— Nous dirons aussi *abricot*.

— Mettez ce noyau en bonne terre, attendez qu'il en naisse un petit arbre, ce qui exigera un an ou deux. Qu'il grandisse, en le protégeant des chèvres, des vaches et de tous les bestiaux. Qu'il produise des fruits, cinq ou six ans plus tard. Des fruits jaunes comme l'or et doux comme le miel. Vous les consommerez en pensant à Jehan le Poitevin qui vous les a apportés de Babylone où il vécut esclave. »

Il s'en alla dans ses vêtements reprisés, emportant sa besace garnie de pain et de fromage.

Les Bons Dieux firent comme il avait ordonné. Ils enterrèrent celui-là et récoltèrent dix ans plus tard quelques fruits d'or et de miel. Ils eurent à les défendre des bêtes cornues, des guêpes et des merles. Ils vendirent chaque noyau un écu fleurdelisé, et la prospérité de leur entente s'en accrut. Des générations de Bonnet après eux firent leurs délices de l'abricot, sans se douter du long chemin qu'il avait suivi depuis les rives où le soleil sort de la mer chaque matin et se couche à pied sec.

5

Du pays des Sarrasins, les mendiants de passage ne rapportaient pas que des abricots. Certains trimballaient des maladies dégoûtantes qui leur avaient rongé les mains et la figure. Il s'agissait de ladres et de ladresses, ainsi nommés parce qu'ils souffraient du même mal que le pauvre Lazare que le mauvais riche de l'Évangile refusa de secourir. Aucun médecin, aucun apothicaire n'était en mesure de les guérir ; comme ils erraient dans les campagnes et risquaient de communiquer aux autres leur misère, on ne pouvait, dans l'intention de se protéger d'eux, que les détruire ou les enfermer. C'est alors que Thomé, maître des Bonnets, reçut en songe une vision très utile.

Ce *mouitre* était l'arrière-petit-neveu de sainte Séraphine, dont il avait reçu, en héritage de cœur, l'amour des hommes et de Dieu. Quoique chef élu de la fraternité, il se plaisait à prendre sa part des besognes qui rebutaient les moins délicats, comme le nettoyage des étables, le vélage des vaches, le curage de la mare. Ainsi voulait-il enseigner par l'exemple les serviteurs et les jeunes gens, toujours prêts à froncer le nez. Il jeûnait les quarante-six jours du Carême sans tricherie d'aucune sorte, ne s'autorisant que le repas de midi, exempt de chair, de poisson, d'œufs, de fromage. Il croyait au Père, au Fils et à l'Esprit-Saint. A la Bonne Vierge. Aux trois cent soixante-six saints et saintes du calendrier. Au diable, à Satan, à Belzébuth, à Lucifer, au Drac, aux diablesses et aux diabletous. Aux fades, au loup-garou, à la louve-garelle, à la galipote, à la chasse-rigaude. Il croyait aux *pouvoirs*, bons et mauvais : ceux qui rendent la santé, ceux qui enlèvent la raison, ceux qui tuent, ceux qui nouent l'aiguillette, ceux qui la délivrent, ceux qui tarissent les vaches, éteignent le feu, empêchent la crue des fèves, changent le vin en eau. Il croyait à la lune, aux sources, aux plantes, aux araignées, aux chats noirs, aux chiens fous. On ne pouvait être plus croyant que lui. Et il l'affirmait fortement : « Vous ne croirez jamais assez. »

Mais il avait par-dessus tout la passion des Évangiles, tels que les prêtres les traduisaient, les énonçaient, les expliquaient. Celui du pauvre ladre l'avait particulièrement ému. Lui-même le racontait à ses petits-enfants :

« Il y avait une fois un homme riche, habillé de riches vêtements, dans une riche demeure. Il passait sa vie en chasses, en fêtes, en banquets.

— Mais c'est Guillaume, notre sire de Volloùre ! suggéraient les petits.

— Non, non, ne me faites pas dire ce que je ne dis pas. Il y avait, très loin de chez nous, en Philistine (*Il voulait dire en Palestine*), un riche qui ne s'appelait pas Guillaume, mais chez qui rien ne manquait non plus. Ni le lard, ni la soupe, ni la *pompe* aux pommes, ni le vin. Il avait même coutume de jeter du pain aux oiseaux pour qu'ils viennent chanter sur ses murailles. Et voici qu'un jour un misérable appelé Lazare, dont le nom signifie *Dieu est mon secours*, vient se coucher devant sa porte sans rien demander, espérant toutefois qu'on lui lancerait quelque bouchée de pain, comme le riche faisait aux merles. Mais Lazare était couvert d'ulcères et de furoncles et le riche, le cœur soulevé par sa vue, lui lance au contraire ses chiens aux trousses. Ceux-ci, au lieu de le dévorer, se mettent à lécher ses plaies, se comportant de façon plus chrétienne que leur maître. A quelque temps de là, le pauvre mourut et son âme, emportée par les anges, monta au Paradis. Le riche aussi mourut un peu plus tard, et la sienne descendit en enfer pour y être la proie des flammes éternelles. Or un jour, levant les yeux, il reconnaît Lazare parfaitement guéri, couronné de fleurs, blotti entre les bras du Seigneur comme un petit enfant. Et le riche d'implorer : ''Lazare, s'il te plaît, soulage mes peines ! Trempe dans l'eau le bout de ton doigt et viens me rafraîchir les lèvres, car ce feu me consume.'' A quoi le Seigneur lui-même répondit : ''Mon fils, tu as eu tous les biens possibles de ton vivant, la soupe, le lard, la *pompe* aux pommes, les richesses, les honneurs. Lui n'a eu en partage que les ulcères et le mépris. Il est donc équitable qu'il reçoive à présent des couronnes et que tu payes par des tourments ta fortune sans charité.'' Ainsi parla le Seigneur. »

Et tandis que les drôles badaient tout grands leurs yeux et leurs oreilles, maître Thomé ajoutait cette conclusion :

« Que Dieu nous garde de la misère et des furoncles. Et davantage encore de la fortune sans charité. »

Aussi, rien ne piquait plus l'ardeur charitable des petits Bonnet que la venue des mendiants ladres, ils allaient même les chercher au loin et les rabattaient sur le village, disant maître Thomé vous servira bien. Eux se passaient le mot, comme font les corbeaux s'il se trouve sous les couverts quelque charogne abandonnée, bientôt les voici tous sur elle à se repaître. Il en vint donc de partout, c'était un défilé continu de visages sans nez, de bouches sans lèvres, de jambes sans pieds. Il y eut certains jours une demi-douzaine de ces estropiés dans la grange où ils couchaient et mangeaient, la maîtresse leur faisant apporter une chaudronnée de soupe aux fèves et aux orties. Les parsonniers trouvèrent enfin que cela faisait un peu trop, ils le reprochèrent âprement au *mouitre* et menacèrent de le révoquer de sa charge, ce qui ne s'était encore jamais produit, s'il n'agissait pas autrement. Alors, par bonheur, le Ciel intervint et envoya une vision à maître Thomé. Il s'en entretint le lendemain avec Françoise, sa femme :

« J'ai vu en rêve une communauté nouvelle. Sur le modèle de la nôtre. Avec un *mouitre*, une *mouitreço*, et des familles, et des enfants, tous bénis par le Seigneur. Mais ce qu'il y avait de particulier, c'est que ces hommes, ces femmes ainsi associés étaient tous ladres et ladresses.

— Et alors ?

— Alors, cela signifie que nous devons réunir les mendiants qui nous accablent dans des maisons et sur des terres, comme nous le sommes nous-mêmes.

— Quelles terres ? Quelles maisons ?

— Nous demanderons aux prêtres, aux moines, au sire de Volloùre de les leur concéder. Ainsi, ils pourront vivre de leur travail et rester entre eux, au lieu de courir la campagne. »

Une communauté de ladres ! Cela parut à tous une idée merveilleuse, à condition qu'elle fût établie loin, loin, loin des autres habitations. Le sire Guidon et les religieux s'y montrèrent également favorables.

« Mais qui va bâtir leurs cabanes ? demanda le baron.

— Eux, naturellement. Avec notre aide, s'il le faut.

— Et où ? »

La campagne offrait de grandes surfaces inhabitées. On choisit un emplacement situé à mi-pente au septentrion de Volloùre, entre le village de Sapt et celui du Buisson. Entouré de bois, de prairies et de friches, il pourrait offrir à la fraternité des ladres assez de bonnes terres pour assurer leur subsistance. Le curé proposa même son nom futur : *la Maladerie*. Il n'y manquait que des malades consentants.

A mesure qu'ils se présentaient, on réussit à en rassembler une douzaine, ce qui ne fut pas chose aisée car ces gens-là avaient la bougeotte et préféraient courir ailleurs. Mais, encerclés d'hommes armés de fourches, d'épieux, de piques, ils s'y laissèrent conduire, s'attendant à être brûlés comme de la mauvaise herbe. En fait, on leur jeta du pain. Quand ils se furent rassasiés, se tenant à bonne distance, maître Thomé, qui avait eu l'idée de cette réunion, leur tint un beau discours :

« Frères ladres, sœurs ladresses, vous êtes venus chez nous, comme Lazare devant la maison de ce riche de Philistine. Mais c'est du pain que nous vous avons lancé, et non pas nos chiens, car nous voulons vous aider à vivre chrétiennement sans plus avoir à mendier votre nourriture : vous la gagnerez vous-mêmes... »

Il leur expliqua ce qu'était une communauté, de quelle manière elle fonctionnait, comment elle se perpétuait, ses rapports avec le sire et l'Église, ses façons de travailler, de manger, de dormir, de louer le Seigneur.

« Voici une grande occasion de sortir de votre état misérable, d'échapper au mépris dont on vous entoure. Nous vous aiderons à construire vos maisons, nous vous fournirons les outils, le bétail indispensables. Après quoi, vous vous débrouillerez tout seuls avec l'appui de Dieu. Vous vivrez ensemble et n'aurez plus besoin de mendier chez les autres. Que pensez-vous de cette proposition ? »

Ils applaudirent de leurs mains incomplètes. On fit comme promis. Chaque village, chaque fraternité, chaque paroisse y mit du sien, qui pour un carton de blé, un boisseau de châtaignes, un tonneau de vin, qui pour une pioche, une pelle et même un grand chaudron de cuivre, lequel deviendrait leur pot communautaire. On leur fournit une paire de bœufs et un araire pour les labours, deux chèvres pour le lait. Au bout de quoi, le curé de Vollore bénit leur premier feu et les mendiants procédèrent à l'élection de leur *mouitre* : un misérable moins dévoré que les autres, à qui il ne manquait qu'un œil et qu'une joue, en sorte qu'on voyait les dents à l'intérieur, luisantes et hérissées. Le sire lui remit une *tartarelle*, sorte de moulinet en bois dont les prêtres se servaient pour remplacer le chant des cloches pendant la semaine sainte, et leur fit les ultimes recommandations :

« Et maintenant, restez entre vous ! Qu'aucun ladre ne franchisse jamais les limites de votre domaine sans avertir le voisinage de sa présence au moyen de cet instrument, sous peine d'être jeté en prison ! »

Il montra comment la chose fonctionnait en la faisant tourner, son mouvement était si joli qu'on trouvait grand plaisir à en jouer ;

le maître des malades ne s'en lassait point, *rrrra, rrrra, rrrra.* Cependant, les religieux lui firent signe de se taire, et le curé de Volloùre les informa qu'il leur accordait dispense *ad vitam* d'assister aux offices et autres cérémonies dans l'église paroissiale :

« Priez entre vous, mes très chers frères, tant qu'il vous plaira. Je suis certain que, du haut des cieux, le Seigneur entendra vos prières avec autant d'attention que les nôtres. Que diriez-vous de plus en prenant la peine de monter jusqu'à Saint-Maurize ?

— Et la communion ?

— Quelle communion ?

— Le corps et le sang du Christ ?

— Je vous en donne dispense également, au nom du Père, et du Fils et de l'Esprit-Saint.

— Qui nous lavera de nos péchés ?

— Mais quels péchés pouvez-vous commettre, pauvre monde, alors que vous n'avez ni argent ni possession qui vous soient propres ? C'est tout juste s'il vous reste sur les os un peu de chair. En vérité, je vous dis que pour nous, prêtres de la paroisse, vous êtes des *morts*, des morts qui bougent un peu, des morts qui parlent de temps en temps, mais des morts quand même. Nous vous accordons l'absolution de vos péchés passés, présents et à venir. Et maintenant, laissez-nous nous débattre en paix dans nos tristes histoires de vivants, assurés que vous êtes déjà d'avoir gagné la vie éternelle comme le pauvre Lazare, votre saint patron. »

Pour mieux les convaincre qu'ils étaient aussi morts que possible, morts comme des grattons, les religieux récitèrent le *De profundis*, chantèrent à pleine gorge *In Paradisum* et les inondèrent d'eau bénite. Après cette joyeuse inauguration, les inventeurs de la Maladerie s'en furent, le baron vers son château, les prêtres vers leurs autels, les villageois vers leurs villages, abandonnant les ladres à leur ladrerie. Afin qu'ils connussent exactement l'étendue de leur domaine communautaire, on avait pris la précaution d'en marquer les limites avec des bornes de granit. Dans chacune, un tailleur de pierre avait gravé le signe *L* qui est la première lettre du mot *ladre* et qui a également la forme d'une tartarelle. Ainsi, chaque voyageur savait ce qu'il risquait en franchissant ces frontières.

Au cours des mois qui suivirent, les morts vivants suivirent exactement les consignes ; ils entreprirent de labourer leurs friches, de bêcher leur jardin, de paître leurs chèvres, de nourrir leur volaille. Ils ramassaient le bois mort, prenaient au piège la « petite bête » que le seigneur ne réservait point à ses chasses, lièvres, lapins, grives, perdreaux, hérissons, écureuils. Ils cueillaient les champignons, les orties, les doucettes, les artichauts sauvages et tous les fruits de la forêt. Quand un autre mendiant lépreux se présentait dans les hameaux, on le conduisait premièrement à

Volloùre pour lui faire entendre dans l'église l'office des trépassés ; on le dirigeait ensuite vers la Maladerie afin qu'il prît place parmi ses frères de malheur. Comme on le leur avait commandé, ils ne s'écartaient guère du territoire assigné et, si cela leur arrivait, toujours ils agitaient leur tartarelle.

Une année passa de la sorte, les malades furent douze, puis quinze, puis une vingtaine. Il dut en mourir aussi quelques-uns pour de bon : ils les enterraient eux-mêmes, sans prêtre, sans bénédiction, sans cercueil, sans cimetière. Grâce aux précautions prises, ils n'importunaient personne, se suffisant à eux-mêmes, n'ayant rien à vendre ni rien à acheter. On les savait là-haut, invisibles, sauf par la fumée qui montait de leur maison commune, inoffensifs, sauf par leur aspect hideux s'il arrivait d'en rencontrer un hors de ses limites, précédé de son *rrrra, rrrra, rrrra.*

Et d'autres mois s'écoulèrent. Jusqu'au jour où Thomé, le *mouitre* des Bonnets, eut un rêve nouveau. Il se vit marchant dans la campagne un dimanche matin à la tête de sa communauté, tandis que les cloches volloùroises chantaient joyeusement pour convoquer les fidèles enfants de Dieu. Or voici qu'en travers du chemin se présente devant eux une forme humaine imprécise, un ladre secouant sa tartarelle. Maître Thomé s'arrête et derrière lui toute la troupe fait de même. Le sentier étroit n'offre pas assez de largeur pour qu'ils puissent passer sans se frotter au lépreux. Ils restent un moment immobiles, attendant que l'autre s'écarte. Impatienté, le *mouitre* finit par l'interpeller :

« Laisse-nous le passage, je te prie, car le Seigneur nous attend. »

Mais l'autre ne bouge point.

« Arrière ! crie encore le maître des Bonnets. Tu sais bien ce qui a été convenu entre les tiens et nous-mêmes ! Rentre dans ton territoire ! »

Et comme le ladre ne remue pas d'une ligne, les comparsonniers avancent tous ensemble, avec l'intention de le faire reculer. Ils distinguent sa face barbue, couverte de furoncles, ses longues mains saignantes. Alors, alors... Comment raconter de telles choses ? Soudain, le malade lève ces mains dévorées, les porte à son estomac, écarte ses guenilles, découvre sa poitrine, écarte aussi les chairs de sa poitrine. Et au beau milieu, ils voient battre son cœur, un cœur flamboyant comme un astre, un cœur couronné d'épines. En ce ladre qui leur barre le chemin, tous reconnaissent le Seigneur Jésus-Christ venu à leur rencontre. Le Christ mangé par la lèpre et dont la présence ici, dont la tartarelle, a une signification assez claire, vous avez cru accomplir une œuvre de charité en enfermant les ladres dans une Maladerie, mais la vôtre ne fut réellement qu'une charité pharisienne ; ainsi, puisque l'église, la communion, le cimetière leur sont interdits, je me suis fait ladre moi-même afin que vous me traitiez comme eux, que vous m'enfermiez parmi ces morts.

A ce moment, maître Thomé se réveilla et sortit de son rêve. Il se prit le front entre les mains, tourna ses idées dans tous les sens et conclut que les indemnes avaient traité les ladres d'indigne façon et qu'il fallait corriger cela. Il en parla d'abord à sa femme, puis aux autres membres de la communauté à qui il raconta sa vision. Plusieurs protestèrent :

« Nous avons déjà fait beaucoup pour les ladres. Même enfermés, ils se trouvent mieux dans leur domaine qu'à mendier leur pain de ferme en ferme, souvent chassés à coups de pierre, mordus par les chiens, maudits de tous. Que pourrions-nous d'autre ?

— Leur rendre visite quelquefois. A tour de rôle. Je commencerai, naturellement.

— Avez-vous envie d'attraper la ladrerie ?

— Le Seigneur m'en protégera s'il lui plaît. »

Il ne se trouva aucun volontaire pour suivre son exemple. Sa femme Françoise l'avertit que du jour où il serait allé chez les malades, elle ne partagerait plus sa couche, elle préférait dormir avec les pourceaux.

Rien ne put le retenir cependant. Le dimanche d'après, il suivit seul le sentier qui montait à la Maladerie. Après une heure de marche, il atteignit les premières bornes marquées d'un *L*. Ici commençait le royaume de la Lèpre. Des champs où ils menaient tout doucement leurs activités, des ladres le regardaient passer sans le reconnaître. L'un d'eux l'interpella :

« Hé ! L'homme ! Sais-tu où tu mets les pieds ?... Sur le domaine des morts. Chacun de nous a entendu son propre *De profundis*. Nous sommes tous ici des cadavres qui remuent. Éloigne-toi au plus vite si tu ne veux devenir pareil à nous. »

Mais il secoua la tête et continua d'avancer. Comme toute personne prudente qui va par la campagne, il s'était muni d'un bâton pour s'appuyer, pour écarter les broussailles, pour tuer les serpents, pour assommer les loups. Il portait en bandoulière un sac de pèlerin qui lui battait l'échine. Aux approches de la communauté lépreuse, aucun chien ne s'élança contre lui, selon l'habitude des villages ordinaires : celui-ci n'avait pas besoin d'autre gardien que de la lèpre pour tenir les pillards à distance. Thomé entra donc dans la Maladerie : un hameau de huit masures et de quelques granges, peuplé de fantômes. Certains erraient languissamment çà et là, occupés à des besognes mal définies, fatigués de traîner leur ombre. D'autres, étendus au soleil, assis au pied d'un mur la tête renversée, les yeux clos, bougeaient si peu qu'ils avaient l'air d'attendre qu'on les portât en terre. Les maisons semblaient aussi lépreuses que les hommes, avec leurs chaumes ébouriffés, leurs volets pendants, leurs murailles fendues. Thomé s'approcha d'une forme accroupie :

« Hé ! » fit-il en lui touchant l'épaule de son bâton.

L'autre leva les paupières, le vit debout, se passa une main sur le front pour écarter des cheveux qui tombaient sur la figure ravagée. Il y avait dans ces yeux une lumière, une douceur qui troubla Bonnet étrangement.

« Peux-tu me dire où se trouve votre maître ?

— Là-bas », dit le spectre, montrant du doigt ce qui devait être la maison commune ; puis il referma les yeux et remit sa tête entre ses bras.

Ces deux syllabes suffirent à faire comprendre à Thomé que le ladre était une ladresse, quoiqu'il ne lui restât plus rien de féminin excepté le regard, la voix et ce seul geste de coquetterie lorsqu'elle avait relevé ses cheveux. Maintenant, elle tirait très vite le rideau de ses paupières entre elle et le monde.

Bonnet se dirigea vers la maison désignée, côtoyant d'autres lépreux porteurs de fagots, de faix d'herbe, de brassées de foin, tirant un âne ou une chèvre par le licou, jetant aux poules des poignées de grain cassé mêlé de balle et de pierres, balayures de l'aire ou du moulin. Quelques enfants vêtus de guenilles, pieds nus dans la boue, surprenaient par leurs visages maigres mais intouchés.

Quand il fut au terme de sa marche, il s'aperçut qu'il ne se trouvait pas devant la maison commune, mais devant une grange à l'intérieur de laquelle on tapait du marteau. La porte était ouverte à deux battants, il s'avança, vit de dos un ladre occupé à besogner parmi des planches et des traverses. « *Mouitre !* » appela-t-il. Le marteau resta suspendu un moment, puis se remit à cogner. « *Mouitre !* » répéta-t-il. L'homme se retourna, Thomé reconnut son collègue élu par la fraternité lépreuse, celui à qui manquaient seulement un œil et une joue.

« Je suis, dit-il, Thomé, maître chez les Bonnet.

— Et moi, Euloge, maître à la Maladerie. »

Ils se saluèrent en croisant leurs poignets sur leur front. A cause de ses dents découvertes, Euloge avait l'air de ricaner en silence.

« Je suis également, ajouta-t-il, le fustier de notre entente. En ce moment, je construis un barot. »

C'est-à-dire un char à deux roues avec un unique timon.

« Ça nous aidera bien pour aller chercher du bois à la forêt.

— Un barot rend toujours de grands services, confirma Thomé. Nous autres, nous en avons trois.

— Vous autres, vous êtes riches.

— Oui, puisque Dieu, jusqu'ici, nous a gardés de votre mal.

— Vous courez de grands risques en venant parmi les ladres.

— Je le sais.

— Sans doute avez-vous quelque affaire importante qui vous amène ici ?
— Oui. Très importante.
— Je vous écoute.
— Elle consiste à vous dire que les Bonnet vous portent amitié parce que vous êtes leurs frères en Jésus-Christ.
— Vous êtes monté exprès pour ça ?
— Sans autre intention. »
Euloge secoua la tête, peinant à y croire. Thomé dégagea son sac de pèlerin, le tendit à bout de bras :
« Sauf que j'ai aussi cette musette à vider.
— Qu'est-ce que c'est ?
— Un modeste présent d'oignons que vous consommerez en souvenir des Bonnet. »
Il tira la botte, liée par une verge, les bulbes ventrus luisaient dans leur pelure d'or. Euloge les prit de ses mains quasi intactes, je les suspendrai dans notre salle commune, dit-il. Offrir des oignons était un cadeau de choix, car ces fruits de la terre rendent savoureux les aliments insipides ; les Hébreux chassés d'Égypte, nourris de manne et de cailles dans le désert par le Seigneur, se rappelaient avec mélancolie les oignons de la cuisine égyptienne ; les pèlerins auvergnats se rendant à Compostelle faisaient hommage d'un oignon à la statue de saint Jacques. Euloge remercia son collègue avec chaleur, puis le promena dans le hameau, lui montra les masures si dégoûtantes qu'on ne distinguait guère celles des hommes de celles des animaux. Seule la maison commune offrait un peu de propreté ; les ladresses les moins atteintes y cuisinaient les aliments ; certaines étaient seulement blanches de la tête aux pieds, comme si on les avait roulées dans la farine ; d'autres couvertes d'écailles comme les poissons ; d'autres percées de trous ressemblaient à des dentelles.
« Combien êtes-vous ? demanda le visiteur.
— Actuellement vingt-six. Rien de changé depuis six mois.
— Voulez-vous dire que personne depuis six mois n'est mort à la Maladerie ?
— C'est ce que je veux dire. La lèpre met longtemps à ronger son homme. Je dirais même que dans certains cas elle le conserve : nous avons deux vieillards quasi sexagénaires qui ont trente ou quarante ans de ladrerie. Faut dire qu'ils n'ont jamais rien fait de leur chienne d'existence, sauf manger et dormir quand ils le pouvaient. Des hommes bien portants auraient eu cent fois l'occasion, pendant ce temps, de se rompre le cou, de se noyer, de s'ouvrir une veine, de périr à l'ouvrage ou à la guerre. »
Il lui montra aussi une masure aussi pourrie que les autres par l'extérieur, mais proprette en dedans. Blanchis à la chaux, les

murs étaient ornés de deux peintures maladroites, mais dont on reconnaissait sans peine les sujets. Ici, Jésus guérit un lépreux et lui recommande, un doigt sur la bouche, de n'en souffler mot à personne. Là, le lépreux samaritain se prosterne aux pieds de Jésus tandis que les neuf autres miraculés s'éloignent sans même dire merci. Euloge la présenta :

« Notre chapelle. Voici l'autel et la croix. Voici le bassin des baptêmes. Voici le bénitier. Il n'y manque rien sauf la consécration, l'eau bénite et le prêtre qui nous sont refusés.

— A quoi vous sert-elle donc ?

— J'y baptise moi-même les enfants au nom du Père et du Fils et de l'Esprit-Saint. Nous nous y réunissons le dimanche pour prier. Du moins ceux qui le veulent bien. Car nous avons parmi nous quelques frères qui passent leur temps à renier le Créateur et à le maudire. »

Et en effet, alors qu'ils se trouvaient dans l'oratoire, Thomé perçut hors les murs des sifflets et des vociférations et des jurements de toutes sortes, Dieu est un jean-foutre, la Vierge est une bougresse, longue vie au Cornu-Maître-du-Monde, l'enfer, c'est ici. Au point que le maître des Bonnet épouvanté se boucha les oreilles, demandant :

« Comment pouvez-vous, mon frère, souffrir de pareilles impiétés ? Ces gens-là méritent mille coups de fouet ! Et sans doute davantage !

— Ne parlez pas de souffrir à la Maladerie, mon frère ! Nos souffrances sont si grandes qu'il ne m'est pas permis de critiquer les soulagements que chacun cherche à se donner. Les uns en se trempant dans l'eau, d'autres en se jetant dans le feu, certains en priant de toute leur âme, d'autres en blasphémant de toutes leurs tripes. »

Ne voulant pas être en reste de générosité, Euloge fit présent à son collègue d'une tartarelle de sa fabrication, en diverses sortes de bois, buis, chêne et peuplier :

« Quand vous serez de retour aux Bonnets, purifiez-la dans les flammes afin qu'elle ne répande pas notre mal parmi vous. Et gardez-la soigneusement, pour le cas où… »

Maître Thomé retourna chez les siens, il fut heureux de voir des visages frais, des mains entières, des enfants souriants. Pendant six semaines, comme elle l'avait promis, Françoise Bonnet refusa de partager sa couche et s'en alla chaque soir dormir chez une de ses filles. Néanmoins, après cette quarantaine, constatant qu'il n'était pas devenu ladre, elle reprit ses anciennes habitudes tout en se tenant aussi éloignée que possible de son corps. Si bien que la paillasse, écrasée sur les bords et respectée au centre, forma petit à petit entre eux une sorte de puy de Doume.

Le sire de Thiern, Montguerlhe et Volloùre, que certains appelaient Guillaume-Quatrième, et d'autres Guillaumet à cause de sa petite taille, avait épousé une demoiselle limousine nommée Agnès de Maumont qui aimait un peu trop la musique. Elle allait d'un de leurs châteaux à l'autre toujours suivie par une troupe de musiciens, de danseurs, de cuisiniers. C'étaient des fêtes sempiternelles, on consumait cent livres de chandelle, on dévorait un bœuf entier, on sifflait deux poinçons de vin chaque nuit. A ce régime, le trésor de Guillaume se trouva bientôt sec, le baronnet de Volloùre exigea pour le remplir que ses tenanciers, manants et villains eussent à payer deux fois par an la même *taille*.

« Nous l'appellerons, si vous voulez bien, expliqua-t-il aux Volloùrois qui n'ont pas la comprenette rapide, nous l'appellerons la *retaille.* »

Ils grognèrent, mais, craignant de voir fondre sur eux les archers du triste sire, apportèrent en rechignant leur nouvelle contribution.

Cependant, afin d'économiser, Guillaume s'établit à Montguerlhe, renvoya les trois quarts des joueurs de vielle, confiant la ville de Thiern à son beau-frère Pierre de Maumont. Or celui-ci se montra d'une telle voracité, écorchant si bien les bade-bec et les moines du Moustier qu'on le surnomma « le Chevalier juif ». Tremblant de le voir devenir leur seigneur définitif, les Thiernois mandèrent une délégation à Montguerlhe pour se garantir des impositions exorbitantes. En échange de quoi, après marchandage, ils versèrent trois cent vingt livres de Clermont, plus six pintes d'huile de chou, plus deux livres de cire. La cire et l'huile avaient été ajoutées par dame Agnès qui en avait besoin pour ses cosmétiques. Tout cela fut couché par écrit en langue latine sur bon parchemin et les bade-bec s'en retournèrent heureux comme des saints Georges, emportant sous le bras leur *charte* roulée, cachetée, estampillée.

Là-dessus, n'ayant plus rien de propre à faire en celui-ci, Guillaume-Quatrième s'en fut dans l'autre monde, laissant Thiern à son frère Guy, Montguerlhe et Volloùre à son frère Louys. Lequel n'eut rien de plus pressé, en cadeau de bienvenue, que de tripler les redevances anciennes. Cette fois, les Volloùrois se fâchèrent tout rouges :

« Nous versons déjà une *taille* et une *retaille* !

— Eh bien ! Vous verserez aussi une *reretaille* !

— Rien du tout !

— Qu'entendez-vous par là ?

— Par là, nous entendons que nous ne verserons pas un liard, pas un grain, pas un œuf de votre *reretaille*, avec tout le respect que nous vous devons. Sinon, après viendra une *rereretaille*, et ainsi de suite jusqu'à la fin du soleil. Il y a une limite à tout.

— Et si je vous expulse ? Et si je vous emprisonne ? Et si je vous pends ?

— Nous payerons encore moins.

— Je saisirai vos récoltes !

— Nous les aurons brûlées avant. »

Louys renonça au triplement. Mais il revint à la charge sur la question des bouviérades, des corvées à bœufs dues jusque-là trois fois dans l'année. Il en voulut une quatrième avec, qui plus est, le pouvoir de l'envoyer au lieu de son choix, hors l'étendue de la châtellenie. C'est ainsi qu'il ordonna aux Bonnet de fournir une paire de bœufs, un barot et un bouvier tel jour afin d'aller quérir des barriques de vin à Millefleurs, à cinq lieues de distance. Rien de tel n'avait été de mémoire d'homme imposé aux paysans de la région. Maître Thomé décida de garder ses bêtes à l'étable et de se rendre à Volloùre avec tous les Bonnet disponibles ; auxquels s'ajoutèrent d'autres mécontents recrutés en cours de route. Tout ce monde se rassembla devant le château à l'heure du rendez-vous, l'aiguillon droit, en sorte que le sire et sa garde crurent qu'il s'agissait de lances et de javelots. Comme ils n'approchaient pas assez pour paraître menaçants, les intendants et les pitanciers vinrent parlementer aux portes :

« Que signifie cette troupe ?

— Que nous ne voulons pas fournir de bouviérades nouvelles. Trois par an, un point c'est tout. Comme l'ont toujours fait nos pères et nos Grands.

— Mais qui commande ici : le maître, propriétaire de la terre, ou les serfs, villains, manants et tenanciers à qui il a fait la grâce d'en accorder la jouissance ?

— Il n'y a plus de serfs ! cria Thomé Bonnet. Plus de manants ! Plus de villains ! Nous sommes des hommes libres comme Dieu nous a créés ! Et nous ne cultiverons plus à n'importe quel prix ! »

La discussion dura des heures à travers la herse baissée. De temps en temps, les archers faisaient mine de bander leur arc, les visaient avec leurs flèches ; quelques-unes partirent même et se fichèrent dans le sol, autour des révoltés, qui frémirent, mais ne reculèrent pas d'un pouce. On dit cependant tant et tant de choses des deux côtés de la herse que les paysans finirent par comprendre exactement ce qu'ils voulaient et qui n'avait été jusqu'alors que vaguement perçu dans leur tête : ni plus ni moins qu'un écrit sur parchemin comme en avaient obtenu les bade-bec de Thiern et aussi, disait-on, les gens de Montbrison, de Clermont, de Billom. Une *charte* précisant par le menu leurs franchises et leurs devoirs afin qu'il n'y eût plus jamais à l'avenir de discorde entre eux ou leurs descendants et les seigneurs de Volloùre. Louys refusant de se montrer derrière la herse, le grand intendant dut accomplir de multiples allées et venues entre la porte et les appartements du baron, il en revenait chaque fois rouge et hors d'haleine à cause de ce gros ventre — apanage de l'homme le mieux nourri du château — qu'il lui fallait hisser, puis redescendre.

« Qu'a répondu votre maître ? » demandaient les révoltés.

Et lui, la main haute : « Attendez... attendez... une minute par charité... laissez-moi reprendre mon souffle... Si vous n'arrivez pas à vous entendre bientôt... je crois qu'aujourd'hui j'y laisserai la vie... »

On s'entendit provisoirement : les chefs de toutes les familles de la terre de Volloùre, aussi bien celles qui habitaient le bourg que les campagnardes, se réuniraient pour discuter de la convention éventuelle à partir du lundi suivant, jour de la Sainte-Marthe. « Où ça ? » L'intendant proposa la grande salle du château, mais la foule secoua ses têtes avec énergie, elle craignait de subir des pressions, d'être retenue prisonnière, de ne recevoir aucune nourriture avant d'avoir signé, que sais-je ? On stipula donc que les débats se tiendraient chez le curé de la paroisse, Joanis Boyer, homme unanimement respecté.

La saison, celle de la fauche et des premières moissons, n'était guère favorable ; les tenanciers n'hésitèrent pas néanmoins à quitter leurs champs et leur famille afin de participer à ce grand parlement. Thomé Bonnet revêtit ses chausses du dimanche, ses braies neuves, son bliaud de toile bleue, enfila ses brodequins en peau de vache, coiffa son bonnet pointu et se rendit à Volloùre, son bâton au poing. Il y trouva, rassemblés devant l'église, les *mouitri* des communautés volloùroises, Hugon Montbartoux, Peyre Delpomier, Joanis Lacout, Joanis Giraud de la Brunelhie, Jean Deponhat, Durant Melheyras, Peyre Borgade de la Dardie et son frère Antoine Borgade du bourg, Laurent Dumas, Annet Dunauld, Peyre Dutillet, Étienne Frayssenet, Giraud Lorilhe, Michel Michalias, Francis Gongeaud et plusieurs autres. Le curé Boyer vint et dit :

« Je n'ai dans ma maison aucune pièce assez grande pour vous contenir tous. Un moment, j'ai pensé que vous pourriez vous réunir dans l'église ; mais vous aurez à débattre de tailles, de corvées, de bouviérades, et je crains que les oreilles du Seigneur ne soient offensées par de tels propos. Je vous propose donc à la place la grange du prieuré. Les moines m'ont donné leur accord. Vous y serez au frais et au silence. »

La foule suivit Joanis Boyer, contourna l'église, pénétra dans le couvent et, sans déranger les religieux, se dirigea vers la grange dont une partie était encore occupée par le foin sec et des fagots de feuille de la saison précédente, qui servaient à nourrir leurs vaches en hiver. Mais il restait une vaste surface de terre battue sur laquelle, en guise de sièges, on disposa des ballots de foin ou des fagots ; certains délégués s'assirent sur le sol nu ; d'autres restèrent debout. Quelques bancs et une table furent apportés pour permettre les écritures. Quand tout le monde fut installé commodément, qui le dos au mur, qui le cul par terre, le curé parut de nouveau et ordonna :

« Mes chers frères, levez-vous et découvrez-vous ! Car voici le seigneur Louys de Thiern, baron et seigneur de Montguerlhe et de Volloùre ! »

Chacun se leva donc, quitta sa coiffure, et Louys fit son entrée, ganté malgré la chaleur, botté, vêtu d'une cotte de velours rouge bordée d'hermine, coiffé d'un chaperon à plumage. C'était un homme sur la cinquantaine, de courte taille comme son frère Guillaumet, se tenant fort droit, ni gras ni maigre, le visage rasé et poudré. Ses yeux d'une noirceur intense observaient cette assemblée dont plusieurs membres le dépassaient d'une tête, réunis pour affirmer leurs droits et leur condition d'hommes libres. Il leva la main pour les remercier de leur hommage et s'écarta aussitôt afin de livrer passage à une personne qui venait derrière lui, vêtue de noir, coiffée d'un bonnet carré, porteuse d'une liasse de documents, d'une poignée de plumes à écrire, d'un flacon d'encre et d'un petit marteau d'ivoire. Elle ouvrit la bouche et dit, dans un parler que les Volloùrois comprirent sans trop de peine :

« Je suis Gérard de Saint-Romain, juge en la cour du Forez, chargé par le très illustre seigneur Louys de discuter avec vous et en son nom les termes des franchises que vous prétendez obtenir de lui. Mon rôle sera de rapprocher vos demandes de ses offres et je compte y mettre tout mon cœur, si vous m'acceptez.

— Oui bien ! Oui bien !

— Puisqu'il en est ainsi, je commence tout de suite en vous priant de répéter après moi les paroles de votre imploration : Très illustre seigneur Louys de Thiern… »

Et l'assemblée de marmonner fidèlement :

« Très illustre seigneur Louys de Thiern… nous vous supplions bien humblement… afin d'éviter entre nous toute discorde future… de bien vouloir nous octroyer certaines libertés et privilèges… en échange des devoirs auxquels nous nous obligeons pour nous et nos descendants… »

Quand ils furent au terme de leur psalmodie, Louys de Thiern leva la main et prononça un seul mot :

« Accordé ! »

Les manants applaudirent. Après quoi, le chevalier disparut, les délégués se rassirent sur leurs fagots et la discussion commença, dans la bonne odeur de tisanes qu'émettaient les feuilles sèches.

Elle devait durer dix-neuf jours, interrompue seulement par la cloche des moines sonnant les heures canoniales ; les hommes alors se levaient, se signaient, grommelaient une prière, puis se remettaient sur leur cul. Soixante-deux articles furent examinés, certains exigèrent quelques minutes de débat, d'autres plusieurs jours. Il en résultait à chaque coup un texte rédigé en langue latine qu'un assistant du juge forézien crayonnait sur des tablettes d'ardoise en se servant d'un style de métal ; après quoi, Gérard de Saint-Romain en donnait la traduction en langue forézienne et questionnait :

« Êtes-vous d'accord ? »

La grange se partageait alors en trois catégories ; il y avait ceux qui approuvaient de la tête ; ceux — les plus nombreux — qui n'en pensaient rien du tout ; et ceux qui marmonnaient.

« Êtes-vous d'accord ? » répétait l'homme noir.

Si les marmottements ne prenaient pas trop de volume, le juge frappait la table de son marteau d'ivoire en criant :

« *Approbatum*. Adopté. »

Et aussitôt il enchaînait : « Article suivant. *Item*. »

Car chaque paragraphe, à l'exception des tout premiers, commençait par ce mot mystérieux, que personne n'expliqua. En sorte qu'il finit par susciter des craintes : n'y avait-il pas dans cet *item* quelque piège caché, une formule magique, une conjuration pour annuler le reste, pareille au clin d'œil dont on accompagne un récit de fantaisie pour avertir qu'il n'y faut pas croire ? A la fin, Thomé Bonnet prit son courage par l'anse et leva sa seconde main :

« Sauf votre respect, messire, j'aimerais bien savoir ce que veut dire *item*.

— *Item ?*

— Oui, en langage ordinaire.

— Mais *item* ne veut rien dire d'autre qu'*ensuite*. Ou si vous préférez : *douzièmement, treizièmement, quatorzièmement*. C'est une façon d'interrompre la lecture pour prendre sa respiration. Voulez-vous que je le supprime ?

— N'en faites rien, s'il en est ainsi. Laissez-le à sa place. Il ne faut pas empêcher le monde de respirer. »

« *Item !* » continue donc le juge forézien au commencement de tout article nouveau. Le premier, quoique la chose soit présente dans les esprits et sur les rôles de taille, retaille et reretaille, fixe les frontières de la terre de Volloùre où la charte aura force de loi. Par le deuxième, le seigneur Louys accorde, concède et octroie officiellement aux habitants et aux manants, dès à présent et à perpétuité, le droit de s'associer en communautés, fraternités ou condamines qui portent dans le texte latin le nom d'*universitates*. Elles pourront, par le suffrage de tous les citoyens, hommes et femmes, âgés d'au moins quatorze ans, choisir dans leur sein quatre consuls parmi les personnes de bonne réputation, lesquels auront pouvoir d'administrer les affaires de la ville et de son territoire jusqu'aux frontières définies comme ci-dessus. Les consuls élus seront obligés d'accepter cette charge : *Que si un refus se produisait, l'élu qui essaierait de s'y soustraire encourrait une amende de cent sols perçue immédiatement au profit de la paroisse.*

Les articles IV et V stipulent la nomination d'un gastier et d'un forestier pour la garde des bois ; d'un bailli et de deux sergents — *mais pas davantage* — pour la surveillance et la police de la ville ; lesquels ne pourront pénétrer de nuit et à une heure indue dans le domicile des habitants : sauf s'ils portent un flambeau et sont escortés de deux ou trois compagnons assez connus pour qu'on puisse les identifier à leur langage.

L'article VI apporte une grande victoire aux hommes de la grange ; il limite et précise les corvées dues au seigneur Louys par chaque feu ou ménage, les réduisant à deux annuelles : *Ceux qui ont des bœufs et un char feront la corvée avec leurs bœufs et leur char ; ceux qui ont un roussin, une jument, un âne ou une ânesse fourniront la corvée avec ces bêtes ; et ceux qui n'ont ni bœufs, ni char, ni roussin, ni jument, ni âne ou ânesse fourniront la corvée avec leur personne ; le seigneur pourvoira aux frais de nourriture des hommes et des bêtes.*

L'article VII stabilise à jamais le montant actuel des *cens et prestations de blé, d'argent, de gélinage et toutes autres redevances, en sorte qu'à raison des biens que les manants tiennent de lui, le seigneur Louys et tous ses successeurs ne pourront exiger rien de plus sans leur consentement.* En quatre cas seulement un droit de retaille de trente livres et pas davantage sera versé par la paroisse entière : *Lorsque le successeur du seigneur Louys sera fait chevalier ; si le seigneur Louys en personne ou son successeur, faits prisonniers à la guerre, devaient payer rançons (ce dont Dieu les garde !) ; s'ils faisaient le voyage en Terre sainte ; s'ils célébraient les fiançailles de leur fille ou son entrée en religion.*

Item. Le seigneur Louys retient et se réserve à perpétuité tout le mois d'août pour vendre son vin, en sorte que durant ces trente et un jours aucun vigneron ne puisse faire commerce du sien sans la permission expresse du chevalier ou de ses successeurs. Mais à toute autre époque de l'année, lesdits habitants et manants auront licence de le faire.

D'autres articles règlent le partage des bois, l'étalon des mesures, le salaire des sergents, les amendes pour faux poids, vagabondage d'animaux, maraudages, coups et blessures : *Si quelque habitant de la franchise a frappé quelqu'un jusqu'à effusion de sang, mais sans employer pierre, bâton ni couteau, il paiera trois sols ; si le coupable majeur de quatorze ans a employé pierre, bâton ou couteau, il paiera soixante sols ; mais rien du tout s'il n'est pas majeur de quatorze ans.*

Nul ne sera obligé d'accepter le duel judiciaire et de se battre contre son gré, même si le défi lui est jeté à l'occasion de quelque crime. Si les gens du seigneur, en exécutant ses ordres, causent un dommage sans raison légitime, le seigneur, sur la requête des consuls, le réparera de ses derniers.

Le juge forézien frappa de son marteau et proclama :

« *Article X.* Il est d'usage, dans la rédaction des lettres de franchise, que soit examiné un délit très couramment inspiré aux hommes et aux femmes par le seigneur diable, ennemi de Dieu : je veux dire l'adultère.

— Quoi ? Quoi ? Quoi ?

— Il veut dire, précisa un des villains, mieux instruit, il veut dire la façon du coucou.

— Ha, ha, ha ! rigolèrent les autres. La façon du coucou !

— C'est une façon, protesta Thomé, qui ne se pratique point aux Bonnets.

— Qu'en sais-tu ? Cette façon-là reste toujours secrète.

— Sans doute chez vous, pas chez nous. Il se peut donc que les Vollòurois aient grand besoin d'un tel article.

— La poule qui chante...

— Silence ! cria le juge noir en tapant du marteau. Plusieurs cas sont à considérer : suivant les lieux, les moments, les personnes qui perpètrent le délit ; mariées ou non ; étrangères ou non au territoire de la franchise ; honnêtes femmes ou professionnelles du procédé... »

La discussion de l'article X fut un heureux moment dans la grange, ponctué d'exclamations, d'éclats de rire, d'interrogations burlesques. Un homme et une femme pouvaient-ils être accusés d'adultère simplement parce qu'ils se trouvaient ensemble en un lieu public, peut-être étaient-ils venus là pour jouer à cligne-musette ou enfiler des perles ? Pouvait-on accomplir réellement la façon du coucou en présence d'une tierce personne ? La chose était-elle plus aisée avec ou sans lumière ? Quelles peines étaient édictées par les chartes de Montbrison, de Thiern, de Billom, de Maringues ?

A la fin finale, on en vint à peu près à la rédaction du texte ci-dessous :

Article X. Si un homme et une femme mariés de la paroisse sont surpris en adultère par un sergent de Vollòure, tous deux seront fouettés et promenés nus par la ville, suivant la tradition, à moins qu'ils ne préfèrent, au lieu de la promenade, payer soixante sols tournois au seigneur, plus cinq sols pour la prestation du sergent.

S'il s'agit d'un homme célibataire surpris avec une femme qui fait notoirement commerce de son corps, alors même qu'elle passerait pour mariée, il ne payera rien avant qu'on ne sache très certainement qu'elle est mariée réellement, et dans ce cas dix sols d'amende seulement.

Si un homme marié est surpris avec une femme non mariée ou l'inverse, en présence d'une tierce personne, on ne devra pas les accuser d'adultère à moins qu'on ne les ait trouvés ensemble la nuit et sans feu. Sauf si, accusés précédemment par la rumeur publique, ils avaient été mis en demeure par le sergent, en présence de deux témoins dignes de foi, de n'avoir plus à se trouver ensemble en aucunes circonstances. Auquel cas, surpris de jour comme de nuit, ils seront arrêtés jusqu'à ce qu'ils aient, à leur choix, subi la promenade ou payé l'amende de soixante-cinq sols.

Et si quelque homme est trouvé seul avec une femme mariée cabaretière ou vendant dans sa maison des provisions de bouche, à moins que ce ne soit la nuit, porte close et sans feu, on ne devra pas les arrêter pour motif d'adultère.

Ce dernier paragraphe semblait avoir été composé spécialement à l'intention de Simonette Fafournol qui tenait auberge dans Volloùre, près de la porte de Montguerlhe, et proposait à sa clientèle toutes sortes de restaurations. Afin de lui laisser plus entière liberté dans son commerce, Fafournol, son mari, passait une grande partie de ses journées dans sa cave, en la compagnie infaillible de ses tonneaux. Quand Gérard de Saint-Romain traduisit la rédaction que son scribe venait de gribouiller sur son ardoise, les Volloùrois éclatèrent en applaudissements, acclamations, rires, gestes obscènes. Dans la grange, les *mouitri* des communautés secouaient la tête en silence, avec désolation.

« *Approbatum !* » fit le juge noir.

En échange de ces avantages considérables, franchises, privilèges et libertés, les délégués s'engagèrent à assurer le guet du château : *Au premier signal d'alarme que jettera avec sa trompe le maître du guet pour appeler au secours dudit château contre l'incendie ou l'ennemi quel qu'il soit, un homme au moins par feu devra le plus tôt qu'il pourra accourir ; et s'il ne le faisait point, il paierait au seigneur une amende de cinq sols.* A faire la nuit garde de la ville de Volloùre en période de guerre. A museler leurs chiens. A se servir uniquement des fours et moulins banaux. A payer au seigneur un droit de lods égal au douzième pour toute vente de maison ou immeuble. Tout homme qui prendrait possession de l'héritage de sa femme lui verserait un droit d'intrage égal à deux livres de cire et rien de plus.

Au terme de ces longues discussions, le texte latin des franchises fut couché par le scribe en belle écriture sur deux feuilles de parchemin vierge, jointes et collées ensemble ; afin que les marges en fussent respectées, Gérard de Saint-Romain y apposa le sceau de plomb de son seigneur le comte du Forez ; il apposa de même et appendit le sceau de cire rouge dudit comte à la fin des lettres, les soussigna et les fit soussigner par Louys de Thiern, seigneur de Vollоùre et plusieurs personnes respectables en mesure d'écrire leur nom, qui avaient participé à l'établissement des libertés volloùroises.

6

Dès les premiers jours de septembre, quand les grains commençaient de noircir sérieusement, les petits enfants des Bonnet s'en allaient chanter dans les vignes :

Setembre, setembrin !
bouélo-nou de groù rosin,
de ploïo po noùtri pra,
lo sandà po lu itropià.

Septembre, septembrin,
donne-nous de beaux raisins,
de la pluie pour notre pré,
de la force aux estropiés.

En même temps, ils frappaient l'un contre l'autre deux morceaux de bois, deux pierres, deux sabots usés jusqu'au ventre, ce qui devait mettre en fuite les merles et les vendangettes, amateurs de grappes mûres. Dans la région, l'on ne cultivait que deux espèces de cépages : l'un, pâle de feuilles, produisait des grains assez petits, de teinte violette, parfois comme embués d'une fine poudre blanche, on l'appelait le *pouzin*, parce qu'il était originaire d'une ville ainsi nommée en pays vivarais ; l'autre, à grains plus gros, s'appelait à cause de ses feuilles très larges le *pano-tchou*, le torche-cul, et il était en effet bien propre à cet usage. Naturellement, leurs deux vins étaient aussi dissemblables que l'ajasse et le coucou : le premier avait de la couleur, une saveur âpre et relevée, bu tout seul il te tenait la bouche ouverte un long moment, tu avais besoin d'une tape dans l'échine pour pouvoir la refermer ; le second apportait la quantité avec une certaine douceur ; une fois mélangés, chacun complétait l'autre. Les drôlets s'en allaient donc dans les vignes dès la Sainte-Rosalie invoquer pour elles le soleil de septembre et chasser les oiseaux maraudeurs, afin de préparer les imminentes vendanges.

Vers la même époque, le *mouitre* et la *mouitreço* s'employaient à d'autres préparatifs : ils engraissaient les porcs, les vaches réformées, les oies, les chapons qu'ils voulaient vendre à la foire du Pré qui se tenait le 14 septembre, fête de l'*Exaltatio Sanctae Crucis*. Les Auvergnats ignoraient tout de cette Exaltation, mais ils comprenaient qu'il s'agissait de glorifier la Croix de Jésus-Christ : seule assurance qu'ils eussent contre les fléaux qui frappent le pauvre monde : le feu, la foudre, la grêle, la sécheresse, la stérilité, la ladrerie, la peste et les millante sortes de maladies qui existent. Une croix de buis protégeait leur maison, leur étable, leurs ruches ; une croix de paille protégeait leurs sillons ; une croix de pierre protégeait leur cimetière et leurs carrefours ; avant de découper des tranches dans le chanteau de pain, le maître traçait une croix sur la croûte avec la pointe de son couteau ; les enfants se signaient avec le premier fruit de la saison en prononçant une formulette vaguement rimée :

Bon Djeù dé Tchè è dé Corpéyro
dé Cotoù è dé Volloùre,
ch'ou pley, foza-m'oví coqu'ime
e biocò, biocò de celeyra.

Bon Dieu de Thiern et de Courpière,
d'Escoutoux et de Volloùre,
siouplaît donnez-moi quelque esprit
et beaucoup, beaucoup de cerises.

Les adultes se signaient plusieurs fois par jour, en se levant, en commençant leur ouvrage, en le finissant, en se mettant à table, en se couchant. Bref, la croix était présente dans toute leur vie et ils en avaient grand besoin. Rien n'était plus juste que de l'honorer le 14 septembre. C'est pourquoi les moines de l'abbaye Saint-Symphorien avaient ce jour-là organisé une grande foire dans un pré qui leur appartenait, sur la rive gauche de la Durolle ; ils y apportaient eux-mêmes les produits de leur culture et de leur élevage, y conviaient tous ceux qui, à dix lieues à la ronde, avaient quelque chose à vendre ou à acheter. Il en venait à pied, à cheval, en voiture. Il en venait même en barque, qui remontaient le vin, le blé, les pommes de la Limagne.

Les jardiniers étalaient leurs légumes sur le pont en dos d'âne qui, pour cette raison, s'appelait le pont aux Choux. Les couteliers, les corroyeurs, les taillandiers, les fustiers, les forgerons descendaient les produits de leur industrie. La clientèle arrivait de toute l'Auvergne, des provinces voisines, du Forez, du Bourbonnais ; du « côté d'en-haut » : le Lyonnais, l'Alsace, la Provence ; et même des « pays-bas » qui sont situés au-delà d'un grand fleuve appelé la Loire, où l'argent, dit-on, existe en telle abondance qu'il suffit de se baisser pour le ramasser, comme chez nous les pierres.

A cinquante ans environ, maître Adrien, père de deux filles et d'un garçon, se trouvait *mouitre* élu de la communauté des Bonnet qui comptait douze parsonniers âgés de plus de quatorze ans, seize parsonnières de même sorte et treize enfants mineurs ; plus deux serviteurs et une servante. Les Bonnet étaient la plus ancienne *universitas* de la région. Ils avaient réussi à célébrer jusque-là leurs mariages entre eux, allant chercher parfois une fille dans quelque communauté voisine, mais refusant l'entrée des garçons pour n'avoir pas ensuite à risquer un partage. Car, en même temps que le nom qu'elle portait, une fille en se mariant perd son indépendance, elle doit obéissance en toutes choses à son mari et lui remet une légitime dont la valeur est prise nécessairement sur les biens de ses parents ; le mari reçoit, et ne donne rien. L'ennui est qu'à rester toujours dans la même cage, lapins et lapines deviennent quasi stériles ; aussi le bon ménager va-t-il de temps en temps chercher un mâle ailleurs. Les enfants étaient rares aux Bonnets : treize en tout pour huit familles en âge d'en avoir. Maître Adrien réfléchissait souvent à ces choses la nuit, la tête sur l'oreiller, et envisageait le moment où il lui faudrait comme à ses lapins renouveler l'espèce.

D'autres communautés environnantes avaient déjà sauté le pas. Par alliance, les Chastel étaient devenus Chastel-Goutte ; les Rossias, Rossias-Goutte ; les Quittard, Quittard-Terme, Quittard-Anglade ; les Bourdier, Bourdier-Thuel ; les Pradel, Pradel-Quittard, Pradel-Courty ; les Dozolme, Dozolme-Chevalérias. On connaissait même les Montbartoux devenus Montbartoux-Cathonnet-Gueslon. D'autres condamines s'étaient, au contraire, par on ne sait quelle bénédiction du Ciel, montrées si prolifiques et prospères qu'elles avaient quitté la ruche primitive pour essaimer vers d'autres territoires. Ainsi, les Ferrier possédaient quatre domaines ; les Bourgade dix ; les Quittard onze ; les Dunaud douze ; ces derniers prétendaient courir deux jours entiers sur leurs terres sans en franchir les limites ; ils tenaient leur fortune du bétail, plus lucratif que la culture. Quelle bonne semence avait répandue ce Bonnet Joanis, premier maître et fondateur de leur entente, on ne sait combien de siècles auparavant ! Si bien que sa tombe s'était perdue au cimetière de Volloùre, mais que son nom se gardait fidèlement parmi eux et se prononçait à chaque prière du soir, quand tous les parsonniers et serviteurs, enfants et grandes personnes, se tenaient agenouillés sur la terre nue :

« *Mouitre Joanis Bonnë*, récitait Adrien en langue auvergnate, toi qui fus le père de notre famille, garde-la de tous maux et guide-moi à bien t'imiter, avec l'aide du bon Dieu. *Amen.* »

C'est ce même Joanis qui avait gravé de son couteau deux feuilles de chêne croisées pour marquer sa place au bout de la table sur laquelle des générations de Bonnet avaient pris leurs repas. A moins que ce ne fût un autre. N'importe. Or Adrien, son lointain successeur, avait eu cette étrange idée : de faire broder par sa femme deux feuilles de chêne croisées sur le chaperon de feutre dont il se coiffait en permanence, ayant renoncé au bonnet traditionnel, afin que fût honorée, non point la personne humaine qui portait ce chapeau, mais la fonction représentée par les feuilles. Chaque matin, au saut du lit, son premier geste était de poser cet accessoire sur sa tête. De même, suppose-t-on, qu'un évêque en se levant commence avant toutes choses par se coiffer de sa mitre.

Adrien Bonnet avait deux filles, une de quatorze ans, bonne à marier, une de huit qui pouvait encore attendre. « Qui leur donnerai-je ? » se demandait-il. Passant en revue les quatre Bonnet disponibles, il n'en trouvait aucun à son goût : un oncle, un cousin, un petit-cousin, un goitreux. Il restait trois solutions : qu'elle restât fille ; qu'elle partît dans une autre communauté ; qu'il lui dénichât un homme hors du village. Tout cela représentait bien des nuits de calcul et d'insomnie.

En attendant, il offrit à son aînée, Élise, de l'accompagner à Thiern. Elle devint toute rouge, n'en crut pas ses oreilles :

« Sire père, que m'avez-vous dit ?

— Que je voulais t'emmener à Thiern voir la foire du Pré. »

Elle lui aurait sauté au cou s'il n'y avait eu entre eux une si grande distance, ce sont là des démonstrations qui ne conviennent pas à un porteur de mitre, il vit son élan interrompu, le regretta un peu, elle se contenta de lui baiser la main. Ils partirent dans le charreton tiré par la jument Patience, en compagnie de la *mouitreço* Séraphine-Deuxième, de deux gorets et d'une cage remplie de volailles diverses, poules, oies, canards, toutes caquetantes et jabotantes à qui mieux mieux. Séraphine II possédait comme la première les plus belles qualités chrétiennes et domestiques, mais un défaut lui était propre qui aurait suffi à gâter ses vertus ailleurs que chez les Bonnet-Bons Dieux : du matin au soir, il lui fallait cancaner, bavarder, jacasser, babiller, pérorer, dégoiser, au point que son mari, le seul qui eût cran sur elle, s'exclamait quelquefois :

« Arrêtez, Séraphine, je vous en prie ! Vous nous saoulez ! »

Elle restait un moment tête basse, toute camuse, aussi mal à l'aise dans le silence que le poisson dans la farine ; puis elle repartait malgré elle, disant :

« Faut que je parle ou que je crève ! »

D'autres fois, elle s'enfermait seule dans la souillarde et se mettait à jaser en tête à tête avec elle-même, se plaignant de la façon dont elle était traitée en cette maison, du temps qu'il faisait, de ses douleurs de ventre, et pia-pia-pia, et pia-pia-pia, et pia-pia-pia.

Ce 14 septembre, tout le temps que dura le voyage, elle ne manqua pas de commenter le chemin, les personnes, les bouses rencontrées. Ils étaient partis avant le jour, Élise pressée contre son père humait la bonne odeur de sueur chevaline et de crottin et sommeillait un peu, sourde aux pia-pia-pia de Séraphine, les canards et les oies lui donnant seuls la réplique. Ils franchirent la porte de l'abbaye, gardée par des moines patibulaires qui leur demandèrent dix deniers en monnaie de Riom. La *mouitreço* essaya de protester :

« Mais nous avons avec nous une enfant qui ne vient pas ici pour faire commerce !

— C'est deux deniers par tête humaine, quatre deniers pour l'ensemble de votre bétail, et fin finale, dame Caquet ! Personne ne vous oblige à venir ! »

Il fallut s'acquitter et avaler en plus l'injure de « dame Caquet » proférée par un moine. Patience avançait prudemment au milieu de la foule qui allait s'épaississant. Bientôt l'on fut dans le pré, étendu de la rivière jusqu'à un monticule boisé nommé le Breulh ; du côté de la plaine, il était bordé de jeunes peupliers comme d'une file de sentinelles ; au-delà, un mur d'enceinte marquait la limite du domaine bénédictin. D'autres religieux se tenaient à l'entrée du pont aux Choux, sur la rive droite, et encaissaient les redevances. Ainsi il était impossible de participer à la foire sans verser péage. Adrien attacha la jument au tronc d'un arbre. Les frères de Saint-Symphorien occupaient à eux seuls le quart de la surface ; ils y avaient le carré de leurs potirons, chacun avec ses tranches bien marquées, obscènes comme des fesses ; le carré des pastonades ; le carré des choux et des raves ; le carré de la basse-cour ; le carré du miel et de la cire. Le reste du pré appartenait aux vendeurs de toutes marchandises, vivantes ou mortes, paniers, tonneaux, échelles, melons, courgettes, chapeaux de paille, de laine ou de feutre, vaches, volailles, cochons, ânes, mules, le tout dans le plus grand méli-mélo qui fût possible au monde. Gorets tenus en laisse, ou couinant dans leur cage, ou courant entre les jambes des chrétiens, poursuivis par leurs propriétaires. Vendeurs et acheteurs tempêtant pour essayer de s'accorder sur le prix, jurant qu'on les écorchait, qu'on les réduisait à la mendicité :

« Tirez-en quelque chose, tout de même !

— Non, Monseigneur ! Je n'en tirerai pas le téton d'une puce ! »

Finissant néanmoins par s'entendre et se taper dans la main. Vaches léchant leur veau, jument hennissant leur poulain, truies fouissant la terre. D'autres marchands vendaient la santé : un apothicaire chantait la louange de ses herbes et de ses racines, offrait une liqueur qu'il remuait avec une petite cuiller métallique dans un gobelet transparent :

« Le nectar de vie ! Le nectar de vie ! »

Et comme personne n'en voulait, il finissait par le siffler lui-même. Un médecin en robe violette, ganté de rouge, observait dans le blanc de l'œil chaque badaud attentif et le classait immédiatement :

« Toi, tu es un respiratoire... Et toi, un bilieux... Toi, un lymphatique... Toi, un cérébral... Et tous vous avez besoin de mon clystère et de ma lancette ! »

Un astrologue en chapeau pointu prédisait ton avenir en déchiffrant une poignée de grains versée sur une planche. D'autres encore débitaient des nourritures et des boissons, pâtés, saucisses, guenilles, pichets de vin blanc, rouge, châtain ou d'eau miellée.

Les étrangers venus des pays-bas ou des pays d'en-haut, fournis en pièces de Tours, de Lyon ou de Paris, devaient les convertir en livres clermontoises ou riomoises ; ils recouraient aux services d'un changeur qui, entouré de ses aides, tenait boutique sur une table à tréteaux ; il y avait disposé ses balances, ses poids gros et petits, alignés par ordre de grandeur dans une boîte doublée de satin bleu ; ses piles de monnaies diverses, livres d'or, sols d'argent, deniers de billon, liards de cuivre, métal jaune, métal blanc, métal noir, métal rouge. Ses aides tenaient l'œil à tout dans ce trafic de pécunes, au quibus, aux clients, aux cure-bourses.

Tant de choses ! Tant de monde ! Tant de langues ! Tant d'argent !

Élise s'efforçait de tout voir, de tout entendre, de tout sentir, afin de s'en remplir la tête et de pouvoir ensuite se les raconter à elle-même ou les raconter aux autres, durant la longue vie sans histoires, donc sans bonheur que connaissaient les femmes de la campagne :

« C'est la première fois que je suis allée à la foire du Pré... »

Mais y aurait-il d'autres fois ?

Comme elle regardait ainsi éperdument autour d'elle — son père lui avait dit : « Promène-toi à ton plaisir, mais ne manque pas de revenir de temps en temps à cet arbre où se trouvent la jument et la charrette » — elle vit luire quelque chose dans l'herbe, elle se baissa, il s'agissait d'une petite croix d'argent comme en portent les moines au bout de leur chapelet. Quel moine avait perdu la sienne ? En attendant de décider ce qu'elle allait en faire, elle la garda au creux de son poing.

Elle alla plus loin et s'ébahit devant des bateleurs en train de faire des tours d'agilité, de marcher sur les mains, de grimper l'un sur l'autre, ils furent ainsi quatre empilés, pareils à une échelle qui marche. Ils portaient un étrange costume parti de rouge et de vert, et un bonnet pointu orné de grelots qui grelottaient à leurs cabrioles. Quand ils eurent fini, ils ôtèrent leur coiffe bigarrée et, redevenus des hommes jeunes et de bonne présence, promenèrent çà et là parmi les spectateurs leur capuchon pour recueillir quelque monnaie. L'un d'eux s'arrêta devant Élise et la regarda intensément, de ses yeux verts comme en ont certains chats, ils devaient briller la nuit ; alors, un sourire, si beau qu'elle crut voir un ange, se répandit sur le visage du jeune bateleur et jusqu'à ses cheveux blonds. Elle resta pétrifiée, la bouche ouverte, tandis que le sang courait en elle d'une émotion jamais éprouvée. Puis, comme le garçon secouait en riant son épuisette, elle ouvrit la main, laissa tomber la petite croix d'argent qui fit au fond un tintement minuscule. Là-dessus, pour la remercier, il mit un pied en arrière et s'inclina devant elle profondément — ainsi fait le prêtre passant devant le tabernacle — et prononça deux syllabes incompréhensibles : *Tanque*. Elle le suivit des yeux tandis qu'il s'éloignait pour continuer sa quête. Celle-ci se prolongea longtemps, mais, afin de retenir la foule, un des baladins se lançait parfois dans quelque nouvelle pirouette.

La voiture revint au bord de nuit, tout le bétail vendu. La maîtresse raconta de quelle adroite façon elle avait su se défaire de la volaille, même de la poule boiteuse et stérile, tout juste bonne à finir en court-bouillon. De son côté, maître Adrien se glorifia d'avoir tiré quatorze livres de ses deux gorets et de n'avoir rien acheté du tout, de n'avoir pas dépensé un rouge liard en dehors du droit de péage, quoique la communauté eût besoin de clous à chaussures et de règles de fer pour les araires.

« Y a pas presse, affirma-t-il avec force. Acheter et mourir, on a toujours le temps. On fera avec ce qu'on a. »

Si les sabots perdaient les clous de leurs semelles, on en creuserait quelques paires de plus, et baste ! Le bois ne coûtait que la peine de le travailler. En principe, les Bonnet vendaient tout le possible, mais n'achetaient rien. Excepté le fer absolument indispensable. Excepté des terres nouvelles pour agrandir l'exploitation. Quant au sel, on allait s'en munir à deux lieues de là, chez les sauniers du Salet, un village situé près de Courpière, où, comme son nom l'indique, jaillissait une source salée. Ils en faisaient évaporer le bouillon au soleil pendant l'été, dans des chaudrons pendant l'hiver, en tiraient une poudre grisâtre qu'ils proposaient sous le nom de « sel » bien qu'elle eût plutôt l'apparence de la cendre.

« Celui-là ne vous fera jamais de mal à l'estomac, affirmaient-ils. Pas comme celui de la gabelle ! »

A cause de leur métier, les hommes du Salet souffraient d'une soif permanente. Et si quelqu'un de la région se montrait un jour particulièrement altéré, on disait de lui :

« *Co i pa rey ! T'a lecà le tchou d'en Saletin !* Pas possible ! Tu as léché le cul d'un Saletain ! »

Aussi échangeaient-ils volontiers leur poudre contre un poinçon de vin.

Les pécunes s'accumulaient donc chez les Bonnet-Bons Dieux de génération en génération dans la cachette que le *mouitre* était seul à savoir et dont il révélait le secret à son vigier au moment de mourir. Sous forme d'écus jaunes à fleurs de lys, d'écus blancs où l'on voyait le roi de France sur une chaise, de livres tournois, de livres parisis.

Maître Adrien et Séraphine II s'entretinrent ainsi de leurs écus tout le long du chemin. Mais les pensées d'Élise étaient ailleurs : sur le pré de la foire, sur la petite croix de chapelet qu'elle avait laissée tomber dans l'épuisette à grelots, dans les yeux verts du jeune bateleur qui l'avait regardée si intensément, sur ses lèvres rouges qui avaient prononcé deux syllabes mystérieuses. Elle demanda, s'adressant à la maîtresse, spécialiste de la parole :

« Qu'est-ce que ça veut dire *Tanque* ?

— Quoi ?

— *Tanque.*

— C'est en quelle langue ? En français ? En turc ? En latin ?

— Je ne sais pas.

— Tu demanderas ça au curé de Volloùre. »

Elle le chuchotait en elle-même, le mot tintait doucement dans sa tête, comme une cuiller dans un verre, *tanque, tanque, tanque.*

Chaque soir et chaque matin, Élise trayait les chèvres communautaires. Elles se levaient d'elles-mêmes à son approche et déjà écartaient les pattes, offrant leur pis au soulagement qu'apportaient ses mains. Mais certaines, par on ne sait quelle lubie inexplicable, ou quel jeu, la repoussaient fermement de la tête, jusqu'à ce qu'elle les eût caressées entre les cornes, ou sur leur échine maigre. La Châtaine était la plus chèvre de toutes ses chèvres, la plus fantasque, la plus inattendue, celle qui cherchait le plus couramment à embêter la société. Après avoir donné son lait, il lui arrivait de renverser la seille d'un coup de sabot. Et la pauvre Élise pleurait sur sa fortune répandue, tandis que la Châtaine, contente de sa prouesse, happait à larges dents dans le râtelier les branches de frêne. Aussi la drôlette prenait-elle de grandes précautions chaque fois qu'elle devait tirer cette galapiate, allant jusqu'à s'agenouiller près d'elle sur la fougère humide, pour maintenir la seille entre ses bras et sa poitrine pendant que ses doigts lui pétrissaient les trayons.

Tandis qu'elle se trouvait ce matin-là dans une telle posture, une ombre vint derrière elle par la porte ouverte. Elle ne sourcilla point, croyant qu'il s'agissait de la *mouitreço*, s'attendant à un prêche de Séraphine-Seconde. Mais comme rien ne venait, elle tourna la tête et reconnut Garnaud. En réalité, il s'appelait Anthème ; mais il se trouvait baptisé Garnaud à cause de son gros cou — c'est ainsi qu'on appelle en Auvergne le goitre, il avait le *groù couey* — qui gonflait encore en parlant et le faisait ressembler à une *garnaude*, une grenouille. Des mioches essayaient de le prendre pour victime : polissons appartenant à la famille d'en face, les Saton, farouchement indépendants de la communauté, et que les Bonnettes qualifiaient de *guéris-de-bien-faire* : « Retourne-t'en chez les Saton, guéri-de-bien-faire ! » Ils lui chantaient donc parfois dans le dos « Coa ! Coa ! Coa ! Brèquèquec ! » avec l'espoir de le rendre enragé ; mais c'était un garçon d'humeur douce : il se contentait d'imiter le cri de l'*escoufle*, du milan rouge, *vuiiii-vuiiii-vuiiii*, ouvrait ses vastes ailes et fondait sur eux pour les saisir, ce qui les mettait en fuite.

« C'est donc toi, Garnaud ? dit Élise.

— Oui, c'est moi. Est-ce que tu récites ta prière ?

— Je me tiens à genoux à cause que la Châtaine est une bougresse, elle cherche à renverser le seau. »

Et ce fut tout. En silence, il la regarda traire. Les deux jets enfonçaient leur *pchi-pchi* dans le lait mousseux. De temps en temps, quelqu'une des autres bêtes chevrotait, impatiente.

« Et comme ça ? fit Élise au bout d'un long moment.

— Et comme ça quoi ?

— Tu n'as rien à me dire ?

— Non, rien.

— Alors, pourquoi es-tu venu ?

— Pour... pour te voir.

— Tu me surveilles ?

— Non, je te regarde.

— N'as-tu rien d'autre à faire ?

— Rien qui soit mieux.

— C'est là ton plaisir ?

— Oui bien, ça l'est.

— Prends-en donc tout ton saoul. »

Elle ne dit plus rien, mais poursuivit sa traite comme si elle eût été seule.

Quand elle en eut fini, ses trois seilles pleines ras-que-bord, Garnaud voulut les porter, disant c'est trop lourd pour tes bras. Mais elle protesta, je suis une forte fille, ne m'as-tu pas bien regardée ? Oh ! si que je te regarde !

« Et à présent, laisse-moi passer.

— Attends un peu. Que je te regarde encore.

— Ne m'as-tu pas assez vue ?

— Jamais assez. »

Elle songea aux yeux verts du bateleur, à son sourire angélique. Anthème se tenait gauche devant elle, son bonnet pendouillant dans l'échine, tout pareil avec son goitre à une énorme grenouille qui cherche à faire la belle. Elle se sentit tout par un coup devenir méchante :

« Quand tu m'auras examinée suffisamment, tu iras t'examiner toi-même dans quelque verre à mirer.

— Pour quoi faire ?

— Pour comprendre ce nom qu'on te donne : Garnaud. »

Il devint tout pâle et se mit à pleurer, par hoquets qui gonflaient son goitre, c'était une chose affreuse. Élise eut un peu pitié de lui, elle lui flatta la joue de la main, allons, allons, là, là, là. Il saisit cette main, la couvrit de larmes et de baisers. Elle le laissa faire un moment, puis se dégagea.

« A présent, il faut que je parte. Sinon, gare à la maîtresse ! Tiens, je te permets quand même de porter deux de mes seaux. »

Il s'essuya la figure de sa manche, empoigna les anses et la suivit docilement.

Quelques jours plus tard, maître Adrien attira sa fille aînée dans une grange sous prétexte d'une aide, et lui annonça :

« Ma fille, j'en ai une belle à t'apprendre. »

Elle leva vers lui ses yeux violets, presque couleur de l'airelle, qu'elle tenait de sa mère défunte, et dont la teinture coulait en lui quand elle le regardait de la sorte, et le troublait jusqu'aux genoux. Il la prit par les épaules :

« Mon Élise, quel âge as-tu ?

— Quatorze ans et demi. J'aurai quinze ans pour Sainte-Geneviève.

— Eh bien ! Sache qu'on t'a demandée en mariage.

— En mariage ? Qui donc ?

— Anthème Bonnet.

— Le Garnaud ? Avec son gros cou ? Oh ! non ! Jamais !

— Ta, ta, ta. Ma fille, voilà une réponse qu'il ne faut pas donner : jamais. En cette sorte d'affaires, ce ne sont pas les jeunes qui décident, mais les parents.

— Jamais, s'il vous plaît.

— Anthème, bien qu'il s'appelle Bonnet comme nous, n'est pas réellement notre parent. Dans les commencements de notre entente, il y eut plusieurs familles sans parenté entre elles qui s'associèrent et prirent petit à petit le nom du village. Ce qui a permis et permet encore des mariages de l'une à l'autre. Voilà pourquoi, sur cette seule raison, je ne verrais pas d'inconvénient à ce qu'il devienne mon gendre. Il paraît qu'il t'a regardée...

— Pardi ! Il me regarde depuis que je suis née ! Depuis quatorze ans et demi ! Puisqu'il a au moins dix ans de plus que moi !

— L'âge importe peu...

— Mais son gros cou !

— Voilà que tu as encore parlé à ma place, ce que ne doit pas faire, je te le répète, une fille bien apprise.

— Son gros cou, s'il vous plaît !

— Mon avis est que ce gros cou est un empêchement, et je n'ai pas l'intention de donner mon Élise à un estropié. Telle est la réponse que j'ai dans l'esprit de faire au père d'Anthème qui m'a entretenu à ce sujet. En le remerciant cependant de l'honneur qu'il nous a fait avec sa demande. Pour ce qui est de te trouver un autre homme, j'y penserai moi-même et je t'en parlerai le moment venu. »

Elle l'inonda encore avec le violet de ses yeux, puis lui baisa la main comme le jour où il avait parlé de l'emmener à la foire au Pré.

Quelque temps plus tard, à ce même moment de la traite du matin, Élise sentit ressurgir derrière ses épaules l'ombre du goitreux. Elle la reconnut tout de suite à son volume et à son silence, et cette fois elle tourna la tête :

« C'est encore toi, Garnaud ?

— Ben oui, c'est encore moi.

— Tu es venu de nouveau me regarder tirer les chèvres ?

— Ben oui.

— Va-t'en, je te prie. Tu me gênes et tu leur fais peur.

— Pourquoi que je leur fais peur ?

— A cause de ton gros cou ! Tu ferais bien peur au diable !

— Justement... je voulais... t'expliquer... »

Il tremblait de tous ses membres, c'était une chose bien comique de voir ce gros gaillard claquer des dents devant des chèvres et une drôlette, même si elle avait des yeux couleur d'airelle.

« T'expliquer... Mon père m'a dit que vous ne vouliez pas de moi à cause de ce gros cou. Si je ne l'avais pas, est-ce que vous m'accepteriez ?

— Faut demander à maître Adrien. C'est lui qui décide.

— Oh ! je sais bien que ton père fera ta volonté ! Y a qu'à l'entendre dire toujours mon Élise par-ci, mon Élise par-là.

— Ben, ben... ça se pourrait. Mais comment veux-tu ?... Est-ce que tu comptes l'effacer ?

— Peut-être.

— Ça ne s'est jamais vu.

— Ça se verra. »

Le dimanche suivant, voulant prendre la communion, elle se confessa à l'un des neuf prêtres de Volloùre.

« Mon père, lui dit-elle, agenouillée sur les marches du chœur, j'ai eu des pensées pour un garçon. Faut-il que je les confesse ?

— Quel genre de pensées ?

— Des pensées... J'ai pensé à lui, j'ai pensé que je serais heureuse de le revoir.

— Dites-moi très exactement à quoi vous avez pensé. Est-ce à des choses impures ?

— J'ai pensé à ses yeux.

— A ses yeux, bon. Et après ?

— A son sourire aussi.

— Et puis ? Et puis ?

— Rien qu'à ses yeux et à son sourire.

— Les yeux et le sourire, ça n'est pas réellement impur. Mais tout juste ! Vous êtes sûre que vous n'avez rien eu d'autre dans l'esprit ?... Que c'est vraiment tout ?

— Oui, c'est vraiment tout.

— Il vaut mieux, ma fille, que vous tourniez vos pensées ailleurs.

— J'essayerai. Et puis, mon père, je voudrais vous demander aussi une petite chose.

— Dites.

— Ce que signifie la parole *Tanque*.

— Quoi ? *Tanque* ?

— Oui, *tanque*. Ce jeune homme m'a dit : *Tanque*.

— Je ne comprends pas ce mot-là. Ce n'est ni du français, ni du latin, ni du grec. Peut-être de l'hébreu. Vous avez dû mal entendre. Pensez à autre chose. *Ego absolvo te...* »

Elle soupira : elle ne saurait jamais le sens de ce mot dont le bateleur lui avait fait cadeau, comme d'un objet rare et précieux, un caillou bleu ou doré, mais qui ne sert à rien.

Dans le lit où il couchait seul, séparé par une cloison de la chambre de ses père et mère, Anthème mordait son oreiller toute la nuit et pleurait dedans, si bien qu'au matin la toile en était tout humide.

La renommée de Bertrand Dutil, barbier à Courpière, avait couru de foire en foire, de village en village ; était remontée le long de la Dore et de ses affluents jusqu'à Volloùre, Saint-Flour, Trézioux, Saint-Gervais, Augerolles, le Buisson. Dutil n'avait pas son pareil pour réduire un abcès, arracher une dent, retrancher des orteils, voire un pied pourris par la gelure ou quelque méchante épine ou la mauvaise circulation. Il savait châtrer les animaux et avait même un jour — le risque, assurait-il, n'était pas grand — opéré sa belle-mère d'une poche d'air sur le ventre. Bref, ce Dutil était un maître dans son art. Anthème décida de faire le voyage de Courpière pour que le barbier le débarrassât de son goitre, de cet horrible sobriquet de Garnaud, et lui permît d'épouser la fille de maître Adrien ; d'avoir tous les jours devant lui ces yeux d'airelle qui l'empêchaient de dormir.

Il n'en souffla mot à ses parents, sûr qu'ils refuseraient sa démarche et s'y opposeraient de toutes leurs forces. Il songea aussi au salaire de Dutil : avec quoi le payer quand on appartenait à une entente dont la plupart des membres ne voyaient jamais une pièce de monnaie, ni de face ni de profil ? Il dut ruminer toutes ces choses dans sa tête et prendre seul les dispositions nécessaires.

On était aux premiers jours d'octobre, quand les nuits sont déjà longues, mais encore tièdes. Garnaud se leva bien avant le jour, se vêtit à tâtons, se coiffa de son bonnet et sortit sur ses pieds nus, tenant ses sabots sous le bras. Il se dirigea vers le poulailler où commençait une douce agitation car la volaille sentait sous ses plumes les approches de l'aube. Déjà le coq émettait un raclement de gorge pour s'éclaircir la voix avant de jeter son premier kékeléké à la face du ciel. Lorsque le garçon entra là-dedans, au milieu des fientes et des plumes qui voltigeaient, ce fut un beau remue-ménage. Les bras en avant, il saisit ce qui se présentait, une poule de bon volume, lui ferma le bec, lui tordit le cou, l'emporta toute chaude et pantelante, et s'enfuit par le sentier qui descendait vers la Dore, en direction de Courpière. Au passage, il attrapa une pomme à un pommier et mordit dedans.

« Il te faut, se conseilla-t-il, descendre toujours, jamais ne remonter. Comme ça, tu arriveras sans faillir à la Dore. De là, il ne sera pas malin de trouver Courpière. » Et il était si pressé d'arriver que la moitié du temps il courait ; après quoi, il reprenait la marche et son souffle, avant de se remettre à courir.

Quand le soleil émergea derrière la muraille de Chignore, il se trouvait encore loin de la rivière, mais déjà il en distinguait au loin la présence, à la brume qui montait de sa vallée.

Il marcha, il courut, il marcha, il courut. Élise, je fais ça pour toi, j'espère que tu ne manqueras point à ta promesse. Les herbes lourdes de rosée l'avaient trempé à présent jusqu'aux genoux, mais la poule morte, serrée contre son estomac, lui donnait les derniers restes de sa chaleur, il en avait quelque émotion, songeant qu'elle était un don secret de la communauté des Bons Dieux.

Quand il fut à la Dore, il demanda à un pêcheur où se trouvait Courpière, l'autre tendit son bras vers le haut, de sorte qu'Anthème n'eut qu'à remonter le courant. Bientôt en effet il aperçut la ville perchée sur une hauteur, entourée de ses murailles, et ses cloches sonnaient à qui mieux mieux leurs angélus. Quand il voulut franchir le pont de bois, un gardien barbu sortit d'une guérite et lui demanda deux deniers de péage.

« Je n'ai pas un liard.

— Tu as bien une poule, donne-la-moi.

— Non, j'en ai besoin pour autre chose.

— Alors, tu ne passeras point ! » dit le barbu en tendant une hallebarde en travers du pont.

Comme Garnaud avait l'air très déconfit, l'autre sembla avoir un peu pitié et lui désigna un point de la rivière en aval où il pourrait la franchir à gué. Il redescendit donc, remit ses sabots sous le bras gauche et traversa la Dore au risque de se noyer, mais gratis, en se mouillant seulement jusqu'au ventre. De l'autre côté, sur le gravier, il quitta ses chausses et ses braies, les tordit, les enfila toutes fraîches, ma chaleur les séchera bien.

A la porte de la ville, des bourgeois lui demandèrent qui il était, d'où il venait, ce qu'il venait faire :

« Voir le barbier Bertrand Dutil pour lui demander ses soins. Je lui apporte cette poule en payement. »

Ils le laissèrent passer, lui expliquèrent même son chemin, et le regardèrent en riant qui s'éloignait, à cause de son cul mouillé. Un moment plus tard, il était devant l'échoppe de Dutil, reconnaissable à son enseigne : un plat à barbe jaune et aux petits carreaux blanc et bleu de sa façade. Il poussa la porte, trouva l'artisan en train d'opérer autour d'une barbe assise au milieu de l'étroite boutique. Le client tenait sous son menton un bassinet de cuivre demi-rempli d'une eau savonneuse que Dutil puisait avec une éponge pour lui enduire la figure ; il frictionnait ensuite de ses doigts nus afin de ramollir le poil. Puis il lui fourra dans la bouche une cuiller de bois : l'homme collaborait à l'ouvrage en la manœuvrant comme le timon d'un gouvernail, la poussant à gauche pour gonfler la joue droite, à droite pour gonfler la gauche et faciliter le passage du rasoir. Cela ne se faisait pas tout de même sans tourment, car le rasé ne pouvait retenir certains soupirs. Enfin, on le débarbouilla, l'enfarina. Quant au lait savonneux, il servirait à d'autres, jusqu'à épuisement.

« Je ne vous connais pas, fit le barbier à Garnaud quand ils furent seuls. Vous n'êtes point de mes pratiques. Est-ce pour l'épouillage ? Pour les cheveux ? Pour la barbe ?

— Non point. C'est pour le cou. J'ai le gros cou.

— En effet. Et alors ?

— Je voudrais que vous me l'enleviez.

— Que je vous enlève votre gros cou ?

— Faudrait l'ouvrir et vider ce qu'il y a de trop en dedans. Garder le reste. Oh ! je vous demande pas ça pour rien ! »

Et il posa sur le tabouret la poule étranglée.

« Si ça ne suffit pas, je vous en apporterai une autre après l'opération. On m'a dit que vous étiez le meilleur chirurgien de Courpière et de partout.

— Sans doute. Mais ce que vous me demandez là est bien délicat. Faut que je consulte mon associé. »

Il disparut, alla parlementer dans son arrière-boutique, en ramena un autre barbier-chirurgien qui examina comme lui le goitre d'Anthème, le tâta, secoua la tête :

« Non, dit-il. C'est une cure trop périlleuse.

— C'est bon, dit le jeune homme. Si vous refusez, j'irai raconter partout que vous êtes des incapables et je vous ferai perdre votre clientèle.

— Holà ! Holà ! Confiez-nous un abcès, un furoncle, une morsure de serpent, une dent cariée, un pied pourri, et vous verrez ce que nous savons faire !

— Je vous ruinerai, par les foires, par les villages, par les villes ! Je dirai partout : Bertrand Dutil et son associé sont deux incapables !

— Puisque je vous dis qu'il y a trop de risques !

— Des risques pour qui : pour vous ou pour moi ?

— Pour vous...

— J'en fais mon affaire.

— ... et pour nous aussi. Si l'opération ne réussit pas, nous pouvons être traduits en justice. Il nous faudrait un mot écrit de vous...

— Je ne sais pas écrire.

— ... une déclaration devant deux témoins qui nous décharge.

— D'accord. Trouvez deux témoins. »

La chose était facile : par-devant deux voisins du barbier, Anthème se fit connaître, expliqua d'où il venait, affirma qu'il insistait pour être débarrassé de son gros cou et qu'il prenait sur lui toutes les conséquences de l'opération. Après quoi, Bertrand Dutil le fit asseoir sur le même tabouret, lui lia les mains dans le dos, lui recommanda de serrer les dents tant qu'il pourrait. Garnaud ferma aussi les yeux et pensa très fort à Élise, au bonheur infini qu'ils goûteraient ensemble lorsqu'ils seraient mari et femme, à leurs futurs enfants, à leur vieillesse commune. L'aide de Dutil lui tenait par-derrière l'échine et la tête. Alors, le chirurgien saisit son rasoir et ouvrit le gros cou sur toute sa longueur. Anthème ne fit pas même aïe. Mais le sang coula si vite et si fort qu'en quelques instants il rendit à Dieu son âme simplette.

Le corps fut rapporté aux Bonnets sur un charreton tiré par un âne. Le châtelain de Thiern, informé de l'affaire, fit comparaître les barbiers devant sa justice. Ils démontrèrent leur bonne foi en produisant les témoignages, rejetant tout le tort sur le jeune homme qui leur avait forcé la main, et furent acquittés. On ne sait pas s'ils mangèrent la poule.

Ainsi, la communauté des Bons Dieux, qui n'en avait pas beaucoup, perdit un de ses jeunes garçons, même s'il s'agissait d'un estropié de corps et d'esprit. On sut en outre que Garnaud avait laissé sa vie dans l'affaire par *amitié* pour Élise. Chez eux, on n'appréciait guère les histoires d'amitié excessive, l'amitié n'a rien à voir, estimait-on, dans la conclusion des mariages ; elle doit venir *après* et non *avant*. Et si elle ne vient pas après non plus, chacun des époux fait comme si. L'homme reste fidèle à sa femme, la femme à son homme, ils s'entraident, s'entresoignent, s'entre-respectent, se penchent ensemble sur le berceau de leurs enfants. Dieu n'en demande pas davantage.

Pour combler la perte et pour éviter le retour d'un pareil malheur, maître Adrien décida de marier sa fille dès que possible. Ayant examiné dans sa tête les communautés environnantes et les gens qui les composaient, il se dit que les Lavest de Laurençon devaient posséder le gendre en tout point souhaitable : un nommé Grabiè, c'est-à-dire Gabriel, vigoureux, de belle présence, qui montrait entre vingt-cinq et trente ans. Adrien enfourcha son âne et se rendit à Laurençon, village qui regarde les Bonnets du versant opposé, au-delà du ruisseau des Roches. Il fut reçu par le maître des Lavest avec les honneurs dus à son rang, on lui offrit du vin et des châtaignes. Après quoi, les deux *mouitri* entrèrent en discussion au sujet d'Élise et Gabriel.

« Nous sommes bien d'accord pour vous donner un homme, dit Yaùde, c'est-à-dire Claude Lavest. A condition que vous nous en rendiez un autre.

— Ça n'est pas impossible.

— Seulement voilà, en ce moment, nous en avons plutôt de trop. Nous aimerions mieux une fille.

— Les nôtres, excepté mon Élise, sont un peu petitounes.

— Nous attendrons qu'elles grandissent. Ça sera pour dans deux ou trois ans ?

— Mettons quatre. Et marchons comme ça. »

Il fallut s'entendre aussi, non pas sur la dot du garçon qui n'en devait point, mais sur l'apanage qu'il aurait à verser aux Bonnet pour acquérir le droit d'entrer complètement dans leur communauté. Un apanage exactement semblable accompagnerait plus tard la fille Bonnet qui prendrait place parmi les Lavest de Laurençon. Comme ils ne savaient écrire ni l'un ni l'autre, ils firent appel au notaire du château qui en établit la description, non sur parchemin, mais sur une double feuille de papier d'Ambert à couronne — on la voyait par transparence — comme il suit :

Une vache pleine ;
six brebis avec leurs agneaux ;
une truie avec ses petits ;
un lit accompagné d'une couverture de bougras marquée de laine, de deux oreillers et d'une arche fermant à clé et contenant quatre linceuls ;
une cotte de drap bureau ;
une paire de chausses de poulangis ;
un poinçon de vin.

Ce n'était pas considérable, maître Lavest le reconnut, comme droit d'entrée, car il devait y avoir réciprocité.

« Mais l'apanage n'est rien, dit-il. Vous y gagnez bien davantage : une paire de bras comme vous n'en trouverez guère dans la région. »

Élise fut informée des dispositions prises par son père et maître. Elle avait aperçu quelquefois ce garçon à la messe, autant que le lui permettait l'attitude imposée aux drôlettes par les sermons des prêtres :

« Vous devez marcher dans l'église la tête droite, votre regard toujours dirigé devant vous, à environ quatre toises de vos pieds, sans rire ni bavarder avec personne. Placez-vous dans un endroit tranquille, en face d'une belle image de pierre, de bois ou de peinture représentant le Christ, la Vierge ou saint Maurize. Et gardez pendant toute la messe les yeux baissés sur votre patenôtre (c'est-à-dire votre chapelet) ou fixés sur ladite image. Ayez ainsi le cœur au Ciel et adorez Dieu de toutes vos forces, le remerciant de ses dons plutôt que lui en demandant de nouveaux. »

Seules les vieilles avaient le droit de bouger les yeux, notamment pour surveiller la conduite des jeunes. Élise n'avait donc pas un souvenir très net de ce Gabriel.

« Quel âge a-t-il ? demanda-t-elle.

— Entre vingt-cinq et trente.

— Plutôt vingt-cinq ou plutôt trente ?

— Vingt-neuf, me semble-t-il. Est-ce que ça compte ? Plus il aura de l'âge, et mieux il te servira de père quand j'aurai quitté ce monde. »

Elle soupira, se demandant quel âge pouvait avoir le bateleur aux yeux verts que sans doute elle ne rencontrerait jamais plus. Elle pensait encore à ce garçon la nuit, malgré d'autres recommandations des prêches :

« Si vous n'arrivez pas la nuit à prendre le sommeil, quand vous entendez les cloches sonner matines ou laudes, louez, vous aussi,

Notre-Seigneur et demandez-lui de vous endormir. Ou bien, priez pour les trépassés qui prient pour nous. Recommandez-vous à la Vierge Marie, aux saints ou aux saintes. »

Dans de telles situations, elle essayait bien de prier sainte Élise, sa marraine céleste, dont elle ne savait rien ; mais toujours, toujours ces yeux de chat dont elle savait quelque chose venaient luire entre sa patronne et elle-même.

Elle consentit à tout, posant une seule condition, d'être mariée au mois d'octobre de l'année suivante.

« Pourquoi si tard ? demanda le père.

— Parce que je me sens un peu jeunette. »

Quand vint un nouveau 14 septembre, elle s'arrangea pour être invitée de nouveau à la foire du Pré. Elle y alla dans les mêmes circonstances que la première fois. Elle erra en tous sens sur le pré des moines, mais ne revit pas les mêmes bateleurs. Le souvenir du jeune homme blond ne s'effaça jamais cependant de sa mémoire ; vieille et ridée, son cœur se mettait encore à battre quand elle voyait dans l'ombre luire des prunelles vertes.

On maria Élise et Gabriel en octobre, comme promis, juste avant les vendanges. Ils vécurent trente années ensemble, s'entraidant, s'entre-soignant, s'entre-respectant comme Dieu le souhaitait. Étant de souches différentes, ils eurent neuf descendants ; six atteignirent l'âge adulte, mais deux de ceux-ci moururent de la peste.

Depuis l'entrée de Gabriel, la communauté des Bonnet prit le nom de Bonnet-Lavest. Mais comme c'est une appellation qui par sa longueur fatigue un peu la langue, le voisinage continua de dire les Bons Dieux.

La famille Saton voisine depuis des générations avec celles de la communauté sans se laisser absorber par elles. Ce sont de grands éleveurs de porcs, ils en ont toujours une demi-douzaine à la glandée ; conduits par un de leurs guéris-de-bien-faire, ils envahissent tous les bois à une lieue à la ronde, ne laissant rien que des crottes après leur passage. Or voici un matin que Maurizot, le plus jeune de leurs garnements, s'en revient seul et ventre à terre de la forêt, hurlant :

« L'homme rouge ! L'homme rouge !

— Quel homme rouge ?

— Il est passé un homme rouge qui marchait dans l'air ! Sans toucher le sol ! Il portait une longue verge à la main et en a frappé la terre ! Il est resté un moment au-dessus de mes cochons qui se sont éparpillés dans tous les sens.

— Va-t'en chercher tes porcs, fideputе ! Et ne reviens pas sans eux, sinon tu sentiras tes côtes ! »

Mais lui pleure, se tord les mains, refuse d'y retourner, l'homme rouge m'emportera : il faut réellement saisir un bâton et lui en faire tâter pour qu'il se décide à regagner le bois. Par prudence, son frère aîné l'accompagne, ils ont le plus grand mal à retrouver les bêtes, à les rassembler, à les ramener, car elles courent çà et là et refusent d'obéir. Quand ils reviennent enfin, Joan et Maurizot ont les yeux hors de la tête.

« J'ai vu... nous avons vu... la terre grouiller de serpents, de vermine, de crapauds, de lézards... Tout ce qui vit dessous monte à la surface... On les écrasait à pleins sabots... Alors, figurez-vous si nos cochons avaient raison d'avoir peur ! »

Dans le même temps, d'autres personnes honorablement connues et dignes de foi — ainsi Jaque Ducognet qui s'en revenait d'Escoutoux ; Marcel et Louyse Lamiraud qui descendaient de Volloùre — voient courir l'homme rouge avec sa longue verge et ses yeux brillants au-dessus des prairies, passer d'un village à l'autre, s'asseoir sur les cheminées, s'emparer de la fumée qui en sort et la modeler en forme de cercueil, puis disparaître.

Ayant donc ramené leurs porcs, les frères Saton se prennent à claquer des dents, portent leurs mains à leur front, disent qu'il y a dans leur tête un chaudron et qu'il va éclater d'un instant à l'autre. On les couche. Le troisième jour, il leur pousse des enflures noires à l'aine et sous les aisselles. Puis Maurizot commence à cracher le sang et il meurt le cinquième tandis qu'une flamme bleue sort de sa bouche. Son frère le suit dans la tombe le surlendemain.

La peste ! On comprit que la peste venait de frapper le village. Depuis cent ans ou plus, elle rôdait en Auvergne, s'allumant ici, s'éteignant là, épargnant telle ville ou tel village, s'acharnant sur tels autres, tuant parfois la moitié de la population. Elle n'avait pas les mêmes effets en tout lieu. A Riom, le corps des pesteux se couvrait de taches rouges et bleues qui les faisaient ressembler à d'énormes truites. A Clermont, elle leur montait au cerveau et leur causait une si grande frénésie que les personnes atteintes se jetaient dans la Tiretaine, ou encore sautaient de leurs fenêtres et se mettaient en pièces sur le pavé. A Yssoire, ils vomissaient des matières vertes. A Ambert, ils étaient pris de hoquet et répétaient sans discontinuer : *Aigo belido ! Aigo belido ! Aigo belido !*, réclamant par là du bouillon contre une soif inextinguible. A Maringues, ils se vidaient par le cours de ventre. A Lezoux, leur langue enflait tellement qu'elle finissait par leur emplir la bouche et les étouffer. A Billom, ils prenaient le nombril noir et épineux, comme une bogue de châtaigne. A Champeix, il leur venait dans les oreilles un sifflement modulé pareil à celui du merle qui les rendait fous en deux jours, et depuis ils ne s'en sont jamais remis complètement.

Pour échapper à l'épidémie, ceux des villes se réfugiaient dans les campagnes, ils vivaient sous des huttes de branchages ; ainsi, jadis, racontaient les vieillards, nombre de Thiernois s'étaient répandus jusqu'aux alentours des Bonnets : on leur apportait à manger en disposant du pain, du fromage à des endroits convenus où l'on trouvait le payement en pièces de monnaie ; il ne fallait les approcher à aucun prix car la peste se communique par le souffle, par la parole et même le regard. Quand les bade-bec eurent regagné leur ville, on brûla leurs cabanes et l'herbe à vingt pas alentour de chacune. Grâce à ces précautions, grâce peut-être aussi aux vertus des habitants qui leur méritaient la considération céleste, le village des Bonnets était resté jusque-là indemne de l'affreuse maladie. Or voici qu'à cause sans doute des Saton, ces mal-vivants, l'homme rouge — qui n'était rien d'autre que Belzébuth — vient de le pestiférer à son tour.

Que faire contre le mal ? Tous les remèdes ont été employés précédemment. Thuret, en pleine Limagne, s'en est protégé en faisant tracer un sillon autour de ses murailles par six filles vierges et nues, tirant et menant un araire. A Isserteaux, le diable porteur de peste s'étant dissimulé dans une maison, tous les prêtres des alentours sont venus l'en déloger ; ayant inondé d'eau bénite chaque meuble, chaque recoin, ils s'en sont retournés chez eux et ont porté la peste dans leurs villages respectifs. A Noirestable, sur les conseils d'un vieux sage, on a enterré debout à l'entrée de la ville une femme morte pesteuse ; afin que le mal voie en cette victime une sorte de gage et parte s'installer ailleurs. A Thiern, les bade-bec tracent sur la porte de leur maison des signes d'exorcisme : croix fléchées ; chiffre 4 à la hampe croisetée une ou deux fois, porteur des quatre vertus cardinales ; lettre *tau* grecque, qui est aussi le *T* latin, pour suivre les instructions du Seigneur au prophète Ézéchiel : *Va au travers de la ville, au milieu de Jérusalem et marque un tau sur le front des hommes qui gémissent.* A Courpière, les religieuses bénédictines portent pendu au cou un tuyau de plume rempli de poudre de crapaud. A Montferrand, les consuls ordonnent que chaque jour à midi, à la sonnerie du bourdon de Notre-Dame, cinq *pater* et cinq *ave* soient récités par chacun là où il se trouve, toutes besognes cessantes.

Les Volloùrois se sont placés sous la protection de saint Roch dont les prêtres leur ont enseigné les merveilleuses vertus. Dès sa naissance, ce grand saint portait sur la poitrine une trace rouge en forme de *tau*, aussi l'appela-t-on Roch de la Croix. Déjà les commandements de la Sainte-Église avaient si bien pénétré son esprit enfantin que, nourrisson, il jeûnait le vendredi en refusant le sein de sa mère ! A l'âge de vingt ans, il perd ses parents. Renonçant alors à ses biens, il part pour Rome en pèlerinage. Il parvient en

Italie tandis qu'y sévit une peste épouvantable. Il entreprend de se consacrer au soin des pestiférés et, ne sachant quel autre remède leur appliquer, il trace sur leur corps ce signe qu'il porte sur le sien. Il en guérit beaucoup de la sorte. Lui-même cependant frappé du mal, pour ne pas encombrer l'hôpital qu'il ne peut plus servir, s'enfuit dans la campagne et se traîne jusqu'à un bois où il tombe d'épuisement. Il y est découvert par un chien. Chaque jour, la bonne bête lui apporte un morceau de pain qu'elle dérobe à la table de son maître. Celui-ci finit par s'apercevoir du manège, il la suit, elle le conduit à la forêt où il découvre le malade qu'il recueille et soigne de son mieux. Roch retourne ensuite chez lui, à Montpellier, y est pris pour un espion étranger et jeté en prison. Il y meurt cinq ans plus tard, secouru par un ange qui écrit sur le mur du cachot, au-dessus de sa tête : *Eris in pestis patronus. Tu protégeras de toutes les pestes.*

A Volloûre donc, le seigneur, les consuls, le clergé et tous les habitants, après avoir jeûné, prié, distribué des aumônes, processionnent à travers le bourg, remontent la Chaussade, continuent de quelque deux cents pas vers l'orient et plantent une croix de pierre portant une image du saint. Désormais, la peste tournera autour de Volloûre, affligera Escoutoux, Courpière, Augerolles, la Renaudie et autres lieux circonvoisins, mais épargnera la ville filleule de saint Roch.

Les Bonnet-Lavest n'ignorent rien de toutes ces médications et défenses, la nouvelle en est parvenue jusqu'à eux, à travers foires, marchés et colportages ; bien avant que l'homme rouge ne soit venu les frapper de sa verge, ils les ont commentées ensemble et plusieurs fois en ont ri. Maintenant, il faut agir. Plus qu'en l'efficacité de la poudre de crapaud, ils croient en la protection du Seigneur. Aussi, maître Adrien ordonne-t-il que leur domaine soit entouré par une enceinte de croix de bois, aussi serrées que possible. Tous les parsonniers, hommes, femmes, enfants travaillent à les confectionner et les planter : il en faudra plus de cinq mille.

Mais elles laisseront entre elles plus d'intervalle qu'il n'en faut à l'homme rouge. N'oublions pas qu'il peut d'ailleurs voler à dix toises au-dessus des maisons. La peste entrera quand même chez les Bons Dieux, leur enlevant trois personnes adultes et une enfant en bas âge, après beaucoup de souffrances, de vomissements et de crachements de sang. Volloûre refusera son cimetière. Ils les enterreront, suivant l'exemple des ladres, à l'orée d'un bois. Tout cela en l'espace de quelques semaines. L'hiver suivant, particulièrement rigoureux, aura raison pour longtemps des germes de la peste sur la terre de Volloûre.

Afin de remplacer partiellement leurs deux enfants pestiférés, le Ciel, dans sa grande bonté, fera don à Gabriel et Élise Bonnet-

Lavest quelques années plus tard d'un petit retardataire. Pour en exprimer leur joie, ils baptiseront *Bienvenu* ce tard-venu.

Au cours de ce même siècle qui était, disait-on, le quinzième depuis la naissance de Jésus-Christ, l'Auvergne fut affligée d'autres malheurs aussi cruels que celui de la peste. Il lui venait des hommes d'armes qui couraient le pays sous prétexte de guerroyer entre eux, qui soutenant les Anglais, qui les Français, qui les Bourguignons, qui les Armagnats, qui l'enfer, qui le purgatoire. En réalité, ces troupes guerroyaient toutes les populations innocentes, attaquaient les châteaux, rançonnaient les villes, incendiaient les bourgs, s'emparaient des vaches, des chevaux et des porcs, ravissaient les enfants pour en obtenir le rachat, violaient les femmes, les vieillards, les chèvres, les brebis, les cornes à sel.

Une armée de ces mal-vivants avait un jour assiégé le château de Montguerlhe ; ils y furent accueillis par une telle volée de flèches d'arbalète, de pierres et d'huile bouillante qu'ils allèrent se faire pendre ailleurs. Ils étaient aux ordres d'un capitaine espagnol au nom imprononçable : les uns l'appelaient Vilandro, d'autres Vilalandro, d'autres Villandrando, d'autres encore Villandéridéro. Il avait l'habitude de peler ses prisonniers comme des raves ; avec leur peau séchée il se faisait confectionner des gants et des gourdes à vin. Il établit quelque temps sa résidence non loin de Thiern, dans la forteresse de Chasteldon, après en avoir massacré les propriétaires légitimes. On rapportait qu'il avait plusieurs fois livré bataille aux Anglais, ennemis du roi de France, leur causant beaucoup de mal ; mais à coup sûr il ne faisait aucun bien aux Auvergnats. On appelait ses hommes les *Écorcheurs*. Ils rançonnaient même les blés en racine, menaçant de les faire piétiner par leurs chevaux si l'on ne cédait pas à leurs exigences.

Ces mauvaises manières suscitaient des vocations parmi les jeunes gens guéris-de-bien-faire. Ainsi le troisième des fils Saton, Michel — qui n'était pas réellement un drôlet mais un garçon de trente ans, il était tombé sur le nez dans son enfance et l'avait toujours gardé depuis viré du côté de Chignore — Michel Saton fut reconnu en compagnie de deux autres ; tous les trois porteurs de braquemarts et coiffés de salades en fer, ils entraient dans les maisons sans défense, se faisaient remettre des vivres et de l'argent :

« Ces biens ne sont pas pour notre usage, affirmaient-ils effrontément, mais pour le capitaine Rodrigue de Villandrando qui combat les Anglais afin de les chasser de notre sol. C'est votre devoir de ravitailler son armée libératrice. Vive le Roy ! »

Ainsi, au nom du Roy et de Villandéridéro, ils se livraient à des pillages éhontés, n'hésitant pas en cas de résistance à donner de leur braquemart.

En fils affectionné, Michel jugeait bon de rentrer de temps en temps aux Bonnets dans sa famille et de la faire profiter de ses rapines. Or un jour il se jeta dans une entreprise singulière. Depuis longtemps, quoiqu'elle fût très largement son aînée, lui aussi avait remarqué la beauté d'Élise et ses yeux couleur d'airelle. Sans doute les nombreux enfants nés de ses flancs n'avaient-ils pas suffi à éteindre ses sentiments adultères, puisqu'un soir du mois d'avril, se rappelant le proverbe *O mi d'obrí, quen bon dormí* ! (Au mois d'avril, quel bon dormir !), il conçut l'idée criminelle de dormir avec sa voisine. Ne voulant pas répandre toutefois un sang inutile, il attendit la bonne occasion, guettant les allées et venues de Gabriel, le mari. Enfin, il le surprend un soir qu'il s'est écarté de sa maison jusqu'à un certain poirier sous lequel il a coutume de satisfaire à des besoins naturels. Comme il s'y attarde, accroupi parmi l'herbe ainsi qu'un crapaud contemplant les étoiles, Michel Saton vient par-derrière et lui administre sur le sommet du crâne un coup de trique si convaincant que l'autre s'assoit dans sa merde et en reste là. Michel le ramasse, le traîne au poirier, le ficelle au tronc, lui remplit la bouche de charpie et l'abandonne. Puis il court à la maison des Lavest, pénètre dans la chambre où Élise est couchée avec son dernier enfant, Bienvenu, encore nourrisson à la mamelle. Un moment il contemple avec émotion son beau visage que baigne la lune. Puis il se déchausse, se déshabille jusqu'à la peau et se glisse hardiment dans le lit. Or ce faisant il commet une erreur considérable : il y entre du mauvais côté. Alors qu'il se préparait à jouir dans les bras de sa voisine de délices si longtemps espérées, elle soupire, se réveille, proteste :

« Grabiè, voyons ! Ce n'est pas votre place ! Êtes-vous ivre ? Prenez garde à l'enfant ! »

Et Michel, ivre d'amour en effet, de répondre :

« Ça ne fait rien, ma ratoune, pour une fois ! »

Seconde erreur : il ne convient pas d'appeler *ma ratoune* quelqu'un qui n'y est point habitué. Entendant ce mot d'amitié que jamais ne lui avait donné Gabriel, Élise comprend alors qu'il y a tromperie sur la marchandise, jaillit du lit épouvantée et crie à la fenêtre comme un putois :

« A l'aide ! A l'aide ! On veut me forcer ! »

Tout est perdu. Michel ramasse ses cliques et ses claques et disparaît au clair de lune. A ce vacarme, les parsonniers accourent. Ils trouvent Élise en larmes, serrant le nourrisson dans ses bras.

« Qui était-ce ? demandent-ils.

— Michel Saton. Je l'ai bien reconnu avec son nez qui regarde Chignore !

— Et Grabiè ? Et ton homme ? Où donc est-il ? »

On le découvre attaché à son arbre et bien emmerdé. On le délivre.

Michel Saton disparut du village et l'histoire eût fini en eau de boudin s'il n'avait commis, quelques mois plus tard, une troisième erreur en y revenant seul. Tandis qu'il se tenait assis, une après-dînée, à prendre honnêtement le soleil de juin devant la porte de ses parents, Gabriel le remarqua et se mit à l'insulter de loin :

« Ah ! canaille ! Ah ! guéri-de-bien-faire ! Le voici donc le vaut-peu qui cherche à forcer les femmes endormies !

— Prends garde à ce que tu dis, cul-terreux !

— On t'a bien reconnu, va, à ton nez qui regarde Chignore ! »

S'échauffant à ses propres paroles, Grabiè s'élance les deux poings levés, tandis que Michel s'enfuit, ce qui est tout avouer, sans salade de fer, braquemart ni bâton. L'un poursuivant l'autre, ils arrivent ainsi à la croix de la Pierre, ainsi nommée parce qu'elle se trouve dressée au pied d'un éboulis descendu de la montagne, où les manants depuis des siècles, sans en venir à bout, puisent les matériaux nécessaires aux soubassements de leurs masures de pisé.

« Arrête ! crie de temps en temps Gabriel. Attends-moi que je te corrige ! Ensuite, on n'en parlera plus ! »

Mais Saton ne l'entend pas de cette oreille. Plus leste et plus jeune que son rival, il espère bien lui échapper. Quand ils sont à l'éboulis, Lavest ramasse une pierre et la jette en avant : elle atteint Michel à l'épaule. Celui-ci s'arrête, en ramasse une seconde et la lance en retour sans toucher l'ennemi. Alors commence, en dépit de la croix toute proche qui leur prêche le pardon des offenses, un effroyable duel à la pierre. Les petites volent vite, mais les grosses font plus de dégâts. Une vingtaine de pas tout juste les sépare, la distance exacte de leurs jets. Et ils voudraient réellement se bombarder réciproquement de tous ces éclats, de ces pans de roc dégringolés de Chignore, émiettés par on ne sait quel cataclysme, ou par la patience des eaux, des vents, des gels, de la foudre. Chacun se baisse sans quitter l'autre des yeux, écarte le buste pour esquiver, ou saute de côté comme un cabri. La plupart des pavés manquent leur but, mais quelques-uns frappent fort et dur au front, au visage, à l'estomac ; la fureur les étouffe, les empêche de sentir le mal, le sang les aveugle, mais rien n'arrête le combat, han ! et han ! et han ! et celle-ci ! à toi ! la pareille ! fideputе ! gros verrat ! Gabriel porte un peu plus de graisse qu'il ne conviendrait à un parsonnier, du moins le protège-t-elle des projectiles qui s'enfoncent dans son lard en faisant plouf. Michel, long et sec, les évite mieux que lui, mais quand ils le touchent on entend un craquement, comme s'il se brisait.

« Si tu me tues, crie-t-il, Villandrando me vengera ! Je fais partie de sa compagnie ! Il vous brûlera tous, vous, les Bons Dieux de bon dieu !

— Oui, je veux te tuer, mal-vivant ! Et tout le monde m'approuvera ! On te laissera pourrir en plein air et dévorer par les corbeaux... pour instruire les gens de ton espèce ! Et nous n'avons pas peur de ton Vilandro ! »

Et han ! Et han ! Et han !

Tout par un coup, Michel Saton reçoit un énorme pavé dans la poitrine qui le plie en deux, il vacille, fait quelques pas, puis commence à dévaler la pente, tandis que le parsonnier l'atteint plusieurs fois encore à la nuque et dans l'échine. Il tombe, se relève, se sent perdu. Il réussit pourtant à joindre la croix de granit. Il embrasse son fût et crie trois fois :

« Sauveté !... Sauveté !... Sauveté ! »

Les bras de Gabriel lui en tombent, il lâche ses munitions, stupéfié, désarmé par le signe de Jésus. Les croix comme les églises protègent les criminels qui les prennent pour refuge ; certes, on peut ensuite les remettre à la justice officielle, mais celle-ci a l'obligation de respecter *leur vie et leurs membres*. Lavest ne peut donc rien contre Saton, tant que celui-ci s'accroche. Mais à vrai dire, le jeune Écorcheur semble sur le point de lâcher prise : il dégouline sur le socle, recroquevillé, mais touchant d'une main le tronc salutaire.

« Tu m'as tué, gémit-il, tu m'as tué... Pourquoi ?... Que t'ai-je fait ? »

Comment, ce qu'il m'a fait ? répond Lavest dans sa tête. Comment, ce qu'il m'a fait ? Et voici qu'y réfléchissant il s'aperçoit que l'autre, en vérité, ne lui a pas fait grand-chose : il y a eu ce coup de bâton sur l'occiput, cette merde à ses chausses, cette charpie dans la bouche, cette tentative de forcer Élise, mais sans y parvenir. Du moins lui a-t-elle donné l'occasion de reconnaître la fidélité de sa femme. Tout cela est-il suffisant pour tuer un homme ?

« Sauveté... sauveté... implore l'Écorcheur.

— D'accord, dit Gabriel. D'accord.

— Tu m'as tué... Je vais mourir...

— Mais non. On ne meurt pas pour un caillou. »

Comme pour le démentir, l'autre vomit une goulée de sang.

« Tu vois bien que je vais mourir... Va me chercher un prêtre.

— Quoi ?

— Je me repens de tout le mal que j'ai commis... Va me chercher un prêtre... Pour l'amour du Christ.

— Tu te repens... pour de bon ?... Ou cherches-tu à me flouer ?

— Je te dis que je suis près de ma fin... Hâte-toi... un prêtre... Sinon, tu iras en enfer en ma compagnie.

— Ne peux-tu marcher un peu ?... Je t'aiderai. »

Il soulève le suppliant, le remet sur ses jambes, ils se hissent vers Volloùre, l'un traînant l'autre. Michel pleure et crie à chaque pas, aïe, aïe... maudit le jour... où je me suis fait Écorcheur.

Après un peu de cette marche difficile, Gabriel comprend qu'ils n'atteindront jamais le bourg ainsi. Alors, il charge le blessé sur son échine et le porte, lui-même meurtri de la tête aux pieds, à petits pas, reprenant son souffle aussi souvent que nécessaire. De temps en temps, il l'allonge sur l'herbe, demande :

« Es-tu encore vivant ?... Devons-nous continuer ? »

Quand il a vu le garçon secouer la tête, baisser les paupières ou remuer ses lèvres couvertes d'une mousse rouge, il le recharge comme un sac de grain, et ils repartent, aussi mourants l'un que l'autre.

Après des efforts infinis, ils atteindront la porte du bourg, puis le porche de l'église. Un prêtre aura le temps de donner l'absolution à l'Écorcheur qui, après des pardons réciproques, mourra dans les bras de son meurtrier.

7

Élise et Gabriel Bonnet-Lavest, comme il a été dit, eurent neuf descendants dont quatre, Ernest, Ernestine, Paul et Pauline, survécurent aux maladies de l'enfance, aux accidents et à la peste.

Ernest engendra deux garçons, Firmin et Anthème, et trois filles dont les noms se sont perdus.

Firmin eut à son tour un terne sec de mâles : François, Benoît, Geoffroy.

« *Oi, oi, oi !* se moquaient les voisins Saton. Trois jars et aucune oie ! »

Geoffroy, le plus jeune, fut élu *mouitre* des Bonnet-Lavest dans sa cinquantième année. Lui et sa femme Augustine avaient alors un seul garçon en vie, Joan, et une fille, Annette.

Vient un colporteur avec sa hotte remplie de choses précieuses. On lui achète des aiguilles, des épingles, du fil. Il bavarde avec le maître et la maîtresse autour d'un pichet de vin, explique ce qu'est le monde hors de l'Auvergne, raconte comment chez les Poitevins on engraisse la terre avec elle-même, en allant chercher la marne à dix toises de profondeur ; comment les Lorrains traitent l'aubépine pour qu'elle produise des prunes ; comment les Savoyards fabriquent leur fromage et les moines de Provence leur vin.

Quand le colporteur eut repris sa route, maître Geoffroy parla ainsi à Joan, son fils unique :

« Mon garçon, ici, aux Bonnets, nous ignorons vraiment trop de choses. La plupart d'entre nous n'ont jamais porté leurs sabots plus loin que Courpière ou Vollore. Nous ne savons rien de ce qui se passe ailleurs et ne profitons pas de l'expérience des autres hommes. Alors, je te demande de rendre un grand service à notre communauté : de partir quelque temps, d'ouvrir bien grands les yeux autour de toi et de nous rapporter ce que tu auras vu. Je te donnerai un peu d'argent. Mais n'hésite pas à gagner ton pain en travaillant, car tu es plein de vigueur. Interroge les forgerons, les fustiers, les sabotiers, et rapporte-nous leurs secrets.

— Combien resterai-je absent ?

— Reviens dans une année, jour pour jour. Nous t'attendrons et te ferons grande fête.

— Quelle route dois-je suivre ?

— Celle qui te plaira. Pendant six mois, tu pourras t'éloigner de notre village ; mais ensuite reviens-nous les six mois restants. Visite tous les pays dont tu comprendras le langage, sans jamais manquer au respect de Dieu ni à ses saints commandements. »

Afin de le chausser de façon appropriée, il lui fit coudre une paire de souliers à tige par un cordonnier de Thiers, lui recommandant d'y placer triple semelle ; il lui en coûta six livres et dix-huit sous. Pour lui, les femmes des Bonnets filèrent, tissèrent, cousirent. Quand il fut ainsi équipé, muni de son viatique, armé de son bâton et d'une dague pendue à sa ceinture, il embrassa l'entière communauté et s'éloigna avec ses bénédictions. C'était le jour de la Saint-Joan, fête de son parrain céleste.

« Reviens-nous à la Saint-Joan prochaine ! » répéta son père.

Ce fut bien dur de rester un an sans rien savoir de lui. Chaque fois que passait un mendiant, une mendiante, n'importe quelle espèce de pieds-poudreux, on les questionnait, n'avez-vous pas rencontré par hasard un garçon d'environ vingt-cinq ans, fait comme ci et comme ça, nommé Joan Bonnet-Lavest ?

« Attendez ! disait le passant. N'avait-il pas un œil rouge et l'autre violet ?

— Mais non ! faisait sa mère Augustine avec indignation et frayeur. Il les avait violets tous les deux en partant. A moins qu'on ne lui en ait gâté un... »

Et elle pleurait un moment dans un coin, songeant aux yeux de son fils, à ces beaux yeux couleur d'airelle qu'il tenait d'on ne savait quel grand-père ou grand-mère perdus dans la nuit des temps. Elle creusait chaque jour une coche dans une certaine poutre, se disant, quand il y en aura trois cent soixante-cinq comme ça, mon Joan ne sera pas loin.

Le beau temps passa tout entier. Puis vint l'hiver, neigeux, glacial, les linges humides qu'elle pendait le soir à une cheville de la souillarde pour les faire sécher étaient au matin raides comme des cornes de bouc. Augustine se demandait, où est mon fils en ce moment ? Que fait-il ? Que mange-t-il ? Comment dort-il ? Boit-il chaud ou bien froid ? N'a-t-il pas des douleurs de poitrine, des engelures aux pieds, des éblouissements de la vue comme quand il était petit ? Sa fille Annette — qu'elle appelait sa Providence, que ferais-je sans toi qui es ma Providence ? — l'encourageait et la consolait.

Les mois passèrent, le vilain temps fut enfin traversé, le beau lui succéda. Augustine gravait ses coches et les comptait. Il y en eut deux cents, puis trois cents, puis trois cent cinquante. La semaine avant la Saint-Joan, toutes les maisons de la communauté se parèrent de fleurs et de feuillages qu'on alla couper dans les forêts à brassées.

La veille, qui est le jour de sainte Audrine, drôles et drôlettes entreprirent de caroler sur le coudert en chantant un couplet très irrévérencieux :

Demò, demò chirò flori,
Oùren de bla, oùren de vi,
de moufa djin noùtre jardjì,
ma de curà nen viren ji...

Demain sera fleuri, demain
nous aurons du blé et du vin,
des fraises dans notre jardin,
mais des curés n'en verrons point...

Quel vaut-peu avait composé ces paroles de carnaval ? Cependant, les prêtres qui venaient à l'entendre ne s'en offusquaient pas trop, on leur avait expliqué depuis longtemps que les *curés* en question sont ceux qui viennent à domicile porteurs de l'extrême-onction et annonciateurs de la mort.

Et demain tint ses promesses ! Vers la fin de l'après-dînée, tandis que le soleil commençait à descendre vers le puy de Doume, un homme parut sur le sentier qui venait d'Escoutoux et du reste du monde. Tout le village le reconnut, à son bâton, à son pas allongé, à son bonnet, même s'il lui était venu une belle barbe noire et drue.

« C'est Joan ! Notre frère ! Notre fils ! Notre cousin ! Notre neveu ! Notre comparsonnier ! Vive Joan Bonnet-Lavest ! Hosanna ! Hosanna ! »

Tous coururent à sa rencontre, derrière Augustine et Geoffroy. En un instant, il fut dévoré de baisers, soulevé de terre, porté sur les épaules, aboyé par les chiens, carolé sur le coudert. De leurs fenêtres et de leurs portes, les Saton éberlués assistaient à cet accueil époustouflant sans y prendre part, à cause des mauvaises relations qu'ils avaient toujours eues avec leurs voisins, se frottant le derrière contre leurs murs en signe de dérision. Pour une fois, les Bons Dieux festoyèrent la nuit suivante et ne s'endormirent qu'aux petites heures, sans quitter leurs cottes ni leurs braies, au moment où les moines de Vollore se levaient pour chanter laudes.

Pendant des mois, le revenant eut millante choses à dire pour raconter une partie de ce qu'il avait vu « chez les autres ». Il rapportait dans sa besace deux semences nouvelles : des fèves inconnues dont les tiges s'enroulaient à des échalas ; elles produisaient des grains plus petits que les anciennes *fageoles* et l'on pouvait même les manger dans leurs gousses encore vertes et tendres ; des grains en forme de dés, couleur de miel et de lait, qu'il dit s'appeler *maïs* ; très bons à nourrir la volaille, les porcs et même le monde.

Il fit incruster le versoir des araires de petits silex qui en ferrèrent le bois comme font les clous aux semelles des sabots, en sorte qu'il résista bien mieux à sa besogne et dura plus longtemps. Mais la merveille des merveilles qu'il introduisit chez les parsonniers fut une mécanique nouvelle. Elle associait l'ancien bayart à fumier qu'ils appelaient *civière* — qu'il fallait porter à deux, l'un devant, l'autre derrière et qui te cassait les bras à pleine charge — à la roue si utile sous les barots, chars, charrettes et charretons. Il supprima deux jambes à la *civière*, ajouta quatre ridelles par-dessus, une roue pleine devant, entre les deux brancards, expliquant que ce qu'il était en train de bâtir portait le nom de *bèrouette* ; qu'il en avait vu à deux roues, à trois roues, mais que le modèle à une seule lui paraissait supérieur. Quand il l'eut complètement agencée, les Bons Dieux grands et petits se rassemblèrent autour pour admirer ses lignes, sa légèreté, sa facilité de manœuvre. Joan en fit la démonstration à vide, tournant sur place, puis en circonférence, montrant qu'on pouvait la conduire de deux façons : en la poussant devant soi, ce qui convient mieux en plaine, ou en la tirant comme fait un cheval attelé, ce qui convient mieux aux côtes. On le questionna sur ses performances :

« Combien peut-elle porter ?

— Facilement un cochon de deux cents livres.

— Un cochon de deux cents livres ? Feignant qui s'en dédit ! »

Comme on n'avait pas de porc sous la main, on fit monter dedans le gros Paulin qui devait bien les peser, il fera la même chose. Il s'assit comme il put, les jambes repliées, et Joan le promena sans effort à travers le village, sous les applaudissements et les rires. A ce moment, il voulut pousser une pointe de vitesse, mais Paulin prit peur, chercha à se lever et tout le monde, homme, véhicule, cochon, se retrouva le cul en l'air. Sans autre mal qu'une ridelle à remplacer.

On en conclut que cette mécanique, pour ne pas être dangereuse, devait se conduire avec prudence. Bèrouette ailleurs ou pas bèrouette, les Auvergnats des Bonnets lui conservèrent l'ancien nom de *chiveyro*.

La bèrouette-civière révolutionna le pays. Chaque hameau, chaque famille voulut avoir les siennes et copia effrontément le modèle de Joan. Il y en eut pour les hommes, pour les femmes, pour les enfants. Ce fut désormais un plaisir que de curer les étables, de transporter le linge au ruisseau, d'aller chercher du bois au bûcher. Le père de famille offrit une promenade en bèrouette à ses drôles pour les récompenser de leur sagesse, et même à son épouse, à sa mère, à sa belle-mère.

Ainsi va le monde, qui change de siècle en siècle, d'année en année, de saison en saison. Les hommes d'aujourd'hui ne dorment pas, ne marchent pas, ne se mouchent pas comme ceux d'hier. La bèrouette deviendra un objet si indispensable aux villes et aux campagnes que, bien longtemps plus tard, les gens se demanderont :

« Comment nos ancêtres ont-ils fait pour vivre sans bèrouette ? »

L'idée d'envoyer Joan chez les autres et d'en rapporter leurs secrets fit merveille. Les tiges des nouvelles fageoles crûrent si haut dans le jardin qu'elles dépassaient les tuteurs et retombaient comme des cheveux. Elles se couvrirent de fleurs innombrables, rouges, blanches, violettes, non point en lourdes grappes comme celles des fèves anciennes, mais accrochées par petits paquets tout le long de la plante. Leurs gousses, mangées vertes, s'accordaient aussi bien que les choux avec le lard salé. Meilleures encore froides, avec un peu d'huile et de vinaigre. Les grains, moins lourds, moins venteux que les fèves, ne chargeaient ni le ventre ni l'estomac. Après quelques années d'exploitation, elles eurent un tel rendement qu'il fallut aller les vendre à pleins paniers aux moines de Vollore et aux moinesses de Courpière. Aussi longtemps qu'ils purent, les Bonnet-Lavest se réservèrent l'exclusivité de cette culture ; mais elle finit par se répandre malgré eux dans toute la région. Plus tard, les gens des villes et spécialement Paris où habite le roi de France les accommoderont avec de la chair de mouton harigotée, c'est-à-dire coupée en menus morceaux, et s'en lécheront les doigts ; alors, confondant, comme ils ont l'habitude de faire en maintes circonstances, le zig avec le zag, ils donneront à l'accompagnement le nom du ragoût tout entier : *haricots*. Quant aux Auvergnats, fidèles à leur vocabulaire, ils continueront de les appeler *fageoles*.

Le voyage du fils changea bien d'autres choses chez les parsonniers. Ils pratiquaient déjà, depuis toujours, le greffage des arbres fruitiers par approche de deux espèces parentes, poirier sur cognassier, prunier sur aubépin, pêcher sur amandier, cerisier bigarreau sur sauvageon. Il suffisait, par une entaille bien nette, d'écorcer sur la même longueur en enlevant un peu d'aubier deux rameaux voisins, de juxtaposer leurs blessures, de les ligaturer, de les mastiquer avec un peu de bouse de vache ; quand la soudure était accomplie, on séparait la branche d'apport de la plante mère, et elle continuait de prospérer, nourrie par la sève du porte-greffe. Par un moyen semblable, ils avaient même, un jour, enté un Lavest sur la vieille souche des Bonnet. Or voici que Joan se faisait fort d'obtenir des croisements inouïs en prenant pour sujets des plants de vigne, des néfliers, des rosiers. Sa plus belle prouesse fut d'enter la vigne sur cerisier et de produire des raisins sans pépins. Chacun se mit à rêver du vignoble futur composé d'arbres de plein vent qu'il faudrait vendanger avec des échelles. Malheureusement, ce mariage ne fut pas une réussite durable, après quelques années de vie commune le porte-greffe dépérit, puis sécha. Les raisins sans pépins passèrent dans la légende familiale qu'on se racontait l'hiver au coin du feu, avec celle du *mouitre* dont les oreilles finissaient en pendants rouges, ce qui lui avait valu le surnom de Guillot-Cerises.

Après trois cent soixante-cinq jours d'absence, Joan était revenu aux Bonnets différent lui-même : il avait appris à parler le français. Quoi d'étonnant, après un si long voyage en France ? Il en enseigna quelques bribes à ses comparsonniers ; elles désignaient les choses courantes : le *soleil*, les *étoiles*, le *feu*, l'*eau*, le *pain*, le *vin*, la *table*. Et comme ça, des panerées ! Ils s'aperçurent que ces mots n'étaient en général pas tellement éloignés de ceux qu'ils employaient dans leur parler quotidien, et comprirent qu'il serait bon de connaître les deux langues.

« Pour quoi faire ? grognèrent les Grands. Est-ce que la nôtre ne vous suffit pas ?

— Vous savez bien, Grand, que, lorsqu'il nous vient quelque étranger, nous avons de la peine à nous entendre.

— Tant pis pour l'étranger. C'est à lui d'apprendre à parler comme nous, pas l'inverse. Ne comptez pas sur moi pour *franciser*. »

Les personnes instruites de Vollore, les seigneurs et leurs valets, les moines, les prêtres, les médecins, le notaire se moquaient de ceux qui cherchaient à franciser sans savoir, qui disaient par exemple :

« Vois cette dame comme il est beau !

— Employez le langage de vos pères, mes chers fils, recommandaient en patois d'Auvergne les sermons des curés, d'accord avec les Grands. Celui des hommes-venus-de-loin ne peut vous apporter que des pensées périlleuses pour votre foi chrétienne. Si vous avez quelque grâce à demander à la Sainte Vierge, faites-le en auvergnat : elle comprend toutes les langues de la terre. »

Aux Bonnets, le parler des Français ne servait donc pas à grand-chose. Les seuls mots d'étranger qu'on y sût étaient ceux des prières latines.

Peu de temps après, il vint justement de France un marchand de poisson, avec ses caques dans une charrette tirée par une mule. Une fois sur le coudert qui occupait le centre du village, il agita une sonnette, criant :

« Harengs ! Harengs ! »

La *mouitreço* vint à lui, et d'autres femmes dont trois de chez Saton, et des enfants, parce que c'était une belle curiosité.

« Venez ! Venez toutes et tous ! Venez acheter de beaux harengs pour faire vos pénitences ! »

Le poisson de leurs deux étangs agrémentait parfois les vendredis, jours sans lard ni viande d'aucune sorte. C'étaient des carpes pêchées à la fève cuite quand elles voulaient bien y mordre. Grasses et jaunes comme des potirons, leur chair gardait un certain goût de vase. Aussi les poissons de mer apportaient-ils une diversion bienvenue. La maîtresse les faisait dessaler dans du lait coupé d'eau, griller sur les braises ardentes, et les servait avec une purée de pois ; les parsonniers mangeaient même la tête et les nageoires, ne laissant que les grosses arêtes ; le mélange de lait et d'eau allait ensuite aux cochons.

Le marchand vendait quatre deniers les gros harengs et deux les petits, il les saisissait par la queue, les secouait pour faire tomber le sel et les livrait aux chalandes qui les recevaient dans une feuille de chou, de rave ou leurs mains nues. Or, en servant chacune, il recommandait après le payement :

« Ne partez pas ! J'ai quelque chose d'important à vous dire. Ou bien allez quérir vos maris, vos frères, vos pères. »

Elles restaient tout ébaubies, les harengs entre leurs doigts. D'autres partaient et revenaient comme il l'avait dit. Tous regardèrent l'étrange étranger, vêtu d'une sorte de souquenille déchirée, sous laquelle paraissaient ses genoux et ses pieds nus dans des sandales. Quand la vente fut finie, il plongea une fois encore le bras dans une caque, en tira un dernier hareng et commença un discours en français dont ils ne comprirent que quelques mots :

« Poisson ! disait-il, le tenant en l'air. *Ichthus !* Les premiers chrétiens eurent bien raison de prendre le poisson pour signe de leur foi. Car aujourd'hui, mes frères, la religion pue si fort que cette caque en comparaison sent la rose.

— Que dis-tu ? s'écrièrent les Bons Dieux et les Saton. Parle notre langage.

— N'y a-t-il personne ici qui entende le français ?

— Comment ?

— Y a-t-il quelqu'un qui puisse interpréter ?

— Interpréter ?

— Traduire. Faire passer dans votre langue ce que je dis dans la mienne. »

Quand on eut enfin deviné le sens de ses paroles, on alla chercher Joan, occupé à tailler la vigne des Fouirades, il vint, sa serpe encore accrochée dans le dos à sa ceinture ; il écouta, traduisit :

« Je vends du hareng pour vivre. Et quand je ne peux le vendre, je le mange. Mais en vérité je suis un moine jacobin dégoûté des prêtres et des moineries. Regardez les vôtres ! Car vous en avez, n'est-ce pas ?

— Quoi donc ?

— Des moines et des prêtres.

— Oui, quelques-uns, à Vollore.

— Observez-les bien. Pleins de soupe et d'argent !

— C'est vrai qu'ils ne sont ni pauvres ni maigres. Nous leur servons de bonnes dîmes.

— Ils vivent, j'en suis sûr, en compagnie de leurs maîtresses et d'amis de débauche.

— Ça, nous ne l'avons pas remarqué.

— Pourquoi seraient-ils différents de leurs confrères ? Croyez-moi : ils sont confits dans le péché et l'iniquité comme mes harengs dans la saumure. Car l'homme est ainsi, prêtre ou non : plein d'une perversité naturelle qui le pousse nécessairement vers le mal. Il ne peut désirer que le mal et le commet de toutes les façons. De sorte qu'il n'existe aucune partie de sa personne qui soit exempte de péché... »

Les Bons Dieux se regardèrent avec stupeur, se demandant si Joan rendait bien les paroles de l'étranger, ne se reconnaissant pas dans ce portrait qu'il traçait de l'homme. Pas nous ! Pas nous ! Certes, nous ne nous croyons pas sans péché, loin de là ! Mais tout de même, chaque partie de notre personne...

« Eh bien soit ! poursuivait le jacobin aux harengs. Péchons donc, puisque ainsi le veut notre nature ! Péchons fortement, du matin au soir et du soir au matin ! Tant que nous serons ici-bas, il faut que le péché existe. Mais au lieu de le susurrer dans l'oreille d'un homme, pécheur comme vous, fût-il abbé, évêque, cardinal ou même pape, et plus que vous parce qu'il a fait vœu de pauvreté, d'abstinence, de chasteté, d'obéissance, vous devrez, mes frères en Jésus-Christ, reconnaître vos fautes devant le Seigneur, directement, en tête à tête, en cœur à cœur. Car Lui seul peut vous laver, vous pardonner. Et Il le fera, quand bien même vous auriez connu mille femmes dans la journée et assassiné mille de vos semblables !

— Mille femmes dans la journée ! » firent les Bonnet-Lavest éberlués.

Tout à coup, le prêcheur lâche son public d'adultes et s'adresse uniquement aux drôlets :

« Dites-moi, les enfants, quel est votre conte préféré ? »

Eux se regardent avec surprise, ils n'y comprennent rien. Vous comprendrez tout à l'heure. Quel est le conte que vous demandez toujours à votre grand-mère quand elle garde les chèvres avec vous ? Tiens donc ! Il sait même, celui-là, qu'ils vont garder les chèvres avec leur Grande !

« Plampougnis ! » crient les petits enfants.

L'histoire de ce mioche si minuscule qu'il fut avalé par une vache, un jour qu'il avait commis l'imprudence de s'abriter de l'orage sous les feuilles d'une rave. Et fallut-il en faire pour le délivrer ! Et que d'aventures il eut ensuite dans le ventre de la vache, dans celui du loup, sur l'échine d'un lièvre, sur les ailes d'un pigeon et sur la queue d'un âne !

« Plampougnis, c'est bon, je m'en souviendrai », dit le poissonnier.

Puis il retourne aux grandes personnes. Il en dit de la sorte tant et tant et de si grosses que tous ceux qui l'écoutent finissent par éclater de rire. Mais la plus grosse — et elle ne passerait pas sous le pont de Courpière — est la suivante :

« Priez aussi tant qu'il vous plaira, mes frères ! De jour et de nuit ! En mangeant, en travaillant, en éternuant. Mais priez uniquement le Seigneur Dieu. Perdez cette habitude ridicule que vous ont enseignée vos prêtres de prier les saints, les saintes et la mère de Jésus.

— Et pourquoi donc ?

— Parce que la plupart de vos saints n'ont jamais existé. Ou s'ils ont existé, ils n'ont aucun pouvoir. Croyez-vous que le Seigneur Dieu ne soit pas assez grand pour prendre seul ses décisions ? Qu'il ait besoin, comme nos princes, de conseillers ? Demander leur intercession, c'est comme si vous adressiez vos prières à Plampougnis ! »

Voilà donc l'usage qu'il voulait faire de toi, ô Plampougnis ! Se servir de ta renommée pour se moquer des saints et des saintes ! Mais c'est du harenger que fait rire à présent l'idée de te mettre dans un même sac avec eux. Pas existé, saint Maurize, saint Sulpice, saint Genès, saint Anthème, sainte Agathe ? Alors qu'ils en ont vu des représentations sur les murs de leurs églises, en couleurs, et si vivantes qu'il ne leur manquait que la parole ! Aucun pouvoir, la Bonne Vierge, saint Joan, saint François, saint Antoine, saint

Givreman ? Alors que chacun se rappelle les faveurs obtenues ! Ils en rient tellement qu'ils se tiennent le ventre, que les yeux leur pleurent. Constatant le succès d'hilarité qu'il obtient, le prêcheur entre alors dans une belle rage :

« Qu'avez-vous à vous rigoler de la sorte quand je vous dis les choses les plus sérieuses du monde, troupeau d'illettrés, bande d'Auvergnats et de papistes plus rustres que vos cochons ? Allez donc baiser les pieds de vos curés et de vos moines si vous y trouvez du contentement, et leur lécher le cul en guise de dessert ! Moi, je vous dis que l'Agneau divin nous délivrera seul de nos péchés et qu'aucun prêtre ne peut le faire à sa place, car Il ne confie son jugement à aucun suppléant ! Implorez donc, si vous y croyez, tous les saints de l'almanach, saint Gris, sainte Nitouche, saint Lâche, saint Rabonni, saint Frusquin, saint Plampougnis ! Allez donc... »

Il n'aurait pas dû, lui, aller jusque-là, remettre Plampougnis dans le commerce. N'en pouvant plus d'outrages, les Bonnet-Lavest, mâles et femelles, se jettent sur lui pendant que les drôles et les chiens le mordent aux mollets. On l'empoigne, on meurtrit sa bouche sacrilège, on lui tire la barbe, on l'enfonce enfin dans une de ses caques, la tête en bas bien plongée dans la saumure, les pieds gigotant au soleil. On fouette la mule et elle l'emporte avec ses harengs et ses blasphèmes vers les lieux d'où il est venu.

On avait bien ri de l'affaire. Cependant, après la fuite du harenger, les membres de l'entente réfléchirent à ses propos et s'en entretinrent longuement autour du feu d'en-haut, dans la salle commune, alors que les petits enfants et leurs mères avaient déjà déguerpi. Sans causer un véritable scandale par leurs mœurs, les prêtres de Vollore prêtaient le flanc à certaines critiques. La mémoire qui se transmettait de leurs prédécesseurs ne correspondait guère à leur image présente. Au lieu des cinq ou six d'autrefois, ils étaient maintenant une trentaine à exploiter les dîmes et les usufruits de la religion. Tous la mine fleurie, comme il est naturel à des hommes bien alimentés et de faible exercice corporel. Ils formaient une très ancienne communauté appelée « filleuls de la paroisse », point tenus le moins du monde à vivre ensemble néanmoins, puisque chacun jouissait d'un domicile propre, plus ou moins éloigné de l'église, au sein de sa famille naturelle ou dans sa résidence particulière. Ils pouvaient occuper leur temps comme ils voulaient, travailler leurs terres, pratiquer certaines professions comme la médecine, la fabrication des cierges et chandelles, la confection des chapelets et vêtements sacerdotaux, n'ayant d'autre obligation que de célébrer ou concélébrer au moins une messe par semaine, sous la direction d'un responsable, l'*hebdomadier*. Encore celui-ci pouvait-il se faire remplacer par un confrère moyennant une juste rémunération. Chaque participation à un office, messe, vêpres, sépulture, baptême, mariage, confession, attribuait un *point* au participant. A la fin de la semaine, les revenus récoltés en argent, blé, aliments divers par toute l'église étaient partagés en proportion du nombre de points acquis. Afin de réprimer certains abus, les règlements intérieurs, approuvés par Monsieur l'Évêque de Clermont, les obligeaient toutefois à un minimum de présences : ainsi devaient-ils, pendant le déroulement de leur messe obligatoire célébrée par l'hebdomadier, se trouver dans l'église avant la fin de l'épître et y rester jusqu'à l'*Ite, missa est* ; aux vêpres, avant le *Gloria patri* du premier psaume. Il faut dire qu'au cours de ces cérémonies, la conduite de quelques prêtrerots n'était guère édifiante ; au lieu de se recueillir et de prier, on les voyait ricaner ensemble, bavarder insolemment de choses profanes, se plonger dans des livres qui n'étaient aucunement de messe ; se lever, s'asseoir, entrer, sortir ; on en vit, sous le regard irrité de saint Maurize, se quereller, échanger des soufflets, se disputer des bouts de chandelle comme des chiens les reliefs d'un repas. Bref : la messe ressemblait alors à une sorte de foire au Pré plutôt qu'à un office divin.

« Cela n'est pas bien fait, dirent les vieux parsonniers des Bonnets. Dans les temps anciens, il existait moins de prêtres à Vollore, à Escoutoux ; mais chacun ne pensait qu'à remercier Dieu et le servir. Il y aurait là, semble-t-il, des choses à changer. »

Il fut convenu entre eux que maître Geoffroy et son fils Joan monteraient, le dimanche suivant, raconter au curé de Vollore, nommé Louis de Bonnevie, la visite du moine marchand de harengs et les propos qu'il avait tenus ; ils examineraient avec lui s'il n'était pas bon de réformer certaines habitudes des prêtrerots, afin de rendre aux offices leur dignité ancienne. Le prêtre les reçut après la messe à son domicile particulier, les fit asseoir sur de belles chaises à dossier, chacune garnie d'un coussin de plume, leur offrit du vin de sa vigne, leur demanda des nouvelles de tous les Bonnet-Lavest, qu'il connaissait bien, après vingt années d'exercice à la tête de la paroisse, interrogea pour finir Joan sur son voyage en France. Quand il eut parlé son content, il demanda enfin :

« Vous aviez, je crois, quelque chose de spécial à me dire ? »

Joan, qui possédait des deux la langue la mieux pendue, raconta toute l'histoire, et répéta les paroles du harenger, et narra comment il avait fini la tête dans sa caque. D'abord, le vieux curé en rit de grand appétit ; mais soudain son visage se figea :

« Malheureux ! s'écria-t-il en joignant ses mains fines et blanches. Malheureux et fortunés tout de même, car vous l'avez échappé belle ! Savez-vous qui était ce faux moine ? Un huguenot, tout simplement ! Un de ces suppôts de Satan qui battent les villes et les campagnes pour détruire notre sainte Mère l'Église catholique et pour dresser les chrétiens les uns contre les autres ! Vous avez eu mille fois raison de lui mettre la tête dans sa saumure, et que le diable l'emporte ! Maintenant, buvons à la santé de notre saint Père le Pape, Pontife unique de toute la chrétienté. Et à celle du roi de France défenseur de nos frères en Dieu et pourfendeur des hérétiques huguenots et protestants. »

Ils ne comprirent pas grand-chose à ces toasts, mais burent quand même le vin du curé qui était vif et pétillant.

« Mes enfants, reprit-il, partez l'âme en paix et complètement rassurés. Ici, à Vollore, notre foi chrétienne est placée entre de bonnes et vaillantes mains.

— Cependant...

— A votre santé à vous tous également ! Merci d'être venus.

— Nous sommes venus aussi pour vous dire...

— Et à celle de vos femmes, de vos parents, de vos enfants présents et futurs !

— Il nous a semblé que certaines choses dans votre église...

— Certaines choses peuvent sembler étranges à qui les voit de l'extérieur. Mais moi qui les vois chaque jour du dedans, j'en comprends les raisons. Faites donc confiance à votre curé qui vous aime et qui vous bénit ! »

Là-dessus, il les régala d'un large signe de croix qu'ils reçurent en pliant le genou. Après quoi, ils finirent leur verre et partirent à reculons.

La terre de Vollore ne connut pas d'autre violence religieuse que les coups de poing sur la figure du harenger. Mais dans le voisinage, les choses ne se passèrent pas si doucement. Les huguenots surgissaient de toutes parts, ce fut une invasion comme il s'en produit quelquefois de sauterelles. On se mit à les détruire frénétiquement, par le sabot, par le feu, par le fer, par le poison. Plus on en tuait, plus cependant se multipliait l'espèce. Certains huguenots se déclaraient ouvertement, d'autres se dissimulaient sous un voile hypocrite. C'est ainsi — qui eût jamais cru la chose possible ? — qu'il en apparut un dans la communauté même des Bons Dieux. Et voici comment sa présence se découvrit.

La communion aux dimanches ordinaires, chez les Bonnet-Lavest, était laissée à la liberté de chacune et de chacun ; mais elle était de rigueur aux grandes fêtes religieuses, Notre-Dame d'Août, la Toussaint, Noël et Pâques. En entrant à leur service, les domestiques s'entendaient dire par le maître :

« A partir de ce jour et jusqu'à ce que tu nous quittes volontairement ou que nous te chassions, tu vivras comme nous, mangeras comme nous, te reposeras comme nous et prieras comme nous. »

Effectivement, agenouillé sur le sol en terre battue au milieu des parsonniers, chaque serviteur ou servante marmonnait les prières du soir avec autant d'application que les autres. Celle du matin, il la récitait à sa convenance, dans son lit, au saut du lit, durant la traite la joue contre le flanc de la vache, ou à tout autre moment. Il allait entendre messe le dimanche à Vollore ou Escoutoux selon la décision du *mouitre*. Il devait faire gras, faire maigre et prendre ses Pâques avec l'ensemble de la communauté.

Or voici qu'un certain dimanche de Résurrection, maître Geoffroy remarqua dans l'église une chose surprenante. Étant passé dans les premiers à la sainte table, comme il convenait à son rang de chef parsonnier parmi les autres *mouitri* ses égaux, Geoffroy, revenu à sa place, eut le loisir, tout en récitant son action de grâces, de suivre des yeux le mouvement de l'assemblée qui se pressait vers le Pain de Dieu. Ainsi le bon berger compte-t-il ses ouailles dans leur parc avant de pénétrer dans sa cabane à roulettes. Ce faisant, il remarqua l'attitude étrange de Philibert, leur premier valet, un garçon sans père ni mère qu'ils employaient depuis plusieurs années. Celui-ci s'approcha bien comme les autres de la balustrade recouverte de sa nappe ; mais au dernier moment, profitant de l'affluence, il esquiva la communion, alla plus loin, puis regagna son ancienne place en prenant, de corps et de figure, une expression fort dévotieuse.

Geoffroy en reçut un coup au cœur. Que signifiait ce simulacre ? Philibert n'avait-il pas eu le temps de se confesser avant la messe ? Mais non : ils étaient arrivés ensemble avec une avance suffisante. Entre confesse et la communion, avait-il commis quelque péché soudain — il ne faut pas longtemps au sire Belzébuth pour t'inspirer un regard, une pensée impurs — et, se sentant de nouveau l'âme souillée, s'était-il abstenu par scrupule ? Dans ce cas, il communierait le dimanche suivant. Il n'en fut rien : ni celui-ci ni aucun autre. Le *mouitre* voulut donc en avoir le cœur net et, un matin qu'ils se trouvaient ensemble, il interrogea le domestique de la manière la plus directe :

« As-tu communié aux dernières Pâques ? Il m'a semblé que non. »

Le valet leva vers lui des yeux agrandis par l'étonnement, bientôt par la frayeur, tandis que le sang se retirait de son visage. C'était un garçon jeune et beau comme saint Georges, quelques poils blonds ombraient à peine sa lèvre supérieure. Comme il tardait à s'expliquer, le maître répéta :

« As-tu communié ? »

Dans un souffle, Philibert reconnut que non.

« Pourquoi ? »

Là encore, son silence parut interminable.

« J'attendrai ta réponse. Je ne suis pas pressé. Pourquoi ? »

Et l'autre, alors, d'une voix sourde :

« Je... ne crois pas... que ça me soit utile.

— De quoi parles-tu ?

— De la communion. De ce morceau de pain qu'on me pose sur la langue... Je ne crois pas que le Créateur s'enferme dans un croûton.

— Un croûton ? Tu blasphèmes le Pain de Dieu !

— Je crois bien que je ne crois pas non plus... en Dieu.

— Quoi ?

— Non. Je ne suis pas certain que Dieu existe. »

Maître Geoffroy serait tombé sur le derrière s'il ne s'était cherché quelque appui. Il trouva dans son dos le pilier du bûcher où ils se tenaient l'un et l'autre, Philibert sa mailloche encore à la main, car il l'avait surpris en train de fendre aux coins les grosses bûches. A mesure qu'il s'exprimait, le serviteur gagnait en assurance et c'était au *mouitre* de perdre son souffle :

« Pas certain... que Dieu existe ?... Mais alors, qui donc a fabriqué le monde ?

— Ça, je sais pas. Peut-être qu'il a toujours existé, d'une façon ou d'une autre. Pourquoi faut-il qu'il ait eu un commencement ? Y a-t-il eu un temps où rien n'existait, sauf Dieu ? Et si rien n'existait, que pouvait bien foutre le Seigneur Dieu au milieu de cet immense vide ? Je sais pas, je sais pas. Une chose est sûre pourtant : si Dieu existe, c'est un Dieu bien cruel. Car s'il a tout fait, il a fait aussi la méchanceté des hommes et des animaux, les vipères, la peste et toutes les maladies, et la foudre. Tenez, *mouitre* : savez-vous que mon père et ma mère ont été tués ensemble par la foudre, un jour d'orage ? J'ai été élevé par ma Grande. Elle est morte aussi quand j'avais huit ans. Depuis, j'ai toujours servi chez les autres. Ah ! j'ai vraiment été fait pour en voir ! Et pourquoi tant ? Et pourquoi tant ?... Alors, je me sens pas le courage de remercier Dieu et de chanter son nom. Je comprends que les prêtres de Vollore le fassent, eux qui ont toujours du bon temps. Pas moi ! Pas moi ! »

Tandis que se déroulait ce discours surprenant, Geoffroy, qui était vieux avant l'âge, courbe et boiteux de la jambe gauche, se disait, voilà un garçon jeune et beau, plein de sang, plein de vie, et qui ne voit aucune raison de croire en Dieu et de le remercier. Et me voilà, moi, à côté, tordu, avec ma patte folle, ma poitrine creuse, mon poumon qui siffle, et je remercie Dieu à chaque heure du jour pour tout ce qu'il m'a donné et donne encore, mes yeux qui voient, mes oreilles qui entendent, mon fils, ma fille, mes frères et mes enfants parsonniers. A tout ça, il ne trouva qu'une explication :

« Tu es huguenot ?

— Je sais pas si je suis huguenot. Mais je peux pas croire que Dieu existe comme les curés nous le présentent.

— Si tu es huguenot, dis-le carrément. Tu n'as plus rien à faire chez nous.

— Je sais pas, vous dis-je, si je le suis ou non. Est-ce que vous me chasseriez ?

— Ça dépend de toi seul.

— N'êtes-vous pas satisfait de mon travail ? De mon obéissance ?

— Si, si... Là n'est pas la question.

— Je sais pas, vous dis-je, je sais pas.

— Faudra que tu saches ! Et très vite ! »

Là-dessus, maître Geoffroy s'en alla tout furieux, appuyé sur sa canne. A la prière du soir, il observa le comportement de Philibert. Il le vit s'agenouiller comme les autres et remuer les lèvres, mais avec une telle frénésie qu'elles ne pouvaient prononcer des mots et ne produisaient que du vent. Se rappelant les paroles d'accueil qu'il servait à chaque nouveau domestique — « tu prieras comme nous » — il ne put trouver dans l'attitude du jeune garçon un motif convenable de renvoi. Il n'avait jamais précisé : « Tu croiras en Dieu comme nous. » Le serviteur jouait avec sérieux la comédie de la prière et se montrait un excellent travailleur le reste du temps. Mais un huguenot parmi les Bons Dieux était aussi intolérable qu'une pomme pourrie dans un panier de pommes saines.

« Qui donc t'a mis ces idées en tête ? lui demanda-t-il une autre fois. Est-ce le marchand de harengs ?

— Que non. Je me les suis mises tout seul, depuis que mes père et mère ont été tués par la foudre, alors que j'avais tant besoin d'eux.

— En tout cas, je te recommande de n'en parler à personne par chez nous. Si je m'aperçois que tu essayes de gâter quelqu'un d'autre, tu ne resteras pas un moment de plus à notre service.

— Je m'y engage. »

En attendant, Geoffroy chercha, sans que sa conscience lui en fît reproche, le moyen de renvoyer ce serviteur : infidèle à Dieu, il pouvait l'être à ses maîtres. Du matin au soir, il épiait son travail, en quête du bon motif. Mais l'autre, sentant sur lui en permanence ce regard de feu, se tenait sur ses gardes et demeurait irréprochable. Huguenot ! Huguenot ! *Iganàu !* grommelait en l'observant le *mouitre* dans sa barbe. Il dut le surveiller des semaines. Mais l'occasion finit par se présenter.

Ce jour-là, il l'a chargé de défricher profondément, à la bêche de bois ferrée par le bout, un carré de terre vierge où il veut semer des petits pois.

« Ne te contente pas de bêcher, a-t-il recommandé. Enlève fil à fil toutes les mauvaises racines — spécialement les *grames* — et fais-en un tas par côté que tu brûleras une fois sec. N'oublie pas : fil à fil. Faut que la terre devienne propre comme la farine.

— Je n'oublierai pas. »

Après quoi, il le quitte et retourne à ses propres besognes. Un peu avant l'heure du dîner, il revient toujours appuyé sur sa canne de la main gauche, mais portant un bigot sur l'épaule droite. La terre de Philibert fait plaisir à voir, nette, poudreuse, régulière. Geoffroy plonge son croc là-dedans, tire, fourgonne, sans rien ramener qui vaille, finit quand même à force de patience par y trouver un ruban de chiendent oublié, long d'un quart de coudée.

« Qu'est-ce que c'est que ça ? s'écrie-t-il, courroucé.

— Ça ? Un bout de *grame.*

— Ne t'avais-je pas dit de n'en laisser aucun ? De me rendre la terre propre comme la farine ?

— Voyez tout ce que j'ai sorti. »

Et le valet désigne un monceau de racines et de mauvaise herbe.

« Sans doute. Mais tu as laissé ce *grame.* C'est du mauvais travail !

— Du mauvais travail ? A cause de ce seul *grame* ?

— Si tu le trouvais dans ton pain, dirais-tu : c'est du bon pain ? »

Philibert comprend que ce bout de chiendent a fourni au maître son prétexte et que la partie est perdue. Il n'essaye plus même de se défendre.

« Je te chasse ! confirme le *mouitre.* Dès demain, je te réglerai ton compte et tu quitteras les Bonnets. »

Aussitôt, le garçon rentre au village, si pâle qu'on ne distingue plus ses lèvres. Le soir, il a le courage de participer au souper comme si de rien n'était, espérant encore que Geoffroy reviendra sur sa décision, qu'on ne peut le congédier pour une raison si dérisoire. Quand tout le monde a avalé sa part de soupe, de pain et de companage, que même les femmes et les enfants ont achevé leur repas, le maître fait taire le brouhaha des conversations en tapant de son couteau le bois de la table, et il annonce :

« Faut que je vous dise une chose. A partir de demain, Philibert ne sera plus valet dans ce domaine. Je l'ai chassé à cause de son mauvais travail. »

L'entière condamine en a la chique coupée, même la marmite s'arrête de bouillir. Les yeux vont du valet au maître et du maître au valet, mais Philibert dédaigne de répondre. Et voilà que tout par un coup, tout par un coup... Cela vient de la table des femmes et des enfants : les regards s'y portent. Et que voit-on ? Annette, la fille de Geoffroy, sa Providence, qui pleure et sanglote comme une désespérée.

Lui se lève, pâle comme la mort :

« Qu'est... qu'est-ce que ça veut dire ?... Annette !... Qu'est-ce que ça veut dire, par les cinq cents diables ? »

Voilà qu'il jure, à présent, lui, l'homme le plus dévot de la paroisse ! Mais la drôlette se contente de se tordre les bras et de se cogner la tête au bois de la table. Alors, Philibert se lève à son tour et dit, d'une voix glaciale :

« Annette est prègne de moi. »

Il dit vraiment *prègne*, comme lorsqu'on parle d'une vache prête à vêler, d'une chèvre à chevreter, d'une truie à cocheter. La foudre tombant au milieu de la table ne produirait pas plus d'effet que ce mot-là. Geoffroy se dresse à sa place, lève les bras au ciel, fou de colère et de douleur, puis il saisit sa canne et, tout clopinant, tout crochu comme il est, se précipite sur le huguenot, hurlant des insultes, essayant de le frapper, l'écume aux lèvres, tandis que les autres s'accrochent à lui :

« *Iganàu ! Iganàu !* Vaut-peu ! Guenille ! Je veux te tuer de mes mains ! Je veux te manger le poumon !

— Arrêtez, maître ! Arrêtez ! supplient les autres parsonniers.

— Mais comment ont-ils fait ? se demandent les femmes avec curiosité. Jamais on ne les a vus ensemble ! Faut qu'elle se soit changée en pêche, et lui en perce-oreille ! Elle en trou de serrure, et lui en vent coulis !

— Hi, hi, hi... sanglote Annette inconsolable.

— Laissez-moi faire, que je l'étouffe comme un pigeon ! » implore maître Geoffroy.

Au milieu de cette fin du monde, seul Philibert demeure imperturbable, sûr de ses arguments.

Il fallut les marier au plus vite. Voilà comment un huguenot, qui n'en était peut-être pas un, entra chez les Bons Dieux, sans même avoir besoin de payer péage.

Environ à la même époque, et très exactement le 2 janvier de l'an 1568, de vrais huguenots commirent à Thiers de grandes brutalités. Il faisait un froid intense et tous les bade-bec se tenaient au chaud, y compris la milice qui aurait dû être de garde sur les murailles — d'ailleurs fort délabrées — et aux portes de la ville. Mieux encore : les protestants, qui venaient du Forez, commandés par un certain Broniquel, casqués, cuirassés, armés de lances et d'arquebuses et certains à cheval, arrivèrent à l'aube grise au pont de Seychal, se hissèrent par la montée du Portal jusqu'à la porte dite de Lyon qu'ils enfoncèrent sans difficulté et pénétrèrent dans la ville, cependant que les Thiernois dormaient toujours sous leur bonnet de nuit. Réveillés par les clameurs, par le piétinement des chevaux, ils enfilèrent leurs chausses, se mirent aux fenêtres et se virent envahis de toutes parts avant de pouvoir esquisser un geste de résistance. Les étrangers occupèrent les rues, les places, fracturèrent la grenette où les consuls tenaient en réserve quelques quintaux de blé, les négligèrent, réclamèrent des vivres immédiatement consommables.

« Adressez-vous au château », leur conseilla-t-on.

Ils y furent donc, et, sitôt arrivés, commencèrent à fusiller les portes de quelques arquebusades. D'une fenêtre, le châtelain-gouverneur leur demanda qui ils étaient, ce qu'ils voulaient de lui, s'affirmant disposé à les satisfaire dans la mesure du possible. Ils répondirent qu'ils étaient des calvinistes savoyards aux ordres du vicomte de Broniquel ; qu'ils n'avaient l'intention que de faire étape en la ville, avant d'aller rejoindre l'armée du prince de Condé près d'Orléans ; ils exigeaient seulement d'être nourris et abreuvés. Le châtelain leur fit porter plusieurs poinçons de vin et une quantité de saucisse et de lard salés.

« Pour le complément, ajouta-t-il, je vous recommande de vous adresser aux moines du Moustier qui possèdent de grandes réserves dans leur abbaye.

— Merci du renseignement. Nous n'y manquerons point. »

Comme le froid se faisait de plus en plus vif, le capitaine huguenot dit à ses coreligionnaires :

« Ne trouvez-vous pas, compagnons, que le gel risque de nous donner l'onglée ? Afin de nous réchauffer, je propose que nous fassions un beau feu de joie. »

Avisant l'église Saint-Genès, ils commencèrent d'en fracasser les portes et les boiseries à coups de hache, d'accumuler dans le chœur de la paille et tous les aliments nécessaires à leur joyeuse flambée. Puis ils battirent du briquet et la malheureuse église vomit bientôt la fumée par tous ses pores, tandis que les huguenots applaudissaient sur la place, criant :

« Aux renards ! Aux cafards ! Aux idolâtres ! Qu'ils soient tous enfumés ! »

Mais un seul papiste se trouvait dans l'église : le sacristain Genestel ; il réussit à s'échapper par-derrière et s'en courut avertir le premier consul, nommé Benoît Allaigre, qui demeurait rue des Escuyers. Celui-ci, vieil homme à tête blanche, revêtit sa robe bleue en serge de limestre avec parements de satin rouge, coiffa son chaperon garni de même, on eût dit un martin-pêcheur, et se précipita dans cet accoutrement sur les lieux de l'incendie. Tout d'abord, à ses protestations, les religionnaires eurent l'idée de le pendre par le cou à l'intérieur de l'église pour qu'il brûlât avec elle. Mais le consul criait comme un perdu :

« Éteignez l'incendie ! Éteignez l'incendie ! Et nous vous payerons rançon ! Mais éteignez d'abord ! »

Et, comme Broniquel se tenait devant lui, les poings sur les hanches, Benoît Allaigre tira sa bourse, lui en versa le contenu entre les mains, que le capitaine se mit aussitôt à compter de l'index, y trouvant septante-deux livres.

« C'est bon, dit-il. Arrêtez le feu. Nous allons discuter. Naturellement, cette poignée de pièces ne représente que des arrhes sur la valeur de votre église. »

Ses hommes d'armes obéirent et s'en allèrent étouffer les flammes. Il y eut ensuite dans la maison commune un long marchandage qui associa l'abbé du Moustier au châtelain-gouverneur, aux consuls et à d'autres notables, face au capitaine-vicomte et à ses officiers. Les huguenots exigèrent le droit de logement et nourriture, plus une rançon de vingt mille livres tournois, moins les septante-deux déjà versées. Les Thiernois accueillirent ces chiffres avec de grands gémissements, mais ils réussirent à rassembler la somme en trois jours. Au bout desquels Broniquel et les siens s'éloignèrent, accompagnés de huit mille quatre cent soixante et deux malédictions, car tel était le nombre des bade-bec.

De cette contribution exorbitante, la ville se releva en deux années, grâce à la merveilleuse prospérité que lui procuraient ses deux activités principales, la papetière et la coutelière, lesquelles lui avaient valu de devenir la ville la plus nombreuse et la plus active de toutes les Auvergnes. Une quarantaine de moulins à papier et autant de rouets fonctionnaient sur les deux rives de la Durolle, faisant la fortune de deux cent cinquante maîtres papetiers ou maîtres couteliers : cinq cents au début du siècle suivant, sept ou huit cents à la veille de la Révolution. Au-dessous d'eux travaillaient plusieurs milliers d'ouvriers, tous habitués à bien vivre, bien boire, bien manger, bien chanter.

Les papetiers surtout formaient une curieuse engeance, pourvue de privilèges incroyables. Le premier, le plus absurde : celui de besogner la nuit de préférence au jour. Ils donnaient à cela diverses raisons, toutes plus mauvaises les unes que les autres : ils pouvaient ainsi préserver leurs secrets de fabrication ; l'eau est plus lourde, plus agissante quand elle ne voit pas le soleil ; la pâte se ramollit à la lumière... Ils commençaient donc leur journée à minuit et la terminaient vers midi, ce qui exigeait une quantité considérable d'huile à brûler.

« De toute manière, rétorquaient-ils, on y voit si peu dans notre atelier souterrain que nous avons besoin d'éclairage même le jour. »

En fait, ce qu'ils désirent avant tout, c'est la libre disposition de leur après-dînée qu'ils emploient à piller les potagers des bourgeois et à s'enivrer au cabaret. Comme les maîtres les nourrissent, ils exigent cinq repas par jour, chacun comportant pain, vin, viande, légumes, fromages à leur suffisance. Et leur suffisance est grande ! En outre, à certaines occasions solennelles, il leur faut des plats convenus, dits « plats d'étiquette » : une dinde au Jour de l'An, une oreille de cochon au Mardi gras, un jambon et des croûtes dorées au Jeudi gras, des *guenilles* le dimanche des Rameaux, une carpe le Vendredi saint. Et si le maître renâcle, dès le lendemain ils « lèvent la pille » ; c'est-à-dire qu'ils arrêtent leurs marteaux, désertent leur cuve à pâte et le moulin se trouve en chômage. La grève peut durer des mois. Mieux : ils exigent que le maître papetier les supplie de revenir et leur paye les jours sans comme les jours avec. Quand un ouvrier quitte son moulin par caprice ou par renvoi, il rend visite à ceux du voisinage. Dès son arrivée, tout travail cesse dans la fabrique : on doit fêter le camarade et lui payer sa *rente*. On mande les apprentis chercher du vin. Le maître lui-même est tenu de participer aux réjouissances en versant cinq sous au visiteur. Si celui-ci se charge un peu trop et se trouve empêché de continuer son voyage, il doit le loger jusqu'au lendemain.

Autant que les seigneurs à imaginer *tailles, retailles* et *reretailles*, les papetiers sont inventifs en droits divers. Lorsque l'apprenti s'assoit pour la première fois à la table commune, il paie deux livres : c'est le droit d'*assetage*. Un nouvel ouvrier doit verser un droit de *bienvenue*. Il existe encore des droits de fiançailles, d'épousailles, de parrainage, d'accouchement et cent autres également ingénieux. Le plus fort est une amende infligée au buveur mal entraîné qui vomit son trop-plein : droit de *gueulage* qui lui coûte quarante sous. Dans la même religion, ils s'infligent des amendes les uns aux autres : pour refus de boire, pour être né à tel endroit plutôt qu'à tel autre, pour avoir travaillé quand il ne fallait pas. Et si quelqu'un refuse de payer, on menace de lui casser bras et jambes. Le maître subit le même sort ; s'il se rebelle, on parle de brûler son moulin. Ce qui arrive de temps en temps.

Malgré ces mangeries, beuveries et pilleries, les papetiers de Thiers produisaient les plus belles feuilles du monde, spécialement aptes à recevoir l'encre d'imprimerie, tandis que celles d'Ambert convenaient mieux à l'écriture manuscrite. Avec le papier thiernois, les imprimeurs mayençais, genevois, romains, vénitiens éditaient leurs ouvrages de grammaire, de science, de religion. Mais une grande quantité se trouvait utilisée sur place par des imprimeurs cartiers qui en produisaient des cartes à jouer, aux figures marquées d'or et de couleurs précieuses représentant des rois assis, des empereurs, des reines entourées de petits princes, des valets en armes, le tout fleuri de devises latines. Les cartiers auvergnats fournissaient depuis longtemps les seigneurs de France et d'Aquitaine, certains de leurs jeux avaient passionné si fort le roi Charles VI qu'ils lui avaient tourneboulé l'esprit. A cause de la manière fantasque dont les Thiernois les fabriquaient, il fallait qu'il y eût dans ces cartes quelque folie communicative.

Les couteliers auraient bien voulu jouir de comparables privilèges, eux aussi se sentaient capables de bien boire sans soif et bien manger sans faim. Seulement, ils besognaient, non point réunis dans le même antre, la même moiteur, les mêmes ténèbres, mais en ordre dispersé, chacun chez soi, près de sa femme et de ses enfants, dans son propre atelier, au service d'un employeur disposant parfois de douze ouvriers à domicile. Cela produisait dans la ville et dans la campagne à cinq lieues à la ronde un perpétuel carillon de marteaux et d'enclumes. Le maître ou fabricant se contentait de fournir la matière première, acier des lames et des ressorts, cuivre des platines, bois, os ou corne des manches. Mais une fois forgés, montés, garnis, il manquait aux couteaux l'essentiel de leur fonction : le tranchant, conféré par la meule. Celle-ci était jadis tournée à force de bras, à moins que ce ne fût grâce aux services d'un chien enfermé dans une cage ronde. A présent, des *émolandiers* spécialistes, couchés sur leur planche au-dessus de l'énorme meule de grès large de quatre pieds et demi, se sont installés le long de la Durolle torrentueuse : elle anime les roues à aubes qui ont donné leur nom de *rouets* à ces ateliers aquatiques. Les couteaux de la campagne reviennent donc à dos d'homme ou de bourricot chez le maître qui les distribue aux émolandiers. Après cette nouvelle façon, dernier retour à la maison du fabricant distinguée par l'enseigne de sa marque : une botte, une couronne, un trèfle, une tête de bélier, une lune croissante, un homme d'armes...

Entre ces travailleurs, éparpillés, l'entente est difficile. D'autant plus qu'ils mangent généralement à deux râteliers : l'artisanal et l'agricole. Même ceux de la ville ne peuvent s'empêcher d'élever un cochon, de cultiver un jardin, de donner leurs soins à un carré de vigne. Chacun besogne à ses heures, comme il lui plaît, de jour ou de nuit, le dimanche excepté. Le maître les paye peu et, s'il leur passe par la tête le caprice de protester, il leur refuse les fournitures, sachant qu'il trouvera sans peine d'autres manouvriers. Les couteliers-paysans préfèrent donc augmenter leurs gains en prolongeant le temps de leur travail, en recourant à l'aide de leur femme, de leur père, de leurs enfants. Seuls les émolandiers manifestent quelque esprit d'indépendance et, se sachant irremplaçables, obtiennent de bons salaires dont ils boivent la plus grosse part et mangent la petite.

Le fabricant non plus n'est pas libre de ses prix car il dépend à son tour du négociant grossiste chargé de vendre en France et à l'étranger, par l'intermédiaire de ses correspondants, les divers produits thiernois : papiers, cartes, fils, draps, bougettes de cuir, chandelles, couteaux. Il trafique dans toute l'Europe et jusqu'aux Indes orientales et occidentales. Sur ces marchés, la quincaille thiernoise concurrence victorieusement celle de Langres, de Moulins, de Châtellerault, de Solingen, de Nuremberg et de Bâle.

Deux inventions successives ont fait son bonheur. L'une, celle de la poche, dite *bougette*, cousue au vêtement, d'abord de façon extérieure et visible, ensuite par-dessous et dissimulée. Avant elle, hommes et femmes accrochaient leurs objets personnels à leur ceinture, clés, ciseaux, couteau, encrier, chapelet, escarcelle, il en résultait des ballottements et tintinnabulements. Maintenant, tout cela a disparu. La seconde trouvaille est celle du couteau fermant, dont la lame se dissimule dans le manche, moins cher et moins encombrant que l'ancienne dague dans son étui. Chaque bourgeois, chaque paysan, chaque ouvrier veut désormais posséder le sien, être en mesure de le tirer de sa poche, d'en faire claquer joyeusement la lame, de découper un manche d'outil, une tranche de pain, de partager une pomme en deux. On ne sait pas qui est venu en premier : si la poche a inspiré le couteau fermant, ou si le couteau fermant a voulu s'abriter dans la poche. Mais Thiers se charge des deux productions.

Aux Bonnets, les Saton indépendants se mirent à fabriquer des couteaux pour le compte de la marque le *Hameçon*, rue des Estourneaulx. Ernest Saton, qui avait toujours été un adroit forgeron, n'eut aucune peine à appliquer aux lames sa dextérité. Dès lors, les tintements de son enclume firent partie du paysage comme le caquètement des poules et les abois des chiens. L'arrivée de cet artisanat au village devait produire par la suite de grands bouleversements parmi les hommes et conduire plusieurs communautés à leur fin.

8

Décidément, les Saton ont pris goût aux nouveautés ! A peine soixante-quinze ans après s'être mis à faire des couteaux, voici qu'ils décident à leur tour de fonder une entente pareille à celle des Bonnet-Lavest. Ils y ont tout de même réfléchi près de huit siècles.

Elle associe un grand-père, trois frères, deux beaux-frères, deux cousins, sans compter les femmes, enfants et autre menu bétail. Mais une ordonnance exige à présent un acte écrit prouvant l'établissement de toute société possédant plus de cent livres de capital. Les nouveaux parsonniers doivent se rendre donc à Vollore chez Jean Ferrand, notaire royal et arpenteur juré, afin de coucher noir sur blanc la surface et les limites de leurs terres, bois et prairies, la substance et la valeur du cheptel mort et vif, l'inventaire du mobilier et des ustensiles, le montant de l'argent liquide disponible. Ils s'engagent à exploiter en communauté tous ces biens, *et autant l'un comme l'autre en tous et chacun ses meubles et immeubles, et même héritages, passés, présents et à venir en quelque pays et province qu'ils soient situés et assis, sans aucune chose se réserver en propre ni tenir l'un plus que l'autre.* Ils notent enfin qu'ils ont élu maître et maîtresse Josion, le grand-père Saton, et Louise Cathonnet sa petite-nièce par alliance. La fondation amène pendant six mois beaucoup de grabuge dans le village, mais enfin tout finit par trouver sa juste place, les maisons, les bêtes et le monde. Cette responsabilité écrite d'un homme et d'une femme sur les travaux, le domestique et les mœurs s'avère une excellente chose : elle contribue à assagir les Saton, naguère réputés pour leur turbulence. Et en effet les relations entre les deux communautés voisines deviennent amicales.

Maître Josion, en dépit de ses fonctions nouvelles, continuait de façonner et monter des couteaux dans la vieille *boutique* où avaient fait de même avant lui son père et son grand-père, derrière la fenêtre garnie, en guise de vitres, de papiers huilés : ils arrêtaient les vents coulis, mais laissaient filtrer la lumière. En été, les jours de chaleur, il en retirait le châssis tout entier et l'on pouvait du dehors le voir forger les lames, râper les côtes ou claveter les diverses pièces de ses couteaux. On entendait en même temps les chansons dont il accompagnait sa besogne, tantôt en parler auvergnat, tantôt en parler français. Car c'était un homme instruit qui avait étudié au séminaire de Thiers, mais en définitive avait renoncé à porter la robe à cause de celle d'une certaine Marguerite, dont plus tard il avait fait sa femme. Voilà pourquoi ses comparsonniers l'avaient choisi pour *mouitre* : il était capable de tenir tête à tous les gens savants du monde, à leur répondre en français et même en latin, *secula-seculum*, et de lire l'écriture qu'on lui ferait signer. Aussi rendait-il de grands services aux communautés voisines qui venaient le chercher, dans les cas de chicanes, afin qu'il leur servît de truchement et de porte-parole. Et toutes s'en étaient bien trouvées.

Le petit Jean Bonnet-Lavest, dit Jantou, venait le voir souvent dans sa boutique, et Josion s'était mis dans la tête de lui apprendre à *franciser*.

« Ça pourra te servir plus tard. Et ça n'est pas difficile : tu n'as qu'à répéter sans faute la prière que je vais te dire. Quand tu la sauras, tu sauras tout le français. Si quelqu'un te parle dans cette langue, tu lui récites ta petite prière, et il s'en va content. »

Là-dessus, il lui débitait les deux couplets qui suivent, dont Jantou ne comprenait pas une syllabe, excepté le mot *Jésus* trois fois prononcé, mais qu'il répétait avec ferveur :

Dans cette église où j'étais,
Je vis une vieille qui pétait.
Allons donc, vieille vilaine !
Vous avez mauvaise haleine !
Z'avez pété devant Jésus :
On vous coudra le trou du cul.

Si devant Jésus j'ai pété,
Dans mon cœur j'en suis fâchée.
Pardonnez à la vieillesse
Qui ne peut plus serrer les fesses.
Pardonnez-moi, doux Jésus :
Devant vous, je ne péterai plus.

Quand Jantou sut parfaitement la prière, Josion le complimenta, tu francises aussi bien qu'un Français ; il le récompensa même en lui faisant boire une goutte de son vin dans une tasse de bois culottée de violet comme un évêque :

« Suce-toi bien les moustaches, recommanda-t-il, sinon les autres sauront que tu as bu de mon pouzin et ils seront jaloux. »

En sorte que Jantou s'en alla un peu pompette en fredonnant *Si devant Jésus j'ai pété, Dans mon cœur j'en suis fâchée.*

« Tu es bien content, aujourd'hui ! s'étonna sa grand-mère Sidonie.

— Grande, annonça-t-il, Josion Saton m'a appris une prière en français.

— Vraiment ? Et qu'est-ce qu'elle chante, cette prière ? Je voudrais bien l'entendre. »

Et Jantou de la marmonner avec le ton qui convient aux prières, *Dans-cette-église-où-j'étais, Me-ne-me-ne-me-ne-me-ne...* Si bien que la grand-mère n'y vit que du feu, rassurée elle aussi par l'église et les trois *Jésus* qu'il y avait dedans.

Chaque fois que l'enfant rendait visite à Josion, le vieux coutelier lui redemandait ladite prière, tu comprends, je ne voudrais pas que tu l'oublies, et il le récompensait soit d'une larmichette de son vin violet, soit d'un coutelou, soit d'une poignée de nèfles en lui recommandant bien de cracher les noyaux, sinon ils lui boucheraient le pétard. Jantou était très fier de posséder maintenant une prière française qu'il était seul à employer chez les Bonnet-Lavest, une sorte de passe-partout capable de lui ouvrir toutes les serrures célestes.

Par exemple, il en récitait un petit bout quand son père, pour l'habituer aux ténèbres, l'envoyait de nuit prendre une bûche au bûcher sans l'accompagnement d'aucune lampe ; il suffisait alors qu'il récitât *Allons donc, vieille vilaine, Vous avez mauvaise haleine...* pour que s'évanouît toute sa crainte.

« Tu ne manqueras pas, recommanda encore le coutelier, de réciter la prière au curé quand tu iras te confesser. »

Mais Jantou était trop petit encore pour avoir rien à déclarer. Heureusement, il arrivait de loin en loin qu'un prêtre de Vollore ou d'Escoutoux se rendît dans les villages pour rencontrer les malades intransportables ou bénir les maisons. Ainsi, l'abbé Rossias, un vieux prêtre aux cheveux blancs, vint en tournée et il ne manqua pas d'entrer chez les Bonnet-Lavest où tout le monde lui fut présenté, vieillards, adultes, femmes, enfants. Il eut pour chacun un mot aimable, une caresse pour les petits. Alors, Jantou tira la robe de sa mère et ne cessa ce manège que le prêtre ne s'en fût aperçu.

« Que veut-il donc ? s'enquit-il en auvergnat.

— Vous réciter une prière française.

— Voilà qui est très bien ! Je t'écoute, mon petit. Viens sur mes genoux. »

Jantou s'assit sur les rotules scabreuses du vieil homme, et commença. Dès les premiers mots, *Dans cette église où j'étais, Je vis une vieille qui pétait...,* les sourcils de l'abbé lui montèrent au milieu du front, ses yeux s'écarquillèrent, sa bouche s'arrondit ; tous les présents se réjouirent dans leur cœur, croyant voir là des signes d'admiration. Quand l'enfant reprenait son souffle, le vieillard l'encourageait, continue, continue, je veux entendre ça jusqu'au bout. Jantou arriva finalement à la chute, *Devant vous je ne péterai plus.* Alors, l'abbé Rossias éclata de rire, il se tenait les côtes, il en pleurait, et en même temps il embrassait Jantou sur les cheveux :

« O mon innocent chérubin ! O délices de mes yeux !... Savez-vous, vous autres, ce que tout ça signifie ? »

Il entreprit de traduire les termes de la supposée prière, devant toutes les familles consternées.

« Qui t'a appris ça ? demanda-t-il enfin, reprenant un peu de sévérité.

— Maître Josion Saton.

— Je m'en vais lui dire deux mots. Comprends-moi : tu peux

réciter encore, pour jouer, si tu veux, tes deux couplets, il n'y a point péché. Mais sache qu'ils ne sont pas une prière. Seulement une sornette, une bagatelle. Si cependant tu t'en es servi déjà pour prier Jésus, il a l'oreille tellement fine qu'il aura, j'en suis sûr, compris tes intentions. »

Il traversa la rue qu'ils appelaient la *charreyre*. Un moment après, on entendit des éclats de voix sortir de la boutique du coutelier. Jantou cessa donc de réciter la prière de Josion dans les circonstances délicates. Aucune autre ne sut la remplacer valablement : il se remit à trembler dans les ténèbres. Ses parents lui interdirent de fréquenter le vieux Saton et il y eut entre les deux communautés une nouvelle brouille qui dura huit ans et quatre mois. Elle devait même se transformer en une guerre ouverte comme il sera plus loin raconté.

Jantou grandit un tout petit peu sans y gagner beaucoup d'esprit. Sa grand-mère Sidonie ne l'appelait pas autrement que « Mon *chimploret* », c'est-à-dire mon « simplet », mon « nigaud », mon « folichon », mais il n'y a pas de terme dans la langue de Paris pour associer si tendrement la folie et la petitesse. Il était encore à l'âge bienheureux où l'on ne peut être employé à grand-chose, sauf à recevoir des caresses ou des taloches suivant les circonstances et les nécessités. La seule personne qui recourût à lui quelquefois était précisément cette grand-mère, qui, après s'être longtemps et vainement évertuée, l'appelait pour qu'il enfilât son aiguille à sa place :

« *Chimploret !* Viens à mon secours ! Moi, bonnes gens, j'y vois gros comme un cheval ! »

Elle voulait dire par là que sa vue avait si fort baissé que les objets moins volumineux qu'un cheval lui échappaient. Il venait donc, suçait le fil de laine pour l'affiner davantage, le réduire à un brin, et du premier coup de ses doigts minuscules l'enfilait dans le chas. La Grande le remerciait en l'embrassant sur les cheveux. Puis elle se remettait à ravauder les chausses, les braies, les cotillons de toute la famille, bouchant tant bien que mal les gros trous, *au grossimodo* comme elle disait, seule expression française incorporée dans son patois. De temps en temps, sur sa demande, elle lui permettait même de prendre l'aiguille, et il la poussait bravement, lui faisait sauter les fils traversiers, dessus, dessous, dessus, dessous, pour former une texture finement serrée. C'était aussi l'occasion d'apprendre une *devinaille* :

Je ne suis pas bien grandette,
Ni davantage épaissette.

A chaque pas que je fais,
Je perds un peu de ma couette.

L'*aiguille*, pardi ! Cette même aiguille qui tire derrière elle sa queue constamment raccourcie.

Chaque membre de la famille lui enseignait quelque chose. Sa mère Micheline à bercer la petite sœur, si étroitement emmaillotée dans son berceau qu'elle ressemblait à une *fève* de papillon, c'est-à-dire une chrysalide. Son père Ferdinand lui enseignait à porter les gerbes et les fagots. L'oncle Gaspard à mettre un grain de sel sur la queue des moineaux pour qu'ils se laissent saisir. La cousine Juliette à traire les chèvres. La tante Jeanne à casser les noix avec un marteau, en tapant sur l'échine ronde et non point sur la couture. Le cousin Alphonse à faire des grimaces. La cousinette Margot à s'enfoncer un épi dans la manche et à le faire remonter jusqu'à l'épaule. Son aînée d'un an, c'est elle aussi qui lui apprit le jeu de l'Écho, qu'elle appelait l'*Ichargnou*, parce que sa fonction consistait à *ichargnir* le monde, à répéter, à l'imiter en se moquant de lui. Un jour qu'ils gardaient ensemble les biques au-dessus du ravin des Roches, elle lui avait révélé l'existence d'un *Ichargnou* qui vivait dans une grotte sur la pente opposée. L'un et l'autre lui avaient adressé la parole, pour aboutir au dialogue suivant :

« *Ichargnou !*

— ... argnou !

— Aimes-tu le fromage ?

— ... mage !

— Et la soupe aux pissenlits ?

— ... senlits ! »

On l'entendait bien, mais jamais, au grand jamais personne ne l'avait vu. Quand ils ne l'avaient point à portée de voix, les drôlets se dissimulaient dans les granges, les fenils ou derrière un arbre et l'un des interpellateurs confiait à plus innocent que lui, généralement au plus nigaud, le rôle de l'*Ichargnou*, afin qu'il prononçât des syllabes plus ou moins scandaleuses. Ce qui, transporté dans la langue de Paris, donnait ce genre de conversation :

« *Ichargnou !*

— ... argnou !

— Voudrais-tu bien répéter ?

— ... péter !

— Pendant que nous, nous curons...

— ... curons !

— ... l'écurie que tu verras.

— ... verras !

— Ensuite, nous t'y mettrons.

— ... ettrons ! »

Et de rire ! Et de rire ! Même le plus nigaud finissait par comprendre.

Mais la meilleure enseignante de Jantou était sa Grande, qu'il fréquentait de jour et de nuit, couchant parfois avec elle dans l'étable des vaches, sur la paillasse remplie de feuilles de maïs qui bruissaient dans les mouvements. Elle lui apprenait les prières latines, les chansons auvergnates, les contes qu'elle-même avait reçus de sa grand-mère, les dictons de la lune, du soleil, de la neige et de la pluie. Elle était un almanach vivant, bourrée jusqu'aux oreilles de recettes de médecine et de secrets pour bien vivre. Elle savait comment on éloigne la foudre en brûlant un brin de buis bénit dans la cheminée ; le loup-garou avec l'herbe Notre-Dame ; le diable et ses diablotins en plaçant un écheveau de chanvre bien entortillé sur l'appui des fenêtres : comme il cherche à faire ce qui est défait et à défaire ce qui est fait, il passe sa nuit à débrouiller le fil et l'aube le met en fuite. Comment on gagne l'amitié d'une personne — et c'est là un truc fort précieux pour le garçon qui a jeté les yeux sur une fille — en se frottant la paume avec des feuilles de verveine avant d'aller lui serrer la main. Elle avait engrangé tout cela dans sa tête au cours de sa longue vie.

« Grande, quel âge avez-vous donc ? lui demandait l'enfant. Moi, j'ai cinq ans et demi.

— Mes ans, je les ai comptés au grossimodo jusqu'à la septantaine. Ensuite, y en avait trop, j'y ai renoncé. A quoi ça m'avancerait de les savoir ? L'âge n'est fait que pour les mules, quand on leur regarde les dents. Il n'a pas d'importance pour le monde. Quant à mes dents... »

Et elle riait de toutes ses gencives roses, où il n'en restait plus aucune de plantée depuis belle lurette.

Elle lui enseignait la politesse ; à dire *grand merci* chaque fois qu'on vous donne quelque chose, ne serait-ce qu'une patte de mouche ; *Dieu vous bénisse* quand quelqu'un éternue ; *ménagez-vous* quand on se quitte ; et *tomber de l'eau* à la place d'un vilain mot qu'emploient seulement les vaut-peu. L'expression convenait parfaitement à grand-mère Sidonie car elle avait une façon de procéder très spéciale. Tandis qu'ils marchaient ensemble, elle et lui, sur un chemin, il arrivait tout à coup qu'elle s'éloignât de quelques pas, qu'elle écartât un peu les jambes ; sitôt après, il entendait un ruissellement et voyait une flaque se former et fumer entre ses sabots. Lui, jamais il n'était parvenu à en faire autant, malgré ses exercices.

Elle lui enseignait l'honnêteté, la haine du mensonge, l'obéissance et toutes les vertus théologales. Quand elle n'avait rien d'autre à faire, elle l'emmenait avec elle pour qu'il lui donnât la réplique ; ils longeaient les champs de seigle, ou d'orge, ou de sarrasin, elle tirait d'une poche dissimulée son chapelet en noyaux de cerise, et ils récitaient ensemble tous les *Avémaria* qu'il contenait afin que leurs prières fissent bien pousser les plantes. Et s'il se trouvait un endroit où elles semblaient souffreteuses, ils s'arrêtaient pour redoubler d'oraisons.

Elle lui enseignait le respect absolu des choses qui se mangent et spécialement du pain. Quand la table communautaire avait été débarrassée, elle se plaisait à « passer par-derrière », c'est-à-dire à revenir sur le travail des autres femmes, trouvait encore quelques miettes à recueillir, à picorer çà ou là, à rassembler dans le creux de sa main et à s'envoyer dans la bouche. A la saison des premiers fruits, elle emmenait les enfants cueillir des cerises : celles-ci figureraient à table toutes crues ou bien dans les *milhars*, qui sont des *clafoutis* auvergnats, cuits dans le four à pain après la sortie des tourtes : immenses comme des roues de brouette, les bords ondulés par le moule et gonflés par la cuisson. Tandis que les drôles, à califourchon sur les branches, remplissaient alternativement leur ventre et leur panier, grand-mère Sidonie s'obligeait à ne manger que celles qui avaient été entamées par les oiseaux, crevées d'un coup de bec, encore toutes saignantes. Heureusement, merles et étourneaux lui avaient fait la part belle. Les enfants lui en apportaient donc de tous côtés et, quoique déjà repue, elle se forçait à les finir, pour ne pas les laisser perdre.

Rien donc ne devait se perdre dans la maison du même pot. Le fromage se consommait avec sa croûte, le lard avec sa couenne, les pommes avec leurs pépins, les choux avec leurs côtes et leur trognon, les harengs avec leur tête. Aussi fut-elle très irritée un jour lorsqu'elle vit, à la table des enfants, Jantou jeter un croûton à la chienne Perlette, qui le dénonça aussitôt en gémissant de bonheur, en frétillant de la queue, en en réclamant davantage. Pour commencer, la Grande se contenta de lancer un regard noir. Mais voici que, se croyant inobservé, un second croûton suivit le premier. Et toujours cette couillonne de Perlette d'en accuser réception dans le même style. Alors, Sidonie se lève et va cracher le morceau à Jantou, lui expliquant que le pain n'est pas fait pour les chiennes, qu'elles doivent se nourrir de leurs propres crottes, et d'eaux grasses empruntées aux cochons, respect que je vous dois, et de coups de pied sous la queue. Or voici que Jantou, à qui elle a pourtant bien appris que jamais, jamais un drôle ne doit ouvrir la bouche en face d'une grande personne qui parle, voici qu'il ose dire :

« Mais ce pain, Grande, était à moi ! Je peux faire ce qu'il me plaît de ma portion !

— Ta portion, attrape-la ! »

En même temps, elle lève la main pour lui assener une calotte.

Mais elle s'y prend si mal, elle a tellement peu l'habitude de calotter ses petits-enfants que sa main heurte le rebord de la cheminée et, ralentie, n'atteint qu'à peine la tête rase du galapiat. Ayayaye ! gémit-elle, ramenant à elle sa main meurtrie. Un autre drôlet que Jantou se serait réjoui de cet accident, aurait trépigné de satisfaction, bien fait, bien fait, c'est le bon Dieu qui t'a punie, ça t'apprendra : de telles choses se sont vues et entendues au cours de notre longue histoire de France. Lui, au contraire, reste cloué de stupeur ; puis il se lève et court, pour la consoler, vers sa Grande qui geint sur sa main douloureuse, ayayaye, ayayaye !

« Oh ! Grande ! dit-il. Oh ! Grande ! Tu t'es bien fait mal ?

— Ayayaye !

— La prochaine fois, Grande, la prochaine fois, quand tu voudras me battre, prends un bâton ! »

Cette année-là, les Bonnet-Lavest décidèrent d'ajouter un pigeonnier à leurs bâtiments. Ils possédaient suffisamment de terre à blé, orge, seigle ou sarrasin pour nourrir les oiseaux qui, en compensation, fourniraient leur chair, leurs plumes et leur fiente dite « colombine », engrais particulièrement recherché pour les jardins ; ainsi que leur aimable compagnie, leur douceur, l'exemple de leur fidélité conjugale et leurs roucoulements. Ils y élèveraient aussi un certain nombre de blanches colombes qui iraient se multipliant et placeraient tout le village sous leur sainte protection, car la colombe fut toujours l'oiseau préféré de Dieu, comme l'atteste celle qui porta un rameau d'olivier dans son bec aux passagers de l'Arche après le déluge ; et aussi les colombes du Saint-Esprit qui étaient peintes sur la voûte de l'église Saint-Maurize. Le seigneur de Vollore, François Gaspard de Montmorin-Saint-Hérem, suzerain des domaines exploités par l'entente, donna une expresse autorisation écrite de construire, pourvu que ledit colombier ne fût point *en pied*, c'est-à-dire entièrement détaché de tout bâtiment, qu'il fût *carré et non point en forme de tour ronde*, qu'il ne présentât *ni créneaux ni meurtrières même factices à imitation d'aucune demeure de noble seigneurie*. On résolut de le situer à l'extrémité orientale du village, *vers les trois heures*, en surplomb du ravin des Roches et face au puy de Chignore, libre de ses quatre faces mais non pas entièrement, car soudé par un angle à la maison habitée par Claude Fayard, gendre de Louis Bonnet-Lavest et de Sidonie son épouse.

Ainsi, la communauté s'accrut d'une cinquantaine de volatiles, grands et petits, toujours à voleter au-dessus des toits de chaume, sauf quand ils se posaient dessus comme de gracieux ornements. Sauf aussi quand ils piétaient sur le sol, si familiers et amicaux qu'on les surprenait quelquefois entre les pattes des vaches et des ânes. Ils acceptaient même de se poser sur la tête, les épaules, les bras des enfants et de becqueter dans leurs mains.

Or voici que la communauté voisine, celle des Saton, s'émut de la présence de ces oiseaux divins, prétendant qu'ils se nourrissaient sur toutes les terres sans distinction et pas seulement sur celles des Bonnet-Lavest. Ce qui sans doute n'était pas faux, mais ne portait aucun préjudice aux Saton. Il y eut de longues discussions là-dessus entre les deux *mouitri* :

« Ils nous portent préjudice, protesta le Saton, car ce qui est mangé par vos pigeons ne peut l'être par nos poules.

— Vous avez raison pour ce qui concerne les terres proches du village où vos poules peuvent aller. Mais vous avez tort pour les terres éloignées qui sont hors de leur portée, où le grain tombé des épis serait de toute manière perdu.

— Perdu, il ne l'est point pour vos oiseaux, assurément ! Ils s'engraissent avec ça nôtre !

— Sans doute. En compensation, je vous propose de vous donner deux couples de pigeons gras chaque année.

— Vous vous moquez de nous ? Deux couples quand nous vous en nourrissons vingt ?

— Disons quatre couples. Cela vous paraît-il raisonnable ? »

Mais l'autre, manifestement, ne voulait pas entendre raison. Il dit qu'il en appellerait au bailli de Vollore, à la sénéchaussée de Riom et même, s'il le fallait, au Parlement de Paris ; qu'il ne laisserait en paix ses voisins que lorsque juste justice serait rendue et ledit pigeonnier condamné à être extirpé jusqu'à la racine. On voyait que ce Josion Saton, si farceur à ses moments, savait quand il le jugeait utile employer le beau langage, comme quelqu'un qui avait jadis étudié au séminaire.

Et c'est bien ainsi que se déroulèrent les choses. Le bailli vollorois s'en vient faire enquête aux Bonnets, examine le colombier, note sur son calepin les doléances de Saton, parcourt les terres des uns et des autres et rend une sentence par laquelle *il est constant que ledit colombier ne peut en aucune façon troubler et empêcher la jouissance des terres exploitées par les demandeurs Saton ; mais qu'il est accordé néanmoins à ceux-ci par les susdits défendeurs et tant que ledit colombier restera pourvu de pigeons, colombes, tourterelles ou autres volatiles de même affinité, à titre de bon vouloir et voisinage, une gratification annuelle de six couples de pigeons, chacun pesant au moins une livre constatée, ou l'équivalent en grain estimé à une quarte de seigle.*

Le maître des Saton ne s'en tient pas là, mais adresse une supplique écrite à la sénéchaussée de Riom qui confirme à peu près la sentence du bailli. Après quoi, Josion, accompagné de son fils, ne craint pas d'entreprendre le voyage de Paris. Tous deux chaussent leurs souliers de cuir et partent la besace sur l'épaule, le bâton à la main. Ils vont par terre et par bateau, emportant les sentences précédentes sur parchemin avec l'intention de les attaquer, et deux douzaines de couteaux avec manches d'ivoire incrustés d'argent pour épicer le juge. Après un mois d'absence, n'ayant pas répandu suffisamment de couteaux pour corrompre le Parlement tout entier, ils reviennent avec un arrêt qui les déboute. Le pigeonnier des voisins leur a coûté près de mille livres, plus la honte de leurs procès bredouilles.

Alors, aux chicanes procédurières, succéda une longue guerre de menues vexations, violences dissimulées, outrages aux personnes, aux animaux et aux biens. Cela commença par les roses de Philippine, mère de Jantou, devenu un solide gaillard de quinze ans. Le jour de son mariage avec Claude Fayard, elle avait reçu en cadeau de noces de dame Montmorin-Saint-Hérem un rosier grimpant à fleurs petites mais violemment parfumées, qu'elle avait planté devant sa porte. Et depuis près de vingt ans, aussi luxuriant qu'au premier jour tel un amour qui ne passe pas, ce rosier embellissait sa maison et embaumait sa vie. Inutile de dire qu'elle le soignait comme la prunelle de ses yeux, l'engraissait de colombine, le taillait, le tuteurait, le protégeait des vents, des gelées, des sécheresses. Or voici qu'un matin, Philippine trouva son beau rosier détruit : quelqu'un était venu pendant la nuit et, d'un coup de serpe à fagoter, l'avait tranché par la base. Elle en pleura tout le jour, comme si elle avait perdu une personne de sa famille. Tout le monde soupçonna d'où était venu le coupable ; mais comment le prouver, et qu'y faire ? Par bonheur, le rosier renaquit de ses tronçons : le printemps suivant, deux repousses se formèrent sur le pied mutilé et devinrent en peu de mois aussi florissantes que la plante originelle.

Les enfants Saton et les petits Bonnet-Lavest jouaient ensemble malgré les querelles des adultes. Cependant, des disputes naissaient parfois de leurs jeux. Alors, la vieille détestation familiale se dressait entre eux comme une vipère ; ils échangeaient des injures, se traitaient de *Bons-Dieux-de-bon-dieu* et de *Triquots*, puis s'envoyaient des cailloux ; mais ils oubliaient ces disputes le lendemain.

Il y eut plus grave. Non seulement les colombes du Saint-Esprit se nourrissaient uniquement sur les terres des Saton, mais ceux-ci accusèrent les cochons de leurs voisins de divaguer de même.

« De tous temps, argumenta le *mouitre* pris à partie, les cochons du village ont eu le droit de prendre leur glandée dans n'importe quelle forêt. Vous n'avez pas l'intention, je suppose, de changer des coutumes aussi anciennes ?

— Qu'ils mangent les glands, d'accord, répliqua l'adversaire. Mais ils n'ont droit à rien d'autre : ni à un seul brin d'herbe, ni à une châtaigne, ni à une airelle, ni à un champignon. Or les vôtres se comportent chez moi comme s'ils étaient chez eux, fouissant la terre, dévorant les jeunes pousses et commettant tout le mal possible, ainsi que je l'ai fait constater à deux témoins dignes de foi.

— A deux témoins, vraiment ? Peut-on savoir qui ils sont ?

— Vous le saurez si vous nous obligez à un nouveau procès.

— Que vous perdrez comme le premier.

— C'est ce que nous verrons. En attendant, je vous interdis à vous et à vos pourceaux grands et petits de pénétrer sur nos terres, en quelque saison que ce soit. »

Il s'en alla en crachant sur le sol. Un mépris si clairement exprimé mordit au ventre le maître des Bonnet-Lavest qui, fort de son bon droit, ne fit rien pour retenir ses porcs.

Mais voici que, quelques jours plus tard, le jeune Jantou qui les menait à la glandée le matin, les abandonnait sur place et les reprenait le soir, revint du bois tout bouleversé, disant notre truie, notre truie !

« Ben quoi, notre truie ?

— Morte ! Saignée ! Éventrée ! Affreuse ! »

On y courut, on la trouva comme il avait dit, massacrée sans doute à l'épieu comme font les chasseurs de sanglier. Autour d'elle erraient encore ses six porcelets. Leur douleur faisait peine à voir, car ils cherchaient dans cet amas d'entrailles sans les trouver leurs six tétines habituelles et tétaient à défaut n'importe quel débris de chair. Accusés de ce crime, les Saton nièrent effrontément et personne ne put prouver leur faute. Après donc le procès des colombes, il n'y eut pas de procès de la truie. Sur ces entrefaites, le vieux Josion Saton rendit son âme à qui la voulut, mais aucun des Bonnet-Lavest n'assista à son enterrement ; ce fut une cérémonie lugubre, très différente des joyeuses obsèques qui avaient cours chez les Bons Dieux.

Tout le long de son existence millénaire, la communauté des Bonnet-Lavest dut affronter beaucoup d'autres chicanes ; et sa cause fut chaque fois si bien fondée qu'elle s'en tira toujours honorablement. Ainsi, contre les Lamiraud à propos d'une source. Contre les Ducognet au sujet d'un droit de passage. Et même contre les Montmorin-Saint-Hérem, leurs suzerains vollorois qui prétendaient restaurer une redevance abolie par la charte de 1312 sous prétexte de réparations indispensables au château de Montguerlhe. Le *mouitre* de l'entente traita d'égal à égal avec le seigneur de Vollore et ne fit aucune concession. Le procès qui en résulta dura cent quatre-vingt-dix-sept ans et se conclut à l'avantage et honneur des feudataires, alors que ceux qui l'avaient entamé étaient, dans les deux camps, depuis belle lurette morts et oubliés. Le château de Montguerlhe tomba en ruine. Les Montmorin-Saint-Hérem se succédaient, agissaient par impulsions plus ou moins conséquentes, puis disparaissaient de la scène, cependant que l'association des comparsonniers semblait immortelle et suivait avec patience et sûreté le chemin entrepris.

Après huit ans et quatre mois de brouille, les deux communautés du village se réconcilièrent à l'occasion d'un incendie qui ravagea la moitié des maisons Bonnet-Lavest. On sut très bien quelle en avait été la cause.

Il était passé un colporteur spécial qui ne vendait ni fil, ni pommades, ni almanachs, mais une plante qu'il appelait l'*herbe sainte*. Il tenait entre les dents un curieux petit fourneau allumé avec lequel il produisait une fumée odorante, à cause d'elle il embaumait comme un encensoir.

« Cette herbe, expliqua-t-il, nous vient du Portugal. Un pays où, grâce à elle, il n'y a plus ni peste, ni pulmonite, ni échauffements de la bile, ni cours de ventre, ni aucune des maladies qui nous font mourir avant l'âge. Les puces et les punaises ont même disparu de leurs lits et de leurs personnes. Vous ne sauriez imaginer, mes amis, la belle chose qu'une maison sans puces ! Au Portugal, la plupart des hommes et des femmes deviennent plus que centenaires, parce qu'ils se protègent en fumant toute leur vie cette herbe à tous maux. C'est-à-dire qu'ils la font brûler dans une pipe pareille à la mienne, en terre, en bois ou en argent. La fumée pénètre dans leur personne jusqu'au ventre, nourrit leur estomac, soutient leur cœur, nettoie leur intestin, puis remonte dans le poumon et ressort par le nez ou les oreilles. Goûtez-moi ça ! »

La pipe allait à qui voulait l'essayer, de bouche en bouche ; les uns suffoquaient dès la première bouffée, d'autres y prenaient plaisir. Spécialement l'oncle Gaspard qui vivait sans femme ni enfants et couchait dans l'étable avec les domestiques. Il demanda le prix de l'herbe sainte, l'homme répondit 12 francs le paquet d'une livre, la pipe en terre par-dessus le marché, ce qui était un prix épouvantable.

« Ne pourriez-vous partager en deux votre paquet ? demanda Gaspard.

— Pour vous, je le ferai, quoique ce ne soit pas mon habitude, mais il vous en coûtera 7 francs. »

Une somme encore considérable. Mais l'oncle Gaspard était aimé de tous ; de plus, en cinquante années de vie et de labeur, jamais il n'avait demandé pour son usage personnel le moindre colifichet, ni un mouchoir de cou, ni une épingle. Le *mouitre* lui accorda aussitôt les sept livres nécessaires et le colporteur lui remit en échange un rouleau d'herbe sainte, ceinturé d'un ruban. Voilà, malgré son nom, d'où vint leur malheur.

Le soir, autour du feu, Gaspard garnissait le fourneau de sa pipe d'un peu de ces feuilles, après les avoir hachées menu comme le lui avait montré le marchand. Et la fumée se répandait dans la salle commune, faisant tousser les femmes et les drôlets.

« Ne pourriez-vous aller faire ça dehors ? lui dit sévèrement la *mouitreço*.

— Mais puisque cette fumée vous garde de tous maux ! Si vous ne la respirez pas, je serai le seul protégé ! »

Il en faisait donc profiter toute la compagnie, se levant de sa place chaque cinq minutes pour aller cracher sur les bûches de la cheminée.

« C'est une herbe bien dégoûtante ! protestait quand même la maîtresse. Et elle pue si fort que j'ai peine à croire qu'elle nous fasse du bien ! »

Bref, elle en dit tant et tant qu'il finit par fumer son herbe en Suisse, assis sur le banc de pierre devant la porte s'il faisait doux, ou bien dans une grange, dans une étable en cas de froidure. A l'abri des récriminations : je serai seul à dépasser les cent ans, tant pis pour les autres, et spécialement pour vous, *mouitreço*, qui n'êtes qu'une couillonne. Mais ces grommellements-là, personne ne les entendait, sinon le fourneau de sa pipe. Le soir, derrière la queue des vaches, il ne s'endormait pas sans son secours. Les jeunes valets le regardaient faire, envieux, et il les autorisait à en tirer quelques goulées. Quand le contenu du culot s'était réduit en cendres, il le secouait sur la bouse, plaçait avec délicatesse la pipe vide sur un rebord de poutre et s'endormait l'estomac nourri, le cœur soutenu, l'intestin purifié. Quant aux puces et aux punaises qui infestaient leurs paillasses, la fumée semblait les incommoder en effet, car elles se tenaient tapies dans leurs cachettes et n'en sortaient qu'au petit matin, sûres alors de ne pas être renardées.

Or une nuit, Gaspard fit un rêve affreux, il se trouvait en enfer et le diable, qui avait la barbe rousse et frisée du marchand d'herbe sainte, lui serrait le quiqui et le tenait de force sur un brasier de soufre, disant respire fort, ça te nettoiera la conscience. Tiré du cauchemar par l'étouffement, il se réveille soudain, se voit entouré d'une fumée épaisse qui n'est pas celle de l'herbe à tous maux, s'aperçoit qu'il s'est endormi sans éteindre sa pipe, que celle-ci a mis le feu à la paille et que tous les habitants de l'étable vont griller comme des porcs, lui, les domestiques, les vaches et les punaises. Alors, il saute de son lit en hurlant, au feu, au feu, réveillez-vous mille dieux de mille dieux. Le blasphème secoue si fort les valets qu'eux aussi ouvrent les yeux, comprennent la situation, se lèvent en pan de chemise, enfilent leurs braies.

« Les vaches ! Les vaches d'abord ! »

Elles tirent sur leurs chaînes, folles de terreur, contrariant la manœuvre. Ils réussissent quand même à les détacher, à les faire sortir dans une horrible bousculade. Les flammes déjà mangent l'une après l'autre les couvertures de chaume, tandis que monde, bétail, volaille jaillissent des maisons, courent et volettent et caquettent et jappent et brament et bêlent et montent aux échelles et jettent dans la rue le mobilier, le linge, les outils, les tonneaux de vin, les réserves de semences.

C'est alors qu'interviennent les Saton. Tous les Satons, Satonnes, Satonnets et Satonnettes. Ne se voyant pas directement menacés par l'incendie, ils organisent avec sang-froid la lutte, assomment les feux naissants à coups de pelle, sortent tous les seaux et seilles disponibles, forment une chaîne. De main en main, l'eau arrive de la mare, est jetée sur les flammes qui s'aplatissent et feulent, puis se redressent, puis s'affaissent encore, définitivement éreintées. Après des heures de combat, l'aube qui arrive voit l'incendie éteint, les toitures effondrées, une fumée grise et puante flotte sur les décombres, les Bonnet-Lavest sont ruinés.

Tels furent les bénéfices apportés du Portugal à leur entente par l'herbe à tous maux. Parti de la pipe de l'oncle Gaspard, le feu avait rempli l'étable, puis s'était communiqué de chaume en chaume. Seul le pigeonnier lui avait échappé, couvert de tuiles en terre. Personne du moins n'avait péri dans le feu, excepté quelques poules, un bouc mort de suffocation et deux millions six cent quarante-neuf mille trois cent cinquante-deux puces et punaises. Quant à l'oncle Gaspard, responsable du désastre, il fut traité de plus bête que l'eau n'est longue, de vieil essargaillé, de couillon de la lune, d'estropié de l'esprit, et la punition s'arrêta là. Son nom devint toutefois proverbial dans la mémoire de la communauté ; voulant se moquer d'un innocent dangereux, on dit longtemps encore après lui : « Celui-là, il est fin comme Gaspard qui mit le feu à sa paillasse pour étouffer ses puces. »

Par leur action efficace, les Saton regagnèrent l'amitié de leurs voisins et l'on enterra les anciennes rancunes. Tous les communistes du village œuvrèrent au coude à coude quand il s'agit de reconstruire et de restaurer. La résistance que le pigeonnier avait offerte à l'incendie fit renoncer aux toitures de chaume et les nouvelles maisons furent couvertes de tuiles. Cela exigea un long transport depuis Bort, près de Lezoux, où se trouvaient les plus fins potiers, tuiliers et terrailleurs de toutes les Auvergnes. Leurs mules vinrent en procession, chargées de grandes bennes en noisetier, remplies de paille et de tuiles. Les couleurs allaient du rouge vif au jaune presque blanc, dont le mélange produisit un bel effet. Quand tout fut en place, après deux années d'efforts, le village rechapeauté de neuf, il y eut une grande fête d'inauguration où l'on vit danser ensemble les Bonnet-Lavest, les Fayard, les Saton et d'autres invités du voisinage, au son de la vielle et de la chèvre, une cornemuse à trois tuyaux.

Au terme de la cérémonie, tandis que les cloches volloroises sonnaient matines, un malheureux incident fit toutefois tomber l'allégresse générale : le nommé Ernest Chèze, venu de Chèze Haute, ayant consommé plus de vin qu'il n'était raisonnable, chercha querelle à ses hôtes, les traitant de couillons, de bougres et de Bons-Dieux-de-bon-dieu. Personne ne voulut l'entendre, chaque Bonnet-Lavest se bouchant les oreilles, excepté ce *chimploret* de Jantou qui entreprit de renvoyer rudement l'individu vers son village. Ils s'éloignèrent ainsi dans l'ombre, l'un poussant l'autre ; mais le susdit Ernest ramassa une pierre et en porta un tel coup à son adversaire qu'il le coucha sur le sol ; puis il disparut. On retrouva Jantou ensanglanté, la peau du front fendue jusqu'à l'os. Ramené aux Bonnets, il fut lavé, couché ; les femmes posèrent sur sa blessure un emplâtre fait d'huile de noix et de suie malaxées ensemble. Il guérit en deux semaines, mais garda toujours le front blasonné d'un large trait noir, comme d'une barre d'honneur.

Toutes ces belles et bonnes choses furent rendues possibles par l'empressement qu'avait eu le *mouitre* des Bonnet-Lavest, maître Bertrand, à sauver de l'incendie le trésor de la condamine, dissimulé en un endroit qu'il était seul à connaître. Serrant sur son cœur le précieux sac de cuir, les vêtements en flammes, il avait couru jusqu'à la mare éteindre le feu qui déjà lui mordait le cul. Une grande part de la somme fut dépensée pour payer les nouvelles charpentes, la chaux, le sable, les pierres de taille, les tuiles. Besogne faite, chaque communiste s'employa à reconstituer ou accroître la réserve d'or et d'argent qui les protégeait des grandes calamités. C'est ainsi que, sur l'exemple des Saton, plusieurs familles se mirent à fabriquer des couteaux pour le compte de maîtres thiernois. Les sommes ainsi gagnées tombaient dans l'escarcelle communautaire. Les couteliers y gagnaient tout de même quelque chose : des couteaux d'agrément et la poudre de corne. Les premiers étaient des fantaisies inventées par les couteliers pour leur propre plaisir ; ils s'amusaient ainsi à composer des couteaux mixtes comprenant une ou deux lames ordinaires, plus quelque supplément insolite, comme on greffe de la vigne sur un cerisier ; de la sorte, ils obtenaient des couteaux-cuillères, des couteaux-bilboquets, des couteaux-crécelles et même un couteau-flageolet produisant un excellent turlututu. La poussière de corne, provenant des côtes limées, était un prodigieux engrais capable de ressusciter un piquet de barrière, de lui faire produire des feuilles, des fleurs et des fruits ; les femmes en nourrissaient leurs rosiers, leurs coloquintes, leurs plantes à tisanes ou à parfums.

A la longue, ce travail rapportait gros ; mais il venait à manquer périodiquement à cause des pestes fréquentes qui affligeaient la ville. Les consuls essayaient de les arrêter en condamnant les portes, mais alors toute industrie s'endormait : les moulins à papier cessaient de mâchouiller leurs guenilles, les émolandières de tourner ; les ventres des Thiernois sonnaient creux et la colère du peuple menaçait de renverser l'ordre établi. A la moindre accalmie du mal, les consuls transigeaient, laissaient entrer quelques balles de *peilles*, les chiffons nécessaires aux papeteries ; ils arrivaient des ports et des villes, criblés de puces et autres germes morbifiques, et la peste relevait la tête. Les prêtres voyaient dans cette épidémie un châtiment envoyé par le ciel aux bade-bec pour leurs mauvaises mœurs. Notamment pour cette déplorable habitude qu'ils avaient de jurer en moyenne soixante fois dans chaque heure. Aussi obtinrent-ils du châtelain une ordonnance publiée à son de trompe qui interdisait de *blasphémer en aucune façon, par pensée, par geste ou par parole, les noms du Seigneur, de la Sainte Vierge et des saints, à peine d'une amende de 4 livres pour les gros jurons et de 2 livres pour les petits.*

On accusa aussi les *infecteurs* ou *engraisseurs* de répandre volontairement le mal en empoisonnant les sources, en huilant les portes avec du pus de bubon ou d'autres onguents maléfiques. Il vint aux Bonnets deux cavaliers de la milice thiernoise armés de lances, qui demandèrent :

« N'avez-vous pas vu rôder par ici des Égyptiens engraisseurs ?

— Des Égyptiens ?

— Oui. Des hommes et femmes crasseux, vêtus de haillons ou d'habits galonnés, fruits de leurs rapines, de robes multicolores, portant aux oreilles de larges anneaux d'or. Ils couchent sous des tentes ou dans des chariots bâchés.

— Nous n'avons vu personne de cette sorte.

— S'ils viennent par ici, chassez-les de toutes les façons : ils répandent la mort.

— Nous n'y manquerons pas. »

Il y eut une battue d'envergure et l'on trouva près du hameau de Botheriges un campement d'Égyptiens ; ceux-ci furent battus, malmenés, poussés en direction du Forez avec injonction de ne plus revenir, s'ils ne voulaient être brûlés vifs.

Les pestiférés officiellement reconnus étaient eux-mêmes pourchassés. S'ils avaient permission de se promener dans les rues, ils devaient porter une gaule blanche. Expulsés de leurs maisons, relégués dans les cabanes, loin de la ville, au milieu des vignes, ils y mouraient souvent de solitude et de tristesse avant que de leur mal.

Parmi ce désastre, deux professions du moins se réjouissaient : celle des notaires et celle des croque-morts, dits *corbeaux*. Chaque possédant se hâtait de coucher par écrit ses dernières volontés. Mais, par crainte de la contagion, le notaire se tenait à quarante pas de distance. Le client lui parlait de sa fenêtre, criant pour être entendu, pendant que le tabellion rédigeait les articles sur ses genoux. Après quoi, de la même voix forte, il faisait lecture de l'ensemble du texte et demandait :

« M'avez-vous parfaitement entendu et compris ?

— Parfaitement. »

Il ajoutait donc la ligne de rigueur : *Ledit testant auquel a été faite lecture a déclaré avoir bien entendu.*

Les *corbeaux* — toujours vêtus de noir et portant des grelots cousus à leurs jambes — n'accordaient leurs services qu'à prix d'or, même si on devait les nourrir et payer au bout d'une perche ; sinon ils refusaient d'enlever les cadavres. A Thiers, la mortalité fut si forte qu'il fallut créer un cimetière spécial pour les *infects* au gour de la Mouchardie, proche du Franc-Séjour, à l'angle formé par l'ancienne route de Maringues et le sentier surplombant la Durolle qui conduisait au village de Terme. Les *corbeaux* y transportaient les morts et les jetaient dans des fosses sans cercueils, sans bénédictions, comme des betteraves.

Quand l'épidémie s'affaiblissait provisoirement, les bade-bec survivants sortaient de leurs demeures ou de leurs cabanes, remerciaient le Ciel qu'il les eût épargnés et faisaient, en reconnaissance, don d'une partie de leurs biens à l'Hôtel-Dieu de la Trinité. On citait le cas de ce sieur Gilbert Boudyment, riche marchand exportateur et de bonne conscience — il avait un jour impitoyablement *fermé dehors* une de ses servantes sortie au plus fort de la peste pour aller soigner son frère, si bien qu'elle était morte dans la rue comme un chien — qui fonda hors la ville, sur une éminence appelée puy Seigneur, une chapelle consacrée à saint Roch, riche de tous les meubles nécessaires et d'un tableau représentant le sieur Boudyment, sa femme et ses enfants, congratulés par Notre-Dame, saint Roch et saint Sébastien. Les couteliers comprirent que Dieu favorisait l'exportation.

Aux Bonnets, un seul cas de peste semble avoir frappé les deux communautés voisines au cours de ce siècle maudit. Le pauvre Jantou-*Chimploret* en fut la victime ; encore n'en mourut-il point, grâce aux soins dont il fut comblé. La maladie se manifesta chez lui par une fièvre infernale, des taches rouges sur tout le corps et une excitation de l'esprit à ne pas croire, comme si tous les germes de folie qu'il portait en lui depuis sa naissance s'étaient soudain exaltés : il sortit un matin de son lit, grimpa le long du mur de la maison comme un lézard, se hissa sur le couvert, y dansa un moment la gigue, puis se mit à faire voler les tuiles en tous sens. Il fallut le capturer à bras-le-corps, le redescendre, l'attacher sur sa couche.

La *mouitreço*, comme c'était son rôle, le soigna de son mieux. Chaque jour, au mépris de la contagion, elle venait réciter sa patenôtre à son chevet. D'autres fois, en compagnie de la mère du malade, de ses tantes et d'autres femmes communistes, elle invoquait par d'interminables litanies le secours des habitants du Ciel spécialistes de la peste rouge, sainte Mère de Dieu, guérissez notre Jantou ; saint Roch, guérissez notre Jantou ; saint Sébastien, guérissez notre Jantou ; saint Antoine, saint Joseph, sainte Anne, saint Jean-Baptiste, saint Jacques, guérissez notre Jantou. D'autres fois encore, elle le faisait mettre tout nu et le frictionnait avec de l'eau bénite. Elle lui purifiait l'intérieur avec ses tisanes. Mais celui qui le sauva fut assurément l'oncle Gaspard. Depuis l'incendie qu'il avait provoqué, on le tenait un peu en bouderie, avec interdiction de rallumer sa pipe ; son herbe sainte demeurait enfermée dans un sachet de toile ; il se contentait d'en délier le col de temps en temps et d'en humer le parfum retenu. Or, quand son neveu Jantou se trouva pestiféré, il osa, sans demander permission à personne, ressortir la pipe interdite et venir l'allumer dans la chambre du malade, certain que la fumée de l'herbe à tous maux étoufferait celui-là. Et c'est bien ce qui se produisit. Après quelques semaines de ces fumigations, la fièvre s'éteignit, les rougeurs disparurent, Jantou se remit à raisonner comme auparavant, c'est-à-dire sans folie excessive. Pendant qu'il y était, Gaspard enfuma toutes les autres personnes réunies dans la salle commune et chaque pièce de leurs demeures. Depuis ce jour, on ne le laissa point manquer de cette herbe salvatrice que les colporteurs appelaient maintenant *tabak*.

Vers l'âge de cinquante ans, devenu homme à barbe grise et de sens rassis — car il n'est guère de folie que le temps ne transforme en sagesse — père de trois enfants vivants, Jantou fut élu *mouitre* des Bonnet-Lavest. Et ce fut le premier maître de cette condamine à connaître bien la langue parisienne, comme il va être conté ci-dessous.

Dans son enfance, il en avait reçu les rudiments d'un coutelier voisin qui lui faisait répéter à plaisir une sornette française, *Dans cette église où j'étais, Je vis une vieille qui pétait*… Mais il s'aperçut en rencontrant dans les foires des Français, des Savoyards et des Champenois que ce vocabulaire ne suffisait point à bien se faire entendre. Une autre leçon lui vint des prêtres de Vollore qui entreprirent, au cours des offices, de faire réciter trois anciennes prières en langue de Paris, *Je vous salue, Notre Père, Je crois en Dieu*, ce qui ne les rendit d'ailleurs pas beaucoup plus claires à l'assemblée marmonnante. Additionnant ainsi ce qui lui venait de bric et de broc, des curés, des Champenois, des Savoyards, maître Jantou fut capable de *franciser* dans les choses courantes.

« Mais vous ne saurez vraiment le français, l'avertit Philibert Dufraisse, curé de Saint-Maurize, que lorsque vous serez capable de le lire.

— De le lire où ?

— Par exemple dans un livre, comme on en trouve les jours de foire. »

L'occasion se présenta à celle de la Sainte-Marguerite à Courpière où il alla vendre une vache et son veau pour le compte de la communauté.

« Vous en profiterez, lui avait recommandé la *mouitreço*, pour nous rapporter un boisseau de sel. De vrai sel, pas de la poudre de perlimpinpin comme celle du Salet, même si vous le payez plus cher. »

La chose ne fut pas si simple. Six marchands sauniers exerçaient leur commerce dans la ville ; mais lorsqu'il leur rendit visite, tous prétendirent qu'il ne leur en restait pas un grain et lui montrèrent leurs tonneaux vides ; des clients d'importance l'avaient précédé, raflant tout le disponible. L'un des commerçants reconnut toutefois qu'il en avait préservé une quarte pour son propre usage, mais qu'il ne s'en démunirait pas pour moins de huit livres. Après un long barguignage, il l'abandonna pour six et maître Jantou s'en alla presque content. Il connaissait la pratique des faux sauniers, ces « clients d'importance », qui vidaient les greniers à sel en Auvergne, province redîmée de la gabelle, pour aller le revendre au double de son prix dans les pays de grande gabelle où l'impôt s'abattait le plus lourdement. La contrebande est toujours fille de l'inégalité fiscale.

Comme il errait sur le foirail, il remarqua l'étal d'un marchand de livres, gravures et autres feuilles imprimées, en noir ou en couleurs. Voilà, se dit-il, ce que le curé Dufraisse m'a recommandé pour bien apprendre le français. L'intérêt des chalands illettrés se portait plutôt sur les images représentant des scènes de la vie de Jésus. Jantou s'approcha, saisit un volume qui lui parut juste à la mesure de sa main, le soupesa comme s'il se fût agi d'un melon, et demanda :

« Combien celui-ci ?

— Quarante-cinq sous. Relié en cuir. Il vous fera long et bon usage.

— Est-ce un livre en français ?

— En français de Paris. Voyez. »

Il l'ouvrit à la première page et lut à voix haute les caractères du fond, les soulignant du doigt : *A PARIS, chez les Frères Estienne, rue Saint-Jacques, enseigne à la Vertu.*

« Vous le laisseriez bien pour trente-cinq, si je le prenais ?

— Disons quarante et il est à vous. »

Le *mouitre* l'ouvrit au hasard, constata qu'il était rempli de lettres fines comme des graines de rave. Un semis si bien aligné qu'un moment il lui donna la berlue. Dire, pensa-t-il, que toutes ces graines représentent des mots français ; toute la langue française, forcément, a été nécessaire pour ensemencer tant de pages ; toute la langue française pour quarante sous, ça n'est vraiment pas cher. « Je prends », dit-il en tendant une double livre. Et il emporta l'ouvrage sans avoir la moindre idée de ce que pouvait dire son contenu. Contrairement à la recommandation du proverbe, il avait acheté un âne dans un sac.

Les jours suivants, il emporta secrètement le petit livre sous son bliaud et en scruta les caractères avec acharnement, tantôt à l'ombre et tantôt au soleil, espérant que par cet examen soutenu quelque chose passerait des pages imprimées en lui-même, comme lorsqu'on respire le parfum d'une fleur. Mais rien ne passa, si ce n'est qu'il comprit que chaque signe avait sa forme particulière et par conséquent son sens particulier. Il s'aperçut aussi que chacun se trouvait répété un grand nombre de fois par page, notamment le signe *O*, le plus fréquemment employé, donc le plus utile. Il se demanda quelle pouvait en être la signification, quel était le son, le mot le plus utile de toute la langue française. Il en vint ainsi à se persuader que *O* signifiait *Dieu*. D'ailleurs, dans les peintures de Saint-Maurize, Dieu avait toujours un *O* sur la tête. Voilà, se dit-il en se frottant les mains, que j'ai deviné le sens d'une lettre. Mais il y en a tant d'autres ! Toutes ces graines de rave !

Le dimanche suivant, il montra son acquisition au curé Dufraisse qui le félicita :

« *L'Imitation de Jésus-Christ !* Vous ne pouviez mieux tomber, mon cher fils.

— Et pour quarante sous !

— Il ne vous reste plus maintenant qu'à apprendre à la lire et à la pratiquer. »

Et maître Jantou, avec un sourire heureux :

« Je crois que j'ai trouvé déjà le sens d'une lettre. Celle-ci... Je suis quasi sûr que ce cercle veut dire *Dieu*.

— Dieu ?

— N'est-ce pas notre mot le plus utile ?

— Assurément. Mais ce cercle se prononce *o*. Comme l'*eau* de la fontaine.

— Ce cercle veut dire l'eau de la fontaine ?... L'eau de la fontaine est très utile aussi.

— Non point. Seulement *o*. Comme *mot*, comme *sabot* ou *potiron*. Mais il sert également à dire *oi* et *on* et *ou*. Selon les circonstances. Je vois que je vous étonne. Soyez certain d'une chose : vous n'apprendrez pas à lire tout seul. Il vous faut un maître compétent. Si vous étiez un enfant, vous pourriez fréquenter notre école paroissiale. Mais à votre âge !... Maintenant, rentrez chez vous. Si je peux dénicher quelque instituteur, je vous l'enverrai aux Bonnets. »

Jantou se rappela le coutelier Josion Saton qui savait lire et écrire en français comme en latin ; mais, jugeant ce savoir inutile à des laboureurs, il ne l'avait transmis à aucun des siens, en sorte que sa science était morte avec lui. Le maître des Bonnet-Lavest n'agirait point de même car le siècle amenait de grands changements dont quelques-uns parvenaient jusqu'au fond de l'Auvergne. Un envoyé du roi était arrivé de Paris porteur de semences nouvelles, trèfle, luzerne, dont la culture produisait un excellent fourrage et en même temps fertilisait le sol. Si bien que celui-ci n'avait plus besoin de son repos triennal. Ce fut comme si leur domaine s'était agrandi d'un tiers. Mais la chose la plus surprenante était cet intérêt du roi pour ses pauvres sujets. Jusque-là, il s'était soucié d'eux seulement pour prendre leurs fils, leur argent, leurs récoltes. Aussi n'avait-on point coutume en Auvergne de se plaindre de son royal oubli et lui rendait-on la pareille. C'est à peine si l'on connaissait son nom et son visage, ne les voyant jamais que de très loin en très loin sur les pièces d'argent, quand il venait à t'en passer une devant le nez. Or voici qu'on ne sait pourquoi ni comment il leur donnait une marque d'amitié !

« Je vous enseignerais bien d'autres choses à faire pour améliorer votre condition, conclut l'envoyé du roi, si vous saviez parler le français : le mûrier, le ver qui vomit la soie, la taille des arbres fruitiers, l'engraissement des poules d'Inde. Et je vous donnerais ce petit livre où tout est expliqué. Mais à quoi bon ! Vous ne savez pas non plus lire ! »

Il était reparti dans son carrosse avec son livre plein de figures représentant des outils, des plantes, des animaux inconnus, les laissant aussi bêtes que l'eau est longue. Maître Jantou se persuada que les livres contiennent les secrets du bonheur. Voilà pourquoi il était nécessaire que quelqu'un parmi les Bonnet-Lavest apprît à comprendre le langage des graines de rave alignées.

Plusieurs mois s'écoulèrent, l'hiver était venu qui permettait aux hommes et à la terre de se reposer. Et voici que le jour de la Sainte-Agathe, un matin si froid que le sol gelé sonnait sous les sabots comme une cloche, un piéton enveloppé et coiffé de fourrures, poussant devant lui le nuage de son souffle, portant sur son dos un sac de cuir, parut sur le coudert et demanda maître Jantou.

« Je suis, dit-il, Pascal Reynal, d'Aurillac. Je viens de la part du sieur Philibert Dufraisse, curé de Vollore, qui m'a dit que vous aviez besoin d'un maître écrivain. Je me mets aussi au service des personnes qui ont quelque contrat, acte ou lettre à rédiger. »

Tout de suite, le *mouitre* le mit à l'épreuve en lui présentant la première page du petit livre acheté à Courpière. L'homme en lut le titre sans hésiter : *L'Imitation de Jésus-Christ.*

« C'est bien, dit Jantou, je pense que nous pourrons nous entendre. »

Il fut convenu que Reynal recevrait nourriture et logement, plus huit livres de gages par mois de présence. Car sa méthode de travail consistait à rester un mois chez le même employeur ; après quoi il passait au service d'un second, puis revenait chez le premier si nécessaire, et ainsi de suite. Sa classe chez les Bonnet-Lavest fut composée de six enfants, garçons et filles, de moins de quatorze ans, et de deux adultes, maître Jantou et son vigier Marcelin. La communauté trouva suffisante cette participation qui retenait deux paires de bras loin des champs tant que durerait la prestation de l'instituteur. Celui-ci fut installé dans la salle commune, la seule pièce chauffée. Il sortit son matériel, essentiellement fait de gravures sur gros papier qu'il appelait ses *chartes*. Toutes les lettres de l'alphabet figuraient sur une face sous quatre formes et en quatre couleurs : majuscules et minuscules, imprimées et manuscrites. Chaque feuille était vendue quatre sous.

Avant de commencer son enseignement, il se coiffait de son chapeau à larges bords et ruban noir qui semblait l'insigne de sa profession, tandis que les drôlets se pressaient autour de lui, assis sur des bancs, des tabourets, une botte de paille ou même sur leurs talons. Derrière eux, Jantou et Marcelin, tête nue, sur des chaises à dossier, mais un peu rouges de leur ignorance et de leur présence parmi ces marmots. A l'autre extrémité de la salle, les femmes préparaient la nourriture du jour, en produisant le moins de bruit possible. D'autant plus silencieuses qu'elles tendaient aussi l'oreille aux propos du maître écrivain :

« La lettre *B* a cette forme parce qu'elle reproduit celle de nos deux lèvres — regardez bien ! — quand nous la prononçons... La lettre *C* a celle de la main quand nous l'ouvrons pour y former un Creux qui commence précisément par un *C*... Le *f* minuscule représente le feu et sa fumée qui s'enroule au-dessus de lui... La lettre *L* s'appelle ainsi parce qu'elle ressemble à une aile... Le *S* est exactement un Serpent déroulé et qui Siffle... »

L'Aurillacois s'exprimait en français, et la langue de Paris entrait lentement dans leur mémoire comme une douce pluie pénètre la terre.

Les premiers jours furent employés à réciter par cœur les noms des vingt-cinq lettres représentées sur les chartes et dans l'ordre exact où elles s'y trouvaient. Ce que les enfants réussirent sans aucune peine, car une chansonnette auvergnate courait parmi eux depuis toujours :

A, bé, cé, dé, é,
Ase que te sé !
Eff, gé, ach, i, ji,
Chabo ton chomí.
Ka, ell, emm, enn, o,
Te soùrà belhó,
Pé, cu, err, ess, té,
Djir sen te coté
Vé, ix, igrec, zed,
Conten mo l'oùsè[1].

Les jours suivants, il fallut identifier chacun de ces signes au hasard, dans une de ses quatre figures ; bien distinguer ceux qui portent l'estomac à droite, comme le *b* et le *p*, de ceux qui l'ont à gauche, comme le *d* et le *q* ; les pattes en l'air comme le *u* et le *v* et les pattes dans la rosée comme l'*m* et l'*n*. Quand toutes furent aussi familières que des personnes grâce à leurs visages, leurs noms et leurs voix, il fallut encore les assembler deux à deux, trois à trois, quatre à quatre, et en tirer des mots complets, des brefs puis des longs, réunir enfin ces mots pour qu'ils forment un discours. Afin d'y parvenir, on recourait au verso de la charte, où était imprimé un texte de trente lignes, en caractères de plus en plus menus à mesure qu'on descendait.

Il commençait ainsi :

Regardons a terre les pauvres gens que nous voyons espandus, la teste penchante apres leur besongne, qui ne scavent ny Aristote ny Caton, ny exemple ny precepte. De ceux la tire Nature tous les jours des effects de constance et de patience plus purs et plus roides que ne sont ceux que nous estudions si curieusement en l'escole. Combien en voy-je ordinairement qui mescognoissent la pauvreté,

---

1. A, b, c, d, e, /Ane que tu es ! /F, g, h, i, j,/Finis ton chemin./K, l, m, n, o, /Tu sauras peut-être, /P, q, r, s, t, / Dire sans t'arrêter/V, x, y, z, /Content comme l'oiseau.

combien qui desirent la mort ou qui la passent sans alarme et sans affliction ! Celuy la qui fouit mon jardin, il a le matin enterré son père ou son fils. Les noms mesme dequoy ils appellent les maladies en addoucissent et emollissent l'aspreté. La phthysie, c'est la toux pour eux ; la dysenterie, devoyement d'estomach ; un pleuresis, c'est un morfondement ; et selon qu'ils les nomment doucement, ils les supportent aussi. Elles sont bien griefves quand elles rompent leur travail ordinaire ; ils ne s'alictent que pour mourir[1]*...*

Lorsque Jantou et son vigier Marcelin eurent compris tout entières ces lignes qui semblaient avoir été composées spécialement à leur intention, ils en furent si émus que leur gorge se serra. Quoi ! Quelqu'un d'instruit qu'ils ne connaissaient aucunement, quelque homme de plume comme on en voyait dans les châteaux de Vollore, de Thiers, de la Barge qu'ils avaient eu l'occasion de fréquenter, s'était intéressé à la condition des pauvres laboureurs de leur espèce ! Ils pensèrent voir là un autre bienfait de la lecture et du savoir : ils élargissent l'esprit à la connaissance des hommes et complètent l'enseignement du Christ qui dit, aimez-vous les uns les autres. Sortir de l'ignorance, c'était donc suivre exactement la voie de Dieu.

Et l'écriture ? « Chaque chose en son temps, les avait prévenus l'instituteur. Apprenez d'abord à lire. Écrire viendra plus tard. Vous pouvez d'ailleurs vous y exercer tout seuls en dessinant les formes manuscrites des diverses lettres. » Ils les traçaient donc au hasard avec un bâton sur la terre, avec un charbon sur les portes et les murs. Mais on eut l'impression que l'Aurillacois ne désirait pas faire entièrement partager ses connaissances. Ainsi les riches n'accordent-ils aux pauvres que les miettes de leurs festins.

Quant au texte du verso, drôlets et drôlettes le surent bientôt par cœur et le récitèrent les yeux fermés, sans avoir besoin de la charte. Aussi, lorsque le maître écrivain s'en alla après un mois d'enseignement, se hâtèrent-ils de l'oublier en attendant son retour. Il avait dit, dans deux mois, quatre au plus. Il ne revint jamais et tous les Bonnet-Lavest seraient retombés dans leur ancienne ignorance sans les efforts personnels de maître Jantou pour déchiffrer, avec l'aide de la charte, le petit livre acheté à Courpière, à la foire de la Sainte-Marguerite. Chaque veillée, il y travaillait un peu, suivant les lignes de l'index et remuant les lèvres. Après une année d'acharnement, il put faire profiter les autres communistes de *L'Imitation de Jésus-Christ*. Groupés autour de lui, ils écoutaient bouche bée, les mains jointes. Le *mouitre* lisait d'une voix lente et douce, accompagné par le pétillement des bûches :

1. Montaigne.

Tournez les yeux sur vous-mesme et gardez-vous de juger des actions d'autruy. En jugeant les autres, on travaille en vain ; souvent l'on se trompe et l'on peche facilemens ; au lieu qu'en s'examinant et se jugeant soi-mesme, l'on s'occupe toujours avec fruict. Nous jugeons presque toujours des choses selon qu'elles nous tiennent au cœur, et notre amour-propre nous met bientôt hors d'etat d'en juger sainemens. Si nos intentions et nos desirs tendoient toujours puremens a Dieu, nous ne serions pas si aisemens troubles lorsque quelque chose repugne a nos sens...

Mais la concentration qu'ils mettaient à comprendre cette langue étrangère était si forte que bientôt la fatigue les assoupissait, que leur tête se mettait à sonner les cloches. Ils se retenaient les uns les autres pour s'empêcher de tomber dans le feu. Quand Jantou voyait son auditoire endormi et sur le point de s'écrouler en masse parmi les braises, il revenait à la parlure auvergnate :

« *Co forò por oneù.* C'est assez pour aujourd'hui. Nous allons réciter ensemble la prière, et puis nous irons faire téter les puces. »

Car toutes n'avaient point péri dans l'incendie allumé par la pipe de Gaspard. Les survivantes avaient crû et s'étaient multipliées merveilleusement, selon la recommandation du Créateur, et en quelques années elles avaient reconquis les positions perdues.

9

Parlant de quelqu'un que sa bêtise protège, épaisse comme une crasse de deux doigts, imperméable aux intempéries, à la méchanceté du sort comme à celle des hommes, l'on dira des siècles après l'année en question : « Le grand hiver ne le tuera point. » Car l'hiver de 1709 enleva les meilleurs, les plus fragiles, les plus précieux. Une infinité d'enfants morts la bouche ouverte et les yeux écarquillés, sans comprendre ce qui leur arrivait, pourquoi le sein de leur mère s'était tari, pourquoi il ne restait pas un croûton dans le tiroir, pourquoi on les nourrissait seulement d'eau chaude. Leur père bûcheron les emmenait perdre dans les bois ainsi que le raconte l'histoire de *Jeannot et Jeannette*, avec l'espoir que Dieu les nourrirait comme il fait des petits oiseaux. Ou bien leur mère les prenait par la main et les tirait vers la ville, comptant y recevoir peut-être une bouchée de ce pain qui manquait si cruellement dans les campagnes. Les curés des trois paroisses de Thiers notaient sur leurs registres : *Avons trouvé ce jour deux corps morts et inconnus, un grand et un petit, et les avons enterrés dans le cimetière sous l'Hôpital... Je soussigné certifie avoir enterré depuis deux mois soixante personnes tant petites que grandes décédées dans la paroisse dont les noms m'ont été inconnus pour être mortes dans les granges, dans les rues et grands chemins à cause de la famine.* Les gens d'Escoutoux envoyèrent à M. l'Intendant de Clermont une requête certifiée par leur curé et leur vicaire implorant un secours : *Plus de la moitié des habitants de la paroisse demande l'aumône et, quant au surplus, quatorze maisons à peine ont assez de blé pour attendre une moisson qui peut-être ne viendra pas.* A Saint-Rémy, dans la montagne thiernoise, les affamés portaient chez les riches les cadavres des morts de faim qu'ils avaient ramassés sous le porche de l'église, afin d'appuyer leurs demandes d'aumône. A Lezoux, à Vollore, à Châteldon, à Paslières, le nombre des décès quadrupla. Si bien que les curés débordés renoncèrent à inscrire ceux qui leur paraissaient âgés de moins de dix ans.

D'où était venu le malheur ? Tout d'abord, de froids excessifs qui s'étaient répétés plusieurs hivers de suite, gelant les blés en herbe, la vigne, les arbres fruitiers. D'un printemps affreusement sec, suivi d'un été pourri. Le blé qui, en temps normal, se vendait de 8 à 10 livres le septier était monté jusqu'à 55 livres à la grenette de Thiers. Ce renchérissement était dû aussi à l'arrivée de marchands étrangers, les *forains*, originaires du Forez ou du Lyonnais, qui achetaient les grains à n'importe quel prix. La plupart des couteliers se trouvaient réduits au chômage à cause des guerres continuelles entreprises par le roi de France contre d'autres têtes couronnées, si bien que les négociants qui avaient coutume d'exporter en Espagne, en Hollande, en Autriche, en Italie ne trouvaient plus preneurs. Beaucoup d'artisans avaient dû abandonner atelier, femme, enfants pour s'enrôler dans la milice royale qui les avait emmenés trouver leur mort à l'autre bout de l'Europe. Et voici que, pour accroître la misère générale, les marchands étrangers viennent faire main basse sur le peu de blé que la Limagne envoie aux bade-bec. Alors, les chômeurs font une chose inouïe : ils s'arment de bâtons, de dagues, de pistolets, envahissent la grenette qu'ils mettent à sac, chassent les forains à grands coups de trique, s'en vont crier sous les fenêtres des consuls, échevins et autres notables :

« Du pain ! Du vin !

— De la saucisse ! Du boudin ! »

A cause des rimes, les bourgeois croient d'abord qu'il s'agit d'un badinage, d'une sorte de carnaval poétique. Très vite, ils changent d'avis lorsqu'ils voient les émeutiers approcher les torches de leurs maisons barricadées. Mais des femmes innombrables, qui ne sont pas les moins vociférantes, les entraînent ailleurs : vers l'hôtel de ville, situé place de la Chabre, derrière Saint-Genès, qu'ils envahissent en jurant et blasphémant le nom de Dieu, en proclamant que la justice n'est qu'une assemblée de couillons, qu'ils pissent au cul des consuls, des échevins et des capitaines de police, et qu'ils exigent incontinent une réunion de ces magistrats de merde afin qu'ils prennent une ordonnance contre les forains. Jamais des mots pareils n'avaient été proférés à voix haute sous les respectables voûtes de la maison commune ni à ses abords. Lesdits magistrats, horrifiés, claquant des dents et des genoux, se rassemblèrent donc tant bien que mal, *et l'on fist ce que le menu peuple vollut*. Pendant trois journées, celui-ci resta maître de la ville ; puis, ayant obtenu satisfaction, il se retira dans ses masures sans commettre d'autres *grièvetés*.

Alors, les marchands étrangers s'adressèrent directement aux moulins à farine. Ou bien, profitant du délabrement des murailles qui n'arrêtaient plus personne, ils pénétraient nuitamment dans la ville et rendaient visite à certains boulangers qui acceptaient de vendre leur pain à prix fort et ne gardaient plus rien le jour pour les dents des bade-bec. La misère de la ville s'étendit sur les campagnes, et réciproquement. Les religieuses de Thiers et de Courpière désertèrent leurs couvents où elles mouraient de faim pour rentrer dans leurs familles. Les paysans-couteliers avaient dû fermer boutique.

Contre tant de misère, les autorités prirent force décrets et ordonnances. Taxant le blé à huit livres le septier, le pain à dix sous la livre. Interdisant le commerce des boulangeries après neuf heures du soir. Multipliant le nombre des capitaines, lieutenants, enseignes et sergents de police, celui de leurs patrouilles diurnes et nocturnes. Réduisant la taille qui obligeait certains paysans à vendre même leurs grains de semence, en sorte que certains champs demeuraient incultes depuis quatre ou cinq ans. Imposant aux familles encore aisées une nouvelle contribution dite *d'aumône*, destinée à soulager les innombrables pauvres qui erraient dans les villes et les villages. A Lezoux, le curé leur distribuait du pain et des fèves deux fois par semaine. Les receveurs des tailles vendirent à bas prix du blé de semence et une céréale nouvelle à grains blancs, le *riz* ; mais quand on sut qu'elle venait de l'Orient, berceau de la peste, personne n'en voulut. Pour le faire accepter, les distributeurs durent avaler publiquement du riz préparé par leur femme.

« Comment le cuisine-t-on ?

— Il faut le faire cuire dans l'eau depuis quatre heures du soir jusqu'à neuf heures du matin. »

Les Bonnet-Lavest traversèrent ces affreuses années sans trop de misère, sauvés par leur bonne entente et un partage rigoureux de leurs provisions. S'ils n'avaient à manger qu'une tourte de pain pour trente personnes, chacun en recevait un trentième.

Sauvés aussi par les soupes que savait composer la *mouitreço*, à base de raves, de chou, d'orties, de pastonades, de poireaux, éclairées par les cent mille yeux de l'huile de chènevis.

Sauvés enfin par leurs châtaignes. Il ne s'en perdait pas une seule sur leur territoire. Conservées dans leur bogue épineuse, elles traversaient les hivers jusqu'au premier chant du coucou. Les véreuses nourrissaient les cochons. Une fois sèches, on les pilait pour les réduire en poudre et, avec cette *farine douce*, les femmes préparaient des beignets.

Non seulement les communistes survécurent, mais ils secoururent un grand nombre de misérables venus des hameaux voisins, qu'ils réconfortaient de leur mieux, d'une poignée de châtaignes, d'une bouchée de pain, d'un verre de vin, d'une écuellée de soupe. Toutefois, étant donné leur affluence, ils refusaient de les garder plus d'un jour. Au bout de quoi — sauf cas exceptionnel — le maître disait à ces passants, reprends ta route, laisse la place à d'autres, et que Dieu te garde.

Leur réputation d'accueil se répandit si loin que l'on crut qu'ils possédaient cachées d'extraordinaires réserves. Un jour se présenta toute une horde d'affamés, les yeux exorbités, les gueules béantes, les bâtons brandis, qui envahirent les Bonnets en hurlant, Bons-Dieux-de-bon-dieu, donnez-nous à manger si vous n'êtes pas des jean-foutre. Alors, les parsonniers durent s'armer à leur tour, empoigner leurs fourches, leurs bigots, et livrer bataille à ces désespérés, dont trois restèrent sur le carreau, tandis que les autres se dispersaient aux alentours en vomissant le sang et les injures. Afin de mettre leur communauté à l'abri désormais de semblables assauts, les Bons Dieux l'entourèrent d'une muraille d'enceinte mi-pierre mi-pisé, haute de sept pieds et demi, couverte d'un chaperon en tuiles de Bort. Elle s'ouvrait par un portail large de six coudées, muni de battants de chêne, surmonté d'un panneau en pierre sculptée représentant une croix encadrée des deux initiales *B-L*.

Voilà pourquoi le grand hiver de 1709 est demeuré gravé dans la mémoire du peuple comme le plus terrible de tout son passé de misère. Mais le dicton qui le rappelle se montre injuste, car le grand hiver n'épargna point les sots : il en mourut un très grand nombre à côté des gens de cœur et d'esprit.

Les semailles ne purent se faire correctement que l'automne de 1711 et la France ne se remit un peu de sa grande famine qu'au cours des années 1712 et 1713. Toutefois, la misère revenait périodiquement, attachée à la condition du laboureur comme la boue à ses sabots.

On apprit que le roi venait de mourir, celui qui se prenait pour le soleil ; le peuple, qui avait tant souffert sous son règne, ne versa pas une larme sur sa mémoire. Son successeur, âgé de cinq ans, ne pouvait, croyait-on, se lancer dans des guerres nouvelles ; en fait la paix dura bien peu, car les tuteurs de l'enfant-roi déclarèrent la guerre à sa place et eurent besoin de beaucoup de soldats pour remplir les rangs de leur milice. Les hommes de dix-huit à cinquante ans devaient le service de l'armée s'ils avaient au moins cinq pieds de taille, étaient sains de corps et d'esprit, célibataires ou veufs sans enfants, n'étaient ni prêtres, ni médecins, ni chirurgiens, ni apothicaires, ni employés de la poste, ni papetiers, ni notaires, ni juges, ni huissiers, ni soutiens de famille, ni serviteurs indispensables. Ils pouvaient toutefois payer un remplaçant qui irait éventuellement se faire tuer à leur place s'ils disposaient de la bagatelle de deux à trois mille livres.

Ce dimanche-là, tandis que la foule volloroise sortait de la grand-messe, le jeune Théodore Bonnet-Lavest fut abordé par Jean Courtadon, marguillier de Saint-Maurize, qui l'emmena dans la maison commune où il se trouva en compagnie de deux autres jeunes gars rabattus par les syndics Groisne et Delotz, chacun tenant son gibier par l'aisselle. Le marguillier prit note sur un registre de leurs nom, prénom, âge approximatif, situation de famille, profession et domicile exact. Puis il les colla à tour de rôle le dos à une porte marquée de graduations blanches afin de mesurer leur taille. Tous trois dépassaient les cinq pieds réglementaires.

« Vous voilà recensés, conclut Courtadon, aptes par conséquent à servir dans les armées du roi. Mais pas tout de suite : vous avez encore un mois ou deux devant vous. D'ici là, qui sait, vous pouvez profiter de quelque empêchement.

— Quel genre d'empêchement ?

— Le seigneur de Montmorin a besoin de serviteurs. Nos prêtres également. Ils vous signeront l'attestation nécessaire. A moins que vous ne préfériez la servitude du mariage. M'avez-vous bien compris ?

— Nous croyons, monsieur Courtadon, vous avoir bien compris.

— Rappelez-vous : dans un mois ou deux, je vous emmènerai moi-même à Clermont pour y être enrôlés. Sauf empêchement.

— Sauf empêchement. »

Informé du danger que courait le jeune Théodore, maître Léon Bonnet-Lavest fit à l'intérieur de la communauté son propre recensement et compta quatre hommes veufs sans enfants ou célibataires d'au moins cinq pieds de haut, en âge de porter les armes : Théodore, 18 ans ; Claude, 24 ; Sabin, 36 ; et Maurize, 45. Comme il n'était pas question de les placer chez le seigneur ni chez les prêtres, le mariage était la seule échappatoire. Restait à trouver à chacun sa chacune au sein de leur entente. Depuis neuf ans, aucunes noces ne s'étaient célébrées chez les communistes, à cause des temps de famine qui ne se prêtaient guère aux festins ni aux naissances. Il convenait donc de rattraper d'un coup le retard. Le destin avait heureusement fait les choses, puisqu'on disposait de cinq filles nubiles : Marinette, 16 ans ; Julie, 18 ; Célestine, 24 ; Antonia, 30 ; Marie-Jeanne, 33 ; et d'une veuve, Élodie, 38, suitée de deux drôlets. Toutefois, Marie-Jeanne, disgraciée par la nature, un peu bossue, un peu boiteuse, faisait profession depuis toujours de refuser le mariage, sachant bien que personne ne voudrait d'elle. Elle déversait toute son affection sur les chèvres et les biquets, les appelant mon belou, ma belette, mon belinet, allant jusqu'à coucher le plus souvent parmi eux dans la chèvrerie, si bien qu'elle sentait le bouc comme il n'est pas permis. Cinq candidates seulement demeuraient donc utilisables.

Maître Léon, qui savait écrire proprement, fit une double liste de tous ces noms et de tous ces âges afin de combiner les appariements.

A première vue, la veuve Élodie, 38 ans, devait aller à Maurize, 45 et veuf lui-même ; mais la chose était impossible car ils étaient ensemble frère et sœur. Frère et sœur également Marinette et Théodore, Sabin et Antonia. Cousins germains Claude et Julie, Théodore, Marinette, Antonia et Sabin. Après s'être longtemps gratté la tête et avoir refait plusieurs fois ses conjugaisons, le *mouitre* établit les accords suivants :

Théodore, 18 ans, avec Célestine, 24 ans ;
Claude, 24 ans, avec Marinette, 16 ans ;
Sabin, 36 ans, avec Élodie, 38 ans ;
Maurize, 45 ans, avec Antonia, 30 ans.

Pendant qu'on y était, on n'allait pas laisser Julie pour compte, bien qu'elle fût encore jeunette et en mesure d'attendre quelques années. C'est que les mariages coûtaient cher et causaient pendant des semaines, avant et après, de grands désordres. Quand il y en a pour quatre, il y en a pour cinq : plutôt que quatre, on célébrerait donc cinq unions. Et l'on serait ensuite tranquille pendant plusieurs années. Seulement voilà : il manquait un mari. Maître Léon se souvint alors que, quatre-vingts ans auparavant, un Bonnet-Lavest était sorti de la communauté pour entrer dans celle des Bournelias qui vivaient à la Bournelie. Les Bournelias leur étaient donc redevables d'un homme et le moment semblait opportun pour qu'ils s'acquitassent. Le *mouitre* chaussa ses guêtres longues, enfila son tablier blanc et s'en fut parlementer avec son collègue de la

Bournelie. Il se trouva que ledit Bonnet-Bournelias n'avait eu dans sa descendance que des filles. Mais un Bournelias âgé de 39 ans était disponible.

« Si vous le voulez, il est à vous.

— De 39 ans à 18, cela fait bien un peu de différence.

— Ce sont là des choses courantes dont les femmes s'accommodent vite quand elles sont bien traitées. L'inverse serait plus difficilement acceptable. Notre Justin ne s'est pas marié jusqu'à présent parce qu'il a plutôt un tempérament de tonton. Il prend les enfants des autres sur ses genoux et leur apprend les sifflets des oiseaux, celui du merle, celui du pivert, celui de l'alouette, celui du rossignol, et tout va comme ça. Ou bien il s'endort au coin du feu en récitant son chapelet. Avoir des drôles à lui, ça ne l'a jamais tenté. Encore moins prendre femme. Mais il comprendra que l'intérêt de nos deux familles commande, et il fera son devoir. C'est d'ailleurs un caractère bien arrangeant, pas du tout calamastre comme il y a certains vieux garçons. Toujours le mot pour rire et disposé à rendre service. Vous pouvez le prendre sans crainte ; je, comme qui dirait, vous le garantis. Avec lui, votre Julie ne sera pas malheureuse car jamais il ne lui fera tort. »

Après quoi, ils s'accordèrent sur les droits d'entrée chez les Bons Dieux du nommé Justin, ce qui n'était en l'occurrence qu'un rendu pour un prêté. Lorsque tout fut réglé, ils se topèrent dans la main en crachant par terre.

Ce cinquième appariement s'ajouta donc aux quatre autres :

Justin Bournelias, 39 ans, avec Julie Bonnet-Lavest, 18 ans.

Maître Léon prit à part chacun et chacune des intéressés, qui portaient tous le même nom et se côtoyaient journellement. Nul ne trouva à redire aux unions projetées. Le cas de Julie méritait toutefois plus de délicatesse. Elle ne dit ni oui ni non, mais :

« Faut voir.

— Faut voir quoi ?

— Ce garçon que je ne connais point.

— Que si, tu le connais ! Un jour de reinage à Vollore, en sortant de l'église, tu as dégringolé les marches, tu es tombée sur le nez. Et c'est lui qui t'a relevée et consolée.

— J'avais quel âge alors ?

— Dans les cinq, six ans.

— Comment voulez-vous que je me souvienne de lui ? Il pourrait être mon père !

— Quelle chance tu as ! Voilà un homme mûr, d'expérience, qui te traitera avec toute la douceur possible comme on fait d'une drôlette, qui s'enlèvera le pain de la bouche pour te le donner, et qui en même temps te respectera comme sa femme. Ah ! combien de jeunes pucelles voudraient être à ta place ! »

Mais elle secouait la tête, songeuse. Le dimanche suivant eut lieu la présentation : Justin Bournelias vint tirer la cloche au portail des Bons Dieux, dans ses meilleurs affiquets : souliers à boucle comme le curé de Vollore lui-même n'en avait point les pareils ; guêtres de coutil ; culottes d'un autre siècle, si bouffantes qu'il semblait y avoir dissimulé une paire de coucourles ; casaque aux poches basses avec collet de dentelle ; chapeau à ruban rouge. Bref, si bien paré qu'il ne lui manquait que des grelots aux chevilles pour avoir l'air d'un polichinelle de foire. Maître Léon le reçut et le conduisit d'emblée chez les parents de Julie qui parurent fort impressionnés par cet appareil. Quant à la fille, elle considérait avec effarement ce futur de comédie, et surtout l'épaisse barbe grise qui lui couvrait la figure.

« *Moussu*, dit-il en auvergnat, s'adressant à Alfred le père, je me fais un plaisir et un honneur de vous demander la main de votre fille Julie. »

En même temps, il tira des pans de sa casaque un bouton de rose qu'il y tenait dissimulé et le présenta à la drôlette pour confirmer que c'était bien sur elle qu'il avait jeté son dévolu. Les yeux toujours fixés sur cette barbe grise, elle sembla ne point voir la fleur, mais au contraire recula d'un pas quand il s'approcha d'elle.

« Eh bien ! fit Alfred, mécontent. Vas-tu refuser un bouton de rose ?

— Mais ce n'est pas mon père ! s'écria-t-elle. C'est mon grand-père ! »

Justin demeura tout camus, sa rose à la main. Alfred la prit à la place de sa fille, et tenta de sauver la situation :

« *Moussu*, fit-il, je vous remercie de l'honneur que vous faites à notre maison. Maître Léon nous a parlé de vous et je connais vos grands mérites et qualités. Je vous accorderai donc volontiers la main de ma fille, lorsque je serai parvenu à lui faire dire oui.

— Non ! Non ! Non ! cria-t-elle, les mains dans les cheveux. Je n'épouserai jamais mon grand-père ! »

Et elle se jeta dans les bras de sa mère, aussi sanglotante l'une que l'autre. Il y eut un très long silence embarrassé, rempli seulement par ce bruit de reniflements et de hoquets. Ensuite, Justin toussota pour faire comprendre qu'il allait dire autre chose :

« Vous savez, je suis moins vieux que je ne parais. Trente-neuf ans seulement. Peut-être même trente-huit ou trente-sept, je ne me rappelle plus très bien. J'ai encore de bonnes dents... »

Il les montra, les lèvres retroussées, comme un cheval qui hennit, un peu jaunes, mais serrées, bien plantées sur le devant, juste un peu pourries dans le fond.

« C'est, continua-t-il en refermant la bouche, cette barbe qui me vieillit et qui lui fait peur, je le vois bien.

— Ça se pourrait, *Moussu*.

— S'il n'y a que ça, je peux me la couper.

— Y a également, dit Alfred, vos culottes.

— Mes culottes ?... Je ne peux pas venir sans culottes, *Moussu*.

— Assurément. Mais trouvez-en, s'il vous plaît, une autre paire. Quelque chose d'un peu plus conforme.

— Qu'appelez-vous conforme, *Moussu* ?

— De moins ancien. Qui fasse comme qui dirait moins d'abonde.

— J'essaierai, *Moussu*. »

Il se retira, l'on mit dans un vase d'eau le bouton de rose. Justin reparut le dimanche d'après. Transformé. En tenue modeste de paysan sur ses dimanches. La culotte beaucoup plus ajustée, le chapeau sans ruban, les souliers sans boucles. Et surtout le visage sans barbe. De deux couleurs à présent : blanc comme la neige dans la partie basse, depuis le temps qu'elle n'avait pas vu le soleil ; cuit comme le pain dans la partie haute. Mais en somme pas trop désagréable à regarder. Durant toute la semaine, les parents avaient chapitré leur Julie pour qu'elle consentît à cette union qui ferait son bonheur, ils en étaient certains, eux qui avaient beaucoup vécu, on ne peut juger des qualités d'un homme sur sa barbe ni son âge, la jeunesse et la beauté ne se mangent pas en salade, mariage d'amour belles nuits et mauvais jours, et ainsi de suite. Bref, elle s'était résignée au sacrifice : le changement de Justin acheva de la persuader. Elle prit le bouton de rose encore frais et le tint à la main contre son estomac. Justin entendit le sens de ce geste, il embrassa ses futurs beaux-parents et celle qui devenait sa promise. Tout était dit. Il ne restait plus qu'à manger l'omelette au lard avec l'ensemble des parsonniers, ce qui fut fait dans la salle commune, à la joie générale.

Pendant les trois semaines qui suivirent, ce fut aux Bonnets un remue-ménage de fin du monde, alors qu'en réalité c'en était le commencement : cinq familles nouvelles allaient se greffer sur la vieille souche dont les racines se perdaient dans la profondeur des temps ; elles allaient produire des rejets nouveaux qui feuilleraient, fleuriraient, fructifieraient plusieurs siècles encore, car leur semence avait été bénie par le Seigneur, à qui seul appartiennent le règne, la puissance et la gloire, de qui seul dépendent tout bonheur et toute prospérité. Ce fut une mobilisation générale des femmes, des hommes, des enfants, des vieillards, des chiens et des chats. Pendant trois semaines, on découpa les rouleaux de toile que les femmes tissaient toute une vie, laborieuses comme l'araignée ; on en fit des linceuls, des robes, des cotillons, des devantiers ; on remit en état les guêtres, les culottes, les vestes des hommes ; les sabotiers sabotèrent à tour de bras. Pendant huit jours, on pétrit, on fricota, on cuisit du pain, des pâtés, des crêpes, des choux farcis, des *panlades* à réchauffer, des *pompes* à la bouillie, des *pompes* aux pommes, des brioches aux grattons. Pendant vingt-quatre heures, on remplit les pichets de vrai vin, celui que d'ordinaire les parsonniers réservaient à la vente, se contentant de piquette pour leur boisson quotidienne ; on joncha les rues de feuillages, on fleurit les façades et les deux granges où se dérouleraient les festins. Jamais les chats et les chiens n'avaient connu tel régal d'os, de nerfs, de miettes et de noyaux ; n'avaient eu tant d'écuelles à lécher, tant de plats à essuyer.

Vint au bout du compte le jour des cinq noces ; c'était la Sainte-Marguerite, à la mi-novembre, car jamais les mariages ne se célébraient durant la période des grands travaux.

Il y eut un défilé magnifique de plus de cent personnes, mené par deux sonneurs de vielle et un joueur de turlututu, que soutenait le chant de tous :

Lo menoren, lo poro novio,
Lo menoren tu duçomen ;
Lo menoren ché Mouijoguére,
Lo menoren ché Crèvofan.
Torjou lo velho credavo :
Choboren to, choboren to !
Torjou lo velho credavo :
Chobaren to, n'oùren pa pro[1] *!*

C'était une manière de conjurer à l'avance le manque éventuel de nourritures ; mais au fond chacun était certain que rien ne manquerait, ni la saucisse, ni le lard couleur de cire, ni même — réservé aux mariés car il donne de l'inspiration pour la nuit de noces — le cuissot de renard suspendu quinze jours à l'ombre dans une cave, au-dessus des tonneaux.

L'église de Vollore fut trop petite pour contenir invités et badauds. Le moment venu, sous le porche, de quart d'heure en quart d'heure, le curé de la paroisse, Pierre Vallé, posa la question rituelle :

« Théodore Bonnet-Lavest, ici présent, acceptez-vous de prendre pour épouse selon le rite de notre Sainte Mère l'Église catholique et apostolique, Célestine Bonnet-Lavest ici présente ? »

Et de la sorte cinq fois de suite. Puis l'on s'entassa dans la

1. Nous la mènerons, la pauvre mariée, / Nous la mènerons tout doucement ; / Nous la mènerons chez Mangeguère, / Nous la mènerons chez Crèvefaim. / Et toujours la vieille criait : / Nous finirons tout, nous finirons tout ! / Et toujours la vieille criait : / Nous finirons tout, nous n'en aurons pas assez !

sacristie ; les jeunes mariés y signèrent le registre de leur nom ou d'une croix. Tous les époux, tous les témoins étaient des Bonnet-Lavest, à l'exception de trois Bournelias.

Voilà de quelle façon les Bons Dieux célibataires ou veufs sans enfants cessèrent de l'être et purent échapper à la milice royale. Justin Bournelias cessa d'enseigner le sifflet des merles à des drôles qui ne lui étaient pas grand-chose et en fit profiter les siens.

Ces noces quintuples avaient été rendues possibles par sept années de bonnes récoltes. En outre, les guerres s'étant un peu apaisées, l'industrie thiernoise rebourgeonnait. Aux couteaux, aux ciseaux, aux rasoirs de tradition, elle ajoutait même des fabrications nouvelles : celles de la cuiller métallique et de la fourchette. La politesse faisait de grands progrès à travers le monde : les hommes renonçant à tenir les viandes avec leurs doigts, il y avait une forte demande de quincaille. L'organisation du travail chez les bade-bec permettait d'y faire face vite, bien et à bon compte. Ainsi la manufacture du couteau se divisait en de multiples besognes parcellaires. Chaque artisan, au lieu de faire le produit en entier, se spécialisait dans une seule de ses pièces, la lame, le ressort, les côtes, les platines, la mitre, les rosettes ; ou même une seule opération : l'étirage des soies, le façonnage des manches, l'émouture, le polissage. Les éléments dispersés se retrouvaient à la fabrique en fin de parcours pour être montés, fignolés, essuyés, empaquetés. Vers ce milieu du siècle, sous le règne de Louis-le-Bien-Aimé, quinze ouvriers au moins concouraient à la fabrication d'un couteau. Ils pouvaient être réunis dans la même maison : au rez-de-chaussée, on affilait ; au premier étage, on brunissait ; au second, l'on ciselait des matrices à manches ; au troisième, on taillait les limes, on triait les cornes ; dans un réduit obscur, on mitonnait les os pour les dégraisser, on préparait la teinture des bois. Mais le plus souvent, ces travaux avaient lieu dans des ateliers différents, établis le long de la Durolle ou éparpillés à travers la ville ; et aussi dans des milliers de petites *boutiques* campagnardes, réduites parfois à un coin d'étable, de salle à tout faire, à un appui de fenêtre. Chez les Bonnet-Lavest, trois des nouveaux ménages employaient leur temps perdu à des activités coutelières. L'argent gagné par ce moyen devait tomber dans la bourse commune.

Il arriva cependant que Théodore s'entretînt à ce propos avec maître Léon, lui demandant s'il trouvait bien juste que lui, Théodore, chaque soir après sa journée aux champs, s'enfermât dans sa boutique pour forger des lames, tandis que les autres parsonniers prenaient place devant le feu, fumaient leur pipe et crachaient sur les bûches.

« Que ne fais-tu comme eux ? Qui t'oblige à forger des lames ?
— Je le fais pour le bien de la communauté.
— Voilà qui est bon. Mais ce que l'on donne de la main gauche ne doit pas être repris de la droite. Si tu en tires quelque satisfaction, c'est là ta récompense. Tu peux d'ailleurs aussi fumer la pipe en forgeant.
— Je n'y ai pas le goût. Tout de même, ne pensez-vous pas, *Mouitre*...
— Tout de même, tu as raison. Mais laisse-moi considérer. »
Lorsque maître Léon considérait, il tirait son chapeau sur ses yeux, portait ses paumes à ses oreilles, bouchait ainsi les fenêtres de sa tête. Il demeura de la sorte enfermé un moment dans sa considération. Au bout de quoi, il dit en relevant son chapeau :
« Tu as raison, Théodore. Dorénavant, je t'abandonnerai le vingt-cinq du cent sur tout ce que tu gagneras avec tes lames. Notre bourse se contentera du reste. »
Le jeune homme, très ému, remercia le maître de cette générosité. Elle s'avéra aussi un bon calcul, car plusieurs autres ménages devinrent couteliers, afin de recevoir le vingt-cinq du cent. Par voie de conséquence, on vit certaines jeunes femmes se parer le dimanche d'un foulard d'indienne, d'un châle de cachemire vendus par des contrebandiers à la sortie de la messe. Ce qui provoqua bien des murmures chez les vieilles.
Afin d'échapper à leur surnombre et à leur pauvreté, des jeunes hommes de la montagne thiernoise abandonnaient les fermes et roulaient le monde. Les uns s'enrôlaient dans des bandes de faux sauniers. D'autres allaient vendre la quincaille au-delà des montagnes et au-delà des mers. Certains, qui avaient franchi les Alpes, trouvèrent en Italie le riz beaucoup mieux cuisiné qu'il ne l'avait été en Auvergne après le grand hiver. Considérant que la plaine du Moûtier, au-delà du pré aux moines, n'était pas différente de celle du Piémont, ils se mirent en tête de cultiver à Thiers cette céréale. Les almanachs, les horoscopes, les gazettes, la comète de 1738 annonçaient que ce siècle amènerait des changements aussi importants que la naissance du Christ. Les Thiernois ne s'étonnèrent donc pas trop de voir un beau matin des Piémontais débarquer d'Italie, qui se mirent à creuser des canaux, élever des digues, aménager des écluses et des vannes, bref à transformer en rizières les marécages riverains de la Durolle. Ces travailleurs étrangers ne craignaient pas d'y patauger jusqu'à mi-cuisse ; ils en ressortaient les jambes dévorées par des sangsues. Ils ne laissaient d'ailleurs pas perdre ces insectes, mais les détachaient doucement de leurs mollets, puis les mettaient frire dans une poêle avec de l'ail haché, en sorte qu'ils récupéraient le sang détourné. Ils en offraient même aux bade-bec qui, malgré leur curiosité, les refusaient avec dégoût.

Une autre surprise fut de voir que le riz à semer — avec ses grains longs et bruns, pareils à ceux de l'avoine, bruissants et un peu âpres à la main — ne ressemblait en rien au riz à manger.

« Chez nous, dans la ferme, expliquaient en zézayant les Italiens spécialistes, on mange le riz brun. Bien meilleur, bien plus riche que le blanc, réservé à l'exportation. »

Sans doute, se disaient les Thiernois eux-mêmes mal instruits, mal vêtus, mal lavés, le riz est-il comparable à l'homme, le polissage lui fait-il perdre beaucoup de ses qualités premières. Tout allait bien, la récolte s'annonçait abondante. Dans la première semaine de juin, toujours pataugeant, les Piémontais arrachèrent à la main les mauvaises herbes dont ils faisaient des bottes jetées sur les digues ; puis ils repiquèrent comme des poireaux dans les espaces vides les plants qu'ils enlevaient là où ils avaient poussé trop épais. Ceux-ci atteignaient déjà une coudée de haut. Ils grandirent encore. En juillet, l'eau leur fut retirée ; mais la terre s'assécha difficilement à cause de pluies intempestives. La récolte était attendue vers la mi-septembre : les plantes, au lieu de blanchir, demeurèrent verdâtres et rachitiques, avec leurs épillets languissants.

Alors le désastre vint, d'une manière foudroyante. Un très grand nombre de bade-bec, spécialement dans la ville basse, furent pris de coliques épouvantables ; de fièvres, quintes, quartes, tierces, double-tierces et rebelotes ; de maux de tête enragés ; de délires ; de vomissements continuels par lesquels ils rejetaient, aux termes des médecins, *une abondance extraordinaire d'humeurs bilieuses, gluantes, visqueuses et porracées*. D'autres vomissaient quantité de vers et se vidaient *entièrement par le bas*. La plupart manifestaient des *enflures considérables aux jambes et une jaunisse sur tout le corps*. Tous enfin tombaient dans une *faiblesse étonnante*. En quelques semaines, le mal gagna la moitié de la population, les curés portaient jour et nuit les sacrements à ces nouveaux pestiférés. L'évêque de Clermont lui-même, Monsieur Massillon, s'émut, et écrivit à l'intendant Rosignol une belle lettre pour l'appeler au secours : *Voyez, mon cher Intendant, s'il n'est pas de beaucoup plus utile à l'État de conserver au roi la ville d'Auvergne la plus commerçante et la plus peuplée, composée de 20 000 habitants, qu'une plantation nouvelle de riz qui infeste toute la ville...* Un millier de malades moururent entre juillet et décembre, tandis que cinq mille autres se tenaient le ventre en gémissant ayayaye.

Des mesures énergiques furent prises en effet contre la céréale cause de tout ce malheur, on brûla les épis au lieu de les récolter, les Piémontais furent renvoyés chez eux et plus jamais personne ne s'avisa de semer une seule poignée de riz dans la région. Les marécages entre Durolle et Dore retrouvèrent leur ancienne tranquillité, à peine rompue les nuits de beau temps par le chœur innombrable des grenouilles qui ouvraient leur bouche large fendue pour gober les étoiles tombées dans l'ancienne rizière.

La peste avait frappé, selon les rapports officiels, surtout *le commun du peuple*, celui qui se nourrissait de pain noir de très mauvaise qualité, *en ayant déjà les entrailles quelque peu corrompues*. Le curé de Saint-Symphorien, dans la ville basse, en tira d'autres leçons :

« Mes biens chers frères, saint Anastase écrit qu'il y a deux sortes d'épidémies : celles que provoque la colère de Dieu et celles qui sont dues aux ''miasmes'', c'est-à-dire aux vapeurs putrides qui naissent au sein de la terre. Or il se trouve que les hameaux de la Croix-Blanche, de Terme, de Baruptel, sis en bordure des rizières, n'ont pas été contaminés. Maintenant que nous avons enterré nos mille morts et que la peste a cessé, demandons-nous si nous n'avons pas offensé Dieu mille fois chaque jour. Comptez bien, mes très chers frères, les blasphèmes que vous prononcez au premier prétexte venu, parce que vous vous êtes tapé sur les doigts, ou que la soupe n'est pas à votre goût. Comptez les verres de vin que vous buvez sans soif et par pure gourmandise. Les regards concupiscents, ou envieux, ou orgueilleux qui vous échappent. Les liards ridicules que vous laissez tomber dans le plateau des offrandes, ou même le simple geste du bout des doigts par lequel vous remuez les pièces qui s'y trouvent pour faire croire que vous donnez. Comme si cette ruse enfantine pouvait échapper aux regards du Seigneur ! Confessez-vous donc de tout cela, mes chers frères. Apaisez la colère de Dieu, étouffez les miasmes du péché qui s'élèvent de votre cœur ! »

Comme en Égypte, les vaches maigres alternaient avec les vaches grasses. Aux Bonnets, les deux communautés multipliaient le nombre de leurs porcs, les nourrissant d'une racine nouvelle apportée par un Saton qui avait servi dans la milice et combattu en Espagne : les guerres sont parfois bonnes à quelque chose. On l'appelait *poire de terre* ou encore *topine*. Elle poussait même dans les mauvais sols au milieu des cailloux, produisant de longues tiges qu'on pouvait brûler en hiver, des fleurs jaunes comme de petits soleils et surtout des fruits souterrains à la chair blanche teintée de rose dont les cochons se montraient friands. En quelques années, leur élevage devint si nombreux qu'il se fit proverbial aux alentours : quand un drôlet s'était bien barbouillé la figure, sa mère s'écriait :

« Dirait-on pas que tu as tété toutes les truies des Bonnets ? »

Les hommes essayèrent de goûter aux topines, frites, bouillies, à l'huile ou au vinaigre. Mais certains y gagnèrent une telle *fouire* qu'ils préférèrent les abandonner aux pourceaux.

Une autre vertu de la topine : elle ne craignait point le gel ; tu pouvais la laisser en terre toute la saison froide sans souci pour sa conservation. L'arrachage n'arrivait pas d'ailleurs à extirper complètement ses chapelets dont il restait toujours quelques grains dans le sol, si bien que tu avais à peine besoin de la replanter. Elle se montrait même quelque peu envahissante.

Plût au ciel que les blés eussent offert pareille résistance aux froidures, aux sécheresses, aux pluies excessives ! D'une année à l'autre, c'était l'abondance ou la disette. Mais les Bons Dieux gardaient jalousement au grenier leur réserve de famine dans douze jarres de paille, chacune d'une contenance de dix boisseaux, six pleines de seigle et six remplies d'orge qu'on renouvelait, autant que possible, chaque année. Douze géants au garde-à-vous, tout en ventre et tout en or, que le maître appelait ses « douze apôtres ».

Un certain printemps, il vint un marchand *fourinà*, un Forézien, qui demanda au *mouitre* s'il n'avait rien à vendre. Si, répondit celui-ci, des cochons. Mais l'autre ne s'intéressait qu'aux blés, froments, seigles, orges ou avoines.

« L'hiver, dit-il en français, que nous venons de traverser a été froid et rare de neige.

— La pire sorte, répliqua le maître.

— Il y aura encore de la faim cette année. A qui sont ces blés verts qu'on longe à main gauche en venant d'Escoutoux ?

— Les nôtres. L'endroit s'appelle Fontapade.

— Vous avez de la chance, ils ne semblent pas avoir trop pâti du gel. Ils sont bien drus et bien épais.

— C'est qu'ils sont gardés de la bise par le bois qui est en haut.

— Combien comptez-vous en tirer de grain, si je ne suis pas trop curieux ?

— Ce que Dieu voudra.

— Moi, je dirais en tout douze ou quinze septiers. »

Et le *mouitre*, que l'orgueil aveuglait : « Vos septiers sont bien plus grands que les nôtres. Sinon, vous pourriez doubler la mise.

— Quoi ! Trente septiers ?

— C'est le rapport habituel de Fontapade.

— Alors, je vous propose une affaire... Avez-vous peur d'entrer en commerce avec un Fourinà ?

— Pas plus avec un Fourinà qu'avec quiconque.

— Eh bien ! Voilà. Je vous propose de vous acheter votre blé en herbe. Celui que j'ai vu. Vous avez bien d'autres champs ?

— Nous en avons quatre autres.

— Je vous achète le produit de Fontapade. Et je vous en paye d'avance dix septiers. Le reste à la livraison.

— Monsieur, vous ne le paierez pas assez cher.

— Comment pas assez cher ? Douze livres le septier !

— Pas assez cher.
— Quinze livres !
— Pas assez cher.
— Vingt livres !
— Pas assez cher.
— Vingt-cinq !
— Monsieur, je ne vends pas mon blé en herbe, parce qu'en herbe il ne m'appartient pas.
— A qui donc appartient-il ?
— A Dieu qui le regarde et qui pour lui, si telle est son intention, pleuvra, ventera et soleillera. Ce blé est à Dieu. Pas encore à nous. Monsieur je ne vends pas notre blé en herbe. Dieu nous en punirait. »

Si le Forézien avait remarqué la présence de deux petites croix de paille aux confins de Fontapade, enterrées avec le premier et le dernier sillon, il n'aurait pas entrepris une démarche aussi incongrue.

L'hiver suivant, Dieu neigea jusqu'à la queue des ânes. Le froid fut rude et interminable ; fin février, on ne se rappelait plus de quelle couleur avait été la terre ; des chandelles de glace pendaient à tous les toits, que les enfants cassaient et suçaient comme des sucres d'orge. C'était pour eux le meilleur temps de l'année, celui où les adultes ne demandaient guère leurs services, celui des jeux sempiternels. Ils jouaient au *renard* qui cherche partout les poules et les dindons afin de les dévorer. Mais pour ce faire, il doit d'abord identifier sa proie, à ses cheveux, à son visage, à ses vêtements, avec le droit de farfouiller partout sans qu'elle puisse moindrement protester. Voici donc d'abord le renard qui *dort* dans son terrier, la tête contre un mur, enfermée entre ses bras. Tout en dormant, il compte d'une voix forte jusqu'à vingt : *une, deux, trois, quatre*... pendant que la volaille court se musser dans les retraites les plus ombreuses, les mieux dissimulées, tout au fond des fenières,... *dix, onze, douze, treize*... dans la remise du bois, toutes portes fermées, dans la crèche des vaches, dans les granges, parmi les chars et les barots,... *dix-huit, dix-neuf, vingt*. Le renard s'élance, hume le vent, commence la visite des cachettes qu'il connaît bien pour les avoir pratiquées lui-même quand il était dindon. Certaines fois, à cause d'un peu de lumière qui traîne par là, il a vite fait de nommer sa volaille sans recourir à la fouille. Mais d'autres fois, il déniche la poulette espérée, la plus tendre, celle qui lui met l'eau à la bouche. Alors ses mains — froides d'abord, mais vite réchauffées — la parcourent de la tête aux pieds, se glissent sous ses hardes, atteignent la peau même aux endroits les plus secrets ; la poulette glousse un peu et frissonne, mais n'a le droit ni de protester ni de fuir tant qu'il n'a point prononcé son nom. Et s'il ne le fait pas, il va plus loin et recommence avec une autre. Lorsque enfin il a reconnu à voix haute Marguerite ou Génie, il se repaît d'elle à grands coups de gueule, *houap, houap, houap*. Au bout de quoi, Génie ou Marguerite de poulette devient renarde et c'est son tour d'aller *dormir*.

Plus innocemment, ils jouaient à la *tavelle*, qui consiste à découvrir un bâton dissimulé, avec l'aide des dissimulateurs : *chaud... froid... chaud... glacé...* A *gribouillette*, tandis que joueurs et joueuses sont disposés en cercle dans une grange vide, les yeux bandés, le vainqueur précédent lance un palet de bois sur le plancher et tous cherchent à tâtons à s'en emparer. Aux osselets, à la toupie, aux gobilles, aux bagues, à la *muscaille*, au *rabutin*, au *biquillou*, au *duliamé*, au *drelin-drelin*. Jamais en panne de jeux ni d'accessoires : brins de paille, bûchettes, cailloux, crottes de chèvre, coquilles de noix, noyaux de pêche soigneusement conservés depuis la saison dernière. La neige ne leur faisait pas peur, ils en tiraient tous les bonheurs possibles. Ne fût-ce que celui de marcher dedans jusqu'à ce que, accumulée sous leurs semelles, elle eût transformé leurs sabots en échasses. On l'enfonçait dans le cou des filles, on s'envoyait des boules à la figure, on imprimait dans la neige fraîche son portrait par-devant ou par-derrière, on glissait sur la mare gelée. A force de la pétrir, de la manger, de s'en frictionner, on rentrait à la maison avec des joues si rouges qu'une allumette de chènevotte s'y fût enflammée ; et des mains gonflées comme des beignets.

Pendant ce même hiver, un mendiant allemand vint sonner à leur portail. Vêtu de hardes misérables, il paraissait avoir entre trente et quarante ans si l'on en jugeait par le poil de sa barbe rousse et la fraîcheur de ses yeux. Mais il était maigre à pouvoir embrasser une chèvre entre les cornes. Ses mains, plus que tout, effrayaient : décharnées, couvertes de croûtes purulentes. On le mena près du feu, on lui fit boire de la tisane miellée, on versa de l'huile sur ses plaies. Il jargonnait suffisamment la langue française pour se faire entendre et dit être originaire de Saxe, en terres hérétiques, s'appeler Franz, qui est la même chose en terres d'Auvergne que François, Francis ou Francillon. Poussif à ne pas croire, il s'interrompait pour tousser, pour aller jeter sur la neige des crachats sanglants. Il arrivait d'Auzat, un village sis au bord de l'Allier, où il avait travaillé quatre ans comme charbonnier.

« Dans une forêt ? Vous mettiez du bois en meule pour le faire cuire ?

— Non. Il y avait des puits... dans la terre. On descendait au fond avec une corde... On arrachait les pierres noires, on les mettait dans des paniers... Un camarade resté à la surface les remontait...

Quatre ans j'ai arraché les pierres qui brûlent... Nous disons chez nous *Chtaïncôle*... Quatre ans comme ça... au fond du puits... avec ma pioche et mon panier. »

Et de tousser, et de cracher. Un jour, il se dit en son patois de Saxe : « Franz, mon ami, cette toux va te briser la poitrine. Il est urgent, si tu veux revoir ton père et ta mère, que tu quittes ce pays sans considérer le temps qu'il fait. » Voilà pourquoi il s'était mis en route au milieu de l'hiver, couchant dans les granges et les fenils, quand on voulait bien l'y recevoir. Sinon, dans les meules de paille, ou encore sous le porche des églises. Puis il repartait, traînant ses bottes crevées, semant derrière lui ses crachats rouges, souvent mordu par les chiens, hué par les loups, récoltant quelques croûtes de pain et beaucoup d'injures.

La *mouitreço* le fit coucher dans l'étable après avoir vérifié, selon l'usage, qu'il ne portait sur lui aucune sorte de briquet, et le nourrit de bonnes soupes. Mais la toux ne lui passait aucunement. Alors, on eut recours contre elle à la médication extrême. Les hommes le firent mettre tout nu et, le soutenant, le conduisirent à l'autre bout de l'étable où le fumier formait un grand monceau. Il en émanait une chaude et forte senteur. Ils découvrirent à la fourche cette meule suintante, dirent à l'homme, couche-toi là-dessus, et, quand il se fut allongé sur ce matelas de bouse et de fougère, le recouvrirent jusqu'à ce qu'il eût disparu entièrement, excepté la tête qui sortait, appuyée à une botte de paille. Il demeura six heures dans cette mouscaille dont la fermentation le pénétrait jusqu'aux moelles d'une chaleur bienfaisante. Au bout desquelles on le retira de son cataplasme, les yeux larmoyants, et complètement ivre : saoulé par les vapeurs de l'ammoniaque, chantant dans sa langue une chanson sans doute d'ivrogne, car il s'étouffait de rire. « A présent, se dirent entre eux les parsonniers à voix basse, il est guéri ou foutu. » On le lessiva de la tête aux pieds, on le rapporta dans sa caisse où l'ivresse lui passa bientôt, tandis que la langue française lui revenait.

« Mes amis, murmurait-il à chaque instant en versant des larmes, mes chers amis... »

Sa barbe rousse faisait dans l'étable obscure un flamboiement.

Il resta plusieurs jours entre la vie et la mort. Puis il se décida à passer du côté de la mort. Les crachements de sang le reprirent et, un matin, il en vomit une demi-seillée. Il s'affaiblissait de plus en plus. Le *mouitre* vint à son chevet, désolé de son impuissance. Il tint entre les siennes une main de l'étranger et dit :

« Que pourrions-nous faire pour vous, Franz, que nous n'avons pas encore fait ? Désirez-vous un médecin ?

— Non, maître, je vous remercie, mais je ne crois pas à la médecine. Je voudrais... seulement... un prêtre.

— C'est que, par ici, nous ne disposons que de prêtres catholiques. Nous savons que vous n'êtes pas de notre religion et sommes bien fâchés de ne pouvoir vous procurer un pasteur huguenot. »

Alors, le Saxon prononça ces paroles étonnantes : « Amenez-moi un prêtre catholique, je vous prie. »

On manda un jeune garçon quérir à Vollore, à défaut du curé lui-même, trop âgé, son vicaire Raymond Béringuier, qui descendit à cheval avec son porte-bon Dieu et resta seul au chevet du mourant. Ils chuchotèrent longtemps ensemble tandis que toute vie semblait suspendue chez les Bonnet-Lavest. Plusieurs hommes et femmes, rassemblés autour du feu d'en-haut, récitaient le *Miserere* en faveur de l'hérétique agonisant.

Or voici que soudain le vicaire Béringuier paraît à la porte de la salle commune, les bras ouverts et le visage rayonnant :

« Mes frères ! Mes frères ! Il nous arrive un grand bonheur ! En remerciement des bons soins reçus de vous, l'Allemand-Saxon Franz désire abjurer la croyance luthérienne et se convertir à notre Sainte Religion Catholique, Apostolique et Romaine ! Venez assister à ce miracle ! »

Les communistes se levèrent avec stupéfaction. Le vicaire les emmena dans l'étable où le charbonnier achevait sa malheureuse vie. S'étant approché, le *mouitre* entendit ces faibles paroles :

« Maître... Dieu ne m'a pas accordé la grâce de pouvoir rentrer chez moi et revoir ma famille... Mais... il m'en a donné une seconde en chemin... la vôtre... qui m'a reçu comme son enfant... Que le Seigneur vous bénisse tous. »

On soutint l'échine du malade avec une botte supplémentaire et le prêtre, paré de son étole, se signa, imité par les communistes agenouillés sur la fougère humide. Invité à faire de même, pour la première fois de sa vie, l'étranger promena sa main sur sa propre personne et la marqua du sceau brûlant de la Croix. Le vicaire l'invita ensuite à répéter en français la formule de l'abjuration :

« Moi, Franz Kung, déclare devant tous et devant Dieu qui m'écoute renier à jamais l'hérésie luthérienne sous toutes ses formes et reconnaître les vérités professées par la Sainte Religion Catholique, Apostolique et Romaine ; l'efficacité de ses sacrements ; la sainteté de Marie, Mère de Dieu incarné. J'honorerai les saints, serviteurs de Dieu ; les reliques de leurs corps parce que ces corps ont été la demeure du Saint-Esprit et doivent ressusciter glorieux ; j'honorerai aussi et je prierai les anges, amis de Dieu, pour obtenir par leur intercession les grâces dont j'aurai besoin. J'implore la miséricorde infinie du Dieu Tout-Puissant de pardonner à mes longues erreurs et de bien vouloir me recevoir au sein de la Sainte Église Catholique, Apostolique et Romaine... »

La formule était si longue que bientôt la voix de l'agonisant devint inaudible ; mais ses lèvres remuaient conformément aux paroles, et chacun put juger de sa ferme détermination à sortir de l'erreur pour entrer dans la vérité. Au terme de la récitation, le nouveau catholique répéta de même le *Je vous salue*, le *Notre Père*, le *Je crois en Dieu* que le célébrant lui soufflait.

Les gestes devaient confirmer les mots. Afin de lui conférer le baptême catholique, signe d'alliance de Dieu et de l'eau, de la terre et du Ciel, de la créature et de son Créateur, le prêtre demanda un parrain et une marraine : le maître et la maîtresse s'offrirent. A ce moment, le Saxon leva un doigt, pour indiquer qu'il avait quelque chose à dire. Mais sa voix était si faible que Raymond Béringuier ne put distinguer le sens de ses paroles. Le *mouitre* à son tour se pencha, colla son oreille au centre de la barbe rousse.

« Il dit, fit-il en se redressant, qu'il a déjà été baptisé.

— Impossible ! dit le prêtre. Il a peut-être bien reçu l'eau baptismale, mais des mains d'un pasteur hérétique. Tout au plus pouvons-nous considérer cela comme un ondoiement, qui demande confirmation par le ministère d'un prêtre ordonné. »

Franz Kung fut donc gratifié du sacrement de purification et d'alliance ; dès lors, il devint membre de l'Église terrestre, soutenu par l'invisible main de son patron saint François, mendiant jadis comme lui, et comme lui consumé de fièvres. Aussitôt, il se sentit l'âme aérienne dans un corps sans poids. Le souvenir des puits au fond desquels il avait longtemps pioché les pierres noires disparut de sa mémoire, et il vit nettement penchés sur son lit les visages de Johan et d'Anna, ses père et mère. Il sourit à son tour.

Béringuier choisit cet heureux moment pour parachever son œuvre, en lui présentant le corps du Christ. Comme il semblait ne pas comprendre :

« Ouvrez la bouche ! Tendez la langue ! » chuchota-t-il d'une voix impérieuse.

Franz eut la force d'obéir. Puis, ayant accompli tout ce qui était nécessaire pour une parfaite abjuration, il mourut doucement, la sainte hostie collée au palais. Personne ne pleura autour de lui car son visage rayonnait de bonheur.

Comme avait prévu la comète, le siècle apporta des nouveautés considérables. La première, bénie par tout le monde, fut l'arrivée de la pomme de terre. Afin de ne pas la confondre par le nom avec la *poire de terre* ou *topine*, les Auvergnats lui préférèrent celui de *truffe*, parce qu'elle offrait quelque ressemblance avec le champignon souterrain de même appellation, connu dans la région seulement par les almanachs et les racontars, on disait que le roi Louis en mangeait une livre par jour, cuite sous la cendre, à cause de ses supposées vertus aphrodisiaques. A chacun sa *truffe* : au Périgord le mets précieux, rare et délicat destiné à chatouiller l'appétit des gourmands fortunés ; à l'Auvergne, au Limousin la bonne grosse *truffe* abondante, nourricière, qui remplit l'estomac des pauvres. Donnez-moi de la *truffe* auvergnate tous les jours, et je vous abandonne ma vie durant la *truffe* périgourdine.

Elle vint du Forez, qui l'avait reçue du Vivarais, apportée par on ne sait qui. Elle se propagea comme la variole. C'était alors un véritable arbuste, haut de quatre pieds, fort en tiges et lourd de feuilles. Véritable arbre à pistoles par la richesse qu'il produisait. Comme les pommes de l'air, ces pommes de terre avaient des couleurs variées : jaunes, blanches, bleues, roses, violettes. Les paysannes apprirent très vite à les accommoder. Elles découvrirent que telle ou telle convenait mieux à la friture, ou bien à la soupe, à la purée, à la salade, aux cochons. Mais même cette dernière convenait aux hommes : ils se réunirent les veillées d'hiver autour du grand chaudron de fonte noire, debout au milieu des flammes sur ses trois pieds comme celui du diable, point de convergence des regards d'abord, puis des mains. Et telle était la grande cocagne : chaque présent avait le droit d'y puiser selon son envie. Une première, une seconde, une troisième..., terreuses, fumantes, qu'il épluchait du bout de l'ongle et passait d'une main à l'autre pour moins se brûler. Même les chiens recevaient leur part qu'ils happaient en gémissant de douleur et de plaisir. Les drôles en pressaient, une fois pelées, deux l'une contre l'autre, comme on forme une boule de neige, et ils plaçaient la leur sur les braises, la tournant de temps en temps pour qu'elle reçût partout la chaleur : elle se dorait, se desséchait, devenait craquante comme un gâteau. Au terme de cette veillée qui n'était qu'une longue mangerie, le chaudron restait garni suffisamment pour que les cochons n'eussent pas à se plaindre. On ajouta la pomme de terre à la farine de blé, et l'on fit du pain mixte qui collait un peu au couteau, mais bourrait bien les estomacs. Grâce à la fausse *truffe*, le spectre de la famine fut chassé à jamais des campagnes.

La seconde nouveauté fut la Révolution. L'Auvergne accueillit avec enthousiasme les premières réformes. Ouvriers, artisans, paysans, bourgeois, prêtres fraternisaient autour des arbres de la Liberté. On en planta un superbe devant l'église de Vollore. Les curés enseignèrent au catéchisme la *Déclaration des Droits de l'Homme et du Citoyen* en même temps que l'*Évangile*. Les religieuses, le prieuré, les prêtres vollorois perdirent leurs richesses, devenues bien nationaux, mais gardèrent le cœur du populaire. On le vit bien lorsque fut votée la *Constitution civile du clergé* qui astreignait les ecclésiastiques à prêter serment, à devenir fonctionnaires, rétribués et contrôlés par l'État. La plupart refusèrent et choisirent la clandestinité, l'exil ou la prison. Plusieurs gagnèrent la Suisse. Quelques-uns furent pris en route et incarcérés à Riom ou à Bordeaux. L'un d'eux, qui s'était dissimulé sous un tas de foin, fut percé d'un coup de lance. D'autres vivaient dans les bois de Chignore ; sur une certaine pierre plate qui leur servait d'autel, le monde des alentours venait déposer en secret des tourtes de pain et d'autres victuailles.

Le curé insermenté d'Escoutoux, Antoine Bonnemoy, trouva refuge chez les Bonnet-Lavest qui l'habillèrent en domestique. C'était un homme de cinquante-trois ans, fort valide, quoique de mince corpulence. Le jour, il besognait aux champs ; la nuit, il célébrait la messe dans une grange, offrant des hosties pétries et cuites par les femmes de la communauté. En cas d'alerte, de visite nocturne des gendarmes, il se retirait dans le tronc creux d'un châtaignier, tandis que le *mouitre* offrait à boire et à manger aux patriotes.

Il arrivait même que leur chef se laissât entraîner avec lui à une partie de piquet, pendant que ses hommes somnolaient devant la cheminée.

Les révolutionnaires de Paris allaient trop loin. La Province avait applaudi les droits de l'homme et du citoyen, les libertés, la suppression de l'esclavage, des dîmes, de la gabelle, de la taille, des privilèges. Et même la vente des biens ecclésiastiques. Mais les Parisiens voulaient maintenant tout changer : le calendrier, la pluie et le beau temps, les poids et mesures, la monnaie qui de ronde devint carrée, et surtout la religion. Le curé assermenté de Vollore, Jean Borel, assista sans protestation au pillage de sa propre église dont tous les objets d'or et d'argent, statuettes, calices, burettes, lampes, chandeliers, encensoirs, crucifix furent emportés à Thiers pour être fondus et convertis en monnaie. Il dit simplement que le sang du Christ ne se figerait pas dans un calice d'étain. Bref, il se rendit si odieux à la population que la veille de Noël 1792 il reçut deux coups de fusil, l'un à balles, l'autre à plombs, dirigés non contre sa personne, mais contre sa porte qui en fut transpercée et incrustée. Toute la montagne, d'Ambert à Thiers, était en fermentation.

On sut par les chansons que le roi avait eu la tête tranchée. A côté de l'église, un groupe de sans-culottes, mâles et femelles, dansaient sur l'air de *la Carmagnole* :

La tête à Louis, ce gros garçon,
Est dégringolée dans le son.
Ce n'était pas trop tôt !
Bonsoir, Monsieur Veto !

Et maintenant, qui allait le remplacer ? Qui gouvernerait la

France à sa place ? La République ! répondaient les patriotes. Mais qui était la République ? Le gouvernement de tous ! Le gouvernement de tous, ça n'existe pas ; le gouvernement de tous, c'est le brouillamini ; car depuis le commencement des temps, il faut que tout groupe d'hommes soit mené par un seul ; sinon, l'association n'a plus qu'à se dissoudre. C'est ce qui était advenu, avant même que la Révolution n'éclatât, à de nombreuses condamines thiernoises vieilles pourtant de plusieurs siècles. Parce que les jeunes gens s'étaient mis à discuter les décisions des maîtres. Parce qu'ils n'étaient plus satisfaits de leur sort. Cela avait amené la fin de l'entente, le partage des biens communautaires ; ensuite, chaque individu s'était remis à cultiver son lopin personnel, qui bien, qui mal, qui misérablement.

La France allait-elle faire de même ?

En attendant, les *mouitri*, rois élus de leurs petits royaumes, se sentaient menacés par la République des sans-culottes.

Mars était devenu pour moitié Ventôse et pour moitié Germinal. Ce qui laissait les laboureurs indifférents, toujours accrochés à leurs anciennes habitudes de langage :

En carême est de saison le saumon et le sermon.

Au temps du carême, maintenant, pour afficher leurs opinions, les patriotes se promenaient ostensiblement dans les rues de Thiers ou de Vollore un quignon de pain dans une main, une saucisse dans l'autre.

Avec mars, arrivait la douceur de l'air :

En mars, qui n'a sabots aille déchaux.

Mais la queue de l'hiver était plus décisive pour les grains que la tête du printemps :

Neige en mars vaut blé en sacs.

La récolte de l'année 92 avait été excellente, les greniers auraient été pleins sans les réquisitions exercées par les commissaires du district.

Aux protestations des paysans, ils répliquaient :

« Que voulez-vous : Paris a faim. Le pain y est rare et la viande introuvable.

— Les Parisiens ont faim ? Mais comment font-ils, après une si bonne année ?

— Ce sont les manigances des royalistes. »

Un soir de la mi-mars, les Bonnet-Lavest reçurent la visite d'un jeune homme dont maître Guillaume ne reconnut point d'abord le visage. Il était vêtu de fort bourgeoise façon, pantalons de casimir enfilés dans des demi-bottes, chapeau rond, manteau de laine bureau. Ayant regardé autour de lui, il chuchota :

« Je suis Gilbert Bourgade. »

Maître Guillaume connaissait bien la communauté des Bourgade à la Dardie, ayant toujours entretenu d'excellentes relations avec elle. Et il n'ignorait point l'existence du jeune Gilbert, envolé de la ruche pour se consacrer au service de Dieu.

« Gilbert Bourgade ? Je vous croyais séminariste à Thiers ?

— Je l'étais jusqu'au mois de janvier. Jusqu'au moment où j'ai appris l'assassinat du roi Louis. Du Roi-Laboureur. »

Il tira de sa manche une image de propagande en couleurs représentant un gros homme à perruque et bas de soie tenant compagnie à un paysan derrière sa charrue. Mais le gros homme se gardait bien de gouverner les mancherons et se contentait, tranquille comme Baptiste, de marcher à côté du croquant.

Au-dessous, une banderole affirmait effrontément : *Le roi Louis XVI en train de labourer*.

« Voici celui, continua le séminariste, que les patriotes ont osé décapiter ! »

Le maître regarda et se tut, en attendant de savoir où le prêtrerot voulait en venir. Celui-ci expliqua que la République, qui avait mis la main déjà sur beaucoup de jeunes gens de la commune, avait besoin de nouvelles recrues. Le tirage au sort aurait lieu le 18 mars, dans un chapeau où figureraient les noms de tous les hommes recensés d'après les registres de baptême.

« Je sais que vous avez un garçon recensé, Annet Bonnet-Lavest. Entendez-vous le laisser partir ?

— Si c'est la loi...

— La loi des assassins ! »

La discussion fut longue entre les deux hommes, auxquels se joignirent plus tard le jeune Annet lui-même et son père Jean-Baptiste. Ce dernier déclara farouchement qu'il n'y avait plus de roi, que la République était maudite de Dieu et que lui-même couperait le cou le 18 mars au premier qui mettrait la main dans le chapeau. Au bout de quoi, les deux jeunes gens s'armèrent d'un vieux fusil de chasse, d'une faux montée en pointe sur son manche et disparurent dans la nuit.

Les jours suivants, ils battirent les hameaux et les métairies jusqu'à Augerolles, jusqu'à Tours, jusqu'à Olmet et dans toutes les paroisses circonvoisines. Ils ne se cachaient plus, brandissaient des fourches, de vieilles hallebardes, quelques-uns parés de cocardes blanches, criant Dieu et le Roi, à l'enfer les sans-culottes et les couillons de commissaires. Les aubergistes leur offraient à boire, des femmes leur apportaient du pain. Au village des Grimardies, un ci-devant gentilhomme, le chevalier Alexis Bertrand de Provenchères, les munit de ce qu'il possède en pistolets, sabres et épées, puis se joint à eux. Ils gagnent aussi un autre noble, Jacques-Christophe Micolon de Guérines. Mais il s'agit de noblesses minuscules, venues de l'écritoire, et sans tradition militaire. Ainsi encadrés de séminaristes et d'avocats, armés de fourches et de pétoires, la troupe des révoltés semble bonne pour un charivari plutôt qu'une contre-révolution. Le 17, le jeune Moron, dit Laviolette, du village de Chassonnerie, sonne le tocsin et lui gagne d'autres participants, hommes ou femmes. Le 18 au matin, ils sont plusieurs centaines à marcher sur Vollore.

Le district de Thiers, prévenu de ces rassemblements et de ces cris, a envoyé trois cents gardes nationaux qui forment, ce dimanche sans messe, dans l'église du ci-devant Saint-Maurice deux haies de protection ; derrière eux, se masse le populaire. Le reste de la troupe garde les issues ou stationne sur la place avec une pièce de canon chargé à mitraille. Parmi la foule, Jean-Baptiste Bonnet-Lavest, père du jeune Annet, serre son couteau dans sa poche, prêt à couper le cou comme il l'a promis au premier qui mettra la main dans le chapeau. Autour d'une table, assis ou debout, le maire, les officiers municipaux, les commissaires du district, le procureur, le secrétaire-greffier communal. Et c'est pour le bas peuple un spectacle fort choquant que ces hommes coiffés du bicorne dans la maison du Seigneur.

Roulement de tambour. Un commissaire prend la parole :

« Le décret du 1er Ventôse an II de la Convention ordonne une levée nationale de 300 000 hommes, sur laquelle un contingent de 28 recrues est fixé pour la commune de Vollore-Ville. Y a-t-il pour cette participation patriotique des volontaires présents ou représentés ? »

Aucun doigt ne se lève.

« Nous allons donc procéder au tirage. »

On apporte un chapeau à coiffe profonde, rempli de centaines de billets écrits aux noms des recensés. Jean-Baptiste se sent prêt au martyre pour son Dieu, pour son roi, pour son fils. Il ouvre la lame de son couteau et le tient dissimulé dans sa manche. A ce moment, le commissaire pousse devant lui un drôlet d'une dizaine d'années : c'est lui qui, le premier, mettra la main dans le chapeau et tirera les bulletins noirs. Jean-Baptiste, désarmé, laisse glisser le couteau et referme sa lame.

L'opération dure des heures, dans la lumière violette, rouge et bleue qui tombe des vitraux. Des gardes nationaux ont allumé leurs pipes et, de temps en temps, jettent par terre, sur la tombe des anciens prêtres, une giclée de salive qu'ils écrasent du pied. A chaque nom tiré, l'élu s'avance s'il est présent, est dirigé vers le chœur entouré de soldats. S'il est absent, il lui est enjoint de se présenter dans les vingt-quatre heures à la maison commune, sous peine de représailles contre sa famille.

Tout à coup, des vociférations éclatent au-dehors. Un commandant de la garde entre en courant :

« Un groupe de brigands, explique-t-il essoufflé, approche de Vollore par la route de Courpière. Ils sont armés de fusils et de divers instruments. Nous allons les recevoir comme il faut. »

Il repart de même. Le tambour sonne la générale, des coups de feu crépitent. Les bade-bec sans-culottes s'élancent, baïonnette en avant, à la rencontre des misérables culs-terreux. Un officier leur crie :

« Dispersez-vous, ennemis de la République ! »

Un des révoltés le met en joue et tire. Mais sa pétoire ne pète pas. L'instant d'après, c'est lui qui est couché par terre, une balle de plomb dans la poitrine. Les autres ont soudainement conscience que leurs armes sont maudites et que Dieu les renie. Les baïonnettes républicaines les lardent, les coups de feu les étourdissent, la panique les prend au ventre, ils s'enfuient parmi les genêts en courant comme des perdus qu'ils sont, excepté une demi-douzaine qui reste aux mains des bade-bec. Les jours suivants, après interrogatoire des prisonniers, soixante-dix-sept autres seront arrêtés.

Tous furent jugés à Thiers par un tribunal venu de Clermont, qu'inspirait l'abbé jureur Monestier, ci-devant curé de Saint-Pierre, puis député à la Convention et représentant du peuple en mission dans le Puy-de-Dôme et la Creuse. Chanoine repenti qui reprochait aux Auvergnates de porter des croix au cou, symboles du fanatisme, et les menaçait de graves châtiments. Contre les insoumis pris les armes à la main, les juges clermontois prononcèrent quatorze condamnations à mort dont neuf par contumace, huit peines de prison, cinquante-neuf acquittements. Trois rebelles seulement furent en fait exécutés, dès le lendemain : Gilbert Bourgade, Augustin Désormières et Jean Gouttegatta. L'échafaud fut dressé devant le nouvel hôtel de ville. La fameuse *louisette* (ainsi nommée parce que le chirurgien Antoine Louis la recommandait bien avant le Dr Guillotin) parut un peu riquiqui aux Thiernois qui s'en faisaient une idée plus grandiose :

« *Co i ma co-tch* ! Ce n'est donc que ça ! »

Néanmoins, elle suffit à son rôle et l'on devait longtemps l'évoquer dans les chaumières avec horreur. Raconter que le sang des victimes ruissela à gros bouillons sur le pavé en pente jusqu'au fond de la rue des Barres, atteignit la Durolle dont les eaux coulèrent rouge pendant trois jours. Ainsi s'acheva la pauvre chouannerie volloroise.

Le jeune Annet Bonnet-Lavest figurait parmi les contumax. Il vécut deux ans caché dans les fenils et les troncs de châtaignier. Quant au ci-devant chanoine Monestier, de retour dans la capitale, il écrivit aux Thiernois une lettre-sermon pour les remercier de leur accueil. *S'il nous reste quelques regrets*, concluait-il, *c'est d'avoir été obligé, pour rétablir la tranquillité publique dans quelques cantons, de vous rendre témoins d'un spectacle qui contriste toujours la douce humanité, quoiqu'il soit impérieusement commandé par la sévère justice.*

Cette Révolution amena un peu de bien et beaucoup d'autres malheurs, causant sur la terre de Vollore, outre le décès des trois guillotinés, la mort de plusieurs hommes sur les champs de bataille. Le clocher d'Escoutoux ne courait aucun danger, puisqu'il n'existait pas ; mais celui de Saint-Maurice fut abattu, les cloches brisées, les cordes expédiées à Maringues pour récupération. Avant de les envoyer, on prit la peine de les peser, on en trouva 57 livres. Mais il en manquait la moitié en arrivant au port. Le reste s'était perdu en cours de route, découpé par des mains pieuses, distribué, transformé en reliques. Les Bonnet-Lavest, qui avaient participé à la chouannerie, en furent gratifiés d'un petit morceau qu'ils conservèrent toujours parmi leurs objets de piété.

10

Ruinée une fois encore par les débuts de la Révolution, quand manquaient les matières premières, chiffons, acier, charbon, ivoire, bois d'ébène, quand toute exportation était interdite par l'état de guerre, l'industrie thiernoise retrouva sa prospérité sous le Consulat et sous l'Empire. Elle dut cette renaissance à l'activité, à l'ingéniosité de ses artisans, aux salaires minimes dont ils se contentaient. En 1802, l'ex-ministre anglais de la Trésorerie, Charles Fox, fit une visite à l'exposition parisienne de l'industrie française, conduit par le chimiste Chaptal, alors ministre de l'Intérieur. Ils s'arrêtèrent devant un étalage de modestes couteaux de Thiers à manches de buis dont le prix était indiqué à sept sous la douzaine.

« Voilà, dit M. Fox, ce qui est le plus dangereux pour nous. »

Avec la chute de Napoléon, l'univers sembla pris d'une fringale de couteaux, de ciseaux, de rasoirs. Les colporteurs les distribuaient dans la France entière, la plupart des pays connus et quelques-uns inconnus sur les côtes d'Afrique ou d'Amérique. Ils tenaient boutique de coutellerie et quincaille aussi bien dans l'État de Bernique que sur l'île de Golo-Golo où les indigènes se nourrissent exclusivement de bananes qu'ils pelaient avec les ongles : les négociants bade-bec les convainquirent d'employer un canif. L'astuce thiernoise fit des merveilles : elle proposa des couteaux de poche à une, à dix ou à cent pièces ; des couteaux de table à lame ronde, inutilisables pour se curer les dents ; des ciseaux de brodeuse, de tailleur, de perruquier, de papetier, de chirurgien, de censeur, de moucheur de chandelles ; des rasoirs à deux manches pour frères siamois et sans manche du tout à l'usage des manchots ; un fabricant de Saint-Rémy fit fortune en vendant aux hommes de Cuba cent mille guillotines miniature à épointer les cigares.

La gourmandise en même temps que la prospérité revinrent dans la ville coutelière : en un temps où le peuple ignorait presque la viande rouge, Thiers compta trente-deux boucheries. Auprès desquelles tenaient commerce une dizaine de tonneliers, quarante cabaretiers, une trentaine de débitants de vins et liqueurs à emporter, et un seul marchand de chapelets. Encore ce dernier devait-il pour vivre monter des couteaux dans son arrière-boutique.

A son exemple, des milliers de familles dans les campagnes environnantes ajoutaient la coutellerie à leur activité principale. Elles étaient trois chez les Bonnet-Lavest, ce qui devait causer de bien gros soucis au *mouitre* de l'époque, maître François. Il fut un jour abordé par son neveu Émile, gendre de la maîtresse, âgé de vingt-six ans, garçon de vive intelligence et de beau langage, qui lisait dans n'importe quel livre aussi facilement qu'il mangeait sa soupe.

« Mon oncle, combien avez-vous vendu les bœufs à la foire de Courpière ?

— Douze cents francs la paire.

— Et combien de cartons de blé avez-vous vendus ?

— Soixante et dix.

— A combien le carton ?

— Pourquoi me poses-tu ces questions ?

— C'est, mon oncle, parce que la jeunesse d'à présent est devenue curieuse.

— Et en quoi mes réponses t'avancent-elles, puisque tout cet argent entre dans le trésor de notre communauté ? N'as-tu plus confiance en son maître ?

— La confiance, je l'ai. Ce qui me manque, c'est la monnaie. Vous en abandonnez à ceux qui clavettent des couteaux ; mais nous autres, nous avons la bourse plate.

— C'est qu'ils travaillent plus que vous. Ai-je jamais cependant refusé de te satisfaire, toi et les tiens, sitôt que tu me le demandes, dans toutes vos nécessités ?

— Ce qui m'ennuie, précisément, c'est d'avoir à demander. Ne pourriez-vous accorder sans demande une petite somme à chaque famille, régulièrement ? Les célibataires oseraient sans honte participer aux reinages, boire un coup au cabaret, jouer aux quilles, acheter du tabac. Les personnes mariées feraient emplette de petites choses pas bien utiles : des mouchoirs, des rubans, un peigne, des épingles. Au lieu qu'il nous faut toujours demander et demander, et faire selon ce qui vous passe par la tête. Et comme qui dirait mendier ce que nous gagnons avec notre travail. »

L'oncle comprit que son neveu ne parlait pas pour lui seul, mais pour le compte de plusieurs autres. Ils s'entretinrent longuement en secret. « Pourquoi, demandait le *mouitre*, acheter des choses inutiles, puisqu'elles sont inutiles ? — Ce qui est inutile à l'un peut être indispensable à l'autre, car chacun n'a pas besoin des mêmes choses. — Tout le monde a besoin des mêmes choses, le manger, le boire, l'habillement, la chaleur... — Oh ! que non ! Moi, j'aime bien fumer ma pipe, quand je peux, et ma femme ne s'en soucie point. — Et combien serait cette somme que tu demandes ? — Tant pour un célibataire et tant pour un ménage. — C'est beaucoup ! — Disons tant, si vous voulez. — C'est encore trop ! — Alors, disons tant : mon dernier prix. »

Ils s'accordèrent là-dessus. Dès lors, chaque samedi, il y eut distribution de pécunes dans la salle communautaire. Petite somme pour petits plaisirs. Ce fut la seule, la vraie révolution chez les Bons Dieux, puisque la Grande de 89 n'y avait rien changé. Depuis des siècles, ces hommes et ces femmes vivaient sans argent. Du moins, sans le toucher de leurs doigts, sans le tenir bien au chaud dans leur bougette. Et par la même occasion, ils ou elles vivaient sans bagues, sans boucles d'oreilles, sans colliers, sans ces beaux pendentifs formés d'une colombe tenant dans son bec une perle que les orfèvres appelaient des *saint-esprit*.

« Le Saint-Esprit, disaient farouchement les maîtresses, nous ne le portons pas à notre cou, mais dans nos cœurs. »

Pendant des siècles, hommes et femmes communistes avaient vécu sans autres affiquets que ceux qu'ils ou elles pouvaient confectionner de leurs mains : coiffes à ruches tuyautées, devantiers de dentelle, gilets brodés de soie, sabots fins gravés de fleurettes ; tout au plus achetaient-ils les fils et les étoffes nécessaires. La seule coquetterie des hommes était, le dimanche, de s'en aller à la messe après s'être couvert la façade d'un beau tablier blanc, on eût dit des apothicaires. Or voici que chacun se mit à désirer davantage : les messieurs des guêtres à boutons de nacre et des redingotes à fronces ; les dames des châles espagnols, des jupons rouges qu'on découvrait en retroussant un peu la robe, des corsets qui remontaient et gonflaient la poitrine, des chapeaux de paille de riz. Le chapelier du Pirou, à Thiers, en exposait de deux sortes : un petit rond pour l'hiver avec ruban de velours, et un immense, appelé *armille*, à coiffe rentrante, qu'on pouvait se poser l'été sur la tête pour se parer du soleil, ou bien tenir, pour faire beau, accroché à la ceinture où il devenait tout plat et pareil à un bouclier. Aucune femme bade-bec ces années-là ne sortait sans son armille, bien que ce fût un embarras plus qu'autre chose.

Naturellement, toutes ces babioles, on ne les aurait pas, mais du moins on en rêvait. L'allocation du samedi n'y suffisait point. Certaines familles la laissaient accumuler ; et, au bout de six ou sept semaines, elles arrivaient à un joli pécule qui permettait d'acheter une paire de bottines ou un chapeau bicorne. Les autres, celles qui avaient bu ou mangé l'allocation au fur et à mesure, faisaient semblant de se moquer :

« Ça te va... ça te va comme un jupon à une chèvre ! »

Pendant ce temps, le *mouitre* et la *mouitreço* prêchaient les mérites de l'ancienne austérité, rarement entendus maintenant que les oreilles étaient remplies du bruit des pistoles. Et c'est ainsi que s'explique l'affaire du tonneau qui se produisit quelques années plus tard et eut de si graves conséquences.

C'était à la fin de l'hiver. Désirant vérifier, en vue des prochaines vendanges, l'état de certains tonneaux vides entreposés dans une grange, maître François pousse la porte un matin. Et la première chose qu'il voit, sortant d'un de ces tonneaux sans tête et debout sur son cul : une paire de jambes. A la lumière qu'il fait en entrant, les jambes s'agitent, et qu'est-ce qui sort du tonneau ? Rien d'autre que le jeune Francillon, son second neveu et filleul, âgé de vingt ans, la crête plus rouge qu'un dindon soit à cause de la position penchée qu'il venait de quitter, soit à cause de la surprise. A la question du *mouitre*, qu'est-ce que tu fabriques dans ce tonneau, il répond en bafouillant et cherche à s'envoler. Mais François le retient par l'aile, il faudra bien que tu t'expliques. Sans le lâcher, il se penche à son tour, promène une main sur les fonçailles, trouve quelque chose : un boursicot de cuir qu'il ramène au jour. Il l'ouvre : il contient sept écus de cinq francs et de menues pièces blanches.

« Je suis ton parrain, Francillon. Faut que tu me dises d'où vient cet argent. Est-ce que tu l'as volé ? »

Et l'autre soudain furieux, ce qui le rend presque bleu : « Pas volé ! Pas volé ! Gagné !

— Gagné comment ?

— En clavetant les couteaux de chez nous. J'ai fait ma part de travail, j'avais droit à ma part de salaire.

— Est-ce que ton père est au courant ?

— Il l'est. C'est pourquoi je ne l'ai pas volé.

— C'est notre entente qui l'a été, volée. Elle qui t'a nourri, élevé, habillé, soigné quand tu étais malade. Tu as un pied bot. Qu'aurais-tu fait sans notre entente ?

— Pour me soigner, j'avais mon père et ma mère. Et l'on peut très bien travailler avec un pied bot, même si l'on court moins vite. La preuve ! Je pouvais donc me passer de l'entente. Et pour tout vous dire, je veux que vous sachiez une chose : mes enfants, si j'en ai un jour, ne seront pas élevés comme moi. Les petits d'homme ne sont pas des petits de brebis, qui tètent n'importe quelle mamelle.

— Tu veux changer nos habitudes ?

— Non point. Je veux me séparer de vous.

— Nous quitter ?

— Vous quitter. Parce qu'ici je me sens comme qui dirait dans des culottes trop étroites, qui m'empêchent de grandir. J'irai chez les autres.

— Ah ! chez les autres ! Les culottes sont larges, chez les autres ! Et y en a grand de domaine ! Ainsi, tu iras domestique ?

— S'il le faut. Parce que je serai plus libre, domestique là-bas, que maître aux Bonnets. Mais quel maître ! Ici, le seul maître, c'est vous !

— Tu es déjà décidé ?

— Depuis longtemps. J'attendais seulement une occasion de le dire. Voilà qui est fait.

— Nous en reparlerons la semaine prochaine. Reprends ton boursicot. La communauté te le donne. »

Il lui imposa ce délai. Mais l'autre ne changea point d'avis et rien ni personne ne put le remuer, ni les supplications de Jeannette, sa mère, ni les bégaiements de son père Aristide, qui souffrait d'une difficulté de langage et ne disait guère autre chose dans une conversation que « Eh bè ! Eh bè ! Eh bè ! »

« Te rends-tu compte, reprit le *mouitre*, de ce que tu vas perdre ? L'amitié de nous tous, l'assurance de vivre ici tous tes jours dans la tranquillité, sans craindre ni la faim, ni le froid, ni le chômage, ni la maladie, ni l'accident.

— Écoutez, dit Francillon. Je peux renoncer à la séparation si vous me permettez une chose. Qu'avec cet argent que j'ai gagné de mon temps et de mes mains, vous m'autorisiez à acheter une vache.

— Une vache ? Que tu mêleras aux nôtres ? Qui broutera la même herbe ? Qui fera les mêmes besognes ? Une vache étrangère ?

— Oh ! Elle n'en saura rien, qu'elle est étrangère ! Je ne le lui dirai pas !

— Et après la vache, tu en voudras sans doute une seconde ? Ensuite, tu achèteras un pré, un bout de champ, et nous formerons deux domaines emmanchés l'un dans l'autre ? Où sera dans tout ça notre entente et notre fraternité ? Écoute. Il y a bien longtemps, peut-être mille ans, qu'un homme nommé Joanis, père d'une nombreuse famille, conseilla à ses enfants de ne point se séparer afin de ne pas avoir à partager leurs biens. Ils seraient plus forts, plus riches si, au lieu de prendre l'un un seul brin d'herbe, l'autre un seul fagot, ils mangeaient ensemble leurs herbes et brûlaient ensemble leurs fagots. Ils firent promesse, pour eux et leurs descendants, de respecter cette alliance. Le père étant mort, ils élirent pour le remplacer leur frère aîné et lui obéirent. Leurs enfants et les enfants de leurs enfants suivirent cet exemple, réunissant leurs bras pour se défendre et travailler, leurs herbes dans le même grenier, leurs gerbes dans la même grange, leur bois dans le même bûcher. De cette façon ils ont vécu peut-être mille ans, toujours fort hospitaliers, et sont allés en Paradis.

— Mais je sais, répéta Francillon sans s'émouvoir, ce que j'y gagnerai : ma liberté...

— ... et des culottes larges.

— Dites les choses comme il vous plaira.

— C'est bon. Tu recevras ton apanage. Ensuite tu pourras partir. Et il en sera de toi, chez les Bonnet-Lavest, comme de notre chien fou. Une bête qui auparavant était d'une grande douceur et nous rendait les meilleurs services. Si bien que chacun l'aimait de tout son cœur. Un jour, elle est devenue enragée, le poil hérissé, l'écume à la gueule. Je l'ai attachée aux rayons d'une roue et j'ai appelé un domestique, pour lui dire : ''J'ai trop de chagrin et je m'éloigne. Pendant mon absence, tu lui tireras deux coups de fusil et tu l'enfouiras profondément.'' C'est ce qui a été fait. En revenant, j'ai recommandé à tous : ''Que personne plus jamais ne parle de notre chien fou. Mais que chacun, s'il le veut, y pense.'' Voilà. Tu seras, Francillon, notre chien fou. »

On crut un moment que l'autre allait pleurer. Mais il se raidit, se racla la gorge :

« Je vous remercie, parrain, de vos avertissements et de ce que vous faites pour me retenir. Mais il faut que je m'en aille.

— Iras-tu jusqu'au bout du monde ?

— Peut-être. »

Quelques jours plus tard, le jeune laboureur reçut une bourse pleine d'or et d'argent qui représentait, selon les calculs du *mouitre*, sa part du domaine jusque-là aussi indivis pour eux que le ciel qu'ils avaient sur la tête ; puis il s'en fut au milieu des larmes et de la colère. Maître François l'accompagna vers le portail. Quand Francillon fut exactement sous l'arc porteur de la croix, le maître l'interpella d'une voix forte :

« Veux-tu vraiment, mon filleul, nous quitter ?

— Ça ne me serait pas arrivé si vous m'aviez permis de tenir une vache.

— Je répète ma question : veux-tu nous quitter ?

— Oui, je le veux.

— Le veux-tu vraiment ? demanda le maître une troisième fois.

— Je le veux vraiment.

— Passe donc ce portail. Mais plus jamais tu ne le passeras en sens inverse, sauf comme un étranger. »

On entendait derrière eux les cris déchirants des femmes, les pleurs des enfants, les malédictions des hommes. Francillon s'en alla boitillant de son pied bot, son bagage sur l'épaule. Il descendit l'étroit chemin qui rejoignait la route de Courpière et disparut au-delà des coudriers. Maître François s'en revint la tête basse. Plus jamais le mal inspiré ne repassa en effet le portail de la fraternité, ni comme étranger ni comme parent.

Du moins, ses père et mère reçurent-ils des nouvelles de lui. D'abord, trois mois plus tard, par une lettre venue de Bordeaux, qui leur coûta trente-deux sous à verser entre les mains du piéton avant remise. Elle disait qu'il avait l'intention de s'engager dans un équipage afin de gagner les Amériques. *Je vous recommande de ne pas porter peine pour moi. Si je suis parti des Bonnets, c'est que j'ai bien voulu. Un jour, je reviendrai avec une besace remplie de louis d'or et je vous nourrirai, chère maman, comme vous m'avez nourri, sans que vous ayez besoin de vous tuer de besogne comme vous faites à présent. Nous irons nous asseoir sous le tilleul du coudert et vous me chanterez comme autrefois* Le roi là-haut est sur son trône...

En écoutant ces lignes déchiffrées à voix haute par son frère, maître François, qui était le plus fort en lecture de toute la communauté, la pauvre Jeannette pleurait toutes les larmes de son corps.

Un semestre plus tard, le piéton qui venait de Thiers, sa musette dans l'échine et son encrier dans le chapeau, leur fit payer la somme exorbitante de trois francs et dix sous pour leur remettre un pli cacheté à la cire rouge. Il contenait une dizaine de lignes, ce qui les mettait à sept sous chacune. *Chers parents*, disait-elle, *je suis dans une République qui s'appelle Haïti, remplie de moustiques. Mais je m'y habitue, je dors la nuit sous une étamine qui me protège. J'ai trouvé un travail dans une plantation, c'est-à-dire un domaine, où je m'occupe spécialement des vaches et des veaux qui sont, vous le savez, ma partie. On me nourrit bien et l'on me respecte. Ne portez pas peine pour Francillon qui ne vous oublie pas. Je vous donnerai plus tard mon adresse...*

Sans doute ne souhaitait-il pas une réponse immédiate.

Ensuite, plus rien pendant six ans. Tout le monde le crut mort. Seule Jeannette disait, non, non, il vit toujours, je le sens dans mon cœur, même si sa République est remplie de moustiques, les moustiques ça fait des cloques, ça ne fait pas mourir, je suis certaine qu'il va bientôt nous écrire, nous donner son adresse, et moi je lui dirai de revenir pour que je le voie une fois encore avant de fermer les yeux. Et les choses se passèrent un peu de cette façon. Un pli arriva la septième année de son absence, disant : *Mes chers parents, j'ai été empêché de vous écrire ces dernières années à cause de toutes les affaires dont je suis accablé. Sachez en effet que je me suis marié avec la fille d'un planteur qui m'a donné trois beaux enfants, un garçon et deux filles, à qui j'ai donné les prénoms d'Aristide, de Jeannette et d'Eugénie en souvenir de vous. Nous cultivons la canne à sucre et avons beaucoup de valets et serviteurs, mais il faut avoir sans cesse l'œil sur eux car le Haïtien a deux grands défauts : la paresse et l'ivrognerie. Donnez-moi de vos nouvelles, à l'adresse qui suit...*

Ce fut une grande joie pour Jeannette et Aristide d'apprendre de si belles choses de leur fils. Voici donc qu'ils avaient à présent des petits-enfants inconnus ! Et lui se fortifiait de monde, là-bas, avec tous ces Haïtiens à son service ! Son pied bot ne lui avait porté aucun tort, puisqu'il avait parcouru un si magnifique chemin. La canne à sucre devait rapporter gros et sa famille avait sûrement les moyens de venir en France embrasser les vieux parents des Bonnets. On mit tout cela dans une belle missive écrite par le curé d'Escoutoux. Car maître François, qui lisait bien la lettre imprimée, pratiquait peu la lettre manuscrite et craignait de mal orthographier. Il ne restait plus qu'à attendre la réponse à leur appel.

Quelques jours après, se trouvant à Vollore un dimanche matin, Jeannette entra chez la mère Jolivet qui tenait négoce de sel, épices et mercerie place du Commerce, avec l'intention d'acheter une bobine de fil et des aiguilles. Or voici qu'elle remarqua un splendide pain de sucre dressé sur un plateau, tout enrubanné. L'épicière le proposait à ses clientes et en faisait l'éloge :

« C'est du sucre de canne, ma chère, le meilleur qui soit. Il arrive de nos colonies. En voulez-vous un peu ? »

Les femmes en demandaient timidement le prix, trouvaient que c'était bien cher et s'excusaient avec ce prétexte, vous n'allez pas le casser pour moi !

« Allons donc ! fit la Jolivette. Il est là pour être cassé ! »

Là-dessus, elle saisit un marteau et du premier coup décapite le pain. Aux mots de « sucre de canne », Jeannette Bonnet-Lavest sentit battre son cœur. Elle se le fit confirmer :

« C'est du sucre de canne, vraiment ?

— Comme je vous le dis, ma chère.

— Donnez-m'en une demi-livre. »

Elle emporta les précieux morceaux, roulés dans un cornet de papier bis, avec tant d'émotion qu'elle en oublia son fil et ses aiguilles. Une fois rentrée aux Bonnets, elle les plaça au milieu de la grande table de chêne où tous les Bons Dieux venaient prendre leurs repas, expliquant qu'il s'agissait de sucre de canne, pareil à celui que son fils Francillon produisait dans la République des moustiques. Et quand ils eurent été bien contemplés, admirés, reniflés, chacun eut droit à sa parcelle qu'il se posa sur la langue en un geste eucharistique.

Le soir de ce même dimanche, la *mouitreço* voulut demander une prière pour que leur parent Francillon revînt un jour voir sa famille auvergnate. Mais le *mouitre* précisa :

« Francillon nous a trahis et abandonnés. Je ne suis pas d'avis de faire cette prière. »

Alors, Jeannette se leva, toute furieuse, pour interpeller son frère :

« Tu veux interdire à ton filleul de revenir embrasser ses parents ?

— Je n'interdis rien du tout. Mais personnellement, je ne prierai pas dans ce sens. Je garderai mes prières pour de meilleures occasions.

— Tu as pourtant accepté un morceau de sucre, comme les autres !

— Le sucre vient pour moi de Vollore, pas de la République des moustiques. »

A court d'arguments, Jeannette fondit en larmes. Les autres femmes essayèrent de la consoler sans y parvenir. « Eh bè ! Eh bè ! Eh bè ! » faisait son mari Aristide. Elle finit par se retirer en claquant la porte, laissant toute la compagnie murmurante et embarrassée. Comme il risquait de naître là-dessus des disputes, les uns soutenant le maître, et d'autres sa sœur :

« Allons nous coucher, dit François. Chacun ce soir récitera sa prière dans son lit. »

Il resta seul avec Eugénie, sa femme.

« Êtes-vous content de vous ? demanda-t-elle en dénouant ses cheveux.

— Content de moi ?... Je ne sais ce que vous voulez dire. J'ai fait et dit les choses qui m'ont paru nécessaires.

— Était-il nécessaire de désespérer votre pauvre sœur ?

— Je dois défendre notre communauté. Ce petit Francillon a pour nous été un grand Judas. Il ne faut pas que les autres l'oublient. Ceux qui seraient tentés de faire de même.

— Pouvez-vous interdire à une mère de demander à Dieu le retour de son fils ?

— Qu'elle le demande donc. Mais qu'elle ne compte pas sur mes prières.

— Votre filleul, tout de même !

— Filleul ou pas. »

Eugénie avait mis sa coiffe, noué les brides sous son menton, ses longs cheveux gris lui couvraient à présent l'échine ; mais elle ne se déshabillait pas encore et demeurait assise sur le marche-banc.

« Écoutez, François. Nous ne pouvons pas nous coucher comme si rien ne s'était passé. Aurez-vous le courage de dormir ?... Moi, pas. Il vous faut d'abord faire une chose : aller demander pardon à votre pauvre sœur. Personne ne le saura, sauf elle, Aristide et nous. Ensuite, nous dormirons tranquilles.

— Croyez-vous ?

— J'en suis sûre. »

Il sortit. La lune brillait sur les maisons sans lumière. On entendait le ruminement des vaches, le grognement des cochons. A son passage, les chiens reniflaient sous les portes, mais se taisaient, reconnaissant son odeur. Quand il fut devant le domicile d'Aristide et de Jeannette, il distingua le gémissement de sa pauvre sœur qui n'arrivait pas à digérer sa peine. Il cogna au battant. Le gémissement se tut, la maison se fit attentive. Il cogna encore :

« Qui... qui... qui... qui c'est ? fit Aristide.

— Moi, François, votre beau-frère.

— Què... què... què...

— Qu'est-ce que tu veux ? dit sa femme, le relayant.

— Te demander pardon.

— Quoi ?

— Ouvre-moi une minute, s'il te plaît. »

Il y eut à l'intérieur une hésitation, puis la porte s'entrebâilla, Jeannette parut en camisole, aux yeux de la lune qui les éclairait et de l'homme qu'on y voit porter un fagot, si on la regarde bien.

« Je te demande pardon, répéta le maître, pour ce que je t'ai dit. »

Ils s'embrassèrent. Elle avait encore les joues salées.

Aristide mourut huit ans plus tard, et sa femme le suivit de près, sans qu'ils eussent reçu d'autres nouvelles de leur fils. Mais ils pensèrent que des missives s'étaient perdues et ne cessèrent d'accuser la poste qui, certainement, a beaucoup à faire et doit fonctionner très mal entre les Bonnets et la République des moustiques.

La Révolution venue de Paris en passant par Thiers et par Vollore avait donné beaucoup d'idées au monde, les jeunes acceptaient mal dans les condamines de travailler toute leur vie sans rien posséder qui leur fût propre, ce qui était le principe même des communautés ; en demeurant aux ordres d'un maître et d'une maîtresse qui réglaient toutes choses ; en acceptant sans examen le mari ou la femme qui leur était attribué. Somme toute, affirmaient-ils, il n'y a pas grande différence entre notre condition et celle de nos vaches, de nos chèvres, de nos moutons. Sauf que, pour les animaux, on s'efforce de renouveler l'espèce en allant chercher ailleurs le bouc, le taureau, le bélier.

Ces idées pernicieuses, les hommes les trouvaient également hors de l'Auvergne, car les guerres avaient besoin d'eux et les entraînaient, de gré ou de force, bien loin de Vollore. Ils avaient vu dans les Flandres, la Picardie, l'Alsace, les fermiers à grosses bottes jouir, contre une faible redevance, de terres profondes, bonnes pour le blé, la betterave, le houblon ; leurs grandes armoires remplies de linge parfumé ; leurs cours pleines d'oies et de dindes grasses à crever. S'ils en revenaient, après plusieurs années de vie militaire, où l'on peut sans doute participer au risque de sa vie à des actions glorieuses, mais où l'on ne mène aucune de ces besognes modestes et assidues qui sont le lot des campagnes, sauf astiquer ses armes et ses boutons, après de si longs loisirs, ils n'avaient guère d'appétit pour l'araire ni la charrue. Ils considéraient avec mépris le fonctionnement des vieilles fraternités auvergnates, disant, chacun pour soi et le bon Dieu pour tous ; l'individu, l'individualisme, la république pour chaque famille, y a que ça de vrai.

Bref : après la mort de l'empereur Napoléon et le retour des rois, de nombreuses communautés de l'arrondissement de Thiers choisirent de se dissoudre. C'est ainsi qu'on vit disparaître en quelques dizaines d'années les Tarenteix et les Anglade à Tarenteix ; les Gardelle-Lamouroux à Billetoux ; les Bourdel-Thuel-Chassaigne à Lobarige ; les Baruptel à Baruptel ; les Guesle à Paslières ; les Beaujeu à Martignat ; les Chapet à Londie ; les Courty à Courty ; les Quittard à Pinon, qui se vantaient d'être associés depuis Charlemagne ; les Martin à Pont-de-Dore ; les Dunaud à Vollore ; les Brasset à Noalhat ; les Chastel à Louchamps. Une véritable débâcle. Quelquefois, les membres désunis continuaient de voisiner dans leurs anciennes maisons modifiées, agrandies, complétées de cheminées et d'étables, chacun labourant son lopin, élevant ses enfants à sa manière, mettant dans sa soupe des choux ou des raves selon ce qui lui convenait. D'autres se dispersaient, emportant sur des charrettes leur part d'héritage, meubles, cochons, lapins, foin, paille, et allaient s'établir métayers où ils trouvaient. Des jeunes partaient aussi pour les Amériques où l'on ramasse de l'or à la pelle. Ou seulement pour Paris qui avait grand besoin de ramoneurs, de décrotteurs, de porteurs d'eau auvergnats. Selon leur situation de famille, leur jeunesse, leur ambition.

Mais quelques-uns tenaient dur encore, accrochés à leurs anciens principes, sûrs de suivre la bonne route, mangeant ensemble leurs herbes et brûlant ensemble leurs fagots comme par le passé, vivant au même pot et au même feu ; les Ferrier aux Ferriers ; les Dozolme-Chevalérias à la Chabanne ; les Pion chez Pion ; les Thuel à Sainte-Agathe ; les Ducognet au Cognet ; les Bonnet-Lavest aux Bonnets.

Les rois, les républiques, les empires leur prenaient du monde. Douze chez les Bons Dieux depuis la chouannerie de 1793, dont dix leur furent rendus après usage. L'un des manquants, Maurice Bonnet-Lavest, fut tué à Rome en combattant les républicains qui avaient chassé le Pape ; il convenait à un Bon Dieu de mourir pour le Saint-Père. Le second disparut en 1870 dans la guerre contre les Prussiens ; mais il reparut ensuite après cinq ans d'absence comme il sera plus loin raconté.

Augustin, un de ces anciens combattants qui avaient vu des gens et du pays — on savait qu'il avait fait le zouave en Crimée — racontait ses campagnes avec tant de vivacité que tu croyais y être :

« A Sébastopol, mon pauvre ami, on recevait de ces boulets de canon, qu'on en rotait ! »

Les petits enfants, autour de lui, écoutaient avec admiration le récit de ces prouesses. Et ils imaginaient leur oncle Augustin passant ses jours de bataille à roter pendant que les boulets de fonte pleuvaient autour de lui. Avec ça, il n'était pas revenu très vaillant et préférait se chauffer les membres au soleil plutôt que de courir à la besogne.

« Faut bien, expliquait-il, que je me remette de tous les malheurs que j'ai eus ! »

Il évoquait l'Alma, qui est un fleuve dix fois plus large que la Dore, qu'il avait traversé avec de l'eau jusqu'aux épaules. Et le choléra qui leur donnait une courante indescriptible. Et l'hiver qu'ils avaient passé à grelotter dans leurs treillis de coutil, en mangeant de la neige russe. Pauvre tonton ! On le ménageait donc, glorieux vainqueur de Sébastopol. Mais il abusait un peu de la situation, ne remuant pas une paille de la journée à cause de ses douleurs, retrouvant à table seulement un peu de vigueur pour avaler sa soupe. Ce qu'il faisait aussi gaillardement qu'un autre.

Un jour, le *mouitre* le prit à part et ne lui cacha pas sa façon de penser :

« Quel âge as-tu, Augustin ?

— Dans les trente-cinq, quarante.

— Moi, je dirais plutôt dans les trente, trente-cinq.

— Croyez-vous ?

— Calcule toi-même, depuis le jour où tu tiras un mauvais numéro et partis faire tes sept ans. »

L'autre compta sur ses doigts, secoua la tête, recommença à l'envers, puis en avant de nouveau.

« Ma foi, conclut-il, vous avez peut-être bien raison. J'en aurais trente-deux que ça ne m'étonnerait pas.

— Disons même trente-cinq. Crois-tu que c'est vraiment l'âge pour ne rien faire ? Car tu me parais avoir décidé une fois pour toutes que nous devons te nourrir pour que tu passes ton temps à te gratter le bouton du ventre. »

Le bouton du ventre, en Auvergne, est le nombril, soit dit en passant pour ceux qui ne le savent pas.

« Oh ! je ne me gratte pas tout le temps le bouton du ventre. Quelquefois, je me gratte aussi l'oreille. Et d'autres fois aussi...

— Ça va bien. Je vois que le bec ne te fait pas défaut et que tu es plus fort de langue que de bras.

— Vous en dites trop, *mouitre*, et vous me faites tort. Hier, j'ai cassé du bois. Et avant-hier, remonté l'horloge.

— Et tu vas remonter l'horloge comme ça jusqu'à soixante-dix ans, si tu y arrives ?

— Oh ! je n'y arriverai pas, après toutes les misères que les Russes m'ont faites. Mais si vous n'êtes pas content de mon travail, il y a une solution bien simple : vous me donnez mon apanage, et je m'en vais. Comme a fait avant moi un certain Francillon qui vit à présent aux Amériques. »

Le maître ne fit plus de reproches au vainqueur de Sébastopol, sachant bien que celui-ci avait dans son jeu un atout irréfutable : versez-moi mon apanage, et je vous laisse à vos pourceaux. Et après lui, s'il le prenait au mot, ce serait le tour d'un troisième. De la sorte, la communauté se disperserait à tous les vents. Augustin put donc continuer à vivre heureux, bien entretenu, et se gratter tout son saoul le bouton du ventre.

N'empêche que son exemple était déplorable et qu'il suscitait bien des murmures. A telle enseigne que maître François, qui avait alors presque quatre-vingts ans d'âge, se demanda si le moment de la dissolution n'était point venu pour les Bons Dieux, après tant d'autres condamines. Il s'entretenait de ce souci un soir d'hiver devant le feu d'en-haut, en compagnie des communistes qui avaient bien voulu rester après la soupe.

« Rien n'est éternel, mes amis, disait-il en caressant sa barbe blanche, sauf l'Éternel lui-même et sa sainte Église. Nous avons vu tomber des rois et des royaumes, des empires et des républiques. Et peut-être cent fraternités pareilles à la nôtre. Alors sans doute devons-nous disparaître nous aussi. Qu'en pensez-vous ?

— Non, non, firent certaines personnes d'âge, dont le fameux Augustin. Nous avons le devoir de durer parce que nous vivons bien ensemble.

— Oui, oui, firent deux ou trois voix plus jeunes. La fraternité des Bonnet-Lavest a fait son temps. Elle est pareille à un vieux châtaignier qu'il faut abattre par le pied, si l'on veut en voir sortir des rejets tout neufs et tout vigoureux. »

Il y avait un moyen de savoir : faire voter. Mais le *mouitre* préféra consulter le Seigneur et demanda aux comparsonniers présents de se joindre à lui dans une prière qu'il allait lui adresser. Agenouillés sur les dalles, ils répétèrent après lui :

« Seigneur qui vois le passé, le présent et l'avenir, éclaire nos esprits. Devons-nous continuer à vivre ensemble au même pot et au même feu comme ont fait nos ancêtres depuis mille ans ? Ou bien nos familles doivent-elles se séparer ? Nous te supplions de nous fournir tes lumières. Ainsi soit-il. »

Après quoi, ils restèrent longtemps devant l'âtre, plus silencieux que d'habitude, chacun ruminant dans son cœur.

Un peu plus tard, comme baissait la chaleur du foyer, quelqu'un s'en fut chercher un fagot et le posa devant. Maître François avait tiré son chapelet et le récitait en lui-même, remuant à peine les lèvres. Sa barbe scintillait à la rougeur des flammes. Or voici qu'une chose étrange se produisit : les ramilles sèches du fagot frissonnèrent. L'instant d'après, l'on en vit sortir une bestiole que chacun reconnut au premier regard :

« Un serpent ! s'écria quelqu'un avec frayeur.

— Une *laïarde* », précisa le *mouitre*, en levant la main pour signifier qu'il n'y avait pas péril, donc pas nécessité de lui écraser la tête.

L'innocent couleuvreau, de la grosseur du petit doigt, s'arracha au lit des feuilles où il dormait depuis des semaines sans doute, se coula sur le dallage, hésita un moment, puis rampa vers le vieux François qui tenait toujours son chapelet, s'enroula enfin devant lui et parut reprendre son sommeil interrompu. Chacun en eut le souffle coupé. Puis les parsonniers se regardèrent. Puis ils regardèrent le maître. Lui regardait la couleuvre endormie devant le nez de ses sabots.

« Mes amis, dit-il, je crois que voilà la réponse du Seigneur. C'est vers le maître des Bonnet-Lavest que la *laïarde* est venue. C'est au maître qu'elle a manifesté sa confiance.

— Et alors ?

— Alors, le Seigneur veut que nous demeurions ensemble. Ainsi ferons-nous. »

Maître François mourut, et il y eut à son enterrement beaucoup d'émotion et beaucoup de gaieté, selon l'usage des Bons Dieux. Il fut remplacé par quelqu'un qui ne resta en fonction que six ans, puis mourut à son tour. Après eux, vint maître Sylvestre, ainsi nommé parce qu'il avait eu la curieuse idée, racontait-il, de naître un 31 décembre. Les maîtres passent comme les rois et les empereurs. Les pièces d'un et de deux sous montraient le profil d'un autre Napoléon, moustachu et barbichu, dont les notables disaient le plus grand bien. Il avait l'habitude de venir chaque été en Auvergne boire les eaux salées, avait même rendu visite une fois à Thiers où les couteliers lui avaient réservé un accueil triomphal. Ce qui ne les empêcha point, quelques années plus tard, lors d'un plébiscite qui eut lieu au mois de mai 1870, de se trouver plus nombreux à lui dire *non* qu'à lui dire *oui*, alors que l'ensemble de la France lui donnait cinq fois plus de *oui* que de *non*. C'est qu'il n'avait guère tenu ses promesses de paix et de prospérité générale. Mais y a-t-il un seul homme de politique qui tienne ses promesses ?

Le Napoléon barbichu n'aurait laissé aucun souvenir personnel aux Vollorois si les gens de Sainte-Agathe n'avaient profité de protecteurs bien en cour pour obtenir leur séparation. Cela tint aux intrigues du vicaire desservant la chapelle de pierre et de boue qui leur servait d'église : dans l'espérance d'en devenir le curé officiel, il n'hésita point à faire le voyage de Paris pour exposer ses griefs à l'Auvergnat de Parieu, ministre de l'Instruction publique et des Cultes. Le premier était une histoire de cloche saintagathaire disparue on ne sait comment, tandis qu'elle rentrait de Rome au temps pascal en compagnie de ses sœurs de Saint-Maurice ; qui pouvait l'avoir détournée de son vol sinon quelques Vollorois jaloux et mal intentionnés ? Le second était une alléguée incompatibilité d'humeur entre les deux populations. Le troisième accusait l'absence du garde champêtre communal qui n'apparaissait autour de Sainte-Agathe qu'une fois l'an, à l'époque du vin nouveau, laissant le reste du temps dévaster les propriétés par les maraudeurs. Le quatrième était une raison de piété : les chemins entre les deux bourgs, devenus impraticables, empêchaient ceux d'en-haut de descendre à la messe. Il en dit tant, fit intervenir tant de puissances que les séparatistes eurent gain de cause.

Ainsi, après s'être divisée à la Révolution entre Vollore-Ville et Vollore-Montagne, la commune se trouvait amputée de deux mille hectares et de cinquante villages. La dissolution menaçait de toutes parts la vieille terre rassemblée autrefois par les Berts Resplendissants.

L'année suivante, un malheur plus grand encore fit oublier celui-là, qui n'était pas petit : la France entra en guerre contre la Prusse. Il y eut une levée d'hommes et quatre Bonnet-Lavest partirent d'abord pour Thiers, et de là pour Riom. Ils furent enrôlés dans le *32e Régiment mobile*, qui fut appelé aussi le *32e Mendiant*, parce qu'il ne disposait que d'une paire de souliers pour deux, d'un pantalon pour trois, d'une tunique pour onze. La plupart des recrues gardèrent leur blouse ouvrière ou paysanne et quelques-uns leurs sabots. Grâce au Ciel, il y eut suffisance de képis, en sorte qu'on les distinguait tout de suite des non-mobilisés.

Les nouvelles des combats étaient très mauvaises : les Prussiens avançaient sur tous les fronts. Ils avaient atteint la Loire. On les attendait d'un moment à l'autre, les yeux fixés vers l'orient, vers la montagne de Chignore et le puy d'Oscot d'où ils devaient descendre avec leur attirail, leur casque à pointe, leurs bottes, leur figure rougeaude de soldats bien vêtus, bien nourris, bien armés, bien entraînés. Un jour, le ciel de ce côté s'empourpra, comme teint par l'immense saignée de nos hommes, et tous les villages gémirent de douleur, crièrent d'épouvante. Afin de ralentir la progression des envahisseurs, on tendit des chaînes en travers des routes et des chemins.

Des combattants eux-mêmes, pas de nouvelles. L'année suivante seulement, il vint une lettre écrite par un Bonnet-Lavest, alors qu'on croyait la guerre terminée, l'empereur déchu, la République installée, reste plus qu'à payer la facture, annonçait le marguillier-sonneur de cloches de Saint-Maurice. Et l'on apprit avec consternation que rien n'était fini, que Paris se trouvait aux mains de brigands que les mobiles s'employaient à détruire du mieux possible. La guerre entre Français succédait à la guerre contre les uhlans. On n'y comprenait plus rien. Heureusement, les hommes rentrèrent pour essayer de s'expliquer. Il en manquait un à l'appel, le dénommé Vincent. Le *32e Mendiant*, après avoir combattu en plusieurs endroits, était passé en Suisse pour échapper aux Prussiens, et aucun des trois autres ne pouvait dire à présent si Vincent était tué, blessé ou prisonnier, résident en France, en Suisse ou en Prusse. Ses parents le pleurèrent comme mort, tout en espérant quelque peu sa résurrection, de plus en plus faiblement à mesure que les années passaient.

Les saisons reprirent leur cours normal aux Bonnets, il y eut des enterrements, des mariages et des naissances. La guerre même fut un peu oubliée, sauf que le vocabulaire s'enrichit d'une nouvelle injure. Pour désigner un malfaisant de la pire espèce, on ne lui disait plus seulement vaut-peu, mandrin, coupe-jarret, mais aussi :

« Prussien ! »

Plus personne ne parlait de dissoudre l'alliance, même s'il disparaissait quelque autre communauté aux environs, de loin en loin. « Nous serons les derniers, comme nous avons été les premiers ! » affirmaient les *mouitri* successifs en serrant les dents, et quoiqu'ils ne fussent pas très bien informés de leurs origines exactes.

Et puis voici que, l'an 1876, la chose incroyable s'accomplit : Vincent de guerre revint, cinq années après la fin des batailles ! Non pas seul, mais en compagnie d'une citoyenne suisse et d'un lapereau, si jolis l'une et l'autre, avec leurs cheveux blonds, leurs joues roses et leurs yeux bleus, qu'on les eût mangés sans les faire cuire.

« Mais comment se fait-il ?... Mais comment as-tu pu ?... Mais d'où sortez-vous ?... Et qui est cette citoyenne ?... Et que s'est-il passé ?... Et pourquoi as-tu perdu les autres ?... Avais-tu oublié notre nom et notre adresse ?... »

Pour répondre à toutes ces questions, il eut bien du bagage. Parqués d'abord dans un camp comme des moutons, les internés français avaient eu plus tard l'autorisation de sortir et même de travailler dans les fermes environnantes. Voilà de quelle façon il avait connu Héloïse. Lorsque celle-ci, on ne sait comment, s'était trouvée dans une situation intéressante, il avait bien fallu les marier au plus vite, sans trop se soucier de demander en France aucun certificat de baptême ni de célibat, vu les circonstances de guerre. La paix revenue, l'armée de Bourbaki libérée, Vincent était quand même resté là-bas pour s'occuper des vaches suisses qui ont le pis deux fois plus gros que la tête. Retenu par la famille de sa femme dans l'attente que ses petits beaux-frères fussent en âge de prendre sa place. Voilà donc à peu près comment les choses s'étaient déroulées.

« Où allons-nous vous mettre ? s'interrogèrent avec désolation les parents du ressuscité. Pendant ton absence, ta sœur s'est mariée aussi et elle vit avec nous. Nous n'avons plus d'endroit pour vous recevoir. »

On chercha dans tout le domaine un logement disponible. Et l'on ne trouva que le pigeonnier, avec sa tour carrée composée de trois pièces l'une sur l'autre : un rez-de-chaussée de terre battue où l'on entreposait de l'outillage ; et les deux chambres des pigeons, dont une très basse leur servant de galetas.

« Quand ce sera bien arrangé, prédit le *mouitre*, quand nous aurons ouvert de vraies fenêtres, nettoyé les murs et les planchers, installé de bons lits, vous verrez que vous vous sentirez bien. »

En attendant, on sentait surtout la colombine, antique et fermentée, dont l'aigre puanteur te prenait au nez et à la gorge.

« N'ayez crainte ! On répandra du parfum.

— Et les pigeons, que deviendront-ils ?

— On en mangera le plus possible. Aux autres, vous laisserez bien le galetas ? Il est trop bas de plafond, n'importe comment, pour y loger des personnes. »

Chacun se mit donc à la tâche, toute chose fut décrottée, aérée, rénovée. Le sol du plain-pied recouvert de dalles rectangulaires :

« Tu pourras y faire des couteaux, si l'idée t'en prend. »

On ajouta une cheminée avec sa crémaillère. Le nouveau plancher fleura bon la résine de pin. Alors vint le mobilier : des chaises, des coffres, un petit lit pour Raphaël et, merveille des merveilles, un lit pourvu d'un matelas de plume et d'un sommier à ressorts pour les jeunes époux ! Ils seraient là-dedans les mieux couchés de toute la condamine. Le sommier était une invention nouvelle et peu connue encore, dont profitaient seulement quelques riches citadins. Un menuisier de Vollore en avait appris la recette dans son tour de France et il se la réservait, commandant toujours à son apprenti quelque commission longue et lointaine afin qu'il ne le vît pas dans son travail et ne pût lui faire concurrence plus tard. Pour chasser les odeurs, on fit brûler des branches de genévrier. Pour faire beau, on accrocha aux murs un crucifix, un calendrier des postes et un sabre prussien que Vincent avait conquis dans ses batailles. Le ménage enfin s'installa.

Tout le monde d'abord parut satisfait, excepté les pigeons qui venaient battre des ailes et de la tête contre les vitres de leur ancienne résidence. Certains émigrèrent vers des colombiers plus accueillants, d'autres se résignèrent au seul galetas. La famille les entendait la nuit gratter et roucouler au-dessus du plafond. Malgré les feux de genévrier, la poudre de camphre qu'on répandit, les murailles continuaient de puer la fiente, elles en étaient imprégnées comme une cruche qui a tenu du saindoux et sent le rance pour l'éternité. Très vite, Héloïse prit son pigeonnier en dégoût. Et les Bonnets tout entiers. Et l'Auvergne. Les roucoulements l'empêchaient de dormir. L'école tenue par les prêtres à Vollore était beaucoup trop éloignée pour y envoyer Raphaël. La *mouitreço* qui prétendait enseigner les enfants de la fraternité beaucoup trop ignorante elle-même, puisqu'elle était à peine capable de dessiner son nom. La Suissesse dut se fournir d'encre et de papier, s'occuper personnellement de son fils si elle voulut qu'il sût lire et écrire. Mais, par-dessus tout, la vie communautaire lui devint insupportable, avec sa routine, sa soumission perpétuelle, sa bigoterie, son manque d'argent et de liberté. Il y eut dans la tour carrée des explications orageuses, des chamailleries franco-suisses, des pleurs et des grincements de dents.

Les choses allèrent en empirant. Malgré l'excellence du matelas de plume et du sommier à ressorts, Héloïse refusa bientôt de se laisser toucher par son mari :

« Ne vois-tu pas que nous soyons quatre au lieu de trois, ou cinq, ou six, dans cette cagerotte ? N'y aurait pas même la place de respirer ! »

Il fit cependant de son mieux pour embellir sa compagne et la cagerotte. Un jour, vint un couple, homme et femme, de commerçants munis d'un cheval et d'une charrette. Ils se prétendaient alsaciens, en exil depuis que la Prusse occupait leur pays, et parlaient en effet avec un accent spécial. Leur voiture était pleine de châles, de foulards, de mouchoirs, de chapeaux, de rouleaux de toile et même de culottes pour dame. Étranges accessoires qu'aucune épouse honnête n'aurait osé enfiler, à cause de leur volume, de leurs rubans, de leurs dentelles, de leurs sous-entendus. Les épouses honnêtes préféraient ne rien porter du tout. Les Alsaciens, faux ou vrais, en appelaient aussi à leurs sentiments :

« Nous zommes te malheureux Français zans patrie. Fotre defoir est te nous aider à fifre. En même temps, fous ferez une très ponne affaire : examinez zeulement nos prix ! »

L'Alsacienne se parait de châles et de foulards qui sur elle devenaient irrésistibles. Son compagnon agitait comme un drapeau les culottes féminines :

« Afec za, fotre femme zera immétiatement transformée en Parisienne ! »

Autant que le lui permettaient ses gains de coutelier, Vincent n'hésita pas à acquérir pour la sienne ces fanfreluches de dessus et de dessous. Héloïse s'en pavoisait le dimanche et même la semaine, suscitant beaucoup de critiques. Mais le plus scandaleux, c'étaient les culottes à dentelles en train de sécher après la lessive, chacun venait assister à ce spectacle : le vent les secouant, les gonflant, en faisant des sortes de ballons monstrueux qui effrayaient les pies, les buses et les corbeaux.

« Dire, murmuraient les Auvergnates, dire qu'elle porte cette affaire-là sous ses jupes ! »

Malgré tant d'efforts pour l'acclimater, Héloïse décida un jour en secret de quitter son mari et de regagner la Suisse. Elle prépara longuement son coup, surveilla l'endroit où Vincent cachait ses économies, accumula des réserves de saucisson et de fromage. Puis, un matin d'été avant l'aube, elle fit main basse sur tout cela et s'enfuit, tenant son fils par la main, tandis que son homme, qui avait travaillé tard la nuit dans sa boutique, ronflait comme un coutelier. Lorsqu'il se réveilla, les fugitifs étaient déjà dans la diligence qui les emmenait vers Thiers, et de là, par le chemin de fer récemment mis en service, vers leur pays de naissance, là où les vaches ont le pis deux fois plus gros que la tête. La Suissesse avait laissé en partant, bien visible sur la table du bas, un billet écrit de sa main : *Deux de tes pigeons se sont envolés, mais il t'en reste beaucoup d'autres. Héloïse.*

Resté seul dans son colombier, Vincent pleura d'abord comme un veau. Le maître le consolait en lui apportant à boire.

Puis il but tout seul.

Puis il prit un chat qui voulait bien de sa compagnie. Jamais il n'eut l'idée d'aller en Suisse récupérer sa femme et son drôlet. Il ne sert à rien de retenir de force les gens qui ne vous aiment pas. Jamais non plus il ne songea à se remarier, ne fût-ce que derrière la mairie. Il vieillit avec son chat. Quand celui-ci crevait, il en prenait un autre. Il labourait, semait, moissonnait et clavetait des couteaux pour le plaisir autant que pour l'argent.

Chaque nuit, avant de monter se coucher, il laissait au fond de l'escalier ses sabots et gravissait les marches sur ses pieds nus. Au bout de quelque temps, son corps creusa une sorte de vallée au mitan du sommier à ressorts conçu pour deux personnes. Il prit l'habitude de ne plus se laver, de ne plus se raser, et de puer comme trente-six pestes. Mais les femmes changeaient ses draps environ tous les trois mois, à l'occasion des grandes lessives.

Avec ses chats, il s'entendait bien. Un seul fit exception, un blanc et rouge qu'il avait baptisé Gruyère parce qu'il portait les couleurs de la Suisse. Cette sale bête avait une manie très désagréable : celle de faire pipi dans les sabots de son maître, au bas de l'escalier. En sorte que, lorsqu'il se levait, il mettait le pied dedans. Alors, fou furieux, il décrochait le sabre prussien toujours pendu à son clou et se lançait à la poursuite de Gruyère avec l'intention de l'embrocher. On les voyait courir en tous sens par les rues du domaine, lui vociférant :

« Saloperie ! Grande charogne ! Prussien ! Attends un peu que je t'attrape ! Et je te fais passer le goût de pisser dans mes sabots ! »

Jusqu'au moment où la bête trouvait refuge dans une grange. Même s'il fourgonnait le foin avec sa lame. Ensuite, ils se réconciliaient.

Deux fois donc Vincent fut trahi par la Suisse, à qui cependant il n'avait rien fait de mal.

Le siècle se termina sans autres malheurs pour les Bons Dieux que ceux que nul n'évite : les maladies, les accidents, les morts. Il naquit dans une de leurs familles une enfant qui présentait l'étrange défaut d'être aveugle aux couleurs. Elle connaissait bien les mots qui les désignent : rouge, vert, jaune, bleu, mais confondait leurs qualités. Pour elle, les cerises mûres étaient bleues, les feuilles des arbres rouges au printemps et violettes en automne, mais les violettes lui semblaient jaunes. Comme aucune recette de tradition, aucune compresse, aucune tisane ne prétendait guérir cette infirmité, on fit appeler le médecin de Vollore, Henri Tournilhas, dit Saute-Genêt, parce qu'il avait dans ses déplacements l'habitude de jouer à saute-mouton avec ces plantes. On précisa, y a pas presse, ne venez pas exprès, mais quand vous aurez l'occasion de passer du côté des Bonnets. Il vint donc un jour, examina la petite, fit l'expérience des feuilles et des cerises, déclara :

« Elle est daltonienne. Un défaut qu'elle a dans l'œil de naissance.

— Croyez-vous que ça puisse se guérir ?

— Impossible. Elle mourra en croyant que les cerises sont bleues. D'ailleurs, des cerises bleues, des feuilles violettes, ce n'est pas vilain non plus. Autrefois, toutes les roses étaient roses. Je me suis laissé dire que des jardiniers arrivent à en produire des jaunes et des blanches. Pour ce qui est de votre enfant, la seule chose en mon pouvoir est de vous révéler d'où vient, selon moi, ce défaut. Du fait que vous vous mariez un peu trop entre vous, dans vos communautés. Il y a dégénérescence. Alors, essayez d'éviter cela à l'avenir, si ce n'est pas trop tard. »

Il partit sans vouloir, puisqu'il n'avait rien fait, rien accepter en payement, sauf un verre de cidre. La petite resta comme elle était, même quand elle fut grande fille, à cueillir des petits pois rouges et des fraises jaunes. On évita seulement de la marier pour qu'elle ne transmît pas son vice à sa descendance.

Vollore-Ville attrapera la queue du siècle sans avoir changé notablement. Sauf qu'on aura reconstruit son clocher, ce qui aura incité le curé d'Escoutoux à vouloir le sien au prix des plus grands sacrifices, depuis le temps qu'il branlait ses cloches sur un poirier, le seul arbre qui allie, même dans un âge avancé, la vigueur et la souplesse de l'échine. Un clocher tout neuf en pierre blanche sera donc ajouté à la vieille église de granit et l'on scellera sur le fronton une plaque de marbre portant le nom des promoteurs :

Joseph Guillemin, maire.
Étienne Crosmarias, adjoint.
Benoît Lévigne, curé bienfaiteur.
1883.

Il sera riche de deux cloches, une grosse et une petite, mises en branle désormais — le curé Lévigne se trouvant hors de course — par Hugues, dit Guetou Chambriard, coutelier à ses autres moments. Il s'acquittera de sa tâche avec beaucoup de conscience et un esprit parfaitement évangélique et météorologique, appelant les fidèles aux offices, et s'efforçant d'éloigner les orages par ses sonneries. En récompense de ces travaux, il passera dans toutes les maisons de la paroisse deux fois par an, muni d'un sac et d'une mesure, afin de recueillir un don de grain proportionnel à l'importance de la famille, à raison d'une mesure par tête.

11

Vincent mourut sans avoir revu la Suisse. Les pigeons redevinrent les seuls habitants du colombier car à présent les Bonnet-Lavest avaient des logements de reste : des quatre douzaines d'associés qu'ils s'étaient trouvés à la veille de la Grande Révolution, il n'en demeurait plus que la moitié. Ces deux douzaines-là s'obstinaient à rester ensemble, formant quatre familles dont deux seulement étaient en âge de procréer. Le nombre de leurs enfants se raréfiait de plus en plus, comme si la vieille sève se trouvait épuisée.

La communauté d'en face, celle des Saton, s'était depuis longtemps dissoute, mais il en subsistait une famille composée de trois vieux, de deux jeunes et d'un enfant. Toujours aussi cherche-ligue, aussi chicaneurs que par le passé. C'est ainsi qu'un certain jour ils envoyèrent un huissier de justice chez leurs voisins. Celui-ci arriva en canotier et à bicyclette et faillit d'emblée se faire dévorer par les chiens des Bons Dieux. Le *mouitre* les rappela, puis vint expliquer leur attitude :

« Que voulez-vous, Monsieur, ils ne peuvent pas sentir les gens propres.

— Vraiment ? Sans doute n'ont-ils pas l'habitude.

— Sans doute. Ils n'aiment pas ceux qui se rasent trop bien, se parfument, se savonnent, que sais-je ? Les mendiants, le pauvre monde, c'est autre chose : ils leur font quelques jappements, rien que pour nous avertir. Mais les personnes délicates les mettent en colère. »

L'autre lui déploya sous le nez un papier bleu, expliquant qu'il était officier ministériel, requis par son voisin Ludovic Saton pour constater les dégâts de ses abeilles.

« Quoi ? Quelles abeilles ? Quels dégâts ?

— Celles de vos ruches. Ceux qu'elles commettent sur les terres de votre voisin. Il a dû vous en parler ?

— Lui ? Nous ne nous adressons pas la parole. Et quels dégâts peuvent-elles bien commettre, d'après vous ?

— Elles butinent les fleurs de ses prés, de ses arbres, de ses jardins. Elles n'en ont pas le droit. Cela s'appelle délit de vagabondage. Article 1385 du Code Civil : *Toute personne élevant des animaux domestiques est responsable de leur vagabondage et des dégâts qu'ils peuvent commettre.* Alors, première chose, je viens constater si vos abeilles restent bien sur votre domaine ou si elles passent de temps en temps sur les alentours. »

Le mouitre l'emmena près des ruches, pas trop près tout de même pour le cas où, comme les chiens, leurs habitantes auraient eu quelque aversion à l'égard des gens propres. Il en compta douze.

« Ce sont bien vos ruches ? se fit-il confirmer expressément.

— Ce sont celles de notre communauté. »

Et l'huissier de justice de noter sur son carnet au moyen d'un crayon-encre : *A ma demande expresse, le sieur Félicien Bonnet-Lavest, se disant maître élu de l'association agricole du même nom, reconnaît que les douze ruches appartiennent à icelle.*

« Je désire maintenant, ajouta-t-il, vérifier les chemins qu'elles empruntent. »

Et les voici tous les deux à poursuivre çà et là, dans leurs butineries et leurs hésitations, d'ombelle en ombelle, de glume en glume, de calice en calice, la promenade des avettes insoucieuses du Code Napoléon. L'huissier dut constater, et maître Félicien dut admettre que, n'ayant aucun égard envers les limites ni les bornes de la propriété privée, elles vagabondaient chez les Saton aussi bien que sur d'autres terres de la paroisse, à telle enseigne qu'elles les entraînèrent fort loin et qu'ils se fatiguèrent de les pister. L'homme de loi nota sur ses tablettes : *Lesdites abeilles ont volé à partir de deux heures de relevée environ dix minutes sur un pré appartenant auxdits Bonnet-Lavest ; mais ensuite elles ont franchi la haie de séparation et se sont introduites sur un champ de luzerne appartenant aux Saton, où elles sont restées à peu près quarante minutes...*

Au terme de ses observations, resalué par les chiens, l'huissier de justice grimpa sur sa bicyclette et disparut à l'horizon.

Trois semaines plus tard, maître Félicien dut descendre à Courpière pour comparaître, dans une salle de la mairie, devant la justice de paix. A ses côtés, le vieux Saton gongonnait dans sa barbe et roulait des yeux furibards. Ainsi, après le procès des pigeons qui avait brouillé leurs lointains ancêtres, éclatait entre les deux familles la guerre des mouches à miel. Ayant entendu les plaidoiries des deux avocats, le juge prononça contre les Bonnet-Lavest la sentence suivante : *qu'ils eussent à attacher chacune de leurs abeilles au moyen d'une laisse afin de les retenir de vagabonder sur les terres d'autrui ; faute de quoi, qu'ils eussent à payer au sieur Saton une indemnité pour dommages et intérêts égale à deux livres de miel chaque année, après la récolte d'automne.*

Ce jugement ne réussit pas à les réconcilier. Mais quelques années plus tard, la mort qui arrange tout emporta le vieux Ludovic et les Bonnet-Lavest suivirent son cercueil jusqu'au cimetière de Vollore-Ville. Ainsi s'éteignirent toutes leurs chicanes.

Pierre Goutte, le facteur, apporta un pli — ils n'en recevaient pas souvent — et leur fit remarquer que cette lettre unique l'avait fait marcher *tout spécialement* cinq kilomètres à l'aller, qu'il marcherait encore cinq kilomètres au retour, *exprès* pour eux. Maître Félicien comprit le sens de sa démonstration et invita le messager à s'asseoir, à casser la croûte, à boire un canon de vin. La lettre était restée sur la table, bizarre avec son enveloppe d'une dimension peu coutumière, son timbre représentant un fatras d'objets accumulés et non point l'habituelle semeuse aux cheveux répandus, et cette longue adresse *Famille Bonnet-Lavest, les Bonnets, commune de Vollore-Ville, Dépt du Puy-de-Dôme, France.*

« C'est une lettre de l'étranger, expliqua le facteur, dévoré par le désir d'en savoir plus long. Elle porte ce cachet : *Port-au-Prince*, et on peut voir imprimé sur le timbre RÉPUBLIQUE D'HAITI. Faut-il que je vous l'ouvre ?

— Pas la peine, dit Félicien. Nous savons lire. A la bonne vôtre. »

Ils trinquèrent, et Goutte précisa :

« Haïti, c'est pas la porte à côté ! D'après le tampon, y a deux mois qu'elle est partie. Vous avez des connaissances par là-bas ?

— Beuh... C'est où, Haïti ?

— Du côté de l'Amérique. En tirant sur la droite.

— En effet !

— Vous n'avez vraiment pas besoin que je vous la lise ?... Comme vous voudrez... Bon. Alors, je me rentourne. Merci pour le canon.

— A votre service. »

Il s'en alla, cria de loin, va p't-êt' ben pleuvoir. Félicien examina longuement l'enveloppe en papier blanc, épais, de meilleure qualité que les enveloppes françaises, on voyait qu'elle venait d'un pays de richesse. Sur le timbre, des canons, des épées, des drapeaux, un tambour, des ancres de marine, un bonnet républicain et cette ligne d'écrit : *L'union fait la force*. Exactement le principe de leur communauté. Il éprouva de la sympathie pour cette République inconnue. Puis il porta le pli à ses narines, le huma, lui trouva une senteur de choses exotiques, de sucre vanillé. Enfin il se décida à l'ouvrir, précautionneusement, avec la lame de son couteau, se plaça près de la porte pour y voir mieux et entreprit d'en déchiffrer le contenu.

Port-au-Prince, 4 février 1903.

Chère famille Bonnet-Lavest,

Cette lettre va bien vous surprendre, car elle vous est envoyée par un parent lointain que vous ne connaissez nullement, dont vous n'avez jamais entendu parler, le soussigné Bonaventure Bonnet-Lavest. Car vous le voyez je porte bien votre nom. Je suis le petit-

fils d'un certain Francillon Bonnet-Lavest qui vint s'installer dans notre île autour des années 1820. J'ai trouvé ces renseignements dans les papiers qu'il laissa après lui. Il épousa une Haïtienne, ma grand-mère, qui lui donna dix-huit enfants, dont mon père Thomasdaquin Bonnet-Lavest, qui en eut à son tour seize, dont moi-même Bonaventure, actuellement âgé de quarante-cinq ans et pesant quatre-vingt-dix-huit kilogrammes. Je n'ai encore reçu du Ciel que quatorze descendants, mais il n'a pas dit son dernier mot. Nous exploitons en famille une plantation de canne à sucre qui emploie cent cinquante travailleurs au moment de la récolte et nous rapporte en moyenne mille tonnes de canne, valant au moins cinquante mille gourdes. La gourde est notre monnaie. C'est vous dire que nous ne manquons de rien, ni de nourriture, ni d'argent, ni d'instruction. J'ai fait mes études dans une école religieuse de notre capitale Port-au-Prince et je suis moi-même un parfait catholique et chrétien.

Chère famille Bonnet-Lavest, je serais heureux de recevoir de vos nouvelles, si vous existez toujours à l'endroit où j'écris. Expliquez-moi où est le Dépt du Puy-de-Dôme, comment il est fait, ce qu'on y fait, y a-t-il d'autres Dépts en France ? Travaillez-vous toujours dans l'agriculture, comme me l'expliquait mon grand-père Francillon quand il me faisait sauter sur ses genoux ?

En attendant de recevoir votre réponse, je vous envoie mille baisers affectueux. Votre parent haïtien Bonaventure Bonnet-Lavest.

La lettre fit le tour des quatre familles. Les vieux avaient entendu parler de ce Francillon boiteux qui était parti un jour pour aller faire fortune aux Amériques. Et il semblait avoir bien réussi, malgré son pied bot. Or voici qu'après un silence de quatre-vingts ans on entendait parler de lui et de sa descendance ! Le temps est grand, mais le monde est petit. On fut stupéfié de ses progénitures innombrables : dix-huit enfants, seize, quatorze. Et de ce poids fabuleux : quatre-vingt-dix-huit kilogrammes, ce qui faisait presque deux quintaux de cent livres ! Mais ce qui étonna le plus fut cette histoire de gourdes : comment pouvait-on payer le sucre avec des gourdes ?

Félicien fit donc réponse à Bonaventure dans les meilleurs termes possibles, l'appelant *cher cousin*, expliquant à peu près où se trouve le Dépt du Puy-de-Dôme, ce qu'on y fait, ce qu'on y mange, ce qu'on y boit, ce qu'on y dort. Il énuméra les vingt-deux personnes qui composaient encore la communauté des Bonnet-Lavest ; toutes seraient heureuses de le recevoir si l'idée lui venait un jour de faire le voyage pour leur rendre visite.

Ainsi s'établit entre la République d'Haïti et les Bonnets une correspondance qui dura une année complète : chaque lettre mettait de six à huit semaines pour faire le voyage dans un sens comme dans l'autre. De tels échanges ne faisaient pas l'affaire du facteur de Vollore-Ville car ils l'obligeaient à marcher *tout spécialement* sur ses souliers à clous cinq kilomètres à l'aller et cinq au retour, alors qu'aucun hameau des environs ne recevait quasiment jamais lettre, paquet ni dépêche. Il avait toutefois réussi à arracher des confidences à maître Félicien, savait à présent qui était l'expéditeur, son nom, sa profession, sa richesse :

« Un homme qui gagne au moins cinquante mille gourdes par an ! Car là-bas, il nous dit que les gens payent avec des gourdes. »

Et le facteur, les yeux hors de la tête : « Avec des gourdes ?

— Comme je vous le dis.

— Et qu'est-ce qu'ils font de toutes ces gourdes ?

— Ils se les refilent entre eux, comme nous les sous et les francs. »

Ensuite arriva la grande nouvelle : Bonaventure informa ses cousins qu'il acceptait leur invitation et débarquerait un jour aux Bonnets pour les embrasser. Viendrait-il seul ? Amènerait-il ses quatorze ou quinze enfants ? On n'osa pas lui poser la question, par crainte de paraître mal accueillants. *Venez donc quand il vous plaira. Nous serons très heureux de faire votre connaissance et de vous recevoir*. La langue française est bien futée qui peut, dans le même mot, *vous*, mettre un singulier ou un pluriel. A toutes fins utiles, on prépara des logements, des sommiers, des paillasses.

Des semaines encore s'écoulèrent. Et puis, un beau jour, Goutte le facteur eut entre les mains une carte postale multicolore représentant la ville de Port-au-Prince, avec au verso cette simple correspondance : *J'arrive. Mille baisers. Bonaventure*. A cause de ce seul bout de carton et de ces quatre mots d'écrit, il devait encore s'appuyer les cinq kilomètres de détour. Il marcha, marcha, sa musette de cuir à peu près vide dans le dos, scandant son pas de cette douce répétition :

« Mille baisers... Mille baisers... Mille baisers... Bonaventure... Bonaventure... Au gué !... Au gué !... Au gué !... »

Heureusement, se disait-il sous son chapeau de paille, y aura un canon au bout de la route pour te remonter, mon Pierrot ! Et même un casse-croûte ! Or, quand il eut sonné vainement et poussé le portail, il trouva le domaine des Bons Dieux désert de toute créature humaine, les enfants à l'école, les adultes dans les prés en cette période de fenaison qui exigeait l'entière main-d'œuvre disponible. Seul un vieux raplaplat, assis sur une chaise au soleil, secouait sa tête comme une sonnette.

« Y a donc personne ?

— Hun, hun.

— Qu'est-ce que je fais de ça ? demanda Goutte en montrant la carte de Port-au-Prince.

— Hun, hun. »

Il ne pouvait quand même pas la remporter. Il la glissa donc sous la porte principale et repartit sans canon, sans casse-croûte, répétant bien tristement pour scander sa marche de retour :

« Mille merdes... Mille merdes... Mille merdes... »

J'arrive, disait Bonaventure. Et non pas : *Nous arrivons*. Il viendrait donc seul. Chaque Bon Dieu l'imagina avec ses quatre-vingt-dix-huit kilogrammes de maigre et de gras, coiffé sans doute du bonnet phrygien, comme sur le timbre-poste, jouant peut-être du tambour, des centaines de gourdes suspendues à ses habits, par-devant et par-derrière, à la façon des marchands de louches. Mais comment transporterait-il ses deux quintaux jusqu'aux Bonnets ? Les jucherait-il dans la patache d'Amédée Gardette, chargée de coutellerie, qui passait par Escoutoux deux fois la semaine ? Finirait-il à pied ? Et que lui servirait-on à table ? Aimerait-il le lard, la soupe aux choux, le gaperon ?

Une autre carte leur parvint, du Havre cette fois, avec un timbre à la semeuse, et toujours la même formule : *J'arrive. Mille baisers. Bonaventure*. Puis une troisième de Paris. Il n'en finissait pas d'arriver et d'envoyer des baisers.

Succéda un silence de quinze jours. Les Bonnet-Lavest ne crurent plus en lui, c'est un farceur, il aura inventé ce prétexte de venir nous embrasser afin de passer du bon temps à Paris en compagnie des belles madames.

Et voici qu'un matin d'août :

« Coin ! Coin !

— Quoi, coin-coin ? »

Une automobile ! Une voiture sans chevaux ! Elle descendait le chemin qui n'avait vu jusque-là que des tombereaux et des chars. Et ils n'en croyaient pas leurs yeux, pire que s'ils eussent vu descendre Jésus-Christ. On se précipite, on lui ouvre les deux battants du portail, on distingue à l'intérieur une espèce de *babàu*, de croque-mitaine, enveloppé et coiffé de fourrures, masqué d'énormes lunettes. Il entre dans la cour en faisant coin-coin de toutes ses forces. Tous les Bons Dieux accourent, c'est lui ! Ce ne peut être que lui ! Bonaventure !

Et c'est lui en effet, sans gourdes suspendues, mais rond comme une barrique. Il descend, ouvre les bras, éclate de rire, et ses dents sont si éblouissantes, si complètes, qu'elles te donnent la berlue, tu ne vois qu'elles, comme si tu regardais le soleil. Il empoigne la première femme qui passe à sa portée, l'embrasse, la serre contre son immense poitrine, lui donne mille baisers, puis soudain l'entraîne dans une gigue à ne pas croire. Et voilà qu'aussitôt tous les Bons

Dieux dansent avec lui, tapent du pied, battent des mains, crient et acclament le Seigneur, alléluia ! alléluia ! alléluia ! Notre fils, notre frère, notre cousin est revenu ! Que chacun de ses quatre-vingt-dix-huit kilogrammes soit mille fois béni ! Et bénies sa famille, ses cannes à sucre, ses gourdes qui lui ont permis de faire le voyage ! Bienvenue ! Bienvenue ! Bienvenue !

Après cet accueil, on se calme un peu, on se détache de lui, on s'éloigne, on le regarde, il enlève ses énormes lunettes d'automobiliste, et... et... et... Est-ce Dieu possible ? Doivent-ils croire à ce qu'ils voient ? Leur frère, leur cousin d'Haïti est un nègre ! Noir de la tête aux pieds ! De la figure jusqu'aux doigts ! Ça leur coupe le sifflet à tous. Puis ils éclatent de rire une seconde fois, se tordent de rire, se roulent par terre, pissent dans leurs culottes. Qui eût cru ça ?

« Tout de même, dit maître Félicien, vous auriez pu nous avertir !

— Vous avertir de quoi ?

— Que vous étiez noir.

— Je suis noir, moi ?... C'est bien vrai, je l'avais oublié !

— Respect que je vous dois, vous êtes noir comme le cul du loup ! »

Et les voilà qui repartent à rire, à l'embrasser. Les Bonnet-Lavest n'ont rien contre les nègres, ils vénèrent saint Balthazard qui fut nègre et souffla pour les réchauffer sur les petons de l'Enfant-Jésus.

Telle fut la manière dont les Bonnet-Lavest d'Auvergne firent la connaissance d'un Bonnet-Lavest d'Amérique. Après ça, ils surent que dans la République d'Haïti presque tout le monde est noir, si bien qu'on finit par ne plus penser à sa propre couleur : que le grand-père Francillon avait lui-même épousé une Noire, ainsi que tous ses descendants ; que lui, Bonaventure, avait acheté cette automobile à Paris pour venir les rencontrer, n'étant pas sûr de pouvoir en trouver une dans le Dépt du Puy-de-Dôme ; qu'il avait fait un excellent voyage, sauf une douzaine de poules écrasées et remboursées scrupuleusement. Il emporterait ce véhicule en retournant dans sa République où il produirait une impression plus forte encore qu'aux Bonnets.

En attendant, il promena sa parenté aux environs, de Vollore à Courpière et de Thiers à Augerolles, écrasant quelques autres poules au passage. Il resta trois semaines en leur compagnie, mangea des choux, des raves, du lard, du gaperon, on voyait qu'il avait dans le sang le goût de ces nourritures auvergnates. Il commença d'apprendre le patois, c'était une chose à mourir de rire que de le voir priser en lorgnant une drôlette, proclamant :

« *Djin-t-en ten, lamavo bien no biso ; anëu, i lame moué no priso* [1]. »

Lorsqu'il partit pour regagner sa République et ses hectares de canne à sucre, plus personne ne riait, tout le monde avait les larmes aux yeux. On l'accompagna aussi loin qu'on put sur cette route qui avait vu s'en aller tant de monde, et si peu revenir.

Il devait en partir d'autres encore. Une famille complète, père, mère et enfants, se fatigua de la fraternité communiste. Elle avait eu souvent des chamailleries avec les trois autres, pour des histoires de poules, d'outils, d'échelles, de places à l'ombre ou au soleil. Quand on s'était dit quelques gros mots et boudés quelques heures, maître Félicien prenait à part les uns et les autres et raccommodait adroitement la vaisselle brisée. La querelle se vidait complètement autour d'un pichet de vin qu'il allait lui-même tirer dans la cave. Tout allait bien de nouveau, jusqu'à la fois suivante. Mais le souvenir de ces querelles laissait au fond des cœurs une lie d'amertume.

Un hiver, après la messe, un père blanc commença de prêcher à Saint-Maurice une mission de propagande pour l'Afrique :

« ... Le Christ a besoin de vous, mes frères, dans ces pays infidèles. Venez par votre présence, votre piété, votre charité chrétienne, venez combattre la détestable doctrine islamique dont l'esprit de ces malheureux peuples est empoisonné. Savez-vous, mes frères, que l'Islam permet à un homme d'avoir plusieurs épouses ? Qu'il admet le divorce, le vol, l'assassinat, la guerre ? Qu'il encourage la paresse, la crasse, l'ignorance ? Venez, mes frères, faire œuvre de paix, d'amour, de travail et d'honnêteté. La terre et la main-d'œuvre sont d'ailleurs très bon marché dans ces régions et vous pourrez, vous qui peinez ici à vivre sur des sols ingrats, vous constituer à bon compte là-bas un vaste domaine, pour la plus grande prospérité de l'Afrique, de la France et du christianisme... »

Les Bonnet-Lavest en question entendirent ces propos et se laissèrent racoler. C'est tout juste s'ils ne se cousirent pas une croix rouge sur l'estomac comme avaient fait, dix siècles plus tôt, Étienne et Balthazard, deux communistes d'alors partis délivrer le saint sépulcre. Naturellement, ils demandèrent leur part d'héritage et il fallut vendre plusieurs terres pour leur donner satisfaction. Le *mouitre* comprit qu'il n'était pas nécessaire de leur crier trois fois sous le portail, est-ce vraiment votre intention de nous quitter ? Néanmoins, l'entente des Bonnet-Lavest subsista. Il ne restait plus dans l'arrondissement que trois communautés survivantes.

1. Naguère, j'aimais bien une bise ; aujourd'hui, je préfère une prise.

« Tant que je serai de ce monde, affirma maître Félicien, il n'y aura pas chez nous de dissolution. »

Née peu après le siècle, Marie-Louisette se trouva en 1908 le seul enfant de la communauté. Les deux autres familles étaient tombées en état de stérilité complète, après avoir perdu des drôlets en bas âge. Un vieux garçon ne se décidait pas, ou ne trouvait pas à se marier, même hors de l'entente. « Pas besoin de nous dissoudre, songeait le *mouitre*, d'ici quelques années, notre association se dissoudra toute seule, faute d'associés. » Marie-Louise portait sur ses frêles épaules leurs dernières espérances.

Elle grandissait dans ce hameau vide et délabré, sans autres copains-copines que les chiens, les chats, les cochons ; sans autres jouets que les cailloux, les bouts de bois et de ficelle, les coquilles d'escargots morts. A Vollore-Ville, sur la place de l'église, elle voyait des gamins jouer à la balle, à la toupie, aux billes de verre coloré. Et elle, rien. L'épicière, Mme Guillamour, femme du sacristain, vendait des bonbons et des jouets, mais qui n'étaient pas pour son vilain nez. Elle dit à sa mère Antonine :

« Siouplaît, maman, achetez-moi une balle.

— Pour quoi faire ?

— Pour jouer à la balle.

— Tu es toute seule ici. Comment veux-tu jouer à la balle ?

— Moi toute seule, je saurai bien.

— Tu n'as pas besoin de balle. Ce serait de l'argent gaspillé. Pour le même prix, j'aurai deux cents allumettes. Et les allumettes nous font plus besoin que ta balle. »

Tout de même, parce qu'elle vit sa petite malheureuse, Antonine lui en confectionna une avec des bouts d'étoffe. Quand elle la reçut, Marie-Louisette eut un mouvement de joie et tout de suite elle la jeta par terre, où la balle fit *plouf*, et resta immobile et camuse. Et l'enfant désolée :

« Mais elle rebondit pas du tout !

— Comment peut-elle rebondir ? C'est une balle en petas !

— J'en aurais voulu une qui rebondisse.

— Si celle-ci ne te plaît pas, c'est bien simple ! »

Et hop ! la balle dans le feu de la cheminée, ça t'apprendra à faire la difficile et la malapprise, si l'on te donne un bouton, remercie pour un mouton, voilà, Madame la Princesse ! La drôlette éclata en sanglots et pleura sa balle en petas qu'elle méprisait l'instant d'avant, ce qui lui valut cette consolation :

« Pleure, je t'en prie ! Pleure tout ton saoul, tu pisseras moins ! »

Ne pouvant jouer donc à la balle dans la journée, Marie-Louisette y jouait la nuit dans ses rêves, d'une balle merveilleuse qui, ayant à peine baisé le sol, rebondissait jusqu'aux nues.

Elle eut six ans accomplis et commença de fréquenter l'école de Vollore-Ville, c'est-à-dire de marcher comme le facteur cinq kilomètres chaque matin et cinq chaque soir. Elle partait seule, mais trouvait en route de la compagnie, ils arrivaient souvent à six, parfois à sept, à huit dans les meilleurs jours. Elle emportait dans un bidon émaillé sa soupe de midi que l'institutrice, Mme Duclos, faisait chauffer sur le poêle. Et un œuf dur. Et un morceau de chèvreton, sec, mais sec, *mo no champoto*, comme l'amadouvier, elle n'arrivait pas à le faire descendre avec le pain, alors elle l'avalait d'abord et mangeait le pain après, émietté dans sa main, comme un pigeon.

Un matin de mai, tandis qu'elle allait seule encore dans la première partie du trajet, aux approches de Laurençon elle vit luire devant ses pieds, entre les cailloux, quelque chose qui ressemblait à un poisson. Elle se baissa, reconnut un boursicot à mailles métalliques, muni de deux billes qui produisaient un clappement à la fermeture. Elle l'ouvrit, y trouva une douzaine de pièces en bronze, les unes de deux sous et les autres d'un seul.

Les parents avaient coutume d'envoyer leurs enfants « à la glane », c'est-à-dire en quête de tout ce qu'ils pouvaient trouver sur les chemins, selon la saison, clous à sabots, fers de vache, flocons de laine, et touffes de foin accrochés aux buissons, noix ou châtaignes tombées de l'arbre, épis tombés du char. Menus cadeaux du ciel appartenant à qui les ramassait. Ils les rapportaient à leurs père et mère qui en remerciaient le Seigneur. Marie-Louisette fit de même et remercia dans son cœur le petit Jésus qui avait jeté sur ses pas cette fortune ; elle la glissa dans sa musette en attendant de la remettre à sa mère Antonine.

Or elle eut à passer, pour se rendre à l'école, devant la vitrine de la mère Guillamour : des balles y étaient exposées, de diverses grosseurs et couleurs, en compagnie de poupées et de jeux de quilles. Elle y pensa tout le jour et fut bien distraite aux leçons, ce qui ne lui valut point les compliments de l'institutrice. Elle y pensa même en mangeant sa soupe et rongeant son fromage : puisque c'est à elle, Marie-Louisette, que le petit Jésus avait donné cet argent, elle pouvait bien s'acheter une balle chez la mère Guillamour ! C'est ce qu'elle fit en sortant, à quatre heures : elle en choisit une en caoutchouc mousse, à la juste dimension de sa main, elle sentait le goudron qu'on met aux pieds des vaches quand elles se sont blessées. Bondissante et rebondissante comme il n'y avait pas mieux : Mme Guillamour lui en fit la démonstration sur le plancher de sa boutique.

« Payez-vous, dit Marie-Louisette fièrement, tendant son boursicot.

— Tu es bien riche, petite ! » s'étonna un peu l'épouse du sacristain, qui avait le défaut de postillonner en parlant. Mais le commerce est le commerce, elle prit deux sous, fit clapper le fermoir et rendit la bourse.

Le retour aux Bonnets fut plus long ce soir-là que d'habitude, car la fillette ne pouvait faire un pas sans voir sauter sa balle. De bond en rebond, elle finit quand même par arriver dans la cour du domaine, où elle continua son manège jusqu'à ce qu'Antonine sortît de la maison commune :

« Qu'est-ce que c'est que ça ?

— Une balle, vous voyez bien. Une vraie. En caoutchouc mousse. »

Et elle la tendit, radieuse

« Où l'as-tu prise ?

— Chez la mère Guillamour.

— Avec quels sous ?

— Avec ceux que j'ai trouvés en chemin.

— Trouvés ? A quel endroit ?

— Après la Croix de l'Argent. Par terre. Devant mes pieds. »

Elle fouille dans sa musette et tend la bourse à mailles qui ressemble au ventre d'une carpe. La mère l'ouvre, y voit les pièces de bronze qui restent : toutes moins une seule. Alors, Antonine explose comme un *petaret* [1] :

« Et tu t'es permis ! Et tu t'es permis de prendre... combien, au juste ? Combien ?

— Je sais pas. C'est la mère Guillamour qui s'est payée.

— Ah ! elle s'est payée ! Ah ! elle s'est payée !... Lui as-tu dit que c'étaient des sous volés ?

— Volés ? Mais puisque je les ai trouvés par terre ! Puisque c'est le petit Jésus...

— Le petit Jésus ne perd pas sa bourse, malheureuse ! C'est une personne, qui l'a perdue ! Cette bourse ne t'appartient pas. Et puisque tu as pris des sous qui ne t'appartiennent pas, tu es une voleuse ! Une voleuse ! Toi, une Bonnet-Lavest, tu es une voleuse ! La honte de la famille ! Comprends-tu ? »

Elle n'a pas besoin de lever la main, Marie-Louisette s'enfuit, abandonne sur place balle, sacoche et porte-monnaie, se réfugie dans une grange, derrière un tombereau. Sa mère l'y poursuit, la trouve en larmes, suffocante.

---

1. Nom patois du *silène enflé* dont les enfants font éclater les capsules sur leur front ou le dos de leurs mains.

« Maman, supplie-t-elle, ne me battez pas, siouplaît ! Ou alors, pas sur mon oreille, parce qu'elle me fait déjà mal. »

Et Antonine, soudain calmée : « Je ne veux pas te battre. Qu'est-ce qu'elle a, cette oreille ? Depuis quand, elle te fait mal ?

— Depuis... maintenant. Ça vient de me prendre.

— Montre-moi ça. »

Elle l'entraîne dehors, l'examine au soleil, ne remarque rien de spécial malgré les ayayayes de Marie-Louisette, pense qu'il s'agit d'une feinte, mais prophétise à tout hasard, c'est le petit Jésus qui t'a punie. Celui-là, on le sert à toutes les sauces. Mais elle ne se laisse pas détourner de son propos :

« Cette balle qui ne t'appartient pas, tu sais ce que tu vas en faire ?... La rapporter à la mère Guillamour. Et elle te rendra tes sous ! Ça lui apprendra à accepter n'importe quel argent !

— Ayayaye, mon oreille !

— Oui, tu as raison, ce soir, c'est un peu tard. Demain matin, en montant à l'école, tu partiras dix minutes plus tôt et tu feras ce que je t'ai dit. Ensuite, on cherchera le propriétaire de la bourse. »

Marie-Louisette passa une partie de la nuit à pleurer dans son traversin, parce qu'en cette affaire elle avait tout perdu : sa balle, ses sous, sa confiance envers le petit Jésus, l'amitié de sa mère et celle de son oreille. Parce qu'en un moment elle était devenue la honte de la famille. Elle pleura, elle pleura... jusqu'à ce que l'épuisement eût raison d'elle. Et le lendemain matin, les choses se firent selon les commandements d'Antonine.

La drôlette poussa la porte de la mère Guillamour et lui remit, le cœur dévoré de honte, la balle en caoutchouc mousse :

« Voilà, mère Guillamour, dit-elle. Ma maman ne veut pas que je garde votre balle, je vous la rapporte. Elle a dit que vous me rendiez mes sous, siouplaît. Que ça vous apprendrait à accepter n'importe quel argent.

— Ah ! vraiment ! J'accepte... Mais elle est toute mâchurée, cette balle ! Qui voudra me l'acheter, maintenant ? Hein ? Qu'est-ce que je vais en faire ? Peux-tu me le dire ? »

Après avoir un moment roulé des yeux furibonds et bien postillonné, la marchande jugea préférable d'en finir, elle rendit la pièce de bronze et mit la drôlette à la porte, lui défendant de plus jamais reposer le pied dans son épicerie.

Le dimanche suivant, le curé Demars, instruit par la mère de Marie-Louisette, informa les fidèles au moment de son prône qu'une bourse avait été trouvée, contenant des pièces d'un sou et de deux sous, et que le perdant ou la perdante pouvait la réclamer à Mme Antonine Bonnet-Lavest du village des Bonnets. Et voici que l'après-midi du même jour se présente chez les Bons Dieux la mère

Giraud, dite la Giraude, demeurant à Laurençon. Prenant à peine le temps de saluer, elle interpelle Antonine aussi sec :

« Qu'est-ce que j'apprends ? Que mon porte-monnaie est chez vous ?

— S'il y est, c'est que ma petite l'y a rapporté.

— J'ai appris ça aussi.

— Par le curé Demars, à la messe ?

— Pas directement, vu que la messe aujourd'hui je l'ai manquée. Par la mère Guillamour, à qui je demandais si elle n'avait pas trouvé chez elle une bourse oubliée, faite comme ci et comme ça. Alors, elle m'a répété l'annonce du curé disant de vous la réclamer. Et elle m'en a dit une bien belle par-dessus le marché : que votre gamine avait puisé dedans pour s'acheter des balles ! C'est du propre !

— Pas des balles : *une* balle. Une balle de deux sous. Mais je l'ai obligée à la rapporter à la vendeuse. Et les deux sous sont rentrés dans la bourse.

— N'empêche qu'elle a de bien vilaines façons, votre drôlette ! Et qu'elle mérite une jolie correction ! J'espère que vous lui en avez passé une ?

— Ne vous souciez pas de ça, madame Giraud. C'est une affaire qui me regarde. Mais d'abord, qu'est-ce qui me prouve que cette bourse est bien la vôtre ? »

Et la Giraude, suffoquée : « Vous croyez peut-être que si elle ne m'appartenait pas je viendrais la réclamer ?

— Dites-moi un peu comment elle est faite.

— Elle est en mailles de fer. Avec deux billes qui font *clac* à la fermeture.

— Et combien qu'il y a dedans ?

— Trente-deux sous, en pièces noires.

— Et où donc que vous pensez l'avoir perdue ?

— Pas bien loin, sans doute, de la Croix de l'Argent. Un peu plus haut ou un peu plus bas.

— C'est donc bien la vôtre. »

Antonine se tourna vers la maison, et cria : « Marie-Louisette ! Apporte-moi la bourse que tu as trouvée et qui est sur la table de nuit. »

La drôlette vint, remit le boursicot à sa mère, qui le remit à la Giraude. Celle-ci lança un regard noir à l'enfant, remercia quand même Antonine, du bout des lèvres.

« Y a pas besoin de merci quand on fait son devoir, répliqua la mère sèchement.

— Je vous donne pas tort. »

Ayant ainsi récupéré son bien et suffisamment exprimé sa satisfaction, la Giraude salua et repartit vers son village.

Dix ans, vingt ans passèrent. Marie-Louisette devint Marie-Louise : une grande et belle fille. Plus jamais elle ne trouva de bourse. Mais chaque fois qu'elle eut l'occasion, pendant ces vingt années, de rencontrer la Giraude de Laurençon, celle-ci lui lança le même regard noir où elle lisait clairement son nom : « Voleuse ! Voleuse ! Voleuse ! »

Quelques mois après la résolution de cette affaire embrouillée, les Bons Dieux reçurent une visite honorifique : celle de M. Sylvain Lévigne, l'instituteur d'Escoutoux nouvellement installé, qui désirait acheter un habillé de soie. Le *mouitre* l'accueillit le chapeau à la main.

« On m'a dit que vous aviez les plus beaux cochons de la commune.

— Vous en jugerez vous-même, monsieur. »

Ils entrèrent dans les soues et le visiteur choisit son gibier. Pour sceller leur accord, ils s'assirent à la table communautaire qui parut impressionner par ses dimensions le jeune maître d'école.

« Il nous est arrivé, dit Félicien avec orgueil, de nous y installer à quarante, sans parler des enfants qui avaient leur table à part. Celle-ci est la troisième seulement depuis que les Bonnet-Lavest ont une existence connue. Chacune donc nous a duré plusieurs siècles. »

Et l'autre, éberlué :

« Quelle immense famille !

— C'était autre chose qu'une famille, monsieur : une fraternité. »

Comme l'instituteur semblait tomber de la lune, il lui expliqua l'organisation de leur entente. La propriété indivise de tous les biens : terres, maisons, cheptel, outillage, récoltes. Le travail collectif. Le soin collectif des personnes : nourriture, entretien, médecine. L'éducation collective des enfants. L'absence d'héritage, mais les petites distributions d'argent le samedi.

« Si un malheur frappe quelqu'un d'entre nous, il nous frappe tous et comme ça le malheur se trouve partagé et diminué. Si au contraire le bon Dieu envoie un bonheur à l'un ou à l'autre, il se trouve multiplié.

— Il faut bien dans votre petite république, dit M. Lévigne, quelqu'un qui commande ?

— C'est pourquoi nous sommes deux, un maître et une maîtresse... »

Et il développa le système d'élection de ces deux personnes et leurs attributions respectives.

« Ce qui fit également notre force très longtemps, ajouta-t-il, c'est que nous n'étions pas la seule communauté. Il y en eut pas loin de cent autour de Thiers à la veille de la Grande Révolution.

Malheureusement, elles se sont dissoutes au cours des années, pour toutes sortes de raisons. Nous restons une des dernières, avec celle des Ferrier et celle des Dozolme-Chevalérias. Que le Ciel veuille nous garder encore longtemps. »

Il fit un signe de croix.

Sylvain Lévigne n'était pas du pays, il venait de Rochefort, à l'autre bout du département, où son père était meunier ; il avait étudié à l'École normale de Clermont, s'était enfariné l'esprit des doctrines de Saint-Simon, de Fourier, de Pierre Leroux, de Proudhon, de Karl Marx, de Jean Jaurès et n'avait pourtant jamais entendu parler de ces fourmilières thiernoises.

« Mais ! s'écria-t-il. Mais ce que vous avez fait là, c'est du socialisme pur ! Vos communautés ne sont rien d'autre que le monastère de Saint-Simon, le phalanstère de Fourier, l'Icarie de Cabet, la propriété collective de Karl Marx !

— Ah ? Je ne connais aucune de ces personnes.

— Il y a tout de même dans votre association quelque chose qui me choque. C'est votre philosophie. J'ai entendu dire qu'on vous surnommait les Bons Dieux ?

— C'est que, voyez-vous, Dieu nous a toujours protégés. Sans lui, nous n'aurions pas tenu onze siècles.

— Onze siècles ? Vous vivez ensemble depuis onze siècles ?

— Il paraît. On dit que nous étions déjà associés quand le Pape Urbain est venu à Clermont prêcher la croisade. Alors, vous n'avez qu'à faire le calcul.

— Et vous fréquentez régulièrement l'église ?

— Tous les dimanches. Nous y montons ensemble, nos places sont gardées dans Saint-Maurice.

— Oui... il y a là... il y a là... quelque chose qui ne va guère. Le vrai socialisme est nécessairement laïc, non religieux. La religion, c'est bien connu, a toujours été un obstacle au progrès social.

— Alors, nous ne sommes pas de vrais socialistes. Il faut nous en excuser. »

Sylvain Lévigne s'en alla, tout songeur, se demandant si l'école laïque pourrait changer ces mentalités médiévales et si, obnubilées par une philosophie religieuse, les fourmilières, les ruches, les termitières seraient jamais parvenues à l'état de perfection économique et sociale qui est le leur.

Marie-Louisette n'était pas encore bien grande quand sonnèrent les cloches de Vollore-Ville, de Vollore-Montagne, de Sainte-Agathe, d'Escoutoux pour annoncer une nouvelle guerre contre la Prusse. Si son père ne partit point parce qu'il traînait une jambe cassée et mal remise depuis l'âge de trente ans — et il eut assez honte de ne pouvoir suivre les autres — quatre de ses oncles ou cousins furent mobilisés, comme tous les hommes valides de toutes les paroisses. Il n'était pas question, ainsi qu'en 1793, d'organiser des chouanneries, car chacun, en même temps que Vollorois, Chapelat, Saintagathaire, Escoutolas, se sentait maintenant quelque chose de plus : Français. Il avait fallu un siècle et quart pour que la chose se fît, laborieusement, douloureusement, au prix de grandes souffrances et de grandes fiertés : le drapeau bleu-blanc-rouge, *la Marseillaise*, la défaite de 70, *la Tonkinoise*, la lecture et l'écriture, nos ancêtres les Gaulois, l'Alsace et la Lorraine, *L'air est pur la route est large*, le bulletin de vote qu'ils glissaient de temps en temps dans la tirelire électorale. Beaucoup de femmes avaient échappé à la contagion, faute d'avoir servi sous les drapeaux, trop occupées par leurs marmots et leurs marmites pour apprendre *la Marseillaise*, et parce que le vote était une affaire d'hommes uniquement. Elles s'étaient cependant mises à dire comme leurs maris : « Cet homme-là n'est pas bien français ! » pour désigner quelqu'un de « pas bien honnête, pas bien courtois, pas très généreux ». C'est dire si l'on s'était fait peu à peu une belle opinion du pays de France, autrefois ennemi parce qu'il n'en venait que des publicains, des recruteurs, des commissaires, des gendarmes. En ce mois d'août 1914, chacun se sentit français de la tête aux pieds, et les hommes partirent sans hésitation.

Le village des Bonnets comme tant d'autres appartint aux femmes, aux vieux, aux enfants. Chez les Saton, il ne restait aussi qu'une famille de deux personnes âgées. Encore n'étaient-ce pas des Saton auvergnats, mais des Saton parisiens, le père, Élie, ancien pompier à la ville de Paris maintenant en retraite, et sa femme Vitaline, qu'il appelait Taline. Dès la déclaration de guerre, ils s'étaient réfugiés en Auvergne dans cette maison vide dont ils étaient les uniques héritiers. Ils étaient abonnés au journal *Le Petit Parisien* que le facteur à cheval leur apportait chaque jour. Après lecture, l'ancien pompier passait la feuille à ses voisins. Ce qui fait qu'on était bien au courant des hostilités. Les nouvelles n'étaient guère brillantes : nos troupes reculaient en Alsace, dans les Ardennes, en Champagne. Philippe, mari d'Antonine et père de Marie-Louisette, n'était pas mobilisable à cause de sa patte folle. De lui, on disait modestement, il n'est pas bien dégagé. Alors, il mit toute sa rage, tout son patriotisme à s'instruire des événements, à essayer de comprendre ce qui se passait sur le front de l'Est, sur le front du Nord, sur le front russe, sur le front serbe, sur le front italien, sur le front turc, c'était beaucoup de tracassin. Et il communiquait aux autres sa déprime :

« Les Serbes reculent. Nous n'avançons pas. Et les Turcs nous ont coupé les Dardanelles. »

Sa femme le regardait avec indignation, pensant qu'il se laissait aller à dire une cochonnerie devant Marie-Louisette. Heureusement, Élie Saton venait à la rescousse et leur remontait le moral. On savait qu'il avait servi dans les pompiers de Paris, qui forment un corps militaire, et que par conséquent il s'y connaissait rudement en tactique et stratégie. Il s'asseyait donc à la table communautaire, rassemblait devant lui le matériel indispensable et commençait sa démonstration devant les Bons Dieux ébahis :

« Vous ne comprenez rien à ce qui se passe, et vous êtes bien excusables, n'étant jamais sortis des Bonnets. Alors voilà, je vous explique. Ça, c'est Paris. (*Et il plantait sur sa gauche une bouteille de vin.*) Ça, c'est Berlin. (*Représenté par une assiette de fromage.*) Vous me suivez ? (*Approbation générale, oui, oui, on vous suit.*) Ça, c'est les Russes, le rouleau compresseur russe. (*Une tourte de pain, à main droite.*) Ah ! les Russes ! Les Cosaques ! Est-ce que vous vous rendez bien compte ce que sont ces gaillards ? (*Négation générale.*) Des géants de deux mètres de haut, sur des chevaux rapides comme la foudre. (*Oh ! comme la foudre !*) Ils s'élancent, armés de yatagans, c'est-à-dire de longs sabres courbes avec lesquels, dzim ! dzam ! dzoum ! ils décapitent l'ennemi. Les têtes des Allemands tombent comme des prunes ! (*Comme des prunes ! Oh ! Sainte Vierge !*) La neige en est toute sanglante ! Alors, les Cosaques (*mouvement de la tourte de pain*) fondent sur Berlin dont ils ne font qu'une bouchée ! (*Disparition du fromage.*) Vous me suivez toujours ? (*Oui, oui, on suit, on essaye de suivre.*) Les Allemands fuient en désordre, en direction de Paris dont ils rêvent depuis 1870. Paris les attire, au milieu de la France, comme un morceau de lard au milieu d'une ratière. Vous me suivez toujours ? (*Oui, oui, marchez que, marchez que !*) Mais quand ils croient entrer dedans, les garnisons des forts de Paris tombent sur eux et les massacrent ! Une vraie boucherie ! (*C'est d'autant plus facile que la plupart des Allemands n'ont plus de tête !*)... »

Ainsi, grâce aux instructions d'Élie Saton, ils purent traverser les trente premiers mois de la guerre avec confiance, malgré la tristesse générale. Les cloches ne cessaient pas d'appeler à des offices funèbres, à la mémoire des hommes tombés au feu. Les maires n'en finissaient point de courir de ferme en ferme annoncer, votre mari, votre père, votre frère, votre fils est glorieusement mort au champ d'honneur. Si bien qu'ils se faisaient remplacer quelquefois par le garde champêtre ou bien demandaient au facteur de faire la commission. Les campagnes ne chantaient plus, ni le dimanche ni la semaine, plus de laboureurs bramant à pleine gorge derrière leur charrue pour s'encourager, eux et leur attelage, *lo-lo-lo-lo-, lérolo, léroléro*... Les oiseaux eux-mêmes gazouillaient et gringottaient de façon assez retenue, excepté les corbeaux, gibier de deuil, qui se répandaient en *croa-croa* sarcastiques. Les hivers étaient particulièrement rudes. Dans les maisons sans hommes, on frissonnait de gel, de solitude, d'angoisse. Le curé de Vollore-Ville vendait des images du Sacré-Cœur de Jésus ; on y voyait le Fils de Dieu qui s'ouvrait à deux mains la poitrine pour montrer son cœur rayonnant. *Je répandrai des grâces sur les maisons où mon image sera honorée.* En avaient-elles toutes besoin, de grâces ! Les femmes des Bonnets en achetèrent pour chacune de leurs chambres. Marie-Louisette eut désormais devant elle dans la sienne, le matin, en ouvrant les yeux, ce cœur sanglant cloué à la porte comme une chouette. Du sang ! Partout du sang ! Bientôt le fabuleux viscère lui parut scintiller dans l'ombre. Il l'empêchait de s'endormir. Alors elle chercha un moyen pour s'en protéger et le recouvrit chaque soir de sa camisole.

D'autres personnes s'usaient les genoux à prier ; les églises ne désemplissaient pas, grésillantes de cierges et de supplications. On fréquenta beaucoup la Vierge de l'Hermitage, où l'on se rendait à travers la montagne et des forêts à loups, quatre heures de marche à l'aller, quatre au retour, chacun, chacune rapportant son flacon d'eau miraculeuse.

Malgré toutes ces précautions, le malheur tomba sur les Bonnet-Lavest : coup sur coup, deux de leurs hommes furent tués, un troisième porté disparu. Maître Félicien, lui, s'en alla de sa belle mort, sauf que personne n'eut le courage de rire à son enterrement. Il ne fut pas remplacé. Deux femmes furent enlevées par la grippe espagnole. Le quatrième mobilisé revint, mais il crachait ses poumons à cause des gaz qu'il avait respirés.

« Pas d'ail, surtout ! recommandait-il. Ne me servez plus jamais d'ail dans la salade ni nulle part !

— A cause ?

— A cause que le gaz qui tue est fait avec de l'ail. C'est dur à croire, mais c'est comme ça ! »

On ne lui mit plus jamais d'ail dans ses aliments, ce qui ne l'empêcha pas de mourir en 1925, après une longue agonie, il ouvrait la bouche pour chercher son souffle et ne le trouvait pas, tu aurais dit une carpe hors de l'eau.

Quelques années encore, et ils ne furent plus que trois survivants, Philippe, Antonine et Marie-Louise. Le dernier descendant mâle des Bonnet-Lavest, prétextant sa patte folle, mais rongé aussi par leur prochaine extinction, s'adonnait plus volontiers à la bouteille qu'à l'ouvrage. Le seul bien qu'il cultivât jalousement était sa vigne. Il restait des heures à la cave, sous prétexte de soufrages, filtrages ou soutirages, et en ressortait brindezingue. Les deux femmes, mère et fille, ne vivaient point en harmonie parfaite, la première écrasant la seconde de son autorité, comme au temps de la petite balle en caoutchouc mousse. La jeune fille essayait parfois de moderniser un peu la maison, d'acheter une cuisinière émaillée, de faire installer une douche :

« Une douche ? répliquait la vieille. Nous ne sommes pas des bourgeois ! Pas besoin de cuisinière non plus ni de cuisinier, je ferai ma cuisine moi-même, comme je l'ai toujours faite, sous la cheminée. Et ceux qui ne l'aimeront pas n'auront qu'à aller au restaurant ! »

Ça l'ennuyait de voir cette drôlette tourner autour d'elle, essayer de placer son grain de sel :

« Qu'attends-tu pour te marier ?

— Que vous me trouviez un homme. Vous savez bien qu'il n'y en a plus. Ceux de mon âge ont été tués. Voulez-vous que j'épouse un vieux, que je passe ma jeunesse à le soigner ?

— Elle a déjà moi à soigner, intervenait le père.

— Si tu aimes mieux rester vieille fille !

— Je ne serai pas la seule, la paroisse en est pleine. Un jour, nous formerons un syndicat. »

Et Philippe :

« Vous demanderez une indemnité de pucelage.

— *Marde !* vieil imbécile ! coupait sa femme. Ne vous occupez pas de nos affaires. Allez plutôt voir dehors si l'air sent la fourme ! »

Elle disait *marde* pour adoucir la brutalité du mot sans trop en réduire l'efficacité. Et d'autres fois, très en colère : *Chipote de chipote !* Ah ! le langage des Bonnet-Lavest était lui-même tombé bien bas.

La rage du commandement s'accentuait chez elle avec les années. Elle en tourmentait non seulement les chats, les chiens, les cochons qui ont été créés pour obéir à l'homme et recevoir de lui des coups de pied sous la queue comme le prêchent les saints Évangiles, mais encore son mari et sa fille qui ne pouvaient ouvrir une porte, fermer une fenêtre, remuer une paille sans son autorisation. Tout en conjurant Marie-Louise de se chercher un homme, elle lui interdisait ces coquetteries inventées par le diable : les cheveux courts, le rouge à lèvres, la poudre de riz, les jupes qui montrent les genoux. Pas question non plus de fréquenter les bals de reinage ni de 14 Juillet. Elle l'accablait de besognes, disant, ça t'empêchera de ruminer, le travail est la meilleure des compagnies. Marie-Louise obéissait comme une petite fille et restait sage comme une image.

Un jour que le vent et la pluie les retenaient tous les trois enfermés dans leurs murs, voilà-t-il pas qu'Antonine trouve sa drôle penchée sur un livre, au lieu de s'employer les mains à quelque tâche utile ? Et tout de suite :

« Qu'est-ce que c'est que ça ?

— Un livre que j'ai acheté dimanche dernier à Vollore. »

La vieille saisit l'objet, déchiffre le titre sur la couverture blanche ornée de torsades vertes : *George Sand. Le Péché de M. Antoine, roman.*

« Un roman ! Tu lis des romans, à présent ! Et quel roman ! Une histoire de péché ! Si tu as envie de lire, nous avons des livres convenables à la maison.

— Oui ? *L'Imitation de Jésus-Christ. La Sainte Bible. Le Catéchisme du diocèse de Clermont.*

— Parfaitement ! Ces livres-là ne te feront pas de mal ! Au contraire ! Quant à ton histoire de péché, voici ce que j'en fais ! »

Elle la déchire et en jette les morceaux au feu qui les avale goulûment. Marie-Louise pleure comme le jour de la balle en caoutchouc mousse, mais se résigne.

Avec ça, la santé du père n'était pas brillante : il souffrait de douleurs dans les membres, de maux de tête, d'insomnies. Il demanda à coucher seul, une présence à ses côtés l'incommodait. Antonine lui donna satisfaction et s'en fut dormir avec sa fille. Le printemps le revigorait, l'hiver l'engourdissait comme les marmottes. Un jour, il se plaignit d'avoir perdu la moitié de la figure :

« Qu'est-ce que vous racontez, la moitié de la figure ?

— Oui. Le côté droit ne sent plus rien. Il est mort. Tenez. »

Et il se piqua la joue droite avec la pointe d'un couteau.

« Vous voyez ? Je ne sens rien. C'est comme une planche... De l'autre côté, oui, aïe ! aïe !... Mais de la joue droite, zéro.

— Quelle importance que vous ne sentiez rien de la joue droite ? Pour le Jour de l'An, je vous embrasserai sur la gauche, voilà tout.

— Si ce n'était que ça ! Mais en dedans, c'est la même chose : du côté droit, je ne sens plus ce que je bois, ce que je mange.

— Bon. Poussez-le avec la langue dans le côté gauche. C'est quelque courant d'air qui vous aura fait ça. Mais ça va passer. »

Elle fit quand même par le facteur avertir le Dr Dunaud d'entrer chez les Bonnet-Lavest quand il aurait l'occasion de se trouver dans le coin. Il palpa les chairs, lui donna des coups de marteau dans les rotules, rédigea une ordonnance qu'il fallut aller faire exécuter à Thiers chez Mallaret. Elle comportait des pilules pas plus grosses qu'un petit pois. Le drame fut pourtant celui-là : comment les lui faire avaler ? Sèches, il n'en était pas question. S'il buvait une gorgée, le liquide glissait bien en lui, mais la pilule restait bloquée dans la bouche, malgré ses efforts désespérés de déglutition.

« C'est à cause de ma joue morte, essayait-il d'expliquer.

— Servez-vous de la gauche ! »

La mère et la fille s'y employaient toutes deux, l'une empêchant le malade de reculer, l'autre lui fermant de force les mâchoires avec les mains. Rien à faire. Tout à coup, Marie-Louise se rappela qu'il ne mangeait rien, chair, légumes, poisson ni fromage, châtaigne, pomme ni cerise sans l'accompagner de pain. Elle dissimula donc la médecine dans une bouchée de pain, et les pilules descendirent.

Quand les chaleurs revinrent, la joue morte retrouva sa sensibilité. Philippe put de nouveau savourer à pleine bouche sa soupe et le vin de sa vigne. Mais une seconde crise le frappa quelques années plus tard, beaucoup plus grave, lui engourdissant cette fois une moitié de tout le corps, lui tordant la bouche, le nez, la joue, l'empêchant de proférer autre chose que des grognements. Le Dr Dunaud revint, parla d'hémiplégie et, pour mieux l'examiner, demanda aux deux femmes :

« Pourriez-vous un peu avancer le lit, afin que je passe de l'autre côté ? »

Elles firent comme il disait. Au moment où la couche du vieux décollait du mur, il y eut une faramineuse dégringolade de bouteilles, se fracassant l'une sur l'autre. Certaine du lot ne devait pas être toute vide, car elle dégagea une forte senteur d'eau-de-vie.

« Chipote de chipote ! s'écria la vieille. Voilà donc pourquoi vous avez voulu coucher seul ? Pour turler et vous saouler à votre aise, grand gourmand ! Toute la nuit, s'il vous plaisait ! Ah ! l'on peut dire que vous faites vraiment honneur à notre communauté ! On peut le dire !

— Han, han, han », protestait le vieux, la bouche tordue.

Elles le gardèrent comme ça, paralytique, trois années. Puis le bon Dieu leur fit la grâce de l'enlever sans souffrances visibles.

Et elles ne furent plus que deux, la mère et la fille. La première devenue un peu sourde, mais conservant toujours bon bec et bonne poigne. La seconde commençant à jaunir et à passer fleur. Avec elles s'achevait une fraternité ancienne de mille ans, maintenant tombée en quenouille. Les terres, elles, tombaient en friche, reconquises par la forêt. Les maisons tombaient en ruine. En face, l'ancien pompier de Paris et sa femme rejoignirent leurs ancêtres au nouveau cimetière de Vollore-Ville. L'ancien avait été supprimé par la Grande Révolution et les sans-culottes n'avaient trouvé rien de mieux, pour se débarrasser des restes gênants, que de les faire griller sur la place de la Liberté, devant le temple de la Raison ; depuis, le voisinage n'appelait plus les Vollorois que du sobriquet de « Brûle-Morts ». Tout se dispersait, même les cendres des anciens fondateurs.

« *Marde !* dit Antonine.

— Oh ! dit Marie-Louise.

— Quoi oh ?

— Vous venez de dire : *marde.*
— Moi ?
— Oui, vous.
— Quand donc ?
— A l'instant même.
— Je n'ai rien entendu.
— Oh ! Vous ! Vous n'entendez que ce que vous voulez !
— Tu es sûre ?
— Sûre et certaine.
— Et pourquoi donc ai-je dit *marde* ?
— Allez savoir ! Vous dormiez dans votre fauteuil. Tout par un coup, vous vous réveillez en disant : *marde !*
— C'est ta faute.
— Naturellement.
— Je rêvais de toi... Tu vois si je pense à toi tendrement, même dans mes rêves ! Donc, je me voyais morte. Te laissant seule. Seule aux Bonnets, est-ce que tu te rends compte ? Et tu ne faisais rien pour t'empêcher de périr de faim et de languison. Nous nous sommes disputées...
— Mais puisque vous étiez morte ?
— Dans les rêves, ça n'empêche rien. Et c'est sans doute comme ça que j'ai été amenée à te dire *marde.* Tu sais, j'aurais bien envie de crever un peu tranquille ! Pourquoi donc que tu te maries pas ?
— Toujours votre même refrain ! Et je ne peux que vous faire toujours la même réponse : pour se marier, faut être deux.
— Tu ne cherches guère !
— Mais quand ? Mais où ?
— Nous pourrions rendre visite aux voisins, mais tu aimes mieux rester au coin de la cheminée, comme Cendrillon. Tu y mets de la mauvaise volonté. Tiens, tu sais ce que tu m'obliges à dire ? Plutôt que de partir la première, j'aimerais autant que tu partes avant moi. Comme ça, du moins, je te saurais ramassée. »

Antonine ne fut pas entendue : l'hiver suivant, une grippe pernicieuse venue d'Asie exprès pour elle l'emporta au cimetière où son boiteux de mari l'attendait sans impatience. Marie-Louise resta seule. Ce que sa mère avait prévu arriva : elle ne fit rien pour s'empêcher de périr à son tour. Sans doute n'avait-elle pas une très grande envie de vivre.

Les gars de l'E.D.F. sont venus avec leur saint-frusquin, pelleteuse, terrasseuse, camion à grue. Et toutes les autorisations nécessaires : municipales, notariales, préfectorales, épiscopales.

« Y a de quoi faire ! a constaté le chef. Une vraie forêt vierge ! »

Ils se sont d'abord ouvert un passage dans le chemin envahi de végétation, qui n'avait jamais reçu d'aussi larges véhicules. Ensuite, sur les flancs, ils ont commencé à jouer de la serpe et de la tronçonneuse au milieu des ronces, des genêts, des buissons, des souches, des frênes incultes.

Tout à coup, exclamation d'un débroussailleur :

« Dites donc, chef ! Y a des ruines, par ici ! Tout un village ! Un grand village !

— C'est prévu, répond l'autre, l'index sur son plan : *Village en ruine des Bonnets. Ne pas en tenir compte.* »

Ils ne peuvent toutefois s'empêcher d'être impressionnés par cet écroulement, ces murailles de pisé que les orages ont fait fondre comme du sucre, ces épaves sous les orties : un moulin à café, une louche, des tessons de vaisselle, des roues de charrette, un araire encore debout, la queue levée, quasi triomphant au milieu de tonneaux et de bacholles crevés. Comme s'ils découvraient un nouveau Pompéi.

« Merde ! » disent-ils avec émotion.

Puis vient la terrasseuse qui rase au sol ces pans de mur. La pelleteuse les foule de ses chenilles, plonge dedans sa fourchette comme dans du beurre. *Ne pas en tenir compte.*

Quelques mois plus tard, le paysage est transformé. Au-dessus de l'ancienne forêt vierge passe une ligne à haute tension, avec ce qu'il faut de pylônes et de tours métalliques abstraitement nommés dans le langage administratif « supports pour conducteurs aériens ».

Cet ouvrage a été composé
par Nord Compo, Villeneuve-d'Ascq, Nord
et achevé d'imprimer
par Maury-Eurolivres S.A.
45300 Manchecourt